ANGĻU-LATVIEŠU
VĀRDNĪCA

ANGĻU-LATVIEŠU VĀRDNĪCA

Ap 40 000 vārdu

ENGLISH-LATVIAN DICTIONARY

Approx. 40 000 entries

AVOTS

Vārdnīcas sastādītāji:
Ārija Grabe, Dzintra Kalniņa, Arvīds Purviņš

Mākslinieks *Uldis Baltutis*

© «Avots», 2002
© U. Baltutis, 2002

ISBN 9984-700-40-2

Priekšvārds

Vārdnīca domāta skolēniem, studentiem, tulkotājiem un visiem, kas lasa literatūru angļu valodā.

Angļu-latviešu vārdnīcas pamatā ir mūsdienu angļu literārās un sarunvalodas leksika. Vārdnīcā iekļauti arī aktuāli sabiedriski politiskie, zinātnes, tehnikas, bioloģijas, ķīmijas, sporta, medicīnas u. c. termini. Bagātīgi izstrādāta frazeoloģija. Paralēli doti gan britu, gan amerikāņu (*amer.*) šķirkļu varianti.

Plaša vieta ierādīta arī dažādiem pielikumiem – ģeogrāfiskajiem nosaukumiem, plaši izplatītiem saīsinājumiem, personvārdu rakstībai un izrunai, lietvārdu daudzskaitļa formu un nekārtni veidojamo lietvārdu daudzskaitļu formas, kā arī neregulāro darbības vārdu veidošanai; sniegts ieskats arī pieturzīmju lietošanai angļu valodā.

ANGĻU ALFABĒTS   ENGLISH ALPHABET

Aa	Bb	Cc	Dd	Ee	Ff
Gg	Hh	Ii	Jj	Kk	Ll
Mm	Nn	Oo	Pp	Qq	Rr
Ss	Tt	Uu	Vv	Ww	Xx
Yy	Zz				

Vārdnīcas uzbūve

Angļu pamatvārdi sakārtoti alfabēta secībā.

Fonētiskā transkripcija parādīta visiem pamatvārdiem, kā arī lietvārdu daudzskaitļa formām, nekārtno darbības vārdu *Past Indefinite* un *Past Participle* formām, īpašības un apstākļa vārdu nekārtnajām komparatīva un superlatīva formām un vietniekvārdu *this* un *that* daudzskaitļa formām.

Vārda daļa, kas atrodas aiz tildes (~), pievienojama tai pamatvārda daļai, kas atrodas zīmes ‖ priekšā, piem.:

all‖y I *n* ['ælai] sabiedrotais; II *v* [ə'lai] 1. apvienoties; ... ~ied powers – sabiedrotās valstis; ...

Ja pamatvārds piemēros atkārtojas nemainītā veidā, tas parasti ir saīsināts, dodot tikai sākuma burtu ar punktu, piem.:

 care [keə] I *n*... to take c. (*about, of*) – rūpēties...

Homonīmi doti kā atsevišķi šķirkļi, ikvienu no tiem apzīmējot ar mazajiem latīņu burtiem [a, b, c] utt. augšējā labajā stūrī, piem.:

 works[a] [wɜ:ks] *n pl* darbnīca
 works[b] [wɜ:ks] *n pl* 1. (*iekārtas, pulksteņa*) mehānisms; 2. *sl.* (*narkotiku*) injekcijas instrumenti.

Ar pustrekniem romiešu cipariem parādītas dažādās vārdšķiras, ja to izstrādājums dots vienā šķirklī, piem.:

 worth [wɜ:θ] I *n* vērtība; cena; II *a predic.* vērts

Ar pustrekniem arābu cipariem apzīmētas vārda dažādās nozīmes, piem.:

 resentful [ri'zentfʊl] *a* 1. aizvainots; 2. viegli aizvainojams

Ja angļu vārdkopai vai izteicienam ir vairākas nozīmes, tās apzīmētas ar gaišu arābu ciparu un apaļo iekavu, piem.:

 go... to g. off – 1) sprāgt; 2) sabojāties

Apaļajās iekavās slīpiem (kursīviem) burtiem iespiestais teksts ir skaidrojums, piem.:

 change I *n* 1. pārmaiņa; 2. (*veļas*) maiņa; (*drēbju*) kārta...

Idiomātiskie izteicieni, kas neiederas nevienā no dotajām nozīmēm, ievietoti aiz romba ◇ visa izstrādājuma vai attiecīgās vārdšķiras izstrādājuma beigās, piem.:

 apart [ə'pɑ:t] *adv* savrup; ◇ a. from – 1) neatkarīgi no; 2) nemaz [jau] nerunājot par.

Starp tulkojumiem, kas ir tuvi sinonīmi, likts komats; ja nozīmes atšķirība starp tulkojumiem ir lielāka, tie cits no cita atdalīti ar semikolu.

Ja angļu pamatvārds vai kāda no tā nozīmēm vieni paši nav tulkojami, bet lietojami tikai raksturīgos savienojumos, tad aiz pamatvārda vai nozīmes cipara likts kols, kam seko attiecīgais savienojums ar tulkojumu, piem.:

 basket ['bɑ:skit]; ... 3.: b. dinner ... *amer.* pikniks

Lietvārdu daudzskaitļa nekārtnās formas, īpašības un apstākļa vārdu nekārtnās salīdzināmās pakāpes un darbības vārdu nekārtnās pamatformas parādītas apaļajās iekavās aiz pamatvārda, piem.:

 goose [gu:s] *n* (*pl* geese [gi:s])...
 bad [bæd]... II *a* (*comp.* worse [wɜ:s]; *sup.* worst [wɜ:st]...
 grind [graind]... II *v* (*p. un p.p.* ground [graʊnd])...

Nepieciešamības gadījumā angļu vārdiem pievienoti stilistiskie un lietošanas sfēras apzīmējumi.

Vārdnīcā dots angļu valodā biežāk lietojamo saīsinājumu saraksts un angļu lietvārdu daudzskaitļa neregulārās formas.

Norādījumi par dažu burtu un burtu savienojumu izrunu angļu valodā

PATSKAŅI

Patskani izrunā alfabētiski, ja tas atrodas t. s. vaļējā zilbē, t.i., zilbes beigās pirms cita patskaņa, vai arī ja patskanim seko viens līdzskanis un mēmais e:
- a = [ei]: take
- o = [əʊ]: no
- u = [ju:]: que
- e = [i:]: we
- i, y = [ai]: fire, shy

Patskani izrunā īsi, ja tas atrodas t. s. slēgtā zilbē, t. i., ja zilbi noslēdz viens vai vairāki līdzskaņi:
- a = [æ]: bank
- o = [ɒ]: lock
- u = [ʌ]: stuck
- e = [e]: set
- i = [i]: sink

Patskani izrunā gari, ja tam seko *r* un līdzskanis:
- a = [ɑ:]: warm
- o = [ɔ:]: work
- u = [ɜ:]: turn
- e = [ɜ:]: mother
- i = [ɜ:]: sir

Ja patskanim seko *r* un vēl viens patskanis, to izrunā šādi:
- a = [eə]: bare
- u = [jʊə]: secure
- e = [iə]: mere
- i, y = [aiə]: satire, tyre

LĪDZSKAŅI

- ch = [tʃ]: child
- ck = [k]: neck
- kn = [n]: knot

ng = [ŋ]: bring
ph = [f]: phone
sh = [ʃ]: ash
th = [θ, ð]: through, those
wh = [w]: what
wr = [r]: wrong
x = [ks]: fox
c e, i, y priekšā = [s]: cycle
c a, o, u priekšā = [k]: cotton
g e, i, y priekšā = [dʒ]: gentle
g a, o, u priekšā = [g]: gang
qu patskaņu priekšā = [kw]: quiz

DIGRĀFI

au = [ɔ:]: fault
aw = [ɔ:]: law
eu = [ju:]: Europa
ew = [ju:]: new
oo = [u:, ʊ]: doom, good
oi = [ɔi]: spoil
oy = [ɔi]: toy
ee = [i:]: eel

DAŽU IZSKAŅU IZRUNA

-age = [-idʒ]: severage
-able = [-əbl]: fashionable
-ssion = [-ʃən]: impression
-tion = [-ʃən]: nation
-ture = [-tʃə]: nature

Bieži lietojamie angļu vārdi, kas vārdnīcā doti bez fonētiskās transkripcijas

about [ə'baʊt]
above [ə'bʌv]
among [ə'mʌŋ]
another [ə'nʌðə]
any ['eni]
are [ɑ:]
as [æz]
away [ə'wei]

become, becomes [bi'kʌm, bi'kʌmz]
begin, begins [bi'gin, bi'ginz]
behind [bi'haind]
between [bi'twi:n]

come [kʌm]
could [kʊd]

do [du:]
doing ['du:iŋ]
does [dʌz]
don't [dəʊnt]
down [daʊn]

every ['evri]

full [fʊl]

get, gets [get, gets]
getting ['getiŋ]
give, gives [giv, givz]
giving ['giviŋ]
good [gʊd]
grow [grəʊ]

has [hæz]
have [hæv]
having ['hæviŋ]

hers [hɜ:z]
his [hiz]

into ['intə]
is [iz]

many ['meni]

never ['nevə]
nothing ['nʌθiŋ]

of [ɒv]
off [ɔ:f]
one [wʌn]
one's [wʌnz]
oneself [wʌn'self]
other, others ['ʌðə, 'ʌðəz]
ours ['aʊəʒ]
over ['əʊvə]
out [aʊt]

put, puts [pʊt, pʊts]

round [raʊnd]

shall [ʃæl]
should [ʃʊd]
some [sʌm]

than [ðæn]
that [ðæt]
the [ðə]
their, theirs [ðeə, ðeəz]
them [ðem]
then [ðen]
there [ðeə]
these [ði:z]

they [ðei]
this [ðis]
those [ðəʊz]
through [θru:]
to [tə]
towards [tə'wɔ:dz]
two [tu:]

upon [ə'pɒn]
very ['very]

was [wɑz]

were [wɜ:]
where [weə]
who [hu:]
whom [hu:m]
whose [hu:z]
with [wið]
within [wi'ðin]
without [wi'ðaʊt]
would [wʊd]

you [ju:]
your [jɔ:], yours [jɔ:z]

Fonētiskās transkripcijas zīmes

Šie simboli lietoti gan britu, gan amerikāņu izrunai.

Līdzskaņi		Patskaņi	
Simbols	Vārds	Simbols	Vārds
p	pack	e	bed
b	bay	æ	bad
t	tie	i:	sheep
d	day	i	ship
k	class	ɑ:	calm
g	glass	ɒ	pot
f	few	ɔ:	caught
v	view	ʊ	put
θ	throw	u:	boot
ð	though	ʌ	cut
s	soon	ɜ:	bird
z	zoo	ə	better
ʃ	shoe	ei	make
ʒ	measure	əʊ	boat
m	sum	ai	bite
n	sun	aʊ	now
ŋ	sung	ɔi	boy
h	hot	iə	here
l	lot	eə	hair
r	rod	ʊə	poor
j	yet	eiə	player
w	wet	eʊə	laver
tʃ	church	ɔiə	employer
dʒ	judge	aiə	tire
		aʊə	flover

Saīsinājumi Abbreviations used

a – adjective, īpašības vārds
adv – adverb, apstākļa vārds
amer. – amerikānisms
amer. sl. – amerikāņu slengs
anat. – anatomija
arh. – arhitektūra
arheol. – arheoloģija
astr. – astronomija
attr. – attributive use, atributīvi lietots
aux. v – auxiliary verb, palīgdarbības vārds
av. – aviācija
biol. – bioloģija
bot. – botānika
būvn. – būvniecība
comp. – comparative degree, pārākā pakāpe
conj. – conjunction, saiklis
dat. – datori
dem. – deminutīvs, pamazināmais vārds
ek. – ekonomika
el. – elektrība
filoz. – filozofija
fiz. – fizika
fiziol. – fizioloģija
folkl. – folklora
glezn. – gleznniecība
gram. – gramatika
grāmatv. – grāmatvedība

ģenēt. – ģenētika
ģeogr. – ģeogrāfija
ģeol. – ģeoloģija
imper. – imperative, pavēles izteiksme
inf. – infinitive, nenoteiksme
inform. – informātika
int. – interjection, izsauksmes vārds
jur. – jurisprudence
jūrn. – jūrniecība
kom. – komercija
kul. – kulinārija
ķīm. – ķīmija
lat. – latīņu
lauks. – lauksaimniecība
lit. – literatūra
mat. – matemātika
med. – medicīna
mil. – militārs termins
min. – mineraloģija
mod. v – modal verb, modālais darbības vārds
mūz. – mūzika
n – noun, lietvārds
novec. – novecojis vārds
num – numeral, skaitļa vārds
ornit. – ornitoloģija
p – past tense, pagātne
pārn. – pārnestā nozīmē
part – particle, partikula

pass. – passsive, ciešamā kārta
pers. – person, persona
piem. – piemēram
pl – plural, daudzskaitlis
poēt. – poētisms
p. p. – past participle, pagātnes divdabis
predic. – predicative use, predikatīvi lietots
prep – preposition, prievārds
pres. p. – present participle, tagadnes divdabis
pron – pronoun, vietniekvārds
rel. – reliģija
saīs. – saīsināti
sar. – sarunvalodā lietots vārds
sev. – sevišķi
sg – singular, vienskaitlis
sk. – skaties
sl. – slang, slengs
smb. – somebody, kāds
smth. – something, kaut kas
sp. – sports
sup. – superlative degree, vispārākā pakāpe
teātr. – teātra termins
tehn. – tehnika
tekst. – tekstilrūpniecība
telev. – televīzija
u. c. – un citi
u. tml. – un tamlīdzīgi
v – verb, darbības vārds
val. – valodniecība
vēst. – vēsture
vet. – veterinārija
zool. – zooloģija

A a

A, aᵃ [ei] *n* (*pl* As [eiz] *vai* A's [eiz])
1. angļu alfabēta burts; 2. (A.) *mūz.* la; 3. (A.) *amer.* augstākā atzīme
aᵇ [uzsvērtā forma ei; neuzsvērtā forma ə] 1. *gram.* nenoteiktais artikuls līdzskaņa priekšā; 2. viens; in a year – pēc [viena] gada; 3. katrs; twice a year – divreiz gadā
aardwolf ['ɑ:dwʊlf] *n* hiēnsuns
aba ['æbə] *n* 1. kamieļvilnas audums; 2. (*kamieļvilnas auduma*) apmetnis
abaca ['æbəkə] *n* abaka
aback [ə'bæk] *adv* atpakaļ; atmuguriski
abacus ['æbəkəs] *n* (*pl* abacuses ['æbəkəsiz] *vai* abaci ['æbəsai]) 1. skaitāmie kauliņi; 2. *arh.* abaks
abaft [ə'bɑ:ft] *jūrn.* I *adv* 1. kuģa pakaļgalā; 2. aizmugurē; no mugurpuses; II *prep* aiz; viņpus
abandon [ə'bændən] I *n* 1. nepiespiestība; dabiskums; 2. jūtu uzplūds; 3. aizmiršanās; II *v* 1. pamest; atstāt; 2. atmest (*piem., cerības*); 3. nodoties; ļauties
abandoned [ə'bændənd] *a* 1. pamests; atstāts; 2. izlaidīgs; paklīdis
abandonment [ə'bændənmənt] *n* 1. pamešana; atstāšana; 2. atmešana; atsacīšanās; 3. nepiespiestība; dabiskums; 4. jūtu uzplūds
abase [ə'beis] *v* 1. pazemot; 2. pazemināt (*piem., amatā*); degradēt

abasement [ə'beismənt] *n* 1. pazemojums; 2. pazemināšana (*piem., amatā*); degradēšana
abash [ə'bæʃ] *v* samulsināt, apmulsināt
abashed [ə'bæʃt] *a* samulsis, apmulsis
abate [ə'beit] *v* 1. [sa]mazināt; atslābināt; 2. pazemināt; to a. of the price – pazemināt cenu; 3. mazināties; (*par vēju – arī*) norimt; 4. *jur.* anulēt; atcelt; izbeigt (*lietu*)
abatement [ə'beitmənt] *n* 1. samazināšana; atslābināšana; 2. (*cenas*) pazemināšana; 3. mazināšanās; (*vēja – arī*) norimšana; 4. *jur.* anulēšana; atcelšana; (*lietas*) izbeigšana
abattoir ['æbətwɑ:] *n* lopkautuve
abbacy ['æbəsi] *n* abata (*vai* abates) amats
abbess ['æbəs] *n* abate, klostera priekšniece
abbey ['æbi] *n* abatija; klosteris
abbot ['æbət] *n* abats, klostera priekšnieks
ABC [ˌeibi:'si:] *n* 1. alfabēts; 2. ābece; 3. pamati; 4. alfabētisks (*vilcienu u.tml.*) saraksts
abdomen ['æbdəmən] *n anat.* vēderdobums; vēders
abdominal [æb'dɒminl] *a* vēdera-; a. cavity – vēderdobums; a. pregnancy *med.* – ārpusdzemdes grūtniecība
abecedarian [ˌeibi:si:'deəriən] I *n* ābecnieks; II *a* 1. elementārs; 2. alfabētisks

abele [ə'bi:l] *n* baltā papele
abet [ə'bet] *v* kūdīt (*uz noziegumu*)
abetment [ə'betmənt] *n* kūdīšana
abettor [ə'betə] *n jur.* (*nozieguma*) līdzdalībnieks; atbalstītājs
abeyance [ə'beiəns] *n* **1.** nenoteiktība; neziņa; **2.** *jur.* (*likuma, tiesību*) pagaidu atcelšana
abeyant [ə'beiənt] *a jur.* **1.** spēkā neesošs; **2.** bezīpašnieka- (*manta*)
abhorrence [əb'hɒrəns] *n* riebums, pretīgums
abhorrent [əb'hɒrənt] *a* riebīgs, pretīgs
abidance [ə'baidəns] *n* **1.** uzturēšanās; atrašanās; **2.** (*norunas u.tml.*) ievērošana
abiding [ə'baidiŋ] *a* pastāvīgs, paliekošs
ability [ə'bilǝti] *n* **1.** spēja; prasme; **2.** (*bieži pl*) spējas; talants **3.** *ek.* maksātspēja; **4.** *jur.* kompetence
abject ['æbdʒekt] *a* **1.** nožēlojams; **2.** verdziski pazemīgs
abjection [æb'dʒekʃn] *n* pazemojums
ablaze [ə'bleiz] *a predic.* **1.** liesmās; to be a. – liesmot; **2.** kvēlojošs; mirdzošs; **3.** iekarsis; a. with anger – iekaisis dusmās
able ['eibl] *a* **1.** spējīgs; apdāvināts; **2.** *jur.* kompetents
able-bodied [,eibl'bɒdid] *a* spēcīgs; veselīgs; (*karadienestam*) derīgs
abloom [ə'blu:m] *a predic.* ziedos; saplaucis
ablush [ə'blʌʃ] *a predic.* pietvīcis; nosarcis
ably ['eibli] *adv* prasmīgi
abnegate ['æbnigeit] *v* **1.** liegt (*sev kaut ko*); **2.** atsacīties; atteikties (*no tiesībām u. tml.*)
abnormal [æb'nɔ:ml] *a* nenormāls

abnormality [,æbnɔ:'mælǝti] *n* nenormālība
abnormity [æb'nɔ:mǝti] *n* **1.** neregularitāte; **2.** anomālija
aboard [ə'bɔ:d] **I** *adv* uz kuģa (lidmašīnā, vilcienā, autobusā); all a.! – iekāpt!; welcome a.! – sveicam uz mūsu kuģa (lidmašīnā, vilcienā, autobusā); **II** *prep* to go a. a ship – kāpt uz kuģa; to go a. a plane (train, bus) – iekāpt lidmašīnā (vilcienā, autobusā)
abode [ə'bəʊd] *n* mītne; uzturēšanās vieta
abolish [ə'bɒliʃ] *v* atcelt; likvidēt
abolition [,æbə'liʃn] *n* atcelšana, likvidēšana
A-bomb ['eibɒm] *n* atombumba
abominable [ə'bɒminəbl] *a* riebīgs, pretīgs; ◇ A. Snowman – Sniega cilvēks, jetijs
abominate [ə'bɒmineit] *v* **1.** sajust riebumu; **2.** neieredzēt, nemīlēt
abomination [ə,bɒmi'neiʃn] *n* **1.** riebums, pretīgums; **2.** kaut kas riebīgs (pretīgs)
aboriginal [,æbə'ridʒənl] **I** *n* aborigēns; **II** *a* aborigēnu-
aborigine [,æbə'ridʒəni] *n* aborigēns
abort [ə'bɔ:t] *v* **1.** priekšlaicīgi dzemdēt; **2.** izdarīt abortu; **3.** ciest neveiksmi; **4.** *dat.* priekšlaicīgā pārtrauce
abortive [ə'bɔ:tiv] *a* **1.** (*par dzemdībām*) priekšlaicīgs; **2.** neveiksmīgs; neizdevies
abortiveness [ə'bɔ:tivnis] *n* neveiksme
about [ə'baʊt] **I** *adv* **1.** apkārt; to look a. – palūkoties apkārt; **2.** aptuveni; apmēram; **3.** netālu; tuvumā; is there anybody a.? – vai šeit kāds ir?; **4.** *sar.* gandrīz; **II** *prep* **1.** par; to speak a. literature – runāt par literatūru; what a. a cup of tee (coffee)? – vai vēlies

tasi tējas (kafijas)?; **2.** (*norāda laiku*) ap; apmēram; a. three – ap trijiem; **3.** (*norāda vietu*) pa; apkārt; somewhere a. the house – kaut kur mājā[s]; **4.** līdzi; klāt; I have no money a. me – man nav naudas; **5.** (*ar inf.*): to be a. to do smth. – gatavoties kaut ko darīt
above [ə'bʌv] **I** *n*: from a. – no augšas; **II** *a* iepriekšminētais; **III** *adv* **1.** augšā; augšup; **2.** iepriekš; agrāk; as stated a. – kā iepriekš minēts; **IV** *prep* virs; augstāk; pāri par; a. zero – virs nulles; that is a. me – to es nespēju saprast
above-board [ə,bʌv'bɔ:d] **I** *a predic.* godīgs; atklāts; **II** *adv* godīgi; atklāti
above-mentioned [ə,bʌv'menʃnd] *a* iepriekšminētais
abrade [ə'breid] *v* noberzt; nobrāzt
Abraham ['eibrəhæm] *n*: in ~'s bosom – kā Dieva ausī
abrasion [ə'breiʒn] *n* **1.** noberzums; nobrāzums; **2.** nodilums; nolietojums; **3.** *ģeol.* abrāzija; **4.** *tehn.* abrazīvā apstrāde, rupjapstrāde
abrasive [ə'breisiv] **I** *n tehn.* abrazīvs; **II** *a* **1.** *tehn.* abrazīvs; **2.** (*par toni, piezīmi*) ass; dzēlīgs
abreast [ə'brest] *adv* blakus; līdzās
abridge [ə'bridʒ] *v* **1.** saīsināt (*tekstu u. tml.*); **2.** ierobežot (*tiesības, privilēģijas*)
abridg[e]ment [ə'bridʒmənt] *n* **1.** (*teksta u. tml.*) saīsinājums; **2.** (*tiesību, privilēģiju*) ierobežojums
abroach [ə'brəʊtʃ] **I** *a predic.* atkorķēts; attaisīts; **II** *adv* vaļā
abroad [ə'brɔ:d] *adv* **1.** ārzemēs; uz ārzemēm; from a. – no ārzemēm; to go a. – braukt uz ārzemēm; to live a. – dzīvot ārzemēs; **2.** plaši; visur; **3.** *novec.* ārā; ārpus mājas

abrogate ['æbrəgeit] *v* atcelt, anulēt (*likumu u. tml.*)
abrupt [ə'brʌpt] *v* **1.** pēkšņs; negaidīts; **2.** strups; aprauts; **3.** kraujš; stāvs
abruption [ə'brʌpʃn] *n* atraušanās; atdalīšanās
abruptness [ə'brʌptnis] *n* **1.** pēkšņums; **2.** strupums; asums; skarbums; **3.** stāvums
abscess ['æbsis] *n* **1.** abscess, augonis; **2.** dobums
abscission [æb'siʒn] *n* **1.** *med.* amputācija; **2.** *bot.* (*lapu, augļu*) atdalīšana
absence ['æbsəns] *n* **1.** prombūtne; neierašanās; a. from work – darba kavējums; neierašanās darbā; **2.** trūkums; a. of evidence *jur.* – pierādījumu trūkums
absent I *a* ['æbsənt] **1.** promesošs; to be a. – nebūt klāt; **2.** izklaidīgs; **II** *v* [æb'sent]: to a. oneself from smth. – izvairīties no kaut kā; neierasties kaut kur
absent-minded [,æbsənt'maindid] *a* izklaidīgs
absent-mindedness [,æbsənt'maindidnis] *n* izklaidība
absinth ['æbsinθ] *n* absints, vērmeļu degvīns
absolute ['æbsəlu:t] *a* **1.** absolūts; pilnīgs; **2.** (*par faktu, pierādījumu*) neapšaubāms; **3.** (*par varu, valdnieku*) absolūts; neierobežots; **4.** tīrs; bez piejaukuma; a. alcohol – tīrs spirts; **5.** *a.* adress *dat.* – absolūtā adrese
absolutely ['æbsəlu:tli] *adv* **1.** absolūti; pilnīgi; **2.** neapšaubāmi; **3.** neierobežoti; **4.** *sar.* protams; katrā ziņā
absolution [,æbsə'lu:ʃn] *n* **1.** piedošana; **2.** *jur.* attaisnojums; **3.** *rel.* grēkatlaide

absolve [əb'zɒlv] v **1.** atbrīvot (*no saistībām*); **2.** *jur.* attaisnot; **3.** *rel.* atlaist (piedot) grēkus
absorb [əb'sɔ:b] v **1.** absorbēt, uzsūkt; **2.** saistīt (*uzmanību*)
absorbable [əb'sɔ:bəbl] *a* [viegli] absorbējams, [viegli] uzsūcams
absorbent [əb'sɔ:bənt] **I** *n* absorbents; absorbētājs; **II** *a* absorbējošs, uzsūcošs; a. carbon – aktivētā ogle; a. cotton wool, *amer.* a. cotton – higroskopiskā vate
absorber [əb'sɔ:bə] *n* ķīm. absorbētājs
absorptive [əb'sɔ:ptiv] *a* absorbējošs, uzsūcošs; a. power – absorbcijas spēja
abstain [əb'stein] v (*from*) atturēties (*no balsošanas*); to a. from drinking – nelietot alkoholu
abstainer [əb'steinə] *n* **1.** atturībnieks; nedzērājs; **2.** nebalsotājs (*vēlēšanās*)
abstergent [əb'stɜ:dʒənt] **I** *n* spodrinātājs, spodrināšanas līdzeklis; **II** *a* spodrinātāj-; spodrināšanas-
abstersion [əb'stɜ:ʃn] *n* spodrināšana; tīrīšana
abstract I *n* ['æbstrækt] **1.** abstrakcija; abstrakts jēdziens; in the a. – teorētiski; abstrakti [runājot]; **2.** rezumējums; kopsavilkums; **II** *a* ['æbstrækt] **1.** abstrakts, vispārīgs; **2.** [pārāk] teorētisks; grūti saprotams; **III** *v* [æb'strækt] **1.** abstrahēt; **2.** atšķirt; noškirt; **3.** novērst (*uzmanību*); **4.** rezumēt; atreferēt (*rakstu*)
abstracted [æb'stræktid] *a* **1.** atšķirt, noškirt; **2.** domās nogrimis; izklaidīgs
abstractedly [æb'stræktidli] *adv* **1.** abstrakti; **2.** atšķirti; noškirti; **3.** izklaidīgi

abstractionist [æb'strækʃnist] *n* abstrakcionists
abstractor [æb'stræktə] *n* referents
abstruse [æb'stru:s] *a* **1.** nesaprotams; neskaidrs; **2.** (*par domām, nozīmi*) dziļš; apslēpts
absurd [əb'sɜ:d] *a* **1.** absurds, bezjēdzīgs; **2.** muļķīgs; smieklīgs; **3.**: theatre of the A. – absurda teātris
absurdism [əb'sɜ:dizəm] *n* absurdisms
absurdity [əb'sɜ:diti] *a* **1.** absurds, bezjēdzība; **2.** muļķība; aplamība
abundance [ə'bʌndəns] *n* pārpilnība; bagātība
abundant [ə'bʌndənt] *a* pārpilns
abuse I *n* [ə'bju:s] **1.** ļaunprātīga izmantošana; **2.** sagrozīšana; izkropļošana; **3.** apvainojums; zākāšana; lamas; **4.** *tehn.* nepareiza (*iekārtas u. tml.*) ekspluatācija; **II** *v* [ə'bju:z] **1.** ļaunprātīgi izmantot; **2.** sagrozīt; izkropļot; **3.** apvainot; zākāt; lamāt; **4.** *tehn.* nepareizi ekspluatēt (*iekārtu u. tml.*)
abusive [ə'bju:siv] *a* aizvainojošs; aizskarošs; a. language – lamas
abut [ə'bʌt] v **1.** (*on, upon*) robežoties (*ar*); atrasties blakus; **2.** *arh.* (*on, against*) balstīties
abutment [ə'bʌtmənt] *n* **1.** robeža; robežošanās; **2.** *arh.* pamats; balsts; kontrforss
abutting [ə'bʌtiŋ] *a* blakus-
abysmal [ə'bizml] *a* **1.** ļoti dziļš; **2.** *sar.* bezgalīgs
abyss [ə'bis] *n* **1.** bezdibenis (*arī pārn.*); **2.** pirmatnējais haoss
abyssal [ə'bisl] *a* dziļš; dziļūdens-
acacia [ə'keiʃə] *n* akācija; false a. – robīnija; baltā akācija
academic [,ækə'demik] **I** *n* universitātes (koledžas, augstskolas) mācību spēks;

II *a* **1.** akadēmijas-; universitātes-; koledžas-; augstskolas-; a. board – (*universitātes u. tml.*) zinātniskā padome; a. degree – zinātniskais grāds; a. year – akadēmiskais (mācību) gads (*augstskolā*); **2.** akadēmisks; teorētisks
academical [ˌækə'demikl] *a* akadēmijas-; universitātes-; koledžas-; augstskolas-
academicals [ˌækə'demiklz] *n pl* augstskolu mācībspēku un studentu tērps (*talārs un berete*)
academician [əˌkædə'miʃn] *n* akadēmiķis
academy [ə'kædəmi] *n* **1.** akadēmija; **2.** (*augstākā vai speciālā vidējā*) mācību iestāde; a. of music – mūzikas skola; fencing a. – paukošanas skola; military a. – karaskola; naval a. – (*karaflotes*) jūrskola
academy figure [ə'kædəmiˌfigə] *n glezn.* akts
a cap[p]ella [ˌɑːkɑː'pelɑː] *a, adv mūz.* bez pavadījuma-
accede [æk'siːd] *v* **1.** piekrist (*priekšlikumam, plānam*); **2.** pievienoties (*līgumam, savienībai*); **3.** stāties amatā
accelerant [ək'selərənt] *n ķīm.* katalizators
accelerate [ək'seləreit] *v* **1.** paātrināt; **2.** paātrināties
acceleration [əkˌselə'reiʃn] *n* **1.** paātrināšana; **2.** paātrināšanās; **3.** *fiz.* paātrinājums; **4.** *biol., fiziol.* akcelerācija
accelerator [ək'seləreitə] *n* **1.** *tehn.* akselerators; **2.** *ķīm.* katalizators; **3.** *fiz.* (*daļiņu*) paātrinātājs; **4.** a. key *dat.* – paātrinājumtaustiņš
accent I *n* ['æksənt] **1.** uzsvars, akcents; **2.** uzsvara (akcenta) zīme; **3.** akcents, izruna; **II** *v* [æk'sent] uzsvērt; akcentēt

accentual [æk'sentʃʊəl] *a* akcenta-; tonisks
accentuate [æk'sentʃʊeit] *v* uzsvērt, akcentēt
accept [æk'sept] *v* **1.** pieņemt (*piedāvājumu u. tml.*); **2.** piekrist; atzīt par pareizu; **3.** *kom.* akceptēt
acceptability [əkˌseptə'biləti] *n* pieņemamība
acceptable [ək'septəbl] *a* **1.** pieņemams; pieļaujams; a. risk – pieļaujamais risks; **2.** patīkams; vēlams
acceptance [ək'septəns] *n* **1.** (*piedāvājuma u. tml.*) pieņemšana; **2.** piekrišana; pievienošanās; **3.** *kom.* akcepts; **4.** a. test – *dat.* akcepttests
access ['ækses] *n* **1.** pieeja; piekļūšana; a. road – piebraucamais ceļš; a. to power – nākšana pie varas; **2.** pieejamība; **3.**: a. method *dat.* – pieejas metode; a. path *dat.* – pieejas ceļš; a. protocol *dat.* – pieejas protokols; a. time *dat.* – pieejas laiks; **4.** (*slimības, dusmu*) lēkme; (*jūtu*) uzplūds
accessary [ək'sesəri] *jur.* **I** *n* līdzvainīgais; līdzdalībnieks; a. after the fact – netiešais līdzdalībnieks; a. before the fact – tiešais līdzdalībnieks; **II** *a predic.* līdzvainīgs
accessible [ək'sesəbl] *a* **1.** pieejams; sasniedzams; **2.** [visiem] saprotams; a. book – viegli lasāma grāmata; **3.** (*to*) (*ietekmei, iedarbībai*) pakļāvīgs; ietekmējams
accession [æk'seʃn] **I** *n* **1.** pieeja; **2.** stāšanās [amatā]; **3.** pieaugums; papildinājums; a. catalogue – jaunumu katalogs; **4.** piekrišana; pievienošanās; **II** *v* iekļaut katalogā
accident ['æksidənt] *n* **1.** gadījums; nejaušība; **2.** nelaimes gadījums; katas-

trofa; a. insurance – apdrošināšana pret nelaimes gadījumiem; a. hospital – traumatoloģiskā slimnīca
accidental [͵æksi'dentl] **I** *n* nejaušība; gadījums; **II** *a* **1.** nejaušs; gadījuma-; **2.** mazsvarīgs; sekundārs
accidentally [͵æksi'dentli] *adv* nejauši; gadījuma pēc
acclaim [ə'kleim] **I** *n* skaļa apsveikšana; vētraini aplausi; **II** *v* **1.** skaļi apsveikt; vētraini aplaudēt; **2.** pasludināt; proklamēt
acclamation [͵æklə'meiʃn] *n* **1.** skaļa (vētraina) piekrišana; carried (voted) by a. – vienprātīgi pieņemts (*bez balsošanas*); **2.** (*parasti pl*) ovācijas
acclamatory [ə'klæmətəri] *a* piekrītošs; atzinīgs
acclimatization [ə͵klaimətai'zeiʃn] *n* aklimatizācija; aklimatizēšana
acclimatize [ə'klaimətaiz] *v* **1.** aklimatizēt; **2.** aklimatizēties
acclivitous [ə'klivitəs] *a* kalnupejošs; (*par pakāpieniem*) augšupejošs
acclivity [ə'klivəti] *n* nogāze; piekalne
accommodate [ə'kɒmədeit] *v* **1.** pielāgot; piemērot; **2.** noregulēt; nokārtot; **3.** (*with*) apgādāt; **4.** izvietot; dot pajumti
accommodating [ə'kɒmədeitiŋ] *a* **1.** pakalpīgs; iztapīgs; **2.** piekāpīgs
accommodation address [ə͵kɒmə'deiʃnə͵dres] *n* adrese «pēc pieprasījuma»
accommodation road [ə͵kɒmə'deiʃn͵rəʊd] *n* pievadceļš
accommodations [ə͵kɒmə'deiʃnz] *n pl* **1.** ērtības (*piem., dzīvoklī*); **2.** *amer.* dzīvoklis; numurs viesnīcā (*ar visām ērtībām*); **3.** *amer.* vieta (*vilcienā, kuģī*)
accommodation unit [ə͵kɒmə'deiʃn͵juːnit] *n* dzīvojamā platība (*dzīvoklis, vienģimenes māja*)

accompaniment [ə'kʌmpənimənt] *n* pavadījums
accompanist [ə'kʌmpənist] *n* pavadītājs
accompany [ə'kʌmpəni] *v* pavadīt
accomplish [ə'kʌmpliʃ] *v* **1.** izpildīt; [pa]beigt; [pa]veikt; **2.** pilnveidot; izkopt
accomplished [ə'kʌmpliʃt] *a* **1.** izpildīts; pabeigts; paveikts; **2.** izglītots; kvalificēts
accord [ə'kɔːd] **I** *n* **1.** saskaņa; vienprātība; harmonija; **2.** vienošanās; **3.** *mūz.* akords; **II** *v* **1.** (*with*) saskanēt; harmonēt; **2.** izrādīt (*cieņu u. tml.*)
accordance [ə'kɔːdəns] *n* saskaņa; atbilstība; in a. with – saskaņā ar
accordant [ə'kɔːdənt] *a* (*with*) atbilstošs; attiecīgs
accordingly [ə'kɔːdiŋli] *adv* **1.** atbilstoši; **2.** tādēļ; tādējādi
accordion [ə'kɔːdiən] *n* **1.** *mūz.* akordeons; **2.**: a. wall – sabīdāma siena
accordion-pleated [ə͵kɔːdiən'pliːtid] *a* gofrēts
accost [ə'kɒst] *v* **1.** uzrunāt; griezties (*pie kāda*); **2.** uzmākties; piesieties
accouchement [ə'kuːʃmɒn] *n* dzemdības
accoucheur [͵æku:'ʃɜː] *n* akušieris
accoucheuse [͵æku:'ʃɜːz] *n* akušiere, vecmāte
account [ə'kaʊnt] **I** *n* **1.** rēķins; konts; current a., a. current *novec.* – tekošais rēķins (konts); on smb.'s a. – uz kāda rēķina; **2.** atskaite; ziņojums; norēķins; **3.** novērtējums; viedoklis; **4.** iemesls; pamats; on no a. – nekādā ziņā; on this (that) a. – šā (tā) iemesla dēļ; **5.** nozīme; svarīgums; person of a. – ievērojama persona; ◇ to give a good a. of oneself – 1) labi rekomendēt sevi; 2) atstāt labu iespaidu; **II** *v* uzskatīt;

to a. smb. innocent – uzskatīt kādu par nevainīgu; ◊ to a. for – 1) atskaitīties par; 2) atbildēt par; 3) izskaidrot
accountable [ə'kaʊntəbl] *a* **1.** (*for, to*) atbildīgs; **2.** izskaidrojams; saprotams
accountancy [ə'kaʊntənsi] *n* grāmatvedība; uzskaitvedība
accountant [ə'kaʊntəntl *a* **1.** grāmatvedis; **2.** *jur.* atbildētājs
accounting [ə'kaʊntiŋ] *n* **1.** grāmatvedība; **2.** atskaite; aprēķins; cost a. – kalkulācija; ◊ there is no a. for tastes – par gaumi nestrīdas
accoutre [ə'ku:tə] *v* ekipēt; apgādāt; ietērpt
accredit [ə'kredit] *v* **1.** pilnvarot; akreditēt (*diplomātisko pārstāvi*); **2.** (*with*) piedēvēt
accreditation [ə,kredi'teiʃn] *n* akreditēšana
accredited [ə'kreditid] *a* **1.** oficiāli atzīts; akreditēts; **2.** vispārpieņemts; **3.** garantētas kvalitātes-
accrete [æ'kri:t] *v* **1.** pieaugt; **2.** saaugt; **3.** apaugt
accrue [ə'kru:] *v* **1.** (*sev. par procentiem*) pieaugt; uzkrāties; **2.** (*from*) izcelties; rasties
accumulate [ə'kju:mjʊleit] *v* **1.** akumulēt, uzkrāt; **2.** akumulēties, uzkrāties
accumulation [ə,kju:mjʊ'leiʃn] *n* **1.** akumulācija, uzkrāšana; **2.** uzkrāšanās; **3.** uzkrājums
accumulative [ə'kju:mjʊlətiv] *a* **1.** uzkrājošs; **2.** pieaugošs
accuracy ['ækjʊrəsi] *n* **1.** precizitāte; **2.** rūpīgums
accurate ['ækjʊrət] *a* **1.** precīzs; **2.** rūpīgs; **3.** *tehn.* kalibrēts

accursed [ə'kɜ:sid] *a* **1.** nolādēts; **2.** *sar.* pretīgs; riebīgs
accusal [ə'kju:zl] *n* apsūdzība
accusation [,ækju:'zeiʃn] *n* **1.** apsūdzība; **2.** *jur.* apsūdzības raksts (slēdziens)
accusative [ə'kju:zətiv] *n gram.* akuzatīvs
accuse [ə'kju:z] *v* (*of*) apsūdzēt
accused [ə'kju:zd] *n*: the a. – 1) apsūdzētais; 2) apsūdzētie
accuser [ə'kju:zə] *n jur.* apsūdzētājs
accustom [ə'kʌstəm] *v* (*to*) pieradināt
accustomed [ə'kʌstəmd] *a* pieradis; to get (be, become) a. (*to*) – pierast
ace [eis] *n* **1.** (*kāršu vai kauliņu spēlē*) acs; **2.** (*kāršu spēlē*) dūzis; **3.** ass (*izcils lidotājs*); čempions (*sportā*); the a. of ~s – labākais no labākajiem; **4.** mazumiņš; mata tiesa; within an a. (*of*) – par matu; **5.** *sl.* marihuānas cigarete
acerbic [ə'sɜ:bik] *a* **1.** skābs; rūgtens; **2.** (*par rakstūru, valodu*) skarbs; ass
acerbity [ə'sɜ:bəti] *n* **1.** skābums; rūgtenums; **2.** (*rakstura, valodas*) skarbums; asums
acetate ['æsiteit] *n ķīm.* acetāts
acetic [ə'si:tik] *a* etiķ-; etiķa-; a. acid – etiķskābe
acetify [ə'setifai] *v* **1.** pārvērst etiķī; **2.** pārvērsties etiķī
acetone ['æsitəʊn] *n* acetons
acetyl ['æsitil] *n ķīm.* acetils
acetylene [ə'setili:n] *n* acetilēns
acetylsalicylic ['æsitil,sæli'silik] *a*: a. acid – acetilsalicilskābe, aspirīns
ache [eik] **I** *n* (*ilgstošas, smeldzošas*) sāpes; **II** *v* **1.** (*ilgstoši, smeldzoši*) sāpēt; **2.** (*for*) alkt, kārot
acheléss ['eiklis] *a* bezsāpju-; nesāpīgs
achievable [ə'tʃi:vəbl] *a* sasniedzams; iegūstams

achieve [ə'tʃi:v] v **1.** sasniegt; gūt; to a. success – gūt panākumus; **2.** veikt; [sekmīgi] pabeigt
achievement [ə'tʃi:vmənt] n **1.** sasniegums; **2.** veikums; a. sheet – sekmju lapa (*universitātē*)
Achilles [ə'kili:z] n: ~'heel, the heel of A. *pārn.* – Ahilleja papēdis; vārīga vieta
achromatic [ˌækrə'mætik] a ahromatisks; bezkrāsas-
acid ['æsid] I n **1.** skābe; nitric a. – slāpekļskābe; sulphuric a. – sērskābe; **2.** *sl.* LSD narkotika; **II** a **1.** skābs; **2.** dzelīgs; ass; **3.** ķīm. skābes-; skābi saturošs
acid-head [ˌæsid'hed] n *sl.* narkomāns (*sev.* LSD narkotikas lietotājs)
acidify [ə'sidifai] v ķīm. **1.** paskābināt; **2.** pārvērst skābē; **3.** pārvērsties skābē
acidity [ə'sidəti] n **1.** skābums; skābuma pakāpe; **2.** dzēlīgums
acidophilic [ˌæsidə'filik] a *biol.* acidofils
acidophilus [ˌæsi'dɒfiləs] a: a. milk – acidofilais piens, acidofilīns
acidosis [ˌæsi'dəʊsis] n (*pl* acidoses [ˌæsi'dəʊsi:z]) *med.* acidoze
acidproof ['æsidpru:f] a skābes izturīgs
acidulate [ə'sidjʊleit] v paskābināt
acidulous [ə'sidjʊləs] a **1.** ieskābs; skābens; **2.** (*par valodu, uzvedību*) īgns
acknowledge [ək'nɒlidʒ] v **1.** atzīt; to a. one's mistake – atzīt savu kļūdu; **2.** apliecināt; apstiprināt; **3.** izteikt atzinību (*vai* pateicību); **4.** *jur.* apliecināt (*dokumenta u. tml.*) īstenumu (derīgumu)
acknowledged [ək'nɒlidʒd] a atzīts; a. truth – [vispār]atzīta patiesība

acme ['ækmi] n kulminācijas punkts; virsotne; (*slavas*) kalngali
acne ['ækni] n pūtīte
acolyte ['ækəlait] n **1.** palīgs; asistents; **2.** baznīcas kalpotājs
acorn ['eikɔ:n] n [ozol]zīle
acoustic [ə'ku:stik] a **1.** akustisks; skaņas-; **2.** dzirdes-; a. apparatus – dzirdes aparāts; a. duct *anat.* – dzirdes kanāls; **3.** (*par mūzikas instrumentu*) parasts; a. guitar – parastā ģitāra
acoustics [ə'ku:stiks] n akustika
acquaint [ə'kweint] v iepazīstināt; to be ~ed (*with*) – būt pazīstamam; to get ~ed (*with*) – iepazīties
acquaintance [ə'kweintəns] n **1.** pazīšanās; speaking a. – oficiāla pazīšanās; **2.** paziņa; wide circle of ~s – plašs paziņu loks
acquaintanceship [ə'kweintənʃip] n **1.** pazīšanās; **2.** (*among, with*) pazīšanās; paziņas
acquiesce [ˌækwi'es] v **1.** piekrist; samierināties; **2.** (*in*) pieņemt, akceptēt (*plānu, priekšlikumu*)
acquiescent [ˌækwi'esnt] a piekāpīgs
acquire [ə'kwaiə] v **1.** iegūt; iemantot (*slavu, draugus*); **2.** apgūt (*iemaņas u. tml.*)
acquisition [ˌækwi'ziʃn] n **1.** iegūšana; **2.** ieguvums
acquisitiveness [ə'kwizitivnis] n **1.** mantrausība; **2.** ass prāts; apķērība
acquittal [ə'kwitl] n **1.** atbrīvošana (*no saistībām, parāda*); **2.** attaisnošana (*tiesā*) **3.** (*pienākuma, uzdevuma*) veikšana
acre ['eikə] n akrs (*4,04 ha*) ◇ God's a. – kapsēta
acrid ['ækrid] a **1.** kodīgs; sīvs; ass; **2.** (*par raksturu*) skarbs; ass

acridity [æˈkridəti] *n* **1.** kodīgums; sīvums; asums; **2.** (*rakstura*) skarbums; asums
acrimonious [ˌækriˈməʊniəs] *a* **1.** kodīgs; sīvs; **2.** (*par valodu, raksturu, izturēšanos*) dzēlīgs; ass; sarkastisks
acro [ˈækrəʊ] *n sar.* akrobāts
acrobacy [ˈækrəbæsi] *n* **1.** akrobātika; **2.** augstākā pilotāža
acrobat [ˈækrəbæt] *n* akrobāts
acrobatics [ˌækrəˈbætiks] *n* akrobātika
acrophobia [ˌækrəˈfəʊbiə] *n* akrofobija, bailes no augstuma
acropolis [əˈkrɒpəlis] *n* akropole
acrosport [ˈækrəspɔːt] *n sar.* sporta akrobātika
across [əˈkrɒs] **I** *adv* **1.** šķērsām; **2.** viņā pusē; [šķērsām] pāri; **3.** (*krustvārdu mīklās*) horizontāli; **4.** krustām; **II** *prep* [šķērsām] pāri; viņā pusē; a. from *amer.* – otrā pusē (*ielai u. tml.*); a. the ocean – aiz okeāna; a. the river – pāri upei
across-the-board [əˌkrɒsðəˈbɔːd] *a* visaptverošs
act [ækt] **I** *n* **1.** darbība; rīcība; **2.** likums; (*oficiāls*) lēmums; **3.** akts (*dokuments*); **4.** cēliens; **II** *v* **1.** darboties; rīkoties; to a. as an interpreter – būt par tulku; **2.** tēlot (*lomu*); ◊ to a. for (on behalf of) smb. – rīkoties kāda vietā; to a. on (upon) – 1) iedarboties; 2) to a. on (upon) advice – sekot padomam; to a. (*smth.*) out – iemiesot (*piem., savas idejas*) darbos; to a. up – 1) slikti tēlot (*lomu*); 2) slikti uzvesties
acting [ˈæktiŋ] **I** *n* **1.** (*lomas*) tēlošana; a. copy – lugas teksts ar režisora remarkām; **2.** tēlojums; **II** *a* **1.**: a. president – prezidenta vietas iz-

pildītājs; **2.** kas darbojas; a. army *mil.* – aktīvā armija
actinium [ækˈtiniəm] *n ķīm.* aktīnijs
action [ˈækʃn] **I** *n* **1.** darbība; rīcība; **2.** (*narkotikas, skābes*) iedarbība; **3.** (*lugas u. tml.*) darbība; **4.** streiks; **5.** *sl.* noziedzīga darbība; **6.** *jur.* prāva; tiesas process; **7.** *mil.* kauja; to fall in a. – krist kaujā; **II** *v jur.* ierosināt lietu
activate [ˈæktiveit] *v* **1.** aktivizēt; **2.** *ķīm., biol.* aktivēt; ~d carbon – aktivētā ogle
activator [ˈæktiveitə] *n ķīm.* aktivētājs
active [ˈæktiv] **I** *n*: the a. *gram.* – darāmā kārta, aktīvs; **II** *a* **1.** aktīvs, darbīgs; **2.** efektīvs; iedarbīgs; **3.** aktīvs; a. army *mil.* – aktīvā armija; a. service *mil.* – aktīvais karadienests; a. hub *dat.* – aktīvais centrmezgls; a. matrix display *dat.* – aktīvās matrices displejs; a. page *dat.* – aktīvā lappuse; a. window *dat.* – aktīvais logs; **4.**: a. voice *gram.* – darāmā kārta, aktīvs
activist [ˈæktivist] *n* aktīvists
activity [ækˈtivəti] *n* **1.** aktivitāte; **2.** pasākums; nodarbošanās
actor [ˈæktə] *n* aktieris
actress [ˈæktris] *n* aktrise
actuality [ˌæktʃʊˈæləti] *n* **1.** īstenība; realitāte; **2.** reālisms (*mākslā*)
actualize [ˈæktʃʊəlaiz] *v* **1.** realizēt; **2.** reālistiski attēlot
actually [ˈæktʃʊəli] *adv* **1.** īstenībā; patiesībā; faktiski; **2.** pašreiz
actuate [ˈæktʃʊeit] *v* **1.** iedarbināt; **2.** pamudināt; stimulēt
actuation [ˌæktʃʊˈeiʃn] *n* **1.** iedarbināšana; **2.** pamudinājums; stimuls
acuity [əˈkjuːəti] *n* (*uztveres u. tml.*) asums; a. of vision – redzes asums
acumen [ˈækjʊmən] *n* (*prāta*) asums

acupuncture [ˈækjʊˌpʌŋktʃə] *n med.* akupunktūra, adatu terapija

acute [əˈkjuːt] *a* **1.** (*par jūtām*) īsts; liels; spēcīgs; **2.** (*par prātu*) ass; **3.** ass; smails; a. angle *mat.* – šaurleņķis; **4.** (*par skaņu*) spalgs; griezīgs; **5.** (*par sāpēm*) ass; (*par slimību*) akūts

ad [æd] *n* **1.** a. hoc query *dat.* – ekspromtvaicājums; **2.** (*saīs. no* advertisement) *sar.* sludinājums; reklāma

adage [ˈædidʒ] *n* paruna; sakāmvārds

adagio [əˈdɑːdʒiəʊ] *mūz.* I *n* adadžo; II *adv* lēni

Adam [ˈædəm] *n*; ~'s ale (wine) – ūdens; ~'s apple *anat.* – ādamābols; [as] old a A. – mūžvecs

adapt [əˈdæpt] *v* **1.** (*to, for*) piemērot; pielāgot; **2.** adaptēt; to a. a novel – 1) adaptēt romānu; 2) dramatizēt romānu

adaptability [əˌdæptəˈbiləti] *n* piemērošanās spēja

adaptation [ˌædæpˈteiʃn] *n* **1.** piemērošana, pielāgošana; **2.** piemērošanās, pielāgošanās; **3.** (*literāra darba*) adaptācija; adaptēšana; **4.** *biol.* adaptācija

add [æd] *v* **1.** pielikt; pievienot; seven ~ed to three makes ten – septiņi un trīs ir desmit; **2.** piebilst, piemetināt; ◊ to a. in – ietvert; ietilpināt; to a. to – palielināt; vairot; to a. together – saskaitīt, summēt; to a. up – saskaitīt, summēt; to a. up to – 1) nozīmēt; norādīt; 2) dot iznākumā

adder [ˈædə] *n* **1.** odze; **2.** *amer.* zalktis

addict *n* [ˈædikt] narkomāns

addiction [əˈdikʃn] *n* kaitīgs ieradums

add-in program *n dat.* pievienojumprogramma

addition [əˈdiʃn] *n* **1.** pielikums; papildinājums; **2.** *mat.* saskaitīšana; **3.** ķīm. piemaisījums

additional [əˈdiʃənl] *a* papildu-; a. expenses – papildizdevumi

addle [ˈædl] I *a* sapuvis; bojāts; a. egg – veca ola; II *v* **1.** pūt; bojāties; **2.** samulsināt; sajaukt (*prātu*)

addle-brained [ˈædlbreind] *a* **1.** dumjš, stulbs; **2.** jucis

addle-headed [ˈædlˌhedid] *a* **1.** dumjš, stulbs; **2.** jucis

add-on [ˈædɒn] *n* **1.** pielikums; papildinājums; **2.** piedeva; piemaisījums

address [əˈdres] I *n* **1.** uzruna; **2.** adrese; to change one's a. – mainīt dzīvesvietu; a. space *dat.* adrešu telpa; **3.** izveicība; atjautība; II *v* **1.** uzrunāt; **2.** adresēt; **3.** uzsākt; ķerties pie (*darba*)

addressee [ˌædreˈsiː] *n* adresāts

addressing *dat.* adresēšana

adduce [əˈdjuːs] *v* sniegt (*pierādījumus*); minēt (*faktus*)

adenoids [ˈædinɔidz] *n pl med.* adenoīdi

adept [ˈædept] (*in, at*) I *n* lietpratējs, eksperts; II *a* lietpratīgs; izveicīgs

adequacy [ˈædikwəsi] *n* **1.** atbilstība, piemērotība; **2.** pietiekamība

adequate [ˈædikwət] *a* **1.** atbilstošs; adekvāts; **2.** pietiekams

adequation [ˌædiˈkweiʃn] *n* **1.** nolīdzināšana; **2.** ekvivalents

adhere [ədˈhiə] *v* **1.** pielipt; **2.** stingri ievērot (*principus u.tml.*)

adherence [ədˈhiərəns] *n* **1.** (*principu u. tml.*) stingra ievērošana; uzticība (*principiem*); **2.** piederība (*partijai*)

adherent [ədˈhiərənt] I *n* piekritējs; sekotājs; II *a* **1.** (*kādai partijai u. tml.*) piederošs; **2.** lipīgs

adhesive [ədˈhiːsiv] *a* lipīgs; a. plaster – plāksteris; a. tape – līmlente

adieu [ə'dju:] I *n* (*pl* adieus [ə'dju:z] *vai* adieux [ə'dju:z]) ardievas; atsveicināšanās; II *int* ardievu!; sveiki!
ad infinitum [ˌæd͵infi'naitəm] *adv lat.* līdz bezgalībai
ad interim [æd'intərim] *lat.* I *a* pagaidu-; II *adv* pagaidām
adjacency [ə'dʒeisənsi] *n* apkaime, apkārtne
adjacent [ə'dʒeisənt] *a* blakus-; kaimiņu-; a. angles *mat.* – blakusleņķi; a. villages – kaimiņu ciemati
adjectival [ˌædʒek'taivl] *a* 1. adjektīva-; 2. adjektivēts
adjective ['ædʒiktiv] I *n gram.* adjektīvs, īpašības vārds; II *a* 1. papildu-; 2. atkarīgs
adjoin [ə'dʒɔin] *v* robežoties; atrasties blakus
adjourn [ə'dʒɜ:n] *v* 1. atlikt (*sēdi u.tml.*); pasludināt pārtraukumu; 2. pāriet; pārcelties (*uz citu vietu*)
adjudg[e]ment [ə'dʒʌdʒmənt] *n* 1. spriedums; (*tiesas, žūrijas*) atzinums; 2. (*prēmijas, kompensācijas*) piešķiršana
adjudication [əˌdʒu:di'keiʃn] *n jur.* spriedums; lēmums
adjunct ['ædʒʌŋkt] *n* 1. papildinājums; pielikums; 2. adjunkts; palīgs; 3. *gram.* apzīmētājs; apstāklis
adjust [ə'dʒʌst] *v* 1. sakārtot; savest kārtībā; 2. uzstādīt; [sa]montēt; 3. piemērot, pielāgot
adjuster [ə'dʒʌstə] *n* 1. uzstādītājs; montieris; 2. regulētājs
adjustment [ə'dʒʌstmənt] *n* 1. sakārtošana; savešana kārtībā; 2. uzstādīšana; montāža; 3. noregulēšana
adjutant ['ædʒʊtənt] *n* adjutants
adjuvant ['ædʒʊvənt] I *n* 1. palīgs; 2. palīglīdzeklis; II *a* 1. palīg-; 2. derīgs

ad-lib [ˌæd'lib] *sar.* I *n* improvizācija; II *a* improvizēts; III *v* improvizēt
ad libitum [ˌæd'libitəm] *adv lat.* pēc vēlēšanās
adman ['ædmæn] *n* reklāmaģents
admeasure [æd'meʒə] *v* iemērīt; nomērīt
admeasurement [æd'meʒəmənt] *n* 1. iemērīšana; nomērīšana; 2. dimensijas; izmērs
administer [əd'ministə] *v* 1. pārvaldīt; vadīt; 2. dot; sniegt; to a. medicine – dot zāles; to a. relief – sniegt palīdzību; 3. izpildīt; piekopt (*piem., kultu*)
administrate [əd'ministreit] *v* pārvaldīt; vadīt
administration [ədˌmini'streiʃn] *n* 1. pārvalde; administrācija; 2. (*sev. amer.*) valdība; 3. pārvaldīšana; vadīšana; 4. (*zāļu*) došana; (*palīdzības*) sniegšana; 5. (*piem., pienākuma*) izpildīšana; (*piem., kulta*) piekopšana
administrative [əd'ministrətiv] *a* 1. administratīvs; pārvaldes-; 2. izpildu-; a. power – izpildvara
administrator [əd'ministreitə] *n* 1. administrators; pārvaldnieks; 2. *jur.* aizbildnis; testamenta izpildītājs
admirable ['ædmərəbl] *a* brīnišķīgs; apbrīnojams
admiral ['ædmərəl] *n* admirālis
admiralty ['ædmərəlti] *n* admiralitāte; jūrlietu ministrija; A. mile (knot) – [angļu] jūras jūdze (*1853,248 m*)
admiration [ˌædmə'reiʃn] *n* 1. apbrīna; 2. apbrīnas objekts
admire [əd'maiə] *v* 1. apbrīnot; 2. izteikt apbrīnu
admirer [əd'maiərə] *n* cienītājs; pielūdzējs
admiringly [əd'maiəriŋli] *adv* 1. apbrīnojami; 2. ar apbrīnu

admissibility [ədˌmisə'biləti] *n* pieļaujamība; pieņemamība
admissible [əd'misəbl] *a* pieļaujams; pieņemams
admission [əd'miʃn] *n* **1.** ieeja; iekļūšana; a. free – ieeja brīva; free a. – brīva (bezmaksas) ieeja; a. fee – 1) iestāšanās maksa; 2) ieejas maksa; **2.** uzņemšana; **3.** piekrišana; atzīšana (*par pareizu u. tml.*); **4.** pieļaušana; pieņemšana; pieņēmums; **5.** atzīšanās
admissive [əd'misiv] *a* **1.** pieļāvīgs; **2.** pieejams
admit [əd'mit] *v* **1.** ielaist (*piem., telpā*); **2.** uzņemt; **3.** piekrist; atzīt (*par pareizu u. tml.*); **4.** (*of*) pieļaut; pieņemt
admittance [əd'mitəns] *n* **1.** iekļūšana; ieeja; a. free – ieeja brīva; no a. – ieeja aizliegta; **2.** *el.* pilna vadītspēja
admix [æd'miks] *v* **1.** piejaukt; **2.** sajaukties
admixture [æd'mikstʃə] *n* **1.** piejaukums; **2.** maisījums
admonish [əd'mɒniʃ] *v* (*against, for, of*) **1.** pamācīt; aizrādīt; **2.** brīdināt; **3.** pārmest
admonishment [əd'mɒniʃmənt] *n* **1.** pamācība; aizrādījums; **2.** brīdinājums; **3.** pārmetums
admonitory [əd'mɒnitəri] *a* **1.** pamācošs; **2.** brīdinošs; **3.** pārmetošs
ad nauseam [ˌæd'nɔ:ziæm] *adv lat.* līdz pretīgumam
ado [ə'du:] *n* **1.** kņada; troksnis; much a. about nothing – liela brēka, maza vilna; **2.** grūtības
adolescence [ˌædə'lesns] *n* pusaudža gadi
adolescent [ˌædə'lesnt] *n* **I** pusaudzis; pusaudze; **II** *a* pusaugu-; pusaudžu-
adopt [ə'dɒpt] *v* **1.** adoptēt; **2.** pieņemt (*lēmumu, rezolūciju*); **3.** apgūt; pārņemt
adoptee [ˌædɒp'ti:] *n* adoptēts bērns; audžubērns
adoption [ə'dɒpʃn] *n* **1.** adoptēšana; adoptācija; **2.** (*lēmuma, rezolūcijas*) pieņemšana; **3.** apgūšana; pārņemšana
adoptive [ə'dɒptiv] *a* adoptēts; audžu-
adorable [ə'dɔ:rəbl] *a* **1.** dievināms; pielūdzams; **2.** *sar.* burvīgs; brīnišķīgs
adoration [ˌædə'reiʃn] *n* **1.** dievināšana; pielūgšana; **2.** sajūsma
adore [ə'dɔ:] *v* **1.** dievināt; pielūgt; **2.** *sar.* būt sajūsmā
adorn [ə'dɔ:n] *v* [iz]rotāt; [iz]greznot; (*arī pārn.*) izpušķot
adornment [ə'dɔ:nmənt] *n* **1.** [iz]rotāšana; [iz]greznošana; (*arī pārn.*) izpušķošana; **2.** rota; rotājums; greznojums; (*arī pārn.*) izpušķojums
adrenal [ə'dri:nl] *anat.* **I** *n* virsnieru dziedzeris; **II** *a* virsnieru-; a. gland – virsnieru dziedzeris
adrenalin [ə'drenəlin] *n* adrenalīns
adroit [ə'drɔit] *a* **1.** veikls; izveicīgs; **2.** atjautīgs
adroitness [ə'drɔitnis] *n* **1.** veiklība; izveicīgums; **2.** atjautība
adscititious [ˌædsi'tiʃəs] *a* papildu-; papild-
adsorb [æd'sɔ:b] *v* *ķīm.* adsorbēt
adsorbent [æd'sɔ:bənt] *ķīm.* **I** *n* adsorbents; **II** *a* adsorbējošs
adsorption [æd'sɔ:pʃn] *n* *ķīm.* adsorbcija
adulate ['ædjʊleit] *v* lišķēt; glaimot; slavināt
adulator ['ædjʊleitə] *n* lišķis, līdējs
adulatory ['ædjʊleitəri] *a* lišķīgs; glaimīgs

adult [ˈædʌlt] I *n* 1. pieaugušais; pieaudzis cilvēks; 2. *biol.* pieaudzis eksemplārs (indivīds); II *a* pieaudzis
adulterant [əˈdʌltərənt] *n* piejaukums, piemaisījums (*kas pazemina kvalitāti*)
adulteration [əˌdʌltəˈreiʃn] *n* 1. atšķaidīšana (*kaut ko piejaucot*); 2. viltojums
adulterer [əˈdʌltərə] *n* laulības pārkāpējs
adulteress [əˈdʌltəres] *n* laulības pārkāpēja
adumbrate [ˈædʌmbreit] *v* 1. ieskicēt; uzmest galvenos vilcienos; 2. *glezn.* [iz]ēnot
adumbration [ˌædʌmˈbreiʃn] *n* 1. skice; uzmetums; 2. vispārējs priekšstats; 3. *glezn.* [iz]ēnošana
advance [ədˈvɑːns] I *n* 1. virzīšana uz priekšu; 2. virzīšanās uz priekšu; a. in office – virzīšanās uz augšu [pa dienesta kāpnēm]; 3. progress; attīstība; 4. avanss; aizdevums; to pay in a. – izmaksāt avansu; the bank makes ~s – banka piešķir aizdevumus; 5. (*cenu*) paaugstinājums; II *v* 1. virzīt uz priekšu; 2. virzīties uz priekšu; 3. progresēt; attīstīties; 4. uzlabot; sekmēt; 5. avansēt; [iz]maksāt avansu (*vai aizdevumu*); 6. izvirzīt (*priekšlikumu*); 7. (*par cenām*) celties; 8. paaugstināt (*amatā*)
advance booking [ədˈvɑːnsˌbukiŋ] *n* 1. (*biļešu*) iepriekšpārdošana; 2. (*biļešu*) iepriekšiegāde; 3. (*viesnīcas numura*) rezervēšana
advanced [ədˈvɑːnst] *a* 1. uz priekšu pavirzījies; a. in years – krietni gados; vecs; a. studies – augstākie kursi; 2. progresīvs; 3. uzlabots; modernizēts
advancement [ədˈvɑːnsmənt] *n* 1. virzīšanās uz priekšu; 2. progress; attīstība; 3. paaugstinājums (*amatā*)
advantage [ədˈvɑːntidʒ] I *n* 1. priekšrocība; pārākums; 2. izdevīgums; labums; II *v* 1. dot priekšroku; 2. sekmēt; veicināt
advantageous [ˌædvənˈteidʒəs] *a* izdevīgs, labvēlīgs
advent [ˈædvənt] *n* 1. ierašanās; atnākšana; 2. (A.) *rel.* Advente; 3. *rel.* (*Kristus*) atnākšana
adventitious [ˌædvenˈtiʃəs] *a* nejaušs; gadījuma-
adventure [ədˈventʃə] I *n* 1. piedzīvojums; dēka; 2. avantūra; riskants pasākums; 3. *novec.* gadījums; [nejaušs] notikums; II *v* 1. riskēt; 2. (*on, upon, in*) uzdrošināties (*kaut ko darīt*)
adventurer [ədˈventʃərə] *n* avantūrists; dēkainis
adventuresome [ədˈventʃəsəm] *a* pārdrošs; bezbailīgs
adventurism [ədˈventʃərizəm] *n* 1. avantūrisms; 2. izaicinoša uzvedība
adventurist [ədˈventʃərist] *n* avantūrists
adventurous [ədˈventʃərəs] *a* 1. riskants; bīstams; 2. drosmīgs; bezbailīgs; pārdrošs; 3. dēkains
adverb [ˈædvɜːb] *n gram.* adverbs, apstākļa vārds
adverbial [ədˈvɜːbiəl] *a gram.* adverbiāls; apstākļa-; a. clause – apstākļa palīgteikums; a. modifier – apstāklis (*teikuma loceklis*)
adversary [ˈædvəsəri] *n* 1. ienaidnieks; pretinieks; 2.: the [Old] A. – velns
adversative [ədˈvɜːsətiv] *a* pretējs
adverse [ˈædvɜːs] *a* 1. naidīgs; 2. nelabvēlīgs; kaitīgs; 3. pretējs
adversity [ədˈvɜːsəti] *n* nelaime; posts; [dzīves] likstas

advert[a] [ˈædvɜːt] *n* (*saīs. no* advertisement) *sar.* sludinājums; reklāma
advert[b] [ədˈvɜːt] *v* (*to*) norādīt (atsaukties) (*uz*); vērst uzmanību (*uz*)
advertise [ˈædvətaiz] *v* 1. ievietot sludinājumu; 2. reklamēt; to a. goods – reklamēt preces
advertisement [ədˈvɜːtismənt] *n* 1. sludinājums; 2. reklāma
advertiser [ˈædvətaizə] *n* 1. sludinātāja ievietotājs; 2. reklamētājs; 3. reklāmlaikraksts
advertising [ˈædvətaiziŋ] *n* 1. sludinājumu publicēšana; 2. reklamēšana; a. agency – reklāmbirojs; a. media – reklāmlīdzekļi
advice [ədˈvais] *n* 1. padoms; to ask smb.'s a. – lūgt kāda padomu; to take smb.'s a. – uzklausīt kāda padomu; 2. (*ārsta*) konsultācija; 3. (*parasti pl*) informācija; paziņojums
advisable [ədˈvaizəbl] *a* 1. ieteicams; vēlams; 2. saprātīgs
advise [ədˈvaiz] *v* 1. dot padomu; ieteikt; 2. (*of*) paziņot; 3. *amer.* (*with*) konsultēties; prasīt (*kādam*) padomu
advised [ədˈvaizd] *a* pārdomāts; apzināts
adviser [ədˈvaizə] *n* padomdevējs; konsultants; legal a. – juriskonsults
advocacy [ˈædvəkəsi] *n* aizstāvēšana; atbalstīšana
aegis [ˈiːdʒis] *n* 1. aizgādība; šefība; 2. *mit.* egīda
aeon [ˈiːən] *n* 1. mūžība; 2. gadu miljards (*ģeoloģiskā laika mērvienība*)
aerate [ˈeiəreit] *v* 1. ventilēt; vēdināt; 2. gāzēt; ~d water – gāzēts ūdens
aerial [ˈeəriəl] **I** *n* antena; **II** *a* 1. gaisa-; aero-; aviācijas-; a. cableway (ropeway) – trošu ceļš; a. navigation – gaisa

kuģniecība; 2. atmosfēras-; gaisa-; 3. nereāls
aerialist [ˈeəriəlist] *n* gaisa akrobāts
aeriform [ˈeərifɔːm] *a* 1. gaisa-; gāzveida-; gāzveidīgs; 2. nereāls
aerobatics [ˌeərəʊˈbætiks] *n av.* augstākā pilotāža; figūrlidojumi
aerobe [ˈeərəʊb] *n biol.* aerobs
aerobics [eəˈrəʊbiks] *n* aerobika
aerocrete [ˈeərəʊkriːt] *n* gāzbetons
aerodrome [ˈeərədrəʊm] *n* aerodroms, lidlauks
aerodynamic [ˌeərəʊdaiˈnæmik] *a* aerodinamisks
aerodynamics [ˌeərəʊdaiˈnæmiks] *n* aerodinamika
aerogram [ˈeərəʊgræm] *n* 1. radiogramma; 2. aviovēstule
aerometer [eəˈrɒmitə] *n* aerometrs
aeronaut [ˈeərənɔːt] *n* aeronauts, gaisa kuģotājs
aeronautics [ˌeərəˈnɔːtiks] *n* aeronautika
aerophone [ˈeərəfəʊn] *n* 1. skaņas [viļņu] pastiprinātājs; 2. dzirdes aparāts; 3. sarunu aparatūra (*lidmašīnā*)
aeroplane [ˈeərəplein] *n* lidmašīna
aerosol [ˈeərəʊsɒl] *n* aerosols
aerospace [ˈeərəʊspeis] **I** *n* kosmoss; gaisa telpa; **II** *a* kosmosa-; kosmisks; a. vehicle – kosmosa kuģis
aerostat [ˈeərəʊstæt] *n* aerostats, gaisa balons
aerostatics [ˌeərəʊˈstætiks] *n* aerostatika
aeruginous [iˈruːdʒinəs] *a* 1. (*par varu*) apsūbējis; 2. zilganzaļš
aesthete [ˈiːsθiːt] *n* estēts
aesthetic [iːsˈθetik] *a* estētisks
aesthetics [iːsˈθetiks] *n* estētika
aetiology [ˌiːtiˈɒlədʒi] *n* etioloģija

afar [ə'fɑ:] *adv* tālumā; tālu; a. off – tālu prom; from a. – no tālienes
affable ['æfəbl] *a* laipns; pieklājīgs
affair [ə'feə] *n* **1.** (*bieži pl*) lieta; darīšanas; a. of honour – 1) goda lieta; 2) divkauja; foreign ~s – (*valsts*) ārlietas; home (internal, domestic) ~s – (*valsts*) iekšlietas; public ~s – sabiedriskās lietas; **2.** dēka; **3.** *sar.* notikums
affect[a] [ə'fekt] *v* **1.** izlikties; tēlot; to a. illness – tēlot slimu; **2.** dot priekšroku
affect[b] [ə'fekt] *v* **1.** ietekmēt; to a. public opinion – ietekmēt sabiedrisko domu; **2.** aizraut; aizgrābt; saviļņot; **3.** (*par slimību*) bojāt; skart (*kādu orgānu*)
affectation [ˌæfek'teiʃn] *n* **1.** izlikšanās; tēlošana; afektācija; **2.** (*stila, valodas*) samākslotība
affected[a] [ə'fektid] *a* mākslots; neīsts; afektēts
affected[b] [ə'fektid] *a* **1.**(*by*) ietekmēts; **2.** aizrauts; aizgrābts; saviļņots
affection [ə'fekʃn] *n* **1.** (*to, towards*) mīlestība; pieķeršanās; to gain (win) smb.'s a. (~s) – iegūt kāda mīlestību; **2.** saslimšana; a. of the throat – kakla iekaisums
affectionate [ə'fekʃnət] *a* sirsnīgs; mīļošs; a. farewell – sirsnīga atvadīšanās
affective [ə'fektiv] *a* emocionāls
affiliation [əˌfili'eiʃn] *n* **1.** (*filiāles*) pievienošana; **2.** uzņemšana [par biedru]; a. fee – iestāšanās maksa; **3.** *jur.* paternitātes noteikšana
affined [ə'faind] *a* saistīts; radniecīgs
affinity [ə'finəti] *n* **1.** radniecība; **2.** (*with, between*) līdzība; radniecība; **3.** (*for, to, between*) pievilcība; patika; simpātijas

affirm [ə'fɜ:m] *v* **1.** apgalvot; **2.** *jur.* apstiprināt (*spriedumu*)
affirmation [ˌæfə'meiʃn] *n* **1.** apgalvojums; **2.** *jur.* apstiprinājums
affirmative [ə'fɜ:mətiv] **I** *n* apstiprinājums; to answer in the a. – atbildēt apstiprinoši; **II** *a* **1.** apstiprinošs; pozitīvs; a. sentence *gram.* – apgalvojuma teikums; **2.** *mat.* pozitīvs
affirmatory [ə'fɜ:mətəri] *a* apstiprinošs; pozitīvs
affix I *n* ['æfiks] **1.** pielikums; **2.** *val.* afikss; **II** *v* [ə'fiks] **1.** (*to, on*) piestiprināt; **2.** uzspiest (*zīmogu*); to a. one's signature – parakstīties; pievienot savu parakstu (*iesniegumam, petīcijai*)
afflated [ə'fleitid] *a* iedvesmots
afflict [ə'flikt] *v* sagādāt ciešanas; sāpināt; mocīt
afflicted [ə'fliktid] *a* **1.** apbēdināts; nomocīts; **2.** (*with*) nomocīts; sirgstošs
affliction [ə'flikʃn] *n* **1.** ciešanas; sāpes; bēdas; **2.** nelaime; posts
afflictive [ə'fliktiv] *a* mokošs
affluent ['æfluənt] **I** *n* pieteka; **II** *a* **1.** bagātīgs; pārpilns; **2.** bagāts; pārticis
afford [ə'fɔ:d] *v* **1.** (*parasti ar* can, could) atļauties; he can a. it – viņš to var atļauties; **2.** dot; sniegt
afforest [æ'fɒrist] *v* apmežot
afforestation [æˌfɒri'steiʃn] *n* apmežošana
affright [ə'frait] *novec.* **I** *n* bailes; **II** *v* nobaidīt, nobiedēt
affront [ə'frʌnt] **I** *n* [publisks] apvainojums; to offer an a. (*to*), to put an a. (*on, upon*) – [publiski] apvainot; **II** *v* **1.** [publiski] apvainot; **2.** droši stāties pretī (*briesmām u.tml.*)

affronted [ə'frʌntid] *a* [publiski] apvainots, aizvainots
Afghan ['æfgæn] **I** *n* **1.** afgānis; afgāniete; **2.** afgāņu valoda; **II** *a* afgāņu-
aficionado [ə,fisiə'nɑ:dəʊ] *n* (*sporta spēles*) entuziasts; līdzjutējs
afield [ə'fi:ld] *adv* **1.** tīrumā; laukā; **2.** tālumā; to go too far a. – nomaldīties
afire [ə'faiə] *a predic.* **1.** degošs; to be a. – degt; to set a. – aizdedzināt; pielaist uguni; **2.**: with heart a.– kvēli; dedzīgi
aflame [ə'fleim] *a predic.* liesmojošs; to be a. – liesmot; to set a. – aizdedzināt
afloat [ə'fləʊt] *a predic.* **1.** peldošs; to keep a. – **1)** turēties virs ūdens; **2)** nenonākt parādos; **2.** jūrā
aforementioned [ə,fɔ:'menʃənd] *a* iepriekšminētais
aforesaid [ə'fɔ:sed] *a* iepriekšteiktais
afraid [ə'freid] *a predic.* nobijies; to be a. (*of*) – baidīties; I'm a. ... *sar.* – [es] baidos, ka...; diemžēl; I'm a. I must go now – man diemžēl tagad jāiet
afresh [ə'freʃ] *adv* no jauna, atkal
African ['æfrikən] **I** *n* afrikānis; afrikāniete; **II** *a* Āfrikas-; afrikāņu-
after ['ɑ:ftə] **I** *a* **1.** sekojošs; turpmākais; in a. years – turpmākajos gados; **2.** *jūrn.* [kuģa] pakaļgala-; **II** *adv* **1.** vēlāk; pēc tam; a day a. – pēc dienas; **2.** aizmugurē; iepakaļ; nopakaļ; **III** *adv* **1.** aiz; a. you – **1)** aiz jums; **2)** jums priekšroka; one a. another (the other) – cits aiz cita; **2.** (*norāda laiku*) pēc; a. that – pēc tam; a. a while – pēc brītiņa; the day a. tomorrow – parīt; time a. time – **1)** bieži; **2)** laiku pa laikam; **3.** saskaņā ar; pēc; a. the given pattern – pēc dotā parauga;

4.: to be a. – **1)** izsekot; meklēt; **2)** censties iegūt; to look a. – uzraudzīt; rūpēties par; to take a. – izskatīties pēc; **IV** *conj.* pēc tam kad; a. he had left... – pēc tam kad viņš bija aizgājis...
aftercare ['ɑ:ftəkeə] *n* slimnieku kopšana (*atveseļošanās laikā*)
afterglow ['ɑ:ftəgləʊ] *n* **1.** vakarblāzma; **2.** atspulgs
aftergrass ['ɑ:ftəgrɑ:s] *n lauks.* atāls
afterlife ['ɑ:ftəlaif] *n* **1.** aizkapa dzīve; **2.** mūža otrā puse
afterlight ['ɑ:ftəlait] *n* atskārsme
afternoon [,ɑ:ftə'nu:n] *n* pēcpusdiena; a. of life – mūža novakars; good a.! (*dienas otrajā pusē*) – **1)** labdien!; **2)** ardievu!
afterpiece ['ɑ:ftəpi:s] *n teātr.* divertisments; pēcspēle
afters ['ɑ:ftəz] *n pl sar.* **1.** otrais ēdiens; **2.** saldais ēdiens
afterwards ['ɑ:ftəwədz] *adv* pēc tam; vēlāk
afterword ['ɑ:ftəwɜ:d] *n* pēcvārds (*grāmatā*)
afterworld ['ɑ:ftəwɜ:ld] *n* aizkapa dzīve
again [ə'gen] *adv* **1.** atkal; no jauna; vēlreiz; a. and a. – atkal un atkal; never (not ever) a. – nekad vairs; **2.** bez tam; turklāt
against [ə'genst] *prep* **1.** pret; a. the current – pret straumi; a. the wind – pret vēju; **2.** pretēji; a. the regulations – pretēji noteikumiem; **3.** uz; a. the end of the week – uz nedēļas beigām; ◊ a. a rainy day – nebaltām dienām
agamic [ə'gæmik] *a biol.* bezdzimuma-
agamogenesis [,ægəməʊ'dʒenisis] *n biol.* bezdzimuma vairošanās
agamy ['ægəmi] *n biol.* **1.** bezdzimuma vairošanās; **2.** agāmija

agaric ['ægərik] *n* lapiņu sēne
agate ['ægət] *n min.* ahāts
agave [ə'geivi] *n bot.* agave
age [eidʒ] *n* **1.** vecums; gadi; awkward (tender) a. – pārejas vecums; great a. – sirms (liels) vecums; to be (act) one's a. – uzvesties atbilstoši saviem gadiem; **2.** pilngadība; **3.** vecums (*dzīves pēdējais posms*); the infirmities of a. – vecuma slimības; **4.** paaudze; the ~s to come – nākamās paaudzes; **5.** laikmets; periods; the Middle Ages – viduslaiki; the Stone A. – akmens laikmets; **6.** *sar.* mūžība; ilgs laiks; ~s ago – ļoti sen; I haven't seen you for ~s – neesmu redzējis jūs veselu mūžību
agedness ['eidʒidnis] *n* novecošanās; vecums
ageless ['eidʒlis] *a* nenovecojošs; mūžīgs
age limit ['eidʒˌlimit] *n* vecuma ierobežojums
age-long ['eidʒlɒŋ] *a* mūžsens; ilgs
agency ['eidʒənsi] *n* **1.** aģentūra; birojs; tourist a. – tūrisma aģentūra; **2.** starpniecība; palīdzība; **3.** spēks; faktors; līdzeklis
agenda [ə'dʒendə] *n* (*sapulces u.tml.*) dienas (darba) kārtība
agent ['eidʒənt] *n* **1.** aģents; pārstāvis; **2.** spēks; faktors; līdzeklis
agential [ə'dʒenʃəl] *a* **1.** aģentūras-; **2.** aģenta-
age-old ['eidʒəʊld] *a* mūžsens
agglutinate I *a* [ə'glu:tinət] **1.** salīmēts; **2.** salipis; **3.** *val.* aglutinējošs; II *v* **1.** salīmēt; **2.** salipt; **3.** *val.* aglutinēt
agglutination [əˌglu:ti'neiʃn] *n* **1.** salīmēšana; **2.** salipšana; **3.** *val.* aglutinācija
aggravate ['ægrəveit] *v* **1.** pasliktināt

(*stāvokli*); **2.** saasināt (*slimību*); **3.** *sar.* sakaitināt, saniknot
aggregate I *n* ['ægrigət] kopums; masa; in the a. – kopumā; kopā ņemot; II *a* ['ægrigət] sakopots; savākts; a. amount – kopsumma; a. membership – kopējais biedru skaits; III *v* ['ægrigeit] **1.** sakopot; savākt; **2.** *sar.* dot kopsummā
aggression [ə'greʃn] *n* agresija
aggressive [ə'gresiv] *a* **1.** agresīvs; **2.** uzņēmīgs; enerģisks
aggressiveness [ə'gresivnis] *n* agresivitāte
aggressor [ə'gresə] *n* agresors
aghast [ə'gɑ:st] *a predic.* pārsteigts; šausmu pārņemts
agile ['ædʒail] *a* veikls; žigls
agility [ə'dʒiləti] *n* veiklums; žiglums
aging ['eidʒiŋ] I *n* novecošanās; II *a* novecojošs
agiotage ['ædʒətidʒ] *n* ažiotāža
agitation [ˌædʒi'teiʃn] *n* **1.** sakratīšana; samaisīšana; **2.** satraukums; uzbudinājums; saviļņojums; **3.** diskusija; apspriešana; iztirzāšana; **4.** aģitēšana; aģitācija
agitator ['ædʒiteitə] *n* **1.** aģitators; **2.** *tehn.* maisītājs
aglow [ə'gləʊ] *a predic.* **1.** kvēlojošs; to be a. – kvēlot; **2.** uzbudināts; satraukts
agnail ['ægneil] *n* **1.** ienadzis; **2.** *med.* panaricijs
agnomen [æg'nəʊmən] *n* palama, iesauka
agnostic [æg'nɒstik] *filoz.* I *n* agnostiķis; II *a* agnostisks
ago [ə'gəʊ] *adv* pirms; a week a. – pirms nedēļas; long a. – sen
a-go-go [ɑ:'gəʊgəʊ] *sar.* I *n* diskotēka; II *a* **1.** disko-; diskotēku-; **2.** ultra-

moderns; **3.** (*par kustībām, tempu*) straujš
agonize ['ægənaiz] *v* **1.** mocīties (*agonijā, šaubās*); **2.** izmisīgi cīnīties; **3.** mocīt
agony ['ægəni] *n* **1.** mokas; ciešanas; **2.** agonija
agrarian [ə'greəriən] *a* agrārs; zemes-
agree [ə'gri:] *v* **1.** (*to, with*) piekrist; to a. to smth. – piekrist kaut kam; to a. with smb. – piekrist kādam; to be ~d – būt ar mieru; **2.** (*with*) saprasties; satikt; sadzīvot; **3.** vienoties (*piem., par cenu*); **4.** (*with*) atbilst; saskanēt; **5.** saskaņot (*plānus, atskaites*); **6.** apstiprināt; akceptēt (*priekšlikumu*); **7.** (*par klimatu, barību*) būt derīgam; būt piemērotam; **8.** *gram.* saskaņoties; ◊ to a. on (upon) – vienoties (*par*); norunāt
agreeable [ə'griəbl] *a* **1.** patīkams; to make oneself a. – censties patikt; **2.** *sar.*: to be a. – piekrist; **3.** piemērots; atbilstošs; a. to the standards – prasībām atbilstošs
agreement [ə'gri:mənt] *n* **1.** [savstarpēja] saskaņa; saprašanās; **2.** vienošanās; līgums; **3.** *gram.* saskaņojums
agrestic [ə'grestik] *a* **1.** lauku-; lauciniecisks; **2.** *pārn.* neaptēsts
agricultural [ˌægri'kʌltʃərəl] *a* lauksaimniecības-; zemkopības-; a. engineering – agrotehnika
agriculturalist [ˌægri'kʌltʃərəlist] *n* agronoms
agriculture ['ægrikʌltʃə] *n* **1.** lauksaimniecība; zemkopība; **2.** agronomija
agriculturist [ˌægri'kʌltʃərist] *n* agronoms
agrimony ['ægriməni] *n bot.* dadzis
agrology [ə'grɒlədʒi] *n* augsnes zinātne (mācība), agroloģija

agronomics [ˌægrə'nɒmiks] *n* agronomija
agronomist [ə'grɒnəmist] *n* agronoms
agronomy [ə'grɒnəmi] *n* **1.** agronomija; **2.** lauksaimniecība; zemkopība
aground [ə'graʊnd] *a predic.* **1.** uz sēkļa; to be a. – būt uz sēkļa; to run (go) a. – uzskriet uz sēkļa; **2.** grūtībās; grūtā stāvoklī
ague ['eigju:] *n* malārija; drudzis
A–head ['eihed] *n sl.* **1.** narkomāns (*sev.* LSD narkotikas lietotājs); **2.** narkomāns, kas lieto amfetamīnu
ahead [ə'hed] *adv* uz priekšu
aid [eid] *n* **1.** palīdzība; first a. – pirmā palīdzība; to give first a. – sniegt pirmo palīdzību; **2.** palīgs; chief a. – galvenais palīgs; **3.** (*parasti pl*) [palīg]līdzekļi; audiovisual ~s – audiovizuālie līdzekļi; teaching (training) ~s – mācību līdzekļi; **4.** *mil. sar.* adjutants
aid-man ['eidmən] *n sar.* sanitārs
ail [eil] *v* **1.** sāpēt; **2.** slimot, sirgt
ailing ['eiliŋ] **I** *n* neveselība; **II** *a* nevesels; slimīgs; slims
ailment ['eilmənt] *n* neveselums; [viegla] slimība
aim [eim] **I** *n* **1.** mērķis; nolūks; to gain (attain) one's a. – sasniegt mērķi; **2.** mērķis (*šaušanai*); **II** *v* **1.** censties sasniegt; tiekties; tīkot; to a. high – augstu mērķēt; **2.** (*at*) mērķēt, tēmēt; ◊ to a. at (for) – censties sasniegt (*vai* iegūt)
aimless ['eimlis] *a* bezmērķīgs; bez mērķa-
aimlessness ['eimlisnis] *n* bezmērķība, bezmērķīgums
ain't [eint] *sais. no* am not, is not, are not, have not, has not
air [eə] **I** *n* **1.** gaiss; atmosfēra; A. Force –

gaisa karaspēki; a. mail – aviopasts; in the open a. – brīvā dabā; to take the a. – iet pastaigāties; 2. izskats; sejas izteiksme; 3. (*parasti pl*) augstprātīga izturēšanās; ~s and graces – klīrība; hot a. *amer.* – dižošanās, plātīšanās; 4. vēsma; vējiņš; 5. *mūz.* ārija; melodija; II *a* 1. gaisa-; a. boat – piepūšamā laiva; 2. aviācijas-; III *v* 1. vēdināt (*telpas*); 2. žāvēt (*drēbes*)
airbag ['eəbæg] *n* (*automobiļa*) drošības spilvens
air-balloon ['eəbə,lu:n] *n* gaisa balons, aerostats
airbase ['eəbeis] *n* aviobāze, lidmašīnu bāze
airbed ['eəbed] *n* piepūšamais matracis
airbladder ['eə,blædə] *n* peldpūslis
airbrush ['eəbrʌʃ] *n* pulverizators (*krāsošanai*)
airbus ['eəbʌs] *n* aerobuss
air-condition ['eəkən,diʃn] *v* kondicionēt (*telpas*)
air-conditioner ['eəkən,diʃnə] *n* gaisa kondicionētājs
air corridor ['eə,kɒridɔ:] *n* gaisa koridors
aircraft ['eəkrɑ:ft] *n* 1. lidmašīna; 2. aviācija
aircraftman ['eəkrɑ:ftmən] *n* lidotājs
aircrew ['eəkru:] *n* lidmašīnas apkalpe
aircushion ['eə,kʊʃn] *n* piepūšamais spilvens
air-defence ['eədi,fens] *n* pretgaisa aizsardzība
airfield ['eəfi:ld] *n* lidlauks, aerodroms
airforu ['eəfɔ:s] *n* gaisa karaspēki
airgun ['eəgʌn] *n* 1. pneimatiskā šautene; 2. pulverizators; 3. krāsu smidzinātājs
air-hammer ['eə,hæmə] *n tehn.* pneimatiskais āmurs

airheater ['eə,hi:tə] *n* gaisa sildītājs; kalorifers
airhorse ['eəhɔ:s] *n mil. sl.* helikopters
airhostess ['eə,həʊstis] *n* stjuarte (*lidmašīnā*)
airily ['eərəli] *adv* 1. viegli; gaisīgi; 2. graciozi; smalki; 3. bezrūpīgi; vieglprātīgi
airing ['eəriŋ] *n* 1. vēdināšana; ventilācija; 2. žāvēšana; 3. pastaiga
airlane ['eəlein] *sk.* **airline**
airless ['eəlis] *a* 1. bezgaisa-; 2. smacīgs; tveicīgs; 3. bezvēja-; kluss
air letter ['eə,letə] *n* aviovēstule
air-level ['eə,levl] *n tehn.* līmeņrādis
airline ['eəlain] *n* aviolīnija, gaisa satiksmes līnija, gaisa trase
airliner ['eə,lainə] *n* gaisa laineris
airmail ['eəmeil] *n* aviopasts
airman ['eəmæn] *n* lidotājs
air-monger ['eə,mʌŋgə] *n* fantazētājs
air-operated ['eə,ɒpəreitid] *n tehn.* pneimatisks; ar gaisa piedziņu
air-piracy ['eə,paiərəsi] *n* gaisa pirātisms; lidmašīnu nolaupīšana
airplane ['eəplein] *n amer.* lidmašīna; ambulance a. – sanitārā lidmašīna
airpocket ['eə,pɒkit] *n av.* gaisa bedre
airport ['eəpɔ:t] *n* lidosta
airproof ['eəpru:f] *a* hermētisks, gaisa necaurlaidīgs
airpump ['eəpʌmp] *n* 1. *tehn.* gaisa sūknis; kompresors; 2. (*velosipēda*) sūknis
airshed ['eəʃed] *n* angārs
airsick ['eəsik] *a* slims ar augstuma slimību (*lidojot*)
airsickness ['eə,siknis] *n* augstuma slimība (*lidojot*)
airspace ['eəspeis] *n* 1. (*valsts*) gaisa telpa; 2. gaisa trases

airstream ['eəstri:m] *n* gaisa plūsma
airstrip ['eəstrip] *n* (*lidmašīnu*) nolaišanās laukums; lauka aerodroms
airtel [eə'tel] *n* lidostas viesnīca
air terminal ['eə,tɜ:minl] *n* gaisa satiksmes osta
airtight ['eətait] *sk.* **airproof**
air traffic ['eə,træfik] *n* gaisa satiksme
air unit ['eə,ju:nit] *n* aviācijas daļa
airway ['eəwei] *n* **1.** gaisa trase; a. traffic control service – aviācijas dispečerdienests; **2.** ventilācijas šahta
airwoman ['eə,wʊmən] *n* lidotāja
airworthy ['eə,wɜ:ði] *a* (*par lidmašīnu*) derīgs lidojumam
airy ['eəri] *a* **1.** gaisa-; **2.** pilns ar gaisu; a. room – plaša istaba (*kurā ir daudz gaisa*); **3.** nereāls; nemateriāls; a. notions – neskaidri jēdzieni; **4.** viegls; gaisīgs; **5.** graciozs; smalks; **6.** bezrūpīgs; vieglprātīgs; **7.** (*sev. amer.*) iedomīgs
aisle [ail] *n* **1.** (*baznīcas*) [sānu] aila; **2.** eja (*starp solu rindām*); **3.** *novec.* (*ēkas*) spārns
aitchbone ['eitʃbəʊn] *n* **1.** krustakauls; **2.** (*gaļas*) astes gabals
ajar[a] [ə'dʒɑ:] *adv* (*par durvīm*) pusvirus
ajar[b] [ə'dʒɑ:] *adv* nesaskaņā; nesaticībā
akin [ə'kin] *a pred.* **1.** radniecīgs; rada-; radu-; near a. – tuvu rada; **2.** tuvs; līdzīgs
ala ['eilə] *n* (*pl* alae ['eili:]) **1.** spārns; **2.** spārnveida piedēklis
alabaster ['æləbɑ:stə] **I** *n* alabastrs; ģipsis; **II** *a* alabastram līdzīgs; balts kā alabastrs
alacrity [ə'lækrəti] *n* degsme; gatavība
alar ['eilə] *a* **1.** spārnots; **2.** spārnveida-; spārnveidīgs

alarm [ə'lɑ:m] **I** *n* **1.** trauksme; a. signal – trauksmes signāls; fire a. – ugunsgrēka trauksme; **2.** satraukums; nemiers; **II** *v* **1.** sacelt trauksmi; izziņot trauksmi; to a. for instruction *mil.* – izziņot mācību trauksmi; **2.** satraukt; radīt nemieru
alarm[clock] [ə'lɑ:m(klɒk)] *n* modinātājpulkstenis
alarming [ə'lɑ:miŋ] *a* satraucošs
alarmism [ə'lɑ:mizəm] *n* panikas celšana
alarmist [ə'lɑ:mist] *n* panikas cēlējs
alate ['eileit] *a* spārnots; spārnains
Albanian [æl'beiniən] **I** *n* **1.** albānis; albāniete; **2.** albāņu valoda; **II** *a* albāņu-
albatross ['ælbətrɒs] *n* **1.** albatross; **2.** smaga nasta; grūti novēršams traucēklis
albedo [æl'bi:dəʊ] *n fiz.* albedo
albescent [æl'besənt] *a* bālgans; iebalts
albinism ['ælbinizəm] *n biol.* albīnisms
albino [æl'bi:nəʊ] *n biol.* albīns
album ['ælbəm] *n* **1.** albums; **2.** (*viena autora*) ilgspēlējošā skaņuplate
albumen ['ælbjʊmin] *n* **1.** olas baltums; **2.** albumīns, olbaltumviela
albumin ['ælbjʊmin] *n ķīm.* albumīns
alchemist ['ælkimist] *n* alķīmiķis
alchemy ['ælkimi] *n* alķīmija
alcohol ['ælkəhɒl] *n* **1.** alkohols; spirts; **2.** alkoholisks dzēriens
alcoholic [,ælkə'hɒlik] **I** *n* alkoholiķis; **II** *a* alkoholisks
alcoholism ['ælkəhɒlizəm] *n* alkoholisms
alcoholometer [,ælkəhɒ'lɒmitə] *n* spirtometrs
Alcoran [,ælkɒ'rɑ:n] *n novec.* Korāns
alcove ['ælkəʊv] *n* **1.** niša; alkovs; **2.** lapene
aldehyde ['ældihaid] *n ķīm.* aldehīds

alder [ˈɔːldə] *n* alksnis; black a. – melnalksnis; a. buckthom – krūklis
aleatory [ˈeiliətəri] *a* nejaušs; gadījuma-
alee [əˈliː] *adv jūrn.* aizvējā; aizvēja pusē
alert [əˈlɜːt] **I** *n* trauksme; trauksmes signāls; a. box *dat.* – trauksmes lodziņš; **II** *a* **1.** modrs; **2.** veikls; izmanīgs; **III** *v* **1.** brīdināt; **2.** izziņot trauksmi
alertness [əˈlɜːtnis] *n* **1.** modrība; **2.** veiklība; izmanība
A level [ˈei ˌlevl] *n* (*saīs. no* advanced level) augstākā līmeņa eksāmens (*beidzot vidusskolu*)
alewife [ˈeilwaif] *n* **1.** *amer.* siļķe; **2.** *novec.* alus sieva; krodziniece
alexandrite [ˌæligˈzændrait] *n min.* aleksandrīts
alfalfa [ælˈfælfə] *n* **1.** *bot.* lucerna; **2.** *amer. sl.* nauda
alfresco [ælˈfrəskəʊ] **I** *a* brīvdabas-; a. lunch – pusdienas zaļumos; **II** *adv* brīvā dabā; to lunch a. – pusdienot zaļumos
alga [ˈælgə] *n* (*pl.* algae [ˈældʒiː]) aļģe
algae *sk.* **alga**
algebra [ˈældʒibrə] *n* algebra
Algerian [ælˈdʒiəriən] **I** *n* alžīrietis; alžīriete; **II** *a* alžīriešu-
algid [ˈældʒid] *a* auksts; vēss
algidity [ælˈdʒidəti] *n* aukstums; vēsums
Algol [ˈælgɒl] *n inform.* algols (*programmēšanas valoda*)
algorithm [ˈælgəriðm] *n mat.* algoritms; a. validation *dat.* – algoritma validācija; ~i reliability *dat.* – algoritmiskais drošums
algorithmic [ˌælgəˈriðmik] *a mat.* algoritmisks
alias [ˈeiliæs] **I** *n* aizstājvārds; **II** *adv* citādi [saukts]; citā vārdā

alibi [ˈælibai] **I** *n* **1.** *jur.* alibi; to prove (have, establish) an a. – pierādīt savu alibi; **2.** *sar.* aizbildinājums, attaisnojums; **II** *v* **1.** *jur.* pierādīt savu alibi; **2.** *sar.* aizbildināties, attaisnoties
Alice-in-Wanderland [ˈælisinˈwʌndəlænd] *a* fantastisks; neticams
alien [ˈeiliən] **I** *n* ārzemnieks; **II** *a* **1.** ārzemju-; a. subjects – ārzemju pavalstnieki; **2.** svešs; tāls
alienability [ˌeiliənəˈbiləti] *n jur.* (*īpašuma, tiesību*) atsavināšana
alienable [ˈeiliənəbl] *a jur.* (*par īpašumu, tiesībām*) atsavināms
alignment [əˈlainmənt] *n dat.* līdzināšana
alight[a] [əˈlait] *v* **1.** (*from*) izkāpt (*no trolejbusa, autobusa*); nokāpt (*no zirga*); **2.** (*par putniem, lidmašīnām*) nolaisties
alight[b] [əˈlait] *a predic.* **1.** degošs; aizdedzināts; **2.** apgaismots; gaišs; **3.** līksms
alike [əˈlaik] **I** *a predic.* vienāds; līdzīgs; ver much a. – ļoti līdzīgs; **II** *adv* vienādi; līdzīgi; tieši tāpat; to act a. – rīkoties tieši tāpat
aliment [ˈælimənt] *n* **1.** barība; uzturs; **2.** atbalsts; pabalsts
alimental [ˌæliˈmentl] *a* barojošs
alimentary [ˌæliˈmentəri] *a* **1.** barības-; a. canal *anat.* – barības vads; a. therapeutics – dietoterapija; **2.** barojošs
alimony [ˈæliməni] *n* **1.** iztika; uzturs; **2.** *jur.* alimenti
A-line [ˈeilain] **I** *n* **1.** trapecveida siluets; **2.** trapecveida [silueta] apģērbs; **II** *a* trapecveida-; A veida-
alive [əˈlaiv] *a predic.* **1.** dzīvs; any man a. – jebkurš [cilvēks]; no man a. – neviens pasaulē; **2.** dzīvs; mundrs; ņiprs; **3.** tāds, kas darbojas; micro-

phone is a. – mikrofons ir ieslēgts; **4.** tāds, kas apzinās; to be a. to the danger – apzināties briesmas; **5.**: to be a. with – mudžēt

alkalescent [ˌælkəˈlesnt] *a ķīm.* sārmains

alkali [ˈælkəlai] *n* **1.** *ķīm.* sārms; a. soil *ģeol.* – solončaks; **2.** *amer. sl.* alkohols; (*zemas kvalitātes*) viskijs

alkaline [ˈælkəlain] *n ķīm.* sārmains

alkaloid [ˈælkəlɔid] *n ķīm.* alkaloīds

alkie [ˈælki] *n amer. sl.* **1.** alkohols; (*zemas kvalitātes*) viskijs; **2.** alkoholiķis, dzērājs

Alkoran [ˌælkɒˈrɑːn] Korāns

alkyd [ˈælkid] *n ķīm.* alkīds, alkīdsveķi

all [ɔːl] **I** *n* **1.** viss; a. is lost – viss ir zaudēts; **2.** visi; a. are present – visi ir klāt; **3.**: one's a. – īpašums; iedzīve; ◇ above a. – galvenokārt; pirmkārt; a. in a. – 1) kopskaitā; 2) vispār; [visā] visumā; 3) pats svarīgākais; at a. – 1) vispār; 2) kaut cik; first of a. – vispirms; not at a. – nemaz; once [and] for a. – reizi par visām reizēm; **II** viss; a. his life – visu savu mūžu; by a. means – katrā ziņā; **III** *adv* **1.** pilnīgi; gluži; **2.** *sp. sl.* līdzīgi; love a. – neizšķirts (*rezultāts*)

Allah [ˈælə] *n* Allāhs

all-around [ˈɔːlərɑʊnd] **I** *n sp.* daudzcīņa; **II** *a* vispusīgs, daudzpusīgs

allay [əˈlei] *v* mazināt; vājināt; remdēt (*sāpes, slāpes*)

allegation [ˌæliˈgeiʃn] *n* **1.** (*nepamatots*) apgalvojums; **2.** aizbildināšanās

allege [əˈledʒ] *v* **1.** (*nepamatoti*) apgalvot; **2.** atsaukties; aizbildināties

allegretto [ˌæliˈgretəʊ] *adv mūz.* alegreto

allegro [əˈleigrəʊ] *adv mūz.* alegro

all-electric [ˌɔːliˈlektrik] *a* elektrificēts

alleluia [ˌæliˈluːjə] *n rel.* alelujā!

all-embracing [ˈɔːlimˌbreisiŋ] *a* visaptverošs

allergen [ˈælədʒen] *n* alergēns

allergic [əˈlɜːdʒik] *a* alerģisks

allergist [ˈælədʒist] *n* alergologs

allergy [ˈælədʒi] *n* alerģija

alleviate [əˈliːvieit] *v* atvieglot (*ciešanas u.tml.*); remdēt (*sāpes*)

alleviation [əˌliːviˈeiʃn] *n* **1.** (*ciešanu u. tml.*) atvieglošana; (*sāpju*) remdēšana; **2.** atvieglojums

alley [ˈæli] *n* **1.** aleja; gatve; **2.** šaura ieliņa; blind a. – 1) aklā iela; 2) strupceļš; **3.** (*ķeģļu spēles*) bumbotava

alleyway [ˈæliwei] *n* šaura ieliņa

All Fools' Day [ˈɔːlˈfuːlzdei] *n* pirmais aprīlis

All Hallows [ˌɔːlˈhæləʊz] *sk.* **All Saints' Day**

alliaceous [ˌæliˈeiʃəs] *a* ķiploku-; ķiplokains

alliance [əˈlaiəns] *n* **1.** savienība; apvienība (*valstu – arī*) alianse; **2.** (*arī* matrimonial a.) laulība; laulības saites

allied [ˈælaid] *a* **1.** sabiedrots; savienības-; a. forces – sabiedroto bruņotie spēki; **2.** radniecīgs; tuvs

alligator [ˈæligeitə] *n* **1.** aligators; **2.** *amer. sl.* (*baltais*) džeza mūziķis; **3.** *amer. sl.* svinga entuziasts; **4.** *mil. sl.* amfībija (*tanks vai automobilis*)

alligator pear [ˈæligeitəˌpeə] *n* avokado (*koks un auglis*)

all-in [ˈɔːlin] **I** *n* vispārizglītojošā [vidus]skola; **II** *a* viss

all in [ˌɔːlˈin] *a sar.* noguris; nomocījies

all-night [ˈɔːlnait] *a* nakts- (*kas ilgst, darbojas, ir atvērts visu nakti*); a.-n. shop – nakts veikals

all-nighter [ˌɔːlˈnaɪtə] *n sar.* nakts pasākums

allocate [ˈæləʊkeɪt] *v* piešķirt (*līdzekļus, zemi*); asignēt

allocation [ˌæləʊˈkeɪʃn] *n* (*līdzekļu, zemes*) piešķiršana; asignējums

allocution [ˌæləʊˈkjuːʃn] *n* (*svinīga*) uzruna; runa

allot [əˈlɒt] *v* piešķirt

allotment [əˈlɒtmənt] *n* 1. piešķiršana; 2. daļa; tiesa

all-out [ˈɔːlaʊt] *a* 1. nogurdinošs; novārdzinošs; 2. totāls; pilnīgs

all-over [ˈɔːlˌəʊvə] *a sp.*: a.-o. competition – sacensības daudzcīņā

all-overish [ˌɔːlˈəʊvərɪʃ] *a sar.* nevesels

allow [əˈlaʊ] *v* 1. atļaut; smoking is not ~ed here – šeit aizliegts smēķēt; 2. atzīt; pieļaut; to a. a claim *jur.* – atzīt prasību; 3. piešķirt (*līdzekļus, laiku*); izmaksāt (*parasti ierobežotu summu*); 4. *amer.* apgalvot; ◻ to a. for – ievērot; ņemt vērā (*zināmus apstākļus u.tml.*); to a. of – pieļaut

allowable [əˈlaʊəbl] *a* pieļaujams; pieņemams

allowance [əˈlaʊəns] *n* 1. (*noteikta*) naudas summa; (*naudas*) pabalsts; izmaksa; (*amer.*) kabatas nauda; travelling ~s – komandējuma nauda; 2. deva; water a. – ūdens deva; 3. (*zināmu apstākļu u. tml.*) ievērošana; 4. *ek.* atlaide; 5. *sp.* handikaps

all-powerful [ˌɔːlˈpaʊəfʊl] *a* visspēcīgs; visvarens

all-purpose [ˈɔːlˌpɜːpəs] *a* universāls

all right [ˌɔːlˈraɪt] **I** *a predic.* apmierinošs; pieņemams; **II** *adv* 1. labi; viss kārtībā; it's a. r. – viss kārtībā; 2. *sar.* bez šaubām; protams

all-round [ˌɔːlˈraʊnd] **I** *n sp.* daudzcīņa;

II *a* vispusīgs; daudzpusīgs; a.-r. champion *sp.* – absolūtais čempions

all-rounder [ˌɔːlˈraʊndə] *n* 1. daudzpusīgs cilvēks; 2. *sp.* daudzcīņnieks

All Saints' Day [ˌɔːlˈseɪntsdeɪ] *n* Visu svēto diena (*1. novembris*)

all-sorts [ˈɔːlsɔːts] *n pl* (*konfekšu*) maisījums

All Souls' Day [ˌɔːlˈsəʊlzdeɪ] *n* Mirušo piemiņas diena (*2. novembris*)

all-star [ˈɔːlstɑː] *a* zvaigžņu-; kur piedalās tikai (*kino, teātru, sporta*) zvaigznes

all-time [ˈɔːltaɪm] *a* nepieredzēts; nepārspēts; a.-t. record – nepārspēts rekords

allude [əˈluːd] *v* (*to*) 1. dot mājienu; likt saprast (*vai manīt*); 2. atsaukties (*uz kaut ko vai kādu*)

allure [əˈljʊə] *v* vilināt; valdzināt; kārdināt

allurement [əˈljʊəmənt] *n* vilinājums; valdzinājums; kārdinājums; ~s of large cities – lielpilsētu vilinājumi (kārdinājumi)

all∥y **I** *n* [ˈælaɪ] sabiedrotais; the Allies – 1) sabiedrotie, sabiedrotās valstis; 2) *vēst.* Antante; **II** *v* [əˈlaɪ] 1. apvienoties; noslēgt savienību; ~ied powers – sabiedrotās valstis; 2. noslēgt laulību

Alma Mater [ˌælməˈmɑːtə] *n lat.* gādīgā māte, universitāte (*vai skola*), kurā kāds mācījies

almanac [ˈɔːləmæk] *n* almanahs; gadagrāmata

almighty [ɔːlˈmaɪti] **I** *n*: the A. – [visvarenais] Dievs; **II** *a* 1. visvarens; visspēcīgs; 2. *sl.* briesmīgs; **III** *adv sl.* briesmīgi

almond [ˈɑːmənd] *n* 1. mandele; 2. mandeļkoks

almost [ˈɔ:lməʊst] *adv* gandrīz
alms [a:mz] *n* (*parasti lieto kā sg*) pabalsts; žēlastības dāvana
almsfolk [ˈa:mzfəʊk] *n pl* sabiedrības apgādē esošie
almshouse [ˈa:mzhaʊs] *n* nespējnieku nams; nabagmāja
almsman [ˈa:mzmən] *n* cilvēks, kas dzīvo no žēlastības dāvanām
aloe [ˈæləʊ] *n bot.* alveja
aloft [əˈlɒft] *adv* 1. augšā; 2. augšup; ◇ to go a. – nomirt
alogical [æˈlɒdʒikl] *a* neloģisks
alone [əˈləʊn] I *a* viens pats; all a. – gluži viens; II *adv* tikai; vienīgi
along [əˈlɒŋ] I *adv* 1. uz priekšu; to get a. – 1) tikt uz priekšu; 2) klāties; veikties; how are you getting a.? – kā jums klājas?; 2. visā garumā; no viena gala līdz otram; 3. līdz; kopā; 4.: [all] a. of *sar.* – dēļ; II *prep* pa; gar; a. the street – pa ielu
alongshore [əˈlɒŋʃɔ:] *adv* gar krastu
alongside [ə,lɒŋˈsaid] *adv* (*of*) blakus; [cieši] līdzās
aloof [əˈlu:f] I *a* atturīgs; vēss; II *adv* savrup; nomaļus; atstatu; to keep (hold, stand) a. – turēties savrup
aloofness [əˈlu:fnis] *n* savrupība
alopecia [,æləʊˈpi:ʃə] *n med.* plikpaurība, plikgalvība
aloud [əˈlaʊd] *adv* 1. skaļi; skaļā balsī; 2. *sar.* jūtami; stipri
alpaca [ælˈpækə] *n* alpaks, jaunsudrabs
alpestrian [ælˈpestriən] *sk.* **Alpinist**
alpestrine [ælˈpestrin] *a* subalpīns; augstkalnu-
alpha [ˈælfə] *n* 1. alfa; A. and Omega – 1) sākums un beigas; 2) pats galvenais; 2. *astr.* zvaigznāja galvenā zvaigzne; ◇ a. plus – teicami

alphabet [ˈælfəbit] *n* alfabēts; deaf-and-dumb a. – kurlmēmo alfabēts
alphabetic[al] [,ælfəˈbetik(l)] *a* alfabētisks; alfabēta-; in a. order – alfabēta secībā
alphabetically [,ælfəˈbetikəli] *adv* alfabēta secībā
alphanumeric[al] [,ælfənju:ˈmerik(əl)] *a* burtciparu-; a. data *dat.* – burtciparu dati; a. displey *dat.* – burtciparu displejs
Alpine [ˈælpain] *a* Alpu-; alpīns
Alpinism [ˈælpinizəm] *n* alpīnisms
Alpinist [ˈælpinist] *n* alpīnists
already [ɔ:lˈredi] *adv* jau
alright [,ɔ:lˈrait] *adv* labi; viss kārtībā
Alsatian [ælˈseiʃən] *n* 1. elzasietis; 2. (*arī* A. dog) vilku suns
also [ˈɔ:lsəʊ] *adv* arī
alt [ælt] *n mūz.* augsta skaņa; ◇ in a. – pacilāts
altar [ˈɔ:ltə] *n* altāris
altar-piece [ˈɔ:ltəpi:s] *n* altāra glezna
alter [ˈɔ:ltə] *v* 1. mainīt; pārveidot; to a. one's mind – pārdomāt; mainīt domas; 2. mainīties; grozīties; to a. for the better – kļūt labākam; 3. *amer.* kastrēt
alterable [ˈɔ:ltərəbl] *a* maināms; grozāms
alteration [,ɔ:ltəˈreiʃn] *n* 1. pārveidošana; 2. pārmaiņas; 3. pārmaiņa; grozījums
altercate [ˈɔ:ltəkeit] *v* (*with*) strīdēties; diskutēt
altercation [,ɔ:ltəˈkeiʃn] *n* strīds; disputs
alter ego [,æltərˈegəʊ] *n lat.* otrais «es»; tuvākais (labākais) draugs
alternant [ɔ:lˈtɜ:nənt] *a* mainīgs
alternate I *n* [ɔ:lˈtɜ:nət] 1. vietnieks; 2. dublieris; II *a* [ɔ:lˈtɜ:nət] 1. mainīgs; 2. katrs otrais; on a. days, each a.

day – ik pārdienas; **3.** *amer.* alternatīvs; rezerves-; izvēles-; a. airdrome *av.* – rezerves lidlauks; a. key *dat.* – alternatīvā atslēga; alternēšanas taustiņš; **III** *v* [ˈɔːltəneit] **1.** mainīt; **2.** mainīties; mīties
alternating [ˈɔːltəneitiŋ] *a* mainīgs; a. current *el.* – maiņstrāva
alternative [ɔːlˈtɜːnətiv] **I** *n* alternatīva; izvēle; **II** *a* **1.** alternatīvs; izvēles-; **2.** viens otru izslēdzošs
alternator [ˈɔːltəneitə] *n el.* maiņstrāvas ģenerators
altho [ɔːlˈðəʊ] *amer. sk.* although
although [ɔːlˈðəʊ] *conj.* kaut gan, kaut arī; lai gan, lai arī
altimeter [ˈæltiˌmiːtə] *n* altimetrs, augstuma mērītājs
altitude [ˈæltitjuːd] *n* **1.** augstums (*virs jūras līmeņa*); a. sickness – kalnu (augstuma) slimība; **2.** *pl* augstiene; augsta vieta
altitudinal [ˌæltiˈtjuːdinəl] *a* augstuma-
alto [ˈæltəʊ] *n mūz.* **1.** alts (*balss vai instruments*); **2.** kontralts
altogether [ˌɔːltəˈgeðə] **I** *n* **1.** kopums; viss; **2.**: in the a. *sar.* – pilnīgi kails; **II** *adv* **1.** kopā; pavisam; **2.** pilnīgi; gluži; not a. bad – ne gluži slikts; **3.** visumā
altruism [ˈæltrʊizəm] *n* altruisms
altruist [ˈæltrʊist] *n* altruists
aluminiferous [əˌljuːmiˈnifərəs] *a* alumīniju saturošs
aluminium [ˌæljʊˈminəm] *n* alumīnijs
alumna [əˈlʌmnə] *n* (*pl* alumnae [əˈlʌmniː]) *amer.* (*skolas vai augstskolas*) bijusī audzēkne, absolvente
alumnus [əˈlʌmnəs] *n* (*pl* alumni [əˈlʌmnai]) *amer.* (*skolas vai augstskolas*) bijušais audzēknis, absolvents

alveolus [ælˈviələs] *n* (*pl* alveoli [ælˈviəlai]) **1.** *anat.* alveola; **2.** (*bišu*) šūna
always [ˈɔːlweiz] *adv* vienmēr; arvien; not a. – ne vienmēr
alyssum [ˈælisəm] *n bot.* alīses, medenes
am[a] [*uzsvērtā forma* æm, *neuzsvērtā forma* əm] *tagadnes 1. pers. sg no darbības vārda* to be
am[b] [æm] *n* (*saīs. no* amateur) *sar.* amatieris
amalgamated [əˈmælgəmeitid] *a* apvienots; savienots
amalgamation [əˌmælgəˈmeiʃn] *n* **1.** apvienošana; saliedēšana; **2.** apvienošanās; saliedēšanās
amaranth [ˈæmərænθ] *n* **1.** *bot.* amarants; **2.** purpursarkana krāsa
amaryllis [ˌæməˈrilis] *n bot.* amarillis
amateur [ˈæmətə] *n* amatieris; *a.* art – pašdarbība; a. theatricals – pašdarbības [teātra] izrāde
amateurish [ˌæməˈtɜːriʃ] *a* diletantisks; nemākulīgs
amatory [ˈæmətəri] *a* mīlas-; mīlestības pilns
amative [ˈæmətiv] *a* tāds, kas ātri iemīlas
amaze [əˈmeiz] **I** *n poēt., novec.* pārsteigums; izbrīns; **II** *v* pārsteigt; radīt izbrīnu
amazement [əˈmeizmənt] *n* pārsteigums; izbrīns
amazing [əˈmeiziŋ] *a* pārsteidzošs; apbrīnojams
Amazon [ˈæməzən] *n* amazone
amazonian [ˌæməˈzəʊniən] *a* amazoņu-; vīrišķīgs; kareivīgs
ambassador [æmˈbæsədə] *n* **1.** vēstnieks; A. Extraordinary and Plenipotentiary – ārkārtējais un pilnvarotais vēstnieks; United Nations A. – (*kādas valsts*)

ambassadorial

pastāvīgais pārstāvis ANO; **2.** vēstnesis
ambassadorial [æmˌbæsəˈdɔːriəl] *a* **1.** vēstniecības-; vēstnieka-; **2.** (*par automobili u. tml.*) grezns; luksus
ambassadress [æmˈbæsədris] *n* **1.** vēstniece; **2.** vēstnese
amber [ˈæmbə] *n* **1.** dzintars; **2.** dzintara krāsa
ambiance [ˈæmbiəns] *sk.* **ambience**
ambidextrous [æmbiˈdekstrəs] *a* **1.** vienādi izveicīgs ar abām rokām; **2.** divkosīgs
ambience [ˈæmbiəns] *n* **1.** vide; apkārtne; **2.** gaisotne; friendly a. – draudzīga atmosfēra
ambient [ˈæmbiənt] *a* apkārtesošs; aptverošs; a. air – apkārtējais gaiss
ambiguous [æmˈbigjʊəs] *a* **1.** divdomīgs; **2.** neskaidrs; nenoteikts
ambit [ˈæmbit] *n* **1.** apkaime; tuvākā apkārtne; **2.** apjoms; robežas
ambition [æmˈbiʃn] *n* **1.** godkāre; **2.** centieni; mērķis
ambitious [æmˈbiʃəs] *a* **1.** godkārīgs; a. of power – varaskārs; **2.** samākslots
ambivalence [æmˈbivələns] *n* **1.** (*jūtu*) divpusība; **2.** divkosība, divkosīgums
ambivalent [æmˈbivələnt] *a* **1.** (*par jūtām*) divpusīgs; **2.** (*par attiecībām, izturēšanos*) divkosīgs
ambrosia [æmˈbrəʊziə] *n* **1.** *mit.* ambrozija; dievu ēdiens (*arī pārn.*); **2.** bišu maize
ambrosial [æmˈbrəʊziəl] *a* **1.** dievišķs; **2.** gards
ambs-ace [ˈeimzeis] *n* neveiksme
ambulance [ˈæmbjʊləns] *n* **1.** ātrās medicīniskās palīdzības automobilis; a. plane – sanitārā lidmašīna; **2.** *mil.* lauka hospitālis (lazarete)

ambulant [ˈæmbjʊlənt] *a* **1.** ambulatorisks; a. case (sick) *mil.* – pārvietoties spējīgs slimnieks; **2.** (*par sāpēm*) klīstošs
ambulate [ˈæmbjʊleit] *v* staigāt; pārvietoties
ambulatory [ˈæmbjʊlətəri] *a* **1.** ambulatorisks; **2.** ceļojošs; klejojošs; **3.** iešanai piemērots
ameliorate [əˈmiːliəreit] *v* **1.** uzlabot; **2.** uzlaboties
amelioration [əˌmiːliəˈreiʃn] *n* **1.** uzlabošana; uzlabojums; **2.** uzlabošanās
amen [ˌɑːˈmen] **I** *n* āmen; ◇ to say a. (*to*) – piekrist; **II** *int* lai notiek!
amenability [əˌmiːnəˈbiləti] *n* **1.** atbildība (*par kādu nodarījumu*); **2.** pakļāvība; ietekmējamība
amenable [əˈmiːnəbl] *a* **1.** atbildīgs (*par kādu nodarījumu*); a. to justice – atbildīgs tiesas priekšā; **2.** pakļāvīgs; ietekmējams; a. to discipline – disciplinēts
amend [əˈmend] *v* **1.** labot; izdarīt labojumu[s] (*likumprojektā u.tml.*); **2.** [iz]labot (*kļūdas, trūkumus*); **3.** [uz]laboties
amendable [əˈmendəbl] *a* labojams
amends [əˈmendz] *n pl* kompensācija; atlīdzība
amenity [əˈmiːnəti] *n* **1.** piemīlība; **2.** *pl* ērtības (*piem., dzīvoklī*)
ament [ˈæment] *n* plānprātiņš
amentia [æˈmenʃə] *n* plānprātība
amerce [əˈmɜːs] *v* **1.** uzlikt naudas sodu; **2.** sodīt
amercement [əˈmɜːsmənt] *n* **1.** naudas soda uzlikšana; **2.** naudas sods; **3.** sods
American [əˈmerikən] **I** *n* amerikānis; amerikāniete; **II** *a* amerikāņu-;

amerikānisks; A. plan *amer.* – maksa par viesnīcu un uzturu
Americanization [əˌmerikənai'zeiʃn] *n* 1. amerikanizēšana; 2. amerikanizēšanās
amethyst ['æmiθist] *n min.* ametists
amiability [ˌeimiə'biləti] *n* 1. laipnība; draudzīgums; 2. pievilcība
amiable ['eimiəbl] *a* 1. laipns; draudzīgs; 2. pievilcīgs
amicable ['æmikəbl] *a* draudzīgs
amid [ə'mid] *prep* starp (*vairākiem*); vidū
amide ['æmaid] *n ķīm.* amīds
amine ['æmain] *n ķīm.* amīns
amino acid [əˌmi:nəʊ'æsid] *n ķīm.* aminoskābe
amiss [ə'mis] *adv* 1. nepareizi; kļūdaini; ačgārni; to do a. – rīkoties ačgārni; 2. nelaikā; nevietā; to come a. – atnākt (notikt) nelaikā (nevietā); nothing comes a. to him – viņu nekas nepārsteidz
amity ['æməti] *n* draudzīgas attiecības; draudzība; to live in a. with smb. – dzīvot ar kādu draudzīgi
ammo ['æməʊ] *n* (*saīs. no* ammunition) *sar.* 1. munīcija; 2. *sl.* noderīga informācija; 3. *sl.* nauda
ammonia [ə'məʊniə] *n* 1. *ķīm.* amonjaks; 2.: liquid a., a. water – ožamais spirts
ammoniacal [ˌæməʊ'naiəkl] *a ķīm.* 1. amonjaka-; 2. amonjaku saturošs
ammonium [ə'məʊniəm] *n ķīm.* amonijs; a. chloride – salmiaks
ammunition [ˌæmjʊ'niʃn] *n* 1. munīcija; 2. noderīga informācija; 3. *sl.* alkohols; ◇ a. leg – kājas (*koka*) protēze
amnesia [æm'ni:ziə] *n* anmēzija
amnesty ['æmnisti] **I** *n* amnestija; to grant a. (*to*) – amnestēt; **II** *v* amnestēt

amoeba [ə'mi:bə] *n* (*pl* amoebas [ə'mi:bəz] *vai* amoebae [ə'mi:bi:]) amēba
amok [ə'mɒk] *adv*: to run a. – 1) skriet amoka skrējienā; 2) zaudēt savaldīšanos
among [ə'mʌŋ] *prep* vidū; starp (*vairākiem*); a. friends – draugu vidū; to divide smth. a. oneself – sadalīt kaut ko savā starpā; a. other things – starp citu
amoral [ˌei'mɒrəl] *a* amorāls
amorous ['æmərəs] *a* 1. mīlas-; mīlestības-; a. songs – mīlas dziesmas; 2. iemīlējies; 3. tāds, kas ātri (viegli) iemīlas
amorousness ['æmərəsnis] *n* 1. iemīlēšanās; 2. tieksme ātri (viegli) iemīlēties
amorphous [ə'mɔ:fəs] *a* 1. amorfs, bezveidīgs; 2. *ķīm., min.* nekristālisks; 3. *pārn.* neskaidrs; nenoteikts (*plāns u.tml.*)
amortization [əˌmɔ:ti'zeiʃn] *n* 1. nomaksāšana; (*parāda*) dzēšana; 2. *ek.* [pakāpeniska] norakstīšana
amortize [ə'mɔ:taiz] *v* 1. nomaksāt; dzēst (*parādu*); 2. *ek.* [pakāpeniski] norakstīt
amount [ə'maʊnt] **I** *n* 1. [kop]summa; 2. daudzums; in large (considerable) ~s – lielos (prāvos) daudzumos; **II** *v* (*to*) dot iznākumā; sasniegt (*summu*); to a. to very little – būt nenozīmīgam
amour [ə'mʊə] *n* mīlas dēka
amp[a] [æmp] *n* (*saīs. no* ampere) *sar. el.* ampērs
amp[b] [æmp] *n* (*saīs. no* amplifier) *sar.* 1. *el.* pastiprinātājs; 2. *amer.* elektroģitāra

amperage [ˈæmpeərɪdʒ] *n el.* strāvas stiprums ampēros
ampere [ˈæmpeə] *n el.* ampērs
ampersand [ˈæmpəsænd] *n* & (=and) zīme
amphetamine [æmˈfetəmiːn] *n med.* amfetamīns
Amphibia [æmˈfibiə] *n pl zool.* abinieki
amphibian [æmˈfibiən] **I** *n* 1. *zool.* abinieks; 2. amfībija (*transportlīdzeklis*); **II** *a* 1. *zool.* abinieku-; 2. amfībijas tipa- (*transportlīdzeklis*)
amphibious [æmˈfibiəs] *a* 1. *zool.* abinieku-; 2. amfībijas [tipa]-; 3. *mil.* jūras desanta-; a. troops – jūras desanta karaspēka daļa[s]
amphibology [ˌæmfiˈbɒlədʒi] *n* divdomība, divdomīgs izteiciens
amphigamous [æmˈfigəməs] *a bot.* amfigāms; bezdzimuma-
amphitheatre [ˈæmfiˌθiətə] *n* amfiteātris
amphora [ˈæmfərə] *n* amfora
ample [ˈæmpl] *a* 1. plašs; ietilpīgs; 2. bagātīgs; pietiekams; a. resources – bagātīgi resursi; 3. (*par stāstījumu, stilu*) izplūdis; plašs; 4. *sar.* tulks
amplification [ˌæmplifiˈkeiʃn] *n* 1. palielināšana; paplašināšana; 2. palielinājums; paplašinājums; 3. (*apraksta, paskaidrojuma*) izvēršana; 4. *el.* pastiprināšana
amplifier [ˈæmplifaiə] *n el.* pastiprinātājs
amplitude [ˈæmplitjuːd] *n* 1. plašums; 2. *fiz.* amplitūda
ampoule [ˈæmpuːl] *n* ampula
amputate [ˈæmpjʊteit] *v med.* amputēt
amputation [ˌæmpjʊˈteiʃn] *n med.* amputācija
amulet [ˈæmjʊlit] *n* amulets

amuse [əˈmjuːz] *v* uzjautrināt; kavēt laiku
amusement [əˈmjuːzmənt] *n* izprieca; laika kavēklis
amusement arcade [əˈmjuːzməntɑːkeid] *n* atrakciju zāle
amusement park [əˈmjuːzməntpɑːk] *n* atrakciju parks
amusing [əˈmjuːziŋ] *a* uzjautrinošs; amizants
an *[uzsvērtā forma* æn, *neuzsvērtā forma* ən] *gram.* nenoteiktais artikuls patskaņa vai neizrunājama h priekšā: an apple – ābols; an hour – stunda
anabiosis [ˌænəbaiˈəʊsis] *n* (*pl* anabioses [ˌænəbaiˈəʊsiːz]) *biol.* anabioze
anabolic [ˌænəˈbɒlik] *a* anabolisks
anabolism [əˈnæbəlizm] *n fiziol.* anabolisms
anachronism [əˈnækrənizəm] *n* anahronisms
anaconda [ˌænəˈkɒndə] *n zool.* anakonda
anaemia [əˈniːmiə] *n med.* anēmija, mazasinība
anaemic [əˈniːmik] *a med.* anēmisks, mazasinīgs
anaerobe [æˈnaiərəʊb] *n biol.* anaerobs
anaesthesia [ˌænisˈθiːziə] *n med.* anestēzija
anaesthesiology [ˌænisˌθiːziˈɒlədʒi] *med.* anestezioloģija
anaesthetic [ˌænisˈθetik] **I** *n* anestezējošs līdzeklis; **II** *a* anestētisks; anestezējošs
anaesthetist [æˈniːsθətist] *n* anesteziologs
anaesthetize [æˈniːsθətaiz] *v med.* anestezēt
anagram [ˈænəɡræm] *n* anagramma
anal [ˈeinl] *a anat.* anāls
analgesia [ˌænælˈdʒiːziə] *n med.* analgēzija
analgesic [ˌænælˈdʒiːsik] *med.* **I** *n* sāpes

remdinošs līdzeklis; **II** *a* sāpes remdinošs
analogic [ˌænə'lɒdʒik] *a* analoģijas-; analogs
analogue ['ænəlɒg] *n* analogs
analogy [ə'nælədʒi] *n* analoģija, līdzība; by (on the) a. (*of*) – pēc analoģijas
analphabetic [ˌænælfə'betik] *n* analfabēts
analysable ['ænəlaizəbl] *a* analizējams
analyse ['ænəlaiz] *v* **1**. analizēt; **2**. ķīm. sadalīt
analysis [ə'næləsis] *n* (*pl* analyses [ə'næləsiːz]) **1**. analīze; in the final (last, ultimate) a. – galu galā; **2**. *amer.* psihoanalīze
analyst ['ænəlist] *n* **1**. analītiķis; **2**. ķīmiķis laborants; **3**. *amer.* psihoanalīzes speciālists; **4**. *amer.* komentētājs
analytical [ˌænə'litikl] *a* analītisks
anamnesis [ˌænæm'niːsis] *n* (*pl* anamneses [ˌænæm'niːsiːz]) *med.* anamnēze
ananas [ə'nɑːnəs] *n* ananass
anarchism ['ænəkizəm] *n* anarhisms
anarchist ['ænəkist] *n* anarhists
anarchy ['ænəki] *n* anarhija
anathema [ə'næθəmə] *n* **1**. anatēma, izslēgšana no baznīcas; **2**. lāsts
anathematize [ə'næθəmətaiz] *v* **1**. izslēgt no baznīcas; **2**. nolādēt
anatomical [ˌænə'tɒmikl] *a* anatomijas-; anatomisks
anatomist [ə'nætəmist] *n* **1**. anatoms; **2**. *pārn.* analītiķis
anatomize [ə'nætəmaiz] *v* **1**. anatomēt; secēt; **2**. *pārn.* analizēt
anatomy [ə'nætəmi] *n* **1**. anatomija; **2**. anatomēšana; secēšana; **3**. analīze; **4**. *humor.* [cilvēka] ķermenis
ancestor ['ænsestə] *n* sencis; priekštecis; ciltstēvs

ancestral [æn'sestrəl] *a* senču-; priekšteču-; mantots
ancestress ['ænsestris] *n* ciltsmāte
ancestry ['ænsestri] *n* **1**. senči; **2**. izcelšanās
anchor ['æŋkə] **I** *n* **1**. enkurs; to bring to a. – noenkurot; to cast (drop) a. – izmest enkuru; to drag the a. – dreifēt; to weigh (raise, take up) a. – 1) pacelt enkuru; 2) uzsākt braucienu; **2**. pēdējā cerība; **3**. drošs patvērums; **II** *v* **1**. noenkurot; **2**. noenkuroties; ◇ to a. ones hopes (*on, in*) – likt cerības (*uz*)
anchorage ['æŋkəridʒ] *n* **1**. noenkurošanās; **2**. enkurvieta; **3**. balsts; drošs patvērums
anchorite ['æŋkərait] *n* vientuļnieks
anchorman ['æŋkəmən] *n* **1**. uzticams cilvēks; balsts; (*kāda pasākuma*) dvēsele; **2**. *rad., telev.* diskusijas (*vai* intervijas *u. tml.*) vadītājs; **3**. *sp.* pēdējā etapa skrējējs
anchovy ['æntʃəvi] *n iht.* anšovs
ancient ['einʃənt] **I** *n* **1**. *novec.* vecs cilvēks; sirmgalvis; **2**.: the ~s – senās (antīkās) tautas (*sev. grieķi un romieši*); **II** *a* sens; antīks; a. history – seno laiku vēsture; a. literature – antīkā literatūra
ancillary [æn'siləri] *a* palīg-; a. staff – palīgpersonāls
and [*uzsvērtā forma* ænd, *neuzsvērtās formas* ənd, ən, nd, n] *conj* **1**. un; **2**. (*norāda atkārtošanos, turpinājumu vai dažādību*): better a. better – arvien labāk; for hours a. hours – stundām ilgi; **3**. (*lieto partikulas to* vietā *pēc darbības vārdiem* to come, to go, to try *u. c.*); come a. see me – apciemo mani

andante [æn'dænti] *n, a, adv mūz.* andante
androgen ['ændrədʒin] *n fiziol.* androgēns
anecdotage ['ænikdəʊtidʒ] *n* **1.** anekdotes; anekdošu krājums; **2.** *(veca cilvēka)* plāpīgums
anecdote ['ænikdəʊt] *n* anekdote
anecdotic [ˌænek'dɒtik] *a* anekdotisks
anemone [ə'nemən1] *n bot.* anemone
aneurism ['ænjərizəm] *n med.* aneirisma
anew [ə'nju:] *adv* no jauna; no sākuma; vēlreiz
angel ['eindʒəl] *n* **1.** eņģelis; evil a. – kārdinātājs; ļaunais gars; guardian a. – sargeņģelis; **2.** *sl.* finansētājs; mecenāts; ◇ to be on the side of ~s – cerēt, ka labais uzvarēs; to join the ~s – aiziet viņsaulē
angel dust ['eindʒəldʌst] *n amer. sl.* «eņģeļu putekļi» *(narkotika, sev. sintētiskais heroīns)*
angelic [æn'dʒelik] *a* **1.** eņģeļa-; eņģeļu-; **2.** eņģelim līdzīgs
anger ['æŋgə] **I** *n* dusmas; **II** *v* sadusmot; to be speechlessly ~ed – dusmās zaudēt valodu
angina [æn'dʒainə] *n med.* **1.** angīna; **2.** *(arī a. pectoris)* stenokardija
angle[a] ['æŋgl] **I** *n* **1.** leņķis; acute a. – šaurleņķis; obtuse a. – platleņķis; right a. – taisnleņķis; **2.** stūris; **3.** viedoklis; **II** *v* **1.** novietot [ie]slīpi; **2.** virzīties (kustēties) [ie]slīpi
angle[b] ['æŋgl] **I** *n*: brother of the a. – makšķernieks; **II** *v* makšķerēt; ◇ to a. for compliments – tiekties pēc komplimentiem
angle-parking ['æŋglˌpɑ:kiŋ] *n* automobiļu novietošana [ie]slīpi pret ielas malu

angler ['æŋglə] *n* makšķernieks
Anglican ['æŋglikən] **I** *n* anglikānis; **II** *a* anglikāņu-; A. church – anglikāņu baznīca
Anglicism ['æŋglisizəm] *n val.* anglicisms
Anglicize ['æŋglisaiz] *v* angliskot
angling ['æŋgliŋ] *n* makšķerēšana
angling-line ['æŋgliŋlain] *n* makšķeraukla
angling-rod ['æŋgliŋrɒd] *n* makšķerkāts
anglophone ['æŋgləʊfəʊn] *a* angļu valodā runājošs; a. countries – zemes, kurās runā angļu valodā
Anglo-Saxon [ˌæŋgləʊ'sæksən] **I** *n* **1.** anglosaksis; **2.** anglosakšu valoda; **II** *a* aglosakšu-
angora [æŋ'gɔ:rə] *n* **1.** *(arī* a. cat) angoras kaķis; **2.** *(arī* a. goat) angoras kaza; **3.** angoras kazas vilnas audums
angry ['æŋgri] *a* **1.** dusmīgs; nikns; to be a. at (about) smth. – dusmoties par kaut ko; **2.** *(par brūci u. tml.)* iekaisis; **3.** *(par jūru)* bangains; **4.** *(par vētru)* draudošs; nikns
angstrom ['æŋstrəm] *n fiz.* angstrēms
anguine ['æŋgwin] *a* čūskveida
anguish ['æŋgwiʃ] *n* ciešanas; mokas; sāpes; a. of body and mind – fiziskas un garīgas ciešanas
anguished ['æŋgwiʃt] *a* sāpjpilns
angular ['æŋgjʊlə] *a* **1.** leņķa-; a. point – leņķa virsotne; **2.** stūrains; šķautņains; **3.** kaulains; vājš; **4.** neveikls; lempīgs
angularity [ˌæŋgjʊ'lærəti] *n* **1.** stūrainība; šķautņainība; **2.** neveiklība; lempīgums
angulate ['æŋgjʊlit] *a* stūrains; šķautņains
anhydrous [æn'haidrəs] *a ķīm.* bezūdens-; a. alcohol – tīrs spirts

anile [′einail] *a* 1. vecišķs; 2. plānprātīgs
aniline [′ænili:n] *n* ķīm. anilīns; a. dye – anilīnkrāsa
anility [æ′niləti] *n* 1. vecišķums; 2. vecuma plānprātība
anima [′ænimə] *n psih.* (*cilvēka*) iekšējā būtība; dvēsele
animadversion [ˌænimæd′vɜ:ʃn] *n* (*kāda uzvedības, kļūdu*) kritika; nosodījums
animadvert [ˌænimæd′vɜ:t] *v* kritizēt; nosodīt (*kāda uzvedību, kļūdas*)
animal [′æniml] I *n* dzīvnieks; lops; domestic a. – mājdzīvnieks; mājlops; II *a* 1. dzīvnieku-; lopu-; a. bones – kaulu milti; 2. dzīvniecisks
animal breeding [ˌæniml′bri:diŋ] *n* lopkopība
animal husbandry [ˌæniml′hʌzbəndri] *n* (*parasti amer.*) lopkopība
animalism [′æniməlizəm] *n* 1. animālisms; 2. dzīvnieciskums
animality [ˌæni′mæləti] *n* 1. piederība pie dzīvnieku valsts (pasaules); 2. dzīvnieciskie instinkti; 3. dzīvnieku valsts (pasaule)
animal kingdom [′æniml,kiŋdəm] *n* dzīvnieku valsts (pasaule)
animate I *a* [′ænimət] 1. dzīvs; a. nature – dzīvā daba; 2. dzīvs; rosīgs; II *v* [′ænimeit] 1. atdzīvināt; rosināt; 2. iedvesmot; iejūsmināt
animated [′ænimeitid] *a* dzīvs; rosīgs
animated cartoon [ˌænimeitidkɑː′tu:n] *n* multiplikācijas filma
animation [ˌæni′meiʃn] *n* 1. dzīvība; rosība; 2. iejūsma
animator [′ænimeitə] *n* multiplikators
animism [′ænimizəm] *n* animisms
animist [′ænimist] *n* animists
animosity [ˌæni′mɒsəti] *n* (*against, between, towards*) naids; naidīgums

animus [′æniməs] *n* naids; naidīgums
anion [′ænaiən] *n fiz.* anjons
anise [′ænis] *n* anīss
ankle [′æŋkl] I *n* potīte; a. socks – īsās zeķes; II *v sl.* kātot; iet
anklet [′æŋklit] *n* 1. kājsprādze; 2. *amer.* īsā zeķe
annalist [′ænəlist] *n* hronists
annals [′ænlz] *n* hronika; annāles
anneal [ə′ni:l] *v* 1. *tehn.* atkvēlināt; atdzesēt (*stiklu, keramiku*); rūdīt (*tēraudu*); 2. *tehn.* apdedzināt (*stiklu, keramiku*); 3. *pārn.* [no]rūdīt
annex I *n* [′æneks] 1. pielikums; papildinājums; 2. piebūve; 3. *tehn.* pierīce; II *v* [ə′neks] 1. anektēt, pievienot ar varu (*svešu teritoriju*); 2. pievienot; pielikt
annexation [ˌænek′seiʃn] *n* aneksija
anniversary [ˌæni′vɜ:səri] *n* gadadiena
Anno Domini [ˌænəʊ′dɒminai] I *n sar.* vecums; II *adv* (*parasti lieto saīsinājumu A. D.* [ˌei′di:]) mūsu ēras... gadā
annotate [′ænəʊteit] *v* 1. uzrakstīt anotāciju; 2. uzrakstīt piezīmes (komentārus)
annotation [ˌænəʊ′teiʃn] *n* 1. anotācija; 2. (*parasti pl*) piezīmes, komentāri (*grāmatā*)
announce [ə′naʊns] *v* paziņot; pasludināt
announcement [ə′naʊnsmənt] *n* sludinājums (*laikrakstā*); paziņojums
announcer [ə′naʊnsə] *n* diktors
annoy [ə′nɔi] *v* 1. kaitināt; 2. traucēt; apgrūtināt
annoyed [ə′nɔid] *a* sakaitināts; īgns; sapīcis
annual [′ænjʊəl] I *n* 1. gadagrāmata; 2. viengadīgs augs; II *a* gadskārtējs; ikgadējs; gada-
annually [′ænjʊəli] *adv* ik gadu

annuity [ə'nju:iti] *n* ikgadēja rente; ikgadēji ienākumi (*piem., pensija, pabalsts*)
annul [ə'nʌl] *v* anulēt; atcelt
annular ['ænjʊlə] *a* gredzenveida-; gredzenveidīgs
annulment [ə'nʌlmənt] *n* anulēšana; atcelšana
annum ['ænəm] *n* : per a. – gadā; gada laikā
annunciate [ə'nʌnsieit] *v* pasludināt; paziņot
annunciation [ˌənʌnsi'eiʃn] *n* **1.** pasludināšana; pavēstīšana; paziņojums; **2.** (A.) *rel.* Marijas pasludināšanas diena
anodyne ['ænəʊdain] **I** *n* (*sāpes, nervus*) nomierinošs (remdinošs) līdzeklis; **II** *a* (*sāpes, nervus*) nomierinošs; remdinošs
anoint [ə'nɔint] *v* **1.** ieeļļot; ieziest (*ādu, brūci*); **2.** *rel.* iesvaidīt
anointment [ə'nɔintmənt] *n* **1.** ieeļļošana; (*ādas, brūces*) ieziešana; **2.** *rel.* iesvaidīšana
anomalous [ə'nɒmələs] *a* anomāls
anomaly [ə'nɒməli] *n* anomālija
anomy ['ænəmi] *n* **1.** tikumu pagrimums; **2.** morāls pagrimums
anonym ['ænənim] *n* **1.** anonīms; **2.** pseidonīms
anonymity [ˌænə'nimətɪ] *n* anonimitāte
anonymous [ə'nɒniməs] *a* anonīms
anopheles [ə'nɒfili:z] *n* malārijas ods
anorak ['ænəræk] *a* silta vējjaka (*ar kapuci*)
anorexia [ˌænə'reksiə] *n med.* anoreksija
another [ə'nʌðə] **I** *a* **1.** cits; I'll see you a. time – es jūs apciemošu kādu citu reizi; **2.** vēl viens; vēl kāds; try a.

time – mēģiniet vēlreiz; **II** *pron* otrs; one a. – viens otru; one after a. – cits aiz cita
anserine ['ænsərain] *a* **1.** zoss-; **2.** dumjš [kā zoss]
answer ['ɑ:nsə] **I** *n* **1.** atbilde; **2.** (*jautājuma*) atrisinājums; **3.** *jur.* iebildums; **II** *v* **1.** atbildēt; **2.** atbilst (*prasībām, aprakstam*); to a. a purpose – atbilst nolūkam; **3.**: to a. debts – nomaksāt parādus
ansver-back ['ɑ:nsəbæk] *n sar.* rupja atbilde
ant [ænt] *n* skudra; white a. – termīts
antacid [ˌænt'æsid] **I** *n* skābi neitralizējoša viela; **II** *a* skābi neitralizējošs
antagonism [æn'tægənizəm] *n* antagonisms; naids; to come (be brought) into a. (*with*) – sanaidoties
antagonist [æn'tægənist] *n* antagonists; pretinieks
antagonistic [ænˌtægə'nistik] *a* antagonistisks; naidīgs
antagonize [æn'tægənaiz] *v* **1.** radīt antagonismu (naidu); **2.** *amer.* pretoties
antarctic [ænt'ɑ:ktik] **I** *n* : the A. – Antarktika; **II** *a* antarktisks; dienvidpola-; A. Circle – dienvidu polārais loks; A. Pole – dienvidpols
ant-bear ['æntbeə] *n sk.* **ant-eater**
ante ['ænti] **I** *n* **1.** sākuma likme (*piem., pokerā*); to raise the a. – palielināt sākuma likmi; **2.** avanss; **II** *v* **1.** iemaksāt sākuma likmi (*piem., pokerā*); **2.** (*arī* a. up) *amer. sl.* iepriekš [sa]maksāt
ant-eater ['æntˌi:tə] *n* skudrlācis
ante-bellum [ˌænti 'beləm] *a* pirmskara-
antecedence [ˌænti'si:dəns] *n* **1.** iepriekšēja norise; **2.** prioritāte
antecedent [ˌænti'si:dənt] **I** *n* iepriekšējs noteikums; **II** *a* iepriekšējs; agrāks

antechamber [ˈænti͵tʃeimbə] *n* **1.** priekšistaba; **2.** *tehn.* priekškamera
antedate [ˈæntideit] **I** *n* iepriekšējs datums (*dokumentos*); **II** *v* **1.** datēt (*dokumentus*) ar iepriekšēju datumu; **2.** iepriekš noteikt; **3.** paredzēt; aizsteigties (*notikumiem*) priekšā
antelope [ˈæntiləʊp] *n* antilope
ante meridiem [͵æntiməˈridiəm] *adv* (*parasti lieto saīs.* a. m. [eiˈem]) no rīta; priekšpusdienā
ante-mortem [͵æntiˈmɔ:təm] *a lat.* pirmsnāves-
antenatal [͵æntiˈneitl] *a* **1.** pirmsdzemdību-; **2.** embrionāls
antenna [ænˈtenə] *n* **1.** (*pl* antennae [ænˈteni:]) tausteklis (*kukaiņiem*); **2.** (*sev. amer.*) antena
antenuptial [͵æntiˈnʌpʃl] *a* pirmslaulības-
anteprandial [͵æntiˈprændiəl] *a* priekšpusdienas-
anterior [ænˈtiəriə] *a* **1.** priekšējais; **2.** (*to*) iepriekšējais
anteriority [͵æntiəriˈɒrəti] *n* prioritāte
anteriorly [ænˈtiəriəli] *adv* agrāk, senāk
anteroom [ˈæntiru:m] *n* **1.** priekštelpa; **2.** uzgaidāmā telpa
antheap [ˈænthi:p] *n sk.* **anthill**
anthem [ˈænθəm] *n* **1.** himna; national a. – valsts hinma; **2.** *rel.* korālis; himna
anther [ˈænθə] *n bot.* putekšnīca; a. dust – putekšņi
anthill [ˈænthil] *n* skudru pūznis
anthology [ænˈθɒlədʒi] *n* antoloģija
anthracite [ˈænθrəsait] *n* antracīts
anthropogenic [͵ænθrəʊpəʊˈdʒenik] *a* antropogēns
anthropogeny [͵ænθrəʊˈpɒdʒini] *n* antropoģenēze
anthropoid [ˈænθrəʊpɔid] **I** *n* antropoīds,

cilvēkveidīgais pērtiķis; **II** *a* cilvēkveidīgs
anthropologist [͵ænθrəˈpɒlədʒist] *n* antropologs
anthropology [͵ænθrəˈpɒlədʒi] *n* antropoloģija
anthropophagy [͵ænθrəʊˈpɒfədʒi] *n* kanibālisms
anti [ˈænti] **I** *n* oponents; pretinieks; **II** *prep* pret
antiaircraft [͵æntiˈeəkrɑ:ft] *mil.* **I** *n* zenītieroči, pretgaisa aizsardzības ieroči; **II** *a* zenīt-; pretgaisa-
antiallergic [͵æntiəˈlɜ:dʒik] *a* pretalerģisks
antibiosis [͵æntibaiˈəʊsis] *n* antibioze
antibiotic [͵æntibaiˈɒtik] **I** *n* antibiotika; **II** *a* antibiotisks
antibody [ˈænti͵bɒdi] *n fiziol.* antiviela
antic [ˈæntik] **I** *n* (*parasti pl*) grimases; ķēmošanās; **II** *a novec.* grotesks; jocīgs
Antichrist [ˈæntikraist] *n* antikrists
anticipate [ænˈtisipeit] *v* **1.** paredzēt; nojaust; to a. a failure – baidīties no neveiksmes; **2.** gaidīt; cerēt; (*jau iepriekš*) priecāties; **3.** aizsteigties priekšā; priekšlaikus izdarīt
anticipation [æn͵tisiˈpeiʃn] *n* **1.** paredzējums; nojauta; **2.** gaidas; cerības; **3.** aizsteigšanās priekšā
anticipatory [ænˈtisipeitəri] *a* **1.** iepriekšējs; **2.** priekšlaicīgs
anticlimax [͵æntiˈklaimæks] *n* atslābums; reakcija
anticlockwise [͵æntiˈklɒkwaiz] *adv* pretēji pulksteņrādītāju kustības virzienam
anticoagulant [͵æntikəʊˈægjʊlənt] **I** *n* antikoagulants; **II** *a* asins sarecēšanu aizkavējošs

anticonvulsant [ˌæntikən'vʌlsənt] **I** *n med.* pretkonvulsiju līdzeklis; **II** *a* pretkonvulsīvs
anticorrosive [ˌæntikə'rəʊsiv] *a* pretkorozijas-
anticrop ['æntikrɒp] *n lauks.* herbicīds
anticyclone [ˌænti'saikləʊn] *n* anticiklons
antidepressant [ˌæntidi'presnt] *n med.* antidepresants
antidotal ['æntidəʊtl] *a* pretindes-
antidote ['æntidəʊt] *n* (*against, for, to*) pretinde; pretlīdzeklis
antifascist [ˌænti'fæʃist] **I** *n* antifašists; **II** *a* antifašistisks
antifebrile [ˌænti'fi:brail] *a med.* pretdrudža-
antifertility [ˌæntifɜ:'tiləti] *a med.* pretapauglošanās-
antifreeze ['æntifri:z] *n* 1. antifrīzs; 2. *sl.* heroīns; 3. *sl.* alkohols
antigen ['æntidʒen] *n fiziol.* antigēns
antihero ['æntiˌhiərəʊ] *n* antivaronis
antimatter ['æntiˌmætə] *n* antiviela
antinoise ['æntinɔiz] *a* prettrokšņa-
antiparticle [ˌænti'pɑ:tikl] *n fiz.* antidaļiņa
antipathetic [ˌæntipə'θetik] *a* antipātisks
antipathy [æn'tipəθi] *n* antipātija
antiperspirant [ˌæntipə'spaiərənt] *n* pretsviedru līdzeklis
antipodal [æn'tipədl] *a* diametrāli (pilnīgi) pretējs
antipodes [æn'tipədi:z] *n pl* antipodi; pilnīgi pretstati
antiquarian [ˌænti'kweəriən] **I** *n* antikvārs; **II** *a* antīks, senlaicīgs
antiquary ['æntikwəri] *n* antikvārs
antiquated ['æntikweitid] *a* 1. novecojis; 2. vecmodīgs
antique [æn'ti:k] **I** *n* 1. antīka lieta; senlieta; 2. antīkās mākslas darbs; **II** *a* 1. antīks; sens; 2. vecmodīgs
antiquit‖**y** [æn'tikwəti] *n* 1. senatne; 2. antīkā pasaule; 3.: ~ies *pl* – senlietas
antirrhinum [ˌænti'rainəm] *n bot.* lauvmutīte
anti-Semite [ˌænti'si:mait] *a* antisemīts
anti-Semitic [ˌæntisi'mitik] *a* antisemītisks
anti-Semitism [ˌænti'semitizəm] *n* antisemītisms
antisepsis [ˌænti'sepsis] *n* antiseptika
antiseptic [ˌænti'septik] **I** *n* antiseptisks līdzeklis; **II** *a* antiseptisks
antiserum [ˌænti'siərəm] *n* (*pl* antisera [ˌænti'siərə]) *med.* imūnais serums
antisocial [ˌænti'səʊʃl] *a* 1. antisociāls; 2. nesabiedrisks
antistat ['æntistæt] *a tehn.* antistatisks
antitank [ˌænti'tæŋk] *a mil.* prettanku-
antithesis [æn'tiθisis] *n* (*pl* antitheses [æn'tiθisi:z]) 1. antitēze; pretstatījums; 2. (*of, to*) tiešs pretstats
antithetic [ˌænti'θetik] *a* 1. antitēzes-; pretstata-; 2. pretējs
antitoxic [ˌænti'tɒksik] *a* antitoksisks
antitoxin [ˌænti'tɒksin] *n* antitoksīns, pretinde
antitumour [ˌænti'tju:mə] *a farm.* pretaudzēju-
antitype ['æntitaip] *n* 1. antitips; 2. antivaronis
antiwar ['æntiwɔ:] *a* pretkara-
antler ['æntlə] *n* brieža rags
antonym ['æntənim] *n val.* antonīms
antonymous [æn'tɒniməs] *a val.* antonīmisks
antonymy [æn'tɒnimi] *n val.* antonīmija
anus ['einəs] *n anat.* anālā atvere, tūplis
anvil ['ænvil] *n* (*kalēja*) lakta

anxiety [æŋ'zaiəti] *n* **1.** nemiers; bažas; **2.** dedzīga vēlēšanās
anxious ['æŋkʃəs] *a* **1.** (*for, about*) noraizējies; nobažījies; **2.** (*piem., par laiku*) nemierpilns; nemierīgs; **3.** (*to, for, about, that*) [tāds,] kas ļoti vēlas (cenšas)
any ['eni] **I** *a* **1.** (*apgalvojuma teikumos*) jebkurš; ikviens; a. one – ikviens; in a. case – katrā gadījumā; **2.** (*nolieguma un jautājuma teikumos*) [kaut] kāds; kaut cik; are you a. better? – vai jūs jūtaties kaut cik labāk?; they haven't a. children – viņiem nav bērnu; **3.** (*teikumos ar hardly, without u. tml., kuros ietverts noliegums*) nekāds; kāds; **II** *pron* [kaut] kāds; kaut cik; **III** *adv* (*ar pārāko pakāpi*) vēl; vairs; kaut cik; a. longer – ilgāk; a. more – vairāk
anybody ['enibɒdi] **I** *n* svarīga persona; ◊ ~s game – vienlīdzīga spēle (sacensība); **II** *pron* **1.** (*apgalvojuma teikumos*) kurš katrs; jebkurš; ikviens; **2.** (*nolieguma un jautājuma teikumos*) kāds
anyhow ['enihaʊ] *adv* **1.** kaut kādā veidā; tā vai citādi; **2.** katrā ziņā; tik un tā; **3.** kaut kā; šā un tā; paviršī
anymore [ˌeni'mɔ:] *adv* (*jautājuma teikumos*) vēl; (*nolieguma teikumos*) vairs
anyone ['eniwʌn] *pron* **1.** (*apgalvojuma teikumos*) kurš katrs; jebkurš; ikviens; **2.** (*nolieguma un jautājuma teikumos*) kāds
anyplace ['enipleis] *adv amer.* visur
anything ['eniθiŋ)] *pron* **1.** (*nolieguma un jautājuma teikumos*) kaut kas; **2.** (*apgalvojuma teikumos*) viss
anytime ['einitaim] *adv* vienmēr
anyway ['eniwei] *adv* **1.** kaut kā; tā vai citādi; **2.** katrā ziņā; katrā gadījumā
anywhere ['eniweə] *adv* **1.** (*jautājuma teikumos*) kaut kur; (*nolieguma teikumos*) nekur; **2.** (*apgalvojuma teikumos*) visur; jebkur; kur vien
anywise ['eniwaiz] *adv* jebkurā veidā
aorta [ei'ɔ:tə] *n anat.* aorta
apace [ə'peis] *adv* ātri, steidzīgi
apart [ə'pɑ:t] *adv* **1.** savrup; atsevišķi; to fall a. – sabrukt; sadalīties; to live a. – dzīvot atsevišķi; **2.** sānis; nomaļus; ◊ a. from – 1) neatkarīgi no; 2) nemaz [jau] nerunājot par
apartheid [ə'pɑ:theit] *n* aparteīds (*Dienvidāfrikā*)
apartment [ə'pɑ:tmənt] *n* **1.** istaba; **2.** *amer.* dzīvoklis; **3.** liels, dārgs dzīvoklis
apartment house [ə'pɑ:tmənthaʊs] *n amer.* daudzdzīvokļu māja
apathetic [ˌæpə'θetik] *a* apātisks, vienaldzīgs
apathy ['æpəθi] *n* apātija, vienaldzība
apatite ['æpətait] *n min.* apatīts
ape [eip] **I** *n* pērtiķis; **II** *v* ķēmoties, mērkaķoties (*atdarinot kādu*)
aperient [ə'piəriənt] *med.* **I** *n* caurejas līdzeklis (zāles); **II** *a* caurejas-; caureju veicinošs
aperitif [ə'perətif] *n* aperitīvs
apery ['eipəri] *n* **1.** pērtiķu audzētava; **2.** ķēmošanās, mērkaķošanās (*atdarinot kādu*)
apex ['eipeks] *n* (*pl* apexes ['eipeksiz] vai apices ['eipisi:z]) **1.** virsotne, galotne; a. of a triangle *mat.* – trīsstūra virsotne; **2.** (*panākumu*) kalngali; **3.** *astr.* zenīts
aphelion [æ'fi:liən] *n* (*pl* aphelia [æ'fi:liə]) *astr.* afēlijs
aphid ['eifid] *n* laputs

aphis ['eifis] *n* (*pl* **aphides** ['eifidi:z]) laputs
aphorism ['æfərizəm] *n* aforisms
aphyllus [ə'filəs] *a bot.* bezlapu-
apian ['eipiən] *a* bišu-
apiarian [ˌeipi'eəriən] I *n* biškopis; II *a* biškopības-
apiarist ['eipiərist] *n sk.* **apiarian** I; **apiculturist**
apiary ['eipiəri] *n* (*bišu*) drava
apical ['æpikl] *a* 1. virsotnes-; galotnes-; 2. *val.* apikāls
apicultural [ˌeipi'kʌltʃərəl] *a* biškopības-
apiculture ['eipikʌltʃə] *n* biškopība
apiculturist [ˌeipi'kʌltʃərist] *n* biškopis
apiece [ə'pi:s] *adv* 1. gabalā; 2. katram; uz katru
aplenty [ə'plenti] *adv* pārpilnībā
aplomb [ə'plɒm] *n* pašpārliecība
apocalypse [ə'pɒkəlips] *n* apokalipse
apocalyptic [əˌpɒkə'liptik] *a* apokaliptisks
apocryphal [ə'pɒkrifəl] *a* apšaubāms
apogee ['æpəʊdʒi:] *n astr.* apogejs
apolitical [ˌeipə'litikəl] *a* apolitisks
apologetic [əˌpɒlə'dʒetik] *a* 1. [tāds,] kas atvainojas (taisnojas, aizbildinās); 2. attaisnojošs; aizbildinošs
apologize [ə'pɒlədʒaiz] *v* (*for smth., to smb.*) atvainoties
apology [ə'pɒlədʒi] *n* 1. atvainošanās; 2. (*ideju, uzskatu*) aizstāvēšana; attaisnošana
apophthegm ['æpəʊθem] *n* apotegma
apoplectic [ˌæpəʊ'plektik] *a med.* apoplektisks; triekas-; a. fit (stroke) - trieka
apoplexy ['æpəʊpleksi] *n med.* apopleksija, smadzeņu trieka
apostasy [ə'pɒstəsi] *n* atteikšanās, atkāpšanās (*no principiem, uzskatiem u.tml.*)

apostate [ə'pɒsteit] *n* atkritējs
apostatize [ə'pɒstətaiz] *v* atteikties, atkāpties (*no principiem, uzskatiem u. tml.*)
apostle [ə'pɒsl] *n* 1. apustulis; 2. *pārn.* aizstāvis; piekritējs
apostolic [ˌæpə'stɒlik] *a* 1. apustuļu-; 2. apustulisks; pāvesta-; a. seat – pāvesta krēsls
apostrophe [ə'pɒstrəfi] *n* 1. *val.* apostrofs; 2. apostrofa, retoriska uzruna
apotheosis [əˌpɒθi'əʊsis] *n* (*pl* apotheoses [əˌpɒθi'əʊsi:z]) apoteoze
appal [ə'pɔ:l] *v* biedēt; šausmināt
appalling [ə'pɔ:liŋ] *a* šausmīgs; draus-mīgs
appanage ['æpənidʒ] *n* 1. mantojums; 2. *novec.* novads; (*atkarīga*) teritorija
apparatus [ˌæpə'reitəs] *n* 1. aparāts; 2. aparatūra; 3.: breathing a.– elpošanas orgāni
apparent [ə'pærənt] *a* 1. (*to*) saredzams, saskatāms; 2. neapšaubāms; acīm redzams; 3. šķietams
apparently [ə'pærəntli] *adv* 1. acīmredzami; 2. acīmredzot
apparition [ˌæpə'riʃn] *n* parādība; spoks
appeal [ə'pi:l] I *n* 1. (*to*) aicinājums; uzsaukums; 2. (*for*) lūgums; a. for pardon *jur.* – lūgums apžēlot; 3. pievilcība; 4. *jur.* apelācija; Court of A. – apelācijas tiesa; II *v* 1. apelēt; aicināt; 2. (*to smb. for smth.*) lūgt; 3. patikt; pievilkt; she ~s to me – man viņa patīk; 4. *jur.* iesniegt apelācijas sūdzību; to a. against a sentence – pārsūdzēt spriedumu
appealing [ə'pi:liŋ] *a* 1. pievilcīgs, valdzinošs; 2. lūdzošs
appear [ə'piə] *v* 1. parādīties; kļūt

redzamam; **2.** uzstāties (*atklātībā*); **3.** (*par preses izdevumu*) nākt klajā; **4.** šķist; likties; it ~s – šķiet
appearance [ə'piərəns] *n* **1.** parādīšanās; ierašanās; **2.** uzstāšanās (*atklātībā*); **3.** (*preses izdevuma*) iznākšana; nākšana klajā; **4.** izskats; āriene; to judge by ~s – spriest pēc izskata
appease [ə'pi:z] *v* **1.** nomierināt; **2.** apmierināt (*izsalkumu, ziņkāri*); dzesēt (*slāpes*); remdēt (*sāpes*)
appeasement [ə'pi:zmənt] *n* **1.** nomierināšana; **2.** (*izsalkuma, ziņkāres*) apmierināšana; (*slāpju*) dzesēšana; (*sāpju*) remdējums
appellant [ə'pelənt] *jur.* **I** *n* apelants; **II** *a* apelācijas-; a. court – apelācijas tiesa
appellate [ə'pelət] *a jur.* apelācijas-
appellation [ˌæpə'leiʃn] *n* **1.** vārds; nosaukums; **2.** nomenklatūra
appellative [ə'pelətiv] *a* **1.** apzīmējošs; **2.** *gram.* sugas-
appellee [ˌæpə'li:] *n jur.* atbildētājs; apsūdzētais (*apelācijas tiesā*)
appendage [ə'pendidʒ] *n* **1.** pielikums; **2.** *anat.* piedēklis
appendicitis [əˌpendi'saitis] *n med.* apendicīts
appendix [ə'pendiks] *n* (*pl* appendices [ə'pendisi:z] *vai* appendixes [ə'pendiksiz]) **1.** pielikums (*grāmatai u. tml.*); **2.** *med.* apendikss
appertain [ˌæpə'tein] *v* (*to*) piederēt; attiekties
appetence ['æpitəns] *n* tieksme, dziņa
appetite ['æpitait] *n* **1.** apetīte, ēstgriba; **2.** tieksme; kāre
appetizing ['æpitaiziŋ] *a* ēstgribu rosinošs; garšīgs
applaud [ə'plɔ:d] *v* **1.** aplaudēt; **2.** atzīt par labu (pareizu); slavēt

applause [ə'plɔ:z] *n* **1.** aplausi; **2.** skaļa piekrišana
apple ['æpl] *n* **1.** ābols; **2.** (*arī* a. tree) ābele; ◇ Adam's a. – ādamābols; a. of discord – strīda ābols
apple-green ['æplgri:n] *a* dzeltenzaļš
applehead ['æplhed] *n amer. sl.* stulbenis
apple-pie [ˌæpl'pai] *n* ābolmaize
apple-tree ['æpltri:] *n* ābele
appliance [ə'plaiəns] *n* ierīce; electric a. – elektroierīce; household ~s – mājsaimniecības ierīces, sadzīves tehnika
applicable ['æplikəbl] *a* (*to*) lietojams; [no]derīgs
applicant ['æplikənt] *n* pretendents; kandidāts; reflektants
application [ˌæpli'keiʃn] *n* **1.** iesniegums; lūgums; a. form – iesnieguma veidlapa; **2.** [iz]lietošana; izmantošana; **3.** (*pārsēja, kompreses*) uzlikšana; **4.** komprese; zāļu šķīdums; ~s of ice – ledus kompreses; **5.** uzcītība, centība
applied [ə'plaid] *a* praktisks; lietišķs; lietojams; a. art – lietišķā māksla
applique [æ'pli:kei] **I** *n* aplikācija; **II** *v* aplicēt
apply [ə'plai] *v* **1.** lietot; **2.** uzlikt; pielikt; **3.** (*to*) attiekties; these regulations a. to all – šie noteikumi attiecas uz visiem; **4.** (*to smh. for smth.*) griezties (*piem., pēc padoma, palīdzības*); lūgt; **5.**: to a. oneself to smth. – aizrautīgi nodarboties ar kaut ko; nodoties kaut kam
appoint [ə'pɔint] *v* **1.** iecelt (*amatā*); **2.** noteikt (*laiku, vietu*); at the ~ed time – noteiktajā laikā
appointment [ə'pɔintmənt] *n* **1.** iecelšana

(*amatā*); norīkojums (*darbā*); **2.** amats; vieta; **3.** norunāta satikšanās
appointments [ə'pɔintmənts] *n pl* (*dzīvokļa, viesnīcas, kuģa*) iekārta
apposite ['æpəzit] *a* piemērots; noderīgs
appraisal [ə'preizl] *n* **1.** novērtēšana; **2.** novērtējums
appraise [ə'preiz] *v* novērtēt
appreciable [ə'pri:ʃəbl] *a* **1.** novērtējams; **2.** jūtams; manāms
appreciate [ə'pri:ʃieit] *v* **1.** [no]vērtēt; **2.** augstu vērtēt; cienīt; **3.** saprast; izprast; to a. a situation – izprast stāvokļa nopietnību; **4.** kļūt vērtīgākam
appreciation [ə͵pri:ʃi'eiʃn] *n* **1.** [no]vērtēšana; **2.** [no]vērtējums; **3.** atzinīgs spriedums; atzinība; **4.** izpratne; **5.** vērtības pieaugums; (*zemes, akciju*) cenas celšanās
appreciative [ə'pri:ʃiətiv] *a* **1.** spējīgs novērtēt; **2.** atzinīgs; pateicīgs
apprehend [͵æpri'hend] *v* **1.** aizturēt; arestēt; **2.** (*reti*) nojaust; paredzēt (*kaut ko ļaunu*)
apprehensible [͵æpri'hensəbl] *a* aptverams; saprotams
apprehension [͵æpri'henʃn] *n* **1.** aizturēšana; arests; **2.** (*drūma*) nojauta; bažas
apprehensiveness [͵æpri'hensivnis] *n* bažas; baiļu sajūta
apprentice [ə'prentis] **I** *n* māceklis; **II** *v* nodot mācībā (par mācekli)
approach [ə'prəʊtʃ] **I** *n* **1.** tuvošanās; **2.** (*arī pārn.*) pieeja; difficult of a. – grūti pieejams (*arī pārn.*); easy of a.– viegli pieejams (*arī pārn.*); **3.**: a. clearance *av.* – atļauja nolaisties; **II** *v* **1.** tuvoties; **2.** griezties (*pie*); uzsākt sarunas
approachable [ə'prəʊtʃəbl] *a* pieejams; sasniedzams

approbation [͵æprəʊ'beiʃn] *n* **1.** aprobēšana; atzīšana par labu; **2.** aprobācija; sankcija; piekrišana
approbatory [͵æprəʊ'beitəri] *a* piekrītošs; atzinīgs
appropriate **I** *a* [ə'prəʊpriət] **1.** (*to, for*) piemērots; atbilstošs; **2.** (*to*) piemītošs; raksturīgs; **II** *v* [ə'prəʊprieit] **1.** (*for*) asignēt, piešķirt (*līdzekļus*); **2.** piesavināties; nozagt
appropriation [ə͵prəʊpri'eiʃn] *n* **1.** (*līdzekļu*) asignēšana, piešķiršana; **2.** piesavināšanās; zagšana
approval [ə'pru:vl] *n* **1.** atzinīgs novērtējums; **2.** (*lēmuma u. tml.*) apstiprinājums
approve [ə'pru:v] *v* **1.** (*of*) atzinīgi novērtēt; atzīt par labu; **2.** apstiprināt (*lēmumu u. tml.*)
approved school [ə'pru:vd͵sku:l] *n* (*mazgadīgo noziedznieku*) labošanas iestāde
approvingly [ə'pru:viŋli] *adv* atzinīgi
approximate **I** *a* [ə'prɒksimət] aptuvens; a. value – 1) aptuvena vērtība (cena); 2) *fiz., mat.* tuvināta vērtība; tuvināts lielums; **II** *v* [ə'prɒksimeit] **1.** (*par daudzumu, kvalitāti*) aptuveni atbilst; **2.** tuvināt (*daudzuma, kvalitātes ziņā*)
approximately [ə'prɒksimətli] *adv* aptuveni, apmēram
approximative [ə'prɒksimətiv] *a* aptuvens
appurtenance [ə'pɜ:tinəns] *n* (*parasti pl*) **1.** piederums; aksesuārs; **2.** *tehn.* papildierīce; **3.** *jur.* pirmtiesības (*uz īpašumu*)
apricot ['eiprikɒt] *n* **1.** aprikoze (*koks un auglis*); **2.** dzeltenoranža krāsa
April ['eiprəl] *n* aprīlis; ◊ A. fish – aprīļa joks

April Fools' Day [,eiprəl'fu:lzdei] *n* aprīļa joku diena
apron ['eiprən] *n* **1.** priekšauts; **2.** ādas pārklājs (*piem., ratos*); **3.** *tehn.* konveijera lente; **4.** *teātr.* (*arī* a. stage); **5.** *amer. sl.* sieviete; sieva; **6.** *amer. sl.* bārdāma; oficiante
apropos ['æprəpəʊ] **I** *a* atbilstošs; **II** *adv* **1.** vietā; laikā; **2.** starp citu; **3.:** a. of – sakarā ar; attiecībā uz
apt [æpt] *a* **1.** piemērots; **2.** (*to*) disponēts; ar noslieci (*uz kaut ko*); a. to catch fire – viegli uzliesmojošs; **3.** (*at*) spējīgs; apdāvināts
aptness ['æptnis] *n* **1.** piemērotība; **2.** nosliece, tieksme; **3.** spējas; apdāvinātība
aqua ['ækwə] *n* **1.** *sar.* ūdens; **2.** *ķīm., farm.* ūdens; šķidrums
aqualung ['ækwəlʌŋ] **I** *n* akvalangs; **II** *v* nirt ar akvalangu
aqualunger ['ækwəlʌŋə] *n* akvalangists
aquamarine [,ækwəmə'ri:n] *n min.* akvamarīns
aquanaut ['ækwənɔ:t] *n* akvanauts
aquaplane ['ækwəplein] **I** *n* ūdensslēpes; **II** *v* braukt ar ūdensslēpēm
aqua regia [,ækwə'ri:dʒiə] *n ķīm.* karaļūdens
aquarelle [,ækwə'rel] *n* akvarelis
aquarium [ə'kweəriəm] *n* (*pl* aquariums [ə'kweəriəmz] *vai* aquaria [ə'kweəriə]) akvārijs
Aquarius [ə'kweəriəs] *n astr.* Ūdensvīrs (*zvaigznājs un zodiaka zīme*)
aquatic [ə'kwætik] **I** *n* **1.** ūdensaugs; **2.** ūdensdzīvnieks; **II** *a* **1.** ūdens-; a. sports – ūdenssports; **2.** ūdenī augošs; ūdenī dzīvojošs
aquatics [ə'kwætiks] *n pl* ūdenssports

aqua vitae [,ækwə'vaiti:] *n* alkohols, alkoholisks dzēriens
aqueduct ['ækwidʌkt] *n* **1.** ūdensvads; **2.** *anat.* kanāls; vads; eja
aquiline ['ækwilain] *a* **1.** ērgļa-; a. nose *pārn.* – ērgļa deguns; **2.** ērglim līdzīgs
Arab ['ærəb] **I** *n* **1.** arābs; arābiete; **2.** arābu zirgs; **II** *a* arābu-
arabesque [,ærə'besk] **I** *n* arabeska; **II** *a* arābu-; mauru-
Arabian [ə'reibiən] **I** *n* arābs; arābiete; **II** *a* arābu-; ◇ A. bird – 1) *mil.* fēnikss; 2) ūnikums; ārkārtējs retums; A. Nights – Tūkstots un viena nakts (*pasakas*)
Arabic ['ærəbik] **I** *n* arābu valoda; **II** *a* arābu-; A. numerals – arābu cipari
arable ['ærəbl] **I** *n* aramzeme; **II** *a* arams
araucaria [,ærɔ:'keəriə] *n bot.* araukārija
arbiter ['ɑ:bitə] *n* arbitrs, šķīrējtiesnesis
arbitrage ['ɑ:bitridʒ] *n* arbitrāža, šķīrējtiesa
arbitral ['ɑ:bitrəl] *a* arbitrāžas-, šķīrējtiesas-
arbitrament [ɑ:'bitrəmənt] *n* arbitrāžas (šķīrējtiesas) lēmums
arbitrariness ['ɑ:bitrərinis] *n* patvaļība
arbitrary ['ɑ:bitrəri] *a* **1.** patvaļīgs; **2.** kaprīzs; untumains
arbitrate ['ɑ:bitreit] *v* **1.** nodot arbitrāžai (šķīrējtiesai); **2.** izlemt arbitrāžā (šķīrējtiesā)
arbitration [,ɑ:bi'treiʃn] *n* **1.** nodošana arbitrāžai (šķīrējtiesai); **2.** arbitrāžas (šķīrējtiesas) lēmums
arbitrator ['ɑ:bitreitə] *n* arbitrs, šķīrējtiesnesis
arboraceous [,ɑ:bə'reiʃəs] *a* **1.** koka-; koku-; **2.** kokveidīgs; kokveida-

arboreous [a:'bɔ:riəs] *a* **1.** koka-; koku-; **2.** kokos dzīvojošs; **3.** mežains; kokiem apaudzis
arboretum [,a:bə'ri:təm] *n* (*pl* arboreta [,a:bə'ri:tə] *vai* arboretums [,a:bə'ri:təmz]) kokaudzētava
arboriculture ['a:bərikʌltʃə] *n* mežkopība
arboriculturist [,a:bəri'kʌltʃərist] *n* mežkopis
arbor vitae [,a:bə'vaiti] *n* dzīvībaskoks, tūja
arbour ['a:bə] *n* lapene
arc [a:k] **I** *n* **1.** *astr., mat.* loks; **2.** *el.* (*arī* electric a.) [elektriskais] loks; **II** *v* **1.** veidot loku; virzīties pa loku; **2.** *el.* dzirksteļot
arcade [a:'keid] *n* **1.** *arh.* arkāde; **2.** pasāža (*ar veikaliem*)
Arcadian [a:'keidiən] *a* **1.** Arkādijas-; **2.** idillisks; lauku-
arcane [a:'kein] *a* mistisks; noslēpumains
arch[a] [a:tʃ] **I** *n* **1.** arka; velve; triumphal a. – triumfa arka; **2.** loks; **II** *v* **1.** veidot arku; velvēt; **2.** izliekt [lokveidā]
arch[b] [a:tʃ] *a* viltīgs; šķelmīgs
archaeological [,a:kiə'lɒdʒikl] *a* arheoloģisks
archaeologist [,a:ki'ɒlədʒist] *n* arheologs
archaeology [,a:ki'ɒlədʒi] *n* arheoloģija
archaic [a:'keiik] *a* arhaisks; novecojis
archaism ['a:keiizəm] *n* **1.** arhaisms; **2.** arhaiskums
archangel ['a:k,eindʒəl] *n rel.* erceņģelis
archbishop [,a:tʃ'biʃəp] *n* arhibīskaps
archbishopric [,a:tʃ'biʃəprik] *n* **1.** arhibīskapa amats (*vai* tituls); **2.** arhibīskapija, arhieparhija
archdeacon [,a:tʃ'di:kən] *n* arhidiakons
archdiocese [,a:tʃ'daiəsis] *n* arhibīskapija, arhieparhija
archduchess [,a:tʃdʌtʃis] *n* erchercogiene
archduke [,a:tʃ'dju:k] *n* erchercogs
arched [a:tʃt] *a* **1.** velvēts; spraišļots; **2.** izliekts
archenemy [,a:tʃ'enimi] *n* **1.** niknākais ienaidnieks; **2.** *sk.* **achfiend**
archer ['a:tʃə] *n* **1.** strēlnieks; **2.**: A. *astr.* – Strēlnieks (*zvaigznājs un zodiaka zīme*)
archery ['a:tʃəri] *n* šaušana ar loku
archetype ['a:kitaip] *n* **1.** arhetips; **2.** prototips
archfiend [,a:tʃ'fi:nd] *n* sātans
archipelago [,a:ki'peligəʊ] *n* arhipelāgs
architect ['a:kitekt] *n* **1.** arhitekts; **2.** *pārn.* radītājs; veidotājs; a. of one's own happiness (fortunes) – pats savas laimes kalējs
architectonic [,a:kitek'tɒnik] *a* arhitektonisks
architectonics [,a:kitek'tɒniks] *n pl* arhitektonika
architectural [,a:ki'tektʃərəl] *a* arhitektūras-
architecture ['a:kitektʃə] *n* **1.** arhitektūra; celtniecība; **2.** celtne; ruins of ancient ~s – seno celtņu drupas; **3.** arhitektūras stils
archives ['a:kaivz] *n pl* arhīvs
archivist ['a:kivist] *n* arhivārs
archly ['a:tʃli] *adv.* viltīgi; šķelmīgi
arctic ['a:ktik] **I** *n:* the A. – Arktika; **II** *a* **1.** arktisks; polārs; ziemeļu-; a. fox – polārlapsa; **2.** *sar.* (*par laiku*) stindzinošs
Arctic Circle [,a:ktik'sɜ:kl] *n ģeogr.* ziemeļu polārais loks
arcuate ['a:kjʊit] *a* lokveidīgs; [iz]liekts

ardency [ˈɑːdnsi] *n* degsme; kvēle; aizrautība
ardent [ˈɑːdnt] *a* **1.** kvēlojošs; karsts; **2.** dedzīgs; **3.**: a. spirits – alkoholiski dzērieni
ardour [ˈɑːdə] *n* **1.** liels karstums; kvēle; **2.** degsme; kvēle; aizrautība
arduous [ˈɑːdjʊəs] *a* **1.** (*par uzdevumu u. tml.*) grūts; **2.** (*par darbu*) spraigs; **3.** uzņēmīgs; neatlaidīgs; **4.** (*par ceļu*) stāvs; kraujš; (*par kalnu*) stāvs; nepieejams
are[a] [ɑː] *n* ārs (*mērvienība*)
are[b] [*uzsvērtā forma* ɑː, *neuzsvērtā forma* ə] tagadnes daudzskaitlis no darbības vārda to be
area [ˈeəriə] *n* **1.** laukums; platība; **2.** zona; rajons; apgabals; parking a. – automobiļu stāvvieta (*laukums*); residential a. – dzīvojamais rajons; **3.** sfēra; joma; (*darbības*) lauks
areal [ˈeəriəl] *a* reģionāls
areca [ˈærikə] *n bot.* areka; a. nut – arekas rieksts, beteļrieksts
arena [əˈriːnə] *n* **1.** arēna; a. stage – skatuve zāles vidū; a. theatre – teātris ar skatuvi zāles vidū; **2.** (*darbības, cīņas u. tml.*) lauks; arēna
arenaceous [ˌæriˈneiʃəs] *a* **1.** smilšains; **2.** smiltīs augošs
argent [ˈɑːdʒənt] *poēt.* **I** *n* sudrabs; **II** *a* **1.** sudraba-; **2.** sudrabots; sudrabains
Argentine [ˈɑːdʒəntain] **I** *n* argentīnietis; argentīniete; **II** *a* Argentīnas-; argentīniešu-
argentine [ˈɑːdʒəntain] *a* **1.** sudraba-; **2.** sudrabots; sudrabains
argentite [ˈɑːdʒəntait] *n min.* argentīts, sudraba spīde
argil [ˈɑːdʒil] *n* podnieka māls
argon [ˈɑːgɒn] *n ķīm.* argons

argot [ˈɑːgəʊ] *n* argo, žargons
arguable [ˈɑːgjʊəbl] *a* **1.** apstrīdams; strīdīgs; **2.** pierādāms
argue [ˈɑːgjuː] *v* **1.** (*with, against smb., for, against, about smth.*) strīdēties; polemizēt; **2.** (*into, out of*) pārliecināt; **3.** argumentēt; pierādīt
argument [ˈɑːgjʊmənt] *n* **1.** arguments; **2.** strīds; diskusija; **3.** (*grāmatas*) īss saturs
argumentation [ˌɑːgjʊmenˈteiʃn] *n* **1.** argumentācija; **2.** diskutēšana
argumentative [ˌɑːgjʊˈmentətiv] *a* **1.** tāds, kuram patīk diskutēt; **2.** loģisks
argute [ˈɑːgjuːt] *a* **1.** vērīgs; ass; **2.** (*par skaņu*) griezīgs, spalgs
aria [ˈɑːriə] *n mūz.* ārija
arid [ˈærid] *a* **1.** (*par klimatu*) sauss; **2.** (*par augsni*) neauglīgs; **3.** garlaicīgs
aridity [æˈridəti] *n* **1.** sausums; **2.** (*augsnes*) neauglība; **3.** garlaicība
Aries [ˈeəriːz] *n astr.* Auns (*zvaigznājs un zodiaka zīme*)
aright [əˈrait] *adv* pareizi
arise [əˈraiz] *v* (*p.* arose [əˈrəʊz] *p. p.* arisen [əˈrizn]) *v* **1.** rasties; izcelties; **2.** (*piem., par sauli*) parādīties
aristocracy [ˌæriˈstɒkrəsi] *n* aristokrātija
aristocrat [ˈæristəkræt] *n* aristokrāts
aristocratic [ˌæristəˈkrætik] *a* aristokrātisks
arithmetic **I** *n* [əˈriθmətik] aritmētika; **II** *a* [ˌæriθˈmetik] aritmētisks
arithmetical [ˌæriθˈmetikl] *a* aritmētisks; a. mean *mat.* – vidējais aritmētiskais lielums
arithmometer [ˌæriθˈmɒmitə] *n* aritmometrs
ark [ɑːk] *n* lāde; šķirsts; ◊ Noah's a. – Noasa šķirsts; A. of the Covenant – Derības šķirsts

arm[a] [a:m] *n* **1.** roka (*no pleca līdz plaukstai*); upper a. – augšdelms; a. in a. – zem rokas; to keep at ~'s length – nelaist sev par tuvu; child (baby) in ~s – zīdainis; under one's a. – zem rokas; with open ~s – atplestām rokām; **2.** priekšķepa; **3.** piedurkne; **4.** (*krēsla*) paroce; **5.** liels zars; **6.** (*upes*) atteka; šaurs (*jūras*) līcis; **7.** vara; spēks
arm[b] [a:m] **I** *n* **1.** (*parasti pl*) ieroči; to ~s! – pie ieročiem!; to lay down ~s – nolikt ieročus, padoties; **2.** (*arī* coat of ~s) ģerbonis; **3.** *mil.* ieroču šķira; **4.** *mil. pl* militārā profesija; **II** *v* **1.** (*arī pārn.*) [ap]bruņot; **2.** (*arī pārn.*) [ap]bruņoties
armadillo [ˌa:məˈdiləʊ] *n zool.* bruņnesis
Armageddon [ˌa:məˈgedn] *n* **1.** *rel.* armagedons, cīņa pastarās tiesas laikā; **2.** *pārn.* liela kauja; liels slaktiņš
armament [ˈa:məmənt] *n* **1.** bruņošanās; **2.** (*bieži pl*) [ap]bruņojums; **3.** (*bieži pl*) bruņotie spēki
armchair [ˈa:mtʃeə] *n* atzveltnes krēsls
armed [a:md] *a* [ap]bruņots; a. forces (services) – bruņotie spēki
Armenian [a:ˈmi:niən] **I** *n* **1.** armēnis; armēniete; **2.** armēņu valoda; **II** *a* Armēnijas-; armēņu-
armful [ˈa:mfʊl] *n* [pilns] klēpis; in ~s – klēpjiem
armistice [ˈa:mistis] *n* karadarbības izbeigšana; pamiers
armless[a] [ˈa:mlis] *a* **1.** bez rokām; **2.** bez zariem
armless[b] [ˈa:mlis] *a* neapbruņots
armorial [a:ˈmɔ:riəl] *a* ģerboņa-; heraldisks
armory[a] [ˈa:məri] *n* heraldika

armour [ˈa:mə] **I** *n* **1.** (*tanka, automobiļa, karakuģa*) bruņas; **2.** *mil.* bruņutanku daļas; **3.** ūdenslīdēja tērps; **4.** *vēst.* bruņutērps; **5.** *bot.*, *zool.* bruņas; **II** *v* apšūt ar bruņām
armour-clad [ˈa:məklæd] *a* bruņu-; bruņots
armourer [ˈa:mərə] *n* ieroču meistars
armpit [ˈa:mpit] *n* paduse; ◇ to be in debt up to the a. – būt līdz ausīm parādos
arms-twisting [ˈa:mzˌtwistiŋ] *n sl.* šantāža; rupjš spiediens
army [ˈa:mi] *n* **1.** armija; a. in the field – aktīvā armija; standing a. – regulārā armija; a. beef *sar.* – gaļas konservi; a. biscuit *sar.* – sausiņi; to join (go into, enter) the a. – iestāties karadienestā; **2.** liels daudzums; milzums; **3.** biedrība; organizācija
arnica [ˈa:nikə] *n bot.*, *med.* arnika
aroma [əˈrəʊmə] *n* aromāts
aromatic [ˌærəˈmætik] **I** *n* aromātiska viela; **II** *a* aromātisks
around [əˈraʊnd] **I** *adv* **1.** [vis]apkārt; to travel a. – ceļot; **2.** *sar.* tuvumā; **II** *prep* **1.** apkārt; ap; a. the corner – ap stūri; aiz stūra; to travel a. the country – apceļot zemi; **2.** *amer.* apmēram; aptuveni
around-the-clock [əˈraʊndðəˌklɒk] *a* diennakts-
arouse [əˈraʊz] *v* **1.** [uz]modināt; **2.** modināt (*ziņkāri u. tml.*); radīt (*aizdomas u. tml.*); **3.** mudināt; rosināt
arrack [ˈærək] *n* araks
arraign [əˈrein] *v* **1.** iesūdzēt; apsūdzēt; **2.** nosodīt; kritizēt
arraignment [əˈreinmənt] *n* **1.** iesūdzēšana; apsūdzība; **2.** nosodījums; kritika
arrange [əˈreindʒ] *v* **1.** sakārtot; **2.** nokār-

tot (*strīdu u. tml.*); **3.** norunāt; **4.** piemērot; pārveidot; **5.** *mūz.* aranžēt
arrangement [ə'reindʒmənt] *n* **1.** sakārtojums; kārtība; **2.**: ~s *pl* – sagatavošanas darbi; **3.** (*strīda u. tml.*) nokārtošana; **4.** noruna; vienošanās; **5.** piemērošana; pārveidošana; **6.** *mūz.* aranžējums
arrant ['ærənt] *a* nelabojams; rūdīts
arras ['ærəs] *n* gobelēns
array [ə'rei] **I** *n* **1.** sakārtojums; kārtība; **2.** ierinda; **II** *v* **1.** sakārtot; **2.** nostādīt ierindā
arrears [ə'riəz] *n pl* parāds; parādi; a. of rent – īres parāds
arrest [ə'rest] **I** *n* **1.** arests; under a. – apcietinājumā; **2.** arestēšana, apcietināšana; aresta uzlikšana (*mantai*); **3.** apturēšana; aizkavēšana; **II** *v* **1.** arestēt, apcietināt; uzlikt arestu (*mantai*); **2.** apturēt; aizkavēt; **3.** saistīt (*uzmanību u. tml.*)
arrive [ə'raiv] *v* **1.** (*in, at*) ierasties; atbraukt; (*par jaundzimušo*) nākt pasaulē, piedzimt; **2.** (*par laiku*) pienākt; iestāties; **3.** (*at*) sasniegt; nonākt; to a. at a conclusion – nonākt pie secinājuma, secināt
arrogance ['ærəgəns] *n* augstprātība; uzpūtība; iedomība
arrogant ['ærəgənt] *a* augstprātīgs; uzpūtīgs; iedomīgs
arrow ['ærəʊ] *n* **1.** (*šaujamā*) bulta; **2.** rādītājbultiņa
arrowy ['ærəʊi] *a* **1.** ķīļveidīgs; ass; smails; **2.** dzēlīgs; ass; a. tongue – dzēlīga (asa) mēle
arsenal ['ɑ:sənl] *n* arsenāls
arsenic **I** *n* ['ɑ:snik] *ķīm.* arsēns; **II** *a* [ɑ:'senik] *ķīm.* arsēna-
arson [ɑ:sn] *n* ļaunprātīga dedzināšana
arsonist ['ɑ:sənist] *n* ļaunprātīgs dedzinātājs
arsy-versy [,ɑ:si'vɜ:si] *adv sl.* **1.** ačgārni; **2.** nekārtībā; juku jukām
art [ɑ:t] *n* **1.** māksla; applied (decorative) a. – lietišķā (dekoratīvā) māksla; black a. – melnā maģija; popular (folk) a. – tautas daiļrade; the Fine Arts – tēlotājmāksla; **2.** veiklība; izveicība; prasme; **3.** viltība; **4.** amats
arterial [ɑ:'tiəriəl] *a* **1.** *anat.* arteriāls; artēriju-; a. bleeding *med.* – arteriālā asiņošana; **2.** maģistrāls; a. road – maģistrāle
arteriosclerosis [ɑ:,tiəriəʊskliə'rəʊsis] *n med.* arterioskleroze
artery ['ɑ:təri] *n* **1.** *anat.* artērija; **2.** maģistrāle
artful ['ɑ:tfʊl] *a* **1.** viltīgs; slīpēts; **2.** labi pārdomāts
arthritis [ɑ:'θraitis] *n med.* artrīts
arthropod ['ɑ:θrəpɒd] *n* posmkājis
artichoke ['ɑ:titʃəʊk] *n bot.* **1.** artišoks; **2.**: Jerusalem a. – topinambūrs
article ['ɑ:tikl] **I** *n* **1.** raksts; leading a. – ievadraksts (*laikrakstā*); **2.** priekšmets; a. of daily necessity – pirmās nepieciešamības priekšmets (prece); a. of food – pārtikas produkts; a. of luxury, fancy a. – greznumlieta; **3.** paragrāfs; pants; **4.** *pl* statūti; reglaments; **5.** *pl* līgums; **6.** *gram.* artikuls; definite a. – noteiktais artikuls; indefinite a. – nenoteiktais artikuls; ◊ in the a. of death – nāves stundā; **II** *v* **1.** nodot mācībā; **2.** apsūdzēt, celt apsūdzību
articular [ɑ:'tikjʊlə] *a anat.* locītavu-
articulate **I** *a* [ɑ:'tikjʊlət] **1.** *val.* artikulēts; **2.** skaidri formulēts; **3.** posmains; **4.** *tehn.* šarnīrveida-; šarnīra-; **II** *v* [ɑ:'tikjʊleit] **1.** *val.* artikulēt;

skaidri izrunāt; **2.** skaidri formulēt; **3.** (*parasti pass.*) saistīt; savienot [pa posmiem]
articulation [aːˌtɪkjʊˈleɪʃn] *n* **1.** *val.* artikulācija; **2.** *anat.* locītava; **3.** *tehn.* šarnīrs, locīkla
artifact [ˈɑːtɪfækt] *n* **1.** *arh.* materiālās kultūras pieminekļis; **2.** *biol.* artefakts
artifice [ˈɑːtɪfɪs] *n* **1.** veikls (asprātīgs) izgudrojums; **2.** viltība
artificer [ɑːˈtɪfɪsə] **1.** profesionāls amatnieks; **2.** *mil.* (*ieroču*) tehniķis; **3.** (*of*) izgudrotājs
artificial [ˌɑːtɪˈfɪʃl] *a* **1.** mākslīgs; a. butter – margarīns; a. intelligence – mākslīgais intelekts; **2.** mākslots; nedabisks; neīsts
artificiality [ˌɑːtɪfɪʃɪˈælətɪ] *n* mākslotība; nedabiskums; neīstums
artificials [ˌɑːtɪˈfɪʃlz] *n pl* **1.** mākslīgie mēsli; **2.** *amer.* mākslīgie ziedi
artillerist [ɑːˈtɪlərɪst] *n* artilērists
artillery [ɑːˈtɪlərɪ] *n* artilērija
artilleryman [ɑːˈtɪlərɪmən] *n* artilērists
artisan [ˌɑːtɪˈzæn] *n* **1.** amatnieks; **2.** mehāniķis
artist [ˈɑːtɪst] *n* **1.** mākslinieks (*aktieris, gleznotājs u. tml.*); **2.** meistars
artiste [ɑːˈtiːst] *n* profesionāls aktieris (*arī* dziedātājs, dejotājs *u. tml.*)
artistic [ɑːˈtɪstɪk] *a* **1.** artistisks; māksliniecisks; **2.** mākslas-; a. gymnastics *sp.* – 1) sporta vingrošana; 2) *amer.* mākslas vingrošana
artless [ˈɑːtlɪs] *a* **1.** nemākslots; vienkāršs; dabisks; a. beauty – dabisks skaistums; **2.** nemākulīgs; neveikls; a. artist – slikts mākslinieks
arts [ɑːts] *n pl* (*arī* liberal a.) humanitārās zinātnes; faculty of a. – filoloģijas fakultāte; Bachelor of A. – humanitāro zinātņu bakalaurs; Master of A. – humanitāro zinātņu maģistrs
artwork [ˈɑːtwɜːk] *n* mākslas darbs
arty-crafty [ˌɑːtɪˈkrɑːftɪ] *a sar.* **1.** diletantisks; **2.** [sa]mākslots
Aryan [ˈɛərɪən] **I** *n* ārietis; āriete; **II** *a* **1.** ārisks; āriešu-; **2.** *novec.* indoeiropiešu-
as [*uzsvērtā forma* æz, *neuzsvērtā forma* əz] **I** *adv* **1.** kā; as you know – kā jūs [jau] zināt; **2.** par; **3.** kā [piemēram]; **4.** tikpat [kā]; (*nolieguma teikumos*) ne tik... cik (kā); as... as – tikpat kā; not so... as – ne tik... cik; as much again – vēl tikpat daudz; **II** *conj* **1.** kad; as late as – tikai; as long as – kamēr; as soon as – tiklīdz, līdzko; **2.** tā kā; jo; **3.** kā; tā, kā; **4.** lai gan; lai cik
asbestine [æzˈbestaɪn] *a* azbesta-
asbestos [æzˈbestɒs] *n* azbests
ascend [əˈsend] *v* **1.** kāpt [augšā]; (*par spīdekli*) uzlēkt; **2.**: to a. the throne – kāpt tronī; **3.** *av.* uzņemt augstumu
ascendant [əˈsendənt] **I** *n* **1.**: to be in the a. – prevalēt; **2.** priekštecis; sencis; **II** *a* **1.** (*par spīdekli*) uzlecošs; **2.** valdošs
ascension [əˈsenʃn] *n* **1.** (*spīdekļa*) uzlēkšana; **2.** nākšana (*pie varas*); **3.** *rel.* debesbraukšana; A. Day – Debesbraukšanas diena
ascent [əˈsent] *n* **1.** uzkāpšana; **2.** (*kalna*) stāvums; **3.** (*kāpņu*) posms
ascetic [əˈsetɪk] **I** *n* askēts; **II** *a* askētisks
asceticism [əˈsetɪsɪzəm] *n* askētisms
ascorbic acid [əˌskɔːbɪkˈæsɪd] *n* askorbīnskābe
aseptic [æˈseptɪk] **I** *n* aseptisks līdzeklis; **II** *a* aseptisks
asexual [eɪˈsekʃʊəl] *a* bezdzimuma-

ashᵃ [æʃ] *n* osis; mountain a. – pīlādzis
ashᵇ [æʃ] *n* **1**. (*bieži pl*) pelni; reduced (burnt) to ~es – nodedzināts līdz pamatiem; **2**.: ~es *pl* – pīšļi
ashenᵃ ['æʃn] *a* ošaa-
ashenᵇ ['æʃn] *a* **1**. pelnu-; **2**. pelnu pelēks; bāls
ashore [ə'ʃɔ:] *adv* krastā; krasta virzienā
ashtray ['æʃtrei] *n* pelnu trauks
Ash Wednesday [,æʃ'wenzdi] *n rel.* Pelnu diena
ashy ['æʃi] *a* **1**. pelnu-; **2**. pelniem klāts; **3**. pelnu pelēks; bāls
Asian ['eiʃn] **I** *n* aziāts; aziāte; **II** *a* **1**. Āzijas-; **2**. aziātisks; aziātu-
Asiatic [,eiʃi'ætik] **I** *n* aziāts; aziāte; **II** *a* aziātisks; aziātu-
aside [ə'said] *adv* sānis; malā
asinine ['æsinain] *a* **1**. ēzeļa-; **2**. muļķīgs
ask [ɑ:sk] *v* **1**. jautāt; apjautāties; **2**. lūgt; to a. [for] advice – lūgt padomu; **3**. ielūgt; uzaicināt; to a. smb. to dinner – ielūgt kādu pusdienās; **4**. prasīt
askance [ə'skæns] *adv pārn.* šķībi; greizi
askew [ə'skju:] *adv* šķībi; greizi
asking ['ɑ:skiŋ] *n* **1**. jautāšana; jautājumi; **2**. lūgums; lūgšana
aslant [ə'slɑ:nt] **I** *adv* slīpi; šķērsām; **II** *prep* šķērsām pāri
asleep [ə'sli:p] **I** *a predic* **1**. aizmidzis; **2**. (*par ķermeņa locekli*) notirpis; **3**. aizmidzis uz mūžu, nomiris; **II** *adv* **1**. miegā; **2**. mūža miegā
aslope [ə'sləʊp] *adv* slīpi; šķībi
asocial [ə'səʊʃl] *a* nesabiedrisks, antisabiedrisks
aspᵃ [æsp] *n* apse
aspᵇ [æsp] *n* odze
asparagus [ə'spærəgəs] *n* sparģeļi
aspect ['æspekt] *n* **1**. aspekts; viedoklis;

in all ~s – no visiem viedokļiem; **2**. novietojums; **3**. izskats; āriene; (*sejas*) izteiksme; **4**. *pl* izredzes; perspektīvas; **5**. *gram.* darbības veids
aspectual [æ'spektjʊəl] *a gram.* darbības veida-
aspen ['æspən] **I** *n* apse; **II** *a* apses-; apšu-; ◇ to tremble like an a. leaf – drebēt kā apšu lapai
asperity [æ'spərəti] *n* **1**. raupjums; negludums; **2**. (*klimata*) bardzība; skarbums; **3**. (*rakstura*) skarbums; asums
asperse [ə'spɜ:s] *v* apmelot; nomelnot
aspersion [ə'spɜ:ʃn] *n* apmelošana; nomelnošana
asphalt ['æsfælt] **I** *n* asfalts; **II** *v* [no]asfaltēt
asphyxiate [æs'fiksieit] *v* **1**. [no]smacēt; **2**. [no]smakt
asphyxiation [æs,fiksi'eiʃn] *n* nosmakšana
aspicᵃ ['æspik] *n kul.* aspiks
aspicᵇ ['æspik] *n bot.* lavanda
aspidistra [,æspi'distrə] *n bot.* aspidistra
aspirant [ə'spaiərənt] **I** *n* (*after, for, to*) kandidāts; pretendents; **II** *a* kandidējošs; pretendējošs
aspiration [,æspə'reiʃn] *n* **1**. (*after, for, to*) tiekšanās; cenšanās; **2**. *val.* aspirācija
aspirin ['æspərin] *n* aspirīns
asquint [ə'skwint] *adv* greizi; šķībi
assᵃ [æs] **I** *n* **1**. ēzelis; **2**. muļķis; to make an a. of oneself – izturēties muļķīgi; **II** *v sl.* blēņoties; ākstīties; muļķoties
assᵇ [æs] *n vulg.* dibens; pakaļa; pēcpuse
assail [ə'seil] *v* **1**. uzbrukt; to a. smb. with questions – apbērt kādu ar jautājumiem; **2**. sparīgi (enerģiski) ķerties (*pie darba u. tml.*)

assailable [ə'seiləbl] *a* slikti aizsargāts
assailant [ə'seilənt] *n* uzbrucējs
assault [ə'sɔ:lt] **I** *n* **1.** uzbrukums; trieciens; **2.** (*alpīnismā*) uzkāpšana; iekarošana; **3.** izvarošana; **4.** *jur.* personas aizskaršana; vardarbības draudi; **II** *v* **1.** uzbrukt; doties triecienā; **2.** (*alpīnismā*) iekarot (*virsotni*); **3.** izvarot; **4.** *jur.* [pie]draudēt ar fizisku izrēķināšanos; lietot vardarbību
assemblage [ə'semblidʒ] *n* **1.** sanāksme; sapulce; **2.** kopa; **3.** montāža
assemble [ə'sembl] *v* **1.** [sa]pulcēties; **2.** [sa]pulcināt; [sa]vākt [kopā]; **3.** [sa]montēt
assembler [ə'semblə] *n* montieris; montētājs
assembly [ə'sembli] *n* **1.** sapulce; a. hall – aktu zāle; a. room – sarīkojumu zāle; **2.** asambleja; constituent a. – satversmes sapulce; United Nations General A. – Apvienoto Nāciju Ģenerālā Asambleja; **3.** *tehn.* montāža
assent [ə'sent] **I** *n* piekrišana; sankcija; with one a. – vienbalsīgi; **II** *v* piekrist
assert [ə'sɜ:t] *v* **1.** apgalvot; **2.** aizstāvēt (*savas tiesības*)
assertion [ə'sɜ:ʃn] *n* **1.** apgalvojums; to make an a. – apgalvot; **2.** (*savu tiesību*) aizstāvēšana
assess [ə'ses] *v* **1.** novērtēt; **2.** aplikt ar nodokli; **3.** uzlikt naudas sodu
assessable [ə'sesəbl] *a* **1.** apliekams ar nodokli; **2.** sodāms ar naudas sodu
assessor [ə'sesə] *n* **1.** (*tiesas u. c.*) eksperts konsultants; **2.** nodokļu inspektors; **3.** (*tiesas*) piesēdētājs
asseverate [ə'sevəreit] *v* svinīgi deklarēt
asseveration [ə,sevə'reiʃn] *n* svinīga deklarācija
ass-head ['æshed] *n* ēzelis; muļķis

assiduity [,æsi'dju:əti] *n* **1.** centība; uzcītība; **2.** *pl* īpaša uzmanība; iztapība
assiduous [ə'sidjʊəs] *a* **1.** centīgs; uzcītīgs; **2.** īpaši uzmanīgs; iztapīgs
assign [ə'sain] **I** *n jur.* juridiskais mantinieks; **II** *v* **1.** asignēt; piešķirt; **2.** iecelt (*amatā*); **3.** uzdot, uzticēt (*darbu*); **4.** noteikt (*laiku, robežas*); **5.** *jur.* nodot (*tiesības*); norakstīt (*mantu*)
assignee [,æsai'ni:] *n* **1.** pilnvarotais; pārstāvis; aģents; **2.** *jur.* tiesību pēctecis
assignment [ə'sainmənt] *n* **1.** asignējums; **2.** iecelšana (*amatā*); **3.** uzdevums (*kas jāveic*)
assimilate [ə'simileit] *v* **1.** asimilēt; **2.** asimilēties
assimilation [ə,simi'leiʃn] *n* asimilācija
assistance [ə'sistəns] *n* palīdzība; atbalsts
assistant [ə'sistənt] **I** *n* **1.** asistents; palīgs; shop a. – pārdevējs; pārdevēja; **2.** *sp.* nodrošinātājs; **II** *a* palīg-
assistant professor [ə'sistənt prə'fesə] *n* docents
associate **I** *n* [ə'səʊʃiət] **1.** biedrs; kolēģis; **2.** kompanjons; partneris; research a. – zinātniskais līdzstrādnieks; **3.** (*zinātniskas biedrības u. tml.*) korespondētājloceklis; **II** *a* [ə'səʊʃiət] **1.** apvienots; **2.** palīg-; **III** *v* [ə'səʊʃieit] (*with*) **1.** apvienot; ~d company – (*kompānijas*) filiāle; **2.** apvienoties; **3.** biedroties; saieties; **4.** pievienoties; iestāties (*piem., biedrībā*)
association [ə,səʊsi'eiʃn] *n* **1.** asociācija; apvienība; biedrība; articles (deed) of a. – biedrības (*vai apvienības*) statūti; **2.** (*ideju*) asociācija; saistība; **3.** biedrošanās
associative [ə'səʊʃiətiv] *a* asociatīvs
assonant ['æsənənt] *a* saskanīgs

assort [ə'sɔ:t] v 1. šķirot; 2. (with) saskanēt
assortment [ə'sɔ:tmənt] n sortiments
assuage [ə'sweidʒ] v 1. nomierināt; 2. apmierināt (izsalkumu); dzesēt (slāpes); 3. remdēt (sāpes)
assuagement [ə'sweidʒmənt] n 1. nomierināšana; 2. (izsalkuma) apmierināšana; (slāpju) dzesēšana; 3. (sāpju) remdēšana; 4. med. pretsāpju līdzeklis
assume [ə'sju:m] v 1. pieņemt (izskatu, īpašību u. tml.); ~d name – pieņemts vārds; 2. pieņemt (kā argumentu, patiesību); 3. uzņemties; to a. office – stāties amatā
assuming [ə'sju:miŋ] I n augstprātība; uzpūtība; iedomība; II a augstprātīgs; uzpūtīgs; iedomīgs
assumptive [ə'sʌmptiv] a 1. iespējams; 2. augstprātīgs; uzpūtīgs; iedomīgs
assurance [ə'ʃʊərəns] n 1. apgalvojums; garantija; 2. pārliecība; iedomība
assure [ə'ʃʊə] v 1. apliecināt; apgalvot; 2. pārliecināt; 3. nodrošināt
assuredly [ə'ʃʊərədli] adv droši, bez šaubām
assuredness [ə'ʃʊədnis] n 1. pārliecība; 2. pašpārliecība; iedomība
assurer [ə'ʃʊərə] n apdrošinātājs
Assyrian [ə'siriən] I n 1. asīrietis; asīriete; 2. asīriešu valoda; II a Asīrijas-; asīriešu-
aster ['æstə] n astere
asteroid ['æstərɔid] n 1. astr. asteroīds; 2. zool. jūraszvaigzne
asthenia [æs'θi:niə] n med. astēnija, nespēks
asthma ['æsmə] n med. astma
asthmatic [æs'mætik] med. I n astmatiķis; II a astmatisks; astmas-

astir [ə'stɜ:] a predic. 1. kustībā; 2. kājās; piecēlies [no gultas]; 3. (at, with) satraukts
astonish [ə'stɒniʃ] v pārsteigt
astonishing [ə'stɒniʃiŋ] a pārsteidzošs
astonishment [ə'stɒniʃmənt] n pārsteigums; izbrīns
astound [ə'staʊnd] v pārsteigt; radīt izbrīnu
astradle [ə'strædl] a predic. 1. kājas iepletis; 2. jāteniski (uz krēsla); jāšus (uz zirga)
astrakhan [ˌæstrə'kæn] n karakuls
astral ['æstrəl] a astrāls; zvaigžņu-
astringency [ə'strindʒənsi] n 1. viskozitāte; 2. bargums; skarbums
astrologer [ə'strɒlədʒə] n astrologs
astrology [ə'strɒlədʒi] n astroloģija
astronaut ['æstrənɔ:t] n astronauts
astronautess [ˌæstrə'nɔ:tis] n astronaute
astronautics [ˌæstrə'nɔ:tiks] n astronautika
astronomer [ə'strɒnəmə] n astronoms
astronomic[al] [ˌæstrə'nɒmik(l)] a 1. astronomisks; astronomijas-; 2. sar. astronomisks
astronomy [ə'strɒnəmi] n astronomija
astrophysics [ˌæstrəʊ'fiziks] n astrofizika
astute [ə'stju:t] a viltīgs; gudrs
asylum [ə'sailəm] n 1. patvērums; to ask for political a. – lūgt politisku patvērumu; 2.: lunatic a. – psihiatriskā slimnīca; orphan a. – bāreņu patversme
asymmetric [ˌæsi'metrik] a asimetrisks
asymmetry [æ'simətri] n asimetrija
at [uzsvērtā forma æt, neuzsvērtā forma ət] prep. 1. (norāda vietu): at a distance – 1) tālumā; 2) attālumā; at home – mājās; at the bus stop – autobusa pieturā; at the wheel sar. – pie stūres; 2. (norāda laiku): at any

moment – kuru katru brīdi; at the age of ten – desmit gadu vecumā; at times – šad un tad; **3.** (*norāda stāvokli*): at peace – miera stāvoklī; at work – darbā; **4.** (*norāda darbības veidu*): at random – uz labu laimi; at a hundred miles an hour – simt jūdžu stundā; **5.** (*norāda darbības virzienu*): to smile at smb. – uzsmaidīt kādam; **6.** (*norāda darbības sfēru*): good at translation – labs speciālists tulkošanā; **7.** (*norāda cenu*): at a hundred dollars a piece – simt dolāru gabalā; **8.** (*norāda iemeslu*): angry at – dusmīgs par; ◇ at all – vispār; not at all – nebūt ne; at best – labākajā gadījumā; at [the] worst – [vis]sliktākajā gadījumā; where it's at *sl.* – darbības (norises) vieta; at least – vismaz; at that – 1) turklāt; 2) pie tā
atavism [ˈætəvizəm] *n* atavisms
atheism [ˈeiθiizəm] *n* ateisms
atheist [ˈeiθiist] *n* ateists
atherosclerosis [ˌæθərəʊskliəˈrəʊsis] *n* ateroskleroze
athlete [ˈæθli:t] *n* **1.** sportists; **2.** atlēts
athletic [æθˈletik] *a* **1.** atlētikas-; a. field – stadions, sporta laukums; **2.** atlētisks
athletics [æθˈletiks] *n* atlētika; track-and-field a. – vieglatlētika
athwart [əˈθwɔ:t] *adv, prep* **1.** šķērsām (*viļņiem, vējam*); perpendikulāri; **2.** pretēji (*piem., kāda plāniem*)
Atlantic [ətˈlæntik] **I** *n* Atlantijas okeāns; **II** *a* Atlantijas-; A. Ocean – Atlantijas okeāns
atlas[a] [ˈætləs] *n* **1.** atlants; **2.** *anat.* pirmais kakla skriemelis
atlas[b] [ˈætləs] *n tekst.* atlass
atmosphere [ˈætməsfiə] *n* atmosfēra
atoll [ˈætɒl] *n* atols, koraļļu sala
atom [ˈætəm] *n* atoms
atom bomb [ˈætəmbɒm] *n* atombumba
atom-bombo [ˌætəmˈbɒmbəʊ] *n sl.* lēts, stiprs vīns
atomic [əˈtɒmik] *a* atoma-; atomu-; a. energy – atomenerģija; a. weapons – atomieroči; a. weight – atomsvars
atomize [ˈætəʊmaiz] *v* **1.** saskaldīt atomos; **2.** [iz]smidzināt
atomizer [ˈætəʊmaizə] *n* pulverizators
atonal [eiˈtəʊnl] *v mūz.* atonāls
atone [əˈtəʊn] *v* **1.** izpirkt (*vainu*); **2.** (*for*) atlīdzināt; kompensēt; **3.** *rel.*: to a. sin – izpirkt grēkus
atonement [əˈtəʊnmənt] *n* **1.** (*vainas*) izpirkšana; **2.** gandarījums; atlīdzība; **3.** *rel.* (A.) grēku izpirkšana
atop [əˈtɒp] **I** *adv* augšā; virsotnē; **II** *prep* augšpus; virs
atrabilious [ˌætrəˈbiliəs] *a* melanholisks; žultains
atrocious [əˈtrəʊʃəs] *a* **1.** nežēlīgs; **2.** *sar.* drausmīgs
atrocity [əˈtrɒsəti] *n* **1.** nežēlība; **2.** *sar.* drausmas
atrophy [ˈætrəfi] **I** *n* atrofija; **II** *v* **1.** radīt atrofiju; **2.** atrofēties
atropine [ˈætrəpin] *n farm.* atropīns
attach [əˈtætʃ] *v* **1.** piestiprināt; pievienot; to a. a seal – apzīmogot (*dokumentu*); **2.** *pārn.* pievilkt; saistīt (*uzmanību*); to a. oneself (*to*) – 1) piekerties (*kādam*); 2) pievienoties (*kādai organizācijai*); **3.** piešķirt (*nozīmi*); **4.** *jur.* arestēt; uzlikt arestu (*mantai*); aprakstīt (*mantu*)
attache case [əˈtæʃikeis] *n* «diplomāts» (*portfelis dokumentiem*)
attachment [əˈtætʃmənt] *n* **1.** piestiprināšana; pievienošana; **2.** *pārn.* pieker-

šanās; 3. *jur.* arests; aresta uzlikšana (*mantai*)
attack [ə'tæk] I *n* 1. uzbrukums; 2. (*slimības*) lēkme; heart a. – sirdslēkme; II *v* uzbrukt
attain [ə'tein] *v* sasniegt; [ie]gūt; to a. one's aim – sasniegt mērķi
attainable [ə'teinəbl] *a* sasniedzams; iegūstams
attainment [ə'teinmənt] *n* 1. sasniegums; ieguvums; 2. *pl* zināšanas; spējas
attempt [ə'tempt] I *n* 1. mēģinājums; 2.: a. on smb.'s life – atentāts pret kādu; II *v* mēģināt
attend [ə'tend] *v* 1. apmeklēt (*piem. lekcijas*); to a. school – apmeklēt skolu; 2. būt uzmanīgam; 3. apkalpot (*piem., veikalā*); 4. kopt; ārstēt; 5. pavadīt; sekot; may good luck a. you! – lai jūs pavada veiksme!
attendance [ə'tendəns] *n* 1. klātbūtne; piedalīšanās; 2. apmeklētība; poor a. – slikta apmeklētība; 3. apkalpošana; medical a. – medicīniskā apkalpošana; 4. svīta; pavadoņi; 5. auditorija; klausītāji; apmeklētāji; a. list – klausītāju, apmeklētāju saraksts
attendant [ə'tendənt] I *n* 1. pavadonis; 2. apkalpotājs; cloakroom a. – garderobists; medical a. – ārsts; museum a. – muzeja uzraugs; II *a* 1. vienlaikus notiekošs; 2. klātesošs
attending [ə'tendiŋ] *a*: a. physician – ārstējošais ārsts
attention [ə'tenʃn] *n* 1. uzmanība; to pay a. (*to*) – veltīt (pievērst) uzmanību; 2. gādība; kopšana; 3. *pl* uzmanības parādīšana; to pay one's ~s (*to*) – parādīt uzmanību (*sievietei*); 4. *mil.* miera stāja; a.! – 1) *mil., sp.* mierā! (*komanda*); 2) uzmanību!

attentive [ə'tentiv] *a* 1. uzmanīgs; 2. laipns; pakalpīgs; 3. (*to*) gādīgs
attenuate I *a* [ə'tenjʊit] 1. vājš; a. hands – vājas rokas; 2. atšķaidīts; II *v* [ə'tenjʊeit] 1. pamazināt; samazināt; 2. novājināt; 3. atšķaidīt
attenuation [ə‚tenjʊ'eiʃn] *n* 1. pamazinājums; samazinājums; 2. novājināšana; 3. atšķaidīšana
attest [ə'test] *v* [ap]liecināt; apstiprināt; to a. a signature – apstiprināt parakstu
attestation [‚ætə'steiʃn] *n* 1. apliecinājums; liecība; 2. (*paraksta*) apstiprinājums
Attic ['ætik] *n* Atikas (Atēnu) iedzīvotājs; atēnietis; atēniete
attic ['ætik] *n* 1. bēniņi; mansards; 2. jumtistaba; 3. *arh.* frontons; 4. *sl.* galva
attitude ['ætitju:d] *n* 1. (*to, towards*) attieksme; nostāja; izturēšanās; a. of mind – domāšanas veids; 2. poza; stāja; 3. *av.* (*lidmašīnas*) stāvoklis gaisā
attorney [ə'tɜ:ni] *n* 1. pilnvarotais; pārstāvis; power of a. – pilnvaras; warrant (letter) of a. – pilnvara; 2. *amer.* advokāts
attorneyship [ə'tɜ:niʃip] *n* 1. advokāta profesija; 2. advokāta amats
attract [ə'trækt] *v* 1. pievilkt; 2. saistīt; valdzināt
attractability [ə‚træktə'biləti] *n* pievilkšanas (*vai* pievilkšanās) spēja
attraction [ə'trækʃn] *n* 1. pievilkšana; 2. pievilcība; valdzinājums
attractive [ə'træktiv] *a* 1. pievilkšanas-; 2. pievilcīgs; valdzinošs
attribute I *n* ['ætribju:t] 1. īpašība; raksturīga pazīme; 2. atributs; simbols; 3. *gram.* apzīmētājs, atributs; II *v* [ə'tribju:t] (*to*) attiecināt; piedēvēt

attributive [ə'tribjʊtiv] *gram.* **I** *n* apzīmētājs, atribūts; **II** *a* apzīmētāja-; atributīvs

attrit [ə'trit] *v* novājināt; nogurdināt (*piem., pretinieku*)

attrition [ə'triʃn] *n* **1.** berze; beršanās; **2.** noberzums; **3.** novājināšana; nogurdināšana

attune [ə'tju:n] *v* **1.** (*to*) saskaņot; **2.** uzskaņot (*mūzikas instrumentu*)

atypical [,ei'tipikl] *a* netipisks

aubergine ['əʊbəʒi:n] *n* baklažāns

auburn ['ɔ:bən] *a* kastaņbrūns

auction ['ɔ:kʃn] **I** *n* **1.** ūtrupe; to put up to (*amer.* at) a., to sell by (*amer.* at) a. – pārdot ūtrupē (vairāksolīšanā); **2.** (*arī* a. bridge) bridža (*kāršu spēles*) paveids; **II** *v* pārdot ūtrupē (*vairāksolīšanā*)

audacious [ɔ:'deiʃəs] *a* **1.** pārdrošs; bezbailīgs; **2.** nekaunīgs

audacity [ɔ:'dæsəti] *n* **1.** pārdrošība; bezbailība; **2.** nekaunība

audibility [,ɔ:di'biləti] *n* dzirdamība

audible ['ɔ:dəbl] *a* [sa]dzirdams

audience ['ɔ:diəns] *n* **1.** auditorija; klausītāji; **2.** (*radio*) klausītāji; (*televīzijas*) skatītāji; (*grāmatu, preses*) lasītāji; **3.** audience; pieņemšana

audiofrequency ['ɔ:diəʊ,fri:kwənsi] *n* audiofrekvence

audio-visual [,ɔ:diəʊ'viʒʊəl] *a* audiovizuāls; a.-v. aids – audiovizuālie līdzekļi (*filmas, magnetofoni u. c.*)

audit ['ɔ:dit] **I** *n* (*norēķinu, pārskatu*) pārbaude; revīzija; **II** *v* **1.** pārbaudīt (*norēķinus, pārskatus*); izdarīt revīziju; **2.** *amer.* apmeklēt nodarbības (*piem., universitātē*) kā brīvklausītājam

audition [ɔ:'diʃn] **I** *n* **1.** dzirde **2.** klausīšanās; **3.** (*aktiera, dziedātāja*) balss noklausīšanās; first a. – (*konkursa*) pirmā kārta; **II** *v* noklausīties (*aktiera, dziedātāja*) balsi

auditor ['ɔ:ditə] *n* **1.** (*norēķinu, pārskatu*) kontrolieris; revidents; **2.** (*reti*) klausītājs; **3.** *amer.* brīvklausītājs (*piem., universitātē*)

auditorial [,ɔ:di'tɔ:riəl] *a* kontroles-; revīzijas-

auditorium [,ɔ:di'tɔ:riəm] *n* auditorija; skatītāju zāle

Augean [ɔ:'dʒi:ən] *a* **1.** *mit.* Augeja-; to cleanse the A. stables – izmēzt Augeja staļļus; **2.** *pārn.* netīrs; nolaists

aught [ɔ:t] *n sar.* nulle

augur ['ɔ:gə] **I** *n* gaišreģis; **II** *v* pareģot; paredzēt; it ~s ill – tā ir ļauna zīme; it ~s well – tā ir laba zīme

augural ['ɔ:gjʊrəl] *a* **1.** gaišreģa-; **2.** pareģojošs; a. sign – ļauna zīme

augury ['ɔ:gjʊri] *n* **1.** pareģojums; **2.** pareģošana; **3.** [priekš]nojauta

August ['ɔ:gəst] *n* augusts

august [ɔ:'gʌst] *a* cēls, dižens

aunt [ɑ:nt] *n* krustmāte

auntie ['ɑ:nti] *n sar.* krustmāmiņa

au pair [,əʊ'peə] *n* (*arī* au p. girl) izpalīdze saimniecībā (*ārzemniece, kas, mācoties valodu, palīdz saimniecībā un saņem uzturu*)

aura ['ɔ:rə] *n* **1.** liega vēsma; **2.** starojums; oreols; **3.** (*mistiska, netverama*) gaisotne; **4.** *med.* aura

aural ['ɔ:rəl] *a* **1.** dzirdes-; auss-; **2.** akustisks

aureate ['ɔ:riit] *a* **1.** [ap]zeltīts; **2.** zeltains; **3.** (*par valodu, stilu*) krāšņs; bagāts

aureola [ɔ:'riələ] *n* oreols

au revoir [,əʊrə'vwɑ:] *int* uz redzēšanos!

auric [ˈɔːrik] *a* zeltu saturošs; zelta-
auricle [ˈɔːrikl] *n anat.* **1.** ārējā auss; **2.** sirds priekškambaris
auricular [əˈrikjʊlə] *a* **1.** dzirdes-; auss-; a. assurance – mutisks apgalvojums; **2.** iečukstēts ausī; slepens; a. confession – atzīšanās mācītājam (*grēksūdze*); **3.** *anat.* sirds priekškambara-
auriferous [ɔːˈrifərəs] *a* zeltu saturošs
aurist [ˈɔːrist] *n* ausu ārsts, otiatrs
aurochs [ˈɔːrɒks] *n zool.* sumbrs
aurora [ɔːˈrɔːrə] *n* rītausma; rīta blāzma
aurora australis [ɔːˌrɔːrəɒˈstreilis] *n* dienvidblāzma
aurora borealis [ɔːˌrɔːrəˌbɔːriˈeilis] *n* ziemeļblāzma
aurora polaris [ɔːˌrɔːrəˌpəʊˈlæris] *n* polārblāzma
auscultation [ˌɔːskəlˈteiʃn] *n med.* auskultācija, izklausīšana
auspice [ˈɔːspis] *n* laba zīme
auspices [ˈɔːspisiz] *n pl* aizbildnība
auspicious [ɔːˈspiʃəs] *a* labvēlīgs
Aussie [ˈɒzi] *sk.* **Australian**
austere [ɒˈstiə] *a* **1.** bargs; stingrs; **2.** askētisks; vienkāršs
austerity [ɒˈsterəti] *n* **1.** bardzība; stingrība; **2.** askētisms; vienkāršība
austral [ˈɔːstrəl] *a* **1.** dienvidu-; **2.** (A.) Austrālijas-
Australian [ɒˈstreiliən] I *n* austrālietis; austrāliete; II *a* Austrālijas-; austrāliešu-
Austrian [ˈɒstriən] I *n* austrietis; austriete; II *a* Austrijas-; austriešu-
Austro-Hungarian [ˌɒstrəʊhʌŋˈgeəriən] *vēst.* I *n* austroungārs; austroungāriete; II *a* Austroungārijas-; austroungāru-
autarchy [ˈɔːtɑːki] *sk.* **autarky**

autarky [ˈɔːtɑːki] *n* (*nācijas, valsts*) pašapgāde, autarķija
autel [ɔːˈtel] *n* motelis
authentic [ɔːˈθentik] *a* **1.** autentisks; īsts; a. news – drošas ziņas; **2.** *sar.* sirsnīgs; patiess
authenticate [ɔːˈθentikeit] *v* noteikt autentiskumu
authenticity [ˌɔːθenˈtisəti] *n* autentiskums; īstums
author [ˈɔːθə] I *n* **1.** autors; rakstnieks; **2.** (*idejas*) autors; radītājs; iniciators; II *v* **1.** būt autoram; **2.** būt (*idejas*) autoram (radītājam, iniciatoram)
authoress [ˈɔːθəris] *n* **1.** (*lugas, romāna*) autore; **2.** (*plāna, idejas*) radītāja; autore; iniciatore
authoritarian [ɔːˌθɒriˈteəriən] I *n* autoritārās varas piekritējs; II *a* autoritārs
authoritative [ɔːˈθɒritətiv] *a* autoritatīvs
authority [ɔːˈθɒrəti] *n* **1.** vara; tiesības; **2.** pilnvara; **3.** (*parasti pl*) varas institūcijas; local ~ies – vietējās varas institūcijas; **4.** pārvalde; nodaļa; **5.** autoritāte; ietekme; **6.** speciālists; **7.** [autoritatīvs] avots; on the best a. – no drošiem avotiem; on the a. of the press – pēc laikrakstu ziņām
authorization [ˌɔːθəraiˈzeiʃn] *n* **1.** pilnvarošana; **2.** atļauja; sankcija; **3.** (*tulkojuma*) autorizējums
authorize [ˈɔːθəraiz] *v* **1.** pilnvarot; **2.** atļaut; sankcionēt; **3.** autorizēt (*tulkojumu*)
authorized [ˈɔːθəraizd] *a* **1.** pilnvarots; a. agent – pilnvarotais pārstāvis (aģents); **2.** atļauts; sankcionēts; **3.** (*par tulkojumu*) autorizēts
authorless [ˈɔːθəlis] *a* anonīms; nezināma autora-

autism [ˈɔ:tizm] *n med.* autisms
autobiographic [ˈɔ:təʊˌbaiəˈgræfik] *a* autobiogrāfisks
autobiography [ˌɔ:təʊbaiˈɒgrəfi] *n* autobiogrāfija
autocar [ˈɔ:təʊkɑ:] *n* autokārs
autocracy [ɔ:ˈtɒkrəsi] *n* autokrātija, patvaldība
autocrane [ˈɔ:təʊkrein] *n* autokrāns
autocrat [ˈɔ:təkræt] *n* autokrāts
autocratic [ˌɔ:təˈkrætik] *a* 1. autokrātisks; 2. patvarīgs; despotisks
autocross [ˈɔ:təʊkrɒs] *n* autokross
autodidactic [ˌɔ:təʊdaiˈdæktik] *a* autodidaktisks
autogamy [ɔ:ˈtɒgəmi] *n biol.* autogāmija; pašappute; pašapauglošanās
autogenesis [ˌɔ:təʊˈdʒenisis] *n biol.* autoģenēze
autogenic training [ˌɔ:təˌdʒenikˈtreiniŋ] *n psih.* autogēnais treniņš
autogenous [ɔ:ˈtɒdʒinəs] *a* autogēns
autograph [ˈɔ:təgrɑ:f] **I** *n* 1. autogrāfs; 2. [pašrocīgs] paraksts; **II** *v* 1. [uz]-rakstīt (dot) autogrāfu; 2. [pašrocīgi] parakstīt
automate [ˈɔ:təmeit] *v* automatizēt
automatic [ˌɔ:təˈmætik] **I** *n* automāts; **II** *a* 1. automātisks; 2. (*piem., par kustību*) neapzināts; nevilšs; automātisks
automation [ˌɔ:təˈmeiʃn] *n* automatizācija
automatization [ɔ:ˌtɒmətaiˈzeiʃn] *n* automatizācija
automatize [ɔ:ˈtɒmətaiz] *v* automatizēt
automotive [ˌɔ:təˈməʊtiv] *a* 1. pašgājēj-; a. truck *amer.* – kravas (smagais) automobilis; 2. automobiļu-; a. fleet – autoparks
autonomic [ˌɔ:təˈnɒmik] *a* 1. autonoms; 2. *fiziol.* patvaļīgs; neatkarīgs; a. nervous system – veģetatīvā nervu sistēma
autonomous [ɔ:ˈtɒnəməs] *a* autonoms
autonomy [ɔ:ˈtɒnəmi] *n* 1. autonomija; pašvaldība; 2. autonomijas (pašnoteikšanās) tiesības; 3. autonoma valsts; autonoms apgabals
autopilot [ˈɔ:təʊˌpailət] *n* autopilots
autopsy [ˈɔ:tɒpsi] *n med.* (*līķa*) sekcija
auto-racing [ˌɔ:təˈreisiŋ] *n* 1. autosacīkstes; 2. autosports
autoshop [ˈɔ:təʊʃɒp] *n* autoveikals
autostrada [ˌɔ:təʊˈstrɑ:də] *n* autostrāde
autosuggestion [ˌɔ:təʊsəˈdʒestʃən] *n* pašiedvesma, pašsuģestija
autumn [ˈɔ:təm] *n* 1. rudens; 2. *pārn.* mūža novakars
autumnal [ɔ:ˈtʌmnəl] *a* rudens-; rudenīgs
auxiliaries [ɔ:gˈziliəriz] *n pl* 1. palīgierīces; 2. papildpakalpojumi; 3. *mil.* palīgspēki
auxiliary [ɔ:gˈziliəri] **I** *n* 1. palīgs; 2. *gram.* palīgdarbības vārds; **II** *a* palīg-
avail [əˈveil] **I** *n* labums; izdevīgums; of a. – derīgs; of no a., without a. – nederīgs; **II** *v* būt noderīgam; noderēt
available [əˈveiləbl] *a* 1. pieejams; dabūjams; by all a. means – visiem iespējamajiem līdzekļiem; 2. derīgs; izmantojams
avalanche [ˈævəlɑ:nʃ] *n* 1. lavīna; 2. birums
avant-garde [ˌævɒŋˈgɑ:d] **I** *n* avangards; **II** *a* avangarda-; avangardisks
avant-gardism [ˌævɒŋˈgɑ:dizəm] *n* avangardisms
avarice [ˈævəris] *n* mantrausība; skopums
avaricious [ˌævəˈriʃəs] *a* mantrausīgs; skops
avenge [əˈvendʒ] *v* atriebt; atmaksāt
avengeful [əˈvendʒfʊl] *a* atriebīgs

avenger [ə'vendʒə] *n* atriebējs
avenue ['ævənju:] *n* 1. aleja; gatve; 2. avēnija; prospekts (*ASV*); 3. ceļš; līdzeklis
aver [ə'vɜ:] *v* apgalvot; apstiprināt
average ['ævərɪdʒ] I *n* 1. caurmērs; vidusmērs; above the a. – virs vidusmēra; below the a. – zem vidusmēra; on a. – caurmērā; vidēji; 2. *mat.* vidējais aritmētiskais; II *a* 1. caurmēra-; vidējs; 2. parasts; viduvējs; III *v* 1. dot caurmērā; 2. *mat.* aprēķināt vidējo aritmētisko
averment [ə'vɜ:mənt] *n* apgalvojums; apstiprinājums
aversion [ə'vɜ:ʃn] *n* (*to, from, for*) 1. nepatika; antipātija; to take (conceive) an a. (*to*) – just nepatiku (*pret*); 2. nepatikas (antipātijas) objekts
avert [ə'vɜ:t] *v* novērst (*nelaimi, neveiksmi*)
avertible [ə'vɜ:təbl] *a* novēršams
aviate ['eɪvɪeɪt] *v* 1. lidot lidmašīnā; 2. vadīt lidmašīnu
aviation [ˌeɪvɪ'eɪʃn] *n* aviācija; a. disease (sickness) – augstuma slimība
aviator ['eɪvɪeɪtə] *n* lidotājs
aviculture ['eɪvɪkʌltʃə] *n* putnkopība
avid ['ævɪd] *a* (*of, for*) alkatīgs; kārs
avidity [ə'vɪdəti] *n* alkatība; kāre
avitaminosis [əˌvɪtəmɪ'nəʊsɪs] *n* (*pl* avitaminoses [əˌvɪtəmɪ'nəʊsi:z]) avitaminoze
avocado [ˌævə'kɑ:dəʊ] *n* (*arī* a. pear) avokado (*koks un auglis*)
avocation [ˌævəʊ'keɪʃn] *n* 1. iemīļota nodarbošanās; vaļasprieks; 2. amats; nodarbošanās
avocational [ˌævəʊ'keɪʃənl] *a* amatieru-
avoid [ə'vɔɪd] *v* 1. izvairīties; 2. *jur.* anulēt; atcelt
avoidable [ə'vɔɪdəbl] *a* novēršams

avoidance [ə'vɔɪdəns] *n* 1. izvairīšanās; 2. *jur.* anulēšana; atcelšana
avow [ə'vaʊ] *v* [atklāti] atzīt; to a. oneself – atzīties
avowal [ə'vaʊəl] *n* [atklāta] atzīšanās
avowed [ə'vaʊd] *a* atzīts
avowedly [ə'vaʊɪdli] *adv* atklāti
avulsion [ə'vʌlʃn] *n* atraušana
await [ə'weɪt] *v* gaidīt; sagaidīt
awake [ə'weɪk] I *a predic.* 1. nomodā; pamodies; 2. (*to*) vērīgs; modrs; II *v* (*p.* awoke [ə'wəʊk]; *pp.* awoke [ə'wəʊk] *vai* awaked [ə'weɪkt]) 1. [uz]modināt; 2. [pa]modināt; 3. izraisīt; radīt; 4. (*to*) saprast; apzināties
awaken [ə'weɪkən] *v* 1. [uz]modināt; 2. [pa]modināt; 3. izraisīt; radīt; 4. (*to*) saprast; apzināties
award [ə'wɔ:d] I *n* 1. (*tiesnešu, žūrijas*) lēmums; 2. [piešķirtā] godalga; 3. [piespriestais] sods; II *v* 1. piešķirt (*godalgu, nosaukumu*); 2. piespriest (*sodu*)
aware [ə'weə] *a predic.* zinošs
awareness [ə'weənɪs] *n* apzināšanās; saprašana
away [ə'weɪ] I *n sp.* 1. spēle izbraukumā (svešā laukumā); 2. uzvara (*vai* zaudējums) svešā laukumā; II *a* 1. *sp.*: a. match – mačs svešā laukumā; a. win – uzvara svešā laukumā; 2. *predic.* klāt neesošs; III *adv* 1. projām; tālu; 2. (*norāda uz attālināšanos*) prom; projām; to go a. – aiziet; to pass a. – nomirt; 3. (*norāda uz zudumu, sarukumu*): to boil a. – iztvaikot; 4. (*norāda uz nepārtrauktu darbību*): to talk a. – runāt vienā laidā
awful ['ɔ:fʊl] *a sar.* šausmīgs, drausmīgs
awfully *adv.* ['ɔ:fʊli] 1. šausmīgi, drausmīgi; 2. ['ɔ:fli] ļoti; ārkārtīgi; thanks a.! – ļoti pateicos!

awkward [′ɔ:kwəd] *a* **1.** neveikls; lempīgs; **2.** (*par stāvokli*) neērts; neveikls; ◇ the a. age – pārejas vecums
awkwardness [′ɔ:kwədnis] *n* **1.** neveiklība; lempīgums; **2.** neērtums; neveiklums
awl [ɔ:l] *n* īlens
awn [ɔ:n] *n* akots
awning [′ɔ:niŋ] *n* markīze; audekla nojume
awry [ə′rai] **I** *a* (*parasti predic.*) **1.** šķībs; greizs; sašķiebies; **2.** nepareizs; aplams; **II** *adv* **1.** šķībi; greizi; **2.** nepareizi; aplam
axe [æks] **I** *n* **1.** cirvis; **2.** *sar.* (*štatu, budžeta*) samazināšana; **3.** *sar.* (*likumprojekta u. tml.*) aizturēšana; **4.** *sar.* (*cenzūras*) aizliegums; svītrojums; izgriezums; **5.** *sl.* mūzikas instruments (*saksofons*); **II** *v* **1.** cirst; **2.** *sar.* samazināt; (*štatus, budžetu*); **3.** *sar.* aizturēt (*likumprojektu*); **4.** *sar.* (*par cenzūru*) aizliegt; izsvītrot; izgriezt

axilla [æk′silə] *n* (*pl* axillae [æk′sili:]) paduse
axiom [′æksiəm] *n* aksioma
axiomatic [ˌæksiə′mætik] *a* aksiomātisks, neapšaubāms
axis [′æksis] *n* (*pl* axes [′æksi:z]) *fiz., mat.* ass
axle [′æksl] *n tehn.* ass
azalea [ə′zeiliə] *n* acālija
Azerbaijan [ˌæzəbai′dʒɑ:n] *a* azerbaidžāņu-
Azerbaijani [ˌæzəbai′dʒɑ:ni] *n* (*pl bez izmaiņām*); **1.** azerbaidžānis; azerbaidžāniete; azerbaidžāņi; **2.** azerbaidžāņu valoda
azimuth [′æziməθ] *n* azimuts
Aztec [′æztek] **I** *n* **1.** acteks; actekiete; **2.** acteku valoda; **II** *a* acteku-
Actecan [′æztekən] *a* acteku-
azul [′æzʊl] *n amer. sl.* pogainais; policists
azure [′æʒə] **I** *n* [debess] zilgme; **II** *a* [debess] zils
azurite [′æzʊrait] *n min.* azurīts, zilais malahīts

B b

B, b [bi:] *n* **1.** angļu alfabēta burts; **2.** (B) *mūz.* si; **3.** *amer.* atzīme «labi»
baa [bɑ:] blēt
babble [′bæbl] **I** *n* **1.** (*bērna*) čalas; **2.** pļāpāšana; vāvuļošana; **3.** (*ūdens*) burbuļošana, čalošana; **II** *v* **1.** (*par bērnu*) čalot; **2.** pļāpāt; vāvuļot **3.** (*arī* to b. out) izpļāpāt; izpļāpāties; **4.** (*par ūdeni*) burbuļot, čalot

babbler [′bæblə] *n* pļāpa
babel [′beibl] *n* **1.** kņada, juceklis; **2.** (*valodu*) sajaukums
baboon [bə′bu:n] *n* paviāns
baby [′beibi] *n* **1.** bērniņš, mazulis; to have a b. – dzemdēt bērnu; **2.** (*dzīvnieka*) mazulis; **3.** *sl.* meiča
baby car [′beibikɑ:] *n* mazauto
baby carriage [′beibiˌkærid ʒ] *n amer.* bērnu ratiņi

babyhood [ˈbeibihʊd] *n* agra bērnība; mazbērna vecums

baby-minding [ˈbeibiˌmaindiŋ] *n* bērna kopšana

baby-sit [ˈbeibisit] *v* uzraudzīt bērnu (*vecāku prombūtnē*)

baby-tooth [ˈbeibituːθ] *n* piena zobs

baccalaureate [ˌbækəˈlɔːriət] *n* bakalaura grāds

Bacchanal [ˈbækənl] *n* 1. dzīres, uzdzīve; 2. dzīrotājs, uzdzīvotājs

Bacchanalia [ˌbækəˈneiliə] *n* bakhanālija, orģija

bachelor [ˈbætʃələ] *n* 1. vecpuisis; b. girl – (*materiāli neatkarīga*) neprecēta jauna sieviete; 2. bakalaurs; B. of Arts – humanitāro zinātņu bakalaurs

bachelorhood [ˈbætʃələhʊd] *n* 1. vecpuiša dzīve; 2. bakalaura grāds

bacillus [bəˈsiləs] *n* (*pl* bacilli [bəˈsilai]) bacilis

back [bæk] **I** *n* 1. mugura; 2. aizmugure; mugurpuse; b. of the head – pakausis; 3. otrā puse; 4. atzveltne; **II** *a* 1. pakaļējais; 2. pretējs; 3. novecojis; (*par maksājumu*) nokavēts; **III** *v* 1. atbalstīt; 2. nostiprināt; 3. finansēt; 4. derēt, likt (*uz zirgu*); 5. kāpties (*vai* braukt) atpakaļ; 6. kāpt zirgā; 7. piekļauties; ◊ – to b. down – atkāpties; atteikties (*no pretenzijām u. tml.*); to b. off – bremzēt, palēnināt gaitu; to b. out (*of*) – izvairīties (*no kaut kā*); atteikties (*no kaut kā*); to b. up – 1) atbalstīt; 2) braukt atpakaļgaitā; 3) izraisīt sastrēgumu; **IV** *adv* 1. atpakaļ; to come (go) b. – atgriezties; to look b. – atskatīties; 2. sāņus; 3. pirms, agrāk; ◊ to answer (talk) b. – runāt pretī

backache [ˈbækeik] *n* muguras sāpes

back-alley [ˌbækˈæli] *a* negodīgs; apšaubāms

backbite [ˈbækbait] **I** *n* apmelošana; neslavas celšana; **II** *v* (*p.* backbit [ˈbækbit]; *p. p.* backbitten [ˈbækˌbitn]) apmelot; celt neslavu

backbiter [ˈbækˌbaitə] *n* apmelotājs; neslavas cēlējs

backboard [ˈbækbɔːd] *n* 1. (*sēdekļa*) atzveltne; 2. (*kravas automobiļa*) pakaļējais borts

backbone [ˈbækbəʊn] *n* 1. mugurkauls; 2. pamats; 3. rakstura stingrība; gribasspēks

backbreaking [ˈbækˌbreikiŋ] *a* (*par darbu*) mokošs; smags

back-country [ˈbækˌkʌntri] **I** *n* periferija; **II** *a* attāls

backdoor [ˌbækˈdɔː] **I** *n* pagalma durvis; **II** *a* slepens; aizkulišu-; b. politics – aizkulišu politika

backdown [ˈbækdaʊn] *n sar.* 1. atkāpšanās; atteikšanās no pretenzijām; 2. kapitulācija

backer [ˈbækə] *n* atbalstītājs

background [ˈbækgraʊnd] *n* 1. fons; dibenplāns; 2. cēlonis; pamats; 3. kvalifikācija; sagatavotība

backhanded [ˌbækˈhændid] *a* 1. (*par rokrakstu*) slīps; 2. divdomīgs; b. compliment – divdomīgs komplimments; 3. neveikls; paviršs

backing [ˈbækiŋ] *n* 1. atbalsts; 2. piekritēji; 3. atpakaļgaita

backlit *n dat.* aizmugurapgaismojums

backlog [ˈbæklɒg] *n* 1. (*preču*) rezerves; 2. nepadarīts darbs; b. of payment – nenomaksāti rēķini

back-lying [ˈbækˌlaiiŋ] *n* guļus stāvoklis (*vingrošanā*)

backmost ['bækməʊst] I *a* vistālākais; II *adv* visattālāk
back number ['bækn∧mbə] *n* (*laikraksta, žurnāla*) iepriekšējais numurs
backoff *n dat.* atkāpšanās
backpack ['bækpæk] I *n* mugursoma; II *v* 1. piedalīties tūrisma pārgājienā; 2. nodarboties ar alpīnismu
backpacker ['bæk͵pækə] *n* 1. kājāmgājējs tūrists; 2. alpīnists
backplane *n dat.* aizmugures plate; b. bus *dat.* – aizmugures plates kopne
backscratch ['bækskrætʃ] *v sar.* pielīst; pieglaimoties
backscratching ['bæk͵skrætʃiŋ] *n* pielīšana; pieglaimošanās
backset ['bækset] *n* 1. šķērslis; 2. neveiksme
backside [͵bæk'said] *n* pakaļpuse; sēžamvieta
backslide [͵bæk'slaid] *v* (*p.* backslid [͵bæk'slid]; *p. p.* backslidden [͵bæk'slidn]) atkrist (*no ticības*); atteikties (*no uzskatiem*)
backslider [͵bæk'slaidə] *n* atkritējs, renegāts
backspace ['bækspeis] *n dat.* atpakaļatkāpe; b. key *dat.* – atkāpšanās taustiņš
backstage [͵bæk'steidʒ] I *a* aizkulišu-; slepens; b. talks – slepenas sarunas; II *adv* aiz kulisēm
backstairs [͵bæk'steəz] *n pl* pagalma kāpnes
backstitch ['bækstitʃ] *n* atpakaļdūriens
backstop ['bækstɒp] I *n* atbalsts; palīdzība; II *v* atbalstīt; palīdzēt
backstreet ['bækstriːt] *a niev.* nelegāls; pagrīdes
backstroke ['bækstrəʊk] *n sp.* peldēšana uz muguras
back-talk ['bækto:k] *n sar.* nekaunīga atbilde; pretimrunāšana; to give b.-t. – atcirst
backtrack ['bæktræk] *v* 1. atkāpties; to b. on one's views – atteikties no saviem uzskatiem; 2. lauzt solījumu; neturēt vārdu
backup ['bæk∧p] *n* 1. dublēšana (*kosmonautikā*); 2. kosmonauts dublieris; 3. *dat.* dublējums; b. copy *dat.* – dublētājkopija
backward ['bækwəd] I *a* 1. (*par kustību*) atpakaļejs; 2. atpalicis; 3. b. compatible *dat.* – atpakaļsaderīgs; 4. novēlojies; vēlīns; 5. kūtrs, gauss; 6. bikls; II *adv* (*arī* backwards) 1. atpakaļ; 2. atmuguriski; ačgārni; ◇ to know smth. b. and forwards – zināt ļoti labi
backwardness ['bækwədnis] *n* 1. atpalicība; 2. novēlošanās; 3. kūtrums; gausums
backwater ['bæk͵wɔːtə] *n* 1. stāvošs ūdens; 2. upes (ezera) līcis; 3. *pārn.* sastingums; intellectual b. – garīgais trulums
backwoods ['bækwʊdz] *n pl* meža biezoknis
back-word ['bækwɜːd] *n* 1. solījuma nepildīšana; 2. rupja atbilde; 3. (*ielūguma*) atsaukšana
bacon ['beikən] *n* speķis; bekons
bacterial [bæk'tiəriəl] *a* bakteriāls-
bactericide [bæk'tiərisaid] *n* baktericīds
bacteriological [bæk͵tiəriə'lɒdʒikl] *a* bakterioloģisks
bacterium [bæk'tiəriəm] *n* (*pl* bacteria [bæk'tiəriə]) baktērija
bad [bæd] I *n* 1. ļaunums; 2. zaudējums; to the b. – ar zaudējumu; ◇ from b. to worse – aizvien ļaunāk; II *a* (*comp.* worse [wɜːs]; *sup.* worst [wɜːst]) 1. slikts, ļauns; b. luck – neveiksme;

2. bojāts; b. tooth – bojāts zobs; 3. netikls, izvirtis; 4. slims, neveselis; to feel b. – justies neveselam; to look b. – slikti izskatīties; 5. (*par aukstumu, sāpēm*) stiprs; b. headache – stipras galvassāpes; (*par kļūdu*) rupjš; 6. (*par naudu*) viltots

badge [bædʒ] *n* 1. nozīmīte; žetons; 2. emblēma, simbols

badger ['bædʒə] I *n* āpsis; II *v* 1. dzīt, vajāt; 2. tirdīt; 3. *sar.* kaulēties

badger-dog ['bædʒədɒg] *n* āpšu suns

badinage ['bædinɑ:ʒ] *n* ķircināšanās

badlands ['bædlændz] *n* neauglīga augsne

badly ['bædli] *adv* (*comp.* worse [wɜ:s]; *sup.* worst [wɜ:st]) 1. slikti, ļauni; 2. stipri; ļoti; he is b. ill – viņš ir nopietni slims

badly-off [ˌbædli'ɒf] *a* trūcīgs; nelaimīgs

badminton ['bædmintən] *n sp.* badmintons; b. bird – badmintona bumbiņa

badness ['bædnis] *n* 1. sliktums, ļaunums; 2. nederīgums

bad-news [ˌbæd'nju:z] *n* 1. sliktas ziņas; 2. *sar.* nepatikšanas

baffle ['bæfl] I *n* kavēklis; traucēklis; II *v* 1. kavēt; traucēt; izjaukt (*plānus u. tml.*); 2. samulsināt; 3. velti pūlēties

baffling ['bæfliŋ] *a* 1. grūts; 2. nelabvēlīgs

baffy ['bæfi] *n* golfa nūja

bag [bæg] I *n* 1. maiss; 2. soma; 3. portfelis; 4. medījums; 5. *pl* daudzums; 6. *pl* (*arī* pair of ~s) *sl.* bikses; ◇ b. of bones – kauli un āda; II *v* 1. bāzt maisā; 2. nomedīt; 3. kolekcionēt; 4. (*par burām u. tml.*) piepūsties; 5. (*par drēbēm*) nokarāties; 6. *sar.* nočiept; 7. *sar.* atlaist (*no darba u. tml.*)

baggage ['bægidʒ] *n* 1. *amer.* bagāža; 2. *mil.* transports; 3. meiča

baggage-room ['bægidʒrʊm] *n amer.* bagāžas glabātava

baggy ['bægi] *n* (*par apģērbu*) maisveidīgs

bagman ['bægmən] *n sar.* komivojažieris

bagpipes ['bægpaips] *n mūz.* dūdas

bah [bɑ:] *int* fui!

bail [beil] I *n* 1. spainis; smeļamais kauss; 2. (*spaiņa*) rokturis; II *v* 1. (*arī* to b. out) izsmelt ūdeni; 2. izsūknēt ūdeni; 3. urbt

bailee [bei'li:] *n jur.* (*preču*) glabātājs; mantzinis

bailer ['beilə] *n* 1. smeļamais kauss; 2. smēlējs

bailiff ['beilif] *n* 1. tiesu izpildītājs; 2. muižas pārvaldnieks

bailor ['beilə] *n* deponents; noguldītājs

bailout ['beilaʊt] I *n* 1. izglābšana; izpalīdzēšana (*grūtā stāvoklī*); 2. lēciens ar izpletni; II *a* steidzošs; neatliekams

bait [beit] I *n* 1. ēsma; 2. kārdinājums; to fall for the b. – ļauties kārdinājumam; 3. žurku inde; insekticīds; II *v* 1. uzspraust ēsmu; 2. kārdināt, pievilināt; 3. vajāt; kaitināt; nelikt mierā

bake [beik] *v* 1. cept; to b. bread – cept maizi; 2. cepties; 3. (*par sauli*) cepināt; 4. sakalst; sacietēt; 5. kaltēt; apdedzināt (*ķieģeļus*); 6. *sar.* sauļoties

bake-house ['beikhaus] *n* (*maizes*) ceptuve

baker ['beikə] *n* maiznieks; ~'s yeast – maizes raugs; ◇ ~'s dozen – velna ducis (*trīspadsmit*)

bakery ['beikəri] *n* 1. maizes ceptuve; 2. maiznīca

bakeware ['beikweə] *n* ugunsizturīgi (*keramikas, stikla*) trauki

baking-power [ˈbeikiŋˌpaʊdə] *n* cepamais pulveris
baksheesh [ˈbækʃiːʃ] *n* dzeramnauda; kukulis
balance [ˈbæləns] **I** *n* **1.** svari; quick b. – bezmēns; **2.** līdzsvars; b. of forces – spēku līdzsvars; **3.** (*pulksteņa*) svārsts; **4.** *grāmatv.* bilance; **II** *v* **1.** līdzsvarot; **2.** apsvērt; apdomāt; **3.** (*with, by, against*) salīdzināt; **4.** (*between*) svārstīties; **5.** *grāmatv.* noslēgt bilanci
balance-beam [ˈbælənsbiːm] *n* **1.** svaru kārts (stienis); balansieris; **2.** *sp.* līdzsvara baļķis
balance-bridge [ˈbælənsbridʒ] *n* paceļamais tilts
balanced [ˈbælənst] *a* **1.** nosvērts; **2.** proporcionāls
balance-master [ˈbælənsˌmɑːstə] *n* ekvilibrists
balancer [ˈbælənsə] *n* ekvilibrists; akrobāts
balance-sheet [ˈbælənsʃiːt] *n* grāmatv. bilance
balcony [ˈbælkəni] *n* **1.** balkons; **2.** *teātr.* pirmais balkons
bald [bɔːld] *a* **1.** plikpaurains; **2.** kails; (*par dzīvniekiem, putniem*) bez apmatojuma vai spalvām; (*par lauku*) klajš; **3.** *pārn.* neizpušķots; **4.** (*par stilu*) bāls, neizteiksmīgs
balderdash [ˈbɔːldədæʃ] *n* muļķības, blēņas
baldly [ˈbɔːldli] *adv* **1.** atklāti; bez aplinkiem; **2.** kaili; nabadzīgi
bale [beil] **I** *n* **1.** sainis; ķīpa; **2.** *pl* prece; **II** *v* iesaiņot
balefire [ˈbeilˌfaiə] *n* signāluguns
baleful [ˈbeilfʊl] *a* **1.** ļauns; kaitīgs, postošs; **2.** drūms

balk [bɔːk] **I** *n* **1.** kavēklis, šķērslis; to meet with a b. – ciest neveiksmi; **2.** baļķis; sija; **3.**: the ~s – bēniņu telpas; **II** *v* **1.** kavēt, traucēt; **2.** izvairīties (*no darba u. tml.*); **3.** palaist garām (*izdevību*); **4.** neattaisnot, pievilt (*cerības*)
ball[a] [bɔːl] **I** *n* **1.** bumba; **2.** lode; kamols; earth b. – zemeslode; b. of the eye – acs ābols; **3.** sitiens (*ar bumbu*); **4.** *amer.* beisbols; **II** *v* **1.** savelt kamolā; **2.** savelties kamolā
ball[b] [bɔːl] *n* balle; deju vakars; b. dress – balles tērps; fancy b. (costume b.) – masku balle
ballad [ˈbæləd] *n* balāde
ballast [ˈbæləst] **I** *n* **1.** balasts; **2.** (*rakstura*) nosvērtība; **II** *v* **1.** piekraut ar balastu; **2.** nostabilizēt
ballerina [ˌbæləˈriːnə] *n* balerīna
ballet [ˈbælei] *n* balets
ballet-dancer [ˈbæliˌdɑːnsə] *n* baletdejotājs; baletdejotāja
ballet-master [ˈbæliˌmɑːstə] *n* baletmeistars
ballistics [bəˈlistiks] *n* ballistika
balloon [bəˈluːn] **I** *n* **1.** gaisa balons; aerostats; b. tyre – riepas kamera; **2.** (*stikla*) balons; **II** *v* **1.** pacelties aerostatā; **2.** (*par burām u. tml.*) piepūsties
ballot [ˈbælət] **I** *n* **1.** vēlēšanu biļetens; **2.** balsošana (*galvenokārt aizklāta*); **3.** vēlēšanu kandidātu saraksts; **4.** vēlēšanu rezultāti; **5.** lozēšana; **II** *v* **1.** (*for, against*) balsot (*par, pret*); **2.** lozēt
ballot-box [ˈbælətbɒks] *n* vēlēšanu urna
ballot-paper [ˈbælətˌpeipə] *n* vēlēšanu biļetens
ball-park [ˈbɔːlpɑːk] **I** *n* **1.** (*futbola u.*

tml.) laukums; **2.** *sar.* aptuvens daudzums; **II** *a sar.* aptuvens
ball-point[pen] [ˈbɔːlpɔint(pen)] *n* lodīšu pildspalva
ball-proof [ˈbɔːlpruːf] *a* ložu necaurlaidīgs
ball-room [ˈbɔːlrʊm] *n* deju zāle; b.-r. dancing – sarīkojumu dejas
ballyhoo [ˌbæliˈhuː] **I** *n* **1.** kliedzoša (skaļa) reklāma; **2.** kņada; tracis; **II** *v* **1.** skaļi reklamēt; **2.** sacelt traci
ballyrag [ˈbæliræg] *v* rupji lamāt; ņirgāties
balm [bɑːm] *n* **1.** balzams; sāpes remdinošs līdzeklis; **2.** mierinājums
balmy [ˈbɑːmi] *a* **1.** aromātisks, smaržīgs; **2.** (*par klimatu*) maigs; (*par vēju*) liegs; **3.** nomierinošs, remdinošs; dziedinošs; **4.** *sl.* jucis, ķerts
balsam [ˈbɔːlsəm] *n* balzams
balsamic [ˌbɔːlˈsæmik] *a* **1.** aromātisks, smaržīgs; **2.** nomierinošs, remdinošs; dziedinošs
Baltic [ˈbɔːltik] *a* **1.** Baltijas-; **2.** baltu-; B. languages – baltu valodas
baluster [ˈbæləstə] *n* balustrāde
bamboo [bæmˈbuː] *n* bambuss
bamboozle [bæmˈbuːzl] *v sl.* piekrāpt
ban [bæn] **I** *n* **1.** aizliegums; **2.** izraidīšana trimdā; **II** *v* **1.** aizliegt; **2.** izraidīt trimdā
banal [bəˈnɑːl] *a* banāls; nodrāzts
banality [bəˈnæləti] *n* banalitāte
banana [bəˈnɑːnə] *n* **1.** banānkoks; **2.** banāns; **3.** *vulg.* āksts, klauns
banana republic [bəˈnɑːnəriˌpʌblik] *n niev.* banānu republika
band[a] [bænd] **I** *n* **1.** lente; saite; **2.** stīpa; **3.** apmale; **II** *v* sasiet; apsiet
band[b] [bænd] **I** *n* **1.** orķestris; brass b. – pūtēju orķestris; jazz b. – džeza orķestris; string b. – stīgu orķestris; **2.** banda; **II** *v* **1.** apvienot; savienot; **2.** apvienoties; savienoties
bandage [ˈbændidʒ] **I** *n* pārsējs; saite; bandāža; b. gauze – marle; **II** *v* pārsiet
bandanna [bænˈdænə] *n* **1.** raibs (*parasti zīda*) lakatiņš; **2.** *tekst.* katūns
bandeau [ˈbændəʊ] *n* (*pl* bandeaux [ˈbændəʊz]) matu lente
bandmaster [ˈbændˌmɑːstə] *n* diriģents; kapelmeisters
bandog [ˈbændɒg] *n* **1.** ķēdes suns; **2.** angļu dogs; **3.** pēddzinējs suns
bandsman [ˈbændzmən] *n* orķestrants
bandstand [ˈbændstænd] *n* estrāde (*orķestrim*)
bandwagon [ˈbændˌwægən] *n* **1.** (*ceļojoša cirka*) furgons (*ar orķestri*); **2.** *amer.* uzvarētāji; **3.** mode, vispārēja aizraušanās
bandy[a] [ˈbændi] **I** *n* **1.** hokejs (*ar bumbu*); **2.** hokeja nūja; **II** *v* **1.** mētāt (*bumbu*); **2.** izplatīt (*baumas*)
bandy[b] [ˈbændi] *a* svītrains
bandy-legged [ˈbændilegd] *a* ar līkām kājām
baneful [ˈbeinfʊl] *a* **1.** postošs; kaitīgs; **2.** *novec.* indīgs; b. mushroom – indīga sēne
bang[a] [bæŋ] *n* **1.** (*spēcīgs*) sitiens; trieciens; **2.** (*šāviena, sprādziena*) rībiens; (*durvju*) klaudziens
bang[b] [bæŋ] *n* ponijs (*sieviešu matu griezums*)
banger [ˈbæŋə] *n sar.* **1.** vecs automobilis; **2.** uguņošana; **3.** cīsiņš
bangle [ˈbæŋgl] *n* rokasprādze, aproce
bang-on [ˈbæŋɒn] *a sar.* kolosāls; satriecošs
bang-up [ˈbæŋʌp] *a sar.* lielisks, pirmšķirīgs

banian ['bæniən] *n* **1.** indiešu tirgotājs; **2.** mākleris; sekretārs; pārvaldnieks; **3.** plats krekls; virsvalks; **4.**: b. hospital – veterinārā klīnika

banish ['bænɪʃ] *v* **1.** izraidīt, izsūtīt (*trimdā*); **2.** padzīt, izdzīt; **3.** atgaiņāt (*piem., domas*)

banishment ['bænɪʃmənt] *n* izraidīšana, izsūtīšana (*trimdā*); b. for life – izraidīšana mūža trimdā; to go into b. – doties trimdā

banister ['bænɪstə] *n* **1.** balustrāde; **2.** (*parasti pl*) margas

bank[a] [bæŋk] **I** *n* **1.** (*upes, ezera*) krasts; **2.** valnis; uzbērums; **3.** sēklis; **4.** sanesa; **5.** *av.* sānsvere; **II** *v* **1.** uzbērt valni; **2.** sanest, sadzīt (*sniegu, smiltis*); **3.** aizprostot; **4.** *av.* sasvērties uz sāniem

bank[b] [bæŋk] **I** *n* **1.** banka; **2.** (*kāršu spēlē*) banka; **3.** fonds; kopējais krājums; blood b. – 1) asins krājums (*pārliešanai*); 2) donoru punkts; **II** *v* **1.** noguldīt bankā; turēt bankā; **2.** (*kāršu spēlē*) turēt banku

bank-bill ['bæŋkbɪl] *n fin.* bankas vekselis

bank-book ['bæŋkbʊk] *n* personiskais konts

banker ['bæŋkə] *n* **1.** baņķieris; **2.** (*kāršu spēlē*) bankas turētājs

bank-note ['bæŋknəʊt] *n* banknote, kredītbiļete

bankrupt ['bæŋkrʌpt] **I** *n* bankrotētājs; **II** *a* bankrotējis; to go b. – bankrotēt; to make b. – izputināt, novest līdz bankrotam; **III** *v* iedzīt bankrotā

bankruptcy ['bæŋkrəptsi] *n* bankrots

banner ['bænə] *n* **1.** karogs; *pārn.* simbols; **2.** transparents

banns [bænz] *n pl* uzsaukšana [baznīcā] (*pirms laulībām*); to ask (call, publish, put up) the b. – uzsaukt [baznīcā]

banquet ['bæŋkwɪt] **I** *n* bankets; wedding b. – kāzu mielasts; **II** *v* rīkot banketu

bantam ['bæntəm] **I** *n* **1.** pundurvista; **2.** kauslis; **3.** *sl.* meiča; **II** *a* neliels; mazgabarīta-; b. car – mazlitrāžas automobilis

bantamweight ['bæntəmweɪt] *n sp.* vieglākais svars (*boksā, svarcelšanā*)

banter ['bæntə] **I** *n* ķircināšanās; **II** *v* **1.** ķircināt; **2.** ķircināties

banting ['bæntɪŋ] *n* novājēšanas diēta

baobab ['beɪəʊbæb] *n* baobabs

baptism ['bæptɪzəm] *n* kristīšana, kristības; b. of fire – ugunskristības

baptismal [bæp'tɪzml] *a* kristāms; b. certificate – kristāmzīme

baptist ['bæptɪst] *n* baptists

baptize [bæp'taɪz] *v* kristīt, dot vārdu

bar[a] [bɑ:] **I** *n* **1.** stienis; **2.** (*ziepju*) gabals; **3.** (*šokolādes*) tāfele; **4.** bulta, aizšaujamais; **5.** šķērslis, kavēklis; to let down the ~s – novērst šķēršļus; **6.** (*paceļamā*) barjera; **7.** *pl* (*cietuma*) restes; behind (the) ~s – cietumā; **8.** sēre; sēklis; **II** *v* **1.** aizšaut, aizbultēt (*durvis*); **2.** aizprostot; noslēgt; **3.** aizliegt; **4.** *pārn.* kavēt, traucēt; ☐ to b. in – ieslēgt; neizlaist; to b. out – neielaist; to b. up – aizbultēties; **III** *prep* izņemot

bar[b] [bɑ:] *n* **1.** barjera (*tiesas zālē*); of public opinion – sabiedrības spriedums; colour b. – rasu diskriminācija; **2.**: the B. – advokatūra; to be at the B. – būt advokātam; to read for the B. – mācīties par advokātu

bar[c] [bɑ:] *n* **1.** (*bufetes*) lete; **2.** bārs

bar[d] [bɑ:] *n fiz.* bārs

barᵉ [bɑ:] *n dat.*: b. chart – joslu diagramma; b. code *dat.* – svītrkods; b. graph *dat.* – joslu grafiks
barb [bɑ:b] *n* **1.** akots; **2.** ērkšķis; dzelonis
barbarian [bɑ:ˈbeəriən] **I** *n* barbars; **II** *a* barbarisks
barbarity [bɑ:ˈbærəti] *n* **1.** barbarisms; **2.** nežēlība; necilvēcība
barbarous [ˈbɑ:bərəs] *a* **1.** barbarisks; nežēlīgs; **2.** rupjš, brutāls
barbecue [ˈbɑ:bikju:] **I** *n* **1.** restes (*gaļas cepšanai*); **2.** (*uz restēm*) cepta gaļa; **3.** pikniks (*kurā cep gaļu uz restēm*); **II** *v* cept gaļu uz restēm
barbed [bɑ:bd] *a* **1.** ērkšķains, dzeloņains; **2.** *pārn.* ass, dzēlīgs; b. remark – dzēlīga piezīme
bar-bell [ˈbɑ:bel] *n sp.* **1.** hantele; **2.** *pl* (*svarcelšanas*) stienis
barber [ˈbɑ:bə] *n* bārddzinis; (*vīriešu*) frizieris
barberry [ˈbɑ:bəri] *n bot.* bārbele
barcode [ˈbɑ:kəʊd] *n* svītrkods
bard [bɑ:d] *n poēt.* bards, dziesminieks; the B. of Avon – Eivonas dziesminieks (*Šekspīrs*)
bardic [ˈbɑ:dik] *a* bardu-
bare [beə] **I** *a* **1.** kails; neapsegts; b. feet – basas kājas; **2.** tukšs; **3.** nabadzīgs; trūcīgs; **4.** *el.* neizolēts; b. weight – tīrsvars; **II** *v* **1.** atsegt; to b. one's head – atsegt galvu; noņemt cepuri; **2.** atklāt; to b. one's heart (soul) – izkratīt sirdi
barefaced [ˈbeəfeist] *a* nekaunīgs
barefoot [ˈbeəfʊt] **I** *a* baskājains; **II** *adv* basām kājām
bareknuckle [ˈbeəˌnʌkl] *a* familiārs; nekaunīgs
barely [ˈbeəli] *adv* **1.** nabadzīgi; trūcīgi; **2.** tikko

barenecked [ˌbeəˈnekt] *a* dekoltēts; ar atsegtu kaklu
bareness [ˈbeənis] *n* **1.** kailums; **2.** trūcīgums
bargain [ˈbɑ:gin] **I** *n* **1.** (*veikalniecisks*) darījums; a good b. – izdevīgs darījums; a bad b. – neizdevīgs darījums; to make (settle, strike) a b. (*with smb.*) – noslēgt darījumu (*ar kādu*); **2.** izdevīgs (lēts) pirkums; **II** *v* **1.** kaulēties; **2.** noslēgt darījumu; ◊ to b. away – piekāpties; upurēt; to b. for – sagaidīt; cerēt; to b. on – paļauties
bargainer [ˈbɑ:ginə] *n* **1.** tirgotājs; **2.** tirgonis
bargain-sale [ˈbɑ:ginseil] *n* [iz]pārdošana par pazeminātām cenām
barge [bɑ:dʒ] **I** *n* **1.** barža, liellaiva; **2.** admirāļu kuteris; **3.** (*ekskursiju, tūristu*) kuģis; **II** *v* **1.** pārvadāt liellaivā (baržā); **2.** grīļoties; zvalstīties; ◊ to b. in (into) – iejaukties
bargee [bɑ:ˈdʒi:] *n* **1.** laivinieks; **2.** rupjš cilvēks
baritone [ˈbæritəʊn] *n* baritons
barium [ˈbeəriəm] *n ķīm.* bārijs
barkᵃ [bɑ:k] **I** *n* **1.** (*koka*) miza; b. grafting *bot.* – acošana; **2.** *sl.* āda; **3.** (*arī* Peruvian b., China b., Yesuit's b.) *med.* – hinīns; **II** *v* **1.** noplēst mizu (*kokam*); **2.** *sl.* plēst (*ādu*); **3.** miecēt
barkᵇ [bɑ:k] **I** *n* **1.** riešana; rejas; **2.** (*šāviena*) troksnis; **3.** *sar.* klepus; ◊ his b. is worse than his bite – suns, kas rej, nekož; **II** *v* **1.** riet; **2.** uzkliegt, uzbļaut; **3.** *sar.* skaļi klepot
barkᶜ [bɑ:k] *n* **1.** barka (*parasti trīsmastu burukuģis*); **2.** *poēt.* kuģis
barkeeper [ˈbɑ:ˌki:pə] *n* bārmenis
barker [ˈbɑ:kə] *n* **1.** kliedzējs, bļāvējs;

2. ūtrupnieks; 3. *sl.* revolveris; ◇ great ~s are no biters – suns, kas rej, nekož
barkery ['bɑːkəri] *n* miecētava
barley ['bɑːli] *n* mieži; pearl (French, pot) b. – grūbas; peeled b. – miežu putraimi
barleycorn ['bɑːlikɔːn] *n* mieža grauds; ◇ John B. – Džons Miežgrauds
barm [bɑːm] *n* (*alus*) raugs; ieraugs
barmaid ['bɑːmeid] *n* bufetniece; oficiante (*bārā*)
barman ['bɑːmən] *n* bārmenis; oficiants (*bārā*)
barmy ['bɑːmi] *a* putojošs
barn [bɑːn] *n* 1. klēts; šķūnis; 2. *amer.* stallis; kūts; 3. *amer. sar.* (*arī* car b.) tramvaju parks
barnacle ['bɑːnəkl] *n pl* 1. knaibles, stangas; 2. *sl.* brilles
barn-door [,bɑːn'dɔː] *n* šķūņa durvis; b.-d. fowl – mājputni; ◇ to nail to the b.-d. – pienaglot pie kauna staba
barney ['bɑːni] *n* 1. sacensības boksā; blēdīgs rezultāts (*boksa mačā*); 2. kautiņš; 3. strīds, ķilda; 4. kļūda
barnstormer ['bɑːn,stɔːmə] *n* 1. ceļojošs aktieris; 2. *amer.* pirmsvēlēšanu aģitators
barometer [bə'rɒmitə] *n* barometrs
baron ['bærən] *n* 1. barons 2. *amer.* magnāts
baroness ['bærənis] *n* baronese
baronet ['bærənit] *n* baronets (*tituls*)
barony ['bærəni] *n* 1. barona tituls; 2. barona īpašumi
baroque [bə'rɒk] I *n*: the b. – baroks; II *a* 1. baroka-; barokāls; 2. grotesks
barrack ['bærək] I *n* 1. baraka; 2. (*parasti pl*) kazarmas; II *v* izvietot barakās (*vai* kazarmās)

barrage ['bærɑːʒ] *n* 1. aizsprosts; dambis; 2. radiotraucējumi; 3. milzums, milzum daudz
barrel ['bærəl] *n* 1. muca; 2. *dat.* muciņa; 3. barels (*šķidrumu un beramu vielu mērs*)
barrel-organ ['bærəl,ɔːgən] *n* leijerkaste
barren ['bærən] I *n* (*parasti pl*) neauglīgs apvidus; II *a* 1. neauglīgs; b. land (soil) – neauglīga zeme; b. marriage – bezbērnu ģimene; 2. bezsaturīgs; tukšs; b. life – bezjēdzīgi nodzīvota dzīve
barret ['bærət] *n* berete
barricade [,bæri'keid] I *n* 1. barikāde; 2. aizsprostojums; šķērslis; II *v* aizbarikādēt
barrier ['bæriə] *n* 1. barjera; nožogojums; 2. kavēklis, šķērslis; trade ~s – tirdzniecības ierobežojumi
barrier cream [,bæriə'kriːm] *n* aizsargkrēms
barring ['bɑːriŋ] *prep* izņemot
barrister ['bæristə] *n* advokāts
barrow[a] ['bærəʊ] *n* 1. pakalns; 2. kapu kalns
barrow[b] ['bærəʊ] *n* 1. nestuves; 2. ķerra
bartend ['bɑːtend] *v sar.* strādāt par bārmeni
bartender ['bɑː,tendə] *n amer.* bārmenis
barter ['bɑːtə] I *n* (*arī* b. trade) maiņas tirdzniecība; preču [ap]maiņa; II: to b. away – iztirgot; lēti pārdot
basal ['beisl] *a* pamata-; b. principle – pamatprincips
basalt ['bæsɔːlt] *n min.* bazalts
bascule-bridge [,bæskjuː'bridʒ] *n* paceļamais tilts
base[a] [beis] I *n* 1. bāze; 2. pamats; atbalsta punkts; b. of a mountain – kalna pakāje; 3. *arh.* pjedestāls;

cokols; fundaments; **4.** *sp.* starts; **5.** *val.* (*vārda*) sakne; **II** *v* **1.** likt pamatus; **2.** (*on, upon*) pamatot
base[a] [beis] *a* **1.** zemisks, nekrietns; **2.** (*par valodu*) neizkopts; piesārņots; vulgārs
baseball [ˈbeisbɔ:l] *n sp.* beisbols
base-court [ˈbeiskɔ:t] *n* pagalms (*aiz mājas*)
base-frequency [ˈbeis,fri:kwənsi] *n fiz.* pašfrekvence
base-hearted [,beisˈhɑ:tid] *a* nekrietns; zemisks
baseless [ˈbeislis] *a* nepamatots
baseline *n dat.* bāzlīnija
basely [ˈbeisli] *adv* zemiski, nekrietni
basement [ˈbeismənt] *n* **1.** (*celtnes*) pamats; **2.** [pus]pagraba stāvs
base-minded [,beisˈmaindid] *a* nekrietns, nelietīgs
baseness [ˈbeisnis] *n* zemiskums
base price [ˈbeisprais] *n ek.* pamatcena
bash[a] [bæʃ] **I** *n* **1.** *sar.* stiprs sitiens (trieciens); **2.** *mil. sl.* uzbrukums, trieciens; **II** *v sar.* [sa]dauzīt; to b. one's head – sadauzīt galvu
bash[b] [bæʃ] *n vulg.* uzdzīve; plosts; to be on the b. – uzdzīvot; plostot
bashful [ˈbæʃfl] *a* kautrīgs; bikls
basic [ˈbeisik] *a* **1.** pamata-; **2.** *ķīm.* bāzisks
basics [ˈbeisiks] *n* pamati
basil[a] [ˈbæzl] *n bot.* baziliks
basil[b] [ˈbæzl] *n* (*apstrādāta*) jērāda
basilica [bəˈzilikə] *n* bazilika
basin [ˈbeisn] *n* **1.** trauks; **2.** baseins; tvertne; **3.** (*neliels*) līcis
basis [ˈbeisis] *n* (*pl* bases [ˈbeisi:z]) **1.** bāze; **2.** pamats; on a good and neighbourly b. – uz labu kaimiņattiecību pamata

bask [bɑ:sk] *v* (*in*) **1.** gozēties; sildīties; to b. in the sun – sauļoties; **2.** *pārn.* baudīt (*laimi, slavu*)
basket [ˈbɑ:skit] *n* **1.** grozs; waste-paper b. – papīrgrozs; **2.** kravas kaste; **3.**: b. dinner, b. lunch, b. picnic *amer.* – pikniks; ◇ to put all one's eggs in one b. – likt visu uz spēles
basketball [ˈbɑ:skitbɔ:l] *n* basketbols
basket-fish [ˈbɑ:skitfiʃ] *n iht.* jūraszvaigzne
basketry [ˈbɑ:skitri] *n* pinumi
Basque [bæsk] **I** *n* **1.** basks; **2.** basku valoda; **II** *a* basku-
bas-relief [ˈbæsri,li:f] *n* bareljefs
bass[a] [beis] *mūz.* **I** *n* bass; **II** *a* basa-; b. clef – basa atslēga; b. clarinet – basa klarnete
bass[b] [bæs] *n* asaris
basset [ˈbæsit] *n* basets, āpšu suns
bassoon [bəˈsu:n] *n mūz.* fagots
basso [ˈbæsəʊ] (*pl* bassos [ˈbæsəʊz] *n* (*par balsi*) bass
bass-viol [ˈbeis,vaiəl] *n mūz.* čells
bastard [ˈbɑ:stəd] **I** *n* **1.** ārlaulības bērns; **2.** *sl. niev.* bastards; **3.** krustojums; hibrīds; **II** *a* **1.** ārlaulības-; **2.** viltots; neīsts; **3.** izkropļots; piesārņots
bastardly [ˈbɑ:stədli] *a* **1.** ārlaulības-; **2.** nekam nederīgs; **3.** viltots
baste [beist] *v* sadiegt
bastion [ˈbæstiən] *n mil.* bastions
bat[a] [bæt] *n* sikspārnis; ◇ as blind as a b. – pilnīgi akls
bat[b] [bæt] **I** *n* **1.** runga; nūja; **2.** ass sitiens; **II** *v* sist ar nūju
bat[c] [bæt] *sl.* **I** *n* uzdzīve; **II** *v* uzdzīvot
bat[d] [bæt] *v* mirkšķināt
batata [bəˈtɑ:tə] *n* batāte
bat-blind [ˈbætblaind] *a* pilnīgi akls
batch [bætʃ] *n* **1.** (*maizes*) cepiens;

2. grupa; partija; 3. *dat.* b. file – pakešdatne
bateᵃ [beit] *v* 1. samazināt (*prasības u. tml.*); 2. atslābt; 3. aizturēt (*elpu*); 4. notrulināt; 5. zaudēt (*cerības*)
bateᵇ [beit] *n sar.* niknums, dusmas
bat-eyed ['bætaid] *a* pastulbs; neattapīgs; tuvredzīgs
bath [bɑ:θ] I *n* (*pl* baths [bɑ:ðz]) 1. vanna; 2. pelde (*vannā*); mud b. – dūņu vanna; shower b. – duša; 3. (*parasti pl*) pirts; swimming b. – peldbaseins; blood b. *pārn.* – asinspirts; II *v* mazgāt, vannot
bath-chair [,bɑ:θ'tʃeə] *n* krēsls uz riteņiem (*slimniekiem*)
bathe [beið] I *n* peldēšanās; II *v* 1. peldēties; 2. iemērkt; 3. (*par gaismu*) pieliet (*telpu*)
bather ['beiðə] *n* peldētājs
bath-house ['bɑ:θhaʊs] *n* pirts
bathing ['beiðiŋ] *n* 1. peldēšanās; b. cap – peldcepure; b. costume (suit) – peldkostīms; 2. (*bērna*) mazgāšana, vannošana
bathos ['beiθɒs] *n* dziļums; bezdibenis
bathroom ['bɑ:θrʊm] *n* vannas istaba
bathtowel ['bɑ:θ,taʊəl] *n* pelddvielis
bathtub ['bɑ:θtʌb] *n* 1. *amer.* vanna; 2. *sl.* motocikla blakusvāģis
bathymetry [bæ'θimitri] *n* (*jūras*) dziļuma mērīšana
batik ['bætik] *n tekst.* batika
batiste [bæ'ti:st] *n tekst.* batists
baton ['bætən] *n* 1. (*diriģenta*) zizlis; 2. (*policista*) steks; 3. *sp.* stafetes nūjiņa; to pass the b. – nodot stafeti
battalion [bə'tæliən] *n* bataljons
batten ['bætn] I *n* dēlis; lata; apmetuma skaliņi; b. wall – dēļu starpsiena; II *v*: to b. down – aizsist ar dēļiem

batterᵃ ['bætə] I *n* 1. (*vafeļu, cepumu*) mīkla; 2. mīcīti māli; 3. lieli dubļi; 4. *mil.* artilērijas viesuļuguns; II *v* 1. stipri sist, dauzīt; 2. plakanot (*metālu*); 3. mīcīt (*mālus*); 4. *pārn.* asi kritizēt; 5. *mil.* apšaudīt (*ar artilēriju*)
battered ['bætəd] *a* 1. apdauzīts; sadauzīts; 2. nodriskāts; apbružāts; 3. saburzīts
battery ['bætəri] *n* 1. *mil.* baterija; 2. *el.* baterija; akumulators (*automobiļa*); 3. *jur.* fiziska aizskaršana; piekaušana
battle ['bætl] I *n* kauja; cīņa; b. alarm – kaujas trauksme; killed in b. – kritis kaujā (frontē); the b. of life – cīņa par eksistenci; to fight a b. – cīnīties; II *v* cīnīties
battlecraft ['bætlkrɑ:ft] *n* kaujas prasme
battlefield ['bætlfi:ld] *n* 1. kaujas lauks; 2. strīda objekts
battle-fleet ['bætlfli:t] *n* kaujas flote
battlefront ['bætlfrʌnt] *n mil.* priekšējā līnija
battle-plane ['bætlplein] *n av.* triecienlidmašīna
battle-seasoned [,bætl'si:znd] *a* 1. kaujās rūdīts; 2. kaujas spējīgs
battleship ['bætlʃip] *n mil.* līnijkuģis
battlesome ['bætlsəm] *a* ķildīgs
batty ['bæti] *a sl.* traks, jucis
bauble ['bɔ:bl] *n* nieciņš; greznumlietiņa
baulk [bɔ:k] *sk.* **balk**
bauxite ['bɔ:ksait] *n min.* boksīts
bawd [bɔ:d] *n* savedējs
bawdry ['bɔ:dri] *n* 1. savešana; 2. neķītrības
bawdy ['bɔ:di] *a* neķītrs; piedauzīgs
bawl [bɔ:l] *v* (*at*) bļaut; to b. and squall – bļaustīties; ◻ to b. out – izkliegt
bayᵃ [bei] *n* līcis; joma

bay[b] [bei] *n* **1.** lauru koks; **2.**: ~s – lauri; lauru vainags
bay[c] [bei] *n* **1.** posms (*starp kolonnām*); tilta posms; **2.** niša; b. window – erkers (*ēkai*); **3.** steliņģis; **4.** dzelzceļa platforma
bay[d] [bay] **I** *n* rejas; **II** *v* **1.** (*par medību suņiem*) riet; **2.** dzīt (*zvēru*); vajāt
bay[e] [bei] **I** *n* bēris; **II** *a* bērs
bazaar [bə'zɑ:] *n* **1.** (*Austrumu*) tirgus; **2.** labdarības tirdziņš; **3.** liels veikals; liela tirdzniecības zāle
be [bi:] *v* (*p. sg* was [*uzsvērtā forma* wɒz, *neuzsvērtā forma* wəz]; *pl* were [*uzsvērtā forma* wɜ:, *neuzsvērtā forma* wə]; *p. p.* been [*uzsvērtā forma* bi:n; *neuzsvērtā forma* bin] **1.** būt, pastāvēt; **2.** atrasties; he is here – viņš ir šeit; **3.** notikt; **4.** klāties; how are you? – kā jums klājas?; **5.** maksāt; how much is it? – cik tas maksā?; **6.** (*darbības vārds – saitiņa*): he is a worker – viņš ir strādnieks; I am cold – man ir auksti; **7.** *kā palīgdarbības vārds –* 1) *ar pres. p. veido ilgstošos laikus*: he is sleeping – viņš pašlaik guļ; 2) *ar p. p. veido pasīvu*: he was given a ticket – viņam tika iedota biļete; **8.** (*ar inf. izsaka vajadzību, iespēju*): he is to do it – viņam tas jāizdara; the book was not to be found – grāmatu nevarēja atrast; ◊ to be about – posties, grasīties; he is about to go – viņš grasās aiziet; to be at – būt nodomājušam; what is he at? – ko viņš nodomājis?; to be away – nebūt klāt; to be back – atgriezties; to be in – 1) būt mājās; 2) (*par vilcienu*) pienākt; (*par kuģi*) ienākt ostā; 3) (*par augļiem, ogām*) ienākties; to be off – aiziet; aizbraukt; to be on –

1) notikt, atgadīties; 2) (*par gaismu, gāzi u. tml.*) būt iedegtai (ieslēgtai); all the lights were on – dega visas lampas; 3) (*par filmu, lugu*) tikt izrādītam; what's on today? – ko 1) nebūt mājās; 2) (*par gaismu, gāzi u. tml.*) būt nodzēstai (izslēgtai); to be over – beigties; the lesson is over – stunda beigusies; to be up – 1) piecelties; būt nomodā; 2) beigties; 3) (*par cenu*) pieaugt; 4) atgadīties; ◊ be as it may – lai būtu kā būdams; to be in with smb. – būt labi pazīstamam ar kādu; here you are! – lūdzu! (*pasniedzot kaut ko*); how are you? – 1) kā jums klājas?; 2) kā jūs jūtaties?
beach [bi:tʃ] *n* liedags; pludmale; ◊ to be on the b. – būt uz sēkļa
beachcomber [ˈbi:tʃˌkəʊmə] *n* **1.** (*krasta*) banga; **2.** *sl.* klaidonis
beachwear [ˈbi:tʃweə] *n* pludmales tērps
beacon [ˈbi:kən] *n* **1.** (*arī* b. fire, b. light) signāluguns; **2.** bāka; **3.** boja; **4.** *pārn.* ceļazvaigzne
bead [bi:d] **I** *n* **1.** krelle; string of ~s – kreļļu virtene; **2.**: ~s *pl* – rožukronis; to tell one's ~s – skaitīt lūgšanas; **3.** piliens; **4.** (*gāzes, gaisa*) burbulis; **5.** (*šautenes*) grauds; to draw a b. (*on*) – mērķēt; **II** *v* **1.** uzvērt (savērt) krelles; **2.** rotāt ar krellēm
bead-house [ˈbi:dhaʊs] *n niev.* nespējnieku patversme; nabagmāja
beadle [ˈbi:dl] *n* **1.** tiesas kurjers; **2.** *novec.* baznīcas (draudzes) kalpotājs
beadledom [ˈbi:dldəm] *n* birokrātisms, formālisms
bead-roll [ˈbi:drəʊl] **1.** saraksts; **2.** rožukronis

beadsman ['bi:dzmən] *n* nabagmājas iemītnieks
beady ['bi:di] *a* 1. (*par acīm*) mazs un apaļš; 2. (*sviedru*) lāsēm klāts
beagle [bi:gl] *n* 1. dzinējsuns; 2. slepenpolicists
beakᵃ [bi:k] *n* 1. knābis; 2. (*trauka*) snīpis
beakᵇ [bi:k] *n sl.* 1. tiesnesis; 2. skolotājs; skolas direktors
beaker ['bi:kə] *n* 1. menzūra, mērglāze; 2. biķeris
beamᵃ [bi:m] *n* sija; baļķis
beamᵇ [bi:m] **I** *n* 1. stars; staru kūlis; b. therapy *med.* – staru terapija; 2. radiosignāls (*lidmašīnai*); to be on the b. – 1) (*par lidmašīnu*) sekot radiosignālam; 2) *sar.* būt uz pareizā ceļa; to be off the b. – 1) (*par lidmašīnu*) novirzīties no kursa; 2) *sar.* noiet no ceļa; to be off one's b. *vulg.* – sajukt prātā; **II** *v* 1. [iz]starot; to b. forth light – izstarot gaismu; 2. smaidīt; starot; ~ing look – starojošs skatiens; 3. noteikt lidmašīnas atrašanās vietu (*ar radaru*)
bean [bi:n] *n* 1. pupa; French (kidney) b. – kāršu pupa; broad b. – cūku pupa; 2. *sl.* pauris; use your b.! – pakustini smadzenes!; 3. *sl.* nauda, čungurs; not a b. – ne graša; ◇ full of ~s *sl.* – dzīvespriecīgs; enerģisks; old b.! *sl.* – veco zēn!; to give smb. ~s *sl.* – sadot kādam
bean-feast ['bi:nfi:st] *n sar.* dzīres, mielasti
bean-pod ['bi:npɒd] *n* pupu pāksts
bean-pole [bi:npəʊl] *n* pupu kārts
beany ['bi:ni] *a sl.* 1. dzīvespriecīgs; jautrs; 2. jucis
bearᵃ [beə] *n* 1. lācis; 2. lempis; 3. *sl.* spekulants (*biržā*); 4. *astr.*: Great B. – Lielais Lācis; Little B. – Mazais Lācis; 5. *jūrn. sar.* slota (*klāja beršanai*)
bearᵇ [beə] *v* (*p.* bore [bɔ:]; *p. p.* borne [bɔ:n]) 1. nest; his face ~s traces of illness – viņa sejā redzamas slimības pēdas; 2. dot (*augļus*); 3. izturēt; 4. paciest; 5. (*p. p.* born [bɔ:n]) dzemdēt; to be born – piedzimt; 6.: to b. oneself – uzvesties, izturēties; ⬜ to b. away – 1) aiznest; aizvest; 2) izcīnīt (*uzvaru*); to b. down – 1) apspiest (*piem., dumpi*); 2) *jūrn.* braukt ar vēju; to b. down on (upon) – draudoši ātri tuvoties; to b. off – 1) aiznest; 2) novirzīties; to b. on (upon) – attiekties; to b. out – apstiprināt; atbalstīt; to b. up – atbalstīt; to b. with – samierināties; ◇ to b. arms – kalpot armijā; to b. in mind – atcerēties; ņemt vērā; born yesterday – naivs, lēticīgs; vakarējais
bearable ['beərəbl] *a* paciešams
beardᵃ [biəd] *n* 1. bārda; 2. akots; 3. (*tamboradatas*) āķis
beardᵇ [biəd] *v* izaicināt; to b. a lion in his den – izaicināt bīstamu pretinieku
bearded ['biədid] *a* 1. bārdains; 2. akotains
beardless ['biədlis] *a* 1. bezbārdains; 2. *pārn.* jauneklīgs
bearer ['beərə] *n* 1. nesējs; ~s of news – ziņneši; 2. (*vēstuļu, sūtījumu*) iznēsātājs; 3. (*čeka*) uzrādītājs; 4. *tehn.* balsts
bearing ['beəriŋ] **I** *n* 1. radīšana, dzemdēšana; 2. (*augļu*) došana; 3. stāja; izturēšanās; 4. attieksme; nozīme; 5. pacietība; izturība; 6. *pl* devīze (*ģerbonī*); 7. *pl jūrn., av.* peilējums; to lose one's ~s – 1) apmaldīties;

2) samulst; **II** *a:* b. bar – 'azimuts; b. capacity – celtspēja
bearish ['beəriʃ] *a* lempīgs
bearskin ['beəskin] *n* lāčāda
beast [bi:st] *n* **1.** zvērs; dzīvnieks; lops; b. of prey – plēsīgs zvērs; heavy ~s – liellopi; **2.** (*par cilvēku*) lops; zvērs; **3.** stūrgalvis; tiepša
beastliness ['bi:stlinis] *n* lopiskums; cūcība
beastly ['bi:stli] **I** *a* **1.** lopisks; dzīvniecisks; **2.** pretīgs, riebīgs; **3.** *sar.* šausmīgs; briesmīgs; b. weather – draņķīgs laiks; **II** *adv sar.* šausmīgi; velnišķīgi
beat [bi:t] **I** *n* **1.** sitiens; **2.** (*bungu*) rībona; **3.** (*sirds*) puksts; **4.** *mūz.* takts; ritms; **5.** apgaita; **6.** *sar.* grāvējs; **7.** *mūz.* bīts; takts; **II** *v* (*p.* beat [bi:t]; *p. p.* beat [bi:t] *vai* beaten ['bi:tn]) **1.** sist; dauzīt; **2.** (*arī* to b. up) sakult (*olas u. tml.*); **3.** (*par sirdi*) pukstēt; **4.** kalt (*dzelzi*); **5.** cilāt, vēcināt (*spārnus*); **6.** *sar.* pārspēt; uzvarēt; ◊ to b. around *sl.* – slaistīties; to b. back – atsist, atvairīt (*uzbrukumu u. tml.*); to b. down – 1) nosist (*cenu*); 2) salauzt (*pretestību*)
beatax ['bi:tæks] *n* kaplis
beaten ['bi:tn] **I** *a* **1.** sakauts, uzvarēts; **2.** (*par metālu*) kalts; **3.** (*arī* dead b.) pārguris; **4.** iemīts; b. track – iemīta taka; **II** *v sk.* **beat II**
beater ['bi:tə] *n* **1.** sitējs; **2.** sitamais, dauzāmais; **3.** dzinējs (*medībās*)
beatific [,bi:ə'tifik] *a* svētlaimīgs
beatify [bi'ætifai] *v* **1.** aplaimot; **2.** svētīt; **3.** kanonizēt
beating ['bi:tiŋ] *n* **1.** sišana; pēršana; to give smb. a b. – nopērt kādu; **2.** (*sirds*) pukstēšana; **3.** sakaušana; sakāve; **4.** (*spārnu*) vēcināšana; **5.** *sl.* masāža

beau [bəʊ] *n* **1.** švīts; **2.** mīļākais
beaut [bju:t] *n sl.* smukulis
beautician [bju:'tiʃn] *n* kosmetologs; kosmetoloģe
beautiful ['bju:təfʊl] *a* **1.** skaists, daiļš; **2.** *sar.* lielisks; b. weather – lielisks laiks
beautify ['bju:tifai] *v* izdaiļot
beauty ['bju:ti] *n* **1.** skaistums, daiļums; b. contest – skaistumkonkurss; b. queen skaistumkaraliene; **2.** skaistule; ◊ b. is but skin deep – neskati vīru no cepures
beauty-parlour ['bju:tipɑ:lə] *n* kosmētiskais kabinets
beaver[a] ['bi:və] *n* **1.** bebrs; **2.** bebrāda; **3.** *sl.* bārda; eager b. *sar.* – darbarūķis
became *sk.* **become**
because [bi'kɒz] *conj* **1.** tāpēc ka; tā kā; **2.**: b. of – dēļ; b. of you – jūsu dēļ
become [bi'kʌm] *v* (*p.* became [bi'keim]; *p.p.* became [bi'kʌm]) **1.** kļūt, tapt; **2.** [pie]klāties; **3.** (*par apģērbu*) piestāvēt; **4.** (*of*) notikt; what has b. of him? – kur viņš palicis?
bed I *n* **1.** gulta, guļvieta; b. and board – dzīvoklis un uzturs, pansija; folding (*arī* foldaway) b. – saliekamā gulta; sick b. – slimības gulta; single (double) b. – vienguļama (divguļama) gulta; to go to b. – iet gulēt; to keep to one's b. – (*par slimnieku*) ievērot gultas režīmu; to leave one's b. – izveseļoties; to make the b. – klāt gultu; **2.** dobe; flower b. – puķu dobe; **3.** (*upes*) gultne; **4.** (*dzelzceļa*) uzbērums; **5.** *poēt.* kaps; the b. of honour – brāļu kapi; ◊ b. of roses – viegla dzīve; as you make your b., so you must lie on it – ko sēsi, to pļausi; to get out of the b. on the wrong side –

izkāpt no gultas ar kreiso kāju; **II** v **1.** [no]guldīt; **2.** (*arī* to b. out) izstādīt dobēs; **3.** mūrēt; likt (*ķieģeļus, akmeņus*)

bedabble [bi'dæbl] v saslapināt, samērcēt; nošļakstīt

bedclothes ['bedkləʊðz] n pl gultasveļa

bedeck [bi'dek] v [iz]greznot

bedew [bi'dju:] v aprasināt

bedfellow ['bed,feləʊ] n **1.** vīrs; sieva; **2.** gultas biedrs; **3.** partneris; ◇ strange b. – gadījuma paziņa

bedgown ['bedgaʊn] n naktskrekls

bedizen [bi'daizn] v izgreznot, izrotāt

bedlam ['bedləm] n trakomāja

bedlamite ['bedləmait] **I** n vājprātīgais; **II** a vājprātīgs

bed place ['bedpleis] n **1.** alkovs; **2.** sienas skapis

bedraggle [bi'drægl] v notraipīt, notašķīt

bedrock ['bedrɒk] n pamatprincipi; pamats

bedroom ['bedrʊm] n guļamistaba; single (double) b. – istaba ar vienu (divām) gultu (gultām)

bedroom community ['bedrʊmkə'mju:niti] n guļamrajons (*pilsētas dzīvojamais rajons, kura iedzīvotāji strādā citā pilsētā vai rajonā*)

bedsore ['bedsɔ:] n izgulējums

bedspace ['bedspeis] n vietu skaits (*viesnīcā*); gultu skaits (*slimnīcā, kopmītnē*)

bedspread ['bedspred] n gultas pārklājs

bedtime ['bedtaim] n gulētiešanas laiks

bee [bi:] n **1.** bite; **2.** *pārn.* strādīgs cilvēks, darbarūķis; **3.** konkurss; ◇ busy as a b. – ļoti aizņemts; darbīgs

beech [bi:tʃ] n dižskābardis

beechen ['bi:tʃən] a dižskābarža-

beech mast ['bi:tʃmɑ:st] n dižskābarža augļi

beef[a] [bi:f] **1.** liellopu gaļa; **2.** miesa; tauki; b. to the heels – aptaukojusies; to put b. on – uzbaroties; **3.** spēks, spars

beef[b] [bi:f] **I** n (*pl* beefs [bi:fs]) *sl.* sūdzība; pretenzija; **II** v *sl.* žēloties; gausties

beefsteak ['bi:fsteik] n bifšteks

beef-tea [,bi:f'ti:] n *sar.* buljons

beef-witted ['bi:f'witid] a neaptēsts

beefy ['bi:fi] a **1.** gaļīgs; **2.** muskuļains; spēcīgs

bee-garden ['bi:gɑ:dn] n drava

bee-glue ['bi:glu:] n propoliss, bišu līme

beehive ['bi:haiv] n strops

beekeeper ['bi:ki:pə] n biškopis

beekeeping ['bi:ki:piŋ] n biškopība

bee-line ['bi:lain] n: in a b.-l. – taisnā ceļā

been *sk.* be

beer [biə] n alus; ◇ small b. – 1) nieki; 2) nenozīmīgs cilvēciņš

beery ['biəri] a **1.** alus-; ar alus smaku; **2.** iedzēris

beestings ['bi:stiŋz] n pl jaunpiens

beeswax ['bi:zwæks] n bišu vasks

beet [bi:t] n biete; white b. – cukurbiete

beetle[a] ['bi:tl] **I** n vāle; bliete; **II** v **1.** velēt; blietēt; **2.** drupināt, skaldīt (*akmeņus*)

beetle[b] ['bi:tl] n vabole; black b. – tarakāns

beetle-brain ['bi:tlbrein] n stulbenis, muļķis

beetle-head ['bi:tlhed] n stulbenis, nejēga

beetle-sticker ['bi:tlstikə] n *sar.* entomologs

beetroot ['bi:tru:t] n biete

bee-wine ['bi:wain] n nektārs

befall [bi'fɔ:l] v (p. befell [bi'fel]; p.p. befallen [bi'fɔ:lən]) notikt, atgadīties

befallen sk. befall

befell sk. befall

befog [bi'fɒg] v **1.** aizmiglot; **2.** apmulsināt

befool [bi'fu:l] v piemuļķot; piekrāpt

before [bi'fɔ:] **I** adv **1.** agrāk, iepriekš; long b. – sen; the year b. – iepriekšējais gads; **2.** priekšā; pa priekšu; **II** prep **1.** pirms; b. long – drīz; b. now – agrāk; b. one's time – par agru; the day b. yesterday – aizvakar; **2.** priekšā; b. us – mūsu priekšā; **III** conj **1.** pirms, iekams; **2.** drīzāk... nekā

beforehand [bi'fɔ:hænd] adv iepriekš; to be b. (with) – paredzēt; nojaust

before-mentioned [bi,fɔ:'menʃənd] a iepriekšminētais

befriend [bi'frend] v draudzīgi izturēties; palīdzēt

befuddle [bi'fʌdl] v samulsināt

beg [beg] v **1.** lūgt; lūgties; to b. pardon – lūgt piedošanu; **2.** ubagot

began sk. begin

beggar ['begə] **I** n **1.** ubags; **2.** puisis; lucky b. – laimes luteklis; poor b. – nabags; nelaimīgais; little ~s – mazuļi (par bērniem un dzīvniekiem); **II** v **1.** izputināt; to b. oneself – izputēt; **2.** pārspēt

beggarly ['begəli] a **1.** nabadzīgs; nožēlojams; **2.** ubaga-

beggary ['begəri] n trūkums; nabadzība

begin [bi'gin] v (p. began [bi'gæn]; p. p. begun [bi'gʌn]) **1.** sākt; to b. at the beginning – sākt no paša sākuma; **2.** sākties; ▯ to b. over – sākt no jauna

beginner [bi'ginə] n iesācējs

beginning [bi'giniŋ] n **1.** sākums; from b. to end – no sākuma līdz galam; **2.** izejas punkts; **3.** izcelsme

begird [bi'gɜ:d] v (p. un p. p. begirt [bi'gə:t] begirded [bi'gə:did]) (with) apjozt; apņemt

begirt sk. begird

begone [bi'gɒn] int vācies prom!; pazūdi!

begonia [bi'gəʊniə] n begonija

begrime [bi'graim] v notraipīt

begrudge [bi'grʌdʒ] v noskaust

beguile [bi'gail] v **1.** piemānīt; pievilt; **2.** pavadīt (laiku); **3.** valdzināt; apburt

begun sk. begin

behave [bi'heiv] v **1.** uzvesties; izturēties; to b. oneself – uzvesties kā pieklājas; **2.** (par automobili, mehānismu) strādāt; darboties

behaviour [bi'heiviə] n **1.** uzvešanās, uzvedība; izturēšanās; to be on one's best b. – uzvesties priekšzīmīgi; **2.** tehn. (darba) režīms

behemoth [bi'hi:mɒθ] n pārn. nezvērs, briesmonis

behind [bi'haind] **I** n sl. dibens; **II** adv aizmugurē; aiz muguras; to be (fall, lag) b. – atpalikt; to leave b. – atstāt aizmugurē; atstāt aiz sevis; **III** prep aiz; b. the back (scenes) – aiz muguras; slepus

behindhand [bi'haindhænd] **I** a nokavējies; atpalicis; **II** adv: to be wise b. – par vēlu atjēgties

beholden [bi'həʊldən] a (to smb., for smth.) atzinīgs; pateicīgs

beige [beiʒ] **I** n smilškrāsa; **II** a smilškrāsas-

be-in ['bi:in] n masu svētki (zem klajām debesīm); (hipiju) bars

being ['bi:iŋ] **I** n **1.** eksistence; esamība; **2.** radījums, būtne; human b. – cilvēks; **II** a pašreizējs; for the time

b. – 1) pagaidām; 2) pašlaik; **III** *pres. p. no* be
belabour [bi'leibə] *v* dauzīt, sist; apstrādāt
belated [bi'leitid] *a* 1. nokavējies, novēlojies; 2. vēlīns
belaud [bi'lɔ:d] *v* slavēt, cildināt
belch [beltʃ] **I** *n* 1. atraugas; 2. (*vulkāna*) izvirdums; **II** *v* 1. atraugāties; 2. izvirst (*lavu, uguni*)
belcher ['beltʃə] *n* raibs lakats
beldam ['beldəm] *n* vecene; ragana
beleaguer [bi'li:gə] *v* aplenkt
belfry ['belfri] *n* 1. zvanu tornis; 2. *sar.* galva, smadzenes
Belgian ['beldʒən] **I** *n* beļģietis; beļģiete; **II** *a* Beļģijas-; beļģu-
belie [bi'lai] *v* 1. rādīt nepatiesu priekšstatu; 2. atspēkot; runāt pretī; 3. neattaisnot (*cerības u. tml.*)
belief [bi'li:f] *n* 1. (*in*) ticība, uzticība; 2. pārliecība; 3. *rel.* ticība; b. in God – ticība Dievam
believable [bi'li:vəbl] *a* ticams
believe [bi'li:v] *v* 1. ticēt; 2. (*in*) uzticēties; paļauties; 3. domāt, uzskatīt; I b. so – man tā liekas; I b. not – laikam ne
believer [bi'li:və] *n* 1. ticīgais; 2. aizstāvis; atbalstītājs
belittle [bi'litl] *v* noniecināt
bell [bel] *n* 1. zvans; 2. zvaniņš, zvārgulis; 3. *sp.* svaru bumba, stienis
bellboy ['belbɔi] *n* izsūtāmais zēns (*viesnīcā*)
belle [bel] *n* skaistule; the b. of the ball – balles karaliene
belles-lettres [,bel'letrə] *n pl* beletrika
bell-flower ['bel,flauə] *n bot.* zvaniņš
bellicose ['belikəus] *a* 1. kareivīgs; agresīvs; 2. kauslīgs
bellicosity [,beli'kɒsəti] *n* 1. kareivīgums; agresivitāte; 2. kauslīgums

belligerency [bi'lidʒərənsi] *n* karastāvoklis
bellow ['beləu] **I** *n* 1. baurošana; 2. aurošana; 3. (*vētras, jūras*) auri; **II** *v* 1. baurot; 2. aurot; 3. (*par vēju*) gaudot; (*par vētru*) plosīties; trakot
bellows ['beləuz] *n pl* plēšas
bell-punch ['belpʌntʃ] *n* kompostrētājs
bell-push ['belpuʃ] *n* zvana poga
bell-ringer ['bel,riŋə] *n* zvaniķis; zvanītājs
bell-tower ['bel,tauə] *n* zvanu tornis
belly ['beli] **I** *n* 1. vēders; pot b. – resns vēders; on an empty b. – tukšā dūšā; 2. kuņģis; 3. piepūstas buras; **II** *v* (*arī* to b. out) (*par burām*) piepūsties
bellyache ['belieik] **I** *n* 1. *sar.* vēdersāpes, vēdergraizes; 2. *sl.* žēlošanās, gaušanās; **II** *v sl.* žēloties, gausties
belly button ['beli,bʌtn] *n sar.* naba
belly dance ['belidɑ:ns] *n* vēderdeja
belong [bi'lɒŋ] *v* 1. (*to*) piederēt; 2. (*to*) attiekties; 3. būt dzimušam
belonging [bi'lɒŋiŋ] *n* 1. piederība; 2. *pl* manta, iedzīve; 3. *pl* piebūve
beloved **I** *n* [bi'lʌvid] mīļotais; mīļotā; **II** *a* [bi'lʌvd] mīļots
below [bi'ləu] **I** *adv* 1. apakšā; 2. zemāk; tālāk; 3. *teātr.* avanscēna; **II** *prep* zem
belt [belt] **I** *n* 1. josta; siksna; 2. josla; zona; the green b. – zaļā zona; 3. (*konveijera*) lente; 4. *tehn.* (*arī* driving b.) dzensiksna; 5. *mil.* patronlente; **II** *v* 1. apjozt; 2. pērt ar siksnu
belting ['beltiŋ] *n tehn.* 1. dzensiksna; 2. siksnas transmisija
belt-saw ['beltsɔ:] *n* lentzāģis
belt-way ['beltwei] *n* autoceļa loka līnija
bemoan [bi'məun] *v* apraudāt
bemused [bi'mju:zd] *a* apmulsis, apstulbis

bench [bentʃ] *n* **1.** sols; **2.** ēvelsols; **3.** darbmašīna; **4.** *arh.* dzega, karnīze
benchboard [ˈbentʃbɔːd] *n* vadības pults
benchmark [ˈbentʃmɑːk] *n* **1.** līmeņa (augstuma) atzīme; **2.** izejas punkts; b. data – sākuma dati; **3.** *dat.* etalonuzdevums
bench-warmer [ˈbentʃˌwɔːmə] *n sar.* **1.** bezdarbnieks bez noteiktas dzīvesvietas; **2.** *sp.* rezerves spēlētājs
bend [bend] **I** *n* **1.** līkums; izliekums; **2.** *jūrn.* mezgls; **3.** *tehn.* atzarojums; **II** *v* (*p. un p. p.* bent [bent]) **1.** [sa]liekt; [sa]locīt; **2.** [sa]liekties; [sa]locīties; **3.** (*to*) koncentrēt (*uzmanību, domas*); **4.** virzīt (*soļus*); vērst (*skatienu*); **5.** pakļaut[ies]; to b. to smb.'s will – pakļauties kāda gribai
bender [ˈbendə] *n* **1.** knaibles; **2.** uzdzīve, iedzeršana; **3.** dzērājs, pļēgurs
beneath [biˈniːθ] **I** *adv* apakšā; **II** *prep* zem
benedictine [ˌbeniˈdiktiːn] *n* **1.** benediktietis; **2.** benediktīns (*liķieris*)
benediction [ˌbeniˈdikʃn] *n* svētība
benedictory [ˌbeniˈdiktəri] *a* svētīgs
benefaction [ˌbeniˈfækʃn] *n* **1.** labdarība; **2.** ziedojums
benefactor [ˈbenifæktə] *n* **1.** labdaris; **2.** ziedotājs
benefactress [ˈbenifæktris] *n* **1.** labdare; **2.** ziedotāja
benefice [ˈbenifis] *n* draudze
beneficence [biˈnefisns] *n* filantropija; labdarība
beneficent [biˈnefisnt] *a* labdarīgs
beneficial [ˌbeniˈfiʃl] *a* **1.** labvēlīgs; svētīgs; **2.** dziedinošs; **3.** derīgs; izdevīgs
benefit [ˈbenifit] **I** *n* **1.** labums; **2.** pabalsts; sickness b. – slimības pabalsts; unemployment b. – bezdarbnieka pabalsts; **3.** *teātr.* benefice; **II** *v* **1.** dot labumu; **2.** (*from, by*) gūt labumu
benevolence [biˈnevələns] *n* **1.** labvēlība; labsirdība; **2.** devība; labdarība
benevolent [biˈnevələnt] *a* **1.** labvēlīgs; labsirdīgs; **2.** devīgs; **3.** augstsirdīgs
Bengal [ˌbeŋˈgɔːl] *a* bengāļu-; B. tiger – Bengālijas tīģeris
Bengali [beŋˈgɔːli] **I** *n* **1.** bengālis; bengāliete; **2.** bengāļu valoda; **II** *a* Bengālijas-; bengāļu-
benighted [biˈnaitid] *a* tumšs; neizglītots
benign [biˈnain] *a* **1.** laipns, žēlīgs; **2.** (*par klimatu*) maigs; **3.** (*par augsni*) auglīgs; **4.** *med.* labdabīgs; b. tumour – labdabīgs audzējs
benignity [biˈnignəti] *n* labsirdība
bent[a] [bent] **I** *n* (*for*) tieksme, nosliece; to follow one's b. – sekot savam aicinājumam; **II** *a* **1.** saliekts; izliekts; **2.** negodīgs; **3.** samaitāts; perverss
bent[b] *sk.* bend **II**
benumb [biˈnʌm] *v* **1.** (*par aukstumu*) stindzināt; **2.** notrulināt (*jūtas*); paralizēt (*darbību*)
benumbed [biˈnʌmd] *a* **1.** sastindzis; **2.** notrulināts; nejūtīgs
benzene [ˈbenziːn] *n ķīm.* benzols
benzine [ˈbenziːn] **I** *n* benzīns; **II** *v* tīrīt ar benzīnu
benzyl [ˈbenzil] *n ķīm.* benzils
bepuzzle [biˈpʌzl] *v* apmulsināt; radīt apjukumu
bequeath [biˈkwiːð] *v* novēlēt; atstāt mantojumā
bequest [biˈkwest] *n* novēlējums; mantojums
berate [biˈreit] *v* rāt, bārt
bereave [biˈriːv] *v* (*p. un p. p.* bereaved

[bi'riːvd] *vai* bereft [bi'reft]) (*of*) atņemt; laupīt (*piem. tuviniekus*)
bereavement [bi'riːvmənt] *n* smags zaudējums
bereft *sk.* **bereave**
beret ['berei] *n* berete
berg [bɜːg] *n* aisbergs, leduskalns
beriberi [ˌberi'beri] *n* beri-beri, avitaminoze
berry ['beri] **I** *n* 1. oga; 2. (*kafijas*) pupiņa; 3. (*ikru*) grauds; 4. *amer. sl.* dolārs; **II** *v* ogot
berth[a] [bɜːθ] **I** *n* 1. koja (*uz kuģa*); 2. guļvieta (*vagonā*); 3. (*kuģa*) enkurvieta; 4. *sar.* vieta; amats; **II** *v* 1. sagādāt guļvietu (*uz kuģa, vagonā*); 2. noenkurot (*kuģi*); 3. sagādāt darbu
beryl ['beril] *n min.* berils
beseech [bi'siːtʃ] *v lit.* (*p. un p. p.* besought [bi'sɔːt] [ļoti] lūgt; lūgties
beseeching [bi'siːtʃiŋ] *a* (*par skatienu, toni*) lūdzošs
beset [bi'set] *v* (*p. un p. p.* beset [bi'set]) 1. aplenkt; apstāt; to b. with questions – apbērt ar jautājumiem; 2. aizsprostot (*ceļu*); 3. *arh.* izgreznot (*ar ornamentiem*)
beside [bi'said] *prep* 1. blakus; līdzās; pie; 2. ārpus
besides [bi'saidz] **I** *adv* bez tam; turklāt; **II** *prep* bez; izņemot
besiege [bi'siːdʒ] *v* 1. ielenkt; aplenkt; 2. (*with*) apstāt, apbērt (*ar lūgumiem u. tml.*)
besmear [bi'smiə] *v* (*with*) notraipīt, notašķīt
besmirch [bi'smɜːtʃ] *v* 1. notraipīt; 2. *pārn.* nomelnot; aptraipīt (*godu u. tml.*)
besot [bi'sɒt] *v* apmāt, apstulbināt; apreibināt

besotted [bi'sɒtid] *a* (*by, with*) apstulbināts; apreibis
besought *sk.* **beseech**
bespatter [bi'spætə] *v* 1. aptašķīt, nošķiest (*ar dubļiem*); 2. *pārn.* nomelnot; apmētāt (*ar dubļiem*)
bespeak [bi'spiːk] *v* (*p.* bespoke [bi'spəʊk]; *p. p.* bespoke [bi'spəʊk] *vai* bespoken [bi'spəʊkən]) 1. aizrunāt; iepriekš pasūtīt (*piem., numuru viesnīcā*); 2. liecināt; norādīt; 3. *poēt.* uzrunāt
bespectacled [bi'spektəkld] *a* briļļains
bespoken *sk.* **bespeak**
bespread [bi'spred] *v* (*p. un p. p.* bespread [bi'spred]) noklāt; apklāt
besprinkle [bi'spriŋkl] *v* apslacīt; apkaisīt
best [best] **I** *n* vislabākais; at b. – labākajā gadījumā; **II** *a* (*sup. no* good) 1. vislabākais; all the b.! – visu to labāko!; 2. vislielākais; the b. part (*of*) – lielākā daļa; **III** *adv* (*sup. no* well) 1. vislabāk; to work b. – strādāt labāk par visiem; 2. visvairāk; **IV** *v sar.* 1. gūt virsroku; 2. piekrāpt, apvest ap stūri
bestial ['bestiəl] *a niev.* dzīvniecisks, brutāls
best man [ˌbest'mæn] *n* līgavas (līgavaiņa) vedējs
bestow [bi'stəʊ] *v* 1. (*on, upon*) dot; dāvināt; to b. an honour on smb. – parādīt kādam godu; to b. a title – piešķirt nosaukumu; 2. *novec.* dot pajumti
bestowal [bi'stəʊəl] *n* balva; apbalvojums
bestridden *sk.* **bestride**
bestride [bi'straid] *v* (*p.* bestrode [bi'strəʊd]; *p. p.* bestridden [bi'stridn])

1. sēdēt (sēsties) jāteniski; to b. a horse – sēdēt zirgā; **2.** stāvēt izplestām kājām
bestrode *sk.* **bestride**
bet [bet] **I** *n* derības; to lose (win) a b. – zaudēt (uzvarēt) derībās; to make a b. – noslēgt derības; **II** *v* (*p. un p. p.* bet [bet] *vai* betted ['betid]) [sa]derēt
betake [bi'teik] *v* (*p.* betook [bi'tʊk]; *p. p.* betaken [bi'teikən]); to b. oneself (*to*) – 1) ķerties; to b. oneself to arms – ķerties pie ieročiem; to b. oneself to one's studies – ķerties pie mācībām; 2) doties; ◇ to b. oneself to one's heels – ņemt kājas pār pleciem
betaken *sk.* **betake**
beta software *n dat.* beta programmatūra
beta test *n dat.* beta tests
betimes [bi'taimz] *adv poēt.* **1.** agri; **2.** laikā, laikus
betoken [bi'təʊkən] *v* vēstīt; solīt; that ~s no good – tas nesola nekā laba
betook *sk.* **betake**
betray [bi'trei] *v* **1.** nodot; kļūt neuzticīgam; to b. one's principles – neievērot principus; **2.** izpaust; atklāt; **3.** neattaisnot (*cerības, uzticību*)
betrayal [bi'treil] *n* nodevība
betrayer [bi'treiə] *n* nodevējs
betrothal [bi'trəʊðl] *n* saderināšanās
betrothed [bi'trəʊðd] *n* saderinātais; saderinātā
better ['betə] **I** *n* labākais; to be smb.'s b. – būt pārākam par kādu; **II** *a* (*comp.* no good II, well[b]) labāks; **III** *v* [uz]labot; to b. the record – labot rekordu; **IV** *adv* (*comp. no* well[b]) labāk
betting ['betiŋ] *n* derības
between [bi'twi:n] **I** *adv* starpā; in b. – pa starpām; **II** *prep* starp
bevel ['bevl] **I** *n tehn.* **1.** slīps griezums; slīpums; **2.** konuss; **II** *a* **1.** slīps; slīpleņķa-; **2.** konusveidīgs; **III** *v* slīpi nogriezt
beware [bi'weə] *v* (*of*) [iz]sargāties; b. of the dog! – «Nikns suns!» (*uzraksts*)
bewilder [bi'wildə] *v* apmulsināt, samulsināt
bewilderment [bi'wildəmənt] *n* apmulsums, samulsums; apjukums
bewitch [bi'witʃ] *v* **1.** apburt; **2.** savaldzināt
bewitching [bi'witʃiŋ] *a* apburošs, valdzinošs
bewitchment [bi'witʃmənt] *n* **1.** burvestība; **2.** burvība, valdzinājums
bias ['baiəs] **I** *n* **1.** slīpums; **2.** aizspriedums; racial b. – rasu aizspriedumi; to be free from b. – būt bez aizspriedumiem; **3.** tieksme, nosliece; **II** *v* ietekmēt; noskaņot; **III** *adv* šķērsām; pa diagonāli
biathlete [bai'æθli:t] *n* biatlonists
biathlon [bai'æθlən] *n sp.* divcīņa
bibber ['bibə] *n* dzērājs, žūpa
bibcock ['bibkɒk] *n* krāns
bibelot ['bibləʊ] *n* breloks
Bible ['baibl] *n* Bībele
biblical ['biblikl] *a* Bībeles-; biblisks
bibliographer [ˌbibli'ɒgrəfə] *n* bibliogrāfs
bibliography [ˌbibli'ɒgrəfi] *n* bibliogrāfija
bicameral [bai'kæmrəl] *a pol.* divpalātu-
bicarbonate [bai'kɑ:bənit] *n ķīm.* bikarbonāts; b. of soda – (*dzeramā*) soda
biceps ['baiseps] *n anat.* bicepss
bichloride [bai'klɔ:raid] *n ķīm.* dihlorīds; b. of mercury – sublimāts
bichromate [bai'krəʊmeit] *n ķīm.* bihromāts
bicker ['bikə] **I** *n* **1.** strīds; ķilda; **2.** (*lietus*) pakšķēšana; (*strauta*) urdzēšana,

čalošana; **3**. (*liesmas*) šaudīšanās, plandīšanās; **II** *v* **1**. (*with smb.*) (*over, about smth.*) strīdēties; ķildoties; **2**. (*par lietu*) pakšķēt; (*par strautu*) urdzēt, čalot; **3**. (*par liesmu*) šaudīties, plandīties

bicycle ['baisikl] **I** *n* velosipēds; **II** *v* braukt ar velosipēdu

bicyclist ['baisiklist] *n* riteņbraucējs

bidding ['bidiŋ] *n* **1**. pavēle; rīkojums; **2**. solīšana (*ūtrupē*); izsole; **3**. aicinājums; ielūgums

biennial [bai'eniəl] **I** *n* divgadīgs augs; **II** *a* divgadīgs

biff [bif] *sl.* **I** *n* belziens, zvēliens; **II** *v* iebelzt, iezvelt

bifurcate I *a* [bai'fɜ:kit] divzaru-; divžuburains; **II** *v* ['baifəkeit] sazaroties (*divos zaros*)

big [big] **I** *a* **1**. liels; b. business – lielkapitāls; b. repair – kapitālremonts; **2**. skaļš; **3**. pieaudzis; **4**. svarīgs; b. bug (fish) *sl.* – liels vīrs; dūzis; **5**. lielīgs; uzpūtīgs; **6**. augstsirdīgs, cēls; **II** *adv sar.* **1**. lielīgs, plātīgs; to talk b. – lielīties, plātīties; **2**. veiksmīgi

Big Beat (*arī* big beat) [,big'bi:t] *mūz.* bigbīts

bight [bait] *n* (*upes*) līkums; (*neliels*) līcis

big top [,big'tɒp] *n sar.* **1**. cirka kupols; **2**. cirks

bijou ['bi:ʒu:] *n* (*pl* bijoux ['bi:ʒu:z]) rotaslieta

bijouterie [bi'ʒu:təri] *n* bižutērija, rotaslietas

bike [baik] **I** *n* (*saīs. no* bicycle) **1**. *sar.* velosipēds; **2**. *sar.* motocikls; motorollers; mopēds; **II** *v* **1**. *sar.* braukt ar velosipēdu; **2**. *sar* braukt ar motociklu (motorolleru, mopēdu)

bilateral [bai'lætrəl] *a* divpusējs; abpusējs

bilberry ['bilbəri] *n* mellene; red b. – brūklene

bile [bail] *n* īgnums, dusmas

bilingual [bai'liŋgwəl] *a* divvalodu-; b. person – divu valodu pratējs

bilious ['biliəs] *a* **1**. žults-; žultains; **2**. līdzīgs

bilker ['bilkə] *n* **1**. blēdis; krāpnieks; **2**. *sar.* bezbiļetnieks

bill[a] [bil] *n* knābis

bill[b] [bil] **I** *n* **1**. likumprojekts; to pass the b. – pieņemt likumprojektu; **2**. rēķins; to meet the b. – samaksāt rēķinu; **3**. plakāts; afiša; **4**. (*koncerta u. tml.*) programma; **5**. *amer.* banknote; **6**. saraksts; **7**. *jur.* prasība; sūdzība; b. of complaint – apsūdzības raksts; **II** *v* izziņot, izsludināt afišās

bill[c] [bil] *n* dārza griezne

billboard ['bilbɔ:d] *n* ziņojumu dēlis

bill-broker ['bil,brəʊkə] *n* (*biržas*) mākleris

billfold ['bilfəʊld] *n amer.* kabatportfelis

billhead ['bilhed] *n* (*rēķinu, pavadzīmju u. tml.*) veidlapa

billiards ['biljədz] *n pl* biljards

billion ['biljən] *n* **1**. biljons; **2**. *amer.* miljards

billionaire [,biljə'neə] *n amer.* miljardieris

billow ['biləʊ] **I** *n* **1**. liels vilnis, banga; **2**. *pārn.* lavīna; **3**. *poēt.* jūra; **II** *v* bangot

billowy ['biləʊi] *a* **1**. (*par jūru*) bangains; **2**. (*par apvidu*) paugurains, nelīdzens

billyboy ['bilibɔi] *n* piekrastes burukuģis

billy-goat ['biligəʊt] *n* āzis

bi-monthly [bai'mʌnθli] **I** *n* divreiz

mēnesī iznākošs žurnāls; **II** *a* **1.** reizi divos mēnešos iznākošs; **2.** divreiz mēnesī iznākošs; **III** *adv* **1.** reizi divos mēnešos; **2.** divreiz mēnesī
bin [bin] *n* **1.** tīne, lāde; **2.** (*arī* dustbin, litterbin) atkritumu tvertne; **3.** apcirknis
binary ['bainəri] *a* binārs
bind [baind] *v* (p. *un* p. p. bound [baʊnd]) **1.** [sa]siet; apsiet; piesiet; **2.** iesiet (*grāmatu*); **3.** (*par sniegu, māliem u. tml.*) sacietēt; **4.** uzlikt par pienākumu; uzdot
binder ['baində] *n* **1.** grāmatsējējs; **2.** saistviela (*cements, līme u. tml.*)
bindery ['baindəri] *n* grāmatsietuve
binding ['baindiŋ] **I** *n* **1.** iesējums; **2.** apšuvums; apkalums; **II** *a* (*par notikumu u. tml.*) saistošs; **III** *v dat.* saistīšana
bindweed ['baindwi:d] *n bot.* tītenis
bingo ['biŋgəʊ] *n* **1.** bingo (*spēle*); **2.** *sl.* brendijs
binoculars [bi'nɒkjʊləz] *n pl* binoklis
binomial [ˌbai'nəʊmiəl] *n mat.* binoms; B. theorem – Ņūtona binoms
biochemist [ˌbaiəʊ'kemist] *n* bioķīmiķis
biochemistry [ˌbaiəʊ'kemistri] *n* bioķīmija
bioclean ['baiəʊkli:n] *a biol.* sterils
bio-contamination [ˈbaiəʊkənˌtæmi'neiʃən] *n* biosfēras piesārņošana
bioelectronics [ˈbaiəʊiˌlek'trɒniks] *n* **1.** bioelektronika; **2.** kvantu bioķīmija
bioenergetics ['baiəʊˌenə'dʒetiks] *n* bioenerģētika
biogenesis [ˌbaiəʊ'dʒenisis] *n biol.* bioģenēze
biographer [bai'ɒgrəfə] *n* biogrāfs
biographic[al] [ˌbaiəʊ'græfik(əl)] *a* biogrāfisks

biography [bai'ɒgrəfi] *n* biogrāfija
biologic[al] [ˌbaiəʊ'lɒdʒik(l)] *a* bioloģijas-; bioloģisks
biologist [bai'ɒlədʒist] *n* biologs
bionomics [ˌbaiəʊ'nɒmiks] *n pl* ekoloģija
biophysics [ˌbaiəʊ'fiziks] *n pl* biofizika
bioplasm, bioplast ['baiəʊplæzm, 'baiəʊplæst] *n* bioplazma, protoplazma
biopsy ['baiɒpsi] *n med.* biopsija
biorhythm ['baiəʊˌriðəm] *n fiziol.* bioritms
biosphere ['baiəʊsfiə] *n* biosfēra
biosynthesis [ˌbaiəʊ'sinθəsis] *n* biosintēze
biota [bai'əʊtə] *n* (*kāda rajona*) flora un fauna
bipartisan [ˌbaipɑ:ti'zæn] *a* divpartiju-
bipartite [bai'pɑ:tait] *a* **1.** divpusējs; b. treaty – divpusējs līgums; **2.** divdaļīgs
biplane ['baiplein] *n av.* divplāksnis
bipod ['baipɒd] *n mil.* divkājis
bipolar ['baipəʊlə] *a el.* divpolu-
biquadratic [ˌbaikwɒ'drætik] **I** *n mat.* bikvadrāts; bikvadrāta vienādojums; **II** *a mat.* bikvadrāta-
birch [bɜ:tʃ] **I** *n* **1.** bērzs; **2.** bērza žagars; **II** *v* pērt ar žagaru
birchen ['bɜ:tʃən] *a* bērza-; bērzu-
bird [bɜ:d] *n* putns; b. of passage – gājputns; b. of prey – plēsīgs putns
bird-brained ['bɜ:dbreind] *a sar.* muļķīgs
bird-cage ['bɜ:dkeidʒ] *n* putnu būris
bird-dog ['bɜ:dɒg] *n* putnu suns
bird-nest ['bɜ:dnest] *n* putnu ligzda
bird-seed ['bɜ:dsi:d] *n* putnu barība
bird's-eye ['bɜ:dzai] *n bot.* bezdelīgactiņa
birth [bɜ:θ] *n* **1.** dzemdības; **2.** dzimšana; rašanās; to give b. (*to*) – 1) dzemdēt; 2) radīt; **3.** izcelšanās; **4.** [pirm]sākums
birthday ['bɜ:θdei] *n* dzimšanas diena
birth-mark ['bɜ:θmɑ:k] *n* dzimumzīme

birth-pill [ˈbɜ:θpil] *n* pretapaugļošanās tablete
birth-place [ˈbɜ:θpleis] *n* dzimšanas vieta
birth-rate [ˈbɜ:θreit] *n* dzimstība
biscuit [ˈbiskit] *n* **1.** biskvīts, cepums; ship's b. – sausiņš; **2.** nevāpēts porcelāns; **3.**: b. colour – gaišbrūns
bisect [baiˈsekt] *v* sadalīt divās [līdzīgās] daļās
bisection [baiˈsekʃn] *n* dalīšana uz pusēm
bisexual [baiˈsekʃʊəl] *a biol.* biseksuāls, divdzimumu-
bishop [ˈbiʃəp] *n* **1.** bīskaps; **2.** laidnis (*šahā*)
bishopric [ˈbiʃəprik] *n* **1.** bīskapa amats; **2.** bīskapija
bismuth [ˈbizməθ] *n ķīm.* bismuts
bison [ˈbaisn] *n* bizons
bisque [bisk] *n* (*tomātu*) biezeņzupa
bissextile [biˈsekstail] **I** *n* garais gads; **II** *a*: the b. day – 29. februāris
bistre [ˈbistə] *n* tumšbrūna krāsa
bit[a] [bit] *n* kumoss; gabaliņš
bit[b] *n dat.* bits; b. map *dat.* – bitkarte
bit[c] *sk.* **bite II**
bitch [bitʃ] **I** *n* **1.** kuce; b. wolf – vilcene; **2.** *vulg.* kuņa; **II** *v sl.* **1.** gausties; **2.** sariebt
bitchy [ˈbitʃi] *a sl.* **1.** ļauns; **2.** izlaidīgs
bite [bait] **I** *n* **1.** kodiens; kodums; **2.** dzēliens; **3.** kumoss; **II** *v* (p. bit [bit]; *p. p.* bit [bit] *vai* bitten [ˈbitn] **1.** [ie]kost; **2.** [ie]dzelt; ▯ to b. in – iekosties; ieēsties; to b. off – nokost; to b. off more than one can chew – ķerties pie tā, kas nav pa spēkam
biting [ˈbaitiŋ] *a* ass; kodīgs; dzēlīgs
bit-mapped font *n dat.* bitkartēts fonts; b. graphics *dat.* – bitkartēta grafika
bitten *sk.* **bite II**
bitter [ˈbitə] **I** *n* **1.** rūgtums; **2.** rūgts alus; **II** *a* **1.** rūgts; **2.** griezīgs; ass; skarbs; b. words – skarbi vārdi; **3.** sīvs; nikns; ◇ b. as gall (wormwood) – rūgts kā vērmele; to fight to the b. end – cīnīties uz dzīvību un nāvi; **III** *adv* **1.** rūgti; **2.** asi; skarbi; **3.** ļoti, ārkārtīgi
bitter earth [ˈbitərɜ:θ] *n ķīm.* magnēzijs
bitterness [ˈbitənis] *n* **1.** rūgtums; **2.** sarūgtinājums; **3.** skarbums; asums
bitter-sweet [ˈbitəswi:t] *a* rūgtensalds
bitty [ˈbiti] *a* saraustīts; neviendabīgs
bitumin [ˈbitjʊmin] *n* bitumens
bituminous [biˈtju:minəs] *a* bitumena-; b. concrete – asfaltbetons
bivalent [baiˈveilənt] *a ķīm.* divvērtīgs
bi-weekly [ˌbaiˈwi:kli] **I** *n* reizi divās nedēļās iznākošs žurnāls; **II** *a* **1.** reizi divās nedēļās iznākošs; **2.** divreiz nedēļā iznākošs; **III** *adv* **1.** reizi divās nedēļās; **2.** divreiz nedēļā
bizarre [biˈzɑ:] *a* savāds, dīvains; ekscentrisks
blab [blæb] *sl.* **I** *n* **1.** pļāpa; tenkotājs; **2.** pļāpas; tenkas; **II** *v* (*arī* to b. out) izpļāpāt
black [blæk] **I** *n* **1.** melna krāsa; **2.** melns tērps; dressed in deep b. – ģērbies sēru tērpā; **3.** nēģeris; melnādainais; **4.** melns traips; **II** *a* **1.** melns; b. and blue – zilimelns; **2.** nēģeru-; melnādains; **3.** tumšs; **4.** drūms, bezcerīgs; **5.** ļauns; dusmīgs; **6.** netīrs; **III** *v* **1.** krāsot melnu; **2.** spodrināt (*apavus*); **3.** *pārn.* nomelnot
black-and-white [ˌblækəndˈwait] **I** *n* **1.** grafika; **2.**: in b.-a.-w. – rakstiski; to put down in b.-a.-w. – uzrakstīt melns uz balta; **3.** melnbalts attēls (*kino, televīzijā, foto*); **II** *a* melnbalts; b.-a.-w. artist *sar.* – grafiķis

blackberry ['blækbəri] *n* kazene
blackbird ['blækbɜ:d] *n* melnais strazds
blackboard ['blækbɔ:d] *n* tāfele
black-chalk ['blæktʃɔ:k] *n min.* grafīts
black-cock ['blækkɒk] *n* teteris, rubenis
black-currant [,blæk'kʌrənt] *n* upene
black earth [,blæk'ɜ:θ] *n* melnzeme
blacken ['blækən] *v* 1. kļūt melnam; 2. krāsot melnu; 3. spodrināt (*apavus*); 4. nomelnot
blackguard ['blægɑ:d] I *n* nelietis; II *a* nekrietns; neģelīgs; III *v* nolamāt; nozākāt
black-head ['blækhed] *n* pinne (*uz sejas*)
black hole *n dat.* – melnais caurums
blacking ['blækiŋ] *n* apavu krēms
black-lead [,blæk'led] *n min.* grafīts
blackleg ['blækleg] I *n* 1. streiklauzis; 2. blēdis, krāpnieks; II *v* 1. kļūt par streiklauzi; 2. blēdīties, krāpt
black-letter [,blæk'letə] *n* gotu burti; ◇ b.-l. day – 1) darbdiena; 2) melnā diena
blackmail ['blækmeil] I *n* šantāža; II *v* šantažēt
blackmailer ['blækmeilə] *n* šantāžists; izspiedējs
black pudding [,blæk'pʊdiŋ] *n* asinsdesa
black-shirt ['blækʃɜ:t] *n* fašists
blacksmith ['blæksmiθ] *n* kalējs
blackthorn ['blækθɔ:n] *n* dzeloņplūme
bladder ['blædə] *n* 1. *anat.* pūslis; gall b. – žultspūslis; urinary b. – urīnpūslis; 2. (*bumbas*) kamera; 3. pļāpa
blade [bleid] *n* 1. (*naža*) asmens; 2. lapa; stiebrs
blade-bone ['bleidbəʊn] *n anat.* lāpstiņa
blade tools ['bleidtu:lz] *n* griežamie instrumenti
blah [blɑ:] *n sar.* blēņas, nieki
blain [blein] *n* furunkuls; pūte

blame [bleim] I *n* 1. vaina; atbildība; to take the b. upon oneself – uzņemties vainu; to lay (cast, put) the b. (*for smth.*) on (upon) smb. – uzvelt kādam vainu (*par kaut ko*); 2. pārmetums; II *v* vainot; he is to b. for it – viņš ir vainojams
blameful ['bleimfʊl] *a* 1. vainīgs; 2. *sk.* blameworthy
blameless ['bleimlis] *a* nevainojams
blameworthy ['bleim,wɜ:ði] *a* 1. nosodāms; vainojams; 2. peļams
blanch [blɑ:ntʃ] *v* 1. balināt; balsināt; 2. (*with*) nobālēt (*no bailēm u. tml*)
bland [blænd] *a* 1. mīlīgs; laipns; 2. (*par klimatu*) maigs; 3. (*par zālēm*) nomierinošs
blandish ['blændiʃ] *v* glaimot
blandishment ['blændiʃmənt] *n* (*parasti pl*) glaimi
blank [blæŋk] I *n* 1. izlaidums, tukša (neaizpildīta) vieta (*piem., tekstā*); *dat.* tukšums; b. cell *dat.* – tukšā šūna; b. character *dat.* – tukšumzīme; 2. veidlapa; 3. domuzīme; 4. tukša loze; 5. robs; (*garīgs*) tukšums; II *a* 1. tukšs, neaprakstīts; (*par veidlapu u. tml.*) neaizpildīts; 2. tukšs, bezsaturīgs; neizteiksmīgs; 3. absolūts, pilnīgs
blanket ['blæŋkit] I *n* 1. (*vilnas*) sega; 2. zirga sega; seglu paklājs; 3. bieza migla; II *v* 1. pārklāt (*ar segu*); apsegt; 2. ietvert sevī; 3. apslāpēt (*troksni*); notušēt (*skandālu u. tml.*)
blankly ['blæŋkli] *adv* 1. vienaldzīgi; neizteiksmīgi; truli; 2. kategoriski; pilnīgi
blare [bleə] I *n* (*taures*) skaņa; II *v* taurēt
blarney ['blɑ:ni] *sar.* I *n* glaimi; lišķēšana; II *v* glaimot; lišķēt
blaspheme [blæs'fi:m] *v* zaimot; zākāt

blasphemous ['blæsfəməs] *a* zaimojošs; zākājošs
blast [blɑːst] **I** *n* **1.** (*vēja*) brāzma; **2.** (*gaisa*) strāva; plūsma; **3.** sprādziens; **4.** (*augu*) slimība; kaitēklis; **II** *v* **1.** [uz]spridzināt; **2.** pūst (*tauri u. tml.*); **3.** (*par salnu, karstumu u. tml.*) kaitēt (*augiem*); **4.** izjaukt, sagraut (*plānus, cerības u. tml.*); **5.** nolādēt
blasting ['blɑːstiŋ] **I** *n* spridzināšana; **II** *a* **1.** postošs; kaitīgs; **2.** sprāgstošs
blatancy ['bleitənsi] *n* skaļa (piedauzīga) uzvedība
blatant ['bleitənt] *a* **1.** skaļš, trokšņains; **2.** uzkrītošs, kliedzošs; vulgārs
blaze [bleiz] **I** *n* **1.** liesma; in a b. – liesmās; **2.** spilgta gaisma; **3.** spožums, mirdzums; **4.** (*dusmu, kaislību*) uzliesmojums; **II** *v* **1.** liesmot; kvēlot; **2.** mirdzēt, laistīties
blazer ['bleizə] *n* **1.** vējjaka; **2.** *sl.* nekrietni meli
blazing ['bleiziŋ] *a* **1.** degošs, liesmojošs; **2.** acīm redzams
blazon ['bleizn] **I** *n* **1.** ģerbonis; emblēma; **2.** slavinājums; **II** *v* **1.** izgreznot (ar ģerboņiem, emblēmām); **2.** (*arī* to b. abroad) slavināt, daudzināt
blazonry ['bleiznri] *n* **1.** ģerboņi; **2.** heraldika
bleach [bliːtʃ] **I** *n* balināšanas līdzeklis; **II** *v* **1.** [iz]balināt; **2.** izbalot
bleak [bliːk] *a* **1.** (*par vietu*) no vēja neaizsargāts; kails; **2.** (*par klimatu*) auksts, nemīlīgs; **3.** *pārn.* drūms
blear-eyed [ˌbliə'raid] *a* **1.** ar asarainām (aizmiglotām) acīm; **2.** neapdomīgs, tuvredzīgs; **3.** truls
bleary ['bliəri] *a* **1.** (*par skatienu*) aizmiglots; **2.** neskaidrs
bleat [bliːt] **I** *n* blēšana; blējiens; **II** *v* blēt; ▯ to b. out *sar.* – 1) runāt vārgā balsī; 2) runāt muļķības
bled *sk.* **bleed**
bleed [bliːd] *v* (*p. un p. p.* bled [bled]) **1.** [no]asiņot; **2.** nolaist asinis; **3.** liet asinis; **4.** (*par kokiem*) izdalīt sulu; **5.** izspiest naudu
bleeding ['bliːdiŋ] **I** *n* **1.** asiņošana; **2.** asins nolaišana; **II** *a* **1.** asiņojošs; **2.** noasiņojis
blemish ['blemiʃ] **I** *n* **1.** defekts; **2.** kauna traips; **II** *v* **1.** sabojāt; **2.** apkaunot; aptraipīt (*reputāciju*)
blench [blentʃ] *v* izvairīties; novērsties
blend [blend] **I** *n* **1.** (*šķirņu*) maisījums; **2.** (*krāsu, toņu*) pāreja; saplūšana; **II** *v* (*p. un p. p.* blended ['blendid] *vai* blent [blent]) **1.** sajaukt, samaisīt; **2.** sajaukties; **3.** (*par krāsām, toņiem*) saplūst; **4.** harmonēt; saskanēt; **5.** (*par atšķirībām*) izzust
blent *sk.* **blend II**
bless [bles] *v* (*p. un p. p.* blessed [blest] *vai* blest [blest]) **1.** svētīt; **2.** slavēt; **3.** darīt laimīgu
blessed ['blesid] *a* laimīgs; svētlaimīgs
blessedness ['blesidnis] *n* svētlaime; laime
blest *sk.* **bless**
blether ['bleðə] **I** *n* blēņas; nieki; **II** *v* melst niekus
blew *sk.* **blow**[a] **II**, **blow**[b] **II**
blimp [blimp] *n sl.* **1.** dirižablis; **2.** lempis
blind [blaind] **I** *n* **1.**: the b. – aklie, neredzīgie; **2.** (*loga*) aizlaidne; Venetian b. – žalūzija; **II** *a* **1.** akls; to go b. – zaudēt redzi; **2.** (*to*) tāds, kas neredz; **3.** neskaidrs; b. hand – neskaidrs rokraksts; **4.** neapdomīgs; **III** *v* **1.** padarīt neredzīgu; **2.** žilbināt

(*acis*); aizmiglot (*skatienu*); **3.** aptumšot; aizēnot; **4.** slēpt
blind gut ['blaind gʌt] *n anat.* aklā zarna
blindly ['blaindli] *adv* akli; neprātīgi
blindness ['blaindnis] *n* **1.** aklums; **2.** apmātība, apstulbums
blink [bliŋk] **I** *n* **1.** mirklis; in a b. – vienā mirklī; **2.** mirgošana; **II** *v* **1.** mirkšķināt; **2.** mirgot; **3.** *pārn.* pievērt acis (*uz ko*)
blinking *dat.* mirgošana
bliss [blis] *n* svētlaime
blissful ['blisfʊl] *a* svētlaimīgs
blister ['blistə] **I** *n* tulzna; čulga; **II** *v* pārklāties ar tulznām (čulgām)
blithering ['bliðəriŋ] *a sar.* **1.** pļāpīgs; **2.** pilnīgs, galīgs; **3.** nicināms
blitz [blits] **I** *n mil.* **1.** zibenskaršs; **2.** masveida uzlidojums; **II** *v mil.* **1.** strauji (negaidot) uzbrukt; **2.** [sa]bombardēt
blizzard ['blizəd] *n* sniegavētra
bloat[a] [bləʊt] *v* (*arī* to b. out) uzpūsties; piepūsties
bloat[b] [bləʊt] *v* žāvēt (*zivis*)
bloated ['bləʊtid] *a* **1.** uzpūsts; uztūcis; **2.** piepūties; lielīgs
blob [blɒb] *n* **1.** lāse; **2.** (*māla, zemes*) kukurznis
bloc [blɒk] *n pol.* bloks; apvienība
block [blɒk] **I** *n* **1.** bloknots; **2.** *dat.* bloks; b. move *dat.* – bloka pārvietošana; **3.** klucis, bluķis; **4.** (*akmens, ledus*) blāķis; (*celtnes*) bloks; **5.** (*pilsētas*) kvartāls; dzīvojamais masīvs; **6.** liels daudzums (*vienādu priekšmetu*); **II** *v* **1.** (*parasti* to b. up) aizsprostot, bloķēt; **2.** *pārn.* aizkavēt; likt šķēršļus; **3.** piesārņot
blockhead ['blɒkhed] *n sar.* cietpauris, āmurgalva

blockish ['blɒkiʃ] *a* stulbs, truls
blonde[e] [blɒnd] **I** *n* gaišmatis; gaišmate; **II** *a* blonds, gaišmatains
blood [blʌd] **I** *n* **1.** asinis; **2.** temperaments; bad b. – naidīgums; cold b. – aukstasinība; hot b. – ātra (strauja) daba; karstasinība; **3.** (*augu*) sula; **II** *v* **1.** nolaist asinis; **2.** pieradināt [medību suni] pie asinīm; **3.** iezīmēt ar asinīm
bloodbath ['blʌdbɑːθ] *n* asinspirts, slaktiņš
blood-brother [ˌblʌd'brʌðə] *n* miesīgs brālis
blood-feud ['blʌdfjuːd] *n* **1.** asinsnaids; **2.** asinsatriebība
blood-group ['blʌdgruːp] *n med.* asinsgrupa
blood-heat ['blʌdhiːt] *n* ķermeņa normālā temperatūra
blood-horse ['blʌdhɔːs] *n* tīrasiņu zirgs
bloodhound ['blʌdhaʊnd] *n* **1.** pēddzinējs (*suns*); **2.** spiegs; slepenpolicists
bloodless ['blʌdlis] *a* **1.** bezasins-; bez asinīm; **2.** novārdzis; bāls; **3.** nedzīvs; kūtrs
bloodpoisoning [blʌdˌpɔizniŋ] *n* asinssaindēšanās
bloodpressure ['blʌdˌpreʃə] *n* asinsspiediens
blood-sister [ˌblʌd'sistə] *n* miesīga māsa
blood-sucker ['blʌdˌsʌkə] *n* **1.** dēle; **2.** *pārn.* asinssūcējs
blood test ['blʌdtest] *n* asinsanalīze
bloodthirsty ['blʌdˌθɜːsti] *a* asinskārs
blood-transfuse [ˌblʌdtrænsˈfjuːz] *v med.* pārliet asinis
blood-transfusion ['blʌdtrænsˌfjuːʒən] *n med.* asins pārliešana
blood-vessel ['blʌdvesl] *n* asinsvads
bloodworm ['blʌdwɜːm] *n* odu kāpurs

bloody [ˈblʌdi] **I** *a* **1.** asiņains; asinīm aptraipīts; b. flux – dizentērija; **2.** nežēlīgs; asinskārs; **3.** *vulg.* nolādēts, sasodīts; **II** *v* aptraipīt ar asinīm; **III** *adv vulg.* sasodīti, velnišķīgi; ļoti; b. well – protams; noteikti

bloom [blu:m] **I** *n* **1.** zieds; **2.** ziedēšana; in [full] b. – [pilnos] ziedos; **3.** *pārn.* ziedu laiks; [uz]plaukums; in the b. of youth – jaunības plaukumā; **4.** (*vaigu*) sārtums; **II** *v* **1.** ziedēt; **2.** *pārn.* zelt, plaukt

blooming [ˈblu:miŋ] *a* **1.** ziedošs; **2.** *sk.* **bloody I**; **3.** pilnīgs; galīgs

bloomy [ˈblu:mi] *a* ziedošs

blossom [ˈblɒsəm] **I** *n* **1.** zieds; apple ~s – ābeļziedi; **2.** ziedēšana; in b. – ziedos; **3.** *pārn.* ziedu laiks; [uz]plaukums; **II** *v* **1.** ziedēt; [iz]plaukt; **2.** (*parasti* to b. forth, to b. out) gūt panākumus

blot [blɒt] **I** *n* **1.** traips; **2.** trūkums; vaina; [kauna] traips; **II** *v* **1.** notraipīt; **2.** *pārn.* aptraipīt; to b. one's copybook *sar.* – sabojāt reputāciju; **3.** nosusināt (*ar dzēšlapu*); ◊ to b. out – 1) izdzēst; izsvītrot; 2) nosusināt (*ar dzēšlapu*); 3) *pārn.* izdzēst (*no atmiņas*); 4) iznīcināt; 5) aizklāt, aizsegt

blotch [blɒtʃ] **I** *n* **1.** pūtīte; **2.** (*tintes*) traips; **3.** *sl.* dzēšlapa; **II** *v* aptraipīt

blotchy [ˈblɒtʃi] *a* pūtains, klāts ar pūtītēm

blooting-paper [ˈblɒtiŋˌpeipə] *n* dzēšlapa

blotto [ˈblɒtəʊ] *a sl.* piedzēries

blouse [blauz] *n* blūze

blouson [ˈblu:zɒn] *n* bluzons

blow[a] [bləʊ] *n* **1.** sitiens; trieciens; **2.** (*likteņa*) trieciens

blow[b] [bləʊ] **I** *n* **1.** vēsma; plūsma; pūtiens; **2.** dižošanās, lielīšanās; **3.** *tehn.* (*metāla*) kausēšana; **II** *v* (*p.* blew [blu:]; *p. p.* blown [bləʊn]) **1.** (*par vēju*) pūst; **2.** uzpūst (*uguni*); izpūst (*stikla izstrādājumus*); pūst (*plēšas, tauri u. tml.*); **3.** elst; to puff and b. – pūst un elst; **4.** *sar.* plātīties; **5.** *sl.* šķiest (*naudu*); **6.** nolādēt; to b. in – 1) *sar.* uzrasties; 2) aizdedzināt (*domnas krāsni*); to b. off – 1) *sar.* šķiest (*naudu*); 2) *tehn.* izpūst; to b. off steam – 1) izlaist tvaiku; 2) *pārn.* ļaut vaļu jūtām; to b. out – nodzēst (*sveci u. tml.*); nodzist; to b. out one's brains – nošauties; to b. over – 1) (*par negaisu u. tml.*) paiet garām; 2) aizmirsties; to b. up – 1) uzpūst; 2) uzspridzināt; 3) uzsprāgt gaisā; 4) *sar.* zaudēt savaldību; to b. upon – apkaunot; ◊ b. high, b. low – lai būtu kā būdams; to b. the coals (fire) – kurt naidu; to b. the gaff (the gab) *sl.* – palaist mēli

blow[c] [bləʊ] **I** *n novec.* zieds; ziedēšana; in full b. – pilnā plaukumā; **II** *v* (*p.* blew [blu:]; *p. p.* blown [bləʊn]) ziedēt, plaukt

blowball [ˈbləʊbɔ:l] *n* pienene

blower [ˈbləʊə] *n* **1.** pūtējs; **2.** *sar.* skaļrunis; **3.** *sl.* kabatlakats

blowing [ˈbləʊiŋ] *n* **1.** [iz]pūšana; **2.** (*gāzes, tvaika*) noplūde

blowing-up [ˌbləʊiŋˈʌp] *n* **1.** sprādziens; **2.** *sl.* brāziens

blown *sk.* **blow**[b] **II**, **blow**[c] **II**

blow-out [ˈbləʊaʊt] *n* **1.** (*riepas*) plīsums; **2.** (*aizsprosta u. tml.*) pārrāvums; **3.** *sl.* uzdzīve; **4.** *el.* drošinātāja pārdegšana

blow-up [ˈbləʊʌp] *n* **1.** sprādziens; **2.** (*dusmu*) uzliesmojums

blowy [ˈbləʊi] *a* vējains

blubber[a] [ˈblʌbə] *n* **1.** trāns; **2.** medūza

blubber[b] [ˈblʌbə] **I** *n* pinkšķēšana; **II** *v* pinkšķēt

bluchers [ˈbluːtʃəz] *n pl* īsi zābaki

bludgeon [ˈblʌdʒən] **I** *n* nūja; runga; **II** *v* sist ar nūju (rungu); to b. to death – sist līdz nāvei

blue [bluː] **I** *n* **1.** zila (gaišzila) krāsa; Berlin b. – Berlīnes zilums (*krāsa*); Cambridge b. – gaišzila krāsa; Oxford b. – tumšzila krāsa; **2.** (the b.) zilgme; **3.** (the b.) jūra; okeāns; **4.** zilas drēbes (*formas tērps*); the men (gentlmen, boys) in b. – 1) policisti; 2) matroži; 3) amerikāņu federālais karaspēks; **5.** (the ~s) *pl* grūtsirdība; melanholija; **II** *a* **1.** zils; gaišzils; dark (deep, navy) b. – tumši zils; **2.** *sar.* drūms; nomākts; **3.** neķītrs; **4.** (*par filmu u. tml.*) pornogrāfisks; **III** *v* **1.** krāsot zilu; **2.** zilināt (*veļu*); **3.** izšķiest (*naudu*)

Bluebeard [ˈbluːbɪəd] *n* **1.** Zilbārdis (*pasaku tēls*); **2.** *pārn.* sievas slepkava

bluebell [ˈbluːbel] *n* **1.** meža hiacinte; **2.** pulkstenīte

blueberry [ˈbluːbəri] *n* mellene; zilene

bluebird [ˈbluːbɜːd] *n* zilais putns

bluebottle [ˈbluːbɒtl] *n* **1.** zilā rudzupuķe; **2.** gaļas muša; **3.** *sar.* policists

blue-eyed [ˌbluːˈaid] *a* **1.** zilacains; **2.** *sl.* nevainīgs; lētticīgs

bluegrass [ˈbluːgrɑːs] *n* vārpata

blue helmets [ˌbluːˈhelmits] *n* zilās beretes (*ANO karaspēks*)

blueing [ˈbluːiŋ] *n* **1.** (*metāla virsmas*) oksidēšana; **2.** (*veļas*) zilums; **3.** izšķērdība

blue-pencil [ˌbluːˈpensl] *v* rediģēt; labot (*tekstu*)

blueprint [ˈbluːprint] *n* **1.** gaismas kopija; **2.** projekts; plāns

blue ribbon [ˌbluːˈribən] *n* **1.** ordeņa lente; **2.** galvenā balva (*sacīkstēs*); **3.** (*atturībnieku biedrības*) nozīmīte

blues [bluːz] *n mūz.* blūzs

bluet [ˈbluːit] *n* rudzupuķe

blue vitriol [ˌbluːˈvitriəl] *n* vara vitriols

bluff[a] [blʌf] **I** *n* stāvs krasts; krauja; **II** *a* (*par izturēšanos*) skarbs; (*par atbildi*) strups; īss

bluff[b] [blʌf] **I** *n* **1.** iebiedēšana; **2.** maldināšana; **II** *v* **1.** iebiedēt; **2.** maldināt

bluish [ˈbluːiʃ] *a* zilgans

blunder [ˈblʌndə] **I** *n* rupja kļūda; **II** *v* **1.** rupji kļūdīties; **2.** (*on, along, about*) streipuļot, meimurot; to b. one's way along – iet taustīdamies; ◊ to b. against (on, upon) – nejauši uzdurties; to b. away – palaist garām; to b. out – izpļāpāt

blunderhead [ˈblʌndəhed] *n* stulbenis, muļķis

blundering [ˈblʌndəriŋ] *a* **1.** neveikls, nemākulīgs; **2.** kļūdains

blunt [blʌnt] **I** *n* lāpāmā adata; **II** *a* **1.** neass, truls; b. angle – platleņķis; **2.** (*par jūtām u. tml.*) notrulināts; **3.** skarbs; atklāts; **III** *v* notrulināt

blur [blɜː] **I** *n* **1.** [tintes] traips; **2.** neskaidras kontūras; **3.** [kauna] traips; netikums; **II** *v* **1.** notraipīt; notašķīt; **2.** aizmiglot (*skatienu*); izdzēst (*no atmiņas*); **3.** aptraipīt (*godu*)

blurb [blɜːb] *n* **1.** izdevniecības reklāma (*uz grāmatas vāka*); **2.** īsa anotācija

blurry [ˈblɜːri] *a* neskaidrs, izplūdis

blush [blʌʃ] **I** *n* (*kauna*) sārtums, pietvīkums; **II** *v* (*at, with, for*) nosarkt, pietvīkt

blushful [ˈblʌʃfʊl] *a* **1.** kautrīgs, bikls; **2.** (*par seju*) sārts, pietvīcis

bluster [ˈblʌstə] I *n* 1. (*vētras*) auri; 2. lielīšanās; II *v* 1. (*par vētru*) aurot; plosīties; 2. plātīties
blustery [ˈblʌstəri] *a* 1. vētrains, brāzmains; 2. lielīgs
boa [ˈbəʊə] *n* 1. žņaudzējčūska; 2. (*arī* feather b.) boa (*kažokādas vai spalvu apmetnis*)
boar [bɔ:] vepris; wild b. – meža kuilis
boardᵃ [bɔ:d] I *n* 1. dēlis; b. of ~s – guļamlāva; 2. *dat.* plate; 3. *pl* skatuve; estrāde; 4. *novec.* galds; 5. uzturs; 6. (*grāmatas*) vāks; to put in ~s – iesiet; 7. (*kuģa*) borts; on b. – 1) uz kuģa; uz klāja; 2) *amer.* (*dzelzceļa, tramvaja*) vagonā; II *v* 1. apšūt (noklāt) ar dēļiem; 2. pusdienot; ēst; 3. uzkāpt uz kuģa; (*amer. arī*) iekāpt vilcienā (*vai* tramvajā, lidmašīnā)
boardᵇ [bɔ:d] *n* 1. valde; padome; kolēģija; 2. ministrija; departaments; pārvalde
boarder [ˈbɔ:də] *n* 1. pansionārs; 2. internātskolas audzēknis
boarding-house [ˈbɔ:diŋhaʊs] *n* pansija; mēbelētas istabas ar pansiju
boarding-school [ˈbɔ:diŋsku:l] *n* internātskola
boast [bəʊst] I *n* 1. lielīšanās, plātīšanās; to make b. (*of*) – lielīties; 2. lepnums; II *v* 1. (*of, about*) lielīties, plātīties; 2. lepoties
boat [bəʊt] I *n* 1. laiva; 2. *sar.* kuģis; to go by b. – braukt ar kuģi; to take the b. – kāpt uz kuģa (*arī* iekāpt laivā); 3. *sl.* automobilis; II *v* 1. braukt ar laivu; 2. pārvadāt laivā
boater [ˈbəʊtə] *n* 1. laivinieks; 2. salmenīca
boat-fly [ˈbəʊtflai] *n* ūdensblakts
boat-hook [ˈbəʊthʊk] *n* ķeksis
boathouse [ˈbəʊthaʊs] *n* laivu stacija
boating [ˈbəʊtiŋ] *n* airēšanas sports
boatman [ˈbəʊtmən] *n* 1. laivinieks; 2. *sk.* boat-fly
boat race [ˈbəʊtreis] *n* airēšanas sacīkstes
boatswain [ˈbəʊsn] *n* bocmanis
boat-tailed [ˈbəʊtteild] *a* pludlīnijas-
boat train [ˈbəʊttrein] *n* ar kuģu pienākšanu un atiešanu saskaņots vilciens
bobᵃ [bɒb] I *n* 1. kareklis; 2. pludiņš; 3. īsi [apgriezti] mati (*sievietei*); [matu] cekuls; 4. rāviens; grūdiens; 5. piedziedājums; II *v* 1. šūpoties; kratīties; 2. kniksēt; 3. īsi apgriezt matus (*sievietei*)
bobᵇ [bɒb] *n* (*pl* bob [bɒb]) *sl.* šiliņš
bobber [ˈbɒbə] *n* pludiņš
bobbery [ˈbɒbəri] *n* troksnis, kņada
bobbysox [ˈbɒbisɒks] *n pl* īsās zeķes
bobbysoxer [ˈbɒbiˌsɒksə] *n sar.* pusaudze
bobcat [ˈbɒbkæt] *n* lūsis
bobsleigh [ˈbɒbslei] *n sp.* bobslejs
bodeᵃ [bəʊd] *v* 1. paredzēt; nojaust; 2. pareģot; solīt
bodeful [ˈbəʊdfʊl] *a* draudīgs; nelaimi vēstošs
bodily [ˈbɒdili] I *a* miesas-; ķermeņa-; fizisks; II *adv* 1. personiski; he came b. – viņš pats atnāca; 2. pilnīgi
bodkin [ˈbɒdkin] *n* īlens
body [ˈbɒdi] I *n* 1. ķermenis; 2. *sar.* cilvēks; good sort of b. – labs cilvēks; poor b. – nabags; 3. rumpis; 4. līķis; 5. korpuss; karkass; 6. (*cilvēku*) grupa; kolektīvs; 7. organizācija; learned b. – zinātniska biedrība; 8. daudzums; 9. konsistence; II *v* piešķirt veidu; veidot
body-builder [ˈbɒdiˌbildə] *n* 1. barojošs produkts; 2. kulturists; 3. *sp.* trenažieris

body count ['bɒdikaʊnt] *n* nogalināto (kritušo) skaits (*kaujas laukā*); upuru skaits (*nelaimes gadījumā u. tml.*)
bodyguard ['bɒdigɑ:d] *n* **1.** miesassargs; miesassardze; **2.** pavadonis; pavadoņi
body language ['bɒdi,læŋgwidʒ] *n* žestu valoda
bodywork ['bɒdiwɜ:k] *n* (*automobiļa u. tml.*) korpuss
boff [bɒf] *n* (*par teātra izrādi*) kases gabals
bog [bɒg] **I** *n* purvs, muklājs; **II** *v* iestigt purvā (muklājā)
bog-berry ['bɒgberi] *n* dzērvene
boggy ['bɒgi] *a* purvains
boggle ['bɒgl] *v* **1.** (*at*) satrūkties; sabīties; **2.** (*at, about, over*) vilcināties; svārstīties; **3.** (*at, over*) nemākulīgi rīkoties; **4.** izlikties; liekuļot
bogle ['bɒgl] *n* **1.** spoks; **2.** bubulis, biedēklis
bohemian [bəʊ'hi:miən] **I** *n* bohēmietis; **II** *a* bohēmas-; bohēmisks
boil[a] [bɔil] *n* furunkuls, augonis
boil[b] [bɔil] *v* **1.** vārīt; **2.** vārīties; mutuļot; ~ing hot – verdošs; **3.** dusmoties, skaisties; ▯ to b. away – iztvaikot; to b. down – iztvaicēt; sabiezināt; to b. out *sl.* – veikli nozust; to b. over – 1) iet pāri malām; 2) *pārn.* zaudēt savaldību
boiled [bɔild] *a* vārīts
boiler ['bɔilə] *n* **1.** [tvaika] katls; **2.** dārzenis vārīšanai
boiler-house ['bɔilə haʊs] *n* katlu telpa
boiler-plate ['bɔiləpleit] *n dat.* tekstveidne
boilersuit ['bɔiləsu:t] *n* darba tērps; kombinezons
boiling ['bɔiliŋ] **I** *n* **1.** vārīšanās; b. heat – vārīšanās temperatūra; **2.** vārīšana; **II** *a* vārošs, verdošs

boisterous ['bɔistərəs] *a* **1.** (*par cilvēku*) straujš; trakulīgs; **2.** (*par negaisu u. tml.*) trakojošs
bold [bəʊld] *a* **1.** drosmīgs; pārdrošs; **2.** bezkaunīgs; nekaunīgs; **3.** pašapzinīgs; **4.** (*par rokrakstu*) skaidrs; salasāms; noteikts; **5.** stāvs, kraujš; **6.** *dat.* treknraksts; b. italic *dat.* – treknais slīpraksts; stāvs, kraujš
boldface *n dat.* treknā druka
bold-faced ['bəʊldfeist] *a* bezkaunīgs
bole [bəʊl] *n* (*koka*) stumbrs
bolero *n* **1.** [bə'leərəʊ] bolero (*deja*); **2.** ['bɒlərəʊ] bolero jaka
boletus [bəʊ'li:təs] *n bot.* bazidijsēne; edible b. – baravika
Bolivian [bə'liviən] **I** *n* bolīvietis; bolīviete; **II** *a* Bolīvijas-; bolīviešu-
boll [bəʊl] *n bot.* pogaļa
bolster ['bəʊlstə] **I** *n* **1.** (*dīvāna*) rullis; pagalvis; **2.** paliekamais polsteris; **3.** *tehn.* paliktnis; ieliktnis; **II** *v* **1.** (*arī* to b. up) atsliet; atbalstīt
bolt[a] [bəʊlt] **I** *n* **1.** bulta; **2.** aizbīdnis; **3.** zibens spēriens; **II** *v* **1.** aizbultēt; **2.** sastiprināt ar bultām; **3.** aizbēgt
bolt[b] [bəʊlt] *v* [iz]sijāt
bomb [bɒm] *mil.* **I** *n* bumba; mīna; rokas granāta; atomic b. – atombumba; **II** *v* bombardēt; ▯ to b. out – sabombardēt; to b. up – iekraut lidmašīnā bumbas
bombard [bɒm'bɑ:d] *v* **1.** bombardēt; **2.** *pārn.* apbērt (*ar jautājumiem u. tml.*); **3.** *fiz.* apstarot
bomb-proof ['bɒmpru:f] *a* bumbu necaurlaidīgs
bombshell ['bɒmʃel] *n* **1.** bumba; **2.** *sar.* satriecoša ziņa; negaidītas nepatikšanas
bona fide [,bəʊnə'faidi] **I** *a* patiess,

godīgs; ar labiem nodomiem; **II** *adv* patiesi; godīgi
bonanza [bəʊ'nænzə] *n* 1. negaidīta veiksme; 2. ienesīgs uzņēmums
bond [bɒnd] **I** *n* 1. saite; saites; 2. saistības; 3. *pl* važas; ieslodzījums; 4. parādzīme; 5. muitas zīme; **II** *v* 1. sasaistīt; sasiet; 2. uzņemties saistības; 3. iekīlāt; 4. nomuitot
bondage ['bɒndidʒ] *n* 1. dzimtbūšana; 2. jūgs, verdzība; 3. atkarība
bondmaid ['bɒndmeid] *n* verdzene
bondman ['bɒndmən] *n* 1. dzimtcilvēks; 2. vergs
bondservant ['bɒnd,sɜ:vənt] *n* vergs
bondservice ['bɒnd,sɜ:vis] *n* verdzība
bondsman ['bɒndzmən] *n* 1. *sk.* **bondman**; 2. galvotājs
bond[s]woman ['bɒnd(z),wʊmən] *sk.* **bondmaid**
bone [bəʊn] **I** *n* 1. kauls; all skin and b., bag of ~s *pārn.* – kauli un āda; kaulu kambaris; 2. *pl* skelets; kauli; mirstīgās atliekas; 3. asaka; 4. *pl* spēļu kauliņi; kastaņetes; 5. *pl* domino; 6. *amer. sl.* dolārs; **II** *v* 1. izņemt kaulus (asakas); 2. *sl.* zagt
boned [bəʊnd] *a* 1. attīrīts no kauliem; 2. (*par apģērbu*) iestīvināts
bone-dust ['bəʊndʌst] *n* kaulu milti (*mēslojums*)
bone-head ['bəʊnhed] *n sl.* muļķis, stulbenis
boner ['bəʊnə] *n sl.* muļķīga kļūda
bonfire ['bɒnfaiə] *n* ugunskurs
bonhomie ['bɒnəmi] *n* labsirdība; draudzīgums
bon mot [,bɒn'məʊ] *n* asprātība, atjautība; trāpīgs vārds
bonnet ['bɒnit] *n* 1. sieviešu cepure (*bez malām*); aube; kapuce; (*bērna*)

cepurīte; 2. *sar.* līdzdalībnieks, līdzzinātājs; 3. *tehn.* (*motora u. tml.*) pārsegs
bonny ['bɒni] *a* 1. glīts; jauks; 2. veselīgs; 3. *novec.* jautrs, priecīgs
bonus ['bəʊnəs] *n* prēmija; gratifikācija; b. system – premiālā samaksas sistēma
bony ['bəʊni] *a* 1. kaulu-; kaulains; 2. asakains
boob [bu:b] **I** *n* 1. *sk.* **booby**; 2. *sl.* muļķīga kļūda; 3.: b. tube – televizors; **II** *v sl.* muļķīgi kļūdīties
booby ['bu:bi] *n* 1. *sar.* stulbenis, muļķis; 2. atpalicis skolnieks
booby-trap ['bu:bitræp] *n* slazds; lamatas
boodle ['bu:dl] *n* pūlis
book [bʊk] **I** *n* 1. grāmata; b. of complaints – sūdzību grāmata; b. of reference – rokasgrāmata; without b. – no galvas; 2.: the B. – Bībele; 3. (*grāmatas*) nodaļa; sējums; 4. librets; scenārijs; 5. *pl* nodarbības; **II** *v* 1. ierakstīt; iereģistrēt; 2. (*arī* to b. up) pasūtīt iepriekš; nopirkt (*biļeti*); 3. *sar.* ielūgt
bookbinder ['bʊk,baində] *n* grāmatsējējs
bookbindery ['bʊk,baindəri] *n* grāmatsietuve
bookbinding ['bʊk,baindiŋ] *n* grāmatsiešana
bookcase ['bʊkkeis] *n* grāmatskapis; grāmatplaukts
book-hunter ['bʊk,hʌntə] *n* retu grāmatu kolekcionārs
bookie ['bʊki] *n sar.* bukmeikers (*zirgu skriešanās sacīkstēs*)
booking-clerk ['bʊkiŋklɑ:k] *n* (*biļešu kases*) kasieris
booking-office ['bʊkiŋ,ɒfis] *n* 1. biļešu kase; 2. (*viesnīcas*) kantoris

bookish [ˈbʊkiʃ] *a* **1.** grāmatas-; grāmatu-; **2.** mācīts; **3.** pedantisks
book-keeper [ˈbʊkˌkiːpə] *n* grāmatvedis; rēķinvedis
book-keeping [ˈbʊkˌkiːpiŋ] *n* grāmatvedība; rēķinvedība
book-learning [ˈbʊkˌlɜːniŋ] *n* teorētiskās zināšanas
booklet [ˈbʊklit] *n* buklets
book-maker [ˈbʊkˌmeikə] *n* **1.** kompilators; **2.** bukmeikers (*zirgu skriešanās sacīkstēs*)
bookman [ˈbʊkmən] *n* **1.** mācīts cilvēks; **2.** *sar.* grāmatu pārdevējs
bookmark[er] [ˈbʊkmɑːk(ə)] *n* grāmatzīme, ekslibris
book-plate [ˈbʊkpleit] *n* grāmatzīme, ekslibris
bookrack [ˈbʊkræk] *n* **1.** pults (*atvērtai grāmatai*); **2.** grāmatplaukts
bookseller [ˈbʊkˌselə] *n* grāmatu pārdevējs; second-hand b. – bukinists
bookselling [ˈbʊkˌseliŋ] *n* grāmatu tirdzniecība
bookshelf [ˈbʊkʃelf] *n* grāmatplaukts
bookshop [ˈbʊkʃɒp] *n* grāmatveikals; secondhand b. – antikvariāts
bookstall [ˈbʊkstɔːl] *n* grāmatu stends; kiosks
bookstand [ˈbʊkstænd] *n* grāmatu galds
bookstore [ˈbʊkstɔː] *n amer.* grāmatveikals
bookworm [ˈbʊkwɜːm] *n* grāmatu tārps, bibliofils
boom [buːm] **I** *n* **1.** dunoņa; **2.** sensācija; kņada; **3.** *ek.* konjunktūra; bums; (*straujš*) uzplaukums; trade b. – tirdzniecības uzplaukums; **4.** *av.* skaņas triecienvilnis; **II** *v* **1.** dunēt; dūkt; **2.** (*par rūpniecību u. tml.*) strauji attīstīties; uzplaukt; **3.** radīt sensāciju; sacelt kņadu; **4.** (*par cenām, pieprasījumu*) strauji augt
boomerang [ˈbuːməræŋ] *n* bumerangs
boon[a] [buːn] *n* **1.** labums; priekšrocība; **2.** labdarība; pakalpojums
boon[b] [buːn] *a* **1.** *novec.* (*par dabu*) dāsns; (*par klimatu*) labvēlīgs; **2.** lādzīgs
boondocks [ˈbuːndɒks] *n sar.* **1.** pamesta (nomaļa) vieta; **2.** tuksnešaina, neapdzīvota vieta
boost [buːst] **I** *n sar.* **1.** atbalsts, palīdzība; **2.** (*cenu*) paaugstinājums; **II** *v* **1.** (*arī* to b. up) piecelt; palīdzēt piecelties; **2.** *sar.* atbalstīt; reklamēt; **3.** *sar.* pacelt (*cenas*); **4.** *sl.* zagt (*veikalā*)
booster [ˈbuːstə] *n* atbalstītājs; dedzīgs piekritējs
boot[a] [buːt] **I** *n* **1.** [pus]zābaks; high (riding) b. – stulmzābaks; lace b. – saišu zābaks; **2.** (*automobiļa*) bagāžnieks; **3.** *pl sp.* futbolistu zābaki, buči; **II** *v* **1.** apaut zābakus; **2.** iespert ar zābaku; **3.** *sar.* atlaist no darba
boot[b] [buːt] *n dat.* sāknēšana
bootblack [ˈbuːtblæk] *n* zābaku spodrinātājs
bootee [ˈbuːtiː] *n* **1.** (*sieviešu*) bote; **2.** (*bērna*) adīts zābaciņš
booth [buːθ] *n* **1.** novietne; kiosks; stends; **2.** kabīne
bootless [ˈbuːtlis] *a* veltīgs
bootmaker [ˈbuːtˌmeikə] *n* kurpnieks
boots [buːts] *n* apkalpotājs (*viesnīcā*)
bootstrap *n dat.* sāknēšanas programma
booty [ˈbuːti] *n* laupījums; ieguvums
booze [buːz] *n sl.* **1.** alkoholiski (reibinoši) dzērieni; **2.** iedzeršana, plēgurošana; to be on the b. – žūpot, plēgurot
boozy [ˈbuːzi] *a sl.* iereibis

bo-peep [ˌbəʊ'piːp] *n* paslēpes; to play b.-p. – spēlēt paslēpes (*arī pārn.*)
boracic [bə'ræsik] *a ķīm.* bora-; b. acid – borskābe
borax ['bɒːræks] *n ķīm.* boraks
Bordeaux [bɔː'dəʊ] *n* bordo vīns
border ['bɔːdə] **I** *n* **1.** mala; **2.** apmale; apšuvums; **3.** robeža; **II** *v* **1.** (*on, upon*) robežot; robežoties; **2.** apņemt, apjozt; **3.** apšūt; apvīlēt
borderland ['bɔːdəlænd] *n* pierobežas josla; robežjosla
borderline ['bɔːdəlain] *n* robeža; demarkācijas līnija; on the very b. – uz pašas robežas; b. case – apšaubāms gadījums
bore[a] [bɔː] **I** *n* **1.** urbums; caurums; **2.** (*ieroča*) kalibrs; **3.** svārpsts; urbis; **II** *v* **1.** urbt; **2.** *pārn.* urbties cauri
bore[b] [bɔː] **I** *n* **1.** garlaicība; what a b.! – cik nepatīkami!; **2.** garlaicīgs cilvēks; **II** *v* apnikt; I am ~d – man ir garlaicīgi
bore[c] *sk.* **bear**[b]
boreal ['bɔːriəl] *a* ziemeļu-
Boreas ['bɒriæs] *n poēt.* ziemeļvējš, ziemelis
boredom ['bɔːdəm] *n* garlaicība
borer ['bɔːrə] *n* **1.** urbis; svārpsts; **2.** urbējs; **3.** ķirmis
bore-well ['bɔːwel] *n* artēziskā aka
boric ['bɔːrik] *a ķīm.* bora-; b. acid – borskābe
boring[a] ['bɔːriŋ] *n* **1.** urbšana; **2.** urbums
boring[b] ['bɔːriŋ] *a* apnicīgs; garlaicīgs
born [bɔːn] **I** *v sk.* **bear**[b] **3.**; **II** *a* dzimis; ◇ b. with a silver spoon in one's mouth – piedzimis laimes krekliņā
borne *sk.* **bear**[b]
boron ['bɔːrɒn] *n ķīm.* bors
borough ['bʌrə] *n* **1.** neliela pilsēta; municipal b. – pilsēta ar pašpārvaldi; **2.** *amer.* viens no pieciem Ņujorkas rajoniem
borrow ['bɒrəʊ] *v* (*of, from*) **1.** aizņemties; **2.** aizgūt; pārņemt
borrowing ['bɒrəʊiŋ] *n* **1.** aizņemšanās; **2.** *val.* aizguvums
borzoi ['bɔːzɔi] *n* kurts (*suņu suga*)
bosh [bɒʃ] *sl. n* blēņas, nieki
bosky ['bɒski] *a* mežains; krūmiem aizaudzis
bosom ['bʊzəm] **I** *n* **1.** krūtis; **2.** azote; to put in one's b. – ielikt azotē; **3.** (*dabas*) klēpis; (*jūras*) dzelme; **4.** (*ģimenes*) loks; **5.** (*krekla*) priekšpuse; **II** *v novec.* **1.** turēt slepenībā; **2.** slēpt (*azotē*)
bosom-friend ['bʊzəmfrend] *n* sirdsdraugs; sirdsdraudzene
boss[a] [bɒs] *sar.* **I** *n* **1.** saimnieks; uzņēmējs; **2.** meistars; priekšstrādnieks; **3.** *amer.* (*politiskas partijas*) vadītājs, boss; **II** *v* saimniekot; vadīt; rīkoties
boss[b] [bɒs] *n* izcilnis, izliekums
boss[c] [bɒs] *sl. n* kļūda; neveiksme; misēklis
bossy[a] ['bɒsi] *a* tāds, kuram patīk komandēt (izrīkot)
bossy[b] ['bɒsi] *a* **1.** izliekts; **2.** punains
botanic[al] [bə'tænik(əl)] *a* botānisks; b. garden – botāniskais dārzs
botanist ['bɒtənist] *n* botāniķis
botany ['bɒtəni] *n* botānika
botch [bɒtʃ] *sar.* **I** *n* (*arī* botch-up) **1.** rupjš ielāps; **2.** paviršs darbs; **II** *v* **1.** uzlikt ielāpu; pavirši salāpīt; **2.** pavirši strādāt
bot-fly ['bɒtflai] *n* dundurs
both [bəʊθ] **I** *pron* abi; b. of them – abi divi; **II** *conj* b. ... and... – gan..., gan...; kā..., tā arī...

bother ['bɒðə] **I** *n* rūpes, nepatikšanas; apgrūtinājums; **II** *v* **1.** apgrūtināt; traucēt; apnikt; **2.** raizēties; uztraukties
bottle ['bɒtl] *n* pudele; flakons; hot-water b. – termofors
bottle-baby ['bɒtl‚beibi] *n* mākslīgi barots bērns
bottle-feeding ['bɒtl‚fi:diŋ] *n* (*zīdaiņa*) mākslīgā barošana
bottle-gas ['bɒtl gæs] *n* balongāze
bottle-green ['bɒtlgri:n] *a* tumši zaļš
bottle-screw ['bɒtlskru:] *n* korķviļķis
bottom ['bɒtəm] **I** *n* **1.** apakšējā daļa; apakša; pamats; b. of a mountain – kalna pakāje; at the b. of the table – galda galā; **2.** (*jūras, upes, trauka*) dibens; **3.** būtība; pamats; cēlonis; **4.** (*krēsla*) sēdeklis; **5.** (*parasti pl*) zemiene; (*upes*) ieleja; **6.** padibenes, mieles; ◇ at b. – īstenībā; at the b. of one's heart – sirds dziļumos; **II** *v* **1.** ielikt sēdekli; **2.** mērīt dziļumu; **3.** izdibināt; **4.** (*on, upon*) pamatot[ies] uz
bottom-land ['bɒtəmlænd] *n* paliene; ieleja
bottomless ['bɒtəmlis] *a* **1.** bez dibena; **2.** ļoti dziļš; **3.** neizdibināms
bottommost ['bɒtəmməʊst] *a* pats apakšējais, viszemākais
botulism ['bɒtjʊlizəm] *n med.* botulisms
bouclé [bu:'klei] *n tekst.* buklē
boudoir ['bu:dwa:] *n* buduārs
bough [baʊ] *n* zars
bought *sk.* **buy**
bougie ['bu:ʒi:] *n* vaska svece
bouillon ['bu:jɒŋ] *n* buljons
boulder ['bəʊldə] *n* laukakmens
boulevard ['bu:lva:] *n* bulvāris
boulter ['bəʊltə] *n* makšķeraukla ar āķiem

bounce [baʊns] **I** *n* **1.** [at]lēciens; with a b. – ar vienu lēcienu; **2.** elastīgums; atsperīgums; **3.** lielība; pārspīlējums; **4.** *amer. sl.* (*darba*) uzteikums; **II** *v* **1.** [at]lēkt; lēkāt; **2.** lielīties; plātīties; **3.** *amer. sl.* izmest (*no darba*); **III** *adv* pēkšņi, piepeši
bounced message *n dat.* atlēcis ziņojums
bouncer ['baʊnsə] *n sar.* **1.** melis; lielībnieks; **2.** nekaunīgi meli; lielība; **3.** milzenis
bouncing ['baʊnsiŋ] *a sar.* **1.** (*par bērnu*) spēcīgs; veselīgs; liela auguma-; **2.** lielīgs; augstprātīgs, uzpūtīgs
bound[a] [baʊnd] **I** *n* **1.** robeža; **2.** (*parasti pl*) ierobežojums; ◇ within the ~s of decency – pieklājības robežās; **II** *v* **1.** ierobežot; **2.**: to be ~ed – robežoties; **3.** apvaldīt
bound[b] [baʊnd] **I** *n* **1.** lēciens; **2.** (*bumbas*) atlēciens; **II** *v* **1.** lēkt; lēkšot; **2.** (*par bumbu*) atlēkt
bound[c] [baʊnd] *a* **1.** (*par kuģi*) gatavs braucienam; kas dodas (*uz*); **2.** saistīts; b. to military service – pakļauts karaklausībai
bound[d] *sk.* **bind**
boundless ['baʊndlis] *a* bezgalīgs, neizmērojams; neierobežots
bounteous ['baʊntiəs] *a* **1.** devīgs; dāsns; **2.** bagātīgs
bounty ['baʊnti] *n* **1.** devība; **2.** balva; **3.** (*valsts*) pabalsts
bouquet [bʊ'kei] *n* **1.** (*puķu*) pušķis, bukete; **2.** (*vīna*) aromāts
bourgeoisie [‚bʊəʒwa:'zi:] *n* buržuāzija
bout [baʊt] *n* **1.** reize; kārta; this b. – šoreiz; **2.** (*klepus, slimības*) lēkme; **3.** (*arī* drinking b.) žūpošana; **4.** *sp.* cīņa
boutique [bu:'ti:k] *n* (*modes preču*) veikals

bovine ['bəʊvain] *a* 1. vērša-; 2. *niev.* tūļīgs; gauss

bovril ['bɒvrəl] *n* gaļas ekstrakts (*buljona pagatavošanai*)

bow[a] [baʊ] I *n* palocīšanās (*sveicinot*); II *v* 1. [sa]liekt; [sa]locīt; 2. liekties; 3. palocīt (*galvu sveicinot*); 4. palocīties, paklanīties; 5. just dziļu cieņu; ◊ to b. down – nomākt, nospiest; to b. in – uzņemt (*viesi*) paklanoties; to b. out – izvadīt (*viesi*) paklanoties

bow[b] [bəʊ] *n* 1. arka; loks; 2. (*šaujamais*) loks, stops; 3. (*vijoles*) lociņš; 4. varavīksne

bow[c] [bəʊ] *n* (*kuģa*) priekšgals

bowel ['baʊəl] *n* (*parasti pl*) 1. (*med. arī sg.*) zarna; 2. *pl* iekšas; 3. iekšiene; 4. (*arī* the ~s of mercy (pity) līdzjūtība

bower ['baʊə] *n* 1. vasarnīca, kotedža; 2. lapene

bowery ['baʊəri] *a* kokiem (krūmiem) apstādīts; ēnains

bowl[a] [bəʊl] *n* 1. bļoda; trauks; 2. (*apaļa*) vāze; 3. kauss, pokāls

bowl[b] [bəʊl] I *n* 1. koka bumba; 2.: ~s *pl* – ķegļu spēle; II *v* 1. ripināt (*bumbu, stīpu*); 2. ripot; 3. padot bumbu (*kriketā*); ◊ to b. along – ātri iet; braukt; ripot; to b. over – 1) nogāzt, notriekt; 2) *pārn.* satriekt; izsist no sliedēm

bow-legged ['bəʊlegd] *a* līkkājains

bowler ['bəʊlə] *n* (*arī* b. hat) katliņš (*cepure*)

bowman ['bəʊmən] *n* strēlnieks

bowsaw ['bəʊsɔ:] *n* loka zāģis

bow-tie [ˌbəʊ'tai] *n* tauriņš (*kaklasaite*)

box[a] [bɒks] I *n* 1. kārba, kaste; 2. *dat.* lodziņš; 3. steliņģis; 4. mājiņa, namiņš; 5. buka; 6. *sl.* televizors; 7. *teātr.* loža; II *v* 1. [ie]likt kārbā (kastē); 2. iesniegt (*dokumentus*) tiesā

box[b] [bɒks] I *n* 1. sitiens, belziens; b. on the ear – pļauka, pliķis; 2. bokss; II *v* [ie]sist ar dūri

boxer ['bɒksə] *n* 1. bokseris; 2. bokseris (*suņu suga*)

boxing ['bɒksiŋ] *n* bokss; b. gloves – boksa cimdi

box number ['bɒksˌnʌmbə] *n* pastkastītes numurs (*adreses vietā*)

box-office ['bɒksˌɒfis] *n* teātra kase

box-seat ['bɒkssi:t] *n* 1. sēdvieta uz bukas; 2. vieta ložā

box-up ['bɒksʌp] *n sl.* juceklis; jezga

boy [bɔi] *n* 1. zēns; puisis; old b.! – veco zēn!; 2. bojs (*sulainis*); 3. *jūrn.* junga

boycott ['bɔikɒt] I *n* boikots; II *v* boikotēt

boyfriend ['bɔifrend] *n* draugs (*meitenei vai sievietei*)

boyhood ['bɔihʊd] *n* zēna (pusaudža) gadi, pusaudža vecums

boyish ['bɔiiʃ] *a* 1. zēna-; 2. zēnisks; puicisks

boyishness ['bɔiiʃnis] *n* zēniskums; puiciskums

bra [brɑ:] *n sar.* krūšturis

brace [breis] I *n* 1. sastiprinājums; savienojums; 2.: ~s *pl* – bikšturi; II *v* 1. sastiprināt; nostiprināt; 2. sasiet; savilkt; 3. sasprindzināt (*gribu, spēkus u. tml.*)

bracelet ['breislit] *n* 1. aproce, rokassprādze; 2. *pl sar.* roku dzelži

brachial ['breikiəl] *a anat.* pleca-

bracing ['breisiŋ] I *n* sastiprinājums; savienojums; II *a* spēcinošs, spirdzinošs; b. air – spirdzinošs gaiss

bracket ['brækit] I *n* 1. pamats; atbalsts; 2. iekava; 3. grupa; kategorija; II *v* 1. ieslēgt iekavās; 2. pielīdzināt

brackish [ˈbrækiʃ] *a* (*par ūdeni*) iesāļš
bradawl [ˈbrædɔːl] *n* īlens
brae [brei] *n* kalna nogāze; stāvs upes krasts
brag [bræg] **I** *n* **1.** lielība, plātība; **2.** lielībnieks; **II** *v* (*of, about*) lielīties, plātīties
braggart [ˈbrægət] *n* lielībnieks
Brahman [ˈbrɑːmən], **Brahmin** [ˈbrɑːmin] *n* brahmanis
braid [breid] **I** *n* **1.** (*matu*) pīne; **2.** (*pīta*) lente; trese; **I** *v* **1.** [sa]pīt (*matus*); **2.** iepīt lenti (*matos*); **3.** apšūt ar lenti (*tresi*)
braille [breil] *n* neredzīgo raksts
brain [brein] *n* **1.** smadzenes; **2.** (*parasti pl*) *sar.* prāts; saprāts; garīgās spējas
brain-child [ˈbreintʃaild] *n sar.* (*oriģināla*) doma, ideja
brain-fag [ˈbreinfæg] *n sar.* garīga pārpūle
brainless [ˈbreinlis] *a* muļķīgs
brain-pan [ˈbreinpæn] *n med.* galvaskauss
brainsick [ˈbreinsik] *a* garīgi slims
brainstorm [ˈbreinstɔːm] *n sar.* **1.** garīgs satricinājums; **2.** *amer.* spoža ideja
brainwave [ˈbreinweiv] *n* **1.** *sar.* spoža ideja; pēkšņa atklāsme; **2.** *pl med.* elektroencefalogramma
brainwork [ˈbreinwɜːk] *n* **1.** garīgais darbs (*pretēji fiziskajam*); **2.** domāšana; apsvēršana
brainy [ˈbreini] *a* gudrs, saprātīgs, ar gaišu galvu
braird [ˈbreəd] **I** *n* (*labības, zāles*) asns; **II** *v* (*par labību, zāli*) uzdīgt
braise [breiz] *v* sautēt (*gaļu*)
brake[a] [breik] **I** *n* bremze; b. action – bremzēšana; b. light – stopsignāls; **II** *v* bremzēt

brake[b] [breik] *n* biezoknis; krūmājs
brake[c] [breik] *n* paparde
bramble [ˈbræmbl] *n* kazenājs
bran [bræn] *n* klijas; atsijas
branch [brɑːntʃ] **I** *n* **1.** zars; **2.** nozare; **3.** filiāle, nodaļa; b. establishment (office) – filiāle; **4.** (*upes*) atteka; **5.** (*ceļa, kalnu grēdas*) atzarojums; **6.** (*ģimenes*) zars, līnija; **II** *v* sazarot[ies]
branchiae [ˈbræŋkiə] *n pl* žaunas
branchy [ˈbrɑːntʃi] *a* zarains; žuburains
brand [brænd] **I** *n* **1.** fabrikas marka; **2.** šķirne; labums; **3.** apdegusi pagale; **4.** *bot.* melnplauka; **II** *v* **1.** piestiprināt firmas zīmi; **2.** sašķirot (*pēc kvalitātes*); **3.** iededzināt zīmi; **4.** iespiesties (*atmiņā*); **5.** nosodīt
brandish [ˈbrændiʃ] *v* reklamēt
brandling [ˈbrændliŋ] *n* slieka
brand-new [ˌbrændˈnjuː] *a* gluži jauns
brandy [ˈbrændi] *n* brendijs, konjaks; cherry b. – ķiršu liķieris
brash[a] [bræʃ] *a sar.* **1.** bezkaunīgs, nekaunīgs; **2.** straujš; pārdrošs
brash[b] [bræʃ] *n* atkritumu kaudze
brash[c] [bræʃ] *a* (*par kokmateriālu*) viegli lūstošs; trausls
brash[d] [bræʃ] *n* grēmas
brass [brɑːs] *n* misiņš; b. band – pūtēju orķestris; the b. – pūšamie instrumenti
brassiere [ˈbræsiə] *n* krūsturis
brassy [ˈbrɑːsi] *a* **1.** misiņa-; **2.** (*par skaņu*) metālisks; **3.** *sar.* nekaunīgs
brave [breiv] **I** *a* drosmīgs, drošsirdīgs; drošs; **II** *v* **1.** drosmīgi stāties pretī (*briesmām u. tml.*); **2.** izturēties bravūrīgi (*izaicinoši*)
bravery [ˈbreivəri] *n* **1.** drosme, drošsirdība; vīrišķība; **2.** greznība; āriškīgs spožums
brawl [brɔːl] **I** *n* **1.** tracis; skandāls;

2. (*strauta*) urdzēšana; **II** v **1.** rīkot tračus (skandālus); **2.** (*par strautu*) urdzēt

brawn [brɔ:n] n **1.** muskuļi; muskuļu spēks; **2.** sālīta (konservēta) cūkgaļa

brawny [′brɔ:ni] a muskuļains; spēcīgs

bray [brei] **I** n **1.** (*ēzeļa*) brēciens; **2.** (*taures*) pūtiens; **3.** griezīga skaņa; **II** v **1.** (*par ēzeli*) brēkt; **2.** (*arī* to b. out) griezīgi ietaurēties

braze [breiz] v salodēt

brazen [′breizn] a **1.** misiņa-; bronzas-; **2.** nekaunīgs

brazen-faced [′breiznfeist] a nekaunīgs; nekautrīgs

brazil [′bræzil] n min. pirīts

Brazilian [brə′ziliən] **I** n brazīlietis; brazīliete; **II** a Brazīlijas-; brazīliešu-

Brazil-nut [brə′zil‚nʌt] n amerikāņu (brazīliešu) rieksts

breach [bri:tʃ] **I** n **1.** caurums, robs (*mūrī, sienā u. tml.*); **2.** (*likuma, noteikumu u. tml.*) pārkāpšana; b. of confidence – uzticēšanās ļaunprātīga izmantošana; b. of contract – līguma laušana; b. of discipline – disciplīnas pārkāpums; b. of faith (trust) – uzticības laušana; b. of justice – netaisnība; b. of the law – likumpārkāpums; b. of order – reglamenta neievērošana; b. of [the] peace – miera un sabiedriskās kārtības traucēšana; b. of promise – solījuma laušana; **3.** (*attiecību*) saraušana; **4.** intervāls, pārtraukums; **II** v izsist caurumu (robu) (*mūrī, sienā u. tml.*)

bread [bred] n **1.** maize; loaf of b. – maizes klaips; slice of b. – maizes šķēle; b. and butter – 1) sviestmaize; 2) *pārn*. iztika; **2.** *sl.* nauda; ◇ b. and water – trūcīgs uzturs; b. buttered on both sides – pārticība; to break b. with smb. – 1) dalīties iztikā ar kādu; 2) izmantot kāda viesmīlību

bread-basket [′bred‚bɑ:skit] n **1.** maizes grozs; **2.** galvenais labības audzēšanas rajons

bread-crumb [′bredkrʌm] n **1.** (*maizes*) mīkstums; **2.** (*parasti pl*) (*maizes*) drupata

breadfruit [bredfru:t] n **1.** maizeskoks; **2.** maizeskoka augļi

breadstuff [′bredstʌf] n **1.** graudi; **2.** milti; miltu izstrādājumi

breadth [bredθ] n **1.** platums; **2.** (*uzskatu u. tml.*) plašums

breadthways [′bredθweiz] adv platumā

breadwinner [′bred‚winə] n apgādnieks; [maizes] pelnītājs

break [breik] **I** n **1.** lūzums; **2.** caurums; robs; plaisa; sprauga; **3.** pārtraukums, starpbrīdis; **4.**: b. of day – rītausma; at b. of day – gaismai austot; **5.** pārteikšanās; kļūda; **6.** šķelšanās; (*attiecību*) pārtraukšana; b. key *dat.* – pārtraukšanas taustiņš; **II** v (*p.* broke [brəʊk]; *p. p.* broken [′brəʊkən]) **1.** [sa]lauzt; sasist; **2.** salūzt; saplīst; **3.** lauzt (*doto vārdu u. tml.*); pārkāpt (*likumu*); **4.** pārtraukt (*ceļojumu, attiecības, klusumu*); **5.** atplēst (*vēstuli*); attaisīt, atkorķēt (*pudeli*); **6.** paziņot, pavēstīt (*jaunumus*); **7.** bankrotēt, izputēt; **8.** atlaist, degradēt (*virsnieku*); **9.** samainīt (*naudu*); **10.** aust; day is ~ing – aust diena (gaisma); **11.** (*par mākoņiem, miglu*) izklīst; **12.** (*par balsi*) aizlūzt; **13.** izlauzties (*piem., par kliedzienu*); **14.** salauzt (*pretestību*); iedragāt (*veselību*); **15.** pārspēt (*rekordu*); **16.** kulstīt (*linus*); **17.** *el.* pārtraukt (*strāvas ķēdi*); ☐ to b. away – izbēgt (*no cietuma u. tml.*); to b. down – 1) sagraut; 2) sagrūt; sabrukt; 3) salauzt (*pretestību*); 4) sadalīt (*daļās*); 5) ciest neveiksmi; 6) zaudēt savaldību; to b. forth – izlauzties; to b. forth into tears – izplūst asarās; to b. in – 1) ielauzties; 2) iedrāzties; 3) iejaukties (*sarunā*); 4) iebraukt (*zirgu*); 5) ievalkāt (*apavus*); to b. into – 1) ielauzties; 2) sākt (*smieties, raudāt u. tml.*); 3): to b. into smb. 's time – atņemt kādam laiku; 4) pārtraukt (*sarunu*); 5): to b. into a run – mesties skriet; to b. off – 1) nolauzt; atlauzt; 2) pēkšņi pārtraukt (*sarunu, attiecības u. tml.*); to b. out – 1) izlauzt; 2) izbēgt (*no cietuma*); 3) (*par karu, epidēmiju*) uzliesmot; sākties; to b. through – izlauzties; to b. up – 1) sadalīt (*daļās*); 2) pārtraukt mācības (*skolā, universitātē*); 3) (*par sapulces dalībniekiem u. tml.*) izklīst; 4) (*par laiku*) mainīties; to b. with – saraut attiecības (*ar kādu*); ◇ to b. a path (way) – lauzt ceļu; to b. a secret – atklāt noslēpumu; to b. cover – (*par dzīvnieku*) iznākt no slēptuves; to b. loose – 1) izrauties brīvībā; 2) norauties (*no ķēdes*)

breakable ['breikəbl] *a* viegli lūstošs (plīstošs); trausls
breakage ['breikidʒ] *n* [sa]laušana
breakaway ['breikəwei] *n* 1. atteikšanās (*no tradīcijām u. tml.*); 2. *sp.* atraušanās (*no grupas skrējienā u. tml.*)
breakdown ['breikdaʊn] *n* 1. sabrukums; nervous b. – nervu sabrukums; 2. izjaukšana (*pa daļām*); 3. klasificēšana; 4. *tehn.* avārija; 5. *mil.* pārrāvums; 6. breiks (*deja*)
breaker ['breikə] *n* liels vilnis; ~s – bangas (*ap zemūdens klintīm*)
breakfast ['brekfəst] I *n* brokastis; to have (take) b. – brokastot; II *v* brokastot
break-in [ˌbreik'in] *n* nelikumīga ielaušanās
breaking ['breikiŋ] *n* 1. laušana; 2. lūšana; 3. drupināšana
breakneck ['breiknek] *a* bīstams; at [a] b. speed (pace) – galvu reibinošā ātrumā
break-out ['breikaʊt] *n* 1. bēgšana (*no cietuma u. tml.*); 2. (*nemieru, epidēmijas u. tml.*) uzliesmojums
breakstone ['breikstəʊn] *n bot.* akmeņlauzīte
breakwater ['breikˌwɔːtə] *n* mols; viļņlauzis
bream [briːm] *n* plaudis
breast [brest] I *n* 1. krūtis; b. pocket – krūšu kabata; 2. krūts; krūšu dziedzeris; child at the b. – zīdainis; 3. sirds; sirdsapziņa; II *v* stāties pretī
breast-bone ['brestbəʊn] *n* krūškauls
breast-feeding ['brestˌfiːdiŋ] *n* (*bērna*) barošana ar krūti
breast-high [ˌbrest'hai] *adv* krūšu augstumā
breast-pang ['brestpæŋ] *n med.* stenokardija
breast-pin ['brestpin] *n* kaklasaites [spraužam]adata
breath [breθ] *n* 1. elpa; elpas vilciens; all in a b. – vienā elpas vilcienā; 2. atelpa; 3. vēsma; to take a b. of [fresh] air – ieelpot svaigu gaisu
breathe [briːð] *v* 1. elpot; to b. one's last – izdvest pēdējo nopūtu; nomirt; 2. atņemt (atvilkt) elpu; 3. izdvest (*skaņu*); 4. (*par vēju*) uzvējot

breather [ˈbriːðə] *n* **1.** dzīva būtne; **2.** elpošanas vingrinājums; **3.** *sar.* īsa atelpa; **4.** respirators
breathing [ˈbriːðiŋ] *n* **1.** elpošana; b. mask – gāzmaska; **2.** vēsma; **3.** *val.* aspirācija
breathing-space [ˈbriːðiŋspeis] *n* atelpa
breathless [ˈbreθlis] *a* **1.** bez elpas; aizelsies; **2.** (*par uzmanību*) sasprindzināts; **3.** (*par laiku*) bezvēja-; (*par ūdeni*) nekustīgs; **4.** nedzīvs
breathtaking [ˈbreθˌteikiŋ] *a* (*elpu*) aizraujošs; satriecošs
bred *sk.* **breed II**
breech-block [ˈbriːtʃblɒk] *n mil.* aizslēgs
breeches [ˈbritʃiz] *n pl* **1.** bikses līdz ceļiem; **2.** *sar.* bikses; ◇ to wear the b. – turēt vīru zem tupeles
breed [briːd] **I** *n* (*dzīvnieku*) šķirne; suga; **II** *v* (*p. un p. p.* bred [bred]) **1.** (*par dzīvniekiem*) dzemdēt; radīt; **2.** audzēt (*lopus*); **3.** [iz]audzināt; **4.** perināt (*putnus*); **5.** vairoties; **6.** radīt; izraisīt
breeder [ˈbriːdə] *n* **1.** selekcionārs; audzētājs; **2.** vaislinieks
breeding [ˈbriːdiŋ] *n* **1.** (*dzīvnieku, putnu*) vairošanās; **2.** (*lopu, stādu*) audzēšana; **3.** audzināšana; uzvedība
breezeᵃ [briːz] **I** *n* **1.** viegls vējš, vēsma; **2.** *sar.* strīds; **3.** baumas; **4.** *jūrn.* brīze; **II** *v* **1.** vējot, vēsmot; **2.** *sar.* darīt kaut ko steigā (paviršī); ◻ to b. in – ieskriet negaidīti; to b. up – (*par vēju*) pieņemties spēkā
breezeᵇ [briːz] *n* dundurs
breezeᶜ [briːz] *n* ogļu putekļi (gruži)
breezy [ˈbriːzi] *a* **1.** (*par laiku*) vējains; **2.** dzīvs; jautrs
breloque [breˈlɒk] *n* breloks
breviary [ˈbriːviəri] *n* konspekts
brew [bruː] **I** *n* brūvējums; **II** *v* **1.** brūvēt (*alu*); **2.** jaukt; uzliet (*tēju*); **3.** perināt (*strīdu u. tml.*); **4.** (*par vētru, negaisu*) tuvoties
brewage [ˈbruːidʒ] *n* brūvējums
brewer [ˈbruːə] *n* aldaris
brewery [ˈbruːəri] *n* alus darītava
bribable [ˈbraibəbl] *a* uzpērkams, piekukuļojams
bribe [braib] **I** *n pārn.* kukulis; **II** *v* **1.** dot kukuli, uzpirkt; **2.** pierunāt; ietekmēt
briber [ˈbraibə] *n* kukuļdevējs
bribetaker [ˈbraibˌteikə] *n* kukuļņēmējs
brick [brik] **I** *n* **1.** ķieģelis; **2.** (*ziepju u. tml.*) gabals; **3.**: ~s (*arī* box of ~s) – rotaļu klucīši; **II** *a* ķieģeļu-; **III** *v* celt no ķieģeļiem
bricklayer [ˈbrikˌleiə] *n* mūrnieks
bricklaying [ˈbrikˌleiiŋ] *n* mūrēšana
bridal [ˈbraidl] **I** *n* kāzu mielasts; kāzas; **II** *a* kāzu-; līgavas-; b. day – kāzu diena; b. dress – līgavas tērps
bride [braid] *n* līgava; jaunlaulātā
bridegroom [ˈbraidgrʊm] *n* līgavainis; jaunlaulātais
bridesmaid [ˈbraidzmeid] *n* līgavas māsa (*kāzās*)
bridesmán [ˈbraidzmən] *n* līgavaiņa brālis (*kāzās*)
bridewell [ˈbraidwəl] *n* labošanas nams; cietums
bridgeᵃ [bridʒ] *n* tilts; b. of boats (pontoon b.) – pontontilts
bridgeᵇ [bridʒ] *n* bridžs (*kāršu spēle*)
bridle [ˈbraidl] **I** *n* iemaukti; **II** *v* **1.** uzlikt iemauktus; **2.** iegrožot, savaldīt; **3.** (*arī* to b. up) iecirsties, iespītēties
brief [briːf] **I** *n* **1.** kopsavilkums; rezumējums; **2.** *jur.* īss lietas izklāsts; **II** *a* īss; neilgs; in b. – īsumā; **III** *v* **1.** rezumēt; īsi izteikt; **2.** *jur.* uzticēt lietu (*advokātam*)

briefcase ['bri:fkeis] *n* [ādas] mape; portfelis
briefing ['bri:fiŋ] *n* instruktāža
briefly ['bri:fli] *adv* īsi; koncentrēti
briefs [bri:fs] *n pl* **1.** īsās bikses; **2.** īsās apakšbikses
brier ['braiə] *n* mežrozīte
brig [brig] *n jūrn.* briga
brigade [bri'geid] **I** *n* brigāde; nodaļa; komanda; fire b. – ugunsdzēsēju komanda; **II** *v* izveidot brigādi (komandu)
brigand ['brigənd] *n* bandīts; laupītājs
brigandage ['brigəndidʒ] *n* bandītisms; laupīšana
bright [brait] **I** *a* **1.** spilgts; b. colours – spilgtas krāsas; **2.** spožs; spīdīgs; **3.** (*par šķidrumu*) dzidrs, caurspīdīgs; (*par skaņu*) dzidrs, skanīgs; **4.** [sa]prātīgs; atjautīgs; **5.** jautrs, dzīvs; **II** *adv* spilgti; spoži
brighten ['braitn] *v* **1.** spodrināt (*piem., metālu*); padarīt spožu (spīdīgu); **2.** (*par laiku*) noskaidroties; **3.** (*arī* to b. up) (*par cilvēku*) atdzīvoties, atplaukt; (*par skatienu*) iemirdzēties; (*par izredzēm*) uzlaboties
brightening ['braitniŋ] *n* agrs rīts, ausma
brilliance ['briliəns] *n* spožums; mirdzums
brilliant[a] ['briliənt] *a* **1.** spožs, spīdošs; mirdzošs; **2.** lielisks; izcils
brilliant[b] ['briliənt] *n* briljants
brim [brim] **I** *n* (*trauka, cepures*) mala; full to the b. – pilns līdz malām; **II** *v* piepildīt līdz malām
brimful [,brim'fʊl] *a* pilns līdz malām; pārpilns; b. of ideas – ideju pilns
brimmer ['brimə] *n* pilns kauss
brindled ['brindld] *a* (*parasti par dzīvnieku*) raibs; svītrains

brine [brain] *n* **1.** sālsūdens; **2.** sālījums; sāls šķīdums; **3.** *poēt.* okeāns, jūra; **4.** *poēt.* asaras
bring [briŋ] *v* (*p. un p. p.* brought [brɔ:t]) **1.** atnest; atvest; piegādāt; to b. word – paziņot; **2.** nest peļņu; dot ienākumus; **3.** (*to*) izraisīt; **4.** piespiest; likt; **5.** (*against*) *jur.* ierosināt (*lietu*); ◊ to b. about – radīt; izraisīt; to b. back – 1) atnest atpakaļ; 2) atsaukt atmiņā; to b. down – 1) pazemināt (*cenas*); 2) notriekt (*lidmašīnu*); 3) nomākt; to b. forth – izraisīt; dot (*augļus*); to b. forward – izvirzīt (*priekšlikumu*); to b. in – 1) dot ienākumus; 2) ieviest (*piem., paražu*); 3) iesniegt, ierosināt (*likumprojektu u. tml.*); to b. in a verdict of guilty (not guilty) – atzīt par vainīgu (nevainīgu); to b. into – ievest; to b. into action (play) – iedarbināt; to b. off – 1) izglābt; 2) paveikt, izpildīt; to b. on – izraisīt; to b. on an illness – izraisīt slimību; to b. out – 1) izteikt skaidri (saprotami); izcelt; 2) izdot (*grāmatu*); 3) izrādīt (*lugu*); to b. over – pārliecināt par pretējo; pārvilināt savā pusē; to b. round – 1) (*arī* to b. to) dabūt pie samaņas; 2) *sk.* to b. over; 3) atvest; atgādāt; to b. through – 1) palīdzēt pārvarēt (*grūtības u. tml.*); 2) dabūt uz kājām (*slimnieku*); to b. to – 1) *sk.* to b. round 1); to b. to life – atdzīvināt; 2) *jūrn.* apstādināt, apturēt (*kuģi*); to b. together – 1) savest kopā; 2) samierināt (*strīdniekus*); to b. under – 1) pakļaut; to b. fire under control – nodzēst ugunsgrēku; 2) ietvert, iekļaut (*kādā kategorijā u. tml.*), to b. up – 1) uznest augšā; 2) izaudzināt;

3) ierosināt (*jautājumu*); izraisīt (*sarunu*); 4) izvemt; 5) palielināt; ◊ to b. down the house – izraisīt vētrainus aplausus; to b. home (*to smb.*) – ieskaidrot (*kādam*)
brinjal ['brindʒɔːl] *n* baklažāns
brink [briŋk] *n* 1. (*kraujas, bezdibeņa*) mala; 2. (*parasti stāvs, kraujš*) krasts; 3. robeža
briny ['braini] I *n* 1. sālsūdens; 2.: the b. *sl.* – jūra; II *a* (*par ūdeni*) sāļš
briquet[te] [bri'ket] *n* brikete
brisk [brisk] I *a* 1. dzīvs, mundrs; rosīgs; 2. (*par gaisu, vēju u. tml.*) spirdzinošs; 3. (*par dzērienu*) dzirkstošs; II *v* (*arī* to b. up) 1. uzmundrināt; 2. kļūt mundram
bristle ['brisl] I *n* sari; ◊ to set up one's ~s – sacelt spuras; sabozties; II *v* 1. (*up*) (*par sariem, spalvu*) sacelties; 2. sabozties; saskaisties; 3. (*with*) būt pārpilnam
bristly ['brisli] *a* sarains; ass
Briticism ['britisizəm] *n* anglicisms
British ['britiʃ] I *n*: the B. – briti; II *a* britu-; B. English – angļu valodas britu variants
Briton ['britn] *n vēst.* brits; North B. – skots
brittle ['britl] *a* 1. trausls; viegli lūstošs (plīstošs); 2. aizkaitināts; nervozs
broach [brəʊtʃ] I *n* 1. iesms; 2. (*baznīcas*) tomis; 3. *tehn.* urbis; II *v* 1. izurbt caurumu; 2. ierosināt, izvirzīt (*tematu, jautājumu*)
broad [brɔːd] I *a* 1. plats; 2. plašs; 3. skaidrs; 4. iecietīgs; bez aizspriedumiem; 5. vispārējs; 6. rupjš; II *adv* 1. plati; 2. plaši; 3. pilnīgi
broadcast ['brɔːdkɑːst] I *n* radiopārraide, radioraidījums; TV b. – televīzijas pārraide (raidījums); II *v* (*p.* broadcast ['brɔːdkɑːst] *vai* broadcasted ['brɔːdkɑːstid]; *p. p.* broadcast ['brɔːdkɑːst]) 1. pārraidīt pa radio (*vai* televīziju); 2. izkaisīt (*sēklas*); 3. izplatīt (*baumas, ziņas*)
broadcaster ['brɔːdkɑːstə] *n* diktors
broadcasting ['brɔːdkɑːstiŋ] *n* 1. radiopārraide, radioraidījums; translācija; 2. televīzija; televīzijas pārraide
broaden ['brɔːdn] *v* 1. paplašināt; izplest; 2. paplašināties; izplesties
broadly ['brɔːdli] *adv* 1. plati; 2. plaši
broadminded [,brɔːd'maindid] *a* ar plašiem uzskatiem; iecietīgs; liberāls
broadsheet ['brɔːdʃiːt] *n* 1. vienā pusē apdrukāta lapa; 2. skrejlapa; plakāts
broadsword ['brɔːdsɔːd] *n* zobens
broadways ['brɔːdweiz] *adv* platumā; šķērsām
brochure ['brəʊʃə] *n* brošūra
broil[a] [brɔil] *n* ķņada, ķilda, strīds
broil[b] [brɔil] I *n* cepta gaļa; II *v* 1. cept, cepināt (*uz uguns*); 2. cepties; 3. *sar.* sauļoties; ~ing day – svelmaina diena
broiler ['brɔilə] *n* 1. broilers; 2. *sar.* svelmaina diena
broke *sk.* **break** II
broken[a] *sk.* **break** II
broken[b] ['brəʊkən] *a* 1. salauzts; b. money – sīknauda; b. number – daļskaitlis; b. time – dīkstāve; 2. izputināts; izputējis
broken-hearted [,brəʊkən'hɑːtid] *a* satriekts; dziļi nelaimīgs
brokenly ['brəʊkənli] *adv* saraustīti; aprauti
broker ['brəʊkə] *n* 1. mākleris; starpnieks; insurance b. – apdrošināšanas aģents; 2. vecu lietu tirgotājs

brolly ['brɒli] *n* (*saīs. no* umbrella) 1. *sar.* lietussargs; 2. *av. sl.* izpletnis; b. hop – lēciens ar izpletni
bromide ['brəʊmaid] *n* 1. miega zāles; 2. *ķīm.* bromīds, broma savienojums
bromine ['brəʊmi:n] *n* *ķīm.* broms
bronchi ['brɒŋkai] *n pl anat.* bronhi
bronchial ['brɒŋkiəl] *a anat.* bronhu-; bronhiāls; b. tubes – bronhi
bronchitis [brɒŋ'kaitis] *n* bronhīts
bronze [brɒnz] **I** *n* 1. bronza; 2. bronzas izstrādājumi; 3. *sar.* bronzas medaļa; **II** *a* bronzas-; **III** *v* 1. bronzēt; 2. iedegt (*saulē*)
brooch [brəʊtʃ] *n* piespraude; sakta
brood [bru:d] **I** *n* perējums; **II** *v* 1. perēt; 2. (*on, over*) pārdomāt; 3. (*on, over*) (*par mākoņiem, tumsu u. tml.*) savilkties; 4. (*on, over*) perināt (*naidu, atriebību*); nokauties (*ar bēdām*)
broody ['bru:di] *a* 1.: b. hen – perētājvista; 2. domīgs; nomākts
brook [brʊk] *n* strauts
brooklet ['brʊklit] *n* strautiņš
broom [bru:m] *n* slota; ◊ a new b. sweeps clean – jauna slota tīri slauka; **II** *v* slaucīt (*ar slotu*)
broomstick ['bru:mstik] *n* slotaskāts
broth [brɒθ] *n* buljons; zupa, vira
brothel ['brɒθl] *n* bordelis
brother ['brʌðə] *n* (*pl* brothers ['brʌðəz] 1. brālis; b. german – miesīgs brālis; 2. biedrs; 3. novadnieks
brotherhood ['brʌðəhʊd] *n* 1. brālība; 2. brālīgas attiecības; 3. vienas profesijas darbinieki
brother-in-law ['brʌðərinlɔ:] *n* (*pl* brothers-in-law ['brʌðəzinlɔ:]) svainis
brotherly ['brʌðəli] **I** *a* brālīgs; brāļa-; **II** *adv* brālīgi

brought *sk.* **bring**
brouter *n dat.* tiltmaršrutturētājs
brow [braʊ] *n* 1. uzacs; to knit (bend) one's ~s – saraukt uzacis; 2. *poēt.* piere; sejas izteiksme; 3. (*kraujas*) mala
brow-ague ['braʊˌeigju:] *n* migrēna
browbeat ['braʊbi:t] *v* iebaidīt, iebiedēt
brown [braun] **I** *n* 1. brūna krāsa; 2. *sl.* vara naudas gabals; 3. (*arī* B.) mulats; **II** *a* 1. brūns; tumšbrūns; b. bread – rupjmaize; b. coals – brūnogle; 2. melnīgsnējs; iededzis; **III** *v* 1. kļūt brūnam; 2. iedegt; 3. oksidēt (*metālu*); ◊ to b. off *sl.* – 1) aizkaitināt; 2) kļūdīties
brownie ['braʊni] *n* mājas gariņš; rūķītis
browning ['braʊniŋ] *n* brauniņš (*revolveris*)
brownshirt ['braʊʃə:t] *n* fašists
brownstone ['braʊnstəʊn] **I** *n* sarkanbrūnais smilšakmens; **II** *a amer.* bagāts, aristokrātisks; b. district – bagātnieku rajons (*pilsētā*)
brownware ['braʊnweə] *n* (*brūni glazēti*) keramikas izstrādājumi
browse[a] [braʊz] **I** *n* dzinumi, atvases (*lopu barošanai*); **II** *v* 1. (*on*) (*par lopiem*) nograuzt dzinumus (atvases); 2. pavirši lasīt, šķirstīt (*grāmatu*); apskatīt preces (*vitrīnā, uz letes*)
browse[b] *v dat.* pārlūkot
browser *n dat.* pārlūkprogramma, pārlūks
bruise [bru:z] **I** *n* zilums, sasitums; **II** *v* 1. sasist (*kāju, roku u. tml.*); dabūt zilumu; 2. saberzt; sasmalcināt; 3. (*arī* to b. along) joņot (drāzties) pa kaklu pa galvu
bruiser ['bru:zə] *n* 1. (*profesionāls*)

bokseris; cīkstonis; **2.** *sar.* rupjš, spēcīgs cilvēks
brumal ['bru:məl] *a* ziemas-; b. sleep – ziemas miegs
brume [bru:m] *n* migla; dūmaka
brumous ['bru:məs] *a* miglains; dūmakains
brunch [brʌntʃ] *sar.* **I** *n* vēlās brokastis; **II** *v* vēlu brokastot
brunette [bru:'net] *n* brunete, tumšmate
brunt [brʌnt] *n* krīze
brush [brʌʃ] **I** *n* **1.** suka; **2.** ota; the b. – gleznošanas māksla; **3.** *(lapsas, vāveres)* aste; **4.** tīrīšana (*ar suku*); **5.** skramba, nobrāzums; **6.** sadursme; **7.** zems krūmājs; biezoknis; **II** *v* **1.** tīrīt (*ar suku*); **2.** sukāt (*matus*); **3.** aizskart; **4.** apstādīt ar krūmāju; ◊ to b. aside – atvairīt; to b. away – noraust, noslaucīt (*ar roku*); to b. by – aizdrāzties garām; to b. off *sar.* – noraidīt, atteikt (*bildinājumu u. tml.*); to b. up – 1) notīrīt; sakārtot; 2) atsvaidzināt (*zināšanas*)
brushwood ['brʌʃwʊd] *n* **1.** krūmājs; brikšņi; **2.** žagari
brushy ['brʌʃi] *a* **1.** sarains; **2.** (*par uzacīm*) kupls
brusque [bru:sk] *a* (*par runu, izturēšanos*) strups, skarbs
brutal ['bru:tl] *a* **1.** brutāls, rupjš; nežēlīgs; **2.** *sar.* riebīgs; b. weather – slikts laiks
brutality [bru:'tæleti] *n* brutalitāte, rupjība; nežēlība
brute [bru:t] **I** *n* **1.** lops; **2.** brutāls cilvēks; **II** *a* **1.** dzīvniecisks; lopisks; **2.** brutāls, rupjš; nežēlīgs; **3.** nesaprātīgs; bezjēdzīgs
brutish ['bru:tiʃ] *a* **1.** brutāls; nežēlīgs;

2. dzīvniecisks; juteklisks; b. instinct – dzīvniecisks instinkts; **3.** truls
bubble ['bʌbl] **I** *n* **1.** burbulis; b. glass *tehn.* – līmeņrādis; **2.** burbuļošana; **3.** uzpūsta (tukša) lieta; **II** *v* **1.** (*arī* to b. up, over) burbuļot; kūsāt; mutuļot; **2.** *novec.* krāpt
bubbly ['bʌbli] **I** *n sar.* putojošais; šampanietis; **II** *a* **1.** (*par vīnu*) putojošs, kūsājošs; **2.** (*par stiklu*) ar gaisa pūslīšiem
buccal ['bʌkəl] *a anat.* mutes-; vaiga-; b. cavity – mutes dobums
buccaneer [,bʌkə'niə] **I** *n* **1.** pirāts, jūras laupītājs; **2.** avantūrists; **II** *v* (*par pirātiem*) laupīt
buck[a] [bʌk] *n* **1.** (*briežu, zaķu u. tml.*) tēviņš; **2.** *novec.* dendijs, frants; old b.! – veco zēn!
buck[b] [bʌk] *v* **1.** saslieties uz pakaļkājām; **2.** *amer. sar.* (*ar liškību u. tml.*) iemantot labvēlību; uzkalpoties; **3.** (*arī* to b. against) *amer. sar.* pretoties; uzstāties pret; ◊ to b. off – nomest no segliem; to b. up *sar.* – 1) sasparoties; 2) uzmundrināt; iedrošināt; b. up! – galvu augšā!; 3) pasteigties
buck[c] [bʌk] *n* **1.** steķi, āži (*malkas zāģēšanai*); **2.** *sp.* buks
buck[d] [bʌk] *n amer. sl.* dolārs
bucket ['bʌkit] **I** *n* **1.** spainis; **2.** (*ekskavatora*) kauss; **3.** *sar.* liels daudzums; the rain came down in ~s – lija aumaļām; ◊ to give the b. – atlaist no darba; **II** *v* **1.** smelt; **2.** dzīt (*zirgu*); **3.** saliekties uz priekšu (*airējot*)
buck fever ['bʌkfi:və] *n* **1.** nervu uzbudinājums; **2.** garīgs pacēlums
buckish ['bʌkiʃ] *a* švītīgs
buckle ['bʌkl] **I** *n* **1.** sprādze; **2.** izlie-

kums; ieliekums; **3.** *tehn.* skava; **II** *v* **1.** aizsprādzēt; sasprādzēt; **2.** saliekt; **3.** saliekties (*zem spiediena*); **4.** (*to*) enerģiski ķerties (*pie darba*)
buckler [ˈbʌklə] **I** *n* **1.** vairogs; **2.** aizsardzība, aizsargs; **II** *v* aizsargāt; aizsegt
buckram [ˈbʌkrəm] *n* **1.** stīvdrēbe; **2.** vaskadrāna; **3.** manierība; klīrība
buckthorn [ˈbʌkθɔːn] *n* krūklis
buckwheat [ˈbʌkwiːt] *n* griķi
bud [bʌd] **I** *n* **1.** pumpurs; in b. – pumpuros; **2.** dīglis; **3.** *sl.* pusaudze; **II** *v* **1.** pumpuroties; plaukt; **2.** attīstīties; **3.** *bot.* acot
buddhism [ˈbʊdizəm] *n* budisms
buddhist [ˈbʊdist] *n* budists
budding [ˈbʌdiŋ] *a* daudzsološs
buddy [ˈbʌdi] *n amer. sar.* draugs; b.! – (*uzrunā*) veco zēn!
budge[a] [bʌdʒ] *n* jērāda
budge[b] [bʌdʒ] *v* **1.** (*parasti nolieguma teikumos*) pakustēties; **2.** pakustināt
budget [ˈbʌdʒit] **I** *n* budžets; **II** *v* (*for*) paredzēt budžetā; asignēt
budgetary [ˈbʌdʒitəri] *a* budžeta-
buff [bʌf] **I** *n* **1.** bifeļāda; vēršāda; **2.** dzeltenbrūna krāsa; **II** *v* pulēt, spodrināt (*ar ādu*)
buffalo [ˈbʌfələʊ] *n* bifelis; bizons
buffer [ˈbʌfə] *n tehn.* buferis; amortizators
buffet[a] [ˈbʌfit] **I** *n* **1.** pļauka; sitiens; **2.** (*likteņa*) trieciens; **II** *v* **1.** [ie]sist; **2.** cīnīties (*piem., ar viļņiem*)
buffet[b] *n* **1.** [ˈbʌfit] (*trauku*) bufete; **2.** [ˈbʊfei] bufete, bārs
buffoon [bəˈfuːn] **I** *n* āksts, jokdaris; to play the b. – tēlot ākstu, ākstīties; **II** *v* ākstīties
bug [bʌg] **I** *n* **1.** blakts; **2.** kukainis;

vabole; **3.** *sar.* vīruss; **4.** *dat.* – blusa; **5.** *sar.* neprātīga ideja; to go ~s – zaudēt prātu; **6.** *sl.* diktofons; slepenas noklausīšanās (novērošanas) ierīce; **7.** *sar.* tehnisks defekts; **II** *v sl.* **1.** uzstādīt slepenas noklausīšanās (novērošanas) ierīces; slepeni noklausīties (novērot) (*izmantojot speciālu aparatūru*); **2.** būt apnicīgam; stop ~ging me! – liec mani mierā!
bugbear [ˈbʌgbeə] *n* bubulis, biedēklis; spoks
bugger [ˈbʌgə] **I** *n* **1.** *sl.* homiķis; **2.** *vulg.* tips; **3.** (*par zēnu, suni u. tml.*) viltnieks; **4.** ķeza; neraža; **II** *v sl.* **1.** nomocīt; nobeigt; **2.** (*arī* to b. up) sabojāt, izjaukt; **3.** (*arī* to b. off) aizšmaukt, aizlaisties
buggy [ˈbʌgi] *n* **1.** viegli rati (*vienai vai divām personām*); **2.** vagonete; **3.** *amer.* bērnu ratiņi; **4.** *sp.* bagijs
bughouse [ˈbʌghaʊs] *n amer. sl.* trakonams
bugle[a] [ˈbjuːgl] **I** *n* rags; taure; b. call – taures signāls; **II** *v* pūst ragu; taurēt
bugle[b] [ˈbjuːgl] *n* stikla pērlīte (*tērpa rotājums*)
bugler [ˈbjuːglə] *n* taurētājs
buhr [bɜː] *n min.* kaļķakmens
build [bild] **I** *n* **1.** konstrukcija; veidojums; **2.** ķermeņa uzbūve; **II** *v* (*p. un p. p.* built [bilt]) **1.** celt; būvēt; **2.** veidot; **3.** konstruēt; montēt; **4.** vīt (*ligzdu*); ◻ to b. in (into) – iebūvēt (*sienā*); to b. on (upon) – paļauties uz; balstīties uz; to b. up – 1) apbūvēt; 2) uzcelt; 3) radīt; izveidot; 4) stiprināt (*veselību*); 5) palielināt; pavairot
builder [ˈbildə] *n* **1.** celtnieks; namdaris; **2.** darbuzņēmējs (*celtniecībā*)

building [ˈbildiŋ] *n* **1.** celtne, ēka; **2.** *pl* saimniecības ēkas; **3.** celtniecība

building-lease [ˈbildiŋliːs] *n* apbūves gabala noma

building-society [ˈbildiŋdsəˌsaiəti] *n* dzīvokļu celtniecības kooperatīvs

build-up [ˈbildʌp] *n* **1.** attīstība; pieaugums; **2.** *sar.* reklāma; **3.** *mil.* (*spēku*) koncentrēšana

built *sk.* build II

built-in [ˌbiltˈin] *a* **1.** iebūvēts; sienas-; **2.** piemītošs; neatņemams

bulb [bʌlb] **I** *n* **1.** (*tulpes u. tml.*) sīpols; **2.** (*elektriskā*) spuldze; **3.** kolba; **4.** izliekums; **5.** pūslītis; burbulis; **6.** *anat.* (*mata*) sīpols; **7.** *anat.* (*acs*) ābols; **II** *v* pietūkt; ◊ to b. up – (*par kāpostu lapām*) veidot galviņu

Bulgarian [bʌlˈgeəriən] **I** *n* **1.** bulgārs; bulgāriete; **2.** bulgāru valoda; **II** *a* Bulgārijas-; bulgāru-

bulge [bʌldʒ] **I** *n* **1.** izliekums (*uz āru*); **2.** *sar.* (*cenu*) uzskrūvēšana; pēkšņs pieaugums (*apjomā u. tml.*); **II** *v* **1.** izspiesties; izliekties (*uz āru*); **2.** izspiest; izgāzt (*uz āru*); **3.** deformēties; **4.** (*par maku*) būt piestūķētam

bulging [ˈbʌldʒiŋ] *a* izspiedies; uztūcis

bulk [bʌlk] **I** *n* **1.** (*liels*) apjoms; (*liels*) apmērs; tilpums; **2.** lielākā daļa; vairākums; masa; **3.** (*kuģa*) krava; in b. – neiesaiņots; to break b. – sākt izkraut; **II** *v* **1.** (*arī* to b. large) likties lielam; šķist svarīgam; **2.** noteikt svaru (*kravai*); **3.** sakraut; samest; sabērt (*kaudzē*); ◊ to b. up – sastādīt ievērojamu summu (daudzumu)

bulkhead [ˈbʌlkhed] *n* **1.** starpsiena (*uz kuģa*); **2.** (*piebūves*) jumts; **3.** piebūve

bulky [ˈbʌlki] *a* liela apjoma-; masīvs

bullᵃ [bʊl] **I** *n* **1.** bullis; **2.** (*ziloņu, vaļu*) tēviņš; **3.** *sl. amer.* policists; okšķeris; **4.** biržas spekulants; **5.**: the B. *astr.* – Vērsis; **II** *v* **1.** sapirkt preces (*spekulācijas nolūkos*); to b. the market – mēģināt sacelt cenas; **2.** lauzties uz priekšu (*ar spēku*)

bullᵇ [bʊl] *n* (*pāvesta*) bulla

bullᶜ [bʊl] *n sl.* blēņas, nieki

bull-calf [ˌbʊlˈkɑːf] *n* **1.** bullītis; **2.** vientiesis; stulbenis

bulldog [ˈbʊldɒg] *n* **1.** buldogs; **2.** ietiepīgs (stūrgalvīgs) cilvēks; **3.** *sar.* revolveris

bulldoze [ˈbʊldəʊz] *v* **1.** nolīdzināt zemes gabalu ar buldozeru; **2.** iebaidīt; šantažēt

bulldozer [ˈbʊldəʊzə] *n* buldozers

bulletᵃ [ˈbʊlit] *n* lode

bulletᵇ *n dat.* aizzīme

bullet-headed [ˈbʊlithedid] *a* stūrgalvīgs

bulletin [ˈbʊlitin] *n* **1.** biļetens; **2.** ziņojums; b. board – ziņojumu dēlis

bullet-proof [ˈbʊlitpruːf] *a* ložu necaurlaidīgs

bullfight [ˈbʊlfait] *n* vēršu cīņa

bullfinch [ˈbʊlfintʃ] *n ornit.* svilpis

bullheaded [ˌbʊlˈhedid] *a* stūrgalvīgs, [ie]tiepīgs

bullneck engineer [ˈbʊlnekˌendʒiˈniə] *n* sapieris

bullring [ˈbʊlriŋ] *n* vēršu cīņu arēna

bull's-eye [ˈbʊlzai] *n* **1.** (*šaušanas*) mērķa centrs; to hit the b.-e. – trāpīt mērķī; **2.** (*kuģa*) iluminators; **3.** apaļš logs; **4.** lēca; **5.** dražeja, ledene

bullshit [ˈbʊlʃit] *n sl.* nieki; blēņas

bullyᵃ [ˈbʊli] **I** *n* **1.** huligāns; **2.** suteners; **II** *v* iebiedēt; terorizēt

bullyᵇ [ˈbʊli] *n* (*arī* b. buf) vēršgaļas konservi

bullyboy ['bʊlibɔi] *n* **1.** terorists; **2.** *sar.* huligāns
bulrush ['bʊlrʌʃ] *n* meldrs
bulwark ['bʊlwək] *n* **1.** valnis; bastions; **2.** balsts; b. of peace – miera balsts; **3.** mols
bumᵃ [bʌm] *n sl.* dibens
bumᵇ [bʌm] *sar.* **I** *n* **1.** klaidonis; to go (be) on the b. – klaiņot; **2.** slaists, dīkdienis; **II** *a* **1.** draņķīgs; **2.** melīgs; maldinošs; **II** *v* **1.** slaistīties; **2.** ubagot *(apkārt staigājot)*
bumble-bee ['bʌmblbi:] *n* kamene
bumf [bʌmf] *n sl.* **1.** *niev.* papīri, dokumenti; **2.** tualetes papīrs; **3.** makulatūra
bummer ['bʌmə] *n sl.* **1.** sliņķis, slaists; **2.** draņķis
bumpᵃ [bʌmp] **I** *n* **1.** belziens; **2.** puns; uztūkums; **3.** *sar.* spējas; talants; **4.** gramba; **5.** *pl av.* gaisa bedres; **II** *v* **1.** sasist; **2.** *sar.* atcelt *(no amata u. tml.)*; izbalsot *(vēlēšanās)*; ◊ to b. against (into) – uzskriet virsū; to b. along – *(par ratiem)* aizrībēt garām; to b. off *sl.* – nogalināt; novākt; to b. together – saskrieties *(par automobiļiem)*; **III** *adv* pēkšņi
bumpᵇ [bʌmp] **I** *n (dumpja)* kliedziens; **II** *v (par dumpi)* kliegt
bumper ['bʌmpə] *n* **1.** pilna glāze; pilns kauss; **2.** *tehn.* buferis; amortizators
bumpkin ['bʌmpkin] *n sar. niev.* lempis
bumptious ['bʌmpʃəs] *a sar.* pašapzinīgs; iedomīgs; augstprātīgs
bumpy ['bʌmpi] *a (par ceļu)* grambains, bedrains; nelīdzens
bunᵃ [bʌn] *n* **1.** smalkmaizīte; **2.** *(matu)* mezgls
bunᵇ [bʌn] *n (pasakās)* vāverīte
bunch [bʌntʃ] **I** *n* **1.** saišķis; kušķis; b. of fives *sl.* – dūre; roka; **2.** *sar.* bars, kompānija; **3.** *amer.* ganāmpulks; **II** *v* **1.** saņemt saišķī; **2.** savilkt krokās *(tērpu)*; **3.** veidot ķekaru; **4.** saspiesties kopā
bunching ['bʌntʃiŋ] *n* sastrēgums *(uz ceļa u. tml.)*
bunchy ['bʌntʃi] *a* **1.** kuprains; **2.** pušķains; ķekarveidīgs; saišķveidīgs
bund [bʌnd] *n* **1.** krastmala *(Japānā, Ķīnā)*; **2.** dambis *(Indijā)*
Bundestag ['bʊndəsta:g] *n* bundestāgs
bundle ['bʌndl] **I** *n* **1.** sainis; pauna; **2.** saišķis; kūlītis; **II** *v (arī* to b. up) sasiet sainī; sasaiņot; ◊ to b. away (off, out) – izvadīt laukā; tikt vaļā *(no kāda)*
bung [bʌŋ] **I** *n* **1.** tapa, spunde; **2.** krodzinieks; **3.** *sl.* meli; krāpšana; **II** *v* **1.** *(arī to* b. up) aizspundēt; aizkorķēt; **2.** *(arī to* b. up) aizsērēt; **3.** uzdauzīt *(aci kautiņā)*; **4.** *sl.* mest; svaidīt *(akmeņus u. tml.)*; ◊ to b. off *sl.* – aizmukt
bungalow ['bʌŋgələʊ] *n (vienstāva)* vasarnīca
bungle ['bʌŋgl] **I** *n* **1.** nemākulīgs darbs; **2.** paviršība; **3.** juceklis; **II** *v (arī* to b. up) pavirši (nemākulīgi) strādāt; sabojāt darbu
bungler ['bʌŋglə] *n* nemākulis, nepraša
bunion ['bʌnjən] *n* tulzna *(uz kājas)*
bunkᵃ [bʌŋk] **I** *n* koja *(uz kuģa)*; **II** *v sar.* gulēt kojā
bunkᵇ [bʌŋk] *sl.* **I** *n* bēgšana, mukšana; **II** *v* aizbēgt, aizmukt; ◊ to b. off *sl.* – *(par skolēnu)* aizmukt no stundām
bunkᶜ [bʌŋk] *sk.* **bunkum**
bunker ['bʌŋkə] **I** *n* **1.** ogļu telpas *(uz kuģa)*; **2.** bedrīte *(golfa laukumā)*; **3.** skābbarības tvertne; **4.** *mil.*

bunkurs; **II** *v* **1.** iepildīt ogles; **2.** iedzīt bedrē (*golfa bumbu*)
bunkum [ˈbʌŋkəm] *n sar.* blēņas; pļāpas; to talk b. – melst niekus
bunny [ˈbʌni] *n* **1.** trusītis; **2.** *sar.* (*par meiteni*) pelīte
bunt [bʌnt] *n bot.* melnplauka
bunting[a] [ˈbʌntiŋ] *n* **1.** karogu drāna; **2.** karogi
bunting[b] [ˈbʌntiŋ] *n ornit.* stērste
buoy [bɔi] **I** *n jūrn.* boja; **II** *v* izlikt bojas; ◊ to b. up – 1) turēt virs ūdens; 2) uzmundrināt
buoyancy [ˈbɔiənsi] *n* **1.** peldspēja; **2.** dzīvesprieks; spars
buoyant [ˈbɔiənt] *a* **1.** peldošs; **2.** dzīvespriecīgs; **3.**: b. demand *ek.* – liels pieprasījums
bur [bɜː] *n* dadzis
burble [ˈbɜːbl] **I** *n* murmināšana, purpināšana; **II** *v* murmināt, purpināt
burbot [ˈbɜːbət] *n* vēdzele
burden[a] [ˈbɜːdn] **I** *n* **1.** nasta; krava; beast of b. – nastu nesējs dzīvnieks; **2.** *pārn.* slogs; nasta; **3.** *jūrn.* tonnāža; **II** *v* (*with*) **1.** uzkraut; **2.** *pārn.* apgrūtināt; uzvelt nastu
burden[b] [ˈbɜːdn] *n* **1.** piedziedājums; **2.** galvenā doma; būtība
burdensome [ˈbɜːdnsəm] *a* apgrūtinošs; grūts, smags
burdock [ˈbɜːdɒk] *n bot.* diždadzis
bureau [ˈbjʊərəʊ] *n* (*pl* bureaux *vai* bureaus [ˈbjʊərəʊz]) **1.** rakstāmgalds; pults; **2.** birojs; kantoris; nodaļa; information b. – informācijas nodaļa; **3.** *amer.* kumode (*ar spoguli*)
bureaucracy [bjʊəˈrɒkrəsi] *n* birokrātija; birokrātisms
bureaucrat [ˈbjʊərəʊkræt] *n* birokrāts
bureaucratic [ˌbjʊərəʊˈkrætik] *a* birokrātisks
burette [bjʊəˈret] *n ķīm.* birete
burg [bɜːg] *n* **1.** *amer. sl.* pilsēta; **2.** pilsētiņa
burgeon [ˈbɜːdʒən] **I** *n poēt.* pumpurs; asns; **II** *v* raisīt pumpurus; dzīt asnus
burgher [ˈbɜːgə] *n* pilsētnieks; birģeris
burglar [ˈbɜːglə] *n* kramplauzis; b. alarm – elektriskais sargs
burglary [ˈbɜːgləri] *n* zādzība ielaužoties
burgomaster [ˈbɜːgəʊmɑːstə] *n* birģermeistars
burgoo [bɜːˈguː] *n* **1.** *amer.* sautētas saknes ar gaļu; **2.** *jūrn. sl.* auzu putra
burgundy [ˈbɜːgəndi] *n* burgundietis (*vīns*)
burial [ˈberiəl] *n* bēres; apbedīšana
burial-ground [ˈberiəlgraʊnd] *n* kapsēta
burial-mound [ˈberiəlmaʊnd] *n* kapu kalns, kurgāns
burial-service [ˈberiəlˌsɜːvis] *n* bēru dievkalpojums
burke [bɜːk] *v* **1.** noklusēt; notušēt; **2.** *novec.* nožņaugt
burl [bɜːl] *n* mezgls (*diegā, audumā*)
burlap [ˈbɜːlæp] *n* maisaudekls
burlesque [bɜːˈlesk] **I** *n* parodija; karikatūra; **II** *a* ērmīgs; kariķēts; **III** *v* parodēt; kariķēt
burly [ˈbɜːli] *a* drukns; spēcīgs; dūšīgs
Burmese [bɜːˈmiːz] **I** *n* (*pl* Burmese [bɜːˈmiːz]) **1.** birmietis; birmiete; **2.** birmiešu valoda; **II** *a* birmiešu-
burn [bɜːn] **I** *n* **1.** apdegums; deguma brūce; **2.** (*uzspiests*) zīmogs; degzīme; **3.** (*ķieģeļu u. tml.*) apdedzināšana; **4.** *sar.* cigarete; **II** *v* (p. un p. p.* burnt [bɜːnt]) **1.** [sa]degt; apdegt; **2.** [sa]dedzināt; apdedzināt; **3.** (*par ēdienu*) piedegt; **4.** iedegt (*saulē*);

5. (*arī pārn.*) (*with*) degt; kvēlot; to b. with enthusiasm – kvēlot sajūsmā; **6.** [pie]krāpt, [pie]mānīt; **7.** *med.* piededzināt; ▯ to b. away – 1) sadegt; 2) sadedzināt; to b. down – 1) nodegt līdz pamatiem; 2) nodedzināt; to b. in – 1) apdedzināt (*keramikas izstrādājumus*); 2) iespiesties (*atmiņā, sirdī u. tml.*); to b. into – 1) izdedzināt (*caurumu*); 2) *sk.* to b. in 2); to b. out – 1) izkvēpināt; 2) izdegt; pārdegt; to b. up – pilnīgi sadedzināt

burner [′bɜ:nə] *n* deglis

burnet [′bɜ:nit] *n bot.* brūnvālīte

burning [′bɜ:niŋ] *a* **1.** degošs; karsts; b. oil – petroleja; **2.**: b. question – aktuāls jautājums; b. shame – svelošs kauns

burnish [′bɜ:niʃ] **I** *n* pulējums; spīdums; **II** *v* spodrināt; pulēt

burnous[e] [bɜ:′nu:s] *n* burnuss, apmetnis (*ar kapuci*)

burnt *sk.* **burnt II**

burp [bɜ:p] *sl.* **I** *n* atraugas; **II** *v* atraugāties

burr [bɜ:] rūkoņa, dārdoņa

burrow [′bʌrəʊ] **I** *n* (*dzīvnieka*) ala; **II** *v* **1.** (*par dzīvnieku*) rakt alu; slēpties alā; **2.** (*arī* to b. into) rakņāties (*grāmatā, arhīvā u.tml.*)

bursar [′bɜ:sə] *n* **1.** kasieris (*universitātē*); **2.** stipendiāts

bursary [′bɜ:səri] *n* **1.** kases telpa (*universitātē*); **2.** stipendija

burst [bɜ:st] **I** *n* **1.** sprādziens; eksplozija; b. of applause – aplausu vētra; b. mode *dat.* – sprādzienrežīms; **2.** (*uguns u. tml.*) uzliesmojums; b. of energy – enerģijas uzplūdi; **3.** žūpošana; **II** *v* (*p. un p. p.* burst [bɜ:st]) **1.** sprāgt; eksplodēt; **2.** [pār]plīst; (*par augoni*) uztrūkt; **3.** saraut; sagraut; uzspridzināt; ▯ to b. in – 1) ielauzties; iebrukt; 2) (*upon*) iejaukties; to b. into – 1) iedrāzties; 2) pēkšņi sākt; to b. into blossom – uzziedēt; to b. out – (*par karu, epidēmiju u. tml.*) uzliesmot; to b. up – 1) uzsprāgt; 2) *sar.* ciest neveiksmi; bankrotēt; to b. with: to b. with envy – vai plīst aiz skaudības

bursting [′bɜ:stə] *a* sprāgstošs; b. charge – sprāgstoša lode

bury [′beri] *v* **1.** apglabāt, apbedīt; aprakt; **2.** paslēpt

bus [bʌs] **I** *n* **1.** autobuss; omnibuss; **2.** *sl.* pasažieru lidmašīna; **3.** *dat.* kopne; maģistrāle; b. arbitration *dat.* – kopņu arbitrāža; b. bridge *dat.* – kopņu tilts; b. extender *dat.* – kopnes paplašinātājs; b. master *dat.* – kopnes vedējs; b. slave *dat.* – datnes sekotājs; **4.**: b. boy (girl) – oficianta palīgs (palīdze) restorānā; **II** *v* (*arī* to b. it) braukt ar autobusu (omnibusu)

bush [bʊʃ] **I** *n* **1.** krūms; **2.** krūmājs; brikšņi; biezoknis; **3.** (*arī* b. of hair) matu ērkulis; **II** *v* **1.** apstādīt ar krūmiem; **2.** kupli saaugt; **3.** ecēt (*zemi*)

bushel [′bʊʃl] *n* bušelis (*mērvienība*); ◇ to hide one's light under a b. – turēt sveci zem pūra

bush league [′bʊʃli:g] *amer. sar.* zemākā līga

bush-league [′bʊʃli:g] *a amer. sar.* **1.** viduvējs; **2.** draņķīgs; **3.** diletantisks; neprofesionāls

burthen [′bɜ:ðn] *poēt. sk.* **burden I, II**

Bushman [′bʊʃmən] *n* **1.** bušmenis; **2.** (*Austrālijas*) mežonīgo apvidu iemītnieks; **3.** *niev.* lauķis, pāķis

bushwack [′bʊʃwæk] *n* **1.** iztīrīt brikšņus;

lauzt ceļu brikšņos; **2.** slēpties biezoknī; **3.** uzbrukt no biezokņa
bushwacker [ˈbʊʃˌwækə] *n* **1.** *amer.* mežinieks; **2.** *amer.* klaidonis
bushy [ˈbʊʃi] *a* **1.** krūmains; **2.** (*par bārdu, uzacīm u. tml.*) kupls, biezs
business [ˈbiznis] *n* **1.** nodarbošanās, profesija; **2.** darīšanas; lieta, darīšana; go about your b.!; mind your own b.! *sar.* – nejaucies citu darīšanās!; that's no b. of yours *sar.* – tā nav tava (jūsu) darīšana; **3.** bizness; komercija; tirdzniecība; big b. – lielkapitāls; **4.** tirdzniecības uzņēmums, firma; **5.** pienākums; tiesības; **6.** gadījums; lieta; **7.** *teātr.* spēle; mīmika; žesti
business-like [ˈbiznislaik] *a* lietišķs, praktisks
businessman [ˈbiznismæn] *n* biznesmenis; komersants
business manager [ˈbiznisˌmænidʒə] *n* komercdirektors
busk [bʌsk] *v sar.* muzicēt uz ielām (*lai nopelnītu iztiku*)
busker [ˈbʌskə] *n sar.* ielas muzikants; klejojošs aktieris
bust[a] [bʌst] *n* **1.** biste; krūšutēls; **2.** (*sievietes*) krūtis
bust[b] [bʌst] *sl.* **I** *n* **1.** haltūra; **2.**: to go on the b. – sākt žūpot; **3.** arests; **II** *v* **1.** bankrotēt; ciest neveiksmi; **2.** apcietināt; izdarīt kratīšanu; **3.** pazemināt dienesta pakāpē
bustard [ˈbʌstəd] *n ornit.* lielā sīga
buster [ˈbʌstə] *n amer. sl.* **1.** kaut kas vienreizējs; **2.** uzdzīve, plosts
bustle [ˈbʌsl] **I** *n* kņada, burzma; **II** *v* **1.** steigties; rosīties; **2.** steidzināt, skubināt; ◊ to b. out – izvadīt laukā
bustling [ˈbʌsliŋ] *a* rosīgs; nemierīgs; trokšņains

bust-up [ˈbʌstʌp] *n sl.* **1.** neveiksme; sabrukums; **2.** strīds; skandāls
busy [ˈbizi] **I** *a* **1.** (*at, in, with*) nodarbināts, aizņemts; nevaļīgs; b. day – aizņemta diena; the line is b. – [telefona] līnija ir aizņemta; **2.** dzīvs; rosīgs; **3.** nemierīgs; **II** *v* nodarbināt
busybody [ˈbiziˌbɒdi] *n* **1.** nemiera gars; **2.** uzbāzīgs cilvēks
busyness [ˈbizinis] *n* aizņemtība, nodarbinātība
but *adv* [bʌt] **1.** tikai; she is b. five years old – viņai ir tikai pieci gadi; **2.**: all b. – gandrīz; b. just – nupat; **III** *pron* [bʌt] kas (kurš) ne; there is no one b. saw it – nav neviena, kas to nebūtu redzējis; **IV** *prep* [bʌt] izņemot; nobody b. you – neviens, izņemot jūs; last b. one – priekšpēdējais; **V** *conj* [*uzsvērtā forma* bʌt, *neuzsvērtā forma* bət] **1.** bet; **2.** nekas cits kā; **3.**: b. for – ja ne; b. for the rain we should have had a pleasant journey – ja nebūtu lijis, mums būtu bijis lielisks ceļojums; **4.**: b. that – 1) ja ne; 2) lai ne; ka ne
butane [ˈbjuːtein] *n ķīm.* butāns
butcher [ˈbʊtʃə] **I** *n* **1.** miesnieks; the ~'s – gaļas veikals; **2.** slepkava; bende; **II** *v* **1.** kaut (*lopus*); **2.** slepkavot; **3.** sakropļot (*literāru darbu*)
butcher-bird [ˈbʊtʃə bɜːd] *n ornit.* čakste
butcherly [ˈbʊtʃəli] *a* nežēlīgs, asinskārs; barbarisks
butchery [ˈbʊtʃəri] *n* **1.** lopkautuve; **2.** (*arī* b. business) gaļas tirgotava; **3.** slaktiņš
butler [ˈbʌtlə] *n* virssulainis
butt [bʌt] **I** *n* **1.** grūdiens, sitiens (*parasti ar galvu vai ragiem*); **2.** *sp.* sitiens ar galvu; **II** *v* badīt, grūst (*ar galvu*);

◊ to b. against (into) – atdurties (atsisties) (*pret*); uzdurties (*uz*); to b. in *sar.* – iejaukties (*sarunā u. tml.*); to b. out – izvirzīties uz āru
butter ['bʌtə] **I** *n* **1.** sviests; bread and b. – sviestmaize; **2.** glaimi; **II** *v* uzziest sviestu; apziest ar sviestu; ◊ to b. up *sl.* – glaimot
butter-ball ['bʌtəbɔ:l] *n sl.* tauklodīte
butter-boat ['bʌtəbəʊt] *n* mērces trauks
butter-cloth ['bʌtəklɒθ] *sk.* **butter-muslin**
buttercup ['bʌtəkʌp] *n bot.* gundega
butter-dish ['bʌtədɪʃ] *n* sviesta trauks
butterfly ['bʌtəflai] *n* **1.** tauriņš; **2.** *sp.* tauriņstils (*peldēšanā*)
butterine ['bʌtəri:n] *n* margarīns
buttermilk ['bʌtəmilk] *n* paniņas
butter-muslin ['bʌtə,mʌzlin] *n* marle
butter-paper ['bʌtə,peipə] *n* pergaments
buttocks ['bʌtəks] *n pl* sēžamvieta
button ['bʌtn] **I** *n* **1.** poga; to sew on ~s – piešūt pogas; **2.** (*arī* push b.) (*kontakta, zvana*) poga; **3.** (*apaļa*) krūšu nozīme; **4.** pumpurs; ◊ not worth a b. – ne plika graša vērts; to be a b. short; to have lost a b. – trūkt kādai skrūvītei; **II** *v*: to b. up – **1)** aizpogāt; **2)** apklust; to b. up one's mouth *sar.* – aizvērt muti
button-down ['bʌtndaʊn] *a amer.* **1.** savaldīgs; audzināts; **2.** aprobežots; b.- d. mind – aprobežots prāts
buttonhole ['bʌtnhəʊl] **I** *n* **1.** pogcaurums; **2** zieds pogcaurumā; **II** *v* **1.** apšūt pogcaurumu; **2.** aizkavēt (*ar garām sarunām*)
buttons ['bʌtnz] *n* izsūtāmais zēns (*viesnīcā*)
butty ['bʌti] *n* **1.** priekšstrādnieks; **2.** *sar.* biedrs, draugs

butyric [bju:'tirik] *a* ķīm.: b. acid – sviestskābe
buxom ['bʌksəm] *a* **1.** (*par sievieti*) ražens; veselīgs; **2.** [pie]mīlīgs
buy [bai] **I** *n sar.* pirkums; **II** *v* (*p. un p. p.* bought [bɔ:t] [no]pirkt; ◊ to b. in – **1)** iepirkt; **2)** izpirkt (*izsolē savas mantas*); to b. off – izpirkt; atpirkties; to b. out – atpirkt (*īpašumu u. tml.*); to b. over – piekukuļot; uzpirkt; ◊ to b. a pig in a poke – pirkt kaķi maisā
buyer ['baiə] *n* pircējs
buzz[a] [bʌz] **I** *n* **1.** sanēšana; dūkšana; **2.** baumas; **3.** *sar.* telefona zvans; **II** *v* **1.** sanēt; dūkt; **2.** izplatīt (*piem., baumas*); **3.** (*par lidmašīnu*) pārlidot zemu un lielā ātrumā; **4.** *sar.* [pie]zvanīt pa telefonu; **5.** sviest, mest
buzz[b] [bʌz] *v* iztukšot (*pudeli, glāzi*)
buzzard ['bʌzəd] *n ornit.* klijāns
buzz session ['bʌz,seʃən] (*neoficiāla*) apspriede; pārrunas; tikšanās (*lai kaut ko apspriestu*)
buzz word *n dat.* liekvārds
buzz-wig ['bʌzwig] *n* liela, kupla parūka
by [bai] **I** *adv* **1.** blakus, līdzās; near by – tuvu; **2.** garām; to pass by – paiet garām; ◊ by the by – starp citu; **II** *prep* **1.** (*norāda vietu*) pie; caur; **2.** (*norāda laiku*) līdz; pa; **3.** (*norāda darbības veidu*) ar; no; by bus – ar autobusu; by degrees – pakāpeniski; by heart – no galvas; **4.** (*norāda darītāju, autoru*); **5.** (*norāda cēloni, iemeslu*) no; **6.** (*norāda svaru, garumu u. tml.*) pa; **7.** (*norāda atbilstību, saskaņotību*) pēc; ar; by agreement – saskaņā ar vienošanos; by your leave – ar jūsu atļauju; **8.** (*norāda attiecību starp salīdzināmiem*

lielumiem) par; by two years older – par diviem gadiem vecāks
by-election ['baii,lekʃn] *n* papildvēlēšanas
Byelorussian [,bjelə'rʌʃən] **I** *n* **1.** baltkrievs; baltkrieviete; **2.** baltkrievu valoda; **II** *a* Baltkrievijas-; baltkrievu-
bygone ['baigɒn] *a* kādreizējs
bygones ['baigɒnz] *n pl* pagājušais; vecas pārestības; let b. be b. – kas bijis, tas izbijis
by-name ['baineim] *n* palama
bypass ['baipɑ:s] **I** *n* **1.** apvedceļš; **2.** apvedkanāls; **3.** *el.* šunts; **II** *v* **1.** apbraukt; **2.** *sar.* laipot; izgrozīties
bypath ['baipɑ:θ] *n* sānceļš
by-product ['bai,prɒdʌkt] *n* blakusprodukts
byre ['baiə] *n* kūts
by-road ['bairəʊd] *sk.* **by-way**

bystander ['bai,stændə] *n* acuzliecinieks; skatītājs
bystreet ['baistri:t] *n* sāniela; nomaļa iela
by-talk ['baitɔ:k] *n* laiska saruna; vārdu apmaiņa
byte *n dat.* baits
by-time ['baitaim] *n* brīvs laiks, vaļas brīži
by-way ['baiwei] *n* **1.** blakusceļš; sānceļš; nomaļš ceļš; **2.** īsākais ceļš
by-word ['baiwɜ:d] *n* **1.** paruna; **2.** iemīļots (bieži lietots) vārds (*cilvēka runā*); **3.** iemiesojums; simbols; **4.** palama
by-work ['baiwɜ:k] *n* blakusdarbs
Byzantine [bi'zæntain] **I** *n* bizantietis; bizantiete; **II** *a* bizantisks
Byzantinesque [bi,zænti'nesk] *sk.* **Byzantine II**

Cc

C, c [si:] *n* **1.** angļu alfabēta burts; **2.** *mūz.* do; **3.** trijnieks (*atzīme*)
cab [kæb] **I** *n* **1.** (*vieglie*) ormaņa rati; **2.** taksometrs; **3.** (*autobusa, lokomotīves vadītāja, pilota*) kabīne; **II** *v* (*arī* to c. it) braukt ar ormani (*vai* taksometru)
cabal [kə'bæl] *n* **1.** intriga; **2.** politiska klķe; sazvērnieku grupa
cabaret ['kæbərei] *n* kabarejs; c. show – varietē programma (*restorānā*)
cabbage ['kæbidʒ] **I** *n* **1.** kāposti; c. white – kāpostu baltenis; **2.** *kul.* kāpostu salāti; kāpostu piedeva; **II** *v sar.* ietaupīt (*laiku*)
cabbage-patch ['kæbidʒpætʃ] *n sar.* mazdārziņš

cabbie ['kæbi] *sk.* **cabby**
cabby ['kæbi] *n sar.* **1.** ormanis; **2.** (*taksometra*) šoferis
cabin ['kæbin] *n* **1.** būda; **2.** kajīte; c. class – otrās klases kajīte; **3.** kabīne
cabinet ['kæbinit] *n* **1.** skapītis ar atvilktnēm (*dārglietu, dokumentu glabāšanai*); filing c. – skapītis ar nodalījumiem (*kartotēkai u. tml.*); medicine c. – medikamentu skapītis; **2.** *pol.* ministru kabinets; valdība; shadow c. – «ēnu» kabinets
cabinet-maker ['kæbinit,meikə] *n* **1.** mēbeļgaldnieks; **2.** premjerministrs
cabin-girl ['kæbinɜ:l] *n* apkopēja (*uz kuģa, motelī u. tml.*)

cable ['keibl] I *n* 1. trose, tauva; c. railway – funikulers, trošu dzelzceļš; 2. kabelis; c. length *jūrn.* – kabeļtauva *(0,1 jūras jūdzes jeb 185,2 m)*; II *v* 1. pietauvot; 2. telegrafēt
cableway ['keiblwei] *n* trošu ceļš
cabman ['kæbmən] *n* 1. ormanis; 2. *(taksometra)* šoferis
caboose [kə'buːs] *n* 1. kambīze, kuģa virtuve; 2. *amer. (preču vilciena)* pēdējais vagons *(apkalpei)*
cabriolet ['kæbriəʊlei] *n* 1. kabriolets; 2. automobilis *(ar nolaižamu jumtu)*
cab-stand ['kæbstænd] *n* taksometru stāvvieta
cacao [kə'kɑːəʊ] *n* 1. kakao koks; 2. kakao pupiņa
cache [kæʃ] I *n* 1. *(barības krājumu u. c.)* slēptuve *(ekspedīcijās)*; 2. barības krātuve *(dzīvniekiem – ziemā)*; II *v* ierīkot slēptuvi (krātuvi)
cachet ['kæʃei] *n* 1. zīmogs *(arī pārn.)*; 2. oblāta; kapsula
cackle ['kækl] I *n* 1. kladzināšana; 2. pļāpāšana, tarkšķēšana; II *v* 1. kladzināt; 2. pļāpāt, tarkšķēt
cacoepy ['kækəʊepi] *n* slikta izruna
cacophony [kæ'kɒfəni] *n* kakofonija
cacti *sk.* **cactus**
cactus ['kæktəs] *n (pl* cactuses ['kæktəsiz] *vai* cacti ['kæktai]) kaktuss
cad [kæd] *n* nelietis; nekauņa
cadaver [kə'dævə] *n* līķis
cadaverous [kə'dævərəs] *a* 1. līķa-; līķu-; 2. līķim līdzīgs; līķa bālumā
caddie ['kædi] *n (arī* caddy) golfa nūju pienesējs
caddy[a] ['kædi] *n* tējas kārbiņa
caddy[b] ['kædi] *n* iepirkumu soma uz riteņiem

cadence ['keidəns] *n* 1. *mūz.* kadence; 2. *(balss)* modulācija
cadet [kə'det] *n (karaskolas)* kursants; *(jūrskolas)* audzēknis
cadge [kædʒ] I *n* diedelēšana; II *v (from)* diedelēt
cadre ['kɑːdə] *n* 1. karkass; 2. kadri
cafe ['kæfei] *n* kafejnīca
cafeteria [ˌkæfi'tiəriə] *n* kafetērija
caffeine ['kæfiːn] *n* kofeīns
cage [keidʒ] I *n* 1. būris; krātiņš; sprosts; 2. *(karagūstekņu)* nometne; 3. *(lifta)* kabīne; II *v (in)* iesprostot; turēt krātiņā *(vai* būrī)
cager ['keidʒə] *n amer. sl.* basketbolists
Cain [kein] *n bibl.* Kains; ◊ to raise C. – sacelt traci
cajole [kə'dʒəʊl] *v* pieglaimoties; lišķēt
cajolery [kə'dʒəʊləri] *n* glaimi; pieglaimošanās
cake [keik] I *n* 1. kūka; torte; kēkss; 2. plācenis; 3. gabals; c. of soap – ziepju gabals; 4. *sl.* nauda; ◊ ~s and ale – līksmošanās, izpriecas; to go (sell) like hot ~s – tikt izķertai *(par preci)*; to take the c. – izcīnīt godalgu, izpelnīties augstāko atzinību; II *v* 1. biezi pārklāt *(ar krāsu u. tml.)*; 2. sacietēt, sakalst
caked [keikt] *a* sacietējis; sakaltis; c. mud – sakaltuši dubļi; c. snow – ledus garoza; sērsna
calaboose [ˌkælə'buːs] *n amer. sl.* cietums
calamitous [kə'læmitəs] *a* postošs; nelaimi nesošs
calamit‖y [kə'læməti] *n* posts; [liela] nelaime; natural ~ies – dabas katastrofas
calcification [ˌkælsifi'keiʃn] *n* pārkaļķošanās
calcify ['kælsifai] *v* pārkaļķoties

calcium ['kælsiəm] *n* ķīm. kalcijs
calculate ['kælkjʊleit] *v* **1.** izkalkulēt, izskaitļot, aprēķināt; **2.** (*on*) paļauties; **3.** *amer.* domāt; uzskatīt
calculating ['kælkjʊleitiŋ] *a* **1.** aprēķina-; c. person – aprēķina cilvēks; **2.** skaitļošanas-; c. machine – skaitļošanas mašīna
calculation [ˌkælkjʊ'leiʃn] *n* **1.** kalkulēšana, aprēķināšana; **2.** kalkulācija, aprēķins; **3.** *amer.* apsvērums; pieņēmums
calculator ['kælkjʊleitə] *n* **1.** kalkulators, aprēķinātājs; **2.** aritmometrs
calculi *sk.* **calculus**[b]
calculus[a] ['kælkjʊləs] *n mat.* [ap]rēķini; matemātiskā analīze; differential c. – diferenciālrēķini; integral c. – integrālrēķini
calculus[b] ['kælkjʊləs] *n* (*pl* calculuses ['kælkjʊləsiz] *vai* calculi ['kælkjʊlai]) *med.* (*nieru, žults*) akmens
caldron ['kɔ:ldrən] *sk.* **cauldron**
calendar ['kælində] *n* **1.** kalendārs; **2.** saraksts, reģistrs; **3.** *jur.* iztiesājamo lietu saraksts; **4.** *amer.* dienas kārtība
calender ['kælində] **I** *n tehn.* kalandrs; **II** *v* kalandrēt
calendula [kə'lendjʊlə] *n* kliņģerīte
calf[a] [kɑ:f] *n* (*pl* calves [kɑ:vz]) **1.** teļš; **2.** (*ziloņa, valzivs u. c.*) mazulis; **3.** teļāda; bound in c. – teļādas iesējumā (*par grāmatu*)
calf[b] [kɑ:f] *n* (*pl* calves [kɑ:vz]) *anat.* (*kājas*) liels
calflove ['kɑ:flʌv] *n sar.* pusaudžu mīlestība; jaunības aizraušanās
calibrate ['kælibreit] *v tehn.* kalibrēt; graduēt
calibre ['kælibə] *n* **1.** kalibrs; **2.** (*prāta*) vēriens

calico ['kælikəʊ] *n* (*pl* calicos *vai* calicoes ['kælikəʊz]) *tekst.* **1.** kalikons; **2.** *amer.* katūns
calk[a] [kɔ:k] **I** *n* **1.** (*pakava*) radze; **2.** *amer.* (*zābaka*) pakaviņš; **II** *v* **1.** apkalt ar radzēm (*zirgu*); **2.** *amer.* piesist (*zābakam*) pakaviņu[s]
calk[b] [kɔ:k] *v* pausēt, kopēt ar pauspapīru
call [kɔ:l] **I** *n* **1.** sauciens, kliedziens; c. for help – palīgā sauciens; **2.** (*taures*) signāls; (*lokomotīves*) svilpiens; **3.** izsaukums; pieprasījums; on c. – pēc pieprasījuma; **4.** [īss] apciemojums; **5.** *amer.* telefona saruna; **6.** prasība (*samaksāt parādu*); **7.** vajadzība (*parasti noliegumā*); **8.** *pārn.* aicinājums; the c. of the wild – dabas aicinājums; **II** *v* **1.** [pa]saukt; kliegt; **2.** nosaukt; **3.** izsaukt; **4.** izziņot; **5.** (*at, on*) apciemot; **6.** iegriezties; **7.** piezvanīt; **8.** modināt; **9.** uzskatīt; ◊ to c. **back** – 1) atsaukt; 2) atnākt vēlreiz; 3) atzvanīt; to c. **by** – (*garāmejot*) iegriezties; to c. **down** – 1) nosaukt lejā; 2) *sl.* nopulgot; to c. **for** – 1) [pie]prasīt; to be ~ed for – pēc pieprasījuma; 2) būt vajadzīgam; 3) aiziet kādam pakaļ; to c. **forth** – izraisīt; to c. **in** – 1) ataicināt (*piem., ārstu*); 2) atprasīt; 3) izņemt no apgrozības (*naudas zīmes*); to c. **off** – atsaukt; atlikt; to c. **on** – 1) *sk.* call **II 5.**; 2) apelēt, griezties pie; 3) dot vārdu (*piem., sapulcē*); to c. **out** – 1) izsaukties, iekliegties; 2) izsaukt (*piem., ugunsdzēsējus*); to c. **over** – izsaukt (*pēc saraksta*); to c. **up** – 1) atsaukt atmiņā; 2) iesaukt (*karadienestā*); 3) piezvanīt
call-back ['kɔ:lbæk] *n* (*brāķa ražojuma*) izņemšana no apgrozības

call-box [ˈkɔːlbɒks] *n* telefona kabīne
call-boy [ˈkɔːlbɔi] *n* izsūtāmais zēns (*viesnīcā*)
call-button [ˈkɔːlˌbʌtn] *n* signālpoga
callee [kɔːˈliː] *n* izsauktais abonents (*telefona sarunā*)
caller [ˈkɔːlə] *n* **1.** apmeklētājs; ciemiņš; **2.** (*telefona sarunas*) izsaucējs abonents
calligraphy [kəˈligrəfi] *n* kaligrāfija, glītrakstīšana
call-in [ˈkɔːlin] *n* (*radio, televīzijas*) programma «zvaniet – atbildam»
calling [ˈkɔːliŋ] *n* **1.** saukšana; **2.** profesija; **3.** aicinājums
callisthenics [ˌkælisˈθeniks] *n pl* mākslas vingrošana; free c. – brīvās kustības
call-off [ˈkɔːlɒf] *n* atsaukums
callosity [kæˈlɒsəti] *n* **1.** (*ādas*) repējums; tulzna; **2.** *pārn.* cietsirdība
callous [ˈkæləs] *a* **1.** raupjš; sarepējis; tulznains; **2.** bezjūtīgs; cietsirdīgs
call-over [ˈkɔːlˌəʊvə] *n* pārbaude (*izsaucot uzvārdus*)
callow [ˈkæləʊ] *a* **1.** neapspalvojies (*par putnu*); **2.** nepiedzīvojis, nepieredzējis
call-up [ˈkɔːlʌp] *n mil.* **1.** iesaukšana (*karadienestā*); c.-u. papers – pavēste par iesaukšanu karadienestā; **2.** iesaukums
calm [kɑːm] **I** *n* **1.** miers; klusums; **2.** bezvēja laiks; **II** *a* **1.** mierīgs; nesatraukts; **2.** bezvēja- (*par laiku*); **III** *v* nomierināt; ◊ to c. **down** – 1) nomierināties; 2) norimt (*par vēju*)
calor gas [ˈkælə ɡæs] *n* balongāze (*butāns*); to cook with c. g. – gatavot uz gāzes plīts
calorie [ˈkæləri] *n fiz.* kalorija
calorific [ˌkæləˈrifik] *n* siltuma-; c. capacity – siltumietilpība; c. value – kalorītāte
calorimeter [ˌkæləˈrimitə] *n fiz.* kalorimetrs
calumet [ˈkæljʊmet] *n* **1.** (*indiāņu*) pīpe; **2.** miera pīpe
calumniate [kəˈlʌmnieit] *v* apmelot; celt neslavu
calumniator [kəˈlʌmnieitə] *n* apmelotājs; neslavas cēlājs
calumny [ˈkæləmni] *n* apmelojums
calve [kɑːv] *v* atnesties (*par govi*)
calves *sk.* **calf**[a], **calf**[b]
calyx [ˈkeiliks] *n* (*pl* calyces [ˈkeilisiːz]) *bot.* kausiņš
camaraderie [ˌkæməˈrɑːdəri] *n* biedriskums
camber [ˈkæmbə] **I** *n* **1.** pacēlums (*ceļa līkumā*); **2.** izliece; **II** *v* izliekt; izveidot pacēlumu (*ūdens notecēšanai*)
cambric [ˈkeimbrik] *n tekst.* batists
came *sk.* **come**
camel [ˈkæml] *n* **1.** kamielis; Arabian c. – vienkupra kamielis; Bactrian c. – divkupru kamielis; c. hair coat – kamieļvilnas mētelis; **2.** dzeltenbrūna krāsa
camellia [kəˈmiːliə] *n* kamēlija
cameo [ˈkæmiəʊ] **I** *n* **1.** kameja; **2.** (*izcila aktiera*) epizodiska loma; **II** *a* **1.** miniatūrs; **2.** epizodisks (*par lomu*)
camera [ˈkæmərə] *n* **1.** fotoaparāts; **2.** kinokamera; **3.** (*televīzijas*) kamera; in c. *jur.* – (*iztiesājams*) aiz slēgtām durvīm; off c. *jur.* – atklātā sēdē
cameraman [ˈkæmərəmæn] *n* kinooperators
camion [ˈkæmiən] *n* furgons
camisole [ˈkæmisəʊl] *n* **1.** (*izšūts*) ņieburs; **2.** trakokrekls; **3.** *novec.* kamzolis; jaka

camomile ['kæməmail] *n* kumelīte
camouflage ['kæməflɑ:ʒ] **I** *n mil.* kamuflāža, maskēšana; **II** *v* [no]maskēt; [no]maskēties
campᵃ [kæmp] **I** *n* nometne; in the same c. – ar vienādiem uzskatiem; **II** *v* 1. dzīvot nometnē; 2. novietot nometnē; ▯ to c. out – 1) apmesties teltī; 2) apmesties (*uz laiku*)
campᵇ [kæmp] **I** *n* ākstība (*apģērbā, matu sakārtojumā*); **II** *a* 1. sievišķīgs (*par vīrieti*); c. hairstyle – gari mati (*līdz pleciem*); 2. homoseksuāls
campaign [kæm'pein] **I** *n* kampaņa; **II** *v* 1. piedalīties kampaņā; 2. sarīkot kampaņu
campanile [ˌkæmpə'ni:li] *n* zvanu tornis
campanula [kəm'pænjʊlə] *n bot.* pulkstenīte
camp-bed [ˌkæmp'bed] *n* saliekamā gulta
camper ['kæmpə] *n* 1. tūrists (*kas dzīvo nometnē, telšu pilsētiņā*); 2. autofurgons
camphor ['kæmfə] *n* kampars
camping ['kæmpiŋ] *n* kempings
campus ['kæmpəs] *n amer.* skolas (*vai* universitātes) teritorija; universitātes pilsētiņa
cam-shaft ['kæmʃɑ:ft] *n tehn.* izciļņvārpsta; sadales vārpsta
canᵃ [kæn] **I** *n* 1. kanna; 2. konservu kārba; c. opener – 1) konservu kārbu atveramais; 2) *sl.* (*seifu*) mūķīzeris; 3. *amer.* skārda trauks; tvertne; garbage c. – atkritumu tvertne; **II** *v* 1. konservēt; 2. *amer.* izslēgt no skolas; 3. *amer. sl.* atlaist no darba; 4. *amer. sl.* ierakstīt (*skaņu platē, magnetofona lentē*)
canᵇ [*uzsvērtā forma* kæn, *neuzsvērtā forma* kən] *mod. v* (*p.* could [kʊd]) 1. varēt, spēt; prast; c. you swim? – vai jūs protat peldēt?; he c. help you – viņš var jums palīdzēt; 2. būt iespējamam
Canadian [kə'neidiən] **I** *n* kanādietis; kanādiete; **II** *a* kanādiešu-
canal [kə'næl] *n* 1. (*mākslīgi veidots*) kanāls; 2. *anat.* vads; alimentary c. – barības vads
canalization [ˌkænəlai'zeiʃn] *n* 1. kanālu ierīkošana; 2. kanālu sistēma
canalize ['kænəlaiz] *v* 1. ierīkot kanālu; 2. *pārn.* virzīt; novadīt
canard [kæ'nɑ:d] *n* avīžpīle
canary [kə'neəri] **I** *n* 1. kanārijputniņš; 2. (*Kanāriju salās izgatavots*) vīns; **II** *a* spilgti dzeltens
can-carrier ['kænˌkæriə] *n sl.* grēkāzis
cancel ['kænsl] **I** *n* 1. izsvītrošana; 2. anulēšana, atcelšana; c. button *dat.* – atcelšanas poga; **II** *v* 1. izsvītrot; 2. anulēt, atcelt; 3. *mat.* saīsināt
cancer ['kænsə] *n* 1. *med.* vēzis; c. detection centre – onkoloģiskais dispansers; 2. *pārn.* ļaunums; posts; 3.: C. *astr.* – Vēzis (*zvaigznājs un zodiaka zīme*)
cancerous ['kænsərəs] *a med.* vēža-; ļaundabīgs
cancroid ['kæŋkrɔid] *n med.* kankroīds, ādas vēzis
candela [kæn'delə] *n fiz.* gaismas stipruma mērvienība
candescent [kæn'desnt] *a* nokaitēts līdz baltkvēlei
candid ['kændid] *a* 1. atklāts, vaļsirdīgs; 2.: c. camera – slēptā kamera
candidate ['kændidət] *n* 1. kandidāts; dark horse c. – nepazīstams kandidāts; 2.: c. key *dat.* – kandidātatslēga
candidature ['kændidətʃə] *n* kandidatūra

candied [′kændɪd] *a* **1.** iecukurots; c. fruit (peel) *kul.* – sukāde; **2.** sacukurojies; **3.** lišķīgs

candle [′kændl] *n* svece; ◇ the game is not worth the c. – tas nav tā vērts

candlelight [′kændllaɪt] *n* sveču gaisma

Candlemas [′kændlməs] *n* Sveču diena

candle-stick [′kændlstɪk] *n* svečturis

candlewick [′kændlwɪk] *n* dakts

can-do [ˌkæn′du:] *a amer. sar.* kārtīgs; akurāts (*darbā*); c.-d. boys – veikli zeļļi

candour [′kændə] *n* atklātība, vaļsirdība

candy [′kændɪ] **I** *n* **1.** stiklene (*konfekte*); **2.** *amer. sl.* kokaīns; **3.**: ~ies *pl amer.* – saldumi; konfektes; **4.**: c. stripe – svītrains audums; **II** *v* **1.** iecukurot; **2.** sacukuroties

cane [keɪn] **I** *n* **1.** niedre; **2.** spieķis; nūja; **II** *v* **1.** sist (*ar nūju*); **2.** *sar.* (*into*) iedzīt galvā (*piem., uzdevumu*)

canine [′keɪnaɪn] *a* **1.** suņa-; suņu-; c. madness – trakumsērga; **2.**: c. tooth – acu zobs

canister [′kænɪstə] *n* skārda kārba (*tējas u. tml. glabāšanai*)

canker [′kæŋkə] *n* **1.** *med.* stomatīts; **2.** tārpu grauzums; **3.** rūsa (*augu slimība*)

cannabis [′kænəbɪs] *n* **1.** [Indijas] kaņepes; **2.** hašišs; marihuāna

canned [kænd] *a* **1.** konservēts; c. goods – konservi; **2.** *sl.* iedzēris; **3.**: c. music *amer. sl.* – ierakstu mūzika

cannery [′kænərɪ] *n* konservu fabrika

cannibal [′kænɪbl] *n* kanibāls, cilvēkēdājs

cannibalism [′kænɪbəlɪzəm] *n* kanibālisms

cannon [′kænən] *n* **1.** lielgabals; **2.** *sl.* pistole

cannonade [ˌkænə′neɪd] **I** *n* kanonāde, artilērijas apšaude; **II** *v* apšaudīt ar artilēriju

cannot [′kænɒt] *mod. v, nolieguma forma no* can

canny [′kænɪ] *a* veikls; izmanīgs

canoe [kə′nu:] *n* kanoe; smailīte; ◇ to paddle one's own c. – paļauties tikai uz sevi

canoeing [kə′nu:ɪŋ] *n* smaiļošana, kanoe airēšana

canon [′kænən] *n* kanons

canopy [′kænəpɪ] *n* **1.** baldahīns; pārsegs; **2.** (*izpletņa*) kupols; **3.**: the c. of the heavens – debesu jums

cant[a] [kænt] **I** *n* **1.** slīpums; **2.** sānsvere; **3.** sija; **II** *v* **1.** slīpi nogriezt; **2.** noliekt; pagāzt

cant[b] [kænt] **I** *n* **1.** (*zagļu*) žargons; **2.** raudulīga (*vai žēla*) balss; **3.** liekulība; **II** *v* **1.** runāt žargonā; **2.** žēloties raudulīgā balsī; **3.** liekuļot

can't [kɑ:nt] *sar. saīs. no* **cannot**

Cantabrigian [ˌkæntə′brɪdʒɪən] **I** *n* Kembridžas universitātes students; **II** *a* Kembridžas-

cantankerous [kæn′tæŋkərəs] *a* ķildīgs, kašķīgs

cantata [kæn′tɑ:tə] *n mūz.* kantāte

canteen [kæn′ti:n] *n* **1.** (*rūpnīcas vai uzņēmuma*) ēdnīca; **2.** (*kazarmu*) veikals; bufete

canter [′kæntə] **I** *n* viegli rikši; to go for a c. – izjāt rikšiem; **II** *v* jāt rikšiem; rikšot

cantilever [′kæntɪli:və] *n arh.* konsole

canto [′kæntəʊ] *n* (*pl* cantos [′kæntəʊz]) *lit.* dziedājums

canton[a] [′kæntɒn] *n* kantons

canton[b] [kæn′tu:n] *v* novietot mītnēs (*karaspēku*)

cantonment [kæn'tu:nmənt] *n* **1.** (*karaspēka*) novietošana mītnēs; **2.** karaspēka pilsētiņa
cantos *sk.* **canto**
canvas ['kænvəs] *n* **1.** audekls; brezents; under c.– 1) *mil.* teltīs; 2) *jūrn.* pilnās burās; **2.** (*eļļas*) glezna; audekls; **3.** *tekst.* kanva
canvass ['kænvəs] **I** *n* **1.** balsu vākšana (*pirms vēlēšanām*); ~ing centre – aģitpunkts; **2.** (*pasūtījumu, abonentu*) vākšana; **3.** debates; **II** *v* **1.** aģitēt; vākt balsis (*pirms vēlēšanām*); **2.** vākt (*pasūtījumus, abonentus*); **3.** debatēt, apspriest
canvasser ['kænvəsə] *n* **1.** aģitators; balsu vācējs; **2.** (*firmas*) aģents
canyon ['kænjən] *n* kanjons
caoutchouc ['kaʊtʃʊk] *n* kaučuks; hardened c. – ebonīts
cap[a] [kæp] **I** *n* **1.** cepure; berete; žokejcepure; fur c. – kažokādas cepure; **2.** (*medmāsas, ārsta*) cepurīte; **3.** vāks; aizbāznis; uzmava; **4.** *med.* kontraceptīvs uzvāznis; **II** *v* **1.** uzlikt cepuri; **2.** apsegt (*ar vāku u. tml.*); **3.** pārspēt; **4.** (*to*) sveicināt (*noņemot vai tikai skarot cepuri*)
cap[b] [kæp] *n* (*saīs. no* captain) *sar.* kapteinis
capability [,keipə'biləti] *n* **1.** spēja; spējas; **2.** neizmantotas iespējas; **3.** neattīstītas spējas
capable ['keipəbl] *a* **1.** (*of*) spējīgs; **2.** (*of*) iespējams; c. of improvement – labojams
capacious [kə'peiʃəs] *a* plašs; ietilpīgs
capacity [kə'pæsəti] *n* **1.** tilpums; measure of c. – tilpuma mērs; **2.** ietilpība; seating c. – sēdvietu skaits; **3.** (*of, for*) spējas, dotības; **4.** jauda; ražīgums; ražotspēja; c. load – pilna jauda; **5.** stāvoklis; in the c. of a friend – kā draugs; in official c. – oficiālā kārtā
cap-a-pie [,kæpə'pi:] *adv* no galvas līdz kājām; armed c.-a-p. – līdz zobiem apbruņots
cape[a] [keip] *n* apmetnis (*ar kapuci*); pelerīne
cape[b] [keip] *n* zemesrags
caper[a] ['keipə] **I** *n* **1.** lēciens (*no prieka*); **2.** *sl.* noziedzīga darbība (*piem., izvairīšanās no nodokļu maksāšanas*); **II** *v* lēkāt (*no prieka*)
caper[b] ['keipə] *n* **1.** kaperkrūms; **2.** *pl* kaperi (*garšviela*)
capillary [kə'piləri] **I** *n* kapilārs; **II** *a* kapilārs
capital[a] ['kæpitl] *n ek.* kapitāls; circulating (floating) c. – apgrozības kapitāls; fixed c. – pamatkapitāls
capital[b] ['kæpitl] **I** *n* **1.** galvaspilsēta; **2.** lielais burts; **II** *a* **1.** galvenais, pamata-; c. prize – lielākais laimests; **2.** lielais (*par burtu*); **3.** *sar.* lielisks; what a c. idea! – cik lieliska doma!; **4.**: c. punishment – nāvessods
capital[c] ['kæpitl] *n arh.* kapitelis
capitalize[a] ['kæpitəlaiz] *v* **1.** pārvērst kapitālā; **2.** finansēt; ☐ to c. on – gūt labumu (*no*)
capitalize[b] ['kæpitəlaiz] *v* rakstīt lieliem burtiem
capitally ['kæpitli] *adv* **1.** lieliski; izcili; **2.** pamatīgi; Capitals Lock key *dat.* – burtslēga taustiņš
capitation [,kæpi'teiʃn] *n* galvasnauda (*nodoklis*)
Capitol ['kæpitl] *n* **1.** *vēst.* kapitolijs; **2.** ASV Kongresa nams
capitulate [kə'pitjʊleit] *v* kapitulēt, padoties

capitulation [kəˌpitjʊ'leiʃn] *n* kapitulācija
capon ['keipən] *n* **1**. kapauns, kastrēts gailis; **2**.: Norfolk c. – žāvēta siļķe
capricious [kə'priʃəs] *a* **1**. kaprīzs, untumains; **2**. mainīgs, nepastāvīgs (*piem., par. laiku*)
Capricorn ['kæprikɔ:n] *n astr.* Mežāzis (*zvaigznājs un zodiaka zīme*)
capsize [kæp'saiz] *v* **1**. apgāzt (*laivu*); **2**. apgāzties (*par laivu*)
capsule ['kæpsju:l] **I** *n* **1**. kapsula; **2**. *bot.* pogaļa; **3**. tīģelis; **II** *v* rezumēt
captain ['kæptin] **I** *n* **1**. *mil.* kapteinis; **2**. *jūrn.* pirmā ranga kapteinis; **3**. (*komandas*) kapteinis; **4**. *amer.* policijas šefs; **II** *v* komandēt; vadīt
caption ['kæpʃn] *n* **1**. *dat.* uzraksts; **2**. (*raksta, nodaļas*) virsraksts; **3**. titrs; **4**. paraksts (*zem ilustrācijas*)
captious ['kæpʃəs] *a* sīkumains
captivate ['kæptiveit] *v* valdzināt
captivating ['kæptiveitiŋ] *a* valdzinošs
captive ['kæptiv] **I** *n* gūsteknis; **II** *a* **1**. sagūstīts; to be taken c. – sagūstīt; **2**. aizrautīgs
captivity [kæp'tivəti] *n* gūsts; nebrīve
captor ['kæptə] *n* sagūstītājs
capture ['kæptʃə] **I** *n* **1**. sagūstīšana; notveršana; **2**. sagrābšana; **3**. *dat.* tveršana; **4**. laupījums; ieguvums; **II** *v* **1**. sagūstīt; notvert; **2**. sagrābt; iegūt; **3**. saistīt (*uzmanību u. tml.*); **4**. uztvert
car [ka:] *n* **1**. automobilis; goods c. – kravas automobilis; **2**. (*tramvaja, amer.* – *arī dzelzceļa*) vagons; **3**. vagonete; **4**. *amer.* (*lifta*) kabīne
caracal ['kærəkæl] *n* karakals, tuksneša lūsis
caracul ['kærəkəl] *n* **1**. karakulaita; **2**. karakulāda
carafe [kə'ræf] *n* karafe

caramel ['kærəmel] *n* **1**. grauzdēts cukurs; **2**. karamele
carat ['kærət] *n* karāts
caravan ['kærəvæn] *n* **1**. karavāna; **2**. autofurgons; **3**. treilers, autopiekabe
caravel[le] ['kærəvel] *n vēst., jūrn.* karavela
caraway ['kærəwei] *n* ķimenes
carbide ['ka:baid] *n ķīm.* karbīds
carbine ['ka:bain] *n* karabīne
carbohydrate [ˌka:bəʊ'haidreit] *n ķīm.* ogļhidrāts
carbolic [ka:'bɒlik] *a ķīm.* karbola-; c. acid – karbolskābe
carbon ['ka:bən] *n* **1**. *ķīm.* ogleklis; **2**. ogle; c. black – sodrēji; **3**. kopējamais papīrs; c. copy – 1) kopija (*ar kopējamo papīru*); 2) *pārn.* kopija
carbonaceous [ˌka:bəʊ'neiʃəs] *a ķīm.* oglekļa-
carbonic [ka:'bɒnik] *a ķīm.* oglekļa-
carbonite ['ka:bənait] *n* **1**. dabiskais kokss; **2**. karbonīts (*sprāgstviela*)
carbon-paper ['ka:bənˌpeipə] *n* kopējamais papīrs
carbuncle ['ka:bʌŋkl] *n med., min.* karbunkuls
carburettor [ˌka:bə'retə] *n tehn.* karburators
carcass ['ka:kəs] *n* **1**. liemenis; **2**. sprāgonis; **3**. karkass
carcinogenic [ˌka:sinəʊ'dʒenik] *a* kancerogēns
card[a] [ka:d] *n* **1**. (*spēļu*) kārts; ~s – kārtis; kāršu spēle; **2**. kartīte; atklātne; visiting (*amer.* calling) c. – vizītkarte; **3**. *dat.* karte; **4**. *sar.* cilvēks
card[b] [ka:d] **I** *n tekst.* kārstuve; **II** *v* kārst, sukāt
cardboard ['ka:dbɔ:d] **I** *n* kartons; **II** *a* **1**. kartona-; **2**. shematisks; šablonisks

cardiac [ˈkɑːdiæk] **I** *n med.* sirdslīdzeklis; **II** *a anat.* sirds-; c. infarction – miokarda infarkts
cardigan [ˈkɑːdigən] *n* vilnas jaka (*parasti bez apkakles*)
cardinal[a] [ˈkɑːdinl] *n* kardināls
cardinal[b] [ˈkɑːdinl] *a* **1.** galvenais; pamata-; c. numbers *gram.* – pamata skaitļa vārdi; **2.** spilgti sarkans
cardiology [ˌkɑːdiˈɒlədʒi] *n* kardioloģija
cardiovascular [ˌkɑːdiəʊˈvæskjʊlə] *a* sirds un asinsvadu-
care [keə] **I** *n* **1.** rūpes; gādība; to take c. (*of, about*) – rūpēties (*par*); to take into c. – ņemt aizgādībā; **2.** pārraudzība; pārziņa; health c. – veselības aprūpe; **3.** piesardzība; uzmanība; **4.** rūpes, raizes; bažas; **II** *v* **1.** (*for*) rūpēties; gādāt; **2.** [about] raizēties; **3.** (*ar inf.*) gribēt; ▯ to c. **for** – interesēties
career [kəˈriə] *n* **1.** ātra gaita; in full c. – 1) pilnos auļos; 2) pilnā gaitā; **2.** karjera; **3.** profesija
career-guidance [kəˈriəˌgaidəns] *n* profesionālā orientācija
carefree [ˈkeəfriː] *a* bezrūpīgs
careful [ˈkeəfʊl] *a* **1.** rūpīgs; gādīgs; **2.** kārtīgs; akurāts; **3.** piesardzīgs; uzmanīgs; **4.** (*ar inf.*) apdomīgs
careless [ˈkeəlis] *a* **1.** neuzmanīgs; **2.** bezrūpīgs; vieglprātīgs; **3.** paviršs; nekārtīgs
caress [kəˈres] **I** *n* glāsts; **II** *v* glāstīt; apmīļot
care-taker [ˈkeəˌteikə] *n* (*mājas u. tml.*) sargs; uzraugs
care-worn [ˈkeəwɔːn] *a* rūpju sagrauzts
cargo [ˈkɑːgəʊ] *n* (*pl* ~es [-əʊz]) (*kuģa*) krava; c. ship (boat, vessel) – tirdzniecības kuģis

caribou [ˈkæribuː] *n* Kanādas ziemeļbriedis
caricature [ˈkærikətʃʊə] **I** *n* karikatūra; **II** *v* kariķēt
caries [ˈkeəriz] *n med.* karioze
carjack [ˈkɑːdʒæk] *v* nozagt automobili
carman [ˈkɑːmən] *n* **1.** vedējs; **2.** *amer.* tramvaja vadītājs
carmine [ˈkɑːmain] *a* karmīnsarkans
carnage [ˈkɑːnidʒ] *n* asinspirts, masu slepkavība
carnal [ˈkɑːnl] *a* **1.** miesas-; **2.** juteklisks; c. desires – jutekliba
carnapper [ˈkɑːnæpə] *n sar.* automobiļu zaglis
carnation [kɑːˈneiʃn] *n* (*dārza*) neļķe
carnival [ˈkɑːnivl] *n* **1.** karnevāls; **2.** vastlāvis, metenis (*katoļu zemēs*)
carnivorous [kɑːˈnivərəs] *a* gaļēdājs (*par dzīvnieku*)
carol [ˈkærəl] **I** *n* prieka dziesma; slavas dziesma; Christmas c. – Ziemassvētku korālis; **II** *v* slavināt
carousal [kəˈraʊzəl] *n* dzīrošana; uzdzīve
carouse [kəˈraʊz] **I** *n* dzīrošana; **II** *v* dzīrot
carousel [ˌkærəˈsel] *n amer.* karuselis
carp[a] [kɑːp] *n* karpa
carp[b] [kɑːp] *v* (*at*) pieķerties
carpal [ˈkɑːpl] *a anat.* delnas-
carpenter [ˈkɑːpəntə] **I** *n* namdaris; galdnieks; **II** *v* strādāt par namdari (*vai* galdnieku)
carpentry [ˈkɑːpəntri] *n* namdara (*vai* galdnieka) amats
carpet [ˈkɑːpit] **I** *n* **1.** paklājs; grīdsega; **2.** (*puķu, zāles*) sega; **II** *v* **1.** noklāt ar paklāju; **2.** *sar.* norāt
carpet-bag [ˈkɑːpitbæg] *n* ceļasoma
carpet-bagger [ˈkɑːpitˌbægə] *n* **1.** *amer. sar.* (*ārpus sava vēlēšanu apgabala*

dzīvojošs) deputāta kandidāts; **2.** *amer. sar.* politisks avantūrists
carping ['kɑ:piŋ] *a* ass; dzēlīgs; c. criticism – asa kritika
carport ['kɑ:pɔ:t] *n sar.* nojume automobilim
carriage ['kærɪdʒ] *n* **1.** transports; pārvadāšana; c. by rail – dzelzceļa transports; **2.** (*pārvadāšanas*) maksa; c. forward – ar pēcmaksu; **3.** ekipāža; rati; c. and pair – divjūgs; **4.** (*pasažieru*) vagons; **5.**: c. return *dat.* – rakstatgrieze; **6.** stāja; izturēšanās
carriage-free [,kærɪdʒ'fri:] *adv* ar iepriekšēju samaksu (*par preču pārvadāšanu*)
carriageway ['kærɪdʒweɪ] *n* brauktuve; dual c. – divvirzienu satiksme; divjoslu šoseja
carrier ['kærɪə] *n* **1.** nesējs; **2.** *amer.* pastnieks; **3.** kurjers; **4.** ekspeditors; **5.** (*velosipēda*) bagāžnieks; **6.** *med.* baciļu nēsātājs; **7.** *mil.* transportkuģis; aircraft c. – lidmašīnu bāzes kuģis
carrier-pigeon ['kærɪə,pɪdʒɪn] *n* pasta balodis
carrion ['kærɪən] *n* maita; c. crow – melnā vārna
carrot ['kærət] *n* burkāns
carry ['kærɪ] **I** *n dat.* pārnese; **II** *v* **1.** vest; pārvadāt; pārnēsāt; **2.** nest; iznēsāt; **3.** balstīt; **4.** ietvert; saturēt; **5.** informēt (*laikrakstā, pa radio*); **6.** aizraut; **7.** novest; **8.** ieņemt; ◊ to c. **away** – 1) aiznest; 2) *pārn.* aizraut; to c. **back** – 1) atnest atpakaļ; 2) *pārn.* atsaukt atmiņā; to c. **forward** – 1) *grāmatv.* pārnest citā ailē; 2) virzīt uz priekšu (*piem., jautājumu*); to c. **off** – 1) aiznest līdzi; 2) uzvarēt (*piem., sporta sacīkstēs*); 3) iznīcināt, nogalināt; to c. **on** – turpināt; to c. **out** – realizēt; veikt; ◊ to c. **all** (everything) before one – 1) pārvarēt visus šķēršļus; 2) gūt visur panākumus

carry-cot ['kærɪkɒt] *n* (*pārnēsājama*) bērnu gultiņa (*ar rokturiem*)
carsickness ['kɑ:,sɪknɪs] *n* nelaba dūša (*braucot automobilī*)
cart [kɑ:t] **I** *n* rati; divriči; to put the c. before the horse – darīt kaut ko ačgārni; **II** *v* **1.** vest ratos; **2.** *sar.* nest (*smagumu rokās*)
carte blanche [,kɑ:t 'blɑ:nʃ] *n* rīcības brīvība; to give c. b. – dot rīcības brīvību
cartel [kɑ:'tel] *n ek.* kartelis
cart-horse ['kɑ:thɔ:s] *n* vezumnieks (*zirgs*)
cartilage ['kɑ:tɪlɪdʒ] *anat.* skrimslis
cartography [kɑ:'tɒgrəfɪ] *n* kartogrāfija
carton ['kɑ:tn] *n* kartona kārba
cartoon [kɑ:'tu:n] **I** *n* **1.** karikatūra; **2.** *glezn.* pirmuzmetums; **3.**: animated c. – multiplikācijas filma; **II** *v* zīmēt karikatūras
cartoonist [kɑ:'tu:nɪst] *n* karikatūrists
cartridge ['kɑ:trɪdʒ] *n* **1.** (*fotofilmas*) kasete (*ar spoli*); **2.** (*atskaņotāja*) galviņa ar adatu; **3.** patrona; black c. – tukša patrona; **4.** *dat.* kasetne; c. font *dat.* – kasetnes fonts
cart-wheel ['kɑ:twi:l] *n* **1.** (*ratu*) ritenis; **2.** (*siera*) ritulis; **3.** *sp.* ritenis, apsviediens
carve [kɑ:v] *v* **1.** (*from, in, into, out of*) griezt, grebt (*kokā, kaulā*); kalt (*akmenī*); **2.** sagriezt (*piem., cepeti*); ◊ to c. **up** – 1) sadalīt; 2) *sar.* ievainot (*ar nazi*); 3) *sar.* apkrāpt
carver ['kɑ:və] *n* **1.** kokgriezējs; **2.** gravieris; **3.** nazis (*cepeša sagriešanai*)

carve-up [ˈkɑːvʌp] *n sar.* **1.** (*laupījuma, teritorijas*) sadale; **2.** sazvērestība; krāpšana
carving [ˈkɑːviŋ] *n* **1.** griešana; **2.** griezums; c. in wood – kokgriezums; **3.** grebums
cascad‖e [kæˈskeid] *n* **1.** kaskāde; ūdenskritums; **2.** (*tērpa u. tml.*) bagātīgs kritums; ~d star *dat.* – kaskādzvaigzne; ~ing menu *dat.* kaskādizvēlne; ~ing windows *dat.* – kaskadēti logi
case[a] [keis] *n* **1.** gadījums; in any c. – jebkurā gadījumā; in c. – gadījumā; in c. of – gadījumā, ja; **2.** stāvoklis; situācija; as the c. may (might) be – atkarībā no apstākļiem; **3.** slimnieks; pacients; cot c. – gulošs slimnieks; c. history – slimības vēsture; **4.** *gram.* locījums
case[b] [keis] **I** *n* **1.** kaste, kārba; jewel c. – dārglietu šķirstiņš; **2.** futrālis; ietvars; maksts; cigarette c. – cigarešu etvija; **3.** soma; **4.** spilvendrāna; pārvalks; **5.** (*arī* glass c.) vitrīna; **6.** (*logu, durvju*) rāmis, ietvars; **7.** *tehn.* korpuss; apvalks; **II** *v* **1.** ielikt kastē; **2.** iebāzt futrālī (*vai* makstī); **3.** apšūt (*piem., ar dēļiem*)
casein [ˈkeisiːn] *n ķīm.* kazeīns
casement [ˈkeismənt] *n* **1.** (*loga*) vērtne; **2.** *poēt.* logs
case-worm [ˈkeiswɜːm] *n* kūniņa
cash [kæʃ] **I** *n* **1.** nauda; she is in c. – viņai ir nauda; she is out of c. – viņai nav naudas; **2.** (*arī* ready c., hard c.) skaidra nauda; c. down payment – tūlītēja samaksa; c. on delivery – ar pēcmaksu; to pay in c. – maksāt skaidrā naudā; **II** *v* saņemt naudu pret čeku; ◇ to c. in one's checks *amer.* – nomirt

cashier[a] [kæˈʃiə] *n* kasieris
cashier[b] [kæˈʃiə] *v* **1.** atlaist [no darba]; **2.** *mil.* degradēt; pazemināt
cashmere [kæʃˈmiə] *n tekst.* kašmirs
casing [ˈkeisiŋ] *n* **1.** apvalks; **2.** ietvars
cask [kɑːsk] *n* muca
casket [ˈkɑːskit] *n* **1.** šķirstiņš; **2.** *amer.* zārks
cassation [kæˈseiʃn] *n jur.* kasācija
casserole [ˈkæsərəʊl] *n* **1.** (*karstumizturīga materiāla*) kastrolis; **2.** (*gaļas un dārzeņu*) sautējums
cassette [kəˈset] *n* kasete (*ar spoli*); c. taperecorder – kasešu magnetofons
cassock [ˈkæsək] *n* sutana
cast [kɑːst] **I** *n* **1.** metiens, sviediens; **2.** mešana, sviešana; **3.** nianse; nokrāsa; **4.** *med.* ieģipsējums; **5.** *teātr.* lomu sadalījums; tēlotāju sastāvs; **II** *v* (*p. un p.p.* cast [kɑːst]) **1.** mest, sviest; **2.** mest ādu (*par čūskām*); **3.** priekšlaicīgi atnesties (*par dzīvnieku*); **4.** *teātr.* sadalīt (*lomas*); ▯ to c. **about** (**around**) **for** – izmisīgi meklēt (*piem., attaisnojumu*); to c. **away** – 1) atmest (*kā nederīgu*); 2) pamest krastā; to c. **down** – 1) nogāzt; 2) nodurt (*piem., acis*); to be c. **down** – būt noskumušam; to c. **off** – 1) pamest; 2) noraukt valdziņus (*adījumā*); 3) atraisīt (*laivu*) to c. **on** – uzmest valdziņus (*adījumā*); to c. **out** – izdzīt, padzīt; to c. **up** – saskaitīt; ◇ to c. in one's lot with smb. – saistīt savu likteni ar kādu; to c. a vote – nodot balsi (*vēlēšanās*)
castanets [ˌkæstəˈnets] *n pl* kastaņetes
castaway [ˈkɑːstəwei] **I** *n* **1.** (*no sabiedrības*) izstumtais; **2.** kuģa avārijā cietušais; **II** *a* **1.** atstumts; beztiesīgs; **2.** cietis kuģa avārijā

cast-back ['kɑ:stbæk] *n* atgriešanās (*iepriekšējā stāvoklī*)

caste [kɑ:st] *n* kasta; ◇ to lose c. – zaudēt sabiedrisko stāvokli

caster ['kɑ:stə] *n* **1.** skritulis (*pie mēbeļu kājām*); **2.** sālstrauciņš, piparu trauciņš (*ar caurumotu vāciņu*)

caster sugar [ˌkɑ:stə 'ʃʊgə] *n* pūdercukurs

castigate ['kæstigeit] *v* **1.** sodīt; pērt; **2.** asi kritizēt; nosodīt

casting ['kɑ:stiŋ] *n* **1.** sviešana, mešana; **2.** *tehn.* liešana; **3.** lējums

casting-vote [ˌkɑ:stiŋ'vəʊt] izšķirošā balss (*vēlēšanās*)

cast-iron [ˌkɑ:st'aiən] *n* **1.** čuguna-; **2.** stingrs; nelokāms; c.-i. will – dzelzs griba

castle ['kɑ:sl] **I** *n* **1.** pils; **2.** (*šahā*) tornis; **II** *v* (*šahā*) izdarīt rokādi

cast-off ['kɑ:stɒf] *n* **1.** nederīga (aizmesta) lieta; **2.** (*no sabiedrības*) izstumtais

castor oil [ˌkɑ:stər 'ɔil] *n* rīcineļļa

casual ['kæʒʊəl] *a* **1.** nejaušs; **2.** gadījuma rakstura-; **3.** paviršs; **4.** neoficiāls; ikdienas-

casuals ['kæʒʊəlz] *n pl sar.* vieglas kurpes (*ar zemu papēdi*)

casualty ['kæʒʊəlti] *n* **1.** nelaimes gadījums; **2.** nelaimes gadījumā cietušais

cat[a] [kæt] *n* **1.** kaķis; **2.** pletne

cat[b] [kæt] *n sar.* kāpurķēžu traktors

cataclysm ['kætəklizəm] *n* kataklizma, stihiska nelaime

catacomb ['kætəku:m] *n* **1.** pazemes eja; **2.**: ~s *pl* – katakombas

catalogue ['kætəlɒg] **I** *n* **1.** katalogs; **2.** cenrādis; **3.** *amer.* saraksts; reģistrs; **II** *v* kataloģizēt; sastādīt katalogu

catalyst ['kætəlist] *n ķīm.* katalizators

catamaran [ˌkætəmə'ræn] *n* **1.** *jūrn.* katamarāns; **2.** *sar.* ķildīga sieviete

catapult ['kætəpʌlt] **I** *n* **1.** kaķene (*šaujamais*); **2.** *vēst.* katapulta; **3.** *av.* katapulta; **II** *v* **1.** šaut ar kaķeni; **2.** *av.* katapultēt

cataract ['kætərækt] *n* **1.** ūdenskritums; **2.** *med.* katarakta

catarrh [kə'tɑ:] *n med.* katars

catastrophe [kə'tæstrəfi] *n* **1.** katastrofa; **2.** *teātr.* (*drāmas*) atrisinājums

catastrophic [ˌkætə'strɒfik] *a* katastrofāls

catcall ['kætkɔ:l] **I** *n* izsvilpšana; **II** *v* izsvilpt

catch [kætʃ] **I** *n* **1.** ķeršana; **2.** loms; **3.** ķēriens; izdevīgs guvums; **4.** *pārn.* viltība; lamatas; **5.** (*durvju, loga*) aizbīdnis; **II** *v* (*p. un p.p.* caught [kɔ:t]) **1.** [no]ķert, saķert; to c. hold (*of*) – satvert; **2.** pieķert; notvert; to c. a thief – notvert zagli; he was cought in the rain *pārn.* – viņu pārsteidza lietus; **3.** iespiest; aizķerties; **4.** trāpīt; **5.** aizturēt; to c. one's breath – 1) aizturēt elpu; 2) atvilkt elpu (*lai atpūstos*); **6.** saslimt; aplipt; **7.** uztvert; **8.** pagūt; **9.** sākt darboties; ◊ to c. **at** – pieķerties; to c. at every opportunity *pārn.* – izmantot katru iespēju; to c. **on** – 1) aizķerties aiz; 2) saprast; 3) nākt modē; to c. smb. **out** – uziet (*vainīgo*); atrast (*vainu*); to c. **up** – 1) panākt; 2) iespēt; to be caught **up in** – 1) būt iegrimušam (*darbā u. tml.*); 2) tikt iepītam nepatikšanās

catching ['kætʃiŋ] *a* **1.** lipīgs (*par slimību*); **2.** saistošs; pievilcīgs

catchword ['kætʃwɜ:d] *n* **1.** sauklis, modes vārds; **2.** kolumntituls

catchy ['kætʃi] *a sar.* **1.** viegli iegaumējams (*piem., par melodiju*); **2.** ākīgs
catechism ['kætəkizəm] *n rel.* katķisms
categorical [ˌkætə'gɒrikl] *a* kategorisks
category ['kætəgəri] *n* kategorija
cater ['keitə] *v* **1.** (*for*) piegādāt (*pārtiku*); **2.** (*to, for*) rūpēties par izpriecām (*vai* izklaidi)
catering ['keitəriŋ] *n* (*pārtikas*) piegāde
caterpillar ['kætəpilə] *n* **1.** kāpurs; **2.** kāpurķēde
caterwaul ['kætəwɔ:l] **I** *n* ņaudēšana; «kaķu koncerts»; **II** *v* **1.** ņaudēt; **2.** celt traci
cathedral [kə'θi:drəl] *n* katedrāle
cathode ['kæθəʊd] *n fiz.* katods
catholic ['kæθəlik] **I** *n* katolis, katoliete; **II** *a* katoļu-; katolisks
cation ['kætaiən] *n ķīm., fiz.* katjons
cat's-paw ['kætspɔ:] *n* **1.** brīze, viegls vējiņš; **2.** (*jūrnieku*) mezgls; ◇ to make a c.-p. of smb. – padarīt kādu par savu ieroci
cattish ['kætiʃ] *a* nenovīdīgs
cattle ['kætl] *n* liellopi; pedigree c. – šķirnes lopi; store c. – gaļas lopi
Caucasian [kɔ:'keiziən] **I** *n* kaukāzietis; kaukāziete; **II** *a* kaukāziešu-
caught *sk.* **catch II**
cauldron ['kɔ:ldrən] *n* (*liels*) katls
cauliflower ['kɒliˌflaʊə] *n* ziedkāposti
caulk [kɔ:k] *v* **1.** drīvēt (*spraugas*); **2.** aizziest ar tepi
causal ['kɔ:zl] *a* **1.** kauzāls, cēlonisks; **2.** *gram.* cēloņa-
causative ['kɔ:zətiv] *a* kauzāls; cēlonisks; c. agent – (*slimības*) izraisītājs
cause [kɔ:z] **I** *n* **1.** cēlonis; **2.** (*for*) iemesls; pamats; to give c. (*for*) – radīt iemeslu (*šaubām, aizdomām u. tml.*); **3.** *pārn.* lieta; jautājums; **4.** *jur.* prāva; to plead a c. – aizstāvēt lietu (*tiesā*); **II** *v* **1.** būt par iemeslu; izraisīt; radīt; **2.** likt; piespiest
causeway ['kɔ:zwei] *n* (*pār purvu*) uzbērts ceļš; dambis
caustic ['kɔ:stik] **I** *n ķīm.* kodīga viela; **II** *a* **1.** ķīm. kodīgs; c. soda – kodīgais nātrijs; **2.** sarkastisks; dzēlīgs; ass
cauterize ['kɔ:təraiz] *v med.* piededzināt
caution ['kɔ:ʃn] **I** *n* **1.** piesardzība; **2.** brīdinājums; **II** *v* (*against*) brīdināt
cautious ['kɔ:ʃəs] *a* piesardzīgs
cavalcade [ˌkævl'keid] *n* kavalkāde, jātnieku grupa
cavalier [ˌkævə'liə] **I** *n* **1.** kavalērists, jātnieks; **2.** *novec.* kavalieris; **3.** (*C.*) *vēst.* rojālists; **II** *a* **1.** brīvs; nepiespiests; **2.** augstprātīgs
cavalryman ['kævlrimən] *n* kavalērists, jātnieks
cave [keiv] **I** *n* ala; c. dweller – alu cilvēks; **II** *v* izrakt alu; ▯ to c. **in** – 1) iebrukt, ieplakt; 2) *sar.* padoties
caveat ['kæviæt] *n* brīdinājums
cave-in ['keivin] *n* iegruvums
caveman ['keivmæn] *n* alu cilvēks
cavern ['kævən] *n* **1.** (*liela, dziļa*) ala; **2.** *med.* kaverna
caviar[e] ['kæviɑ:] *n* kaviārs
cavil ['kævl] *v* (*at, about*) **1.** piekerties sīkumiem; **2.** pelt, paļāt
cavity ['kævəti] *n* caurums; dobums; abdominal c. – vēdera dobums; c. in a tooth – caurs zobs
cavy ['keivi] *n* jūrascūciņa
caw [kɔ:] **I** *n* ķērkšana; **II** *v* ķērkt
cay [kei] *n* **1.** smilšu sēklis; **2.** koraļļu rifs
cayenne [kei'en] *n* sarkanie pipari
cease [si:s] **I** *n*: without c. – bez apstājas;

II *v* **1.** beigt; pārtraukt; to c. talking – apklust; **2.** mitēties; pārstāt
ceaseless ['si:slis] *a* nepārtraukts; nemitīgs
cecils ['seslzs] *n pl* gaļas frikadeles
cecity ['si:siti] *n* aklums
cedar ['si:də] *n* ciedrs
cede [si:d] *v* **1.** atdot (*piem., teritoriju*); **2.** piekāpties (*strīdā*)
ceiling ['si:liŋ] *n* **1.** griesti; **2.** *av.* maksimālais augstums; **3.** *pārn.* maksimums; galējā robeža
celadon ['selədɒn] *n* zaļpelēka krāsa
celebrate ['selibreit] *v* **1.** svinēt; **2.** cildināt; godināt; **3.** noturēt dievkalpojumu
celebrated ['selibreitid] *a* (*for*) slavens
celebration [ˌseli'breiʃn] *n* **1.** svētki, svinības; godības; **2.** cildināšana; godināšana
celebrity [si'lebrəti] *n* **1.** popularitāte; slava; **2.** slavenība
celery ['seləri] *n* selerija
celestial [si'lestiəl] *a* **1.** debess-; c. bodies – debess ķermeņi; **2.** dievišķīgs
celibacy ['selibəsi] *n rel.* celibāts
cell [sel] *n* **1.** (*cietuma*) kamera; **2.** (*mūka*) celle; **3.** šūna; **4.** *biol.* šūna; egg c. – olšūna; **5.** *el.* elements
cellar ['selə] *n* **1.** pagrabs; **2.** vīna pagrabs
cellist ['tʃelist] *n* čellists
cello ['tʃeləʊ] *n* (*pl* cellos ['tʃeləʊz]) čells, čello
cellophane ['seləʊfein] *n* celofāns
cellos *sk.* **cello**
cellular ['seljʊlə] *a biol.* celulārs; šūnveida-; šūnu-
cellule ['selju:l] *n biol.* šūna; šūniņa
celluloid ['seljʊlɔid] *n* celuloīds
cellulose ['seljʊləʊs] *n* celuloze

Celtic ['keltik] **I** *n* ķeltu valoda; **II** *a* ķeltu-
cement [si'ment] **I** *n* **1.** cements; c. mixer – betona maisītājs; **2.** saistviela; **II** *v* **1.** cementēt; **2.** nostiprināt; to c. a friendship – nostiprināt draudzību
cemetery ['semitri] *n* kapsēta
cenotaph ['senəʊtɑ:f] *n* piemineklis (*karā kritušajiem*)
censor ['sensə] **I** *n* cenzors; **II** *v* cenzēt
censorious [sen'sɔ:riəs] *a* kritisks
censorship ['sensəʃip] *n* cenzūra
censure ['senʃə] **I** *n* nopēlums; vote of c. – neuzticības votums (*balsojot*); **II** *v* nokritizēt; nopelt
census ['sensəs] *n* (*statistiska*) skaitīšana; population c. – tautskaite
census-paper ['sensəsˌpeipə] *n* (*tautskaites*) veidlapa
cent [sent] *n* cents (*0,01 dolāra*); per c. – procenti; ten per c. – desmit procenti
centaur ['sentɔ:] *n mit.* kentaurs
centenarian [ˌsenti'neəriən] *a* simtgadu-; simtgadīgs
centenary [sen'ti:nəri] **I** *n* **1.** gadsimts, gadu simtenis; **2.** simtgade; **II** *a* simtgadu-
centennial [sen'teniəl] **I** *n* simtgade; **II** *a* simtgadu-
center ['sentə] *amer. sk.* **centre**
centigrade ['sentigreid] *a*: c. thermometer – Celsija termometrs
centimetre ['sentiˌmi:tə] *n* centimetrs
centipede ['sentipi:d] *n* simtkājis
centner ['sentnə] *n* centners
central ['sentrəl] **I** *n amer.* (*telefona*) centrāle; **II** *a* **1.** centrāls; c. heating – centrālapkure; **2.** centra-; **3.** galvenais
centralization [ˌsentrəlai'zeiʃn] *n* centralizācija

centralize [ˈsentrəlaiz] *v* centralizēt
centre [ˈsentə] **I** *n* **1.** centrs; in the c. of attention – uzmanības centrā; c. of gravity – smaguma centrs; **2.** *sp.* centra spēlētājs; c. forward – centra uzbrucējs (*futbolā*); **II** *v* **1.** koncentrēt; **2.** koncentrēties; **3.** *tehn.* centrēt
centrifugal [senˈtrifjʊgl] *a fiz.* centrbēdzes-; c. force – centrbēdzes spēks
centrifuge [ˈsentrifju:dʒ] *n* centrifūga, separators
centripetal [senˈtripitl] *a fiz.* centrtieces-; c. force – centrtieces spēks
century [ˈsentʃəri] *n* **1.** gadsimts; **2.** *amer. sl.* simt dolāru; **3.** *sl.* simt sterliņu mārciņu; **4.**: c. plant – Amerikas agave
ceramic [siˈræmik] *a* keramikas-
ceramics [siˈræmiks] *n* **1.** keramika; **2.** keramikas izstrādājumi
cereal [ˈsiəriəl] **I** *n* **1.** (*parasti pl*) labības augi; **2.** *amer.* graudaugu barība (*piem., putra*); breakfast ~s auzu (miežu *u. tml.*) putra; **II** *a* labības-; graudu-
cerebra *sk.* **cerebrum**
cerebral [ˈseribrəl] *a* smadzeņu-; c. haemorrhage *med.* – asinsizplūdums smadzenēs
cerebration [ˌseriˈbreiʃn] *n* **1.** smadzeņu darbība; **2.** domāšana
cerebrum [ˈseribrəm] *n* (*pl* cerebra [ˈseribrə]) *anat.* galvas smadzenes
ceremonial [ˌseriˈməʊniəl] **I** *n* ceremonija; **II** *a* ceremoniāls, svinīgs
ceremonious [ˌseriˈməʊniəs] *a* **1.** ceremoniāls, svinīgs; **2.** klīrīgs
ceremony [ˈseriməni] *n* **1.** ceremonija; **2.** ceremoniāla izturēšanās; klīrība
cerise [səˈri:z] *a* ķiršsarkans
cerium [ˈsiəriəm] *n ķīm.* cerijs

certain [ˈsɜ:tn] *a* **1.** drošs; noteikts; **2.** pārliecināts; nešaubīgs; are you quite c. about that? – vai esat pārliecināts par to?; to make c. (*of*) – pārliecināties; **3.** kāds; zināms; under c. circumstances – zināmos apstākļos
certainly [ˈsɜ:tnli] *adv* protams; noteikti
certainty [ˈsɜ:tnti] *n* **1.** drošība; noteiktība; for a c. – pilnīgi droši; **2.** pārliecība; dead c. – dziļa pārliecība
certificate I *n* [səˈtifikət] **1.** apliecība; birth c. – dzimšanas apliecība; **2.** gatavības apliecība; **II** *v* [səˈtifikeit] **1.** apliecināt; apstiprināt; **2.** izsniegt apliecību
certification [ˌsɜ:tifiˈkeiʃn] *n* **1.** apliecināšana; apstiprināšana; **2.** apliecības izsniegšana
certify [ˈsɜ:tifai] *v* **1.** apliecināt; apstiprināt; **2.** galvot
certitude [ˈsɜ:titju:d] *n* pārliecība
cerulean [siˈru:liən] *a* debeszils
cessation [seˈseiʃn] *n* pārtraukšana; c. of hostilities – karadarbības pārtraukšana
cession [ˈseʃn] *n* **1.** (*teritorijas, īpašuma*) atdošana; **2.** atteikšanās (*no tiesībām*)
cesspit [ˈsespit] *n* atkritumu bedre
cesspool [ˈsespu:l] *sk.* **cesspit**
chafe [tʃeif] **I** *n* **1.** nobrāzums; **2.** sapīkums; in a ch. – sapīcis; saskaities; **II** *v* **1.** berzēt; sasildīt berzējot; **2.** noberzt jēlu; **3.** (*at, under*) skaisties
chafer [ˈtʃeifə] *n* maijvabole
chaff[a] [tʃɑ:f] *n* **1.** pelavas; **2.** sausna (*lopu barošanai*); ekseļi; **3.** atkritumi
chaff[b] [tʃɑ:f] *n* ķircināšanās; apcelšana
chaff-cutter [ˈtʃɑ:fˌkʌtə] *n lauks.* ekseļmašīna
chaffer [ˈtʃæfə] *v* kauļēties

chaffinch ['tʃæfintʃ] *n* žubīte
chagrin ['ʃægrin] **I** *n* sarūgtinājums; vilšanās; **II** *v* izjust sarūgtinājumu
chain [tʃein] **I** *n* **1.** ķēde; **2.** *pl* važas; in ~s – važās iekalts; **3.** (*kalnu*) grēda; **4.** sērija; virkne; ch. of events – notikumu virkne; **II** *v* **1.** pieķēdēt; **2.** iekalt važās; **3.** *pārn.* saistīt; piekalt
chain-react ['tʃeinriækt] *v* izraisīt ķēdes reakciju
chain-smoker ['tʃein,sməʊkə] *n* kaislīgs smēķētājs
chair [tʃeə] **I** *n* **1.** krēsls; easy ch. – atzveltnes krēsls; **2.** katedra; profesūra; **3.** priekšsēdētāja vieta; **4.** (*sapulces*) priekšsēdētājs; to be in the ch. – vadīt sapulci; to leave the ch. – slēgt sapulci; to take the ch. – atklāt sapulci; **II** *v* **1.** vadīt sapulci; **2.** sumināt (*paceļot krēslā*)
chair-bed ['tʃeəbed] *n* dīvānkrēsls
chair-lift ['tʃeəlift] *n* (*slēpotāju*) trošu ceļš
chairman ['tʃeəmən] *n* priekšsēdētājs
chair-person ['tʃeəpɜ:sn] *n* (*sapulces*) priekšsēdētājs
chalice ['tʃælis] *n* **1.** *bot.* kausiņš; **2.** (*metāla*) vīna kauss
chalk [tʃɔ:k] **I** *n* krīts; **II** *v* **1.** rakstīt ar krītu; **2.** kaļķot (*augsni*); ◻ to ch. **out** – 1) uzmest (*plānu*); 2) aprakstīt (*vispārējos vilcienos*); to ch. **up** – 1) atzīmēt; 2) gūt punktus (*spēlē*)
chalk-stone ['tʃɔ:kstəʊn] *n* kaļķakmens
challenge ['tʃælindʒ] **I** *n* **1.** izaicinājums (*mēroties spēkiem*); **2.** (*sarežģīta*) problēma; (*spēku*) pārbaude; **3.** apstrīdēšana; **II** *v* **1.** izaicināt; **2.** apstrīdēt; prasīt (*pierādījumus u. tml.*); **3.** pārbaudīt (*spēkus*); **4.** *ek.* [iz]konkurēt

challenger ['tʃælindʒə] *n* **1.** izaicinātājs; **2.** pretendents
chamber ['tʃeimbə] *n* **1.** *novec.* istaba, kambaris; **2.** *pl* mēbelētas istabas (*arī* mēbelēts dzīvoklis); **3.** *pl* (*advokāta*) kantoris; **4.** (*parlamenta*) palāta; Ch. of Commerce – tirdzniecības palāta; **5.** kamera; **6.**: ch. of the heart – sirds kambaris
chamberlain ['tʃeimbəlin] *n* **1.** galma pārvaldnieks; **2.** kambarkungs
chamber-maid ['tʃeimbəmeid] *n* apkalpotāja (*viesnīcā*)
chamber-pot ['tʃeimbəpɒt] *n* naktspods
chameleon [kə'mi:liən] *n* hameleons
chamois *n* **1.** ['ʃæmwɑ:] kalnu kaza; **2.** ['ʃæmi] zamšāda
champ[a] [tʃæmp] *v* čāpstināt, šmakstināt
champ[b] [tʃæmp] *n* (*saīs. no* champion) *sar.* čempions
champagne [ʃæm'pein] *n* šampanietis
champion ['tʃæmpiən] **I** *n* **1.** čempions; uzvarētājs; **2.** cīnītājs; aizstāvis; **II** *a* **1.** uzvarētāj-; izlases-; ch. team – izlases komanda; **2.** *sar.* pirmšķirīgs; **III** *v* aizstāvēt; cīnīties par; **IV** *adv sar.* pirmšķirīgi
championship ['tʃæmpiənʃip] *n* **1.** čempionāts; meistarsacīkstes; **2.** čempiona nosaukums
chance [tʃɑ:ns] **I** *n* **1.** laime; veiksme; the ch. of a lifetime – veiksme vienreiz mūžā; **2.** gadījums; nejaušība; **3.** iespēja; izdevība; **4.** risks; ◇ not a cat's (dog's) ch. – ne tik, cik melns aiz naga; **II** *a* nejaušs; gadījuma-; ch. acquaintance – nejaušs paziņa; **III** *v* **1.** gadīties; **2.** riskēt; ◻ to ch. [**up**] **on** – nejauši satikt, uzdurties
chancel ['tʃɑ:nsl] *n* altārtelpa

chancellor ['tʃɑ:nsələ] *n* **1.** kanclers; Lord Ch. – 1) (*parlamentā*) lords kanclers; 2) augstākais tiesnesis (*Anglijā*); Ch. of the Exchequer – finanšu ministrs (*Anglijā*); **2.** pirmais sekretārs (*vēstniecībā*); **3.** rektors (*Anglijas universitātēs*)

chancery ['tʃɑ:nsəri] *n* **1.** augstākās tiesas nodaļa (*Anglijā*); **2.** kanceleja; arhīvs

chancy ['tʃɑ:nsi] *a* **1.** nenoteikts; **2.** *sar.* riskants; **3.** *sar.* veiksmīgs; izdevīgs

chandelier [ˌʃændə'liə] *n* lustra

change [tʃeindʒ] **I** *n* **1.** pārmaiņa; ch. in the weather – laika pārmaiņa; **2.** (*veļas*) maiņa; (*drēbju*) kārta; **3.** sīknauda; (*mainot*) izdotā nauda; **4.** pārsēšanās (*citā vilcienā u. tml.*); **5.** aizstājējs; aizvietotājs; **6.** jauna Mēness fāze; **II** *v* **1.** mainīt; apmainīt; pārmainīt; **2.** [ap]mainīties; **3.** pārģērbties; **4.** izmainīt (*naudu*); **5.** pārsēsties (*citā vilcienā u. tml.*); all ch.! – visiem izkāpt!; ◊ to ch. **into** – 1) pārvērst par; 2) pārvērsties par; to ch. **over** (**to**) – pāriet; pārkārtot (*uz*); to ch. over to summer time – pāriet uz vasaras laiku

Change [tʃeindʒ] *n* (*saīs. no* exchange) birža

changeable ['tʃeindʒəbl] *a* mainīgs; nepastāvīgs; ch. weather – mainīgs laiks

change-maker ['tʃeindʒˌmeikə] *sk.* **coinchanger**

change-over ['tʃeindʒˌəʊvə] *n* **1.** pārkārtošana; **2.** *tehn.* pārslēgšana

channel ['tʃænl] **I** *n* **1.** kanāls; ūdensceļš; **2.** jūras šaurums; the English Channel – Lamanšs; **3.** *jūrn.* kuģu ceļš; **4.** (*informācijas*) avots; **5.** (*radio, televīzijas*) kanāls; **II** *v* **1.** izveidot kanālu; **2.** izlauzt sev ceļu (*par ūdeni*)

channelize ['tʃænəlaiz] *v* ievirzīt

chant [tʃɑ:nt] **I** *n* **1.** *poēt.* dziesma; **2.** psalmu dziedāšana; **II** *v* **1.** *poēt.* dziedāt; **2.** monotoni skandēt (*arī* dziedāt)

chanty ['tʃɑ:nti] *n amer.* matrožu [darba] dziesma

chaos ['keiɒs] *n* haoss

chaotic [kei'ɒtik] *a* haotisks

chap[a] [tʃæp] *n* (*parasti pl*) **1.** (*dzīvnieka*) žoklis; to lick one's ~s – aplaizīties; **2.** vaigs

chap[b] [tʃæp] **I** *n* sasprēgājums; **II** *v* **1.** sasprēgāt; **2.** saplaisāt

chapel ['tʃæpl] *n* kapela

chaperon ['ʃæpərəʊn] **I** *n* pavadone (*jaunai meitenei sabiedrībā*); **II** *v* **1.** pavadīt (*jaunu meiteni sabiedrībā*); **2.** uzmesties par aizbildni

chaplain ['tʃæplin] *n* kapelāns (*armijā, flotē*)

chap-stick ['tʃæpstik] *n* higiēniskā lūpu krāsa

chapter ['tʃæptə] *n* **1.** (*grāmatas*) nodaļa; **2.** (*vēstures*) periods

char[a] [tʃɑ:] **I** *n* (*saīs. no* charwoman) apkopēja; **II** *v* uzkopt telpas

char[b] [tʃɑ:] *v* **1.** apdedzināt; **2.** pāroglotiēs

char[c] [tʃɑ:] *n sl.* tēja; a cup of ch. – tase tējas

character ['kærəktə] **I** *n* **1.** raksturs; **2.** raksturīga pazīme; **3.** *dat.* rakstzīme; ch. mode *dat.* – rakstzīmju režīms; ch. set *dat.* – rakstzīmju kopa; ch. string *dat.* – rakstzīmju virkne; **4.** personība; persona; **5.** tēls; raksturs; **6.** rekomendācija; raksturojums; **7.** reputācija; **8.** burts; Chinese ~s – ķīniešu hieroglifi; **9.** *mat.* simbols; zīme; **II** *a* rakstura-; ch.

building – rakstura veidošana; ch. part – raksturloma
characteristic [ˌkærəktəˈristik] I *n* 1. raksturīga pazīme; 2. *tehn.* [rakstur]līkne; 3. *mat.* (*logaritma*) raksturojums; II *a* raksturīgs
characterize [ˈkærəktəraiz] *v* 1. raksturot; 2. būt raksturīgam
charade [ʃəˈrɑːd] *n* šarāde
charcoal [ˈtʃɑːkəʊl] *n* kokogle
charge [tʃɑːdʒ] I *n* 1. krava; nasta; 2. [zināms] daudzums; deva; 3. lādiņš; 4. cena; maksa; ~s *pl* – izdevumi; at his own. ch. – uz viņa paša rēķina; free of ch. – 1) bezmaksas-; 2) bez maksas; 5. apsūdzība; 6. pārziņa; uzraudzība; 7. [aiz]gādība; to take ch. of – rūpēties par; 8. aizbilstamais; 9. uzdevums; priekšraksts; II *v* 1. piekraut; 2. ņemt maksu; how much do you ch. for it? – cik jūs par to prasāt?; 3. piepildīt (*glāzi*); 4. (*with*) apsūdzēt; apvainot; 5. (*with*) uzticēt; uzdot; to ch. oneself (*with*) – uzņemties; 6. pieprasīt; 7. pieskaitīt (*kāda rēķinam*); 󰀀 to ch. **off** – norakstīt (*atskaitot*)
charge-account [ˈtʃɑːdʒəˌkaʊnt] *n amer.* kredīts
charge d'affaires [ˌʃɑːʒeidæˈfeə] *n* (*diplomāta, ministra u. tml.*) pilnvarotais
chariness [ˈtʃeərinis] *n* 1. piesardzība; 2. taupība
charisma [kəˈrizmə] *n* valdzinājums; pievilcība
charitable [ˈtʃærətəbl] *a* 1. labdarīgs; 2. žēlsirdīgs
charity [ˈtʃærəti] *n* 1. žēlsirdība; 2. labdarība; žēlastības dāvana; 3. *pl* labdarības iestādes
charlatan [ˈʃɑːlətən] *n* šarlatāns

charm [tʃɑːm] I *n* 1. burvība; 2. šarms; pievilcība; 3. amulets; II *v* 1. noburt; 2. apburt; valdzināt
charmer [ˈtʃɑːmə] *n* 1. apburošs cilvēks (*par sievieti*); 2. burvis; vārdotājs
charming [ˈtʃɑːmiŋ] *a* apburošs, burvīgs; pievilcīgs
chart [tʃɑːt] I *n* 1. (*jūras*) karte; 2. diagramma; tabula; II *v* 1. atzīmēt kartē; 2. zīmēt karti (diagrammu *u. tml.*)
charter [ˈtʃɑːtə] I *n* 1. harta; the Great Ch. – Lielā brīvības harta; United Nations' Ch. – Apvienoto nāciju statūti; 2. privilēģija; ch. member *amer.* – (*organizācijas u. tml.*) dibinātājbiedrs; 3. (*kuģa, lidmašīnas u. tml.*) frakts līgums; ch. flight – čārterreiss; II *v* 1. fraktēt (*kuģi u. tml.*); 2. piešķirt privilēģiju
charwoman [ˈtʃɑːwʊmən] *n* apkopēja
chary [ˈtʃeəri] *a* (*of*) 1. piesardzīgs; 2. skops (*piem., vārdos*)
chase [tʃeis] I *n* 1. vajāšana; pakaļdzīšanās; to give ch. (*to*) – dzīties pakaļ; 2.: the ch. – dzīšana (*medībās*); 3. vajātais; medījamais dzīvnieks; ◊ wild goose ch. – neprātīga iedoma; tiekšanās pēc neiespējamā; II *v* 1. dzīties pakaļ; vajāt; 2. (*from, out of*) izdzīt; padzīt; 3. dzīt pēdas (*medījumam*)
chaser[a] [ˈtʃeisə] *n* 1. vajātājs; 2. *av.* iznīcinātājs
chaser[b] [ˈtʃeisə] *n* gravieris
chasm [ˈkæzəm] *n* 1. (*dziļa*) aiza; bezdibenis; 2. *pārn.* (*uzskatu u. tml.*) nesaskaņa
chaste [tʃeist] *a* 1. šķīsts, nevainīgs; 2. vienkāršs (*par stilu*)
chasten [ˈtʃeisn] *v* 1. sodīt; pārmācīt; 2. disciplinēt; 3. labot (*stilu*)

chastise [tʃæ'staiz] *v* **1.** sodīt ar miesas sodu; **2.** izteikt stingru rājienu
chastisement ['tʃæstizmənt] *n* disciplinārsods; corporal ch. – miesas sods
chastity ['tʃæstəti] *n* **1.** šķīstība, nevainība; **2.** (*stila*) vienkāršība
chasuble ['tʃæzjʊbl] *n* talārs
chat [tʃæt] **I** *n* tērzēšana, pļāpāšana; **II** *v* tērzēt, pļāpāt
chattel ['tʃætl] *n* (*parasti pl*) kustamā manta; goods and ~s – visa iedzīve
chatter ['tʃætə] **I** *n* **1.** tērzēšana, pļāpāšana; **2.** čivināšana; **3.** (*zobu*) klabēšana; **4.** *tehn.* vibrēšana; **II** *v* **1.** tērzēt, pļāpāt; **2.** čivināt; **3.** klabēt (*par zobiem*); **4.** *tehn.* vibrēt
chatterbox ['tʃætəbɒks] *n* pļāpa
chatterer ['tʃætərə] *n* pļāpa
chatty ['tʃæti] *a* pļāpīgs, runīgs
chauffer ['tʃɔːfə] *n* taupības krāsniņa
chauffeur ['ʃəʊfə] **I** *n* šoferis; **II** *v* (*around, about*) vest kādu savā automobilī
chauffeuse ['ʃəʊfɜːz] *n* šofere
chauvinism ['ʃəʊvinizəm] *n* šovinisms
chauvinist ['ʃəʊvinist] *n* šovinists
cheap [tʃiːp] **I** *a* **1.** lēts; dirt ch. – par smiekla naudu; **2.** par pazeminātu cenu; ch. trip – brauciens par pazeminātu maksu; **3.** zemas kvalitātes-; **4.** viegls; ch. victory – viegla uzvara; **5.** sekls; to hold ch. – zemu vērtēt; nicināt; **II** *adv* **1.** lēti; to get ch. – lēti iegādāties; **2.** viegli; **3.** zemiski
cheapskate ['tʃiːpskeit] *n* skopulis, sīkstulis
cheat [tʃiːt] **I** *n* **1.** krāpšana; **2.** krāpnieks; blēdis; **II** *v* **1.** krāpt, blēdīties; to ch. in an examination – «špikot» eksāmenā; **2.** izvairīties; **3.** īsināt
check[a] [tʃek] **I** *n* **1.** (*šahā*) šahs; **2.** pēkšņa apstāšanās; kavēklis; **3.** savaldīšana; iegrožošana; **4.** kontrole; double ch. – divreizēja pārbaude; ch. experiment – kontroleksperiments; **5.** (*garderobes*) numurs; **6.** *amer.* rēķins (*restorānā*); **II** *v* **1.** (*šahā*) pieteikt šahu; **2.** apstādināt; aizturēt; **3.** savaldīt; iegrožot; **4.** kontrolēt; to ch. a list – pārbaudīt sarakstu; **5.** *amer.* atstāt glabāšanā (*garderobē u. tml.*); ◊ to ch. **in** – 1) reģistrēties viesnīcā; 2) reģistrēt biļeti (*lidostā pirms reisa*); to ch. in at the airport an hour before the plane leaves – ierasties lidostā stundu pirms lidmašīnas izlidošanas; 3) reģistrēties par ierašanos darbā; to ch. **off** – 1) atvilkt no algas; 2) atzīmēt; to ch. **out** – 1) izrakstīties (*no viesnīcas, slimnīcas*); 2) atstāt dienesta telpas; 3) sakrist, saskanēt; to ch. out with the facts – saskanēt ar faktiem; to ch. **over** – pārbaudīt (*piem., darba kvalitāti*); to ch. **up** – 1) pārbaudīt (*veselību*); 2) revidēt; to ch. **up on** – izdarīt aptauju
check[b] [tʃek] *amer. sk.* **cheque**
check[c] [tʃek] *n* **1.** rūtains audums; **2.** rūtiņa (*audumā*); **3.**: c. box *dat.* – izvēles rūtiņa
checked [tʃekt] *a* rūtains
checkerboard ['tʃekəbɔːd] *n amer.* dambretes galdiņš
checkers ['tʃekəz] *n pl amer.* **1.** dambrete; **2.** dambretes kauliņi
check-in ['tʃekin] *n* **1.** reģistrēšanās (*viesnīcā*); uzņemšana (*slimnīcā u. tml.*); **2.** biļešu reģistrācija (*lidostā pirms reisa*); **3.** reģistrēšanās par ierašanos (*piem., darbā*)
checkmate ['tʃekmeit] **I** *n* **1.** (*šahā*) šahs un mats; **2.** pilnīga sakāve; **II** *v*

1. (*šahā*) pieteikt matu; 2. pilnīgi sagraut (*piem., cerības*)
check-off ['tʃekɒf] *n* atvilkums no algas
check-out ['tʃekaʊt] *n* 1. izrakstīšanās (*no viesnīcas, slimnīcas*); ch.-out time – laiks, kad jāatbrīvo telpas; 2. norēķināšanās (*pie pašapkalpošanās kases*)
checkpoint ['tʃekpɔint] *n* 1. (*satiksmes*) kontrolpunkts; 2. *mil.* orientieris
check-room ['tʃekrʊm] *n amer.* 1. garderobe; 2. bagāžas glabātava
check-up ['tʃekʌp] *n* 1. (*medicīniskā*) apskate; pārbaude; 2. revīzija
cheddar ['tʃedə] *n* čederas siers
cheek[a] [tʃi:k] *n* 1. vaigs; 2. sēžamvieta; ◇ ch. by jowl – 1) cieši blakus; 2) tuvās attiecībās
cheek[b] [tʃi:k] **I** *n* nekaunība; to have the ch. to say – uzdrošināties teikt; **II** *v* izturēties nekaunīgi
cheekbone ['tʃi:kbəʊn] *n* vaigu kauls
cheek-tooth ['tʃi:ktu:θ] *n* dzeroklis
cheeky ['tʃi:ki] *a* nekaunīgs
cheer [tʃiə] **I** *n* 1. labs garastāvoklis; pacilātība; to be of good ch. – būt pacilātā garastāvoklī; full of ch. – labā omā; 2. piekrišanas (urā!) sauciens; ovācija; **II** *v* 1. uzmundrināt; ch. up! – galvu augšā!; 2. izrādīt piekrišanu; sveikt ar gavilēm
cheerful ['tʃiəfʊl] *a* 1. mundrs; priecīgs; 2. gaišs; jauks (*par dienu*)
cheerio [,tʃiəri'əʊ] *sar.* 1. sveiki!, visu labu!; 2. uz jūsu veselību!
cheerless ['tʃiəlis] *a* drūms
cheery ['tʃiəri] *a* līksms; priecīgs
cheese [tʃi:z] *n* 1. siers; 2. *sar.* (*arī* cottage ch.) biezpiens; ◇ big ch. – liels vīrs
cheesecake ['tʃi:zkeik] *n* biezpienmaize
cheese-cloth ['tʃi:zklɒθ] *n* marle

cheesy ['tʃi:zi] *a* 1. sierveida-; sierveidīgs; 2. *sl.* modīgs
cheetah ['tʃi:tə] *n* gepards
chef [ʃef] *n* šefpavārs
chemical ['kemikl] *a* ķīmijas-; ķīmisks; ch. fertilizers – minerālmēslojums
chemicals ['kemiklz] *n* (*parasti pl*) ķīmikālijas
chemise [ʃə'mi:z] *n* (*sieviešu*) krekls
chemist ['kemist] *n* 1. ķīmiķis; 2. aptiekārs; at the ~'s – aptiekā; ~'s shop – aptieka
chemistry ['kemistri] *n* 1. ķīmija; 2. vielas ķīmiskā uzbūve
chemotherapy [,ki:məʊ 'θerəpi] *n* ķīmijterapija
cheque [tʃek] *n* čeks; to cast a ch. – saņemt naudu pret čeku; to draw a ch. – izrakstīt čeku; to pay by ch. – maksāt ar čeku; blank ch. – neaizpildīts čeks
cheque-book ['tʃekbʊk] *n* čeku grāmatiņa
chequer ['tʃekə] **I** *n* (*parasti pl*) rūtains audums; **II** *v* 1. sadalīt rūtiņās; 2. *pārn.* pieredzēt baltas un nebaltas dienas
chequered ['tʃekəd] *a* 1. rūtains; 2. *pārn.* raibs (*par dzīvi*)
cherish ['tʃeriʃ] *v* 1. mīlēt (*savus bērnus*); 2. lolot (*cerības u. tml.*); 3. glabāt (*atmiņā*)
cherry ['tʃeri] **I** *n* ķirsis (*koks, oga*); ch. brandy – ķiršu liķieris; **II** *a* ķiršsarkans; ķiršbrūns
chert [tʃɜ:t] *n* krams
cherub ['tʃerəb] *n* (*pl* cherubs ['tʃerəbz] vai cherubim ['tʃerəbim]) *mit.* ķerubs
chess [tʃes] *n* šahs (*spēle*)
chess-board ['tʃesbɔ:d] *n* šaha galdiņš
chess-man ['tʃesmæn] *n* šaha figūra
chess-player ['tʃes,pleiə] *n* šahists

chest [tʃest] *n* **1.** kaste; lāde; ch. of drawers – kumode; medicine ch. – mājas aptieciņa; **2.** *anat.* krūškurvis

chesterfield ['tʃestəfi:ld] *n* **1.** garš, šaurs mētelis; **2.** garš, mīksts dīvāns

chestnut ['tʃesnʌt] *n* **1.** kastanis; **2.** kastaņa; kastaņkoks; **3.** kastaņbrūna krāsa; **4.** bērs zirgs

chest-trouble ['tʃesttrʌbl] *n* bronhīts

chevalier [ˌʃevə'liə] *n* **1.** *vēst.* bruņinieks; **2.** kavalieris; **3.**: ch. of industry – avantūrists

chew [tʃu:] **I** *n* **1.** gremoklis; **2.** tabakas zelēklis; **II** *v* **1.** gremot; košļāt; zelēt; **2.** (*on, upon*) prātot; **3.** ~ed up *amer.* – nobažījies; ◊ to ch. **out** – sarāt; to ch. **over** – apsvērt; pārdomāt

chewers ['tʃu:əz] *n pl amer.* zobi

chewing-gum ['tʃu:iŋgʌm] *n* košļājamā gumija

chic [ʃi:k] **I** *n* elegance; **II** *a* elegants

chicane [ʃi'kein] *v* rīkoties ar viltu

chichi ['ʃiʃi] *a sar.* **1.** neīsts; mākslots; **2.** modīgs

chick [tʃik] *n* **1.** (*tikko izšķīlies*) cālis; **2.** putnēns; **3.** mazulītis

chicken ['tʃikin] **I** *n* **1.** cālis; **2.** mazulis; **3.** *kul.* cāļa gaļa; ◊ don't count your ~s before they are hatched – cālus skaita rudenī; **II** *v* (*out*) baiļoties

chicken-hearted [ˌtʃikin'hɑ:tid] *a* gļēvs, mazdūšīgs

chickenpox ['tʃikinpɒks] *n med.* vējbakas

chickweed ['tʃikwi:d] *n bot.* virza

chicory ['tʃikəri] *n* cigoriņi

chid *sk.* **chide**

chidden *sk.* **chide**

chide [tʃaid] *v* (*p.* chid [tʃid]; *p.p.* chidden ['tʃidn] *vai* chid [tʃid]) **1.** norāt; **2.** gaudot (*par vēju*)

chief [tʃi:f] **I** *n* **1.** (*cilts u. tml.*) vadonis; virsaitis; **2.** šefs; vadītājs, priekšnieks; **II** *a* **1.** galvenais; augstākais; **2.** pamata-; the ch. wall – kapitālsiena

chiefly ['tʃi:fli] *adv* galvenokārt

chieftain ['tʃi:ftən] *n* **1.** (*cilts u. tml.*) vadonis; **2.** (*laupītāju*) barvedis

chiffon ['ʃifɒn] *n tekst.* šifons

chifforobe ['ʃifərəʊb] *n* veļas un drēbju skapis

chignon ['ʃi:njɒŋ] *n* šinjons

chilblains ['tʃilbleinz] *n* apsaldējuma čūlas

child [tʃaild] *n* (*pl* children ['tʃildrən]) **1.** bērns; **2.** *pārn.* auglis; produkts

child-bearing ['tʃaildˌbeəriŋ] *n* dzemdības

childbed ['tʃaildbed] *n* pēcdzemdību periods

childbirth ['tʃaildbɜ:θ] *n* **1.** dzemdības; **2.** dzimstība

childhood ['tʃaildhʊd] *n* **1.** bērnība; **2.**: second ch. – vecuma dīvainības (*mūža otrajā pusē*)

childish ['tʃaildiʃ] *a* **1.** bērna-; bērnu-; **2.** bērnišķīgs; nenopietns

childless ['tʃaildlis] *a* bezbērnu-

child-minder ['tʃaildˌmaində] *n* aukle

children *sk.* **child**

chill [tʃil] **I** *n* **1.** vēsums; dzestrums; to take the ch. off – uzsildīt; **2.** drebuļi; saaukstēšanās; to catch a ch. – saaukstēties; **3.** vēsa uzņemšana; noraidoša izturēšanās; **4.** *tehn.* rūdīšana; **II** *a* **1.** vēss; dzestrs; salts; **2.** vēss; noraidošs (*par izturēšanos*); **3.** *tehn.* rūdīts; **III** *v* **1.** atdzesēt; **2.** sastingt (*no bailēm u. tml.*); **3.** atvēsināt (*sajūsmu u. tml.*); **4.** *tehn.* rūdīt

chiller ['tʃilə] *n* šausmu romāns

chilli ['tʃili] *n* sarkanie pipari

chilly ['tʃili] *a* **1.** vēss; drēgns (*par laiku*); **2.** salīgs (*par cilvēku*); **3.** vēss; noraidošs (*par izturēšanos*)

chime [tʃaim] **I** *n* **1.** zvani; zvanu skaņas; zvanu spēle; **2.** (*dzejas*) ritms; **3.** harmonija; saskaņa; **II** *v* **1.** skanēt; zvanīt (*par zvaniem*); **2.** sist (*par pulksteni*); **3.** harmonēt; saskanēt; ▯ to ch. in – piebalsot; to ch. in with – saskanēt

chimera [kai'miərə] *n* himera; nepiepildāms sapnis

chimney ['tʃimni] *n* skurstenis; dūmvads

chimney-stack ['tʃimnistæk] *n* dūmeņi

chimney-sweep[er] ['tʃimni‚swi:p(ə)] *n* skursteņslauķis

chimpanzee [‚tʃimpən'zi:] *n* šimpanze

chin [tʃin] *n* zods; up to the ch. – līdz ausīm

china ['tʃainə] *n* porcelāns; ch. shop – porcelāna izstrādājumu veikals

China ink ['tʃainəiŋk] *n* tuša

chinch [tʃintʃ] *n* blakts

chinchilla [‚tʃin'tʃilə] *n* zool. šinšilla

chine [tʃain] *n* kul. fileja

Chinese [‚tʃai'ni:z] **I** *n* **1.** ķīnietis; ķīniete; the Ch. – ķīnieši; **2.** ķīniešu valoda; **II** *a* **1.** ķīniešu-; ch. white – 1) cinka baltums; 2) tīrs heroīns; **2.** Ch. landing *av. sl.* – nolaišanās uz viena riteņa

Chink [tʃiŋk] *n amer., niev.* ķīnietis

chink[a] [tʃiŋk] *n* **1.** plaisa; sprauga; **2.** gaismas strēle

chink[b] [tʃiŋk] **I** *n* **1.** šķindoņa; **2.** *sl.* skanošais (*nauda*); **II** *v* šķindēt

chintz [tʃints] *n* raibs kokvilnas mēbeļaudums

chip [tʃip] **I** *n* **1.** skaida; ch. basket – skaidu grozs; **2.** šķemba; lauska; **3.** robs; **4.**: ~s *pl sar.* čipsi; smalki sagriezti kartupeļi; **5.** metālskaidas; **6.** *tehn.* kristāliņš, monokristāls; **7.** *dat.* mikroshēma; **II** *v* **1.** cirst; plēst (*skalus*); **2.** ieplīst; **3.** cept smalki sagrieztus (*piem., kartupeļus*); ▯ to ch. **away** – 1) pamazām atskaldīt (*piem., akmeni*); 2) *pārn.* pamazām sagraut (*piem., cerības*); to ch. **in** – 1) iejaukties (*sarunā*); 2) piedalīties (*naudas samešanā*)

chipmuck ['tʃipmʌk] *n zool.* burunduks

chirk [tʃɜ:k] *amer. sar.* **I** *a* žirgts; mundrs; **II** *v* uzmundrināt

chirp [tʃɜ:p] **I** *n* **1.** čivināšana, čiepstēšana; **2.** *amer. sl.* ziņotājs (*policijā*); **II** *v* **1.** čivināt, čiepstēt; **2.** *amer. sl.* informēt (*parasti policiju*)

chirpy ['tʃɜ:pi] *a* dzīvs; jautrs

chirr [tʃɜ:] *v* **1.** čivināt; **2.** sisināt

chirrup ['tʃirəp] **I** *n* čivināšana; **II** *v* čivināt

chisel ['tʃizl] **I** *n* **1.** (*skulptora*) kalts; **2.** *tehn.* grieznis; **II** *v* **1.** strādāt ar kaltu; **2.** kalt (*akmenī, marmorā*); griezt (*kokā*); **3.** noslīpēt (*stiklu*); **4.** *sar.* krāpt

chiselled ['tʃizld] *a* noslīpēts; izveidots; ch. features – smalki sejas vaibsti

chit[a] [tʃit] *n* **1.** asns; **2.** mazulis, knauķis; ch. of a girl – knīpa

chit[b] [tʃit] *n* zīmīte; vēstulīte

chit-chat ['tʃittʃæt] *n* pļāpāšana

chivalrous ['ʃivlrəs] *a* bruņniecisks

chivalry ['ʃivlri] *n* **1.** *vēst.* bruņniecība; **2.** bruņnieciskums

chive [tʃaiv] *n* **1.** *bot.* maurloki; **2.** sīpola (ķiploka) galviņa

chivy ['tʃivi] *v* **1.** trenkāt; dzīties pakaļ; **2.** apcelt

chlorate ['klɔ:reit] *n ķīm.* hlorāts

chloride ['klɔ:raid] *n ķīm.* hlorīds; sodium ch. – vārāmais sāls

chlorine [ˈklɔːriːn] n ķīm. hlors
chloroform [ˈklɒrəfɔːm] n ķīm. hloroforms
chlorophyl[l] [ˈklɒrəfil] n hlorofils
choc [tʃɒk] n (saīs. no chocolate) sar. šokolāde
choc-ice [ˈtʃɒkais] n sar. saldējums (ar šokolādes glazūru)
chock [tʃɒk] **I** n ķīlis; **II** v saķīlēt; ◻ to ch. **up** – 1) nostiprināt (lai nekustētos); 2) pieblīvēt
chock-a-block [ˌtʃɒkəˈblɒk] a, adv stāvgrūdām pilns
chocolate [ˈtʃɒkələt] **I** n 1. šokolāde; šokolādes pulveris; 2. šokolādes dzēriens; 3.: ~s pl – šokolādes konfektes; **II** a 1. šokolādes-; 2. šokolādes krāsas-
choice [tʃɔis] **I** n 1. izvēle; take (make) your ch.! – izvēl[iet]ies!; 2. izeja; I have no ch. – man nav citas izejas; 3. izlase, atlase; 4. izvēlētais; izvēlētā; **II** a 1. izlases-; vislabākais; 2. izvēlīgs
choir [ˈkwaiə] n koris
choir-master [ˈkwaiəˌmɑːstə] n kormeistars
choke [tʃəʊk] **I** n 1. aizdusas lēkme; 2. (dūmvada) aizbīdnis; 3. slāpētājs (motorā); 4. tehn. drosele; **II** v 1. žņaugt; smacēt; 2. aizrīties; to ch. with anger – vai slāpt aiz dusmām; 3. apslāpēt; noslāpēt; 4. aizsērēt; ◻ to ch. **back** – apvaldīt (asaras, dusmas); to ch. **down** – 1) ātri rīt; 2) ar mokām norīt; 3) sk. to ch. back; to ch. **in** amer. sl. – turēt mēli aiz zobiem; to ch. **off** sl. – 1) nožņaugt; 2) tikt vaļā no; 3) to ch. back; to ch. **up** – 1) aizsērēt; 2) pieblīvēt
choking [ˈtʃəʊkiŋ] **I** n 1. smakšana; 2. rājiens; **II** a žņaudzošs; smacējošs

choky [ˈtʃəʊki] **I** n sl. cietums; **II** a smacīgs
cholera [ˈkɒlərə] n med. holera
choleric [ˈkɒlərik] a holerisks; ātri aizkaitināms
cholesterol [kəˈlestərɒl] n holesterīns
choose [tʃuːz] v (p. chose [tʃəʊz]; p.p. chosen [ˈtʃəʊzn]) 1. izmeklēt; izvēlēties; 2. izvēlēt; izraudzīt; 3. vēlēties; gribēt
choosey [ˈtʃuːzi] sk. choosy
choosy [ˈtʃuːzi] a sar. izvēlīgs
chopᵃ [tʃɒp] **I** n 1. cirtiens; 2. kul. (cūkas, jēra) karbonāde; 3. el. pārtraukums; 4. sp. gremde; **II** v 1. cirst; skaldīt; 2. sasmalcināt; sakapāt; 3. skaldīt (vārdus); 4. pēkšņi pārtraukt; 5. el. pārtraukt; 6. sp. gremdēt; ◻ to ch. **off** (**away, down**) – nocirst; atskaldīt; to ch. **up** – sacirst; sakapāt
chopᵇ [tʃɒp] **I** n 1. ņirbu vilnīši (uz ūdens); 2.: ~s and changes – pārmaiņas; **II** v 1. mainīties; svārstīties; 2. mētāties (ar vārdiem); to ch. words (logic) – spriedelēt; ◻ to ch. **about** (**round**) – pēkšņi mainīt virzienu (par vēju)
chopᶜ [tʃɒp] n (parasti pl) 1. sl. žoklis; 2. sl. asa piezīme
chopᵈ [tʃɒp] n 1. spiedogs; 2. fabrikas zīme
chophouse [ˈtʃɒphaʊs] n (lēts) restorāns
chopper [ˈtʃɒpə] n 1. cirtējs; 2. kapājamais nazis; 3. el. pārtraucējs; 4. amer. biļešu kontrolieris; 5. sl. helikopters
choppy [ˈtʃɒpi] a 1. viļņains; nemierīgs (par ūdens virsmu); 2. mainīgs (par vēju); 3. juceklīgs (par stilu)
chopsticks [ˈtʃɒpstiks] n pl irbuļi (ķīniešiem, japāņiem)
choral [ˈkɔːrəl] a kora-

chorale [kɒ'rɑ:l] *n* **1.** korālis; **2.** koris
chordᵃ [kɔ:d] *n* **1.** *poēt.* stīga; **2.** *anat.* saite; vocal ~s – balss saites; spinal ch.– mugurkaula smadzenes; **3.** *mat.* horda; ◊ to touch the right ch. – aizķert pareizo stīgu
chordᵇ [kɔ:d] *n* **1.** akords; **2.** krāsu gamma
choreography [ˌkɒri'ɒgrəfi] *n* horeogrāfija
chorister ['kɒristə] *n* korists; koriste
chortle ['tʃɔ:tl] *v* spurgt (*aiz smiekliem*)
chorus ['kɔ:rəs] **I** *n* **1.** koris; in ch. – korī; **2.** kora dziesma; **3.** piedziedājums (*korim*); **4.** kordebalets; **II** *v* **1.** dziedāt korī; **2.** atkārtot korī
chose *sk.* **choose**
chosen *sk.* **choose**
christen ['krisn] *v* kristīt
Christian ['kristʃən] **I** *n* kristietis; kristiete; **II** *a* kristīgs; Ch. name – [priekš]vārds
Christianity [ˌkristi'ænəti] *n* kristietība
christianize ['kristʃənaiz] *v* pievērst kristietībai
Christmas ['krisməs] *n* Ziemassvētki; Merry Ch.! – priecīgus Ziemassvētkus!
Christmas-tide ['krisməstaid] *n* Ziemassvētku laiks
Christmas-tree ['krisməstri:] *n* Ziemassvētku eglīte
chromium ['krəʊmiəm] *n* ķīm. hroms
chromosome ['krəʊməsəʊm] *n biol.* hromosoma
chronic ['krɒnik] *a* **1.** hronisks; pastāvīgs; **2.** *sl.* šausmīgs
chronicle ['krɒnikl] **I** *n* hronika; **II** *v* **1.** ierakstīt hronikā; **2.** minēt presē
chronicler ['krɒniklə] *n* hronists
chronologic[al] [ˌkrɒnə'lɒdʒik(l)] *a* hronoloģisks

chronology [krə'nɒlədʒi] *n* hronoloģija
chronometer [krə'nɒmitə] *n* hronometrs
chrysanthemum [kri'sænθəməm] *n* krizantēma
chub [tʃʌb] *n* **1.** sapals; **2.** *amer. sl.* teksasietis
chubby ['tʃʌbi] *a* apaļš, tukls (*par seju, vaigiem*)
chuckᵃ [tʃʌk] **I** *n* **1.** papliķēšana (*zem zoda*); **2.** sviediens, metiens; **3.** *sl.* atlaišana no darba; **II** *v* **1.** papliķēt (*zem zoda*); **2.** sviest, mest; **3.** *pārn.* izbeigt; atmest; ◊ to ch. **away** – 1) aizsviest; 2) palaist garām (*izdevību*); to ch. **out** – 1) izraidīt (*apmeklētāju*); 2) noraidīt; to ch. **up** (**in**) – pamest (*darbu*)
chuckᵇ [tʃʌk] *n* **1.** *pl.* ēdamais (*maize, gaļa*); hard ch. – sausiņi; **2.** *sl.* vērša gaļas krūtiņa; **3.** *sl.* nauda
chuckᶜ [tʃʌk] **I** *n* **1.** cālis; **2.** klukstēšana; **II** ch., ch.! – cip, cip!
chuckle ['tʃʌkl] **I** *n* **1.** ķiķināšana; **2.** klukstēšana; **II** *v* **1.** ķiķināt; **2.** klukstēt
chum [tʃʌm] **I** *n sar.* **1.** biedrs; draugs; **2.** istabas biedrs; **II** *v* draudzēties; ◊ to ch. [**up**] – 1) sadraudzēties, 2) dzīvot kopā vienā istabā
chummy ['tʃʌmi] *a sar.* draudzīgs
chump [tʃʌmp] *n* **1.** klucis; **2.** (*kāda priekšmeta*) resnais gals; **3.** (*arī* ch. chop) liela karbonādes šķēle
chunk [tʃʌŋk] *n* **1.** gabals; pika; **2.** bieza rika; šķēle
chunnel ['tʃʌnl] *n* [transporta] tunelis zem jūrasšauruma
church [tʃɜ:tʃ] *n* baznīca; Ch. of England – anglikāņu baznīca; ch. service – dievkalpojums
churchwarden [ˌtʃɜ:tʃ'wɔ:dn] *n* baznīcas vecākais

churchyard ['tʃɜ:tʃjɑ:d] *n* kapsēta
churl [tʃɜ:l] *n* rupjš tēviņš
churlish ['tʃɜ:liʃ] *a* rupjš; neaptēsts (*par cilvēku*)
churn [tʃɜ:n] **I** *n* **1.** (*sviesta*) ķērne; **2.** (*liela*) piena kanna; **II** *v* **1.** kult (*sviestu*); **2.** [sa]putot; ~ing sea – putās sakulta jūra; ◊ to ch. **out** – izlaist (*produkciju*)
chute [ʃu:t] *n* **1.** slīpa tekne (*smagumu pārvietošanai*); escape ch. – avārijas izeja (*lidmašīnā*); **2.** (*kamaniņu*) slīdkalniņš; **3.** (*upes*) kritums
ciao [tʃaʊ] čau!
cicada [si:'kɑ:də] *n* cikāde
cicatrice ['sikətris] *n* rēta
cicatrize ['sikətraiz] *v* sadzīt (*par brūci*)
cicerone [,tʃitʃə'rəʊni] *n* (*pl* ciceroni [,tʃitʃə'rəʊni:]) gids, pavadonis
ciceroni *sk.* **cicerone**
cider ['saidə] *n* sidrs; hard c. – (*raudzēta*) ābolu sula; soft c. – (*neraudzēta*) ābolu sula
cigar [si'gɑ:] *n* **1.** cigārs; **2.** *amer. sl.* komplimenti; **3.** *amer. sl.* rājiens
cigarette [,sigə'ret] *n* cigarete
cigarette case [,sigə'retkeis] *n* cigarešu etvija
cigarette-holder [,sigə'ret,həʊldə] *n* iemutis
cigarette-lighter [,sigə'ret,laitə] *n* šķiltavas
cilia ['siliə] *n pl* **1.** *anat.* skropstas; **2.** *bot.* skropstiņas
cinchona [siŋ'kəʊnə] *n* **1.** hinīnkoks; **2.** hinīns
cincture ['siŋktʃə] **I** *n* josta; **II** *v* **1.** aplikt jostu; apjozt; **2.** apņemt
cinder ['sində] *n* **1.** izdedži; **2.**: ~s *pl* – pelni, plēnes
Cinderella [,sində'relə] *n* Pelnrušķīte
cinecamera ['sini,kæmərə] *n* kinokamera, kinoaparāts

cineloop ['sinilu:p] *n* mācību filma
cinema ['sinəmə] *n* **1.** kinoteātris; kino; **2.** kinematogrāfija
cinemascope ['sinəməskəʊp] *n* platekrāns; c. film – platekrāna filma
cinematograph [,sinə'mætəgrɑ:f] *n* kinematogrāfs
cinematography [,sinəmə'tɒgrəfi] *n* kinematogrāfija
cinerary ['sinərəri] *a* pelnu-; c. urn – urna ar pelniem
cinerous ['sinərəs] *a* pelnu krāsas-
cinnabar ['sinəbɑ:] *n* **1.** cinobrs; **2.** sarkana krāsa
cinnamon ['sinəmən] *n* **1.** kanēlis; **2.** dzeltenbrūna krāsa
cipher ['saifə] **I** *n* **1.** nulle; **2.** (*arābu*) cipars; **3.** šifrs; kods; in c. – šifrēts; **4.** monogramma; **II** *v* **1.** (*arī* to c. out) izrēķināt; **2.** šifrēt
ciphertext *n dat.* šifrēts teksts
circle ['sɜ:kl] **I** *n* **1.** riņķis; aplis; **2.** cikls; the c. of the seasons – gadalaiku maiņa; **3.** (*darbības*) sfēra; loks; **4.** aprindas; family c. – ģimenes loks; **5.** *teātr.* balkons; dress c. – beletāža; upper c. – otrais, trešais balkons; **6.** *ģeogr.* loks; Arctic c. – Ziemeļu polārais loks; **II** *v* **1.** riņķot; the earth ~s the sun – Zeme riņķo ap Sauli; **2.** apņemt; ietvert
circuit ['sɜ:kit] *n* **1.** riņķojums; **2.** apkārtmērs; **3.** apbraukšana; **4.** (*tiesas*) iecirknis; **5.** *el.* kontūrs; ķēde; control c. – vadības ķēde; short c. – īssavienojums; **6.** *dat.* shēma; c. board *dat.* – shēmas plate
circuitous [sə'kju:itəs] *a* **1.** apkārtejošs; c. road – apkārtceļš; **2.** netiešs
circular ['sɜ:kjʊlə] **I** *n* **1.** cirkulārs; apkārtraksts; **2.** prospekts; reklāma;

II *a* **1.** apaļš; **2.** riņķa-; loka-; c. movement – riņķveida kustība
circulate [ˈsɜːkjʊleit] *v* **1.** cirkulēt; riņķot; **2.** klīst (*piem., par baumām*); **3.** būt apgrozībā (*par naudu*)
circulation [ˌsɜːkjʊˈleiʃn] *n* **1.** cirkulācija; blood c. – asinsrite; **2.** (*baumu u. tml.*) klīšana; **3.** (*naudas u. tml.*) apgrozība; to put into c. – laist apgrozībā; to take out of c. – izņemt no apgrozības; **4.** (*laikrakstu, žurnālu u. tml.*) tirāža
circulator [ˈsɜːkjʊleitə] *n* izplatītājs
circumference [səˈkʌmfrəns] *n* **1.** mat. aploce; riņķa līnija; **2.** *mat.* perimetrs
circumlocution [ˌsɜːkəmləˈkjuːʃn] *n* **1.** liekvārdība; **2.** izvairīga valoda
circumscribe [ˈsɜːkəmskraib] *v* **1.** *mat.* apvilkt (*riņķa līniju*); **2.** ierobežot
circumscription [ˌsɜːkəmˈskripʃn] *n* **1.** *mat.* (*riņķa līnijas*) apvilkšana; **2.** ierobežojums; **3.** uzraksts (*apkārt monētai, markai u. tml.*)
circumspect [ˈsɜːkəmspekt] *a* piesardzīgs
circumspection [ˌsɜːkəmˈspekʃn] *n* piesardzība
circumstance [ˈsɜːkəmstəns] *n* **1.** apstāklis; gadījums; unforeseen c. – neparedzēts apstāklis; **2.**: ~s *pl* – apstākļi (*arī materiālie*); easy ~s – labi materiālie apstākļi; in (under) the ~s – šādos apstākļos; in (under) no ~s – nekādā ziņā; **3.** sīkums; detaļa; **4.** ārišķīgs; ceremoniāls
circumstantial [ˌsɜːkəmˈstænʃl] *a* **1.** detalizēts; sīks; **2.** atkarīgs no apstākļiem; **3.** nejaušs; gadījuma rakstura-; c. evidence – netiešs pierādījums
circumvent [ˌsɜːkəmˈvent] *v* **1.** apkrāpt; **2.** apiet (*piem., likumu*)

circus [ˈsɜːkəs] *n* **1.** cirks; **2.** arēna; **3.** apaļš laukums (*no kura starveidīgi iziet ielas*)
cirrhosis [siˈrəʊsis] *n med.* ciroze
cirri *sk.* **cirrus**
cirrus [ˈsirəs] *n* (*pl* ciri [ˈsirai]) spalvu mākoņi
cistern [ˈsistən] *n* cisterna
citadel [ˈsitədəl] *n* **1.** citadele; **2.** balsts; patvērums
citation [saiˈteiʃn] *n* **1.** citēšana; **2.** citāts
cite [sait] *v* **1.** citēt; atsaukties (*uz literāru avotu*); **2.** oficiāli ziņot
citizen [ˈsitizn] *n* **1.** pilsonis; **2.** pilsētnieks; pilsētniece
citizenry [ˈsitiznri] *n* pilsonība
citizenship [ˈsitiznʃip] *n* pavalstniecība
citric [ˈsitrik] *a*: c. acid – citronskābe
citron [ˈsitrən] *n* citronkoks
citrus [ˈsitrəs] *n* citruss, citrusaugs
city [ˈsiti] *n* lielpilsēta; the C. – Sitija (*Londonas finanšu un komercijas centrs*); c. hall – rātsnams; c. man – komersants
civic [ˈsivik] *a* pilsoņa-; pilsoņu-; c. centre – pilsētas administratīvais centrs
civics [ˈsiviks] *v* pilsoņu tiesības un pienākumi
civil [ˈsivl] *a* **1.** pilsoņu-; c. war – pilsoņkarš; **2.** civils; c. aviation – civilā aviācija; c. service – civildienests; c. case *jur.* – civillieta; **3.** pieklājīgs; laipns
civilian [siˈviliən] **I** *n* **1.** civilpersona; **2.**: ~s *pl* – civiliedzīvotāji; **II** *a* civils; c. clothes – civiltērps
civility [siˈviləti] *n* pieklājība; laipnība
civilization [ˌsivilaiˈzeiʃn] *n* civilizācija
civilized [ˈsivilaizd] *a* **1.** civilizēts; **2.** kulturāls; labi audzināts
clack [klæk] **I** *n* **1.** klabēšana; klikšķē-

šana; **2.** balsu troksnis; čalas; **II** *v* **1.** klabēt; klikšķēt; **2.** pļāpāt

clad *sk.* **clothe**

claim [kleim] **I** *n* **1.** pretenzija; prasība; to lay c. (*to*) – pretendēt; **2.** tiesības (*piem., uz apdrošināšanas summas izmaksu*); **II** *v* **1.** pretendēt; [pie]prasīt; **2.** būt tiesībām uz; **3.** *jur.* ierosināt prasību

claimant ['kleimənt] *n* **1.** pretendents; **2.** *jur.* prasītājs

clairvoyance [kleə'vɔiəns] *n* **1.** gaišredzība; **2.** *pārn.* tālredzība

clairvoyant [kleə'vɔiənt] **I** *n* gaišreģis; **II** *a* **1.** gaišredzīgs; **2.** *pārn.* tālredzīgs

clam [klæm] *n* ēdamais gliemezis

clamant ['kleimənt] *a* **1.** trokšņains; **2.** neatlaidīgs (*prasībās*); **3.** *pārn.* kliedzošs

clamber ['klæmbə] *v* (*up*) uzrāpties; ~ing plant – vīteņaugs

clammy ['klæmi] *a* **1.** lipīgs; vēss un mitrs (*par rokām*); **2.** jēls (*par maizi*)

clamorous ['klæmərəs] *a* **1.** trokšņains; klaigājošs; **2.** burbuļojošs (*par strautu*)

clamour ['klæmə] **I** *n* **1.** klaigas; trokšņošana; **2.** skaļš protests; skaļi izteikta prasība; to make a c. – protestēt; pieprasīt; **II** *v* **1.** klaigāt; trokšņot; **2.** skaļi protestēt; skaļi pieprasīt; ◊ to c. **against** – uzstāties (*pret*); to c. **down** – (*kliedzot*) apklusināt; izsvilpt; to c. **out** – skaļi protestēt; (*kliedzot*) pieprasīt

clamp-down ['klæmpdaʊn] **I** *n* **1.** stingrs aizliegums; **2.** *sl.* stingri pasākumi (*cīņā pret noziedzību u. tml.*); **II** *v* (*on*) **1.** veikt stingrus pasākumus; apkarot; **2.** aizliegt darboties

clan [klæn] *n* **1.** klans; ģints (*Skotijā*); **2.** *niev.* kliķe

clandestine [klæn'destin] *a* slepens

clang [klæŋ] **I** *n* šķindoņa; **II** *v* šķindēt

clank [klæŋk] **I** *n* (*ķēdes u. tml.*) žvadzoņa; **II** *v* žvadzēt

clap [klæp] **I** *n* **1.** (*pērkona*) grāviens; **2.** aplaudēšana; **3.** draudzīgs uzsitiens (*uz pleca*); **II** *v* **1.** sasist plaukstas; **2.** aplaudēt, plaukšķināt; **3.** uzsist (*uz pleca*); **4.** aizsist, aizcirst (*durvis, vāku*); **5.** sasist (*spārnus*); ◊ c. **on** – uzmaukt (*cepuri*); to c. **up** – steidzīgi noslēgt (*darījumu*)

clapper ['klæpə] *n* **1.** aplaudētājs; **2.** (*zvana*) mēle; **3.** tarkšķis (*putnu aizbiedēšanai*)

claret ['klærət] *n* **1.** sarkanvīns; **2.** *sl.* asinis; **3.** tumšsarkana krāsa

clarify ['klærifai] *v* **1.** noskaidrot (*jautājumu u. tml.*); **2.** noskaidroties; **3.** dzidrināt; attīrīt

clarinet [,klæri'net] *n mūz.* klarnete

clarion ['klæriən] **I** *n* **1.** taure; **2.** taures skaņas; **II** *a* skaidrs; skaņš

clarity ['klærəti] *n* skaidrība; dzidrums

clash [klæʃ] **I** *n* **1.** žvadzoņa; **2.** konflikts; sadursme; c. of interests – interešu sadursme; **II** *v* **1.** žvadzēt; **2.** nonākt konfliktā; **3.** nesaskanēt

clasp [kla:sp] **I** *n* **1.** sprādze; **2.** satvēriens; apkampiens; **3.** [ciešs] rokas spiediens; **4.** *tehn.* skava; **II** *v* **1.** sasprādzēt; saspraust; **2.** satvert; sakampt; **3.** spiest (*roku*)

clasp-knife ['kla:spnaif] *n* saliekamais nazis

class [kla:s] **I** *n* **1.** *pol.* šķira; **2.** klase (*skolā*); **3.** (*mācību*) stunda; ~es *pl* – nodarbības; **4.** klase (*kuģī, vilcienā*); to travel second c. – braukt otrajā klasē; **5.** grupa; šķira; kategorija;

6. *biol.* klase; 7. izcilība; **II** *v* klasificēt; ierindot
classic ['klæsik] **I** *n* 1. klasiķis; 2.: ~s *pl* – klasiskās valodas; **II** *a* 1. klasisks; 2. priekšzīmīgs
classical ['klæsikl] *a* klasisks
classification [ˌklæsifi'keiʃn] *n* klasifikācija
classified ['klæsifaid] *a* 1. klasificēts; c. ads – sludinājumi (*laikrakstā*); 2. priekšzīmīgs
classify ['klæsifai] *v* klasificēt
classing ['klɑːsiŋ] *n sp.* vērtējums; c. by points – vērtējums pēc punktiem
classmate ['klɑːsmeit] *n* klasesbiedrs
classroom ['klɑːsrʊm] *n* klase (*telpa*)
classy ['klɑːsi] *a* 1. *amer. sl.* pirmšķirīgs; elegants; 2. augstas kārtas-; augstdzimis
clause [klɔːz] *n* 1. klauzula; (*līguma u. tml.*) pants; 2. *gram.* teikums (*kā salikta teikuma daļa*); principal c. – virsteikums; subordinate c. – palīgteikums
claustrophobia [ˌklɔːstrə'fəʊbiə] *n med.* klaustrofobija
clavicle ['klævikl] *n anat.* atslēgas kauls
claw [klɔː] **I** *n* 1. (*putna, zvēra*) nags; 2. (*vēža*) spīles; 3. *tehn.* knaibles; 4. (*celtņa*) āķis; 5. *amer. sl.* policists; ◇ to cut smb.'s ~s – aplauzt kādam ragus; to put the c. on smb. – 1) arestēt kādu; 2) dabūt aizdevumu no kāda; **II** *v* 1. iecirst (*nagus*); to c. hold (*of*) – iekerties ar nagiem; 2. plēst (*ar nagiem*); skrāpēt
clay [klei] *n* 1. māls; māli; china c. – kaolīns; 2. māla pīpe; 3. *poēt.* pīšļi
clayey ['kleii] *a* mālains; c. soil – smilšmāls
clean [kliːn] **I** *n* 1. tīrs; spodrs; 2. tīrs (*bez piejaukuma*); 3. balts; neaprakstīts; 4. tīrīgs; 5. labi noaudzis; labi veidots; 6. *pārn.* neaptraipīts; šķīsts; 7. veikls; izveicīgs; **II** *v* 1. tīrīt; spodrināt; 2. ķidāt; ◻ to c. **down** – noslaucīt, noberzt (*no augšas līdz apakšai*); to c. **out** – 1) apspēlēt; 2) iztīrīt; 3) apzagt (*piem., veikalu*); to be ~ed out – būt izputinātam; to c. **up** – 1) uzkopt (*telpu*); nokopt (*galdu*); 2) organizēt kampaņu; 3) saraust naudu; **III** *adv* 1. tīri; spodri; 2. pilnīgi; pavisam; 3. tieši
clean-cut ['kliːnkʌt] *a* 1. asi iezīmēts; 2. noteikts; 3. spodrs
cleaner ['kliːnə] *n* 1. apkopējs; apkopēja; 2. attraipotājs
cleanliness ['klenlinis] *n* tīrība; tīrīgums
cleanly ['klenli] **I** *a* tīrīgs; **II** *adv* 1. tīri, tīrīgi; 2. tieši
cleanse [klenz] *v* 1. [at]tīrīt; 2. dezinficēt; 3. iztīrīt (*vēderu*)
clean-up [ˌkliːn'ʌp] *n* 1. *sar.* tīrīšana; uzkopšana; 2. *sl.* kratīšana; 3. *sl.* liela peļņa
clear [kliə] **I** *n* 1. skaidrs; gaišs; c. sky – skaidras debesis; 2. dzidrs; caurspīdīgs; 3. skaidrs; tīrs (*par dzirdamību, redzamību*); 4. tīrs (*par svaru, peļņu*); 5. tukšs; neaizņemts; 6. brīvs; vaļā; all c.! – ceļš brīvs!; 7. drošs; pārliecināts; 8. vesels; pilns; four c. days – veselas četras dienas; **II** *v* 1. novākt; notīrīt; 2. iztīrīt; 3. atbrīvot (*vietu*); 4. pārvarēt (*šķērsli*); tikt garām (*šķērslim*); 5. izkliedēt (*aizdomas, šaubas*); 6. noskaidroties (*par laiku*); 7. nokārtot (*piem., parādu*); 8. gūt tīru peļņu; 9. pārskaitīt (*čeku*); 10. atstāt ostu (*par kuģi*); atstāt lidostu (*par lidmašīnu*); ◻ to c. **away** – 1) nokopt

(*piem., galdu*); 2) aizvākt (*piem., sniegu*); 3) izkliedēt (*šaubas*); 4) izklīst (*par mākoņiem, miglu*); to c. **off** – 1) aizmukt; 2) aizvākt; 3) tikt vaļā (*piem., no parādiem*); to c. **out** – 1) attīrīt; 2) *sar.* izputināt; 3) aiziet; it's time to c. out – laiks pazust; to c. **up** – 1) sakārtot; nokopt; 2) noskaidroties (*par laiku*); 3) noskaidrot (*pārpratumu*); 4) nokārtot (*rēķinus*); to c. **with** *amer.* – koordinēt; saskaņot; ◇ to c. **the air** – noskaidrot pārpratumu

clear-cut ['kliəkʌt] *a* skaidri iezīmēts; noteikts

clear-out ['kliəraʊt] *n sar.* ģenerāltīrīšana

clear-sighted [,kliə'saitid] *a* vērīgs

clearway ['kliəwei] *n* ātrgaitas autostrāde

cleat [kli:t] *n* **1.** *tehn.* spaile; **2.** *tehn.* ierievis; **3.** *tehn.* nostiprinātājplate

cleave[a] [kli:v] *v* (*p.* clove [kləʊv] *vai* cleft [kleft]; *p.p.* cloven ['kləʊvn] *vai* cleft [kleft]) **1.** sašķelt; sadalīt; **2.** sašķelties; cleft palate *med.* – vilkarīkle; cloven hoof – šķelts nags (*pārnadžiem*)

cleave[b] [kli:v] *v* (*p.* cleaved [kli:vd] *vai* clave [kleiv]; *p.p.* cleaved [kli:vd]) (*to*) **1.** *novec.* pielipt; **2.** palikt uzticīgam

cleek [kli:k] *n* golfa nūja

clef [klef] *n mūz.* atslēga

cleft[a] [kleft] *n* plaisa (*klintī*); sasprēgājums (*zemē*)

cleft[b] [kleft] *sk.* **cleave**[a]

cleg [kleg] *n* dundurs

clemency ['klemənsi] *n* **1.** (*klimata*) maigums, mērenība; **2.** lēnprātība, rāmums; **3.** žēlsirdība

clement ['klemənt] *a* **1.** maigs, mērens (*par klimatu*); **2.** lēnprātīgs, rāms; **3.** žēlsirdīgs

clench [klentʃ] **I** *n* **1.** tvēriens; **2.** (*dūres*) sažņaugšana; **3.** (*zobu*) sakošana; **4.** kniedēšana; **5.** kniede; **6.** pārliecinošs arguments; **II** *v* **1.** cieši satvert; **2.** sažņaugt (*dūri*); **3.** sakost (*zobus*); **4.** kniedēt; **5.** galīgi izšķirt; nokārtot (*jautājumu u. tml.*)

clencher ['klentʃə] *n* pārliecinošs arguments

clergy ['klɜ:dʒi] *n* garīdzniecība

clergyman ['klɜ:dʒimən] *n* garīdznieks

cleric ['klerik] *n* klerikālis; garīdznieks

clerical ['klerikl] **I** *n* klerikālis; garīdznieks; **II** *a* **1.** klerikāls; garīdznieku-; **2.** kancelejisks; c. error – pārrakstīšanās kļūda

clerk [klɑ:k] **I** *n* **1.** ierēdnis; kantora darbinieks; **2.** sekretāre; **3.** (*viesnīcas*) administrators; **4.** *amer.* komijs; pārdevējs; **II** *v* strādāt par ierēdni

clever ['klevə] *a* **1.** gudrs; **2.** veikls; izveicīgs; **3.** (*at*) spējīgs; **4.** prasmīgi darināts

clew [klu:] *n* **1.** (*diegu*) kamols; **2.** *jūrn.* rāju buras apakšējais stūris; **II** *v* **1.** satīt kamolā; **2.** *jūrn.* uzvilkt (*vai* nolaist) rāju buras

cliche ['kli:ʃei] *n* klišeja; nodrāzta frāze

click [klik] **I** *n* **1.** klikšķis; **2.** (*mēles*) klakšķis; **3.** (*atslēgas*) mēlīte; sprūds; **II** *v* **1.** noklikšķēt; **2.** klakšķināt; **3.** *sar.* gūt panākumus; **4.** *sar.* saskanēt (*par rakstiem*)

clickable [klikəibl] *a* klikšķināms; c. image map *dat.* – klikšķināma attēlkarte

clicker ['klikə] *n* metieris

client ['klaiənt] *n* **1.** klients; pastāvīgs

pircējs (*vai* pasūtītājs); **2.** c. server architecture *dat.* – klientservera arhitektūra
clientele [ˌkliːənˈtel] *n* klientūra
cliff [klif] *n* klints
cliff-hanger [ˈklifˌhæŋə] *n* aizraujošs romāns (*vai* stāsts); aizraujoša filma
cliffsman [ˈklifsmən] *n* alpīnists
climacteric [klaiˈmækterik] *n* **1.** pagrieziena punkts; **2.** *med.* klimaktērijs
climate [ˈklaimit] *n* klimats
climax [ˈklaimæks] *n* kulminācijas punkts
climb [klaim] **I** *n* **1.** uzkāpšana; uzrāpšanās; **2.** kāpiens; pacēlums; **3.** *av.* augstuma uzņemšana; **II** *v* **1.** kāpt; rāpties; **2.** taisīt karjeru; **3.** *av.* uzņemt augstumu; **4.** vīties (*par augu*); ◊ to c. **down** – 1) kāpt lejā; rāpties lejā; 2) piekāpties; to c. **into** (**out of**) – ātri uzvilkt (novilkt) (*piem., uniformu*)
climber [ˈklaimə] *n* **1.** alpīnists; **2.** vīteņaugs; **3.** karjerists
clinch [klintʃ] **I** *n* **1.** *tehn.* skava; **2.** saķeršanās (*cīniņā*); **3.** *sl.* apskāviens; **II** *v* **1.** kniedēt; **2.** galīgi izšķirt (*jautājumu u. tml.*); **3.** saķerties (*par cīkstoņiem*); **4.** *sl.* apskaut
cling [kliŋ] *v* (*p. un p.p.* clung [klʌŋ]) **1.** pieķerties; pielipt; **2.** piekļauties; pieglausties; **3.** cieši piegulēt (*par apģērbu*); **4.** būt noturīgam; neizgaist (*par smaržu*); **5.** turēties tuvumā; **6.** palikt uzticīgam (*draugiem, uzskatiem*); ◊ to c. **on** (*to*) – cieši pieķerties; to c. **together** – turēties kopā
clingy [ˈkliŋi] *a* **1.** lipīgs; **2.** neatlaidīgs
clinic [ˈklinik] *n* **1.** klīnika; **2.** seminārs (*specialitātē*); kursi

clinical [ˈklinikl] *a* **1.** klīnisks; **2.** auksts; bezkaislīgs
clink[a] [kliŋk] **I** *n* (*metāla, stikla*) šķindoņa; **II** *v* **1.** šķindēt; **2.** skandināt
clink[b] [kliŋk] *n sl.* cietums
clip[a] [klip] **I** *n* **1.** spraude; saspraude; **2.** spaile; **3.** c. art *dat.* – klipkopa; **II** *v* **1.** saspraust; **2.** aizspiest
clip[b] [klip] **I** *n* **1.** cirpšana; **2.** cirpums; **3.** belziens; **II** *v* **1.** cirpt (*vilnu*); **2.** apgriezt (*matus*); **3.** izgriezt (*piem., attēlu*); **4.** norīt galotnes (*runājot*); **5.** kompostrēt (*biļeti*); **6.** iebelzt; to c. one's ears – iepļaukāt
clipboard *n dat.* starpliktuve
clipper [ˈklipə] *n* **1.** cirpējs; **2.** matu griešanas mašīna; **3.** *pl* (*arī* pair of ~s) dzirkles
clipping [ˈklipiŋ] **I** *n* **1.** atgriezums; **2.** (*avīzes*) izgriezums; **3.** sludinājumu sleja (*laikrakstā*); **II** *dat.* apgriešana
clique [kliːk] *n* kliķe
cloak [kləʊk] **I** *n* **1.** apmetnis; mantija; **2.** sega; c. of snow – sniega sega; **3.** (*for*) aizsegs; iegansts; **II** *v* **1.** apsegt (*ar apmetni*); **2.** apslēpt, maskēt
cloak-room [ˈkləʊkrʊm] *n* **1.** ģērbtuve; **2.** *amer.* bagāžas glabātava
clock [klɒk] **I** *n* **1.** (*galda, sienas, torņa*) pulkstenis; alarm c. – modinātājs; **2.** spidometrs; **3.** (*taksometra*) tarifa rādītājs; **4.** *dat.* taktētājs; c cycle *dat.* – takts; c. speed *dat.* – taktātrums; c. calendar – pulksteņkalendārs; **5.** *sl.* ģīmis; **II** *v* **1.** *sp.* uzrādīt laiku; **2.** hronometrēt; **3.** *sl.* iebelzt; ◊ to c. **in** (**on**) – 1) ierasties darbā paredzētajā laikā; 2) atzīmēt ierašanos darbā; to c. **out** (**off**) – 1) atstāt darbu paredzētajā laikā; 2) atzīmēt aiziešanu no darba; to c. **up** – 1) *sp.* uzrādīt laiku;

2) sasniegt zināmu ātrumu; 3) uzkrāt (*piem., parādus*)
clock-face [ˈklɒkfeis] *n* ciparnīca
clocking [ˈklɒkiŋ] *a*: c. hen – perētāja vista, klukste
clockwise [ˈklɒkwaiz] *adv* pulksteņrādītāju kustības virzienā
clock-work [ˈklɒkwɜːk] **I** *n* pulksteņa mehānisms; like c.-w. – precīzi; **II** *a* 1. precīzs; 2. uzvelkams (*par rotaļlietu*)
clod [klɒd] *n* 1. kukurznis; zemes pika; 2. stulbenis; 3. *sl.* vara naudas gabals
clodhopper [ˈklɒd͵hɒpə] *n* 1. lempis; 2. *sl.* smaga kurpe; 3. *sl.* lietots automobilis
clog [klɒg] **I** *n* 1. koka tupele; 2. (*zirga*) pineklis; 3. kavēklis; 4. aizsērējums; **II** *v* 1. kavēt, traucēt (*piem., kustību*); 2. sapīt (*zirgu*); 3. piesārņot; 4. aizsērēt (*par ūdensvadu u. tml.*)
cloister [ˈklɔistə] **I** *n* klosteris; **II** *v* 1. dzīvot klosterī; 2. ievietot klosterī
clone [kləʊn] *n dat.* klonējums
closeᵃ [kləʊs] **I** *a* 1. tuvs; ciešs; c. contact – cieša saskare; c. friend – tuvs draugs; 2. blīvs; saspiests; 3. slēgts; 4. detalizēts; pamatīgs; 5. mazrunīgs; [sevī] noslēdzies; 6. skops; 7. smacīgs; 8. stingrs; 9. līdzvērtīgs; 10. grūti dabūjams; **II** *adv* 1. tuvu; tuvumā; c. by – blakus; 2. cieši; 3. gandrīz; apmēram
closeᵇ [kləʊz] **I** *n* 1. beigas; noslēgums; to bring to a c. – pabeigt; 2. *mūz.* kadence; **II** *v* 1. aizvērt; slēgt (*veikalu*); 2. aizvērties; 3. beigt (*piem., runu*); 4. beigties; 5. noslēgt (*darījumu, rēķinus*); 6. sakļauties; 7. sadzīt (*par brūci*); ◊ to c. **about (round)** – ietvert; apņemt; to c. **down** – 1) slēgt (*rūpnīcu*); samazināt ražošanu (*krīzes laikā*); 2) lietot represijas; to c. **in** – 1) uznākt (*par nakti*); 2) uzbrukt (*par ienaidnieku*); to c. **out** – izpārdot; to c. **up** – 1) saspiesties ciešāk; saslēgties; 2) slēgt; the road has been ~d up – ceļš satiksmei slēgts; 3) sadzīt (*par brūci*); to c. **upon** – vienoties; to c. **with** – 1) uzsākt cīņu; 2) vienoties
closeᶜ [kləʊs] *n* 1. iežogots laukums; 2. (*skolas*) pagalms
closed [kləʊzd] *a* 1. aizvērts; aizslēgts; c. architecture *dat.* – slēgtā arhitektūra; 2. pabeigts
close-fisted [͵kləʊsˈfistid] *a* skops
close-fitting [͵kləʊsˈfitiŋ] *a* cieši pieguļošs (*par apģērbu*)
closely [ˈkləʊsli] *adv* 1. tuvu; cieši; 2. uzmanīgi; vērīgi
closet [ˈklɒzit] **I** *n* 1. pieliekamais; 2. *amer.* sienas skapis; 3. *novec.* tualete; **II** *v*: to be ~ed with (together) – noturēt privātu apspriedi
close-up [ˈkləʊsʌp] *n* 1. tuvplāns; 2. *sl.* īsa biogrāfija
closing [ˈkləʊziŋ] *n* slēgšana; noslēgums; c. speech – galavārds; c. time – (*iestāžu, veikalu*) slēgšanas laiks
clot [klɒt] **I** *n* 1. *med.* trombs; 2. pika; kunkulis; **II** *v* 1. sarecēt (*par asinīm*); 2. saiet kunkuļos
cloth [klɒθ] *n* (*pl* cloths [klɒθs]) 1. audums, drāna; bound in c. – audekla iesējumā; 2. galdauts; 3. lupata; 4. amata tērps
clothe [kləʊð] *v* (*p. un p.p.* clothed [kləʊðd] *vai* clad [klæd]) 1. [ap]ģērbt; warmly ~d – silti ģērbies; 2. *pārn.* ietērpt; to c. one's ideas in words – ietērpt domas vārdos
clothes [kləʊðz] *n pl* 1. drēbes; apģērbs; 2. (*arī* bed c.) (*gultas*) veļa

clothes-line [ˈkləʊðzlain] *n* veļas aukla

clothing [ˈkləʊðiŋ] *n* drēbes; apģērbs

cloud [klaʊd] **I** *n* **1.** mākonis; c. of smoke – dūmu mākonis; **2.** aizsegs; **3.** *pārn.* ēna; **4.** duļķes (*šķidrumā*); **5.** ķīm. duļķojums; ◇ under a c. – 1) nežēlastībā; aizdomās; 2) grūtā stāvoklī; **II** *v* **1.** apmākties; **2.** apēnot; **3.** sadrūmt (*par seju*); **4.** ķīm. saduļķot

cloud-capped [ˈklaʊdkæpt] *a* mākoņos tīts (*par kalnu virsotni*)

cloud-cuckoo-land [ˌklaʊdˈkʊkuːlænd] *n* sapņu zeme

cloudless [ˈklaʊdlis] *a* bez mākoņiem; neapmācies

cloudy [ˈklaʊdi] *a* **1.** mākoņains; apmācies; **2.** neskaidrs; miglains; **3.** duļķains (*par šķidrumu*)

clough [klʌf] *n* dziļa aiza

clove[a] *sk.* **cleave**

clove[b] [kləʊv] *n* ķiploka daiviņa

clove[c] [kləʊv] *n* kul. krustnagliņa

cloven *sk.* **cleave**

clover [ˈkləʊvə] *n* āboliņš; ◇ to live in c. – dzīvot kā nierei taukos

clown [klaʊn] **I** *n* klauns, āksts; **II** *v* ākstīties

cloy [klɔi] *v* **1.** (*with*) pārsātināt; **2.** apriebties; apnikt

club[a] [klʌb] **I** *n* klubs; **II** *v* (*together*) pulcēties kopā

club[b] [klʌb] **I** *n* **1.** runga; **2.** *sp.* vālīte; nūja; **3.** *pl* kreiči; **II** *v* sist (*ar rungu, nūju*)

club-law [ˌklʌbˈlɔː] *n* dūres likums

cluck [klʌk] **I** *n* **1.** kladzināšana; **2.** *amer. sar.* nejēga; **3.** *amer. sar.* viltota monēta; **II** *v* kladzināt

clue [kluː] **I** *n* **1.** (*mīklas*) atrisinājums; **2.** (*stāsta, domu*) pavediens; **II** *v* **1.** (*up*) informēt; **2.** (*in*) uzvedināt (*uz pareizām domām*)

clueless [ˈkluːlis] *a* **1.** bezpalīdzīgs; **2.** *pārn.* bez atbalsta (pieturas) punkta

clump [klʌmp] **I** *n* **1.** (*koku*) puduris; **2.** (*zemes, dubļu*) pika; **3.** bieza zole; **4.** (*soļu*) dipoņa; **II** *v* **1.** stādīt puduros (*kokus*); **2.** saķept (*biezā pikā*); **3.** slampāt

clumsy [ˈklʌmzi] *a* **1.** neveikls; neizveicīgs; **2.** nepiedienīgs

clung *sk.* **cling**

cluse [kluːz] *n* aiza

cluster[a] [ˈklʌstə] **I** *n* **1.** saišķis; **2.** ķekars; **3.** (*koku*) puduris; **4.** sakopojums; **5.** (*bišu*) spiets; **6.** (*ļaužu*) pulciņš, grupa; **II** *v* **1.** augt pudurī (*vai ķekarā*); **2.** pulcēties

cluster[b] *n dat.* klasters; c. controller – klastera kontrolleris

clutch[a] [klʌtʃ] **I** *n* **1.** tvēriens; grābiens; **2.** (*ļaužu*) bariņš; **II** *v* (*at*) sagrābt

clutch[b] [klʌtʃ] *n* perējums

clutter [ˈklʌtə] *n* **1.** juceklis; **2.** kņada; tracis; **II** *v* **1.** nekārtīgi samest; **2.** pārblīvēt (*ar faktiem, informāciju*); **3.** radīt kņadu

coach[a] [kəʊtʃ] **I** *n* **1.** treneris; **2.** repetitors, mājskolotājs; **II** *v* **1.** trenēt (*sacīkstēm*); **2.** (*for, in*) sagatavot (*eksāmeniem*)

coach[b] [kəʊtʃ] *n* **1.** kariete; c. and four – četrjūgs; **2.** (*pasažieru*) vagons; **3.** (*starptautisks*) autobuss; **4.** *amer.* otrā klase (*lidmašīnā*); ◇ he is a slow c. – viņam ir lēna domāšana

coachman [ˈkəʊtʃmən] *n* kučieris

coaction [kəʊˈækʃn] *n* kopēja rīcība (iedarbība)

coagulant [kəʊˈægjʊlənt] *n* koagulants

coagulate [kəʊˈægjʊleit] *v* sarecēt

coagulation [kəʊˌægjʊˈleiʃn] *n* sarecēšana

coal [kəʊl] **I** *n* ogle, akmeņogles; blind c. – antracīts; soft (brown) c. – brūnogle; **II** *v* iekraut ogles
coal-bed [ˈkəʊlbed] *n* ogļu slānis
coaler [ˈkəʊlə] *n* **1.** ogļu kuģis; **2.** ogļu krāvējs
coalesce [ˌkəʊəˈles] *v* **1.** saaugt; **2.** apvienoties
coalescence [ˌkəʊəˈlesns] *n* **1.** saaugšana; **2.** apvienošanās
coal-gas [ˈkəʊlgæs] *n* deggāze
coalmine [ˈkəʊlmain] *n* ogļraktuves
coalpit [ˈkəʊlpit] *sk.* **coalmine**
coarse [kɔːs] *a* **1.** rupjš; **2.** raupjš; **3.** zemas kvalitātes-
coarsen [ˈkɔːsn] *v* **1.** kļūt rupjam; **2.** kļūt raupjam
coast [kəʊst] **I** *n* **1.** krasts; piekraste; **2.** *amer.* nokalne; nobrauktuve; **3.** *amer.* nobrauciens (*pa nogāzi*); **II** *v* **1.** braukt gar krastu; **2.** braukt no ostas ostā; **3.** *amer.* laisties lejup (*pa nogāzi*)
coastal [ˈkəʊstl] *a* krasta-; piekrastes-
coasting [ˈkəʊstiŋ] *n* kabotāža, piekrastes kuģniecība
coastline [ˈkəʊstlain] *n* piekrastes (krasta) līnija
coat [kəʊt] **I** *n* **1.** (*vīriešu*) svārki; žakete; tail c. – fraka; **2.** formastērps; **3.** (*sieviešu*) kostīmjaka; **4.** mētelis; car c. – pusmētelis; **5.** (*dzīvnieka*) kažoks; (*putna*) apspalvojums; **6.** (*krāsas, sniega u. tml.*) kārta; **7.** membrāna; apvalks; **II** *v* **1.** pārklāt, noklāt (*ar krāsu u. tml.*); **2.** apšūt (*ar dēļiem u. tml.*)
coated [ˈkəʊtid] *a* apklāts; c. tongue *med.* – aplikta mēle
coating [ˈkəʊtiŋ] *n* **1.** (*krāsas u. tml.*) kārta; **2.** gruntējums; **3.** (*sienas*) apšuvums; **4.** mēteļaudums; **5.** *tehn.* pārklājums

coat of arms [ˌkəʊtəvˈɑːmz] *n* ģerbonis
co-author [ˌkəʊˈɔːθə] **I** *n* līdzautors; **II** *v* (*with*) būt par līdzautoru
coax [kəʊks] *v* pierunāt; piedabūt
cob [kɒb] *n* **1.** gabals; pika; **2.** liels rieksts; **3.** *amer.* kukurūzas vālīte; **4.** gulbju tēviņš
cobalt [ˈkəʊbɔːlt] *n* ķīm. kobalts
cobble [ˈkɒbl] **I** *n* **1.** olis; **2.** bruģakmens; **3.**: ~s *pl* – akmeņogļu gabals; **II** *v* bruģēt; ~d streets – bruģētas ielas
cobbler[a] [ˈkɒblə] *n* koblers (*atspirdzinošs dzēriens*)
cobbler[b] [ˈkɒblə] *n* **1.** kurpnieks; **2.** nepraša; **3.** *sl.* (*naudas, pasu, gleznu*) viltotājs
cobble-stone [ˈkɒblstəʊn] *n* bruģakmens
cobra [ˈkəʊbrə] *n* kobra
cobweb [ˈkɒbweb] *n* **1.** zirnekļtīkls; **2.** viegls un caurspīdīgs audums; **3.**: ~s *pl* – viltīgi plāni
cocaine [kəʊˈkein] *n* kokaīns
cock[a] [kɒk] **I** *n* **1.** gailis; **2.** (*putnu*) tēviņš; **3.** gaiļa dziedāšana; **4.** krāns; **5.** (*šautenes*) gailis; **6.** barvedis; ◊ c. of the walk – 1) liels vīrs; 2) stāvokļa noteicējs; **II** *v* pacelt; sasliet; to c. one's ears – ausīties, sasliet ausis; ◊ to c. one's eye – zīmīgi piemiegt aci; to c. one's nose – nicīgi saraukt degunu
cock[b] [kɒk] *n* **1.** (*siena*) guba; kaudze; **2.** muļķība; **3.** dižošanās
cockade [kɒˈkeid] *n* kokarde
cock-a-doodle-doo [ˌkɒkədʊːdlˈdʊː] **1.** kikerigī; **2.** *sar.* gailis
cock-and-bull [ˌkɒkənˈbʊl] *a*: c.-and-b. story – izdomājums; pasaka
cockatoo [ˌkɒkəˈtʊː] *n ornit.* kakadū
cockchafer [ˈkɒkˌtʃeifə] *n* maijvabole
cocker [ˈkɒkə] *v* (*arī* to c. up) lutināt

cockerel ['kɒkrəl] *n* **1.** gailēns; **2.** kauslis
cock-eyed ['kɒkaid] *a* **1.** šķielacains; **2.** greizs; **3.** *sl.* dīvains; jucis; **4.** *sl.* piedzēries
cockfight ['kɒkfait] *n* gaiļu cīņa
cockle[a] ['kɒkl] *n* (*ēdams*) gliemezis; ◊ to warm the ~s of one's heart – iepriecināt sirdi
cockle[b] ['kɒkl] **I** *n* **1.** kroka; saburzījums (*audumā, papīrā*); **2.** pūslītis (*stiklā*); **II** *v* **1.** krokoties; burzīties; **2.** pārklāties ar ņirbu vilnīšiem (*par jūru*)
cockloft ['kɒklɒft] *n* pažobele
cockney ['kɒkni] *n* **1.** koknejietis (*Londonas austrumdaļas iedzīvotājs*); **2.** koknejs (*Londonas austrumdaļas dialekts*)
cockpit ['kɒkpit] *n* **1.** gaiļu cīņas vieta; **2.** *pārn.* cīņas lauks (arēna); **3.** *jūrn.* kubriks
cockroach ['kɒkrəʊtʃ] *n* tarakāns
cock-sure [,kɒk'ʃɔː] *a* **1.** (*of*) pilnībā pārliecināts; **2.** pašpārliecināts
cocktail ['kɒkteil] **I** *n* kokteilis; **II** *v* **1.** dzert kokteili; **2.** pacienāt ar kokteili
coco ['kəʊkəʊ] *sk.* **coco-palm**
cocoa ['kəʊkəʊ] *n* **1.** kakao; **2.** kakao dzēriens
coconut ['kəʊkəʊnʌt] *n* kokosrieksts
cocoon [kə'kuːn] **I** *n* kokons; **II** *v* iekūņoties
coco-palm ['kəʊkəpɑːm] *n* kokospalma
cod[a] [kɒd] *v sar.* menca
cod[b] [kɒd] *v sar.* piekrāpt, piemuļķot
coddle ['kɒdl] *v* **1.** lutināt; **2.** tuntuļot; **3.** *kul.* apvārīt
code [kəʊd] **I** *n* **1.** kodekss; **2.** kods; šifrs; the Morse c. – Morzes ābece; genetic c. – ģenētiskais kods; c. page *dat.* – kodu lappuse; **II** *v* (*arī* encode) šifrēt (*pēc koda*)

coder ['kəʊdə] *n* šifrētājs
codex ['kəʊdeks] *n* (*pl* codices ['kəʊdisiːz]) kodekss; senu rokrakstu krājums
cod-fish ['kɒdfiʃ] *sk.* **cod**[a]
codger ['kɒdʒə] *n sar.* savādnieks
codices *sk.* **codex**
codification [,kəʊdifi'keiʃn] *n jur.* kodifikācija; kodificēšana
coding ['kəʊdiŋ] *n dat.* kodēšana
cod-liver ['kɒdlivə] *n*: c.-l. oil – zivju eļļa
codswallop ['kɒdz,wɒləp] *n sl.* nieki; blēņas
co-education [,kəʊedju:'keiʃn] *n* kopapmācība
coefficient [kəʊi'fiʃnt] **I** *n* **1.** koeficients; c. of efficiency – lietderības koeficients; **2.** *mat.* konstante; **3.** veicinošs faktors; **II** *a* veicinošs
coequal [kəʊ'iːkwəl] *a* vienlīdzīgs
coerce [kəʊ'ɜːs] *v* **1.** (*into*) piespiest; to c. into silence – piespiest apklust; **2.** (*parasti pass.*) turēt paklausībā
coercion [kəʊ'ɜːʃn] *n* piespiešana; spaidi
coercive [kəʊ'ɜːsiv] *a* piespiedu-; spaiduco
coeval [kəʊ'iːvl] **I** *n* laikabiedrs; vienaudzis; **II** *a* viena laikmeta-; viena laika-; viena vecuma-
coexist [,kəʊig'zist] *v* pastāvēt līdzās
coexistence [,kəʊig'zistəns] *n* līdzāspastāvēšana; peaceful c. – mierīga līdzāspastāvēšana
coffee ['kɒfi] *n* kafija
coffee-grinder ['kɒfi,graində] *n* kafijas dzirnaviņas
coffee-house ['kɒfihaʊs] *n* kafejnīca
coffee-pot ['kɒfipɒt] *n* **1.** kafijkanna; **2.** *sl.* dzertuve
coffer ['kɒfə] *n* **1.** kaste, lāde (*dārglietu, naudas glabāšanai*); **2.**: ~s *pl* – manta; nauda; **3.** griestu ornaments

coffin [ˈkɒfin] *n* **1.** zārks; **2.** *amer. sl.* seifs; **3.** *amer. sl.* grabaža (*piem., par automobili*)
cogency [ˈkəʊdʒənsi] *n* pārliecināšanas spēks; neapstrīdamība
cogent [ˈkəʊdʒənt] *a* pārliecinošs; neapstrīdams (*piem., par argumentu*)
cogged [kɒgd] *a* robots
cogitate [ˈkɒdʒiteit] *v* prātot; apsvērt
cognac [ˈkɒnjæk] *n* konjaks
cognate [ˈkɒgneit] **I** *n* **1.** *jur.* (*asins*) radinieks; **2.**: ~s *pl* – kopējas izcelsmes vārdi; **II** *a* radniecisks; c. languages – radniecīgas valodas
cognition [kɒgˈniʃn] *n filoz.* **1.** izziņa; **2.** izzināšanas spējas
cognitive [ˈkɒgnitiv] *a* izziņas-; c. power – izzināšanas spēja
cognizance [ˈkɒgnizəns] *n* **1.** zināšana; apzināšanās; **2.** kompetence
cognomen [kɒgˈnəʊmen] *n* **1.** uzvārds; **2.** iesauka
cohabit [kəʊˈhæbit] *v* **1.** (*parasti par vīrieti un sievieti*) dzīvot kopā; **2.** *pārn.* sadzīvot
cohabitant [kəʊˈhæbitənt] *n* **1.** dzīvesbiedrs; **2.** piedzīvotājs
co-heir [kəʊˈeə] *n jur.* līdzmantinieks
coheiress [kəʊˈeəris] *n jur.* līdzmantiniece
cohere [kəʊˈhiə] *v* **1.** būt saistītam; **2.** būt saskaņā; **3.** saprasties
coherence [kəʊˈhiərəns] *n* **1.** saistība; **2.** saskaņotība; **3.** runas (*vai* domu) skaidrība; sakarība
coherent [kəʊˈhiərənt] *a* **1.** saistīts; **2.** saskaņots; **3.** loģisks; sakarīgs
cohesion [kəʊˈhiːʒn] *n* **1.** *fiz.* kohēzija; **2.** vienotība; **3.** saliedētība
cohesive [kəʊˈhiːsiv] *a* saistīts; spējīgs savienoties

coiffure [kwɑːˈfjʊə] *n* frizūra
coil [kɔil] **I** *n* **1.** (*virves*) ritulis; tinums; **2.** (*čūskas*) gredzens; **3.** (*arī* c. pipe) spirāle; spirālveida caurule; **4.** *el.* spole; **II** *v* **1.** satīt ritulī; **2.** saritināties; izlocīties (*par čūsku*); **3.** uztīt (*uz spoles*)
coin [kɔin] **I** *n* **1.** monēta; small c. – sīknauda; to pay in c. – maksāt ar metāla naudu; **2.** *sl.* nauda; ◇ to pay smb. back in the same (his own) c. – atdarīt kādam ar to pašu; **II** *v* **1.** kalt (*naudu*); to c. money *pārn.* – taisīt naudu; **2.** kalt plānus
coinage [ˈkɔinidʒ] *n* **1.** naudas kalšana; **2.** naudas sistēma; nauda; **3.** jaunvārdu darināšana; modern c. – neoloģisms, jaunvārds
coinbox [ˈkɔinbɒks] *n* taksofons
coin-changer [ˈkɔin͵tʃeindʒə] *n* naudas maiņas automāts
coincide [͵kəʊinˈsaid] *v* sakrist; atbilst
coincidence [kəʊˈinsidəns] *n* **1.** saskaņa; atbilstība; **2.** (*nejauša apstākļu*) sakritība
coir [ˈkɔiə] *n* kokosa šķiedra
coke[a] [kəʊk] **I** *n* kokss; **II** *v* koksēt
coke[b] [kəʊk] *n* **1.** *sar.* kokakola; **2.** *sl.* kokaīns
col [kɒl] *n* kalnu pāreja
cola [ˈkəʊlə] *n* **1.** kola (*augs*); **2.** kola (*tonizējošs dzēriens*)
colander [ˈkʌləndə] *n* caurduris (*siets*)
cold [kəʊld] **I** *n* **1.** aukstums; **2.** saaukstēšanās; c. in the head (nose) – iesnas; to catch c. – saaukstēties; **II** *a* **1.** auksts; vēss; salts; to be c. – salt; c. boak *dat.* – aukstā sāknēšana; c. start *dat.* – aukstais starts; **2.** vēss; nelaipns; **3.** vienaldzīgs; nejūtīgs; **4.** vājš; **III** *adv* **1.** *amer.* pilnīgi; **2.** *amer.* noteikti; **3.** bez sagatavošanās

cold-blooded [ˌkəʊld'blʌdid] *a* **1.** aukstasiņu- (*par dzīvnieku*); **2.** apsvērts; apdomāts; **3.** nežēlīgs
cold-hearted [ˌkəʊld'hɑːtid] *a* cietsirdīgs
cold-livered [ˌkəʊld'livəd] *a* bezkaislīgs
coldness ['kəʊldnis] *n* aukstums; vēsums
cold storage [ˌkəʊld'stɔːridʒ] *n* **1.** uzglabāšana aukstumā; **2.** *pārn*. atlikšana (*nākotnē*)
cold store ['kəʊld stɔː] *n* saldētava
colic ['kɒlik] *n* kolikas; graizes
collaborate [kə'læbəreit] *v* **1.** sadarboties; būt par līdzstrādnieku; **2.** sadarboties (*ar okupantiem*)
collaboration [kəˌlæbə'reiʃn] *n* sadarbība; in c. with – sadarbībā ar
collage ['kɒlɑːʒ] *n* kolāža
collapsar [kə'læpsɑː] *n astr*. «melnais caurums»
collapse [kə'læps] I *n* **1.** iebrukšana; iegrūšana; **2.** sabrukums; c. of a cabinet – valdības krišana; **3.** *med*. kolapss; nervous c. – nervu sabrukums; II *v* **1.** iebrukt; iegrūt; **2.** ciest pilnīgu neveiksmi; **3.** zaudēt spēkus; sabrukt; **4.** *med*. (*par asinsvadu u. tml.*) pārplīst
collar ['kɒlə] I *n* **1.** apkakle; **2.** koljē (*kaklarota*); **3.** kaklasiksna; **4.** sakas; **5.** *tehn*. ieliktnis; II *v* **1.** sagrābt aiz apkakles; **2.** *kul*. satīt ruletē; **3.** *sar*. paņemt; pievākt; **4.** *sl*. saņemt ciet
collar-bone ['kɒləbəʊn] *n anat*. atslēgas kauls
collate [kə'leit] *v* salīdzināt (*ar oriģinālu*)
collateral [kɒ'lætrəl] *a* **1.** blakus-; c. facts *jur*. – blakus apstākļi; **2.** papildu-; **3.** netiešs
colleague ['kɒliːg] *n* kolēģis; kolēģe

collect [kə'lekt] *v* **1.** [sa]vākt; to c. taxes – vākt nodokļus; **2.** kolekcionēt, krāt; **3.** sakrāties; **4.** koncentrēties; sakopot (*domas, enerģiju u. tml.*); **5.** secināt; **6.** sapulcēties; sanākt; **7.** aiziet kādam pakaļ
collected [kə'lektid] *a* **1.** savākts; c. works – kopoti raksti; **2.** nosvērts; savaldīgs (*par cilvēku*)
collection [kə'lekʃn] *n* **1.** [sa]vākšana; **2.** savākšanās; **3.** kolekcionēšana, krāšana; **4.** kolekcija; krājums; **5.** (*noteiktam nolūkam*) savāktā nauda
collective [kə'lektiv] I *n* kolektīvs; II *a* kolektīvs, kopējs
collector [kə'lektə] *n* **1.** kolekcionārs; krājējs; **2.** (*nodokļu*) ievācējs, iekasētājs; ticket c. – biļešu kontrolieris; **3.** *tehn*. kolektors
college ['kɒlidʒ] *n* **1.** koledža (*vidējā vai augstākā mācību iestāde Anglijā, augstākā mācību iestāde ASV*); **2.** speciāla mācību iestāde (*karaskola, jūrskola u. tml.*); **3.** kolēģija; **4.** *sl*. cietums; labošanas iestāde
collegian [kə'liːdʒiən] *n* **1.** koledžas audzēknis; **2.** *sl*. ieslodzītais
collegiate [kə'liːdʒiət] *a* **1.** koledžas-; **2.** koleģiāls
collide [kə'laid] *v* **1.** sadurties; saskarties; **2.** *pārn*. būt konfliktā (*nesaskaņā*)
collie ['kɒli] *n* kollijs, skotu aitu suns
collier ['kɒliə] *n* ogļracis
collision [kə'liʒn] *n* **1.** saduršanās; sadursme; **2.** (*interešu*) nesaskaņa; to come into c. (*with*) – 1) sadurties; 2) nonākt konfliktā
collocate ['kɒləʊkeit] *v* **1.** izvietot; izkārtot; **2.** *val*. veidot vārdkopas
collocation [ˌkɒləʊ'keiʃn] *n* **1.** izvieto-

šana; izkārtošana; 2. izvietojums; izkārtojums; 3. *val.* vārdkopu veidošana

collop [ˈkɒləp] *n* plāna gaļas šķēle; Scotch c. – cepta gaļa ar sīpoliem

colloquial [kəˈləʊkwiəl] *a* sarunu- (*par valodu, vārdu*); c. speech – sarunvaloda

colloquialism [kəˈləʊkwiəlizəm] *n* sarunvalodas izteiciens (*vai* vārds)

colloquy [ˈkɒləkwi] *n* 1. saruna; to engage in c. with smb. – oficiāli sarunāties; 2. kolokvijs; pārrunas

collusion [kəˈluːʒn] *n* slepena noruna (*vai* vienošanās)

colon[a] [ˈkəʊlən] *n gram.* kols

colon[b] [ˈkəʊlən] *n anat.* resnā zarna

colonel [ˈkɜːnl] *n* pulkvedis

colonist [ˈkɒlənist] *n* kolonists

colonize [ˈkɒlənaiz] *v* kolonizēt

colonizer [ˈkɒlənaizə] *n* kolonizators

colony [ˈkɒləni] *n* kolonija; ◇ c. of ants – skudru pūznis

colophony [kəˈlɒfəni] *n* kolofonijs

color [ˈkʌlə] *amer. sk.* **colour**

colo[u]ration [ˌkʌləˈreiʃn] *n* 1. krāsu kombinācija; krāsojums; 2. (*mākslas darba, laikmeta u. tml.*) raksturīga īpatnība

colossal [kəˈlɒsl] *a* 1. kolosāls; milzīgs; 2. *sar.* lielisks

colossus [kəˈlɒsəs] *n* (*pl* colossi [kəˈlɒsai]) koloss

colour [ˈkʌlə] I *n* 1. krāsa; nokrāsa; c. displey *dat.* – krāsu displejs; c. look – up table *dat.* – krāstabula; c. map *dat.* – krāsu karte; 2. krāsa; krāsviela; 3. sejas krāsa; to change one's c. – nosarkt *vai* nobālēt; 4. kolorīts; 5. rase; 6. priekšstats; 7. *mūz.* tembrs; II *v* 1. krāsot; izkrāsot; nokrāsot; 2. iekrāsoties; 3. nosarkt; 4. izpušķot (*īstenību*)

colour-blindness [ˈkʌləˌblaindnis] *n* daltonisms

coloured [ˈkʌləd] I *n*: the c. – jauktas rases cilvēki; II *a* 1. krāsains; 2. krāsots

colourful [ˈkʌləfʊl] *a* spilgts; krāsains

colouring [ˈkʌləriŋ] *n* 1. krāsojums; protective c. – aizsargkrāsa (*augiem, dzīvniekiem*); 2. sejas (*vai* acu, matu) krāsa; 3. tonējums; tonis; 4.: food c. (*arī* c. matter) – pārtikas krāsviela

colourless [ˈkʌləlis] *a* 1. bezkrāsas-; bezkrāsains; 2. bāls; 3. neinteresants; garlaicīgs

colt[a] [kəʊlt] *n* kolts (*revolveris*)

colt[b] [kəʊlt] *n* 1. kumeļš; 2. *sl.* trakulis

colter [ˈkəʊltə] *amer. sk.* **coulter**

coltsfoot [ˈkəʊltsfʊt] *n bot.* māllēpe

columbine [ˈkɒləmbain] *n bot.* ozoliņi

column [ˈkɒləm] *n* 1. *arhit.* kolonna; 2. stabs; stabiņš; vertebral c. *anat.* – mugurkauls; 3. sleja; 4. *dat.* kolonna; aile; sleja; 5. *mil.* kolonna

coma [ˈkəʊmə] *n med.* koma; to go into a c. – krist nesamaņā

comb [kəʊm] I *n* 1. ķemme; 2. (*putna*) sekste; 3. (*bišu*) šūnas; 4. (*viļņa*) mugura, krēpes; 5. čukurs; (*jumta*) kore; II *v* 1. ķemmēt; 2. sukāt (*linus u. tml.*); 3. sašķīst (*par vilni*); 4. pārmeklēt (*piem., mežu*)

combat [ˈkɒmbæt] I *n* kauja; cīņa; II *v* 1. cīnīties; 2. apkarot (*piem., slimības*)

combatant [ˈkɒmbətənt] I *n* cīnītājs; kaujinieks; II *a mil.* 1. kaujas-; 2. ierindas-

combative [ˈkɒmbətiv] *a* 1. kaujinieciisks; 2. kauslīgs

combination [ˌkɒmbiˈneiʃn] *n* 1. kombināctja; **2.** (*seifa atslēgas*) šifrs; **3.** motocikls ar blakusvāģi; **4.** ķīm. savienojums

combine I *n* ['kɒmbain] **1.** kombains; **2.** kombināts; sindikāts; **3.** *pol.* apvienība; II *v* [kəm'bain] **1.** apvienot; **2.** kombinēt; **3.** apvienoties

combo ['kɒmbəʊ] *n* (*saīs. no* combination) *sar. amer.* kompānija; apvienība

combustible [kəm'bʌstəbl] I *n*: ~*s pl* – degviela; II *a* (*viegli*) uzliesmojošs

combustion [kəm'bʌstʃən] *n* **1.** [sa]degšana; spontaneous c. – pašaizdegšanās; c. engine *tehn.* – iekšdedzes dzinējs; **2.** ķīm. oksidēšana; oksidācija

come [kʌm] *v* (*p.* came [keim]; *p.p.* come [kʌm]) **1.** nākt; pienākt; **2.** ierasties; atbraukt; **3.** (*arī* to c. about) notikt; gadīties; **4.** mesties (*klāt*); **5.** kļūt; to c. true – piepildīties; to c. natural (easy) – viegli padoties; **6.** iznākt; izdoties; **7.** sākt; **8.** (*arī* to c. from) [iz]celties; ⌂ to c. **across** – 1) nejauši satikt; uzdurties; 2) iešauties prātā; to c. **along** (*arī* to c. **on**) – 1) veikties; 2) atlabt; 3) (*izsakot aicinājumu, pamudinājumu*): c. along! – nāc[iet], iesim!; to c. **at** – 1) sasniegt; piekļūt; 2) uzbrukt; to c. **away** – 1) aiziet; 2) nolūzt; notrūkt; to c. **back** – 1) atgriezties; 2) ataust atmiņā; to c. **back at** – atcirst (*atbildot*); to c. **before** – 1) izskatīt (*sūdzību*); 2) būt pārākam (*svarīgākam*); to c. **between** – iejaukties (*sadzīvē*); to c. **by** – iegūt; to c. **down** – 1) sagāzties; 2) līt; snigt; birt (*par krusu*); 3) kristies (*par temperatūru, cenām*); 4) ierasties (*no lielpilsētas mazāk apdzīvotā vietā*);

to c. **down on** – 1) stingri pieprasīt; 2) sodīt; 3) sadot; to c. **down with** – saslimt (*ar infekcijas slimību*); to c. **forward** – 1) izvirzīties (*par kandidātu*); 2) pieteikties (*par liecinieku*); liecināt tiesā; to c. **in** – 1) pienākt (*par vilcienu*); 2) nākt modē; 3) sākties (*par paisumu*); 4) nākt pie varas; tikt ievēlētam; 5) iegūt vietu (*sacensībās*); 6) nogatavoties; to c. **in for** – 1) saņemt (*mantojumu*); to c. in on – piebiedroties; to c. **into** – 1) rasties; to c. into being (existence) – rasties; to c. into force – stāties spēkā; to c. into one's own – iegūt (*cieņu, atzinību*); to c. **off** – 1) notrūkt (*par pogu u. tml.*); 2) iet nost (*par lūpukrāsu u. tml.*); 3) nokrist (*no zirga, velosipēda*); 4) notikt; to. c. **on** – 1) parādīties, uznākt (*uz skatuves*); 2) uznākt (*par vētru, slimību u. tml.*); it came to snow – sāka snigt; 3) attīstīties; 4) (*izsakot aicinājumu, pamudinājumu*): c. on! – a) nāc[iet], iesim!; b) dzīvāk!; turpiniet!; to c. **out** – 1) iznākt (*par grāmatu u. tml.*); 2) izrādīties; 3) streikot; 4) labi izskatīties (*fotogrāfijā*); 5) iziet (*par traipu*); 6) atrisināt; to c. **out in** – pārklāties (*ar izsitumiem u. tml.*); to c. **out with** – nākt klajā (*ar paziņojumu*); to c. **over** – 1) pārnākt; pārbraukt; 2) iegriezties; 3) mainīt (*viedokli*); pāriet (*pretējā nometnē*); 4) pārņemt; uznākt (*par sajūtu*); to c. **round** – 1) iegriezties, apciemot; 2) atgūt samaņu; atžirgt; 3) nokārtoties; 4) regulāri atkārtoties; to c. **to** [oneself] – 1) atgūt samaņu; 2) sanākt (*par rēķinu*); 3) nonākt līdz; to c. to blows – nonākt līdz kautiņam; to c.

to life – 1) realizēties; 2) atdzīvoties; 3) sniegties; to c. **under** – būt padotam; to c. **up** – 1) uznākt; pienākt klāt; 2) uzdīgt; 3) rasties (*par jautājumu*); 4) notikt; to c. **up with** – sniegt (*piem., atbildi*); to c. **upon** – 1) nejauši sastapt; uzdurties; 2) uzbrukt
comeback ['kʌmbæk] *n* atgriešanās (*pie varas u. tml.*)
comedian [kə'mi:diən] *n* **1.** komiķis; **2.** komēdiju rakstnieks
comedienne [kə‚mi:di'en] *n* komiķe
come-down ['kʌmdaʊn] *n sar.* **1.** krišana; sabrukums; **2.** vilšanās
comeliness ['kʌmlinis] *n* piemīlīgums
comely ['kʌmli] *a* piemīlīgs
comet ['kɒmit] *n* komēta
comfit ['kʌmfit] *n* **1.** konfekte; **2.** iecukuroti augļi
comfort ['kʌmfət] **I** *n* **1.** mierinājums; atbalsts; cold c. – vājš mierinājums; **2.** komforts; ~s *pl* – ērtības; **II** *v* mierināt
comfortable ['kʌmftəbl] *a* **1.** komfortabls; ērts; **2.** pietiekams; apmierinošs; **3.** apmierināts; **4.** mājīgs; omulīgs
comforter ['kʌmfətə] *n* **1.** mierinātājs; **2.** vilnas šalle
comic ['kɒmik] **I** *n* **1.** *sar.* komiķis; **2.** kinokomēdija; **II** *a* **1.** komisks; c. strip – komikss; **2.** komēdijas-; c. actor – komiķis
comical ['kɒmikəl] *a* komisks; jocīgs; dīvains
coming ['kʌmiŋ] **I** *n* atnākšana; ierašanās; **II** *a* **1.** nākamais; gaidāmais; paaudze; **2.** daudzsološs
comity ['kɒmiti] *n* pieklājība
comma ['kɒmə] *n gram.* komats; inverted ~s *gram.* – pēdiņas
command [kə'mɑ:nd] **I** *n* **1.** komanda; pavēle; **2.** *dat.* komand-c. button – komandpoga; c. driver program – komandvadāma programma; c. key – komandtaustiņš; c. language – komandvaloda; c. line – komandlīnija; c. separator – komandu atdalītājs; **3.** pavēlniecība; **4.** prasme; c. of a language – valodas prasme; **5.** hegemonija; kundzība; **II** *v* **1.** komandēt; pavēlēt; to c. oneself – savaldīties; **2.** [pār]valdīt; **3.** iedvest (*cieņu u. tml.*); **4.** pavērt (*skatienam*)
commandant [‚kɒmən'dænt] *n* komandants
commandeer [‚kɒmən'diə] *v* **1.** rekvizēt; **2.** vervēt armijā (*piespiedu kārtā*)
commander [kə'mɑ:ndə] *n* komandieris; pavēlnieks
commander-in-chief [kə‚mɑ:ndərin'tʃi:f] *n* (*pl* commanders-in-chief [‚kə‚mɑ:ndəzin 'tʃi:f]) virspavēlnieks
commanding [kə'mɑ:ndiŋ] *a* **1.** komandējošs; **2.** dominējošs; uzstājīgs; **3.** iespaidīgs
commandment [kə'mɑ:ndmənt] *n* **1.** *rel.* bauslis; **2.** priekšraksts
commando [kə'mɑ:ndəʊ] *n mil.* **1.** desantvienība; **2.** desantnieks
commemorate [kə'meməreit] *v* pieminēt (*notikumu*); svinēt (*gadadienu*)
commemoration [kə‚memə'reiʃn] *n* **1.** (*notikuma*) pieminēšana; in c. of smb. – kāda piemiņai; (*gadadienas*) svinēšana; svinīgs akts; **2.** *rel.* aizlūgums
commemorative [kə'memərətiv] **I** *n* jubilejas monēta (maska. medaļa); **II** *a* memoriāls; piemiņas-
commence [kə'mens] *v* **1.** [ie]sākt; **2.** [ie]sākties
commencement [kə'mensmənt] *n* **1.** sākums; iesākšanās; **2.** *amer.* (*arī*

Kembridžas un Dublinas universitātē) grāda piešķiršanas ceremonija
commend [kə'mend] v **1.** ieteikt; **2.** cildināt; slavēt
commendable [kə'mendəbl] a slavējams; ieteicams
commendatory [kə'mendətəri] a ieteicams; c. letter – ieteikuma vēstule
commensurable [ke'menʃərəbl] a **1.** samērojams; **2.** proporcionāls; atbilstošs
commensurate [kə'menʃərət] a proporcionāls; atbilstošs
comment ['kɒment] **I** n **1.** komentāri; izteikums; **2.** atsauksme; **II** v (*on, upon*) **1.** komentēt; izteikt savas domas (*par ko*); **2.** dot atsauksmi
commentary ['kɒməntəri] n komentāri; running c. – reportāža
commentation [ˌkɒmən'teiʃn] n komentēšana; (*teksta*) interpretēšana; iztulkošana
commentator ['kɒmenteitə] n [radio] komentētājs; reportieris
commerce ['kɒmɜːs] n **1.** komercija; tirdzniecība; **2.** (*savstarpēji*) sakari
commercial [kə'mɜːʃl] **I** n **1.** reklāmraidījums; **2.** *sar.* komivojažieris, apkārtceļojošs aģents; **II** a **1.** komerciāls; tirdzniecības-; **2.** rūpniecisks; rūpniecības- (*par procesu, iekārtu*); **3.** rentabls; **4.** sērijveida- (*par automobiļiem*)
commingle [kɒ'miŋgl] v **1.** sajaukt; **2.** sajaukties
comminute ['kɒminjuːt] v **1.** saberzt; sasmalcināt; **2.** sadalīt (*īpašumu*)
commiserate [kə'mizəreit] v (*with*) just līdzi; izteikt līdzjūtību
commiseration [kəˌmizə'reiʃn] n līdzjūtība; līdzjūtības izteikšana

commissariat [ˌkɒmi'seəriət] n **1.** komisariāts; **2.** *mil.* intendantūra
commissary ['kɒmisəri] n **1.** komisārs; pilnvarotais; **2.** intendants
commission [kə'miʃn] **I** n **1.** pilnvara; **2.** uzdevums; rīkojums; **3.** (*mākslinieka*) līgumdarbs; pasūtījums; **4.** komisija; komiteja; valde; **5.** komandējums; **II** v **1.** pilnvarot; uzdot; **2.** iecelt amatā; **3.** sagatavot braucienam (*kuģi*)
commissionaire [kəˌmiʃə'neə] n **1.** izsūtāmais; **2.** šveicars
commissioner [kə'miʃnə] n pilnvarotais
commit [kə'mit] v **1.** uzticēt; **2.** nodot; atdot; **3.** pastrādāt; nodarīt (*kaut ko ļaunu*)
commitment [kə'mitmənt] n **1.** uzticēšana; **2.** nodošana; atdošana; **3.** (*likumprojekta*) iesniegšana; **4.** (*nozieguma u. tml.*) izdarīšana; **5.** apcietināšana
committal [kə'mitl] *sk.* **commitment**
committee [kə'miti] n **1.** komiteja; komisija; **2.** *jur.* aizbildnis (*garīgi slimam*)
commode [kə'məʊd] n kumode
commodious [kə'məʊdiəs] n plašs; ietilpīgs
commodity [kə'mɒdəti] n patēriņa priekšmets; prece
common ['kɒmən] **I** n kopienas zeme; right of c. – (*zemes*) koplietošanas tiesības; **II** a **1.** kopējs; kopīgs; vispārējs; **2.** sabiedrisks; publisks; **3.** vienkāršs; parasts; c. sense – veselais saprāts; **4.** parasts; izplatīts; vispārīgs; c. salt – vārāmais sāls; **5.** vulgārs; **6.** *gram.* kop-; c. gender – kopdzimte; c. noun – sugas vārds
commonly ['kɒmənli] *adv* parasti; vispārīgi

commonplace ['kɒmənpleis] **I** *n* **1.** ikdieniška lieta; **2.** banalitāte; **II** *n* **1.** ikdienišķs; parasts; **2.** banāls, nodrāzts; sekls
commotion [kə'məʊʃn] *n* **1.** satraukums; kņada; **2.** (*politiski*) nemieri
communal ['kɒmjʊnl] *a* **1.** komunāls; sabiedrisks; **2.** rasu-
commune I *n* ['kɒmju:n] **1.** komūna; **2.** kopiena; **II** *v* [kə'mju:n] **1.** (*with*) sazināties; sarunāties; **2.** satikties, saieties
communicable [kə'mju:nikəbl] *a* **1.** paziņojams; **2.** lipīgs (*par slimību*)
communicate [kə'mju:nikeit] *v* **1** (*to*) paziņot; darīt zināmu; **2.** izplatīt (*siltumu, slimību*); **3.** (*with*) sazināties; **4.** (*with*) savienoties (*par telpām*); **5.** iet pie dievgalda
communication [kə͵mju:ni'keiʃn] *n* **1.** paziņojums; **2.** (*slimības u. tml.*) izplatīšanās; **3.** sazināšanās; **4.** ~s *pl dat.* sakari, komunikācija; c. channel – sakaru kanāls; c. program – komunikācijas programma; c. protocol – komunikācijas protokols; **5.** sakari; means of c. – sakaru līdzekļi
communicative [kə'mju:nikətiv] *a* **1.** komunikatīvs; **2.** runīgs, valodīgs
communion [kə'mju:niən] *n* **1.** sazināšanās; sakaru uzturēšana; **2.** domu apmaiņa; **3.** *rel.* konfesija; **4.** Svētais vakarēdiens
communique [kə'mju:nikei] *n* komunikē (*oficiāls paziņojums*)
community [kə'mju:nəti] *n* **1.** apdzīvota vieta; mikrorajons; **2.** kopiena; the c. – sabiedrība; **3.** kopība; c. of interests – interešu kopība
commutation [͵kɒmju:'teiʃn] *n* aizstāšana

commutator ['kɒmju:teitə] *n el.* komutators, strāvas pārslēdzējs
commute [kə'mju:t] *v* **1.** aizstāt; **2.** mīkstināt (*sodu*); **3.** *el.* pārslēgt (*strāvu*)
compact[a] ['kɒmpækt] *n* līgums
compact[b] **I** *n* ['kɒmpækt] **1.** *tehn.* presēšana; **2.** pūdernīca (*ar presētu pūderi*); **3.** *sl.* mazlitrāžas automobilis; **II** *a* [kəm'pækt] kompakts; blīvs; c. disk (CD) – kompaktdisks; **III** *v* [kəm'pækt] saspiest; sapresēt; sablīvēt
companion [kəm'pæniən] *n* **1.** biedrs; **2.** ceļabiedrs; pavadonis; **3.** rokasgrāmata; **4.** kompanjons; līdzdalībnieks; **5.** sarunu biedrs
companion-ladder [kəm'pæniən͵lædə] *n jūrn.* traps
company ['kʌmpəni] *n* **1.** kompānija; sabiedrība; in c. with – kopā ar; **2.** (*sarunu u. tml.*) biedri; **3.** viesi; to expect c. – gaidīt ciemiņus; **4.** trupa; theatre c. – teātra trupa; touring c. – ceļojoša trupa; **5.** (*kuģa*) apkalpe; **6** *ek.* kompānija; limited liability c. – akciju sabiedrība
comparable ['kɒmpərəbl] *a* (*to, with*) salīdzināms
comparative [kəm'pærətiv] **I** *n gram.* komparatīvs, pārākā pakāpe; **II** *a* **1.** salīdzinošs; **2.** relatīvs
comparatively [kəm'pærətivli] *adv* **1.** relatīvi; samērā; **2.** salīdzinoši
compare [kəm'peə] **I** *n*: beyond (past, without) c. – nesalīdzināms; **II** *v* **1.** (*with*) salīdzināt; **2.** (*with, to*) pielīdzināt; **3.** *gram.* veidot salīdzināmās pakāpes
comparison [kəm'pærisn] *n* **1.** salīdzinājums; degrees of c. *gram.* – salīdzināmās pakāpes; in c. with – salīdzinājumā ar; **2.** līdzība

compartment [kəm'pɑ:tmənt] *n* **1.** nodalījums; **2.** (*vagona*) kupeja
compass ['kʌmpəs] **I** *n* **1.** kompass; **2.**: ~es *pl* – cirkulis; **3.** apkārtmērs; **4.** diapazons; **5.** robeža; apjoms; **II** *v* **1.** realizēt; sasniegt (*mērķi*); **2.** panākt (*ar viltu*)
compassion [kəm'pæʃn] *n* līdzjūtība
compassionate [kəm'pæʃnət] *a* līdzjūtīgs
compatibility [kəm,pætə'biləti] *n* savienojamība; sakritība; saderība
compatible [kəm'pætəbl] *a* (*with*) savienojams; sakritīgs
compatriot [kəm'pætriət] *n* tautietis
compeer [kɒm'piə] *n* līdzinieks; biedrs
compel [kəm'pel] *v* **1.** piespiest; likt; **2.** pakļaut; **3.** *pārn*. izraisīt; radīt
compelling [kəm'peliŋ] *a* neatvairāms; nepārvarams
compendious [kəm'pendiəs] *a* koncentrēts; īss (*par rakstu u. tml.*)
compendium [kəm'pendiəm] *n* (*pl* compendia [kəm'pendiə]) **1.** konspekts; **2.** (*pilns*) saraksts; uzskaitījums; **3.** komplekts
compensate ['kɒmpenseit] *v* **1.** kompensēt; atlīdzināt (*zaudējumus*); **2.** *amer*. samaksāt (*par pakalpojumu*); **3.** *tehn*. sabalansēt; līdzsvarot
compensation [,kɒmpen'seiʃn] *n* **1.** kompensācija; (*zaudējumu*) atlīdzināšana; **2.** *amer*. samaksa; alga; **3.** *tehn*. sabalansēšana; līdzsvarošana
compere ['kɒmpeə] *n* konferansjē
compete [kəm'pi:t] *v* **1.** sacensties; **2.** konkurēt
competence ['kɒmpitəns] *n* **1.** kompetence; pieredze; **2.** spējas; zināšanas; **3.** pārticība; turība; **4.** *jur*. piekritība
competent ['kɒmpitənt] *a* **1.** kompetents; lietpratīgs; **2.** pietiekams; **3.** *jur*. piekritīgs
competition [,kɒmpi'tiʃn] *n* **1.** sacensība; **2.** sacīkstes; **3.** konkurss; **4.** konkurence
competitive [kəm'petətiv] *a* **1.** konkursa-; c. examination – konkursa pārbaudījums; **2.** konkurējošs; konkurētspējīgs
competitor [kəm'petitə] *n* konkurents, sāncensis
compilation [,kɒmpi'leiʃn] *n* kompilēšana; kompilācija
compile [kəm'pail] *v* **1.** vākt (*faktus, datus*); **2.** kompilēt
compiler [kəm'pailə] *n* **1.** sastādītājs; **2.** kompilators
complacence [kəm'pleisns] *n* **1.** pašapmierinātība; **2.** apmierinātība; bezrūpība
complacent [kəm'pleisnt] *a* **1.** pašapmierināts; **2.** apmierināts; bezrūpīgs
complain [kəm'plein] *v* **1.** (*of, about*) sūdzēties; žēloties; **2.** (*to*) iesniegt sūdzību
complaint [kəm'pleint] *n* **1.** sūdzība; **2.** kaite; slimība
complaisance [kəm'pleizəns] *n* iztapība
complaisant [kəm'pleizənt] *a* iztapīgs
compleat [kəm'pli:t] *a* pilnīgs; pabeigts
complement I *n* ['kɒmplimənt] **1.** papildinājums; **2.** *gram*. papildinātājs; **II** *v* **1.** papildināt; **2.** komplektēt
complete [kəm'pli:t] **I** *a* **1.** pilns; pilnīgs; **2.** pabeigts; **3.** absolūts; neierobežots; **II** *v* **1.** pabeigt; **2.** pilnveidot; **3.** sakomplektēt
completely [kəm'pli:tli] *adv* pilnīgi; pavisam
completion [kəm'pli:ʃn] *n* **1.** pabeigšana; **2.** komplekts

complex [ˈkɒmpleks] **I** *n* komplekss; **II** *a* **1.** komplekss; salikts; c. sentence *gram.* – salikts pakārtots teikums; **2.** komplicēts; sarežģīts
complexion [kəmˈplekʃn] *n* **1.** sejas krāsa; **2.** aspekts
complexity [kəmˈpleksəti] *n* komplicētība; sarežģītība
compliance [kəmˈplaiəns] *n* **1.** piekrišana; piekāpšanās; in c. with – saskaņā ar; **2.** piekāpība
compliant [kəmˈplaiənt] *a* piekāpīgs
complicacy [ˈkɒmplikəsi] *n* komplicētība; sarežģītība
complicate [ˈkɒmplikeit] **I** *a* komplicēts; sarežģīts; **II** *v* komplicēt; sarežģīt
complication [ˌkɒmpliˈkeiʃn] *n* komplikācija
complicity [kəmˈplisəti] *n* līdzdalība (*noziegumā u. tml.*)
compliment **I** *n* [ˈkɒmplimənt] **1.** kompliments; to pay smb. a c. – izteikt kādam komplimentu; **2.**: ~s *pl* – apsveikums; sveicieni; ~s of the season – svētku apsveikumi; **II** *v* [ˈkɒmpliment] **1.** (*on*) apsveikt; **2.** (*on*) izteikt komplimentu (atzinību); **3.** (*with*) *novec.* apdāvināt
complimentary [ˌkɒmpliˈmentəri] *a* **1.** cildinošs; glaimojošs; **2.** apsveikuma-; c. speech – apsveikuma runa; **3.**: c. ticket – 1) goda karte; 2) brīvbiļete
comply [kəmˈplai] *v* (*with*) **1.** piekrist; izpildīt (*prasību u. tml.*); **2.** pakļauties (*likumam u. tml.*)
component [kəmˈpəʊnənt] **I** *n* **1.** komponents; sastāvdaļa; **2.** *tehn.* detaļa; mezgls; **II** *a* sastāv-
comport [kəmˈpɔːt] *v* (*with*) saskanēt

compose [kəmˈpəʊz] *v* **1.** sastādīt; to be ~d of – sastāvēt no; **2.** komponēt; sacerēt (*dzeju u. tml.*); **3.** nomierināt; **4.** nokārtot (*piem., strīdu*); **5.** *dat.*: c. sequence – kompozītsecība
composed [kəmˈpəʊzd] *a* mierīgs; savaldīgs
composer [kəmˈpəʊzə] *n* komponists
composite [ˈkɒmpəzit] **I** *n* kompozīts; maisījums; **II** *a* kompozīts; salikts; jaukts
composition [ˌkɒmpəˈziʃn] *n* **1.** sastādīšana; salikšana; **2.** sacerēšana; **3.** kompozīcija; **4.** *mūz.* skaņdarbs; **5.** sacerējums; **6.** kompromiss; **7.** raksturs; būtība; **8.** *ķīm.* sastāvs; maisījums
compositor [kəmˈpɒzitə] *n* burtlicis
compost [ˈkɒmpɒst] *n lauks.* komposts
composure [kɒmˈpəʊʒə] *n* **1.** nosvērtība; **2.** savaldība
compound[a] **I** *n* [ˈkɒmpaʊnd] **1.** maisījums; **2.** *ķīm.* savienojums; **3.** *val.* saliktenis; **II** *a* salikts; c. device *dat.* – salikta ierīce; c. dokument *dat.* – salikts dokuments; c. sentence *gram.* – salikts sakārtots teikums; **III** *v* [kəmˈpaʊnd] **1.** samaisīt; sajaukt; **2.** saskaņot (*piem., intereses*); **3.** vienoties (*piem., ar kreditoru*); dzēst parādu
comprehend [ˌkɒmpriˈhend] *v* saprast; aptvert
comprehensible [ˌkɒmpriˈhensəbl] *a* saprotams; aptverams
comprehensive [ˌkɒmpriˈhensiv] *a* **1.** saprātīgs; **2.** visaptverošs; vispusīgs; plašs
compress **I** *n* [ˈkɒmpres] **1.** komprese; **2.** spiedošs pārsējs; **II** *v* [kəmˈpres] **1.** saspiest; **2.** sakopot (*piem., domas*)

compression [kəm'preʃn] *n* **1.** saspiešana; sablīvēšana; **2.** *tehn.* kompresija
comprise [kəm'praiz] *v* **1.** aptvert; ietvert; saturēt; **2.** veidot; sastādīt
compromise ['kɒmprəmaiz] **I** *n* kompromiss; **II** *v* **1.** ielaisties kompromisā; **2.** kompromitēt
compulsion [kəm'pʌlʃn] *n* **1.** piespiešana; under c. – spaidu kārtā; **2.** *psih.* apmātība; nepārvarama tieksme
compulsive [kəm'pʌlsiv] *a* **1.** piespiedu-; **2.** nepārvarams
compulsory [kəm'pʌlsəri] *a* **1.** piespiedu-; **2.** obligāts
compunction [kəm'pʌŋkʃn] *n* **1.** sirdsapziņas pārmetumi; **2.** nožēla; without the slightest c. – bez mazākās nožēlas
computation [ˌkɒmpju:'teiʃn] *n* **1.** aprēķināšana; **2.** [iz]skaitļošana; **3.** aprēķins
compute [kəm'pju:t] *v* **1.** [ap]rēķināt; **2.** [iz]skaitļot
computer [kəm'pju:tə] *n* dators; skaitļotājs; c. on a chip – vienkristāla dators; notebook c. – piezīmjdators; c. system – datorsistēma
computing [kəm'pju:tiŋ] *n* skaitļošanas tehnika
comrade ['kɒmreid] *n* biedrs
comrade-in-arms [ˌkɒmreidin'ɑ:mz] *n* cīņubiedrs
comradeship ['kɒmreidʃip] *n* biedriskums; biedriskas attiecības
con [kɒn] *v* iekalt (*mācoties*)
concatenate [kən'kætineit] *v* savienot; sakabināt (*ķēdē*)
concave ['kɒnkeiv] **I** *n* **1.** *arh.* velve; **2.** debess jums; **II** *a* ieliekts
concavity [kɒn'kævəti] *n* ieliekums
conceal [kən'si:l] *v* noslēpt; noklusēt

concealment [kən'si:lmənt] *n* **1.** noslēpšana; noklusēšana; **2.** slēptuve
concede [kən'si:d] *v* **1.** pieļaut (*iespējamību u. tml.*); **2.** piekāpties; atteikties (*cita labā*); **3.** *sp.* paspēlēt
conceit [kən'si:t] *n* **1.** iedomība; augstprātība; **2.** *lit.* tēls
conceited [kən'si:tid] *a* iedomīgs; augstprātīgs
conceivable [kən'si:vəbl] *a* **1.** iedomājams; aptverams; **2.** iespējams
conceive [kən'si:v] *v* **1.** nodomāt; iecerēt; **2.** iedomāties; aptvert
concentrate ['kɒnsəntreit] **I** *n* koncentrāts; **II** *v* **1.** koncentrēt; sakopot; **2.** koncentrēties; **3.** *ķīm.* sabiezināt
concentration [ˌkɒnsən'treiʃn] *n* **1.** koncentrēšanās; power of c. – koncentrēšanās spēja; **2.** koncentrācija; **3.** *ķīm.* sabiezināšana
concentric [kən'sentrik] *a* koncentrisks
concentrator *n dat.* koncentrators
concept ['kɒnsept] *n* jēdziens; priekšstats
conception [kən'sepʃn] *n* **1.** koncepcija; uztvere; **2.** jēdziens; **3.** (*mākslinieka, zinātnieka*) iecere
concern [kən'sɜ:n] **I** *n* **1.** darīšana; daļa; no c. of mine – nav mana darīšana; **2.** interese; sakars; **3.** svarīgums; nozīme; **4.** rūpes; bažas; with deep c. – ar dziļām bažām; **5.** koncerns; uzņēmums; paying c. – ienesīgs uzņēmums; **II** *v* **1.** attiekties; skart; būt saistītam; **2.**: to c. oneself (*with, in, about*) – interesēties; nodarboties (*ar kādu jautājumu u. tml.*)
concerned [kən'sɜ:nd] *a* **1.** ieinteresēts; nodarbināts; **2.** saistīts (*ar kaut ko*); iejaukts; **3.** norūpējies; nobažījies
concerning [kən'sɜ:niŋ] *prep* attiecībā uz

concernment [kən'sɜ:nmənt] *n* 1. svarīgums; 2. līdzdalība; 3. rūpes; bažas
concert I *n* ['kɒnsət] 1. koncerts; 2. ['kɒnsɜ:t] saskaņa; in c. with – saskaņā ar; II *v* [kən'sɜ:t] saskaņot; vienoties
concerto [kən'tʃeətəʊ] *n* (*pl* concertos [kən'tʃeətəʊz]) *mūz.* koncerts (*skaņdarbs*)
concession [kən'seʃn] *n* piekāpšanās
concessive [kən'sesiv] *a* 1. piekāpīgs; pieļāvīgs; 2. *gram.* pieļāvības-
conch [kɒŋk] *n* 1. (*spirālveida*) gliemene; 2. gliemežvāks
concierge [ˌkɒnsi'eəʒ] *n* durvju sardze
conciliate [kən'silieit] *n* 1. iemantot uzticību; 2. samierināt
conciliation [kənˌsili'eiʃn] *n* samierināšana
conciliatory [kən'siliətəri] *a* samierinošs; samierinātāj-
concise [kən'sais] *a* koncentrēts; īss; kodolīgs
concision [kən'siʒn] *n* koncentrētība; īsums
conclave ['kɒŋkleiv] *n* 1. slepena sanāksme; 2. *bazn.* konklāvs
conclude [kən'klu:d] *v* 1. pabeigt; 2. (*from*) secināt; 3. noslēgt (*līgumu*); 4. nolemt; 5. beigties
conclusion [kən'klu:ʒn] *n* 1. nobeigums; beigas; 2. secinājums; slēdziens; 3. (*līguma u. tml.*) noslēgšana
conclusive [kən'klu:siv] *a* 1. izšķirošs; 2. pārliecinošs
concoct [kən'kɒkt] *v* 1. (*ātri*) pagatavot; savārīt; 2. sagudrot (*attaisnojumu u. tml.*)
concoction [kən'kɒkʃn] *n* 1. virums; darinājums; 2. izdomājums
concomitant [kən'kɒmitənt] I *n* (*parasti pl*) blakus apstākļi; sekas; II *a* reizē (līdztekus) notiekošs
concord ['kɒŋkɔ:d] *n* 1. harmonija; saskaņa; 2. konvencija; 3. *gram.* saskaņojums
concordance [kən'kɔ:dəns] *n* 1. saskaņa; 2. alfabētisks vārdu (izteicienu) saraksts (*kāda autora darbā*)
concordant [kən'kɔ:dənt] *a* (*with*) harmonisks; saskaņots
concourse ['kɒŋkɔ:s] *n* 1. drūzma; pūlis; 2. *amer.* galvenais vestibils; uzgaidāmā telpa (*stacijā u. tml.*); 3. laukums (*kur pulcējas ļaudis*); 4. uzkrāšanās
concrete I *n* ['kɒŋkri:t] betons; reinforced c. – dzelzsbetons; II *a* ['kɒŋkri:t] 1. konkrēts; 2. betona-; III *v* [kən'kri:t] 1. sacietēt; 2. ['kɒŋkri:t] betonēt
concretion [kən'kri:ʃn] *n* 1. sacietējums; sabiezējums; 2. *med.* akmeņi
concur [kən'kɜ:] *v* 1. sakrist; sagadīties (*par apstākļiem*); 2. (*with*) piekrist
concurrence [kən'kʌrəns] *n* 1. (*apstākļu*) sakritība; sagadīšanās; 2. vienošanās
concurrency *n dat.* laiksakritība; c. control – laiksakritības vadība
concurrent [kən'kʌrənt] I *n* 1. konkurents; 2. neatņemama daļa; II *a* 1. vienlaicīgs; 2. līdztekus; sakrītošs
concuss [kən'kʌs] *v* 1. satricināt; 2. piespiest
concussion [kən'kʌʃn] *n* 1. satricinājums; trieciens; 2. kontūzija
condemn [kən'dem] *v* 1. nosodīt; 2. notiesāt; 3. būt nolemtam; 4. nodot; his looks c. him – viņa izskats viņu nodod; 5. atzīt par nederīgu; 6. konfiscēt
condemnation [ˌkɒndem'neiʃn] *n* 1. nosodīšana; 2. notiesāšana

condemnatory [kən'demnətəri] *a* nosodošs
condensation [ˌkɒnden'seiʃn] *n* **1.** kondensācija; kondensēšana; sabiezēšana; **2.** (*izklāsta*) koncentrēta forma; (*grāmatas, referāta u. tml. satura*) saīsinājums
condense [kən'dens] *v* **1.** kondensēt; iebiezināt; ~d milk – iebiezināts piens; **2.** kondensēties; sabiezēt; **3.** koncentrēti izteikt (*piem., domas*)
condenser [kən'densə] *n tehn.* kondensators
condescend [ˌkɒndi'send] *v* **1.** parādīt labvēlību; **2.** pazemoties
condescension [ˌkɒndi'senʃn] *n* augstprātīga labvēlība
condition [kən'diʃn] **I** *n* **1.** nosacījums; noteikums; on c. that... – ar noteikumu, ka...; on no c. – nekādā ziņā; **2.** stāvoklis; to change one's c. – apprecēties; **3.**: ~s *pl* – apstākļi; **4.** *amer.* akadēmisks parāds; pēceksāmens; **II** *v* **1.** nosacīt; to be ~ed (*by*) – būt atkarīgam (*no*); **2.** izvirzīt noteikumus; **3.** uzlabot (*fiziskos sagatavotību, kondīciju*); **4.** *amer.* kārtot pēceksāmenus; **5.** kondicionēt (*gaisu*)
conditional [kən'diʃənl] *a* nosacījuma-; kondicionāls
conditioned [kən'diʃnd] *a* **1.** nosacīts; c. reflex – nosacījuma reflekss; **2.** kondicionēts (*par gaisu*); **3.** ar kondīciju (*par lopiem*)
condole [kən'dəʊl] *v* (*with*) izteikt līdzjūtību
condolence [kən'dəʊləns] *n* līdzjūtība; to present one's ~s – izteikt līdzjūtību
condone [kən'dəʊn] *v* piedot (*pārkāpumu*)
condor ['kɒndɔ:] *n* kondors
conduce [kən'dju:s] *v* (*to*) veicināt, sekmēt
conducive [kən'dju:siv] *a* veicinošs, sekmējošs
conduct **I** *n* ['kɒndʌkt] **1.** vadīšana; c. of a business – uzņēmuma vadīšana; **2.** uzvešanās; **II** *v* [kən'dʌkt] **1.** vadīt; komandēt; **2.** vest; pavadīt; **3.**: to c. oneself – uzvesties; **4.** diriģēt; **5.** *fiz.* vadīt (*siltumu, enerģiju*)
conduction [kən'dʌkʃn] *n fiz.* vadītspēja; vadāmība
conductor [kən'dʌktə] *n* **1.** vadītājs; **2.** konduktors; **3.** diriģents; **4.** *amer.* (*vagona*) pavadonis; **5.** *fiz.* vadītājs
cone [kəʊn] *n* **1.** konuss; **2.** čiekurs
coney ['kəʊni] *sk.* **cony**
confabulate [kən'fæbjʊleit] *v* draudzīgi sarunāties; tērzēt
confabulation [kənˌfæbjʊ'leiʃn] *n* draudzīga saruna; tērzēšana
confection [kən'fekʃn] *n* **1.** saldumi; **2.** gatavi sieviešu apģērbi
confectioner [kən'fekʃnə] *n* konditors
confectionery [kən'fekʃnəri] *n* **1.** konditoreja; **2.** konditorejas izstrādājumi
confederacy [kən'fedərəsi] *n* **1.** konfederācija; valstu savienība; **2.** sazvērestība
confederate **I** *n* [kən'fedərət] **1.** konfederācijas biedrs; **2.** (*sazvērestības, nozieguma u. tml.*) līdzdalībnieks; **II** *a* [kən'fedərət] federāls; savienots; **III** *v* [kən'fedəreit] **1.** apvienot konfederācijā; **2.** apvienoties konfederācijā
confederation [kənˌfedə'reiʃn] *n* konfederācija; savienība
confer [kən'fɜ:] *v* **1.** (*on, upon*) piešķirt (*goda nosaukumu, dienesta pakāpi*); **2.** (*with smb. on smth.*) apspriesties

conference ['kɒnfrəns] *n* konference; apspriede

conferment [kən'fɜ:mənt] *n* zinātniskā grāda (goda nosaukuma) piešķiršana

confess [kən'fes] *v* 1. atzīt (*vainu*); atzīties; 2. izsūdzēt grēkus

confession [kən'feʃn] *n* 1. atzīšanās; 2. grēksūdze; 3. konfesija, ticība

confessor [kən'fesə] *n* 1. grēku sūdzētājs; 2. biktstēvs

confidant [ˌkɒnfi'dænt] *n* uzticības persona

confide [kən'faid] *v* 1. (*in*) uzticēties; paļauties; 2. (*to*) uzticēt (*noslēpumu*)

confidence ['kɒnfidəns] *n* 1. uzticēšanās; uzticība; 2. paļāvība; pārliecība; 3. pašpaļāvība; pašapziņa; 4. noslēpums

confident ['kɒnfidənt] *a* 1. paļāvīgs; pārliecināts; 2. pašpaļāvīgs; pašapzinīgs

confidential [ˌkɒnfi'denʃəl] *a* konfidenciāls, slepens

configuration [kənˌfigə'reiʃn] *n* 1. kontūra, apveids; 2. *dat.* konfigurācija; konfigurēšana; c. file – konfigurēšanas datne

confine I *n* ['kɒnfain] (*parasti pl*) robeža; robežlīnijas; II *v* [kən'fain] 1. (*to, within*) ierobežot; 2. ieslodzīt cietumā; 3. saistīt

confinement [kən'fainmənt] *n* 1. ierobežojums; 2. ieslodzījums; 3. dzemdības

confirm [kən'fɜ:m] *v* 1. apliecināt; 2. apstiprināt (*amatā*); 3. ratificēt (*līgumu*); 4. *bazn.* konfirmēt, iesvētīt

confirmation [ˌkɒnfə'meiʃn] *n* 1. apliecinājums; 2. apstiprināšana (*amatā*); 3. (*līguma*) ratificēšana; 4. *bazn.* konfirmācija, iesvētīšana

confirmed [kən'fɜ:md] *a* 1. nelabojams; c. drunkard – hronisks dzērājs; 2. pārliecināts

confiscate ['kɒnfiskeit] *v* konfiscēt

conflate [kən'fleit] *v* kombinēt; apvienot

conflict I *n* ['kɒnflikt] 1. konflikts; sadursme; 2. pretruna; nesaskaņa; in c. with... – pretrunā ar...; II *v* [kən'flikt] 1. sadurties; nonākt konfliktā; 2. būt (nonākt) pretrunā; nesaskanēt

confluence ['kɒnfluəns] *n* 1. (*upju*) saplūšana; (*ceļu*) savienošanās; 2. (*ļaužu*) pieplūdums; drūzma

confluent ['kɒnfluənt] I *n* (*upes*) pieteka; II *a* saplūstošs

conform [kən'fɔ:m] *v* (*to*) 1. saskaņot; 2. sakrist; atbilst; 3. pielāgoties; 4. pakļauties (*likumiem*)

conformable [kən'fɔ:məbl] *a* 1. saskaņots; saskanīgs; 2. atbilstošs; 3. pakļāvīgs

conformation [ˌkɒnfɔ:'meiʃn] *n* 1. uzbūve; forma; 2. *ģeol.* reljefs

conformist [kən'fɔ:mist] *n* konformists

conformity [kən'fɔ:məti] *n* 1. saskaņa; atbilstība; in c. with – saskaņā ar; atbilstoši; 2. (*to*) pakļaušanās

confound [kən'faʊnd] *v* 1. apmulsināt; 2. (*with*) sajaukt; samainīt

confrere ['kɒnfreə] *n* biedrs; līdzgaitnieks

confront [kən'frʌnt] *v* 1. atrasties pretī; 2. pretstatīt; salīdzināt; 3. sadurties (*ar grūtībām*); 4. skatīties acīs (*briesmām u. tml.*); 5. *jur.* (*with*) konfrontēt

confrontation [ˌkɒnfrʌn'teiʃn] *n* 1. pretstatījums; salīdzināšana; 2. *jur.* konfrontēšana; konfrontācija

confuse [kən'fju:z] *v* **1.** sajaukt; samainīt; **2.** apmulsināt; radīt neskaidrību
confused [kən'fju:zd] *a* **1.** sajaukts; samainīts; **2.** neskaidrs; **3.** apmulsis
confusion [kən'fju:ʒn] *n* **1.** nekārtība; juceklis; **2.** apmulsums; **3.** neskaidrība
confutation [ˌkɒnfju:'teiʃn] *n* atspēkošana; atspēkojums
confute [kən'fju:t] *v* atspēkot
congeal [kən'dʒi:l] *v* **1.** sasaldēt; **2.** sasalt; sastingt; **3.** *pārn.* stindzināt; **4.** sarecēt
congelation [ˌkɒndʒi'leiʃn] *n* **1.** sasaldēšana; **2.** sasalšana; sastingšana; **3.** sarecēšana
congeneric [ˌkɒndʒi'nerik] *a* viendabīgs; vienveidīgs
congenial [kən'dʒi:niəl] *a* **1.** (*with, to*) radniecīgs; tuvs; **2.** (*to*) labvēlīgs; piemērots
congenital [kən'dʒenitl] *a* iedzimts
conger ['kɒŋgə] *n* (*arī* c. eel) jūras zutis
congest [kən'dʒest] *v* **1.** pārpildīt; **2.** *med.* pieplūst ar asinīm
congestion [kən'dʒestʃən] *n* **1.** pārapdzīvotība; **2.** (*satiksmes*) sastrēgums; **3.** *med.* aizsprostojums; venous c. – vēnu aizsprostojums
conglomeration [kənˌglɒmə'reiʃn] *n* konglomerācija
congratulate [kən'grætʃʊleit] *v* (*on, upon*) apsveikt
congratulation [kənˌgrætʃʊ'leiʃn] *n* **1.** apsveikšana; **2.** (*parasti pl*) (*arī* congrats) apsveikums
congratulatory [kən'grætʃʊləitəri] *a* apsveikuma-; c. address – apsveikuma uzruna
congregate ['kɒŋgrigeit] *v* **1.** sapulcināt; **2.** sapulcēties

congregation [ˌkɒŋgri'geiʃn] *n* **1.** sapulcēšanās; **2.** *bazn.* draudze
congress ['kɒŋgres] *n* kongress; the C. – ASV Kongress
Congressman ['kɒŋgresmən] *n* ASV kongresmenis
congruence ['kɒŋgrʊəns] *n* **1.** saskaņa; **2.** atbilstība
congruent ['kɒŋgrʊənt] *a* **1.** saskanīgs; **2.** atbilstošs
conic[al] ['kɒnik(l)] *a* **1.** konisks; konusa-; **2.** konusveidīgs, konusveidaina
conifer ['kɒnifə] *n* skuju koks
coniferous [kəʊ'nifrəs] *a* skuju-
conjectural [kən'dʒektʃrəl] *a* varbūtējs
conjecture [kən'dʒektʃə] **I** *n* varbūtība; pieņēmums; **II** *v* pieņemt; iedomāties
conjoin [kən'dʒɔin] *v* **1.** savienot; **2.** savienoties
conjoint [kən'dʒɔint] *a* apvienots; kopējs
conjugal ['kɒndʒʊgl] *a* laulības-
conjugality [ˌkɒndʒʊ'gæləti] *n* laulība
conjugate **I** *a* ['kɒndʒʊgit] **1.** savienots pa pāriem; **2.** *val.* radniecisks (*par vārdu*); **3.** *ķīm.* sajūgts; **4.** *mat.* saistīts; **5.** *bot.* pāra-; **II** *v* ['kɒndʒʊgeit] **1.** *gram.* locīt (*darbības vārdu*); **2.** *biol.* savienoties
conjugation [ˌkɒndʒʊ'geiʃn] *n* **1.** savienošana; **2.** *gram.* (*darbības vārda*) locīšana; **3.** *biol.* konjugācija
conjunction [kən'dʒʌŋkʃn] *n* **1.** savienošana; **2.** savienojums; in c. (*with*) – kopā; **3.** (*apstākļu*) sakritība; sagadīšanās; **4.** *gram.* saiklis; **5.** *astr.* konjunkcija
conjunctive [kən'dʒʌŋktiv] **I** *n gram.* konjunktīvs; **II** *a* **1.** vienojošs; **2.** *anat.* saist-; c. tissue – saistaudi

conjuncture [kən'dʒʌŋktʃə] *n* **1.** apstāklu sagadīšanās; **2.** *ek.* konjunktūra

conjuration [ˌkɒndʒʊə'reiʃn] *n* buršana; apvārdošana

conjure *v* **1.** [kən'dʒʊə] *novec.* lūgt (*žēlastību u. tml.*); **2.** ['kʌndʒə] burt; apvārdot; **3.** rādīt trikus; ▯ to c. **up** – uzburt (*iztēlē*); atsaukt (*atmiņā*)

conjurer ['kʌndʒərə] *n* burvju mākslinieks (*cirkā*)

conjuror ['kʌndʒərə] *sk.* **conjurer**

conker ['kɒŋkə] *n* zirgkastanis

con-man ['kɒnmæn] *n* (*saīs. no* confidenceman) *sar.* blēdis, krāpnieks

connate ['kɒneit] *a* **1.** iedzimts; **2.** piemītošs; **3.** radniecisks (*par ideju*)

connect [kə'nekt] *v* **1.** savienot; saistīt; **2.** savienoties; **3.** asociēt; saistīt; **4.** būt saskaņotam

connection [kə'nekʃn] *n* **1.** savienošana; **2.** savienojums; **3.** sakars; sakarība; **4.** radniecība; **5.** (*bieži pl*) radinieks; **6.** (*parasti pl*) sakari; pazīšanās

connective [kə'nektiv] **I** *n gram.* saiklis; **II** *a* savienojošs

connector *n dat.* savienotājs

connivance [kə'naivəns] *n* iecietība (*nevietā*); pieļaušana

connive [kə'naiv] *v* iecietīgi izturēties; pieļaut

connoisseur [ˌkɒnə'sɜː] *n* pazinējs; lietpratējs

connotation [ˌkɒnəʊ'teiʃn] *n* (*vārda*) blakus nozīme

connubial [kə'njuːbiəl] *a* laulības-

conquer ['kɒŋkə] *v* **1.** uzvarēt; iekarot; **2.** pārvarēt

conqueror ['kɒŋkərə] *n* **1.** uzvarētājs; iekarotājs; the C. *vēst.* – Viljams Iekarotājs; **2.** *sp.* izšķiroša partija

conquest ['kɒŋkwest] *n* **1.** iekarošana; pakļaušana; to make a c. of smb. – 1) uzvarēt kādu; 2) iekarot kāda uzticību (mīlestību); **2.** iekarojums; iekarota teritorija

conquistador [kɒn'kwistədɔː] *n vēst.* konkistadors

consanguine [kɒn'sæŋgwin] *a* asinsradniecīgs

consanguineous [ˌkɒnsæŋ'gwiniəs] *sk.* **consanguine**

conscience ['kɒnʃəns] *n* sirdsapziņa; clear (good) c. – tīra sirdsapziņa; guilty (bad) c. – netīra sirdsapziņa

conscientious [ˌkɒnʃi'enʃəs] *a* apzinīgs; rūpīgs

conscious ['kɒnʃəs] *a* **1.** pie samaņas esošs; **2.** kas apzinās; to be c. (*of*) – apzināties; **3.** sajūtošs; to be c. of pain – sajust sāpes; **4.** apzināts

consciousness ['kɒnʃəsnis] *n* **1.** samaņa; to recover (regain) c. – atgūt samaņu; **2.** apziņa; prāts

conscript I *n* ['kɒnskript] *mil.* iesaucamais; **II** *v* [kən'skript] iesaukt (*obligātā karadienestā*)

conscription [kən'skripʃn] *n* karaklausība

consecrate ['kɒnsikreit] *v* **1.** (*to*) ziedot; veltīt; **2.** iesvētīt

consecutive [kən'sekjʊtiv] *a* secīgs; sekojošs

consenescence [ˌkɒnsi'nesəns] *n* novecošana

consensus [kən'sensəs] *n* (*uzskatu*) vienprātība; saskaņa

consent [kən'sent] **I** *n* piekrišana; **II** *v* piekrist

consentient [kən'senʃənt] *a* **1.** vienprātīgs; **2.** (*to*) piekrītošs

consequence ['kɒnsikwəns] *n* **1.** sekas; rezultāts; to take the ~s – atbildēt

par sekām; in c. (*of*) – rezultātā; **2.** svarīgums
consequent [ˈkɒnsikwənt] **I** *n* sekas; **II** *a* **1.** (*on*) izrietošs; sekojošs; **2.** konsekvents
conservation [ˌkɒnsəˈveiʃn] *n* **1.** saglabāšana; nature c. – dabas aizsardzība; **2.** (*augļu*) konservēšana
conservatism [kənˈsɜːvətizəm] *n* konservatīvisms
conservative [kənˈsɜːvətiv] **I** *n* konservatīvais; **II** *a* **1.** konservatīvs; **2.** piesardzīgs; apdomīgs
conservatoire [kənˈsɜːvətwɑː] *n* konservatorija
conservatory [kənˈsɜːvətri] *n* **1.** siltumnīca; **2.** ziemas dārzs; **3.** *amer.* konservatorija
conserve [kənˈsɜːv] **I** *n* (*parasti pl*) augļu konservi; **II** *v* saglabāt
consider [kənˈsidə] *v* **1.** apsvērt; apdomāt; **2.** izskatīt; aplūkot; **3.** uzskatīt; **4.** ņemt vērā; rēķināties (*ar kaut ko*)
considerable [kənˈsidərəbl] *a* ievērojams; vērā ņemams
considerate [kənˈsidərət] *a* **1.** taktisks, uzmanīgs (*pret kādu*); **2.** *novec.* apdomīgs, piesardzīgs
consideration [kənˌsidəˈreiʃn] *n* **1.** apsvēršana; izskatīšana; **2.** apsvērums; apstāklis; **3.** ievērošana; in c. of... – ievērojot, ka...; on no c. – nekādā ziņā; to take into c. – ņemt vērā; **4.** taktiskums; uzmanība (*pret kādu*); **5.** kompensācija, atlīdzība; for a c. – par atlīdzību
considering [kənˈsidəriŋ] *prep* ņemot vērā; ievērojot
consign [kənˈsain] *v* **1.** nodot (*kāda aizgādībā*); uzticēt; **2.** nosūtīt (*preces, naudas pārvedumu*)

consignee [ˌkɒnsaiˈniː] *n* (*preču u. tml.*) saņēmējs
consignment [kənˈsainmənt] *n* **1.** (*preču u. tml.*) nosūtīšana; **2.** nosūtītās preces
consignor [kənˈsainə] *n* (*preču u. tml.*) nosūtītājs
consist [kənˈsist] *v* **1.** (*of*) sastāvēt; **2.** (*in*) pastāvēt; būt; **3.** (*with*) sakrist
consistence [kənˈsistəns] *n* konsistence, blīvums
consistency [kənˈsistənsi] *n* **1.** *sk.* **consistence**; **2.** konsekvence; saskaņa; **3.** *dat.* nepretrunīgums; **4.** secība; pakāpeniskums
consistent [kənˈsistənt] *a* **1.** konsekvents; **2.** (*with*) savienojams; saskanīgs; **3.** blīvs; ciets
consolation [ˌkɒnsəˈleiʃn] *n* **1.** mierinājums; **2.** mierināšana; **3.**: c. prize – veicināšanas balva
consolatory [kənˈsɒlətəri] *a* mierinošs; mierinājuma-
console[a] [kənˈsəʊl] *v* mierināt
console[b] [kənˈsəʊl] *n* **1.** *arh., tehn.* konsole; kronšteins; **2.** (*ērģeļu, aparāta u. tml.*) tastatūra; vadības pults; **3.** *dat.* pults
consolidate [kənˈsɒlideit] *v* **1.** nostiprināt; **2.** nostiprināties; **3.** konsolidēt, apvienot; **4.** apvienoties; **5.** sacietēt
consolidation [kənˌsɒliˈdeiʃn] *n* **1.** nostiprināšana; **2.** nostiprināšanās; **3.** apvienošana; **4.** apvienošanās; **5.** sacietēšana
comsomme [kənˈsɒmei] *n* buljons
consonance [ˈkɒnsənəns] *n* **1.** saskaņa; **2.** vienprātība (*domās, uzskatos*)
consonant [ˈkɒnsənənt] **I** *n gram.* līdzskanis; **II** *a* **1.** (*to*) saskanīgs; (*with*) atbilstošs; **2.** *mūz.* harmonisks

consort I *n* [ˈkɒnsɔːt] 1. dzīvesbiedrs; dzīvesbiedre (*monarhu ģimenēs*); 2. apsardzes kuģis; II *v* [kənˈsɔːt] (*with*) 1. saieties; satikties; 2. harmonēt; saskanēt
conspicuous [kənˈspikjʊəs] *a* uzkrītošs; skaidri redzams
conspiracy [kənˈspirəsi] *n* sazvērestība
conspirator [kənˈspirətə] *n* sazvērnieks
conspire [kənˈspaiə] *v* 1. (*with, together*) slepus sadarboties; 2. (*against*) rīkot sazvērestību; 3. sagadīties (*par notikumiem*)
constable [ˈkʌnstəbl] *n* 1. konstebls; policists; Chief C. – policijas prefekts; 2. *vēst.* pils pārvaldnieks
constancy [ˈkɒnstənsi] *n* 1. pastāvība; 2. nelokāmība; 3. uzticība
constant [ˈkɒnstənt] I *n fiz., mat.* konstante; II *a* 1. konstants; pastāvīgs; 2. nelokāms, nemainīgs; 3. lojāls; uzticīgs
constantly [ˈkɒnstəntli] *adv* 1. pastāvīgi; aizvien; 2. bieži
consternation [ˌkɒnstəˈneiʃn] *n* izbailes; apjukums
constipation [ˌkɒnstiˈpeiʃn] *n* (*vēdera*) aizcietējums
constituency [kənˈstitjʊənsi] *n* 1. vēlētāji; 2. vēlēšanu apgabals; 3. *sar.* klientūra; 4. (*avīzes u. tml.*) abonenti
constituent [kənˈstitjʊənt] I *n* 1. sastāvdaļa; 2. vēlētājs; 3. *jur.* pilnvarotājs; II *a* 1. sastādošs; c. congress – dibināšanas kongress; 2. vēlēšanu-; 3. likumdošanas-
constitute [ˈkɒnstitjuːt] *v* 1. iecelt; ~ed authorities – likumdošanas institūcijas; 2. izveidot; radīt; sastādīt
constitution[a] [ˌkɒnstiˈtjuːʃn] *n* konstitūcija

constitution[b] [ˌkɒnstiˈtjuːʃn] *n* 1. konstitūcija; ķermeņa uzbūve; by c. – pēc dabas; 2. sastāvs; struktūra
constitutional [ˌkɒnstiˈtjuːʃənl] I *n sar.* pastaiga (*ārstnieciskā nolūkā*); II *a* 1. konstitucionāls; 2. *ķīm.* struktūras-; c. formula – struktūrformula
constitutor [ˈkɒnstitjuːtə] *n* dibinātājs, izveidotājs
constrain [kənˈstrein] *v* 1. piespiest; likt; 2. *pass.* būt spiestam; 3. ieslodzīt (*cietumā*)
constrained [kənˈstreind] *a* 1. piespiests; 2. nebrīvs; bikls (*par izturēšanos*); 3. aizžņaugts (*par balsi*)
constraint [kənˈstreint] *n* 1. piespiešana; spaidi; 2. (*jūtu*) apvaldīšana; 3. piespiestība; biklums
constrict [kənˈstrikt] *v* 1. saspiest; savilkt; 2. *pārn.* ierobežot
constrictor [kənˈstriktə] *n* 1. žņaudzējčūska; 2. *anat.* savilcējmuskulis; 3. *med.* žņaugs
constringe [kənˈstrindʒ] *v* saspiest; savilkt
construct [kənˈstrʌkt] *v* 1. celt; būvēt; 2. radīt; izveidot; 3. *mat.* konstruēt; 4. *gram.* sastādīt (*teikumu*)
construction [kənˈstrʌkʃn] *n* 1. celtniecība; 2. konstrukcija; būve; celtne; 3. iztulkojums, izskaidrojums; 4. *gram.* (*teikuma*) uzbūve; 5. *mat.* konstruēšana
constructive [kənˈstrʌktiv] *a* 1. konstruktīvs; 2. celtniecības-; 3. radošs; 4. lietišķs (*par kritiku*); 5. netiešs
constructor [kənˈstrʌktə] *n* 1. konstruktors; 2. celtnieks
consul [ˈkɒnsəl] *n* konsuls
consular [ˈkɒnsjʊlə] *a* konsula-; konsulāta-; konsulārs

consulate [ˈkɒnsjʊlət] *n* **1.** konsulāts; **2.** konsula amats
consult [kənˈsʌlt] *v* **1.** konsultēties; **2.** (*for*) konsultēt; **3.** (*with*) apspriesties; **4.** ievērot
consultant [kənˈsʌltənt] *n* konsultants
consultation [ˌkɒnsəlˈteiʃn] *n* **1.** konsultācija; **2.** apspriede; **3.** (*ārstu*) konsilijs
consulting [kənˈsʌltiŋ] *a* konsultējošs; c. hours – pieņemšanas stundas
consume [kənˈsjuːm] *v* **1.** patērēt; izlietot; **2.** apēst; **3.** iznīcināt (*par uguni*); **4.** iztērēt; izšķiest; **5.** *pass.* mocīties
consumer [kənˈsjuːmə] *n* patērētājs; c. goods – plaša patēriņa preces
consummate I *a* [kənˈsʌmit] **1.** perfekts; pilnīgs; **2.** izkopts; c. taste – izkopta gaume; II *v* [ˈkɒnsəmeit] pilnveidot
consumption [kənˈsʌmpʃn] *n* patērēšana; patēriņš
contact [ˈkɒntækt] I *n* **1.** kontakts; saskare; to be in (out of) c. (*with*) – būt (nebūt) saskarē; **2.** *el.* kontakts; **3.** (*parasti pl*) sakari; II *a* kontakt-; c. lens – kontaktlēcas; III *v* [kɒnˈtækt] **1.** (*with*) nonākt saskarē; **2.** sazināties
contact-breaker [ˈkɒntæktˌbreikə] *n el.* svirslēdzis
contactor [kənˈtæktə] *n el.* slēdzējs; slēdzis
contagion [kənˈteidʒən] *n* **1.** infekcija; **2.** infekcijas slimība; **3.** kaitīga ietekme
contagious [kənˈteidʒəs] *a* **1.** infekcijas-; infekciozs, lipīgs (*par slimību*); **2.** aizraujošs (*par smiekliem*)
contain [kənˈtein] *v* **1.** saturēt; ietvert; **2.** apvaldīt (*jūtas u. tml.*); c. yourself! – savaldies (savaldieties)!; **3.** apturēt (*piem., infekcijas*) izplatīšanos; **4.** *mat.* dalīties bez atlikuma
container [kənˈteinə] *n* **1.** tvertne; **2.** konteiners; **3.** *tehn.* aptvere
contaminant [kənˈtæminənt] *n* indīga viela
contaminate [kənˈtæmineit] *v* **1.** aptraipīt; apgānīt; **2.** demoralizēt; samaitāt; **3.** inficēt; **4.** saindēt (*piem., ar radioaktīvām vielām*)
contamination [kənˌtæmiˈneiʃn] *n* **1.** aptraipīšana; apgānīšana; **2.** demoralizēšana; samaitāšana; **3.** inficēšana; **4.** saindēšana (*piem., ar radioaktīvām vielām*)
contemn [kənˈtem] *v* nicināt, izturēties nicinoši
contemplate [ˈkɒntempleit] *v* **1.** vērot; aplūkot; **2.** apcerēt; pārdomāt; **3.** nodomāt; iecerēt; **4.** saskatīt
contemplation [ˌkɒntemˈpleiʃn] *n* **1.** vērošana; **2.** apcere; pārdomas; **3.** nodoms; iecere
contemplative [ˈkɒntempleitiv] *a* vērojošs
contemporaneous [kənˌtempəˈreiniəs] *a* **1.** mūsdienu-; **2.** vienlaicīgs
contemporary [kənˈtempərəri] I *n* **1.** laikabiedrs; **2.** vienaudzis; II *a* **1.** mūsdienu-; mūslaiku-; **2.** viena laika-; viena vecuma-
contempt [kənˈtempt] *n* (*for*) nicināšana; nicinājums; to hold in c. – nicināt; ◇ in c. of – par spīti
contemptible [kənˈtemptəbl] *a* nicināms
contemptuous [kənˈtemptʃʊəs] *a* nicinošs
contend [kənˈtend] *v* **1.** (*against, for, with*) cīnīties; **2.** (*with*) sacensties; ~ing passions – pretrunīgas jūtas; **3.** (*with*) strīdēties; **4.** apgalvot

contentᵃ ['kɒntent] *n* **1.** (*parasti pl*) saturs; table of ~s – satura rādītājs (*grāmatā*); **2.** sastāvs; **3.** tilpums; **4.** būtība
contentᵇ [kən'tent] **I** *n* apmierinātība; to live in peace and c. – dzīvot mierā un pieticībā; to one's heart's c. – pēc sirds patikas; **II** *a* (*with*) apmierināts; **III** *v* apmierināt
contented [kən'tentid] *a* apmierināts
contention [kən'tenʃn] *n* **1.** strīds; **2.** arguments; apgalvojums; **3.** sacensība; ◇ bone of c. – strīda ābols
contentious [kən'tenʃəs] *a* **1.** ķildīgs; **2.** strīdīgs (*piem., par jautājumu*)
contest I *n* ['kɒntest] **1.** strīds; debates; **2.** sacensība; **II** *v* [kən'test] **1.** diskutēt; strīdēties (*par*); **2.** (*with*) sacensties
contestant [kən'testənt] *n* **1.** sāncensis; **2.** sacensības dalībnieks
context ['kɒntekst] *n* konteksts; c. switching *dat.* – konteksta pārslēgšana
contiguity [ˌkɒnti'gjuːəti] *n* **1.** saskare; tuvums; **2.** nepārtraukta rinda
contiguous [kən'tigjʊəs] *a* blakusesošs; tuvējs; c. allocation *dat.* – blakusiedalīšana
continence ['kɒntinəns] *n* savaldība; atturība; mērenība
continentᵃ ['kɒntinənt] *n* kontinents
continentᵇ ['kɒntinənt] *a* savaldīgs; atturīgs; mērens
contigency [kən'tindʒənsi] *n* **1.** nejaušība; **2.** iespējamība; **3.** (*parasti pl*) zināmi apstākļi
contingent [kən'tindʒənt] **I** *n* **1.** kontingents; **2.** pārstāvība; pārstāvji; **II** *a* **1.** nejaušs; **2.** (*on, upon*) eventuāls; nosacīts

continual [kən'tinjʊəl] *a* **1.** ļoti biežs; **2.** nerimtīgs; nemitīgs
continuation [kənˌtinjʊ'eiʃn] *n* **1.** turpinājums; **2.** turpināšanās; ilgums
continue [kən'tinjuː] *v* **1.** turpināt; **2.** turpināties; **3.** palikt; saglabāt; **4.** *jur.* atlikt (*lietas izskatīšanu*)
continued [kən'tinjuːd] *a* nepārtraukts; ilgstošs; to be c. – turpinājums sekos
continuity [ˌkɒnti'njuːəti] *n* **1.** nepārtrauktība; **2.** (*faktu*) secība
continuous [kən'tinjʊəs] *a* **1.** nepārtraukts; pastāvīgs; c. current *el.* – līdzstrāva; **2.** ilgstošs; c. tenses *gram.* – ilgstošie laiki; **3.** vienlaidu-
contort [kən'tɔːt] *v* **1.** sagriezt; saliekt; izliekt; **2.** saškobīt (*seju*); **3.** sagrozīt (*nozīmi u. tml.*); izkropļot (*faktus*)
contortion [kən'tɔːʃn] *n* **1.** sagriešana; sagriešana; izliekšana; **2.** (*sejas*) saškobīšana; savilkšana; **3.** (*nozīmes u. tml.*) sagrozīšana; (*faktu*) izkropļošana; **4.** *med.* izmežģījums
contour ['kɒntʊə] **I** *n* kontūra; apveids; profils; c. line – kontūrlīnija; c. map – kontūrkarte; **II** *v* konturēt; profilēt
contra ['kɒntrə] **I** *n* **1.** kaut kas pretējs; **2.** balss «pret»; **II** *prep* pret
contraband ['kɒntrəbænd] *n* kontrabanda; c. trader – kontrabandists
contrabass ['kɒntrəbeis] *n* *mūz.* kontrabass
contraceptive [ˌkɒntrə'septiv] *n* pretapaugļošanās līdzeklis
contract I *n* ['kɒntrækt] kontrakts; līgums; vienošanās; c. work – akorddarbs; labour c. – darba līgums; **II** *v* [kən'trækt] **1.** noslēgt (*līgumu u. tml.*); uzņemties (*saistības*); ~ing parties – līgumslēdzējas puses; to c. a marriage – stāties laulībā; **2.** piesavināties (*slik-*

tus paradumus); **3.** iegūt (*slimību*); **4.** sašaurināt; **5.** savilkt; **6.** savilkties; sarauties; **7.** nokļūt (*parādos*); **8.** *gram.* saīsināt (*vārdu*)
contracted [kən'træktid] *a* **1.** noslēgts (*par līgumu*); **2.** saraukta (*par pieri*); **3.** šaurs; aprobežots (*par uzskatiem*); **4.** *gram.* saīsināts (*par vārdu*)
contraction [kən'trækʃn] *n* **1.** (*līguma*) noslēgšana; **2.** (*paraduma*) piesavināšanās; **3.** (*slimības*) iegūšana; **4.** (*muskuļa*) saraušanās; (*pieres*) saraukšana; **5.** *gram.* kontrakcija
contractive [kən'træktiv] *a* savelkošs
contractor [kən'træktə] *n* **1.** uzņēmējs; **2.** līgumslēdzējs; **3.** *anat.* savilcējmuskulis
contradict [ˌkɒntrə'dikt] *v* **1.** būt pretrunā; **2.** runāt pretī; iebilst; **3.** atsaukt; noliegt
contradiction [ˌkɒntrə'dikʃn] *n* **1.** pretruna; **2.** iebildums; **3.** atsaukums; noliegšana; **4.** kontrasts; pretstats
contradictory [ˌkɒntrə'diktəri] *a* pretrunīgs
contradistinction [ˌkɒntrədi'stiŋkʃn] *n* pretstatīšana; pretstatījums; in c. to – pretstatā; pretēji
contradistinguish [ˌkɒntrədi'stiŋgwiʃ] *v* pretstatīt
contraption [kən'træpʃn] *n sar.* rīks; daikts
contrariety [ˌkɒntrə'raiəti] *n* pretstats; pretruna; nesavienojamība
contrary ['kɒntrəri] **I** *n* **1.** pretējība; pretējais; **2.** pretējs jēdziens (slēdziens); **II** *a* **1.** (*to*) pretējs; **2.** nelabvēlīgs (*par laiku*); c. wind – pretvējš; **3.** *sar.* [kən'treəri] ietiepīgs; **III** *adv* (*to*) pret; pretēji; par spīti
contrast I *n* ['kɒntrɑːst] **1.** kontrasts;

pretstats; **2.** pretnostatīšana; pretstatījums; in c. with – salīdzinājumā ar; **II** *v* [kən'trɑːst] **1.** pretstatīt; salīdzināt; **2.** kontrastēt
contravene [ˌkɒntrə'viːn] *v* **1.** pārkāpt (*likumu*); **2.** būt pretrunā (*ar*); **3.** apstrīdēt
contribute [kən'tribjuːt] *v* veicināt; sekmēt
contribution [ˌkɒntri'bjuːʃn] *n* **1.** palīdzība; pabalsts; **2.** ieguldījums, devums (*zinātnē*)
contributor [kən'tribjʊtə] *n* **1.** atbalstītājs; veicinātājs; **2.** ziedotājs; **3.** (*laikraksta*) līdzstrādnieks
contrition [kən'triʃn] *n* nožēla
contrivance [kən'traivns] *n* **1.** izgudrojums; **2.** ierīce
contrive [kən'traiv] *v* **1.** izdomāt; izgudrot; **2.** iemanīties
control [kən'trəʊl] **I** *n* **1.** vadība; uzraudzība; c. character *dat.* – vadības rakstzīme; c. code *dat.* – vadības kods; C. key *dat.* – vadīšanas taustiņš; c. menu *dat.* – vadības izvēlne; **2.** kontrole; pārbaude; **3.** regulēšana; **4.** vara; **5.** savaldīšanās; **6.** (*parasti pl*) *tehn.* kontrolierīce; c. panel – vadības pults; **II** *v* **1.** vadīt; uzraudzīt; **2.** kontrolēt; pārbaudīt; **3.** regulēt (*cenas u. tml.*); **4.** [pār]valdīt; **5.** apvaldīt (*piem., dusmas*)
controller [kən'trəʊlə] *n* **1.** kontrolieris; revidents; **2.** pārraugs; **3.** *dat.* kontrolleris
controversial [ˌkɒntrə'vɜːʃl] *a* polemisks; strīdīgs
controversy ['kɒntrəvɜːsi] *n* **1.** strīds; diskusija; facts without (beyond) c. – neapstrīdami fakti; **2.** strīds; ķilda
controvert ['kɒntrəvɜːt] *v* **1.** apstrīdēt; **2.** diskutēt; strīdēties

contumacious [ˌkɒntju:'meiʃəs] *a* stūrgalvīgs; ietiepīgs; nepaklausīgs
contumely ['kɒntju:mli] *n* nekaunīga valoda (rīcība)
contuse [kən'tju:z] *v* kontuzēt
contusion [kən'tju:ʒn] *n* kontūzija
convalesce [ˌkɒnvə'les] *v* atveseļoties
convalescence [ˌkɒnvə'lesns] *n* atveseļošanās
convalescent [ˌkɒnvə'lesnt] **I** *n* slimnieks, kurš atveseļojas; **II** *a* atveseļošanās-; c. hospital – rehabilitācijas slimnīca
convene [kən'vi:n] *v* **1.** sasaukt (*sapulci u. tml.*); **2.** izsaukt (*uz tiesas sēdi*); **3.** sanākt, sapulcēties
convener [kən'vi:nə] *n* (*sapulces, sanāksmes*) sasaucējs
convenience [kən'vi:niəns] *n* **1.** ērtība; **2.**: ~s *pl* – ērtības; labierīcības; **3.** izdevīgums; **4.**: c. foods – lietošanai sagatavoti produkti
convenient [kən'vi:niənt] *a* ērts; piemērots; c. time – piemērots laiks; c. for – viegli sasniedzams
convent ['kɒnvənt] *n* (*sieviešu*) klosteris
convention [kən'venʃn] *n* **1.** sanāksme; **2.** konvencija, līgums; **3.** (*vispārpieņemta*) paraža; **4.** *vēst.* konvents
conventional [kən'venʃnəl] *a* **1.** konvencionāls; vispārpieņemts; parasts; c. memory *dat.* – konvencionālā atmiņa; **2.** tradicionāls; nosacīts
converge [kən'vɜ:dʒ] *v* **1.** saplūst [kopā] (*piem., par ceļiem*); **2.** vērsties vienā virzienā (*par domām, darbību*)
convergence [kən'vɜ:dʒəns] *n* (*ceļu u. tml.*) saplūšana
converging [kən'vɜ:dʒiŋ] *a* **1.** saplūstošs; **2.** koncentrēts

conversable [kən'vɜ:səbl] *a* **1.** runīgs; **2.** sarunai piemērots
conversance [kən'vɜ:səns] *n* (*with*) kompetence; lietpratība
conversant [kən'vɜ:sənt] *a* (*with*) kompetents; lietpratīgs; to keep c. – būt lietas kursā
conversation [ˌkɒnvə'seiʃn] *n* saruna; to make c. – tērzēt
conversational [ˌkɒnvə'seiʃnəl] *a* **1.** runīgs; **2.** sarunas-; sarunvalodas-
converse[a] ['kɒnvɜ:s] **I** *n* pretējs apgalvojums; **II** *a* pretējs; apgriezts
converse[b] [kɒn'vɜ:s] *v* sarunāties
conversion [kən'vɜ:ʃn] *n* **1.** (*to, into*) pārvēršana; **2.** (*to, into*) pārvēršanās; **3.** pārveidošana; **4.** pievēršana; atgriešana (*ticībā*)
convertible [kən'vɜ:təbl] **I** *n* **1.** automobilis ar paceļamu jumtu; **2.** dīvāngulta; **II** *a* **1.** pārvēršams; apmaināms; c. currency – maiņas valūta; **2.** paceļams; nolaižams (*par automobiļa jumtu*); **3.** saliekams (*par mēbeli*); c. bed – dīvāngulta
convex [ˌkɒn'veks] *a* izliekts
convey [kən'vei] *v* **1.** (*from, to*) transportēt; pārvadāt (*pasažierus, kravu*); **2.** novadīt; **3.** paziņot; nodot (*piem., ziņojumu*); **4.** izteikt (*piem., domu*); **5.** vadīt (*elektrību*); pārraidīt (*skaņas*); **6.** *jur.* (*to*) norakstīt (*īpašumu*)
conveyance [kən'veiəns] *n* **1.** (*kravas*) pārvadāšana; transports; **2.** satiksmes līdzeklis; **3.** (*ziņojuma u. tml.*) nodošana; **4.** *jur.* (*īpašuma*) norakstīšana; **5.** *jur.* (*īpašuma*) nodošanas akts
conveyancer [kən'veiənsə] *n* notārs
conveyer [kən'veiə] *n* **1.** pārvadātājs; nogādātājs; **2.** konveijers

convict I *n* [ˈkɒnvikt] notiesātais; katordznieks; **II** *v* [kənˈvikt] **1.** *jur.* (*of*) notiesāt; atzīt par vainīgu; **2.** iedvest vainas apziņu

conviction [kənˈvikʃn] *n* **1.** *jur.* notiesāšana; **2.** pārliecība

convince [kənˈvins] *v* (*of*) pārliecināt; to be fully ~d (*of*) – būt pilnīgi pārliecinātam

convincing [kənˈvinsiŋ] *a* pārliecinošs

convivial [kənˈviviəl] *a* **1.** svētku-; **2.** jautrs, omulīgs

convocation [ˌkɒnvəʊˈkeiʃn] *n* **1.** (*sapulces, parlamenta, sesijas u. tml.*) sasaukšana; **2.** *bazn.* koncils, sinode

convoke [kənˈvəʊk] *v* sasaukt (*piem., sapulci, parlamentu, sesiju*)

convolution [ˌkɒnvəˈluːʃn] *n* **1.** (*spirāles*) tinums; **2.** (*čūskas*) izlocījums; **3.** (*smadzeņu*) rieva

convolve [kənˈvɒlv] *v* **1.** saritināt; **2.** saritināties

convolvulus [kənˈvɒlvjʊləs] *n* bot. vīteņaugs

convoy [ˈkɒnvɔi] **I** *v* konvojs; eskorts; **II** *v* konvojēt; eskortēt

convulse [kənˈvʌls] *v* **1.** satricināt; **2.** satraukt; **3.** radīt krampjus

convulsion [kənˈvʌlʃn] *n* **1.** satricinājums; c. of nature – 1) zemestrīce; 2) vulkāna izvirdums; **2.** satraukums; **3.**: ~s *pl* – konvulsijas; krampji

convulsive [kənˈvʌlsiv] *a* konvulsīvs; krampjains

cony [ˈkəʊni] *n* **1.** (*krāsota*) trušāda; **2.** *amer.* trusis

coo [kuː] **I** *n* **1.** (*baložu*) dūdošana; **2.** mīlīga sarunāšanās; **II** *v* **1.** dūdot; **2.** mīlīgi sarunāties; ◇ to bill and c. – mīlināties

cook [kʊk] **I** *n* pavārs; virēja; **II** *v* **1.** vārīt; gatavot ēdienu; **2.** vārīties; **3.** karsēt, cepināt (*par sauli*); **4.** viltot (*dokumentu*); ▯ to c. **up** – sadomāt, sagudrot; ◇ to c. one's own goose – zāģēt zaru, uz kura pats sēž

cooker [ˈkʊkə] *n* **1.** plīts; **2.** kastrolis

cookery [ˈkʊkəri] *n* kulinārija, ēdienu gatavošana

cookery-book [ˈkʊkəribʊk] *n* pavārgrāmata

cookie [ˈkʊki] *n* **1.** *amer.* cepums; salds biskvīts; **2.** *sar.* dārgais; dārgā

cool [kuːl] **I** *n* **1.** vēsums; **2.** *sl.* aukstasinība; **II** *a* **1.** vēss; **2.** mierīgs; nosvērts; to keep c. – būt mierīgam; **3.** (*towards*) vēss; nelaipns; **4.** nekaunīgs; **III** *v* **1.** atdzist; **2.** atdzesēt; atvēsināt; **3.** *sl.* nogalināt; ▯ to c. **down** – 1) kļūt vēsākam (*par laiku*); 2) nomierināties; to c. **off** – 1) atvēsināties; 2) atvēst

cooler [ˈkuːlə] *n* **1.** dzesinātājs; **2.** atvēsinošs dzēriens; **3.** *sar.* ledusskapis

cool-headed [ˌkuːlˈhedid] *a* aukstasinīgs; nosvērts

coolness [ˈkuːlnis] *n* **1.** vēsums; dzestrums; **2.** vienaldzība; vēsums; **3.** nekaunība

coomb [kuːm] *n* kalnu ieleja; grava

coon [kuːn] *n amer.* **1.** jenots; **2.** *sl.* nēģeris; c. songs – nēģeru dziesmas

coop [kuːp] **I** *n* **1.** (*putnu*) sprosts; **2.** murds; **II** *v* **1.** turēt sprostā; **2.** (*arī* to c. up in) 1) mitināt (*mazā telpā*); 2) turēt ieslodzījumā

co-op [ˈkəʊɒp] *n* (*saīs. no* co-operative) *sar.* kooperatīvs

cooper [ˈkuːpə] *n* mucinieks

co-operate [kəʊˈɒpəreit] *v* **1.** (*with, in*) sadarboties; **2.** sekmēt; atbalstīt

co-operation [kəʊˌɒpəˈreiʃn] *n* **1.** sa-

darbība; **2.** kooperācija; **3.** atsaucība; atbalsts
co-operative[a] [kəʊ'ɒpərətiv] *a* **1.** kopējs; apvienots; **2.** kooperatīvs; kooperācijas-; **3.** atsaucīgs
cooperative[b] [kəʊ'ɒpərətiv] *n* kooperatīvs; c. processing *dat.* – kooperatīva apstrāde
co-operator [kəʊ'ɒpəreitə] *n* līdzstrādnieks
co-opt [kəʊ'ɒpt] *v* kooptēt
co-optation [ˌkəʊɒp'teiʃn] *n* kooptēšana; kooptācija
co-ordinate **I** *n* [kəʊ'ɔ:dnət] *mat.* koordināta; **II** *a* [kəʊ'ɔ:dnət] **1.** līdztiesīgs; **2.** koordinēts; saskaņots; **3.** *gram.* sakārtots (*par teikumu*); **III** *v* [kəʊ'ɔ:dineit] koordinēt; saskaņot
co-ordination [kəʊˌɔ:di'neiʃn] *n* **1.** koordinācija; saskaņošana; **2.** *gram.* sakārtojums
coot [ku:t] *n* **1.** *ornit.* laucis; **2.** *sl.* nejēga; vientiesis; ◇ bald as a c. – plikpaurains
cop[a] [kɒp] **I** *n sl.* **1.** policists; **2.** notveršana; **II** *v sl.* notvert (*nozieguma vietā*); ▯ to c. **out** (*of, on*) *sl.* – 1) aiziet no sabiedrības; 2) atteikties (*no uzskatiem*); 3) izvairīties (*no pienākumiem*)
cop[b] [kɒp] *n* **1.** (*kalna u. tml.*) virsotne; **2.** sekste, cekuls
co-partner [ˌkəʊ'pɑ:tnə] *n* **1.** (*veikala u. tml.*) līdzīpašnieks; **2.** (*darījuma*) partneris
cope[a] [kəʊp] **I** *n* **1.** talārs; **2.** *arh.* dzega; **3.** *tehn.* apvalks; **II** *v* apsegt; apjumt
cope[b] [kəʊp] *v* (*with*) **1.** mēroties spēkiem; **2.** tikt galā
copious ['kəʊpiəs] *a* **1.** bagātīgs; c. vo-cabulary – bagāts vārdu krājums; **2.** ražīgs (*par rakstnieku u. tml.*)
cop-out ['kɒpaʊt] *n sar.* **1.** aiziešana no sabiedrības; bēgšana no patiesības; **2.** renegātisms; atteikšanās (*no uzskatiem*); **3.** izvairīšanās (*no pienākumiem*)
copper[a] ['kɒpə] **I** *n* **1.** varš; **2.** vara naudas gabals; **3.** vara katls; **II** *v* pārklāt ar varu
copper[b] ['kɒpə] *sl.* **I** *n* **1.** policists; **2.** denuncētājs; **II** *v* **1.** arestēt; **2.** denuncēt
copperas ['kɒpərəs] *n ķīm.* dzelzs vitriols
coppersmith ['kɒpəsmiθ] *n* varkalis
coppice ['kɒpis] *n* **1.** pamežs; **2.** jaunaudze
copra ['kɒprə] *n* kopra
coprocessor *n dat.* līdzprocesors
copula ['kɒpjʊlə] *n gram.* saitiņa
copulate ['kɒpjʊleit] *v biol.* kopoties, pāroties
copulative ['kɒpjʊlətiv] *gram.* **I** *n* vienojamais saiklis; **II** *a* vienojamais (*par saikli*)
copy ['kɒpi] **I** *n* **1.** (*dokumenta*) kopija; **2.** (*gleznas*) kopija, reprodukcija; **3.** noraksts; fair c. – tīrraksts; rough (foul) c. – uzmetums, melnraksts; **4.** eksemplārs; advance c. – signāleksemplārs; **5.** manuskripts (*materiāls iespiešanai*); c. marking – manuskripta rediģēšana; **6.** paraugs; modelis; **II** *v* **1.** (*out, down*) pārrakstīt, norakstīt; **2.** kopēt, nokopēt; c. protection *dat.* – pretkopēšanas aizsardzība; **3.** atdarināt; **4.** norakstīt (*eksāmenā*)
copybook ['kɒpibʊk] **I** *n* burtnīca; ◇ c. maxims – vispārzināma patiesība; **II** *a* **1.** parasts; **2.** izcils; c. victory –

spoža uzvara; **3.** atbilstošs noteikumiem
copyist ['kɒpiist] *n* **1.** (*dokumentu*) pārrakstītājs; **2.** kopētājs
copyreader ['kɒpiri:də] *n* **1.** jaunākais redaktors; **2.** (*laikraksta*) literārais līdzstrādnieks
copyright ['kɒpirait] **I** *n* autortiesības; **II** *v* nodrošināt autortiesības
coquet [kɒ'ket] **I** *a* koķets; **II** *v* koķetēt
coquetry ['kɒkitri] *n* koķetēšana; koķetērija
coquette [kɒ'ket] *n* koķete
coral ['kɒrəl] **I** *n* korallis; **II** *a* **1.** koraļļu-; c. reef – koraļļu rifs; **2.** koraļļkrāsas-
cord [kɔ:d] **I** *n* **1.** aukla; virve; **2.** *anat.* saite; vocal ~s – balss saites; spinal c. – muguras smadzenes; **3.** kokvilnas samts (velvets); **II** *v* sasiet ar auklu
cordial ['kɔ:diəl] **I** *n med* sirds līdzeklis; **II** *a* **1.** sirds-; **2.** sirsnīgs; **3.** izjusts; patiess
cordiality [,kɔ:di'æləti] *n* sirsnība
cordially ['kɔ:diəli] *adv* sirsnīgi; yours c. *amer.* – ar patiesu cieņu (*vēstules nobeigumā*)
cordless ['kɔ:dlis] *a* **1.** bez rievām (*par riepu*); **2.** *el.* bez strāvas pievada; baterijas-; **3.** *dat.* bezvada-; c. mouse – bezvada pele
cordon ['kɔ:dn] **I** *n* **1.** kordons; **2.** ordeņa lente; **II** *v* (*off*) aplenkt (*ar policiju u. tml.*)
cords [kɔ:dz] *n pl sar.* (*rupja*) velveta bikses
corduroy ['kɔ:dərɔi] *n* **1.** (*rupjš*) velvets; **2.**: ~s *pl* – velveta bikses
core [kɔ:] **I** *n* **1.** (*augļa*) serde; **2.** būtība; to the c. – caurcaurēm; **3.** *tehn.* serde; serdenis; **4.** *dat.* pamatatmiņa, operatīvā atmiņa; **5.**: c. wall – iekšējā nesošā siena; **II** *v* izņemt (*augļa*) serdi
coriander [,kɒri'ændə] *n bot.* koriandrs
cork [kɔ:k] **I** *n* **1.** korķis; c. jacket – glābšanas veste; **2.** korķis, aizbāznis; **3.** (*korķa*) pludiņš; **4.** *bot.* lūksne; **II** *v* **1.** aizkorķēt, aizbāzt; **2.** (*up*) pārn. apvaldīt (*jūtas u. tml.*)
corker ['kɔ:kə] *n sar.* kaut kas satriecošs
corking ['kɒ:kiŋ] *a sar.* lielisks; vienreizīgs
corkscrew ['kɔ:kskru:] **I** *n* korķviļķis; **II** *a* spirālveidīgs; c. bend – līkločū ceļš; **III** *v* **1.** kustēties pa spirāli; **2.** spiesties cauri (*piem., pūlim*)
cork-tree ['kɔ:ktri:] *n* korķozols
corky ['kɔ:ki] *a* **1.** korķa-; **2.** *sar.* dzīvs, kustīgs; **3.** *sl.* piedzēries
corn[a] [kɔ:n] **I** *n* **1.** grauds; **2.** graudi; labība; **3.** (*arī* Indian c.) *amer.* kukurūza; **II** *v* **1.** granulēt; **2.** sēt kviešus (*amer.* kukurūzu); **3.** (*up*) dīgt (*par labību*)
corn[b] [kɔ:n] *n* varžacs
corn[c] [kɔ:n] *v* sālīt (*gaļu*)
corncob ['kɔ:nkɒb] *n amer.* kukurūzas vālīte
corncrake ['kɔ:nkreik] *n ornit.* grieze
cornea ['kɔ:niə] *n anat.* (*acs*) radzene
corned [kɔ:nd] *a* [ie]sālīts; c. beef – sālīta liellopu gaļa
cornel ['kɔ:nəl] *n bot.* kizila krūms
corneous ['kɔ:niəs] *a* raga-; ragveida-
corner ['kɔ:nə] **I** *n* **1.** stūris; round the c. – aiz stūra; **2.** kakts; **3.** līkums; **4.** *sp.* (*arī* c. kicks) stūra sitiens; **5.** *ek.* preču uzpirkšana spekulatīvos nolūkos; **II** *v* **1.** sagūstīt; notvert; **2.** *pārn.* iedzīt strupceļā; **3.** izbraukt līkumus (*par automobili*)

cornered ['kɔ:nəd] *a* **1.** stūrains; **2.** sagūstīts; **3.** iedzīts strupceļā
cornerstone ['kɔ:nəstəʊn] *n* **1.** stūrakmens; **2.** *pārn.* pamats
cornerwise ['kɔ:nəwaiz] *adv* pa diagonāli; šķērsām
cornet ['kɔ:nit] *n* **1.** *mūz.* kornete; **2.** kornetists; **3.** (*papīra*) turza; **4.** saldējums vafelē
cornfield ['kɔ:nfi:ld] *n* **1.** labības lauks; **2.** *amer.* kukurūzas lauks
cornflakes ['kɔ:nfleiks] *n pl* kukurūzas pārslas
cornflour ['kɔ:nflaʊə] *n* kukurūzas milti
cornflower ['kɔ:nflaʊə] *n bot.* rudzupuķe
cornice ['kɔ:nis] *n* **1.** *arh.* dzega; karnīze; **2.** apledojums (*virs aizas, uz jumta u. tml.*)
cornucopia [ˌkɔ:njʊ'kəʊpiə] *n* **1.** pārpilnības rags; **2.** *pārn.* pārpilnība
corny ['kɔ:ni] *a* **1.** graudu-; labības-; **2.** ražīgs; **3.** *amer. sar.* sentimentāls; **4.** *amer. sar.* banāls
corolla [kə'rɒlə] *n bot.* (*zieda*) vainags
corollary [kə'rɒləri] *n* secinājums
coronal ['kɒrənl] **I** *n* kronis; vainags; **II** *a* kroņa-; vainaga-
coronation [ˌkɒrə'neiʃn] *n* kronēšana
corpora *sk.* **corpus**
corporal[a] ['kɔ:prəl] *n mil.* kaprālis
corporal[b] ['kɔ:prəl] *a* miesas-; ķermeņa-; c. defects – fiziski defekti; c. punishment – miesas sods
corporate ['kɔ:pərət] *a* korporatīvs; c. body – korporācija
corporation [ˌkɔ:pə'reiʃn] *n* **1.** korporācija; municipal C. – municipalitāte; **2.** *amer.* akciju sabiedrība
corporeal [kɔ:'pɔ:riəl] *a* **1.** miesas-; ķermeņa-; **2.** miesisks; ķermenisks; **3.** materiāls
corps [kɔ:] *n* (*pl* corps [kɔ:z]) **1.** *mil.* korpuss; **2.**: c. diplomatique – diplomātiskais korpuss
corps de ballet [ˌkɔ:də'bælei] *n* kordebalets
corpse [kɔ:ps] **I** *n* līķis; **II** *v teātr. sl.* aizmirst tekstu; izjaukt ainu
corpulent ['kɔ:pjʊlənt] *a* korpulents, tukls
corpus ['kɔ:pəs] *n* (*pl* corpora ['kɔ:pərə]) **1.** (*rakstu, citātu u. tml.*) krājums; sakopojums; c. delicti *jur.* – nozieguma sastāvs; **2.** *ek.* pamatkapitāls
corpuscle ['kɔ:pʌsl] *n* **1.** daļiņa; red ~s – sarkanie asinsķermenīši; **2.** *fiz.* atoms; elektrons
corral [kɔ:'rɑ:l] **I** *n amer.* aploks; **II** *v* iedzīt aplokā
correct [kə'rekt] **I** *a* **1.** pareizs; **2.** korekts; **II** *v* **1.** koriģēt, [iz]labot; **2.** norāt; aizrādīt (*uz kļūdām*); **3.** neitralizēt; izlīdzināt; **4.** noregulēt; **5.** labot korektūru
correction [kə'rekʃn] *n* **1.** labošana; house of c. – pārmācības nams; **2.** labojums; I speak under c. – varbūt es maldos; **3.** *tehn.* korekcija
corrective [kə'rektiv] **I** *n* **1.** korektīva; **2.** *med.* neitralizējošs līdzeklis; **II** *a* **1.** korektīvs; labošanas-; c. maintenance *dat.* – koriģējošā uzturēšana; **2.** neitralizējošs (*par zālēm*)
correctness *n dat.* korektums; c. proof *dat.* – korektuma pierādīšana
corrector [kə'rektə] *n* **1.** labotājs; **2.** (*arī* c. of the press) korektors
correlate ['kɒrəleit] **I** *n val.* korelāts; **II** *v* korelēt, savstarpēji saistīties
correlation [ˌkɒrə'leiʃn] *n* korelācija, savstarpēja saistība

correlative [kə'relətiv] *a* korelatīvs; sav-starpēji saistīts; c. conjunctions *val.* – korelatīvie saikļi
correspond [ˌkɒri'spɒnd] *v* 1. (*with, to*) atbilst; 2. (*with*) sarakstīties
correspondence [ˌkɒri'spɒndəns] *n* 1. atbilstība; 2. korespondence; sarakste; c. course – neklātiene; c. student – neklātienes nodaļas students
correspondent [ˌkɒri'spɒndənt] **I** *n* 1. korespondents; 2. (*firmas*) pastāvīgais klients; **II** *a* atbilstošs; attiecīgs
corridor ['kɒridɔː] *n* 1. koridors, gaitenis; 2.: c. train – vilciens ar atsevišķām kupejām
corrigenda *sk.* **corrigendum**
corrigendum [ˌkɒri'dʒendəm] (*pl* corrigenda [ˌkɒri'dʒendə]) *n* iespiedkļūda
corrigible ['kɒridʒəbl] *a* [iz]labojams
corroborant [kə'rɒbərənt] *sk.* **corroborative**
corroborate [kə'rɒbəreit] *v* apstiprināt [ar faktiem]
corroboration [kəˌrɒbə'reiʃn] *n* apstiprināšana [ar faktiem]
corrode [kə'reʊd] *v* 1. saēst (*par skābi, rūsu*); 2. sarūsēt; 3. kodināt
corrosion [kə'rəʊʒn] *n* 1. korozija; 2. kodināšana
corrosive [kə'rəʊsiv] **I** *n* kodinātājs, kodīga viela; **II** *a* korodējošs; kodīgs
corrugate ['kɒrəgeit] *v* 1. savilkt krunkās; saraukt (*pieri*); 2. *tehn.* gofrēt, rievot; ~d iron – rievots (gofrēts) skārds
corrupt [kə'rʌpt] **I** *a* 1. samaitāts; izvirtis; 2. [uz]pērkams; piekukuļojams; c. practices – negodīgi paņēmieni; kukuļdošana; 3. sagrozīts (*par tekstu*); c. file *dat.* – bojāta

datne; **II** *v* 1. demoralizēt; samaitāt; 2. uzpirkt; piekukuļot; 3. sagrozīt (*tekstu*)
corruption [kə'rʌpʃn] *n* 1. demoralizēšana; samaitāšana; 2. korupcija; (*morāla*) pagrimšana; 3. piekukuļošana
cortege [kɔː'teiʒ] *n* kortežs
cortex ['kɔːteks] *n* (*pl* cortices ['kɔːtisiːz]) 1. (*koka*) miza; 2. *anat.* smadzeņu garoza
cortices *sk.* **cortex**
cortical ['kɔːtikl] *a* 1. *bot.* mizas-; 2. *anat.* smadzeņu garozas-
coruscation [ˌkɒrə'skeiʃn] *n* mirgošana; zibsnīšana
corvine ['kɔːvain] *a* 1. vārnas-; 2. vārnai līdzīgs
coryphaei *sk.* **coryphaeus**
coryphaeus [ˌkɒri'fiːəs] *n* (*pl* coryphaei [ˌkɒri'fiːai]) korifejs
cosily ['kəʊzili] *adv* omulīgi; mājīgi
cosine ['kəʊsain] *n mat.* kosinuss
cosiness ['kəʊzinis] *n* omulība; mājīgums
cosite ['kəʊsait] *n* savienojamība
cosmetic [kɒz'metik] **I** *n* 1. kosmētisks līdzeklis; 2. (*parasti pl*) kosmētika; **II** *a* kosmētisks; kosmētikas-
cosmetologist [ˌkɒzmi'tɒlədʒist] *n* kosmetologs; kosmetoloģe
cosmic ['kɒzmik] *a* kosmisks
cosmodrome ['kɒzməˌdrəʊm] *n* kosmodroms
cosmography [kɒz'mɒgrəfi] *n* kosmogrāfija
cosmonaut ['kɒzmənɔːt] *n* kosmonauts
cosmonautics [ˌkɒzmə'nɔːtiks] *n* kosmonautika
cosmopolitan [ˌkɒzmə'pɒlitən] **I** *n* kosmopolīts; **II** *a* kosmopolītisks

cosmopolitism [ˌkɒzmə'pɒlitizəm] *n* kosmopolītisms

cosmos ['kɒzmɒs] *n* **1.** kosmoss; visums; **2.** universs

Cossack ['kɒsæk] *n* kazaks

cosset ['kɒsit] *v* lutināt

cost [kɒst] **I** *n* **1.** cena; vērtība; c. price – iepirkuma cena; prime (first) c. – pašizmaksa; **2.** izdevumi; at my c. – uz mana rēķina; **3.**: ~s *pl* – izmaksas; **4.** *pl* tiesas izdevumi (nodokļi); **II** *v* (*p. un p.p.* cost [kɒst]) **1.** [iz]-maksāt; what does it c.? – cik tas maksā?; **2.** izcenot (*preces*); izkalkulēt (*cenu*)

costermonger ['kɒstəˌmʌŋgə] *n* ielas tirgotājs

costly ['kɒstli] *a* **1.** dārgs; vērtīgs; **2.** grezns

costmary ['kɒstmeəri] *n bot.* biškrēsliņi

costume ['kɒstju:m] *n* **1.** kostīms; c. ball – masku balle; **2.** (*sieviešu*) kostīms

cot[a] [kɒt] **I** *n* **1.** aizgalds; (*aitu*) kūts; **2.** *poēt.* būdiņa; **II** *v* iedzīt aizgaldā (kūtī) (*aitas*)

cot[b] [kɒt] *n* **1.** bērna gultiņa; **2.** *amer.* saliekamā gulta; **3.** *jūrn.* koja

cotangent [kəʊ'tændʒənt] *n mat.* kotangenss

cote [kəʊt] *n* aizgalds

cottage ['kɒtidʒ] *n* **1.** neliela lauku māja; c. cheese – biezpiens; **2.** *amer.* kotedža, vasarnīca; **3.** vienstāva māja

cottager ['kɒtidʒə] *n* **1.** laucinieks; **2.** sīkzemnieks, algādzis; **3.** *amer.* vasarnieks

cottar ['kɒtə] *n* algādzis

cotton[a] ['kɒtn] *n* **1.** kokvilna; **2.** kokvilnas audums; **3.** kokvilnas diegs; **4.** (*arī* c. wool) vate

cotton[b] ['kɒtn] *v* (*to*) pieķerties; sadraudzēties; ▯ to c. **on** – 1) uztvert, saprast; 2) iepatikties

cotton-plant ['kɒtnplɑ:nt] *n* kokvilnas augs

cottony ['kɒtni] *a* kokvilnas-

cotyledon [ˌkɒti'li:dən] *n bot.* dīgļlapa

couch [kaʊtʃ] **I** *n* **1.** guļvieta; **2.** tahta; kušete; **3.** kosmonauta sēdeklis; **4.** (*dzīvnieka*) miga; **5.** *glezn.* gruntējums; **II** *v* **1.** (*tikai p.p.*) atgulties; ~ed in slumber – aizsnaudies; **2.** (*par dzīvnieku*) pieplakt zemei (*gatavojoties lēcienam*); **3.** [iz] diedzēt sēklu; **4.** (*in*) (*pass.*) formulēt; izteikt

cougar ['ku:gə] *n zool.* puma, kuguārs

cough [kɒf] **I** *n* klepus; **II** *v* klepot; ▯ to c. **up** – 1) atkrēpot; 2) *sl.* nodot, izpļāpāt

cough-drop ['kɒfdrɒp] *n* pretklepus tablete

cough-lozenge ['kɒfˌlɒzindʒ] *sk.* **cough-drop**

could *sk.* **can**[b]

coulomb ['ku:lɒm] *n el.* kulons

council ['kaʊnsl] *n* **1.** padome; the c. of ministers – ministru padome; town c. – municipalitāte; **2.** apspriede; **3.** (*ārstu*) konsilijs; **4.** koncils; sinode

councillor ['kaʊnsələ] *n* padomes loceklis; padomnieks

counsel ['kaʊnsl] **I** *n* **1.** apspriede; to hold (take) c. (*with*) – apspriesties, konsultēties (*ar*); to take c. together – kopīgi apspriesties; **2.** padoms; **3.** nodoms; **4.** advokāts; advokātu grupa; **II** *v* dot padomu; ieteikt

counsellor ['kaʊnslə] *n* **1.** padomdevējs; konsultants; **2.** *amer.* advokāts

count[a] [kaʊnt] **I** *n* **1.** skaitīšana; blood [cell] c. – asinsanalīze; **2.** [ap]rēķins; to keep c. – vest rēķinus; to lose c. –

sajaukt rēķinus; **3.** ievērība; to take c. (*of*) – ievērot; **4.** *jur.* apsūdzības punkts; **5.** *tekst.* (*dzijas u. tml.*) numurs; **II** *v* **1.** skaitīt; saskaitīt; aprēķināt; to c. the cost – iepriekš izkalkulēt; **2.** uzskatīt; **3.** (*for*) skaitīties; this doesn't c. – tas neskaitās; this ~s for much – tam ir liela nozīme; ◊ to c. **in** – ieskaitīt; to c. **on (upon)** – paļauties uz; to c. **out** – 1) noskaitīt un atlikt sānis; 2) neņemt vērā; izslēgt; 3) atlikt sēdi (*kvoruma trūkuma dēļ*); 4) (*boksā*) paziņot nokautu; to c. **up** – saskaitīt

count[b] [kaʊnt] *n* (*neangļu*) grāfs

count-down ['kaʊntdaʊn] *n* sekunžu skaitīšana pirms 1) (*raķetes vai kosmosa kuģa*) starta; 2) (*šāviņa*) eksplozijas

countenance ['kaʊntənəns] **I** *n* **1.** sejas izteiksme; izskats; to keep one's c. – 1) neizrādīt; nelikt manīt; 2) valdīt smieklus; apspiest smaidu; **2.** savaldīgums; to lose one's c. – zaudēt savaldību; **3.** morāls atbalsts; **II** *v* (*morāli*) atbalstīt; veicināt (*pasākumu*)

counter[a] ['kaʊntə] *n* **1.** lete; kases lodziņš (*veikalā, bankā*); **2.** (*spēļu*) marka; **3.** metamais kauliņš (*spēlē*); **4.** *tehn.* skaitītājs; mērītājs

counter[b] ['kaʊntə] *n* (*apavu*) kape

counter[c] ['kaʊntə] **I** *n sp.* pretsitiens; **II** *a* pretējs; **III** *v* **1.** darboties pretī; to c. a request – noraidīt lūgumu; **2.** *sp.* dot pretsitienu; **IV** *adv* pretējā virzienā; pretēji

counteract [ˌkaʊntər'ækt] *v* **1.** darboties pretī; **2.** neitralizēt

counterbalance I *n* ['kaʊntəˌbæləns] **1.** pretsvars; **2.** *tehn.* līdzsvara mehānisms; **II** *v* [ˌkaʊntə'bæləns] līdzsvarot

counterblow ['kaʊntəbləʊ] *n* pretsitiens

countercharge ['kaʊntətʃɑːdʒ] *jur.* **I** *n* pretsūdzība; **II** *v* iesniegt pretsūdzību

counterfeit ['kaʊntəfit] **I** *n* (*naudas, paraksta*) viltojums; **II** *a* **1.** viltots; **2.** liekuļots, neīsts; **III** *v* **1.** viltot (*naudu, parakstu*); **2.** izlikties, liekuļot

counterfeiter ['kaʊntəˌfitə] *n* **1.** (*naudas u. tml.*) viltotājs; **2.** krāpnieks

counterfoil ['kaʊntəfɔil] *n* (*čeka*) pasaknis

countermand [ˌkaʊntə'mɑːnd] **I** *n* pavēles atsaukums; pretpavēle; **II** *v* atsaukt pavēli; dot pretpavēli

counterpart ['kaʊntəpɑːt] *n* **1.** dublikāts; kopija; **2.** dubultnieks; līdzinieks; **3.** kolēģis

counterpoint ['kaʊntəpɔint] *n mūz.* kontrapunkts

counterpoise ['kaʊntəpɔiz] **I** *n* **1.** pretsvars; **2.** līdzsvars; **II** *v* līdzsvarot

counter-revolution ['kaʊntərevəˌluːʃn] *n* kontrrevolūcija

countersign ['kaʊntəsain] **I** *n* **1.** parole; **2.** apstiprinājums (*ar parakstu*); **II** *v* apstiprināt (*ar parakstu*)

counterspy ['kaʊntəspai] *n* pretizlūkošanas aģents

counter-tenor [ˌkaʊntə'tenə] *n mūz.* **1.** alta balss; **2.** alta partija

countervail ['kaʊntəveil] *v* kompensēt; atsvērt

counterwork ['kaʊntəwɜːk] *n* pretdarbība

countess ['kaʊntis] *n* grāfiene

counting-house ['kaʊntiŋhaʊs] *n* kantoris; grāmatvedība

countless ['kaʊntlis] *a* neskaitāms

countrified ['kʌntrifaid] *a* lauciniecisks, zemniecisks

country ['kʌntri] **I** *n* **1**. zeme; valsts; **2**. dzimtene; mother c. – tēvzeme; **3**. (the) tauta; iedzīvotāji; **4**. (the) lauki (*pretstatā pilsētai*); in the c. – laukos; c. cousin – tipisks laucinieks; **5**. apvidus; **6**. darbības lauks; zinātnes nozare; **II** *a* lauku-; c. bread – laukos audzis; c. seat – lauku īpašums; c. music (*arī* c. and western) kantrimūzika
country-house [,kʌntri'haʊs] *n* **1**. ārpilsētas māja; **2**. lauku īpašums (mājas)
countryman ['kʌntrimən] *n* **1**. tautietis; novadnieks; **2**. laucinieks
countryside ['kʌntrisaid] *n* **1**. apvidus; **2**. lauki (*pretstatā pilsētai*)
countrywoman ['kʌntri,wʊmən] *n* **1**. tautiete; novadniece; **2**. lauciniece
coup [ku:] *n* veikls gājiens
coupe ['ku:pei] *n* **1**. divvietīga kariete; **2**. (*vagona*) kupeja; **3**. (*divvietīgs, slēgts*) automobilis
coupeᵃ [kəʊp] *n* **1**. koku laišana; **2**. mežu izciršana
coupeᵇ [ku:p] *n* (*augļu u. tml.*) saldējums
couple ['kʌpl] **I** *n* **1**. pāris; divi; daži; **2**. pāris (*līgava un līgavainis, vīrs un sieva*); (*deju*) partneri; **3**. *el.* elements; **II** *v* **1**. savienot pāros; **2**. (*up*) sakabināt (*vagonus*); **3**. savest; saprecināt; **4**. (*with*) asociēt, saistīt; ◊ to c. **on** (**into**) – piekabināt
couplet ['kʌplit] *n* kupeja
courage ['kʌridʒ] *n* drosme
courageous [kə'reidʒəs] *a* drošsirdīgs, drosmīgs
courier ['kʊriə] **I** *n* **1**. izsūtāmais; **2**. kurjers; **3**. (*ceļojumu biroja*) aģents; **II** *v* pavadīt tūristus
course [kɔ:s] **I** *n* **1**. (*apmācību, lekciju u. tml.*) kurss; cikls; **2**. virziens; kurss; ceļš; **3**. *pārn.* gaita; norise; c. of events – notikumu gaita; **4**. ēdiens; dinner of three ~s – pusdienas ar trim ēdieniem; **5**. (*vērtspapīru u. tml.*) kurss; **II** *v* **1**. dzīties pakaļ (*medījumam*); **2**. ritēt; tecēt
court [kɔ:t] **I** *n* **1**. sēta; pagalms; **2**. (*spēļu*) laukums; tennis c. – tenisa laukums; **3**. galms; **4**. tiesa; tiesas sastāvs; **5**. uzmanības parādīšana; **II** *v* **1**. parādīt uzmanību (*sievietei*); **2**. pielabināties
courteous ['kɜ:tiəs] *a* pieklājīgs; laipns
courtesan [,kɔ:ti'zæn] *n* kurtizāne
courtesy ['kɜ:tisi] *n* pieklājība; laipnība; by c. of... – ar laipnu atļauju
court-martial [,kɔ:t'mɑ:ʃl] **I** *n* kara tiesa; tribunāls; **II** *v* nodot kara tiesai
courtyard ['kɔ:tjɑ:d] *n* sēta, pagalms
cousin ['kʌzn] **I** *n* **1**. (*arī* first c.) brālēns māsīca; second c. – otrās pakāpes brālēns (*vai* māsīca); **2**. radinieks; **II** *v* (*with*) radoties; atzīt radniecību
covenant ['kʌvənənt] *n* **1**. līgums; **2**.: the Old and the New C. *rel.* – Vecā un Jaunā Derība
cover ['kʌvə] **I** *n* **1**. apvalks; apsegs; **2**. (*gultas*) sega; **3**. vāks; **4**. (*grāmatas*) iesējums; (*skaņuplates*) apvāks; **5**. aploksne; **6**. paslēptuve; patvērums; **7**. aizsegs; **8**. apdrošinājums; **9**. galda piederumi; ~s were laid for ten persons – galds bija klāts desmit personām; **II** *v* **1**. apsegt; apklāt; **2**. [no]slēpt; apslēpt (*jūtas*); **3**. aptvert; **4**. paveikt (*zināmā laikā*); **5**. noiet; nobraukt; noskriet (*kādu attālumu*); **6**. atbilst; ◊ to c. **against** – 1) nodrošināties (*pret*); 2) apdrošināt (*pret ugunsgrēku u. tml.*); to c.

[up] for smb. – aizstāt kādu; to c. **in** – 1) aizbērt (*piem., kapu*); 2) pārsegt (*piem., terasi*); to c. **in (with)** – pārklāties ar; to c. **over** – aizklāt (*piem., caurumu*); to c. **up** – 1) apklāt; apsegt; 2) slēpt
coverage ['kʌvəridʒ] *n* reportāža
coverall[s] ['kʌvərɔ:l(z)] *n* darba apģērbs
covering ['kʌvəriŋ] I *n* 1. apsegs; pārvalks; 2. aizsegs; aizsargs; 3. pārsegums; II *a* pavad-; c. letter – pavadvēstule
coverlet ['kʌvəlit] *n* sega; pārklājs
covert ['kʌvət] I *n* 1. patvērums (*meža zvēriem*); to draw a c. – dzīt pēdas; 2. *pl* apspalvojums; II *a* apslēpts; slepens
covet ['kʌvit] *v* iekārot; tīkot
covetous ['kʌvitəs] *a* (*of*) kārs, alkatīgs
cowᵃ [kaʊ] *n* 1. govs; dry c. – ālava; 2. (*ziloņa, vaļa*) mātīte
cowᵇ [kaʊ] *v* iebiedēt
coward ['kaʊəd] *n* gļēvulis; to turn c. – nobīties
cowardice ['kaʊədis] *n* gļēvulība
cowardly ['kaʊədli] I *a* gļēvs; mazdūšīgs; II *adv* gļēvi; mazdūšīgi
cowberry ['kaʊbəri] *n* brūklene
cowboy ['kaʊbɔi] *n* 1. govju gans (*zirgā*); 2. *amer.* kovbojs
cower ['kaʊə] *v* 1. tupēt; 2. sarauties (*no aukstuma, bailēm*)
cowherd ['kaʊhɜ:d] *n* govju gans
cowl [kaʊl] *n* 1. apmetnis ar kapuci; 2. kapuce; 3. (*motora*) pārsegs
cowman ['kaʊmən] *n* 1. lopu kopējs (*fermā*); 2. *amer.* lopkopis (*fermas īpašnieks*)
cowshed ['kaʊʃed] *n* kūts
cowslip ['kaʊslip] *n bot.* gaiļbiksītes

cow-tail ['kaʊteil] *n* rupja vilnas dzija
coxcomb ['kɒkskəʊm] *n* ģeķis
coxswain ['kɒksn] *n* stūrmanis
coy [kɔi] *a* kautrīgs; bikls
coyote [kɔi'əʊti] *n* koijots
cozen ['kʌzn] *v* piekrāpt, apkrāpt
crabᵃ [kræb] I *n* 1. krabis, jūras vēzis; 2. *astr.* Vēzis (*zvaigznājs un zodiaka zīme*); 3. *tehn.* vinča; tītava; II *v sar.* piesieties
crabᵃ [kræb] I *n* īgņa; II *v* 1. īgņoties; bozties; 2. padarīt īgnu
crabᵇ [kræb] *n* 1. mežābols; 2. mežābele
crack [kræk] I *n* 1. rībiens; blīkšķis; krakšķis; c. of thunder – pērkona grāviens; 2. belziens; pļauka; 3. plaisa; sprauga; 4. ieplaisājums; ◊ in a c. – acumirklī, vienā rāvienā; II *a* pirmklasīgs; III *v* 1. blīkšķēt; krakšķēt; 2. plīkšķināt (*pātagu u. tml.*); 3. ieplaisāt; iespregāt; 4. pāršķelt; ▯ to c. **down** – bargi vērsties; to c. **up** – 1) saplaisāt, sadrupt; 2) izdēdēt; 3) ciest avāriju (*par lidmašīnu u.c.*)
cracked [krækt] *a* 1. ieplīsis; ieplaisājis; 2. ķērkstošs (*par balsi*); 3. pavērts; pusviru; 4. *sl.* jucis; ķerts
cracker ['krækə] *n* 1. petarde; 2. sausiņš; sauss cepums; 3. *tehn.* drupinātājs
cracking ['krækiŋ] *a* enerģisks; mundrs
crackle ['krækl] I *n* krakšķis, sprakšķis; II *v* krakšķēt, sprakšķēt
cracknel ['kræknl] *n* ciets un trausls cepums
crack-up ['krækʌp] *n sar.* 1. (*lidmašīnas u. c.*) avārija; 2. neveiksme; izgāšanās; 3. (*veselības*) sabrukums
cradle ['kreidl] I *n* 1. šūpulis; from the c. – no agras bērnības; 2. sākotne; 3. (*telefona*) spraudne; 4. (*kuģubūves*

eliņi; **5.** grozāmas sastatnes; **II** *v* šūpot, aijāt; to c. in sleep – iemidzināt
craft [krɑ:ft] **I** *n* **1.** veiksme; prasme; **2.** amats; arods; school for arts and c. – daiļamatniecības skola; **3.** viltība; krāpšana; **4.** kuģi; small c. – laivas
craftsman ['krɑ:ftsmən] *n* **1.** amatnieks; **2.** meistars; lietpratējs; **3.** daiļamatnieks
craftsmanship ['krɑ:ftsmənʃip] *n* **1.** meistarība; prasme; **2.** daiļamatniecība
crafty ['krɑ:fti] *a* **1.** viltīgs; **2.** manīgs; izveicīgs
crag [kræg] *n* klints
craggy ['krægi] *a* **1.** klinšains; **2.** raupjš; skarbs
cragsman ['kægzmən] *n* alpīnists
cram [kræm] *v* **1.** (*into*) piebāzt; pieblīvēt; **2.** (*with*) pieēsties; **3.** iekalt; iemācīties (*īsā laikā*); **4.** (*īsā laikā*) iemācīt
cramp[a] [kræmp] **I** *n* (*arī* ~s) krampji; **II** *v* **1.** savilkt (saraut) krampjos; **2.** *pārn.* kavēt; ierobežot
cramp[b] [kræmp] *tehn.* **I** *n* skava; **II** *v* savienot ar skavu
crampy ['kræmpi] *a* konvulsīvs; krampjains
cranberry ['krænbəri] *n* dzērvene
crane [krein] **I** *n* **1.** dzērve; **2.** *tehn.* celtnis; **II** *v* **1.** celt (*ar celtni*); **2.** *sar.* (*at*) vilcināties; apstāties (*grūtību priekšā*)
crania *sk.* **cranium**
cranial ['kreiniəl] *a anat.* galvaskausa-
cranium ['kreiniəm] *n* (*pl* crania ['kreiniə]) *anat.* galvaskauss
crank[a] [kræŋk] *n* **1.** kaprīze; untums; **2.** untumains cilvēks

crank[b] [kræŋk] **I** *n tehn.* kloķis; **II** *v* **1.** griezt kloķi; ☐ to c. **up** – iedarbināt (*griežot kloķi*); **2.** līkumot (*par upi*)
crankshaft ['kræŋkʃɑ:ft] *n tehn.* kloķvārpsta
cranky ['kræŋki] *a* **1.** kaprīzs; untumains; dīvains; **2.** grīļīgs, ļodzīgs; **3.** līkumains
cranny ['kræni] *n* sprauga; plaisa
crape [kreip] *n* **1.** *tekst.* (*melns*) kreps; **2.** sēru lente
crash [kræʃ] **I** *n* **1.** sabrukums; **2.** bankrots; **3.** avārija; **4.** rībiens; blīkšķis; **5.** *sl.* iemīlēšanās; **II** *a* **1.** intensīvs; pastiprināts; c. course in English – intensīvs angļu valodas kurss; to go on a c. diet – ievērot stingru diētu; **2.** avārijas-; **III** *v* **1.** (*down*) sabrukt; sagrūt; **2.** sagraut; salauzt; **3.** rībināt (*par pērkonu*); **4.** ciest avāriju (*par lidmašīnu u. tml.*); **5.** bankrotēt; ☐ to c. **about** – trokšņot; to c. **into** – ar troksni iedrāzties
crash-land ['kræʃlænd] *v* (*par lidmašīnu*) ciest avāriju (*nolaižoties*)
crashproof ['kræʃpru:f] *a tehn.* neplīstošs
crass [kræs] *a* **1.** rupjš; muļķīgs; **2.** pilnīgs; c. ignorance – galīga nezināšana
crate [kreit] **I** *n* **1.** redeļu kaste (*preču pārvadāšanai*); **2.** skalu grozs; **II** *v* iekraut (*redeļu kastē*)
crater ['kreitə] *n* (*vulkāna*) krāteris
crave [kreiv] *v* **1.** lūgt; lūgties; **2.** (*for, after*) kārot; alkt; **3.** prasīt (*laiku u. tml.*)
craving ['kreiviŋ] *n* (*for*) kāre; alkas; c. for sweets – kāre pēc saldumiem
craw [krɔ:] *n* guza

craw-fish [ˈkrɔːfiʃ] *sk.* **crayfish**
crawl [krɔːl] **I** *n* **1.** lēna kustēšanās; **2.** rāpošana; līšana; **3.** (*arī* Australian c.) *sp.* krauls; **II** *v* **1.** lēni vilkties; **2.** rāpot; līst; **3.** (*with*) ņudzēt; **4.** pieglaimoties
crawler [ˈkrɔːlə] *n* **1.** rāpulis; **2.** pielīdējs; **3.** lēni braucošs taksometrs; **4.** (*mazbērna*) rāpulītis
crayfish [ˈkreifiʃ] *n* (*upes*) vēzis
crayon [ˈkreiɒn] **I** *n* **1.** krāsains zīmulis; pastelis; **2.** krāsaina zīmuļa (pasteļa) zīmējums; **II** *v* zīmēt ar krāsainiem zīmuļiem (pasteļiem)
craze [kreiz] **I** *n* **1.** mānija; aizraušanās; **2.** mode; to be the c. – būt modē; the last c. – pēdējais modes kliedziens; **3.** plaisa (*glazūrā*); **II** *v* padarīt traku
crazy [ˈkreizi] **I** *a* **1.** ārprātīgs; jucis; **2.** *sar.* (*about*) traks (*uz*); aizrāvies; **3.** ieplaisājis (*par glazūru*); **4.** nedrošs (*piem., par celtni*); nestiprs; **5.** nelīdzens; **II** *adv sar.* ļoti
creak [kriːk] **I** *n* čīkstoņa; **II** *v* **1.** čīkstēt; **2.** čīkstināt
creaky [ˈkriːki] *a* čīkstošs
cream [kriːm] **I** *n* **1.** (*saldais*) krējums; sour c. – skābais krējums; **2.** krēms; ziede; cold c. – barojošs [ādas] krēms; **3.** (*kaut kā*) labākā daļa; the c. of society – sabiedrības krējums; **II** *a* **1.** krējuma-; **2.** krēmkrāsas-; **III** *v* **1.** nokrejot; **2.** sakult; saputot
creamery [ˈkriːməri] *n* **1.** krejotava; siernīca; **2.** piena veikals
crease [kriːs] **I** *n* **1.** kroka; krunka; **2.** ieloce; **3.** iegludināta vīle (*biksēs*); **II** *v* **1.** burzīties; **2.** atlocīt; ielocīt; **3.** iegludināt vīli (*biksēs*)
crease-resistant [ˌkriːsriˈzistənt] *a* neburzīgs (*par audumu*)

creasy [ˈkriːsi] *a* saburzīts
create [kriˈeit] *v* **1.** radīt; **2.** veidot tēlu (*par aktieri*); **3.** izraisīt; **4.** iecelt (*dižciltīgo kārtā*); **5.** *sar.* trokšņot
creation [kriˈeiʃn] *n* **1.** radīšana; jaunrade; **2.** izraisīšana; **3.** (*mākslas, zinātnes*) darbs; **4.** modes jaunumi; **5.**: the C. *rel.* – pasaules radīšana
creative [kriˈeitiv] *a* radošs; c. work – radošs darbs, jaunrade
creator [kriˈeitə] *n* **1.** radītājs; veidotājs; **2.** (the C.) Radītājs, Dievs
creature [ˈkriːtʃə] *n* **1.** radījums; radība; **2.** kreatūra; ieliktenis
creche [kreʃ] *n* mazbērnu novietne
credence [ˈkriːdəns] *n* ticība; uzticība; letter of c. – ieteikuma vēstule
credential [kriˈdenʃl] *n* (*parasti pl*) **1.** akreditēšanās raksts; **2.** mandāts; pilnvara
credible [ˈkredəbl] *a* **1.** ticams (*piem., par ziņām*); **2.** uzticams (*par cilvēku*)
credit [ˈkredit] **I** *n* **1.** uzticība; to give c. (*to*) – ticēt; **2.** atzīšana; novērtēšana; **3.** laba slava; gods; **4.** kredīts; aktīvs; letter of c. – akreditīvs; on c. – uz kredīta; **5.** nopelns; **6.** *amer.* ieskaite (*universitātē*); **II** *v* **1.** uzticēties; **2.** kreditēt; **3.** piedēvēt (*īpašību u. tml.*)
creditable [ˈkreditəbl] *a* **1.** uzticības cienīgs; **2.** slavējams; uzslavas cienīgs; **3.** apbrīnas vērts
credit card [ˈkreditkɑːd] *n* kredītkarte
creditor [ˈkreditə] *n* kreditors
credulity [kriˈdjuːləti] *n* lēticība
credulous [ˈkredjʊləs] *a* lēticīgs
creed [kriːd] *n* **1.** *rel.* ticība; **2.** pārliecība; kredo
creek [kriːk] *n* **1.** (*neliels*) līcis; **2.** *amer.* (*upes*) pieteka

creep [kri:p] **I** *n sl.* pielīdējs; **II** *v* (*p. un p.p.* crept [krept]) 1. rāpot; līst; 2. lēni kustēties; vilkties; 3. ložņāt (*par augu*); 4. sajust tirpas
creeper ['kri:pə] *n* 1. ložņājošs augs; 2. rāpulis; 3. *tehn.* zemessmēlējs, bagars
creepers ['kri:pəz] *n pl* krosa kurpes
creeps [kri:ps] *n pl sar.* tirpas, šermuļi
creepy ['kri:pi] *a* 1. rāpojošs; ložņājošs; 2. šaušalīgs
cremate [kri'meit] *v* kremēt (*līķi*)
cremation [kri'meiʃn] *n* kremācija
crematoria *sk.* **crematorium**
crematorium [ˌkremə'tɔ:riəm] *n* (*pl* crematoria [ˌkremə'tɔ:riə]) krematorija
crenel[l]ated ['krenileitid] *a* izrobots (*par cietokšņa mūri*)
Creole ['kri:əʊl] *n* kreols; kreoliete
crepe [kreip] *n tekst.* kreps; c. de Chine – krepdešīns
crept *sk.* **creep**
crescent ['kresnt] **I** *n* 1. pusmēness; (*augošs, dilstošs*) Mēness; 2. pusloks; **II** *a* 1. pusmēnesveidīgs; puslokveida-; 2. augošs
cress [kres] *n* krese
crest [krest] **I** *n* 1. sekste; cekuls; 2. krēpes; 3. (*kalna*) kore; 4. (*viļņa*) mugura; 5. čukurs, jumta kore; **II** *v* 1. vainagot; 2. sasniegt virsotni
crestfallen ['krestˌfɔ:lən] *a* nomākts; sadrūmis
cretin ['kretin] *n* 1. kretīns; 2. *sl.* stulbenis
crevice ['krevis] *n* 1. plaisa; 2. aiza
crew[a] [kru:] *n* 1. (*kuģa u. tml.*) komanda (apkalpe); 2. (*kosmosa kuģa*) ekipāža; 3. brigāde; 4. (*filmas*) radošā grupa
crew[b] [kru:] *sk.* **crow**[b]

crew-cut ['kru:kʌt] *n* vīriešu matu griezums «ezītis»
crib[a] [krib] **I** *n* 1. špikeris; 2. plaģiāts; 3. parindenis; **II** *v* 1. (*off*) [no]špikot; 2. izveidot plaģiātu
crib[b] [krib] **I** *n* 1. barības sile (*ar redelēm*); 2. bērna gultiņa (*ar redelēm*); **II** *v* ieslēgt (*šaurā telpā*)
cribbage ['kribidʒ] *n* kāršu spēle
cribble ['kribl] *n* siets
crick [krik] *n* muskuļu sastiepums
cricket[a] ['krikit] *n* krikets; ◊ not c. – negodīgi
cricket[b] ['krikit] *n* circenis
crime [kraim] *n* noziegums
criminal ['kriminl] **I** *n* noziedznieks; **II** *a* krimināls; noziedzīgs; c. action – kriminālprocess; c. law – krimināltiesības
criminatory ['kriminətri] *a* inkriminējošs
criminology [ˌkrimi'nɒlədʒi] *n* kriminoloģija
crimp [krimp] *v* 1. cirtot (*matus*); 2. gofrēt; ~ed yarn – cilpota dzija
crimpy ['krimpi] *a* cirtains, sprogains; cilpains
crimson ['krimzn] **I** *n* tumšsarkana krāsa; **II** *a* tumšsarkans; **III** *v* 1. sārtināt; 2. nosarkt, pietvīkt
cringe [krindʒ] **I** *n* verdziska zemošanās; **II** *v* 1. (*before*) verdziski zemoties; 2. (*away, back*) atrauties; novērsties (*piem., bailēs*)
crinkle ['kriŋkl] **I** *n* kroka; **II** *v* krokoties
cripple ['kripl] **I** *n* kroplis; **II** *v* 1. [sa]kropļot; 2. padarīt nederīgu
crises *sk.* **crisis**
crisis ['kraisis] *n* (*pl* crises ['kraisi:z]) krīze

crisp [krisp] **I** *n*: ~s *pl amer.* – čipsi; **II** *a* **1.** trausls; kraukšķīgs; **2.** spirdzinošs (*par gaisu*); **3.** stingrs; svaigs (*par augļiem*); **4.** dzīvs; izteiksmīgs (*par stilu*); **5.** sīksprogains (*par matiem*); **III** *v* **1.** kraukšķēt; **2.** (*up*) sagrauzdēt; **3.** sprogot; **4.** sīki sprogoties
crisp-bread ['krispbred] *n* sausmaizītes
criss-cross ['kriskrɒs] **I** *n* **1.** līniju mudžeklis; **2.** krustiņš (*paraksta vietā*); **II** *a* krustenisks; **III** *v* **1.** krustoties; **2.** sasvītrot; sašvīkāt; **IV** *adv* **1.** krustām šķērsām; **2.** šķībi greizi
criteria *sk.* **criterion**
criterion [krai'tiəriən] *n* (*pl* criteria [krai'tiəriə]) kritērijs
critic ['kritik] *n* **1.** kritiķis; **2.** pēlējs
critical ['kritikl] *a* kritisks
criticism ['kritisizəm] *n* **1.** kritika; **2.** kritisks raksts
criticize ['kritisaiz] *v* **1.** kritizēt; **2.** nopelt, nosodīt
critique [kri'ti:k] *n* recenzija; kritisks raksts
croak [krəʊk] **I** *n* **1.** kurkstēšana; **2.** ķērkšana; **II** *v* **1.** kurkstēt; **2.** ķērkt; **3.** *sl.* izlaist garu
Croat ['krəʊæt] *n* horvāts
Croatian [krəʊ'eiʃn] *a* horvātu-
croc [krɒk] *n* (*saīs. no* crocodile) *sar.* krokodils
crochet ['krəʊʃei] **I** *n* **1.** tamborēšana; c. hook – tamboradata; **2.** tamborējums; **II** *v* tamborēt
crock [krɒk] *n* **1.** māla pods; **2.** lauska, suķe
crockery ['krɒkəri] *n* **1.** māla (*vai* fajansa) trauki; **2.** *amer. sl.* zobi
crocodile ['krɒkədail] *n* **1.** krokodils; **2.** krokodilāda

crocus ['krəʊkəs] *n* krokuss
crone [krəʊn] *n* vecene
crony ['krəʊni] *n* sirdsdraugs
crook [krʊk] **I** *n* **1.** āķis; ķeksis; **2.** (*gana*) spieķis; **3.** saliekums; **4.** (*ceļa, upes*) līkums; ◊ by hook or by c. – par katru cenu; lai tur lūst vai plīst; **II** *v* **1.** saliekt (*piem., roku, pirkstus*); **2.** saliekties
crooked ['krʊkid] *a* **1.** saliekts; līks; **2.** negodīgs; blēdīgs
croon [kru:n] **I** *n* dungošana; **II** *v* dungot
crop [krɒp] **I** *n* **1.** augoša labība; in c. – apsēts; out of c. – neapsēts; **2.** raža; heavy c. – bagāta raža; **3.** *lauks.* kultūra; tehnical ~s – tehniskās kultūras; **4.** īsi apgriezti mati; **5.** guza; **6.** [liels] daudzums; **II** *v* **1.** dot ražu; **2.** novākt ražu; **3.** apsēt; apdēstīt; **4.** noganīt; nograuzt (*zāli*); **5.** apcirpt; ◻ to c. up – 1) negaidīti rasties (*piem., par jautājumu*); 2) *ģeol.* izlauzties (parādīties) uz āru (*par iezi, slāni*)
cropper ['krɒpə] *n* **1.** pļāvējs; cirpējs; **2.** (*labības*) pļaujmašīna; **3.** graudaugs
croquet ['krəʊkei] *n* krokets
cross [krɒs] **I** *n* **1.** krusts; the Southern C. *astr.* – Dienvidu krusts; **2.** *bazn.* krucifikss; **3.** *biol.* krustojums; **4.** (*burta*) pārsvītrojums; **5.** sajaukums; **II** *a* **1.** krustenisks; krusta-; **2.** pretējs; c. wind – pretvējš; **3.** *sar.* dusmīgs; īgns; **4.** *sl.* negodīgs; **III** *v* **1.** krustot; šķērsot; **2.**: to c. oneself – pārmest krustu; **3.** sakrustot; **4.** *biol.* (*with*) krustot; **5.** izmainīties ceļā (*par vēstulēm, cilvēkiem*); **6.** pārsvītrot (*burtu*); **7.** darboties pretī; iebilst; ◻ to c. **off** (**out**) – izsvītrot; nosvītrot; to c. **over** – pāriet, šķērsot; ◊ to

keep one's fingers ~ed – turēt īkšķi (*par kādu*)
cross-bar ['krɒsbɑ:] *n* bulta, aizšaujamais
cross-beam ['krɒsbi:m] *n* šķērsbaļķis; sija
crossbill ['krɒsbil] *n ornit.* krustknābis
crossbones ['krɒsbəʊnz] *n pl* nāves emblēma (*sakrustoti kauli zem galvaskausa*)
crossbreed ['krɒsbri:d] *n biol.* krustojums
cross-country [,krɒs'kʌntri] *n* kross
cross-cut ['krɒskʌt] *n* **1.** īsākais ceļš; **2.** šķērsgriezums
cross-examination ['krɒsig,zæmi'neiʃn] *n* nopratināšana (*jautājumu krustugunis*)
cross-grained ['krɒsgreind] *a* stūrgalvīgs
crossing ['krɒsiŋ] *n* **1.** krustojums; šķērsojums; **2.** (*ielas, dzelzceļa*) pāreja; level (*amer.* grade) c. – pārbrauktuve (*zem tilta*); **3.** krustceļi; **4.** *biol.* krustošana
cross-legged [,krɒs'legd] *a* ar sakrustotām kājām
crossly ['krɒsli] *adv* dusmīgi; īgni
cross-road ['krɒsrəʊd] *n* ceļu krustojums; at the ~s *pl* – krustceļos
cross-section [,krɒs'sekʃn] *n* šķērsgriezums
cross-stitch ['krɒsstitʃ] *n* krustdūriens
crossunder ['krɒs,ʌndə] *n* apakšzemes pāreja
crosswalk ['krɒswɔ:k] *n* kājnieku pāreja
crosswise ['krɒswaiz] *adv* krustveidīgi; krusteniski
crossword ['krɒswɜ:d] *n* (*arī* c. puzzle) krustvārdu mīkla
crotchet ['krɒtʃit] *n* **1.** kvadrātiekava; **2.** kāsis; āķis; **3.** *mūz.* ceturtdaļnots; **4.** kaprīze, iedoma
crotchety ['krɒtʃəti] *a* kaprīzs, untumains
croton-bug ['krəʊtənbʌg] *n* (*mājas*) prusaks
crouch [kraʊtʃ] *v* **1.** pieplakt pie zemes; **2.** verdziski zemoties
croup[a] [kru:p] *n med.* krups
croup[b] [kru:p] *n* (*zirga*) krusti
crow[a] [krəʊ] *n* vārna; ◇ as the c. flies – taisnā līnijā
crow[b] [krəʊ] **I** *n* **1.** (*gaiļa*) dziedāšana; **2.** (*mazbērna*) klaigāšana; **II** *v* (*p.* crowed [krəʊd] *vai* crew [kru:]; *p.p.* crowed [krəʊd]); **1.** dziedāt (*par gaili*); **2.** klaigāt (*par mazbērnu*); ◻ to c. **over** – triumfēt
crowbar ['krəʊbɑ:] *n* vinča
crowd [kraʊd] **I** *n* **1.** pūlis; bars; drūzma; **2.**: the c. – ļaužu masas; **3.** milzums; masa; **4.** *sar.* kompānija; **II** *v* **1.** pulcēties; drūzmēties; spiesties; **2.** (*with*) pārpildīt; ◻ to c. **in** [**on, upon**] – nākt prātā; to c. **into** – iespiesties; to c. **out** [**of**] – izspiest (*vietas trūkuma dēļ*)
crowd-puller ['kraʊd,pʊlə] *n* **1.** kases gabals (*izrāde*); **2.** publikas mīlulis (*aktieris, sportists*)
crowfoot ['kraʊfʊt] *n bot.* gundega
crown [kraʊn] **I** *n* **1.** kronis; **2.** (*ziedu*) vainags; **3.** (*koka*) lapotne; **4.** (*zoba*) kronītis; **5.** krona (*naudas vienība*); **II** *v* **1.** kronēt; **2.** vainagot; **3.** (*veiksmīgi*) pabeigt; **4.** pārklāt; apņemt; **5.** uzlikt kronīti (*zobam*)
crucial ['kru:ʃl] *a* **1.** izšķirošs; kritisks; **2.** *anat.* krustveidīgs; krustveida-
crucian ['kru:ʃn] *n iht.* karūsa
crucible ['kru:sibl] *n* **1.** tīģelis; **2.** *pārn.* smags pārbaudījums

crucifix [ˈkru:sifiks] *n bazn.* krucifikss
crucifixion [ˌkru:siˈfikʃn] *n* **1.** krustā sišana; **2.** mokas; ciešanas
crucify [ˈkru:sifai] *v* **1.** sist krustā; **2.** mocīt, spīdzināt
crude [kru:d] **I** *n*: ~s *pl* – jēlvielas; **II** *a* **1.** jēls; neapstrādāts; c. iron – čuguns; c. sugar – jēlcukurs; **2.** primitīvs; neizstrādāts; raupjš; **3.** neattīrīts (*par šķidrumu*); **4.** rupjš (*par cilvēku, manierēm*); **5.** kails (*par faktu*); **6.** kliedzošs (*par krāsu*)
cruel [ˈkru:əl] *a* **1.** cietsirdīgs; nežēlīgs; **2.** smags; sāpīgs (*piem., par pārdzīvojumu*); **3.** *sl.* briesmīgs, šausmīgs
cruelty [ˈkru:əlti] *n* cietsirdība; nežēlība
cruise [kru:z] **I** *n* **1.** (*kuģa, lidmašīnas*) reiss; **2.** *jūrn.* kreisēšana; jūras brauciens; **II** *v* **1.** kreisēt; **2.** kursēt
cruiser [ˈkru:zə] *n* **1.** *jūrn.* kreiseris; armoured c. – bruņukuģis; **2.** *amer.* policijas patruļmašīna
crumb [krʌm] **I** *n* **1.** (*maizes*) drupata; **2.** (*maizes*) mīkstums; **3.** *pārn.* kripata, druska; **II** *v* drupināt
crumble [ˈkrʌmbl] *v* **1.** sadrupināt; **2.** sadrupt; **3.** sairt (*piem., par cerībām*)
crumbly [ˈkrʌmbli] *a* drupans, trausls
crummy [ˈkrʌmi] *a sl.* **1.** draņķīgs; **2.** pretīgs; riebīgs
crumpet [ˈkrʌmpit] *n* apaļmaizīte
crumple [ˈkrʌmpl] *v* **1.** burzīt; **2.** burzīties; ◊ to c. **up** – 1) savilkties, sačokuroties; 2) satriekt
crumpled [ˈkrʌmpld] *a* saburzīts
crunch [krʌntʃ] **I** *n* **1.** kraukšķēšana; **2.** gurkstēšana; **II** *v* **1.** kraukšķēt (*zobos*); **2.** gurkstēt (*par sniegu*); **3.** kraukšķināt
crusade [kru:ˈseid] **I** *n* **1.** *vēst.* krusta karš; **2.** *pārn.* kampaņa; **II** *v* (*for, against*) piedalīties kampaņā
crusader [kru:ˈseidə] *n vēst.* krustnesis
crush [krʌʃ] **I** *n* **1.** spiešanās; drūzmēšanās; **2.** drūzma; **3.** trieciens; sagrāve; **4.** augļu sula; **II** *v* **1.** (*up*) saspiest; saberzt; sasmalcināt; **2.** spiesties; drūzmēties; **3.** (*out*) izspiest (*sulu*); ◊ to c. **down** – satriekt; sagraut; to c. **into** – 1) saberzt (*smalku*); 2) satriekt
crusher [ˈkrʌʃə] *n* **1.** *tehn.* drupinātājs; **2.** *sl.* policists
crushing [ˈkrʌʃiŋ] *a* **1.** iznīcinošs; graujošs; c. defeat – pilnīga sakāve; **2.** uztraucošs; smags
crush-room [ˈkrʌʃrʊm] *n sar.* (*teātra*) foajē
crust [krʌst] **I** *n* **1.** (*maizes*) garoza; **2.** (*zemes*) garoza; **3.** sērsna; **4.** krevele; ◊ to earn one's c. – nopelnīt sev iztiku; **II** *v* (*over*) pārklāties ar garozu
crustacean [krʌˈsteiʃn] *n zool.* vēžveidīgais
crusted [ˈkrʌstid] *a* **1.** pārklājies ar garozu; **2.** iesakņojies; vecs
crusty [ˈkrʌsti] *a* **1.** pārklājies ar garozu; **2.** īgns; sabozies
crutch [krʌtʃ] *n* **1.** (*invalīda*) kruķis; pair of ~es – kruķi; **2.** *pārn.* [at]balsts; **3.** (*motocikla*) balsts; **4.** žāklis; **5.** dullis
crux [krʌks] *n* **1.** grūti atrisināms jautājums; c. of the matter – lietas būtība; **2.**: the C. *astr.* – Dienvidu krusts
cry [krai] **I** *n* **1.** kliedziens; sauciens; to give a c. – iekliegties; **2.** raudas; raudāšana; **3.** kaujas sauciens; lozungs; **4.** (*for*) prasība; vajadzība; **5.** baumas; ◊ last c. – pēdējais modes kliedziens; much c. and little wool – liela brēka, maza vilna; **II** *v*

1. kliegt; saukt; **2.** raudāt; to c. one's eyes out – gauži raudāt; **3.** paziņot, darīt zināmu; ◻ to c. **down** – 1) nosist cenu; 2) nosodīt; to c. **for** – [pie]prasīt; to c. **off** – atteikties pildīt (*solījumu u. tml.*); to c. **out** – 1) iekliegties; 2) vaimanāt, žēloties; to c. **up** – cildināt; ◇ to c. for the moon – ilgoties pēc neiespējamā; to c. wolf – veltīgi sacelt trauksmi

cry-baby [ˈkraiˌbeibi] *n* brēkulis, pinkšķis

crying [ˈkraiiŋ] *a* **1.** raudošs; **2.** kliedzošs; saucošs; **3.** kliedzošs; brēcošs (*par netaisnību*)

crypt [kript] *n* vēst. kapenes (*zem baznīcas*)

cryptic [ˈkriptik] *a* mistisks; noslēpumains

cryptogram [ˈkriptəʊgræm] *n* kriptogramma, slepenraksts

crystal [ˈkristl] **I** *n* **1.** kristāls; **2.** amer. pulksteņa stikls; **II** *a* **1.** kristāla-; **2.** kristālisks; **3.** caurspīdīgs

crystalline [ˈkristəlain] *a* **1.** kristāla-; kristālisks; c. lens – (*acs*) lēca; **2.** kristāldzidrs

crystallize [ˈkristəlaiz] *v* **1.** kristalizēt; **2.** [iz]kristalizēties; **3.** iecukurot (*augļus*)

crystalware [ˈkristlweə] *n* kristāla izstrādājumi

cub [kʌb] **I** *n* **1.** (*plēsīga zvēra*) mazulis; **2.** neaptēsts jauneklis; zaļknābis; unlicked c. – pienapuika; **II** *v* apbērnoties (*par kuci*)

Cuban [ˈkjuːbən] **I** *n* kubietis; kubiete; **II** *a* kubiešu-

cubbish [ˈkʌbiʃ] *a* neveikls; lācīgs

cube [kjuːb] **I** *n* **1.** mat. kubs; **2.** graudu cukurs; **II** *v* **1.** mat. kāpināt kubā; **2.** sagriezt kubiciņos

cubic[al] [ˈkjuːbikl] *a* kubisks; kubveida-

cuckold [ˈkʌkəʊld] **I** *n* ragnesis (*piekrāpts vīrs*); **II** *v* uzlikt ragus (*piekrāpt vīru*); pavest (*cita vīra sievu*)

cuckoo [ˈkʊkuː] **I** *n* dzeguze; **II** *a* sl. muļķīgs; c. ideas – muļķīgas iedomas; **III** kukū!

cuckoo-flower [ˈkʊkuːˌflaʊə] *n* bot. dzeguzene

cucumber [ˈkjuːkʌmbə] *n* **1.** gurķis; **2.** sl. dolārs; ◇ as cool as a c. – nesatricināmi mierīgs

cuddle [ˈkʌdl] **I** *n* glāsts; apkampiens; **II** *v* **1.** apkampt; apmīļot; **2.** saspiesties kopā; **3.** saritināties kamolā

cudgel [ˈkʌdʒəl] *n* nūja; runga

cue[a] [kjuː] **I** *n* **1.** teātr. replika; **2.** norādījums; mājiens; **II** *v*: to c. in – dot zīmi (mājienu)

cue[b] [kjuː] *n* **1.** (*matu*) pīne; **2.** (*biljarda*) kija; **3.** rinda

cuff[a] [kʌf] *n* aproce; piedurknes atloks

cuff[b] [kʌf] **I** *n* dunka; **II** *v* dunkāt

cufflink [ˈkʌfliŋk] *n* aproču poga

cuisine [kwiˈziːn] *n* kulinārija; French c. – franču virtuve

cul-de-sac [ˈkʌldəsæk] *n* **1.** aklā iela; **2.** (*arī pārn.*) strupceļš

culinary [ˈkʌlinəri] *a* **1.** kulinārs; virtuves-; **2.** vārāms (*par dārzeni*)

cull [kʌl] *v* **1.** atlasīt (*piem., ziedus*); **2.** izbrāķēt un nokaut (*mājdzīvnieku*); **3.** atšaut (*meža dzīvniekus*)

culminate [ˈkʌlmineit] *v* **1.** (*in*) sasniegt kulmināciju; **2.** astr. kulminēt

culmination [ˌkʌlmiˈneiʃn] *n* kulminācijas punkts; kulminācija

culpable [ˈkʌlpəbl] *a* vainīgs; sodāms

culprit [ˈkʌlprit] *n* apsūdzētais; vainīgais

cult [kʌlt] *n* kults

cultivate [ˈkʌltiveit] v 1. kultivēt; apstrādāt (*augsni*); 2. attīstīt (*piem., spējas*)
cultivation [ˌkʌltiˈveiʃn] n 1. kultivēšana; kultivācija; 2. augsnes apstrāde; c. area – sējas platība; 3. (*spēju u. tml.*) attīstība
cultivator [ˈkʌltiveitə] n 1. zemkopis; 2. *lauks.* kultivators
cultural [ˈkʌltʃrəl] a kultūras-; kulturāls
culture [ˈkʌltʃə] n 1. kultūra; 2. agrotehnika
cultured [ˈkʌltʃəd] a 1. kulturāls; izglītots; 2. kultivēts
culvert [ˈkʌlvət] n 1. kanalizācijas caurule; 2. gāzes vads
cumber [ˈkʌmbə] v 1. apgrūtināt; 2. aizsprostot (*ceļu*); traucēt (*satiksmi*)
cumbersome [ˈkʌmbəsəm] a apgrūtinošs, traucējošs
cum[m]in [ˈkʌmin] n ķimenes
cumulative [ˈkjuːmjʊlətiv] a kopīgs; c. evidence *jur.* – pierādījumu kopums
cumulus [ˈkjuːmjʊləs] n (*pl* cumuli [ˈkjuːmjʊlai]) gubu mākoņi
cunning [ˈkʌniŋ] I n viltība; II a 1. viltīgs; 2. *amer.* pievilcīgs
cup [kʌp] I n 1. tase; 2. kauss; challenge c. – ceļojošais kauss; c. game – kausa izcīņa; 3. pokāls; 4. *med.* banka; 5. *tehn.* apvalks; cilindrs; II v 1. salikt plaukstas (*piem., lai saķertu bumbu*); 2. *med.* uzlikt bankas
cupboard [ˈkʌbəd] n trauku skapis; bufete
cupful [ˈkʌpfʊl] n 1. pilna tase; 2. pilns kauss
cupidity [kjʊˈpidəti] n alkatība
cupola [ˈkjuːpələ] n kupols
cupping-glass [ˈkʌpiŋglɑːs] n *med.* banka

cupro-nickel [ˌkjuːprəʊˈnikl] n melhiors
cur [kɜː] n 1. krancis; pluškis; 2. nelietis; ģļēvulis
curable [ˈkjʊərəbl] a ārstējams; izdziedināms
curacy [ˈkjʊərəsi] n 1. palīgmācītāja amats; 2. draudze
curate [ˈkjʊərət] n vikārs, mācītāja palīgs
curative [ˈkjʊərətiv] I n dziedinošs līdzeklis; II a dziedinošs; dzieniecisks; c. springs – dzienieciskie avoti
curator [ˌkjʊəˈreitə] n (*muzeja, bibliotēkas*) pārzinis
curb [kɜːb] I n 1. (*zirga*) laužņi; 2. (*arī pārn.*) iegrožošana; II v (*arī pārn.*) iegrožot
curbstone [ˈkɜːbstəʊn] n ietves mala
curd [kɜːd] n (*parasti pl*) sakupis piens; biezpiens
curdle [ˈkɜːdl] v 1. sakupt (*par pienu*); 2. sastingt (*šausmās*)
cure [kjʊə] I n 1. ārstniecisks līdzeklis; c. for headaches – līdzeklis pret galvassāpēm; 2. līdzeklis (*pret morāliem, sociāliem ļaunumiem*); 3. ārstēšana; ārstniecisks kurss; 4. *tehn.* vulkanizācija; II v 1. (*of*) [iz]ārstēt; 2. novērst (*piem., bezdarbu*); 3. (*par gaļu, zivīm u. tml.*) konservēt (*žāvējot, iesālot*); 4. *tehn.* vulkanizēt
cure-all [ˈkjʊərɔːl] n panaceja, universāllīdzeklis
curfew [ˈkɜːfjuː] n komandantstunda
curio [ˈkjʊəriəʊ] n mākslas retums
curiosity [ˌkjʊəriˈɒsəti] n 1. ziņkārība; 2. zinātkāre; 3. dīvainība; 4. rets priekšmets
curious [ˈkjʊəriəs] a 1. ziņkārīgs; 2. zinātkārs; 3. dīvains; 4. interesants; neparasts

curl [kɜ:l] **I** *n* **1.** sproga; cirta; **2.** spirāle; **II** *v* **1.** sasprogot; **2.** sprogoties; **3.** vīties (*par ceļu, taku*); **4.** viļņoties (*par ūdens virsmu*); ◻ to c. **up** – 1) saritināt; 2) saritināties; 3) sabrukt, saļimt
curler [ˈkɜːlə] *n* matu rullītis
curlicue [ˈkɜːlikjuː] *n* ritulis
curly [ˈkɜːli] *v* **1.** sprogains; **2.** izliekts
currant [ˈkʌrənt] *n* **1.** korinte; **2.**: red c. – jāņoga; black c. – upene
currency [ˈkʌrənsi] *n* **1.** izplatība; sastopamība; **2.** naudas apgrozība; **3.** nauda; valūta; hard c. – 1) metāla nauda; 2) skaidra nauda; soft c. – papīra nauda
current [ˈkʌrənt] **I** *n* **1.** straume; **2.** (*notikumu u. tml.*) gaita; **3.** *el.* strāva; alternating c. – maiņstrāva; direct c. – līdzstrāva; **II** *a* **1.** apgrozībā esošs; vispārizplatīts; to pass (go, run) c. – būt izplatītam; **2.** pašreizējs (*par laiku, notikumu*)
curricula *sk.* **curriculum**
curriculum [kəˈrikjʊləm] *n* (*pl* curricula [kəˈrikjʊlə]) **1.** mācību plāns; mācību programma (*augstākā mācību iestādē*); **2.**: c. vitae [ˈviːtai] – autobiogrāfija
currish [ˈkɜːriʃ] *a* ķildīgs; nelietīgs
curryᵃ [ˈkʌri] **I** *n* **1.** karijs (*garšviela*); **2.** ar kariju aizdarīts ēdiens; **II** *v* aizdarīt ēdienu ar kariju
curryᵇ [ˈkʌri] *v* **1.** sukāt (*zirgu*); **2.** ģērēt (*ādu*)
currycomb [ˈkʌrikəʊm] *n* skrāpis
curse [kɜːs] **I** *n* **1.** lādēšanās; lamāšanās; **2.** lāsts; **3.** posts; **II** *v* **1.** nolādēt; **2.** lādēties; lamāties
cursed [ˈkɜːsid] *a* **1.** nolādēts; **2.** nejauks; sasodīts

cursory [ˈkɜːsəri] *a* steidzīgs; paviršs
curt [kɜːt] *a* **1.** koncentrēts (*par stilu*); **2.** strups, aprauts (*par atbildi*)
curtail [kɜːˈteil] *v* **1.** samazināt; apcirpt; **2.** saīsināt (*piem., runu*)
curtain [ˈkɜːtn] **I** *n* **1.** aizkars; **2.** (*skatuves*) priekškars; **3.** *mil.* aizsegs; **II** *v* aizsegt ar aizkaru; ◻ to c. **off** – nodalīt ar aizkaru
curtain-fire [ˈkɜːtnˌfaiə] *n mil.* uguns aizsegs
curtain-up [ˈkɜːtnʌp] *n teātr.* izrādes sākums; priekškara pacelšana
curts[e]y [ˈkɜːtsi] **I** *n* reveranss; to drop a c. – 1) taisīt reveransu; 2) kniksēt; **II** *v* **1.** taisīt reveransu; **2.** kniksēt
curvature [ˈkɜːvətʃə] *n* izliekums
curve [kɜːv] **I** *n* **1.** līkne; līka līnija; **2.** (*ceļa, upes*) līkums; **3.** izliekums; **4.** grafiks; **II** *v* **1.** izliekt; **2.** izliekties; **3.** mest līkumu (*par ceļu, upi*)
cushion [ˈkʊʃn] **I** *n* **1.** (*dīvāna*) spilvens; **2.** polsterējums; **3.** *tehn.* starplika; blīve; **II** *v* **1.** aplikt ar spilveniem; **2.** polsterēt; **3.** noklusēt
cushy [ˈkʊʃi] *a sl.* viegls; izdevīgs (*par darbu*); c. job – silta vietiņa
cusp [kʌsp] *n.* **1.** (*zoba*) asā šķautne; **2.** mēness rags; **3.** (*divu līkņu*) saskares punkts
cuspid [ˈkʌspid] *n anat.* acu zobs
custard [ˈkʌstəd] *n kul.* olu krēms
custodian [kʌˈstəʊdiən] *n* **1.** muzeja uzraugs; **2.** aizbildnis
custody [ˈkʌstədi] *n* **1.** aizbildniecība; uzraudzība; to be in the c. of smb. – atrasties kāda aizbildniecībā; **2.** arests; ieslodzījums
custom [ˈkʌstəm] *n* **1.** paraža; paradums; **2.** klientūra; pircēji; **3.**: ~s *pl* –

muitas nodoklis; muita; ~s declaration – muitas deklarācija; ~s duty – muitas nodoklis
customable [ˈkʌstəməbl] *a* muitojams
customary [ˈkʌstəmәri] *a* parasts, ierasts
customer [ˈkʌstəmə] *n* klients; pircējs
custom-house [ˈkʌstəmhaʊs] *n* muitnīca
cut [kʌt] **I** *n* **1.** grieziens; **2.** (*zobena, pātagas*) cirtiens; **3.** iegriezums; ievainojums; **4.** (*gaļas*) šķēle (atgriezums); **5.** (*vilnas*) cirpums; **6.** (*apģērba*) piegriezums; fasons; (*matu*) griezums; **7.** (*algas, cenu*) pazeminājums; **8.** (*štatu*) samazinājums; **9.** apvainojums; **10.** *tehn.* profils; šķēlums; **11.** *sp.* spēcīgs atsitiens; ◊ a c. above – galvas tiesu pārāks; **II** *a* griezts; **III** *v* (*p. un p.p.* cut [kʌt]) **1.** griezt; sagriezt; pārgriezt; to c. open – pāršķelt; to c. into pieces – sagriezt gabalos; **2.** (*at*) ievainot (*ar nazi, zobenu*); **3.** cirpt; pļaut; cirst; **4.** kalt (*akmeni*); slīpēt (*stiklu u. tml.*); **5.** piegriezt (*apģērbu*); **6.** pazemināt (*cenas u. tml.*); **7.** samazināt (*štatus*); **8.** aizskart; apvainot; **9.** saīsināt (*piem., grāmatu*); **10.** pārtraukt (*pazīšanos*), **11.** kavēt; neierasties; **12.** nākt; šķilties (*par zobiem*); ⬜ to c. **across** – 1) iet, šķērsot (*nepareizā vietā*); 2) būt pretrunā ar; to c. **back** – 1) apgriezt (*koku u. tml.*); 2) apcirpt; samazināt; to c. **down** – 1) nocirst; 2) notriekt gar zemi; 3) samazināt (*izdevumus*); 4) atteikties (*no*); to c. **in** – iejaukties; to c. **off** – 1) nogriezt; 2) pārtraukt (*elektrības*) piegādi; 3) pārtraukt (*telefona sarunu*); to c. **out** – 1) izgriezt; piegriezt (*piem., drānu*); 2) izbeigt; to c. **up** – 1) sagriezt; 2) sāpināt; satriekt;

cutback [ˈkʌtbæk] *n* **1.** (*ražošanas, štatu*) samazināšana; **2.** (*filmas*) atpakaļkadrs
cute [kjuːt] *a sar.* **1.** gudrs; apķērīgs; **2.** *amer.* pievilcīgs
cuticle [ˈkjuːtikl] *n biol.* kutikula
cutlery [ˈkʌtləri] *n* naži un dakšiņas; galda piederumi
cutlet [ˈkʌtlit] *n kul.* (*teļa, jēra*) sitenis
cut-off [ˈkʌtɒf] *n* **1.** atgriezums; **2.** īsākais ceļš; to make a c. – doties pa īsāko ceļu; **3.** *tehn.* padeves pārtraukšana
cut-out [ˈkʌtaʊt] *n* **1.** (*laikraksta u. tml.*) izgriezums; **2.** *el.* automātiskais izslēdzējs
cutter [ˈkʌtə] *n* **1.** griezējs; tailor's c. – piegriezējs; **2.** grieznis; **3.** *jūrn.* kuteris; **4.** *tehn.* frēze
cutting [ˈkʌtiŋ] **I** *n* **1.** griešana; **2.** ciršana; c. area – izcirtums; **3.** (*avīzes*) izgriezums; **4.** (*apģērba*) piegriezums; **5.** (*filmu*) montēšana; **6.** *pl* atgriezumi; **7.** *bot.* spraudenis; **II** *a* **1.** ass; griezīgs; **2.** dzelošs (*par vēju*); **3.** ass, dzēlīgs (*par piezīmi*)
cuttle fish [ˈkʌtlfiʃ] *n* tintes zivs, sēpija
cyanide [ˈsaiənaid] *n ķīm.* cianīds
cybernetics [ˌsaibəˈnetiks] *n* kibernētika
cyclamen [ˈsikləmən] *n* ciklamena, alpu vijolīte
cycle [ˈsaikl] **I** *n* **1.** cikls; **2.** cikliskums; **3.** *sar.* (*saīs. no* bicycle) velosipēds; motocikls; **II** *v* **1.** periodiski apgriezties; **2.** braukt ar velosipēdu
cycler [ˈsaiklə] *amer. sk.* **cyclist**
cyclic[al] [ˈsaiklik(l)] *a* ciklisks
cycling [ˈsaikliŋ] *n* riteņbraukšana
cyclist [ˈsaiklist] *n* (*saīs. no* bicyclist) riteņbraucējs
cyclone [ˈsaikləʊn] *n* ciklons

cyclopaedia [ˌsaikləʊ'pi:diə] *n* (*amer.* cyclopedia) enciklopēdija
cyclopaedic [ˌsaikləʊ'pi:dik] *a* enciklopēdisks
cygnet ['signit] *n* jauns gulbis
cylinder ['silində] *n* 1. *mat., tehn.* cilindrs; 2. *tehn.* veltnis
cylindrical [si'lindrikl] *a* cilindrisks
cymbals ['simblz] *n pl mūz.* šķīvji
cynic ['sinik] *n* ciniķis
cynical ['sinikl] *a* cinisks
cynosure ['sainəsjʊə] *n* 1. *astr.* Mazais Lācis (*zvaigznājs*); 2. *astr.* Polārzvaigzne; 3. (*uzmanības*) centrs
cypher ['saifə] *sk.* **cipher**
cypress ['saiprəs] *n* ciprese
cyst [sist] *n* 1. *biol.* pūlis; 2. *med.* cista
cytology [sai'tɒlədʒi] *n* citoloģija
czar [zɑ:] *n* cars
czarina [zɑ:'ri:nə] *n* cariene
Czech [tʃek] **I** *n* 1. čehs; čehiete; 2. čehu valoda; **II** *a* čehu-

Dd

D, d [di:] *n* 1. angļu alfabēta burts; 2. *mūz.* re; 3. (D) (*romiešu*) piecsimt; 4. kaut kas, kam ir burta D veids; D block *tehn.* – D [veida] bloks; 5. ballu skaits (*kas nepieciešams pārcelšanai nākamajā klasē, kursā*)
dab[a] [dæb] *n* bute
dab[b] [dæb] *n sar.* pazinējs; lietpratējs
dab[c] [dæb] **I** *n* 1. (*viegls*) piesitiens; pieskāriens; 2. traips; plankums; 3. *glezn.* (*otas*) triepiens; 4. *sar.* (*pirksta*) nospiedums; **II** *v* 1. (*arī* to d. at smth.) (*viegli*) pieskarties; 2. bakstīt; 3. notraipīt
dabble ['dæbl] *v* 1. apšļakstīt; 2. plunčāties; šļakstināties
dabbler ['dæblə] *n niev.* diletants
dabby ['dæbi] *a* mikls; lipīgs
dabchick ['dæbtʃik] *n ornit.* cekuldūkuris, baltkakla dūkuris
dabs [dæbs] *n* pirkstu nospiedumi; D. – Skotlendjarda daktiloskopijas nodaļa
dace [deis] *n* 1. rauda; 2. *sl.* divpensu (*divcentu*) monēta
dachshund ['dækshʊnd] *n* taksis, āpšu suns
dactyl ['dæktil] *n lit.* daktils
dad [dæd] *n* 1. *sar.* tētis; 2. *amer. sl.* Dievs
dad-blamed [dæd'bleimd] *a* (*arī* – d. blasted) nolādēts
daddy ['dædi] *n* 1. *sar.* tētiņš; 2. *sar.* lietpratējs; meistars
daddy-long-legs [ˌdædi'lɒŋlegz] *n* garkājis (*ods, zirneklis*)
daffodil ['dæfədil] *n* 1. dzeltenā narcise; 2. gaiši dzeltena krāsa
daft [dɑ:ft] *a* 1. vientiesīgs, muļķīgs; 2. dulls; traks
dag [dæg] *n* (*vilnas*) mudžeklis
dagger ['dægə] *n* duncis
dagwood ['dægwʊd] *n amer.* milzu sviestmaize
dahlia ['deiliə] *n bot.* dālija
Dail Eireann [ˌdɔil'eərən] *n* Īrijas Republikas parlamenta zemākā palāta
daily ['deili] **I** *n* 1. dienas avīze; 2. *sar.* apkopēja; **II** *a* [ik]dienas-; d. visit –

(*piem., ārsta*) ikdienas vizīte; **III** *adv* 1. ik dienas, katru dienu; 2. darbdienās
daint∥**y** ['deinti] **I** *n* 1. delikatese; gardums; 2.: ~ies *pl* – saldumi; kārumi; **II** *a* 1. glezns; smalks; vārs; 2. izvēlīgs; izsmalcināts; 3. gards
dairy ['deəri] *n* 1. piena ferma; 2. pienotava; 3. piena veikals (*fermā*)
dairymaid ['deərimeid] *n* 1. lopu kopēja; 2. pienotavas (piena fermas) strādniece; 3. piena produktu pārdevēja
dairyman ['deərimən] *n* 1. pienotavas (piena fermas) īpašnieks; 2. pienotavas (piena fermas) strādnieks; 3. piena produktu pārdevējs
dais ['deiis] *n* podests
daisy ['deizi] *n* margrietiņa, pīpene; Christmas d. – astere; Michaelmas d. – mārtiņroze
dale [deil] *n* 1. *poēt.* ieleja; up hill and down d. – pa kalniem un [pa] lejām; 2. noteka
dalesman ['deilzmən] *n* ielejas iedzīvotājs (*sev. Anglijas ziemeļos*)
dally ['dæli] *v* 1. uzjautrināties; niekoties; 2. flirtēt, koķetēt; 3. nosist laiku; ◊ to d. away – 1) velti šķiest (*laiku*); 2) palaist garām (*iespēju*); to d. off – izvairīties
damᵃ [dæm] **I** *n* 1. dambis; aizsprosts; mols; 2. aizdambējuma ūdens; **II** *v* aizdambēt; aizsprostot; ◊ to d. up – apvaldīt; to d. up one's feelings – apvaldīt savas jūtas
damᵇ [dæm] *n* (*dzīvnieku*) mātīte
damage ['dæmidʒ] **I** *n* 1. bojājums; postījums; 2. *tehn.* defekts (bojājums); 3. *sar.* maksa; izdevumi; 4. *pl jur.* kompensācija par zaudējumiem; **II** *v* 1. sabojāt; sasist; sapostīt; 2. radīt zaudējumus; 3. *pārn.* diskreditēt; nomelnot
damascene ['dæməsi:n] *n* būka, mazā plūme
damewort ['deimwɜ:t] *n* naktsvijole
damn [dæm] **I** *n* 1. lāsts; 2. lamuvārds; **II** *v* 1. nolādēt; 2. lādēties; 3. nosodīt; nopelt
damnation [dæm'neiʃn] **I** *n* 1. nolādējums; lāsts; 2. iznīcinošs spriedums; 3. nopelšana; nokritizēšana; (*lugas u. tml.*) izsvilpšana; **II** sasodīts!, nolāpīts!
damned [dæmd] **I** *a* 1. nolādēts; 2. *sar.* sasodīts; velnišķīgs; **II** *adv sar.* sasodīti; velnišķīgi
damosel ['dæməʊzel] *n poēt.* jaunava; the Blessed D. – svētā jaunava
damp [dæmp] **I** *n* 1. mitrums, drēgnums; 2. *pārn.* grūtsirdība; nomāktība; **II** *a* mitrs, drēgns; **III** *v* 1. samitrināt; 2. apslāpēt (*skaņu*); 3. *pārn.* atvēsināt (*sajūsmu*); ◊ to d. off – (*par augiem*) iet bojā no pārmērīga mitruma
damping ['dæmpiŋ] *n* 1. *tehn.* (*vibrāciju*) slāpēšana; 2. *rad.* (*skaņas*) izdzišana; 3. *tehn.* amortizācija
dampish ['dæmpiʃ] *a* pamitrs, pamikls; drēgns
dampness ['dæmpnis] *n* mitrums; valgums
damp-proof ['dæmppru:f] *a* mitrumu necaurlaidīgs
dance [dɑ:ns] **I** *n* 1. deja; 2. deju vakars; 3. deju mūzika; **II** *v* 1. dejot; 2. lēkāt; 3. (*par lapām*) griezties; virpuļot; 4. dancināt; ◊ to d. to smb's tune – dancot pēc kāda stabules
dancer ['dɑ:nsə] *n* dejotājs; dejotāja; ◊ merry ~s – kāvi, ziemeļblāzma
dancing ['dɑ:nsiŋ] *n* dejošana; dejas

dancing-party [ˈdɑːnsiŋˌpɑːti] *n* deju vakars
dandelion [ˈdændilaiən] *n* pienene
dandle [ˈdændl] *v* 1. šūpot; to d. a child in one's arms (lap) – ucināt rokās (*klēpī*) bērnu; 2. lutināt
dandruff [ˈdændrʌf] *n* blaugznas
dandy [ˈdændi] I *n* 1. dendijs; švīts; 2. *sar.* kaut kas lielisks; 3. divriteņu ķerra; II *a* 1. švītīgs; 2. *sar.* lielisks
Dane [dein] *n* 1. dānis; dāniete; 2. vācu dogs
danewort [ˈdeinwɜːt] *n* plūškoks, pliederis
danger [ˈdeindʒə] *n* 1. briesmas; he runs the d. (*of*) – viņam draud briesmas; in d. of one's life – dzīvības briesmās; out of d. – drošībā; 2. draudi; kaitīgums; ~s of smoking – smēķēšanas kaitīgums
danger light [ˈdeindʒəlait] *n* 1. briesmu signāls; 2. sarkana signāluguns
dangerous [ˈdeindʒərəs] *a* bīstams; d. to health – veselību apdraudošs
dangle [ˈdæŋgl] *v* 1. šūpoties (*brīvi karājoties*); 2. šūpot; 3. *pārn.* vilināt, kārdināt; ◊ to d. after (about) – lakstoties, skriet pakaļ; to d. around – slaistīties
dangler [ˈdæŋglə] *n* 1. slaists; 2. *amer. sl.* cirka mākslinieks (*uz trapeces*)
Danish [ˈdeiniʃ] I *n* dāņu valoda; II *a* 1. dāņu-; 2.: D. balance – bezmēns
dank [dæŋk] *a* (*par laiku*) mitrs; drēgns
dapper [ˈdæpə] *a* 1. uzposies; uzcirties; 2. kustīgs; nasks
dapple [ˈdæpl] I *a* raibs; plankumains; II *v* izraibināt; noklāt ar krāsu plankumiem
dapple-grey [ˌdæplˈgrei] *n* dābolains zirgs

dare [deə] I *n* izaicinājums; to take a d. – pieņemt izaicinājumu; II *mod. v* (*p.* dared, durst [deəd, dɜːst]; *p.p.* dared [deəd]; *tag. vsk. 3. pers.* dares *vai* dare) 1. uzdrīkstēties; 2. riskēt; 3. izaicināt
daredevil [ˈdeəˌdevl] *n* pārdrošnieks, pārgalvis
daring [ˈdeəriŋ] I *n* 1. bezbailība; drosme; 2. pārdrošība; II *a* 1. bezbailīgs; drosmīgs; 2. pārdrošs; 3. nekaunīgs; uzbāzīgs
dark [dɑːk] I *n* 1. tumsa; 2. neziņa; neskaidrība; 3. slepenība; 4. *glezn.* tumša krāsa; ēna; II *a* 1. tumšs; it is getting (growing) d. – satumst; 2. tumšmatains; 3. (*par nodomiem*) ļauns; netīrs; d. doings – tumši darbi; 4. slepens; neskaidrs; to keep smth. d. – turēt kaut ko slepenībā; 5. neizglītots; 6. drūms; bezcerīgs
Dark Ages [ˈdɑːkˌeidʒiz] *n* viduslaiki
darken [ˈdɑːkən] *v* 1. satumst; aptumšoties; 2. padarīt tumšu; aptumšot; 3. aptraipīt (*godu, slavu*); 4. nomākt
darkman [ˈdɑːkmən] *n sl.* naktssargs
darkness [ˈdɑːknəs] *n* 1. tumsa; 2. neziņa; gara tumsība; 3. bēdas; nelaime; posts; 4. neizprotamība, neskaidrība
darling [ˈdɑːliŋ] I *n* 1. mīļotais, dārgais; mīļotā, dārgā; 2. mīlulis; II *a* 1. mīļš, dārgs; 2. (*par vēlēšanos*) kvēls
darn [dɑːn] I *n* salāpīta vieta; lāpījums; II *v* lāpīt (*zeķes u. tml.*)
darnel [ˈdɑːnl] *n. bot.* airene
darner [ˈdɑːnə] *n* lāpāmadata
darning-needle [ˈdɑːniŋˌniːdl] *n* lāpāmadata
dart [dɑːt] I *n* 1. (*metamais*) šķēps; šaut-

ra; **2.** dzelonis; **3.** iešuve; **4.** zibenīga kustība; **II** *v* mest (*piem., sķēpu*); ◻ to d. down *av.* – pikēt; to d. on – mesties virsū; to d. out (forth) – izšauties; izskriet
dartre [ˈdɑːtə] *n med.* herpes
dash [dæʃ] **I** *n* **1.** mešanās, drāšanās (*uz priekšu*); **2.** rāviens; at one d. – vienā rāvienā; **3.** *sp.* izrāviens; **4.** (*ūdens*) šļaksti; **5.** spars; **6.** piejaukums; nokrāsa; **7.** domuzīme; svītra; ◇ at a d. – strauji, ātri; **II** *v* **1.** mest, sviest; **2.** mesties, drāzties; **3.** sagraut (*cerības, plānus u. tml.*); **4.** apšļākt (*ar ūdeni u. tml.*); **5.** sajaukt, piejaukt; **6.** (*arī* to d. off) uzmest, uzskicēt; **7.** pasvītrot; **8.** apmulsināt
dashing [ˈdæʃɪn] *a* **1.** straujš, dedzīgs; aizrautīgs; **2.** uzkrītošs; žilbinošs
dastard [ˈdæstəd] *n* ģļēvulis; nelietis
data *sk.* **datum**
data bank [ˈdeɪtəbæŋk] *n dat.* datu banka
data base [ˈdeɪtəbeɪs] *n dat.* datu bāze
data book [ˈdeɪtəbʊk] *n dat.* datu [uzziņu] grāmata
data centre [ˈdeɪtəˌsentə] *n dat.* datu centrs
data-in [ˈdeɪtəˌɪn] *n dat.* ieejas dati
datamation [ˌdeɪtəˈmeɪʃən] *n dat.* automātiskā datu apstrāde
data-out [ˈdeɪtəˌaʊt] *n dat.* izejas dati
dataphone [ˈdeɪtəfəʊn] *n dat.* datu pārraides aparāts
date[a] [deɪt] **I** *n* **1.** datums; d. of birth – dzimšanas datums; **2.** laikmets; periods; **3.** termiņš; to fix a d. – noteikt termiņu; **4.** *sar.* satikšanās; **II** *v* **1.** datēt; **2.** novecot; kļūt nemodernam; **3.** *sar.* norunāt satikšanos; ◻ to d. from (back) – attiecināt (*uz kādu laikmetu*)

date[b] [deɪt] *n* **1.** datele; **2.** dateļpalma
date-block [ˈdeɪtblɒk] *n* noplēšamais kalendārs
datebook [ˈdeɪtbʊk] *n amer.* galda (*vai* kabatas) kalendārs
dateless [ˈdeɪtləs] *a* **1.** bez datuma; **2.** bezgalīgs; mūžīgs; **3.** *amer. sar.* nelūgts
dation [ˈdeɪʃn] *n jur.* dāvinājuma akts
dative [ˈdeɪtɪv] *n gram.* datīvs
dator [ˈdeɪtə] *n dat.* dators
datum [ˈdeɪtəm] *n* (*pl* data [ˈdeɪtə]) **1.** fakts; **2.** *pl.* dati; informācija; raw d. – neapstrādātie dati; sampled d. – diskrētie (kodētie) dati; test d. – eksperimentālie dati; **3.** *mat.* dotais lielums; **4.** bāze
datura [dəˈtjʊərə] *n bot.* velnābols
daub [dɔːb] **I** *n* **1.** māla java; **2.** apmetums; **3.** slikta glezna; **II** *v* **1.** notriept, noziest; notašķīt; **2.** apmest; **3.** mālēt; pindzelēt
dauby [ˈdɔːbɪ] *a* **1.** nemākulīgi uzgleznots; **2.** lipīgs
daughter [ˈdɔːtə] *n* meita
daughter-in-law [ˈdɔːtərɪnlɔː] *n* (*pl* daughters-in-law [ˈdɔːtəzɪnlɔː]) vedekla
daughter-language [ˈdɔːtəˌlæŋgwɪdʒ] *n* radnieciska valoda
daunt [dɔːnt] *v* iebiedēt, iebaidīt; nothing ~ed – neapmulsis
dauntless [ˈdɔːntləs] *a* bezbailīgs, drošs
davenport [ˈdævnpɔːt] *n* **1.** sekretārs (*rakstāmgalds*); **2.** *amer.* neliels dīvāns (*ar atzveltni un roku balstiem*)
daw [dɔː] *n* kovārnis
dawdle [ˈdɔːdl] **I** *n* **1.** slaists, dīkdienis; **2.** slaistīšanās; **II** *v* slaistīties; to d. away time – nosist laiku
dawn [dɔːn] **I** *n* **1.** rītablāzma; at d. – rītausmā; **2.** sākums; sākotne; pirm-

sākumi; ◇ d. grey – sudrabots; **II** *v* **1.** (*par gaismu*) aust; **2.** *pārn.* (*upon*) ataust; **3.** (*par talantu u. tml.*) parādīties; pamosties

day [dei] *n* **1.** diena; all d. [long] – visu dienu, augu dienu; by d. – dienā, pa dienu; d. after d., d. in, d. out – diendienā (*pastāvīgi*); d. after tomorrow – parīt; d. before yesterday – aizvakar; the other d. – nesen; red-letter d. – 1) svinamā diena; 2) laimīga diena; **2.** darba diena; d. off – brīvdiena; **3.** laika posms; periods; **4.** mūžs; in one's early ~s – jaunības dienās; **5.** diennakts (*24 stundas*)

day-bed ['deibed] *n* kušete
daybill ['deibil] *n* afiša
day-book ['deibʊk] *n grāmatv.* norēķinu grāmata
daybreak ['deibreik] *n* rītausma
day camp ['deikæmp] *n* bērnudārzs
day-care ['deikeə] *n* bērnu aprūpe (*vecāku darbalaikā*)
day-dream ['deidri:m] **I** *n* **1.** sapnis; fantāzija; **2.** *pl* gaisa pilis; **II** *v* sapņot; celt gaisa pilis
day-dreamer ['dei‚dri:mə] *n* sapņotājs; fantazētājs
day-fly ['deiflai] *n* viendienīte
daylight ['deilait] *n* **1.** dienas gaisma; in open d. – 1) gaišā dienas laikā; 2) *pārn.* atklāti; **2.** rītausma
daylight-saving ['deilait‚seiviŋ] *n* pāreja uz vasaras laiku
day-nursery ['dei‚nɜ:səri] *n* mazbērnu novietne
daystar ['deistɑ:] *n* **1.** rītazvaigzne; **2.** *poēt.* saule
day-to-day [‚deitə'dei] *a* ikdienas-; dienišķs
daywork ['deiwɜ:k] *n* **1.** dienas darbs; **2.** dienas izstrāde

daze [deiz] **I** *n* apmulsums; apstulbums; **II** *v* apmulsināt; apstulbināt
dazzle ['dæzl] **I** *n* **1.** apžilbināšana; **2.** žilbinoša gaisma; d. lamps (lights) – (*automobiļa*) starmeši; **II** *v* **1.** apžilbināt; **2.** apžilbt; **3.** apmulsināt
deacon ['di:kən] **I** *n* diakons; **II** *v* skandēt psalmus (*baznīcā*)
deaconess ['di:kənəs] *n* diakone
dead [ded] **I** *n* **1.** mirušais; mirušie; the Glorious d. – [karā] kritušie; **2.** klusais laiks; in the d. of winter – dziļā ziemā; **II** *a* **1.** miris; beigts; d. language – mirusi valoda; d. nut – tukšs rieksts; to be d. with hunger – vai mirt no izsalkuma; **2.** kluss; nekustīgs; d. hours – nakts stundas; d. silence – nāves klusums; d. water – stāvošs ūdens; **3.** (*par krāsu*) blāvs; nespodrs; **4.** (*par skaņu u. tml.*) drūms; monotons; **5.** *sp.* izslēgts no spēles; **6.** kaut kas no ierindas izgājis; d. motor – noslāpis motors; d. time – 1) dīkstāve; 2) laika kavējums; **7.** pilnīgs; d. calm – pilnīgs klusums; **III** *adv* pilnīgi; pavisam
deaden ['dedn] *v* **1.** padarīt nejutīgu; **2.** kļūt nejutīgam; **3.** nomērdēt (*piem., nervu*); to d. the pain – mazināt sāpes; **4.** apslāpēt (*skaņu*); **5.** padarīt nespodru
dead end [‚ded'end] *n* **1.** aklā iela; **2.** *pārn.* strupceļš
deadfall ['dedfɔ:l] *n amer.* **1.** slazds, lamatas; **2.** vējgāze; **3.** *sl.* naktsklubs
dead head ['dedhed] *n* **1.** bezbiļetnieks (*teātrī, satiksmes līdzeklī*); **2.** vājas gribas cilvēks
dead-house ['dedhaʊs] *n* kapliča; morgs
dead-letter [‚ded'letə] *n* **1.** vēstule bez adresāta; **2.** spēkā neesošs likums

dead-level [ˌdedˈlevl] *n* **1.** gluda virsa; līdzenums; **2.** *pārn.* vienveidība
deadline [ˈdedlain] *n* **1.** aizliegtā zona; **2.** pēdējais [izpildes] termiņš
deadlock [ˈdedlɒk] *n* bezizejas stāvoklis; strupceļš
deadly [ˈdedli] **I** *a* **1.** nāvīgs; nāvējošs; d. struggle – cīņa uz dzīvību un nāvi; **2.** nāves-; briesmīgs; ārkārtīgs; d. sin – nāves grēks; **II** *adv* **1.** nāvīgi; d. pale – bāls kā nāve; **2.** *sar.* briesmīgi; ārkārtīgi
deadly nightshade [ˌdedliˈnaitʃeid] *n bot.* beladonna
dead meat [ˈdedmi:t] *n sl.* līķis
dead-nettle [ˈdedˌnetl] *n bot.* baltā nātre
dead number [ˈdedˌnʌmbə] *n sl.* **1.** pēdējais numurs (*rindas kārtībā*); **2.** pēdējā māja (*ielā*)
dead-short [ˌdedˈʃɔ:t] *n el.* īssavienojums
dead-shot [ˌdedˈʃɒt] *n* nekļūdīgs šāvējs; snaiperis
dead-start [ˌdedˈsta:t] *n sp.* starts no vietas
dead-wind [ˌdedˈwind] *n* pretvējš
dead-wood [ˈdedwʊd] *n* nokaltis koks
deaf [def] *a* kurls; nedzirdīgs
deaf-aid [ˈdefeid] *n* dzirdes aparāts
deaf-and-dumb [ˌdefənˈdʌm] *a* kurlmēms
deafen [ˈdefn] *v* **1.** padarīt kurlu; **2.** (*par troksni*) apdullināt; **3.** apslāpēt (*skaņu*)
deafening [ˈdefniŋ] **I** *n* skaņu izolējošs materiāls; **II** *a* (*par troksni*) apdullinošs
deaf-mute [ˌdefˈmju:t] **I** *n* kurlmēmais; **II** *a* kurlmēms
deafness [ˈdefnəs] *n* kurlums
deal[a] [di:l] **I** *n* daudzums; great (good) d. of – [ļoti, krietni] daudz; **II** *adv* daudz

deal[b] [di:l] **I** *n* **1.** izsniegšana; izdalīšana; **2.** (*veikalniecisks*) darījums; vienošanās; **3.** rīcība; **4.** *pol.* valdības kurss; **5.** *amer.* mahinācija; spekulācija; **II** *v* (*p. un p.p.* dealt [delt]) **1.** izsniegt; izdalīt; **2.** (*in*) tirgoties (*ar*); spekulēt; **3.** (*at, with*) iepirkties (*zināmā veikalā*); **4.** slēgt (*darījumu*); **5.** (*with*) aplūkot; izšķirt (*jautājumu*); **6.** (*with*) izturēties; **7.** (*with*) rīkoties; spert soļus
deal[c] [di:l] **I** *n* (*priedes, egles*) koks; planka; **II** *a* priedes koka-; d. table – priedes koka galds
dealer [ˈdi:lə] *n* tirgotājs; uzpircējs
dealing [ˈdi:liŋ] *n* **1.** rīcība; izturēšanās; fair d. – godīga izturēšanās; straight d. – atklāta izturēšanās; underhand d. – negodīga rīcība; **2.**: ~s *pl* – 1) darīšanas; 2) (*tirdznieciski*) darījumi
dean[a] [di:n] *n* **1.** (*fakultātes*) dekāns; d.'s office – dekanāts; **2.** (*diplomātiskā korpusa*) vecākais; **3.** (*baznīcas*) dekāns (*augstāks garīdznieks*)
dean[b] [di:n] *n* ieleja
dear [diə] **I** *n* **1.** dārgais, mīļotais; dārgā, mīļotā; **2.** *sar.* jauks (mīļš) cilvēks; **II** *a* **1.** dārgs, mīļš; D. Sir – cienītais kungs (*uzruna vēstulē*); **2.** dārgs; vērtīgs; **III** *adv* dārgi; to pay d. – dārgi samaksāt; **IV**: oh d.!, d. me! – ak vai!
dearly [ˈdiəli] *adv* **1.** sirsnīgi; to love d. – sirsnīgi mīlēt; **2.** dārgi
dearth [dɜ:θ] *n* **1.** trūkums; **2.** bads
death [deθ] *n* **1.** nāve; natural d. – dabiska nāve; violent d. – varmācīga nāve; tired to d. – noguris līdz nāvei; **2.** *pārn.* beigas; gals; the d. of one's hopes – cerību gals; **3.**: the Black d. *vēst.* – mēris (*viduslaiku Eiropā*)

deathbell [′deθbel] *n* kapu zvans
death-blow [′deθbləʊ] *n* liktenīgs trieciens
death-cup [′deθkʌp] *n* mušmire
death-duty [′deθ͵djuːti] *n* mantojuma nodoklis
deathly [′deθli] **I** *n* **1.** nāves-; d. stillness – kapa klusums; **2.** liktenīgs; d. blow – liktenīgs trieciens; **II** *adv* liktenīgi; d. sick – uz nāvi slims; d. pale – bāls kā nāve
death-rate [′deθreit] *n* mirstība; mirstības procents
debacle [dei′bɑːkl] *n* **1.** ledus sakustēšanās (*upē*); **2.** plūdi; **3.** sagrāve; sabrukums
debar [di′bɑː] *v* nepielaist; izslēgt; atņemt tiesības
debarkation [͵dibɑː′keiʃn] *n* **1.** (*kuģa kravas*) izkraušana; **2.** izcelšanās (*krastā*)
debase [di′beis] *v* **1.** sabojāt; pasliktināt; **2.** pazemot; **3.** pazemināt (*vērtību*); **4.** viltot (*naudu*)
debatable [di′beitəbl] *a* debatējams; apstrīdams; strīdā-
debate [di′beit] **I** *n* debates; pārrunas; diskusija; beyond d. – neapstrīdams; to open the d. – atklāt debates; **II** *v* **1.** debatēt, pārrunāt; diskutēt; **2.** apsvērt; pārdomāt
debauch [di′bɔːtʃ] **I** *n* **1.** uzdzīve; dzīres; **2.** izvirtība; **II** *v* **1.** pavest; pavedināt; **2.** sabojāt (*gaumi u. tml.*)
debauchery [di′bɔːtʃəri] *n* **1.** uzdzīve; plītēšana; **2.** izlaidība; izvirtība
debenture [di′bentʃə] *n* **1.** parādzīme; **2.** obligācija; paja; d. bond – vērtspapīrs
debit [′debit] *grāmatv.* **I** *n* debets; to put to the d. – ierakstīt debetā; **II** *v* ierakstīt debetā

debonair [͵debə′neə] *a* **1.** labsirdīgs; laipns; **2.** jautrs; dzīvespriecīgs
debouchment [di′baʊtʃmənt] *n* (*upes*) ieteka, grīva
debris [′debriː] *n* **1.** drupas; gruveši; **2.** būvgruži
debt [det] *n* parāds
debtor [′detə] *n* **1.** parādnieks; debitors; **2.** *grāmatv.* debets
debunk [͵diː′bʌŋk] *v sar.* atmaskot (*krāpšanu, melus*)
debut [′deibjuː] *n* debija
debutant [′deibjuːtɑːŋ] *n* debitants
decade [′dekeid] *n* **1.** desmits; **2.** desmitgade
decadence [′dekədəns] *n* **1.** pagrimums; **2.** (*mākslā*) dekadence
decant [di′kænt] *v* noliet
decanter [di′kæntə] *n* karafe
decathlon [di′kæθlɒn] *n sp.* desmitcīņa
decay [di′kei] **I** *n* **1.** pūšana; trūdēšana; **2.** sagrūšana; **3.** pagrimums; (*valsts, ģimenes*) sairšana; **4.** sirgšana; vārgšana; **II** *v* **1.** pūt; trūdēt; **2.** (*par ēku*) sabrukt (*puves dēļ*); **3.** (*par valsti, ģimeni*) sairt; **4.** sirgt, vārgt
decease [di′siːs] **I** *n* nāve; **II** *v* [no]mirt
deceased [di′siːst] **I** *n* : the d. – mirušais, nelaiķis; **II** *a* miris
deceit [di′siːt] *n* **1.** krāpšana; **2.** viltus; viltība
deceitful [di′siːtfʊl] *a* **1.** mānīgs; maldinošs; **2.** melīgs; nodevīgs
deceivable [di′siːvəbl] *a* lētticīgs
deceive [di′siːv] *v* krāpt; maldināt
deceiver [di′siːvə] *n* krāpnieks, viltnieks
decelerator [͵diː′seləreitə] *n* bremze
December [di′sembə] *n* decembris
decency [′diːsnsi] *n* **1.** pieklājība; in common d. – aiz pieklājības; **2.** *pl* pieklājības normas; **3.** *sar.* laipnība

decennary [di'senəri] **I** *n* desmit gadi; gadu desmits; **II** *a* (*par laika periodu*) desmitgadīgs; desmitgadu-
decent ['di:snt] *a* **1.** pieklājīgs; **2.** piedienīgs; atbilstošs; **3.** *sar.* diezgan labs; apmierinošs
decentralize [di:'sentrəlaiz] *v* decentralizēt
deception [di'sepʃn] *n* krāpšana; blēdība; maldināšana
deceptive [di'septiv] *a* maldinošs
decide [di'said] *v* **1.** izlemt; izšķirt; **2.** (*on*) izšķirties (*par*); nolemt; that ~s me! – nolemts!
decided [di'saidid] *a* **1.** izlemts; neapstrīdams; **2.** (*par cilvēku, raksturu*) apņēmīgs; noteikts
decidedly [di'saididli] *adv* **1.** neapšaubāmi; noteikti; d. better – noteikti labāks; **2.** apņēmīgi
decimal ['desiml] **I** *n mat.* decimāldaļskaitlis; **II** *a* decimāls
decimate ['desimeit] *v* masveidā iznīcināt
decimetre ['desi,mi:tə] *n* decimetrs
decipher [di'saifə] *v* atšifrēt; salasīt (*neskaidru rakstu*)
decision [di'siʒn] *n* **1.** lēmums; apņemšanās; **2.** apņēmība; noteiktība; **3.** *jur.* spriedums
decisive [di'saisiv] *a* **1.** izšķirošs, izšķīrējs; **2.** (*par cilvēku, raksturu*) apņēmīgs; izlēmīgs
deck [dek] **I** *n* **1.** (*kuģa*) klājs; orlop d. – apakšējais klājs; promenade d. – augšējais klājs; **2.** (*divstāvu autobusa*) grīda; **3.** vagona jumts; **II** *v* (*with, out, in*) izgreznot (*ar*)
deckchair ['dektʃeə] *n* guļamkrēsls (*uz kuģa klāja*)
deckhand ['dekhænd] *n* **1.** matrozis; **2.** *pl* klāja komanda

declaim [di'kleim] *v* **1.** deklamēt (*dzeju*); skandēt; **2.** svinīgi runāt; ⬜ to d. against – protestēt
declarable [di'kleərəbl] *a* apliekams ar nodokli; muitojams
declaration [,deklə'reiʃn] *n* **1.** paziņojums; deklarācija; **2.** *jur.* prasība
declarative [di'klærətiv] *a* deklaratīvs; d. sentence *gram.* – stāstījuma teikums
declaratory [di'klærətəri] *a* **1.** deklaratīvs; **2.** paskaidrojošs
declare [di'kleə] *v* **1.** paziņot; deklarēt; to d. the results – paziņot rezultātus; **2.** pieteikt; to d. war (*on, upon*) – pieteikt karu; **3.** atzīt; **4.** atzīties; **5.** (*against, for*) izteikties (*par, pret*); **6.** uzrādīt (*muitojamās preces*); I have nothing to d. – man nav nekā muitojama; ⬜ to d. off – atteikties
declension [di'klenʃn] *n* **1.** novirzīšanās; **2.** pagrimums; panīkums; **3.** *gram.* deklinācija, locīšana
declinable [di'klainəbl] *a gram.* deklinējams, lokāms
declination [,dekli'neiʃn] *n* **1.** novirzīšanās; **2.** *astr.* deklinācija; **3.** *gram.* deklinācija, locīšana
decline [di'klain] **I** *n* **1.** slīpums; nogāze; **2.** pagrimums, panīkums; **3.** (*veselības stāvokļa*) pasliktināšanās; to fall into d. – zaudēt spēkus; **4.** (*cenu*) pazemināšanās; pazeminājums; **5.** (*dzīves*) novakare; **II** *v* **1.** noliekties; **2.** noliekt; **3.** pagrimt; panīkt; **4.** kristies; mazināties; **5.** (*par veselības stāvokli*) pasliktināties; **6.** iet uz beigām; **7.** atteikties; **8.** *gram.* deklinēt, locīt
declivity [di'klivəti] *n* nogāze
declivous [di'klaivəs] *a* slīps

decode [di:'kəʊd] *v* atšifrēt
decolourize [di:'kʌləraiz] *v* balināt
decompose [ˌdi:kəm'pəʊz] *v* 1. sadalīt (*sastāvdaļās*); 2. *fiz*., *ķīm*. sadalīties; sairt; 3. pūt; trūdēt
decompress [ˌdi:kəm'pres] *v* mazināt spiedienu
decontaminate [ˌdi:kən'tæmineit] *v* 1. attīrīt; 2. degazēt
decontrol [ˌdi:kən'trəʊl] I *n* kontroles atcelšana; II *v* atcelt kontroli
decorate ['dekəreit] *v* 1. dekorēt; izgreznot; 2. nokrāsot (*sienas*); iztapsēt; 3. apbalvot (*ar ordeni*)
decoration [ˌdekə'reiʃn] *n* 1. dekorēšana; izgreznošana; 2. dekorācija, rotājums; 3. (*ēkas*) apdare; 4. ordenis; godazīme
decorator ['dekəreitə] *n* 1. (*iekštelpu*) dekorators; 2. krāsotājs; tapsētājs
decorous ['dekərəs] *a* pieklājīgs, piedienīgs
decorticate [di'kɔ:tikeit] *v* nomizot; izlobīt
decorum [di'kɔ:rəm] *n* (*pl* decora [di'kɔ:rə]) pieklājība; etiķete
decrease I *n* ['di:kri:s] 1. samazināšanās; lejupslīde; 2. (*Mēness*) dilšana; II *v* [di:'kri:s] 1. samazināt; 2. mazināties; kristies; 3. (*par Mēnesi*) dilt
decree [di'kri:] I *n* 1. dekrēts; to pass (issue) a d. – izdot dekrētu; 2. (*tiesas*) spriedums; II *v* izdot dekrētu
decrement ['dekrimənt] *n* mazināšanās
decrepit [di'krepit] *a* 1. vārgs; nevarīgs (*aiz vecuma nespēka*); 2. ļodzīgs; sagrabējis
decrepitation [diˌkrepi'teiʃn] *n* sprakšķēšana; sprēgāšana
decrepitude [di'krepitju:d] *n* vecuma nespēks
decry [di'krai] *v* nopelt; nosodīt
decrypt [ˌdi:'kript] *v* atšifrēt

decuman ['dekjʊmən] *a* milzīgs; spēcīgs; d. wave – devītais vilnis
decumbent [di'kʌmbənt] *a* (*par augu*) ložņājošs
dedicate ['dedikeit] *v* 1. (*to*) veltīt; novēlēt; to d. oneself (*to*) – nodoties; 2. *amer*. svinīgi atklāt
dedicated ['dedikeitid] *a* 1. (*idejai, pienākumam*) uzticīgs; pārliecināts; 2. aizrautīgs
dedicatee [ˌdedikə'ti:] *n* cilvēks, kuram kaut kas veltīts
deduce [di'dju:s] *v* 1. deducēt, secināt; 2. izpētīt (*izcelšanos u. tml.*)
deduct [di'dʌkt] *v* atvilkt; atskaitīt
deduction [di'dʌkʃn] *n* 1. atvilkšana; atskaitīšana; 2. atvilkums; ~s from pay – atvilkums no algas; 3. atlaide; 4. dedukcija; slēdziens
deductive [di'dʌktiv] *a* deduktīvs
deed [di:d] *n* 1. darbība; rīcība; 2. varoņdarbs; 3. *jur*. dokuments, akts
deejay ['di:dʒei] *n sar*. dīdžejs
deem [di:m] I *n* uzskats; domas; II *v* uzskatīt
deep [di:p] I *n* 1. dziļa vieta; 2. bezdibenis; II *a* 1. dziļš; 2. dziļš; nopietns; d. knowledge – dziļas zināšanas; 3. (*par krāsu*) tumšs; piesātināts; 4. (*par skaņu, balsi*) zems; 5. nogrimis (*darbā u. tml.*); ◇ in d. water[s] – ķezā; III *adv* 1. dziļi; d. into the night – līdz vēlai naktij; 2. stipri; ļoti; ◇ still waters run d. – klusie ūdeņi ir dziļi
deepen ['di:pən] *v* 1. padziļināt; 2. pastiprināt; 3. piesātināt (*krāsu*); 4. (*par skaņu, balsi*) pazemināties; 5. padziļināties; 6. pastiprināties
deep-freeze [ˌdi:p'fri:z] I *n* saldētājskapis; II *v* sasaldēt (*produktus*)

deepfried [ˌdiːpˈfraid] *a* sacepts
deep-read [ˌdiːpˈred] *a* daudz lasījis
deep-rooted [ˌdiːpˈruːtid] *a* dziļi iesakņojies
deep-sea [ˌdiːpˈsiː] *n* atklāta jūra, selga
deer [diə] *n* (*pl* deer [diə]) briedis
deerhound [ˈdiəhaʊnd] *n* kurts
deerskin [ˈdiəskin] *n* 1. briežāda; 2. zamšāda
deface [diˈfeis] *v* 1. sabojāt (*izskatu*); izkropļot; 2. padarīt nesalasāmu; izdzēst (*piem., uzrakstu*)
defalcate [ˈdiːfælkeit] *v* izšķērdēt (*svešu naudu, mantu*)
defalcation [ˌdiːfælˈkeiʃn] *n* (*svešas naudas, mantas*) izšķērdēšana
defamation [ˌdefəˈmeiʃn] *n* apmelojums; nepārbaudītu ziņu publicēšana (*presē*)
defamatory [diˈfæmətəri] *a* apmelojošs, neslavu ceļošs
defame [diˈfeim] *v* apmelot; celt neslavu
defeasance [diˈfiːzns] *n* atcelšana; anulēšana; atsaukums
defeat [diˈfiːt] **I** *n* 1. sakāve; 2. (*plānu, cerību*) sabrukums; 3. *jur.* anulējums; **II** *v* 1. sakaut; uzvarēt; 2. izjaukt (*plānu*); 3. *jur.* anulēt
defecate [ˈdefəkeit] *v* 1. attīrīt; 2. izkārnīties
defect[a] [ˈdiːfekt] *n* defekts; trūkums; vaina
defect[b] [diˈfekt] *v* 1. atkrist; dezertēt; 2. meklēt politisko patvērumu
defection [diˈfekʃn] *n* 1. atkrišana; dezertēšana; 2. politiskā patvēruma meklēšana
defective [diˈfektiv] **I** *n* defektīvais; **II** *a* 1. nepilnīgs; nepietiekams; d. verb *gram.* – nekārtns darbības vārds; 2. bojāts; 3. garīgi atpalicis

defectology [ˌdiːfekˈtɒlədʒi] *n* defektoloģija
defenceless [diˈfensləs] *a* neaizsargāts
defend [diˈfend] *v* 1. (*against, from*) aizstāvēt, aizsargāt (*pret, no*); 2. aizstāvēties, aizsargāties
defendant [diˈfendənt] *n jur.* apsūdzētais
defender [diˈfendə] *n* aizstāvis
defensive [diˈfensiv] **I** *n* aizsardzība; **II** *a* aizsardzības-; aizsarg-; d. agent – aizsarglīdzeklis
defer[a] [diˈfɜː] *v* 1. pakļauties; piekāpties; 2. izturēties ar cieņu
defer[b] [diˈfɜː] *v* atlikt; novilcināt
deference [ˈdefərəns] *n* cieņa; godbijība
deferment [diˈfɜːmənt] *n* atlikšana; novilcināšana
defervescence [ˌdiːfəˈvesns] *n med.* temperatūras krišanās
defiance [diˈfaiəns] *n* 1. izaicinājums; 2. nepakļaušanās
defiant [diˈfaiənt] *a* izaicinošs
deficiency [diˈfiʃnsi] *n* trūkums; d. of air – gaisa trūkums; d. of blood – slikts asins sastāvs
deficit [ˈdefisit] *n* deficīts, iztrūkums
defigure [diˈfigə] *v* attēlot; uzskicēt
defile[a] **I** *n* [ˈdiːfail] aiza; **II** *v* [diˈfail] defilēt
defile[b] [diˈfail] *v* 1. aptraipīt; apgānīt; 2. piesārņot; 3. samaitāt
defilement [diˈfailmənt] *n* 1. aptraipīšana; apgānīšana; 2. piesārņošana; 3. samaitāšana
define [diˈfain] *v* 1. definēt; 2. noteikt; 3. norobežot; apvilkt kontūras
definite [ˈdefinit] *a* noteikts; skaidrs; d. article *gram.* – noteiktais artikuls
definition [ˌdefiˈniʃn] *n* 1. definīcija; 2. noteiktība; skaidrība; 3. (*optiska instrumenta*) precizitāte

definitive [di'finitiv] *a* galīgs
deflagrate ['defləgreit] *v* **1.** ātri sadedzināt; **2.** ātri sadegt
deflagration [,deflə'greiʃn] *n* **1.** ātra sadegšana; **2.** uzliesmojums
deflate [di'fleit] *v* **1.** izlaist; izsūknēt (*gaisu, gāzi*); **2.** saplakt (*piem., par riepu*)
deflation [di'fleiʃn] *n* **1.** (*gaisa, gāzes*) izlaišana; izsūknēšana; **2.** saplakšana
deforest [di'fɒrist] *v* izcirst mežus
deform [di'fɔ:m] *v* sakropļot; deformēt
deformation [,di:fɔ:'meiʃn] *n* **1.** sakropļošana; deformācija; **2.** *tehn.* deformēšanās
deformity [di'fɔ:məti] *n* kroplība; izkropļojums
defraud [di'frɔ:d] *v* (*of*) izmānīt, izkrāpt
defray [di'frei] *v* samaksāt; segt (*piem., izdevumus*)
defrost [di'frɒst] *v* **1.** atkausēt, atlaidināt (*ledusskapi, saldētus produktus*); **2.** notīrīt sniegu (*no automobiļa vējstikla*)
deft [deft] *a* veikls; izveicīgs
defunct [di'fʌŋkt] **I** *n* mirušais, nelaiķis; **II** *a* miris
defy [di'fai] *v* **1.** izaicināt; mest izaicinājumu; **2.** nepakļauties; ignorēt; **3.** nepadoties; radīt grūtības
degenerate **I** *n* [di'dʒenərət] deģenerāts; **II** *a* [di'dʒenərət] deģenerējies
degeneration [di,dʒenə'reiʃn] *n* **1.** deģenerācija; izviršana; **2.** *med.* deģenerācija
deglute [di'glu:t] *v* norīt
degradation [,degrə'deiʃn] *n* **1.** degradācija; **2.** degradēšana; pazemināšana (*amatā*); **3.** *biol.* deģenerācija; **4.** *ģeol.* sadrupšana
degrade [di'greid] *v* **1.** degradēt, pazemināt (*amatā*); **2.** pazemot; **3.** pazemināt; mazināt (*spēku, vērtību u. tml.*); **4.** *ģeol.* sadrupt
degree [di'gri:] *n* **1.** pakāpe; by ~s – pakāpeniski; in some d. – zināmā mērā; not in the least d. – it nemaz, **2.** grāds; five ~s below zero – pieci grādi zem nulles; ~s of longitude – garuma grādi; **3.** [zinātnisks] grāds; **4.** (*sabiedriskais*) stāvoklis; **5.** *gram.* (*salīdzināmā*) pakāpe; **6.** kvalitāte; šķira; **7.** *mūz.* intervāls
deify ['di:ifai] *v* pielīdzināt dievībai
deign [dein] *v* labpatikt
deignous ['deinəs] *a* augstprātīgs
deism ['di:izəm] *n filoz.* deisms
deity ['di:iti] *n* dievība
deject [di'dʒekt] *v* nomākt, nospiest
delate [di'leit] *v* denuncēt
delation [di'leiʃn] *v* denunciācija
delay [di'lei] **I** *n* **1.** aizkavēšana; novilcināšana; **2.** atlikšana; **3.** *tehn.* aizture; **II** *v* **1.** aizkavēt; novilcināt; **2.** atlikt
delectation [,di:lek'teiʃn] *n* tīksme; for the d. of friends – draugiem par prieku
delegacy ['deligəsi] *n* **1.** deleģēšana; **2.** delegācija; **3.** delegātu pilnvaras
delegate **I** *n* ['deligət] delegāts; **II** *v* ['deligeit] deleģēt
delegation [,deli'geiʃn] *n* **1.** deleģēšana; **2.** delegācija
delete [di'li:t] *v* izsvītrot; izdzēst
deliberate **I** *a* [di'libərət] **1.** tīšs; iepriekš nodomāts; **2.** piesardzīgs; apdomīgs; **3.** (*par kustību, valodu*) nesteidzīgs; **II** *v* [di'libəreit] **1.** apsvērt, pārdomāt; **2.** pārrunāt; apspriest
deliberative [di'libərətiv] *a* **1.** pārdomāts; **2.** apspriedes-; padomdošanas-
delicacy ['delikəsi] *n* **1.** smalkjūtība; **2.** smalkums; izsmalcinātība; **3.** trauslums; **4.** (*aparāta*) jutīgums

delicate [ˈdelikət] *a* **1.** delikāts, smalkjūtīgs; **2.** smalks; smalki veidots; **3.** trausls; vārīgs; **4.** (*par dzirdi, ožu*) ass; **5.** slaids; tievs; **6.** (*par aparātu*) jutīgs
delicatessen [ˌdelikəˈtesn] *n* **1.** delikateses; **2.** kulinārijas veikals
delicious [diˈliʃəs] *a* **1.** brīnišķīgs; apburošs; **2.** gards
delight [diˈlait] **I** *n* bauda; prieks; to give d. to smb. – sagādāt kādam prieku; to take d. (*in*) – rast prieku; **II** *v* **1.** sajūsmināt; iepriecināt; **2.** (*in*) sajūsmināties; priecāties
delightful [diˈlaitfʊl] *a* burvīgs, apburošs
delimitation [diˌlimiˈteiʃn] *n* **1.** norobežošana; robežu noteikšana; **2.** norobežojums
delineate [diˈlinieit] *v* **1.** uzmest, uzskicēt; **2.** attēlot
delinquency [diˈliŋkwənsi] *n* **1.** pārkāpums; noziegums; **2.** nolaidība
delinquent [diˈliŋkwənt] **I** *n* noziedznieks; vainīgais; **II** *a* **1.** vainīgs; **2.** *amer.* (*par nodokli u. tml.*) nesamaksāts
deliquescent [ˌdeliˈkwesnt] *a ķīm.* šķīstošs
delirious [diˈliriəs] *a* **1.** murgojošs; to be d. – murgot; **2.** neprātīgs; **3.** (*par runu*) nesakarīgs
delirium [diˈliriəm] *n* **1.** murgi; murgošana; **2.** ārprāta lēkme; delīrijs; d. tremens *med.* – dzēruma trakums; **3.** bezprāts
delitescent [ˌdeliˈtesnt] *a med.* latents, apslēpts
deliver [diˈlivə] *v* **1.** (*from*) atbrīvot; **2.** piegādāt; nogādāt (*preces*); iznēsāt (*pastu*); **3.** nodot (*ziņojumu*); dot (*pavēli*); **4.** nolasīt (*lekciju*); teikt (*runu*); **5.** saņemt bērnu (*dzemdībās*); **6.** *ek.* izstrādāt, izlaist (*produkciju*); **7.** *tehn.* pievadīt; padot; **8.** *sp.* padot, piespēlēt (*bumbu*)
deliverance [diˈlivərəns] *n* **1.** atbrīvošana; izglābšana; **2.** nodošana; **3.** paziņojums; **4.** dzemdības
delivery [diˈlivəri] *n* **1.** nodošana; **2.** (*preču*) piegāde; **3.** (*pasta*) iznēsāšana; early d. – rīta pasts; **4.** izsniegšana; d. desk – grāmatu izsniegšanas galds (*bibliotēkā*); **5.** dzemdības; **6.** *ek.* izstrāde; ražīgums; **7.** *tehn.* padeve; pievadīšana; **8.** *sp.* (*bumbas*) padošana, piespēle
deliveryboy [diˈlivəribɔi] *n* izsūtāmais zēns
delivery room [diˈlivərirʊm] *n* dzemdību palāta
dell [del] *n* (*mežaina*) grava
delly [ˈdeli] *n sar.* **1.** kulinārijas veikals; **2.** aukstie uzkožamie
delta plane [ˈdeltəplein] *n* deltaplāns
delude [diˈluːd] *v* maldināt
deluge [ˈdeljuːdʒ] **I** *n* **1.** plūdi; **2.** lietusgāze; **3.** (*vārdu*) straume; (*jautājumu*) birums; **II** *v* pārpludināt
delusion [diˈluːʒn] *n* **1.** maldīšanās; to be under a d. – būt maldīgos uzskatos; **2.** maldināšana; **3.** *med.* mānija
delusive [diˈluːsiv] *a* maldīgs; maldinošs
de luxe [dəˈlʌks] *a* grezns, krāšņs
delve [delv] **I** *n* dobums; ieplaka; **II** *v* rakņāties (*grāmatās u. tml.*)
demagogic [ˌdeməˈgɒgik] *a* demagoģisks
demagogue [ˈdeməgɒg] *n* demagogs
demagogy [ˈdeməgɒgi] *n* demagoģija
demand [diˈmɑːnd] *n* **1.** prasība; **2.** *ek.* pieprasījums; **3.** *jur.* prasība; **II** *v* **1.** [pie]prasīt; **2.** jautāt
demarcation [ˌdimɑːˈkeiʃn] *n* demar-

kācija; norobežojums; line of d. – demarkācijas līnija
demarche [ˈdeimɑːʃ] *n* demaršs
demean [diˈmiːn] *v* pazemot
demeanour [diˈmiːnə] *n* uzvedība; izturēšanās
demented [diˈmentid] *a* plānprātīgs
demerit [diːˈmerit] *n* **1.** vaina; trūkums; **2.** disciplinārsods; rājiens; **3.** slikta atzīme (*skolā*)
demi-island [ˈdemiˌailənd] *n* pussala
demilitarize [ˌdiːˈmilitəraiz] *v* demilitarizēt
demilune [ˌdemiˈljuːn] *n* **1.** pusmēness; **2.** *mil.* puslokveida nocietinājums
demirep [ˈdemirep] *n sl.* paklīdene
demise [diˈmaiz] **I** *n* **1.** *jur.* īpašuma iznomāšana; **2.** *jur.* īpašuma atstāšana mantojumā; **3.** atteikšanās (*no troņa*); **4.** nāve; **II** *v* **1.** *jur.* iznomāt īpašumu; **2.** *jur.* atstāt īpašumu mantojumā; **3.** atteikties (*no troņa*)
demission [diˈmiʃn] *n* (*reti*) (*of*) demisija
demitasse [ˈdemitæs] *n* **1.** kafijas tasīte; **2.** tasīte melnas kafijas
demobbed [ˌdiːˈmɒbd] *n sar.* demobilizētais
demobilization [diˌməʊbəlaiˈzeiʃn] *n* demobilizācija
demobilize [diːˈməʊbəlaiz] *v* demobilizēt
democracy [diˈmɒkrəsi] *n* **1.** demokrātija; demokrātiska valsts; **2.** demokrātisms; partija
democrat [ˈdeməkræt] *n* demokrāts
democratic [ˌdeməˈkrætik] *a* demokrātisks
democratization [diˌmɒkrətaiˈzeiʃn] *n* demokratizācija
demography [diˈmɒgrəfi] *n* demogrāfija
demolish [diˈmɒliʃ] *v* **1.** sagraut; nojaukt (*vecās ēkas*); **2.** atspēkot, apgāzt (*teoriju u. tml.*); **3.** *sar.* apēst; aprīt
demolition [ˌdeməˈliʃn] *n* **1.** sagraušana; nojaukšana; **2.** drupas; **3.** (*teorijas*) atspēkošana, apgāšana
demon [ˈdiːmən] *n* dēmons; ļaunais gars
demoniac [diˈməʊniæk] *a* **1.** dēmonisks; velnišķīgs; **2.** velna apsēsts
demonstrant [diˈmɒnstrənt] *n* demonstrants
demonstrate [ˈdemənstreit] *v* **1.** demonstrēt; uzskatāmi parādīt; **2.** pierādīt; būt par pierādījumu; **3.** piedalīties demonstrācijā
demonstration [ˌdemənˈstreiʃn] *n* **1.** demonstrēšana; to teach by d. – uzskatāmi mācīt; **2.** pierādījums; **3.** demonstrācija
demonstrative [diˈmɒnstrətiv] *a* **1.** uzskatāms; **2.** pārliecinošs; **3.** demonstratīvs; **4.** ekspansīvs; **5.**: d. pronoun *gram.* – norādāmais vietniekvārds
demonstrator [ˈdemənstreitə] *n* **1.** demonstrētājs; asistents; **2.** demonstrants
demoralize [diˈmɒrəlaiz] *r* **1.** demoralizēt; **2.** dezorganizēt; graut disciplīnu
demos [ˈdiːmɒs] *n* tauta
demote [ˌdiːˈməʊt] *v* pazemināt (*dienesta pakāpē*)
demulcent [diˈmʌlsənt] **I** *n med.* nomierinošs līdzeklis; **II** *a* nomierinošs; (*sāpes*) remdinošs
demur [diˈmɜː] **I** *n* iebildums; without d. – bez iebildumiem; **II** *v* (*to, at*) iebilst, celt iebildumus
demure [diˈmjʊə] *a* **1.** nopietns; atturīgs; **2.** liekuļoti kautrīgs
den [den] *n* **1.** ala; miga; lion's d. – lauvu bedre; **2.** midzenis; perēklis;

3. *sar.* atsevišķa istaba (*darbam, atpūtai*)
denary ['di:nəri] *a* decimāls
denationalize [,di:'næʃnəlaiz] *v* 1. denacionalizēt; nodot privātīpašumā (*valsts uzņēmumu*); 2. atņemt pilsoņtiesības
denaturalize [,di:'nætʃrəlaiz] *v* 1. mainīt dabiskās īpašības; 2. atņemt pilsoņtiesības
denature [di:'neitʃə] *v* 1. atņemt dabiskās īpašības; 2. denaturēt (*spirtu*)
dendrology [den'drɒlədʒi] *n* dendroloģija
dene [di:n] *n* kāpas
dengue ['deŋgi] *n* tropu drudzis
denial [di'naiəl] *n* 1. noliegums; 2. atsaukums; 3. atteikšanās; atteikums
denigrate ['denigreit] *v* nomelnot
denim ['denim] *n* 1. rupjš kokvilnas audums (*darba drēbēm*); 2. *pl sar.* džinsi
denizen ['denizn] I *n* 1. iemītnieks; 2. pavalstniecību ieguvis ārzemnieks; II *v* piešķirt pavalstniecību
denominate [di'nɒmineit] *v* nosaukt, dot nosaukumu
denomination [di,nɒmi'neiʃn] *n* 1. nosaukums; 2. (*naudaszīmes, monētas*) vērtība; coins of small ~s – zemas vērtības monētas; 3. konfesija
denominator [di'nɒmineitə] *n mat.* saucējs; to reduce to a common d. – atrast kopsaucēju
denote [di'nəʊt] *v* 1. apzīmēt; norādīt; 2. nozīmēt
dense [dens] *a* 1. biezs; blīvs; d. smoke – biezi dūmi; d. forest – biezs mežs; d. crowd – blīvs pūlis; 2. *pārn.* aprobežots; stulbs; of d. understanding – neapķērīgs
density ['densəti] *n* 1. biezums; blīvums; 2. aprobežotība; stulbums

dent [dent] *n tehn.* zobs
dental ['dentl] I *n val.* zobenis; II *a* zobu-; d. plate – zobu protēze; d. surgeon – zobārsts
dentifrice ['dentifris] *n* zobu pulveris (*vai* pasta)
dentist ['dentist] *n* 1. zobārsts; 2. zobu tehniķis
dentistry ['dentistri] *n* zobārstniecība
dentition [den'tiʃn] *n* 1. zobu nākšana; 2. zobu izvietojums
denture ['dentʃə] *n* zobu protēze; mākslīgie zobi
denuclearize [di:'nju:kliəraiz] *v* padarīt kodolbrīvu
denude [di:'nju:d] *v* 1. atsegt; atkailināt; 2. laupīt; atņemt; to d. of hope – laupīt cerības
denunciation [di,nʌnsi'eiʃn] *n* 1. apsūdzība; atmaskojums; 2. *pol.* (*līguma*) denonsēšana
denunciator [di'nʌnsieitə] *n* apsūdzētājs
deny [di'nai] *v* 1. noliegt; neatzīt; to d. the charge – noliegt apsūdzību; 2. atteikt; noraidīt
deodorant [di:'əʊdərənt] *n* dezodorants
deoil [di:'ɔil] *v tehn.* attaukot
depart [di'pɑ:t] *v* 1. aiziet; aizbraukt; (*par vilcienu u. tml.*) atiet; 2. (*from*) novirzīties; to d. from tradition – atmest tradīcijas; to d. from one's word – lauzt vārdu; 3. *novec.* nomirt; to d. from life – šķirties no dzīves
department [di'pɑ:tmənt] *n* 1. nodaļa; 2. (*zinātnes*) nozare; 3. departaments; resors; 4. fakultāte; the Foreign Language D. – svešvalodu fakultāte; 5. *amer.* ministrija; State D. – Valsts departaments (*ASV Ārlietu ministrija*); 6. *mūz.* (*orķestra*) instrumentu grupa

departmentalism [ˌdiːpɑːtˈmentəlizəm] *n* birokrātisms

departure [diˈpɑːtʃə] *n* **1.** aiziešana; aizbraukšana; (*vilciena u. tml.*) atiešana; to take one's d. – doties projām; aizbraukt; **2.** novirzīšanās; new d. – jauns virziens (*sabiedriskajā domā u. tml.*); **3.** (*tradīcijas u. tml.*) atmešana; **4.** nāve; **5.** novirze; atkāpe (*celtniecībā*)

depend [diˈpend] *v* **1.** (*on, upon*) būt atkarīgam; to d. upon one's parents – atrasties vecāku apgādībā; **2.** paļauties; **3.** gaidīt (*tiesas prāvas*) iznākumu

dependable [diˈpendəbl] *a* uzticams

dependence [diˈpendəns] *n* **1.** atkarība; pakļautība; **2.** paļāvība; **3.** atbalsts

dependency [diˈpendənsi] *n* atkarīga zeme; kolonija

dependent [diˈpendənt] **I** *n* **1.** apgādājamais; **2.** padotais; **II** *a* **1.** (*on*) atkarīgs; **2.** padots; pakļauts; **3.** nokarens; **4.** *gram.* pakārtots; atkarīgs

depict [diˈpikt] *v* **1.** zīmēt; **2.** attēlot; aprakstīt

deplane [ˌdiːˈplein] *v* **1.** izsēdināt (izkraut) no lidmašīnas; **2.** izkāpt no lidmašīnas

deplete [diˈpliːt] *v* iztērēt

deplorable [diˈplɔːrəbl] *a* nožēlojams

deplore [diˈplɔː] *v* nožēlot; apraudāt

deploy [diˈplɔi] *v* izvērst (*militāros spēkus*); izvietot (*karaspēku, raķetes*)

depod [ˌdiːˈpɒd] *v* lobīt (*zirņus*)

deponent [diˈpəʊnənt] *n* **1.** *jur.* zvērināts liecinieks; **2.** *val.* deponents

depopulate [ˌdiːˈpɒpjʊleit] *v* samazināt iedzīvotāju skaitu

deport[a] [diˈpɔːt] *v* deportēt, izsūtīt

deport[b] [diˈpɔːt] *v* uzvesties

deportation [ˌdiːpɔːˈteiʃn] *n* deportācija; izsūtīšana

deportee [ˌdiːpɔːˈtiː] *n* deportētais; izsūtītais

deportment [diˈpɔːtmənt] *n* uzvešanās; izturēšanās

depose [diˈpəʊz] *v* **1.** atcelt (*no amata*); **2.** gāzt (*no troņa*); **3.** *jur.* liecināt ar zvērestu

deposit [diˈpɒzit] **I** *n* **1.** (*naudas*) noguldījums; deponējums; **2.** ķīla; iemaksa; **3.** nogulsnes; **4.** *ģeol.* nogulumiezis; slānis; **II** *v* **1.** nolikt; **2.** noguldīt; deponēt; **3.** iemaksāt; **4.** nogulsnēt

deposition [ˌdepəˈziʃn] *n* **1.** atcelšana (*no amata*); **2.** gāšana (*no troņa*); **3.** nogulsnēšanās; **4.** *jur.* apliecināšana ar zvērestu

depositor [diˈpɒzitə] *n* noguldītājs, deponents

depository [diˈpɒzitəri] *n* novietne; noliktava

depot [ˈdepəʊ] *n* **1.** *mil.* kazarmas; mācību nometne; **2.** *mil.* noliktava; **3.** *amer.* dzelzceļa (*vai* autobusu) stacija (piestātne)

depravity [diˈprævəti] *n* izvirtība

deprecate [ˈdeprikeit] *v* **1.** nosodīt; **2.** nožēlot

deprecatory [ˈdeprikətəri] *a* **1.** nosodošs; noraidošs; **2.** nožēlas pilns

depreciate [diˈpriːʃieit] *v* **1.** pazemināt cenu; **2.** kristies cenā; **3.** noniecināt

depredation [ˌdepriˈdeiʃn] *n* **1.** laupīšana; **2.** izpostīšana; postoša darbība

depress [diˈpres] *v* **1.** nospiest; piespiest; **2.** vājināt; mazināt; **3.** nomākt, nospiest; **4.** pazemināt (*balsi*)

depressant [diˈpresənt] *n med.* nomierinošs līdzeklis

depressing [di'presiŋ] *a* nomācošs
depression [di'preʃn] *n* **1**. depresija; nomākts garastāvoklis; **2**. *ek*. depresija; **3**. (*atmosfēras spiediena*) pazemināšanās
depth [depθ] *n* **1**. dziļums; **2**. *pl* dzīles; dzelme; **3**. vidus; in the d. of night – nakts vidū; **4**. (*malas*) platums; **5**. (*krāsas*) piesātinātība; sulīgums; **6**. (*balss, skaņas*) pilnskanīgums
deputation [ˌdepjʊ'teiʃn] *n* **1**. delegācija; **2**. deleģēšana
depute [di'pju:t] *v* **1**. deleģēt; **2**. pilnvarot
deputize ['depjʊtaiz] *v* **1**. (*for*) pārstāvēt; **2**. iecelt par pārstāvi; **3**. dublēt
deputy ['depjʊti] *n* **1**. vietnieks; palīgs; **2**. pārstāvis; pilnvarotais
derail [di'reil] *v* **1**. nolaist no sliedēm (*vilcienu*); **2**. (*par vilcienu*) noskriet no sliedēm
derange [di'reindʒ] *v* **1**. izjaukt (*plānu u. tml.*); **2**. graut psihi
deranged [di'reindʒd] *a* **1**. sajaukts; dezorganizēts; **2**. nenormāls; psihiski nenosvērts
deregister [ˌdi:'redʒistə] *v* izsvītrot no saraksta
derelict ['derəlikt] **I** *n* **1**. pamesta manta; **2**. vecs, nespēcīgs cilvēks; **II** *a* **1**. (*parasti par kuģi, māju u. tml.*) pamests; atstāts; **2**. bezīpašnieka-; **3**. nolaidīgs; nevīžīgs
dereliction [ˌderə'likʃn] *n* **1**. atstāšana; pamešana; **2**. (*pienākuma*) nepildīšana
deride [di'raid] *v* izsmiet; izzobot
derision [di'riʒn] *n* **1**. izsmiešana; izzobošana; **2**. apsmiekls, izsmiekls; to be in d. – būt par izsmieklu
derisive [di'raisiv] *a* **1**. izsmejošs; **2**. smieklīgs; nožēlojams

derivation [ˌderi'veiʃn] *n* **1**. izcelšanās; sākotne; **2**. atvasināšana
derivative [di'rivətiv] **I** *n* **1**. *val*. atvasināts vārds, atvasinājums; **2**. *mat., ķīm.* derivāts; **II** *a* atvasināts
derive [di'raiv] *v* (*from*) **1**. dabūt; iegūt; **2**. mantot (*piem., raksturu, īpašības*); **3**. noteikt; izsekot (*izcelšanos*); **4**. izcelties; **5**. *val*. atvasināt
dermatitis [ˌdɜ:mə'taitis] *n med*. dermatīts, ādas apsarkums
dermatologist [ˌdɜ:mə'tɒlədʒist] *n* dermatologs
derogate ['derəʊgeit] *v* **1**. (*from*) mazināt (*nopelnus u.tml.*); noniecināt; **2**. necienīgi izturēties
derogatory [di'rɒgətəri] *a* noniecinošs; pazemojošs
derv [dɜ:v] *n* dīzeļdegviela
descant I *n* ['deskænt] **1**. *mūz*. soprāns; diskants; **2**. *poēt*. melodija; **II** *v* [di'skænt]
1. (*on, upon*) spriedelēt; **2**. dziedāt (*arī spēlēt*) diskantā
descend [di'send] *v* **1**. nokāpt; nolaisties; **2**. pazemināties; nokristies; **3**. pagrimt; **4**. izcelties; **5**. pāriet (*mantojuma ceļā*); ◊ to d. to – **1**) pāriet; **2**) pazemoties; to d. on (upon) – **1**) pēkšņi uzbrukt; **2**) (*negaidīti*) apciemot
descendant [di'sendənt] *n* pēcnācējs
descendible [di'sendibl] *a* mantojams
descent [di'sent] *n* **1**. nokāpšana; nolaišanās; **2**. nogāze; **3**. (*skaņas, temperatūras*) pazemināšanās; **4**. pagrimums; **5**. paaudze; **6**. *mat*. samazināšanās; **7**. mantojums; **8**. pēkšņs uzbrukums (*vai ierašanās*)
describe [di'skraib] *v* **1**. aprakstīt; attēlot; **2**. uzzīmēt; uzrasēt

description [di'skripʃn] *n* 1. aprakstīšana; 2. apraksts; 3. veids
descriptive [di'skriptiv] *a* aprakstošs
descry [di'skrai] *v* 1. ieraudzīt; saskatīt; 2. uziet
desegregation [di:ˌsegri'geiʃn] *n* desegregācija
deselect [ˌdi:si'lekt] *v sar.* atsijāt (*konkursa dalībniekus u.tml.*)
desertᵃ [di'zɜ:t] *n* (*parasti pl*) 1. nopelns; according to one's ~s – pēc nopelniem; 2. pelnītais sods; just ~s – ko pelnījis
desertᵇ **I** *n* ['dezət] tuksnesis; tuksnesīgs apvidus; **II** *a* ['dezət] tuksnešains; neapdzīvots; **III** *v* [di'zɜ:t] 1. atstāt; pamest; 2. *pārn.* trūkt; nepietikt; 3. dezertēt
deserter [di'zɜ:tə] *n* dezertieris
desertion [di'zɜ:ʃn] *n* 1. atstāšana; pamešana; 2. dezertēšana
deservedly [di'zɜ:vidli] *adv* pelnīti
deserving [di'zɜ:viŋ] *a* (*uzslavas u.tml.*) cienīgs
desiccate ['desikeit] *v* 1. [iz]žāvēt, [iz]kaltēt; ~d milk – piena pulveris; 2. izžūt, izkalst
desiderata *sk.* **desideratum**
desideratum [diˌzidə'rɑ:təm] *n* (*pl* desiderata [diˌzidə'rɑ:tə]) vajadzīgais; vēlamais
design [di'zain] **I** *n* 1. nodoms; nolūks; by d. – ar nolūku; without d. – bez nodoma; 2. uzmetums; skice; 3. dizains; konstrukcija; projekts; 4. (*auduma u.tml.*) raksts; zīmējums; 5. (*gleznas u.tml.*) kompozīcija; **II** *v* 1. plānot; domāt; 2. konstruēt; projektēt; 3. zīmēt; skicēt; modelēt; 4. (*for*) strādāt par dizaineru (projektētāju)
designate I *a* ['dezignət] nozīmēts (*amatam*); **II** *v* ['dezigneit] 1. norādīt; noteikt; 2. (*as, to, for*) nozīmēt, iecelt (*amatā*)
designation [ˌdezig'neiʃn] *n* 1. nosaukums; apzīmējums; 2. nozīmēšana, iecelšana (*amatā*)
designedly [di'zainidli] *adv* ar nodomu; tīšām
designee [ˌdezai'ni:] *n* amata kandidāts
designer [di'zainə] *n* 1. konstruktors; projektētājs; 2. dizainers; modelētājs
designing [di'zainiŋ] *n* konstruēšana; projektēšana
desirable [di'zaiərəbl] *a* 1. vēlams; 2. iekārojams; pievilcīgs
desire [di'zaiə] **I** *n* 1. vēlēšanās; vēlme; 2. lūgums; at your d. – pēc jūsu lūguma; 3. iekāre; alkas; **II** *v* 1. vēlēties; there is much to be ~d – varētu būt labāk; 2. lūgt; 3. kārot; alkt
desirous [di'zaiərəs] *a* alkstošs
desist [di'zist] *v* (*from*) atturēties
desk [desk] *n* 1. (*skolas*) sols; 2. rakstāmgalds; 3. katedra; 4. (*nošu*) pults
desk-book ['deskbʊk] *n* rokasgrāmata
desk clerk ['deskklɑ:k] *n amer.* 1. (*viesnīcas*) reģistrators; 2. reģistratūras darbinieks
desk pad ['deskpæd] *n* 1. rakstāmmape; 2. galda bloknots
desk study ['deskˌstʌdi] *n* teorētiskais pētniecības darbs
deskwork ['deskwɜ:k] *n* 1. kantora darbs; 2. administratīvs darbs; administratīvs postenis
desman ['desmən] *n* bizamžurka
desolate I *a* ['desələt] 1. neapdzīvots; 2. pamests; 3. izpostīts; sagrauts; 4. nelaimīgs; **II** *v* ['desəleit] 1. pamest; 2. izpostīt; 3. darīt nelaimīgu

desolation [ˌdesə'leiʃn] *n* **1.** izpostīšana; **2.** postaža; **3.** vientulība; **4.** bēdas
despair [di'speə] **I** *n* **1.** izmisums; bezcerība; out of d. – aiz izmisuma; **2.** izmisuma cēlonis; **II** *v* izmist; zaudēt cerību
desperado [ˌdespə'rɑ:dəʊ] *n* kauslis; dauzoņa
desperate ['despərət] *a* **1.** izmisis; bezcerīgs; d. condition – bezcerīgs stāvoklis; **2.** izmisīgs; neprātīgs; **3.** šausmīgs; briesmīgs
desperation [ˌdespə'reiʃn] *n* **1.** izmisums; **2.** neprātīgas dusmas
despicable ['despikəbl] *a* nicināms
despise [di'spaiz] *v* nicināt
despite [di'spait] **I** *n*: in d. of – par spīti; **II** *prep* lai gan; par spīti
despoil [di'spɔil] *v* (*of*) [no]laupīt
despond [di'spɒnd] *v* zaudēt cerības (dūšu); izmist
despondency [di'spɒndənsi] *n* **1.** bezcerība; izmisums; **2.** depresija; grūtsirdība
despondent [di'spɒndənt] *a* nomākts; grūtsirdīgs
despot ['despɒt] *n* despots; varmāka
despotic [de'spɒtik] *a* despotisks
dessert [di'zɜ:t] *n* **1.** deserts, saldais ēdiens; **2.** *amer.* pudiņš
destabilization [di:ˌsteibilai'zeiʃn] *n* destabilizācija
destiny ['destini] *n* liktenis
destitute ['destitju:t] *a* **1.** trūcīgs; nabadzīgs; **2.** (*of*) zaudējis (*kaut ko*); d. of feeling – bezjūtīgs
destroy [di'strɔi] *v* iznīcināt; sagraut
destroyer [di'strɔiə] *n* **1.** iznīcinātājs; postītājs; **2.** *jūrn.* eskadras mīnu kuģis; **3.** *av.* iznīcinātājs
destruction [di'strʌkʃn] *n* **1.** izpostīšana; sagraušana; **2.** posta (nelaimes) cēlonis
destructive [di'strʌktiv] *a* **1.** postošs; iznīcinošs; **2.** kaitīgs
desultory ['desəltəri] *a* nesistemātisks; nesakarīgs
detach [di'tætʃ] *v* **1.** (*from*) atdalīt; atšķirt; **2.** (*par karaspēka vienību, kuģi u.tml.*) atdalīt no galvenajiem spēkiem; norīkot
detachable [di'tætʃəbl] *a* atdalāms; atšķirams, atkabināms
detached [di'tætʃt] *a* **1.** atdalīts; atšķirts; d. house – savrupmāja; **2.** objektīvs; d. view – objektīvs viedoklis
detachment [di'tætʃmənt] *n* **1.** atdalīšana; atšķiršana; **2.** nošķirtība; **3.** objektivitāte
detail ['di:teil] **I** *n* **1.** sīkums; detaļa; in d. – sīki; pamatīgi; **2.** *pl* daļas; detaļas; **II** *v* sīki izklāstīt; detalizēt
detailed ['di:teild] *a* sīks; detalizēts; pamatīgs
detain [di'tein] *v* **1.** aizkavēt; aizturēt; **2.** paturēt apcietinājumā; **3.** ieturēt (*algu*); **4.** atstāt pēc stundām (*skolā*)
detect [di'tekt] *v* **1.** atklāt; uziet; **2.** notvert; pieķert; **3.** uztvert
detection [di'tekʃn] *n* **1.** atklāšana; uziešana; **2.** notveršana; pieķeršana; **3.** uztveršana
detective [di'tektiv] **I** *n* **1.** detektīvs, slepenpolicists; **2.** detektīvromāns; **II** *a* detektīvs; d. story – detektīvromāns
detector [di'tektə] *n* **1.** detektors; lie d. – melu detektors (*nopratināšanā*); **2.** ķīm. indikators
detente ['deitɒnt] *n* saspīlējuma mazināšanās (*starptautiskajās attiecībās*)
detention [di'tenʃn] *n* **1.** aizkavēšana; aizturēšana; **2.** turēšana apcietinā-

jumā; **3.** (*algas*) ieturēšana; **4.** atstāšana pēc stundām (*skolā*)
deter [di'tɜ:] *v* atturēt; atbaidīt
detergent [di'tɜ:dʒənt] **I** *n* mazgāšanas līdzeklis; **II** *a* tīrošs
deteriorate [di'tiəriəreit] *v* **1.** pasliktināt; sabojāt; **2.** pasliktināties; **3.** izvirst
deterioration [di,tiəriə'reiʃn] *n* **1.** pasliktināšanās; **2.** izviršana
determinant [di'tɜ:minənt] **I** *n* **1.** noteicošais (izšķirošais) faktors; **2.** *mat.* determinants; **II** *a* noteicošs; izšķirošs
determinate [di'tɜ:minət] *a* **1.** noteikts; skaidrs; **2.** galīgs; **3.** apņēmīgs
determination [di,tɜ:mi'neiʃn] *n* **1.** noteikšana; **2.** noteiktība; **3.** apņēmība; apņemšanās
determinative [di'tɜ:minətiv] **I** *n* **1.** noteicošais faktors; **2.** *gram.* norādāmais vārds; **II** *a* noteicošs
determine [di'tɜ:min] *v* **1.** noteikt; nosacīt; **2.** apņemties; **3.** pamudināt; **4.** *jur.* (*par termiņu*) beigties
determined [di'tɜ:mind] *a* noteikts; apņēmīgs
deterrent [di'terənt] **I** *n mil.* iebiedēšanas līdzeklis (*piem., liela armija, moderns bruņojums*); **II** *a* biedējošs
detest [di'test] *v* ienīst; just riebumu
detestable [di'testəbl] *a* riebīgs, pretīgs
detestation [,di:te'steiʃn] *n* riebums, pretīgums
dethrone [di'θrəʊn] *v* gāzt no troņa
detonate ['detəneit] *v* **1.** sprāgt; **2.** spridzināt
detonating ['detəneitiŋ] *a* sprāgstošs; d. fuse – detonators
detonation [,detə'neiʃn] *n* **1.** detonācija, sprādziens; **2.** spridzināšana
detour ['di:tʊə] *n* **1.** apkārtceļš; apbraucamais ceļš; to make a d. – mest līkumu; **2.** *tehn.* apvads
detract [di'trækt] *v* **1.** atņemt; mazināt; **2.** celt neslavu
detrain [,di:'trein] *v* **1.** izsēdināt no vilciena; **2.** izkāpt no vilciena; **3.** izkraut no vagona
detriment ['detrimənt] *n* kaitējums
detrimental [,detri'məntl] *a* **1.** kaitīgs; **2.** neizdevīgs; saistīts ar zaudējumiem
detruncate [,di:'trʌŋkeit] *v* nogriezt; nocirst; saīsināt
deuce [dju:s] *n* **1.** velns; [the] d. take it! – velns lai parauj!; **2.** liksta; sodība
deuced [dju:st] **I** *a* sasodīts; šausmīgs; to be in a d. hurry – šausmīgi steigties; **II** *adv* sasodīti; šausmīgi
deuterium [dju:'tiəriəm] *n ķīm., fiz.* deiterijs, smagais ūdeņradis
devaluation [,di:væljʊ'eiʃn] *n ek.* devalvācija
devalue [,di:'vælju:] *v* devalvēt
devaporate [di'væpəreit] *v* **1.** kondensēt; **2.** kondensēties
develop [di'veləp] *v* **1.** attīstīt; **2.** attīstīties; **3.** izplatīties (*par slimību, epidēmiju*); **4.** izstrādāt (*teoriju u. tml.*); **5.** atklāties; parādīties
development [di'veləpmənt] *n* **1.** attīstība; **2.** izveide; pilnveidošana; d. system *dat.* – izstrādes sistēma
deviate ['di:vieit] *v* (*from*) novirzīties
deviation [,di:vi'eiʃn] *n* **1.** novirzīšanās; novirze; **2.** (*kompasa*) deviācija; **3.** *pol.* novirziens
device [di'vais] *n* **1.** plāns, projekts; **2.** viltība; triks; **3.** ierīce; mehānisms; iekārta; compound d. *dat.* – salikta ierīce; input d. *dat.* – ievadierīce; pointing d. *dat.* – rādītājierīce; d.

driver *dat.* – ierīces draiveris; d. name *dat.* – ierīces vārds; 4. emblēma; 5. devīze

devil [ˈdevl] *n* 1. velns; lucky d. – laimes luteklis; 2.: the D. – sātans; 3. izpalīgs; māceklis

devil-fish [ˈdevlfiʃ] *n iht.* 1. raja; 2. astoņkājis; 3. tinteszivs, sēpija

devilish [ˈdevliʃ] I *a* velnišķīgs; ellišķīgs; II *adv* velnišķīgi; sasodīti

devil-may-care [ˌdevlmeiˈkeə] *a* bezrūpīgs; pārgalvīgs; d.-m.-c. attitude – vieglprātīga attieksme

devilment [ˈdevlmənt] *n* 1. velnišķība; nežēlība; 2. palaidnība; nedarbs

devil's books [ˌdevlzˈbʊks] *n* spēļu kārtis

devious [ˈdiːviəs] *a* 1. aplinku-; d. path – aplinku ceļš; 2. viltīgs; negodīgs

devise [diˈvaiz] I *n jur.* testaments, novēlējums; II *v* 1. atstāt mantojumā; 2. izdomāt; izgudrot

devoid [diˈvɔid] *a* (*of*) tukšs; brīvs (*no*); room d. of furniture – istaba bez mēbelēm; d. of fear – bezbailīgs

devolve [diˈvɒlv] *v* 1. nodot (*varu, saistības*); 2. (*on, upon*) (*par amatu*) pāriet cita rokās; 3. (*par mantu*) pāriet cita īpašumā

devote [diˈvəʊt] *v* veltīt; ziedot; to d. oneself (*to*) – nodoties

devoted [diˈvəʊtid] *a* 1. veltīts; ziedots; 2. uzticīgs; pieķēries; d. friend – uzticīgs draugs; 3. nodevies

devotee [ˌdevəʊˈtiː] *n* 1. cienītājs; mīlotājs; d. of music – mūzikas cienītājs; 2. dievlūdzējs

devotion [diˈvəʊʃn] *n* 1. pieķeršanās; nodošanās; d. to studies – nodošanās studijām; 2. veltīšana; ziedošana; 3. dievbijība; 4.: ~s *pl* – lūgšanas; reliģiskas ceremonijas

devour [diˈvaʊə] *v* 1. [ap]rīt; 2. kāri uztvert; 3. iznīcināt

devout [diˈvaʊt] *a* 1. dievbijīgs; 2. patiess; sirsnīgs

dew [djuː] I *n* 1. rasa; 2. piliens; asara; 3. *poēt.* svaigums; ◇ mountain d. – viskijs; II *v* 1. rasot; it ~s – raso; 2. rasināt; slacīt

dewberry [ˈdjuːberi] *n* kazene

dewdrop [ˈdjuːdrɒp] *n* rasas piliens

dewlap [ˈdjuːlæp] *n* pakakle (*dzīvniekiem*)

dew-point [ˈdjuːpɔint] *n fiz.* kušanas temperatūra

dew-worm [ˈdjuːwɜːm] *n* slieka

dewy [ˈdjuːi] *a* 1. rasots; 2. valgs; 3. *poēt.* spirdzinošs

dexter [ˈdekstə] *a* labais

dexterity [dekˈsterəti] *n* 1. veiklība; izveicība; 2. apdāvinātība

dexterous [ˈdekstərəs] *a* 1. veikls; izveicīgs; 2. apdāvināts

diabetes [ˌdaiəˈbiːtiːz] *n med.* diabēts, cukurslimība

diabetic [ˌdaiəˈbetik] *med.* I *n* diabētiķis, cukurslimnieks; II *a* diabētisks; diabēta-

diabolic[al] [ˌdaiəˈbɒlik(l)] *a* 1. velnišķīgs; 2. ļauns; nežēlīgs

diadem [ˈdaiədəm] I *n* 1. diadēma; 2. (*lapu, puķu*) vainags; 3. karaļa vara; II *v* kronēt

diagnose [ˈdaiəgnəʊz] *v* diagnosticēt, noteikt diagnozi

diagnoses *sk.* **diagnosis**

diagnosis [ˌdaiəgˈnəʊsis] *n* (*pl* diagnoses [ˌdaiəgˈnəʊsiːz]) diagnoze

diagnostic [ˌdaiəgˈnɒstik] I *n* 1. (*slimības*) simptoms; 2.: ~s *pl* – diagnostika; II *a* diagnostisks; diagnostikas-; d. message *dat.* – diagnostiskais ziņojums

diagonal [dai'ægənl] **I** *n* diagonāle; **II** *a* diagonāls
diagram ['daiəgræm] *n* diagramma
dial ['daiəl] **I** *n* **1.** ciparnīca; **2.** (*telefona aparāta*) ciparripa; **3.** skala; **II** *v* uzgriezt telefona numuru
dialect ['daiəlekt] *n* dialekts, izloksne
dialectal [ˌdaiə'lektl] *a* dialekta-, izloksnes-
dialectics [ˌdaiə'lektiks] *n* dialektika
dialling code ['daiəliŋkəʊd] *n* abonenta izsaukšanas kods
dialogue [daiəlɒg] *n* **1.** dialogs, saruna; **2.** *pol.* (*valstu vadītāju*) domu apmaiņa
dial-up: *dat.* d. access – iezvanpieeja; d. account iezvankonts; d. line – iezvanlīnija
diameter [dai'æmitə] *n* diametrs
diametrical [ˌdaiə'metrikl] *a* diametrāls
diamond ['daiəmənd] **I** *n* **1.** dimants; briljants; rough d. – 1) neslīpēts dimants; 2) krietns, bet neaptēsts cilvēks; sham d. – neīsts briljants; **2.** dimants (*stikla griešanai*); **3.** (*kāršu spēlē*) kāravs; ◊ d. cut d. – tāds tādu pazīst; **II** *a* **1.** dimanta-; **2.** rombisks, rombveida-; **III** *v* izrotāt ar briljantiem
diapason [ˌdaiə'peizn] *n* diapazons
diaper ['daiəpə] *n* **1.** *tekst.* damasts; **2.** damasta dvielis (*vai* salvete); **3.** *amer.* (*bērna*) autiņš; **4.** rombveida raksts
diaphoretic [ˌdaiəfə'retik] **I** *n* sviedrēšanas līdzeklis; **II** *a* sviedrēšanās-
diaphragm ['daiəfræm] *n* **1.** *anat., fiz.* diafragma; **2.** šķirtne; starpsiena; **3.** *fiz.* membrāna
diarrhoea [ˌdaiə'riə] *n med.* diareja, caureja
diary ['daiəri] *n* **1.** dienasgrāmata; to keep a d. – rakstīt dienasgrāmatu; **2.** piezīmju grāmatiņa (*ar kalendāru*)

diaspora [dai'æspərə] *n* **1.**: the D. *vēst.* – diaspora; **2.** *pl* emigranti
diathermy ['daiəˌθɜːmi] *n med.* diatermija
diathesis [dai'æθəsis] *n med.* diatēze
diatribe ['daiətraib] *n* **1.** asa kritika (*vārdos*); **2.** denunciācija
dice [dais] **I** *n pl* **1.** spēļu kauliņi; **2.** kauliņu spēle; **II** *v* **1.** spēlēt ar kauliņiem; **2.** izšūt kvadrātveida (kubveida) rakstā; ◊ to d. away – nospēlēt; paspēlēt; ◊ to d. with death – rotaļāties ar nāvi
dick [dik] *n sl.* **1.** dzimumloceklis; **2.** *amer.* detektīvs; slepenpolicists
dicker ['dikə] *n sar.* vārdnīca
dicky ['diki] *a sar.* **1.** vājš; nespēcīgs; d. heart – vāja sirds; **2.** nedrošs; ļodzīgs
dicta *sk.* **dictum**
dictate **I** *n* ['dikteit] priekšraksts; pavēle; ~s of reason – saprāta balss; **II** *v* [dik'teit] **1.** diktēt; **2.** pavēlēt, diktēt
dictation [dik'teiʃn] *n* **1.** diktāts; **2.** diktēšana; **3.** priekšraksts
dictator [dik'teitə] *n* diktators
dictatorial [ˌdiktə'tɔːriəl] *a* **1.** (*par varu*) diktatorisks; **2.** (*par rakstturu*) valdonīgs
dictatorship [dik'teitəʃip] *n* diktatūra
diction ['dikʃn] *n* **1.** izteiksmes veids; vārdu izvēle; poetic d. – dzejas valoda; **2.** dikcija
dictionary ['dikʃnəri] *n* vārdnīca
dictum ['diktəm] *n* (*pl* dicta ['diktə] *vai* dictums ['diktəmz]) **1.** izteiciens; aforisms, domugrauds; **2.**: autoritatīvs paziņojums
did *sk.* **do**
didactic [dai'dæktik] *a* didaktisks, pamācošs
didactics [dai'dæktiks] *n* didaktika

diddy [ˈdidi] *a sl.* mazs
didn't [ˈdidnt] *saīs. no* did not
die[a] [dai] *n* (*pl* dice [dais]) spēļu kauliņš
die[b] [dai] *v* **1.** [no]mirt; **2.** beigties; [iz]zust; **3.** (*par vēju*) norimt; **4.** (*par uguni*) izdzist; **5.** *sar.* kvēli vēlēties; ☐ to d. away – 1) (*par skaņu, gaismu*) izzust; 2) novīst; to d. back – (*par augiem*) apsalt; to d. down – 1) (*par uguni*) izdzist; 2) (*par troksni u.tml.*) norimt; to d. for (*smth.*) *sar.* – ļoti vēlēties; to d. off – atmirt; to d. out – 1) izmirt; 2) (*par motoru*) noslāpt; 3) *mil.* (*par uzbrukumu*) apsīkt; ◇ to d. in harness – mirt, pildot pienākumu; never say d.! – nezaudē dūšu!
diehard [ˈdaihɑ:d] *a pol.* konservatīvs
dielectric [ˌdaiiˈlektrik] *el.* **I** *n* dielektriķis; **II** *a* dielektrisks
Diesel [ˈdi:zl] *n tehn.* dīzelis; dīzeļmotors
diet[a] [ˈdaiət] **I** *n* **1.** uzturs; full d. – bagātīgs uzturs; proper d. – pareizs uzturs; **2.** diēta; to be on a d. – ievērot diētu; **II** *v* **1.** ievērot diētu; **2.** parakstīt diētu
diet[b] [ˈdaiət] *n* **1.** (*neangļu*) parlaments; **2.** starptautiska apspriede (konference)
dietetic [ˌdaiəˈtetik] *a* diētisks
dietician [ˌdaiəˈtiʃn] *n* **1.** dietologs; **2.** diētmāsa
differ [ˈdifə] *v* **1.** atšķirties; nesakrist; nesaskanēt; we d. in taste – mūsu gaumes nesaskan; **2.** (*from, with*) nebūt vienisprātis
difference [ˈdifrəns] **I** *n* **1.** starpība; atšķirība; **2.** nesaskaņa; strīds; **3.** *mat.* starpība; **II** *v* **1.** atšķirt; **2.** *mat.* aprēķināt starpību

different [ˈdifrənt] *a* **1.** atšķirīgs; citāds; **2.** dažāds
differential [ˌdifəˈrenʃl] **I** *n mat.* diferenciālis; **II** *a* **1.** atšķirīgs; **2.** *mat.* diferenciāls
differential gear [ˌdifəˈrenʃlˈgiə] *n* (*automobiļa*) ātruma pārslēgs
difficult [ˈdifikəlt] *a* **1.** grūts; d. task – grūts uzdevums; **2.** (*par raksturu*) smags; d. child – grūti audzināms bērns
difficulty [ˈdifikəlti] *n* **1.** grūtības; **2.** šķērslis; **3.** *amer.* domstarpības; nesaskaņas
diffidence [ˈdifidəns] *n* nedrošība; biklums
diffident [ˈdifidənt] *a* **1.** nedrošs; bikls; **2.** (*in, of*) neuzticīgs; aizdomu pilns
diffluent [ˈdifluənt] *a* **1.** izplūstošs; **2.** šķīstošs, kūstošs
diffuse I *a* [diˈfju:s] **1.** izplatīts; **2.** (*par gaismu*) izkliedēts; **3.** liekvārdīgs; **II** *v* [diˈfju:z] **1.** izplatīt; **2.** izplatīties; **3.** izkliedēt (*piem., gaismu*); **4.** (*par gāzēm, šķidrumiem*) difundēt
diffusion [diˈfju:ʒn] *n* **1.** izplatīšanās; **2.** (*gaismas*) izkliedēšana; **3.** *fiz., ķīm.* difūzija; **4.** liekvārdība
diffusive [diˈfju:siv] *a* **1.** izplūstošs; **2.** difūzs; **3.** liekvārdīgs
dig [dig] **I** *n* **1.** dunka; to give a d. – iedunkāt; **2.** dzēlīga piezīme; **3.** izrakumu vieta; izrakumi; **II** *v* (*p. un p.p.* dug [dʌg]) **1.** rakt; uzrakt; **2.** rakņāties, meklēt (*rakstos u. tml.*); **3.** iegrūst dunku; **4.** *amer. sl.* saprast; novērtēt; ☐ to d. at – iedzelt; to d. for – (*rokot*) meklēt; to d. in – ierakt; iestrādāt (*zemē*); to d. into – 1) iedurt (*dakšiņu, dunci, u. tml.*); 2) piecirst (*piešus*); 3) ķerties pie ēšanas; 4) sīki noskaidrot; to d. out – 1) izrakt; 2) atrakt; to d. over *pārn.* –

pārdomāt; to d. up – 1) izrakt; to d. up potatoes – rakt kartupeļus; 2) uzplēst (*atmatu*); 3) *pārn.* (*no jauna*) uziet; 4) savākt (*piem., naudu*)

digest I *n* [′daidʒest] **1.** īss izklāsts; **2.** *jur.* likumkrājums; **II** *v* [dai′dʒest] **1.** sagremot; **2.** (*par zālēm u. tml.*) veicināt gremošanu; **3.** apgūt (*zināšanas*); izprast; **4.** paciest; **5.** klasificēt; **6.** *ķīm.* iztvaicēt

digester [dai′dʒestə] *n* **1.** gremošanu veicinošs līdzeklis; **2** hermētiski noslēgts trauks

digestion [dai′dʒestʃən] *n* **1.** gremošana; **2.** (*zināšanu u. tml.*) apgūšana

digestive [dai′dʒestiv] **I** *n* gremošanu veicinošs līdzeklis; **II** *a* **1.** gremošanas-; **2.** gremošanu veicinošs

digger [′digə] *n* **1.** racējs; **2.** zeltracis; **3.** rokamā mašīna; **4.** *tehn.* ekskavators; **5.** *sl.* austrālietis

digging [′digiŋ] *n* **1.** rakšana; zemes darbi; **2.**: ~s *pl* – raktuves; **3.**: ~s *pl sar.* – mājoklis

digit [′didʒit] *n* **1.** *zool., anat.* pirksts; **2.** *mat.* cipars; vienzīmes skaitlis

digital [′didʒitl] *a* ciparu-; d. clock – elektroniskais pulkstenis; d. audio tape (DAT) *dat.* – ciparu audiolente; d. camera *dat.* – ciparkamera; d. cassete *dat.* – ciparkasete; d. control monitor *dat.* – ciparvadības monitors; d. speech *dat.* – ciparruna

digitalis [,didʒi′teilis] *n bot.* uzpirkstīte

digitizer [′didʒitaizə] *n dat.* ciparotājs

digitizing [′didʒitaiziŋ] *n dat.* ciparošanas-; d. pad – ciparošanas paliktnis; d. tablet – ciparošanas planšete

dignified [′dignifaid] *a* cienīgs

dignify [′dignifai] *n* godināt; cildināt

dignity [′dignəti] *n* **1.** cieņa; gods; **2.** tituls

digress [dai′gres] *v* (*from*) novirzīties (*no temata*)

dike [daik] **I** *n* **1.** dambis; aizsprosts; **2.** grāvis; **3.** *pārn.* šķērslis; **4.** *ģeol.* dzīsla; **II** *v* **1.** aizdambēt; **2.** nosusināt (*ar grāvju palīdzību*)

dilapidate [di′læpideit] *v* **1.** sagraut; **2.** sagrūt; sabrukt; **3.** izšķiest, izšķērdēt

dilapidated [di′læpideitid] *a* **1.** pussagruvis; **2.** (*par mēbelēm*) salauzts; nolietots; **3.** (*par apģērbu*) noplucis; **4.** izputināts

dilapidation [di,læpi′deiʃn] *a* **1.** sagrūšana; **2.** nolietošana; **3.** izputināšana

dilatation [,dailei′teiʃn] *n* **1.** paplašināšana; **2.** paplašinājums

dilate [dai′leit] *v* **1.** izplest; ieplest (*piem., acis*); **2.** izplesties; ◻ to d. upon – spriedelēt

dilatory [′dilətəri] **1.** tūļīgs; **2.** (*par rīcību*) novēlots

dilemma [di′lemə] *n* dilemma; to be in d. – būt dilemmas priekšā

dilettante [,dili′tænti] **I** *n* diletants; **II** *a* diletantisks

dilettantism [,dili′tæntizəm] *n* diletantisms

diligence [′dilidʒəns] *n* čaklums; uzcītība, centība

diligent [′dilidʒənt] *a* **1.** čakls; uzcītīgs, centīgs; **2.** (*par darbu*) rūpīgs

dill [dil] *n* dilles

dilly-dally [′dilidæli] *v sar.* **1.** vilcināties; tūļāties; **2.** niekoties

dilute [dai′lu:t] **I** *a* atšķaidīts; **II** *v* atšķaidīt

dilution [dai′lu:ʃn] *n* **1.** atšķaidīšana; **2.** šķīdums; šķīdinājums

diluvial [dai′lu:viəl] *a bibl.* grēku plūdu-

dim [dim] **I** *n amer. sl.* vakars; nakts; **II** *a* **1.** nespodrs; blāvs; **2.** neskaidrs; miglains; **3.** (*par redzi*) vājš; **4.** *sar.* (*par cilvēku*) aprobežots; **III** *v* **1.** kļūt nespodram (blāvam); **2.** padarīt nespodru (blāvu); **3.** (*par redzi*) kļūt vājākam; **4.** matēt (*stiklu*); ◊ to d. out – aptumšot

dime [daim] *n amer.* desmitcentu monēta; d. novel – luburomāns

dimension [di'menʃn] *n* dimensija, izmērs

diminish [di'miniʃ] *v* **1.** samazināt; **2.** samazināties; nodilt; **3.** mazināt (*nozīmi, vērtību*)

diminutive [di'minjʊtiv] **I** *n val.* deminutīvs, pamazināmais vārds; **II** *a* **1.** sīks; niecīgs; **2.** *val.* pamazināmais

dimness ['dimnəs] *n* **1.** blāvums; nespodrība; **2.** krēsla

dimple ['dimpl] **I** *n* **1.** bedrīte (*vaigā, zodā*); **2.** iedobums; **II** *v* **1.** savilkties bedrītēs; **2.** ņirbēt

din [din] **I** *n* troksnis; šķindoņa; **II** *v* **1.** šķindēt; **2.** skandināt

dine [dain] *v* **1.** pusdienot, ēst pusdienas; **2.** pacienāt ar pusdienām; ◊ to d. in – ēst pusdienas mājās; to d. out – ēst pusdienas ārpus mājas; to d. off – 1) ēst pusdienas; 2) pusdienot uz cita rēķina

diner ['dainə] *n* **1.** pusdienotājs; **2.** bufete (*ar uzkožamajiem*); **3.** restorānvagons

diner-out [,dainər'aʊt] *n* cilvēks, kas ēd pusdienas ārpus mājām

dingbat ['diŋbæt] *n dat.* dekorzīme

dingey ['diŋgi] *n* **1.** (*neliela*) laiva; **2.** piepūšamā gumijas laiva

dingy ['diŋdʒi] *a* **1.** nespodrs; **2.** nokvēpis; notraipīts; noputējis; **3.** (*par re-putāciju*) aptraipīts; **4.** (*par apģērbu*) apdilis

dining-car ['dainiŋkɑ:] *n* restorānvagons

dining-room ['dainiŋrʊm] *n* ēdamistaba

dinky ['diŋki] *a* jauks; burvīgs

dinner ['dinə] *n* **1.** pusdienas; to have (take) d. – ēst pusdienas; basket d. *amer.* – pikniks; **2.** vakariņas; **3.** bankets

dinner-jacket ['dinə,dʒækit] *n* smokings

dinner-service ['dinə,sɜ:vis] *n* pusdienu servīze

dinner-ware ['dinəweə] *n* galda trauki (*pusdienām*)

dinosaur ['dainəsɔ:] *n* dinozaurs

dint [dint] **I** *n* iedobums; iespiedums; **II** *v* iespiest; iedobt

diocese ['daiəsis] *n bazn.* eparhija, bīskapija

diode ['daiəʊd] *n* diode, divelektrodu lampa

diorama [,daiə'rɑ:mə] *n* diorāma

dioxide [dai'ɒksaid] *n ķīm.* dioksīds

dip [dip] **I** *n* **1.** iemērkšana; iegremdēšana; **2.** ieniršana; d. in the sea – izpeldēšanās jūrā; **3.** šķīdums (*tīrīšanai, krāsošanai*); **II** *v* **1.** iemērkt; iegremdēt; **2.** ienirt; **3.** noslīdēt zemāk; nolaisties; the road ~s – ceļš iet no kalna lejup; **4.** nolaist (*buru, karogu*); **5.** (*par magnētadatu*) novirzīties

diphteria [dif'θiəriə] *n med.* difterija

diploma [di'pləʊmə] *n* diploms; atestāts

diplomacy [di'pləʊməsi] *n* diplomātija

diplomat ['dipləmæt] *n* diplomāts

diplomatic [,diplə'mætik] *a* **1.** diplomātijas-; d. body (corps) – diplomātiskais korpuss; **2.** diplomātisks; taktisks

diplomatist [di'pləʊmətist] *n pārn.* diplomāts

dipper [ˈdipə] *n* **1.** smeļamais kauss; **2.** *amer.* anabaptists; **3.** ūdensstrazds; **4.**: the [Big] D. *amer.* – Lielais Lācis; the Little D. *amer.* – Mazais Lācis
dire [ˈdaiə] *a* drausmīgs; šausmīgs; d. need – galējs trūkums
direct [diˈrekt] **I** *a* **1.** taisns; tiešs; d. opposite – pilnīgs pretstats; d. speech *gram.* – tiešā runa; d. current *el.* – līdzstrāva; **2.** atklāts; vaļsirdīgs; **II** *v* **1.** vadīt; pārvaldīt; to d. a business – vadīt uzņēmumu; **2.** norīkot; pavēlēt; **3.** vērst; virzīt; **4.** parādīt ceļu; **5.** adresēt; sūtīt; **III** *adv* tieši
direction [diˈrekʃn] *n* **1.** vadīšana; vadība; **2.** direkcija; valde; **3.** norādījums; **4.**: ~s *pl* – direktīva[s]; **5.** virziens; **6.** adrese
directive [diˈrektiv] **I** *n* direktīva; **II** *a* direktīvs, norādošs
directly [diˈrektli] **I** *adv* **1.** taisni; tieši; **2.** [arī ˈdrekli] tūlīt; nekavējoties; **II** [arī ˈdrekli] *conj* tiklīdz
director [diˈrektə] *n* **1.** direktors; vadītājs; managing d. – rīkotājdirektors; art d. – māksliniecīskais vadītājs; **2.** valdes loceklis; board of ~s – 1) valde; 2) direkcija; **3.** (*filmas*) režisors; **4.** diriģents
directorate [diˈrektərət] *n* direkcija
directorship [diˈrektəʃip] *n* direktora amats
directory [diˈrektəri] **I** *n* **1.** adrešu (izziņu) grāmata; telephone d. – telefona abonentu saraksts; **2.** rokasgrāmata; **3.** *dat.* direktorijs; d. listing – direktorija saraksts; d. tree – direktoriju koks; **II** *a* direktīvs; instruktīvs
direful [ˈdaiəfʊl] *a* drausmīgs; šausmīgs
dirt [dɜːt] *n* **1.** netīrumi; dubļi; to fling (throw) d. (*at*) *pārn.* – nomētāt ar dubļiem (nomelnot); **2.** zeme; māls; d. floor – klons; d. road – zemesceļš; **3.** zemiskums; negodīgums
dirt-cheap [ˌdɜːtˈtʃiːp] *a sar.* ļoti lēts
dirt track [ˈdɜːttræk] *n* **1.** izdedžu celiņš; **2.** (*motobraucēju*) treks
dirty [ˈdɜːti] **I** *a* **1.** netīrs; **2.** zemes-; zemjains-; **3.** (*par laiku*) slikts; **4.** zemisks; nekrietns; d. trick – nekrietnība; **II** *v* **1.** notraipīt; **2.** kļūt netīram
disability [ˌdisəˈbiləti] *v* **1.** nespēja; nevarība; d. pension – invaliditātes pensija; **2.** *jur.* tiesībnespēja
disable [disˈeibl] *v* **1.** padarīt darba nespējīgu; sakropļot; **2.** *jur.* atņemt tiesības
disabled [disˈeibld] *a* (*darba*) nespējīgs; sakropļots; d. soldier – kara invalīds
disabling [diˈseibliŋ] *n dat.* atspējošana
disaccord [ˌdisəˈkɔːd] **I** *n* nesaskaņa; domstarpības; **II** *v* (*par uzskatiem*) nesaskanēt
disadvantage [ˌdisədˈvɑːntidʒ] *n* **1.** neizdevīgs stāvoklis; to be at a d. – atrasties neizdevīgā stāvoklī; **2.** traucējums; trūkums; **3.** zaudējums
disadvantageous [ˌdisædvɑːnˈteidʒəs] *a* neizdevīgs
disaffected [ˌdisəˈfektid] *a* neapmierināts
disaffirm [ˌdisəˈfɜːm] *v* **1.** noliegt; **2.** *jur.* atcelt (*spriedumu*)
disafforest [ˌdisəˈfɒrist] *v* atmežot, izcirst mežus
disagree [ˌdisəˈɡriː] *v* (*with*) **1.** nesaskanēt; **2.** nepiekrist; nebūt vienisprātis; **3.** nepanest (*klimatu, barību*)
disagreeable [ˌdisəˈɡriəbl] *a* **1.** nepatīkams; **2.** nelaipns; īgns
disagreement [ˌdisəˈɡriːmənt] *n* nesaskaņas; domstarpības
disallow [ˌdisəˈlaʊ] *v* neatļaut
disallowable [ˌdisəˈlaʊəbl] *a* neatļauts

disappear [ˌdisə'piə] v nozust; pazust; izzust

disappearance [ˌdisə'piərəns] n nozušana; pazušana; izzušana

disappoint [ˌdisə'pɔint] v 1. likt vilties; pievilt cerības; 2. izjaukt (*plānu, nodomu*)

disappointment [ˌdisə'pɔintmənt] n vilšanās

disapprobation [ˌdisæprəʊ'beiʃn] n neatzīšana

disapproval [ˌdisə'pru:vl] n nepiekrišana; neatzīšana (*par labu*); nosodīšana

disapprove [ˌdisə'pru:v] v (*of*) nepiekrist; neatzīt (*par labu*); nosodīt

disarm [dis'ɑ:m] v 1. atbruņot; 2. atbruņoties; 3. *pārn.* padarīt nekaitīgu

disarmament [dis'ɑ:məmənt] n 1. atbruņošana; 2. atbruņošanās

disarrange [ˌdisə'reindʒ] v 1. izjaukt (*plānus*); 2. sajaukt (*matus*)

disarrangement [ˌdisə'reindʒmənt] n 1. nekārtība; 2. sajaukšana

disarray [ˌdisə'rei] **I** n nekārtība; sajukums; in d. – nekārtībā; **II** v radīt nekārtību; sajaukt

disastrous [di'zɑ:strəs] *a* nelaimi nesošs; postošs

disavow [ˌdisə'vaʊ] v 1. noliegt; neatzīt; 2. atsacīties

disavowal [ˌdisə'vaʊəl] n 1. noliegšana; neatzīšana; 2. atteikšanās

disband [dis'bænd] v izformēt (*karaspēku*)

disbelief [ˌdisbi'li:f] n (*in*) neticība; šaubas

disbelieve [ˌdisbi'li:v] v (*in*) neticēt; apšaubīt

disburden [dis'bɜ:dn] v atbrīvot no nastas (smaguma); ◇ to d. one's mind – izkratīt sirdi

disburse [dis'bɜ:s] v 1. izmaksāt daļu (*iekrātās, savāktās*) naudas; 2. norēķināties; apmaksāt

disc [disk] n 1. disks; the Sun's d. – saules disks; 2. (*hokeja*) ripa; 3. skaņuplate

discard **I** n ['diskɑ:d] (*kāršu*) nomešana; **II** v [dis'kɑ:d] atmest (*kā nederīgu*)

discern [di'sɜ:n] v saskatīt; ieraudzīt

discernment [di'sɜ:nmənt] n uztveres spēja; apķērība

discharge **I** n ['distʃɑ:dʒ] 1. izkraušana; 2. izšaušana; 3. *el.* izlādēšanās; 4. (*strutu u. tml.*) izdalījumi; 5. atlaišana; atbrīvošana (*no darba, cietuma u. tml.*); 6. demobilizēšanās; 7. izrakstīšana (*no slimnīcas*); 8. (*pienākuma*) pildīšana; 9. (*parāda*) samaksa; 10. *tehn.* izplūde; izvadīšana; d. pipe – novadcaurule; **II** v [dis'tʃɑ:dʒ] 1. izkraut; 2. izšaut; 3. *el.* izlādēt; 4. izdalīt (*strutas u. tml.*); 5. atlaist; atbrīvot (*no darba, cietuma u. tml.*); 6. demobilizēties; 7. izrakstīt (*no slimnīcas*); 8. izpildīt (*pienākumu*); 9. samaksāt (*parādu*)

discharger [dis'tʃɑ:dʒə] n 1. izkrāvējs; 2. *el.* izlādētājs; lightning d. – zibensnovedējs; 3. notekcaurule

disci *sk.* **discus**

disciple [di'saipl] n 1. skolnieks; māceklis; 2. sekotājs; 3. apustulis

disciplinary ['disiplinəri] *a* 1. disciplīnas-; disciplinārs; 2. disciplinējošs

discipline ['disiplin] **I** n 1. disciplīna; 2. disciplinētība; 3. disciplīna (*zinībunozare*); 4. sods; **II** v 1. disciplinēt; 2. sodīt (*par disciplīnas pārkāpumu*)

disc jockey ['disk ˌdʒɒki] n diskžokejs

disclaim [dis'kleim] v 1. *jur.* atteikties (*no tiesībām*); atsaukt (*prasību*); 2. noliegt; neatzīt

disclaimer [dis′kleimə] *v* **1.** *jur.* atteikšanās (*no tiesībām*); (*prasības*) atsaukšana; **2.** noliegšana; neatzīšana
disclose [dis′kləʊz] *v* atklāt
disclosure [dis′kləʊʒə] *n* **1.** atklāšana; **2.** atklājums
disco [′diskəʊ] *n* (*saīs. no* discotheque) *sar.* diskotēka
discomfit [dis′kʌmfit] *v* **1.** izjaukt (*plānus*); **2.** apmulsināt
discomfiture [dis′kʌmfitʃə] *n* **1.** (*plānu*) izjaukšana; **2.** apmulsums; apjukums
discomfort [dis′kʌmfət] **I** *n* neērtība; neomulība; **II** *v* radīt neērtības
discompose [ˌdiskəm′pəʊz] *v* satraukt
discomposure [ˌdiskəm′pəʊʒə] *n* satraukums
disconcert [ˌdiskən′sɜ:t] *v* **1.** samulsināt; **2.** izjaukt (*plānus*)
disconnect [ˌdiskə′nekt] *v* **1.** atšķirt; atdalīt; atkabināt; **2.** *el.* atvienot; izslēgt
disconnection [ˌdiskə′nekʃn] *n* atšķiršana; atdalīšana
disconsolate [dis′kɒnsələt] *a* nelaimīgs; bēdu pārņemts
discontent [ˌdiskən′tent] **I** *n* neapmierinātība; **II** *a* (*with*) neapmierināts; **III** *adv* radīt neapmierinātību; to be ~ed – būt neapmierinātam
discontinue [ˌdiskən′tinju:] *v* **1.** izbeigt; pārtraukt; **2.** atmest (*piem., paradumu*); **3.** beigties
discontinuity [ˌdiskɒnti′nju:əti] *n* **1.** pārtraukums; **2.** saistības trūkums; nesakarīgums
discontinuous [ˌdiskən′tinjʊəs] *a* **1.** pārtraukts; **2.** saraustīts; nesakarīgs
discord I *n* [′diskɔ:d] **1.** nesaskaņa; apple of d. – strīda ābols; **2.** *mūz.* disonanse; **II** *v* [dis′kɔ:d] **1.** nebūt vienisprātis; **2.** *mūz.* radīt disonansi
discordance [dis′kɔ:dəns] *sk.* **discord I**
discordant [dis′kɔ:dənt] *a* **1.** nesakarīgs; **2.** neharmonisks
discotheque [′diskəʊtek] *n* diskotēka
discount I *n* [′diskaʊnt] **1.** atlaide; **2.** *ek.* diskonts; **II** *v* [dis′kaʊnt] **1.** nolaist cenu; samazināt vērtību; **2.** neņemt vērā
discountenance [dis′kaʊntinəns] *v* neatzīt par labu
discourage [dis′kʌridʒ] *v* **1.** atņemt (laupīt) drosmi; **2.** zaudēt drosmi; **3.** (*from*) atrunāt
discourse I *n* [′diskɔ:s] **1.** lekcija; pārrunas; **2.** saruna; **II** *v* [dis′kɔ:s] **1.** runāt (*par noteiktu tematu*); pārrunāt; **2.** sarunāties
discourteous [dis′kɜ:tiəs] *a* nepieklājīgs; nelaipns
discover [dis′kʌvə] *v* atklāt; atrast
discovery [dis′kʌvəri] *n* **1.** atklāšana; **2.** atklājums
discredit [dis′kredit] **I** *n* **1.** neslava; negods; **2.** šaubas; neticība; to throw d. (*on*) – apšaubīt; **3.** *ek.* kredīta atņemšana; **II** *v* **1.** diskreditēt; celt neslavu; **2.** apšaubīt
discreditable [dis′kreditəbl] *a* diskreditējošs
discreet [di′skri:t] *a* **1.** piesardzīgs; apdomīgs; **2.** diskrēts
discrepancy [dis′krəpənsi] *n* nesaskaņa; pretruna
discrepant [dis′krəpənt] *a* nesaskanīgs; pretrunīgs
discrete [di′skri:t] *a* **1.** nošķirts; atsevišķs; **2.** *filoz.* abstrakts
discretion [di′skreʃn] *n* **1.** uzmanība; piesardzība; apdomība; **2.** rīcības brīvība; ieskats
discriminate [di′skrimineit] *v* **1.** atšķirt; izšķirt; **2.** diskriminēt

discrimination [dɪˌskrɪmɪ'neɪʃn] *n* **1.** spēja atšķirt; **2.** diskriminācija; race d. – rasu diskriminācija
discuss [dɪ'skʌs] *v* **1.** diskutēt; apspriest; **2.** iztirzāt; pārrunāt; **3.** baudīt (*ēdienu, dzērienu*)
discussant [dɪ'skʌsənt] *n* diskusijas dalībnieks
discussion [dɪ'skʌʃn] *n* diskusija; apspriešana; pārrunas
disdain [dɪs'deɪn] **I** *n* **1.** nicināšana, nievāšana; **2.** nicinājums, nievas; **II** *v* **1.** nicināt, nievāt; **2.** ignorēt; neievērot
disdainful [dɪs'deɪnfʊl] *a* nicinošs, nievājošs
disease [dɪ'ziːz] *n* slimība
diseased [dɪ'ziːzd] *a* slims
disembark [ˌdɪsɪm'bɑːk] *v* **1.** izkraut krastā; **2.** izcelt krastā; **3.** izcelties krastā
disengage [ˌdɪsɪn'geɪdʒ] *v* (*from*) **1.** atbrīvot; atraisīt; **2.** atbrīvoties; atraisīties
disengaged [ˌdɪsɪn'geɪdʒd] *a* brīvs; he is d. today – viņš šodien ir brīvs
disentangle [ˌdɪsɪn'tæŋgl] *v* **1.** atraisīt; atšķetināt; **2.** tikt laukā; izkulties
disfavour [ˌdɪs'feɪvə] **I** *n* **1.** nelabvēlība; **2.** nežēlastība; **II** *v* izturēties nelabvēlīgi
disfigure [dɪs'fɪgə] *v* izkropļot; izķēmot
disfigurement [dɪs'fɪgəmənt] *n* **1.** izkropļojums; izķēmojums; **2.** kroplums, kroplība
disfranchise [ˌdɪs'fræntʃaɪz] *v* atņemt vēlēšanu (*vai* pilsoņa) tiesības
disgorge [dɪs'gɔːdʒ] *v* **1.** izvirst (*lavu u.tml.*); **2.** atdot (*piesavināto*); **3.** (*par upi*) ieplūst, ietecēt

disgrace [dɪs'greɪs] **I** *n* **1.** kauns; negods; **2.** apkaunojums; kauna traips; **3.** nežēlastība; to be in d. – būt nežēlastībā; **II** *v* **1.** apkaunot; **2.** pazemot; degradēt
disgraceful [dɪs'greɪsfʊl] *a* kaunpilns
disgruntled [dɪs'grʌntld] *a* saīdzis; neapmierināts
disguise [dɪs'gaɪz] **I** *n* **1.** pārģērbšanās; maskēšanās; **2.** *pārn.* maska; **II** *v* **1.** pārģērbties; maskēties; **2.** slēpt
disgust [dɪs'gʌst] **I** *n* riebums, pretīgums; **II** *v* iedvest riebumu; to be ~ed (*at, with*) – izjust riebumu
disgusting [dɪs'gʌstɪŋ] *a* riebīgs, pretīgs
dish [dɪʃ] **I** *n* **1.** bļoda; šķīvis; **2.**: ~es *pl* – trauki; **3.** ēdiens; **II** *v* likt traukā (*ēdienu*); ◊ to d. up – 1) likt traukos (*ēdienu*); 2) pasniegt galdā (*ēdienu*); 3) *sl.* mazgāt traukus
disharmony [dɪs'hɑːmənɪ] *n* disharmonija, nesaskaņa
dishcloth ['dɪʃklɒθ] *n* **1.** trauku lupata; **2.** trauku dvielis
dishearten [dɪs'hɑːtn] *v* laupīt cerības (*vai* drosmi)
dishevelled [dɪ'ʃevəld] *a* izspūris
dishonest [dɪs'ɒnɪst] *a* negodīgs; nekrietns
dishonesty [dɪs'ɒnəstɪ] *n* negodīgums; nekrietnums
dishonour [dɪs'ɒnə] **I** *n* negods; kauns; **II** *v* darīt kaunu
dishonourable [dɪs'ɒnərəbl] *a* negodīgs; apkaunojošs
dishware ['dɪʃweə] *n* (*porcelāna, fajansa*) galda trauki; pusdienu servīze
dishwater ['dɪʃˌwɔːtə] *n* **1.** samazgas; **2.** *sl* susla
disillusion [ˌdɪsɪ'luːʒn] **I** *n* vilšanās; **II** *v* laupīt ilūzijas; likt vilties

disinclination [͵disinkli'neiʃn] *n* nepatika; nevēlēšanās
disincline [͵disin'klain] *v* 1. radīt nepatiku; 2. izjust nepatiku
disinfect [͵disin'fekt] *v* dezinficēt
disinfectant [͵disin'fektənt] **I** *n* dezinfekcijas līdzeklis; **II** *a* dezinfekcijas-; dezinficējošs
disinfection [͵disin'fekʃn] *n* dezinfekcija; d. plant – dezinfekcijas kamera
disinfestation [͵disinfe'steiʃn] *n* (*kukaiņu, peļu u.tml.*) iznīdēšana
disinherit [͵disin'herit] *v* atstāt bez mantojuma
disinheritance [͵disin'heritəns] *n* atstāšana bez mantojuma
disintegrate [dis'intigreit] *v* 1. sadalīt [sastāvdaļās]; 2. sadalīties; sairt
disintegration [dis͵inti'greiʃn] *n* 1. sadalīšana [sastāvdaļās]; 2. sadalīšanās; sairšana
disinterest [dis'intrəst] *n* neieinteresētība; vienaldzība
disinterested [dis'intrəstid] *a* 1. neieinteresēts; vienaldzīgs; 2. nesavtīgs
disjoin [dis'dʒɔin] *v* atdalīt; atvienot
disjunction [dis'dʒʌŋkʃn] *n* 1. atdalīšana; atšķiršana; 2. *el.* atvienojums
disjunctive [dis'dʒʌŋktiv] *a* 1. šķirošs; atdalošs; 2. alternatīva
disk [disk] *n dat.* disks; d. cashe – diska kešatmiņa; d. cartridge – diska kasetne; d. drive – diskdzinis; d. duplicator – diska dublētājs; d. jacket – disketes apvalks
dislike [dis'laik] **I** *n* (*to, of, for*) nepatika; antipātija; to take a d. to smb. – izjust nepatiku pret kādu; **II** *v* izjust nepatiku (*vai* antipātiju)
dislocate ['disləkeit] *v* 1. izmežģīt; 2. traucēt; 3. izjaukt (*nodomus*)

dislocation [͵dislə'keiʃn] *n* 1. izmežģījums; 2. traucējums
dislodge [dis'lɒdʒ] *v* (*from*) 1. izdzīt (*piem., zvēru no midzeņa*); 2. pārvietot; 3. *mil.* izsist no pozīcijām (*ienaidnieku*)
disloyal [͵dis'lɔiəl] *a* nelojāls, neuzticams; nodevīgs
disloyalty [͵dis'lɔiəlti] *n* nelojalitāte, neuzticamība; nodevība
dismal ['dizməl] *a* drūms; nomācošs
dismantle [dis'mæntl] *v* 1. izārdīt; izjaukt; demontēt (*mašīnu*); 2. noņemt takelāžu (*kuģim*)
dismay [dis'mei] **I** *n* 1. bailes; izbailes; in d. – izbailēs; 2. samulsums; **II** *v* 1. izbiedēt; 2. samulsināt
dismember [dis'membə] *v* 1. saraut gabalos; sadalīt (*sastāvdaļās*); 2. sadalīt (*valsti u. tml.*)
dismerit [dis'merit] *v* atņemt nopelnus
dismiss [dis'mis] *v* 1. atlaist (*no darba, karadienesta*); 2. *mil.* dot komandu «izklīst!»; 3. atbrīvot (*ieslodzīto*); 4. slēgt (*sapulci*); 5. *jur.* izbeigt (*lietu*); noraidīt (*apsūdzību, lūgumu*)
dismount [͵dis'maunt] *v* 1. nokāpt (*no zirga, velosipēda*); 2. nomest (*no zirga*); izsist no segliem; 3. noņemt (*no statīva*); 4. demontēt
disobedience [͵disə'bi:diəns] *n* nepaklausība
disobedient [͵disə'bi:diənt] *n* (*to*) nepaklausīgs
disobey [͵disə'bei] *v* neklausīt
disoblige [͵disə'blaidʒ] *v* izturēties nelaipni
disorder [dis'ɔ:də] **I** *n* 1. nekārtība; 2. *pol.* nemieri; 3. *med.* traucējums; **II** *v* 1. radīt nekārtību; 2. *med.* radīt traucējumus; ~ed digestion – traucēta gremošana

disorderly [dis´ɔ:dəli] *a* **1.** nekārtīgs; sajaukts; **2.** nevīžīgs; **3.** (*par veselību*) sabojāts; **4.** nemierīgs; trokšņains

disorganization [dis,ɔ:gənai´zeiʃn] *n* dezorganizācija

disorganize [dis´ɔ:gənaiz] *v* dezorganizēt

disorientate [dis´ɔ:riənteit] *v* dezorientēt

disorientation [dis,ɔ:riən´teiʃn] *n* dezorientācija

disown [dis´əʊn] *v* neatzīt [par savu]; atteikties atzīt

disparage [di´spæridʒ] *v* **1.** noniecināt; izturēties nevērīgi; **2.** celt neslavu

disparate [´dispərət] *a* būtiski atšķirīgs; nesavienojams

disparity [dis´pærəti] *n* būtiska atšķirība

dispassionate [dis´pæʃnət] *a* **1.** bezkaislīgs; **2.** nosvērts; **3.** objektīvs

dispatch [di´spætʃ] **I** *n* **1.** (*pasta u.tml.*) nosūtīšana; **2.** ziņojums; **II** *v* **1.** nosūtīt (*piem., pa pastu*); **2.** ātri paveikt *sar.* nogalināt

dispatcher [di´spætʃə] *n* **1.** ekspeditors; **2.** dispečers

dispel [di´spel] *v* izkliedēt (*piem., bažas*)

dispensable [di´spensəbl] *a* **1.** pieciešams; **2.** neobligāts

dispensary [di´spənsəri] *n* **1.** (*labdarības*) aptieka; **2.** (*bezmaksas*) ambulance

dispensation [,dispen´seiʃn] *n* **1.** izsniegšana; **2.** (*from*) atbrīvošana (*no pienākuma*)

dispense [di´spens] *v* **1.** izsniegt; **2.** pagatavot un izsniegt (*zāles*); **3.** (*from*) atbrīvot; ◻ to d. with – iztikt bez

dispenser [di´spensə] *n* **1.** farmaceits; **2.** tirdzniecības automāts

disperse [di´spɜ:s] *v* **1.** izkliedināt; **2.** izkaisīt; **3.** izkliedēt (*starus*); **4.** izklīst

dispersion [di´spɜ:ʃn] *n* **1.** izklīdināšana; **2.** izkaisīšana; **3.** *fiz.* dispersija

dispirit [di´spirit] *v* nomākt, nospiest

displace [dis´pleis] *v* **1.** pārvietot; **2.** izspiest; izgrūst; **3.** atcelt (*no amata*)

displacement [dis´pleismənt] *n* **1.** pārvietošana; **2.** izspiešana; izgrūšana; **3.** atcelšana (*no amata*)

display [di´splei] **I** *n* **1.** skate; izstāde; **2.** (*jūtu u.tml.*) izrādīšana; to make great d. (*of*) – uzkrītoši izrādīt (*jūtas u.tml.*); **3.** *dat.* displejs; d. sereen – displeja ekrāns; **II** *v* **1.** izstādīt; demonstrēt; **2.** izrādīt (*jūtas u. tml.*)

displease [dis´pli:z] *v* **1.** radīt nepatiku; **2.** sadusmot; kaitināt

displeasing [dis´pli:ziŋ] *a* nepatīkams

displeasure [dis´pleʒə] *n* nepatika

disport [di´spɔ:t] *v* (*aktīvi*) izklaidēties

disposable [di´spəʊzəbl] *a* **1.** rīcībā esošs; **2.** (*par priekšmetu*) vienreizējai lietošanai

disposal [di´spəʊzl] *n* **1.** izvietošana; **2.** atbrīvošana (*no kaut kā*); **3.** (*īpašuma*) nodošana; **4.** pārziņa; rīcība

dispose [di´spəʊz] *v* **1.** izvietot; **2.** (*of*) atbrīvoties (*no kaut kā*); **3.** (*to, towards*) noskaņot; to be well ~d – būt labvēlīgi noskaņotam

disposition [,dispə´ziʃn] *n* **1.** izvietojums; **2.** rīcība; **3.** raksturs; **4.** noskaņojums; **5.** nosliece

dispossess [,dispə´zes] *v* **1.** atņemt (*īpašumu u.tml.*); **2.** izdzīt; padzīt

dispraise [dis´preiz] **I** *n* nopelšana; nosodīšana; **II** *v* nopelt; nosodīt

disproof [dis´pru:f] *n* atspēkojums

disproportion [,disprə´pɔ:ʃn] *n* disproporcija, nesamērība

disproportionate [,disprə´pɔ:ʃnət] *a* neproporcionāls, nesamērīgs

disprove [dis'pru:v] v atspēkot, pierādīt par nepatiesu

disputable [di'spju:təbl] a diskutējams; apstrīdams

disputant [di'spju:tənt] n disputētājs; strīdnieks

dispute [di'spju:t] I n 1. disputs; debates; 2. strīds; II v 1. diskutēt; apspriest; 2. apstrīdēt; 3. strīdēties; 4. pretoties

disqualification [dis͵kwɒlifi'keiʃn] n 1. (for) nederīgums; nelietojamība; 2. diskvalifikācija

disqualify [dis'kwɒlifai] v 1. (for) padarīt par nederīgu; 2. (from) diskvalificēt

disquiet [dis'kwaiət] I n nemiers, satraukums; II a nemierīgs; satraukts; III v satraukt

disquietude [dis'kwaiətju:d] n nemiers, satraukums

disregard [͵disri'gɑ:d] I n (of, for) nevērība; ignorēšana; II v neievērot; ignorēt

disreputable [dis'repjʊtəbl] a 1. diskreditējošs, apkaunojošs; 2. ar sliktu slavu

disrepute [͵disri'pju:t] n slikta slava; negods

disrespect [͵disri'spekt] n necieņa; to treat with d. – izturēties necienīgi

disrespectful [͵disri'spektfʊl] a nerespektējošs; negodbijīgs

disrobe [dis'rəʊb] v 1. noģērbt (amata tērpu); 2. noģērbties

disroot [dis'ru:t] v izraut ar saknēm

disrupt [dis'rʌpt] v 1. pārraut; saraut; 2. sagraut (veselību, spēkus u.tml.)

disruption [dis'rʌpʃn] n 1. pārraušana; saraušana; 2. sagraušana; sagrāve

dissatisfaction [dis͵sætis'fækʃn] n neapmierinātība; nepatika

dissect [di'sekt] v 1. secēt; 2. sīki analizēt

dissection [di'sekʃn] n 1. secēšana; 2. sīka analīze

dissemble [di'sembl] v 1. slēpt; neizrādīt (jūtas); 2. izlikties

disseminate [di'semineit] v 1. izsēt (sēklu); 2. izplatīt (mācību u.tml.)

dissension [di'senʃn] n 1. nevienprātība; 2. strīds

dissent [di'sent] I n 1. nevienprātība; domstarpības; 2. sektantisms; II v 1. (from) nepiekrist; nebūt vienisprātis; 2. būt opozīcijā

dissentient [di'senʃiənt] I n citādi domājošs cilvēks; II a citādi domājošs

dissertation [͵disə'teiʃn] n disertācija

dissidence ['disədəns] n nevienprātība; nepiekrišana

dissident ['disədənt] I n 1. citādi domājošs cilvēks; disidents; 2. sektants; II a 1. citādi domājošs; 2. sektantisks

dissimilar [di'similə] a (from, to) atšķirīgs; nevienāds

dissimulate [di'simjʊleit] v 1. slēpt (jūtas); 2. izlikties; simulēt

dissipate ['disipeit] v 1. izkliedēt (piem., mākoņus, šaubas); 2. (par pūli) izklīst; 3. izšķiest, izšķērdēt; 4. sar. uzdzīvot

dissipated ['disipeitid] a 1. izkliedēts; 2. izlaidīgs

dissociable a 1. [di'səʊʃjəbl] dalāms, šķirams; 2. [di'səʊʃəbl] nesabiedrisks

dissociate [di'səʊʃieit] v 1. (from) atdalīt; nošķirt; 2. norobežoties

dissoluble [di'sɒljʊbl] a 1. izšķīdināms; 2. (par laulību) šķirams; 3. (par līgumu) anulējams

dissolution [͵disə'lu:ʃn] n 1. šķīdināšana; 2. (līguma) anulēšana; 3. (laulības) šķiršana; 4. (parlamenta) atlaišana

dissolve [di'zɒlv] v 1. šķīdināt; 2. iz-

šķīst; **3.** anulēt (*līgumu*); **4.** šķirt (*laulību*); **5.** atlaist (*parlamentu*); **6.** izstāties
dissolvent [di'zɒlvənt] **I** *n* šķīdinātājs; **II** *a* šķīdinošs
dissonance ['disənəns] *n* **1.** neatbilstība; nesaskaņa; **2.** *mūz.* disonanse
dissonant ['disənənt] *a* neatbilstošs
dissuade [di'sweid] *v* (*from*) atrunāt
distance ['distəns] **I** *n* **1.** attālums, atstatums; **2.** tāliene, tālums; in the d. – tālumā; **3.** starplaiks; laika posms; **4.** *sp.* distance; **5.** atturība; rezervētība; **II** *v* **1.** novietot zināmā attālumā; **2.** atstāt aiz sevis (*piem., sacīkstēs*)
distant ['distənt] *a* **1.** tāls; attāls; **2.** atturīgs
distaste [dis'teist] *n* (*for*) nepatika; riebums
distasteful [dis'teistfʊl] *a* nepatīkams; pretīgs; riebīgs
distend [di'stend] *v* **1.** izplest; **2.** izplesties
distensible [di'stensəbl] *a* elastīgs
distension [di'stenʃn] *n* **1.** izplešana; **2.** izplešanās
distil [di'stil] *v* **1.** destilēt, pārtvaicēt; **2.** dedzināt (*spirtu u. tml.*); **3.** pilēt; **4.** pilināt
distillate ['distilət] *n* destilāts
distillation [,disti'leiʃn] *n* destilācija, pārtvaice
distiller [di'stilə] *n* **1.** destilētājs; **2.** destilators
distillery [di'stiləri] *n* **1.** destilācijas iekārta; **2.** spirta rūpnīca
distinct [di'stiŋkt] *a* **1.** (*from*) atšķirīgs; īpatns; **2.** skaidrs; noteikts
distinction [di'stiŋkʃn] *n* **1.** atšķirība; īpatnība; **2.** izcilība; **3.** atzinība; apbalvojums
distinctive [di'stiŋktiv] *a* atšķirīgs; īpatnējs

distinctly [di'stiŋktli] *adv* skaidri
distinguish [di'stiŋgwiʃ] *v* **1.** atšķirt; **2.** sadzirdēt; saskatīt; **3.**: to d. oneself – izcelties
distinguished [di'stiŋgwiʃt] *a* izcils; ievērojams
distort [di'stɔ:t] *v* **1.** sagrozīt; izkropļot (*faktus u. tml.*); **2.** *tehn.* deformēt
distortion [di'stɔ:ʃn] *n* **1.** sagrozīšana; izkropļošana; **2.** izkropļojums; **3.** *tehn.* deformācija
distract [di'strækt] *v* **1.** novērst (*piem., uzmanību*); **2.** samulsināt
distracted [di'stræktid] *a* **1.** apjucis; apmulsis; **2.** izklaidīgs; **3.** ārprātīgs
distraction [di'strækʃn] *n* **1.** izklaidība; **2.** izklaidēšanās; **3.** apjukums; apmulsums; **4.** ārprāts; to love to d. – bezprātīgi mīlēt
distress [di'stres] **I** *n* **1.** bēdas; ciešanas; **2.** posts; briesmas; **II** *v* **1.** sāpināt; sagādāt ciešanas; **2.** nomocīt
distressful [di'stresfʊl] *a* **1.** bēdīgs; **2.** nožēlojams, nelaimīgs; **3.** mokošs
distribute [di'stribju:t] *v* **1.** (*to, among*) izdalīt; izsniegt; sadalīt; ~ed database *dat.* – dalītā datu bāze; **2.** izplatīt; **3.** (*vienmērīgi*) noklāt; izsēt; to d. seed – izsēt sēklu; **4.** klasificēt, iedalīt
distribution [,distri'bju:ʃn] *n* **1.** izdalīšana; sadale; d. of commodities – preču sadale; **2.** izplatība; **3.** (*vienmērīga*) noklāšana; izsēja; **4.** klasificēšana, iedalīšana
distributive [di'stribjʊtiv] *a* sadalošs; sadales-
district ['distrikt] **I** *n* rajons; apgabals; iecirknis; **II** *v* sadalīt rajonos (apgabalos, iecirkņos); rajonēt
distrust [dis'trʌst] **I** *n* neuzticība; **II** *v* neuzticēties

distrustful [dis'trʌstfʊl] *a* aizdomīgs, aizdomu pilns

disturb [di'stɜ:b] *v* 1. traucēt; 2. uztraukt; uzbudināt; 3. izjaukt (*plānus*)

disturbance [di'stɜ:bəns] *n* 1. traucēšana; traucējums; 2. nemiers; satraukums

disunion [dis'ju:niən] *n* 1. atdalīšanās; 2. nevienprātība; šķelšanās

disunite [disju:'nait] *v* 1. atdalīt; 2. atdalīties

disuse [dis'ju:s] *n* nelietošana

disused [dis'ju:zd] *a* pamests

disyllabic [ˌdisi'læbik] *a* divzilbīgs

ditch [ditʃ] I *n* 1. grāvis; 2. *mil.* tranšeja; II *v* 1. rakt grāvi; 2. tīrīt grāvi

dither ['diðə] *sar.* I *n* uztraukums, uzbudinājums; II *v* 1. uztraukties, uzbudināties; 2. uztraukt, uzbudināt

dithering ['diðəriŋ] *n dat.* tonēšana

ditto ['ditəʊ] I *n* (*pl* dittos ['ditəʊz]) tas pats; tāds pats (*lieto inventarizācijas sarakstos*); II *adv* tāpat

ditty ['diti] *n* dziesmiņa

divan [di'væn] *n* kušete

dive [daiv] I *n* 1. niršana; 2. iegrimšana; iegremdēšanās (*par zemūdeni*); II *v* 1. [ie]nirt; 2. mesties lejup; 3. iegrimt; iegremdēties (*par zemūdeni*)

dive-bomber ['daivbɒmə] *n av.* pikējošais bumbvedējs

diver ['daivə] *n* 1. nirējs; 2. ūdenslīdējs; 3. nirējputns

diverge [dai'vɜ:dʒ] *v* 1. atšķirties; 2. novirzīties

divergence [dai'vɜ:dʒəns] *n* 1. novirzīšanās; 2. *mat., biol.* diverģence

divergent [dai'vɜ:dʒənt] *a* 1. atšķirīgs; d. opinions – dažādi uzskati; 2. tāds, kas novirzās; citā virzienā ejošs

diverse [dai'vɜ:s] *a* 1. atšķirīgs; 2. dažāds

diversify [dai'vɜ:sifai] *v* 1. variēt; dažādot; ieviest dažādību; 2. *amer.* ieguldīt dažādos uzņēmumos (*kapitālu*)

diversion [dai'vɜ:ʃn] *n* 1. novirzīšana; 2. (*uzmanības*) novēršana; 3. izklaidēšanās; 4. *mil.* diversija

diversity [dai'vɜ:siti] *n* dažādība; nevienādība

divert [dai'vɜ:t] *v* 1. novirzīt; 2. novērst (*uzmanību*); 3. izklaidēt; uzjautrināt

divest [dai'vest] *v* 1. (*of*) noģērbt; 2. (*of*) atņemt (*piem., tiesības*); to d. oneself (*of*) – atsacīties

divestment [dai'vestmənt] *n* 1. noģērbšana; 2. (*tiesību u.tml.*) atņemšana

divide [di'vaid] I *n amer.* ūdensšķirtne; II *v* 1. [sa]dalīt; atdalīt; 2. [sa]dalīties

dividend ['dividend] *n* 1. *mat.* dalāmais; 2. *ek.* dividende

divider [di'vaidə] *n* 1. dalītājs; 2.: ~s *pl* – cirkulis

divination [ˌdivi'neiʃn] *n* 1. zīlēšana; pareģošana; 2. pareģojums; 3. paredzējums

divine [di'vain] I *n* teologs; garīdznieks; II *a* 1. dievišķīgs; 2. *sar.* brīnišķīgs; lielisks; III *v* 1. zīlēt; pareģot; 2. paredzēt

divinity [di'vinəti] *n* 1. dievišķība; 2. dievība, dievs; 3. teoloģija

division [di'viʒn] *n* 1. dalīšana; 2. dalīšanās; cell d. *biol.* – šūnu dalīšanās; 3. iedalījums; sadalījums; 4. šķirtne; starpsiena; 5. šķelšanās; nevienprātība; 6. daļa; nodaļa; 7. *mil.* divīzija; 8. balsošana

divisor [di'vaizə] *n mat.* dalītājs

divorce [di'vɔ:s] I *n* 1. laulības šķiršana; 2. šķiršana, atdalīšana; II *v* 1. šķirties (*no vīra, sievas*); 2. šķirt, atdalīt

divorcee [di͵vɔː'siː] *n* **1**. šķirtenis; **2**. šķirtene
divulge [dai'vʌldʒ] *v* izpaust (*noslēpumu*); pastāstīt (*jaunas ziņas*)
dixie ['diksi] *n* (*lauka virtuves*) katls
dizziness ['dizinəs] *n* reibonis
dizzy ['dizi] **I** *n* **1**. apreibis; I'm d. – man reibst galva; **2**. reibinošs (*par augstumu* u.t. tml.); **II** *v* **1**. reibināt; **2**. samulsināt
do[a] [dəʊ] *n mūz.* do
do[b] (*uzsvērtā forma* [duː], *neuzsvērtās formas* [dʊ, də, d]) *v* (*p.* did [did]; *p.p.* done [dʌn]) **1**. darīt; veikt; **2**. sakārtot; to do the room – uzkopt istabu; to do one's teeth – iztīrīt zobus; **3**. gatavot; to do the cooking – gatavot ēdienu; **4**. pakalpot; will you do me a favour (a kindness)? – vai jūs man izdarītu pakalpojumu?; **5**. apkalpot (*piem., pie friziera*); **6**. tēlot (*lomu*); **7**. derēt; pietikt; **8**. izturēties; apieties; **9**. klāties; veikties; **10**. mācīties; studēt; to do English at school – mācīties angļu valodu skolā; **11**. *sar.* apskatīt, aplūkot; to do the exhibition – apskatīt izstādi; **12**. sadot; I'll do you! – es tev parādīšu!; **13**. *sar.* piemānīt; **14**. *sar.* (*parasti continuous laikā*): what's ~ing here? – kas te notiek?; **15**. (*lieto palīgdarbības vārdu nolieguma un jautājuma teikumos Present un Past Indefinite un pavēles izteiksmes nolieguma formā*): he does not smoke – viņš nesmēķē; **16**. (*lieto cita darbības vārda vietā, lai izvairītos no atkārtojuma*): I know as well as you do – es zinu, tāpat kā jūs zināt; ◊ to do away (*with*) – 1) atmest; 2) iznīcināt; to do by – izturēties; to do down

sl. – gūt virsroku; to do for *sar.* – 1) rūpēties; aprūpēt; 2) sagādāt; 3) nobeigt; nokausēt; to do in *sl.* – 1) nogalināt; 2) nogurdināt; done in – pārmocījies; to do into – pārtulkot; to do out – pamatīgi iztīrīt; to do out of – (*ar viltu*) atņemt; to do over – 1) pārkrāsot; 2) *amer.* pārveidot; 3) *amer.* atkārtot; to do up – 1) aizpogāt (*apģērbu*); 2) sakārtot; savest kārtībā
doable ['duːəbl] *a* izdarāms; veicams
do-all ['duː͵ɔːl] *n sar.* meistars visās lietās
doat [dəʊt] *sk.* **dote**
doc [dɒk] *n* **1**. (*saīs. no* doctor) *sar.* ārsts; **2**. (*saīs. no* document) dokuments
docile ['dəʊsail] *a* **1**. paklausīgs; paklāvīgs; **2**. (*par rūdu u. tml.*) viegli apstrādājams
docility [dəʊ'siləti] *n* paklausība; paklāvība
dock[a] [dɒk] **I** *n* doks; floating d. – peldošais doks; **II** *v* **1**. novietot dokā (*kuģi*); **2**. iebraukt dokā; **3**. (*par kosmosa kuģiem*) savienoties
dock[b] [dɒk] *n* apsūdzēto sols
dock[c] [dɒk] *v* **1**. nocirst, apstrupināt (*asti*); **2**. īsi apgriezt (*matus*); **3**. atvilkt (*no algas*)
dock[d] [dɒk] *n* skābene; skābenes
docker ['dɒkə] *n* dokers
docket ['dɒkit] **I** *n* **1**. *jur.* iztiesājamo lietu saraksts; **2**. dokumenta izraksts; **3**. pavadzīme; **II** *v* **1**. ierakstīt iztiesājamo lietu sarakstā; **2**. izgatavot dokumenta izrakstu; **3**. marķēt (*preci*)
dockie ['dɒki] *n sar.* dokers
dockyard ['dɒkjaːd] *n* **1**. kuģu būvētava; **2**. kuģu remonta rūpnīca

doctor ['dɒktə] **I** *n* **1.** ārsts; **2.** doktors (*zinātnisks grāds*); **3.** remontmeistars; **4.** *sar.* (*kuģa*) pavārs; **II** *v* **1.** ārstēt; **2.** piešķirt doktora grādu; **3.** (*par meistaru*) pielabot; **4.** kastrēt
doctorate ['dɒktərit] *n* doktora grāds
document I *n* ['dɒkjʊmənt] dokuments; d. window *dat.* – dokumenta logs; **II** *v* ['dɒkjʊment] **1.** dokumentēt; **2.** sagādāt dokumentus
documentary [ˌdɒkjʊ'mentəri] **I** *n* dokumentāla filma; **II** *a* dokumentāls
documentation [ˌdɒkjʊmən'teiʃn] *n* dokumentācija
dodge [dɒdʒ] **I** *n* **1.** izlocīšanās; izvairīšanās; **2.** viltīgs paņēmiens; **3.** *sp.* māņu kustība; **II** *v* izlocīties; izvairīties
dodger ['dɒdʒə] *n* viltnieks; blēdis
doer ['du:ə] *n* darītājs; izpildītājs
does (*uzsvērtā forma* [dʌz], *neuzsvērtā forma* [dəz]) *tagadnes 3. pers. sg. no darbības vārda* do
doeskin ['dəʊskin] *n* **1.** briežāda; **2.** zamšāda
doesn't ['dʌznt] *saīs. no* does not
dog [dɒg] **I** *n* **1.** suns; **2.** (*vilku, lapsu*) tēviņš; **3.** *sar.* puisis; dirty d. – neģēlis; lazy d. – sliņķis; lucky d. – laimes bērns; **4.** knaibles; ◊ d. in the manger – suns uz siena kaudzes; **II** *v* **1.** sekot pa pēdām; **2.** *pārn.* vajāt
dogcart ['dɒgkɑ:t] *n* divriči
dog-days ['dɒgdeiz] *n pl* bula laiks; vasaras tveice
doggish ['dɒgiʃ] *a* **1.** suņa-; **2.** saīdzis; **3.** *sar.* stilīgs
dog-lead ['dɒgli:d] *n* suņa saite
dogleg ['dɒgleg] *n* ass ceļa pagrieziens
dogma ['dɒgmə] *n* dogma
dogmatic [dɒg'mætik] **I** *n* dogmatiķis; **II** *a* dogmatisks

dog-nap ['dɒgnæp] *n* īss snaudiens
do-gooder [ˌdu:'gʊdə] *n iron.* labais tēvocis
dog-rose ['dɒgrəʊz] *n* mežroze
dogstar ['dɒgstɑ:] *n astr. sar.* Sīriuss
dogtooth ['dɒgtu:θ] *n* **1.** ilknis; **2.** acu zobs
dog-violet ['dɒgˌvaiəlit] *n* meža vijolīte
doings ['du:iŋz] *n pl sar.* rīcība; izdarība
doldrums ['dɒldrəmz] *n pl* **1.** nomākts garastāvoklis; **2.** *jūrn.* bezvēja josla
dole[a] [dəʊl] **I** *n* bezdarbnieku pabalsts; **II** *v* (*arī* to d. out) **1.** skopi izdalīt; **2.** izsniegt (*pabalstu*)
dole[b] [dəʊl] *n poēt.* bēdas; skumjas
doleful ['dəʊlfʊl] *a* skumīgs; sērīgs
doll[a] [dɒl] *n* **1.** lelle; **2.** *sl.* (*par sievieti*) lellīte
doll[b] [dɒl] *v* : to d. up *amer. sl.* – uzcirsties, uzposties
dollar ['dɒlə] *n* dolārs
dolly ['dɒli] *n* **1.** lellīte; **2.** veļas vāle
dolomite ['dɒləmait] *n* dolomīts
dolorous ['dɒlərəs] *a* bēdīgs; skumjš
dolphin ['dɒlfin] *n* delfīns
dolt [dəʊlt] *n* stulbenis
domain [dəʊ'mein] *n* **1.** īpašums; **2.** *dat.* domēns; d. name – domēna vārds; **3.** (*darbības*) sfēra; in the d. of science – zinātnes joma
dome [dəʊm] **I** *n* **1.** *poēt.* stalta celtne; **2.** *arh.* kupols; **3.** (*debess*) velve; **II** *v* **1.** pārklāt (nosegt) ar kupolu; **2.** slieties kupolveidīgi
domestic [də'mestik] **I** *n* **1.** sulainis; kalpone; **2.**: ~s *pl* – iekšzemes ražojumi; **II** *a* **1.** mājas-; ģimenes-; d. science – mājturība; d. appliances – mājsaimniecības priekšmeti; **2.** iekšzemes-; d. trade – iekšējā tirdzniecība; d. policy – iekšpolitika; **3.** (*par dzīvniekiem*) mājas-; d. animals – mājlopi

domesticate [də'mestikeit] v 1. saistīt pie mājas; 2. civilizēt; 3. apgūt; 4. pieradināt (*dzīvnieku*); 5. kultivēt (*augu*)
domesticity [ˌdəʊme'stisəti] n 1. mājas dzīve; 2. ģimeniskums; 3. pieķeršanās ģimenei; 4. *pl* ģimenes lietas
domicile ['dɒmisail] I n 1. pastāvīga dzīvesvieta; 2. *jur.* juridiskā adrese; II v apmesties uz pastāvīgu dzīvi
dominance ['dɒminəns] n 1. pārsvars; kundzība; 2. ietekme
dominant ['dɒminənt] I n *mūz.* dominante; II *a* dominējošs; valdošs
dominate ['dɒmineit] v 1. dominēt; būt pārsvarā; 2. valdīt; ietekmēt; 3. slieties pāri (*piem., par kalniem*)
domination [ˌdɒmi'neiʃn] n 1. dominēšana; pārsvars; 2. valdīšana; kundzība
domineer [ˌdɒmi'niə] v (*over*) izturēties despotiski
dominion [də'minjən] n 1. valdīšana; vara; 2. domīnija; 3. valdījums
domino ['dɒminəʊ] n (*pl* ~es *vai* ~s ['dɒminəʊz]) 1. domino kauliņš; 2. *pl* domino (*spēle*)
don [dɒn] n 1.: D. – dons (*tituls*); 2. mācībspēks (*Oksfordas vai Kembridžas universitātē*); 3. *sl.* lietpratējs; zinātājs
donate [dəʊ'neit] v 1. dāvināt; 2. *amer.* ziedot
donation [dəʊ'neiʃn] n 1. dāvana; 2. *amer.* ziedojums
done [dʌn] *sk.* **do**ᶜ
donkey ['dɒŋki] n 1. ēzelis; 2. *amer. sl.* sektants; svētulis; ◊ he talks the hind leg of a d. – viņu neviens nevar aizrunāt
donor ['dəʊnə] n 1. ziedotājs; 2. donors
do-nothing ['duːˌnʌθiŋ] I n slaists; dienaszaglis; II *a* pasīvs

don't [dəʊnt] I n aizliegums; II *saīs.* no do not
doom [duːm] I n liktenis; II v nolemt (*kaut kam neizbēgamam*); ~ed to failure – lemts neveiksmei
doomsday ['duːmzdei] n pastardiena
door [dɔː] n 1. durvis; front d. – parādes durvis; back d. – sētas durvis; 2. *pārn.* ceļš; izeja
door-handle ['dɔːˌhændl] n durvju rokturis
door-keeper ['dɔːˌkiːpə] n durvju sargs
doorman ['dɔːmæn] n šveicars
doormat ['dɔːmæt] n kājslaukis
doorstep ['dɔːstep] n slieksnis
doorway ['dɔːwei] n 1. ieeja; 2. *pārn.* ceļš (*uz kaut ko*)
dope [dəʊp] I n 1. smērviela; 2. dopings; narkotika; II v 1. ieliet degvielu; 2. dot narkotiku; 3. apdullināt
doping ['dəʊpiŋ] n dopings; d. test – antidopinga pārbaude
dor [dɔː] n maijvabole
dorm [dɔːm] n (*saīs. no* dormitory) *sar.* 1. guļamistaba; 2. studentu kopmītne
dormant ['dɔːmənt] *a* 1. (*par dzīvnieku*) aizmidzis ziemas guļā; 2. dusošs; 3. potenciāls; apslēpts (*piem., par spēkiem, spējām*)
dormice *sk.* **dormouse**
dormitory ['dɔːmətri] n guļamzāle
dormouse ['dɔːmaʊs] n (*pl* dormice ['dɔːmais]) susuris
dorp [dɔːp] n ciems
dorse [dɔːs] n menca
dosage ['dəʊsidʒ] n 1. dozēšana; 2. deva
dose [dəʊs] I n deva; II v dot zāļu devu
dosimeter [dəʊ'simitə] n 1. *tehn.* dozators; 2. *fiz.* dozimetrs
doss [dɒs] *sl.* I n 1. guļamvieta; 2. miegs;

II *v* (*down*) pārnakšņot; ☐ to d. out – pārnakšņot zem klajas debess
dosshouse [ˈdɒshaʊs] *n* **1.** nakts patversme; **2.** *sl.* lēta īres māja
dotᵃ [dɒt] *n* (*līgavas*) pūrs
dotᵇ [dɒt] **I** *n* **1.** punkts; d. matrix *dat.* – punktmatrica; d. pitch *dat.* – punktiestatne; **2.** druska; nieciņš; **II** *v* **1.** likt punktu; **2.** punktēt; **3.** *sl.* sist; gāzt
dote [dəʊt] *v* **1.** kļūt plānprātīgam; **2.** (*on, upon*) neprātīgi mīlēt; dievināt
doting [ˈdəʊtiŋ] *a* mīlošs
dotty [ˈdɒti] *a* **1.** punktēts; **2.** nedrošs; grīļīgs (*par gaitu*)
double [ˈdʌbl] **I** *n* **1.** divkāršs daudzums; **2.** līdzinieks; dubultnieks; **3.** dublants; dublieris; **4.** dublikāts; **II** *a* **1.** divkāršs; dubults; d. bed – divguļamā gulta; d. density disk *dat.* – dubultblīvuma diskete; d. strike *dat.* – dubultsite; **2.** divējāds; **3.** divkosīgs; **4.** *bot.* pildīts; d. blossom – pildīts zieds; **III** *v* **1.** divkāršot; dubultot; **2.** divkāršoties; **3.** (*as*) dublēt (*lomu*); **4.** salocīt dubulti; **5.** izgatavot dublikātu; ☐ to d. up – 1) salocīt; 2) locīties (*aiz smiekliem*); 3) saliekties (*aiz sāpēm*); **IV** *adv* divkārši; dubulti; d. as much – divreiz vairāk
double-barelled [ˌdʌblˈbærəld] *a* **1.** divstobru-; **2.** divdomīgs; **3.** (*par uzvārdu*) divdaļīgs
double-breasted [ˌdʌblˈbrestid] *a* (*par uzvalku*) divrindu-
double-check [ˌdʌblˈtʃek] *v* vēlreiz pārbaudīt
double chin [ˌdʌblˈtʃin] *n* dubultzods
double cream [ˌdʌblˈkriːm] *n* biezs krējums
double-dealer [ˌdʌblˈdiːlə] *n* divkosis
double-decker [ˌdʌblˈdekə] *n* **1.** divklāju kuģis; **2.** *sar.* divstāvu autobuss; **3.** *sl.* trīskārtaina sviestmaize
double-edged [ˌdʌblˈedʒd] *a* **1.** abpusgriezīgs; **2.** (*par argumentu*) divpusīgs
double-faced [ˈdʌblfeist] *a* **1.** divkosīgs; **2.** (*par audumu*) abpusējs
double-hearted [ˌdʌblˈhɑːtid] *a* divkosīgs; nodevīgs
double-minded [ˌdʌblˈmaindid] *a* svārstīgs; nedrošs
doublet [ˈdʌblit] *n* dublikāts; kopija
doubt [daʊt] **I** *n* šaubas; to be in d. – šaubīties; no d. – bez šaubām; **II** (*whether, if*) *v* **1.** šaubīties; **2.** apšaubīt
doubtful [ˈdaʊtfʊl] *a* **1.** (*about, of*) apšaubāms; **2.** neskaidrs; nenoteikts; **3.** šaubīgs; aizdomīgs
doubtless [ˈdaʊtləs] *adv* bez šaubām; neapšaubāmi
douche [duːʃ] **I** *n* **1.** duša; **2.** *med.* skalošana; **II** *v* **1.** mazgāties dušā; **2.** skalot
dough [dəʊ] *n* **1.** (*maizes*) mīkla; **2.** *amer. sl.* nauda
doughboy [ˈdəʊbɔi] *n amer. mil. sl.* kājnieks
doughy [ˈdəʊi] *a* **1.** mīklveidīgs; **2.** neizcepies; jēls; **3.** (*par sejas krāsu*) bāls; neveselīgs
dove [dʌv] *n* balodis; dūja
dovecote [ˈdʌvkəʊt] *n* baložu būda
dowager [ˈdaʊədʒə] *n* **1.** (*augstu stāvošas personas*) atraitne; **2.** *sar.* cienīga izskata vecāka sieviete
dowdy [ˈdaʊdi] *a* **1.** (*par sievieti*) nevīžīgi (nolaidīgi) ģērbusies; **2.** (*par tērpu*) noplucis; vecmodīgs
dowdyish [ˈdaʊdiiʃ] *a* bezgaumīgs
dowel [ˈdaʊəl] *n* muļķis
dower [ˈdaʊə] **I** *n* **1.** atraitnes daļa

(*mantojumā*); **2.** (*līgavas*) pūrs; **3.** talants; dotības; **II** *v* **1.** atstāt mantojumā (*atraitnei*); **2.** dot pūrā; **3.** (*with*) apveltīt (*ar talantu*)
downᵃ [daʊn] *n* dūna; pūka
downᵇ [daʊn] *n* **1.** (*klaja*) augstiene; **2.** kāpa
downᶜ [daʊn] **I** *n* **1.** pazemināšanās; paslikstināšanās; **2.** nepatika; **II** *a* lejupejošs; **III** *v* **1.** noliekt; **2.** nogāzt (*zemē*); to d. a plane − notriekt lidmašīnu; **3.** pieveikt (*pretinieku*); **4.** ātri izdzert; **5.** *sar.* padot uz priekšu (*piem., ēdienu*); **IV** *adv* **1.** apakšā; lejā; d. here − šeit apakšā; **2.** lejup; uz leju; **3.** zemē; guļus; **4.** līdz pat; līdz galam; to read d. the last page − izlasīt līdz pēdējai lappusei; **5.** (*apzīmē darbības aprimumu*): to boil d. − novārīties; **6.** (*apzīmē virzīšanos uz kādu vietu projām no runātāja*): will you walk d. to the shop with me? − vai jūs atnāktu man līdzi uz veikalu?; **7.** (*apzīmē virzīšanos no svarīgākas vietas uz mazsvarīgāku*): to take the train from London d. to Brighton − braukt ar vilcienu no Londonas uz Braitonu; **8.** (*veido darbības vārda pabeigtību*): to fall d. − nokrist; **9.** laikā no ... līdz; d. through the ages − līdz pat mūsdienām; **V** *prep* **1.** lejup pa; d. the river − lejup pa upi; **2.** (*virzienā*) pa; d. the street − pa ielu; d. [the] wind − pa vējam
downhill [ˌdaʊnˈhil] **I** *a* slīps; **II** *adv* lejup
downpour [ˈdaʊnpɔː] *n* lietusgāze
downright [ˈdaʊnrait] **I** *a* **1.** atklāts; godīgs; **2.** acīmredzams; **II** *adv* pilnīgi, gluži
downstairs [ˌdaʊnˈsteəz] **I** *a* apakšējā stāva-; **II** *adv* **1.** lejup [pa kāpnēm]; **2.** lejā, apakšējā stāvā
downstream [ˌdaʊnˈstriːm] *adv* lejup pa straumi
down-to-earth [ˌdaʊntəˈɜːθ] *a* praktisks; reāli noskaņots
downtown [ˌdaʊnˈtaʊn] *n* **I** *amer.* pilsētas komerciālais centrs; **II** *adv* centra virzienā
downtrodden [ˈdaʊnˌtrɒdn] *a* apspiests, nomākts
downward [ˈdaʊnwəd] **I** *a* **1.** lejupejošs; **2.** drūms; nospiests; **II** *adv* lejup, uz leju
downwards [ˈdaʊnwədz] *sk.* **downward II**
downyᵃ [ˈdaʊni] *a* pūkains; mīksts
downyᵇ [ˈdaʊni] *a sar.* viltīgs; slīpēts
downyᶜ [ˈdaʊni] *a* paugurains
dowry [ˈdaʊəri] *n* **1.** (*līgavas*) pūrs; **2.** dotības; talants
doxy [ˈdɒksi] *n sar.* **1.** doktrīna; **2.** (*reliģiska*) pārliecība
doze [dəʊz] **I** *n* snauda; **II** *v* snaust; ◊ to d. off − iesnausties
dozen [ˈdʌzn] *n* **1.** ducis; by the d. − dučiem; **2.** milzums; ~s of times − neskaitāmas reizes; ◊ baker's (devil's, printer's) d. − velna ducis
drabᵃ [dræb] *n* nevīža, netīrele
drabᵇ [dræb] **I** *n* **1.** dzeltenpelēka krāsa; **2.** vientulīgums; **II** *a* **1.** dzeltenpelēks; **2.** vienmuļš; neinteresants
draff [dræf] *n* atkritumi; samazgas
draft [drɑːft] *amer.* **I** *n* **1.** projekts; **2.** skice; uzmetums; **3.** čeks; maksāšanas orderis; **II** *v* **1.** sastādīt projektu; **2.** uzskicēt; **3.** *mil.* iesaukt (*karadienestā*)
draftee [ˌdrɑːfˈtiː] *n* jauniesaucamais
drafting [ˈdrɑːftiŋ] *n* **1.** (*likumprojekta*) sastādīšana; **2.** rasēšana

draftsman [ˈdrɑːftsmən] *n* **1.** rasētājs; zīmētājs; **2.** (*likumprojekta*) sastādītājs
drag [dræg] **I** *n* **1.** bagars; **2.** bremze; **3.** ecēšas; **4.** kavēklis, šķērslis; **II** *v* **1.** vilkt, vazāt; **2.** vilkties; **3.** bagarēt; **4.** ecēt; **5.** ◊ to d. into – ievilkt, iesaistīt; to d. on – (*par laiku*) lēnām vilkties; to d. out – 1) paildzināt; 2) izdabūt, izvilināt (*patiesību*); to d. up – 1) cilāt (*kādu jautājumu*); 2) pavirši audzināt
draggle [ˈdrægl] *v* vazāt (*pa dubļiem*)
dragnet [ˈdrægnet] *n* **1.** zvejastīkls, vads; **2.** tīkls putnu ķeršanai
dragon [ˈdrægən] *n* **1.** pūķis; **2.** (*jaunu meiteņu*) pavadone
dragonfly [ˈdrægənflai] *n* spāre
drain [drein] **I** *n* **1.** drena; novadcaurule; **2.** kanalizācijas caurule; **3.** *pl* kanalizācijas sistēma; **4.** *med.* drenāžas caurulīte; **II** *v* **1.** drenēt, nosusināt (*augsni*); **2.** nožāvēt (*traukus*); **3.** *med.* drenēt (*brūci*); **4.** iztukšot, izdzert tukšu; **5.** izsūkt (*spēkus u. tml.*)
drainage [ˈdreinidʒ] *n* **1.** drenēšana, drenāža; **2.** kanalizācija; **3.** *med.* (*brūces*) drenāža; **4.** netīrumi; atkritumi
drake [dreik] *n* pīļtēviņš
drama [ˈdrɑːmə] *n* drāma
dramatic [drəˈmætik] *a* **1.** dramatisks; **2.** teātra-
dramatics [drəˈmætiks] *n* skatuves māksla; aktiermāksla
dramatist [ˈdræmətist] *n* dramaturgs
dramatize [ˈdræmətaiz] *v* dramatizēt
dramaturgy [ˈdræmətɜːdʒi] *n* dramaturģija
dram-drinker [ˈdræmˌdriŋkə] *n sl.* žūpa; d. - d. shop – krogs
drank *sk.* **drink II**
drape [dreip] **I** *n* **1.** drapējums; **2.** (*auduma, apģērba*) kritums; **II** *v* **1.** drapēt; to d. curtains over a window – pielikt logam aizkarus; **2.** (*par audumu*) krist
drapery [ˈdreipəri] *n* **1.** drapējums; **2.** audumi; **3.** audumu veikals
drastic [ˈdræstik] *a* **1.** (*par metodēm, līdzekļiem*) radikāls, krass; **2.** (*par medikamentu*) stiprs, iedarbīgs
draught [drɑːft] *n* **1.** vilkšana; beasts of d. – darba lopi; **2.** caurvējš; **3.** loms; **4.** malks; at a d. – vienā paņēmienā; **5.** (*kuģa*) iegrime; **6.** *med.* mikstūra
draughtboard [ˈdrɑːftbɔːd] *n* **1.** dambretes galdiņš; **2.** rasējamais dēlis
draughts [drɑːfts] *n pl* dambrete
draughtsman [ˈdrɑːftsmən] *n* **1.** *sk.* **draftsman 1., 2.**; **2.** (*dambretes*) kauliņš
draw [drɔː] **I** *n* **1.** vilkšana; **2.** vilinājums; pievilkšanas objekts; **3.** lozēšana; loterija; **4.** neizšķirta spēle; **II** *v* (*p.* drew [druː]; *p.p.* drawn [drɔːn]) **1.** vilkt; **2.** izraut; izvilkt; **3.** zīmēt; **4.** ievilkt (*elpu*); **5.** pievilkt; saistīt (*uzmanību u. tml.*); **6.** izdarīt (*secinājumu*); **7.** saņemt (*informāciju, naudu*); **8.** smelt; smelties; **9.** (*arī* to d. up) noformēt (*dokumentu*); izrakstīt (*čeku u.tml.*); **10.** beigt neizšķirti (*spēli*); ◊ to d. away – 1) novērsties; 2) atrauties (*no pretinieka*); to d. back – atkāpties; to d. down – 1) nolaist (*aizkaru*); 2) radīt (*naidu u.tml.*); to d. for – izlozēt; to d. in – 1) (*par dienu*) beigties; 2) (*par dienas garumu*) saīsināties; to d. into – iesaistīt (*piem., sarunā*); to d. off – novilkt; noaut; to d. on – 1) uzvilkt, uzmaukt; 2) tuvoties; 3) pamudināt (*runāt, atzīties*); to d. out – 1) izņemt; iz-

vilkt; 2) pagarināt; to d. through – izsvītrot; to d. up – 1) sastādīt (*sarakstu*); 2) noformēt (*dokumentu*); izrakstīt (*čeku*)
drawback ['drɔ:bæk] *n* **1.** vaina; trūkums; **2.** šķērslis; kavēklis
drawbridge ['drɔ:brid3] *n* paceļamais tilts
drawer[a] ['drɔ:ə] *n* zīmētājs; rasētājs
drawer[b] [drɔ:] *n* atvilktne
drawing ['drɔ:iŋ] *n* **1.** zīmēšana; rasēšana; **2.** zīmējums; rasējums
drawing-board ['drɔ:iŋbɔ:d] *n* rasējamais dēlis
drawing-pen ['drɔ:iŋpen] *n* velce (*rasēšanai*)
drawing-pin ['drɔ:iŋpin] *n* piespraude
drawing-room ['drɔ:iŋrʊm] *n* **1.** viesistaba; **2.** *amer.* atsevišķa kupeja (*vilcienā*)
drawn [drɔ:n] **I** *a* **1.** (*par spēli*) neizšķirts; **2.** (*par seju*) savilkts; **II** *sk.* **draw II**
dray [drei] *n* rati (*platforma*)
dread [dred] **I** *n* bailes; šausmas; **II** *v* baidīties, bīties
dreadful ['dredfʊl] **I** *n sl.* (*arī* penny d.) šausmu romāns; **II** *a* šausmīgs, briesmīgs
dream [dri:m] **I** *n* **1.** sapnis; **2.** redzējums; **II** *v* (*p. un p.p.* dreamt [dremt]) **1.** sapņot; **2.** fantazēt; to d. away one's time – dīkdienīgi pavadīt laiku; **3.** (*nolieguma teikumos*) iedomāties; I shouldn't d. of doing such a thing – man ne prātā nenāktu to darīt
dreamer ['dri:mə] *n* **1.** sapņotājs; fantazētājs; **2.** *amer. sl.* virspalags
dreamland ['dri:mlænd] *n* sapņu zeme; pasaku valstība
dreamt *sk.* **dream II**

dreamy ['dri:mi] *a* **1.** sapņains; **2.** iedomu-; nereāls
dreary ['driəri] *a* **1.** drūms; **2.** garlaicīgs; d. work – neinteresants darbs
dredge [dred3] *v* apkaisīt (*ar miltiem, cukuru u.tml.*)
dredger ['dred3ə] *n* bagars
dregs [dregz] *n* **1.** atliekas; mieles; **2.** atkritumi
drench [drentʃ] **I** *n* **1.** mikstūra (*veterinārijā*); **2.** lietusgāze; **II** *v* izmirkt, salīt; ~ed through – izmircis līdz ādai
dress [dres] **I** *n* **1.** apģērbs; tērps; kleita; evening d. – 1) vakartērps; 2) fraka; d. coat – fraka; d. circle *teātr.* – beletāža; d. rehearsal *teātr.* – ģenerālmēģinājums; **2.** [ārējais] ietērps; **II** *v* **1.** apģērbt; sapost; **2.** apģērbties; saposties; **3.** dekorēt; rotāt; **4.** frizēt, ieveidot (*matus*); **5.** pārsiet (*ievainojumu*); **6.** garnēt (*ēdienu*); pielikt aizdaru (garšvielas); **7.** sagatavot augsni (*sējai*); dot minerālmēslojumu; **8.** iebraukt (*zirgu*); **9.** apgriezt (*krūmus*); ◊ to d. up – 1) uzpost; 2) uzposties; 3) pārģērbties par
dressage ['dresɑ:3] *n* **1.** (*zirgu*) iejāšana; iejāde; **2.** gatavošanās (*jāšanas*) sacensībām
dresser[a] ['dresə] *n* **1.** virtuves skapis; **2.** *amer.* tualetes galdiņš (*ar atvilktnēm*)
dresser[b] ['dresə] *n* **1.** feldšeris; **2.** kostīmu pārzinis; **3.** skatlogu dekorētājs
dressing ['dresiŋ] *n* **1.** apģērbšanās; **2.** pārsienamais materiāls; **3.** *kul.* garnējums; piedevas; (*salātu*) mērce; **4.** mēslojums
dressmaker ['dres,meikə] *n* šuvēja
dressmaking ['dres,meikiŋ] *n* (*sieviešu tērpu*) šūšana

dressy ['dresi] *a* **1.** eleganti ģērbies; **2.** (*par apģērbu*) moderns; elegants
drew *sk.* **draw II**
dribble ['dribl] **I** *n* **1.** pilēšana; **2.** *sp.* dribls; **II** *v* **1.** pilēt; **2.** siekaloties; **3.** *sp.* driblēt (*bumbu*)
dried [draid] *a* žāvēts; kaltēts; d. milk – piena pulveris; d. fish – kaltētas zivis
drift [drift] **I** *n* **1.** lēna tecēšana; **2.** *jūrn.* dreifs; **3.** pašplūsma; **4.** (*sniega*) kupena; (*lapu*) kaudze; **II** *v* **1.** peldēt (*pa straumi*); nest (*vēja virzienā*); **2.** *jūrn.* dreifēt; **3.** sanest; sadzīt (*sniegu, smiltis u. tml.*); **4.** ļauties pašplūsmai; ◊ to d. apart – izšķirties; atsvešināties
drift-ice ['driftais] *n* ledus vižņi
drill[a] [dril] **I** *n* **1.** apmācīšana; dresūra; [ie]dīdīšana; **2.** treniņš; **II** *v* **1.** apmācīt; dresēt; **2.** trenēt; **3.** veikt atkārtotus vingrinājumus
drill[b] [dril] **I** *n* urbis, urbjmašīna; **II** *v* urbt
drill[c] [dril] **I** *n* **1.** vaga; **2.** rindu sējmašīna; **II** *v* sēt rindās
drillhall ['drilhɔ:l] *n* manēža
drily ['draili] *adv* sausi; neinteresanti
drink [driŋk] **I** *n* **1.** dzēriens; soft ~s – bezalkoholiski dzērieni; **2.** (*arī* strong d.) alkoholisks dzēriens; in d. – dzērumā; **3.** (*ūdens u.tml.*) malks; **II** *v* (p. drank [dræŋk]; *p.p.* drunk [drʌŋk]) **1.** [iz]dzert; to d. [to] smb.'s health – iedzert uz kāda veselību; **2.** žūpot; ◊ to d. down (off, up) – izdzert vienā paņēmienā; to d. in – 1) (*par augsni, augiem*) uzsūkt mitrumu; 2) kāri uztvert (*iespaidus u.tml.*)
drinker ['driŋkə] *n* **1.** dzērējs; **2.** dzērājs; heavy d. – žūpa
drip [drip] **I** *n* **1.** pilēšana; **2.** *sl.* nejēga; stulbenis; **3.** *amer. sl.* glaimi (*tukša runāšana*); **II** *v* pilēt
drip-dry ['dripdrai] **I** *n* ātri žūstošs; **II** *v* žāvēt (*bez izgriešanas*)
dripping ['dripiŋ] *n* **1.** pilēšana; **2.** cepeštauki
drive [draiv] **I** *n* **1.** braukšana; **2.** izbraukums (*ratos, automobilī*); **3.** piebraucamais ceļš; **4.** (*zvēra*) dzīšana (*medībās*); (*ienaidnieka*) vajāšana; **5.** *mil.* uzbrukums; trieciens; **6.** *amer.* kampaņa; **II** *v* (p. drove [drəʊv]; *p.p.* driven ['drivn]) **1.** dzīt; trenkt; **2.** iedzīt (*piem., naglu*); **3.** vadīt pajūgu; **4.** vadīt (*automobili*); braukt (*automobilī*); **5.** transportēt; aizvest; **6.** darbināt; **7.** pārslogot; **8.** atlikt (*uz pēdējo termiņu*); ◊ to d. at – mērķēt; what are you driving at? – ko jūs ar to domājat?; to d. in – (*ar grūtībām*) iemācīt; to d. up – piebraukt
drive-in ['draivin] *n amer.* **1.** restorāns autovadītājiem (*kur ēdienu pasniedz automobilī*); **2.** kino autovadītājiem (*kur filmu var noskatīties, sēžot automobilī*)
drivel ['drivl] **I** *n* **1.** siekalas; **2.** muļķības, aplamības; **II** *v* **1.** siekaloties; **2.** melst niekus
driven *sk.* **drive II**
driver ['draivə] *n* **1.** (*lopu*) dzinējs; **2.** šoferis, vadītājs; braucējs; **3.** golfa nūja; **4.** *tehn.* dzinējs; **5.** *dat.* dzinis, draiveris
driving ['draiviŋ] **I** *n* **1.** braukšana; **2.** *jūrn.* dreifs; **3.** (*transportlīdzekļa*) vadīšana; d. school – autoskola; **4.** *tehn.* piedziņa; pārnesums; **II** *a* (*par vēju*) brāzmains
drizzle ['drizl] **I** *n* smalks lietus; **II** *v* līņāt, smidzināt

droit [drɔit] *n* tiesības
droll [drəʊl] *a* jocīgs; ērmots
drollery [ˈdrəʊləri] *n* jokošanās
dromedary [ˈdrɒmədəri] *n* vienkupra kamielis
drone [drəʊn] **I** *n* 1. trans; 2. liekēdis; 3. dūkšana; 4. vadāmais šāviņš; bezpilota lidmašīna (*vai* kosmosa kuģis); **II** *v* 1. būt liekēdim; 2. dūkt; 3. bubināt
droop [dru:p] **I** *n* 1. (*galvas*) nokāršana; (*acu*) nolaišana; 2. nespēks; pagurums; 3. grūtsirdība; **II** *v* 1. nokarāties; 2. nokārt (*galvu*); nodurt (*acis*); 3. novīst; 4. pagurt
drop [drɒp] **I** *n* 1. piliens; d. by d. (in ~s) – pa pilienam; 2. auskars; kareklis; 3. dražeja; 4. pazemināšanās; krišanās; d. in prices – cenu pazemināšanās; **II** *v* 1. pilēt; 2. [no]krist; to d. to one's knees – noslīgt ceļos; 3. pazemināties; kristies; 4. (*nejauši*) nomest; 5. iemest; izmest; 6. izbeigt; 7. izlaist (*burtus, skaņas*); ◊ to d. across – nejauši satikt; to d. away – atkrist (*citam pēc cita*); to d. behind – atpalikt; to d. in (by) – apciemot; iegriezties; to d. in on – ierasties bez pieteikšanās; to d. off – 1) samazināties; 2) iesnausties; to d. out – aiziet; nozust
drop-down [ˈdrɒpdəʊn] *n dat.* nolaižams; d. list box – nolaižamais sarakstlodziņš; d. menu – nolaižamā izvēlne
droplet [ˈdrɒplət] *n* pilīte
dropout [ˈdrɒpaʊt] *n* 1. atbirums; university ~s – atskaitītie studenti; 2. *sar.* pusinteliģents; 3. *sar.* deklasēts elements
dropper [ˈdrɒpə] *n* pipete

drops [drɒps] *n pl med.* pilieni; eye d. – acu pilieni
dropsical [ˈdrɒpsikl] *a* 1. tūskas-; 2. uztūcis
dropsy [ˈdrɒpsi] *n med.* tūska
dropwort [ˈdrɒpwɜ:t] *n bot.* vīgrieze
dross [drɒs] *n* 1. izdedži; sārņi; 2. atkritumi
drought [draʊt] *n* sausums
drove[a] [drəʊv] *n* 1. ganāmpulks; 2. pūlis; bars
drove[b] *sk.* **drive II**
drown [draʊn] *v* 1. slīkt; to be ~ed – noslīkt; 2. noslīcināt; 3. pārpludināt; 4. apslāpēt (*skaņu*)
drowse [draʊz] **I** *n* snauda, snaudiens; **II** *v* 1. snaust, snauduļot; 2. iemidzināt; 3. dzīvot bezdarbībā
drowsy [ˈdraʊzi] *a* 1. miegains; 2. iemidzinošs
drub [drʌb] *v* 1. sist, dauzīt (*ar mietu*); 2. *pārn.* (*into*) iedzīt (*galvā*); iestāstīt; 3. pilnīgi sakaut
drudge [drʌdʒ] **I** *n* smaga, garlaicīga darba strādnieks; **II** *v* pūlēties; smagi strādāt
drudgery [ˈdrʌdʒəri] *n* grūts, garlaicīgs darbs
drug [drʌg] **I** *n* 1. droga; zāles; 2. narkotika; d. habit – narkomānija; **II** *v* 1. narkotizēt; 2. piejaukt narkotiku (*ēdienam, dzērienam*); 3. lietot narkotikas
druggie [ˈdrʌgi] *n sl.* narkomāns
druggist [ˈdrʌgist] *n amer.* aptiekārs
drugstore [ˈdrʌgstɔ:] *n amer.* aptieka; sīkpreču veikals
druid [ˈdru:id] *n vēst.* druīds; priesteris
drum [drʌm] **I** *n* 1. bungas; 2. bungu riboņa; 3. *anat.* bungādiņa; 4. (*degvielas*) tvertne; 5. *tehn.* cilindrs; **II** *v* 1. sist bungas; 2. bungot (*ar pirk-*

stiem); dauzīt (*ar kājām*); **3.** (*par sirdi*) dauzīties; ☐ to d. into – iedzīt (*galvā*); to d. up *amer.* – 1) sasaukt, saaicināt; 2) uzkost (*ceļmalā*)
drumfire [ˈdrʌmfaiə] *n mil.* viesuļuguns
drummer [ˈdrʌmə] *n* **1.** bundzinieks; **2.** *amer.* komivojažieris
drunk [drʌŋk] **I** *n* **1.** dzērājs; **2.** *sl.* iedzeršana; **II** *a* **1.** piedzēries; to get d. – piedzerties; **2.** (*with*) apskurbis, apreibis (*aiz panākumiem u.tml.*); **III** *sk.* **drink II**
drunkard [ˈdrʌŋkəd] *n* dzērājs
dry [drai] **I** *n* **1.** sausums; **2.** sauszeme; **II** *a* **1.** sauss; izkaltis; d. land – sauszeme; d. cow – ālava; **2.** sauss; neinteresants; **3.** (*par vīnu*) sausais; **4.** vēss; dzestrs; **III** *v* **1.** kaltēt; vītināt; žāvēt; **2.** [no]slaucīt (*pēc mazgāšanas*); **3.** izkalst; izžūt; **4.** konservēt (*iegūstot sausni*); **5.** izsīkt, apsīkt; ☐ to d. out – 1) atskurbt; 2) ārstēties no alkoholisma; to d. up – 1) izžūt; 2) *sar.* apklust; d. up! – klusu!; beidz!
dryad [ˈdraiəd] *n* driāda, nimfa
dry-clean [ˌdraiˈkli:n] *v* ķīmiski tīrīt
dry-cleaner's [ˌdraiˈkli:nəz] *n* ķīmiskā tīrītava
dual [ˈdju:əl] **I** *n gram.* divskaitlis; d. boot *dat.* – duālā sāknēšana; **II** *a* divkāršs, dubults
dualism [ˈdju:əlizəm] *n filoz.* duālisms
duality [djuːˈæləti] *n* **1.** divējādība; divdabība; **2.** *mat.* divnozīmība
dubᵃ [dʌb] *v* dublēt (*filmu*)
dubᵇ [dʌb] *v* piešķirt titulu
dubious [ˈdju:biəs] *a* **1.** apšaubāms; **2.** šaubīgs; nedrošs
ducal [ˈdju:kl] *a* hercoga-

ducat [ˈdʌkət] *n vēst.* dukāts
duchess [ˈdʌtʃis] *n* hercogiene
duchy [ˈdʌtʃi] *n* hercogiste
duckᵃ [dʌk] *n* **1.** pīle; **2.** drostaliņa; **3.** *mil.* tanks-amfībija; ◇ to take smth. like a d. water – justies kā zivij ūdenī; like water off a ~'s back – kā pīlei ūdens
duckᵇ [dʌk] **I** *n* **1.** izvairīšanās (*no sitiena u.tml.*); **2.** ieniršana (*ūdenī*); **II** *v* **1.** izvairīties (*no sitiena*); **2.** ienirt; **3.** (*out of*) *pārn.* izvairīties (*no atbildības u.tml.*)
duckᶜ [dʌk] *n* buru audekls
duckbill [ˈdʌkbil] *n* pīļknābis
ducking [ˈdʌkiŋ] *n* **1.** strauja galvas pieliekšana; **2.** izmirkšana (*lietū, ūdenī*)
duckling [ˈdʌkliŋ] *n* pīlēns; ugly d. – neglītais pīlēns
duck-out [ˈdʌkaʊt] *n sl.* **1.** izbēgšana; **2.** *mil.* dezertēšana
duct [dʌkt] *n* **1.** vads, kanāls (*organismā*); **2.** *tehn.* caurulvads
ductile [ˈdʌktail] *a* **1.** (*par metālu*) elastīgs; stiepjams; **2.** (*par mālu u.tml.*) valkans; **3.** pakļāvīgs, paklausīgs
dud [dʌd] *n sl.* **1.** putnubiedēklis; **2.** imitācija; **3.** nesprādzis šāviņš; **4.** nemākulis
dude [dju:d] *n* **1.** īsts pilsētnieks; **2.** luteklis
dudgeon [ˈdʌdʒən] *n* sašutums
due [dju:] **I** *n* (*kādam*) pienācīgā daļa; to give smb. his d. – kādu pienācīgi novērtēt; **II 1.** pienācīgs; **2.** (*termiņā, plānā u.tml.*) paredzēts; sagaidāms; **III** *adv* taisni, tieši
duel [ˈdju:əl] **I** *n* **1.** divkauja; **2.** (*divu viedokļu*) sadursme; **II** *v* duelēties
duenna [djʊˈenə] *n* guvernante; kompanjone
dues [dju:z] *n pl* **1.** nodoklis; nodevas;

custom d. – muitas nodoklis; **2.** biedru nauda
duet [dju'et] *n* duets
duffer ['dʌfə] *n* **1.** *sar.* nekam nederīgs cilvēks; **2.** viltota monēta; **3.** nepraša
dugᵃ [dʌg] *n* **1.** (*dzīvnieka*) pups; **2.** tesmenis
dugᵇ *sk.* **dig II**
duke [dju:k] *n* **1.** hercogs; **2.** *sl.* dūre
dukedom ['dju:kdəm] *n* **1.** hercogiste; **2.** hercoga tituls
dulcet ['dʌlsit] *a* (*par skaņu*) maigs, liegs
dull [dʌl] **I** *a* **1.** truls; neass; **2.** blāvs; nespodrs; **3.** neinteresants; garlaicīgs; **4.** (*par skaņu*) dobjš; **5.** (*par redzi, dzirdi*) vājš; **6.** (*par laiku*) apmācies; drūms; **7.** (*par garastāvokli*) nomākts, nospiests; **8.** truls; stulbs; **9.** (*par tirdzniecību*) panīcis; **II** *v* **1.** padarīt neasu; **2.** notrulināt; **3.** aptumšot (*prieku*); **4.** sabojāt (*ēstgribu*)
duly ['dju:li] *adv* **1.** pienācīgi; **2.** [noteiktā] laikā
dumb [dʌm] *a* **1.** mēms; deaf and d. – kurlmēms; **2.** nerunīgs; **3.** *amer. sl.* muļķīgs; **4.** *dat.*: d. terminal – trulais termināls
dumbbell ['dʌmbel] *n sp.* hantele
dumbfound [dʌm'faʊnd] *v* pārsteigt; apstulbināt
dummy ['dʌmi] **I** *n* **1.** marionete; ieliktenis; **2.** manekens; **3.** putnubiedēklis; **II** *a* fiktīvs; neīsts
dump [dʌmp] **I** *n* **1.** dobjš troksnis; **2.** izgāztuve; **3.** atkritumu kaudze; **4.** *dat.* izmete; **II** *v* **1.** nomest ar dobju troksni; **2.** izgāzt (*atkritumus*); **3.** izkraut
dumper ['dʌmpə] *n* pašizgāzējs
dumping ['dʌmpiŋ] *n* **1.** izgāšana; **2.** *ek.* dempings

dumpish ['dʌmpiʃ] *a* **1.** skumjš; bēdīgs; **2.** neapķerīgs
dumpling ['dʌmpliŋ] *n* **1.** klimpa; **2.** mīklā cepts ābols
dumps [dʌmps] *n pl* grūtsirdība
dun [dʌn] **I** *n* pelēcīgi brūna krāsa; **II** *a* pelēcīgi brūns
dunce [dʌns] *n* atpalicis skolnieks; stulbenis; nejēga
dunderhead ['dʌndəhed] *n* stulbenis
dune [dju:n] *n* kāpa
dung [dʌŋ] *sk.* **ding II**
dunk [dʌŋk] *v* **1.** mērcēt (*cepumu tējā u. tml.*); **2.** iegremdēties (*ūdenī*)
duo ['dju:əʊ] *n* **1.** *mūz.* duets; **2.** pāris
duodenum [ˌdju:əʊ'di:nəm] *n anat.* divpadsmitpirkstu zarna
dupe [dju:p] **I** *n* **1.** piekrāptais; piemuļķotais; **2.** kopija; novilkums; **II** *v* piekrāpt; piemuļķot
duplex ['dju:pleks] *a* dubults; d. house – divdzīvokļu māja
duplicate I *n* ['dju:plikət] **1.** dublikāts; kopija; in d. – divos eksemplāros; **2.** *pl* rezerves daļas; **II** *a* ['dju:plikət] **1.** dubults; divkāršs; **2.** rezerves-; **3.** atdarināts; kopēts; **III** *v* ['dju:plikeit] **1.** dubultot; divkāršot; **2.** izgatavot kopiju
duplication [ˌdju:pli'keiʃn] *n* **1.** dubultošana; divkāršošana; **2.** kopēšana; pavairošana (*kopējot*)
duplicity [dju:'plisəti] *n* divkosība
durable ['djʊərəbl] *a* **1.** izturīgs; **2.** ilgstošs
duralumin [djʊə'ræljʊmin] *n* dūralumīnijs
durance ['djʊərəns] *n* ieslodzījums
duration [djʊə'reiʃn] *n* ilgums; of short d. – īslaicīgs
duress[e] [djʊə'res] *n* ieslodzījums

during [ˈdjʊəriŋ] *prep* laikā
durst *sk.* **dare** II
dusk [dʌsk] I *n* krēsla; II *v poēt.* satumst; krēslot
dusky [ˈdʌski] *a* 1. krēslains; 2. (*par sejas krāsu*) melnīgsnējs
dust [dʌst] I *n* 1. putekļi; 2. atkritumi; saslaukas; 3. pīšļi; 4. *bot.* putekšņi; II *v* 1. slaucīt (dauzīt) putekļus; 2. apputināt; pieputināt; 3. apkaisīt (*ar miltiem u. tml.*); 4. *lauks.* apmiglot (*ar insekticīdiem*); ⬚ to d. off – atsvaidzināt (*zināšanas*)
dustbin [ˈdʌstbin] *n* atkritumu spainis
duster [ˈdʌstə] *n* 1. putekļu lupata; 2. putekļu sūcējs; 3. *amer.* putekļu mētelis
dustup [ˈdʌstʌp] *n sl.* ķilda; kautiņš
dusty [ˈdʌsti] *a* 1. putekļains; 2. pelēks; 3. neinteresants; sauss
Dutch [dʌtʃ] I *n* 1.: the D. – holandieši; 2. holandiešu valoda; High D. – augšvācu valoda; Low D. – lejasvācu valoda; II *a* 1. holandiešu-; 2. *amer.* vāciešu-
Dutchman [ˈdʌtʃmən] *n* 1. holandietis; Flying D. – klejojošais holandietis; 2. *amer.* vācietis
Dutchwoman [ˈdʌtʃˌwʊmən] *n* holandiete
duteous [ˈdju:tiəs] *a* apzinīgs; paklausīgs
dutiable [ˈdju:tiəbl] *a* muitojams
dutiful [ˈdju:tifl] *sk.* **duteous**
dut‖y [ˈdju:ti] *n* 1. nodeva; nodoklis; muita; custom ~ies – muitas nodoklis; 2. pienākums; 3. dienests; dežūra; to be on d. – dežurēt; 4. cieņa; cienība; 5. *tehn., ek.* jauda; ražotspēja
duty-free [ˌdju:tiˈfri:] *a* (*par preci*) nemuitojams
duty-paid [ˌdju:tiˈpeid] *a* nomuitots
duvet [ˈdu:vei] *n* 1. dūnu (porolona) sega; 2. stepēta vējjaka

dwale [dweil] *n bot.* beladonna
dwarf [dwɔ:f] I *n* 1. punduris; 2. pundurveidīgs dzīvnieks (*vai* augs); 3. (*pasaku*) rūķītis; II *a* pundurveidīgs; III *v* kavēt augšanu; traucēt attīstību
dwarfish [ˈdwɔ:fiʃ] *a* 1. pundurveidīgs; 2. neattīstījies; kroplīgs
dwell [dwel] *v* (*p. un p.p.* dwelt [dwelt]) 1. (*in, at*) dzīvot; 2. (*on, upon*) [pa]kavēties (*pie jautājuma u. tml.*)
dweller [ˈdwelə] *n* iemītnieks
dwelling [ˈdweliŋ] *n* mājoklis; uzturēšanās vieta
dwelling-house [ˈdweliŋhaʊs] *n* dzīvojamais nams
dwelling-place [ˈdweliŋpleis] *n* dzīvesvieta
dwelt *sk.* **dwell**
dwindle [ˈdwindl] *v* 1. samazināties; 2. panīkt; pagrimt
dye [dai] I *n* 1. krāsa; krāsviela; 2. krāsojums; II *v* 1. krāsot (*audumu, vilnu, matus*); 2. nokrāsoties
d'ye [djə] *sar. saīs.* no do you
dyed-in-the-wool [ˌdaidiŋðəˈwʊl] *a pārn.* nelokāms; stingrs
dyer [ˈdaiə] *n* krāsotājs
dying [ˈdaiiŋ] I *n* miršana; II *a* 1. mirstošs; 2. nāves-; till one's d. day – līdz mūža galam
dyke [daik] *sk.* **dike**
dynamic [daiˈnæmik] *a* 1. dinamisks; d. object *dat.* – dinamiskais objekts; 2. aktīvs; enerģisks; 3. *med.* funkcionāls
dynamics [daiˈnæmiks] *n* 1. dinamika; 2. virzošais spēks
dynamite [ˈdainəmait] I *n* dinamīts; II *v* spridzināt ar dinamītu
dynasty [ˈdinəsti] *n* dinastija
dyne [dain] *n fiz.* dins
dysentery [ˈdisntri] *n med.* dizentērija
dyspepsia [disˈpepsiə] *n med.* dispepsija
dystrofy [ˈdistrəfi] *n med.* distrofija

Ee

E, e [i:] *n* **1.** angļu alfabēta burts; **2.** mūz. mi

each [i:tʃ] **I** *a* katrs; **II** *pron* **1.** katrs; ikviens; ikkurš; **2.**: e. other – viens otru; cits citu

eager ['i:gə] *a* **1.** kārs; e. for money – naudaskārs; to be e. – ļoti vēlēties; **2.** kvēls; dedzīgs

eagerness ['i:gənəs] *n* kvēla vēlēšanās

eagle ['i:gl] *n* ērglis

eagle-owl [͵i:gl'aʊl] *n* ūpis

eaglet ['i:glət] *n* ērglēns

ear[a] [iə] *n* vārpa

ear[b] [iə] *n* **1.** auss; **2.** dzirde; an e. for music – muzikālā dzirde; **3.** (*adatas*) acs; **4.** (*trauka*) osa; ◇ wet behind the ~s – slapjš aiz ausīm; to go in [at] one e. and out [at] the other – pa vienu ausi iekšā, pa otru – ārā

eardrop ['iədrɒp] *n* auskars

eardrum ['iədrʌm] *n* bungādiņa

eared[a] ['iəd] *a* vārpots

eared[b] ['iəd] *a* **1.** ausains; **2.** osains

earful ['iəfʊl] *n* brāziens

earl [ɜ:l] *n* (*angļu*) grāfs

earldom ['ɜ:ldəm] *n* **1.** grāfa tituls; **2.** grāfiste

early ['ɜ:li] **I** *n* **1.** agrs; to keep e. hours – agri celties un agri iet gulēt; **2.** drīzs; **3.** *lauks.* agrīns; **II** *adv* **1.** agri; e. in life – jaunībā; e. in the year – gada sākumā; **2.** drīz

earmark ['iəmɑ:k] **I** *n* **1.** degzīme; **2.** pazīšanās zīme; **3.** atliekts lappuses stūris; **II** *v* **1.** iespiest degzīmi; **2.** asignēt (*naudas summu*)

earn [ɜ:n] *v* **1.** [no]pelnīt; **2.** izpelnīties; iemantot

earnest[a] ['ɜ:nist] **I** *n*: in [real] e. – visā nopietnībā; **II** *a* **1.** nopietns; **2.** kaislīgs; dedzīgs; e. desire – kvēla vēlēšanās

earnest[b] ['ɜ:nist] *n* rokasnauda; ķīla

earnings ['ɜ:niŋz] *n pl* izpeļņa

earphone ['iəfəʊn] *n* radioaustiņas

earth [ɜ:θ] **I** *n* **1.** zeme, augsne; **2.** zemeslode; pasaule; the E. *astr.* – Zeme; **3.** cietzeme; **4.** pīšļi; **5.** *el.* iezemējums; **6.** (*zvēra*) ala; to take e. – paslēpties alā; **II** *v* **1.** ierakt zemē; **2.** (*up*) aprušināt (*stādu*); **3.** *el.* iezemēt; **4.** iedzīt alā (*zvēru*); **5.** *av.* nosēdināt (*lidmašīnu*)

earthborn ['ɜ:θbɔ:n] *a* mirstīgs

earthbound ['ɜ:θbaʊnd] *a* šīspasaules-; ikdienišķs

earthday ['ɜ:θdei] *n astr.* diennakts

earthen ['ɜ:θn] *a* zemes-; māla-

earthenware ['ɜ:θnweə] *n* māla trauki; keramika

earthing ['ɜ:θiŋ] *n el.* iezemējums

Earth Mother ['ɜ:θ͵mʌðə] *n* māte zeme

earthnut ['ɜ:θnʌt] *n* zemesrieksts

earthquake ['ɜ:θkweik] *n* **1.** zemestrīce; **2.** *pārn.* satricinājums

earthworm ['ɜ:θwɜ:m] *n* slieka

earthy ['ɜ:θi] *a* **1.** zemes-; zemei līdzīgs; **2.** pasaulīgs

earwig ['iəwig] *n zool.* spīļaste

ease [i:z] **I** *n* **1.** miers; bezrūpība; to take one's e. – atpūsties; **2.** nepiespiestība; dabiskums; to feel ill at e. – justies neveikli; **3.** vieglums; **4.** atvieglojums; remdinājums; **II** *v* **1.** atvieglot (*ciešanas u. tml.*); remdēt (*sāpes*); **2.** palaist vaļīgāk (*piem., apģērbu*); **3.** *jūrn.* palaist vaļīgāk (*vantis*); attīt (*buras, tauvas*); **4.** ieval-

kāt (*apavus*); ☐ to e. **down** – palēnināt gaitu; to e. **off** (*arī* **up**) – 1) atslābināt; mazināt (*saspringumu*); 2) *tehn.* samazināt (*spiedienu*); to e. **out** – izēst kādu (*no amata*); parādīt kādam durvis
easeful ['i:zfl] *a* 1. mierīgs; 2. tīkams; nomierinošs
easel ['i:zl] *n* molberts
easiness ['i:zinəs] *n* 1. vieglums; 2. nepiespiestība
east [i:st] **I** *n* (the) 1. austrumi; the Far E. – Tālie Austrumi; the Middle E. – Vidējie Austrumi; the Near E. – Tuvie Austrumi; the E. – 1) Austrumi; 2) *amer.* ASV austrumu daļa; 2. austrumu vējš; **II** *a* austrumu-; **III** *adv* uz austrumiem
East End [,i:st'end] *n* Īstenda (*Londonas austrumu daļa*)
Easter ['i:stə] *n* Lieldienas
easterly ['i:stəli] *a* austrumu-
eastward ['i:stwəd] **I** *a* austrumu-; **II** *adv* uz austrumiem; austrumu virzienā
eastwards ['i:stwədz] *sk.* **eastward II**
easy ['i:zi] **I** *a* 1. viegls; e. task – viegls uzdevums; e. to do – viegli izdarāms; 2. ērts; e. dress – ērts tērps; 3. nepiespiests; dabisks; e. manners – brīva (nepiespiesta) izturēšanās; 4. nodrošināts; 5. lēzens; nolaidens (*par nogāzi*); 6. nepastāvīgs (*par tirgu*); nepieprasīts (*par preci*); **II** *adv* 1. viegli; ērti; 2. mierīgi; make your mind e.! – nomierinieties!
easygoing ['i:zi,gəʊiŋ] *a* 1. bezrūpīgs, bezbēdīgs; 2. iecietīgs; mierīgs
eat [i:t] *v* (*p.* ate [et]; *p.p.* eaten ['i:tn]) 1. ēst; 2. (*away*) saēst (*piem., par rūsu*); ☐ to e. **in** – 1) ēst mājās; 2) iēsties (*piem., par skābi*); to e. **out** – ēst ārpus mājas; to e. **up** – 1) apēst; 2) *sar.* kāri tvert (*vārdus u. tml.*); ◇ to e. one's heart out – ciest sirdēstus
eatable ['i:təbl] *a* ēdams
eatables ['i:təblz] *n pl* pārtika, ēdamais
eaten *sk.* **eat**
eating-house ['i:tiŋhaʊs] *n* lēts restorāns
eau-de-Cologne [,əʊdəkə'ləʊn] *n* odekolons
eaves [i:vz] *n pl* 1. *arhit.* dzega; 2. *poēt.* (*acu*) plakstiņi; skropstas
ebb [eb] **I** *n* 1. bēgums; atplūdi; 2. panīkums; pagrimums; **II** *v* (*par jūru*) atplūst; ☐ to e. **away** – mazināties
ebb-tide [,eb'taid] *n* bēgums
ebon ['ebən] *a poēt.* 1. melnkoka-; 2. melns
ebonite ['ebənait] *n tehn.* ebonīts
ebony ['ebəni] *n* melnkoks
ebullient [i'bʌliənt] *a* 1. verdošs; 2. līksmi satraukts
eccentric [ik'sentrik] **I** *n* 1. *fiz., tehn.* ekscentrs; 2. ekscentriķis; savādnieks; **II** *a* 1. ekscentrisks; 2. dīvains
ecclesiastic [i,kli:zi'æstik] *n* garīdznieks
ecclesiastical [i,kli:zi'æstikl] *a* 1. baznīcas-; garīdznieku-; 2.: higher e. *sar.* – valdošā elite
echelon ['eʃəlɒn] *n mil.* 1. ešelons; 2. (*parasti pl*) posms; instance
echo ['ekəʊ] **I** *n* 1. atbalss; 2. atdarinājums; **II** *v* 1. atbalsot; 2. atbalsoties; 3. atdarināt
eclectic [i'klektik] **I** *n* eklektiķis; **II** *a* eklektisks
eclipse [i'klips] **I** *n* 1. *astr.* aptumsums; partial e. – daļējs aptumsums; 2. (*slavas u. tml.*) noriets; **II** *v* 1. *astr.* aptumšot; 2. *pārn.* aizēnot
ecliptic [i'kliptik] *astr.* **I** *n* ekliptika; **II** *a* ekliptisks; ekliptikas-
ecology [i:'kɒlədʒi] *n* ekoloģija

economic [ˌiːkə'nɒmik] *a* **1.** ekonomisks; saimniecisks; **2.** ienesīgs
economical [ˌiːkə'nɒmikl] *a* **1.** taupīgs; to be e. of time – taupīt laiku; **2.** ekonomisks, saimniecisks
economics [ˌiːkə'nɒmiks] *n* ekonomika, tautsaimniecība
economist [i'kɒnəmist] *n* **1.** ekonomists; **2.** saimniecisks (taupīgs) cilvēks
economize [i'kɒnəmaiz] *v* taupīt; ☐ to e. on – taupīgi lietot
econom‖**y** [i'kɒnəmi] **I** *n* **1.** saimniecība; saimniekošana; national e. – tautsaimniecība; rural e. – lauksaimniecība; Political E. – politekonomija; **2.** ekonomija, taupība; little ~ies – sīki ietaupījumi; **II** *a* **1.** lēts; **2.** taupības-; e. measures – taupības pasākumi
ecstasy ['ekstəsi] *n* ekstāze
ecstatic [ik'stætik] *a* ekstāzes-; ekstātisks
eczema ['eksimə] *n med.* ekzēma
eddy ['edi] **I** *n* virpulis; mutulis; **II** *v* virpuļot; mutuļot
edge [edʒ] **I** *n* **1.** mala; apmale; the water's e. – ūdensmala; **2.** šķautne; skaldne; **3.** asmens; asums; **4.** kritisks stāvoklis; **II** *v* **1.** asināt, trīt; **2.** apgriezt (nolīdzināt) malas; **3.** apcirpt (zālienu); **4.** (*across, along, through*) virzīt; stumt (*ar grūtībām*); ☐ to e. into – iespiesties; iesprauktes; to e. out – 1) izsprauktes; 2) nostumt malā (*piem., sāncensi*); 3) uzvarēt (*ar mazu pārsvaru*); to e. on – uzkūdīt
edged [edʒd] *a* ass; griezīgs
edgeless ['edʒləs] *a* truls; neass
edgeways ['edʒweiz] *adv* sāņus; sāniski
edging ['edʒiŋ] *n* mala; apmale

edgy ['edʒi] *a* **1.** ass; smails; **2.** aizkaitināts
edible ['edibl] **I** *n* (*parasti pl*) ēdamais; **II** *a* ēdams; e. mushrooms – ēdamās sēnes
edict ['iːdikt] *n* vēst. edikts
edification [ˌedifi'keiʃn] *n* **1.** pamācība; **2.** pacilātība
edifice ['edifis] *n* (*liela*) celtne; ēka
edify ['edifai] *v* **1.** pamācīt; **2.** pacilāt
edit ['edit] *v* **1.** rediģēt; **2.** samontēt (*filmu*)
edition [i'diʃn] *n* **1.** (*grāmatas u. tml.*) izdevums; pocket e. – kabatformāta izdevums; **2.** (*programmas u. tml.*) redakcija; **3.** tirāža, metiens
editor ['editə] *n* redaktors; associate e. *amer.* – redaktora palīgs
editorial [ˌedi'tɔːriəl] **I** *n* ievadraksts; **II** *a* redakcijas-; redaktora-; e. office – redakcija (*telpa*); e. staff – redakcijas darbinieki
editor-in-chief [ˌeditərin'tʃiːf] *n* (*pl* editors-in-chief [ˌeditəzin'tʃiːf]) galvenais redaktors
editorship ['editəʃip] *n* **1.** redaktora amats; **2.** redakcija; rediģēšana; under the e. of smb. – kāda redakcijā
educate ['edjʊkeit] *v* **1.** audzināt; izglītot; **2.** attīstīt (*spējas u. tml.*)
education [ˌedjʊ'keiʃn] *n* **1.** audzināšana; **2.** izglītība; **3.** (*spēju u. tml.*) attīstīšana
educational [ˌedjʊ'keiʃnl] *a* **1.** pedagoģisks; audzinošs; **2.** izglītības-; izglītojošs; e. film – mācību filma
educator ['edjʊkeitə] *n* pedagogs; audzinātājs
educe [i:'djuːs] *v* **1.** atklāt (*apslēptas spējas*); **2.** secināt; **3.** ķīm. izdalīt
eel [iːl] *n iht.* zutis

eelpout [ˈiːlpaʊt] *n iht.* vēdzele
eerie [ˈiəri] *a* **1.** baismīgs; pārdabisks; **2.** māņticīgi bailīgs
efface [iˈfeis] *v* **1.** izdzēst; **2.**: to e. oneself – turēties malā (sāņus)
effect [iˈfekt] **I** *n* **1.** sekas, rezultāts; cause and e. – cēlonis un sekas; **2.** iedarbība; ietekme; to come into e. – stāties spēkā (*par likumu*); in e. – 1) būt spēkā; 2) īstenībā; būtībā; **3.** efekts; iespaids; **4.** mērķis; nolūks; **5.** ražošanas jauda; ražotspēja; **II** *v* realizēt; izpildīt
effective [iˈfektiv] **I** *n* **1.** *mil.* kareivis (*aktīvā karadienestā*); ~s – (*karaspēka daļas*) skaitliskais sastāvs; **2.** *ek.* metāla nauda; **II** *a* **1.** efektīvs; iedarbīgs; **2.** efektīgs; **3.** *jur.* spēkā esošs; to become e. – stāties spēkā; **4.** *mil.* derīgs karadienestam
effectual [iˈfektʃʊəl] *a* **1.** efektīvs; **2.** *jur.* spēkā esošs
effectuate [iˈfektʃʊeit] *v* realizēt; izpildīt
effeminacy [iˈfeminəsi] *n* sievišķība; mīkstčaulība
effeminate [iˈfeminət] *a* sievišķīgs; mīkstčaulīgs (*par vīrieti*)
effete [iˈfiːt] *a* **1.** nonīcis; vājš; **2.** neauglīgs
efficacious [ˌefiˈkeiʃəs] *a* efektīvs; iedarbīgs
efficacy [ˈefikəsi] *n* iedarbība; spēks
efficiency [iˈfiʃənsi] *n* **1.** efektivitāte; iedarbīgums; **2.** lietpratība; prasme; **3.** produktivitāte; ražība; **4.** *tehn.* lietderības koeficients
efficient [iˈfiʃənt] *a* **1.** efektīvs; iedarbīgs; **2.** kvalificēts; prasmīgs; **3.** produktīvs
effloresce [ˌefləˈres] *v* **1.** uzziedēt, uzplaukt; **2.** *ķīm.* izkristalizēties

efflorescence [ˌefləˈresns] *n* **1.** uzziedēšana, uzplaukšana; **2.** *ķīm.* izkristalizēšana; **3.** *med.* izsitumi
effluence [ˈefluəns] *n* iztecēšana; izplūšana
effluent [ˈefluənt] **I** *n* **1.** (*upes*) izteka; **2.** kaitīgie notekūdeņi; izplūdes gāzes; **II** *a* iztekošs, izplūstošs
efflux [ˈeflʌks] *n* (*gāzes u. tml.*) noplūde
effort [ˈefət] *n* **1.** piepūle; to make an e. – pūlēties; **2.** *sar.* sasniegums
effrontery [iˈfrʌntəri] *n* nekaunība
effulgence [iˈfʌldʒəns] *n* mirdzums
effulgent [iˈfʌldʒənt] *a* mirdzošs
effuse [iˈfjuːz] *v* **1.** izliet (*šķidrumu*); **2.** izplatīt (*smaržu*); izstarot (*gaismu*)
effusion [iˈfjuːʒn] *n* **1.** izlīšana; izplūšana; e. of blood – 1) *pārn.* asinsizliešana; 2) *med.* asinsizplūdums; **2.** vārdu plūdi; daiļrunība
effusive [iˈfjuːsiv] *a* eksaltēts; neapvaldīts
eft [eft] *n zool.* tritons
egg [eg] *n* **1.** ola; nest e. – 1) padēklis; 2) ietaupījums nebaltām dienām; **2.** (*arī* e. cell) *biol.* olšūna; **3.** *mil. sl.* bumba; granāta
egghead [ˈeghed] *n sl.* **1.** intelektuālis; **2.** plikgalvis
eggplant [ˈegplɑːnt] *n* baklažāns
egg-shaped [ˈegʃeipt] *a* olveidīgs; olveida-
eggshell [ˈegʃel] *n* **1.** olas čaumala; **2.** trausls priekšmets
eglantine [ˈegləntain] *n bot.* mežroze
egoism [ˈiːgəʊizəm] *n* egoisms
egoist [ˈiːgəʊist] *n* egoists
egoistic [ˌiːgəʊˈistik] *a* egoistisks
egoistical [ˌiːgəʊˈistikl] *sk.* **egoistic**
egress [ˈiːgres] *n* **1.** izeja; **2.** tiesības iziet; **3.** *astr.* aptumsuma beigas

Egyptian [i'dʒipʃn] **I** *n* ēģiptietis; ēģiptiete; **II** *a* Ēģiptes-; ēģiptiešu-
eider ['aidə] *n* pīle
eider down ['aidədaʊn] *n* **1.** dūnas; **2.** dūnu sega
eight [eit] **I** *n* astoņnieks; **II** astoņi
eighteen [ˌei'ti:n] astoņpadsmit
eighteenth [ˌei'ti:nθ] astoņpadsmitais
eighth [eitθ] astotais
eighties ['eitiz] *n pl*: the e. – astoņdesmitie gadi
eightieth ['eitiθ] astoņdesmitais
eighty ['eiti] astoņdesmit
either ['aiðə] **I** *pron* **1.** viens no diviem; viens vai otrs; not e. – ne viens, ne otrs; **2.** abi; katrs, ikkurš (*no diviem*); on e. side – abās pusēs; **II** *adv* (*nolieguma teikumā*) arī; **III** *conj*: e. ... or ... – vai nu ..., vai...
ejaculate [i'dʒækjʊleit] *v* izsaukties; iesaukties
ejaculation [iˌdʒækjʊ'leiʃn] *n* **1.** izsauciens; **2.** *fiziol.* ejakulācija
eject [i'dʒekt] *v* **1.** (*from*) izdzīt; padzīt; **2.** izvirt (*lavu*); **3.** *jur.* izlikt (*no mājām*); padzīt (*no zemes*)
eke [i:k] *v*: to e. **out** – papildināt; to e. out a living – tikko savilkt galus kopā
el [el] *n* (*saīs. no* elevated railroad) *amer. sar.* estakāde
elaborate I *a* [i'læbərət] **1.** sīki (rūpīgi) izstrādāts (pārdomāts); **2.** komplicēts; **II** *v* [i'læbəreit] sīki (rūpīgi) izstrādāt (pārdomāt)
elapse [i'læps] *v* paiet, aizritēt (*par laiku*)
elastic [i'læstik] **I** *n* ieveramā gumija; **II** *a* **1.** elastīgs; atsperīgs; **2.** spējīgs pielāgoties
elasticity [ˌi:læ'stisəti] *n* **1.** elastība; **2.** spēja pielāgoties; **3.** *tehn.* deformācija
elastoplast [i'læstəʊplɑ:st] *n* leikoplasts

elate [i'leit] *v* pacilāt; sajūsmināt; ~d by success – panākumu spārnots
elbow ['elbəʊ] **I** *n* **1.** elkonis; **2.** (*krēsla*) paroce; **3.** (*ceļa, upes*) līkums; ◇ at one's e. – pie rokas; out at ~s – 1) cauriem elkoņiem; 2) nonācis trūkumā; **II** *v* grūstīties ar elkoņiem
elbow-bending ['elbəʊˌbendiŋ] *n sl.* iedzeršana; pļēgurošana
elder[a] ['eldə] **I** *n* **1.**: ~s *pl* vecāki ļaudis; **2.** vecākais; **II** *a* (*comp no* old) vecāks (*par ģimenes locekli*); e. brother – vecākais brālis
elder[b] ['eldə] *n* plūškoks, pliederis
elderly ['eldəli] *a* pavecs
eldest ['eldist] *a* (*sup no* old) visvecākais (*par ģimenes locekli*)
elect [i'lekt] **I** *n* izredzētais; **II** *a* **1.** ievēlēts; **2.** izvēlēts; izraudzīts; **III** *v* **1.** [ie]vēlēt; **2.** izvēlēt; izraudzīt; **3.** nolemt; izlemt
election [i'lekʃn] *n* **1.** vēlēšanas; general e. – vispārējas vēlēšanas; **2.** izvēle
election-committee [i'lekʃnkəˌmiti] *n* vēlēšanu komisija
electioneering [iˌlekʃə'niəriŋ] *n* pirmsvēlēšanu kampaņa
elective [i'lektiv] *a* **1.** vēlēšanu-; e. franchise – vēlēšanu tiesības; **2.** *amer.* fakultatīvs
elector [i'lektə] *n* **1.** vēlētājs; **2.** *amer.* elektors
electoral [i'lektərəl] *a* vēlēšanu-; e. district – vēlēšanu iecirknis
electorate [i'lektərət] *n* **1.** vēlētāji; **2.** vēlēšanu apgabals
electric [i'lektrik] *a* **1.** elektrisks; e. light – elektriskais apgaismojums, elektrība, e. supply – elektroapgāde; e. torch – kabatas baterija, **2.** aizraujošs; aizrautīgs

electrical [i'lektrikl] *a* elektrības-; e. engineer – inženieris elektriķis; e. engineering – elektrotehnika
electrician [i‚lek'triʃn] *n* elektrotehniķis; elektromontieris
electricity [i‚lek'trisəti] *n* elektrība; elektroenerģija
electrification [i‚lektrifi'keiʃn] *n* **1.** elektrifikācija; **2.** elektrizācija
electrify [i'lektrifai] *v* elektrificēt
electrization [i‚lektrai'zeiʃn] *n* elektrizācija
electrocardiogram [i‚lektrəʊ'kɑ:diəʊgræm] *n* elektrokardiogramma
electrocute [i'lektrəkju:t] *v* **1.** (*pass.*) iegūt nāvējošu elektrotraumu; **2.** sodīt uz elektriskā krēsla
electrode [i'lektrəʊd] *n* elektrods
electron [i'lektrɒn] *n fiz.* elektrons
electronic [i‚lek'trɒnik] *a* elektronu-; elektronisks; e. data interchange *dat.* – elektroniska datu apmaiņa; e. mail *dat.* – elektroniskais pasts, e-pasts; e. mall *dat.* – elektroniskā pasāža
electrostatic [i‚lektrəʊ'stætik] *a* elektrostatisks; e. printer *dat.* – elektrostatiskais printeris
electrotechnics [i‚lektrəʊ'tekniks] *n pl* elektrotehnika
elegance ['eligəns] *n* elegance
elegant ['eligənt] *a* elegants
elegy ['elədʒi] *n* elēģija
element ['elimənt] *n* **1.** elements; daļa; **2.** *ķīm., fiz.* elements; **3.**: ~s *pl* – (*zinātnes*) pamati
elemental [‚eli'mentl] *a* **1.** stihisks; **2.** pamata-; sākotnējs
elementary [‚eli'mentəri] **1.** elementārs; e. school – pamatskola; **2.** *ķīm.* nedalāms, vienkāršs
elephant ['elifənt] *n* zilonis
elephantine [‚eli'fæntain] *a* **1.** ziloņa-; **2.** neveikls; smagnējs; e. humour – parupjš humors
elevate ['eliveit] *v* **1.** pacelt; **2.** (*to*) paaugstināt (*amatā*); **3.** pacilāt; to e. hopes – iedvest cerības
elevated ['eliveitid] *a* **1.** pacelts; paaugstināts; e. road – estakāde, virszemes ceļš; **2.** pacilāts
elevation [‚eli'veiʃn] *n* **1.** paaugstinājums; pacēlums; **2.** pakalns; augstiene; **3.** augstums (*virs jūras līmeņa*)
elevator ['eliveitə] *n* **1.** celtnis; **2.** *amer.* lifts; **3.** (*arī* grain e.) elevators
eleven [i'levn] **I** *n* **1.** vienpadsmitgadīgais; **2.** futbola (hokeja, kriketa) komanda; **II** *num* vienpadsmit
elevenses [i'levnziz] *n pl* vieglas brokastis (*pulksten vienpadsmitos*)
eleventh [i'levnθ] **I** *n* vienpadsmitā daļa; **II** *num* vienpadsmitais
elf [elf] *n* (*pl* elves [elvz]) **1.** *mit.* elfa, lauma; **2.** draiskulis
elicit [i'lisit] *v* izdibināt; izvilināt
eligible ['elidʒəbl] *a* **1.** piemērots; pieņemams; **2.** ar tiesībām (*uz*)
eliminate [i'limineit] *v* **1.** likvidēt; novērst; **2.** *fiziol.* izdalīt; izvadīt (*no organisma*)
elimination [i‚limi'neiʃn] *n* **1.** likvidēšana; novēršana; **2.** *fiziol.* izdalīšana; izvadīšana (*no organisma*)
elite [i'li:t] *n* elite
elitist [i'li:tist] *a* elitārs
elixir [i'liksə] *n* eliksīrs
elk [elk] *n* alnis
ell [el] *n* **1.** mājas (ēkas) spārns; **2.** *amer.* piebūve
ellipse [i'lips] *n mat.* elipse
ellipses *sk.* **ellipsis**

ellipsis [i'lipsis] *n* (*pl* ellipses [i'lipsi:z]) *val.* elipse

elm [elm] *n* goba

elocution [ˌelə'kju:ʃn] *n* runas māksla

elocutionist [ˌelə'kju:ʃnist] *n* daiļrunātājs

elongate ['i:lɒŋgeit] *v* izstiept; pagarināt

elope [i'ləʊp] *v* slepus aizbēgt (*ar iemīļoto*)

elopement [i'ləʊpmənt] *n* slepena bēgšana (*ar iemīļoto*)

eloquence ['eləkwəns] *n* daiļrunība

eloquent ['eləkwənt] *a* daiļrunīgs

else [els] **I** *adv* **1.** (*ar nenoteikto vai jautājamo vietniekvārdu*) vēl; bez tam; anybody e.? – vai vēl kāds?; who e.? – kas vēl?; **2.** citā vietā (laikā, veidā); how e.? – kā citādi?; **3.** pretējā gadījumā; citādi; **II** *pron* cits; nobody e. – neviens cits

elsewhere [ˌels'weə] *adv* kaut kur citur

elucidate [i'lu:sideit] *v* izskaidrot (*jautājumu*)

elude [i'lu:d] *v* **1.** izvairīties; **2.** iziet no prāta

elusive [i'lu:siv] *a* **1.** izvairīgs; **2.** grūti iegaumējams (paturams prātā)

elusory [i'lu:səri] *a* iluzors; gaistošs

elute [i'lju:t] *v* ķīm. izmazgāt, izskalot

elves *sk.* **elf**

emaciate [i'meiʃieit] *v* **1.** novājināt; novārdzināt; **2.** novājēt; **3.** noplicināt (*augsni*)

emanate ['eməneit] *v* (*from*) izstarot; izplūst (*piem., par gaismu*)

emanation [ˌemə'neiʃn] *n* izstarošana; izplūšana

emancipate [i'mænsipeit] *v* (*from*) emancipēt; atbrīvot

emancipation [iˌmænsi'peiʃn] *n* emancipācija; atbrīvošana

emasculate I *a* [i'mæskjʊlət] **1.** kastrēts; **2.** novājināts; **II** *v* [i'mæskjʊleit] **1.** kastrēt; **2.** novājināt

embalm [im'bɑ:m] *v* iebalzamēt

embank [im'bæŋk] *v* aizdambēt

embankment [im'bæŋkmənt] *n* **1.** dambis; **2.** (*izbūvēta*) krastmala

embark [im'bɑ:k] *v* **1.** kraut kuģī; **2.** kāpt uz kuģa; **3.** (*on, upon*) uzsākt (*piem., darbu*)

embarrass [im'bærəs] *v* **1.** kavēt (*piem., kustības*); **2.** sagādāt raizes (*par naudas lietām*); **3.** [sa]mulsināt

embarrassment [im'bærəsmənt] *n* **1.** (*kustību u. tml.*) kavēšana; apgrūtināšana; **2.** sarežģījums; kavēklis; **3.** apmulsums

embassy ['embəsi] *n* **1.** vēstniecība; **2.** vēstniecības darbinieki

embay [im'bei] *v* **1.** iebraukt (*kuģi*) līcī; **2.** ieslēgt; apņemt

embed [im'bed] *v* (*parasti pass.*) (*in*) **1.** iestiprināt; iedarināt; **2.** iespiesties (*atmiņā*); ~ed command *dat.* – iegultā komanda; ~ed hyperlink *dat.* – iegultā hipersaite

embellish [im'beliʃ] *v* (*with*) **1.** izgreznot, izrotāt; **2.** izpušķot (*stāstījumu*)

ember ['embə] *a*: E. days *bazn.* – gavēnis

embers ['embəz] *n pl* gailošas ogles

embezzle [im'bəzl] *v* piesavināties; izšķiest (*svešu naudu*)

embezzlement [im'bəzlmənt] *n* (*svešas naudas*) piesavināšanās; izšķiešana

embitter [im'bitə] *v* sarūgtināt

emblem ['embləm] *n* **1.** emblēma; national e. – valsts ģerbonis; **2.** simbols

embodiment [im'bɒdimənt] *n* iemiesojums

embody [im'bɒdi] *v* **1.** iemiesot; **2.** ietvert sevī

embolden [imˈbəʊldən] v iedrošināt; pamudināt
embrasure [imˈbreiʒə] n 1. *arhit.* aila; 2. *mil.* ambrazūra
embroider [imˈbrɔidə] v 1. (*with, in, on*) izšūt; 2. izpušķot (*stāstījumu*)
embroidery [imˈbrɔidəri] n 1. izšūšana; 2. izšuvums; 3. izpušķojums (*stāstījumā*)
embroil [imˈbrɔil] v 1. sajaukt (*stāstījumu*); 2. [in] iejaukt, ievilkt (*ķildā u. tml.*)
embryo [ˈembriəʊ] n *biol.* embrijs
embryonic [ˌembriˈɒnik] a *biol.* embrionāls
emend [iˈmend] v labot (*tekstu*)
emerald [ˈemθrəld] **I** n smaragds; **II** a smaragdzaļš; E. Island *poēt.* – Smaragdzaļā sala (*Īrijā*)
emerge [iˈmɜːdʒ] v 1. (*from, out of*) parādīties; uzpeldēt; 2. (*from*) rasties (*piem., par jautājumu*)
emergence [iˈmɜːdʒəns] n 1. parādīšanās; uzpeldēšana; 2. rašanās
emergency [iˈmɜːdʒənsi] n 1. avārija; neparedzēts gadījums; e. brake – avārijas bremze; e. exit – papildizeja; e. landing *av.* – piespiedu nolaišanās; e. station – traumatoloģijas punkts
emetic [iˈmetik] n vemšanas līdzeklis
emigrant [ˈemigrənt] n emigrants, izceļotājs
emigrate [ˈemigreit] v (*from, to*) emigrēt, izceļot
emigration [ˌemiˈgreiʃn] n emigrēšana, izceļošana
emigratory [ˈemigreitəri] a emigrācijas-, izceļošanas-
emigre [ˈemigrei] n politisks emigrants
eminence [ˈeminəns] n 1. uzkalns; paaugstinājums; 2. augsts stāvoklis;

man of e. – izcils cilvēks; 3.: E. – eminence (*kardināla tituls*)
eminent [ˈeminənt] a izcils, ievērojams
emir [eˈmiə] n emīrs
emissary [ˈemisəri] n emisārs; [slepens] aģents
emission [iˈmiʃn] n *fiz., ek.* emisija
emit [iˈmit] v 1. izstarot (*piem., siltumu*); izdot (*skaņu*); 2. *ek.* izlaist (*vērtspapīrus*)
emolument [iˈmɒljʊmənt] n (*parasti pl*) ienākumi; atalgojums; peļņa
emote [iˈməʊt] v 1. izrādīt emocijas; 2. pārdzīvot
emotion [iˈməʊʃn] n 1. saviļņojums; 2. *pl* emocijas; jūtas
emotional [iˈməʊʃnəl] a 1. emocionāls; 2. saviļņojošs
emphasis [ˈemfəsis] n (*pl* emphases [ˈemfəsiːz]) (*on, upon*) 1. uzsvērums; 2. (*vārda, zilbes*) uzsvars; 3. *dat.* izcēlums
emphasize [ˈemfəsaiz] v 1. uzsvērt; 2. *val.* akcentēt
emphatic [imˈfætik] a 1. uzsvērts; 2. zīmīgs (*par notikumu*)
empire [ˈempaiə] n impērija
empiric [imˈpirik] **I** n empīriķis; **II** a empīrisks
emplane [imˈplein] v 1. sēsties lidmašīnā; 2. iekraut lidmašīnā
employ [imˈplɔi] **I** n nodarbošanās; **II** v 1. (*for, in, on*) izlietot; izmantot; 2. nodarbināt; algot; 3. pavadīt laiku
employed [imˈplɔid] a nodarbināts
employee [imˈplɔiiː] n kalpotājs
employer [imˈplɔiə] n darba devējs; uzņēmējs
employment [imˈplɔimənt] n 1. izlietošana; izmantošana; 2. nodarbinātība; darbs; to be in (out of) e. – būt no-

darbinātam (būt bez darba); e. exchange – darba birža
emporium [em'pɔ:riəm] *n* (*pl* emporia [em'pɔ:riə]) **1**. tirdzniecības centrs; **2**. *sar.* liels veikals
empower [im'paʊə] *v* **1**. pilnvarot; **2**. dot iespēju
empress ['emprəs] *n* imperatore
emptiness ['emptinəs] *n* tukšums
empty ['empti] **I** *n* (*parasti pl*) tukša tara; **II** *a* **1**. tukšs; **2**. neapdzīvots (*par māju*); **3**. *sar.* izsalcis; to feel e. – just izsalkumu; **4**. bezsaturīgs (*par literāru darbu u. tml.*); **5**. *tehn.* brīvgaitas-; **III** *v* **1**. iztukšot; **2**. iztukšoties; **3**. (*into*) ietecēt (*par upi*)
emu ['i:mju:] *n ornit.* emu
emulate ['emjʊleit] *v* **1**. censties pārspēt; sacensties; **2**. [pie]līdzināties
emulation [,emjʊ'leiʃn] *n* **1**. sacenšanās; sacensība; **2**. *dat.* emulācija, emulēšana
emulative ['emjʊlətiv] *a* sacensības-
emulous ['emjʊləs] *a*: to be e. – 1) censties pārspēt; 2) kārot, alkt
emulsion [i'mʌlʃn] **I** *n* emulsija; e. paint – emulsijas krāsa; **II** *v* krāsot (*ar emulsijas krāsu*)
enable [i'neibl] *v* **1**. dot iespēju (*kaut ko darīt*); **2**. veicināt; sekmēt; **3**. dot tiesības; atļaut
enabling [i'neibliŋ] *n dat.* iespējošana
enact [i'nækt] *v* **1**. ieviest likumu; **2**. uzvest (*lugu*); tēlot (*lomu*)
enactment [i'næktmənt] *n* **1**. (*likuma*) spēkā stāšanās; **2**. dekrēts; **3**. tēlojums
enamel [i'næml] **I** *n* **1**. emalja; **2**. glazūra; **II** *v* **1**. emaljēt; **2**. glazēt; **3**. *poēt.* rotāt; noklāt
enamelware [i'næməlweə] *n* emaljas trauki

enamour [i'næmə] *v* iekvēlināt mīlestībā; apburt
encage [in'keidʒ] *v* iesprostot būrī
encamp [in'kæmp] *v* **1**. izvietot nometnē (*karaspēku*); **2**. apmesties (*nometnē*)
encampment [in'kæmpmənt] *n* nometne
encapsulate [in'kæpsjʊleit] *v* **1**. iekapsulēt; **2**. rezumēt (*faktus, informāciju*)
encase [in'keis] *v* (*in*) ielikt (*vai* iesaiņot) kastē[s]; ~d in armour – bruņās kalts
encasement [in'keismənt] *n* **1**. futrālis, maksts; **2**. apvalks
enchain [in'tʃein] *v* **1**. (*in, with*) iekalt važās; **2**. [pie]saistīt (*uzmanību*)
enchant [in'tʃɑ:nt] *v* **1**. apburt; **2**. (*by, with*) sajūsmināt
enchantment [in'tʃɑ:ntmənt] *n* **1**. burvība; **2**. burvīgums, valdzinājums
encipher [in'saifə] *v* šifrēt
encircle [in'sɜ:kl] *v* (*by, with*) **1**. apņemt; ietvert; **2**. ielenkt
enclasp [in'klɑ:sp] *v* apskaut, apkampt
enclose [in'kləʊz] *v* **1**. (*by, in*) apņemt; iežogot; norobežot; **2**. pievienot (*vēstulei*)
encode [in'kəʊd] *v* kodēt; šifrēt
encompass [in'kʌmpəs] *v* **1**. aplenkt; ielenkt; **2**. apņemt; to e. smb. with care – rūpēties par kādu; **3**. ietvert
encore ['ɒŋkɔ:] **I** *n teātr.* **1**. atkārtota izsaukšana; **2**. atkārtots izpildījums; **II** *v* atkārtoti izsaukt; **III** *int.* bis!; atkārtot!
encounter [in'kaʊntə] **I** *n* (*with*) **1**. (*nejauša*) sastapšanās; **2**. saduršanās (*ar grūtībām, briesmām*); **3**. sadursme; **II** *v* **1**. (*nejauši*) sastapt; **2**. sadurties (*ar grūtībām, briesmām*); **3**. nonākt sadursmē

encourage [in'kʌridʒ] v **1.** iedrošināt; **2.** mudināt; skubināt; **3.** veicināt
encouragement [in'kʌridʒmənt] n **1.** iedrošinājums; **2.** veicināšana
encroach [in'krəʊtʃ] v (on, upon) **1.** ielauzties (svešā teritorijā); **2.** aizskart (tiesības)
encrust [in'krʌst] v **1.** pārklāties ar garozu (kārtu); **2.** inkrustēt
encryption [in'kripʃn] n dat. šifrēšana
encumber [in'kʌmbə] v **1.** kavēt, traucēt (piem., kustības); **2.** (with) apgrūtināt; **3.** (with) apkraut (ar parādiem); **4.** pieblīvēt (piem., ar mēbelēm)
encumbrance [in'kʌmbrəns] n **1.** kavēklis; traucēklis; **2.** apgrūtinājums; nasta; **3.** apgādājamais (cilvēks)
end [end] **I** n **1.** gals; to put an e. to smth. – darīt kaut kam galu; in the e. – galu galā (beidzot); **2.** beigas; nobeigums; to come (draw) to an e. – beigties; **3.** atlikums; galiņš; **4.** nāve; gals; **5.** puse; mala; **6.** mērķis; nolūks; **7.** rezultāts; iznākums; happy e. – laimīgas beigas; ◇ at a loose e. (amer. loose ~s) – nenodarbināts, brīvs; **II** v beigt; ⬜ to e. **in** – beigties; to e. in victory – beigties ar uzvaru; to e. **off** (**up**) – beigt; beigties
endanger [in'deindʒə] v apdraudēt
endearing [in'diəriŋ] a mīļš
endeavour [in'devə] **I** n cenšanās; pūles; **II** v censties; pūlēties
endemic [en'demik] a endēmisks
ending ['endiŋ] n **1.** gals; beigas; **2.** gram. (vārda) galotne; izskaņa
endlong ['endlɒŋ] adv stāvus; taisni; vertikāli
end-man ['endmæn] n sl. pēdējais (gaidītāju) rindā

endnote ['endnəʊt] n **1.** pēcvārds (grāmatā); **2.** dat. beigu vēre
endocrine ['endəʊkrain] a fiziol. endokrīns; e. glands – endokrīnie (iekšējās sekrēcijas) dziedzeri
endorse [in'dɔ:s] v ek. indosēt
endorsement [in'dɔ:smənt] n ek. indosaments
endow [in'daʊ] v **1.** piešķirt (piem., tiesības); **2.** (with) apveltīt (ar spējām u. tml.); **3.** nodrošināt (materiāli); **4.** ek. dotēt
endowment [in'daʊmənt] n **1.** spējas; talants; mental ~s pl – gara dāvanas; **2.** dāvinājums; **3.** ek. dotācija
endue [in'dju:] v (with) apveltīt (ar talantu u. tml.)
endurance [in'djʊərəns] n izturība
endure [in'djʊə] v **1.** izturēt; paciest; **2.** ilgt
enema ['enimə] n med. klizma
enemy ['enəmi] n ienaidnieks; pretinieks
energetic [ˌenə'dʒetik] a enerģisks
energetics [ˌenə'dʒetiks] n enerģētika
energy ['enədʒi] n enerģija
enervate ['enəveit] v novājināt; nogurdināt
enfeeble [in'fi:bl] v novājināt
enfold [in'fəʊld] v **1.** apkampt; **2.** (in, with) ietīt; **3.** veidot ieloces
enforce [in'fɔ:s] v **1.** uzspiest (ar varu); to e. obedience – piespiest paklausīt; **2.** ieviest; realizēt (piem., likumprojektu); **3.** padarīt iedarbīgu
enfranchise [in'fræntʃaiz] v **1.** atbrīvot; **2.** dot vēlēšanu tiesības
engage [in'geidʒ] v **1.** pieņemt darbā; **2.** pasūtīt (biļetes u. tml.); **3.** saistīt (uzmanību u. tml.); ⬜ to e. **for** – uzņemties saistības; garantēt; to e. **in** –

1) nodarboties ar; 2) nodoties; to e. upon – uzsākt (*ko jaunu*)

engaged [in'geidʒd] *a* 1. aizņemts; nodarbināts; 2. aizņemts; rezervēts; 3. saderināts

engagement [in'geidʒmənt] *n* 1. nodarbošanās (*ar kaut ko*); 2. saistības; 3. saderināšanās; 4. noruna; satikšanās

engaging [in'geidʒiŋ] *a* pievilcīgs; patīkams

engine ['endʒin] *n* 1. motors; dzinējs; 2. tvaika mašīna; 3. lokomotīve

engine-driver ['endʒin‚draivə] *n* mašīnists; lokomotīves vadītājs

engineer [‚endʒi'niə] **I** *n* 1. inženieris; 2. mehāniķis; **II** *v* 1. projektēt; konstruēt; 2. strādāt par inženieri; 3. *sar.* perināt (*ļaunus nodomus*)

engineering [‚endʒi'niəriŋ] *n* 1. (*arī* e. sciences) inženierzinātnes; 2. tehnoloģija; tehnika; 3. mašīnbūve

engine-room ['endʒinrʊm] *n* mašīntelpa

engird[le] [in'gɜːd(l)] *v* apjozt

English ['iŋgliʃ] **I** *n* 1. angļu valoda; the Queen's (King's) E. – literārā angļu valoda; 2.: the E. – angļi; **II** *a* angļu-

Englishman ['iŋgliʃmən] *n* anglis

Englishwoman ['iŋgliʃ‚wʊmən] *n* angliete

engorge [in'gɔːdʒ] *v* 1. nesātīgi ēst; rīt; 2. *med.* pieplūst ar asinīm

engraft [in'grɑːft] *v* 1. *bot.* [uz]potēt; 2. ieviest

engrave [in'greiv] *v* iegravēt

engraving [in'greiviŋ] *n* 1. gravēšana; 2. gravējums; gravīra

engross [in'grəʊs] *v* 1. saistīt (*uzmanību*); 2. vadīt (*sarunu*); 3. prasīt (*laiku*); 4. rakstīt lieliem, skaidriem burtiem

enigma [i'nigmə] *n* mīkla; noslēpums

enigmatic[al] [‚enig'mætik(l)] *a* mīklains; neizprotams

enjoin [in'dʒɔin] *v* 1. prasīt; pavēlēt; 2. *jur.* aizliegt

enjoy [in'dʒɔi] *v* 1. gūt prieku; baudīt; 2.: to e. oneself – izklaidēties; 3.: he ~s good health – viņam ir laba veselība

enjoyable [in'dʒɔiəbl] *a* patīkams

enjoyment [in'dʒɔimənt] *n* prieks; patika

enkindle [in'kindl] *v* iekvēlināt (*jūtas*)

enlarge [in'lɑːdʒ] *v* 1. palielināt; paplašināt; 2. palielināties; paplašināties; ◊ to e. **on** (**upon**) – 1) plašāk izteikties; 2) spriedelēt

enlargement [in'lɑːdʒmənt] *n* 1. palielināšana; paplašināšana; 2. palielināšanās; paplašināšanās; 3. palielinājums (*fotogrāfijā*)

enlighten [in'laitn] *v* 1. izglītot; apgaismot; 2. (*about*, *on*) informēt; darīt zināmu

enlightened [in'laitnd] *a* 1. izglītots; 2. informēts

enlightenment [in'laitnmənt] *n* izglītība

enlist [in'list] *v* (*in*) 1. iesaukt (*karadienestā*); savervēt (*armijā*); 2. brīvprātīgi iestāties (*karadienestā*)

enliven [in'laivn] *v* uzmundrināt; atdzīvināt

enmesh [in'meʃ] *v* (*in*) iejaukt; iepīt

enmity ['enməti] *n* naidīgums

ennui ['ɒnwiː] *n* garlaicība; apnikums

enormity [i'nɔːməti] *n* neģēlība; noziegums

enormous [i'nɔːməs] *a* 1. milzīgs; 2. *amer.* briesmīgs, šausmīgs

enough [i'nʌf] **I** *n* pietiekams daudzums;

e. and to spare – vairāk nekā pietiekami (atliku likām); **II** *a* pietiekams; **III** *adv* diezgan; pietiekami
enounce [iˈnaʊns] *v* izteikt, izrunāt (*vārdus*)
enquire [inˈkwaiə] *sk.* **inquire**
enrage [inˈreidʒ] *v* saniknot
enrapture [inˈræptʃə] *v* sajūsmināt, aizgrābt
enrich [inˈritʃ] *v* (*with*) **1.** bagātināt; **2.** uzlabot (*garšu u. tml.*); **3.** mēslot (*augsni*)
enrobe [inˈrəʊb] *v* ietērpt
enrol[l] [inˈrəʊl] *v* **1.** (*in*) reģistrēt; ierakstīt sarakstā; **2.** (*as*) uzņemt par biedru (*vai* studentu); **3.** iesaukt (*karadienestā*)
enrolment [inˈrəʊlmənt] *n* **1.** reģistrēšana; ierakstīšana sarakstā; **2.** uzņemšana par biedru (*vai* studentu); **3.** iesaukšana (*karadienestā*)
ensemble [ɒnˈsɒmbl] *n* **1.** ansamblis; **2.** kopiespaids
ensign [ˈensain] *n* **1.** nozīme; zīmotne; emblēma; **2.** (*kuģa*) karogs; **3.** karognesējs
ensilage [ˈensəlidʒ] *lauks.* **I** *n* **1.** (*lopbarības*) ieskābēšana; **2.** skābbarība; **II** *v* skābēt (*lopbarību*)
enslave [inˈsleiv] *v* **1.** verdzināt; **2.** pakļaut, apspiest
enslavement [inˈsleivmənt] *n* **1.** verdzība; **2.** pakļautība, apspiestība
ensnare [inˈsneə] *v* (*in*) **1.** noķert slazdā; **2.** *pārn.* ievilināt
ensue [inˈsjuː] *v* rasties (*kaut kā rezultātā*); sekot
ensure [inˈʃɔː] *v* garantēt, nodrošināt
entangle [inˈtæŋgl] *v* (*in, with*) **1.** sapīties; **2.** iepīt; iejaukt
entanglement [inˈtæŋglmənt] *n* **1.** sapīšanās; **2.** nepatikšanas; **3.** mudžeklis

entente [ɒnˈtɒnt] *n* antante
enter [ˈentə] *v* **1.** ienākt; ieiet; to e. one's mind – ienākt prātā; **2.** iestāties (*karadienestā, skolā u. tml.*); **3.** (*in, into, up*) ierakstīt (*piem., sarakstā*); reģistrēt; e. key *dat.* – ievadīšanas taustiņš; □ to e. **into** – 1) uzsākt (*piem., sarunu*); 2) iedziļināties (*sīkumos*); 3) iekļaut
enteric [enˈterik] *a anat.* zarnu-
enteritis [ˌentəˈraitis] *n med.* enterīts
enterprise [ˈentəpraiz] *n* **1.** uzņēmums; **2.** pasākums; **3.** iniciatīva; uzņēmība
enterprising [ˈentəpraiziŋ] *a* uzņēmīgs
entertain [ˌentəˈtein] *v* **1.** uzņemt (*viesus*); **2.** pakavēt (*laiku*)
entertainer [ˌentəˈteinə] *n* namatēvs
entertaining [ˌentəˈteiniŋ] *a* izklaidējošs; uzjautrinošs
entertainment [ˌentəˈteinmənt] *n* **1.** (*viesu*) uzņemšana; **2.** viesības; sarīkojums
enthra[l] [inˈθrɔːl] *v* apburt, valdzināt
enthuse [inˈθjuːz] *v sar.* sajūsmināt, iejūsmināt
enthusiasm [inˈθjuːziæzəm] *n* entuziasms; pacilātība
enthusiastic [inˌθjuːziˈæstik] *a* pilns entuziasma; sajūsmināts
entice [inˈtais] *v* (*away*) vilināt; kārdināt
enticement [inˈtaismənt] *n* vilinājums; kārdinājums
enticing [inˈtaisiŋ] *a* vilinošs; kārdinošs
entire [inˈtaiə] **I** *n* pilnība; pilnīgums; **II** *a* pilnīgs; viss
entirely [inˈtaiəli] *adv* pilnīgi; pavisam; viscaur
entitle [inˈtaitl] *v* **1.** likt virsrakstu; dot nosaukumu; **2.** (*to*) dot tiesības (*uz*); to be ~d – būt pilnvarotam
entity [ˈentəti] *n* **1.** realitāte; esamība; **2.** *filoz.* būtība

entomb [in'tu:m] *v* apbedīt, aprakt
entomology [,entə'mɒlədʒi] *n* entomoloģija
entr'acte ['ɒntrækt] *n* starpbrīdis (*teātrī*)
entrails ['entreilz] *n pl* iekšas
entrain [in'trein] *v* **1.** iesēdināt vilcienā (*parasti karavīrus*); **2.** iekāpt vilcienā; **3.** aizraut (*līdzi*)
entrance[a] ['entrəns] *n* **1.** ieeja; vārti; durvis; back e. – pagalma (sētas) ieeja; **2.** ieiešana; **3.** (*aktiera*) uznākšana uz skatuves; **4.** iestāšanās; e. examinations – iestājpārbaudījumi; **5.** stāšanās (*amatā*)
entrance[b] [in'trɑ:ns] *v* **1.** novest transā; **2.** aizraut
entrant ['entrənt] *n* **1.** ienācējs; **2.** iesācējs (*amatā*)
entrap [in'træp] *v* **1.** noķert lamatās; **2.** (*into*) ievilināt; apmānīt
entreat [in'tri:t] *v* ļoti lūgt; lūgties
entreaty [in'tri:ti] *n* liels lūgums; lūgšanās
entree ['ɒntrei] *n* **1.** tiesības ieiet; ieejas atļauja; **2.** *kul.* [viegla] uzkoda (*ko pasniedz pēc zivs, pirms cepeša*)
entrust [in'trʌst] *v* (*to, with*) uzticēt
entry ['entri] *n* **1.** ieeja; ieiešana; ievadīšana; iebraukšana; e. visa – iebraukšanas vīza; e. field *dat.* – ievadlauks; **2.** *amer.* durvis; vārti; **3.** iestāšanās (*skolā u. tml.*); **4.** (*upes*) grīva; **5.** ieraksts; **6.** (*sacīkšu dalībnieku u. tml.*) pieteikums; **7.** deklarācija; **8.** šķirklis
entwine [in'twain] *v* **1.** iepīt; **2.** apvīt
enumerate [i'nju:məreit] *v* uzskaitīt
enumeration [i,nju:mə'reiʃn] *n* **1.** uzskaitīšana; **2.** uzskaitījums; saraksts
enunciate [i'nʌnsieit] *v* **1.** skaidri izrunāt (*vārdus*); **2.** deklarēt; skaidri formulēt (*piem., viedokli*)
enunciation [i,nʌnsi'eiʃn] *n* **1.** laba dikcija, skaidra izruna; **2.** deklarējums; paziņojums
envelop [in'veləp] *v* (*in*) **1.** ietīt; **2.** apņemt; **3.** *mil.* apiet; ielenkt
envelope ['envələʊp] *n* **1.** aploksne; **2.** apvalks
envenom [in'venəm] *v* saindēt; ~ed tongue – ļauna mēle
enviable ['enviəbl] *a* apskaužams
envious ['enviəs] *a* skaudīgs
environ [in'vaiərən] *v* apņemt; ietvert
environment [in'vairənmənt] *n* apkārtne; apkārtējā vide; e. protection – dabas aizsardzība
environmental [in,vairən'mentil] *a* **1.** apkārtējās vides-; **2.** vidi aizsargājošs
envoy ['envɔi] *n* **1.** aģents; **2.** vēstnieks
envy ['envi] **I** *n* skaudība; **II** *v* apskaust
enwind [in'waind] *v* aptīt; apvīt
enwrap [in'ræp] *v* ietīt
epaulet[te] [,epə'let] *n* epolete; uzplecis
ephemeral [i'femərəl] *a* **1.** efemers; ātri gaistošs; **2.** viendienas- (*par kukaiņiem, ziediem*)
epic ['epik] **I** *n* **1.** episka poēma; **2.** *sar.* daudzsēriju piedzīvojumu filma; **II** *a* episks
epicentre ['episentə] *n* epicentrs
epidemic [,epi'demik] **I** *n* epidēmija; **II** *a* epidēmisks
epigram ['epigræm] *n* epigramma
epigraph ['epigrɑ:f] *n* epigrāfs
epilepsy ['epilepsi] *n med.* epilepsija, krītamā kaite
epilogue ['epilɒg] *n* epilogs
epiphany [i'pifəni] *n* epifānija
episcopacy [i'piskəpəsi] *n* bīskapija

episode ['episəʊd] *n* **1.** epizode; **2.** (*filmas, televīzijas pārraides*) sērija
episodic[al] [,epi'sɒdik(l)] *a* epizodisks
epistle [i'pisl] *n* vēstule; vēstījums
epitaph ['epitɑːf] *n* epitāfija; kapa uzraksts
epihet ['epiθet] *n* epitets
epitome [i'pitəmi] *n* **1.** konspekts; īss izklāsts; **2.** iemiesojums
epoch ['iːpɒk] *n* laikmets
epoch-making ['iːpɒk,meikiŋ] *a* epohāls; vēsturisks; e.-m. victory – vēsturiska uzvara
epos ['epɒs] *n* eposs; episka poēma
equable ['ekwəbl] *a* **1.** vienmērīgs; e. temperature – vienmērīga temperatūra; **2.** nosvērts (*par cilvēka raksturu*)
equal ['iːkwəl] **I** *n* līdzinieks; ~s in age – vienaudži; **II** *a* **1.** līdzīgs; vienāds; vienlīdzīgs; **2.** (*to*) piemērots; atbilstošs; **III** *v* līdzināties
equality [iˈkwɒləti] *n* vienādība; vienlīdzība
equalize ['iːkwəlaiz] *v* pielīdzināt; nolīdzināt
equally ['iːkwəli] *adv* **1.** vienādi; **2.** tāpat
equanimity [,ekwəˈnimət i] *n* nosvērtība; aukstasinība
equant ['iːkwənt] *a mat.* vienliels; vienāds; vienāda lieluma-
equate [i'kweit] *v* **1.** (*to, with*) pielīdzināt; **2.** *mat.* vienādot
equation [i'kweiʒn] *n* **1.** pielīdzināšana; **2.** *mat.* vienādojums
equator [i'kweitə] *n* ekvators
equatorial [,ekwəˈtɔːriəl] *a* ekvatoriāls
equestrian [i'kwestriən] **I** *n* jātnieks; **II** *a* jāšanas-; jātnieka-; e. sport – jāšanas sports

equiangular [,iːkwiˈæŋgjʊlə] *a mat.* vienādleņķu-
equilateral [,iːkwiˈlætrəl] *a mat.* vienādsānu-
equilibrate [,iːkwiˈlaibreit] *v* **1.** līdzsvarot; **2.** līdzsvaroties
equilibrist [iːˈkwilibrist] *n* ekvilibrists
equilibrium [,iːkwiˈlibriəm] *n* līdzsvars
equip [i'kwip] *v* **1.** (*with*) apgādāt (*ar nepieciešamo*); **2.** (*with*) dot (*zināšanas, izglītību*); **3.** (*for*) sagatavoties (*kaut kam*); to e. oneself for a task – sagatavoties kādam uzdevumam
equipage ['ekwipidʒ] *n* ekipāža
equipment [i'kwipmənt] *n* **1.** apgāde (*ar nepieciešamo*); **2.** piederumi; iekārta; armatūra; **3.** *mil.* (*parasti pl*) apbruņojums; **4.** ritošais sastāvs
equipose ['ekwipɔiz] **I** *n* līdzsvars; **II** *v* līdzsvarot
equitable ['ekwitəbl] *a* objektīvs; taisnīgs
equity ['ekwəti] *n* objektivitāte; taisnīgums
equities ['ekwətiz] *n ek. pl* akcijas; pajas
equivalence [i'kwivələns] *n* ekvivalence, līdzvērtība
equivalent [i'kwivələnt] **I** *n* ekvivalents; **II** *a* ekvivalents, līdzvērtīgs
equivocal [i'kwivəkl] *a* **1.** divdomīgs; **2.** apšaubāms; nedrošs
era ['iərə] *n* ēra; laikmets
eradicate [i'rædikeit] *v* **1.** izraut ar saknēm; **2.** izskaust
eradication [i'rædikeiʃn] *n* izskaušana
erase [i'reiz] *v* **1.** izdzēst; nodzēst; **2.** izdzēst (*no atmiņas*); **3.** *amer. sl.* nogalināt
eraser [i'reizə] *n amer.* dzēšgumija
erasure [i'reiʒə] *n* **1.** izdzēšana; izkasīšana; **2.** dzēsums; kasījums

erect [i'rekt] **I** *a* vertikāls; taisns; with head e. – ar paceltu galvu; **II** *v* **1.** uzcelt, uzbūvēt; **2.** uzsliet; **3.** iztaisnot; **4.** izvirzīt (*domu, teoriju*); **5.** *tehn.* samontēt
erection [i'rekʃn] *n* **1.** uzcelšana, uzbūvēšana; **2.** uzsliešana; **3.** iztaisnošana; **4.** celtne, ēka; **5.** *tehn.* montāža; **6.** *fiziol.* erekcija
ergot ['ɜːgət] *n bot.* melnie graudi
ermine ['ɜːmin] *n* **1.** sermulis; **2.** sermuļāda
erode [i'rəʊd] *v* **1.** saēst (*par skābi*); **2.** *ģeol.* izskalot
erosion [i'rəʊʒn] *n* **1.** *ģeol.* erozija; **2.** *pārn.* izkurtēšana
erotic [i'rɒtik] *a* erotisks
eroticism [i'rɒtisizəm] *n* erotisms
err [ɜː] *v* kļūdīties; maldīties
errand ['erənd] *n* uzdevums; to run (go) [on] ~s – būt par izsūtāmo; ◊ fool's e. – neauglīgs pasākums
errand-boy ['erəndbɔi] *n* izsūtāmais zēns
errant ['erənt] *a* **1.** klejojošs; **2.** (*arī pārn.*) noklīdis no ceļa
errata *sk.* **erratum**
erratic [i'rætik] *a* **1.** ekscentrisks; neparasts; **2.** *ģeol.* eratisks
erratum [e'rɑːtəm] *n* (*pl* errata [e'rɑːtə]) iespiedkļūda; an errata slip – kļūdu labojums (*izdevuma beigās*)
erroneous [i'rəʊniəs] *a* kļūdains
error ['erə] *n* **1.** kļūda; maldīšanās; e. checking *dat.* – kļūdu pārbaude; e. handling *dat.* – kļūdu apdare; e. model *dat.* – kļūdu modelis; **2.** *tehn.* novirze
ersatz ['eəzæts] *n* surogāts
erupt [i'rʌpt] *v* **1.** izlauzties; **2.** izvirst (*par vulkānu*); **3.** izšķilties (*par zobiem*)
eruption [i'rʌpʃn] *n* **1.** izlaušanās; **2.** (*vulkāna*) izvirdums; **3.** (*zoba*) šķilšanās; **4.** *med.* izsitumi
eruptive [i'rʌptiv] *a* **1.** vulkānisks; **2.** *med.* izsitumu-
erysipelas [ˌeri'sipələs] *n med.* roze
erythrocyte [i'riθrəsait] *n fiziol.* eritrocīts
escalate ['eskəleit] *v* **1.** saasināt (*konfliktu*); **2.** celties (*piem., par cenām*)
escalator ['eskəleitə] *n* eskalators
escapade [ˌeskə'peid] *n* **1.** pārdrošs pasākums; **2.** bēgšana (*no ieslodzījuma*)
escape [i'skeip] **I** *n* **1.** bēgšana; **2.** izglābšanās; **3.** vairīšanās (*no īstenības*); **4.** (*gāzes u. tml.*) noplūde; **II** *v* **1.** (*from*) izbēgt (*no ieslodzījuma*); **2.** izglābties; **3.** vairīties; **4.** noplūst (*piem., par gāzi*); **5.** izgaist (*no atmiņas*); your name ~s me – esmu piemirsis jūsu vārdu; **6.** izsprukt (*par vārdu*); izlauzties (*par nopūtu*)
escheat [is'tʃiːt] **I** *n* **1.** *jur.* bezmantinieku īpašums; **2.** mantojuma pāriešana valsts īpašumā; **II** *v* **1.** *jur.* pāriet valsts īpašumā (*par bezmantinieku īpašumu*); **2.** konfiscēt bezmantinieku īpašumu
eschew [is'tʃuː] *v* izvairīties
escort I *n* ['eskɔːt] eskorts; **II** *v* [i'skɔːt] eskortēt
Eskimo ['eskiməʊ] **I** *n* **1.** eskimoss; eskimosiete; **2.** eskimosu valoda; **II** *a* eskimosu-
especial [i'speʃl] *a* speciāls; sevišķs
Esperanto [ˌespə'ræntəʊ] *n* esperanto
espial [i'spaiəl] *n* novērošana; izsekošana
espionage ['espiənɑːʒ] *n* spiegošana
esplanade [ˌesplə'neid] *n* esplanāde; promenāde
espouse [i'spaʊz] *v* **1.** atbalstīt; veicināt

(*ideju, pasākumu*); **2.** *novec.* apņemt sievu; apprecēties; **3.** *novec.* izdot pie vīra

espresso [e'spresəʊ] *n* kafijas automāts

espy [i'spai] *v* saskatīt; pamanīt

esquire [i'skwaiə] *n* **1.** eskvairs (*muižnieka tituls Anglijā*); **2.** pagodinoša uzrunas forma vēstulē aiz uzvārda (*parasti saīs.* Esq.)

essay ['esei] **I** *n* **1.** eseja; **2.** mēģinājums; **3.** sacerējums (*skolā*); **II** *v* **1.** mēģināt; **2.** pārbaudīt

essayist ['eseiist] *n* esejists

essence ['esns] *n* **1.** būtība; galvenais; **2.** esence; ekstrakts

essential [i'senʃl] **I** *n* **1.** būtība; pamats; **2.** *pl* pirmās nepieciešamības priekšmeti; **II** *a* **1.** būtisks; svarīgākais; **2.** (*to, for*) nepieciešams

essentially [i'senʃəli] *adv* **1.** būtībā; īstenībā; **2.** nepieciešami; katrā ziņā

essential oil [i'senʃl‚ɔil] *n* ķīm. ēteriskā eļļa

establish [i'stæbliʃ] *v* **1.** nodibināt; izveidot; **2.** iekārtot; to e. oneself – iekārtoties; **3.** nostiprināt (*piem., savu stāvokli*); **4.** ieviest (*piem., paražu*); **5.** konstatēt (*faktu*); **6.** uzstādīt (*rekordu*)

established [i'stæbliʃt] *a* **1.** ieviesies; iesakņojies; **2.** vispāratzīts

establishment [i'stæbliʃmənt] *n* **1.** nodibināšana; izveidošana; **2.** iestāde; uzņēmums; **3.** štatu sastāvs; military e. – bruņotie spēki; **4.**: the E. – 1) valsts pamati; pārvaldes mehānisms; 2) valdošās aprindas; valdošā elite

estate [i'steit] *n* **1.** *vēst.* kārta; the fourth e. *iron.* – prese; **2.** īpašums; real e. – nekustams īpašums; e. agent – mākleris; **3.** muiža; **4.** plānveidīgi apbūvēta teritorija

esteem [i'sti:m] **I** *n* cieņa; to hold in high e. – augstu cienīt (vērtēt); **II** *v* **1.** cienīt; **2.** uzskatīt

estimable ['estiməbl] *a* cienījams

estimate I *n* ['estimət] **1.** novērtējums; **2.** kalkulācija; tāme; **II** *v* ['estimeit] **1.** (*at*) [no]vērtēt; **2.** kalkulēt; sastādīt tāmi

Estonian [e'stəʊniən] **I** *n* **1.** igaunis; igauniete; **2.** igauņu valoda; **II** *a* Igaunijas-; igauņu-

estop [i'stɒp] *v jur.* nepieļaut; izslēgt

estrade [e'strɑ:d] *n* estrāde

estrange [i'streindʒ] *v* (*from*) atsvešināt

estrangement [i'streindʒmənt] *n* atsvešināšanās

estreat [i'stri:t] *v jur.* **1.** piedzīt pēc izpildraksta; **2.** sodīt (*ar naudas sodu*)

etch [etʃ] *v* gravēt; kodināt

etching ['etʃiŋ] *n* **1.** gravēšana; kodināšana; **2.** gravīra; oforts

eternal [i'tɜ:nl] *a* **1.** mūžīgs; **2.** *sar.* nepārtraukts; pastāvīgs

eternity [i'tɜ:nəti] *n* mūžība

ether ['i:θə] *n* **1.** ēters; over the e. – pa radio; **2.** ķīm. ēteris

ethereal [i'θiəriəl] *a* **1.** ēterisks; **2.** gaistošs

ethical ['eθikl] *a* **1.** ētisks; **2.** saņemams tikai pret recepti (*par zālēm*)

ethics ['eθiks] *n* ētika

Ethiopian [‚i:θi'əʊpiən] **I** *n* etiopietis; etiopiete; **II** *a* Etiopijas-; etiopiešu-

ethnic[al] ['eθnik(l)] *a* etnisks

ethnographer [eθ'nɒɡrəfə] *n* etnogrāfs

ethnology [eθ'nɒlədʒi] *n* etnoloģija

ethyl ['eθl] *n* **1.** ķīm. etils; **2.** tehn. piejaukums benzīnam (*automobiļa trokšņa slāpēšanai*)

ethylene [ˈeθəliːn] *n* ķīm. etilēns
etiquette [ˈetiket] *n* etiķete (*uzvedības normas*)
etude [ˈeitjuːd] *n* mūz. etīde
etymologic[al] [ˌetiməˈlɒdʒik(l)] *a* etimoloģisks
etymology [ˌetiˈmɒlədʒi] *n* etimoloģija
eucalyptus [ˌjuːkəˈliptəs] *n* 1. *bot.* eikalipts; 2. eikaliptu eļļa
Eucharist [ˈjuːkərist] *n bazn.* sakraments
eulogize [ˈjuːlədʒaiz] *v* cildināt, slavināt
eunuch [ˈjuːnək] *n* einuhs
euphony [ˈjuːfəni] *n* eifonija, daiļskanība
euphoria [jʊˈfɔːriə] *n* eiforija
Eurasian [jʊəˈreiʒn] *a* Eirāzijas-
European [ˌjʊərəˈpiːən] I *n* eiropietis; eiropiete; II *a* eiropeisks; eiropiešu-
evacuate [iˈvækjʊeit] *v* 1. evakuēt; 2. atbrīvot (*telpu, teritoriju*); 3. iztīrīt (*zarnas*); 4. *tehn.* izsūknēt; izretināt (*gaisu*)
evacuation [iˌvækjʊˈeiʃn] *n* 1. evakuācija; 2. (*zarnu*) iztīrīšana; 3. *tehn.* izsūknēšana; (*gaisa*) izretināšana
evacuee [iˌvækjʊˈiː] *n* 1. evakuējamais; 2. evakuētais
evade [iˈveid] *v* 1. izvairīties; 2. apiet (*piem., likumu*)
evaluate [iˈvæljʊeit] *v* 1. novērtēt; 2. izteikt skaitļos
evaluation [iˌvæljʊˈeiʃn] *n* novērtējums
evanesce [ˌevəˈnes] *v* izzust, izgaist
evanescent [ˌevəˈnesnt] *a* gaistošs (*piem., par iespaidu*)
evangel [iˈvændʒəl] *n* evaņģēlijs
evaporate [iˈvæpəreit] *v* 1. iztvaicēt; 2. iztvaikot; izgarot; 3. *sar.* izgaist
evaporation [iˌvæpəˈreiʃn] *n* 1. iztvaicēšana; 2. iztvaikošana; izgarošana

evasion [iˈveiʒn] *n* izvairīšanās
evasive [iˈveisiv] *a* 1. izvairīgs; 2. nenotverams
eve [iːv] *n* 1. (*svētku*) priekšvakars; New Year's E. – Jaungada vakars; 2. *novec. poēt.* vakars
even [ˈiːvn] I *a* 1. gluds; līdzens; 2. vienādlīmeņa-; 3. vienmērīgs; e. development – vienmērīga attīstība; 4. nosvērts (*par rakstu ru*); 5. *mat.* pāra-; pārskaitļa-; e. number – pārskaitlis; ◇ to get e. with smb. – nokārtot rēķinus ar kādu; II *v* 1. (*out*) vienmērīgi sadalīt; 2. (*up*) nolīdzināt; III *adv* 1. pat; e. if (though) – pat ja; 2. (*ar comp.*) vēl pat
even-handed [ˌiːvnˈhændid] *a* objektīvs
evening [ˈiːvniŋ] *n* 1. vakars; e. star – Venera; 2. sarīkojums
event [iˈvent] *n* 1. gadījums; notikums; at all ~s – katrā ziņā; in the e. of – gadījumā, ja; 2. rezultāts, iznākums; 3. (*sabiedrisks*) pasākums; 4. sacensības (*kādā noteiktā sporta veidā*)
eventful [iˈventfl] *a* notikumiem bagāts
eventless [iˈventləs] *a* bez notikumiem
eventual [iˈventʃʊəl] *a* 1. eventuāls, iespējams; 2. galīgs
eventuality [iˌventʃʊˈæləti] *n* eventualitāte, iespējamība
eventually [iˈventʃʊəli] *adv* galu galā; beidzot
eventuate [iˈventʃʊeit] *v* 1. (*in*) beigties (*ar kaut ko*); 2. *amer.* atgadīties
ever [ˈevə] *adv* 1. vienmēr; arvien; 2. kādreiz; 3. gan (*jautājuma pastiprināšanai*); why e. didn't you say so? – kāpēc gan jūs tā neteicāt?; 4. cik vien (*salīdzinājuma pastiprināšanai*); be quick as e. you can – pasteidzieties, cik vien ātri varat; 5.: e. so (e. such) –

ļoti; visai; thank you e. so much – ļoti pateicos
everglade [ˈevəgleid] *n amer.* purvaina zemiene; purvains līdzenums
evergreen [ˈevəgriːn] **I** *n* mūžzaļš augs; **II** *a* mūžzaļš
everlasting [ˌevəˈlɑːstiŋ] **I** *n* **1.** mūžība; **2.**: the E. – Dievs; **II** *a* **1.** mūžīgs; **2.** izturīgs; **3.** apnicīgs
evermore [ˌevəˈmɔː] *adv* mūžīgi; uz visiem laikiem
every [ˈevri] *pron* katrs; e. other – 1) katrs otrais; e. other day – ik pārdienas; 2) visi pārējie; e. now and then (again) – šad un tad
everybody [ˈevribɒdi] *pron* **1.** katrs, ikviens; visi; **2.** (*nolieguma teikumos*) ne visi
everyday [ˈevridei] *a* ikdienas-; parasts
everyone [ˈevriwʌn] *sk.* **everybody**
everything [ˈevriθiŋ] *pron* **1.** viss; **2.** (*nolieguma teikumos*) ne viss
everyway [ˈevriwei] *adv* **1.** (*amer.* every which way) visos virzienos; **2.** no visiem viedokļiem
everywhere [ˈevriweə] *adv* visur
evict [iˈvikt] *v* izlikt, padzīt (*no mājām, zemes*)
eviction [iˈvikʃn] *n* izlikšana, padzīšana (*no mājām, zemes*)
evidence [ˈevidəns] *n* **1.** acīmredzamība; **2.** *jur.* pierādījums; liecība; circumstantial e. – netiešs pierādījums; to call in e. – izsaukt tiesā par liecinieku; **3.**: ~s *pl* – zīmes; pēdas; ◊ to turn King's (Queen's) e. – izdot līdzvainīgos
evident [ˈevidənt] *a* acīm redzams, skaidrs
evil [ˈiːvl] **I** *n* **1.** ļaunums; **2.** nelaime;

II *a* **1.** ļauns; the E. One – nelabais; **2.** kaitīgs; **3.** netikls; izlaidīgs
evildoer [ˌiːvlˈduːə] *n* ļaundaris
evince [iˈvins] *v* izrādīt (*piem., jūtas*)
evoke [iˈvəʊk] *v* **1.** izraisīt (*piem., jūtas*); **2.** atsaukt (*atmiņā*)
evolution [ˌiːvəˈluːʃn] *n* **1.** evolūcija, attīstība; **2.** (*siltuma u. tml.*) izstarošana; **3.** *mat.* saknes izvilkšana; **4.** *mil.* manevrs
evolutionary [ˌiːvəˈluːʃnəri] *a* evolūcijas-
evolve [iˈvɒlv] *v* **1.** attīstīt; izvērst; **2.** izstarot (*siltumu*); izdalīt (*gāzes*)
ewe [juː] *n* avs
ewer [ˈjuːə] *n* ūdens krūze
exacerbate [igˈzæsəbeit] *v* **1.** saasināt (*piem., slimību*); **2.** sarūgtināt
exacerbation [igˌzæsəˈbeiʃn] *n* **1.** (*sāpju, slimības*) saasināšanās; **2.** sarūgtinājums
exact [igˈzækt] **I** *n* **1.** precīzs, eksakts; e. sciences – eksaktās zinātnes; **2.**: the e. same – tieši tas pats; **II** *v* kategoriski prasīt
exacting [igˈzæktiŋ] *a* prasīgs
exaction [igˈzækʃn] *n* **1.** stingra prasība; **2.** izspiešana
exactitude [igˈzæktitjuːd] *n* precizitāte
exactly [igˈzæktli] *adv* **1.** tieši, gluži; **2.** (*atbildē*) tieši tā; not e. – ne gluži tā
exaggerate [igˈzædʒəreit] *v* pārspīlēt
exaggeration [igˌzædʒəˈreiʃn] *n* **1.** pārspīlēšana; **2.** pārspīlējums
exalt [igˈzɔːlt] *v* **1.** celt godā; **2.** slavināt; cildināt; to e. to the skies – celt [vai] debesīs; **3.** pacilāt, iejūsmināt
exaltation [ˌegzɔːlˈteiʃn] *n* eksaltācija, sajūsma
exalted [igˈzɔːltid] *a* **1.** augsts (*par per-*

sonu); **2.** cildens; augsts (*par stilu*); **3.** eksaltēts, sajūsmināts
exam [ig'zæm] *sar. saīs. no* **examination 2.**
examination [ig,zæmi'neiʃn] *n* **1.** apskate; pārbaude; custom house e. – muitas apskate; **2.** eksāmens; pārbaudījums; competitive e. – konkursa eksāmens; preliminary (entrance) e. – iestājeksāmens; to go in for an e.; to take an e. – kārtot eksāmenu; to fail in an e. – izkrist eksāmenā; to pass an e. – nolikt eksāmenu; **3.** *jur.* pratināšana; **4.** izmeklēšana; under e. – izmeklēšanā
examination-paper [ig,zæmi'neiʃn'peipə] *n* **1.** eksāmena biļete; **2.** eksāmena darbs
examine [ig'zæmin] *v* **1.** apskatīt; izmeklēt; **2.** (*in, on*) eksaminēt; **3.** *jur.* pratināt
examinee [ig,zæmi'ni:] *n* eksaminējamais
examiner [ig'zæminə] *n* eksaminētājs
example [ig'zɑ:mpl] *n* **1.** piemērs; paraugs; for e. – piemēram; to set a good (bad) e. – sniegt labu (sliktu) paraugu; without e. – bez precedenta; **2.** mācība; to make an e. (*of*) smb. – sodīt kādu par brīdinājumu citiem
exasperate [ig'zæspəreit] *v* **1.** sakaitināt; **2.** izvest no pacietības; **3.** saasināt (*sāpes*)
exasperation [ig,zæspə'reiʃn] *n* **1.** saniknojums; **2.** uzbudinājums
excavate ['ekskəveit] *v* **1.** izrakt; izdobt; **2.** izdarīt izrakumus
excavation [,ekskə'veiʃn] *n* **1.** rakšana; **2.** izrakta bedre; iedobums; **3.** izrakumi; **4.** *tehn.* ekskavācija
excavator ['ekskəveitə] *n* ekskavators

exceed [ik'si:d] *v* **1.** pārkāpt; **2.** pārsniegt
exceeding [ik'si:diŋ] *a* pārmērīgs; ārkārtīgs
excel [ik'sel] *v* (*in, at*) pārspēt; būt pārākam
excellence ['eksələns] *n* **1.** pārākums; **2.** izcilība
excellency ['eksələnsi] *n* ekselence (*tituls*)
excellent ['eksələnt] *a* teicams; lielisks
excelsior [ek'selsiɔ:] *a* augstākā labuma-
except [ik'sept] **I** *v* **1.** izslēgt; **2.** (*against*) iebilst; **II.** *prep* **1.** izņemot; **2.**: e. for – neraugoties uz
exception [ik'sepʃn] *n* **1.** izņēmums; with the e. (*of*) – izņemot; **2.** iebildums; to take e. (*to*) – iebilst
exceptionable [ik'sepʃnəbl] *a* apstrīdams
exceptional [ik'sepʃnl] *a* ārkārtīgs; ārkārtējs
excerpt **I** *n* ['eksɜ:pt] ekscerpts, izraksts; **II** *v* [ek'sɜ:pt] ekscerpēt, izrakstīt
excess **I** *n* [ik'ses] **1.** pārmērība; **2.** pārpalikums; **3.** (*parasti pl*) ekscess, galējība; **II** *a* ['ekses] **1.** papild-; **2.** lieks
excessive [ik'sesiv] *a* pārmērīgs
exchange [iks'tʃeindʒ] **I** *n* **1.** maiņa; apmaiņa; in e. for – apmaiņai pret; **2.** vekseļu darījums; bill of e. – vekselis; **3.** birža; Labour E. – darba birža; **4.** naudas maiņa; **5.** telefona centrāle; **II** *v* **1.** mainīt; apmainīt; **2.** samainīt (*naudu*); **3.** apmainīties
exchangeable [iks'tʃeindʒəbl] *a* maināms; e. value ek. – maiņas vērtība
exchequer [iks'tʃekə] *n* valsts kase; Chancellor of the E. – finanšu ministrs (*Anglijā*)

exciseᵃ *ek.* **I** *n* [′eksaiz] akcīze; **II** *v* [ek′saiz] aplikt ar akcīzi
exciseᵇ [ik′saiz] *v* izgriezt
excision [ik′siʒn] *n* izgriešana
excitability [ik‚saitə′biləti] *n* **1.** uzbudināmība; **2.** *fiziol.* kairināmība
excitation [‚eksi′teiʃn] *n* uzbudinājums
excite [ik′sait] *v* **1.** uzbudināt; uztraukt; **2.** kairināt; **3.** izraisīt; modināt (*interesi*); **4.** *el.* inducēt
excitement [ik′saitmənt] *n* uzbudinājums; uztraukums
exciter [ik′saitə] *n* stimulators
exclaim [ik′skleim] *v* iesaukties; ◊ to e. **against** – protestēt; to e. **at** – paust lielu izbrīnu
exclamation [‚eksklə′meiʃn] *n* iesaukšanās
exclamation mark [‚eksklə′meiʃnmɑ:k] *n gram.* izsaukuma zīme
exclamatory [ik′sklæmətəri] *a* izsaukuma-
exclude [ik′sklu:d] *v* **1.** (*from*) izslēgt; **2.** nepieļaut (*iespēju, varbūtību*)
exclusion [ik′sklu:ʒn] *n* izslēgšana; ◊ to the e. of – izņemot
exclusive [ik′sklu:siv] *a* **1.** izņēmuma-; sevišķs; e. privileges – sevišķas privilēģijas; **2.** izmeklēts, smalks; **3.** vienīgais
excrescence [ik′skresns] *n* uzaugums
excrete [ik′skri:t] *v fiziol.* izdalīt
excretion [ik′skri:ʃn] *n fiziol.* ekskrēcija, izdalīšana
excretory [ik′skri:təri] *a anat.* izvad-; e. duct – izvadkanāls
exculpate [′ekskʌlpeit] *v* reabilitēt, attaisnot
excursion [ik′skɜ:ʃn] *n* **1.** ekskursija; **2.** *astr.* novirze
excursionist [ik′skɜ:ʃnist] *n* ekskursants
excursive [ek′skɜ:siv] *a* haotisks, nekārtīgs; e. reading – pavirša lasīšana
excuse **I** *n* [ik′skju:s] **1.** atvainošanās; **2.** attaisnojums; **3.** atrunāšanās; lame (poor, thin) e. – aizbildināšanās; **II** *v* [ik′skju:z] **1.** atvainot, piedot; **2.** attaisnot; **3.** (*from*) atbrīvot (*no pienākuma u. tml.*)
execrable [′eksikrəbl] *a* riebīgs, pretīgs
execrate [′eksikreit] *v* **1.** sajust riebumu; **2.** lādēties
executant [ig′zekjʊtənt] *n* (*skaņdarba*) atskaņotājs
execute [′eksikju:t] *v* **1.** izpildīt (*plānu, rīkojumu*); **2.** sodīt ar nāvi, izpildīt nāves sodu; **3.** noformēt (*dokumentu*); **4.** atskaņot (*skaņdarbu*); **5.** *jur.* izpildīt (*testamentu*)
execution [‚eksi′kju:ʃn] *n* **1.** (*plāna, rīkojuma*) izpildīšana; **2.** nāves soda izpildīšana; **3.** (*dokumentu*) noformēšana; **4.** (*skaņdarba*) atskaņošana; **5.** *jur.* (*testamenta*) izpildīšana
executioner [‚eksi′kju:ʃnə] *n* bende
executive [ig′zekjʊtiv] **I** *n* **1.** izpildvara; **2.** (*firmas u. tml.*) administrators; vadītājs; **II** *a* **1.** izpildu-; e. committee – izpildkomiteja; **2.** administratīvs
executor [ig′zekjʊtə] *n jur.* testamenta izpildītājs
exemplar [ig′zemplɑ:] *n* **1.** paraugs; **2.** tips; **3.** (*grāmatas*) eksemplārs
exemplary [ig′zempləri] *a* **1.** parauga-; **2.** tipveida-; **3.** pamācošs
exemplify [ig′zemplifai] *v* **1.** derēt par paraugu; **2.** ilustrēt ar piemēru; **3.** izgatavot un apstiprināt (*dokumenta*) norakstu
exempt [ig′zempt] **I** *a* (*from*) atbrīvots (*piem., no nodokļiem, saistībām*); **II** *v*

(*from*) atbrīvot (*piem.*, *no nodokļiem, saistībām*)
exequies ['eksikwiz] *n pl* bēru gājiens; bēru rituāls
exercise ['eksəsaiz] **I** *n* **1.** vingrinājums; **2.** vingrojums; **3.** izpausme; izrādīšana; e. of good will – labas gribas izpausme; **4.**: ~s *pl mil.* – ierindas mācība; **II** *v* **1.** trenēt; vingrināt; **2.** trenēties; vingrināties; **3.** izmantot (*tiesības*); **4.** realizēt (*kontroli, ietekmi*); **5.** izrādīt (*pacietību*); **6.** (*about*) raizēties; **7.** *mil.* noturēt (*mācības*)
exert [ig'zɜ:t] *v* **1.** sasprindzināt (*spēkus*); **2.** iedarboties (*ar*); to e. an influence (*on*) – ietekmēt; **3.** izrādīt (*piem.*, *rakstura stingrību*); **4.**: to e. oneself – piepūlēties
exertion [ig'zɜ:ʃn] *n* piepūle
exeunt ['eksiʌnt] *sk.* **exit II**
exhalation [,ekshə'leiʃn] *n* **1.** izelpa; **2.** izgarojumi; migla; **3.** (*dusmu*) izvirdums
exhale [eks'heil] *v* **1.** izelpot; **2.** izlaist (*tvaiku*); **3.** ļaut vaļu (*dusmām*)
exhaust [ig'zɔ:st] **I** *n* **1.** izplūde; **2.** izplūdes caurule; **3.** izplūdes gāzes; **II** *v* **1.** izsūknēt (*gaisu*); izlaist (*tvaiku*); **2.** iztukšot; **3.** izsmelt; iztirzāt; to e. the subject – vispusīgi aplūkot kādu tematu; **4.** atņemt spēku; novārdzināt
exhausted [ig'zɔ:stid] *a* novārdzis, nomocījies
exhausting [ig'zɔ:stiŋ] *a* nogurdinošs
exhaustion [ig'zɔ:stʃən] *n* **1.** (*gaisa*) izsūknēšana; **2.** (*tvaika*) izplūšana; **3.** (*spēku*) izsīkums; nespēks
exhaustive [ig'zɔ:stiv] *a* **1.** nogurdinošs; **2.** izsmeļošs; vispusīgs
exhibit [ig'zibit] **I** *n* **1.** eksponāts; **2.** *jur.*

lietisks pierādījums; **II** *v* **1.** eksponēt, izstādīt; **2.** izrādīt (*drosmi u. tml.*)
exhibition [,eksi'biʃn] *n* **1.** izstāde; **2.** izrādīšana; **3.** naudas pabalsts (*izciliem studentiem*); **4.** *amer.* izlaiduma vakars
exhibitor [ig'zibitə] *n* eksponents, izstādes dalībnieks
exhilarate [ig'ziləreit] *v* uzmundrināt; iepriecināt
exhilaration [ig,zilə'reiʃn] *n* uzmundrināšana; iepriecināšana
exhort [ig'zɔ:t] *v* pierunāt; pārliecināt
exhume [eks'hju:m] *v* izrakt (*līķi*)
exigence ['eksidʒəns] *n* **1.** nepieciešamība; **2.** kritisks (smags) stāvoklis
exigent ['eksidʒənt] *a* **1.** neatliekams; steidzams; **2.** prasīgs
exile ['eksail] **I** *n* **1.** trimda; **2.** trimdinieks; **II** *v* izsūtīt trimdā
exist [ig'zist] *v* eksistēt, pastāvēt, būt
existence [ig'zistəns] *n* eksistence, pastāvēšana, esamība
existent [ig'zistənt] *a* eksistējošs, pastāvošs, esošs
existentialism [,egzi'stenʃlizəm] *n filoz.* eksistenciālisms
exit ['eksit] **I** *n* **1.** iziešana; **2.** izeja; emergency e. – papildizeja; **3.** (*aktiera*) noiešana no skatuves; **4.** nāve; **II** *v* iziet
exit visa ['eksit,vi:zə] *n* izbraukšanas vīza
ex-libris [,eks'li:bris] *n* grāmatzīme
exodus ['eksədəs] *n* **1.** (the E.) Exodus (*otrā Mozus grāmata*); **2.** masveida izceļošana (*vai* bēgšana)
exorbitant [ig'zɔ:bitənt] *a* pārmērīgs (*piem.*, *par cenu, prasību*)
exorcize ['eksɔ:saiz] *v* **1.** izdzīt ļaunos garus; **2.** atbrīvoties (*no sirdsapziņas pārmetumiem*)

exoteric [ˌeksəʊ'terik] *a* vispārpieejams
expand [ik'spænd] *v* **1.** izplest; paplašināt; **2.** attīstīt; izvērst; **3.** attīstīties; izvērsties; **4.** atraisīties; kļūt vaļsirdīgam; ◊ to e. **on** – papildināt (*teikto u. tml.*)
expanded memory [ikˌspændid 'meməri] *n dat.* izvērstā atmiņa; E. M. M anager (EMM) *dat.* – izvērstās atmiņas pārvaldnieks, draiveris EMM
expanse [ik'spæns] *n* izplatījums; plašums
expansible [ik'spænsəbl] *a* izplešams
expansion [ik'spænʃn] *n* **1.** izplešana; paplašināšana; **2.** izplešanās; paplašināšanās; e. board *dat.* – izvērses plate, paplašināšanas plate; e. bus *dat.* – izvērses kopne, paplašināšanas kopne; **3.** ekspansija
expansive [ik'spænsiv] *a* **1.** izplešams; **2.** plašs; **3.** vaļsirdīgs, atklāts (*par raksturu*); **4.** ekspansīvs
expatiate [ek'speiʃieit] *v* (*on*) plaši izrunāties
expatriate **I** *n* [eks'pætriət] bezpavalstnieks; **II** *v* [eks'pætrieit] **1.** ekspatriēt; **2.** emigrēt no dzimtenes
expatriation [eksˌpætri'eiʃn] *n* ekspatriācija
expect [ik'spekt] *v* **1.** gaidīt; sagaidīt; **2.** *sar.* domāt
expectancy [ik'spektənsi] *n* **1.** gaidas; **2.** cerība; paļāvība
expectant [ik'spektənt] *a* gaidošs; e. mother – grūtniece; e. policy – nogaidīšanas politika
expectation [ˌekspek'teiʃn] *n* gaidīšana; gaidas
expectorate [ik'spektəreit] *v* **1.** atkrēpot; **2.** spļaut
expectoration [ikˌspektə'reiʃn] *n* **1.** atkrēpošana; **2.** krēpas

expedience [ik'spi:diəns] *n* **1.** lietderība, noderība; **2.** izdevīgums
expedient [ik'spi:diənt] **I** *n* līdzeklis (*mērķa sasniegšanai*); **II** *a* **1.** lietderīgs; noderīgs; **2.** izdevīgs
expedite ['ekspədait] *v* **1.** veicināt; paātrināt (*pasākumu u. tml.*); **2.** ātri veikt
expedition [ˌekspə'diʃn] *n* **1.** ekspedīcija; **2.** ātrums; steiga
expeditionary [ˌekspə'diʃnəri] *a* ekspedīcijas-
expel [ik'spəl] *v* (*from*) izdzīt; izraidīt; to e. from school – izslēgt no skolas
expend [ik'spend] *v* iztērēt, izdot
expenditure [ik'spenditʃə] *n* **1.** patēriņš; e. of time – laika patēriņš; **2.** izdevumi
expense [ik'spens] *n* **1.** (*parasti pl*) izdevumi; **2.** rēķins
expensive [ik'spensiv] *a* dārgs (*par cenu*)
experience [ik'spiəriəns] **I** *n* pieredze; **II** *v* pieredzēt, piedzīvot
experienced [ik'spiəriənst] *a* **1.** pieredzējis, piedzīvojis; **2.** ar praksi
experiment **I** *n* [ik'sperimənt] eksperiments, mēģinājums; to make (carry out, perform) an e. – veikt eksperimentu; **II** *v* [ik'speriment] (*on, with*) eksperimentēt
experimental [ekˌsperi'mentl] *a* eksperimentāls
experimentalize [ekˌsperi'mentəlaiz] *v* eksperimentēt
experimentation [ekˌsperimen'teiʃn] *n* eksperimentēšana
expert ['eksp3:t] **I** *n* (*at, in*) eksperts, lietpratējs; speciālists; **II** *a* **1.** eksperta-; lietpratēja-; **2.** prasmīgs; lietpratīgs
expertise [ˌeksp3:'ti:z] *n* **1.** erudīcija; kompetence; speciālas zināšanas; **2.** ekspertīze; eksperta slēdziens

expiate [′ekspieit] *v* izpirkt (*vainu*)
expiration [,ekspə′reiʃn] *n* 1. izelpošana; izelpa; 2. (*termiņa*) beigšanās
expire [ik′spaiə] *v* 1. izelpot; 2. nomirt; 3. beigties (*par termiņu*)
expiry [ik′spaiəri] *n* termiņa beigšanās
explain [ik′splein] *v* izskaidrot; paskaidrot
explanation [,eksplə′neiʃn] *n* izskaidrojums; paskaidrojums
explanatory [ik′splænətəri] *a* izskaidrojošs; paskaidrojošs
expletive [ik′spli:tiv] **I** *n* 1. iesprausts vārds; 2. lamu vārds; **II** *a* iesprausts (*piem., par vārdu*)
explicable [ik′splikəbl] *a* izskaidrojams; paskaidrojams
explicate [′eksplikeit] *v* attīstīt (*domu, ideju*)
explicative [ek′splikətiv] *a* izskaidrojošs; paskaidrojošs
explicit [ik′splisit] *a* skaidri izteikts; precīzi formulēts
explode [ik′spləʊd] *v* 1. eksplodēt, sprāgt; 2. spridzināt; 3. apgāzt (*teoriju u. tml.*)
exploit[a] [′eksplɔit] *n* varoņdarbs
exploit[b] [ik′splɔit] *v* 1. ekspluatēt; 2. izmantot (*piem., raktuves*)
exploitation [,eksplɔi′teiʃn] *n* 1. ekspluatācija; 2. (*raktuvju u. tml.*) izmantošana
exploiter [ik′splɔitə] *n* ekspluatators
exploration [,eksplə′reiʃn] *n* 1. pētīšana; 2. pētījums
explorative [ik′splɒrətiv] *sk.* **exploratory**
exploratory [ik′splɒrətəri] *a* pētniecības-; pētniecisks
explore [ik′splɔ:] *v* [iz]pētīt
explorer [ik′splɔ:rə] *n* pētnieks

explosion [ik′spləʊʒn] *n* 1. eksplozija, sprādziens; 2. (*dusmu*) izvirdums; (*smieklu*) šalts; 3. strauja attīstība; the population e. – demogrāfiskais sprādziens
explosive [ik′spləʊsiv] **I** *n* 1. sprāgstviela; spridzeklis; 2. *val.* eksplozīvs līdzskanis; **II** *a* 1. sprāgstošs; uzliesmojošs; 2. viegli aizkaitināms (*par cilvēku*); 3. *val.* eksplozīvs
expo [′ekspəʊ] (*saīs. no* exposition) *sar.* izstāde
exponent [ik′spəʊnənt] *n* 1. interpretētājs; izskaidrotājs; 2. rādītājs; 3. *mat.* eksponents, kāpinātājs
export I *n* [′ekspɔ:t] 1. eksports; e. duty – izvedmuita; 2. (*parasti pl*) eksportprece; **II** *v* [ek′spɔ:t] eksportēt, izvest
exportation [,ekspɔ:′teiʃn] *n* eksportēšana
expose [ik′spəʊz] *v* 1. pakļaut (*saules, lietus, vēja u. tml.*) iedarbībai; to e. to danger – pakļaut briesmām; 2. atstāt neaizsargātu; 3. izstādīt (*skatē, pārdošanai*); 4. izpaust (*noslēpumu*); 5. atklāt; atmaskot; 6. eksponēt (*fotogrāfijā*)
exposition [,ekspə′ziʃn] *n* 1. interpretācija; izskaidrošana; 2. ekspozīcija; izstāde; skate
expostulate [ik′spɒstjʊleit] *v* 1. iebilst; 2. (*draudzīgi*) atrunāt
expostulation [ik,spɒstjʊ′leiʃn] *n* 1. pārmetums; 2. (*draudzīga*) atrunāšana
exposure [ik′spəʊʒə] *n* 1. pakļaušana (*saules u. tml.*) iedarbībai; 2. (*preču*) klāsts; izstāde; 3. (*noslēpuma*) izpaušana; 4. atklāšana; atmaskošana; 5. ekspozīcija
expound [ik′spaʊnd] *v* 1. izklāstīt; 2. interpretēt; izskaidrot

express [ik'spres] **I** *n* **1.** (*arī* e. train) ātrvilciens; **2.** steidzams sūtījums; **3.** kurjers; **4.** *amer.* (*arī* e. company) transportfirma; **II** *a* **1.** noteikts; skaidri izteikts; **2.** steidzams (*par sūtījumu u. tml.*); **3.** speciāls; skaidri saprotams (*par nolūku*); **4.** precīzs; **III** *v* **1.** izteikt (*domas, jūtas u. tml.*); **2.** nosūtīt ar steidzamu pastu; **3.** (*from*) izspiest (*piem., sulu*); **IV** *adv* steidzami; ātri
expressible [ik'spresəbl] *a* izsakāms
expression [ik'spreʃn] *n* **1.** (*domu u. tml.*) izteikšana; (*jūtu*) izpausme; **2.** izteiciens; teiciens; **3.** (*sejas*) izteiksme; **4.** *mat.* izteiksme
expressionism [ik'spreʃnizəm] *n glezn.* ekspresionisms
expressive [ik'spresiv] *a* izteiksmīgs
expressively [ik'spresivli] *adv* izteiksmīgi; daudznozīmīgi
expressway [ik'spreswei] *n* (motorway) ātrgaitas automaģistrāle
expropriate [ik'sprəʊprieit] *v* ekspropriēt, atsavināt
expropriation [ik,sprəʊpri'eiʃn] *n* ekspropriācija, atsavināšana
expulsion [ik'spʌlʃn] *n* **1.** izdzīšana; izraidīšana; izslēgšana (*no skolas u. tml.*); e. order – izraidīšanas pavēle; **2.** *tehn.* izplūde
expunge [ik'spʌndʒ] *v* **1.** izdzēst; [iz]svītrot (*no saraksta, grāmatas*); **2.** *pārn.* izdzēst; izdeldēt
exquisite [ik'skwizit] *a* **1.** izmeklēts; izsmalcināts, smalks; **2.** skaudrs (*par sāpēm, prieku*)
extant [ek'stænt] *a* pastāvošs; saglabājies
extemporaneous [ek,stempə'reiniəs] *a* improvizēts
extemporize [ik'stempəraiz] *v* improvizēt
extend [ik'stend] *v* **1.** izstiept; **2.** izstiepties; **3.** paplašināt; izplest; **4.** pagarināt (*termiņu*); **5.** plesties; **6.** izrādīt (*draudzību u. tml.*); **7.** *sp.* sasprindzināt spēkus
extendability [ik,stendə'biləti] *n dat.* paplašināmība
extended [ik'stendid] *a* **1.** izstiepts; **2.** pagarināts (*par termiņu*); **3.** paplašināts; simple e. sentence *gram.* – vienkāršs paplašināts teikums; e. memory *dat.* – paplašināta atmiņa
extensible [ik'stensəbl] *a* izstiepjams
extensile [ik'stensail] *a* izvelkams
extension [ik'stenʃn] *n* **1.** izstiepšana; **2.** paplašināšana; **3.** piebūve; **4.** (*termiņa*) pagarinājums; e. of one's holidays – brīvdienu pagarinājums; **5.** dzelzceļa atzarojums; **6.** (*mācību iestādes*) filiāle; **7.** *tehn.* izcilnis; izvirzījums; **8.**: University E. – universitātes kursi neklātniekiem
extensive [ik'stensiv] *a* **1.** plašs; **2.** *lauks.* ekstensīvs
extent [ik'stent] *n* **1.** apjoms; **2.** pakāpe
extenuate [ik'stenjʊeit] *v* mīkstināt (*vainu u. tml.*)
exterior [ik'stiəriə] **I** *n* **1.** ārpuse; āriene; **2.** eksterjers; **II** *a* ārpuses-; ārējs
exterminate [ik'stɜ:mineit] *v* iznīcināt; izskaust
extermination [ik,stɜ:mi'neiʃn] *n* iznīcināšana; izskaušana
external [ik'stɜ:nl] **I** *n*: ~s *pl* – ārējie apstākļi; ārējais izskats; **II** *a* **1.** ārējs; e. command *dat.* – ārējā komanda; e. data bus *dat.* – ārējā datu kopne; **2.** ārzemju-; **3.** neklātienes-
extinct [ik'stiŋkt] *a* **1.** izdzisis; **2.** izzudis; **3.** izmiris (*piem., par cilti*)
extinction [ik'stiŋkʃn] *n* **1.** izdzišana; **2.** izzušana; **3.** (*cilts*) izmiršana

extinguish [ik'stiŋgwiʃ] v **1.** nodzēst; izdzēst; **2.** iznīcināt; iznīdēt; **3.** dzēst (*parādu*)

extinguisher [ik'stiŋgwiʃə] n ugunsdzēšamais aparāts

extirpate ['ekstɜ:peit] v **1.** izraut ar saknēm; **2.** iznīdēt

extirpation [,ekstɜ:'peiʃn] n **1.** izraušana ar saknēm; **2.** iznīdēšana

extol [ik'stəʊl] v cildināt

extort [ik'stɔ:t] v (*from*) izspiest (*naudu, solījumu u. tml.*)

extortion [ik'stɔ:ʃn] n **1.** (*naudas, solījuma u. tml.*) izspiešana; **2.** (*cenu*) saskrūvēšana

extortioner [ik'stɔ:ʃnə] n izspiedējs

extra ['ekstrə] **I** n **1.** papildinājums; piedeva; **2.** piemaksa; **3.** papildjautājums (*programmā, eksāmena biļetē*); **4.** (*laikraksta*) speciālizdevums; **5.** augstākā labuma prece; **II** a **1.** papildu-; **2.** speciāls; **3.** augstākā labuma-; **III** adv **1.** papildus; **2.** sevišķi

extract **I** n ['ekstrækt] **1.** ekstrakts; **2.** izvilkums (*no grāmatas*); īss izklāsts; **II** v [ik'strækt] **1.** izraut (*piem., zobu*); **2.** (*from*) izdabūt; izdibināt; **3.** iegūt (*rūdu*); **4.** izspiest (*sulu*); **5.** izvēlēties (*citātu u. tml.*)

extraction [ik'strækʃn] n **1.** izraušana; **2.** izdabūšana; izdibināšana; **3.** (*rūdas*) iegūšana

extracurricular [,ekstrəkə'rikjʊlə] a **1.** ārpuskārtas-; **2.** ārpusnodarbību-

extradite ['ekstrədait] v izdot (*noziedznieku*)

extradition [,ekstrə'diʃn] n (*noziedznieka*) izdošana

extramural [,ekstrə'mjʊərəl] a **1.** neklātienes-; **2.** ārpus pilsētas (iestādes) robežām

extraneous [ik'streiniəs] a svešas izcelsmes-

extraordinarily [ik'strɔ:dnrəli] adv **1.** neparasti; sevišķi; **2.** ārkārtēji; ārkārtīgi

extraordinary [ik'strɔ:dnri] a **1.** neparasts; **2.** ārkārtējs; ārkārtīgs; Ambassador E. – ārkārtējais sūtnis

extraterrestrial [,ekstrətə'restriəl] a **1.** ārpuszemes-; **2.** starpplanētu-; e. vehicle – starpplanētu [kosmosa] kuģis

extraterritorial [,ekstrə,teri'tɔ:riəl] a *jur.* eksteritoriāls

extra-time ['ekstrə,taim] n papildlaiks

extravagance [ik'strævəgəns] n **1.** ekstravagance; **2.** izšķērdība; **3.** absurds

extravagant [ik'strævəgənt] a **1.** ekstravagants; **2.** izšķērdīgs; **3.** absurds

extravasate [ek'strævəseit] v asiņot

extreme [ik'stri:m] **I** n **1.** ekstrēms, galējība; **2.** *mat.* proporcijas malējais loceklis; **II** a galējs; ārkārtējs

extremely [ik'stri:mli] adv ārkārtīgi; ļoti

extremeness [ik'stri:mnəs] n galējība

extremist [ik'stri:mist] n ekstrēmists

extremity [ik'streməti] n **1.** [pats] gals; **2.** galējība; galējā robeža

extricate ['ekstrikeit] v (*from*) **1.** atbrīvot; atpestīt; **2.**: to e. oneself from a difficulty – izkulties no nepatikšanām

extrinsic [eks'trinsik] a nebūtisks; neraksturīgs

extrude [ik'stru:d] v **1.** (*from*) izgrūst; izspiest; **2.** *tehn.* štancēt; presēt

exuberance [ig'zju:brəns] n pārpilnība; bagātība

exuberant [ig'zju:brənt] a **1.** pārpilns; bagāts; **2.** pāri plūstošs (*par enerģiju*); **3.** krāšņs (*par dabu*)

exude [ig'zju:d] v *fiziol.* izdalīt (*sviedrus caur porām*)

exult [ig'zʌlt] v **1.** (*at, in*) līksmot; gavilēt; **2.** (*over*) triumfēt
exultant [ig'zʌltənt] a līksmojošs; gavilējošs; triumfējošs
exultation [,egzʌl'teiʃn] n **1.** (*at*) līksmība; gaviles; **2.** (*over*) triumfs
eye [ai] **I** n **1.** acs; by (the) e. – pēc acumēra; to keep an e. (*on*) – paturēt acīs; **2.** skatiens; **3.** viedoklis; **4.** (*adatas u. tml.*) acs; **5.** *bot.* acojamais pumpurs; acs; **6.** *sl.* privātdetektīvs; **7.** *sl.* (*luksofora*) gaismas acs; **II** v uzmanīgi skatīties; vērot
eye appeal ['aiə,pi:l] n pievilcība
eyeball ['aibɔ:l] n *anat.* acs ābols
eyebrow ['aibrau] n uzacs
eyeglass ['aiglɑ:s] n **1.**: ~es *pl* – brilles; pensnejs; **2.** lēca; okulārs
eye-hole ['aihəul] n **1.** *anat.* acs dobums; **2.** lodziņš (*durvīs*)
eye-lash ['ailæʃ] n skropsta
eyelet ['ailit] n **1.** cilpiņa (*pie drēbēm*); **2.** *tekst.* actiņa
eyelid ['ailid] n plakstiņš
eye-liner ['ai,lainə] n uzacu zīmulis
eye-opener ['ai,əupnə] n *sar.* kaut kas pārsteidzošs
eye-piece ['aipi:s] n okulārs
eye-shadow ['ai,ʃædəu] n acu plakstiņu ēnas
eyeshot ['aiʃɒt] n redzeslauks
eyesight ['aisait] n redze
eye-witness ['aiwitnəs] n aculiecinieks

Ff

F, f [ef] n **1.** *angļu alfabēta burts*; **2.** *mūz.* fa
fable ['feibl] n **1.** fabula; **2.** izdomājums
fabric ['fæbrik] n **1.** audums; drēbe; **2.** struktūra; uzbūve
fabricate ['fæbrikeit] v **1.** safabricēt; izdomāt; **2.** ražot; izgatavot
fabricated ['fæbrikeitid] a saliekams
fabrication [,fæbri'keiʃn] n **1.** safabricējums; izdomājums; **2.** ražošana; izgatavošana
fabulous ['fæbjuləs] a **1.** leģendārs; teiksmains; **2.** neiedomājams; neticams
facade [fə'sɑ:d] n **1.** fasāde; **2.** *pārn.* šķietamība
face [feis] **I** n **1.** seja; **2.** sejas izteiksme; straight f. – bezkaislīga sejas izteiksme; **3.** āriene; izskats; **4.** virspuse; ārpuse; **5.** ciparnīca; **6.** *sar.* pārdrošība; nekaunība; **7.** *mat.* skaldne; **II** v **1.** atrasties pretī; **2.** būt pavērstam pret; the house ~s the park – māja ir pavērsta pret parku; **3.** stāties pretī; spītēt; **4.** saskarties (*ar nepieciešamību, grūtībām*); **5.** pārsegt; apšūt (*ēku*); **6.** izrotāt (*tērpu*); **7.** *mil.* pagriezties [uz papēža]; right f.! – uz labo!; ◻ to f. **about** *mil.* – griezties apkārt; to f. **down** – atsēdināt; apvaldīt (*pretinieku*); to f. **out** – droši izturēt; to f. **up to** – droši stāties pretī
face-about ['feisə,baut] n *mil.* apkārtgrieziens
faceless ['feisləs] a anonīms; nezināms
face-lift ['feislift] **I** n **1.** plastiskā sejas operācija; **2.** (*telpu*) atjaunošana; **3.** (*uzņēmuma*) reorganizācija; **II** v **1.** iz-

darīt plastisko sejas operāciju; **2.** atjaunot (*telpas*); **3.** reorganizēt (*uzņēmumu*)
facet ['fæsit] **I** *n* **1.** fasete, šķautne; **2.** aspekts; **II** *v* slīpēt
facetious [fə'si:ʃəs] *a* asprātīgs, atjautīgs; zobgalīgs
face-work ['feiswɜ:k] *n* būvn. apdares darbi
facial ['feiʃl] **I** *n* sejas masāža; **II** *a* sejas-; f. expression – sejas izteiksme
facile ['fæsail] *a* **1.** viegli veicams; **2.** paviršs; pārsteidzīgs; **3.** veikls, gluds (*par stilu, valodu*); **4.** miermīlīgs; saticīgs (*par rakstu*)
facilitate [fə'siliteit] *v* atvieglot; sekmēt; veicināt
facility [fə'siləti] *n* **1.** spējas; izveicība; **2.** (*piem., uzdevuma*) vieglums; **3.** *pl* iespējas; izdevība; **4.** *pl* iekārta; ierīce; aparatūra
facing ['feisiŋ] *n* **1.** apmetums; apšuvums; **2.** *pl* (*tērpa*) rotājums
facsimile [fæk'simili] **I** *n* **1.** faksimils; **2.** faksimilsakari; **II** *a* faksimil-; **III** *v* **1.** atveidot faksimilveidā; **2.** nosūtīt pa faksimilsakariem
fact [fækt] *n* **1.** fakts; notikums; **2.** īstenība; realitāte
faction ['fækʃn] *n* **1.** frakcija; kliķe; **2.** šķelšanās; nevienprātība
factional ['fækʃnəl] *a* **1.** frakciju-; **2.** savtīgs
factitious [fæk'tiʃəs] *a* **1.** mākslīgs; **2.** mākslots; liekuļots
factor ['fæktə] *n* **1.** faktors; **2.** aģents; starpnieks; **3.** *mat.* reizinātājs
factory ['fæktri] *n* fabrika; rūpnīca
factual ['fæktʃʊəl] *a* faktisks
facultative ['fækltətiv] *a* fakultatīvs, neobligāts

faculty ['fæklti] *n* **1.** spēja; **2.** fakultāte; **3.** *amer.* docētāji
fad [fæd] *n* iedoma; untums
faddish ['fædiʃ] *a* untumains
fade [feid] *v* **1.** [no]vīst; **2.** izbalēt; noplukt; **3.** izbalināt; **4.** (*arī* to f. away) izzust; izgaist
fadeaway ['feidəwei] *n amer.* pakāpeniska izzušana
fag [fæg] **I** *n sar.* nogurdinošs (apnicīgs) darbs; **II** *v* **1.** *sar.* strādāt nogurdinošu (apnicīgu) darbu; **2.** nogurdināt; ◊ to f. **out** – pārgurt; nogurt līdz nemaņai
fag-end [,fæg'end] *n* **1.** nederīgas atliekas; **2.** izsmēķis; **3.** gals; atlikums; f.-e. of the day – dienas nogale
fail [feil] *v* **1.** ciest neveiksmi; to f. in life – būt neveiksminiekam; **2.** izkrist (*eksāmenā*); **3.** izgāzt (*eksāmenā*); **4.** neizdoties; nepadoties; **5.** trūkt; nepietikt; **6.** pasliktināties (*par veselību*); **7.** pievilt (*cerībās*); **8.** bankrotēt
failing ['feiliŋ] *n* trūkums; vājība
failure ['feiljə] *n* **1.** neveiksme; **2.** *dat.* kļūme, atteice; **3.** trūkums; heart f. – sirdskaite; **4.** neveiksminieks; **5.** bankrots
faint [feint] **I** *n* ģībonis; nesamaņa; a dead f. – dziļa nesamaņa; **II** *a* **1.** vārgs; nespēcīgs; to feel f. – just vājumu; **2.** neskaidrs; blāvs; f. odour – neverama smarža; **3.** mazs; niecīgs; f. hope – vārga cerība; **III** *v* noģībt; zaudēt samaņu
faint-hearted [,feint'hɑ:tid] *a* glēvs; bailīgs
faintly ['feintli] *adv* vāji; tikko; f. discernible – tikko saredzams
fair[a] [feə] *n* **1.** gadatirgus; **2.** izstāde; ◊ a day after the f. – pārāk vēlu

fairᵇ [feə] **I** *a* **1.** godīgs; taisnīgs; **2.** vidējs; mērens; **3.** skaidrs; jauks (*par laiku*); **4.** diezgan labs; **5.** gaišs; gaišmatains; **6.** tīrs; neaptraipīts; **7.** laipns; pieklājīgs; **II** *adv* **1.** godīgi; taisnīgi; **2.** tieši; **3.** tīri; skaidri
fairly [ˈfeəli] *adv* **1.** godīgi; taisnīgi; **2.** diezgan; f. well – diezgan labi
fairyland [ˈfeərilænd] *n* pasaku zeme
fairy-tale [ˈfeəriteil] *n* pasaka
faith [feiθ] *n* **1.** ticība; paļāvība; **2.** ticība; konfesija; the Christian f. – kristīgā ticība; the Reformed f. – protestantisms; **3.** uzticība; lojalitāte; **4.** solījums; vārds; to break f. – lauzt solījumu
faithful [ˈfeiθfʊl] **I** *n*: the f. – ticīgie; **II** *a* **1.** uzticīgs; uzticams; **2.** precīzs; pareizs
faithfully [ˈfeiθfʊli] *adv* **1.** uzticīgi; **2.** patiesi; yours f. – ar patiesu cieņu (*vēstules nobeigumā*)
faithless [ˈfeiθlis] *a* **1.** neuzticīgs; **2.** neuzticams
fakeᵃ [feik] *v jūrn.* satīt (*tauvu*) rituli
fakeᵇ [feik] **I** *n* **1.** pakaļdarinājums; viltojums; **2.** blēdība; krāpšana; **II** *a* viltots; **III** *v* **1.** viltot; **2.** blēdīties; krāpties; ▯ to f. **off** – vairīties no darba; slaistīties; to f. **out** – izkrāpt
faker [ˈfeikə] *n* blēdis; krāpnieks
fakir [ˈfeikiə] *n* fakīrs
falcon [ˈfɔːlkən] *n* (*medību*) piekūns
falconry [ˈfɔːlkənri] *n* medības ar piekūnu
fall [fɔːl] **I** *n* **1.** krišana; kritiens; **2.** nokrišņi; heavy f. of rain – lietusgāze; **3.** (*upes*) ietece; **4.** (*parasti pl*) ūdenskritums; **5.** (*cenu, temperatūras*) krišanās; pazemināšanās; **6.** (*morāls*) pagrimums; krišana; the F. of man rel. – grēkākrišana; **7.** sabrukums; bojāeja; **8.** *amer.* rudens; **II** *v* (*p.* fell [fel], *p. p.* fallen [ˈfɔːlən]) **1.** [no]krist; **2.** (*brīvi*) krist; nokarāties; **3.** nolaisties (*par priekškaru*); **4.** kristies; pazemināties (*par cenām, temperatūru*); **5.** norimt (*par vēju*); **6.** krist; iet bojā; to f. in battle – krist kaujā; **7.** sabrukt; sagāzties; **8.** iestāties; **9.** ietecēt (*par upi*); **10.** iekrist (*par dienu*); **11.** (*v – saitiņa*) kļūt; ▯ to f. **about** – vai plīst no smiekliem; to f. **across** – nejauši sastapt; to f. **away** – 1) atkrist; 2) kristies; mazināties; to f. **back** – atkāpties; to f. **behind** – 1) atpalikt; 2) kavēt termiņu; to f. **down** – netikt galā; to f. **for** – 1) iemīlēties; 2) *pārn.* iekrist; to f. **off** – mazināties; to f. **on** – uzklupt; uzbrukt; to f. **out** – 1) *mil.* iziet no ierindas; 2) gadīties; 3) saķildoties; to f. **through** – izgāzties; ciest neveiksmi; to f. **to** – uzsākt (*kaut ko*); ķerties (*pie kaut kā*); ◇ to f. in love – iemīlēties
fallacious [fəˈleiʃəs] *a* **1.** kļūdīgs; nepareizs; maldīgs; **2.** maldinošs
fallacy [ˈfæləsi] *n* **1.** kļūda; maldi; **2.** nepareizums; maldīgums; **3.** maldīgs secinājums
fallback [ˈfɔːlbæk] **1.** regress; **2.** *mil.* atkāpšanās
fallowᵃ [ˈfæləʊ] **I** *n* papuve; **II** *a* **1.** papuves-; to lay land f. – atstāt zemi papuvē; **2.** neattīstīts (*par prātu*); **III** *v* atstāt papuvē
fallowᵇ [ˈfæləʊ] *n* rūsgans
fallow-deer [ˈfæləʊdiə] *n* dambriedis
false [fɔːls] *a* **1.** nepareizs; kļūdains; **2.** nepatiess; melīgs; **3.** viltots; mākslīgs
falsehood [ˈfɔːlshʊd] *n* meli; nepatiesība

falsetto [fɔ:l'setəʊ] *n mūz.* falsets
falsification [ˌfɔ:lsifi'keiʃn] *n* falsifikācija; viltojums
falsify ['fɔ:lsifai] *v* falsificēt; viltot
falter ['fɔ:ltə] *v* 1. klupt; grīļoties; 2. stomīties; drebēt (*par balsi*); 3. minstināties; vilcināties
fame [feim] *n* 1. slava; popularitāte; 2. reputācija
famed [feimd] *a* slavens; pazīstams
familiar [fə'miliə] I *n* tuvs draugs; II *a* 1. pazīstams; parasts; 2. labi zināms; 3. tuvs; intīms; to be on f. terms – būt draudzīgās attiecībās; 4. familiārs
familiarity [fəˌmili'ærəti] *n* 1. laba pārzināšana; 2. tuvība; intimitāte; 3. familiaritāte
familiarization [fə'miliəraizeiʃn] *n* iepazīšana; apgūšana
family ['fæmli] *n* 1. ģimene; 2. cilts; dzimta; f. name – uzvārds; f. tree – ciltskoks; 3. (*vienas ģimenes*) bērni; 4. *biol.* dzimta; 5. (*valodu*) saime
famine ['fæmin] *n* 1. bads (*stihiska nelaime*); 2. trūkums
famous ['feiməs] *a* slavens; ievērojams
fan[a] [fæn] *n* (*sporta*) līdzjutējs; cienītājs
fan[b] [fæn] I *n* 1. vēdeklis; 2. ventilators; 3. fēns, matu žāvētājs; II *v* 1. vēdināt; 2. uzpūst (*liesmu*); 3. vētīt (*graudus*)
fanatic [fə'nætik] I *n* fanātiķis; II *a* fanātisks
fanaticism [fə'nætisizəm] *n* fanātisms
fanciful ['fænsifl] *a* 1. fantastisks; nereāls; 2. untumains; kaprīzs; 3. apveltīts ar fantāziju (*dzīvu iztēli*); 4. dīvains
fancy ['fænsi] I *n* 1. fantāzija; iztēle; 2. iedomu tēls; iedoma; 3. untums; kaprīze; 4. (*for*) tieksme; aizraušanās; to take a f. to smb. – iemīlēties kādā; II *a* 1. ornamentāls; izrotāts; 2. fantastisks; 3. moderns; smalks; III *v* 1. iedomāties; iztēloties; [just] f.! – iedomājieties tikai!; 2. domāt; uzskatīt; 3. just patiku; 4.: to f. oneself – būt augstās domās par sevi
fancy-ball [ˌfænsi'bɔ:l] *n* maskuballe
fancy-work ['fænsiwɜ:k] *n* izšūšana
fanfare ['fænfeə] *n mūz.* fanfara
fang [fæŋ] *n* 1. ilknis; 2. (*čūskas*) indes zobs; 3. zoba sakne
fan-light ['fænlait] *n* pusapaļš logs (*virs durvīm*)
fantastic [fæn'tæstik] *a* 1. fantastisks; 2. *sar.* lielisks; brīnišķīgs
fantasy ['fæntəsi] *n* fantāzija
far [fɑ:] I *n* 1. tāliene; from f. – no tālienes; 2.: as f. as – 1) līdz; 2) cik; ciktāl; as f. as I remember – cik es atceros; by f. – daudzkārt; II *a* (*comp.* further ['fɜ:ðə]; *sup.* furthest ['fɜ:ðist]) tāls; III *adv* (*comp.* further ['fɜ:ðə]; *sup.* furthest ['fɜ:ðist]) 1. tālu; 2. sen; 3. daudz; f. worse – daudz sliktāk
far-away ['fɑ:rəwei] *a* 1. tāls; attāls; 2. izklaidīgs (*par skatienu*)
far-between [ˌfɑ:bi'twi:n] *a* rets
farce [fɑ:s] *n* farss; joks
farcical ['fɑ:sikl] *a* farsa-; komisks
fare [feə] *n* 1. braukšanas maksa; what's the f.? – cik maksā biļete?; 2. braucējs, pasažieris; 3. ēdiens; barība; bill of f. – ēdienkarte
farewell [ˌfeə'wel] I *n* 1. ardievas; atvadas; to bid f. – atvadīties; 2. atvadu mielasts; II *int* ardievu!; sveiki!
far-famed [ˌfɑ:'feimd] *a* plaši pazīstams
far-fetched [ˌfɑ:'fetʃt] *a* neīsts; nedabisks
far-flung [ˌfɑ:'flʌŋ] *a* plašs; plaši izpleties

farina [fə'ri:nə] *n* 1. *(augstākā labuma)* kviešu milti; 2. smalks pulveris; 3. ciete; kartupeļu milti; 4. mannas putraimi; 5. *bot.* putekšņi

farm [fɑ:m] **I** *n* 1. ferma; saimniecība; 2. lauku mājas; **II** *v* 1. apstrādāt zemi; 2. nodarboties ar lauksaimniecību

farmer ['fɑ:mə] *n* fermeris; lauksaimnieks; cattle f. – lopkopis

farm-hand ['fɑ:mhænd] *n* laukstrādnieks

farming ['fɑ:miŋ] *n* zemkopība; lauksaimniecība

far-off [ˌfɑ:r'ɒf] *a* attāls

far-reaching [ˌfɑ:'ritʃiŋ] *a* tālejošs; ar tālejošām sekām

farrow ['færəʊ] **I** *n* 1. *(cūkas)* atnešanās; 2. *(sivēnu)* metiens; **II** *v* atnesties *(par cūku)*

far-seeing [ˌfɑ:'si:iŋ] *a* tālredzīgs; apdomīgs

far-sightedness [ˌfɑ:'saitidnis] *n* 1. tālredzība; 2. apdomība

farthing ['fɑ:ðiŋ] *n* novec. fārtings *(ceturtdaļa pensa)*; ◇ it is not worth a f. – tas nav ne plika graša vērts; not to care a [brass] f. – nebēdāt nenieka

fascinate ['fæsineit] *v* 1. apburt; valdzināt; 2. hipnotizēt ar skatienu *(par čūsku)*

fascinating ['fæsineitiŋ] *a* apburošs; valdzinošs

fascination [ˌfæsi'neiʃn] *n* burvīgums; valdzinājums

fascism ['fæʃizəm] *n* fašisms

fascist ['fæʃist] **I** *n* fašists; **II** *a* fašistu-; fašistisks

fashion ['fæʃn] **I** *n* 1. veids; maniere; in one's own f. – pēc sava prāta (ieskata); 2. fasons; piegriezums; in f. – moderns; out of f. – nemoderns; **II** *v* veidot

fashionable ['fæʃnəbl] *a* 1. moderns;

elegants; 2. lepns, smalks *(piem., par kūrortu, viesnīcu)*

fashion-paper ['fæʃnˌpeipə] *n* modes žurnāls

fashion-plate ['fæʃnpleit] *n* modes lapa

fast[a] [fɑ:st] **I** *a* 1. ciešs; stingrs; f. grip – ciešs tvēriens; to make f. – nostiprināt; 2. noturīgs *(par krāsu)*; 3. pastāvīgs uzticams; f. friend – uzticams draugs; 4. f. train – ātrvilciens; 5. ātrgaitas-; f. motorway – ātrgaitas šoseja; 6. ātrāks *(par pulksteni)*; 7. jutīgs *(par fotofilmu)*; **II** *adv* 1. cieši; stingri; f. asleep – cieši aizmidzis; 2. ātri

fast[b] [fɑ:st] **I** *n* gavēnis; **II** *v* gavēt

fasten ['fɑ:sn] *v* 1. aizsiet; sasiet; 2. piestiprināt; nostiprināt; 3. cieši aizvērt; aizslēgt *(durvis)*; 4. aizpogāt

fastener ['fɑ:snə] *n* 1. saspraude; 2. *(tērpa)* aizdare

fastidious [fə'stidiəs] *a* 1. izvēlīgs; izlepis; 2. smalks; izsmalcināts

fat [fæt] **I** *n* 1. tauki; speķis; 2. tuklums; **II** *a* 1. trekns; tauks; 2. tukls; resns; nobarots; 3. auglīgs; lekns *(par augsni)*; 4. biezs; 5. bagātīgs; lepns; 6. *sar.* izdevīgs; ienesīgs; **III** *v* 1. nobarot *(lopus)*; 2. uzbaroties

fatal ['feitl] **I** *n* nāves gadījums *(uz ceļa)*; **II** *a* 1. fatāls, likteņīgs; f. error *dat.* – fatāla kļūda; 2. nāvīgs; f. injury – nāvīgs ievainojums

fate [feit] **I** *n* 1. liktenis; 2. bojāeja; nāve; **II** *v (parasti pass.)*: to be ~d – būt lemtam

fateful ['feitfl] *a* 1. likteņīgs; 2. svarīgs; izšķirošs

father ['fɑ:ðə] *n* 1. tēvs; 2. ciltstēvs; sencis; 3. radītājs; dibinātājs; 4. (F.) Dievs; Our F. – Tēvreize; 5. garīgais tēvs; mācītājs; bīskaps; the Holy F. –

Vissvētākais tēvs (*Romas pāvesta tituls*); **6.** vecākais loceklis; ◇ F. Christmas – Ziemassvētku vecītis
father-in-law ['fɑːðəinlɔː] *n* **1.** vīratēvs; **2.** sievastēvs
fatherless ['fɑːðəlis] *a* bez tēva-
fatherly ['fɑːðəli] **I** *a* **1.** tēva-; **2.** tēviškīgs; **II** *adv* tēviški
fathom ['fæðəm] **I** *n* jūras ass (*dziļuma mērs – 1,82 m*); **II** *v* **1.** mērīt (*ūdens*) dziļumu; **2.** izprast; saprast; izdibināt
fathometer [fæ'ɒɒmitə] *n jūrn.* eholote
fathomless ['fæðəmləs] *a* **1.** neizmērojams; **2.** neizprotams; neizdibināms
fatling ['fætliŋ] *n* baroklis
fatten ['fætn] *v* **1.** nobarot; **2.** uzbaroties; **3.** mēslot (*augsni*)
fatty ['fæti] **I** *n sar.* resnītis; **II** *a* **1.** tauku-; f. tissue *anat.* – taukaudi; **2.** taukains; tauks; **3.** aptaukojies
fatuity [fə'tjuːəti] *n* muļķība; bezjēdzība
fatuous ['fætjʊəs] *a* muļķīgs; bezjēdzīgs
faucet ['fɔːsit] *n* **1.** spunde; tapa; **2.** *amer.* krāns
faugh [fɔː] *int* fui!
fault [fɔːlt] **I** *n* **1.** trūkums, defekts; to find f. (*with*) – pelt; kritizēt; **2.** vaina; **3.** kļūda; **4.** *sp.* nepareiza serve (*tenisā*); **5.** *tehn.* bojājums; avārija; **6.** *dat.* bojājums; defekts; f. tolerance – bojājumpiecietība; **7.** *el.* (*strāvas*) pārtraukums; **II** *v* **1.** nosodīt; **2.** *sp.* nepareizi servēt (*tenisā*)
faultless ['fɔːltləs] *a* **1.** nevainojams; **2.** nekļūdīgs, nemaldīgs
faulty ['fɔːlti] *a* **1.** nepilnīgs; **2.** nepareizs; kļūdains; **3.** bojāts
faun [fɔːn] *n mit.* fauns
fauna ['fɔːnə] *n* (*pl* faunae ['fɔːniː]) fauna, dzīvnieku valsts
faunae *sk.* **fauna**

favour ['feivə] **I** *n* **1.** labvēlība; to find f. in smb.'s eyes, to win smb.'s f. – iegūt kāda labvēlību; **2.** pakalpojums; **3.** atbalsts; palīdzība; **4.** labums; intereses; **5.** (*goda*) nozīmīte; lentīte; **II** *v* **1.** būt labvēlīgam; izturēties labvēlīgi; **2.** atbalstīt; veicināt
favourable ['feivərəbl] *a* labvēlīgs; f. wind – ceļavējš
favourite ['feivərit] *n* **1.** favorīts, mīlulis; **2.** mīļākais priekšmets; **3.** (the f.) *sp.* favorīts; **II** *a* iemīļots
fawn[a] [fɔːn] **I** *n* **1.** jauns briedis; **2.** dzeltenbrūna krāsa; **II** *a* dzeltenbrūns
fawn[b] [fɔːn] *v* **1.** (*on, upon*) luncināt asti; luncināties; **2.** pieglaimoties; pielišķēties
fax [fæks] (*saīs. no* facsimile) *sar.* **I** *n* fakss; in f. – pa faksu; **II** *v* nosūtīt pa faksu
fear [fiə] **I** *n* **1.** bailes; **2.** bažas; **II** *v* **1.** baidīties; bīties; **2.** bažīties; bailoties; to f. the worst – baidīties no visļaunākā
fearful ['fiəfl] *a* **1.** drausmīgs; baismīgs; **2.** baiļpilns
fearless ['fiələs] *a* bezbailīgs
fearsome ['fiəsəm] *a* baismīgs
feasible ['fiːzəbl] *a* **1.** veicams; **2.** iespējams; ticams
feast [fiːst] **I** *n* **1.** mielasts; dzīres; **2.** baudījums; **3.** (*reliģiski*) svētki; **II** *v* (*on, upon*) **1.** mieloties; dzīrot; **2.** pamielot; pacienāt; **3.** baudīt; gūt baudījumu
feat [fiːt] *n* varoņdarbs
feather ['feðə] **I** *n* **1.** (*putna*) spalva; **2.** apspalvojums; **3.** medījums (*putns*); **4.** ieplaisājums (*dārgakmenī*); **5.** *tehn.* ierievis; ķīlis; **II** *v* **1.** izrotāt ar spal-

vām; 2. izklāt ar spalvām (*ligzdu*); 3. apspalvoties; ◇ to f. one's nest – piebāzt savu kabatu
feather-bed ['feðəbed] **I** *n* pēlis; **II** *v* 1. lutināt; 2. atvieglot darba apstākļus (*pēc arodbiedrības pieprasījuma*)
feather-brain ['feðəbrein] *n* vējgrābslis; auša
feather-brained ['feðəbreind] *a* aušīgs
feathering[a] ['feðəriŋ] *n* apspalvojums
feathering[b] ['feðəriŋ] *n dat.* atstarpošana
feathery ['feðəri] *a* 1. spalvains; 2. viegls; gaisīgs
feature ['fi:tʃə] **I** *n* 1. pazīme; iezīme; 2. (*parasti pl*) sejas vaibsti; 3. liels (nozīmīgs) raksts (*avīzē*); 4. (*arī* f. film) pilnmetrāžas mākslas filma; 5. radioapraksts; teleapraksts; 6. programmas nagla; atrakcija; **II** *v* 1. būt raksturīgam; raksturot; 2. attēlot; 3. rādīt (*uz ekrāna*); 4. ievietot avīzē (*redzamā vietā*)
featureless ['fitʃəlis] *a* neizteiksmīgs
febrile ['fi:brail] *a* drudža-; drudžains
February ['februəri] *n* februāris
feckless ['feklis] *a* nevarīgs; bezpalīdzīgs
fecund ['fekənd] *a* 1. auglīgs; 2. vaislīgs; 3. *pārn.* ražīgs
fecundity [fi'kʌndəti] *n* 1. auglība; 2. vaislība; 3. *pārn.* ražība; ražīgums
fed *sk.* **feed II**
federal ['fedərəl] **I** *n* (F.) federālists; **II** *a* 1. federatīvs; federācijas-; 2. *amer.* federāls
federation [,fedə'reiʃn] *n* federācija
federative ['fedərətiv] *a* federatīvs
fee [fi:] *n* 1. atalgojums; honorārs; 2. (*mācību*) maksa; 3. dzeramnauda
feeble ['fi:bl] *a* 1. vājš; niecīgs; 2. vārgs; nespēcīgs

feeble-minded [,fi:bl'maindid] *a* 1. plānprātīgs; 2. stulbs
feed [fi:d] **I** *n* 1. barošana; ēdināšana; 2. lopbarība; 3. (*lopbarības*) deva; 4. *sar.* barība; ēdiens; 5. *tehn.* padeve; **II** *v* 1. barot; ēdināt; 2. (*to*) izbarot; 3. ēst (*par dzīvniekiem*); 4. *tehn.* piegādāt (*enerģiju*); barot; 5. ievadīt datus; 6. *sp.* piespēlēt; 7. *teātr.* suflēt; ◊ to f. **on** – pārtikt (*par dzīvniekiem*); to f. **up** – uzbarot
feed-back ['fi:dbæk] *n* 1. *tehn.* atgriezeniskā saite; 2. atbildes reakcija
feeder ['fi:də] *n* 1. ēdējs; gross f. – negausis; 2. (*mazbērna*) pudelīte; 3. (*mazbērna*) krūšautiņš; 4. (*autobusa, gaisa*) palīglīnija; 5. *tehn.* padevējs
feeding ['fi:diŋ] *n* barošana, ēdināšana
feel [fi:l] **I** *n* 1. tauste; by the f. – pēc taustes; 2. sajūta; 3. (*dzejiska, muzikāla u. tml.*) izjūta; **II** *v* (*p. un p. p.* **felt** [felt]) 1. taustīt; to f. the pulse – taustīt pulsu; 2. taustīties; 3. [sa]just; to f. a pain – just sāpes; 4. izjust (*dzeju, mūziku u. tml.*); 5. būt; justies; 6. uzskatīt; to f. it one's duty – uzskatīt to par savu pienākumu; 7. just vēlēšanos (*kaut ko darīt*); I f. like a cup of tea – es labprāt iedzertu tasi tējas; ◊ to f. **about** – iet taustoties; to f. **for** – just līdzi; to f. **out** – izdibināt; to f. **up to** – būt spējīgam (*kaut ko darīt*)
feeler ['fi:lə] *n* 1. (*kukaiņu*) tausteklis; 2. *pārn.* izlūkgājiens
feeling ['fi:liŋ] **I** *n* 1. sajūta; 2. (*parasti pl*) jūtas, emocijas; 3. līdzjūtība; simpātijas; 4. satraukums; uzbudinājums; 5. noskaņojums; gaisotne; **II** *a* 1. jūtīgs; 2. izjusts; 3. līdzjūtīgs
feet *sk.* **foot I**

feign [fein] *v* 1. izlikties; simulēt; 2. izdomāt; sagudrot; to f. an excuse – izdomāt attaisnojumu
feint [feint] **I** *n* 1. māņu kustība (*boksā, paukošanā*); 2. *mil.* viltus uzbrukums; **II** *v* izdarīt māņu kustību (*boksā, paukošanā*)
felicitate [fə'lisiteit] *v* (*on*) vēlēt laimes; apsveikt
felicitous [fə'lisitəs] *a* izdevies; piemērots
felicity [fə'lisəti] *n* 1. laime; svētlaime; 2. prasme izteikties
feline ['fi:lain] **I** *n zool.* kaķu dzimtas dzīvnieks; **II** *a* 1. *zool.* kaķa-; 2. spītīgs; ļauns
fell[a] [fel] *n* (*dzīvnieka*) āda
fell[b] [fel] *v* 1. cirst; gāzt (*kokus*); 2. notriekt no kājām
fell[c] *sk.* **fall II**
fella ['felə] *sar. sk.* **fellow 2.**
fellaheen *sk.* **fellah**
feller ['felə] *sar. sk.* **fellow 2.**
felling ['feliŋ] *n* 1. (*koku*) ciršana (gāšana); 2. cirsma
felloe ['feləʊ] *n* (*riteņa*) loks
fellow ['feləʊ] *n* 1. *sar.* cilvēks; puisis; 2. *niev.* tips; 3. biedrs; ~s at school – skolasbiedri; 4. (F.) zinātniskas biedrības loceklis
fellow-citizen [,feləʊ'sitizn] *n* līdzpilsonis
fellow-countryman [,feləʊ'kʌntrimən] *n* tautietis
fellow-feeling [,feləʊ'fi:liŋ] *n* 1. līdzjūtība; simpātijas; 2. uzskatu (interešu) kopība
fellowship ['feləʊʃip] 1. *n* brālība; sadraudzība; 2. biedrība; apvienība; 3. piederība (*pie zinātniskas biedrības*)
fellow-traveller [,feləʊ'trævələ] *n* 1. ceļabiedrs; 2. *niev.* līdzskrējējs

felon ['felən] *n jur.* kriminālnoziedznieks
felony ['feləni] *n jur.* kriminālnoziegums
felspar ['felspɑ:] *sk.* **feldspar**
felt[a] [felt] *n* 1. filcs; f. boots – velteņi; 2.: f. pen – flomāsters
felt[b] *sk.* **feel II**
female ['fi:meil] **I** *n* 1. (*arī niev.*) sieviete; 2. mātīte; **II** *a* 1. sieviešu dzimtes-; 2. sieviešu-; 3. *bot.* sievišķais; 4. *dat.* sievišķais; f. connector – sievišķais savienotājs
feminine ['femənin] *a* 1. sievišķais; f. voice – sievišķīga balss; 2. sieviešu-
femininity [,femə'ninəti] *n* 1. sievišķība; 2. sieviešu dzimums
feminist ['femənist] *n* feminists; feministe
fen [fen] *n* purvs; dumbrājs
fence[a] [fens] **I** *n* 1. žogs; green f. – dzīvžogs; 2. *sl.* zagtu mantu slēpējs (uzpircējs); **II** *v* 1. iežogot; 2. pārvarēt šķērsli (*par zirgu*); 3. *sl.* slēpt (uzpirkt) zagtas mantas; [] to f. **in** – iežogot; to f. **off** – nožogot
fence[b] [fens] *v* 1. paukot; 2. izvairīties no atbildes
fencer ['fensə] *n* paukotājs
fend [fend] *v* 1. atsist, atvairīt; 2.: to f. for oneself – gādāt (rūpēties) par sevi
fender ['fendə] *n* 1. (*kamīna*) režģis; 2. (*automobiļa*) spārns
fennel ['fenl] *n bot.* fenhelis
ferment I *n* ['fɜ:ment] 1. *biol.* ferments; 2. rūgšana; 3. nemiers; satraukums; **II** *v* [fɜ:'ment] 1. rūgt; 2. raudzēt; 3. būt nemiera (satraukuma) pārņemtam; 4. satraukt
fermentation ['fɜ:men'teiʃn] *n* 1. rūgšana; 2. nemiers; satraukums
fern [fɜ:n] *n* paparde

ferocious [fəˈrəʊʃəs] *a* 1. nikns; negants; nežēlīgs; 2. *sar.* briesmīgs
ferocity [fəˈrɒsiti] *n* niknums; negantums; nežēlība
ferret [ˈferit] I *n* 1. baltais sesks; 2. *sar.* okšķeris; II *v* 1. medīt ar sesku; 2. meklēt; rakņāties; ▯ to f. **out** – izokšķerēt
ferry [ˈferi] I *n* 1. pārceltuve; 2. prāmis; 3. (*lidmašīnu*) pārtransportēšana; II *v* 1. pārcelt (*ar prāmi*); 2. pārcelties (*ar prāmi*); 3. pārtransportēt (*lidmašīnas*); 4. transportēt pa gaisu
ferry-boat [ˈferibəʊt] *n* prāmis, laiva (*pārcelšanai pāri upei*)
ferryman [ˈferimən] *n* pārcēlājs, prāmnieks
fertile [ˈfɜ:tail] *a* 1. auglīgs; ražīgs; 2. dīgtspējīgs (*par sēklām*); 3. bagāts; radošs (*par iztēli*)
fertility [fəˈtiləti] *n* 1. auglība; ražība; 2. vaislība; 3. (*iztēles*) bagātība
fertilize [ˈfɜ:tilaiz] *v* 1. mēslot (*augsni*); 2. *biol.* apauglot; apputeksnēt
fertilizer [ˈfɜ:tilaizə] *n* mēslojums; mākslīgie mēsli
ferule [ˈferu:l] *n* 1. lineāls (*skolēna sodīšanai*); 2. *pārn.* skolas disciplīna; stingrs režīms
fervency [ˈfɜ:vənsi] *n* dedzība; kvēle
fervent [ˈfɜ:vənt] *a* dedzīgs; kvēls
fervid [ˈfɜ:vid] *a* dedzīgs; kaislīgs; f. partisan – dedzīgs piekritējs
fervour [ˈfɜ:və] *n* dedzīgums; kvēlums
fescue [ˈfeskju:] *n* 1. rādāmais kociņš; 2. *bot.* auzenes
festal [ˈfestl] *a* svētku-; f. music – svētku mūzika
fester [ˈfestə] I *n* sastrutojums; II *v* 1. strutot; pūžņot; 2. mocīt; tirdīt
festival [ˈfestivl] *n* 1. svētki; svinības; 2. festivāls
festive [ˈfestiv] *a* svētku-; the f. board – svētku galds
festivity [fesˈtiviti] *n* 1. svētki; 2. *pl* svinības
festoon [feˈstu:n] I *n* (*ziedu, lapu*) vītne; II *v* izrotāt ar vītnēm
fetch [fetʃ] *v* 1. aiziet pakaļ un atnest (*vai atvest*); 2. izraisīt (*piem., asaras*); 3. *sar.* saistīt; valdzināt; ▯ to f. **up** – ierasties
fetching [ˈfetʃiŋ] *a sar.* pievilcīgs
fete [feit] I *n* svētki; svinības; II *v* rīkot svinības (*kādam par godu*); sumināt (*kādu*)
fetish [ˈfi:tiʃ] *n* 1. fetišs; 2. elks
fetishism [ˈfi:tiʃizəm] *n* fetišisms
fetter [ˈfetə] I *n* (*parasti pl*) 1. pineklis; 2. (*arī pārn.*) važas; valgi; II *v* 1. sapīt (*zirgu*); 2. iekalt važās; 3. *pārn.* saistīt; ierobežot
fettle [ˈfetl] *n* stāvoklis; in good f. – labā stāvoklī; labā formā
feud[a] [fju:d] I *n* (*cilšu, ģimeņu*) naids; II *v* naidoties
feudal [ˈfju:dl] *a* feodāls; f. lord – feodālis; f. system – feodālisms
feudalism [ˈfju:dəlizəm] *n* feodālisms
fever [ˈfi:və] *n* 1. drudzis; he has high f. – viņam ir paaugstināta temperatūra; bout of f. – drudža lēkme; brain f. – smadzeņu iekaisums; 2. (*nervu*) uzbudinājums; satraukums
fevered [ˈfi:vəd] *a* 1. drudžains; 2. uzbudināts; satraukts
fever heat [ˈfi:vəhi:t] *n* drudzis
feverish [ˈfi:vəriʃ] *a* 1. drudžains; 2. uzbudināts; satraukts
few [fju:] I *n* neliels skaits; nedaudzi; a f. – daži; nedaudzi; a good f., quite a f. – krietni daudz; the f. – mazākums; II *a* maz; nedaudz; in f. words – dažos vārdos

fiance [fi'ɒnsei] *n* līgavainis
fiancee [fi'ɒnsei] *n* līgava
fiasco [fi'æskəʊ] *n* fiasko, neveiksme
fiat ['faiæt] *n lat.* dekrēts; rīkojums
fib [fib] *sar.* I *n* meli; nieki; II *v* melot; melst
fibber ['fibə] *n* melis; melkulis
fiber [faibə] *n dat.* f. optic cable – optiskais kabelis
fibre ['faibə] *n* 1. šķiedra; 2. raksturs; daba
fibrous ['faibrəs] *a* šķiedrains
fickle ['fikl] *a* nepastāvīgs; mainīgs; svārstīgs
fiction ['fikʃn] *n* 1. izdomājums; 2. beletristika, daiļliteratūra; science f. – zinātniskā fantastika; 3. *jur.* fikcija; legal f. – juridiska fikcija
fiction-monger ['fikʃn‚mʌŋgə] *n* izdomātājs; melis
fictitious [fik'tiʃəs] *a* 1. izdomāts; neīsts; f. name – pieņemts vārds; 2. fiktīvs; 3. melīgs; liekuļots
fid [fid] *n* 1. ķīlis; 2. *pl sar.* milzums
fiddle ['fidl] I *n* 1. *sar.* vijole; 2. *sl.* blēdība; krāpšana; 3. *sl.* aresta orderis; II *v* 1. *sar.* spēlēt (čīgāt) vijoli; 2. niekoties, blēņoties (*ar kaut ko*); 3. *sl.* blēdīties; krāpties; ◊ to f. **about** – slaistīties apkārt; to f. **away** – izšķiest; izšķērdēt
fiddle-de-dee [‚fidldi'di:] *n* nieki; blēņas
fiddle-faddle ['fidl‚fædl] I *n* (*parasti pl*) *sar.* sīkumi; nieki; II *a* sīks; niecīgs; III *v* niekoties
fiddle-head ['fidlhed] *n* 1. kokgriezums (*kuģa priekšgalā*); 2. *sar.* tukšgalvis
fiddler ['fidlə] *n* 1. (*ielas*) vijolnieks; 2. *sl.* blēdis; krāpnieks; 3. *amer. sar.* slinķis; slaists
fiddlestick ['fidlstik] I *n* (*vijoles*) lociņš; II *int.* ~s! – nieki!, blēņas!

fidelity [fi'deləti] *n* 1. (*to*) uzticība; 2. precizitāte; pareizība
fidget ['fidʒit] I *n* 1. (*parasti pl*) nemiers; nervozitāte; 2. *sar.* nemiera gars; II *v* 1. grozīties; dīdīties; don't f.! – negrozies!, sēdi mierīgi!; 2. uztraukties; nervozēt; 3. uztraukt; darīt nervozu
fidgety ['fidʒəti] *a* nemierīgs
fie-fie ['faifai] *a* nepieklājīgs
field [fi:ld] I *n* 1. lauks; tīrums; 2. (*ledus, sniega*) klajums; 3. (*sporta*) laukums; 4. kaujas lauks; 5. (*darbības*) lauks; nozare; 6. *fiz.* lauks; gravitational f. – gravitācijas lauks; magnetic f. – magnētiskais lauks; 7. (*sacensības, spēles*) dalībnieki; 8. *dat.* lauks; f. definition – lauka definīcija; f. name – lauka vārds; f. tem plate – lauka veidne; f. type – lauka tips; 9. *glezn.* fons; pamats; II *v* 1. *sp.* noķert bumbu (*kriketā*); 2. sūtīt spēles laukumā; 3. atbildēt bez sagatavošanās
field-and-track [‚fi:ldənd'træk] *a* vieglatlētikas-; f.-a.-t. athletics – vieglatlētika
field-day ['fi:ldei] *n* 1. *mil.* manevri; 2. *amer.* sporta nodarbībām veltīta diena (*skolā, koledžā*); 3. ievērojama (laimīga) diena
fieldfare ['fi:ldfeə] *n ornit.* pelēkais strazds
field-glasses ['fi:ld‚glɑ:siz] *n pl* lauka binoklis
field-hand ['fi:ldhænd] *n amer.* laukstrādnieks
field-hospital [‚fi:ld'hɒspitl] *n* 1. karalauka slimnīca; 2. sanitārā mašīna
field-judge ['fi:ldʒʌdʒ] *n sp.* tiesnesis uz laukuma

field-mouse ['fi:ldmaʊs] *n* lauka pele
fiend [fi:nd] *n* 1. velns, sātans; 2. ļaundaris; nezvērs
fiendish ['fi:ndiʃ] *a* 1. velnišķīgs; ļauns; 2. *sar.* velnišķīgs; viltīgs; f. plan – velnišķīgs nodoms
fierce [fiəs] *a* 1. nikns; nežēlīgs; 2. stiprs; negants (*par vēju, vētru*); 3. kvēls; nevaldāms
fiery ['fairi] *a* 1. ugunīgs; kvēlojošs; degošs; 2. ātrsirdīgs; 3. viegli uzliesmojošs; sprāgstošs
fiesta [fi'estə] *n* svētki
fifteen [ˌfif'ti:n] **I** *n sp.* regbija spēlētāju komanda; **II** *num* piecpadsmit
fifth [fifθ] **I** *n* 1. piektā daļa; 2. *mūz.* kvinta; **II** *num* piektais; ◇ f. wheel – piektais ritenis
fifties ['fiftiz] *n pl* (the f.) piecdesmitie gadi
fiftieth ['fiftiiθ] **I** *n* piecdesmitā daļa; **II** *num* piecdesmitais
fifty ['fifti] *num* piecdesmit
fifty-fifty [ˌfifti'fifti] *adv* līdzīgās daļās; uz pusēm; to go f.-f. – dalīt līdzīgās daļās
fig [fig] *n* 1. vīģe; 2. vīģeskoks; ◇ not to care a f. – ne nieka nebēdāt
fight [fait] **I** *n* 1. cīņa; kauja; 2. kautiņš; 3. cīņas gars; **II** *v* (*p. un p. p.* fought [fɔ:t]) 1. cīnīties; kauties; karot; 2. izcīnīt; 3. aizstāvēt; atbalstīt (*cīņā*); 4. uzrīdīt citu citam; ▯ to f. **back** – pretoties; to f. **down** – uzvarēt; to f. **off** – atsist; atvairīt; to f. **out** – izcīnīt
fightback ['faitbæk] *n* 1. pretuzbrukums; 2. (*arī pārn.*) pretsitiens
fighter ['faitə] *n* 1. cīnītājs; karotājs; 2. bokseris; cīkstonis; 3. *av.* iznīcinātājs
fighting ['faitiŋ] **I** *n* 1. cīņa; kauja; 2. kautiņš; **II** *a* 1. cīņas-; kaujas-; 2. kaujinieciсks
fig-leaf ['figli:f] *n* vīģes lapa
figment ['figmənt] *n* izdomājums; fikcija
figuration [ˌfigjʊ'reiʃn] *n* 1. veidošana; 2. veidojums; forma; 3. ornamentēšana
figurative ['figjʊrətiv] *a* 1. figurāls; pārnests; 2. metaforisks; gleznains, tēlains; f. art – tēlotājmāksla; 3. plastisks
figure ['figə] **I** *n* 1. figūra, augums; 2. personība; 3. attēls; portrets; statuja; 4. (*grāmatas*) ilustrācija; zīmējums; diagramma; 5. cipars; 6. *pl* aritmētika; 7. *mat.* figūra; ķermenis; 8. (*arī* f. of speech) *lit.* retoriska figūra; trops; 9. (*daiļslidošanas*) figūra; (*dejas*) solis; 10. (*auduma*) raksts; **II** *v* 1. attēlot (*grafiski*); 2. iedomāties; iztēloties; 3. figurēt; 4. apzīmēt ar cipariem; 5. aprēķināt; 6. izrotāt ar rakstiem; ▯ to f. **on** *amer.* – paļauties (*uz*); cerēt (*uz*); to f. **out** *amer.* – 1) izskaitļot; aprēķināt; 2) saprast; izprast; to f. **up** – saskaitīt
figurehead ['figəhed] *n* kuģa priekšgala rotājums
figure-skating ['figəˌskeitiŋ] *n* daiļslidošana
figurine ['figjʊri:n] *n* statuete
filament ['filəmənt] *n* 1. pavediens; šķiedra; 2. *el.* kvēldiegs
filature ['filətʃə] *n* 1. zīda iegūšana no kokoniem; 2. zīda vērptuve
filch [filtʃ] *v* nozagt
file[a] [fail] **I** *n* 1. vīle; 2. (*nagu*) vīlīte; 3. *pārn.* slīpējums; 4. *sar.* slīpēts zellis; **II** *v* 1. vīlēt; 2. *pārn.* noslīpēt

(*stilu*); ▯ to f. **away** (**down, off**) – 1) novīlēt; 2) *pārn.* noslīpēt
file[b] [fail] **I** *n* **1.** aktu vāki; lieta (*ar dokumentiem*); loose-leaf f. – ātršuvējs; **2.** kartotēka; personal f. – dosjē; **3.** (*kopā sašūtu avīžu*) komplekts; **4.** *dat.* datne; fails; f. attribute – datnes atribūts; f. compression – datnes saspiešana; f. deletion – datnes dzēšana; f. handle – datņturis; f. header – datnes galvene; **II** *v* **1.** reģistrēt; iešūt (*vākos*); pievienot (*lietai*); **2.** sakārtot kartotēkā; **3.** nodot arhīvā; **4.** *amer.* iesniegt (*dokumentus*)
file[c] [fail] **I** *n mil.* ierinda; rinda; blank f. – nepilna rinda; in single (Indian) f. – kolonnā pa vienam; **II** *v mil.* soļot kolonnā
filer ['failə] *n* **1.** ātršuvējs; reģistrators; **2.** darbvedis, lietvedis
filial ['filiəl] *a* **1.** dēla-; meitas-; f. duty – dēla pienākums; **2.**: f. branch – filiāle
filiation [ˌfili'eiʃn] *n* **1.** (*from*) izcelšanās; **2.** *jur.* paternitātes noteikšana; **3.** (*valodas*) atzarojums; **4.** filiāle
filibuster ['filibʌstə] **I** *n* **1.** pirāts; **2.** *amer. pol.* obstrukcionists; **II** *v* **1.** nodarboties ar pirātismu; **2.** *amer. pol.* rīkot obstrukciju
filigree ['filigri:] *a* filigrāns
filings ['failiŋz] *n pl* metāla skaidas
fill [fil] **I** *n* **1.** pietiekams daudzums; **2.** sāts; **3.** *amer.* (*dzelzceļa*) uzbērums; **II** *v* **1.** [pie]pildīt; **2.** [pie]pildīties; **3.** aizpildīt; aizbāzt; aizbērt; to f. a tooth – aizblombēt zobu; **4.** ieņemt (*amatu*); pildīt (*pienākumus*); **5.** izpildīt (*pasūtījumu*); **6.** pagatavot zāles (*pēc receptes*); **7.** aizpildīt (*brīvo laiku*); ▯ to f. **in** – 1) aizpildīt; aizbāzt; 2) aizpildīt (*veidlapu*); 3) piepildīt; 4) aizstāt; aizvietot; 5) *sar.* informēt; darīt zināmu; to f. **out** – 1) piebriest; kļūt tuklākam; 2) aizpildīt (*veidlapu*); to f. **up** – 1) piepildīt; 2) piepildīties; 3) aizstāt, aizvietot; 4) aizpildīt (*brīvo laiku*)
filler ['filə] *n* **1.** pildviela; **2.** pildījums; **3.** (*šāviņa*) lādiņš; **4.** piltuve
fillet ['filit] **I** *n* **1.** lente, saite (*ap galvu*); **2.** *kul.* fileja; **II** *v* **1.** apsiet (*ar lenti, saiti*); **2.** *kul.* pagatavot fileju
filling ['filiŋ] *n* **1.** pildīšana; **2.** (*degvielas*) iepildīšana; **3.** (*zoba*) plomba; **4.** *kul.* pildījums; **5.** (*šāviņa*) lādiņš
fillip ['filip] **I** *n* **1.** knipis; **2.** stimuls, pamudinājums; **3.** nieks, sīkums; **II** *v* **1.** iesist knipi; **2.** stimulēt, pamudināt
filly ['fili] *n* **1.** (*jauna*) ķēve; **2.** draiskule
film [film] **I** *n* **1.** fotofilma; **2.** [kino]filma; **3.** plēve; plāna kārta; **4.** smalks pavediens; **II** *v* **1.** filmēt, uzņemt filmā; **2.** filmēties; **3.** (*arī* to f. over) pārklāties ar plēvi
film-goer ['filmˌgəʊə] *n* kinoskatītājs
film test ['filmtest] *n* kinomēģinājums
filmy ['filmi] *a* **1.** pārklājies ar plēvi; **2.** aizmiglots; **3.** plāns, smalks
filter ['filtə] **I** *n* filtrs; **II** *v* **1.** filtrēt; kāst; **2.** filtrēties; **3.** (*arī* to f. through) *pārn.* atklūt (*par ziņām*)
filter tip ['filtətip] *n* **1.** (*cigaretes*) filtrs; **2.** cigarete ar filtru
filth [filθ] *n* **1.** netīrumi; mēsli; **2.** neķītrība; izvirtība; **3.** gānīšanās
filthy ['filθi] *a* **1.** netīrs; dubļains; **2.** pretīgs; derdzīgs; **3.** neķītrs; izvirtis
filtration [fil'treiʃn] *n* filtrācija, filtrēšana
fin [fin] *n* **1.** (*zivs*) spura; **2.** *av.* ķīlis; stabilizators

final [ˈfainl] **I** *n* **1.** *pl* fināls; finālspēle; **2.** *pl* gala eksāmeni; **3.** *sar.* visjaunākais laikraksta izdevums; **II** *a* **1.** pēdējais; gala-; beigu-; **2.** galīgs; izšķirošs; **3.** *gram.* nolūka-; f. clause − nolūka apstākļa palīgteikums
finale [fiˈnɑːli] *n mūz.* fināls
finalist [ˈfainəlist] *n* finālists, finālsacensību dalībnieks
finality [faiˈnæləti] *n* pabeigtība
finalize [ˈfainəlaiz] *v* **1.** pabeigt; **2.** noformēt (*līgumu u. tml.*)
finally [ˈfainəli] *adv* **1.** beidzot; **2.** galīgi
finanse [faiˈnæns] **I** *n* **1.** finanses, naudas attiecības; **2.** *pl* ienākumi; family ~s − ģimenes budžets; **II** *v* **1.** finansēt; **2.** kārtot finansiālus darījumus
financial [faiˈnænʃl] *a* finanšu-; finansiāls
financier [faiˈnænsiə] *n* finansists
finch [fintʃ] *n ornit.* žubīte
find [faind] **I** *n* atradums; atklājums; **II** *v* **1.** atrast; atklāt; **2.** sastapt; **3.** [ie]gūt; **4.** aizsniegt; trāpīt; **5.** uzskatīt; **6.** pārliecināties; **7.** apgādāt; nodrošināt; **8.** *jur.* atzīt (*par vainīgu*); ◊ to f. **out** − atklāt; uzzināt; izdibināt
finder [ˈfaində] *n* **1.** atradējs; **2.** *tehn.* meklētājs
finding [ˈfaindiŋ] *n* **1.** atradums; atklājums; **2.** *jur.* (*tiesas*) spriedums; **3.** *pl* iegūtie dati; iegūtās ziņas; **4.** *pl* (*apģērba*) piederumi
fine[a] [fain] **I** *n* soda nauda; **II** *v* uzlikt naudas sodu
fine[b] [fain] **I** *a* **1.** jauks; lielisks; **2.** smalks; sīks; **3.** jauks; skaidrs (*par laiku*); **4.** smalks; izsmalcināts; **5.** augstas kvalitātes-; tīrs; f. gold − tīrs zelts; **6.** smalks; precīzs; **7.** ass; smails; **II** *v* **1.** attīrīt (*no piejaukumiem*); **2.** kļūt skaidrākam; to f. **away (down, off)** − kļūt smalkākam; **III** *adv* **1.** smalki; **2.** *sar.* jauki; lieliski
finery [ˈfainəri] *n* **1.** grezns tērps; **2.** krāšņums
finesse [fiˈnes] *n* **1.** smalkums; taktiskums; **2.** viltība; veikls paņēmiens
finger [ˈfiŋgə] **I** *n* **1.** (*rokas, cimda*) pirksts; **2.** (*pulksteņa, mērinstrumenta*) rādītājs; **3.** *tehn.* tapa; **II** *v* **1.** piedurties; aiztikt; aptaustīt; **2.** spēlēt (*mūzikas instrumentu*); **3.** *sl.* ņemt kukuļus; zagt; **4.** *sl.* paziņot par kādu policijai
finger-board [ˈfiŋgəbɔːd] *n* klaviatūra
fingernail [ˈfiŋgəneil] *n* nags; ◊ to the ~s − pilnīgi
finger-post [ˈfiŋgəpəʊst] *n* ceļa rādītājs
fingerprint [ˈfiŋgəprint] **I** *n* **1.** pirksta nospiedums (*dokumentā*); **2.** (*pilsētas u. tml.*) raksturīga pazīme; **II** *v* **1.** noņemt pirkstu nospiedumus; **2.** pazīt pēc raksturīgām pazīmēm
fingertip [ˈfiŋgətip] *n* pirksta gals
finicky [ˈfiniki] *a* izvēlīgs; klīrīgs
finis [ˈfinis] *n* beigas; nobeigums
finish [ˈfiniʃ] **I** *n* **1.** beigas; nobeigums; **2.** *sp.* finišs; **3.** pabeigtība; **4.** apdare; **II** *v* **1.** beigt; **2.** beigties; **3.** pabeigt; **4.** apēst; izdzert; **5.** *sar.* nomocīt; nobeigt; **6.** *sp.* finišēt; **7.** nostrādāt; apdarināt; ◊ to f. **off** − nogalināt; nobeigt; to f. **up** − 1) pabeigt; 2) apēst; izdzert; to f. **with** − pārtraukt attiecības
finished [ˈfiniʃt] *a* **1.** pabeigts; gatavs; **2.** pilnīgs; izkopts
finishing [ˈfiniʃiŋ] **I** *n* pēdējā apdare; **II** *a* nobeiguma-; beigu-

fink [fiŋk] *amer. sl.* **I** *n* **1.** streiklauzis; **2.** ziņu pienesējs; **3.** nelietis; **II** *v* **1.** būt par streiklauzi; **2.** pienest ziņas; ◊ to f. **out** *sl.* – 1) izgāzties; 2) lauzt solījumu
Finn [fin] *n* soms; somiete
Finnish ['finiʃ] **I** *n* somu valoda; **II** *a* somu-
finny ['fini] *a* spurains
fiord [fjɔ:d] *n* fjords
fir [fɜ:] *n* egle; silver f. – baltegle
fir-cone ['fɜ:kəʊn] *n* egļu čiekurs
fire ['faiə] **I** *n* **1.** uguns; liesma; to be on f. – degt; to catch (take) f. – aizdegties; **2.** ugunskurs; uguns (*krāsnī, kamīnā*); **3.** ugunsgrēks; **4.** dedzība; kvēle; **5.** *mil.* uguns; apšaude; ◊ between two ~s – starp divām ugunīm; to go through f. and water – iziet caur uguni un ūdeni; **II** *v* **1.** aizdedzināt; pielikt uguni; **2.** aizdegties; **3.** kurināt; uzturēt uguni; **4.** šaut; **5.** iekvēlināt; iejūsmināt; **6.** apdedzināt (*ķieģeļus*); kaltēt (*tabaku, tēju*); **7.** *sar.* atlaist (*no darba*); ◊ to f. **away** *sar.* – sākt; f. away! – sper vaļā!; to f. **off** – 1) izšaut; 2) izgrūst (*nepārdomātus vārdus*); to f. **out** *sar.* – padzīt, atlaist; to f. **up** – aizsvilties; iekarst
fire-alarm ['faiərə,lɑ:m] *n* **1.** ugunsgrēka trauksme; **2.** automātisks ugunsgrēka signāls
firearm ['faiərɑ:m] *n* (*parasti pl*) šaujamierocis
fireball ['faiəbɔ:l] *n* **1.** bolīds; meteors; **2.** lodveida zibens
firebomb ['faiəbɒm] *mil.* **I** *n* degbumba; **II** *v* mest degbumbas
firebox ['faiəbɒks] *n tehn.* kurtuve
firebrand ['faiəbrænd] *n* **1.** degoša pagale; **2.** kūdītājs, musinātājs

firebrick ['faiəbrik] *n* ugunsizturīgs ķieģelis
fire-brigade ['faiəbri,geid] *n* ugunsdzēsēju komanda
fireclay ['faiəklei] *n* ugunsizturīgs māls
firedamp ['faiədæmp] *n* raktuvju gāze; sprāgstošā gāze
fire-department [,faiədi'pɑ:tmənt] *n amer.* ugunsdzēsēju depo
firefly ['faiəflai] *n* jāņtārpiņš
fireguard ['faiəgɑ:d] *n* kamīna režģis
fire-hose ['faiəhəʊz] *n* ugunsdzēsēju šļūtene
fireman ['faiəmən] *n* **1.** ugunsdzēsējs; **2.** kurinātājs; **3.** spridzinātājs
fireplace ['faiəpleis] *n* **1.** kamīns; **2.** pavards
fireplug ['faiəplʌg] *n* hidrants, ugunsdzēsības krāns
fireproof ['faiəpru:f] *a* ugunsdrošs; nedegošs
fireside ['faiəsaid] *n* **1.** vieta pie kamīna; **2.** *pārn.* mājas pavards; ģimenes dzīve
firewood ['faiəwʊd] *n* malka; kurināmais
fire-worker ['faiə,wɜ:kə] *n* pirotehniķis
fireworks ['faiəwɜ:ks] *n pl* **1.** uguņošana; **2.** *pārn.* prāta spožums; spoža asprātība; **3.** (*dusmu*) uzliesmojums
firing ['faiəriŋ] *n* **1.** šaušana; cease f.! *mil.* – pārtraukt uguni!; **2.** kurināšana; **3.** kurināmais; **4.** (*trauku*) apdedzināšana; **5.** (*raķetes*) palaišana
firm[a] [fɜ:m] *n* firma; tirdzniecības uzņēmums
firm[b] [fɜ:m] **I** *a* **1.** ciets; stingrs; f. ground – cietzeme; **2.** stingrs; noturīgs; **3.** nemainīgs; f. prices – cietas cenas; **4.** stingrs; nelokāms; **5.** noteikts; apņēmīgs; stingrs; **II** *v* nostiprināt; **III** *adv* stingri; cieši

firmament [ˈfɜːməmənt] *n poēt.* debess jums (velve)
firmware [ˈfɜːmweə] *n dat.* programmaparatūra
first [fɜːst] **I** *n* **1.** sākums; at f. – vispirms; from the f. – no paša sākuma; from f. to last – no sākuma līdz beigām; **2.** pirmais datums; **II** *a* **1.** pirmais; at f. sight – no pirmā acu uzmetiena; in the f. place – vispirms; **2.** izcils; ievērojams; **3.** pirmšķirīgs; augstākā labuma-; **4.** pirmais; vadošais; f. violin *mūz.* – pirmā vijole; **III** *adv* **1.** pirmkārt; vispirms; f. of all – vispirms; **2.** pirmoreiz; ◊ f. and last – visumā; f. or last – agri vai vēlu; f., last and all the time *amer.* – reizi par visām reizēm
first aid [ˌfɜːstˈeɪd] *n* **1.** pirmā palīdzība; ātrā palīdzība; **2.** *tehn.* avārijas remonts
firstborn [ˌfɜːs tˈbɔːn] *n* pirmdzimtais
first cost [ˌfɜːstˈkɒst] *n ek.* pašizmaksa
first floor [ˌfɜːstˈflɔː] *n* **1.** otrais stāvs; **2.** *amer.* pirmais stāvs
first-hand [ˌfɜːstˈhænd] **I** *a* tiešs; f.-h. information – ziņas no pirmavota; **II** *adv* tieši
firstling [ˈfɜːstlɪŋ] *n* **1.** (*parasti pl*) pirmie augļi; **2.** (*dzīvnieka*) pirmdzimušais
firstly [ˈfɜːstli] *adv* pirmkārt
first night [ˌfɜːstˈnaɪt] *n* pirmizrāde
first-rate [ˌfɜːstˈreɪt] **I** *a* **1.** pirmšķirīgs; **2.** *sar.* lielisks; **II** *adv sar.* lieliski
first-string [ˌfɜːstˈstrɪŋ] *a* **1.** lielākais; ievērojamākais; **2.** pamatsastāva-; f.-s. player – pamatsastāva spēlētājs
fir-tree [ˈfɜːtriː] *n* egle
fiscal [ˈfɪskəl] *a* finanšu-; f. year – finanšu gads

fishᵃ [fɪʃ] **I** *n* (*pl* fish [fɪʃ] *vai* fishes [ˈfɪʃiz]) **1.** zivs; zivis; **2.** *sar.* krabji; austeres; **3.** *sar.* zivju zveja; **4.** (the F. *vai* Fishes) Zivis (*zvaigznājs un zodiaka zīme*); **II** *v* zvejot; makšķerēt; ◊ to f. **for** – 1) meklēt (*ūdenī*); 2) *sar.* censties iegūt; to f. **out** *sar.* – 1) izvilkt (*piem., no kabatas*); 2) izdibināt; izvilināt (*noslēpumu u. tml.*); to f. **up** – izvilkt (*no ūdens*)
fishᵇ [fɪʃ] *n* (*spēļu*) marka; kauliņš
fishbone [ˈfɪʃbəʊn] *n* asaka
fisherman [ˈfɪʃəmən] *n* zvejnieks
fishery [ˈfɪʃəri] *n* **1.** zvejniecība; **2.** zvejas vieta
fish-fork [ˈfɪʃfɔːk] *n* žebērklis
fish-hook [ˈfɪʃhʊk] *n* makšķerāķis
fishily [ˈfɪʃili] *adv sar.* aizdomīgi
fishing [ˈfɪʃɪŋ] *n* **1.** zvejošana; makšķerēšana; **2.** zvejošanas tiesības
fishing-boat [ˈfɪʃɪŋbəʊt] *n* zvejas laiva; zvejas kuģis
fishing-line [ˈfɪʃɪŋlaɪn] *n* makšķeraukla
fishing-rod [ˈfɪʃɪŋrɒd] *n* makšķerkāts
fishing-tackle [ˈfɪʃɪŋtækl] *n* zvejas piederumi
fish-oil [ˈfɪʃɔɪl] *n* zivju eļļa
fishpond [ˈfɪʃpɒnd] *n* zivju dīķis
fish-pot [ˈfɪʃpɒt] *n* murds
fishy [ˈfɪʃi] *a* **1.** zivs-; **2.** ar zivs piegaršu; **3.** neizteiksmīgs; blāvs (*par skatienu*); **4.** *sar.* aizdomīgs; neticams
fission [ˈfɪʃn] *n* **1.** *biol.* (*šūnu*) dalīšanās; **2.** *fiz.* skaldīšana; šķelšana
fissure [ˈfɪʃə] **I** *n* **1.** plaisa; sprauga; **2.** *anat.* (*smadzeņu*) rieva; **3.** *med.* (*kaula*) plīsums; **II** *v* [sa]plaisāt
fist [fɪst] **I** *n* **1.** dūre; **2.** *sar.* roka; **3.** rokraksts; ◊ f. law – dūres likums; **II** *v* sist ar dūri

fistful [′fistfl] *n* sauja; riekšava
fisticuffs [′fistikʌfs] *n pl novec.* dūru cīņa; to come to f. – sākt kauties, laist darbā dūres
fitᵃ [fit] *n* **1.** lēkme; fainting f. – ģībonis; **2.** (*jūtu*) uzplūdums; f. of anger – dusmu uzliesmojums; f. of energy – enerģijas uzplūdi
fitᵇ [fit] **I** *n* **1.**: to be a good (*or* bad) f. – labi (*vai* slikti) piegulēt (*par apģērbu*); **2.** *tehn.* sēža; **II** *a* **1.** (*for*) piemērots; atbilstošs; **2.** pienācīgs; **3.** derīgs; spējīgs; **4.** vesels; mundrs; to keep f. – būt labā formā; **5.** gatavs; ◇ f. as a fiddle – vesels kā rutks; **III** *v* **1.** būt piemērotam (atbilstošam); **2.** labi piegulēt; būt laikā (*par apģērbu*); **3.** pieklāties; piedienēties; **4.** piemērot; pielāgot; **5.** piemēroties; pielāgoties; **6.** (*on*) pielaikot (*apģērbu*); **7.** (*with*) apgādāt; **8.** uzstādīt; montēt; ◻ to f. **in** – 1) ielikt (*vietā*); 2) pielāgot; piemērot; 3) pielāgoties; piemēroties; 4) atbilst; saskanēt; to f. **out** – apgādāt (*ar iekārtu*); to f. **up** – 1) iekārtot; veikt apdari; 2) uzstādīt; montēt
fitchew [′fitʃu:] *n* **1.** sesks; **2.** seskāda
fitful [′fitfl] *a* drudžains; saraustīts
fitness [′fitnis] *n* **1.** piemērotība; derīgums; **2.** (*fiziska*) sagatavotība
fit-out [′fitaʊt] *n sar.* aprīkojums; ekipējums
fitter [′fitə] *n* **1.** montāžas atslēdznieks; **2.** drēbnieks (*kurš pāršuj, pielaiko apģērbu*)
fitting [′fitiŋ] **I** *n* **1.** pielaikošana; **2.** uzstādīšana; montāža; **3.** *pl tehn.* piederumi; **II** *a* piemērots; atbilstošs
five [faiv] **I** *n* **1.** piecnieks; **2.** (*kāršu*) piecacis; **3.** *pl sar.* pieci pirksti; bunch of ~s – dūre; **4.** *pl* piecmārciņu (*vai* piecdolāru) banknote; **II** *num.* pieci
five-day [′faivdei] *a* piecu dienu-; f.-d. week – piecu dienu darba nedēļa
five-o'clock tea [‚faivəklɒk′ti:] *n* pēcpusdienas tēja
fiver [′faivə] *n sar.* piecnieks (*piecmārciņu vai piecdolāru banknote*)
five-star [‚faiv′stɑ:] *a* **1.** *mil. sar.* ar piecām zvaigznītēm uzplečos; f.-s. general – armijas ģenerālis; **2.** pieczvaigžņu- (*par konjaku*); **3.** pirmšķirīgs; f.-s. hotel – pieczvaigžņu viesnīca
fix [fiks] **I** *n* **1.** *sar.* kļūmīgs stāvoklis; ķeza; **2.** atrašanās vieta; koordinātas; **3.** *av.* (*atrašanās vietas*) fiksēšana; **II** *v* **1.** piestiprināt; nostiprināt; **2.** noteikt (*cenu, termiņu*); **3.** saistīt (*uzmanību*); **4.** pievērst (*skatienu*); **5.** *amer.* sagatavot; **6.** salabot; savest kārtībā; **7.** fiksēt (*fotogrāfijā*); **8.** *sar.* nokārtot; atrisināt; **9.** *sar.* organizēt; ietekmēt (*piekukuļojot*); **10.** *sl.* izrēķināties; ◻ to f. **on** – 1) noteikt (*dienu, termiņu*); 2) uzvelt; to f. the blame on smb. – uzvelt kādam vainu; to f. **up** – 1) *sar.* iekārtot; to f. up for the night – dot naktsmājas; 2) nokārtot; to f. up differences – nokārtot domstarpības; 3) *amer.* organizēt
fixation [fik′seiʃn] *n* **1.** piestiprināšana; nostiprināšana; **2.** (*cenas, termiņa*) noteikšana; **3.** *sar.* uzmācīga doma; mānija; **4.** fiksācija
fixed [fikst] *a* **1.** piestiprināts; nostiprināts; nekustīgs; **2.** stingrs; noteikts; nemainīgs; f. prices – noteiktas cenas; **3.** *dat.* fiksēts; f. disk – fiksētais disks; f. pitch – fiksētā iestatne; **4.** uzmācīgs; f. idea – uzmācīga doma;

5. *sar.* organizēts; (*piekukuļojot*) ietekmēts

fixings ['fiksiŋz] *n pl* 1. iekārta; aprīkojums; 2. *amer. sar.* piederumi; 3. *kul.* piedevas

fixity ['fiksəti] *n* 1. nekustīgums; 2. noturība; stabilitāte

fixture ['fikstʃə] *n* 1. (*parasti pl*) armatūra; 2. (*iepriekš noteikta*) sporta sacīkšu diena

fizz [fiz] **I** *n* 1. (*dzēriena*) dzirkstīšana; kūsāšana; 2. *sar.* šampanietis; putojošs dzēriens; **II** *v* dzirkstīt; kūsāt (*par dzērienu*)

fizzle ['fizl] **I** *n* 1. čukstēšana; 2. *sar.* neveiksme; izgāšanās; **II** *v* čukstēt; ◻ to f. **out** – 1) izčūkstēt; 2) *sar.* beigties ar neveiksmi; izgāzties

fizzy ['fizi] *a* dzirkstošs; kūsājošs

flabbergast ['flæbəgɑ:st] *v sar.* apmulsināt; pārsteigt

flabby ['flæbi] *a* 1. slābs; ļengans; 2. glēvs

flaccid ['flæksid] *a* 1. slābs; ļengans; 2. glēvs; vāja rakstura-

flag[a] [flæg] **I** *n* 1. karogs; 2. karodziņš (*pie taksometra*); 3. *jūrn.* flagmaņkuģis; **II** *v* 1. izrotāt ar karogiem; izkārt karogus; 2. signalizēt ar karodziņiem; 3. *sp.* nospraust ar karodziņiem (*trasi u. tml.*); ◻ to f. **down** – apturēt (*taksometru*)

flag[b] [flæg] *n bot.* skalbe, īriss

flag[c] [flæg] **I** *n* 1. akmens plāksne; 2. *pl* akmens plāksnēm izlikta ietve; **II** *v* izlikt ar akmens plāksnēm

flag[d] [flæg] 1. nokārties; noliekties (*par augu*); 2. atslābt; apsīkt

flagellate ['flædʒəleit] *v* šaust; pērt

flagging ['flægiŋ] *a* 1. nokāries; nolīcis; 2. atslābstošs; apsīkstošs

flagman ['flægmən] *n* signalizētājs

flag-officer ['flæg‚ɒfisə] *n* admirālis; viceadmirālis; komandieris

flagon ['flægən] *n* karafe; krūka

flagpole ['flægpəʊl] *n* karoga masts

flagrant ['fleigrənt] *a* 1. drausmīgs, baismīgs; 2. kliedzošs, brēcošs

flagship ['flægʃip] *n* 1. flagmaņkuģis; 2. flagmanis; labākais paraugs; lielisks pārstāvis

flagstaff ['flægstɑ:f] *n* karoga masts

flail [fleil] **I** *n* sprigulis; **II** *v* 1. kult ar spriguli; 2. vicināt (*ar roku*)

flair [fleə] *n* 1. nojauta; izjūta; 2. spējas; dotības

flake[a] [fleik] **I** *n* 1. pārsla; plēksne; 2. kārta; slānis; **II** *v* 1. birt pārslām; 2. nokaisīt pārslām; 3. (*arī* to f. away, to f. off) lobīties kārtām (*piem., par krāsu*); slāņoties

flake[b] [fleik] *n* (*zivju*) žāvētava

flake[c] [fleik] **I** *n sar.* spilgta individualitāte; neatkārtojama personība; **II** *a sar.* spilgts; oriģināls; neatkārtojams (*piem., par stilu*)

flakeboard ['fleikbɔ:d] *n* skaidu plāksne

flake-camphor ['fleik‚kæmfə] *n* naftalīns

flam [flæm] *n* meli; nieki

flambeau ['flæmbəʊ] *n* (*pl* flambeaus *vai* flambeaux ['flæmbəʊz]) 1. lāpa; 2. dekoratīvs svečturis

flambeaux *sk.* **flambeau**

flamboyant [flæm'bɔiənt] *n* 1. spilgts; ugunīgs; 2. pārmērīgi grezns

flame [fleim] **I** *n* 1. liesma; to burst into ~s – uzliesmot; 2. kvēle; blāzma; 3. degsme; kaislība; 4. *sar.* simpātija; aizraušanās; **II** *v* 1. liesmot; kvēlot; 2. nosarkt; pietvīkt; 3. aizsvilties, iesvilties; ◻ to f. **out** (**up**) – 1) uzliesmot; 2) iekvēloties (*par jūtām*)

flame-proof [ˈfleimpruːf] *a* ugunsdrošs
flaming [ˈfleimiŋ] *a* **1.** liesmojošs; kvēlojošs; **2.** karsts; svelmains; **3.** spilgts; ugunīgs; **4.** kvēls; dedzīgs; **5.** *sl.* briesmīgs
flank [flæŋk] **I** *n* **1.** sāns; mala; **2.** (*liemeņa*) sānu gabals; **3.** nokalne; **4.** (*ēkas*) spārns; **5.** *mil.* flangs; **II** *v* **1.** atrasties sānos; **2.** piekļauties; robežoties; **III** *mil.* **1.** dot triecienu flangam; **2.** aizstāvēt flangu
flannel [ˈflænl] **I** *n* vilnas flanelis; sporta bikses; **II** *a* flaneļa-; **III** *v* **1.** slaucīt ar flaneli; **2.** ietīt flanelī
flannelette [ˌflænlˈet] *n* kokvilnas flanelis
flap [flæp] **I** *n* **1.** viegls uzsitiens; f. in the face – pliķis; **2.** (*burtu, karoga*) plandīšanās; **3.** (*spārnu*) plivināšana; **4.** (*apģērba*) atloks; (*kabatas*) pārloks; **II** *v* **1.** viegli uzsist; iepliķēt; **2.** plandīties (*par burām, karogu*); **3.** plivināt (*spārnus*); **4.** noliekt (*cepures malas*)
flap-eared [ˈflæpiəd] *a* ar noļukušām ausīm
flapjack [ˈflæpdʒæk] *n* **1.** salds auzu plācenis; **2.** *amer.* pankūka
flapper [ˈflæpə] *n.* **1.** (*mušu*) sitamais; **2.** tarkšķis (*putnu aizbaidīšanai*); **3.** (*kabatas*) pārloks
flare [fleə] **I** *n* **1.** mirdzums; **2.** uzliesmojums; **3.** gaismas signāls; signālrakete; **II** *v* **1.** mirdzēt; mirgot; **2.** uzliesmot; **3.** paplašināties; **4.** būt izliektam; ◊ to f. **up** – 1) uzliesmot; 2) saskaisties; aizsvilties
flare-up [ˌfleəˈʌp] *n* **1.** uzliesmojums; **2.** gaismas signāls; **3.** (*dusmu*) uzliesmojums; **4.** pēkšņa slimības saasināšanās; **5.** spoži, bet īslaicīgi panākumi

flaring [ˈfleəriŋ] *a* **1.** liesmojošs; **2.** uzkrītošs; bezgaumīgs
flash [flæʃ] **I** *n* **1.** uzliesmojums; **2.** (*spēja jūtu*) izpausme; **3.** [acu]mirklis; in a f. – acumirklī; vienā mirklī; f. memory *dat.* – zibatmiņa; **4.** īsas telegrāfa ziņas (*avīzē*); **II** *a* **1.** pēkšņs; spējš; **2.** spilgts; kliedzošs; **3.** *sar.* smalks; elegants; **4.** viltots; neīsts; **5.** zagļu-; **III** *v* **1.** uzliesmot; **2.** (*pēkšņi*) apgaismot; apžilbināt; **3.** mest; raidīt; **4.** noraidīt ziņas (*pa radio, telegrāfu*); **5.** pavīdēt; uzplaiksnīt (*par domu*)
flash-bulb [ˈflæʃbʌlb] *n* zibspuldze
flash-burn [ˈflæʃbɜːn] *n med.* elektrotrauma
flashlight [ˈflæʃlait] *n* **1.** signāluguns; **2.** *amer.* kabatas baterija
flashy [ˈflæʃi] *a* **1.** spilgts; uzkrītošs; **2.** acumirklīgs; īslaicīgs
flask [flɑːsk] *n* **1.** plakanpudele; flakons; **2.** kolba
flat[a] [flæt] *n* **1.** (*vienā stāvā izvietots*) dzīvoklis; block of ~s – daudzdzīvokļu māja; **2.** *pl* māja ar šādiem dzīvokļiem
flat[b] [flæt] **I** *n* **1.** plakana virsma; the f. of the hand – delna; **2.** līdzenums; (*piekrastes*) sēklis; mud ~s – purvāji; **3.** plakandibena laiva; **4.** plats, sekls grozs; **5.** *pl* kurpes bez papēžiem; **6.** *mūz.* bemols; **7.** *teātr.* prospekts; **8.** *amer.* saplakusi riepa; **9.** *sar.* vientiesis; **II** *a* **1.** plakans; lēzens; **2.** līdzens; **3.** sekls; **4.** garlaicīgs; neinteresants; vienmuļš; **5.** lēts; sekls (*par joku*); **6.** panīcis (*par tirdzniecību*); **7.** nospiests, nomākts (*par garastāvokli*); **8.** novadējies (*piem., par alu*); **9.** saplacis (*par riepu*); **10.** skaidrs; noteikts; kategorisks; **III** *adv* **1.** pla-

kani; lēzeni; 2. plakaniski; 3. skaidri; noteikti; kategoriski
flat-boat ['flætbəʊt] *n* plakandibena laiva
flatfish ['flætfiʃ] *n* plakanzivs (*plekste u. tml.*)
flatfoot ['flætfʊt] *n* 1. plakanā pēda; 2. *sl.* vientiesis
flat-footed [ˌflæt'fʊtid] I *a* 1. ar plakanu pēdu; 2. *sar.* stingrs; apņēmīgs; II *adv sar.* stingri; apņēmīgi
flat-iron ['flætˌaiən] *n* gludeklis
flat-out [ˌflæt'aʊt] I *a sar.* 1. klajš; atklāts; neslēpts; 2. pārgalvīgs (*par ātrumu*); 3. pārguris; izvārdzis; II *adv sar.* 1. klaji; atklāti; tieši; 2. pārgalvīgā ātrumā
flatten ['flætn] *v* 1. saplacināt; 2. saplakt; 3. nolīdzināt; izlīdzināt; 4. norimt (*par vēju, negaisu*)
flatter ['flætə] *v* 1. glaimot; 2. iepriecināt; 3. izskaistināt
flatterer ['flætrə] *n* glaimotājs; lišķis
flattery ['flætəri] *n* glaimi
flatulent ['flætjʊlənt] *a* 1. *med.* uzpūties (*par vēderu*); 2. uzpūtīgs
flaunt [flɔ:nt] *v* 1. lepni plīvot (*par karogiem*); 2. dižoties; plātīties
flautist ['flɔ:tist] *n* flautists
flavour ['fleivə] I *n* 1. (*patīkama*) garša; 2. aromāts; smarža; 3. nokrāsa; II *v* 1. piešķirt garšu; pielikt garšvielas; 2. piešķirt nokrāsu
flaw [flɔ:] I *n* 1. iesprāgums; bojājums (*dārgakmenī, stiklā*); 2. trūkums; defekts; 3. (*preces*) brāķis; 4. *jur.* kļūda (*dokumentā*); II *v* 1. iebojāt; 2. iesprāgt; 3. *jur.* padarīt par spēkā neesošu
flawless ['flɔ:lis] *a* 1. bez defektiem; 2. nevainojams

flax [flæks] *n* 1. lini; 2. linu šķiedra; 3. linaudekls
flax-seed ['flækssi:d] *n* linsēkla
flaxy ['flæksi] *a* linu-; liniem līdzīgs
flay [flei] *v* 1. dīrāt; 2. mizot; plēst nost mizu; 3. nesaudzīgi kritizēt; 4. izspiest (*naudu*); aplaupīt
flayer ['fleiə] *n* 1. dīrātājs; 2. rīkļrāvējs
flea [fli:] *n* blusa
flea market ['fli:mɑ:kit] *n* sīkumtirgus
fleck [flek] I *n* 1. punktiņš; lāsumiņš; 2. vasarraibums; II *v* noklāt ar punktiņiem
flection ['flekʃən] *sk.* **flexion**
fled *sk.* **flee**
flee [fli:] *v* (*p. un p. p.* fled [fled]) 1. (*from*) bēgt; glābties bēgot; 2. vairīties
fleece [fli:s] I *n* 1. aitas vilna; 2. mākoņu aitiņas; 3. *tekst.* uzkārsums; II *v sar.* aplaupīt; izspiest (*naudu*)
fleecy ['fli:si] *a* vilnains; pūkains; f. hair – sprogaini mati
fleet [fli:t] *n* 1. flote; 2. flotile
fleeting ['fli:tiŋ] *a* acumirklīgs; īslaicīgs; gaistošs; f. happiness – īslaicīga laime
Fleming ['flemiŋ] *n* flāms; flāmiete
Flemish ['flemiʃ] I *n* flāmu valoda; II *a* flāmu-
flesh [fleʃ] *n* 1. miesa; ķermenis; to lose f. – novājēt; to gain (make, put on) f. – pieņemties svarā; 2. gaļa; 3. (*augļa u. tml.*) mīkstums; ◇ f. and blood – 1) miesa un asinis; 2) cilvēku dzimums
flesh-colour ['fleʃˌkʌlə] *n* miesaskrāsa
flesh-pot ['fleʃpɒt] *n* 1. gaļas katls; 2. *pl* pārpilnība
flesh-wound ['fleʃwu:nd] *n* virspusējs ievainojums
fleshy ['fleʃi] *a* 1. gaļīgs; 2. tukls
flew *sk.* **fly**[b] II

flex[a] [fleks] *n el.* lokana aukla
flex[b] [fleks] *v* izvingrināt; izlocīt
flexibility [ˌfleksəˈbiləti] *n* 1. lokanība; elastīgums; 2. piekāpība; 3. kustīgums; 4. *dat.* pielāgojamība
flexible [ˈfleksəbl] *a* 1. lokans; elastīgs; 2. piekāpīgs; 3. kustīgs
flexion [ˈflekʃn] *n* 1. liekšana; 2. liekums; 3. *gram.* fleksija; 4. *mat.* līkne
flexure [ˈflekʃə] *n* lielums; līkums
flibbertigibbet [ˌflibətiˈdʒibit] *n* vējgrābsle
flick [flik] I *n* 1. viegls uzsitiens; knipis; 2. rāviens; grūdiens; 3. *pl sar.* kino; filma; II *v* 1. viegli uzsist; uzšaut (*ar pātagu*); 2. noraust, notraukt (*putekļus u. tml.*)
flicker[a] [ˈflikə] I *n* 1. mirgoņa; ņirboņa; 2. uzplaiksnījums; 3. (*spārnu*) plivināšana; 4. *pl sar.* kino; II *v* 1. mirgot; ņirbēt; 2. uzplaiksnīt (*par cerību*); 3. plivināt (*spārnus*)
flicker[b] [ˈflikə] *n amer.* dzenis
flier [ˈflaiə] *n* 1. lidonis; spārnainis; 2. lidotājs; 3. *amer.* ātrvilciens; ekspresis
flight[a] [flait] *n* 1. lidošana; 2. lidojums; 3. (*gājputnu*) pārlidojums; 4. *av.* reiss; lidojums; 5. (*putnu, kukaiņu*) bars; 6. (*laika*) plūdums; ritums; 7. dziņa; trauksme; 8. (*arī* f. *of stairs*) kāpņu posms; 9. (*putnu*) perējums
flight[b] [flait] *n* bēgšana; wild f. – paniska bēgšana; to take [to] f. – mesties bēgt
flighty [ˈflaiti] *a* 1. kaprīzs; untumains; vieglprātīgs; 2. tramīgs (*par zirgu*)
flimsy [ˈflimzi] I *n* 1. zīdpapīrs; kopējamais papīrs; 2. *sl.* banknote; papīrnauda; 3. *sl.* telegramma; radiogramma; II *a* 1. viegls; plāns (*par audumu*); 2. trausls; neizturīgs; 3. nepamatots; nepārliecinošs

flinch [flintʃ] *v* 1. (*from*) sarauties (*no sāpēm*); 2. izvairīties (*no pienākuma*)
flinders [ˈflindəz] *n pl* gabali; šķembas; druskas
fling [fliŋ] I *n* 1. sviediens, metiens; 2. strauja kustība; 3. (*zirga*) spēriens; II *v* (*p. un p. p.* flung [flʌŋ]) 1. sviest, mest; 2. mesties; drāzties; 3. spert (*par zirgu*); ◊ to f. **about** – svaidīt; mētāt; to f. **away** – 1) aizsviest, aizmest; 2) izšķiest; izsaimniekot; 3) mesties laukā; to f. **down** – 1) nomest; 2) sagraut; to f. **into** – 1) iemest; 2) sūtīt; raidīt; to f. **off** – 1) nomest; nokratīt; 2) tikt vaļā (*no vajātājiem*); to f. **on** – uzsviest, uzmest; to f. **out** – izsviest, izmest; to f. **up** – pamest; atstāt
flint [flint] *n* krams; ◊ heart of f. – akmens sirds
flint-paper [ˈflintˌpeipə] *n* smilšpapīrs
flinty [ˈflinti] *a* 1. krama-; 2. nežēlīgs; ciets kā krams
flip[a] [flip] I *n* 1. viegls uzsitiens; knipis; 2. *sar.* īslaicīgs lidojums ar lidmašīnu; II *v* 1. viegli uzsist; iesist knipi; 2. notraukt (*pelnus cigaretei u. tml.*); 3. (*over*) apgriezt (*olu uz pannas*)
flip[b] [flip] *n* flips (*karsts alus un spirta dzēriens ar olām un garšvielām*)
flippancy [ˈflipənsi] *n* 1. vieglprātība; 2. vīzdegunība
flippant [ˈflipənt] *a* 1. vieglprātīgs; 2. vīzdegunīgs
flipper [ˈflipə] *n* 1. peldspura; peldplēve; 2. *pl* (*peldētāja*) peldpleznas; 3. *sl.* roka
flirt [flɜːt] I *n* koķete; II *v* flirtēt; koķetēt
flirtation [flɜːˈteiʃn] *n* flirts
flit [flit] 1. *v* lidināties, laidelēties; 2. *pārn.* pavīdēt

flitter [′flitə] v **1.** lidināties, laidelēties; **2.** plivināt (*spārnus*)
flitter-mouse [′flitəmaʊs] n sikspārnis
flivver [′flivə] n *amer. sl* **1.** lēts automobilis; **2.** neveiksme; neizdošanās
float [fləʊt] **I** n **1.** pludiņš; **2.** boja; **3.** plosts; prāmis; **4.** (*zivs*) peldpūslis; **5.** elektrokārs; **6.** (*parasti pl*) rampa; **II** v **1.** peldēt (*pa virsu*); turēties virs ūdens; **2.** peldēt, slīdēt (*pa straumi*); **3.** applūdināt; **4.** pludināt (*kokus*); **5.** izlaist (*piem., akcijas*); **6.** izplatīt (*baumas*)
floatable [′fləʊtəbl] a **1.** peldošs; **2.** pludināms; **3.** plostojams (*par upi*)
floatage [′fləʊtidʒ] n **1.** peldspēja; **2.** peldoši priekšmeti; **3.** kuģa virsūdens daļa; **4.** kuģa atliekas
floatation [fləʊ′teiʃn] n **1.** peldēšana; **2.** peldspēja; **3.** (*uzņēmuma*) dibināšana
floating [′fləʊtiŋ] a **1.** peldošs; f. light – peldošā bāka; ugunsboja; **2.** mainīgs; nepastāvīgs
floating bridge [,fləʊtiŋ′bridʒ] n pontontilts
floaty [′fləʊti] a **1.** peldošs; **2.** viegls
flock[a] [flɒk] **I** n **1.** (*sīklopu*) ganāmpulks; (*putnu*) bars; **2.** (*ļaužu*) pūlis; bars; to come in ~s – plūst bariem; **3.** draudze; **II** v pulcēties
flock[b] [flɒk] n **1.** pūka; **2.** šķipsna
floe [fləʊ] n peldošs ledus
flog [flɒg] v **1.** pērt; šaust; **2.** *sar.* nodrāzt; nodeldēt; ☐ to f. **into** – iedzīt (*galvā*); to f. **out** – izdzīt (*piem., slinkumu*)
flogging [′flɒgiŋ] n pēršana; miesassods
flood [flʌd] **I** n **1.** plūdi; pali; in f. – pārplūdusi (*par upi*); the F., Noah's F. *rel.* – grēku plūdi; **2.** (*arī pārn.*) straume; plūdi; uzplūds; f. of rain – lietusgāze; f. of tears – asaru plūdi; **3.** paisums; **II** v **1.** applūdināt; pārplūdināt; **2.** pārplūst; **3.** plūst straumēm
floodgate [′flʌdgeit] n slūžas
floodlight [′flʌdlait] **I** n prožektora gaisma; **II** v apgaismot ar prožektoru
floodtide [′flʌdtaid] n paisums
floor [flɔ:] **I** n **1.** grīda; dirt f. – klons; **2.** (*jūras, alas*) dibens; **3.** stāvs; **4.** (*parlamenta locekļu*) sēžu zāle; **5.** tiesības uzstāties; **6.** zemākais (*algu, cenu*) līmenis; **7.** uzņemšanas paviljons; **II** v **1.** likt grīdu; **2.** nogāzt zemē; notriekt no kājām **3.** *sar.* apmulsināt; iedzīt strupceļā
floorer [′flɔ:rə] n **1.** sitiens, kas nogāž zemē; **2.** *sar.* satriecoša (graujoša) ziņa
flooring [′flɔ:riŋ] n grīdas segums
flop [flɒp] **I** n **1.** plakšķis; **2.** *sar.* neveiksme; izgāšanās; **II** v **1.** noplakšķēt; **2.** smagi nokrist; **3.** (*ar troksni*) nomest; **4.** sist (*spārnus*); **5.** *sar.* ciest neveiksmi; izgāzties; **III** *int* plaukš!
flophouse [′flɒphaʊs] n *amer. sl* naktspatversme
floppy [′flɒpi] a **1.** nokāries; **2.** kūtrs; slinks (*par prātu*)
floppy disc [,flɒpi′disk] n *dat.* lokanais disks, diskete
flora [′flɔ:rə] n flora, augu valsts
floral [′flɔ:rəl] a puķu-; ziedu-
florescence [flɔ:′resns] n **1.** ziedēšana; ziedēšanas laiks; **2.** *pārn.* ziedu laiks; plaukums
florescent [flɔ:′resnt] a **1.** ziedošs; **2.** *pārn.* plaukstošs
floriculture [′flɔ:rikʌltʃə] n puķkopība
florid [′flɒrid] a **1.** puķains; izpuškots:

pārsmalcināts (*par stilu*); **2.** sārts (*par sejas krāsu*)
florist [ˈflɒrist] *n* **1.** puķu pārdevējs; **2.** puķkopis
flotilla [fləʊˈtilə] *n* flotile
flounce[a] [flaʊns] **I** *n* strauja, nepacietīga kustība; **II** *v* (*away, about, out of*) drāzties; mesties
flounce[b] [flaʊns] **I** *n* volāns; **II** *v* apšūt ar volāniem
flounder[a] [ˈflaʊndə] **I** *n* klumpačošana; klupšana; **II** *v* **1.** klumpačot; klupt; **2.** *pārn.* stomīties (*runājot*)
flounder[b] [ˈflaʊndə] *n* plekste
flour [ˈflaʊə] **I** *n* **1.** milti; **2.** pulveris; **II** *v* **1.** apkaisīt ar miltiem (*vai pulveri*); **2.** *amer.* [sa]malt (*graudus*)
flourish [ˈflʌriʃ] **I** *n* **1.** plašs žests; **2.** (*zobena u. tml.*) vēziens; **3.** fanfaras; **II** *v* **1.** krāšņi augt; **2.** zelt, plaukt; **3.** vēzēt (*zobenu u. tml.*); **4.** dzīvot; darboties (*noteiktā laikmetā*)
flourishing [ˈflʌriʃiŋ] *a* **1.** ziedošs, plaukstošs; **2.** veselīgs; ziedošs
flour-mill [ˈflaʊəmil] *n* dzirnavas
floury [ˈflaʊəri] *a* miltains; miltiem klāts
flout [flaʊt] *v* neievērot; noniecināt
flow [fləʊ] **I** *n* **1.** tecēšana; plūšana; **2.** straume; plūdums; **3.** gaita; **4.** uzplūds; **5.** pārpilnība; **6.** (*līniju*) plūdums; **II** *v* **1.** tecēt; plūst; **2.** ritēt (*par laiku, sarunu u. tml.*); **3.** celties (*par paisumu*); **4.** krist mīkstās krokās (*par audumu*); **5.** (*from*) izrietēt
flower [ˈflaʊə] **I** *n* **1.** puķe, zieds; bunch of ~s – ziedu pušķis; in f. – ziedos; saplaucis; **2.** *pārn.* ziedu laiks; plaukums; **3.** rota; **II** *v* **1.** ziedēt; plaukt; **2.** izrotāt ar ziediem
flowerbed [ˈflaʊəbed] *n* puķu dobe
flower-girl [ˈflaʊəgɜːl] *n* puķu pārdevēja

flowerpot [ˈflaʊəpɒt] *n* puķu pods
flower-show [ˈflaʊəʃəʊ] *n* ziedu izstāde
flowery [ˈflaʊəri] *a* **1.** ziediem klāts; **2.** puķains; puķots; **3.** izskaistināts (*piem., par stilu*)
flowing [ˈfləʊiŋ] *a* **1.** tekošs; plūstošs; f. waters – tekošs ūdens; f. tide – paisums; **2.** gluds; plūstošs (*par stilu*); **3.** labi krītošs (*par audumu*)
flown *sk.* **fly**[b] **II**
flu [fluː] *n* (*saīs. no* influenza) *sar.* gripa
fluctuate [ˈflʌktʃʊeit] *v* svārstīties; būt nepastāvīgam
fluctuation [ˌflʌktʃʊˈeiʃn] *n* svārstīšanās
flue[a] [fluː] *n* dūmvads
flue[b] [fluː] *n* **1.** pūka; **2.** putekļi (*zem mēbelēm*)
fluency [ˈfluːənsi] *n* (*valodas*) veiklība; plūdums
fluent [ˈfluːənt] **I** *n mat.* mainīgs lielums; funkcija; **II** *a* **1.** veikls; plūstošs (*par valodu*); **2.** runīgs
fluff [flʌf] **I** *n* **1.** pūka; dūna; **2.** *sar.* kļūme; **II** *v* **1.** uzbužināt; sabozt (*spalvas*); **2.** *sar.* pieļaut kļūmi
fluffy [ˈflʌfi] *a* **1.** pūkains; mīksts; **2.** *sar.* stostīgs; **3.** *sl.* iereibis
fluid [ˈfluːid] **I** *n* šķidrums; **II** *a* **1.** šķidrs; **2.** mainīgs; nepastāvīgs
flummery [ˈflʌməri] *n* tukšas pļāpas; blēņas
flump [flʌmp] **I** *n* dobjš troksnis; **II** *v* **1.** nokrist ar dobju troksni; **2.** nomest ar dobju troksni
flung *sk.* **fling** **II**
flunk [flʌŋk] *amer. sar.* **I** *n* izgāšanās (*eksāmenā*); **II** *v* **1.** izgāzties (*eksāmenā*); **2.** izslēgt par nesekmību (*no mācību iestādes*); ◻ to f. **out** – tikt izslēgtam (*no mācību iestādes*)

flunkey ['flʌŋki] *n niev.* **1.** sulainis (*livrejā*); **2.** lišķis; pielīdējs
fluorescence [ˌflʊə'resns] *n fiz.* fluorescence
fluoride ['flʊəraid] *n ķīm.* fluorīds
fluorine ['flʊəri:n] *n ķīm.* fluors
flurry ['flʌri] **I** *n* **1.** (*vēja, lietus*) brāzma; **2.** nemiers; satraukums; **II** *v* satraukt
flush[a] [flʌʃ] **I** *n* iztramdīts putnu bars; **II** *v* **1.** uzspurgt (*par putniem*); **2.** iztramdīt (*putnus*)
flush[b] [flʌʃ] **I** *n* **1.** pēkšņs (*ūdens*) pieplūdums; **2.** pietvīkums; **3.** (*jūtu*) uzplūds; **4.** (*drudža*) lēkme; **5.** uzplaukšana; **6.** *bot.* dzinums; **II** *a* **1.** līdz malām pilns; uzplūdis; **2.** *predic.* pārpilns;   bagāts; f. with money – naudīgs; **III** *v* **1.** izplūst; izšļākties; **2.** pietvīkt; **3.** applūdināt; pārplūdināt; **4.** skalot (*ar ūdens šalti*); **5.** apskurbināt; iekvēlināt; ◻ to f. **from** – iztramdīt; to f. **out** – izdzīt (*no paslēptuves*)
fluster ['flʌstə] **I** *n* uztraukums; uzbudinājums; **II** *v* **1.** uztraukt; uzbudināt; **2.** uztraukties; **3.** apskurbt
flute [flu:t] **I** *n* flauta; **II** *v* **1.** spēlēt flautu; **2.** svilpot (*par putnu*)
flutist ['flu:tist] *n* flautists
flutter ['flʌtə] **I** *n* **1.** satraukums; **2.** (*spārnu*) plivināšana; **3.** *sar.* sensācija; kņada; **II** *v* **1.** lidināties, laidelēties; **2.** plivināt (*spārnus*); **3.** plivināties (*vējā*); **4.** trīcēt, drebēt (*no uztraukuma*); **5.** strauji (*vai nevienmērīgi*) dauzīties (*par sirdi, pulsu*); **6.** *tehn.* vibrēt
fluvial ['flu:viəl] *a* upes-
flux [flʌks] *n* **1.** plūdums; **2.** nepārtraukta (*stāvokļa*) maiņa; f. and reflux –
uzplūdi un atplūdi; **3.** *med.* izdalījumi
fluxion ['flʌkʃn] *n mat.* atvasinājums
fly[a] [flai] **I** *n* lidojums; on the f. – lidojumā; (*piem., vilcienam*) ejot; **II** *v* (*p.* flew [flu:]; *p. p.* flown [fləʊn]) **1.** lidot; **2.** vadīt; pilotēt (*lidmašīnu*); **3.** izmantot gaisa transportu; lidot [ar lidmašīnu]; **4.** pārlidot; **5.** drāzties; joņot; **6.** plīvot (*par karogiem*); **7.** palaist gaisā; **8.** *sar.* (*p. un p. p.* fled [fled]); ◻ to f. **at** – mesties virsū; uzbrukt; to f. **away** – 1) aizlidot; 2) aizbēgt; to f. **in** – piegādāt pa gaisu; to f. **into** – 1) iedrāzties; 2): to f. into a passion (rage) – saniknoties; to f. **off** – 1) aizlidot; aizlaisties; 2) notrūkt (*par pogu*); 3) *pārn.* aizsvilties; to f. **open** – plaši atvērties; to f. **over** – pārlēkt; to f. **round** – griezties (*par riteņiem*); to f. **to** – ķerties pie; to f. to arms – ķerties pie ieročiem
fly[b] [flai] *n* muša
fly[c] [flai] *a sar.* veikls; izmanīgs; viltīgs
fly-agaric ['flaiˌægərik] *n* mušmire
fly-away ['flaiəwei] *a* **1.** plats; brīvs (*par apģērbu*); plīvojošs (*par matiem*)
fly-catcher ['flaiˌkætʃə] *n ornit.* mušķērājs
flying ['flaiiŋ] **I** *n* lidošana; **II** *a* **1.** lidošanas-; f. field *av.* – lidlauks; **2.** ātrs; straujš; **3.** plīvojošs
flying adder ['flaiiŋˌædə] *n* spāre
Flying Dutchman [ˌflaiiŋ'dʌtʃmən] *n folkl.* Lidojošais holandietis
flying man ['flaiiŋmæn] *n* lidotājs
fly-over ['flaiˌəʊvə] *n amer.* viadukts; estakāde
fly-sheet ['flaiʃi:t] *n* skrejlapa; lapiņa
fly-wheel ['flaiwi:l] *n tehn.* spararats

foal [fəʊl] **I** *n* kumeļš; ēzelēns; in (with) f. – grūsna (*par ķēvi*); **II** *v* atnesties (*par ķēvi, ēzeļmāti*)
foalfoot ['fəʊlfʊt] *n bot.* māllēpe
foam [fəʊm] **I** *n* 1. putas; 2. *sar.* putuplasts; **II** *v* 1. putot; 2. pārklāties ar putām
foamy ['fəʊmi] *a* 1. putu-; putojošs; 2. putām klāts; 3. nodzīts putās (*par zirgu*)
fob watch ['fɒbwɒtʃ] *n* kabatpulkstenis
focal ['fəʊkl] *a* 1. *fiz.* fokusa-; 2. *pārn.* galvenais; centrālais
foci *sk.* **focus**
focus ['fəʊkəs] **I** *n* (*pl* foci ['fəʊsai] *vai* focuses ['fəʊkəsiz]) 1. *fiz.* fokuss; in f. – fokusā; 2. centrs; viduspunkts; **II** *v* 1. nostādīt fokusā; 2. (*on*) koncentrēt (*uzmanību u. tml.*)
fodder ['fɒdə] **I** *n* lopbarība; **II** *v* barot (*lopus*)
fodder beet ['fɒdəbi:t] *n* lopbarības biete
foe [fəʊ] *n* ienaidnieks; pretinieks; nelabvēlis
foetus ['fi:təs] *n biol.* auglis; embrijs
fog[a] [fɒg] **I** *n* 1. bieza migla; 2. dūmaka; 3. neskaidrība; neziņa; apmulsums; **II** *v* 1. aizmiglot; ietīt miglā; 2. apmulsināt
fog[b] [fɒg] **I** *n* 1. atāls; 2. zelmenis; 3. sūna; **II** *v* 1. ganīt atālā; 2. atstāt atālam; 3. apaugt ar sūnu
fogey ['fəʊgi] *n niev.* (*arī* old f.) [vecs] dīvainis; savādnieks
foggy ['fɒgi] *a* 1. miglains; 2. neskaidrs (*priekšstats*)
fog-horn ['fɒghɔ:n] *n jūrn.* miglas taure
fog-lamp ['fɒglæmp] *n* miglas prožektors
foible ['fɔibl] *n* 1. vājība; vājā puse; 2. dīvainība

foil[a] [fɔil] *n* **I** folija; **II** *v* pārklāt ar foliju
foil[b] [fɔil] *n* florete
foil[c] [fɔil] **I** *n* (*zvēra*) pēdas; **II** *v* 1. sajaukt (*pēdas*); 2. izjaukt (*plānus*)
fold[a] [fəʊld] **I** *n* 1. ieloce; kroka; 2. (*čūskas*) ritulis; 3. *tehn.* grope; ieloce; **II** *v* 1. salocīt; saliekt; 2. (*in*) ietīt; iesaiņot; 3. apskaut, apkampt; 4. slēgt (*uzņēmumu u. tml.*), 5. *kul.* iemaisīt; iecilāt (*saputotu olas baltumu*); ◊ to f. **up** – 1) salocīt (*lietussargu*); 2) bankrotēt; izputēt
fold[b] [fəʊld] **I** *n* 1. aploks; laidars; 2. aitu bars; 3. *bazn.* draudze; 4. *pārn.* baznīca; **II** *v* iedzīt aplokā
folder ['fəʊldə] *n* 1. aktu vāki; ātršuvējs; mape; 2. folderis; 3. *poligr.* lokāmā mašīna; 4. locītājs; falcētājs; 5. saliekams binoklis; lornete; 6. *dat.* mape; katalogs
folding ['fəʊldiŋ] **I** *n* locīšana; **II** *a* salokāms; saliekams; f. bed – saliekamā gulta; f. door – bīdāmās durvis
foliage ['fəʊliidʒ] *n* 1. lapas; lapotne; f. trees – lapkoki; 2. lapu ornaments
foliate I *a* ['fəʊliət] lapu-; lapains; **II** *v* ['fəʊlieit] 1. salapot; 2. sašķelties plēksnītēs; 3. apsudrabot (*spoguli*); 4. numurēt (*grāmatas*) lapas; 5. rotāt ar lapu ornamentu
folio ['fəʊliəʊ] *n* (*pl* folios ['fəʊliəz]) 1. *poligr.* folio (*pusloksnes formāts*); 2. foliants
folk [fəʊk] *n* 1. ļaudis; old f. – vecie ļaudis; young f. – jaunatne; 2. *pl sar.* radi; piederīgie; my ~s – 1) mani piederīgie; 2) *sl.* vecāki; 3. *novec.* tauta; tautība; cilts
folk-belief ['fəʊkbili:f] *n* tautas ticējums
folk-custom ['fəʊk͵kʌstəm] *n* tautas paraža

folk-dance [ˈfəʊkdɑːns] *n* tautas deja
folkie [ˈfəʊki] *n amer. sar.* tautas mūzikas ansambļa dalībnieks
folklore [ˈfəʊklɔː] *n* folklora
folk-medicine [ˈfəʊkˌmedsn] *n* tautas medicīna
folk-rock [ˈfəʊkrɒk] *n* folkroks
folksay [ˈfəʊksei] *n* **1.** tautas teiciens; paruna; **2.** vietējais dialekts
folk-song [ˈfəʊksɒŋ] *n* tautas dziesma
folk-tale [ˈfəʊkteil] *n* tautas pasaka
folkways [ˈfəʊkweiz] *n pl* tautas tikumi
follicle [ˈfɒlikl] *n* **1.** *anat.* folikuls, pūslītis; **2.** *bot.* kokons; **3.** pāksts
follow [ˈfɒləʊ] **I** *n* sekotājs; piekritējs; **II** *v* **1.** sekot; f. me! – sekojiet man!; **2.** iet pa; sekot (*kādam*) virzienam; **3.** vajāt; dzīt pēdas; **4.** ievērot; to f. the instructions – rīkoties pēc norādījumiem; **5.** sekot (*ar skatienu*); **6.** saprast; sekot (*domu gaitai*); do you f. me? – vai saprotat?; **7.** pavadīt (*kādu*); **8.** nodarboties; ◊ to f. **on** *sar.* – turpināt; sekot; to f. **out** – īstenot; realizēt; to f. **up** – 1) neatlaidīgi sekot; vajāt; 2) īstenot; realizēt
follower [ˈfɒləʊə] *n* **1.** sekotājs; piekritējs; **2.** *novec.* pielūdzējs
following [ˈfɒləʊiŋ] **I** *n* **1.** sekotāji; piekritēji; **2.** (the f.) sekojošais; **II** *a* **1.** sekojošs; nākamais; **2.** labvēlīgs (*par vēju*)
follow-through [ˌfɒləʊˈθruː] *n* **1.** *sp.* (*tenisa raketes*) vēziens pakaļ bumbai; **2.** īstenošana; realizēšana; **3.** (*rīkojuma u. tml.*) izpildes pārbaude; **4.** *mil.* (*pretinieka*) vajāšana
follow-up [ˌfɒləʊˈʌp] **I** *n* **1.** papildu pasākumi; **2.** (*kāda*) mērķa sasniegšana; **3.** (*vēža, tuberkulozes slimnieku*) uzskaite; **II** *a* sekojošs; papildu-

follow-up care [ˌfɒləʊˈʌpkeə] *n* dispanserārstēšana
folly [ˈfɒli] *n* **1.** muļķība; neprātība; **2.** untums; iegriba
foment [fəʊˈment] *v* **1.** musināt; kūdīt; **2.** *med.* likt sautējošas kompreses
fond [fɒnd] *a predic.* **1.** mīlošs; maigs; to be f. (*of*) – just patiku; mīlēt; **2.** lētticīgs
fondle [ˈfɒndl] *v* glāstīt; apmīļot
fondling [ˈfɒndliŋ] *n* mīlulis; luteklis
fondness [ˈfɒndnis] *n* mīlestība; maigums
font [fɒnt] *n* **1.** kristāmtrauks; **2.** *dat.* fonts; f. card – fontkarte; f. cartridge – fontu kasetne; f. size – fonta lielums
food [fuːd] *n* **1.** barība; uzturs; ēdiens; **2.** pārtikas krājumi; preserved f. – konservi; processed f. – pasterizēts (sterilizēts) produkts
food value [ˈfuːdˌvæljuː] *n* uzturvērtība
fool [fuːl] **I** *n* **1.** muļķis; **2.** āksts; nerrs; ◊ All Fool's Day – 1. aprīlis; **II** *a amer. sar.* muļķīgs; aplams; **III** *v* **1.** muļķot (*kādu*); **2.** muļķoties; ◊ to f. **out** – izkrāpt
foolery [ˈfuːləri] *n* muļķība; aušība
foolhardy [ˈfuːlˌhɑːdi] *a* pārdrošs; nebēdnīgs
foolish [ˈfuːliʃ] *a* muļķīgs
foolishness [ˈfuːliʃnis] *n* muļķība
foolproof [ˈfuːlpruːf] *a* **1.** drošs; neklūdīgs; **2.** *sar.* vienkāršs; nesarežģīts
foot [fʊt] **I** *n* (*pl* feet [fiːt]) **1.** (*kājas*) pēda; on f. – 1) kājām; 2) sagatavošanā; procesā; **2.** solis; gaita; **3.** apakšējā daļa; pamatne; **4.** pēda (*kā mērvienība – 30,48 cm*); **5.** (*zeķes*) purngals; **6.** *mil. novec.* kājnieki; **II** *v* **1.**: to f. it *sar.* – 1) dejot; 2) iet kājām; **2.** *sar.* apmaksāt (*izdevumus*); to f.

the bill – 1) apmaksāt rēķinu; 2) atbildēt par sekām; ◊ to f. **up** (*to*) – sasniegt (*par summu*)
football ['fʊtbɔ:l] *n* 1. futbols; 2. futbolbumba
footballer ['fʊtbɔ:lə] *n* futbolists
footboard ['fʊtbɔ:d] *n* 1. (*ekipāžas, automobiļa*) kāpslis; 2. *tehn.* paliktnis; 3. *tehn.* pedālis
foot-brake ['fʊtbreik] *n* kāju bremze
foot-bridge ['fʊtbridʒ] *n* kājnieku tilts
footer [fʊtə] *n dat.* kājene
footfall ['fʊtfɔ:l] *n* soļi; soļu troksnis
foot-gear ['fʊtgiə] *n sar.* 1. apavi; 2. zeķes
foothills ['fʊthilz] *n pl* kalnu pakāje
foothold ['fʊthəʊld] *n* 1. atbalsts (*kājai*); 2. *pārn.* stabils stāvoklis; stingras pozīcijas
footing ['fʊtiŋ] *n* 1. atbalsts (*kājai*); 2. stabils stāvoklis; 3. attiecības
footle ['fu:tl] *sar.* **I** *n* nieki; blēņas; **II** *v* niekoties; melst blēņas; ◊ to f. **away** – izniekot
footlights ['fʊtlaits] *n pl* rampa, rampas ugunis
footloose ['fʊtlu:s] *a* brīvs; neierobežots
footmark ['fʊtma:k] *n* pēdas nospiedums
footnote ['fʊtnəʊt] *n* 1. zemteksta piezīme; 2. *dat.* vēre
foot-pace ['fʊtpeis] *n* solis
foot-passenger ['fʊt,pæsindʒə] *n* kājāmgājējs, gājējs
footpath ['fʊtpa:θ] *n* 1. taka; 2. ietve
foot-race ['fʊtreis] *n sp.* soļošanas sacīkstes
footslog ['fʊtslɒg] *v sar.* iet, vilkties kājām
foot-soldier ['fʊt,səʊldʒə] *n mil.* kājnieks
footsore ['fʊtsɔ:] *a* ar noberztām kājām; I'm f. – man sāp kājas

footstalk ['fʊtstɔ:k] *n bot.* stublājs
footstep ['fʊtstep] *n* 1. solis; 2. soļu troksnis; 3. pēda; 4. kāpslis; pakāpiens
footstool ['fʊtstu:l] *n* kājsoliņš; ◊ God's f. – pasaule, zeme
footwear ['fʊtweə] *n* apavi
footworn ['fʊtwɔ:n] *a* 1. noguris (*par gājēju*); 2. izmīts, nomīts (*piem., par taku*)
fop [fɒp] *n niev.* ģeķis, švauksts
foppish ['fɒpiʃ] *a* ģeķīgs
for (*uzsvērtā forma* [fɔ:], *neuzsvērtā forma* [fə]) **I** *prep* 1.: f. sale – pārdošanai; 2. aiz; labad; dēļ; f. joy – aiz prieka; f. your sake – jūsu labad; f. example – piemēram; 3. pret; 4. (*norāda mērķi, nolūku*) pēc; to send f. a doctor – aizsūtīt pēc ārsta; 5. (*norāda laiku*) uz; f. how long? – uz cik ilgu laiku?; 6. (*norāda virzienu*) uz; to leave f. London – aizbraukt uz Londonu; 7. (*norāda attālumu*): f. miles and miles – jūdzēm tālu; 8. (*norāda vērtību*) par; to sell f. five dollars – pārdot par pieciem dolāriem; ◊ f. all that – par spīti visam; f. better or worse – laimē un nelaimē; once and f. all – reizi par visām reizēm; **II** *conj* jo; tāpēc ka
forage ['fɒridʒ] **I** *n* lopbarība; **II** *v* 1. (*for*) meklēt barību; 2. meklēt; rakņāties (*kaut ko meklējot*)
forasmuch as [fərəz'mʌtʃæz] *conj* ņemot vērā; ievērojot
foray ['fɒrei] **I** *n* iebrukums; sirojums; **II** *v* iebrukt; sirot
forbad, forbade *sk.* **forbid**
forbear[a] ['fɔ:beə] *n* (*parasti pl*) sencis; priekštecis
forbear[b] [fɔ:'beə] *v* (*p.* forbore [fɔ:'bɔ:]; *p. p.* forborne [fɔ:'bɔ:n]) (*from*) atturēties

forbearance [fɔ:'beərəns] *n* **1.** atturība; **2.** iecietība

forbid [fə'bid] *v* (*p.* forbad [fə'bæd] *vai* forbade [fə'beid]; *p. p.* forbidden [fə'bidn]) aizliegt; neatļaut; smoking is ~den – smēķēt aizliegts; ◇ God f.! – Dievs pasarg!

forbidden *sk.* **forbid**

forbidding [fə'bidiŋ] *a* **1.** atbaidošs; nepievilcīgs; **2.** draudīgs; briesmīgs

forbore *sk.* **forbear**[b]

forborne *sk.* **forbear**[b]

force [fɔ:s] **I** *n* **1.** spēks; **2.** vara; vardarbība; **3.** pārliecināšanas spēks; ietekme; **4.** *pl* bruņotie spēki; karaspēks; **5.** *fiz.* spēks; **II** *v* **1.** lietot spēku; **2.** piespiest (*ar varu*); **3.** (*steidzināti*) uzziedināt; izplaucēt; ▯ to f. **back** – 1) apspiest; apvaldīt; to f. back one's tears – norīt asaras; 2) *mil.* atspiest; to f. **on** – uztiept; to f. **up** – uzskrūvēt (*cenas*)

forced [fɔ:st] *a* **1.** piespiests; piespiedu nolaišanās; **2.** nedabisks; neīsts; **3.** *mil.* forsēts; **4.** (*steidzināti*) uzziedināts; izplaucēts

forceful ['fɔ:sfl] *a* spēcīgs; iedarbīgs

force-land ['fɔ:slænd] *v av.* izdarīt piespiedu nolaišanos

forcible ['fɔ:səbl] *a* **1.** vardarbīgs; f. entry – vardarbīga ielaušanās; **2.** spēcīgs; pārliecinošs; iespaidīgs

ford [fɔ:d] *n* brasls

fordable ['fɔ:dəbl] *a* pārbrienams (*par braslu*)

fore [fɔ:] **I** *n jūrn.* (*kuģa*) priekšgals; ◇ to the f. – 1) tuvumā; 2) pie rokas; klāt (*par naudu*); to come to the f. – izvirzīties; izcelties; **II** *a* **1.** priekšējais; **2.** *jūrn.* priekšgala-; **III** *adv jūrn.* priekšgalā; f. and aft – (*kuģa*) priekšgalā un pakaļgalā

forearm ['fɔ:rɑ:m] *n anat.* apakšdelms

forebear ['fɔ:beə] *sk.* **forbear**[a]

forebode [fɔ:'bəʊd] *v* **1.** pareģot; vēstīt; **2.** nojaust (*ļaunu*)

foreboding [fɔ:'bəʊdiŋ] *n* **1.** slikta zīme; **2.** ļauna nojauta; priekšnojauta

forecast ['fɔ:kɑ:st] **I** *n* pareģojums; weather f. – laika prognoze; **II** *v* (*p. un p. p.* forecast ['fɔ:kɑ:st] *vai* forecasted ['fɔ:kɑ:stid]) paredzēt; pareģot; to f. future – pareģot nākotni

forecourt ['fɔ:kɔ:t] *n* pagalms (*mājas priekšā*)

forefather ['fɔ:fɑ:ðə] *n* (*parasti pl*) sencis; priekštecis

forefinger ['fɔ:fiŋgə] *n* rādītājpirksts

forefoot ['fɔ:fʊt] *n* priekškāja

forefront ['fɔ:frʌnt] *n* **1.** *mil.* (*frontes*) priekšējā līnija; **2.** *pārn.* priekšplāns; darbības centrs

forego [fɔ:'gəʊ] *v* (*p.* forwent [fɔ:'went]; *p. p.* foregone [fɔ:'gɒn]) **1.** iepriekš notikt; **2.** *sk.* **forgo**

foregoing [fɔ:'gəʊiŋ] *a* iepriekšējs; iepriekš minētais

foregone [fɔ:'gɒn] **I** *a* iepriekš pieņemts; iepriekš zināms; f. conclusion – neizbēgams secinājums; **II** *sk.* **forego**

foreground ['fɔ:graʊnd] *n* **1.** (*arī pārn.*) priekšplāns; f. colour *dat.* – priekšplāna krāsa; **2.** *teātr.* avanscēna

forehead ['fɒrid] *n* piere

foreign ['fɒrin] *a* **1.** ārējs; ārlietu-; the F. Office – ārlietu ministrija; F. Secretary – ārlietu ministrs; f. policy – ārpolitika; f. relations – starptautiskās attiecības; f. trade – ārējā tirdzniecība; **2.** ārzemju-; svešzemju-; f. language – svešvaloda; f. news – ārzemju ziņas; **3.** svešāds, neatbilstošs;

4. svešs; nepiederīgs; f. body *med.* – sveškermenis
foreigner ['fɒrinə] *n* **1.** ārzemnieks; **2.** svešinieks
foreknew *sk.* **foreknow**
foreknow [fɔ:'nəʊ] *v* (*p.* foreknew [fɔ:'nju:]; *p. p.* foreknown [fɔ:'nəʊn]) iepriekš zināt; paredzēt
foreknown *sk.* **foreknow**
foreland ['fɔ:lənd] *n* **1.** zemesrags; **2.** piekrastes (piejūras) josla
foreleg ['fɔ:leg] *n* priekškāja
forelock ['fɔ:lɒk] *n* matu sproga (*uz pieres*); (*matu*) cekuls
foreman ['fɔ:mən] *n* meistars; priekšstrādnieks
foremast ['fɔ:mɑ:st] *n* jūrn. fokmasts
foremost ['fɔ:məʊst] **I** *a* **1.** priekšējais; **2.** galvenais; **II** *adv* **1.** pa priekšu; head f. – ar galvu pa priekšu; **2.** vispirms; first and f. – pirmām kārtām
forenoon ['fɔ:nu:n] *n* priekšpusdiena
forensic [fə'rensik] *a* tiesas-; f. medicine – tiesu medicīna
forerunner ['fɔ:ˌrʌnə] *n* **1.** priekšgājējs; priekštecis; **2.** vēstnesis
foresee [fɔ:'si:] *v* (*p.* foresaw [fɔ:'sɔ:]; *p. p.* foreseen [fɔ:'si:n]) paredzēt
foreseeable [fɔ:'si:əbl] *a* **1.** paredzams; **2.** pārredzams; pārskatāms; in the f. future – tuvākajā nākotnē
foreseen *sk.* **foresee**
foreshadow [fɔ:'ʃædəʊ] *v* vēstīt; pareģot
foresight ['fɔ:sait] *n* **1.** paredzējums; **2.** tālredzība; apdomība
foreskin ['fɔ:skin] *n* anat. priekšāda
forest ['fɒrist] **I** *n* **1.** mežs; **2.** *jur.* liegums; saudzējamā josla; **II** *v* apmežot
forestall [fɔ:'stɔ:l] *v* **1.** novērst; **2.** aizsteigties priekšā (*piem., notikumiem*)

forester ['fɒristə] *n* **1.** mežzinis; **2.** mežstrādnieks
forestry ['fɒristri] *n* **1.** mežkopība; **2.** mežniecība
foretaste ['fɔ:teist] *n* (*of*) prieks (*par kaut ko gaidāmu*)
foretell [fɔ:'tel] *v* (*p. un p. p.* foretold [fɔ:'təʊld]) pareģot
forethought ['fɔ:θɔ:t] *n* tālredzība; apdomība
foretold *sk.* **foretell**
forever [fə'revə] *adv* **1.** uz visiem laikiem; mūžīgi; **2.** nemitīgi
forewarn [fɔ:'wɔ:n] *v* brīdināt
forewent *sk.* **forego**
foreword ['fɔ:wɜ:d] *n* priekšvārds
forfeit ['fɔ:fit] **I** *n* **1.** sods (*par nodarījumu*); **2.** konfiskācija; **3.** ķīla (*rotaļā*); **II** *a predic.* konfiscēts; **III** *v* zaudēt; zaudēt tiesības
forfeiture ['fɔ:fitʃə] *n* zaudējums; konfiskācija
forgather [fɔ:'gæðə] *v* sapulcēties
forgave *sk.* **forgive**
forge[a] [fɔ:dʒ] **I** *n* **1.** smēde; kalve; **2.** ēze; **II** *v* **1.** kalt (*metālu*); **2.** viltot (*dokumentu, parakstu*)
forge[b] [fɔ:dʒ] *v* **1.** (*arī* to f. ahead) neatlaidīgi virzīties uz priekšu; **2.** *sp.* izvirzīties priekšgalā
forger ['fɔ:dʒə] *n* **1.** kalējs; **2.** (*dokumentu, parakstu*) viltotājs
forgery ['fɔ:dʒəri] *n* **1.** (*dokumentu, parakstu*) viltošana; **2.** viltojums
forget [fə'get] *v* (*p.* forgot [fə'gɒt]; *p. p.* forgotten [fə'gɒtn]) **1.** aizmirst; to f. oneself – 1) aizmirst sevi (*domājot tikai par citiem*); 2) aizmirsties, uzvesties nepiedienīgi; **2.** piemirst
forgetful [fə'getfl] *a* aizmāršīgs; nevērīgs

forget-me-not [fə'getminɒt] *n bot.* neaizmirstule
forgive [fə'giv] *v* (*p.* forgave [fə'geiv]; *p. p.* forgiven [fə'givn]) **1.** piedot; **2.** atlaist (*parādu*)
forgiveness [fə'givnis] *n* piedošana
forgo [fɔ:'gəʊ] *v* (*p.* forwent [fɔ:'went]; *p. p.* forgone [fɔ:'gɒn]) atteikties; atturēties
forgone *sk.* **forgo**
forgot *sk.* **forget**
forgotten [fə'gɒtn] **I** *a* aizmirsts; novārtā pamests; **II** *sk.* **forget**
fork [fɔ:k] **I** *n* **1.** dakša; dakšiņa; **2.** dakšas, sakumi; **3.** (*ceļa, upes*) atzarojums; **4.** (*velosipēda*) dakša; **5.** *mūz.* kamertonis; **6.** (*zibens*) šautra; **II** *v* **1.** strādāt ar dakšām; **2.** sazaroties
forked [fɔ:kt] *a* zarots; šķelts
forklift ['fɔ:klift] *n* autokrāvējs
forlorn [fə'lɔ:n] *a poēt.* **1.** bezcerīgs; nelaimīgs; **2.** pamests; vientuļš
form [fɔ:m] **I** *n* **1.** forma; apveids; **2.** (*cilvēka*) augums; **3.** vispārpieņemtā kārtība; **4.** formalitāte; **5.** stils; maniere; etiķete; **6.** *biol.* varietāte; **7.** veidlapa; anketa; **8.** *sp.* forma; gatavība; **9.** klase (*skolā*); **10.** *gram.* forma; **II** *v* **1.** piešķirt formu (veidu); **2.** veidot; **3.** izveidot; organizēt; ⬜ to f. **up** – izveidoties
formal ['fɔ:ml] *a* **1.** formāls; oficiāls; **2.** nomināls; **3.** ārējs; paviršs; šķietams
formalist ['fɔ:mlist] *n* formālists
formality [fɔ:'mæləti] *n* **1.** formalitāšu ievērošana; **2.** formalitāte; **3.** formālisms; formāla attieksme
format ['fɔ:mæt] **I** *n* **1.** (*grāmatas*) formāts; **2.** iekārtojums; **II** *v* noformēt (*grāmatu*)
formation [fɔ:'meiʃn] *n* **1.** veidošana; **2.** uzbūve; struktūra; **3.** *mil.* (*karaspēka*) izvietojums; **4.** *mil.* ierinda
former[a] ['fɔ:mə] *n* veidotājs; radītājs
former[b] ['fɔ:mə] *a* **1.** agrākais; bijušais; in f. times – agrākos (senākos) laikos; **2.** (the f.) pirmais (*no iepriekš minētajiem*)
formerly ['fɔ:məli] *adv* agrāk, senāk
formic ['fɔ:mik] *a ķīm.* skudru-; f. acid – skudrskābe
formication [ˌfɔ:mi'keiʃn] *n* drebuļi
formidable ['fɔ:midəbl] *a* **1.** briesmīgs; **2.** grūts
formless ['fɔ:mlis] *a* bezveidīgs; amorfs
formula ['fɔ:mjʊlə] *n* (*pl* formulas ['fɔ:mjʊləz] *vai* formulae ['fɔ:mju:li:]) **1.** formula; formulējums; **2.** recepte; **3.** piena maisījums (*zīdaiņiem*); **4.** *mat.*, *ķīm.* formula; **5.** (*sacīkšu automobiļa*) klase
formulae *sk.* **formula**
formulate ['fɔ:mjʊleit] *v* **1.** formulēt; **2.** izteikt ar formulu
fornication [ˌfɔ:ni'keiʃn] *n jur.* ārlaulības sakari
forsake [fə'seik] *v* (*p.* forsook [fə'sʊk]; *p. p.* forsaken [fə'seikn]) **1.** pamest; atstāt; **2.** atmest (*paradumu u. tml.*)
forsaken [fə'seikn] **I** *a* pamests; atstāts; **II** *sk.* **forsake**
forsook *sk.* **forsake**
forswear [fɔ:'sweə] *v* (*p.* forswore [fɔ:'swɔ:]; *p. p.* forsworn [fɔ:'swɔ:n]) **1.** nozvērēties; **2.** (*arī* to f. oneself) nepatiesi zvērēt
forswore *sk.* **forsworn**
forsworn [fɔ:'swɔ:n] **I** *n* zvēresta pārkāpējs; **II** *sk.* **forswear**
forsythia [fɔ:'saiθiə] *n bot.* forsītija
fort [fɔ:t] *n mil.* forts
forth [fɔ:θ] *adv* **1.** uz priekšu; back and

f. – uz priekšu un atpakaļ; **2.** turpmāk
forthcoming [ˌfɔːˈkʌmɪŋ] *a* **1.** gaidāmais; nākamais; **2.** laipns; izpalīdzīgs
forthwith [ˌfɔːˈwɪθ] *adv* tūlīt, nekavējoties
forties [ˈfɔːtɪz] *n pl* **1.** četrdesmitie gadi; **2.** piektais gadu desmits (*vecums starp 40 un 49 gadiem*): he is in his f. – viņam ir pāri četrdesmit gadiem
fortieth [ˈfɔːtiiθ] **I** *n* četrdesmitā daļa; **II** *num* četrdesmitais
fortification [ˌfɔːtɪfɪˈkeɪʃn] *n* **1.** *mil.* fortifikācija; nocietināšana; **2.** *pl* nocietinājumi; **3.** (*vīna*) stiprināšana
fortify [ˈfɔːtɪfaɪ] *v* **1.** nostiprināt; **2.** atbalstīt (*morāli, fiziski*); **3.** apstiprināt; pamatot (*ar faktiem*); **4.** *mil.* nocietināt; **5.** stiprināt; spirtot (*vīnu*)
fortitude [ˈfɔːtɪtjuːd] *n* gara spēks; sīkstums
fortnight [ˈfɔːtnaɪt] *n* divas nedēļas; this day f. – pēc divām nedēļām
fortnightly [ˈfɔːtnaɪtlɪ] **I** *a* divnedēļu-; **II** *adv* reizi divās nedēļās
fortress [ˈfɔːtrɪs] *n* cietoksnis
fortuitous [fɔːˈtjuːɪtəs] *a* nejaušs
fortunate [ˈfɔːtʃnət] *a* laimīgs; veiksmīgs
fortunately [ˈfɔːtʃnətlɪ] *adv* **1.** laimīgi; **2.** par laimi
fortune [ˈfɔːtʃən] **I** *n* **1.** laime; veiksme; bad (ill) f. – nelaime; liksta; to try one's f. – izmēģināt laimi; **2.** liktenis; to tell ~s – zīlēt; paredzēt nākotni; **3.** bagātība; manta; **II** *v novec.* **1.** gadīties; **2.** (*upon*) nejauši uzdurties
fortune-teller [ˈfɔːtʃənˌtelə] *n* zīlnieks; zīlniece
forty [ˈfɔːtɪ] *n* **1.** skaitlis četrdesmit; **2.** četrdesmit gadu vecums
forum [ˈfɔːrəm] *n* **1.** *vēst.* forums; **2.** (*goda, sirdsapziņas*) tiesa; **3.** (*diskusiju*) vieta; **4.** diskusija, disputs
forward [ˈfɔːwəd] **I** *n sp.* uzbrucējs (*futbolā*); **II** *a* **1.** priekšējais; **2.** pirmrindas-; progresīvs; **3.** labākais; izcils; **4.** agrīns; **5.** uzbāzīgs; nekautrīgs; **6.** radikāls; iedarbīgs; **III** *v* **1.** veicināt; sekmēt; **2.** nosūtīt (*pēc piederības*); **IV** *adv* **1.** uz priekšu; to go f. – turpināt; to put f. – izvirzīt; **2.** turpmāk
forwarding [ˈfɔːwədɪŋ] *n* **1.** nosūtīšana; **2.** virzīšanās uz priekšu; f. agent – ekspeditors
forward-looking [ˌfɔːwədˈlʊkɪŋ] *a* **1.** tālredzīgs; **2.** progresīvs
forwards *sk.* **forward IV**
forwent *sk.* **forgo**
fossil [ˈfɒsl] **I** *n ģeol.* fosilija; **II** *a* pārakmeņojies
foster [ˈfɒstə] *v* **1.** audzināt (*svešu bērnu*); **2.** nodot (*bērnu*) audzināšanā; **3.** kopt (*slimnieku*); **4.** veicināt; sekmēt; **5.** lolot (*cerību, domu*)
foster-child [ˈfɒstətʃaɪld] *n* audžubērns
foster-father [ˈfɒstəˌfɑːðə] *n* audžutēvs
fosterling [ˈfɒstəlɪŋ] *n* audzēknis
foster-mother [ˈfɒstəˌmʌðə] *n* audžumāte
fought *sk.* **fight II**
foul [faʊl] **I** *n* **1.** nekrietnība; **2.** *sp.* spēles noteikumu pārkāpums; ◇ through f. and fair – baltās un nebaltās dienās; **II** *a* **1.** netīrs; smirdīgs; **2.** aizsērējis; piesārņots; **3.** nekrietns; neķītrs; f. language – neķītra valoda; **4.** *sp.* negodīgs; **5.** vējains; vētrains (*par laiku*); **III** *v* **1.** notraipīt; **2.** piesārņot; **3.** aizsērēt; **4.** traucēt (*satiksmi*); radīt sastrēgumu; **IV** *adv* negodīgi; ◇ to play smb. f. – piekrāpt (*vai* nodot) kādu

foul-mouthed [ˈfaʊlmaʊðd] *a* rupjš
found[a] [faʊnd] *v* **1.** dibināt; likt pamatus; **2.** radīt; izveidot
found[b] [faʊnd] *v* liet, kausēt (*metālu*)
found[c] *sk.* **find II**
foundation [faʊnˈdeiʃn] *n* **1.** dibināšana; pamatu likšana; **2.** fundaments; pamats; **3.** pamatojums
foundation-stone [faʊnˈdeiʃnstəʊn] *n* **1.** pamatakmens; **2.** stūrakmens
founder[a] [ˈfaʊndə] *n* dibinātājs; pamatlicējs
founder[b] [ˈfaʊndə] *n* metāllējējs
founder[c] [ˈfaʊndə] *v* **1.** nogrimt (*par kuģi*); **2.** nogremdēt (*kuģi*); **3.** sabrukt (*par plānu*)
foundling [ˈfaʊndliŋ] *n* atradenis
fountain [ˈfaʊntin] *n* **1.** strūklaka; **2.** *pārn.* avots; pamats
fountain-head [ˌfaʊntinˈhed] *n* **1.** avots; **2.** pirmavots
fountain-pen [ˈfaʊntinpen] *n* pildspalva
four [fɔ:] **I** *n* **1.** četrinieks; **2.** (*arī* a coach and f.) četrjūgs; **3.** četrinieks; **4.** *sp.* četrinieka komanda (*airēšanā*); **II** *num* četri
four-cornered [ˌfɔ:ˈkɔ:nəd] *a* četrstūrains
fourfold [ˈfɔ:fəʊld] **I** *a* četrkārtīgs; **II** *adv* četrreiz; četrkārt
fourfooted [ˌfɔ:ˈfʊtid] *a* četrkājains
four-handed [ˌfɔ:ˈhændid] *a* **1.** četriem dalībniekiem (*par spēli*); **2.** četrrocīgs (*par skaņdarbu*)
four-legged [ˈfɔ:legd] *a* četrkājains
four-seater [ˈfɔ:si:tə] *n sar.* četrvietīgs automobilis
foursquare [ˌfɔ:ˈskweə] **I** *n* kvadrāts; **II** *a* **1.** kvadrātveida-; **2.** *sar.* godīgs; taisns; **III** *adv sar.* godīgi; taisni
fourteen [ˌfɔ:ˈti:n] *num* četrpadsmit

fourth [fɔ:θ] **I** *n* **1.** ceturtdaļa; **2.** ceturtais datums; **3.** *mūz.* kvarta; **II** *num* ceturtais
fowl [faʊl] **I** *n* **1.** mājputns; vista; **2.** putnu gaļa; **II** *v* medīt (ķert) putnus
fowling-piece [ˈfaʊliŋpi:s] *n* **1.** putnu medību bise; **2.** *glezn.* klusā daba ar medījumu
fox [fɒks] **I** *n* **1.** lapsa; **2.** lapsāda; **3.** viltnieks; **4.** *amer.* pirmkursnieks; **II** *v sar.* **1.** piekrāpt; piemānīt; **2.** piedzirdīt
fox-brush [ˈfɒksbrʌʃ] *n* lapsas aste
fox-cub [ˈfɒkskʌb] *n* lapsēns
fox-earth [ˈfɒksɜ:θ] *n* lapsas ala
fox-glove [ˈfɒksglʌv] *n bot.* uzpirkstīte
foxhunt [ˈfɒkshʌnt] *n* lapsu medības
foxterrier [ˌfɒksˈteriə] *n* foksterjers
foxtrot [ˈfɒkstrɒt] *n* fokstrots
foxy [ˈfɒksi] *a* **1.** lapsas-; **2.** *sar.* viltīgs; **3.** ruds; sarkanbrūns; **4.** *sar.* pievilcīgs; seksīgs
foyer [ˈfɔiei] *n* **1.** foajē; **2.** vestibils; halle (*viesnīcā*)
fracas [ˈfrækɑ:] *n* tracis; skandāls
fractal [ˈfræktail] *n dat.* fraktālis
fraction [ˈfrækʃn] *n* **1.** daļa; druska; kripatiņa; **2.** *mat.* daļskaitlis; **3.** *ķīm.* frakcija, pārtvaices produkts
fractional [ˈfrækʃnl] *a* **1.** daļas-; daļējs; **2.** *sar.* sīks; niecīgs; **3.** *ķīm.* frakcionēts
fractious [ˈfrækʃəs] *a* kaprīzs; niķīgs
fracture [ˈfræktʃə] **I** *n* **1.** fraktūra, lūzums; compound f. – vaļējs lūzums; simple f. – slēgts lūzums; **2.** plaisa; **II** *v* **1.** lauzt; **2.** lūzt
fragile [ˈfrædʒail] *a* **1.** trausls; plīstošs; **2.** vārgs (*par veselību*); **3.** gaistošs; trausls
fragility [frəˈdʒiləti] *n* **1.** trauslums; **2.** vārgums

fragment I *n* ['frægmənt] **1.** drumsla; lauska; **2.** fragments; daļa; **II** *v* [fræg'ment] **1.** saplīst drumslās; **2.** sasist drumslās; **3.** sadrumstalot
fragmentary ['frægmənt*ə*ri] *a* fragmentārs
fragmentation [,frægmen'teiʃn] *n* **1.** saplīšana drumslās; **2.** šāviņa sasprāgšana šķembās
fragrance ['freigrəns] *n* smarža, aromāts
fragrant ['freigrənt] *a* **1.** smaržīgs, aromātisks; **2.** *pārn.* tīkams; jauks
frail [freil] *a* **1.** nestiprs; neizturams; **2.** trausls; vārs; slimīgs; **3.** pārejošs; nīcīgs
frame [freim] **I** *n* **1.** karkass; **2.** ķermeņa uzbūve; stāvs; augums; **3.** struktūra; uzbūve; sistēma; **4.** ietvars; rāmis; **5.** (*celtnes*) sija; **6.** (*aužamās*) stelles; **II** *v* **1.** izveidot; izstrādāt; **2.** celt; konstruēt; **3.** ielikt ietvarā; **4.** pielāgot; **5.** izteikt; formulēt; **6.** attīstīties; ◊ to f. **up** – sagrozīt faktus
frame-up ['freimʌp] *n sar.* **1.** nepatiess apvainojums; faktu sagrozīšana; **2.** sazvērestība
framework ['freimwɜ:k] *n* **1.** karkass; **2.** ietvars; rāmis; **3.** struktūra; uzbūve
framing ['freimiŋ] *n* **1.** ierāmēšana; **2.** ietvars; **3.** struktūra
franc [fræŋk] *n* franks (*Beļģijas, Francijas un Šveices naudas vienība*)
franchise ['fræntʃaiz] *n* **1.** tiesības piedalīties vēlēšanās; balsstiesības; **2.** *amer.* tiesības; privilēģija; **3.** firmas piešķirtās privilēģijas pārdot preci ar atlaidi; **4.** muitas atļauja bezmuitas preču pārvešanai
frangible ['frændʒibl] *a* trausls; lūstošs
frank [fræŋk] *a* atklāts; vaļsirdīgs
frankfurter ['fræŋkfɜ:tə] *n* cīsiņš

frankincense ['fræŋkin,sens] *n* vīraks
frantic ['fræntik] *a* **1.** izmisīgs; neprātīgs; **2.** *sar.* briesmīgs, drausmīgs
fraternal [frə'tɜ:nl] *a* **1.** brāļa-; brāļu-; **2.** brālīgs; draudzīgs; f. order – brālība; biedrība (*bieži slepena*)
fraternity [frə'tɜ:nəti] *n* **1.** brālība; **2.** *amer.* studentu biedrība
fraternization [,frætənai'zeiʃn] *n* **1.** ciešā draudzība; **2.** brāļošanās
fraternize ['frætənaiz] *v* (*with*) brāļoties
fraud [frɔ:d] *n* **1.** krāpšana; viltošana; **2.** krāpnieks; **3.** viltojums
fraudulence ['frɔ:djʊləns] *n* krāpšana; viltošana
fraudulent ['frɔ:djʊlənt] *a* krāpniecisks; viltus-
fraught [frɔ:t] *a predic.* (*with*): f. with danger – briesmu pilns
fray[a] [frei] *n* cīniņš
fray[b] [frei] *v* **1.** nodriskāt; **2.** nodriskāties; nospuroties; **3.** *pārn.* sabeigt; sabendēt
frazzle ['fræzl] *n sar.* nespēks; pagurums; worn to a f. – galīgi novārdzis
freak [fri:k] **I** *n* **1.** (*arī* f. of nature) izdzimums; **2.** *sar.* dīvainis; **3.** dīvaina parādība; **4.** untums; iedoma; **II** *a* dīvains; neparasts; **III** *v*: ◊ to f. **out** *sl.* – 1) apdullināties ar narkotikām; 2) trakot; ārdīties
freakish ['fri:kiʃ] *a* **1.** dīvains; neparasts; **2.** untumains; niķīgs
freckle ['frekl] **I** *n* vasarraibums; **II** *v* **1.** pārklāt ar vasarraibumiem; **2.** pārklāties ar vasarraibumiem
freckled ['frekld] *a* vasarraibumiem klāts
free [fri:] **I** *a* **1.** brīvs; **2.** neatkarīgs; **3.** labprātīgs; nepiespiests; **4.** neaizņemts; **5.** bezmaksas-; entry f. – bezmaksas (brīva) ieeja; f. ticket – brīvbiļete;

6. neierobežots; neaprobežots; 7. (*with*) devīgs; izšķērdīgs; 8. nepiespiests; graciozs; 9. pieejams; **II** *v* 1. (*from*) atbrīvot; izlaist brīvībā; 2. (*from, of*) atbrīvot; **III** *adv* 1. brīvi; 2. bez maksas, par velti
free-and-easy [ˌfriːəndˈiːzi] **I** *n* krodziņš; bārs; **II** *a* brīvs; nepiespiests
freebooter [ˈfriːˌbuːtə] *n* laupītājs; pirāts
freedom [ˈfriːdəm] *n* 1. brīvība; neatkarība; 2. tiesības; privilēģija; goda pilsonība; 3. brīva izmantošana; 4. vaļība
free-for-all [ˈfriːfəˌɔːl] *sar.* **I** *n* 1. atklāta diskusija; 2. vispārējs kautiņš; **II** *a* atklāts; visiem pieejams
free-handed [ˌfriːˈhændid] *a* devīgs
freeholder [ˈfriːhəʊldə] *n* vēst. dzimtīpašnieks
free-lance [ˈfriːlɑːns] **I** *n* ārštata žurnālists; **II** *a* ārštata-; bez līguma-; **III** *v* 1. strādāt ārštatā bez līguma; 2. *sar.* rīkoties uz savu roku
freely [ˈfriːli] *adv* 1. brīvi; 2. atklāti; vaļsirdīgi; 3. devīgi
freeman [ˈfriːmən] *n* 1. goda pilsonis; 2. (*kādas biedrības*) pilntiesīgs loceklis
freemason [ˈfriːmeɪsn] *n* brīvmūrnieks
free-spoken [ˌfriːˈspəʊkən] *a* vaļsirdīgs; atklāts
freestyle [ˈfriːstaɪl] *n sp.* 1. peldēšana brīvajā stilā; 2. frīstails
freethinker [ˌfriːˈθɪŋkə] *n* brīvdomātājs
freeway [ˈfriːweɪ] *n* 1. ātrgaitas automaģistrāle; 2. bezmaksas autoceļš
free-will [ˌfriːˈwɪl] *a* labprātīgs
freeze [friːz] **I** *n* 1. sals; 2. iesaldēšana; wage f. *ek.* – algas iesaldēšana; **II** *v* (*p.* froze [frəʊz]; *p. p.* frozen [ˈfrəʊzn]) 1. [sa]salt; pārvērsties ledū; 2. sasaldēt;

3. nosaldēt; 4. sastingt (*no aukstuma, bailēm*); 5. *ek.* iesaldēt; to f. wages – iesaldēt algas; ⬜ to f. **in** – iesalt (*ledū*); to f. **on** *sar.* – cieši pieķerties, iekrampēties; to f. **out** *sar.* – atkratīties, atbrīvoties (*no konkurenta*); to f. **over** – pārklāties ar ledu; to f. **up** – 1) sastingt; 2) kļūt dzedram
freezer [ˈfriːzə] *n* 1. (*liels*) ledusskapis; 2. saldētājkamera (*ledusskapī*)
freezing [ˈfriːzɪŋ] **I** *n* 1. sasalšana; 2. saldēšana; 3. *ek.* (*algu, cenu*) iesaldēšana; **II** *a* ledains; stindzinošs; f. look – dzedrs skatiens
freight [freɪt] **I** *n* 1. kravas pārvadāšana; 2. frakts, vešanas maksa; 3. krava; 4. *amer.* preču vilciens; **II** *v* 1. kraut; 2. fraktēt (*kuģi*)
freighter [ˈfreɪtə] *n* 1. kravas nosūtītājs; 2. preču kuģis; 3. preču lidmašīna
French [frentʃ] **I** *n* 1. franču valoda; to speak F. – runāt franciski; 2.: the F. – franči; **II** *a* franču-; francisks
French bean [ˌfrentʃˈbiːn] *n* kāršu pupa
French brandy [ˌfrentʃˈbrændi] *n* konjaks
French bread [ˌfrentʃˈbred] *n* garš batons
French horn [ˌfrentʃˈhɔːn] *n mūz.* mežrags
french toast [ˌfrentʃˈtəʊst] *n* grauzdiņš
Frenchwoman [ˈfrentʃˌwʊmən] *n* francūziete
frenzied [ˈfrenzɪd] *a* neprātīgs; nevaldāms; satracināts
frenzy [ˈfrenzi] *n* neprāts; trakums
frequency [ˈfriːkwənsi] *n* 1. biežums; 2. *fiz.* frekvence
frequent I *a* [ˈfriːkwənt] 1. biežs; 2. parasts; 3. pastāvīgs; **II** *v* [friˈkwent] bieži apmeklēt

frequenter [fri'kwentə] *n* biežs apmeklētājs
frequently ['fri:kwəntli] *adv* bieži
fresco ['freskəʊ] **I** *n* (*pl* fresco, frescoes ['freskəʊz]) **1.** fresku glezniecība; **2.** freska; **II** *v* gleznot freskas
fresh [freʃ] *a* **1.** svaigs; nebojāts; **2.** dabisks; svaigs; nekonservēts; **3.** bezsāls-; **4.** jauns; **5.** tīrs; svaigs; **6.** jauns; tikko ieradies (noticis); **7.** možs; spirgts; **8.** veselīgs; **9.** nepieredzējis; **10.** vēss; dzestrs (*par laiku*); **11.** spirgts (*par vēju*)
freshen ['freʃn] *v* kļūt spirgtākam (*par vēju*); ◊ to f. **up** – 1) atspirdzināties; 2) atspirdzināt; 3) atsvaidzināt (*piem., no jauna nokrāsojot*)
fresher ['freʃə] *n sar.* pirmkursnieks
freshet ['freʃit] *n poēt.* **1.** jūrā ieplūstoša saldūdens straume; **2.** (*upes*) pārplūšana; pali
freshly ['freʃli] *adv* **1.** moži; spirgti; **2.** nupat; f. made – nupat pagatavots
freshman ['freʃmən] *n* **1.** pirmā kursa students; **2.** *amer.* jauns skolēns; **3.** *amer.* cilvēks, kurš pirmo gadu atrodas amatā
freshness ['freʃnis] *n* svaigums
freshwater ['freʃˌwɔ:tə] *a* saldūdens-
fret[a] [fret] **I** *n* **1.** satraukums; raizes; **2.** (*dzēriena*) rūgšana; **II** *v* **1.** satraukties; raizēties; **2.** saēst (*par kodēm, rūsu*); **3.** izskalot (*par ūdeni*); **4.** (*par vēju*) savirmot (*ūdens virsmu*); **5.** rūgt (*par dzērienu*)
fret[b] [fret] **I** *n* griezts rotājums; **II** *v* izrotāt ar grieztiem rotājumiem
fretful ['fretfl] *a* īgns; kaprīzs
fretsaw ['fretsɔ:] *n* finierzāģītis
friable ['fraiəbl] *a* irdens; drupans; f. sand – plūstošās smiltis

friar's cap ['fraiəzkæp] *n bot.* kurpīte
friary ['fraiəri] *n* (*vīriešu*) klosteris
fribble ['fribl] **I** *n* dīkdienis; slaists; **II** *v* **1.** slaistīties; **2.** (*away*) izniekot; palaist garām (*izdevību*)
friction ['frikʃn] *n* **1.** berze; **2.** domstarpības; rīvēšanās; **3.** norīvēšanās (*pēc aukstas dušas*)
frictionize ['frikʃənaiz] *v* berzt
Friday ['fraidi] *n* piektdiena; ◊ Good F. – Lielā Piektdiena
fried [fraid] *a* cepts
friend [frend] *n* **1.** draugs; draudzene; to make ~s with smb. – sadraudzēties ar kādu; to make ~s again – izlīgt; **2.** paziņa; **3.** biedrs; kolēģis; **4.** piekritējs; labvēlis
friendless ['frendlis] *a* vientuļš; bez draugiem
friendliness ['frendlinis] *n* draudzīgums
frendly ['frendli] **I** *n sp. sar.* draudzības spēle; **II** *a* **1.** draudzīgs; **2.** labvēlīgs; **III** *adv* draudzīgi
friendship ['frendʃip] *n* draudzība
frigate ['frigit] *n* **1.** *jūrn., vēst.* fregate; **2.** pavadoņkuģis
fright [frait] **I** *n* **1.** bailes; izbailes; **2.** *sar.* biedēklis; ķēms; **II** *v* biedēt; satraukt
frighten ['fraitn] *v* **1.** izbiedēt; nobiedēt; **2.** aizbiedēt; ◊ to f. **into** – iebiedējot piespiest (*kaut ko darīt*); to f. **out of** – iebiedējot piespiest atteikties (*no kaut kā*)
frightened ['fraitnd] *a* izbijies; nobijies
frightful ['fraitfl] *a* **1.** briesmīgs; drausmīgs; **2.** *sar.* nejauks; ķēmīgs
frightfully ['fraitfəli] *adv* **1.** briesmīgi; drausmīgi; **2.** *sar.* ļoti
frigid ['fridʒid] *a* **1.** auksts; vēss; **2.** dzedrs; bezkaislīgs; **3.** *med.* frigida; seksuāli vēsa (*par sievieti*)

frill [fril] **I** *n* **1.** riša; **2.** *pl* piepuškojumi (*stilā*); **3.** *pl* klīrība; **4.** *amer. sar.* delikatese; **II** *v* **1.** izrotāt ar rišām; **2.** *tehn.* gofrēt

fringe [frindʒ] **I** *n* **1.** bārkstis; **2.** mala; apmale; f. of the forest – mežmala; **3.** īsi mati uz pieres, ponijs; **4.** nomale; **II** *v* **1.** apdarināt (izrotāt) ar bārkstīm; **2.** apmalot; apjozt

fringe benefits [ˈfrindʒˌbenəfits] *n pl* papildu atvieglojumi (*pensija, apmaksāts atvaļinājums u. tml.*)

fringes [ˈfrindʒiz] *pl sais. no* **fringe benefits**

fringy [ˈfrindʒi] *a* bārkstains

frippery [ˈfripəri] *n* niecinņi

frisk [frisk] **I** *n* lēciens; **II** *v* **1.** lēkāt; draiskoties; **2.** *sar.* pārmeklēt (*kabatas*)

frisky [ˈfriski] *a* draiskulīgs; rotaļīgs

fritter[a] [ˈfritə] *n* pankūka (*ar āboliem u. tml.*)

fritter[b] [ˈfritə] **I** *n* mazs gabaliņš; **II** *v* sadalīt mazos gabaliņos; ◊ to f. away – izšķiest (*laiku, naudu*)

fritz [frits] *sl.* **I** *n* bojājums; avārija; **II** *v* sabojāties (*par tehniku*)

frivolity [friˈvɒləti] *n* **1.** frivolitāte; **2.** vieglprātība

frizz[a] [friz] **I** *n* sprogaini mati; **II** *v* **1.** sprogot (*matus*); **2.** sprogoties

frizz[b] [friz] *v* čurkstēt (*cepot*)

frizzle[a] [ˈfrizl] *v* **1.** sprogot; **2.** sprogoties

frizzle[b] [ˈfrizl] *v* **1.** cept; **2.** čurkstēt (*cepot*)

frizzy [ˈfrizi] *a* sprogains

frock [frɒk] *n* **1.** kleita; **2.** sutana

frock-coat [ˌfrɒkˈkəʊt] *n* (*gari vīriešu*) svārki

frog[a] [frɒg] *n* varde

frog[b] [frɒg] *n* **1.** akselbante; **2.** lentīšu rotājums

frogman [ˈfrɒgmən] *n* **1.** akvalangists; **2.** ūdenslīdējs

frolic [ˈfrɒlik] **I** *n* draiskošanās; **II** *v* draiskoties

frolicsome [ˈfrɒliksəm] *a* draisks; rotaļīgs

from [*uzsvērtā forma* frɒm, *neuzsvērtā forma* frəm] *prep* **1.** (*norāda uz darbības izejas punktu*) no; where are you f.? – no kurienes jūs esat?; **2.** (*norāda uz atstatumu*) no; not far f. the station – netālu no stacijas; **3.** (*norāda uz laika attiecībām*) no; kopš; f. a child – kopš bērnu dienām; **4.** (*norāda uz avotu, izcelsmi*) no; pēc; **5.** (*norāda uz atņemšanu*) no; to take four f. seven – atņemt četri no septiņi; **6.** (*norāda uz atturēšanos no kaut kā, uz novēršanu*) no; to shelter f. the rain – patverties no lietus; **7.** (*norāda uz iemeslu*) aiz; no; f. joy – no prieka; **8.** (*savienojumos*): f. **above** – no augšas; f. **across** – no otras puses; f. **afar** – iztālēm; f. **behind** – no aizmugures; f. **inside** – no iekšpuses; f. **outside** – no ārpuses; f. **under** – no apakšas; ◊ f. day to day – dienu no dienas; f. hand to hand – no rokas rokā; f. mouth to mouth – no mutes mutē

frond [frɒnd] *n* **1.** zars ar lapām; **2.** (*papardes vai palmas*) zars

front [frʌnt] **I** *n* **1.** priekša; priekšpuse; in the f. of – priekšā; **2.** fasāde; **3.** krastmala; **II** *a* priekšējais; priekš-; f. door – parādes durvis; **III** *v* **1.** būt vērstam uz; **2.** atrasties pretī

frontier [ˈfrʌntiə] *n* **1.** robeža; pierobeža; **2.** *pl* robežas

frontispiece [ˈfrʌntispiːs] *n* **1.** *arh.* frontons; **2.** *sl.* mūlis; purns

front money [ˈfrʌnt͵mʌni] *n* avanss; pirmā iemaksa (*pērkot uz nomaksu*)
front office [͵frʌntˈɒfis] *n* **1.** (*firmas*) direkcija; vadība; **2.** (*organizācijas*) centrs; vadība; **3.** valdošās aprindas
front page [͵frʌntˈpeidʒ] *n* **1.** titullapa; **2.** (*laikraksta*) pirmā lappuse
frontward [ˈfrʌntwəd] *adv* uz priekšu
frost [frɒst] **I** *n* **1.** sals; **2.** salna; **3.** (*arī* hoar f.) sarma; **4.** vēsums; dzedrums; **II** *v* **1.** nokost (*par salnu*); **2.** sasaldēt; **3.** pārklāties ar sarmu; apsarmot; **4.** *kul.* pārklāt ar glazūru; apkaisīt ar pūdercukuru; **5.** matēt (*stiklu*)
frostbite [ˈfrɒstbait] *n* apsaldējums
frost-bitten [ˈfrɒst͵bitn] *a* **1.** apsaldēts; **2.** salnas nokosts; **3.** vēss; dzedrs
frost-bound [ˈfrɒstbaʊnd] *a* sasalis (*par augsni*)
frosted [ˈfrɒstid] *a* **1.** apsalis; **2.** apsarmojis; **3.** matēts (*par stiklu*); **4.** *kul.* glazēts
frost-hardy [ˈfrɒst͵hɑːdi] *a* salcietīgs (*par augu*)
frostily [ˈfrɒstili] *adv* vēsi; dzedri
frostproof [ˈfrɒstpruːf] *a* salcietīgs
frostwork [ˈfrɒstwɜːk] *n* leduspuķe
frosty [ˈfrɒsti] *a* **1.** salts; **2.** apsarmojis; **3.** vēss; dzedrs
froth [frɒθ] **I** *n* **1.** putas; **2.** tukši vārdi; nieki; **II** *v* **1.** putot; **2.** saputot; **3.** melst; kult tukšus salmus
frothy [ˈfrɒθi] *a* **1.** putojošs; **2.** *pārn.* tukšs; paviegls
frown [fraʊn] **I** *n* saraukta piere; drūms skatiens; **II** *v* saraukt pieri
frowzy [ˈfraʊzi] *a* **1.** sasmacis, sadudzis; **2.** netīrs; nekopts; nevīžīgs
froze *sk.* **freeze II**
frozen [ˈfrəʊzn] **I** *a* **1.** sasalis; aizsalis; **2.** nosalis; **3.** sasaldēts; **4.** vēss; dzedrs; **II** *sk.* **freeze II**
fructify [ˈfrʌktifai] *v* **1.** dot augļus; **2.** apaugļot; **3.** *pārn.* nest augļus
fructose [ˈfrʌktəʊs] *n* fruktoze
frugal [ˈfruːgl] *a* **1.** taupīgs; **2.** vienkāršs; pieticīgs
frugality [fruːˈgæləti] *n* **1.** taupība; **2.** vienkāršība; pieticība
fruit [fruːt] **I** *n* **1.** auglis; augļi; dried f. – žāvēti augļi; stone f. – kauliņaugļi; **2.** (*bieži pl*) augļi; rezultāti; ~s of labour – darba augļi; **II** *v* dot augļus
fruit coctail [͵fruːtˈkɒktail] *n amer.* augļu salāti
fruiter [ˈfruːtə] *n* **1.** augļu koks; **2.** augļkopis
fruiterer [ˈfruːtərə] *n* augļu pārdevējs
fruitless [ˈfruːtlis] *a pārn.* veltīgs
fruity [ˈfruːti] *a* **1.** augļu-; augļiem līdzīgs (*garšas, smaržas ziņā*); **2.** skanīgs; sulīgs (*par balsi*); **3.** *sar.* parupjš; pikants
frump [frʌmp] *n niev.* noplukusi sieviete
frumpish [ˈfrʌmpiʃ] *a niev.* noplucis
frustrate [frʌˈstreit] *v* izjaukt (*piem., nodomus, plānus*); sagraut (*cerības*); pievilt
frustration [frʌˈstreiʃn] *n* **1.** (*nodomu, plānu u. tml.*) sabrukums; (*cerību*) izjukšana; **2.** neapmierinātība; vilšanās; **3.** *psihol.* frustrācija
fry[a] [frai] **I** *n* cepetis; **II** *v* **1.** cept (*uz pannas*); **2.** cepties; ◊ I have other fish to f. – man ir kas cits darāms
fry[b] [frai] *n* (*zivju*) mazuļi; ◊ small f. – 1) sīki ļautiņi; 2) knēveļi
frying-pan [ˈfraiiŋpæn] *n* cepešpanna; ◊ out of the f.-p. into the fire – no vilka bēg, uz lāci krīt

fuddle [′fʌdl] *sar.* **I** *n* **1**. reibums; **2**. iedzeršana; **II** *v* **1**. piedzirdīt; to f. oneself – piedzerties; **2**. apdullināt; apstulbināt

fudgeᵃ [fʌdʒ] *sar.* **I** *n* **1**. izdomājums; savārstījums; **2**. pēdējā brīža ziņas (*laikrakstā*); **II** *v* **1**. savārstīt; **2**. ievietot pēdējā brīdī (*laikrakstā*); **3**. *amer.* krāpties; blēdīties

fudgeᵇ [fʌdʒ] *n* krējumkonfekte; īriss

fuel [fjuːəl] **I** *n* kurināmais; degviela; **II** *v* **1**. iepildīt degvielu; **2**. uzņemt degvielu

fug [fʌg] *sar. n* sasmacis (sadudzis) gaiss (*istabā*)

fugacious [fjʊ′geiʃəs] *a* pārejošs; gaistošs; īslaicīgs

fuggy [′fʌgi] *a sar.* sasmacis, sadudzis (*par gaisu*)

fugitive [′fjuːdʒitiv] **I** *n* bēglis; **II** *a* **1**. izbēdzis; **2**. pārejošs; gaistošs

fugleman [′fjuːglmæn] *n* vadonis; paraugs

fugue [fjuːg] *n mūz.* fūga

fulcra *sk.* **fulcrum**

fulcrum [′fʌlkrəm] *n* (*pl* fulcra [′fʌlkrə]) **1**. *fiz.* (*sviras*) atbalsta punkts; rotācijas centrs; **2**. *tehn.* šarnīra ass (centrs)

fulfil [fʊl′fil] *v* **1**. izpildīt; **2**. atbilst (*prasībām, noteikumiem*); piepildīt (*cerības*); **3**. īstenot; realizēt

fulfilment [fʊl′filmənt] *n* **1**. izpildīšana; **2**. piepildījums; **3**. gandarījums; apmierinājums

fulgent [′fʌlgənt] *a poēt.* mirdzošs; starojošs

full [fʊl] **I** *n* pilnība; in f. – pilnīgi; to the f. – pilnā mērā; **II** *a* **1**. pilns; **2**. vesels; f. hour – vesela stunda; f. load – pilna slodze; **3**. izsmeļošs; **4**. pilnībā nodevies (pārņemts); f. of one's own affairs – pilnībā pārņemts ar savām darīšanām; **5**. pilna sastāva-; **6**. pilns; pilnīgs; **7**. (*of*) pārpilns; bagāts; **8**. sātīgs; **9**. tukls; pilnīgs; **10**. kupls; plats (*par tērpu*); **11**. pilnskanīgs; plašs; **III** *v* plati piegriezt (*tērpu*); **IV** *adv* **1**. tieši; **2**. ļoti

full age [ˌfʊl′eidʒ] *n* pilngadība

full-back [′fʊlbæk] *n sp.* aizsargs (*futbolā*)

full-blooded [ˌfʊl′blʌdid] *a* **1**. tīrasiņu-; **2**. pilnasinīgs; **3**. spēcīgs

full-blown [ˌfʊl′bləʊn] *a* **1**. pilnīgi izplaucis (*par ziedu*); **2**. pilnīgi attīstījies (nobriedis); **3**. vēja piepūsts (*par buru*)

full cousin [ˌfʊl′kʌzn] *n* brālēns; māsīca

full dress [ˌfʊi′dres] *n* parādes tērps

full-dress [ˌfʊl′dres] *a*: f.-d. debate – debates svarīgā jautājumā; f.-d. rehearsal – ģenerālmēģinājums

full-fashioned [ˌfʊl′fæʃnd] *a* modelēts (*par adījumu*); f.-f. stockings – zeķes ar vīli

full-fledged [ˌfʊl′fledʒd] *a* **1**. apspalvojies (*par putnu*); **2**. *pārn.* pilntiesīgs

full-length [ˌfʊl′leŋθ] *a* **1**. pilna auguma-; **2**. pilnmetrāžas-; f.-l. film – pilnmetrāžas filma

full-mouthed [ˌfʊl′maʊðd] *a* **1**. skaļš; **2**. ar visiem zobiem (*par lopu*)

fullness [′fʊlnəs] *n* pilnība; pārpilnība

full-pay [ˌfʊl′pei] *n* pilna alga; to be on f. p. – strādāt par pilnu algu

fully [′fʊli] *adv* pilnīgi; pilnībā

fulminate [′fʌlmineit] *v* (*against, at*) nikni uzbrukt (uzklupt); vērsties (*pret kaut ko*)

fulsome [′fʊlsəm] *a* liekuļots

fumble [′fʌmbl] *v* **1**. (*for, after*) grāb-

stīties; taustīties (*kaut ko meklējot*);
2. neveikli rīkoties; 3. *sp.* netrāpīt
(*bumbai*)
fume [fju:m] **I** *n* 1. (*parasti pl*) dūmi;
izgarojumi; 2. satraukums; uzbudinājums; **II** *v* 1. dūmot, kūpēt; izgarot;
2. apkvēpināt; 3. kodināt (*koku*);
4. skaisties; niknoties
fumigate [ˈfju:migeit] *v* 1. izkvēpināt;
dezinficēt; 2. kvēpināt (*vīraku*)
fumigation [ˌfju:miˈgeiʃn] *n* 1. izkvēpināšana; dezinficēšana; 2. (*vīraka*)
kvēpināšana
fun [fʌn] **I** *n* 1. joks; izprieca; jautrība;
for (in) f. – joka pēc; pa jokam; 2. uzjautrinājums; **II** *a sar.* jocīgs
function [ˈfʌŋkʃn] **I** *n* 1. amatpienākums;
2. funkcija; darbība; 3. svinības; 4. pieņemšana; 5. *mat.* funkcija; **II** *n* 1. pildīt funkcijas (amatpienākumus);
2. funkcionēt; darboties
functional [ˈfʌŋkʃənl] *a* funkcionāls
functionary [ˈfʌŋkʃnəri] *n niev.* funkcionārs; ierēdnis
fund [fʌnd] **I** *n* 1. krājums; 2. fonds;
krātuve; kapitāls; 3. *pl* fondi; naudas līdzekļi; 4. *pl ek.* valsts vērtspapīri; **II** *v* 1. *ek.* konsolidēt; 2. ieguldīt kapitālu valsts vērtspapīros
fundament [ˈfʌndəmənt] *n* sēžamvieta
fundamental [ˌfʌndəˈmentl] **I** *n* 1. (*parasti pl*) pamati; 2. pamatlikums;
pamatprincips; **II** *a* pamata-; būtisks;
f. difference – būtiska atšķirība
funeral [ˈfju:nrəl] **I** *n* 1. bēres; 2. dvēseles aizlūgums; **II** *a* bēru-; sēru-
funereal [fjʊˈniəriəl] *a* 1. bēru-; sēru-;
2. sērīgs; drūms
fungi *sk.* **fungus**
fungous [ˈfʌŋgəs] *a* 1. sēņu-; 2. porains;

3. *med.* sēnīšu-; f. desease – sēnīšu slimība
fungus [ˈfʌŋgəs] *n* (*pl* fungi [ˈfʌŋgai] *vai* funguses [ˈfʌŋgəsiz]) 1. sēne; piepe;
2. *med.* sēne
funicular [fjʊˈnikjʊlə] **I** *n* funikulers;
II *a* tauvas-; troses-
funk [fʌŋk] *sar.* **I** *n* 1. bailes; 2. *niev.* ģļēvulis; **II** *v* 1. baidīties; 2. vairīties
(*no kaut kā*)
funnel [ˈfʌnl] **I** *n* 1. piltuve; 2. (*tvaikoņa, lokomotīves*) dūmenis; dūmvads; **II** *v* izlaist caur piltuvi
funnies [ˈfʌniz] *n pl sar.* humora lappuse (*laikrakstā*)
funnily [ˈfʌnili] *adv* 1. smieklīgi; jocīgi; 2. dīvaini
funny [ˈfʌni] *a* 1. smieklīgs; jocīgs; 2. dīvains; savāds; 3. *sar.* aizdomīgs; netīrs
funster [ˈfʌnstə] *n amer.* jokdaris; klauns
fur [fɜ:] **I** *n* 1. vilna; spalva; 2. kažokāda, zvērāda; 3. kažokādas zvērs;
4. *med.* (*mēles*) aplikums; 5. katlakmens; 6. (*vīna*) padibenes; **II** *v* 1. apdarināt (izoderēt) ar kažokādu; 2. pārklāt ar nogulsnēm; 3. pārklāties ar nogulsnēm; 4. notīrīt katlakmeni;
5. apšūt (*ar latiņām, līstēm*)
furbelow [ˈfɜ:biləʊ] *n* (*parasti pl*) *niev.* kruzuļi
furbish [ˈfɜ:biʃ] *v* berzt; spodrināt; ☐ to f. up – 1) uzpost; atjaunot; 2) atsvaidzināt (*zināšanas*)
furcate [ˈfɜ:keit] **I** *a* sazarojies (*divos zaros*); **II** *v* sazaroties (*divos zaros*)
furfur [ˈfɜ:fə] *n* (*pl* furfures [ˈfɜ:fjʊri:z]) blaugznas
furious [ˈfjʊəriəs] *a* saniknots; negants; nevaldāms
furl [fɜ:l] *v* 1. satīt (*karogu, buras*); 2. aizvērt; salocīt (*lietussargu, vēdekli*)

furlong [ˈfɜːlɒŋ] *n* astotdaļjūdze (*201 m*)
furlough [ˈfɜːləʊ] *n* 1. (*kareivja, virsnieka*) atvaļinājums (*dzimtenē*); 2. dzelzceļnieka atbrīvojums no darba
furnace [ˈfɜːnis] *n* 1. pavards; krāsns; 2. (*centrālapkures*) katls; 3. kurtuve
furnish [ˈfɜːniʃ] *n* 1. apgādāt; 2. mēbelēt; 3. sniegt
furnishings [ˈfɜːniʃiŋz] *n pl* 1. dzīvokļa iekārta; 2. mājsaimniecības piederumi; 3. rotājumi; 4. aprīkojums; iekārta
furniture [ˈfɜːnitʃə] *n* 1. iekārta; mēbeles; 2. (*mājas*) inventārs
furrow [ˈfʌrəʊ] **I** *n* 1. vaga; 2. gramba; (*ratu*) sliede; 3. dziļa grumba; 4. *poēt.* aramzeme; 5. *tehn.* grope; **II** *v* 1. vagot; art; 2. pārklāt ar grumbām
furry [ˈfɜːri] *a* 1. kažokādas-; 2. pūkains; 3. *amer. sl.* briesmīgs; šausmīgs
further [ˈfɜːðə] **I** *a* (*comp. no* far II) 1. tālāks; 2. nākamais; turpmākais; 3. papildu-; **II** *adv* (*comp. no* far III) 1. tālāk; 2. turklāt; **III** *v* sekmēt, veicināt
furtherance [ˈfɜːðərəns] *n* sekmēšana, veicināšana
furthermore [ˌfɜːðəˈmɔː] *adv* turklāt
furthermost [ˈfɜːðəməʊst] *a* vistālākais
furthest [ˈfɜːðist] **I** *a* (*sup. no* far **II**) vistālākais; **II** *adv* (*sup. no* far **III**) vistālāk
furtive [ˈfɜːtiv] *a* slepens; zaglīgs; nemanāms; f. glance – slepus paskatīties
furtively [ˈfɜːtivli] *adv* slepus; zagšus
fury [ˈfjʊəri] *n* 1. trakums; niknums; 2. (F.) *mil.* fūrija; 3. *sar.* ķildīga sieviete
fuse[a] [fjuːz] **I** *n* 1. kausēšana; 2. *el.* drošinātājs; 3. *el.* īssavienojums; **II** *v* 1. kausēt (*metālu*); 2. sakausēt; 3. *el.* izdegt (*par drošinātāju*); 4. saplūst; apvienoties
fuse[b] [fjuːz] **I** *n* 1. deglis (*spridzināšanas procesā*); 2. *mil.* detonators; **II** *v mil.* ielikt detonatoru
fuselage [ˈfjuːzilɑːʒ] *n av.* fizelāža
fusion [ˈfjuːʒn] *n* 1. (*metāla*) kausēšana; 2. izkausēta masa; sakausējums; 3. saplūsme; sajaukums
fusion bomb [ˈfjuːʒnbɒm] *n* ūdeņraža bumba
fuss [fʌs] **I** *n* 1. satraukums; nemiers; 2. kņada; jezga; to make a f. of smb. – pārlieku rūpēties par kādu; to make a f. of smth. – sacelt kņadu par kaut ko; **II** *v* 1. (*arī* to f. about, over) pārlieku rosīties (uztraukties); 2. kaitināt; uzplīties ar sīkumiem
fussy [ˈfʌsi] *a* 1. pārlieku rosīgs (nervozs); 2. samākslots; pārblīvēts ar detaļām (*par stilu*)
fusty [ˈfʌsti] *a niev.* 1. sasmacis, sadudzis; 2. novecojis
futile [ˈfjuːtail] *a* 1. veltīgs; velts; 2. *niev.* tukšs; nenopietns
futility [fjʊˈtiləti] *n* 1. veltīgums; 2. *niev.* tukšums; niecība
future [ˈfjuːtʃə] **I** *n* 1. nākotne; 2. nākamība; 3. *gram.* nākotne; **II** *a* nākotnes-; f. generations – nākamās paaudzes
futurism [ˈfjuːtʃərizəm] *n* futūrisms
futurity [fjʊˈtʃʊərəti] *n* 1. nākamība; 2. *pl* nākotnes notikumi; 3. *rel.* viņpasaules dzīve
fuzz[a] [fʌz] **I** *n* 1. pūka; pūciņa; 2. spilva; 3. pūkaini (*vai* sprogaini) mati; **II** *v* 1. pārklāties ar pūciņām; 2. lidināties (*par pūkām*)
fuzz[b] [fʌz] *n sl.* (the f.) policija
fuzz-ball [ˈfʌzbɔːl] *n* pūpēdis (*sēne*)
fuzzily [ˈfʌzili] *adv* neskaidri
fylfot [ˈfilfɒt] *n* svastika

Gg

g [dʒi:] *n* **1.** *angļu alfabēta burts*; **2.** *mūz.* sol; **3.** *amer. sl.* 1 000 dolāru
gab[a] [gæb] *n sar.* pļāpīgums; runīgums
gab[b] [gæb] *n tehn.* **1.** dakša; **2.** ierobījums
gable ['geibl] *n arh.* **1.** frontons; **2.** čukurs; (*jumta*) kore
gad[a] [gæd] *v* (*arī* to g. about) klaiņot apkārt; slaistīties
gad[b] [gæd] *n* **1.** smaile; asmens; **2.** stienis; cirtnis; **3.** *vēst.* šķēps
gadfly ['gædflai] *n* **1.** dundurs; **2.** *sar.* apnicīgs cilvēks
gadget ['gædʒit] *n sar.* **1.** ierīce; ietaise; **2.** *niev.* nieciņš
gaff[a] [gæf] *n sar.* blēņas; nieki
gaff[b] [gæf] *n sar.* (*arī* penny g.) balagāns
gaffe [gæf] *n* kļūme; neveiklība
gag [gæg] **I** *n* **1.** sprūds; vīšķis; **2.** debašu pārtraukšana (*parlamentā*); **3.** *sar.* joks; asprātība (*estrādes priekšnesumā*); **4.** krāpniecība; izdomājums; **II** *v* **1.** aizbāzt muti (*ar vīkšķi*); **2.** *sar.* piespiest klusēt; neļaut runāt
gage[a] [geidʒ] **I** *n* **1.** ķīla; **2.** *vēst.* izaicinājums (*uz divkauju*); **II** *v* **1.** atdot ķīlā; iekīlāt; **2.** galvot
gage[b] [geidʒ] *amer. sk.* **gauge**
gaiety ['geiəti] *n* **1.** jautrība; **2.** *pl* izpriecas; **3.** (*krāsu, tērpu*) krāšņums; spilgtums
gaily ['geili] *adv* **1.** jautri; līksmi; **2.** spilgti
gain [gein] **I** *n* **1.** ieguvums; labums; **2.** *pl* ienākums; peļņa; **3.** vinnests; **4.** pieaugums; **II** *v* **1.** iegūt; to g. experience – iegūt pieredzi; **2.** nopelnīt; **3.** gūt labumu; **4.** laimēt; uzvarēt; **5.** sasniegt; nokļūt; **6.** palielināt (*piem.*, ātrumu); **7.** palielināties; pieaugt; [] to g. **on** – 1) tuvoties (*sāncensim*); 2) atrauties (*no sekotājiem*); 3) iegūt (*kāda labvēlību*); to g. **over** – pārvilināt savā pusē
gait [geit] *n* **1.** gaita; **2.** *amer.* ātrums
gala ['gɑ:lə] **I** *n* svētki; svinības; **II** *a* svētku-; svinīgs; g. dress – svētku tērps; g. night – svinīgs vakars
galactic [gə'læktik] *a astr.* galaktisks
galantine ['gæləntiːn] *n kul.* galerts
galaxy ['gæləksi] *n* **1.** *astr.* (G.) Galaktika; Piena Ceļš; **2.** plejāde
gale[a] [geil] *n* **1.** vētra; auka; **2.**: ~s of laughter – smieklu šaltis
gale[b] [geil] *n bot.* purva mirte
gall[a] [gɔ:l] *n* **1.** *novec.* žults; **2.** žultainums; **3.** *sar.* bezkaunība, nekaunība
gall[b] [gɔ:l] **I** *n* jēlums; noberzums; nospiedums (*zirgam*); **II** *v* **1.** noberzt jēlu; **2.** *pārn.* aizskart; aizvainot
gallant ['gælənt] **I** *n* galants kavalieris; pielūdzējs; **II** *a* **1.** drosmīgs; **2.** skaists; stalts (*par kuģi, zirgu*); **3.** (*arī* [gə'lænt]) galants; **III** *v* **1.** pavadīt (*dāmu*); **2.** galanti izturēties (*pret sievietēm*)
gallantry ['gæləntri] *n* **1.** drosme; drošsirdība; **2.** galantums
gall-blader ['gɔ:l,blædə] *n anat.* žultspūslis
gallery ['gæləri] *n* **1.** galerija; picture g. – gleznu galerija; **2.** *teātr.* galerija; to play to the g. – meklēt lētu popularitāti; **3.** portiks; balkons; **4.** lukta (*baznīcā*)

gallon ['gælən] *n* galons (*šķidruma mērs* – 454 *l*)
gallop ['gæləp] **I** *n* aulekši; auļi; at full g. – pilnos auļos; **II** *v* **1.** aulekšot; auļot; **2.** palaist aulekšos (*zirgu*)
gallows ['gæləʊz] *n pl* karātavas
galore [gə'lɔ:] *adv* pārpilnībā
galosh [gə'lɒʃ] *n* (*parasti pl*) galoša
galvanic [gæl'vænik] *a* **1.** *fiz.* galvanisks; g. cell – galvaniskais elements; **2.** *pārn.* uzbudinošs
galvanize ['gælvənaiz] *v* **1.** *med., tehn.* galvanizēt; **2.** *pārn.* uzbudināt; stimulēt
galvanometer [ˌgælvə'nɒmitə] *n el.* galvanometrs
gambit ['gæmbit] *n* **1.** gambīts (*šahā*); **2.** mērķtiecīgs manevrs
gamble ['gæmbl] **I** *n* risks; riskants pasākums; **II** *v* **1.** spēlēt azartspēles; **2.** spekulēt (*biržā*); **3.** (*with*) riskēt; ◊ to g. **away** – paspēlēt kāršu spēlē
gambler ['gæmblə] *n* kāršu spēlmanis
gambling ['gæmbliŋ] *n* azartspēle
gamboge [gæm'bu:ʒ] *n* tumšdzeltena krāsa
gambol ['gæmbl] **I** *n* **1.** lēciens; **2.** līksmība; **II** *v* lēkāt
game[a] [geim] **I** *n* **1.** spēle; to play the g. – 1) ievērot spēles noteikumus; 2) rīkoties godīgi; **2.** *sp.* spēle; partija; **3.** *pl* sporta spēles (sacensības); the Olympic ~s – olimpiskās spēles; **4.** viltīgs paņēmiens; triks; **5.** [riskants] pasākums; [riskanta] spēle; **6.** nodoms; plāns; **7.** joks; **8.** medījums; **II** *a* **1.** drosmīgs; droššsirdīgs; **2.** (*for*) gatavs (*kaut ko darīt*); to be g. for anything – būt gatavam uz visu; **III** *v* spēlēt (*azartspēles*); ◊ to g. **away** – paspēlēt

game[b] [geim] *a* kropls (*par kāju, roku*)
game-bag ['geimbæg] *n* medību soma
gamely ['geimli] *adv* drosmīgi; droššsirdīgi
gameness ['geimnis] *n* drosme; gatavība (*pārciest grūtības u. tml.*)
games-master ['geimzˌmɑ:stə] *n* fizkultūras skolotājs; sporta spēļu organizētājs
games-mistress ['geimzˌmistris] *n* **1.** fizkultūras skolotāja; sporta spēļu organizētāja; **2.** bērnudārza audzinātāja; skolas jaunākās klases audzinātāja
gamesome ['geimsəm] *a* jautrs; rotaļīgs
gamma ['gæmə] *n* **1.** gamma (*grieķu alfabēta burts*); **2.** *fiz.* gamma
gamma rays [ˌgæmə 'reiz] *n pl* gamma stari
gammon ['gæmən] **I** *n* šķiņķis; **II** *v* sālīt (*vai žāvēt*) šķiņķi
gamut ['gæmət] *n* **1.** *mūz.* toņkārta, gamma; **2.** (*balss, mūzikas instrumenta*) diapazons; **3.** pilnība; pilns apjoms
gander ['gændə] *n* **1.** zostēviņš; **2.** muļķis; **3.** *sar.* precējies cilvēks; **4.** *amer. sar.* salmu atraitnis; **5.** *sar.* skatiens
gang [gæŋ] **I** *n* **1.** (*strādnieku*) brigāde; maiņa; **2.** banda; **II** *v*: to g. **up** – 1) organizēt brigādi; 2) apvienoties bandā; iestāties bandā; 3) (*on, against*) samesties kopā (*pret kādu*)
gangrene ['gæŋgri:n] *med. n* gangrēna
gangster ['gæŋstə] *n* gangsteris
gangway ['gæŋwei] *n* **1.** kāpnes (*uz kuģa*); **2.** eja, celiņš (*starp krēslu rindām*)
gaol [dʒeil] **I** *n* cietums; **II** *v* ieslodzīt cietumā
gaoler ['dʒeilə] *n* cietuma uzraugs
gap [gæp] *n* **1.** sprauga; plaisa; **2.** starplaiks; intervāls; **3.** robs (*piem., zinā-*

šanās); **4.** nesaskaņa; atšķirība (*uzskatos u. tml.*); **5.** kalnu pāreja; dziļa aiza; **6.** *mil.* pārrāvums (*aizsardzībā*); **7.** *tehn.* sprauga; atstarpe
gape [geip] **I** *n novec.* žāvas; **II** *v* **1.** blenzt (*pavērtu muti*); **2.** rēgoties (*par bezdibeni*); ◊ to g. **after, for** – kvēli ilgoties (*pēc kaut kā*); to g. **[up] on** – pārsteigti raudzīties
gaper [ˈgeipə] *n* tūļa
garage [ˈgærɑːdʒ] **I** *n* **1.** garāža; **2.** (*automobiļu*) tehniskās apkopes stacija; **II** *v* **1.** novietot garāžā; **2.** turēt garāžā
garb [gɑːb] **I** *n* tērps; **II** *v* (*parasti pass*) ietērpt
garbage [ˈgɑːbidʒ] *n* **1.** atkritumi; gruži; **2.** iekšas, zarnas; **3.** *sar.* draņķis; smērējums; **4.** *sar.* kosmiskie atkritumi (*izmantotas raķešu pakāpes, nolietojušies pavadoņi*); **5.** (*datora sniegta*) nepareiza informācija
garble [ˈgɑːbl] *v* sagrozīt, izkropļot (*faktus, saturu*)
garden [ˈgɑːdn] **I** *n* **1.** dārzs; kitchen g. – sakņu dārzs; **2.** *pl* parks; **II** *v* kopt dārzu; nodarboties ar dārzkopību
gardener [ˈgɑːdnə] *n* dārznieks
gardenia [gɑːˈdiːniə] *n bot.* gardēnija
garden-stuff [ˈgɑːdnstʌf] *n* dārzeņi; dārzaugi
gargantuan [gɑːˈgæntjʊən] *a* kolosāls; gigantisks
gargle [ˈgɑːgl] **I** *n* (*kakla*) skalojamais; **II** *v* skalot (*kaklu*)
garish [ˈgeəriʃ] *n* (*bezgaumīgi*) spilgts; uzkrītošs
garland [ˈgɑːlənd] **I** *n* **1.** vītne; **2.** uzvaras vainags; lauri; **II** *v* rotāt ar vītni
garlic [ˈgɑːlik] *n* ķiploks
garment [ˈgɑːmənt] *n* **1.** apģērba gabals;

2. *pl* apģērbs; g. industry – apģērbu ražošana; **3.** *pārn.* sega; apsegs
garner [ˈgɑːnə] *poēt.* **I** *n* glabātava; krātuve; **II** *v* glabāt; krāt
garnet [ˈgɑːnit] *n min.* granāts
garnish [ˈgɑːniʃ] **I** *n* **1.** rotājums; **2.** *kul.* garnējums; **II** *v kul.* (*with*) garnēt
garret [ˈgærət] *n* **1.** jumtistaba; **2.** *sl.* galva
garrison [ˈgærisn] *n mil.* garnizons
garrulity [gæˈruːliti] *n* pļāpīgums, runīgums
garrulous [ˈgærʊləs] *a* pļāpīgs, runīgs
garter [ˈgɑːtə] **I** *n* **1.** (*zeķu*) prievīte; **2.** (the G.) Bikšu lentes ordenis; **II** *v* **1.** apsiet prievīti; **2.** apbalvot ar Bikšu lentes ordeni
gas [gæs] **I** *n* **1.** gāze; **2.** *amer. sar.* benzīns; degviela; to step on the g. – piedot gāzi; **3.** *sar.* pļāpas; tukšas runas; **II** *v* **1.** saindēt ar gāzi; **2.** piepildīt ar gāzi; **3.** *amer. sar.* uzņemt gāzi; **4.** *sar.* pļāpāt
gash [gæʃ] **I** *n* **1.** dziļa brūce; **2.** *amer. sl.* mute; rīkle; **II** *v* cirst dziļu brūci
gas-helmet [ˈgæsˌhelmit] *n* gāzmaska
gasiform [ˈgæsifɔːm] *a* gāzveida-; gāzveidīgs
gasify [ˈgæsifai] *v* **1.** gazificēt; pārvērst gāzē; **2.** pārvērsties gāzē
gas-jet [ˈgæsdʒet] *n* gāzes deglis
gasket [ˈgæskit] *n tehn.* paplāksne
gas-main [ˈgæsmein] *n* gāzes vads
gas-mask [ˈgæsmɑːsk] *n* gāzmaska
gas-meter [ˈgæsˌmiːtə] *n* gāzes mērītājs
gasolene, gasoline [ˈgæsəʊliːn] *n* **1.** gazolīns; **2.** *amer.* benzīns
gasp [gɑːsp] **I** *n* elpas vilciens; at one's last g. – 1) ar pēdējo elpas vilcienu; 2) pēdējā brīdī; **II** *v* elsot; elst; to g. for breath – tvarstīt gaisu; ◊ to g.

after (for) – kvēli vēlēties (*kaut ko*); kvēli tiekties (*pēc kaut kā*); to g. **out** – izdvest

gasper [ˈgɑːspə] *n sar.* lēta cigarete, smēķis

gas-poisoning [ˈgæsˌpɔɪsənɪŋ] *n* saindēšanās ar gāzi

gas-ring [ˈgæsrɪŋ] *n* gāzes riņķis ar degli

gasser [ˈgæsə] *n sar.* **1.** patīkams laika kavēklis; **2.** anekdote; **3.** plāpa

gas-stove [ˈgæsstəʊv] *n* gāzes plīts

gassy [ˈgæsi] *a* **1.** gāzveida-; **2.** pilns ar gāzi; **3.** *sar.* plāpīgs; tukšs

gastric [ˈgæstrɪk] *a anat.* kuņģa-; g. juice – kuņģa sula; g. ulcer *med.* – kuņģa jēlums

gastritis [gæˈstraɪtɪs] *n med.* gastrīts

gastronomy [gæˈstrɒnəmi] *n* gastronomija; kulinārija

gat [gæt] *n amer. sar.* revolveris

gate [geɪt] *n* **1.** vārti; vārtiņi; **2.** aizsargbarjera; **3.** kalnu pāreja; **4.** slūžas; **5.** skatītāji (*sporta sacensībās*); **6.** ieejas maksa

gate-keeper [ˈgeɪtˌkiːpə] *n* vārtsargs

gatepost [ˈgeɪtpəʊst] *n* vārtu stabs

gateway [ˈgeɪtweɪ] *n* **1.** vārti; vārtu telpa; **2.** *pārn.* ceļš; **3.** *dat.* vārteja

gather [ˈgæðə] **I** *n pl* (*tērpa*) krokas; **II** *v* **1.** savākt; salasīt; **2.** sapulcēties; **3.** savilkties (*par mākoņiem*); **4.** plūkt (*puķes*); novākt (*ražu*); **5.** pacelt (*no grīdas, no zemes*); **6.** uzkrāt; iegūt; **7.** (*from*) secināt; nākt pie slēdziena; **8.** sakrokot (*tērpu*); **9.** saraukt (*pieri*); **10.** samilzt (*par augoni*); ◊ to g. **up** – 1) pacelt; 2) sarauties; 3): to g. oneself up – saņemties

gathering [ˈgæðərɪŋ] *n* **1.** vākšana; **2.** sanāksme; sapulce; **3.** (*labības, siena*) novākšana; **4.** *med.* sastrutojums

gauche [gəʊʃ] *a* neveikls; netaktisks

gaudy [ˈgɔːdi] *a* pārlieku spilgts; bezgaumīgs

gauge [geɪdʒ] **I** *n* **1.** standartmērs; mērogs; **2.** mērinstruments; **3.** sliežu platums; **4.** (*lodes*) kalibrs; **5.** kritērijs; mēraukla; **II** *v* **1.** izmērīt; **2.** novērtēt; **3.** kalibrēt; graduēt

gaunt [gɔːnt] *a* **1.** vājš; izdēdējis; **2.** drūms; pamests

gauntlet[a] [ˈgɔːntlɪt] *n* **1.** *vēst.* bruņu cimds; **2.** (*paukotāja, šofera*) cimds ar atlokiem

gauntlet[b] [ˈgɔːntlɪt] *n*: to run the g. of criticism – tikt bargi kritizētam

gauze [gɔːz] *n* **1.** marle; **2.** dūmaka

gauzy [ˈgɔːzi] *a* plāns; caurspīdīgs (*par audumu*)

gave *sk.* **give II**

gawky [ˈgɔːki] *a* neveikls; lempīgs

gay [geɪ] *a* **1.** jautrs; līksms; **2.** spilgts, košs; **3.** vieglprātīgs; **4.** homoseksuāls

gaze [geɪz] **I** *n* ciešs skatiens; **II** *v* (*at*) cieši skatīties

gazelle [gəˈzel] *n zool.* gazele

gazette [gəˈzet] **I** *n* **1.** oficiāls valdības laikraksts; vēstnesis; **2.** *novec.* avīze; **II** *v* (*parasti pass.*) publicēt oficiālā valdības laikrakstā

gear [gɪə] **I** *n* **1.** mehānisms; iekārta; **2.** (*medību, zvejas*) piederumi; **II** *v* **1.** iedarbināt (*mehānismu*); **2.** (*to*) pielāgot; ◊ to g. **down** – palēnināt (*ātrumu*); to g. **up** – palielināt (*ātrumu*)

gear-box [ˈgɪəbɒks] *n* **1.** *tehn.* ātrumkārba; **2.** pārnesumkārba

gear-shift [ˈgɪəʃɪft] *n tehn.* ātruma pārslēgšana

gear-wheel [ˈgɪəwiːl] *n tehn.* zobrats

gee [dʒi:] *int* **1.** nū! (*uzmundrinājums zirgam*); **2.** *amer.* re kā!
geese *sk.* **goose**ᵃ
gelatin[e] [ˌdʒelə'ti:n] *n* želatīns
gelatinous [dʒə'lætinəs] *a* želatīna-; želatīnveidīgs
geld [geld] *v* kastrēt
gelded ['geldid] *a* kastrēts
gem [dʒem] **I** *n* **1.** dārgakmens; **2.** *pārn.* dārgums; **II** *v* izrotāt ar dārgakmeņiem
Gemini ['dʒeminai] *n* Dvīņi (*zvaigznājs un zodiaka zīme*)
gemstone ['dʒemstəʊn] *n* dārgakmens
gender ['dʒendə] *n* **1.** *gram.* dzimte; **2.** *sar.* dzimums
gene [dʒi:n] *n* *biol.* gēns; g. therapy – gēnu terapija
genealogical [ˌdʒi:niə'lɒdʒikl] *a* ģenealoģisks; g. tree – ģenealoģiskais koks
genealogy [ˌdʒi:ni'ælədʒi] *n* ģenealoģija, raduraksti
genera *sk.* **genus**
generalᵃ [dʒenərəl] *n* ģenerālis
generalᵇ [dʒenərəl] *a* **1.** vispārējs; g. election – vispārējas vēlēšanas; **2.** vispārīgs; **3.** parasts; vispārpieņemts; **4.** galvenais, vadošais; **5.** vispārējs; nespecializēts
generality [ˌdʒenə'ræləti] *n* **1.** vispārējs apgalvojums; **2.** vispārība; **3.** (the g.) vairākums; lielākā daļa
generalize ['dʒenərəlaiz] *v* **1.** vispārināt; **2.** ieviest
generally ['dʒenərəli] *adv* **1.** parasti; **2.** plaši; viscaur; **3.** vispār
general-purpose [ˌdʒenərəl'pɜ:pəs] *a* universāls
generate ['dʒenəreit] *v* **1.** radīt; izraisīt; **2.** ražot (*piem., elektrību*)
generation [ˌdʒenə'reiʃn] *n* **1.** paaudze; future ~s – nākamās paaudzes; **2.** laikposms **3.** dzimta; pēcnācēji
generator ['dʒenəreitə] *n* *tehn.* ģenerators
generic [dʒi'nerik] *a* **1.** *biol.* dzimtas-; sugas-; **2.** vispārējs
generosity [ˌdʒenə'rɒsəti] *n* **1.** augstsirdība; cēlsirdība; **2.** devība
generous ['dʒenərəs] *a* **1.** augstsirdīgs; cēlsirdīgs; **2.** devīgs; **3.** bagātīgs; dāsns; **4.** auglīgs (*par augsni*); **5.** intensīvs; piesātināts (*par krāsu*); **6.** stiprs; izturēts (*par vīnu*)
genetics [dʒi'netiks] *n* ģenētika
genial ['dʒi:niəl] *a* **1.** sirsnīgs; labsirdīgs; **2.** maigs (*par klimatu*)
geniality [ˌdʒi:ni'æləti] *n* **1.** sirsnība; labsirdība; **2.** (*klimata*) maigums
genie ['dʒi:ni] *n* (*pl* genies ['dʒi:niz], genii ['dʒi:niai]) džins (*Austrumu pasakās*)
genii *sk.* **genie**
genitals ['dʒenitlz] *n pl* dzimumorgāni
genitive ['dʒenitiv] *n gram.* ģenitīvs
genius ['dʒi:niəs] *n* **1.** apdāvinātība, ģenialitāte; **2.** (*pl* geniuses ['dʒi:niəsiz]) ģēnijs; **3.** (*for*) talants; **4.** (*laika, tautas*) gars; raksturs; **5.** (*pl* genii ['dʒi:niai]) gars
genocide ['dʒenəʊsaid] *n* genocīds
genre ['ʒɒnrə] *n* žanrs
gent [dʒent] *sar. saīs. no* **gentleman**
genteel [dʒen'ti:l] *a iron.* **1.** smalks; izsmalcināts; **2.** *novec.* pieklājīgs
gentility [dʒen'tiləti] *n iron.* smalkums; izsmalcinātība
gentle ['dʒentl] *a* **1.** maigs; lēnprātīgs; **2.** viegls; liegs; **3.** nolaidens (*par nogāzi*); **4.** *novec.* dižciltīgs
gentlefolk[s] ['dʒentəlfəʊk(s)] *n pl* aristokrātija; dižciltīgie

gentleman [ˈdʒentlmən] *n* 1. džentlmenis; kungs; 2. godavīrs; 3. *vēst.* muižnieks
gentleness [ˈdʒentlnis] *n* 1. maigums; lēnprātība; 2. nolaidenums; slīpums
gentlewoman [ˈdʒentlˌwʊmən] *n* 1. lēdija, dāma; kundze; 2. *novec.* muižniece
gently [ˈdʒentli] *adv* 1. maigi; liegi; 2. viegli; 3. nolaideni; slīpi
gentry [ˈdʒentri] *n* 1. sīkmuižniecība; 2. *niev.* noteikta cilvēku grupa; these g. – šie kungi
Gents, Gents' [dʒents] *n sar.* vīriešu tualete
genuine [ˈdʒenjʊin] *a* 1. īsts; neviltots; 2. patiess; 3. tīršķirnes-
gen up [ˌdʒen ˈʌp] *v sl.* 1. iegūt ziņas; 2. informēt; instruēt; 3. ātri iemācīties (iekalt)
genus [ˈdʒiːnəs] *n* (*pl* genera [ˈdʒenərə]) 1. *biol.* ģints; 2. veids; šķira
geodesy [dʒiːˈɒdisi] *n* ģeodēzija
geographer [dʒiˈɒgrəfə] *n* ģeogrāfs
geographical [dʒiəˈgræfikəl] *a* ģeogrāfisks; g. mile – jūras jūdze
geography [dʒiˈɒgrəfi] *n* ģeogrāfija
geologist [dʒiˈɒlədʒist] *n* ģeologs
geology [dʒiˈɒlədʒi] *n* ģeoloģija
geometry [dʒiˈɒmətri] *n* ģeometrija
geophisics [ˌdʒiːə ʊˈfiziks] *n* ģeofizika
georgette [dʒɔːˈdʒet] *n tekst.* žoržets
Georgian [ˈdʒɔːdʒiən] **I** *n* 1. gruzīns; gruzīniete; 2. gruzīnu valoda; **II** *a* gruzīnu-
geranium [dʒiˈreiniəm] *n bot.* ģerānija
gerbera [ˈdʒɜːbərə] *n bot.* gerbera
germ [dʒɜːm] **I** *n* 1. mikrobs; baktērija; 2. *biol.* dīglis; embrijs; 3. *bot.* aizmetnis; dīglis; 4. iedīgļi; sākums; sākotne; **II** *v* dzīt asnus; attīstīties

German [ˈdʒɜːmən] **I** *v* 1. vācietis; vāciete; 2. vācu valoda; **II** *a* vācu-; ģermāņu-
German badger-dog [ˌdʒɜːmənˈbædʒədɒg] *n* taksis, āpšu suns
German measles [ˌdʒɜːmən ˈmiːzlz] *n med.* masaliņas
German shepherd dog [ˌdʒɜːmən ˈʃepəd ˈdɒg] *n* vācu aitu suns
German silver [ˌdʒɜːmənˈsilvə] *n* jaunsudrabs
germfree [ˈdʒɜːmfriː] *a* sterils
germicide [ˈdʒɜːmisaid] **I** *n* baktericīds; **II** *a* baktericīds
germinate [ˈdʒɜːmineit] *v* 1. dīgt; 2. radīt; attīstīt
gesso [ˈdʒesəʊ] *n* ģipsis (*skulptūrām*)
gestation [dʒeˈsteiʃn] *n* 1. grūtniecība; grūtniecības periods; 2. (*plāna, projekta*) nobriešana
gesture [ˈdʒestʃə] **I** *n* 1. žests; kustība; 2. *pārn.* rīcība; **II** *v* žestikulēt
get [get] *v* (p. got [gɒt]; p. p. got [gɒt]) 1. dabūt; saņemt; 2. iegūt; to g. money – iegūt naudu; 3. pelnīt; saņemt; to g. good wage – saņemt labu algu; labi pelnīt; to g. one's living – pelnīt iztiku; 4. notvert, saķert; to g. the thief – notvert zagli; 5. saprast; aptvert; to g. smth. right – saprast kaut ko pareizi; 6. aplipt; saķert (*piem., gripu, iesnas*); 7. sazināties, nodibināt sakarus (*pa radio, telefonu*); 8. tikt; aizkļūt; sasniegt (*kādu vietu*); 9. pavadīt; nogādāt; 10. iekļūt; 11. piespiest; likt; 12. nokļūt (*kādā stāvoklī*); to g. into debt – nokļūt parādos; 13. (*v – saitiņa sastata izteicējā*) kļūt; to g. angry – sadusmoties; 14. (*ar sekojošu infinitīvu vai ģerundiju apzīmē darbības sākumu*

vai vienreizīgumu): to get to know – uzzināt; **15.** (*konstrukcijās ar* have *nav tulkojams*): have you got a pencil? – vai jums ir zīmulis?; ◊ to g. **about** – 1) izplatīties (*par baumām*); 2) piecelties (*pēc slimības*); to g. **across** – 1) skaidri izklāstīt (*piem., domu*); 2) *sar.* kaitināt (*kādu*); to g. **ahead** – 1) virzīties; 2) apsteigt; 3) gūt panākumus; to g. **along** – 1) dzīvot; iztikt; 2) gūt panākumus; to g. **at** – 1) piekļūt; 2) izdibināt (*patiesību, faktus*); 3) saprast; aptvert; to g. **away** – 1) aizbēgt; aizmukt; 2) (*with*) aizmukt ar laupījumu; 3) *amer.* izkļūt no ķezas; to g. **back** – 1) atgriezties; 2) dabūt atpakaļ; 3) atgūt (*varu*); to g. **behind** *amer. sar.* – 1) atbalstīt; 2) rūpīgi iepazīties; to g. **by** – 1) iztikt; izdzīvot; 2) *pārn.* tikt cauri; izsprukt; to g. **down** – 1) piecelties no galda (*par bērniem*); 2) norīt (*zāles*); 3) pierakstīt; 4) *sar.* nomākt; darīt grūtsirdīgu (*piem., par lietainu laiku*); to g. **in** – 1) iecelt; 2) ierasties (*par lidmašīnu, vilcienu*); 3) ievākt (*ražu*); 4) iekasēt (*parādus*); 5) dot (*triecienu*); 6) pievienoties; 7) tikt ievēlētam; g. in! – kāp iekšā! (*automobilī*); to g. **into** – 1) ieiet; 2) uzvilkt; 3) iekļūt; to g. into trouble – iekļūt nepatikšanās; to g. **off** – 1) aizbraukt; doties; 2) izkāpt; nokāpt; 3) izbēgt; izvairīties (*piem., no soda*); 4) nosūtīt (*vēstuli*); 5) *av.* atrauties no zemes; pacelties gaisā; 6) *sar.* izteikt (*piem., domas*); pastāstīt (*anekdoti*); 7) (*on*) apdullt (*no narkotikām*); 8) (*on*) sajūsmināties (*par kaut ko*); 9) (*with*) *sar.* ielaisties (*ar kādu*); to g. **on** – 1) sekmēties; veikties; 2) novecot; 3) ritēt (*par laiku*); 4) uzvilkt; 5) saprasties; satikties (*ar kādu*); 6) (*with*) turpināt (*pēc pārtraukuma*); 7): to g. on one's feet – piecelties kājās (*lai teiktu runu, tostu*); to g. **out** – 1) iziet; g. out! – ej prom!; 2) izkāpt; 3) izdot (*grāmatu*); izgatavot (*produkciju*); 4) atmest (*paradumus*); 5) izdvest (*vārdu*); 6) kļūt zināmam (*par noslēpumu*); to g. **over** – 1) (*to*) pāriet; pārkāpt; 2) (*with*) pārvarēt (*grūtības*); 3) pārciest (*slimību*); 4) atgūties (*no pārbīļa*); 5) *sar.* apvest ap stūri; piemuļķot; to g. **round** – 1) apiet (*piem., likumu*); 2) dabūt (*savā pusē*); to g. **through** – 1) sazināties (*pa telefonu*); 2) tikt galā; to g. **together** – sanākt kopā; to g. **up** – 1) piecelties; 2) piecelt (*no gultas*); 3) uzkāpt (*zirgā*); 4) sarīkot (*viesības*); 5) nogrimēt; sapost; 6) pieņemties spēkā (*par vēju, ugunsgrēku*)

get-at-able [get'ætəbl] *a* pieejams

getaway ['getəwei] *n sar.* **1.** [iz]bēgšana; **2.** *sp.* starts (*darbība*)

getter ['getə] *n* **1.** ieguvējs; **2.** *lauks.* vaislinieks (*bullis, ērzelis*)

get-together ['gettə,geðə] *n* **1.** (*draudzīga*) sanāksme; salidojums; **2.** ballīte

get-up ['getʌp] *n sar.* **1.** ģērbšanās maniere; stils; **2.** (*grāmatas*) apdare; **3.** (*lugas*) uzvedums; iestudējums; **4.** *amer.* enerģija; uzņēmība

ghastly ['gɑ:stli] I *a* **1.** drausmīgs; šausmīgs; **2.** līķbāls; rēgains; **3.** *sar.* briesmīgs; nāvīgs; II *adv* drausmīgi; šausmīgi

ghetto ['getəʊ] *n* (*pl* ghettos ['getəʊz]) **1.** geto; **2.** (*pilsētas*) graustu rajons

ghost [gəʊst] I *n* **1.** parādība; rēgs;

spoks; 2. *dat.* māņattēls; ◇ the Holy G. – Svētais gars; II *v* spokoties
ghostly [ˈgəʊstlɪ] *a* 1. rēgains; spokains; 2. *novec.* gara-; garīgs; g. father – garīgais tēvs
ghoul [guːl] *n* vampīrs
giant [ˈdʒaɪənt] I *n* 1. milzis; gigants; 2. titāns; (*gara*) milzis; II *a* milzīgs; gigantisks
gibber [ˈdʒɪbə] I *n* buldurēšana; II *v* buldurēt
gibbet [ˈdʒɪbɪt] I *n* 1. karātavas; 2. pakāršana; II *v* 1. pakārt; 2. apsmiet; likt apsmieklā
gibbon [ˈgɪbən] *n zool.* gibons
gibe [dʒaɪb] I *n* izsmiekls; zobgalība; II *v* (*at*) izsmiet; zoboties
giblets [ˈdʒɪblɪts] *n pl* (*vistas, zoss*) ķidas
giddiness [ˈgɪdɪnɪs] *n* 1. reibonis; 2. vieglprātība
giddy [ˈgɪdɪ] *a* 1. apreibis; 2. reibinošs; 3. vieglprātīgs
gift [gɪft] I *n* 1. dāvana; 2. talants; spējas; II *v* apdāvināt; apveltīt
gifted [ˈgɪftɪd] *a* talantīgs; spējīgs; apdāvināts
gig[a] [gɪg] *n* 1. kabriolets; divriči; 2. *tehn.* vinča
gig[b] [gɪg] I *n* žebērklis; II *v* durt ar žebērkli
gigantic [dʒaɪˈgæntɪk] *a* gigantisks
giggle [ˈgɪgl] I *n* ķiķināšana; II *v* ķiķināt
gild[a] [gɪld] *v* (*p. un p. p.* gilded, gilt [ˈgɪldɪd, gɪlt]) 1. apzeltīt; 2. apmirdzēt
gild[b] [gɪld] *sk.* **guild**
gill[a] [dʒɪl] *n* (*parasti pl*) 1. žaunas; 2. (*gaiļa*) paseskste; 3. dubultzods
gill[b] [dʒɪl] *n* dziļa meža grava
gill[c] [dʒɪl] *n* ceturtdaļpinte (*ap 0,142 l*)
gillyflower [ˈdʒɪlɪˌflaʊə] *n bot.* lefkoja

gilt [gɪlt] I *n* 1. [ap]zeltījums; 2. *sar.* zelts; nauda; II *a* apzeltīts
gilt-edged [ˌgɪltˈedʒd] *a* 1. ar zelta griezumu (*par grāmatas lapām*); 2. *sar.* pirmšķirīgs; lielisks; g.-e. securities (shares, stock) – vērtspapīri
gimcrack [ˈdʒɪmkræk] I *n* niecīņš; vizulis; II *a* lēts; nevērtīgs
gimlet [ˈgɪmlɪt] *n* svārpsts; urbis; ◇ eyes like ~s – caururbjošs skatiens
gimmic [ˈgɪmɪk] *n sar.* āķis; triks
gimpy [ˈgɪmpɪ] *a sar.* kropls; kroplīgs
gin[a] [dʒɪn] *n* džins
gin[b] [dʒɪn] I *n* (*saīs. no* engine) lamatas; cilpas; II *v* 1. ķert lamatās; ķert ar cilpām; 2. tīrīt kokvilnu
ginger [ˈdʒɪndʒə] I *n* 1. ingvers; 2. rūsgana krāsa; 3. *sar.* spars; 4. *sar.* rudmatis; II *a* 1. rūsgans; 2. *sar.* sparīgs; III *v:* to g. **up** – uzmundrināt
gingerbread [ˈdʒɪndʒəbred] *n* 1. piparkūka; 2. lēta grezniba; 3. *sar.* nauda
gingerly [ˈdʒɪndʒəlɪ] I *a* piesardzīgs; uzmanīgs; II *adv* piesardzīgi; uzmanīgi
gingham [ˈgɪŋəm] *n* 1. svītrains (*vai* rūtains) kokvilnas (*vai* linu) audums; 2. *sar.* liels lietussargs
gingivitis [ˌdʒɪndʒɪˈvaɪtɪs] *n med.* smaganu iekaisums
gink [gɪŋk] *n sar.* dīvains puisis
ginseng [ˈdʒɪnseŋ] *n bot.* žeņšeņs
Gipsy [ˈdʒɪpsɪ] I *n* 1. čigāns, čigāniete; 2. čigānu valoda; II *a* čigānu-
giraffe [dʒɪˈrɑːf] *n* žirafe
gird [gɜːd] *v* (*p. un p. p.* girded, girt [ˈgɜːdɪd, gɜːt]) 1. apjozt; 2. apjozties
girder [ˈgɜːdə] *n* sija; baļķis
girdle [ˈgɜːdl] I *n* 1. josta; 2. zeķturis; 3. josla; II *v* apjozt; apņemt
girl [gɜːl] *n* 1. meitene; 2. jauniete; 3. *sar.*

[jauna] sieviete; **4.** darbiniece; office g. – kantora darbiniece; shop g. – pārdevēja
girlfriend [ˈgɜːlfrend] *n* draudzene; mīļotā
Girl Guide [ˌgɜːˈlgaid] *n* gaida
girlhood [ˈgɜːlhʊd] *n* meitenes gadi; jaunavība
girlish [ˈgɜːliʃ] *a* meitenes-; meiteņu-; meitenīgs
girt *sk.* **gird**
girth [gɜːθ] **I** *n* **1.** seglu josta; **2.** apkārtmērs; **II** *v* **1.** savilkt seglu jostu; **2.** mērīt (noņemt) apkārtmēru; **3.** apjozt; apņemt
gist [dʒist] *n* būtība; kodols
give [giv] **I** *n* **1.** elastība; atsperīgums; **2.** piekāpība; **II** *v* (*p.* gave [geiv]; *p. p.* given [ˈgivn]) **1.** dot; sniegt; to g. advice – dot padomu; **2.** dāvināt; ziedot; **3.** nodot; g. her my love! – pasveiciniet viņu no manis!; **4.** maksāt; **5.** piešķirt; **6.** ražot; **7.** veltīt; ziedot (*piem., laiku*); **8.** (*kopā ar lietvārdu izsaka vienreizēju darbību*): to g. a cry – iekliegties; **9.** sarīkot (*piem., pusdienas*); **10.** nodarīt; sagādāt; **11.** uzlikt (*sodu*); pasludināt (*spriedumu*); **12.** atkāpties; **13.** mazināties (*par salu*); **14.** iegrimt; ieplakt (*par pamatu*); **15.** liekties; padoties (*piem., par metālu*); **16.** dot (*piem., rīkojumu*); **17.** rādīt (*par termometru*); **18.** izteikt (*savu viedokli*); argumentēt; **19.** aplipināt (*ar slimību*); ◊ to g. **away** – 1) atdot; atdāvināt; 2) izdalīt (*balvas, godalgas*); 3) izdot pie vīra; būt par vedējtēvu; 4) *sar.* izpļāpāties; to g. **back** – 1) atdot atpakaļ; 2) atmaksāt (*par apvainojumu*); to g. **in** – 1) padoties; 2) iesniegt (*atskaiti,*

iesniegumu); to g. **off** – 1) izdalīt; izplatīt; 2) laist (*asnus*); to g. **out** – 1) izdalīt; 2) paziņot; pasludināt; 3) *sar.* izsīkt (*par krājumiem, spēkiem*); 4) *sar.* sabojāties (*par mašīnu*); 5) uzdoties (*par kādu*); to g. **over** – 1) atdot; nodot; 2) atmest (*ieradumus*); to give over! – izbeidz!; 3) atmest (*piem., cerības*); to g. **up** – 1) atmest (*paradumu*); 2) pamest (*darbu, studijas*); 3) (*on*) atzīt par bezcerīgu; to g. oneself up – 1) padoties; 2) (*to*) nodoties (*kam*); 3) atdot (*piem., pilsētu ienaidniekam*); 4) padoties; I give up! – es padodos!
give-and-take [ˌgivənˈteik] *n* **1.** savstarpēja piekāpšanās; kompromiss; **2.** apmainīšanās ar laipnībām, dzēlībām *u. tml.*; **3.** *sp.* (*sacensību*) noteikumu vienādošana
given [ˈgivn] **I** *a* **1.** dots; dāvināts; **2.** *predic.* nodevies; g. to drink – nodevies dzeršanai; **3.** noteikts; norādīts; at a g. time – norādītajā laikā; **4.** datēts (*par dokumentiem*); **II** *sk.* **give III**
gizzard [ˈgizəd] *n* guza
glacial [ˈgleiʃl] *a* **1.** ledus-; ledāja-; g. epoch – ledus laikmets; **2.** ledains; stindzinošs
glacier [ˈglæsiə] *n* glečers, šļūdonis
glad [glæd] *a predic.* **1.** iepriecināts; **2.** priecīgs; līksms; **3.** patīkams; g. news – patīkamas ziņas
gladden [ˈglædn] *v* iepriecināt; ielīksmot
glade [gleid] *n* **1.** izcirtums; klajums; **2.** *amer.* purvains apvidus
gladiator [ˈglædieitə] *n* gladiators
gladioli *sk.* **gladiolus**
gladiolus [ˌglædiˈəʊləs] *n* (*pl* gladioli [ˌglædiˈəʊlai], gladioluses [ˌglædiˈəʊləsiz]) gladiola

gladly [′glædli] *adv* labprāt; ar prieku
gladness [′glædnis] *n* prieks; līksme
glair [gleə] **I** *n* olas baltums; **II** *v* noziest ar olas baltumu
glamour [′glæmə] **I** *n* **1.** burvība; **2.** burvīgums; valdzinājums; **II** *v* apburt; valdzināt
glamour girl [′glæmə gɜ:l] *n sar.* skaistule
glance[a] [glɑ:ns] **I** *n* **1.** acu uzmetiens; ātrs skatiens; at a g. – ar pirmo acu uzmetienu; to take a g. (*at*) – paskatīties; **2.** uzzibsnījums; **II** *v* **1.** (*at*) uzmest acis; paskatīties; **2.** uzzibsnīt; ◊ to g. **off** – viegli skart (*par auksto ieroci*); to g. **over** – pārlaist acis; izskatīt
glance[b] [glɑ:ns] *v* pulēt; spodrināt
gland[a] [glænd] *n anat.* **1.** dziedzeris; limfātiskais mezgls; **2.** *pl* kakla dziedzeri
gland[b] [glænd] *n tehn.* blīvslēgs
glare [gleə] **I** *n* **1.** spilgta (žilbinoša) gaisma; g. filter *dat.* – žilbumfiltrs; g. of footlights – rampas gaisma; **2.** nikns skatiens; **II** *v* **1.** žilbināt; **2.** (*at*) nikni raudzīties
glaring [′gleəriŋ] *a* **1.** spilgts; žilbinošs (*par gaismu*); **2.** spilgts; kliedzošs (*par krāsu*); **3.** nikns (*par skatienu*); **4.** uzkrītošs; acīm redzams
glass [glɑ:s] **I** *n* **1.** stikls; **2.** stikla trauki; **3.** glāze; glāzīte; **4.** lecekšu rāmis; **5.** spogulis; **6.** *pl* brilles; **7.** tālskatis; teleskops; mikroskops; **8.** barometrs; **9.** smilšu pulkstenis; **II** *v* **1.** iestiklot; **2.** atspoguļoties; **3.** ievietot lecektī; **4.** hermētiski noslēgt stikla traukā (*piem., konservus*)
glass-case [′glɑ:skeis] *n* vitrīna
glass-cutter [′glɑ:s͵kʌtə] *n* **1.** stiklinieks; **2.** stikla slīpētājs; **3.** stikla griežamais

glass-house [′glɑ:shaʊs] *n* **1.** stikla fabrika; **2.** siltumnīca; **3.** fotoateljē (*ar stikla jumtu*)
glassware [′glɑ:sweə] *n* stikla trauki
glassy [′glɑ:si] *a* **1.** spoguļgluds (*par ūdens virsmu*); **2.** stiklains; blāvs (*par skatienu*)
glaucoma [glɔ:′kəʊmə] *n med.* glaukoma
glaucous [′glɔ:kəs] *a* **1.** zaļpelēks; zaļganzils; **2.** blāvs; **3.** *bot.* klāts ar apaugu
glaze [gleiz] **I** *n* **1.** glazūra; **2.** glazēti trauki; **3.** *amer.* ledus kārta; **4.** *glezn.* lazējums; **5.** *kul.* glazūra; **II** *v* **1.** iestiklot; **2.** pārklāt ar glazūru; **3.** pārklāties ar ledu; **4.** kļūt blāvām (*par acīm*); **5.** *glezn.* lazēt; **6.** *kul.* glazēt
glazier [′gleiziə] *n* stiklinieks
gleam [gli:m] **I** *n* **1.** atspīdums; atmirgojums; **2.** (*saules*) atblāzma; **3.** (*humora, jautrības*) uzdzirkstījums; uzplaiksnījums; **II** *v* **1.** atspīdēt; atmirgot; **2.** uzdzirkstīt; uzplaiksnīt
glean [gli:n] *v* **1.** uzlasīt vārpas (*pēc pļaujas*); **2.** rūpīgi vākt (*faktus, ziņas*)
glebe [gli:b] *n* **1.** *poēt.* zeme; **2.** baznīcas zemes; **3.** rūdu saturošs zemes gabals
glee [gli:] *n* **1.** līksme; **2.** dziesma (*vairākām balsīm bez pavadījuma*)
glen [glen] *n* grava
glib [glib] *a* **1.** veikls (*par valodu, runātāju*); g. tongue – lokana mēle; **2.** (*āreji*) pieklājīgs; ticams
glide [glaid] **I** *n* **1.** slīdēšana; **2.** *av.* planēšana; **3.** *mūz.* hromatiskā gamma; **II** *v* **1.** slīdēt; **2.** ielavīties; **3.** ritēt (*par laiku*); **4.** *av.* planēt
glider [′glaidə] *n* **1.** *av.* planieris; **2.** planierists

glimmer [ˈglimə] **I** *n* **1.** blāva gaisma, mirgojums; **2.** *pārn.* uzplaiksnījums; **3.** *amer. sar.* uguns; **4.** *pl sl.* acis; **II** *v* blāvot; mirgot
glimpse [glimps] **I** *n* **1.** acu uzmetiens; paviršs skatiens; to catch (get) a g. (*of*) – pavirši ieraudzīt; **2.** mirklīgs iespaids; **3.** atskārta; **II** *v* uzmest acis
glint [glint] **I** *n* **1.** spīdums; g. of steel – tērauda spīdums; **2.** mirgojums; **II** *v* **1.** mirgot; **2.** zaigot (*par acīm*)
glitch [glitʃ] *n* **1.** *sar.* pēkšņa avārija; **2.** maldu signāls; **3.** *dat.* klupe
glitter [ˈglitə] **I** *n* **1.** mirdzums; spožums; **2.** greznība; krāšņums; **II** *v* mirdzēt
gloaming [ˈgləʊmiŋ] *n poēt.* krēsla; mijkrēslis
gloat [gləʊt] *v* (*over*) **1.** ļauni priecāties; **2.** tīksmināties
global [ˈgləʊbl] *a* **1.** globāls; vispasaules; **2.** vispārējs
globe [gləʊb] *n* **1.** lode; g. of the eye – acs ābols; **2.** (the) zemeslode; **3.** debess ķermenis; **4.** globuss; **5.** (*lampas*) kupols
globe-flower [ˈgləʊbˌflaʊə] *n bot.* saulpurene
globe-trotter [ˈgləʊbˌtrɒtə] *n* pasaules apceļotājs; liels ceļotājs
globular [ˈglɒbjʊlə] *a* lodveidīgs; lodveida-; sfērisks
globule [ˈglɒbju:l] *n* **1.** globula; lodīte; piliens; **2.** pilula
gloom [glu:m] *n* **1.** tumsa; **2.** nomāktība
gloomy [ˈglu:mi] *a* **1.** tumšs; drūms; **2.** sadrūmis; nomākts
glorification [ˌglɔ:rifiˈkeiʃn] *n* cildināšana, slavināšana
glorify [ˈglɔ:rifai] *v* **1.** cildināt, slavināt; **2.** apjūsmot; **3.** izskaistināt
glorious [ˈglɔ:riəs] *a* **1.** slavens; **2.** lielisks; krāšņs; **3.** *sar.* brīnišķīgs; lielisks; to have a g. time – lieliski pavadīt laiku
glory [ˈglɔ:ri] **I** *n* **1.** slava; **2.** triumfs; **3.** lieliskums; krāšņums; **4.** nimbs; oreols; **5.** svētlaime; **II** *v* (*in*) **1.** lepoties; **2.** gavilēt
gloss[a] [glɒs] **I** *n* **1.** (*auduma, spalvas u. tml.*) spīdums; **2.** šķietamība; **II** *v* **1.** spodrināt; piešķirt spīdumu; **2.** spīdēt (*piem., par audumu, spalvu*); **3.** (*over*) attēlot labākā gaismā; izskaistināt
gloss[b] [glɒs] **I** *n* **1.** izskaidrojums; komentāri; **2.** glosārijs; **3.** nepareizs iztulkojums; **II** *v* **1.** sastādīt komentārus; **2.** izveidot glosāriju; **3.** nepareizi iztulkot
glossary [ˈglɒsəri] *n* **1.** glosārijs; **2.** vārdnīca (*grāmatas beigās*)
glossiness [ˈglɒsinis] *n* spīdums
glossy [ˈglɒsi] *a* spīdīgs; gluds
glove [glʌv] **I** *n* cimds; **II** *v* uzvilkt cimdus
glow [gləʊ] **I** *n* **1.** kvēle; svelme; **2.** blāzma; **3.** (*krāsu*) spilgtums; **4.** (*vaigu*) sārtums; **5.** (*jūtu*) dedzīgums; **II** *v* **1.** kvēlot; blāzmot; **2.** degt; kvēlot (*par vaigiem*); **3.** just patīkamu siltumu (*ķermenī*); **4.** starot (*no prieka*)
glower[a] [ˈglaʊə] *n el.* kvēldiegs
glower[b] [ˈglaʊə] *v* nikni raudzīties
glow-worm [ˈgləʊwɜ:m] *n* jāņtārpiņš
glucose [ˈglu:kəʊs] *n* glikoze
glue [glu:] **I** *n* līme; **II** *v* **1.** līmēt; **2.** pielipt; **3.** neatstāties
gluey [ˈglu:i] *a* lipīgs
glum [glʌm] *a* drūms; saīdzis
glut [glʌt] **I** *n* **1.** (*preču u. tml.*) pārpilnība; **2.** pārmērība; nesātība (*ēšanā*); **II** *v* **1.** pārpludināt (*ar precēm u. tml.*); **2.** pārsātināt
glutinous [ˈglu: tinəs] *n* lipīgs; stīgrs

glutton ['glʌtn] *n* **1.** rīma; **2.** *zool.* tinis, āmrija
gluttonous ['glʌtnəs] *a* rijīgs; nesātīgs
gluttony ['glʌtni] *n* rijība; nesātība
glycerin[e] ['glisəri:n] *n* glicerīns
gnarled [nɑ:ld] *a* **1.** zarains; grubuļains; **2.** mezglains (*par rokām*); **3.** stūrains; rupjš
gnash [næʃ] *v* griezt (*zobus*)
gnat [næt] *n* ods; ◇ to strain at a g. – būt sīkmanīgam
gnaw [nɔ:] *v* **1.** grauzt; kost; **2.** (*at*) plosīt; tirdīt
gnawer ['nɔ:ə] *n zool.* grauzējs
gnome [nəʊm] *n* rūķis
go [gəʊ] **I** *n* (*pl* goes [gəʊz]) *sar.* **1.** gaita; kustība; **2.** [neveikls] stāvoklis; negaidīts pavērsiens; **3.** mēģinājums; **4.** enerģija; spars; full of go – spara pilns; **5.** kārta; gājiens (*spēlē*); **6.** (*ēdiena*) porcija; (*vīna*) malks; **7.** veiksme; izdošanās; **8.** *sp.* (*boksa*) mačs; **II** *v* (*p.* went [went]; *p. p.* gone [gɒn]) **1.** iet; staigāt; **2.** braukt; **3.** vest; **4.** doties projām; aizbraukt; aiziet; **5.** darboties (*par mehānismu*); iet (*par pulksteni*); **6.** aizritēt; paiet (*par laiku*); **7.** skanēt (*par zvanu*); [no]sist (*par pulksteni*); **8.** būt apgrozībā (*par naudu*); **9.** skanēt (*par tekstu*); **10.** norisēt; **11.** izzust; izgaist; **12.** (*saistībā ar ģerundiju*): to go shopping – iet iepirkties; **13.** (*saistībā ar infinitīvu*) gatavoties; taisīties; **14.** (*v – saitiņa*): 1) būt; to go hungry – būt izsalkušam; 2) kļūt; to go bad – sabojāties; to go mad – sajukt prātā; **15.** iederēties; būt vietā; **16.** nomirt; aiziet bojā; **17.** sagrūt; to go to pieces – salūzt; **18.** bankrotēt; izputēt; **19.** pāriet īpašumā; tikt; **20.** tikt pārdotam (*par noteiktu cenu*); **21.** piestāvēt (*kaut kam*); **22.** ieiet; ievietoties; ◇ to go **about** – staigāt šurpu turpu; to go **after** – censties iegūt; to go **against** – 1) rīkoties pretēji (*kam*); 2) būt pretrunā; to go **ahead** – 1) virzīties uz priekšu; go ahead! – turpiniet!; rīkojieties!; 2) atrasties priekšgalā (*sacīkstēs*); to go **along** – 1) virzīties uz priekšu; 2) turpināt; 3) (*with*) piekrist; atbalstīt; to go **at** – 1) mesties virsū; 2) enerģiski ķerties (*pie kaut kā*); 3) tikt pārdotam (*par lētu naudu*); to go **away** – aiziet; go away! – ej nu ej!; to go **back** – 1) atgriezties; 2) (*upon, on*) lauzt (*doto vārdu*); 3) pievilt (*draugu*); 4) deģenerēties; to go **behind** – pārskatīt (*faktus, datus*); to go **between** – būt par starpnieku; to go **beyond** – pārsniegt; to go **by** – 1) paiet (pabraukt) garām; 2) aizritēt; paiet (*par laiku*); 3) sekot (*kam*); 4) spriest pēc; 5): to go by the name – būt pazīstamam ar vārdu (nosaukumu); to go **down** – 1) nolaisties; noslīdēt; 2) nogrimt; 3) norietēt (*par sauli*); 4) norimt (*par vēju, vētru*); 5) pazemināties (*par cenām*); 6) krist; tikt uzvarētam (*par pilsētu*); 7) *sp.* paspēlēt; 8) tikt atzītam (*vai uzņemtam*); 9) (*to*) ieiet vēsturē; saglabāties mūžībā; 10) pamest universitāti; 11) (*with*) saslimt; to go for – 1) aiziet pakaļ; 2) uzbrukt; uzklupt; 3) just patiku; to go **forth** – tikt publicētam; to go **in for** – 1) piedalīties (*sacīkstēs*); 2) nodoties; aizrauties (*ar kaut ko*); to go **into** – 1) ieiet; 2) iesaistīties (*politikā, darbā*); 3) rūpīgi izpētīt; to go **in with** – rīkoties kopā;

apvienoties; to go **off** – 1) sprāgt (*par ieroci*); 2) sabojāties (*par pārtiku*); 3) pasliktināties; 4) rimties; mazināties (*par sāpēm*); 5) nonākt (*kādā stāvoklī*); zaudēt samaņu; to go **on** – 1) turpināt; 2) notikt; 3) uziet uz skatuves (*izrādes laikā*); 4) (*at*) uzbrukt; uzklupt; 5) izturēties (*bieži slikti*); 6) derēt (*piem., par apaviem*); 7) (*for*) tuvoties (*par laiku, vecumu*); to go **out** – 1) iziet laukā; to go out for a walk – iziet laukā pastaigāties; 2) iet sabiedrībā; 3) izdzist; 4) iziet no modes; 5) atkāpties (*par valdību*); 6) beigties (*par mēnesi, gadu*); 7) sākt strādāt (*par sievieti*); 8) sākt streikot; 9) iziet no ierindas; sabojāties; to go out of gear – 1) sabojāties; 2) justies nelāgi; to go **over** – 1) pāriet pāri; 2) pāriet (*citā partijā, ticībā*); 3) izpētīt; 4) izskatīt; pārlasīt; 5) atkārtot (*iemācīto*); 6) norisēt; to go **round** – 1) griezties; riņķot; 2) reibt (*par galvu*); 3) iegriezties (*ciemos*); to go **through** – 1) iet cauri; 2) pārdzīvot; izciest; 3) tikt pieņemtam (*piem., par projektu*); 4) (*with*) novest līdz galam; paveikt; to go **together** – 1) saskanēt, harmonēt; 2) satikties (*ar meiteni, zēnu*); to go **under** – 1) nogrimt; 2) aiziet bojā; 3) izputēt; to go **up** – 1) uzkāpt (*kalnā*); 2) pieaugt (*par skaitu*); 3) celties (*par cenām*); 4) uzsprāgt; 5) *amer.* izputēt; to go **with** – 1) pavadīt; 2) piekrist; 3) saskanēt; to go **without** – iztikt bez; it's ~es without saying – tas ir pats par sevi saprotams

goad [gəʊd] **I** *n* dzinulis; stimuls; **II** *v* **1**. bikstīt; dzīt (*lopus*); **2**. stimulēt; mudināt

go-ahead ['gəʊəhed] **I** *n* **1**. atļauja (*rīkoties*); **2**. progress; virzība uz priekšu; **II** *a* enerģisks; uzņēmīgs
goal [gəʊl] *n* **1**. mērķis; uzdevums; **2**. galamērķis; **3**. *sp.* vārti
goat [gəʊt] *n* **1**. kaza; āzis; **2**. (G.) Mežāzis (*zvaigznājs un zodiaka zīme*)
goatee [gəʊ'tiː] *n* kazas bārdiņa
goat-herd ['gəʊthɜːd] *n* kazu gans
gobble[a] ['gɒbl] *v* kāri ēst; rīt
gobble[b] ['gɒbl] **I** *n* (*tītara*) buldurēšana; **II** *v* buldurēt (*par tītaru*)
gobbler ['gɒblə] *n* tītars
gobelin ['gəʊbəlin] *n* gobelēns
go-between ['gəʊbi‚twiːn] *n* starpnieks
goblet ['gɒblit] *n* kauss, biķeris
goblin[a] ['gɒblin] *n* mājas gars
goblin[b] ['gɒblin] *n sl.* sterliņu mārciņas banknote
goby ['gəʊbi] *n iht.* jūras grundulis
go-cart ['gəʊkɑːt] *n* **1**. (*stumjamie*) ratiņi; **2**. (*salokāmie*) bērnu ratiņi
god [gɒd] *n* **1**. dievs; dievība; **2**. (G.) Dievs; Almighty G. – visuvarenais Dievs; **3**. elks, dieveklis; ◇ by G. – Dieva vārds!; for G.'s sake – Dieva dēļ; G. forbid! – Dievs pasarg!; oh my G. (Good G.) – ak, Dievs, žēlīgais Dievs!; thank G.! – paldies Dievam!
godchild ['gɒdtʃaild] *n* krustbērns
goddaughter ['gɒd‚dɔːtə] *n* krustmeita
goddess ['gɒdis] *n* dieviete
godfather ['gɒd‚fɑːðə] *n* **1**. krusttēvs; **2**. aizbildnis
godforsaken ['gɒdfə‚seikn] *a* atstāts, pamests
godhead ['gɒdhed] *n* dievišķīgums
godless ['gɒdlis] *a* bezdievīgs
godlike ['gɒdlaik] *a* dievišķs
godliness ['gɒdlinis] *n* dievbijība

godmother [ˈgɒd͵mʌðθ] *n* krustmāte
godparent [ˈgɒd͵peərənt] *n* krusttēvs; krustmāte
godsend [ˈgɒdsend] *n* 1. laimīgs gadījums; veiksme; 2. atradums
godson [ˈgɒdsʌn] *n* krustdēls
goer [ˈgəʊə] *n* 1. gājējs; 2. *sar.* darbīgs cilvēks
goggle [ˈgɒgl] *v (at)* bolīt acis
goggle-eyed [ˈgɒglaid] *a* ar izvalbītām acīm
goggles [ˈgɒglz] *n pl* aizsargbrilles
go-go [ˈgəʊgəʊ] *a* 1. populārs *(par mūziku, dejām)*; 2. dzīvs; enerģisks; uzņēmīgs; 3. moderns
going [ˈgəʊiŋ] I *n* 1. iešana; gājiens; 2. aizbraukšana; aizceļošana; 3. pārvietošanās ātrums; 4. ceļa *(vai skrejceļa)* stāvoklis; II *a* 1. esošs; eksistējošs; 2. tāds, kas darbojas
goitre [ˈgɔitə] *n med.* kākslis
go-kart [ˈgəʊkɑ:t] *n sp.* gokarts
gold [gəʊld] I *n* 1. zelts; pure g. – tīrzelts; 2. zelta monētas; to pay in g. – maksāt zeltā; 3. zelta krāsa; zeltainums; 4. mērķa centrs *(loka šaušanā)*; II *a* zelta-
gold-cloth [ˈgəʊldklɒθ] *n* brokāts
gold-digger [ˈgəʊld͵digə] *n* zelta meklētājs
gold-dust [ˈgəʊlddʌst] *n* zelta smiltis
golden [ˈgəʊldən] *a* 1. zelta-; 2. zeltains; 3. lielisks; ◇ g. days – laimīgas dienas; g. fleece *mit.* – zelta aunāda
golden-cup [͵gəʊldənˈkʌp] *n bot.* gundega
golden-daisy [͵gəʊldənˈdeizi] *n bot.* krizantēma
golden eagle [͵gəʊldən ˈi:gl] *n* kalnu ērglis
golden mean [͵gəʊldən ˈmi:n] *n* zelta vidusceļš

goldmine [ˈgəʊldmain] *n* 1. zelta atradnes; 2. *pārn.* zelta bedre
gold-rush [ˈgəʊldrʌʃ] *n* zelta drudzis
goldsmith [ˈgəʊldsmiθ] *n* zeltkalis
golf [gɒlf] I *n* golfs; II *v* spēlēt golfu
golfer [ˈgɒlfə] *n* golfa spēlētājs
golf-links [ˈgɒlfliŋks] *n* golfa laukums
gondola [ˈgɒndələ] *n* 1. gondola; 2. piekaru grozs *(piem., fasāžu krāsotājiem)*; 3. *amer.* pusvagons
gondolier [͵gɒndəˈliə] *n* gondoljers
gone [gɒn] I *a* 1. pagājis; past and g. – bijis un izbijis; 2. bezcerīgs; 3. miris; 4. izlietots; izmantots; II *sk.* go II
gong [gɒŋ] *n* 1. gongs; 2. *sl.* medaļa
goo [gu:] *n sar.* 1. lipeklis; 2. sentimentalitāte; salkanība
goober [ˈgu:bə] *n amer. sar.* zemesrieksts
good [gʊd] I *n* labums; to do smb. g. – 1) palīdzēt kādam; darīt kādam labu; 2) nākt kādam par labu; for the g. of – labā; for your own g. – jūsu pašu labā; II *a (comp.* better [ˈbetə]; *sup.* best [best]) 1. labs; 2. [no]derīgs; 3. prasmīgs; veikls; 4. laipns, jauks; 5. labs; labvēlīgs; g. nature – labsirdība; 6. svaigs; nebojāts *(par produktiem)*; 7. vesels; labs; g. sight – laba redze; 8. pamatots; dibināts; 9. drošs *(uz ko var paļauties)*; g. brakes – drošas bremzes; 10. paklausīgs *(par bērnu)*; 11. pamatīgs; g. thrashing – pamatīgs pēriens; 12. prāvs; krietns; 13. *(pieklājīgā, dažreiz ironiskā uzrunā)*: my g. friend! – mans labais draugs!; 14. *(sveicienos)*: g. morning! – labrīt; g. evening! – labvakar!
good-bye [gʊdˈbai] I *n* ardievas; to say g.-b. – atvadīties; II *int* uz redzēšanos!; sveiki!

good-for-nothing [ˈgʊdfəˌnʌθiŋ] **I** *n* slaists; **II** *a* nekam nederīgs

Good-Friday [ˌgʊdˈfraidi] *n rel.* Lielā Piektdiena

good-humoured [ˌgʊdˈhju:məd] *a* labsirdīgs; omulīgs

goodly [ˈgʊdli] *a novec.* **1.** glīts; izskatīgs; **2.** prāvs; krietns; a g. sum – krietna summa

good-natured [ˌgʊdˈneitʃəd] *a* labsirdīgs

goodness [ˈgʊdnis] *n* **1.** labestība; **2.** laba kvalitāte; ◊ g. knows! – kas to lai zina!; for g.' sake! – Dieva dēļ!

goods [gʊdz] *n pl* **1.** preces; fancy g. – modes preces; soft g. – tekstilizstrādājumi; **2.** mantas; **3.** (the g.) lietiskie pierādījumi

good sense [ˌgʊd ˈsens] *n* veselais saprāts

good-tempered [ˌgʊdˈtempəd] *a* labsirdīgs; miermīlīgs

goodwill [ˌgʊdˈwil] *n* **1.** labvēlība; **2.** laba griba; **3.** *jur.* firmas vērtība, kuru nosaka tās klientūra

goody[a] [ˈgʊdi] **I** *n* **1.** našķis; saldums; **2.** jaukums; **II** *int* cik jauki! (*bērnu sajūsmas sauciens*)

goody[b] [ˈgʊdi] **I** *n* svētulis; liekulis; **II** *a* svētulīgs; liekulīgs

goof [gu:f] *sl.* **I** *n* **1.** stulbenis; **2.** stulbs gājiens; **II** *v* **1.** izdarīt stulbu gājienu; **2.** (*off*) slaistīties; **3.** izgāzt (*nodomu*); **4.** (*on*) muļķot; nest cauri

goop [gu:p] *n sar.* pašapmierināts muļķis; nekauņa

goose[a] [gu:s] *n* (*pl geese* [gi:s]) **1.** zoss; **2.** muļķis; vientiesis

goose[b] [gu:s] *n* (*pl gooses* [ˈgu:siz]) drēbnieka gludeklis

gooseberry [ˈgʊzbəri] *n* **1.** ērkšķogu krūms; **2.** ērkšķoga; ◊ old g. – velns

goose-flesh [ˈgu:sfleʃ] *n* zosāda

gore[a] [gɔ:] *n* sarecējušas asinis

gore[b] [gɔ:] *v* sabadīt

gorgeous [ˈgɔ:dʒəs] *a* **1.** grezns; krāšņs; **2.** *sar.* lielisks

gorget [ˈgɔ:dʒit] *n* **1.** kaklarota; **2.** *mil.* kakla bruņas

gorilla [gəˈrilə] *n* **1.** gorilla; **2.** *sar.* briesmonis; **3.** *amer. sl.* bandīts; slepkava

gork [gɔ:k] *n* kretīns

gormandize [ˈgɔ:məndaiz] *v* pārēsties

gorp [gɔ:p] *n* uzkodas

gorse [gɔ:s] *n bot.* irbulenes

gory [ˈgɔ:ri] *a* **1.** asinīm notraipīts; **2.** asiņains

gosling [ˈgɒzliŋ] *n* zoslēns

gospel [ˈgɒspl] *n* **1.** (G.) evaņģēlijs; **2.** spredikis; **3.** uzskati; pārliecība

gossamer [ˈgɒsəmə] **I** *n* **1.** tīmeklis; **2.** plāns, viegls audums; **II** *a* plāns un viegls

gossip [ˈgɒsip] **I** *n* **1.** plāpas; tenkas; **2.** plāpa; tenku vācele; **3.** augstāko aprindu hronika; **II** *v* plāpāt; tenkot

gossipy [ˈgɒsipi] *a* **1.** plāpīgs; **2.** tukšs; tenku pilns (*par sarunu*)

got *sk.* **get**

Gothic [ˈgɒθik] **I** *n* **1.** gotu valoda; **2.** gotu stils; **3.** gotu burti; gotiskais raksts; **II** *a* **1.** gotu-; **2.** gotisks (*par stilu, rakstu*); **3.** barbarisks

gotten *sk.* **get**

gouache [gʊˈɑ:ʃ] *n* guaša

gouge [gaʊdʒ] **I** *n* **1.** kalts; greblis; **2.** *amer. sar.* krāpšana; **II** *v* **1.** izkalt; izgrebt; **2.** *amer. sar.* piekrāpt; ◊ to g. out – izspiest

gulash [ˈgu:læʃ] *n kul.* gulašs

gourmand [ˈgʊəmənd] *n* gardēdis

gout [gaʊt] *n med.* podagra

govern [ˈgʌvn] *v* **1.** valdīt; pārvaldīt;

2. vadīt; regulēt; **3.** noteikt; ietekmēt; **4.** apvaldīt (*jūtas*); **5.** *gram.* pārvaldīt
governable ['gʌvnəbl] *a* paklausīgs; viegli vadāms
governess ['gʌvnis] *n* guvernante; mājskolotāja
governing ['gʌvniŋ] *a* **1.** valdošs; g. body – pārvaldes institūcija; **2.** galvenais; pamata-; **government** ['gʌvnmənt] *n* **1.** valdīšana; **2.** valdība; **3.** valdības forma; **4.** pārvalde; local g. – vietējā pašpārvalde; **5.** (*gubernatora pārvaldīta*) province; **6.** *gram.* pārvaldījums, rekcija
governmental [ˌgʌvn'mentl] *a* valdības-
governor ['gʌvənə] *n* **1.** valdnieks; **2.** gubernators; **3.** (*cietokšņa*) komandants; (*cietuma*) priekšnieks; **4.** (*skolas, slimnīcas*) pārvaldnieks; **5.** *sar.* saimnieks; šefs; **6.** *sar.* tēvs
governor-general [ˌgʌvənə'dʒenərəl] *n* ģenerālgubernators
gown [gaʊn] **I** *n* **1.** tērps; kleita; **2.** mantija; talārs; **3.** universitātes profesori un studenti; **4.** (*romiešu*) toga; **II** *v* **1.** ietērpt; **2.** (*pass.*) būt ietērptam
grab [græb] **I** *n* **1.** grābiens; tvēriens; **2.** sagrābšana; piesavināšanās; **3.** (*ekskavatora*) tvērējkauss; **II** *v* **1.** sagrābt; satvert; **2.** (*at*) censties sagrābt; **3.** sagrābt; piesavināties; **4.** *sar.* saistīt (*uzmanību*)
grace [greis] *n* **1.** grācija; pievilcība; **2.** *pl* piemīlība; **3.** vēlība; labvēlība; **4.** pieklājība; laipnība; **5.** *rel.* žēlastība, žēlsirdība; **6.** galda lūgšana; **7.** (G.) augstība, gaišība (*uzrunājot hercogu, arhibīskapu*); Your G. ! – Jūsu gaišība!; **8.** atļauja (*zinātniska grāda iegūšanai*); **9.** pagarinājums; atvieglojums

graceful ['greisfʊl] *a* **1.** graciozs; **2.** pievilcīgs, piemīlīgs; elegants
graceless ['greislis] *a* **1.** neglīts; nepievilcīgs; **2.** bezgodīgs; **3.** neveikls (*par stilu*)
gracious ['greiʃəs] *a* **1.** žēlīgs; žēlsirdīgs; **2.** laipns
gradation [grə'deiʃn] *n* **1.** pakāpeniska pāreja; gradācija; **2.** *glezn.* nianse; nokrāsa; **3.** *val.* patskaņu mija
grade [greid] **I** *n* **1.** pakāpe; rangs; **2.** kategorija; **3.** kvalitāte; šķirne; of low g. – zemas kvalitātes-; **4.** *amer.* klase (*skolā*); **5.** atzīme; novērtējums; **6.** *lauks.* (*krustojot iegūta*) jauna uzlabota šķirne; **II** *v* **1.** sakārtot pēc pakāpēm (rangiem); **2.** šķirot; **3.** *amer.* likt atzīmi; **4.** *lauks.* uzlabot šķirni (*krustojot*); **5.** nivelēt (*zemi*)
grade school ['greidsku:l] *n amer.* pamatskola
gradient ['greidiənt] *n* **1.** (*ceļa*) slīpums; **2.** *fiz.* gradients; **3.** (*barometra šautras*) novirze
gradual ['grædʒʊəl] *a* pakāpenisks
gradually ['grædʒʊəli] *adv* pakāpeniski; pamazām
graduate I *n* ['grædʒʊət] **1.** universitātes beidzējs; zinātniska grāda ieguvējs; **2.** *amer.* (*augstskolas*) absolvents; **3.** menzūra; **II** *v* ['grædʒʊeit] **1.** beigt universitāti ar zinātnisku grādu; **2.** (*from*) *amer.* beigt jebkuru mācību iestādi; **3.** *amer.* piešķirt diplomu (zinātnisku grādu); **4.** graduēt; sadalīt iedaļās; **5.** sabiezināt, kondensēt (*šķidrumu*)
graduation [ˌgrædʒʊ'eiʃn] *n* **1.** universitātes beigšana; zinātniska grāda iegūšana; **2.** (*from*) *amer.* jebkuras mācību iestādes beigšana; **3.** *amer.* dip-

loma (zinātniska grāda) piešķiršana; 4. graduēšana; sadalīšana iedaļās; 5. (šķidruma) sabiezināšana, kondensēšana; 6. gradācija

graft[a] [grɑ:ft] **I** *n* **1.** potzars; **2.** *med.* transplantāts; **II** *v* **1.** potēt (*augu*); **2.** *med.* transplantēt (*audus*)

graft[b] [grɑ:ft] *amer.* **I** *n* **1.** kukuļņemšana; **2.** kukulis; **II** *v* ņemt kukuļus

graft[c] [grɑ:ft] *n sar.* cītīgs (neatlaidīgs) darbs

grain [grein] **I** *n* **1.** labība; graudi; **2.** (*labības*) grauds; **3.** (*sāls, smilšu u. tml.*) graudiņš; **4.** *pl* drabiņas; **5.** grans (*0,0648 g*); **6.** (*zīdtauriņa*) oliņa; **7.** (*marmora*) dzīsla; (*koka*) šķiedra; **II** *v* **1.** saberzt; sasmalcināt; sadrumstalot; **2.** piešķirt graudainību; **3.** dzīslot (*marmoru, koku*)

grain-dryer [ˈgrein‚draiə] *n* graudu kalte

grains [greinz] *n* (*lieto kā sg*) harpūna

grainy [ˈgreini] *a* **1.** graudains; granulēts; **2.** raupjš

gram [græm] *sk.* **gramme**

grammar [ˈgræmə] *n* **1.** gramatika; **2.** (*valodas*) gramatiskā sistēma; **3.** gramatikas mācību grāmata

grammar school [ˈgræmə sku:l] *n* **1.** klasiskā ģimnāzija; **2.** *amer.* vidusskolas vecākās klases

gramme [græm] *n* grams

gramophone [ˈgræməfəʊn] *n* gramofons; patafons

gran [græn] *n sar.* vecmāmiņa

granary [ˈgrænəri] *n* **1.** (*labības*) noliktava; klēts; **2.** *pārn.* maizes klēts

grand [grænd] **I** *n* **1.** flīģelis; **2.** *amer. sl.* tūkstoš dolāru; **II** *a* **1.** grandiozs; liels; dižens; **3.** ievērojams; slavens; **4.** svarīgs; nopietns; **5.** *sar.* lielisks; that's g.! – lieliski!; to have a. g. time – lieliski pavadīt laiku; **6.** *mūz.* liels

grandad [ˈgrændæd] *n sar.* vectētiņš

grandchild [ˈgræntʃaild] *n* mazbērns

granddad [ˈgrændæd] *n sar.* vectētiņš

granddaughter [ˈgræn‚dɔ:tə] *n* mazmeita

grandee [grænˈdi:] *n* **1.** grands; **2.** augstmanis

grandeur [ˈgrændʒə] *n* grandiozums; lieliskums

grandfather [ˈgrænd‚fɑ:ðə] *n* vectēvs

grandiloquence [grænˈdiləkwəns] *n* (*bieži niev.*) retoriskums

grandmaster [ˈgrændmɑ:stə] *n* lielmeistars (*šahā*)

grandmother [ˈgræn‚mʌðə] *n* vecmāmiņa

grandparents [ˈgræn‚peərənts] *n pl* vecvecāki

grandson [ˈgrænsʌn] *n* mazdēls

grange [greindʒ] *n* **1.** ferma; **2.** *novec.* klēts

granite [ˈgrænit] *n* granīts

grannie, granny [ˈgræni] *n* **1.** *sar.* vecmāmiņa; **2.** *sar.* vecenīte

grant [grɑ:nt] **I** *n* **1.** dāvinājums; dāvinājuma akts; **2.** dotācija; subsīdija; **3.** stipendija; **4.** piekāpšanās; atļauja; piekrišana; **II** *v* **1.** dāvāt; dāvināt; **2.** piešķirt dotāciju (subsīdiju); **3.** atļaut; piekrist; **4.** pieļaut

granulate [ˈgrænjʊleit] *v* **1.** [sa]drupināt; **2.** kļūt graudainam; **3.** *med.* granulēties

granule [ˈgrænju:l] *n* **1.** grauds; graudiņš; **2.** granula

grape [greip] *n* **1.** vīnoga; **2.** vīnogu ķekars; **3.** *pl sl.* šampanietis

grapefruit [ˈgreipfru:t] *n* greipfrūts

grape-sugar [ˈgreip‚ʃʊgə] *n* vīnogu cukurs, glikoze

graph [grɑ:f] *n* **1.** grafiks, diagramma;

2. *mat.* grafs; g. paper – milimetrpapīrs
graphic [ˈgræfik] *a* **1.** grafisks; **2.** uzskatāms; spilgts
graphics [ˈgræfiks] **I** *n pl* projektēšana; **II** *a dat.* grafikas-; g. character – grafikas rakstzīme; g. mode – grafikas režīms
graphite [ˈgræfait] *n* grafīts
grasp [grɑːsp] **I** *n* **1.** tvēriens; within g. – tuvu; pa rokai; **2.** vara; **3.** uztveres spēja; saprašana; **II** *v* **1.** satvert; sagrābt; **2.** (*at*) tvert; **3.** aptvert; saprast
grasping [ˈgrɑːspiŋ] *a* mantkārīgs; alkatīgs
grass [grɑːs] **I** *n* **1.** zāle; to cut the g. – pļaut zāli; **2.** zāliens; **3.** ganības; **4.** *sl.* ziņu pienesējs; **II** *v* **1.** apsēt ar zāli; noklāt ar velēnām; **2.** aizaugt ar zāli; **3.** ganīties; **4.** izlaist ganībās; **5.** atgulties zālē; **6.** nogāzt no kājām, nogāzt gar zemi; **7.** nošaut (*putnu*); **8.** izvilkt krastā (*zivi*); **9.** *sp.* pienest ziņas; nodot
grasshopper [ˈgrɑːsˌhɒpə] *n* sienāzis
grass-plot [ˌgrɑːsˈplɒt] *n* zāliens
grass-snake [ˈgrɑː ssneik] *n* zalktis
grass widow [ˌgrɑːsˈwidəʊ] *n* salmu atraitne
grassy [ˈgrɑːsi] *a* zālains
grate[a] [greit] **I** *n* (*kamīna*) režģis; **II** *v* aizrestot (*logu*)
grate[b] [greit] *v* **1.** rīvēt; **2.** šņirkstēt; **3.** (*on, upon*) kaitināt
grateful [ˈgreitfʊl] *a* **1.** pateicīgs; with g. thanks – pateicībā (*vēstules nobeigumā*); **2.** patīkams
gratefulness [ˈgreitfʊlnis] *n* pateicība
grater [ˈgreitə] *n* **1.** rīve; **2.** *tehn.* skrāpjvīle
gratification [ˌgrætifiˈkeiʃn] *n* **1.** apmierinājums; gandarījums; **2.** iepriecinājums; **3.** *novec.* atalgojums
gratify [ˈgrætifai] *v* **1.** apmierināt; gandarīt; to g. smb.'s desire – apmierināt kāda vēlēšanos; **2.** iepriecināt; **3.** izdabāt
gratifying [ˈgrætifaiiŋ] *a* iepriecinošs; patīkams
grating[a] [ˈgreitiŋ] *n* režģis
grating[b] [ˈgreitiŋ] *a* **1.** ass; griezīgs (*par skaņu*); **2.** kaitinošs
gratis [ˈgreitis] **I** *a* bezmaksas-; g. ticket – brīvbiļete; **II** *adv* bez maksas; par velti
gratitude [ˈgrætitjuːd] *n* pateicība
gratuitous [grəˈtjuːitəs] *a* **1.** bezmaksas-; g. instruction – bezmaksas apmācība; **2.** nepelnīts; g. insult – nepelnīts apvainojums
gratuity [grəˈtjuːəti] *n* **1.** naudas balva; pabalsts; **2.** dzeramnauda
grave[a] [greiv] *n* kaps; ◊ to dig one's own g. – rakt pašam sev kapu; to have one foot in the g. – būt ar vienu kāju kapā
grave[b] [greiv] *a* **1.** nopietns; svarīgs; g. doubts – nopietnas bažas; **2.** draudīgs; smags; **3.** drūms; bēdīgs; **4.** tumšs (*par krāsu*); **5.** svarīgs; ietekmīgs
grave[b] [greiv] *v* (*p.* graved [greivd]; *p. p.* graved, graven [greivd, ˈgreivn]) *novec.* **1.** gravēt; iegriezt; **2.** (*arī* to g. in, on) saglabāt (*sirdī, atmiņā*)
grave-clothes [ˈgreivkləʊðz] *n pl* līķauts
grave-digger [ˈgreivˌdigə] *n* kapracis
gravel [ˈgrævl] **I** *n* **1.** grants; **2.** zelta smiltis; **3.** *amer.* balasts; **4.** *med.* (*urīnpūšļa*) akmeņi; **II** *v* **1.** nograntēt, nobērt ar granti; **2.** apmulsināt
gravestone [ˈgreivstəʊn] *n* kapakmens, kapa piemineklis

graveyard ['greivjɑ:d] *n* 1. kapsēta; 2. *amer. pol. sar.* liels noslēpums; 3. griesti (*karjerā*)
gravidity [grə'viditi] *n* grūtniecība
gravitate ['græviteit] *v* 1. *fiz.* gravitēt, pievilkties; 2. (*to, towards*) tiekties
gravitation [,grævi'teiʃn] *n* 1. *fiz.* gravitācija, pievilkšanās spēks; 2. tiekšanās; tieksme
gravity ['grævəti] *n* 1. nopietnība; svarīgums; 2. *fiz.* smagums, gravitāte; centre of g. – smaguma centrs; specific g. – īpatnējais svars
gravy ['greivi] *n* 1. sula, kas cepot izdalās no gaļas; 2. gaļas mērce
graze[a] [greiz] *v* 1. ganīties; 2. ganīt; 3. izmantot ganībām
graze[b] [greiz] I *n* nobrāzums; skramba; II *v* 1. viegli pieskarties (skart); 2. nobrāzt
grease [gri:s] I *n* 1. (*kausēti*) tauki; 2. ziede; II *v* 1. ietaukot; 2. notaukot; nospeķot; 3. ieziest; ieeļļot
greasy ['gri:zi] *a* 1. taukains; eļļains; g. hair – taukaini mati; 2. slidens; dubļains (*par ceļu*); 3. neķītrs; piedauzīgs; 4. pieglaimīgs; salkans
great [greit] I *n*: the g. – 1) bagātie, pasaules varenie; 2) izcilie rakstnieki, klasiķi; II *a* 1. liels; 2. izcils; dižens; 3. svarīgs; ievērojams; 4. stiprs; spēcīgs; 5. ilgs; ilgstošs; 6. *sar.* lielisks; 7. *predic.* (*at*) pieredzējis; veikls; 8. *predic.* (*on*) lietpratīgs
great-grandchild [,greit'græntʃaild] *n* mazmazbērns
great-granddaughter [,greit'græn,dɔ:tə] *n* mazmazmeita
great-grandfather [,greit'grænd,fɑ:ðə] *n* vecvectēvs

great-grandmother [,greit'græn,mʌðə] *n* vecvecmāte
great-grandson [,greit'grænsʌn] *n* mazmazdēls
great-hearted [,greit'hɑ:tid] *a* augstsirdīgs
greatly ['greitli] *adv* ļoti; ievērojami
greatness ['greitnis] *n* lielums; diženums
greed [gri:d] *n* 1. alkatība; mantkārība; 2. rijība, ēdelība
greedy ['gri:di] *a* 1. alkatīgs; mantkārīgs; 2. (*of*) rijīgs, ēdelīgs
Greek [gri:k] I *n* 1. grieķis; grieķiete; 2. grieķu valoda; ◇ it's G. to me – man tā ir ķīniešu ābece; II *a* grieķu-
greeking [gri:kiŋ] *n dat.* imitējumraksts
green [gri:n] I *n* 1. zaļa krāsa; 2. maurs; zāliens (*piem., golfa spēlei*); 3. lapotne; 4. *pl* zaļumi; dārzeņi (*kāposti, spināti u. tml.*); 5. *pl* zaļie zari (*svētku rotājumiem*); 6. jaunība; zaļoksnība; II *a* 1. zaļš; 2. sazaļojis; 3. zaļš; nenogatavojies (*par augļiem*); 4. *sar.* nepieredzējis; 5. spēcīgs; zaļoksnējs; 6. veģetārs (*par uzturu*); 7. svaigs; nesadzijis (*par brūci*); 8. neiebraukts (*par zirgu*); 9. bāls; slimīgs; III *v* 1. zaļot; 2. krāsot zaļā krāsā; 3. *sar.* piemuļķot; piekrāpt; ☐ to g. **out** – dzīt asnus
greener ['gri:nə] *n sar.* 1. iesācējs; 2. vientiesis; 3. nesen atbraukušais imigrants
greenery ['gri:nəri] *n* zaļumi
green-eyed ['gri:naid] *a* greizsirdīgs; skaudīgs
greenfly ['gri:nflai] *n* laputs
greengage ['gri:ngeidʒ] *n bot.* renklode (*plūmju šķirne*)
green goods ['gri:nɡʊdz] *n pl* 1. zaļumi, svaigi dārzeņi; 2. *amer. sar.* viltota papīrnauda

greenhorn ['gri:nhɔ:n] *n* **1.** zaļknābis; **2.** *amer.* nesen iebraukušais imigrants; **3.** iesācējs
greenhouse ['gri:nhaʊs] *n* siltumnīca
greenstuffs ['gri:nstʌfs] *n pl* zaļumi; dārzeņi
greet [gri:t] *v* **1.** sveikt; sveicināt; **2.** sagaidīt (*ar saucieniem; aplausiem*); **3.** pavērties (*skatienam*)
greeting ['gri:tiŋ] *n* **1.** sveiciens; to exchange ~s – apmainīties sveicieniem; **2.** apsveikums; ~s telegram – apsveikuma telegramma
grenade [gri'neid] *n* **1.** granāta; **2.** ugunsdzēšamais aparāts
grenadier [ˌgrenə'diə] *n* grenadieris
grew *sk.* **grow**
grey [grei] **I** *n* **1.** pelēka krāsa; **2.** pelēks audums; **3.** sirmums; **4.** sirmis; **5.** krēsla; **II** *a* **1.** pelēks; **2.** sirms; to turn g. – nosirmot; **3.** apmācies, nomācies; **4.** drūms; nomākts; **III** *v* **1.** kļūt pelēkam; **2.** nosirmot
grey-haired [ˌgrei'heəd] *a* sirms
greyhound ['greihaʊnd] *n* **1.** kurts; **2.** ātrgaitas okeāna tvaikonis
grid [grid] *n* **1.** režģis; **2.** *mat.* koordinātu tīkls; **3.** *el.* energosistēma
gridiron ['gridˌaiən] *n* **1.** restes (*gaļas cepšanai*); **2.** *amer.* futbollaukums; **3.** rezerves daļu un remontinstrumentu komplekts
grief [gri:f] *n* **1.** bēdas; skumjas; **2.** nelaime; posts
grievance ['gri:vns] *n* **1.** sūdzība; **2.** aizvainojums; pārestība
grieve [gri:v] *v* **1.** (*at, for*) bēdāties; skumt; **2.** skumdināt; sāpināt
grievous ['gri:vəs] *a* **1.** bēdīgs; skumjš; **2.** mokošs; smags; **3.** *jur.* smags
griffin ['grifin] *n mit.* grifs

grifter ['griftə] *n amer. sar.* blēdis, krāpnieks
grill [gril] **I** *n* **1.** grils (*restes gaļas cepšanai*); **2.** uz grila cepta gaļa; **3.** *sk.* **grillroom**; **II** *v* **1.** cept uz grila; **2.** cepināt, karsēt (*par sauli*); **3.** cepināties (*saulē*); **4.** *sar.* bargi pratināt
grille [gril] *n* (*durvju*) režģis
grill-room ['grilrʊm] *n* grilzāle (*kur gaļu cep apmeklētāju klātbūtnē*)
grim [grim] *a* **1.** bargs; nežēlīgs; **2.** nelokāms; **3.** *sar.* drūms
grimace [gri'meis] **I** *n* grimase; **II** *v* vaibstīties
grim [graim] **I** *n* netīrumi; kvēpi; **II** *v* notraipīt, notašķīt
grimy ['graimi] *a* netīrs; nokvēpis
grin [grin] **I** *n* plats smaids; **II** *v* plati smaidīt
grind [graind] **I** *n* **1.** malums; **2.** smags, vienmuļš darbs; **3.** *amer.* zubrītājs; **4.** *sl.* mīlēšanās; **5.** *sl.* dibena grozīšana (*dejā*); **II** *v* (*p. un p. p.* ground [graʊnd]) **1.** [sa]malt; sabērzt (*pulverī*); **2.** asināt; trīt; **3.** slīpēt (*dimantus*); **4.** griezt rokturi; griezt leijerkasti; **5.** (*at*) *sar.* cītīgi strādāt; **6.** (*at, for*) *amer.* zubrīt; **7.** *sl.* mīlēties; **8.** *sl.* grozīt dibenu (*dejā*); ◊ to g. **down** – 1) samalt; sabērzt; 2) samalties; sabērzties; 3) nomocīt; izvārdzināt; to g. **out** – ar mokām izdarīt; izmocīt
grinder ['graində] *n* **1.** (*kafijas*) dzirnaviņas; **2.** dzeroklis
grindstone ['graindstəʊn] *n* galoda; tecīla
grip [grip] **I** *n* **1.** tvēriens; **2.** vara; kontrole; **3.** izpratne; **4.** rokturis; **5.** *amer.* ceļasoma; **6.** *tehn.* spīle; skava; **7.** *pl sp.* hanteles; **II** *v* **1.** [cieši] satvert; **2.** izprast; aptvert; **3.** saistīt (*uzmanību*)

gripe[a] [graip] *n* 1. tvēriens; 2. *pl sar.* graizes
gripe[b] [graip] *sl.* I *n* gaušanās, sūrošanās; II *v* gausties, sūroties
grippe [grip] *n med.* gripa
gripper ['gripə] *n* liela spiedpoga (*apģērbā*)
gripsack ['gripsæk] *n* ceļasoma
grisly ['grizli] *a* šaušalīgs
gristle ['grisl] *a anat.* skrimslis
grit [grit] *n* 1. smilts; grants; 2. *sar.* rakstura stingrība
grits [grits] *n pl* auzu putraimi; rupji auzu milti
gritty ['griti] *a* 1. smilšains; grantains; 2. *sar.* stingrs; izturīgs
grizzle ['grizl] *v sar.* niķoties, gražoties
grizzled ['grizld] *a* sirms; nosirmojis
grizzly ['grizli] *n* (*arī* g. bear) grizlilācis, pelēkais lācis (*Ziemeļamerikā*)
groan [grəʊn] I *n* 1. vaids; 2. čīkstoņa; 3. (*neapmierinātības*) murdoņa (*zālē u. tml.*); II *v* 1. vaidēt; stenēt; 2. čīkstēt (*par durvīm u. tml.*); 3. līkt (*no smaguma*); 4. izdvest; ▯ to g. **down** – apklusināt (*runātāju*)
groats [grəʊts] *n pl* putraimi
grocer ['grəʊsə] *n* pārtikas (bakalejas) preču tirgotājs
grocery ['grəʊsəri] *n* pārtikas preču veikals
grog [grɒg] *n* groks
groggy ['grɒgi] *a sar.* 1. nedrošs uz kājām (*piem., pēc slimības*); 2. grīļīgs; ļodzīgs
groin [grɔin] *n* 1. *anat.* cirksnis; 2. *arh.* krusta velve
groom [gru:m] I *n* 1. zirgu puisis; 2. līgavainis; II *v* 1. kopt (*zirgu*); 2. rūpīgi kopt; 3. (*for*) gatavot (*karjerai*)

groomsman ['gru:mzmən] *n* līgavaiņa vedējs
groove[a] [gru:v] I *n* 1. rieva; grope; 2. ieradums, rutīna; 3. *tehn.* veidrieva; kalibrs; II *v* iegriezt rievu; gropēt
groove[b] [gru:v] *sl.* I *n* 1. kaifs; 2. kaifīga lietiņa; II *v* 1. kaifot; 2. draudzēties; saieties
groovy ['gru:vi] *a sl.* kaifīgs
grope [grəʊp] *v* 1. iet taustoties; 2. (*for*) taustīt (*piem., kabatās*); 3. (*after, for*) meklēt; 4. *sl.* grābstīties
gross[a] [grəʊs] *n* gross (*12 duču*)
gross[b] [grəʊs] I *n* masa; in [the] g. – 1) vairumā; 2) visumā; II *a* 1. resns; tukls; 2. liels; prāvs; 3. biezs, kupls (*par augiem*); 4. vienkāršs; trekns (*par barību*); 5. rupjš; neķītrs; 6. uzkrītošs; 7. bruto-; g. weight – bruto svars; g. national product *ek.* – valsts kopražojums
grotesque [grəʊ'tesk] I *n* groteska; II *a* grotesks
grotty ['grɒti] *a sl.* 1. pretīgs; neķītrs; 2. nekam nederīgs
grouch [graʊtʃ] I *n* 1. īgnums; 2. īgņa; II *v* īgņoties
ground[a] [graʊnd] I *n* 1. zeme; 2. augsne; grunts; 3. zemes gabals; (*sporta*) laukums; 4. jūras dibens; 5. apvidus; vieta; 6. *pl* parks, dārzs; 7. pamats; iemesls; 8. *glezn.* gruntējums; fons; II *v* 1. uzskriet uz sēkļa; 2. *jūrn.* piestāt krastā; 3. atstādināt (*pilotu*) no lidojumiem; atskaitīt no lidojoša sastāva; 4. atskaitīt no flotes; 5. atņemt autovadītāja tiesības; 6. aizliegt (*kosmosa kuģim*) startēt; 7. pamatot; 8. *glezn.* gruntēt
ground[b] *sk.* **grind** II
ground-floor [ˌgraʊnd'flɔ:] *n* apakšējais stāvs

grounding [ˈgraʊndɪŋ] *n* sagatavotība; priekšzināšanas
groundless [ˈgraʊndlɪs] *a* nepamatots
groundling [ˈgraʊndlɪŋ] *n* **1**. *iht*. grundulis; **2**. *bot*. klājaugs
ground-water [ˈgraʊndˌwɔːtə] *n* gruntsūdens
groundwork [ˈgraʊndwɜːk] *n pārn*. pamats; bāze; sagatavošanas darbs
group [gruːp] **I** *n* **1**. grupa; **2**. grupējums; frakcija; **3**. *pl* (*sabiedrības*) aprindas; slāņi; **4**. (*popmūziķu*) grupa; **5**. ķīm. radikālis; **II** *v* **1**. grupēt; **2**. klasificēt
grouping [ˈgruːpɪŋ] *n* grupēšana
grouseᵃ [graʊs] *n* (*pl* grouse [graʊs]) *ornit*. rubenis; black g. – teteris; white g. – lauku irbe; hazel g. – meža irbe; wood g. – mednis
grouseᵇ [graʊs] *sar*. **I** *n* īgņa; **II** *v* īgņoties
grove [grəʊv] *n* birzs, birztala
grovel [ˈgrɒvl] *v* zemoties; līst uz vēdera
grow [grəʊ] *v* (*p*. grew [gruː]; *p. p*. grown [grəʊn]) **1**. augt; pieaugt; palielināties; **2**. pastiprināties; **3**. (*v – saitiņa*) kļūt; to g. old – novecot; to g. worse – pasliktināties; **4**. audzēt; kultivēt; **5**. ataudzēt (*bārdu, matus*); ◻ to g. **away from** – atsvešināties; to g. **down** – samazināties; saīsināties; to g. **into** – 1) izaugt (*piem., par jaunekli*); 2) izaugt (*no drēbēm*); to g. **on** – patikt arvien vairāk; to g. **out of** – 1) izaugt (*no drēbēm*); 2) atradināties; to g. out of bad habit – atmest sliktu paradumu; 3) pāraugt; pārtapt; to g. **over** – aizaugt; to g. **up** – 1) izaugt; pieaugt; 2) rasties (*par paražām*)
growing [ˈgrəʊɪŋ] **I** *n* **1**. augšana; **2**. audzēšana; **II** *a* **1**. augošs; **2**. audzelīgs; auglīgs
growl [graʊl] **I** *n* **1**. rūkšana; ņurdēšana; **2**. (*pērkona*) dārdi, dārdoņa; **II** *v* **1**. rūkt; ņurdēt; **2**. dārdēt (*par pērkonu*); **3**. (*arī* to g. out) atņurdēt
grownᵃ [grəʊn] *a* pieaudzis; g. man – pieaudzis cilvēks
grownᵇ *sk*. **grow**
grown-up **I** *n* [ˈgrəʊnʌp] pieaudzis cilvēks, pieaugušais; **II** *a* [ˌgrəʊnˈʌp] pieaudzis
growth [grəʊθ] *n* **1**. augšana; attīstība; **2**. (*in*) pieaugums; palielināšanās; **3**. audzēšana; kultivēšana; **4**. jaunaudze, atauga; **5**. (*baktēriju*) kultūra; **6**. *med*. audzējs; malignant g. – ļaundabīgs audzējs
grubᵃ [grʌb] *n* kūniņa
grubᵇ [grʌb] *v* **1**. uzrakt; **2**. (*up*) izrakt; izlauzt (*celmus*); to g. up weeds – izravēt nezāles; **3**. rakņāties; urķēties
grubᶜ [grʌb] *sar*. ēdiens
grubby [ˈgrʌbi] *a* netīrs; nevīžīgs
grudge [grʌdʒ] **I** *n* nenovīdība; nepatika; to bear a g. – turēt ļaunu prātu; **II** *v* nenovēlēt; noskaust
grudgingly [ˈgrʌdʒɪŋli] *adv* nelabprāt; negribot
gruel [ˈgruːəl] *n* auzu tume
gruesome [ˈgruːsəm] *a* šaušalīgs
gruff [grʌf] *a* **1**. parupjš; skarbs; **2**. piesmacis (*par balsi*)
grumble [ˈgrʌmbl] **I** *n* **1**. kurnēšana; žēlošanās; **2**. īgns noskaņojums; **3**. (*pērkona*) dārdoņa; **II** *v* **1**. (*at, about*) kurnēt; žēloties; **2**. dārdēt (*par pērkonu*)
grumpy [ˈgrʌmpi] *a* īdzīgs
gruntᵃ [grʌnt] **I** *n* **1**. rukšķēšana; **2**. ņurdēšana; **II** *v* **1**. rukšķēt; **2**. [no]ņurdēt

gruntᵇ [grʌnt] *n amer. sar.* kājnieks, jūras kājnieku kareivis
guarantee [ˌgærən'ti:] **I** *n* **1.** garantija; galvojums; **2.** iemaksa; **3.** galvotājs; **II** *v* **1.** garantēt; galvot; **2.** (*against*) apdrošināt
guaranty ['gærənti] *n jur.* garantija; galvojums
guard [gɑ:d] **I** *n* **1.** modrība; to be on one's g. – būt modram (piesardzīgam); **2.** sardze; g. of honour – goda sardze; to stand g. – stāvēt sardzē; **3.** sardzesvīrs; **4.** *pl* gvarde; **5.** (*vilciena*) pavadonis; **6.** *sp.* aizsargpozīcija; **II** *v* **1.** apsargāt; **2.** [aiz]sargāt; **3.** apvaldīt (*piem., jūtas*)
guardian ['gɑ:diən] *n* **1.** aizbildnis; **2.** *pārn.* sargs; g. angel – sargeņģelis
guardianship ['gɑ:diənʃip] *n jur.* aizbildniecība
guardrail ['gɑ:dreil] *n* margas
guardsman ['gɑ:dzmən] *n* gvards
guerilla [gə'rilə] *n* partizāns
guess [ges] **I** *n* **1.** minējums; by g. – uz labu laimi; **2.** aptuvens aprēķins; **II** *v* **1.** minēt; **2.** uzminēt; **3.** *amer. sar.* domāt; uzskatīt
guesswork ['gesw3:k] *n* minējums
guest [gest] *n* viesis; paying g. – pensionārs
guffaw [gʌ'fɔ:] **I** *n* skaļi smiekli; **II** *v* skaļi smieties
guidance ['gaidəns] *n* **1.** vadība; under the g. of – vadībā; **2.** padoms; ieteikums; career g. – profesionālā orientācija
guide [gaid] **I** *n* **1.** pavadonis; gids; **2.** virzītājs; padomdevējs; **3.** ceļvedis; rokasgrāmata; **4.** *tehn.* virzošā detaļa; **II** *v* **1.** vest; būt par pavadoni; **2.** vadīt; virzīt; to be ~d (*by*) – vadīties

guide book ['gaid bʊk] *n* ceļvedis (*grāmata*)
guild [gild] *n* ģilde
guile [gail] *n* viltība, viltus
guileful ['gailfʊl] *a* viltīgs; nodevīgs
guileless ['gaillis] *a* vaļsirdīgs; vientiesīgs
guillotine [ˌgilə'ti:n] **I** *n* **1.** giljotīna; **2.** papīra griežamā mašīna; **3.** *med.* ķirurģisks instruments mandeļu operēšanai; **4.** debašu pārtraukšana (*parlamentā*); stingrs reglaments; **II** *v* **1.** giljotinēt; **2.** pārtraukt debates (*parlamentā*)
guilt [gilt] *n* vaina
guiltiness ['giltinis] *n* vainīgums
guiltless ['giltlis] *a* **1.** (*of*) nevainīgs; **2.** nezinošs; neprotošs
guilty ['gilti] *a* **1.** (*of*) vainīgs; to find g. *jur.* – atzīt par vainīgu; to plead g. *jur.* – atzīt savu vainu; to plead not g. *jur.* – noliegt savu vainu; **2.** vainīgs (*par izskatu*); g. conscience – netīra sirdsapziņa
guinea ['gini] *n* gineja (*21 šiliņš*)
guinea-fowl ['ginifaʊl] *n* pērļu vistiņa
guinea-pig ['ginipig] *n* **1.** jūras cūciņa; **2.** *pārn.* izmēģinājuma trusītis
guise [gaiz] *n* maska, maskējums; under the g. of friendship – izliekoties par draugu
guitara [gi'tɑ:] *n* ģitāra
gulch [gʌltʃ] *n amer.* dziļa aiza
gulf [gʌlf] *n* **1.** jūras līcis; **2.** bezdibenis; **3.** atvars; **4.** (*dziļa*) atšķirība uzskatos; **5.** *sar.* diploms bez izcilības
gullᵃ [gʌl] *n* kaija
gullᵇ [gʌl] **I** *n* muļķis; vientiesis; **II** *v* piemuļķot
gullet ['gʌlit] *n* barības vads
gullible ['gʌləbl] *a* lēticīgs

gully [ˈgʌli] *n* **1.** ieplaka; **2.** novadgrāvis
gulp [gʌlp] **I** *n* liels maks; at one g. – vienā paņēmienā; **II** *v* **1.** rīt; **2.** apvaldīt (*satraukumu*); norīt (*asaras*); ◊ g. **down** – norīt
gum[a] [gʌm] *n* (*parasti pl*) smaganas
gum[b] [gʌm] **I** *n* **1.** gumija; g. elastic – kaučuks; **2.** (*kauleņkoku*) sveķi; **3.** sveķkoks; **4.** līme; **5.** posa (*acu kaktiņos*); **6.** košļājamā gumija; **7.** ledene; **8.** *pl amer.* galošas; **II** *v* **1.** izdalīt sveķus; **2.** salīmēt; **3.** salipt
gumboil [ˈgʌmbɔil] *n* smaganu sastrutojums
gumboots [ˈgʌmbuːts] *n pl* gumijas zābaki
gumdrop [ˈgʌmdrɒp] *n amer.* apaļa ledene
gummy [ˈgʌmi] *a* **1.** lipīgs; **2.** sveķains
gumption [ˈgʌmpʃn] *n sar.* apķērība, apsviedība
gumshoe [ˈgʌmʃuː] *amer.* **I** *n* **1.** galoša; **2.** *pl* kedas; **3.** *sl.* [slepen]policists; špiks; **II** *v* lavīties
gum-tree [ˈgʌmtriː] *n* sveķkoks
gun [gʌn] **I** *n* **1.** lielgabals; **2.** šautene; doublebarelled g. – divstobrene; sporting g. – medību bise; starting g. *sp.* – starta pistole; **3.** *amer. sar.* revolveris; **4.** *sl.* miesassargs; **5.** *sl.* algots slepkava; bandīts; ◊ a big g. – liels vīrs; **II** *v* **1.** šaut; **2.** *mil.* apšaudīt; ◊ to g. **down** – nošaut
gundog [ˈgʌndɒg] *n* medību suns
gunfire [ˈgʌnfaiə] *n* artilērijas uguns
gunman [ˈgʌnmən] *n* bruņots noziedznieks (bandīts); terorists
gunner [ˈgʌnə] *n* **1.** artilērists; **2.** ložmetējnieks; **3.** *av.* strēlnieks
gunnery [ˈgʌnəri] *n* **1.** artilērija; **2.** artilērijas apšaude

gurgle [ˈgɜːgl] **I** *n* burbuļošana; **II** *v* burbuļot
gush [gʌʃ] **I** *n* **1.** šļāciens; strūkla; straume; g. of blood – asiņu straume; g. of rain – lietusgāze; **2.** (*jūtu*) izpaudums; **II** *v* **1.** izšļākties; izplūst; **2.** jūsmot
gust [gʌst] *n* **1.** (*vēja*) brāzma; (*lietus*) gāzma; **2.** (*jūtu*) uzliesmojums
gusto [ˈgʌstəʊ] *n* bauda; patika (*darot kaut ko*)
gusty [ˈgʌsti] *a* brāzmains, vētrains
gut [gʌt] **I** *n* **1.** zarna; blind g. – aklā zarna; little (small) ~s – tievās zarnas; **2.** *pl* zarnas, iekšas; **3.** *med.* ketguts; **4.** (*mūzikas instrumenta*) stīga; **5.** *pl sar.* saturs, būtība; **6.** *pl sar.* vīrišķība; raksturs; gribasspēks; **II** *a sar.* **1.** iekšķīgs; instinktīvs; **2.** būtiski svarīgs; vitāls; **III** *v* **1.** izņemt iekšas; izķidāt; **2.** izpostīt; ~ted by fire – izdedzis (*ugunsgrēkā*); **3.** izprast; apjēgt (*ātri pārlasot*); **4.** *sar.* rīt
gutsy [ˈgʌtsi] *a sar.* **1.** drosmīgs; apņēmīgs; nekaunīgs; **2.** stiprs; stingrs
gutter[a] [ˈgʌtə] *n* **1.** noteka; **2.** notekcaurule; **3.** (*sabiedrības*) padibenes
gutter[b] [ˈgʌtə] *v* notecēt (*par sveci*)
guttersnipe [ˈgʌtəsnaip] *n* **1.** ielaspuika; **2.** *amer. sar.* biržā nereģistrēts mākleris
guttural [ˈgʌtərəl] *a* gutulārs; rīkles- (*par skaņu*)
gutty [ˈgʌti] *a sar.* **1.** izaicinošs; pārdrošs; **2.** būtiski svarīgs; **3.** jaudīgs (*par automobili*)
guy [gai] **I** *n* **1.** putnubiedēklis; **2.** *amer. sar.* puisis; zeņķis; **II** *v* zoboties; izsmiet
guzzle [ˈgʌzl] *v* (*kāri*) rīt (*vai* dzert)
guzzler [ˈgʌzlə] *n* rīma; žūpa

gym [dʒim] *n sar. saīs. no* gymnasium, gymnastics
gymnasium [dʒim'neiziəm] *n* **1.** ģimnāzija; **2.** vingrošanas zāle
gymnast ['dʒimnæst] *n* vingrotājs
gymnastics [dʒim'næstiks] *n* vingrošana; remedial g. – ārstnieciskā vingrošana

gynaecologist [ˌgainiˈkɒlədʒist] *n* ginekologs
gyp [dʒip] *v amer. sar.* piekrāpt
gypsum ['dʒipsəm] *n* ģipsis
Gypsy ['dʒipsi] *sk.* **Gipsy**
gyrate [dʒai'reit] *v* griezties; riņķot
gyrostat ['dʒairəʊstæt] *n* žirostats

Hh

H, h [eitʃ] *n angļu alfabēta burts*; to drop one's h's – neizrunāt «h» burtu (*Londonas vienkāršrunas īpatnība*)
haberdasher ['hæbədæʃə] *n* **1.** galantērijas preču tirgotājs; **2.** *amer.* vīriešu apģērbu tirgotājs
haberdashery ['hæbədæʃəri] *n* **1.** galantērijas preces; **2.** galantērijas veikals
habit ['hæbit] *n* **1.** ieradums; paradums; by h. – aiz paraduma; to be of the h. (*of*) – būt paradušam; to fall (get) into the h. (*of*) – iegūt paradumu; to fall (get) out of the h. (*of*) – atmest paradumu; **2.** *novec.* raksturīga īpašība; daba; **3.** tērps; monk's h. – mūka tērps; riding h. – jātnieces tērps
habitable ['hæbitəbl] *a* apdzīvojams
habitat ['hæbitæt] *n* **1.** (*auga, dzīvnieka*) izplatības vieta; dabiskā vide; **2.** (*cilts*) dzīves vieta (rajons); **3.** zemūdens māja (*jūras laboratorija*)
habitation [ˌhæbi'teiʃn] *n* **1.** dzīvošana; not fit for h. – dzīvošanai nederīgs; **2.** mājoklis
habitual [hə'bitʃʊəl] *a* **1.** ierasts; parasts; **2.** pieradis (*pie kaut kā*); h. drunkard – nelabojams dzērājs; h. liar – melis; h. offender – recidīvists
habituate [hə'bitʃʊeit] *v* **1.** (*to*) pieradināt; **2.** radīt pieradumu (*pie narkotikām, zālēm*); **3.** *amer. sar.* bieži apmeklēt
habitude ['hæbitju:d] *n* ieradums, paradums
habitue [hə'bitʃʊei] *n* pastāvīgs apmeklētājs
hackᵃ [hæk] **I** *n* **1.** cirsta brūce; **2.** spēriens pa kājas lielu (*futbolā*); **3.** (*at*) iecirtums; ierobījums; **4.** sauss (rejošs) klepus; **5.** cērte; kaplis; **6.** *tehn.* cirtnis; **II** *v* **1.** iecirst; ierobīt; **2.** sacirst; sakapāt; **3.** iecirst (*brūci*); **4.** uzirdināt; uzkaplēt; **5.** sausi (rejoši) klepot; **6.** iespert pa kājas lielu (*futbolā*); ◊ to h. **down** – 1) nocirst; to h. down a tree – nocirst koku; 2) *av.* notriekt lidmašīnu; to h. **through** – izlauzt; to h. one's way through – izlauzt sev ceļu
hackᵇ [hæk] **I** *n* **1.** nodzīts zirgs; kleperis; **2.** jājamzirgs; **3.** rakstnieciņš, skribents; **4.** *amer.* taksometrs; **5.** *amer.* taksists; **6.** *amer. sl.* reportieris; **II** *v* **1.** jāt (*lēnā riksī*); **2.** *amer.* braukt ar taksometru; **3.** nolīgt skribenta darbam; **4.** *sl.* [pa]ciest; samierināties (*ar ko*); ◊ to h. **around** *sar.* – slaistīties apkārt
hackᶜ [hæk] *n* ceļa posms

hacking cough [ˌhækiŋ ˈkɒf] *n* sauss (rejošs) klepus
hackle [ˈhækl] **I** *n* (*linu*) suseklis; **II** *v* sukāt (*linus*)
hackles [ˈhæklz] *n pl* (*putna*) kakla spalvas
hackney [ˈhækni] *n* **1.** jājamzirgs; **2.** īrēts zirgs
hackney carriage [ˌhækni ˈkærɪdʒ] *n* **1.** īrēti rati; **2.** taksometrs
hackneyed [ˈhæknɪd] *a* banāls; nodrāzts; h. expression – nodrāzts teiciens
hacksaw [ˈhæksɔː] *n* metālzāģis
hackwork [ˈhækwɜːk] *n* (*literāra*) haltūra
had *sk.* **have**; ◇ to be h. *sar.* – tikt izmuļķotam
haddock [ˈhædək] *n* **1.** pīkša (*mencas paveids*); **2.** *amer. sl.* nauda
Hades [ˈheɪdiːz] *n mit.* pazemes valstība; ēnu valstība
haft [hɑːft] *n* (*naža, dunča*) spals; (*cirvja*) kāts
hag [hæg] *n* vecene; ragana
haggard [ˈhægəd] *a* izvārdzis; izmocīts
haggis [ˈhægɪs] *n kul.* jēra spēķes (*ar auzu pārslām, garšvielām*)
haggle [ˈhægl] *n* (*about, over*) kaulēties
hail[a] [heɪl] **I** *n* **1.** krusa; **2.** *pārn.* birums; h. of blows – sitienu krusa; **II** *v* **1.** birt (*par krusu*); **2.** raidīt (*piem., sitienu*) krusu
hail[b] [heɪl] **I** *n* sveiciens; uzsauciens; within h. – sauciena attālumā; **II** *v* **1.** sveicināt; sveikt; **2.** uzsaukt; to h. a taxi – apturēt taksometru; **3.** pasludināt
hailstone [ˈheɪlstəʊn] *n* krusas grauds
hailstorm [ˈheɪlstɔːm] *n* vētra ar krusu; stipra krusa
hair [heə] *n* **1.** mats; mati; to cut one's h. – nogriezt matus; to do one's h. –

sakārtot matus; **2.** (*dzīvnieka*) apmatojums; vilna; **3.** *tekst.* uzkārsums; plūksnojums; ◇ by a h. (within a h. of) – par mata tiesu no; to a h. – mats matā; to go against the h. – nebūt pa prātam; it made his h. stand on end – viņam no tā mati sacēlās stāvus
hairbreadth [ˈheəbredθ] *n* nieka tiesa; ◇ within a h. of death – par mata tiesu no nāves
hairbrush [ˈheəbrʌʃ] *n* matu suka
hairdown [ˈheədaʊn] *n sar.* vaļsirdīga saruna
hairdresser [ˈheəˌdresə] *n* (*sieviešu*) frizieris
hairdye [ˈheədaɪ] *n* matu krāsa
hairgrip [ˈheəgrɪp] *n* matu saspraude
hairless [ˈheəlɪs] *a* bez matiem
hairline [ˈheəlaɪn] *n* **1.** tieva līnija; **2.** matu līnija (*uz galvas*); **3.** *tehn.* (*arī* h. crack) sīkplaisa (*metālā, glazūrā*)
hairpiece [ˈheəpiːs] *n* šinjons
hairpin [ˈheəpɪn] *n* matadata
hair-raiser [ˈheəˌreɪzə] *n sar.* šausmu stāsts, filma, grāmata *u. tml.*
hairslide [ˈheəslaɪd] *n* matu sprādze
hair-splitting [ˈheəˌsplɪtɪŋ] *n* sīkmanība
hairstyle [ˈheəstaɪl] *n* matu sakārtojums, frizūra
hairstylist [ˈheəˌstaɪlɪst] *n* augstākās klases dāmu frizieris
hairy [ˈheərɪ] *a* **1.** matains, matiem noaudzis; **2.** uzkārsts; plūksnains (*par audumu*); **3.** *sar.* šausmīgs, šaušalīgs; **4.** *sar.* vecs; nodrāzts (*par anekdoti*); **5.** derdzīgs, pretīgs
hake [heɪk] *n* heks
halcyon[a] [ˈhælsɪən] *n ornit.* zivju dzenis
halcyon[b] [ˈhælsɪən] *a poēt.* rāms; mie-

rīgs; h. days – bezrūpīgas (laimīgas) dienas
hale [heil] *a*: h. and hearty – spirgts un vesels
half [hɑːf] **I** *n* (*pl* halves [hɑːvz]) **1.** puse; h. a dozen – pusducis; h. a mile – pusjūdze; h. an hour – pusstunda; **2.** daļa; **3.** pusgads; semestris; winter h. – pirmais pusgads; summer h. – otrais pusgads; **4.** bērnu biļete par puscenu; **5.** *sp.* puslaiks; **6.** *jur.* (*līgumslēdzēja*) puse; **II** *a* **1.** pus-; **2.** daļējs; nepilns; h. pay – pusslodze, nepilna slodze; **III** *adv* pus-; pa pusei; h. asleep – pa pusei aizmidzis; h. done – pa pusei padarīts; not h. *sl.* – 1) ļoti; briesmīgi; 2) nebūt ne
half-and-half [ˌhɑːfəndˈhɑːf] **I** *a* **1.** sajaukts vienādās attiecībās; **2.** nenoteikts; svārstīgs; **3.** ne šāds, ne tāds; **II** *adv* pusi uz pusi; uz pusēm
half-back [ˈhɑːfbæk] *n sp.* pussargs
half-baked [ˌhɑːfˈbeikt] *a* **1.** jēls; **2.** neizstrādāts; nepārdomāts; **3.** *sar.* pastulbs
half-blood [ˈhɑːfblʌd] *n* pusbrālis (*vai* pusmāsa)
half-caste [ˈhɑːfkɑːst] *n* jauktenis
half-circle [ˈhɑːfsɜːkl] *n* pusaplis
half-dozen [ˌhɑːfˈdʌzn] *n* pusducis
half-empty [ˌhɑːfˈempti] *a* pustukšs
half-fare [ˌhɑːfˈfeə] *n* biļete par puscenu
half-hearted [ˌhɑːfˈhɑːtid] *a* negribīgs; svārstīgs
half-holiday [ˌhɑːfˈhɒlədi] *n* saīsināta darba diena
half-hose [ˌhɑːfˈhəʊz] *n* pusgarās zeķes
half-hour [ˌhɑːfˈaʊə] *n* pusstunda
half-hourly [ˌhɑːfˈaʊəli] **I** *a* **1.** ikpusstundas-; h.-h. bus service – ikpusstundas autobusu satiksme; **2.** pusstundu ilgs; **II** *adv* katru pusstundu; reizi pusstundā
half-mast [ˌhɑːfˈmɑːst] *adv* pusmastā; flag at h.-m. – karogs pusmastā
halfpence *sk.* **halfpenny**
halfpenny [ˈheipni] **I** *n* (*pl* halfpence [ˈheipəns], halfpennies [ˈheipniz]) puspenijs, puspenss; **II** *a sar.* lēts
half-pint [ˈhɑːfpaint] *n* **1.** puspinte; puspintes pudele; **2.** *sar.* sīkstulis; **3.** *sl.* niecība, nulle
half-pound [ˌhɑːfˈpaʊnd] **I** *n* pusmārciņa; **II** *a* pusmārciņu smags
half-price [ˌhɑːfˈprais] **I** *n* puscena; at h.-p. – par puscenu; **II** *adv* par puscenu
half-time [ˌhɑːfˈtaim] *n* **1.** nepilna darba nedēļa (*vai* diena); **2.** samaksa par nepilnu darba nedēļu (*vai* dienu); **3.** *sp.* pārtraukums starp puslaikiem
halfway [ˌhɑːfˈwei] **I** *a* **1.** pusceļā esošs; **2.** kompromisa-; **3.** starpposma-; pārejošs; **II** *adv* **1.** pusceļā; **2.** pa pusei; daļēji; ◊ to meet smb. h. – piekāpties kādam
half-witted [ˌhɑːfˈwitid] *a* plānprātīgs
half-word [ˈhɑːfwɜːd] *n* mājiens
half-year [ˌhɑːfˈjɜː] *n* **1.** pusgads; **2.** semestris
halibut [ˈhælibət] *n iht.* āte
hall [hɔːl] *n* **1.** administratīva ēka; h. of justice – tiesas ēka; tiesa; town h. – rātsnams; **2.** zāle; **3.** halle; vestibils; **4.** (*koledžas, universitātes*) ēdnīca; h. of residence – studentu kopmītne
hallmark [ˈhɔːlmɑːk] *n* **1.** (*cēlmetāla*) raudze; **2.** (*of*) raksturīga iezīme
halloo [həˈluː] *v* **1.** aurot; klaigāt; **2.** rīdīt (*suņus*)
hallow [ˈhæləʊ] *v* svētīt; svaidīt; ~ed ground – svētīta zeme

Hallowmas [ˈhæləʊmæs] *n* Visu svēto diena (*1. novembris*)
hallucination [həˌluːsiˈneiʃn] *n* halucinācija
hallway [ˈhɔːlwei] *n amer.* gaitenis; priekšnams
halo [ˈheiləʊ] **I** *n* **1.** (*Saules, Mēness*) apdārzs; **2.** oreols; **II** *v* apvīt ar oreolu
halt[a] [hɔːlt] **I** *n* **1.** apstāšanās; to come to a h. – apstāties; **2.** piestātne; pietura; **II** *v* **1.** apstāties; **2.** apstādināt; **III** *int* stāt!
halt[b] [hɔːlt] *v* **1.** svārstīties; šaubīties; in a ~ing voice – nedrošā balsī; **2.** stomīties; **3.** *novec.* klibot
halter [ˈhɔːltə] *n* **1.** pavada; **2.** virve ar cilpu (*pie karātavām*); **3.** peldkostīma augšdaļa
halve [hɑːv] *v* **1.** dalīt uz pusēm; **2.** samazināt uz pusi
halves *sk.* **half I**
halyard [ˈhæljəd] *n jūrn.* falle
ham [hæm] **I** *n* **1.** šķiņķis; **2.** gurns; ciska; **II** *v* uzspēlēt (*par aktieri*)
hamlet [ˈhæmlit] *n* ciems, ciemats
hammer [ˈhæmə] **I** *n* **1.** āmurs; **2.** (*šautenes*) gailis; **3.** āmuriņš (*mehānisma daļa*); **4.** *anat.* (*auss*) āmuriņš; **5.** *sp.* veseris; **II** *v* **1.** sist; dauzīt (*ar āmuru*); **2.** kalt; kaldināt; **3.** (*away*) noņemties; nopūlēties; **4.** *sar.* uzvarēt, sakaut (*cīņā; sacensībās*); **5.** pasludināt par maksātnespējīgu; ◊ to h. **in** (**into**) – 1) iesist, iedzīt (*naglu*); 2) iedzīt (*galvā*); to h. **out** – 1) izkalt; 2) *pārn.* izstrādāt
hammock [ˈhæmək] *n* guļamtīkls; šūpuļtīkls
hammy [ˈhæmi] *a sar.* **1.** māksloti tēlojošs; uzspēlējošs (*par aktieri*); **2.** pārspīlēts

hamper[a] [ˈhæmpə] *n* **1.** pīts ceļa grozs (*ar vāku*); **2.** grozs ar ēdamo; **3.** *amer.* veļas grozs
hamper[b] [ˈhæmpə] *v* kavēt, traucēt (*kustības*)
hamster [ˈhæmstə] *n zool.* kāmis
hand [hænd] **I** *n* **1.** roka; plauksta; h. in h. – roku rokā; to shake ~s – [pa]spiest roku (*sasveicinoties*); **2.** priekšķepa; priekšķāja; **3.** (*pulksteņa*) rādītājs; **4.** rokraksts; **5.** kārtis (*spēlmaņa rokās*); (*kāršu*) partija; **6.** strādnieks; **7.** matrozis; *pl* (*kuģa*) komanda; all ~s on deck! – visi uz klāja!; **8.** vara; «stingra roka»; **9.** palīdzība; atbalsts; **10.** paraksts; **11.** *sar.* aplausi; on the one h. – no vienas puses; on the other h. – no otras puses; out of h. – uzreiz; uz karstām pēdām; **II** *v* padot; pasniegt; ◊ to h. **down** – 1) padot (*no augšas*); 2) nodot (*no paaudzes paaudzē*); to h. **in** – iesniegt; to h. in one's resignation – iesniegt atlūgumu; to h. **on** – nodot; nosūtīt; to h. **out** – izsniegt; to h. **over** – nodot (*citam*); to h. **up** – padot (*uz augšu*)
handbag [ˈhændbæg] *n* rokassoma; rokassomiņa
handball [ˈhændbɔːl] *n sp.* rokasbumba
handbook [ˈhændbʊk] *n* rokasgrāmata
handbrake [ˈhændbreik] *n* rokas bremze
handclap [ˈhændklæp] *n* aplausi
handclasp [ˈhændklɑːsp] *n* rokasspiediens
handcrafted [ˈhændˌkrɑːftid] *a* rokām darināts
handful [ˈhændfʊl] *n* (*of*) riekšava; sauja
handgrip [ˈhændgrip] *n* **1.** rokas spiediens; **2.** rokturis
handhold [ˈhændhəʊld] *n* **1.** atbalsts (*kur piekerties*); **2.** tureklis

handicap ['hændikæp] *n* **1.** fizisks trūkums; **2.** kavēklis; traucējums
handicraft ['hændikrɑ:ft] *n* **1.** amats; roku darbs; **2.** amatprasme
handicraftsman ['hændi‚krɑ:ftsmən] *n* amatnieks
handily ['hændili] *adv* **1.** veikli; prasmīgi; **2.** parocīgi
handiness ['hændinis] *n* **1.** veiklība; prasme; **2.** parocīgums
handiwork ['hændiwɜ:k] *n* **1.** roku darbs; **2.** rokdarbs
handkerchief ['hæŋkətʃif] *n* kabatlakatiņš
handknit ['hændnit] *v* adīt ar rokām
handknitted ['hænd‚nitid] *a* rokām adīts
handle ['hændl] **I** *n* rokturis; kāts; spals; **II** *v* **1.** ņemt (turēt) rokās; **2.** apieties; rīkoties; to h. with care – apieties uzmanīgi; **3.** izturēties; **4.** vadīt; regulēt; to h. troops – komandēt karaspēku; **5.** traktēt; aplūkot; **6.** tirgot
handlebar ['hændlbɑ:] *n* **1.** (*velosipēda*) stūre; **2.** *pl* garas ūsas
handler ['hændlə] *n* **1.** dresētājs; **2.** treneris
handlist ['hændlist] **I** *n* (*grāmatu u. tml.*) alfabētisks saraksts; **II** *v* sastādīt alfabētisku sarakstu
handluggage ['hænd‚lʌgidʒ] *n* rokas bagāža
handmade [‚hænd'meid] *a* rokām darināts
handmaid ['hændmeid] *n novec.* istabene
hand-operated [‚hænd'ɒpəreitid] *a* ar roku vadāms (darbināms)
handout ['hændaʊt] *n* **1.** presei sniegta informācija; **2.** reklāmlapa, reklāmprospekts; **3.** (*preces*) bezmaksas paraugs (*reklāmas nolūkos*)
handpick [‚hænd'pik] *v* rūpīgi atlasīt

handrail ['hændreil] *n* margas
handshake ['hændʃeik] *n* rokasspiediens
handsome ['hænsəm] *a* **1.** glīts; izskatīgs; **2.** prāvs; krietns (*piem., par summu*); **3.** devīgs
handwork ['hændwɜ:k] *n* roku darbs
handwriting ['hænd‚raitiŋ] *n* rokraksts
handy ['hændi] *a* **1.** parocīgs; ērts (*lietošanai*); **2.** prasmīgs; veikls; **3.** tuvumā esošs; to keep h. – turēt pa rokai; ◊ to come in h. – noderēt
hang [hæŋ] **I** *n* **1.** (*auduma, tērpa*) kritums; **2.** *sar.* jēga; ◊ I don't care a h. – man par to nospļauties; **II** *v* (*p. un p. p.* hung [hʌŋ] **1.** [pa]kārt; uzkārt; **2.** kārties; **3.** (*p. un p. p.* hanged [hæŋd]) pakārt (*cilvēku*); **4.** piegulēt (*par tērpu*); **5.** izstādīt (*gleznas izstādē*); **6.** *amer. jur.* kavēt (*zvērināto darbu*); ▯ to h. **about** – slaistīties; to h. **back** – 1) turēties atstatu; 2) šaubīties; vilcināties; to h. **down** – nokārties; to h. **on** – 1) cieši turēties; iekerties; 2) (*to*) neatlaisties; neatlaidīgi turpināt; 3) būt atkarīgam (*no*); h. on a moment! *sar.* – pagaidi mirklīti!; to h. **out** – 1) izkārt (*karogus, veļu*); 2) *sl.* dzīvot; mitināties; to h. **over** – 1) nokārties; pārkārties; 2) *pārn.* draudēt; to h. **together** – 1) turēties kopā; 2) būt loģiski saistītam; to h. **up** – 1) pakārt (*telefona klausuli*); 2) atlikt; novilcināt sarunu; ◊ to h. by a hair – karāties mata galā
hangar ['hæŋə] *n* angārs
hangdog ['hæŋdɒg] **I** *n* nelietis; karātavu putns; **II** *a* **1.** vainīgs; nokaunējies (*par izskatu*); **2.** nelietīgs; nekrietns
hanger ['hæŋə] *n* **1.** (*drēbju*) pakaramais; **2.** piekārts priekšmets; **3.** (*afišu u.*

tml.) izlīmētājs; **4.** *tehn.* āķis; kronšteins
hang-loose [ˌhæŋˈluːs] *a* **1.** brīvs; nepiespiests; **2.** amorfs
hangman [ˈhæŋmən] *n* bende
hangnail [ˈhæŋneil] *n* ienadzis
hangover [ˈhæŋˌəʊvə] *n* **1.** paģiras; **2.** (*piem., slimības*) sekas
hanker [ˈhæŋkə] *v* (*after, for*) ilgoties; kārot
hankie, hanky [ˈhænki] *n sar.* mutautiņš
haphazard [ˌhæpˈhæzəd] **I** *n* gadījums; nejaušība; **II** *a* nejaušs; **III** *adv* nejauši
hapless [ˈhæpləs] *a novec., poēt.* nelaimīgs
happen [ˈhæpən] *v* **1.** notikt; **2.** nejauši gadīties; ◊ to h. **in** *sar.* – nejauši iegriezties; to h. **[up]on** – nejauši atrast (satikt)
happening [ˈhæpəniŋ] *n* **1.** notikums; **2.** *teātr.* hepenings
happily [ˈhæpili] *adv* **1.** laimīgi; **2.** par laimi
happiness [ˈhæpinəs] *n* laime
happy [ˈhæpi] *a* **1.** laimīgs; h. end – (*filmas, romāna u. tml.*) laimīgas beigas; **2.** *predic.* priecīgs; laimīgs; **3.** veiksmīgs; izdevies
happy-go-lucky [ˌhæpigəʊˈlʌki] **I** *a* **1.** bezbēdīgs, bezrūpīgs; **2.** nejaušs; **II** *adv* kā pagadās
happy medium [ˌhæpi ˈmiːdiəm] *n* zelta vidusceļš
harangue [həˈræŋ] **I** *n* gara, publiska runa; **II** *v* gari runāt
harass [ˈhærəs] *v* **1.** nelikt mierā; nomocīt; novārdzināt; **2.** nokausēt (*ienaidnieku*)
harassed [ˈhærəsd] *a* nomocīts; novārdzis

harbinger [ˈhɑːbindʒə] *n* vēstnesis
harbour [ˈhɑːbə] **I** *n* **1.** osta; **2.** patvērums; **II** *v* **1.** noenkuroties (*ostā*); **2.** dot patvērumu; **3.** turēt (*naidu*); perināt (*ļaunus nodomus*)
hard [hɑːd] **I** *a* **1.** ciets; **2.** grūts; smags; h. task – grūts uzdevums; **3.** stiprs; spēcīgs (*piem., par sitienu*); **4.** bargs; stingrs; **5.** centīgs; strādīgs; **6.** bargs (*par salu, ziemu*); **7.** ass; griezīgs (*par skaņu*); **8.** stingrs; noteikts (*par cenu*); **9.** stiprs; alkoholisks; **10.** *val.* nebalsīgs (*par līdzskani*); ◊ h. drinker – dzērājs; žūpa; h. labour – katorgas darbi; h. nut to crack – ciets rieksts; grūts uzdevums; h. of hearing – pakurls; **II** *adv* **1.** stipri; spēcīgi; to rain h. – stipri līt; **2.** cītīgi; centīgi; enerģiski; **3.** grūti; smagi; **4.** cieši; stingri; **5.** pārlieku; pārmērīgi; **6.** tuvu; h. by – cieši klāt; he is h. on forty – viņam drīz būs četrdesmit
hard-and-fast [ˌhɑːdəndˈfɑːst] *a* stingrs; noteikts; negrozāms
hardback [ˈhɑːdbæk] *n* iesieta grāmata
hardball [ˈhɑːdbɔːl] *a sar.* bargs; nepiekāpīgs
hard-boiled [ˌhɑːdˈbɔild] *a* **1.** cieti novārīta (*par olu*); **2.** skarbs (*par raksturu*)
hard candy [ˌhɑːd ˈkændi] *n* karamele
hard cash [ˌhɑːd ˈkæʃ] *n* skaidra nauda
hard copy [ˌhɑːd ˈkɒpi] *n dat.* cietā kopija
hardcover [ˌhɑːdˈkʌvə] *n* iesieta grāmata
harden [ˈhɑːdn] *v* **1.** padarīt cietu; **2.** kļūt cietam; sacietēt; **3.** norūdīt (*ķermeni*); **4.** norūdīties (*pret aukstumu, grūtībām u. tml.*); **5.** nocietināt (*sirdi*); **6.** *tehn.* norūdīt

hard feelings [ˌhɑ:d 'fi:liŋz] *n* ļaunošanās
hard-grained [ˌhɑ:d'greind] *a* **1.** rupjgraudains; **2.** skarbs; nepielūdzams
hardheaded [ˌhɑ:d'hedid] *a* praktisks; lietišķs
hardhearted [ˌhɑ:d'hɑ:tid] *a* cietsirdīgs; nežēlīgs
hardihood ['hɑ:dihʊd] *n* drosme; bezbailība
hardiness ['hɑ:dinis] *n* **1.** izturība; **2.** salcietība
hardly ['hɑ:dli] *adv* **1.** tikko; ar pūlēm; **2.** tiklīdz [kā]; tikko [kā]; **3.** diez vai; ◇ h. ever – gandrīz nekad
hardness ['hɑ:dnis] *n* **1.** cietība; blīvums; **2.** grūtums; smagums; **3.** (*klimata*) bargums; **4.** cietsirdība; nežēlība
hardshell ['hɑ:dʃel] *a* **1.** ar cietu apvalku; **2.** nelokāms; neietekmējams
hardship ['hɑ:dʃip] *n* grūtības; to suffer many ~s – daudz pārciest
hard shoulder [ˌhɑ:d'ʃəʊldə] *n* vieta šosejas malā (*kur pieturēt avārijas gadījumā*)
hardtack ['hɑ:dtæk] *n* sausiņš
hardware ['hɑ:dweə] *n* **1.** dzelzs izstrādājumi; būvapkalumi; **2.** *mil.* munīcija; **3.** *dat.* [skaitļošanas] aparatūra; **4.** ordeņi, medaļas, krūšu nozīmes; **5.** *amer. sl.* alkohols
hardy ['hɑ:di] *a* **1.** norūdīts; izturīgs; **2.** salcietīgs; **3.** drosmīgs; pārdrošs
hare[a] [heə] *n* zaķis; ◇ mad as a March h. – pilnīgi traks
hare[b] [heə] *v sl.* jozt; drāzt; ▯ to h. **away** – laisties prom
harebell ['heəbel] *n bot.* pulkstenīte
harebrained ['heəbreind] *a* aušīgs; vieglprātīgs
harelip ['heəlip] *n med.* šķelta lūpa
harem ['hɑ:ri:m] *n* harēms

haricot ['hærikəʊ] *n* (*arī* h. bean) kāršu pupa
hark [hɑ:k] *int* klau!; ▯ to h. **back to** – atgriezties (*pie sarunas, temata u. tml.*); no jauna pievērsties
harlot ['hɑ:lət] *n novec.* ielasmeita
harm [hɑ:m] **I** *n* **1.** ļaunums; kaitīgums; to do h. – [no]darīt ļaunu; kaitēt; to mean no h. – nedomāt nekā ļauna; **2.** zaudējums; **II** *v* **1.** [no]darīt ļaunu; kaitēt; **2.** sagādāt zaudējumus
harmful ['hɑ:mfl] *a* kaitīgs
harmless ['hɑ:mlis] *a* **1.** nekaitīgs; **2.** nevainīgs
harmonica [hɑ:'mɒnikə] *n* mutes harmonikas
harmonious [hɑ:'məʊniəs] *a* **1.** harmonisks; saskanīgs; **2.** draudzīgs; saticīgs
harmonize ['hɑ:mənaiz] *v* **1.** (*with*) saskaņot; **2.** harmonēt, saskanēt; **3.** *mūz.* harmonizēt
harmony ['hɑ:məni] *n* **1.** harmonija; saskaņa; **2.** saticība
harness ['hɑ:nis] **I** *n* **1.** iejūgs; zirglietas; **2.** *vēst.* bruņas; ◇ to die in h. – nomirt postenī; **II** *v* **1.** iejūgt; **2.** izmantot
harp [hɑ:p] **I** *n* arfa; **II** *v* **1.** spēlēt arfu; **2.** runāt vienu un to pašu
harpoon [hɑ:'pu:n] **I** *n* harpūna; **II** *v* harpunēt
harpy ['hɑ:pi] *n* **1.** *mit.* harpija; **2.** *pārn.* plēsoņa
harrow ['hærəʊ] **I** *n* ecēšas; **II** *v* **1.** ecēt; **2.** mocīt; tirdīt
harry ['hæri] *v* **1.** izpostīt; izlaupīt; **2.** mocīt; plosīt
harsh [hɑ:ʃ] *a* **1.** raupjš (*par virsmu*); **2.** spalgs; griezīgs (*par skaņu*); **3.** bargs
hart [hɑ:t] *n* briedis

hartal [hɑːˈtaːl] *n* darba un tirdzniecības pārtraukšana (*protestējot pret kaut ko*)
hartshorn [ˈhɑːtshɔːn] *n* **1.** briežrags; **2.** ožamais spirts; **3.** ožamais sāls
harum-scarum [ˌheərəmˈskeərəm] **I** *n* aušīgs, neapdomīgs cilvēks; vējgrābslis; **II** *a* aušīgs, neapdomīgs; pārsteidzīgs; h.-s. child – palaidnis
harvest [ˈhɑːvist] **I** *n* **1.** pļauja; ražas novākšana; h. festival – ražas svētku dievkalpojums; h. home – pļaujas svētki; **2.** raža; bumper h. – bagāta raža; **3.** *pārn.* augļi; **II** *v* novākt ražu
harvest-bug [ˈhɑːvistbʌg] *n* ērce
harvester [ˈhɑːvistə] *n* **1.** pļāvējs; **2.** pļaujmašīna
has [*uzsvērtā forma* hæz, *neuzsvērtās formas* həz, əz] *tagadnes 3. pers. sg no* to have
hash [hæʃ] **I** *n* **1.** (*no atliekām pagatavots*) kapātas gaļas ēdiens; **2.** juceklis; putrojums; to make a h. (*of*) – saputrot; **3.** *sl.* hašišs; **II** *v* kapāt (*gaļu*); ◊ to h. **out** *sar.* – nokārtot (*piem., jautājumu*); to h. **up** *sar.* – sajaukt
hasher [ˈhæʃə] *n* gaļasmašīna
hashhead [ˈhæʃhed] *n sl.* narkomāns
hashish [ˈhæʃiːʃ] *n* hašišs
hasp [hæsp] **I** *n* (*durvju, logu*) aizbīdnis; **II** *v* aizbultēt; aizšaut bultu
hassle [ˈhæsl] *sar.* **I** *n* **1.** lamāšanās; ķīviņš; **2.** grūtības; mocības; **II** *v* lamāties; ķīvēties
haste [heist] *n* steiga; in h. – steigā; to do in h. – sasteigt; to make h. – pasteigties
hasten [ˈheistn] *v* **1.** [pa]steidzināt; paātrināt; **2.** steigties
hastiness [ˈheistinəs] *n* **1.** steiga; steidzīgums; **2.** pārsteidzība; neapdomība; **3.** (*rakstura*) straujums; ātrsirdīgums

hasty [ˈheisti] *a* **1.** steidzīgs; **2.** pārsteidzīgs; neapdomāts; **3.** straujš (*par raksturu*)
hat [hæt] *n* cepure; platmale; fur h. – kažokādas cepure; top h. – cilindrs; to raise (touch) one's h. – pacelt cepuri (*sasveicinoties*); ◊ bad h. *sl.* – nelietis; to throw one's h. in – pieņemt izaicinājumu
hatch[a] [hætʃ] *n* lūka (*uz kuģa klāja*); under ~es – 1) zem klāja; 2) ieslodzījumā; 3) postā; nelaimē
hatch[b] [hætʃ] **I** *n* **1.** (*cāļu*) perēšana; **2.** perējums; **II** *v* **1.** perēt; **2.** izšķilties (*no olas*); **3.** *pārn.* perināt (*nodomu*)
hatchery [ˈhætʃəri] *n* **1.** inkubators; **2.** (*zivju*) audzētava
hatchet [ˈhætʃit] *n* cirvītis; ◊ to bury the h. – salīgt mieru
hatchway [ˈhætʃwei] *n* lūka (*uz kuģa klāja*)
hate [heit] **I** *n* **1.** naids; **2.** nepatikas objekts; **II** *v* **1.** ienīst; **2.** *sar.* neciest
hateful [ˈheitfl] *a* **1.** ienīsts; pretīgs; **2.** naidpilns; ļauns
hatefulness [ˈheitfəlnis] *n* pretīgums
hatred [ˈheitrid] *n* (*of, for*) naids
hatter [ˈhætə] *n* cepurnieks; ◊ mad as a h. – pilnīgi traks
haughtiness [ˈhɔːtinəs] *n* augstprātība
haughty [ˈhɔːti] *a* augstprātīgs
haul [hɔːl] **I** *n* **1.** vilkšana; **2.** pārvadāšana; **3.** nobraukums; reiss; **4.** loms; nozveja; **5.** krava; **6.** *sar.* guvums; ķēriens; **II** *v* **1.** vilkt; to h. on a rope – vilkt virvi; **2.** treilēt; pievest (*meža materiālus*); **3.** pārvadāt; transportēt; **4.** *jūrn.* mainīt (*kuģa*) virzienu; **5.** mainīt virzienu (*par vēju*); **6.** *jūrn.* turēties pret vēju
haulm [hɔːm] *n* **1.** stiebrs; stublājs; **2.** salmi

haunch [hɔ:ntʃ] *n* **1.** gurns; **2.** pakaļkāja
haunt [hɔ:nt] **I** *n* **1.** iemīļota uzturēšanās vieta; **2.** (*blēžu, zagļu*) midzenis; **II** *v* **1.** bieži apmeklēt (uzturēties); **2.** rēgoties, spokoties; **3.** vajāt (*par atmiņām, domām*)
hautboy [ˈəʊbɔi] *n mūz. novec.* oboja
have [hæv] **I** *n sar.* blēdība; krāpšana; **II** *v* [*uzsvērtā forma* hæv, *neuzsvērtās formas* həv, əv] (*p. un p. p.* had [*uzsvērtā forma* hæd, *neuzsvērtās formas* həd, əd]) **1.** (*arī* h. got) būt (*piederības nozīmē*); I h. got a new flat – man ir jauns dzīvoklis; **2.** (*fiziskas vai garīgas īpašības nozīmē*): she has blue eyes – viņai ir zilas acis; **3.** (*abstraktā nozīmē*): I h. no objections – man nav nekādu iebildumu; **4.** (*kā palīgverbs veido saliktos laikus*): he has gone – viņš ir aizbraucis; **5.** saturēt; september has thirty days – septembrī ir trīsdesmit dienas; **6.** uzņemt (*barību*); dzert; to have a cup of coffee – izdzert tasi kafijas; **7.** (*par slimību*): I h. a bad cold – man ir stipras iesnas; **8.** dabūt; saņemt; we had good news – mēs saņēmām labas ziņas; **9.** (*ar infinitīvu izsaka nepieciešamību*): we had to get the doctor – mums bija jāizsauc ārsts; **10.** (*lieto ar pagātnes divdabi*): I had my photo taken – es nofotografējos; **11.** izjust; izbaudīt; to have a pleasant time – patīkami pavadīt laiku; **12.** apgalvot; sacīt; **13.** uzvarēt; gūt virsroku; **14.** (*lieto ar salīdzināmiem adverbiem*): you had better stay in bed – tev labāk palikt gultā; **15.** (*izsaka vēlēšanos*): which book will you h.? – kuru grāmatu tu vēlies?; **16.** (*apzīmē konkrētu darbību*): to h. a talk – aprunāties; **17.** *sar.* atļaut; pieļaut (*nolieguma teikumos*): I won't h. it! – es to nepieļaušu (necietīšu)!; ◊ to h. **down** – uzņemt (*kā viesi*); to h. **in** (*arī* to h. got in) – 1) turēt krājumā; h. you got enough sugar in? – vai jums cukurs ir krājumā?; 2) ielūgt, uzaicināt (*kā viesi*); 3) izsaukt (*piem., santehniķi*); to h. **on** – 1) būt tērptam; 2) *sar.* izjokot; piekrāpt; piemānīt; to h. **out** – 1) izraut (*piem., zobu*); 2) (*with*) izskaidroties (*ar kādu*); to be had **up** – tikt iesūdzētam tiesā; he has been had up for speeding – viņam tika uzlikts naudas sods par ātruma pārsniegšanu; ◊ h. done! – diezgan!; izbeidz!; I've had it – es padodos
haven [ˈheivn] *n* droša osta; patvērums
haversack [ˈhævəsæk] *n* mugursoma; plecu soma
havoc [ˈhævək] *n* postījumi; to make h. – nodarīt postījumus; nopostīt
hawk[a] [hɔ:k] *n* **1.** vanags; **2.** *pol.* militārists
hawk[b] [hɔ:k] *v* **1.** nodarboties ar iznēsājumtirdzniecību; **2.** izplatīt (*ziņas, baumas*)
hawk[c] [hɔ:k] *v* nokremšļoties
hawker[a] [ˈhɔ:kə] *n* mednieks ar vanagu
hawker[b] [ˈhɔ:kə] *n* iznēsājumtirgotājs; ielu tirgotājs
hawser [ˈhɔ:zə] *n jūrn.* trose
hawthorn [ˈhɔ:θɔ:n] *n bot.* paērkšķis; vilkābele
hay [hei] **I** *n* **1.** siens; to make h. – pļaut zāli un žāvēt sienu; **2.** *sar.* gulta; **II** *v* **1.** pļaut zāli un žāvēt sienu; **2.** barot ar sienu
haycock [ˈheikɒk] *n* siena guba

hayfork [ˈheifɔːk] *n* dakšas
haylage [ˈheilidʒ] *n lauks.* skābsiens
hayloft [ˈheilɒft] *n* gubenis
haymaker [ˈheiˌmeikə] *n* 1. siena pļāvējs; 2. siena pļaujmašīna; 3. *amer. sar.* belziens
haymaking [ˈheiˌmeikiŋ] *n* siena pļauja; h. time – siena laiks
hayrick [ˈheirik] *n* siena kaudze (guba)
hayseed [ˈheisiːd] *n* 1. zāles sēkla; 2. siena pabiras; 3. *amer.* lauķis
haystack [ˈheistæk] *n* siena kaudze (guba)
hazard [ˈhæzəd] **I** *n* risks; briesmas; at the h. of one's life – riskējot ar dzīvību; **II** *v* 1. riskēt; 2. uzdrošināties; atļauties
hazardous [ˈhæzədəs] *a* riskants; bīstams
haze[a] [heiz] **I** *n* 1. dūmaka; 2. apmātība; **II** *v* aizmiglot; ietīt miglā
haze[b] [heiz] *v amer.* nostrādināt; nokausēt (*ar darbu*)
hazel [ˈheizl] **I** *n* lazda; **II** *a* gaišbrūns
hazelhen [ˈheizlhen] *n* mežirbe
hazelnut [ˈheizlnʌt] *n* (*lazdas*) rieksts
hazily [ˈheizili] *adv* miglaini; neskaidri
hazy [ˈheizi] *a* 1. dūmakains; miglains; 2. neskaidrs; h. idea – neskaidrs priekšstats; 3. ieskurbis
H-bomb [ˈeitʃbɒm] *n* ūdeņraža bumba
he [*uzsvērtā forma* hiː, *neuzsvērtās formas* hi, iː] **I** *pron* viņš; he who... – tas, kurš...; **II** (*prefikss dzīvnieku tēviņu apzīmēšanai*): he-goat – āzis
head [hed] **I** *n* 1. galva; [by] a h. taller – galvas tiesu garāks; from h. to foot – no galvas līdz kājām; 2. [sa]prāts; spējas; clear h. – skaidrs prāts; he has a [good] h. on his shoulders – viņam ir galva uz pleciem; 3. vadītājs; priekšnieks; 4. augša; augšdaļa; 5. (*gultas*) galvgalis; 6. (*kuģa*) priekšgals; 7. zemesrags; 8. (*upes*) izteka; 9. (*koka*) lapotne; 10. (*naglas, kniepadatas*) galviņa; 11. (*monētas*) virspuse; 12. (*naža*) griezējdaļa; (*cirvja*) cirtējdaļa; 13. (*alus u. tml.*) putas; 14. (*augoņa*) izaugums; **II** *a* galvenais; vecākais; h. cook – šefpavārs; h. nurse – vecākā māsa (*slimnīcā*); **III** *v* 1. vadīt; atrasties priekšgalā; to h. a delegation – vadīt delegāciju; to h. the list – būt pirmajā vietā sarakstā; 2. (*for*) virzīties; ◊ to h. **back** – aizsprostot (*ceļu*); to h. **off** – novērst (*piem., strīdu*)
headache [ˈhedeik] *n* 1. galvassāpes; 2. *sar.* grūtības; nepatikšanas
headboard [ˈhedbɔːd] *n* (*gultas*) galvgalis
header [ˈhedə] *n* 1. lēciens uz galvas (*ūdenī*); to take a h. – ienirt; 2. sitiens pa galvu (*futbolā*); 3. *būvn.* šķērsķieģelis
headfirst [ˌhedˈfɜːst] *sk.* **headlong**
headgear [ˈhedgiə] *n* 1. galvassega; 2. *rad.* austiņas
heading [ˈhediŋ] *n* 1. virsraksts; 2. *jūrn.* kurss
headland [ˈhedlənd] *n* zemesrags
headlight [ˈhedlait] *n* (*automobiļa*) priekšējais lukturis; (*lokomotīves*) prožektors; (*kuģa*) priekšgala uguns; dimmed ~s – tuvās gaismas
headline [ˈhedlain] **I** *n* 1. (*avīzes raksta*) virsraksts; 2. *pl rad.* pēdējo ziņu izklāsts; 3. kolumntituls; **II** *v* 1. dot virsrakstu; 2. plaši atspoguļot presē; 3. radīt sensāciju
headlong [ˈhedlɒŋ] **I** *a* 1.: h. fall – kritiens garšļaukus; 2. pārsteidzīgs;

muļķīgs; **II** *adv* **1.** ar galvu pa priekšu; **2.** pārsteidzīgi; muļķīgi
headman [ˈhedmən] *n* **1.** (*cilts*) vecākais; **2.** vecākais strādnieks; meistars
headmaster [ˌhedˈmɑːstə] *n* (*skolas*) direktors
headmistress [ˌhedˈmistris] *n* (*skolas*) direktore
headphones [ˈhedfəʊnz] *n pl* (*radio, telefona*) austiņas
headpiece [ˈhedpiːs] *n* **1.** bruņucepure; **2.** *sar.* galva; smadzenes; **3.** sākuma vinjete; sākuma zīmējums (*grāmatā*)
headquarters [ˌhedˈkwɔːtəz] *n pl* (*lieto kā sg un pl*) **1.** *mil.* štābs; **2.** galvenā pārvalde
headsman [ˈhedzmən] *n* bende
headspring [ˈhedspriŋ] *n* pirmavots
headstall [ˈhedstɔːl] *n* iemaukti; apauši
headstone [ˈhedstəʊn] *n* **1.** kapakmens; **2.** stūrakmens
headstrong [ˈhedstrɒŋ] *a* ietiepīgs, stūrgalvīgs
head-up [ˌhedˈʌp] *a* [vienmēr] piesardzīgs; modrs
headway [ˈhedwei] *n* **1.** virzīšanās uz priekšu; **2.** progress; to make h. – progresēt
headwind [ˈhedwind] *n* pretvējš
headword [ˈhedwɜːd] *n* pamatvārds, šķirklis (*vārdnīcā*)
heady [ˈhedi] *a* **1.** pārsteidzīgs; **2.** reibinošs; stiprs (*par dzērienu*); **3.** *pārn.* skurbinošs
heal [hiːl] *v* **1.** [sa]dzīt (*par brūci*); **2.** [iz]beigt; **3.** *bibl., novec.* dziedēt; dziedināt
healing [ˈhiːliŋ] **I** *n* **1.** dziedināšana; **2.** sadzīšana; **II** *a* dziedinošs
health [helθ] *n* **1.** veselība; h. centre – 1) bērnu konsultācija; 2) poliklīnika; dispansers; h. insurance – apdrošināšana slimības gadījumiem; h. resort – kūrorts; h. service – veselības aizsardzība; **2.** veselības stāvoklis
healthful [ˈhelθfl] *a* veselīgs; dziedinošs
healthy [ˈhelθi] *a* **1.** vesels; veselīgs; **2.** dziedinošs; **3.** *sar.* liels; stiprs
heap [hiːp] **I** *n* **1.** kaudze; grēda; h. of stones – akmeņu grēda; **2.** (*parasti pl*) *sar.* milzums; ~s of times – bieži; **II** *v* **1.** (*up*) sakraut; samest (*kaudzē*); **2.** (*up*) krāt; to h. up wealth (riches) – krāt bagātību; **3.** (*with*) uzkraut; **4.** (*on, upon*) apbērt (*ar uzslavām*)
hear [hiə] *v* (*p. un p. p.* heard [hɜːd]) **1.** dzirdēt; **2.** (*of, about*) uzzināt; dabūt dzirdēt; to h. the news – uzzināt jaunumus; **3.** klausīties; **4.** (*from*) saņemt ziņas; **5.** *jur.* iztiesāt (*lietu tiesā*); ◊ to h. **out** – uzklausīt
heard *sk.* **hear**
hearing [ˈhiəriŋ] *n* **1.** dzirde; hard of h. – pakurls; **2.** dzirdamības robežas; **3.** klausīšanās; uzklausīšana; **4.** *jur.* (*lietas*) iztiesāšana
hearing-aid [ˈhiəriŋeid] *n* dzirdes aparāts
hearken [ˈhɑːkən] *v novec.* (*to*) uzklausīt; klausīties
hearsay [ˈhiəsei] *n* baumas; by h. – pa ausu galam
hearse [hɜːs] *n* katafalks; līķrati
heart [hɑːt] *n* **1.** sirds; h. attack – sirdslēkme; h. defect – sirdskaite; h. disease – sirdsslimība; **2.** dvēsele; sirds; at h. – sirds dziļumos; from the bottom of one's h. – no visas sirds; h. and soul – ar sirdi un dvēseli; to take smth. to h. – ņemt kaut ko pie sirds; with all one's h. – no visas sirds; **3.** drosme, drošsirdība; to lose h. – zaudēt drosmi; to take (pluck up) h. –

saņemt drosmi (dūšu); **4.** būtība; kodols; **5.** centrālā daļa; vidiene; **6.** (*augsnes*) auglība; **7.** *tehn.* serde; serdenis; ◇ by h. – no galvas; to break smb.'s h. – lauzt kāda sirdi; to cross one's h. – dievoties; to cry one's h. out – izraudāt visas acis
heartache [ˈhɑːteik] *n* sirdsāpes, sirdēsti
heartbeat [ˈhɑːtbiːt] *n* **1.** sirdspuksti; **2.** saviļņojums
heartbreak [ˈhɑːtbreik] *n* lielas bēdas; dziļa vilšanās
heartbreaking [ˈhɑːtˌbreikiŋ] *a* **1.** sirdi plosošs; **2.** garlaicīgs; nogurdinošs
heartbroken [ˈhɑːtˌbrəʊkən] *a* dziļi satriekts
heartburn [ˈhɑːtbɜːn] *n* grēmas
heartburning [ˈhɑːtbɜːniŋ] *n* **1.** greizsirdība; skaudība; **2.** īgnums; neapmierinātība
hearten [ˈhɑːtn] *v* uzmundrināt; iedrošināt
heartening [ˈhɑːtniŋ] *a* iepriecinošs
heartfelt [ˈhɑːtfelt] *a* [dziļi] izjusts; patiess
hearth [hɑːθ] *n* **1.** pavards; kamīns; **2.** ģimenes pavards
heartily [ˈhɑːtili] *adv* **1.** sirsnīgi; **2.** labprāt; ar patiku; **3.** ļoti
heartiness [ˈhɑːtinis] *n* **1.** sirsnība; **2.** veselīgums
heartless [ˈhɑːtləs] *n* nežēlīgs; cietsirdīgs
hearttrending [ˈhɑːtˌrendiŋ] *a* sirdi plosošs
heartsick [ˈhɑːtsik] *a* grūtsirdīgs
heartstrings [ˈhɑːtstriŋz] *n pl* dziļākās jūtas
heartthrob [ˈhɑːtθrɒb] *n* **1.** sirdspuksts; **2.** *sl.* (*publikas*) mīlulis
heart-to-heart [ˌhɑːttəˈhɑːt] *a* sirsnīgs; atklāts; h.-t.-h. talk – sirsnīga saruna

hearty [ˈhɑːti] *a* **1.** sirsnīgs; draudzīgs; **2.** veselīgs; spēcīgs; hale and h. – spirgts un vesels; **3.** bagātīgs; spēcinošs (*par ēdienu*); h. appetite – pamatīga apetīte
heat [hiːt] **I** *n* **1.** karstums; svelme; tveice; **2.** drudzis; **3.** *fiz.* siltums; **4.** *pārn.* kvēle; kaisme; in the h. of battle – cīņas karstumā; **5.** *tehn.* kvēle; white h. – baltkvēle; **6.** (*dzīvnieku*) meklēšanās; **7.** *sp.* hīts; skrējiens (*vai* brauciens) noteiktā distancē; **8.** *pl* priekšsacīkstes; **II** *v* **1.** (*up*) sakarsēt; sasildīt; **2.** sakarst, sasilt; **3.** nokaitēt; **4.** [ap]kurināt; **5.** iekarst, iekaist (*piem.*, *strīdā*)
heatedly [ˈhiːtidli] *adv* kvēli; dedzīgi; kaismīgi
heater [ˈhiːtə] *n* sildītājs; kalorifers; electric h. – elektriskais sildītājs
heath [hiːθ] *n* **1.** tīrelis; virsājs; **2.** virši
heathcock [ˈhiːθkɒk] *n* teteris
heathen [ˈhiːðn] **I** *n* **1.** pagāns; **2.** *sar.* barbars; **II** *a* **1.** pagānu-; pagānisks; **2.** *sar.* barbarisks; rupjš
heathenish [ˈhiːðəniʃ] *a* **1.** pagānu-; pagānisks; **2.** *sar.* barbarisks; rupjš
heather [ˈheðə] *n* virši
heating [ˈhiːtiŋ] **I** *n* **1.** [sa]sildīšana; **2.** apkure; central h. – centrālapkure; **II** *a* **1.** sildošs; h. apparatus – sildierīce; **2.** apkures-; h. system – apkures sistēma
heat-lightning [ˈhiːtˌlaitniŋ] *n* rūsa (*debesīs*)
heatproof [ˈhiːtpruːf] *a* siltumizturīgs
heatstroke [ˈhiːtstrəʊk] *n med.* siltumdūriens
heave [hiːv] **I** *n* **1.** [pa]celšana; [pa]vilkšana; **2.** (*jūras*) viļņošanās, bangoša-

nās; **II** *v* (*p. un p. p.* heaved, hove [hi:vd, həʊv]) **1.** celt; cilāt (*smagumu*); to h. coal – kraut ogles; **2.** viļņot, bangot (*par jūru*); **3.** cilāties (*par krūtīm*); **4.** *sar. mest*, sviest; **5.** *jūrn.* pacelt, izvilkt; **6.** izdvest (*piem., nopūtu*); **7.** (*up*) vemt; **8.** pagriezties; peldēt (*par kuģi*); ◊ to h. **on** – pavilkt; to h. **out** *jūrn.* – izbraukt
heaven ['hevn] *n* debesis; ◊ by h.! – nudien!; h. forbid! – Dievs pasarg!
heavenly ['hevnli] *a* **1.** debess-; h. body – debess ķermenis; **2.** dievišķīgs; **3.** *sar.* debešķīgs; burvīgs
heaver ['hi:və] *n* **1.** krāvējs; **2.** *tehn.* celtnis; svira
heavily ['hevili] *adv* **1.** smagi; **2.** skaudri; **3.** lēni; gurdi; **4.** stipri; spēcīgi
heavy ['hevi] **I** *n* **1.**: the heavies *mil.* – smagie ieroči; smagā artilērija; **2.** liels vilnis; banga; **3.** *sl.* liels vīrs; **II** *a* **1.** smags; h. load – smaga nasta; **2.** liels; **3.** stiprs; spēcīgs; intensīvs; **4.** grūts; smags; h. task – grūts uzdevums; h. work – smags darbs; **5.** biezs; kupls; **6.** bagātīgs (*piem., par ražu*); **7.** smags; neveikls; **8.** drūms; nomācošs; **9.** *sar.* bargs; stingrs; **10.** *sar.* nelikumīgs; netīrs (*piem., par darījumu*); **III** *adv*: to lie h. on smb.'s conscience – smagi gulties uz kāda sirdsapziņas
heavy-set [ˌhevi'set] *a* drukns
heavyweight ['heviweit] *n sp.* smagsvars
Hebraic [hi'breiik] *a* senebreju-
Hebrew ['hi:bru:] **I** *n* **1.** ebrejs; **2.** senebreju valoda; **II** *a* **1.** ebreju-; **2.** senebreju-
heckle ['hekl] *v* uzdot āķīgus jautājumus (*runātājam*); pārtraukt ar starpsaucieniem

hectare ['hektɑ:] *n* hektārs
hectic ['hektik] *a* drudžains; nemierīgs; h. life – vētraina dzīve
hector ['hektə] *v* aizskart; draudēt
he'd [hi:d] *sar. saīs. no* he would; he had
hedge [hedʒ] **I** *n* **1.** dzīvžogs; **2.** (*against*) aizsarglīdzeklis; nodrošinājums (*pret zaudējumiem*); **II** *v* **1.** (*arī* to h. in, to h. off) nožogot ar dzīvžogu; **2.** nodrošināties; **3.** izvairīties (*no tiešas atbildes*)
hedgehog ['hedʒhɒg] *n* **1.** ezis; **2.** *amer. sar.* dzeloņcūka; **3.** *sar.* nesaticīgs (ķildīgs) cilvēks
hedgerow ['hedʒrəʊ] *n* dzīvžogs
heed [hi:d] **I** *n* uzmanība; piesardzība; to give (pay) h. (*to*) – pievērst uzmanību; to take h. (*of*) – ņemt vērā; **II** *v* pievērst uzmanību; ņemt vērā
heedful ['hi:dfl] *a* uzmanīgs; piesardzīgs
heedless ['hi:dlis] *a* neuzmanīgs; neverīgs
heel[a] [hi:l] **I** *n* **1.** papēdis; down at [the] h., down at ~s – 1) ar nošķiebtiem papēžiem; 2) nevīžīgi ģērbies; noplucis; **2.** (*zeķes*) pēda; **3.** (*gaiļa*) piesis; **4.** (*maizes*) dona; (*siera*) garoza; **5.** *amer. sl.* nelietis; krāpnieks; **II** *v* **1.** piesist papēžus (*kurpēm*); **2.** piesist ar papēžiem pie grīdas (*dejojot*); **3.** sekot pa pēdām; **4.** *amer. sl.* apgādāt ar naudu
heel[b] [hi:l] *jūrn.* **I** *n* sānsvere; **II** *v* **1.** sasvērt uz sāniem; **2.** (*over*) sasvērties uz sāniem (*par kuģi*)
heelpiece ['hi:lpi:s] *n* **1.** (*kurpes*) papēdis; **2.** (*papēža*) pasitnis; **3.** (*grāmatas*) nobeigums; izskaņa
hefty ['hefti] *a* **1.** liels; spēcīgs; **2.** *sar.* krietns; prāvs
hegemony [hi'geməni] *n* hegemonija

heifer [′hefə] *n* tele
height [hait] *n* **1.** augstums; he is my h. – viņš ir manā augumā; **2.** augstiene; (*kalna*) virsotne; **3.** pakāpe; **4.** kalngali; kulminācija; h. of success – panākumu kalngali; ◇ summer at its h. – vasara pašā plaukumā
heighten [′haitn] *v* **1.** paaugstināt; palielināt; pastiprināt; **2.** pieaugt
heinous [′heinəs] *a* briesmīgs; šausalīgs
heir [eə] *n* **1.** mantinieks; h. apparent – 1) tiešais mantinieks; 2) troņmantnieks; h. presumptive – iespējamais (varbūtējais) mantinieks; **2.** *pārn.* pēctecis; darba turpinātājs
heirdom [′eədəm] *n* mantošana; mantojums
heiress [′eəris] *n* **1.** mantiniece; **2.** bagāta līgava
heirless [′eəlis] *a* bezmantinieka-
heirloom [′eəlu:m] *n* dzimtas īpašums (mantojums) (*vairākās paaudzēs*)
held *sk.* **hold**[b] **II**
helical [′helikl] *a* spirālveida-; spirālveidīgs
helices *sk.* **helix**
helicopter [′helikɒptə] *n* helikopters
helium [′hi:liəm] *n* ķīm.* hēlijs
helix [′hi:liks] *n* (*pl* helices [′helisi:z]) **1.** spirāle; **2.** spirālveida līnija; **3.** *anat.* (*auss*) gliemezis; **4.** *arh.* volūta
hell [hel] **I** *n* **1.** elle; **2.** spēļu elle; zaņķis; ◇ a h. of a noise – ellīgs troksnis; **II** *v*: to h. round *sl.* – uzdzīvot
he'll [hi:l] *sar. saīs. no* he will
hellcat [′helkæt] *n* ragana; fūrija
Hellenic [he′li:nik] **I** *n* **1.** grieķu valoda; **2.** *pl* grieķu filoloģijas darbi; **II** *a* hellēņu-; grieķu-
hellhole [′helhəʊl] *n* **1.** elles bezdibenis; **2.** cūkkūts

hellion [′heliən] *n* *amer. sar.* palaidnis
hello [he′ləʊ] *int* hallo!
helm [helm] *n* **1.** stūre; stūresrats; **2.** vadības groži
helmet [′helmit] *n* **1.** bruņucepure; **2.** (*motociklista*) aizsargcepure; **3.** tropu cepure
helminth [′helminθ] *n* cērme, tārps
helmsman [′helmzmən] *n* stūrmanis
helot [′helət] *n* vergs (*Senajā Grieķijā*)
help [help] **I** *n* **1.** palīdzība; can I be of any h.? – vai varu jums kaut kā palīdzēt?; **2.** palīgs; **3.** glābiņš; līdzeklis; there's no h. for it – tur nekā nevar darīt; **4.** mājkalpotāja; **II** *v* **1.** palīdzēt; sniegt palīdzību; **2.** apkalpot; pasniegt (*pie galda*); h. yourself! – lūdzu, ņemiet!; **3.** (*ar modālo verbu can, could*) izvairīties; atturēties; ◇ to h. **down** – palīdzēt nokāpt; to h. **in** – palīdzēt ienākt; to h. **off** – palīdzēt novilkt (*piem., mēteli*); to h. **on** – palīdzēt uzvilkt (*piem., mēteli*); to h. **out** – izpalīdzēt; izlīdzēt; to h. **up** – palīdzēt piecelties; atbalstīt
helpful [′helpfl] *a* **1.** izpalīdzīgs; **2.** noderīgs
helping [′helpiŋ] *n* porcija
helpless [′helpləs] *a* bezpalīdzīgs; nevarīgs
helpmate, helpmeet [′helpmeit, ′helpmi:t] *n* palīgs; biedrs (*parasti par vīru vai sievu*)
helter-skelter [‚heltə′skeltə] *adv* juku jukām; pa galvu pa kaklu
helve [helv] *n* (*cirvja*) kāts
Helvetian [hel′vi:ʃiən] **I** *n* šveicietis; šveiciete; **II** *a* šveiciešu-
hem[a] [hem] **I** *n* **1.** (*sieviešu svārku*) apakšmala; **2.** (*drēbes*) vīle; **II** *v* apvīlēt (*drēbi*)
hem[b] [hem] *int* hm!

he-man [ˈhiːmən] *n* īsts vīrietis
hemisphere [ˈhemisfiə] *n* puslode
hemlock [ˈhemlɒk] *n bot.* **1.** velnarutks, suņuburkšķis; **2.** hemloks (*Amerikas skujkoks*)
hemoglobin [ˌhiːməˈgləʊbin] *n* hemoglobīns
hemophilia [ˌhiːməˈfiliə] *n med.* hemofīlija
hemp [hemp] *n* **1.** kaņepes; **2.** hašišs; marihuāna
hemstitch [ˈhemstitʃ] *n* caurā vīle (*rokdarbos*)
hen [hen] *n* **1.** vista; **2.** (*putnu*) mātīte
henbane [ˈhenbein] *n bot.* driģene
hence [hens] *adv* **1.** tādēļ, tādējādi; **2.** kopš šā laika
henceforth, henceforward [ˌhensˈfɔːθ, ˌhensˈfɔːwəd] *adv* kopš tā brīža; turpmāk
henchman [ˈhentʃmən] *n niev.* līdzskrējējs; rokaspuisis
hen-harrier [ˈhenhæriə] *n ornit.* lija
henhouse [ˈhenhaʊs] *n* vistu kūts
henpecked [ˈhenpekt] *a* h. husband – vīrs zem sievas tupeles
henroost [ˈhenruːst] *n* (*vistu*) lakta
her [hɜː, hə] *pron* **1.** viņas; **2.** (*papildinātāja locījums no* she) viņu; viņai; I see h. – es redzu viņu
herald [ˈherəld] **I** *n* **1.** *vēst.* herolds; **2.** vēstnesis; ~s of spring – pavasara vēstneši; **II** *v* vēstīt
heraldry [ˈherəldri] *n* heraldika
herb [hɜːb] *n* (*ārstniecības*) augs
herbaceous [hɜːˈbeiʃəs] *a* zāles-; zāļu-
herbage [ˈhɜːbidʒ] *n* zāle; augi
herbal [ˈhɜːbəl] *a* zāļu-; h. tea – zāļu tēja
herbaria *sk.* **herbarium**
herbarium [hɜːˈbeəriəm] *n* (*pl* herbariums, herbaria [hɜːˈbeəriəmz, hɜːˈbeəriə]) herbārijs
herbicide [ˈhɜːbisaid] *n lauks.* herbicīds
herbivorous [hɜːˈbivərəs] *a zool.* zālēdājs-
herd [hɜːd] **I** *n* **1.** ganāmpulks; **2.** *niev.* (*ļaužu*) bars; pūlis; **II** *v* **1.** sadzīt (*lopus*) barā; **2.** ganīt; **3.** pulcēties barā; **4.** (*with*) turēties kopā; sadraudzēties
herdbook [ˈhɜːdbʊk] *n* ciltsgrāmata
herdsman [ˈhɜːdzmən] *n* gans
here [hiə] *adv* **1.** šeit; **2.** šurp; come h.! – nāc šurp!; **3.** lūk!; **4.** (*laika nozīmē*) šajā brīdī; ◇ h. and there – šur un tur; here's to you! – uz jūsu veselību!
hereabout[s] [ˌhiərəˈbaʊt(s)] *adv* kaut kur tuvumā
hereafter [ˌhiərˈɑːftə] **I** *n* **1.** nākotne; **2.** viņpasaule; aizkapa dzīve; **II** *adv* nākotnē; turpmāk
hereby [ˌhiəˈbai] *adv jur.* [līdz] ar šo
hereditary [hiˈreditəri] *a* **1.** iedzimts; pārmantots; **2.** tradicionāls
heredity [hiˈredəti] *n* iedzimtība
heretic [ˈherətik] *n* ķeceris
hereto [ˌhiəˈtuː] *adv jur.* pie tam; turklāt (*dokumentos*)
herewith [ˌhiəˈwið] *adv kom.* [līdz] ar šo (*paziņojam, pievienojam*)
heritable [ˈheritəbl] *a* mantojams; pārmantojams
heritage [ˈheritidʒ] *n* mantojums
hermetic [hɜːˈmetik] *a* hermētisks
hermetically [hɜːˈmetikli] *adv* hermētiski; h. sealed – hermētiski noslēgts
hermit [ˈhɜːmit] *n* eremīts; vientuļnieks
hermitage [ˈhɜːmitidʒ] *n* eremīta mītne
hernia [ˈhɜːniə] *n med.* trūce
hero [ˈhiərəʊ] *n* varonis

heroic [hi'rəʊik] *a* **1.** varonīgs; **2.** pārspīlēti svinīgs (*par valodu*)
heroin ['herəʊin] *n* heroīns
heroine ['herəʊin] *n* varone
heroism ['herəʊizəm] *n* varonība
heron ['herən] *n* gārnis
herring ['heriŋ] *n* siļķe
herringbone ['heriŋbəʊn] *n* **1.** siļķes asaka; **2.** skujiņveida raksts (*izšuvumā*)
hers [hɜːz] *pron* viņas; h. books – viņas grāmatas
herself [hɜː'self] *pron* **1.** sevi; sev; she bought h. a new dress – viņa nopirka sev jaunu kleitu; **2.** pati; she does all the cooking h. – viņa visu gatavo pati; **3.** (*veido 3. pers. sg atgriezenisko formu*): she dressed h. quickly – viņa ātri apģērbās
he's [hiːz, hiz] *sar. saīs. no* he has; he is
hesitant ['hezitənt] *a* svārstīgs
hesitate ['heziteit] *v* svārstīties; vilcināties
hesitation [ˌhezi'teiʃən] *n* svārstīšanās; vilcināšanās
heterogeneous [ˌhetərəʊ'dʒiːniəs] *a* heterogēns; neviendabīgs
het-up [ˌhet'ʌp] *a sar.* uzbudināts; satraukts
hew [hjuː] *v* (*p.* hewed [hjuːd]; *p. p.* hewed, hewn [hjuːd, hjuːn]) **1.** cirst; **2.** izcirst; to h. one's way – izcirst sev ceļu; **3.** tēst; ▯ to h. **down** (**off**) – nocirst; to h. **out** – 1) izcirst; 2) izcīnīt; to h. out a career for oneself – taisīt karjeru
hewer ['hjuːə] *n.* **1.** malkas cirtējs; **2.** akmeņkalis; **3.** iecirtējs, atskaldītājs (*kalnrūpniecībā*)
hewn *sk.* **hew**
hexagon ['heksəgən] *n mat.* sešstūris

hexameter [hek'sæmitə] *n lit.* heksametrs
hey [hei] *int* hei!
heyday ['heidei] *n* briedums; plaukums
hi [hai] *int* **1.** *amer.* sveiks!; **2.** *sar.* hallo!
hibernate ['haibəneit] *v* atrasties ziemas guļā (*par dzīvnieku*)
hibernation [ˌhaibə'neiʃn] *n* ziemas guļa
hiccough ['hikʌp] *sk.* **hiccup**ᵃ
hiccupᵃ ['hikʌp] **I** *n* žagas; **II** *v* žagoties
hiccupᵇ ['hikʌp] *n* akciju kursa īslaicīga krišanās
hid *sk.* **hide**ᵇ
hiddenᵃ *sk.* **hide**ᵇ
hiddenᵇ ['hidn] *a* paslēpts; slepens; h. tax – netiešs nodoklis; h. treasure – apslēpta manta
hideᵃ [haid] *n* (*dzīvnieka*) āda; ◇ to save one's h. – glābt savu ādu
hideᵇ [haid] *v* (*p.* hid [hid]; *p. p.* hidden ['hidn]) **1.** paslēpt; noglabāt; **2.** paslēpties
hideᶜ [haid] *n* slēpnis
hide-and-seek [ˌhaidnd'siːk] *n* slēpšanās, paslēpes (*rotaļa*)
hidebound ['haidbaʊnd] *a* aprobežots; ar šauru redzesloku
hideous ['hidiəs] *a* derdzīgs; pretīgs
hideout ['haidaʊt] *n sar.* patvērums; paslēptuve
hidingᵃ ['haidiŋ] *n sar.* pēriens
hidingᵇ ['haidiŋ] *n* **1.** slēpšana; **2.** slēpšanās; ◇ on a h. to nothing – strupceļā
hiding-place ['haidiŋpleis] *n* [pa]slēptuve
hierarchy ['haiɑːki] *n* hierarhija
hieroglyph ['hairəglif] *n* hieroglifs
hi-fi [ˌhai'fai] *sar. saīs. no* **high-fidelity**
higgle ['higl] *v amer.* kaulēties
higgledy-piggledy [ˌhigldi'pigldi] **I** *a*

juceklīgs; nekārtīgs; **II** *adv* juku jukām
high [hai] **I** *n* **1.** augstākā pakāpe; maksimums; **2.** anticiklons; **II** *a* **1.** augsts; **2.** augstāks; galvenais; **3.** liels; stiprs; **4.** dārgs; **5.** spalgs; griezīgs (*par balsi, skaņu*); **6.** jautrs; līksms; **7.** cēls; **8.** labākais; augstākais; **9.** krāšņs; **10.** straujš (*par zirgu*); **III** *adv* **1.** augstu; to aim h. – augstu mērķēt; **2.** stipri; specīgi; **3.** dārgi; to pay h. – dārgi samaksāt; **4.** krāšņi; lepni; to run h. – 1) bangot (*par jūru*); 2) uzbudināties
highball [ˈhaibɔ:l] *n amer.* glāze viskija ar sodu
highborn [ˈhaibɔ:n] *a* džciltīgs
highbrow [ˈhaibrau] (*bieži niev.*) **I** *n* intelektuālis; pārlieku izsmalcināts cilvēks; **II** *a* intelektuāls; pārlieku izsmalcināts
high-coloured [ˌhaiˈkʌləd] *a* **1.** sārts; pietvīcis; **2.** spilgts (*par aprakstu*); **3.** pārspīlēts; izpušķots
highday [ˈhaidei] *n* **1.** svētki; svētku diena; **2.** *pārn.* plauksme; ziedu laiks
highfalutin [ˌhaifəˈlu:tiŋ] *a sar.* māksloti svinīgs; frāžains; uzpūsts
high-fidelity [ˌhaifiˈdeliti] **I** *n* augsta kvalitāte (precizitāte); **II** *a* augstas kvalitātes- (precizitātes-)
high-grade [ˌhaiˈgreid] *a* augstākās kvalitātes-; augstākā labuma-
high-handed [ˌhaiˈhændid] *a* patvaļīgs; valdonīgs
high jump [ˈhai dʒʌmp] *n sp.* augstlēkšana
highland [ˈhailənd] *n* augstiene, kalniene
highlight [ˈhailait] **I** *n* **1.** gaismas efekts (*gleznieciba, fotogrāfijā*); **2.** būtiskais moments (fakts); ◇ to be in (to hit) the h. – būt uzmanības centrā; **II** *v* izcelt; izvirzīt
highly [ˈhaili] *adv* **1.** ļoti; **2.** augstu
high-minded [ˌhaiˈmaindid] *a* augstsirdīgs; cēls
highness [ˈhainis] *n* **1.** augstums; **2.** (*kaut kā*) augsta pakāpe; **3.** augstība (*tituls*); His (Her, Your) H. – viņa (viņas, jūsu) augstība
high-pitched [ˌhaiˈpitʃt] *a* **1.** augsts; spalgs (*par skaņu*); **2.** stāvs (*par jumtu*); **3.** saspringts; ass; h.-p. argument – asas domstarpības
high-priced [ˌhaiˈpraist] *a* dārgs
high-rise [ˈhairaiz] *a*: h.-r. building – augstceltne
high-riser [ˌhaiˈraizə] *n* augstceltne
highroad [ˈhairəud] *n* **1.** lielceļš; šoseja; **2.** labākais (vieglākais) ceļš
high-sounding [ˌhaiˈsaundiŋ] *a* skaļš; pompozs (*par vārdiem*)
high-spirited [ˌhaiˈspiritid] *a* straujš; dedzīgs
high tide [ˌhai ˈtaid] *n* **1.** uzplūdi; **2.** (*panākumu*) kalngali
hightail [ˈhaiteil] *v sar.* **1.** izmukt; aizlaisties; **2.** (*arī* to h. it) skriet, ko nagi nes
high-toned [ˌhaiˈtəund] *a* **1.** augsts; spalgs (*par skaņu*); **2.** *iron.* cēls; cildens
high treason [ˌhaiˈtri:zn] *n* valsts nodevība
high-up [ˈhaiʌp] *n sar.* liels vīrs
high water [ˌhaiˈwɔ:tə] *n* **1.** uzplūdi; **2.** pali, palu ūdeņi
highway [ˈhaiwei] *n amer.* automaģistrāle; autostrāde
highwayman [ˈhaiweimən] *n* lielceļa laupītājs
hijack [ˈhaidʒæk] **I** *n* (*lidmašīnas*) nolaupīšana; gaisa pirātisms; **II** *v* no-

laupīt (*lidmašīnu*); nodarboties ar gaisa pirātismu
hijacker ['haidʒækə] *n* bandīts; gaisa pirāts
hike [haik] **I** *n* **1.** (*tūristu*) pārgājiens; ekskursija; **2.** *amer. mil.* maršs; **3.** *amer. sar.* (*algas*) pielikums; **II** *v* **1.** doties pārgājienā; **2.** *amer. sar.* pielikt (*pie algas*)
hiking ['haikiŋ] *n* (*tūristu*) pārgājiens
hilarious [hi'leəriəs] *a* pārgalvīgi jautrs
hilarity [hi'lærəti] *n* pārgalvīga jautrība
hill [hil] **I** *n* **1.** pakalns, uzkalns; **2.** nogāze; **3.** (*zemes*) kaudze; **II** *v* **1.** samest kaudzē; **2.** (*arī* to h. up) aprušināt (*stādu*)
hillock ['hilək] *n* paugurs
hilly ['hili] *a* paugurains
hilt [hilt] *n* rokturis; spals
him [him, im] *pron* (*papildinātāja locījums no* he) viņu; viņam
himself [him'self] *pron* **1.** sev; sevi; **2.** pats; he said so h. – viņš pats tā teica; **3.** (*veido 3. pers. sg atgriezenisko formu*): he washed h. – viņš nomazgājās
hind[a] [haind] *n* briežu māte
hind[b] [haind] *a* pakaļējais; h. leg – pakaļkāja
hinder[a] ['hində] *v* **1.** kavēt; traucēt; **2.** (*from*) neļaut
hinder[b] ['hində] *a* pakaļējais; h. part – pakaļpuse
hindmost ['haindməʊst] *a novec.* **1.** pakaļējais; **2.** visattālākais
hindrance ['hindrəns] *n* šķērslis; kavēklis
Hindu ['hindʊ] **I** *n* indietis; **II** *a* indiešu-
hinge [hindʒ] **I** *n* vira; eņģe; **II** *v* **1.** iestiprināt virās (eņģēs); **2.** karāties

virās (eņģēs); to h. **on (upon)** – būt atkarīgam
hint [hint] **I** *n* **1.** mājiens; broad h. – skaidrs mājiens; gentle h. – smalks mājiens; to drop a h. – dot mājienu; to take a h. – saprast mājienu; **2.** *kul.* kripatiņa; šķipsna; **II** *v* dot mājienu; ◊ to h. **at** – norādīt
hip[a] [hip] *n* gurns; gūža
hip[b] [hip] mežrožu paauglis
hip[c] [hip] *int* : h., h., hurrah! – urā!, urā!
hip[d] [hip] *a* zinošs
hipbath ['hipbɑ:θ] *n* sēdvanna
hipped [hipt] *a sar.* **1.** grūtsirdīgs; apvainojies; **2.** (*on*) aizrāvies
hippie ['hipi] *n* hipijs
hippodrome ['hipədrəʊm] *n* hipodroms
hippopotamus [ˌhipə'pɒtəməs] *n* (*pl* hippopotamuses, hippopotami [ˌhipə'pɒtəməsiz, ˌhipə'pɒtəmai]) nīlzirgs
hire ['haiə] **I** *n* **1.** īrēšana, nomāšana; **2.** īres (nomas) maksa; **II** *v* īrēt, nomāt; ◊ to h. **out** – izīrēt, iznomāt
hireling ['haiəliŋ] *n niev.* algotnis
hire purchase [ˌhaiə 'pɜ:tʃəs] *n* pirkšana uz nomaksu
his [hiz, iz] *pron* **1.** viņa; h. house – viņa māja; **2.** (*absolūtā forma*) viņa; are you a brother of h.? – jūs esat viņa brālis?; **3.** savs; he shrugged h. shoulders – viņš paraustīja plecus
hiss [his] **I** *n* šņākšana; svilpšana; **II** *v* šņākt; svilpt; ◊ to h. **off** – nosvilpt (*aktieri*)
historian [hi'stɔ:riən] *n* vēsturnieks
historic [hi'stɒrik] *a* vēsturisks
history ['histəri] *n* **1.** vēsture; **2.** pagātne; life h. – dzīvesstāsts
hit [hit] **I** *n* **1.** sitiens; **2.** trāpījums; **3.** veiksme; panākums; **4.** (*at*) dzēlīga pie-

zīme; **5.** hīts, grāvējs; šlāgeris; **II** *v* (*p. un p. p.* hit [hit]) **1.** [ie]sist; **2.** atsisties; **3.** trāpīt; **4.** sadurties; uzskriet; **5.** (*parasti pass.*) sagādāt zaudējumus; **6.** *sar.* sasniegt; ◊ to h. **off** – 1) trāpīgi attēlot; uzsvērt līdzību; 2) (*with*) labi sadzīvot; to h. **on** (**upon**) – nejauši uzdurties; to h. **out** – nikni uzklupt (*piem., pretiniekam diskusijā*); ◊ to h. the bottle *sar.* – nodoties dzeršanai; to h. home – aizskart vārīgā vietā; to h. a man when he's down – sist guļošajam; to h. the nail on the head – trāpīt naglai uz galvas; to h. the road *sar.* – doties ceļā; to h. the roof – saniknoties; aizsvilties dusmās
hitch [hitʃ] **I** *n* **1.** rāviens; grūdiens; **2.** aizķeršanās; kavēklis; without a h. – gludi, bez aizķeršanās; **3.** *jūrn.* mezgls; **II** *v* **1.** paraut; pagrūst; **2.** (*on, to*) aizāķēt; **3.** aizķerties; **4.** piesiet (*zirgu*); **5.** *sar.* braukt (ceļot) ar autostopu; ◊ to h. **up** – 1) pavilkt uz augšu (*piem., bikses*); 2) piesiet (*zirgu*)
hitchhike [ˈhitʃhaik] *v* ceļot ar autostopu
hither [ˈhiðə] *adv novec.* šurp
hitherto [ˌhiðəˈtuː] *adv* līdz šim
hive [haiv] **I** *n* **1.** (*bišu*) strops; **2.** (*bišu*) spiets; **3.** *pārn.* drūzma; gūzma; **II** *v* **1.** ielaist stropā (*bites*); **2.** spietot; ◊ to h. **off** – l) pazust; nozust; 2) (*from*) atdalīties; nošķirties
hoard [hɔːd] **I** *n* (*piem., dārgumu*) slepens krājums; apslēpta manta; **II** *v* (*arī* to h. up) slepus uzkrāt
hoarding [ˈhɔːdiŋ] *n* **1.** pagaidu žogs (*ap jaunceltni*); **2.** afišu dēlis
hoarfrost [ˈhɔːfrɒst] *n* sarma
hoarse [hɔːs] *a* aizsmacis
hoarseness [ˈhɔːsnis] *n* aizsmakums
hoary [ˈhɔːri] *a* **1.** sirms; **2.** mūžsens

hoax [həʊks] **I** *n* joks; mānīšanās; **II** *v* izjokot; piemānīt
hobble [ˈhɒbl] *v* **1.** klibot; **2.** sapīt kājas (*zirgam*)
hobby [ˈhɒbi] *n* vaļasprieks, hobijs
hobbyhorse [ˈhɒbihɔːs] *n* **1.** koka zirdziņš; šūpuļzirgs; **2.** *pārn.* jājamzirdziņš
hobgoblin [ˈhɒbgɒblin] *n* mājas gariņš; rūķītis
hobnob [ˈhɒbnɒb] *v* (*bieži niev.*) **1.** saieties; **2.** sadzert; kopā iedzert
hobo [ˈhəʊbəʊ] *n* (*pl* hoboes, hobos [ˈhəʊbəʊz]) *amer. sl.* klaidonis
hock [hɒk] *sl.* **I** *n* ķīla; in h. – 1) ieķīlāts; 2) parādā; 3) cietumā; ietupināts; **II** *v* ieķīlāt (*mantu*)
hockey [ˈhɒki] *n* hokejs; ice h. – ledus hokejs
hod [hɒd] *n* **1.** (*javas*) abra; **2.** ogļu spainis
hoe [həʊ] **I** *n* kaplis; **II** *v* kaplēt
hog [hɒg] **I** *n* **1.** vepris; cūka; **2.** *amer.* cūkgaļa; **3.** (*gadu vecs*) bullēns; **4.** netīrelis; sušķis; greedy h. – rīma; **5.** *tehn.* ieliekums; izliekums; ◊ on the h. – uz sēkļa (*bez naudas*); **II** *v* rīkoties cūcīgi
Hogmanay [ˈhɒgmənei] *n* Vecgada vakars (*skotiem*)
hogwash [ˈhɒgwɒʃ] *n* **1.** cūku barība; **2.** *sar.* muļķības
hoist [hɔist] **I** *n* **1.** celtnis; (*kravas*) lifts; **2.** vinča; **II** *v* **1.** [pa]celt (*kravu*); **2.** uzvilkt (*buras, karogu*)
hoity-toity [ˌhɔitiˈtɔiti] *a niev.* vīzdegunīgs
hokey [ˈhəʊki] *a sl.* neīsts; sadomāts
hold[a] [həʊld] *n* (*kuģa*) kravas telpas
hold[b] [həʊld] **I** *n* **1.** tvēriens; to catch (get, lay, take) h. of smth. – satvert

kaut ko; to lose h. of smth. – palaist vaļā kaut ko; **2**. ietekme; vara; to have a h. over smb. – ietekmēt kādu; pakļaut kādu savai ietekmei; **3**. osa; **4**. *mūz.* pauze; **5**. *sp.* tvēriens (*boksā, cīņā*); **II** *v* (*p. un p. p.* held [held]) **1**. turēt; **2**. aizturēt; apvaldīt; **3**. ietvert; saturēt; **4**. būt īpašniekam; pārvaldīt; to h. office – ieņemt amatu; **5**. noturēt; organizēt (*piem., sapulci*); to h. talks – vest sarunas; **6**. domāt; uzskatīt; **7**. būt spēkā (*par likumu*); **8**. pieturēties (*par laiku*); **9**. saistīt (*domas, uzmanību*); **10**. ieturēt kursu (*par kuģi*); **11**. izturēt (*smagumu*); **12**. svinēt (*piem., gadadienu*); ◊ to h. **back** – 1) apturēt; aizkavēt; 2) atturēt; 3) (*from*) atturēties; 4) [no]slēpt (*piem., patiesību*); 5) ieturēt (*no algas*); to h. **by** – turēties (*pie uzskata*); ievērot (*principus*); to h. **down** – l) turēt pakļautībā; 2) paturēt; nezaudēt; 3) noturēt zemā līmenī; to h. **forth** – spriedelēt; to h. **off** – 1) atturēt; nelaist tuvumā; 2) atlikt; 3) turēties atstatu; to h. **on** – 1) neatkāpties; neatlaisties; 2) turpināt; h. on! – pag!, uzgaidi!; to h. **out** – 1) pastiept; pasniegt; to h. out a hand – pasniegt roku; 2) piedāvāt; solīt; to h. out hope – dot cerību; 3) noturēties; izturēt; to h. **out for** – pieprasīt (*piem., algas paaugstinājumu*); to h. **out on** – 1) slēpt (*no kāda*); 2) nedot atbildi (*piem., pēc pieprasījuma*); to h. **over** – 1) atlikt; pārcelt (*uz vēlāku laiku*); 2) izrādīt ilgāk (*piem., filmu*); to h. **up** – 1) balstīt; 2) apturēt; aizkavēt; 3) apstādināt laupīšanas nolūkos; 4) pieturēties (*par laiku*); to h. **with** – piekrist; pievienoties; ◊ to h. one's tongue – turēt muti; valdīt mēli; to h. the line – nenolikt [telefona] klausuli; to h. water – izturēt kritiku; h. your horses! – lēnām pār tiltu!

holdall ['həʊldɔːl] *n* ceļasoma
holdback ['həʊldbæk] *n* **1**. šķērslis; kavēklis; **2**. aizkavēšanās; **3**. atskaitījums (*no algas*)
holder ['həʊldə] *n* **1**. īpašnieks; **2**. ietvars
holding ['həʊldɪŋ] *n* **1**. daļa; ieguldījums (*piem., uzņēmumā*); **2**. īpašums; zemes gabals
holding company ['həʊldɪŋ ˌkʌmpəni] *n* akciju sabiedrība
hole [həʊl] **I** *n* **1**. caurums; robs; plaisa; h. in the ice – āliņģis; **2**. ala; **3**. bedre; bedrīte; h. in the road – ceļa gramba; **4**. *niev.* būda; caurums; **5**. *sar.* ķeza; in a h. – 1) ķezā; 2) *amer.* parādā; ◊ h. in one's coat – slikta slava; **II** *v* **1**. izsist (izurbt) caurumu; **2**. izrakt bedri; **3**. iedzīt bedrītē (*golfa bumbu*); ◊ to h. **up** *sl.* – slēpties (*no policijas*)
holiday ['hɒlɪdeɪ] **I** *n* **1**. svētki; brīvdiena; **2**. atvaļinājums; h. camp – tūristu nometne; on h. – atvaļinājumā; **3**. *pl* brīvdienas (*skolā*); **II** *v* atpūsties
holiday-maker ['hɒlɪdeɪˌmeɪkə] *n* atpūtnieks
holiness ['həʊlɪnɪs] *n* **1**. svētums; **2**. (H.) Svētais tēvs (*pāvesta tituls*); Your H. – Jūsu Svētība
holland ['hɒlənd] *n* rupjaudekls
Hollander ['hɒləndə] *n* **1**. holandietis; holandiete; **2**. holandiešu kuģis
holler ['hɒlə] *amer. sar.* **I** *n* bļāviens; brēciens; **II** *v* bļaut; brēkt
hollow ['hɒləʊ] **I** *n* **1**. dobums; **2**. iepla-

ka; **II** *a* **1.** tukšs; dobs; h. tooth – caurs zobs; **2.** iekritis (*par vaigiem*); **3.** dobjš (*par skaņu*); **4.** neīsts; liekulīgs; tukšs; h. promises – tukši solījumi; **III** *v* (*out*) **1.** izdobt; **2.** izskalot (*krastu*); **IV** *adv sar.* pilnīgi
holly [ˈhɒli] *n bot.* akvifolija, akmeņozols
hollyhock [ˈhɒlihɒk] *n bot.* kāršroze
holm [həʊm] *n* **1.** (*upes*) saliņa; **2.** paliene
holocaust [ˈhɒləkɔːst] *n* holokausts, masveida iznīcināšana; nuclear h. – kodolkatastrofa
holy [ˈhəʊli] **I** *n* svētums; h. of holies – svētumu svētums; **II** *a* svēts; svētīts
holystone [ˈhəʊlistəʊn] *n* smilšakmens; pumeks
homage [ˈhɒmidʒ] *n* cieņa; godbijība; to do (pay) h. – apliecināt cieņu
home [həʊm] **I** *n* **1.** māja[s]; he is not at h. – viņa nav mājās; to make one's h. – apmesties; make yourself at h.! – jūties kā mājās!; **2.** dzimtene; dzimtā vieta; **3.** (*augu, dzīvnieku*) izplatības vieta; dzimtene; **4.** patversme; mītne; children's h. – bērnu nams; maternity h. – dzemdību nams; **5.** māja (*spēlēs*); **II** *a* **1.** mājas-; h. address – mājas adrese; h. economics – mājturība; h. industry – mājražošana, mājamatniecība; **2.** iekšējs; iekšzemes-; h. market – iekšzemes tirgus; ◊ h. truth – rūgta patiesība; **III** *v* atgriezties mājās (*par pasta balodi*); **IV** *adv* uz mājām; mājup
home-coming [ˈhəʊmˌkʌmiŋ] *n* atgriešanās mājās (dzimtenē)
homecraft [ˈhəʊmkrɑːft] *n* mājražošana, mājamatniecība
home-fire [ˌhəʊmˈfaɪə] *n* mājas pavards

homeland [ˈhəʊmlænd] *n* dzimtene, dzimtā zeme
homeless [ˈhəʊmlɪs] *a* bez mājas; bez pajumtes
homelike [ˈhəʊmlaɪk] *a* mājīgs
homely [ˈhəʊmli] *a* **1.** vienkāršs; h. fare – vienkārša barība; **2.** mājīgs; **3.** *amer.* neizskatīgs; neglīts
homer [ˈhəʊmə] *n* pasta balodis
homesite [ˈhəʊmsaɪt] *n* **1.** zemes gabals viendzīvokļa mājai; **2.** viendzīvokļa (vienģimenes) māja
homestead [ˈhəʊmsted] *n* lauku mājas; ferma
homethrust [ˌhəʊmˈθrʌst] *n.* **1.** trāpīgs (*zobena*) cirtiens; **2.** dzēlīga piezīme; trāpīga atbilde
homeward [ˈhəʊmwəd] **I** *a* **1.** mājupvedošs; h. way – mājupceļš; **2.** mājupbraucošs (*par kuģi*); **II** *adv* uz mājām, mājup
homework [ˈhəʊmwɜːk] *n* (*skolēna*) mājas uzdevums
homicide [ˌhɒmɪˈsaɪd] *n* **1.** slepkavība; **2.** slepkava
homily [ˈhɒmɪli] *n* **1.** sprediķis; **2.** pamācība; morāle
hominization [ˌhɒmɪnɪˈzeɪʃn] *n* **1.** cilvēciskošana; **2.** (*dabas*) pielāgošana
hominy [ˈhɒmɪni] *n* kukurūzas biezputra
homogeneous [ˌhəʊməˈdʒiːnɪəs] *a* homogēns, viendabīgs
homonym [ˈhɒmənɪm] *n val.* homonīms
homosexuality [ˌhəʊməsekʃʊˈælətɪ] *n* homoseksuālisms
hon [hʌn] *n* (*sar. saīs. no* honey) mīlumiņš; dārgumiņš (*uzrunā*)
hone [həʊn] **I** *n* galoda; strīķis; **II** *v* asināt; trīt
honest [ˈɒnɪst] *a* **1.** godīgs; h. dealing –

godīga rīcība; **2.** atklāts; vaļsirdīgs; **3.** īsts; neviltots

honestly ['ɒnistli] *adv* **1.** godīgi; **2.** patiešām

honesty ['ɒnisti] *n* **1.** godīgums; **2.** atklātība; vaļsirdība

honey ['hʌni] *n* **1.** medus; **2.** *sar.* mīļumiņš; dārgumiņš (*uzrunā*); **3.** *sar.* jaukums

honeybee ['hʌnibi:] *n* medus bite

honeybunch ['hʌnibʌntʃ] *n* dūjiņa (*uzrunā*)

honeycomb ['hʌnikəʊm] **I** *n* **1.** medus kāre; **2.** *tehn.* burbulis; **II** *a* šūnains; porains; **III** *v* izcaurumot; izrobot

honeycombed ['hʌnikəʊmd] *a* šūnains; porains; izrobots

honeymoon ['hʌnimu:n] **I** *n* **1.** medusmēnesis; **2.** *pārn.* pirmās nedēļas pēc ievēlēšanas augstā amatā; **II** *v* pavadīt medusmēnesi

honeysuckle ['hʌni‚sʌkl] *n bot.* sausserdis

honey wagon [‚hʌni 'wægən] *n sl.* **1.** mēslu muca; **2.** pārnēsājama atejas būda; **3.** atkritumu vedamais automobilis

honk [hɒŋk] **I** *n* **1.** (*meža zoss*) kliedziens; **2.** (*automobiļa*) taurēšana; **II** *v* **1.** kliegt (*par meža zosīm*); **2.** taurēt (*par automobili*)

honor ['ɒnə] *amer. sk.* **honour**

honorable ['ɒnərəbl] *amer. sk.* **honourable**

honorary ['ɒnərəri] *a* goda-; h. member – goda loceklis; h. title – goda nosaukums

honour ['ɒnə] **I** *n* **1.** cieņa; debt (point) of h. – goda jautājums; to do the h. – darīt godu; in h. (*of*) – par godu; to give (pay) h. (*to*) – izrādīt cieņu; parādīt godu; **2.** *pl* apbalvojumi; ordeņi; **3.** *pl* izcilība; **II** *v* **1.** cienīt; godāt; to h. smb.'s memory – godāt kāda piemiņu; **2.** *kom.* nomaksāt (*čeku, vekseli*)

honourable ['ɒnərəbl] *a* **1.** godājams; **2.** godīgs

hood [hʊd] *n* **1.** kapuce; **2.** (*automobiļa*) nolaižamais jumts; **3.** *amer.* (*automobiļa*) pārsegs; **4.** *sl.* bandīts; gangsteris

hoodlum ['hu:dləm] *n sl.* bandīts; gangsteris

hoodwink ['hʊdwiŋk] *v* piemānīt, piemuļķot

hook [hʊk] **I** *n* **1.** āķis; **2.** ķeksis; **3.** *sl.* zaglis; ◊ to be on the h. – būt ķezā; by h. or by crook – lai tur lūst vai plīst; to go off the ~s – 1) sajukt prātā; 2) nomirt; on one's own h. – uz savu roku; **II** *v* **1.** aizāķēt; saāķēt; **2.** saliekt āķī; **3.** noķert (*uz āķa zivi*); **4.** *pārn.* nozvejot (*vīru*); **5.** *sl.* zagt; ▯ to h. **up** – 1) ievilkt (*telefonu*); 2) *el.* pieslēgt tīklam

hooked [hʊkt] *a* **1.** āķveida-; līks; h. nose – līks deguns; **2.** ar āķi (*vai* āķiem); **3.** *sar.* pieradis pie narkotikām

hook-up ['hʊkʌp] *n* **1.** savienojums; sakabinājums; **2.** *sar.* kontakts; sakari; **3.** *sl.* (*aģentu*) tīkls; aģentūra

hookworm ['hʊkwɜ:m] *n* nematode (*cērme*)

hooligan ['hu:ligən] *n* huligāns

hoop [hu:p] **I** *n* **1.** stīpa; **2.** vārti (*kroketā*); **3.** *tehn.* apskava; aptvere; **II** *v* sastīpot

hoot [hu:t] **I** *n* **1.** (*pūces*) kliedziens; brēciens; **2.** (*automobiļa*) taurēšana; (*sirēnas*) kaukšana; **3.** *pl* (*neapmierinājuma, sašutuma*) saucieni; kliedzieni; ◊ I don't care a h. – man par to nospļauties!; **II** *v* **1**. kliegt; brēkt (*par pūci*); **2**. taurēt (*par automobili*); kaukt (*par sirēnu*); **3**. (*at, with*) kliegt

hootch [hu:tʃ] *n mil. sl.* **1**. salmiem (lapām) klāta būda; **2**. kazarma; **3**. blindāža

hooter [ˈhu:tə] *n* **1**. sirēna; **2**. (*automobiļa*) signāltaure; **3**. *sl.* deguns

hoover [ˈhu:və] **I** *n* putekļsūcējs; **II** *v* sūkt ar putekļsūcēju

hooves *sk.* **hoof**

hop[a] [hɒp] **I** *n* **1**. lēciens; h., step and jump *sp.* – trīssoļlēciens; **2**. *sar.* danči; **3**. *av. sar.* īss (nieka) lidojums; ◇ to catch smb. on the h. – pārsteigt kādu; **II** *v* **1**. lēkāt; **2**. pārlēkt; **3**. *sar.* dancot; ◻ to h. **off** – 1) izlēkt (*piem., no autobusa*); 2) *av.* atrauties no zemes; uzlidot; to h. **on** – ielēkt (*piem., autobusā*)

hop[b] [hɒp] **I** *n* **1**. apinis; **2**. *sl.* narkotika; opijs; **II** *v* **1**. ievākt (*apiņus*); **2**. pielikt apiņus (*alum*)

hope [həʊp] *n* cerība; faint h. – vārga cerība; beyond (past) h. – bezcerīgi

hopeful [ˈhəʊpfl] *a* **1**. cerību pilns; to feel h. – cerēt; **2**. daudzsološs

hopefulness [ˈhəʊpfəlnis] *n* **1**. optimisms; **2**. cerības

hopeless [ˈhəʊpləs] *a* **1**. bezcerīgs; **2**. *sar.* nederīgs; veltīgs; h. work – veltīgs darbs; **3**. neārstējams, nedziedināms

hopelessness [ˈhəʊpləsnis] *n* bezcerīgums; bezcerība

horde [hɔ:d] *n* **1**. orda; **2**. bars; pulks

horizon [həˈraizn] *n* **1**. horizonts, apvārsnis; **2**. *pārn.* redzesloks

horizontal [ˌhɒriˈzɒntl] **I** *n* horizontāle; **II** *a* horizontāls, līmenisks; h. bars *sp.* – līdztekas

hormone [ˈhɔ:məʊn] *n* hormons

horn [hɔ:n] **I** *n* **1**. rags; **2**. *pl* (*gliemeža*) ragi; (*kukaiņa*) taustekļi; **3**. *mūz.* rags; taure; **4**. (*automobiļa*) [signāl]taure; **II** *v:* to h. **in** (**on**) *amer. sl.* – iejaukties (ielauzties) bez uzaicinājuma

hornbeam [ˈhɔ:nbi:m] *n bot.* skābardis

horned [hɔ:nd] *a* ragains; ar ragiem; h. cattle – govslopi

hornet [ˈhɔ:nit] *n* sirsenis

horny [ˈhɔ:ni] *a* **1**. raga-; ragveida-; **2**. tulznains; raupjš; **3**. *sl.* seksuāli uzbudināts

horoscope [ˈhɒrəskəʊp] *n* horoskops; to cast a h. – sastādīt horoskopu

horrible [ˈhɒrəbl] *a* **1**. briesmīgs, šausmīgs; **2**. *sar.* pretīgs

horrid [ˈhɒrid] *a* **1**. briesmīgs, šausmīgs; **2**. *sar.* riebīgs; h. weather – riebīgs laiks

horrific [hɒˈrifik] *a sar.* šaušalīgs

horrify [ˈhɒrifai] *v* šausmināt

horror [ˈhɒrə] *n* **1**. šausmas; h. film – šausmu filma; **2**. (*of*) riebums, pretīgums; **3**. *pl* baiļu lēkme; nomāktība; grūtsirdība

horror-stricken, horror-struck [ˈhɒrəˌstrikən, ˈhɒrəstrʌk] *a* šausmu pārņemts

hors-d'oeuvres [ˌɔ:ˈdɜ:vr] *n pl* uzkožamie

horse [hɔ:s] **I** *n* **1**. zirgs; to take h. – kāpt zirgā; to h.! – zirgos!; **2**. kavalērija; h. and foot – kavalērija un kājnieki; **3**. steķi; **4**. *sp.* zirgs; **5**. *sl.* heroīns; **II** *v:* to h. **about (around)** *sar.* – plosīties; trakot

horseback [ˈhɔ:sbæk] *n:* on h. – jāšus

horsecloth [ˈhɔ:sklɒθ] *n* zirgu sega

horse-dealer [ˈhɔ:sˌdi:lə] *n* zirgu tirgotājs

horsefly [ˈhɔ:sflai] *a* aklais dundurs

horsehair [ˈhɔ:sheə] *n* zirgu astri
horselaugh [ˈhɔ:slɑ:f] *n* skaļi smiekli
horseman [ˈhɔ:smən] *n* jātnieks
horseplay [ˈhɔ:splei] *n* rupjas izpriecas
horsepower [ˈhɔ:s͵pauə] *n tehn.* zirgspēks
horserace [ˈhɔ:sreis] *n* zirgu skriešanās sacīkstes
horseradish [ˈhɔ:s͵rædiʃ] *n* mārrutks; mārrutki
horseshoe [ˈhɔ:sʃu:] *n* pakavs
horsewhip [ˈhɔ:swip] **I** *n* pātaga; **II** *v* pātagot
horsewoman [ˈhɔ:s͵wumən] *n* jātniece
horticulture [ˈhɔ:tikʌltʃə] *n* dārzkopība
horticulturist [͵hɔ:tiˈkʌltʃərist] *n* dārzkopis
hose[a] [həuz] **I** *n* šļūtene; **II** *v* laistīt ar šļūteni
hose[b] [həuz] *n* zeķes
hosiery [ˈhəuziəri] *n* 1. zeķes; 2. trikotāžas izstrādājumi
hospitable [ˈhɒspitəbl] *a* viesmīlīgs
hospital [ˈhɒspitl] *n* slimnīca
hospitality [͵hɒspiˈtæliti] *n* viesmīlība
hospitalize [ˈhɒspitlaiz] *v* hospitalizēt
host[a] [həust] *n* milzums
host[b] [həust] **I** *n* 1. namatēvs; 2. (*viesnīcas*) īpašnieks; 3. *biol.* (*parazītorganisma*) saimnieks; 4. (*programmas*) vadītājs; **II** *v* 1. būt namatēvam; uzņemt viesus; 2. vadīt programmu
host[c] [həust] *n* hostija; dievmaize
hostage [ˈhɒstidʒ] *n* ķīlnieks
hostel [ˈhɒstl] *n* kopmītne
hostess [ˈhəustis] *n* namamāte
hostile [ˈhɒstail] *a* 1. ienaidnieka-; 2. (*to*) naidīgs
hostilit‖y [hɒˈstiliti] *n* 1. naidīgums; 2.: ~ies *pl* – karadarbība

hot [hɒt] **I** *a* 1. karsts; I am h. – man ir karsti; 2. ass; sīvs; 3. straujš; karstasinīgs; 4. svaigs; nesens; 5. spēcīgs; stiprs; 6. iedvesmas (radoša pacēluma) pārņemts; 7. (*on*) kaislīgi aizrāvies; 8. *sar.* ātrgaitas-; 9. *sar.* populārs; 10. *sl.* laimīgs; veiksmīgs; 11. *sl.* neķītrs; ◊ to get into h. water – iekulties ķezā; to get h. under the collar – aizsvilties dusmās; **II** *v* 1. *sar.* uzsildīt; 2. atdzīvināt; iedvest jaunu dzīvību; ☐ to h. **up** *pārn.* – nokaitēt; **III** *adv* karsti
hot air [͵hɒt ˈeə] *n* muļķības; nieki
hotbed [ˈhɒtbed] *n* 1. lecekts; 2. *pārn.* perēklis
hot-blooded [͵hɒtˈblʌdid] *a* kaislīgs; karstasinīgs
hotchpotch [ˈhɒtʃpɒtʃ] *n* sajaukums; savārstījums
hot dog [͵hɒt ˈdɒg] *n* 1. karsts cīsiņš; 2. maizīte ar karstu cīsiņu
hotel [həuˈtel] *n* viesnīca
hotfoot [͵hɒtˈfut] *sar.* **I** *v* (*arī* to h. it) drāzties; **II** *adv* ātri; steigšus
hothead [ˈhɒthed] *n* karstgalvis
hothouse [ˈhɒthaus] *n* siltumnīca
hotly [ˈhɒtli] *adv* 1. karsti; 2. dedzīgi; kaislīgi
hot pants [ˈhɒtpænts] *n* 1. (*dāmu*) šorti; 2. *sl.* miesaskāre; saldkaisle; 3. *sl.* seksbumba
hotplate [ˈhɒtpleit] *n* elektriskā plītiņa
hot seat [ˈhɒt si:t] *n* 1. *sl.* elektriskais krēsls; 2. *sar.* ķeza
hot spring [͵hɒt ˈspriŋ] *n* karstavots
hot-tempered [͵hɒtˈtempəd] *a* straujš; iekarsīgs
Hottentot [ˈhɒtntɒt] *n* 1. hotentots; 2. hotentotu valoda

hot-water bottle [ˌhɒtˈwɔːtəˌbɒtl] *n* termofors, sildītājs

hot well [ˈhɒt wel] *n sk.* **hot spring**

hound [haʊnd] **I** *n* medību suns; **II** *v* dzīties pakaļ (*ar suņiem*); vajāt; ◊ to h. **down** – notvert (*piem., noziedznieku*)

hour [ˈaʊə] *n* **1.** stunda; half an h. – pusstunda; quarter of an h. – ceturtdaļstunda; **2.** noteikts laiks; dinner h. – 1) pusdienu laiks; 2) pusdienlaiks; **3.** *pl* darbalaiks; after ~s – pēc darba; off ~s – brīvs laiks; vaļasbrīdis; office ~s – (*iestādes*) darbalaiks; (*ārsta*) pieņemšanas laiks; during school ~s – stundu laikā; to keep early (good) ~s – agri celties un agri iet gulēt; ◊ at the eleventh h. – pēdējā brīdī

hourglass [ˈaʊəglɑːs] *n* smilšu pulkstenis (*vienai stundai*)

hour hand [ˈaʊəhænd] *n* (*pulksteņa*) stundu rādītājs

hourly [ˈaəʊəli] **I** *a* **1.** ikstundas-; **2.** pastāvīgs; biežs; **II** *adv* ik stundu

house I *n* [haʊs] **1.** māja; ēka; nams; **2.** saimniecība; to keep h. – vadīt saimniecību; **3.** dzimta; dinastija; **4.** (*arī* the H.) (*parlamenta*) palāta; **5.** firma; publishing h. – izdevniecība; **6.** teātris; publika; full h. – pārdota izrāde; **7.** (*skolas*) internāts; pansija; **II** *v* **1.** izvietot; izmitināt; **2.** novietot

houseboat [ˈhaʊsbəʊt] *n* peldoša māja

housebreaker [ˈhaʊsˌbreikə] *n* **1.** kramplauzis; **2.** vecu māju nojaucējs

housecraft [ˈhaʊskrɑːft] *n* mājsaimniecība

household [ˈhaʊshəʊld] *n* **1.** ģimene; **2.** [māj]saimniecība; ◊ h. name (word) – ikdienā bieži lietots vārds

householder [ˈhaʊsˌhəʊldə] *n* **1.** mājas īpašnieks; **2.** ģimenes galva

housekeeper [ˈhaʊsˌkiːpə] *n* saimniecības vadītāja

housemaid [ˈhaʊsmeid] *n* istabene

housewarming [ˈhaʊsˌwɔːmiŋ] *n* jaunā dzīvokļa iesvētīšana

housewife [ˈhaʊswaif] *n* mājsaimniece; namamāte

housing [ˈhaʊziŋ] *n* **1.** dzīves apstākļi; **2.** dzīvokļu celtniecība; **3.** pajumte; **4.** apvalks

hove *sk.* **heave**[b]

hovel [ˈhɒvl] *n* būda

hover [ˈhɒvə] *v* **1.** lidināties (*par putnu*); **2.** (*around*) grozīties tuvumā

how [haʊ] *adv* **1.** kā; kādā veidā?; h. are you?, h. are things? – kā klājas?; **2.** cik?; h. many, h. much? – cik?, cik daudz?; h. much is it? – cik tas maksā? ◊ here's h.! – uz jūsu veselību!; h. do you do, h. d'ye do? – sveicināti!, kā klājas?

however [haʊˈevə] **I** *adv* lai kā, lai cik; h. that may be – lai kā tur būtu; **II** *conj* tomēr, tačo

howl [haʊl] **I** *n* **1.** kauciens; gaudoņa; **2.** rēciens; kliedziens; **3.** svilpoņa (*radioaparātā*); **II** *v* **1.** kaukt; gaudot; **2.** brēkt; kliegt; ◊ to h. **down** – pārkliegt

howler [ˈhaʊlə] *n sar.* muļķīga kļūda; ◊ to come a h. – iekulties ķezā

hoyden [ˈhɔidn] *n* draiskule

hub [hʌb] *n* **1.** (*riteņa*) rumba; **2.** (*darbības, uzmanības*) centrs

hubbub [ˈhʌbʌb] *n* kņada

hubby [ˈhʌbi] *n sar.* vīrs

huckleberry [ˈhʌklbəri] *n* mellene

huckster [ˈhʌkstə] *n* sīktirgotājs

huddle [ˈhʌdl] **I** *n* **1.** bars; pulks; **2.** kau-

dze; grēda; **II** *v* **1.** pulcēties; drūzmēties; spiesties; **2.** samest kaudzē; ◊ to h. **up** − saritināties
hue[a] [hju:] *n* [no]krāsa
hue[b] [hju:] *n*: h. and cry − pakaļdzīšanās
huff [hʌf] *n* sapīkums; īgnums; in a h. − sapīcis
huffy [ˈhʌfi] *a* sapīcis; īgns; don't be h. − neapvainojies
hug [hʌg] **I** *n* **1.** (*ciešs*) apkampiens, apskāviens; **2.** *sp.* tvēriens; **II** *v* **1.** (*cieši*) apkampt, apskaut; **2.** turēt cieši piespiestu; **3.** lolot (*domu, cerību*); **4.** turēties; **5.**: to h. oneself − būt apmierinātam ar sevi
huge [hju:dʒ] *a* milzīgs
hugely [ˈhju:dʒli] *adv sar.* ļoti
hulk [hʌlk] *n* **1.** vecs, bojāts kuģa korpuss; **2.** lempis
hulking [ˈhʌlkiŋ] *a* neveikls; lempīgs
hull[a] [hʌl] *n* **1.** (*kuģa*) korpuss; **2.** *av.* fizelāža
hull[b] [hʌl] **I** *n* pāksts; **II** *v* izlobīt (*no pāksts*)
hullabaloo [ˌhʌləbəˈluː] *n* jezga; kņada
hullo [həˈləʊ] *int* **1.** hallo!; **2.** sveiks!
hum[a] [hʌm] **I** *n* **1.** dūkoņa; sanoņa; **2.** dungošana; **II** *v* **1.** dūkt; sanēt; **2.** dungot; **III** *int* hm!
hum[b] [hʌm] *sl.* **I** *n* smirdoņa; **II** *v* smirdēt
hum[c] [hʌm] *v sar.* piekrāpt; izjokot
human [ˈhju:mən] **I** *n* cilvēks; mirstīgais; **II** *a* **1.** cilvēka-; h. being − dzīva būtne; **2.** cilvēcisks; it's h. to err − kļūdīties ir cilvēciski
humane [hju:ˈmein] *a* humāns, cilvēcīgs
humanism [ˈhju:mənizəm] *n* humānisms
humanist [ˈhju:mənist] *n* humānists
humanitarian [hju:ˌmæniˈteəriən] **I** *n* **1.** humānists; **2.** filantrops; **II** *a* **1.** humāns; cilvēcīgs; **2.** humanitārs
humanity [hju:ˈmænəti] *n* **1.** cilvēce; **2.** cilvēcīgums
humanly [ˈhju:mənli] *adv* cilvēcīgi
humble [ˈhʌmbl] **I** *a* **1.** vienkāršs; necils; **2.** pazemīgs; **II** *v* pazemot
humbleness [ˈhʌmblnis] *n* pazemība
humble-bee [ˈhʌmblbi:] *n* kamene
humbug [ˈhʌmbʌg] **I** *n* **1.** krāpšana; blēdība; **2.** krāpnieks; blēdis; **3.** *brit.* piparmētru konfekte; **II** *v* piekrāpt
humdrum [ˈhʌmdrʌm] *a* vientuļš; garlaicīgs
humid [ˈhju:mid] *a* mitrs; valgs
humidify [hju:ˈmidifai] *v* mitrināt
humidity [hju:ˈmiditi] *n* mitrums; valgums
humiliate [hju:ˈmilieit] *v* pazemot
humiliation [hju:ˌmiliˈeiʃn] *n* pazemojums
humility [hju:ˈmiləti] *n* pazemība
hummingbird [ˈhʌmiŋbɜ:d] *n ornit.* kolibri
hummingtop [ˈhʌmiŋtɒp] *n* (*rotaļu*) vilciņš
hummock [ˈhʌmək] *n* paugurs
humor [ˈhju:mə] *amer. sk.* **humour**
humorist [ˈhju:mərist] *n* humorists
humorous [ˈhju:mərəs] *a* humoristisks
humour [ˈhju:mə] **I** *n* **1.** humors; sense of h. − humora izjūta; **2.** garastāvoklis; noskaņojums; **II** *v* izdabāt; izpatikt
hump [hʌmp] **I** *n* **1.** kupris; **2.** paugurs; **3.** *sar.* slikts garastāvoklis; **II** *v* uzmest kupri
humpback [ˈhʌmpbæk] *n* **1.** kupris; **2.** kuprītis
humus [ˈhju:məs] *n lauks.* humuss
hunch [hʌntʃ] **I** *n* **1.** kupris; **2.** bieza

šķēle; biezs rieciens; **3**. nojauta, nojausma; **II** *v* salīkt; sakumpt
hunchback ['hʌntʃbæk] *n* kuprītis
hundred ['hʌndrəd] **I** *n* simts; simtnieks; ~s of people – simtiem ļaužu; **II** *num* simt
hundredfold ['hʌndrədfəʊld] **I** *a* simtkārtīgs; **II** *adv* simtkārt[īgi]
hundredth ['hʌndrədθ] **I** *n* simtdaļa; **II** *a* simtais
hundredweight ['hʌndrədweit] *n* angļu centners (*50,8 kg*); amerikāņu centners (*45,4 kg*)
hung *sk.* **hang II**
hangover ['hʌŋˌəʊvə] *a* paģirains
Hungarian [hʌŋ'geəriən] **I** *n* **1**. ungārs; ungāriete; **2**. ungāru valoda; **II** *a* Ungārijas-; ungāru-
hunger ['hʌŋgə] **I** *n* **1**. bads; izsalkums; to die of h. – nomirt badā; **2**. (*for*) alkas; **II** *v*: to h. **for** – alkt
hunger strike ['hʌŋə straik] *n* bada streiks; to go on h. s. – pieteikt bada streiku
hungry ['hʌŋgri] *a* izsalcis
hunk [hʌŋk] *n* bieza rika
hunks [hʌŋks] *n* **1**. sīkstulis, skopulis; **2**. īgņa
hunt [hʌnt] **I** *n* **1**. medības; **2**. (*for*) meklējumi; after a long h. – pēc ilgiem meklējumiem; **II** *v* **1**. medīt; **2**. dzenāt; vajāt; ◊ to h. **down** – izsekot; notvert; to h. **out** – sameklēt; uzmeklēt
hunter ['hʌntə] *n* **1**. mednieks; **2**. medību zirgs; **3**. medību suns; **4**. (*for*) meklētājs; **5**. kabatpulkstenis ar vāku
hunting ['hʌntiŋ] *n* medības
huntsman ['hʌntsmən] *n* mednieks
hurdle ['hɜ:dl] **I** *n* **1**. pīts žogs; **2**. *sp.* šķērslis; barjera; **3**. *pārn.* šķērslis; kavēklis; **II** *v* **1**. (*arī* to h. off) no-

žogot; iežogot; **2**. *sp.* pārvarēt barjeru; **3**. piedalīties barjerskrējienā
hurdle-race ['hɜ:dlreis] *n sp.* barjerskrējiens
hurdy-gurdy ['hɜ:diˌgɜ:di] *n* leijerkaste
hurl [hɜ:l] **I** *n* metiens; sviediens; **II** *v* **1**. mest; sviest; **2**. mesties (*virsū*)
hurly-burly ['hɜ:liˌbɜ:li] *n* jezga; kņada
hurah, hurray [hʊ'rɑ:, hʊ'rei] **I** *n* «urā!» sauciens; **II** *v* saukt «urā!»; **III** *int* urā!
hurricane ['hʌrikən] *n* orkāns, viesuļvētra
hurried ['hʌrid] *a* steidzīgs; h. steps – steidzīgi soļi
hurry ['hʌri] **I** *n* steiga; in a h. – **1**) steigā; **2**) *sar.* labprāt; **3**) veikli; viegli; **II** *v* **1**. steigties; **2**. steidzināt; skubināt; ◊ to h. **up** – **1**) pasteigties; h. up! – ātrāk!; **2**) pasteidzināt
hurt [hɜ:t] **I** *n* **1**. ievainojums; brūce; **2**. aizvainojums; pārestība; **II** *v* (*p. un p. p.* hurt [hɜ:t]) **1**. ievainot; sasist; **2**. aizvainot; sāpināt; **3**. sāpēt
hurtful ['hɜ:tfl] *a* **1**. kaitīgs; **2**. aizvainojošs
hurtle ['hɜ:tl] *v* brāzties, drāzties
husband ['hʌzbənd] *n* vīrs, laulātais draugs
husbandman ['hʌzbəndmən] *n novec.* zemnieks; zemkopis
husbandry ['hʌzbəndri] *n* zemkopība; animal h. – lopkopība
hush [hʌʃ] **I** *n* klusums; **II** *v* apklusināt; h.! – cst!; klusu!; ◊ to h. **up** – **1**) apklusināt; **2**) notušēt
husk [hʌsk] **I** *n* sēnala; miziņa; **II** *v* izlobīt; nolobīt
husky[a] ['hʌski] *a* **1**. aizsmacis; piesmacis; **2**. *sar.* spēcīgs; dūšīgs

husky[b] [ˈhʌski] *n* eskimosu suns
hussar [hʊˈzɑ:] *n* huzārs
hussy [ˈhʌsi] *n* nekauņa; brazen h. – bezkaunīga meiča
hustings [ˈhʌstiŋz] *n pl* vēlēšanu kampaņa
hustle [ˈhʌstl] **I** *n* **1.** kņada; **2.** *amer.* rosīšanās; **II** *v* **1.** grūstīt; **2.** grūstīties; **3.** nodarboties ar afērām (mahinācijām, spekulācijām)
hut [hʌt] *n* **1.** būda; **2.** *sl.* cietuma kamera; **3.** studentu kopmītne
hutch [hʌtʃ] *n* (*trušu*) būris
hyacinth [ˈhaiəsinθ] *n* hiacinte
hybrid [ˈhaibrid] *n biol.* hibrīds, krustojums
hybridize [ˈhaibridaiz] *v biol.* hibridizēt, krustot
hydra [ˈhaidrə] *n zool.* hidra
hydrant [ˈhaidrənt] *n* hidrants; fire h. – ugunsdzēšanas šļūtene
hydraulic [haiˈdrɔ:lik] *a* hidraulisks
hydrocarbon [ˌhaidrəˈkɑ:bən] *n* ogļūdeņradis
hydrogen [ˈhaidrədʒən] *n ķīm.* ūdeņradis; h. bomb – ūdeņraža bumba
hydrophobia [ˌhaidrəˈfəʊbiə] *n med.* trakumsērga
hydroxide [haiˈdrɒksaid] *n ķīm.* hidroksīds
hyena [haiˈi:nə] *n* hiēna
hygiene [ˈhaidʒi:n] *n* higiēna
hygienic [haiˈdʒi:nik] *a* higiēnisks
hymn [him] **I** *n* baznīcas dziesma, psalms; **II** *v poēt.* slavināt

hype[a] [haip] *n* (*saīs. no* hypodermic) **1.** šļirce; **2.** injekcija
hype[b] [haip] *sl.* **I** *n* **1.** spēks; spars; **2.** blēdība; **3.** skaļa (nekaunīga) reklāma; **II** *v* **1.** piešķirt spēku (sparu); **2.** blēdīties; **3.** uzbudināt; **4.** skaļi (nekaunīgi) reklamēt
hyperbola [haiˈpɜ:bələ] *n mat.* hiperbola
hyperbole [haiˈpɜ:bəli] *n lit.* hiperbola, pārspīlējums
hyperbolic [ˌhaipəˈbɒlik] *a* hiperbolisks, pārspīlēts
hypersensitive [ˌhaipəˈsensitiv] *a* pārlieku jūtīgs
hyphen [ˈhaifən] *n gram.* savienojuma zīme, defise
hypnosis [hipˈnəʊsis] *n* hipnoze
hypnotic [hipˈnɒtik] *a* hipnotisks
hypnotyze [ˈhipnətaiz] *v* hipnotizēt
hypocrisy [hiˈpɒkrisi] *n* liekulība
hypocrite [ˈhipəkrit] *n* liekulis
hypocritical [ˌhipəˈkritikəl] *a* liekulīgs
hypotenuse [haiˈpɒtənju:z] *n mat.* hipotenūza
hypotheses *sk.* **hypothesis**
hypothesis [haiˈpɒθəsis] *n* (*pl* hypotheses [haiˈpɒθəsi:z]) hipotēze
hypothetical [ˌhaipəˈθetikəl] *a* hipotētisks
hysterical [hiˈsterikəl] *a* histērisks
hysterics [hiˈsteriks] *n pl* histērija, histērijas lēkme

Ii

I, i[a] [ai] *n angļu alfabēta burts*; ◇ to do one's «i's» and cross one's «t's» – uzlikt punktu uz «i»
I[b] [ai] *pron* es
iamb ['aiæmb] *sk.* iambus
iambi *sk.* iambus
iambus [ai'æmbəs] *n* (*pl* iambi [ai'æmbai]) *lit.* jambs
ibex ['aibeks] *n* kalnu āzis
ibidem [i'baidem] *adv* turpat
ice [ais] **I** *n* **1.** ledus; eternal i. – mūžīgais sasalums; floating i. – peldošs ledus; **2.** (*parasti pl*) saldējums; **3.** (*cukura*) glazūra; **4.** vēsums; dzedrums; **5.** *sl.* briljanti; dārglietas; **6.** *sl.* kokaīns; ◇ to be on thin i. – būt kuteligā (bīstamā) situācijā; **II** *v* **1.** sasaldēt; **2.** sasalt; pārklāties ar ledu; **3.** pārklāt ar (*cukura*) glazūru; **4.** izturēties vēsi (dzedri); ▯ to i. **out** – atsaldēt; to i. **over** (**up**) – apledot
ice age ['ais eidʒ] *n* ledus laikmets
iceberg ['aisbɜ:g] *n* **1.** aisbergs; tip of the i. – 1) aisberga virsūdens daļa; 2) (*kaut kā nepatīkama*) neliela redzamā daļa; **2.** vēss (dzedrs) cilvēks
ice-boat ['aisbəʊt] *n* **1.** ledusjahta; **2.** ledlauzis
icebound ['aisbaʊnd] *a* ledū iestrēdzis (*par kuģi*)
ice-breaker ['ais,breikə] *n* ledlauzis
ice-cap ['aiskæp] *n* **1.** polārais ledus; **2.** *med.* ledus pūslis
ice-cream [,ais'kri:m] *n* saldējums
ice-ferns ['aisfɜ:nz] *n pl* leduspuķes
ice fishing ['ais ,fiʃiŋ] *n* zemledus makšķerēšana
icefloe ['aisfləʊ] *n* peldošs ledus gabals
ice-hockey ['ais,hɒki] *n* ledus hokejs
iceman ['aismæn] *n* **1.** polārceļotājs; **2.** saldējuma pārdevējs; **3.** *amer.* ledus piegādātājs
ice-rink ['aisriŋk] *n* [mākslīgā ledus] slidotava
ice-run ['aisrʌn] *n* slidkalniņš
ice-show ['aisʃəʊ] *n* ledus balets
ice-up ['aisʌp] *n* **1.** apledojums; **2.** atkala
ichthyology [,ikθi'ɒlədʒi] *n* ihtioloģija
icicle ['aisikl] *n* lāsteka
icily ['aisili] *adv* (*arī pārn.*) ledaini
icing ['aisiŋ] *n* **1.** (*cukura*) glazūra; **2.** apledojums (*uz lidmašīnas*)
icon ['aikɒn] *n* ikona, svētbilde
icterus ['iktərəs] *n med.* dzeltenā kaite
icy ['aisi] *n* (*arī pārn.*) ledains
I'd [aid] *sar. saīs. no* **1.** I should; I would; **2.** I had
idea [ai'diə] *n* **1.** ideja; doma; fixed I. – uzmācīga doma; that's the i.! – tieši tā!; **2.** priekšstats; I had no i. – man nebija ne jausmas; **3.** nodoms; plāns; ◇ the young i. – bērna prāts
ideal [ai'diəl] **I** *n* ideāls; **II** *a* **1.** ideāls, pilnīgs; **2.** iedomāts; nereāls; i. happiness – iedomāta laime
idealism [ai'diəlizəm] *n* ideālisms
idealist [ai'diəlist] *n* ideālists
idealize [ai'diəlaiz] *v* idealizēt
identical [ai'dentikl] *a* **1.** (*with*) identisks, vienāds; **2.** *biol.* vienolas-; i. twins – vienolas dvīņi
identification [ai,dentifi'keiʃn] *n* **1.** identificēšana, identifikācija; i. parade – konfrontācija; **2.** identificēšana; **3.** (*with*) solidarizēšanās (*ar*)
identify [ai'dentifai] *v* **1.** identificēt; **2.** (*with*) solidarizēties (*ar*)

identity [ai'dentəti] *n* **1.** identitāte; **2.** personība; individualitāte; i. card – personas apliecība; **3.** *mat.* tāpatība, identitāte
ideologic[al] [,aidiə'lɒdʒik(l)] *a* ideoloģisks
ideologist [,aidi'ɒlədʒist] *n* ideologs
ideology [,aidi'ɒlədʒi] *n* ideoloģija
idiocy ['idiəsi] *n* **1.** idiotisms; **2.** muļķība
idiom ['idiəm] *n* **1.** idioma, idiomātisks izteiciens; **2.** dialekts, izloksne; local i. – vietēja izloksne; **3.** valodas īpatnība; **4.** daiļrades maniere; izteiksmes veids (*mākslā, mūzikā*)
idiomatic [,idiə'mætik] *n* **1.** idiomātisks; **2.** dialekta-; izloksnes-; **3.** sarunvalodas-; **4.** īpatnējs; individuāls; savdabīgs (*par daiļradi*)
idiot ['idiət] *n* **1.** idiots; **2.** *sar.* muļķis
idiotic [,idi'ɒtik] *a* idiotisks, muļķīgs
idle ['aidl] **I** *a* **1.** dīks; nenodarbināts; **2.** slinks; laisks; **3.** brīvs (*par laiku*); **4.** tukšs; nepamatots; i. talk – tukšas runas; **5.** *tehn.* tukšgaitas-; **II** *v* **1.** slinkot, slaistīties; to i. away one's time – notriekt laiku; **2.** *tehn.* strādāt tukšgaitā
idleness ['aidlnəs] *n* dīkdienība; bezdarbība; laiskums; hours of i. – vaļasbrīži
idler ['aidlə] *n* dīkdienis, slaists
idly ['aidli] *adv* laiski
idol ['aidl] *n* elks
idolatry [ai'dɒlətri] *n* **1.** elku pielūgšana; **2.** dievināšana; apbrīnošana
idolize ['aidəlaiz] *v* **1.** pielūgt elkus; **2.** dievināt
idyll ['idil] *n* idille
idyllic [ai'dilik] *a* idillisks
if [if] **I** *n* nosacījums; **II** *conj* **1.** ja; if it rains, I won't go – ja līs, es neiešu; **2.** (*ar verbu vēlējuma izteiksmē*): if only I knew – ja vien es zinātu (*tagad*); **3.** (*netiešā jautājumā*) vai; I don't know if he'll agree – es nezinu, vai viņš piekritīs; **4.** (*ar verbu nolieguma formā izsaka izbrīnu, sašutumu u. tml.*): well if it isn't my old friend! – iedomājies, tas taču ir mans vecais draugs!; **5.** lai gan; pleasant if noisy child – jauks, lai gan trokšņains bērns; **6.**: as if – it kā; even if – pat ja; if not – vai pat
igloo ['iglu:] *n* iglu, (*eskimosu*) sniega būda
igneous ['igniəs] *a* **1.** ugunīgs; **2.** *ģeol.* vulkānisks; i. rocks – vulkāniskie ieži
ignite [ig'nait] *v* **1.** aizdedzināt; **2.** aizdegties; uzliesmot; **3.** sakarsēt; nokaitēt
ignition [ig'niʃn] *n* **1.** aizdegšanās; uzliesmošana; **2.** *tehn.* aizdedze
ignoble [ig'nəʊbl] *a* nekrietns, zemisks
ignominius [,ignə ʊ'miniəs] *a* kaunpilns
ignominy ['ignəmini] *n* **1.** negods; kauns; **2.** negodīga rīcība; kaunpilna uzvedība
ignorance ['ignərəns] *n* **1.** izglītības (zināšanu) trūkums; **2.** (*of*) neziņa
ignorant ['ignərənt] *a* **1.** neizglītots; **2.** (*of*) nezinošs; nekompetents; **3.** *sar.* neaudzināts, rupjš
ignore [ig'nɔ:] *v* **1.** ignorēt, neievērot; **2.** *jur.* noraidīt (*prasību*)
ikon ['aikən] *sk.* **icon**
I'll [ail] *sar. saīs. no* I shall; I will
ill [il] **I** *n* **1.** ļaunums; to do i. – nodarīt ļaunumu; **2.** *pl* nedienas; the ~s of life – dzīves nedienas; **II** *a* **1.** *predic.* slims; to be i. – būt slimam; to fall

(be taken) i. – saslimt; 2. (*comp*. worse [wɜːs], *sup*. worst [wɜːst]) slikts; i. fame – slikta slava; 3. ļauns; naidīgs; ◇ as i. luck would have it – kā par spīti; **III** *adv* **1**. slikti; nelabvēlīgi; to speak i of smb. – slikti atsaukties par kādu; 2. tikko; ar grūtībām; ◇ to be i. at ease – justies neveikli

ill-advised [ˌiləd'vaizd] *a* neapdomāts; pārsteidzīgs

ill-bred [ˌil'bred] *a* neaudzināts; rupjš

ill-considered [ˌilkən'sidəd] *a* neapdomāts; neapsvērts; pārsteidzīgs

ill-disposed [ˌildis'pəʊzd] *a* **1**. ar sliktām nosliecēm; 2. nelabvēlīgs; i.-d. towards smb. – nelabvēlīgi noskaņots pret kādu

illegal [i'liːgəl] *a* **1**. nelikumīgs, pretlikumīgs; 2. nelegāls

illegality [ˌili'gæləti] *n* nelikumība, pretlikumība

illegible [i'ledʒəbl] *a* nesalasāms; neskaidrs (*par rokrakstu*)

illegitimate I *n* [ˌili'dʒitimət] ārlaulībā dzimušais; **II** *a* [ˌili'dʒitimət] **1**. nelikumīgs; 2. ārlaulībā dzimis; **III** *v* [ˌili'dʒitimeit] pasludināt par nelikumīgu

ill-fated [ˌil'feitid] *n* nelaimīgs, neveiksmīgs

ill-favoured [ˌil'feivəd] *a* **1**. neglīts; 2. nepatīkams

ill-feeling [ˌil'fiːliŋ] *n* netīksme; naidīgums

ill-founded [ˌil'faʊndid] *a* nepamatots

ill-humoured [ˌil'hjuːməd] *a* saīdzis, sliktā garastāvoklī

illicit [i'lisit] *a* nelikumīgs; neatļauts

illimitable [i'limitəbl] *a* neierobežots; bezgalīgs

illiteracy [i'litərəsi] *n* analfabētisms

illiterate [i'litərit] **I** *n* **1**. analfabēts; 2. neizglītots cilvēks; **II** *a* **1**. analfabētisks; 2. neizglītots

ill-looking [ˌil'lʊkiŋ] *a* **1**. nejauks; ķēmīgs; 2. drūms; draudīgs

ill-mannered [ˌil'mænəd] *a* neaudzināts; rupjš

ill-natured [ˌil'neitʃəd] *a* ļauns

illness ['ilnəs] *n* **1**. slimība; 2. saslimstība

illogical [i'lɒdʒikl] *a* **1**. neloģisks; 2. *sar*. muļķīgs

ill-starred [ˌil'staːd] *a* nelaimīgs; neveiksmīgs

ill-tempered [ˌil'təmpəd] *a* īgns; saīdzis

ill-timed [ˌil'taimd] *a* nelaikā noticis; i.-t. remark – piezīme nevietā

ill-treat [ˌil'triːt] *v* slikti izturēties

illuminate [i'ljuːmineit] *v* **1**. apgaismot; 2. iluminēt; ~d ads *sar*. – gaismas reklāmas; 3. izskaidrot; apgaismot

illumination [iˌljuːmi'neiʃn] *n* **1**. apgaismošana; 2. (*parasti pl*) iluminācija; 3. izskaidrojums; 4. atskārsme

illuminator [i'ljuːmineitə] *n* apgaismes ķermenis

illusion [i'luːʒn] *n* **1**. ilūzija; maldi; optical i. – redzes maldi; 2. ilūzija, nereāls sapnis; to cherish i. – lolot ilūzijas

illusionist [i'luːʒənist] *n* iluzionists, burvju mākslinieks

illusive, **illusory** [i'luːsiv, i'luːsəri] *a* iluzors; maldinošs

ilustrate ['iləstreit] *v* **1**. ilustrēt; 2. paskaidrot

illustration [ˌilə'streiʃn] *n* **1**. ilustrēšana; 2. ilustrācija; zīmējums; 3. paskaidrojums; piemērs

illustrative ['iləstrətiv] *a* ilustratīvs; paskaidrojošs

illustrious [i'lʌstriəs] *a* slavens; izcils
ill-will [,il'wil] *n* nelabvēlība; netīksme
ill-wisher [,il'wiʃə] *n* nelabvēlis
I'm [aim] *sar. saīs.* no I am
image ['imidʒ] I *n* 1. tēls; veidols; skulptūra; 2. attēls; atspoguļojums; 3. līdzība; kopija; 4. *lit.* metafora; tēls; to speak in ~s – tēlaini runāt; 5. priekšstats; II *v* 1. attēlot; 2. atspoguļot; 3. iztēloties
imagery ['imidʒəri] *v* (*valodas*) tēlainība
imaginable [i'mædʒinəbl] *a* iedomājams
imaginary [i'mædʒinəri] *n* iedomāts; šķietams
imagination [i,mædʒi'neiʃn] *n* 1. iztēle, fantāzija; 2. iedoma
imaginative [i'mædʒinətiv] *a* tēlains
imagine [i'mædʒin] *v* iztēloties; iedomāties; just i.! – iedomājies tikai!
imbecile ['imbisi:l] I *n* 1. plānprātis; idiots; 2. *sar.* muļķis; II *a* 1. plānprātīgs; idiotisks; 2. *sar.* muļķīgs
imbecility [,imbi'siləti] *n* 1. plānprātība; idiotisms; 2. *sar.* muļķība
imbed *sk.* **embed**
imbibe [im'baib] *v* 1. sūkt; uzņemt sevī; 2. *sar.* dzert (*alkoholu*)
imbue [im'bju:] *v* (*with*) pildīt
imitate ['imiteit] *v* imitēt, atdarināt
imitation [,imi'teiʃn] *n* 1. imitēšana, atdarināšana; 2. imitācija, atdarinājums; i. leather – mākslīgā āda
imitative ['imitətiv] *a* 1. imitējošs, atdarinošs; 2. neīsts; mākslīgs
imitator ['imiteitə] *n* imitētājs, atdarinātājs
immaculate [i'mækjʊlət] *a* 1. tīrs; nenotraipīts; 2. nevainojams
immanent ['imənənt] *a* pastāvīgs; piemītošs

immaterial [,imə'tiəriəl] *a* 1. nemateriāls; 2. nesvarīgs, nebūtisks
immature [,imə'tjʊə] *a* nenobriedis
immeasurable [i'meʒərəbl] *a* neizmērojams; milzīgs
immediate [i'mi:diət] *a* 1. tūlītējs; neatliekams; steidzams; 2. tuvākais; tuvējais; i. aim – tuvākais mērķis
immediately [i'mi:diətli] I *adv* 1. tūlīt; nekavējoties; 2. tieši; II *conj* tiklīdz
immemorial [,imi'mɔ:riəl] *n* neatminams; sensens; i. customs – mūžsenas paražas
immense [i'mens] *a* milzīgs; bezgalīgs; neaptverams
immensely [i'mensli] *adv sar.* ārkārtīgi; ļoti
immensity [i'mensəti] *n* bezgalība; neaptveramība
immerse [i'mɜ:s] *v* (*in*) 1. iegremdēt, nogremdēt; 2. iegrimt, nogrimt; iesligt; ~d in thought – nogrimis domās; ~d in work – iegrimis darbā
immigrant ['imigrənt] *n* imigrants, ieceļotājs
immigrate ['imigreit] *v* imigrēt, ieceļot
immigration [,imi'greiʃn] *n* imigrācija, ieceļošana; i. controls – imigrācijas ierobežojumi
imminence ['iminəns] *n* (*notikumu, briesmu*) nenovēršamība; draudi
imminent ['iminənt] *a* nenovēršams; draudošs (*par notikumu, briesmām*)
immobile [i'məʊbail] *a* nekustīgs
immobilize [i'məʊbilaiz] *v* 1. padarīt nekustīgu; 2. izņemt no apgrozības (*naudu*); 3. *med.* imobilizēt (*ar šinu, ģipsi*)
immoderate [i'mɒdərət] *a* pārmērīgs; pārliecīgs
immodest [i'mɒdist] *a* nekautrīgs

immolate ['iməʊleit] v (to) upurēt
immoral [i'mɒrəl] a amorāls, netikumīgs
immorality [ˌimə'ræləti] n amorālums, netikumība
immortal [i'mɔ:tl] a nemirstīgs; mūžīgs
immortality [ˌimɔ:'tæliti] n nemirstība
immortalize [i'mɔ:təlaiz] v padarīt nemirstīgu; saglabāt mūžos (*pieminu u. tml.*)
immovable [i'mu:vəbl] a 1. nekustīgs; 2. nekustams; i. property *jur.* – nekustams īpašums; 3. nelokāms; nesatricināms
immune [i'mju:n] a 1. (to) imūns, neuzņēmīgs (*pret kādu slimību*); 2. (*from*) atbrīvots; brīvs; 3. *jur.* neaizskarams
immunity [i'mju:nəti] n 1. imunitāte, neuzņēmība (*pret kādu slimību*); 2. atbrīvošana (*no nodokļiem*); 3. *jur.* neaizskaramība
immure [i'mjʊə] v ieslodzīt; ieslēgt; to i. oneself – noslēgties no ārpasaules
immutability [iˌmju:tə'biliti] n nemainīgums
immutable [i'mju:təbl] n nemainīgs
imp [imp] n 1. velnēns; 2. draiskulis, nebēdnis
impact I n ['impækt] 1. grūdiens; trieciens; 2. sadursme, kolīzija; 3. ietekme; iedarbība; 4. *mil.* trāpījums; II v [im'pækt] 1. (*in, into*) uzgrūsties; ietriekties; 2. iesist; iedzīt
impactful [im'pæktfʊl] a satriecošs; efektīgs
impair [im'peə] v bojāt; vājināt; pasliktināties
impale [im'peil] v 1. caurdurt (*ar šķēpu u. tml.*); 2. *vēst.* uzdurt uz mieta
impart [im'pɑ:t] v (to) dot; sniegt; to i. knowledge – sniegt zināšanas

impartial [im'pɑ:ʃl] a objektīvs; taisnīgs
impartiality [imˌpɑ:ʃi'æləti] n objektivitāte; taisnīgums
impassable [im'pɑ:səbl] a 1. necaurejams, neizbraucams; 2. nepārvarams
impasse [æmpæs] n strupceļš
impassioned [im'pæʃnd] a kaislīgs; kvēls
impassive [im'pæsiv] a bezkaislīgs; nesatricināms
impatience [im'peiʃns] n 1. nepacietība; 2. (*of*) neiecietība
impatient [im'peiʃnt] a 1. nepacietīgs; 2. (*of*) neiecietīgs
impeach [im'pi:tʃ] v 1. apšaubīt; 2. *jur.* (*of, for, with*) apsūdzēt valsts noziegumā; 3. *jur.* ierosināt lietu par augstas amatpersonas atcelšanu no amata
impeccable [im'pekəbl] a nevainojams
impede [im'pi:d] v kavēt, traucēt
impediment [im'pedimənt] n kavēklis, traucējums; speech. i. – valodas defekts
impel [im'pel] v (to) mudināt, skubināt; I feel ~led to say that... – esmu spiests pateikt, ka...
impenetrable [im'penitrəbl] a 1. necaurejams; 2. necaurredzams; 3. neizdibināms; neizprotams
imperative [im'perətiv] I n 1. *gram.* imperatīvs, pavēles izteiksme; 2. *filoz.* imperatīvs; categorical i. – kategoriskais imperatīvs; II a 1. pavēles-; i. mood *gram.* – pavēles izteiksme; 2. pavēlošs; valdonīgs; 3. neatlaidīgs; kategorisks
imperceptible [ˌimpə'septəbl] a nemanāms
imperfect [im'pɜ:fikt] I n *gram.* imperfekts; II a nepilnīgs; defektīvs
imperfection [ˌimpə'fekʃn] n 1. nepil-

nība; defekts; trūkums; 2. nepabeigtība

imperial [im'piəriəl] I *n* ķīļbārda; II *a* 1. impērijas-; 2. imperatora-; 3. majestātisks; lielisks; 4. augstākā labuma-; 5. standarta-; noteikts (*par angļu mērvienību*); i. gallon – angļu galons (*4,54 l*)

imperialism [im'piəriəlizəm] *n* imperiālisms

imperialist [im'piəriəlist] I *n* imperiālists; II *a* imperiālistisks

imperil [im'peril] *v* pakļaut briesmām; riskēt (*ar kaut ko*)

imperious [im'piəriəs] *a* 1. pavēlniecisks, valdonīgs; 2. neatlaidīgs; kategorisks

imperishable [im'periʃəbl] *a* nezūdošs; neiznīcīgs; mūžīgs

impermeable [im'pɜ:miəbl] *a* necaurlaidīgs; i. to water – ūdensnecaurlaidīgs

impersonal [im'pɜ:snl] *a* 1. bezkaislīgs; objektīvs; 2. bezpersonisks; 3. *gram.* bezpersonas-

impersonate [im'pɜ:səneit] *v* 1. personificēt; iemiesot (*tēlā*); 2. atveidot; tēlot (*lomu*); 3. uzdoties (*par kādu*)

impertinence [im'pɜ:tinəns] *n* 1. nekaunība; 2. neiederība

impertinent [im'pɜ:tinənt] *n* 1. nekaunīgs; 2. neiederīgs

imperturbable [ˌimpə'tɜ:bəbl] *a* nesatricināms; aukstasinīgs; mierīgs

impervious [im'pɜ:viəs] *a* (*to*) 1. necaurlaidīgs; 2. neuztverīgs; 3. dilumizturīgs

impetuous [im'petjʊəs] *a* straujš; impulsīvs; dedzīgs; i. remarks – neapdomātas piezīmes

impetus ['impitəs] *n* 1. kustības ātrums (straujums); 2. impulss, stimuls

impiety [im'paiəti] *n* 1. bezdievība; neticība; 2. necieņa

impinge [im'pindʒ] *v* (*on, upon*) 1. atsisties; atdurties; 2. aizskart; apdraudēt

impious ['impiəs] *a* 1. bezdievīgs; neticīgs; 2. necienīgs; negodbijīgs

impish ['impiʃ] *a* draiskulīgs; nebēdnīgs

implacable [im'plækəbl] *a* nesamierināms; nepielūdzams

implant I *n* ['implɑ:nt] *med.* implantāts; II *v* [im'plɑ:nt] 1. iedvest (*domu*); 2. *med.* implantēt

implement I *n* ['implimənt] darbarīks; instruments; II *v* ['impliment] 1. izpildīt; paveikt; īstenot; 2. apgādāt (nodrošināt) ar instrumentiem; 3. atlīdzināt, kompensēt

implicate ['implikeit] *v* 1. (*in*) iesaistīt, iejaukt, iepīt; 2. būt organiski saistītam

implicit [im'plisit] *a* 1. netiešs; i. threat – netiešs drauds; 2. nešaubīgs; i. faith – akla ticība

implicitly [im'plisitli] *adv* 1. netieši; 2. nešaubīgi; bez ierunām

implore [im'plɔ:] *v* (*for*) lūgt, lūgties

imploringly [im'plɔ:riŋgli] *adv* lūdzoši

imply [im'plai] *v* 1. netieši norādīt; 2. nozīmēt

impolicy [im'pɒləsi] *n* 1. netaktiskums; 2. nesaprātīga politika

impolite [ˌimpə'lait] *a* nepieklājīgs

impolitic [im'pɒlitik] *a* netaktisks; nesaprātīgs

imponderable [im'pɒndərəbl] *a* 1. netverams; nenosakāms; 2. ļoti viegls

import I *n* ['impɔ:t] 1. imports; 2. *pl* importpreces; 3. svarīgums; nozīme; II *v* [im'pɔ:t] 1. importēt; 2. nozīmēt

importance [im'pɔ:tns] *n* svarīgums;

nozīme; of great i. – ļoti svarīgs; of no i. – nesvarīgs; nenozīmīgs; person of i. – svarīga persona
important [im'pɔ:tənt] *a* **1.** svarīgs; nozīmīgs; **2.** svarīgs; ietekmīgs (*par cilvēku*)
importunate [im'pɔ:tʃʊnət] *a* **1.** uzmācīgs; apnicīgs; **2.** steidzams
importune [ˌimpə'tju:n] *v* uzmākties (*piem., ar lūgumiem*)
importunity [ˌimpə'tju:nəti] *n* **1.** uzmācība, apnicība; **2.** steidzamība
impose [im'pəʊz] *v* **1.** (*on, upon*) aplikt (*ar nodokli*); **2.** uzspiest, uztiept; **3.** uzbāzties, uzplīties; **4.** izmantot (*kāda viesmīlību*)
imposing [im'pəʊziŋ] *a* impozants, iespaidīgs
imposition [ˌimpə'ziʃn] *n* **1.** (*on, upon*) aplikšana (*ar nodokli*); **2.** uzspiešana, uztiepšana; **3.** (*kāda viesmīlības*) izmantošana
impossibility [imˌpɒsə'biləti] *n* neiespējamība
impossible [im'pɒsəbl] *a* **1.** neiespējams; **2.** neciešams
impostor [im'pɒstə] *n* krāpnieks, blēdis
imposture [im'pɒstʃə] *n* krāpšana
impotence ['impətəns] *n* **1.** nespēks, vājums; **2.** *med.* impotence
impotent ['impətənt] *a* **1.** nespēcīgs, vājš; **2.** *med.* impotents
impound [im'paʊnd] *v jur.* konfiscēt
impoverish [im'pɒvəriʃ] *v* **1.** izputināt; **2.** noplicināt (*augsni*)
impracticable [im'præktikəbl] *a* **1.** neizpildāms, nerealizējams; **2.** neizbraucams; nelietojams (*par ceļu*)
imprecate ['imprikeit] *v* nolādēt
impregnable [im'pregnəbl] *a* **1.** neieņemams (*par cietoksni*); **2.** nelokāms; nesatricināms; **3.** *tehn.* piesātināms; impregnējams
impregnate ['impregneit] *v tehn.* (*with*) piesātināt; impregnēt
impresario [ˌimprə'sɑ:riəʊ] *n* **1.** impresārijs; **2.** menedžeris; direktors; šefs
impress I *n* ['impres] **1.** nospiedums; zīmogs; **2.** *pārn.* pēdas; zīmogs; **II** *v* [im'pres] **1.** (*on, upon*) iespiest, uzspiest (*zīmogu*); **2.** iespaidot, radīt iespaidu; **3.** (*on*) iedvest; ieskaidrot
impressible [im'presəbl] *a* viegli ietekmējams; jūtīgs
impression [im'preʃn] *n* **1.** nospiedums; **2.** iespaids
impressionable [im'preʃnəbl] *a* viegli ietekmējams; jūtīgs
impressionist [im'preʃnist] *n* **1.** impresionists; **2.** parodists (*estrādes mākslinieks*)
impressive [im'presiv] *a* iespaidīgs; izteiksmīgs
imprint I *n* ['imprint] **1.** nospiedums; zīmogs; **2.** *pārn.* (*pārdzīvojuma u. tml.*) pēdas; **3.** izdevniecības ziņas (*grāmatas titullapā vai beigās*); **II** *v* [im'print] **1.** (*with, on*) iespiest, uzspiest; **2.** (*in, on*) atstāt pēdas; iespiesties (*atmiņā*)
imprison [im'prizn] *v* ieslodzīt cietumā
imprisonment [im'priznmənt] *n* ieslodzījums; apcietinājums
improbable [im'prɒbəbl] *a* neiespējams, neticams
impromptu [im'prɒmptju:] **I** *n* improvizācija; **II** *a* improvizēts
improper [im'prɒpə] *a* **1.** nepiedienīgs; nepiemērots; **2.** nepareizs; **3.** nepieklājīgs; neķītrs; i. suggestion – neķītrs piedāvājums (*sievietei*)

impropriety [ˌimprə'praiəti] *n* **1.** nepiemērotība; **2.** nepareizība; **3.** nepieklājība; neķītrība
improve [im'pru:v] *v* **1.** uzlabot; pilnveidot; **2.** uzlaboties; pilnveidoties; **3.** izmantot; **4.** *lauks.* meliorēt; ◊ to i. on – uzlabot
improvement [im'pru:vmənt] *n* **1.** uzlabošana; pilnveidošana; **2.** (*on*) uzlabojums
improvident [im'prɒvidənt] *a* **1.** neapdomīgs; **2.** izšķērdīgs; nesaimniecisks
improvise ['imprəvaiz] *v* **1.** improvizēt; **2.** uz ātru roku pagatavot (sameistarot)
imprudence [im'pru:dəns] *n* neapdomība; pārsteidzība
imprudent ['impru:dənt] *a* neapdomīgs; pārsteidzīgs
impudence ['impjʊdəns] *n* nekaunība
impudent ['impjʊdənt] *a* nekaunīgs
impugn [im'pju:n] *v* apstrīdēt; apšaubīt
impulse ['impʌls] *n* impulss; dziņa; pamudinājums
impunity [im'pju:niti] *n* nesodāmība; with i. – nesodīts
impure [im'pjʊə] *a* **1.** netīrs; piesārņots; **2.** neķītrs
imputation [ˌimpju:'teiʃn] *n* **1.** (*of*) inkriminēšana; (*vainas*) piedēvēšana; **2.** *pārn.* ēna; traips; to cast an i. on smb.'s character – mest ēnu uz kāda reputāciju
impute [im'pju:t] *v* (*to*) inkriminēt; piedēvēt (*vainu*)
in [in] **I** *n*: the ~s – valdošā politiskā partija (*parlamentā*); the ~s and outs – 1) valdošā partija un opozīcija; 2) detaļas; sīkumi; **II** *a* **1.** iekšējs; in patient – stacionārs slimnieks; **2.** *sar.* valdošs; **3.** *sar.* šauram lokam domāts (saprotams); **III** *adv* **1.** iekšā; to put in – ielikt iekšā; **2.** mājās; is he in? – vai viņš ir mājās?; **3.**: to be in – 1) pienākt; the train is already in – vilciens jau pienācis; 2) iestāties; the spring is in – pavasaris ir klāt; **4.**: to be in for – būt saistītam (apdraudētam); ◊ day in day out – diendienā; he has in for smb. – viņam ir zobs uz kādu; in and out – 1) te iekšā, te ārā; in at one ear and out at the other – pa vienu ausi iekšā, pa otru ārā; 2) pārmaiņus; **IV** *prep* **1.** (*norāda vietu*): in Latvia – Latvijā; in the country – uz laukiem; in the street – uz ielas; **2.** (*norāda laiku*): in the morning – no rīta; in an hour – pēc stundas; **3.** (*norāda apstākļus*): in a difficulty – grūtībās; **4.** (*norāda veidu*): in anger – dusmās; in English – angliski, angļu valodā; to pay in cash – maksāt skaidrā naudā; **5.** (*ar ģerundiju*): in crossing the street – šķērsojot ielu; **6.** (*norāda lielumu*): three feet in length – trīs pēdas garš; **7.** (*tulkojams dažādi*): in all – kopā, pavisam; in any case – katrā ziņā; katrā gadījumā; in fact – faktiski; in memory (*of*) – par piemiņu (*kam*)
inability [ˌinə'biləti] *n* nespēja; i. to pay – maksātnespēja
inaccessible [ˌinæk'sesəbl] *a* nepieejams, nesasniedzams
inaccuracy [in'ækjʊrəsi] *n* neprecizitāte; kļūda
inaccurate [in'ækjʊrət] *a* neprecīzs; kļūdains
inaction [in'ækʃn] *n* bezdarbība; kūtrums
inactive [in'æktiv] *a* bezdarbīgs; kūtrs
inactivity [ˌinæk'tivəti] *n* bezdarbība; pasivitāte

inadequacy [in'ædikwəsi] *n* neatbilstība (*prasībām*); nepiemērotība

inadequate [in'ædikwət] *a* **1.** (*to, for*) (*prasībām*) neatbilstošs; nepiemērots; **2.** *psih.* neadekvāts

inadmissible [ˌinəd'misəbl] *a* nepieļaujams; nepieņemams

inadvertence [ˌinəd'vɜ:təns] *n* neuzmanība; nevērība

inadvertent [ˌinəd'vɜ:tənt] *a* **1.** neuzmanīgs; nevērīgs; **2.** netīšs

inadvertently [ˌinəd'vɜ:təntli] *adv* netīši

inane [i'nein] *a* tukšs; bezsaturīgs; muļķīgs

inanimate [in'ænimət] *a* **1.** nedzīvs; i. nature – nedzīvā daba; **2.** garlaicīgs

inanity [i'nænəti] *n* tukšums; bezsaturība; muļķība

inapplicability [ˌinæplikə'biləti] *n* nepiemērotība; nederīgums

inapplicable [in'æplikəbl] *a* (*to*) nepiemērots; nederīgs

inapproachable [ˌinə'prəʊtʃəbl] *a* nepieejams; neaizsniedzams

inappropriate [ˌinə'prəʊpriət] *a* (*for, to*) nepiemērots; nepiedienīgs

inapt [in'æpt] *a* **1.** nepiemērots; **2.** nemākulīgs

inaptitude [in'æptitju:d] *n* **1.** nepiemērotība; **2.** nemākulība

inarticulate [ˌinɑ:'tikjʊlət] *a* **1.** neartikulēts, neskaidrs (*par runu*); **2.** mēms (*par dzīvniekiem*); **3.** *anat.* nesavienots

inartistic [ˌinɑ:'tistik] *a* nemākslinieciski

inasmuch as [ˌinəz'mʌtʃ əz] *conj.* tā kā; ievērojot, ka

inattention [ˌinə'tenʃn] *n* (*to*) neuzmanība

inattentive [ˌinə'təntiv] *a* (*to*) neuzmanīgs

inaudible [in'ɔ:dəbl] *a* nedzirdams

inaugural [i'nɔ:gjʊrəl] *a* atklāšanas-; ievada-; i. address – atklāšanas runa; runa, stājoties amatā; i. lecture – ievadlekcija

inaugurate [i'nɔ:gjʊreit] *v* **1.** (*svinīgi*) ievadīt amatā; **2.** atklāt (*piem., izstādi*); **3.** ievadīt; uzsākt

inauguration [iˌnɔ:gjʊ'reiʃn] *n* **1.** inaugurācija, ASV prezidenta svinīga stāšanās amatā; **2.** (*izstādes u.tml.*) atklāšana

in-between [ˌinbi'twi:n] *n* **1.** atstarpe; **2.** starpnieks

inboard ['inbɔ:d] **I** *a* iekšējs; **II** *adv* (*kuģa*) iekšpusē

inborn [ˌin'bɔ:n] *a* iedzimts

inbred [ˌin'bred] *a* **1.** iedzimts; **2.** dabisks

incalculable [in'kælkjʊləbl] *a* **1.** neskaitāms; **2.** neaprēķināms; nenosakāms

incandescent [ˌinkæn'desnt] *a* **1.** nokaitēts līdz baltkvēlei; i. lamp – kvēlspuldze; **2.** *pārn.* spožs; dzirkstošs

incantation [ˌinkæn'teiʃn] *n* buramvārdi

incapability [inˌkeipə'biləti] *n* nespēja

incapable [in'keipəbl] *a* **1.** (*of*) nespējīgs; **2.** *jur.* tiesībnespējīgs

incapacitate [ˌinkə'pæsiteit] *v* **1.** (*for*) padarīt nespējīgu; **2.** *jur.* atņemt tiesības

incapacity [ˌinkə'pæsəti] *n* **1.** (*for*) nespēja; **2.** *jur.* tiesībnespēja

incarcerate [in'kɑ:səreit] *v* ieslodzīt (*cietumā*)

incarnate I *a* [in'kɑ:neit] iemiesots; **II** *v* ['inkɑ:neit] **1.** iemiesot; **2.** īstenot

incarnation [ˌinkɑ:'neiʃn] *n* iemiesojums

incautious [in'kɔ:ʃəs] *a* neuzmanīgs; nepiesardzīgs; pārsteidzīgs

incendiary [in'sendiəri] **I** *n* **1.** ļaunprātīgs

dedzinātājs; **2.** kūdītājs, musinātājs; **3.** degbumba; **II** *a* **1.** aizdedzinošs; **2.** kūdošs, musinošs
incense[a] [ˈinsens] **I** *n* vīraks; **II** *v* kvēpināt vīraku
incense[b] [inˈsens] *v* aizkaitināt; saniknot
incentive [inˈsentiv] **I** *n* pamudinājums; stimuls; **II** *a* pamudinošs; stimulējošs
inception [inˈsepʃn] *n* uzsākšana; sākums
incertitude [inˈsɜ:titju:d] *n* nedrošība; nenoteiktība
incessant [inˈsesnt] *a* nepārtraukts, nemitīgs
incest [ˈinsest] *n* asinsgrēks
inch [intʃ] *n* colla *(2,54 cm)*; ◇ by ~es – 1) pamazām; 2) par mata tiesu no; i. by i. – sprīdi pa sprīdim; every i. – caurcaurēm
incidence [ˈinsidəns] *n* **1.** *(izplatības)* sfēra; **2.** *(parādības)* sastopamība; biežums; **3.** *fiz.* *(stara)* krišana
incident [ˈinsidənt] *n* **1.** incidents; gadījums; **2.** *lit.* epizode
incidental [ˌinsiˈdentl] *a* **1.** nejaušs; gadījuma-; **2.** nesvarīgs; **3.** *(to)* saistīts; raksturīgs
incidentally [ˌinsiˈdentli] *adv* **1.** nejauši; gadījuma pēc; **2.** starp citu
incinerate [inˈsinəreit] *v* sadedzināt; pārvērst pelnos
incipience [inˈsipiəns] *n* sākums; sākumstadija
incipient [inˈsipiənt] *a* sākuma-; sākotnējs
incise [inˈsaiz] *v* **1.** iegriezt; **2.** iegravēt
incision [inˈsiʒn] *n* iegriezums
incisive [inˈsaisiv] *a* ass; dzēlīgs; i. mind – ass prāts
incisor [inˈsaizə] *n* priekšzobs

incite [inˈsait] *v* **1.** kūdīt, musināt; **2.** pamudināt; izraisīt
incitement [inˈsaitmənt] *n* **1.** kūdīšana, musināšana; **2.** pamudinājums
incivility [ˌinsiˈviləti] *n* nepieklājība; neaudzinātība
inclemency [inˈklemənsi] *n* *(klimata)* bargums
inclement [inˈklemənt] *a* bargs *(par klimatu)*; nemīlīgs *(par laiku)*
inclination [ˌinkliˈneiʃn] *n* **1.** noliekums; noliece; slīpums; **2.** *(to, for)* tieksme; nosliece; **3.** inklinācija, noliece *(meteoroloģijā)*
incline [inˈklain] **I** *n* nogāze; slīpums; **II** *v* **1.** [no]liekt; [pie]liekt; **2.** [no]liekties; [pie]liekties; **3.** *(to)* tiekties; sliekties *(uz ko)*
include [inˈklu:d] *v* **1.** ietvert; **2.** iekļaut
including [inˈklu:diŋ] *prep* ieskaitot, to skaitā
inclusion [inˈklu:ʒn] *n* **1.** ietveršana; **2.** iekļaušana
inclusive [inˈklu:siv] *a* ietverošs; from Tuesday to Friday i. – no otrdienas līdz piektdienai ieskaitot
incoherence [ˌinkəʊˈhiərəns] *n* nesakarība
incoherent [ˌinkəʊˈhiərənt] *a* nesakarīgs
incombustible [ˌinkəmˈbʌstəbl] *a* nedegošs; ugunsdrošs
income [ˈinkəm] *n* ienākums; ieņēmums
incomer [ˈinˌkʌmə] *n* **1.** ienācējs; atnācējs; **2.** iecelotājs, imigrants; **3.** pēctecis, darba turpinātājs
incoming [ˈinˌkʌmiŋ] **I** *n* **1.** ienākšana; ierašanās; **2.** *pl* ienākumi; **II** *a* **1.** ienākošs *(arī par maksājumu)*; **2.** nākamais
incommensurable [ˌinkəˈmenʃərəbl] *a*

1. nesamērojams; nesalīdzināms; **2.** *mat.* iracionāls
incommensurate [ˌinkə'menʃərət] *a* (*to, with*) nesamērīgs, neproporcionāls
incommode [ˌinkə'məʊd] *v* apgrūtināt; sagādāt neērtības
incommodious [ˌinkə'məʊdiəs] *a* apgrūtinošs; neērts
incomparable [in'kɒmpərəbl] *a* (*to, with*) nesalīdzināms; nepārspējams
incompatible [ˌinkəm'pætəbl] *a* (*with*) nesavienojams; nesaderīgs
incompetence [in'kɒmpitəns] *n* **1.** nekompetence; **2.** *jur.* tiesībnespēja; **3.** *med.* mazspēja
incompetent [in'kɒmpitənt] *a* **1.** nekompetents; nelietpratīgs; **2.** *jur.* tiesībnespējīgs
incomplete [ˌinkəm'pli:t] *a* **1.** nepilns; **2.** nepilnīgs
incomprehensible [inˌkɒmpri'hensəbl] *a* neizprotams
inconceivable [ˌinkən'si:vəbl] *a* neaptverams, neiedomājams
inconclusive [ˌinkən'klu:siv] *a* nepārliecinošs
incongruity [ˌinkɒŋ'gru:əti] *n* neatbilstība
incongruous [in'kɒŋgrʊəs] *a* (*with, to*) **1.** neatbilstošs; **2.** nepiemērots, neiederīgs
inconsequence [in'kɒnsikwəns] *n* nekonsekvence
inconsequent [in'kɒnsikwənt] *a* **1.** nekonsekvents; **2.** nebūtisks; nesvarīgs
inconsiderable [ˌinkən'sidərəbl] *a* nenozīmīgs; niecīgs
inconsiderate [ˌinkən'sidərət] *a* neuzmanīgs, nevērīgs (*pret citiem*)
inconsistent [ˌinkən'sistənt] *a* **1.** (*with*) nekonsekvents; neatbilstīgs; pretrunīgs; **2.** nepastāvīgs

inconsolable [ˌinkən'səʊləbl] *a* neremdināms; nenomierināms; bēdu nomākts (*par cilvēku*)
inconspicious [ˌinkən'spikjʊəs] *a* neievērojams, neuzkrītošs
inconstant [in'kɒnstənt] *a* nepastāvīgs; mainīgs
incontestable [ˌinkən'testəbl] *a* neapstrīdams, neapšaubāms
inconvenience [ˌinkən'vi:niəns] **I** *n* neērtība; **II** *v* sagādāt neērtības; apgrūtināt
inconvenient [ˌinkən'vi:niənt] *a* neērts; apgrūtinošs
inconvertible [ˌinkən'vɜ:təbl] *a ek.* ne[ap]maināms, nekonvertējams
incorporate I *a* [in'kɔ:pərit] iekļauts; pievienots; **II** *v* [in'kɔ:pəreit] (*in, into, with*) **1.** iekļaut; pievienot; **2.** iekļauties; pievienoties; **3.** reģistrēt; noformēt; **4.** (*with*) apvienoties
incorrect [ˌinkə'rekt] *a* **1.** nepareizs; kļūdains; **2.** nekorekts
incorrectly [ˌinkə'rektli] *adv* nepareizi; kļūdaini
incorrigible [in'kɒridʒəbl] *a* nelabojams; i. liar – nelabojams melis
incorruptible [ˌinkə'rʌptəbl] *a* neuzpērkams, nepiekukuļojams
increase I *n* ['inkri:s] **1.** palielināšanās; pieaugšana; **2.** pieaugums; i. in population – iedzīvotāju pieaugums; i. in wages – darba algas paaugstinājums; **II** *v* [in'kri:s] **1.** palielināties; pieaugt; **2.** palielināt; to i. speed – palielināt ātrumu
increasingly [in'kri:siŋli] *adv* aizvien vairāk
incredible [in'kredəbl] *a* **1.** neticams; neiedomājams; **2.** *sar.* nedzirdēts; satriecošs

incredulity [ˌinkri'dju:ləti] *n* neticība; skepse; in (with) i. – neticīgi
incredulous [in'kredjʊləs] *a* neticīgs; skeptisks
increment ['inkrimənt] *n* 1. pieaugums; 2. peļņa
incriminate [in'krimineit] *v* 1. inkriminēt; apvainot (*nodarījumā*); 2. saskatīt iemeslu; uzskatīt par iemeslu
incrustation [ˌinkrʌs'teiʃn] *n* 1. garozas (kārtas) veidošanās; 2. garoza; kārta; 3. katlakmens; 4. inkrustācija
incubate ['inkjʊbeit] *v* 1. perēt cāļus (*inkubatorā*); 2. lolot (*nodomu, plānu*); 3. *biol.* kultivēt (*baktērijas*); 4. *med.* atrasties inkubācijas periodā
incubator ['inkjʊbeitə] *n* inkubators
incubus ['inkjʊbəs] *n* 1. ļaunais gars; 2. lietuvēns; 3. (*rūpju*) nasta
inculcate ['inkʌlkeit] *v* (*in*) iedvest (*domu*); ieaudzināt (*principus*)
incumbent [in'kʌmbənt] I *n* 1. mācītājs ar draudzi; 2. *amer.* (*oficiālas*) iestādes priekšnieks; II *a* 1. (*on, upon*) saistošs; 2.: the i. president – tagadējais prezidents
incur [in'kɜ:] *v* iedzīvoties; iekļūt; to i. in debts – iedzīvoties parādos
incurable [in'kjʊərəbl] I *n* (*parasti pl*) nedziedināmi slimais; II *a* 1. nedziedināms, neārstējams; 2. nelabojams; neizskaužams; i. optimist – nelabojams optimists
incursion [in'kɜ:ʃn] *n* (*on*) iebrukums; uzbrukums
incurved [ˌin'kɜ:vd] *a* ieliekts
indebted [in'detid] *a* parādā (*kādam*); to be i. to smb. – būt kādam parādā (*naudu vai pateicību*)
indecency [in'di:snsi] *n* nepieklājība; piedauzība

indecent [in'di:snt] *a* 1. nepieklājīgs; piedauzīgs; 2. *sar.* nepiedienīgs
indecision [ˌindi'siʒn] *n* neizlēmība
indecisive [ˌindi'saisiv] *a* 1. neizšķirts; 2. neizlēmīgs
indecorous [in'dekərəs] *a* nepieklājīgs; nepiedienīgs
indecorum [ˌindi'kɔ:rəm] *n* nepieklājīga izturēšanās
indeed [in'di:d] *adv* patiešām, patiesi
indefatigable [ˌindi'fætigəbl] *a* nenogurdināms; neatslābstošs
indefinable [ˌindi'fainəbl] *a* nedefinējams; nenosakāms
indefinite [in'definət] *a* 1. nenoteikts; neskaidrs; 2. *gram.* nenoteikts; i. article – nenoteiktais artikuls
indelible [in'deləbl] *a* neizdzēšams
indelicacy [in'delikəsi] *n* nesmalkjūtība; netaktiskums
indelicate [in'delikət] *a* nesmalkjūtīgs; netaktisks
indemnify [in'demnifai] *v* 1. (*for*) kompensēt, atlīdzināt; 2. (*against, from*) nodrošināt (*pret*)
indemnity [in'demnəti] *n* 1. kompensācija, atlīdzība; 2. garantija (*pret zaudējumiem*); 3. *jur.* nesodāmība
indent I *n* ['indent] 1. ierobījums; 2. (*preču*) pieprasījums; orderis; 3. *amer.* kupons; 4. atkāpe (*poligrāfijā*); II *v* [in'dent] 1. ierobīt; 2. izrakstīt pieprasījumu (*vai* orderi) (*precēm*)
indenture [in'dentʃə] I *n* līgums, kontrakts (*starp darba devēju un mācekli*); II *v* saistīt ar līgumu
independence [ˌindi'pendəns] *n* neatkarība; patstāvība
independent [ˌindi'pendənt] *a* 1. neatkarīgs; patstāvīgs; 2. materiāli no-

drošināts; **3.** objektīvs; **4.** *tehn.* izolēts; nepiestiprināts
indestructible [,indi'strʌktəbl] *a* nesagraujams; neiznīcināms
indeterminate [,indi'tɜ:minət] *a* nenoteikts; neskaidrs
index ['indeks] **I** (*pl* indexes ['indeksiz] *vai* indices ['indisi:z]) **1.** indekss, rādītājs; i. finger – rādītājpirksts; price i. – cenu indekss; **2.** alfabētiskais rādītājs; card i. – katalogs; **3.** *mat.* kāpinātājs, eksponents; **II** *v* **1.** pievienot rādītāju (*grāmatai*); **2.** sastādīt rādītāju; ierakstīt rādītājā
Indian ['indiən] **I** *n* **1.** indietis; indiete; **2.** indiānis; indiāniete; **II** *a* **1.** indiešu-; **2.** indiāņu-
Indian blue [,indiən 'blu:] *n* indigo
Indian cane [,indiən 'kein] *n* bambuss
Indian corn [,indiən 'kɔ:n] *n* kukurūza
Indian ink [,indiən 'iŋk] *n* tuša
Indian summer [,indiən 'sʌmə] *n* atvasara
india rubber [,indiə 'rʌbə] *n* **1.** kaučuks; gumija; **2.** dzēšamgumija
indicate ['indikeit] *v* **1.** [no]rādīt; **2.** apzīmēt; nozīmēt; **3.** *med.* indicēt
indication [,indi'keiʃn] *n* **1.** norādījums; **2.** (*ierīces*) rādījums; **3.** pazīme; simptoms; **4.** *med.* indikācija
indicative [in'dikətiv] **I** *n* gram. indikatīvs; īstenības izteiksme; **II** *a* **1.** (*of*) norādošs; **2.** *gram.* īstenības-; i. mood – istenības izteiksme
indicator ['indikeitə] *n* indikators, rādītājs
indices *sk.* **index**
indict [in'dait] *v jur.* (*for*) izvirzīt apsūdzību (*par likuma pārkāpumu*)
indictment [in'daitmənt] *n* **1.** *jur.* apsūdzības raksts; **2.** *pārn.* apsūdzība

indifference [in'difrəns] *n* (*to, towards*) vienaldzība
indifferent [in'difrənt] *a* **1.** (*to*) vienaldzīgs; **2.** viduvējs
indigence ['indidʒəns] *n* trūkums, nabadzība
indigene ['indidʒi:n] *n* **1.** iezemietis; **2.** vietējais augs (*vai* dzīvnieks)
indigenous [in'didʒənəs] *a* **1.** iezemiešu-; **2.** vietējais
indigent ['indidʒənt] *a* trūcīgs, nabadzīgs
indigestible [,indi'dʒestəbl] *a* **1.** nesagremojams; **2.** *pārn.* grūti saprotams
indigestion [,indi'dʒestʃən] *n* gremošanas traucējumi
indignant [in'dignənt] *a* (*at smth.*; *with smth.*) sašutis
indignation [,indig'neiʃn] *n* sašutums
indignity [in'dignəti] *n* necieņa
indirect [,indi'rekt] *a* **1.** netiešs; aplinku-; i. evidence – netiešs pierādījums; **2.** izvairīgs; **3.** papildu-
indiscernible [,indi'sɜ:nəbl] *a* neatšķirams; nesaskatāms
indiscreet [,indi'skri:t] *a* **1.** nekaunīgs; netaktisks; **2.** neapdomīgs
indiscretion [,indi'skreʃn] *n* **1.** nekautrība; netaktiskums; **2.** neapdomība
indiscriminate [,indi'skrimimət] *a* neizvēlīgs; nekritisks
indiscrimination [,indi'skrimineiʃn] *n* neizvēlīgums; nekritiskums
indispensable [,indi'spensəbl] *a* **1.** (*to*) nepieciešams; **2.** obligāts (*par likumu*)
indisposed [,indi'spəʊzd] *a* **1.** nevesels; **2.** (*for, to*) negribīgs
indisposition [,indispə'ziʃn] *n* **1.** neveselums; **2.** (*to, towards*) negribīgums; nevēlēšanās

indisputable [ˌindi'spju:təbl] *a* neapstrīdams
indissoluble [ˌindi'sɒljʊbl] *a* **1.** nešķīstošs; nešķīdināms; **2.** nesaraujams; nesatricināms
indistinct [ˌindi'stiŋkt] *a* neskaidrs
indistinctive [ˌindi'stiŋktiv] *a* neraksturīgs; netipisks
individual [ˌindi'vidʒʊəl] **I** *n* **1.** indivīds; persona; **2.** *sar.* cilvēks; **II** *a* **1.** individuāls; personisks; **2.** īpatnējs; raksturīgs
individualism [ˌindi'vidʒʊəlizəm] *n* individuālisms
individuality [ˌindiˌvidʒʊ'æləti] *n* **1.** individualitāte; **2.** (*parasti pl*) individuālas īpašības; īpatnības
individualize [ˌindi'vidʒʊəlaiz] *v* individualizēt
individually [ˌindi'vidʒʊəli] *adv* **1.** individuāli; atsevišķi; **2.** personiski
indivisible [ˌindi'vizəbl] **I** *n* nedalāmais; **II** *a* nedalāms
indocile [in'dəʊsail] *a* nepakļāvīgs; nepaklausīgs
indolence ['indələns] *n* laiskums, kūtrums
indolent ['indələnt] *a* laisks, kūtrs
indomitable [in'dɒmitəbl] *a* nelokāms; i. will – nelokāma griba
indoor ['indɔ:] *a* istabas-; iekštelpu-; i. swimming pool – slēgts peldbaseins
indoors [ˌin'dɔ:z] *adv* istabā; telpās; to stay i. – palikt mājās
indrawn [ˌin'drɔ:n] *a* **1.** ievilkts; **2.** noslēdzies sevī
indubitable [in'dju:bitəbl] *a* neapšaubāms; neapstrīdams
induce [in'dju:s] *v* **1.** pamudināt; piespiest; **2.** izraisīt; radīt; **3.** *el* inducēt
inducement [in'dju:smənt] *n* pamudinājums; stimuls

induction [in'dʌkʃn] *a* **1.** oficiāla ievadīšana (*amatā*); **2.** *amer.* iesaukšana (*karadienestā*); **3.** *el.* indukcija
induction-coil [in'dʌkʃnkɔil] *n el.* indukcijas spole
inductive [in'dʌktiv] *a* **1.** induktīvs; **2.** *el.* indukcijas-; induktīvs
inductor [in'dʌktə] *n el.* induktors
indulge [in'dʌldʒ] *v* **1.** izdabāt; iecietīgi izturēties; **2.** (*in*) nodoties; ļauties; **3.** *sar.* dzert; žūpot
indulgence [in'dʌldʒəns] *n* **1.** izdabāšana; iecietīga izturēšanās; **2.** (*in*) nodošanās; ļaušanās; **3.** iecietība; tolerance; **4.** (*maksājuma termiņa*) atlikšana; **5.** *rel.* indulgence, grēkatlaide
indulgent [in'dʌldʒənt] *a* iecietīgs
industrial [in'dʌstriəl] **I** *n* **1.** rūpnieks; **2.** *pl* rūpniecības uzņēmumu akcijas; **II** *a* **1.** industriāls; rūpniecības-; rūpniecisks; **2.** ražošanas-; i. disease – arodslimība; i. school – arodskola; i. training – arodapmācība
industrialize [in'dʌstriəlaiz] *v* industrializēt
industrious [in'dʌstriəs] *a* strādīgs; čakls
industry ['indəstri] *n* **1.** industrija, rūpniecība; **2.** rūpniecības nozare; **3.** strādīgums; čaklums
inebriate **I** *n* [i'ni:briət] dzērājs, žūpa; **II** *a* [i'ni:briət] piedzēries; **III** *v* [i'ni:brieit] apreibināt
inebriety [ˌini'braiəti] *n* **1.** apreibums; **2.** alkoholisms
inedible [in'edibl] *a* neēdams
inedited [in'editid] *a* **1.** nepublicēts, neizdots; **2.** nerediģēts
ineffable [in'efəbl] *a* **1.** neizsakāms; neaprakstāms; **2.** svēts (*par Dieva vārdu dažās reliģijās*)
ineffective [ˌini'fektiv] *a* **1.** neefektīvs,

neiedarbīgs; **2.** nespējīgs; nemākulīgs (*par cilvēku*)
ineffectual [ˌini'fektʃʊəl] *a* neauglīgs; veltīgs
inefficiency [ˌini'fiʃnsi] *n* **1.** nemākulība; neprasme; **2.** neefektivitāte
ineligible [in'elidʒəbl] *a* (*for*) nepiemērots
inept [i'nept] *a* **1.** nepiemērots; neatbilstošs; **2.** nemākulīgs
inequality [ˌini'kwɒləti] *n* **1.** nevienlīdzība; social i. – sociālā nevienlīdzība; **2.** (*parasti pl*) (*virsmas*) nelīdzenums
inequity [in'ekwiti] *a* netaisnība
ineradicable [ˌini'rædikəbl] *a* neizskaužams
inert [i'nɜːt] *a* inerts; kūtrs; i. gas ķīm. – inertā gāze
inertia [i'nɜːʃə] *n* **1.** *fiz.* inerce; **2.** inertums; kūtrums
inertness [i'nɜːtnəs] *n* inertums; kūtrums
inescapable [ˌini'skeipəbl] *a* neizbēgams
inessential [ˌini'senʃl] *a* (*to*) nebūtisks; mazsvarīgs
inestimable [in'estiməbl] *a* nenovērtējams
inevitable [in'evitəbl] *a* **1.** neizbēgams, nenovēršams; **2.** *sar.* nemainīgs
inexact [ˌinig'zækt] *a* neprecīzs
inexactitude [ˌinig'zæktitjuːd] *n* neprecizitāte
inexcusable [ˌinik'skjuːzəbl] *a* nepiedodams
inexhaustible [ˌinig'zɔːstəbl] *a* **1.** neizsmeļams, neizsīkstošs; **2.** nenogurstošs
inexorable [in'eksərəbl] *a* nepielūdzams; nežēlīgs
inexpediency [ˌinik'spiːdiənsi] *n* nelietderība; neapdomība

inexpedient [ˌinik'spiːdiənt] *a* nelietderīgs; neapdomīgs
inexpensive [ˌinik'spensiv] *a* lēts
inexperience [ˌinik'spiəriəns] *n* pieredzes trūkums
inexperienced [ˌinik'spiəriənst] *a* nepieredzējis, nepiedzīvojis
inexpert [in'ekspɜːt] *a* (*at*) nemākulīgs; neprasmīgs
inexpiable [in'ekspiəbl] *a* **1.** nepiedodams; neizpērkams (*par vainu*); **2.** nedzēšams; nesamierināms (*par naidu*)
inexplicable [ˌinik'splikəbl] *a* neizskaidrojams; neizprotams
inexpressible [ˌinik'spresəbl] *a* neizsakāms; neaprakstāms
inextinguishable [ˌinik'stiŋgwiʃəbl] *a* nedzēšams; neremdināms
inextricable [in'ekstrikəbl] *a* sarežģīts; neatrisināms
infallible [in'fæləbl] *a* **1.** nekļūdīgs; nemaldīgs; **2.** drošs
infamous ['infəməs] *a* **1.** apkaunojošs; kaunpilns; i. conduct – kaunpilna rīcība; **2.** nekrietns; zemisks
infamy ['infəmi] *n* **1.** kauns; negods; **2.** kaunpilna rīcība; **3.** nekrietnība; zemiskums
infancy ['infənsi] *n* **1.** agra bērnība; bērna gadi; **2.** pirmsākums; sākotne; **3.** *jur.* nepilngadība
infant ['infənt] I *n* **1.** mazbērns; **2.** *jur.* nepilngadīgais; II *a* **1.** bērna-; bērnu-; i. care – mazbērna kopšana; i. prodigy – brīnumbērns
infantile ['infəntail] *a* **1.** [maz]bērna-; [maz]bērnu-; i. diseases – bērnu slimības; **2.** infantils
infantry ['infəntri] *n mil.* kājnieki
infantryman ['infəntrimən] *n mil.* kājnieks

infatuate [in'fætʃʊeit] v apmāt; aizraut; savaldzināt

infatuated [in'fætʃʊeitid] a (by, with) apmāts; aizrāvies; savaldzināts

infatuation [in,fætʃʊ'eiʃn] n 1. apmātība; aizraušanās; 2. (for) neprātīga kaislība

infect [in'fekt] v 1. inficēt; aplipināt; 2. pārn. aizraut

infection [in'fekʃn] n 1. infekcija; 2. inficēšanās; aplipšana

infectious [in'fekʃəs] a 1. infekcijas-; lipīgs; i. disease – infekcijas slimība; 2. pārn. aizraujošs

infer [in'fɜ:] v (from) 1. secināt; 2. nozīmēt; your silence ~s consent – jūsu klusuciešana nozīmē piekrišanu

inference ['infərəns] n secinājums; slēdziens

inferior [in'fiəriə] I n padotais, pakļautais; zemākais; II a 1. (stāvokļa, pakāpes ziņā u. tml.) zemāks; 2. (to) sliktāks; mazvērtīgāks

inferiority [in,fiəri'ɒrəti] n 1. padotība, pakļautība; 2. mazvērtīgums; i. complex – mazvērtības komplekss

infernal [in'fɜ:nl] a 1. elles-, pekles-; 2. sar. velnišķīgs; necilvēcīgs

inferno [in'fɜ:nəʊ] n elle, pekle

infertile [in'fɜ:tail] a neauglīgs

infertility [,infɜ:'tiliti] n neauglība

infest [in'fest] v (with) apsēsts

infidel ['infidəl] novec. I n neticīgais; bezdievis; II a neticīgs

infidelity [,infi'deləti] n 1. neticība; bezdievība; 2. neuzticība

infiltrate ['infiltreit] v 1. filtrēt (šķidrumu); 2. iesūkties; izsūkties; 3. iefiltrēties (svešā izlūkdienestā)

infiltration [,infil'treiʃn] n 1. iesūkšanās; izsūkšanās; 2. iefiltrēšanās (svešā izlūkdienestā); 3. med. infiltrāts

infinite ['infinit] I n: the i. – bezgalība; II a 1. bezgalīgs; neierobežots; 2. neskaitāms

infinitesimal [,infini'tesiml] I n mat. bezgalīgi mazs lielums; II a bezgalīgi mazs

infinitive [in'finitiv] gram. I n infinitīvs, nenoteiksme; II a infinitīva-, nenoteiksmes-

infinity [in'finiti] n bezgalība

infirm [in'fɜ:m] a 1. nespēcīgs; vārgs; 2. vājš (par raksturu, gribu)

infirmary [in'fɜ:məri] n 1. slimnīca; 2. (slimnieku) izolators

infirmity [in'fɜ:məti] n 1. nespēcīgums; vārgums; 2. (rakstura, gribas) vājums

inflame [in'fleim] v 1. (with) iekvēlināt; uzbudināt; 2. med. iekaist

inflammable [in'flæməbl] a 1. viegli uzliesmojošs; 2. iekarsīgs; viegli uzbudināms

inflammation [,inflə'meiʃn] n 1. uzliesmošana; 2. med. iekaisums; i. of the lungs – plaušu karsonis

inflammatory [in'flæmətəri] a 1. iekvēlinošs; uzbudinošs; 2. med. iekaisuma-

inflatable [in'fleitəbl] I n 1. piepūšamā rotaļlieta; 2. piepūšamā laiva; piepūšamais matracis u. tml.; II a piepūšams

inflate [in'fleit] v 1. piepūst (ar gāzi, gaisu); to i. tyres – piepūst riepas; 2. sacelt (cenas); 3. ek. radīt inflāciju

inflation [in'fleiʃn] n 1. piepūšana (ar gāzi, gaisu); 2. ek. inflācija

inflect [in'flekt] v 1. gram. locīt; 2. mūz. modulēt (balsi)

inflection [in'flekʃn] sk. **inflexion**

inflexibility [in,fleksə'biləti] n arī pārn. nelokāmība

inflexible [in'fleksəbl] a arī pārn. nelokāms

inflexion [in'flekʃn] *n* **1.** liekšana; locīšana; **2.** *gram.* fleksija; **3.** *mūz.* modulācija

inflict [in'flikt] *v* (*on, upon*) **1.** raidīt (*sitienu*); dot (*triecienu*); to i. a wound – ievainot; **2.** radīt (*sāpes, ciešanas*); **3.** uzlikt (*sodu*); **4.** uztiept

infliction [in'flikʃn] *n* **1.** (*sāpju, ciešanu*) radīšana; **2.** (*soda*) uzlikšana; **3.** nelaime; posts

inflow ['infləʊ] *n* **1.** ieplūšana; **2.** pieplūdums

influence ['influəns] **I** *n* **1.** (*on, over, upon, with*) ietekme; a man of i. – ietekmīgs cilvēks; to exercise i. – ietekmēt; **2.** *el.* indukcija; ◇ under the i. – iereibis; **II** *v* ietekmēt

influential [,influ'ənʃl] *a* ietekmīgs

influenza [,influ'enzə] *n med.* influence, gripa

influx ['inflʌks] *n* **1.** ieplūšana; **2.** pieplūdums

inform [in'fɔ:m] *v* **1.** informēt, paziņot; **2.** (*against*) denuncēt; nosūdzēt

informal [in'fɔ:ml] *a* **1.** neformāls; neoficiāls; i. visit – neoficiāla vizīte; **2.** brīvs; nepiespiests

information [,infə'meiʃn] *n* **1.** informācija; ziņas; a piece of i. – paziņojums; **2.** *jur.* apsūdzība; sūdzība

informative [in'fɔ:mətiv] *a* **1.** informatīvs; **2.** saturīgs

informed [in'fɔ:md] *a* informēts

informer [in'fɔ:mə] *n* informētājs; ziņotājs

infra-red [,infrə'red] *a fiz.* infrasarkans; i.-r. rays – infrasarkanie stari

infrequency [in'fri:kwənsi] *n* retums

infrequent [in'fri:kwənt] *a* rets

infringe [in'frindʒ] *v* **1.** pārkāpt (*likumu*); lauzt (*līgumu, solījumu, zvērestu*); **2.** (*on, upon*) ierobežot; aizskart

infuriate [in'fjʊərieit] *v* saniknot, satracināt

infuse [in'fju:z] *v* **1.** uzliet (*tēju*); **2.** ievilkties (*par uzlējumu*); **3.** (*into, with*) iedrošināt

infusion [in'fju:ʒn] *n* **1.** (*tējas*) uzliešana; **2.** uzlējums; **3.** piejaukums, piemaisījums; **4.** iedrošināšana; **5.** *med.* infūzija

ingenious [in'dʒi:niəs] *a* asprātīgs, atjautīgs; i. solution – asprātīgs risinājums

ingenuous [in'dʒenjʊəs] *a* atklāts; vaļsirdīgs; nemākslots; i. smile – sirsnīgs smaids

ingest [in'dʒest] *v* uzņemt (*barību*)

inglorious [in'glɔ:riəs] *a* apkaunojošs; kaunpilns

ingot ['iŋgət] *n* (*metāla*) stienis

ingrained [in'greind] *a* **1.** iesūcies; **2.** *pārn.* iesakņojies

ingratiate [in'greiʃieit] *v*: to i. oneself with smb. – iemantot kāda uzticību; pieglaimoties kādam

ingratiating [in'greiʃieitiŋ] *a* pieglaimīgs; lišķīgs

ingratitude [in'grætitju:d] *n* nepateicība

ingredient [in'gri:diənt] *n* (*maisījuma*) sastāvdaļa

ingress ['ingres] *n* **1.** ieeja; iekļūšana; **2.** tiesības ieiet

inhabit [in'hæbit] *v* apdzīvot

inhabitable [in'hæbitəbl] *a* apdzīvojams; i. area – apdzīvojamais rajons

inhabitant [in'hæbitənt] *n* iedzīvotājs

inhabitation [in,hæbi'teiʃn] *n* **1.** [ap]dzīvošana; **2.** dzīvesvieta; mājoklis

inhalation [,inhə'leiʃn] *n* **1.** ieelpošana; **2.** *med.* inhalācija

inhale [in'heil] *v* **1.** ieelpot; ievilkt (*dūmus, gaisu*); **2.** *med.* inhalēt

inherent [in'hiərənt] *a* (*in*) **1.** raksturīgs; **2.** iedzimts
inherit [in'herit] *v* **1.** mantot; **2.** pārmantot (*iedzimtības ceļā*)
inheritance [in'heritəns] *n* **1.** mantošana; **2.** mantojums; **3.** iedzimtība
inheritor [in'heritə] *n* mantinieks
inheritress, inheritrix [in'heritris, in'heritriks] *n* mantiniece
inhibit [in'hibit] *v* **1.** apvaldīt; nomākt (*jūtas*); **2.** *fiziol.* kavēt; ◊ to i. from – atturēt (*no*)
inhibition [ˌinhi'biʃn] *n* **1.** (*jūtu*) apvaldīšana; nomākšana; **2.** *fiziol.* kavēšana
inhospitable [in'hɒspitəbl] *a* **1.** neviesmīlīgs; **2.** skarbs; nemīlīgs
inhospitality [inˌhɒspi'tæləti] *n* **1.** neviesmīlība; **2.** (*vietas*) skarbums; nemīlīgums
inhuman [in'hju:mən] *a* necilvēcīgs; nežēlīgs
inhumane [ˌinhjʊ'mein] *a* nehumāns
inhume [in'hju:m] *v* apbedīt
inimical [i'nimikl] *a* (*to*) **1.** naidīgs; **2.** nelabvēlīgs; kaitīgs; i. to one's health – veselībai kaitīgs
inimitable [i'nimitəbl] *a* neatdarināms; nepārspējams
iniquitous [i'nikwitəs] *a* netaisns; nekrietns; šaušalīgs
initial [i'niʃl] **I** *n* **1.** sākumburts; **2.** *pl* iniciāļi; **II** *a* sākuma-; sākotnējs; i. stage – sākumstadija; **III** *v* parakstīt ar iniciāļiem
initially [i'niʃəli] *adv* sākumā; sākotnēji
initiate I *n* [i'niʃiət] **1.** jaunuzņemtais (*biedrībā u. tml.*); **2.** cilvēks, kam uzticēts noslēpums; **II** *a* [i'niʃiət] **1.** (*biedrībā u. tml.*) uzņemtais; **2.** tāds, kam uzticēts noslēpums; **III** *v* [i'niʃieit]
1. ierosināt; ieviest; uzsākt; **2.** (*into*) ievest (*sabiedrībā*); ievadīt (*darbā*); **3.** iepazīstināt (*ar zinātnes pamatiem*); uzticēt (*noslēpumu*); **4.** *jur.* ierosināt lietu
initiative [i'niʃiətiv] *n* iniciatīva; ierosme; on one's own i. – pēc paša ierosmes
initiator [i'niʃieitə] *n* iniciators; ierosinātājs
inject [in'dʒekt] *v* **1.** (*into*) injicēt, iešļircināt; **2.** *pārn.* iedvest
injection [in'dʒekʃn] *n* **1.** injicēšana; **2.** injekcija
injudicious [ˌindʒu:'diʃəs] *a* neapdomāts; nesaprātīgs
injunction [in'dʒʌŋkʃn] *n* **1.** pavēle; priekšraksts; **2.** *jur.* izpildraksts
injure ['indʒə] *v* **1.** ievainot, savainot; **2.** aizvainot; aizskart
injurious [in'dʒʊəriəs] *a* **1.** (*to*) kaitīgs (*veselībai*); **2.** aizvainojošs; aizskarošs
injury ['indʒəri] *n* **1.** ievainojums; trauma; **2.** aizvainojums
injustice [in'dʒʌstis] *n* netaisnība; to do smb. an i. – būt netaisnam pret kādu
ink [iŋk] *n* tinte
inkling ['iŋkliŋ] *n* (*of*) nojausma; priekšstats
ink-pot ['iŋkpɒt] *n* tintnīca
inky ['iŋki] *a* **1.** notraipīts ar tinti; **2.** melnummelns
inlaid [ˌin'leid] *a* inkrustēts; i. floor – parketa grīda; i. table – inkrustēts galds
inland I *n* ['inlænd] zemes vidiene; **II** *a* ['inlænd] iekšzemes-; iekšējais; **III** *adv* [in'lænd] zemes iekšienē
inlay I *n* ['inlei] inkrustācija; mozaīka; **II** *v* [ˌin'lei] (*p. un p. p.* inlaid

[ˌinˈleid]) **1.** inkrustēt; **2.** izklāt; noklāt; to i. floor – izklāt ar parketu
inlet [ˈinlet] *n* **1.** neliels līcis; **2.** *tehn.* ieplūde; **3.** *el.* pievade; **4.** ielaidums (*apģērbā*)
inmate [ˈinmeit] *n* iemītnieks
inmost [ˈinməʊst] *a* **1.** vistālākais; **2.** visdziļākais, visapslēptākais (*par domu, jūtām*)
inn [in] *n* (*lauku*) viesnīca; iebraucamā vieta
innate [ˌinˈeit] *a* iedzimts; dabisks
inner [ˈinə] *a* iekšējais
innermost [ˈinəməʊst] *sk.* **inmost**
inner space [ˈinə ˈspeis] *n* **1.** zemūdens valstība; okeāna un jūras dzīles; **2.** zemapziņa
innings [ˈiniŋz] *n* **1.** *sp.* piespēle, bumbas piespēles kārta (*kriketā, beisbolā*); **2.** (*politiskās partijas*) valdīšanas laiks; **3.** aktīvās dzīves periods
innkeeper [ˈinˌkiːpə] *n* viesnīcnieks
innocence [ˈinəsəns] *n* **1.** nevainība; šķīstība; **2.** *jur.* nevainīgums; **3.** vientiesība
innocent [ˈinəsənt] **I** *n* **1.** nevainīgs bērns; **2.** vientiesis; **II** *a* **1.** nevainīgs; šķīsts; **2.** *jur.* (*of*) nevainīgs; **3.** vientiesīgs; **4.** nekaitīgs; nevainīgs; **5.** *med.* labdabīgs (*par audzēju*)
innocuous [iˈnɒkjʊəs] *a* nekaitīgs
innovate [ˈinəʊveit] *v* ieviest jauninājumus
innovation [ˌinə ʊˈveiʃn] *n* jauninājums; jaunievedums; to make ~s – ieviest jauninājumus
innovative [ˈinəʊveitiv] *a* novatorisks
innovator [ˈinəveitə] *n* novators
innuendo [ˌinjuːˈendəʊ] *n* netiešs mājiens
innumerable [iˈnjuːmərəbl] *a* neskaitāms

inoculate [iˈnɒkjʊleit] *v* **1.** *med.* (*against*) potēt; **2.** *bot.* okulēt, acot; **3.** *pārn.* iedvest (*piem., domas, idejas*)
inoculation [iˌnɒkjʊˈleiʃn] *n* **1.** *med.* potēšana; **2.** *bot.* okulēšana, acošana
inoffensive [ˌinəˈfensiv] *a* **1.** neaizskarošs; **2.** nekaitīgs
inopportune [inˈɒpətjuːn] *a* nepiemērots; nelaikā izteikts (noticis)
inordinate [inˈɔːdinət] *a* pārliecīgs; pārmērīgs
inorganic [ˌinɔːˈgænik] *a* neorganisks; i. chemistry – neorganiskā ķīmija
in-patient [ˈinˌpeiʃnt] *n* stacionārs slimnieks
input [ˈinpʊt] **I** *n* (*to*) **1.** *tehn.* pievade; **2.** *dat.* ievade; **3.** ieguldījums, investīcija; **4.** aptaujas dati; **II** *v* *dat.* ievadīt datus
inquest [ˈinkwest] *n* *jur.* izziņa
inquietude [inˈkwaiətjuːd] *n* nemiers; satraukums
inquire [inˈkwaiə] *v* pajautāt; to i. the way – pajautāt ceļu; ⬜ to i. **after** – apjautāties par kāda veselību; to i. **for** – jautāt (*pēc kāda*); to i. **into** – pētīt, noskaidrot; to i. into matter – pētīt jautājumu
inquiring [inˈkwaiəriŋ] *a* pētošs; jautājošs, vaicājošs; i. mind – vērīgs prāts; i. look – pētošs skatiens
inquir‖y [inˈkwairi] *n* **1.** apjautāšanās; to make ~ies – ievākt ziņas; **2.** *jur.* izmeklēšana; **3.** pētījums; **4.** pieprasījums
inquiry agent [inˈkwaiəri ˈeidʒənt] *n* privātdetektīvs
inquisition [ˌinkwiˈziʃn] *n* **1.** izmeklēšana; **2.**: the I. *vēst.* – inkvizīcija; **3.** *pārn.* mocības
inquisitive [inˈkwizətiv] *a* **1.** zinātkārs; **2.** ziņkārīgs

inquisitiveness [in'kwizətivnəs] *n* **1.** zinātkāre; **2.** ziņkārība
inquisitor [in'kwizitə] *n* **1.** (*tiesas*) izmeklētājs; **2.** *vēst.* inkvizitors
inroad ['inrəʊd] *n* **1.** sirojums; iebrukums; **2.**: to make ~s on smb.'s time – atņemt kādam laiku
inrush ['inrʌʃ] *n* pieplūdums; i. of tourists – tūristu pieplūdums
insane [in'sein] *a* **1.** psihiski slims; vājprātīgs; nenormāls; **2.** neprātīgs
insanitary [in'sænitəri] *a* antisanitārs
insanity [in'sænəti] *n* **1.** vājprāts; **2.** neprāts
insatiable [in'seiʃəbl] *a* **1.** nesātīgs, negausīgs; **2.** neremdināms
inscribe [in'skraib] *v* **1.** (*in, on*) uzrakstīt; ierakstīt; **2.** iekalt uzrakstu
inscrutable [in'skru:təbl] *a* neizdibināms; neizprotams; noslēpumains
insect ['insekt] *n* insekts, kukainis
insecticide [in'sektisaid] *n* insekticīds, līdzeklis pret kukaiņiem
insectivore [in'sektivɔ:] *n biol.* kukaiņēdājs
insecure [,insi'kjʊə] *a* **1.** nedrošs; nestabils; **2.** riskants
insecurity [,insi'kjʊərəti] *n* nedrošība
inseminate [in'semineit] *v* apaugļot; apsēklot
insensate [in'senseit] *a* **1.** nedzīvs; **2.** nejūtīgs; **3.** neprātīgs
insensibility [in,sensə'biləti] *n* **1.** nejūtīgums; **2.** nesamaņa; **3.** (*to*) bezjūtīgums; vienaldzība
insensible [in'sensəbl] *a* **1.** nejūtīgs; **2.** bez samaņas; paģibis; **3.** (*of, to*) bezjūtīgs; vienaldzīgs; **4.** nemanāms
insensitive [in'sensətiv] *a* **1.** nejutīgs; **2.** nejūtīgs; vienaldzīgs
inseparable [in'sepərəbl] *a* (*from*) nešķirams; nedalāms

insert I *n* ['inss:t] **1.** iespraudums, iestarpinājums; **2.** ieliktnis; ielīme (*grāmatā*); **3.** *tehn.* starplika; **II** *v* [in'ss:t] **1.** (*in, into*) iespraust, iestarpināt; **2.** ielikt; ievietot; **3.** *el.* ieslēgt (*ķēdē*)
insertion [in'ss:ʃn] *n* **1.** iespraušana, iestarpināšana; **2.** iespraudums, iestarpinājums; **3.** ielaidums (*tērpam*); **4.** ieliktnis; ielīme (*grāmatā*); **5.** sludinājums (*laikrakstā*); **6.** *tehn.* starplika; blīve; **7.** ievadīšana orbītā
inside I *n* [in'said] **1.** iekšpuse; iekšiene; to bolt on the i. – aizslēgt no iekšpuses; **2.** (*parasti pl*) *sar.* iekšas (*kuņģis, zarnas*); **II** *a* ['insaid] **1.** iekšējs; iekšpuses-; i. pockets – iekškabatas; i. track – 1) *sp.* (*skrejceļa*) iekšējais celiņš; 2) iekšējais ceļš; 3) *pārn.* izdevīgāks stāvoklis; **2.** slepens; i. man – 1) (*uzņēmēja*) slepens aģents; 2) savs cilvēks; **III** *adv* [in'said] **1.** iekšā; iekšpusē; **2.** *sl.* cietumā; **3.**: i. of an hour – stundas laikā; *prep* ['insaid] iekšpus; i. the room – istabā
insider [in'saidə] *n* **1.** (*grupas, organizācijas*) loceklis; **2.** labi informēts cilvēks
insidious [in'sidiəs] *a* viltīgs; mānīgs
insight ['insait] *n* (*into*) **1.** vērīgums; izpratnes spēja; **2.** ieskats; to gain i. – gūt ieskatu; **3.** atklāsme, atskārsme
insightful ['insaitfʊl] *a* vērīgs; izprotošs
insignia [in'signiə] *n pl* **1.** (*militāras*) zīmotnes; **2.** ordeņi; godazīmes
insignificance [,insig'nifikəns] *n* nenozīmīgums; mazsvarīgums
insignificant [,insig'nifikənt] *a* nenozīmīgs; mazsvarīgs
insincere [,insin'siə] *a* nepatiess; neīsts; liekuļots

insincerity [ˌinsinˈserəti] *n* nepatiesums; neīstums; liekulība

insinuate [inˈsinjʊeit] *v* **1.** netieši norādīt; likt manīt; **2.** (*into*) ietiekties; to i. oneself into smb.'s confidence – iegūt kāda uzticību

insinuation [inˌsinjʊˈeiʃn] *n* **1.** netiešs norādījums; mājiens; **2.** pieglaimošanās

insipid [inˈsipid] *a* **1.** pliekans; sājš; **2.** *pārn.* garlaicīgs; neizteiksmīgs; bāls

insist [inˈsist] *v* **1.** neatlaidīgi apgalvot; **2.** (*on, upon*) uzstāt; neatlaidīgi pieprasīt

insistence [inˈsistəns] *n* **1.** neatlaidība; nepiekāpība; **2.** uzstājība; neatlaidīga prasība

insistent [inˈsistənt] *a* (*on*) neatlaidīgs; nepiekāpīgs; i. demand – neatlaidīga prasība

insolence [ˈinsələns] *n* nekaunība

insolent [ˈinsələnt] *a* nekaunīgs

insoluble [inˈsɒljʊbl] *a* **1.** neškīdināms; neškīstošs; **2.** neatrisināms (*par jautājumu*)

insolvency [inˈsɒlvənsi] *n* maksātnespēja; bankrots

insolvent [inˈsɒlvənt] **I** *n* maksātnespējīgs parādnieks; **II** *a* maksātnespējīgs; bankrotējis

insomnia [inˈsɒmniə] *n* bezmiegs

insomuch as [ˌinsəʊˈmʌtʃ əz] *conj* tā kā

insouciance [inˈsu:siəns] *n* bezrūpība

inspect [inˈspekt] *v* **1.** apskatīt, aplūkot; **2.** inspicēt; (*oficiāli*) pārbaudīt

inspection [inˈspekʃn] *n* **1.** apskatīšana, aplūkošana; **2.** apskate; medical i. – medicīniskā apskate; **3.** inspicēšana; (*oficiāla*) pārbaude

inspector [inˈspektə] *n* inspektors; kontrolieris

inspiration [ˌinspəˈreiʃn] *n* **1.** iedvesma; **2.** laimīga doma; **3.** (*dievišķā*) atklāsme

inspire [inˈspaiə] *v* **1.** (*with*) iedvest; **2.** (*to*) iedvesmot

instability [ˌinstəˈbiləti] *n* **1.** nestabilitāte; **2.** nepastāvība

install [inˈstɔ:l] *v* **1.** (*in*) ievadīt (*amatā*); **2.** ierīkot; uzstādīt; **3.** novietot; nosēdināt

installation [ˌinstəˈleiʃn] *n* **1.** ievadīšana (*amatā*); **2.** ierīkošana; uzstādīšana; **3.** iekārta; instalācija; heating i. – apkures sistēma

instalment, *amer.* **installment** [inˈstɔ:lmənt] *n* **1.** (*kārtējā*) iemaksa; by ~s – uz nomaksu; to pay by ~s – maksāt pa daļām; to buy (to sell) on the i. plan *amer.* – pirkt (pārdot) uz nomaksu; **2.** (*grāmatas*) laidiens; **3.** (*preču*) partija

instance [ˈinstəns] *n* **1.** gadījums; piemērs; **2.** prasība; (*neatlaidīgs*) lūgums; at smb.'s i. – pēc kāda lūguma; **3.** *jur.* instance; ◊ for i. – piemēram; in the first i. – pirmām kārtām; vispirms

instant [ˈinstənt] **I** *n* acumirklis; brīdis; at that i. – tai brīdī; for i. – uz brīdi; on the i. – tūlīt; nekavējoties; this i. – tūlīt pat; **II** *a* **1.** tūlītējs; **2.** steidzams; neatliekams; **3.** pašreizējs (*par mēnesi*); on the 4th i. – šā mēneša ceturtajā datumā; **4.** ātri pagatavojams (*par pārtiku*); i. coffee – šķīstošā kafija

instantaneous [ˌinstənˈteiniəs] *a* acumirklīgs; tūlītējs

instantly [ˈinstəntli] *adv* acumirklī; tūlīt

instead [inˈsted] **I** *adv* vietā; **II** *prep*: i. of her – viņas vietā

instep [ˈinstep] *n* (*pēdas*) pacēlums

instigate [ˈinstigeit] v 1. (to) kūdīt; musināt; 2. provocēt; izraisīt
instigation [ˌinstiˈgeiʃn] n 1. kūdīšana; musināšana; 2. provocēšana; izraisīšana
instigator [ˈinstigeitə] n kūdītājs; musinātājs
instil[l] [inˈstil] v (in, into) iedvest; ieaudzināt
instinct [ˈinstiŋkt] n instinkts
instinctive [inˈstiŋktiv] a instinktīvs, neapzināts
institute [ˈinstitjuːt] I n 1. institūts; 2. amer. īslaicīgi kursi; lekciju sērija (kvalifikācijas celšanai); II v 1. nodibināt; organizēt; 2. ieviest; 3. jur. uzsākt (izmeklēšanu)
institution [ˌinstiˈtjuːʃn] n 1. nodibināšana; organizēšana; 2. iestāde; organizācija; 3. (sabiedrisks) institūts
instruct [inˈstrʌkt] v 1. (in) apmācīt; 2. instruēt; dot norādījumus; 3. informēt; paziņot; 4. jur. uzdot (advokātam) vest lietu
instruction [inˈstrʌkʃn] n 1. (in) apmācīšana; 2. pl instrukcijas; norādījumi; 3. izglītība; zināšanas; 4. dat. komanda; programma
instructive [inˈstrʌktiv] a pamācošs
instructor [inˈstrʌktə] n 1. instruktors; skolotājs; driving i. – braukšanas instruktors; 2. amer. augstskolas pasniedzējs
instrument I n [ˈinstrʊmənt] 1. instruments; rīks; ierīce; 2. mūzikas instruments; stringed i. – stīgu instruments; 3. pārn. līdzeklis; rīks; 4. jur. dokuments; akts; II v [ˈinstrʊment] mūz. instrumentēt; orķestrēt
instrumental [ˌinstrʊˈmentl] a 1. (in) noderīgs; 2. instrumentu-; ierīču-; 3. mūz. instrumentāls; i. music – instrumentālā mūzika; 4.: i. case gram. – instrumentālis
instrumentality [ˌinstrʊmenˈtæləti] n starpniecība
insubordinate [ˌinsəˈbɔːdnət] a nepaklāvīgs; nepaklausīgs
insubstantial [ˌinsəbˈstænʃl] a 1. nereāls; iluzors; šķietams; 2. nebūtisks; mazsvarīgs; nepamatots
insufferable [inˈsʌfərəbl] a neciešams
insufficient [ˌinsəˈfiʃnt] a nepietiekams
insular [ˈinsjʊlə] a 1. salas-; salu-; 2. aprobežots (par uzskatiem)
insularity [ˌinsjʊˈlærəti] n 1. izolētība; 2. (uzskatu) aprobežotība
insulate [ˈinsjʊleit] v 1. (from) izolēt; norobežot; 2. el. izolēt
insulating [ˈinsjʊleitiŋ] a el. izolācijas-; izolējošs; i. tape – izolācijas lente
insulation [ˌinsjʊˈleiʃn] n 1. izolēšana; norobežošana; 2. el. izolācija; heat i. – siltumizolācija
insulator [ˈinsjʊleitə] n el. izolators; izolācijas materiāls
insulin [ˈinsjʊlin] n farm. insulīns
insult I n [ˈinsʌlt] aizvainojums, apvainojums; II v [inˈsʌlt] aizvainot, apvainot
insulting [inˈsʌltiŋ] a aizvainojošs, apvainojošs
insuperable [inˈsjuːpərəbl] a nepārvarams; i. barriers – nepārvarami šķēršļi
insupportable [ˌinsəˈpɔːtəbl] a neciešams
insurance [inˈʃʊərəns] n 1. apdrošināšana; i. policy – apdrošināšanas polise; national i. – sociālā apdrošināšana; 2. apdrošināšanas summa; 3. (against) nodrošinājums
insurant [inˈʃʊərənt] n apdrošinātais

insure [inˈʃʊə] v 1. apdrošināt; 2. apdrošināties; 3. nodrošināt
insurer [inˈʃʊərə] n 1. apdrošinātājs; 2. apdrošināšanas sabiedrība
insurgency [inˈsɜːdʒənsi] n 1. dumpis; sacelšanās; 2. nemieri; nekārtības
insurgent [inˈsɜːdʒənt] I n dumpinieks, nemiernieks; II a 1. dumpīgs; 2. poēt. bangojošs (par jūru, viļņiem)
insurmountable [ˌinsəˈmaʊntəbl] a nepārvarams; i. difficulties – nepārvaramas grūtības
insurrection [ˌinsəˈrekʃn] n dumpis; sacelšanās
insurrectionist [ˌinsəˈrekʃnist] n dumpinieks, nemiernieks
intact [inˈtækt] a neskarts; nebojāts; vesels
intake [ˈinteik] n ieplūde
intangible [inˈtændʒəbl] a 1. nesataustāms; 2. netverams
integral [ˈintigrəl] I n mat. integrālis; II a 1. neatņemams; būtisks; i. part – neatņemama daļa; 2. mat. integrāls
integrate [ˈintigreit] v 1. (into) apvienot vienā veselā; izveidot veselu; 2. saskaņot; koordinēt; sabalansēt; 3. amer. pol. realizēt rasu integrāciju; 4. mat. integrēt
integration [ˌintiˈgreiʃn] n 1. apvienošana vienā veselā; veselā izveidošana; 2. saskaņošana; koordinēšana; sabalansēšana
integrity [inˈtegrəti] n 1. godīgums; 2. viengabalainība, integritāte
integument [inˈtegjʊmənt] n ārējais apvalks, čaula
intellect [ˈintəlekt] n intelekts; prāts
intellectual [ˌintəˈlektʃʊəl] I n 1. inteliģents; the ~s pl – inteliģence; 2. racionālists; II a 1. intelektuāls; prāta-; 2. inteliģents; [sa]prātīgs

intelligence [inˈtelidʒəns] n 1. intelekts; prāts; 2. informācija; ziņas; 3. izlūkošana; i. service – izlūkdienests
intelligencer [inˈtelidʒənsə] n 1. informētājs, ziņotājs; 2. spiegs; slepens aģents
intelligent [inˈtelidʒənt] a gudrs; prātīgs
intelligentsia [inˌteliˈdʒentsiə] n inteliģence (sabiedrības slānis)
intelligible [inˈtelidʒəbl] a saprotams; skaidrs
intemperate [inˈtempərət] a 1. nesātīgs; negausīgs; 2. nesavaldīgs
intend [inˈtend] v 1. domāt; grasīties; what do you i. to do? – ko jūs esat nodomājis darīt?; 2. (for) paredzēt
intense [inˈtens] a 1. stiprs; spēcīgs; i. cold – stiprs sals; i. pain – asas sāpes; 2. intensīvs; saspringts; spraigs; 3. dedzīgs; kvēls (par jūtām)
intensification [inˌtensifiˈkeiʃn] n intensifikācija; pastiprinājums
intensifier [inˈtensifaiə] n pastiprinātājs
intensify [inˈtensifai] v 1. intensificēt; pastiprināt; 2. pastiprināties; pieaugt
intesity [inˈtensəti] n 1. intensitāte; spraigums; 2. (jūtu) spēks; kvēle; 3. el. spriegums
intensive [inˈtensiv] a 1. intensīvs; spraigs; 2. gram. pastiprinājuma-
intent [inˈtent] I n nodoms, nolūks; with malicious i. – ļaunprātīgā nolūkā; ◇ to all ~s and purposes – 1) jebkurā gadījumā; visādā ziņā; 2) faktiski; patiesībā; II a 1. (on) cieši apņēmies; cieši nolēmis; 2. cieši, vērīgs (par skatienu); 3. (on) aizrāvies; nogrimis
intention [inˈtenʃn] n 1. nodoms, nolūks; 2. pl precību nolūks
intentional [inˈtenʃnəl] a nodomāts; tīšs

intently [in'tentli] *adv* uzmanīgi
inter [in'tɜ:] *v* apbedīt
interact [,intər'ækt] *v* mijiedarboties, savstarpēji iedarboties
interaction [,intər'ækʃn] *n* mijiedarbība, savstarpēja iedarbība
interblend [,intə'blend] *v* 1. sajaukt; 2. sajaukties
interbred *sk.* **interbreed**
interbreed [,intə'bri:d] *v* (*p. un p. p.* interbred [,intə'bred]) *biol.* 1. krustot; 2. krustoties
intercede [,intə'si:d] *v* (*for*) aizlūgt (*par kādu*); aizbilst (*par kādu*)
intercept I *n* ['intəsept] 1. (*vēstules u. tml.*) pārtveršana; 2. radiopārtvere; II *v* [,intə'sept] 1. pārtvert (*piem., vēstuli*); 2. pārtraukt; izslēgt (*strāvu*); atvienot; noslēgt (*ūdens padevi*); 3. aizšķērsot; nogriezt (*ceļu*); to i. the view – aizsegt skatu
interception [,intə'sepʃn] *n* 1. (*vēstules u. tml.*) pārtveršana; 2. radiopārtvere; 3. šķērslis; 4. (*telefonsarunu*) noklausīšanās
intercessor [,intə'sesə] *n* 1. lūdzējs; aizbildnis; 2. starpnieks
interchange I *n* ['intətʃeindʒ] 1. [savstarpēja] apmaiņa; i. of greetings – sasveicināšanās; i. of views – domu apmaiņa; 2. mija; secība; 3. pārsēšanās; II *v* [,intə'tʃeindʒ] 1. apmainīties; 2. nomainīt; 3. mainīties; mīties
interchangeable [,intə'tʃeindʒəbl] *a* (*with*) aizstājams
intercom ['intəkɒm] *n sar.* iekšējais telefons
intercommunicate [,intəkə'mju:nikeit] *v* 1. sazināties; uzturēt sakarus; 2. būt savienotām (*par telpām*)
intercommunication ['intəkə,mju:ni'keiʃn] *n* sazināšanās; sakari; i. service *mil.* – sakaru dienests
intercommunion [,intəkə'mju:niən] *n* 1. cieši sakari; 2. mijiedarbība
interconnect [,intəkə'nekt] *v* [savstarpēji] saistīt
intercourse ['intəkɔ:s] *n* 1. [savstarpēji] sakari; attiecības; commercial i. – tirdznieciski sakari; 2. dzimumsakari
interdict I *n* ['intədikt] 1. aizliegums; 2. *vēst.* interdikts; ekskomunikācija; II *v* [,intə'dikt] 1. aizliegt; 2. (*from*) atturēt (*no kaut kā*)
interdiction [,intə'dikʃn] *n* aizliegums
interest ['intrəst] I *n* 1. (*in*) interese; to show i. – izrādīt interesi; to take an i. – interesēties; 2. (*parasti pl*) labums; priekšrocības; 3. interese; aizraušanās; 4. daļa; līdzdalība (*biznesā*); to have an i. (*in*) – būt par līdzdalībnieku; 5. procenti; rate of i. – procentu likme; 6. ieinteresētie; II *v* 1. interesēt; 2. ieinteresēt
interested ['intrəstid] *a* 1. (*in*) ieinteresēts; i. party – ieinteresētā puse; 2. neobjektīvs; 3. uzmanīgs
interesting ['intrəstiŋ] *a* interesants; saistošs
interface ['intəfeis] I *n* 1. sadura; saskarpunkts; 2. saskarsme; mijiedarbība; II *v* 1. koordinēt; saistīt; 2. darboties saskaņoti
interfere [,intə'fiə] *v* 1. (*in*) iejaukties; 2. (*with*) traucēt; kavēt
interference [,intə'fiərəns] *n* 1. iejaukšanās; 2. traucējumi (*radiopārraidē*)
interim ['intərim] I *n* starplaiks; in the i. – tikmēr; pa to laiku; II *a* pagaidu-
interior [in'tiəriə] I *n* 1. iekšpuse; iekšiene; interjers; 2. (*zemes*) vidiene;

3. (*valsts*) iekšlietas; Department of the I. – Iekšlietu ministrija; 4. *sar.* iekšas; **II** *a* **1.** iekšējs; iekštelpu-; **2.** iekšzemes-
interject [ˌintə'dʒekt] *v* iestarpināt (*piezīmi, vārdu*)
interjection [ˌintə'dʒekʃn] *n* **1.** starpsauciens; **2.** *gram.* izsauksmes vārds, interjekcija
interlace [ˌintə'leis] *v* **1.** sapīt, savīt; **2.** sapīties, savīties
interlard [ˌintə'lɑ:d] *v* (*with*) piebārstīt (*piem., runu ar svešvārdiem*)
interlink [ˌintə'liŋk] *v* (*with*) cieši saistīt
interlock [ˌintə'lɒk] *v* **1.** savienot; sakabināt; **2.** *tehn.* bloķēt
interlocutor [ˌintə'lɒkjʊtə] *n* sarunu biedrs
interloper ['intələʊpə] *n* cilvēks, kas jaucas citu darīšanās
interlude ['intəlu:d] *n* **1.** starplaiks; **2.** *teātr.* intermēdija, starpspēle; **3.** *mūz.* interlūdija
intermarriage [ˌintə'mærɪdʒ] *n* **1.** jaukta laulība; **2.** laulība starp radiniekiem
intermediate [ˌintə'mi:diət] **I** *n* **1.** starpnieks; **2.** starpposms; **3.** vidēja gabarīta automobilis; **4.** *ek.* starpprodukts; **II** *a* starp-; i. product – starpprodukts; i. time – starplaiks
interment [in'tɜ:mənt] *n* apbedīšana, apglabāšana
intermezzo [ˌintə'metsəʊ] *n* (*pl* intermezzi, intermezzos [ˌintə'metsi, ˌintə'metsəʊz]) **1.** intermēdija; **2.** *mūz.* intermeco
interminable [in'tɜ:minəbl] *a* bezgalīgs; nebeidzams
intermingle [ˌintə'miŋgl] *v* **1.** sajaukt; **2.** sajaukties

intermission [ˌintə'miʃn] *n* **1.** pārtraukums; pauze; **2.** *amer.* starpbrīdis
intermit [ˌintə'mit] *v* **1.** pārtraukt; apturēt (*uz laiku*); **2.** pārstāt; rimties (*uz laiku*)
intermittent [ˌintə'mitənt] *a* saraustīts; i. pulse – neregulārs pulss
intern[a] ['intɜ:n] *n* *amer.* interns (*medicīnas koledžas students vai ārsts, kas strādā un dzīvo slimnīcā*)
intern[b] [in'tɜ:n] *v* internēt
internal [in'tɜ:nl] *a* **1.** iekšējs; iekšķīgs; i. bleeding *med.* – iekšēja asiņošana; **2.** iekšzemes-; i. trade – iekšzemes tirdzniecība
internal combustion [in'tɜ:nl kəm'bʌstʃən] *n* *tehn.* iekšdedze; i. c. engine – iekšdedzes dzinējs
internally [in'tɜ:nli] *adv* iekšēji; iekšķīgi
international [ˌintə'næʃnəl] **I** *n* **1.** starptautiskas sacensības; **2.** starptautisko sacensību dalībnieks; **II** *a* internacionāls, starptautisks
internationalism [ˌintə'næʃnəlizəm] *n* internacionālisms
internecine [ˌintə'ni:sain] *a* iznīcinošs; nāvējošs
internee [ˌintɜ:'ni:] *n* internētais
interplay [ˌintə'plei] *n* savstarpēja iedarbība, mijiedarbība
interpose [ˌintə'pəʊz] *v* **1.** (*between*) iestarpināt; **2.** izvirzīt; **3.** iejaukties; būt par starpnieku; **4.** iespraust (*piem., jautājumu*); pārtraukt (*piem., ar piezīmi*)
interposition [ˌinˌtɜ:pə'ziʃn] *n* **1.** iestarpināšana; **2.** iejaukšanās; starpniecība; **3.** iespraudums; iestarpinājums
interpret [in'tɜ:prit] *v* **1.** interpretēt, izskaidrot, iztulkot; **2.** atklāt (*lomas,*

tēla) būtību; **3.** tulkot (*mutvārdiem*); būt par tulku
interpretation [in͵tɜ:priˈteiʃn] *n* **1.** interpretēšana, izskaidrošana, iztulkošana; **2.** (*lomas, tēla*) būtības atklāšana; **3.** interpretācija, izskaidrojums, iztulkojums; **4.** (*mutvārdu*) tulkojums
interpreter [inˈtɜ:pritə] *n* **1.** interpretētājs, izskaidrotājs, iztulkotājs; **2.** tulks
interrelated [͵intəriˈleitid] *a* savstarpēji saistīts
interrelation [͵intəriˈleiʃn] *n* savstarpēja saistība
interrogate [inˈterəʊgeit] *v* izjautāt, iztaujāt
interrogation [in͵terəʊˈgeiʃn] *n* **1.** izjautāšana, iztaujāšana; **2.** pratināšana; **3.** jautājums; i. point *gram.* – jautājuma zīme
interrogative [͵intəˈrɒgətiv] *a* jautājuma-; jautājošs; i. look – jautājošs skatiens; i. pronoun *gram.* – jautājamais vietniekvārds
interrogatory [͵intəˈrɒgətəri] *a* **I** *n* **1.** jautājums; **2.** [no]pratināšana; **II** *a* jautājuma-; jautājošs
interrupt [͵intəˈrʌpt] **I** *n* **1.** (*pagaidu*) pārtraukums; **2.** robs; plaisa; **3.** *dat.* pārtrauce; **II** *v* **1.** pārtraukt; **2.** iejaukties (*piem., sarunā*); **3.** traucēt
interruptedly [͵intəˈrʌptidli] *adv* ar pārtraukumiem
interruption [͵intəˈrʌpʃn] *n* **1.** pārtraukšana; **2.** pārtraukums; without i. – nepārtraukti; **3.** traucējums
intersect [͵intəˈsekt] *v* **1.** šķērsot, krustot; **2.** krustoties (*par līnijām*)
intersection [͵intəˈsekʃn] *n* **1.** krustošanās; **2.** (*līniju*) krustpunkts
interspace [͵intəˈspeis] *n* **1.** starplaiks; intervāls; **2.** starptelpa

intersperse [͵intəˈspɜ:s] *v* **1.** (*among, between*) izkaisīt; **2.** (*with*) piebārstīt
interstellar [͵intəˈstelə] *a* starpzvaigžņu-; i. space – starpzvaigžņu telpa
interstice [inˈtɜ:stis] *n* starpa; plaisa; sprauga
intertwine [͵intəˈtwain] *v* **1.** sapīt; savīt; **2.** sapīties; savīties
interurban [͵intəˈɜ:bən] *a* starppilsētu-
interval [ˈintəvl] *n* **1.** atstarpe; **2.** intervāls, starplaiks; at ~s – laiku pa laikam; **3.** *mūz.* intervāls
intervene [͵intəˈvi:n] *v* **1.** notikt; atgadīties; **2.** (*in*) iejaukties
intervention [͵intəˈvenʃn] *n* **1.** iejaukšanās; surgical i. – ķirurģiska iejaukšanās; **2.** intervencija; armed i. – bruņota intervencija
interview [ˈintəvju:] **I** *n* **1.** (*lietišķa*) tikšanās; saruna; **2.** intervija; **II** *v* intervēt
interviewer [ˈintəvju:ə] *n* intervētājs
interweave [͵intəˈwi:v] *v* (*p.* interwove [͵intəˈwəʊv]; *p. p.* interwoven [͵intəˈwəʊvn]) **1.** ieaust (*rakstu*); **2.** (*with*) ievīt; savīt
interwove *sk.* **interweave**
interwoven *sk.* **interweave**
intestate [inˈtesteit] *a*: to die i. – nomirt, neatstājot novēlējumu
intestine [inˈtestin] *n* (*parasti pl*) zarna; large i. – resnā zarna; small ~s – tievās zarnas
intimacy [ˈintiməsi] *n* **1.** intimitāte; tuvība; **2.** dzimumsakars; **3.** (*with*) dziļas zināšanas; laba pazīšana
intimate I *n* [ˈintimit] tuvs draugs; **II** *a* [ˈintimit] **1.** tuvs; ciešs; i. friendship – cieša draudzība; **2.** intīms; **3.** visdziļākais; visapslēptākais; **4.** labi pazīs-

tams; i. knowledge – dziļas zināšanas; III v ['intimeit] 1. darīt zināmu; paziņot; 2. dot mājienu; likt saprast
intimately ['intimitli] *adv* tuvu; cieši
intimation [,inti'meiʃn] *n* 1. paziņojums; brīdinājums; 2. mājiens; norādījums
intimidate [in'timideit] *v* iebaidīt, iebiedēt
intimidation [in,timi'deiʃn] *n* iebaidīšana, iebiedēšana
intimity [in'timəti] *n* intimitāte; tuvība
into ['intʊ, 'intə] *prep.* 1. (*norāda darbības virzienu*): to go i. the shop – ieiet veikalā; 2. (*norāda pārmaiņu stāvoklī vai darbības rezultātu*): to burst i. tears – izplūst asarās; sākt raudāt; to get i. trouble – nokļūt nepatikšanās; to translate i. English – pārtulkot angliski; to turn i. ice – pārvērsties ledū; 3. (*lieto, dalot vienu ciparu ar otru*): three i. twelve is four – divpadsmit dalot ar trīs ir četri; 4. (*norāda interesi, aizraušanos*): to be keen i. art – interesēties par mākslu; 5. *sar.* (*par parādiem*): he is i. us for ninety dollars – viņš mums ir parādā deviņdesmit dolāru
intolerable [in'tɒlərəbl] *a* neciešams, neizturams
intolerance [in'tɒlərəns] *n* neiecietība
intolerant [in'tɒlərənt] *a* neiecietīgs
intonation [,intəʊ'neiʃn] *n* 1. intonācija; 2. (*balss*) modulācija
intone [in'təʊn] *v* 1. intonēt; 2. modulēt (*balsi*)
intoxicate [in'tɒksikeit] *v* 1. apreibināt; apskurbināt; 2. *med.* saindēt
intoxication [in,tɒksi'keiʃn] *n* 1. apreibums; apskurbums; 2. *med.* intoksikācija, saindēšanās
intractable [in'træktəbl] *a* 1. nepakļā-
vīgs; iecirtīgs; 2. neatrisināms (*par problēmu*)
intraday [,intrə'dei] *a* vienā dienā notiekošs; diennakts-
intransigent [in'trænsidʒənt] *a* nesamierināms
intransitive [in'trænsitiv] *gram.* I *n* intransitīvs verbs, nepārejošs darbības vārds; II *a* intransitīvs, nepārejošs; i. verb – nepārejošs darbības vārds
in-tray ['intrei] *n* kastīte vēstulēm
intrepid [in'trepid] *a* bezbailīgs
intrepidity [,intri'pidəti] *n* bezbailība
intricacy ['intrikəsi] *n* sarežģītība, komplicētība; jucekļība
intricate ['intrikət] *a* sarežģīts, komplicēts; jucekļīgs
intrigue [in'tri:g] I *n* 1. intriga; 2. mīlas dēka; II *v* 1. vērpt intrigas; 2. intriģēt
intriguing [in'tri:giŋ] *a* 1. intriģējošs; 2. *sar.* aizraujošs
intrinsic [in'trinsik] *a* 1. būtisks; raksturīgs; patiess; 2. *anat.* iekšējs
introduce [,intrə'dju:s] *v* 1. (*into*) ieviest; 2. (*to*) iepazīstināt; stādīt priekšā; 3. ievadīt; 4. iesniegt (*likumprojektu*); 5. pieteikt (*programmu*)
introduction [,intrə'dʌkʃn] *n* 1. ieviešana; 2. (*to*) iepazīstināšana; stādīšana priekšā; letter of i. – rekomendācijas (ieteikuma) vēstule; 3. ievadīšana; 4. (*likumprojekta*) iesniegšana; 5. (*programmas*) pieteikums; 6. priekšvārds; ievads; 7. jaunievedums, jauninājums; 8. ievads (*zinātnes disciplīnā*); ievadkurss
introspection [,intrəʊ'spekʃn] *n psih.* introspekcija
introspective [,intrəʊ'spektiv] *a psih.* introspektīvs
introvert ['intrəvɜ:t] *n psih.* intraverts

intrude [in'tru:d] *v* **1.** uzbāzties, uzmākties; traucēt; **2.** (*upon*) uzspiest, uztiept
intruder [in'tru:də] *n* uzmācīgs cilvēks
intrusion [in'tru:ʒn] *n* **1.** uzbāšanās, uzmākšanās; traucēšana; **2.** (*upon*) (*savu uzskatu*) uztiepšana; **3.** traucējums
intrusive [in'tru:siv] *a* uzbāzīgs, uzmācīgs
intuition [intju:'iʃn] *n* intuīcija
intuitive [in'tju:itiv] *a* intuitīvs
inundate ['inʌndeit] *v* **1.** applūdināt; **2.** *pārn.* pārplūdināt
inundation [,inʌn'deiʃn] *n* **1.** applūdināšana, pārplūdināšana; **2.** plūdi; **3.** pieplūdums
inure [i'njʊə] *v* (*to*) pieradināt; norūdīt
invade [in'veid] *v* **1.** iebrukt; okupēt; **2.** pārņemt; sagrābt (*par jūtām*); **3.** aizskart (*tiesības*)
invader [in'veidə] *n* iebrucējs; okupants
invalid[a] **I** *n* ['invəlid] slimnieks; invalīds; **II** *a* ['invəlid] slims; darba nespējīgs; **III** *v* ['invəli:d] **1.** padarīt par invalīdu; **2.** atbrīvot no karadienesta veselības stāvokļa dēļ; **3.** aiziet no karadienesta veselības stāvokļa dēļ
invalid[b] [in'vælid] *a* **1.** nederīgs; spēkā neesošs; **2.** nepamatots; nepārliecinošs
invalidity[a] [,invə'liditi] *n* invaliditāte
invalidity[b] [,invə'liditi] *n* nederīgums
invaluable [in'væljʊəbl] *a* nenovērtējams; vērtīgs
invariable [in'veəriəbl] *a* nemainīgs; pastāvīgs
invasion [in'veiʒn] *n* **1.** iebrukums; okupācija; **2.** (*tiesību*) aizskārums; **3.** *med.* invāzija
invasive [in'veisiv] *a* uzbrūkošs; agresīvs

invective [in'vektiv] *n* (*parasti pl*) lamas
inveigh [in'vei] *v* (*against*) lamāt; ķengāt; zākāt
inveigle [in'veigl] *v* (*into*) ievilkt; ievilināt
invent [in'vent] *v* **1.** izgudrot; **2.** izdomāt
invention [in'venʃn] *n* **1.** izgudrojums; **2.** izdomājums
inventive [in'ventiv] *a* atjautīgs
inventiveness [in'ventivnəs] *n* atjautība
inventor [in'ventə] *n* izgudrotājs
inventory ['invəntri] **I** *n* **1.** inventārs; **2.** inventāra saraksts; **3.** inventarizācija; to make (take) an i. – inventarizēt; **II** *v* inventarizēt
inverse [in'vɜ:s] **I** *n* apgriezta kārtība; pretstats; **II** *a* apgriezts; pretējs
inversion [in'vɜ:ʃn] *n* **1.** apgriešana; **2.** apgriezta kārtība; **3.** *gram.* inversija, apgriezta vārdu kārtība
invert [in'vɜ:t] *v* **1.** apgriezt; apgāzt; **2.** pārstatīt; mainīt kārtību
invertebrate [in'vɜ:tibrət] *zool. n* bezmugurkaulnieks
invest [in'vest] *v* **1.** (*in*) ieguldīt; investēt (*kapitālu*); **2.** *sar.* pirkt; **3.** *mil.* aplenkt; ielenkt
investigate [in'vestigeit] *v* **1.** [iz]pētīt; **2.** *jur.* izmeklēt
investigation [in,vesti'geiʃn] *n* **1.** [iz]pētīšana; **2.** pētījums; **3.** *jur.* izmeklēšana
investigator [in'vestigeitə] **1.** pētnieks; **2.** *jur.* izmeklētājs
investment [in'vestmənt] *n* kapitālieguldījums; i. bank – komercbanka
investor [in'vestə] *n* (*naudas*) noguldītājs
inveterate [in'vetərət] *a* **1.** dziļi iesakņojies; sens; **2.** nelabojams; pārliecināts; i. bachelor – zvērināts vecpuisis; an i. liar – nalabojams melis

invidious [in'vidiəs] *a* aizskarošs, aizvainojošs
invigorate [in'vigəreit] *v* stiprināt, spēcināt; uzmundrināt
invincible [in'vinsəbl] *a* neuzvarams
inviolability [in,vaiələ'biləti] *n* neaizskaramība
inviolable [in'vaiələbl] *a* neaizskarams; nepārkāpjams
invisibility [in,vizə'biləti] *n* neredzamība
invisible [in'vizəbl] *a* neredzams; ◇ the I. Empire *amer.* – Kukluksklans
invitation [,invi'teiʃn] *n* ielūgums; uzaicinājums
invite [in'vait] *v* 1. (*to*) ielūgt; uzaicināt; 2. lūgt; aicināt; 3. modināt; raisīt; to i. confidence – modināt uzticību; 4. pievilkt; saistīt
inviting [in'vaitiŋ] *a* 1. aicinošs; 2. pievilcīgs; vilinošs
invocation [,invəʊ'keiʃn] *n* piesaukšana; (*palīdzības*) lūgšana
invoke [in'vəʊk] *v* 1. piesaukt; lūgt (*palīdzību*); 2. izsaukt garus
involuntary [in'vɒləntəri] *a* netīšs; nevilšs
involve [in'vɒlv] *v* 1. (*in*) iesaistīt; iepīt; to i. in trouble – iepīt nepatikšanās; 2. ietvert; būt saistītam
involved [in'vɒlvd] *a* sarežģīts
involvement [in'vɒlvmənt] *n* 1. sarežģījums; grūtības; 2. līdzdalība; ieinteresētība
invulnerable [in'vʌlnərəbl] *a* 1. neievērojams; 2. *pārn.* neatspēkojams, neapgāžams
inward ['inwəd] *a* 1. iekšējs; 2. iekšupvērsts; i. peace – iekšējs miers
inwardly ['inwədli] *adv* 1. iekšķīgi; 2. iekšēji; sevī; i. calm – iekšēji mierīgs; 3. iekšup; uz iekšu

inwards ['inwədz] I *n pl sar.* iekšas; II *adv* iekšup; uz iekšu
iodide ['aiəʊdaid] *n* ķīm. jodīds
iodine ['aiəʊdi:n] *n* ķīm. jods; i. tincture – joda tinktūra
ion ['aiən] *n fiz.* jons
Ionic [ai'ɒnik] *a vēst.* joniešu-
ionize ['aiənaiz] *v* ķīm. jonizēt
iota [ai'əʊtə] *n* 1. jota (*grieķu burts*); 2. mazumiņš
irascible [i'ræsəbl] *a* viegli aizkaitināms; iekarsīgs
irate [ai'reit] *a* nikns; aizkaitināts
ire ['aiə] *n poēt.* dusmas; niknums
ireful ['aiəfʊl] *a poēt.* dusmīgs; nikns
iridescence [,iri'desns] *n* (*krāsu*) zaigojums
iridescent [,iri'desnt] *a* varavīkšņains; zaigojošs
iris ['aiəris] *n* 1. *anat.* varavīksnene; 2. *bot.* īriss
irk [ɜ:k] *v* kaitināt
irksome ['ɜ:ksəm] *a* kaitinošs; apnicīgs
iron ['aiən] I *n* 1. dzelzs; as hard as i. – tēraudciets; man of i. – cilvēks ar dzelzs raksturu; 2. gludeklis; 3. *pl* važas; to put in ~s – iekalt važās; 4. *med.* dzelzs preparāts; II *a* dzelzs-; i. ore – dzelzsrūda; i. will *pārn.* – dzelzs griba; III *v* 1. gludināt; 2. apkalt ar dzelzi; 3. iekalt važās; ▯ to i. out – izlīdzināt; nogludināt
Iron Age ['aiən eidʒ] *n* 1. dzelzs laikmets; 2. *pārn.* nežēlīgs laikmets
ironbound ['aiənbaʊnd] *a* 1. apkalts ar dzelzi; 2. klinšains (*par krastu*); 3. stingrs; nelokāms
ironclad ['aiənklæd] *novec.* I *n* bruņukuģis; II *a* bruņām klāts
iron-fall ['aiənfɔ:l] *n* meteorīta krišana
iron foundry ['aiən ,faʊndri] *n* čugunlietuve

iron-grey [ˌaiən'grei] *a* tēraudpelēks
ironic[al] [ai'rɒnik(l)] *a* ironisks
ironing ['aiəniŋ] *n* **1.** gludināšana; to do the i. – gludināt; **2.** gludināmā veļa
ironing-board ['aiəniŋbɔːd] *n* gludināmais dēlis
ironmould ['aiənməʊld] *n* rūsas traips (*audumā*)
ironstone ['aiənstəʊn] *n* dzelzsrūda
ironworks ['aiənwɜːks] *n pl* čugunlietuve
irony ['aiəni] *n* ironija
irradiance [i'reidiəns] *n* starojums
irradiant [i'reidiənt] *a* starojošs
irradiate [i'reidieit] *v* **1.** apspīdēt, apmirdzēt; **2.** izstarot; **3.** *pārn.* noskaidrot; dot skaidrību; **4.** *med.* apstarot
irradiation [iˌreidi'eiʃn] *n* **1.** apspīdēšana, apmirdzēšana; **2.** spīdums, mirdzums; **3.** *fiz.* iradiācija; **4.** *med.* apstarošana; i. sickness – staru slimība
irrational [i'ræʃnəl] **I** *n mat.* iracionāls skaitlis; **II** *a* **1.** neracionāls; **2.** nesaprātīgs; muļķīgs; **3.** *mat.* iracionāls
irreclaimable [ˌiri'kleiməbl] *a* **1.** nelabojams; **2.** neatsaucams; neatgūstams
irrecognizable [i'rekəgnaizəbl] *a* pārvērties līdz nepazīšanai
irreconcilable [i'rekənsailəbl] *a* **1.** nesamierināms; **2.** (*to*) nesavienojams
irrecoverable [ˌiri'kʌvərəbl] *a* neatgūstams
irredeemable [ˌiri'diːməbl] *a* **1.** neapmaināms (*par banknoti*); **2.** neizpērkams (*par akcijām*); **3.** nelabojams; bezcerīgs
irreducible [ˌiri'djuːsəbl] *a* **1.** nesamazināms; nereducējams; **2.** minimāls; **3.** *mat.* nesaīsināms
irrefutable [i'refjʊtəbl] *a* neapstrīdams
irregular [i'regjʊlə] **I** *n* **1.** neregulārā karaspēka karavīrs; **2.** (*parasti pl*) neregulārais karaspēks; **3.** nestandarta preces; nocenotās preces; **II** *a* **1.** neregulārs; nevienmērīgs; **2.** nelīdzens; **3.** nepareizs; nesimetrisks; **4.** nekārtīgs; izlaidīgs; **5.** *gram.* nekārtns; i. verb – nekārtns darbības vārds
irregularity [iˌregjʊ'lærəti] *n* **1.** neregularitāte; nevienmērīgums; **2.** nelīdzenums; **3.** nepareizums; nesimetriskums; **4.** nekārtība; izlaidība
irrelevant [i'reləvənt] *a* **1.** (*to*) nepiederīgs; neatbilstošs; i. remark – piezīme nevietā; **2.** novecojis
irreligious [ˌiri'lidʒəs] *a* **1.** nereliģiozs; neticīgs; **2.** negodbijīgs
irremidiable [ˌiri'miːdiəbl] *a* **1.** nelabojams; **2.** neārstējams, nedziedināms; i. desease – nedziedināma slimība
irreparable [i'repərəbl] *a* nelabojams; neatgūstams; i. loss – neatgūstams zaudējums
irreplaceable [ˌiri'pleisəbl] *a* neaizstājams
irrepressible [ˌiri'presəbl] *a* neatturams; nevaldāms
irreproachable [ˌiri'prəʊtʃəbl] *a* nevainojams
irresistible [ˌiri'zistəbl] *a* **1.** neatvairāms; **2.** neapstrīdams; neatspēkojams
irresolute [i'rezəluːt] *a* svārstīgs
irresolution [iˌrezə'luːʃn] *n* svārstīgums
irrespective [ˌiri'spektiv] *a* (*of*) neatkarīgs (*no*)
irresponsible [ˌiri'spɒnsəbl] *a* bezatbildīgs
irresponsive [ˌiri'spɒnsiv] *a* **1.** (*to*) nereaģējošs; to be i. – neatbildēt; nereaģēt; **2.** neatsaucīgs
irretrievable [ˌiri'triːvəbl] *a* nelabojams; neatgūstams
irreverence [i'revrəns] *n* necieņa; godbijības trūkums

irreverent [i'revrənt] *a* negodbijīgs
irreversible [ˌiri'vɜ:səbl] *a* neatgriežams; neatsaucams
irrevocable [ˌiri'vəʊkəbl] *a* nemaināms; neatsaucams; negrozāms
irrigate ['irigeit] *v* **1.** apūdeņot; **2.** *med.* skalot
irrigation [ˌiri'geiʃn] *n* apūdeņošana; irigācija
irritability [ˌiritə'biləti] *n* **1.** uzbudināmība; aizkaitināmība; **2.** *fiziol.* kairināmība
irritable ['iritəbl] *a* **1.** uzbudināms; ātri aizkaitināms; **2.** *fiziol.* kairināms
irritant ['iritənt] **I** *n* kairinātājs, kairinošs līdzeklis; **II** *a* kairinošs
irritate ['iriteit] *v* **1.** uzbudināt; aizkaitināt; **2.** *fiziol.* kairināt; **3.** *med.* radīt iekaisumu
irritation [ˌiri'teiʃn] *n* **1.** uzbudinājums; aizkaitinājums; **2.** *fiziol.* kairināšana; kairinājums; **3.** *med.* iekaisums
irruption [i'rʌpʃn] *n* ielaušanās; iebrukums
is [*uzsvērtā forma* iz, *neuzsvērtā forma* z, s] *tagadnes 3. pers sg no darbības vārda* to be
Islam ['izlɑ:m] *n* islāms; musulmanisms
Islamite ['izləmait] **I** *n* musulmanis; **II** *a* islāma-; musulmaņu-
island ['ailənd] *n* **1.** sala; **2.** (*arī* traffic i.) drošības saliņa (*uz ielas*)
islander ['ailəndə] *n* salas iedzīvotājs
isle [ail] *n* poēt. sala
islet ['ailit] *n* saliņa
isn't ['iznt] *sar. saīs. no* is not
isolate ['aisəleit] *v* **1.** (*from*) izolēt; **2.** ķīm. izdalīt
isolation [ˌaisə'leiʃn] *n* **1.** izolēšana; **2.** izolācija; **3.** ķīm. izdalīšana
isometry [ai'sɒmətri] *n biol.* izometrija

isosceles [ai'sɒsili:z] *a mat.* vienādsānu-; i. triangle – vienādsānu trijstūris
isotope ['aisəʊtəʊp] *n* izotops
issue ['iʃu:] **I** *n* **1.** iztecēšana; izplūšana; **2.** izeja, izplūdes atvere; **3.** (*upes*) grīva; **4.** (*naudaszīmju*) izlaidums; (*laikraksta*) numurs; **5.** strīda jautājums; to be at i. – 1) būt par strīda objektu; 2) būt dažādos uzskatos; to bring an i. to a close – 1) beigt strīdu; 2) atrisināt [strīdīgu] jautājumu; **6.** iznākums; rezultāts; **II** *v* **1.** (*out, forth*) iztecēt; izplūst; **2.** (*from*) rasties; **3.** izdot (*grāmatu, pavēli*); laist apgrozībā (*naudu*); **4.** *mil.* ietērpt (*kareivi*)
isthmus ['isməs] *n* zemesšaurums
it [it] *pron.* **1.** tas; tā; **2.** (*papildinātāja locījums*) to; tam; tai; I see it – es redzu to; **3.** (*netulkojams kā teikuma priekšmets bezpersonas teikumā*): it is snowing – snieg; **4.** (*netulkojams kā uzsvēruma «it»*): it's the book I want, not the magazine – man vajadzīga grāmata, nevis žurnāls; **5.**: to cab it – braukt taksometrā; to foot it – iet kājām
italic [i'tælik] **I** *n pl* kursīvs; in ~s – kursīvā; **II** *a* kursīva-; i. type – kursīvie burti
italicize [i'tælisaiz] *v* iespiest (salikt) kursīvā
itch [itʃ] **I** *n* **1.** nieze; niezēšana; **2.** (*for*) neatvairāma tieksme; an i. for gain (money) – naudaskāre; **II** *v* niezēt; ◊ to have an ~ing palm – būt naudaskāram
item ['aitəm] **I** *n* **1.** atsevišķs priekšmets (*sarakstā*); **2.** punkts; pants; paragrāfs; **3.** (*programmas*) numurs; **4.** (*avīzes*) ziņa; informācija; **II** *adv* tāpat; arī
iterate ['itəreit] *v* (*pastāvīgi*) atkārtot
iteration [ˌiti'reiʃn] *n* (*pastāvīga*) atkārtošana

itinerant [i'tinərənt] ceļojošs; i. players – ceļojoši aktieri
itinerary [ai'tinərəri] **I** *n* **1.** maršruts; **2.** ceļojuma piezīmes; **3.** ceļvedis (*grāmata*); **II** *a* ceļa-; ceļojuma-
it'll [itl] *sar. saīs. no* it will
its [its] *pron* tā; tās; savs
it's [its] *sar. saīs. no* it is
itself [it'self] *pron* **1.** sev; sevi; **2.** pats; pati; by i. – viens pats; in i. – pats par sevi; of i. – pats no sevis
I've [aiv] *sar. saīs. no* I have
ivied ['aivid] *a* efejām aizaudzis
ivory ['aivəri] *n* ziloņkauls
ivy ['aivi] *n* efeja

Jj

J, j [dʒei] *n* angļu alfabēta burts
jab [dʒæb] **I** *n* **1.** dunka; grūdiens; **2.** (*durkļa*) dūriens; **3.** *sar.* injekcija; pote; **II** *v* **1.** dunkāt; **2.** durt (*ar durkli*)
jabber ['dʒæbə] **I** *n* pļāpāšana; **II** *v* pļāpāt
jabberer ['dʒæbərə] *n* pļāpa
jack [dʒæk] **I** *n* **1.** (*arī* J.) vienkāršs cilvēks; puisis; every man j. – 1) ikviens; 2) visi kā viens; J. and Gill – puisis un meitene; **2.** kalps (*kāršu spēlē*); **3.** (*kuģa*) karogs; **4.** *tehn.* domkrats; *sar.* ◇ before you could say J. Robinson – pirms kāds paguva atjēgties; **II** *v* (*arī* to j. up) pacelt ar domkratu; ◻ to j. **in** – pamest; atstāt; to j. in one's job – pamest darbu; to j. **up** *sar.* – paaugstināt cenas (algu)
jackal ['dʒækɔ:l] *n* **1.** šakālis; **2.** *sl.* algots slepkava
jackboot ['dʒækbu:t] **I** *n* **1.** garš zābaks (*pāri celim*); **2.** *pārn.* rupjš spiediens; rupjš spēks; **3.** rupja spēka lietotājs; **II** *v* *pārn.* izdarīt rupju spiedienu; lietot rupju spēku
jackdaw ['dʒækdɔ:] *n* kovārnis
jacket ['dʒækit] *n* **1.** jaka; žakete; Eton j. – īsa žakete (*Itonas koledžas formas tērps*); Norfolk j. – (*vīriešu*) jaka ar jostu; **2.** (*kartupeļa*) miza; **3.** (*grāmatas*) apvāks; ◇ to dust smb.'s j. – piekaut kādu; **II** *v* **1.** ielikt apvalkā; **2.** *sl.* piekaut
jack-knife ['dʒæknaif] *n* savāžams nazis
jack-o'-lantern ['dʒækəʊˌlæntən] *n* malduguns
jackpot ['dʒækpɒt] *n* **1.** banka (*kāršu spēlē*); **2.** *sar.* liels vinnests
jade[a] [dʒeid] **I** *n* **1.** kleperis; **2.** *niev.* sievišķis; skuķis; **II** *v* **1.** nodzīt (*zirgu*); **2.** nomocīt; novārdzināt
jade[b] [dʒeid] **I** *n* **1.** *min.* nefrīts; **2.** dzeltenzaļa krāsa; **II** *a* **1.** *min.* nefrīta-; **2.** dzeltenzaļš
jaded ['dʒeidid] *a* **1.** nodzīts (*par zirgu*); **2.** nomocīts; novārdzināts; **3.** pārsātināts
jaffa ['dʒæfə] *n* liels apelsīns
jag[a] [dʒæg] **I** *n* **1.** klintsrags; **2.** ierobs; plīsums; **3.** *sar.* injekcija; **II** *v* izrobot
jag[b] [dʒæg] *n sar.* uzdzīve; plosts
jagged[a] ['dʒægd] *a* robains
jagged[b] ['dʒægd] *a sar.* piedzēries
jaguar ['dʒægʊə] *n zool.* jaguārs
jail [dʒeil] **I** *n* **1.** cietums; **2.** cietuma ieslodzījums; **II** *v* ieslodzīt cietumā

jailbird [ˈdʒeilbɜːd] *n sar.* **1.** cietumnieks; ieslodzītais; **2.** nelabojams noziedznieks; karātavu putns
jailbreak [ˈdʒeilbreik] *n* bēgšana no cietuma
jailer, jailor [ˈdʒeilə] *n* cietuma uzraugs
jalousie [ˈʒæluːziː] *n* žalūzija
jam[a] [dʒæm] *n* ievārījums, džems
jam[b] [dʒæm] **I** *n* **1.** sablīvējums; sastrēgums; drūzma; traffic j. – satiksmes sastrēgums; **2.** (*mehānisma*) iesprūdums; saķīlējums; **3.** traucējums (*radiopārraidē*); **4.** *sar.* ķeza; to get into a j. – iekļūt ķezā; **II** *v* **1.** (*into*) iespiest; iegrūst; **2.** saspiest; **3.** (*on*) piespiest; to j. on the brakes – strauji piebremzēt; **4.** sablīvēties; radīt sastrēgumu; **5.** iesprūst (*par mehānismu*); saķīlēties; **6.** traucēt (*radiopārraidi*); **7.** improvizēt (*džezu*)
jamb [dʒæm] *n* (*durvju, loga*) aploda
jamboree [ˌdʒæmbəˈriː] *n* **1.** svinības; dzīres; **2.** folkmūzikas koncerts; **3.** (*skautu*) salidojums
jamming [ˈdʒæmiŋ] *n* **1.** (*satiksmes*) sastrēgums; **2.** (*mehānisma*) iesprūdums; saķīlējums; **3.** traucējums (*radiopārraidē*)
jammy [ˈdʒæmi] *a* **1.** viegls; j. examination – viegls eksāmens; **2.** laimīgs; veiksmīgs
jam-pack [ˌdʒæmˈpæk] *v* sablīvēties
jams [dʒæmz] *n* **1.** pidžama; **2.** peldbikses (*sērfingam*)
jangle [ˈdʒæŋgl] **I** *n* šķindoņa; **II** *v* **1.** šķindēt; **2.** šķindināt
janitor [ˈdʒænitə] *n* **1.** šveicars; **2.** *amer.* sētnieks; vārtsargs
January [ˈdʒænjʊəri] *n* janvāris
Jap [dʒæp] *n niev.* japānis; japāniete
jar[a] [dʒɑː] *n* burka; krūka

jar[b] [dʒɑː] **I** *n* **1.** griezīga skaņa; **2.** satricinājums; trieciens; to give a nasty j. – nepatīkami pārsteigt; **3.** disonanse; nesaskaņa; **II** *v* **1.** griezīgi skanēt; to j. one's ears – griezt ausīs; **2.** satricināt; satriekt; **3.** (*with*) disharmonēt; nesaskanēt
jargon [ˈdʒɑːgən] *n* žargons
jasmine [ˈdʒæsmin] *n* jasmīns
jaundice [ˈdʒɔːndis] *n* **1.** *med.* dzeltenā kaite; **2.** žultainums; nenovīdība
jaundiced [ˈdʒɔːndist] *a* **1.** slims ar dzelteno kaiti; **2.** žultains; nenovīdīgs
jaunt [dʒɔːnt] **I** *n* izpriecas brauciens; **II** *v* doties izpriecas braucienā
jauntiness [ˈdʒɔːntinəs] *n* **1.** mundrums; spridzīgums; **2.** bezrūpība
jaunty [ˈdʒɔːnti] *a* **1.** mundrs; spridzīgs; **2.** bezrūpīgs
javelin [ˈdʒævlin] *n sp.* šķēps; to throw the j. – mest šķēpu
jaw [dʒɔː] **I** *n* **1.** žoklis; **2.** *pl* mute; rīkle; **3.** *pl* šaura ieeja (*ielejā, līcī*); **4.** *sar.* spredikošana, moralizēšana; **5.** *sar.* pļāpāšana; **6.** *pl tehn.* spīles; knaibles; **II** *v sar.* (*at*) spredikot; moralizēt
jawbone[a] [ˈdʒɔːbəʊn] *n* **1.** žokļa kauls; **2.** *sar.* kredīts
jawbone[b] [ˈdʒɔːbəʊn] *n amer. pol.* izdarīt [rupju] spiedienu no augšas
jaw-breaker [ˈdʒɔːˌbreikə] *n sar.* grūti izrunājams vārds
jay[a] [dʒei] *n* **1.** *ornit.* sīlis; **2.** pļāpa; niekkalbis
jay[b] [dʒei] *n sl.* cigarete ar marihuānu
jazz [dʒæz] **I** *n* **1.** džezs; **2.** *amer. sar.* spars; **3.** *sl.* muldēšana; **4.** *sl.* kaut kas tamlīdzīgs; **5.** *amer. sl.* mīlēšanās; **II** *a* **1.** džeza-; j. age – džeza laikmets

(*divdesmitie gadi*); j. band – džeza orķestris; **2.** *sar.* spilgts; kliedzošs; vulgārs; **III** *v* **1.** spēlēt džezu; **2.** dejot džeza pavadījumā; **3.** *amer. sl.* mīlēties; ▢ to j. **up** – uzmundrināt
jazzy ['dʒæzi] *a* **1.** džeza-; **2.** *sar.* spilgts; **3.** *amer. sar.* sparīgs
jealous ['dʒeləs] *a* (*of*) **1.** greizsirdīgs; **2.** skaudīgs; nenovīdīgs
jealousy ['dʒeləsi] *n* **1.** greizsirdība; **2.** skaudība; nenovīdība
jean [dʒein] *n* džinsu audums
jeans [dʒi:nz] *n pl* džinsi
jeep [dʒi:p] *n* **1.** džips (*automobilis*); **2.** neliela izlūklidmašīna; **3.** *mil. sar.* jauniesauktais
jeer[a] [dʒiə] **I** *n* ņirdzīga piezīme; dzēlība; **II** *v* **1.** (*at*) ņirgāties; **2.** izsvilpt (*aktieri*)
jeer[b] [dʒiə] *n* (*parasti pl*) *jūrn.* trice
jeering ['dʒiəriŋ] **I** *n* ņirgāšanās; **II** *a* ņirdzīgs
jellied ['dʒelid] *a* sarecējis; j. fish – zivs želejā
jelly ['dʒeli] **I** *n* **1.** želeja; **2.** galerts; **II** *v* **1.** sarecināt; **2.** sarecēt
jelly-fish ['dʒelifiʃ] *n* medūza
jemmy ['dʒemi] *n* mūķīzeris
jeopardize ['dʒepədaiz] *v* pakļaut briesmām (riskam)
jeopardy ['dʒepədi] *n* briesmas; risks
jeremiad [ˌdʒeri'maiəd] *n* vaimanas; gaudas
jerk [dʒɜ:k] **I** *n* **1.** rāviens; grūdiens; by ~s – rāvieniem; with a j. – ar vienu rāvienu; **2.** krampis; the ~s – konvulsijas; **3.** *sp.* raušana; physical ~s – vingrošana, rītarosme; **4.** *sl.* stulbenis; **II** *v* **1.** paraut; pagrūst; **2.** kustēties grūdieniem; **3.** raustīties; **4.** aprauti (saraustīti) runāt; ▢ to j. back – atraut; to j. **back** the hand – atraut roku; to j. **on** – strauji ieslēgt

jerker ['dʒɜ:kə] *n sl.* **1.** dzērājs; **2.** narkomāns
jerky ['dʒɜ:ki] *a* **1.** krampjains (*par kustībām*); **2.** aprauts, saraustīts (*par valodu*); **3.** *sl.* stulbs
Jerry ['dʒeri] *n novec. sl.* fricis (*vācietis*)
jerry ['dʒeri] *n novec. pl* naktspods
jerry-built ['dʒeribilt] *a* pavirši (nestabili) būvēts
jersey ['dʒɜ:zi] *n* **1.** adīts svīteris; adīta jaka; **2.** *tekst.* džersijs
jessamine ['dʒesəmin] *sk.* **jasmine**
jest [dʒest] **I** *n* **1.** joks; in j. – pa jokam; **2.** izsmiešana; zobošanās; **3.** izsmiekla objekts; standing j. – pastāvīgs izsmiekla objekts; **II** *v* **1.** (*with*) jokot; **2.** izsmiet; zoboties
jester ['dʒestə] *n* āksts; jokdaris
jesting ['dʒestiŋ] **I** *n* jokošanās; **II** *a* **1.** jokpilns; **2.** tāds, kam patīk joki; j. fellow – jokdaris
Jesuit ['dʒezjʊit] *n* jezuīts
jet[a] [dʒet] *n min.* ahāts
jet[b] [dʒet] **I** *n* **1.** (*gāzes, tvaika, ūdens*) strūkla; **2.** *tehn.* sprausla; **3.** reaktīvais dzinējs; **4.** *sar.* reaktīvā lidmašīna; **5.** *sar.* raķeššāviņš; **II** *a* reaktīvs; j. plane – reaktīvā lidmašīna; **III** *v* **1.** (*out*) izšļākties; **2.** braukt ar reaktīvo lidmašīnu
jet-black [ˌdʒet'blæk] *a* piķmelns
jet-propelled [ˌdʒetprə'peld] *a* ar reaktīvo dzinēju; j.-p. aircraft – reaktīvā lidmašīna
jetty[a] ['dʒeti] *n* mols
jetty[b] ['dʒeti] *a* piķmelns
Jew [dʒu:] *n* ebrejs
jewel ['dʒu:əl] **I** *n* **1.** dārgakmens; **2.** dārglieta; **3.** *pārn.* dārgums; **II** *v* izrotāt ar dārgakmeņiem
jeweller ['dʒu:ələ] *n* juvelieris

jewellery, jewelry [ˈdʒuːəlri] *n* dārglietas; juvelierizstrādājumi
Jewess [ˈdʒuːis] *n* ebrejiete
Jewish [ˈdʒuːiʃ] *a* ebreju-
jibᵃ [dʒib] **I** *n jūrn.* klīveris; ◇ the cut of one's j. – āriene, ārējais izskats; **II** *v* **1.** apgriezt (*buru*); **2.** apgriezties (*par buru*)
jibᵇ [dʒib] *v* **1.** mīdīties; kāpties atpakaļ (*par zirgu*); **2.** ietiepties; ▯ to j. **at** – izrādīt nepatiku (nevēlēšanos) (*kaut ko darīt*)
jib-boom [ˈdʒibbuːm] *n jūrn.* klīverkoks
jib-crane [ˈdʒibkrein] *n tehn.* griežamais celtnis
jib-door [ˈdʒibdɔː] *n* slepenas durvis
jiffy [ˈdʒifi] *n sar.* acumirklis; in a j. – vienā mirklī; wait a j.! – uzgaidi mirkli!
jig [dʒig] **I** *n* **1.** *tehn.* iespīlēšanas ierīce; **2.** matrice; ◇ the j. is up – spēlīte beigusies; viss zudis; **II** *v* **1.** ucināt (*bērnu*); **2.** drebēt (*no uztraukuma, uzbudinājuma*)
jigger [ˈdʒigə] **I** *n* **1.** mērglāzīte (*alkoholam*); **2.** *tekst.* audumu krāsošanas mašīna; **3.** *tehn.* (*rūdas*) šķirošanas ierīce; **4.** *sl.* viskija mēriņš; **5.** *sl.* cigarete; **II** *v* raustīties (*par zivi uz āķa*)
jiggered [ˈdʒigəd] *a predic. sar.* **1.** pārsteigts; **2.** pārguris; **3.** piedzēries
jigsaw [ˈdʒigsɔː] *n* finierzāģītis; ◇ j. puzzle – atjautības uzdevums (*attēla salikšana no atsevišķām daļām*)
jilt [dʒilt] **I** *n* pavedinātāja; **II** *v* pavedināt un piekrāpt
jim crow [ˌdʒim ˈkrəʊ] *n amer. niev.* nēģeris, melnais
jingle [ˈdʒiŋgl] **I** *n* šķindoņa; žvadzoņa; **II** *v* **1.** šķindēt; žvadzēt; **2.** šķindināt; žvadzināt

jingo [ˈdʒiŋgəʊ] **I** *n* šovinists; **II** *v* klaji paust šovinismu
jingoism [ˈdʒiŋgəʊizəm] *n* šovinisms
jinks [dʒiŋks] *n pl*: high j. – mežonīga jautrība
jinx [dʒiŋks] *sar.* **I** *n* **1.** nelaimes nesējs; **2.** (*on*) lāsts; nelaimes zīme; **II** *v* nest nelaimi
jitters [ˈdʒitəz] *n pl sar.* nervu drudzis; to have the j. – drēbēt nervu drudzī
jiujitsu [dʒuːˈdʒitsuː] *sk.* **jujitsu**
jive [dʒaiv] **I** *n* **1.** džaivs (*mūzika, deja*); **2.** *amer. sar.* muldoņa; **II** *a sl.* melīgs; j. excuse – aizbildināšanās; j. talk – modes vārdi; slengs; j. turkey – stulbenis; **III** *v* **1.** džaivot; **2.** *amer. sar.* muldēt
job [dʒɒb] **I** *n* **1.** darbs; odd ~s – gadījuma darbi; **2.** grūts uzdevums (darbs); **3.** nodarbošanās; darbs; out of j. – bez darba; to look for a j. – meklēt darbu; to lose j. – zaudēt darbu; **4.** negodīgs darījums; **5.** *sl.* zādzība; aplaupīšana; to pull a j. – apzagt; aplaupīt; **6.** *tehn.* detaļa; apstrādājamais priekšmets; ◇ bad j. – bezcerīga lieta; fat j. – izdevīgs darbiņš; **II** *v* **1.** strādāt gadījuma darbus; **2.** slēgt negodīgus darījumus; **3.** spekulēt; būt par mākleri; **4.** negodīgi izmantot dienesta stāvokli
jobber [ˈdʒɒbə] *n* **1.** gadījuma darbu strādnieks; **2.** spekulants; mākleris; **3.** *jur.* amatnoziedznieks
jobbery [ˈdʒɒbəri] *n jur.* amatnoziegums
jobholder [ˈdʒɒbhəʊldə] *n amer.* **1.** pastāvīga darba strādnieks; **2.** valsts darbinieks
jobless [ˈdʒɒbləs] *a* bez darba
job-work [ˈdʒɒbwɜːk] *n* gabaldarbs

jock [dʒɒk] *n* (*saīs.* no jockey) **1.** *sar.* žokejs; **2.** *sl.* sportists
jockey ['dʒɒki] **I** *n* **1.** žokejs; **2.** *sar.* automobiļa vadītājs; pilots; lidmašīnas komandieris; **II** *v* **1.** piekrāpt; apvest ap stūri; **2.** *sar.* vadīt automobili; pilotēt lidmašīnu; ◊ to j. **into** – ar viltu pierunāt; to j. **out** – izkrāpt
jocko ['dʒɒkəʊ] *n sar.* šimpanze
jocose [dʒə'kəʊs] *a* jocīgs
jocosity [dʒəʊ'kɒsiti] *n* jocīgums
jocular ['dʒɒkjʊlə] *a* jocīgs; komisks
jocularity [ˌdʒɒkjʊ'læriti] *n* jocīgums; komiskums
jocund ['dʒɒkənd] *a* jautrs; priecīgs
jocundity [dʒəʊ'kʌnditi] *n* jautrība
joey ['dʒəʊi] *n* ķengura mazulis
jog [dʒɒg] **I** *n* **1.** dunka; piegrūdiens; **2.** lēni rikši; **II** *v* **1.** piebikstīt; piegrūst; **2.** lēni rikšot; **3.** *sp.* lēni skriet; ◊ to j. **along** (**on**) – 1) lēni vilkties (braukt) uz priekšu; 2) *pārn.* šā tā iztikt
joggle[a] ['dʒɒgl] **I** *n* pagrūdiens-; **II** *v* **1.** pagrūst; piegrūst; **2.** kratīties (*braucot*)
joggle[b] ['dʒɒgl] *tehn.* **I** *n* grope; rieva; **II** *v* savienot ar gropēm
jogtrot ['dʒɒgtrɒt] *n* **1.** lēni rikši; **2.** vienmuļība; rutīna
Johnny, johnny ['dʒɒni] *n sar.* **1.** puisis; **2.** švīts
johnny-cake ['dʒɒnikeik] *n* kukurūzas (*vai* kviešu) plācenis
join [dʒɔin] **I** *n* savienojums; **II** *v* **1.** savienot; saistīt; to j. **forces** – apvienot spēkus; to j. **hands** – sadoties rokās; **2.** ieplūst; saplūst (*par upi, strautu*); **3.** (*with*) pievienoties; pieslieties; to j. **company** – piebiedroties; to j. **the majority** – pievienoties vairākumam; **4.** iestāties (*organizācijā*); **5.** robežoties; ◻ to j. **up** – iestāties karadienestā; ◊ to j. **battle** – 1) uzsākt kauju; 2) uzsākt cīņu
joiner ['dʒɔinə] *n* **1.** galdnieks; **2.** *amer.* sabiedrisks cilvēks
joinery ['dʒɔinəri] *n* **1.** galdnieka amats; galdniecība; **2.** galdnieka darbnīca; **3.** galdniekdarbi
joint [dʒɔint] **I** *n* **1.** savienojums, salaidums; **2.** locītava; out of j. – 1) izmežģīts; 2) sabrucis; **3.** *kul.* gurna gabals (*cepetim*); **4.** *sl.* zaņķis; perēklis; midzenis; **5.** *sl.* cigarete ar marihuānu; **II** *a* kopīgs, kopējs; j. authors – līdzautori; j. owners – līdzīpašnieki; **III** *v* **1.** savienot; saistīt; **2.** sadalīt (*daļās*)
jointed ['dʒɔintid] *a* saliekams
jointer ['dʒɔintə] *n tehn.* gropēvele
jointly ['dʒɔintli] *adv* kopīgi, kopā
joint-stock ['dʒɔintstɒk] *n* akciju kapitāls; j.-s. company – akciju sabiedrība
jointure ['dʒɔintʃə] *n jur.* atraitnes daļa (*mantojumā*)
joist [dʒɔist] *n* sija
joke [dʒəʊk] **I** *n* joks; in j. – pa jokam; to play a j. on smb. – izjokot kādu; to see the j. – saprast jokus; **II** *v* jokot
joker ['dʒəʊkə] *n* **1.** jokdaris; zobgalis; **2.** *sar.* puisis; **3.** džokers (*pokerā*); **4.** *amer. sl.* divdomīga frāze (*vai* pants) likumā
joking ['dʒəʊkiŋ] *n* jokošanās; joki; j. apart! – jokus pie malas!
jollification [ˌdʒɒlifi'keiʃn] *n sar.* dzīres; uzdzīve; līksmošanās
jollify ['dʒɒlifai] *v sar.* dzīrot; uzdzīvot; līksmoties
jollity ['dʒɒləti] *n* jautrība; līksmība
jolly ['dʒɒli] **I** *a* **1.** jautrs; priecīgs; **2.** *sar.*

jauks; lielisks; 3. *sar.* iedzēris, iesilis;
II *adv. sar.* ļoti; j. good! – ļoti labi!;
III *v sar.* piedabūt; pielauzt
jollyboat [ˈdʒɒlibəʊt] *n* kuģa laiva
jolt [dʒəʊlt] **I** *n* **1.** grūdiens; **2.** *pārn.* trieciens; **3.** *sl.* cietumsoda piespriešana; **4.** *sl.* narkotikas injekcija; **II** *v* **1.** kratīt; **2.** kratīties (*braucot*)
jonguil [ˈdʒɒŋkwil] *n* bāldzeltenā narcise
joskin [ˈdʒɒskin] *n sl.* lempis; mūlāps
joss [dʒɒs] *n* **1.** ķīniešu elks; **2.** amulets, talismans
jostle [ˈdʒɒsl] **I** *n* **1.** grūdiens; **2.** grūstīšanās; **II** *v* **1.** grūstīt; **2.** grūstīties; spiesties; **3.** *amer. sl.* līst svešā kabatā
jot [dʒɒt] **I** *n*: not a j. – ne par matu; **II** *v* (*arī* to j. down) īsi pierakstīt; uzmest
jotter [ˈdʒɒtə] *n* **1.** piezīmju bloks; **2.** *amer. sl.* rakstnieks
jotting [ˈdʒɒtiŋ] *n* īsa piezīme
joule [dʒu:l] *n el.* džouls
journal [ˈdʒɜ:nl] *n* **1.** dienasgrāmata; the Journals – sēdes protokols; **2.** žurnāls; laikraksts; **3.** *tehn.* rēdze, tapa
journalism [ˈdʒɜ:nəlizəm] *n* žurnālistika
journalist [ˈdʒɜ:nəlist] *n* žurnālists
journey [ˈdʒɜ:ni] **I** *n* brauciens; ceļojums (*pa sauszemi*); to be on a j. – ceļot; to go on (to take) a j. – doties ceļojumā; **II** *v* ceļot
journeyman [ˈdʒɜ:nimən] *n* kvalificēts strādnieks (amatnieks)
journey-work [ˈdʒɜ:niwɜ:k] *n* kvalificēta strādnieka (amatnieka) darbs
joust [dʒaʊst] *n vēst.* bruņinieku divkauja; turnīrs
Jove [dʒəʊv] *n mit.* Jupiters; ◇ by J.! – nudien!; goda vārds!
jovial [ˈdʒəʊviəl] *a* jautrs; dzīvespriecīgs
joviality [ˌdʒəʊviˈæləti] *n* jautrība; dzīvesprieks

jowl [dʒaʊl] *n* **1.** žoklis; žokļa kauls; **2.** (*lopa*) pakrūte; (*putna*) guza; **3.** (*gaiļa, tītara*) bārda; ◇ cheek by j. – cieši kopā
joy [dʒɔi] **I** *n* **1.** prieks; līksme; **2.** *amer. sar.* ērtības; komforts; **II** *v poēt.* **1.** iepriecināt, ielīksmot; **2.** priecāties, līksmoties
joyful [ˈdʒɔifʊl] *a* priecīgs, līksms
joyless [ˈdʒɔiləs] *a* bezprieka-; bēdīgs
joyous [ˈdʒɔiəs] *sk.* **joyful**
joyride [ˈdʒɔiraid] *n sar.* **1.** izpriecas brauciens automobilī (*bez īpašnieka atļaujas*); **2.** pārgalvība; avantūra; **3.** *sl.* (*narkotiku radīta*) eiforija
jubilance [ˈdʒu:biləns] *n* gavilēšana; gaviles
jubilant [ˈdʒu:bilənt] *a* gavilējošs; to be j. – gavilēt
jubilate [ˈdʒu:bileit] *v* gavilēt
jubilee [ˈdʒu:bili:] *n* jubileja; gadadiena (*parasti piecdesmitā*); svinības; silver j. – divdesmit piektā gadadiena
judder [ˈdʒʌdə] **I** *n* stipra vibrācija; **II** *v* stipri vibrēt
judge [dʒʌdʒ] **I** *n* **1.** tiesnesis; **2.** arbitrs; eksperts; **3.** pazinējs; lietpratējs; j. of art – mākslas pazinējs; **II** *v* **1.** tiesāt; **2.** būt par arbitru (ekspertu); **3.** spriest; vērtēt
judg[e]ment [ˈdʒʌdʒmənt] *n* **1.** *jur.* spriedums; to pass j. (*on*) – taisīt spriedumu; to reverse a j. – atcelt spriedumu; to sit in j. on a case – izskatīt lietu (*tiesā*); **2.** spriedums; vērtējums; **3.** saprātīgums
judg[e]ment-day [ˈdʒʌdʒməntdei] *n rel.* pastardiena
judicial [dʒu:ˈdiʃl] *a* **1.** tiesas-; j. proceedings – tiesas sēdes; **2.** tiesneša-; tiesnešu-; **3.** saprātīgs

judicious [dʒu:'diʃəs] *a* saprātīgs; j. decision – saprātīgs lēmums
judo ['dʒu:dəʊ] *n sp.* džudo
jug[a] [dʒʌg] **I** *n* **1.** krūze, krūka; **2.** *sl.* cietums; **II** *v* **1.** *kul.* sautēt (*trusi, zaķi*); **2.** *sl.* iesēdināt (*cietumā*)
jug[b] [dʒʌg] **I** *n* (*lakstīgalas*) pogošana; **II** *v* pogot (*par lakstīgalu*)
juggins ['dʒʌginz] *n sar.* vientiesis, muļķis
juggle ['dʒʌgl] **I** *n* **1.** triks; **2.** blēdība; krāpšana; (*faktu, vārdu*) sagrozīšana; **II** *v* **1.** rādīt trikus; žonglēt; **2.** blēdīties; krāpties
juggler ['dʒʌglə] *n* **1.** burvju mākslinieks; žonglieris; **2.** blēdis; krāpnieks
jugglery ['dʒʌgləri] *n* **1.** triku rādīšana; žonglēšana; **2.** blēdība; krāpšana; (*faktu, vārdu*) sagrozīšana
jugular ['dʒʌgjʊlə] **I** *n* **1.** *anat.* jūga vēna; **2.** vārīga vieta; **II** *a* **1.** *anat.* jūga-; j. vein – jūga vēna; **2.** iznīcinošs; nāvējošs
juice [dʒu:s] **I** *n* **1.** sula; gastric j. *fiziol.* – kuņģa sula; **2.** būtība; **3.** *sl.* degviela; benzīns; **4.** *sl.* elektroenerģija; j. road – elektriskais dzelzceļš; **II** *v* spiest sulu; ◊ to j. **up** *sar.* – 1) uzmundrināt; 2) atdzīvināt; padarīt interesantāku
juicy ['dʒu:si] *a* **1.** sulīgs; **2.** ienesīgs; **3.** *sar.* pikants; **4.** *sl.* piedzēries
juju ['dʒu:dʒu:] *n* **1.** burvība; burvestība; **2.** amulets; fetišs; **3.** tabu, aizliegums
jukebox ['dʒu:kbɒks] *n* mūzikas automāts
July [dʒʊ'lai] *n* jūlijs
jumble ['dʒʌmbl] **I** *n* juceklis; nekārtība; **II** *v* (*up*) sasviest juku jukām; sajaukt
jumble-sale ['dʒʌmblseil] *n* labdarības tirdziņš

jumbo-sized ['dʒʌmbəʊsaizd] *a* milzu-; milzīgs
jump [dʒʌmp] **I** *n* **1.** lēciens; high j. – augstlēkšana; long j. – tāllēkšana; to make (take) a j. – palēkties; **2.** satrūkšanās; to give a j. – satrūkties; **3.** (*cenu, temperatūras*) straujš kāpums; **4.** barjera; šķērslis (*jāšanas sportā*); **II** *v* **1.** lēkt; lēkāt; **2.** pietrūkties [kājās]; satrūkties; **3.** pārlēkt (*piem., grāvim*); **4.** strauji kāpt (*par cenām, temperatūru*); **5.** izlaist (*kādu vietu grāmatā*); **6.** izlēkt; noiet (*no sliedēm*); **7.** ucināt (*bērnu*); **8.** likt (*zirgam*) lēkt; **9.** kratīt; **10.** sagrābt; piesavināties (*īpašnieka prombūtnē*); **11.** *sar.* aizmukt; aizlaisties; **12.** *sar.* braukt par zaķi; **13.** *sl.* uzbrukt; mesties virsū; ◊ to j. **about** – 1) lēkāt (*no prieka*); 2) dīdīties; to j. **at** – ar prieku pieņemt (*piedāvājumu, priekšlikumu*); to j. **down** – nolēkt; to j. **in** – ielēkt; to j. **off** – nolēkt; to j. **on** – 1) uzlēkt (*piem., zirgā*); 2) mesties virsū; uzbrukt; to j. **out** – izlēkt; to j. **up** – pietrūkties [kājās]; j. up! – kāpiet iekšā! (*ratos*); to j. **with** – saskanēt; sakrist; ◊ to j. at a bait – uzķerties uz āķa; to j. down at smb.'s throat – aizbāzt kādam muti; to j. the queue – tikt bez rindas
jumped-up [,dʒʌmpt'ʌp] *a niev.* uzkalpojies; augstprātīgs
jumper[a] ['dʒʌmpə] *n* **1.** lēcējs; **2.** izpletņlēcējs; **3.** lēcējkukainis (*piem., blusa, sienāzis*); **4.** *amer.* sveša zemes gabala piesavinātājs; **5.** *sar.* kontrolieris (*metro, autobusā*); **6.** *tehn.* urbis; **7.** *el.* savienotājvads
jumper[b] ['dʒʌmpə] *n* **1.** džemperis; **2.** matroža blūze; **3.** (*parasti pl*) (*bērnu*) kombinezons

jumping-board [ˈdʒʌmpiŋbɔːd] *n sp.* atgrūdiena dēlītis
jumps [dʒʌmps] *n pl* nervu drudzis
jumpy [ˈdʒʌmpi] *a* nervozs; satraukts
junction [ˈdʒʌŋkʃn] *n* **1.** savienojums; **2.** dzelzceļa mezgls; **3.** (ceļu) krustojums; (upju) sateka
juncture [ˈdʒʌŋktʃə] *n* **1.** savienojums; savienojuma vieta; **2.** apstākļu sagadīšanās
June [dʒuːn] *n* jūnijs
jungle [ˈdʒʌŋgl] *n* **1.** džungļi; j. fever – tropu drudzis; **2.** *pārn.* juceklis; mudžeklis
junior [ˈdʒuːniə] I *n* **1.** juniors, jaunākais; **2.** pakļautais, padotais (amata ziņā); **3.** *amer.* priekšpēdējā kursa students; **4.** *sp.* juniors; II *a* **1.** jaunākais (par dēlu, brāli); **2.** jaunākais (amata ziņā); **3.** *sp.* junioru-
juniper [ˈdʒuːnipə] *n* kadiķis, paeglis; j. juice – džins
junk[a] [dʒʌŋk] I *n* **1.** *sar.* grabažas; makulatūra; **2.** *sar.* blēņas; muļķības; **3.** *sl.* heroīns; II *v* izmest kā nederīgu
junk[b] [dʒʌŋk] *n* džonka
junket [ˈdʒʌŋkit] I *n* **1.** salds biezpiens ar putukrējumu; **2.** dzīres; uzdzīve; II *v* dzīrot; uzdzīvot
junketing [ˈdʒʌŋkitiŋ] *n* dzīres; uzdzīve
junk-shop [ˈdʒʌŋkʃɒp] *n* vecu mantu pārdotava
juridical [ˌdʒʊəˈridikl] *a* juridisks; tiesisks; likumīgs
jurisdiction [ˌdʒʊərisˈdikʃn] *n* **1.** jurisdikcija; **2.** joma; it's not within my j. – tas neietilpst manos pienākumos
jurisprudence [ˌdʒʊərisˈpruːdəns] *n* jurisprudence, tiesību zinātne
jurist [ˈdʒʊərist] *n* **1.** jurists; **2.** juridiskās fakultātes students; **3.** *amer.* advokāts
juror [ˈdʒʊərə] *n* **1.** zvērinātais; **2.** žūrijas loceklis
jury [ˈdʒʊəri] *n* **1.** zvērinātie; **2.** zvērināto tiesa; **3.** žūrija
jury-box [ˈdʒʊəribɒks] *n* zvērināto sols (vieta) (tiesas zālē)
jury-mast [ˈdʒʊərimɑːst] *n jūrn.* pagaidu masts
just[a] [dʒʌst] *a* **1.** taisnīgs; j. law – taisnīgs likums; **2.** pelnīts; j. reward – pelnīta balva; **3.** pamatots; j. suspicion – pamatotas aizdomas; **4.** pareizs; precīzs
just[b] [dʒʌst] *adv* **1.** tieši; j. in time – tieši laikā; j. so – tieši tā; j. then – tieši tad; j. there – tieši tur; **2.** nupat; tikko; j. now – pašreiz; nupat; **3.** tikai; it's j. a joke – tas ir tikai joks; **4.** tikko; **5.** *sar.* patiešām, tik tiešām; ◇ j. about – gandrīz; j. a moment! – acumirkli!; j. fancy! – iedomājies tikai!; j. let me see! – ļauj man padomāt!; j. the ticket! – tas, kas vajadzīgs!
justice [ˈdʒʌstis] *n* **1.** taisnība; taisnīgums; with j. – taisnīgi; to do j. to smb. – pienācīgi novērtēt kādu; **2.** justīcija; tiesa; to administer j. – spriest tiesu; to bring to j. – nodot tiesai; Court of J. – tiesa; **3.** tiesnesis; J. of the Peace – miertiesnesis
justifiable [ˈdʒʌstifaiəbl] *a* attaisnojams; j. homicide *jur.* – slepkavība pašaizsardzības nolūkos
justification [ˌdʒʌstifiˈkeiʃn] *n* **1.** attaisnošana; **2.** attaisnojums; in j. – par attaisnojumu; **3.** attaisnojoši apstākļi
justificative [ˈdʒʌstifikeitiv] *a* attaisnojošs
justify [ˈdʒʌstifai] *v* attaisnot
justly [ˈdʒʌstli] *adv* **1.** taisnīgi; **2.** pamatoti

jut [dʒʌt] **I** *n* izvirzījums; **II** *v* (*arī* to j. out) izvirzīties uz āru
juvenescence [ˌdʒuːvəˈnesns] *n* jaunība
juvenescent [ˌdʒuːvəˈnesnt] *a* jauneklīgs
juvenile [ˈdʒuːvənail] **I** *n* **1.** jauneklis; pusaudzis; **2.** *pl sar.* grāmatas jaunatnei; **II** *a* **1.** jaunekļa-; pusaudža-; j. delinquent – mazgadīgs noziedznieks; **2.** jaunatnei domāts; j. books – grāmatas jaunatnei
juxtapose [ˌdʒʌkstəˈpəʊz] *v* salīdzināt; pretstatīt

Kk

K, k [kei] *n* angļu alfabēta burts
kaftan [ˈkæftən] *n* garš, vaļīgs austrumnieku tērps
kaif [keif] *n* **1.** kaifs, narkotisks apreibums; **2.** tīkama dīkdienība; **3.** indiešu kaņepes; hašišs
kale [keil] *n* **1.** virziņkāposti; **2.** kāpostu zupa; **3.** *amer. sl.* nauda
kaleidoscope [kəˈlaidəskəʊp] *n* kaleidoskops
kalium [ˈkeiliəm] *n* ķīm. kālijs
kangaroo [ˌkæŋgəˈruː] *n* ķengurs
kaolin [ˈkeiəlin] *n* kaolīns
karate [kəˈrɑːti] *n sp.* karatē
karri [ˈkæri] *n* dažādziedu eikalipts
kart [kɑːt] *n sp.* karts (*mazlitrāžas sacīkšu automobilis*)
karting [ˈkɑːtiŋ] *n sp.* kartings
kayak [ˈkaiæk] *n* **1.** kajaks (*eskimosu laiva*); **2.** kanoe [laiva]
keck [kek] *v* just riebumu; ◊ to k. **at** – riebumā novērsties
keel [kiːl] **I** *n* (*kuģa*) ķīlis; **II** *v*: to k. **over** – apgāzties
keen [kiːn] *a* **1.** ass; **2.** vērīgs (*par dzirdi, redzi, skatienu*); **3.** stiprs; griezīgs (*par vēju*); **4.** liels; stiprs; k. hunger – liels izsalkums; **5.** dziļš; spēcīgs (*par jūtām*); **6.** (*on*) dedzīgs; kaislīgs; aizrautīgs; k. angler – kaislīgs makšķernieks; to be [dead] k. on smth. – kaislīgi aizrauties ar kaut ko; **7.** saspringts; **8.** *sar.* lielisks; burvīgs
keenly [ˈkiːnli] *adv* **1.** asi; vērīgi; **2.** skaudri; spēcīgi
keenness [ˈkiːnnəs] *n* **1.** asums; **2.** vērīgums; **3.** dedzīgums; aizrautība
keep [kiːp] **I** *n* **1.** iztika; uzturs; to earn one's k. – nopelnīt sev iztiku; **2.** (*pils*) galvenais tornis; ◊ in good k. – labā stāvoklī; for ~s – uz visiem laikiem, uz laiku laikiem; **II** *v* (*p. un p.p.* kept [kept]) **1.** turēt; paturēt; **2.** glabāt; to k. in safe – glabāt seifā; to k. in mind – paturēt prātā; **3.** turēt; ievērot; to k. one's promise – turēt solījumu; **4.** saglabāt; noturēt; to k. one's balance – noturēt līdzsvaru; **5.** palikt (*kādā stāvoklī*); to k. one's bed – palikt gultā; **6.** uzturēt; to k. a family – uzturēt ģimeni; **7.** turpināt (*kaut ko darīt*); to k. running – turpināt skriet; **8.** (*from*) sargāt (*no*); **9.** (*par pārtiku*) saglabāties (*svaigam*); **10.** aizkavēt; **11.** justies; **12.** svinēt; ◊ to k. **at** – 1) neatkāpties; k. at it! – turpini!; 2) uzmākties (*ar lūgumiem*); to k. **away** – 1) turēties atstatu; 2) nelaist tuvumā; to k. **back** – 1) apvaldīt (*piem., asaras*); 2) slēpt; neizpaust; 3) atvilkt (*no algas*); to k. **down** –

1) pieliekt; 2) apvaldīt; ierobežot; to k. **from** – 1) atturēt *(no)*; 2) atturēties *(no)*; to k. **in** – aizturēt; to k. in after school – paturēt pēc stundām; to k. **off** – 1) turēt atstatu; 2) turēties atstatu; to k. **on** – 1) paturēt; 2) nenovilkt; to k. the coat on – nenovilkt mēteli; to k. **on at** – mākties (plīties) virsū; to k. **out** – nepielaist; neielaist; k. out! – ārā!; to k. **out of** – vairīties *(no)*; to k. **to** – turēties; k. to the left! – turieties pa kreisi! *(braucot)*; to k. **under** – 1) turēt pakļautībā; 2) kavēt *(attīstību)*; 3) apvaldīt *(piem., jūtas)*; to k. **up** – 1) uzturēt; to k. up correspondence – sarakstīties; to k. one's spirits up – nezaudēt dūšu; 2) uzturēt *(augstas cenas)*; 3) ievērot *(piem., tradīcijas)*; to k. **up with** – turēties līdzi; neatpalikt
keeper ['ki:pə] *n* **1.** sargs; uzraugs; **2.** glabātājs; **3.** ilgi glabājams produkts
keeping ['ki:piŋ] *n* **1.** turēšana; **2.** glabāšana; pārziņa; in safe k. – drošībā; **3.** saskaņa; atbilstība; in k. *(with)* – saskaņā *(ar)*; atbilstoši *(kam)*
keepsake ['ki:pseik] *n* piemiņlieta
kelp [kelp] *n* **1.** brūnaļģes; **2.** brūnaļģu pelni
kelvin ['kelvin] *n* kelvins *(temperatūras vienība)*
kena [ken] *n* *(gara)* apvārsnis; redzesloks
kenb [ken] *v* pazīt; zināt
kennel ['kenl] **I** *n* **1.** suņu būda; **2.** *pl* vieta, kur pieskata sīkus dzīvniekus īpašnieka prombūtnē; **II** *v* **1.** turēt būdā; **2.** gulēt būdā *(par suni)*
Kentish ['kentiʃ] *a* Kentas-; ◇ K. fire – 1) ilgstoši aplausi; 2) skaļš neapmierinājums
kepi ['keipi:] *n* formas cepure

kept [kept] **I** *sk.* **keep II**; **II** *a*: k. woman – mīļākā *(kuru uztur mīļākais)*; ◇ k. press – pērkamā prese
kerb [kɜ:b] *n* ietves mala; ◇ k. market – melnais tirgus
kerchief ['kɜ:tʃif] *n* *(galvas)* lakats
kerf [kɜ:f] *n* iegriezums; iecirtums
kernel ['kɜ:nl] *n* **1.** *(augļa)* sēkliņa; *(rieksta)* kodols; **2.** *pārn.* būtība; kodols
kerosene ['kerəsi:n] *n* petroleja
kestrel ['kestrəl] *n* *ornit.* lauka piekūns
ketchup ['ketʃəp] *n* kečups
kettle ['ketl] *n* tējkanna; ◇ a pretty k. of fish! – ir nu gan ķeza!; tas tik ir numurs!
kettledrum ['ketldrʌm] *n* timpāni
key [ki:] **I** *n* **1.** atslēga; **2.** *(mūzikas instrumenta, rakstāmmašīnas)* taustiņš; **3.** *(to)* *(uzdevuma)* atrisinājums; atbilde; **4.** *(šifra)* atslēga; kods; **5.** *mūz.* atslēga; tonalitāte; toņkārta; major k. – mažora toņkārta; minor k. – minora toņkārta; **6.** *tehn.* ierievis; ķīlis; **7.** *el.* pārslēgs; **II** *a* galvenais; vadošais; **III** *v* **1.** uzskaņot *(mūzikas instrumentu)*; **2.** pielāgot, pieskaņot; **3.** *tehn.* saķīlēt; nostiprināt ar ķīli; ⌂ to k. **up** – uzbudināt
keyboard ['ki:bɔ:d] *n* **1.** klaviatūra; **2.** *el.* komutators, komutācijas panelis
keyhole ['ki:həʊl] **I** *n* atslēgas caurums; **II** *a sar.* intīms, personisks *(par informāciju)*
keynote ['ki:nəʊt] **I** *n* **1.** *mūz.* tonika; **2.** pamatdoma; vadmotīvs; k. address (speech) – pamatreferāts *(konferencē u. tml.)*; **II** *v sar.* uzsvērt
keystone ['ki:stəʊn] *n pārn.* stūrakmens; pamatprincips
khaki ['kɑ:ki] **I** *n* **1.** haki krāsas audums; **2.** haki krāsas formas tērps; **II** *a* haki krāsas-

khalif ['keilif] *n vēst.* kalifs
khan [kɑ:n] *n* hans
kick [kik] **I** *n* **1.** spēriens; to get the k. – 1) dabūt spērienu; 2) tikt atlaistam (*no darba*); to give a k. – iespert; **2.** sitiens (*futbolā*); penalty k. – soda sitiens; **3.** (*šautenes*) atsitiens; **4.** *sar.* patīkams satraukums (uzbudinājums); **II** *v* **1.** spert; spārdīt; **2.** spārdīties; **3.** atsist (*par šauteni*); **4.** palēkties; atlēkt (*par bumbu*); **5.** *sar.* celt traci; **6.** *amer. sl.* atmest (*narkotiku lietošanu*); ◊ to k. **about (around)** – 1) ceļot (*pa kādu valsti*); 2) būt izmētātam (izsvaidītam); to k. **back** – atmaksāt, atdarīt; to k. **off** – 1) nomest (*apavus*); 2) atsākt (*futbolspēli*); 3) spert pirmo soli (*kādā pasākumā*); 4) *sl.* nomirt; to k. **out** – izdzīt; izraidīt; to k. **up** – izraisīt; sacelt; to k. up a row (shindy, stink) – sacelt traci; ◊ to k. the beam – zaudēt (ietekmi)
kida [kid] *n* **1.** kazlēns; **2.** smalkāda; k. gloves – smalkādas cimdi; **3.** *sar.* bērns; mazulis; **4.** *amer. sar.* jaunietis
kidb [kid] *v sar.* mānīties; krāpties
kiddy ['kidi] *n sar.* bērnelis; mazulis
kid-glove ['kidglʌv] *a* delikāts; smalks
kidnap ['kidnæp] *v* nolaupīt (*bērnu*); ar varu aizvest (*kādu*)
kidnapper ['kidnæpə] *n* (*bērnu*) nolaupītājs
kidney ['kidni] *n* niere; ◊ of the same k. – pār vienu kārti metami
kidney-bean ['kidnibi:n] *n* kāršu pupa
kike [kaik] *n amer. niev.* žīds
kill [kil] **I** *n* medījums; **II** *v* **1.** nogalināt; nonāvēt; **2.** iznīcināt; izpostīt; **3.** izgāzt (*likumprojektu*); **4.** *sar.* pārsteigt; satriekt; **5.** *sar.* iztukšot; ◊ to k. **off** – iznīcināt; izpostīt; to k. **out** – iznīdēt; ◊ to k. time – notriekt laiku
killer ['kilə] *n* **1.** slepkava; **2.** *sar.* kaut kas satriecošs (efektīgs)
killing ['kiliŋ] **I** *n* **1.** slepkavība; **2.** *sar.* liela peļņa; to make a k. – gūt lielu peļņu; **II** *a* **1.** nāvējošs; nāvīgs; **2.** *sar.* satriecošs; vienreizīgs
killjoy ['kildʒɔi] *n* īgņa; rūgumpods
kiln [kiln] *n* ceplis
kilobyte ['kiləʊbait] *n dat.* kilobaits
kilogram[me] ['kiləgræm] *n* kilograms
kilometre ['kiləmi:tə] *n* kilometrs
kilovolt ['kiləvɒlt] *n el.* kilovolts
kilowatt ['kiləwɒt] *n el.* kilovats
kilt [kilt] *n* (*skotu kalnieša vai karavīra*) svārki
kilter ['kiltə] *n* kārtība; out of k. – nekārtībā
kimono [ki'məʊnəʊ] *n* kimono
kin [kin] *n novec.* **1.** dzimta; cilts; ģimene; **2.** radi; radinieki; next of k. – tuvākais radinieks
kinda [kaind] *n* **1.** suga; šķirne; veids; **2.** būtība; daba; to differ in k. – atšķirties pēc būtības; ◊ k. of *amer. sar.* – mazliet; to pay in k. – maksāt graudā; to repay in k. – atmaksāt ar to pašu
kindb [kaind] *a* **1.** laipns; labs; mīļš; be so k.! – esiet tik laipns!; would you be so k. as to tell me... – esiet tik laipns, sakiet man...; with k. regards – ar sirsnīgiem sveicieniem (*vēstules nobeigumā*); **2.** mīksts; pakļāvīgs (*par matiem*); **3.** maigs, patīkams (*par ziepēm*); **4.** *tehn.* viegli apstrādājams (*par rūdu*)
kindergarten ['kindəgɑ:tn] *n* bērnudārzs
kind-hearted [,kaind'hɑ:tid] *a* labsirdīgs

kindle ['kindl] v **1.** aizdegt; iekurt; to k. fire – iekurt kamīnu; **2.** aizdegties; **3.** iejūsmināt; iekvēlināt

kindliness ['kaindlinəs] n laipnība; labsirdība

kindling ['kindliŋ] n aizkurs, iekurs

kindly ['kaindli] **I** a laipns; **II** adv **1.** laipni; **2.** (pieklājības frāzēs): k. let me know! – lūdzu, paziņojiet man!

kindness ['kaindnəs] n **1.** laipnība; out of k. (to) – aiz laipnības; **2.** pakalpojums; to do a k. – izdarīt pakalpojumu; do me the k.! – esiet tik laipns!

kindred ['kindrəd] **I** n **1.** radi; radinieki; **2.** radniecība; **II** a **1.** radniecīgs; radniecisks; k. languages – radnieciskas valodas; **2.** līdzīgs; radniecīgs; k. spirit – radniecīga dvēsele

kinetic [ki'netik] a kinētisks

king [kiŋ] n **1.** karalis; ķēniņš; **2.** magnāts; **3.** (kāršu spēlē, šahā) karalis; (dambretē) dāma

kingcup ['kiŋkʌp] n bot. gundega

kingdom ['kiŋdəm] n **1.** karaliste; karaļvalsts; the United K. – Apvienotā Karaliste (Lielbritānija un Ziemeļīrija); **2.** (augu, dzīvnieku) valsts; **3.** valstība; ◇ k. to come – viņsaule

kingfisher ['kiŋfiʃə] n zivju dzenis

kingly ['kiŋli] a **1.** karaļa-; **2.** karalisks; majestātisks

kingpin ['kiŋpin] n svarīga persona; liels vīrs

kink [kiŋk] **I** n **1.** cilpa; mezgls; savijums; **2.** dīvainība; **3.** sl. novirze; **II** v **1.** samezgloties; **2.** samezglot; **3.** izrādīt dīvainības

kinky ['kiŋki] a **1.** samezglojies; **2.** dīvains; **3.** sl. nenormāls; perverss

kinsfolk ['kinsfəʊk] n pl radi, radinieki

kinship ['kinʃip] n **1.** radniecība; **2.** (satura, interešu) līdzība; tuvība; spiritual k. – gara radniecība (kopība)

kinsman ['kinzmən] n radinieks

kinswoman ['kinz‚wʊmən] n radniece

kiosk ['kiːɒsk] n **1.** kiosks; **2.** sar. (telefona) būdiņa

kipper ['kipə] n žāvēta siļķe

kirk [kɜːk] n (skotu) baznīca

kirsch [kiəʃ] n ķiršu liķieris

kiss [kis] **I** n skūpsts; to give a k. – noskūpstīt; **II** v **1.** skūpstīt; to k. one's hand to smb. – sūtīt kādam gaisa skūpstu; **2.** skūpstīties; **3.** viegli saskarties (par biljarda bumbām); ◇ to k. off – 1) sar. aizdzīt; patriekt; k. off! – vācies!; 2) sar. noraidīt

kissable ['kisəbl] a fiziski pievilcīgs (par sievieti)

kit [kit] **I** n **1.** mantu maiss; mugursoma; **2.** (karavīra) ietērps; **3.** (darbarīku) komplekts; **4.** (sporta) ietērps; (tūrisma) piederumi; **II** v: to k. out (up) – aprīkot

kit-bag ['kitbæg] n mantu maiss; mugursoma

kitchen ['kitʃən] n virtuve; k. garden – sakņu dārzs

kitchenette [‚kitʃə'net] n neliela virtuve

kitchen maid ['kitʃən meid] n virtuves strādniece

kitchen-range ['kitʃənreindʒ] n pavards, plīts

kitchen-sink [‚kitʃən'siŋk] n virtuves izlietne

kitchenunit ['kitʃən'juːnit] n virtuves iekārta

kitchen-ware ['kitʃənweə] n virtuves piederumi

kite [kait] n **1.** klija; **2.** (papīra) pūķis; to fly a k. – 1) palaist gaisā pūķi; 2) pārn.

izdarīt izlūkgājienu; **3.** *av. sl.* lidmašīna; **4.** *sar.* fiktīvs vekselis
kith [kiθ] *n*: k. and kin – radi un paziņas
kitten ['kitn] **I** *n* kaķēns; **II** *v* **1.** apbērnoties (*par kaķeni*); **2.** koķetēt (*tēlojot nevainību*)
kittenish ['kitniʃ] *a* rotaļīgs (*kā kaķēns*)
kitty[a] ['kiti] *n* kaķītis (*bērnu valodā*)
kitty[b] ['kiti] *n* **1.** banka (*kāršu spēlē*); **2.** *sar.* kopējs iekrājums
kiwi ['ki:wi:] *n* **1.** *ornit.* kivi; bezspārnis; **2.** *sl.* jaunzēlandietis; **3.**: k. fruit – kivi auglis
klutz [klʌts] *n sl.* lempis
knack [næk] *n* prasme; ķēriens
knacker ['nækə] *n* (*vecu zirgu, māju, kuģu u. tml.*) uzpircējs
knacky ['næki] *a* prasmīgs; izveicīgs
knave [neiv] *n* **1.** *novec.* blēdis; krāpnieks; **2.** kalps (*kāršu spēlē*)
knavery ['neivəri] *n novec.* blēdība; krāpšana
knavish ['neiviʃ] *a novec.* blēdīgs
knead [ni:d] *v* **1.** mīcīt; **2.** masēt
knee [ni:] **I** *n* celis, ceļgals; to go [down] on one's ~s – 1) nomesties ceļos; 2) *pārn.* pazemīgi lūgt[ies], ◇ to bring smb. to his ~s – nospiest kādu uz ceļiem; **II** *v* (*in*) iegrūst ar celi
knee-breeches ['ni:ˌbritʃiz] *n pl* golfa bikses
knee-deep [ˌni:'di:p] *a* **1.** līdz ceļiem; **2.** *pārn.* iegrimis; pārņemts
knee-jerk ['ni:dʒɜ:k] **I** *n fiziol.* ceļgala reflekss; **II** *a* **1.** *fiziol.* ceļgala refleksa-; **2.** paredzams; pats par sevi saprotams; **3.** pastāvīgs; nemainīgs; parasts
knee-joint ['ni:dʒɔint] *n anat.* ceļa locītava
kneel [ni:l] *v* (*p. un p.p.* knelt [nelt]) **1.** mesties ceļos; **2.** stāvēt uz ceļiem

kneepad ['ni:pæd] *n* (*sportista*) stilbsargs
knell [nel] *n* **1.** kapu zvans; **2.** *pārn.* (*nelaimes*) vēstnesis; ļauna zīme
knelt *sk.* **kneel**
knew *sk.* **know II**
knickerbockers ['nikəbɒkəz] *n pl* golfa bikses
knickers[a] ['nikəz] *n pl* **1.** *sar.* (*sieviešu*) biksītes **2.** *amer.* golfa bikses
knickers[b] ['nikəz] velns parāvis! (*dusmās*)
knick-knack ['niknæk] *n* niecinš; greznumlieta
knife [naif] *n* (*pl* knives [naivz]) nazis; ◇ war to the k. – cīņa uz dzīvību un nāvi
knife-edge ['naifedʒ] *n* (*arī pārn.*) naža asmens
knight [nait] **I** *n* **1.** bruņinieks; **2.** (*nemantojams*) muižnieku kārtas tituls; **3.** (*augstākā ordeņa*) kavalieris; **4.** (*šahā*) zirdziņš; **II** *v* **1.** iecelt bruņinieku kārtā; **2.** piešķirt (*nemantojamu*) muižnieku kārtas titulu
knightage ['naitidʒ] *n* bruņinieku kārta, bruņniecība
knight-errant [ˌnait'erənt] *n* (*pl* knights-errant [ˌnaits'erənt]) ceļojošs bruņinieks
knighthood ['naithʊd] *n* **1.** bruņinieku kārta, bruņniecība; **2.** muižnieku kārtas tituls
knightly ['naitli] *a* bruņniecisks
knit [nit] *v* (*p. un p.p.* knitted, knit ['nitid, nit]) **1.** adīt; **2.** saaugt (*par kaula lūzumu*); **3.** savienot; saistīt; **4.** savilkt; **5.** radīt; veidot; ⬜ to k. **up** – 1) uzņemt (*valdziņus*); 2) noadīt
knitted ['nitid] *a* adīts
knitter ['nitə] *n* **1.** adītājs; **2.** adāmmašīna
knitting ['nitiŋ] *n* **1.** adīšana; **2.** adīklis; **3.** adījums

knitting-machine [ˈnitiŋməˌʃiːn] *n* adāmmašīna
knitting-needle [ˈnitiŋˌniːdl] *n* adāmadata
knitwear [ˈnitweə] *n* trikotāža, trikotāžas izstrādājumi
knives *sk.* **knife I**
knob [nɒb] *n* **1.** izaugums; puns; **2.** (*durvju, spieķa*) apaļš rokturis; **3.** (*sviesta*) pika; **4.** *tehn.* poga; kloķis; **5.** *sar.* pauris; ◇ with ~s on – 1) un kā vēl!; 2) piedevām
knobbly [ˈnɒbli] *a* mezglains; punains
knobstick [ˈnɒbstik] *n* **1.** zaraina nūja; **2.** *sar.* streiklauzis
knock [nɒk] **I** *n* **1.** sitiens; belziens; **2.** klauvējiens; to give a k. – pieklauvēt; **3.** *pārn.* trieciens; barga kritika; uzbrukums; **II** *v* **1.** [sa]sist; [sa]dauzīt; to k. to pieces – sasist drumslās; **2.** klauvēt; **3.** *sar.* pārsteigt; apstulbināt; to k. **off** – 1) nogāzt; notriekt; 2) *sar.* pārtraukt (*darbu*); 3) *sar.* nolaist (*cenu*); 4) ieturēt (*summu*); 5) *sar.* nozagt; 6) *sar.* nogalināt; 7) *sar.* aplaupīt (*piem., banku*); 8) *sl.* nomirt; atstiept kājas; to k. **out** – 1) izsist; izdauzīt; 2) *sp.* nokautēt; 3) *sar.* pārsteigt; apstulbināt; 4) *sar.* izsist no ierindas; to k. **together** – sasist; sanaglot; to k. **up** – 1) *sar.* uzmodināt klauvējot; 2) *sar.* nogurdināt; nokausēt; 3) *sar.* ātri uzmeistarot; uztaisīt; 4) *sar.* sapelnīt (*naudu*); 5) *amer. sl.* uztaisīt (*bērnu sievietei*)
knock-down [ˈnɒkdaʊn] **I** *n* **1.** iznīcinošs trieciens; **2.** kautiņš; **3.** *sp.* nokdauns; **4.** *sar.* stiprs alus (*vai vīns*); **II** *a* **1.** iznīcinošs (*par triecienu*); **2.** izjaucams (*par mēbelēm*); **3.**: k.-d. price – viszemākā cena

knocker [ˈnɒkə] *n* **1.** klauvētājs; **2.** firmas aģents, kas piedāvā preces mājās; **3.** *sar. niev.* pulgotājs; **4.** *amer. sar.* smukulis; ◇ up to the k. – 1) labā stāvoklī; 2) nevainojams; 3) (*modei*) atbilstošs
knock-out [ˈnɒkaʊt] **I** *n* **1.** *sp.* nokauts; **2.** *sar.* graujoša parādība; kaut kas graujošs; **3.** *amer. sar.* smukulis; **4.** *sl.* stipra (*zāļu*) deva; **II** *a* **1.** *sar.* graujošs; **2.** *sp.* atlases-
knock-up [ˈnɒkʌp] *n sp.* iesildīšanās
knoll [nəʊl] *n* paugurs
knot [nɒt] **I** *n* **1.** mezgls; **2.** māzers (*kokā*); **3.** sarežģījums; grūtības; **4.** (*ļaužu*) grupa; **5.** *jūrn.* mezgls (*1853 m*); ◇ to tie oneself in (up) in ~s – nonākt grūtībās; **II** *v* **1.** sasiet mezglā; **2.** sarežģīt; **3.** samezglot; **4.** samezgloties
knotty [ˈnɒti] *a* **1.** mezglains; **2.** zarains; **3.** sarežģīts
know [nəʊ] **I** *n*: to be in the k. – būt lietas kursā; **II** *v* (*p.* knew [njuː]; *p.p.* known [nəʊn]) **1.** zināt; to k. the way – zināt ceļu; to get to k. – uzzināt; **2.** prast; do you k. Latvian? – vai tu proti latviešu valodu?; **3.** pazīt; to k. by sight – pazīt pēc izskata; **4.** iepazīt; pieredzēt; ▯ to k. **about** – saprast; sajēgt; to k. **from** – atšķirt; to k. **of** – zināt; ◇ to k. one's own business – nejaukties citu darīšanās; to k. the ropes (a thing or two) – būt lietas kursā; to k. what one is about – rīkoties prātīgi; what do you k.? – 1) kas jauns?; kā klājas?; 2) kā jums tas patīk?; who ~s? – kas to lai zina?
know-all [ˈnəʊɔːl] *n niev.* viszinis
know-how [ˈnəʊhaʊ] *n sar.* prasme, māka
knowing [ˈnəʊiŋ] **I** *n*: there's no k. what will happen – nav zināms, kas notiks;

II *a* 1. zinošs; saprotošs; 2. veikls; manīgs
knowingly ['nəʊiŋgli] *adv* 1. apzināti; ar nodomu; 2. zinoši; saprotoši; 3. prasmīgi; veikli
knowledge ['nɒlidʒ] *n* 1. zināšana; to come smb.'s k. – kļūt zināmam kādam; to the best of my k. – cik man zināms; 2. zināšanas
known [nəʊn] I *a* zināms; pazīstams; II *sk.* **know** II
knuckle ['nʌkl] I *n* 1. pirksta locītava (kauliņš); 2. (*jēra, teļa*) stilbs; 3. *tehn.* šarnīrs; II *v* iesist ar pirkstu kauliņiem; ◊ to k. **down** – sparīgi ķerties (*pie darba*); to k. **under** – piekāpties

koala [kəʊ'a:lə] *n* (*arī* k. bear) koala lācis
kohlrabi [,kəʊl'ra:bi] *n* kolrābis
kook [kʊk] *n sl.* 1. ķertais; 2. *pol.* ekstrēmists
kope[c]k *sk.* **copeck**
Koran [kɔ:'ra:n] *n* Korāns
kotow [,kaʊ'taʊ] I *n* zema klanīšanās; II *v* 1. zemu klanīties; 2. (*to*) zemoties
kraal [krɑ:l] *n* ciemats (*Dienvidāfrikā*)
krona ['krəʊnə] *n* krona (*Zviedrijas naudas vienība*)
kudos ['kju:dɒs] *n sar.* 1. gods; slava; 2. balva; prēmija
Ku-Klux-Klan [,ku:klʌks'klæn] *n* Kukluksklans
kvetch [kvetʃ] *v amer. sl.* kurnēt; rūkt

Ll

L, l [el] *n angļu alfabēta burts*
la [lɑ:] *n mūz.* la
lab[a] [læb] *n* (*saīs. no* laboratory) *sar.* laboratorija
lab[b] [læb] *n* (*saīs. no* labour) leiborists
label ['leibl] I *n* 1. etiķete; uzlīme; 2. apzīmējums; II *v* uzlīmēt etiķeti
labial ['leibiəl] *val.* I *n* lūpenis; II *a* lūpu-; labiāls
labor ['leibə] *amer. sk.* **labour**
laboratory [lə'bɒrətəri] *n* laboratorija
laborious [lə'bɔ:riəs] *a* 1. grūts; darbietilpīgs; nogurdinošs; 2. darbīgs, strādīgs
labour ['leibə] I *n* 1. darbs; pūles; hard l. *jur.* – spaidu darbi; l. contract – darba līgums; l. legislation – darba likumdošana; manual l. – fizisks darbs; surplus l. *ek.* – virsdarbs; 2. darbaspēks, strādnieki; L. Exchange – darba birža; L. Party – leiboristu partija (*Anglijā*); skilled and unskilled l. – kvalificēts un nekvalificēts darbaspēks; 3. dzemdības; dzemdību sāpes; ◊ lost l. – veltas pūles; II *v* 1. (*smagi*) strādāt; 2. [no]pūlēties, [no]mocīties; 3. ar grūtībām virzīties uz priekšu; 4. rūpīgi (sīki) izstrādāt; ◊ to l. **along** – ar grūtībām virzīties uz priekšu; to l. **for** – pūlēties sasniegt; tiekties pēc; to l. **under** – mocīties, ciest
labourer ['leibərə] *n* [nekvalificēts] strādnieks; melnstrādnieks
Labourite ['leibərait] *n* leiborists
labour market ['leibəmɑ:kit] *n* darba tirgus
labour-saving ['leibə,seiviŋ] *a* darbu atvieglojošs; racionāls
laburnum [lə'bɜ:nəm] *n bot.* zeltlija
labyrinth ['læbərinθ] *n* (*arī pārn.*) labirints

lace [leis] **I** *n* **1.** (*kurpju*) saite, aukla; **2.** mežģīnes; **3.** trese; gold (silver) l. – zelta (sudraba) trese; **II** *v* **1.** (*arī* to l. up) savilkt; sasiet; **2.** izrotāt ar mežģīnēm (*vai* tresēm); **3.** pērt; šaustīt; ◊ to l. **into** *sar.* – uzbrukt; asi kritizēt

lacerate [ˈlæsəreit] *v* **1.** [sa]plēst, [sa]plosīt; **2.** mocīt; plosīt (*sirdi*)

laceration [ˌlæsəˈreiʃn] *n* **1.** mocīšana; plosīšana; **2.** plēsta brūce

lachrymal [ˈlækriml] *a* asaru-; l. gland *anat.* – asaru dziedzeris

lack [læk] **I** *n* trūkums; nepietiekamība; for (by, from, through) l. of time – laika trūkuma dēļ; l. of money – naudas trūkums; **II** *v* trūkt; nepietikt

lackey [ˈlæki] *n niev.* sulainis

lacklustre [ˈlækˌlʌstə] *a* blāvs; nespodrs (*par acīm, skatienu*)

laconic [ləˈkɒnik] *a* lakonisks

lacquer [ˈlækə] **I** *n* laka; glazūra; **II** *v* lakot; glazēt

lactation [lækˈteiʃn] *n* **1.** laktācija; **2.** laktācijas periods

lacteal [ˈlæktiəl] *a* **1.** piena-; pienains; l. fluid – piensula; **2.** *anat.* piena-; l. gland – piena dziedzeris

lactose [ˈlæktəʊs] *n ķīm.* laktoze, piencukurs

lacuna [ləˈkjuːnə] *n* (*pl* lacunae [ləˈkjuːni] *vai* lacunas [ləˈkjuːnəz]) izlaidums (*tekstā*)

lacy [ˈleisi] *a* mežģīņu-

lad [læd] *n* **1.** zēns; jauneklis; puisis; **2.** *sar.* pārgalvis

ladder [ˈlædə] **I** *n* **1.** (*pieslienamās*) kāpnes; rope l. – virvju kāpnes; **2.** noiris valdziņš (*zeķei*); **II** *v* **1.** uzraut (*valdziņu*); **2.** noirt (*par valdziņu*)

laddie [ˈlædi] *n* puisēns; zēns

laden [ˈleidn] *a* **1.** piekrauts; apkrauts; heavily l. ship – pārslogots kuģis; **2.** nomākts; l. with sorrow – skumju pārņemts

Ladies, Ladies' [ˈleidiz] *n sar.* (*sieviešu*) tualete

ladle [ˈleidl] **I** *n* smeļamais kauss; pavārnīca; **II** *v* smelt ar kausu; ◊ to l. **out** *sar.* – izdāļāt

lady [ˈleidi] *n* **1.** dāma; lēdija; kundze; **2.** saimniece; the l. of the house – mājas saimniece; mājasmāte; **3.**: L. – lēdija (*tituls*); **4.** (*savienojumos norāda sieviešu dzimumu*): l. doctor – ārste; l. friend – draudzene, l. president – prezidente; ◊ Our L. – Dievmāte

ladybird [ˈleidibɜːd] *n* mārīte

lady-in-waiting [ˌleidiinˈweitiŋ] *n* (*karalienes*) galma dāma

lady-killer [ˈleidiˌkilə] *n sar.* siržu lauzējs; donžuāns

ladylike [ˈleidilaik] *a* **1.** ar labām manierēm; eleganta; izsmalcināta (*par sievieti*); **2.** sievišķīgs (*par vīrieti*)

ladyship [ˈleidiʃip] *n* lēdija (*uzrunā*); your l. – Jūsu Gaišība

lag[a] [læg] **I** *n* atpalikšana; kavēšanās; **II** *v* (*arī* to l. behind) atpalikt; kavēties

lag[b] [læg] **I** *n* siltumizolācija; **II** *v* uzlikt siltumizolāciju

lag[c] [læg] *sl.* **I** *n* katordznieks; **II** *v* nosūtīt katorgā

lager [ˈlɑːgə] *sk.* **lager beer**

lager beer [ˈlɑːgə ˈbiə] *n* gaišalus

laggard [ˈlægəd] **I** *n* tūļa; **II** *a* tūļīgs

lagging [ˈlægiŋ] *n* **1.** apšuvums; **2.** siltumizolācija

lagoon [ləˈguːn] *n* lagūna; l. island – koraļļu sala

laid [leid] *sk.* **lay**[c] **II**

lain [lein] *sk.* **lie**[b] **II**

lair [leə] *n* **1.** midzenis; ala; **2.** (*lopu*) aploks

laissez-faire [,leisei'feə] *n* neiejaukšanās; l.-f. policy – neiejaukšanās politika
lake [leik] *n* ezers
lam [læm] *v sl.* dauzīt; slānīt
lamb [læm] **I** *n* **1.** jērs; **2.** jēra gaļa; **3.** (the L.) *rel.* Dieva jērs; **II** *v* atnesties (*par aitu*)
lambaste [læm'beist] *v sar.* **1.** sist; slānīt; **2.** šaustīt (*ar vārdiem*)
lambent ['læmbənt] *a* **1.** plīvojošs (*par liesmu*); **2.** mirdzošs (*par acīm, zvaigznēm*); **3.** dzirkstošs (*par prātu, stilu*)
lambkin ['læmkin] *n* jēriņš
lamblike ['læmlaik] *a* maigs; bikls
lambskin ['læmskin] *n* jērāda
lame [leim] **I** *a* **1.** klibs; kropls; **2.** neveikls, nepārliecinošs (*par iebildumu, paskaidrojumu*); ◇ **1.** duck – 1) neveiksminieks; 2) *amer.* pārvēlēšanās caurkritis kongresa loceklis; **II** *v* sakropļot; padarīt klibu
lament [lə'ment] **I** *n* **1.** vaimanas; žēlabas; **2.** elēģija; sēru dziesma; **II** *v* **1.** (*arī* to l. for, over) apraudāt; **2.** vaimanāt; žēloties
lamentable ['læməntəbl] *a* **1.** bēdīgs; skumjš; **2.** nožēlojams; niecīgs
lamentation [,læmen'teiʃn] *n* vaimanas; žēlabas
lamina ['læminə] *n* (*pl* laminae ['læmini:]) **1.** plāksnīte; sloksnīte; **2.** *ģeol.* slānis
lamp [læmp] **I** *n* **1.** lampa; by l. – lampas gaismā; **2.** gaismeklis; lukturis; **3.** *poēt.* spīdeklis; **II** *v* apgaismot
lamp-holder ['læmp,həʊldə] *n* (*spuldzes*) patrona
lamplight ['læmplait] *n* lampas gaisma; mākslīgais apgaismojums
lampoon [læm'pu:n] **I** *n* asa satīra; pamflets; **II** *v* rakstīt pamfletus
lamppost ['læmppəʊst] *n* apgaismes stabs; ◇ between you and me and the l. – starp mums runājot
lamprey ['læmpri] *n* nēģis
lampshade ['læmpʃeid] *n* abažūrs
lance [lɑ:ns] **I** *n* **1.** šķēps; pīķis; **2.** žebērklis; harpūna; **II** *v* **1.** durt ar pīķi (šķēpu); **2.** *poēt.* mesties cīņā; **3.** *med.* griezt ar lanceti
lancer ['lɑ:nsə] *n* ulāns
lancet ['lɑ:nsit] *n* lancete
lancinating ['lɑ:nsineitiŋ] *a* ass, skaudrs (*par sāpēm*)
land [lænd] **I** *n* **1.** zeme; sauszeme, cietzeme; by l. – pa sauszemi; to make the l. – saskatīt cietzemi; to reach l. – sasniegt krastu; **2.** zeme; valsts; native l. – dzimtene; **3.** augsne; zeme; arable l. – aramzeme; **4.** zemesgabals; gruntsgabals; ◇ l. of cakes – Skotija; l. of nod – miega valstība; l. of stars and stripes – ASV; l. of the golden fleece – zelta aunādas zeme (*Austrālija*); l. of the Rose – Anglija; **II** *v* **1.** piestāt krastā (*par laivu, kuģi*); **2.** izcelt krastā; **3.** izcelties krastā; **4.** nolaisties (*par lidmašīnu*); **5.** sasniegt mērķi; **6.** iesist; trāpīt; **7.** *pārn.* izcīnīt; iegūt; **8.** nonākt; to l. in difficulties – 1) nonākt grūtībās; 2) nostādīt grūtā stāvoklī
landed ['lændid] *a*: l. property – zemes īpašums; l. proprietor – zemes īpašnieks
landfall ['lændfɔ:l] *n* **1.** (*cietzemes*) sasniegšana; piestāšana (*krastā*); (*lidmašīnas*) piezemēšanās; **2.** zemes nogruvums
land forces ['lænd fɔ:siz] *n* sauszemes karaspēks
landing ['lændiŋ] *n* **1.** piestāšana (izcelšanās) krastā; **2.** kuģu piestātne; **3.** *mil.* desants; **4.** *av.* nolaišanās; emergen-

cy (forced) l. – piespiedu nolaišanās; 5. (*kāpņu*) laukums

landing field ['lændiŋ fi:ld] *n* (*lidmašīnu*) pacelšanās un nolaišanās laukums; lidlauks

landing gear ['lændiŋ giə] *n av.* šasija

landing-stage ['lændiŋsteidʒ] *n* (*peldoša*) kuģu piestātne

landing-strip ['lændiŋstrip] *n av.* skrejceļš

landlady ['lændleidi] *n* 1. (*mājas, viesnīcas*) saimniece; 2. muižas īpašniece

landlord ['lændlɔ:d] *n* 1. (*mājas, viesnīcas*) saimnieks; 2. lendlords; muižas īpašnieks

landmark ['lændmɑ:k] *n* 1. robežstabs; robežzīme; 2. objekts, kas izceļas apkārtnē; 3. *pārn.* pagrieziena punkts; 4. vēstures (*vai* arhitektūras) piemineklis; 5. *jūrn.* zemes orientieris

landowner ['lænd,əʊnə] *n* zemes īpašnieks

landrail ['lændreil] *n ornit.* grieze

land-rover ['lænd,rəʊvə] *n* apvidus automobilis

landscape ['lænskeip] **I** *n* 1. ainava; 2. ainavu glezniecība; **II** *v* labiekārtot (*apkārtni*)

landslide ['lændslaid] **I** *n* 1. (*zemes*) nogruvums; 2. straujš pagrieziens (*politikā*); **II** *v* 1. nogrūt; 2. uzvarēt vēlēšanās (*ar lielu balsu pārsvaru*)

land-surveyor ['lændsɜ:,veiə] *n* mērnieks

land-tax ['lændtæks] *n* zemes nodoklis

landward[s] ['lændwəd(z)] *adv* uz krastu; krasta virzienā

lane [lein] *n* 1. taka (*Anglijā starp lauku dzīvžogiem*); 2. ieliņa; šķērsiela; 3. eja (*starp rindām*); 4. (*kuģa, lidmašīnas*) kurss; 5. *sp.* celiņš (*skriešanā, peldēšanā u. tml.*)

language ['læŋgwidʒ] *n* 1. valoda; artificial l. – mākslīgā valoda; 2. izteiksmes veids; stils; 3. (*arī* computer l.) programmēšanas valoda; 4. (*arī* bad l.) bāršanās; lamas

languid ['læŋgwid] *a* 1. gurdens; apātisks; 2. neinteresants; garlaicīgs; 3. vājš; nespēcīgs; 4. lēns; rāms

languish ['læŋgwiʃ] *v* 1. vārgt; nīkuļot; 2. tvīkt (*gaidās, ilgās*)

languor ['læŋgə] *n* 1. gurdums, apātija; 2. nomācošs klusums; miers; 3. tvīksme

laniary ['læniəri] *n* ilknis

laniferous [lə'nifərəs] *a* klāts ar vilnu

lank [læŋk] *a* 1. tievs; izstīdzējis; 2. taisns un gluds (*par matiem*); 3. garš un mīksts (*piem., par zāli*)

lanky ['læŋki] *a* izstīdzējis (*par cilvēku, locekļiem*)

lanolin ['lænəʊli:n] *n* lanolīns

lantern ['læntən] *n* 1. laterna; lukturis; 2. (*bākas*) apgaismes telpa

lantern-jawed [,læntən'dʒɔ:d] *a* iekritušiem vaigiem; vāju seju

lap[a] [læp] **I** *n* 1. klēpis; 2. (*apģērba*) apakšmala; 3. ieplaka; aiza; 4. (*auss*) ļipiņa; 5. pārkare; nojume; 6. *sp.* distance; aplis; **II** *v* 1. salocīt; ielocīt; 2. apņemt; ieskaut; 3. pārkārt; 4. nokārties; pārkārties

lap[b] [læp] **I** *n* 1. šķidrs ēdiens (*suņiem*); 2. *sl.* vājš alkoholisks dzēriens; 3. (*viļņu*) šļaksts; **II** *v* 1. lakt; kāri dzert; 2. *pārn.* kāri tvert; 3. šļakstīties (*par viļņiem*); ◊ to l. **up** – ātri izstrēbt (*zupu*)

lap[c] [læp] **I** *n tehn.* slīpripa; **II** *v tehn.* slīpēt; pulēt

lapbelt ['læpbelt] *n* (*automobiļa*) drošības josta

lap-dog ['læpdɒg] *n* klēpja sunītis

lapel [lə'pel] *n* (*žaketes u. tml.*) atloks

lapidary [ˈlæpidəri] **I** *n* juvelieris; dārgakmeņu slīpētājs; **II** *a* **1.** iegravēts; iecirsts (*akmenī*); **2.** juveliera-; graviera-; l. **work** – juveliera darbs
lapidate [ˈlæpideit] *v* nomētāt ar akmeņiem
lap of honour [ˈlæp əv ˈɒnə] *n sp.* goda aplis
lapse [læps] **I** *n* **1.** kļūda; l. **of the memory** – atmiņas zudums; l. **of the pen** – pārrakstīšanās; **2.** pārkāpums; **3.** (*laika*) plūdums; **4.** (*termiņa*) beigšanās; **II** *v* **1.** beigties; paiet (*par termiņu*); **2.** *jur.* zaudēt spēku (*par likumu*); pāriet cita rokās (*par tiesībām*); **3.** zust; pāriet (*par interesi*)
lapwing [ˈlæpwiŋ] *n* ķīvīte
larceny [ˈlɑːsəni] *n* zādzība
larch [lɑːtʃ] *n* lapegle
lard [lɑːd] **I** *n* cūku tauki; **II** *v* **1.** iespeķot; ietaukot; **2.** izpušķot (*stilu*)
larder [ˈlɑːdə] *n* pieliekamais
lardy [ˈlɑːdi] *a* **1.** trekns; tauks; **2.** aptaukojies
large [lɑːdʒ] **I** *n*: **at l.** – 1) brīvībā; 2) sīki; detalizēti; **II** *a* **1.** liels; l. **audience** – daudz klausītāju; **2.** plašs; plaša mēroga-; l. **views** – brīvi (plaši) uzskati; **III** *adv* plaši; **to talk l.** – lielīties; **as l. as life** – dabiskā lielumā
large-handed [ˌlɑːdʒˈhændid] *a* devīgs
large-hearted [ˌlɑːdʒˈhɑːtid] *a* cēlsirdīgs, augstsirdīgs
largely [ˈlɑːdʒli] *adv* **1.** lielā mērā; galvenokārt; **2.** plašā mērogā
large-minded [ˌlɑːdʒˈmaindid] *a* ar plašiem uzskatiem
large-scale [ˌlɑːdʒˈskeil] *a* liela mēroga-; plašs
lariat [ˈlæriət] *n* laso

lark[a] [lɑːk] *n* cīrulis; ◇ **to rise with the l.** – celties ar pirmajiem cīruļiem
lark[b] [lɑːk] **I** *n sar.* joks; nebēdnība; **what a l.!** – cik jocīgi!; **II** *v sar.* jokot; ▯ **to l. about** – draiskoties
larkspur [ˈlɑːkspɜː] *n bot.* gaiļpieši
larrup [ˈlærʌp] *v sar.* kaustīt; zvetēt
larva [ˈlɑːvə] *n* (*pl* larvae [ˈlɑːviː]) kūniņa
laryngitis [ˌlærinˈdʒaitis] *n med.* laringīts
larynx [ˈlæriŋks] *n* (*pl* larynges [ˈlæriŋdʒiːz]) *anat.* balsene
lascivious [ləˈsiviəs] *a* juteklīgs; baudkārs
laser [ˈleizə] *n fiz.* lāzers
lash [læʃ] **I** *n* **1.** pletne; pātaga; siksna; **2.** pletnes (pātagas) sitiens; **3.** barga kritika; šaustīšana (*ar vārdiem*); **4.** (*saīs. no* eyelash) skropsta; **II** *v* **1.** sist (*ar pletni*); pātagot; **2.** bargi kritizēt; šaustīt (*ar vārdiem*); **3.** piestiprināt; piesiet
lashing [ˈlæʃiŋ] *n* **1.** pēriens; **2.** virve; saite; **3.** lādēšanās
lass [læs] *n* **1.** meiča; meitēns; **2.** izredzētā; mīļotā
lassitude [ˈlæsitjuːd] *n* gurdums; apātija
lasso [læˈsuː] **I** *n* laso; **II** *v* ķert ar laso
last[a] [lɑːst] **I** *n* **1.** pēdējais; beidzamais; **2.** beigas; **at l.** – beidzot; **to the l.** – līdz beigām; **II** *a* **1.** (*sup. no* late I) pēdējais; beidzamais; l. **but not least** – pēdējais, bet ne mazāk svarīgs; l. **but one** – priekšpēdējais; **second l.** – priekšpēdējais; **2.** iepriekšējais; pagājušais; **for the l. time** – pēdējā laikā; **3.** ārkārtīgs; sevišķs; **4.** *sar.* visnepiemērotākais; visneiedomājamākais; **III** *adv* **1.** (*sup. no* late II) beigās; pēdējā kārtā; **2.** pēdējoreiz; **when did you see him l.?** – kad jūs viņu pēdējoreiz redzējāt?; **IV** *v* **1.** ilgt; turpināties; **2.** saglabāties; **3.** pietikt

last[b] [lɑ:st] **I** *n* lieste; **II** *v* uzstiept uz liestes
last[c] [lɑ:st] *n* lasts *(tilpuma mērvienība)*
lasting ['lɑ:stiŋ] **I** *n* **1.** ilgums; **2.** izturība; stiprība; **II** *a* **1.** ilgstošs; stabils; l. peace – ilgstošs miers; **2.** izturīgs, noturīgs *(piem., par krāsu)*
lastly ['lɑ:stli] *adv* beidzot
latch [lætʃ] **I** *n* **1.** bulta; aizšaujamais; **2.** aizkritņa slēdzene; **II** *v* aizbultēt
late [leit] **I** *a (comp.* later ['leitə] *vai* latter ['lætə]; *sup.* latest ['leitist] *vai* last [lɑ:st]) **1.** vēls; vēlīns; novēlojies; l. hour – vēla stunda; l. visitor – vēlīns ciemiņš; **2.** nesenais; pēdējais; **3.** nelaiķa-; her l. husband – viņas nelaiķa vīrs; **II** *adv (comp.* later ['leitə]; *sup.* latest ['leitist]) **1.** vēlu; to marry l. in life – vēlu apprecēties; to sit (stay up) l. – ilgi palikt augšā; vēlu iet gulēt; **2.** nesen; pēdējā laikā
lately ['leitli] *adv* nesen; pēdējā laikā
latent ['leitənt] *a* latents; apslēpts
lateral ['lætrəl] *a* laterāls; sānu-
latex ['leiteks] *n (augu)* piensula
lath [lɑ:θ] **I** *n* lata; līste; **II** *v* apsist ar latām *(vai* līstēm)
lathe [leið] *n* virpa
lather ['lɑ:ðə] **I** *n* **1.** ziepju putas; **2.** putas *(uz zirga)*; **II** *v* **1.** ieziepēt; **2.** putot *(par ziepēm)*; **3.** putoties; **4.** saskrieties putās *(par zirgu)*
Latin ['lætin] **I** *n* **1.** latīņu valoda; **2.** romāņu valodās runājošo tautu pārstāvis; ◇ thieves' L. – zagļu žargons; **II** *a* **1.** latīņu-; **2.** romāņu- *(par valodām)*
latitude ['lætitju:d] *n* **1.** *ģeogr.* platums; **2.**: ~s *pl* – *(noteikti)* platuma grādi; high ~s – polārie rajoni; low ~s – tropiskie rajoni; **3.** apziņas *(vai* uzskatu) brīvība; iecietība

latrine [lə'tri:n] *n* ateja *(barakā, nometnē)*
latter ['lætə] *a (comp. no* late I) **1.** nesenais; in these l. days – mūsdienās; **2.** pēdējais *(no diviem minētajiem)*
latter-day ['lætədei] *a* mūsdienu-; moderns
latterly ['lætəli] *adv* **1.** nesen; mūsdienās; **2.** beigās
lattice ['lætis] *n* **1.** režģis; restes; **2.** *mat., fiz.* režģveida struktūra
Latvian ['lætviən] **I** *n* **1.** latvietis; latviete; **2.** latviešu valoda; **II** *a* Latvijas-; latviešu-
laud [lɔ:d] **I** *n* slavinājums, cildinājums; **II** *v* slavināt, cildināt
laudable ['lɔ:dəbl] *a* slavējams, cildināms
laudatory ['lɔ:dətəri] *a* slavinošs, cildinošs
laugh [lɑ:f] **I** *n* smiekli; to break into a l. – sākt smieties; to give a l. – iesmieties; **II** *v* **1.** smieties; to l. in smb.'s face – smieties kādam acīs; to l. one's head off – pārsmieties; **2.** atsmiet pretī; ◻ to l. **at** – 1) smieties *(par kaut ko)*; 2) izsmiet; 3) ignorēt, neievērot; to l. **away** – ar smiekliem izkliedēt *(piem., bažas)*; to l. **off** – atjokot; to l. **over** – smejoties pārrunāt; ◇ enough to make a cat l. – tur jau kaķim jāsmejas; to l. up one's sleeve – nosmieties pie sevis
laughable ['lɑ:fəbl] *a* **1.** smieklīgs; jocīgs; **2.** muļķīgs
laughing ['lɑ:fiŋ] **I** *n* smiešanās; smiekli; **II** *a* **1.** smejošs; jautrs; **2.** smieklīgs; jocīgs
laughing-gas ['lɑ:fiŋgæs] *n* nitrooksīds, smieklu gāze
laughing-stock ['lɑ:fiŋstɒk] *n* izsmiekla objekts

laughter [ˈlɑːftə] *n* smiekli; smiešanās; outburst of l. – smieklu šalts; to burst into l. – sākt smieties

launchᵃ [lɔːntʃ] **I** *n* (*kuģa*) nolaišana ūdenī; **II** *v* **1.** nolaist ūdenī (*kuģi*); **2.** palaist (*raķeti*); **3.** (*ar spēku*) mest; raidīt; **4.** uzsākt; laist darbā

launchᵇ [lɔːntʃ] *n* **1.** barkass; **2.** kuteris; motorlaiva

launder [ˈlɔːndə] *v* mazgāt un gludināt veļu

launderette [ˌlɔːndəˈret] *n* pašapkalpošanās veļas mazgātava

laundress [ˈlɔːndres] *n* veļas mazgātāja

laundry [ˈlɔːndri] *n* **1.** veļas mazgātava; **2.** mazgājamā (*vai* tikko izmazgātā) veļa

laureate [ˈlɔːrieit] *n* **1.** laureāts; **2.** lauru-; l. wreath – lauru vainags

laurel [ˈlɒrəl] **I** *n* **1.** lauru koks; **2.** (*parasti pl*) lauru vainags; lauri; ◇ to rest on one's ~s – dusēt uz lauriem; to win (gain) one's ~s – plūkt laurus; **II** *v* vainagot ar lauriem, uzlikt lauru vainagu

lava [ˈlɑːvə] *n ģeol.* lava

lavatory [ˈlævətəri] *n* tualetes istaba

lave [leiv] *v poēt.* **1.** mazgāt; peldināt; **2.** apskalot (*piem., par strautu*)

lavender [ˈlævəndə] *n* **1.** *bot.* lavanda; **2.** mēļa krāsa

lavish [ˈlæviʃ] **I** *a* **1.** devīgs; izšķērdīgs; **2.** bagātīgs; dāsns; **II** *v* **1.** būt devīgam; **2.** izšķiest; izšķērdēt

lavishness [ˈlæviʃnəs] *n* **1.** devība; izšķērdība; **2.** bagātīgums; dāsnums; **3.** pārpilnība

law [lɔː] *n* **1.** likums; force of l. – likuma spēks; **2.** jurisprudence; tieslietas; civil l. – civiltiesības; common l. – vispārējās tiesības; criminal l. – krimināltiesības; international l. – starptautiskās tiesības; **3.** jurista profesija; **4.** tiesa; tiesas process; to go to l. – griezties tiesā; **5.** (*dabas, zinātnes*) likums; Newton's law – Ņūtona likums; **6.** (*spēles u. tml.*) noteikumi; **7.** *sp.* (*pretiniekam dotā*) priekšrocība

law-abiding [ˈlɔːəˌbaidiŋ] *a* paklāvīgs likumam

law-breaker [ˈlɔːˌbreikə] *n* likumpārkāpējs; noziedznieks

law-court [ˈlɔːkɔːt] *n* tiesa

lawful [ˈlɔːful] *a* likumīgs; pilntiesīgs

lawless [ˈlɔːləs] *a* **1.** nelikumīgs; neatļauts; **2.** nesavaldīgs; patvaļīgs

lawnᵃ [lɔːn] *n* zāliens, maurs

lawnᵇ [lɔːn] *n* batists

lawn-mower [ˈlɔːnˌməʊə] *n* zālienu pļaujamā mašīna

lawn-tennis [ˌlɔːnˈtenis] *n* teniss

law-suit [ˈlɔːsuːt] *n* tiesas prāva

lawyer [ˈlɔːjə] *n* jurists; advokāts

lax [læks] *a* **1.** neuzmanīgs; paviršs; l. discipline – vāja disciplīna; **2.** nevīžīgs; slinks; **3.** atslābināts; atbrīvots

laxative [ˈlæksətiv] *med.* **I** *n* caurejas līdzeklis; **II** *a* caureju veicinošs

laxity [ˈlæksəti] *n* **1.** neuzmanība; paviršība; **2.** atslābinātība; atbrīvotība; **3.** vaļība; izlaidība

layᵃ [lei] *n* **1.** īsa dziesmiņa (*vai* balāde); **2.** putna dziesma

layᵇ [lei] **I** *n* **1.** izvietojums; stāvoklis; **2.** *sl.* darbs; nodarbošanās; **3.** *sl.* (*dzimumakta*) partneris; **II** *v* (*p. un p.p.* laid [leid]) **1.** [no]likt; **2.** klāt (*galdu*); **3.** dēt; **4.** nomidīt; nobradāt; **5.** novest (*līdz kādam stāvoklim*); **6.** uzlikt (*sodu u. tml.*); **7.** izklāstīt; sniegt (*piem., ziņas*); **8.** nomierināt; izkliedēt (*piem., šaubas*); **9.** saderēt; **10.** *sl.* pārgulēt (*ar*

kādu); ⌧ to l. **about** – sist pa labi un pa kreisi; to l. **aside** – 1) nolikt pie malas; 2) pietaupīt; 3) atmest; atteikties; to l. **by** – atlikt; to l. **down** – 1) nolikt; 2) izstrādāt (*plānu*); 3) likt pamatus; 4) nolikt (*pilnvaras*); atstāt (*amatu*); 5) noteikt (*likumu*); to l. **in** – iekrāt; to l. **off** – 1) atlaist (*uz laiku*) no darba; 2) pārtraukt darbu; 3) *sar.* izbeigt; to l. **on** – 1) uzlikt (*sodu, nodokli*); 2) uzbrukt, iesist; 3) uzklāt (*krāsu*); uzlikt (*apmetumu*); 4) ievilkt (*piem., gāzi, elektrību*); to l. **out** – 1) izlikt; izkārtot; 2) iekārtot (*dārzu*); 3) nogāzt (*no kājām*); 4) tērēt (*naudu*); to l. oneself out – līst no ādas ārā; to l. **over** *amer.* – pārtraukt (*ceļojumu*); to l. **up** – krāt; taupīt
layᶜ [lei] *a* **1.** laicīgs; **2.** nelietpratīgs
layᵈ [lei] *sk.* **lie**ᵇ II
layer ['leiə] I *n* **1.** kārta; slānis; **2.** dējējvista; **3.** (*dārzkopībā*) nolieksnis; II *v* **1.** likt kārtām; **2.** pavairot ar noliekšņiem (*dārzkopībā*); **3.** *bot.* iesakņoties
layette [lei'et] *n* zīdaiņa pūriņš
layman ['leimən] *n* **1.** pasaulīgs cilvēks; **2.** lajs; nespeciālists
lay-off ['leiɒf] *n* **1.** ražošanas pārtraukums; **2.** atlaišana no darba (*uz laiku*)
lay-out ['leiaʊt] *n* **1.** plāns; **2.** izvietojums; izkārtojums; **3.** (*avīzes, grāmatas u.tml.*) makets
laystall ['leistɔ:l] *n* atkritumu izgāztuve
lazaret, lazaretto [ˌlæzə'ret, ˌlæzə'retəʊ] **1.** leprozorijs; **2.** karantīnas kuģis (*vai* telpa)
laze [leiz] I *n* bezdarbība; slinkošana; II *v* slinkot; slaistīties; to l. **about (around)** – nosist laiku; to l. **away** – dīki pavadīt laiku
laziness ['leizinəs] *n* slinkums; laiskums

lazy ['leizi] *a* **1.** slinks; laisks; **2.** bezdarbīgs; **3.** lēns
lazybones ['leiziˌbəʊnz] *n* sliņķis; slaists
lea [li:] *n* **1.** papuve; **2.** *poēt.* pļava; lauks
leach [li:tʃ] I *n* **1.** sālījums; **2.** sārms; II *v* *ķīm.* ekstrahēt
leadᵃ [led] I *n* **1.** svins; black l. – grafīts; l. ore – svina rūda; **2.** *jūrn.* lote; **3.** svērtenis; lode; **4.** (*jumta*) skārds; **5.** (*zīmuļa*) grafīts; ◇ to swing the l. *sl.* – vairīties no darba; II *v* **1.** apstrādāt (pārklāt, svērt) ar svinu; **2.** tikt apstrādātam ar svinu
leadᵇ [li:d] I *n* **1.** vadība; to take the l. – uzņemties vadību; **2.** paraugs; piemērs; to follow the l. – sekot piemēram; **3.** *sp.* vadība; pārsvars; **4.** galvenā loma; galvenās lomas tēlotājs; **5.** izspēle (*kāršu spēlē*); **6.** (*suņa*) saite; **7.** (*avīzes*) galvenā raksta ievaddaļa; **8.** *el.* pievads; II *v* (*p. un p.p.* led [led]) **1.** vest; to l. by the hand – vest pie rokas; **2.** būt priekšgalā; vadīt; komandēt; **3.** būt vadībā; izvirzīties pirmajā vietā; **4.** vest; aizvest; **5.** novest (*līdz kādam stāvoklim*); to l. to extremity – novest līdz galējībai; **6.** diriģēt; **7.** ietekmēt; pārliecināt; ⌧ to l. **away** – aizvest; aizvilināt; to l. **off** – uzsākt; atklāt; to l. **on** – aizraut; to l. **out** – izvest; iziet; to l. **to** – novest (*līdz kādam rezultātam*); to l. **up to** – ievadīt; pakāpeniski sagatavot
leaden ['ledn] *a* **1.** svina-; **2.** smags; smagnējs; **3.** [svina] pelēks; l. sky – pelēkas debesis
leader ['li:də] *n* **1.** vadītājs; vadonis; līderis; **2.** (*avīzes*) ievadraksts
leadership ['li:dəʃip] *n* vadība
lead-footed ['ledˌfʊtid] *a* *sl.* gauss; tūļīgs

leadingᵃ [ˈlediŋ] *n* **1.** *tehn.* svina apstrāde; **2.** benzīna etilēšana; **3.** (*jumta*) skārds
leadingᵇ [ˈli:diŋ] **I** *n* **1.** vadība; **2.** instrukcija; norādījumi; **3.** *sp.* līderība; **II** *a* **1.** vadošs; norādošs; l. mark – ceļa zīme; **2.** galvenais; svarīgākais; l. article – ievadraksts; l. part – galvenā loma; galvenās lomas tēlotājs
leading case [ˌli:diŋ ˈkeis] *n jur.* precedents (*tiesā*)
leading rein[s] [ˈli:diŋrein(z)] *n* pavada; groži
lead-off [ˌli:dˈɒf] *n sar.* **1.** sākums; **2.** sācējs; pirmais (*pēc kārtas*)
lead pencil [ˈled ˌpensl] *n sar.* grafīta zīmulis
leaf [li:f] **I** *n* (*pl* leaves [li:vz]) **1.** lapa; fall of the l. – lapkritis; in leaves – salapojis; to come into l. – salapot; **2.** lapotne; **3.** (*grāmatas*) lapa; to turn over the leaves – šķirstīt grāmatas lapas; **4.** (*metāla*) loksne; plāksne; **5.** (*divviru durvju, vārtu*) puse; **6.** (*saliekamā galda*) nolaižamā plātne; **II** *v* **1.** salapot; **2.** šķirstīt; pārlapot; ◇ to turn over a new l. – uzsākt jaunu dzīvi
leafage [ˈli:fidʒ] *n* lapotne
leaflet [ˈli:flit] *n* **1.** jauna lapiņa; **2.** skrejlapa; **3.** saliktas lapas daļa
leafy [ˈli:fi] *a* lapu-; l. forest – lapkoku mežs
leagueᵃ [li:g] **I** *n* **1.** līga; savienība; in l. with smb. – kāda sabiedrotais; **2.** *sp.* līga; klase; **3.** kategorija; grupa; **II** *v* izveidot savienību; pievienoties savienībai
leagueᵇ [li:g] *n novec.* jūdze
leak [li:k] **I** *n* **1.** sūce; **2.** viela (*kas sūcas*); **3.** sūces apmēri; noplūdes daudzums; **4.** (*informācijas*) noplūde; (*informācijas*) noplūdes avots; **II** *v* **1.** sūkties; tecēt; **2.** izpaust (*faktus*); ◇ to l. out – 1) izsūkties; 2) kļūt zināmam
leakage [ˈli:kidʒ] *n* **1.** sūkšanās; **2.** sūce; **3.** (*informācijas*) noplūde
leak-proof [ˈli:kpru:f] *a* hermētisks
leaky [ˈli:ki] *a* caurs; ar sūci; ◇ l. vessel – pļāpa
leam [li:m] *n* (*saīs. no* laser beam) *fiz.* lāzera stars
leanᵃ [li:n] **I** *n* liesums; **II** *a* **1.** kalsns; izdēdējis; **2.** liess (*par gaļu*); bez aizdara (*par ēdienu*); **3.** nabadzīgs (*piem., par ražu*)
leanᵇ [li:n] **I** *n* slīpums; kritums; **II** *v* (*p. un p.p.* leaned [li:nd] *vai* lent [lent]) **1.** [no]liekties; **2.** atbalstīt; piesliet; **3.** atbalstīties; pieslieties; **4.** (*on*) paļauties; **5.** (*to*) tiekties; ◇ to l. back – atzvelties (*krēslā*); to l. forward – noliekties; to l. [up] on – 1) atbalstīties; 2) paļauties; to l. out – izliekties (*piem., pa logu*); to l. over – liekties pāri; ◇ to l. over backwards – līst vai no ādas ārā
leaning [ˈli:niŋ] *n* **1.** tieksme; nosliece; **2.** *sp.* noliekšanās
lean-to [ˈli:ntu:] *n* nojume; piebūve
leap [li:p] **I** *n* **1.** lēciens; **2.** šķērslis; **3.** spējas pārmaiņas; **4.** *ģeol.* dislokācija; ◇ l. in the dark – lēciens nezināmajā; risks; by ~s and bounds – pa galvu pa kaklu; **II** *v* (*p. un p.p.* leapt [lept] *vai* leaped [li:pt]) **1.** lēkt; lēkāt; to l. for joy – lēkāt aiz prieka; **2.** pārlēkt; pārvarēt šķērsli; **3.** dauzīties (*par sirdi*)
leap-day [ˈli:pdei] *n* «liekā» diena (*garajā gadā*)
leap-year [ˈli:pjɜ:] *n* garais gads
learn [lɜ:n] *v* (*p. un p.p.* learned [lɜ:nd] *vai* learnt [lɜ:nt]) **1.** mācīties; to l. by

heart – mācīties no galvas; to l. by rote – iekalt; **2.** uzzināt
learned ['lɜːnid] *a* **1.** mācīts; izglītots; **2.** zinātnisks (*par žurnālu*)
learner ['lɜːnə] *n* skolnieks
learning ['lɜːniŋ] *n* **1.** studijas; mācīšanās; **2.** erudīcija; zināšanas
lease [liːs] **I** *n* **1.** noma; nomāšana; **2.** nomas līgums; **3.** nomas laiks (*vai* termiņš); **II** *v* iznomāt
leasehold ['liːshəʊld] *n* **1.** noma; nomāšana; rentēšana; **2.** nomas objekts
leaseholder ['liːshəʊldə] *n* nomnieks; rentnieks
leash [liːʃ] **I** *n* siksna; saite; **II** *v* piesiet saitē; turēt saitē
least [liːst] **I** *n* vismazākā daļa; at l. – vismaz; at (the) l. – ne mazāk par; in the l. – vismazākā mērā; not in the l. – nepavisam; ne mazākā mērā; to say the l. of it – saudzīgi izsakoties; **II** *a* (*sup. no* little **II**) vismazākais; not the l. wind – ne mazākās vēsmiņas; **III** *adv* (*sup. no* little **III**) vismazāk
leastways, leastwise ['liːstweiz, 'liːstwaiz] *adv* vismaz
leather ['leðə] **I** *n* **1.** (*izstrādāta*) āda; **2.** ādas izstrādājums (*piem., siksna, futbolbumba*); **II** *v* **1.** apšūt (pārvilkt) ar ādu; **2.** *sar.* sloksnēt; pērt ar siksnu
leatherette [ˌleðəˈret] *n* ādas imitācija; mākslīgā āda
leathery ['leðəri] *a* **1.** ādai līdzīgs; **2.** sīksts; ciets
leave [liːv] **I** *n* **1.** atļauja; by (with) your l. – ar jūsu atļauju; **2.** (*arī* l. of absence) [īpašs] atvaļinājums; atbrīvojums; on l. – atvaļinājumā; **3.** aiziešana; aizbraukšana; **4.** atvadīšanās; ◇ to take French l. – aiziet neatvadoties; **II** *v* (*p. un p.p.* left [left]) **1.** atstāt; pamest; **2.** (*for*) aiziet; aizbraukt; doties; to l. for Riga – doties uz Rīgu; **3.** novēlēt; atstāt mantojumā; ◻ to l. **behind** – 1) aizmirst; atstāt; 2) apsteigt; to. l. **off** – 1) beigt (*darbu*); 2) atmest (*ieradumu*); to l. **out** – 1) izlaist (*burtu u. tml.*); 2) neņemt vērā; to l. **over** – atlikt; ◇ l. go! – laid vaļā!; l. it at that! – lai nu paliek!; l. it to me – atstāj to manā ziņā; to l. smb. alone – likt kādu mierā
leaven ['levn] **I** *n* **1.** raugs; ieraugs; **2.** iespaids; ietekme; **II** *v* **1.** raudzēt; **2.** iespaidot, ietekmēt
leave-taking ['liːvˌteikiŋ] *n* atvadīšanās
leavings ['liːviŋz] *n pl* atliekas; atkritumi
lecher ['letʃə] *n* izvirtulis
lecherous ['letʃərəs] *a* izvirtis; baudkārs
lechery ['letʃəri] *n* izvirtība; baudkāre
lection ['lekʃn] *n* **1.** lasīšana; **2.** (*teksta*) lasījums
lector ['lektɔː] *n* lektors
lecture ['lektʃə] **I** *n* **1.** lekcija; to deliver a l. – nolasīt lekciju; **2.** pamācība; to give (read) smb. a l. – lasīt kādam morāli; pamācīt; **II** *v* **1.** (*on*) lasīt lekciju; **2.** lasīt morāli; pamācīt
lecturer ['lektʃərə] *n* **1.** lektors; **2.** (*universitātes, koledžas*) pasniedzējs
led [led] *sk.* **lead**[b] **II**
ledge [ledʒ] *n* **1.** mala; dzega; **2.** klintsradze; **3.** rifs
ledger ['ledʒə] *n* virsgrāmata; galvenā grāmata (*grāmatvedībā*)
ledger-bait ['ledʒəbeit] *n* ēsma
lee [liː] *n* **1.** patvērums; aizsegs; **2.** aizvējš; aizvēja puse
leech [liːtʃ] *n* **1.** dēle; **2.** asinssūcējs; izspiedējs
leek [liːk] *n* puravs; ◇ to eat one's (the) l. – norīt apvainojumu

leer [liə] **I** *n* glūnošs skatiens; **II** *n* glūnēt
leery [ˈliəri] *a sl.* glūnīgs
lees [li:z] *n pl* **1.** mieles; padibenes; **2.** atliekas
leeward [ˈli:wəd] **I** *a* aizvēja-; **II** *adv* aizvēja pusē
leeway [ˈli:wei] *n* **1.** (*kuģa*) dreifs; to make l. – dreifēt; **2.** (*laika*) zaudējums; **3.** (*laika*) rezerve; ◇ to make up l. – atgūt nokavēto
left[a] [left] **I** *n* **1.** kreisā puse; on your l. – no jums pa kreisi; **2.**: the L. *pol.* – kreisie; **II** *a* **1.** kreisais; l. bank – kreisais krasts; l. turn – kreisais pagrieziens; **2.**: L. *pol.* – kreisais; **III** *adv* pa kreisi; l. about face! *mil.* – pa kreisi apkārt griezties!; l. turn! (*amer.* l. face!) *mil.* – uz kreiso!; ◇ over the l. – tieši otrādi; to have two l. feet – būt neveiklam
left[b] [left] *sk.* **leave**
left-hand [ˌleftˈhænd] *a* **1.** kreisais; **2.** kreisās rokas-
left-handed [ˌleftˈhændid] *a* **1.** kreiļa-; kreilisks; **2.** neveikls; neprasmīgs
left-hander [ˌleftˈhændə] *n* **1.** kreilis; **2.** sitiens ar kreiso roku
leftover[s] [ˈleftˌəʊvə(z)] *n* (*ēdiena*) atliekas
leftward[s] [ˈleftwəd(z)] *adv* pa kreisi
leg [leg] **I** *n* **1.** kāja; **2.** (*bikšu*) stara; **3.** (*zābaka*) stulms; **4.** (*mēbeles*) kāja; **5.** (*ceļa*) posms; **6.** *tehn.* statnis; ◇ to take to one's ~s – ņemt kājas pār pleciem; **II** *v*: to l. it *sar.* – 1) iet; 2) aizbēgt
legacy [ˈlegəsi] *n* **1.** novēlējums; mantojums; **2.** (*piem.*, *kara*) sekas
legal [ˈli:gl] *a* **1.** juridisks; tieslietu-; l. adviser – juriskonsults; **2.** legāls; likumīgs

legality [li:ˈgæləti] *n* legalitāte; likumība
legalize [ˈli:gəlaiz] *v* legalizēt
legatee [ˌlegəˈti:] *n* mantinieks
legation [liˈgeiʃn] *n* diplomātiskā misija
legend [ˈledʒənd] *n* **1.** leģenda; **2.** uzraksts (*uz monētas*, *medaļas*)
legendary [ˈledʒəndəri] **I** *n* leģendu krājums; **II** *a* leģendārs
legerdemain [ˌledʒədəˈmein] *n* **1.** roku veiklība; triks; **2.** veikla krāpšana
leggings [ˈleginz] *n pl* **1.** getras; stulpiņi; **2.** (*bērnu*) garās zeķes (bikses)
leggy [ˈlegi] *a* garkājains
leghorn [ˈleghɔ:n] *n* **1.** salmu cepure; **2.** [leˈgɔ:n] leghornas vista
legibility [ˌledʒiˈbiləti] *n* (*rokraksta*, *iespiedraksta*) salasāmība, skaidrība
legible [ˈledʒəbl] *a* salasāms, skaidrs (*par rokrakstu*, *iespiedrakstu*)
legion [ˈli:dʒən] *n* **1.** *mil.* leģions; **2.** milzums
legionary [ˈli:dʒənəri] **I** *n* leģionārs; **II** *a* leģionāru-
legislate [ˈledʒisleit] *v* izdot likumu[s]; ☐ to l. **against** – ar likumu aizliegt; to l. **for** – rēķināties ar
legislation [ˌledʒiˈsleiʃn] *n* **1.** likumdošana; **2.** likumi; likumkrājums
legislative [ˈledʒislətiv] *a* likumdošanas-; l. assembly – likumdošanas sapulce
legislature [ˈledʒisleitʃə] *n* **1.** likumdevēja vara; **2.** likumdevēja iestāde
legist [ˈli:dʒist] *n* likumu zinātājs
legitimate **I** *a* [liˈdʒitimət] **1.** *jur.* laulībā dzimis; **2.** likumīgs; **3.** pareizs; pamatots; **II** *v* [liˈdʒitimeit] **1.** leģitimēt; atzīt par likumīgu; **2.** adoptēt (*ārlaulībā dzimušu bērnu*)
legitimation [liˌdʒitiˈmeiʃn] *n* **1.** leģitimācija; atzīšana par likumīgu; **2.** (*ārlaulībā dzimuša bērna*) adoptēšana

legitimize [li'dʒitimaiz] *sk.* **legitimate II**
legman ['legmæn] *n* **1.** aģents; ziņu vācējs; **2.** *amer. sar.* reportieris
leg-split ['legsplit] *n sp.* špagats
legume ['legju:m] *n* **1.** pākšaugi; **2.** pāksts
leguminous [le'gju:minəs] *a* pākšaugu-; l. crops – pākšaugu kultūras
lei ['leii:] *n* ap kaklu liekama ziedu vītne
leisure ['leʒə] *n* vaļas brīdis; brīvs laiks; at l. – 1) brīvajā laikā; 2) lēnām, nesteidzoties; l. hours (time) – brīvais laiks
leisured ['leʒəd] *a* **1.** bezdarbīgs; dīks; **2.** lēns; nesteidzīgs
leisurely ['leʒəli] **I** *a* **1.** vaļas brīžu-; **2.** lēns; nesteidzīgs; **II** *adv* lēni; nesteidzīgi
lemon ['lemən] *n* **1.** citrons; **2.** citrondzeltena krāsa; ◊ to hand smb. a l. – piekrāpt kādu
lemonade [ˌlemə'neid] *n* limonāde
lemon-squash [ˌlemən'skwɒʃ] *n* citronlimonāde
lend [lend] *v* (*p. un p.p.* lent [lent]) **1.** aizdot; **2.** sniegt; **3.**: to l. oneself (*to*) – nodoties; to l. oneself to gossip – baumot; **4.**: to l. itself (*to*) – noderēt (*par lietām*); ▯ to l. **out** – 1) aizdot; 2) izsniegt grāmatas (*bibliotēkā*)
lender ['lendə] *n* aizdevējs; kreditors
length [leŋθ] *n* **1.** garums; at full l. – 1) visā garumā; 2) pilna auguma- (*par portretu*); **2.** attālums; at arm's l. – rokas attālumā; **3.** gabals; atgriezums; **4.** ilgums; ◊ at l. – 1) beidzot; 2) ilgi; 3) sīki un plaši; to go all ~s – aiziet līdz galējībām
lengthen ['leŋθən] *v* **1.** pagarināt; **2.** pāriet (*par gadalaiku*); autumn ~s into winter – rudens pāriet ziemā
lengthways, lengthwise ['leŋθweiz, 'leŋθwaiz] *adv* **1.** gareniski; **2.** garumā

lengthy ['leŋθi] *a* **1.** pārāk garš; ieildzis; **2.** *amer. sar.* garš; izstīdzējis (*par cilvēku*)
lenient ['li:niənt] *a* saudzīgs; iecietīgs
lenitive ['lenitiv] *med.* **I** *n* mīkstinošs līdzeklis; **II** *a* mīkstinošs
lenity ['lenəti] *n* saudzīga izturēšanās; žēlsirdība
lens [lenz] *n* **1.** *fiz.* lēca; **2.** objektīvs; lupa; **3.** *anat.* (*acs*) lēca
Lent [lent] *n rel.* Lielais gavēnis; L. term – pavasara semestris
lent [lent] *sk.* **lend**
lentil ['lentil] *n bot.* lēca
Leo ['li:əʊ] *n* Lauva (*zvaigznājs un zodiaka zīme*)
leonine ['li:əʊnain] *a* lauvas-; lauvai līdzīgs
leopard ['lepəd] *n* leopards
leopardess ['lepədes] *n* leoparda mātīte
leper ['lepə] *n* lepras slimnieks; spitālīgais
leprechaun ['leprəkɔ:n] *n* rūķītis, gariņš (*īru folklorā*)
leprosy ['leprəsi] *n med.* lepra, spitalība
lesion ['li:zn] *n* (*auda, orgāna*) ievainojums; bojājums
less [les] **I** *n* mazākais daudzums; in l. than no time – acumirklī; **II** *a* (*comp. no* little **II**) mazāks; l. noise! – klusāk!; ◊ no l. than – neviens cits kā; **III** *adv* mazāk; l. known – mazāk pazīstams; still (much) l. – vēl jo mazāk; **IV** *prep* bez; ◊ may your shadow never grow l.! – lai jums ilgs mūžs!
lessee [le'si:] *n* nomnieks
lessen ['lesn] *v* **1.** samazināt; **2.** samazināties; **3.** noniecināt; (*pietiekami*) nenovērtēt
lesser ['lesə] *a* mazāks; sīkāks; the l. evil – mazākais ļaunums
lesson ['lesn] *n* **1.** (*mācību*) stunda; no-

darbība; **2.** (*skolas*) uzdevums; home ~s – mājas darbi; **3.** mācība; to learn one's l. – dabūt labu mācību; to teach smb. a l. – pārmācīt kādu; **4.** pamācība; morāle
lessor [le′sɔ:] *n* iznomātājs
lest [lest] *conj* **1.** lai ne; **2.** ka ne; I was afraid l. you should be late – es baidījos, ka tu nenokavē
let[a] [let] **I** *n novec.* kavēklis; traucēklis; **II** *v* kavēt; traucēt
let[b] [let] **I** *n* **1.** izīrēšana; iznomāšana; **2.** *sar.* īrnieks; **3.** *sp.* neieskaitīts punkts; **II** *v (p. un p.p.* let [let]) **1.** ļaut; to l. **go** – 1) atlaist; 2) izlaist no rokām; 3) izmest no galvas; to l. know – darīt zināmu; **2.** izīrēt; to [be] l. – izīrējams; **3.** (*lieto pavēles izteiksmes veidošanai*): l. us go! – iesim!; l. me see – pag!; ◇ to l. **down** – 1) nolaist zemē; 2) palaist garāku (*tērpu*); 3) piekrāpt; pamest nelaimē; to l. **in** – 1) ielaist; 2) *pārn.* iejaukt; iepīt; to l. **in for** – 1) iepīt; iejaukt; 2) iepīties; to l. **in on** – uzticēt (*noslēpumu*); to l. **into** – 1) ievest; ielaist; 2) iegremdēt; 3) uzticēt (*noslēpumu*); to l. **off** – 1) izšaut (*par ieroci*); 2) palaist joku; 3) apžēlot; atlaist (*sodu*); 4) izīrēt (*pa daļām*); to l. **on** – 1) izlikties; 2) izpļāpāties; to l. **out** – 1) izlaist; 2) izpļāpāt; 3) palaist platāku (*tērpu*); 4) iznomāt (*zirgu u. tml.*); 5) uzbrukt; uzklupt; 6) *amer.* beigties (*par nodarbībām*); to l. **through** – palaist garām; to l. **up** – 1) atslābt; 2) pārstāt; mitēties; ◇ to l. one's hair down – uzvesties [pārāk] brīvi
let-alone [ˌletə′ləʊn] *n* neiejaukšanās
lethal [′li:θl] *a* **1.** letāls; nāvīgs; **2.** iznīcinošs (*par ieroci*)

lethargic [le′θɑ:dʒik] *a* **1.** letarģisks; **2.** apātisks; miegains
lethargy [′leθədʒi] *n* **1.** letarģija; **2.** apātija; miegainība
let-off [′letˌɒf] *n* piedošana; atbrīvošana no soda
letter [′letə] **I** *n* **1.** burts; capital l. – lielais burts; small l. – mazais burts; initial l. – sākumburts; **2.** vēstule; l. of attorney – pilnvara; **3.** *pl* literatūra; man of ~s – rakstnieks; **II** *v* atzīmēt ar burtiem
letter-box [′letəbɒks] *n* pastkastīte
letter-card [′letəkɑ:d] *n* salokāma atklātne
letter-case [′letəkeis] *n* kabatportfelis
lettered [′letəd] *a* **1.** literāri izglītots; daudz lasījis; **2.** ar iespiestiem burtiem
letter-head [′letəhed] *n* **1.** (*vēstuļpapīra augšmalā*) iespiests uzraksts; **2.** (*iestādes vai privātpersonas*) iespiedveidlapa
letterless [′letələs] *a* **1.** neizglītots; **2.** bez uzraksta
letter-paper [′letəˌpeipə] *n* vēstuļpapīrs
letter-press [′letəpres] **1.** (*grāmatas*) teksts; **2.** augstspiede; **3.** vēstuļu slogs
Lettic [′letik] **I** *n* baltu valodu grupa; **II** *a* latviešu-; latvisks
Lettish [′letiʃ] **I** *n novec.* latviešu valoda; **II** *a* latviešu-
lettuce [′letis] *n* **1.** (*lapu*) salāti; **2.** *sl.* nauda; dolāri
let-up [′letʌp] *n* **1.** kavēšana; vājināšanās; **2.** pārtraukšana; apstāšanās
leucocyte, leukocyte [′lju:kəʊsait] *n med.* leikocīts
levee[a] [′levi] *n* **1.** aizsargdambis; **2.** ostmala
levee[b] [′levi] *n* **1.** rīta pieņemšana (*pie*

monarha); **2.** pieņemšana (*pie valdības vadītāja*); **3.** viesu pieņemšana
level ['levl] **I** *n* **1.** līmenis; on a l. (*with*) – 1) vienā līmenī; 2) līdzīgs (*par spējām, sociālo stāvokli*); **2.** līdzena virsma; līdzenums; **3.** līmeņrādis; ◇ on the l. – godīgi; atklāti; **II** *a* **1.** līdzens; horizontāls; **2.** vienāds; vienādlīmeņa-; **3.** nosvērts; mierīgs; **4.** nemainīgs; izturēts; ◇ to do one's l. best – darīt visu iespējamo; **III** *v* **1.** nolīdzināt; **2.** *ģeol.* nivelēt; noteikt augstumu; **3.** (*at*) tēmēt; mērķēt; ▯ to l. **down** – pazemināt (*līdz noteiktam līmenim*); to l. **up** – pacelt (*līdz noteiktam līmenim*); **IV** *adv* vienādā līmenī
level-headed [,levl'hedid] *a* nosvērts; mierīgs
lever ['li:və] **I** *n* **1.** svira; **2.** (*sviras*) plecs; **3.** *pārn.* svira; ietekmēšanas līdzeklis; **II** *v* celt ar sviru
leveret ['levərət] *n* zaķēns
leviable ['leviəbl] *a* **1.** apliekams ar nodokli; **2.** iekasējams (*par nodokli*)
leviathan [li'vaiəθn] *n* milzis; milzenis
levigate ['levigeit] *v* saberzt pulverī
levin ['levin] *n* *poēt.* zibens
levity ['leviti] *n* vieglprātība; nepastāvība
levy ['levi] **I** *n* **1.** (*nodokļu*) ievākšana, piedzīšana; **2.** aplikšana (*ar nodokli*); **3.** (*jaunkareivju*) iesaukums; l. in mass – vispārēja mobilizācija; **II** *v* **1.** ievākt, piedzīt (*nodokļus*); **2.** aplikt (*ar nodokli*); **3.** iesaukt (*jaunkareivjus*)
lewd [lu:d] *a* **1.** neķītrs; **2.** nepieklājīgs; bezkaunīgs
lexical ['leksikl] *a* leksisks
lexicography [,leksi'kɒgrəfi] *n* leksikogrāfija
lexicology [,leksi'kɒlədʒi] *n* leksikoloģija

lexicon ['leksikən] *n* **1.** leksikons; vārdnīca; **2.** vārdu krājums
ley [lei] *n* papuve
li [li:] *n* (*ķīniešu*) jūdze
liability [,laiə'biləti] *n* **1.** atbildība; criminal l. *jur.* – krimināllatbildība; **2.** *pl* saistības; parādi; **3.** dispozīcija; tendence; nosliece
liable ['laiəbl] *a* **1.** (*for*) atbildīgs; **2.** pakļauts; **3.** disponēts; **4.** iespējams
liaison [li'eizn] *n* **1.** (*mīlas*) sakars; **2.** *mil.* sakari; sazināšanās (*vienotai darbībai*); **3.** *kul.* aizdars
liar ['laiə] *n* melis
libel ['laibl] **I** *n* **1.** *jur.* apmelojums; **2.** paskvila; **3.** *sar.* ķengas; ķengāšanās; **II** *v* **1.** *jur.* apmelot; **2.** diskreditēt; rakstīt paskvilas; **3.** *sar.* noķengāt
libellous ['laibləs] *a* apmelojošs; ķengājošs
liberal ['librəl] **I** *n* *pol.* liberālis; **II** *a* **1.** devīgs; augstsirdīgs; **2.** brīvi domājošs; bez aizspriedumiem; **3.** *pol.* liberāls; **4.** brīvs
liberalism ['libərəlizm] *n* liberālisms
liberality [,libə'ræləti] *n* **1.** devīgums; augstsirdība; **2.** brīvi uzskati
liberate ['libəreit] *v* **1.** atbrīvot; **2.** *ķīm.* izdalīt
liberation [,libə'reiʃn] *n* **1.** atbrīvošana; **2.** *ķīm.* izdalīšana
liberator ['libəreitə] *n* atbrīvotājs
libertine ['libəti:n] *n* **1.** netiklis; izvirtulis, **2.** brīvdomātājs; **3.** *vēst.* brīvlaistais
liberty ['libəti] *n* **1.** brīvība; to set at l. – atbrīvot; **2.** *pl* privilēģija; **3.** vaļība; familiaritāte
Libra ['laibrə] *n* Svari (*zvaigznājs un zodiaka zīme*)
librarian [lai'breəriən] *n* bibliotekārs

library ['laibrəri] *n* bibliotēka; ◇ walking l. – staigājoša enciklopēdija
libretto [li'bretəʊ] *n* (*pl* libretti, librettos [li'breti, li'bretəʊz]) librets
lice [lais] *sk.* **louse**
licence ['laisəns] *n* **1.** licence; patents; atļauja; driving l. – autovadītāja tiesības; **2.** vaļība; patvaļa
license ['laisəns] **I** *n amer. sk.* **licence**; **II** *v* dot atļauju (licenci, patentu)
licensee [ˌlaisən'siː] *n* atļaujas (licences, patenta) īpašnieks
licentious [lai'sənʃəs] *a* amorāls; izvirtis
lichen ['laikən] *n* **1.** ķērpis; **2.** *med.* ēde
licit ['lisit] *a* likumīgs; atļauts
lick [lik] **I** *n* **1.** [ap]laizīšana; **2.** nieks; mazumiņš; **3.** *sar.* belziens; **II** *v* **1.** [ap]laizīt; **2.** viegli skart (*par liesmu, viļņiem*); **3.** lakt; **4.** *sar.* sist; pērt
licking ['likiŋ] *n* **1.** [ap]laizīšana; **2.** *sar.* pēriens; **3.** *sar.* sakāve
lickspittle ['likspitl] *n* liškis; pielīdējs
lid[a] [lid] *n* **1.** vāks; **2.** plaksts; **3.** *sar.* aizliegums; ierobežojums
lid[b] [lid] *n amer. sl.* marihuānas paciņa
lido ['liːdəʊ] *n* **1.** atklāts peldbaseins; **2.** pludmale
lie[a] [lai] **I** *n* **1.** meli; to act a l. – melīgi rīkoties; **2.** māns; kļūdains uzskats; ◇ to give the l. to smb. – piekert kādu melos; white l. – nevainīgi meli; **II** *v* (*p. un p.p.* lied [laid]) **1.** melot; **2.** būt mānīgam; ◇ to l. in one's throat – nekaunīgi melot
lie[b] [lai] **I** *n* **1.** novietojums; stāvoklis; the l. of the ground – 1) apvidus reljefs; 2) *pārn.* lietu stāvoklis; **2.** midzenis; miga; ala; **II** *v* (*p.* lay [lei]; *p.p.* lain [lein]) **1.** gulēt; **2.** atrasties; būt izvietotam; **3.** palikt (*noteiktā stāvoklī*); **4.** *pārn.* pavērties (*skatienam, iespējai*); **5.** attiekties (*uz kādu*); būt ietvertam; **6.** *jur.* tikt atzītam par likumīgu; tikt pieļautam; ▯ to l. **about** – būt izmētātam; to l. **back** – atgulties; atbalstīties; to l. **down** – 1) atgulties; 2) uzņemt pazemīgi; to l. down under an insult – norīt apvainojumu; to l. **in** – palikt guļam ilgāk nekā parasti; l. **off** – 1) *jūrn.* atrasties zināmā attālumā no krasta (cita kuģa); 2) uz laiku pārtraukt darbu; to l. **over** – atlikt uz vēlāku laiku; **to** l. **to** *jūrn.* – dreifēt; atrasties dreifā; to l. **up** – 1) ilgstoši slimot; 2) turēties nomaļus; to l. **with** – būt atkarīgam (*no*); ◇ Let sleeping dogs l.! – nav ko cilāt nepatīkamus jautājumus!
liege [liːdʒ] **I** *n vēst.* **1.** vasalis; **2.** senjors; **II** *a*: l. lord – senjors
lieutenant [lef'tenənt] *n* **1.** leitnants; **2.** vietnieks
lieutenant-colonel [lefˌtenənt'kɜːnl] *n* apakšpulkvedis
life [laif] *n* **1.** dzīve; to come to l. – 1) nākt pasaulē; 2) atgūt samaņu; **2.** dzīvība; **3.** dabiskais lielums; **4.** enerģija; dzīvīgums; **5.** dzīves apraksts; biogrāfija; **6.** sabiedrība; sabiedriskā dzīve; **7.** dzīvesveids; country (city) l. – dzīve laukos (pilsētā); full l. – pilnasinīga dzīve; **8.** (*automobiļa u. tml.*) kalpošanas laiks; ◇ not on my l.! *sar.* – nekādā gadījumā!; that's the l. for me! – tā tik ir dzīve!; upon my l.! – goda vārds!
life-annuity ['laifəˌnjuːiti] *n* mūža pensija
life-assurance ['laifəʃʊərəns] *n* dzīvības apdrošināšana
lifebelt ['laifbelt] *n* glābšanas josta

life-boat ['laifbəʊt] *n* glābšanas laiva
life-buoy ['laifbɔi] *n* glābšanas riņķis
life-estate [,laifi'steit] *n* īpašums mūža lietošanā
life-insurance ['laifin,ʃʊərəns] *n* dzīvības apdrošināšana
life-giving ['laif,giviŋ] *a* dzīvinošs; spēcinošs
life-guard ['laifgɑ:d] *n* **1.** miesassargs; miesassardze; **2.** *amer.* slīcēju glābējs (*apsargātā peldvietā*)
life-jacket ['laif,dʒækit] *n* glābšanas veste
lifeless ['laifləs] *a* **1.** nedzīvs; bez dzīvības; **2.** miris; **3.** garlaicīgs; neinteresants
lifelike ['laiflaik] *a* ļoti līdzīgs
lifelong ['laiflɒŋ] *a* mūža garumā; mūža-
life-preserver ['laifpri,zɜ:və] *n* **1.** sitamais, nūja (*pašaizsardzības ierocis*); **2.** *amer.* glābšanas veste
life-saving ['laif,seiviŋ] *a* glābšanas-; l.-s. station – glābšanas stacija
life-size[d] [,laif'saiz(d)] *a* dabiskā lieluma-
lifetime ['laiftaim] *n* mūžs
life-work ['laif'wɜ:k] *n* mūža darbs
lift [lift] **I** *n* **1.** [pa]celšana; to give a l. – 1) pavest (*ar zirgu vai automobili*); 2) uzmundrināt; **2.** pacelšanas augstums; **3.** celtspēja; **4.** lifts; celtnis; **5.** paaugstinājums (*darbā*); **II** *v* **1.** [pa]celt; **2.** atcelt (*aizliegumu*); izbeigt (*aplenkumu*); **3.** izklīst (*par mākoņiem, miglu*); **4.** izrakt (*saknaugus, stādījumus*); **5.** *sar.* zagt
lifter ['liftə] *n* **1.** *sp.* smagatlēts; **2.** *tehn.* paceļamā ierīce
ligament ['ligəmənt] *n anat.* saite
ligature ['ligə,tʃʊə] *n* **1.** sasiešana; savienošana; **2.** *med.* (*asinsvada*) nosiešana; **3.** *med.*, *mūz.* ligatūra

lightᵃ [lait] **I** *n* **1.** gaisma; apgaismojums; to see the l. – 1) piedzimt; nākt pasaulē; 2) nākt klajā; ieraudzīt dienas gaismu; 3) apjēgt; atskārst; **2.** gaismas avots; before the ~s – rampas gaismā; northern (southern) ~s – ziemeļblāzma; polārblāzma; traffic ~s – luksofors; **3.** uguns; liesma; **4.** gaismas strēle; (*loga, durvju*) aila; **5.** aspekts; viedoklis; **6.** zināšanas; informācija; izskaidrojums; **7.** [prāta] spējas; **8.** slavenība; ◊ by the l. of nature – intuitīvi; **II** *a* gaišs; l. day – gaiša diena; l. blue – gaišzils; **III** *v* (*p. un p.p.* lit, lighted [lit, 'laitid]) **1.** iedegt; aizdegt; **2.** iedegties; aizdegties; **3.** apgaismot; ☐ to l. **up** – 1) iedegt (*gaismu*); 2) *sar.* aizsmēķēt; to l. **up with** – iemirdzēties (*piem., par acīm*)
lightᵇ [lait] **I** *a* **1.** viegls; l. hand – viegla roka; **2.** niecīgs; neievērojams; **3.** vieglprātīgs; nenopietns; l. woman – vieglprātīga sieviete; ◊ with a l. heart – vieglu sirdi; to make l. of – neņemt nopietni; **II** *adv* viegli; to get off l. *sar.* – tikt viegli cauri
lightᶜ [lait] *v* (*p. un p.p.* lit, lighted [lit,'laitid]) *novec.* nokāpt; ☐ to l. **into** *sl.* – uzbrukt; to l. **off (down)** – noiet lejā; nokāpt; izkāpt; to l. **on** – 1) nolaisties (*par putnu*); 2) nejauši uzdurties; to l. **out** *amer. sl.* – aiziet
lightenᵃ ['laitn] *v* **1.** apgaismot; **2.** kļūt gaišākam; **3.** uzliesmot
lightenᵇ ['laitn] *v* **1.** atvieglot; **2.** kļūt vieglākam; **3.** mīkstināt (*sodu*)
lighter ['laitə] *n* **1.** šķiltavas; **2.** *tehn.* deglis
light-fingered [,lait'fiŋgəd] *a* **1.** veikls; izveicīgs; **2.** *sar.* zaglīgs
light-headed [,lait'hedid] *a* **1.** neap-

domīgs; vieglprātīgs; **2.** murgains; murgojošs; **3.** apreibis; apskurbis
light-hearted [ˌlait'hɑːtid] *a* bezrūpīgs
lighthouse ['laithaʊs] *n* bāka
lighting ['laitiŋ] *n* **1.** iedegšana; apgaismošana; **2.** apgaismojums
lightly ['laitli] *adv* **1.** viegli, maigi; **2.** nedaudz; mazliet; **3.** veikli; **4.** nenopietni; bezrūpīgi; **5.** nevērīgi; pavirši
lightminded [ˌlait'maindid] *a* vieglprātīgs
lightning ['laitniŋ] *n* zibens; like l., with l. speed – zibenīgi; summer (heat) l. – rūsa (*debesīs*)
lightning-conductor, lightning-rod ['laitniŋkənˌdʌktə, 'laitniŋrɒd] *n* zibensnovedējs
lightship ['laitʃip] *n* peldošā bāka
lightsome[a] ['laitsəm] *a* **1.** viegls; graciozs; **2.** jautrs; **3.** veikls; žigls
lightsome[b] ['laitsəm] *a* **1.** spīdošs; **2.** gaišs; gaismas pilns; spožs
light-weight ['laitweit] **I** *n* **1.** paviršs, nenopietns cilvēks; **2.** *sp.* vieglais svars; **3.** *sp.* vieglā svara bokseris (*vai* cīkstonis); **II** *a* **1.** paviršs; nenopietns; **2.** *sp.* vieglā svara-
likable ['laikəbl] *a* patīkams; pievilcīgs
like [laik] **I** *n* kaut kas līdzīgs; and the l. – un tamlīdzīgi; I never heard the l. [of it] – es nekad neko tādu neesmu dzirdējis; **II** *a* līdzīgs; in l. manner – līdzīgā veidā; **III** *v* **1.** patikt; as you l. – kā jums tīk; **2.** gribēt; vēlēties; **IV** *adv* **1.** tāpat; līdzīgi; don't talk l. that! – nerunā tā!; it looks l. rain – liekas, ka līs; **2.** iespējami
likelihood ['laiklihʊd] *n* iespēja; varbūtība; in all l. – ļoti iespējams
likely ['laikli] **I** *a* **1.** iespējams; **2.** piemērots; **3.** *amer.* skaists; pievilcīgs; **II** *adv* iespējami

like-minded [ˌlaik'maindid] *a* līdzīgi domājošs; l.-m. fellow – domubiedrs
liken ['laikən] *v* (*to*) pielīdzināt
likeness ['laiknəs] *n* **1.** līdzība; **2.** ārējais izskats; veids; **3.** attēls; portrets; to take smb.'s l. – uzgleznot (nofotografēt) kādu
likewise ['laikwaiz] *adv* **1.** tāpat; līdzīgi; **2.** turklāt
liking ['laikiŋ] *n* patika; to have a l. (*for*) – just patiku; to take a l. (*to*) – izjust simpātijas; to one's l. – pēc savas patikas
lilac ['lailək] **I** *n* **1.** ceriņi; **2.** ceriņkrāsa; **II** *a* ceriņkrāsas-
lilliputian [ˌlili'pjuːʃn] **I** *n* liliputs; **II** *a* mazs; sīks
lilt [lilt] **I** *n* **1.** jautra, ritmiska dziesmiņa; **2.** (*panta, dziesmas u. tml.*) ritms; **II** *v* jautri, ritmiski dziedāt
lily ['lili] *n* lilija
limb[a] [lim] **I** *n* **1.** (*ķermeņa*) loceklis; **2.** liels zars; **II** *v* atdalīt locekļus; sadalīt sastāvdaļās
limb[b] [lim] *n* **1.** *astr., tehn.* limbs; **2.** (*lapas*) paplatinājums
limber ['limbə] **I** *a* **1.** lokans; pakļāvīgs; **2.** izveicīgs; veikls; **II** *v* padarīt lokanu (pakļāvīgu); ⬜ to l. **up** *sp.* – iesildīties
limbering-up [ˌlimbəriŋ'ʌp] *n sp.* iesildīšanās
limbo ['limbəʊ] *n* **1.** elles priekštelpa; **2.** cietums; ieslodzījums; **3.** aizmirstība
lime[a] [laim] *n* liepa
lime[b] [laim] **I** *n* kaļķi; quick l. – nedzēsti kaļķi; slaked l. – dzēsti kaļķi; **II** *v* **1.** kaļķot (*augsni*); **2.** balsināt
lime[c] [laim] *n bot.* laims
lime-juice ['laimdʒuːs] *n* laimsula
limekiln ['laimkiln] *n* kaļķu ceplis

limelight [ˈlaimlait] *n teātr.* rampas gaisma; ◇ in the l. – uzmanības centrā
limestone [ˈlaimstəʊn] *n* kaļķakmens
limit [ˈlimit] **I** *n* **1.** robeža; **2.** *jur.* noilguma termiņš; **3.** *tehn.* pielaide; ◇ that's the l.! *sar.* – tas iet pāri visām robežām!; within ~s – iespēju robežās; without ~s – neierobežoti; **II** *v* limitēt; ierobežot
limitation [ˌlimiˈteiʃn] *n* **1.** limitējums; ierobežojums; **2.** aprobežotība
limited [ˈlimitid] *a* **1.** limitēts; ierobežots; **2.** aprobežots
limitless [ˈlimitləs] *a* neierobežots
limnetic [limˈnetik] *a* saldūdens-
limousine [ˈlimuːziːn] *n* limuzīns
limp[a] [limp] **I** *n* klibums; klibošana; **II** *v* **1.** klibot; **2.** kleberēt
limp[b] [limp] *a* mīksts; ļengans
limpet [ˈlimpit] *n* **1.** *zool.* šķīvītis (*molusks*); **2.** *pārn.* ierēdnis, kas visiem spēkiem turas pie sava posteņa; ◇ to stick like a l. – pieķerties kā dadzim
limpid [ˈlimpid] *a* skaidrs; dzidrs; caurspīdīgs
limy [ˈlaimi] *a* **1.** kaļķains; **2.** lipīgs
linage [ˈlainidʒ] *n* rindu skaits (*lappusē*)
linden [ˈlindən] *n* liepa
line[a] [lain] **I** *n* **1.** līnija; svītra; **2.** aukla; virve; makšķeraukla (*ar āķi*); **3.** grumba, rieva; **4.** robeža; robežlīnija; to draw the l. – 1) novilkt robežu; 2) *pārn.* pavilkt svītru apakšā; **5.** *pl* kontūras; aprises; **6.** (*dzelzceļa, telegrāfa, telefona*) līnija; **7.** frontes līnija; pozīcijas; **8.** *mil.* ierinda; **9.** rinda; virkne; **10.** (the L.) ekvators; **11.** (*dzejas, teksta*) rinda; **12.** virziens; kurss; **13.** rīcība; nostāja; **14.** nodarbošanās; darbības lauks; **15.** izcelšanās; raduraksti; **II** *v* **1.** vilkt līniju; **2.** nostādīt rindā; **3.** sastāties rindā; ▯ to l. **off** – norobežot; to l. **out** – uzskicēt; to l. **through** – pārsvītrot; izsvītrot; to l. **up** – 1) nostādīt [ie]rindā; 2) nostāties [ie]rindā; to l. **up behind** – atbalstīt
line[b] [lain] *v* **1.** izoderēt; **2.** izklāt; **3.** *sar.* piebāzt; piepildīt
lineage [ˈliniidʒ] *n* izcelšanās; raduraksti
lineal [ˈliniəl] *a* **1.** tiešs (*par pēcnācēju*); **2.** līnijveida-
lineament [ˈliniəmənt] *n pl* **1.** sejas vaibsti; **2.** (*rakstura*) īpatnība
linear [ˈliniə] *a* **1.** līnijveida-; **2.** lineārs
linen [ˈlinin] **I** *n* **1.** audekls; **2.** veļa; **II** *a* linu-; audekla-
liner[a] [ˈlainə] *a* **1.** laineris; **2.** pasažieru lidmašīna; **3.** kontūrzīmulis (*kosmētikā*)
liner[b] [ˈlainə] *n tehn.* ieliktnis; starpplātne
liner-train [ˈlainətrein] *n* preču vilciens
ling[a] [liŋ] *n* jūras līdaka
ling[b] [liŋ] *n* viršķi
linger [ˈliŋgə] *v* **1.** uzkavēties; **2.** vilcināties; kavēties; **3.** vilkties (*par laiku*); **4.** ieilgt (*piem., par slimību*); **5.** vārguļot
lingerie [ˈlænʒəri] *n* sieviešu veļa
lingo [ˈliŋgəʊ] *n* **1.** *niev.* svešvaloda; **2.** profesionāls žargons
lingual [ˈliŋgwəl] *a* **1.** *anat.* mēles-; l. consonants *val.* – mēleņi; **2.** valodas-, lingvistisks
linguist [ˈliŋgwist] *n* **1.** svešvalodu pratējs; **2.** valodnieks, lingvists
linguistics [liŋˈgwistiks] *n* valodniecība, lingvistika
liniment [ˈlinimənt] *n* ziede
lining [ˈlainiŋ] *n* **1.** odere; **2.** *tehn.* oderējums

linkᵃ [liŋk] **I** *n* **1.** ķēdes loceklis (posms); **2.** saite; saikne; **3.** (*parasti pl*) aproču poga; **4.** (*radniecības*) saites; **5.** (*adījuma*) valdziņš; **6.** cirta; sproga; **7.** *tehn.* šarnīrs; klanis; **II** *v* **1.** savienot; saistīt; saķēdēt; **2.** saistīties; **3.** paņemt (*vai iet*) zem rokas

linkᵇ [liŋk] *n* lāpa

linkage [ˈliŋkidʒ] *n* **1.** savienojums; **2.** cieša saikne; **3.** *tehn.* sajūgs; sakabe; **4.** *ķīm.* savienojums

linocut [ˈlainəkʌt] *n* linogriezums

linoleum [liˈnəʊliəm] *n* linolejs

linseed [ˈlinsiːd] *n* linsēklas; l. oil – linsēklu eļļa

lintel [ˈlintl] *n* (*durvju, loga*) pārsedze

lion [ˈlaiən] *n* **1.** lauva; **2.** slavenība; **3.** drošsirdis; **4.**: the L. *astr.* – Lauva (*zvaigznājs un zodiaka zīme*); ◇ the ~'s share – lauvas tiesa

lioness [ˈlaiənes] *n* lauvene

lion-tamer [ˈlaiənˌteimə] *n* lauvu dresētājs

lip [lip] **I** *n* **1.** lūpa; to bite one's l. – kodīt lūpas; **2.** (*trauka, krātera*) mala; **3.** *sl.* nekaunība; rupjība; none of your l! – bez rupjībām!; ◇ from l. to l. – no mutes mutē; to carry (to keep) a stiff upper l. – nezaudēt dūšu; **II** *a* **1.** lūpu-; l. consonant *val.* – lūpenis; **2.** liekulīgs; neīsts; **III** *v* **1.** pieskarties ar lūpām; **2.** *poēt.* skūpstīt

lip-balm [ˈlipbɑːm] *n* higiēniskais lūpu zīmulis

lippy [ˈlipi] *a sl.* **1.** bezkaunīgs; izaicinošs; **2.** pļāpīgs; runīgs

lip-salve [ˈlipsælv] *n* **1.** lūpu ziede; **2.** glaimi

lip-service [ˈlipˌsɜːvis] *n* tukši vārdi (*solījumi u. tml.*); to pay l.-s. – atzīt tikai vārdos

lipstick [ˈlipstik] *n* lūpu krāsa

liquate [liˈkweit] *v* kausēt (*metālu*); attīrīt kausējot

liquefy [ˈlikwifai] *v* **1.** pārvērst šķidrumā; **2.** pārvērsties šķidrumā

liquescent [liˈkwesənt] *a* šķīstošs

liqueur [liˈkjʊə] *n* liķieris

liquid [ˈlikwid] **I** *n* **1.** šķidrums; **2.** *val.* plūdenis; **II** *a* **1.** šķidrs; **2.** ūdeņains; izplūdis; valgans; **3.** dzidrs; gaišs; **4.** dziedošs; melodisks (*par skaņām*); **5.** nepastāvīgs; nenoteikts

liquidate [ˈlikwideit] *v* **1.** likvidēt (*uzņēmumu*); iznīcināt; **2.** nomaksāt (*parādu*); **3.** bankrotēt; **4.** *sar.* nogalināt

liquidation [ˌlikwiˈdeiʃn] *n* **1.** likvidācija; iznīcināšana; to go into l. – bankrotēt; **2.** (*parāda*) nomaksāšana; **3.** *sar.* nogalināšana

liquidizer [ˈlikwidaizə] *n* sulu spiedne

liquor [ˈlikə] **I** *n* **1.** dzēriens; **2.** alkoholisks dzēriens; in l., the worse for l. – iedzēris; malt l. – alus; **3.** *kul.* novārījums; buljons; cepeša tauki; **4.** [ˈlaikwɔː] *med.* zāļu šķīdums ūdenī; **II** *v* ieziest (*zābakus*); ⌷ to l. **up** *sl.* – iedzert

liquorice [ˈlikəris] *sk.* **licorice**

lira [ˈliərə] *n* (*pl* lire [ˈliəri]) lira (*Itālijas naudas vienība*)

lire *sk.* **lira**

lisp [lisp] **I** *n* **1.** šļupstēšana; šļupsti; **2.** (*lapu*) čabēšana; **3.** (*ūdens*) čalošana; urdzēšana; **II** *v* **1.** šļupstēt; **2.** čabēt (*par lapām*); **3.** čalot; urdzēt (*par ūdeni*)

lissom[e] [ˈlisəm] *a* **1.** lokans; **2.** veikls; žigls

listᵃ [list] **I** *n* **1.** saraksts; shopping l. – pirkumu saraksts; to make a l. – sastādīt sarakstu; to put on a l. – ierakstīt sarakstā; to take off the l. – izsvītrot no saraksta; **2.** (*auduma*) mala; apmale; apmalojums; **II** *v* **1.** sastādīt sarakstu; **2.** ierakstīt sarakstā

list[b] [list] *jūrn*. **I** *n* (*kuģa*) sānsvere; **II** *v* nosvērties uz sāniem

listen ['lisn] *v* **1.** (*to*) klausīties; ieklausīties; l. here! – paklau!; **2.** uzklausīt; **3.** paklausīt; ◊ to l. **for** – pūlēties saklausīt; to l. **in** – 1) klausīties radiopārraidi; 2) noklausīties (*telefona sarunu u. tml.*)

listenable ['lisnəbl] *a sar*. patīkams (*par skaņu*)

listener ['lisnə] *n* **1.** klausītājs; **2.** radioklausītājs

listener-in ['lisnə'm] *n* radioklausītājs

listless ['listləs] *a* apātisks; gurdens; vienaldzīgs

lit *sk.* **light**[c]

liter ['li:tə] *amer. sk.* **litre**

literacy ['litrəsi] *n* rakstītprasme

literal ['litrəl] **I** *n* iespiedkļūda; **II** *a* **1.** burtu-; l. error – iespiedkļūda; **2.** burtisks; **3.** precīzs; pareizs; **4.** pedantisks; sauss

literary ['litrəri] *a* **1.** literārs; **2.** literāri izglītots

literate ['litrət] **I** *n* rakstītpratējs; **II** *a* **1.** mācīts; skolots; **2.** izglītots; kulturāls

literature ['litrətʃə] *n* **1.** literatūra; **2.** rakstniecība; **3.** *sar*. izdevums; publikācija

lithe [laið] *a* **1.** lokans; **2.** piekāpīgs, pieļāvīgs

lithesome ['laiðsəm] *sk.* **lissom**

lithic ['liθik] *a* akmens-; l. age – akmens laikmets

lithograph ['liθəʊgrɑ:f] *n* litogrāfija

Lithuanian [ˌliθjuː'einiən] **I** *n* **1.** lietuvietis; lietuviete; **2.** lietuviešu valoda; **II** *a* Lietuvas-; lietuviešu-;

litigant ['litigənt] **I** *n* prāvnieks; **II** *a* prāvas-;

litigate ['litigeit] *v* **1.** prāvoties; tiesāties; **2.** apstrīdēt (*tiesā*)

litigious [li'tidʒəs] *a* **1.** strīdīgs; **2.** ķildīgs

litmus ['litməs] *n ķīm.* lakmuss; l. paper – lakmusa papīrs

litre ['li:tə] *n* litrs

litter ['litə] **I** *n* **1.** (*slimnieku*) nestuves; **2.** pakaiši; **3.** izsvaidītas lietas; izmētāti papīri; nekārtība; **4.** (*kucēnu, sivēnu*) metiens; **II** *v* **1.** (*arī* to l. **down**) pakaisīt (*salmus u. tml.*); **2.** izsvaidīt; piemētāt; piegružot; **3.** atnesties; apbērnoties

litter-bin ['litəbin] *n* atkritumu tvertne

little ['litl] **I** *n* neliels daudzums; a l. – mazliet; after l. – pēc īsa brīža; l. or nothing – gandrīz nekas; not a l. – ne mazums; **II** *a* (*comp*. less, lesser [les, 'lesə], *sup*. least [li:st]) **1.** mazs; neliels; l. finger – (*rokas*) mazais pirkstiņš; l. ones – bērni; mazuļi; **2.** niecīgs; nesvarīgs; **3.** sīkumains; aprobežots; **III** *adv* (*comp*. less, lesser ['les, 'lesə]; *sup*. least [li:st]) **1.** maz; nedaudz; l. better than – mazliet labāks par; l. short of – gandrīz; **2.** nemaz; nepavisam; l. does he care – viņam nemaz nerūp

littoral ['litərəl] **I** *n* piekraste; piejūras apgabals; **II** *a* piekrastes-; piejūras-

liturgy ['litədʒi] *n* liturģija

livable ['livəbl] *a* **1.** (*dzīvošanai*) piemērots; apdzīvojams; **2.** saticīgs

live[a] [laiv] *a* **1.** dzīvs; l. weight – dzīvsvars; **2.** enerģisks; darbīgs; spēkpilns; **3.** aktuāls; svarīgs; **4.** degošs; liesmojošs; **5.** *el*. zemsprieguma-; ◊ l. wire – enerģisks cilvēks

live[b] [liv] *v* **1.** dzīvot; eksistēt; to l. beyond one's means – dzīvot pāri saviem līdzekļiem; to l. in a small way – dzīvot pieticīgi; **2.** dzīvot; mājot; **3.** izturēt; izdzīvot; ⃝ to l. **by** – 1) pārtikt no; 2) dzīvot pēc kādiem likumiem; to l. **off** – 1) pārtikt no; 2) dzīvot uz kāda rēķina; to l. **on** – pārtikt; iztikt; to l. on air (nothing) – dzīvot no zila gaisa; to l. on a milk diet – pārtikt no piena produktiem; to l. **out** – pārciest; izturēt; to l. **through** – pārdzīvot; pārciest; to l. **up to** – 1) dzīvot saskaņā ar (*principiem u. tml.*); 2) būt kaut kā cienīgam; ◇ to l. it up – dzīvot zaļi

livelihood [ˈlaivlihʊd] *n* iztika; iztikas līdzekļi; to earn one's l. – nopelnīt sev iztiku

liveliness [ˈlaivlinəs] *n* dzīvums; mundrums

livelong [ˈlivlɒŋ, *amer.* [ˈlaivlɒŋ] *a poēt.* vesels; viss; the l. day – augu dienu

lively [ˈlaivli] *a* **1.** dzīvs; mundrs; možs; l. mind – možs prāts; **2.** spilgts; košs (*par krāsu*); **3.** spēcīgs; spilgts (*piem., par iespaidu*); **4.** straujš (*par priekšmetu kustībā*); ◇ to make things l. for smb. – sadot kādam sutu

liven [ˈlaivn] *v*: to l. **up** – uzmundrināt

live-oak [ˈlaivəʊk] *n* Dienvidamerikas ozols

liver[a] [ˈlivə] *n anat., kul.* aknas

liver[b] [ˈlivə] *n*: close l. – skopulis; good l. – 1) labs, tikumīgs cilvēks; 2) gardēdis; uzdzīvotājs; loose l. – izlaidīgs cilvēks

livery[a] [ˈlivəri] *n* **1.** livreja; **2.** *vēst.* ģildes locekļa tērps

liveryman [ˈlivərimən] *n* **1.** *vēst.* ģildes loceklis; **2.** zirgu iznomātājs; **3.** zirgu puisis

live-stock [ˈlaivstɒk] *n* **1.** mājlopi; **2.** *sar.* insekti (*piem., blusas, utis*)

livid [ˈlivid] *a* **1.** zilimelns; zilpelēks; **2.** līķa bāls; **3.** *sar.* nikns; pārskaities

living [ˈliviŋ] **I** *n* **1.** uzturs; iztika; to make one's l. – nopelnīt sev iztiku; **2.** dzīve; dzīvesveids; good l. – lepna dzīve; plain l. – pieticīga dzīve; standard of l. – dzīves līmenis; **3.** *rel.* draudze; **4.**: the l. – dzīvie; **II** *a* **1.** dzīvs; dzīvojošs; **2.** ļoti līdzīgs

living-room [ˈliviŋrʊm] *n* dzīvojamā istaba

living wage [ˌliviŋ ˈweidʒ] *n* iztikas minimums

lixivium [likˈsiviəm] *n* sārms

lizard [ˈlizəd] *n* **1.** ķirzaka; **2.** ķirzakas āda

lo [ləʊ] *int. novec.* lūk!, rau!; l. and behold! – un raugi!

load [ləʊd] **I** *n* **1.** krava; **2.** nasta; smagums; slogs; l. of care – rūpju nasta; **3.** *mil.* lādiņš; **4.** (*darba*) slodze; ◇ it's a l. off my mind – man kā akmens no sirds novēlās; **II** *v* **1.** [pie]kraut; to l. one's stomach with food – pārēsties; **2.** uzkraut (*rūpes u. tml.*); **3.** apbērt (*ar pārmetumiem, dāvanām*); **4.** pielādēt (*ieroci*)

loader [ˈləʊdə] *n* **1.** krāvējs; **2.** kraušanas ierīce (iekārta)

loaf[a] [ləʊf] *n* (*pl* loaves [ləʊvz]) **1.** klaips; kukulis; **2.** (*kāpostu*) galva; ◇ loaves and fishes – pasaulīgie labumi

loaf[b] [ləʊf] *v* **1.** slinkot; slaistīties; **2.** klaiņot; klīst

loafer [ˈləʊfə] *n* **1.** sliņķis; slaists; **2.** klaidonis

loam [ləʊm] *n* smilšmāls

loan [ləʊn] **I** *n* **1.** aizdevums; on l. – aizdots; **2.** aizņēmums; state (government) l. – valsts aizņēmums; **3.** aizguvums; **II** *v* **1.** aizņemties; aizgūt; **2.** *amer.* aizdot

loanword [ˈləʊnwɜːd] *n* aizgūts vārds, aizguvums

loath, loth [ləʊθ] *a* negribīgs
loathe [ləʊð] *v* **1.** sajust riebumu; **2.** *sar.* neieredzēt; ienīst
loathing [ˈləʊðɪŋ] *n* riebums; pretīgums; naids
loathsome [ˈləʊðsəm] *a* riebīgs; pretīgs; nīstams
lobby [ˈlɒbi] **I** *n* **1.** priekšnams; priekštelpa; foajē; vestibils; **2.** kuluāri; **3.** lobētāji; **4.** gājiens (*vai* pikets) pie parlamenta ēkas; **II** *v* **1.** aģitēt; ietekmēt (*parlamenta vai kongresa locekļus*); **2.** organizēt gājienu (*vai* mītiņu) pie parlamenta ēkas
lobe [ləʊb] *n* **1.** daļa; daiva; **2.** auss ļipiņa; **3.** *tehn.* izcilnis
lobster [ˈlɒbstə] *n* **1.** jūras vēzis, omārs; **2.** omāra gaļa
lobster-eyed [ˈlɒbstəraid] *a* ar izvalbītām acīm
lobule [ˈlɒbjuːl] *n bot., anat.* daiviņa
lobworm [ˈlɒbwɜːm] *n* tārps, slieka (*makšķerēšanai*)
local [ˈləʊkl] **I** *n* **1.** (*parasti pl*) vietējais iedzīvotājs; **2.** vietējais garīdznieks (*vai* ārsts); **3.** piepilsētas vilciens (*vai* autobuss); **4.** vietējās ziņas (*laikrakstā*); **II** *a* vietējs; l. authority – vietējās varas institūcijas; l. government – vietējā pašvaldība; l. outlook – aprobežoti uzskati
locale [ləʊˈkɑːl] *n* darbības vieta
locality [ləʊˈkæləti] *n* **1.** atrašanās vieta; novietojums; **2.** vieta; apvidus; **3.** apkārtne, apkaime; in the l. (*of*) – tuvumā; **4.**: sense (bump) of l. – orientēšanās spēja
localize [ˈləʊkəlaɪz] *v* **1.** lokalizēt; ierobežot izplatību; **2.** noteikt atrašanās vietu; **3.** lokalizēt
locate [ləʊˈkeit] *v* **1.** noteikt atrašanās vietu; **2.** dislocēt; izvietot; to be ~d – atrasties; **3.** norādīt atrašanās vietu (kartē); **4.** *amer.* apmesties uz dzīvi
location [ləʊˈkeiʃn] *n* **1.** vietas noteikšana; radio l. – radiolokācija; **2.** apmešanās (*uz dzīvi*); **3.** dislokācija; izvietojums; vieta
locative [ˈlɒkətiv] *n gram.* lokatīvs
loch [lɒk] *n* **1.** ezers; **2.** šaurs jūras līcis
lock[a] [lɒk] *n* **1.** (*matu*) cirta, sproga; **2.** (*galvas*) mati; **3.** (*vilnas, vates*) kušķis
lock[b] [lɒk] **I** *n* **1.** slēdzene; aizšaujamais; bulta; **2.** slūžas; dambis; **3.** (*satiksmes*) sastrēgums; **II** *v* **1.** [aiz]slēgt; **2.** ieslēgt (*apkampienos*); **3.** ietvert (*no visām pusēm*); ieskaut; **4.** sakrampēt (*pirkstus*); sakost (*zobus*); **5.** *tehn.* saslēgt; bloķēt; ◻ to l. **away** – ieslodzīt to l. **in** – ieslēgt; to l. **out** – 1) nelaist iekšā; 2) pasludināt lokautu; to l. **up** – 1) aizslēgt; 2) ieslēgt
locked-in [lɒktˈin] *a* nemainīgs
locker [ˈlɒkə] *n* **1.** slēdzējs; **2.** aizslēdzams skapītis (*individuālai lietošanai*); l. room – ģērbtuve (*ar aizslēdzamiem skapīšiem*); **3.** (*jūrnieka*) lāde
locket [ˈlɒkit] *n* medaljons
lock-gate [ˌlɒkˈgeit] *n* slūžu vārti
lockout [ˈlɒkaʊt] *n* lokauts
locksmith [ˈlɒksmiθ] *n* atslēdznieks
lockstep [ˈlɒkstep] **I** *n* **1.** (*kareivju*) ierindas solis; **2.** kārtība; stingra sistēma; **II** *a* nemainīgs; nemaināms; **III** *v* **1.** saprasties; atrast kopīgu viedokli; **2.** stūrgalvīgi iet uz mērķi
lock-up [ˈlɒkʌp] *n* **1.** darba pārtraukšana; **2.** (*veikala u. tml.*) slēgšanas laiks; **3.** aresta telpas; *sar.* cietums; **4.** *ek.* nedzīvais kapitāls
locoman [ˈləʊkəmæn] *n sar.* mašīnists, lokomotīves vadītājs

locomotion [ˌləʊkə'məʊʃn] *n* **1.** pārvietošanās; means of l. – pārvietošanās līdzekļi; **2.** ceļošana
locomotive [ˌləʊkə'məʊtiv] **I** *n* lokomotīve; **II** *a* **1.** kustības-; l. power – 1) virzītājspēks; 2) vilcējspēks; **2.** virzošs
locust ['ləʊkəst] *n* **1.** sisenis; **2.** baltā Amerikas akācija; **3.** *pārn.* izēdājs; badmira
locution [ləʊ'kjuːʃn] *n* **1.** izteiksmes veids; **2.** idioma
lode [ləʊd] *n ģeol.* (*rūdas*) dzīsla; iegula
lodestar ['ləʊdstaː] *n* **1.** Polārzvaigzne; **2.** *pārn.* ceļazvaigzne
lodge [lɒdʒ] **I** *n* **1.** (*vārtsarga, dārznieka u. tml.*) mājiņa; **2.** caurlaižu telpa; **3.** mednieku namiņš; **4.** *amer.* indiāņu vigvams (*vai* telts); **5.** (*masonu*) loža; **6.** (*bebra*) mājiņa; (*ūdra*) ala; **II** *v* **1.** dot pajumti (naktsmājas); **2.** atstāt drošā vietā; **3.** nodot (*varu u. tml.*) kāda rokās; **4.** izīrēt istabu; **5.** iestrēgt, ieurbties (*piem., par lodi*); **6.** *jur.* izvirzīt (*apsūdzību*); **7.** sagāzt veldrē (*labību*)
lodger ['lɒdʒə] *n* īrnieks; iemītnieks; to take in ~s – izīrēt istabas
lodging ['lɒdʒɪŋ] *n* **1.** (*pagaidu*) mītne; pajumte; naktsmājas; **2.** *pl* mēbelētas istabas; dzīvoklis
loft [lɒft] *n* **1.** bēniņi; **2.** sienaugša; **3.** *amer.* (*noliktavas*) augšstāvs; **4.** baložu būda; **5.** lukta; kora telpa (*baznīcā*)
loftiness ['lɒftɪnəs] *n* **1.** (*mērķu*) cēlums; diženums; **2.** augstprātība; iedomība; **3.** liels augstums
lofty ['lɒftɪ] *a* **1.** ļoti augsts; l. tower – augsts tornis; **2.** cēls; dižens; l. aims – cēli mērķi; l. style – augsts, izsmalcināts stils; **3.** augstprātīgs; iedomīgs

log [lɒg] **I** *n* **1.** klucis; bluķis; baļķis; **2.** *jūrn.* laga; **3.** *sk.* **log-book**; **II** *v* **1.** strādāt meža darbos; **2.** atzīmēt kuģa dienasgrāmatā
logarithm ['lɒgərɪðəm] *n mat.* logaritms
log-book ['lɒgbʊk] *n* (*kuģa, lidmašīnas u. tml.*) dienasgrāmata, žurnāls
logged [lɒgd] *a* **1.** piemircis; **2.** rāvains, stāvošs (*par ūdeni*); **3.** nolīsts; izcirsts
logger ['lɒgə] *n amer.* **1.** mežcirtējs, mežstrādnieks; **2.** baļķu krāvējs (*mašīna*)
loggerhead ['lɒgəhed] *n* muļķis, stulbenis
loggerhead turtle ['lɒgəhed 'tɜːtl] *n* jūras bruņurupucis
loggia ['ləʊdʒə] *n* lodžija
logic ['lɒdʒɪk] *n* loģika
logical ['lɒdʒɪkl] *a* **1.** loģisks; **2.** konsekvents; pakāpenisks; secīgs
logo ['lɒgəʊ] *n* **1.** (*saīs. no* logotype) logotips; **2.** firmas zīme; **3.** emblēma (*grafisks simbols*)
logotype ['lɒgəʊtaɪp] *n* logotips
logwood ['lɒgwʊd] *n* sandalkoks
loin [lɔɪn] *n* **1.** *pl* jostasvieta; krusti; **2.** *kul.* fileja
loin-cloth ['lɔɪnklɒθ] *n* gurnu apsējs, gurnauts
loiter ['lɔɪtə] *v* **1.** vilcināties; kavēties; **2.** slaistīties
loll [lɒl] *v* **1.** sēdēt (*vai* stāvēt) laiskā pozā; **2.** izkārt (*mēli*); **3.** izkārties (*par mēli*)
lollipop ['lɒlɪpɒp] *n* **1.** cukurgailītis; **2.** *pl* konfektes, saldumi
Londoner ['lʌndənə] *n* londonietis; londoniete
lone [ləʊn] *a poēt.* vientuļš; pamests; ◊ to play a l. hand – rīkoties uz savu roku
loneliness ['ləʊnlɪnəs] *n* vientulība; vientane

lonely ['ləʊnli] *a* **1.** vientuļš; vientulīgs; **2.** *poēt.* skumjš; drūms

long[a] [lɒŋ] **I** *n* ilgs laiks; for l. – uz ilgu laiku; ◇ the l. and the short of it – vārdu sakot; **II** *a* **1.** garš; l. jump *sp.* – tāllēkšana; l. sight – tālredzība; l. vowel *gram.* – garš patskanis; **2.** ilgs; ilgstošs; an hour l. – stundu ilgs; **3.** attāls; tāls; **4.** sens; ◇ in the l. run – galu galā; l. tongue – pļāpība; **III** *adv* **1.** ilgi; all night l. – visu nakti; l. live! – lai dzīvo!; so l.! *sar.* – uz redzēšanos!; so (as) l. as – ja vien; **2.** (*arī* l. ago, l. since) sen; pirms ilgāka laika; l. before – sen pirms

long[b] [lɒŋ] *v* (*for*) ilgoties

long-bow ['lɒŋbəʊ] *n* šaujamais loks; ◇ to draw the l.-b. – pārspīlēt; stāstīt neticamas lietas

long-distance [lɒŋ'distəns] *a* tāls; tālsatiksmes-; l.-d. call – tālsaruna; l.-d. train – tālsatiksmes vilciens

long-drawn [ˌlɒŋ'drɔ:n] *a* ilgstošs; ieildzis

longevity [lɒn'dʒevəti] *n* ilgmūžība

longing ['lɒŋiŋ] **I** *n* ilgas; ilgošanās; **II** *a* ilgpilns

longitude ['lɒndʒitju:d] *n ģeogr.* garums

longitudinal [ˌlɒndʒi'tju:dinl] *a* **1.** garenisks; l. section – garengriezums; **2.** *ģeogr.* garuma-

long-lived [ˌlɒŋ'livd] *a* **1.** ilgstošs; **2.** izturīgs

long-liver ['lɒŋˌlivə] *n* ilgdzīvotājs

long-playing ['lɒŋˌpleiiŋ] *a* ilgspēlējošs; l.-p. record – ilgspēlējoša skaņuplate

long-range [lɒŋ'reindʒ] *a* **1.** liela darbības rādiusa-; tāldarbības-; **2.** tālredzīgs; tālejošs; l.-r. policy – tālejoša politika; **3.** perspektīvs

longshoreman ['lɒŋʃɔ:mən] *n* **1.** (*ostas*) krāvējs; **2.** piekrastes zvejnieks

long-sighted [ˌlɒŋ'saitid] *a* tālredzīgs

longspun ['lɒŋspʌn] *a* stiepts; garlaicīgs

long-standing [ˌlɒŋ'stændiŋ] *a* **1.** sens; vecs; **2.** ieildzis, ievilcies

longstop ['lɒŋstɒp] *n* traucēklis; šķērslis

long-suffering [ˌlɒŋ'sʌfəriŋ] *a* **1.** daudz cietis; **2.** pacietīgs

long-term ['lɒŋtɜ:m] *a* ilgtermiņa-

long-tongued [ˌlɒŋ'tʌŋd] *a* pļāpīgs

longways ['lɒŋweiz] *adv* gareniski

look [lʊk] **I** *n* **1.** skatiens; to give a l. – uzmest acis; to have a l. – paskatīties; **2.** izskats; (*sejas, acu*) izteiksme; **3.** *pl* āriene; izskats; good ~s – skaistums; piemīlīgums; **II** *v* **1.** (*at, on*) skatīties, raudzīties; l. alive (lively)! – pasteidzieties!; l. here! – paklau!; l. sharp! – veiklāk!; **2.** izskatīties; to l. black – izskatīties sadrūmušam; to l. blue – izskatīties noskumušam; to l. like – izskatīties (būt) līdzīgam; to l. one's age – neizskatīties vecākam (jaunākam) par saviem gadiem; to l. small – izskatīties nožēlojamam; **3.** pārbaudīt (*ar skatienu*); l. you! – iegaumējiet!; **4.** būt vērstam; ⬜ to l. **about** – 1) raudzīties apkārt; 2) saausīties; to l. **after** – 1) rūpēties par; 2) pieskatīt; uzraudzīt; to l. **ahead** – 1) skatīties uz priekšu; 2) raudzīties nākotnē; to l. **back** – (*on, to*) atskatīties (*pagātnē*); to l. **down** – 1) nodurt skatienu; 2) (*on, upon*) pārn. – noraudzīties no augšas; to l. **for** – 1) meklēt; 2) gaidīt; cerēt; to l. **forward to** – gaidīt ar prieku; to l. **in** – 1) iegriezties; apciemot; 2) (*at*) skatīties televīziju; to l. **into** – ieskatīties; to l. **on** – 1) noskatīties, noraudzīties; 2) (*as, with*) uzskatīt; to l. on smb. as a friend – uzskatīt kādu par savu draugu; to l.

out – 1) būt piesardzīgam; 2) (*for*) meklēt ar skatienu; 3) izmeklēt; izvēlēties (*piemērotāko*); to l. **over** – 1) izšķirstīt; izskatīt; 2) palaist garām neievērotu; to l. **round** – 1) skatīties apkārt; 2) iepriekš apsvērt; apdomāt; to l. **through** – izskatīt; to l. **to** – parūpēties par; gādāt par; to l. **up** – 1) pacelt acis; 2) sameklēt (*piem.*, *vārdnīcā*); 3) uzlaboties; 4) apciemot; to l. up and down – nopētīt; to l. **upon** – *sk.* to l. **on** 2); to l. **up to** – 1) cienīt; respektēt; 2) griezties pēc palīdzības

looker [ˈlʊkə] *n sar.* skaistule; skaistulis

looker-in [ˌlʊkərˈin] *n* televīzijas skatītājs

looker-on [ˌlʊkərˈɒn] *n* skatītājs; novērotājs

look-in [ˈlʊkin] *n sar.* **1.** iespēja; izdevība (*piedalīties, gūt panākumus*); **2.** paviršs acu uzmetiens; **3.** īss apciemojums

looking-glass [ˈlʊkiŋglɑːs] **I** *n* spogulis; **II** *a* ačgārns; juceklīgs; haotisks

look-out [ˈlʊkˌəʊvə] *n* **1.** modrība; piesardzība; to be on the l.-o. – 1) būt piesardzīgam; 2) (*for*) meklēt; **2.** sargpostenis; novērošanas punkts; **3.** sardze; sargkareivis; **4.** skats; ainava; **5.** izredzes; that's your own l.-o. – tā ir jūsu pašu darīšana

loomᵃ [luːm] *n* stelles

loomᵇ [luːm] **I** *n* neskaidras aprises; **II** *v* **1.** neskaidri iezīmēties; vīdēt; **2.** (*arī* to l. large) iegūt draudošus apmērus

loomᶜ [luːm] *n* aira kāts

loony [ˈluːni] *sl.* **I** *n* trakais; l. bin – trakonams; **II** *a* traks

loop [luːp] **I** *n* cilpa; **II** *v* mest cilpu

loophole [ˈluːphəʊl] *n* **1.** šaujamlūka; **2.** *pārn.* izeja

loose [luːs] **I** *n* (*jūtu*) izpausme; to give [a] l. (*to*) – ļaut vaļu (*jūtām u. tml.*); ◇ to be on the l. – uzdzīvot; nodoties trakulībām; **II** *a* **1.** brīvs; to break (get) l. – 1) izrauties brīvībā; 2) norauties no ķēdes; to come l. – atraisīties; to let l. – 1) atlaist; atbrīvot; 2) ļaut vaļu; **2.** vaļīgs; nesavilkts; l. rein – nesavilkti groži; **3.** ļengans; nokāries; **4.** plats; liels; ērts (*par apģērbu*); **5.** nenoteikts; izplūdis; paviršs; nolaidīgs; **7.** izlaidīgs; **8.** irdens (*par augsni*); **9.** *tehn.* brīvgaitas-; tukšgaitas-; **III** *v* **1.** atbrīvot; **2.** atraisīt; **3.** (*arī* to l. off) izšaut; **IV** *adv* brīvi; vaļīgi

loosely [ˈluːsli] *adv* brīvi; vaļīgi

loosen [ˈluːsn] *v* **1.** atlaist vaļīgāk; atslābināt; **2.** kļūt vaļīgam; atslābt; **3.** izkustināt (*piem., stabu*); **4.** atraisīt; **5.** uzirdināt; ◊ to l. **up** *sp.* – iesildīties

loot [luːt] **I** *n* **1.** laupījums; **2.** laupīšana; **II** *v* laupīt; sirot

lopᵃ [lɒp] **I** *n* (*arī:* l. and top, l. and crop) sīki zari (*apgriezti*); **II** *v* **1.** apgriezt; (*zarus u. tml.*); **2.** nocirst; nogriezt

lopᵇ [lɒp] *v* **1.** nokarāties; **2.** neveikli kustēties; ◊ to l. **about** – slaistīties apkārt

lopᶜ [lɒp] *n* ņirbu vilnīši

lope [ləʊp] **I** *n* lēkšošana; auļošana; **II** *v* lēkšot; auļot

lop-eared [ˈlɒpˌiəd] *a* ar noļukušām ausīm

lop-sided [ˌlɒpˈsaidid] *a* šķībs; greizs; sasvēries uz sāniem

loquacious [ləʊˈkweiʃəs] *a* **1.** runīgs; pļāpīgs; **2.** čalojošs (*par strautu*); **3.** čivinošs (*par putnu*)

loquacity [ləʊˈkwæsəti] *n* runīgums; pļāpīgums

lord [lɔːd] **I** *n* **1.** kungs; valdnieks; pavēlnieks; l. of the manor – muižas īpašnieks; **2.** lords; pērs; lordu palātas loceklis; my l. – milords (*pēra, bīskapa, augstākā tiesneša oficiāla uzruna*); the House of Lords – lordu palāta; the Lords – lordu palāta; lordu palātas locekļi; **3**.: the L. – Dievs; ~'s day – svētdiena; ~'s Prayer – Tēvreize; the ~'s Supper – Svētais vakarēdiens; **II** *v* **1**. piešķirt lorda titulu; **2**. uzrunāt par lordu; **3**.: to l. it (over) – izturēties valdonīgi

lordly [ˈlɔːdli] *a* **1**. lorda-; lordu-; **2**. dižens; krāšņs; majestātisks; **3**. kundzisks; augstprātīgs; lepns

lordship [ˈlɔːdʃip] *n* **1**. lorda muiža; **2**. (feodālā) lorda vara; **3**.: Your l.! – Jūsu Augstība (Gaišība)! (*lorda, tiesneša oficiālā uzruna*)

lore [lɔː] *n* zināšanas (*noteiktā nozarē*); bird l. – ornitoloģija

lorgnette [lɔːnˈjet] *n* **1**. lornete; **2**. teātra binoklis

lorn [lɔːn] *a poēt*. pamests; vientuļš; vientulīgs

lorry [ˈlɒri] **I** *n* **1**. smagais (kravas) automobilis; **2**. (*dzelzceļa*) platforma; **3**. ratiņi; vagonete; **II** *v* **1**. braukt ar smago (kravas) automobili; **2**. pārvadāt ar smago (kravas) automobili

lose [luːz] (*p. un p.p.* lost [lɒst]) *v* **1**. [pa]zaudēt; to l. one's cold – izārstēties no iesnām; to l. oneself (one's way) – apmaldīties; to l. one's temper – zaudēt savaldību; **2**. nokavēt; palaist garām; to l. one's train – nokavēt vilcienu; **3**. paspēlēt; zaudēt; to l. a bet – zaudēt derības; **4**. ciest zaudējumus; **5**. atpalikt (*par pulksteni*); **6**. *pass*. pazust; iet bojā; ◻ to l. **out** – zaudēt; ◇ to l. ground – zaudēt pamatu zem kājām; to l. heart – zaudēt drosmi; to l. one's heart – iemīlēties

loser [ˈluːzə] *n* **1**. zaudētājs; paspēlētājs; **2**. neveiksminieks

loss [lɒs] *n* zaudējums; paspēle; at a l. – 1) apmulsis; neziņā; 2) lētāks par sākotnējo cenu (*par preci*)

lossmaking [ˈlɒsmeikiŋ] *a* neienesīgs, nerentabls

lost *sk*. **lose**

lot [lɒt] **I** *n* **1**. loze; to cast (draw, throw) ~s – lozēt, vilkt lozes; **2**. liktenis; **3**. zemesgabals; across ~s *amer*. – taisnā ceļā; parking l. – automobiļu stāvvieta; **4**. (*preču, izstrādājumu*) partija; **5**. *sar*. (*cilvēku*) grupa; kompānija; **6**. liels daudzums; milzums; **II** *v* **1**. (*arī* to l. out) dalīt; sadalīt; iedalīt; **2**. lozēt; mest kauliņus

loth [ləʊθ] *sk*. **loath**

lotion [ˈləʊʃn] *n* **1**. losjons; **2**. *sl*. alkoholisks dzēriens

lottery [ˈlɒtəri] *n* loterija

lotto [ˈlɒtəʊ] *n* loto

lotus [ˈləʊtəs] *n* lotoss

lotus-land [ˈləʊtəslænd] *n* teiksmaina pārpilnības zeme; leiputrija

loud [laʊd] **I** *a* **1**. skaļš; skanīgs; **2**. trokšņains; **3**. uzkrītošs; kliedzošs (*par krāsu, apģērbu*); **II** *v* skaļi; ◇ for crying out l. – kaut kas traks!

loudly [ˈlaʊdli] *adv* **1**. skaļi; **2**. trokšņaini; **3**. uzkrītoši; kliedzoši

loud-speaker [ˌlaʊdˈspiːkə] *a* skaļrunis; reproduktors

lough [lɒx] *n* ezers

lounge [laʊndʒ] **I** *n* **1**. dīkdienība; **2**. slinka gaita (poza); **3**. atpūtas telpa; viesistaba; **4**. guļamkrēsls; atpūtas krēsls; **II** *v* **1**. atlaisties; zvilnēt (*krēslā*); **2**. laiskoties; slaistīties

lounger [ˈlaʊndʒə] *n* dīkdienis, slaists
louse [laʊz] **I** *n* (*pl* lice [laɪs]) uts; **II** *v* meklēt utis, ieskāt
lousy [ˈlaʊzi] *a* **1.** utains; **2.** *sar.* draņķīgs, pretīgs
lout [laʊt] *n* lempis; neveiklis
lovable [ˈlʌvəbl] *a* mīļš; jauks; pievilcīgs
love [lʌv] **I** *n* **1.** mīla, mīlestība; to be in l. with smb. – mīlēt kādu; to fall in l. with smb. – iemīlēties kādā; to make l. to – 1) izrādīt uzmanību; aplidot; 2) mīlēties; **2.** iemīļotais; iemīļotā; ◇ for l. or money – par katru cenu; to give (send) one's l. (*to*) – sūtīt sveicienus; **II** *v* **1.** mīlēt; **2.** just patiku
love-affair [ˈlʌvəˌfeə] *n* mīlas dēka
love-in-idleness [ˈlʌvinˌaidlnəs] *n bot.* atraitnīte
Lovelace [ˈlʌvleis] *n* siržu lauzējs
loveless [ˈlʌvləs] *a* **1.** nemīlošs; **2.** nemīlams; l. marriage – laulība bez mīlestības
loveliness [ˈlʌvlinəs] *n* **1.** piemīlība; pievilcība; **2.** jaukums; burvīgums
lovelock [ˈlʌvlɒk] *n* sproga, cirta (*uz pieres vai vaiga*)
lovely [ˈlʌvli] **I** *n sar.* (*reklāmas u. tml.*) skaistule; **II** *a* **1.** skaists; piemīlīgs; pievilcīgs; **2.** *sar.* burvīgs; apburošs; **3.** *amer.* morāli skaidrs
love-making [ˈlʌvˌmeikiŋ] *n* **1.** aplidošana; flirts; **2.** mīlēšanās
lover [ˈlʌvə] *n* **1.** mīļākais; **2.** *pl* mīlētāji; mīlas pāris; **3.** (*mākslas u. tml.*) mīļotājs, cienītājs
lovestruck [ˈlʌvstrʌk] *a* neprātīgi iemīlējies
low[a] [ləʊ] **I** *n* viszemākais līmenis; **II** *a* **1.** zems; l. tide – bēgums; l. water – sekls ūdens; **2.** vājš; pavājināts; **3.** zems; kluss (*par balsi*); zems; dobjš (*par toni*); **4.** zemas kārtas-; **5.** *biol.* zemākais; l. organisms – zemākie organismi; **6.** nomākts; drūms; to be in l. spirits – būt nomāktā garastāvoklī; to feel l. – slikti justies; **7.** trūcīgs; nabadzīgs (*par ēdienu*); l. fat milk – piens ar zemu tauku saturu; **8.** izsīcis (*par krājumiem*); **9.** rupjš; vulgārs; piedauzīgs; l. language – rupjības; l. manners – sliktas manieres; **III** *adv* **1.** zemu; to lay l. – 1) nogāzt gar zemi; apgāzt; 2) pazemot; **2.** vāji; to burn l. – vāji degt; **3.** klusi; dobji; **4.** nomākti; **5.** trūcīgi; nabadzīgi; **6.** lēti
low[b] [ləʊ] **I** *n* maurošana; baurošana; **II** *v* maurot; baurot
low-born [ˌləʊˈbɔːn] *a* zemas kārtas-
low-bred [ˌləʊˈbred] *a* neaptēsts; rupjš
lowbrow [ˈləʊbraʊ] **I** *n* mazizglītots cilvēks; **II** *a* zema intelekta-; l. tastes – primitīva gaume
low-down [ˈləʊdaʊn] **I** *n sl.* īstenība; fakti; (*iekšēja*) informācija; **II** *a* zemisks; negodīgs
lower[a] [ˈləʊə] **I** *a* (*comp. no* low[a]) **1.** zemāks; apakšējs; **2.** nesens (*par laiku*); **II** *v* **1.** nolaist; **2.** pazemināt (*cenu u. tml.*); **3.** pazemināties; kristies (*par cenu u. tml.*); **4.** vājināt; **5.** pazemot; degradēt
lower[b] [ˈləʊə] *amer. sk.* **lour I, II**
low-grade [ˈləʊgreid] **I** *n* lēzena nogāze; **II** *a* zemas kvalitātes-
lowland [ˈləʊlənd] *n* zemiene; ieleja
low-lived [ˈləʊlivd] *a* **1.** nabadzīgs; trūcīgs; **2.** rupjš; piedauzīgs
lowly [ˈləʊli] **I** *a* **1.** zema stāvokļa-; necili situēts; **2.** vienkāršs; pazemīgs; **3.** kautrīgs; **II** *adv* **1.** zemu; **2.** vienkārši; pazemīgi; **3.** kautrīgi
loyal [ˈlɔiəl] *a* lojāls; uzticams

loyalty [ˈlɔiəlti] *n* lojalitāte; uzticība
lozenge [ˈlɒzindʒ] *n* **1.** rombs; rombveida figūra; **2.** tablete; cough l. – (*sūkājama*) tablete pret klepu
lubber [ˈlʌbə] *n* **1.** neveiklis; lempis; **2.** nepieredzējis jūrnieks
lubricant [ˈluːbrikənt] *n* smērviela; smēreļļa
lubricate [ˈluːbrikeit] *v* **1.** eļļot (*mašīnu*); **2.** *sar.* uzcienāt (*ar vīnu*)
luce [luːs] *n* līdaka
lucent [ˈluːsnt] *a* **1.** spožs; spīdīgs; **2.** caurspīdīgs
lucerne [luːˈsɜːn] *n bot.* lucerna
lucid [ˈluːsid] *a* **1.** gaišs; caurspīdīgs; **2.** *poēt.* spilgts; spožs; **3.** skaidrs; saprotams
luck [lʌk] *n* laime; veiksme; for l. – uz laimi; good l. – laimīgs gadījums; to try one's l. – izmēģināt laimi; worse l. – kā par nelaimi
luckily [ˈlʌkili] *adv* par laimi; laimīgā kārtā
luckless [ˈlʌkləs] *a* nelaimīgs; neveiksmīgs
lucky [ˈlʌki] *a* **1.** laimīgs; veiksmīgs; l. dog – veiksminieks; **2.** laimi nesošs; **3.** gadījuma-; nejaušs; l. discovery – nejaušs atklājums; l. escape – laimīga izglābšanās
lucrative [ˈluːkrətiv] *a* izdevīgs; ienesīgs
ludicrous [ˈluːdikrəs] *a* smieklīgs; jocīgs
lues [ˈluːiːz] *n* **1.** mēris; **2.** (*arī* l. venerea) sifiliss
lugᵃ [lʌg] **I** *n* **1.** vilkšana; stiepšana; stīvēšana; **2.** *amer.* uzpūtība; **II** *v* vilkt; stiept; stīvēt
lugᵇ [lʌg] *n* **1.** auss; **2.** rokturis
luggage [ˈlʌgidʒ] *n* bagāža; l. boot – (*automobiļa*) bagāžnieks; l. office – bagāžas glabātava; l. space – bagāžas nodalījums

lugubrious [ləˈguːbriəs] *a* bēdīgs; skumjš; sērīgs
lukewarm [ˈluːkwɔːm] *a* **1.** remdens; **2.** vienaldzīgs
lull [lʌl] **I** *n* **1.** (*īslaicīgs*) klusums; **2.** bezvējš; **II** *v* **1.** iemidzināt; ieaijāt; **2.** izgaisināt (*bailes, šaubas*); **3.** remdēt (*sāpes*); nomierināt; **4.** norimt (*par vētru*)
lullaby [ˈlʌləbai] **I** *n* šūpļdziesma; **II** *v* iemidzināt; ieaijāt
lumbar [ˈlʌmbə] *a* gurnu-; jostasvietas-
lumberᵃ [ˈlʌmbə] **I** *n* **1.** grabažas; **2.** *amer.* kokmateriāli; **II** *v* **1.** (*arī* to l. up) nekārtīgi sakraut; sagāzt; pielūžņot; **2.** *amer.* cirst (līst) mežu
lumberᵇ [ˈlʌmbə] *v* slampāt; ▯ to l. **along (by, past)** – aizdārdēt, aizrībēt
lumberman [ˈlʌmbəmən] *n* **1.** *amer.* mežstrādnieks; malkas cirtējs; **2.** kokrūpnieks; kokmateriālu tirgotājs
lumber-mill [ˈlʌmbəmil] *n* kokzāģētava
lumber-room [ˈlʌmbəruːm] *n* pieliekamā telpa (*nederīgām lietām*)
lumber-yard [ˈlʌmbəjɑːd] *n* kokmateriālu noliktava
luminary [ˈluːminəri] *n* **1.** gaismeklis; **2.** *pārn.* spīdeklis, slavenība
luminosity [ˌluːmiˈnɒsəti] *n* spīdums, mirdzums
luminous [ˈluːminəs] *a* **1.** spīdošs; l. paint – fosforescējoša krāsa; **2.** gaismas-; l. signal – gaismas signāls; l. source – gaismas avots; **3.** skaidrs; saprotams
lump [lʌmp] **I** *n* **1.** gabals; kumoss; l. in the throat *pārn.* – kamols kaklā; **2.** uztūkums; piepampums; puns; **3.** *sar.* lempis; lamzaks; **4.**: the l. – pagaidu darba strādnieki (*celtniecībā*); **5.** *sl.* milzums; **II** *v* **1.** nešķirot; samest kopā; **2.** saiet kunkuļos; ▯ to l. **along** –

klamzāt; to l. **down** – atzvelties; to l. **together** – kraut kaudzē
lumper [ˈlʌmpə] *n* **1.** ostas krāvējs; **2.** starpnieks
lumpish [ˈlʌmpiʃ] *a* **1.** klucim (bluķim) līdzīgs; **2.** smagnējs; lempīgs; **3.** truls; stulbs
lunacy [ˈluːnəsi] *n* **1.** vājprāts; **2.** *jur.* nepieskaitāmība; **3.** *sar.* liela muļķība; muļķīga rīcība
lunar [ˈluːnə] *a* **1.** Mēness-; **2.** bāls; vājš (*piem., par gaismu*)
lunatic [ˈluːnətik] **I** *n* ārprātīgais, vājprātīgais; **II** *a* **1.** ārprātīgs, vājprātīgs; l. asylum – psihiatriskā slimnīca; **2.** neprātīgs
lunch [lʌntʃ] **I** *n* **1.** lenčs, otrās brokastis (*no plkst. 12 līdz 14*); **2.** *amer.* viegla maltīte; uzkožamie; **3.** pusdienas; **II** *v* **1.** brokastot; **2.** *sar.* pacienāt ar brokastīm; **3.** pusdienot
luncheon [ˈlʌntʃən] **I** *n* (*oficiālas*) brokastis; **II** *v* brokastot
luncheon meat [ˈlʌntʃən miːt] *n* gaļas rulete
lung [lʌŋ] *n* **1.** plauša; **2.**: the ~s – atpūtas vietas, zaļā zona (*lielpilsētās vai to apkārtnē*)
lunge[a] [lʌndʒ] **I** *n* pavada; **II** *v* turēt (vadāt) pavadā
lunge[b] [lʌndʒ] **I** *n* **1.** *sp.* izklupiens; **2.** izrāviens; **II** *v* **1.** *sp.* izklupt; **2.** mesties; rauties uz priekšu
lupin[e] [ˈluːpin] *n bot.* lupīna
lupine [ˈluːpain] *a* **1.** vilka-; **2.** zvērīgs; zvērisks; plēsīgs
lurch[a] [lɜːtʃ] *n*: to leave smb. in the l. – pamest kādu nelaimē
lurch[b] [lɜːtʃ] **I** *n* **1.** (*kuģa*) sānsvere; **2.** grīļīga gaita; **3.** *amer.* tieksme; nosliece; **II** *v* **1.** sasvērties (*par kuģi*); **2.** grīļoties (*ejot*)

lurcher [ˈlɜːtʃə] *n* zaglēns; krāpnieks
lure [ljʊə] **I** *n* **1.** kārdinājums; vilinājums; burvība; **2.** pievilinātājs (*medībās*); **II** *v* **1.** (*into, away*) kārdināt; pievilināt; apburt; **2.** pievilināt (*medībās*)
lurid [ˈljʊərid] *a* **1.** ugunīgs; liesmojošs (*par sauli, debesīm u. tml.*); **2.** drausmīgs; šausminošs; **3.** līķa bāls
lurk [lɜːk] *v* **1.** uzglūnēt no paslēptuves; **2.** slēpties; **3.** zagties; lavīties
luscious [ˈlʌʃəs] *a* **1.** salds un smaržīgs; **2.** salkans; šķebīgs; **3.** samākslots; izpušķots (*piem., par stilu*)
lush[a] [lʌʃ] *a* spēcīgs; sulīgs (*par dzinumiem*)
lush[b] [lʌʃ] *n* **1.** alkoholisks dzēriens; **2.** *amer. sl.* piedzērušais
lust [lʌst] **I** *n* **1.** iekāre; **2.** kaisle; kāre; **II** *v* iekārot; kaislīgi vēlēties; □ to l. **for (after)** – kārot; tīkot
lustful [ˈlʌstfʊl] *a* miesaskārīgs
lustiness [ˈlʌstinəs] *n* veselība; spēks
lustre [ˈlʌstə] **I** *n* **1.** spīdums; spožums; mirdzums; **2.** slava; krāšņums; diženums; **3.** lustra; **II** *v* nospodrināt
lustrous [ˈlʌstrəs] *a* spožs; mirdzošs
lusty [ˈlʌsti] *a* vesels; spēcīgs
luteous [ˈluːtiəs] *a* oranždzeltens
Lutheran [ˈluːθərən] **I** *n* luterānis; **II** *a* luterāņu-
luxate [ˈlʌkseit] *v* izmežģīt
luxe [lʊks] *n*: articles de l. – luksusa priekšmeti; edition de l. – grezns izdevums
luxuriance [lʌgˈzjʊəriəns] *n* **1.** pārpilnība; greznība; **2.** (*iztēles u. tml.*) bagātība
luxuriant [lʌgˈzjʊəriənt] *a* **1.** auglīgs; krāšņs; **2.** izpušķots (*par stilu*)
luxurious [lʌgˈzjʊəriəs] *a* **1.** grezns; krāšņs; **2.** izmeklēts

lye [lai] *n* sārms
lying[a] [ˈlaiiŋ] **I** *n* meli; melošana; **II** *a* melīgs
lying[b] [ˈlaiiŋ] **I** *n* **1.** gulēšana; **2.** guļvieta; guļasvieta; **II** *a* guļošs
lying-in [ˌlaiiŋˈin] *n* dzemdības; l.-i. hospital – dzemdību nams
lymph [limf] *n* **1.** *fiziol.* limfa; **2.** *poēt.* dzidrs avots
lynch [lintʃ] *v* linčot
Lynch law [ˈlintʃɔː] *n* linča tiesa; linčošana
lynx [liŋks] *n* lūsis
lyre [ˈlaiə] *n* lira
lyric [ˈlirik] **I** *n* lirisks dzejolis; **II** *a* lirisks
lyricism [ˈlirisizəm] *n* lirisms
lyrist [ˈlaiərist] *n* **1.** liras spēlētājs; **2.** liriķis
lysol [ˈlaisɒl] *n farm.* lizols

Mm

M, m [em] *angļu alfabēta burts*
ma [mɑː] *n* (*saīs. no* mamma[a]) *sar.* māmiņa
ma'am [mæm] *n* (*saīs. no* madam) **1.** kundze (*karalienes uzrunas forma*); **2.** *amer.* kundze; cienītā (*sievietes uzrunas forma*)
macabre [məˈkɑːbrə] *a* drausmīgs; šaušalīgs
macaco [məˈkeikəʊ] *n* lemurs
macaque [məˈkɑːk] *n* makaks
macaroni [ˌmækəˈrəʊni] *n* makaroni
macaroon [ˌmækəˈruːn] *n* mandeļu cepums
macartney [məˈkɑːtni] *n* zelta fazāns
macaw[a] [məˈkɔː] *n* Dienvidamerikas palma
macaw[b] [məˈkɔː] *n* makao papagailis
macchinetta [ˌmɑːkiˈnetə] *n* elektriskais kafijas vārītājs
mace[a] [meis] *n* **1.** *vēst.* vāle; **2.** zizlis; **3.** (*biljarda*) kija
mace[b] [meis] *n* muskatrieksta žāvēta miza (*garšviela*)
Mace [meis] *n* asaru gāze
macerate [ˈmæsəreit] *v* **1.** izmērcēt; atmiekšķēt; **2.** novārdzināt; izmocīt
machicolation [ˌmætʃikəʊˈleiʃən] *n vēst.* šaujamlūka
machination [ˌmækiˈneiʃn] *n* mahinācija; intriga
machine [məˈʃiːn] **I** *n* **1.** mašīna; m. language – programmēšanas valoda; **2.** mehānisms; aparāts; **3.** darbgalds; **II** *v* **1.** apstrādāt mehāniski; **2.** šūt (*ar šujmašīnu*); **3.** drukāt
machine-gun [məˈʃiːnɡʌn] **I** *v* ložmetējs; **II** *v* šaut ar ložmetēju
machine-made [məˈʃiːnmeid] *a* rūpnieciski ražots
machinery [məˈʃiːnəri] *n* **1.** mašīnas; mehānismi; iekārta; **2.** mašīnas detaļas; **3.** mehānisms; struktūra
machine tool [məˈʃiːntuːl] *n* darbgalds
machinist [məˈʃiːnist] *n* **1.** mašīnbūvētājs; **2.** mehāniķis; atslēdznieks; **3.** mašīnists; **4.** motoršuvēja
mackerel [ˈmækrəl] *n* makrele, skumbrija
mac[k]intosh [ˈmækintɒʃ] *n* **1.** lietusmētelis; **2.** impregnēts audums
macrobiotic [ˌmækrəʊbaiˈɒtik] *n* ilgmūžība
macrobiosis [ˌmækrəʊbaiˈɒsis] *a* **1.** ilg-

mūža-; ilgmūžīgs; **2.** veģetārs (*par diētu*)

macron ['mækrɒn] *n val.* garumzīme

maculated ['mækjʊleitid] *a* plankumains

mad [mæd] *a* **1.** ārprātīgs, traks; to drive (send) smb. m. – padarīt kādu traku; to go m. – sajukt prātā; **2.** slims ar trakumsērgu (*par dzīvnieku*); **3.** pārsteidzīgs; nesaprātīgs; neapdomīgs; **4.** (*about, after, for, on*) aizrāvies; m. on tennis – aizrāvies ar tenisu; ◇ m. as a hatter, m. as a March hare – pilnīgi traks

madam ['mædəm] *n* kundze (*uzrunā*)

madcap ['mædkæp] **I** *n* trakulis; nebēdnis; **II** *a* trakulīgs; nebēdnīgs

madden ['mædn] *n* **1.** satracināt; saniknot; **2.** sajukt prātā

made [meid] *a* **1.** *sk.* **make II**; **2.** nodrošināts (*par cilvēku*); m. for life – nodrošināts uz mūžu; **3.** salikts; m. dish – asorti

made-up ['meidʌp] *a* **1.** mākslīgs; **2.** sadomāts; sagudrots; **3.** uzkrāsojies; **4.** gatavs (*par apģērbu*)

madhouse ['mædhaʊs] *n* trakonams

madman ['mædmən] *n* ārprātīgais

madness ['mædnəs] *n* ārprāts; trakums

Madonna [mə'dɒnə] *n* madonna

maelstrom ['meilstrɒm] *n* **1.** (*ūdens*) virpulis; atvars; **2.** *pārn.* viesulis

maestro [mɑ:'estrəʊ] *n* (*pl* ~s *vai* maestri [mɑ:'estri]) maestro

maffick ['mæfik] *v* līksmoties; trakot (*no prieka*)

mafia ['mæfiə] *n* mafija

magazine [,mægə'zi:n] *n* **1.** žurnāls; periodisks izdevums; **2.** *mil.* (*ieroču, mantu*) noliktava; **3.** (*šautenes*) aptvere; **4.** (*foto*) kasete

mage [meidʒ] *n novec.* **1.** mags; **2.** zintnieks

maggot ['mægət] *n* **1.** kāpurs; tārps (*bojātās uzturvielās*); **2.** untums; uzmācīga ideja

magi *sk.* **magus**

magic ['mædʒik] **I** *n* **1.** maģija; burvestība; **2.** burvība, burvīgums; **II** *a* maģisks; burvju-

magician [mə'dʒiʃn] *n* **1.** mags; burvis; **2.** iluzionists, burvju mākslinieks

magistrate ['mædʒistreit] *n* miertiesnesis

magnanimity [,mægnə'nimiti] *n* augstsirdība

magnanimous [mæg'næniməs] *a* augstsirdīgs

magnate ['mægneit] *n* magnāts

magnesia [mæg'ni:ʃə] *n* ķīm. magnija oksīds

magnesium [mæg'ni:ziəm] *n* ķīm. magnijs

magnet ['mægnit] *n* **1.** magnēts; **2.** *pārn.* pievilcība

magnetic [mæg'netik] *a* **1.** magnētisks; magnēta-; m. disk *dat.* – magnētiskais disks; m. field – magnētiskais lauks; **2.** pievilcīgs

magnetism ['mægnitizəm] *n* **1.** magnētisms; **2.** pievilcība

magnetize ['mægnitaiz] *v* **1.** magnetizēt; **2.** valdzināt; piesaistīt

magnification [,mægnifi'keiʃn] *n* **1.** palielināšana; **2.** pastiprināšana

magnificence [mæg'nifisns] *n* lieliskums; krāšņums; grezība

magnificent [mæg'nifisnt] *a* **1.** lielisks; krāšņs; grezns; **2.** brīnišķīgs

magnifier ['mægnifaiə] *n* **1.** lupa, palielināmais stikls; **2.** *rad.* pastiprinātājs

magnify ['mægnifai] *v* **1.** palielināt; ~ing

glass – lupa; **2.** *rad.* pastiprināt; **3.** pārspīlēt
magnitude [ˈmæɡnɪtjuːd] *n* **1.** lielums; **2.** svarīgums
magnolia [mæɡˈnəʊlɪə] *n bot.* magnolija
magpie [ˈmæɡpaɪ] *n* **1.** žagata; **2.** plāpa; tenku vācele
maharaja[h] [ˌmɑːhəˈrɑːdʒə] *n* maharadža
maharanee [ˌmɑːhəˈrɑːniː] *n* maharani (*maharadžas sieva*)
mahogany [məˈhɒɡənɪ] *n* **1.** mahagonijs, sarkankoks; **2.** ēdamgalds; **3.** sarkanbrūna krāsa
maid [meɪd] *n* **1.** kalpone; istabene; **2.** *novec., poēt.* jaunava; meitene; meiča; old m. – vecmeita
maiden [ˈmeɪdn] **I** *n* **1.** *sk.* maid 2.; **2.** *vēst.* giljotīna (*Skotijā*); **3.** zirgs, kas vēl nav ieguvis balvu sacīkstēs; **II** *a* **1.** neprecējusies; **2.** jaunavas-; meitas-; m. name – pirmslaulības uzvārds; **3.** jaunavīgs; neskarts; **4.** pirmais; **5.** izaudzēts no sēklas (*par augu*)
maidenhood [ˈmeɪdnhʊd] *n* jaunavība; nevainība
maidenish [ˈmeɪdnɪʃ] *a* **1.** meitenīgs; jaunavīgs; **2.** vecmeitīgs
maidenlike [ˈmeɪdnlaɪk] **I** *a* **1.** meitenīgs; jaunavīgs; **2.** maigs; kautrs; **II** *adv* **1.** meitenīgi; jaunavīgi; **2.** maigi; kautri
maidservant [ˈmeɪdˌsɜːvənt] *n* kalpone; istabene
mail[a] [meɪl] **I** *n* **1.** bruņukrekls; bruņas; **2.** (*bruņurupuča*) ragvielas čaula, bruņas; **II** *v* **1.** ietērpt bruņās; **2.** uzvilkt bruņas
mail[b] [meɪl] **I** *n* **1.** pasts; by m. – pa pastu; **2.** korespondence; registered m. – ierakstīts sūtījums; **II** *v* sūtīt pa pastu
mailbag [ˈmeɪlbæɡ] *n* pasta soma

mailboat [ˈmeɪlbəʊt] *n* pasta tvaikonis
mailcar [ˈmeɪlkɑː] *n* pasta vagons
mailing [ˈmeɪlɪŋ] *n* **1.** sūtīšana pa pastu; **2.** pasta sūtījums; m. list – abonentu saraksts
maim [meɪm] *v* sakropļot
main [meɪn] **I** *n* **1.** maģistrāle; **2.** *poēt.* atklāta jūra; ◇ in the m. – pamatvilcienos; with might and m. – no visa spēka; **II** *a* galvenais; pamata-; m. body *mil.* – galvenie spēki; ◇ to have an eye on the m. chance – dzīties pēc pašlabuma
mainland [ˈmeɪnlənd] *n* cietzeme
mainliner [ˈmeɪnˌlaɪnə] *n* narkomāns (*kas injicē sev narkotikas*)
mainly [ˈmeɪnlɪ] *adv* galvenokārt; lielākoties
maintain [meɪnˈteɪn] *v* **1.** paturēt; saglabāt; to m. one's positions – noturēt savas pozīcijas; to m. peace – saglabāt mieru; **2.** uzturēt; to m. a large family – uzturēt lielu ģimeni; **3.** apgalvot; **4.** aizstāvēt; **5.** *tehn.* apkalpot; ekspluatēt
maintenance [ˈmeɪntənəns] *n* **1.** uzturēšana; saglabāšana; **2.** uzturs; apgādība; **3.** apgalvojums; **4.** *tehn.* apkalpe; ekspluatācija
maize [meɪz] *n* kukurūza
majestic [məˈdʒestɪk] *a* majestātisks
majesty [ˈmædʒəstɪ] *n* **1.** majestātiskums; **2.** majestāte (*tituls*)
majolica [məˈjɒlɪkə] *n* majolika
major-domo [ˌmeɪdʒəˈdəʊməʊ] *n* majordoms; pārvaldnieks
major-general [ˌmeɪdʒəˈdʒenrəl] *n* ģenerālmajors
majority [məˈdʒɒrətɪ] *n* **1.** vairākums; to gain (carry) the m. – iegūt (*balsu*) vairākumu; **2.** *jur.* pilngadība
majuscule [ˈmædʒəskjuːl] *n* lielais burts

make [meik] **I** *n* **1.** ražošana; izgatavošana; **2.** ražojums; produkcija; our own m. – mūsu pašu ražojums; **3.** konstrukcija; fasons; modelis; **4.** (*ķermeņa*) uzbūve; **5.** *el.* (*ķēdes*) saslēgšana; (*strāvas*) ieslēgšana; **6.** (*kāršu*) jaukšana; **7.** *amer. sl.* identificēšana; **II** *v* (*p. un p. p.* made [meid]) **1.** gatavot; taisīt; **2.** veidot; sastādīt; **3.** pelnīt; to m. one's living – nopelnīt sev iztiku; **4.** veidot; to m. one's own life – pašam veidot savu dzīvi; **5.** iegūt (*draugus, ienaidniekus*); to m. friends – sadraudzēties; **6.** uzpost; sakārtot; to m. one's bed – saklāt gultu; to m. one's room – uzpost istabu; **7.** uzskatīt; lēst; **8.** iecelt (*amatā*); **9.** *sar.* gatavoties; grasīties; **10.** likt; piespiest; to m. smb. understand – likt kādam saprast; **11.** pagūt; paspēt; can we m. the train? – vai mēs paspēsim uz vilcienu?; **12.** veikt (*piem., distanci*); **13.** *sp.* sasniegt mērķi; trāpīt mērķī; **14.** celties (*par ūdens līmeni*); **15.** (*kāršu spēlē*) jaukt un dalīt kārtis; **16.** *vulg.* (*par vīrieti un sievieti*) dzīvot kopā; **17.** *sl.* nozagt; **18.** *sl.* pavest; ◊ to m. **away** – 1) aizbēgt; 2) nogalināt; 3) izšķiest; notriekt; to m. **back** – atgriezties; to m. **for** – 1) doties uz; 2) veicināt; 3) uzbrukt; to m. **off** – aizbēgt; to m. **out** – 1) izprast; tikt skaidrībā; 2) sastādīt (*dokumentu*); izrakstīt (*piem., čeku*); 3) likt noprast; 4) liecināt; pierādīt; 5) *amer. sar.* dzīvot; how is he making out? – kā viņam klājas?; 6) sadzīvot; satikt; to m. **over** – pārtaisīt; pāršūt; to m. **towards** – virzīties; doties uz; to m. **up** – 1) sakopot; savākt; 2) atlīdzināt; to m. up for lost time – atgūt zaudēto laiku; 3) izlīgt; salabt; 4) uzkrāsoties; 5) šūt; piegriezt; 6) izgatavot (*zāles pēc receptes*); 7) *tehn.* montēt; to m. **up to** – pielabināties; pieglaimoties; ◊ to m. fun (*of*) – izjokot; to m. haste – pasteigties; to m. merry – līksmoties; to m. nothing (*of*) – 1) nepievērst uzmanību; nebēdāt nenieka; 2) nekā nesaprast; to m. oneself at home – justies kā mājās; to m. oneself useful – būt noderīgam; to m. peace – salīgt mieru; izlīgt; to m. room (place, way) – atbrīvot vietu; dot ceļu; to m. good – 1) samaksāt; atlīdzināt; 2) izpildīt; veikt iecerēto; to m. sure (*of*) – pārliecināties; to m. the most (best) (*of*) – 1) izmantot pēc iespējas labāk; 2) slavēt; lielīt

make-believe [ˈmeikbi‚liːv] **I** *n* **1.** izlikšanās; liekulība; **2.** izdomājums; fantāzija; **II** *a* neīsts; liekuļots; **III** *v* **1.** izlikties; liekuļot; **2.** aizbildināties; atrunāties

makepeace [ˈmeikpiːs] *n* samierinātājs

makeshift [ˈmeikʃift] *n* aizstājējs; pagaidu līdzeklis

make-up [ˈmeikʌp] *n* grims; dekoratīvā kosmētika

making [ˈmeikiŋ] *n* **1.** pagatavošana; **2.** *pl* dotības; **3.** *pl sar.* izpeļņa

malachite [ˈmæləkait] *n min.* malahīts

maladjustment [‚mæləˈdʒʌstmənt] *n* nepiemērotība; neatbilstība

maladroit [‚mæləˈdrɔit] *n* **1.** neveikls; **2.** netaktisks

malady [ˈmælədi] *n* ļaunums

malaise [məˈleiz] *n* **1.** savārgums; **2.** panīkums

malaria [məˈleəriə] *n* malārija

malarkey [məˈlɑːki] *n sl.* blēņas; muļķības

malcontent [ˈmælkəntent] **I** *n* neapmie-

rināts cilvēks; dumpinieks; **II** *a* neapmierināts; dumpīgs
male [meil] **I** *n* **1.** vīrietis; **2.** *zool.* tēviņš; **II** *a* vīriešu-; vīriešu dzimuma-; m. bee – trans; m. child – zēns
malediction [ˌmæliˈdikʃn] *n* lāsts
malefactor [ˈmælifæktə] *n* ļaundaris; noziedznieks
maleficent [məˈlefisnt] *a* **1.** ļauns; **2.** noziedzīgs
malevolence [məˈlevələns] *n* **1.** nenovīdība; **2.** ļaunprātība
malevolent [məˈlevələnt] *a* **1.** nenovīdīgs; **2.** ļaunprātīgs
malformation [ˌmælfɔːˈmeiʃn] *n* **1.** nepareizs veidojums; izkropļojums; **2.** kroplība
malice [ˈmælis] *n* **1.** ļaunprātība; **2.** *jur.* ļaunprātīgs nolūks
malicious [məˈliʃəs] *a* **1.** ļaunprātīgs; ļauns; **2.** *jur.* ļaunprātīgs; tīšs; ar iepriekšēju nodomu izdarīts
malign [məˈlain] **I** *a* **1.** ļauns; postošs; **2.** *med.* ļaundabīgs; m. tumor – ļaundabīgs audzējs; **II** *v* **1.** kaitēt; **2.** apmelot
malignant [məˈlignənt] *a* **1.** ļauns; ļaunprātīgs; **2.** kaitīgs; postošs; **3.** *med.* ļaundabīgs
malinger [məˈliŋgə] *v* simulēt slimību; izlikties slimam
mallard [ˈmælɑːd] *n* meža pīle
malleable [ˈmæliəbl] *a* **1.** kaļams; veidojams; **2.** piekāpīgs
mallemuck [ˈmælimʌk] *n* albatross; vētrasputns
mallet [ˈmælit] *n* **1.** koka āmurs; **2.** *sp.* āmuriņš; nūja (*kroketā, polo*)
malleus [ˈmæliəs] *n* (*pl* mallei [ˈmæliai]) *anat.* āmuriņš
mallow [ˈmæləʊ] *n bot.* **1.** malva; **2.** alteja

malnutrition [ˌmælnjuːˈtriʃn] *n* nepietiekams (*vai* nepareizs) uzturs
malodorous [mælˈəʊdərəs] *a* smirdošs; smirdīgs
malpractice [ˌmælˈpræktis] *n* **1.** *jur.* nelikumīga rīcība; **2.** ļaunprātīga uzticēšanās izmantošana; **3.** nepareiza ārstēšana
malt [mɔːlt] **I** *n* **1.** iesals; **2.** (*arī m.* liqour) iesala dzēriens; **II** *v* taisīt iesalu
maltreat [ˌmælˈtriːt] *v* slikti apieties; darīt pāri
malversation [ˌmælvɜːˈseiʃn] *n* **1.** (*dienesta stāvokļa*) ļaunprātīga izmantošana; **2.** (*valsts, sabiedriskas*) naudas piesavināšanās
mamilla [mæˈmilə] *n* (*pl* mamillae [mæˈmiliː]) *anat.* krūtsgals
mamma[a] [məˈmɑː] *n* māmiņa
mamma[b] [ˈmæmə] *n* (*pl* mammae [ˈmæmiː] *anat.* krūšu dziedzeris
mammal [ˈmæml] *n zool.* zīdītājs
mammary [ˈmæməri] *a anat.* krūts-; krūšu-; m. gland – piena dziedzeris
mamon [ˈmæmən] *n* nauda; bagātība
mammoth [ˈmæməθ] **I** *n* mamuts; **II** *a* milzīgs; gigantisks
man [mæn] **I** *n* (*pl* men [men]) **1.** vīrietis; vīrs; **2.** cilvēks; [all] to a m. – visi bez izņēmuma; a m. and a brother – līdzcilvēks; as one (a) m. – visi kā viens; **3.** cilvēce; **4.** vīrs; m. and wife – vīrs un sieva; **5.** kalps; I'm your m. – esmu gatavs pakalpot; esmu jūsu rīcībā; **6.** darbinieks; **7.** students; augstskolas absolvents;ˈ**8.** *pl* kareivji; matroži; **9.** *sar.* (*uzrunā*) cilvēks; draugs; **10.** (*šahā*) figūra; (*dambretē*) kauliņš; ◇ m. alive! – ak, tā!; m. and boy – visu mūžu; no bērna kājas; **II** *v* **1.** *mil., jūrn.* komplektēt sastāvu; **2.**: to

m. oneself – saņemties; **3.** pieradināt (*dzīvnieku, putnu*)

manacle [ˈmænəkl] **I** *n* (*parasti pl*) **1.** roku dzelži; **2.** *pārn.* važas; pinekļi; **II** *v* **1.** uzlikt roku dzelžus; **2.** kavēt; saistīt

manage [ˈmænidʒ] *v* **1.** vadīt; pārzināt; to m. a household – vadīt saimniecību; **2.** macēt (prast) apieties (*ar ierīci u. tml.*); **3.** spēt; veikt; tikt galā

manageable [ˈmænidʒəbl] *a* **1.** viegli vadāms (kontrolējams); **2.** paklausīgs; pakļāvīgs; **3.** padarāms; realizējams

management [ˈmænidʒmənt] *n* **1.** vadīšana; pārzināšana; **2.** prasme; veiklība; **3.**: the m. – vadība; direkcija; administrācija

manager [ˈmænidʒə] *n* **1.** vadītājs; direktors; assistant m. – direktora vietnieks; board of ~s – direkcija; **2.** saimnieks; **3.** menedžeris; impresārijs

managing [ˈmænidʒiŋ] *a* **1.** vadošs; **2.** valdonīgs; enerģisks; **3.** *novec.* saimniecisks; taupīgs

manciple [ˈmænsipl] *n* ekonoms; sagādnieks (*koledžā*)

mandarin[a] [ˈmændərin] *n* **1.** *vēst.* mandarīns (*ķīniešu ierēdnis*); **2.** ķīniešu valodas dialekts; **3.** konservatīvs vadītājs

mandarin[b] [ˈmændərin] *n* **1.** mandarīns; **2.** oranža krāsa

mandate [ˈmændeit] *n* **1.** mandāts; **2.** pilnvarojums; uzdevums

mandatory [ˈmændətəri] **I** *n* (*arī* mandatary) mandāta īpašnieks; **II** *a* **1.** mandāta-; **2.** obligāts

mandible [ˈmændibl] *n* **1.** (*mugurkaulnieka*) apakšžoklis; **2.** (*putna*) knābja apakšējā daļa

mandolin[e] [ˌmændəˈlin] *n* mandolīna

mandrake [ˈmændreik] *n* *bot.* mandragora

manful [ˈmænfl] *a* vīrišķīgs; drosmīgs

manganese [ˈmæŋgəniːz] *n* *ķīm.* mangāns

mange [meinʒ] *n* kašķis

mangel-wurzel [ˈmæŋglˌwɜːzl] *n* lopbarības biete

manger [ˈmeindʒə] *n* sile; ◇ dog in the m. – suns uz siena kaudzes

mangle[a] [ˈmæŋgl] **I** *n* **1.** veļas rullis; **2.** *tehn.* kalandrs; **II** *v* **1.** rullēt veļu; **2.** *tehn.* kalandrēt

mangle[b] [ˈmæŋgl] *v* **1.** sacirst; sadrupināt; **2.** sakropļot; **3.** sagrozīt; izkropļot (*piem., vārdu, tekstu*)

mango [ˈmæŋgəʊ] *n* (*pl* mango[e]s [ˈmæŋgəʊz]) mango (*koks, auglis*)

mangy [ˈmeindʒi] *a* **1.** kašķains; **2.** netīrs; noplucis; noskrandis

manhole [ˈmænhəʊl] **1.** lūka; novērošanas sprauga; **2.** kanalizācijas atvere (*zemē*)

manhood [ˈmænhʊd] *n* **1.** briedums; vīra gadi; **2.** vīriešu kārtas iedzīvotāji; **3.** vīrišķība; drosme

manhour [ˈmænˌaʊə] *n* cilvēkstunda

mania [ˈmeiniə] *n* **1.** mānija; **2.** aizraušanās

maniac [ˈmeiniæk] **I** *n* maniaks; **II** *a* maniakāls

manicure [ˈmænikjʊə] **I** *n* **1.** manikīrs; **2.** manikīre; **II** *v* taisīt manikīru

manicurist [ˈmænikjʊərist] *n* manikīre

manifest [ˈmænifest] **I** *n* **1.** *jūrn.* kravas saraksts; **2.** (*lidmašīnas*) pasažieru saraksts; **II** *a* skaidrs; izteikts; nepārprotams; m. truth – acīm redzama patiesība; to m. from one's actions – skaidri izpausties kāda rīcībā; **III** *v* **1.** izrādīt; parādīt; to m. impatience – izrādīt nepacietību; **2.** (*publiski*) paziņot; izdot manifestu

manifestation [ˌmænifesˈteiʃn] *n* **1.** izpausme; **2.** manifestācija; **3.** publicēšana; paziņošana
manifesto [ˌmæniˈfestəʊ] *n* (*pl* manifesto[e]s [ˌmæniˈfestəʊz]) manifests
manifold [ˈmænifəʊld] **I** *n* **1.** cauruļvads; kolektors; **2.** (*ar kopējamo papīru pavairota*) kopija; **II** *a* dažāds; daudzveidīgs; daudzējāds; **III** *v* pavairot (*dokumentu u. tml.*)
manikin [ˈmænikin] *n* **1.** mazs cilvēciņš; punduris; **2.** manekens
manioc [ˈmæniɒk] *n bot.* manioka, tapioka
manipulate [məˈnipjʊleit] *v* prasmīgi apieties; manipulēt
mankind [mænˈkaind] *n* **1.** cilvēce; **2.** [ˈmænkaind] vīrieši; vīriešu dzimums
manliness [ˈmænlinəs] *n* vīrišķība; vīrietība
manly [ˈmænli] *a* **1.** vīrišķīgs; **2.** vīrišķīga (*par sievieti*); **3.** vīriešama-
man-made [ˌmænˈmeid] *a* mākslīgs (*cilvēka roku darināts*); m.-m. fibre – sintētiskā šķiedra
manna-croup [ˈmænəkru:p] *n* mannas putraimi
manned [mænd] *a* vadāms; pilotējams
mannequin [ˈmænikin] *n* **1.** modeļu demonstrētāja; **2.** manekens
manner [ˈmænə] *n* **1.** veids; paņēmiens; metode; after a m. – kaut kā, šā tā; **2.** *pl* manieres; uzvedība; izturēšanās; **3.** *pl* paražas; ieradumi; **4.** (*mākslas*) stils; maniere; ◇ in a m. – savā ziņā
mannerism [ˈmænərizəm] *n* **1.** manierīgums; klīrība; **2.** *glezn., lit.* manierisms
mannerly [ˈmænəli] *a* pieklājīgs; labi audzināts
mannish [ˈmæniʃ] *a* **1.** nesievišķīga (*par sievieti*); **2.** raksturīgs vīrietim

manoeuvre [məˈnu:və] **I** *n* **1.** manevrs; gājiens; **2.** *pl mil., jūrn.* manevri; **3.** intriga; **II** *v* **1.** *mil., jūrn.* manevrēt; **2.** veikli rīkoties (*lai sasniegtu kādu mērķi*)
man-of-war [ˌmænəvˈwɔ:] *n* **1.** kara kuģis; **2.** *novec.* karavīrs
manometer [məˈnɒmitə] *n* manometrs
manor [ˈmænə] *n* muiža
manpower [ˈmænˌpaʊə] *n* **1.** darbaspēks; **2.** personālais sastāvs; **3.** *tehn.* cilvēkspēja
manque [ˈmɒŋkei] *a* neizdevies
mansion [ˈmænʃn] *n* **1.** liela savrupmāja; **2.** *pl* daudzdzīvokļu nams
mantelshelf [ˈmæntlʃelf] *n* kamīna mala (dzega, plaukts)
mantilla [mænˈtilə] *n* mantiļa
mantle [ˈmæntl] **I** *n* **1.** mantija; apmetnis; **2.** *pārn.* sega; **3.** apspalvojums; **4.** *tehn.* apvalks; apšuvums; **II** *v* **1.** apsegt; ietīt; ievīstīt; **2.** pārklāties, arī pārvilkties ar (*par šķidrumu*); **3.** sarkt (*par seju*); saplūst vaigos (*par asinīm*)
manual [ˈmænjʊəl] **I** *n* **1.** rokasgrāmata; **2.** *mil.* reglaments; **3.** *mil.* šaušanas apmācība; **4.** (*ērģeļu*) klaviatūra; **II** *a* rokas-; roku-; m. labour – fizisks darbs; m. training – praktiskie darbi
manually [ˈmænjʊəli] *adv* ar rokām
manufactory [ˌmænjʊˈfæktəri] *n vēst.* manufaktūra
manufacture [ˌmænjʊˈfæktʃə] **I** *n* **1.** ražošana; izgatavošana; izstrādāšana; largescale m. – lielražošana; **2.** izstrādājums; ražojums; **3.** safabricējums; izdomājums; **II** *v* **1.** ražot; izstrādāt; izgatavot; ~ed goods – rūpniecības preces; **2.** safabricēt; izdomāt
manufacturer [ˌmænjʊˈfæktʃərə] *n* **1.** ražotājs; izgatavotājs; **2.** fabrikants; rūpnieks

manufacturing [ˌmænjʊˈfæktʃəriŋ] **I** *n* ražošana; izgatavošana; izstrādāšana; **II** *a* rūpniecisks; rūpniecības-

manumit [ˌmænjʊˈmit] *v vēst.* atbrīvot no verdzības

manure [məˈnjʊə] **I** *n* mēsli; mēslojums; **II** *v* mēslot

manuscript [ˈmænjʊskript] *n* manuskripts; in m. – rokrakstā

many [ˈmeni] **I** *n* daudzums; a good m. – krietni daudz; the m. – vairākums; **II** *a* (*comp.* more [mɔ:]; *sup.* most [məʊst]) daudz; as m. – tikpat daudz; as m. again – otrtik; for m. a long day – ilgu laiku; ilgi; how m.? – cik?

many-sided [ˌmeniˈsaidid] *a* daudzpusīgs

map [mæp] **I** *n* **1.** (*ģeogrāfiska*) karte; m. of the heavens – astronomiskā karte; **2.** plāns; **II** *v* **1.** atzīmēt kartē; **2.** *mat.* attēlot; ◊ to m. **out** – izplānot; to m. out one's time – iedalīt laiku

maple [ˈmeipl] *n* kļava

mapping [ˈmæpiŋ] *n* **1.** atzīmēšana kartē; kartografēšana; **2.** plānošana; **3.** *mat.* attēlošana

mar [mɑ:] *v* sabojāt; izkropļot

maraud [məˈrɔ:d] *v* laupīt (*kara laikā*)

marauder [məˈrɔ:də] *n* marodieris; laupītājs

marble [ˈmɑ:bl] *n* marmors

marbled [ˈmɑ:bld] *a* lāsumains

marc [mɑ:k] *n* (*augļu, ogu*) čagas

March [mɑ:tʃ] *n* marts

march[a] [mɑ:tʃ] **I** *n vēst.* (*parasti pl*) robeža; pierobeža; robežapgabals; **II** *v* robežoties

march[b] [mɑ:tʃ] **I** *n* **1.** *mil.* maršs; (*diennakts*) pārgājiens; **2.** gājiens; **3.** attīstība; gaita; m. of events – notikumu gaita; m. of science – zinātnes progress; **4.** *mūz.* maršs; dead m. – sēru maršs; wedding m. – kāzu maršs; ◊ to steal a m. on smb. – aizsteigties kādam priekšā; apsteigt kādu; **II** *v* **1.** maršēt; soļot; **2.** aizvest; likt aiziet; ◊ to m. **away** – aizvest; to m. **forth** – doties karagājienā; to m. **off** – 1) doties karagājienā; 2) atvilkt karaspēku; to m. **out** – 1) doties karagājienā; 2) aizvest; likt aiziet

marching [ˈmɑ:tʃiŋ] *n* maršēšana; soļošana

marchioness [ˈmɑ:ʃənes] *n* markīze

marchpane [ˈmɑ:tʃpein] *n* marcipāns

march-past [ˈmɑ:tʃpɑ:st] *n* parāde

mare[a] [meə] *n* ķēve; ◊ grey m. – sieva, kas tur vīru zem tupeles

mare[b] [ˈmɑ:rei] *n* (*pl* maria [ˈmɑ:riə]) jūra

margarine [ˌmɑ:dʒəˈri:n] *n* margarīns

marge [mɑ:dʒ] *n* (*saīs. no* margarine) *sar.* margarīns

margin [ˈmɑ:dʒin] **I** *n* **1.** robeža; mala; **2.** (*lappuses*) mala; **3.** (laika, naudas) rezerve; **4.** *ek.* peļņa; ◊ by a narrow m. – tik tikko; **II** *v* **1.** atzīmēt uz lappuses malām; **2.** atstāt rezervi

marginal [ˈmɑ:dʒinl] *a* **1.**: m. notes – piezīmes uz lappuses malām; **2.** kritisks; izšķirošs; **3.** *med.* margināls

marguerite [ˌmɑ:gəˈri:t] *n* pīpene, margrietiņa

marigold [ˈmærigəʊld] *n bot.* **1.** kliņģerīte; **2.** samtene; march m. – purene

marihuana, marijuana [ˌmæriˈwɑ:nə] *n* marihuāna

marinade [ˌmæriˈneid] **I** *n* **1.** marināde; **2.** marinēts produkts; **II** *v* marinēt

marine [məˈri:n] **I** *n* **1.** flote; merchant (mercantile) m. – tirdzniecības flote; **2.** jūras kājnieku kareivis; **3.** *glezn.* marīna; ◊ tell that to the [horse] ~s! – nestāsti pasakas!; **II** *a* **1.** jūras-; m.

painter – marīnists; m. plants – jūras augi; m. science – okeanogrāfija; **2.** flotes-; m. forces – jūras kara spēki; **3.** kuģniecības-; kuģu-
mariner ['mærinə] *n* jūrnieks; matrozis; master m. – (*tirdzniecības kuģa*) kapteinis
marionette [ˌmæriə'net] *n* marionete
marital ['mæritl] *a* laulības-; laulāto draugu-
maritime ['mæritaim] *a* **1.** jūras-; **2.** piejūras-; m. climate – piejūras klimats
marjoram ['mɑːdʒərəm] *n bot.* majorāns
mark[a] [mɑːk] **I** *n* **1.** zīme; exclamation m. (m. of exclamation) *gram.* – izsaukuma zīme; **2.** traips; plankums; **3.** rēta; **4.** *pārn.* zīmogs; pēdas; **5.** pazīme; **6.** mērķis; **7.** līmenis; standarts; above the m. – izcils; **8.** ievērība; man of m. – ievērojams cilvēks; **9.** atzīme (*skolā*); **10.** krustiņš (*paraksta vietā*); **11.** *sp.* starta līnija; starts; ◇ easy (*amer.* soft) m. – lētticīgs cilvēks; **II** *v* **1.** apzīmēt; iezīmēt; **2.** atstāt pēdas; **3.** atzīmēt; **4.** marķēt (*preces*); iededzināt zīmi (*lopiem*); **5.** ielikt atzīmi; **6.** iegaumēt; m. my words! – piemini manus vārdus!; **7.** izteikt; izrādīt; **8.** izcelt; izvirzīt; ⃞ to m. **down** – nocenot (*preces*); to m. **off** – nodalīt; atdalīt; to m. **out** – 1) iezīmēt; 2) (*for*) izdalīt; izcelt; to m. **up** – paaugstināt (*cenu*)
mark[b] [mɑːk] *n* marka (*naudas vienība*)
marked [mɑːkt] *a* **1.** apzīmēts; iezīmēts; m. money – iezīmētas banknotes; **2.** izteikts; acīm redzams; m. difference – ievērojama atšķirība; ◇ m. man – 1) izcils cilvēks; 2) aizdomās turēts cilvēks; cilvēks, kuru izseko
market ['mɑːkit] **I** *n* **1.** tirgus; **2.** noiets; tirgus; home m. – iekšējais tirgus; **3.** tirdzniecība; pārdošana; to come into m. – nākt pārdošanā; to play the m. – spekulēt (*biržā*); to put into m. – laist pārdošanā; **4.** (*preču*) pieprasījums; ◇ black m. – melnais tirgus; **II** *v* **1.** vest uz tirgu; **2.** tirgoties; pārdot; **3.** *amer.* iepirkties (*veikalos*)
marketable ['mɑːkitəbl] *a* **1.** pieprasīts; **2.** pārdodams (*par preci*)
marketing ['mɑːkitiŋ] *n* **1.** tirgošanās; tirdzniecība; **2.** iepirkšanās
marketplace ['mɑːkitpleis] *n* tirgus laukums
marking ['mɑːkiŋ] *n* **1.** iezīmēšana; **2.** marķēšana; **3.** [no]cenošana; **4.** atzīmju izlikšana (*vērtējumam*); **5.** (*auga*) krāsa; krāsojums; (*dzīvnieka*) apmatojums
markup ['mɑːkʌp] *n* cenu starpība (*cenai ceļoties*); uzcenojums
marmalade ['mɑːməleid] *n* marmelāde
marmot ['mɑːmət] *n zool.* murkšķis
maroon[a] [mə'ruːn] **I** *n* **1.** sarkanbrūna krāsa; **2.** petarde; **II** *a* sarkanbrūns
maroon[b] [mə'ruːn] **I** *n* **1.** maronis (*izbēdzis vergs – Rietumindijas nēģeris*); **2.** vientuļā salā izsēdināts cilvēks; **II** *v* **1.** izsēdināt vientuļā salā; **2.** atstāt bezizejas stāvoklī; **3.** slaistīties
marquee [mɑː'kiː] *n* **1.** liela telts; **2.** *amer.* markīze
marquess ['mɑːkwis] *n* markīzs
marquise [ˌmɑː'kiːz] *n* **1.** markīze (*franču tituls*); **2.** markīze (*gredzens*)
marriage ['mæridʒ] *n* **1.** laulība; m. of convenience (money) – aprēķina laulība; to give [away] in m. – izprecināt; to take in m. – apprecēt; **2.** saistība; vienotība
married ['mærid] *a* precēts; precējies;

m. couple – laulāts pāris; m. life – laulības dzīve; to get m. – apprecēties
marrow ['mærəʊ] *n* **1.** kaulu smadzenes; **2.** būtība; **3.** *bot.* kabacis
marry ['mæri] *v* **1.** precēt; **2.** precēties; to m. money – apprecēties naudas dēļ; **3.** salaulāt; ◊ to m. off – izprecināt
Mars [mɑ:z] *n mit., astr.* Marss
Marseillaise [‚mɑ:sei'eiz] *n* marseljēza
marsh [mɑ:ʃ] *n* purvs; dumbrājs; m. gas – metāns, purva gāze
marshal ['mɑ:ʃl] **I** *n* **1.** maršals; **2.** ceremonijmeistars; **3.** inspektora palīgs; **4.** tiesas ierēdnis; **5.** *amer.* tiesu izpildītājs; **II** *v* **1.** nostāties ierindā; **2.** sakārtot; izvietot; **3.** svinīgi ievest; **4.** šķirot preču vagonus
marshland ['mɑ:ʃlænd] *n* purvājs; dumbrājs
marshy ['mɑ:ʃi] *a* purvains
marsupial [mɑ:'sju:piəl] *n zool.* somainis
marten ['mɑ:tin] *n* **1.** cauna; **2.** caunāda
martial ['mɑ:ʃl] *a* **1.** kara-; m. law – kara stāvoklis; **2.** kareivīgs
Martian ['mɑ:ʃn] **I** *n* marsietis; **II** *a* Marsa-
martin ['mɑ:tin] *n ornit.* čurkste
martinet [‚mɑ:ti'net] *n* stingras disciplīnas piekritējs
Martinmas ['mɑ:tinməs] *n rel.* Mārtiņdiena (*11. novembris*)
martyr ['mɑ:tə] **I** *n* moceklis; **II** *v* izmocīt; nomocīt
martyrdom ['mɑ:tədəm] *n* mocības
marvel ['mɑ:vl] **I** *n* brīnums; **II** *v* brīnīties; apbrīnot
marvellous ['mɑ:vləs] *a* brīnišķīgs; apbrīnojams
mascara [mæ'skɑ:rə] *n* skropstu tuša
mascot ['mæskət] *n* talismans
masculine ['mæskjʊlin] **I** *n gram.* **1.** vīriešu dzimte; **2.** vīriešu dzimtes vārds;

II *a* **1.** vīrieša-; vīriešu-; **2.** *gram.* vīriešu dzimtes-; **3.** vīrišķīgs; **4.** vīrišķīga (*par sievieti*)
mashᵃ [mæʃ] **I** *n* **1.** misa; dzira; **2.** maisījums; putra; **3.** (*kartupeļu u. tml.*) biezenis; **4.** juceklis; sajukums; **II** *v* saspiest; samīcīt; ~ed potatoes – kartupeļu biezenis
mashᵇ [mæʃ] **I** *n sar.* **1.** aizraušanās; iemīlēšanās; **2.** iemīļotais; iemīļotā; **II** *v sar.* aizrauties; iemīlēties
mask [mɑ:sk] **I** *n* **1.** maska; death m. – pēcnāves maska; gas m. – gāzmaska; under a m. of friendship – slēpjoties aiz draudzības maskas; **2.** dzīvnieka galva (*medību trofeja*); **II** *v* **1.** maskēt; **2.** maskēties
masked [mɑ:skt] *a* [no]maskēts; slēpts; m. ball – masku balle
mason ['meisn] *n* **1.** mūrnieks; **2.** masons; brīvmūrnieks
masonry ['meisnri] *n* **1.** mūrnieka darbs; **2.** mūris; mūrējums; **3.**: M. – brīvmūrniecība
masquerade [‚mæskə'reid] **I** *n* maskarāde; **II** *v* **1.** maskēties; pārģērbties; **2.** izlikties; uzdoties (*par kādu citu*)
Mass [mæs] *n* (*katoļu*) mise
massᵃ [mæs] *n* mesa (*skaņdarbs*)
massᵇ [mæs] **I** *n* **1.** masa; **2.** liels daudzums; milzums; **3.** *pl* [ļaužu] masas; **4.** lielākā daļa; vairākums; in the m. – kopumā; **5.** *fiz.* masa; **II** *v* **1.** sapulcināt; savākt; **2.** sapulcēties; **3.** *mil.* koncentrēt (*karaspēku*)
massacre ['mæsəkə] **I** *n* **1.** slaktiņš; masveida slepkavošana; **2.** *sar.* sakāve; **II** *v* **1.** slepkavot; **2.** *sar.* ciest sakāvi
massage ['mæsɑ:ʒ] **I** *n* masāža; **II** *v* masēt
masseur [mæ'sɜ:] *n* masieris
masseuse [mæ'sɜ:z] *n* masiere

massive ['mæsiv] *a* 1. masīvs; smags; 2. monolīts; viengabala-
mass media [,mæs 'mi:diə] *n* masu informācijas līdzekļi
mass-production [,mæsprə'dʌkʃn] *n* masveida ražošana
mast [mɑ:st] I *n* masts; II *v* pacelt mastā; uzvilkt mastā
master ['mɑ:stə] I *n* 1. saimnieks; kungs; īpašnieks; 2. skolotājs; dancing m. – deju skolotājs; head m. – (*skolas*) direktors; 3. koledžas priekšnieks (*Anglijā*); 4. maģistrs; M. of Arts – humanitāro zinātņu maģistrs; 5. meistars; kvalificēts strādnieks; speciālists; m. of the subject – lietpratējs; 6. meistars; izcils mākslinieks; the old ~s – vecmeistari; 7. (*uzrunā*) jaunais kungs; 8.: the M. – Kristus; II *v* 1. pārspēt; uzveikt; to m. difficulties – pārvarēt grūtības; 2. apgūt; 3. vadīt; pārvaldīt
masterful ['mɑ:stəfl] *a* 1. valdonīgs; 2. meistarīgs
masterhood ['mɑ:stəhʊd] *n* meistarība
master-key ['mɑ:stəki:] *n* mūķīzeris
masterless ['mɑ:stəlis] *a* bezīpašnieka-
masterly ['mɑ:stəli] I *a* meistarisks; II *adv* meistariski
masterpiece ['mɑ:stəpi:s] *n* meistardarbs; šedevrs
mastership ['mɑ:stəʃip] *n* 1. meistarība; 2. virsvadība; vadība; 3. skolotāja (*vai* direktora) amats
masterstroke ['mɑ:stəstrəʊk] *n* veikls gājiens, meistarstiķis
mastery ['mɑ:stəri] *n* 1. kundzība; pārsvars; 2. meistarība
masticate ['mæstikeit] *v* košļāt; gremot
mastiff ['mæstif] *n* angļu dogs
mat[a] [mæt] I *n* 1. sedziņa; 2. mudžeklis; m. of hair – savēlušies mati; 3. *sp.*

(*cīņas*) paklājs; II *v* 1. apsegt; ieziemot (*augu*); 2. samudžināt; savelt; ~ted hair – savēlušies mati
mat[b] [mæt] I *n* matēta apdare (*krāsa, zeltījums u. tml.*); II *a* blāvs; matēts; nepulēts; III *v* matēt; padarīt blāvu
matador ['mætədɔ:] *n* matadors
match[a] [mætʃ] *n* 1. sērkociņš; 2. *mil.* deglis
match[b] [mætʃ] I *n* 1. līdzinieks; pāris; 2. precības; good m. – izdevīga partija; 3. sacīkstes; mačs; chess m. – šaha turnīrs; II *v* 1. pieskaņot; 2. saskanēt; harmonēt; 3. saprecināt; izprecināt; 4. mēroties; līdzināties
matchbox ['mætʃbɒks] *n* sērkociņu kārbiņa
matching ['mætʃiŋ] *a* saskanīgs; pieskaņots
matchless ['mætʃləs] *a* nesalīdzināms; nepārspējams
matchmaker ['mætʃ,meikə] *n* saprecinātājs; saprecinātāja
mate[a] [meit] I *n* 1. (*darba, skolas u. tml.*) biedrs; 2. *sar.* draugs (*uzrunā*); 3. palīgs (*darbā*); 4. dzīvesbiedrs; dzīvesbiedre; 5. *biol.* tēviņš; mātīte; II *v* 1. saprecināt; 2. pāroties (*par putniem, dzīvniekiem*); 3. (*with*) saieties; samesties kopā (*ar kādu*); 4. *tehn.* salāgot; sajūgt
mate[b] [meit] I *n* (*šahā*) mats; II *v* (*šahā*) pieteikt matu
material [mə'tiəriəl] I *n* 1. materiāls; viela; raw ~s – izejvielas; 2. *pl* darbarīki; piederumi; 3. audums; II *a* 1. materiāls; m. comforts – materiālie labumi; m. damage – materiālie zaudējumi; m. needs – materiālās vajadzības; m. wellbeing – materiālā labklājība; 2. būtisks; svarīgs

materialism [mə'tiəriəlizəm] *n* materiālisms
materialist [mə'tiəriəlist] **I** *n* materiālists; **II** *a* materiālistisks
materialize [mə'tiəriəlaiz] *v* **1.** materializēt; **2.** realizēt; īstenot; piepildīt; **3.** īstenoties; piepildīties
materially [mə'tiəriəli] *adv* **1.** materiāli; **2.** būtībā; **3.** būtiski
maternal [mə'tɜ:nl] *a* mātes-; m. love – mātes mīlestība; m. uncle – mātesbrālis
maternity [mə'tɜ:nəti] *n* mātes stāvoklis; m. home (hospital) – dzemdību nams; m. leave – dzemdību atvaļinājums; m. nurse – vecmāte
matey ['meiti] *a sar.* biedrisks; draudzīgs
mathematical [ˌmæθə'mætikl] *a* **1.** matemātisks; **2.** precīzs
mathematics [ˌmæθə'mætiks] *n* matemātika
maths [mæθs] *n* (*saīs. no* mathematics) *sar.* matemātika
matinee ['mætinei] *n* dienas izrāde
matriarchy ['meitriɑ:ki] *n* matriarhāts
matrices *sk.* **matrix**
matriculate [mə'trikjʊleit] *v* **1.** imatrikulēt; uzņemt augstskolā; **2.** tikt uzņemtam augstskolā
matrimony ['mætriməni] *n* laulība
matrix ['meitriks] *n* (*pl* matrixes, matrices ['meitriksiz, 'meitrisi:z]) **1.** java; **2.** *tehn.* matrice; forma
matron ['meitrən] *n* **1.** ekonome; internāta pārzine; **2.** (*slimnīcas*) virsmāsa; vecākā māsa; **3.** matrona; precējusies sieviete
matter ['mætə] **I** *n* **1.** viela; organic (inorganic) m. – organiska (neorganiska) viela; **2.** *filoz.* matērija; **3.** temats; saturs; **4.** jautājums; lieta; m. of taste – gaumes jautājums; as a m. of fact – faktiski; in the m. of – attiecībā uz; m. of time – laika jautājums; money ~s – naudas lietas; no laughing m. – nopietna lieta; what's the m. with you? – kas jums kaiš?; **5.** iemesls; m. for regret – iemesls nožēlot; **6.** strutas; **II** *v* **1.** nozīmēt; būt svarīgam; it does not m., it ~s nothing – tas nav svarīgi; **2.** strutot
matter-of-course [ˌmætərəv'kɔ:s] *a* pašsaprotams
matter-of-fact [ˌmætər'əv'fækt] *a* **1.** ikdienišķs; parasts; **2.** lietišķs; sauss
matting ['mætiŋ] *n* pīts paklājs
mattock ['mætɒk] *n* kaplis
mattoid ['mætɔid] *n* psihopāts
mattress ['mætrəs] *n* matracis
mature [mə'tʃuə] **I** *a* **1.** nobriedis; **2.** rūpīgi pārdomāts; apsvērts; **3.** beidzies (*par termiņu*); **4.** izturēts (*par vīnu*); **II** *v* **1.** nobriest; **2.** rūpīgi pārdomāt; apsvērt; **3.** beigties (*par termiņu*)
maturity [mə'tʃʊərəti] *n* **1.** briedums; **2.** gatavība; to bring to m. – pabeigt; **3.** (*maksājuma u. tml.*) termiņš
maudlin ['mɔ:dlin] *a* sentimentāli raudulīgs (*parasti reibumā*)
maul [mɔ:l] **I** *n* (*koka*) veseris; **II** *v* **1.** plosīt; kropļot; **2.** rupji izturēties; **3.** asi kritizēt; **4.** sist ar veseri; ◊ to m. **about** – pluinīt
maunder ['mɔ:ndə] *v* **1.** vāvuļot; vervelēt; **2.** laiskoties; ◊ to m. **about, along** – slaistīties apkārt
Moundy Thursday [ˌmɔ:ndi 'θɜ:zdi] *n rel.* Zaļā Ceturtdiena
mausoleum [ˌmɔ:sə'liəm] *n* mauzolejs
mauve [məʊv] **I** *n* gaišsārti violeta krāsa; **II** *a* gaišsārti violets
mawkish ['mɔ:kiʃ] *a* **1.** šķebīgs; pretīgs; **2.** salkans

mawworm [′mɔ:wɜ:m] *n* cērme
maxim [′mæksim] *n* 1. sentence; aforisms; 2. princips
maxima *sk.* **maximum**
maximize [′mæksimaiz] *v* palielināt (kāpināt) (*līdz robežai*)
maximum [′mæksiməm] **I** *n* (*pl* maxima [′mæksimə]) maksimums; **II** *a* maksimāls
maxi-taxi [,mæksi′tæksi] *n* maršruta taksometrs
May [mei] *n* 1. maijs; 2. *pārn.* ziedonis; 3. vilkābeles zieds
may[a] [mei] *n poēt.* jaunava
may[b] [mei] *mod. v* (*p.* might [mait]) 1. (*izsaka iespējamību vai varbūtību*): he m. have missed the train – iespējams, ka viņš nokavējis vilcienu; 2. drīkstēt (*jautājuma teikumā izsaka lūgumu, apgalvojuma teikumā – atļauju*) m. I smoke here? – vai šeit drīkst smēķēt?; yes, you m. – jā, drīkst; 3. (*izsauksmes teikumos izsaka vēlējumu*): long m. he live! – lai viņam ilgs mūžs!; ◇ be that as it m.! – lai notiek kas notikdams!; come what m.! – lai nāk kas nākdams!
maybe [′meibi:] *adv* varbūt; iespējams
maybug [′meibʌg] *n* maijvabole
mayfly [′meiflai] *n* viendienīte
may-lily [,mei′lili] *n* maijpuķīte, kreimene
mayonnaise [,meiə′neiz] *n* majonēze
mayor [meə] *n* mērs, birģermeistars
mayweed [′meiwi:d] *n bot.* ilzīte
maze [meiz] **I** *n* 1. labirints; 2. juceklis; to be in a m. – būt apjukušam (samulsušam); **II** *v* samulsināt
mazy [′meizi] *a* sarežģīts; samudžināts
me [mi:] *pron* (*papildinātāja locījums no I*) man; mani

mead[a] [mi:d] *n* medalus
mead[b] [mi:d] *n poēt.* pļava
meadow [′medəʊ] *n* pļava
meagre [′mi:gə] *a* 1. kalsns; vājš; to grow m. – novājēt; 2. nepietiekams; nepilnīgs; 3. trūcīgs; nabadzīgs (*par uzturu*)
meal[a] [mi:l] *n* rupja maluma milti
meal[b] [mi:l] *n* 1. ēdienreize; 2. maltīte; ēdiens
mealtime [′mi:ltaim] *n* ēdienreize
mealy [′mi:li] *a* 1. miltu-; miltains; 2. drupans; irdens; 3. bāls
mealy-mouthed [,mi:li′maʊðd] *a* 1. glaimīgs; liekulīgs; 2. izvairīgs
mean[a] [mi:n] **I** *n* 1. vidus; the golden (happy) m. – zelta viduscel̦š; 2. *mat.* vidējais skaitlis; **II** *a* vidējais; vidus-; in the m. time – pa to laiku
mean[b] [mi:n] *a* 1. viduvējs; 2. nabadzīgs; 3. skops; sīkumains; 4. zemisks; negodīgs; 5. niķīgs (*piem., par zirgu*); 6. *predic.* mulstošs
mean[c] [mi:n] *v* (*p. un p. p.* meant [ment]) 1. nozīmēt; 2. būt nodomājušam; 3. paredzēt; iecerēt
meander [mi′ændə] **I** *n* 1. (*cel̦a, upes*) līkums; 2. meandrs (*ģeometrisks ornaments*); **II** *v* 1. līkumot; vīties (*par cel̦u, upi*); 2. bezmērķīgi klaiņot; 3. runāt nesakarīgi
meaning [′mi:niŋ] **I** *n* nozīme; jēga; with m. – daudznozīmīgi; to catch the m. – saprast; what is the m. of it? – ko tas nozīmē?; **II** *a* nozīmīgs; izteiksmīgs
meaningless [′mi:niŋləs] *a* nenozīmīgs; bezmērķīgs
meaningly [′mi:niŋli] *adv* 1. daudznozīmīgi; izteiksmīgi; 2. tīši; ar nodomu
means [mi:nz] *n* 1. līdzeklis; veids; by

all m. – 1) jebkādiem līdzekļiem; 2) katrā ziņā; by any m. – par katru cenu; by no m. – nekādā ziņā; by this m. – šādā veidā; m. of production – ražošanas līdzekļi; 2. *pl* naudas līdzekļi **meant** *sk.* **mean**
meantime, **meanwhile** ['mi:ntaim, 'mi:nwail] *adv* pa to laiku
measles ['mi:zlz] *n* masalas; German m. – masaliņas
measure ['meʒə] **I** *n* **1.** mērs; to take smb.'s m. – 1) noņemt kādam mēru; 2) nopētīt (novērtēt) kādu; **2.** robeža; pakāpe; to set ~s – ierobežot; **3.** mērogs; mēraukla; **4.** pasākums; līdzeklis; **5.** *mat.* dalītājs; **6.** *lit.* pantmērs; pēda; **7.** *mūz.* takts; **8.** slejas platums (*poligrāfijā*); **9.** *ģeol. pl* slāņi; **II** *v* **1.** mērīt; **2.** noņemt mēru; **3.** novērtēt (*piem., raksturu*); **4.**: the house ~s ninety feet long – māja ir deviņdesmit pēdu gara; ◊ to m. off – nomērīt; to m. out – nomērīt; to m. up – 1) sasniegt (*līmeni*); 2) atbilst (*noteikumiem u. tml.*); 3) attaisnot (*cerības*); ◊ to m. one's length – nokrist garšļaukus
measured ['meʒəd] *a* **1.** nomērīts; **2.** apdomīgs; nosvērts; **3.** ritmisks; vienmērīgs
measureless ['meʒələs] *a* neizmērojams
measurement ['meʒəmənt] *n* **1.** mērīšana; **2.** (*parasti pl*) izmērs; lielums; **3.** mēru sistēma
meat [mi:t] *n* **1.** gaļa; minced m. – maltā gaļa; preserved m. – gaļas konservi; **2.** saturs; viela pārdomām; **3.** *novec.* ēdiens; barība; **4.** *amer.* (*augļa*) mīkstums; the m. of the nut – rieksta kodols; ◊ green m. – zaļumi; dārzeņi
meat-chopper ['mi:t,tʃɒpə] *n* gaļasmašīna
meat-grinder ['mi:t,graində] *n amer.* gaļasmašīna

mechanic [mi'kænik] *n* **1.** mehāniķis; **2.** amatnieks
mechanical [mi'kænikl] *a* **1.** mašīnas-; mašīnu-; **2.** automātisks
mechanics [mi'kæniks] *n pl* mehānika
mechanism ['mekənizm] *n* **1.** mehānisms; **2.** (*izpildījuma*) tehnika
mechanization [,mekənai'zeiʃn] *n* mehanizācija
mechanize ['mekənaiz] *v* mehanizēt
medal ['medl] *n* **1.** medaļa; **2.** *amer.* ordenis
medallion [mi'dæliən] *n* medaljons
meddle ['medl] *v* (*in, with*) jaukties (*citu darīšanās*)
meddlesome ['medlsəm] *a* uzbāzīgs; apnicīgs
media *sk.* **medium**
mediaeval [,medi'i:vl] *sk.* **medieval**
medial ['mi:diəl] *a* vidus-; vidējs; mediāls
media men ['mi:diə mən] *n pl* masu informācijas līdzekļu darbinieki
mediate I *a* ['mi:diət] vidus-; vidējs; **II** *v* ['mi:dieit] būt par starpnieku
mediation [,mi:di'eiʃn] *n* starpniecība
mediator ['mi:dieitə] *n* **1.** starpnieks; **2.** *med., mūz.* mediators
medicable ['medikəbl] *a* ārstējams
medical ['medikl] **I** *n sar.* medicīnas students; **II** *a* medicīnisks; ārstniecisks; m. aid – medicīniskā palīdzība; m. history – 1) slimības vēsture; 2) medicīnas vēsture; m. jurisprudence – tiesu medicīna; m. man – ārsts; m. prescription – recepte
medicament [me'dikəmənt] *n* medikaments, ārstniecības līdzeklis
medicaster ['medikæstə] *n* pūšļotājs
medicative ['medikeitiv] *a* ārstniecisks; dziedinošs; m. herb – ārstniecības augs

medicine [′medsən] *n* **1.** medicīna; **2.** medikaments; zāles; m. chest – (*mājas*) aptieciņa; m. dropper – pipete; m. glass – menzūra; to take one's m. – iedzert zāles; **3.** talismans; amulets
medieval [ˌmedi′i:vl] *a* viduslaiku-
mediocre [ˌmi:di′əʊkə] *a* viduvējs
mediocrity [ˌmi:di′ɒkrəti] *n* viduvējība
meditate [′mediteit] *v* **1.** plānot; iecerēt; **2.** meditēt; apcerēt
medium [′mi:diəm] **I** *n* (*pl* mediums, media [′mi:diəmz, ′mi:diə]) **1.** līdzeklis; paņēmiens; veids; **2.** vidus; viduscelš; happy m. – zelta viduscelš; **3.** *fiz.* vide; **4.** apkārtējā vide; dzīves apstākļi; **5.** (*krāsu*) šķīdinātājs; **6.** starpnieks; aģents; **7.** medijs; **II** *a* **1.** vidējs; **2.** mērens; **3.** *mil.* vidēja kalibra-
medley [′medli] **I** *n* **1.** maisījums; sajaukums; **2.** *mūz.* popurijs; **II** *a* sajaukts; nevienveidīgs; raibs; **III** *v novec.* sajaukt; samaisīt
medusa [mi′dju:zə] *n* (*pl* medusae, medusas [mi′dju:zi:, mi′dju:zəz]) medūza
meed [mi:d] *n poēt.* balva; uzslava
meek [mi:k] *a* lēnprātīgs; rāms
meet[a] [mi:t] **I** *n* **1.** (*mednieku u. tml.*) sapulcēšanās vieta; **2.** *amer.* sacīkstes; sacensības; **II** *v* (*p. un p. p.* met [met]) **1.** satikt, sastapt; **2.** satikties; sapulcēties; **3.** saskarties; saiet kopā; **4.** ietecēt (*par upi*); **5.** ierasties sagaidīt; **6.** iepazīties; pleased to m. you! – priecājos ar jums iepazīties!; **7.** apmierināt (*piem., prasības*); **8.** samaksāt; apmaksāt; **9.** ieraudzīt; pamanīt; **10.** pārvarēt (*grūtības*); pārciest; **11.** noliegt (*kritiku u. tml.*); **12.** duelēties; ◻ to m. **together** – sapulcēties; sanākt kopā; to m. **up with** *sar.* – nejauši sastapt; to m. **with** – 1) pārdzīvot;

pārciest; to m. with a fall – nokrist; 2) uziet; uzdurties
meet[b] [mi:t] *a novec.* atbilstošs; pareizs; derīgs
meeting [′mi:tiŋ] *n* **1.** mītiņš; sanāksme; apspriede; **2.** satikšanās; sastapšanās; **3.** *pārn.* duelis; **4.** *sp.* (*komandu*) tikšanās; sacīkstes; **5.** (*upju*) sateka; **6.** *tehn.* savienojums
melancholy [′melənkəli] **I** *n* grūtsirdība; skumjas; **II** *a* grūtsirdīgs; skumjš
melee [′melei] *n* tuvcīņa; kautiņš
meliorate [′mi:liəreit] *n* **1.** uzlabot; **2.** meliorēt
melliferous [me′lifərəs] *a* medains; medussalds
mellow [′meləʊ] **I** *a* **1.** nogatavojies; ienācies (*par augli*); **2.** izturēts; nostāvējies (*par vīnu*); **3.** lekns; auglīgs (*par augsni*); **4.** maigs; samtains; sulīgs (*par skaņu, krāsu*); **5.** labsirdīgs (*par raksturu*); **6.** *sar.* iereibis; ieskurbis; **II** *v* **1.** nogatavoties; nobriest; **2.** nostāvēties (*par vīnu*); **3.** kļūt labsirdīgam; atmaigt
melodic [mi′lɒdik] *a* melodisks
melodious [mi′ləʊdiəs] *a* melodisks; labskanīgs
melodrama [′meləʊˌdrɑ:mə] *n* **1.** melodrāma; **2.** teatrāla izturēšanās
melody [′melədi] *n* **1.** melodija; tēma (*mūzikā*); **2.** melodiskums
melon [′melən] *n* **1.** melone; **2.** *amer. sl.* peļņa
melt [melt] **I** *n* **1.** kausējums; **2.** (*metāla*) kausēšana; **II** *v* **1.** kust; **2.** kausēt; **3.** atmaigt; ļauties aizkustinājumam; **4.** pārtapt (*citā veidā*); **5.** *sar.* izsīkt (*par naudu*); ◻ to m. **away** – 1) izkust; 2) izzust; to m. **down** – 1) izšķīdināt; 2) izkausēt; pārkausēt; ◇ to m. **into thin air** – izgaist bez pēdām

melted cheese ['meltid tʃi:z] *n* kausēts siers
melting ['meltiŋ] **I** *n* **1.** kausēšana; **2.** kausējums; **II** *a* **1.** kūstošs; **2.** kausēšanas-; kausējamais; **3.** maigs; aizkustināms; **4.** aizkustinošs
melting-point ['meltiŋpɔint] *n fiz.* kušanas punkts
melting-pot ['meltiŋpɒt] *n tehn.* tīģelis
meltwater ['melt‚wɔ:tə] *n* palu ūdeņi
member ['membə] *n* **1.** biedrs; loceklis; **2.** (ķermeņa) loceklis; ekstremitāte; **3.** *tehn.* (*konstrukcijas*) elements; detaļa
membership ['membəʃip] *n* **1.** piederība (*pie kādas organizācijas*); m. fee – biedru nauda; **2.** (*organizācijas*) biedru skaits
membrane ['membrein] *n* **1.** apvalks; plēve; **2.** *tehn.* membrāna
memento [mə'mentəʊ] *n* (*pl* memento[e]s [mə'mentəʊz]) **1.** atgādinājums; **2.** piemiņlieta; suvenīrs
memoir ['memwɑ:] *n* **1.** īsa [auto]biogrāfija; **2.** *pl* memuāri; **3.** traktāts; eseja
memorable ['memərəbl] *a* neaizmirstams
memoranda *sk.* **memorandum**
memorandum [‚memə'rændəm] *n* (*pl* memoranda, memorandums [‚memə'rændə, memə'rændəmz]) **1.** memorands; **2.** diplomātiska nota
memorial [mə'mɔ:riəl] **I** *n* **1.** piemineklis; **2.** *pl* atmiņas; **3.** *rel.* aizlūgums; **II** *a* memoriāls; piemiņas-; m. tablet – memoriāla plāksne
memorize ['meməraiz] *v* **1.** iegaumēt; iemācīties no galvas; **2.** paturēt piemiņā; saglabāt mūžos
memor‖y ['meməri] *n* **1.** atmiņa; to commit to m. – iegaumēt; iemācīties no galvas; to keep in m. – paturēt atmiņā; **2.** (*parasti pl*) atmiņas; childhood ~ies – bērnības atmiņas; **3.** piemiņa; **4.** *dat.* atmiņa
men *sk.* **man I**
menace ['menəs] **I** *n* **1.** draudi; **2.** *sar.* traucēklis; nepatikšanu iemesls (cēlonis); **II** *v* draudēt
menacing ['menəsiŋ] *a* draudošs; draudīgs
menage [me'nɑ:ʒ] *n* saimniecība; saimniecības pārzināšana
mend [mend] **I** *n* **1.** ielāps; ielāpa vieta; **2.** (*veselības u. tml.*) uzlabošanās; to be on the m. – uzlaboties; iet uz labo pusi; **II** *v* **1.** labot; lāpīt; remontēt; **2.** atveseļoties; **3.** (*arī* to m. one's ways) laboties
mendacious [men'deiʃəs] *a* melīgs; nepatiess
mendacity [men'dæsəti] *n* melīgums; nepatiesums
mender ['mendə] *n* **1.** labotājs; **2.** remontstrādnieks
mendicant ['mendikənt] *n* ubags; diedelētājs
mendicity [men'disəti] *n* nabadzība; ◊ to reduce to m. – novest līdz ubaga spieķim
menses ['mensi:z] *n pl fiziol.* menstruācijas
mensurable ['menʃərəbl] *a* **1.** [iz]mērāms; [iz]mērojams; **2.** *mūz.* ritmisks
mensuration [‚menʃə'reiʃn] *n* mērīšana
mental[a] [mentl] **I** *n* **1.** *sar.* garīgi slimais; **2.** *pl* prāta spējas; **II** *a* **1.** garīgs; gara-; prāta-; m. age – garīgā attīstība; **2.** psihisks
mental[b] ['mentl] *a* zoda-
mentality [men'tæləti] *n* **1.** prāta spējas; intelekts; **2.** mentalitāte
mentally ['mentli] *adv* **1.** garīgi; garā; **2.** domās; prātā

menthol ['menθɒl] *n ķīm.* mentols
mention ['menʃn] **I** *n* pieminēšana; atsauksme; to make m. (*of*) – pieminēt; to make no m. (*of*) – noklusēt; **II** *v* pieminēt; don't m. it! – 1) nav par ko! (*atbilde uz pateicību*); 2) nekas! (*atbilde uz atvainošanos*)
mentor ['mentɔ:] *n* padomdevējs; darbaudzinātājs
menu ['menju:] *n* ēdienkarte
mephitis [me'faitis] *n* **1.** smaka; smirdoņa; **2.** kaitīgi izgarojumi (*piem.*, šahtās)
mercantile ['mɜ:kəntail] *a* **1.** tirdzniecības-; tirdznieciski; **2.** veikalniecisks; sīkumains
mercenary ['mɜ:snəri] **I** *n* algotnis; **II** *a* **1.** mantkārīgs; savtīgs; **2.** algots
merchandise ['mɜ:tʃəndaiz] **I** *n* preces; **II** *v* veicināt tirdzniecību
merchant ['mɜ:tʃənt] **I** *n* lieltirgotājs; **II** *a* tirdzniecības
merchantable ['mɜ:tʃəntəbl] *a* pieprasīts (*par preci*)
merchantman ['mɜ:tʃəntmən] *n* tirdzniecības kuģis
merciful ['mɜ:sifl] *a* žēlsirdīgs; žēlīgs; līdzjūtīgs
merciless ['mɜ:siləs] *a* nežēlīgs; cietsirdīgs; bezjūtīgs
mercury ['mɜ:kjʊri] *n* **1.** dzīvsudrabs; **2.** dzīvsudraba stabiņš; **3.** (M.) *astr.* Merkurs
mercy ['mɜ:si] *n* **1.** žēlsirdība; žēlastība; līdzjūtība; to have m. (*upon*) – apžēloties; at the m. of smb. – kāda varā; **2.** veiksme; laimīgs gadījums; what a m.! – kāda laime!
mere[a] [miə] *n poēt.* ezers; dīķis
mere[b] [miə] *a* **1.** tīrs; skaidrs; it's m. words – tie ir tikai vārdi; m. trifle! – tīrais sīkums!; **2.**: m. glance – viens vienīgs skatiens
merely ['miəli] *adv* tikai; vienīgi
meretricious [ˌmeri'triʃəs] *a* **1.** āriškīgs; neīsts; **2.** netikls; izvirtis
merge [mɜ:dʒ] *v* **1.** absorbēt; uzsūkt; **2.** sakust; saplūst; **3.** apvienot; sapludināt; **4.** izgaist; izzust (*piem.*, *tumsā*)
meridian [mə'ridiən] **I** *n* **1.** *ģeogr.* meridiāns; **2.** *astr.* zenīts; **3.** *pārn.* kalngals; **II** *a* **1.** pusdienas-; m. sun – pusdienas saule; **2.** augstākais; kulminācijas-
merit ['merit] **I** *n* **1.** nopelns; **2.** vērtība; **II** *v* izpelnīties; iemantot
meritorious [ˌmeri'tɔ:riəs] *a* **1.** uzslavas (apbalvojuma) cienīgs; **2.** slavējams
mermaid ['mɜ:meid] *n mit.* nāra; sirēna
merman ['mɜ:mæn] *n mit.* ūdensvīrs
merrily ['merili] *adv* jautri; priecīgi
merriment ['merimənt] *n* jautrība
merry ['meri] *a* **1.** jautrs; priecīgs; m. Christmas! – priecīgus Ziemassvētkus!; to make m. – līksmoties; **2.** jocīgs; **3.** patīkams
merry andrew [ˌmeri 'ændru:] *n* jokdaris, āksts
merry dancers [ˌmeri 'dɑ:nsəz] *n* ziemeļblāzma
merry-go-round ['merigəʊˌraʊnd] *n* **1.** karuselis; **2.** *pārn.* virpulis
merrymaker ['meriˌmeikə] *n* jautrībnieks; jokmīlis, jokupēteris
merrymaking ['meriˌmeikiŋ] *n* līksmošanās
mesh [meʃ] *n* **1.** cilpa; (*tīkla*) acs; **2.** *pl* (arī *pārn.*) tīkli; lamatas
meshy ['meʃi] *a* tīklveidīgs; tīklots
mesmerism ['mezmərizəm] *n* **1.** hipnotisms; **2.** hipnoze
mess [mes] **I** *n* **1.** nekārtība; juceklis; in

a m. – 1) nekārtībā; juku jukām; 2) ķezā; nepatīkamā situācijā; to make a m. (*of*) – sajaukt; saputrot; **2.** nepatikšanas; ķeza; to get into a m. – iekļūt ķezā; **3.** vira; putra; **4.** barības maisījums (*dzīvniekiem*); **II** *v* **1.** sajaukt; radīt nekārtību; piegružot; **2.** izjaukt; sabojāt; ⬚ to m. **about (around)** – 1) slaistīties apkārt; 2) noņemties ar; to m. smb. about (around) – 1) vazāt kādu aiz deguna; 2) nelikt kādu mierā; to m. **with** – ēst pie kopējā galda
message ['mesidʒ] **I** *n* **1.** ziņa; vēsts; **2.** uzdevums; misija; **3.** (*valdības*) paziņojums; vēstījums; **4.** (*grāmatas u. tml.*) ideja; galvenā doma; **II** *v* **1.** ziņot; vēstīt; **2.** signalizēt
messenger ['mesndʒə] *n* **1.** ziņnesis; kurjers; **2.** *pārn.* vēstnesis; **3.** *biol.* ģenētiskās informācijas nesējs
Messrs ['mesəz] *n pl* (*saīs. no* messieurs) kungi; firmas līdzīpašnieki (*lieto uzrunā*)
messy ['mesi] *a* **1.** netīrs; **2.** nekārtīgs; sajaukts
mestizo [me'sti:zəʊ] *n* metiss
met *sk.* **meet**[c]
metabolism [me'tæbəlizəm] *n* metabolisms, vielmaiņa
metal ['metl] **I** *n* **1.** metāls; ferrous ~s – melnie metāli; **2.** šķembas (*ceļu būvei*); **3.** stikla kausējums; stikla masa; **4.** *mil.* smagā artilērija; **5.** *pl* sliedes; **II** *a* metālisks; metāla-; **III** *v* pārklāt ar metālu
metallic [me'tælik] *a* metālisks
metallurgist [me'tælədʒist] *n* metalurgs
metallurgy [me'tælədʒi] *n* metalurģija
metamorphoses *sk.* **metamorphosis**
metamorphosis [,metə'mɔ:fəsis] *n* (*pl* metamorphoses [,metə'mɔ:fəsi:z]) metamorfoze

metaphor ['metəfə] *n* metafora
metaphysical [,metə'fizikl] *a* metafizisks
metaphysics [,metə'fiziks] *n* metafizika
mete [mi:t] *n* **1.** robeža; **2.** robežzīme; robežstabs
meteor ['mi:tiə] *n astr.* meteors
meteorite ['mi:tiərait] *n astr.* meteorīts
meteorological [,mi:tiərə'lɒdʒikl] *a* meteoroloģisks; m. conditions – meteoroloģiskie apstākļi
meteorology [,mi:tiə'rɒlədʒi] *n* **1.** meteoroloģija; **2.** meteoroloģiskie apstākļi
meter ['mi:tə] **I** *n* **1.** (*elektrības u. tml.*) mērītājs; skaitītājs; **2.** mērītājs; svērējs; **II** *v* mērīt (*ar skaitītāju u. tml.*)
methane ['mi:θein] *n ķīm.* metāns, purva gāze
method ['meθəd] *n* **1.** metode; paņēmiens; **2.** *pl* metodika; **3.** sistēma; kārtība; **4.** klasifikācija
methodical [mi'θɒdikl] *a* **1.** sistēmātisks; **2.** metodisks
methodology [,meθə'dɒlədʒi] *n* metodoloģija
methought *sk.* **methinks**
methyl ['meθil] *n ķīm.* metils; m. alcohol – metilspirts, kokspirts
meticulous [mə'tikjʊləs] *a* sīkumains; pedantisks
metre ['mi:tə] *n* **1.** metrs; **2.** *lit.* pantmērs
metric ['metrik] *a* metrisks
metropolis [mə'trɒpəlis] *n* galvaspilsēta; metropole
metropolitan [,metrə'pɒlitən] **I** *n* **1.** galvaspilsētas iedzīvotājs; **2.** metropolīts; **II** *a* **1.** galvaspilsētas-; metropoles-; **2.** metropolīta-
mettle ['metl] *n* **1.** raksturs; temperaments; to show one's m. – parādīt raksturu; **2.** spars; dedzība

mew[a] [mju:] *n* kaija
mew[b] [mju:] **I** *n* **1.** ņaudēšana; **2.** (*kaiju u. tml.*) klaigas, brēcieni; **II** *v* **1.** ņaudēt; **2.** činkstēt
mews [mju:z] *n* stallis
mezzo-soprano [ˌmetsəʊsə'prɑ:nəʊ] *n mūz.* mecosoprāns
mi [mi:] *n mūz.* mi
miaow [mi'aʊ] **I** *n* ņaudēšana; **II** *v* ņaudēt
Michaelmas ['miklməs] *n* Miķeļdiena (*29. septembris*); M. daisy – astere; M. term – rudens semestris (*Anglijas augstskolās*)
microbe ['maikrəʊb] *n* mikrobs
microbiology [ˌmaikrəʊbai'ɒlədʒi] *n* mikrobioloģija
microcircuit ['maikrəʊsɜ:kit] *n el.* mikroshēma
microelectronics [ˌmaikrəʊilek'trɒniks] *n* mikroelektronika
micron ['maikrɒn] *n* mikrons
microorganism [ˌmaikrəʊ'ɔ:gənizəm] *n* mikroorganisms
microphone ['maikrəfəʊn] *n* mikrofons
microscope ['maikrəskəʊp] *n* mikroskops
microscopic [ˌmaikrəʊ'skɒpik] *a* **1.** mikroskopisks; **2.** sīks; detalizēts
mid [mid] *a* (*sup.* midmost ['midməʊst]) vidus-; vidējs
midday ['middei] *n* pusdiena; dienas vidus
middle ['midl] **I** *n* **1.** vidus; centrs; **2.** viduklis; **3.** *gram.* vidējā kārta; **II** *a* vidus-; vidējais; m. age – pusmūžs; M. Ages – viduslaiki; m. school – vidusskola
middle-aged [ˌmidl'eidʒd] *a* pusmūža-
middleman ['midlmæn] *n* starpnieks (*tirdznieciskos darījumos*)

middle-weight ['midlweit] *n sp.* **1.** vidējais svars; **2.** vidējā svara bokseris (*vai cīkstonis*)
middling ['midliŋ] **I** *a* **1.** vidējs; vidusmēra-; **2.** viduvējs; otrās šķiras-; **II** *adv* viduvēji
midge [midʒ] *n* knislis; ods
midget ['midʒit] *n* punduris; liliputs; m. car – mazlitrāžas automobilis
midland ['midlənd] **I** *n* (*zemes*) vidiene; **II** *a* **1.** vidienes-; centrāls; **2.** iekšējs (*par jūru*)
midnight ['midnait] *n* **1.** pusnakts; **2.** necaurredzama tumsa
midriff ['midrif] *n* **1.** *anat.* diafragma; **2.** ķermeņa daļa no krūtīm līdz viduklim
midshipman ['midʃipmən] *n* kara jūrskolas kursants
midsummer [ˌmid'sʌmə] *n* **1.** vasaras vidus; **2.** vasaras saulgrieži
midway ['mid'wei] **I** *n* pusceļš; **II** *adv* pusceļā
midwife ['midwaif] *n* vecmāte, akušiere
mien [mi:n] *n* **1.** izskats; sejas izteiksme; **2.** izturēšanās
might[a] [mait] *n* **1.** spēks; varenība; **2.** enerģija
might[b] *sk.* **may**
mighty ['maiti] **I** *a* spēcīgs; varens; **II** *adv sar.* ļoti; ārkārtīgi; that's m. good! – tas tik ir vareni!
mignonette [ˌminjə'net] *n bot.* rezēda
migraine ['mi:grein] *n* migrēna
migrant ['maigrənt] *n* **1.** pārceļotājs; **2.** gājputns
migrate [mai'greit] *v* **1.** migrēt; pārceļot; **2.** pārlidot (*par gājputniem*)
mil [mil] *n* tūkstotis
milady [mi'leidi] *n* milēdija (*uzrunā*)

milch [miltʃ] *a* piena-; slaucams
mild [maild] *a* **1.** maigs; liegs; viegls; m. punishment – viegls sods; **2.** mērens (*par klimatu*); m. winter – silta ziema; **3.** viegli sagremojams (*par barību*); **4.** viegls (*par dzērienu*)
mildew [ˈmildju:] **I** *n* **1.** pelējums; **2.** miltrasa; **II** *v* **1.** pelēt; **2.** pārklāties ar miltrasu
mildly [ˈmaildli] *adv* maigi; liegi
mildness [ˈmaildnəs] *n* maigums; liegums
mile [mail] *n* jūdze; English (statute, land) m. – angļu jūdze (*1609 m*); Admiralty (geographical, nautical, sea) m. – jūras jūdze (*1853 m*); ◇ ~s better – tūkstošreiz labāk; ~s easier – daudzkārt vieglāk
mileage [ˈmailidʒ] *n* **1.** attālums jūdzēs; **2.** (*dzīves*) pieredze; **3.** labums
milepost [ˈmailpəʊst] *n* ceļa (jūdžu) stabs
milestone [ˈmailstəʊn] *n* **1.** ceļa (jūdžu) akmens; **2.** *pārn.* pagrieziena punkts; pavērsiens
milfoil [ˈmilfɔil] *n bot.* pelašķi
milieu [ˈmi:ljɜ:] *n* apkārtējā vide
militant [ˈmilitənt] **I** *n* kareivīgs cilvēks; **II** *a* **1.** kareivīgs; **2.** karojošs
militarism [ˈmilitərizəm] *n* militārisms
militarist [ˈmilitərist] *n* militārists
military [ˈmilitəri] **I** *n* **1.** karaspēks; **2.**: the m. – militārpersonas; karavīri; **II** *a* militārs; kara-; m. age – iesaukšanas vecums
militate [ˈmiliteit] *v* **1.** kavēt; likt šķēršļus; **2.** runāt pretī; apstrīdēt (*piem., faktus, pierādījumus*)
militia [məˈliʃə] *n* **1.** *vēst.* zemessardze; **2.** milicija
militiaman [məˈliʃəmən] *n* **1.** *vēst.* zemessargs; **2.** milicis
milk [milk] **I** *n* **1.** piens; in m. – slaucama (*par govi*); new m. – jaunpiens; **2.** *bot.* piensula; ◇ m. and honey – leiputrija; **II** *v* **1.** dot pienu; **2.** slaukt; **3.** *pārn.* izsūkt; izmantot; iedzīvoties (*uz kaut kā rēķina*); **4.** *sl.* noklausīties (*telefona sarunu*); pārtvert (*sūtījumu*)
milk-and-water [ˈmilkən,wɔ:tə] *a* **1.** tukšs; bezsaturīgs (*piem., par sarunu, grāmatu*); **2.** bezgribas-; bezrakstura-; **3.** neizteiksmīgs; bezgaršīgs
milker [ˈmilkə] *n* **1.** slaucējs; slaucēja; **2.** slaukšanas aparāts; **3.** piena govs
milk-fever [ˈmilk,fi:və] *n med.* piena drudzis
milkmaid [ˈmilkmeid] *n* slaucēja
milkman [ˈmilkmən] *n* **1.** piena pārdevējs; **2.** slaucējs
milk-run [ˈmilkrʌn] *n* parasts maršruts; ikdienas ceļš
milk-shake [ˈmilkʃeik] *n* piena kokteilis
milksop [ˈmilksɒp] *n* memmesdēliņš
milk-tooth [ˈmilktu:θ] *n* piena zobs
milky [ˈmilki] *a* **1.** piena-; pienīgs; **2.**: M. Way *astr.* – Piena Ceļš
mill[a] [mil] **I** *n* **1.** dzirnavas; **2.** (*kafijas u. tml.*) dzirnaviņas; **3.** fabrika; **4.** (*sulu, eļļas u. tml.*) spiedne; **II** *v* **1.** malt; bīdelēt; **2.** saberzt; sadrupināt; **3.** velt (*vadmalu*); **4.** sakult (*piem., putukrējumu*); **5.** *tehn.* velmēt; **6.** *tehn.* frēzēt; ◇ to go (pass) through the m. – iziet bargu dzīves skolu
millboard [ˈmilbɔ:d] *n* biezs kartons
millennia *sk.* **millennium**
millennium [miˈleniəm] *n* (*pl* millenniums, millennia [miˈleniəmz, miˈleniə]) **1.** gadu tūkstotis; **2.** *pārn.* zelta laikmets
miller [ˈmilə] *n* **1.** dzirnavnieks; **2.** *tehn.* frēzmašīna; **3.** frēzētājs

millet ['milit] *n* prosa
milliard ['milia:d] *n* miljards
milligram[me] ['miligræm] *n* miligrams
millimetre ['mili‚mi:tə] *n* milimetrs
milliner ['milinə] *n* **1.** modiste, cepurniece; **2.** *novec.* galantērijas preču tirgotājs
million ['miljən] *n* **1.** miljons; **2.** *pl* milzums; liels daudzums
millionaire [‚miljə'neə] *n* miljonārs
millstone ['milstəʊn] *n* **1.** dzirnakmens; **2.** *pārn.* smaga nasta; ◇ between the upper and the nether m. – bezizejas stāvoklī
millwheel ['milwi:l] *n* dzirnavu rats
milord [mi'lɔ:d] *n* milords (*uzrunā*)
milt [milt] *n* (*zivs*) pieņi
mime [maim] **I** *n* **1.** *vēst.* mīms (*grieķu un romiešu teātra uzvedums*); **2.** mīms (*aktieris*); **II** *v* **1.** tēlot mīmā (*vai pantomīmā*); **2.** imitēt; atdarināt
mimic ['mimik] **I** *n* atdarinātājs; imitētājs; **II** *a* **1.** atdarināts; imitēts; **2.** neīsts; rotaļu-; **III** *v* **1.** imitēt; parodēt; **2.** *biol.* pieņemt aizsargkrāsu
mimosa [mi'məʊzə] *n bot.* mimoza
minaret [‚minə'rət] *n* minarets
minatory ['minətəri] *a* draudošs; draudīgs
mince [mins] **I** *n* kapāta (malta) gaļa; m. pie – salds pīrādziņš (*ar žāvētu augļu u. tml. pildījumu*); **II** *v* **1.** kapāt; malt (*piem., gaļu*); **2.** runāt afektēti; **3.** tipināt; ◇ not to m. matters – runāt bez aplinkiem
mincemeat ['minsmi:t] *n* (*žāvētu augļu, mandeļu, rozīņu u. tml.*) pildījums; ◇ to make m. of smb. – samalt kādu miltos
mincer ['minsə] (*arī* mincing machine) *n* gaļasmašīna

mind [maind] **I** *n* **1.** prāts; saprāts; **2.** atmiņa; absence of m. – izklaidība; to bear (keep) in m. – iegaumēt; paturēt prātā; to bring (call) into one's m. – atsaukt atmiņā; to put out of one's m. – izmest no galvas; **3.** domas; uzskats; to be of one m. – būt vienisprātis; to change one's m. – mainīt domas; pārdomāt; **4.** nodoms; nolūks; vēlēšanās; to make up one's m. – nolemt; izlemt; to read smb.'s m.– lasīt kāda domas; to set one's m. on – ļoti gribēt; **5.** gars; dvēsele; m. and body – dvēsele un miesa; the ~s eye – iztēle; **II** *v* **1.** iegaumēt; ielāgot; m. you! – ielāgo!; **2.** rūpēties; m. your own business! – nejaucies citu darīšanās!; to m. the shop *pārn.* – pārzināt lietas; **3.** uzmanīt; pievērst uzmanību; m. [out]! – uzmanies!; piesargies!; **4.** iebilst; if you don't m. – ja neiebilstat; do you m. my smoking? – vai jūs neiebilstu, ja es smēķētu?
mindful ['maindfl] *a* **1.** rūpīgs; **2.** piesardzīgs
mindless ['maindləs] *a* **1.** neprātīgs; bezjēdzīgs; **2.** nevērīgs; m. of danger – pārgalvīgs; to be m. of others – nerēķināties ar citiem
mine[a] [main] **I** *n* **1.** raktuve; šahta; **2.** *pārn.* avots; krātuve; m. of information – informācijas avots; **3.** slānis; **4.** mīna; **II** *v* **1.** strādāt raktuvēs; **2.** rakt (*pazemes*) eju; **3.** mīnēt; **4.** graut (*reputāciju u. tml.*)
mine[b] [main] *pron* mans; manējais
miner ['mainə] *n* **1.** kalnracis; ogļracis; **2.** mīnētājs
mineral ['minrəl] **I** *n* **1.** minerāls; **2.** *pl* derīgie izrakteņi; **3.** *pl sar.* minerālūdens; **II** *a* **1.** minerāl-; minerālu-; m.

deposit – minerālu iegulas; **2.** *ķīm.* neorganisks

mingle [′miŋgl] *v* **1.** sajaukt; **2.** sajaukties; to m. with (in) crowd – iejukt pūlī

mingle-mangle [‚miŋgl′mæŋgl] *n sar.* jūklis; juceklis

miniature [′minətʃə] **I** *n* miniatūra; **II** *a* miniatūrs; **III** *v* attēlot (izgatavot) miniatūrā

minibus [′minibʌs] *n* mikroautobuss

minify [′minifai] *v* **1.** samazināt; **2.** mazināt (*nozīmi u. tml.*)

minimize [′minimaiz] *v* **1.** samazināt līdz minimumam; **2.** nepietiekami novērtēt; noniecināt

minimum [′miniməm] *n* (*pl* minima [′minimə]) minimums

mining [′mainiŋ] *n* **1.** kalnrūpniecība; izrakteņu ieguve; **2.** *mil.* mīnēšana

minion [′minjən] *n* **1.** mīlulis; favorīts; m. of fortune – laimes luteklis; **2.** *niev.* pakalpiņš; rokaspuisis

ministate [′ministeit] *n* pundurvalsts

minister [′ministə] **I** *n* **1.** ministrs; Prime M. – premjerministrs; the ~s – ministru kabinets; **2.** sūtnis; sūtniecības padomnieks; **3.** (*prezbiteru u. tml.*) mācītājs; **II** *v* **1.** palīdzēt; sekmēt; veicināt; **2.** noturēt dievkalpojumu

ministry [′ministri] *n* **1.** ministrija; **2.** ministra amats; **3.** ministru kabinets; **4.** garīdzniecība

mink [miŋk] *n* **1.** ūdele; **2.** ūdeļāda

minnow [′minəʊ] *n iht.* grundulis

minor [′mainə] **I** *n* **1.** nepilngadīgais; **2.** *mūz.* minors; **II** *a* **1.** jaunākais (*no diviem*); **2.** mazsvarīgāks; **3.** *mūz.* minoratūra

minority [mai′nɒrəti] *n* **1.** mazākums; **2.** nepilngadība

minster [′minstə] *n* **1.** klostera baznīca; **2.** katedrāle

minstrel [′minstrəl] *n vēst.* menestrels

mint[a] [mint] *n* piparmētra

mint[b] [mint] **I** *n* **1.** naudas kaltuve; **2.** liela summa; **3.** rašanās vieta; avots; **II** *v* **1.** kalt naudu; **2.** darināt (*vārdu, frāzi*)

minuet [‚minjʊ′et] menuets

minus [′mainəs] **I** *n* **1.** mīnuss; mīnusa zīme; **2.** *mat.* negatīvs lielums; **3.** trūkums; iztrūkums; **II** *a* **1.** ar mīnusa zīmi; **2.** negatīvs; **III** *prep* **1.** mīnus; **2.** *sar.* bez

minute[a] [′minit] **I** *n* **1.** minūte; on (to) the m. – precīzi; **2.** mirklis; brīdis; in a m. – acumirklī; just a m.!; wait a m.! – pagaidiet mirkli!; **3.** uzmetums; piezīme; **4.** *pl* (*sēdes*) protokols; ◊ the m. that... – tiklīdz, kolīdz; **II** *v* **1.** aprēķināt laiku līdz minūtei; **2.** (*arī* to m. down) atzīmēt; piezīmēt; **3.** protokolēt

minute[b] [mai′nju:t] *a* **1.** ļoti mazs; sīks; **2.** nenozīmīgs; **3.** sīks; detalizēts

minute-book [′minitbʊk] *n* protokolu grāmata

minute-glass [′minitglɑ:s] *n* smilšu pulkstenis vienai minūtei

minute-hand [′minithænd] *n* minūšu rādītājs

minutely[a] [mai′nju:tli] *adv* sīki; precīzi

minutely[b] [′minitli] **I** *a* ik minūtes-; **II** *adv* katru minūti

minx [miŋks] *n* **1.** draiskule; **2.** koķete

miracle [′mirəkl] *n* **1.** brīnums; by a m. – brīnumainā kārtā; to a m. – kā par brīnumu; to work ~s – darīt brīnumus; **2.** kaut kas brīnumains

miraculous [mi′rækjʊləs] *a* **1.** brīnumains; **2.** apbrīnojams; neizprotams

mirage [′mirɑ:ʒ] *n* mirāža

mire [′maiə] **I** *n* **1.** muklājs, dumbrājs; **2.** dubļi; ◊ to stick in the m. – iekļūt ķezā; **II** *v* **1.** iestigt muklājā; **2.** no-

tašķīt ar dubļiem; **3.** nomelnot; apkaunot
mirror ['mirə] **I** *n* spogulis; **II** *v* atspoguļot
mirth [mɜ:θ] *n* jautrība; līksmība
mirthful ['mɜ:θfl] *a* jautrs, līksms
mirthless ['mɜ:θləs] *a* skumjš; bēdīgs
miry ['mairi] *a* **1.** staigns; **2.** dubļains
misadventure [,misəd'ventʃə] *n* nelaimes gadījums; liksta
misanthrope ['misənθrəʊp] *n* mizantrops, cilvēknīdējs
misapply [,misə'plai] *v* **1.** nepareizi lietot; **2.** ļaunprātīgi izmantot
misapprehension [,misæpri'henʃn] *n* nepareizs priekšstats; pārpratums
misbehave [,misbi'heiv] *v* slikti uzvesties
misbehavior [,misbi'heivjə] *n* slikta uzvedība
misbelief [,misbi'li:f] *n* **1.** maldīgs uzskats; maldi; **2.** *rel.* ķecerība
misbelieve [,misbi'li:v] *n* **1.** maldīties; maldīgi uzskatīt; **2.** *rel.* būt ķecerim
miscalculate [,mis'kælkjʊleit] *v* nepareizi aprēķināt; pārrēķināties
miscarriage [,miskærɪdʒ] *n* **1.** neizdošanās; neveiksme; **2.** adresāta nesasniegšana (*par pasta sūtījumu*); **3.** *med.* priekšlaicīgas dzemdības; spontāns aborts
miscasting [mis'ka:stiŋ] *n* **1.** nepareizs (kļūdains) aprēķins; **2.** nepareizs lomu sadalījums
miscellanea [,misə'leiniə] *n pl* **1.** literārs mistrojums; dažādi (*nodaļa laikrakstā u. tml.*); **2.** rakstu krājums; almanahs
miscellany [mi'seləni] *n* **1.** sajaukums; raibums; **2.** almanahs; krājums
mischance [,mis'tʃa:ns] *n* neveiksme; negadījums

mischief ['mistʃif] *n* **1.** ļaunums; postījums; bojājums; to do smb. a m. *sar.* – 1) nodarīt kādam ļaunumu; 2) nodarīt miesas bojājumus; to make m. (*between*) – sanaidot; **2.** draiskulība; palaidnība
mischievous ['mistʃivəs] *a* **1.** ļauns; m. tongue – ļauna mēle; **2.** draiskulīgs; nerātns
miscomprehend [,miskɒmpri'hend] *v* pārprast
miscomprehension [,miskɒmpri'henʃn] *n* pārpratums
misconceive [,miskən'si:v] *v* nepareizi uztvert; izveidot nepareizu priekšstatu
misconception [,miskən'səpʃn] *n* **1.** nepareizs priekšstats; **2.** pārpratums
misconstrue [,miskən'stru:] *v* nepareizi iztulkot
miscount [,mis'kaʊnt] **I** *n* nepareizs aprēķins; kļūda saskaitot; **II** *v* nepareizi aprēķināt; kļūdīties saskaitot
miscreant ['miskriənt] **I** *n* ļaundaris; nelietis; **II** *a* zemisks; nelietīgs
misdeed [,mis'di:d] *n* noziegums; ļaundarība
misdemeanour [,misdi'mi:nə] *n jur.* likumpārkāpums
misdirect [,misdə'rekt] *v* **1.** nepareizi norādīt (virzīt); **2.** nepareizi adresēt
miser ['maizə] *n* sīkstulis; skopulis
miserable ['mizərəbl] *a* **1.** nožēlojams; nelaimīgs; **2.** bēdīgs, skumjš (*piem., par notikumu*); **3.** trūcīgs (*par maltīti*); **4.** slikts; nelāgs (*par laiku*)
miserly ['maizəli] *a* sīkstulīgs; skops
misery ['mizəri] *n* **1.** bēdas; ciešanas; **2.** posts; nabadzība
misfit ['misfit] **I** *n* **1.** slikti pieguļošs (*vai* neērts) apģērbs; **2.** dzīvei (apstākļiem) nepiemērots cilvēks; **II** *v* slikti pie-

gulēt (*par apģērbu*); būt neērtiem; spiest (*par apaviem*)

misfortune [misˈfɔːtʃən] *n* nelaime; liksta; neveiksme

misgiving [misˈgiviŋ] *n* bažas; ļauna nojauta

mishandle [ˌmisˈhændl] *v* nepareizi apieties; slikti izturēties

mishap [ˈmishæp] *n* neizdošanās; neveiksme

mishear [ˌmisˈhiə] *v* (*p. un p. p.* misheard [ˌmisˈhɜːd]) pārklausīties

misinform [ˌmisinˈfɔːm] *v* dezinformēt; dezorientēt; maldināt

misinterpret [ˌmisinˈtɜːprit] *v* nepareizi iztulkot (*vai* izskaidrot)

misjudge [ˌmisˈdʒʌdʒ] *v* nepareizi novērtēt

mislaid *sk.* **mislay**

mislay [ˌmisˈlei] *v* (*p. un p. p.* mislaid [ˌmisˈleid]) nolikt nevietā

mislead [misˈliːd] *v* (*p. un p. p.* misled [misˈled]) 1. maldināt; 2. novest nactios
ceļos

misled *sk.* **mislead**

misname [misˈneim] *v* nepareizi nosaukt; kļūdaini nodēvēt

misprint **I** *n* [ˈmisprint] drukas kļūda, iespiedkļūda; **II** *v* [misˈprint] kļūdaini iespiest

mispronounce [misprəˈnauns] *v* nepareizi izrunāt

misrule [misˈruːl] **I** *n* 1. slikta vadība; 2. nemieri; jukas; **II** *v* slikti pārvaldīt

miss[a] [mis] *n* mis, jaunkundze (*uzruṅā*)

miss[b] [mis] **I** *n* 1. neveiksme; neizdošanās; kļūme; 2. netrāpījums; **II** *v* 1. netrāpīt mērķī; 2. palaist garām; 3. kavēt; izlaist; 4. izjust trūkumu; 5. pārskatīties; pārklausīties; 6. izsargāties; izvairīties; 7. izlaist (*lasot, rakstot*); ◇ to m. the boat (bus) – palaist garām izdevību

missal [ˈmisl] *n* (*katoļu*) lūgšanu grāmata

misshapen [misˈʃeipən] *a* kroplīgs; deformēts

missile [ˈmisail] **I** *n* 1. reaktīvais šāviņš; raķete; 2. metamais; **II** *a* 1. *mil.* raķešu-; m. base – raķešu bāze; 2. metamais

missing [ˈmisiŋ] *a* 1. trūkstošs; 2. bez vēsts pazudis

mission [ˈmiʃn] *n* 1. misija; 2. norīkojums; komandējums; 3. *mil.* [kaujas] uzdevums; 4. misionāru organizācija

missionary [ˈmiʃnəri] **I** *n* misionārs; **II** *a* misijas-

missis [ˈmisiz] *n* 1. misis, kundze (*uzrunā*); 2. namamāte; 3. sieva

missive [ˈmisiv] *n* oficiāla vēstule; vēstījums

misspell [ˌmisˈspel] *v* (*p. un p. p.* misspelt [ˌmisˈspelt]) rakstīt kļūdaini

misspelt *sk.* **misspell**

misstate [ˌmisˈsteit] *v* nepatiesi apgalvot

mist [mist] **I** *n* 1. migla; dūmaka; 2. (*asaru u. tml.*) migla acu priekšā; 3. viskijs; degvīns; **II** *v* 1. ietīt miglā; 2. smidzināt

mistake [miˈsteik] **I** *n* kļūda; pārpratums; and [make] no m. – bez šaubām; noteikti; by m. – 1) pārpratuma dēļ; 2) nejauši; make no m. about it! – varat par to nešaubīties!; **II** *v* (*p.* mistook [miˈstuk]; *p. p.* mistaken [miˈsteikən]); 1. kļūdīties; maldīties; if I am not mistaken – ja nemaldos; 2. noturēt (*par kādu citu*)

mistaken [miˈsteikən] **I** *sk.* **mistake II**; **II** *a* 1. kļūdains; maldīgs; m. opinion – kļūdains uzskats; 2. pārprasts; m. kindness – pārprasta laipnība; 3.: you are m. – jūs maldāties

mister [ˈmistə] *n* 1. misters, kungs (*uzrunā kopā ar uzvārdu vai amatu*); 2. *vulg.* misters (*uzrunā bez uzvārda*)

mistletoe ['misltəʊ] *n bot.* āmuļi
mistook *sk.* **mistake II**
mistress ['mistrəs] *n* **1.** kundze; namamāte; saimniece; **2.** pavēlniece; **3.** skolotāja; **4.** meistare; **5.** mīļākā
mistrust [ˌmis'trʌst] **I** *n* neuzticība; aizdomas; **II** *v* neuzticēties; turēt aizdomās
misty ['misti] *a* **1.** miglains; dūmakains; **2.** neskaidrs; izplūdis
misunderstand [ˌmisʌndə'stænd] *v* (*p. un p. p.* misunderstood [ˌmisʌndə'stʊd]) pārprast
misunderstanding [ˌmisʌndə'stændiŋ] *n* **1.** pārpratums; **2.** nesaskaņa; nesaprašanās
misunderstood *sk.* **misunderstand**
misuse **I** *n* [ˌmis'ju:s] **1.** nepareiza lietošana; **2.** slikta izturēšanās; **3.** ļaunprātīga izmantošana; **II** *v* [ˌmis'ju:z] **1.** nepareizi lietot; **2.** slikti izturēties (apieties); **3.** ļaunprātīgi izmantot
mite [mait] *n* **1.** artava; grasis; **2.** sīks nieks; **3.** mazulis
mitigate ['mitigeit] *v* **1.** mīkstināt (*sodu*); **2.** remdināt; atvieglot
mitt [mit] *n* **1.** dūrainis; **2.** *pl sl.* boksa cimdi; **3.** *amer. sar.* roka; dūre; ◇ frozen m. – vēsa uzņemšana
mitten ['mitn] *n* **1.** dūrainis; **2.** *pl. sl.* boksa cimdi
mix [miks] **I** *n* **1.** maisījums; **2.** pārsegums; **II** *v* **1.** sajaukt; samaisīt; **2.** sajaukties; ▯ to m. **up** – 1) pamatīgi sajaukt (samaisīt); 2) iejaukt, iepīt (*kaut kur*)
mixed ['mikst] *a* **1.** sajaukts; samaisīts; **2.** jaukts; m. doubles (*tenisā*) – jauktā dubultspēle; m. marriage – jauktās laulības; with m. feeling – ar divējādām jūtām

mixed-voice ['mikstvɔis] *a:* m.-v. choir – jauktais koris
mixer ['miksə] *n* **1.** mente; **2.** mikseris; **3.** (*arī* good m.) sabiedrisks cilvēks; bad m. – nesabiedrisks cilvēks
mixture ['mikstʃə] *n* **1.** maisījums; **2.** mikstūra
moan [məʊn] **I** *n* vaids; kunkstiens; **II** *v* **1.** vaidēt; kunkstēt; **2.** žēloties; gausties
moat [məʊt] **I** *n* grāvis; aizsarggrāvis; **II** *v* norobežot ar aizsarggrāvi
mob [mɒb] **I** *n* **1.** pūlis; bars; **2.** *sl.* zagļu banda; **3.** ganāmpulks; **II** *v* **1.** drūzmēties; **2.** uzbrukt (*par pūli*)
mobile ['məʊbail] *a* **1.** kustīgs; mobils; **2.** pārvietojams; pārnēsājams; m. home – autofurgons (*dzīvošanai, izbraukumiem*); **3.** nepastāvīgs; mainīgs
mobilize ['məʊbilaiz] *v* **1.** mobilizēt; **2.** laist apgrozībā
mobster ['mɒbstə] *n* gangsteris; bandīts
moccasin ['mɒkəsin] *n* mokasīns
mock [mɒk] **I** *n* **1.** izsmiekls; **2.** apsmiekls; **3.** atdarināšana; parodēšana; **II** *a* **1.** neīsts; viltots; **2.** joku-; **III** *v* **1.** izsmiet; **2.** imitēt; parodēt
mockery ['mɒkəri] *n* **1.** izsmiekls; ņirgāšanās; **2.** apsmiekls
mock-up ['mɒkʌp] *n* dabiska lieluma makets (modelis)
modal ['məʊdl] *a gram.* modāls
mode [məʊd] *n* **1.** veids; paņēmiens; **2.** mode; **3.** *amer. gram.* izteiksme; **4.** *mūz.* tonalitāte
model ['mɒdl] **I** *n* **1.** modelis; makets; **2.** šablons; paraugs; **3.** manekene; modeļu demonstrētāja; male m. – modeļu demonstrētājs (*vīrietis*); **4.** *sar.* precīza kopija; **5.** *glezn.* modelis; **II** *a* priekšzīmīgs; **III** *v* **1.** veidot; modelēt;

2. *tehn.* formēt; 3. ņemt par paraugu; atdarināt; 4. strādāt par modeli
moderate I *n* [ˈmɒdərət] mērenu uzskatu cilvēks; II *a* [ˈmɒdərət] 1. mērens; m. opinions – mēreni uzskati (*politikā*); m. prices – mērenas cenas; 2. apvaldīts; izturēts (*par raksturu u. tml.*); 3. viduvējs; m. abilities – viduvējas spējas; III *v* [ˈmɒdəreit] 1. apvaldīt; iegrožot; 2. norimt (*piem., par vētru*); 3. būt par (*sapulces*) priekšsēdētāju
modern [ˈmɒdn] I *n* 1. mūsdienu cilvēks; 2. *pl* (the ~s) mūslaiku rakstnieki (mākslinieki *u. tml.*); II *a* mūsdienu-; moderns
modernism [ˈmɒdənizəm] *n* 1. modernisms; 2. *val.* neoloģisms
modernize [ˈmɒdənaiz] *v* modernizēt
modest [ˈmɒdist] *a* pieticīgs; vienkāršs
modesty [ˈmɒdəsti] *n* 1. pieticība; vienkāršība; 2. atturība; kautrība
modify [ˈmɒdifai] *v* 1. modificēt; pārveidot; 2. mīkstināt (*sodu*); klusināt (*balsi*); to m. one's demands – samazināt prasības; 3. *gram.* apzīmēt; 4. *val.* pārskaņot
modulate [ˈmɒdjʊleit] *v* 1. *tehn.* modulēt; 2. *rad.* pazemināt frekvenci; 3. *mūz.* transponēt
mohair [ˈməʊheə] *n* 1. mohēra (*Angoras kazas vilna*); 2. *tekst.* mohēras audums
moil [mɔil] I *n* smags darbs; II *v* nopūlēties
moist [mɔist] *a* 1. mitrs; mikls; valgs; m. colours – akvareļkrāsas; 2. lietains (*par laiku*); 3. krēpains (*par klepu*)
moisten [ˈmɔisn] *v* 1. samitrināt; saslapināt; 2. kļūt mitram (valgam)
moisture [ˈmɔistʃə] *n* mitrums; valgums

moke [məʊk] *n sl.* ēzelis
molar [ˈməʊlə] I *n* dzeroklis; II *a* dzerokļa-
molasses [məʊˈlæsiz] *n* 1. melase; 2. *amer.* sīrups
mole[a] [məʊl] *n* dzimumzīme
mole[b] [məʊl] *n* kurmis; ◇ blind as a m. – pilnīgi akls
mole[c] [məʊl] *n* mols
mole[d] [məʊl] *n ķīm.* mols; grammolekula
molecular [məˈlekjʊlə] *a* molekulārs
molecule [ˈmɒlikjuːl] *n* molekula
molehill [ˈməʊlhil] *n* kurmja rakums
molest [məˈlest] *v* uzbāzties; uzmākties
mollify [ˈmɒlifai] *v* nomierināt; remdēt; to m. smb.'s anger – remdēt kāda dusmas
mollusc [ˈmɒləsk] *n zool.* molusks, mīkstmiesis
molly-coddle [ˈmɒliˌkɒdl] I *n* memmesdēliņš; memmesmeitiņa; II *v* lutināt
molten [ˈməʊltən] *a* 1. kausēts; 2. liets
moment [ˈməʊmənt] *n* 1. moments; acumirklis; brīdis; 2. svarīgums; nozīmīgums; of great m. – nozīmīgs; of no (little) m. – mazsvarīgs; nenozīmīgs; 3. *fiz.* moments; m. of friction – berzes moments
momentary [ˈməʊməntəri] *a* 1. acumirklīgs; 2. īslaicīgs; pārejošs
momentous [məʊˈmentəs] *a* svarīgs; nozīmīgs
monarch [ˈmɒnək] *n* monarhs
monarchist [ˈmɒnəkist] *n* monarhists
monarchy [ˈmɒnəki] *n* monarhija
monastery [ˈmɒnəstəri] *n* (*vīriešu*) klosteris
Monday [ˈmʌndi] *n* pirmdiena
monetary [ˈmʌnitəri] *a* naudas-; valūtas-; International M. Fund – Starptautiskais valūtas fonds

money [′mʌni] *n* **1.** nauda; paper m. – papīra nauda, banknotes; ready m. – skaidra nauda; **2.** *pl* (moneys [′mʌniz]) valūta; **3.** *pl* (moneys, monies [′mʌniz]) naudas summas; ◇ for love or m. – par katru cenu; on the m. – tieši laikā

moneybox [′mʌnibɒks] *n* krājkasīte

moneyed [′mʌnid] *a* bagāts; naudīgs

moneygrubber [′mʌni͵grʌbə] *n* mantrausis

moneylender [′mʌni͵lendə] *n* augļotājs

moneyless [′mʌniləs] *a* bez naudas; bez līdzekļiem

moneymarket [′mʌni͵mɑ:kit] *n* birža

moneyorder [′mʌni:͵ɔ:də] *n* naudas pārvedums

monger [′mʌŋgə] *n* tirgotājs; pārdevējs

mongoose [′mɒngu:s] *n zool.* mangusts

mongrel [′mʌŋgrəl] **I** *n* **1.** sētas suns, krancis; **2.** *niev.* jauktenis; **II** *a* jaukts

monitor [′mɒnitə] *n* **1.** klases vecākais; **2.** monitors

monk [mʌŋk] *n* mūks

monkey [′mʌŋki] **I** *n* **1.** pērtiķis; **2.** nerātnis; palaidnis; **3.** *tehn.* (*pāļdziņa*) zveltnis; **4.** apaļa māla krūze ar šauru kaklu; **5.** *sl.* dusmas; to get one's m. up – sadusmoties; to put smb.'s m. up – saniknot kādu; **II** *v* **1.** zoboties; izsmiet; **2.** palaidņoties; ◻ to m. **about (around)** – draiskoties; palaidņoties; to m. **with** – niekoties (*ar kaut ko*)

monkey-nut [′mʌŋkinʌt] *n* zemesrieksts

monk's-hood [′mʌŋkshʊd] *n bot.* kurpīte

monocle [′mɒnəkl] *n* monoklis

monocotyledon [͵mɒnəʊ͵kɒti′li:dən] *n bot.* viendīgļlapis

monocracy [mɒ′nɒkrəsi] *n* vienvaldība; patvaldība

monogram [′mɒnəgræm] *n* monogramma

monograph [′mɒnəgrɑ:f] *n* monogrāfija

monolith [′mɒnəliθ] *n* monolīts

monologue [′mɒnəlɒg] *n* monologs

monopolize [mə′nɒpəlaiz] *v* monopolizēt

monopoly [mə′nɒpəli] *n* monopols

monorail [′mɒnəʊreil] *n* viensliežu dzelzceļš

monosyllabic [͵mɒnəʊsi′læbik] *a* vienzilbīgs; vienzilbes-

monosyllable [′mɒnəʊ͵siləbl] *n* vienzilbes vārds; to speak in m. – runāt strupi

monotonous [mə′nɒtnəs] *a* monotons; vienmuļš

monotony [mə′nɒtəni] *n* vienmuļība

monsoon [͵mɒn′su:n] *n* **1.** musons; **2.** lietus periods

monster [′mɒnstə] **I** *n* briesmonis; nezvērs; **II** *a* nedabiski liels; milzīgs

monstrosity [mɒn′strɒsəti] *n* **1.** nedabiskums; kroplība; **2.** briesmonis; nezvērs; **3.** necilvēcība

monstrous [′mɒnstrəs] *a* **1.** nedabisks; kroplīgs; **2.** milzīgs; **3.** necilvēcīgs; **4.** *sar.* aplams; absurds

montage [mɒn′tɑ:ʒ] *n* montāža

month [mʌnθ] *n* mēnesis; this day m. – pēc mēneša; ◇ m. of Sundays – ilgs laiks

monthly [′mʌnθli] **I** *n* **1.** ikmēneša izdevums; mēnešraksts; **2.** *pl* mēnešreize; **II** *a* ikmēneša-; m. wage – mēnešalga; **III** *adv* ik mēnesi; reizi mēnesī

monticule [′mɒntikju:l] *n* paugurs

monument [′mɒnjʊmənt] *n* piemineklis; monuments

monumental [͵mɒnjʊ′mentl] *a* **1.** monumentāls; **2.** *pārn.* milzīgs

monumentally [͵mɒnjʊ′mentli] *adv* ārkārtīgi

moo [mu:] **I** *n* maurošana; **II** *v* maurot

mood[a] [mu:d] *n* garastāvoklis; noskaņojums; man of ~s – garastāvokļa cilvēks

mood[b] [mu:d] *n* 1. *gram.* izteiksme; 2. *mūz.* tonalitāte, toņkārta

moody ['mu:di] *a* 1. kaprīzs; untumains; neaprēķināms; 2. saīdzis; drūms

moon [mu:n] I *n* 1. mēness; full m. – pilnmēness; new m. – jauns mēness; 2. *astr.* (*planētas*) pavadonis; 3. mēnessgaisma, mēnesnīca; 4. *poēt.* mēnesis; II *v* (*arī* to m. about, to m. along, to m. around) bezmērķīgi klīst; klaiņot; ◻ to m. **away** – izniekot laiku; to m. **over** – nodoties sapņiem

moonbeam ['mu:nbi:m] *n* mēnesstars

mooncalf ['mu:nkɑ:f] *n* idiots; stulbenis

moonflight ['mu:nflait] *n* lidojums uz Mēnesi

moonlight ['mu:nlait] I *n* mēnessgaisma, mēnesnīca; by m. – mēnessgaismā; II *v sar.* piepelnīties (*pa vakariem*); strādāt, apvienojot amatus

moonlit ['mu:nlit] *a* mēness apspīdēts

moonshine ['mu:nʃain] *n* 1. blēņas; tukšas iedomas (runas); 2. *amer. sar.* kandža

moonstone ['mu:nstəʊn] *n min.* mēnessakmens

moonstruck ['mu:nstrʌk] *a sar.* jucis

moony ['mu:ni] *a* 1. mēnessveidīgs; 2. sapņains; izklaidīgs; apātisks

moor[a] [mʊə] *n* 1. tīrelis; (*viršiem noaudzis*) purvājs; 2. medību rajons

moor[b] [mʊə] *v* 1. pietauvot; noenkurot; 2. nostiprināt (*lidmašīnu u. tml.*)

moorage ['mʊərɪdʒ] *n* (*kuģu u. tml.*) pietauvošanās vieta

moorcock ['mʊəkɒk] *n* irbju tēviņš

moorhen ['mʊəhen] *n* irbju mātīte

Moorish ['mʊərɪʃ] *a* mauru-

moorland ['mʊələnd] *n* tīrelis; virsājs

moose [mu:s] *n* Ziemeļamerikas alnis

moot [mu:t] I *n vēst.* tautas sapulce; II *a* strīdīgs; debatējams; m. point (question) – strīdīgs jautājums; III *v* izvirzīt apspriešanai (*jautājumu*)

mop[a] [mɒp] I *n* 1. beržamā suka; vīkšķis; 2. (*matu*) ērkulis; II *v* 1. saslaucīt; uzslaucīt; 2. noraust; noslaucīt (*sviedrus, asaras*); ◻ to m. **up** – 1) uzslaucīt; 2) *sar.* rīt; kampt; 3) *sar.* nožmiegt; ◇ to m. floor with smb. – dancināt kādu pēc savas stabules

mop[b] [mɒp] I *n*: ~s and mows – grimases; II *v*: to m. and mow – vaibstīties; taisīt grimases

mop[c] [mɒp] *n* rudens gadatirgus (*kad salīgst lauksaimniekus*)

mope [məʊp] I *n* 1. drūms (vai grūtsirdīgs) cilvēks; 2.: the ~s – grūtsirdība; II *v* būt grūtsirdīgam (nomāktam); ◻ to m. **about** (**around**) – grūtsirdīgi klīst apkārt

moped ['məʊpəd] *n* mopēds

mopish ['məʊpɪʃ] *a* grūtsirdīgs; nomākts

moppet ['mɒpɪt] *n sar.* 1. bērniņš; mazulītis; 2. meitēns; skuķēns

moral ['mɒrəl] I *n* 1. morāle; pamācība; 2. *pl* tikumi; tikumība; man without ~s – amorāls cilvēks; II *a* 1. morāls; m. support – morāls atbalsts; 2. ētisks; tikumisks; m. certainty – iekšējā pārliecība; m. philosophy – ētika

morality [məˈræləti] *n* 1. morāle; 2. tikumiska uzvedība; 3. *pl* ētika; 4. moralizēšana

moralize ['mɒrəlaɪz] *v* moralizēt

morass [məˈræs] *n* 1. purvs; slīkšņa-; 2. sarežģīts stāvoklis

morbid ['mɔ:bid] *a* 1. slimīgs; neveselīgs; 2. patoloģisks

morbidity [mɔː'bidəti] *n* **1.** slimīgums; **2.** saslimstība

mordant ['mɔːdnt] **I** *n* kodinātājs; kodne; **II** *a* **1.** kodīgs (*par vielu*); **2.** dzēlīgs; sarkastisks (*par vārdiem*)

more [mɔː] **I** *n* lielāks skaits (daudzums); **II** *a* (*comp. no* much **II**, many **II**) vairāk; **III** *adv* (*comp. no* much **III**) **1.** vairāk; much m. – daudz vairāk; **2.** vēl; atkal; m. and m. – aizvien vairāk; **3.** vairs; **4.** (*lieto, veidojot īpašības un apstākļa vārdu pārāko pakāpi*): m. beautiful – skaistāks; m. easily – vieglāk; ◇ m. or less – daudzmaz; what is m. – bez tam; turklāt

morel[a] [mɒ'rel] *n bot.* lāčpurņi

morel[b] [mɒ'rel] *n bot.* naktene

moreover [mɔːr'əʊvə] *adv* bez tam, turklāt

morgue [mɔːg] *n* morgs

moribund ['mɒribʌnd] *a* mirstošs

morn [mɔːn] *n poēt.* rīts

morning ['mɔːniŋ] *n* **1.** rīts; good m.! – labrīt!; m. after *sar.* – paģiras; m. performance – dienas izrāde; m. star – rītazvaigzne; Venera; **2.** *poēt.* rītablāzma **morning glory** [,mɔːniŋ 'glɔːri] *n bot.* tītenis

morocco [mə'rɒkəʊ] *n* safjāns

moron ['mɔːrɒn] *n* plānprātiņš, idiots

morose [mə'rəʊs] *a* drūms; īgns

morpheme ['mɔːfiːm] *n val.* morfēma

morphia, morphine ['mɔːfiə, 'mɔːfiːn] *n* morfijs

morris ['mɒris] *n* (*arī* m. dance) sena angļu tautas deja kostīmos ar zvaniņiem

Morse [mɔːs] *n* Morzes aparāts; M. code – Morzes ābece

morse [mɔːs] *n* valzirgs

morsel ['mɔːsl] *n* **1.** kumoss; **2.** drusciņa; mazumiņš

mortal ['mɔːtl] **I** *n* mirstīgais; **II** *a* **1.** mirstīgs; **2.** nāvīgs; m. enemy – niknākais ienaidnieks; **3.** *sar.* nāves-; šausmīgs

mortality [mɔː'tæləti] *n* mirstība

mortarboard ['mɔːtəbɔːd] *n* (*angļu studentu un profesoru*) četrstūraina cepurīte

mortgage ['mɔːgidʒ] **I** *n jur.* hipotēka; ķīlu zīme; **II** *v* **1.** ieķīlāt; **2.** galvot; garantēt

mortification [,mɔːtifi'keiʃn] *n* **1.** pakļaušana; apspiešana; savaldīšana; **2.** pazemojums; aizvainojums; **3.** *med.* gangrēna

mortify ['mɔːtifai] *v* **1.** apspiest; savaldīt (*jūtas u. tml.*); **2.** pazemot; aizvainot; **3.** *med.* atmirt

mortise ['mɔːtis] *tehn.* **I** *n* ligzda; grope; m. chisel – kalts; **II** *v* savienot gropē; satapot

mortuary ['mɔːtjʊəri] **I** *n* kapliča; morgs; **II** *a* apbedīšanas-

mosaic [məʊ'zeiik] **I** *n* mozaīka; **II** *a* mozaīkas-

Moslem ['mɒzləm] **I** *n* musulmanis; **II** *a* musulmaņu-

mosque [mɒsk] *n* mošeja

mosquito [mə'skiːtəʊ] *n* moskīts; ods

moss [mɒs] **I** *n* sūna; **II** *v* apsūnot, nosūnot

moss-grown ['mɒsgrəʊn] *a* apsūnojis

mossy ['mɒsi] *a* sūnains; apsūnojis

most [məʊst] **I** *n* vairākums; vislielākais skaits; ◇ to make the m. (*of*) – izmantot pēc iespējas labāk; **II** *a* (*comp. no* many **II**, much **II**) visvairāk; **III** *adv* **1.** visbiežāk; visvairāk; **2.** ļoti; **3.** (*lieto, veidojot īpašības un apstākļa vārdu vispārāko pakāpi*): the m. beautiful – visskaistākais

mostly [ˈməʊstli] *adv* galvenokārt; lielākoties

mot [məʊ] *n* asprātība; m. juste – trāpīgs teiciens (vārds)

motel [məʊˈtel] *n* motelis, viesnīca autotūristiem

moth [mɒθ] *n* **1.** kode; **2.** naktstauriņi; **3.** kožu bojājumi (*drēbēs*)

mother [ˈmʌðə] **I** *n* **1.** māte; m. country – 1) dzimtene; 2) metropole (*attiecībā pret koloniju*); ~'s mark – dzimumzīme; m. tongue – mātes (dzimtā) valoda; m. wit – iedzimta atjautība; **2.** *pārn.* sākotne; avots; ◊ every ~'s son – visi kā viens; **II** *v* **1.** rūpēties kā mātei (*par kādu*); **2.** adoptēt; pieņemt audzināšanā; **3.** piedēvēt autortiesības

mother-in-law [ˈmʌðərinlɔ:] *n* vīramāte; sievasmāte

motherland [ˈmʌðəlænd] *n* dzimtene, tēvzeme

motherless [ˈmʌðələs] *a* bez mātes-; m. child – bārenis

motherly [ˈmʌðəli] *a* mātes-; mātišķīgs

mother-of-pearl [ˌmʌðərəvˈpɜ:l] *n* perlamutrs

motif [məʊˈti:f] *n* motīvs

motion [ˈməʊʃn] **I** *n* **1.** kustība; in m. – kustībā; darbībā; m. picture – kinofilma; to put (set) in m. – 1) iedarbināt; 2) iekustināt; **2.** (*automobiļa u. tml.*) gaita; **3.** mājiens; žests; **4.** ierosme; pamudinājums; of one's own m. – pēc paša ierosmes; **5.** priekšlikums; ierosinājums; **6.** *fiziol.* defekācija; izkārnīšanās; **II** *v* norādīt ar mājienu

motionless [ˈməʊʃnləs] *a* nekustīgs; sastindzis

motivate [ˈməʊtiveit] *v* **1.** rosināt; veicināt; **2.** motivēt; pamatot

motive [ˈməʊtiv] **I** *n* **1.** iemesls; motīvs; from selfish ~s – savtīgos nolūkos; **2.** vadmotīvs; **II** *a* virzošs; m. power – dzinējspēks; **III** *v sk.* **motivate**

motley [ˈmɒtli] **I** *n novec.* āksta tērps; to wear [the] m. – tēlot ākstu; **II** *a* raibs; daudzkrāsains

motor [ˈməʊtə] **I** *n* **1.** motors; dzinējs; **2.** automobilis; **II** *a* **1.** *fiziol.* motorisks; kustības-; **2.** motora-; dzinēja; **III** *v* **1.** braukt ar automobili; **2.** vest ar automobili

motorbike [ˈməʊtəbaik] *n* motocikls

motorboat [ˈməʊtəbəʊt] *n* motorlaiva

motorcar [ˈməʊtəkɑ:] *n* **1.** vieglais automobilis; **2.** *amer.* (*tramvaja u. tml.*) motorvagons

motorcycle [ˈməʊtəsaikl] *n* motocikls

motorman [ˈməʊtəmən] *n* (*tramvaja, elektrovilciena*) vadītājs

motorway [ˈməʊtəwei] *n* autoceļš; autostrāde

mottle [ˈmɒtl] **I** *n* raibums; lāsums; **II** *v* izraibināt; saraibināt

mottled [ˈmɒtld] *a* raibs; lāsumains

motto [ˈmɒtəʊ] *n* moto; devīze

mould[a] [məʊld] **I** *n* **1.** irdena trūdzeme; **2.** *poēt.* kaps; **3.** *poēt.* pīšļi; man of m. – parasts mirstīgais; **II** *v* uzbērt zemi; ◊ to m. **up** – aprušināt

mould[b] [məʊld] **I** *n* pelējums; pelējuma sēnīte; **II** *v* sapelēt

mould[c] [məʊld] **I** *n* **1.** veidne; forma; **2.** *tehn.* šablons; **3.** matrice; **4.** raksturs; **II** *v* **1.** *tehn.* liet formā; veidot pēc šablona; **2.** veidot raksturu; ◊ to m. **into** – pārvērst; pārveidot; to m. **on** (**upon**) – veidot pēc parauga; to m. out of – veidot no

moulder[a] [ˈməʊldə] *n* **1.** [metāl]lējējs; **2.** *pārn.* radītājs; veidotājs

moulder[b] [ˈməʊldə] *v* (*arī:* to m. away, down) sadrupt; sairt

moulding [ˈməʊldɪŋ] *n* **1.** *tehn.* veidojums; lējums; **2.** *arh.* cilnis; ciļņu rotājums
mouldyᵃ [ˈməʊldi] *n jūrn. sl.* torpēda
mouldyᵇ [məʊldi] *a* **1.** sapelējis; to go m. – sapelēt; **2.** novecojis; vecmodīgs; **3.** *sl.* nejauks; draņķīgs
mound [maʊnd] *n* **1.** uzkalns; paugurs; **2.** kapkalns
mountᵃ [maʊnt] *n* kalns (*tikai kalnu nosaukumos*); M. Everest – Everests
mountᵇ [maʊnt] **I** *n* **1.** paspartū; **2.** (*rotaslietas*) apdare; apkalums; **3.** (*mikroskopa*) priekšmetstikliņš; **4.** *mil.* (*ieroča*) balsts; **5.** apseglots jājamdzīvnieks; **II** *v* **1.** kāpt (*kalnā, zirgā*); to m. the throne – uzkāpt tronī; **2.** sakāpt (*galvā*); **3.** celties (*par cenām, temperatūru*); **4.** *mil., tehn.* uzstādīt; novietot (*uz lafetes*); montēt; **5.** ierāmēt; **6.** *teātr.* inscenēt; **7.** organizēt; uzsākt; **8.** iestiprināt; **9.** izbāzt (*putnu*); uzspraust (*tauriņu*); **10.**: to m. guard (*at, over*) – stāvēt sardzē
mountain [ˈmaʊntɪn] *n* **1.** kalns; **2.** *pārn.* liels daudzums; milzums
mountain ash [ˌmaʊntɪn ˈæʃ] *n* pīlādzis, sērmūkslis
mountain cat [ˌmaʊntɪn ˈkæt] *n zool.* (*arī* m. lion) puma, kuguārs
mountaineer [ˌmaʊntɪˈnɪə] *n* **1.** kalnietis; **2.** alpīnists
mountaineering [ˌmaʊntɪˈnɪərɪŋ] *n* alpīnisms
mountainous [ˈmaʊntɪnəs] *a* **1.** kalnains; **2.** milzīgs
mountain-pass [ˈmaʊntɪnpɑːs] *n* kalnu pāreja
mountain-range [ˈmaʊntɪnreɪndʒ] *n* kalnu grēda
mountebank [ˈmaʊntɪbæŋk] *n* **1.** jokdaris; āksts; **2.** šarlatāns; krāpnieks

mounted [ˈmaʊntɪd] *a* **1.** jātnieku-; kavalērijas-; m. police – jātnieku policija; **2.** samontēts; uzstādīts
mounting [ˈmaʊntɪŋ] *n* **1.** *tehn.* uzstādīšana; montāža; **2.** *tehn.* sēža; **3.** *mil.* uzstādīšana; novietošana (*uz lafetes*); **4.** uzsēdināšana (*zirgā*); **5.** apkalums
mourn [mɔːn] *v* (*for, over*) sērot; apraudāt
mourner [ˈmɔːnə] *n* **1.** sērojošs piederīgais; **2.** bērinieks; **3.** apraudātāja
mournful [ˈmɔːnfl] *a* sērīgs; skumjš
mourning [ˈmɔːnɪŋ] *n* **1.** sēras; **2.** sēru drānas
mouse I *n* [maʊs] (*pl* mice [maɪs]) **1.** pele; **2.** bikls cilvēks; **3.** *sl.* uzdauzīta acs; **II** *v* [maʊz] **1.** ķert peles; **2.** izsekot
mousehole [ˈmaʊshəʊl] *n* peļu ala
mouser [ˈmaʊzə] *n* peļu ķērājs (*par kaķi*)
mousetrap [ˈmaʊstræp] *n* peļu slazds; m. cheese – vecs siers
mousse [muːs] *n kul.* uzputenis
moustache [məˈstɑːʃ] *n* ūsas
mouth [maʊθ] **I** *n* **1.** mute; by [word of] m. – mutiski; **2.** ēdājs; useless m. – liekēdis; **3.** atvere; m. of a cave – ieeja alā; **4.** (*pudeles*) kakls; **5.** (*upes*) grīva; **6.** grimase; ◇ down in the m. – nomākts; **II** *v* **1.** svinīgi runāt; sludināt; **2.** vaibstīties; **3.** iebraukt (*zirgu*); **4.** ietecēt (*par upi*)
mouther [ˈmaʊðə] *n* lielībnieks; balamute
mouthful [ˈmaʊθfʊl] *n* **1.** kumoss; malks; **2.** grūti izrunājams vārds
mouthorgan [ˈmaʊθˌɔːgən] *n* mutes harmonikas
mouthpiece [ˈmaʊθpiːs] *n* **1.** iemutis; **2.** (*domu, interešu*) paudējs; **3.** mikrofons
mouthy [ˈmaʊði] *a* **1.** māksloti svinīgs; **2.** mutīgs; pļāpīgs

movable ['mu:vəbl] *a* **1.** pārvietojams; pārnēsājams; m. bridge – paceļamais tilts; m. kidney *med.* – klejojošā niere; **2.** kustams (*par īpašumu*)

movables ['mu:vəblz] *n pl* kustama manta; personiskais īpašums

move [mu:v] **I** *n* **1.** kustība; **2.** gājiens (*spēlē*); it's your m. – jūsu gājiens; jums jāspēlē; **3.** rīcība; solis; **4.** pārvākšanās (*uz citu dzīvokli*); **II** *v* **1.** kustināt; pārvietot; **2.** kustēties; don't m.! – stāt!; **3.** izdarīt gājienu (*spēlē*); **4.** iedarbināt; iekustināt; **5.** aizkustināt; **6.** attīstīties (*par notikumu gaitu*); **7.** iesniegt (*priekšlikumu*); **8.** apgrozīties (*sabiedrībā*); **9.** pārvākties, pārkravāties (*uz citu dzīvokli*); ◊ to m. **about** (**around**) – 1) pārvietot; 2) pārvietoties; to m. **along** (**on**) – 1) virzīt uz priekšu; 2) virzīties uz priekšu; to m. **away** – 1) pastumt sānis; 2) attālināties; to m. **back** – 1) virzīt atpakaļ; 2) doties atpakaļ; to m. **down** – 1) pavirzīt lejup; 2) virzīties lejup; to m. **in** – 1) iebīdīt; 2) ievākties (*jaunā dzīvoklī*); to m. **off** – 1) atbīdīt; 2) doties projām; aizbraukt; to m. **out** – 1) izvest; izvilkt; 2) izvākties (*no dzīvokļa*); to m. **over** (**up**) – 1) pievirzīt; 2) pievirzīties; ◊ to m. heaven and earth – laist darbā visus līdzekļus

moveless ['mu:vləs] *a* nekustīgs

movement ['mu:vmənt] *n* **1.** kustība; to lie without m. – gulēt nekustīgi; **2.** žests; (*ķermeņa*) kustība; **3.** (*sabiedriska*) kustība; **4.** (*mehānisma*) darbība; **5.** pārvākšanās (*uz citu dzīvokli*); **6.** *pl* izturēšanās; uzvedība; **7.** *mūz.* temps; ritms; **8.** (*kompozīcijas*) daļa; **9.** rosība (*tirdzniecībā*); **10.** *med.* zarnu darbība

movie ['mu:vi] *n sar.* **1.** kinofilma; **2.** *pl* kino; to go to the ~s – iet uz kino

moving ['mu:viŋ] *a* **1.** kustīgs; m. picture – kinofilma; m. staircase – eskalators; **2.** aizkustinošs

mow[a] [məʊ] **I** *n* (*siena, labības*) kaudze, stirpa; **II** *v* (*p.* mowed [məʊd]; *p. p.* mowed, mown [məʊd, məʊn]) pļaut; ◊ to m. **down** – 1) nopļaut; 2) *pārn.* iznīcināt

mow[b] [maʊ] **I** *n* grimase; **II** *v* taisīt grimases; vaibstīties

mower ['məʊə] *n* **1.** pļāvējs; **2.** pļaujmašīna; zāles pļāvējs

mown *sk.* **mow**[a] **II**

much [mʌtʃ] **I** *n* daudz kas; vairums; **II** *a* (*comp.* more [mɔ:]; *sup.* **most** [məʊst]) daudz; **III** *adv* (*comp.* more [mɔ:]; *sup.* most [məʊst]) **1.** daudz; how m.? – cik?; cik daudz?; so m. for that – pietiks (*runāt*) par to; so m. the better (the worse, the more) – jo labāk (ļaunāk, vairāk); **2.** ļoti; I m. regret – es ļoti nožēloju; **3.** gandrīz; apmēram; bieži

muck [mʌk] **I** *n* **1.** mēsli; mēslojums; **2.** *sar.* draņķis; **II** *v* **1.** mēslot (*augsni*); **2.** piemēslot; ◊ to m. **about** *sl.* – blandīties apkārt; to m. **in** – pievienoties; to m. **up** *sl.* – 1) notašķīties; 2) izjaukt (*piem., pasākumu*)

muckworm ['mʌkwɜ:m] *n* **1.** slieka; **2.** skopulis, sīkstulis

mucous ['mju:kəs] *a* gļotains; m. membrane – gļotāda

mucus ['mju:kəs] *n* gļotas

mud [mʌd] *n* dubļi; to stick in the m. – 1) iestigt dubļos; 2) *pārn.* būt atpalikušam; ◊ to fling (throw) m. at smb. – apmētāt kādu ar dubļiem

mud-bath ['mʌdbɑ:θ] *n med.* dūņu vanna

muddle ['mʌdl] **I** *n* nekārtība; juceklis; to make a m. of smth. – sajaukt kaut ko; **II** *v* **1.** (*arī* to m. together) sajaukt (*kārtību u. tml.*); **2.** (*arī* to m. up) saputrot; **3.** apmulsināt; apstulbināt; ☐ to m. **along** – jaukties; to m. **through** – kaut kā izkulties; to m. **with** – noņemties; ķēpāties

muddy ['mʌdi] **I** *a* **1.** dubļains; duļķains; **2.** nespodrs, blāvs (*par gaismu*); **3.** netīrs (*par krāsu*); **4.** neskaidrs; samudžināts (*par domām, stilu*); **5.** aizsmacis (*par balsi*); **6.** aptumšojies (*par prātu*); **II** *v* **1.** notraipīt (nošķiest) ar dubļiem; **2.** saduļķot

muffᵃ [mʌf] *n* **1.** uzrocis; **2.** *tehn.* uzmava

muffᵇ [mʌf] **I** *n* **1.** neveiksme; misēklis; kļūda; **2.** nemākulis; neveiklis (*sportā*); **II** *v* kļūdīties; netrāpīt (*sportā*); palaist garām (*bumbu u. tml.*)

muffin ['mʌfin] *n* smalkmaizīte

muffle ['mʌfln] *n* (*govs, aitas*) purns

muffler ['mʌflə] *n* **1.** šalle; silts kaklauts; **2.** boksa cimds; **3.** *tehn.* trokšņa slāpētājs

mufty ['mʌfti] *n* civiltērps; in m. – civilā

mugᵃ [mʌg] *n* **1.** krūze; krūka; **2.** *sl.* ģīmis; purns

mugᵇ [mʌg] *n sar.* vientiesis; muļķis

mugᶜ [mʌg] *v* **1.** *teātr.* vaibstīties, taisīt grimases; **2.** (*arī* to m. up) grimēties; **3.** *sar.* uzbrukt (*no mugurpuses*); aplaupīt

mugᵈ [mʌg] *sl.* **I** *n* zubrītājs; **II** *v* zubrīt, iekalt

muggerᵃ ['mʌgə] *n* Indijas krokodils

muggerᵇ ['mʌgə] *n sar.* laupītājs

mulatto [mju'lætəʊ] **I** *n* mulats; mulate; **II** *a* dzeltenbrūns

mulberry ['mʌlbəri] *n* **1.** zīdkoks; **2.** zīdkoka ogas; **3.** tumšsarkana krāsa

muleᵃ [mju:l] *n* **1.** mūlis; **2.** *sar.* tiepša; **3.** vērpjamā mašīna

muleᵇ [mju:l] *n* rītakurpe

muleteer [,mju:lə'tiə] *n* mūļu dzinējs

mulish ['mju:liʃ] *a* ietiepīgs

mullah ['mʌlə] *n* mulla

mullein ['mʌlin] *n bot.* deviņvīruspēks

multiform ['mʌltifɔ:m] *a* daudzveidīgs

multilateral [,mʌlti'lætrəl] *a* daudzpusējs

multimillionaire [,mʌltimiljə'neə] *n* multimiljonārs

multiped ['mʌltiped] *n* simtkājis

multiple ['mʌltipl] **I** *n mat.* skaitlis, kas dalās bez atlikuma; least (lowest) common m. – mazākais kopīgais dalāmais; **II** *a* **1.** salikts; **2.** daudzkārtīgs; daudzējāds; **3.** *mat.* dalāms bez atlikuma

multiplex ['mʌltipleks] *a* **1.** salikts; sarežģīts; **2.** daudzkārtīgs

multiplication [,mʌltipli'keiʃn] *n* **1.** *mat.* reizināšana; m. table – reizināšanas tabula; **2.** pavairošana

multiply ['mʌltiplai] *v* **1.** pavairot; **2.** vairoties; **3.** *mat.* reizināt

multistage ['mʌltisteidʒ] *a* **1.** daudzpakāpju-; **2.** daudzkameru-; **3.** daudzstāvu-

multistorey [,mʌlti'stɔ:ri] *a* daudzstāvu-

multitude ['mʌltitju:d] *n* **1.** liels daudzums; liels skaits; **2.** pūlis; the m. – masas

mumᵃ [mʌm] **I** *a predic* klusējošs; to keep m. – klusēt; neizpaust; **II** *v* piedalīties pantomīmā; **III** *int* klusu!; ~'s the word! – par to ne vārda!

mumᵇ [mʌm] *sk.* **mummy**ᵇ

mumble ['mʌmbl] **I** *n* murmināšana; bubināšana; **II** *v* **1.** murmināt; bubināt; **2.** čāpstināt

mummery ['mʌməri] *n* **1.** *vēst.* pantomīma; **2.** *niev.* kumēdiņi

mummify ['mʌmifai] v **1.** mumificēt; **2.** mumificēties; pārvērsties mūmijā
mummyᵃ ['mʌmi] n **1.** mūmija; **2.** mīksta, bezveidīga masa; **3.** brūna krāsa
mummyᵇ ['mʌmi] n māmiņa; mammīte
mumpsᵃ [mʌmps] n med. cūciņa
mumpsᵇ [mʌmps] n grūtsirdība
munch [mʌntʃ] v košļāt; čāpstināt
mundane [ˌmʌn'dein] a **1.** laicīgs; pasaulīgs; **2.** ikdienišķs
municipal [mjʊ'nisipl] a **1.** municipāls; pilsētas; **2.** pašvaldības-
municipality [mjʊˌnisi'pæləti] n municipalitāte
munificent [mjʊ'nifisnt] a devīgs
munition [mjʊ'niʃn] **I** n (parasti pl) munīcija; **II** v apgādāt ar munīciju
murder ['mɜːdə] **I** n slepkavība; to commit m. – noslepkavot; ◇ m. will out – īlenu maisā nenoslēpsi; to get away with the m. – tikt cauri ar veselu ādu; **II** v **1.** noslepkavot; **2.** sabojāt (mākslas darbu); kropļot (valodu)
murderer ['mɜːdərə] n slepkava
murderous ['mɜːdərəs] a **1.** iznīcinošs; nāvējošs; **2.** asinskārs; asiņains
muriatic [ˌmjʊəri'ætik] a m. acid – sālsskābe
murk [mɜːk] **I** n tumsa; tumsība; **II** a tumšs; drūms
murky ['mɜːki] a tumšs; drūms; m. darkness – bieza tumsa
murmur ['mɜːmə] **I** n **1.** (ūdens) burbuļošana; čalošana; **2.** (lapu) čabēšana; **3.** (bišu) sanēšana; **4.** murmināšana; **5.** kurnēšana; **6.** med. trokšņi (sirdī); **II** v **1.** burbuļot; čalot; **2.** čabēt (par lapām); **3.** sanēt (par bitēm); **4.** murmināt; **5.** (at, against) kurnēt
murphy ['mɜːfi] n sl. kartupelis

murrain ['mʌrin] n mutes un nagu sērga
muscatel [ˌmʌskə'tel] n **1.** muskatvīnogas; **2.** muskatvīns; **3.** muskatrozīnes
muscle ['mʌsl] **I** n **1.** muskulis; **2.** spēks; **II** v (arī to m. in) sar. ar varu ielauzties
muscleman ['mʌslmæn] n atlēts; spēkavīrs
muscular ['mʌskjʊlə] a muskuļu-; muskuļains
museᵃ [mjuːz] n mūza
museᵇ [mjuːz] v (on, upon) pārdomāt; apcerēt
museum [mjʊ'ziːəm] n muzejs
museum piece [mjʊ'ziːəm piːs] n muzeja eksponāts
mushroom ['mʌʃrʊm] **I** n **1.** sēne; m. growth – (pilsētas u. tml.) strauja izaugsme; **2.** sēņveida mākonis (pēc atomsprādziena); **II** v **1.** sēņot; **2.** strauji attīstīties
mushy ['mʌʃi] a **1.** mīksts; **2.** porains; **3.** sar. salkans
music ['mjuːzik] n **1.** mūzika; m. master – mūzikas skolotājs; **2.** notis; ◇ rough m. – brēka; tracis
musical ['mjuːzikl] **I** n mūzikls; **II** a **1.** muzikāls; mūzikas-; **2.** melodisks
music-case ['mjuːzikkeis] n nošu mape
music-hall ['mjuːzikhɔːl] n **1.** koncertzāle; **2.** mūzikhols; varietē
musician [mjuː'ziʃn] n **1.** mūziķis; **2.** komponists
music-paper ['mjuːzikˌpeipə] n nošu papīrs
musk [mʌsk] n **1.** muskuss; **2.** muskusa smarža
musket ['mʌskit] n vēst. muskete
musketeer [ˌmʌskə'tiə] n vēst. musketieris

muskrat [ˈmʌskræt] *n* bizamžurka, ondatra
muslin [ˈmʌzlin] *n tekst.* muslīns
musquash [ˈmʌskwɒʃ] *n* bizamāda
mussel [ˈmʌsl] *n* divvāku gliemis
must[a] [mʌst] *n* pelējums
must[b] [mʌst] **I** *n sar.* nepieciešamība; **II** *mod. v. (uzsvērtā forma* [mʌst]; *neuzsvērtā forma* [məst]) **1.** (*izsaka nepieciešamību*): I m. do it – man tas jāizdara; you m. know that... – jums jazina, ka...; **2.** (*izsaka iespējamību*): you m. be joking – jūs droši vien jokojat; you m. have heard about it – jūs noteikti būsiet par to dzirdējis
mustard [ˈmʌstəd] *n* **1.** sinepes; m. plaster – sinepju plāksteris; **2.** *amer. pārn.* asums; ◇ keen as m. – dedzīgs, aizrautīgs
mustard-pot [ˈmʌstədpɒt] *n* sinepju trauciņš
muster [ˈmʌstə] **I** *n* **1.** sapulcēšanās (*apskatei, pārbaudei*); to pass m. – izturēt pārbaudi; **2.** sapulcējušies; klātesošie; in full m. – pilnā sastāvā; **3.** uzvārdu saraksts; **II** *v* **1.** sapulcināt (*apskatei, pārbaudei*); **2.** sapulcēties; **3.** saņemt (*piem., drosmi*); to m. one's thoughts – sakopot domas
musty [ˈmʌsti] *a* appelējis; nopelējis
mutability [ˌmju:təˈbiləti] *n* mainīgums; nepastāvība
mutable [ˈmju:təbl] *a* mainīgs; nepastāvīgs
mutch [mʌtʃ] *n* aube
mute [mju:t] **I** *n* **1.** mēmais; **2.** *val.* neizrunājams burts; **II** *a* **1.** mēms; **2.** kluss; nerunīgs; bezvārda-; **3.** *val.* neizrunājams (*par burtu*)
mutilate [ˈmju:tileit] *v* **1.** [sa]kropļot; **2.** izkropļot; sagrozīt (*jēgu u. tml.*)

mutineer [ˌmju:tiˈniə] *n* dumpinieks, nemiernieks
mutinous [ˈmju:tinəs] *a* dumpīgs
mutiny [ˈmju:tini] **I** *n* dumpis; sacelšanās, nemieri; **II** *v (against)* dumpoties; sacelties
mutton [ˈmʌtn] *n* jēra gaļa; m. chop – 1) jēra gaļas karbonāde; 2) vaigubārda; ◇ dead as m. – pagalam
mutton-head [ˈmʌtnhed] *n sar.* aitasgalva, stulbenis
mutual [ˈmju:tʃʊəl] *a* **1.** savstarpējs; abpusējs; m. assistance – savstarpēja palīdzība; **2.** *sar.* kopējs; m. friend – kopējs draugs
mutually [ˈmju:tʃʊəli] *adv* **1.** savstarpēji; abpusēji; **2.** kopīgi
muzzle [ˈmʌzl] **I** *n* **1.** purns; **2.** uzpurnis; **3.** (*ieroča*) stobra caurums; **4.** *tehn.* sprausla; uzgalis; **5.** *mil. sl.* respirators; gāzmaska; **II** *v* **1.** uzlikt uzpurni; **2.** apklusināt
muzzy [ˈmʌzi] *a* **1.** neskaidrs; **2.** iereibis
my [mai] *pron* mans
myopia [maiˈəʊpiə] *n* tuvredzība
myopic [maiˈɒpik] *a pārn.* tuvredzīgs
myriad [ˈmiriəd] **I** *n* neskaitāms daudzums; **II** *a* neskaitāms
myrmidon [ˈmɜ:midən] *n niev.* rokaspuisis; pakalpiņš
myrrh [mɜ:] *n* mirres
myrtle [ˈmɜ:tl] *n* mirte
myself [maiˈself] *pron.* **1.** sev; sevi; **2.** pats; (all) by m. – viens pats, bez citu palīdzības; I saw it m. – es pats to redzēju
mysterious [miˈstiəriəs] *a* noslēpumains; neizprotams
mystery [ˈmistri] *n* **1.** noslēpums; m. film – šausmu filma; **2.** mistērija; **3.** *rel.* sakraments
mystical [ˈmistikl] *a* mistisks

mystify ['mistifai] *v* **1.** mistificēt; **2.** mulsināt; maldināt
myth [miθ] *n* mīts
mythic[al] ['miθik(l)] *a* **1.** mītisks; **2.** fantastisks; nereāls
mythology [mi'θɒlədʒi] *n* mitoloģija

Nn

N, n [en] *n* **1.** angļu alfabēta burts; **2.** *mat* nenoteikts lielums
nab [næb] *v sl.* **1.** notvert; pieķert (*nozieguma vietā*); **2.** paķert; pagrābt
nacre ['neikə] *n* **1.** perlamutrs; **2.** perlamutra gliemežnīca, pērlene
nadir ['neidiə] *n* **1.** *astr.* nadīrs; **2.** *pārn.* viszemākais līmenis; (*cerību u. tml.*) galējs izsīkums
nag[a] [næg] *n* **1.** ponijs; **2.** *sar.* kleperis
nag[b] [næg] *v* (*arī* to nag at) **1.** šķendēties; piesieties; **2.** smelgt
nagger ['nægə] *n* ķildīgs cilvēks
nail [neil] **I** *n* **1.** nags; **2.** nagla; on the n. – tūlīt; right as ~s – 1) pilnīgi pareizi; 2) pilnīgi vesels; 3) pilnīgā kārtībā; ◊ to a n. – mats matā; to drive the n. home – novest līdz galam; panākt savu; to hit the [right] n. on the head – trāpīt naglai uz galvas; **II** *v* **1.** iesist naglu; pienaglot; **2.** *sar.* saņemt ciet; **3.** pieķert; ▯ to n. **down** – 1) aiznaglot; 2) precīzi noteikt; 3) *pārn.* piespiest pie sienas; to n. **up** – aiznaglot; ◊ to n. one's colours to the mast – atklāti aizstāvēt savus uzskatus
nailed-up ['neild'ʌp] *a* pa roku galam izdarīts
nail-file ['neilfail] *n* nagu vīle
nail-head ['neilhed] *n* naglas galviņa
nail polish, nail varnish ['neil,pɒliʃ, 'neil,va:niʃ] *n* nagu laka
nail-scissors ['neil,sizəz] *n pl* nagu šķērītes

naive [nai'i:v] *a* naivs
naivete [nai'i:vətei] *n* naivitāte; naivums
naked ['neikid] *a* **1.** kails; n. shoulders – atkailināti pleci; n. trees – kaili koki; n. sword – kails zobens; **2.** neaizsargāts; nepiesegts; **3.** neslēpts; atklāts; n. truth – skaidra patiesība; n. faith – akla ticība; **4.** *el.* neizolēts; kails; ◊ with the n. eye – ar neapbruņotu aci
nakedness ['neikidnis] *n* kailums
namby-pamby [,næmbi'pæmbi] **I** *n niev.* **1.** sentimentalitāte; jūtelība; **2.** sentimentāls cilvēks; **II** *a* sentimentāls; jūtelīgs
name [neim] **I** *n* **1.** vārds; by n. – vārda pēc; by the n. (*of*) – ar vārdu; Christian (first, given) n. – priekšvārds; family (last) n. – uzvārds; **2.** nosaukums; apzīmējums; place n. – vietas apzīmējums, ģeogrāfisks nosaukums; **3.** reputācija; slava; bad n. – slikta slava; **4.** izcila personība; slavenība; **5.** dzimta; cilts; ◊ not a penny to one's n. – bez graša kabatā; **II** *v* **1.** nosaukt; dot vārdu; **2.** noteikt; **3.** (*as, for*) iecelt (*amatā*)
name-day ['neimdei] *n* vārdadiena
nameless ['neimlis] *a* **1.** bezvārda-; nezināms; anonīms; **2.** neizsakāms; **3.** šaušalīgs
namely ['neimli] *adv* proti
name-part ['neimpa:t] *n* titulloma
namesake ['neimseik] *n* vārdabrālis; vārdamāsa

nanny ['næni] *n* aukle
nap [næp] **I** *n* snauda; snaudiens; to take a n. – nosnausties; **II** *v* snaust
napalm ['neipɑ:m] *n* napalms
nape [neip] *n* pakausis; skausts
naphthalene, naphthaline ['næfθəli:n] *n* naftalīns
napkin ['næpkin] *n* **1.** salvete; servjete; **2.** autiņš; ◇ to lay up in a n. – turēt sveci zem pūra
napless ['næplis] *a* **1.** bez uzkārsuma (*par audumu*); **2.** apdilis, nonēsāts
nappy[a] ['næpi] *sar. sk.* **napkin 2.**
nappy[b] ['næpi] *a novec.* putojošs; stiprs (*par alu*)
narcissus [nɑ:'sisəs] *n* (*pl* narcissuses, narcissi [nɑ:'sisəsiz, nɑ:'sisai]) narcise
narcosis [nɑ:'kəʊsis] *n* narkoze
narcotik [nɑ:'kɒtik] **I** *n* **1.** narkotiska viela; narkotika; **2.** narkomāns; **II** *a* narkotisks
narrate [nə'reit] *v* stāstīt
narration [nə'reiʃn] *n* **1.** stāstījums; **2.** stāsts; **3.** (*diktora*) teksts
narrative ['nærətiv] **I** *n* stāsts; stāstījums; **II** *a* stāstījuma-
narrow ['nærəʊ] **I** *n pl* (*jūras šauruma, upes, ielas u. tml*) visšaurākā vieta; **II** *a* **1.** šaurs; n. circle of friends – šaurs draugu loks; **2.** ierobežots; grūts; n. circumstances – trūcīgi apstākļi; **3.** aprobežots (*par prātu*); **4.** sīks; rūpīgs; n. examination – rūpīga pārbaude; **III** *v* **1.** sašaurināt; **2.** sašaurināties
narrowly ['nærəʊli] *adv* **1.** tikko; gandrīz; **2.** sīki; rūpīgi
narrow-minded [,nærəʊ'maindid] *a* aprobežots; aizspriedumains
narrowness ['nærəʊnis] *n* **1.** šaurums; šaurība; **2.** aprobežotība
nasal [neizl] **I** *n val.* nazāla skaņa; **II** *a*
1. deguna-; n. cold – iesnas; **2.** *val.* nazāls
nascency ['næsnsi] *n* dzimšana; rašanās
nastily ['nɑ:stili] *adv* **1.** pretīgi, riebīgi; **2.** ļauni; dzēlīgi
nasturtium [nə'stɜ:ʃəm] *n bot.* krese
nasty ['nɑ:sti] *a* **1.** nejauks; nelāgs; n. weather – slikts laiks; **2.** riebīgs; pretīgs; šķebinošs (*par garšu, smaržu u. tml.*); **3.** neķītrs; piedauzīgs; n. words – lamuvārdi; **4.** ļauns; dzēlīgs; **5.** bīstams; draudīgs
natal ['neitl] *a* dzimšanas-
natality [nei'tæləti] *n* dzimstība
natation [nə'teiʃn] *n* peldēšana
nation ['neiʃn] *n* **1.** nācija, tauta; law of ~s – starptautiskās tiesības; **2.** nācija; valsts
national ['næʃnəl] **I** *n* **1.** pavalstnieks; pilsonis; **2.** tautietis; līdzpilsonis; **II** *a* **1.** nacionāls; tautas-; **2.** valsts-; n. anthem – valsts himna; n. bank – valsts banka; n. holiday – valsts svētki; n. park – nacionālais parks; rezervāts; n. team *sp.* – valsts izlase; n. service – karadienests
nationalism ['næʃnəlizəm] *n* **1.** nacionālisms; **2.** patriotisms
nationality [,næʃə'næləti] *n* **1.** nacionalitāte; tautība; **2.** pavalstniecība; **3.** nācija; tauta; **4.** nacionāla iezīme; **5.** patriotisms; **6.** nacionālā vienotība
nationalization [,næʃnəlai'zeiʃn] *n* nacionalizācija
nationalize ['næʃnəlaiz] *v* **1.** nacionalizēt; **2.** naturalizēt (*ārzemnieku*); **3.** apvienot nācijā
native ['neitiv] **I** *n* **1.** vietējais iedzīvotājs; iezemietis; **2.** vietējais augs (*vai* dzīvnieks); **II** *a* **1.** dzimtais; n. land – dzimtene; n. tongue – dzimtā valoda;

2. vietējs; iezemiešu-; n. customs – vietējās paražas; **3.** iedzimts; **4.** dabisks; īsts (*piem., par dārgakmeņiem*); n. metal – tīrradnis

natural [ˈnætʃrəl] **I** *n* **1.** *sar* vispiemērotākais; **2.** *mūz.* bekars; **II** *a* **1.** dabas-; dabisks; n. forces – dabas spēki; n. gas – dabasgāze; n. history – dabaszinātnes; n. phenomena – dabas parādības; n. resources – dabas bagātības; n. selection *biol.* – dabiskā izlase; **2.** īsts; **3.** savvaļas-; nekultivēts; neapstrādāts; n. food – dabīgie produkti (*bez konservantiem u. c. piedevām*); **4.** nepiespiests; brīvs; **5.** piemītošs; raksturīgs; iedzimts; **6.** ārlaulības-; n. child – ārlaulības bērns; n. sister – pusmāsa

naturalist [ˈnætʃrəlist] **I** *n* **1.** naturālists (*mākslā*); **2.** dabaszinātnieks; **II** *a* naturālistisks

naturally [ˈnætʃrəli] *adv* **1.** dabiski; brīvi; viegli; **2.** protams

nature [ˈneitʃə] *n* **1.** daba; against n. – pretdabisks; by n. – no dabas; **2.** raksturs; good n. – labsirdība; ill n. – ļauns raksturs; **3.** būtība; pamatīpašība; **4.** veids; events of this n. – tamlīdzīgi notikumi; **5.** organisms; ◇ to ease (relieve) n. – nokārtot dabiskās vajadzības

naught [nɔːt] **I** *n novec., poēt.* nekas; ◇ all for n. – viss velti; to bring to n. – iznīcināt; iznīdēt; **II** *a predic.* niecīgs; veltīgs

naughtiness [ˈnɔːtinis] *n* nerātnība; nepaklausība

naughty [ˈnɔːti] *a* **1.** nerātns; nepaklausīgs; **2.** nepiedienīgs

nausea [ˈnɔːsiə] *n* **1.** nelabums; **2.** pretīgums, riebums

nauseous [ˈnɔːsiəs] *a* **1.** šķebīgs; **2.** pretīgs; riebīgs

nautical [ˈnɔːtikl] *a* **1.** jūras-; n. mile – jūras jūdze; **2.** navigācijas-; kuģniecības-; n. architecture – kuģubūve; n. chart – navigācijas karte; n. college – jūrskola

naval [ˈneivl] *a* jūras-; flotes-; n. academy – jūras kara akadēmija; n. forces – jūras kara spēki

navel [ˈneivl] *n* naba

navigate [ˈnævigeit] *v* **1.** kuģot; lidot (*ar lidmašīnu*); **2.** vadīt (*kuģi, lidmašīnu*); **3.** *pārn.* vadīt; virzīt

navigation [ˌnæviˈgeiʃn] *n* navigācija; kuģošana

navigator [ˈnævigeitə] *n* **1.** *av., jūrn.* stūrmanis; **2.** jūrasbraucējs

navvy [ˈnævi] *n* **1.** melnstrādnieks; grāvracis; **2.** ekskavators; ◇ to work like a n. – strādāt kā zirgam

navy [ˈneivi] *n* jūras kara flote

navy-blue [ˈneiviblu:] *a* tumši zils

nay [nei] **I** *n* **1.** noliedzoša (noraidoša) atbilde; **2.** aizliegums-; atraidījums-; **II** *adv* **1.** turklāt; bez tam; **2.** *novec.* nē

naze [neiz] *n* zemesrags

Nazism [ˈnɑːtsizəm] *n* nacisms

near [niə] **I** *a* **1.** tuvs; n. and dear – tuvs un dārgs; **2.** tuvējs; netāls; **3.** vistaisnākais; visīsākais (*par ceļu*); **II** *v* tuvoties; **III** *adv* **1.** tuvu; netālu; **2.** drīz; n. by – blakus; **3.** gandrīz; bezmaz; **IV** *prep* pie; ap

nearby [ˈniəbai] *a* tuvējs; kaimiņu-

nearly [ˈniəli] *adv* **1.** gandrīz; **2.** apmēram, aptuveni; not n. – nepavisam ne; **3.** tuvu; cieši

nearness [ˈniənis] *n* tuvums

near-sighted [ˌniəˈsaitid] *a* tuvredzīgs

neat[a] [niːt] *n* (*pl* neat [niːt]) *novec.* **1.** liellops; vērsis; govs; **2.** *pl* liellopi

neat[b] [ni:t] *a* **1.** tīrīgs; kārtīgs; **2.** vienkāršs; glīts; gaumīgs; **3.** skaidrs (*par rokrakstu*); **4.** veikls; prasmīgs; **5.** lakonisks; trāpīgs (*par valodu*)
neatherd ['ni:thɜ:d] *n* govju gans
neat-house ['ni:thaʊs] *n* liellopu kūts
neatly ['ni:tli] *adv* **1.** tīrīgi; kārtīgi; **2.** vienkārši; glīti; gaumīgi
nebula ['nebjʊlə] *n* (*pl* nebulae ['nebjʊli:]) **1.** *astr.* miglājs; **2.** *med.* katarakta
nebulous ['nebjʊləs] *a* **1.** miglains; mākoņains; **2.** neskaidrs; izplūdis
necessary ['nesəsri] **I** *n* **1.** nepieciešamais; vajadzīgais; **2.**: the n. *sl.* – nauda, līdzekļi (*kādam mērķim*); **3.** *amer.* ateja; **II** *a* **1.** nepieciešams; vajadzīgs; **2.** nenovēršams, neizbēgams
necessitate [nə'sesiteit] *v* padarīt par nepieciešamu
necessity [nə'sesiti] *n* **1.** nepieciešamība; neatliekama vajadzība; of n. – 1) pēc vajadzības; 2) noteikti; visādā ziņā; **2.** pirmās nepieciešamības priekšmets; **3.** posts; trūkums; **4.** *filoz.* nepieciešamība
neck [nek] **I** *n* **1.** kakls; **2.** (*pudeles u. tml.*) kakls; **3.** apkakle; **4.** zemesšaurums; ◇ n. and crop – ātri; veikli; to break the n. (*of*) – pārvarēt grūtāko; to risk one's n. – riskēt ar savu galvu; **II** *v amer. sl.* maigoties
neckband ['nekbænd] *n* (*krekla, blūzes*) stāvapkaklīte
neckerchief ['nekətʃif] *n* kaklauts
necklace ['neklis] *n* kaklarota
necklet ['neklit] *n* **1.** kaklarota; **2.** boa (*uzliekama kažokādas apkakle*)
necktie ['nektai] *n* kaklasaite
neckwear ['nekweə] *n* kaklasaites; apkaklītes

necrology [ne'krɒlədʒi] *n* **1.** nekrologs; **2.** mirušo saraksts
nectar ['nektə] *n* nektārs
need [ni:d] **I** *n* **1.** vajadzība; in case of n. – vajadzības gadījumā; to be in n. (have, feel n.) of smth. – izjust vajadzību pēc kaut kā; **2.** *pl* vajadzības; prasības; daily ~s – ikdienas vajadzības; **3.** trūkums; nabadzība; **4.** nelaime; grūtības; **II** *v* **1.** just vajadzību; soup ~s salt – zupai trūkst sāls; to feel ~ed – justies vajadzīgam; **2.** (*kā modālais darbības vārds nolieguma un jautājuma teikumos izsaka vajadzību vai nepieciešamību*): she n. not do it – viņai tas nav jādara
needle ['ni:dl] **I** *n* **1.** adata; ~'s eye – adatas acs; **2.** (*kompasa*) adata; **3.** skuja; **4.** (*kalna, torņa*) virsotne, smaile; **5.** adāmadata; **6.** obelisks; **II** *v* **1.** strādāt (šūt, durt) ar adatu; **2.** izspraukties cauri; **3.** *sar.* iedzelt; kaitināt; **4.** *sar.* kūdīt; musināt
needle-case ['ni:dlkeis] *n* adatnīca
needle-shaped ['ni:dlʃeipt] *a* adatveidīgs; adatveida-
needless ['ni:dlis] *a* nevajadzīgs; lieks
needlewoman ['ni:dl,wʊmən] *n* **1.** šuvēja; **2.** rokdarbniece
needlework ['ni:dlwɜ:k] *n* rokdarbs; izšuvums
needy ['ni:di] *a* trūcīgs; nabadzīgs
ne'er [neə] *adv* (*saīs. no* never) *poēt.* nekad
nefarious [ni'feəriəs] *a* negodīgs; zemisks
negate [ni'geit] *v* **1.** noliegt; noraidīt; **2.** *pārn.* iznīcināt
negation [ni'geiʃn] *n* noliegums; noraidījums
negative ['negətiv] **I** *n* **1.** noliegums; noraidījums; **2.** negatīva īpašība; trū-

kums; **3.** *mat.* negatīvs lielums; **4.** *fot.* negatīvs; **II** *a* negatīvs; noliedzošs; n. electrode *el.* – katods; **III** *v* **1.** noliegt; noraidīt; **2.** uzlikt veto; **3.** neitralizēt; **4.** padarīt neiespējamu

negatory [ˈnegətəri] *a* negatīvs; noliedzošs

neglect [niˈglekt] **I** *n* nevērība; nolaidība; **II** *v* **1.** izturēties nevērīgi; **2.** palaist garām (*piem.*, *izdevību*); atstāt neizdarītu

neglectful [niˈglektfl] *a* nevērīgs; nolaidīgs

negligence [ˈneglidʒəns] *n* nolaidība; nevērība; nevīžība

negligent [ˈneglidʒənt] *a* nolaidīgs; nevērīgs; nevīžīgs

negligible [ˈneglidʒəbl] *a* nenozīmīgs; niecīgs; n. quantity – niecīgs daudzums

negotiate [niˈgəʊʃieit] *v* vest sarunas

negotiation [niˌgəʊʃiˈeiʃn] *n* sarunas; to carry on (conduct, hold) ~s – vest sarunas; to enter into ~s – uzsākt sarunas

negotiator [niˈgəʊʃieitə] *n* **1.** sarunu dalībnieks; **2.** starpnieks

Negress [ˈniːgris] *n niev.* nēģeriete

Negro [ˈniːgrəʊ] **I** *n* nēģeris; nēģeriete; **II** *a* nēģeru-

neigh [nei] **I** *n* zviedziens; **II** *v* zviegt

neighbour [ˈneibə] **I** *n* **1.** kaimiņš; kaimiņiene; **2.** tuvākais; līdzcilvēks; **II** *v* robežot[ies]; būt kaimiņos

neighbourly [ˈneibəli] *a* kaimiņu-; draudzīgs

neither [ˈnaiðə] **I** *pron* ne viens, ne otrs; neviens; n. of you knows – neviens no jums nezina; **II** *adv* arī ne; **III** *conj*: n. ... nor – ne ... ne

nemeses *sk.* **nemesis**

nemesis [ˈnemisis] *n* (*pl* nemeses [ˈnemisiːz]) atmaksa; liktenis

nenuphar [ˈnenjʊfɑː] *n* ūdensroze

neolith [ˈniːəliθ] *n ģeol.* neolīts

neologism [niːˈɒlədʒizəm] *n* neoloģisms, jaunvārds

neon [ˈniːən] *n ķīm.* neons

neonate [ˈniːəʊneit] *n* jaundzimušais

neophron [ˈniːəfrɒn] *n ornit.* maitu ērglis

nephew [ˈnevjuː] *n* brāļadēls; māsasdēls

nephrite [ˈnefrait] *n min.* nefrīts

nephritis [neˈfraitis] *n med.* nefrīts, nieru iekaisums

nervation [nɜːˈveiʃən] *n bot.* (*lapas*) dzīslojums

nerve [nɜːv] **I** *n* **1.** nervs; **2.** (*parasti pl*) nervi; bundle of ~s pārn. – nervu kamols; fit (attack) of ~s – 1) nervu lēkme; 2) dusmu lēkme; to get on one's ~s – kaitināt; krist uz nerviem; **3.** spars; enerģija; to strain every n. – sasprindzināt visus spēkus; **4.** savaldība; aukstasinība; man of n. – savaldīgs cilvēks; **5.** nekaunība; **II** *v* iedrošināt; uzmundrināt; to n. oneself – saņemt dūšu, sadūšoties

nerved [nɜːvd] *a bot.* dzīslots

nerveless [ˈnɜːvlis] *a* **1.** *anat.* beznervu-; **2.** *bot.* bezdzīslojuma-; **3.** nespēcīgs; ļengans

nervous [ˈnɜːvəs] *a* **1.** nervu-; n. breakdown – nervu sabrukums; n. case – nervu slimnieks; **2.** nervozs; satraukts

nervousness [ˈnɜːvəsnis] *n* nervozitāte

ness [nes] *n* zemesrags (*ģeogrāfiskajos nosaukumos*)

nest [nest] **I** *n* **1.** ligzda; perēklis; **2.** *arī pārn.* miga; midzenis; **3.** (*omulīgs*) kaktiņš; **4.** (*vienveidīgu priekšmetu*) komplekts; **II** *v* **1.** vīt ligzdu; ligzdot; **2.** perēt; **3.**: to go ~ing – meklēt putnu ligzdas; **4.** ievietot (*vienveidīgus priekšmetus*) citu citā

nest-egg [′nesteg] *n* **1.** padēklis; **2.** ietaupījums (*nebaltai dienai*)
nestful [′nestfʊl] *n* ligzda ar olām; perēklis
nestle [′nestl] *v* **1.** (*down, in, into*) ērti iekārtoties; ieritināties; **2.** (*against, among, on*) pieglausties; piekļauties
nestling [′nestliŋ] *n* putnēns
net[a] [net] **I** *n* **1.** tīkls; **2.** tīmeklis; **3.** (*arī pārn.*) lamatas; **II** *v* **1.** ķert (zvejot) ar tīklu; **2.** izlikt tīklus; **3.** aust tīklu; **4.** pārsegt ar aizsargtīklu; **5.** *sp.* trāpīt (*bumbu*) tīklā; gūt vārtus (grozu)
net[b] [net] **I** *a* neto; saldo; n. cash – skaidra nauda; n. gain (profit) – tīrs ienākums; tīra peļņa; n. result – galarezultāts; n. weight – tīrsvars; **II** *v* ienest (*vai* gūt) tīru peļņu
nettle [′netl] **I** *n* nātre; **II** *v* **1.** dzelt (*par nātri*); **2.** kaitināt
nettle-fish [′netlfiʃ] *n* medūza
nettle-rash [′netlræʃ] *n med.* nātrene
network [′netwɜːk] *n* **1.** tīklojums; pinums; vijums; **2.** (*dzelzceļu, sakaru u. tml.*) tīkls
neuralgia [ˌnjʊ′rældʒə] *n med.* neiralģija
neurasthenia [ˌnjʊərəs′θiːniə] *n med.* neirastēnija
neurologist [ˌnjʊə′rɒlədʒist] *n* neirologs
neurology [ˌnjʊə′rɒlədʒi] *n* neiroloģija
neuropathist [njʊə′rɒpəθist] *n* neiropatologs
neurotic [njʊə′rɒtik] **I** *n* neirotiķis; **II** *a* neirotisks
neuter [′njuːtə] **I** *n* **1.** *gram.* nekatrā dzimte; **2.** *gram.* nepārejošs darbības vārds; **3.** bezdzimuma augs; **4.** kastrēts dzīvnieks; n. bee – darba bite; **II** *a* **1.** *gram.* nekatrs, nekatrās dzimtes-; **2.** *gram.* nepārejošs (*par darbības vārdu*); **3.** *biol.* bezdzimuma-; **III** *v* kastrēt

neutral [′njuːtrəl] **I** *n* **1.** neitrāla valsts; **2.** neitrālas valsts pilsonis (*vai* kuģis); **3.** (*automobiļa*) pārnesumkārbas sviras neitrālais stāvoklis; **II** *a* neitrāls
neutrality [njuː′træləti] *n* neitralitāte
neutralize [′njuːtrəlaiz] *v* neitralizēt
neutron [′njuːtrɒn] *n fiz.* neitrons
never [′nevə] *adv* **1.** nekad; ne reizi; n. again – nekad vairs; n. before – vēl nekad; now or n. – tagad vai nekad; **2.** *sar.* (*lieto, lai pastiprinātu noliegumu*); n. a one – it neviens; ◇ n. mind! – nekas!; n. say die! – nenokar degunu!
never-ending [ˌnevə′endiŋ] *a* nebeidzams
nevermore [ˌnevə′mɔː] *adv* nekad vairs
never-never [ˌnevə′nevə] *n sar.*: to buy on the n.-n. – pirkt uz nomaksu
nevertheless [ˌnevəðə′les] *adv* tomēr
never-to-be-forgotten [′nevətəbifə′gɒtn] *a* neaizmirstams
new [njuː] *a* **1.** jauns; N. Year – Jaungads; **2.** moderns; mūsdienu-; **3.** nepazīstams; nepierasts; he is n. to the job – viņam šis darbs ir neierasts
new-born [′njuːbɔːn] *a* **1.** jaunpiedzimis; **2.** atdzimis
new-built [′njuːbilt] *a* jaunuzcelts
newcomer [′njuːkʌmə] *n* jaunatnācējs
new-fangled [ˌnjuː′fæŋgld] *a iron.* pārmoderns
new-fashioned [ˌnjuː′fæʃnd] *a* moderns
Newfoundland [′njuːfaʊndlənd] *n* ņūfaundlendietis (*suns*)
newly [′njuːli] *adv* **1.** tikko; nesen; n. married couple – jaunlaulātie; **2.** no jauna; par jaunu
newly-wed [′njuːliwed] *n* jaunlaulātie
news [njuːz] *n* **1.** jaunums; ziņa; what's the n.? – kas jauns; **2.** (*preses, radio*) ziņas; latest n. – pēdējās ziņas
newsboard [′njuːzbɔːd] *n* ziņojumu dēlis

news-boy [ˈnjuːzbɔi] *n* avīžu zēns; avīžu iznēsātājs
newscast [ˈnjuːzkɑːst] *n* (*radio, televīzijas*) pēdējo ziņu pārraide
newsmonger [ˈnjuːzmʌŋgə] *n* mēlnesis, tenkotājs
newspaper [ˈnjuːspeipə] *n* laikraksts; n. man – žurnālists
newsreel [ˈnjuːzriːl] *n* kinohronika; kinožurnāls
news-sheet [ˈnjuːzʃiːt] *n* skrejlapa
news-stand [ˈnjuːzstænd] *n* laikrakstu kiosks
newt [njuːt] *n zool.* tritons
next [nekst] **I** *a* **1.** nākamais; n. but one – priekšpēdējais; n. time – nākamreiz; **2.** tuvākais; kaimiņu-; n. door – kaimiņos; ◇ n. to impossible – gandrīz neiespējami; n. to nothing – gandrīz nekas; **II** *adv* **1.** pēc tam; what comes n.? – ko tālāk?; what n.! – ko vēl ne!; **2.** atkal; when shall I see you n.? – kad es jūs atkal redzēšu?
nexus [ˈneksəs] *n* sakars; saikne
nibble [ˈnibl] **I** *n* **1.** skrubināšana; knibināšana; **2.** kumosiņš; mazumiņš; **II** *v* **1.** (*arī* to n. at) skrubināt; knibināt; **2.** ķerties (*par zivīm*); **3.** svārstīties
niblick [ˈniblik] *n* (*golfa*) nūja
nice [nais] *a* **1.** patīkams; jauks; n. weather – skaists laiks; **2.** (*of, to, about*) laipns; uzmanīgs; taktisks; **3.** ass; smalks; n. ear – smalka dzirde; **4.** precīzs; jutīgs (*par mehānismu*); **5.** smalkjūtīgs; **6.** sīks; rūpīgs; **7.** izvēlīgs; izlepis; **8.** *sar.* pamatīgs
nice-looking [ˈnaisˌlʊkiŋ] *a* pievilcīgs; glīts
nicely [ˈnaisli] *adv* **1.** labi; jauki; **2.** *sar.* lieliski
nicety [ˈnaisəti] *n* **1.** smalkums; takts; **2.** precizitāte; to a n. – precīzi; **3.** gardums; delikatese; **4.** *pl* sīkumi; detaļas
niche [nitʃ] **I** *n* **1.** niša; **2.** piemērota vieta; **II** *v* **1.** novietot nišā; **2.** (*arī:* to n. oneself) ērti iekārtoties
nick[a] [nik] **I** *n* **1.** ierobījums; iezīmējums; **2.** plaisa; sprauga; **3.** *sl.* (in the nick) cietums; ◇ in the [very] n. of time – 1) tieši laikā; 2) pēdējā brīdī; **II** *v* **1.** ierobīt; iezīmēt; **2.** trāpīt; uztrāpīt; to n. the truth – uzminēt patiesību; **3.** *sar.* nozagt; **4.** *sl.* notvert (*noziedznieku*)
nick[b] [nik] *n sl.*: in good (bad) n. – labā (sliktā) stāvoklī
nickel [ˈnikl] **I** *n* **1.** niķelis; **2.** *amer.* piecu centu monēta; **II** *v* niķelēt
nickel-plating [ˈniklˌpleitiŋ] *n* niķelēšana
nick-nack [ˈniknæk] *sk.* **knick-knack**
nickname [ˈnikneim] **I** *n* iesauka; palama; **II** *v* iesaukt; dot palamu
nicotine [ˈnikəti:n] *n* nikotīns
nictitate [ˈniktiteit] *v* mirkšķināt
nidi *sk.* **nidus**
nidus [ˈnaidəs] *n* (*pl* nidi, niduses [ˈnaidai, ˈnaidəsiz]) **1.** (*insektu oliņu*) perēklis; **2.** infekcijas perēklis
niece [niːs] *n* brāļameita; māsasmeita
niff [nif] *sl.* **I** *n* smirdoņa; **II** *v* smirdēt; nelabi ost
niggard [ˈnigəd] **I** *n* skopulis; **II** *a* skops
niggardly [ˈnigədli] **I** *a* skops; skopulīgs; **II** *adv* skopi; trūcīgi
nigger [ˈnigə] *n niev.* melnais; melnādainais
niggle [ˈnigl] *v* **1.** niekoties; **2.** piesieties
night [nait] *n* **1.** nakts; vakars; all n. long – cauru nakti; at n. – naktī; vakarā; by n. – naktī; pa nakti; to have a n. out – pavadīt vakaru ārpus mājas; to pass (stay) the n. – pārnakšņot; to work ~s – strādāt nakts maiņā; **2.** *pārn.* tumsa;

tumsība; the n. of ignorance – gara tumsība; ◇ to make a n. of it – uzdzīvot augu nakti

night-bird ['naitbɜ:d] *n* **1.** naktsputns; **2.** nakts uzdzīvotājs

night-blindness ['naitblaindnis] *n med.* vistas aklums

nightcap ['naitkæp] *n* naktscepure

night-chair ['naitʃeə] *n* naktspods

night-clothes ['naitkləʊðz] *n* naktsveļa

night-club ['naitklʌb] *n* naktsklubs; naktslokāls

nightdress ['naitdres] *n* (*sieviešu vai bērnu*) naktskrekls

nightfall ['naitfɔ:l] *n* nakts iestāšanās; krēsla

night-hag ['naithæg] *n* **1.** ragana; spīgana; **2.** murgs; lietuvēns

nightingale ['naitiŋgeil] *n* lakstīgala

nightjar ['naitdʒɑ:] *n ornit.* vakarlēpis; lēlis

night-life ['naitlaif] *n* (*pilsētas*) naktsdzīve

night-light ['naitlait] *n* naktslampa

nightly ['naitli] **I** *a* **1.** nakts-; **2.** iknakts-; **II** *adv* **1.** katru nakti; **2.** naktī; naktīs

nightmare ['naitmeə] *n* **1.** lietuvēns; murgs; **2.** šausmas; rēgs

night-piece ['naitpi:s] *n* nakts ainava

night-school ['naitsku:l] *n* vakarskola; vakara kursi

nightshade ['naitʃeid] *n bot.* naktene

night-shift ['naitʃift] *n* naktsmaiņa

nightshirt ['naitʃɜ:t] *n* (*vīriešu*) naktskrekls

night-suit ['naitsu:t] *n* pidžama

night-walker ['nait,wɔ:kə] *n* **1.** mēnessērdzīgais; **2.** nakts klaidonis (*zaglis*); **3.** staigule

nightwatch [,naitwɒtʃ] *n* **1.** nakts sardze; nakts patruļa; **2.** naktssargs

nil [nil] *n* nekas; nulle

nimbi *sk.* **nimbus**

nimble ['nimbl] *a* **1.** izveicīgs; veikls; **2.** apķērīgs, attapīgs; ass (*par prātu*)

nimbus ['nimbəs] *n* (*pl* nimbuses, nimbi ['nimbəsiz, 'nimbai]) **1.** nimbs; oreols; staru vainags; **2.** lietus mākonis

niminy-piminy [,nimini'pimini] *a* manierīgs; klīrīgs

nincompoop ['ninkəmpu:p] *n sar.* vientiesis; muļķis

nine [nain] **I** *n* **1.** devītnieks; **2.** *amer. sp.* beisbola komanda; ◇ dressed up to the ~s – uzcirties; **II** *num* deviņi; ◇ n. day's wonder – zili brīnumi

ninefold ['nainfəʊld] **I** *a* deviņkārtīgs; **II** *adv* deviņkārt; deviņreiz

nineteen [,nain'ti:n] deviņpadsmit

nineteenth [,nain'ti:θ] **I** *n* deviņpadsmitā daļa; **II** *num* deviņpadsmitais

nineties ['naintiz] *n pl* deviņdesmitie gadi

ninetieth ['naintiiθ] **I** *n* deviņdesmitā daļa; **II** *num* deviņdesmitais

ninety ['nainti] *num* deviņdesmit

ninety-nine [,nainti'nain] *num* deviņdesmit deviņi

ninny ['nini] *n* muļķis; pintiķis

ninth [nainθ] **I** *n* devītā daļa; **II** *num* devītais

nip[a] [nip] **I** *n* kniebiens; kodiens; to give a n. – iekniebt; **II** *v* (*p un p.p.* nipped [nipt]) **1.** [ie]kniebt; [ie]kost; **2.** saspiest; sažņaugt; **3.** iznīcināt; nopostīt (*par vēju*); nokost (*par salu*); ▯ to n. **along** – aizlavīties; to n. **in** (**into**) *sar.* – 1) iesprausties; 2) iejaukties (*sarunā*); to n. **off** – nokniebt; to n. **out** – 1) izkniebt; 2) strauji izraut (*piem., ieroci no kabatas*)

nip[b] [nip] **I** *n* malciņš (*alkohola*); to take

a n. – iedzert kādu malciņu; **II** *v* iedzert malciņu
nipper ['nipə] *n sar.* puišelis
nippers ['nipəz] *n* **1.** knaibles; stangas; pincete; **2.** (*vēža*) spīles; **3.** (*zirga*) priekšzobi; **4.** *sl.* roku dzelži; **5.** *novec.* pensnejs
nipping ['nipiŋ] *a* **1.** ass; griezīgs (*par vēju*); **2.** dzēlīgs; kodīgs
nipple ['nipl] *n* **1.** krūtsgals; **2.** knupis; **3.** paugurs; uzkalns; **4.** pūslītis (*stikla u. tml.*); **5.** *tehn.* nipelis
nit[a] [nit] *n* **1.** gnīda; **2.** *sl.* muļķis
nit[b] [nit] *n* rieksts
nitrate ['naitreit] **I** *n ķīm.* nitrāts; **II** *v ķīm.* nitrēt
nitre ['naitə] *n ķīm.* salpetris
nitrite ['naitrait] *n ķīm.* nitrīts
nitrogen ['naitrədʒən] *n ķīm.* slāpeklis
nixie ['niksi] *n mit.* nāra; ūdensmeita
no [nəʊ] **I** *n* (*pl* noes [nəʊz]) **1.** noliegums; **2.** noraidījums; atteikums; **3.** *pl* balsis «pret»; **II** *a* **1.** nekāds; neviens; by no means – nekādā ziņā; **2.** (*izsaka aizliegumu*): no smoking! – smēķēt aizliegts!; no thorough-fare! – cauri braukt aizliegts!; ◇ no doubt – bez šaubām; no fear – protams, nē; **III** *adv* **1.** nē; **2.** ne; no more – vairāk ne
nobility [nəʊ'biləti] *n* **1.** cēlums; cildenums; **2.** aristokrātija; muižniecība
noble ['nəʊbl] **I** *n* **1.** muižnieks; augstmanis; dižciltīgais; **2.** *vēst.* angļu zelta monēta; **II** *a* **1.** cēls; cildens; n. action – cildena rīcība; n. metal – cēlmetāls; **2.** dižciltīgs
nobleman ['nəʊblmən] *n* muižnieks; augstmanis; dižciltīgais
nobleness ['nəʊblnis] *n* cēlums; cildenums
noblesse [nəʊ'bles] *n* muižniecība

noblewoman ['nəʊblwʊmən] *n* muižniece; dižciltīga sieviete
nobody ['nəʊbədi] **I** *n* neievērojams cilvēks; **II** *pron* neviens; n. else – vairāk neviens
noctambulism [nɒk'tæmbjʊlizm] *n* mēnessērdzība
noctovision [ˌnɒktə'viʒən] *n* spēja redzēt tumsā
nocturne ['nɒktɜ:n] *n* **1.** *mūz.* noktirne; **2.** *glezn.* nakts ainava
nocuous ['nɒkjʊəs] *a* kaitīgs
nod [nɒd] **I** *n* **1.** galvas mājiens (*piekrītot*); to give a n. – piekrītoši pamāt; **2.** snauda; ◇ the land of N. – miega valstība; on the n. – uz kredīta; **II** *v* **1.** [pa]māt ar galvu (*piekrītot, sveicinot*); **2.** snaust; **3.** būt neuzmanīgam; palaist garām; **4.** locīties (*piem., vējā*)
noddle ['nɒdl] **I** *n sar.* galva, pauris; **II** *v* **1.** [pa]māt ar galvu; **2.** [pa]šūpot galvu
node [nəʊd] *n* **1.** *bot.* gums; bumbulis; **2.** *med.* uzaugums, uztūkums
nodose ['nəʊdəʊs] *a* mezglains
nodule ['nɒdju:l] *n* **1.** mezgliņš; **2.** *bot.* gums; bumbulis; **3.** *med.* mezglveida uzaugums
nog [nɒg] *n* (*koka*) ķīlis; tapa
nogging ['nɒgiŋ] *n* **1.** mazs kauss; krūze; **2.** *sl.* galva, pauris
no-go [ˌnəʊ'gəʊ] *n sar.* neveiksme; ķeza; it's n.-g.! – tas neies cauri!
nohow ['nəʊhaʊ] *adv sar.* nekā[di]
noise [nɔiz] **I** *n* **1.** troksnis; kņada; to make a n. (*about*) – 1) sacelt brēku; 2) sūdzēties; **2.** (*nepatīkama*) skaņa; **3.** traucējumi; **4.** *novec.* baumas; valodas; ◇ big n. – liels vīrs; **II** *v* darīt zināmu atklātībai
noiseless ['nɔizlis] *a* kluss; nedzirdams

noiseproof [ˈnɔizpruːf] *a* skaņas necaurlaidīgs
noisette [nwɑːˈzet] *n kul.* tefteļi
noisome [ˈnɔisəm] *a* 1. pretīgs; riebīgs (*par smaku*); 2. kaitīgs; neveselīgs
noisy [ˈnɔizi] *a* 1. trokšņains; skaļš; 2. kliedzošs; uzkrītošs (*par krāsu*)
nomad [ˈnəʊmæd] **I** *n* 1. nomads; 2. klaidonis; **II** *a* 1. nomadu-; klejotāju-; 2. klaidonīgs
nomenclature [nəʊˈmenklətʃə] *n* 1. nomenklatūra; 2. terminoloģija
nominal [ˈnɒminl] *a* 1. nomināls; n. value – nominālvērtība; 2. *gram.* nomena-; nomināls
nominate [ˈnɒmineit] *v* 1. izvirzīt (*kandidātu*); 2. iecelt (*amatā*); 3. noteikt (*datumu, termiņu*)
nomination [ˌnɒmiˈneiʃn] *n* 1. (*kandidāta*) izvirzīšana; 2. tiesības izvirzīt kandidātu; 3. iecelšana (*amatā*)
nominative [ˈnɒminətiv] **I** *n* 1. *gram.* nominatīvs; 2. (*amatā*) ieceltais; **II** *a* 1. *gram.* nominatīvs; 2. iecelts (*par amatpersonu*)
nominee [ˌnɒmiˈniː] *n* kandidāts
nonage [ˈnəʊnidʒ] *n jur.* nepilngadība
non-aggression [ˌnɒnəˈgreʃn] *n* neuzbrukšana; n.-a. pact – neuzbrukšanas līgums
non-alcoholic [ˌnɒnælkəˈhɒlik] *a* bezalkoholisks
non-attendance [ˌnɒnəˈtendəns] *n* neapmeklēšana; neierašanās
nonchalant [ˈnɒnʃələnt] *a* 1. vienaldzīgs; neverīgs; 2. bezrūpīgs
non-combatant [ˌnɒnˈkɒmbətənt] *mil.* **I** *n* ārrindnieks; **II** *a* ārrindas-
non-commissioned officer [ˌnɒnkəˈmiʃnd ˈɒfisə] *n* seržants; apakšvirsnieks

non-committal [ˌnɒnkəˈmitl] **I** *n* izvairība; **II** *a* izvairīgs; nenoteikts
non-conducting [ˌnɒnkənˈdʌktiŋ] *a fiz.* (*elektrību, siltumu*) nevadošs
non-conductor [ˌnɒnkənˈdʌktə] *n fiz.* nevadītājs
nonconformist [ˌnɒnkənˈfɔːmist] **I** *n* 1. disidents; sektants; 2. citādi domājošs cilvēks; **II** *a* 1. disidentisks; sektantisks; 2. netradicionāls; atšķirīgs (*no vispārpieņemtā*)
nondairy [ˌnɒnˈdeəri] *a* pienu nesaturošs
nondescript [ˈnɒndiskript] **I** *n* nenoteikta izskata cilvēks (priekšmets); **II** *a* nenoteikts; grūti nosakāms
nondurable [ˌnɒnˈdjʊərəbl] *a* īslaicīgs; neilgs
none [nʌn] **I** *pron* neviens; nekāds; nekas; ◇ n. of that! – diezgan!, izbeidz!; **II** *adv* nemaz; nepavisam; I'm n. the better for it – man no tā nemaz nekļūst vieglāk
nonentity [nɒˈnentəti] *n* 1. nekas; neesošais; 2. iedoma; fikcija; 3. niecība; nulle (*par cilvēku*)
non-essential [ˌnɒniˈsenʃl] **I** *n* 1. sīkums; nieks; 2. nenozīmīgs cilvēks; **II** *a* nenozīmīgs; nebūtisks
non-ferrous [ˌnɒnˈferəs] *a* krāsains (*par metālu*)
non-intervention [ˌnɒnintəˈvenʃn] *n pol.* neiejaukšanās
non-metal [ˈnɒnmetl] *n* nemetāls
non-observance [ˌnɒnəbˈzɜːvəns] *n* (*noteikumu u. tml.*) neievērošana
nonplus [ˌnɒnˈplʌs] **I** *n* apmulsums; at a n. – neziņā; **II** *v* apmulsināt
nonsense [ˈnɒnsəns] *n* muļķības; nieki; blēņas
non-smoker [ˌnɒnˈsməʊkə] *n* 1. ne-

smēķētājs; **2.** nesmēķētāju vagons (*vai kupeja*)
non-stop [ˌnɒn'stɒp] **I** *a* **1.** nepārtraukts; **2.** beznolaišanās-; **3.** tiešas satiksmes- (*par vilcienu*); **II** *adv* **1.** nepārtraukti; **2.** bez nolaišanās
noodle[a] [nu:dl] *n sar.* muļķis; stulbenis
noodle[b] [nu:dl] *n* (*parasti pl*) nūdeles
nook [nʊk] *n* **1.** kakts; stūris; **2.** kaktiņš; **3.** nostūris
noon [nu:n] *n* **1.** dienas vidus; the sun at n. – pusdienas saule; **2.** *poēt.* pusnakts; **3.** *pārn.* kalngals; kalngali
noonday ['nu:ndei] *n* dienas vidus; pusdienlaiks
noose [nu:s] **I** *n* cilpa; **II** *v* uzmest cilpu; noķert cilpā
nor [nɔ:] *conj* **1.** arī ne; **2.**: neither... nor... – ne... ne...; neither hot n. cold – ne silts, ne auksts
norland ['nɔ:lənd] *n* ziemeļu rajons
norm [nɔ:m] *n* **1.** norma; kritērijs; **2.** paraugs; standarts
normal ['nɔ:ml] **I** *n* **1.** normālstāvoklis; **2.** normāltips; **3.** *med.* normāla temperatūra; **II** *a* **1.** normāls; parasts; **2.** *mat.* perpendikulārs
normalcy, normality ['nɔ:mlsi, nɔ:'mæləti] *n* normāls (parasts) stāvoklis
normalization [ˌnɔ:məlai'zeiʃn] *n* normalizācija
normalize ['nɔ:məlaiz] *v* **1.** normalizēt; **2.** normēt
normally ['nɔ:məli] *adv* normāli; parasti
north [nɔ:θ] **I** *n* **1.** ziemeļi; **2.** (*kādas valsts*) ziemeļu rajoni; the N. *amer.* – ziemeļu štati; **3.** ziemeļvējš; **II** *a* **1.** ziemeļu-; **2.** uz ziemeļiem vērsts; **III** *adv* uz ziemeļiem
north-east [ˌnɔ:θ'i:st] **I** *n* **1.** ziemeļaustrumi; **2.** ziemeļaustrumu vējš; **II** *a* ziemeļaustrumu-; **III** *adv* uz ziemeļaustrumiem; ziemeļaustrumu virzienā
north-eastern [ˌnɔ:θ'i:stən] *a* ziemeļaustrumu-
northern ['nɔ:ðn] **I** *n* ziemeļnieks; **II** *a* ziemeļu-; n. lights – ziemeļblāzma
northing ['nɔ:θiŋ] *n jūrn.* **1.** novirzīšanās uz ziemeļiem; **2.** dreifs ziemeļu virzienā
northward[s] ['nɔ:θwəd[z]] **I** *a* ziemeļu-; ziemeļu virziena-; **II** *adv* uz ziemeļiem; ziemeļu virzienā
north-west [ˌnɔ:θ'west] **I** *n* ziemeļrietumi; ziemeļrietumu vējš; **II** *a* ziemeļrietumu-; **III** *adv* **1.** uz ziemeļrietumiem; ziemeļrietumu virzienā; **2.** no ziemeļrietumiem (*par vēju*)
north-wester [ˌnɔ:θ'westə] *n* spēcīgs ziemeļrietumu vējš
north-western [ˌnɔ:θ'westən] *a* ziemeļrietumu-
nose [nəʊz] *n* **1.** deguns; to blow one's n. – izšņaukt degunu; **2.** (*dzīvnieka*) purns; (*putna*) knābis; **3.** (*trauka*) snīpis; **4.** oža; **5.** (*siena, tējas, tabakas u. tml.*) smarža; **6.** (*kuģa, lidmašīnas, raķetes u. tml.*) priekšgals; **7.** *ģeogr.* zemesrags; **8.** *sl.* okšķeris; ◇ as plain as the n. on my face – skaidrs kā diena; ◻ to n. **into** – jaukties, kur nevajag; to n. **out** – 1) uzokšķerēt; 2) uzvarēt ar niecīgu pārākumu
nosebag ['nəʊzbæg] *n* **1.** (*zirga*) tarba; **2.** *sl.* sainītis ar līdzpaņemtām brokastīm; **3.** *sl.* gāzmaska
nose-bleed ['nəʊzbli:d] *n* deguna asiņošana
nosedive ['nəʊzdaiv] **I** *n* **1.** *av.* pikēšana; **2.** pēkšņa krišanās (*par cenām*); **II** *v* **1.** *av.* pikēt; **2.** *pārn.* strauji kristies

nosegay [′nəʊzgei] *n* ziedu pušķis
nosering [′nəʊzriŋ] *n* **1.** deguna riņķis (*bullim*); **2.** gredzens nāsī[s] (*rotaslieta*)
nosey [′nəʊzi] *a sar.* **1.** ar lielu (garu) degunu; **2.** ar smalku ožu apveltīts; **3.** ziņkārīgs; ◇ N. Parker – cilvēks, kas visur bāž savu degunu
nostalgia [nɒ′stældʒiə] *n* **1.** nostalģija; **2.** ilgas pēc bijušā
nostril [′nɒstrəl] *n* nāss
not [nɒt] *adv* ne; not a bit [of it] – it nemaz; not at all – 1) it nemaz; 2) (*atbildot uz pateicību*) nav par ko; not a thing – it nekas; not a word! – ne vārda!; not for the world – neparko
notability [͵nəʊtə′biləti] *n* **1.** slavenība; **2.** nozīmīgums; of historical n. – vēsturiski nozīmīgs
notable [′nəʊtəbl] **I** *n* **1.** ievērojama persona; **2.** *pl vēst.* aristokrātija; augstmaņi; **II** *a* ievērojams; nozīmīgs
notably [′nəʊtəbli] *adv* sevišķi; īpaši
notarize [′nəʊtəraiz] *v* apstiprināt notariāli
notary [′nəʊtəri] *n* notārs
notation [nəʊ′teiʃn] *n* **1.** apzīmēšana (*ar nosacītām zīmēm*); **2.** nošu raksts; **3.** apzīmējums; **4.** piezīme
notch [nɒtʃ] **I** *n* **1.** ierobojums; iecirtums; **2.** (*atslēgas, zāģa*) zobs; **3.** *amer.* aiza; **4.** *amer. pārn.* pakāpe; līmenis; **II** *v* **1.** ierobīt; iecirst; **2.** *pārn.* sasniegt
note [nəʊt] **I** *n* **1.** *mūz.* nots; **2.** pieskaņa; **3.** simbols; zīme; n. of interrogation – jautājuma zīme; n. of warning – brīdinājuma zīme; **4.** raksturīga pazīme; **5.** (*parasti pl*) piezīme; **6.** (*īsa*) vēstule; zīmīte; **7.** paraksts; n. of hand – parādzīme; **8.** nota; **9.** naudaszīme; banknote; **10.** reputācija; slava; man of n. – slavenība; **11.** uzmanība;

ievērība; **12.** *poēt.* melodija; n. of praise – slavas dziesma; **II** *v* **1.** ievērot; pamanīt; **2.** pierakstīt; atzīmēt; **3.** pieminēt; **4.** *ek.* protestēt (*vekseli*)
notebook [′nəʊtbʊk] *n* piezīmju grāmatiņa; bloknots
notecase [′nəʊtkeis] *n* kabatportfelis
noted [′nəʊtid] *a* **1.** ievērojams; slavens; **2.** protestēts (*par vekseli*)
notepaper [′nəʊtpeipə] *n* rakstāmpapīrs; vēstuļu papīrs
noteworthy [′nəʊtwɜːði] *a* ievērības cienīgs
nothing [′nʌθiŋ] **I** *n* **1.** nekas; **2.** (*parasti pl*) nieki; sīkumi; little ~s of life – dzīves sīkumi; **3.** *pārn.* nulle; tukša vieta; **4.** nebūtība; **5.** neticīgais; **II** *pron* nekas; all to n. – viss velti; for n. – 1) par velti, bez maksas; 2) bez iemesla; 3) veltīgi; next to n. – gandrīz nekas
notice [′nəʊtis] **I** *n* **1.** paziņojums; brīdinājums; at short n. – tūlīt; nekavējoties; till (until) further n. – līdz turpmākam rīkojumam; **2.** uzmanība; to bring to smb.'s n. – vērst kāda uzmanību; **3.** vērošana; **4.** (*īss*) apskats; **5.** (*darba u. tml.*) uzteikums; **II** *v* **1.** pamanīt; ievērot; **2.** atzīmēt; pieminēt; **3.** uzteikt (*darbu u. tml.*)
noticeable [′nəʊtisəbl] *a* **1.** viegli pamanāms; manāms; **2.** ievērības cienīgs
notice-board [′nəʊtisbɔːd] *n* ziņojumu dēlis
notification [͵nəʊtifi′keiʃn] *n* **1.** paziņojums; **2.** (*dzimšanas, nāves gadījuma*) pieteikums; reģistrācija
notify [′nəʊtifai] *v* **1.** paziņot; **2.** pieteikt; reģistrēt
notion [′nəʊʃn] *n* **1.** priekšstats; **2.** uzskats; viedoklis; the common n. – vispārējs uzskats; **3.** nodoms; tieksme

notional [ˈnəʊʃnəl] *a* **1.** *filoz.* spekulatīvs; abstrakts; **2.** iedomāts; **3.** *gram.* jēdzienisks; n. verb – pamata darbības vārds
notoriety [ˌnəʊtəˈraiəti] *n* **1.** slikta slava; **2.** cilvēks ar sliktu slavu
notorious [nəʊˈtɔːriəs] *a* **1.** vispārzināms; **2.** bēdīgi slavens; ar sliktu slavu
notwithstanding [ˌnɒtwiθˈstændiŋ] **I** *adv* tomēr, taču; **II** *prep* neskatoties uz; par spīti; **III** *conj novec.* kaut (lai) gan
nougat [ˈnuːgɑː] *n kul.* nuga (*riekstu masa ar sviestu, medu un cukuru*)
nought [nɔːt] *n* **1.** nekas; **2.** *mat.* nulle; ~s and crosses – krustiņi un nullītes (*spēle*)
noun [naʊn] *n gram.* lietvārds
nourish [ˈnʌriʃ] *v* **1.** barot; **2.** lolot (*piem., cerības*)
nourishing [ˈnʌriʃiŋ] *a* barojošs
nourishment [ˈnʌriʃmənt] *n.* **1.** barošana; **2.** barība
novel[a] [ˈnɒvl] *n* **1.** romāns; **2.** *jur.* novele
novel[b] [ˈnɒvl] *a* jauns; nebijis
novelist [ˈnɒvəlist] *n* romānists, romānu rakstnieks
novelty [ˈnɒvlti] *n* jaunums, jauninājums
November [nəʊˈvembə] *n* novembris
novice [ˈnɒvis] *n* **1.** iesācējs; **2.** novice
now [naʊ] **I** *n* tagadne; pašreizējais brīdis; as from n. – no šā brīža; from n. on – turpmāk; **II** *adv* **1.** tagad; pašlaik; šobrīd; **2.** tūlīt; nekavējoties; n. for it!, n. or never! – tagad vai nekad!; **3.** (*stāstījumā*) toreiz; tad; **4.**: n., n.! – nu, nu! (*apsaucot bērnu*); n. then – nu!; veicīgāk!; there, n. – nomierinies!; **III** *conj* tagad, kad
nowaday [ˈnaʊədei] *a* mūsdienu-
nowadays [ˈnaʊədeiz] **I** *n* mūsdienas; **II** *adv* mūsdienās

nowhere [ˈnəʊweə] *adv* nekur
nowise [ˈnəʊwaiz] *adv novec.* nekādā ziņā; nepavisam
noxious [ˈnɒkʃəs] *a* kaitīgs; indīgs; neveselīgs
nozzle [ˈnɒzl] *n* **1.** (*trauka*) snīpis; **2.** *tehn.* sprausla; **3.** *sl.* purns; snuķis
nuance [ˈnjuːɑːns] *n* nianse; nokrāsa
nub [nʌb] *n* **1.** (*ogles u. tml.*) gabals; **2.** (*nolietota zīmuļa u. tml.*) gals; **3.** *sar.* lietas būtība
nuclear [ˈnjuːkliə] *a* **1.** kodola-; n. explosion – kodolsprādziens; **2.** atoma-; n. bomb – atombumba; n. energy – atomenerģija; n. reactor – kodolreaktors, atomreaktors
nucleus [ˈnjuːkliəs] *n* (*pl* nuclei [ˈnjuːkliai]) **1.** kodols; centrs; **2.** *fiz.* atoma kodols; **3.** (*augļa*) kauliņš; (*rieksta*) kodols; **4.** (*galvas smadzeņu*) nervu centrs
nude [njuːd] **I** *n* **1.** *glezn.* pliknis, akts; **2.** kailums; in the n. – kails; **3.** *pl* ļoti plānas zeķes; **II** *a* **1.** kails; **2.** miesas krāsas-; **3.** skaidrs; n. fact – neapstrīdams fakts; **4.** *jur.* spēkā neesošs
nudge [nʌdʒ] **I** *n* piebikstīšana (*ar elkoni*); to give a n. – 1) piebikstīt ar elkoni; 2) uzvedināt (*uz domām*); **II** *v* piebikstīt (*ar elkoni*)
nudist [ˈnjuːdist] *n* nūdists
nudity [ˈnjuːdəti] *n* kailums
nugget [ˈnʌgit] *n* (*zelta*) tīrradnis
nuisance [ˈnjuːsns] *n* **1.** traucēklis; neērtība; what a n.! – cik nepatīkami!; **2.** uzbāzīgs (apnicīgs) cilvēks; **3.** traucējums; public n. – sabiedriskās kārtības traucējums
null [nʌl] *a predic* nenozīmīgs; mazsvarīgs; n. and void. *jur.* – spēkā neesošs
nullify [ˈnʌlifai] *v jur.* anulēt; atcelt
nullity [ˈnʌləti] *n* **1.** nenozīmība; niecī-

ba; **2.** *jur.* anulēšana; atcelšana; to declare the n. of marriage – anulēt laulību
numb [nʌm] **I** *a* nejutīgs; sastindzis; **II** *v* padarīt nejutīgu; stindzināt
number ['nʌmbə] **I** *n* **1.** skaits; daudzums; in n. – skaitā; skaitliski; in [great] ~s – lielā skaitā (daudzumā); **2.** *mat.* skaitlis; broken n. – daļskaitlis; even n. – pārskaitlis; odd n. – nepārskaitlis; [science of] ~s – aritmētika; **3.** numurs; wrong n.! – jūs nepareizi piezvanījāt; **4.** (*laikraksta, žurnāla u. tml.*) numurs; eksemplārs; **5.** (*programmas*) numurs; priekšnesums; **6.** *gram.* skaitlis; plural n. – daudzskaitlis; **7.** ritms; pantmērs; pants; **II** *v* **1.** numurēt; ~ing system – numerācija; **2.** [sa]skaitīt; **3.** pieskaitīt; ierindot; **4.**: the audience ~ed eighty in all – pavisam bija kādi astoņdesmit skatītāji; ◊ to n. off *mil.* – pārbaudīt (izsaukt) pēc saraksta
numberless ['nʌmbəlis] *a* **1.** neskaitāms; **2.** bez numura
numbness ['nʌmnis] *n* nejutīgums; sastingums
numerable ['nju:mərəbl] *a* skaitāms
numeral ['nju:mərəl] **I** *n* **1.** cipars; Arabic ~s – arābu cipari; **2.** *gram.* skaitļa vārds; **II** *a* skaitlisks; skaitļu-
numeration [,nju:mə'reiʃn] *n* **1.** skaitīšana; **2.** numerācija
numerator ['nju:məreitə] *n* **1.** *mat.* skaitītājs; **2.** (*elektrības u. tml.*) skaitītājs
numerous ['nju:mərəs] *a* liels (*skaita ziņā*)
numinous ['nju:minəs] *a* pārdabisks; dievišķs
numskull ['nʌmskʌl] *n* muļķis; aitasgalva; dulburis
nun [nʌn] *n* **1.** mūķene; **2.** *ornit.* purva zīlīte; zilzīlīte

nuncio ['nʌnʃiəʊ] *n* pāvesta nuncijs
nunnery ['nʌnəri] *n* sieviešu klosteris
nuptial ['nʌpʃl] **I** *n pl* laulības; kāzas; **II** *a* laulību-; kāzu-; n. day – kāzu diena
nurse [nɜ:s] **I** *n* **1.** barotāja; zīdītāja; **2.** aukle; at n. – aukles gādībā; **3.** (*arī* trained n.) medmāsa; slimnieku kopēja; **4.** auklēšana; aprūpe; **5.** *pārn.* šūpulis; **II** *v* **1.** zīdīt; barot; **2.** zīst (*par zīdaini*); **3.** auklēt; audzināt; **4.** kopt slimnieku; **5.** ārstēt (*kaiti*); **6.** audzēt; rūpīgi kopt (*augus u. tml.*); **7.** lolot (*piem., cerību*); **8.** paijāt; apmīļot; **9.** taupīt; saudzēt
nurse-child ['nɜ:stʃaild] *n* audžubērns; audzēknis
nurs[e]ling ['nɜ:sliŋ] *n* **1.** zīdainis; **2.** *pārn.* lolojums; **3.** (*auga*) asns; (*dzīvnieka*) mazulis
nursemaid ['nɜ:smeid] *n* aukle
nursery ['nɜ:sri] *n* **1.** bērnistaba; **2.** mazbērnu novietne; n. school – bērnudārzs; **3.** dēstu audzētava; n. garden – kokaudzētava; **4.** inkubators; **5.** zivjaudzētava
nurture ['nɜ:tʃə] **I** *n* **1.** audzināšana; **2.** ēdināšana; barošana; **II** *v* **1.** audzināt; **2.** ēdināt; barot
nut [nʌt] **I** *n* **1.** rieksts; **2.** *sl.* galva; off one's n. – jucis; **3.** *sar.* savādnieks; dīvainis; **4.** *tehn.* uzmava; ◊ for ~s – nepavisam!; **II** *v* riekstot
nutcracker ['nʌt,krækə] *n* riekstu knaibles
nutmeg ['nʌtmeg] *n* muskatrieksts
nut-pine ['nʌtpain] *n* ciedrs
nutria ['nju:triə] *n* nutrija
nutrient ['nju:triənt] *a* barojošs
nutriment ['nju:trimənt] *n* barība
nutrition [nju:'triʃn] *n* **1.** barošana; **2.** barība

nutritious [nju:'triʃəs] *a* barojošs
nutritive ['nju:trətiv] **I** *n* barības viela; produkts; **II** *a* **1.** barojošs; **2.** barības-
nutshell ['nʌtʃel] *n* rieksta čaumala; ◇ in a n. – īsumā; dažos vārdos
nut-tree ['nʌttri:] *n* lazda
nuzzle ['nʌzl] *v* **1.** ošņāt (*par suni*); **2.** izrakņāt (*ar purnu, snuķi*); **3.** bikstīt ar purnu (*par suni*); **4.** (*up*) pieglausties; piekļauties
nylon ['nailɒn] *n* neilons
nymph [nimf] *n* **1.** *mit.* nimfa; **2.** *poēt.* jauna, skaista sieviete; jaunava; **3.** kūniņa; kāpurs

Oo

O, o [əʊ] *n* (*pl* Os, O's [əʊz]) **1.** *angļu alfabēta burts*; **2.** nulle (*telefona numurā u. tml.*)
oak[-tree] [əʊk] *n* **1.** ozols; **2.** ozolkoks; **3.** ozollapa; ozollapu vainags; ◇ to sport one's ~s – ieslēgties (*dzīvoklī*); nepieņemt apmeklētājus
oaken ['əʊkən] *a* ozola-; ozolkoka-
oakery ['əʊkəri] *n* ozolājs; ozolu birzs
oakum ['əʊkəm] *n* pakulas
oak-wood ['əʊkwʊd] *n* **1.** ozolu birzs; **2.** ozolkoks
oar [ɔ:] **I** *n* **1.** airis; to pull a good o. – būt labam airētājam; **2.** airētājs; a poor o. – slikts airētājs; ◇ chained to the o. – iejūgts smagā darbā; to put in one's o. – iejaukties (*sarunā, darīšanās u. tml.*); to rest on one's ~s – 1) atpūsties (*airējot*); 2) atdusēties uz lauriem; **II** *v* airēt
oarsman ['ɔ:zmən] *n* airētājs
oarsmanship ['ɔ:zmənʃip] *n* airēšanas māka
oasis [əʊ'eisis] *n* (*pl* oases [əʊ'eisi:z]) oāze
oat [əʊt] *n* (*parasti pl*) auzas; ◇ to be off one's ~s – zaudēt ēstgribu; to sow one's wild ~s – iztrakoties jaunībā
oaten ['əʊtn] *a* auzu-
oat-flakes ['əʊtfleiks] *n pl* auzu pārslas
oath [əʊθ] *n* **1.** zvērests; o. of allegiance – uzticības zvērests; to make (take, swear) an o. – zvērēt; **2.** lāsts
oatmeal ['əʊtmi:l] *n* **1.** auzu milti; **2.** auzu putra
obduracy ['ɒbdjʊərəsi] *n* ietiepība; stūrgalvība
obdurate ['ɒbdjʊərət] *a* ietiepīgs; stūrgalvīgs
obedience [ə'bi:diəns] *n* paklausība; padevība
obedient [ə'bi:diənt] *a* paklausīgs; padevīgs
obeisance [əʊ'beisəns] *n* **1.** paklanīšanās; reveranss; **2.** godbijība; cieņa; to do (make, pay) o. to smb. – izrādīt cieņu kādam
obese [əʊ'bi:s] *a* tukls, korpulents
obesity [əʊ'bi:səti] *n* tuklums, korpulence
obey [ə'bei] *v* paklausīt; pakļauties
obituary [ə'bitjʊəri] **I** *n* **1.** nekrologs; **2.** mirušo saraksts; **II** *a* **1.** miršanas-; nāves-; o. notice – nekrologs (*laikrakstā*); **2.** apbedīšanas-
object[a] ['ɒbdʒikt] *n* **1.** objekts, priekšmets; **2.** mērķis; to achieve one's o. – sasniegt savu mērķi; **3.** *gram.* papildinātājs; money no o. – maksa pēc vienošanās (*sludinājumos*)

object[b] [əb′dʒekt] *v* (*to, against*) iebilst; protestēt

object-glass [′ɒbdʒiktglɑːs] *n* objektīvs; lēca

objection [əb′dʒəkʃn] *n* iebildums; to raise an o. (*to*) – celt iebildumu

objectionable [əb′dʒəkʃnəbl] *a* 1. nepatīkams; nevēlams; 2. apstrīdams; nepieņemams; 3. nosodāms; peļams

objective [əb′dʒektiv] I *n* 1. mērķis; 2. *mil.* uzbrukuma objekts; 3. *gram.* papildinātāja locījums (*datīvs, akuzatīvs*); 4. objektīvs (*optikā*); II *a* 1. objektīvs; 2. *gram.* papildinātāja-; o. case – papildinātāja locījums

objectivity [ˌɒbdʒek′tivəti] *n* objektivitāte

oblation [ə′bleiʃn] *n* 1. *rel.* upurēšana; ziedošana; 2. *rel.* Svētais vakarēdiens

obligate [′ɒbligeit] *v* uzdot; uzlikt par pienākumu

obligation [ˌɒbli′geiʃn] *n* saistība; pienākums; of o. – obligāts; to undertake ~s – uzņemties saistības

oblige [ə′blaidʒ] *v* 1. piespiest; likt; to be ~d to do smth. – būt spiestam kaut ko darīt; 2. būt pateicīgam; I'm much ~d – esmu jums ļoti pateicīgs

obliging [ə′blaidʒiŋ] *a* pakalpīgs; izpalīdzīgs; laipns

oblique [ə′bliːk] *a* 1. [ie]slīps; o. glance – sānus skatiens; 2. aplinkus; netiešs; o. reference – netieša atsauce; 3. *gram.* o. speech – netiešā runa; 4.: o. angle – šaurs (*vai* plats) leņķis (*pretstatā taisnam leņķim*)

obliquity [ə′blikwəti] *n* 1. slīpums; 2. novirzīšanās; novirze

obliterate [ə′blitəreit] *v* izsvītrot; izdzēst

obliteration [əˌblitə′reiʃn] *n* izsvītrošana; izdzēšana

oblivion [ə′bliviən] *n* aizmirstība; to fall (sink) into o. – nogrimt aizmirstībā

oblivious [ə′bliviəs] *a* 1. aizmāršīgs; 2. nevērīgs

oblong [′ɒblɒŋ] I *n* iegarens priekšmets; II *a* 1. iegarens; 2. taisnstūra-

oboe [′əʊbəʊ] *mūz.* oboja

obscene [əb′siːn] *a* neķītrs; piedauzīgs

obscurant [ɒb′skjʊərənt] *n* tumsonis

obscurantism [ˌɒbskjʊə′ræntizəm] *n* tumsonība

obscure [əb′skjʊə] I *a* 1. tumšs; vāji apgaismots; 2. neskaidrs; blāvs; nespodrs; 3. nenoteikts (*par formu*); 4. apslāpēts (*par skaņu*); 5. apslēpts; II *v* aptumšot

obscurity [əb′skjʊərəti] *n* 1. neskaidrība; 2. neziņa

observable [əb′zɜːvəbl] *a* 1. pamanāms; saskatāms; 2. vērā ņemams

observance [əb′zɜːvns] *n* 1. (*likumu, paražu*) ievērošana; 2. rituāls; ceremonija

observant [əb′zɜːvnt] *a* vērīgs; uzmanīgs

observation [ˌɒbzə′veiʃn] *n* 1. novērošana; to keep under o. – novērot; 2. vērīgums; 3. (*likumu, paražu*) ievērošana

observatory [əb′zɜːvətri] *n* observatorija

observe [əb′zɜːv] *v* 1. [no]vērot; 2. ievērot (*likumus, paražas*); to o. silence – ievērot klusumu; 3. piebilst; I have nothing to o. – man nav ko piebilst; ⬜ to o. **on** (**upon**) – piebilst

observer [əb′zɜːvə] *n* 1. novērotājs; 2. komentētājs

obsess [əb′ses] *v* pārņemt; apsēst (*piem., par bailēm*)

obsession [əb′seʃn] *n* 1. apsēstība; 2. uzmācīga ideja

obstacle [′ɒbstəkl] *n* šķērslis; kavēklis

obstetrician [ˌɒbsteˈtriʃn] *n* akušieris; akušiere

obstinacy [ˈɒbstinəsi] *n* **1.** stūrgalvība; ietiepība; **2.** neatlaidība; **3.** *med.* (*slimības*) grūta ārstējamība

obstinate [ˈɒbstinət] *a* **1.** stūrgalvīgs; ietiepīgs; **2.** neatlaidīgs; **3.** *med.* grūti ārstējams (*par slimību*)

obstruct [əbˈstrʌkt] *v* **1.** kavēt; traucēt; **2.** aizsprostot; aizšķērsot; to o. a river – aizsprostot upi

obstruction [əbˈstrʌkʃn] *n* **1.** kavēklis; traucēklis; **2.** aizsprostojums; šķērslis

obstructive [əbˈstrʌktiv] *a* kavējošs; traucējošs

obtain [əbˈtein] *v* iegūt; dabūt; to o. experience – iegūt (uzkrāt) pieredzi

obtainable [əbˈteinəbl] *a* iegūstams; dabūjams; sasniedzams

obtrude [əbˈtruːd] *v* **1.** izbāzt; izstiept; **2.** (*upon*) uzspiest, uztiept; to o. one's opinion upon somebody – uztiept kādam savu viedokli

obtrusion [əbˈtruːʒn] *n* uzbāzība

obtrusive [əbˈtruːsiv] *a* **1.** (*uz āru, uz priekšu*) izvirzījies; **2.** uzbāzīgs

obturate [ˈɒbtjʊəreit] *v* aizsprostot; aizbāzt; aizblīvēt

obtuse [əbˈtjuːs] *a* **1.** truls (*arī par personu*); neass; **2.** plats (*par leņķi*)

obverse [ˈɒbvɜːs] *n* (*medaļas, monētas*) priekšpuse; virspuse

obviate [ˈɒbvieit] *v* **1.** izbēgt; izvairīties; **2.** novērst; tikt vaļā

obvious [ˈɒbviəs] *a* acīm redzams; nepārprotams

occasion [əˈkeiʒn] *n* **1.** gadījums; izdevība; on o. – ja ir izdevība; on the o. of – sakarā ar; **2.** iemesls; pamats; ◊ to rise to the o. – būt uzdevuma augstumos

occasional [əˈkeiʒnəl] *a* **1.** neregulārs; **2.** gadījuma rakstura-; nejaušs; o. encounter – nejauša tikšanās; **3.** īpašam gadījumam paredzēts

occasionally [əˈkeiʒnəli] *adv* šad un tad

occidental [ˌɒksiˈdentl] **I** *n* rietumvalsts iedzīvotājs; **II** *a* rietumu-

occiput [ˈɒksipʌt] *n anat.* pakausis

occlude [ɒˈkluːd] *v* **1.** noslēgt (*atveri*); aizbāzt; **2.** ķīm. uzsūkt, absorbēt (*gāzes*)

occlusion [ɒˈkluːʒn] *n* **1.** noslēgšana; aizbāšana; **2.** ķīm. oklūzija

occult [ɒˈkʌlt] *a* **1.** slepens; **2.** pārdabisks; mistisks

occupancy [ˈɒkjʊpənsi] *n* (*telpas u. tml.*) apdzīvošana

occupant [ˈɒkjʊpənt] *n* **1.** iedzīvotājs; iemītnieks; **2.** nomnieks; īrnieks; **3.** okupants

occupation [ˌɒkjʊˈpeiʃn] *n* **1.** (*telpas vai zemes īpašuma*) apdzīvošana; **2.** okupācija; **3.** nodarbošanās; profesija

occupational [ˌɒkjuːˈpeiʃnəl] *a* profesionāls; o. disease – arodslimība

occupier [ˈɒkjʊpaiə] *sk.* **occupant**

occupy [ˈɒkjʊpai] *v* **1.** apdzīvot (*telpu, ēku*); **2.** aizņemt (*piem., platību, laiku*); **3.** okupēt; **4.** nodarbināt; to o. oneself (*with*) – nodarboties

occur [əˈkɜː] *v* **1.** atgadīties; notikt; **2.** ienākt prātā

occurrence [əˈkʌrəns] *n* **1.** gadījums; notikums; everyday o. – ikdienišķs notikums; **2.** sastopamība; of frequent o. – bieži sastopams

ocean [ˈəʊʃn] *n* okeāns; ◊ can't sweep back the ocean – ar karoti jūru neizsmelsi

ocean-going [ˈəʊʃnˌɡəʊiŋ] *a* okeāna- (*par kuģi*)

Oceanian [ˌəʊʃi'einiən] **I** *n* Okeānijas (*Klusā okeāna salu*) iedzīvotājs; **II** *a* Okeānijas-
oceanography [ˌəʊʃə'nɒgrəfi] *n* okeanogrāfija
ocher ['əʊkə] *n* **1.** okers; **2.** bāla dzeltenbrūna krāsa; **3.** *sl.* nauda; zelts
o'clock [ə'klɒk] *adv.* it is ten o'c. – pulkstenis ir desmit
octagon ['ɒktəgən] *n mat.* astoņstūris
octagonal [ɒk'tægnəl] *a* astoņstūru-
octahedron [ˌɒktə'hedrən] *n* astoņskaldnis
octave ['ɒkteiv] *n* **1.** *mūz.*, *lit.* oktāva; **2.** astoņu priekšmetu kopums
octennial [ɒk'teniəl] *a* **1.** astoņgadīgs; **2.** reizi astoņos gados notiekošs
octet[te] [ɒk'tet] *n* **1.** *mūz.* oktets; **2.** astoņu priekšmetu kopums; **3.** *lit.* (*soneta*) pirmās astoņas rindas
October [ɒk'təʊbə] *n* oktobris
octopus ['ɒktəpəs] *n* (*pl* octopuses, octopodes ['ɒktəpəsiz, ɒk'tɒpədi:z]) astoņkājis
ocular ['ɒkjʊlə] **I** *n* okulārs; **II** *a* acu-; redzes-
oculist ['ɒkjʊlist] *n* acu ārsts
OD [ˌəʊ'di:] **I** *n* (*saīs. no* overdose) **1.** nāvējoša narkotikas deva; **2.** cilvēks, kas ieņēmis navējošu narkotikas devu; **II** *v* ieņemt nāvējošu narkotikas devu
octuple ['ɒktjʊ:pl] *a* astoņkārtīgs
odd [ɒd] *a* **1.** savāds; dīvains; how o.! – cik savādi!; **2.** nepāra; o. and (or) even – pāris un (vai) nepāris; o. month – mēneši ar 31 dienu; **3.** atsevišķs; o. paintings of Rembrandt – atsevišķas Rembranta gleznas; **4.** lieks; pārpalicis; o. money – naudas atlikums; **5.** brīvs; at o. times – brīvajā laikā; **6.** gadījuma-; o. job – gadījuma darbs;

◇ o. man out – 1) bez pāra palicis spēlētājs; trešais liekais; 2) savrupnieks
oddish ['ɒdiʃ] *a* savāds; dīvains
oddity ['ɒdəti] *n* **1.** savādība; dīvainība; **2.** savādnieks; **3.** dīvaina (neparasta) lieta; savāds gadījums
odds [ɒdz] *n pl* **1.** atšķirība; starpība; it makes no o. – tas ir vienalga; **2.** pārsvars; priekšrocība; priekšroka; long o. – liels pārsvars; short o. – mazs pārsvars; **3.** nesaskaņas; I am at o. with my class-fellow – man ir nesaskaņas ar manu klasesbiedru; **4.** iespēja; izredzes; by all o. – ļoti iespējams; the o. are that... – domājams, ka...; ◇ o. and ends *sl.* – sīkumi, atliekas; shout the o. – lielīties
odds-on [ɒdz'ɒn] *n* izredzes uzvarēt
ode [əʊd] *n lit.* oda
odea *sk.* odeum
odeum ['əʊdi:m] (*arī* odeon ['əʊdiən]) *n* (*pl* odeums, odea ['əʊdi:əmz, 'əʊdi:ə]) **1.** *vēst.* odeons; **2.** koncertzāle
odorous ['əʊdərəs] *a poēt.* smaržīgs; aromātisks
odour ['əʊdə] *n* **1.** smarža; aromāts; **2.** piegarša; pieskaņa; **3.** slava; reputācija
odourless ['əʊdəlis] *a* bez smaržas
odyssey ['ɒdisi] *n* klejojumi
oestrus ['i:strəs] *n* (*dzīvnieku mātītes*) meklēšanās
of [*uzsvērtā forma* ɒv, *neuzsvērtā forma* əv] *prep* **1.** (*norāda piederību*): a house of my family – manas ģimenes nams; **2.** (*norāda izcelsmi*): people of a village – ciemata ļaudis; **3.** (*norāda iemeslu*): it happened of the rain – tas notika lietus dēļ; **4.** (*norāda virzienu*): a mile of the border – jūdzi no robežas;

5. (*norāda materiālu*): shoes of a natural leather – dabiskās ādas kurpes; 6. (*norāda īpašību*): man of thirty – trīsdesmit gadu vecs vīrietis; 7. (*norāda daudzumu*): a couple of days – dažas dienas
off [ɒf] **I** *a* **1.** attāls; **2.** labās puses-; the o. side of the street – ielas labā puse; **3.** otršķirīgs; **4.** maz ticams; o. statement – maz ticams apgalvojums; **5.** brīvs; day o. – brīvdiena; **II** *adv* **1.** prom; projām; case o.!, o. with you! – vācies prom!; **2.** (*norāda pabeigtību*): to run off – aizbēgt; **III** *prep* **1.** (*norāda novirzīšanos*): off the road – nost no ceļa; **2.** (*norāda attālumu*): ten minutes o. the centre – desmit minūšu gājienā no centra
offal [ˈɒfl] *n* **1.** atkritumi; **2.** sprāgonis
offbeat [ˌɒfˈbi:t] *a* netradicionāls
offcast [ˈɒfkɑ:st] *n* izstumtais
offence [əˈfens] *n* **1.** pārkāpums; to commit an o. – izdarīt pārkāpumu; **2.** apvainojums, aizvainojums; **3.** *mil., sp.* uzbrukums; ofensīva
offend [əˈfend] *v* **1.** pārkāpt (*likumu*); **2.** aizvainot; I didn't mean to o. you – es negribēju jūs aizvainot; **3.** izraisīt nepatiku; his voice ~s the ear – viņam ir nepatīkama balss
offender [əˈfendə] *n* **1.** apvainotājs; **2.** likumpārkāpējs; old o. – recidīvists
offensive [əˈfensiv] **I** *n* uzbrukums; ofensīva; **II** *a* **1.** aizvainojošs; **2.** nepatīkams; **3.** agresīvs
offer [ˈɒfə] **I** *n* piedāvājums; o. to buy – pirkšana (*sludinājumos*); o. to sell – pārdošana (*sludinājumos*); **II** *v* **1.** piedāvāt; **2.** izrādīt; to o. resistance – izrādīt pretestību; **3.** mēģināt; to o. to flee – mēģināt bēgt

offering [ˈɒfəriŋ] *n* **1.** piedāvājums; **2.** veltījums
offhand [ˌɒfˈhænd] **I** *a* **1.** iepriekš nesagatavots; improvizēts; **2.** nepiespiests; familiārs (*par izturēšanos*); **II** *adv* **1.** bez sagatavošanās; to speak o. – runāt bez iepriekšējas sagatavošanās; **2.** brīvi; familiāri; to behave o. – izturēties familiāri
off-hour [ˌɒfˈaʊə] *a* ārpusdarba-; virsstundu- (*par laiku*)
office [ˈɒfis] *n* **1.** kantoris; birojs; editorial o. – redakcija; o. staff – kantora darbinieki; **2.** ministrija; pārvalde; **3.** (*valsts*) amats; postenis; to be in o. – ieņemt amatu; to resign o. – atstāt amatu; to take o. – stāties amatā; **4.** *pl* saimniecības telpas; **5.** dievkalpojums; ceremonija; **6.** pakalpojums; **7.** uzdevums; funkcija
office bearer [ˈɒfis ˌbeərə] *n* ierēdnis; amatpersona
office block [ˈɒfis blɒk] *n* administratīvā ēka
office boy [ˈɒfis bɔi] *n* izsūtāmais; kurjers
office girl [ˈɒfis gɜ:l] *n* sekretāre
office-holder [ˈɒfisˌhəʊldə] *sk.* **office bearen**
officer [ˈɒfisə] **I** *n* **1.** ierēdnis; amatpersona; consular o. – vēstniecības darbinieks; o. of the court – tiesas izpildītājs; **2.** *mil.* virsnieks; **3.** policists; **4.** biedrības valdes loceklis; **II** *v* komandēt
official [əˈfiʃl] **I** *n* ierēdnis; amatpersona; **II** *a* **1.** dienesta-; **2.** oficiāls; o. statement – oficiāls paziņojums
officialdom [əˈfiʃldəm] *n* birokrātija
officially [əˈfiʃəli] *adv* oficiāli
officiary [əˈfiʃiəri] *a* dienesta-; amata- (*par titulu*)

officiate [ə'fiʃieit] v **1.** pildīt pienākumu; **2.** noturēt dievkalpojumu

officious [ə'fiʃəs] a **1.** uzmācīgs, uzbāzīgs; **2.** neoficiāls; **3.**: o. testament *jur.* – novēlējums par labu tuvākajiem radiniekiem

offing ['ɒfiŋ] n selga; in the o. – 1) attālu no krasta, bet redzamības robežās; 2) tuvākajā laikā

offish ['ɒfiʃ] a *sar.* noslēgts; atturīgs; vēss

off-key [,ɒf'ki:] a **1.** netīrs (*par toni*); **2.** aizdomīgs; nepārliecinošs

off-licence ['ɒflaisns] n **1.** atļauja pārdot alkoholiskus dzērienus promnešanai; **2.** alkoholisko dzērienu veikals

off-line [,ɒf'lain] a *dat.* autonoms; datoram nepieslēgts

offload [,ɒf'ləʊd] v **1.** izkraut; **2.** tikt vaļā (*no kaut kā nevajadzīga*)

off-peak [,ɒf'pi:k] a mazāk noslogots; brīvāks (*par laiku*)

off-putting [,ɒf,pʊtiŋ] a **1.** mulsinošs; **2.** nepatīkams

offscourings ['ɒfskaʊriŋgz] n pl **1.** atkritumi; **2.** padibenes

offset ['ɒfset] **I** n **1.** kompensācija; **2.** atvase; **3.** atzarojums; **4.** ofsetspiedums; **II** v **1.** kompensēt; **2.** iespiest ofsetā

offshoot ['ɒfʃu:t] n *bot.* atvase; sānu dzinums

offshore [,ɒf'ʃɔ:] **1.** krasta-; o. wind – piekrastes vējš; **2.** *ek.* o. zone – finansiālās darbības zona (*ārpus tiesas valstu jurisdikcijas ar nodokļu atvieglojumiem*)

offspring ['ɒfspriŋ] n **1.** atvase, pēcnācējs; **2.** rezultāts, iznākums

offstage [,ɒf'steidʒ] **I** n *teātr.* aizkulises; **II** a aizkulišu-; **III** adv aiz kulisēm

oft [ɒft] adv *poēt.* bieži

often ['ɒfn] adv bieži; every so o. – laiku pa laikam

ogle ['əʊgl] **I** n mīlas pilns skatiens; **II** v koķetēt

ogre ['əʊgə] n **1.** *mit.* milzis; **2.** briesmonis

oh [əʊ] int ak!, vai!

ohm [əʊm] n *el.* oms

oil [ɔil] **I** n **1.** eļļa; **2.** nafta; **3.** pl o.-colour [-paint] – eļļas krāsas; **4.** pl *jūrn.* vaskadrānas tērps; ◊ to burn the midnight o. – strādāt pa naktīm; to pour o. on troubled waters – nomierināt satrauktos prātus; **II** v ieeļļot; ietaukot; ◊ to o. one's tongue – lišķēt; to o. smb.'s palm (fist, hand) – iedot kādam kukuli; to o. the wheels – piekukuļot

oil-bearing ['ɔil,beəriŋ] a naftu saturošs

oilcloth ['ɔilklɒθ] n **1.** vaskadrāna; **2.** linolejs

oilcoat ['ɔilkəʊt] n lietusmētelis

oil-colour ['ɔil,kʌlə] n eļļas krāsa

oil derrick ['ɔil derik] n naftas tornis

oiled ['ɔild] a **1.** ieeļļots; **2.** impregnēts; **3.** *sl.* iereibis

oiler ['ɔilə] n **1.** eļļotājs; **2.** eļļas ražotājs; **3.** eļļas tirgotājs; **4.** eļļas kanniņa; **5.** tankkuģis

oilfield ['ɔilfi:ld] n naftas atradnes

oil-fired ['ɔilfaiəd] a naftas apkures-

oilpainting [,ɔil 'peintiŋ] n **1.** eļļas glezniecība; **2.** eļļas glezna

oil paper ['ɔil,peipə] n vaska papīrs

oilskin ['ɔilskin] n vaskadrāna; impregnēts audums

oil slick ['ɔil slik] n eļļas kārtiņa (*virs ūdens*)

oilstone ['ɔilstəʊn] n galoda

oil tanker ['ɔil ,tæŋkə] n tankkuģis

oil well ['ɔil wel] n naftas urbums

oily [ˈɔili] *a* **1**. eļļains; taukains; **2**. *pārn.* lišķīgs

ointment [ˈɔintmənt] *n* ziede; ◇ a fly in the o. – darvas piliens medus mucā

okay [əʊˈkei] (*saīs*. O.K.) *sar.* **I** *adv* labi; kārtībā; he is o. – viņam klājas labi; **II** *int* labi!

old [əʊld] *a* **1**. vecs; she is twelve years old – viņai ir divpadsmit gadu; **2**. sens; o. wine – izturēts vīns; ◇ O. Driver (Nick, Harry) – velns; o. timer – vecs cilvēks, veca lieta; o. man (fellow) – *sl.* tēvs; o. lady – *sl.* māte; o. hat – garlaicīgs cilvēks vai nodarbe

olden [ˈəʊldən] **I** *a* vecs; sens; in o. times – senos laikos; **II** *v* novecot

old-fashioned [ˌəʊldˈfæʃnd] *a* **1**. vecmodīgs; an o.-f. fellow – vecmodīgs puisis; **2**. senlaicīgs

old-fog[e]yish [ˌəʊldˈfəʊgiiʃ] *a* vecmodīgs (*par uzskatiem, dzīvesveidu*)

oldie [ˈəʊldi] *n sar.* večukiņš; vecenīte

oldish [ˈəʊldiʃ] *a* vecīgs; pavecs

old-maid [ˌəʊldˈmeid] *n* vecmeita

oleaginous [ˌəʊliˈædʒinəs] *a* eļļains; taukains

oleander [ˌəʊliˈændə] *n bot.* oleandrs

olfactory [ɒlˈfæktəri] *a* ožas-

olio [ˈəʊliəʊ] *n* (*pl* olios [ˈəʊliəʊz]) **1**. maisījums; **2**. *mūz.* popurijs; **3**. sautēta gaļa ar dārzeņiem

olivaceous [ˌɒliˈveiʃəs] *a* olīvkrāsas-

olive [ˈɒliv] **I** *n* **1**. olīva (*koks, auglis*); **2**. olīvkrāsa; **II** *a* **1**. olīvu-; o. oil – olīveļļa; **2**. olīvkrāsas-

ology [ˈɒlədʒi] *n* (*parasti pl*) *iron.* zinātne, zinātnes

olympiad [əʊˈlimpiæd] *n* olimpiāde

Olympian [əʊˈlimpiən] **I** *n* **1**. olimpietis; **2**. majestātiski mierīgs cilvēks; **II** *a* **1**. olimpisks; **2**. majestātisks

Olympic [əʊˈlimpik] *n pl* olimpiskās spēles; Winter ~s – ziemas olimpiskās spēles

omega [ˈəʊmigə] *n* **1**. omega (*grieķu alfabēta burts*); **2**. *pārn.* beigas, gals

omen [ˈəʊmən] **I** *n* zīme; good (ill) o. – laba (ļauna) zīme; **II** *v* būt par zīmi

ominous [ˈɒminəs] *a* draudošs; ļaunu vēstošs

omissible [əʊˈmisibl] *a* mazsvarīgs

omission [əˈmiʃn] *n* **1**. izlaidums (*tekstā*); **2**. nolaidība (*darbā*)

omit [əˈmit] *v* **1**. izlaist; **2**. neievērot

omnibus [ˈɒmnibəs] *n* **1**. omnibuss; **2**. *novec.* autobuss; **3**. (*rakstnieka darbu*) krājums

omnifarious [ˌɒmniˈfeəriəs] *a* daudzējāds; daudzveidīgs; daudzpusīgs

omnipotence [ɒmˈnipətəns] *n* visvarenība

omnipotent [ɒmˈnipətənt] *a* visvarens

omnipresence [ˌɒmniˈprezns] *n* visuresamība

omnipresent [ˌɒmniˈpreznt] *a* visuresošs

omniscient [ɒmˈnisiənt] *a* viszinošs

omnivorous [ɒmˈnivərəs] *a* visēdājs

on [*uzsvērtā forma* ɒn; *neuzsvērtā forma* ən] **I** *adv* **1**. tālāk, uz priekšu; from today on – sākot ar šodienu; on and on – un tā joprojām; **2**. (*norāda uz darbības turpināšanos*): it must go on – tam ir jāturpinās; **3**. (*norāda uz kāda mehānisma vai ierīces ieslēgšanu*): the radio is on – radio ir ieslēgts; **4**.: to put on – uzvilkt; **5**. (*norāda izejas punktu*): from this very moment on – no šā brīža; ◇ right on! – tā tas ir!, piekrītu!; let's turn it on! – saraujam!, ātrāk!; **II** *prep* **1**. (*norāda vietu*) uz; on the table – uz galda; **2**. (*norāda virzienu*) uz; I am on my way to home – es esmu ceļā uz mājām; **3**. (*norāda*

laiku): on Mondy – pirmdien; **4.** (*norāda tēmu*): an issue on peace process – ziņojums par miera procesu; **5.** (*norāda stāvokli*): he is living on his own – viņš dzīvo vientulībā; on sale – pārdošanā; to be on duty – dežurēt; to be on good terms (*with*) – būt labās attiecībās; **6.** (*norāda pamatojumu*): on good authority – no drošiem avotiem; on purpose – ar nolūku; **7.** (*norāda uz objektu*): to lay the eyes on somebody – paskatīties uz kādu; **8.** (*norāda veida apstākli*): on foot – kājām
once [wʌns] *adv* **1.** vienreiz; more than o. – ne vienreiz vien; not o. – nekad; o. and again – vairākkārt; o. [and] for all – reizi par visām reizēm; o. a week – reizi nedēļā; o. in a while – šad un tad; o. again – vēlreiz; o. or twice – pāris reižu; **2.** kādreiz; o. upon a time – reiz (*pasakas sākumā*)
oncological [ˌɒŋkəˈlɒdʒikl] *a* onkoloģisks
oncology [ɒnˈkɒlədʒi] *n* onkoloģija
oncoming [ˈɒnˌkʌmiŋ] **I** *n* tuvošanās; **II** *a* gaidāms
one [wʌn] **I** *n* **1.** viens; vieninieks; o. by o. – viens pēc otra; **2.** (*lieto iepriekšminēta lietvārda vietā*): ◇ o. in a million – viens no miljona; o. and only – 1) vienīgais; 2) unikāls; **II** *a* **1.** viens; o. and the same – viens un tas pats; **2.** vienots; with o. voice – vienbalsīgi; **3.** kāds; o. day – kādu dienu; **III** *pron* **1.** kāds, šis; I will buy this o. – es pirkšu šo; **2.** (*nezināms teikuma priekšmets*): o. must follow the rules – likumi ir jāievēro; **IV** *num* viens
one-aloner [ˌwʌnəˈləʊnə] *n* vientuļnieks; vientuļš cilvēks

one-armed bandit [ˌwʌnɑːmd ˈbændit] *n sl* spēļu automāts (*ar vienu sviru*)
one-eyed [ˌwʌnˈaid] *a* **1.** vienacains; **2.** *sl.* negodīgs
onefold [ˈwʌnfəʊld] *a* vienkārtīgs; vienkāršs
one-horse [ˌwʌnˈhɔːs] *a* **1.** vienjūga-; **2.** *tehn.* viena zirgspēka-; **3.** *sar.* neievērojams; niecīgs
one-man [ˌwʌnˈmæn] *a* **1.** viena cilvēka-; o.-m. show – viena aktiera teātris; **2.** vienvietīgs
oneness [ˈwʌnnis] *n* **1.** vienreizīgums; **2.** vienotība; saskaņa; **3.** identitāte, tāpatība
one-off [ˌwʌnˈɒf] *a* unikāls (*par priekšmetu*)
oner [ˈwʌnə] *n sl.* **1.** retums (*par cilvēku, lietu*); **2.** salti meli
onerous [ˈɒnərəs] *a* apgrūtinošs; o. duty – smags pienākums
oneself [wʌnˈself] *pron* **1.** sev; sevi; for o. – pats sev; **2.** pats; by o. – viens pats; **3.** (*lieto atgriezeniskās formas veidošanai*): to excuse o. – atvainoties
onesided [ˌwʌnˈsaidid] *a* **1.** vienpusīgs; **2.** neobjektīvs
one-time [ˈwʌntaim] *a* bijušais; kādrezējais
one-track [ˌwʌnˈtræk] *a* **1.** viensliežu- (*par dzelzceļu*); **2.** aprobežots (*par cilvēku*)
one-way [ˌwʌnˈwei] *a* vienvirziena- (*par satiksmi u. tml.*); o.-w. ticket – biļete turpceļam
onfall [ˈɒnfɔːl] *n* uzbrukums
onflow [ˈɒnfləʊ] *n* tecējums; plūdums
ongoing [ˈɒnˌgəʊiŋ] *a* (*pašreizējā brīdī*) notiekošs
onhanger [ˈɒnˌhæŋə] *n* liekēdis
onion [ˈʌnjən] *n* sīpols; ◇ to weep over an o. – liet krokodila asaras

onlay [ˈɒnlei] *n* apdare; rotājums
on-line [ˌɒnˈlain] *a dat.* dotajā mirklī pieejams ar datortīkla palīdzību
onlooker [ˈɒnˌlʊkə] *n* skatītājs; nejaušs aculiecinieks
only [ˈəʊnli] **I** *a* vienīgais; an o. child – vienīgais bērns; **II** *adv* tikai; vienīgi; ◇ if o. – ja vien; **III** *conj* bet; tikai; you may go, o. come back soon – tu vari iet, tikai nāc drīz atpakaļ
onset [ˈɒnset] *n* **1.** uzbrukums; o. of wind – vēja brāzma; **2.** sākums; at the first o. – uzreiz, tūliņ
onto [ˈɒntʊ] *prep* uz; he threw money o. the table – viņš uzsvieda naudu uz galda
onward [ˈɒnwəd] **I** *a* uz priekšu ejošs; **II** *adv* uz priekšu
onwards [ˈɒnwədz] *adv* uz priekšu
oodles [ˈuːdlz] *n pl sar.* liels daudzums
oont [uːnt] *n* kamielis
ooze [uːz] **I** *n* **1.** dubļi; dūņas; **2.** sūkšanās (*par šķidrumu*); **3.** miecviela; miecētājšķidrums; **II** *v* **1.** sūkties; pilēt; **2.** izdalīties
oozy [ˈuːzi] *a* **1.** dubļains; dūņains; **2.** šķidrumu izdalošs
opacity [əʊˈpæsəti] *n* necaurredzamība
opaque [əʊˈpeik] **I** *n*: the o. – tumsa; **II** *a* **1.** necaurredzams; gaismas necaurlaidīgs; **2.** neskaidrs
open [ˈəʊpən] **I** *n* (the o.) atklāta telpa; **II** *a* **1.** atvērts; vaļējs; o. sea – atklāta jūra; **2.** atklāts; pieejams; o. letter – atklāta vēstule; o. season – medību sezona; o. to doubt – apšaubāms; **3.** atklāts; vaļsirdīgs; o. as the day – vaļsirdīgs, patiess; **4.** brīvs; neaizņemts; the place is still o. – vakance vēl ir brīva; **5.** maigs (*par laiku*); **III** *v* **1.** atvērt; attaisīt; to o. the door – atvērt durvis; **2.** sākt; atklāt; to o. the conference – atklāt konferenci; ◇ to o. on – iziet uz (*par logu*); o.-and-shut – pārliecināts; to o. **up** – 1) atzīties, 2) nodot atklātībai; to crack somebody wide o. – piespiest kādu atzīties
open-air [ˌəʊpnˈeə] *a* brīvdabas-; o.-air museum – brīvdabas muzejs
open-armed [ˌəʊpnˈɑːmd] *a* ar atplestām rokām; o.-a. welcome – sirsnīga sagaidīšana
open-eared [ˌəʊpnˈiəd] *a* vērīgs; uzmanīgs
open-ended [ˌəʊpnˈendid] *a* beztermiņa-
opener [ˈəʊpnə] *n* atvērējs; tin o. – konservu nazis
open-eyed [ˌəʊpnˈaid] *a* **1.** plati atvērtām acīm; **2.** modrs
open-handed [ˌəʊpnˈhændid] *a* devīgs
open-hearted [ˌəʊpənˈhɑːtid] *a* **1.** vaļsirdīgs; **2.** sirsnīgs
opening [ˈəʊpəniŋ] **I** *n* **1.** caurums; atvere; **2.** sākums; **3.** (*sapulces, teātra sezonas u. tml.*) atklāšana; **4.** izredzes; izdevība; **II** *a* **1.** pirmais; sākuma-; **2.** ievada-; atklāšanas-; o. address – ievadruna
openly [ˈəʊpnli] *adv* **1.** atklāti; **2.** publiski
open-minded [ˌəʊpnˈmaindid] *a* **1.** brīvs no aizspriedumiem; **2.** progresīvi domājošs
operable [ˈɒpərəbl] *a* **1.** darbināms; **2.** operējams
opera glasses [ˈɒpərə ˌglɑːsiz] *n pl* (*teātra*) binoklis
opera-house [ˈɒpərəhaʊs] *n* operteātris
operate [ˈɒpəreit] *v* **1.** darboties; strādāt; **2.** darbināt; **3.** (*on, upon*) ietekmēt; iedarboties; **4.** (*on*) operēt
operatic [ˌɒpəˈrætik] *a* operas-; o. singer – operdziedātājs
operating [ˈɒpəreitiŋ] *a* **1.** operācijas-;

operāciju-; **2.** darba-; ekspluatācijas-; strādājošs; o. costs – ekspluatācijas izdevumi
operating room [ˈɒpəreitiŋ rʊm] *n* operāciju zāle
operating table [ˈɒpəreitiŋ ˌteibl] *n* operāciju galds
operation [ˌɒpəˈrei] *n* **1.** darbība; operācija; to come into o. – 1) sākt darboties; 2) *jur.* stāties spēkā; **2.** process; **3.** (*uzņēmuma u. tml.*) vadīšana; **4.** (*iekārtas u. tml.*) ekspluatācija; **5.** operācija; to undergo an o. – tikt operētam; **6.** *mat.* darbība
operational [ˌɒpəˈreiʃnəl] *a* operatīvs
operative [ˈɒpərətiv] *n* **1.** (*kvalificēts*) strādnieks; **2.** amatnieks; **3.** *amer.* privātdetektīvs
ophidian [ɒˈfidiən] *a* **1.** čūsku-; **2.** čūskveidīgs; čūskai līdzīgs
opiate [ˈəʊpiət] *a* **1.** opiju saturošs; **2.** nomierinošs; iemidzinošs
opine [əʊˈpain] *v* izteikt savas domas
opinion [əˈpiniən] *n* uzskats; viedoklis; in my o. – pēc manām domām; to have no o. of somebody (something) – nebūt augstās domās par kādu (kaut ko); to have the best o. of somebody (something) – būt augstās domās par kādu (kaut ko)
opinionated [əˈpinjəneitid] *a* pašpārliecināts
opium [ˈəʊpiəm] *n* opijs
oppilate [ˈɒpileit] *v med.* aizsprostot
opponent [əˈpəʊnənt] **I** *n* oponents; **II** *a* pretējs
opportune [ˈɒpətjuːn] *a* izdevīgs; piemērots
opportunity [ˌɒpəˈtjuːnəti] *n* izdevība; izdevīgs gadījums; to afford an o. – sagādāt izdevību

opposable [əˈpəʊzəbl] *a* pretstatāms
oppose [əˈpəʊz] *v* **1.** pretoties; izrādīt pretestību; **2.** (*with, against*) pretstatīt
opposite [ˈɒpəzit] **I** *n* pretstats; **II** *a* pretējs; in the o. direction – pretējā virzienā; **III** *adv* pretī; pretim
opposition [ˌɒpəˈziʃn] *n* **1.** pretestība; pretošanās; to offer o. – izrādīt pretestību; **2.** pretstats; **3.** opozīcija
oppress [əˈpres] *v* **1.** apspiest; **2.** nomākt
oppression [əˈpreʃn] *n* **1.** apspiešana; **2.** nomāktība
oppressive [əˈpresiv] *a* **1.** cietsirdīgs; despotisks; **2.** nomācošs; o. weather – tveicīgs laiks
optic [ˈɒptik] **I** *n*: cast your ~s at that! – paskaties uz to! **II** *a* redzes-; optisks
optical [ˈɒptikl] *a* redzes-; optisks
optician [ɒpˈtiʃn] *n* optiķis
optics [ˈɒptiks] *n* optika
optimum [ˈɒptiməm] **I** *n* vislabvēlīgākie apstākļi; **II** *a* optimāls; vislabvēlīgākais
option [ˈɒpʃn] *n* izvēle; at o. – pēc izvēles
optional [ˈɒpʃnəl] *a* neobligāts
opulence [ˈɒpjʊləns] *n* pārpilnība
opulent [ˈɒpjʊlənt] *a* bagātīgs; pārpilns
or[a] [ɔː] *n* (*heraldikā*) dzeltena (*vai* zelta) krāsa
or[b] [ɔː] *conj* vai; or else – vai arī
oracle [ˈɒrəkl] *n* **1.** orākuls; pravietis; **2.** (*arī niev.*) autoritāte; padomdevējs
oracular [əˈrækjʊlə] *a* pravietisks; vieds
oral [ˈɔːrəl] **I** *n sar.* mutvārdu eksāmens; **II** *a* **1.** mutisks; **2.** *anat.* mutes-
orally [ˈɔːrəli] *adv* mutiski
orange [ˈɒrindʒ] **I** *n* **1.** apelsīns; **2.** apelsīnu koks; **3.** oranža krāsa; **II** *a* oranžs
orate [ɔːˈreit] *v* turēt runu
oration [ɔːˈreiʃn] *n* **1.** svinīga runa; **2.** *gram.*:

direct o. – tiešā runa; indirect o. – netiešā runa
oratorio [ˌɒrə'tɔ:riəʊ] *n* (*pl* oratorios [ˌɒrə'tɔ:riəʊz]) *mūz.* oratorija
oratory ['ɒrətəri] *n* retorika; oratora māksla
orb [ɔ:b] **1.** lode; **2.** *poēt.* debess ķermenis; **3.** *poēt.* acs; acs ābols
orbed [ɔ:bd] *a* sfērisks; lodveidīgs
orbicular [ɔ:'bikjʊlə] *a* **1.** sfērisks; lodveidīgs; **2.** pabeigts; pilnīgs
orbit ['ɔ:bit] **I** *n* **1.** orbīta; to put into o. – ievadīt orbītā; **2.** *anat.* acs dobums; **3.** (*darbības*) sfēra; lauks; **II** *v* **1.** ievadīt orbītā; **2.** riņķot pa orbītu
orchard ['ɔ:tʃəd] *n* augļu dārzs
orcharding ['ɔ:tʃədiŋ] *n* augļkopība
orchardman ['ɔ:tʃədmən] *n* augļkopis
orchestic [ɔ:'kestik] *a* deju-
orchestra ['ɔ:kistrə] *n* **1.** orķestris; **2.** orķestra (kora) vieta
orchestral [ɔ:'kestrəl] *a* orķestra-
orchid ['ɔ:kid] *n* orhideja
ordain [ɔ:'dein] *v* **1.** iepriekš nolemt; as was ~ed by fate – kā liktenis bija lēmis; **2.** iesvētīt par mācītāju
ordeal [ɔ:'di:l] *n* smags pārbaudījums
order ['ɔ:də] **I** *n* **1.** kārtība; secība; in [good] o. – kārtībā; out of o. – nekārtībā; sabojājies; to call to o. – saukt pie kārtības; to keep o. – ievērot kārtību; **2.** sabiedriskā iekārta; **3.** *mil.* ierinda; **4.** (*sabiedrības*) slānis; sociālā grupa; **5.** (*bruņinieku, mūku*) ordenis; **6.** *pl* (*garīdznieku*) kārta; to take [holy] ~s – tikt iesvētītam par garīdznieku; **7.** *biol.* kārta; apakšklase; **8.** *mat.* pakāpe; **9.** ordenis; **10.** pavēle; rīkojums; **11.** pasūtījums; made to o. – izgatavots pēc pasūtījuma; **12.** atļauja; tall order – neizpildāma prasība; **II** *v* **1.** sakārtot; **2.** pavēlēt; norīkot; **3.** pasūtīt; ◊ to o. **about** – izrīkot
order book ['ɔ:də bʊk] *n* pasūtījumu grāmata
orderliness ['ɔ:dəlinis] *n* **1.** kārtības mīlestība; **2.** priekšzīmīga uzvedība
orderly ['ɔ:dəli] **I** *n* **1.** *mil.* dieninieks; **2.** sanitārs (*hospitālī*); **3.** ielu tīrītājs; **II** *a* **1.** kārtīgs; akurāts; **2.** dežurējošs; o. man – 1) dieninieks; 2) sanitārs
ordinal ['ɔ:dinl] **I** *n gram.* kārtas skaitļa vārds; **II** *a* **1.** *gram.* kārtas-; **2.** *biol.* kārtas-; apakšklases-
ordinand [ˌɔ:di'nænd] *n* garīdznieka kārtā iesvētāmais
ordinance ['ɔ:dinəns] *n* **1.** dekrēts; **2.** *rel.* ceremonija; rituāls
ordinarily ['ɔ:dnrəli] *adv* parasti; kā vienmēr
ordinary ['ɔ:dnri] **I** *n* **1.** ierasta kārtība; **2.** tiesas loceklis; **II** *a* parasts; ikdienišķs
ordination [ˌɔ:di'neiʃn] *n* **1.** klasifikācija; **2.** iesvētīšana par garīdznieku; **3.** dekrēta izdošana
ordnance ['ɔ:dnəns] *n mil.* **1.** artilērija; **2.** arsenāls
ordure ['ɔ:djʊə] *n* **1.** netīrumi; mēsli; **2.** gānīšanās; lamas
ore [ɔ:] *n* **1.** rūda; **2.** *poēt.* dārgmetāls
organ ['ɔ:gən] *n* **1.** orgāns; **2.** iestāde; **3.** ērģeles; street o. – leijerkaste
organ-grinder ['ɔ:gənˌgraində] *n* leijerkastnieks
organist ['ɔ:gənist] *n* ērģelnieks
organization [ˌɔ:gənai'zeiʃn] *n* **1.** organizēšana; **2.** organizācija; **3.** organisms; struktūra
organize ['ɔ:gənaiz] *v* organizēt
organizer ['ɔ:gənaizə] *n* organizētājs
orgiastic [ˌɔ:dʒi'æstik] *a* trakulīgs; izlaidīgs

orgy [ˈɔːdʒi] *n* orģija
Orient [ˈɔːriənt] *n* Austrumi; Austrumzemes
oriental [ˌɔːriˈentl] *a* austrumu-; austrumnieciski
orientation [ˌɔːriənˈteiʃn] *n* orientēšanās; orientācija
orienteering [ˌɔːriənˈtiəriŋ] *n* orientēšanās sports
orifice [ˈɒrifis] *n* **1.** atvere; **2.** ieeja; krāteris; **3.** *tehn.* sprausla
origin [ˈɒridʒin] *n* **1.** pirmavots; **2.** izcelsme
original [əˈridʒinəl] **I** *n* **1.** oriģināls; to read in the o. – lasīt oriģinālvalodā; **2.** pirmavots; **3.** *sar.* savādnieks; **II** *a* **1.** sākotnējs; o. edition – pirmizdevums; **2.** oriģināls; jauns; **3.** savdabīgs; īpatnējs
originality [əˌridʒiˈnæləti] *n* **1.** oriģinalitāte; **2.** savdabība
originally [əˈridʒənəli] *adv* sākotnēji
originate [əˈridʒineit] *v* **1.** radīt; **2.** izcelties
oriole [ˈɔːriəʊl] *n* vālodze
ornament **I** *n* [ˈɔːnəmənt] ornaments; **II** *v* [ˈɔːnəment] izrotāt
ornate [ɔːˈneit] *a* **1.** bagātīgi izrotāts; **2.** krāšņs; pārspīlēts (*par stilu*)
ornithologist [ˌɔːniˈθɒlədʒist] *n* ornitologs
ornithology [ˌɔːniˈθɒlədʒi] *n* ornitoloģija
ornithorhynchus [ˌɔːniθəʊˈriŋkəs] *n zool.* pīļknābis
orphan [ˈɔːfn] **I** *n* bārenis; **II** *a* bez vecākiem
orrery [ˈɒrəri] *n* planetārijs
orris [ˈɒris] *n* īriss; skalbe
orthodox [ˈɔːθədɒks] *a* **1.** ortodoksāls; **2.** *rel.* pareizticīgs

orthogonal [ɔːˈθɒgənl] *a mat.* taisnleņķa-; taisnstūra-
orthography [ɔːˈθɒgrəfi] *n* pareizrakstība, ortogrāfija
oscillate [ˈɒsileit] *v* svārstīties
oscillation [ˌɒsiˈleiʃn] *n* **1.** svārstīšanās; **2.** svārstība
osculate [ˈɒskjʊleit] *v* **1.** *mat.* saskarties; **2.** *biol.* uzrādīt divu sugu pazīmes
osier [ˈəʊʒə] *n* **1.** vītols; **2.** kārkls
osprey [ˈɒspri] *n* zivju ērglis
osseous [ˈɒsiəs] *a* **1.** kaula-; **2.** kaulains
ossification [ˌɒsifiˈkeiʃn] *n* **1.** *med.* pārkaulošanās; **2.** *pārn.* nocietināšanās
ossuary [ˈɒsjʊəri] *n* **1.** apbedījuma ala; **2.** kremācijas urna
ostensible [ɒˈstensəbl] *a* šķietams; ārišķīgs
ostentation [ˌɒstenˈteiʃn] *n* ārišķība; dižmanība
ostentatious [ˌɒstenˈteiʃəs] *a* ārišķīgs; dižmanīgs
ostler [ˈɒslə] *n* zirgu puisis (*iebraucamajā vietā*)
ostrich [ˈɒstritʃ] *n* strauss
other [ˈʌðə] **I** *a* cits; vēl viens; citāds; some o. time – kādu citu reizi; every o. day – ik pārdienas; the o. day – nesen; **II** *pron* cits; each o. – viens otru; no o. than she – neviens cits kā viņa
otherwise [ˈʌðəwaiz] *adv* citādi; pretējā gadījumā
otter [ˈɒtə] *n* ūdrs
ought [ɔːt] *mod. v.* **1.** (*izsaka vajadzību, nepieciešamību*): he o. to be punished – viņu vajadzētu sodīt; you o. to have written to her – jums vajadzētu viņai aizrakstīt; **2.** (*izsaka varbūtību*): you o. to be hungry by now – jūs jau droši vien esat izsalcis

ounce[a] [aʊns] *n* **1.** unce *(28,3 g)*; **2.** mazumiņš
ounce[b] [aʊns] *n* sniega leopards
our [′aʊə] *pron* mūsu
ours [′aʊəz] *pron* mūsu; mūsējais; *(lieto ar nenoteiktu izteicēju)*: it is o. – tas ir mūsu
ourselves [ˌaʊə′selvz] *pron pl* **1.** sev; sevi; **2.** paši; let us do it o. – izdarīsim to paši
oust [aʊst] *v* **1.** izstumt; izspiest; **2.** *jur.* izlikt
ouster [′aʊstə] *n jur.* nelikumīga izlikšana
out [aʊt] **I** *n* **1.** *sar.*: the ~s – opozīcija *(parlamentā)*; **2.** izlaidums; **II** *a* ārējs; day o. – brīvdiena; **III** *v* **1.** *sar.* izdzīt; **2.** nokautēt *(boksā)*; **IV** *adv* **1.** ārā; prom; o. and home – turp un atpakaļ; **2.** *(izsaka pabeigtību vai izbeigšanos)*: the soup is o. – zupa ir izēsta; time is running o. – laika atlicis maz; sold o. – izpārdots; ◇ o. and o. – caurcaurēm; **V** *prep*: out of – 1) no; she took a purse o. of her bag – viņa izņēma maku no somas; 2) aiz *(cēloņa nozīmē)*; 3) *(izsaka novirzi no normas)*: o. of time [date] – novecojis; o. of tune – 1) noskaņojies *(par mūzikas instrumentu)*; 2) nepareizs, netīrs *(par toni)*; ◇ to be o. of it – 1) nepiedalīties; 2) nebūt lietas kursā
outage [′aʊtidʒ] *n* **1.** *(mašīnas)* dīkstāve; **2.** pārtraukums enerģijas padevē
out-and-out [ˌaʊtnd′aʊt] *a* galīgs; pilnīgs
out-and-outer [ˌaʊtnd′aʊtə] *n* **1.** *sar.* lielisks eksemplārs; **2.** nepārspējams cilvēks
outbade *sk.* **outbid**
outbalance [ˌaʊt′bæləns] *v* **1.** būt smagākam; **2.** pārspēt
outbid [ˌaʊt′bid] *v* (*p.* outbade, outbid [ˌaʊt′beid, aʊt′bid]; *p. p.* outbidden, outbid [ˌaʊt′bidn, ˌaʊt′bid]) **1.** pārsolīt; **2.** pārspēt
outbidden *sk.* **outbid**
outbreak [′aʊtbreik] *n* **1.** *(kara, slimības u. tml.)* izcelšanās; uzliesmojums; **2.** sacelšanās; dumpis
outburst [′aʊtbɜ:st] *n* uzliesmojums; in an o. of anger – dusmu uzplūdā
outcast [′aʊtkɑ:st] **I** *n* izstumtais; **II** *a* izstumts; izraidīts
outcome [′aʊtkʌm] *n* iznākums; rezultāts
outcry [′aʊtkrai] **I** *n* *(izmisuma)* kliedziens; **II** *v* izkliegt
outdated [ˌaʊt′deitid] *a* novecojis
outdid *sk.* **outdo**
outdo [ˌaʊt′du:] *v* (*p.* outdid [ˌaʊt′did], *p. p.* outdone [ˌaʊt′dʌn]) pārspēt
outdone *sk.* **outdo**
outdoor [′aʊtdɔ:] *a* ārpustelpu-; āra-; o. sports – sporta nodarbības un sacensības ārpus telpām
outer [′aʊtə] *a* ārējs; o. space – kosmoss
outermost [′aʊtəməʊst] *a* visattālākais
outfall [′aʊtfɔ:l] *n* ieteka; *(upes)* grīva
outfit [′aʊtfit] **I** *n* **1.** iekārta; piederumi; electrician's o. – elektriķa darbarīki; **2.** ietērps; **3.** apgāde; **4.** *sar.* *(kopā strādājošu)* cilvēku grupa; blues o. – blūza grupa; **II** *v* **1.** apgādāt; ekipēt; **2.** ietērpt
outfitter [′aʊtfitə] *n* **1.** apgādes aģents; **2.** apģērbu un veļas tirgotājs
outflow **I** *n* [′aʊtfləʊ] noplūde; **II** *v* [ˌaʊt′fləʊ] noplūst
outfox [aʊt′fɒks] *v* pārspēt viltībā
outgo [-ings] [′aʊtgəʊ] *n* izdevumi
outgoing [ˌaʊt′gəʊiŋ] *a* **1.** aizejošs; **2.** izejošs *(par korespondenci u. tml.)*
outgrew *sk.* **outgrow**
outgrow [ˌaʊt′grəʊ] *v* (*p.* outgrew

[ˌaʊt'gru:], *p. p.* outgrown [ˌaʊt'grəʊn]) pāraugt; izaugt (*no apģērba*)
outgrown *sk.* **outgrow**
outhouse ['aʊthaʊs] *n* **1.** saimniecības ēka; **2.** piebūve
outing ['aʊtiŋ] *n* izbraukums zaļumos
outlaid *sk.* **outlay**[b]
outlandish [aʊt'lændiʃ] *a* **1.** svešzemju-; ārzemniecisks; **2.** savāds, dīvains; ērmīgs
outlast [ˌaʊt'lɑ:st] *v* **1.** pārdzīvot (*laika ziņā*); **2.** izturēt ilgāk
outlaw ['aʊtlɔ:] **I** *n* cilvēks ārpus likuma; **II** *v* pasludināt ārpus likuma; izstumt no sabiedrības
outlay[a] ['aʊtlei] *n* (*on, for*) izdevumi
outlay[b] [aʊt'lei] *v* (*p. un p. p.* outlaid [aʊt'leid]) (*on, upon*) tērēties
outlet ['aʊtlet] *n* **1.** izeja; atvere; **2.** izteka; **3.** iespēja paust (*emocijas*); **4.** *ek.* noiets
outline ['aʊtlain] **I** *n* **1.** kontūra; aprise; **2.** skice; **3.** īss satura izklāsts; **II** *v* **1.** uzvilkt kontūras; **2.** uzskicēt
outlook ['aʊtlʊk] *n* **1.** aina; **2.** izredzes; **3.** novērošana; **4.** viedoklis
outlying ['aʊtˌlaiiŋ] *a* tāls; nomaļš
outmatch [ˌaʊt'mætʃ] *v* pārspēt
outmost ['aʊtməʊst] *a* visattālākais
outness ['aʊtnis] *n* realitāte
outnumber [ˌaʊt'nʌmbə] *v* pārspēt skaita ziņā
outpace [ˌaʊt'peis] *v* apsteigt
outplay [ˌaʊt'plei] *v* apspēlēt
outpouring ['aʊtˌpɔ:riŋ] *n* (*jūtu*) uzplūdums
output ['aʊtpʊt] *n* **1.** produkcija; (*preču*) izlaidums; **2.** jauda; ražošanas apjoms; **3.** *mat., dat.* izeja
outrage ['aʊtreidʒ] **I** *n* **1.** (*sabiedriskās kārtības*) smags pārkāpums; **2.** varmācība; **II** *v* **1.** izdarīt smagu pārkāpumu; **2.** lietot vardarbību
outrageous [aʊt'reidʒəs] *a* **1.** vardarbīgs; necilvēcīgs; **2.** briesmīgs
outran *sk.* **outrun**
outright **I** *a* ['aʊtrait] **1.** atklāts; tiešs; **2.** pilnīgs; galīgs; **II** *adv* [aʊt'rait] **1.** atklāti; tieši; **2.** pilnīgi; galīgi
outrival [ˌaʊt'raivl] *v* pārspēt
outrun [ˌaʊt'rʌn] *v* (*p.* outran [ˌaʊt'ræn]; *p. p.* outrun [ˌaʊt'rʌn]) **1.** panākt; apsteigt (*kādu*); **2.** aizbēgt (*no kāda*); **3.** *pārn.* pārsniegt (*kādu robežu*); ◇ to o. the constable – iekrist parādos
outsat *sk.* **outsit**
outsell [ˌaʊt'sel] *v* (*p. un p.p.* outsold [ˌaʊt'səʊld]) pārdot vairāk (*nekā citi*)
outset ['aʊtset] *n* sākums
outshine [ˌaʊt'ʃain] *v* (*p. un p. p.* outshone [ˌaʊt'ʃɒn]) **1.** aizēnot; **2.** izcelties (*ar zināšanām utt.*)
outside [ˌaʊt'said] **I** *n* **1.** ārpuse; from the o. – no ārpuses; **2.** ārpasaule; **II** *a* **1.** ārējais; ārpuses-; āra-; **2.** galējais; o. price – galējā cena; **3.** svešs; **III** *adv* **1.** ārpusē; **2.** ārā; brīvā dabā; **3.** atklātā jūrā; **IV** *prep* ārpus
outsider [ˌaʊt'saidə] *n* **1.** nepiederošs; **2.** *sp.* autsaiders
outsit [aʊt'sit] *v* (*p. un p.p.* outsat [aʊt'sæt]) palikt ilgāk (*par citiem viesiem*)
outskirts ['aʊtskɜ:ts] *n pl.* **1.** (*pilsētas*) nomale; priekšpilsēta; **2.** mežmala
outsmart [ˌaʊt'smɑ:t] *v sar.* pārspēt viltībā
outsold *sk.* **outsell**
outspoken [ˌaʊt'spəʊkən] *a* **1.** izteikts; **2.** vaļsirdīgs
outspread [ˌaʊt'spred] **I** *n* izplatīšanās; **II** *a* izplests; izklāts; **III** *v* **1.** izplatīt; **2.** izplest; izklāt

outstanding [ˌaʊt'stændiŋ] *a* **1.** ievērojams; izcils; **2.** nenokārtots; **3.** neizšķirts (*piem.*, *par strīdu*)
outstay [ˌaʊt'stei] *v* **1.** palikt ilgāk (*par citiem viesiem*); **2.** izturēt
outstep [ˌaʊt'step] *v* pārkāpt (*piem.*, *robežu*)
outstrip [ˌaʊt'strip] *v* apdzīt
outvoice [ˌaʊt'vɔis] *v* pārkliegt
outvote [ˌaʊt'vəʊt] *v* iegūt balsu vairākumu
outward ['aʊtwəd] **I** *n* āriene; **II** *a* ārējais; **III** *adv* uz āru
outwardly ['aʊtwədli] *adv* ārēji; no ārpuses
outwards ['aʊtwədz] *adv* uz āru
outwear [ˌaʊt'weə] *v* (*p.* outwore [ˌaʊt'wɔ:]; *p.p.* outworn [ˌaʊt'wɔ:n]) **1.** novalkāt; **2.** būt izturīgākam (*valkājot*)
outweigh [ˌaʊt'wei] *v* **1.** būt smagākam; **2.** būt svarīgākam; disadvantages ~ed the advantages – trūkumu bija vairāk nekā priekšrocību
outwent *sk.* **outgo II**
outwork I *n* ['aʊtwɜ:k] **1.** *mil.* ārējs nocietinājums; **2.** darbs mājās; **II** *v* [ˌaʊt'wɜ:k] pārspēt darbā
outworn[a] ['aʊtwɔ:n] *a* **1.** novalkāts; nolietots; **2.** novecojis; **3.** novārdzis
outworn[b] *sk.* **outwear**
ouzel ['u:zl] *n* strazds
oval ['əʊvl] **I** *n* ovāls; **II** *a* ovāls
ovary ['əʊvəri] *n* **1.** *anat.* olnīca; **2.** *bot.* sēklotne
ovation [əʊ'veiʃn] *n* ovācijas
oven ['ʌvn] *n* krāsns; cepeškrāsns
ovenware ['ʌvnweə] *n* karstumizturīgi trauki
over ['əʊvə] **I** *a* **1.** virsējs; **2.** pārmērīgs; **II** *adv* **1.** pāri; to swim o. – pārpeldēt; to knock smth. o. – apgāzt kaut ko;

2. vēlreiz; no jauna; o. and o. [again] – vēl un vēl; to read a book o. – pārlasīt grāmatu; **3.** viscaur, no vienas vietas; all o. in mud – viscaur nošķiedies ar dubļiem; **4.** cauri; the party is o. – balle ir beigusies; **5.** vairāk; pāri par; it was o. the midnight – bija pāri pusnaktij; **6.** pārāk; o. shy – pārāk kautrīgs; ◇ o. and above – 1) bez tam; 2) turklāt; **III** *prep* **1.** virs; **2.** pār; **3.** vairāk par; o. three miles – vairāk par trim jūdzēm; **4.** pa; all o. the world – pa visu pasauli; **5.** viņpus; otrpus; o. the road – pāri ceļam
overact [ˌəʊvər'ækt] *v* pārspīlēt (*tēlojot*)
overage [ˌəʊvər'eidʒ] *a* pāraudzis
overall I *n* ['əʊvərɔ:l] **I** *n* (*darba*) virsvalks; **II** *a* [ˌəʊvər'ɔ:l] visaptverošs; vispārējs; **III** *adv* [ˌəʊvər'ɔ:l] kopumā; visumā
over-anxious [ˌəʊvər'æŋkʃəs] *a* pārlieku nobažījies
overate *sk.* **overeat**
overbear [ˌəʊvə'beə] *v* (*p.* overbore [ˌəʊvə'bɔ:]; *p.p.* overborne [ˌəʊvə'bɔ:n]) pārspēt; pieveikt
overboard ['əʊvəbɔ:d] *adv* pār bortu; to fall o. – pārkrist pāri bortam; to throw o. – izmest pār bortu
overbold [ˌəʊvə'bəʊld] *a* pārdrošs
overbore *sk.* **overbear**
overborne *sk.* **overbear**
overburden [ˌəʊvə'bɜ:dn] **I** *n* pārslodze; **II** *v* pārslogot
overcame *sk.* **overcome**
overcast ['əʊvəka:st] **I** *n* apmākšanās; **II** *a* **1.** apmācies (*par debesīm*); **2.** nomākts; drūms; **III** *v* apmāktie
overcharge [ˌəʊvə'tʃa:dʒ] **I** *n* pārāk augsta cena; **II** *v* **1.** prasīt pārāk augstu cenu; **2.** pārslogot; **3.** *el.* pārlādēt

overclouded [ˌəʊvə'klaʊdid] *a* **1.** apmācies; **2.** drūms; nomākts
overcoat ['əʊvəkəʊt] *n* (*vīriešu*) mētelis
overcome [ˌəʊvə'kʌm] *v* (*p.* overcame [ˌəʊvə'keim]; *p. p.* overcome [ˌəʊvə'kʌm]) **1.** pieveikt; to o. difficulties – pārvarēt grūtības; **2.** pārņemt (*par jūtām*)
overcrop [ˌəʊvə'krɒp] *v* noplicināt (*augsni*)
overcrowd [ˌəʊvə'kraʊd] *v* **1.** pārpildīt; **2.** drūzmēties; **3.** pārapdzīvot
overdid *sk.* overdo
overdo [ˌəʊvə'du:] *v* (*p.* overdid [ˌəʊvə'did]; *p. p.* overdone [ˌəʊvə'dʌn]) pārcensties
overdone [ˌəʊvə'dʌn] *a* pārspīlēts
overdose **I** *n* ['əʊvədəʊz] pārāk liela deva; **II** [ˌəʊvə'dəʊz] *v* pārdozēt
overdraft ['əʊvədrɑ:ft] *n* (*bankas*) kredīta pārsniegšana
overdraw [ˌəʊvə'drɔ:] *v* (*p.* overdrew [ˌəʊvə'dru:]; *p. p.* overdrawn [ˌəʊvə'drɔ:n]) pārsniegt (*bankas*) kredītu
overdrawn *sk.* overdraw
overdress [ˌəʊvə'dres] *v* ģērbties pārāk uzkrītoši
overdrew *sk.* overdraw
overdrive [ˌəʊvə'draiv] *v* (*p.* overdrove [ˌəʊvə'drəʊv]; *p. p.* overdriven [ˌəʊvə'drivn]) **1.** nokalpināt; novārdzināt; **2.** nodzīt (*zirgu, automobili*)
overdriven *sk.* overdrive
overdrove *sk.* overdrive
overdue [ˌəʊvə'dju:] *a* **1.** nokavējies; **2.** nokavēts (*par maksājuma termiņu*)
overeat [ˌəʊvər'i:t] *v* (*p.* overate [ˌəʊvər'et]; *p. p.* overeaten [ˌəʊvər'i:tn]) pārēsties
overfed [ˌəʊvə'fed] **I** *a* pārbarots; **II** *sk.* **overfeed**
overfeed [ˌəʊvə'fi:d] *v* (*p. un p. p.* overfed [ˌəʊvə'fed]) pārbarot

overflow **I** *n* ['əʊvəfləʊ] pārplūšana; **II** *v* [ˌəʊvə'fləʊ] **1.** plūst pāri malām; pārplūst; **2.** applūdināt
overgrew *sk.* **overgrow**
overgrow [ˌəʊvə'grəʊ] *v* (*p.* overgrew [ˌəʊvə'gru:]; *p. p.* overgrown [ˌəʊvə'grəʊn]) **1.** aizaugt (*piem., ar nezālēm*); **2.** izaugt (*no drēbēm*)
overgrown [ˌəʊvə'grəʊn] **I** *a* **1.** pārāk izaudzis; **2.** aizaudzis; **II** *sk.* **overgrow**
overhang **I** *n* ['əʊvəhæŋ] pārkare; **II** *v* [ˌəʊvə'hæŋ] (*p. un p. p.* overhung [ˌəʊvə'hʌŋ]) pārkarāties
overhaul *n* ['əʊvəhɔ:l] **1.** pamatīga pārbaude; **2.** kapitālremonts
overhead ['əʊvəhed] **I** *a* [ˌəʊvə'hed] **1.** augšējs; virszemes-; **2.** papildu-; **II** [ˌəʊvə'hed] *adv* virs galvas; augšā
overhear [ˌəʊvə'hiə] *v* (*p. un p. p.* overheard [ˌəʊvə'hɜ:d]) nejauši dzirdēt
overheard *sk.* **overhear**
overheat [ˌəʊvə'hi:t] *v* pārkarst
overlaid *sk.* **overlay**
overland **I** *a* ['əʊvələnd] sauszemes-; **II** *adv* ['əʊvəlænd] pa sauszemi
overlap **I** *n* ['əʊvəlæp] pārlaidums; pārsegums; **II** *v* [ˌəʊvə'læp] pārklāties (*sakrist*)
overlay **I** *n* ['əʊvəlei] **1.** pārklājs; pārvalks; **2.** sedziņa; **II** *v* [ˌəʊvə'lei] (*p. un p. p.* overlaid [ˌəʊvə'leid]) pārklāt (*ar krāsu*)
overleap [ˌəʊvə'li:p] *v* (*p. un p. p.* overleapt [ˌəʊvə'lept] *vai* overleaped [ˌəʊvə'li:pt]) pārlēkt
overload **I** *n* ['əʊvələʊd] pārslodze; **II** *v* [ˌəʊvə'ləʊd] pārslogot
overlook [ˌəʊvə'lʊk] *v* **1.** slieties pāri; **2.** uzraudzīt; pārraudzīt; **3.** neievērot; **4.** *sar.* noskatīt ar ļaunu aci

overman [ˈəʊvəmæn] **I** *n* uzraugs (*raktuvēs*); **II** *v* algot pārāk daudz strādnieku

overmaster [ˌəʊvəˈmɑːstə] *v* pakļaut, pārņemt

overmuch [ˌəʊvəˈmʌtʃ] **I** *a* pārmērīgs; **II** *adv* pārlieku

overnight [ˌəʊvəˈnait] **I** *a* **1.** vienas nakts-; an o. stop – apstāšanās uz vienu nakti; **2.** pēkšņs; **II** *adv* **1.** pa nakti; **2.** pēkšņi

overpaid *sk.* **overpay**

overpass *n* [ˈəʊvəpɑːs] ceļa pārvads; gaisa tilts

overpay [ˌəʊvəˈpei] *v* (*p. un p. p.* overpaid [ˌəʊvəˈpeid]) (*for*) pārmaksāt

overplus [ˈəʊvəplʌs] *n* **1.** pārpalikums; **2.** uzvija

overpopulation [ˌəʊvəpɒpjʊˈleiʃn] *n* pārapdzīvotība

overpower [ˌəʊvəˈpaʊə] *v* pārspēt; uzveikt

overprint **I** *n* [ˈəʊvəprint] **1.** uzdruka; **2.** spiedogs (*uz pastmarkas*); **II** *v* [ˌəʊvəˈprint] nodrukāt papildu tirāžā

overproduction [ˌəʊvəprəˈdʌkʃn] *n* pārprodukcija

overran *sk.* **overrun**

overrate [ˌəʊvəˈreit] *v* pārvērtēt

overreach [ˌəʊvəˈriːtʃ] *v* pārspēt viltībā

override [ˌəʊvəˈraid] *v* (*p.* overrode [ˌəʊvəˈrəʊd]; *p. p.* overridden [ˌəʊvəˈridn]) **1.** jāt (braukt) pāri; **2.** ignorēt; **3.** nodzīt (*zirgu*)

overriding [ˌəʊvəˈraidiŋ] *a* sevišķi svarīgs

overrun **I** *n* [ˈəʊvərʌn] laika limita pārsniegšana; **II** *v* [ˌəʊvəˈrʌn] (*p.* overran [ˌəʊvəˈræn]; *p. p.* overrun [ˌəʊvəˈrʌn]) **1.** pārplūst; **2.** pārsniegt (*laika limitu*); **3.** iebrukt

oversaw *sk.* **oversee**

oversea[s] [ˌəʊvəˈsiː(z)] **I** *a* aizjūras-; ārzemju-; **II** *adv* pāri jūrai

oversee [ˌəʊvəˈsiː] *v* (*p.* oversaw [ˌəʊvəˈsɔː]; *p. p.* overseen [ˌəʊvəˈsiːn]) pārraudzīt

overseen *sk.* **oversee**

overseer [ˈəʊvəˌsiə] *n* uzraugs

overset [ˌəʊvəˈset] *v* (*p. un p. p.* overset [ˌəʊvəˈset]) **1.** apgāzt; **2.** izjaukt (*kārtību*); to o. the government – gāzt valdību

overshadow [ˌəʊvəˈʃædəʊ] *v* aizēnot; aptumšot

overshoe [ˈəʊvəʃuː] *n* galoša

overshoot [ˌəʊvəˈʃuːt] *v* (*p. un p. p.* overshot [ˌəʊvəˈʃɒt]) aizšaut garām; netrāpīt

overshot *sk.* **overshoot**

oversleep [ˌəʊvəˈsliːp] *v* (*p. un p. p.* overslept [ˌəʊvəˈslept]) aizgulēties

overslept *sk.* **oversleep**

overstate [ˌəʊvəˈsteit] *v* pārspīlēt

overstatement [ˌəʊvəˈsteitmənt] *n* pārspīlējums

overstep [ˌəʊvəˈstep] *v* (*arī pārn.*) pārkāpt; to o. the mark – pārkāpt (*pieļaujamo*) robežu

overstrain **I** *n* [ˈəʊvəstrein] pārpūle; **II** *v* [ˌəʊvəˈstrein] pārpūlēties

overt [ˈəʊvɜːt] *a* atklāts; acīmredzams; neslēpts

overtake [ˌəʊvəˈteik] *v* (*p.* overtook [ˌəʊvəˈtʊk]; *p. p.* overtaken [ˌəʊvəˈteikən]) **1.** apsteigt; **2.** pārņemt

overtaken *sk.* **overtake**

overthrew *sk.* **overthrow**

overthrow **I** *n* [ˌəʊvəˈθrəʊ] (*valdības u. tml.*) gāšana; **II** *v* [ˌəʊvəˈθrəʊ] (*p.* overthrew [ˌəʊvəˈθruː]; *p. p.* overthrown [ˌəʊvəˈθrəʊn]) apgāzt

overthrown *sk.* **overthrow**

overtime [ˈəʊvətaim] *n* virsstundas

overtook sk. **overtake**
overtop [ˌəʊvə'tɒp] v pārspēt
overture ['əʊvətjʊə] n mūz. uvertīra
overturn I n ['əʊvətɜ:n] apvērsums; II v [ˌəʊvə'tɜ:n] 1. [ap]gāzt; 2. [ap]gāzties
overweening [ˌəʊvə'wi:nɪŋ] a pašpārliecināts; iedomīgs
overweight I n ['əʊvəweit] lieks svars; II v [ˌəʊvə'weit] pārkraut
overwhelm [ˌəʊvə'welm] v 1. pārplūdināt; 2. pārņemt (par jūtām); 3. satriekt (ienaidnieku)
overwhelming [ˌəʊvə'welmɪŋ] a 1. milzīgs; bezgalīgs; 2. nomācošs; nepārvarams
overwork I n ['əʊvəwɜ:k] 1. virsstundu darbs; 2. [ˌəʊvə'wɜ:k] pārslodze; II v [ˌəʊvə'wɜ:k] pārstrādāties
overwrought [ˌəʊvə'rɔ:t] a 1. pārstrādājies; 2. nervozs
ovum ['əʊvəm] n (pl ova ['əʊvə]) biol., anat. ola

owe [əʊ] v 1. būt parādā; 2. būt pateicību parādā; ◇ to o. a grudge against somebody – turēt ļaunu prātu uz kādu
owing ['əʊɪŋ] a 1. predic. nesamaksāts; 2. sakarā ar
owl [aʊl] n pūce
owlet ['aʊlit] n pūcēns
own [əʊn] I a paša-; savs; ◇ on one's o. – 1) viens pats; 2) vientulībā; II v 1.: piederēt; he o. car – viņam pieder automobilis; 2. atzīt; he ~s his faults – viņš atzīst savus trūkumus
owner ['əʊnə] n īpašnieks
ownerless ['əʊnəlis] a bezsaimnieka-
ownership ['əʊnəʃip] n īpašumtiesības
ox [ɒks] n (pl oxen ['ɒksn]) 1. vērsis; 2. pl ragulopi
oxhide ['ɒkshaid] n vēršāda
oxide ['ɒksaid] n ķīm. oksīds
oxygen ['ɒksidʒən] n ķīm. skābeklis
oyster ['ɔistə] n austere
ozone ['əʊzəʊn] n ķīm. ozons

Pp

P, p [pi:] n angļu alfabēta burts; ◇ to mind one's P's and Q's – uzvesties pienācīgi
pabulum ['pæbjʊləm] n pārn. barība; p. for reflection – viela pārdomām
pace [peis] I n 1. solis; p. for p. – soli pa solim; 2. gaita; temps; at a quick p. – ātrā gaitā; to put on p. – paātrināt gaitu; ◇ to go (hit) the p. – 1) jozt; 2) dzīvot zaļi; to set the p. – noteikt toni; to keep p. (with) iet kopsolī; II v 1. soļot; 2. izmērīt soļiem
pacer ['peisə] n aidinieks
pacha ['pɑ:ʃə] sk. **pasha**

pacific [pə'sifik] n: the P. – Klusais okeāns; II a mierīgs
pacification [ˌpæsifi'keiʃn] n nomierināšana
pacificatory [pə'sifikətri] a nomierinošs
pacify ['pæsifai] v nomierināt
pack [pæk] I n 1. sainis; paka; 2. mugursoma; 3. (suņu, vilku) bars; 4. (kāršu) komplekts; 5. (regbijā) komandas uzbrucēji; 6. komprese; 7. med. tampons; II v 1. [ie]saiņot; 2. sabāzt; piebīvēt; 3. iekonservēt (pārtikas produktus); 4. (par suņiem, vilkiem) pulcēties baros; 5. uzlikt kompresi; ◇

p. of lies – salti meli; to p. on all sail jūrn. – uzvilkt (pacelt) visas buras; p. up! – pazūdi!; to send smb. ~ing – aizdzīt kādu

package ['pækiʒ] I *n* 1. sainis; 2. iesaiņojums; II *v* [ie]saiņot

pack animal ['pæk,æniml] *n* nastu nesējs dzīvnieks

packet ['pækit] *n* 1. sainītis; paciņa; 2. pasta kuģis; 3. *sar.* naudas žūksnis

packing ['pækiŋ] *n* 1. [ie]saiņošana; 2. konservēšana; 3. *tehn.* blīvējums

packtripper ['pæk,tripə] *n amer. sar.* 1. tūrists, kas ceļo kājām; 2. alpīnists

pact [pækt] *n* pakts, līgums; non-aggression p. – neuzbrukšanas līgums; Peace p. – miera pakts

pad[a] [pæd] I *n* 1. polsteris; 2. bloknots, bloks; 3. (*zaķa, kaķa*) ķepas spilventiņš; 4. *amer. sl.* midzenis; 5. *amer. sl.* automobiļa numurs; II *v* polsterēt

pad[b] [pæd] I *n sl.* ceļš; II *v* iet; to p. the hoof – iet kājām

padding ['pædiŋ] *n* polsterējums

paddle[a] ['pædl] I *n* 1. smailītes airis; 2. *tehn.* lāpstiņa; 3. plezna; II *v* 1. airēt; 2. smaiļot

paddle[b] ['pædl] *v* 1. plunčāties; 2. (*par bērnu*) čāpot

paddle board ['pædlbɔ:d] *n sp.* sērfinga dēlis

paddle wheel ['pædlwi:l] *n jūrn.* dzenrats

paddock ['pædək] *n* aploks (*zirgiem*)

Paddy ['pædi] *n sar.* īrs

paddy[a] ['pædi] *n* 1. (*augošs*) rīss; 2. nelobīti rīsi

paddy[b] ['pædi] *n sar.* dusmas, niknums

padishah ['pɑ:diʃɑ:] *n vēst.* [padi]šahs

padlock ['pædlɒk] *n* piekaramā slēdzene

padre ['pɑ:dri] *n sar.* 1. kapelāns; 2. mācītājs (*katoļu*)

pad-saw ['pædsɔ:] *n* (*mazs*) rokzāģis (*zaru u. tml. apgriešanai*)

paean ['pi:ən] *n* pateicības dziesma

pagan ['peigən] I *n* pagāns; II *a* pagānisks

paganism ['peigənizəm] *n* pagānisms

page[a] [peidʒ] I *n* lappuse; II *v* numurēt lappuses

page[b] [peidʒ] *n* 1. pāžs; 2. izsūtāmais zēns (*viesnīcā*)

pageant ['pædʒənt] *n* 1. svētku procesija; 2. grezna izrāde

pageantry ['pædʒəntri] *n* 1. grezna izrāde; 2. tukša greznība

page-boy ['peidʒbɔi] *n* izsūtāmais zēns (*viesnīcā*)

pager ['peidʒə] *n* peidžers, radiotelekss

paginal ['pædʒinl] *a* lappuses-; lappušu-; p. reference – atsauce uz lappusi

pagurian [pə'gjʊəriən] *n* vēzis vientuļnieks

pah [pɑ:] fui!

paid *sk.* **pay**[a] III

pail [peil] *n* spainis

paillasse ['pæliæs] *sk.* **palliasse**

pain [pein] I *n* 1. sāpes; smeldze; to be in p., to have a p. – ciest sāpes; 2.: ~s *pl* – pūles; spare no ~s – nežēlot pūļu; save one's ~s – taupīt spēkus; 3. sods; II *v* 1. sāpināt; 2. sāpēt

painful ['peinfʊl] *a* 1. sāpīgs; 2. mokošs

pain-killer ['pein,kilə] *n* sāpes remdinošs līdzeklis

painless ['peinlis] *a* nesāpīgs

painstaking ['peinz,teikiŋ] *a* 1. rūpīgs; 2. čakls

paint [peint] I *n* 1. krāsojums; 2. krāsa (*viela*); 3. *niev.* kosmētika; II *v* 1. [no]krāsot; 2. gleznot; to p. in oils – gleznot

eļļā; **3**. attēlot, aprakstīt; **4**. *niev*. krāsoties; lietot kosmētiku
paintbrush [ˈpeintbrʌʃ] *n* ota
painter[a] [ˈpeintə] *n* **1**. krāsotājs; **2**. gleznotājs
painter[b] [ˈpeintə] *n* tauva; ◇ to cut the p. *pārn.* – kļūt neatkarīgam; atdalīties
painting [ˈpeintiŋ] *n* **1**. glezna; **2**. gleznniecība
paintwork [ˈpeintwɜːk] *n* krāsojums
painty [ˈpeinti] *a* **1**. krāsas-; **2**. notraipīts ar krāsu; **3**. *glezn.* piesātināts
pair [peə] **I** *n* **1**. pāris; the happy p. – jaunlaulātie; p. of trousers – bikses; **2**. (*kāpņu*) posms; **II** *v* **1**. sakārtot pa pāriem; **2**. *biol.* pāroties
pal [pæl] *n sar.* draugs; biedrs; pen ~s – vēstuļu draugi
palace [ˈpælis] *n* pils
paladin [ˈpælədin] *n* bruņinieks
palais [ˈpælei] *n* (*arī* p. de dance [ˌpæleidəˈdɑːns]) deju zāle
palankeen [ˌpælənˈkiːn] *sk.* **palanquin**
palanquin [ˌpælənˈkiːn] *n* palankīns, segtas nestuves
palatability [ˌpælətəˈbiləti] *n* **1**. garšīgums; **2**. jaukums
palatable [ˈpælətəbl] *a* **1**. garšīgs; **2**. jauks; patīkams
palate [ˈpælət] *n* **1**. *anat.* aukslējas; cleft p. *med.* – vilkarīkle; **2**. garša; garšas sajūta; **3**. gaume
palaver [pəˈlɑːvə] **I** *n* **1**. sarunas; pārrunas; **2**. *sar.* tukša pļāpāšana; **3**. *sar.* glaimi; tukši vārdi; **4**. *sl.* darījums; **II** *v* **1**. apspriesties; **2**. pļāpāt; **3**. glaimot
pale[a] [peil] *n* pālis; miets
pale[b] [peil] **I** *a* **1**. bāls; to grow (turn) p. – nobālēt; p. as a ghost – bāls kā līķis; **2**. (*par krāsu*) gaišs; **3**. (*par gaismu*) blāvs; **II** *v* nobālēt

paleness [ˈpeilnis] *n* **1**. bālums; **2**. blāvums
Palestinian [ˌpæləˈstiniən] **I** *n* palestīnietis; palestīniete; **II** *a* palestīniešu-
palette [ˈpælət] *n* palete
palfrey [ˈpɔːlfri] *n poēt.* jājamzirdziņš (*sievietēm*)
paling [ˈpeiliŋ] *n* **1**. pāļi; mieti; **2**. pāļu žogs
palingenesis [ˌpælinˈdʒenisis] *n* atdzimšana; atjaunotne
palisade [ˌpæliˈseid] **I** *n* palisāde; pāļu žogs; **II** *v* iežogot ar pāļiem
palish [ˈpeiliʃ] *a* **1**. pabāls; **2**. pablāvs
pall[a] [pɔːl] *n* **1**. zārka pārklājs; **2**. (*dūmu, tumsas*) aizsegs
pall[b] [pɔːl] *v* kļūt neinteresantam
pallbearer [ˈpɔːlˌbeərə] *n* **1**. zārka pavadonis; **2**. zārka nesējs
pallet[a] [ˈpælit] *n* salmu maiss; cisas
pallet[b] [ˈpælit] *n* **1**. (*piem., podnieka*) lāpstiņa; **2**. (*pulksteņa*) enkurs; **3**. *tehn.* plātne; **4**. *tehn.* transporta platforma; **5**. *glezn.* palete
pallia *sk.* **pallium**
palliasse [ˈpæliæs] *n* salmu maiss
palliate [ˈpælieit] *v* **1**. remdināt (*sāpes*); **2**. mīkstināt (*vainu, noziegumu*)
palliation [ˌpæliˈeiʃn] *n* **1**. (*sāpju*) remdināšana; **2**. (*vainas, nozieguma*) mīkstināšana
pallid [ˈpælid] *a* **1**. bāls (*par seju, ādu*); **2**. blāvs (*par krāsotiem priekšmetiem*)
pallium [ˈpæliəm] *n* (*pl* pallia [ˈpæliə] *vai* palliums [ˈpæliəmz]) **1**. apmetnis; mantija; toga; **2**. *zool.* (*molusku*) mantija
pall-mall [ˌpælˈmæl] *n* **1**. (P.-M.) *iela Londonā*; **2**. *vēst.* pelmels (*spēle*)
pallor [ˈpælə] *n* (*sejas, ādas*) bālums
pally [ˈpæli] *a sar.* draudzīgs
palm[a] [pɑːm] *n* palma; ◇ to bear the p. –

gūt uzvaru; to yield the p. – atzīt sevi par uzvarētu

palmᵇ [pɑ:m] **I** *n* plauksta; delna; ◇ to cross smb.'s p. with silver; to grease smb.'s p. – piekukuļot kādu; **II** *v* **1.** pieskarties ar plaukstu; **2.** [no]slēpt plaukstā; **3.** piekukuļot

palmar ['pælmə] *a* plaukstas-; delnas-

palmate ['pælmit] *a* **1.** plaukstveidīgs; **2.** *bot.* pirkstveidīgs; **3.** *zool.* pleznains

palmer ['pɑ:mə] *n* **1.** svētceļnieks; **2.** *sl.* krāpnieks

palmful ['pɑ:mfʊl] *n* [pilna] sauja

palmiped ['pælmiped] *zool.* **I** *n* pleznkājis; **II** *a* pleznveidīgs

palmist ['pɑ:mist] *n* hiromants

palmistry ['pɑ:mistri] *n* hiromantija

Palm Sunday [,pɑ:m'sʌndi] *n* Pūpolsvētdiena

palmy ['pɑ:mi] *a* **1.** palmu-; **2.** veiksmīgs; plaukstošs

palsied ['pɔ:lzid] *a* **1.** paralizēts; triekas ķerts; **2.** (*with*) sasaistīts; nedrošs

palsy ['pɔ:lzi] **I** *n* paralīze; trieka; **II** *v* pārn. sasaistīt

palter ['pɔ:ltə] *v* **1.** (*with*) niekoties; muļķoties; **2.** blēdīties

paltriness ['pɔ:ltrinis] *n* **1.** niecīgums; nenozīmīgums; **2.** zemiskums

paltry ['pɔ:ltri] *a* **1.** niecīgs; nenozīmīgs; **2.** zemisks

paludal [pə'lu:dl] *a med.* purva-; malārijas-

paludism [pə'lu:dizəm] *n med.* purva drudzis, malārija

pamper ['pæmpə] *v* lutināt

pampered ['pæmpəd] *a* izlutināts

pampers ['pæmpəz] *n pl* pamperi, autiņbiksītes

panᵃ [pæn] **I** *n* **1.** panna; **2.** (*svaru*) kauss; **3.** ieplaka; iedobums; **4.** (*peldošs*) ledus gabals; **5.** *ģeol.* ciets pamatslānis; ◇ flash in the p. – kļūme; neveiksme; to fall out of the p. into the fire – no vilka bēg, uz lāci krīt; **II** *v* skalot (*zeltu*)

panacea [,pænə'siə] *n* universāls līdzeklis

panama [,pænə'mɑ:] *n* (p. hat) panama (*platmale*)

panatella [,pænə'telə] *n* garš, tievs cigārs

pancake ['pænkeik] *n* pankūka; P. Day – Metenis

pancreas ['pæŋkriəs] *n* aizkuņģa dziedzeris

panda car ['pændəkɑ:] *n* policijas patruļmašīna

panda crossing ['pændə,krɒsiŋ] *n* [svītrotā] gājēju pāreja

pandemonium [,pændi'məʊniəm] *n* **1.** demonu valstība; **2.** kņada

pander ['pændə] **I** *n* savedējs; **II** *v* būt par savedēju

pane [pein] *n* **1.** (*loga*) rūts; **2.** (*dārgakmeņa*) skaldne

panel ['pænl] *n* **1.** panelis; **2.** speciālistu grupa; komanda (*televīzijas vai radio viktorīnās*); p. of experts – ekspertu komisija; **3.** (*žūrijas locekļu, tiesas piesēdētāju*) saraksts; **4.** *glezn.* panno; **5.** *tehn.* (*arī* control p.) vadības pults; **6.** *el.* sadales dēlis

panel game ['pænlgeim] *n* (*televīzijas, radio*) viktorīna; spēle

panellist ['pænəlist] *n* **1.** speciālistu grupas dalībnieks; **2.** (*televīzijas vai radio*) viktorīnas dalībnieks

pang [pæŋ] *n* pēkšņas sāpes; ~s of conscience – sirdsapziņas pārmetumi

panga ['pæŋgə] *n* afrikāņu mačete

panic ['pænik] **I** *n* panika; **II** *a* panisks; **III** *v* **1.** radīt paniku; **2.** krist panikā

panic button [ˈpænikˌbʌtn] *n* avārijas signāls
panicle [ˈpænikl] *n bot.* skara
panic monger [ˈpænikˌmʌŋgə] *n* panikas cēlējs
panman [ˈpænmən] *n amer. sl.* bundzinieks (*pūtēju orķestrī*)
pannier [ˈpæniə] *n* grozs (*uz nastu nesēja dzīvnieka, motocikla*)
pannikin [ˈpænikin] *n* skārda krūzīte
panning [ˈpæniŋ] *n* **1.** zelta skalošana smeltnē; **2.** *sar.* galvas mazgāšana; kritika
panoply [ˈpænəpli] *n* **1.** pilns apbruņojums; **2.** *pārn.* pilns ietērps
pan-pipes [ˈpænpaips] *n pl* pānflauta
pansy [ˈpænzi] *n* **1.** *bot.* atraitnīte; **2.** *sar.* (*arī* p. boy) homoseksuālists; **3.** *sar.* memmesdēliņš
pant[a] [pænt] **I** *n* elsas; elšana; **II** *v* **1.** elst; **2.** (*for, after*) ilgoties; ļoti vēlēties
pant[b] [pænt] *n* **1.** *sk.* **pants**; **2.**: p. leg – bikšu stara
pantechnicon [pænˈteknikən] *n* (*arī* p. van) automobilis mēbeļu pārvadāšanai
panther [ˈpænθə] *n* **1.** pantera; **2.** *amer.* puma, kuguārs
panties [ˈpæntiz] *n pl sar.* (*sieviešu, bērnu*) biksītes
panti-tights [ˈpæntitaits] *n pl* zeķbikses
panto [ˈpæntəʊ] *n* (*saīs. no* pantomime) *sar.* pantomīma
pantomime [ˈpæntəmaim] **I** *n* pantomīma; **II** *v* tēlot pantomīmā
pantry [ˈpæntri] *n* pieliekamais
pantryman [ˈpæntrimæn] *n* bufetnieks (*uz kuģa*)
pants [pænts] *n pl* (*saīs. no* pantaloons) *sar.* **1.** (*vīriešu*) apakšbikses; **2.** *amer.* bikses; ◊ to catch smb. with one's p. down *sl.* – pārsteigt kādu nesagatavotu
pantskirt [ˈpæntskɜːt] *n* (*sieviešu*) bikšusvārki
pantsuit [ˈpæntsuːt] *n* (*sieviešu*) bikškostīms
panty [ˈpænti] *n*: p. leg – bikšu stara
pantyhose [ˈpæntihəʊz] *n* zeķbikses
pap[a] [pæp] *n* mīksta masa
pap[b] [pæp] *n novec.* krūtsgals
papa [pəˈpɑː] *n* tētis
papacy [ˈpeipəsi] *n* **1.** pāvesta amats (*vai* vara); **2.** (*noteikta*) pāvesta valdīšanas laiks
papal [ˈpeipl] *a* pāvesta-
papaveraceous [ˌpæpeivəˈreiʃəs] *a* **1.** magoņu-; **2.** magoņveidīgs
papaw [pəˈpɔː] *n bot.* papaja (*koks un auglis*)
papaya [pəˈpaiə] *sk.* **papaw**
paper [ˈpeipə] **I** *n* **1.** papīrs; tissue p. – zīdpapīrs; waste p. – makulatūra; **2.** dokuments; show your ~s, please! – lūdzu, uzrādiet dokumentus!; to send in one's ~s – iesniegt atlūgumu; **3.** referāts; to deliver (present, read) a p. – nolasīt referātu; **4.** rakstu darbs (*mācību iestādē*); chemistry p. – rakstu darbs ķīmijā; **5.** eksāmena biļete; **6.** laikraksts, avīze; to make the ~s *sar.* – nokļūt presē; **7.** tapetes; **8.** *sl.* brīvbiļete; **II** *v* **1.** iesaiņot papīrā; **2.** izlīmēt ar tapetēm; ◊ to p. over the cracks – apslēpt; nomaskēt
paperback [ˈpeipəbæk] **I** *n* grāmata mīkstos vākos; **II** *a* brošēts
paper boy [ˈpeipəbɔi] *n* avīžzēns
paper-clip [ˈpeipəklip] *n* saspraude
paperhanger [ˈpeipəˌhæŋə] *n* **1.** tapsētājs; **2.** *sl.* čeku viltotājs
paper mill [ˈpeipəmil] *n* papīrfabrika

paperwork ['peipəwɜːk] *n* rakstu darbi (*kantorī*)
papilionaceous [pəˌpiliə'neiʃəs] *a bot.* tauriņziežu-
papilla [pə'pilə] *n* (*pl* papillae [pə'piliː]) kārpiņa
papillae *sk.* **papilla**
papist ['peipist] *n niev.* katolis
papistry ['peipistri] *n niev.* katolicisms
pappus ['pæpəs] *n* (*pl* pappi ['pæpai]) *bot.* lidpūka
pappy ['pæpi] *a* mīksts; sulīgs
Papuan ['paːpuən] *n* papuass
papula ['pæpjuːlə] *n* (*pl* papulae ['pæpjuːliː]) pūtīte
par[a] [paː] *n* **1.** vienlīdzība; on (to) a p. (*with*) – līdzvērtīgi; **2.** (*arī* p. value) nominālvērtība; at p. – nominālvērtībā; above p. – virs nominālvērtības; below p. – zem nominālvērtības; **3.** normālstāvoklis
par[b] [paː] *n* (*saīs. no* paragraph) *sar.* paragrāfs
para[a] ['pærə] *n mil. sar.* (*saīs. no* parachutist) izpletņlēcējs
para[b] ['pærə] *n* (*saīs. no* paragraph) *sar.* paragrāfs
parable ['pærəbl] *n* līdzība, alegorija, parabola; to speak in ~s – runāt līdzībās
parachute ['pærəʃuːt] *n* izpletnis; p. jump – lēciens ar izpletni; p. landing – nolaišanās ar izpletni; **II** *v* **1.** lēkt ar izpletni; **2.** nolaisties ar izpletni
parachutist ['pærəʃuːtist] *n* izpletņlēcējs
parade [pə'reid] **I** *n* **1.** parāde; **2.** skate; fashion p. – modes skate; **3.** *niev.* izstādīšana apskatei; **4.** parādes laukums; **5.** pastaigu vieta; **II** *v* **1.** svinīgi soļot; **2.** *niev.* izstādīt apskatei; **3.** pastaigāties

parade ground [pə'reidgraʊnd] *n mil.* **1.** parādes laukums; **2.** apmācību laukums
paradisal [ˌpærə'daisl] *sk.* **paradisian**
paradise ['pærədais] *n* **1.** *pārn.* paradīze; **2.** svētlaime; fool's p. – pašapmāns; **3.** *teātr. sl.* galerija
paradisian [ˌpærə'disiən] *a pārn.* paradīzes-
paradrop ['pærədrɒp] *v* nomest ar izpletni
paraffin ['pærəfin] *n* **1.** parafīns; **2.** (*arī* p. oil) petroleja
paragon ['pærəgən] *n* **1.** (*pilnības*) paraugs; p. of beauty – skaistuma paraugs; **2.** liels dimants
paragraph ['pærəgrɑːf] *n* **1.** paragrāfs; **2.** rindkopa; **3.** īss raksts (*presē*)
paragrapher ['pærəgrɑːfə] *sk.* **paragraphist**
paragraphist ['pærəgrɑːfist] *n* (*laikraksta*) reportieris; avīžnieks
parakeet ['pærəkiːt] *n* **1.** mazs (*garastains*) papagailis; **2.** *niev.* puertorikānis
parallel ['pærəlel] **I** *n* **1.** paralēle; **2.** (*to, with*) salīdzinājums; līdzība; to draw a p. (*between*) – salīdzināt; **3.** (*arī* p. of latitude) *ģeogr.* platuma grāds; **4.** *el.* paralēlslēgums; in p. – paralēli saslēgts; **II** *a* **1.** (*to, with*) paralēls; **2.** (*to*) līdzīgs; **III** *v* **1.** būt paralēlam; **2.** līdzināties
parallel bars [ˌpærəlel'bɑːz] *sk.* **parallels**
parallelepiped [ˌpærəle'lepaiped] *n mat.* paralēlskaldnis
parallels ['pærələlz] *n pl sp.* līdztekas
paralogism [pə'rælədʒizəm] *n* nepareizs slēdziens
paralyse ['pærəlaiz] *v* paralizēt
paralyses *sk.* **paralysis**

paralysis [pə'rælisis] *n* (*pl* paralises [pə'rælisi:z]) *n* paralīze

paramedic [,pærə'medik] *n* ātrās palīdzības mediķis (*bez ārsta kvalifikācijas*)

parameter [pə'ræmitə] *n* 1. kritērijs; 2. *mat.* parametrs

paramount ['pærəmaʊnt] *a* 1. sevišķi svarīgs; pats svarīgākais; 2. (*par valdnieku, varu*) augstākais

paramountcy ['pærəmaʊntsi] *n* 1. sevišķs svarīgums; 2. augstākā (*valdnieka*) vara

parapet ['pærəpit] *n* 1. (*balkona, jumta*) aizsargbarjera; 2. *mil.* brustvērs

paraph ['pærəf] *n* (*paraksta*) izrotājums, aste (*pie pēdējā burta*)

paraphernalia [,pærəfə'neiliə] *n pl* 1. piederumi; atribūti; 2. *sar.* nevajadzīgas lietas

paraphrase ['pærəfreiz] *n* 1. parafrāze; 2. *mil.* atšifrēšana

paraprofessional [,pærəprə'feʃnl] *n* darbinieks ar vidējo speciālo izglītību

para-school ['pærəsku:l] *n amer.* skola ar brīvu mācību programmu

parasite ['pærəsait] *n* (*arī pārn.*) parazīts

parasol ['pærəsɒl] *n* saulessargs

parataxis [,pærə'tæksis] *n gram.* bezsaikļu konstrukcija

paratyphoid [,pærə'taifɔid] *med. n* paratīfs

parboil ['pɑ:bɔil] *v* apvārīt

parcel ['pɑ:sl] **I** *n* 1. sainis; paka; 2. pasta sūtījums; 3. preču partija; 4. *niev.* banda; ◇ part and p. (*of*) – neatņemama daļa; **II** *v* 1.: to p. out – sadalīt; 2.: to p. up – iesaiņot

parcenary ['pɑ:sinəri] *n jur.* kopmantojums

parcener ['pɑ:sinə] *n jur.* līdzmantinieks

parch [pɑ:tʃ] *v* 1. (*par sauli*) cepināt; 2. izdegt; izkalst

parchment ['pɑ:tʃmənt] *n* pergaments

pardon ['pɑ:dn] **I** *n* 1. piedošana; I beg your p.! – lūdzu, piedodiet!; 2. *jur.* apžēlošana; general p. – amnestija; Pardon my French! – atvainojiet, ka lamājos!; **II** *v* 1. piedot; 2. *jur.* apžēlot

pardonable ['pɑ:dnəbl] *a* piedodams

pare [peə] *v* 1. apgriezt (*nagus*); 2. mizot (*ābolus, kartupeļus*)

paregoric [,pærə'gɒrik] *n* sāpes remdinošs līdzeklis

parent ['peərənt] *n* 1.: ~s – vecāki; 2. sencis; 3. pirmsākums

parentage ['peərəntidʒ] *n* 1. izcelsme; 2. vecāku stāvoklis

parental [pə'rentl] *a*: p. rights – vecāku tiesības

parentheses *sk.* **parenthesis**

parenthesis [pə'renθisis] *n* (*pl* parentheses [pə'renθisi:z]) 1. *gram.* iesprausts vārds; 2. *pl* apaļās iekavas; 3. starplaiks; intervāls

parenthesize [pə'renθisaiz] *v* 1. likt apaļajās iekavās; 2. iespraust (*tekstā*)

parenthetic [,pærən'θetik] *a* iesprausts (*vārds, teikums*)

parenthood ['peərənthʊd] *n* vecāku stāvoklis

parentless ['peərəntlis] *a* bez vecākiem

parer ['peərə] *n* mizotājs (*mašīna*)

parergon [pæ'rɜ:gɒn] *n* (*pl* parerga [pɜ'rɜ:gə]) 1. lieks greznojums; 2. blakusdarbs

par exellence [,pɑ:r'eksəlɑ:ns] *adv* it sevišķi; galvenokārt

parfait ['pɑ:fei] *n kul.* kārtainais saldējums

parget ['pɑ:dʒit] **I** *n* apmetums (*ar or-*

namentu); **II** *v* apmest (*sienu, griestus*)
parietal [pə'raiitl] *a*: p. bone – paura kauls
pari-mutuel [ˌpæri'mju:tʃʊəl] *n* totalizators
paring ['peəriŋ] *n* **1.** (*nagu*) apgriešana; **2.** *(ābolu, kartupeļu)* mizošana
parings ['peəriŋz] *n pl* **1.** (*kartupeļu, ābolu*) mizas; **2.** atgriezumi
parish ['pæriʃ] *n* **1.** *rel.* draudze; **2.** (*arī* Civil p.) pagasts; p. council – pagasta valde
parishioner [pə'riʃnə] *n* draudzes loceklis
Parisian [pə'riziən] **I** *n* parīzietis; parīziete; **II** *a* Parīzes-; parīziešu-
parity ['pærəti] *n* **1.** *ek.* paritāte; **2.** līdzība
park [pɑ:k] **I** *n* **1.** parks; **2.**: national p. – nacionālais parks; **3.** automobiļu stāvvieta; **II** *v* **1.** iekārtot parku; **2.** novietot automobili stāvvietā
parking ['pɑ:kiŋ] *n* automobiļa novietošana; no p.! – automobili novietot aizliegts!
parkland ['pɑ:klænd] *n* **1.** parka teritorija; **2.** zāliens ap lauku māju
parkway ['pɑ:kwei] *n amer.* aleja; bulvāris
parky ['pɑ:ki] *a* (*par laiku*) vēss; dzestrs
parlance ['pɑ:ləns] *n* runas maniere
parliament ['pɑ:ləmənt] *n* parlaments
parlor ['pɑ:lə] *amer. sk.* **parlour**
parlor car ['pɑ:ləkɑ:] *n amer.* salonvagons
parlour ['pɑ:lə] *n* **1.** viesistaba; **2.** (*apmeklētāju*) pieņemamā telpa; **3.** atpūtas telpa (*viesnīcā, klubā*); **4.** *amer.* salons; kabinets
parlous ['pɑ:ləs] *novec.* **I** *a* bīstams; **II** *adv* ļoti
Parmesan [ˌpɑ:mi'zæn] **I** *n* Parmas siers; **II** *a* Parmas-; P. cheese – Parmas siers

parochial [pə'rəʊkiəl] *a* **1.** draudzes-; **2.** (*par uzskatiem*) aprobežots
parody ['pærədi] **I** *n* parodija; **II** *v* sacerēt parodiju
parol [pə'rəʊl] *jur.* **I** *n* mutvārdu paziņojums (*vai* liecība); **II** *a* mutvārdu-
parole [pə'rəʊl] **I** *n* **1.** (*arī* p. of honour) godavārds; on p. – (*par apcietināto*) atbrīvots pret galvojumu; **2.** *mil.* parole; **II** *v* atbrīvot apcietināto pret galvojumu
paronomasia [ˌpærənə'meiziə] *n* vārdu spēle
parotid [pə'rɒtid] *anat. n* pieauss dziedzeris
paroxysm ['pærəksizəm] *n med.* lēkme; p. of laughter – smieklu lēkme
parquet ['pɑ:kei] *n* **1.** parkets; **2.** *amer.* partera pirmās rindas
parquetry ['pɑ:kitri] *n* parkets
parr [pɑ:] *n* jauns lasis
parricide ['pærisaid] *n* **1.** tuva radinieka slepkava; **2.** dzimtenes nodevējs
parrot ['pærət] **I** *n* papagailis (*arī pārn.*); **II** *v niev.* atkārtot kā papagailim
parrotry ['pærətri] *n* tukša pļāpāšana
parry ['pæri] **I** *n sp.* (*sitiena*) atvairīšana; **II** *v* atvairīt
parse [pɑ:s] *v gram.* (*morfoloģiski*) analizēt (*vārdus*)
parsimonious [ˌpɑ:si'məʊniəs] *a* skops
parsimony ['pɑ:siməni] *n* skopums
parsley ['pɑ:sli] *n* pētersīlis
parsnip ['pɑ:snip] *n bot.* pastinaks
parson ['pɑ:sn] *n* **1.** draudzes mācītājs; **2.** *sar.* garīdznieks
parsonage ['pɑ:snidʒ] *n* mācītāja māja
part ['pɑ:t] **I** *n* **1.** daļa; best p. (*of*) – lielākā daļa; **2.** ķermeņa daļa; orgāns; ~s of the body – ķermeņa daļas; **3.** līdzdalība; to take p. (*in*) – piedalīties; **4.** puse

(*strīdā*); to take smb.'s p. – nostāties kāda pusē; **5.** loma; to walk through one's p. *teātr. sl.* – neizteiksmīgi notēlot savu lomu; **6.**: ~s of speech *gram.* – vārdšķiras; **7.** *pl* apvidus; puse; what ~s are you from? – kādu ļaužu (no kuras puses) esi?; **8.** *tehn.* detaļa; spare ~s – rezerves daļas; **9.** *mūz.* partija; balss; ◇ to take in bad p. – apvainoties; to take in good p. – neņemt ļaunā, neapvainoties; **II** *v* **1.** atdalīt; **2.** sadalīties; **3.** izšķirt (*ķildu*); **4.** (*from*) šķirties; let's p. friends! – šķirsimies kā draugi!; **5.** šķirt celiņu matos

partake [pɑːˈteik] *v* (*p.* partook [pɑːˈtʊk]; *p.p.* partaken [pɑːˈteikən]) **1.** (*in*) piedalīties; to p. in a meal with smb. – ieturēt maltīti kopā ar kādu; **2.** (*of*) atgādināt; izskatīties

partaken *sk.* **partake**

parterre [pɑːˈteə] *n* **1.** zāliens ar puķēm; **2.** *teātr.* parters

parti [pɑːˈtiː] *n* izdevīga partija (*precības*)

partial [ˈpɑːʃl] *a* **1.** daļējs; **2.** (*towards*) neobjektīvs

partially [ˈpɑːʃəli] *adv* daļēji

partibility [ˌpɑːtiˈbiləti] *n* dalāmība

partible [ˈpɑːtibl] *a* dalāms

participant [pɑːˈtisipənt] *n* dalībnieks

participate [pɑːˈtisipeit] (*in*) **1.** piedalīties; **2.** dalīties; to p. in joy with smb. – dalīties ar kādu priekos

participation [pɑːˌtisiˈpeiʃn] *n* līdzdalība

participial [ˌpɑːtiˈsipiəl] *a gram.* divdabja-

participle [ˈpɑːtisipl] *n gram.* divdabis

particle [ˈpɑːtikl] *n* **1.** daļiņa; **2.** *fiz.* elementārdaļiņa; **3.** *gram.* partikula

particleboard [ˈpɑːtiklbɔːd] *n* skaidu plāksne

particoloured [ˈpɑːtiˌkʌləd] *a* daudzkrāsains; raibs

particular [pəˈtikjʊlə] **I** *n* sīkums; detaļa; in p. – sevišķi; īpaši; **II** *a* **1.** sevišķs; īpašs; for no p. reason – bez sevišķa iemesla; in this p. case – tieši šajā gadījumā; **2.** sīks; detalizēts; **3.** (*about, over*) izvēlīgs

particularity [pəˌtikjʊˈlærəti] *n* **1.** specifika; savdabība; īpatnība; **2.** pamatīgums

particularly [pəˈtikjʊləli] *adv* **1.** sevišķi; īpaši; **2.** sīki; detalizēti

particulars [pəˈtikjʊləz] *n pl* precīzas ziņas; to give all the p. – dot sīkas ziņas; to go into p. – iedziļināties sīkumos

parting [ˈpɑːtiŋ] **I** *n* **1.** šķiršanās; atvadīšanās; at p. – atvadoties; **2.** (*ceļu*) sazarojums; at the p. of the ways – 1) ceļu krustojumā; 2) *pārn.* krustcelēs; **3.** (*matu*) celiņš; **II** *a* šķiršanās-; atvadu-

partisan [ˌpɑːtiˈzæn] *n* **1.** piekritējs; **2.** partizāns; **3.** *vēst.* āva

partisanship [ˌpɑːtiˈzænʃip] *n* atbalsts

partite [ˈpɑːtait] *a* **1.** dalīts; šķirts; **2.** *bot., zool.* daivains; dalīts

partition [pɑːˈtiʃn] **I** *n* **1.** atdalīšana; nodalīšana; **2.** šķērssiena; **3.** nodalījums (*piem., somā, skapī*); **II** *v* atdalīt; nodalīt

partitive [ˈpɑːtitiv] *gram.* dalāms

partly [ˈpɑːtli] *adv* daļēji

partner [ˈpɑːtnə] **I** *n* **1.** (*in, of, with*) kompanjons, līdzdalībnieks; **2.** partneris; p. for (in) life – dzīvesbiedrs; dancing p. – dejas partneris; **II** *v* (*arī* to p. up) (*with*) būt par kompanjonu

partnership [ˈpɑːtnəʃip] *n* **1.** (*in*) līdzdalība; **2.** kompānija; limited p. – sabiedrība ar ierobežotu atbildību

partook sk. **partake**
partridge [ˈpɑːtridʒ] n irbe
parts [pɑːts] n pl (arī privy p.) dzimumorgāni
part-singing [ˈpɑːtˌsiŋiŋ] n vairākbalsīga dziedāšana
part-time [ˈpɑːttaim] a: p.-t. worker – nepilnas darba dienas strādnieks
parturient [pɑːˈtjʊəriənt] a radošs
parturition [ˌpɑːtjʊˈriʃn] n dzemdības
partway [ˈpɑːtwei] adv daļēji; ◇ may I walk you p.? – vai drīkstu jūs mazliet pavadīt?
part-work [ˈpɑːtwɜːk] n izdevums, kas iznāk atsevišķos sējumos
part∥y [ˈpɑːti] n **1.** partija; p. affiliation – partijas piederība; p. member – partijas biedrs; **2.** sabiedrība; grupa; **3.** viesības; dinner p. – (oficiālas) pusdienas; house p. – mājas viesības; p. dress – vakarkleita; to crash a p. – ierasties viesībās nelūgtam; to give a p. – sarīkot viesības; **4.** līdzdalībnieks; **5.** pavadoņi; **6.** jur. puse; third p. – trešā persona; p. accused – apsūdzētais; ~ies at issue – strīdīgās puses
party line [ˈpɑːtilain] n partijas politika
party spirit [ˌpɑːtiˈspirit] n partijiskums
parvenu [ˈpɑːvənjuː] n iznirelis
pas [pɑː] n (pl pas [pɑːz]) n priekšroka; to give the p. – dot priekšroku
paschal [ˈpɑːskl] a Lieldienu-
pash [pæʃ] n (saīs. no passion) sl. kaislība, kaisle
pasha [ˈpɑːʃə] n paša (tituls)
pashm [pæʃm] n kašmirs
pasque flower [ˈpɑːskˌflaʊə] n bot. silpurene
pass [pɑːs] **I** n **1.** eja; ceļš; **2.** kalnu pāreja; **3.** jūras šaurums; **4.** caurlaide; free p. – brīvbiļete; **5.** (eksāmena) nokārtošana; p. mark – apmierinoša atzīme; **6.** kritisks stāvoklis; to come to a pretty p. – iepīties lielā ķezā; **7.** uzmācība; to make a p. at smb. – uzmākties kādam; **8.** (burvju) triks; **9.** sp. piespēle; ◇ to keep the p. – aizstāvēt savu ideju; to sell the p. – nodot savu ideju; **II** v **1.** iet (vai braukt) garām; **2.** šķērsot; **3.** (par laiku) aizritēt; **4.** beigties; mitēties; **5.** pavadīt (laiku); **6.** nokārtot (eksāmenu); **7.** pāriet (pie); to p. to the next question – pāriet pie nākamā jautājuma; **8.** pieņemt (likumu); **9.** (kāršu spēlē, sportā) pasēt; ◇ to p. a hurdle sp. – pārvarēt šķērsli; to p. an opinion (on) – izteikt savas domas (par); to p. the thread through the eye of needle – izvērt diegu caur adatas aci; let it p. – nerunāsim vairs par to; ⬜ to p. away – nomirt; to p. by – 1) paiet (pabraukt) garām; 2) (par laiku) paiet; to p. down – 1) nosūtīt (piem., informāciju) tālāk; 2) virzīties tālāk (piem., no durvīm); to p. in – iesniegt (piem., dokumentus); to p. on – 1) virzīties tālāk; 2) nodot tālāk; to p. through – 1) šķērsot; 2) pārdzīvot
passability [ˌpɑːsəˈbiləti] n **1.** (ceļa) izbraucamība; **2.** tehn. (automobiļa) pārgājība
passable [ˈpɑːsəbl] a (par ceļu) izbraucams; apmierinošs
passage [ˈpæsidʒ] **I** n **1.** braukšana; **2.** braukšanas maksa (kuģī, lidmašīnā); **3.** pāriešana; pāreja; no p. [this way]! – cauri staigāt (vai braukt) aizliegts!; p. from childhood to youth – pāreja no bērnības uz jaunību; **4.** (gājputnu) pārlidojums; bird of p. – gājputns; **5.** galerija; pasāža; **6.** (likuma) pieņemšana; **7.** (tek-

sta) fragments; **8**. (*laika*) ritums; (*notikumu*) gaita; **9**. *pl* vārdu apmaiņa; saruna; stormy ~s – asa saruna; **10**. *mūz.* pasāža; **11**. *anat.* kanāls; back p. *sar.* – tūplis; bile p. – žultsvads; front p. *sar.* – maksts; **12**. *fiziol.* urīna (*vai* ekskrementu) iziešana; **II** *v* (*jātnieku sp.*) pagriezt sāņus (*zirgu*)

passageway ['pæsidʒwei] *n* gaitenis (*ēkā*)

passalong ['pɑːsəˌlɒŋ] *n amer. ek.* cenas (*vai* rentes) pieaugums (*sakarā ar elektrības, kurināmā u. tml. cenu celšanos*)

passbook ['pɑːsbʊk] *n* krājgrāmatiņa; bankas norēķinu grāmatiņa

passe ['pɑːsei] *a niev.* nemoderns; novecojis

passee ['pɑːsei] *a niev.* nemoderna; novecojusi

passenger ['pæsindʒə] *n* pasažieris

passepartout ['pæːspɑːtuː] *n* **1**. paspartū; **2**. *sar.* mūķīzeris

passer ['pɑːsə] *n* **1**. garāmgājējs; **2**. kontrolieris

passer-by [ˌpɑːsə'bai] *n* (*pl* passers-by [ˌpɑːsəz'bai]) garāmgājējs

passible ['pæsibl] *a* jūtīgs

passim ['pæsim] *adv* bieži sastopams (*par frāzi, ideju*)

passimeter [pæ'simitə] *n* biļešu automāts

passing ['pɑːsɪŋ] **I** *n* **1**. garāmiešana; garāmbraukšana; in p. – garāmejot; starp citu; **2**. nāve; aiziešana; **II** *a* **1**. garāmejošs; garāmbraucošs; **2**. pārejošs; īslaicīgs; **3**. nejaušs; gadījuma-

passing bell ['pɑːsɪŋbel] *n* kapu zvans

passion ['pæʃn] **I** *n* **1**. kaislība; aizraušanās; to have a p. for football – būt kaislīgam futbolistam; **2**. kaisle; to be in a p. for smb. – kaisli mīlēt kādu; **3**. (*dusmu, niknuma*) lēkme; to fly into a p. – aizsvilties dusmās; **4**. *rel.* pasija; **II** *v* **1**. izrādīt jūtas; **2**. būt kaisles pārņemtam

passionate ['pæʃnət] *a* **1**. kaislīgs; dedzīgs; **2**. straujas dabas-

passionless ['pæʃnlis] *a* bezkaislīgs

Passion Sunday [ˌpæʃnˌsʌndi] *n rel.* Gavēņa piektā svētdiena

Passiontide ['pæʃntaid] *n rel.* Gavēņa pēdējās divas nedēļas

Passion Week ['pæʃnwiːk] *n rel.* Klusā nedēļa

passive ['pæsiv] **I** *n gram.* ciešamā kārta; **II** *a* **1**. pasīvs; **2**. *gram.* pasīva-, ciešamās kārtas-; p. voice – ciešamā kārta; **3**. *fin.* bezprocentu-; **4**. *ķīm.* inerts

passivity [pæ'sivəti] *n* pasivitāte

passkey ['pɑːskiː] *n* **1**. patentatslēga; **2**. mūķīzeris

passman ['pɑːsmæn] *n* viduvējs universitātes absolvents

pass mark ['pɑːsmɑːk] *n* apmierinoša atzīme (*eksāmenā*)

Passover ['pɑːsˌəʊvə] *n* **1**. ebreju Lieldienas; **2**. upurjērs

passover ['pɑːsˌəʊvə] *n* **1**. (*kalnu*) pāreja; **2**. viadukts; **3**. *sar.* izlaidums (*tekstā*)

passport ['pɑːspɔːt] *n* **1**. pase; **2**. *pārn.* atslēga; p. to success – panākumu atslēga

password ['pɑːswɜːd] *n* parole

past [pɑːst] **I** *n* **1**. pagātne; in the p. – senāk; to rake up the p. – uzvandīt vecus notikumus; **2**. *gram.* pagātne; **II** *a* **1**. pagājis; aizritējis; p. history *med.* – anamnēze; (slimības vēsture); for some time p. – pēdējā laikā; **2**. *gram.* pagātnes-; p. participle – pagātnes divdabis; **III** *adv* garām; to walk p. – paiet garām; **IV** *prep* **1**. pēc; pāri; p.

midnight – pēc pusnakts; at half p. eight – pusdeviņos; 2. gar; to walk p. the river – aiziet gar upi; 3. *pārn.* ārpus; p. belief – neticams; p. doubt – neapšaubāms
pasta ['pæstə] *n* makaronu ēdiens
paste [peist] **I** *n* 1. līme; 2. mīkla; 3. *kul.* pastēte; 4. *kul.* pastila; 5. pasta; dental p. – zobupasta; 6. *sl.* sitiens ar dūri; **II** *v* 1. līmēt; pielīmēt; 2. *sl.* iesist ar dūri; 3. *sl.* sakaut; 4. *dat.* ievietot objektu (*no viena faila citā*); ◊ to p. up – izlīmēt (*piem., paziņojumus*)
pasteboard ['peistbɔ:d] *n* 1. mīklas dēlis; 2. kartons; 3. *sl.* spēļu kārts
paste-in ['peistin] *n* ielīme
pastel [pæ'stel] *n* 1. pasteļglezna, 2. pasteļkrīti
paste-up ['peistʌp] *n* montāža
pasteurize ['pæstəraiz] *v* pasterizēt
pastiche [pæ'sti:ʃ] **I** *n* 1. *mūz.* pastičo; 2. *lit.* stilizācija; **II** *v* 1. *mūz.* kompilēt; 2. *lit.* stilizēt
pastille ['pæstl] *n* tablete
pastime ['pɑ:staim] *n* laika kavēklis; izklaide
pasting ['peistiŋ] *n* 1. salīmēšana; 2. *sl.* smaga sakāve
pastor ['pɑ:stə] *n* mācītājs
pastoral ['pɑ:strəl] **I** *n lit.* pastorāle; **II** *a* 1. pastorāls; lauku-; 2. mācītāja-; 3.: p. head – darbaudzinātājs
pastorate ['pɑ:stərət] *n* 1. garīdzniecība; 2. mācītāja amats; 3. mācītāja māja
past perfect [,pɑ:st'pɜ:fikt] *n gram.* pabeigtā pagātne
pastrami [pə'strɑ:mi] *n kul.* žāvēta liellopu gaļa
pastry ['peistri] *n* 1. sviesta mīkla; 2. konditorejas izstrādājumi
pastry cook ['peistrikʊk] *n* konditors

pastry mould ['peistriməʊld] *n* mīklas veidne
pasturage ['pɑ:stʃʊridʒ] *n* ganības
pasture ['pɑ:stʃə] **I** *n* ganības; **II** *v* 1. ganīt; 2. ganīties
pasty ['peisti] *n* 1. (*gaļas, ievārījuma*) pīrāgs; 2. *sl.* grāmatsējējs
pat[a] [pæt] **I** *n* 1. plikšķināšana; 2. viegls uzsitiens; 3. (*sviesta*) pika; **II** *v*: to p. smb. on the back – uzsist kādam uz pleca
pat[b] [pæt] **I** *a* piemērots; ◊ p. hand – labas kārtis (*pokerā*); **II** *adv* īstā vietā
patch [pætʃ] **I** *n* 1. ielāps; 2. uzšuve (*uz uniformas*); 3. plankums; 4. neliels zemes gabals; ◊ to strike a bad p. – pārdzīvot virkni neveiksmju; **II** *v* [sa]lāpīt; uzlikt ielāpu
patchboard ['pætʃbɔ:d] (*arī* patch panel) *n tehn.* komutācijas panelis
patcher-up [,pætʃər'ʌp] *n sar.* samierinātājs; starpnieks
patch pocket ['pætʃ,pɒkit] *n* uzšūta kabata
patch-up ['pætʃʌp] *n sar.* izlāpīšanās; izgrozīšanās
patchwork ['pætʃwɜ:k] *n* 1. no dažādiem gabaliem sašūts audums; p. quilt – lupatu sega; 2. savārstījums
patchy ['pætʃi] *a* 1. ielāpains; 2. plankumains; 3. juceklīgs; p. applause – šķidri aplausi
pate[a] [peit] *n sar.* pauris, galva
pate[b] ['pætei] *n kul.* pastēte
patella [pə'telə] *n* (*pl* patellae [pə'teli:]) *anat.* ceļa skriemelis
paten ['pætən] *n* 1. metāla disks; 2. *rel.* (*Svētā vakarēdiena*) maizes šķīvis
patency ['pætənsi] *n* nepārprotamība
patent ['peitənt] **I** *n* patents; **II** *a* 1. patentēts; 2. nepārprotams; 3. (*par mil-*

tiem) augstākā labuma-; **III** *v* izņemt patentu
patentee [ˌpeitənˈtiː] *n* patenta īpašnieks
paternal [pəˈtɜːnl] *a* **1.** tēva-; p. grandmother – vecāmāte pa tēva līniju; **2.** tēvišķs
paternity [pəˈtɜːnəti] *n* **1.** paternitāte; **2.** izcelsme
paternoster [ˌpætəˈnɒstə] *n* **1.** *rel.* Tēvreize; **2.** lifts (*bez durvīm*); **3.** makšķeraukla ar vairākiem āķiem
path [pɑːθ] *n* **1.** taka; beaten p. – iemīta taka; **2.** *pārn.* ceļš; to beat a p. – iemīt taku; to cross smb.'s p. – stāties kādam ceļā; a blind p. – strupceļš; **3.** trajektorija; **4.** *sp.* skrejceļš; **5.** *med.* (*nervu*) ceļš
pathetic [pəˈθetik] *a sl.* **1.** aizkustinošs; **2.** jūtu-
pathetics [pəˈθetiks] *n pl* ļaušanās jūtām
pathfinder [ˈpɑːθˌfaində] *n* **1.** ceļļauzis; **2.** *sv.* izlūklidmašīna; **3.** *med.* zonde; **4.** pavadonis (*ekspedīcijā*)
pathless [ˈpɑːθlis] *a* bezceļa-; necaurejams
pathway [ˈpɑːθwei] *n* taka
patience [ˈpeiʃns] *n* **1.** pacietība; to lose p. – zaudēt pacietību; **2.** pasjanss
patient [ˈpeiʃnt] **I** *n* pacients, slimnieks; **II** *a* pacietīgs
patina [ˈpætinə] *n* apsūbējums
patinated [ˈpætineitid] *a* apsūbējis
patio [ˈpætiəʊ] *n* bruģēts iekšējais pagalms
patisserie [pəˈtiːsəri] *n* **1.** konditorejas izstrādājumi; **2.** konditorejas veikals
patois [ˈpætwɑː] *n* vietējā izloksne
patrial [ˈpeitriəl] **I** *n* cilvēks, kuram ir tiesības uz britu pilsonību; **II** *a* ar tiesībām uz britu pilsonību
patriality [ˌpeitriˈæləti] *n* pilsonība

patrician [pəˈtriʃn] **I** *n* **1.** patricietis; **2.** *niev.* augstmanis; **II** *a* **1.** patriciešu-; **2.** *niev.* aristokrātisks
patrimonial [ˌpætriˈməʊniəl] *a* dzimtas-; mantots
patrimony [ˈpætriməni] *n* mantots īpašums
patrol [pəˈtrəʊl] **I** *n* patruļa; **II** *v* patrulēt
patron [ˈpeitrən] *n* **1.** patrons; mecenāts; atbalstītājs; **2.** klients; pastāvīgs apmeklētājs; **3.**: p. saint – sargeņģelis
patronage [ˈpætrənidʒ] *n* **1.** šefība; **2.** pastāvīgā klientūra
patronize [ˈpætrənaiz] *v* **1.** atbalstīt; **2.** pastāvīgi apmeklēt
patronymic [ˌpætrəˈnimik] *n* tēvvārds
patsy [ˈpætsi] *n amer. sl.* **1.** (*par cilvēku*) niecība; **2.** vientiesis, **3.** grēkāzis
patten [ˈpætn] *n* **1.** koka tupele; **2.** *arh.* kolonnas pamatne
patter[a] [ˈpætə] **I** *n* ātra runa; **II** *v* ātri runāt
patter[b] [ˈpætə] **I** *n* (*soļu*) dipoņa; **II** *v* (*par soļiem*) dipēt
pattern [ˈpætn] **I** *n* **1.** modelis; paraugs; **2.** veids; tips; p. of behaviour – uzvedības tips; **3.** piegrieztne; **4.** auduma paraugs; **5.** (*auduma*) raksts, zīmējums; **II** *v* **1.** (*after, on*) kopēt (*pēc parauga*); **2.** izrotāt
patty [ˈpæti] *n* pīrādziņš
patulous [ˈpætjʊləs] *a* (*piem., par koka zariem*) izpleties; izplests
paucity [ˈpɔːsəti] *n* neliels skaits; niecīgs daudzums
Paul Pry [ˈpɔːlˈprai] *n* ziņkārīgs cilvēks
paunch [pɔːntʃ] *n* **1.** (*parasti niev.*) (*liels*) vēders; **2.** (*gremotājdzīvnieku*) priekškuņģis
paunchy [ˈpɔːntʃi] *a* (*parasti niev.*) resnvēderains

pauper [ˈpɔːpə] *n* nabags, ubags
pauperism [ˈpɔːpərizəm] *n* nabadzība
pauperize [ˈpɔːpəraiz] *v* izputināt
pause [pɔːz] **I** *n* **1.** pauze; pārtraukums; to give a p. to smb. – izraisīt kāda šaubas (pārdomas); **2.** *lit.* cezūra; **II** *v* **1.** apstāties, taisīt pauzi; **2.** *mūz.* pauzēt
pavage [ˈpeividʒ] *n* bruģēšana
pave [peiv] *v* **1.** bruģēt; **2.** noklāt
paved [peivd] *a* **1.** bruģēts; **2.** noklāts
pavement [ˈpeivmənt] *n* **1.** ietve, trotuārs; **2.** *amer.* bruģis; concrete p. – betona ceļa segums
paver [ˈpeivə] *n* **1.** bruģētājs; **2.** bruģakmens; ceļa seguma plātne
pavilion [pəˈviliən] **I** *n* **1.** paviljons; **2.** nojume; **3.** liela telts; **4.** (*mājas*) piebūve; **II** *v* **1.** [uz]celt paviljonu; **2.** ievietot paviljonā
paving [ˈpeiviŋ] *n* **1.** bruģēšana; **2.** ceļa segums
paw [pɔː] **I** *n* **1.** ķepa, ķetna; **2.** *sar.* roka; ~s off! – rokas nost!; ◇ cat's p. – 1) akls ierocis (*kāda rokās*); 2) liegs vējiņš; velvet p. – viltīgs maigums; **II** *v* **1.** aiztikt ar ķepu; **2.** *sar.* gramstīties, knakstīties
pawky [ˈpɔːki] *a* viltīgs
pawl [pɔːl] **I** *n* aizturis; sprūds; **II** *v* nostiprināt ar aizturi; sprūdu
pawn[a] [pɔːn] *n* **1.** (*šahā*) bandinieks; **2.** *pārn.* marionete
pawn[b] [pɔːn] **I** *n* ķīla; in (at) p. – ieķīlāts; **II** *v* ieķīlāt; ◇ to p. one's word – dot godavārdu
pawnbroker [ˈpɔːnˌbrəʊkə] *n* augļotājs
pawnee [ˌpɔːˈniː] *n* ķīlu saņēmējs
pawner [ˈpɔːnə] *n* ieķīlātājs
pawnshop [ˈpɔːnʃɒp] *n* lombards
pawpaw [ˌpɔːˈpɔː] *sk.* **papaw**
pax [pæks] *n* miers

pay[a] [pei] **I** *n* **1.** [sa]maksa; p. in kind – samaksa graudā; **2.** alga; atalgojums; to be in the p. of smb. – būt kāda kalpībā (*arī niev.*); **II** *a* **1.** maksas-; **2.** rentabls; **III** *v* (*p. un p.p.* paid [peid]) **1.** [no]maksāt; to p. the piper – samierināties ar sodu (likteni); **2.** atlīdzināt; kompensēt; **3.** atmaksāties; the business is not ~ing – bizness nav ienesīgs; **4.** veltīt; apliecināt; to p. a compliment – izteikt komplimentu[s]; to p. attention (heed) (*to*) – pievērst (veltīt) uzmanību; to p. a visit – apciemot; to p. court to a lady – aplidot dāmu; ☐ to p. back – atmaksāt (*arī pārn.*); to p. smb. back in his own coin – atmaksāt kādam ar to pašu; to p. for a dead horse – velti izdot naudu; to p. off – 1) nomaksāt; norēķināties; 2) *pārn.* atriebties; 3) būt rentablam; to p. out – 1) izmaksāt; to p. through the nose – pārmaksāt; to p. up – samaksāt visu
pay[b] [pei] *v* (*p. un p.p.* payed [peid]) *jūrn.* darvot
payable [ˈpeiəbl] *a* ienesīgs
pay-back [ˈpeibæk] *n* **1.** atmaksāšana; **2.** *sar.* atriebšanās
paybill [ˈpeibil] *sk.* **payroll**
pay box [ˈpeibɒks] *n* kase
payday [ˈpeidei] *n* algas diena
pay-down [ˈpeidaʊn] *n* *jūrn. sl.* algas izmaksa
payee [peiˈiː] *n* naudas saņēmējs
payer [ˈpeiə] *n* maksātājs
pay freeze [ˈpeifriːz] *n* algu iesaldēšana
paying[a] [ˈpeiiŋ] **I** *n* apmaksa; term of p. – apmaksas termiņš; **II** *a* ienesīgs
paying[b] [ˈpeiiŋ] *n* *jūrn.* (*kuģa*) darvošana

paying capacity [ˌpeiiŋkə'pæsəti] *n* maksātspēja
payment ['peimənt] *n* 1. maksājums; 2. atlīdzība
pay-off ['peiɔ:f] n *sar*. 1. samaksa; 2. atriebība; 3. rezultāts; 4. *pārn*. kukulis; 5. nāve
pay office ['pei,ɒfis] *n* kase
payola [pei'əʊlə] *n sl*. kukulis
pay-out ['peiaʊt] *n* izmaksa; izdevumi
pay phone ['peifəʊn] *n* taksofons
pay roll ['peirəʊl] *n* algu saraksts
paysage [pai'zɑ:ʒ] *n* peizāža
paysagist [pai'zɑ:ʒist] *n* peizāžists
pay station ['pei,steiʃn] *n amer*. taksofons
pay-up ['peiʌp] *n* pilna samaksa
P-bars ['pi:bɑ:z] *sk*. **parallels**
pea [pi:] *n* zirnis; green ~s – zaļie zirnīši; sweet ~s – puķzirnīši; ◇ as like as two ~s – līdzīgi kā divi ūdens pilieni
peace [pi:s] *n* 1. miers; to make p. – noslēgt mieru; 2. kārtība; to break the p. – traucēt mieru; to keep the p. – ievērot kārtību; 3. miers; klusums; p. of mind – dvēseles miers; sirdsmiers; to leave smb. in p. – likt kādu mierā
peaceable ['pi:səbl] *a* miermīlīgs
peace-breaker ['pi:s,breikə] *n* miera traucētājs
peaceful ['pi:sfl] *a* 1. mierīgs; 2. miermīlīgs
peacefulness ['pi:sfʊlnis] *n* mierīgums
peacemaker ['pi:s,meikə] *n* samierinātājs
peace-offering ['pi:s,ɒfəriŋ] *n* 1. miera piedāvājums (priekšlikums); 2. *rel*. grēku izpirkšanas upuris
peace pipe ['pi:spaip] *n* miera pīpe
peach[a] [pi:tʃ] *n* 1. persiks; 2. (*arī* p. tree) persikkoks; 3. *sl*. daiļava; 4. *sl*. amfetamīns (*narkotika*); (*mafijas*) informators

peach[b] [pi:tʃ] *v sl*. (*against, on*) nosūdzēt (*kādu*)
peach Melba [ˌpi:tʃ'melbə] *n* saldējums ar persikiem un liķieri
peachy ['pi:tʃi] *a* 1. persikam līdzīgs; samtains; 2. *sar*. lielisks; burvīgs
peacock ['pi:kɒk] I *n* pāvs; II *v* dižoties kā pāvam
peacockery ['pi:ˌkɒkəri] *n* dižošanās
peafowl ['pi:faʊl] *n* 1. pāvs; 2. pāvi
peahen ['pi:hen] *n* pāvu mātīte
peak[a] [pi:k] I *n* 1. smaile; virsotne; 2. kulminācija; p. hours – maksimumstundas; at the p. of glory – slavas augstumos; 3. (*cepures*) nags; 4. (*viļņa*) mugura; ◇ p. experience – apskaidrība; II *v* 1. sasniegt kulmināciju; 2. *mūz*. iestrēgt dziesmu topā (*nesasniedzot virsotni*)
peak[b] [pi:k] *v novec*. 1. *jūrn*. pacelt airus; 2. (*par vali*) sagriezt asti vertikāli
peaked[a] [pi:kt] *a* smails; p. beard – ķīļbārda; p. cap – cepure ar nagu
peaked[b] [pi:kt] *a novec*. savārdzis
peaky ['pi:ki] *sk*. **peaked**[a,b]
peal [pi:l] I *n* 1. zvanu spēle; 2. dārdiens; pērkona grāviens; 3. (*aplausu*) vētra; II *v* 1. zvanīt (*zvanus*); 2. dārdēt
pean ['pi:ən] *amer. sk*. **paean**
peanut ['pi:nʌt] I *n* 1. zemesriekts; 2. *sl*. barbiturāts (*narkotika*); II *a sl*. sīks; niecīgs
pear [peə] *n* 1. bumbieris; 2. bumbiere
pearl [pɜ:l] I *n* 1. pērle; string of ~s – pērļu virtene; 2. perlamutrs; 3. kaut kas satriecošs; ◇ to cast ~s before swine – kaisīt pērles cūkām; II *v* 1. zvejot pērles; 2. izrotāt ar pērlēm
pearl barley [ˌpɜ:l'bɑ:li] *n* grūbas
pearl diver ['pɜ:l,daivə] *n* 1. pērļu zvej-

nieks; 2. *sl.* trauku mazgātājs (*restorānā*)
pearled [pɜ:ld] *a* izrotāts ar pērlēm
pearler [ˈpɜ:lə] *n* pērļu zvejnieks
pearly [ˈpɜ:li] *a* 1. pērļveidīgs; 2. pērlēm rotāts; 3. perlamutra-; 4. granulēts; 5.: p. gates – 1) (arī P.G.) paradīzes vārti; 2) *sl.* zobi
pear-shaped [ˈpeəʃeipt] *a* bumbierveidīgs
peart [pɜ:t] *a amer.* mundrs
pear-tree [ˈpeətri:] *n* bumbiere
peasant [ˈpeznt] *n* 1. zemnieks; 2. *niev.* lauķis
peasantry [ˈpezntri] *n* zemniecība
pea-shooter [ˈpi:ʃu:tə] *n amer. mil. sl.* iznīcinātājs (*lidmašīna*)
pea-soup [ˌpi:ˈsu:p] *n* zirņu zupa
pea-souper [ˌpi:ˈsu:pə] *n sar.* bieza migla
peatᵃ [pi:t] *n* kūdra
peatᵇ [pi:t] *n niev.* sievišķis
peatbog [ˈpi:tbɒg] *n* kūdras purvs
peatery [ˈpi:təri] *n* kūdras ieguves vieta
peaty [ˈpi:ti] *a* kūdrains; p. soil – kūdraina augsne
pebble [ˈpebl] *n* 1. olis; 2. kalnu kristāls; you are not the only p. on the beach – neesi jau vienīgais, ar kuru jārēķinās
pebbly [ˈpebli] *a* oļains
pecan [piˈkæn] *n bot.* 1. pekankoks; 2. pekanrieksts
peccadillo [ˌpekəˈdiləʊ] *n* sīks pārkāpums
peccary [ˈpekəri] *n* (*Amerikas*) meža cūka
peccavi [pəˈkɑ:vi:] I *n* vainas atzīšana; II esmu vainīgs!
peck [pek] I *n* 1. knābiens; 2. *sar.* viegls skūpsts; 3. *sar.* ēdamais; II *v* 1. knābt; knābāt; 2. *sar.* viegli noskūpstīt; 3. *sar.* ēst
pecker [ˈpekə] *n sl.* deguns; keep your p. up! – nenokar degunu!

peckish [ˈpekiʃ] *a sar.* izsalcis
pectoral [ˈpektərəl] *a anat.* krūšu-
pectus [ˈpetəs] *n anat.* (*pl* pectora [ˈpektərə]) krūšu apvidus
peculate [ˈpekjʊleit] *v* piesavināties (*uzticēto naudu*)
peculator [ˈpekjʊleitə] *n* (*uzticētās naudas*) piesavinātājs
peculiar [piˈkju:liə] *a* 1. īpašs; sevišķs; 2. dīvains; ekscentrisks
peculiarity [piˌkju:liˈærəti] *n* īpatnība
peculiarly [piˈkju:liəli] *adv* 1. īpaši; sevišķi; 2. dīvaini
pecuniary [piˈkju:niəri] *a* naudas-; finanšu-; p. aid – naudas pabalsts; p. trouble – naudas grūtības
pedal [ˈpedl] I *n* pedālis; II *a* 1. *zool.* pēdas-; 2. pedāļu-; p. boat – ūdens velosipēds; III *v* 1. mīt pedāļus; 2. *sar. amer.* braukt ar divriteni; to p. one's dogs – doties projām
pedalo [ˈpedələʊ] *n* ūdens velosipēds
pedal pusher [ˈpedlˌpʊʃə] *n sar.* velosipēdists
peddle [ˈpedl] *v* 1. tirgoties, iznēsājot preces; 2. niekoties; 3. *niev.* izplatīt (*tenkas*); 4. *niev.* uztiept (*savas idejas, plānus*)
peddler [ˈpedlə] *amer. sk.* **pedlar**
peddling [ˈpedliŋ] I *n* 1. sīktirdzniecība; 2. niekošanās; 3. *niev.* (*tenku*) izplatīšana; II *a* 1. sīkumains; 2. nenozīmīgs
pedestal [ˈpedistl] *n* pjedestāls; ◇ to knock smb. off his (or her) p. – nogāzt kādu no pjedestāla; to put (set) smb. on a p. – celt kādu uz pjedestāla
pedestrian [piˈdestriən] I *n* kājāmgājējs; II *a* ikdienišķs; garlaicīgs
pedestrian crossing [piˌdestriənˈkrɒsiŋ] *n* gājēju pāreja

pedestrianism [pi'destriənizəm] *n* 1. *sp.* soļošana; 2. ikdienišķums

pedestrian precinct [pi,destriən'pri:siŋkt] *n* iela (rajons), kur aizliegta transportlīdzekļu satiksme

pediatrician [,pi:diə'triʃn] *n* pediatrs, bērnu ārsts

pedicle ['pedikl] *n* 1. stiebriņš; 2. (*zieda, lapas*) kātiņš

pedicular [pə'dikjʊlə] *a* utains

pedicure ['pedikjʊə] I *n* pedikīrs; II *v* taisīt pedikīru

pedigree ['pedigri:] I *n* 1. ģenealoģija; raduraksti; 2. izcelsme; II *n* šķirnes-; sugas-; p. dog – šķirnes suns

pedigreed ['pedigri:d] *a* šķirnes-; sugas-

pedlar ['pedlə] *n* 1. apkārtceļojošs tirgotājs; 2. tenku vācele

pedlary ['pedləri] *n* sīkpreces

pedodontist [,pi:dəʊ'dɒntist] *n* bērnu stomatologs

peduncle [pi'dʌŋkl] *n* 1. stiebrs; 2. (*zieda, lapas*) kāts

pedway ['pedwei] *n* gaisa tilts gājējiem

pee [pi:] *sar.* I *n* čurāšana; II *v* čurāt

peek [pi:k] I *n* lūrēšana; II *v* lūrēt

peelᵃ [pi:l] I *n* (*augļa, kartupeļa*) miza; II *v* 1. mizot; lobīt; 2. (*arī* to p. off) (*par mizu, ādu*) lobīties; ◻ to p. down – nomest drēbes

peelᵇ [pi:l] *n* maizes lize

peelᶜ [pi:l] *n* vēst. četrstūrains cietoksnis

peelerᵃ ['pi:lə] *n* lobītājs; potato p. – kartupeļu mizojamā mašīna

peelerᵇ ['pi:lə] *n* 1. *novec.* pogainais; 2. *amer.* striptīza izpildītāja

peen [pi:n] *n* vesera (āmura) belznis

peepᵃ [pi:p] I *n* (*putna, peles*) pīkstiens; II *v* (*par putniem, pelēm*) pīkstēt

peepᵇ [pi:p] I *n* skatiens; to have a p. (*at*) – uzmest skatienu; II *v* 1. lūrēt; 2. (*par gaismu*) pavīdēt

peeper ['pi:pə] *n* 1. lūrētājs; glūniķis; 2. *sl.* acs; 3. *sl.* privātdetektīvs

peepers ['pi:pəz] *n pl sl.* brilles

peephole ['pi:phəʊl] *n* actiņa (*durvīs*)

peep show ['pi:pʃəʊ] *n sar.* 1. kinetoskops; 2. *amer.* varietē ar striptīzu

peep-through ['pi:pθru:] *a* (*par audumu*) caurspīdīgs

peep-toes ['pi:p,təʊz] *n pl* basaines (*apavi*)

peerᵃ [piə] I *n* 1. līdzinieks; 2. pērs (*angļu dižciltīgais*); II *a* līdzīgs; p. group – (*ieņemamā stāvokļa, vecuma ziņā*) līdzīgu cilvēku grupa; III *v* 1. (*with*) būt līdzīgam; 2. iecelt pēra kārtā

peerᵇ [piə] *v* (*at, into, through*) pētoši lūkoties

peerage ['piəridʒ] *n* 1. pēri (*angļu dižciltīgie*); 2. pēra tituls

peeress ['piəris] *n* 1. lēdija pērs; 2. pēra sieva

peeve [pi:v] *v sl.* kaitināt; tracināt

peevish ['pi:viʃ] *a* īgns; īdzīgs; saīdzis, sapīcis

peevishness ['pi:viʃnis] *n* īdzība; sapīkums

peewit ['pi:wit] *n ornit.* ķīvīte

peg [peg] I *n* 1. tapa; spunde; 2. (*telts, kriketa*) mietiņš; 3. vadzis; ◊ round p. in a square hole, square p. in a round hole – (*kādam darbam*) nepiemērots cilvēks; to buy (*a suit*) off the p. – nopirkt gatavu (*uzvalku*); to give a p. to hang a thing on – 1) dot ieganstu; 2) uzvedināt uz sarunas tematu; to come down a p. – kļūt rāmākam; to take smb. down a p. [or two] – aplauzt kādam ragus (*pārn.*); II *v* 1. iedzīt tapu; 2. stabilizēt cenu; ◻ to p. away (*at*) –

nopūlēties (*ar*); to p. down – iežogot (*ar mietiņiem*)
peg house ['peghaʊs] *n sl.* krogs
peg leg ['pegleg] *n* mākslīgā kāja
peg-out ['pegaʊt] *n sl.* **1.** posts; **2.** nāve
pegtop ['pegtɒp] *n* (*rotaļu*) vilciņš
peignoir ['peinwɑ:] *n* rītatērps
pelade [pə'leid] *n med.* plikgalvainība
pelage ['pelidʒ] *n* kažokāda; zvērāda
pelagic [pə'lædʒik] *a* okeāna-; jūras-
pelagism ['pelədʒizəm] *n* jūras (*vai* gaisa) slimība
pelf [pelf] *n* (*parasti niev.*) bagātība
pelican crossing [,pelikən'krɔ:siŋ] *n* gājēju pāreja (*kur luksoforu ieslēdz pats gājējs*)
pellet ['pelit] **I** *n* **1.** skrots; **2.** tablete; **II** *v* **1.** apšaudīt ar lodītēm; **2.** virpināt lodītes
pellicle ['pelikl] *n biol.*, *ķīm.* membrāna
pell-mell [,pel'mel] **I** *n* juceklis; haoss; **II** *a* jucekļīgs; haotisks; **III** *adv* **1.** jucekļīgi; haotiski; **2.** pa galvu pa kaklu
pellucid [pe'lu:sid] *a* **1.** dzidrs; **2.** saprotams
pelt[a] [pelt] *n* **1.** (*zvēra*) kažoks; **2.** cilvēka āda
pelt[b] [pelt] **I** *n*: at full p. – pa galvu pa kaklu; **II** *v* **1.** apmētāt (*ar akmeņiem, dubļiem*); to p. with snowballs – pikoties; **2.** (*with*) apbērt (*ar jautājumiem*); **3.** (*par lietu, krusu*) grabināt
pelter ['peltə] *sar.* **I** *n* **1.** lietusgāze; **2.** dusmu uzliesmojums; **3.** ātrs gājējs; **II** *v* drāzties
peltry ['peltri] *n* kažokādas
pelvis ['pelvis] *n* (*pl* pelvises ['pelvisiz] *vai* pelves ['pelvi:z]) *anat.* iegurnis
pemmican ['pemikən] *n* kaltēta un presēta gaļa (*konservi*)

pen[a] [pen] **I** *n* **1.** rakstāmspalva; ball p. – lodīšu pildspalva; felttip p. – flomāsters; fountain p. – pildspalva; slip of the p. – pārrakstīšanās (*kļūda*); **2.** rakstniecība; to live by one's p. – pārtikt no rakstniecības; **II** *v* rakstīt; sacerēt
pen[b] [pen] **I** *n* **1.** aploks; **2.** vistu kūts; **II** *v* **1.** (*in, up*) iesprostot; ieslodzīt; **2.** sadzīt aplokā
penal ['pi:nl] *a* **1.** krimināls; **2.** sodāms
penalize ['pi:nəlaiz] *v* sodīt (*arī sportistu*)
penalty ['penlti] *n* sods
penance ['penəns] *n* grēku nožēlošana; to perform p. – nožēlot grēkus
penates [pe'nɑ:teiz] *n pl mit.* mājas dievi
pence *sk.* **penny**
penchant ['pɒʃɒ] *n* tieksme
pencil ['pensl] **I** *n* **1.** zīmulis; **2.** (*gaismas*) stars; **II** *v* **1.** rakstīt ar zīmuli; **2.** krāsot uzacis
pencilled ['pensld] *a* smalki veidots
pencraft ['penkrɑ:ft] *n* **1.** glītrakstīšana, kaligrāfija; **2.** rakstīšanas meistarība
pend [pend] *v* atlikt lēmuma pieņemšanu
pendant ['pendənt] **I** *n* **1.** kareklis; **2.** (*to*) papildinājums; **3.** *jūrn., mil.* vimpelis; **II** *a* nokāries
pendency ['pendənsi] *n* nenoteiktība
pendent ['pendənt] *a* nenoteikts
pending ['pendiŋ] **I** *a* neizlemts; neizšķirts; **II** *prep* laikā; p. the conference – konferences laikā
pendulate ['pendjʊleit] *v* **1.** svārstīties; **2.** šaubīties
pendulous ['pendjʊləs] *a* **1.** nokarens; atkarens; **2.** pakļauts svārstībām
pendulum ['pendjʊləm] *n* svārsts
penetrability [,penitrə'biləti] *n* caurlaidība

penetrable [ˈpenitrəbl] *a* caurlaidīgs
penetralia [ˌpeniˈtreiliə] *n pl* svētnīca
penetrate [ˈpenitreit] *v* **1.** (*in, into, through*) iespiesties; iekļūt; **2.** iedziļināties
penetrating [ˈpenitreitiŋ] *a* **1.** (*par skatienu*) caururbjošs; **2.** (*par prātu*) vērīgs; **3.** (*par skaņu*) griezīgs
penetration [ˌpeniˈtreiʃn] *n* **1.** iespiešanās; iekļūšana; **2.** iedziļināšanās
penetrative [ˈpenitrətiv] *a* caururbjošs
pen-friend [-pal] [ˈpenfrend] *n* vēstuļu draugs
penguin [ˈpengwin] *n* pingvīns
pen-holder [ˈpenˌhəʊldə] *n* spalvaskāts
peninsula [piˈninsjʊlə] *n* pussala
penis [ˈpi:nis] *n* (*pl* penises [ˈpi:nisiz] *vai* penes [ˈpi:ni:z]) vīrieša dzimumloceklis
penitence [ˈpenitəns] *n* (*pārkāpuma*) nožēlošana
penitent [ˈpenitənt] **I** *n* (*pārkāpuma*) nožēlotājs; **II** *a* nožēlas pilns
penitentiary [ˌpeniˈtenʃəri] *n amer.* labošanas iestāde
pen name [ˈpenneim] *n* pseidonīms
pennant [ˈpenənt] (*arī* pennon) *n* vimpelis
penner [ˈpenə] *n* rakstītājs; (*dokumenta*) sastādītājs
penniless [ˈpenilis] *a* beznaudas-
penny [ˈpeni] *n* (*pl* pence [pens] – *norādot vērtību*; pennies [ˈpeniz] – *par atsevišķām monētām*) penijs; penss; ◇ it cost me a pretty p. – tas man iecirta makā pamatīgu robu; p. wise and pound foolish – taupīgs sīkumos un izšķērdīgs lielās lietās; to turn an honest p. – godīgi nopelnīt; the p. drops – beidzot saprata!
penny dreadful [ˈpeniˌdredfʊl] *n* lubu romāns

penny gaff [ˈpenigæf] *n* slikta izrāde; balagāns
penny-pincher [ˈpeniˌpintʃə] *n sar.* skopulis
penny wise [ˈpeniwaiz] *a* sīkumains
pen-pusher [ˈpenˌpʊʃə] *n sar.* kantorists
pensile [ˈpensail] *a* nokarens (*par ligzdu*)
pensionᵃ [ˈpenʃn] **I** *n* pensija; to retire on a p. – aiziet pensijā; **II** *v* piešķirt pensiju
pensionᵇ [pɒsjɒ] *n* pansionāts
pensionable [ˈpenʃnəbl] *a* pensijas-
pensioner [ˈpenʃnə] *n* **1.** pensionārs; **2.** *novec.* algotnis
pensive [ˈpensiv] *a* domīgs
penstock [ˈpenstɒk] *n* **1.** slūžas; **2.** *amer.* slūžu kanāls
pent [pent] *a* ieslodzīts; iesprostots
pentad [ˈpentæd] *n* **1.** skaitlis pieci; **2.** piecu vienību komplekts; **3.** *ķīm.* piecvērtīgs elements
pentagon [ˈpentəgən] *n* piecstūris
Pentagon [ˈpentəgən] *n* ASV Aizsardzības ministrija
pentagonal [penˈtægənl] *a* piecstūrains
pentagram [ˈpentəgræm] *n* lietuvēna krusts
pentahedron [ˌpentəˈhi:drɒn] *n* piecskaldnis
pentameter [penˈtæmitə] *n lit.* pentametrs
Pentateuch [ˈpentətju:k] *n* piecas Mozus grāmatas
pentathlon [penˈtæθlən] *n sp.* piecciņa
pentavalent [ˌpentəˈvælənt] *a ķīm.* piecvērtīgs
Pentecost [ˈpentikɒst] *n* (*ebreju*) Vasarsvētki
penthouse [ˈpenthaʊs] *n* **1.** nojume; **2.** (*arī* p. apartment) ekskluzīvs viesnīcas numurs (vai dzīvoklis)

pent roof [ˈpentruːf] *n arh.* vienslīpnes jumts
penurious [piˈnjʊəriəs] *a* nabadzīgs; trūcīgs
penury [ˈpenjʊri] *n* nabadzība; trūkums
peon[a] [ˈpiːən] *n* algādzis (*Latīņamerikā*)
peon[b] [pjuːn] *n* (*Indijā*) ziņnesis
people [ˈpiːpl] **I** *n* **1.** tauta; nācija; **2.** *pl* ļaudis; young p. – jaunieši; **3.** *pl* piederīgie; my p. – mani radi; **II** *v* apdzīvot; thickly ~d – biezi apdzīvots
people-in-law [ˌpiːplinˈlɔː] *n pl* (*sievas vai vīra*) radi
pep [pep] *sar.* **I** *n* **1.** entuziasms; **2.** enerģija; spars; **II** *v* (*arī* to p. up) uzmundrināt
pepful [ˈpepfʊl] *a* enerģisks; sparīgs
pepper [ˈpepə] **I** *n* pipari; ground p. – maltie pipari; **II** *v* piparot
pepper-and-salt [ˌpepərəndˈsɔːlt] *n niev.* mulats
pepperbox [ˈpepəbɒks] *n* piparnīca
peppercorn [ˈpepəkɔːn] *n* piparu graudiņš; ◇ p. rent – niecīga rente
peppermint [ˈpepəmint] *n* **1.** piparmētra; **2.** piparmētru konfekte
peppery [ˈpepəri] *a* **1.** piparots; **2.** ātras dabas-; **3.** dzēlīgs (*piem., par runas manieri*)
pep pill [ˈpeppil] *a sar.* stimulators (*zāles*)
peppy [ˈpepi] *a* enerģisks; sparīgs
pep-up [ˈpepʌp] *n sar.* stimuls
per [pɜː] *prep* **1.** pa; caur; p. post – pa pastu; **2.** uz; par; p. head – uz vienu cilvēku; twenty miles p. hour – divdesmit jūdžu stundā
peradventure [ˌpɜːrədˈventʃə] *novec.* **I** *n* šaubas; neziņa; **II** *adv* iespējams
perambulate [pəˈræmbjʊleit] *v* **1.** staigāt (*šurpu turpu*); **2.** apsekot (*teritoriju*); **3.** stumt bērnu ratiņos

perambulation [pəˌræmbjʊˈleiʃn] *n* **1.** staigāšana (*šurpu turpu*); **2.** apgaita
perambulator [pəˈræmbjʊleitə] *n* bērnu ratiņi
perceivable [pəˈsiːvəbl] *a* **1.** aptverams; saprotams; **2.** saskatāms
perceive [pəˈsiːv] *v* **1.** saprast; uztvert; **2.** saskatīt
percent [pəˈsent] *amer. sk.* **per cent**
per cent [pəˈsent] *n* procents
percentage [pəˈsentidʒ] *n* **1.** procentuālā attiecība; **2.** procentu likme
percenter [pəˈsentə] *n sl.* augļotājs
percept [ˈpɜːsept] *n* priekšstats
perceptibility [pəˌseptəˈbiləti] *n* saprotamība; uztveramība
perceptible [pəˈseptəbl] *a* uztverams; manāms
perception [pəˈsepʃn] *n* **1.** uztvere; izpratne; **2.** *psih.* percepcija
perceptive [peˈseptiv] *a* **1.** uztverošs; **2.** *psih.* perceptīvs
perceptivity [pəˌsepˈtivəti] *n* uztveres spēja
perch[a] [pɜːtʃ] *n* asaris
perch[b] [pɜːtʃ] **I** *n* **1.** lakta (*vistām*); **2.** *sar.* augsts sabiedriskais stāvoklis; **II** *v* uztupties uz laktas
perchance [pəˈtʃɑːns] *adv novec.* varbūt; iespējams
percipience [pəˈsipiəns] *n* uztveres spēja
percipient [pəˈsipiənt] *a* uztvert spējīgs
percolate [ˈpɜːkəleit] *v* **1.** (*through*) sūkties cauri; **2.** filtrēt; **3.** vārīt (*kafiju*) aparātā
percolation [ˌpɜːkəˈleiʃn] *n* **1.** sūkšanās cauri; **2.** filtrēšana
per contra [ˌpɜːˈkɒntrə] *adv* pretējā (*rēķina*) pusē
percuss [pəˈkʌs] *v med.* izklauvēt
percussion [pəˈkʌʃn] *n* **1.** sitiens; **2.** (*arī*

p. instrument) *mūz.* sitamais instruments; **3.** *med.* izklauvēšana
percussionist [pə'kʌʃnist] *n* bundzinieks
percussive [pe'kʌsiv] *a* sitamais
percutaneous [ˌpɜ:kju:'teiniəs] *a* zemādas-
percy boy ['pɜ:sibɔi] *n amer. sl.* memmesdēliņš
percy pants ['pɜ:sipænts] *sk.* **percy boy**
per diem [pə'di:əm] *n* dienas izpeļņa
perdition [pə'diʃn] *n* **1.** posts; **2.** bojāeja
peremptory [pə'remptəri] *a* **1.** kategorisks *(par pavēli)*; **2.** pavēlošs *(par balsi)*; valdonīgs; **3.**: p. writ *jur.* – uzaicinājums ierasties tiesā
perennial [pə'reniəl] **I** *n* daudzgadīgs augs; **II** *a* ilggadīgs; daudzgadīgs; p. plant – daudzgadīgs augs
perennity [pə'reniti] *n* **1.** ilgmūžība; **2.** pastāvība
perfect I *a* ['pɜ:fikt] **1.** teicams; nevainojams; **2.** absolūts; **3.** *sar.* brīnišķīgs; **4.** *gram.*: p. tense – saliktais laiks; **II** *v* [pə'fekt] uzlabot; pilnveidot
perfectible [pə'fektəbl] *a* uzlabojams; pilnveidojams
perfection [pə'fekʃn] *n* **1.** uzlabošana; pilnveidošana; **2.** pilnība
perfective [pə'fektiv] *a gram*: p. verbs – pabeigtā veida darbības vārdi
perfectly ['pɜ:fiktli] *adv* pilnīgi
perfecto [pə'fektəʊ] *n amer.* liels cigārs
perfervid [pɜ:'fɜ:vid] *a* dedzīgs
perfidious [pə'fidiəs] *a* nodevīgs
perfidy ['pɜ:fidi] *n* nodevība
perflate [pɜ:'fleit] *v* ventilēt
perforate I *a* ['pɜ:fərət] caurumots; **II** *v* ['pɜ:fəreit] **1.** caurumot; **2.** *(in, into)* iespiesties
perforation [ˌpɜ:fə'reiʃn] *n* **1.** caurumošana; **2.** caurums

perforce [pə'fɔ:s] *adv* piespiedu kārtā
perform [pə'fɔ:m] *v* **1.** izpildīt; veikt; to p. an action – veikt darbību; to p. one's task – izpildīt savu uzdevumu; **2.** *teātr.* izrādīt; uzvest *(lugu)*; atveidot *(lomu)*; izpildīt *(priekšnesumu)*
performance [pə'fɔ:məns] *n* **1.** izpildīšana; veikšana; **2.** sniegums; **3.** *teātr.* izrāde; *(lugas)* uzvedums; *(lomas)* atveidojums; *(priekšnesuma)* izpilde
performer [pə'fɔ:mə] *n* **1.** izpildītājs; **2.** aktieris; mākslinieks
perfume I *n* ['pɜ:fju:m] **1.** aromāts; **2.** smaržas; **II** *v* [pə'fju:m] iesmaržot
perfunctory [pə'fʌŋktri] *a* paviršs; nevērīgs
perfuse [pə'fju:z] *v* apsmidzināt; aprasināt *(augus)*
perfusion [pə'fju:ʒn] *n* apsmidzināšana; aprasināšana *(augu)*
pergola ['pɜ:gələ] *n* **1.** lapene; **2.** vīteņaugiem apaugusi eja
perhaps [pə'hæps] *adv* varbūt, iespējams
peri ['piəri] *n* **1.** *mit.* feja; elfa; **2.** skaistule
perianth ['periænθ] *n bot.* apziednis
periapt ['periæpt] *n* amulets, talismans
pericardium [ˌperi'ka:diəm] *n (pl* pericardia [ˌperi'ka:diə]) *anat.* perikards, sirds somiņa
pericarp ['perika:p] *n bot.* augļapvalks
pericope [pə'rikəpi] *n (literāra darba)* fragments
pericranium [ˌperi'kreiniəm] *n* **1.** *anat.* galvaskausa plēve; **2.** smadzenes
peril ['perəl] **I** *n* briesmas; risks; at one's p. – uz savu atbildību; in p. of one's life – riskējot ar savu dzīvību; **II** *v* apdraudēt
perilous ['perələs] *a* bīstams; riskants
perilousness ['perələsnis] *n* bīstamība

perimeter [pə'rimitə] *n mat.* perimetrs
period ['piəriəd] **I** *n* **1.** periods; laika posms; examination p. – eksāmenu sesija; **2.** laikmets; **3.** mācību stunda; **4.** *amer.* punkts; let's put a p. to our conversation – beigsim mūsu sarunu; **5.** *fiziol.* menstruācija; **II** *a* perioda-; laikmeta-
periodic [,piəri'ɒdik] *a* periodisks; p. system (law) – (ķīmisko elementu) periodiskā sistēma
periodical [,piəri'ɒdikl] **I** *n* periodisks izdevums; **II** *a* periodisks
periodicity [,piəriə'disəti] *n* periodiskums
periosteum [,peri'ɒstiəm] *n* (*pl* periostea [,peri'ɒstiə]) *anat.* kaula plēve
periostitis [,pəriə'staitis] *n med.* kaula plēves iekaisums
peripatetics [,peripə'tetiks] *n pl* klejošana; klejojumi
periscope ['periskəʊp] *n* periskops
perish ['periʃ] *v* iet bojā; iznīkt; ◇ p. the thought! – cerams, ka tā nebūs!
perishability [,periʃə'biləti] *n* (*piem.*, *produktu*) bojāšanās
perishable ['periʃəbl] *a* tāds, kas ātri bojājas
perisher ['periʃə] *n sl.* tips; subjekts
perishing ['periʃiŋ] *sar.* **I** *a* iznīcinošs; nāvējošs; p. hot – neciešams karstums; **II** *adv* ļoti
peristalsis [,peri'stælsis] *n fiziol.* peristaltika
peristyle ['peristail] *n arh.* kolonāde (*ap templi*)
peritoneum [,peritəʊ'ni:əm] *n* (*pl* peritoneums [,peritəʊ'ni:əmz] *vai* peritonea [,peritəʊ'ni:ə]) *anat.* vēderplēve
peritonitis [,peritəʊ'naitis] *n med.* peritonīts, vēderplēves iekaisums

periwig ['periwig] *n* (*piem.*, *advokāta*) parūka
periwinkle ['peri,wiŋkl] *n bot.* kapmirte
perjure ['pɜ:dʒə] *v jur.*: to p. oneself – nepatiesi liecināt
perjured ['pɜ:dʒəd] *a jur.*: p. witness – viltus liecinieks
perjurer ['pɜ:dʒərə] *n jur.* **1.** viltus liecinieks; **2.** zvēresta lauzējs
perk [pɜ:k] *v sar.* **1.** pacelt (*galvu*); izstiept (*kaklu*); **2.** (*arī* to p. up) sarosīties
perks [pɜ:ks] *n pl* (*saīs. no* perquisites) *sar.* piemaksa (*pie algas*); privilēģijas
perky ['pɜ:ki] *a* **1.** rosīgs; **2.** pašpārliecināts; nekaunīgs
perm [pɜ:m] *n* (*saīs. no* permanent wave) *sar.* ilgviļņi
permafrost ['pɜ:məfrɒst] *n* mūžīgais sasalums
permanence ['pɜ:mənəns] *n* pastāvība; nemainīgums
permanency ['pɜ:mənənsi] *n* **1.** pastāvība; nemainīgums; **2.** kaut kas pastāvīgs
permanent ['pɜ:mənənt] *a* pastāvošs; ilgstošs; p. abode – pastāvīga dzīvesvieta; p. wave – ilgviļņi; p. way – dzelzceļa uzbērums ar sliežu ceļu
permanently ['pɜ:mənəntli] *adv* pastāvīgi; vienmēr
permanganate [pɜ:'mæŋgəneit] *n ķīm.* permanganāts
permeability [,pɜ:miə'biləti] *n* caurlaidība
permeable ['pɜ:miəbl] *a* caurlaidīgs
permeate ['pɜ:mieit] *v* **1.** (*through*) spiesties (vai sūkties) cauri; (*into*) iespiesties; iesūkties; **2.** (*among*) izplatīties
permeation [,pɜ:mi'eiʃn] *n* **1.** iespiešanās; iesūkšanās; **2.** izplatīšanās

per mille [pɜːˈmil] *n* promile, procenta desmitā daļa
permissible [pəˈmisəbl] *a* pieļaujams
permission [pəˈmiʃn] *n* atļauja; to give (grant) p. – dot atļauju
permissive [pəˈmisiv] *a* 1. pieļaujošs; 2. bez aizspriedumiem; the p. society – sabiedrība bez aizspriedumiem (*piem.*, *seksa jautājumos*); 3. *jur.* neobligāts; rekomendējošs
permissiveness [pəˈmisivnis] *n* visatļautība
permit I *n* [ˈpɜːmit] 1. (*autortiesību īpašnieka*) atļauja; 2. caurlaide; **II** *v* [pəˈmit] atļaut
permutation [ˌpɜːmjuːˈteiʃn] *n* 1. apmainīšana; 2. *mat.* permutācija
pernancy [ˈpɜːnənsi] *n jur.* īpašuma tiesību iegūšana
pernicious [pəˈniʃəs] *a* kaitīgs; postošs
pernickety [pəˈnikəti] *a sar.* 1. kašķīgs; sīkumains; 2. kutelīgs; delikāts
peroration [ˌperəˈreiʃn] *n* 1. runas nobeigums; 2. gara un plaša runāšana
perpend [pəˈpend] *v novec.* apsvērt
perpendicular [ˌpɜːpənˈdikjʊlə] *mat.* **I** *n* perpendikuls; **II** *a* 1. perpendikulārs; 2. vertikāls
perpetrate [ˈpɜːpitreit] *v*: to p. a blunder – pieļaut lielu kļūdu
perpetration [ˌpɜːpiˈtreiʃn] *n* 1. (*nozieguma*) izdarīšana; 2. gara ražojums
perpetrator [ˈpɜːpitreitə] *n* vainīgais; p. of a crime – noziedznieks
perpetual [pəˈpetʃʊəl] *a* nepārtraukts; mūžīgs; p. motion – mūžīgā kustība
perpetuation [pəˌpetʃʊˈeiʃn] *n* iemūžināšana
perpetuity [ˌpɜːpəˈtjuːəti] *n* 1. mūžība; 2. *jur.* beztermiņa valdījums

perpetuum mobile [pəˌpetʃʊʊmˈməʊbilei] *n* mūžīgais dzinējs
perplex [pəˈpleks] *v* 1. apmulsināt; 2. sarežģīt (*piem.*, *stāvokli*)
perplexed [pəˈplekst] *a* 1. apmulsis, 2. sarežģīts (*piem.*, *par stāvokli*)
perplexity [pəˈpleksəti] *n* apmulsums, apjukums
perquisite [ˈpɜːkwizit] *n* piemaksa (*pie algas*); privilēģija
perquisition [ˌpɜːkwiˈziʃn] *n* 1. pārbaude; 2. *jur.* kratīšana
perron [ˈperən] *n arh.* 1. lieveņa kāpnes; 2. lievenis
perry [ˈperi] *n* raudzēta bumbieru sula
per se [ˌpɜːˈsei] *adv lat.* pats par sevi
persecute [ˈpɜːsikjuːt] *v* 1. vajāt; 2. (*with*) apgrūtināt; uzmākties (*ar lūgumiem*)
persecution [ˌpɜːsiˈkjuːʃn] *n* 1. vajāšana; p. complex (mania) – vajāšanas mānija; 2. uzmākšanās (*ar lūgumiem*)
persecutor [ˈpɜːsikjuːtə] *n* vajātājs
perseverance [ˌpɜːsiˈviərəns] *n* neatlaidība
perseverate [pəˈsevəreit] *v* būt neatlaidīgam
perseveration [pəˌsevəˈreiʃn] *n* neatlaidība
persevering [ˌpɜːsiˈviəriŋ] *a* neatlaidīgs
Persian [ˈpɜːʃən] **I** *n* 1. persietis; persiete; 2. persiešu valoda; **II** *a* persiešu-; p. blinds – žalūzijas
persiennes [ˌpɜːsiˈenz] *n pl* žalūzijas
persiflage [ˌpɜːsiˈflɑːʒ] *n* izjokošana; izzobošana
persimmon [pəːˈsimən] *n* hurma
persist [pəˈsist] *v* 1. (*in*) būt neatlaidīgam; neatkāpties; 2. saglabāties; pastāvēt
persistence [pəˈsistəns] *n* neatlaidība
persistent [pəˈsistənt] *a* 1. neatlaidīgs; 2. pastāvīgs

person ['pɜ:sn] *n* **1.** persona; cilvēks; artificial (legal) p. *jur.* – juridiska persona; natural p. *jur.* – fiziska persona; **2.** ķermenis; in [one's own] p. – personīgi; **3.** *gram.* persona
personable ['pɜ:snəbl] *a* izskatīgs (*par vīriešiem*)
personage ['pɜ:snidʒ] *n* **1.** svarīga persona; **2.** personāžs (*lugā*)
personal ['pɜ:snl] *a* **1.** personisks; privāts; p. life – personiskā dzīve; p. property *jur.* – kustamā manta; **2.** personīgs; p. favour – personīgs pakalpojums; **3.** *gram.* personas-
personalities [,pɜ:sə'nælətiz] *n pl*: avoid p., please! – lūdzu, bez aizskarošām piezīmēm!
personality [,pɜ:sə'næləti] *n* personība; individualitāte
personally ['pɜ:snəli] *adv* **1.** personiski; **2.** personīgi
personate ['pɜ:səneit] *v* **1.** *teātr.* tēlot; **2.** uzdoties (*par kādu*)
personation [,pɜ:sə'neiʃn] *n* **1.** *teātr.* tēlojums; **2.** uzdošanās (*par kādu*)
personhood ['pɜ:snhʊd] *n* individualitāte
personification [pɜ:,sɒnifi'keiʃn] *n* personifikācija; iemiesojums
personify [pɜ:'sɒnifai] *v* personificēt; iemiesot
personnel [,pɜ:sə'nel] *n* kadri; štati
perspex ['pɜ:speks] *n* organiskais stikls
perspicacious [,pɜ:spi'keiʃəs] *a* vērīgs
perspicacity [,pɜ:spi'kæsəti] *n* vērīgums
perspicuity [,pɜ:spi'kju:əti] *n* saprotamība
perspicuous [pə'spikjʊəs] *a* saprotams
perspiration [,pɜ:spə'reiʃn] *n* **1.** svīšana; **2.** sviedri
perspiratory [pə'spaiərətəri] *a* sviedrējošs
perspire [pə'spaiə] *v* svīst

persuadable [pə'sweidəbl] *a* pierunājams
persuade [pə'sweid] *v* pārliecināt; pierunāt; ⬜ to p. from (out of) – atrunāt; to p. into – pierunāt
persuader [pə'sweidə] *n sl.* šaujamierocis
persuasible [pə'sweisəbl] *a* pierunājams
persuasion [pə'sweiʒn] *n* **1.** pierunāšana; **2.** pārliecība
persuasive [pə'sweisiv] **I** *n* pamudinājums; **II** *a* pārliecinošs
pert [pɜ:t] *a* **1.** vīzdegunīgs; **2.** mundrs
pertain [pə:'tein] *v* (*to*) attiekties (*uz*)
pertinacious [,pɜ:ti'neiʃəs] *a* ietiepīgs
pertinacity [,pɜ:ti'næsəti] *n* ietiepība
pertinence ['pɜ:tinəns] *n* piemērotība
pertinent ['pɜ:tinənt] *a* (*to*) piemērots
pertness ['pɜ:tnis] *n* **1.** vīzdegunība; **2.** mundrums
perturb [pə'tɜ:b] *v* satraukt; darīt nemierīgu
perturbation [,pɜ:tə'beiʃn] *n* nemiers
pertussis [pə'tʌsis] *n med.* garais klepus
peruke [pə'ru:k] *n vēst.* parūka
perusal [pə'ru:zl] *n* rūpīga izpēte
peruse [pə'ru:z] *v* rūpīgi izpētīt
Peruvian [pə'ru:viən] **I** *n* peruānis; peruāniete; **II** *a* Peru-; peruāņu-
pervade [pə'veid] *v* (*among, through*) izplatīties; ieviesties; latest news immediately ~d among people – jaunākās ziņas momentā izplatījās
pervasion [pə'veiʒn] *n* izplatīšanās; ieviešanās
pervasive [pə'veisiv] *a* izplatīts (*parasti nelabvēlīgā nozīmē*); uzmācīgs
perverse [pə'vɜ:s] *a* perverss, pretdabisks
perversion [pə'vɜ:ʃn] *n* **1.** perversitāte; **2.** aplamība
perversity [pə'vɜ:səti] *n* perversitāte; ◇ fate's p. – likteņa līkloči
pervert **I** *n* ['pɜ:vɜ:t] **1.** izvirtulis; **2.** at-

kritējs; **II** *v* [pə'vɜ:t] **1**. samaitāt; pavest; **2**. kļūdaini interpretēt (iztulkot)
pervious ['pɜ:viəs] *a* **1**. caurlaidīgs; **2**. pieejams; saprotams; p. to reason – prātam saprotams
perviousness ['pɜ:viəsnis] *n* **1**. caurlaidība; **2**. pieejamība; saprotamība
pessary ['pesəri] *n med.* pesārijs
pest [pest] *n* **1**. parazīts; kaitēklis; **2**. posts; lāsts; p. of a child – neciešams bērns
pester ['pestə] *v* apgrūtināt; nomocīt; to p. with questions – uzmākties ar jautājumiem
pesthole ['pesthəʊl] *n* sērgu perēklis (*arī pārn.*)
pesthouse ['pesthaʊs] *n vēst.* infekcijas slimnīca
pestiferous [pe'stifərəs] *a* **1**. kaitīgs; **2**. *sar.* uzbāzīgs; apnicīgs
pestilence ['pestiləns] *n* epidēmija
pestilent ['pestilənt] *a* **1**. postošs; nāvējošs; **2**. kaitīgs; **3**. *sar.* apgrūtinošs
pestle ['pesl] **I** *n* piesta; **II** *v* saberzt piestā
pet[a] [pet] **I** *n* **1**. iemīļots mājdzīvnieks; p. shop – zooveikals; **2**. mīlulis; luteklis; **II** *a* iemīļots; p. name – mīlināmais vārds; **III** *v* apmīļot
pet[b] [pet] *n* īgnums
petal ['petl] *n* ziedlapa
peter ['pi:tə] *v*: to p. out – izsīkt; beigties (*par krājumiem, straumi*)
petersham ['pi:təʃəm] *n* biezs vilnas audums
petiole ['petiəʊl] *n* lapas kātiņš
petite [pə'ti:t] *a* (*par sievieti*) mazs; sīks
petition [pə'tiʃn] **I** *n* lūgums; petīcija; to make (lodge, present) a p. – iesniegt lūgumu; to grant a p. – apmierināt lūgumu; **II** *v* iesniegt lūgumu (petīciju)
petitioner [pi'tiʃnə] *n* **1**. lūgumu iesniedzējs; **2**. *jur.* prasītājs

petrel ['petrəl] *n* vētrasputns
petrifaction [ˌpetri'fækʃn] *n* **1**. pārakmeņošanās; **2**. sastingums (*piem., šausmās*); **3**. *ģeol.* pārakmeņojums, fosilija
petrif‖**y** ['petrifai] *v* **1**. pārakmeņoties; ~ied remains *ģeol.* – pārakmeņojums, fosilija; **2**. sastingt (*piem., šausmās*)
petroglyph ['petrəʊglif] *n* petroglifs (*klintī iecirsts kāda dzīvnieka vai priekšmeta attēls*)
petrol ['petrəl] *n* benzīns
petroleum [pi'trəʊliəm] *n* nafta; p. jelly – vazelīns
petrolic [pə'trɒlik] *a* **1**. benzīna-; **2**. naftas-
petroliferous [ˌpetrəʊ'lifrəs] *a* naftu saturošs
petrology [pə'trɒlədʒi] *n* petroloģija, zinātne par iežiem
petrol station ['petrəlˌsteiʃn] *n* degvielas uzpildes stacija
petrous ['petrəs] *a* pārakmeņojies
petticoat ['petikəʊt] *n* **1**. apakšsvārki; **2**. *niev.* sieviete; p. government – sievas vara (*ģimenē, valdībā*); **3**. *pl* sieviešu dzimums
petticoated ['petikəʊtid] *a* **1**. svārkos tērpies; **2**. *niev.* mīkstčaulīgs; sievišķīgs
pettifog ['petifɒg] *v* **1**. vīt intrigas; **2**. strīdēties par sīkumiem
pettifoger ['petiˌfɒgə] *n niev.* intrigants
pettish ['petiʃ] *a* **1**. viegli aizvainojams; **2**. saērcināts; pikts
pettishness ['petiʃnis] *n* **1**. aizvainojamība; **2**. saērcinātība; piktums
pettitoes ['petitəʊz] *n pl kul.* cūku kājiņas
petty ['peti] *a* **1**. maznozīmīgs; p. larceny *jur.* – sīka zādzība; **2**. mazisks; sīkmanīgs

petulance [ˈpetjʊləns] *n* **1.** sapīkums; īgnums; **2.** neiecietība
petulant [ˈpetjʊlənt] *a* **1.** sapīcis; īgns; **2.** neiecietīgs
petunia [piˈtjuːniə] *n* **1.** *bot.* petūnija; **2.** tumši violeta krāsa
pew [pjuː] *n* **1.** baznīcas sols; **2.** *sar.* sēdvieta
pewit [ˈpiːwit] *n* ķīvīte
pewter [ˈpjuːtə] *n* **1.** alva; **2.** alvas trauks (*arī pl*)
phalange [ˈfælændʒ] *n anat., bot.* falanga
phalanger [fæˈlændʒə] *n* lidvāvere
phalanx [ˈfælæŋks] *n* (*pl* phalanxes [ˈfælæŋksis] *vai* phalanges [ˈfælændʒiːz]) falanga
phantasm [ˈfæntæzəm] *n* fantoms; ilūzija; iedomas
phantasmagoric [ˌfæntæzməˈgɒrik] *a* iluzors; iedomāts
phantasmal [fænˈtæzml] *a* iluzors; iedomu-
phantasy [ˈfæntəsi] *sk.* **fantasy**
phantom [ˈfæntəm] *n* fantoms; redzējums
Pharaoh [ˈfeərəʊ] *v vēst.* faraons
pharisee [ˈfærisiː] *n* farizejs
pharmaceutics [ˌfɑːməˈsuːtiks] *n* farmācija
pharmacist [ˈfɑːməsist] *n* farmaceits
pharmacologist [ˌfɑːməˈkɒlədʒist] *n* farmakologs
pharmacology [ˌfɑːməˈkɒlədʒi] *n* farmakoloģija
pharmacy [ˈfɑːməsi] *n* **1.** farmācija; **2.** *amer.* aptieka
pharyngitis [ˌfærənˈdʒaitis] *n med.* faringīts
pharynx [ˈfæriŋks] *n anat.* rīkles gals
phase [feiz] *n* fāze; ~s of the moon *astr.* – Mēness fāzes

phasic [ˈfeizik] *a* fāzes-; fāžu-
pheasant [ˈfeznt] *n* fazāns
pheasantry [ˈfezəntri] *n* fazānu ferma
phenomenal [fiˈnɒminl] *a* fenomenāls
phenomenon [fəˈnɒminən] *n* (*pl* phenomena [fəˈnɒminə]) fenomens; parādība; infant p. – brīnumbērns
phew [fjuː] *fui!*; tpū!
phial [ˈfaiəl] *n* stikla pudelīte zālēm
Phi Beta Kappa [ˌfʌi ˌbiːtə ˈkapə] *n amer.* elitāra studentu organizācija, kurā var iekļūt tikai kāds ar izcilām sekmēm
philander [fiˈlændə] *v* flirtēt
philanderer [fiˈlændərə] *n* brunču mednieks
philanthropist [fiˈlænθrəpist] *n* filantrops
philanthropy [fiˈlænθrəpi] *n* filantropija
philatelist [fiˈlætəlist] *n* filatēlists
philately [fiˈlætəli] *n* filatēlija
philippic [fiˈlipik] *n* asa, atmaskojoša runa
philippina [ˌfiliˈpiːnə] *n* **1.** rieksts ar diviem kodoliem; jumis; **2.** dāvana
philistine [ˈfilistain] (*arī* p.) **I** *n* mietpilsonis; **II** *a* mietpilsonisks; aprobežots
philistinism [ˈfilistənizəm] *n* mietpilsonība
philologist [fiˈlɒlədʒist] *n* filologs
philology [fiˈlɒlədʒi] *n* filoloģija
Philomela [ˌfiləʊˈmiːlə] *n poēt.* lakstīgala
philosopher [fiˈlɒsəfə] *n* filozofs
philosophize [fiˈlɒsəfaiz] *v* filozofēt
philosophy [fiˈlɒsəfi] *n* filozofija
philter [ˈfiltə] *amer. sk.* **philtre**
philtre [ˈfiltə] *n* mīlas dzēriens
phiz [fiz] *n* (*saīs. no* physiognomy) *sar.* ģīmis
phlebotomy [fliˈbɒtəmi] *n med.* asins nolaišana, flebotomija

phlegm [flem] *n* 1. gļotas; 2. flegmatisms
phlegmatic [fleg'mætik] *a* flegmatisks
phlogistic [flɒ'dʒistik] *a med.* iekaisuma-
phlox [flɒks] *n* floksis
phobia ['fəʊbiə] *n* fobija, uzmācīga baiļu sajūta
Phoebe ['fi:bi] *n mit., poēt.* mēness
Phoebus ['fi:bəs] *n mit., poēt.* saule
Phoenician [fə'niʃn] **I** *n* 1. feniķietis; feniķiete; 2. feniķiešu valoda; **II** *a* Feniķijas-; feniķiešu-
phoenix ['fi:niks] *n* 1. *mit.* fēnikss; 2. brīnums; pilnības iemiesojums
phonate [fəʊ'neit] *v val.* izrunāt skaņu
phonation [fəʊ'neiʃn] *n val.* skaņas izrunāšana
phone[a] [fəʊn] *n val.* vienkārša skaņa
phone[b] [fəʊn] (*saīs. no* telephone) *sar.* **I** *n* telefons; to get smb. on the p. – sazvanīt kādu; who is on the p.? – kas ir pie telefona?; **II** *v* zvanīt pa telefonu
phone freak ['fəʊnfri:k] *n sl.* telefonhuligāns
phone-in ['fəʊnin] *n* radio (*vai* TV) programma, kuras laikā var piezvanīt uz studiju
phoney ['fəʊni] *sl.* **I** *n* krāpnieks; viltnieks; **II** *a* neīsts; viltots; **III** *v* viltot; ◊ to p. up – sniegt nepatiesas ziņas
phonic ['fɒnik] *a* skaņas-; skaņu-; akustisks
phonics ['fɒniks] *n* 1. fonika; 2. akustika
phono ['fəʊnə] *sar. sk.* **phonograph**
phonograph ['fəʊnəgrɑ:f] **I** *n* skaņuplašu atskaņotājs; **II** *v* 1. ierakstīt skaņuplatē; 2. atskaņot skaņuplati
phonography [fəʊ'nɒgrəfi] *n* 1. fonogrāfija; 2. stenogrāfija

phony ['fəʊni] *sk.* **phoney**
phosphor ['fɒsfə] *n poēt.* rītazvaigzne
phosphorescent [,fɒsfə'resnt] *a* fosforescējošs; tumsā spīdošs
phosphorus ['fɒsfərəs] *n ķīm.* fosfors
photo ['fəʊtəʊ] (*saīs. no* photograph) *sar.* **I** *n* foto, fotogrāfija; **II** *v* fotografēt
photoactive [,fəʊtəʊ'æktiv] *a* gaismjutīgs
photocell ['fəʊtəʊsel] *n* fotoelements
photofit ['fəʊtəʊfit] *n jur.* fotorobota izgatavots fotoattēls
photo flash [,fəʊtəʊ'flæʃ] *n* zibspuldze
photogenic [,fəʊtəʊ'dʒenik] *a* fotogēnisks
photograph ['fəʊtəgrɑ:f] **I** *n* fotogrāfija; **II** *v* fotografēt
photographer [fə'tɒgrəfə] *n* fotogrāfs
photography [fə'tɒgrəfi] *n* fotogrāfija, fotografēšana
photomontage [,fəʊtəʊmɒn'tɑ:ʒ] *n* fotomontāža
photomounting [,fəʊtəʊ'maʊntiŋ] *sk.* **photomontage**
photophobia [,fəʊtəʊ'fəʊbiə] *n* bailes no gaismas
photosensitive [,fəʊtəʊ'sensitiv] *a* gaismjutīgs
photostat ['fəʊtəʊstæt] **I** *n* fotostats; **II** *v* izgatavot fotokopiju
photosynthesis [,fəʊtəʊ'sinθisis] *n bot.* fotosintēze
phrasal ['freizl] *a* frāzes-
phrase [freiz] **I** *n* 1. frāze; vārdkopa; set p. – idioma; 2. *mūz.* frāze; **II** *v* 1. izteikt vārdos; formulēt; 2. *mūz.* frāzēt
phrasebook ['freizbʊk] *n* sarunvārdnīca
phrase-making ['freiz,meikiŋ] *n* skaistu frāžu kalšana
phrase monger ['freiz,mʌŋgə] *n* skaistu frāžu mīlotājs

phraseology [ˌfreiziˈɒlədʒi] *n* frazeoloģija
phrenetic [frəˈnetik] *a* 1. neprātīgs; traks; 2. fanātisks
phthisic[al] [ˈθaisik(l)] *a med.* tuberkulozes-
phthisis [ˈθaisis] *n med.* [plaušu] tuberkuloze
phut [fʌt] *adv.* to go p. *sar.* – 1) sabrukt; saplīst; 2) izjukt; izputēt
phylloxera [fiˈlɒksərə] *n* laputs
phylum [ˈfailəm] *n* (*pl* phyla [ˈfailə]) suga (*kā sistemātikas vienība*)
physic [ˈfizik] *novec.* I *n* zāles; II *v* dot zāles
physical [ˈfizikl] *a* 1. fizisks; ķermenisks; p. jerks – vingrošana; 2. fizikāls; fizikas-
physical training [ˌfiziklˈtreiniŋ] *n* fizkultūra
physician [fiˈziʃn] *n* ārsts, terapeits
physicist [ˈfizisist] *n* fiziķis
physics [ˈfiziks] *n* fizika
physio [ˈfiziəʊ] *n* (*saīs. no* physiotherapist) *sar.* fizioterapeits
physiognomic [ˌfiziəˈnɒmik] *a* sejas-
physiognomy [ˌfiziˈɒnəmi] *n* seja
physiology [ˌfiziˈɒlədʒi] *n* fizioloģija
physiotherapist [ˌfiziəʊˈθerəpist] *n* fizioterapeits
physiotherapy [ˌfiziəʊˈθerəpi] *n* fizioterapija
physique [fiˈziːk] *n* ķermeņa uzbūve
pi [pai] *a* (*saīs. no* pious) svētulīgs; dievbijīgs
piaffe [piˈæf] *v* lēni rikšot (*par zirgu*)
pianissimo [piːəˈnisiməʊ] *adv mūz.* ļoti klusi
piano[a] [piˈænəʊ] *adv mūz.* klusi
piano[b] [ˈpjɑːnəʊ] *n* klavieres; grand p. – flīģelis; upright p. – pianīns
pianoforte [piˌænəʊˈfɔːti] *novec.* klavieres

pianola [piːəˈnəʊlə] *n* pianola, automātiskās klavieres
piazza [piˈætsə] *n* 1. (*tirgus*) laukums; 2. *amer.* veranda
pica [ˈpaikə] *n* perversa apetīte
picaresque [ˌpikəˈresk] *a* (*par romāniem, stāstiem*) piedzīvojumu-; dēku-
picaroon [ˌpikəˈruːn] *n* 1. blēdis; 2. pirāts; korsārs; 3. pirātu kuģis
piccalilli [ˌpikəˈlili] *n kul.* mikspikli
piccolo [ˈpikələʊ] *n mūz.* pikolo flauta
pick[a] [pik] I *n* 1. irbulis; bakstāmais; 2. (*ogu*) raža; II *v* 1. lasīt (*ogas, augļus*); plūkt (*puķes*); 2. knābāt; knābt; 3. urbināt; bakstīt; 4. apskrubināt (*kaulu*); 5. kapāt; cirst; 6. plūkāt (*piem., pakulas, vati*); 7. atmūķēt; to p. a lock – atmūķēt atslēgu; 8. zagt; 9. *amer.* strinkšķināt (*stīgu instrumentu*); ◊ to p. out – 1) izvēlēties; izmeklēt; 2) *mūz.* spēlēt pēc dzirdes; to p. up – 1) uzirdināt; 2) pacelt; uzlasīt; 3) uzņemt (*pasažieri*); 4) uztvert (*radiostaciju*); 5) atgūt spēkus; 6) to p. up acquaintance – nejauši iepazīties; 7) palielināt (*ātrumu*); 8) arestēt; 9) atnākt pretī (*lai kaut kur kopīgi dotos*)
pick[b] [pik] I *n* izvēle; izlase; take your p.! – izvēlies!; II *v* izvēlēties; izmeklēt; to p. and choose – būt izvēlīgam; to p. one's steps – iet uzmanīgi
pick[c] [pik] (*saīs. no* pickaxe) *sar.* I *n* kaplis; II *v* kaplēt
pick-a-back [ˈpikəbæk] *adv* kukuragās, uz muguras
pickaxe [ˈpikæks] I *n* kaplis; II *v* kaplēt
picked [pikt] *a* izlases-
picker [ˈpikə] *n* 1. kaplētājs; 2. (*kokvilnas*) novācējs
pickerel [ˈpikrəl] *n* līdakas mazulis
picket [ˈpikit] I *n* 1. miets; p. fence –

mietu žogs; 2. pikets; 3. *mil.* sardze; patruļa; **II** *v* 1. iežogot ar mietiem; 2. piesiet pie mieta; 3. piketēt; 4. *mil.* izvietot sardzi; patrulēt
picketer ['pikitə] *n* piketa dalībnieks
pickings ['pikiŋz] *n pl* 1. paliekas; 2. negodīgi blakusienākumi
pickle ['pikl] **I** *n* 1. sālījums; marināde; 2. *sar.* nerātnis (*bērns*); 3. ķeza; to be in a fine (sorry, nice) p. – būt īstā ķezā; **II** *v* sālīt; marinēt
pickled ['pikld] *a* 1. sālīts; marinēts; 2. *sl.* pietempies
pickles ['piklz] *n pl* (*parasti* mixed p.) 1. marinēti dārzeņi; 2. *sl.* raiba sabiedrība
picklock ['piklɒk] *n* 1. kramplauzis; 2. mūķīzeris
pick-me-up ['pikmi:ʌp] *n sar.* stimulators, tonizējošs līdzeklis
pick-out ['pikaʊt] *n mil.* atlase, izlase
pick-pack ['pikpæk] *sk.* **pick-a-back**
pickpocket ['pik‚pɒkit] *n* kabatzaglis
pickup ['pikʌp] *n* 1. pikaps; 2. (*atskaņotāja, magnetofona*) galviņa; skaņas noņēmējs; 3. *sar.* gadījuma paziņa; 4. *sar.* tonizējošs līdzeklis; 5. *sar.* izdevīgs pirkums; 6. *sar.* pēdējais vilciens
picky ['piki] *a amer. sar.* ļoti izvēlīgs
picnic ['piknik] **I** *n* pikniks; izbraukums zaļumos; **II** *v* sarīkot pikniku
picotee [‚pikə'ti:] *n* (*balta vai dzeltena*) neļķe
Pict [pikt] *n vēst.* pikts
pictorial [pik'tɔ:riəl] **I** *n* ilustrēts žurnāls; **II** *a* 1.: p. art – tēlotājmāksla; 2. ilustrēts; 3. tēlains; gleznains
picture ['piktʃə] **I** *n* 1. glezna; 2. ilustrācija, attēls; 3. fotogrāfija; to take a p. – fotografēt; 4. priekšstats; 5. attēls (*televīzijā*); p. distortion – attēla

izkropļojums; 6.: blood p. *med.* – asinsaina; 7.: the ~s – kino; ◊ to be in the p. – būt lietas kursā; to get the p. of – saprast, izprast; to put (keep) smb. in the p. – informēt kādu; **II** *v* 1. gleznot; zīmēt; 2. attēlot; 3. iztēloties
picture-book ['piktʃəbʊk] *n* bilžu grāmata
picture gallery ['piktʃə‚gæləri] *n* gleznu galerija
picture-goer ['piktʃə‚gəʊə] *n* kinoskatītājs
picturesque [‚piktʃə'resk] *a* 1. gleznains; 2. (*par valodu, stilu*) tēlains; 3. (*par rakstu ru*) spilgts; oriģināls
picture telephone [‚piktʃə'telifəʊn] *n* videotelefons
picture writing ['piktʃə‚raitiŋ] *n* piktogrāfija
piddle ['pidl] *sar.* 1. niekoties; 2. čurāt
piddling ['pidliŋ] *a sar. niev.* sīks, nenozīmīgs
pidgin ['pidʒin] *n* jaukta sarunvaloda
pie[a] [pai] *n* 1. pīrāgs; 2. *amer.* torte; (*augļu*) kūka; ◊ p. in the sky – 1) neauglīgas fantāzijas; 2) apsolītā paradīze; to have a finger in the p. – būt iejauktam kaut kur
pie[b] [pai] *n* žagata
piebald ['paibɔ:ld] **I** *n* dābolains dzīvnieks; **II** *a* 1. raibs; 2. dābolains
piece [pi:s] **I** *n* 1. gabals; daļa; p. of bread – maizes gabals; p. of furniture – mēbele; p. by p. – 1) pa gabalam; 2) pakāpeniski; to break smth. to ~s – sasist kaut ko druskās; 2. (*literārs, mākslas*) darbs; p. of art – mākslas darbs; 3. naudas gabals; five pence p. – piecu pensu monēta; 4. (*šaha, dambretes*) figūra; 5. *sar.* (*arī* p. of tail) sieviškis; ◊ p. of cake *sl.* – kaut kas viegls, vienkāršs; p. of shit *sl.* – 1) nepatīka-

ma situācija; 2) pretīgs tips; **II** v **1.** salikt pa gabaliem; **2.** (*arī* to p. out, up) salāpīt; ◊ to p. down – pagarināt (*tērpu*); to p. off – dot kukuli; to p. up – 1) salabot; 2) pabeigt

piece-goods [ˈpiːsgʊdz] *n pl* gabalpreces

piecemeal [ˈpiːsmiːl] **I** *a* **1.** pakāpenisks; **2.** daļējs; izgatavots pa daļām; **II** *adv* **1.** pakāpeniski; **2.** pa daļām

piecerate [ˈpiːsreit] *n* gabaldarba likme

piecework [ˈpiːswɜːk] *n* gabaldarbs

piecrust [ˈpaikrʌst] *n* pīrāga garoza

pied [paid] *a* raibs

pie-eyed [ˌpaiˈaid] *a sl.* piedzēries

pier [piə] *n* **1.** ostas dambis; **2.** tilta balsts

pierage [ˈpiəridʒ] *n* ostas nodoklis

pierce [piəs] *v* **1.** izdurt; caururbt; **2.** izdurties; **3.** izlauzties cauri

piercer [ˈpiəsə] *n tehn.* caurumsitis

piercing [ˈpiəsiŋ] *a* **1.** ass; caururbjošs; **2.** spalgs; griezīgs

pierglass [ˈpiəglɑːs] *n* trimo

piety [ˈpaiəti] *n* godbijība

piffle [ˈpifl] *sar.* **I** *n* nieki; blēņas; **II** *v* niekoties, blēņoties

pig [pig] *n* **1.** cūka; sivēns; in p. – grūsna (*par cūku*); **2.** cūkgaļa; **3.** *pārn.* cūka, nekauņa; **4.** *tehn.* lietnis; **5.** *sl.* pogainais, kruķis; **6.** *sl.* (*arī* p. brother) policijas spiegs; ◊ to buy a p. in a poke – pirkt kaķi maisā; to make a p. of oneself – pārēsties; when ~s fly – kad pūcei aste ziedēs; ◊ to p. it – 1) dzīvot netīrībā; 2) būt savtīgam; to p. out – negausīgi ēst

pig boat [ˈpigbəʊt] *n jūrn. sl.* zemūdene

pigeon [ˈpidʒən] *n* **1.** balodis; carrier p. – pasta balodis; **2.** *sar.* vientiesis, ◊ ~'s milk – putna piens

pigeon-hearted [ˈpidʒənˌhɑːtid] *a* gļēvs

pigeonhole [ˈpidʒənhəʊl] **I** *n* **1.** baložu ligzda; **2.** maza atvilktne (*rakstāmgaldā*); **II** *v* **1.** novietot atvilktnē; **2.** atlikt (*lietas vai likuma izskatīšanu*); **3.** šķirot

pigeon-livered [ˈpidʒənˌlivəd] *a* bikls; lēnīgs

pigeon-toed [ˈpidʒəntəʊd] *a* ar greizām kājām

piggery [ˈpigəri] *n* cūku ferma

piggie [ˈpigi] *n sar.* sivēntiņš

piggish [ˈpigiʃ] *a* **1.** cūcīgs; netīrīgs; **2.** rijīgs

piggyback [ˈpigibæk] *sk.* **pick-a-back**

piggybank [ˈpigibæŋ] *n sar.* krājkasīte

pigheaded [ˌpigˈhedid] *a* stulbs, ietiepīgs

pig iron [ˈpigˌaiən] *n* čuguna lietņi

Pig Islander [ˈpigˌailəndə] *n sar.* jaunzēlandietis; jaunzēlandiete

pig-jump [ˈpigdʒʌmp] *sl. n* (*zirga*) lēciens ar četrām kājām

piglet [ˈpiglət] *n* sivēns

pigling [ˈpigliŋ] *sk.* **piglet**

pigment [ˈpigmənt] *n* pigments

pigmy [ˈpigmi] *sk.* **pygmy**

pignut [ˈpignʌt] *n* zemesrieksts

pigpen [ˈpigpen] *n* cūkkūts

pigskin [ˈpigskin] *n* **1.** cūkāda; **2.** *amer. sar.* futbolbumba; **3.** *sl.* segli

pigstick [ˈpigstik] *v* **1.** kaut cūkas; **2.** medīt meža cūkas

pigsticker [ˈpigˌstikə] *n* **1.** garš nazis; **2.** cūku kāvējs; **3.** meža cūku mednieks

pigsty [ˈpigstai] *n* cūkkūts

pigswill [ˈpigswil] *n* samazgas

pigtail [ˈpigteil] *n* **1.** bize; bizīte; **2.** tabakas vīstoklis

pigwash [ˈpigwɒʃ] *n* samazgas

pigweed [ˈpigwiːd] *n* balanda

pike[a] [paik] *n* līdaka

pike[b] [paik] **I** *n* pīķis; **II** *v* nodurt ar pīķi

pike[c] [paik] *sk.* **turnpike**
pikestaff [ˈpaikstɑːf] *n* pīķa kāts
pilaf[f] [ˈpiːlæf] *n kul.* plovs
pilau [piːlaʊ] *sk.* **pilaf[f]**
pilchard [ˈpiltʃəd] *n* sardīne
pile[a] [pail] **I** *n* pālis; **II** *v* dzīt pāļus
pile[b] [pail] **I** *n* **1.** kaudze; ķīpa; grēda; **2.** *fiz.* baterija; dry p. – sausais elements; **3.** *fiz.* kodolreaktors; atomic p. – atomreaktors; **II** *v* **1.** [sa]kraut kaudzē; **2.** uzkrāt; ◇ to p. in – ķerties pie darba; to p. into – ietērpties; to p. up – 1) (*par automobiļiem*) saskrieties; 2) *jūrn.* uzskriet uz sēkļa; ◇ to p. it on – 1) izplūst retoriskās frāzēs; 2) atbalstīt, iedrošināt
pile[c] [pail] *n* pūkas; dūnas
pile[d] [pail] *n*: cross or p. – ērglis vai numurs (*metot monētu*)
piledriver [ˈpailˌdraivə] *n* **1.** *tehn.* pāļdzinis; **2.** *sp.* nokautējošs sitiens
piles [pailz] *n pl med.* hemoroīdi
pile-up [ˈpailʌp] *n* automobiļu saskriešanās (*ceļa negadījumā*)
pileus [ˈpailiəs] *n* (*pl* pili [ˈpailai]) **1.** (*sēnes*) cepurīte; **2.** (*medūzas*) kupols
pilfer [ˈpilfə] *v sar.* čiept
pilferage [ˈpilfəridʒ] *n* sīka zādzība
pilferer [ˈpilfərə] *n* zaglēns
pilgrim [ˈpilgrim] *n* svētceļnieks
pilgrimage [ˈpilgrimidʒ] *n* svētceļojums
pill [pil] **I** *n* **1.** tablete; the p. (*vai* P.) – pretapaugļošanās tablete; to be on the p. – lietot pretapaugļošanās tabletes; **2.** *sar.* narkotika; **II** *v* dot tableti; ◇ a p. to cure an earthquake *pārn.* – piliens jūrā
pillage [ˈpilidʒ] **I** *n* izlaupīšana; **II** *v* izlaupīt
pillager [ˈpilidʒə] *n* izlaupītājs
pillar [ˈpilə] *n* **1.** pīlārs, stabs; **2.** *pārn.* balsts; **3.**: Pillars of Hercules – Herkulesa stabi; Gibraltārs; ◇ from p. to post – no vienas likstas otrā
pillar box [ˈpiləbɒks] *n* pastkastīte (*uz ielas*)
pill bag [ˈpilbæg] *n sl.* dakteris
pillbox [ˈpilbɒks] *n* tablešu kārbiņa
pillhead [ˈpilhed] *n sar.* trankvilizatoru (*vai* miega zāļu) lietotājs
pillion [ˈpiljən] *n* **1.** motocikla pakaļējais sēdeklis; **2.** *med.* (*kājas*) pagaidu protēze
pillory [ˈpiləri] *vēst.* **I** *n* kauna stabs; **II** *v* (*arī pārn.*) piesiet pie kauna staba
pillow [ˈpiləʊ] **I** *n* **1.** spilvens; **2.** *tehn.* paliktnis; ◇ to counsult with one's p. – rīts gudrāks par vakaru; to hit the p. – likties uz auss; **II** *v* noguldīt uz spilvena
pillow-block [ˈpiləʊblɒk] *n tehn.* balsta gultnis
pillowcase [ˈpiləʊkeis] *n* spilvendrāna
pillow-puncher [ˈpiləʊˌpʌntʃə] *n sl.* kalpone, istabene
pillowslip [ˈpiləʊslip] *n* spilvendrāna
pill-peddler [-pusher] [ˈpilˌpedlə] *n sl.* dakteris
pills [pilz] *n pl* **1.** *sl.* dakteris; **2.** *sar.* biljards
pilose [ˈpailəʊs] (*arī* pilous) *a* **1.** *bot.* matots; **2.** *zool.* matains
pilot [ˈpailət] **I** *n* **1.** pilots; **2.** *jūrn.* locis; **3.** *amer.* pavadonis; **II** *a* **1.** eksperimentāls; p. issue – eksperimentāls avīzes numurs; **2.** *tehn.* palīg-; p. engine – palīgdzinējs; **III** *v* **1.** vadīt; **2.** pavadīt
pilotage [ˈpailətidʒ] *n* **1.** *av.* pilotēšana; pilotāža; **2.** *jūrn.* (*kuģa*) stūrēšana
pilot boat [ˈpailətbəʊt] *n* loča kuteris
pilot cloth [ˈpailətklɒθ] *n* biezs zils audums

pilot light ['pailətlait] *n* kontrollampa
pilot study ['pailət‚stʌdi] *n* eksperimentāls pētījums
pilule ['pilju:l] *n* lodīte; zirnītis
pily ['paili] *a* (*heraldikā*) joslains
pimp [pimp] **I** *n* **1.** suteners; publiskās mājas īpašnieks; **2.** savedējs; **3.** policijas spiegs; **II** *v* savest; saprecināt; ◊ to p. on – nosūdzēt policijai
pimpernel ['pimpənel] *n bot.* pavirši
pimple ['pimpl] *n* pūtīte
pimpled ['pimpld] *a* pūtains
pimply ['pimpli] *a* pūtains
pin [pin] **I** *n* **1.** kniepadata; **2.**: safety p. – spraužamadata; **3.** spraudīte; **4.** nozīmīte; **5.** *tehn.* (*koka, metāla*) tapa; rēdze; split p. – šķelttapa; **6.** veļas knaģis; ◊ you could have heard a p. drop – tik kluss, ka varētu dzirdēt adatu nokrītam; to knock smb. off his p. – apstulbināt kādu; to keep in the p. – atturēties no iedzeršanas; to let loose a p. – atkal nodoties dzeršanai; **II** *v* **1.** (*together*) saspraust; (*on, upon, to, up*) piespraust; **2.** *pārn.* piespiest; to p. smb. to the wall – piespiest kādu pie sienas; **3.** izdurt; ❒ to p. back: to p. back one's ears – klausīties uzmanīgi; to p. back smb's ears *amer.* – bārt kādu
pinafore ['pinəfɔ:] *n* **1.** priekšauts; **2.**: p. dress – sarafāns
pinaster [pai'næstə] *n bot.* pīnija
pince-nez [‚pæns'nei] *n* pensnejs
pincer ['pinsə] **I** *n* vēža spīle; **II** *v* satvert ar knaiblēm
pincers ['pinsəz] *n pl* **1.** (*arī* pair of p.) knaibles; **2.** pincete; **3.** vēža spīles
pinch [pintʃ] **I** *n* **1.** kniebiens; to give a p. – iekniebt; **2.** (*sāls, tabakas*) šķipsna; **3.** grūtības; smagi apstākļi; at (on) a p., if it comes to a p. – galējas nepieciešamības gadījumā; **II** *v* **1.** iekniebt; nokniebt; **2.** saspiest; **3.** (*par apaviem*) spiest; **4.** sagādāt ciešanas; to be ~ed for time – just laika trūkumu; **5.** skopoties; ◊ to know where the shoe ~es – zināt, kur tas suns aprakts
pinchback ['pintʃbæk] *n* skopulis
pinchbeck ['pintʃbek] **I** *n* pakaļdarinājums; **II** *a* viltots
pinchpenny ['pintʃ‚peni] *n* skopulis
pincushion ['pin‚kuʃn] *n* adatu spilventiņš
pine[a] [pain] *n* **1.** priede; **2.** (*saīs. no* pine-apple) *sar.* ananass
pine[b] [pain] *v* **1.** nīkt; vārgt; **2.** (*for, after*) alkt; tvīkt
pineal ['piniəl] *a* čiekurveidīgs
pineapple ['painæpl] *n* ananass
pineclad ['painklæd] *a* priedēm noaudzis
pinecone ['painkəun] *n* priedes čiekurs
pineneedle ['pain‚ni:dl] *n* priedes skuja
pinery ['painəri] *n* **1.** priežu mežs; **2.** ananasu plantācija
pine-tree ['paintri:] *n* priede
pinewood ['painwud] *n* **1.** priedes koks; **2.** priežu mežs
pinfold ['pinfəuld] **I** *n* aploks (*lopiem*); **II** *v* turēt (*lopus*) aplokā
ping [piŋ] **I** *n* (*lodes*) spindzēšana; (*oda*) sīkšana; dīkšana; **II** *v* (*par lodēm*) spindzēt; (*par odiem*) sīkt; dīkt
ping-pong ['piŋpɒŋ] *n* galda teniss
pinhead ['pinhed] *n* **1.** kniepadatas galviņa; **2.** *sar.* muļķis
pinheaded [‚pin'hedid] *a sar.* muļķīgs
pinion ['pinjən] **I** *n* **1.** (*putna*) spārna gals; **2.** *poēt.* spārns; **II** *v* **1.** apgriezt spārnus; **2.** (*together*) sasaistīt rokas
pink[a] [piŋk] **I** *n* **1.** neļķe; **2.** rožaina krāsa;

3. *sar. niev.* mērenais liberālis; 4. *amer.* autovadītāja licence; 5. *sl* pornogrāfisks materiāls; **II** *a* 1. sārts, rožains; 2. *sar. niev.* mēreni liberāls; **III** *v* 1. (*par vaigiem*) pietvīkt; 2. sārtot (*vaigus*)

pink[b] [piŋk] *n* jauns lasis

pink[c] [piŋk] **I** *n* (*šauta, griezta*) brūce; **II** *v* caurdurt (*ar zobenu*)

pink[d] [piŋk] *v* (*par motoru*) detonēt

pink collar [ˌpiŋkˈkɒlə] *n* apkalpojošās sfēras darbiniece

pink elephant [ˌpiŋkˈelifənt] *n* «baltās pelītes» (*alkohola lietošanas sekas*)

pinkie [ˈpiŋki] *n* 1. *sar.* lēts vīns; 2. *niev.* (*amer.* tumšādaino iedzīvotāju *sl*) jauktenis (*mulats u. tml.*)

pinkish [ˈpiŋkiʃ] *a* iesārts

pinko [ˈpiŋkəʊ] *n sl.* «sārtais»; mērenais liberālis

Pinkster [ˈpiŋkstə] *n amer.* Vasarsvētki

pinky [ˈpiŋki] *a* iesārts

pin money [ˈpinˌmʌni] *n* kabatas nauda sīkiem izdevumiem (*sievietei*)

pinna [ˈpinə] (*pl* pinnae [ˈpiniː]) 1. auss gliemene; 2. (*zivs*) spura

pinnacle [ˈpinəkl] **I** *n* 1. *arh.* tornītis; 2. (*kalna*) smaile; 3. *pārn.* kalngali; p. of glory – slavas kalngali; **II** *v* 1. *arh.* izrotāt ar tornīšiem; 2. sasniegt kulmināciju

pinnate [ˈpineit] *a* 1. spalvains; 2. (*par lapām*) plūksnains

pinner [ˈpinə] *n sar.* priekšauts

pinpoint [ˈpinpɔint] **I** *n* 1. kniepadatas gals; 2. nieciņš; **II** *a* ļoti precīzs; **III** *v* precīzi trāpīt

pinprick [ˈpinprik] *n* 1. kniepadatas dūriens; 2. sīkas nepatikšanas

pins [pinz] *n pl* 1. *sl.* kājas; he is quick on his p. – viņš ir veikls gājējs; 2. ķegļu spēle

pins and needles [ˌpinzəndˈniːdlz] *n pl* «skudriņas»; notirpums; ◇ to be on p. and n. – sēdēt kā uz adatām

pinstripe [ˈpinstraip] *n* šaura, gaiša svītra (*audumā*)

pint [paint] *n* pinte (*0.57 l*)

pintado [pinˈtɑːdəʊ] *n* pērļu vistiņa

pintail [ˈpinteil] *n ornit.* garkakle (*pīle, irbe*)

pintle [ˈpintl] *n tehn.* tapa; tapskrūve

pinto [ˈpintəʊ] *amer. a* dārks (*par zirgu*)

pin-up [ˈpinʌp] *sar.* **I** *n* (*pie sienas piesprausts*) skaistules fotoattēls; **II** *a* 1. glīts; kārdinošs; p.-up girl – seksīga meiča; 2. sienas-; p.-up calendar – sienas kalendārs

pinwheel [ˈpinwiːl] *n* 1. ugunsrats (*rotējoša uguņošanas sistēma*); 2. *amer.* vējdzirnaviņas (*bērnu rotaļlieta*)

pinworm [ˈpinwɜːm] *n med.* spalītis

piny [ˈpaini] *a* 1. priežu-; 2. priedēm bagāts

piolet [ˈpiːəlei] *n* (*alpīnista*) ledus cirvis

pioneer [ˌpaiəˈniə] **I** *n* pionieris; celmlauzis; **II** *v* būt celmlauzim

pious [ˈpaiəs] *a* 1. dievbijīgs; 2. *niev.* svētulīgs; 3. veltīgs; p. hope – veltīgas cerības

pip[a] [pip] *n* (*augļa*) sēkla, kauliņš

pip[b] [pip] *n* 1. acs (*kāršu spēlēs*); 2. *sar.* zvaigznīte (*uz uzplečiem*)

pip[c] [pip] *v sar.* 1. sašaut; 2. pārspēt; uzvarēt (*sacīkstēs*); 3. izbrāķēt; 4. izbalsot (*vēlēšanās*); 5. izgāzt (*eksāmenā*); ☐ to p. out *sl.* – nomirt

pipage [ˈpaipidʒ] *n* 1. cauruļvadu sistēma; 2. (*naftas, gāzes*) pārsūknēšana pa cauruļvadiem

pipe [paip] **I** *n* 1. caurule; cauruļvads; 2. pīpe; 3. stabule; 4. *sar.* telefons;

◇ to fell one's p. – iedzīvoties mantā; to hit the p. *sl.* – smēķēt opiju; put that in your p. and smoke it! – liec to aiz auss!; **II** *v* **1.** likt caurules; **2.** pārsūknēt (*naftu, gāzi*) pa cauruļvadiem; **3.** *sar.* pīpēt (*pīpi*); **4.** stabulēt; **5.** pievilināt putnu ar svilpi; **6.** piešūt apmali (*kleitai*); **7.** *sar.* (*arī* to p. one's eyes) raudāt; ▯ to p. down! *sar.* – apklusti! to p. off – aiziet
pipeclay ['paipklei] **I** *n* **1.** baltie māli; **2.** *mil. sl.* pārmērīga ārišķība; **II** *v pārn.* savest kārtībā
pipe-draining ['paip‚dreiniŋ] *n* cauruļu drenāža
pipe-dream ['paipdri:m] *n sar.* nereāli sapņi; fantāzija (*narkotiku ietekmē*)
pipehead ['paiphed] *n* cauruļvada gals
pipe-lay ['paiplei] *v* **1.** likt cauruļvadus; **2.** *amer. sl.* vērpt politiskas intrigas
pipe layer ['paip‚leiə] *n* **1.** cauruļvadu licējs; **2.** *amer. sl.* politiskais intrigants
pipeline ['paiplain] *n* **1.** cauruļvads; cauruļvadu maģistrāle; **2.** *amer.* konfidenciāls informācijas avots; **3.**: to be in the p. – tuvoties; būt pie apvāršņa (*par politiskiem, ekonomiskiem notikumiem*)
piper ['paipə] *n* **1.** dalībnieks; **2.** stabulētājs; **3.** policijas informators; ◇ drunk as a p. – pamatīgi piedzēries; he calls the tune who pays the p. – kurš maksā, tas pasūta mūziku
pipes [paips] *n pl sar.* **1.** dūdas; **2.** elpošanas ceļi
pipe-stem ['paipstem] *n* pīpes kāts
pipe-tree ['paiptri:] *n* ceriņkrūms
pipette [pi'pet] *n med.* pipete
pipe work ['paipwɜ:k] *n tehn.* cauruļvadu sistēma

pipkin ['pipkin] *n* **1.** māla bļodiņa; **2.** *sl.* pauris
pipped [pipt] *a* **1.** īgns, saīdzis; **2.** *sl.* piedzēries
pipperoo [‚pipə'ru:] *n amer. sl.* mīlulītis; mīlulīte
pippin ['pipin] *n* pepiņš (*ābols*)
pippin-faced [‚pipin'feist] *a* ar apaļu sarkanu seju
pippish ['pipiʃ] *a sl.* īgns, saīdzis
pippy ['pipi] *a sl.* īgns, saīdzis
pipsqueak ['pipskwi:k] *n sl.* **1.** niecība (*cilvēks*); **2.** nieks
piquancy ['pi:kənsi] *n* pikantums
piquant ['pi:kənt] *a* pikants
pique [pi:k] **I** *n* aizvainojums; to take a p. against smb. – turēt ļaunu prātu uz kādu; **II** *v* **1.** aizvainot; aizskart; **2.** modināt, izraisīt (*interesi, ziņkārību*); **3.** *av.* pikēt
piquet[a] ['pikit] *sk.* **picket I, 2**
piquet[b] [pi'ket] *n* pikets (*kāršu spēlē*)
piracy ['pairəsi] *n* **1.** pirātisms, laupīšana uz jūras; **2.** plaģiāts; **3.** autortiesību pārkāpums
piranha [pi'rɑ:nə] *n iht.* piraja
pirate ['pairət] **I** *n* **1.** pirāts; **2.** plaģiators; **II** *v* **1.** laupīt (*uz jūras*); **2.** pārkāpt autortiesības
pirogue [pi'rəʊg] *n* piroga (*laiva*)
pirouette [‚pirʊ'et] **I** *n* piruete; **II** *v* taisīt piruetes
piscary ['piskəri] *n jur.* zvejas atļauja
piscatorial [‚piskə'tɔ:riəl] *a* zvejas-
piscatory ['piskətəri] *a* **1.** zvejas-; **2.** zvejnieku-
Pisces ['paisi:z] *n pl* Zivis (*zvaigznājs un zodiaka zīme*)
piscicide ['pisisaid] *n* **1.** zivju iznīcināšana; **2.** zivju iznīcināšanas līdzeklis
pisciculture ['pisikʌltʃə] *n* zivkopība

pisciculturist [ˌpisiˈkʌltʃərist] *n* zivkopis
piscina [piˈsiːnə] *n* 1. zivju dīķis; 2. (*seno romiešu*) baseins
piscine[a] [ˈpisiːn] *n* baseins
piscine[b] [ˈpisain] *a* zivju-
pise [ˈpiːzei] *n* māla kleķis
pish [piʃ] fui!
pismire [ˈpismaiə] *n* 1. *novec.* skudra; 2. *niev.* draņķis; mēsls
pissed [pist] *a sl.* piedzēries
pisshead [ˈpished] *n sl.* žūpa, pļēgurs
pisspot [ˈpispɒt] *n vulg.* naktspods
pistachio [piˈstɑːʃiəʊ] *n* pistācija (*koks un auglis*)
pistil [ˈpistil] *n bot.* auglenīca
pistol [ˈpistl] **I** *n* pistole; at p. point – piedraudot ar pistoli; ◇ to put a p. to one's head – nošauties; **II** *v* šaut ar pistoli
pistol-whip [ˈpistlwip] *v* sist ar pistoles laidi
piston [ˈpistən] *n* 1. *tehn.* virzulis; 2. (*pūšamā instrumenta*) pistons
piston engine [ˌpistənˈendʒin] *n tehn.* virzuļdzinējs
piston-ring [ˈpistənriŋ] *n tehn.* virzuļa gredzens
piston-rod [ˈpistənrɒd] *n tehn.* klanis
pit[a] [pit] **I** *n* 1. bedre; 2. šahta; karjers; 3. iedobums; 4. remontbedre (*garāžā*); 5. (*arī* p. stop) ātrās tehniskās apkalpes punkts (*autosacīkstēs*); 6. lamatas; vilku bedre; 7. parters; 8. skatītāji parterā; 9. arēna (*piem., gaiļu cīņai*); **II** *v* ierakt bedrē; ꙮ to p. against – sarīdīt
pit[b] [pit] *amer.* **I** *n* (*ķiršu, plūmju*) kauliņš; **II** *v* izņemt kauliņu
pitch[a] [pitʃ] **I** *n* piķis; darva; ◇ to touch p. – saieties ar šaubīgiem tipiem; **II** *v* darvot

pitch[b] [pitʃ] **I** *n* 1. sviediens; metiens; 2. (*bumbas*) piespēle; 3. (*kuģa*) gareniskā šūpošanās; 4. (*ielu tirgotāja*) tirgošanās vieta; (*oratora*) uzstāšanās vieta; 5. kritiens; 6. (*jumta*) slīpne; 7. (*toņa, skaņas*) augstums; concert p. – kamertonis; at the p. of one's voice – cik skaļi spēdams; 8. intensitāte; **II** *v* 1. uzsliet (*piem., telti*); 2. sviest; mest; 3. piespēlēt bumbu; 4. izlikt (*kādu no telpām*); 5. (*par kuģi*) gareniski šūpoties; 6.: to p. hay – kraut (*ar dakšām*) sienu; 7. *sl.* klāstīt, stāstīt; to p. a yarn – stāstīt pasakas; 8. *mūz.* uzdot toni; to queer smb's p. – 1) patraucēt kādu; 2) padarīt bezspēcīgu; ꙮ to p. in – ķerties pie lietas (darba); to p. into – uzklupt; to p. [up]on – 1) izvēlēties; 2) nejauši atrast
pitched[a] [pitʃt] *a* darvots
pitched[b] [pitʃt] *a*: p. battle – 1) taktiski veiksmīga kauja; 2) spēcīgs arguments
pitcher[a] [ˈpitʃə] *n* krūka; ◇ ~s have ears – arī sienām ir ausis
pitcher[b] [ˈpitʃə] *n* bumbas padevējs (*beisbolā*)
pitchfork [ˈpitʃfɔːk] **I** *n* 1. (*siena*) dakšas; 2. *mūz.* kamertonis; **II** *v* 1. kraut ar dakšām; 2. iegūt amatu intrigu ceļā
pitchman [ˈpitʃmən] *n* ielas tirgotājs
pitch wheel [ˈpitʃwiːl] *n tehn.* zobrats
pitchy [ˈpitʃi] *a* 1. piķains; 2. piķa melns
piteous [ˈpitiəs] *a* 1. nožēlojams; 2. aizkustinošs
pitfall [ˈpitfɔːl] *n* vilku bedre
pith [piθ] *n bot.* serde
pithecanthropus [ˌpiθiˈkænθrəpəs] *n* pitekantrops
pithless [ˈpiθlis] *a* 1. *bot.* bezserdes-; 2. *pārn.* vājš; bez mugurkaula
pitiable [ˈpitiəbl] *a* nožēlojams

pitiful [′pitifl] *a* **1.** līdzcietīgs, līdzjūtīgs; **2.** nožēlojams; bēdīgs; **3.** aizkustinošs

pitiless [′pitilis] *a* nesaudzīgs; nežēlīgs

pitman [′pitmən] *n* ogļracis

piton [′pi:tɒn] *n* (*alpīnista*) kāsis

pittance [′pitns] *n* **1.** niecīga alga; **2.** niecīgs daudzums

pittite [′pitait] *n* skatītājs parterā

pituitary [pi′tju:itri] *n anat.* hipofīze

pituitous [pi′tjʊitəs] *a med.* krēpains

pity [′piti] **I** *n* līdzjūtība; žēlums; to have p. (*on*) – apžēloties; ◊ it is a p. that... – žēl, ka...; what a p.! – cik žēl!; **II** *v* just līdzi; žēlot; he's to be ~ied – viņu vajag pažēlot

pivot [′pivət] **I** *n* **1.** *tehn.* šarnīrs; pulka; **2.** (*durvju*) eņģe, **3.** *pārn.* centrs (*piem.*, *koordinātu*); **4.** *sp.* pagrieziens; **II** *v* **1.** griezties (*ap asi*); **2.** nostiprināt uz ass; **3.** *sp.* izdarīt pagriezienu

pivotal [′pivətl] *a* **1.** *tehn.* ass-; aksiāls; **2.** *pārn.* centrālais; galvenais

pix [piks] *n pl sar.* **1.** kino; **2.** fotogrāfijas; ilustrācijas

pixel [′piksl] *n* (*saīsinājums no* picture element) sīkākais elements, no kā sastāv rastra attēls

pixie [′piksi] *n* laumiņa; gariņš

pizza [′pi:tsə] *n kul.* pica

pizzeria [ˌpi:tsə′ri:ə] *n* picērija

placability [ˌplækə′biləti] *n* miermīlība; lēnprātība

placable [′pækəbl] *a* miermīlīgs; lēnprātīgs

placard [′plæka:d] **I** *n* plakāts; afiša; **II** *v* **1.** izkārt plakātu (*vai* afišu); **2.** reklamēt ar plakātu (*vai* afišu)

placate [plə′keit] *v* nomierināt

placatory [plə′keitəri] *a* nomierinošs

place [pleis] **I** *n* **1.** vieta; in p. – 1) vietā; 2) piemērots; out of p. – 1) nevietā; 2) nepiemērots; same p. – kaut kur; **2.** sēdvieta (*pie galda, teātrī, lidmašīnā u. tml.*); **3.** *sar.* dzīvesvieta; māja; at my p. – manās mājās; **4.** apdzīvota vieta; **5.** iela; laukums (*ielu, laukumu nosaukumos*); **6.** darbavieta; amats; **7.** stāvoklis sabiedrībā; to know one's p. – apzināties savu stāvokli; **8.** *sp.* godalgota vieta; **9.** *mat.*: to calculate to four decimal ~s – aprēķināt līdz četrām decimāldaļām; ◊ to take p. – notikt; **II** *v* **1.** nolikt; novietot; izvietot; **2.** iecelt (*amatā*); iekārtot (*darbā*); **3.** ieguldīt (*naudu*); **4.** izdarīt; veikt; to p. an order – pasūtīt

placebo [plə′si:bəʊ] *n* nekaitīgs līdzeklis; nekaitīgas zāles (*slimnieka nomierināšanai, testiem*)

place card [′pleiska:d] *n* galda karte

place-holder [′pleisˌhəʊldə] *n* amatpersona

place-hunter [′pleisˌhʌntə] *n* karjerists

place-hunting [′pleisˌhʌntiŋ] *n* karjerisms

placeman [′pleismən] *n* (*parasti niev.*) **1.** karjerists; **2.** ierēdnis

placement [′pleismənt] *n* **1.** izvietošana; **2.** iecelšana (*amatā*)

place name [′pleisneim] *n* vietvārds, toponīms

placer [′pleisə] *n* vērtīgus minerālus saturošas smiltis

place-setting [′pleisˌsetiŋ] *n* ēdamrīku komplekts (*vienai personai*)

placet [′pleiset] **I** *n* balss «par»; **II** *v* balsot «par»

placid [′plæsid] *a* mierīgs; lēns; rāms

placidity [plə′sidəti] *n* miermīlība; lēnīgums; rāmums

placket [′plækit] *n* (*svārku*) šķēlums

plafond [plæ′fɒn] *n* **1.** plafons; **2.** griestu rotājums

plage [plɑ:ʒ] *n* smilšaina pludmale
plagiarism ['pleidʒərizəm] *n* plaģiāts
plagiarist ['pleidʒərist] *n* plaģiators
plagiarize ['pleidʒəraiz] *v* izveidot plaģiātu
plague [pleig] **I** *n* **1.** sērga; mēris; **2.** posts; liksta; **3.** *sar.* sodība; **II** *v* **1.** aplipināt ar mēri; **2.** *sar.* nomocīt
plaice [pleis] *n* plekste
plaid [plæd] *n* **1.** pleds; **2.** (*rūtains*) skotu audums
plainᵃ [plein] **I** *n* līdzenums; **II** *a* **1.** līdzens; gluds; **2.** skaidrs; saprotams; to make it p. – padarīt skaidru (saprotamu); **3.** vienkāršs; parasts; p. water – tīrs ūdens; **4.** atklāts; vaļsirdīgs; in p. words – atklāti runājot; **5.** (*piem.*, *par audumu*) vienkrāsains; **6.** neizskatīgs; ◊ as p. as day – skaidrs kā diena; **III** *adv* **1.** skaidri; saprotami; **2.** vienkārši; **3.** atklāti; vaļsirdīgi
plainᵇ [plein] *v novec.* **1.** sērot; **2.** gausties
plain dealer [,plein'di:lə] *n* godīgs cilvēks
plain-looking [,plein'lʊkiŋ] *a* necils; neglīts
plains [pleinz] *n pl amer.*, prērijas
plainsong ['pleinsɒŋ] *n mūz.* gregoriāņu korālis
plainspoken [,plein'spəʊkən] *a* atklāts; vaļsirdīgs
plaint [pleint] *n jur.*, *poēt.* sūdzība
plaintiff ['pleintif] *n jur.* sūdzētājs, prasītājs
plaintive ['pleintiv] *a* žēlabains; gauduļīgs
plait [plæt] **I** *n* (*matu*) pīne; **II** *v* pīt (*matus*)
plan [plæn] **I** *n* plāns; to upset smb.'s ~s – izjaukt kāda plānus; **II** *v* plānot
planch [plɑ:nʃ] *n* (*metāla*, *akmens*) plāksne, plātne

planchette [plɑ:n'ʃet] *n* dēlītis spiritistu seansiem
planeᵃ [plein] *n bot.* platāna
planeᵇ [plein] **I** *n* ēvele; **II** *v* ēvelēt
planeᶜ [plein] **I** *n* **1.** plakne; **2.** (*piem.*, *zināšanu*) līmenis; **II** *a* līdzens; gluds
planeᵈ [plein] **I** *sar.* lidmašīna; **II** *v* planēt
planer ['pleinə] *n* **1.** ēvelētājs; **2.** greiders
plane-side ['pleinsaid] *n*: p.-s. interview – lidostā sniegtā intervija
planet ['plænit] *n* planēta
planetoid ['plænitɔid] *n* asteroīds
plane tree ['pleintri:] *n* platāna
plangent ['plændʒənt] *a* (*par skaņu*) žēlabains
planish ['plæniʃ] *v* **1.** izgludināt (*metāla plāksni*); **2.** slīpēt; pulēt
plank [plæŋk] **I** *n* **1.** dēlis; **2.** (*partijas programmas*) pamatprincips; ◊ to walk the p. – 1) iet pretī bojāejai; 2) *amer.* tikt atlaistam no darba; **II** *v* apšūt ar dēļiem
plank bed ['plæŋkbed] *n* guļamlāva
planking ['plæŋkiŋ] *n* dēļu apšuvums
planless ['plænlis] *a* neplānots
planner ['plænə] *n* projektētājs
planography [plə'nɒgrəfi] *n* **1.** karšu sastādīšana; **2.** gludspiedums
plant [plɑ:nt] **I** *n* **1.** augs; stāds; **2.** iekārta; instrumenti; **3.** fabrika; rūpnīca; **4.** uzpirkti cilvēki (*lai aplaudētu koncertā, piedalītos mītiņā u. tml.*); **5.** *sl.* kādā noziedzīgā grupējumā vai cietuma kamerā iefiltrēts spiegs; **6.** krāpšana; **7.** *sl.* (*provokācijas nolūkā pie nevainīga cilvēka noslēptas*) narkotikas; **II** *v* **1.** stādīt; **2.** nolikt; novietot; **3.** iesist; **4.** ieviest; **5.** *sl.* iefiltrēt (*spiegu kādā noziedzīgā grupējumā vai cietuma kamerā*); **6.** *sl.* noslēpt (*narkotikas pie*

nevainīga cilvēka); **7.** *sp.* iesist (*vārtus*)
plantain ['plæntin] *n bot.* ceļmallapa
plantation [plæn'teiʃn] *n* **1.** plantācija; **2.** stādījumi; **3.** *vēst.* kolonija
planter ['plɑ:ntə] *n* **1.** plantators; **2.** (*augu*) audzētājs; **3.** *amer.* kaste istabas augiem; **4.** *vēst.* kolonists
planting bed ['plɑ:ntiŋbed] *n* dobe
plantlet ['plɑ:ntlit] *n* **1.** stādiņš; **2.** asns
plant-louse ['plɑ:ntlaʊs] *n* laputs
plaque [plɑ:k] *n* **1.** plāksne; šķīvis (*kā dekoratīvs elements*); **2.** zobakmens
plash[a] [plæʃ] *a* **1.** aizaudzis ezers; **2.** peļķe
plash[b] [plæʃ] **I** *n* (*ūdens*) šļaksti; **II** *v* **1.** (*par ūdeni*) šļakstēt; **2.** šļakstināt (*ūdeni*)
plash[c] [plæʃ] *v* pīt žogu (*no klūdziņām*)
plashy[a] ['plæʃi] *a* **1.** purvains; **2.** ar peļķēm
plashy[b] ['plæʃi] *a* šļakstošs
plaster ['plɑ:stə] **I** *n* **1.** plāksteris; adhesive p. – leikoplasts; **2.** ģipsis; **3.** (*sienas*) apmetums; **II** *v* **1.** uzlikt (uzlipināt) plāksteri; **2.** apmest (*sienu*); **3.** pārklāt; **4.** aplīmēt; nolīmēt; **5.** glaimot; **6.** *sl.* iesist; **7.** *sl.* nogalināt
plaster bandage [ˌplɑ:stə'bændidʒ] *n med.* ģipša apsējs
plasterboard ['plɑ:stəbɔ:d] *n* apmetuma plāksne
plaster cast [ˌplɑ:stə'kɑ:st] *n* **1.** atveidojums ģipsī; **2.** *med.* ģipša apsējs
plastering ['plɑ:stəriŋ] *n* **1.** apmetēja darbi; **2.** (*sienu*) apmešana; **3.** lipināšana (*no plastilīna, māla*)
plaster of Paris [ˌplɑ:stərəv'pæris] *n* ģipsis
plastery ['plɑ:stəri] **I** *n* apmetēja darbi; **II** *a* **1.** viskozs; **2.** ģipsim līdzīgs
plastic ['plæstik] **I** *n* **1.** plastmasa; foam p. – putuplasts; **2.** plastika; **II** *a* **1.** plastmasas-; **2.** sintētisks; **3.** plastisks

plastic hippy [ˌplæstik'hipi] *n* pseidohipijs
plasticine ['plæstəsi:n] *n* plastilīns
plasticity [plæ'stisəti] *n* plastiskums
plasticize ['plæstisaiz] *v* **1.** piešķirt plastiskumu; **2.** kļūt plastiskam
plasticizer ['plæstisaizə] *n* (*gumijas, polimēru*) plastifikators
plastics ['plæstiks] *n* **1.** plastmasas priekšmeti; **2.** plastiskā ķirurģija
plastic surgery [ˌplæstik'sɜ:dʒəri] *n* plastiskā ķirurģija
plasticware ['plæstikweə] *n* plastmasas izstrādājumi
plastron ['plæstrən] *n* krūšu bruņas
plastula ['plæstjʊlə] *n* špaktele
plat[a] [plɑ:] *n* ēdiens
plat[b] [plæt] *n sl.* antiņš, vientiesis
plate [pleit] **I** *n* **1.** šķīvis; **2.** *sar.* ēdiens; **3.** ziedojumu šķīvis (*baznīcā*); **4.** plāksne; plātne; **5.** ilustrācija (*atsevišķā lapā*); **6.** ekslibris; **7.** gravīra; grebums; **8.** sudraba galda piederumi; **9.** godalgas kauss; **10.** (*arī* dental p.) zobu protēze; **11.** *elektr.* anods; ◊ to be out of one's p. – justies izsistam no sliedēm; to have too much on one's p. *sar.* – būt ļoti aizņemtam; **II** *v* **1.** noklāt ar plāksnēm; **2.** apšūt ar metāla plātnēm; **3.** apsudrabot; apzeltīt; **4.** galvanizēt
plate armour [pleit'ɑ:mə] *n mil.* bruņuplāksnes
plateau ['plætəʊ] *n* (*pl* plateaux ['plætəʊz] *vai* plateaus ['plætəʊz]) plato; plakankalne
plate bone ['pleitbəʊn] *n anat.* lāpstiņa
plateful ['pleitfl] *n* pilns šķīvis
plate glass [ˌpleit'glɑ:s] *n* **1.** spoguļstikls; **2.** biezs stikls (*vitrīnām*)
platelayer ['pleitˌleiə] *n* ceļu strādnieks

platelet [′pleitlit] *n fiziol.* trombocīts
plate mark [′pleitmɑ:k] *n* (*cēlmetāla*) prove
plate-rack [′pleitræk] *n* **1.** trauku žāvējamais rāmis; **2.** fotoplašu žāvējamais rāmis
platform [′plætfɔ:m] **I** *n* **1.** platforma; **2.** perons; **3.** tribīne; paaugstinājums (*runātājam*); **4.** (*sapulces, kongresa*) prezidijs; ◇ to have a good p. manner – būt labam oratoram; **II** *v* novietot uz platformas
platform shoe [′plætfɔ:mʃu:] *n* biezzoles kurpe
plating [′pleitiŋ] *n* **1.** (*metāla plātņu*) apšuvums; **2.** apsudrabojums; apzeltījums; **3.** galvanizācija
platinum [′plætinəm] *n* platīns
platitude [′plætitju:d] *n* banalitāte; triviālitāte
platitudinarian [′plæti‚tju:di′neəriən] **I** *n* banāls cilvēks; **II** *a* banāls; nodrāzts
platitudinize [‚plæti′tju:dinaiz] *v* lietot banālas (nodrāztas) frāzes
platitudinous [‚plæti′tju:dinəs] *a* banāls; triviāls; nodrāzts
platonic [plə′tɒnik] *a* (*arī* P.) platonisks; p. love – platoniska mīlestība
platonism [′pleitənizəm] *n* platoniska mīlestība
platter [′plætə] *n amer.* **1.** paplāte; **2.** *sl.* gramofona plate
platypus [′plætipəs] *n* pīļknābis
plaudit [′plɔ:dit] *n* (*parasti pl*) aplausi; ovācijas
plausibility [‚plɔ:zə′bilətі] *n* **1.** (*šķietama*) ticība; **2.** spēja iedvest (*šķietamu*) ticamību
plausible [′plɔ:zəbl] *a* (*šķietami*) ticams
play [plei] **I** *n* **1.** rotaļa; **2.** spēle; foul p. – negodīga spēle; rough p. – rupja spēle; **3.** gājiens (*piem., šahā*); **4.** luga; **5.** (*rīcības*) brīvība; to give the rope more p. – palaist virvi vaļīgāk; **6.** darbība; aktivitāte; to come into p. – sākt darbību; **7.** *tehn.* brīvgājiens; brīvkustība; tukšgaita; **II** *v* **1.** rotaļāties; **2.** spēlēt; **3.** izspēlēt (*kārti*); izdarīt gājienu (*šahā*); **4.** tēlot (*lomu*); **5.** rotāties; zaigot; **6.** iedarbināt; **7.** rīkoties; izturēties; to p. ball (*with*) – sadarboties; to p. fast and loose – rīkoties divkosīgi; to p. fair – rīkoties godīgi; to p. foul – rīkoties negodīgi; to p. for safety – piesargāties; to p. hard to get – flirtēt; to p. with a clean deck – rīkoties godīgi; ▯ to p. away – paspēlēt (*kāršu spēlē*); to p. back – atskaņot (*skaņu ierakstu*); to p. down – par zemu novērtēt; to p. off – 1) *sp.* pabeigt spēli; 2) *sp.* spēlēt papildspēli (*pēc neizšķirta rezultāta*)
play-act [′pleiækt] *v* **1.** *niev.* būt par āksti; **2.** liekuļot; izlikties
play-acting [′plei‚æktiŋ] *n* **1.** *niev.* ākstīšanās; **2.** liekuļošana; izlikšanās
play-actor [′plei‚æktə] *n* **1.** *niev.* āksts; **2.** liekulis
playback [′pleibæk] *n* (*skaņu ieraksta*) atskaņošana
playbill [′pleibil] *n* (*teātra*) afiša
playboy [′pleibɔi] *n* pavieglas uzvedības vīrietis
playday [′pleidei] *n* brīvdiena
play-down [′pleidaʊn] *n* samazināšana; reducēšana
played-out [′pleidaʊt] *a* pārguris
player [′pleiə] *n* **1.** spēlētājs; spēles dalībnieks; **2.** muzikants
playfellow [′plei‚feləʊ] *n* rotaļu biedrs
playful [′pleifl] *a* rotaļīgs; draiskulīgs
playgame [′pleigeim] *n* nieki; blēņas

playgirl [ˈpleigɜːl] *n* pavieglas uzvedības sieviete
playgoer [ˈpleiˌgəʊə] *n* teātra cienītājs
playground [ˈpleigraʊnd] *n* **1.** sporta laukums; **2.** rotaļlaukums
playgroup [ˈpleigruːp] *n* bērnudārzs
playhouse [ˈpleihaʊs] *n* teātra ēka
playlet [ˈpleilit] *n* neliela apjoma luga; skečs
playmate [ˈpleimeit] *n* rotaļu biedrs
play-off [ˈpleiɒf] *n sp.* izšķirošā spēle
playpen [ˈpleipen] *n* mazuļu sētiņa
playpit [ˈpleipit] *n* smilšu kaste (*bērnu rotaļām*)
play the dozens [ˌpleiðəˈdʌznz] *v amer. sl.* nopelt savus (*vai* cita) vecākus
plaything [ˈpleiθiŋ] *n* rotaļlieta
playwar [ˈpleiwɔː] *n mil.* manevri, mācības
playwright [ˈpleirait] *n* dramaturgs
plaza [ˈplɑːzə] *n* **1.** *vēst.* tirgus laukums; **2.** laukums (*pilsētā*)
plea [pliː] *n* **1.** aizbildinājums; iegansts; on the p. of lack of time – aizbildinoties ar laika trūkumu; **2.** lūgums; **3.** *jur.* (*apsūdzētā vai tā advokāta*) oficiāls paziņojums tiesai
pleach [pliːtʃ] *v* sapīt; savīt (*žogu*)
plead [pliːd] *v* (*p. un p.p.* pleaded [ˈpliːdid], *amer.* pled [pled]) **1.** (*for*) [ļoti] lūgt; to p. for mercy – lūgt žēlastību; **2.** aizbildināties; **3.** *jur.* griezties tiesā; to p. guilty – atzīties; to p. not guilty – noliegt savu vainu; **4.** *jur.* uzstāties kā aizstāvim; to p. smb.'s cause – aizstāvēt tiesā kāda intereses
pleader [ˈpliːdə] *n jur.* aizstāvis; advokāts
pleading [ˈpliːdiŋ] *n jur.* (*advokāta*) uzstāšanās tiesā, aizstāvēšana
pleasance [ˈplezns] *n novec., poēt.* **1.** prieks; tīksme; **2.** atpūtas parks

pleasant [ˈpleznt] *a* patīkams; jauks
pleasantry [ˈplezntri] *n* **1.** jautrība; **2.** humors
please [pliːz] **I** *v* **1.** iepriecināt; to be ~d – būt apmierinātam; **2.** labpatikt; gribēt; as you p. – kā jums tīk; **3.**: if you p. – 1) ar jūsu atļauju; 2) *iron.* iedomājieties tikai!; **II** lūdzu!
pleasing [ˈpliːziŋ] *a* patīkams; iepriecinošs
pleasurable [ˈpleʒərəbl] *a* patīkams
pleasure [ˈpleʒə] **I** *n* **1.** prieks; patika; tīksme; to give p. – sagādāt prieku; with p. – ar prieku; the p. is mine – es jums pateicos; **2.** bauda; izprieca; **3.** labpatika; vēlēšanās; at p. – pēc vēlēšanās; **II** *v* **1.** sniegt baudu; **2.** darīt ar prieku
pleat [pliːt] **I** *n* ieloce; plisējums; **II** *v* likt ieloces; plisēt; ~ed skirt – plisēti svārki
pleater [ˈpliːtə] *n* **1.** plisētājs; **2.** plisējamā mašīna
plebeian [pliˈbiːən] *vēst.* **I** *n* plebejs; **II** *a* plebejisks
plebs [plebz] *n* (*pl* plebes [ˈpliːbiːz]) *vēst.* plebeji
pled *sk.* **plead**
pledge [pledʒ] **I** *n* **1.** ķīla; galvojums; to put in p. – ieķīlāt; to take out of p. – izpirkt ieķīlāto; **2.** solījums; apņemšanās; to take the p. – dot solījumu; **3.** apliecinājums; zīme; p. of love *pārn.* – bērns; **4.** tosts; to name the p. – uzsaukt tostu; **5.** *pol.* partijas līdera solījums; **II** *v* **1.** ieķīlāt; **2.** solīt; apņemties; **3.** uzsaukt tostu; I p. your health! – es dzeru uz jūsu veselību!
pledgee [ˌpledʒˈiː] *n* ķīlu ņēmējs
pledget [ˈpledʒit] *n* (*vates, marles*) tampons

pledgor [ˌpledʒˈɔː] *n* **1.** ķīlas devējs; **2.** solījuma devējs
plenary [ˈpliːnəri] *a* **1.** pilnīgs; neierobežots; **2.** plenārs; p. meeting – plenārsēde
plenipotentiary [ˌplenipəˈtenʃəri] **I** *n* pilnvarotais; **II** *a* **1.** pilnvarots; **2.** (*piem.*, *par varu*) absolūts; neierobežots
plenitude [ˈplenitjuːd] *n* **1.** pārpilnība; **2.** liels daudzums
plentiful [ˈplentifl] *a* pārpilns; bagātīgs
plenty [ˈplenti] **I** *n* **1.** pārpilnība; horn of p. – pilnības rags; **2.** pārticība; **II** *a sar.* neskaitāms daudzums; **III** *adv sar.* **1.** pietiekami; **2.** *amer.* ļoti
plenum [ˈpliːnəm] *n* **1.** plēnums; pilnsapulce; **2.**: p. ventilation – piespiedu ventilācija
pleonastic [pliːəˈnæstik] *a* liekvārdīgs
pleura [ˈplʊərə] *n* (*pl* pleurae [ˈplʊəriː]) *anat.* pleira, plaušu plēve
pleurisy [ˈplʊərəsi] *n med.* pleirīts, plaušu plēves iekaisums
plexiglass [ˈpleksiglɑːs] *n* organiskais stikls
plexor [ˈpleksə] *n med.* āmurītis (*refleksu pārbaudei*)
plexus [ˈpleksəs] *n anat.* pinums; solar p. – saules pinums
pliability [ˌplaiəˈbiləti] *n* **1.** lokanība; **2.** padevība
pliable [ˈplaiəbl] *a* **1.** lokans; **2.** padevīgs; **3.** ietekmējams
pliant [ˈplaiənt] *sk.* **pliable**
pliers [ˈplaiəz] *n* knaibles; flat-nose p. – plakanknaibles; round-nose p. – apaļknaibles
plight[a] [plait] *n* nožēlojams stāvoklis; to be in a sad p. – būt nožēlojamā stāvoklī
plight[b] [plait] *poēt. n* **1.** solījums; saistība; **2.** saderināšanās

Plimsoll line [ˈplimsl lain] *n jūrn.* (*kuģa*) iegrimes līnija
plimsolls [ˈplimsəlz] *n pl* teniskurpes
plinth [plinθ] *n* cokols
plisee [ˈpliːsei] *a* plisēts
plod [plɒd] **I** *n* **1.** grūta gaita; smagi soļi; **2.** smags darbs; **II** *v* **1.** (*arī* to p. on, along) smagi soļot; **2.** (*at*) nopūlēties
plodder [ˈplɒdə] *n* darbarūķis
plodding [ˈplɒdiŋ] *a* **1.** (*par gaitu*) gurds; smags; lēns; **2.** (*par darbu*) grūts; smags; **3.** strādīgs; neatlaidīgs
plonk [plɒŋk] *n sl.* lēts vīns
plop [plɒp] **I** *n* plunkšķis; **II** *v* noplunkšķēt
plot [plɒt] **I** *n* **1.** (*neliels*) zemes gabals; **2.** intriga; sazvērestība; to hatch a p. – perināt (*slepenus*) plānus; **3.** *lit.* sižets; fabula; **II** *v* vērpt intrigas; gatavot sazvērestību
plotter [ˈplɒtə] *n* sazvērnieks; intrigants
Plough [plaʊ] *n astr.* Lielais Lācis
plough [plaʊ] **I** *n* **1.** arkls; double-furrow p. – divlemešu arkls; **2.** apartā zeme; **3.** *sl.* izgāšana (*eksāmenā*); **4.** *el.* strāvas noņēmējs; **II** *v* **1.** art; **2.** (*par kuģi*) šķelt viļņus; **3.** *sl.* izgāzt (*eksāmenā*); ⬚ to p. into – ķerties pie darba; to p. through – izlauzties cauri pūlim; ◇ to p. one's way – izlauzt sev ceļu
ploughable [ˈplaʊəbl] *a* arams
ploughland [ˈplaʊlænd] *n* aramzeme
ploughman [ˈplaʊmən] *n* arājs
ploughshare [ˈplaʊʃeə] *n* lemesis
ploughtail [ˈplaʊteil] *n* arkla rokturis
plover [ˈplʌvə] *n ornit.* tārtiņš
plow [ˈplaʊ] *amer. sk.* **plough**
ploy [plɔi] *n sar.* viltība; triks; gājiens
pluck [plʌk] **I** *n* **1.** plūkšana; **2.** drosme; **3.** (*dzīvnieka*) iekšas; ķidas (*kā*

produkts); **4.** *sl.* izgāšana (*eksāmenā*); **II** *v* **1.** plūkt; **2.** noplūkt (*spalvas*); **3.** strinkšķināt (*stīgas*); **4.** *sl.* izgāzt (*eksāmenā*)

plucky [ˈplʌki] *a* drosmīgs; bezbailīgs

plug [plʌg] **I** *n* **1.** aizbāznis; tapa; puļķis; to pull the p. – 1) nolaist ūdeni (*tualetē*); 2) *el.* izvilkt kontaktdakšu; **2.** košļājamā tabaka; **3.** *sar.* hidrants; **4.** *sl.* špikeris; **5.** *sl.* kleperis, novārdzis zirģelis; **6.** *sar.* (*iekšdedzes dzinēja*) aizdedzes svece; **7.** *el.* kontaktdakša; **8.** *el. sar.* ligzda; **9.**: safety p. *el.* – drošinātājs; **10.** *med.* zoba plomba; **II** *v* **1.** aizbāzt (*ar tapu*); aizkorķēt; **2.** *med.* plombēt (*zobu*); ◊ to p. in *el.* – iespraust kontaktdakšu

plugboard [ˈplʌgbɔːd] *n el.* komutators

plugger [ˈplʌgə] *n amer. sl.* centīgs darbinieks

plugola [ˈplʌgəʊlə] *n amer. sl.* **1.** «pīle»; neobjektīvs notikumu apskats (*radio, presē, TV*); **2.** kukulis TV darbiniekam (*par reklāmu vai nepatiesām ziņām*)

plum [plʌm] *n* **1.** plūme; **2.** plūmju koks; **3.** rozīne; ◊ to pick (take) the p. – pārn. nosmelt krējumu

plumage [ˈpluːmɪdʒ] *n* (*putna*) apspalvojums

plumb [plʌm] **I** *n* **1.** svērtenis (*vertikālā stāvokļa noteikšanai*); **2.** *jūrn.* lote (*dziļuma mērītājs*); **II** *v* **1.** nostādīt vertikāli; noteikt vertikālo stāvokli; **2.** mērīt (*jūras*) dziļumu; **3.** ierīkot kanalizāciju; **III** *a* vertikāls; statenisks; **IV** *adv* vertikāli; stateniski

plumbago [ˌplʌmˈbeɪgəʊ] *n min.* grafīts

plumber [ˈplʌmə] *n* sanitārtehniķis

plumbery [ˈplʌməri] *n* **1.** sanitārtehniķa arods; **2.** *pl* sanitārtehniķa instrumenti

plumbic [ˈplʌmbɪk] *a ķīm.* svina-

plumbing [ˈplʌmɪŋ] *n* **1.** cauruļvadu sistēma (*ēkā*); **2.** cauruļvadu likšana (*ēkā*); **3.** sanitārtehniķa arods; **4.** *sar.* ateja

plumbless [ˈplʌmlɪs] *a* neizmērojams; bezgalīgs

plumb-line [ˈplʌmlaɪn] *n* **1.** svērtenis (*vertikālā stāvokļa noteikšanai*); **2.** kritērijs; mēraukla

plumb-rule [ˈplʌmruːl] *n* lineāls ar svērteni (*vertikālā stāvokļa noteikšanai*)

plumbum [ˈplʌmbəm] *n* svins

plume [pluːm] **I** *n* **1.** (*putna*) spalva; **2.** (*dekoratīvā*) spalva; spalvu puškis (*pie cepures*); **3.**: p. of smoke – dūmu grīste; **II** *v* **1.** (*par putnu*) tīrīt spalvas; **2.** izrotāt ar spalvām

plumery [ˈpluːməri] *n* apspalvojums

plummet [ˈplʌmɪt] *n* **1.** svērtenis (*vertikālā stāvokļa noteikšanai*); **2.** lote (*dziļuma mērītājs*); **3.** (*makšķeres*) svariņš

plump[a] [plʌmp] **I** *a* apaļīgs; pilnīgs; tukls; **II** *v* kļūt apaļīgam (tuklam)

plump[b] [plʌmp] **I** *n* pēkšņs (smags) kritiens; **II** *a sar.* noteikts; kategorisks; **III** *v* **1.** pēkšņi (smagi) krist; **2.** *sar.* (*arī* to p. out) pateikt kaut ko neapdomīgu; **IV** *adv sar.* pēkšņi; negaidīti

plumping [ˈplʌmpɪŋ] *a* milzīgs; liels; p. majority – vairākums

plumpness [ˈplʌmpnɪs] *n* apaļīgums; pilnīgums; tuklums

plumtree [ˈplʌmtriː] *n* plūme; plūmju koks; ◊ to shake the p. *pol. sl.* – sadalīt valsts amatus (*starp uzvarētājas partijas locekļiem*)

plumulaceous [ˌpluːmjʊˈleɪʃəs] *a* pūkains; spalvains

plumule [ˈpluːmjuːl] *n* **1.** pūciņa; spalviņa; **2.** *bot.* dīgļpumpurs

plumy [′plu:mi] *a* **1.** spalvains; **2.** rotāts ar spalvām
plunder [′plʌndə] **I** *n* **1.** [iz]laupīšana (*kara laikā*); **2.** laupījums; **3.** *sl.* peļņa; ieguvums; **II** *v* [iz]laupīt
plunderage [′plʌndərɪdʒ] *n* **1.** [iz]laupīšana; **2.** laupījums
plunderer [′plʌndərə] *n* [iz]laupītājs; zaglis
plunge [plʌndʒ] **I** *n* **1.** ieniršana; to take a p. – mesties ūdenī; **2.** iegremdēšana; **3.** izrāviens [uz priekšu]; ◇ to take the p. – spert izšķirošu soli; **II** *v* **1.** ienirt; **2.** iegremdēt; **3.** (*par cenām*) kristies; **4.** (*into, forward*) mesties; to p. into debt – iekulties parādos; **5.** iegrūst; iedzīt; to p. smb. into poverty – iedzīt kādu postā; **6.** (*par zirgu*) rauties uz priekšu
plunger [′plʌndʒə] *n* **1.** nirējs; **2.** ūdenslīdējs; **3.** azartspēļu cienītājs
plunging [′plʌndʒɪŋ] *n* **1.** [ie]niršana; **2.** iegremdēšana; **3.** azartspēle
plunk [plʌŋk] **I** *n* **1.** plunkšķis; **2.** (*ģitāras, bandžo*) strinkšķis; **II** *v* **1.** (*down, into*) [ie]krist ar plunkšķi; **2.** smagi nomest; **3.** strinkšķināt (*stīgas*)
plural [′plʊərəl] **I** *n gram.* daudzskaitlis; **II** *a gram.* daudzskaitļa-
pluralism [′plʊərəlɪzəm] *n* **1.** strādāšana, apvienojot amatus; **2.** *filoz., pol.* plurālisms
pluralist [′plʊərəlɪst] *n* **1.** amatu apvienotājs; **2.** *filoz., pol.* plurālists
plurality [ˌplʊə′rælətɪ] *n* **1.** liels skaits; **2.** strādāšana, apvienojot amatus; **3.**: p. of votes – balsu vairākums
pluralize [′plʊərəlaɪz] *v* **1.** *gram.* veidot daudzskaitli; dot daudzskaitļa formā; **2.** strādāt, apvienojot amatus
plus [plʌs] **I** *n* **1.** (*arī* p. sign) plusa zīme; **2.** papildinājums; **3.** *mat.* pozitīvs lielums; **II** *a* **1.** papildu-; **2.**: the p. side grāmatv. – kredīts (*ienākumi*); **3.** *mat.*, *el.* pozitīvs; **III** *adv* plus; people of fifty p. – cilvēki, vecāki par piecdesmit gadiem
plus-fours [ˌplʌs′fɔ:z] *n pl* golfa bikses
plush [plʌʃ] **I** *n tekst.* plīšs; **II** *a* **1.** *tekst.* plīša-; **2.** *sar.* grezns; elegants
plushy [′plʌʃɪ] *a* **1.** *tekst.* plīša; **2.** *sar.* grezns; elegants
plutarchy [′plu:tɑ:kɪ] *sk.* **plutocracy**
plutocracy [plu:′tɒkrəsɪ] *n* plutokrātija (*valsts iekārta, kurā vara pieder visbagātākajiem cilvēkiem*)
Plutonian [plu:′təʊnɪən] *a* **1.** elles-; pazemes-; **2.** *ģeol.* dziļuma-
Plutonic [plu:′tɒnɪk] **I** *n ģeol.* dziļuma iezis; **II** *a* **1.** *ģeol.* dziļuma-; **2.** elles-; pazemes-
plutonium [plu:′təʊnɪəm] *n ķīm.* plutonijs
pluvial [′plu:vɪəl] **I** *n* **1.** lietus periods; **2.** garīdznieka tērps; mantija; **II** *a* lietus-; lietains
pluvious [′plu:vɪəs] *a* lietains; lietus-
ply[a] [plaɪ] *n* **1.** šķiedra; (*plāna*) kārta; (*vilnas*) šķipsna; (*troses*) vijums; **2.** tendence; tieksme; **3.** kroka (*drānā*)
ply[b] [plaɪ] *v* **1.** lietot; rīkoties; to p. the needle – šūt; **2.** strādāt; pūlēties; **3.** kursēt (*par sabiedrisko transportu*); **4.** mielot; cienāt; **5.** (*with*) apbērt (*ar jautājumiem*)
plywood [′plaɪwʊd] *n* finieris; saplāksnis
pneumatic [njuː′mætɪk] **I** *n* pneimatiskā riepa; **II** *a* pneimatisks
pneumatics [njuː′mætɪks] *n* pneimatika
pneumonia [njuː′məʊnɪə] *n med.* pneimonija, plaušu karsonis
po [pəʊ] *n sar.* naktspods

poach [pəʊtʃ] v **1.** (arī to go ~ing) nodarboties ar malumedniecību; **2.** (in, on) iejaukties; aizskart otra tiesības; **3.** piesavināties (piem., kāda idejas); **4.** nomīdīt; nobradāt; atstāt pēdas; **5.** mīcīt (mālus)
poacher ['pəʊtʃə] n malumednieks
poaching ['pəʊtʃiŋ] n malumedniecība
pochard ['pəʊtʃəd] n ornit. brūnkakle
pock [pɒk] n med. baku rēta
pocket ['pɒkit] **I** n **1.** kabata; **2.** (biljarda) maks; **3.** (dabas katastrofas, bezdarba) rajons; **4.** av. gaisa bedre; ◇ dip in your p.! – atdari maku!; to have smb. in one's p. – pilnīgi valdīt pār kādu; to line one's p. – iedzīvoties bagātībā; to pick smb.'s p. – iztīrīt kāda kabatas; **II** v **1.** iebāzt kabatā; **2.** gūt peļņu; **3.** iegūt; piesavināties; **4.** iesist (biljarda bumbu) makā
pocketbook ['pɒkitbʊk] n **1.** kabatas grāmatiņa; **2.** kabatas portfelis; **3.** amer. plakana sieviešu rokassomiņa
pocket-eyed ['pɒkit'aid] a ar maisiņiem zem acīm
pocketful ['pɒkitfʊl] n pilna kabata
pocketknife ['pɒkitnaif] n kabatnazis
pocket-picking ['pɒkit͵pikiŋ] n kabatzādzība
pocket piece ['pɒkitpi:s] n laimes monēta (kuru nēsā kabatā)
pocketscope ['pɒkitskəʊp] n: night-vision p. mil. – aparāts, ar kuru var redzēt tumsā
pockmark ['pɒkmɑ:k] n bakurēta
pockmarked ['pɒkmɑ:kt] a bakurētains
pocky ['pɒki] a bakurētains
poco ['pəʊkəʊ] n amer. sl. lietotu drēbju pārdevējs
pococurante [͵pəʊkəʊkjʊ'rænti] **I** n vienaldzīgs (apātisks) cilvēks; **II** a vienaldzīgs, apātisks

podᵃ [pɒd] **I** n **1.** pāksts; **2.** pogaļa; **3.** kūniņa; **4.** (zušu) murds; **5.** sl. marihuāna; **6.** (kosmosa kuģa) atdalāmais modulis; **II** v lobīt (zirņus)
podᵇ [pɒd] n (roņu, vaļu) bars
podagra [pəʊ'dægrə] n med. podagra
podded ['pɒdid] a **1.** pākstveidīgs; **2.** turīgs; pārticis
poddy ['pɒdi] n no mātes atšķirts teļš (vai jērs)
podgy ['pɒdʒi] a **1.** drukns; **2.** (par pirkstiem) īss un tukls
podiatrist [pəʊ'daiətrist] n ortopēds
podiatry [pəʊ'daiətri] n ortopēdija
poem ['pəʊim] n lit. **1.** dzejolis; **2.** poēma
poesy ['pəʊəzi] n novec. poēzija; dzeja
poet ['pəʊit] n dzejnieks
poetaster [͵pəʊi'tæstə] n niev. rīmētājs
poetess ['pəʊitis] n dzejniece
poetic [pəʊ'etik] a **1.** dzejisks; **2.** dzejas-
poetical [pəʊ'etikl] a **1.** sarakstīts dzejā; **2.** dzejisks; **3.** dzejas-
poetize ['pəʊitaiz] v **1.** sacerēt dzejoļus; **2.** apdzejot
poetry ['pəʊətri] n dzejas māksla
po-faced [͵pəʊ'feist] a ar nopietnu seju
pogo ['pəʊgəʊ] n (arī p. stick) ķekata (koka kāja)
poignancy ['pɔinjənsi] n **1.** sīvums; kodīgums; asums; **2.** (pārdzīvojumu) sāpīgums; (asaru) rūgtums
poignant ['pɔinjənt] a **1.** sīvs; kodīgs; ass; **2.** (par pārdzīvojumiem) sāpīgs; (par asarām) rūgts
point [pɔint] **I** n **1.** punkts; [full] p. – punkts (pieturzīme); **2.** vieta; p. of destination – galapunkts; cardinal ~s – debespuses; **3.** smaile; gals; **4.** lieta; jautājums; p. of honour – goda lieta;

p. of view – uzskats; viedoklis; to carry (gain) one's p. – sasniegt savu mērķi; 5. būtība; galvenais; to make a p. of – uzskatīt par svarīgu; to miss the p. – nepamanīt galveno; 6. mērķis; nolūks; 7. brīdis; at any p. – jebkurā brīdī; 8. (*arī* power p.) rozete; kontaktligzda; 9. *sp.* punkts; to score ~s – iegūt punktus; ◇ in p. of fact – patiesībā, faktiski; p. of no return – kritiskā robeža; **II** *v* **1.** (*at, to*) norādīt; **2.** (*at*) vērst (*ieroci*); **3.** asināt (*zīmuli*); **4.** (*par suni*) apstāties un norādīt (*medījumu*)
point constable ['pɔint͵kʌnstəbl] *sk.* **point policeman**
point duty ['pɔintdju:ti] *n* satiksmes regulētāja dežūra
pointed ['pɔintid] *a* **1.** ass; smails; **2.** dzēlīgs; **3.** uzsvērts; izcelts; **4.** uzasināts (*par zīmuli, irbuli*)
pointer ['pɔintə] *n* **1.** rādītājs; bultiņa; **2.** rādāmais kociņš; **3.** pointers (*medību suns*)
pointful ['pɔintfʊl] *a* piemērots; trāpīgs
pointless ['pɔintlis] *a* **1.** truls; neass; **2.** bezjēdzīgs; **3.** *sp.* (*par spēli*) bez rezultāta-
point of view [͵pɔintəv'vju:] *n* uzskats, viedoklis
point policeman ['pɔintpə'li:smən] *n* satiksmes regulētājs (*policists*)
points [pɔints] *n pl* **1.** pārmija; **2.** pirkstgali; on p. – (*dejot baletā*) uz pirkstgaliem
pointsman ['pɔintsmən] *n* **1.** satiksmes regulētājs; **2.** pārmijnieks
pointy ['pɔinti] *a* ass; smails
poise [pɔiz] **I** *n* **1.** līdzsvars; **2.** stāja; iznesība; **3.** nosvērtība; paškontrole; **II** *v* **1.** līdzsvarot; balansēt; **2.** turēt kādā noteiktā stāvoklī; **3.** lidināties

poison ['pɔizn] **I** *n* **1.** inde; **2.** slikta ietekme; **3.** alkoholisks dzēriens; what's your p.? – ko jūs dzersiet?; **4.** *sl.* heroīns; **II** *v* **1.** saindēt; **2.** noindēt; **3.** slikti ietekmēt; samaitāt
poisoning ['pɔizniŋ] *n* **1.** saindēšana; saindēšanās; **2.** noindēšana; noindēšanās; **3.** *pārn.* samaitāšana
poisonous ['pɔiznəs] *a* **1.** indīgs; **2.** kaitīgs; postošs; **3.** pretīgs
poison pen ['pɔiznpen] *n*: p. p. letter – anonīma vēstule
pokeᵃ [pəʊk] *n novec.* maiss; kule; ◇ to buy a pig in a p. – pirkt kaķi maisā
pokeᵇ [pəʊk] **I** *n* **1.** piebikstīšana; **2.** *sar.* dunka; belziens; **II** *v* **1.** piebikstīt; **2.** *sar.* iedunkāt; iebelzt; **3.** (*in*) iebāzt; (*out*) izbāzt; ▯ to p. about (around) – okšķerēt; to p. off *sar.* – slaistīties; ◇ to p. fun at smb. – zoboties par kādu
pokerᵃ ['pəʊkə] *n* **1.** (*krāsns*) kruķis; **2.** deglītis (*zīmējumu iededzināšanai kokā*); ◇ as stiff as a p. – kā olekti norijis
pokerᵇ ['pəʊkə] *n* pokers (*kāršu spēle*)
pokerwork ['pəʊkəwɜ:k] *n* **1.** iededzināts zīmējums; **2.** iededzināšana; iededzināšanas tehnika (*kokā*)
pokeyᵃ ['pəʊki] *sk.* **poky**
pokeyᵇ ['pəʊki] *n sl.* cietums
poky ['pəʊki] *a* (*par telpu*) šaurs; smacīgs
polar ['pəʊlə] *a* **1.** polārs; pola-; polār-; p. bear – ieduslācis; p. lights – ziemeļblāzma; **2.** diametrāli pretējs; **3.** *fiz., mat.* polārs
Polaris [pəʊ'lɑ:ris] *n astr.* Polārzvaigzne
polarity [pəʊ'lærəti] *n fiz.* polaritāte
polaroid ['pəʊlærɔid] *n* **1.** ietonēts stikls (*brillēm, logiem*); **2.**: p. camera – polaroīdfotoaparāts

Pole [pəʊl] *n* polis; poliete
pole[a] [pəʊl] *n* **1.** pols; North P. – ziemeļpols; South P. – dienvidpols; **2.** pretstats; to be ~s apart – radikāli atšķirties
pole[b] [pəʊl] **I** *n* **1.** miets; stabs; **2.** (*arī* ski p.) – slēpju nūja; **3.** *jūrn.* masts; with bare ~s – ar nolaistām burām; ◇ up the p. *sar.* – 1) neziņā; grūtībās; 2) piedzēries; 3) ķerts; jucis; **II** *v* **1.** pielikt kārti; **2.** [at]balstīt ar kārti (mietu) **3.** lietot nūjas (*slēpojot*)
poleaxe [ˈpəʊlæks] **I** *n* **1.** lopu kaujamais cirvis; **2.** *vēst.* āva, karacirvis; **II** *v* nogalināt ar cirvi
polecat [ˈpəʊlkæt] *n* sesks
pole jump [ˈpəʊldʒʌmp] *sp.* **I** *n* lēciens pār kārti; **II** *v* lēkt pār kārti
pole-jumping [ˈpəʊlˌdʒʌmpiŋ] *n sp.* kārtslēkšana
polemic [pəˈlemik] **I** *n* polemika, diskusija; **II** *a* polemisks
polemicist [pəˈlemisist] *n* [veikls] polemiķis
polemics [pəˈlemiks] *n pl* **1.** polemika, diskutēšana; **2.** polemikas (diskusijas) māksla
polenta [pəʊˈlentə] *n kul.* kukurūzas miltu vai mannas putra
pole-star [ˈpəʊlstɑ:] *n* **1.** Polārzvaigzne; **2.** *pārn.* ceļazvaigzne
poley [ˈpəʊli] *a* bez ragiem
police [pəˈli:s] **I** *n* **1.** policija; mounted p. – jātnieku policija; **2.**: the p., p. force – policisti; **II** *v* nodrošināt kārtību
policeman [pəˈli:smən] *n* policists
police office [pəˈli:sˌɒfis] *n* policijas pārvalde
police record [pəˈli:sˌrekɔ:d] *n* krimināla pagātne; sodāmība
police station [pəˈli:sˌsteiʃn] *n* policijas iecirknis
policing [pəˈli:siŋ] *n* **1.** policijas kontrole; **2.** kārtības nodrošināšana
policy[a] [ˈpɒləsi] *n* **1.** politika; foreign p. – ārpolitika; home (domestic, internal) p. – iekšpolitika; **2.** gudrība; tālredzība; **3.** (*muižas*) parks (*Skotijā*)
policy[b] [ˈpɒləsi] *n* polise; insurance p. – apdrošināšanas polise
policyholder [ˈpɒləsiˌhəʊldə] *n* (*apdrošināšanas*) polises īpašnieks
poliomyelitis [ˌpəʊliəʊmaiəˈlaitəs] *n* bērnu trieka, poliomielīts
poliovirus [ˌpəʊliəʊˈvairəs] *n* poliomielīta vīruss
Polish [ˈpəʊliʃ] **I** *n* poļu valoda; **II** *a* poļu-
polish [ˈpɒliʃ] **I** *n* **1.** pulējums; spodrinājums; **2.** spodrināšanas līdzeklis; shoe p. – apavu krēms; **3.** *pārn.* elegance; he lacks p. – viņš nav labi audzināts; **II** *v* **1.** pulēt; spodrināt; **2.** *pārn.* atsvaidzināt (*zināšanas*); he has ~ed manners – viņam ir izsmalcinātas manieres
polisher [ˈpɒliʃə] *n* **1.** pulētājs; spodrinātājs; **2.** pulējamā mašīna
polishing [ˈpɒliʃiŋ] *n tehn.* pulēšana
polite [pəˈlait] *a* **1.** pieklājīgs; labi audzināts; **2.** izsmalcināts
politesse [ˌpɒliˈtes] *n* formāla pieklājība
politeness [pəˈlaitnis] *n* pieklājība
politic [ˈpɒlitik] *a* **1.** (*par cilvēku*) apdomīgs; tālredzīgs; **2.** (*par rīcību*) saprātīgs; piesardzīgs; diplomātisks
political [pəˈlitikl] *a* politisks
political scientist [pəˈlitiklˈsaiəntist] *n* politologs
politician [ˌpɒləˈtiʃn] *n* politiķis; valstsvīrs
politicize [pəˈlitisaiz] *v* politizēt
politics [ˈpɒlətiks] *n* **1.** politika; to talk

p. – runāt par politiku; **2.** politiskā pārliecība; what are his p.? – kāda ir viņa politiskā pārliecība?
politologist [ˌpɒli'tɒlədʒist] *n* politologs
polity ['pɒləti] *n* **1.** valsts iekārta; **2.** valsts (*kā sabiedrība*)
polka ['pɒlkə] **I** *n* polka; **II** *v* dejot polku
polka dot ['pɒlkədɒt] *n* punktains raksts (*audumā*)
poll[a] [pəʊl] **I** *n* **1.** balsošana; **2.** vēlētāju saraksts; **3.** balsu skaitīšana; **4.** balsu skaits; to declare the p. – paziņot vēlēšanu rezultātus; **5.** *pl* vēlēšanu iecirknis; **6.** aptauja; **II** *v* **1.** (*for*) balsot (*par*); **2.** reģistrēt vēlētājus; **3.** iegūt balsis; to p. a majority – iegūt balsu vairākumu; **4.** skaitīt balsis
poll[b] [pəʊl] **I** *n* **1.** koks ar apgrieztiem zariem; **2.** dzīvnieks ar apgrieztiem ragiem; **II** *a* (*par koka zariem, dzīvnieka ragiem*) apgriezts; apzāģēts; **III** *v* apgriezt; apzāģēt (*koka zarus, dzīvnieka ragus*)
pollard ['pɒləd] **I** *n* **1.** koks ar apgrieztiem zariem; **2.** dzīvnieks ar apgrieztiem ragiem; **3.** klijas; **II** *v* apgriezt, apzāģēt (*kokam zarus*)
poll cow ['pəʊlkaʊ] *n* tole
pollee [pəʊ'liː] *n* aptaujas dalībnieks
pollen ['pɒlən] *bot.* **I** *n* ziedputekšņi; p. disease *med.* – alerģija pret ziedputekšņiem; **II** *v* apputeksnēt
poller ['pəʊlə] *n* **1.** vēlētājs; **2.** reģistrators vēlēšanu iecirknī
pollex ['pɒleks] *n* (*pl* pollices ['pɒlisiːz]) īkšķis
pollinate ['pɒləneit] *v bot.* apputeksnēt
pollination [ˌpɒlə'neiʃn] *n bot.* apputeksnēšana
polliwog ['pɒliwɒg] *n amer.* kurkulēns; vardulēns

pollock ['pɒlək] *sk.* **pollack**
pollster ['pəʊlstə] *n* aptaujas organizētājs
poll tax ['pəʊltæks] *n* personas nodoklis
pollutant [pə'luːtnt] *n* (*apkārtējās vides*) piesārņotājs (*ķīmiska viela vai faktors*)
pollute [pə'luːt] *v* **1.** piesārņot; **2.** apgānīt
polluter [pə'luːtə] *n* (*apkārtējās vides*) piesārņotājs (*persona vai uzņēmums*)
pollution [pə'luːʃn] *n* **1.** piesārņošana; **2.** apgānīšana; **3.** *fiziol.* pollūcija
polo ['pəʊləʊ] *n sp.* polo
polonaise [ˌpɒlə'neiz] *n* polonēze
polo-neck ['pəʊləʊnek] *n* augsta apkaklīte
polony [pə'ləʊni] *n* pušžāvēta cūkgaļas desa
polo stick ['pəʊləʊstik] *sp.* polo nūja
poltergeist ['pɒltəgaist] *n* poltergeists
poltroon [pɒl'truːn] *a* glēvulis; mīkstčaulis; zaķpastala
poltroonery [pɒl'truːnəri] *n* glēvulība; mīkstčaulība
polyandry [ˌpɒli'ændri] *n* daudzvīrība
polyanthus [ˌpɒli'ænθəs] *n bot.* prīmula
polyarthritis [ˌpɒliɑː'θraitis] *n* poliartrīts
polychromatic [ˌpɒlikrəʊ'mætik] *a* daudzkrāsains
polychrome ['pɒlikrəʊm] **I** *n* daudzkrāsaina statuja (*vai* vāze); **II** *a* daudzkrāsains
polygamy [pə'ligəmi] *n zool.* poligāmija (*pārošanās ar vairākiem pretējā dzimuma indivīdiem*)
polyglot ['pɒliglɒt] **I** *n* poliglots, cilvēks, kas prot vairākas valodas; **II** *a* daudzvalodu-
polyglotter ['pɒliˌglɒtə] *n sl.* poliglots
polyglottism ['pɒliˌglɒtizəm] *n* poliglotisms, daudzu valodu zināšana

polygon [ˈpɒligən] *n* daudzstūris
polygonal [pɒˈligənl] *a* daudzstūra-; daudzstūru-
polygraph [ˈpɒligrɑːf] *n* **1.** *(tekstu)* kopējamais aparāts; **2.** melu detektors; **3.** daudzu (dažādu) darbu autors
polygyny [pəˈlidʒəni] *n* daudzsievība
polyhedron [ˌpɒliˈhiːdrən] *n* daudzskaldnis
polymath [ˈpɒlimæθ] *n* erudīts; *sar.* staigājošā enciklopēdija
polymathic [ˌpɒliˈmæθik] *a* erudīts; vispusīgi izglītots
polymathy [pəˈliməθi] *n* erudīcija; vispusīgas zināšanas
polymer [ˈpɒlimə] *n* ķīm. polimērs
Polynesian [ˌpɒliˈniːziən] **I** *n* polinēzietis; polinēziete; **II** *a* Polinēzijas-; polinēziešu-
polynomial [ˌpɒliˈnəʊmiəl] *mat.* **I** *n* polinoms; **II** *a* polinoma-
polyp [ˈpɒlip] *n med., zool.* polips
polyphagous [pəˈlifəgəs] *a zool.* polifāgs (visējāds)
polyphase [ˈpɒlifeiz] *a el.* daudzfāžu-
polypod [ˈpɒlipɒd] *zool.* **I** *n* daudzkājis; **II** *a* daudzkāju-
polysemous [ˌpɒliˈsiːməs] *a* daudznozīmju-
polyspast [ˈpɒlispæst] *n tehn.* polispasts; trīšu mehānisms
polysyllabic [ˌpɒlisiˈlæbik] *a* daudzzilbju-
polytechnic [ˌpɒliˈteknik] **I** *n* politehnikums; **II** *a* politehnisks
polytheism [ˈpɒliθiːizəm] *n* daudzdievība
polytheist [ˈpɒliθiːist] *n* daudzdievības piekritējs
polyvalent [ˌpɒliˈveilənt] *a ķīm.* daudzvērtīgs
polyversity [ˌpɒliˈvɜːsiti] *n* daudzfakultāšu universitāte

pom [pɒm] *n* **1.** *(saīs. no* Pomeranian) *sar.* špics; **2.** *sl.* angļu imigrants
pome [pəʊm] *n bot.* **1.** sulīgs auglis; **2.** *poēt.* ābols
pomegranate [ˈpɒmiˌgrænət] *n* **1.** granātkoks; **2.** granātābols
pomelo [ˈpɒmələʊ] *n* greipfrūts
pomiculture [ˈpəʊmikʌltʃə] *n* augļkopība
pommel horse [ˈpʌmlhɔːs] *n sp.* vingrošanas zirgs
pommie [ˈpɒmi] *n sl.* angļu imigrants
pomp [pɒmp] *n* krāšņums; greznums
pompier [ˈpɒmpiə] *n*: p. ladder – izbīdāmās ugunsdzēsēju kāpnes
pomposity [pɒmˈpɒsəti] *n* **1.** krāšņums; greznums; **2.** uzpūtība
pompous [ˈpɒmpəs] *a* **1.** krāšņs; grezns; **2.** uzpūtīgs
ponce [pɒns] *sl.* **I** *n* **1.** suteners; **2.** nepatīkams tips; **II** *v* dižoties; ☐ to p. about – dižoties; to p. around – izniekot laiku; to p. up – izrotāt
ponceau [ˈpɒnsəʊ] *n* spilgti sarkana krāsa
poncho [ˈpɒntʃəʊ] *n* pončo
poncy [ˈpɒnsi] *a* švītīgs
pond [pɒnd] **I** *n* **1.** dīķis; **2.**: the P. – Atlantijas okeāns; **II** *v* izveidot dīķi
ponder [ˈpɒndə] *v (on, upon, over)* apsvērt; apdomāt
ponderous [ˈpɒndərəs] *a* **1.** masīvs; **2.** tūļīgs; **3.** *(par lekciju)* garlaicīgs
pone[a] [pəʊn] *n amer.* kukurūzas maize
pone[b] [pəʊn] *n (kāršu spēlē diviem)* spēles sācējs
pong[a] [pɒŋ] *sl.* **I** *n* smirdoņa; smaka; **II** *v* **1.** smirdēt; smakot; **2.** *teātr. (par aktieri)* aizmirst tekstu un izlīdzēties ar saviem vārdiem
pong[b] [pɒŋ] *n amer. niev.* šķībacis; ķinietis
pongo [ˈpɒŋgəʊ] *n* **1.** orangutans; **2.** *jūrn. sl.* jūras flotes kājnieks

poniard [ˈpɒnjəd] *n* duncis
pontifex [ˈpɒntifeks] (*pl* pontifices [pɒnˈtifisi:z]) **1.** *vēst.* pontifiks; **2.** Romas pāvests
pontiff [ˈpɒntif] *n* **1.** Romas pāvests; **2.** bīskaps; **3.** *sk.* **pontifex 1**.
pontifical [pɒnˈtifikl] **I** *n* rituāla grāmata; **II** *a* **1.** pāvesta-; **2.** bīskapa-; **3.** *niev.* dogmatisks
pontificals [pɒnˈtifiklz] *n pl* bīskapa tērps
pontoonᵃ [pɒnˈtu:n] *n* acīte (*kāršu spēle*)
pontoonᵇ [pɒnˈtu:n] **I** *n* **1.** pontons; **2.** kesons; **II** *v* pārcelt pār upi ar pontonlaivu
pony [ˈpəʊni] **I** *n* **1.** ponijs; **2.** *amer.* (*arī* p. car) − mazgabarīta automobilis; **3.** divdesmit piecu mārciņu banknote; **4.** *amer. sl.* špikeris; **II** *v amer. sl.* špikot
ponytail [ˈpəʊniteil] *n* zirgaste (*matu sakārtojums*)
pooch [pu:tʃ] *n sl.* suns
poodle [ˈpu:dl] *n* pūdelis
poof [pʊf] **I** *n sar., niev.* homoseksuālists; **II** *v sl.* bučoties
pooh [pu:] *int.* fui!
pooh-pooh [ˌpu:ˈpu:] *v* nonievāt
poolᵃ [pu:l] *n* **1.** peļķe; **2.** dīķis; **3.** baseins; swimming p. − peldbaseins
poolᵇ [pu:l] **I** *n* **1.** kopējs fonds; car p. − automobiļu parks; **2.** kopējā kase; **3.** kopējā (*kāršu spēlē*) ieliktā summa; **4.** *amer.* puls (*biljarda paveids*); **II** *v* **1.** apvienot kopējā fondā; **2.** rezumēt
poolroom [ˈpu:lru:m] *n amer.* **1.** biljarda istaba; **2.** kantoris, kurā slēdz (*zirgu skriešanās sacensību*) derības
poon [pu:n] *n sl.* vientiesis
poopᵃ [pu:p] *n* kuģa pakaļgals
poopᵇ [pu:p] *v sar.* nogurdināt
poopᶜ [pu:p] *n* (*saīs. no* nincompoop) vientiesis; muļķītis

poop deck [pu:pdek] *n* kuģa pakaļgala klājs
poor [pʊə] *a* **1.** nabadzīgs; **2.** nelaimīgs; nabaga-; p. thing! − nabadziņš!; **3.** slikts; vājš; p. health − vāja veselība; **4.** niecīgs; mazs; ◊ to take a p. view of smth. − nelabvēlīgi raudzīties uz kaut ko
poorhouse [ˈpʊəhaʊs] *n* nabagmāja
poor law [ˈpʊəlɔ:] *n* sociālās apgādes likums
poorly [ˈpʊəli] **I** *a* (*predic.*) nevesels; savārdzis; **II** *adv* **1.** nabadzīgi; trūcīgi; **2.** nožēlojami; nelaimīgi; **3.** vāji, niecīgi
poor-mouth [ˈpʊəmaʊθ] *v* izlikties nabagam; sūdzēties par nabadzību
poorness [ˈpʊənis] *n* **1.** trūcīgums; nabadzība; **2.** (*augsnes*) neauglība
poor-spirited [ˌpʊəˈspiritid] *a* gļēvs; mazdūšīgs
popᵃ [pɒp] **I** *n* **1.** (*korķa*) paukšķis; **2.** *sar.* šāviens; **3.** *sar.* putojošs dzēriens; **4.** *sl.* ķīla; in p. − ieķīlāts; **II** *v* **1.** (*par pudeles korķi*) nopaukšķēt; **2.** *sar.* šaut; **3.** *sl.* injicēt (*narkotiku*); **4.**: *sar.* to p. the question − bildināt; **5.** *sl.* ieķīlāt; ◊ to p. off at the mouth − dižoties, lielīties; to p. off one's cork − 1) zaudēt savaldību; 2) *sl.* sasniegt orgasmu; ▯ to p. in − 1) iebrāzties; 2) pagodināt ar vizīti; to p. off − 1) *sar.* nošaut; 2) (*at*) aprunāt; **III** *adv* pēkšņi; negaidīti
popᵇ [pɒp] *sar.* **I** *n* (*saīs. no* pop music) popmūzika; **II** *a* (*saīs. no* popular) populārs
popᶜ [pɒp] *n sar.* večuks; vecītis
pop-bottle [ˈpɒpbɒtl] *n sar.* skārdene
popcorn [ˈpɒpkɔ:n] *n* popkorns, grauzdēta kukurūza

pope[a] [pəʊp] *n* 1. pāvests; 2. garīdznieks
pope[b] [pəʊp] *n anat.* cirksnis
popery [ˈpəʊpəri] *n niev.* pāvesta vara; katolicisms
pop-eyed [ˌpɒpˈaid] *a sar.* ar izvalbītām acīm
popgun [ˈpɒpgʌn] *n* rotaļu šautene
pop-in [ˈpɒpin] *n sl.* alkoholisks dzēriens
popinjay [ˈpɒpindʒei] *n* 1. dendijs; 2. *novec.* papagailis
poplar [ˈpɒplə] *n* papele
popliteal [pɒpˈlitiəl] *a anat.* zemceļa-
pop-out [ˈpɒpaʊt] *n* sērfinga dēlis
popover [ˈpɒpˌəʊvə] *n* (*pār galvu velkams*) viegls tērps
popper [ˈpɒpə] *n* 1. *sar.* spiedpoga; 2. *sar.* pistole; 3. *amer.* popkorna grauzdētājs (*ierīce*)
poppet [ˈpɒpit] *n* 1. *sar.* mīlulītis; mazulītis; 2. *tehn.* virpas balsts
poppet-head [ˈpɒpithed] *n tehn.* virpas balsts
popple [ˈpɒpl] I *n* (*ūdens*) viļņošanās; virmošana; II *v* (*par ūdeni*) viļņoties; virmot
poppy [ˈpɒpi] *n* magone
poppy-head [ˈpɒpihed] *n* 1. magones galviņa; 2. griezts rotājums (*piem., baznīcas solu atzveltnēs*)
popshop [ˈpɒpʃɒp] *n sl.* lombards
popsicle [ˈpɒpsikl] *n amer.* saldēta augļu sula
popsie [ˈpɒpsi] *n sar.* skaistulīte
popster [ˈpɒpstə] *n* 1. popmākslas pārstāvis; 2. popmūzikas fans
populace [ˈpɒpjʊləs] *n* 1. vienkāršie ļaudis; 2. *niev.* pūlis
popular [ˈpɒpjʊlə] *a* 1. populārs; 2. tautas-; 3. *sar.* zems (*par cenām*)
populate [ˈpɒpjʊleit] *v* apdzīvot
population [ˌpɒpjʊˈleiʃn] *n* 1. iedzīvotāji; 2. kopskaits (*statistikā*); 3. *biol.* populācija
populous [ˈpɒpjʊləs] *a* biezi apdzīvots
porcelain [ˈpɔːslin] *n* 1. porcelāns; 2. porcelāna izstrādājums
porch [pɔːtʃ] *n* 1. lievenis; 2. *amer.* veranda
porcine [ˈpɔːsain] *a* 1. cūkas-; cūku-; 2. cūcīgs
porcupine [ˈpɔːkjʊpain] *n* dzeloņcūka
pore[a] [pɔː] *n* pora
pore[b] [pɔː] *v* (*over, upon*) pētīt; urbties
porgy [ˈpɔːgi] *n sar.* jūras asaris
pork [pɔːk] *n* cūkgaļa; p. chop – karbonāde; p. pie – speķa pīrāgs
porker [ˈpɔːkə] *n* 1. baroklis; 2. cūka
porkling [ˈpɔːkliŋ] *n* sivēns
porky[a] [ˈpɔːki] *a* 1. cūkgaļas-; 2. *sar.* resns
porky[b] [ˈpɔːki] *n amer. sar.* dzeloņcūka
porn [pɔːn] *n* (*saīs. no* pornography) *sar.* pornogrāfija
pornie [ˈpɔːni] *n sl.* pornofilma
porno [ˈpɔːnəʊ] *sar.* I *n* (*saīs. no* pornography) pornogrāfija; II *a* (*saīs. no* pornographic) pornogrāfisks
pornographic [ˌpɔːnəˈgræfik] *a* pornogrāfisks
pornography [pɔːˈnɒgrəfi] *n* pornogrāfija
pornshop [ˈpɔːnʃɒp] *n* pornoveikals
porous [ˈpɔːrəs] *a* porains
porous pen [ˈpɔːrəspen] *n* flomāsters
porpoise [ˈpɔːpəs] *n* delfīns
porridge [ˈpɒridʒ] *n* 1. (*auzu u.c.*) biezputra; 2. cietumsods; to do one's p. – izciest sodu
porringer [ˈpɒrindʒə] *n* bļodiņa
port[a] [pɔːt] *n* 1. osta; 2. *sar.* lidosta; 3. patvērums; glābiņš
port[b] [pɔːt] *n* (*arī* p. wine) portvīns
portable [ˈpɔːtəbl] *a* portatīvs, pārnēsājams

portage [ˈpɔ:tidʒ] *n* **1.** pārvadāšana; transportēšana; **2.** pārvadāšanas maksa
portal [ˈpɔ:tl] **I** *n* portāls; vārti; **II** *a* portāla-; vārtu-
portcullis [ˌpɔ:tˈkʌlis] *n* nolaižams vārtu režģis (*cietoksnī*)
portend [pɔ:ˈtend] *v* pareģot; solīt; vēstīt; purple sunset p. wind – sarkans saulriets sola vēju
portent [ˈpɔ:tent] *n* pareģojums; (*ļauna*) zīme
portentous [pɔ:ˈtentəs] *a* **1.** draudīgs; ļaunu vēstošs; **2.** brīnumains; neparasts; **3.** varens
porter[a] [ˈpɔ:tə] *n* šveicars
porter[b] [ˈpɔ:tə] *n* **1.** nesējs; **2.** *amer.* (*guļamvagona*) pavadonis
porter[c] [ˈpɔ:tə] *n* tumšais alus
porterage [ˈpɔ:təridʒ] *n* **1.** (*mantu*) pārnešana; **2.** (*kravas*) piegāde
portfire [ˈpɔ:tfaiə] *n* degaukla
portfolio [pɔ:tˈfəuliəu] *n* **1.** portfelis; mape; **2.** *pol. pārn.* portfelis; krēsls (amats)
porthole [ˈpɔ:thəul] *n* **1.** (*kuģa, lidmašīnas*) iluminators; **2.** *mil.* šaujamlūka
portion [ˈpɔ:ʃn] **I** *n* **1.** daļa; tiesa; **2.** porcija; **3.**: marriage p. – līgavas pūrs; **II** *v* **1.** sadalīt daļās; **2.** dot pūru
portionless [ˈpɔ:ʃnlis] *a* (*līgava*) bez pūra
portmanteau [ˌpɔ:tˈmæntəu] *n* (*pl* portmanteaux [ˌpɔ:tˈmæntəuz] *vai* portmanteaus [ˌpɔ:tˈmæntəuz] čemodāns; saliekama ceļasoma
portrait [ˈpɔ:trət] *n* **1.** portrets; **2.** (*vārdisks, grafisks*) attēls
portraitist [ˈpɔ:trətist] *n* portretists
portray [pɔ:ˈtrei] *v* **1.** portretēt; **2.** attēlot (*vārdiski, grafiski*)
portreeve [ˈpɔ:tri:v] *n vēst.* pilsētas mērs
portress [ˈpɔ:tris] *n* (*klostera*) durvju sardze

port side [ˌpɔ:tˈsaid] *n* (*kuģa*) kreisais borts
port-sider [ˌpɔ:tˈsaidə] *n amer. sl.* kreilis
Portuguese [ˌpɔ:tʃuˈgi:z] **I** *n* **1.** portugālis; portugāliete; **2.** portugāļu valoda; **II** *a* portugāļu-
pose[a] [pəuz] **I** *n* poza; stāvoklis; **II** *v* **1.** nostādīt pozā; **2.** (*for*) pozēt; **3.**: to p. as niev. – izlikties; uzdoties (*par*); **4.** izvirzīt (*jautājumu*)
pose[b] [pəuz] *v* samulsināt (*ar jautājumiem*)
poser [ˈpəuzə] *n* **1.** grūts (sarežģīts) jautājums; **2.** pozētājs; modelis
posh [pɒʃ] *sar.* **I** *a* grezns; elegants; **II** *v* būt greznam (elegantam); ◊ to p. up – lepni uzcirsties
posit [ˈpɒzit] *v* **1.** apgalvot; **2.** novietot
position [pəˈziʃn] **I** *n* **1.** pozīcija; stāvoklis; **2.** amats; vieta; **3.** augsts stāvoklis sabiedrībā; people of p. – augstu stāvoši cilvēki; **4.** viedoklis; nostāja; to take up a p. – ieņemt nostāju; **5.** *mil.* pozīcija; **6.** *filoz.* pieņēmums; **II** *v* **1.** nolikt; novietot; izvietot; **2.** noteikt vietu
positive [ˈpɒzətiv] **I** *n* **1.** pozitīvs (*fotomākslā*); **2.** *gram.* pamata pakāpe; **3.** *mat.* pozitīvs lielums; **II** *a* **1.** pozitīvs; **2.** pārliecināts; drošs; **3.** noteikts; skaidrs; kategorisks; **4.** pašpārliecināts; p. sort of man – pašpārliecināts cilvēks
positively [ˈpɒzətivli] *adv* **1.** pozitīvi; **2.** noteikti; skaidri; kategoriski; **3.** *amer.* jā
posse [ˈpɒsi] *n* **1.** policistu vienība; **2.** (*cilvēku*) grupa; bars
possess [pəˈzes] *v* **1.** piederēt; **2.** (*par jūtām*) pārņemt; **3.**: to p. oneself – savaldīties
possessed [pəˈzest] *a:* to be p. (*by, with*) – būt apsēstam

possession [pə'zeʃn] *n* 1. īpašums; 2. apsēstība; 3. *jur.* valdījums
possessive [pə'zesiv] *a* 1. īpašuma-; p. rights – īpašuma tiesības; 2. *gram.* piederības-; p. pronoun – piederības vietniekvārds
possessor [pə'zesə] *n* īpašnieks
possibility [,pɒsə'biləti] *n* iespēja
possible ['pɒsəbl] I *n* iespējamais; to do one's p. – darīt visu iespējamo; II *a* 1. iespējams; as soon as p. – cik drīz vien iespējams; if it is p. – ja iespējams; 2. pieņemams (*piem.*, *par kandidātu*)
possibly ['pɒsəbli] *adv* iespējams; varbūt
possum ['pɒsəm] *n* oposums; ◇ to play p. – 1) izlikties par aizmigušu (*vai* slimu, mirušu); 2) izlikties par vientiesi
post[a] [pəʊst] I *n* 1. pasts; 2. pasta nodaļa; II *v* iemest pastkastītē; nosūtīt pa pastu; III *adv* steigšus; to ride p. – steigšus aizceļot
post[b] [pəʊst] I *n* 1. vieta; amats; 2. *mil.* postenis; II *v* 1. nostādīt postenī; 2. norīkot darbā
post[c] [pəʊst] I *n* 1. stabs; miets; 2. atbalsts; 3. *ģeol.* smilšakmens; II *v* 1. (*arī* to p. up) izkārt; izlīmēt (*afišu*); 2. paziņot atklātībai
postage ['pəʊstidʒ] *n* pasta izdevumi; pasta tarifs
postage stamp ['pəʊstidʒ stæmp] *n* pastmarka
postal ['pəʊstl] I *n amer.* pastkarte, atklātne; II *a* pasta-; p. order – naudas pārvedums
postbellum [,pəʊst'beləm] *a* pēckara-
postbox ['pəʊstbɒks] *n* pastkastīte
postboy ['pəʊstbɔi] *n* pastnieks

postcard ['pəʊstkɑ:d] *n* pastkarte, atklātne
postcoach ['pəʊstkəʊtʃ] *n vēst.* pasta kariete
postcode ['pəʊstkəʊd] *n* pasta indekss
postdate [,pəʊst'deit] *v* datēt ar iepriekšēju datumu
poster ['pəʊstə] I *n* 1. plakāts; afiša; p. panel – plakātu (afišu) dēlis; 2. afišu izlīmētājs; II *v* izlīmēt ar plakātiem (afišām)
poste restante [,pəʊst'restɒnt] *adv* pēc pieprasījuma (*par korespondenci*)
posterior [pɒ'stiəriə] I *n* (*bieži pl*) sēžamvieta; II *a* 1. pakaļējais; aizmugures-; 2. vēlākais; sekojošais
posteriority [pɒ,stiəri'ɒrəti] *n* 1. sekošana (*aiz kāda*); 2. nākamība
posterity [pɒ'sterəti] *n* 1. nākamās paaudzes; pēcnācēji; pēcteči; 2. nākamība
postern [pɒstən] *n* 1. sāndurvis; 2. slepenās durvis
post-existence [,pəʊstig'zistəns] *n* aizkapa dzīve
postface ['pəʊstfeis] *n* pēcvārds
post-free [,pəʊst'fri:] *a, adv* (*par pasta sūtījumu*) 1) bezmaksas-; 2) saņēmēja apmaksāts
postglacial [,pəʊst'gleisiəl] *a ģeol.* pēcleduslaikmeta-
postgraduate [,pəʊst'grædjʊət] I *n* aspirants; II *a* aspiranta-; p. courses – aspirantūra
posthaste [,pəʊst'heist] *adv* steigšus
posthumous ['pɒstjʊməs] *a* 1. pēcnāves-; 2. publicēts pēc autora nāves; 3. dzimis pēc tēva nāves
postiche [pɒ'sti:ʃ] *n* 1. imitācija; viltojums; 2. parūka
postlude ['pəʊstlu:d] *n mūz.* pēcspēle

postman ['pəʊstmən] *n* pastnieks
postmark ['pəʊstmɑ:k] **I** *n* pasta zīmogs; **II** *v* apzīmogot (*pasta sūtījumu*)
postmaster ['pəʊst‚mɑ:stə] *n* pasta priekšnieks
postmeridian [‚pəʊstmə'ridiən] *a* pēcpusdienas-
post meridiem [‚pəʊstmə'ridiəm] *adv* pēcpusdienā
postmistress ['pəʊst‚mistris] *n* pasta priekšniece
postmortem [‚pəʊst'mɔ:təm] **I** *n* 1. autopsija, līķa sekcija; 2. *sar.* (*spēles, vēlēšanu rezultātu*) analīze; **II** *v* izdarīt līķa sekciju
postnatal [‚pəʊst'neitl] *a* pēcdzemdību-
postnuptial [‚pəʊst'nʌpʃl] *a* pēclaulību-
postobit [‚pəʊst'əʊbit] *a jur.* spēkā esošs pēc (*kāda*) nāves
post office ['pəʊstɒfis] *n* pasta nodaļa
post office box ['pəʊstɒfis‚bɒks] *n* pasta abonenta kastīte
postpaid [‚pəʊst'peid] *a, adv* ar apmaksātiem pasta izdevumiem
postpone [‚pəʊst'pəʊn] *v* atlikt (*uz vēlāku laiku*)
postponement [‚pəʊst'pəʊnmənt] *n* atlikšana (*uz vēlāku laiku*)
postscript ['pəʊstskript] *n* 1. postskripts (*vēstulē u. tml.*); 2. pēdējo ziņu komentārs (*televīzijā*)
postulant ['pəʊstjʊlənt] *n* garīdznieka amata kandidāts
postulate I *n* ['pɒstjʊlət] *filoz., mat.* postulāts; **II** *v* ['pɒstjʊleit] 1. postulēt; pieņemt bez pierādījuma; 2. izvirzīt prasību
posture ['pɒstʃə] **I** *n* 1. (*ķermeņa*) poza; stāvoklis; stāja; 2. situācija; stāvoklis; **II** *v* 1. nostādīt pozā; 2. nostāties pozā; ieņemt pozu; pozēt

posy ['pəʊzi] *n* 1. (*mazs*) puķu pušķis; 2. *novec.* devīze, moto (*uz gredzena*)
potᵃ [pɒt] **I** *n* 1. katls; 2. pods; 3. *sar.* naktspods; 4. trāpījums (*no neliela attāluma*), 5. *sar.* kauss; godalga; 6. *sar.* katliņš (*cepure*); 7. *sar.* krietna summa; ~s of money – kaudze naudas; 8. *sar.* dzeramais; 9. *niev.* liels vēders; 10. (*biljarda*) maks; ◇ big p. – liels vīrs; to keep the p. boiling – 1) pelnīt iztiku; 2) uzturēt tempu; **II** *v* 1. ielikt katlā; 2. konservēt; 3. stādīt podā; 4. likt (*bērnu*) uz poda; 5. trāpīt (*no neliela attāluma*); iedzīt (*biljarda bumbu*) makā; 6. īsināt (*tekstu*); 7. sagrābt; iegūt
potᵇ [pɒt] *n sl.* marihuāna; zālīte
potable ['pəʊtəbl] *a* dzerams; p. water – dzeramais ūdens
potables ['pəʊtəblz] *n pl* dzērieni
potage [pɒ'tɑ:ʒ] *n* (*bieza*) zupa
potamic [pə'tæmik] *a* upes-; upju-
potassium [pə'tæsiəm] *n ķīm.* kālijs; cyanide p. – ciankālijs
potation [pəʊ'teiʃn] *n* 1. (*alkoholisks*) dzēriens; 2. (*parasti pl*) dzeršana, žūpošana
potato [pə'teitəʊ] *n* 1. kartupelis; mashed ~es – kartupeļu biezenis; 2. *amer. sl.* pauris; 3. *amer. sl.* neglītene; 4. *amer. sl.* dolārs; nauda; ◇ couch p. – zvilnētājs pie televizora; quite the p. – 1) lielisks cilvēks; 2) tieši tas, kas vajadzīgs
potato beetle [pə'teitəʊ‚bi:tl] *n* kolorādo vabole
potato box [pə'teitəʊbɒks] *n amer. sl.* mute
potato chips [pə'teitəʊtʃips] *n pl* (*kartupeļu*) čipsi
potato crisps [pə'teitəʊkrisps] *n pl amer.* (*kartupeļu*) čipsi

potato trap [pə'teitəʊtræp] *n amer. sl.* mute; shut your p. t.! – aizveries!
potbelly [ˌpɒt'beli] *n* 1. liels vēders; 2. resnvēderis, lielvēderis
potboil ['pɒtbɔil] *v* halturēt
potboiler ['pɒtˌbɔilə] *n* 1. haltūra; 2. halturists
potboy ['pɒtbɔi] *n* krodzinieka palīgs
pot cheese ['pɒtˌtʃi:z] *n amer.* biezpiens
poteen [pɒ'ti:n] *n* īru kandža
potency ['pəʊtnsi] *n* potence; spēja
potent ['pəʊtnt] *a* 1. potents; spējīgs; 2. spēcīgs; pārliecinošs (*par argumentu*); 3. iedarbīgs (*par zālēm*)
potentate ['pəʊtnteit] *n* 1. monarhs; valdnieks; 2. ietekmīga persona
potential [pə'tenʃl] 1. potenciāls; iespējams; 2.: p. mood *gram.* – konjunktīvs
potentiality [pəˌtenʃi'æləti] *n* 1. iespēja; 2. (*parasti pl*) spējas
potentiate [pəʊ'tenʃieit] *v* 1. darīt iespējamu; 2. piešķirt varu (spēku)
pot hat ['pɒthæt] *n* katliņš (*cepure*)
pothead ['pɒthed] *n sl.* narkomāns
pother ['pɒðə] I *n* 1. smacīgi dūmi; 2. kņada; troksnis; II *v* 1. uztraukt; uzbudināt; 2. sacelt kņadu
potherb ['pɒthɜ:b] *n* ēdamie zaļumi (*piem., spināti, skābenes*)
pothole ['pɒthəʊl] I *n* bedre; gramba; danga; II *v* nodarboties ar speleoloģiju
potholer ['pɒthəʊlə] *n* speleologs, alu pētnieks
potholing ['pɒthəʊliŋ] *n* speleoloģija, alu pētniecība
pothook ['pɒthʊk] *n* katla kāsis
pothouse ['pɒthaʊs] *n novec.* krogs, dzertuve
pothunter ['pɒtˌhʌntə] *n niev.* 1. (*sporta*) godalgu tīkotājs; 2. apraktu dārgumu meklētājs
potion ['pəʊʃn] *n* zāļu (*vai* indes) deva; love p. – mīlas dzēriens
pot-roast ['pɒtrəʊst] I *n* sautēta gaļa; II *v* sautēt gaļu
potsherd ['pɒtʃɜ:d] *n* (*trauka*) lauska
potshot ['pɒtʃɒt] *n* 1. šāviens no neliela attāluma; 2. šāviens uz labu laimi; 3. akls mēģinājums (*kaut ko darīt*)
potshoot ['pɒtʃu:t] *v* 1. šaut no neliela attāluma; 2. šaut uz labu laimi; 3. akli mēģināt (*kaut ko darīt*)
potsy ['pɒtsi] *n amer. sl.* 1. pogainais; kruķis; 2. policista žetons
pottage ['pɒtidʒ] *n* bieza zupa, vira
potted ['pɒtid] *a* 1. konservēts (*par gaļu, zivīm*); 2. podā augošs (*par augu*); 3. *niev.* īsināts (*par tekstu*); 4. ierakstīts (*magnetofona lentē, skaņuplatē*); 5. *amer. sl.* pietempies, piesūcies
potter[a] ['pɒtə] *n* podnieks
potter[b] ['pɒtə] *v* 1. (*at, in*) niekoties; 2. (*arī* to p. about) slaistīties; slinkot; 3. izšķiest; to p. away one's time – izšķiest laiku
pottery ['pɒtəri] *n* 1. māla trauki; keramika; 2. podnieka darbnīca
pottle ['pɒtl] *n* skalu groziņš
potty[a] ['pɒti] *a* 1. sīks; nenozīmīgs; 2. jucis
potty[b] ['pɒti] *n* naktspodiņš
pot-valiant ['pɒtˌvæliənt] *a* bravūrīgs (*dzērumā*)
pouch [paʊtʃ] I *n* 1. tabakmaks; maisiņš; ~es under the eyes – maisiņi zem acīm; 2. *zool.* (*somaiņu*) soma; 3. pasta maiss; II *v* 1. bāzt somā; 2. *sl.* dot dzeramnaudu
pouched [paʊtʃt] *a zool.* somainis
pouf[fe] [pu:f] *n* 1. augsts matu sakārtojums; 2. polsterēts soliņš; 3. spilvens

(*sēdēšanai uz grīdas*); **4.** *niev.* homoseksuālists
poult[a] [pəʊlt] *n* cālis; zoslēns; tītarēns
poult[b] [pʊlt] *n tekst.* smalks zīds
poultice [ˈpəʊltis] **I** *n* sautējoša komprese; **II** *v* uzlikt sautējošu kompresi
poultry [ˈpəʊltri] *n* **1.** mājputni; **2.** mājputnu gaļa; **3.** (*arī* p. breeding) putnkopība
pounce [paʊns] **I** *n* **1.** (*putna*) nags; **2.** uzklupiens; **II** *v* (*at, on, upon*) uzklupt
pound[a] [paʊnd] *n* **1.** mārciņa (*svara vienība* – 453,6 g); **2.** (*arī* p. sterling) sterliņu mārciņa
pound[b] [paʊnd] **I** *n* sitiens; trieciens; **II** *v* **1.** (*at, on, against, away at*) sist; dauzīt; **2.** (*at, on*) apšaudīt; bombardēt; **3.** saberzt; sagrūst (*piestā*); **4.** dauzīties (*par sirdi*); **5.** (*along*) lāčot; slāt
pounder[a] [ˈpaʊndə] *n* vienu mārciņu smags priekšmets
pounder[b] [ˈpaʊndə] *n* stampa, piesta
pound-foolish [ˈpaʊnd.fuːlɪʃ] *a:* penny-wise and p.-f. – taupa sīkumos un ir izšķērdīgs lielās lietās
pound sterling [ˈpaʊnd.stɜːlɪŋ] *n* sterliņu mārciņa (*angļu naudas vienība*)
pour [pɔː] **I** *n* **1.** lietusgāze; **2.** lietnis (*metalurģijā*); **II** *v* **1.** liet; **2.** [stipri] līt; gāzt [aumaļām]; ~ing rain – lietusgāze; **3.** atliet (*metalurģijā*); ◊ to p. down – 1) izstarot (*gaismu*); 2) plūst (*par vārdiem*); to p. in – ieliet; to p. into – ieplūst (*par upi*); to p. out – izplūst (*par upi*); to p. off – noliet; ◊ it never rains but it ~s – nelaime nekad nenāk viena; p. not water on a drowned mouse – guļošo nesit; to p. it on – 1) sodīt; 2) drāzties (*ar automobili*); 3) glaimot; 4) smagi strādāt; to p. water into a sieve – nest ūdeni ar sietu
pour man [ˈpɔːmæn] *n* bārmenis
poussette [puːˈset] *v* griezties dejā ap savu partneri, turoties rokās
pout [paʊt] **I** *n* uzmesta lūpa; sabozies izskats; to be in the ~s – sabozies; **II** *v* uzmest lūpu; sabozties
pouter [ˈpaʊtə] *n* **1.** sabozies cilvēks; **2.** guzains balodis
poverty [ˈpɒvəti] *n* nabadzība; trūkums
poverty-stricken [ˈpɒvətiˌstrɪkən] *a* iestidzis nabadzībā
poverty-struck [ˈpɒvətistrʌk] *sk.* **poverty-stricken**
pow [paʊ] paf!
powder [ˈpaʊdə] **I** *n* **1.** pulveris; **2.** šaujampulveris; **3.** pūderis; ◊ it is not worth p. and shot – tas nav tā vērts; to keep one's p. dry – būt gatavībā; **II** *v* **1.** nokaisīt ar pulveri; **2.** saberzt pulverī; **3.** pūderēties
powder-box [ˈpaʊdəbɒks] *n* pūdernīca
powder-down [ˈpaʊdədaʊn] *n* pūka; dūna
powder-keg [ˈpaʊdəkeg] *n* pulvermuca (*arī pārn.*)
powder-puff [ˈpaʊdəpʌf] **I** *n* pūderslotiņa; **II** *a* sieviešu-; p.-p. press – sieviešu žurnāli
powder-room [ˈpaʊdəruːm] *n* sieviešu tualete
powdery [ˈpaʊdəri] *a* **1.** pulverveida-; pulverveidīgs; **2.** nokaisīts ar pulveri; **3.** nopūderēts
power [ˈpaʊə] **I** *n* **1.** spēja; purchasing p. – pirktspēja; **2.** enerģija; jauda; **3.** spēks; vara; p. of law – likuma spēks; to come into p. – 1) nākt pie varas; 2) stāties spēkā; to come to p. – nākt pie varas; to have smb. in one's

p. – turēt kādu savā varā; to take (seize) p. – sagrābt varu; 4. lielvalsts; 5. pilnvara; 6. *mat.* pakāpe; three to the second p. – trīs kvadrātā; 7. (*briļļu*) stiprums; ◇ more p. to your elbow! – labas sekmes!; II *v tehn.* apgādāt ar dzinējspēku; piedzīt

powerboat ['paʊəbəʊt] *n* motorkuteris

power cut ['paʊəkʌt] *n* pārtraukums elektropadevē

power dive ['paʊədaiv] *av.* I *n* pikēšana ar ieslēgtu motoru; II *v* pikēt ar ieslēgtu motoru

power-driven ['paʊədrivn] *a tehn.* ar mehānisko piedziņu

powerful ['paʊəfl] *a* 1. spēcīgs; varens; 2. iedarbīgs; efektīvs; 3. (*piem., par runu*) pārliecinošs

power house ['paʊəhaʊs] *sk.* **power-station**

power-hungry ['paʊə,hʌŋgri] *a* varaskārs

powerless ['paʊəlis] *a* nespēcīgs; nevarīgs

power pack ['paʊəpæk] *n el.* barošanas bloks

power plant ['paʊəplɑ:nt] *sk.* **power-station**

power point ['paʊəpɔint] *n el.* kontaktrozete

powers ['paʊəz] *n pl* spējas

power saw ['paʊəsɔ:] *n* motorzāģis

power shovel ['paʊə,ʃʌvl] *n* ekskavators

power station ['paʊə,steiʃn] *n* spēkstacija

power supply ['paʊəsə,plai] *n* elektroapgāde

power-thirsty ['paʊə,θɜ:sti] *a* varaskārs

power unit ['paʊəju:nit] *n* 1. *tehn.* piedziņas agregāts (*piem., iekšdedzes dzinējs*); 2. *el.* barošanas bloks; 3. *fiz.* spēka vienība

powwow ['paʊwaʊ] I *n* 1. (*Ziemeļamerikas indiāņu*) pūšļotājs; burvis; 2. (*Ziemeļamerikas indiāņu*) buršanās ceremonija; II *v* nodarboties ar pūšļošanu (*par Ziemeļamerikas indiāņiem*)

pox [pɒks] *n med.* 1. bakas; 2. *sar.* sifiliss

practicable ['præktikəbl] *a* 1. realizējams; piepildāms; 2. lietojams

practical ['præktikl] I *n* praktiska nodarbība (*augstskolā*); II *a* 1. praktisks; 2. pieredzējis; 3. faktisks; ◇ p. joke – parupjš joks

practicality [,prækti'kælətɪ] *n* praktiskums; pielietojamība

practically ['præktikli] *adv* 1. praktiski; 2. faktiski; īstenībā

practice[a] ['præktis] *n* 1. prakse; 2. paradums; to make it a p. – padarīt par paradumu; 3. vingrināšanās; treniņš; 4. (*ārsta, advokāta*) prakse; he has a large p. – viņam ir daudz klientu

practise ['præktis] *v* 1. lietot praksē; 2. nodarboties; 3. vingrināt; trenēt; 4. vingrināties

practitioner [præk'tiʃnə] *n* praktizējošs ārsts (*vai* advokāts); general p. – ģimenes ārsts

prairie ['preəri] *n* prērija

prairie-hen ['preərihen] *n* rubenis; teteris

prairie schooner ['preəri,sku:nə] *n amer. vēst.* (*kolonistu*) furgons

prairie wolf ['preəriwʊlf] *n zool.* koijots

praise [preiz] I *n* uzslava; ◇ p. is not pudding – no «paldies» paēdis nebūsi; II *v* [uz]slavēt

praiseworthy ['preiz,wɜ:ði] *a* uzslavas cienīgs; slavējams

pram[a] [præm] *n* (*saīs. no* perambulator) bērnu ratiņi

pram[b] [præm] *n jūrn.* plakandibena laiva

prance [prɑːns] **I** *n* **1.** (*zirga*) sasliešanās pakaļkājās; **2.** dižmanīga gaita; **II** *v* **1.** (*par zirgu*) slieties pakaļkājās; **2.** dižmanīgi izturēties

prang [præŋ] **I** *n* **1.** *mil.* (*sekmīgs*) uzlidojums; **2.** (*automobiļu*) sadursme; avārija; **II** *v* **1.** *mil.* sabombardēt; **2.** *mil.* notriekt (*lidmašīnu*); **3.** sadauzīt (*automobili*)

prank[a] [præŋk] *n* draiskulība; nerātnība; ◇ to play ~s on smb. – izjokot kādu

prank[b] [præŋk] *v* **1.** izpušķot; izgreznot; **2.** (*out, up*) uzposties

prankish [ˈpræŋkiʃ] *a* draiskulīgs; nerātns

prankster [ˈpræŋkstə] *n* draiskulis; palaidnis

prat [præt] *n* dulburis

prate [preit] **I** *n* tukšvārdība; tukšu salmu kulšana; **II** *v* kult tukšus salmus; melst niekus

prater [ˈpreitə] *n* tukšu salmu kūlējs; tarkšķis; pļāpa

pratfall [ˈprætfɔːl] *n sl.* kaunpilna izgāšanās

prattle [ˈprætl] **I** *n* pļāpāšana; pļāpas; **II** *v* pļāpāt

prattler [ˈprætlə] *n* pļāpa

praty [ˈpreiti] *a sar.* pļāpīgs

prawn [prɔːn] *n* **I** *n* garnele; **II** *v* zvejot garneles

pray [prei] *v* **1.** skaitīt lūgšanu; **2.** lūgt; p. take a seat! – lūdzu, sēdieties!

prayer[a] [ˈpreiə] *n* **1.** lūdzējs; **2.** dievlūdzējs

prayer[b] [preə] *n* **1.** lūgšana; to say one's ~s – skaitīt lūgšanas; **2.** lūgums; **3.** *sar.* izredzes

preach [priːtʃ] *v* sprediķot; sludināt

preacher [ˈpriːtʃə] *n* sprediķotājs; sludinātājs

preachify [ˈpriːtʃifai] *n sar.* pamācīt; lasīt morāli

preachment [ˈpriːtʃmənt] *n niev.* morāle; pamācība

preamble [priːˈæmbl] *n* ievads

prearrange [ˌpriːəˈreindʒ] *v* iepriekš sagatavot

prearrangement [ˌpriːəˈreindʒmənt] *n* iepriekšēja sagatavošana

precarious [priːˈkɛəriəs] *a* **1.** apšaubāms; **2.** riskants; bīstams

precast [ˌpriːˈkɑːst] *a* **1.** saliekams; **2.** rūpnieciski ražots

precatory [ˈprekətəri] *a* lūdzošs; lūguma-

precaution [priˈkɔːʃn] *n* piesardzība; to take ~s (*against*) – veikt drošības pasākumus

precautionary [priˈkɔːʃnəri] *a* piesardzības-; p. measures – drošības pasākumi

precautions [priˈkɔːʃəs] *a* piesardzīgs

precede [ˌpriːˈsiːd] *v* **1.** notikt pirms (*kaut kā*); **2.** atrasties priekšā; **3.** ieņemt augstāku stāvokli (*pēc amata*)

precedence [ˈpresidəns] *n* **1.** prioritāte; priekšrocība; **2.** augstāks stāvoklis (*pēc amata*)

preceding [priˈsiːdiŋ] *a* iepriekšējais

precentor [priˈsentə] *n* (*baznīcas*) kora diriģents

precept [ˈpriːsept] *n* **1.** priekšraksts; **2.** *jur.* (*tiesas*) rīkojums

preceptive [priˈseptiv] *a* pamācošs

preceptor [priˈseptə] *n* audzinātājs; skolotājs

precinct [ˈpriːsiŋkt] *n* **1.** apkaime; **2.** teritorija; pedestrian p. – gājēju zona; **3.** *amer.* vēlēšanu iecirknis; **4.** *amer.* policijas iecirknis

preciosity [ˌpreʃi'ɒsəti] *n* (*valodas, stila*) izsmalcinātība; samākslotība; manierīgums

precious ['preʃəs] *a* **1.** dārgs; vērtīgs; **2.** mīļš; **3.** (*par valodu, stilu*) izsmalcināts; samākslots

precipice ['presəpis] *n* krauja; ◇ to stand on the brink of a p. – stāvēt bezdibeņa malā

precipitant [pri'sipitənt] *a* **1.** straujš; spējš; **2.** pārsteidzīgs; neapdomāts

precipitate I *n* [pri'sipitət] ķīm. nogulsnes; II *a* [pri'sipitət] **1.** straujš; spējš; **2.** pārsteidzīgs; neapdomāts; III [pri'sipiteit] *v* **1.** paātrināt; pasteidzināt; **2.** ķīm. nogulsnēt; nogulsnēties; **3.** nolīt; uzsnigt (*par nokrišņiem*)

precipitation [priˌsipi'teiʃn] *n* **1.** pārsteidzība; neapdomība; **2.** ķīm. nogulsnēšanās; nogulsnes; **3.** nokrišņi

precipitous [pri'sipitəs] *a* kraujš; stāvs

precis ['preisi:] I *n* konspekts; II *v* sastādīt konspektu

precise [pri'sais] *a* precīzs

precisely [pri'saisli] *adv* **1.** precīzi; **2.** tieši tā

preciseness [pri'saisnis] *n* precizitāte

precision [pri'siʒn] *n* precizitāte

preclude [pri'klu:d] *v* nepieļaut; aizkavēt

preclusion [pri'klu:ʒn] *n* nepieļaušana; aizkavēšana

precocious [pri'kəʊʃəs] *a* **1.** pāragri attīstījies; (*arī par bērnu*) pārgudrs; **2.** *lauks.* agrīns; ātraudzīgs

precocity [pri'kɒsəti] *n* **1.** pāragra attīstība; **2.** *lauks.* ātra augšana

preconception [ˌpri:kən'sepʃn] *n* aizspriedumi

precondition [ˌpri:kən'diʃn] I *n* priekšnoteikums, priekšnosacījums; II *v tehn.* pakļaut pirmapstrādei

preconscious [ˌpri:'kɒnʃəs] *a psih.* iepriekš apzināts

preconsciousness [ˌpri:'kɒnʃəsnis] *n psih.* primārā apziņa

precursor [pri'kɜ:sə] *n* priekštecis; priekšgājējs; P. – Jānis Kristītājs

precursory [pri'kɜ:səri] *a* **1.** ievada-; sagatavojošs; **2.** vēstošs

predate [ˌpri:'deit] *v* datēt ar iepriekšēju datumu

predator ['predətə] *n* plēsīgs zvērs

predatory ['predətəri] *a* **1.** laupīšanas-; **2.** (*par dzīvnieku*) plēsīgs

predecessor ['pri:disesə] *n* **1.** priekšgājējs, priekštecis; **2.** sencis

predestinate [ˌpri:'destineit] *v* iepriekš nolemt

predestination [pri:ˌdesti'neiʃn] *n* iepriekšēja nolemtība

predetermination [ˌpri:diˌtɜ:mi'neiʃn] *n* likteņa lēmums

predetermine [ˌpri:di'tɜ:min] *v* iepriekš nolemt

predial ['pri:diəl] I *n* dzimtcilvēks; II *a* (*par īpašumu*) nekustams

predicable ['predikəbl] *a* pareģojams; iepriekš nosakāms

predicate ['predikət] *n gram.* izteicējs

predication [ˌpredi'keiʃn] *n* apgalvojums

predict [pri'dikt] *v* pareģot

predictability [priˌdiktə'biləti] *n* pareģojamība

predictable [pri'diktəbl] *a* pareģojams

prediction [pri'dikʃn] *n* **1.** pareģošana; **2.** pareģojums

predictor [pri'diktə] *n* pareģis

predispose [ˌpri:di'spəʊz] *v* (*to*) iepriekš labvēlīgi noskaņot

predisposition [ˌpri:dispə'ziʃn] *n* tieksme

predominance [pri'dɒminəns] *n* pārsvars

predominate [pri'dɒmineit] v (over) būt pārsvarā

predomination [pri,dɒmi'neiʃn] n pārsvars

preelection [,pri:i'lekʃn] n iepriekšējas vēlēšanas

preem [pri:m] n amer. sl. (filmas) pirmizrāde

preeminence [,pri:'eminəns] n pārākums

preeminent [,pri:'eminənt] n pārāks (par citiem); to be p. – izcelties

preempt [pri'empt] v 1. iegūt izsolē, izmantojot pirkšanas pirmtiesības; 2. iegūt ātrāk [par citiem]

preemption [pri'empʃən] n pirkuma pirmtiesības

preen [pri:n] v 1. (par putnu) tīrīt; sakārtot (spalvas – ar knābi); 2. saposties; to p. oneself – 1) saposties; 2) dižoties

preestablish [,pri:i'stæbliʃ] v iepriekš noteikt

prefab ['pri:fæb] n (saīs. no prefabricated house) sar. saliekamā māja

prefabricate [,pri:'fæbrikeit] v rūpnieciski ražot (saliekamās mājas)

prefabrication ['pri:,fæbri'keiʃn] n (saliekamo māju) rūpnieciskā ražošana

preface ['prefəs] I n priekšvārds; II v 1. uzrakstīt priekšvārdu (grāmatai); 2. ievadīt; iesākt (piem., uzstāšanos)

prefer [pri'fɜ:] v 1. dot priekšroku; I p. coffe to tee – es dodu priekšroku kafijai [nevis tējai]; 2. paaugstināt (amatā); 3. jur. izvirzīt (prasību)

preferably ['prefrəbli] adv labāk; I would p. go home – es labprāt dotos mājās

preference[a] ['prefrəns] n 1. priekšroka; to give p. (to) – dot priekšroku; 2. izvēle

preference[b] ['prefrəns] n preferanss (kāršu spēle)

preferential [,prefə'renʃl] a 1. privileģēts; ar priekšrocībām; 2. ek. atvieglots

preferment [pri'fɜ:mənt] n paaugstinājums (amatā)

prefiguration [,pri:,figə'reiʃn] n 1. priekšstats (par kādu); 2. prototips

prefigure [,pri:'figə] v 1. iztēloties; 2. būt par prototipu

prefix n ['pri:fiks] gram. priedēklis

preflight [,pri:'flait] a av. pirmslidojuma-

preform [,pri:'fɔ:m] v iepriekš izveidot

preggie ['pregi] a sl. grūtniecības stāvoklī; grūta

preglacial [,pri:'gleisiəl] a pirmsleduslaikmeta-

pregnancy ['pregnənsi] n grūtniecība

pregnant ['pregnənt] a (par sievieti) grūtniecības stāvoklī

prehension [pri'henʃn] n 1. satveršana; 2. uztvere

prehistoric [,pri:hi'stɒrik] a aizvēsturisks

prehistory [,pri:'histri] n aizvēsture

pre-ignition [,pri:ig'niʃn] n tehn. priekšlaicīga aizdedze

prejudge [,pri:'dʒʌdʒ] v spriest pāragri

prejudgement [,pri:'dʒʌdʒmənt] n pāragrs spriedums

prejudice ['predʒʊdis] I n 1. aizspriedums; 2. kaitējums; II v 1. radīt aizspriedumus; 2. kaitēt; mazināt (izredzes)

prejudicial [,predʒʊ'diʃl] a 1. aizspriedumains; 2. kaitīgs

prelim ['pri:lim] n (saīs. no preliminary examination) sar. iestājeksāmens

preliminaries [pri'liminriz] n pl 1. iepriekšējas sarunas; 2. sp. atlases sacensības

preliminary [pri'liminri] I n (bieži pl) sagatavošanās; priekšdarbi; II a ie-

priekšējs; sagatavošanas-; p. examination – iestājeksāmens; p. work – priekšdarbi
preliterate [ˌpriːˈlitərət] *a* (*par kultūru*) pirmsrakstu-; mutvārdu
prelude [ˈpreljuːd] **I** *n* **1.** ievads; sākums; **2.** *mūz.* prelūdija; **II** *v* ievadīt; iesākt
prelusive [priˈluːsiv] *a* ievada-; sākuma-
premarital [ˌpriːˈmæritl] *a* pirmslaulību-
premature [ˈpremətʃə] *a* **1.** pāragrs; priekšlaicīgs; **2.** (*par bērnu*) priekšlaicīgi dzimis
prematurity [ˌpreməˈtʃʊərəti] *n* **1.** priekšlaicīga attīstība; pāragrs nobriedums; **2.** sasteigtība
premeditate [ˌpriːˈmediteit] *v* iepriekš nodomāt
premeditated [ˌpriːˈmediteitid] *a* iepriekš nodomāts
premeditation [priːˌmediˈteiʃn] *n jur.* iepriekšējs nodoms
premier [ˈpremiə] **I** *n* premjerministrs; **II** *a* galvenais; vadošais
premiere [ˈpremieə] **I** *n* pirmizrāde; **II** *v* sniegt pirmizrādi
premises [ˈpremisəz] *n pl* **1.** telpas; to be consumed on the p. – patērēšanai uz vietas; off the p. – promnešanai; **2.** zemes gabals ar ēkām
premium [ˈpriːmiəm] *n* **1.** prēmija; **2.** piemaksa; **3.** apdrošināšanas maksa; **4.** maksa par apmācību
premium bond [ˈpriːmiəmbɒnd] *n* valsts vērtspapīrs, kas piedalās izlozē
premolar [ˌpriːˈməʊlə] *n* priekšējais dzeroklis
premonition [ˌpreməˈniʃn] *n* **1.** nojauta; p. of evil – ļauna nojauta; **2.** brīdinājums
prenatal [ˌpriːˈneitl] *a* pirmsdzemdību-; p. clinic – grūtnieču konsultācija

prentice [ˈprentis] *n* māceklis
preoccupancy [priˈɒkjʊpənsi] *n* **1.** (*prāta*) pārņemtība; **2.** rūpes, raizes
preoccupation [priˌɒkjʊˈpeiʃn] *n* **1.** (*vietas*) ieņemšana pirms kāda cita; **2.** rūpes, raizes
preoccupied [priˈɒkjʊpaid] *a* norūpējies, noraizējies
preoccupy [priˈɒkjʊpai] *v* **1.** iepriekš aizņemt; **2.** nodarbināt prātu
preordain [ˌpriːɔːˈdein] *v* iepriekš noteikt
prepack [ˌpriːˈpæk] *v* fasēt
prepacks [ˌpriːˈpæks] *n pl* fasētas preces
prepaid [ˌpriːˈpeid] *n* iepriekš apmaksāts
preparation [ˌprepəˈreiʃn] *n* **1.** sagatavošana; **2.** gatavošanās; priekšdarbi; **3.** stundu gatavošana; **4.** preparāts; līdzeklis
preparatory[a] [priˈpærətəri] *n* (*no* preparatory school) sagatavošanas skola; pirmskola
preparatory[b] [priˈpærətəri] *a* sagatavošanas-
preparatory school [priˈpærətəriskuːl] *n* sagatavošanas skola; pirmskola
prepare [priˈpeə] *v* **1.** [sa]gatavot; to p. a meal – gatavot maltīti; **2.** (*for*) [sa]gatavoties; **3.** *tehn.* pakļaut iepriekšējai apstrādei; attīrīt
preparedness [priˈpeəridnis] *n* gatavība
prepay [ˌpriːˈpei] *v* (*p. un p.p.* prepaid [ˌpriːˈpeid]) iepriekš apmaksāt
prepayment [ˌpriːˈpeimənt] *n* **1.** iepriekšējā apmaksa; **2.** *pl* avanss
prepense [priˈpens] *a jur.* tīšs; with malice p. – ar ļaunu nolūku
preplan [ˌpriːˈplæn] *v jur.* iepriekš izplānot

preponderance [pri'pɒndərəns] *n* pārsvars

preponderation [pri,pɒndə'reiʃn] *n* pārsvars

preposition [,prepə'ziʃn] *n gram.* prievārds

prepossess [,pri:pə'zes] *v* ietekmēt; noskaņot; to p. against smb. – noskaņot nelabvēlīgi pret kādu

prepossessing [,pri:pə'zesiŋ] *a* pievilcīgs; valdzinošs

prepossession [,pri:pə'zeʃn] *n* **1.** (*after*) tieksme; nosliece; **2.** (*against*) aizspriedums

preposterous [pri'pɒstərəs] *a* nejēdzīgs; absudrs

prepuce ['pri:pju:s] *n anat.* priekšāda

prerecord [,pri:ri'kɔ:d] *v* iepriekš ierakstīt (*skaņu filmā*)

prerequisite [,pri:'rekwəzit] **I** *n* prasība; priekšnoteikums; **II** *a* obligāts

prerogative [pri'rɒgətiv] **I** *n* privilēģija; **II** *a* privileģēts

presage ['presidʒ] **I** *n* **1.** zīme; pazīme; evil p. – ļauna zīme; **2.** (*ļauna*) nojauta; **II** *v* **1.** paredzēt; **2.** nojaust (*ļaunu*)

preschool [,pri:'sku:l] *a* pirmsskolas-

prescribe [pri'skraib] *v* **1.** norādīt; **2.** parakstīt (*zāles*)

prescript ['pri:skript] *n* priekšraksts; rīkojums

prescription [pri'skripʃn] *n* **1.** priekšraksts; rīkojums; **2.** (*zāļu*) recepte; **3.** *jur.* noilguma tiesības

presence ['prezns] *n* **1.** klātbūtne; **2.** izskats; ◇ p. of mind – aukstasinība

presenility [,pri:si'niləti] *n* priekšlaicīgs vecums

present[a] ['preznt] **I** *n* **1.** tagadne; at p. – pašlaik; for the p. – pagaidām; up to the p. – līdz šim brīdim; **2.** (the p.) *gram.* tagadne; **II** *a* **1.** klātesošs; **2.** tagadējs; pašreizējs; p. tense *gram.* – tagadne

present[b] **I** *n* ['preznt] dāvana; to make a p. (*of*) – uzdāvināt; **II** *v* [pri'zent] **1.** dāvināt; pasniegt; to p. one's regards – sūtīt sveicienus; **2.** sagādāt; radīt

present[c] ['pri'zent] *v* **1.** iesniegt; to p. one's credentials – iesniegt akreditācijas vēstuli; **2.** stādīt priekšā; iepazīstināt; **3.** uzrādīt (*dokumentus*)

presentation [,prezn'teiʃn] *n* **1.** stādīšana priekšā; iepazīstināšana; letter of p. – ieteikuma vēstule; **2.** (*dokumenta*) uzrādīšana; **3.** dāvināšana; pasniegšana; p. copy – autora dāvināts (*grāmatas*) eksemplārs

present-day [,preznt'dei] *a* mūsdienu-; moderns

presentee [,prezn'ti:] *n* **1.** priekšā stādāmais; **2.** kandidāts (*amatam*); **3.** dāvanas saņēmējs

presenter [pri'zentə] *n* televīzijas (*vai* radio) programmas vadītājs

presently ['prezntli] *adv* **1.** drīz; tūlīt; **2.** *amer.* pašlaik

presentment [pri'zentmənt] *n* izklāsts; apraksts

present participle [,preznt'pɑ:tisipl] *n gram.* tagadnes divdabis

preservable [pri'zɜ:vəbl] *a* **1.** sargājams; **2.** konservējams

preservation [,prezə'veiʃn] *n* **1.** saglabāšana; **2.** konservēšana

preservative [pri'zɜ:vətiv] **I** *n* konservants; konservējoša viela; **II** *a* konservējošs

preserve [pri'zɜ:v] **I** *n* **1.**: ~s – konservi (*augļu*); **2.** rezervāts; **II** *v* **1.** saglabāt; **2.** konservēt (*augļus*)

preserved [pri'zɜ:vd] *a* 1. saglabājies; 2. konservēts

preset [ˌpri:'set] *a* iepriekš noteikts; iepriekš paredzēts

preside [pri'zaid] *v* (*over, at*) būt par priekšsēdētāju

presidency ['prezidənsi] *n* 1. prezidentūra, prezidenta amats; 2. priekšsēdētāja amats

president ['prezidənt] *n* 1. prezidents; 2. (*biedrības*) priekšsēdētājs; 3. *amer.* (*universitātes*) rektors

presidentship ['prezidəntʃip] *n* 1. prezidentūra, prezidenta amats; 2. priekšsēdētāja amats; 3. *amer.* (*universitātes*) rektora amats

presidiary [pri'sidiəri] *a* garnizona-

presidio [pri'sidiəʊ] *n amer.* forts

press [pres] **I** *n* 1. spiešana; 2. spiediens; 3. sienas skapis; 4. (*bikšu*) gludināšana; 5.: the p. – prese; 6. tipogrāfija; 7. iespiešana; 8. iespiedmašīna; 9. *tehn.* prese; spiedne; **II** *v* 1. spiest; 2. piespiest; nospiest; 3. steidzināt; time ~es – laiks negaida; 4. gludināt (*bikses*); 5. *tehn.* štancēt; 6. spiest sulas; 7.: to be ~ed for money – būt naudas grūtībās

press bed ['presbed] *n* saliekamā un sienā iebīdāmā gulta

pressboard ['presbɔ:d] *n* 1. biezs kartons; 2. *amer.* (*piedurkņu*) gludināmais dēlis

press box ['presbɒks] *n* žurnālistu loža (*piem., stadionā*)

press clipping ['presˌklipiŋ] *amer. sk.* **press cutting**

press cutting ['presˌkʌtiŋ] *n* laikraksta izgriezums

pressing ['presiŋ] **I** *n* 1. presēšana; 2. skaņuplate (*vai cits presēts izstrādājums*); 3. *tehn.* štancēšana; 4. spiešana; spiedums; **II** *a* 1. neatliekams; steidzams (*par lūgumu, jautājumu*); 2. neatlaidīgs; uzbāzīgs (*par cilvēku*)

press lord ['preslɔ:d] *n* preses magnāts

pressmark ['presmɑ:k] *n* grāmatas šifrs (*bibliotēkā*)

presspaper ['presˌpeipə] *n* biezs kartons

press reader ['presˌri:də] *n* korektors

press review ['presriˌvju:] *n* preses apskats

pressure ['preʃə] **I** *n* 1. spiediens; under p. – piespiedu kārtā; 2. grūtības; financial p. – naudas grūtības; 3. *tehn.* presēšana; **II** *v amer.* 1. hermetizēt; 2. uzturēt paaugstinātu spiedienu

pressure cabin ['preʃəˌkæbin] *n* hermētiski noslēgta kabīne

pressure cooker ['preʃəˌkʊkə] *n* ātrvārītājs

pressure gauge ['preʃəgeidʒ] *n tehn.* manometrs

pressureproof ['preʃəpru:f] *a* hermētisks

pressure suit ['preʃəsu:t] *n* (*kosmonauta*) skafandrs

pressuretight ['preʃətait] *a* hermētisks

pressurize ['preʃəraiz] *v* 1. hermetizēt; 2. uzturēt paaugstinātu spiedienu

presswork ['preswɜ:k] *n* 1. presēts izstrādājums; 2. štancēts izstrādājums; 3. iespieddarbs

prestidigitation ['prestiˌdidʒi'teiʃn] *n* roku veiklība (*par burvju māksliniekiem*)

prestidigitator [ˌpresti'didʒiteitə] *n* burvju mākslinieks

prestige [pre'sti:ʒ] *n* prestižs

prestigious [pre'stidʒəs] *a* augsta līmeņa

presumable [pri'zju:məbl] *a* iespējams; varbūtējs

presumably [pri'zju:məbli] *adv* iespējams; laikam

presume [pri′zju:m] v **1.** pieņemt; domāt; **2.** uzdrošināties
presumedly [pri′zju:midli] adv iespējams; laikam
presuming [pri′zju:miŋ] a iedomīgs
presumption [pri′zʌmpʃən] n **1.** pieņēmums; **2.** iedomība
presumptive [pri′zʌmptiv] a iespējams; varbūtējs
presumptuous [pri′zʌmptʃʊəs] a iedomīgs
presuppose [ˌpri:sə′pəʊz] v iepriekš pieņemt; iepriekš minēt
presupposition [ˌpri:sʌpə′ziʃn] n pieņēmums; minējums
preteen [ˌpri:′ti:n] **I** n mazgadīgais (10-12 gadu vecs); **II** a mazgadīgo-
pretence [pri′tens] n **1.** izlikšanās; simulēšana; **2.** aizbildinājums; iegansts; under (on) false ~s – viltus ceļā; **3.** (to) pretenzija
pretend [pri′tend] v **1.** izlikties; simulēt; **2.** aizbildināties; **3.** (to) pretendēt
pretendant [pri′tendənt] n **1.** liekulis; simulants; **2.** (reti) pretendents (piem., uz troni); **3.** jur. prasītājs
pretended [pri′tendid] a neīsts; simulēts; liekuļots
pretender [pri′tendə] n **1.** liekulis; simulants; **2.** (viltus) pretendents
pretension [pri′tenʃn] n **1.** izlikšanās; simulēšana; **2.** (to) pretenzija; **3.** pretenciozitāte
pretentious [pri′tenʃəs] a pretenciozs
preternatural [ˌpri:tə′nætʃrəl] a pārdabisks
pretest [ˌpri:′test] n ieskaite
pretext [′pri:tekst] **I** n iegansts; atruna; **II** v aizbildināties
pretone [′pri:təʊn] n val. zilbe (vai patskanis) pirms uzsvērtās zilbes

prettify [′pritifai] v izskaistināt
prettiness [′pritinis] n glītums; jaukums
pretty [′priti] **I** a **1.** glīts; jauks; **2.** sar. (arī iron.) lielisks; veikls; **3.** sar. liels; prāvs; **II** adv sar. diezgan; p. good – diezgan labs
prettyish [′pritiiʃ] a diezgan glīts
pretzel [′pretsl] n amer. sāļš cepums
prevail [pri′veil] v **1.** būt pārsvarā; dominēt; **2.** (over, against) gūt virsroku; pārspēt
prevailing [pri′veiliŋ] a pārsvarā esošs; dominējošs
prevalence [′prevələns] n **1.** pārsvars; dominēšana; **2.** izplatība
prevalent [′prevələnt] a **1.** pārsvarā esošs; dominējošs; **2.** izplatīts
prevaricate [pri′værikeit] v būt izvairīgam (sarunā); izlocīties
prevarication [priˌværi′keiʃn] n izvairīšanās (sarunā); izlocīšanās
prevent [pri′vent] v **1.** aizkavēt; novērst; **2.** (from) atturēt; pasargāt (no)
preventative [pri′ventətiv] a profilaktisks
prevention [pri′venʃn] n **1.** aizkavēšana; novēršana; **2.** profilakse
preventive [pri′ventiv] **I** n aizsarglīdzeklis; **II** a profilaktisks; aizsarg-
preview [′pri:vju:] **I** n (filmas, lugas) iepriekšējā skate; **II** v **1.** parādīt (filmu, lugu) pirms pirmizrādes; **2.** noskatīties (filmu, lugu) pirms pirmizrādes
previous [′pri:viəs] **I** a iepriekšējs; agrāks; **II** adv: p. to – pirms
previously [′pri:viəsli] adv iepriekš; agrāk
previse [ˌpri:′vaiz] v paredzēt; nojaust
prevision [ˌpri:′viʒn] n paredzējums; nojauta
prewar [ˌpri:′wɔ:] a pirmskara-
prex [preks] n amer. sl. (koledžas) rektors
prey [prei] **I** n **1.** laupījums; beast of p. –

plēsīgs zvērs; **2.** upuris; to fall (become) a p. *(to)* – krist par upuri; **II** *v (on, upon)* **1.** medīt *(par zvēru);* **2.** laupīt; **3.** mocīt; tirdīt *(par jūtām, slimību)*
price [prais] **I** *n* **1.** cena; at any p. – par katru cenu; at reduced ~s – par pazeminātām cenām; **2.** atalgojums; balva; to put (have) a p. on smb.'s head – noteikt atlīdzību par kāda galvu; **II** *v* noteikt cenu
price-cutting [ˈpraisˌkʌtiŋ] *n* cenu pazeminājums
price hike [ˈpraishaik] *sk.* **price increase**
price increase [ˈpraisˌinkriːs] *n* cenu pieaugums
priceless [ˈpraislis] *a* **1.** nenovērtējams; **2.** *sar.* lielisks
pricelist [ˈpraislist] *n* cenrādis
pricering [ˈpraisriŋ] *n* monopolistu grupa *(kas nosaka cenu)*
price rise [ˈpraisraiz] *sk.* **price increase**
price-slashing [ˈpraisˌslæʃiŋ] *sk.* **price-cutting**
price tag [ˈpraistæg] *n* cenas zīme *(pie preces)*
pricey [ˈpraisi] *a sar.* [pa]dārgs
prick [prik] **I** *n* **1.** dzelonis; ērkšķis; **2.** durklis; **3.** dūriens; dzēliens; ~s of conscience – sirdsapziņas pārmetumi; **4.** *sl.* penis; **5.** *sl.* preteklis; ◇ to kick against the ~s – bāzt galvu cilpā; **II** *v* **1.** [ie]durt; [ie]dzelt; **2.** izdurt; **3.** durstīt; **4.** durties; ◇ to p. one's ears – ausīties
pricker [ˈprikə] *n* durklis; īlens
prickleᵃ [ˈprikl] **I** *n* **1.** dzelonis; ērkšķis; **2.** *(eža)* adata; **3.** durstīšana *(sajūta)*; **II** *v* dzelt; durstīt
prickleᵇ [ˈprikl] *n* pīts augļu groziņš

prickly [ˈprikli] *a* **1.** dzeloņains; ērkšķains; **2.** adatains *(piem., par ezi)*; **3.** dzelošs
pride [praid] *n* **1.** lepnums; proper p. – pašlepnums; to take a p. *(in)* – lepoties; **2.** plaukums; krāšņums; in the p. of youth – jaunības plaukumā; **3.** *(plēsīgu zvēru)* bars; ◇ to put one's p. in one's pocket; to swallow one's p. – norīt apvainojumu
priest [priːst] **I** *n* priesteris; **II** *v* ordinēt par priesteri
priestess [ˈpriːstis] *n* priesteriene
priesthood [ˈpriːsthʊd] *n* **1.** priestera amats; **2.** garīdzniecība
priest-ridden [ˈpriːstˌridn] *a* priestera pārvaldīts
prig [prig] *sl.* **I** *n* **1.** *(sīks)* zaglēns; **2.** iedomu pūslis; **II** *v* zagt
priggish [ˈprigiʃ] *a* **1.** pašapmierināts; **2.** pedantisks
priggishness [ˈprigiʃnis] *n* **1.** pašapmierinātība; **2.** pedantisms
prim [prim] **I** *a* **1.** formāls; *(liekuļoti)* kautrīgs; **2.** akurāts; **II** *v* **1.** pieņemt formālu izskatu; **2.**: to p. one's lips – sakniebt lūpas
primacy [ˈpraiməsi] *n* **1.** pārākums; prioritāte; **2.** arhibīskapa amats
primal [ˈpraiml] *a* **1.** pirmatnējs; primitīvs; **2.** galvenais; p. colours – pamatkrāsas
primarily [ˈpraimrəli] *adv* **1.** vispirms; pirmkārt; **2.** galvenokārt; **3.** sākumā
primary [ˈpraiməri] **I** *n* galvenais; **2.** *ģeol.* paleozoja ēra; **3.** *el. (transformatora)* primārais tinums; **II** *a* **1.** primārs; sākotnējs; p. coil *el.* – *(transformatora)* primārais tinums; p. colours – pamatkrāsas; p. election *amer.* – pirmsvēlēšanu sanāksme; p. school –

pamatskola; **2.** galvenais; p. necessities – pirmās nepieciešamības preces
primate ['praimət] *n* arhibīskaps
primates ['praimeits] *n* (*arī* P.) *zool.* primāti
prima vista ['priːməˈvistə] *adv*: to sing p. v. *mūz.* – dziedāt no lapas
primeᵃ [praim] **I** *n* **1.** sākums; **2.** plaukums; briedums; in the p. of life – spēku briedumā; **3.** *mūz.* prīma; pamattonis; **4.** *mat.* pirmskaitlis; **5.** rīta lūgšana; **6.** *mat.* «prim» (') zīme; **II** *a* **1.** primārs; sākotnējs; **2.** galvenais; **3.** lielisks; pirmklasīgs
primeᵇ [praim] *v* **1.** iepildīt (*degvielu, ūdeni, lai darbinātu*); **2.** *mil.* pielādēt (*lielgabalu ar šaujampulveri*); **3.** pamācīt; instruēt; **4.** *glezn.* gruntēt
primely ['praimli] *adv sar.* teicami, lieliski
prime minister [ˌpraimˈministə] *n* premjerministrs
primerᵃ ['praimə] *n* ābece
primerᵇ ['praimə] *n glezn.* gruntējums
prime time ['praimtaim] *n telev.* **1.** (*raidījumu*) vakara stundas (*kad ir visvairāk skatītāju*); **2.** visdārgākais laiks (*telereklāmām*)
primeval [praiˈmiːvl] *a* **1.** pirmatnējs; p. forest – mūžamežs; **2.** aizvēsturisks
priming ['praimiŋ] *n* **1.** sagatavošana (*lai darbinātu*); **2.** *mil.* pulveris; lādiņš; **3.** *glezn.* gruntēšana
primitive ['primitiv] **I** *n* **1.** pirmatnējais cilvēks; **2.** primitīvists (*mākslinieks*); **3.** primitīvisma glezna; **II** *a* primitīvs; pirmatnējs
primogenitor [ˌpraiməʊˈdʒenitə] *n* pirmdzimtais
primogeniture [ˌpraiməʊˈdʒenitʃə] *n: jur.* right of p. – pirmdzimtības tiesības

primordial [praiˈmɔːdiəl] *a* **1.** pirmatnējs; **2.** *biol.* dīgļa-; aizmetņa-; **3.** *bot.* sēklotnes-
primordium [praiˈmɔːdiəm] *n* (*pl* primordia [praiˈmɔːdiə]) **1.** sākums; **2.** *biol.* dīglis; aizmetnis; **3.** *bot.* sēklotne
primrose ['primrəʊz] *n bot.* prīmula; ◇ the p. path – ziediem kaisīts ceļš
primula ['primjʊlə] *n bot.* prīmula
primus ['praiməs] **I** *n* (*arī* p. stone) prīmuss; **II** *a* pirmais; vecākais
prince [prins] *n* princis; P. Charming – (*sievietes*) sapņu princis
prince consort [ˌprinsˈkɒnsɔːt] *n* (*arī* P.C.) (*valdošās*) karalienes vīrs
princedom ['prinsdəm] *n* **1.** kņaziste; hercogiste; grāfiste; **2.** prinču aprindas
princeliness ['prinslinis] *n* greznība; karaliskums
princeling ['prinsliŋ] *n niev.* princītis
princely ['prinsli] *a* **1.** prinča-; prinču-; **2.** grezns; lielisks; karalisks; **3.** bagātīgs; p. gift – lepna dāvana
prince royal [ˌprinsˈrɔiəl] *n* (*valdošā*) karaļa vecākais dēls, troņmantnieks
princess [ˌprinˈses] *n* princese
princess royal [ˌprinˈsesˈrɔiəl] *n* (*valdošā*) karaļa vecākā meita, troņmantniece
principal ['prinsəpl] **I** *n* **1.** priekšnieks; šefs; **2.** (*universitātes*) rektors; (*koledžas*) direktors; **3.** *jur.* (*arī* p. in the first degree) galvenais vainīgais; p. in the second degree – līdzvainīgais; **4.** *ek.* pamatkapitāls; **5.** jumta galvenā sija; **6.** *teātr.* galvenais aktieris (*vai* aktrise); zvaigzne; **II** *a* galvenais; pamat-; p. clause *gram.* – virsteikums; p. sum *ek.* – pamatkapitāls
principality [ˌprinsiˈpæləti] *n* **1.** herco-

giste; grāfiste; kņaziste; **2.** prinča kārta; prinču aprindas
principally ['prinsəpli] *adv* galvenokārt
principle ['prinsəpl] *n* princips; on p. – principa pēc; to stick to one's ~s – ievērot savus principus
principled ['prinsəpld] *a* principiāls
prink [priŋk] *v* **1.** (*par putnu*) kārtot; tīrīt (*savas spalvas*); **2.** uzcirsties
print [print] **I** *n* **1.** (*pēdu u. tml.*) nospiedums; **2.** *inf.* izdruka; **3.** gravīra; estamps; **4.** iespiedums (*poligrāfija*); **5.** *amer.* iespiests izdevums (*laikraksts, žurnāls*); **6.** *tekst.* apdrukāts katūns; **II** *v* **1.** atstāt nospiedumu; **2.** *dat.* izdrukāt; **3.** iespiest; drukāt; **4.** *tekst.* apdrukāt (*katūnu*)
printed matter ['printid,mætə] *n* iespieddarbs
printer ['printə] *n* **1.** iespiedējs; **2.** *dat.* printeris
printery ['printəri] *n amer.* tipogrāfija
printing ['printiŋ] *n* **1.** iespiešana; drukāšana; **2.** iespieddarbu metiens (tirāža); **3.** *dat.* drukāšana; **4.** *tekst.* (*katūna*) apdrukāšana
printing house ['printiŋhaʊs] *n* tipogrāfija, spiestuve
printing office ['printiŋ,ɒfis] *n* tipogrāfija, spiestuve
printless ['printlis] *a* bezpēdu-
printout ['printaʊt] *n* (*datora*) izdruka
print shop ['printʃɒp] *n* tipogrāfija, spiestuve
prior[a] ['praiə] *n* klostera priekšnieks
prior[b] ['praiə] **I** *n* **1.** iepriekšējais; agrākais; **2.** svarīgākais; **II** *adv*: p. to – pirms
prioress [,praiə'res] *n* klostera priekšniece
priority [prai'ɒrəti] *n* **1.** prioritāte; **2.** *jur.* (*arī* p. right) pirmtiesības
priory ['praiəri] *n* klosteris

prise [praiz] *sk.* **prize**[b]
prism ['prizəm] *n* prizma
prison ['prizn] **I** *n* **1.** cietums; **2.** gūsts; p. camp – karagūstekņu nometne; **II** *v* ieslodzīt cietumā
prison bird ['priznbɜːd] *n* cietumnieks; ieslodzītais
prison-breaking ['prizn,breikiŋ] *n* izbēgšana no cietuma
prisoner ['priznə] *n* **1.** cietumnieks; ieslodzītais **2.** gūsteknis; to take p. – 1) sagūstīt; 2) apcietināt
prisoner-at-large ['priznəət,lɑːdʒ] *n mil.* disciplināri sodītais
prison van ['priznvæn] *n* automobilis cietumnieku pārvadāšanai
prissy ['prisi] *a* formāls; manierīgs
pristine ['pristiːn] *a* **1.** pirmatnējs; primitīvs; **2.** neskarts; tīrs
prithee ['priði] (*sais. no* I pray thee) *novec.* lūdzu!
privacy ['privəsi] *n* **1.** privāta lieta; konfidencialitāte; I want to protect the p. of those around me – es vēlos pasargāt savu tuvinieku privāto dzīvi; **2.** vientulība; noslēgtība; **3.** slepenība; in strict p. – stingrā slepenībā
private ['praivət] **I** *n mil.* ierindnieks; **II** *a* **1.** privāts personisks; p. life – privātā dzīve; p. property – privātīpašums; **2.** neoficiāls; in p. clothes – civilapģērbā; **3.** slepens; konfidenciāls; p. eye *sar.* – detektīvs, slepenpolicists
privateer [,praivə'tiə] *n* **1.** *vēst.* kaperis; **2.** *sl.* neprofesionāla prostitūta
privateering [,praivə'tiəriŋ] *n vēst.* kaperēšana; jūras pirātisms
privation [prai'veiʃn] *n* trūkums; grūtības
privatism ['praivətizəm] *n* noslēgtība; tieksme nošķirties (*no sabiedrības*)
privilege ['privəlidʒ] **I** *n* privilēģija;

priekšrocība; **II** *v* privileģēt; dot priekšrocības
privity ['privəti] *n* **1.** līdzzināšana; **2.** līdzdalība; piedalīšanās; **3.** *jur.* kopīgas intereses
privy ['privi] **I** *n* **1.** *amer. novec.* ateja; **2.** *jur.* ieinteresētā persona; **II** *a* **1.** slepens; konfidenciāls; **2.**: p. purse – karaļa (*vai* karalienes) nauda (*personiskajām vajadzībām*); **3.** *jur.* līdzzinošs
privy parts [ˌprivi'pɑːts] *n pl* (*ārējie*) dzimumorgāni
prize[a] [praiz] **I** *n* **1.** godalga; balva; prēmija; **2.** laimests; **II** *v* augstu vērtēt
prize[b] [praiz] **I** *n* **1.** svira; **2.** *jūrn.* trofeja; **II** *v* uzlauzt (*ar lauzni*)
prizefighter ['praizˌfaitə] *n* profesionāls bokseris
prizer ['praizə] *n sl. sk.* **prizewinner**
prizetaker ['praizˌteikə] *sk.* **prizewinner**
prizewinner ['praizˌwinə] *n* godalgas ieguvējs; laureāts
pro[a] [prəʊ] **I** *n* **1.** arguments [par labu]; the ~s and cons – argumenti «par» un «pret»; **2.** piekritējs; **II** *adv* par; p. and con – par un pret
pro[b] [prəʊ] (*saīs. no* professional) *sar.* **I** *n* profesionālis; **II** *a* profesionāls
pro[c] [prəʊ] *n* (*saīs. no* prophylactic) *sar.* profilaktisks līdzeklis
pro[d] [prəʊ] *n* (*saīs. no* prostitute) *sar.* prostitūta
pro-am [ˌprəʊ'æm] *sp.* (*saīs. no* professional and amateur) **I** *n* profesionāļu un amatieru sacensības; **II** *a* profesionāļu un amatieru-
probability [ˌprɒbə'biləti] *n* varbūtība; iespējamība; calculus of p. *mat.* – varbūtības teorija

probable ['prɒbəbl] **I** *n* iespējamība; **II** *a* varbūtējs; iespējams
probably ['prɒbəbli] *adv* laikam; varbūt
proband ['prəʊbænd] *n* ciltskoka aizsācējs
probate ['prəʊbeit] *jur.* **I** *n* (*oficiāls*) testamenta apstiprinājums; p. duty *amer. novec.* – mantojuma nodeva; **II** *v amer.* apstiprināt testamentu
probation [prə'beiʃn] *n* **1.** pārbaude; to pass a p. – izturēt pārbaudi; **2.** (*arī* p. period) pārbaudes laiks; **3.** *jur.* nosacīta atbrīvošana; on p. – atbrīvots nosacīti
probationer [prə'beiʃnə] *n* **1.** pārbaudāmais; praktikants; stažieris; **2.** *jur.* nosacīti atbrīvotais
probative ['prəʊbətiv] *a* **1.** pārbaudes-; **2.** pierādījuma-; pierādošs
probe [prəʊb] **I** *n* zonde; **II** *v* **1.** zondēt; **2.** iedziļināties
prober ['prəʊbə] *n* (*arī* mine p.) *mil.* atmīnētājs
probity ['prəʊbəti] *n* godīgums; krietnums
problem ['prɒbləm] *n* **1.** problēma; **2.** uzdevums; to solve a p. – atrisināt uzdevumu
problematic[al] [ˌprɒblə'mætik(l)] *a* problemātisks
problem child ['prɒbləmtʃaild] *n* grūti audzināms bērns
problemless ['prɒbləmləs] *n* bezproblēmu-
proboscis [prəʊ'bɒsis] *n* **1.** (*kukaiņa*) smeceris; **2.** (*piem., ziloņa*) snuķis; **3.** deguns
procedural [prə'siːdʒrəl] *a* procedūras-; procesuāls
procedure [prə'siːdʒə] *n* **1.** procedūra; **2.** rīcība; **3.** (*tehnoloģisks*) process; **4.** *jur.* tiesas process

proceed [prə'si:d] *v* **1.** (*to*) ķerties (*pie*); pāriet (*pie*); **2.** atsākt (*pārtrauktu nodarbi*); **3.** risināties (*par lugas darbību*); **4.** (*from*) izcelties; rasties; **5.** iet (doties) uz priekšu (*pēc pārtraukuma*); **6.** *jur.* (*against*) ierosināt lietu (*pret kādu*)

proceeding [prə'si:diŋ] *n* rīcība

proceedings [prə'si:diŋz] *n pl* **1.** (*komisijas*) sēde; **2.** protokoli; **3.** *jur.* (*arī* legal p.) tieslietas

proceeds ['prəʊsi:dz] *n pl* ieņēmumi; peļņa

process[a] ['prəʊses] **I** *n* **1.** process; norise; **2.** plūsma; ritums; **3.** tehnoloģisks process; **4.** *zool.* piedēklis; **5.** *bot.* atzars; **II** *v* **1.** apstrādāt; sagatavot; ~ed cheese – kausēts siers; **2.** noformēt (*piem., vīzu*); sagatavot (*dokumentāciju*); **3.** *jur.* ierosināt lietu

process[b] [prə'ses] *v sar.* piedalīties procesijā

processing ['prəʊsesiŋ] *n* **1.** apstrāde; **2.** tehnoloģija; **3.** (*piem., vīzas*) noformēšana; (*dokumentācijas*) sagatavošana

procession [prə'seʃn] *n* procesija; gājiens

processionist [prə'seʃnist] *n* procesijas (gājiena) dalībnieks

processor ['prəʊsesə] *n dat.* procesors

process server ['prəʊses,sɜ:və] *n* tiesas kurjers

processual [prəʊ'sesjʊəl] *a jur.* procesuāls

proces-verbal [,prɒseiveə'ba:l] *n* protokols

proclaim [prə'kleim] *v* **1.** proklamēt; pasludināt; **2.** liecināt; norādīt; **3.** *novec.* aizliegt

proclamation [,prɒklə'meiʃn] *n* **1.** proklamēšana; pasludināšana; **2.** proklamācija; uzsaukums

proclivity [prə'klivəti] *n* tieksme; nosliece

procrastinate [prəʊ'kræstineit] *v* atlikt; novilcināt

procrastination [prəʊ,kræsti'neiʃn] *n* atlikšana; vilcināšanās

procreant ['prəʊkriənt] *a* radošs; produktīvs; auglīgs

procreate ['prəʊkrieit] *v* radīt; dzemdēt

procreation [,prəʊkri'eiʃn] *n* radīšana; dzemdēšana

procreative ['prəʊkrieitiv] *a* radošs; produktīvs; auglīgs

procreator ['prəʊkrieitə] *n* radītājs

proctal ['prɒktəl] *a med.* anāls

proctor ['prɒktə] *n* **1.** proktors; studentu uzraugs (*universitātē*); **2.**: King's (*vai* Queen's) P. *jur.* – Augstākās tiesas loceklis, kas pārrauga šķiršanās, mantojuma u.c. lietas

procumbent [prəʊ'kʌmbənt] *a bot.* ložņājošs

procurable [prə'kjʊərəbl] *a* dabūjams; iegūstams

procurance [prə'kjʊərəns] *n* sagāde; apgāde

procurancy ['prɒkjʊrənsi] *n jur.* pilnvara

procuration [,prɒkjʊ'reiʃn] *n* **1.** sagādāšana; apgādāšana; **2.** pārzināšana; **3.** (*reti*) pilnvara; **4.** savešana; saprecināšana; **5.** *jur.* lietas kārtošana pēc pilnvaras

procurator ['prɒkjʊreitə] *n* **1.** *jur.* pilnvarotais; **2.** *vēst.* prokurators

procure [prə'kjʊə] *v* **1.** sagādāt; apgādāt; **2.** savest; saprecināt; **3.** *novec.* radīt; panākt

procurement [prə'kjʊəmənt] *n* **1.** sagāde; apgāde; **2.** savešana; saprecināšana

procurer [prə'kjʊərə] *n* savedējs; saprecinātājs

procuress [prə'kjʊəres] *n* savedēja; saprecinātāja

prod [prɒd] **I** *n* **1.** viegls grūdiens; dunka; **2.** bakstāmais; **3.** uzmundrinājums; **II** *v* **1.** piebikstīt; iegrūst dunku; **2.** bakstīt; durstīt; **3.** pamudināt
prodgy [ˈprɒdʒi] *n mil. sl.* **1.** lode; lādiņš; **2.** *pl* munīcija
prodigal [ˈprɒdigl] **I** *n* **1.** izšķērdētājs; **2.**: the return of the p. – pazudušā dēla atgriešanās; **II** *a* **1.** izšķērdīgs; **2.**: p. son – pazudušais dēls
prodigality [ˌprɒdiˈgæləti] *n* **1.** izšķērdība; **2.** devīgums
prodigalize [ˈprɒdigəlaiz] *v* izšķiest (*naudu*)
prodigious [prəˈdidʒəs] *a* **1.** neparasts; brīnumains; **2.** milzīgs
prodigy [ˈprɒdədʒi] *n* (*dabas*) brīnums; retums; infant p. – brīnumbērns
prodrome [ˈprəʊdrəʊm] *n med.* slimības pirmās pazīmes
produce I *n* [ˈprɒdjuːs] produkcija; produkts; **II** *v* [prəˈdjuːs] **1.** uzrādīt (*dokumentus, biļeti*); **2.** radīt (*pēcnācējus*); izraisīt (*smieklus*); **3.** ražot; izgatavot; **4.** uzvest (*lugu*); uzņemt (*filmu*); finansēt (*filmu, muzikālu projektu utt.*)
produce exchange [ˈprɒdjuːsiks‚tʃeindʒ] *n* lauksaimniecības produktu birža
producer [prəˈdjuːsə] *n* **1.** ražotājs; **2.** (*filmas, muzikāla projekta utt.*) producents
product [ˈprɒdʌkt] *n* **1.** produkts; ražojums; **2.** iznākums; rezultāts; **3.** *mat.* reizinājums
production [prəˈdʌkʃn] *n* **1.** ražošana; **2.** produkts; ražojums; **3.** (*dokumentu, biļetes*) uzrādīšana; **4.** (*lugas, TV, radio*) uzvedums; inscenējums
productive [prəˈdʌktiv] *a* **1.** produktīvs; ražīgs; **2.** auglīgs

productivity [ˌprɒdʌkˈtivəti] *n* **1.** produktivitāte; ražīgums; **2.** auglība
proem [ˈprəʊem] *n* **1.** (*grāmatas*) ievads; priekšvārds; **2.** *pārn.* sākums; priekšspēle
prof [prɒf] *n sar.* profesors
profanation [ˌprɒfəˈneiʃn] *n* apgānīšana
profane [prəˈfein] **I** *a* **1.** laicīgs; pasaulīgs; **2.** bezdievīgs; **3.** zaimojošs; **II** *v* apgānīt
profanit‖y [prəˈfænəti] *n* **1.** apgānīšana; **2.**: to utter ~ies – lamāties
profess [prəˈfes] *v* **1.** atklāti paziņot; **2.** sludināt; mācīt; **3.** uzdoties (*par*); **4.** (*reti*) praktizēt
professed [prəˈfest] *a* **1.** nodots atklātībai (*bet bieži nepatiess*); **2.** viltvārdīgs; **3.** (*par mūku, reliģiskas sektas locekli*) devis solījumu (zvērestu)
profession [prəˈfeʃn] *n* **1.** profesija, nodarbošanās; by p. – pēc profesijas; **2.** solījums; zvērests (*iestājoties klosterī*)
professional [prəˈfeʃnəl] **I** *n* profesionālis; **II** *a* profesionāls; arod-; p. diseases – arodslimības; p. school – arodskola
professionalize [prəˈfeʃnəlaiz] *v* specializēties
professionless [prəˈfeʃnləs] *a* neprofesionāls
professor [prəˈfesə] *n* profesors
professorial [ˌprɒfiˈsɔːriəl] *a* profesora-; profesoru-
professoriate [ˌprɒfiˈsɔːriət] *n* profesūra; profesori
professorship [prəˈfesəʃip] *n* profesūra (*amats*)
proffer [ˈprɒfə] **I** *n* piedāvājums; **II** *v* piedāvāt
proficiency [prəˈfiʃnsi] *n* māka; prasme

proficient [prə'fiʃnt] **I** *n* lietpratējs; eksperts; **II** *a* (*at, in*) prasmīgs; kompetents
profile ['prəʊfail] **I** *n* **1.** profils, sānskats; **2.** īss shematisks apraksts; **3.** *tehn.* vertikālais šķēlums; ◇ high p. – asa nostāja; low p. – iecietīga nostāja; **II** *v* **1.** attēlot profilā; **2.** *tehn.* profilēt
profiling ['prəʊfailiŋ] *n tehn.* profilēšana
profit ['prɒfit] **I** *n* **1.** peļņa; ienākums; **2.** labums; to derive p. – gūt labumu; **II** *v* **1.** gūt peļņu; **2.** gūt labumu
profitability [ˌprɒfitə'bilətiAs] *n* ienesīgums; rentabilitāte; izdevīgums
profitable ['prɒfitəbl] *a* **1.** ienesīgs; **2.** izdevīgs
profit-bearing ['prɒfitˌbeəriŋ] *a* ienesīgs
profiteer [ˌprɒfi'tiə] **I** *n* spekulants; **II** *v* spekulēt
profiteering [ˌprɒfi'tiəriŋ] *n* spekulēšana; spekulācija
profitless ['prɒfitləs] *a* **1.** bezpeļņas-; **2.** veltīgs
profit-taking ['prɒfitˌteikiŋ] *n* akciju pārdošana (*augot peļņas procentiem*)
profligacy ['prɒfligəsi] *n* **1.** izšķērdība; **2.** izvirtība
profligate ['prɒfligət] **I** *n* **1.** izšķērdētājs; **2.** izvirtulis; netiklis; **II** *a* izvirtis; netikls
profluent ['prɒfluənt] *a med.* aumaļām plūstošs (*piem., par asinīm*)
profound [prə'faʊnd] **I** *n* (the p.) **1.** dziļums; (*jūras*) dzelme; **2.** bezdibenis; **II** *a* **1.** dziļš; **2.** pamatīgs; dziļš; p. knowledge – dziļas zināšanas; **3.** pilnīgs; absolūts
profundity [prə'fʌndəti] *n* **1.** dziļums; **2.** pamatīgums

profuse [prə'fju:s] *a* **1.** bagātīgs; pārpilns; **2.** izšķērdīgs; dāsns
profusion [prə'fju:ʒn] *n* **1.** bagātība; pārpilnība; **2.** izšķērdība; dāsnums
progenitive [prəʊ'dʒenitiv] *a* auglīgs; produktīvs
progenitor [prəʊ'dʒenitə] *n* **1.** sencis; ciltstēvs; **2.** priekšgājējs; priekštecis
progenitress [prəʊ'dʒenitris] *n* **1.** ciltsmāte; **2.** priekšgājēja; priekštece
progeniture [prəʊ'dʒenitʃə] *n* **1.** radīšana; dzemdēšana; **2.** pēcnācējs
progeny ['prɒdʒəni] *n* **1.** pēcnācēji; **2.** *pārn.* iznākums; rezultāts
prognathic [prɒg'næθik] *a* **1.** izvirzīts (*par žokli*); **2.** ar izvirzītu žokli
prognosis [prɒg'nəʊsis] *n* (*pl* prognoses [prɒg'nəʊsi:z]) prognoze; pareģojums
prognostic [prɒg'nɒstik] *n* zīme; pareģojums
prognosticate [prɒg'nɒstikeit] *v* pareģot
prognostication [prəgˌnɒsti'keiʃn] *n* **1.** pareģošana; **2.** zīme; pareģojums
prognosticative [prɒg'nɒstikətiv] *a* pareģojošs
program ['prəʊgræm] *amer. sk.* **programme**
programmable ['prəʊgræməbl] *a* programmējams
programme ['prəʊgræm] **I** *n* programma; **II** *v* **1.** sastādīt programmu; izplānot; **2.** programmēt
programmer ['prəʊgræmə] *n* programmētājs
programming ['prəʊgræmiŋ] *n* programmēšana
progress I *n* ['prəʊgres] **1.** progress; attīstība; to be in p. – attīstīties; **2.** panākumi; sekmes; **3.** gaita; norise; the p. of events – notikumu gaita; **II** *v* [prəʊ'gres] **1.** virzīties uz priekšu;

2. progresēt; attīstīties; **3.** gūt panākumus (sekmes)
progression [prəʊ'greʃn] *n* **1.** virzīšanās uz priekšu; **2.** progress; attīstība; **3.** *mat.* progresija
progressive [prəʊ'gresiv] **I** *n* **1.** progresīvs cilvēks; **2.** progresa atbalstītājs; **II** *a* **1.** progresīvs; progresa-; **2.** progresējošs; augošs; proporcionāli augoši (*par nodokļiem*); p. taxation – progresējošā nodokļu politika; **3.**: p. tenses *gram.* – ilgstošie laiki
progressiveness [prəʊ'gresivnis] *n* progresivitāte
prohibit [prəʊ'hibit] *v* **1.** aizliegt; **2.** neļaut; kavēt
prohibition [ˌprəʊhi'biʃn] *n* aizliegums
prohibitive [prəʊ'hibitiv] *a* **1.** aizlieguma-; **2.** pārmērīgi augsts (*par cenu*)
project **I** *n* ['prɒdʒekt] projekts; plāns; **II** *v* [prə'dʒekt] **1.** projektēt; **2.** plānot; paredzēt; **3.** mest (*gaismu, ēnu*); **4.** projicēt; demonstrēt (*filmu*)
projection [prə'dʒekʃn] *n* **1.** projektēšana; **2.** plānošana **3.** projekcija; projicēšana; p. room – kinomehāniķa telpa; **4.** *mat., psih.* projekcija
projectionist [prə'dʒekʃnist] *n* kinomehāniķis
projector [prə'dʒektə] *n* **1.** projektētājs; **2.** projekcijas aparāts; projektors; **3.** *mil.* granātmetējs
prolapse *med.* **I** *n* [prəʊlæps] (*kāda orgāna*) noslīdējums; **II** *v* [prəʊ'læps] noslīdēt (*par kādu orgānu*)
prolate ['prəʊleit] *a* **1.** iegarens; izstiepts; **2.** [plaši] izplatīts
proliferate [prəʊ'lifəreit] *v* **1.** (*skaitliski*) vairoties; **2.** *biol.* vairoties
proliferation [prəʊˌlifə'reiʃn] *n* **1.** (*skaitliska*) vairošanās; **2.** *biol.* vairošanās

proliferous [prəʊ'lifərəs] *a biol.* kas ātri vairojas
prolific [prəʊ'lifik] *a* **1.** auglīgs; ražīgs; produktīvs; **2.** bagātīgs
prolificacy [ˌprəʊ'lifikəsi] *n* auglība; auglīgums
prolification [ˌprəʊlifi'keiʃn] *n* vairošanās
prolificity [ˌprəʊli'fisəti] *n* auglība; auglīgums
prolix ['prəʊliks] *a* liekvārdīgs; izplūdis
prolixity [prəʊ'liksəti] *n* liekvārdība
prolocutor [preʊ'lɒkjʊtə] *n* (*baznīcas sinodes*) priekšsēdētājs
prologue ['prəʊlɒg] **I** *n* prologs; **II** *v* ievadīt ar prologu
prolong [prəʊ'lɒŋ] *v* **1.** pagarināt; **2.** paildzināt
prolongation [ˌprəʊlɒŋ'geiʃn] *n* **1.** pagarināšana; pagarinājums; **2.** paildzināšana
prolusion [prə'luːʒn] *n* **1.** mēģinājums; (*spēku*) izmēģināšana (*kādā nodarbē*); **2.** (*lugas*) ģenerālmēģinājums
prom [prɒm] *n sar.* **1.** promenādes koncerts; **2.** *amer.* (*studentu*) balle
promenade [ˌprɒmə'nɑːd] **I** *n* **1.** pastaiga; **2.** pastaigu vieta; **3.** *amer.* (*studentu*) balle; **II** *v* pastaigāties
Promethean [prə'miːθiən] *a mil.* Prometeja-; P. fire (spark) – Prometeja uguns
prominence ['prɒminəns] *n* **1.** izvirzījums; izcilnis; **2.** izcilība
prominent ['prɒminənt] *a* **1.** uz āru izvirzījies; **2.** saskatāms; saredzams; **3.** prominents; izcils
promiscuity [ˌprɒmi'skjuːəti] *n* **1.** *niev.* neizvēlīgums (*dzimumattiecībās*); **2.** juceklis
promiscuous [prɒ'miskjʊəs] *a* **1.** *niev.* neizvēlīgs (*dzimumattiecībās*); gadījuma- (*par dzimumsakariem*); **2.** jucekļīgs

promise ['prɒmis] **I** *n* solījums; the land of p. – apsolītā zeme; to give (make) one's p. – dot solījumu; to break (go back on) one's p. – lauzt solījumu; **II** *v* [ap]solīt

promisee [,prɒmi'si:] *n jur.* parādzīmes saņēmējs

promising ['prɒmisiŋ] *a* daudzsološs

promisor [,prɒmi'sɔ:] *n jur.* 1. solījuma devējs; 2. parādzīmes devējs

promissory ['prɒmisəri] *a* sološs; p. note – parādzīme

promo ['prəʊməʊ] *sar. (saīs. no* promotional) *a* reklāmas-

promontory ['prɒməntri] *n* zemesrags

promotability [prə,məʊtə'biləti] *n mil.* tiesības saņemt augstāku dienesta pakāpi

promotable [prə'məʊtəbl] *a mil.* tiesīgs saņemt augstāku dienesta pakāpi

promote [prə'məʊt] *v* 1. paaugstināt *(amatā, dienesta pakāpē)*; 2. veicināt; sekmēt; 3. pārcelt *(nākamajā klasē)*

promotee [prə,məʊ'ti:] *n (amatā, dienesta pakāpē)* paaugstinātais

promoter [prə'məʊtə] *n* sekmētājs; sponsors

promotion [prə'məʊʃn] *n* 1. paaugstināšana *(amatā, dienesta pakāpē)*; 2. veicināšana; sekmēšana; 3. pārcelšana *(nākamajā klasē)*

promotional [prə'məʊʃnəl] *a* 1. augstāks *(par amatu, dienesta pakāpi)*; 2. veicināšanas-; sekmēšanas-; 3. reklāmas

promotion man [prə'məʊʃnmæn] *n* aģents; starpnieks

prompt [prɒmpt] **I** *n kom.* maksāšanas termiņš; **II** *a* 1. ātrs; 2. tūlītējs; **III** *v* 1. teikt priekšā; suflēt; 2. mudināt; skubināt; 3. iedvest *(domu)*; **IV** *adv* precīzi

promptbox ['prɒmptbɒks] *n teātr.* sufliera kabīne

prompter ['prɒmptə] *n* priekšā teicējs; suflieris

prompting ['prɒmptiŋ] *n* 1. mudināšana; skubināšana; 2. priekšā teikšana; suflēšana

promptitude ['prɒmptitjuːd] *n* 1. gatavība; 2. akurātība; precizitāte

promptly ['prɒmptli] *adv* 1. nekavējoties; 2. precīzi

promptness ['prɒmptnis] *sk.* **promptitude**

prompt-note ['prɒmptnəʊt] *n* atgādinājums par maksājuma termiņu

prom trotter ['prɒm,trɒtə] *n amer. sar.* 1. students, kas bieži apmeklē balles; 2. brunču mednieks; 3. studente, kurai ir daudz pielūdzēju

promulgate ['prɒmlgeit] *v* 1. pasludināt; izsludināt; 2. izplatīt; propagandēt

promulgation ['prɒml'geiʃn] *n* 1. pasludināšana; izsludināšana; 2. izplatīšana; propagandēšana

promulgator ['prɒmlgeitə] *n* izplatītājs; propagandētājs

prone [prəʊn] *a* 1. gulošs; p. position *mil.* – guļus stāvoklis *(šaušanai)*; 2. *(to)* disponēts; ar tieksmi

prong [prɒŋ] **I** *n* 1. *(dakšu)* zars; 2. *(ragu)* žuburs; **II** *v* uzdurt uz dakšām

pronged [prɒŋd] *a* zarots; žuburains

pronominal [prəʊ'nɒminl] *a gram.* vietniekvārda-

pronoun ['prəʊnaʊn] *n gram.* vietniekvārds

pronounce [prə'naʊns] *v* 1. *(oficiāli)* pasludināt; paziņot; 2. *val.* izrunāt

pronouncement [prə'naʊnsmənt] *n (oficiāls)* paziņojums

pronouncing [prə'naʊnsiŋ] *n val.* izrunāšana; izruna

pronto [ˈprɒntəʊ] *adv sar.* ātri
pronunciation [prəˌnʌnsiˈeiʃn] *n val.* izruna
proof [pruːf] **I** *n* **1.** pierādījums; **2.** pārbaude; to stand the p. – izturēt pārbaudi; **3.** korektūra; **II** *a* **1.** drošs; pārbaudīts; **2.** nesatricināms; nelokāms
proofread [ˈpruːfriːd] *v* lasīt korektūru
proofreader [ˈpruːfˌriːdə] *n* korektors
prop[a] [prɒp] **I** *n* **1.** balsts; **2.** atbalsts; palīgs; **II** *v* **1.** nostiprināt ar balstiem; **2.** atbalstīt; palīdzēt; **3.** pēkšņi apstāties (*par zirgu*)
prop[b] [prɒp] *n* (*saīs. no* propeller) *sar.* propelleris
prop[c] [prɒp] *n* (*saīs. no* proposition) teorēma
propagate [ˈprɒpəgeit] *v* **1.** pavairot; izaudzēt; **2.** vairoties; **3.** izplatīt (*slimību*); **4.** *fiz.* izplatīties (*par skaņu, gaismu*)
propagation [ˌprɒpəˈgeiʃn] *n* **1.** pavairošana; izaudzēšana; **2.** vairošanās; **3.** (*slimības*) izplatīšana; **4.** *fiz.* (*skaņas, gaismas*) izplatīšanās
propel [prəˈpel] *v* **1.** dzīt (virzīt) uz priekšu; **2.** stimulēt; pamudināt
propellant [prəˈpelənt] *n* **1.** dzinējs; **2.** reaktīvā dzinēja degviela; **3.** virzošais spēks
propellent [prəˈpelənt] *a* virzošs; dzinēj-
propeller [prəˈpelə] *n* **1.** *av.* propelleris; **2.** *jūrn.* dzenskrūve; **3.** *tehn.* dzinējs
propensity [prəˈpensəti] *n* (*for, to, towards*) tieksme; dziņa
proper [ˈprɒpə] *a* **1.** piemērots; **2.** īsts; pareizs; **3.** pienācīgs; piedienīgs; prim and p. – klīrīgs; stīvs; **4.** piemītošs; raksturīgs; **5.** *novec.* savs; personisks; **6.**: p. noun (name) *gram.* – īpašvārds
properly [ˈprɒpəli] *adv* **1.** pareizi; to speak English p. – pareizi runāt anglis-
ki; **2.** patiesībā; īstenībā; **3.** pienācīgi; piedienīgi; p. dressed – pienācīgi apģērbies; **4.** *sar.* pamatīgi; krietni
property [ˈprɒpəti] *n* **1.** īpašums; manta; **2.** raksturīga īpašība; **3.** (*parasti pl*) *teātr.* rekvizīts; butaforija
prophecy [ˈprɒfəsi] *n* pareģojums
prophesier [ˈprɒfəsaiə] *n* pareģis
prophesy [ˈprɒfəsai] *v* pareģot
prophet [ˈprɒfit] *n* pravietis; the P. – Muhameds; follower of the P. – muhamedānis
propheteer [ˌprɒfiˈtiə] *n sl.* zīlnieks; zīlniece
prophetess [ˈprɒfitis] *n* pareģe
prophetic[al] [prəˈfetik(l)] *a* **1.** pravietisks; **2.** praviešа-; praviešu-
prophylactic [ˌprɒfəˈlæktik] **I** *n* profilaktiskais līdzeklis; **II** *a* profilaktisks; p. treatment – profilakse
prophylaxis [ˌprɒfəˈlæksis] *n* (*pl* prophylaxes [ˌprɒfəˈlæksiːz]) profilakse
propinquity [prəˈpiŋkwəti] *n* **1.** tuvums; tuvība; **2.** līdzība; radniecība
propitiate [prəˈpiʃieit] *v* pielabināt; samierināt
propitiation [prəˌpiʃiˈeiʃn] *n* pielabināšana; samierināšana
propitiator [prəˈpiʃieitə] *n* salabinātājs
propitious [prəˈpiʃəs] *a* labvēlīgs; izdevīgs; p. moment – izdevīgs brīdis
propman [ˈprɒpmæn] *n* butafors
propolis [ˈprɒpəlis] *n* propoliss
propone [prəˈpəʊn] *v* iesniegt priekšlikumu
proponent [prəˈpəʊnənt] **I** *n* priekšlikuma iesniedzējs; **II** *a* rosinošs
proportion [prəˈpɔːʃn] **I** *n* **1.** proporcija; in p. – samērīgs; out of p. – nesamērīgs; **2.** *pl* izmēri; **3.** daļa; **4.** *mat.* proporcija; inverse (direct) p. – ap-

grieztā (tiešā) proporcija; **II** *v* sadalīt proporcionāli
proportional [prə'pɔːʃnəl] **I** *n mat.* proporcijas loceklis; **II** *a* proporcionāls; samērīgs
proportionality [prə'pɔːʃə'næləti] *n* proporcionalitāte
proportionate [prə'pɔːʃnət] **I** *a* proporcionāls; samērīgs; **II** *v* **1.** sadalīt proporcionāli; **2.** saskaņot; pielāgot; **3.** dozēt
proposal [prə'pəʊzl] *n* **1.** priekšlikums; ierosinājums; **2.** bildinājums
propose [prə'pəʊz] *v* **1.** ierosināt; to p. a toast – uzsaukt tostu; **2.** bildināt
proposition [ˌprɒpə'zɪʃn] **I** *n* **1.** priekšlikums; ierosinājums; **2.** nodoms; **3.** neķītrs priekšlikums; **4.** *mat.* teorēma; **5.** spriedums; **II** *v* **1.** izteikt priekšlikumu; ierosināt; **2.** izteikt neķītru priekšlikumu
propound [prə'paʊnd] *v* ierosināt tēmu (*apspriešanai*)
proprieties [prə'praɪətɪz] *n pl* uzvedības normas
proprietor [prə'praɪətə] *n* īpašnieks
proprietorship [prə'praɪətəʃɪp] *n* īpašumtiesības
proprietress [prə'praɪətrɪs] *n* īpašniece
propriety [prə'praɪətɪ] *n* **1.** pareizība; pamatotība; **2.**: marriage of p. – aprēķina laulības
props [prɒps] *n* (*saīs. no* property) *sar. teātr.* **1.** rekvizīti; butaforijas; **2.** butafors
proptosis [prɒp'təʊsɪs] *n* (*pl* proptoses [prɒp'təʊsiːz]) *med.* (*acs ābola*) izvalbījums
propulsion [prə'pʌlʃn] *n* **1.** virzīšanās uz priekšu; **2.** virzošais spēks; **3.** dzinējspēks

propulsive [prə'pʌlsɪv] *a* dzenošs; dzinēj-
prorate [ˌprəʊ'reɪt] *v* sadalīt proporcionāli
prorogation [ˌprəʊrə'geɪʃn] *n* atlikšana (*uz vēlāku laiku*)
prorogue [prə'rəʊg] *v* atlikt (*uz vēlāku laiku*)
prosaic [prəʊ'zeɪɪk] *a* **1.** prozas-; **2.** prozaisks; ikdienišķs
prosaically [prəʊ'zeɪɪkəlɪ] *adv* prozaiski; ikdienišķi
prosaist [prəʊ'zeɪɪst] *n* **1.** prozaiķis, prozas rakstnieks; **2.** prozaisks (garlaicīgs) cilvēks
proscribe [prəʊ'skraɪb] *v* **1.** aizliegt; **2.** *novec.* pasludināt ārpus likuma
proscription [prəʊ'skrɪpʃn] *n* **1.** aizliegums; **2.** *novec.* pasludināšana ārpus likuma
proscriptive [prəʊ'skrɪptɪv] *a* aizliedzošs
prose [prəʊz] **I** *n* **1.** proza; **2.** prozaiskums; ikdienišķums; **II** *v* **1.** (*about*) garlaicīgi runāt (*par*); **2.** rakstīt prozu
prosect [prə'sekt] *v med.*, *biol.* preparēt
prosection [prə'sekʃn] *n med.*, *biol.* preparēšana
prosecute ['prɒsɪkjuːt] *v* **1.** turpināt; **2.** *jur.* iesniegt prasību; ierosināt lietu
prosecution [ˌprɒsɪ'kjuːʃn] *n* **1.** turpināšana; **2.** *jur.* prasības iesniegšana; lietas ierosināšana; **3.** *jur.* apsūdzība (*puse tiesas prāvā*)
prosecutor ['prɒsɪkjuːtə] *n jur.* **1.** prasītājs; **2.**: public p. – prokurors
proselyte ['prɒsəlaɪt] *n* prozelīts, jaunpievērstais (*ticībai*)
proselytize ['prɒsələtaɪz] *v amer.* pievērst (*ticībai*)
prosify ['prəʊzɪfaɪ] *v* **1.** rakstīt prozu;

pārvērst dzeju prozā; **2.** padarīt prozaisku, garlaicīgu
prosiness [ˈprəʊzinəs] *n* prozaiskums; ikdienišķums
prosit [ˈprəʊzit] prozit!
prospect I *n* [ˈprɒspekt] **1.** (*parasti pl*) izredzes; **2.** perspektīva; in p. – gaidāms; paredzams; **3.** skats; **II** *v* [prəˈspekt] **1.** izlūkot; meklēt (*piem., izrakteņus*); **2.** būt ienesīgam (*par raktuvēm*)
prospective [prəˈspektiv] *a* **1.** paredzams; sagaidāms; **2.** nākamais; topošais
prospectless [ˈprəspektlis] *a* neperspektīvs
prospector [prəˈspektə] *n ģeol.* izlūks; (*izrakteņu*) meklētājs
prosper [ˈprɒspə] *v* **1.** zelt; plaukt; veikties; **2.** būt labvēlīgam; may God p. you! – lai Dievs ir ar tevi!
prosperity [prɒˈsperəti] *n* **1.** labklājība; **2.** zelšana; plaukšana; veiksme
prosperous [ˈprɒspərəs] *a* **1.** plaukstošs; veiksmīgs; laimīgs; **2.** turīgs; pārticis; **3.**: p. wind – ceļavējš
prosser [ˈprɒsə] *n sl.* profesionāls aktieris
prossie [ˈprɒsi] *n sar.* ielene
prossy [ˈprɒsi] *sk.* **prossie**
prostate [ˈprɒsteit] *n anat.* prostata, priekšdziedzeris
prostatitis [ˌprɒstəˈtaitis] *n med.* prostatīts
prosthesis [ˈprɒsθisis] *n* (*pl* prostheses [ˈprɒsθisiːz]) *n* protēze
prosthetics [prɒsˈθetiks] *n* protezēšana
prosthetist [prɒsˈθiːtist] *n* protēzists
prostie [ˈprɒsti] *n amer. sl.* ielene
prostitute [ˈprɒstitjuːt] **I** *n* prostitūta; **II** *v* **1.** prostitutēt; **2.** nodarboties ar prostitūciju

prostitution [ˌprɒstiˈtjuːʃn] *n* prostitūcija
prostrate I *a* [ˈprɒstreit] **1.** novārdzis; spēkus zaudējis; **2.** satriekts; p. with grief – bēdu sagrauzts; **3.** *bot.* ložņājošs; **II** *v* [prəˈstreit] **1.** (*arī* to p. oneself) zemoties; mesties pie kājām; **2.** novārdzināt; izvārdzināt; **3.** satriekt; nomākt
prostration [prɒˈstreiʃn] *n* **1.** garšļaukus stāvoklis; **2.** zemošanās
prosy [ˈprəʊzi] *a* prozaisks; ikdienišķs
protagonist [prəʊˈtægənist] *n* **1.** galvenais varonis (*piem., lugā*); **2.** galvenās lomas tēlotājs; **3.** piekritējs
protasis [ˈprɒtəsis] *n gram.* nosacījuma palīgteikums
protean [prəʊˈtiːən] *a* **1.** mainīgs; **2.** daudzveidīgs
protect [prəˈtekt] *v* **1.** (*against, from*) aizsargāt; aizstāvēt; **2.** atbalstīt
protection [prəˈtekʃn] *n* **1.** aizsargāšana; aizstāvēšana; **2.** aizbildniecība
protective [prəˈtektiv] *a* aizsarg-; aizsardzības-; drošības-
protector [prəˈtektə] *n* **1.** aizstāvis; aizbildnis; **2.** (*riepas*) protektors; **3.** *vēst.* protektors; reģents
protectorship [prəˈtektəʃip] *n vēst.* **1.** protektora (reģenta) valdīšanas laiks; **2.** protektora (reģenta) amats
protectory [prəˈtektəri] *n* nepilngadīgo patversme
protectress [prəˈtektris] *n* aizstāve; aizbildne
protege [ˈprɒteʒei] *n* protežē; aizbilstamais
protegee [ˈprɒteʒei] *n* protežē; aizbilstamā
protein [ˈprəʊtiːn] *n ķīm.* proteīns, olbaltums

pro tempore [ˌprəʊ'tempəri] *adv* pagaidām; uz laiku

protest I *n* ['prəʊtest] protests; iebildums; to enter (lodge) a p. – iesniegt protestu; under p. – pret savu gribu; **II** *v* [prəʊ'test] protestēt; celt iebildumus

Protestant ['prɒtistənt] **I** *n* protestants; **II** *a* protestantu-

Protestantism ['prɒtistəntizəm] *n* protestantisms

protestation [ˌprɒti'steiʃn] *n* **1.** protests; iebildums; **2.** (*svinīgs*) paziņojums

Proteus ['prəʊtjuːs] *n* **1.** *mit.* Protejs; **2.** *pārn.* cilvēks ar vairākām sejām

protista [prə'tistə] *n pl biol.* (*arī* P.) vienšūnas organismi

protocol ['prəʊtəkɒl] **I** *n* **1.** protokols (*dokuments*); **2.** (*diplomātiskā*) etiķete; **II** *v* **1.** [ie]protokolēt; **2.** sastādīt protokolu

protohuman [ˌprəʊtəʊ'hjuːmən] *a biol.* cilvēkveida-; cilvēkveidīgs

proton ['prəʊtɒn] *n fiz.* protons

protoplast ['prəʊtəplæst] *n* **1.** prototips; **2.** *biol.* protoplasts

protoplastic [ˌprəʊtə'plæstik] *a* **1.** prototipa-; **2.** *biol.* protoplasta-

prototype ['prəʊtəʊtaip] *n* prototips

protoxide [prəʊ'tɒksaid] *n ķīm.* zemākās vērtības oksīds

protozoan [ˌprəʊtəʊ'zəʊən] **I** *n* protozojs, pirmdzīvnieks; **II** *a* protozoju-, pirmdzīvnieku-

protozoic [ˌprətəʊ'zəʊik] *a* protozoju-, pirmdzīvnieku-

protozoon [ˌprəʊtəʊ'zəʊən] *n* (*pl* protozoa [ˌprəʊtəʊ'zəʊə]) protozojs, pirmdzīvnieks

protract [prə'trækt] *v* **1.** novilcināt; **2.** zīmēt (*plānu, karti*)

protractedly [prə'træktidli] *adv* **1.** ilgi; ilgstoši; **2.** gari; stiepti

protraction [prə'trækʃn] *n* **1.** novilcināšana; **2.** (*plāna, kartes*) zīmēšana

protractor [prə'træktə] *n tehn.* transportieris; leņķmērs

protrude [prə'truːd] *v* **1.** izbāzt; to p. one's tongue – izbāzt mēli; **2.** izvirzīties uz āru

protrusion [prə'truːʒn] *n* izvirzījums

protrusive [prə'truːsiv] *a* uz āru izvirzīts

protuberance [prə'tjuːbrəns] *n* **1.** izspiešanās uz āru; **2.** izcilnis; paaugstinājums; **3.** *med.* izaugums; **4.** *astr.* protuberance

protuberant [prə'tjuːbrənt] *a* uz āru izspiedies

proud [praʊd] **I** *a* **1.** lepns; I am p. of you – es ar tevi lepojos; **2.** iedomīgs; augstprātīgs; **3.** lielisks; **4.** paaugstināts (*par ūdens līmeni*); **II** *adv sar.* **1.** lepni; **2.**: to do smb. p. – parādīt kādam godu

proudhearted [ˌpraʊd'hɑːtid] *a* iedomīgs; uzpūtīgs; augstprātīgs

proudling ['praʊdliŋ] *n niev.* augstprātis

provable ['pruːvəbl] *a* **1.** pierādāms; **2.** pārbaudāms

prove [pruːv] *v* **1.** pierādīt; **2.** pārbaudīt; izmēģināt; **3.** izrādīties; it ~d suitable – tas izrādījās derīgs; **4.** *jur.* pierādīt; to p. a will – apstiprināt testamentu

proven ['pruːvn] *a jur.* pierādīts; not p. – attaisnots pierādījuma trūkuma dēļ

provenance ['prɒvənəns] *n* pirmavots

provender ['prɒvində] *n* **1.** lopbarība; **2.** *sar.* ēdamais

provenience [prə'viːniəns] *amer. sk.* **provenance**

proverb ['prɒvɜːb] *n* paruna; sakāmvārds; ◇ to a p. – maksimāli; augstākā mērā;

the Book of Proverbs – Zālamana Pamācību grāmata

proverbial [prə'vɜ:biəl] *a* **1.** parunas-; sakāmvārda-; **2.** vispārzināms

provide [prə'vaid] *v* **1.** paredzēt (*notikumus*); **2.** (*with*) apgādāt; nodrošināt

providence ['prɒvidəns] *n* **1.** liktenis; providence; to fly in the face of P. – izaicināt likteni; **2.** tālredzība; apdomība; piesardzība

provident ['prɒvidənt] *a* tālredzīgs; apdomīgs; piesardzīgs

providential [ˌprɒvi'denʃl] *a* **1.** likteņīgs; **2.** veiksmīgs

provider [prə'vaidə] *n* apgādātājs; piegādātājs

province ['prɒvins] *n* **1.** province; **2.** darbības lauks; kompetence

provincial [prə'vinʃl] **I** *n* provinciālis; **II** *a* **1.** provinces-; **2.** provinciāls

provision [prə'viʒn] **I** *n* **1.** apgādāšana; sagādāšana; nodrošināšana; **2.** krājums; ~s – pārtikas krājumi; **3.** piesardzības pasākumi; **4.** *jur.* nosacījums; **II** *v* apgādāt ar pārtiku

provisional [prə'viʒnəl] **I** *n* (P.) īru ekstrēmists; **II** *a* **1.** provizorisks; iepriekšējs; **2.** pagaidu-

provisory [prə'vaizəri] *a* **1.** provizorisks; iepriekšējs; **2.** pagaidu-

Provo ['prəʊvəʊ] *sar. sk.* **provisional I**

provocation [ˌprɒvə'keiʃn] *n* **1.** izaicinājums; **2.** provokācija; **3.** īgnums; sapīkums

provocative [prə'vɒkətiv] *a* **1.** izaicinošs; **2.** provokatorisks; **3.** kaitinošs

provoke [prə'vəʊk] *v* **1.** izraisīt; to p. doubt – izraisīt šaubas; **2.** ierosināt; ieteikt; **3.** [iz]provocēt; **4.** aizkaitināt

provoking [prə'vəʊkiŋ] *a* **1.** izaicinošs; **2.** kaitinošs

provost *n* **1.** ['prɒvəst] (*koledžas*) rektors; direktors; **2.** ['prɒvəst] mērs (*dažās Skotijas pilsētās*); **3.** ['prɒvəʊ] militārās policijas priekšnieks

prow [praʊ] *n* (*laivas, kuģa*) priekšgals

prowess ['praʊes] *n* **1.** drošsirdība; bezbailība; **2.** veiklība

prowl [praʊl] **I** *n* ložņāšana; klaiņošana (*laupījumu meklējot*); man on the p. – vīrietis, kas apmeklē publiskos pasākumus ar nolūku iepazīties; **II** *v* **1.** ložņāt; klaiņot (*meklējot laupījumu*); **2.** *amer.* pārmeklēt (*cilvēku*); **3.**: to p. round the shops – «ķemmēt» veikalus

prowl car ['praʊlkɑ:] *n amer.* policijas patruļmašīna

prowler ['praʊlə] *n* **1.** klaidonis (*laupītājs, dzīvnieks*); **2.** marodieris

proximate ['prɒksimət] *a* **1.** tuvākais (*vietas, laika ziņā*); **2.** tiešs; p. cause – tiešais cēlonis

proximity [prɒk'siməti] *n* tuvums; p. of blood – asinsradniecība

proximo ['prɒksiməʊ] *adv* nākamajā mēnesī; nākamā mēneša-

proxy ['prɒksi] *n* **1.** pilnvara; **2.** pilnvarotais

prude [pru:d] **I** *n* **1.** klīrīga sieviete; **2.** svētulis; svētule; **II** *v* būt svētulim (*vai* svētulei)

prudence ['pru:dns] *n* apdomība; piesardzība

prudent ['pru:dnt] *a* apdomīgs; piesardzīgs

prudential [prʊ'denʃl] *a* saprātīgs; apdomīgs

prudery ['pru:dəri] *n* klīrība

prudish ['pru:diʃ] *a* klīrīgs

prune[a] [pru:n] *n* **1.** žāvēta plūme; **2.** sarkanvioleta krāsa; **3.** vientiesis

pruneᵇ [pru:n] *v* **1.** apcirpt (*dzīvžogu*); **2.** (*away, down*) īsināt (*tekstu*)
pruneᶜ [pru:n] *novec. sk.* **preen**
pruner [ˈpru:nə] *n* (*arī* ~s) dārza grieznes
pruning-knife [ˈpru:niŋnaif] *n* (*koku*) potnazis
pruning-scissors [ˈpru:niŋˌsizəz] *n* dārza grieznes
prurience [ˈprʊəriəns] *n* miesaskārība
prurient [ˈprʊəriənt] *a* miesaskārs
prussic [ˈprʌsik] *a*: p. acid ķīm. – zilskābe, ciānūdeņražskābe
pryᵃ [prai] **I** *n* ziņkārīgs cilvēks; okšķeris; **II** *v* okšķerēt
pryᵇ [prai] *amer.* **I** *n* svira; **II** *v* **1.** (*open, out, up*) uzlauzt (*ar sviru*); **2.** izmānīt
psalm [sɑ:m] *n* psalms
psalmody [ˈsɑ:lmədi] *n* **1.** psalmu dziedāšana; **2.** psalmu grāmata
p's and q's [ˌpi:ə ndˈkju:z] *n pl*: to mind one's p's and q's – uzvesties pienācīgi
psephology [siˈfɒlədʒi] *n* vēlēšanu rezultātu analīze
pseud [sju:d] *n sar.* viltnieks
pseudo [sju:dəʊ] *a* neīsts; viltots
pseudograph [ˈsju:dəʊgrɑ:f] *n* literārs viltojums
pseudonym [ˈsju:dənim] *n* pseidonīms
pseudonymous [sju:ˈdəniməs] *a* **1.** (*par autoru*) tāds, kas raksta ar pseidonīmu; **2.** (*par grāmatu*) izdots ar pseidonīmu
psoas [ˈsəʊæs] *n anat.* ciskas muskulis
psoriasis [səˈraiəsis] *n med.* psoriāze
psychᵃ [saik] *n* (*saīs. no* psychiatrist) *sar.* psihiatrs
psychᵇ [saik] *v sar.* **1.** (*arī* to p. up) uzbudināt; **2.** psihiski ietekmēt; **3.** psihiski sagatavoties; **4.** ārdīties
psyche [ˈsaiki] *n* psihe
psychedelic [ˌsaikiˈdelik] **I** *n* psihodēliska narkotika; **II** *a* **1.** psihodēlisks; halucinācijas radošs; **2.** murgains; p. art – murgaina māksla
psychiatric[al] [ˌsaikiˈætrik(l)] *a* psihiatrisks
psychiatrist [saiˈkaiətrist] *n* psihiatrs
psychiatry [saiˈkaiətri] *n* psihiatrija
psychic [ˈsaikik] **I** *n* medijs; **II** *a* psihisks
psychical [ˈsaikikl] *a* psihisks
psycho [ˈsaikəʊ] *a* psihisks
psychoanalysis [ˌsaikəʊəˈnæləsis] *n* psihoanalīze
psychoanalyst [ˌsaikəʊˈænəlist] *n* psihoanalītiķis
psychological [ˌsaikəˈlɒdʒikl] *a* psiholoģisks
psychologist [saiˈkɒlədʒist] *n* psihologs
psychology [saiˈkɒlədʒi] *n* psiholoģija
psychopath [ˈsaikəʊpæθ] *n* psihopāts
psychotherapy [ˌsaikəʊˈθerəpi] *n* psihoterapija
psychotic [saiˈkɒtik] **I** *n* psihiski slims cilvēks; **II** *a* psihiski slims
psych-out [ˈsaikaʊt] *n* nervu lēkme
ptarmigan [ˈtɑ:migən] *n* irbe
ptisan [tiˈzæn] *n* barojoša tume (*no miežiem*)
ptomaine [ˈtəʊmein] *n* ptomaīns, līķu inde
ptosis [ˈtəʊsis] *n med.* ptoze; (*kāda orgāna*) noslīdējums
pub [pʌb] *n* (*saīs. no* public house) krogs
pub crawl [ˈpʌbkrɔ:l] *sar.* **I** *n* «sirošana» pa krogiem; **II** *v* pub-crawl – «sirot» pa krogiem
puberty [ˈpju:bəti] *n* pubertāte
pubes [ˈpju:bi:z] *n* **1.** *anat.* kaunuma apmatojums; **2.** *anat.* kaunuma rajons; **3.** *bot.* pūkas; matiņi
pubescence [pju:ˈbesns] *n* **1.** pubertāte;

2. *anat.* kaunuma apmatojums; 3. *bot.* pūkas; matiņi
pubescent [pju:'besnt] *a* 1. sasniedzis pubertāti; 2. *bot.* pūkām (matiņiem) klāts
pubic ['pju:bik] *a anat.* kaunuma-; p. hair – kaunuma apmatojums
pubis ['pju:bis] *n* (*pl* pubes ['pju:bi:z]) *anat.* 1. kaunums; 2. kaunuma kauls
public ['pʌblik] **I** *n* 1. sabiedrība; publika; 2. ļaudis; tauta; **II** *a* 1. sabiedrisks; publisks; p. opinion – sabiedriskā doma; 2. tautas-; valsts-; p. holiday – valsts svētki; p. revenue – valsts ienākumi; 3. publisks; pieejams; to be in the p. eye – būt sabiedrības uzmanības centrā
publican ['pʌblikən] *n* 1. krodzinieks; 2. *vēst.* nodokļu ievācējs
publication [,pʌbli'keiʃn] *n* 1. publicēšana; 2. publikācija; 3. izdevums
public convenience [,pʌblikkən'vi:niəns] *n* publiskā tualete
public facilities [,pʌblikfə'silətiz] *n pl* komunālie pakalpojumi
public house [,pʌblik'haʊs] *n* krogs; bārs
publicist ['pʌblisist] *n* 1. publicists; 2. reklāmas aģents
publicity [pʌb'lisəti] *n* 1. atklātība; 2. slava; popularitāte; 3. reklāma
publicize ['pʌblisaiz] *v* reklamēt
publicly ['pʌblikli] *adv* publiski; atklāti
public prosecutor [,pʌblik'prɒsikju:tə] *n* prokurors
public record office ['pʌblik,rekɔ:d'ɒfis] *n* valsts arhīvs
public relations [,pʌblikri'leiʃnz] *n pl* 1. sabiedriskās attiecības; 2. reklāmbizness
public school [,pʌblik'sku:l] *n* 1. privātskola; 2. *amer.* bezmaksas skola

public utilities [,pʌblikju:'tilətiz] *n pl* komunālie pakalpojumi
publish ['pʌbliʃ] *v* 1. publicēt; izdot; 2. (*oficiāli*) paziņot; pasludināt
publisher ['pʌbliʃə] *n* 1. (*grāmatu, laikrakstu*) izdevējs; 2. the ~s, ~s' house – izdevniecība
publishing ['pʌbliʃiŋ] *n* 1. publicēšana; izdošana; 2.: p. house – izdevniecība
puce [pju:s] sarkanbrūns
puck[a] [pʌk] *n* (*hokeja*) ripa
puck[b] [pʌk] *n* 1. (*arī* P.) (*ļauns*) gars; elfs (*folklorā*); 2. draiskulis; nebēdnis
pucker ['pʌkə] **I** *n* krunka; **II** *v* savilkt krunkās
puckish ['pʌkiʃ] *a* valšķīgs; šķelmīgs
puck pusher ['pʌk,pʊʃə] *n sl.* hokejists
puckster ['pʌkstə] *n sar.* hokejists
pud[a] [pʊd] *n* (*saīs. no* pudding) *sar.* pudiņš
pud[b] [pʌd] *n sl.* stulbenis
pudding ['pʊdiŋ] *n* 1. pudiņš; 2.: black p. – asinsdesa; white p. – aknu desa
puddle ['pʌdl] **I** *n* 1. peļķe; 2. java; **II** *v* 1. sadulķot (*ūdeni*); 2. (*arī* to p. about) plunčāties; 3. apčurāties (*par bērnu*); 4. pārklāt ar javu
puddly ['pʌdli] *a* peļķains
pudency ['pju:dənsi] *n* kautrība
pudendum [pju:'dendəm] *n* (*pl* pudenda [pju:'dendə]) sieviešu dzimumorgāns
pudery ['pju:dəri] *n* pornogrāfija (*grāmatas, filmas*)
pudge [pʌdʒ] *n sar.* resnulis
pudgy ['pʌdʒi] *a sar.* mazs un resns
pueblo [pʊ'ebləʊ] *n* pueblo; (*Amerikas indiāņu*) apmetne
puerile ['pjʊərail] *a* bērnišķīgs
puerility [pjʊ'rilətɪ] *n* bērnišķība

puerperal [pju:'ɜ:prəl] *a med.* dzemdību-

puff [pʌf] **I** *n* **1.** (*vēja, elpas*) pūtiens; **2.** *sar.* elpa; **3.** (*dūmu, tvaika*) mutulis; **4.** pūderslotiņa; **5.** nepelnīta uzslava; **6.** *kul.* kārtainā mīkla; **II** *v* **1.** brāzmot (*par vēju*); **2.** mest (*dūmu*) mutuļus; **3.** pūderēt; pūderēties; **4.** (*arī* to p. and pant, to p. and blow) elst; tusnīt; **5.** (*nepelnīti*) slavēt; **6.** dižoties; lepoties; **7.** sacelt (*cenas*); ◊ to p. out — nopūst (*piem., sveci*); to p. up — 1) pēkšņi uzliesmot; 2) piepūsties (*piem., par burām*); 3) (*nepelnīti*) uzslavēt

puffball ['pʌfbɔ:l] *n bot.* pūpēdis

puffbox ['pʌfbɒks] *n* pūdernīca [ar pūderslotiņu]

puffer ['pʌfə] *n* **1.** (*bērnu valodā*) vilciens; lokomotīve; **2.** *tehn.* vinča

puffery ['pʌfəri] *n* nepelnīta uzslava

puff paste [ˌpʌf'peist] *n kul.* kārtainā mīkla

puff pastry [ˌpʌf'peistri] *n kul.* kārtainās mīklas izstrādājumi

puffy ['pʌfi] *a* **1.** brāzmains (*par vēju*); **2.** aizelsies; elsojošs; **3.** pārspīlēti svinīgs (*par valodu*); **4.** iedomīgs; lielīgs

pug[a] [pʌg] *n* **1.** mopsis; **2.** *sar.* strupdegunis

pug[b] [pʌg] **I** *n* samīcīti māli; **II** *v* mīcīt (*mālus*)

pug[c] [pʌg] **I** *n* (*zvēra*) pēdas; **II** *v* iet pa (*zvēra*) pēdām

pugdog ['pʌgdɒg] *n* mopsis

pug-faced ['pʌgfeist] *a* ar strupu degunu

puggaree ['pʌgəri] *n* **1.** viegls turbāns; **2.** lakats pie cepures

pugging ['pʌgiŋ] *n* **1.** mālu mīcīšana; **2.** pakojums

pugilist ['pju:dʒilist] *n* bokseris

pugnacious [pʌg'neiʃəs] *a* **1.** kauslīgs; **2.** strīdīgs

pugnacity [pʌg'næsəti] *n* **1.** kauslīgums; **2.** strīdīgums

pugnose [ˌpʌg'nəʊz] *n* strupdegunis

pug-nosed [ˌpʌg'nəʊzd] *a* ar strupu degunu

puke [pju:k] *v vulg.* vemt

pulchritude ['pʌlkritju:d] *n* (*sievietes*) skaistums, daiļums

pulchritudinous [ˌpʌlkri'tju:dinəs] *a* skaists, daiļš (*par sievieti*)

pule [pju:l] *v* pinkšķēt (*par bērnu*)

pulka ['pʌlkə] *n* (*ziemeļnieku*) nartas

pull [pʊl] **I** *n* **1.** vilkšana; raušana; **2.** rāviens; vilciens; **3.** (*dūmvada*) velkme; **4.** piepūle; sasprindzinājums; **5.** ietekme; **6.** (*atvilktnes*) rokturis; (*zvana*) aukla; **7.** arests; **8.** *sar.* priekšrocība; **9.** *sar.* sakari; to get a job through a p. — dabūt darbu, izmantojot pazīšanos; **10.** *sp.* bumbas atsišana (*kriketā*); **II** *v* **1.** vilkt; **2.** raustīt; **3.** saplēst; saraut; **4.** plūkt (*piem., puķes*); **5.** vilināt; **6.** uzmaukt (*cepuri uz acīm*); **7.** sastiept (*muskuļi*); **8.** *sar.* paveikt; **9.** *sl.* pārsteigt un brutāli pārmeklēt (*par policistu*); **10.** *sl.* saņemt ciet; arestēt; **11.** *sp.* atsist bumbu (*kriketā*); ◊ to p. apart — saplēst gabalos; to p. back — atkāpties; to p. down — 1) nojaukt; noārdīt; 2) nolaist (*piem., aizkarus*); 3) pazemot; to p. off — 1) novilkt (*piem., kurpes*); 2) vinnēt; to p. on — 1) uzvilkt (*piem., kurpes*); 2) airēt; to p. over — 1) uzvilkt (*piem., džemperi*); 2) pārvilkt; to p. round — 1) izārstēt; 2) atveseļoties; to p. through — izkulties; izķepuroties; to p. up — 1) apstāties; to p. oneself up — 1) savaldīties; 2) apturēt; apstādināt;

◇ to p. faces – vaibstīties; to p. smb.'s leg – izjokot kādu; to p. the strings – izmantot sakarus

pullback [ˈpʊlbæk] *n* šķērslis; traucēklis

pulldown [ˈpʊldaʊn] **I** *n* nojaukšana; noārdīšana; **II** *a* nolaižams; p. seat – nolaižamais sēdeklis

puller [ˈpʊlə] *n* **1.** vilcējs; **2.** *sar.* airētājs; **3.** korķviļķis; **4.** knaibles

pulley [ˈpʊli] *tehn.* **I** *n* trīsis; **II** *v* celt ar trīsi

pullies [ˈpʊliz] *n pl sl.* (*ciešas sieviešu*) biksītes

pullover [ˈpʊlˌəʊvə] *n* pulovers

pullulate [ˈpʌljʊleit] *v bot., zool.* vairoties

pullulation [ˌpʌljʊˈleiʃn] *n bot., zool.* vairošanās

pull-up [ˈpʊlʌp] **I** *n* **1.** iebraucamā vieta; motelis; **2.** *sp.* pievilkšanās (*pie stieņa*); **II** *a* saliekams; p.-up chair – saliekamais krēsls

pulmonary [ˈpʌlmənəri] *a med.* plaušu-

pulmonic [pʌlˈmɒnik] *a med.* plaušu-

pulmotor [ˈpʌlməʊtə] *n* mākslīgās elpināšanas aparāts

pulp [pʌlp] **I** *n* **1.** mīksta masa; (*augļa*) mīkstums; **2.** *sar.* sensacionāla, lēta literatūra; lubene; **3.** *anat.* pulpa

pulpboard [ˈpʌlpbɔːd] *n* lokšņu celuloze

pulpit [ˈpʊlpit] *n* **1.** kancele; **2.** garīdznieki

pulpiteer [ˌpʊlpiˈtiə] *n niev.* sprediķotājs

pulpwood [ˈpʌlpwʊd] *n* papīrmalka

pulpy [ˈpʌlpi] *a* mīksts; gaļīgs

pulsate [pʌlˈseit] *v* **1.** pulsēt; **2.** trīsēt, drebēt

pulsatile [ˈpʌlsətail] *a* **1.** pulsējošs; **2.** *mūz.* sitamais; p. instruments – sitamie instrumenti

pulsation [pʌlˈseiʃn] *n* pulsācija

pulse[a] [pʌls] **I** *n* **1.** pulss; to feel the p. – uztaustīt pulsu; **2.** vibrācija; **3.** trīsas; satraukums; **4.** *mūz.* sitienu ritms; **5.** *tehn.* impulss; ◇ to stire smb.'s ~s – satraukt kādu; **II** *v* **1.** pulsēt; **2.** vibrēt; **3.** *tehn.* raidīt impulsus

pulse[b] [pʌls] *n bot.* pākšaugi

pulseless [ˈpʌlslis] *a* bez pulsa-

pulverizer [ˈpʌlvəraizə] *n* **1.** pulverizators; **2.** smidzinātājs

pulverulent [pʌlˈverʊlənt] *a* **1.** pulverveidīgs; **2.** pārklāts ar pulverveidīgu vielu; **3.** *ģeol.* drūpošs (*par iezi*)

pumice [ˈpʌmis] **I** *n* (*arī* p. stone) pumeks; **II** *v* spodrināt ar pumeku

pummel [ˈpʌml] *v* dauzīt ar dūrēm

pummelo [ˈpʌmələʊ] *n* greipfrūts

pump [pʌmp] **I** *n* sūknis; ◇ to give smb.'s hand a p. – spēcīgi kratīt kāda roku (*sasveicinoties*); **II** *v* sūknēt; ◇ to p. smb.'s hand – spēcīgi kratīt kāda roku (*sasveicinoties*)

pumper [ˈpʌmpə] *n* **1.** *amer. tehn.* naftas urbums; **2.** *sar.* sirds

pumphouse [ˈpʌmphaʊs] *n* sūkņu stacija

pumpkin [ˈpʌmpkin] *n* **1.** ķirbis; **2.** *sl.* galva

pumpkin-head [ˈpʌmpkinhed] *n sl.* muļķis; nejēga

pump-priming [ˈpʌmpˌpraimiŋ] *n* dotācijas

pumps [pʌmps] *n pl* lakādas kurpes

pun [pʌn] *n* vārdu spēle

Punch [pʌntʃ] *n* klauns; ķipars (*lelle*)

punch[a] [pʌntʃ] **I** *n* **1.** caurumsitis; **2.** štancēšanas spiedne; **II** *v* **1.** caurumot; **2.** štancēt

punch[b] [pʌntʃ] **I** *n* **1.** sitiens ar dūri; **2.** enerģija; spēks; **II** *v* **1.** iesist ar dūri; **2.** *amer.* dzīt lopus (*ar rīksti*)

punch[c] [pʌntʃ] *n* punšs

punch[d] [pʌntʃ] *n* vezumnieks (*zirgs*)
puncheon[a] ['pʌntʃən] *n* **1.** caurumsitis; **2.** balsta stabs (*raktuvēs*)
puncheon[b] ['pʌntʃən] *n novec.* liela muca
puncher ['pʌntʃə] *n* **1.** caurumsitis; **2.** *tehn.* pneimatiskais veseris; **3.** *amer. sar.* kovbojs
punchings ['pʌntʃiŋz] *n pl* **1.** štancēti izstrādājumi; **2.** štancēšanas atliekas
punch-out ['pʌntʃaʊt] *n sar.* dūru cīņa
punch-up ['pʌntʃʌp] *n sar.* dūru cīņa
punchy ['pʌntʃi] *a* apstulbis
punctate ['pʌŋkteit] *a bot., zool.* plankumains; lāsumains
punctation ['pʌŋk'teiʃn] *n bot., zool.* plankumainība; lāsumainums
punctilio ['pʌŋk'tiliəʊ] *n* pedantisms; sīkmanība
punctilious ['pʌŋk'tiliəʊs] *a* pedantisks; sīkmanīgs
punctual ['pʌŋktʃʊəl] *a* precīzs; punktuāls
punctuality ['pʌŋktʃʊ'æləti] *n* precizitāte; punktualitāte
punctuate ['pʌŋktʃʊeit] *v* **1.** likt pieturzīmes; **2.** uzsvērt, akcentēt
puncture ['pʌŋktʃə] **I** *n* **1.** dūriens (*ar asu priekšmetu*); **2.** caurums (*riepā*); **3.** *med.* punkcija; **II** *v* **1.** izdurt caurumu; pārdurt (*riepu*); **2.** *med.* punktēt
pundit ['pʌndit] *n* mācīts vīrs; viszinis
pungency ['pʌndʒənsi] *n* asums; sūrums; pikantums
pungent ['pʌndʒənt] *a* **1.** ass; dzēlīgs (*par joku*); **2.** kodīgs; sīvs (*par smaku*); **3.** pikants; **4.** *biol.* smailgala-
punish ['pʌniʃ] *v* sodīt
punishable ['pʌniʃəbl] *a* sodāms
punishment ['pʌniʃmənt] *n* sods; capital p. – nāves sods
punk [pʌŋk] **I** *n* **1.** *sar.* draņķis; **2.** *amer.* prauli; **3.** panks; **II** *a* **1.** *sar.* nevērtīgs; **2.** satrunējis; **3.** panku-
punkie ['pʌŋki] *n amer.* moskīts
punnet ['pʌnit] *n* skalu groziņš
punster ['pʌnstə] *n* jokdaris; asprātis
punt[a] [pʌnt] *n* plakandibena laiva
punt[b] [pʌnt] **I** *n* likme (*dažās kāršu spēlēs*); **II** *v* **1.** likt likmi; **2.** *sar.* derēt (*zirgu sacīkstēs*)
punter ['pʌntə] *n* **1.** likmes licējs (*dažās kāršu spēlēs*); **2.** *sar.* derību slēdzējs (*zirgu sacīkstēs*)
puny ['pju:ni] *a* mazs; sīks
pup [pʌp] *n* **1.** kucēns; in p. – grūsna (*par kuci*); **2.** pienapuika
pupa ['pju:pə] *n* (*pl* pupae ['pju:pi:]) kūniņa
pupal ['pju:pəl] *a* kūniņas-; p. stage – kūniņas stadija
pupate ['pju:peit] *v* iekūņoties
pupation [pju:'peiʃn] *n* iekūņošanās
pupil[a] ['pju:pl] *n* skolnieks
pupil[b] ['pju:pl] *n* (*acs*) zīlīte
pupil[l]age ['pju:pəlidʒ] *n* skolas gadi
pupil[l]ary[a] ['pju:pələri] *a* skolniecisks
pupil[l]ary[b] ['pju:pələri] *a* (*acs*) zīlītes-
puppet ['pʌpit] *n* marionete; lelle
puppeteer [,pʌpi'tiə] *n* leļļu teātra aktieris
puppy ['pʌpi] *n* **1.** kucēns; **2.** pienapuika
pup tent ['pʌptent] *n* neliela telts
purblind ['pɜ:blaind] *a* **1.** pusakls; **2.** neapķērīgs
purchaseable ['pɜ:tʃəsəbl] *a* **1.** pērkams; **2.** piekukuļojams
purchase ['pɜ:tʃəs] **I** *n* **1.** pirkšana; **2.** pirkums; **3.** *tehn.* trīsis; *jūrn.* vinča; **II** *v* **1.** pirkt; **2.** iemantot, iegūt (*uzticību*); **3.** *tehn.* celt (*ar trīsi, vinču*)
purchaser ['pɜ:tʃəsə] *n* pircējs
purchasing ['pɜ:tʃəsiŋ] **I** *n* pirkšana; **II** *a*

pirkšanas-; pirkt-; p. power – pirktspēja
purdah [ˈpɜːdɑː] *n* **1.** parandža; čadra; **2.** aizkars; priekškars
pure [pjʊə] *a* **1.** tīrs; skaidrs; nesajaukts; dabisks; **2.** nevainīgs; šķīsts; **3.** tīrasiņu-; **4.** *sar.* īsts; pilnīgs
pureblooded [ˌpjʊəˈblʌdid] *sk.* **purebred**
purebred [ˈpjʊəbred] *a* tīrasiņu-; šķirnes-
puree [ˈpjʊərei] *n kul.* biezenis
purely [ˈpjʊəli] *adv* **1.** skaidri; tīri; **2.** pilnīgi; galīgi; **3.** tikai; vienīgi
pureminded [ˌpjʊəˈmaindid] *a* sirdsšķīsts
purgation [pɜːˈgeiʃn] *n* (*kuņģa, zarnu*) iztīrīšana
purgative [ˈpɜːgətiv] **I** *n* caurejas līdzeklis; **II** *a* caureju veicinošs
purgatory [ˈpɜːgətəri] *n rel.* šķīstītava
purge [pɜːdʒ] **I** *n* caurejas līdzeklis; **II** *v* iztīrīt (*kuņģi, zarnas*)
purification [ˌpjʊərifiˈkeiʃn] *n* **1.** attīrīšana; **2.** *rel.* šķīstīšana; šķīstīšanās
purify [ˈpjʊərifai] *v* **1.** (*of, from*) attīrīt; **2.** *rel.* šķīstīt
purity [ˈpjʊərəti] *n* **1.** tīrība; skaidrība; **2.** nevainība; šķīstums; **3.** (*dārgmetālu*) prove
purl[a] [pɜːl] *sar.* **I** *n* smags kritiens; **II** *v* smagi krist
purl[b] [pɜːl] **I** *n* (*strauta*) čalošana; urdzēšana; **II** *v* čalot; urdzēt (*par strautu*)
purler [ˈpɜːlə] *n sar.* smags kritiens
purlieu [ˈpɜːljuː] *n* (*parasti pl*) apkaime
purlin [ˈpɜːlin] *n* **1.** garensija; **2.** jumta lata
purloin [pɜːˈlɔin] *v* nozagt
purple [ˈpɜːpl] **I** *n* **1.** purpursarkana krāsa; **2.** (*valdnieka*) mantija; **II** *a* purpura-; purpursarkans; **III** *v* nokrāsot purpursarkanā krāsā

purplish [ˈpɜːpliʃ] *a* purpursārts
purport [ˈpɜːpət] **I** *n* nozīme; jēga; **II** *v* nozīmēt; liecināt (*par kaut ko*)
purpose [ˈpɜːpəs] **I** *n* **1.** nolūks; nodoms; of set p. – ar iepriekšēju nodomu; on p. – tīši; to serve the p. – atbilst nolūkam; **2.** rezultāts; panākums; to good p. – ar lieliem panākumiem; to little p. – ar maziem panākumiem; **3.** mērķtiecība; apņēmība; griba; **II** *v* nodomāt; nolemt
purpose-built [ˌpɜːpəsˈbilt] *a* celts pēc īpaša pasūtījuma
purposed [ˈpɜːpəst] *a* mērķtiecīgs; apņēmīgs; ar stingru gribu
purposeful [ˈpɜːpəsfl] *a* mērķtiecīgs
purposefulness [ˈpɜːpəsflnis] *n* mērķtiecība
purposeless [ˈpɜːpəsləs] *a* bezmērķīgs
purposelessness [ˈpɜːpəsləsnis] *n* bezmērķīgums
purposely [ˈpɜːpəsli] *adv* tīši
purpose-made [ˌpɜːpəsˈmeid] *a* izgatavots pēc īpaša pasūtījuma
purposive [ˈpɜːpəsiv] *a* mērķtiecīgs
purr [pɜː] **I** *n* **1.** ņurrāšana, murrāšana; **2.** (*motora*) dūkšana; **II** *v* **1.** ņurrāt, murrāt; **2.** dūkt (*par motoru*)
purse [pɜːs] **I** *n* **1.** naudas maks; public p. – valsts kase; to open one's p. – atdarīt maku; to ease (relieve) somebody of his p. – aplaupīt kādu; **2.** naudas līdzekļi; naudas fonds; **3.** *amer.* rokassomiņa; **4.** *zool.* soma; **5.** *anat.* sēklinieku maisiņš; **II** *v* iebāzt makā
purse-bearer [ˈpɜːsˌbeərə] *n* **1.** kasieris; **2.** mantzinis
purseful [ˈpɜːsfl] *n* pilns maks
purser [ˈpɜːsə] *n jūrn.* mantzinis; saimniecības daļas vadītājs

purse strings ['pɜ:sstriŋz] *n pl*: to hold the p. s. – pārzināt izdevumus
pursuance [pə'sju:əns] *n* pakaļdzīšanās
pursue [pə'sju:] *v* 1. dzīties pakaļ; vajāt; 2. nodoties; 3. *jur.* celt apsūdzību
pursuer [pə'sju:ə] *n* 1. vajātājs; 2. *jur.* prasītājs; sūdzētājs
pursuit [pə'sju:t] *n* 1. pakaļdzīšanās; vajāšana; 2. nodarbošanās
pursuit plane [pə,sju:t'plein] *n av.* iznīcinātājs
pursuivant ['pɜ:sivənt] *n* 1. pavadonis; sekotājs; 2. *vēst.* herolda palīgs
pursyᵃ ['pɜ:si] *a* 1. aizelsies; 2. tukls
pursyᵇ ['pɜ:si] *a* 1. krunkains; 2. bagāts
purulence ['pjʊərʊləns] *n* 1. strutošana; pūžņošana; 2. strutas
purulent ['pjʊərʊlənt] *a* strutojošs; pūžņojošs
purvey [pə'vei] *v* 1. apgādāt; 2. būt par sagādnieku
purveyor [pə'veiə] *n* sagādnieks
purview ['pɜ:vju:] *n* 1. darbības sfēra; 2. redzesloks
pus [pʌs] *n* strutas; pūžņi
push [pʊʃ] **I** *n* 1. grūdiens; to give a p. – pagrūst; 2. *pārn.* spiediens; 3. *sar.* entuziasms; 4. atteikšanās (*no kāda*); 5. *sar.* atbalsts; 6. *sl.* pavedināšana; 7. *sl.* (*zagļu, huligānu*) banda; 8. *sar.* pūlis; drūzmēšanās; **II** *v* 1. grūst; stumt; 2. kategoriski prasīt; 3. spraukties cauri; 4. piespiest (*kaut ko darīt*); 5. steidzināt; mudināt; 6. atbalstīt; ◊ to p. around – rupji izturēties (*pret kādu*); to p. away – atgrūst; atstumt; to p. back – atgrūst; atstumt; to p. forth – virzīties uz priekšu; to p. forward – *niev.* censties pievērst uzmanību; to p. off – *sar.* doties prom; pazust; to p. on – 1) steidzināt; skubināt; 2) steigties uz priekšu; to p. through – 1) paveikt; pabeigt; 2) izlauzties cauri; 3) uzdīgt (*par asniem*)
push-around ['pʊʃə,raʊnd] *n sar.* rupja izturēšanās
pushbike ['pʊʃbaik] *n sar.* velosipēds
pushchair ['pʊʃtʃeə] *n* saliekamie bērnu ratiņi
push-down ['pʊʃdaʊn] *n av., sar.* (*lidmašīnas*) nolaišanās
pusher ['pʊʃə] *n* 1. grūdējs; stūmējs; 2. *sl.* narkotiku piegādātājs; starpnieks
pushful ['pʊʃfl] *a* enerģisks; uzņēmīgs; rosīgs
pushing ['pʊʃiŋ] *a* 1. enerģisks; uzņēmīgs; rosīgs; 2. uzbāzīgs; uzmācīgs
push-over ['pʊʃ,əʊvə] *n sar.* 1. viegli pārvarams šķērslis; nieka lieta; 2. *sp.* vājš spēlētājs
push-pull ['pʊʃ'pʊl] *a tehn.* divtaktu-
push-start ['pʊʃstɑ:t] **I** *n* (*motora*) iedarbināšana, stumjot automobili; **II** *v* iedarbināt (*motoru*), stumjot automobili
push-through ['pʊʃθru:] *n mil.* (*šautenes*) slaukķis
Pushtu ['pʊʃtu:] *n* puštu, afgāņu valoda
pushy ['pʊʃi] *a sar.* uzbāzīgs, uzmācīgs
pusillanimity [,pju:silə'nimət i] *n* mazdūšība
pusillanimous [,pju:si'lænim əs] *a* mazdūšīgs
puss [pʊs] *n* 1. kaķītis; minka; P. in Boots – Runcis zābakos; 2. *sl.* pievilcīga meiča; 3. *sl.* ģīmis; fizionomija
pussyᵃ ['pʊsi] *n* 1. kaķēns; incis; 2. *sl.* pievilcīga meiča; 3. *sl. vulg.* sievietes ārējie dzimumorgāni
pussyᵇ ['pʊsi] *a* strutains; pūžņojošs
pussy cat ['pʊsikæt] *n* 1. kaķēns; incis; 2. *sl.* pievilcīga meiča

pussy willow [ˈpʊsiˌwiləʊ] *n* pūpolvītols
pustural [ˈpʌstjʊlə] *a* **1.** *med.* pūtītēm klāts; **2.** pangains
pustule [ˈpʌstju:l] *n* **1.** *med.* pūtīte; **2.** panga
putᵃ [pʊt] **I** *n* **1.** *sp.* (*lodes*) grūšana; **2.** (*akmens*) sviešana; **II** *v* (*p. un p.p.* put [pʊt]) **1.** nolikt; novietot; **2.** ievietot; ielikt; **3.** grūst; to p. the shot *sp.* – grūst lodi; **4.** (*to*) pielikt; **5.** izteikt; to p. into English – pārtulkot angliski; **6.** pierakstīt; to p. it black and white – uzrakstīt uz papīra; **7.** novest (*kādā stāvoklī*); to p. in order – savest kārtībā; to p. smth. out of order – sabojāt kaut ko; to p. to shame – nokauninat; to p. a crimp into one's emotion – savaldīties; to p. to trial – pārbaudīt; ◊ to p. a few back – iedzert (*alkoholu*); to p. a name up somebody – nodot kādu; p. a sock on it! – apklusti!; ⬜ to p. about – izplatīt baumas; to p. aside – 1) krāt (*naudu*); 2) noraidīt (*priekšlikumu*); to p. away – izbeigt; to p. down – 1) nokritizēt; 2) zākāt; 3) pazemot; 4) pierakstīt; to p. forth – ierosināt (*priekšlikumu*); to p. in for – pretendēt uz; to p. off – 1) doties ceļā; aizbraukt; 2) atlikt; to p. on – 1) uzvilkt (*drēbes*); 2) izlikties; to p. out – 1) izbāzt (*laukā*); 2) izstiept (*roku*); 3) nodzēst (*uguni*); 4) (*par kuģi*) doties jūrā; to p. over – 1) pārcelties (*pār upi*); 2) piekrāpt; to p. up at – apmesties; pārnakšņot; to p. up with – salīgt mieru
putᵇ [pʌt] *sk.* **putt**
putamen [pjʊˈteimən] *n* **1.** (*augļa*) kauliņš; **2.** (*rieksta*) čaumala
putative [ˈpju:tətiv] *a* šķietams; iedomāts

put-away [ˈpʊtəˌwei] *n sl.* **1.** ēstgriba; **2.** cietums; ieslodzījums
put-back [ˈpʊtbæk] *n sar.* kavēklis; neveiksme
put-down [ˈpʊtdaʊn] *n* **1.** (*lidmašīnas*) nolaišanās; **2.** *sar.* asa piezīme
putlog [ˈpʊtlɒg] *n* šķērskoks (*uz kura balstās grīda*)
put-off [ˈpʊtˌɔ:f] *n* **1.** novilcināšana; **2.** izvairīšanās
put-on [ˈpʊtɒn] *sar.* **I** *n* **1.** izlikšanās; liekulība; **2.** uzpūtība; iedomība; **II** *a* **1.** šķietams; iedomāts; **2.**: p.-on artist – 1) blēdis; 2) zobgalis
put paid to [ˌpʊtˈpeidtʊ] *v sar.* **1.** uzlikt zīmogu «apmaksāts»; **2.** darīt (*kaut kam*) galu
putrefaction [ˌpju:triˈfækʃn] *n* pūšana; trūdēšana
putrefactive [ˌpju:triˈfæktiv] *a* pūstošs; trūdošs
putrefy [ˈpju:trifai] *v* pūt; trūdēt
putrescence [pju:ˈtresns] *n* pūšana; trūdēšana
putrecent [pju:ˈtresnt] *a* pūstošs; trūdošs
putrid [ˈpju:trid] *a* **1.** sapuvis; satrūdējis; **2.** smirdīgs; pūstošs; **3.** samaitāts; morāli pagrimis; **4.** *sl.* riebīgs; pretīgs
putridity [pju:ˈtridəti] *n* **1.** puvums; puve; **2.** samaitātība; morāls pagrimums
putridness [ˈpju:tridnis] *sk.* **putridity**
putsch [pʊtʃ] *n pol.* pučs
putschist [ˈpʊtʃist] *n pol.* pučists
putt [pʌt] *sp.* **I** *n* (*golfā*) sitiens, kas iedzen bumbiņu bedrītē; **II** *v* (*golfā*) iedzīt bumbiņu bedrītē
puttee [ˈpʌti] *n* kājauts
putterᵃ [ˈpʊtə] *n*: p. of questions – jautātājs
putterᵇ [ˈpʌtə] *n sp.* (*golfa*) nūja
putter-offer [ˈpʊtərˌɒfə] *n sl.* birokrāts

put-through [ˈpʊtˌθruː] *n sar.* **1.** veikšana; izpildīšana; **2.** (*telefonisks*) savienojums; **3.** panākumi
putting [ˈpʊtɪŋ] *n sp.*: p. the shot – lodes grūšana
putting green [ˈpʊtɪŋgriːn] *n sp.* golfa laukums
putting-stone [ˈpʊtɪŋstəʊn] *n sp.* lode
putty [ˈpʌti] **I** *n* **1.** tepe; **2.** piekāpīgs cilvēks; **II** *v* aiztepēt
putty knife [ˈpʌtinaif] *n* špakteles lāpstiņa
puzzle [ˈpʌzl] **I** *n* **1.** grūts uzdevums; **2.** neziņa; **3.** mīkla; crossword p. – krustvārdu mīkla; **II** *v* **1.** apmulsināt; **2.** (*about, over*) lauzīt galvu
puzzle-headed [ˌpʌzlˈhedid] *a* apmulsis, apjucis
puzzlement [ˈpʌzlmənt] *n* apmulsums; apjukums
puzzler [ˈpʌzlə] *n* grūts uzdevums; mīkla
pygmaean [pigˈmiːən] *a* pigmeju-; punduru-
pygmean [pigˈmiːən] *amer. sk.* **pygmaean**
pygmy [ˈpigmi] **I** *n* **1.** pigmejs; punduris; **2.** niecība; tukša vieta (*par cilvēku*); **II** *a* **1.** pigmeju-; punduru-; **2.** niecīgs
pyjamas [pəˈdʒɑːməz] *n pl* pidžama
pylon [ˈpailən] *n* pilons; balsts
pyrrhea [ˌpaiəˈriːə] *amer. sk.* **pyrrhoea**
pyrrhoea [ˌpaiəˈriːə] *n med.* strutu izdalīšanās
pyramid [ˈpirəmid] **I** *n* piramīda; **II** *v* **1.** riskēt; iet uz visu banku; **2.** *amer.* izdevīgi pārdot akcijas
pyramidal [piˈræmidl] *a* **1.** piramīdveida-; piramīdveidīgs; **2.** *sar.* pamatīgs
pyre [ˈpaiə] *n* sārts (*līķu sadedzināšanai*)
pyretic [paiˈretik] **I** *n med.* pretdrudža līdzeklis; **II** *a* **1.** drudža-; drudžains; **2.** pretdrudža-; drudzi mazinošs
pyrexia [piˈreksiə] *n med.* drudzis
pyrolysis [paiˈrɒləsis] *n ķīm.* pirolīze
pyrolyze [ˈpairəlaiz] *v ķīm.* sadalīšana ar pirolīzes palīdzību
pyromania [ˌpairəʊˈmeiniə] *n* piromānija, dedzināšanas tieksme
pyrotechnic[al] [ˌpairəʊˈteiknik(l)] *a* pirotehnikas-; pirotehnisks
pyrotechnican [ˌpairəʊtekˈniʃn] *n* pirotehniķis
pyrotechnics [ˌpairəʊˈtekniks] *n* pirotehnika
Pythagorean [paiˌθægəˈriːən] *a* pitagoriešu-; Pitagora-; P. proposition (theorem) *mat.* – Pitagora teorēma
Pythian [ˈpiθiən] *mit.* **I** *n* Pitija (*Delfu orākula priesteriene*); **II** *a* **1.** Pitijas-; **2.** Delfu-
python [ˈpaiθən] *n* **1.** *zool.* pitons; **2.** (P.) *mit.* pūķis
pythoness [ˈpaiθənes] *n mit.* priesteriene
pyx [piks] *n* **1.** *rel.* sakramentu trauks; **2.** monētu kaste (*naudas kaltuvē*)
pyxides *sk.* **pyxis**
pyxis [piksis] *n* (*pl* pixides [ˈpiksidiːz]) **1.** šķirstiņš (*dārglietu glabāšanai*); **2.** *anat.* ciskas kaula galviņas iedobums

Qq

Q, q [kju:] *n* (*pl* Q's, Os, q's, qs [kju:z]) 1. *angļu alfabēta burts*; 2.: on the q. *sl.* – slepeni; ◇ to mind one's p's and q's – uzvesties pienācīgi; to stand on one's P's and Q's – palikt pie sava; Q boat – policijas otomobilis bez pazīšanās zīmēm

quack[a] [kwæk] **I** *n* (*pīles*) pēkšķēšana; **II** *v* pēkšķēt (*par pīli*)

quack[b] [kwæk] **I** *n* **1.** (*arī* q. doctor) pūšļotājs; **2.** šarlatāns; **II** *v* **1.** pūšļot; **2.** būt šarlatānam

quackery [ˈkwækəri] *n* pūšļošana

quad [kwɒd] *n sar.* (*sais. no* quadrangle) četrstūris

quadrangle [ˈkwɒdræŋgl] *n* četrstūris

quadrangular [kwɒˈdræŋgjʊlə] *a* četrstūrains

quadrant [ˈkwɒdrənt] *n mat.* kvadrants

quadrate I *n* [ˈkwɒdrət] kvadrāts; **II** *v* [kwɒˈdreit] (*to, with*) koordinēt

quadratic [kwɒˈdrætik] *a* kvadrāta-; q. equation *mat.* – kvadrātvienādojums

quadrennial [kwɒˈdreniəl] *a* ar četru gadu intervālu

quadrilateral [ˌkwɒdriˈlætrəl] **I** *n* četrstūris; **II** *a* četrmalu-

quadrille [kwəˈdril] *n* kadriļa

quadrivalent [ˌkwɒdriˈveilənt] *a* ķīm. četrvērtīgs

quadruped [ˈkwɒdrʊped] *zool.* **I** *n* četrkājis; **II** *a* četrkājains

quadruple [ˈkwɒdrʊpl] **I** *a* **1.** četrkārtīgs, **2.** četrdaļīgs; **II** *v* četrkāršot

quadruplet [ˈkwɒdrʊplit] *n pl* četrīši

quads [kwɒdz] *n sar.* četrīši

quaff [kwɑ:f] *v* dzert lieliem malkiem; tempt

quag [kwæg] *sk.* **quagmire**

quaggy [ˈkwægi] *a* purvains; muklains; staigns

quagmire [ˈkwægmaiə] *n* **1.** purvs; muklājs; staignājs; **2.** ķeza

quail[a] [kweil] *n* paipala

quail[b] [kweil] *v* (*at, before, with*) **1.** drebēt bailēs; **2.** zaudēt dūšu

quaint [kweint] *a* dīvains, savāds

quake [kweik] **I** *n* **1.** trīcēšana, drebēšana; **2.** *sar.* zemestrīce; **II** *v* trīcēt, drebēt

quaky [ˈkweiki] *a* drebošs, trīcošs

qualification [ˌkwɒlifiˈkeiʃn] *n* **1.** kvalifikācija; to have q. for military service – būt derīgam karadienestam; **2.** ierobežojums; **3.** novērtējums; **4.** *sp.* kvalifikācijas sacensības

qualified [ˈkwɒlifaid] *a* **1.** kvalificēts; **2.** ierobežots; nepilnīgs; to give smb. a q. welcome – kādu vēsi uzņemt; **3.** noteikts (*par daudzumu*)

qualify [ˈkwɒlifai] *v* **1.** apmācīt; **2.** iegūt kvalifikāciju; **3.** noteikt, kvalificēt; to q. for the vote – iegūt balsstiesības; **4.** ierobežot; **5.** atšķaidīt

qualitative [ˈkwɒlitətiv] *a* kvalitatīvs

qualit‖**y** [ˈkwɒləti] *n* **1.** kvalitāte; of high q. – augstākā labuma-; **2.** īpašība; healing ~ies – dziednieciskas īpašības; moral ~ies – morālas īpašības; **3.** *fiz.* tembrs

qualm [kwɑ:m] *n* **1.** bažas; ~s of conscience – sirdsapziņas pārmetumi; **2.** slikta dūša, nelabums

quandary [ˈkwɒndəri] *n* neziņa; apmulsums

quantit‖**y** [ˈkwɒntəti] *n* **1.** kvantitāte, daudzums; lielums; **2.** liels daudzums; q. production – masveida ražošana; to buy in ~ies – pirkt vairumā; **3.** *mat.*

lielums; unknown q. – nezināmais; **4.** *mūz.* (*skaņas*) ilgums
quantum ['kwɒntəm] *n* (*pl* quanta ['kwɒntə]) **1.** summa; **2.** *fiz.* kvants; light q. gaismas kvants
quarantine ['kwɒrənti:n] **I** *n* **1.** karantīna; **2.** izolators; **II** *v* **1.** turēt karantīnā; **2.** izolēt
quarrel[a] ['kwɒrəl] **I** *n* strīds; ķilda; to make up a q. – izlīgt; to pick (seek) a q. with smb. – meklēt ķildu ar kādu; **II** *v* **1.** strīdēties; ķildoties; **2.** (*with*) iebilst; ◇ to q. with one's bread and butter – rīkoties pretēji savām interesēm
quarrel[b] ['kwɒrəl] *n* **1.** stiklgriežņa dimants; **2.** akmeņkaļa kalts; **3.** *būvn.* flīze
quarrelsome ['kwɒrəlsəm] *a* strīdīgs, ķildīgs
quarry[a] ['kwɒri] **I** *n* **1.** akmeņlauztuves, **2.** *pārn.* (*informācijas*) avots; **II** *v* **1.** strādāt karjerā; **2.** *pārn.* (*in*) rakņāties; urķēties
quarry[b] ['kwɒri] **I** *n* **1.** medījums; laupījums; **2.** *pārn.* upuris; **II** *v* medīt
quart [kwɔ:t] *v* **1.** kvarta (1, 136 1); **2.** *mūz.* kvarta; ◇ to put a q. into a pint pot – darīt neiespējamo
quarter ['kwɔ:tə] **I** *n* **1.** ceturtdaļa; to divide smth. into ~s – sadalīt kaut ko četrās daļās; **2.** (*stundas*) ceturksnis; a. q. past eleven – ceturksnis pāri vienpadsmitiem; a q. to eleven – bez ceturkšņa vienpadsmit; **3.** (*gada*) kvartāls; **4.** *amer.* divdesmit piecu centu monēta; **5.** vieta; puse; from every q. – no visām pusēm; from no q. – no nekurienes; **6.** (*pilsētas*) kvartāls; residential q. – dzīvojamo namu rajons; **7.** *pl* mājoklis; to take up one's ~s with smb. – apmesties uz dzīvi pie kāda; **8.** *pl mil.* kazarmas; **9.** *astr.* (*Mēness*) ceturksnis; ◇ at close ~s – 1) cieša tuvībā; 2) tieša saskarē (*ar ienaidnieku*); to come to close ~s – 1) sadurties aci pret aci; 2) saskrieties (*ķildā*); **II** *v* **1.** sadalīt četrās daļās; **2.** izmitināt; **3.** mitināties, dzīvot; **4.** (*par medību suni*) meklēt (*medījumu*); **5.** *astr.* ieiet jaunā fāzē (*par Mēnesi*)
quarterback ['kwɔ:təbæk] *n* aizsargs (*futbolā*)
quarter-final [ˌkwɔ:tə'fainl] *n sp.* ceturtdaļfināls
quarterly ['kwɔ:təli] **I** *a* ceturkšņa-; **II** *adv* ik ceturksni
quartermaster ['kwɔ:təˌmɑ:stə] *n jūrn.* vecākais stūrmanis
quartern ['kwɔ:tən] *n* **1.** ceturtdaļa; **2.** ceturtdaļa pintes (unces)
quarter note ['kwɔtə nəʊt] *n amer. mūz.* ceturtdaļnots
quartet[te] ['kwɔ:tet] *n mūz.* kvartets
quartic ['kwɔ:tik] *a mat.* ceturtās pakāpes-
quartz [kwɔ:ts] *n min.* kvarcs
quartz lamp ['kwɔ:ts læmp] *n* ultravioleto staru lampa
quash [kwɒʃ] *v* **1.** *jur.* anulēt; atcelt; **2.** apspiest; nomākt
quashie ['kwɒʃi:] *n sl.* muļķis
quasi ['kweizai] **I** *a* šķietams; **II** *adv* it kā; gandrīz
quasiconductor [ˌkweizaikən'dʌktə] *n fiz.* pusvadītājs
quatercentenary [ˌkwætəsen'ti:nəri] *n* četrsimtā gadadiena
quatrain ['kwɒtrein] *n* četrrinde
quaver ['kweivə] **I** *n* **1.** (*balss*) trīcēšana; **2.** trilleris; **3.** *amer. mūz.* astotdaļnots;

II *v* **1.** trīsēt (*par balsi*); **2.** tricināt (*balsi*)

quavery ['kweivəri] *a* trīcošs (*par balsi*)

quay [ki:] *n* (*izbūvēta*) krastmala

quayside ['ki:said] *n* (*kuģu*) piestātne; mols

queasy ['kwi:zi] *a* **1.** šķebīgs; šķebinošs; **2.** delikāts, smalkjūtīgs; q. conscience – godprātība; **3.** (*about, at*) pretīguma pārņemts; **4.** izvēlīgs; izlepis; **5.** kutelīgs

queeb [kwi:b] *n* problēma; sarežģījums

queen [kwi:n] **I** *n* **1.** karaliene; Q. Consort – karaļa sieva; Q. Dowager – karaliene-māte; **2.** dieviete; Q. of love – mīlas dieviete, Venera; **3.** (*bišu, skudru, lapseņu*) māte; **4.** (*šahā, kāršu spēlē*) dāma; **5.** *sl.* homoseksuālists; drag-q. – transvestīts; ◇ Q.'s English – nevainojama literāra angļu valoda; Q.'s highway – valsts šoseja (*Anglijā*); **II** *v* **1.** kronēt par karalieni; **2.** būt par karalieni; **3.** (*šahā*) bandinieku pārvērst par dāmu

queenhood ['kwi:nhʊd] *n* **1.** karalienes stāvoklis; **2.** karalienes valdīšanas laiks

queenlike ['kwi:nlaik] *a* karalisks

queer [kwiə] **I** *n sar.* homoseksuālists; **II** *a* **1.** savāds, dīvains; q. bird (customer, duck) – savādnieks; **2.** aizdomīgs, šaubīgs; q. character – aizdomīgs cilvēks; **3.** *sar.* nevesels; I'm feeling q. – es jūtos slikti; **4.** *sar.* traks; q. as a coot – ekscentrisks, vājprātīgs; **5.** *sar. niev.* homoseksuāls; **6.** *sl.* iereibis; ◇ in Q. street *sl.* – iestidzis parādos; **III** *v* bojāt; to q. smb.'s pitch – izjaukt kāda nodomus; to q. something up – salauzt kaut ko

quell [kwel] *v* nomākt (*bailes*)

quench [kwentʃ] *v* **1.** apdzēst; to q. a candle – nodzēst sveci; **2.** dzesēt (*slāpes*); **3.** nomākt, apspiest (*jūtas*); **4.** rūdīt (*tēraudu*)

quenchless ['kwentʃlis] *a* neremdināms

querist ['kwiərist] *n* jautātājs, prasītājs

quern [kwɜ:n] *n* maltuve

quern-stone ['kwɜ:nstəʊn] *n* dzirnakmens

querulous ['kwerʊləs] *a* īgns

query ['kwiəri] **I** *n* **1.** jautājums; to raise a q. – iebilst; **2.** šaubas; **3.** jautājuma zīme; **II** *v* **1.** uzdot jautājumus; censties izdibināt; **2.** apšaubīt

quest [kwest] **I** *n* **1.** meklēšana; in q. (*of*) – meklējot; **2.** *poēt.* meklējumi; **II** *v* **1.** meklēt; **2.** meklēt medījumu (*par suni*)

question ['kwestʃən] **I** *n* **1.** jautājums; to put (ask) a q. – uzdot jautājumu; **2.** (*diskutējama*) problēma; in q. – apspriežams; the person in q. – cilvēks, par ko tiek runāts; out of the q. – pilnīgi izslēgts; q. of the day – aktuāls jautājums; to come into q. – tikt apsvērtam; it is a q. of time – tas ir laika jautājums; **3.** šaubas; beyond (past) all q. – neapšaubāms; **4.** nopratināšana; to call smb. in q. – pratināt kādu; **5.** *vēst.* spīdzināšana; to put smb. to the q. – spīdzināt kādu; **II** *v* **1.** iztaujāt, izvaicāt; **2.** apšaubīt; **3.** pratināt

questionable ['kwestʃənəbl] *a* apšaubāms

questionary ['kwestʃnəri] *n* anketa

questioner ['kwestʃənə] *n* jautātājs

questioning ['kwestʃəniŋ] *n* **1.** izjautāšana; **2.** nopratināšana

questionless ['kwestʃənlis] *a* **1.** neapšaubāms; **2.** naivs; q. faith – akla uzticēšanās

question mark ['kwestʃən ˌmɑ:k] *n gram.* jautājuma zīme

question master ['kwestʃən ˌmɑːstə] *n* radio (*vai* televīzijas) viktorīnas vadītājs

questionnaire [ˌkwestʃə'neə] *n* anketa

question tag ['kwesʃən tæg] *n* jautājuma frāze angļu teikuma beigās (*piem.*, you are not mad at me, are you? – tu neesi uz mani dusmīgs, vai ne?)

queue [kjuː] **I** *n* rinda; **II** *v* stāvēt rindā

quibble ['kwibl] **I** *n* **1**. vārdu spēle; **2**. atjokošanās; izvairīšanās no atbildes; **II** *v* (*over*) atjokoties; izvairīties no atbildes

quick [kwik] **I** *n* **1**. (the q.) *pl* dzīvie; the q. and the dead – dzīvie un mirušie; **2**. jutīga vieta; **3**. būtība; the q. of the matter – lietas būtība; ◇ q.-time – ātrums; asums; **II** *a* **1**. ātrs; q. meal – steigā ieturēta maltīte; q. pulse – paātrināts pulss; q. step – raits solis; q. temper – strauja daba; **2**. apķērīgs; vērīgs; q. ear – smalka dzirde; q. to sympathize – atsaucīgs; he is q. at figures – viņš ir labs rēķinātājs; ◇ q. and dirty – paviršs darbs; q. on the trigger – uzmanīgs; prātīgs; to paint to the q. – gleznot no dabas; **III** *adv* ātri

quick-acting [ˌkwik'æktiŋ] *a* ātriedarbīgs; q.-a. drug – zāles, kas ātri iedarbojas

quick break ['kwik breik] *n sp.* negaidīts izrāviens

quicken[a] ['kwikən] *v* **1**. paātrināt; **2**. paātrināties; **3**. stimulēt; uzmundrināt

quicken[b] ['kwikən] *n* pīlādzis

quick fence ['kwik fens] *n* dzīvžogs

quickie ['kwiki] *n sl.* **1**. paviršs darbs; **2**. sasteigts dzimumakts

quicklime ['kwiklaim] *n* nedzēsti kaļķi

quickly ['kwikli] *adv* ātri; žigli

quickness ['kwiknis] *n* **1**. ātrums; **2**. attapība

quicksand ['kwiksænd] *n* plūstošās smiltis

quickset ['kwikset] *n* (*arī* q. hedge) dzīvžogs

quick-sighted [ˌkwik'saitid] *a* **1**. ar labu redzi; **2**. vērīgs

quicksilver ['kwiksilvə] *n* dzīvsudrabs

quick start ['kwik stɑːt] *n sp.* izrāviens

quickstep ['kwikstep] *n* kviksteps (*deja*)

quick-tempered [ˌkwik'tempəd] *a* ātras dabas; ātri aizkaitināms

quick-witted [ˌkwik'witid] *a* **1**. apķērīgs, attapīgs; **2**. asprātīgs

quid [kwid] *n* (*pl* quid [kwid]) **1**. *sar.* sterliņu mārciņa; **2**. *amer.* desmitnieks; ◇ with one's ~s in – veiksmīgs

quiddity ['kwiditi] *n* **1**. būtība; **2**. vārdu spēle, kalambūrs

quidnunc ['kwidnʌŋk] *n* pļāpa

quiesence [kwai'esns] *n* miera stāvoklis

quiescent [kwai'esnt] *a* **1**. nekustīgs; **2**. kluss; nerunīgs

quiet [kwaiət] **I** *n* klusums; miers; to live in peace and q. – dzīvot mierīgi; **II** *a* **1**. kluss; to keep q. – netrokšņot; **2**. mierīgs; q. conscience – tīra sirdsapziņa; q. wind – liegs vējš; **3**. neuzkrītošs; **4**. atturīgs, vienkāršs; **5**. nomaļš; **III** *v* nomierināt

quieten ['kwaiətn] *v* **1**. nomierināt; **2**. nomierināties

quietly ['kwaiətli] *adv* klusi; mierīgi

quietude ['kwaiitjuːd] *n* klusums; miers

quietus [kwai'iːtəs] *n* **1**. gals; nāve; **2**. miera stāvoklis

quiff [kwif] *n* **1**. (*īsi apgriezti*) mati uz pieres; **2**. *sl.* nauda

quill [kwil] *n* **1**. (*putna*) spalva; **2**. spalva (*rakstīšanai*); **3**. dzeloņcūkas adata; **4**. zobu bakstāmais; **5**. *tekst.* spole

quill-driver ['kwil,draivə] *n niev.* skribents
quillet ['kwilit] *n* 1. precizitāte; 2. vārdu spēle; kalambūrs
quilling ['kwiliŋ] *n* volāns
quilt [kwilt] I *n* vatēta sega; II *v* 1. vatēt; 2. *sl.* pērt; slānīt
quince [kwins] *n bot.* cidonija
quincentenary [,kwinsen'ti:nəri] I *n* piecsimtgadu jubileja; II *a* piecsimtgadīgs
quinine [kwi'ni:n] *n med.* hinīns
quinquennial [kwiŋ'kweniəl] *a* ar piecu gadu intervālu
quinquivalent [,kwiŋkwə'veilənt] *a ķīm.* piecvērtīgs
quins [kwinz] *n pl (saīs. no* quintuplets) *sar.* piecīši
quinsy ['kwinzi] *n* angīna
quint [kwint] *n mūz.* kvinta
quintal ['kwintl] *n* centners
quintessential [,kwinti'senʃəl] *a* būtisks
quintet [kwin'tet] *n mūz.* kvintets
quintuple ['kwintjʊpl] I *a* pieckārtīgs; II *v* pieckāršot
quintuplets ['kwintjʊplits] *n pl* piecīši
quip [kwip] I *n* 1. asprātība; 2. greznumlietiņa; II *v* bārstīties ar asprātībām
quipster ['kwipstə] *n* asprātis
quire ['kwaiə] *n* koris
quirk [kwɜ:k] *n* 1. vārdu spēle; 2. dīvainība; 3. *(spalvas)* vilciens
quirt [kwɜ:t] *amer.* I *n* pātaga; II *v* pātagot
quisle ['kwizl] *v* nodot dzimteni
quisling ['kwizliŋ] *n* dzimtenes nodevējs
quit [kwit] I *n amer.* atlaišana *(no darba)*; II *v (p. un p.p.* quitted ['kwitid], *amer. sar.* quit) 1. pamest; atstāt; to q. smoking – atmest smēķēšanu; to q. the army – demobilizēties; to q. work –

aiziet no darba; 2. beigt; 3. nomaksāt *(parādu)*
quite [kwait] *adv* 1. pilnīgi, pavisam; gluži; q. so – tieši tā; pilnīgi pareizi; you are q. wrong – jums nav taisnība; 2. diezgan; q. a lot – diezgan daudz; 3. patiešām; it was q. a day! – tā tik bija diena!
quits [kwits] *a predic.*: to call (cry) q. – 1) norēķināties; 2) izlīgt
quittance ['kwitəns] *n* 1. kvīts; 2. atlīdzība
quitter ['kwitə] *n sar.* 1. gļēvulis; 2. slaists, dīkdienis; 3. *sp.* zaudētājs *(zirgu sacīkstēs)*
quiver[a] ['kwivə] *n* bultu maks
quiver[b] ['kwivə] I *n* trīsas; II *v* 1. trīcēt; 2. vēcināt *(spārnus)*
quixotic [kwik'sɒtik] *a* donkihotisks
quixotism ['kwiksətizm] *n (arī* Q.) donkihotisms
quiz[a] [kwiz] I *n* 1. joks; 2. zobgalis; II *v* 1. pajokot; pazoboties; 2. pavīpsnāt
quiz[b] [kwiz] *n* viktorīna
quizmaster ['kwiz,mɑ:stə] *n* radio *(vai* televīzijas) viktorīnas vadītājs
quizee [kwi'zi:] *n amer. sar.* aptaujas dalībnieks
quod [kwɒd] *sl.* I *n* cietums; II *v* iesēdināt *(cietumā)*
quoin [kɔin] *n* 1. ēkas stūris; 2. stūrakmens
quorum ['kwɔ:rəm] *n* kvorums
quota ['kwəʊtə] *n* 1. daļa; 2. *ek.* kvota
quotation [kwəʊ'teiʃn] *n* 1. citāts; 2. citēšana; 3. cena; 4. *ek. (valūtas)* kurss
quotation marks [kwəʊ'teiʃn mɑ:ks] *n pl gram.* pēdiņas
quote[a] [kwəʊt] *n. sar.* 1. citāts; 2. *pl gram.* pēdiņas
quote[b] [kwəʊt] *v* 1. citēt; 2. atsaukties

(*uz*); **3.** likt pēdiņās; **4.** *ek.* noteikt cenu; kotēt (*biržā*)
quatidion [kwɒʊ'tidiən] *a* ikdienišķs

quotient ['kwəʊʃnt] *n* **1.** *mat.* dalījums; **2.** koeficients
quotum ['kwəʊtəm] *n* **1.** daļa; **2.** *ek.* kvota

Rr

R, r [ɑ:] *angļu alfabēta burts;* ◇ the three R's (reading, riting, rithmetic) *sar.* – lasīšana, rakstīšana, rēķināšana
rabbet ['ræbit] **I** *n* grope, rieva; **II** *v* rievot
rabbi ['ræbai] *n* rabīns
rabbin ['ræbin] *sk.* **rabbi**
rabbit ['ræbit] **I** *n* **1.** trusis; **2.** zaķapastala; ◇ like ~s in a warren – kā siļķes mucā; **II** *v* (*on, about*) spriedelēt
rabbit-hutch ['ræbithʌtʃ] *n* trušu būris
rabble ['ræbl] *n* **1.** pūlis; **2.** (the r.) *niev.* salašņas
rabid ['ræbid] *a* **1.** traks; ārprātīgs; r. dog – traks suns; **2.** aizrautīgs
rabidness [ræ'bidnəs] *n* trakums
rabies ['reibi:z] *n med.* trakumsērga
race[a] [reis] **I** *n* **1.** ātrumsacīkstes (*automobiļiem, velosipēdiem, zirgiem u. tml.*); **2.** traukšanās; r. for power – cīņa par varu; **3.** plūsma, straume; **4.** dzīves ceļš; **II** *v* **1.** sacensties (*ātrumā*); **2.** traukties; **3.** dzīt (*zirgu, automobili*)
race[b] [reis] *n* **1.** rase; **2.** dzimta; cilts; the human r. – cilvēce; **3.** izcelsme; **4.** šķirne
racecourse ['reiskɔ:s] *n* **1.** hipodroms; **2.** skrejceļš
race hatred ['reis‚heitrid] *n* rasu naids
racehorse ['reisɔ:is] *n* sacīkšu zirgs
raceme [rə'si:m] *n bot.* ziedkopa
race-meeting ['reis‚mi:tiŋ] *n* zirgu skriešanās sacīkstes

racer ['reisə] *n* **1.** sacīkšu braucējs; **2.** sacīkšu zirgs; **3.** sacīkšu automobilis (jahta *u. tml.*); **4.** *tehn.* gultņu gredzens
racetrack ['reistræk] *sk.* **racecourse**
rachitis [ræ'kaitis] *n med.* rahīts
racial ['reiʃl] *a* rasu-; rasisks
racing ['reisiŋ] *n* ātrumsacīkstes
racism ['reisizəm] *n* rasisms
racist ['reisist] *n* rasists
rack[a] [ræk] **I** *n* **1.** barības galds; **2.** (*drēbju*) pakaramais; **3.** plaukts bagāžai (*vagonā, autobusā*); **4.** balsts, statīvs; **5.** *vēst.* moku rats; ◇ r. of bones *amer.* – kaulu kambaris; **II** *v* **1.** likt barības galdā; **2.** mocīt; spīdzināt; vārdzināt; ◇ to r. one's brains – lauzīt galvu
rack[b] [ræk] *n* izpostīšana; izputināšana; to go to r. and ruin – izputēt
racked [rækt] *a sl.* drošs par sevi
racket[a] ['rækit] *n* (*tenisa*) rakete
racket[b] ['rækit] **I** *n* **1.** troksnis, kņada; to raise (kick up, make) a r. – sacelt troksni; **2.** uzdzīve; to be (go) on the r. – uzdzīvot, pļēgurot; **3.** *sar.* rekets, izspiešana; **4.** pārbaudījums; to stand the r. – izturēt pārbaudījumu; **II** *v* **1.** trokšņot; **2.** uzdzīvot
racketeer [‚rækə'tiə] *n* **1.** gangsteri; bandīts; **2.** reketieris, izspiedējs
racketeering [‚rækə'tiəriŋ] *n* **1.** gangsterisms; banditisms; **2.** rekets, izspiešana
rackety ['rækəti] *a* **1.** trokšņains; **2.** izlaidīgs

rack rent ['ræk rent] *n* pārmērīgi augsta īres maksa
rack wheel ['ræk wi:l] *n tehn.* zobrats
raconteur [ˌrækɒn'tɜ:] *n* labs stāstītājs
racoon [rə'ku:n] *n* jenots
racy ['reisi] *a* 1. sulīgs (*par valodu*); 2. specifisks
radar ['reidɑ:] *n* radars, radiolokators
radial ['reidiəl] *a* radiāls
radiance ['reidiəns] *n* 1. izstarošana; 2. spīdums
radiant ['reidiənt] I *n fiz.* (*siltuma, gaismas*) avots; II *a* izstarojošs
radiate ['reidieit] I *a* starveidīgs; II *v* 1. izstarot (*gaismu, siltumu*); 2. izplatīties (*par gaismu, siltumu*)
radiator ['reidieitə] *n* radiators
radical ['rædikl] I *n* 1. *pol.* radikālis; 2. *mat.* sakne; 3. *ķīm.* radikālis; 4. *val.* (*vārda*) sakne; II *a* radikāls; krass
radicle ['rædikl] *n* saknīte
radio ['reidiəʊ] *n* I 1. radio; 2. radioaparāts; II *v* pārraidīt pa radio
radioactive [ˌreidiəʊ'æktiv] *a* radioaktīvs
radioactivity [ˌreidiəʊæk'tivəti] *n* radioaktivitāte
radio aerial [ˌreidiəʊ 'eəriəl] *n* radioantena
radiogram ['reidiəʊgræm] *n* 1. radiogramma; 2. rentgenogramma
radiograph ['reidiəʊgrɑ:f] *n* rentgenogramma
radio ham ['reidiəʊ hæm] *n* radioamatieris
radioman ['reidiə ʊmən] *n* radists; radiotehniķis
radio noise [ˌreidiəʊ 'nɔiz] *n* radio traucējumi
radiophone ['reidiəʊfəʊn] *n* radiotelefons

radiosensitive [ˌreidiəʊ'sensitiv] *a med.* jutīgs pret apstarošanu
radish ['rædiʃ] *n* redīss
radius ['reidiəs] *n* (*pl* radii ['reidiai]) 1. rādiuss; 2. *anat.* spieķkauls; 3. (*riteņa*) spieķis; 4. *tehn.* (*celtņa*) izlaide
radix ['reidiks] *n* (*pl* radices ['reidisi:z]) 1. sakne; 2. pirmavots, pirmsākums
raff [ræf] *sk.* **riff-raff**
raffish ['ræfiʃ] *a* izlaidīgs
raffle ['ræfl] I *n* loterija; izloze; II *v* 1. (*arī* to r. off) laimēt; 2. piedalīties loterijā
raft [rɑ:ft] I *n* plosts; II *v* pludināt pa upi (*kokus*)
rafterᵃ ['rɑ:ftə] *n* plostnieks
rafterᵇ ['rɑ:ftə] *n* (*jumta*) spāre
raftsman ['rɑ:ftsmən] *sk.* **rafter**ᵃ
ragᵃ [ræg] *n* 1. lupata; skranda; 2. *niev.* avīze; 3. *niev.* bura; 4. *niev.* karogs
ragᵇ [ræg] *n* ciets smilšakmens
ragᶜ [ræg] I *n* izjokošana; II *v* izjokot
ragamuffin ['rægəˌmʌfin] *n* skrandainis
rag-and-bone-man [ˌrægən'bəʊnmæn] *n* lupatlasis
ragbag ['rægbæg] *n* 1. lupatu maiss; 2. nevīža (*par sievieti*)
rag bolt ['ræg bəʊlt] *n tehn.* enkurskrūve
rage [reidʒ] I *n* 1. niknums, dusmas; to fly into a r. – saniknoties; 2. tieksme; 3. mode; all the r. – modes kliedziens; II *v* 1. trakot; dusmoties; 2. plosīties (*par vētru, epidēmiju*)
ragged ['rægid] *a* 1. noskrandis; 2. noplīsis (*par apģērbu*); 3. pinkains; izspūris; 4. nelīdzens; robains; 5. plēsts (*par brūci*); 6. neizkopts; nepilnīgs; work done in a r. manner – pa roku galam veikts darbs
raging ['reidʒiŋ] *a* 1. nikns; 2. stiprs (*par sāpēm*)
ragman ['rægmən] *n* lupatnieks

ragout ['rægu:] *n kul.* ragū
rags-to-riches ['rægztə'ritʃiz] *a*: no nabaga kļūt par bagātnieku
ragtime ['rægtaim] *n mūz.* regtaims
rag trade ['ræg treid] *n sar.* šūšanas rūpniecība
raid [reid] **I** *n* **1.** (*pēkšņs*) uzbrukums; iebrukums; **2.** kratīšana; **3.** sirojums; **II** *v* **1.** (*pēkšņi*) uzbrukt; **2.** kratīt; pārmeklēt
raider ['reidə] *n* **1.** uzbrukuma dalībnieks; **2.** *jūrn.* reiders
rail[a] [reil] **I** *n* **1.** margas; **2.** (*dzelzceļa*) sliede; **3.** dzelzceļš; dzelzceļa līnija; **4.** šķērskoks; ◇ off the ~s – 1) izsists no sliedēm; 2) nogājis no ceļa; **II** *v* **1.** (*in, off*) nožogot ar margām; **2.** likt sliedes; **3.** sūtīt pa dzelzceļu
rail[b] [reil] *v* (*against, at*) izbārt, izlamāt
railage ['reilidʒ] *n* dzelzceļa transports
railcar ['reilka:] *n* drezīna
railing ['reiliŋ] *n* margas
railman ['reilmən] *n* dzelzceļnieks
railroad ['reilrəʊd] *amer.* **I** *n* dzelzceļš; **II** *v* **1.** (*into*) pasteidzināt; pamudināt; **2.** (*through*) panākt (*likumprojekta u. tml.*) apstiprināšanu
railway ['reilwei] *n* dzelzceļš
railwayman ['reilweimən] *n* dzelzceļnieks
raiment ['reimənt] *n poēt.* tērps
rain [rein] **I** *n* lietus; r. or shine – jebkuros apstākļos; it looks like r. – liekas, ka līs; **II** *v* līt; it is ~ing – līst; ◇ it ~s cats and dogs – gāž kā ar spaiņiem; it never ~s but it pours – nelaime nekad nenāk viena
rainbow ['reinbəʊ] *n* varavīksne; ◇ r. hunt – tiekšanās pēc neiespējamā
rainbow-chaser [,reinbəʊ'tʃeisə] *n* sapņotājs

raincoat ['reinkəʊt] *n* lietusmētelis
raindrop ['reindrɒp] *n* lietus lāse
rainfall ['reinfɔ:l] *n* **1.** nokrišņu daudzums; **2.** lietusgāze
rain forest ['rein ,fɒrist] *n* tropu mežs
rainglass ['reingla:s] *n* barometrs
rainless ['reinləs] *a* sauss
rainproof ['reinpru:f] *a* ūdensnecaurlaidīgs
rainstrom ['reinstɔ:m] *n* lietusgāze
raintight ['reintait] *sk.* **rainproof**
rainwater ['rein,wɔ:tə] *n* lietus ūdens
rainwear ['reinweə] *n* ūdensnecaurlaidīgs
rainworm ['reinwɜ:m] *n* slieka
rainy ['reini] *a* **1.** lietains; **2.** pielijis
raise [reiz] **I** *n amer.* (*algas*) paaugstinājums; **II** *v* **1.** pacelt; sacelt to r. one's hat – pacelt cepuri (*sveicinot*); to r. one' voice – pacelt balsi; **2.** izvirzīt; ierosināt; to r. an issue (a question) – ierosināt jautājumu; **3.** paaugstināt (*algu*); **4.** audzēt (*labību, lopus*); **5.** audzināt (*bērnus*); **6.** sagādāt (*naudu*); to r. money, to r. the mind *sl.* – sadabūt naudu; **7.** paaugstināt (*amatā*); **8.**: to r. land *jūrn.* – ieraudzīt zemi
raisin ['reizn] *n* rozīne
rajah ['ra:dʒə] *n* radža
rake[a] [reik] **I** *n* **1.** grābeklis; **2.** (*krāsns*) kruķis; as lean as a r. – tievs kā žagars; **II** *v* **1.** sagrābt (*ar grābekli*); **2.** rakņāties; pārmeklēt; ⬜ to r. **in** *sar.* – nopelnīt; r. **up** – sagrābt, saraust
rake[b] [reik] *n* slīpums
raker ['reikə] *n* grābeklis
rakish[a] ['reikiʃ] *a* trakulīgs
rakish[b] ['reikiʃ] *a* ātrgaitas (*par kuģi*)
rales [ra:lz] *n pl med.* trokšņi (*plaušās*)
rallicar[t] ['rælika:(t)] *n* četrvietīgi divriči
rally[a] ['ræli] **I** *n* **1.** manifestācija; mītiņš; **2.** atspirgšana; **3.** apvienošanās; **4.** *sp.*

rallijs; **II** v **1.** pulcināt; apvienot; **2.** pulcēties; apvienoties; **3.** atspirgt; to r. from an illness – atveseļoties; ◊ to r. **round** *sar.* – saliedēties
rallyᵇ ['ræli] v pazoboties
ram [ræm] **I** n **1.** auns; **2.** (the R.) Auns (*zvaigznājs un zodiaka zīme*); **3.** *tehn.* hidrauliskais triecis; **II** v **1.** iedzīt, iesist; **2.** blietēt, stampāt; **3.** *mil.* taranēt
ramble ['ræmbl] **I** n pastaiga; **II** v staigāt; klaiņot
rambling ['ræmbliŋ] a **1.** nesakarīgs (*par runasveidu*); **2.** neregulāras formas- (*par ēku*); **3.** līkumots (*par ielu*); **4.** vīteņ- (*par augu*)
ramification [ˌræmifi'keiʃn] n **1.** sazarošanās; **2.** sazarojums
ramify ['ræmifai] v sazaroties
rammer ['ræmə] n *tehn.* bliete
rammish ['ræmiʃ] a smirdīgs
rampᵃ [ræmp] **I** n **1.** slīpums; **2.** (*lidmašīnas*) traps; **II** v vīties (*par augu*)
rampᵇ [ræmp] *sl.* **I** n izspiešana; **II** v izspiest
rampage [ræm'peidʒ] **I** n uzbudinājums; **II** v plosīties
rampageous [ræm'peidʒəs] a negants
rampant ['ræmpənt] a **1.** trakojošs, nikns; **2.** kupli sazēlis
rampart ['ræmpɑ:t] n (*cietokšņa*) valnis
ramrod ['ræmrɒd] n (*šautenes*) slaukķis
ramshackle ['ræmʃækl] a pussagruvis
ran *sk.* **run**
ranch [rɑ:ntʃ] n *amer.* rančo
rancher ['rɑ:ntʃə] n *amer.* rančo īpašnieks
rancid ['rænsid] a sadzeltējis; sasmacis (*par sviestu, taukiem*)
rancidity [ræn'sidəti] n sasmakums
rancorous ['ræŋkərəs] a ļauns; naidīgs
rancour ['ræŋkə] n ļaunprātība
rand [rænd] n (*apavu*) apmale

randan [ræn'dæn] n *sl.* uzdzīve
random ['rændəm] **I** n: at r. – uz labu laimi; **II** a nejaušs
randy ['rændi] **I** n vējgrābsle; **II** v **1.** trakulīgs, trokšņains; **2.** miesaskārīgs
ranee [ˌrɑ:'ni] n rani (*radžas sieva*)
rang *sk.* **ring**ᵇ
range [reindʒ] **I** n **1.** rinda; virkne; **2.** amplitūda; diapazons; **3.** (*darbības*) rādiuss; r. of vision – redzesloks; within r. – sasniedzams; out of r. – nesasniedzams; **4.** (*interešu*) loks; **5.** (*šaušanas*) tālums; **6.** *mil.* poligons; **7.** medību vieta; **8.** (*arī* kitchen r.) pavards; **II** v **1.** nostādīt ierindā; **2.** nostāties ierindā; **3.** klasificēt; **4.** klīst; klaiņot; **5.** stiepties; sniegties; **6.** svārstīties (*noteiktās robežās*)
ranger ['reindʒə] n **1.** *amer.* mežzinis; **2.** *pl amer.* jātnieku policija; **3.** klaidonis; **4.** *mil.* reindžers (*izlūkdienesta karavīrs*)
rangy ['reindʒi] a **1.** plašs; neaptverams; **2.** migrējošs (*par dzīvnieku*); **3.** klaiņojošs
rani ['rɑ:ni] *sk.* **ranee**
rankᵃ [ræŋk] **I** n **1.** ierinda; to fall into r. – nostāties ierindā; **2.** dienesta pakāpe; rangs; **3.** kategorija; pakāpe; **4.** (*sociālais*) stāvoklis; persons of r. – aristokrātija; ◊ the r. and file – 1) *mil.* ierindnieki; 2) parasti ļaudis; **II** v **1.** nostādīt ierindā; **2.** nostāties ierindā; **3.** ierindot; klasificēt; **4.** ierindoties
rankᵇ [ræŋk] a **1.** kupls; sazēlis (*par augiem*); **2.** lekns (*par augsni*); **3.** pretīgs, riebīgs; **4.** pilnīgs; r. nonsense – tīrās blēņas
rank-and-filer [ˌræŋkənd'failə] n parasts cilvēks
rankle ['ræŋkl] v gremzt (*par apvainojumu*)

ransack ['rænsæk] v 1. pārmeklēt; to r. smb.'s pockets – pārmeklēt kāda kabatas; 2. aplaupīt
ransom ['rænsəm] I n izpirkšanas maksa; II v izpirkt
rant [rænt] lietot skaļas frāzes
ranter ['ræntə] n balamute
ranunculus [rə'nʌŋkjʊləs] n (pl ranunculi [rə'nʌŋkjʊlai], ranunculuses [rə'nʌŋkjʊləsiz]) bot. gundega
rap[a] [ræp] I n 1. sitiens; to get a r. on (over) the knuckles – dabūt pa nagiem; to give a r. on (over) the knuckles – sadot pa nagiem; 2. klauvējiens; 3. sar. rājiens; 4. amer. sl. saruna; 5. mūz. reps; II v 1. uzsist; piesist; 2. klauvēt; 3. amer. sl. pārrunāt; diskutēt
rapacious [rə'peiʃəs] a 1. alkatīgs, mantkārīgs; 2. plēsīgs (par dzīvnieku)
rapacity [rə'pæsəti] n alkatība, mantkārība
rape[a] [reip] n bot. rapsis
rape[b] [reip] I n 1. izvarošana; 2. poēt. nolaupīšana; 3. izlaupīšana; II v 1. izvarot; 2. poēt. nolaupīt
rapid ['ræpid] I n (parasti pl) krāce; II a 1. ātrs; straujš; 2. kraujš (par nogāzi)
rapid-fire [,ræpid'faiə] a 1. mil. ātršāvējs; 2. steidzīgs
rapport [ræ'pɔ:] n sakars; to be in r. (with) – būt labās attiecībās
rapprochement [ræ'prɒʃmɑ] n attiecību atjaunošana
rapscallion [ræp'skæliən] n novec. nelietis
rapt [ræpt] a 1. aizgrābts, aizrāvies; 2. nolaupīts
raptorial [ræp'tɔ:riəl] a plēsīgs (par dzīvnieku)
rapture ['ræptʃə] n sajūsma; aizgrābtība; to be in ~s – sajūsmināties

rapturous ['ræptʃərəs] a jūsmīgs; sajūsmināts; r. applause – vētraini aplausi
rare[a] [reə] a pusjēls (par gaļu)
rare[b] [reə] a 1. rets; 2. neparasts; 3. retināts; r. air – retināts gaiss
rarefaction [,reəri'fækʃn] n 1. retināšana; 2. retinājums
rarefy ['reərifai] v 1. izretināt; 2. izretināties
rarely ['reəli] adv 1. reti; 2. neparasti
raring ['reəriŋ] a sar. dedzīgs
rarity ['reərəti] n 1. retums; 2. (gaisa) retinājums
rascal ['rɑ:skəl] n 1. nelietis; blēdis; 2. palaidnis (par bērnu)
rash[a] [ræʃ] n izsitumi
rash[b] [ræʃ] a straujš; pārsteidzīgs
rasher ['ræʃə] n šķiņķa šķēle (cepšanai)
rashness ['ræʃnəs] n straujums
rasp [rɑ:sp] I n 1. griezīga skaņa; 2. tehn. skrāpvīle; II v 1. (away, off) kasīt; skrāpēt; 2. šķindēt; 3. (arī to r. out) ķērkt; 4. čīgāt (vijoli)
raspberry ['rɑ:zbəri] n 1. avene; 2. sl. sarkastiska piezīme; 3. sl. kroplis
raspberry-cane ['rɑ:zbərikein] n avenājs
rasper ['rɑ:spə] n 1. tehn. skrāpvīle; 2. apnicīgs cilvēks
rat [ræt] I n 1. žurka; 2. nodevējs; 3. streiklauzis; 4. sar. okšķeris; ◊ like a drowned r. – slapjš kā žurka; to smell a r. – nojaust kaut ko nelabu; II v 1.: to r. on smb. – nodot kādu; 2. sl. (arī r. around) slaistīties bez darba
ratafee [,rætə'fi:] n 1. mandeļu cepumi; 2. mandeļu liķieris
rataplan [,rætə'plæn] n bungu rīboņa; II v sist bungas
rate[a] [reit] I n 1. likme; tarifs; norma; r. of exchange – valūtas kurss; r. of in-

terest – procentu likme; **2.** proporcija; koeficients; **3.** ātrums; temps; **4.** kvalitāte; šķira; ◇ at an easy r. – 1) lēti; 2) bez pūlēm; at any r. – katrā ziņā; to live at a high r. – dzīvot ar plašu vērienu; **II** v **1.** [no]vērtēt; **2.** uzskatīt
rate[b] [reit] v norāt; sabārt
rat face ['ræt feis] n amer. sl. slīpēts zellis
ratfink ['rætfiŋk] n sl. ziņotājs; informators
rathe [reið] a poēt. **1.** agrīns; **2.** spējš
rather ['rɑːðə] adv **1.** labāk, drīzāk; **2.** diezgan; the knife is r. sharp – nazis ir diezgan ass; **3.** kā tad!, protams! (atbildē)
raticide ['rætisaid] n žurku inde
ratification [,rætifi'keiʃn] n ratifikācija; apstiprinājums
ratify ['rætifai] v ratificēt; apstiprināt
rating[a] ['reitiŋ] n **1.** novērtējums; **2.** kategorija; **3.** reitings; tops; **4.** (dziesmas u.tml.) vieta topā; **5.** amer. atzīme (skolā); **6.** tehn. ražotspēja
rating[b] ['reitiŋ] n brāziens, rājiens
ratio ['reiʃiəʊ] n **1.** mat. proporcija; in direct r. – tieši proporcionāli; in inverse r. – apgriezti proporcionāli; **2.** tehn. (arī gear r.) pārnesumskaitlis
ration ['ræʃn] **I** n **1.** (pārtikas) deva; **2.** pl pārtikas produkti; to be (live) on short ~s – saņemt nepietiekamu pārtikas daudzumu; **II** v **1.** normēt (produktus); **2.** izsniegt devu; **3.** apgādāt ar produktiem
rational ['ræʃnl] a **1.** saprātīgs; **2.** mat. racionāls
rationality [,ræʃə'næləti] n racionalitāte
rationalize ['ræʃnəlaiz] v **1.** racionalizēt; **2.** loģiski pamatot
rationing ['ræʃniŋ] n produktu normēšana
ratsbane ['rætsbein] n žurku inde

ratter ['rætə] n žurku ķērājs (kaķis, suns)
rattle ['rætl] **I** n **1.** grabēšana; rībēšana; **2.** grabulis; **3.** pļāpāšana; **4.** sar. pļāpa; **II** v **1.** grabināt; rībināt; **2.** grabēt, rībēt; **3.** grabināties; to r. at the door – grabināties pie durvīm; **4.** žvadzināt (ieročus); **5.** pļāpāt; **6.** vajāt (medījumu)
rattlebox ['rætlbɒks] n **1.** (bērna) grabulis; **2.** sar. pļāpa
rattlebrain ['rætlbrein] n balamute
rattler ['rætlə] n **1.** balamute; **2.** klaburčūska; **3.** graboši rati; **4.** mil. sl. ložmetējs
rattlesnake ['rætlsneik] n klaburčūska
rattletrap ['rætltræp] n **1.** sar. sagrabējis automobilis; **2.** balamute
rat trap ['ræt træp] n **1.** žurku slazds; **2.** bezizejas stāvoklis; **3.** sl. mute
raucous ['rɔːkəs] a aizsmacis
raunchy ['rɔːntʃi] a **1.** miesaskārs; **2.** nekītrs; r. joke – jēla anekdote
ravage ['rævidʒ] **I** n **1.** izpostīšana; **2.** pl. postījumi; ~s of time – laika zobs; **II** v postīt; ~d by disease – slimības novārdzināts
rave [reiv] **I** n **1.** murgi; **2.** (vēja, jūras) aurošana; **3.** sar. jūsmošana; **4.** sl. uzdzīve; **II** v **1.** murgot; **2.** (at, against) trakot, ārdīties; **3.** (of, about) aizrauties; sajūsmināties; **4.** kaukt, aurot (par vēju, jūru)
ravel ['rævl] **I** n **1.** juceklis; **2.** atārdījies diegs; **II** v **1.** samudžināt (diegu); **2.** sajaukt, saputrot
raven[a] ['reivn] n krauklis
raven[b] ['rævn] v **1.** meklēt laupījumu; **2.** uzklupt ēdienam
ravening ['rævniŋ] a rijīgs; izsalcis
ravenous ['rævnəs] a **1.** izbadējies; **2.** rijīgs; kārs; r. for power – varaskārs; **3.** plēsīgs (par dzīvnieku)

raver ['reivə] *n sar.* sabiedrisks cilvēks
rave-up ['reivʌp] *n sl.* uzdzīve
ravine [rə'vi:n] *n* aiza
raving ['reiviŋ] **I** *n* **1.** murgi; **2.** (*vēja u. tml.*) auri; **II** *a* **1.** trakojošs; **2.** murgains
ravish ['ræviʃ] *v* **1.** valdzināt; **2.** *poēt.* nolaupīt; **3.** izvarot
ravishment ['ræviʃmənt] *n* **1.** sajūsma; **2.** *poēt.* nolaupīšana; **3.** izvarošana
raw [rɔ:] **I** *n* **1.** jēlums; **2.** vārīga vieta; to touch smb. on the r. – aizskart kādu vārīgā vietā; **II** *a* **1.** jēls; meat – jēla gaļa; **2.** neapstrādāts; r. spirit – neatšķaidīts spirts; r. sugar – nerafinēts cukurs; **3.** nobrāzts, jēls; **4.** rupjš (*par mākslas darbu*); **5.** *sl.* negodīgs; r. deal – negodīgs darījums; ◇ to pull a r. one *amer. sl.* – izstāstīt jēlu anekdoti; r. head and bloody bones – miroņgalva ar sakrustotiem kauliem
rawhide ['rɔ:haid] *n* jēlāda
ray[a] [rei] **I** *n* **1.** stars; **2.** *fiz. pl* starojums; **II** *v* **1.** izstarot; **2.** apstarot
ray[b] [rei] *n iht.* raja
rayon ['reiɒn] *n* mākslīgais zīds
raze [reiz] *v* **1.** nopostīt; **2.** *pārn.* izdzēst; izsvītrot; to r. from the testament – izslēgt no mantojuma; **3.** ieskrambāt (*par lodi*)
razor ['reizə] *n* **1.** bārdas nazis; **2.** *sar.* spējīgs cilvēks; **3.** *sl.* elektriskā ģitāra
razorback ['reizə æk] *n* **1.** valis; **2.** smaila kalnu grēda
razor blade ['reizə bleid] *n* žilete
razzle ['ræzl] *n* **1.** kņada; burzma; **2.** uzdzīve
re[a] [rei] *n mūz.* re
Re[b] [ri:] (*arī* Re:) (*saīs.* no reply) atbildot uz (*pirms vēstules virsraksta*)

reach[a] [ri:tʃ] **I** *n* **1.** sasniedzamība; beyond (out of) r. – nesasniedzams; within r. – sasniedzams; within r. of one's hand – ar roku sasniedzams; **2.** redzesloks; **3.**: upper ~es – (*upes*) augštece; lower ~es – (*upes*) lejtece; **II** *v* **1.** (*arī* to r. out) izstiept (*roku u. tml.*); **2.** aizsniegt; **3.** sasniegt; **4.** (*for*) sniegties; **5.** sazināties
reach[b] [ri:tʃ] *sk.* **retch**
react [ri'ækt] *v* **1.** (*to*) reaģēt; **2.** (*on, upon*) izraisīt atbildes reakciju; **3.** (*with*) ķīm. izraisīt reakciju
reaction [ri'ækʃn] *n* reakcija
reactive [ri'æktiv] *a* **1.** reaģējošs; **2.** tāds, kas pretdarbojas; **3.** reaktīvs
reactivity [,riæk'tiviti] *n* reaktivitāte
read **I** *n* [ri:d] *sar.* lasīšana; **II** *v* [ri:d] (*p. un p. p.* read [red]) **1.** lasīt; to r. aloud – lasīt skaļā balsī; to r. to oneself – lasīt pie sevis; **2.** atminēt; to r. smb.'s hand – zīlēt pēc rokas; to r. the cards – likt kārtis; **3.** rādīt; the thermometer ~s twenty degrees above zero – termometrs rāda divdesmit grādus virs nulles; **4.** nolasīt (*mērinstrumenta rādījumu*); **5.** izskaidrot; interpretēt; ⫫ to r. **off** – 1) lasīt priekšā; 2) nolasīt (*mērinstrumenta rādījumus*); to r. **over** – pārlasīt; to r. **through** – izlasīt; ◇ to r. between the lines – lasīt starp rindām; to r. smb. a lesson – lasīt kādam morāli; to r. smb. like a book – redzēt kādam cauri
readable ['ri:dəbl] *a* viegli lasāms; interesants
reader ['ri:də] *n* **1.** lasītājs; **2.** docents; **3.** recenzents; **4.** lasāmgrāmata
readily ['redili] *adv* **1.** labprāt; **2.** viegli; bez piepūles
readiness ['redinəs] *n* **1.** gatavība; sa-

gatavotība; **2.** gatavība; entuziasms; **3.** ātrums; r. of mind – atjautība

reading [′ri:diŋ] *n* **1.** lasīšana; **2.** lekcija; **3.** lasāmviela; **4.** (*mērinstrumenta*) rādījums; **5.** (*likumprojekta u. tml.*) lasījums; **6.** erudīcija

reading-glass [′ri:diŋglɑ:s] *n* palielināmais stikls

reading-lamp [′ri:diŋlæmp] *n* galda lampa

readjust [ˌri:ə′dʒʌst] *v* **1.** sakārtot; savest kārtībā; **2.** pārregulēt (*mehānismu*); **3.** pielāgot

readjustment [ˌri:ə′dʒʌstmənt] *n* **1.** sakārtošana; **2.** pārregulēšana; **3.** pielāgošana; **4.** pielāgošanās

readout [′ri:daʊt] *n* (*mērinstrumenta*) rādījums

ready [′redi] **I** *n sar.* skaidra nauda; **II** *a* **1.** gatavs; to get (make) r. – 1) sagatavot; 2) sagatavoties; **2.** labprātīgs; **3.** ātrs; veikls; **4.** parocīgs; viegli pieejams; r. at hand – pie rokas; ◇ r. cash (money) – skaidra nauda; **III** *v* **1.** sagatavot; **2.** sagatavoties; ▯ to r. up *sl.* – maksāt skaidrā naudā; **IV** *int* R., steady, go! – uzmanību, gatavību, starts (*pirms skrējiena*)

ready-made [ˌredi′meid] *a* **1.** gatavs (*par apģērbu*); **2.** trafarets

ready-to-cook [ˌreditə′kʊk] *a*: r.-t.- c. food – (*pārtikas*) pusfabrikāti

ready-witted [ˌredi′witid] *a* atjautīgs, attapīgs

reaffirm [ˌri:ə′fɜ:m] *v* no jauna apstiprināt

reagent [ri′:eidʒənt] *n ķīm.* reaģents, reaktīvs

realᵃ [riəl] **I** *n* **1.** (the r.) realitāte; **2.**: for r. *amer. sar.* – tiešām; patiesībā; **II** *a* **1.** reāls; īsts; patiess; **2.** nekustams (*par īpašumu*); r. property – nekustams īpašums

realᵇ [rei′ɑ:l] *n vēst.* reāls (*sena monēta*)

reality [ri′æləti] *n* realitāte, īstenība; in r. – patiesībā

realizable [′riəlaizəbl] *a* **1.** aptverams; izprotams; **2.** realizējams

realization [ˌriəlai′zeiʃn] *n* **1.** saprašana; izpratne; **2.** realizēšana; īstenošana; **3.** pārdošana

realize [′riəlaiz] *v* **1.** izprast; aptvert; **2.** realizēt; īstenot; to r. one's intention – īstenot nodomu; **3.** pārdot; r. a profit – dot peļņu

really [′riəli] *adv* [pa]tiešām; r.? – vai tiešām?

realm [relm] *n* **1.** karaliste; karaļvalsts; **2.** nozare, sfēra

realtor [′riəltə] *n amer.* nekustamo īpašumu pārdošanas aģents

realty [′riəlti] *n jur.* nekustams īpašums

reanimate [ri:′ænimeit] *v* reanimēt, atdzīvināt

reanimation [ˌri:æni′meiʃn] *n* reanimācija, atdzīvināšana

reap [ri:p] *v* **1.** pļaut (*labību*); novākt (*ražu*); **2.** iegūt; to r. laurels – plūkt laurus; ◇ to r. as one has sown – ko sēsi, to pļausi; to r. where one has not sown – baudīt sveša darba augļus

reaper [′ri:pə] *n* **1.** (*labības*) pļāvējs; (*ražas*) novācējs; **2.** pļaujmašīna

reaping-hook [′ri:piŋhʊk] *n* sirpis

reappear [ˌri:ə′piə] *v* no jauna parādīties

rearᵃ [riə] *n* **1.** aizmugure; **2.** mugurpuse; **3.** sēžamvieta; **4.** *sar.* ateja

rearᵇ [riə] *v* **1.** audzēt; to r. poultry – audzēt mājputnus; **2.** pacelt; to r. one's head – pacelt galvu; **3.** uzcelt (*pieminekli*); **4.** (*arī* to r. up) saslieties pakaļkājās

rearmost [ˈriəməʊst] *a* pats pēdējais
rearview mirror [ˌriəvju: ˈmirə] *n* (*automobiļa*) atpakaļskata spogulis
rearward [ˈriəwəd] **I** *n* aizmugure; **II** *a* aizmugures-
rearwards [ˈriəwədz] *adv* atpakaļ; uz aizmuguri
reason [ˈri:zn] **I** *n* **1.** cēlonis; iemesls; by r. (*of*) – dēļ; **2.** saprāts; beyond (past) all r. – nesaprātīgs; open to r. – gatavs uzklausīt saprātīgus argumentus; to bring smb. to r. – vest kādu pie prāta; to listen to r. – uzklausīt saprāta balsi; **II** *v* domāt; spriest; well ~ed – labi pārdomāts; ◊ to r. **into** – pārliecināt; to r. **out** – izdomāt; to r. **out of** – atrunāt
reasonable [ˈri:znəbl] *a* **1.** saprātīgs; r. being – saprātīga būtne; **2.** mērens (*par cenu*)
reasoning [ˈri:zniŋ] *n* spriešana; power of r. – spriestspēja
reassurance [ˌri:əˈʃʊərəns] *n* **1.** mierinājums; **2.** atkārtots apliecinājums
reassure [ˌri:əˈʃʊə] *v* **1.** nomierināt; **2.** atkārtoti pārliecināt
rebarbative [riˈbɑ:bətiv] *a* nepatīkams; pretīgs
rebate [ˈri:beit] *n* atlaide
rebel I *n* [ˈreb(ə)l] dumpinieks, nemiernieks; **II** *a* [ˈreb(ə)l] kūdošs, musinošs; **III** *v* [riˈbel] **1.** (*against*) sacelties, dumpoties; **2.** protestēt; pretoties
rebellion [riˈbeliən] *n* **1.** nemieri; dumpis; the Great R. – Pilsoņu karš Anglijā (1642–1660); **2.** pretestība; pretošanās
rebellious [riˈbeliəs] *a* **1.** dumpīgs; **2.** nedisciplinēts; nepakļāvīgs; **3.** grūti ārstējams (*par slimību*)
rebirth [ˌri:ˈbɜ:θ] *n* atdzimšana

reborn [ˌri:ˈbɔ:n] *a* atdzimis
reboundᵃ **I** *n* [ˈri:baʊnd] atsitiens; to hit on the r. – trāpīt ar rikošetu (*par lodi*); **II** *v* [riˈbaʊnd] **1.** atlēkt, atsprāgt; **2.** atspēlēties; atriebties
reboundᵇ *sk.* **rebind**
rebuff [riˈbʌf] **I** *n* atraidījums; **II** *v* atraidīt
rebuild [ˌri:ˈbild] *v* (*p. un p. p.* rebuilt [ˌri:ˈbilt]) pārbūvēt, rekonstruēt
rebuilt *sk.* **rebuild**
rebuke [riˈbju:k] **I** *n* **1.** pārpratums; **2.** rājiens; **II** *v* **1.** pārmest; **2.** izteikt rājienu
rebus [ˈri:bəs] *n* rēbuss
rebut [riˈbʌt] *v* **1.** atspēkot; apgāzt; **2.** atraidīt
rebuttal [riˈbʌtl] *n* atspēkojums
recall [riˈkɔ:l] **I** *n* **1.** atsaukšana; **2.** atmiņa; **3.** (*aktiera*) izsaukšana uz skatuves; **4.** izņemšana no apgrozības; ◊ beyond (past) r. – 1) nelabojams; neatgūstams; 2) galīgi aizmirsts; **II** *v* **1.** atsaukt (*piem., vēstnieku*); **2.** atcelt (*piem., pavēli*); **3.** atcerēties; **4.** atgādināt; **5.** ņemt atpakaļ (*piem., dāvanu*); **6.** izsaukt uz skatuves (*aktieri*)
recant [riˈkænt] *v* atteikties (*no uzskata*)
recantation [ˌri:kænˈteiʃn] *n* atteikšanās (*no uzskata*)
recap [ˈri:kæp] *n* (*saīs. no* recapitulation) rezumējums
recapitulate [ˌri:kəˈpitʃʊleit] *v* rezumēt
recapitulation [ˌri:kəˌpitʃʊˈleiʃn] *n* rezumējums
recapture [ˌri:ˈkæptʃə] *v* **1.** no jauna sagrābt; **2.** atsaukt atmiņā
recast [ˌri:ˈkɑ:st] **I** *n* pārveidošana; pārstrāde; **II** *v* **1.** pārveidot; **2.** pārrēķināt; **3.** *teātr.* iedalīt lomas jaunam aktieru sastāvam
recede [riˈsi:d] *v* **1.** atkāpties; **2.** atteik-

ties; to r. from one's opinion – atteikties no sava uzskata; **3.** pazemināties (*par cenām*); **4.** mazināties (*piem., par slimības simptomiem*)
receding [ri'si:diŋ] *a* slīps; nolaidens
receipt [ri'si:t] *n* **1.** saņemšana; **2.** kvīts; **3.** *pl* ieņēmumi; ~s and expenditure (expenses) – ieņēmumi un izdevumi; **4.** *kul.* recepte
receive [ri'si:v] *v* **1.** saņemt; **2.** uzņemt (*viesus*); **3.** slēpt (*zagtu mantu*)
received [ri'si:vd] *a* vispārpieņemts
receiver [ri'si:və] *n* **1.** saņēmējs; **2.** (*telefona*) klausule; **3.** radiouztvērējs; **4.** (*zagtas mantas*) slēpējs
recension [ri'senʃn] *n* **1.** grozījumi; izmaiņas (*tekstā*); **2.** grozīts teksts
recent ['ri:snt] *a* nesens; jaunākais; pēdējais
recently ['ri:sntli] *adv* nesen; pēdējā laikā
receptacle [ri'septəkl] *n* **1.** tvertne; trauks; **2.** *el.* sienas kontakts; ligzda; **3.** *bot.* ziedgultne
reception [ri'sepʃn] *n* **1.** saņemšana; **2.** (*viesu*) uzņemšana; to hold a r. – sarīkot pieņemšanu; **3.** uzņemšana; to meet a cold r. – tikt vēsi uzņemtam; **4.** reģistrācijas galds (*viesnīcā*); **5.** *rad., telev.* uztvere
reception-clerk [ri'sepʃnkla:k] *n amer.* administrators (*viesnīcā*)
reception-desk [ri'sepʃndesk] *n* reģistrācijas galds (*viesnīcā*)
receptionist [ri'sepʃnist] *n* administrators (*viesnīcā*)
receptive [ri'septiv] *a* **1.** uztverīgs; r. mind – ass prāts; **2.** receptīvs
receptivity [ˌri:sep'tivəti] *n* **1.** uztveres spēja; **2.** ietilpība
recess [ri'ses] **I** *n* **1.** darba pārtraukšana (*parlamentā u. tml.*); **2.** *amer.* brīvdienas; **3.** *amer.* garais starpbrīdis (*skolā*); **4.** kluss stūrītis; in the innermost ~es of the heart – sirds dziļumos; **5.** *tehn.* dobums; sprauga; **II** *v* **1.** atbīdīt; **2.** izdobt; **3.** ievietot dobumā
recession [ri'seʃn] *n* **1.** (*pieprasījuma*) pēkšņa krišanās; **2.** (*jūras*) atkāpšanās; **3.** padziļinājums
rechauffe [rei'ʃəʊfei] *n* uzsildīts ēdiens
recipe ['resipi] *n* (*kulinārijas*) recepte
recipient [ri'sipiənt] *n* saņēmējs
reciprocal [ri'siprəkl] **I** *n mat.* apgrieztais lielums; **II** *a* **1.** abpusējs; **2.** ekvivalents
reciprocate [ri'siprəkeit] *v* **1.** atmaksāt (*ar to pašu*); to r. smb.'s feelings – atbildēt uz kāda jūtām; **2.** apmainīties (*piem., ar laipnībām*); **3.** *tehn.* kustēties turp atpakaļ (*par virzuli*)
reciprocation [riˌsiprə'keiʃn] *n* **1.** atbildes darbība; **2.** apmainīšanās (*ar laipnībām u. tml.*)
recital [ri'saitl] *n* **1.** izklāsts; **2.** solokoncerts; **3.** deklamācija
recitation [ˌresi'teiʃn] *n* **1.** deklamēšana; **2.** izklāstījums; **3.** (*faktu*) uzskaitījums; **4.** *amer.* (*skolēnu*) atbildēšana
recitative [ˌresitə'ti:v] *n mūz.* rečitatīvs
recite [ri'sait] *v* **1.** deklamēt; **2.** izklāstīt; **3.** uzskaitīt (*faktus*); **4.** *amer.* atbildēt (*vielu*)
reckless ['rekləs] *a* **1.** neapdomīgs, pārsteidzīgs; **2.** pārgalvīgs, pārdross
reckon ['rekən] *v* **1.** skaitīt; rēķināt; **2.** uzskatīt, domāt; ❏ to r. **in** – pieskaitīt; to r. **on** – 1) paļauties; 2) paredzēt; to r. **with** – 1) izrēķināties; 2) rēķināties; ņemt vērā
reckoning ['rekəniŋ] *n* **1.** aprēķins; by my r. – pēc mana aprēķina; to be out

in (of) one's r.– kļūdīties aprēķinos; **2.** rēķins (*restorānā u. tml.*)
reclaim [ri'kleim] **I** *n*: it is beyond (past) r. – tas nav labojams; **II** *v* **1.** labot; to r. a criminal – pāraudzināt noziedznieku; **2.** uzart (*atmatu*); **3.** atprasīt; pieprasīt atpakaļ; **4.** utilizēt (*atkritumus*)
reclamation [ˌreklə'meiʃn] *n* **1.** labošana; **2.** (*atmatas*) uzaršana; **3.** (*atkritumu*) izmantošana
reclame [rei'klɑ:m] *n* reklāma; reklamēšana
recline [ri'klain] *v* **1.** atbalstīties; atgāzties; **2.** (*on*) paļauties
reclining chair [ri'klainiŋ tʃeə] *n* atpūtas krēsls
recluse [ri'klu:s] **I** *n* vientuļnieks; **II** *a* vientuļš
recognition [ˌrekəg'niʃn] *n* **1.** pazīšana; **2.** atzinība; to win (meet with) r. – iegūt atzinību
recognizable ['rekəgnaizəbl] *a* atpazīstams
recognizance [ri'kɒgnizəns] *n* **1.** *jur.* saistība; **2.** drošības nauda
recognize ['rekəgnaiz] *v* **1.** [at]pazīt; **2.** izteikt atzinību; **3.** apzināties
recoil I *n* ['ri:kɔil] **1.** riebums; **2.** (*pistoles*) atsitiens; **II** *v* [ri'kɔil] **1.** atlēkt; atsprāgt; **2.** novērsties (*riebumā*); **3.** atsist (*par pistoli*)
recollect [ˌrekə'lekt] *v* atcerēties
recollection [ˌrekə'lekʃn] *n* **1.** atmiņa; it is beyond my r. – to es neatceros; **2.** *pl* atmiņas; to write one's ~s – rakstīt memuārus
recommend [ˌrekə'mend] *v* **1.** rekomendēt, ieteikt; **2.** raksturot kādu (*pozitīvi*); **3.** nodot (*kāda aizgādībā*)
recommendation [ˌrekəmen'deiʃn] *n* rekomendācija, ieteikums

recommit [ˌri:kə'mit] *v* nodot otrreizējai izskatīšanai (*likumprojektu*)
recommitment [ˌri:kə'mitmənt] *n* (*likumprojekta*) nodošana otrreizējai izskatīšanai
reconcilable ['rekənsailəbl] *a* savienojams
reconcile ['rekənsail] *v* **1.** (*with, to*) samierināt; **2.** saskaņot (*piem., uzskatus*)
reconcilement ['rekənsailmənt] *sk.* **reconcialition**
reconciliation [ˌrekənsili'eiʃn] *n* **1.** samierināšana; **2.** (*uzskatu u. tml.*) saskaņošana
recondite [ri'kɒndait] *a* neizprotams
recondition [ˌri:kən'diʃn] *v* **1.** salabot; **2.** pārkārtot
reconnaissance [ri'kɒnisəns] *n mil.* izlūkošana
reconnoitre [ˌrekə'nɔitə] *v mil.* izlūkot
reconsider [ˌri:kən'sidə] *v* pārdomāt; no jauna apsvērt
reconstruct [ˌri:kən'strʌkt] *v* restaurēt, atjaunot
reconstruction [ˌri:kən'strʌkʃn] *n* **1.** restaurēšana, atjaunošana; **2.**: R. *amer.* – Dienvidu štatu reorganizācijas periods (*pēc pilsoņu kara*)
record I *n* ['rekɔ:d] **1.** ieraksts; **2.** protokols; to enter on the ~s – ierakstīt protokolā; to keep a r. (*of*) – pierakstīt; **3.** oficiāls dokuments; r. of service – darba grāmatiņa; R. Office – valsts arhīvs (*Anglijā*); **4.** reputācija; raksturojums; good r. – laba reputācija; **5.** skaņuplate; (*skaņu*) ieraksts; **6.** rekords; to beat (break) the r. – pārspēt rekordu; **7.** *sl* sodāmība; I have a record – es esmu bijis sodīts; ◊ to go on r., to place (put) oneself on (*upon*) r. – 1) izcelties (*citu vidū*); 2)

izteikt savas domas; **II** v [ri'kɔ:d] **1.** pierakstīt; atzīmēt; **2.** protokolēt; **3.** ierakstīt (*skaņuplatē, lentē*)
record-breaker ['rekɔ:d,breikə] n rekorda uzlabotājs
recorder [ri'kɔ:də] n **1.** reģistrētājs; **2.** magnetofons
record-holder ['rekɔ:d,həʊldə] n rekordists
recording [ri'kɔ:diŋ] n **1.** reģistrēšana; **2.** (*skaņu*) ieraksts
record-player ['rekɔ:d,pleiə] n (*skaņuplašu*) atskaņotājs
recount I n ['ri:kaʊnt] otrreizēja pārskaitīšana; **II** v [,ri:'kaʊnt] vēlreiz pārskaitīt
recoup [ri'ku:p] v **1.** kompensēt; **2.** *jur.* atvilkt (*naudas summu*)
recourse [ri'kɔ:s] n **1.** lūgums palīdzēt; **2.** patvērums
recoverᵃ [,ri:'kʌvə] v no jauna pārklāt
recoverᵇ [ri'kʌvə] v **1.** atgūt; **2.** atjēgties; **3.** atveseļoties
recovery [ri'kʌvəri] n **1.** atveseļošanās; **2.** atgūšanās; **3.** (*zaudētā*) atgūšana
recreateᵃ [,ri:kri'eit] v radīt no jauna
recreateᵇ ['rekrieit] v **1.** atgūt spēkus; **2.** izklaidēt
recreation [,rekri'eiʃn] n **1.** spēku atgūšana; atspirgšana; **2.** atpūta; izprieca; r. ground – spēļu laukums; **3.** starpbrīdis (*skolā*)
recreational [,rekri'eiʃnəl] a izklaidējošs; r. facilities – atpūtas un izklaides vietas
recreative ['rekrieitiv] a **1.** atspirdzinošs; **2.** izklaidējošs
recriminate [ri'krimineit] v atbildēt ar apvainojumu (*uz apvainojumu*)
recrimination [ri,krimi'neiʃn] n savstarpēji apvainojumi

recrudescence [,ri:kru:'desns] n **1.** *med.* recidīvs; **2.** atkārtots uzliesmojums
recruit [ri'kru:t] **I** n **1.** rekrūtis; jauniesaucamais; **2.** (*partijas, organizācijas, kluba*) jauns biedrs; **II** v **1.** vervēt (*armiju*); **2.** pievilināt (*jaunus biedrus*); **3.** atgūt (*spēkus*)
recruitment [ri'kru:tmənt] n **1.** (*kareivju*) vervēšana; **2.** (*spēku*) atgūšana
rectangle ['rektæŋgl] n taisnstūris
rectangular [rek'tæŋgjʊlə] a **1.** taisnleņķa-; **2.** taisnstūra-
rectify ['rektifai] v izlabot; to r. an error – izlabot kļūdu
rectilinear [,rekti'liniə] a taisnvirziena-
rectitude ['rektitju:d] n taisnīgums; godīgums
rector ['rektə] n **1.** draudzes mācītājs; **2.** rektors (*Skotijas universitātēs*)
rectorship ['rektəʃip] n draudzes mācītāja amats
rectory ['rektəri] n mācītājmuiža
rectum ['rektəm] n (*pl* rectə ['rektə]) *anat.* taisnā zarna
recumbency [ri'kʌmbənsi] n guļus stāvoklis
recumbent [ri'kʌmbənt] a guļošs
recuperate [ri'kju:pəreit] v atspirgt; atgūt (*veselību, spēkus*)
recur [ri'kɜ:] v **1.** atkārtoties; **2.** (*to*) atgriezties (*pie temata u. tml.*); **3.** no jauna ienākt prātā; **4.** *med.* recidivēt
recurrence [ri'kʌrəns] n **1.** atgriešanās; **2.** atkārtošanās; recidīvs
recurrent [ri'kʌrənt] a atkārtots; periodisks
recycle [,ri:'saikl] v utilizēt
red [red] **I** n **1.** sarkana krāsa; **2.** sarkanā bumba (*biljardā*); **3.** *sar.* sarkanvīns; **4.** *sl.* nauda; ◇ the r., white and blue – Anglijas flote un armija; to be

in the r. – būt parādā; **II** *a* **1.** sarkans; r. brass – misiņš; it's not worth a r. cent – tas nav ne graša vērts; r. meat – jēra *vai* vērša gaļa; **2.** sārts; pietvīcis (*par seju*); to get r. in the face – nosarkt; to turn r. with anger – pietvīkt no dusmām; **3.** ruds (*par matiem*); **4.** asinīm aptraipīts; r. hands – asiņainas rokas; ◇ to see r. – saskaisties; to paint the town r. – uzdzīvot, plītēt

red bilberry [ˌred ˈbilbəri] *n* brūklene

red blindness [ˈred ˌblaindnəs] *n med.* daltonisms

red-blooded [ˌredˈblʌdid] *a amer.* **1.** spēcīgs, stiprs; **2.** aizraujošs (*piem.*, par *romānu*)

redbreast [ˈredbrest] *n ornit.* sarkankrūtītis

redcoat [ˈredkəʊt] *n vēst.* angļu karavīrs

red count [ˈred kaʊnt] *n med.* eritrocītu skaits

Red Cross [ˌred ˈkrɒs] *n* Sarkanais Krusts

red currant [ˌred ˈkʌrənt] *n* sarkanā jāņoga

redden [ˈredn] *v* **1.** nokrāsot sarkanu; **2.** nosarkt

reddish [ˈrediʃ] *a* iesarkans, sarkanīgs

redeem [riˈdi:m] *v* **1.** izpirkt (*ieķīlātu mantu*); **2.** atgūt; **3.** izpirkt (*grēkus*); **4.** kompensēt, atlīdzināt

Redeemer [riˈdi:mə] *n* **1.** glābējs; **2.** *rel.* Pestītājs

redemption [riˈdempʃn] *n* **1.** (*ieķīlātas mantas*) izpirkšana; **2.** (*grēku*) izpirkšana; beyond (past, without) r. – nelabojams; **3.** *rel.* atpestīšana

redeye [ˈredai] *n amer. sl.* lēts viskijs

red-handed [ˌredˈhændid] *a* **1.** ar asiņainām rokām; **2.** pieķerts nozieguma vietā; to catch r.-h. – pieķert nozieguma vietā

red-hot [ˌredˈhɒt] *a* **1.** nokaitēts līdz sarkankvēlei; **2.** satraukts; **3.** dedzīgs, kvēls

redid *sk.* **redo**

red-letter [ˌredˈletə] *a*: r.-l. day – svinamā diena

redneck [ˌredˈnek] *n niev.* lauķis

redness [ˈrednəs] *n* **1.** sarkanums; **2.** apsārtums; **3.** izsitumi

redo [ˌri:ˈdu:] *v* (*p.* redid [ˌri:ˈdid]; *p. p.* redone [ˌri:ˈdʌn]) pārtaisīt

redolence [ˈredələns] *n* aromāts

redolent [ˈredələnt] *a* **1.** aromātisks; **2.** *pārn.* caurstrāvots

redone *sk.* **redo**

redouble [ˌri:ˈdʌbl] *v* dubultoties

redoubtable [riˈdaʊtəbl] *a* draudīgs; bīstams

redound [riˈdaʊnd] *v* **1.** (*to*) sekmēt, veicināt; **2.** (*upon*) atsaukties

redress [riˈdres] **I** *n* **1.** izlabošana; **2.** kompensācija; **II** *v* **1.** izlabot; to r. the balance – atjaunot līdzsvaru; **2.** kompensēt; to r. a wrong – izlīdzināt pārestību

reduce [riˈdju:s] *v* **1.** samazināt; reducēt; to r. prices – pazemināt cenas; **2.** pazemināt (*amatā, dienesta pakāpē*); **3.** *mat.* vienādot (*daļskaitļu saucējus*); **4.** *ķīm.* reducēt

reduction [riˈdʌkʃn] *n* **1.** samazināšana; reducēšana, r. of armaments – bruņojuma samazināšana; price r. – cenu pazeminājums; **2.** pazemināšana (*amatā, dienesta pakāpē*); **3.** (*gleznas u. tml.*) samazināta kopija; **4.** *mat.* (*daļskaitļu saucēju*) vienādošana; **5.** *ķīm.* reducēšana; **6.** (*datu*) apstrāde

redundancy [riˈdʌndənsi] *n* **1.** pārmērība; **2.** liekvārdība; **3.** štatu samazināšana

redundant [ri'dʌndənt] *a* **1.** pārmērīgs; **2.** liekvārdīgs; **3.** atlaists štatu samazināšanas dēļ
reduplicate [ri'dju:plikeit] *v* dubultot; atkārtot
reecho [ri:'ekəʊ] **I** *n* atbalss; **II** *v* atbalsoties
reed [ri:d] **I** *n* **1.** niedre; **2.** meldri; **3.** *mūz.* (*instrumenta*) mēlīte; **4.** *poēt.* stabule; **5.** *poēt.* bulta; **II** *v* apjumt ar niedrēm
reeducate [ˌri:'edjʊkeit] *v* pāraudzināt
reedy ['ri:di] *a* **1.** niedrēm aizaudzis; **2.** spalgs (*par skaņu*)
reef [ri:f] *n* rifs
reefer[a] ['ri:fə] *n* **1.** jūrnieku pusmētelis; **2.** *amer. jūrn. sl.* junga, kuģapuika
reefer[b] ['ri:fə] *n sar.* marihuānas cigarete
reefer[c] ['ri:fə] *n* **1.** refrižeratorkuģis; **2.** saldētava
reek [ri:k] **I** *n* **1.** smaka; **2.** izgarojumi; **II** *v* **1.** (*of*) smirdēt; **2.** izgarot
reeky ['ri:ki] *a* **1.** kūpošs; **2.** piekvēpis
reel[a] [ri:l] **I** *n* **1.** (*diega*) spole; **2.** (*kinolentes*) rullis; ◇ off the r. – tūlīt; uzreiz; **II** *v* **1.** (*arī* to r. up) uztīt; uzspolēt; **2.** (*arī* to r. off) notīt
reel[b] [ri:l] **I** *n* grīļošanās; **II** *v* grīļoties
re-elect [ˌri:i'lekt] *v* pārvēlēt
reentry [ri:'entri] *n* (*kosmosa kuģa*) atgriešanās Zemes atmosfērā
reestablish [ˌri:i'stæbliʃ] *v* atjaunot
reeve [ri:v] *n* **1.** pilsētas (*vai* ciema) municipalitātes priekšsēdētājs (*Kanādā*); **2.** *vēst.* pilsētas maģistrāts
ref [ref] *n* (*saīs. no* referee) *sp. sar.* tiesnesis
refection [ri'fekʃn] *n* uzkožamais
refectory [ri'fektəri] *n* (*skolas, universitātes*) ēdnīca
refer [ri'fɜ:] *v* **1.** (*to*) attiecināt; **2.** (*to*) attiekties; **3.** (*to*) vērsties (*pie kāda*); **4.** atsaukties (*uz kaut ko*)
referee [ˌrefə'ri:] **I** *n* **1.** *sp.* tiesnesis; **2.** šķīrējtiesnesis; **II** *v sp.* būt par tiesnesi
reference ['refrəns] **I** *n* **1.** uzziņa; r. book – rokasgrāmata; **2.** atsaukšanās; norādījums; **3.** norāde; with r. to – atsaucoties uz; **4.** atsauksme; rekomendācija
refill I *n* ['ri:fil] (*atkārtota*) iepildīšana; **II** *v* [ˌri:'fil] (*atkārtoti*) iepildīt
refine [ri'fain] *v* **1.** rafinēt; attīrīt; **2.** bagātināt (*rūdu*); **3.** kļūt izsmalcinātam
refined [ri'faind] *a* **1.** rafinēts; attīrīts; **2.** bagātināts (*par rūdu*); **3.** smalks; izsmalcināts; r. manners – smalkas manieres
refinement [ri'fainmənt] *n* **1.** rafinēšana; attīrīšana; **2.** (*rūdas*) bagātināšana; **3.** smalkums; izsmalcinātība
refinery [ri'fainəri] *n* rafinēšanas cehs
refit I *n* ['ri:fit] remonts; **II** *v* [ˌri:'fit] remontēt
reflect [ri'flekt] *v* **1.** atstarot (*gaismu, siltumu*); **2.** *pārn.* atspoguļot; **3.** atspoguļoties; **4.** apdomāt; pārdomāt
reflection [ri'flekʃn] *n* **1.** atspulgs; **2.** *pārn.* atspoguļojums; **3.** pārdomas; lost in r. – nogrimis domās; **4.** *pārn.* ēna; to cast r. on smb. – mest ēnu uz kādu
reflective [ri'flektiv] *a* **1.** atstarojošs; **2.** domīgs
reflex ['ri:fleks] *n* **1.** atspulgs; **2.** *fiziol.* reflekss; conditioned r. – nosacījuma reflekss; unconditioned r. – beznosacījuma reflekss
reflexion [ri'flekʃn] *sk.* **reflection**
reflexive [ri'fleksiv] *gram. a* refleksīvs, atgriezenisks
reflux ['ri:flʌks] *n* atplūdi

reformᵃ [ri'fɔ:m] **I** *n* reforma; **II** *v* **1.** labot; **2.** laboties
reformᵇ [ˌri:'fɔ:m] *v* **1.** pārveidot; **2.** *mil.* pārkārtot
reformation [ˌrefə'meiʃn] *n* **1.** reformēšana; **2.** (the R.) *vēst.* reformācija
reformedᵃ [ri'fɔ:md] *a* **1.** reformēts; R. Faith *rel.* – protestantisms; **2.** labojies
reformedᵇ [ˌri:'fɔ:md] *a* pārveidots
refract [ri'frækt] *v fiz.* lauzt (*starus*)
refraction [ri'frækʃn] *n fiz.* refrakcija
refractory [ri'fræktəri] *a* **1.** nepakļāvīgs; stūrgalvīgs; **2.** grūti ārstējams (*par slimību*); **3.** ugunsizturīgs
refrainᵃ [ri'frein] *n* refrēns, piedziedājums
refrainᵇ [ri'frein] *v* **1.** (*from*) atturēties; **2.** apvaldīt (*jūtas*)
refresh [ri'freʃ] *v* **1.** atsvaidzināt, atspirdzināt; **2.** atjaunot (*krājumus*)
refresher [ri'freʃə] *n* **1.** *sar.* atspirdzinošs dzēriens; **2.** *sar.* iedzeršana; **3.** atgādinājums; **4.** papildmaksa (*advokātam Anglijā*); **5.**: r. course – kvalifikācijas celšanas kursi
refreshment [ri'freʃmənt] *n* **1.** atspirdzinājums; **2.** *pl* uzkožamie
refrigerant [ri'fridʒrənt] **I** *n* **1.** dzesējoša viela; **2.** *med.* temperatūru mazinošs līdzeklis; **II** *a* dzesējošs
refrigerate [ri'fridʒəreit] *v* **1.** atdzesēt; sasaldēt; **2.** atdzist; sasalt
refrigeration [riˌfridʒə'reiʃn] *n* atdzesēšana; sasaldēšana
refrigerator [ri'fridʒəreitə] *n* **1.** ledusskapis; **2.** kondensators; **3.** *amer. sl.* cietums
refuge ['refju:dʒ] *n* **1.** patvērums; **2.** drošības saliņa (*uz ielas*)
refugee [ˌrefjʊ'dʒi:] *n* **1.** bēglis; **2.** emigrants

refulgence [ri'fʌldʒəns] *n* mirdzums, spožums
refulgent [ri'fʌldʒənt] *a* mirdzošs, spožs
refund I *n* ['ri:fʌnd] (*izdevumu*) atlīdzināšana; **II** *v* [ri:'fʌnd] atlīdzināt (*izdevumus*)
refusal [ri'fju:zl] *n* atteikums; noraidījums
refuseᵃ ['refju:z] *n* atkritumi; r. dump – atkritumu izgāztuve
refuseᵇ [ri'fju:z] *v* **1.** atteikt; noraidīt; **2.** atteikties
refutable [ri'fju:təbl] *a* atspēkojams
refutation [ˌrefjʊ'teiʃn] *n* atspēkojums
refute [ri'fju:t] *v* atspēkot
regain [ri'gein] *n* atgūt; to r. one's footing – atkal nostāties uz kājām
regal ['ri:gl] *a* karalisks; majestātisks
regale [ri'geil] **I** *n* **1.** dzīres; mielasts; **2.** delikatese; **II** *v* (*with*) cienāt, mielot
regard [ri'gɑ:d] **I** *n* **1.** uzmanība; to pay r. (*to*) – pievērst uzmanību; **2.** cieņa; to have high r. (*for*), to hold in high r. – augstu vērtēt; **3.** *pl* sveicieni; the best r. to your family – vislabākie vēlējumi tavai ģimenei; **4.** attieksme; **II** *v* **1.** uzskatīt; **2.** ņemt vērā; **3.** attiekties
regardful [ri'gɑ:dfl] *a* uzmanīgs; rūpīgs
regarding [ri'gɑ:diŋ] *prep* attiecībā uz
regardless [ri'gɑ:dləs] *a*: r. of danger – par spīti briesmām
regatta [ri'gætə] *n sp.* regate
regenerate [ri'dʒenəreit] *v* **1.** atdzimt; **2.** reģenerēt, atjaunot; **3.** reģenerēties, atjaunoties
regeneration [riˌdʒenə'reiʃn] *n* atdzimšana
regent ['ri:dʒənt] *n* **1.** reģents, pavaldonis; **2.** *amer.* (*universitātes*) valdes loceklis

reggae [′regei] *n mūz.* regejs
regicide [′redʒisaid] *n* **1.** karaļa nogalināšana; **2.** karaļa slepkava
regie [rei′ʒi:] *n* valsts monopols
regime [rei′ʒi:m] *n* **1.** režīms; valsts iekārta; **2.** *med.* režīms
regiment [′redʒimənt] *n mil.* pulks; **II** *v* **1.** *mil.* formēt pulku; **2.** disciplinēt
region [′ri:dʒən] *n* **1.** apgabals; apvidus; rajons; **2.** nozare, sfēra; ◇ the lower ~s – elle; the upper ~s – debesis
regional [′ridʒnəl] *a* **1.** apgabala-; apvidus-; rajona-; **2.** reģionāls, vietējs
register [′redʒistə] **I** *n* **1.** (*ierakstu*) žurnāls; saraksts; reģistrs; to be on the r. *amer.* – atrasties aizdomīgo personu sarakstā; **2.** ieraksts (*žurnālā u. tml.*); **3.** (*krāsns*) aizbīdnis; **4.** *mūz.* reģistrs; **II** *v* **1.** reģistrēt; ierakstīt sarakstā; ~ed letter – ierakstīta vēstule; **2.** reģistrēties; **3.** reģistrēt; rādīt; atzīmēt (*par aparātu*); the thermometer ~ed 30 °C – termometrs rādīja 30 °C; **4.** nodot glabāšanā (*bagāžu*)
registrar [ˌredʒi′strɑ:] *n* **1.** arhivārs; **2.** reģistrators
registry [′redʒistri] *n* reģistratūra; r. office – dzimtsarakstu nodaļa
regnal [′regnəl] *a*: r. year – (*karaļa, karalienes*) valdīšanas gads
regnant [′regnənt] *a* valdošais (*par karali, karalieni*)
regress **I** *n* [′ri:gres] **1.** atgriešanās (*iepriekšējā stāvoklī*); **2.** regress; **II** *v* [ri′gres] **1.** atgriezties (*iepriekšējā stāvoklī*); **2.** regresēt
regression [ri′greʃn] *n* **1.** atgriešanās (*iepriekšējā stāvoklī*); **2.** regress
regret [ri′gret] **I** *n* **1.** nožēla; to my r. – par nožēlošanu; to feel no ~s – nejust nožēlu; **2.** (*parasti pl*) atvainošanās;

to express one's ~s – lūgt atvainot; **II** *v* nožēlot
regretful [ri′gretfʊl] *a* nožēlas pilns
regrettable [ri′gretəbl] *a* nožēlojams
regular [′regjʊlə] **I** *n sar.* pastāvīgs klients; **II** *a* **1.** regulārs; sistemātisks; to keep r. hours – ievērot režīmu; **2.** pareizs; **3.** pastāvīgs; r. work – pastāvīgs darbs; **4.** kvalificēts; profesionāls; **5.** *gram.* regulārs, kārtns; **6.** mūku-; **7.** *sar.* lāga-; r. gay – lāga zēns; **8.** *sar.* prāvs; pamatīgs
regularity [ˌregjʊ′lærəti] *n* regularitāte; sistemātiskums
regularize [′regjʊləraiz] *v* noregulēt; nokārtot
regulate [′regjʊleit] *v* regulēt
regulation [ˌregjʊ′leiʃn] *n* **1.** regulēšana; **2.** noteikums
regurgitate [ri′gɜ:dʒiteit] *v* atvemt
rehabilitate [ˌri:ə′biliteit] *v* **1.** restaurēt; **2.** rehabilitēt (*darba spējas*); **3.** atjaunot (*piem., tiesības*); **4.** *amer.* pāraudzināt (*noziedznieku*)
rehabilitation [ˌri:əˌbili′teiʃn] *n* **1.** restaurēšana; **2.** (*darba spēju*) rehabilitācija; **3.** (*tiesību u. tml.*) rehabilitācija, atjaunošana; **4.** *amer.* (*noziedznieka*) pāraudzināšana
rehash **I** *n* [′ri:hæʃ] pārtaisīšana, pārveidošana; **II** *v* [ˌri:′hæʃ] pārtaisīt, pārveidot
rehearsal [ri′hɜ:sl] *n* **1.** (*lugas*) mēģinājums; dress r. – ģenerālmēģinājums; **2.** uzskaitījums
rehearse [ri′hɜ:s] *v* **1.** mēģināt (*lugu*); **2.** uzskaitīt
reign [rein] **I** *n* valdīšana; in the r. of smb. – kāda valdīšanas laikā; **II** *v* (*over*) valdīt
reimburse [ˌri:im′bɜ:s] *v* atlīdzināt

reimbursement [ˌriːimˈbɜːsmənt] *n* atlīdzināšana; kompensācija

rein [rein] **I** *n* (*arī pl*) pavada; groži (*arī pārn.*); to draw r. – pievilkt grožus; to give horse the ~s – palaist grožus vaļīgāk; to assume the ~s of government – ņemt vadības grožus savās rokās; to give r. to one's imagination – dot vaļu iztēlei; to keep a tight r. on smb. – turēt kādu stingri grožos; **II** *v* **1.** turēt grožus; **2.** iegrožot; ⬚ to r. **back (in)** – apstādināt (*zirgu*)

reincarnate I *a* [ˌriːinˈkɑːnət] *a* iemiesots jaunā veidolā; pārdzimis; **II** *v* [ˌriːinˈkɑːneit] iemiesot jaunā veidolā; pārdzimt

reincarnation [ˌriːinkɑːˈneiʃn] *n* pārmiesošanās; pārdzimšana

reindeer [ˈreindiə] *n* ziemeļbriedis; r. lichen (moss) – briežu ķērpis

reinforce [ˌriːinˈfɔːs] *v* pastiprināt; ~d concrete – dzelzsbetons

reinforcement [ˌriːinˈfɔːsmənt] *n* **1.** *tehn.* (*dzelzsbetona*) armatūra; **2.** (*parasti pl*) *mil.* pastiprinājums, palīgspēki;

reinless [ˈreinləs] *a* neiegrožots; neapvaldīts

reinstate [ˌriːinˈsteit] *v* **1.** (*as, in*) pieņemt atpakaļ darbā; **2.** atjaunot (*veselību*)

reinstatement [ˌriːinˈsteitmənt] *n* **1.** pieņemšana atpakaļ darbā; **2.** (*veselības*) atjaunošana

reinsurance [ˌriːinˈʃʊərəns] *n* pārapdrošināšana

reinsure [ˌriːinˈʃʊə] *v* vēlreiz apdrošināt

reissue [ˌriːˈiʃuː] **I** *n* (*grāmatas*) atkārtota izdošana; **II** *v* atkārtoti izdot (*grāmatu*)

reiterate [riːˈitəreit] *v* vairākkārt atkārtot

reive [riːv] *v* izlaupīt

reiver [ˈriːvə] *n* laupītājs

reject I *n* [ˈriːdʒekt] **1.** brāķis; **2.** karadienestam nederīgais; **II** *v* [riˈdʒekt] **1.** izbrāķēt; **2.** noraidīt

rejectee [ˌridʒekˈtiː] *n* karadienestam nederīgais

rejection [riˈdʒekʃn] *n* **1.** noraidījums; atteikums; **2.** izbrāķēšana

rejector [riˈdʒektə] *n* *tehn.* atstarotājs, reflektors

rejoice [riˈdʒɔis] *v* **1.** iepriecināt; **2.** (*at, in, over*) priecāties, līksmoties; ⬚ to r. **in** – saukties (*kādā vārdā*); she ~s in the name of Mary – viņas vārds ir Marija

rejoicing [riˈdʒɔisiŋ] *n* **1.** prieks; **2.** *pl* jautrība, līksmība

rejoin[a] [ˌriːˈdʒɔin] *v* atgriezties (*karaspēka daļā, uz kuģa*)

rejoin[b] [ˌriːˈdʒɔin] *v* **1.** no jauna savienot; **2.** no jauna piebiedroties; we will r. you later – mēs jums piebiedrosimies vēlāk

rejuvenate [riˈdʒuːvineit] *v* padarīt jaunāku, atjaunināt

rejuvenescence [ˌriːdʒuːviˈnesns] *n* atjaunošanās

rejuvenescent [ˌriːdʒuːviˈnesnt] *a* atspirdzinošs

rekindle [ˌriːˈkindl] *v* **1.** no jauna modināt (*piem., cerības*); **2.** no jauna mosties (*par cerībām u. tml.*)

relaid *sk.* **relay**

relapse [riˈlæps] **I** *n* atkārtošanās; recidīvs; **II** *v* (*into*) no jauna atgriezties (*kādā stāvoklī*)

relate [riˈleit] *v* **1.** (*to, with*) saistīt; attiecināt; **2.** (*to*) attiekties; **3.** (*to*) saprasties; satikt

related [riˈleitid] *a* **1.** saistīts; **2.** radniecīgs

relation [riˈleiʃn] *n* **1.** stāstījums; **2.** attiecība; saistība; sakars; in r. to – attiecībā uz; it bears no r. to – tam nav nekāda sakara ar; **3**. *(parasti pl)* attiecības; diplomatic ~s – diplomātiskas attiecības; ~s of production *ek.* – ražošanas attiecības; **4**. radinieks; radiniece

relational [ri'leiʃnəl] *a* **1**. attieksmes-; attiecības-; **2**. radniecīgs

relationship [ri'leiʃnʃip] *n* **1**. radniecība; **2**. attiecība; saistība

relative ['relətiv] **I** *n* radinieks; radiniece; **II** *a* **1**. relatīvs; **2**. attieksmes-

relativity [,relə'tivəti] *n* **1**. relativitāte; **2**. relativitātes teorija

relax [ri'læks] *v* **1**. atslābināt; **2**. mazināt *(piem., saspīlējumu)*; **3**. atslābt; mazināties; the cold is ~ing – aukstums mazinās; **4**. atpūsties

relaxation [,ri:læk'seiʃn] *n* **1**. atslābināšana; atslābums; **2**. mazināšana; **3**. atpūta; izklaide; **4**. *(soda u. tml.)* mīkstināšana

relayᵃ **I** *n* **1**. ['rilei] maiņa *(darbā)*; to work in ~s – strādāt maiņās; **2**. ['ri:lei] *sp.* stafete; **3**. [,ri:'lei] *el.* relejs; **4**. [,ri:'lei] retranslācija; **II** *v* **1**. [ri'lei] nomainīt; **2**. [ri:'lei] translēt

relayᵇ [,ri:'lei] *v (p. un p. p.* relaid [ri:'leid]) no jauna izklāt (izlikt)

release [ri'li:s] **I** *n* **1**. atbrīvošana; **2**. *(parāda)* atlaišana; **3**. *(bumbas)* nomešana; **4**. *(jaunas produkcijas)* izlaide; final r. – pēdējais (jaunākais) ražojums; **5**. paziņojums *(presē)*; **6**. filmas parādīšana *(uz ekrāna)*; **7**. *mil.* demobilizācija; **II** *v* **1**. atbrīvot; **2**. nomest *(bumbu)*; **3**. izlaist *(jaunu produkciju)*; **4**. nodot publicēšanai *(informāciju)*; **5**. izlaist *(filmu, albumu)*; **6**. atlaist *(parādu)*; **7**. *mil.* demobilizēt

relegate ['religeit] *v* **1**. pazemināt kategoriju; **2**. *sp.* pārcelt zemākā līgā; **3**. nodot izskatīšanai *(jautājumu)*

relent [ri'lent] *v* atmaigt; kļūt pieļāvīgākam

relentless [ri'lentləs] *a* **1**. nežēlīgs; **2**. nerimstošs

relevance ['reləvəns] *n* **1**. sakarība; saistība; **2**. svarīgums; būtiskums

relevant ['reləvənt] *a* **1**. *(to)* piederīgs; saistīts; facts r. to the case – fakti, kas attiecas uz šo gadījumu; **2**. svarīgs; būtisks

reliability [ri,laiə'biləti] *n* **1**. uzticamība; **2**. izturība

reliable [ri'laiəbl] *a* **1**. uzticams; drošs; he is r. – uz viņu var paļauties; **2**. izturīgs

reliance [ri'laiəns] *n (in, on, upon)* paļaušanās, paļāvība

reliant [ri'laiənt] *a* **1**. paļāvīgs; to be r. on smb. – paļauties uz kādu; **2**. pašpārliecināts

relic ['relik] *n* **1**. relikts; **2**. *pl* relikvijas; **3**. atliekas, paliekas

relict ['relikt] *n* **1**. *novec.* atraitne; **2**. relikts

reliefᵃ [ri'li:f] *n* **1**. atvieglojums; **2**. pabalsts; palīdzība *(piem., dabas katastrofā cietušajiem)*; **3**. *(patīkama)* pārmaiņa; dažādība; **4**. atbrīvošana *(no soda)*; **5**. *(dežuranta, sardzes)* maiņa; **6**. *mil.* aplenkuma izbeigšana

reliefᵇ [ri'li:f] *n* **1**. reljefs; low r. – bareljefs; **2**. kontrasts

relieveᵃ [ri'li:v] *v* **1**. atvieglot; to r. pain – remdēt sāpes; **2**. atbrīvot; to r. one's feelings – atvieglot sirdi; **3**. sniegt palīdzību *(piem., dabas katastrofā cietušajiem)*; **4**. nomainīt *(piem., dežurantu, sardzi)*; **5**. atlaist *(no darba)*

relieveᵇ [ri'li:v] *v* **1**. padarīt reljefu; **2**. izcelties (*uz fona*)
religion [ri'lidʒən] *n* **1**. reliģija; **2**. mūka dzīve
religiouș [ri'lidʒəs] *a* reliģiozs
relinquish [ri'liŋkwiʃ] *v* **1**. atmest (*piem., cerību, paradumu*); **2**. atteikties; **3**. atlaist; to r. one's hold – palaist vaļā
relish ['reliʃ] **I** *n* **1**. (*patīkama*) garša; **2**. piedeva (*ēdienam*); **3**. bauda; patika; **II** *v* **1**. rast baudu; baudīt; **2**.: these words r. of humor – šajos vārdos jūtams humors
reluctance [ri'lʌktəns] *n* nepatika; with r. – nelabprāt
reluctant [ri'lʌktənt] *a* **1**. negribīgs; to be r. to do smth. – nelabprāt kaut ko darīt; **2**. nepakļāvīgs
rely [ri'lai] *v* (*on, upon*) paļauties
remade *sk.* **remake**
remain [ri'mein] *v* **1**. palikt pāri; atlikt; **2**. palikt; to r. at home – palikt mājās; I r. yours truly (*vēstules nobeigumā*) – [palieku] jūsu uzticīgais; ◇ it ~s to be seen – to mēs vēl redzēsim
remainder [ri'meində] **I** *n* **1**. atlikums, pārpalikums; **2**. *mat.* atlikums; **II** *v* pārdot par pazeminātām cenām (*grāmatas*)
remains [ri'meinz] *n pl* **1**. atliekas; **2**. mirstīgās atliekas; **3**. drupas
remake I *n* ['ri:meik] **1**. pārtaisīšana, pārveidošana; **2**. (*filmas*) jauns ekranizējums; **II** *v* [ri:'meik] (*p. un p. p.* remade [ri:'meid]) **1**. pārtaisīt, pārveidot; **2**. no jauna ekranizēt (*filmu*)
remand [ri'ma:nd] *jur.* **I** *n* atrašanās apcietinājumā; person on r. – izmeklēšanā esošais; **II** *v* nosūtīt apcietinājumā

remark [ri'ma:k] **I** *n* **1**. piezīme; to pass a r. – izteikt piezīmi; **2**. ievērošana; **II** *v* **1**. (*on, upon*) piebilst; **2**. ievērot
remarkable [ri'ma:kəbl] *a* ievērojams
remarkably [ri'ma:kəbli] *adv* ārkārtīgi, ievērojami
remedial [ri'mi:diəl] *a* **1**. labošanas-; korektīvs; **2**. ārstniecisks, dziednieciksks; r. gymnastics – ārstnieciskā vingrošana
remedy ['remədi] **I** *n* **1**. zāles; r. for a cold – zāles pret saaukstēšanos; **2**. līdzeklis; this is beyond (past) r. – nekā nevar līdzēt; **II** *v* labot
remember [ri'membə] *v* **1**. atcerēties; to r. oneself – atjēgties; **2**. (*to*) pasveicināt; r. me to him! – pasveicini viņu no manis!
remembrance [ri'membrəns] *n* **1**. atcerēšanās; atmiņa; in r. of – piemiņai; **2**. piemiņlieta, suvenīrs; **3**. *pl* sveiciens; give my ~s to him! – nododiet viņam no manis sveicienus!
remind [ri'maind] *v* atgādināt
reminder [ri'maində] *n* atgādinājums
mindful [ri'maindfʊl] *a* atgādinošs
reminisce [ˌremi'nis] *v* (*about*) atcerēties
reminiscence [ˌremi'nisns] *n* **1**. atmiņas; r. of childhood – bērnības atmiņas; **2**. *pl* memuāri
reminiscent [ˌremi'nisnt] *a* **1**. (*of*) atgādinošs; **2**. tāds, kas atceras; to become r. – kavēties atmiņās
reniss [ri'mis] *a* **1**. nevīžīgs; **2**. kūtrs
remissible [ri'misəbl] *a* piedodams
remission [ri'miʃn] *n* **1**. piedošana; **2**. (*parāda, soda u. ml.*) atlaišana; **3**. (*sāpju*) pierimšana; **4**. *med.* remisija
remissive [ri'misiv] *a* (*sāpes*) mazinošs; remdējošs
remit [ri'mit] *v* **1**. piedot; **2**. atlaist (*piem.,*

parādu, sodu); **3.** mazināt; **4.** mazināties; pierimt (*par sāpēm*); **5.** sūtīt pa pastu (*naudu*); **6.** *sar.* atlikt (*uz vēlāku laiku*)
remittance [ri'mitəns] *n* naudas pārvedums
remittee [ri,mi'ti:] *n* naudas pārveduma saņēmējs
remitter [ri'mitə] *n* naudas pārveduma nosūtītājs
remnant ['remnənt] *n* **1.** atlikums; paliekas; **2.** (*auduma*) atgriezumi
remonstrance [ri'mɒnstrəns] *n* protests; iebildums
remonstrant [ri'mɒnstrənt] **I** *n* protestētājs; **II** *a* protesta-
remonstrate ['remənstreit] *v* **1.** (*against*) protestēt; **2.** (*with*) pārliecināt, pierunāt
remorse [ri'mɔ:s] *n* nožēla; sirdsapziņas pārmetumi
remorseful [ri'mɔ:sful] *a* nožēlas pilns
remorseless [ri'mɔ:sləs] *a* nežēlīgs
remote [ri'məʊt] **I** *n* reportāža no notikuma vietas; **II** *a* **1.** [at]tāls; r. control – tālvadība; the r. past – tāla pagātne; **2.** maznozīmīgs, neievērojams; r. chance – maz izredžu
remount [,ri:'maʊnt] *v* **1.** atkal uzkāpt (*piem., kalnā, pa kāpnēm*); **2.** atkal kāpt zirgam mugurā; **3.** atkal sēsties (*uz velosipēda*); **4.** uzmontēt no jauna
removable [ri'mu:vəbl] *a* **1.** pārvietojams; noņemams; **2.** novēršams; r. evil – novēršams ļaunums; **3.** *tehn.* apmaināms; r. parts – apmaināmas daļas
removal [ri'mu:vl] *n* **1.** pārvietošana; noņemšana; aizvākšana; **2.** pārkravāšanās; r. to a new apartment – pārcelšanās uz jaunu dzīvokli; **3.** atcelšana (*no amata*); **4.** novēršana

remove [ri'mu:v] **I** *n* **1.** pakāpiens; solis; **2.** pārcelšana uz nākamo klasi; **3.** klase (*dažās Anglijas skolās*); **II** *v* **1.** pārvietot; noņemt; aizvākt; **2.** noņemt (*cepuri*); **3.** novilkt (*drēbes*); **4.** atcelt (*no amata*); **5.** pārcelties, pārvākties; **6.** *med.* izgriezt, izoperēt; to r. a tooth – izraut zobu
removed [ri'mu:vd] *a*: first cousin once r. – otrās pakāpes brālēns (māsīca)
renaissance [ri'neisəns] *n* **1.** (the R.) *vēst.* renesance; **2.** (*mākslas*) uzplaukums
renal ['ri:nl] *a anat.* nieru-
rename [,ri:'neim] *v* pārdēvēt
renascence [ri'næsns] *n* **1.** atdzimšana; **2.** (R.) *vēst.* renesanse
renascent [ri'næsnt] *a* atdzimstošs
rend [rend] *v* (*p. un p. p.* rent [rent]) **1.** (*arī pārn.*) plēst, plosīt; **2.** (*away, from, off*) atraut
render ['rendə] *v* **1.** dot, sniegt; to r. service – izdarīt pakalpojumu; **2.** atveidot (*lomu*); **3.** atskaņot (*skaņdarbu*); **4.** tulkot; to r. into English – tulkot angļu valodā; **5.** apmest (*sienu*)
rendezvous ['rɒndivu:] **I** *n* (*pl* rendezvous ['rɒndivu:z]) **1.** satikšanās; **2.** satikšanās vieta; **II** *v* satikties (*pēc norunas*)
rendition [ren'diʃn] *n* **1.** (*lomas, mākslas darba*) atveidojums; **2.** (*skaņdarba*) atskaņojums; **3.** tulkojums
renegade ['renigeid] *n* renegāts
renew [ri'nju:] *v* atjaunot; to r. a contract – pagarināt līgumu; to r. supplies – papildināt krājumus
renewable [ri'nju:əbl] *a* atjaunojams
renewal [ri'nju:əl] *n* atjaunošana
renounce [ri'naʊns] *v* atteikties, atsacīties
renouncement [ri'naʊnsmənt] *n* atteikšanās, atsacīšanās

renovate [ˈrenəʊveit] v atjaunot; restaurēt; to r. a painting – restaurēt gleznu
renovation [ˌrenə ʊˈveiʃn] n atjaunošana; restaurācija
renovator [ˈrenəʊveitə] n restaurators
renown [riˈnaʊn] n slava
renowned [riˈnaʊnd] a slavens
rent[a] [rent] **I** n **1.** īre; noma; **2.** amer. nomas maksa; **II** v **1.** īrēt; nomāt; **2.** izīrēt; iznomāt
rent[b] [rent] n **1.** plīsums (drānā); **2.** plaisa
rent[c] sk. **rend**
rental [ˈrentl] n īres (nomas) maksa
rentier [ˈrɑtiei] n rantjē
renunciation [riˌnʌnsiˈeiʃn] n atteikšanās, atsacīšanās
renunciative [riˈnʌnsiətiv] a noraidošs
reopen [riːˈəʊpən] v no jauna atvērt
reorganization [ˈriˌɔːgənaiˈzeiʃn] n reorganizācija, pārkārtošana
reorganize [ˌriˈɔːgənaiz] v reorganizēt, pārkārtot
rep [rep] n (saīs. no representative) (tirdzniecības firmas) pārstāvis
Rep [rep] n (saīs. no representative) amer. sl. pārstāvju palātas loceklis
repaid sk. **repay**
repair[a] [riˈpeə] **I** n **1.** labošana; remonts; r. shop – remontdarbnīca; under r. – remontā; **2.** derīgums; in good r. – pilnīgā kārtībā; **3.** (spēka, veselības) atgūšana; **II** v **1.** labot; remontēt; **2.** atgūt (spēkus, veselību)
repair[b] [riˈpeə] v **1.** (to) doties, virzīties; **2.** (to) griezties; to r. to smb. for an advice – griezties pie kāda pēc padoma
repairer [riˈpeərə] n labotājs; remontētājs
reparable [ˈrepərəbl] a labojams; r. mistake – labojama kļūda
reparation [ˌrepəˈreiʃn] n izlabošana

repartee [ˌrepɑːˈtiː] n **1.** trāpīga atbilde; **2.** asprātība
repast [riˈpɑːst] n maltīte
repay [riːˈpei] v (p. un p. p. repaid [riːˈpeid]) **1.** atdot, atmaksāt; to r. a debt – atdot parādu; **2.** kompensēt; **3.** atriebties
repeal [riˈpiːl] **I** n atcelšana, anulēšana; **II** v atcelt, anulēt
repeat [riˈpiːt] **I** n **1.** atkārtošana; **2.** amer. sl. students otrgadnieks; **3.** mūz. atkārtošanas zīme; **II** v **1.** atkārtot; to r. a course (year) – palikt uz otru gadu tai pašā klasē (kursā); **2.** atkārtoties; **3.** (par ēdienu) atstāt garšu (mutē)
repeatedly [riˈpiːtidli] adv atkārtoti, vairākkārt
repeater [riˈpiːtə] n **1.** atkārtotājs; **2.** amer. sar. students otrgadnieks; **3.** amer. sar. recidīvists; **4.** mat. periodisks daļskaitlis
repel [riˈpel] v **1.** atvairīt; **2.** atraidīt; to r. an application – noraidīt iesniegumu; **3.** radīt riebumu; **4.** atgrūst, atstumt
repellent [riˈpelənt] **I** n repelents; ant r. – līdzeklis pret skudrām; **II** a **1.** atbaidošs; pretīgs; **2.** ūdensnecaurlaidīgs (par audumu)
repent[a] [ˈriːpənt] a bot.: r. plant – vīteņaugs
repent[b] [riˈpent] v nožēlot; you shall r. this – jūs to nožēlosiet
repentance [riˈpentəns] n nožēlošana; nožēla
repentant [riˈpentənt] a nožēlas pilns
repertoire [ˈrepətwɑː] n repertuārs
repertory [ˈrepətəri] n **1.** glabātava; krājums; **2.** repertuārs
repetition [ˌrepəˈtiʃn] n **1.** atkārtošana; atkārtojums; r. work – masveida ra-

žojums; **2.** kopija; **3.** iemācīšanās no galvas
repetitious [ˌrepə'tiʃəs] *a* tāds, kas atkārtojas
repetitive [ri'petətiv] *sk.* **repetitious**
repine [ri'pain] *v* (*at, against*) gausties, sūroties; to r. at one's hard luck – gausties par savām nedienām
replace [ri'pleis] *v* **1.** atlikt atpakaļ; **2.** atdot; to r. borrowed money – atdot parādu; **3.** (*by, with*) aizstāt; impossible to r. – neaizstājams
replaceable [ri'pleisəbl] *a* aizstājams, aizvietojams
replacement [ri'pleismənt] *n* **1.** aizstāšana, aizvietošana; **2.** aizstājējs, aizvietotājs
replant [ˌriː'plɑːnt] *v* pārstādīt
replay **I** *n* ['riːpleɪ] **1.** *sp.* pārspēlēšana, pārspēle; **2.** atkārtota atskaņošana; **II** *v* [ˌriː'pleɪ] **1.** *sp.* pārspēlēt; **2.** atskaņot vēlreiz
replenish [ri'pleniʃ] *v* **1.** no jauna piepildīt; **2.** papildināt
replenishment [ri'pleniʃmənt] *n* **1.** atkārtota piepildīšana; **2.** papildinājums
replete [ri'pliːt] *a* (*with*) pilns; piepildīts
repletion [ri'pliːʃn] *n* pārpildīšana; pārsātinājums; to eat to r. – pieēsties
replica ['replikə] *n* **1.** (*mākslas darba*) reprodukcija; **2.** *tehn.* modelis
replicate ['replikeit] *v* kopēt (*mākslas darbu*)
replication [ˌrepli'keiʃn] *n* **1.** replika; atbilde; **2.** kopēšana; **3.** (*mākslas darba*) reprodukcija
reply [ri'plai] **I** *n* atbilde; in r. to your letter – atbildot uz jūsu vēstuli; **II** *v* atbildēt; to r. to a question – atbildēt uz jautājumu

reply-paid [riˌplai'peid] *a* ar apmaksātu atbildi (*par vēstuli*)
report [ri'pɔːt] **I** *n* **1.** ziņojums; **2.** referāts; **3.** baumas, valodas; **4.** (*skolas*) liecība; **5.** reputācija; man of good r. – cilvēks ar labu slavu; **6.** pārskats; **II** *v* **1.** ziņot; it is ~ed that... – ziņo, ka...; **2.** rakstīt reportāžu (*presei*); to r. for a newspaper – strādāt par reportieri laikrakstā; to r. well on smb. – dot labu atsauksmi par kādu
reportage [ˌri'pɔːtidʒ] *n* reportāža (*žurnālam*)
reportedly [ri'pɔːtidli] *adv* kā stāsta
reporter [ri'pɔːtə] *n* **1.** reportieris; **2.** referents
repose [ri'pəʊz] **I** *n* atpūta; miers; **II** *v* **1.** (*arī* r. oneself) atpusties; **2.** nolikt, noguldīt
reposeful [ri'pəʊzfʊl] *a* **1.** mierīgs; **2.** nomierinošs
repository [ri'pɔzitəri] *n* **1.** glabātava; **2.** uzticības persona; **3.** kapliča
reprehend [ˌrepri'hend] *v* norāt; nopelt
reprehension [ˌrepri'henʃn] *n* nopēlums
represent[a] [ˌrepri'zent] *v* **1.** attēlot; **2.** simbolizēt; **3.** tēlot (*lomu*); **4.** pārstāvēt
represent[b] [ˌriːpri'zent] *v* iesniegt no jauna
representation [ˌreprizen'teiʃn] *n* **1.** attēlojums; **2.** *teātr.* tēlojums; **3.** pārstāvība
representative [ˌrepri'zentətiv] **I** *n* pārstāvis; House of Representatives – Pārstāvju palāta (*ASV Kongresa apakšpalāta*); **II** *a* **1.** attēlojošs; simbolizējošs; **2.** pārstāvju-; pārstāvniecisks
repress [ri'pres] *v* **1.** apspiest; to r. an uprising – apspiest sacelšanos; **2.** apvaldīt; to r. laughter – aizturēt smieklus
repression [ri'preʃn] *n* **1.** apspiešana; **2.** (*jūtu*) apvaldīšana

reprieve [ri'pri:v] **I** *n* **1.** (*sprieduma izpildes*) atlikšana; **2.** atelpa; **II** *v* **1.** atlikt (*sprieduma izpildi*); **2.** dot atelpu

reprimand ['reprimɑ:nd] **I** *n* rājiens; **II** *v* norāt

reprint **I** *n* ['ri:print] (*grāmatas*) atkārtots izdevums; **II** *v* [ˌri:'print] izdot atkārtoti (*grāmatu*)

reprisal [ri'praizl] *n* atmaksa; atriebība

reproach [ri'prəʊtʃ] **I** *n* **1.** pārmetums; **2.** kauns; negods; **II** *v* pārmest

reproachful [ri'prəʊtʃfl] *a* **1.** pārmetošs; **2.** necienīgs; r. behaviour – apkaunojoša uzvedība

reprobate ['reprəʊbeit] **I** *n* **1.** izvirtulis; **2.** nelietis; **II** *a* **1.** izvirtis; **2.** nelietīgs; zemisks; **III** *v* nosodīt

reprobation [ˌreprə ʊ'beiʃn] *n* nopēlums; nosodījums

reproduce [ˌri:prə'dju:s] *v* **1.** reproducēt; atveidot; **2.** reģenerēt, atjaunot; **3.** vairoties; **4.** *ek.* atražot

reproduction [ˌri:prə'dʌkʃn] *n* **1.** reproducēšana; atveidošana; **2.** reprodukcija; **3.** vairošanās; **4.** *ek.* atražošana

reproof [ri'pru:f] *n* pārmetums

reprove [ri'pru:v] *v* pārmest; norāt

reptile ['reptail] **I** *n* **1.** reptilis, rāpulis; **2.** līdējs; **II** *a* **1.** rāpojošs; **2.** nelietīgs; zemisks

republic [ri'pʌblik] *n* **1.** republika; **2.** sabiedrības grupa

republican [ri'pʌblikən] **I** *n* republikānis; **II** *a* republikas

republication [ˌri:pʌbli'keiʃn] *n* (*grāmatas*) atkārtots izdevums

republish [ˌri:'pʌbliʃ] *v* atkārtoti izdot (*grāmatu*)

repudiate [ri'pju:dieit] *v* **1.** atteikties; **2.** noliegt; noraidīt; to r. a friend – atstumt draugu; **3.** atteikties maksāt; **4.** dot piekrišanu šķirt laulību

repudiation [riˌpju:di'eiʃn] *n* **1.** atteikšanās; **2.** noliegšana; noraidīšana; **3.** atteikšanās maksāt; **4.** piekrišanas došana šķirt laulību

repugnance [ri'pʌgnəns] *n* **1.** (*to*) riebums, pretīgums; **2.** pretruna

repugnant [ri'pʌgnənt] *a* (*to*) **1.** pretīgs, riebīgs; **2.** pretrunīgs

repulse [ri'pʌls] **I** *n* **1.** (*uzbrukuma*) atsišana; **2.** atraidījums; **II** *v* **1.** atsist (*uzbrukumu*); **2.** noraidīt

repulsion [ri'pʌlʃn] *n* **1.** pretīgums, riebums; **2.** (*pretinieka*) atvairīšana

repulsive [ri'pʌlsiv] *a* pretīgs, riebīgs

reputable ['repjʊtəbl] *a* cienījams, godājams

reputation [ˌrepjʊ'teiʃn] *n* reputācija; slava; person of r. – cienījams cilvēks; to stab one's (smb.'s) r. – iedragāt savu (kāda) reputāciju

repute [ri'pju:t] **I** *n* reputācija; man of r. – slavens cilvēks; **II** *v* uzskatīt; he is well ~d – viņu ļoti ciena

reputed [ri'pju:tid] *a* **1.** cienījams; pazīstams; **2.** vispārpieņemts

request [ri'kwest] **I** *n* **1.** lūgums; prasība; at (by) r. – saskaņā ar lūgumu; on r. – pēc pieprasījuma; **2.** pieprasījums; this product have come into r. – pēc šā produkta ir pieprasījums; **II** *v* lūgt; prasīt

requiem ['rekwiəm] *n* rekviēms

require [ri'kwaiə] *v* **1.** prasīt; pieprasīt; **2.** just vajadzību (*pēc kaut kā*); we r. help – mums vajadzīga palīdzība

requirement [ri'kwaiəmənt] *n* **1.** prasība; to meet ~s – izpildīt prasības; **2.** vajadzība

requisite ['rekwizit] **I** *n* (*for*) piederumi; **II** *a* nepieciešams

requisition [ˌrekwi'ziʃn] **I** *n* **1.** pieprasījums; **2.** rekvizīcija; **3.** prasība; noteikums; **II** *v* **1.** pieprasīt; **2.** rekvizēt
requital [ri'kwaitl] *n* **1.** atlīdzība; **2.** atriebība
requite [ri'kwait] *v* **1.** atlīdzināt; **2.** atriebties; to r. like for like – atmaksāt ar to pašu
reread [ˌriː'riːd] *v* (*p. un p. p.* reread [ˌriː'red]) pārlasīt
rescind [ri'sind] *v* anulēt
rescue ['reskjuː] **I** *n* [iz]glābšana; r. operations – glābšanas darbi; **II** *v* [iz]glābt
rescuer ['reskjʊə] *n* glābējs
research [ri'sɜːtʃ] **I** *n* **1.** pētniecība; r. associate – zinātniskais līdzstrādnieks; r. work – zinātniski pētnieciskais darbs; to be engaged in r., to carry out a r. (*into*) – nodarboties ar zinātniski pētniecisku darbu; **2.**: ~es *pl* (*after, for*) pētījumi; meklējumi; **II** *v* pētīt
researcher [ri'sɜːtʃə] *n* pētnieks
resemblance [ri'zembləns] *n* līdzība; to bear (show) r. – būt līdzīgam
resemble [ri'zembl] *v* atgādināt; līdzināties
resent [ri'zent] *v* apvainoties
resentful [ri'zentfʊl] *a* **1.** aizvainots; **2.** viegli aizvainojams
resentment [ri'zentmənt] *n* aizvainojums
reservation [ˌrezə'veiʃn] *n* **1.** iebildums; without r. – bez ierunām; **2.** rezervēšana; **3.** *amer.* rezervēta vieta (*viesnīcā*); **4.** rezervāts (*ASV, Kanādā*)
reserve [ri'zɜːv] **I** *n* **1.** rezerve; krājums; **2.** (the R.) *mil.* rezerve; **3.** rezervāts; **4.** iebildums; **5.** atturība; **6.** *ek.* rezerves fonds; **7.** *sp.* rezerves spēlētājs; **II** *v* **1.** (*for*) pataupīt; **2.** rezervēt; to r. a seat – iepriekš pasūtīt biļeti

reserved [ri'zɜːvd] *a* **1.** atturīgs; **2.** rezervēts; r. seats – iepriekš pasūtītas biļetes; **3.** rezerves-
reservedly [ri'zɜːvidli] *adv* atturīgi
reservoir ['rezəvwɑː] *n* **1.** rezervuārs; tvertne; **2.** (*informācijas*) krātuve; avots
reset [ˌriː'set] *v* (*p. un p. p.* reset [ˌriː'set]) **1.** uzasināt no jauna (*nazi, zāģi*); **2.** ievilkt (*izmežģītu locītavu*); *dat., tehn.* pārlādēt
reshape [ˌriː'ʃeip] *v* **1.** pārveidot; **2.** pārveidoties
reshuffle [ˌriː'ʃʌfl] **I** *n* pārkārtošana, **II** *v* pārkārtot
reside [ri'zaid] *v* **1.** (*in, at*) mājot; uzturēties; **2.** (*in*) būt raksturīgam
residence ['rezidəns] *n* **1.** dzīvesvieta; **2.** uzturēšanās; **3.** rezidence
residency ['rezidənsi] *n amer.* **1.** aspirantūra; **2.** (*pasniedzēju*) kvalifikācijas celšanas kursi
resident ['rezidənt] **I** *n* **1.** (*pastāvīgs*) iedzīvotājs; **2.** viesis; **3.** rezidents; **II** *a* **1.** dzīvojošs; **2.** pastāvīgs; the r. population – pastāvīgi iedzīvotāji; r. birds – ziemojošie putni; **3.** (*in*) raksturīgs
residential [ˌrezi'denʃl] *a* apdzīvots
residual [ri'zidjʊəl] **I** *n* atlikums; starpība; **II** *a* atlikušais, pārpalikušais
residuary [ri'zidjʊəri] *a* atlikušais, pārpalikušais
residue ['rezidjuː] *n* **1.** atlikums, pārpalikums; **2.** *ķīm.* nogulsnes; **3.** *mat.* atlikums
resign [ri'zain] *v* **1.** atkāpties (*no amata*); **2.** atteikties (*no tiesībām u. tml.*); **3.** samierināties (*ar likteni*); **4.** nodot (*kāda gādībā*)
resignation [ˌrezig'neiʃn] *n* **1.** atkāpšanās (*no amata*); **2.** atlūgums; to send in

one's r., to tender one's r. – iesniegt atlūgumu; **3.** rezignācija
resilience [ri'ziliəns] *n* **1.** elastīgums; **2.** dzīvesprieks
resiliency [ri'ziliənsi] *sk.* **resilience**
resilient [ri'ziliənt] *a* **1.** elastīgs; **2.** dzīvespriecīgs
resin ['rezin] **I** *n* sveķi; **II** *v* sveķot
resinous ['rezinəs] *a* sveķains
resist [ri'zist] *v* **1.** pretoties; **2.** nepadoties; to r. temptation – nepadoties kārdinājumam; **3.** izturēt; water ~ing – ūdensizturīgs
resistance [ri'zistəns] *n* **1.** pretošanās; pretestība; r. movement – pretošanās kustība; to offer r. – izrādīt pretestību; **2.** (*organisma*) pretošanās spējas; **3.** *el.* pretestība; **4.** *tehn.*: r. to wear – nodilumizturība
resistant [ri'zistənt] *a* izturīgs
resistor [ri'zistə] *n el.* pretestība
resolute ['rezəlu:t] *a* apņēmīgs
resolution [,rezə'lu:ʃn] *n* **1.** lēmums; rezolūcija; to adopt (carry, pass) a r. – pieņemt rezolūciju; **2.** apņēmība; man of r. – apņēmīgs cilvēks; **3.** atrisināšana; **4.** demontāža; **5.** *med.* uzsūkšanās; **6.** (*into*) *ķīm.* šķīdināšana
resolve [ri'zɒlv] **I** *n* **1.** lēmums; good ~s – labi nodomi; **2.** apņēmība; deeds of high r. – cildeni darbi; **II** *v* **1.** nolemt; **2.** izkliedēt (*piem.,* šaubas); **3.** atrisināt (*piem., problēmu*); **4.** *med.* uzsūkties; **5.** (*into*) *ķīm.* šķīst
resolved [ri'zɒlvd] *a* apņēmīgs
resolvent [ri'zɒlvənt] *n ķīm.* šķīdinātājs
resonance ['reznəns] *n* rezonanse
resonant ['reznənt] *a* **1.** rezonējošs; **2.** skanīgs
resonate ['rezəneit] *v* rezonēt
resort [ri'zɔ:t] **I** *n* **1.** glābiņš; cerība; **2.** iestāde; all-night r. – naktsklubs; health r. – kūrorts; ◇ as a last r. – kā pēdējais glābiņš; in the last r. – ļaunākajā gadījumā; **II** *v* **1.** (*to*) ķerties (*pie kaut kā*); uzsākt; **2.** bieži apmeklēt
resound [ri'zaʊnd] *v* **1.** atbalsoties; skanēt; **2.** skandināt; to r. smb.'s praises – dziedāt kādam slavas dziesmas
resource [ri'sɔ:s] *n* **1.** (*parasti pl*) resursi; krājumi; **2.** laika kavēklis; **3.** atjautība
resourceful [ri'sɔ:sfʊl] *a* atjautīgs
resourcefulness [ri'sɔ:sfʊlnəs] *n* atjautība
respect [ri'spekt] **I** *n* **1.** respekts; cieņa; to be held in r. – tikt cienītam; to have r. for one's promises – turēt vārdu; to hold smb. in r. – cienīt kādu; to pay one's ~s to smb. – apliecināt kādam savu cieņu; **2.** sakarība; attiecība; in all ~s – visādā ziņā; in some r. – savā ziņā; in this r. – šajā ziņā; **3.** *pl* sveicieni; give him my ~s – nododiet viņam manus sveicienus; **II** *v* respektēt; cienīt
respectability [ris,pektə'biləti] *n* cienīgums
respectable [ris'pektəbl] *a* **1.** respektabls; cienījams; **2.** prāvs
respectful [ri'spektfʊl] *a* godbijīgs
respectfully [ri'spektfli] *adv* godbijīgi; ar cieņu; yours r. – ar cieņu (*vēstules nobeigumā*)
respecting [ri'spektiŋ] *prep* attiecībā uz
respective [ri'spektiv] *a* attiecīgs; atbilstošs
respectively [ri'spektivli] *adv* attiecīgi
respiration [,respə'reiʃn] *n* **1.** elpošana; artificial r. – mākslīgā elpināšana; **2.** elpa

respirator [ˈrespəreitə] *n* **1.** respirators; **2.** gāzmaska
respiratory [riˈspirətəri] *a*: r. organs – elpošanas orgāni
respire [riˈspaiə] *v* **1.** elpot; **2.** atvilkt elpu
respite [ˈrespait] **I** *n* **1.** atelpa; īss pārtraukums; **2.** (*maksājuma*) atlikšana; **II** *v* **1.** dot atelpu; **2.** atlikt (*maksājumu*)
resplendence [riˈsplendəns] *n* krāšņums
resplendency [riˈsplendənsi] *sk.* **resplendence**
resplendent [riˈsplendənt] *a* krāšņs
respond [riˈspɒnd] *v* **1.** atbildēt; **2.** (*to*) reaģēt; atsaukties (*uz*); to r. to treatment – padoties ārstēšanai
respondent [riˈspɒndənt] **I** *n* **1.** *jur.* atbildētājs; **2.** disertants; **II** *a* **1.** reaģējošs; **2.** atsaucīgs; **3.** *jur.* apsūdzēts
response [riˈspɒns] *n* **1.** atbilde; in r. to – atbildot uz; **2.** reakcija
responsibility [riˌspɒnsəˈbiləti] *n* **1.** atbildība; on one's own r. – uz savu atbildību; to assume (take) the r. – uzņemties atbildību; **2.** pienākums; **3.** *amer.* maksātspēja
responsible [riˈspɒnsəbl] *a* **1.** atbildīgs; to be r. for smth. – būt atbildīgam par kaut ko; **2.** *amer.* maksātspējīgs
responsive [riˈspɒnsiv] *a* **1.** atbildes-; **2.** atsaucīgs
rest[a] [rest] **I** *n* **1.** atpūta; miers; to be at r. – 1) nomierināties, norimt; 2) būt atrisinātam (*par jautājumu*); to go to r. – likties gulēt; to have a good night's r. – labi izgulēties; to set smb.'s mind at r. – nomierināt kādu; to set up one's r. – apmesties uz visiem laikiem; to take a r. – atpūsties; **2.** balsts; **3.** pārtraukums; to make a r. – taisīt pārtraukumu; **4.** *mūz.* pauze; **5.** *mil.* brīvi!
(*komanda*); **II** *v* **1.** atpūsties; to let smth. r. – likt kaut ko mierā; **2.** atdusēties (*par mirušo*); **3.** atpūtināt; **4.** atstāt bez ievērības; **5.** likties mierā; neuztraukties; **6.** (*against, on, upon*) balstīt; to r. on one's oars – 1) ievilkt airus; 2) atdusēties uz lauriem; **7.** gulties (*piem., par atbildību*)
rest[b] [rest] **I** *n* (the r.) atlikums; the r. (*of*) – pārējie; **II** *v* palikt; you may r. assured – jūs varat būt pārliecināts
restaurant [ˈrestərɒnt] *n* restorāns
rest-day [ˈrestdei] *n* atpūtas diena; svētdiena
restful [ˈrestfʊl] *a* **1.** nomierinošs; **2.** mierīgs
rest home [ˈrest həʊm] *n* (*veco ļaužu*) pansionāts
restitution [ˌrestiˈtjuːʃn] *n* **1.** atdošana; **2.** atlīdzināšana
restive [ˈrestiv] *a* **1.** niķīgs (*par zirgu*); **2.** stūrgalvīgs (*par cilvēku*)
restless [ˈrestləs] *a* nemierīgs; r. night – bezmiega nakts
restoration [ˌrestəˈreiʃn] *n* **1.** restaurācija; atjaunošana; **2.**: the R. *vēst.* – restaurācija (*Anglijā 1660. g.*); **3.** rekonstrukcija; **4.** atgūšana; atjaunošana
restorative [riˈstɔːrətiv] **I** *n* tonizējošs līdzeklis; **II** *a* tonizējošs
restore [riˈstɔː] *v* **1.** restaurēt; atjaunot; **2.** rekonstruēt; **3.** atgūt
restorer [riˈstɔːrə] *n* **1.** restaurators; **2.** atjaunotājs
restrain [riˈstrein] *v* **1.** apvaldīt; to r. one's anger – apvaldīt dusmas; **2.** (*from*) atturēt; **3.** ieslodzīt
restrained [riˈstreind] *a* savaldīgs
restraint [riˈstreint] *n* **1.** savaldība; atturība; **2.** ierobežojums; ~s of poverty – nabadzības jūgs; without r. – bez

ierobežojumiem; **3.** ieslodzījums; to put under r. – 1) ieslodzīt vājprātīgo namā; 2) apcietināt
restrict [ri'strikt] v ierobežot
restricted [ri'striktid] a ierobežots; r. area – aizliegtā zona
restriction [ri'strikʃn] n ierobežojums
restrictive [ri'striktiv] a ierobežojošs
result [ri'zʌlt] **I** n rezultāts; **II** v **1.** (*from*) izrietēt; **2.** (*in*) dot rezultātā
résumé [ri'zju:m] v **1.** atsākt; **2.** atgūt; **3.** rezumēt
resume ['rezjʊmei] n rezumējums; kopsavilkums
resumption [ri'zʌmpʃən] n **1.** atsākšana; **2.** saņemšana atpakaļ
resumptive [ri'zʌmptiv] a apkopojošs
resurrect [,rezə'rekt] v **1.** atdzimt; **2.** atjaunot; atdzīvināt; **3.** *sar.* uzrakt; atklāt
resurrection [,rezə'rekʃn] n **1.** atdzimšana; **2.** (the R.) *rel.* augšāmcelšanās
resuscitate [ri'sʌsiteit] v **1.** atdzīvināt; to r. old ideas – atdzīvināt vecas idejas; **2.** atdzīvoties
resuscitation [ri,sʌsi'teiʃn] n atdzīvināšana
ret [ret] v mērcēt (*linus*)
retail **I** n ['ri:teil] mazumtirdzniecība; r. price – mazumtirdzniecības cena; **II** v [ri:'teil] **1.** pārdot mazumā; **2.** izplatīt (*jaunumus*); to r. gossip – tenkot; **III** *adv* [ri:'teil] mazumā
retailer ['ri:teilə] n **1.** mazumtirgotājs; **2.** tenkotājs
retain [ri'tein] v **1.** paturēt; saglabāt; to r. one's independence – saglabāt neatkarību; **2.** saturēt; ~ing wall – nesošā siena; **3.** atcerēties; **4.** nolīgt (*advokātu*)
retainer [ri'teinə] n **1.** avanss (*advo-*

kātam); **2.** *vēst.* vasalis; **3.** *novec.* kalps
retaliate [ri'tælieit] v **1.** (*against, on, upon*) atriebties; **2.** *jur.* iesniegt pretprasību; **3.** lietot represijas
retaliation [ri,tæli'eiʃn] n **1.** atriebība; **2.** represijas
retaliatory [ri'tæliətəri] a **1.** atbildes-; **2.** represīvs
retard [ri'tɑ:d] v **1.** kavēt, vilcināt; **2.** kavēties, vilcināties
retardation [,ri:tɑ:'deiʃn] n **1.** kavēšana; vilcināšana; **2.** kavēšanās; vilcināšanās; **3.** palēninājums
retarded [ri'tɑ:did] a garīgi atpalicis
retch [retʃ] v rīstīties
retell [,ri:'tel] v (*p. un p. p.* retold [,ri:'təʊld]) atstāstīt
retention [ri'tenʃn] n **1.** paturēšana; saglabāšana; **2.** *med.* (*urīna*) aizture
rethink **I** n ['ri:θiŋk] *sar.* pārdomāšana; **II** v [,ri:'θiŋk] (*p. un p. p.* rethought [,ri:'θɔ:t]) pārdomāt
rethought *sk.* **rethink**
reticence ['retisəns] n **1.** atturība; mazrunība; **2.** noklusēšana
reticent ['retisənt] a atturīgs; mazrunīgs
reticulate [ri'tikjʊlət] a tīklveida-; tīklveidīgs
reticulation [ri,tikjʊ'leiʃn] n tīklojums
retina ['retinə] n (*pl* retinas ['retinəz], retinae ['retini:]) *anat.* tīklene
retinue ['retinju:] n pavadoņi; svīta
retire [ri'taiə] v **1.** aiziet pensijā; **2.** (*arī* to r. to bed) – doties pie miera; **3.** aiziet; **4.** nošķirties; to r. into oneself – noslēgties sevī; **5.** *mil.* atkāpties; **6.** *ek.* izņemt no apgrozības
retired [ri'taiəd] a **1.** atvaļināts; pensionēts; **2.** noslēgts; vientuļš

retiree [ri͵taiəˈriː] *n* **1.** pensionārs; **2.** atvaļināts virsnieks
retirement [riˈtaiəmənt] *n* **1.** aiziešana pensijā; **2.** nošķirtība; vientulība; **3.** (*iekārtas*) norakstīšana; **4.** *mil.* atkāpšanās; **5.** *ek.* izņemšana no apgrozības
retold *sk.* **retell**
retort [riˈtɔːt] **I** *n* **1.** asa atbilde; **2.** asprātīga replika; **3.** atspēkojums; **II** *v* **1.** asi atbildēt; atcirst; **2.** atspēkot
retortion [riˈtɔːʃn] *n* atliekšana
retouch [͵riːˈtʌtʃ] **I** *n* retuša; **II** *v* retušēt
retract [riˈtrækt] *v* **1.** ievilkt (*nagus*); **2.** paņemt atpakaļ (*vārdus*); **3.** atteikties (*piem., no uzskatiem*)
retraction [riˈtrækʃn] *n* **1.** ievilkšana; **2.** atsaukšana, atsacīšanās; **3.** *med.* retrakcija, ievilkšana
retreat [riˈtriːt] **I** *n* **1.** atkāpšanās; to make good one's r. – 1) izsprukt sveikā; 2) *mil.* atkāpties bez zaudējumiem; to beat a r. – 1) atkāpties no sava viedokļa; 2) *mil.* atsaukt trauksmi; **2.** *mil.* atkāpšanās pavēle; **3.** *mil.* vakara junda; **4.** nošķirtība; vientulība; **II** *v* **1.** atkāpties; **2.** aiziet; to r. into oneself – noslēgties sevī
retreating [riˈtriːtiŋ] *a* **1.** aizejošs; **2.**: r. forehead – slīpa piere
retrench [riˈtrentʃ] *v* **1.** samazināt (*izdevumus*); **2.** īsināt (*tekstu*); **3.** *mil.* slēpties ierakumos
retrenchment [riˈtrentʃmənt] *n* **1.** (*izdevumu*) samazināšana; **2.** (*teksta*) īsinājums; **3.** *mil.* ierakumi
retribution [͵retriˈbjuːʃn] *n* sods; atmaksa
retributive [riˈtribjʊtiv] *a* soda-; atmaksas-
retrievable [riˈtriːvəbl] *a* **1.** atgūstams; **2.** labojams

retrieval [riˈtriːvl] *n* **1.** atgūšana; **2.** labošana
retrieve [riˈtriːv] *v* **1.** atdabūt, atgūt; **2.** atjaunot; to r. one's honour – atjaunot savu reputāciju; **3.** labot (*kļūdu*); **4.** atrast un atnest medījumu (*par suni*)
retriever [riˈtriːvə] *n* **1.** medību suns; **2.** dokumentālists
retrogress [͵retrəʊˈgres] *v* **1.** kustēties atpakaļ; **2.** regresēt; pasliktināties
retrogression [͵retrəʊˈgreʃn] *n* **1.** atpakaļkustība; **2.** regress; pasliktināšanās
retrospect [ˈretrəʊspekt] *n* atskats pagātnē
retrospection [͵retrəʊˈspekʃn] *n* atskats pagātnē
retrospective [͵retrəʊˈspektiv] *a* **1.** retrospektīvs; **2.** *jur.* ar atpakaļejošu spēku
retry [͵riːˈtrai] *v* **1.** izmēģināt no jauna; **2.** *jur.* no jauna izskatīt
return [riˈtɜːn] **I** *n* **1.** atgriešanās; r. to public order – sabiedriskās kārtības atjaunošana; **2.** atdošana; in r. for something – apmaiņā pret kaut ko; without r. – par velti; **3.** *ek.* apgrozījums; **4.** atskaite; ziņojums; **5.** (*parasti pl*) vēlēšanu rezultāti; ◇ many happy ~s of the day! – daudz laimes dzimšanas dienā!; **II** *v* **1.** atgriezties; **2.** atdot; to r. a ball – atsist bumbu; to r. a bow – atbildēt ar sveicienu (*paklanoties*); to r. like for like – atbildēt ar to pašu; to r. smb.'s love – atbildēt ar pretmīlestību; **3.** paziņot; to r. guilty *jur.* – atzīt par vainīgu; **4.** atkārtoties (*par lēkmi, slimību*); **5.** ievēlēt
return match [riˈtɜːn ˈmætʃ] *n sp.* revanšmačs
reunify [͵riːˈjuːnifai] *v* atkal apvienot
reunion [͵riːˈjuːniən] *n* **1.** atkalapvienošanās; **2.** sanākšana kopā

reunite [ˌriːjʊˈnait] v **1.** atkal apvienot; **2.** atkal apvienoties; **3.** sanākt kopā
rev [rev] sar. **I** n tehn. apgrieziens; **II** v griezties; ▯ to r. **up** – palielināt apgriezienu skaitu
revamp [ˌriːˈvæmp] v sar. salabot, salāpīt
revanche [rɪˈvɑːnʃ] n revanšs
reveal [rɪˈviːl] v atklāt
reveille [rɪˈvæli] n mil. rīta junda
revel [ˈrevl] **I** n **1.** līksmošanās; **2.** (parasti pl) dzīres; **II** v **1.** līksmoties; **2.** dzīrot; uzdzīvot
revelation [ˌrevəˈleiʃn] n **1.** atklājums; atklāsme; **2.** (the R.) rel. – (Jāņa) Atklāsmes grāmata
revelry [ˈrevlri] n (parasti pl) dzīres; uzdzīve
revenge [rɪˈvendʒ] **I** n atriebība; to have (take) one's r. on smb. – atriebties kādam; **II** v **1.** atriebt; **2.** atriebties
revengeful [rɪˈvendʒfʊl] a atriebīgs
revenger [rɪˈvendʒə] n atriebējs
revenue [ˈrevənjuː] n **1.** ienākums; **2.** valsts ienākumi; **3.** finanšu pārvalde; r. officer – muitnieks
reverberate [rɪˈvɜːbəreit] v **1.** atbalsot; **2.** atbalsoties (par skaņu); **3.** atstarot
reverberation [rɪˌvɜːbəˈreiʃn] n **1.** atspulgs; atstarojums; **2.** (parasti pl) atbalss; atbalsošanās
revere [rɪˈviə] v cienīt; godāt
reverence [ˈrevrəns] **I** n **1.** cieņa; godbijība; to hold in r. – godāt; **2.** novec. reveranss; **II** v cienīt; godāt
reverend [ˈrevrənd] a **1.** cienījams; godājams; **2.** (the R.) Viņa Svētība (garīdznieka tituls)
reverent [ˈrevrənt] a godbijīgs
reverential [ˌrevəˈrenʃl] sk. **reverent**
reverie [ˈrevəri] n **1.** sapņainība; **2.** sapņojums; to indulge in r. – nodoties sapņiem; **3.** mūz. fantāzija
reversal [rɪˈvɜːsl] n **1.** [pār]maiņa; r. of fortune – neveiksme; **2.** atcelšana; **3.** tehn. reversēšana
reverse [rɪˈvɜːs] **I** n **1.** pretējais; quite the r. – gluži pretēji; **2.** otra puse; **3.** (medaļas, monētas) reverss; **4.** neveiksme; sakāve; **5.** tehn. reversēšana; **6.**: to take in the r. mil. – uzbrukt no aizmugures; **II** a pretējs; apgriezts; **III** v **1.** apgriezt otrādi; **2.** mainīt; **3.** atcelt, anulēt; to r. a judgement – atcelt spriedumu; **4.** tehn. dot atpakaļgaitu
reversion [rɪˈvɜːʃn] n **1.** atgriešanās (iepriekšējā stāvoklī); **2.** biol. atavisms; **3.** jur. īpašuma nodošana atpakaļ sākotnējam īpašniekam
revert [rɪˈvɜːt] v **1.** atgriezties (pie sacītā); **2.** atgriezt (atpakaļ); to r. one's eyes – 1) atskatīties; 2) novērst skatienu
revet [rɪˈvet] v apšūt (ar ķieģeļiem)
revetment [rɪˈvetmənt] n (ķieģeļu) apšuvums; kārta
review [rɪˈvjuː] **I** n **1.** apskats; **2.** recenzija; **3.** pārbaude; **4.** mil. parāde; **5.** mācību vielas atkārtošana; **6.** jur. otrreizēja izskatīšana; **II** v **1.** izskatīt; **2.** recenzēt; **3.** pārbaudīt; **4.** atkārtot mācību vielu; **5.** mil. noturēt (pieņemt) parādi; **6.** jur. izskatīt no jauna
revile [rɪˈvail] v nievāt; zākāt
revise [rɪˈvaiz] v **1.** izlabot; pārstrādāt; ~d edition – pārstrādāts izdevums; **2.** mainīt; to r. one's opinions – mainīt savus uzskatus; **3.** atkārtot mācību vielu
revision [rɪˈviʒn] n **1.** pārskatīšana; **2.** pārstrādāts izdevums; **3.** mācību vielas atkārtošana

revisit [ˌriːˈvizit] v **1.** apciemot no jauna; **2.** izskatīt no jauna
revival [riˈvaivl] n **1.** atdzimšana; atmoda; R. of Learning – renesanses laikmets; **2.** (*enerģijas, spēku*) atgūšana; **3.** *teātr.* jauniestudējums
revive [riˈvaiv] v **1.** atgūt samaņu; **2.** atdzīvoties; atspirgt; **3.** mosties (*par cerībām*); **4.** atdzīvināt; atjaunot; to r. an interest – modināt interesi; **5.** *med.* atdzīvināt; **6.** *teātr.* iestudēt no jauna
revocation [ˌrevəˈkeiʃn] n atcelšana; atsaukšana
revoke [riˈvəʊk] v **1.** atcelt; atsaukt; **2.** ņemt atpakaļ (*solījumu*)
revolt [riˈvəʊlt] **I** n **1.** sacelšanās, dumpis; **2.** riebums; **II** v **1.** (*against*) sacelties, sadumpoties; **2.** (*against, at, from*) just riebumu; **3.** izraisīt (*pret sevi*) riebumu
revolting [riˈvəʊltiŋ] a riebīgs
revolution [ˌrevəˈluːʃn] n **1.** revolūcija; **2.** apvērsums; **3.** pagrieziena punkts; **4.** rotācija; **5.** apgrieziens
revolutionary [ˌrevəˈluːʃnəri] **I** n revolucionārs; **II** a revolucionārs
revolutionist [ˌrevəˈluːʃnist] n revolucionārs
revolve [riˈvɒlv] v **1.** rotēt; griezties; **3.** periodiski atkārtoties; **4.** apsvērt, pārdomāt; to r. a problem – apsvērt kādu jautājumu
revolver [riˈvɒlvə] n **1.** revolveris; **2.** *tehn.* veltnis
revolving [riˈvɒlviŋ] a **1.** rotējošs; r. door – virpuļdurvis; r. storm – ciklons; **2.** *ek.* apgrozāms (*par kapitālu*)
revue [riˈvjuː] n rēvija
revulsion [riˈvʌlʃn] n **1.** pēkšņa pārmaiņa (*piem., uzskatos*); **2.** riebums; **3.** *med.* (*sāpju*) remdēšana

revulsive [riˈvʌlsiv] a *med.* sāpes remdējošs
reward [riˈwɔːd] **I** n **1.** apbalvojums; **2.** atlīdzība; **II** v **1.** apbalvot; **2.** atlīdzināt
reword [ˌriːˈwɜːd] v **1.** izteikt citiem vārdiem; **2.** atkārtot
rewrite v [ˌriːˈrait] (*p.* rewrote [ˌriːˈrəʊt]; *p. p.* rewritten [ˌriːˈritn]) **1.** pārrakstīt; **2.** *amer.* rediģēt
rewritten *sk.* **rewrite**
rewrote *sk.* **rewrite**
Reynard [ˈrenəd] n lapsa kūmiņš (*pasakās*)
rhapsody [ˈræpsədi] n **1.** rapsodija; **2.** pārspīlēti svinīga runa
rhetoric [ˈretərik] n **1.** retorika, daiļrunība; **2.** frāžainība
rhetorical [riˈtɒrikl] a retorisks; daiļrunīgs
rhetorician [ˌretəˈriʃn] n **1.** orators; **2.** pļāpa
rheumatism [ˈruːmətizəm] n *med.* reimatisms
Rhinestone [ˈrainstəʊn] n **1.** kalnu kristāls; **2.** mākslīgs briljants
rhino[a] [ˈrainəʊ] n (*pl* rhinos [ˈrainəʊz]) *sar.* (*saīs. no* rhinoceros) degunradzis
rhino[b] [ˈrainəʊ] n *sl.* nauda
rhinoceros [raiˈnɒsərəs] n degunradzis
rhomb [rɒm] n rombs
rhombic [ˈrɒmbik] a romba-; rombisks
rhombus [ˈrɒmbəs] n (*pl* rhombuses [ˈrɒmbəsiz], rhombi [ˈrɒmbai]) rombs
rhubarb [ˈruːbɑːb] n rabarbers
rhyme [raim] **I** n **1.** atskaņa; **2.** dzejolis; **3.** dzeja; poēzija; ◊ neither r. nor reason, without r. or reason – bez kādas jēgas; **II** v dzejot, rīmēt
rhymer [ˈraimə] n *niev.* rīmju kalējs
rhymester [ˈraimstə] *sk.* **rhymer**
rhythm [ˈriðəm] n **1.** ritms; **2.** *lit.* pantmērs
rhythmic[al] [ˈriðmik(l)] a ritmisks

riant [ˈraiənt] *a* smaidošs (*par acīm, seju*)

rib [rib] **I** *n* **1.** riba; to dig (poke) smb. in the ~s – iegrūst kādam dunku sānos; **2.** izcilnis; **3.** *iron.* sieva; **4.** (*lapas*) dzīslojums; **5.** *arh.* spraislis; **II** *v* **1.** *tehn.* nostiprināt; **2.** *sar.* ķircināt

ribald [ˈribəld] **I** *n* rupjš cilvēks; **II** *a* rupjš; piedauzīgs

ribaldry [ˈribəldri] *n* rupja valoda

ribbon [ˈribən] *n* **1.** lente; **2.** skranda; driska; to tear smth. to ~s – saplēst kaut ko driskās; **3.** *pl sar.* groži; **4.** ordeņa lente

rice [rais] *n* rīss; rīsi

rich [ritʃ] **I** *n*: the r. – bagātnieki; **II** *a* **1.** bagāts; **2.** grezns; **3.** auglīgs; r. soil – auglīga augsne; **4.** trekns; sātīgs; r. food – sātīgs ēdiens; **5.** sulīgs (*par toni*); r. voice – dziļa balss; **6.** *sar.*: r. joke – varens joks

richard [ˈritʃəd] *n amer. sar.* slepenpolicists

riches [ˈritʃiz] *n pl* bagātība, manta; the r. of the earth (soil) – zemes dziļu bagātības

richly [ˈritʃli] *adv* bagātīgi

richness [ˈritʃnəs] *n* **1.** bagātība; **2.** greznums; **3.** auglība; **4.** sātīgums; **5.** (*toņa*) sulīgums

rick [rik] **I** *n* (*siena*) guba **II** *v* mest gubā (*sienu*)

rickets [ˈrikits] *n med.* rahīts

rickety [ˈrikəti] *a* **1.** *med.* rahītisks; **2.** ļodzīgs (*par mēbeli*)

rickshaw [ˈrikʃɔː] *n* rikša

ricochet [ˈrikəʃei] **I** *n* rikošets; **II** *v* **1.** trāpīt ar rikošetu; **2.** atlēkt ar rikošetu

rid [rid] *v* (*p. un p. p.* rid [rid]) atbrīvot; to get r. (*of*) – atbrīvoties

riddance [ˈridəns] *n* atbrīvošanās; good r.! – laimīgu taciņu!

ridden[a] [ˈridn] *a* apsēsts; pārņemts; music r. – nodevies mūzikai

ridden[b] *sk.* **ride**

riddle[a] [ˈridl] **I** *n* **1.** mīkla (*atminēšanai*); to read a r. – atminēt mīklu; **2.** noslēpums; **II** *v* atminēt mīklu; r. me this! – atmini manu mīklu!

riddle[b] [ˈridl] **I** *n* siets; **II** *v* **1.** sijāt; **2.** (*with*) izcaurumot; **3.** atspēkot (*piem., teoriju*)

ride [raid] **I** *n* **1.** izbrauciens (*piem., ar automobili, velosipēdu, zirgu*); to go for a r. – 1) doties izjādē; 2) doties izbraukumā; to give smb. a r. – aizvest (pavizināt) kādu; **2.** ceļš; stiga; **3.** *sar.* automobilis; **4.** *sl.* dzimumakts; ◇ to steal a r. – braukt par zaķi; **II** *v* (*p.* rode [rəʊd]; *p. p.* ridden [ˈridn]) **1.** jāt; **2.** braukt; to r. a bicycle – braukt ar velosipēdu; **3.** vizināties; **4.** svērt (*žokeju pirms sacīkstēm*); **5.** improvizēt (*džezā*); ◻ to r. **off** – izvairīties; to r. **out** – laimīgi pārlaist (*piem.*, vētru); to r. **up** – savilkties uz augšu (*par apģērbu*); ◇ let it r. – lai nu paliek; to r. smb. ragged – rāt kādu; to r. the porcelain bus – sēdēt uz poda; to r. hard on smb. – izrīkot kādu

rider [ˈraidə] *n* **1.** jātnieks; **2.** braucējs; **3.** (*dokumenta*) papildinājums; pielikums

ridge [ridʒ] **I** *n* **1.** (*kalna*) kore; **2.** (*kalnu*) grēda; **3.** (*jumta*) kore; **4.** vaga, **II** *v* [iz]vagot

ridged [ridʒd] *a* **1.** šķautņains; **2.** izvagots

ridicule [ˈridikjuːl] **I** *n* izsmiekls; **II** *v* izsmiet

ridiculous [riˈdikjʊləs] *a* smieklīgs

riding hag [ˈraidiŋ hæg] *n sar.* lietuvēns

Riding Hood [ˈraidiŋ hʊd] *n*: Little Red R. H. – Sarkangalvīte (*pasakās*)

rife [raif] *a predic.* **1.** bieži sastopams; izplatīts; **2.** (*with*) pārpilns
riff [rif] *n mūz.* atkārtota frāze popmūzikā (*vai* džezā)
riffleᵃ [ˈrifl] *n amer.* **1.** krāce; **2.** *tehn.* rievojums
riffleᵇ [ˈrifl] *v* jaukt kārtis
riff-raff [ˈrifræf] *n*: the r.-r. – salašņas
rifleᵃ [ˈraifl] **I** *n* **1.** šautene; **2.** *pl mil.* strēlnieki; **II** *v* šaut ar šauteni
rifleᵇ [ˈraifl] *v* pārmeklēt (*dzīvokli laupīšanas nolūkā*)
rifle-green [ˈraiflgri:n] *a* tumšzaļš
rifleman [ˈraiflmən] *n* strēlnieks
rift [rift] **I** *n* **1.** plaisa; sprauga; **2.** nesaskaņas; **3.** aiza; **II** *v* saskaldīt; sašķelt
rigᵃ [rig] **I** *n* **1.** *jūrn.* takelāža; **2.** urbjmašīna; **3.** *tehn.* ierīce; **II** *v jūrn.* (*with*) aptakelēt
rigᵇ [rig] **I** *n* **1.** blēdība; krāpšana; to run ~s upon smb. – piemuļķot kādu; **2.** spekulatīva preču uzpirkšana; **II** *v* blēdīties; krāpties; to r. the market – mākslīgi paaugstināt (*vai* pazemināt) cenas
rigging [ˈrigiŋ] *n* **1.** *jūrn.* takelāža; **2.** *sar.* drēbes
rightᵃ [rait] **I** *n* **1.** labā puse; **2.**: the Rights – labējie; **II** *a* labais; r. hand – labā roka; **III** *adv* pa labi; ◊ r. form! *mil.* – pa labi, stāties!; r. turn! *mil.* – pa labi, griezties!
rightᵇ [rait] **I** *n* **1.** taisnība; **2.** taisnīgums; **3.** tiesības; as of r., by r. (*of*) – saskaņā ar tiesībām; civil ~s – pilsoņtiesības; human ~s – cilvēktiesības; ~s and duties – tiesības un pienākumi; to assert (stand upon) one's ~s – aizstāvēt savas tiesības; to exercise one's ~s – realizēt savas tiesības; to reserve the r. – paturēt sev tiesības; **4.** *pl* kārtība; to put (set) things to ~s – savest kārtībā; **II** *a* **1.** taisnīgs; he was r. – viņam bija taisnība; **2.** pareizs; r. you are! – jums taisnība; to get it r. – pareizi saprast; **3.** taisns (*par leņķi*); **4.** vesels; labā stāvoklī (kārtībā); r. as a trivet – sveiks un vesels; to be all r. – 1) būt pilnīgā kārtībā; 2) justies labi; to put (set) r. – 1) izlabot; 2) parādīt pareizo ceļu; 3) viest skaidrību; 4) nokārtot; **5.** labējais; ◊ Miss R. – izredzētā; Mr. R. – izredzētais; to put (set) oneself r. with somebody – 1) attaisnot sevi kāda acīs; 2) salīgt mieru ar kādu; 3) iegūt kāda labvēlību; **III** *v* **1.** iztaisnot; to r. a wrong – izlabot pārestību; **2.** savest kārtībā; **IV** *adv* **1.** pareizi; **2.** tieši; r. here – 1) tieši šeit; 2) tieši šajā brīdī; r. now – tūlīt pat; r. on *sl.* – tā tas ir!; piekrītu!; **3.** gluži; pavisam
right-down [ˈraitdaʊn] *a sar.* nelabojams; rūdīts; he is a r.-d. idler – viņš ir nelabojams sliņķis
righteous [ˈraitʃəs] *a* **1.** taisnīgs; **2.** *sar.* lielisks
rightful [ˈraitfl] *a* **1.** likumīgs; **2.** taisnīgs
rightist [ˈraitist] *n* labējais
rightly [ˈraitli] *adv* **1.** pareizi; **2.** taisnīgi; **3.** pienācīgi
right-on [ˌraitˈɒn] *a sl.* **1.** lielisks; **2.** moderns
rightward[s] [ˈraitwəd(z)] *adv* pa labi
right-wing [ˌraitˈwiŋ] **I** *n* labējo partija; **II** *a* labējais
rigid [ˈridʒid] *a* **1.** stīvs; nekustīgs; **2.** stingrs; nelokāms
rigidity [riˈdʒidəti] *n* **1.** stīvums; nekustīgums; **2.** stingrība; nelokāmība
rigmarole [ˈrigmərəʊl] *n* tukšas pļāpas

rigor ['raigɔ:] *n* drebuļi
rigorous ['rigərəs] *a* 1. stingrs; 2. bargs; 3. precīzs
rigour ['rigə] *n* 1. stingrība; 2. bardzība; 3. precizitāte; rūpība; 4. *pl* stingri pasākumi
rig-out ['rigaʊt] *n sar.* lupatas; ietērps
rile [rail] *v* 1. *sar.* kaitināt; 2. duļķot (*ūdeni*)
rill [ril] *n poēt.* urga
rim [rim] I *n* 1. (*cepures, tases*) mala; 2. (*sieta*) stūpa; 3. (*briļļu*) ietvars; 4. *tehn.* balstgredzens; II *v* 1. aplikt stīpu; 2. ielikt ietvarā; 3. apjozt
rimeᵃ [raim] *sk.* **rhyme**
rimeᵇ [raim] *n poēt.* sarma
rimless ['rimləs] *a* bez ietvara
rimy ['raimi] *a* apsarmojis, nosarmojis
rind [raind] I *n* (*augļa, koka*) miza; II *v* nolobīt mizu
rinderpest ['rindəpest] *n* liellopu mēris
ringᵃ [riŋ] I *n* 1. gredzens; 2. aplis; 3. cirka arēna; 4. *sp.* rings; II *v* 1. apjozt; apņemt; 2. gredzenot (*putnu*)
ringᵇ [riŋ] I *n* zvanīšana; zvans; to give a r. – piezvanīt (*pa tālruni*); II *v* (*p.* rang [ræŋ]; *p. p.* rung [rʌŋ]) 1. zvanīt; to r. the bell – zvanīt (*zvanu*); 2. skanēt; ◊ to r. **up** – piezvanīt pa tālruni; ◊ to r. down the curtain – *teātr.* dot signālu priekškara nolaišanai; to r. up the curtain – *teātr.* dot signālu priekškara pacelšanai
ring-dove ['riŋdʌv] *n* meža balodis
ringer ['riŋə] *n* 1. zvaniķis; zvanītājs; 2. *sl.* lielisks cilvēks
ring-finger ['riŋfiŋgə] *n* zeltnesis
ringing ['riŋiŋ] I *n* zvanīšana; zvana skanēšana; II *a* dzidrs; skanīgs
ringleader ['riŋ,li:də] *n* barvedis

ringmaster ['riŋ,mɑ:stə] *n* izrādes vadītājs (*cirkā*)
rink [riŋk] *n* slidotava
rinse [rins] I *n* 1. skalošana; 2. *sl.* dzēriens; II *v* izskalot
riot ['raiət] I *n* 1. dumpis; sacelšanās; 2. *jur.* sabiedriskā miera un kārtības traucēšana; 3. ārdīšanās; trakošana; to run r. – 1) ārdīties; trakot; 2) ļaut vaļu (*iztēlei u. tml.*); 3. uzņemt nepareizas pēdas (*par medību suņiem*); 4. pārpilnība; II *v* 1. dumpoties; sacelties; 2. ārdīties; trakot; 3. (*in*) nodoties
rioter ['raiətə] *n* dumpinieks
riotous ['raiətəs] *a* 1. dumpīgs; 2. trokšņains; 3. nevaldāms
ripᵃ [rip] I *n* plīsums; pārrāvums; II *v* 1. saplēst; uzplēst; 2. [at]ārdīt; to r. seams – atārdīt vīles; 3. pārplīst; 4. skaldīt (*malku*); ◊ to r. **off** – apkrāpt; to r. **up** – 1) atārdīt; 2) atplēst; to r. up old grievances (wounds) *pārn.* – uzplēst vecas rētas; ◊ to let things r. – ļaut notikumiem iet savu gaitu
ripᵇ [rip] *n* kleperis
ripe [raip] *a* 1. nobriedis; nogatavojies; 2. (*for*) gatavs
ripen ['raipən] *v* 1. nobriest; nogatavoties; 2. nogatavināt
ripeness ['raipnəs] *n* briedums; gatavība
rip-off ['ripɒf] *n* 1. zādzība; 2. apkrāpšana
riposte [ri'pɒst] I *n* 1. atsitiens (*paukošanā*); 2. atjautīga atbilde; II *v* 1. atvairīt sitienu (*paukošanā*); 2. atjautīgi atbildēt
ripping ['ripiŋ] *a sar.* lielisks
rippleᵃ ['ripl] I *n* 1. ņirboņa; 2. (*strauta*) urdzēšana; 3. *pl* (*matu*) sproga; II *v* 1. urdzēt (*par strautu*); 2. sprogoties (*par matiem*)

ripple[b] [′ripl] **I** *n* (*linu*) suseklis; **II** *v* sukāt (*linus*)
ripply [′ripli] *a* viļņains
ripsaw [′ripsɔ:] *n* garenzāģis
rise [raiz] **I** *n* **1**. stāvums; pacēlums; **2**. pieaugšana; r. of prices – cenu celšanās; **3**. (*algas*) paaugstinājums; pielikums; **4**. (*saules*) lēkts; **5**. sākotne; sākums; to give r. (*to*) – izraisīt, radīt; **6**. (*upes*) izteka; **II** *v* (*p*. rose [rəʊz]; *p. p.* risen [′rizn]) **1**. celties; kāpt (*piem., par cenām, līmeni*); **2**. piecelties; **3**. uzlēkt (*par sauli*); **4**. (*in, from*) izcelties; sākties; **5**. izvirzīties; **6**. uzrūgt (*par mīklu*)
risen *sk.* **rise**
risibility [ˌrizə′biləti] *n* smieklīgums
risible [′rizəbl] *a* smieklīgs
rising [′raiziŋ] **I** *n* **1**. celšanās; kāpšana; **2**. sacelšanās; **3**. (*saules*) lēkts; **II** *a* **1**. augošs; **2**. uzlecošs (*par sauli*)
risk [risk] **I** *n* risks; at one's own r. – uz savu risku; **II** *v* riskēt; to r. one's life – riskēt ar dzīvību
riskiness [′riskinəs] *n* risks; bīstamība
risky [′riski] *a* riskants; bīstams
rissole [′risəʊl] *n* **1**. kotlete; **2**. frikadele
rite [rait] *n* rituāls; ceremonija
ritual [′ritʃʊəl] **I** *n* rituāls; **II** *a* rituāls; ceremoniāls
ritzy [′ritsi] *a sl.* grezns; elegants
rival [′raivl] **I** *n* **1**. sāncensis; konkurents; without a r. – nepārspējams; **2**. *mil.* pretinieks; **II** *a* konkurējošs; **III** *v* sacensties; konkurēt
rivalry [′raivlri] *n* sacensība; konkurence
rive [raiv] **I** *n* plaisa; sprauga; **II** *v* (*p*. rived [raivd]; *p. p.* rived [raivd], riven [′rivn]) **1**. sašķelt; **2**. sašķelties; **3**. *pārn.* plosīt
riven *sk.* **rive**

river [′rivə] *n* **1**. upe; **2**. straume; up the r. – pret straumi; ◇ to sell smb. down the r. – nodot kādu; to send smb. up the r. *sl.* – nogalināt kādu
riverain [′rivərein] **I** *n* upmalas iedzīvotājs; **II** *a* upes-; upmalas-
riverbed [′rivəbed] *n* upes gultne
riverside [′rivəsaid] *n* upmala; upes krasts
rivet [′rivit] **I** *n* kniede; **II** *v* kniedēt
riveting [′rivitiŋ] *a* aizraujošs
rivulet [′rivjʊlət] *n* strautiņš
roach[a] [rəʊtʃ] *n iht.* rauda
roach[b] [rəʊtʃ] *n* (*saīs. no* cockroach) *sar.* tarakāns
road [rəʊd] *n* **1**. ceļš; šoseja; r. sign – ceļa zīme; to be on the r. – 1) atrasties ceļā; 2) atrasties turnejā; to get in smb.'s r. – 1) gadīties kādam ceļā; 2) stāties kādam ceļā; to take the r. – doties ceļā; **2**. iela; to cross the r. – šķērsot ielu; **3**. *amer.* dzelzceļš; **4**. līdzeklis; r. to success – ceļš uz panākumiem; **5**. *pl jūrn.* reids
road hog [′rəʊd hɒg] *n sar.* pārgalvīgs autobraucējs
roadhouse [′rəʊdhaʊs] *n* ceļmalas bārs
roadless [′rəʊdləs] *a* bez ceļiem (šosejām)
roadman [′rəʊdmæn] *n* ceļa strādnieks
road sense [′rəʊd sens] *n* automobiļa prasmīga vadīšana
roadside [′rəʊdsaid] *n* ceļmala
roadstead [′rəʊdsted] *n jūrn.* reids
roadster [′rəʊdstə] *n* **1**. rodsters (*vaļējs divvietīgs automobilis*); **2**. ceļojuma divritenis; **3**. kaislīgs ceļotājs; **4**. kuģis reidā
roadway [′rəʊdwei] *n* brauktuve
roadworthy [′rəʊdˌwɜ:ði] *a* braukšanas kārtībā (*par automobili*)
roam [rəʊm] **I** *n* klejošana, klaiņošana; **II** *v* klejot, klaiņot

roanᵃ [rəʊn] **I** *n* salns zirgs; **II** *a* salns
roanᵇ [rəʊn] *n* mīksta aitāda
roar [rɔː] **I** *n* **1.** rēciens; **2.** (*vēja*) auri; **3.** dārdoņa; dunoņa; rūkoņa; r. of laughter – smieklu šalts; **II** *v* **1.** rēkt; aurot; **2.** dārdēt; dunēt; rūkt; **3.** aurot (*par vēju*); ◊ to r. **out** – izkliegt
roaring [ˈrɔːrɪŋ] **I** *n* rūkoņa; r. of the wind – vēja auri; **II** *a* **1.** trokšņains; **2.** dzīvīgs; rosīgs; **III** *adv* pārmērīgi; r. drunk – pilns kā mārks
roast [rəʊst] **I** *n* **1.** cepetis; **2.** barga kritika; **3.** *tehn.* apdedzināšana; **II** *a* cepts; r. beef *kul.* – rostbifs; **III** *v* **1.** cept; **2.** cepties; **3.** grauzdēt (*kafijas pupiņas*); **4.** *amer.* bargi kritizēt; **5.** *sar.* izzobot; **6.** *tehn.* apdedzināt
roasting-jack [ˈrəʊstɪŋdʒæk] *n* iesms
rob [rɒb] *v* **1.** [ap]laupīt; **2.** atņemt
robber [ˈrɒbə] *n* laupītājs
robbery [ˈrɒbərɪ] *n* laupīšana
robe [rəʊb] **I** *n* **1.** uzsvārcis; **2.** *amer.* kleita; **3.** (*parasti pl*) mantija; talārs; the long r. – 1) tiesneša (advokāta) mantija; 2) garīdznieka talārs; gentlemen of the long r. – juristi; **4.** pleds; **5.** *poēt.* ietērps; **II** *v* **1.** (*in*) ietērpt; **2.** (*in*) ietērpties
robin [ˈrɒbɪn] *n* (*arī* r. redbreast) *ornit.* sarkanrīklīte
robot [ˈrəʊbɒt] *n* robots
robust [rəʊˈbʌst] *a* **1.** spēcīgs; veselīgs; **2.** gaišs; vesels (*par saprātu*); **3.** rupjš (*par joku*)
rochet [ˈrɒtʃɪt] *n* (*pēru*) mantija
rockᵃ [rɒk] *n* **1.** (*kalnu*) iezis; **2.** klints; the R. – Gibraltārs; **3.** *amer.* akmens; **4.** ledene; **5.** *amer. sl.* nauda; **6.** *sl.* briljants
rockᵇ [rɒk] **I** *n* šūpošanās; **II** *v* **1.** šūpot; **2.** šūpoties; līgoties; **3.** drebēt; ◊ to r. the boat – radīt nesaskaņas

rockᶜ [rɒk] **I** *n* (*saīs. no* rock'n'roll) roks; **II** *v* dejot rokmūzikas pavadībā
rock-bottom [ˌrɒkˈbɒtəm] **I** *n* viszemākā robeža; **II** *a* viszemākais; r.-b. prices – viszemākās cenas
rock-bound [ˈrɒkbaʊnd] *a* klinšu ieslēgts
rock crystal [ˈrɒkkrɪstəl] *n* kalnu kristāls
rocker [ˈrɒkə] *n* **1.** šūpuļkrēsls; **2.** šūpuļzirgs
rockery [ˈrɒkərɪ] *n* akmeņdārzs
rocket [ˈrɒkɪt] **I** *n* **1.** rakete; **2.** raķešdzinējs; r. plane – reaktīvā lidmašīna; **3.** *sl.* bāriens; **II** *v* **1.** strauji celties (*par cenām*); **2.** palaist raķeti; **3.** aizdrāzties
rock garden [ˈrɒk ˌgɑːdn] *n* akmeņdārzs
rock-hewn [ˈrɒkhjuːn] *a* akmenī kalts
rocking-chair [ˈrɒkɪŋtʃeə] *n* šūpuļkrēsls
rocking-horse [ˈrɒkɪŋhɔːs] *n* šūpuļzirgs
rock'n'roll [ˌrɒkənˈrəʊl] *n* rokenrols
rockyᵃ [ˈrɒkɪ] *a* **1.** klinšains; akmeņains; **2.** ciets; stingrs
rockyᵇ [ˈrɒkɪ] *a* ļodzīgs; nestabils
rod [rɒd] *n* **1.** nūja; stienis; **2.** rīkste; the r. – pēriens; **3.** zizlis; **4.** makšķere; ◊ to make a r. for oneself (one's own back) – sodīt pašam sevi
rode *sk.* **ride**
rodent [ˈrəʊdənt] *n* *zool.* grauzējs
rodeo [rəʊˈdeɪəʊ] *n* (*pl* rodeos [rəʊˈdeɪəʊz]) *amer.* **1.** aploks; **2.** rodeo (*sacensības*)
rodomontade [ˌrɒdəmɒnˈteɪd] *n* dižošanās
roeᵃ [rəʊ] *n* stirna
roeᵇ [rəʊ] *n* (*arī* hard r.) (*zivju*) ikri; soft r. – pieņi
roentgen [ˈrɒntgən] *n* rentgens
roger [ˈrɒdʒə] *int* sapratu!
Roger [ˈrɒdʒə] *n* **1.** (*arī* Sir R. de Coverley) *angļu tautas deja*; **2.** the jolly r. – «Jautrais Rodžers», pirātu karogs

rogue [rəʊg] *n* **1.** blēdis; nelietis; **2.** nebēdnis; palaidnis
roguery [ˈrəʊgəri] *n* **1.** blēdība; nelietība; **2.** draiskulība, palaidnība
roguish [ˈrəʊgiʃ] *a* **1.** blēdīgs; **2.** draiskulīgs; šķelmīgs
roil [rɔil] *v* **1.** duļķot (*ūdeni u. tml.*); **2.** saniknot
roily [ˈrɔili] *a* **1.** duļķains; **2.** saniknots
roister [ˈrɔistə] *v* plosīties
roistering [ˈrɔistəriŋ] **I** *n* plosīšanās; **II** *a* trakulīgs
role [rəʊl] *n* loma (*arī pārn.*)
roll [rəʊl] **I** *n* **1.** rullis; vīstoklis; **2.** saraksts; reģistrs; to be on the ~s – būt sarakstā; to call the r. – izsaukt pēc saraksta; **3.** velšana; **4.** (*gaļas u. tml.*) rulete; **5.** līgošanās; šūpošanās; **6.** *sar.* bagātība; kapitāls; **7.** *amer. sl.* naudas vīstoklis; **II** *v* **1.** ripot; velties; **2.** ripināt; velt; **3.** savirpināt; saritināt; satīt; **4.** rullēt (*ceļu*); **5.** līgoties, viļņoties (*par jūru*); ◇ heads will r. – draud atlaišana; to r. with laughter – smieties līdz asarām
roll-call [ˈrəʊlkɔːl] *n* pārbaude (*izsaucot klātesošo uzvārdus*)
roll-collar [ˈrəʊlˌkɒlə] *n* augsta atlokāma apkakle
roller [ˈrəʊlə] *n* **1.** pārbaude (*izsaucot klātesošo uzvārdus*); **2.** zāles pļaujmašīna; **3.** (*matu*) rullītis
roller blind [ˈrəʊlə blaind] *n* žalūzija
roller skate [ˈrəʊləskeit] **I** *n* skrituļslida; **II** *v* braukt ar skrituļslidām
rollick [ˈrɒlik] **I** *n* **1.** līksmība; **2.** trakulība; pārgalvība; **II** *v* līksmoties
rollicking [ˈrɒlikiŋ] *a* nebēdnīgs
rolling [ˈrəʊliŋ] **I** *n tehn.* velmēšana; **II** *a* **1.** ripojošs; **2.** paugurains
rolling mill [ˈrəʊliŋ mil] *n tehn.* velmētava

rolling pin [ˈrəʊliŋ pin] *n* mīklas rullis
rolling stock [ˈrəʊliŋ stɒk] *n* ritošais sastāvs
rolling stone [ˌrəʊliŋ ˈstəʊn] *n* vējagrābslis
roly-poly [ˌrəʊliˈpəʊli] *n* **1.** pudiņš ar ievārījumu; **2.** resnītis
Romaic [rəʊˈmeiik] **I** *n* jaungrieķu valoda; **II** *a* jaungrieķu-
Roman [ˈrəʊmən] **I** *n* **1.** romietis; **2.** antīkva (*burti ar noapaļotām kontūrām*); **II** *a* **1.** romiešu-; R. law – Romiešu tiesības; R. nose *pārn.* – ērgļa deguns; **2.**: R. balance – bezmēns
Romance [rəʊˈmæns] **I** *n* romāņu valodas; **II** *a* romāņu-
romance [rəʊˈmæns] **I** *n* **1.** *lit.* bruņinieku romāns (*parasti dzejā*); **2.** *lit.* piedzīvojumu romāns; **3.** mīlas dēka; **4.** romantika; **II** *v* **1.** izfantazēt; sagudrot; **2.** pārspīlēt; **3.** (*with*) flirtēt
Romanes [ˈrɒmənəs] *n* čigānu valoda
Romanian [ruːˈmeiniən] **I** *n* **1.** rumānis; rumāniete; **2.** rumāņu valoda; **II** *a* rumāņu-
Romanic [rəʊˈmænik] **I** *n* romāņu valodas; **II** *a* **1.** romāņu-; **2.** romānisks
Romanism [ˈrəʊmənizəm] *n* katolicisms
Romanist [ˈrəʊmənist] *n* katolis
romantic [rəʊˈmæntik] **I** *n* romantiķis; **II** *a* romantisks
Romany [ˈrɒməni] **I** *n* **1.** čigāns; čigāniete; **2.** čigānu valoda; **II** *a* čigānu-
romp [rɒmp] **I** *n* **1.** draiskošanās; **2.** nebēdnieks; **II** *v* **1.** draiskoties; to r. one's fill – iztrakoties (*par bērniem*); **2.** panākt (*kaut ko*) bez pūlēm
romper [ˈrɒmpə] *n* (*parasti pl*) bērnu kombinezons
rood [ruːd] *n* **1.** krusts; krucifikss; **2.** ceturtdaļa akra

roof [ru:f] **I** *n* **1.** jumts; under one's r. – savās mājās; r. of heaven – debess jums; **2.** pajumte; patvērums; ◇ to raise the r. – sacelt traci; **II** *v* **1.** apjumt; **2.** dot patvērumu
roofer [ˈruːfə] *n* jumiķis
roofing [ˈruːfɪŋ] *n* jumta segums
roofless [ˈruːfləs] *n* **1.** bez jumta; **2.** bez pajumtes
rook[a] [rʊk] *n* (*šahā*) tornis
rook[b] [rʊk] *n* ornit. krauķis; kovārnis
rook[c] [rʊk] **I** *n* krāpnieks; **II** *v* krāpties
rookery [ˈrʊkəri] *n* **1.** kovārņu ligzdas; **2.** (*pingvīnu, roņu u. tml.*) kolonija; **3.** (*zagļu*) midzenis
rookie [ˈrʊki] *n amer. mil. sl.* jauniesaucamais
room [ru:m] **I** *n* **1.** istaba; to do one's r. – uzkopt istabu; to keep one's r. – neiziet no istabas; **2.** telpa; vieta; to make r. (*for*) – atbrīvot vietu; **II** *v amer.* **1.** dzīvot; mitināties; **2.** izmitināt
roomer [ˈruːmə] *n amer.* īrnieks, iedzīvotājs
roomette [ruːˈmet] *n* (*guļamvagona*) kupeja
roomful [ˈruːmfʊl] *a* pilna istaba
rooming house [ˈruːmɪŋ haʊs] *n amer.* mēbelētas telpas
roommate [ˈruːmmeit] *n* istabas biedrs
roomy [ˈruːmi] *a* ietilpīgs; plašs
roost [ruːst] **I** *n* (*vistu*) lakta; **II** *v* **1.** tupēt uz laktas; **2.** doties pie miera
rooster [ˈruːstə] *n* gailis
root [ru:t] **I** *n* **1.** sakne; to strike (take) r. – 1) laist saknes; 2) *pārn.* iesakņoties; **2.** sakņaugs; **3.** cēlonis; pirmsākums; **4.** *mat.* sakne; square r. – kvadrātsakne; ◇ at [the] r. – savā būtībā; r. and branch – pilnīgi; pašos pamatos; to pull up one's ~s – apmesties jaunā vietā; **II** *v* **1.** laist saknes; **2.** piesaistīt; **3.** rakņāties; **4.** iedibināt; aizsākt
root-crop [ˈruːtkrɒp] *n* sakņaugs
rooted [ˈruːtid] *a* **1.** iesakņojies; **2.** stingrs; stabils
rootless [ˈruːtləs] *a* **1.** bez saknēm; **2.** nestabils
rope [rəʊp] **I** *n* **1.** virve; tauva; **2.** virkne; virtene; **3.** (the R.) pakāršana; **4.** *pl jūrn.* takelāža; ◇ on the high ~s – saniknots; to know the ~s – zināt, kā vajag; to learn the ~s – izpētīt lietas būtību; **II** *v* **1.** sasiet ar virvi; **2.** vilkt virvē; **3.** ķert ar laso; **4.** tīši zaudēt (*sacīkstēs*); **5.** *sl.* pakārt
ropedancer [ˈrəʊpˌdɑːnsə] *n* virves dejotājs
rope ladder [ˌrəʊp ˈlædə] *n* virvju kāpnes
ropemanship [ˈrəʊpmənʃip] *n* **1.** virves dejotāja māksla; **2.** alpīnisma māka
ropewalker [ˈrəʊpˌwɔːkə] *n* virves staigātājs
ropy [ˈrəʊpi] *a sar.* slikts
rosary [ˈrəʊzəri] *n* **1.** rozārijs; **2.** *rel.* rožukronis
rose[a] [rəʊz] **I** *n* **1.** roze; **2.** sārta krāsa; ◇ under the r. – slepus; **II** *a* rožains
rose[b] *sk.* **rise**
roseate [ˈrəʊziət] *a* rožains
rosebush [ˈrəʊzbʊʃ] *n* rožu krūms
rose-fancier [ˌrəʊzˈfænsiə] *n* rožu audzētājs
roseleaf [ˈrəʊzliːf] *n* rožlapa; ◇ crumpled r. – darvas piliens medus mucā
rosemary [ˈrəʊzməri] *n bot.* rozmarīns
rosette [rəʊˈzet] *n* rozete
roster [ˈrəʊstə] *n* (*dežūru*) saraksts
rostrum [ˈrɒstrəm] (*pl* rostra [ˈrɒstrə]‚

rostrums ['rɒstrəmz]) **1.** tribīne; **2.** pults; **3.** (*kuģa*) priekšgals
rosy ['rəʊzi] *a* rožains
rot [rɒt] **I** *n* **1.** puve; **2.** *sar.* blēņas, muļķības; **II** *v* **1.** pūt; **2.** pūžņot; **3.** muļķoties
rota ['rəʊtə] *n* (*dežūru*) saraksts
rotary ['rəʊtəri] *a* rotācijas-; rotējošs
rotate [rəʊ'teit] *v* **1.** rotēt; griezties; **2.** mainīties
rotation [reʊ'teiʃn] *n* **1.** rotācija; rotēšana; **2.** maiņa
rotational [rəʊ'teiʃnl] *a* **1.** rotācijas-; rotējošs; **2.** mainīgs
rote [rəʊt] *n*: to learn smth. by r. – iekalt kaut ko
rotgut ['rɒtgʌt] *n sar.* nekvalitatīvs alkoholiskais dzēriens
rotor ['rəʊtə] *n tehn.* rotors
rotten ['rɒtn] *a* **1.** sapuvis; bojāts; **2.** morāli samaitāts; **3.** *sar.* pretīgs
rotund [rəʊ'tʌnd] *a* **1.** apaļīgs; tukls; **2.** labskanīgs (*par balsi*)
rotundity [rəʊ'tʌndəti] *n* apaļums, tuklums
rouble ['ru:bl] *n* rublis
rouge [ru:ʒ] *n* sarkana krāsviela (*kosmētikā*)
rough [rʌf] **I** *n* **1.** nelīdzenums; raupjums; **2.** nepabeigtība; **3.** melnraksts; uzmetums; **4.** rupjš cilvēks; **II** *a* **1.** nelīdzens; raupjš; **2.** neapstrādāts; r. draft – uzmetums; **3.** vētrains (*par jūru*); **4.** skarbs (*par vēju*); **5.** bargs (*par klimatu*); **6.** rupjš; nepieklājīgs; **7.** grūts; smags; **III** *v* **1.** padarīt raupju; **2.** sagatavot melnrakstu; ◇ to r. it – dzīvot bez ērtībām; **IV** *adv* **1.** rupji; **2.** vienkārši
roughage ['rʌfidʒ] *n* rupja barība
roughcast ['rʌfkɑ:st] **I** *n* **1.** pirmais apmetums; **2.** (*zīmējuma*) skice; **II** *v* **1.** uzlikt pirmo apmetumu; **2.** uzskicēt
roughen ['rʌfn] *v* **1.** padarīt raupju; **2.** kļūt raupjam
rough-hewn [,rʌf'hju:n] *a* raupji aptēsts
roughhouse ['rʌfhaʊs] **I** *n* kautiņš; **II** *v* izraisīt kautiņu
roughly ['rʌfli] *adv* **1.** rupji; **2.** aptuveni
roughneck ['rʌfnek] *n amer. sar.* huligāns
roughness ['rʌfnəs] *n* **1.** nelīdzenums; raupjums; **2.** rupjība; **3.** (*klimata*) bargums; **4.** (*dikcijas*) neskaidrība
rough-rider ['rʌf,raidə] *n* (*zirgu*) iejājējs
roughshod ['rʌfʃɒd] **I** *a* apkalts (*par zirgu*); **II** *adv* nevērīgi
rough-spoken [,rʌf'spəʊkən] *a* rupjš
roulette [ru:'let] *n* rulete (*azartspēle*)
round [raʊnd] **I** *n* **1.** aplis; **2.** apgaita; to go (make) the r. – iet apgaitā; **3.** cikls; virkne; **4.** sfēra; (*interešu*) loks; **5.** (*ļaužu*) grupa; **6.** *sp.* raunds; **7.** *mil.* zalve; **II** *a* **1.** apaļš; **2.** pilnīgs; pilns; **3.** atklāts; in r. terms – vaļsirdīgi; **4.** pilnskanīgs (*par balsi*); **5.** noslīpēts (*par stilu*); **III** *v* **1.** noapaļot; **2.** apiet; to r. a corner – apiet ap stūri; **3.** pabeigt; ☐ to r. up – 1) sadzīt (*lopus*); 2) savākt kopā; 3) noapaļot (*skaitli*); **IV** *adv* apkārt; riņķī; r. about – visapkārt; the other way r. – otrādi; to come r. – iegriezties; apciemot; **V** *prep* **1.** ap; r. the corner – ap stūri; **2.** (*arī* r. about) aptuveni; ◇ r. the clock – visu diennakti
roundabout ['raʊndəbaʊt] **I** *n* **1.** karuselis; **2.** apkārtceļš; **II** *a* aplinku-; to speak r. – runāt caur puķēm
roundelay ['raʊndilei] *n* dziesmiņa ar piedziedājumu

roundhouse ['raʊndhaʊs] *n* **1.** kajīte; **2.** depo
roundish ['raʊndiʃ] *a* ieapaļš
roundly ['raʊndli] *adv* **1.** pamatīgi; **2.** pilnīgi; **3.** aptuveni
round-shot ['raʊndʃɒt] *n* lielgabala lode
roundsman ['raʊndzmən] *n* **1.** tirdzniecības aģents; **2.** *amer.* policists
round-the-clock [ˌraʊndðə'klɒk] *a* diennakts-; nepārtraukts
round trip [ˌraʊnd 'trip] *n amer.* brauciens «turp un atpakaļ»
roundup ['raʊndʌp] *n* **1.** noapaļošana; **2.** *amer.* lopu sadzīšana aplokā; **3.** jaunāko ziņu apskats (*laikrakstā, radio*)
rouse [raʊz] *v* **1.** modināt; **2.** mosties; **3.** mudināt; stimulēt
rousing ['raʊziŋ] *a* **1.** saviļņojošs; r. welcome – sirsnīga sagaidīšana; **2.** *sar.* nekrietns
roustabout ['raʊstəbaʊt] *n* ostas strādnieks
rout[a] [raʊt] **I** *n* **1.** sakāve, sagrāve; **2.** trokšņains bars; **3.** *novec.* rauts; pieņemšana; **II** *v* pilnīgi sakaut
rout[b] [raʊt] *v* **1.** rakņāties; **2.** (*arī* to r. out, to r. up) uziet; atrast
route [ru:t] *n* maršruts
routine [ru:'ti:n] **I** *n* rutīna; ierasta kārtība; **II** *a* parasts
rove [rəʊv] *v* **1.** klejot, klīst; **2.** klīst apkārt (*par domām, skatienu*)
rover ['rəʊvə] *n* **1.** klejotājs; **2.** jūras laupītājs
row[a] [rəʊ] *n* **1.** rinda; **2.** *amer.* (*mājas*) stāvs; ◇ it does not amount to a r. of beans – tas nav ne plika graša vērts
row[b] [rəʊ] **I** *n* airēšana; **II** *v* airēt; ◇ to r. against the tide – peldēt pret straumi
row[c] [raʊ] **I** *n* **1.** tracis; to kick up (make) a r. – sacelt traci; **2.** brāziens; bāriens; to get into a r. – dabūt brāzienu; **II** *v* **1.** sacelt traci; **2.** izbārt
rowan ['rəʊən] *n* pīlādzis
rowboat ['rəʊbəʊt] *n* airu laiva
rowdy ['raʊdi] **I** *n* huligāns; kauslis; **II** *a* kauslīgs
rowdyism ['raʊdiizəm] *n* huligānisms
rower ['rəʊə] *n* airētājs
rowing[a] ['rəʊiŋ] *a* airēšana
rowing[b] ['rəʊiŋ] *n* brāziens
rowlock ['rɒlək] *n* (*laivas*) dullis
royal ['rɔiəl] **I** *n sar.* karaliskās ģimenes loceklis; **II** *a* **1.** karalisks; karaļa-; **2.** Anglijas-; britu-; R. Navy – Anglijas jūras kara flote; **3.** cēls; krāšņs
royalist ['rɔiəlist] *n* **1.** rojālists; **2.** *amer. vēst.* ASV neatkarības pretinieks
royalty ['rɔiəlti] *n* **1.** karaļa (karalienes) tituls; **2.** karaļa (karalienes) vara; **3.** karaliskās ģimenes locekļi; **4.** (*parasti pl*) karaliskās privilēģijas; **5.** cēlums, krāšņums; **6.** autora honorārs
rub [rʌb] **I** *n* **1.** berzēšana; **2.** jēlums; nobrāzumu; **3.** kavēklis; šķērslis; **II** *v* **1.** berzēt; to r. one's hands – berzēt rokas; **2.** ieberzēt, ieziest; **3.** noberzt (*ādu*); ☐ to r. **along** *sar.* – labi satikt (*ar kādu*); to r. **out** – 1) izdzēst (*ar dzēšamgumiju*); 2): to r. smb. out *sl.* – nogalināt kādu; to r. **through** – izturēt; pārciest (*grūtības*); to r. **up** – 1) spodrināt, pulēt; 2) atsvaidzināt (*zināšanas*); ◇ to r. the wrong way – glaudīt pret spalvu
rubber ['rʌbə] **I** *n* **1.** gumija; kaučuks; **2.** dzēšamgumija; **3.** *pl* galošas; **4.** *pl* gumijas izstrādājumi; **5.** masieris; masiere; **6.** (*hokeja*) ripa; **II** *v* pārklāt ar gumiju
rubberneck ['rʌbənek] *amer. sar.* **I** *n*

ziņkārīgs cilvēks (*tūrists*); **II** *v* ziņkārīgi aplūkot
rubbish [ˈrʌbiʃ] *n* **1.** atkritumi; gruži; **2.** blēņas, nieki; **3.** *sl.* nauda
rubble [ˈrʌbl] *n* **1.** bruģakmens; **2.** laukakmens
rube [ruːb] *n amer. sar.* lauķis
rubicund [ˈruːbikənd] *a* sārts (*par krāsu*)
rubric [ˈruːbrik] *n* **1.** virsraksts; **2.** (*ar marķieri atzīmēta*) rindkopa
rubricate [ˈruːbrikeit] *v* **1.** sadalīt rindkopās; **2.** atzīmēt rindkopu ar marķieri
ruby [ˈruːbi] **I** *n* **1.** rubīns; **2.** spilgti sarkana krāsa; **II** *a* **1.** rubīna-; **2.** spilgti sarkans
ruche [ruːʃ] *n* volāns
ruck[a] [rʌk] *n* bars, drūzma
ruck[b] [rʌk] **I** *n* kroka; **II** *v* sakrokot
ruckle[a] [ˈrʌkl] *sk.* **ruck**[b]
ruckle[b] [ˈrʌkl] **I** *n* gārdziens; **II** *v* gārgt
rucksack [ˈrʌksæk] *n* mugursoma
rudder [ˈrʌdə] *n* (*kuģa, lidmašīnas*) stūre
rudderless [ˈrʌdələs] *a* bez stūres
ruddiness [ˈrʌdinəs] *n* sārtums
ruddle [ˈrʌdl] *n* sarkanais okers
ruddock [ˈrʌdək] *n ornit.* sarkanrīklīte
ruddy [ˈrʌdi] *a* **1.** sārts (*krāsa*); **2.** *sl.* nolādēts
rude [ruːd] *a* **1.** rupjš; nepieklājīgs; **2.** neapstrādāts, neaptēsts; **3.** primitīvs; **4.** bangains (*par jūru*)
rudeness [ˈruːdnəs] *n* rupjība; nepieklājība
rudiment [ˈruːdimənt] *n* **1.** rudimentārs orgāns; **2.** *pl* pamati
rudimentary [ˌruːdiˈmentəri] *a* **1.** rudimentārs; neattīstīts; **2.** elementārs
rue[a] [ruː] **I** *n novec.* nožēla; **II** *v* nožēlot
rue[b] [ruː] *n bot.* rūta
rueful [ˈruːfʊl] *a* nožēlas pilns

ruff[a] [rʌf] *n* **1.** krokota stīva apkakle; **2.** (*putna*) spalvu apkakle
ruff[b] [rʌf] *n iht.* ķīsis
ruff[c] [rʌf] **I** *n* trumpošana; **II** *v* trumpot
ruffian [ˈrʌfiən] *n* kauslis
ruffle [ˈrʌfl] **I** *n* **1.** volāns; **2.** jezga, kņada; **3.** īgnums; **II** *v* **1.** (*arī* to r. up) sajaukt (*ūdeni*); **2.** (*arī* to r. up) sabužināt (*matus*); **3.** satraukt; sadusmot
rug [rʌg] *n* **1.** grīdsega; **2.** pleds
Rugby [ˈrʌgbi] *n sp.* regbijs
rugged [ˈrʌgid] *a* **1.** nelīdzens; **2.** rupjš; r. features – rupji sejas vaibsti; **3.** nelaipns; r. manners – parupjas manieres; **4.** izturīgs; stingrs
rugger [ˈrʌgə] *n sp. sar.* regbijs
ruin [ˈruːin] **I** *n* **1.** bojāeja; sabrukums; to bring to (*about*) r. – izpostīt; to go to rack and r. – sabrukt; **2.** (*parasti pl*) drupas; gruveši; **II** *v* **1.** izpostīt; sagraut; **2.** pazudināt
ruination [ˌruːiˈneiʃn] *n sar.* bojāeja; posts
ruinous [ˈruːinəs] *a* **1.** graujošs; postošs; **2.** sabrucis; sagruvis
rule [ruːl] **I** *n* **1.** noteikums; likums; r. of thumb – aptuvens aprēķins; standing r. – statūti; as a r. – parasti; by r. – pēc noteikumiem; out of r. – pretēji noteikumiem; **2.** valdīšana; vara; **3.** lineāls; leņķmērs; **4.** (*tiesas*) lēmums; **II** *v* **1.** valdīt; **2.** noteikt; lemt; ◇ to r. with a rod of iron – valdīt ar dzelžainu roku
ruler [ˈruːlə] *n* **1.** valdnieks; **2.** lineāls
rum[a] [rʌm] *n* rums
rum[b] [rʌm] *a sar.* dīvains, savāds
rumba [ˈrʌmbə] *n* rumba (*deja*)
rumble [ˈrʌmbl] **I** *n* **1.** dārdoņa; rīboņa; r. of thunder – pērkona dārdoņa; **2.** *amer. sl.* ielas kautiņš; **II** *v* **1.** dārdēt, rībēt; **2.** rūkt (*par vēderu*)

rumbling [ˈrʌmblɪŋ] *n* dārdoņa, rībona
ruminant [ˈruːmɪnənt] **I** *n* atgremotājs [dzīvnieks]; **II** *a* atgremojošs
ruminate [ˈruːmɪneɪt] *v* **1.** atgremot; **2.** (*about, on, over*) prātot
rummage [ˈrʌmɪdʒ] **I** *n* **1.** pārmeklēšana; **2.** muitas pārbaude; **3.** grabažas; **II** *v* **1.** (*about, around*) pārmeklēt; **2.** izdarīt muitas pārbaudi
rummer [ˈrʌmə] *n* kauss
rummy [ˈrʌmi] *sl. sk.* **rum**[b]
rumour [ˈruːmə] **I** *n* baumas, valodas; to spike a r. – atspēkot baumas; **II** *v* izplatīt baumas; tenkot
rumourmonger [ˈruːməˌmʌŋgə] *n* tenku vācele
rump [rʌmp] *n* **1.** *kul.* astes gabals; **2.** sēžamvieta
rumple [ˈrʌmpl] *n* **1.** burzīt, ņurcīt; **2.** sajaukt (*matus*)
rumpus [ˈrʌmpəs] *n sar.* jezga, kņada
run [rʌn] **I** *n* **1.** skrējiens; at a r. – 1) skriešus; 2) pēc kārtas; on the r. – steigā; to make a r. of it – aizbēgt; aizlaisties; **2.** brauciens; reiss; an hour's r.– stundu ilgs brauciens; **3.** attālums; ten mile r. – desmit jūdžu attālums; **4.** (*filmas, lugas*) demonstrēšana; **5.** gaita; norise; r. of events – notikumu gaita; **6.** (*motora*) darbība; **7.** periods; posms; r. of rain – lietus periods; **8.** (*izstrādājumu u. tml.*) partija; metiens; **9.** (*preču*) noiets; **10.** ganāmpulks; **11.** taka; trase; ◇ in the long r. – galu galā; out of the common r. – neparasts; **II** *v* (*p.* ran [ræn]; *p. p.* run [rʌn]) **1.** skriet; to cut and run *sl.* – laist ļekas vaļā; to r. for one's life – skriet, ko kājas nes; **2.** iet; virzīties; to r. counter (*to*) – pretoties; things are ~ing their course – notikumi rit savu gaitu; **3.** kursēt (*par autobusu, vilcienu*); **4.** plūst; tecēt; to run in the blood (family) – būt asinīs; būt iedzimtam; **5.** darboties (*par motoru*); **6.** darbināt (*motoru*); **7.** tikt izrādītam (*par filmu, lugu*); **8.** aizritēt (*par laiku*); years are ~ning by – gadi paiet; time is ~ning out – laiks paiet; **9.** būt par kandidātu; **10.** vadīt (*uzņēmumu*); **11.** kļūt; to r. cold – kļūt aukstam; to r. dry – izžūt; izsīkt; to r. high – 1) bangoties (*par jūru*); 2) celties (*par cenām*); to r. low – izbeigties; izsīkt; to r. mad – sajukt prātā; to r. short – beigties; pietrūkt; **12.** būt spēkā (*piem., par līgumu*); **13.** noirt (*par valdziņu*); **14.** vīties (*par vīteņaugu*); ◻ to r. **across** – nejauši sastapt; to r. **after** – vajāt; to r. **along** *sar.* – iet projām; to r. **at** – mesties virsū; to r. **away** – aizlūgt; to r. **down** – 1) sabraukt; 2) panākt; to r. **off** – 1) aizbēgt; 2) iztecināt; to r. **out** – 1) izsīkt; 2) iztecēt; to r. **up** – 1) pacelt (*karogu*); 2) sameistarot; 3) sacelt (*cenas*); ◇ to out and r. – laisties lapās; bēgt; to r. for it – laisties lapās; to r. smb. close (hard) – gandrīz panākt kādu
runabout [ˈrʌnəbaʊt] **I** *n* **1.** klaidonis; **2.** neliels automobilis; **II** *a* klaiņojošs
runaway [ˈrʌnəweɪ] **I** *n* **1.** bēglis; **2.** dezertieris; **II** *a* **1.** izbēdzis; **2.** nevaldāms; neatturams
rune [ruːn] *n* rūna
rung[a] [rʌŋ] *n* **1.** (*pieslienamo kāpņu*) pakāpiens; **2.** šķērskoks; **3.** (*riteņa*) spieķis
rung[b] *sk.* **ring**
run-in [ˌrʌnˈɪn] *n sp.* finiša pēdējā taisne
runlet [ˈrʌnlət] *n* strautiņš

runnel ['rʌnl] *n* **1.** strautiņš; **2.** noteka
runner ['rʌnə] *n* **1.** skrējējs; **2.** izsūtāmais; kurjers; **3.** kontrabandists; **4.** ložņaugs; **5.** *tehn.* rotors
running ['rʌnɪŋ] **I** *n* **1.** skrējiens; skriešana; **2.** (*automobiļa*) gaita; **II** *a* **1.** skrejošs; skriešanas-; **2.** bēgošs; **3.** kārtējais; **4.** pūžņojošs (*par brūci*); **5.** ložņājošs (*par augu*); **6.** darba kārtībā (*par automobili*); **III** *adv* pēc kārtas; three day r. – trīs dienas pēc kārtas
running-board ['rʌnɪŋbɔːd] *n* (*automobiļa*) kāpslis
runny ['rʌni] *a* **1.** pašķidrs; **2.** pilošs (*par degunu*)
run-off ['rʌnɒf] *n sp.* papildu mačs
runproof ['rʌnpruːf] *a* neirstošs (*par trikotāžu*)
run-out ['rʌnaʊt] *n* **1.** nolietošana; novalkāšana; **2.** izlaide; izlaišana; **3.** inerces kustība; **4.** *av.* ieskrējiens
runt [rʌnt] *n sar.* punduris
run-through ['rʌnθruː] *n* mēģinājums
run-up ['rʌnʌp] *n* **1.** sagatavošanas darbi; **2.** *sp.* ieskrējiens
runway ['rʌnwei] *n* **1.** (*upes*) gultne; **2.** *av.* starta ceļš
rupee [ruːˈpiː] *n* rūpija
rupture ['rʌptʃə] **I** *n* **1.** plīsums; **2.** pārrāvums; **3.** *med.* trūce; **II** *v* **1.** pārraut, pārplēst; **2.** pārtraukt (*attiecības*)
rural ['rʊərəl] *a* lauku-
ruse [ruːz] *n* triks; viltība
rushᵃ [rʌʃ] *n* **1.** meldrs; niedre; **2.** nieks, sīkums; not to care a r. – neliktiesne zinis; it's not worth a r. – tas nav ne graša vērts
rushᵇ [rʌʃ] **I** *n* **1.** pieplūdums; r. of blood – asins pieplūdums; **2.** dzīšanās; traukšanās; gold r. – zelta drudzis; **3.** steiga; in a r., on the r. – steigā; **4.** liels pieprasījums; **II** *v* **1.** drāzties; mesties; to r. to a conclusion – izdarīt pārsteidzīgus secinājumus; **2.** dzīt; steidzināt; **3.** pārņemt (*par jūtām*); **4.** *mil.* ieņemt triecienā; ◇ to r. smb. off his feet – neļaut kādam apdomāties
rush hours ['rʌʃ ˌaʊəz] *n pl* maksimumstundas
rushy ['rʌʃi] *a* meldriem (niedrēm) aizaudzis
rusk [rʌsk] *n* sausiņš
russet ['rʌsɪt] **I** *n* rūsgana krāsa; **II** rūsgans
Russian ['rʌʃn] **I** *n* **1.** krievs; krieviete; **2.** krievu valoda; **II** *a* Krievijas-; krievu-
rust [rʌst] **I** *n* rūsa; **II** *v* rūsēt
rustic ['rʌstɪk] **I** *n* **1.** laucinieks; zemnieks; **2.** rupji aptēsts akmens; **II** *a* **1.** lauku-; zemnieku-; **2.** vienkāršs; **3.** neaptēsts; rupjš
rusticate ['rʌstɪkeɪt] *v* **1.** apmesties uz dzīvi laukos; **2.** *arh.* apdarināt rustikas tehnikā
rustication [ˌrʌstɪˈkeɪʃn] *n* **1.** apmešanās uz dzīvi laukos; **2.** *arh.* apdarināšana rustikas tehnikā
rustle ['rʌsl] **I** *n* čabēšana, čaukstēšana; šalkšana; **II** *v* **1.** čabēt, čaukstēt; šalkt; **2.** čaukstināt; **3.** *amer. sar.* zagt (*lopus*)
rustler ['rʌslə] *n amer.* lopu zaglis
rustless ['rʌstləs] *sk.* **rustproof**
rustproof ['rʌstpruːf] *a* nerūsējošs
rustyᵃ ['rʌsti] *a* **1.** sarūsējis; **2.** rūsgans; **3.** *pārn.* ierūsējis
rustyᵇ ['rʌsti] *a* niķīgs (*par zirgu*)
rutᵃ [rʌt] **I** *n* **1.** gramba; **2.** paradums; **3.** *tehn.* grope; **II** *v* iebraukt grambas
rutᵇ [rʌt] *n* (*dzīvnieku*) meklēšanās
rutabaga [ˌruːtəˈbeɪgə] *n* kālis

ruthless ['ru:θləs] *a* cietsirdīgs, nežēlīgs
rutted ['rʌtid] *a* izbraukts, grambains (*par ceļu*)

rye [rai] *n* rudzi
rye bread ['rai bred] *n* rudzu maize

Ss

S, s [es] *n* angļu alfabēta burts
sabbath ['sæbəθ] *n* sabats
sable[a] ['seibl] *n* 1. sabulis; 2. sabuļāda
sable[b] ['seibl] *poēt*. **I** *n* 1. melna krāsa; 2. *pl* sēru drānas; **II** *a* melns; tumšs
sabotage ['sæbəta:ʒ] **I** *n* sabotāža; **II** *v* sabotēt
saboteur [,sæbə'tɜ:] *n* sabotieris
sabre ['seibə] **I** *n* 1. zobens; 2. kavalērists; **II** *v* cirst ar zobenu
sabulous ['sæbjʊləs] *a* smilšains
saccharic [sə'kærik] *a* ķīm. cukuru-; s. acid – cukurskābe
saccharine **I** *n* ['sækərin] saharīns; **II** *a* ['sækərain] salkans
saccharose ['sækərəʊs] *n* ķīm. saharoze
sacciform ['sæksifɔ:m] *a biol*. maisveidīgs
sachem ['seitʃəm] *n* 1. (*indiāņu cilts*) vadonis; 2. *sar.* varasvīrs
sack[a] [sæk] **I** *n* 1. maiss; 2. plats mētelis; 3. *amer. sar.* gulta; ◇ sad s. – lempis, tūļa; to get the s. – tikt atlaistam no darba; **II** *v* 1. bērt (likt) maisā; 2. atlaist no darba
sack[b] [sæk] **I** *n* laupīšana; to put the s. – izlaupīt; **II** *v* izlaupīt
sackcloth ['sækklɒθ] *n* 1. maisaudekls; 2. rupja audekla tērps
sackcoat ['sækkəʊt] *n* plats mētelis
sacking ['sækiŋ] *n* 1. maisaudekls; 2. bēršana maisos
sacral ['seikrəl] *a rel*. sakrāls
sacrament ['sækrəmənt] *n* 1. *rel.* sakraments; the Blessed (Holy) S. – Svētais vakarēdiens; 2. svinīgs solījums; zvērests
sacramental [,sækrə'mentl] *a* 1. *rel.* sakramentāls; 2. zvēresta-; ar zvērestu apstiprināts
sacred ['seikrid] *a* 1. svēts; 2. reliģiozs; the s. book – Bībele; s. music – garīgā mūzika; 3. (*to*) veltīts
sacrifice ['sækrifais] **I** *n* 1. upuris; to make ~s – uzupurēties; 2. upurēšana, ziedošana; **II** *v* upurēt, ziedot; at a s. – ar zaudējumiem
sacrilege ['sækrilidʒ] *n* zaimošana; svētuma apgānīšana
sacristan ['sækristən] *n* ķesteris
sacristy ['sækristi] *n* sakristeja, ģērbkambaris
sad [sæd] *a* 1. bēdīgs; skumjš; 2. nepatīkams; 3. *sl.* draņķīgs; ◇ ~der but wiser – rūgtas pieredzes mācīts
sadden ['sædn] *v* apbēdināt
saddle ['sædl] **I** *n* 1. segli; to be in the s. – 1) sēdēt zirgā; 2) izrīkot; 2. (*motocikla, velosipēda*) sēdeklis; ◇ to put the s. on the wrong horse – nepatiesi kādu apvainot; **II** *v* apseglot
saddlefast ['sædlfɑ:st] *a* tāds, kas stingri turas seglos
sadly ['sædli] *adv* bēdīgi, skumji
sadness ['sædnəs] *n* skumjas; grūtsirdība
safe [seif] **I** *n* seifs; **II** *a* 1. neskarts; sveiks; s. and sound – sveiks un vesels; 2. drošs;

it is in a s. place – tas atrodas drošā vietā; ◇ to play it s. – neriskēt; I have got him s. – viņš man neizbēgs
safeguard ['seifgɑ:d] **I** *n* drošības (piesardzības) pasākumi; **II** *v* aizsargāt ar drošības (piesardzības) pasākumiem
safely ['seifli] *adv* 1. drošībā; 2. droši; I can s. say – es varu droši teikt
safety ['seifti] *n* drošība; s. island – drošības saliņa (*uz ielas*); ◇ to play for s. – piesargāties
safetybelt ['seiftibelt] *n* drošības josta
safety glass ['seifti glɑ:s] *n* neplīstošs stikls
safety match ['seifti mætʃ] *n* sērkociņš
safety pin ['seifti pin] *n* spraužamadata
safety razor ['seifti‚reizə] *n* bārdas skuveklis
sag [sæg] **I** *n* 1. (*sienas u. tml.*) nosēšanās; 2. nokarāšanās; 3. *jūrn.* novirzīšanās no kursa; **II** *v* 1. nosēsties (*par sienu u. tml.*); 2. nokarāties
sage [seidʒ] *n bot.* salvija
sagebrush ['seidʒbrʌʃ] *n bot.* vībotne
Sagittarius [‚sædʒi'təriəs] *n astr.* Strēlnieks (*zvaigznājs un zodiaka zīme*)
said *sk.* **say II**
sail [seil] **I** *n* 1. bura; buras; in full s. (~s) – 1) *jūrn.* ar pilnām burām; 2) pilnā sparā; to hoist s. – 1) uzvilkt buras; 2) doties mājup; to set s. – doties jūrā; to strike s. – 1) *jūrn.* nolaist buras; 2) atzīt sevi par uzvarētu; to trim one's ~s to the wind – pielāgoties (*situācijai, citiem cilvēkiem*); 2. jūrasbrauciens; izbraukums burulaivā; ◇ to take the wind out of smb's ~s – izjaukt kāda plānus; **II** *v* 1. burāt; 2. ceļot (*ar kuģi*); 3. vadīt (*kuģi*)
sailer ['seilə] *n* burinieks, burukuģis
sailing ['seiliŋ] **I** *n* 1. burāšana; 2. kuģošana; navigācija; **II** *a* kuģošanas-; navigācijas-
sailing ship ['seiliŋ ʃip] *n* burinieks, burukuģis
sailor ['seilə] *n* jūrnieks; matrozis
sailplane ['seilplein] *n av.* planieris
saint [seint] *n* svētais
sainted ['seintid] *a* svēts
saintly ['seintli] *a* bezgrēcīgs, svēts
sake [seik] *n*: for God's (goodness) s. – Dieva dēļ; for the s. of friendship – draudzības vārdā
sal [sæl] *n ķīm.* sālis
salable ['seiləbl] *a* 1. ejošs; pieprasīts (*par preci*); 2. pieņemams (*par cenu*)
salacious [sə'leiʃəs] *a* 1. baudkārs; 2. piedauzīgs
salacity [sə'læsəti] *n* 1. baudkāre; 2. piedauzība
salad ['sæləd] *n* salāti
salamander ['sæləmændə] *n* 1. *zool.* salamandra; 2. karstuma mīļotājs; 3. panna apbrūnināšanai
salami [sə'lɑ:mi] *n* salami (*žāvēta desa*)
salaried ['sælərid] *a* algots; s. personnel – kalpotāji
salary ['sæləri] *n* (*kalpotāja*) alga; to draw a s. – saņemt algu
sale [seil] *n* 1. pārdošana; to be for (on) s. – būt pārdošanā; 2. ūtrupe; to put up for s. – izūtrupēt; 3. (*arī* bargain s., clearance s.) izpārdošana
saleable ['seiləbl] *sk.* **salable**
saleprice ['seilprais] *n* 1. *ek.* pārdošanas cena; 2. pazemināta cena
saleroom ['seilru:m] *n* ūtrupes telpa
salesman ['seilzmən] *n* 1. pārdevējs; 2. (*arī* travelling s.) *amer.* komivojažieris
salesmanship ['seilzmənʃip] *n* pārdošanas māka

sales resistance [ˈseilzriˌzistəns] *n* slikts preču noiets
saleswoman [ˈseilzwumən] *n* pārdevēja
salience [ˈseiliəns] *n* **1.** izcilnis; izvirzījums; **2.** īpatnība
salient [ˈseiliənt] *a* **1.** izvirzīts; s. eyes – izvalbītas acis; **2.** ievērojams
saline [səˈlain] **I** *n* **1.** sālsezers; **2.** ķīm. sālis; **3.** *med.* fizioloģiskais šķīdums; **II** *a* [ˈseilain] **1.** sāls-; **2.** sālīts
salinity [səˈlinəti] *n* sāļums
saliva [səˈlaivə] *n* siekalas
salivary [ˈsælivəri] *a* siekalu-
salivate [ˈsæliveit] *v* siekaloties; izdalīt siekalas
salivation [ˌsæliˈveiʃn] *n* siekalošanās
sallow[a] [ˈsæləʊ] *n* kārkls
sallow[b] [ˈsæləʊ] **I** *a* dzeltenbāls (*par sejas krāsu*); **II** *v* dzeltēt; kļūt dzeltenam
sally [ˈsæli] **I** *n* **1.** *mil.* uzbrukums; **2.** ekskursija; **3.** (*dusmu u. tml.*) uzliesmojums; **4.** asprātība; **II** *v* **1.** (*arī* to s. out) *mil.* uzbrukt; **2.** (*forth, out*) doties
Sally Ann [sæli ˈən] *n sar.* pestīšanas armija
Sally Lunn [ˌsæli ˈlʌn] *n* salda maizīte
salmon [ˈsæmən] *n* **1.** lasis; **2.** laškrāsa
salon [ˈsælɒn] *n* **1.** salons; beauty s. – kosmētikas kabinets; **2.** viesistaba; zāle
saloon [səˈluːn] *n* **1.** salons (*uz kuģa*); s. deck – pirmās klases klājs; **2.** salons; zāle; **3.** viesistaba; **4.** *amer.* bārs; **5.** limuzīns; **6.** salonvagons
Salopian [səˈləʊpiən] *n* **1.** Šropšīras grāfistē dzimušais; **2.** Šrusberijas pilsētā dzimušais
salt [sɔːlt] *n* **1.** sāls; common s. – vārāmais sāls; in s. – iesālīts; **2.** pikantums; **3.** asprātība; **4.** (*arī* old s.) jūras vilks; ◇ to be worth one's s. – būt derīgam (piemērotam); to earn one's s. – neēst maizi par velti; to sit above the s. – **1**) sēdēt galda galā; **2**) ieņemt augstu stāvokli sabiedrībā; **II** *a* **1.** sālīts, sāļš; **2.** *sl.* pārāk augsts (*par cenām, nodokļiem*); **III** *v* **1.** pielikt sāli; **2.** [ie]sālīt; **3.** padarīt pikantu
saltation [sælˈteiʃn] *n* **1.** lēkāšana; **2.** lēciens
saltatory [ˈsæltətəri] *a* **1.** lēkājošs; **2.** lēcienveida-; lēcienveidīgs
saltcat [ˈsɔːltkæt] *n* ēsma baložu pievilināšanai
saltcellar [ˈsɔːltˌselə] *n* sālstrauks
salted [ˈsɔːltid] *a* **1.** [ie]sālīts; **2.** piedzīvojis; rūdīts
saltiness [ˈsɔːltinəs] *n* sāļums
saltmine [ˈsɔːltmain] *n* **1.** sālsraktuves; **2.** (*parasti pl*) katorga
saltpetre [ˌsɔːltˈpiːtə] *n* ķīm. salpetris
saltshaker [ˈsɔːltˌʃeikə] *n* sālstrauks (*sāls uzkaisīšanai*)
saltwort [ˈsɔːltwɜːt] *n bot.* sālszāle
salty [ˈsɔːlti] *a* **1.** sālīts; sāļš; **2.** jūras-; **3.** pikants
salubrious [səˈluːbriəs] *a* veselīgs
salubrity [səˈluːbrəti] *n* **1.** laba veselība; **2.** veselīgi apstākļi
salutary [ˈsæljʊtəri] *a* dziedinošs; veselīgs
salutation [ˌsæljʊˈteiʃn] *n* sveiciens
salute [səˈluːt] **I** *n* **1.** sveiciens; **2.** salūts; **II** *v* **1.** sveicināt; **2.** salutēt
salvage [ˈsælvidʒ] **I** *n* **1.** (*kuģa, kravas u. tml.*) izglābšana; **2.** izglābta krava; **3.** atalgojums par izglābšanu; **4.** *mil.* trofeju vākšana; **II** *v* **1.** izglābt (*kuģi, kravu u. tml.*); **2.** *mil.* vākt trofejas
salvation [sælˈveiʃn] *n* **1.** glābšana; **2.** *rel.* pestīšana
salve[a] [sælv] **I** *n* **1.** ziede; **2.** *pārn.* remdējums; **II** *v* dziedēt; remdēt

salve[b] [sælv] *v* izglābt (*kuģi, kravu u. tml.*)
salver ['sælvə] *n* paplāte
salvia ['sælviə] *n bot.* salvija
salvo[a] ['sælvəʊ] *n* 1. iebildums; 2. atruna
salvo[b] ['sælvəʊ] *n* 1. *mil.* zalve; 2. aplausu vētra
salvor ['sælvə] *n* 1. glābšanas kuģis; 2. glābšanas komandas dalībnieks
samba ['sæmbə] *n* samba (*deja*)
sambo ['sæmbəʊ] *n* 1. metiss; 2.: S. *niev.* – nēģeris
Sam Browne ['sæm 'braʊn] *n* (*arī* S. B. belt) virsnieka ādas josta
same [seim] I *n* 1. tas pats; tāds pats; all the s. – 1) vienalga; 2) tomēr; just the s. – tieši tāds pats; much the s. – gandrīz tāds pats; at the s. time – tai pašā laikā; in the s. way – tādā paša veidā; 2. *ek., jur.* iepriekšminētais; II *pron* tas pats; the very s. – tieši tas pats
sameness ['seimnəs] *n* 1. vienādība; 2. vienmuļība
samlet ['sæmlit] *n* jaunais lasis
Sammy ['sæmi] *n* 1. *amer. mil. niev.* – kareivis; 2. *sl.* muļķis
samp [sæmp] *n amer.* 1. kukurūzas putraimi; 2. kukurūzas biezputra
sample ['sɑ:mpl] I *n* 1. paraugs; 2. modelis; šablons; II *v* 1. ņemt paraugu; 2. *el.* semplēt (*pārveidot signālu digitālā formā*)
sampler ['sɑ:mplə] *n* 1. izšuvuma paraugs; 2. modelis; šablons; 3. antoloģija; hrestomātija
sanatorium [,sænə'tɔ:riəm] *n* (*pl* sanatoria [,sænə'tɔ:riə] *vai* sanatoriums [,sænə'tɔ:riəmz]) sanatorija
sanctification [,sæŋktifi'keiʃn] *n rel.* iesvētīšana

sanctified ['sæŋktifaid] *a* 1. *rel.* iesvētīts; 2. svētulīgs
sanctify ['sæŋktifai] *v* 1. *rel.* iesvētīt; 2. sankcionēt
sanctimonious [,sæŋkti'məʊniəs] *a* svētulīgs
sanctimony ['sæŋktiməni] *n* svētulība
sanction ['sæŋkʃn] I *n* sankcija; II *v* sankcionēt
sanctity ['sæŋktəti] *n* 1. svētums; 2. *pl* svēts pienākums
sanctuary ['sæŋktjʊəri] *n* 1. svētnīca; 2. patvērums; 3. rezervāts
sanctum ['sæŋktəm] *n* svētnīca
sand [sænd] I *n* 1. smilts; smiltis; 2. (*parasti pl*) tuksnesis; II *v* 1. apkaisīt ar smiltīm; 2. slīpēt ar smiltīm
sandal[a] ['sændl] *n* sandale
sandal[b] ['sændl] *sk.* **sandalwood**
sandalwood ['sændlwʊd] *n* sandalkoks
sandbank ['sændbæŋk] *n* smilšu sēklis
sandbar ['sændbɑ:] *n* smilšu sēklis (*upes grīvā*)
sandbed ['sændbəd] *n* smilšaina gultne
sandeel ['sændi:l] *n zool.* ņurņiks
sandglass ['sændglɑ:s] *n* smilšu pulkstenis
sandhill ['sændhil] *n* kāpa
sandman ['sændmæn] *n* miega vīriņš (*pasakās*)
sand-martin ['sænd,mɑ:tin] *n ornit.* krasta čurkste
sandpaper ['sænd,peipə] I *n* smilšpapīrs; II *v* [no]berzt ar smilšpapīru
sandpiper ['sænd,paipə] *n ornit.* tilbīte
sandpit ['sændpit] *n* 1. smilšu karjers; 2. smilšu kaste (*bērniem*)
sandstone ['sændstəʊn] *n* smilšakmens
sandstorm ['sændstɔ:m] *n* smilšu vētra; samums
sandwich ['sænwidʒ] I *n* 1. sviestmaize;

2. kūka (torte) ar krēma vai ievārījuma slāņi; **II** *v* **1.** (*between, in*) iespraust (*starpā*); **2.** būt iespiestam (*starp*)
sandwichman [ˈsænwidʒmæn] *n* reklāmu iznēsātājs
sandy [ˈsændi] **I** *n sar.* sarkanmatis; **II** *a* **1.** smilšains; **2.** sarkanīgs
sane [sein] *a* **1.** normāls; **2.** saprātīgs
sang *sk.* **sing II**
sanguinary [ˈsæŋgwinəri] *a* **1.** asiņains; **2.** asinskārs
sanguineous [sæŋˈgwiniəs] *a* **1.** pilnasinīgs; **2.** *med.* asins-
sanitarian [ˌsæniˈteəriən] **I** *n* sanitārs; **II** *a* sanitārs
sanitation [ˌsæniˈteiʃn] *n* sanitārija
sanity [ˈsæniti] *n* veselais saprāts
sank *sk.* **sink II**
Santa Claus [ˌsæntəˈklɔːz] *n amer.* Ziemassvētku vecītis
sap[a] [sæp] **I** *n* **1.** (*auga*) sula; **2.** enerģija; spars; **3.** *poēt.* asinis; **4.** *sl.* muļķis; **II** *v* **1.** notecināt sulu; **2.** novārdzināt
sap[b] [sæp] *vēst.* **I** *n* aizsarggrāvis (*ap pili*); **II** *v* rakt aizsarggrāvi
sap[c] [sæp] **I** *n* runga; **II** *v* sist ar rungu
sapid [ˈsæpid] *a* **1.** garšīgs; **2.** interesants
sapience [ˈseipiəns] *n* pārgudrība
sapient [ˈseipiənt] *a* pārgudrs
sapless [ˈsæpləs] *a* **1.** izžuvis; **2.** novārdzis; **3.** neinteresants
sapling [ˈsæpliŋ] *n* jauns koks
saponaceous [ˌsæpəʊˈneiʃəs] *a* ziepjains; ziepju-
sapper [ˈsæpə] *n* sapieris
saphire [ˈsæfaiə] **I** *n* safīrs; **II** *a* safīrzils
sappy [ˈsæpi] *a* **1.** sulīgs; **2.** sparīgs; **3.** *sar.* muļķīgs
saprot [ˈsæprɒt] *n* koksnes puve
sarcasm [ˈsɑːkæzəm] *n* sarkasms

sarcastic [sɑːˈkæstik] *a* sarkastisks
sarcenet [ˈsɑːsnət] *n* zīda oderdrēbe
sarcophagus [sɑːˈkɒfəgəs] *n* (*pl* sarcophagi [sɑːˈkɒfəgai]) sarkofāgs
sardine [sɑːˈdiːn] *n* sardīne; ◊ packed like ~s (herrings) – saspiesti kā siļķes mucā
Sardinian [sɑːˈdiniən] **I** *n* **1.** sardīnietis; **2.** sardīniešu dialekts; **II** *a* Sardīnijas-; sardīniešu-
sardonic [sɑːˈdɒnik] *a* sardonisks
sarge [sɑːdʒ] *n sar.* seržants
sari [ˈsɑːri] *n* sari (*indiešu sievietes tērps*)
sarky [ˈsɑːki] *a sar.* sarkastisks
sarsenet [ˈsɑːsnət] *sk.* **sarcenet**
sartorial [sɑːˈtɔːriəl] *a* drēbnieka-
sash[a] [sæʃ] *n* drēbes josta
sash[b] [sæʃ] *n* loga rāmis
sashay [sæˈʃei] *v amer. sar.* iet līganā solī
sash door [ˈsæʃ dɔː] *n* stiklotas durvis
sash window [ˌsæʃ ˈwindəʊ] *n* uz augšu verams logs
sass [sæs] *amer. sar. n* nekītrība
Sassenach [ˈsæsənæk] *n niev.* anglis (*lieto īri, skoti, velsieši*)
sassy [ˈsæsi] *a amer.* nekītrs
sat *sk.* **sit**
Satan [ˈseitən] *n* sātans
Satanic [səˈtænik] *a* sātanisks
satchel [ˈsætʃəl] *n* (*skolēna*) mugursoma
satcom [ˈsætkɒm] *n* (*saīs. no* satellite communications centre) *sar.* pavadoņsakaru stacija
sate [seit] *v* (*with*) pārsātināt
sateen [sæˈtiːn] *n* satīns
sateless [ˈseitləs] *a poēt.* neremdināms
satellite [ˈsætəlait] *n* **1.** satelīts; **2.** *astr.* pavadonis
satiable [ˈseiʃəbl] *a* apmierināms

satiate ['seiʃieit] **I** *a* pārsātināts; **II** *v* **1.** apmierināt; **2.** pārsātināt
satiation [ˌseiʃi'eiʃn] *n* **1.** (*ēstgribas u. tml.*) apmierināšana; **2.** pārsātināšana
satiety [sə'taiəti] *n* **1.** sāts; **2.** pārsātinājums
satin ['sætin] *n* **1.** atlass; **2.** (*arī* white s.) *sl.* džins; yard of s. – glāze džina
satinwood ['sætinwʊd] *n* zīdkoks
satire ['sætaiə] *n* satīra
satirical [sə'tirikl] *a* satīrisks
satirist ['sætərist] *n* satīriķis
satirize ['sætəraiz] *v* izsmiet
satisfaction [ˌsætis'fækʃn] *n* **1.** apmierinājums; gandarījums; **2.** apmierināšana
satisfactory [ˌsætis'fæktəri] *a* **1.** apmierinošs; **2.** patīkams
satisfy ['sætisfai] *v* **1.** apmierināt; **2.** izpildīt (*pienākumu*); **3.** atbilst (*prasībām*)
satrap ['sætrəp] *n* vēst. satraps (*provinces gubernators Persijā*)
satsuma ['sætsʊmə] *n* mandarīns
saturate ['sætʃəreit] *n v* **1.** piesūcināt; **2.** ķīm. piesātināt; **3.** pārņemt; **4.** *mil.* uzbrukt masveidā
saturated ['sætʃəreitid] *a* **1.** piesātināts; **2.** sulīgs (*par krāsu*)
saturation [ˌsætʃə'reiʃn] *n* **1.** piesūcināšana; s. capacity – absorbcijas spēja; **2.** ķīm. piesātināšana; **3.** *mil.* (*karaspēka*) koncentrēšana
Saturday ['sætədi] *n* sestdiena
saturnine ['sætənain] *a* **1.** drūms; **2.** svina-
saturnism ['sætənizəm] *n med.* saindēšanās ar svinu
satyr ['sætə] *n mit.* satīrs
sauce [sɔ:s] **I** *n* **1.** mērce; **2.** *sar.* nekaunība; **3.** pikantums; **4.** *sl.* alkohols; ◇ to serve with the same s. – atmaksāt ar to pašu; **II** *v* **1.** pasniegt ar mērci; **2.** piešķirt pikantumu
sauceboat ['sɔ:sbəʊt] *n* mērces trauks
saucepan ['sɔ:spən] *n* kastrolis
saucer ['sɔ:sə] *n* **1.** apakštase; flying ~s – lidojošie šķīvīši; **2.** paliktnis (*puķu podam*)
saucy ['sɔ:si] *a* **1.** izaicinošs; **2.** *sar.* elegants
sauerkraut ['saʊəkraʊt] *n* skābēti kāposti
saunter ['sɔ:ntə] **I** *n* pastaiga; **II** *v* pastaigāties
sausage ['sɒsidʒ] *n* **1.** desa; **2.** cīsiņš
sausage-dog ['sɒsidʒdɒg] *n sar.* taksis
savage ['sævidʒ] **I** *n* mežonis; **II** *a* **1.** mežonīgs; **2.** nikns; **III** *v* **1.** plosīties; ārdīties; **2.** kost (*par dzīvnieku*)
savagery ['sævidʒəri] *n* **1.** mežonība; **2.** niknums
savanna[h] [sə'vænə] *n* savanna
savant ['sævənt] *n* zinātnieks
save [seiv] **I** *n* (*futbolā*) vārtu nosargāšana; **II** *v* **1.** [iz]glābt; **2.** saudzēt; **3.** krāt; taupīt; to s. up money – krāt naudu; **4.** aiztaupīt; to s. one's efforts – aiztaupīt pūles; ◇ to s. one's bacon (hide, skin) – tikt cauri ar veselu ādu; to s. one's breath – velti nedzisināt muti; **III** *prep* izņemot; all s. him – visi, izņemot viņu
saver ['seivə] *n* **1.** taupītājs; **2.** glābējs
savings bank ['seiviŋz bæŋk] *n* krājkase
Savior ['seivjə] *amer. sk.* **saviour**
saviour ['seivjə] *n* **1.** glābējs; **2.** (the S.) *rel.* Pestītājs
savor ['seivə] *amer. sk.* **savour**
savory ['seivəri] *n bot.* kalnumētra
savour ['seivə] **I** *n* **1.** garša; **2.** aromāts; **3.** spriedze; **II** *v* **1.** izbaudīt; **2.** (*of*) garšot; smaržot
savourless ['seivələs] *a* bezgaršīgs; pliekans

savoury ['seivəri] **I** *n* uzkožamais; **II** *a* **1**. garšīgs; **2**. pikants; **3**. patīkams; not a s. reputation – ne visai laba reputācija
savy ['sævi] *sl.* **I** *n* atjautība; **II** *v* aptvert
saw[a] [sɔ:] *n* (*arī* old s., wise s.) sakāmvārds
saw[b] [sɔ:] **I** *n* zāģis; circular s. – ripzāģis; crown s. – garenzāģis; **II** *v* (*p.* sawed [sɔ:d]; *p.p.* sawed [sɔ:d]; sawn [sɔ:n]) zāģēt; ◨ to s. **off** – nozāģēt; to s. **out** – 1) izzāģēt; 2) čīgāt; to s. **up** – sazāģēt; ◇ to s. the air – vicināt rokas; to s. wood – nodarboties ar personīgām lietām
saw *sk.* **see**[b]
sawbones ['sɔ:bəʊnz] *n sar.* ķirurgs
sawbuck ['sɔ:bʌk] *n* **1**. steķi (*malkas zāģēšanai*); **2**. *sl.* desmitnieks (*banknote*)
sawdust ['sɔ:dʌst] *n* zāģu skaidas
sawframe ['sɔ:freim] *n* gateris
sawhorse ['sɔ:hɔ:s] *n* steķi (*malkas zāģēšanai*)
sawmill ['sɔ:mil] *n* kokzāģētava
sawn *sk.* **saw**[b]
Sawney ['sɔ:ni] *n niev.* skots (*lieto angļi*)
sax[a] [sæks] *n* šīfera āmurs
sax[b] [sæks] *n sar. saīs. no* saxophone
saxifrage ['sæksifridʒ] *n bot.* akmeņlauzīte
Saxon ['sæksn] **I** *n* **1**. *vēst.* saksis; **2**. anglosakšu valoda; **II** *a* anglosakšu-
saxony ['sæksəni] *n* smalks vilnas audums
saxophone ['sæksəfəʊn] *n* saksofons
say [sei] **I** *n* sakāmais; vārds; to have one's s. – teikt savu vārdu; **II** *v* (*p. un p.p.* said [sed]) sacīt; teikt; strange to s. – lai cik dīvaini arī būtu; s. nothing of – nemaz nerunājot par; I should s. – 1) manuprāt; 2) neko teikt; they s. that; it is said that – runā, ka; ◇ before you can s. Jack Robinson – viens un divi; no sooner said than done – sacīts – darīts; you don't s. [so]! – nevar būt!
saying ['seiiŋ] *n* paruna; izteiciens; as the s. goes – kā mēdz teikt; it goes without s. – tas ir pats par sevi saprotams; there is no s. – kas to lai zina
scab [skæb] **I** *n* **1**. krevele; **2**. *med.* kašķis; **II** *v* pārklāties ar kreveli
scabbard ['skæbəd] *n* (*zobena*) maksts
scabby ['skæbi] *a* **1**. kreveļains; **2**. *sl.* nelietīgs
scabies ['skeibi:z] *n med.* kašķis
scabious ['skeibiəs] *a* kašķains
scabrous ['skeibrəs] *a* **1**. grumbuļains; nelīdzens; **2**. delikāts, kutelīgs; **3**. neķītrs
scad [skæd] *n* stavrida
scaffold ['skæfəld] **I** *n* **1**. sastatnes; **2**. ešafots (*podests giljotīnai*); **II** *v* uzcelt sastatnes
scaffolding ['skæfəldiŋ] *n* sastatnes
scag [skæg] *n sl.* heroīns
scald [skɔ:ld] **I** *n* applaucējums; **II** *v* **1**. applaucēt; **2**. pasterizēt; **3**. *kul.* blanšēt
scale[a] [skeil] **I** *n* **1**. zvīņa; zvīņas; **2**. zobakmens; **3**. katlakmens; **II** *v* notīrīt zvīņas
scale[b] [skeil] *n* **1**. svaru kauss; to tip the ~s – (*at*) *sar.* likt nosvērties kausam (*par labu kaut kam*); **2**. *pl* svari; **3**.: the Scales *astr.* – Svari (*zvaigznājs un zodiaka zīme*); ◇ to hold the ~s even – spriest objektīvi
scale[c] [skeil] **I** *n* **1**. mērogs; on a large s. – plašā mērogā; **2**. skala; **3**. pakāpe; līmenis; **4**. *mūz.* gamma; to practice ~s – spēlēt gammas; **II** *v* noteikt mērogu

scaled [skeild] *sk.* **scaly**
scaling-ladder ['skeiliŋlædə] *n* 1. sastatņu kāpnes; 2. ugunsdzēsēju kāpnes
scalp [skælp] **I** *n* 1. skalps; 2. *sar.* trofeja; **II** *v* 1. noskalpēt; 2. *amer. sar.* spekulēt ar biļetēm
scalpel ['skælpəl] *n* skalpelis
scaly ['skeili] *a* 1. zvīņains; 2. pārklājies ar katlakmeni
scam [skæm] *n* 1. nelegāls bizness; 2. plāns; viltība
scamp[a] [skæmp] *n* nebēdnis
scamp[b] [skæmp] *v* paviršī strādāt
scamper ['skæmpə] **I** *n* 1. skriešana; 2. pārlapošana; paviršā pārlasīšana; **II** *v* jozt
scampish ['skæmpiʃ] *n* nebēdnīgs
scan [skæn] *v* 1. pētīt; vērot; 2. *dat., med.* skanēt
scandal ['skændl] *n* 1. skandāls; negods; 2. tenkas; to talk s. – tenkot
scandalize ['skændəlaiz] *v* 1. sacelt skandālu; 2. izraisīt sašutumu
scandalmonger ['skændl,mʌŋgə] *n* tenkotājs
scandalous ['skændləs] *a* 1. skandalozs; apkaunojošs; 2. apmelojošs
Scandinavian [,skændi'neiviən] **I** *n* 1. skandināvs; skandināviete; 2. skandināvu valodas; **II** *a* skandināvu-
scanner ['skænə] *n* 1. *dat., med.* skaneris; 2. *telev.* izvērses iekārta
scanning ['skæniŋ] **I** *n* 1. *dat., med.* skanēšana; 2.: ~s – ieskanētie materiāli (*attēli, teksts*); **II** *a* rastra-
scant [skænt] **I** *a* nabadzīgs; trūcīgs; **II** *v* skopoties
scantling ['skæntliŋ] *n* 1. neliels daudzums; 2. trafarets; 3. mucas steķi
scanty ['skænti] *a* nabadzīgs; trūcīgs
scape [skeip] *n* stiebrs; kāts
scapegoat ['skeipgəʊt] *n* grēkāzis

scaphander [skə'fændə] *n* 1. skafandrs; 2. glābšanas veste
scapula ['skæpjʊlə] *n* (*pl* scapulae ['skæpjʊli:]) *anat.* lāpstiņa
scar[a] [skɑ:] **I** *n* 1. rēta; 2. skramba; **II** *v* 1. atstāt rētu; 2. (*arī* to s. over) sadzīt (*par brūci*)
scar[b] [skɑ:] *n* klints
scarab ['skærəb] *n* skarabejs
scarce [skeəs] *a* 1. nepietiekams, trūcīgs; 2. rets; to make oneself s. – pazust
scarcely ['skeəsli] *adv* [tik] tikko; I s. think so – es gan tā nedomāju
scarcity ['skeəsəti] *n* 1. (*of*) nepietiekamība; trūkums; 2. retums
scare [skeə] **I** *n* izbīlis; **II** *v* nobiedēt
scarecrow ['skeəkrəʊ] *n* putnubiedēklis
scaremonger ['skeə,mʌŋgə] *n* panikas cēlējs
scarf[a] [skɑ:f] *n* (*pl* scarfs [skɑ:fs] *vai* scarves [skɑ:vz]) šalle; kaklauts
scar[b] [skɑ:f] **I** *n* slīpums; **II** *v* nošķelt slīpi
scarfskin ['skɑ:fskin] *n anat.* epiderma
scarlet ['skɑ:lət] **I** *n* 1. purpursarkana krāsa; 2. purpursarkana mantija; **II** *a* purpursarkans; s. fever *med.* – skarlatīna
scarves *sk.* **scarf**[a]
scary ['skeəri] *a sar.* 1. šausmīgs; 2. bailīgs
scat *int sl.* prom!
scathe [skeið] **I** *n* kaitīgums; ļaunums; **II** *v* kaitēt
scatheless ['skeiðləs] *a* neskarts; vesels
scathing ['skeiðiŋ] *a* kaitējošs; ļauns
scatter ['skætə] *v* 1. izkaisīt; izsvaidīt; 2. izklīdināt; 3. izklīst; 4. izšķērdēt
scatterbrain ['skætəbrein] *n* vējgrābslis
scatty ['skæti] *a sar.* paviegls

scavenge [′skævindʒ] v **1.** novākt atkritumus; **2.** rakņāties pa atkritumiem
scavenger [′skævindʒə] n **1.** atkritumu aizvācējs; **2.** maitēdājs
scenario [si′nɑ:riəʊ] n (pl scenarios [si′nɑ:riəʊz]) scenārijs
scene [si:n] n **1.** (*darbības*) vieta; **2.** *teātr.* aina; **3.** dekorācija; behind the ~s – aiz kulisēm; **4.** skats; ainava; **5.** tracis; to make a s. – sarīkot traci
scene-designer [′si:ndi‚zainə] n scenogrāfs
scenery [′si:nəri] n **1.** dekorācijas; **2.** ainava
sceneshifter [′si:n‚ʃiftə] n skatuves strādnieks
scenic [′si:nik] a **1.** scēnisks; skatuvisks; **2.** teatrāls; the s. art – dramatiskā māksla; **3.** gleznains
scent [sent] I n **1.** smarža; **2.** smaržas; to put [some] s. (*on*) – sasmaržoties; **3.** (*zvēra*) pēdas; false s. – nepareizas pēdas; hot s. – svaigas pēdas; to be off the s., to get the wrong s. – 1) pazaudēt pēdas (*par mednieku*); 2) būt uz maldu ceļa; II v **1.** saost; **2.** sasmaržot; ⬜ to s. **out** – 1) saost; 2) sadzīt pēdas
sceptic [′skeptik] n skeptiķis
sceptical [′skeptikl] a skeptisks
scepticism [′skeptisizəm] n skepticisms
sceptre [′septə] n scepteris; valdnieka zizlis
schedule [′ʃedju:l] I n **1.** grafiks; saraksts; **2.** *tehn.* režīms; II v **1.** sastādīt grafiku; **2.** ieplānot; paredzēt
schematic [ski:′mætik] a shematisks
scheme [ski:m] I n **1.** plāns; projekts; **2.** sistēma; **3.** konspekts; **4.** intriga; II v **1.** plānot; projektēt; **2.** vērpt intrigas

schemer [′ski:mə] n **1.** intrigants; **2.** plānotājs
scheming [′ski:miŋ] a viltīgs
schizo [′skitsəʊ] n *sar.* šizofrēniķis
schizophrenia [‚skitsəʊ′fri:niə] n šizofrēnija
schizophrenic [‚skitsəʊ′frenik] n šizofrēniķis
scholar [′skɒlə] n **1.** izglītots cilvēks; **2.** stipendiāts; **3.** *novec.* skolnieks
scholarship [′skɒləʃip] n **1.** zināšanas; erudīcija; **2.** stipendija
school[a] [sku:l] I n **1.** skola; elementary s. – pamatskola; higher s. – augstskola; secondary s. – vidusskola; **2.** fakultāte; **3.** skola; virziens (*literatūrā, mākslā*); II v skolot; apmācīt
school[b] [sku:l] I n (*zivju*) bars; II v pulcēties baros (*par zivīm*)
schoolboy [′sku:lbɔi] n skolnieks
schoolfellow [′sku:l‚feləʊ] n skolasbiedrs
schoolgirl [′sku:lgɜ:l] n skolniece
schoolmaster [′sku:l‚mɑ:stə] n skolotājs
schoolmate [′sku:lmeit] n skolasbiedrs
schoolmistress [′sku:l‚mistrəs] n skolotāja
schoolroom [′sku:lru:m] n klase (*telpa*)
schooltime [′sku:ltaim] n **1.** nodarbību laiks; **2.** skolas gadi
schooner [′sku:nə] n šoneris
sciatic [sai′ætik] n *anat.* sēžas-; s. nerve – sēžas nervs
sciatica [sai′ætikə] n *med.* išiass
science [′saiəns] n **1.** zinātne; **2.** meistarība; prasme
science fiction [‚saiəns ′fikʃn] n zinātniskā fantastika
scienter [‚sai′entə] adv *jur.* apzināti
scientific [‚saiən′tifik] a **1.** zinātnisks; **2.** meistarīgs; prasmīgs
scientist [′saiəntist] n zinātnieks

sci-fi [ˌsaiˈfai] *n* (*saīs. w* science fiction) zinātniskā fantastika
scimitar [ˈsimitə] *n* līks austrumnieku zobens
scission [ˈsiʒn] *n* **1.** pārgriešana; **2.** *fiz.* sašķelšana
scissor [ˈsizə] *v* griezt (*ar šķērēm*); ◊ to s. **off** – nogriezt; to s. **out** – izgriezt; to s. **up** – sagriezt (*gabalos*)
scissors [ˈsizəz] *n* (*arī* pair of s.) šķēres
sclerosis [skliəˈrəʊsis] *n* (*pl* scleroses [skliəˈrəʊsiːz]) *med.* skleroze
sclerotic [skliəˈrɒtik] *a* sklerotisks
scobs [skɒbz] *n pl* skaidas
scoffᵃ [skɒf] **I** *n* **1.** izsmiekls; **2.** izsmiekla objekts; **II** *v* izsmiet
scoffᵇ [skɒf] *sl.* **I** *n* ēdiens; **II** *v* kāri ēst; rīt
scoffer [ˈskɒfə] *n* zobgalis
scold [skəʊld] **I** *n* ķildīga sieviete; **II** *v* bārt; rāt
scolding [ˈskəʊldiŋ] *n* bāriens; rājiens
scollop [ˈskɒləp] *sk.* **scallop**
scon [skɒn] *sk.* **scone**
sconceᵃ [skɒns] *n* sienas svečturis
sconceᵇ [skɒns] *n mil.* nocietinājumi
scone [skɒn, *amer.* skəʊn] **I** *n* (*kviešu, miežu*) plācenis; **II** *v sl.* sist
scoop [skuːp] **I** *n* **1.** liekšķere; **2.** smeļamais kauss; **3.** (*ekskavatora*) kauss; **4.** *sar.* lielais laimests; **II** *v* **1.** (*arī* to s. out, to s. up) izsmelt; **2.** [iz]rakt; **3.** *sar.* gūt lielu peļņu; **4.** *sar.* apsteigt (*konkurentu*)
scoopnet [ˈskuːpnet] *n* dukurs (*zivju ķeršanai*)
scoot [skuːt] *v sar.* bēgt
scooter [ˈskuːtə] *n* **1.** skrejritenis; **2.** motorollers; **3.** skuters
scopeᵃ [skəʊp] *n* **1.** (*izpausmes*) iespēja; **2.** kompetence; **3.** (*darbības*) sfēra

scopeᵇ [skəʊp] *n* **1.** (*saīs. no* microscope) mikroskops; **2.** (*saīs. no* periscope) periskops; **3.** (*saīs. no* telescope) teleskops
scorch [skɔːtʃ] **I** *n* **1.** apdegums; **2.** *sar.* drāšanās; joņošana; **II** *v* **1.** apdedzināt; apsvilināt; **2.** apdegt; apsvilt; **3.** nokritizēt; **4.** *sar.* drāzties, joņot
scorcher [ˈskɔːtʃə] *v* **1.** *sar.* tveicīga diena; **2.** *sl.* sensācija
score [skɔː] **I** *n* **1.** iegriezums; ierobojums; **2.** punktu skaits (*spēlē*); **3.** iemesls; pamats; **4.** veiksme; **5.** *mūz.* partitūra; **II** *v* **1.** iegriezt; ierobot; **2.** skaitīt punktus (*spēlē*); **3.** gūt sekmes; **4.** *sar.* paveikt; **5.** *sl.* pirkt narkotikas; **6.** *sl.* gūt peļņu no nelegālas darbības; ◊ to s. **off** *sar.* – uzvarēt, gūt virsroku; to s. **out** – izsvītrot; to s. **under** – pasvītrot
scoreboard [ˈskɔːbɔːd] *n* tablo (*sportā*)
scorn [skɔːn] **I** *n* **1.** nicinājums; **2.** izsmiekla objekts; **II** *v* nicināt
scornful [ˈskɔːnfʊl] *a* nicinošs
Scorpio [ˈskɔːpiəʊ] *n* Skorpions (*zvaigznājs un zodiaka zīme*)
scorpion [ˈskɔːpiən] *n* skorpions
Scot [skɒt] *n* skots
scot [skɒt] *n vēst.* nodoklis
Scotch [skɒtʃ] **I** *n* **1.**: the S. – skoti; **2.** skotu dialekts; **3.** *sar.* skotu viskijs; **II** *a* skotu-
scotch [skɒtʃ] **I** *n* **1.** iegriezums; **2.** *tehn.* ķīlis; **II** *v* **1.** ievainot; **2.** likvidēt; **3.** bremzēt (*ar ķīli*)
Scotchman [ˈskɒtʃmən] *n* skots
Scotch tape [ˌskɒtʃ ˈteip] *n* līmlente
Scotchwoman [ˈskɒtʃˌwʊmən] *n* skotiete
scoter [ˈskəʊtə] *n* melnā pīle
scot-free [ˌskɒtˈfriː] **I** *a* **1.** neskarts; **2.** ne-

sodīts; **II** *adv* nesodīti; to get off s.-f. – tikt cauri sveikā
Scotland Yard [ˌskɒtlənd'jɑːd] *n* Skotlendjards (*Londonas kriminālpolicija*)
Scots [skɒts] **I** *n* skotu dialekts; **II** *a* skotu-
Scotsman ['skɒtsmən] *sk.* **Scotchman**
Scotswoman ['skɒtsˌwʊmən] *sk.* **Scotchwoman**
Scottish ['stkɒtiʃ] *a* 1. Skotijas-; skotu-; 2. *sar.* skops
scoundrel ['skaʊndrəl] *n* nelietis
scour[a] ['skaʊə] **I** *n* 1. mazgāšana; 2. izskalojums; 3. ķīmisks mazgāšanas līdzeklis; 4. *vet.* caureja; **II** *v* 1. mazgāt; tīrīt; 2. izskalot (*par ūdeni*)
scour[b] ['skaʊə] *v* pārmeklēt
scourge [skɜːdʒ] **I** *n* 1. pletne; 2. nedienas; posts; ◊ the white s. – dilonis; **II** *v* 1. pērt ar pletni; 2. sodīt; šaustīt
scout[a] [skaʊt] **I** *n* 1. izlūks; 2. (*arī* Boy s.) skauts; **II** *v* izlūkot; ◊ to s. **out** – sameklēt
scout[b] [skaʊt] *v* nicinoši noraidīt (*lūgumu, priekšlikumu*)
scoutmaster ['skautˌmɑːstə] *n* skautu vadītājs
scow [skaʊ] *n* plakandibena laiva
scowl [skaʊl] **I** *n* drūms skatiens; **II** *v* (*at*) drūmi skatīties
scrabble ['skræbl] *v* skribelēt
scrag [skræg] **I** *n* 1. kaulukambaris (*par dzīvnieku*); 2. *kul.* (*jēra*) kakla gabals; 3. *sl.* sprands; **II** *v* 1. *sar.* apgriezt sprandu; 2. *sar.* žņaugt; 3. *sl.* sist
scraggy ['skrægi] *a* 1. izdēdējis; noliesējis; 2. liess (*par gaļu*)
scram [skræm] *v sl.*: s.! – pazudi!
scramble ['skræmbl] **I** *n* 1. rāpšanās; 2. kautiņš; 3. juceklis; 4. motobraukšanas sacīkstes (*šķēršļotā distancē*); **II** *v* 1. rāpties; 2. ložņāt (*par augu*); 3. (*for*) cīnīties; 4. izkaisīt; 5. sakult (*olas*)
scrambled eggs [ˌskræmbld 'egz] *n* olu kultenis
scran [skræn] *n sar.* ēdiena paliekas; ◊ bad s. to you! – kaut tu izčibētu!
scrap[a] [skræp] *n* 1. gabals; 2. strēmele; 3. *pl* (*ēdiena*) atliekas; 4. (*laikraksta*) izgriezums; 5. metāllūžņi
scrap[b] [skræp] *sar.* **I** *n* kautiņš; **II** *v* kauties
scrape [skreip] **I** *n* 1. [no]skrāpēšana; 2. skramba; 3. *sar.* skūšanās; **II** *v* 1. [no]skrāpēt; to s. one's chin – skūties; 2. (*against, on*) nobrāzt; 3. pievilkt kāju (*sasveicinoties*); to bow and s. – klanīties; 4. skopoties
scraper ['skreipə] *n* 1. (*metāla*) kājslauķis; 2. skrāpis; 3. skopulis
scrap iron ['skræp ˌaiən] *n* metāllūžņi
scrap metal ['skræp 'metl] *sk.* **scrap iron**
Scratch [skrætʃ] *n*: the Old S. – velns
scratch [skrætʃ] **I** *n* 1. skramba; 2. kasīšanās; 3. *sp.* starta līnija; **II** *v* 1. ieskrambāt; 2'. kasīt; 3. kasīties
scratchcat ['skrætʃkæt] *n* fūrija
scratchwig ['skretʃwig] *n* šinjons
scratchy ['skrætʃi] *a* ass, raupjš
scrawl [skrɔːl] **I** *n* skribelējums; neskaidrs raksts; **II** *v* skribelēt
scream [skriːm] **I** *n* 1. [spalgs] kliedziens; spiedziens; 2. *sar.* saldējums; 3. *sl.* aušīga ideja; 4. *sl.* joks; **II** *v* 1. [spalgi] kliegt; spiegt; 2. gaudot, kaukt (*par sirēnu, vēju*)
screamy ['skriːmi] *a* 1. griezīgs; spalgs; 2. kliedzošs (*par krāsu*)
screech [skriːtʃ] **I** *n* 1. spalgs kliedziens; 2. griezīga skaņa; 3. *sl.* lēts viskijs; **II** *v* 1. spalgi kliegt; 2. kaukt (*par bremzēm*)

screech owl ['skri:tʃaʊl] *n* **1.** plīvurpūce; **2.** nelaimes vēstnesis
screed [skri:d] *n* spriedelējums
screen [skri:n] **I** *n* **1.** ekrāns; **2.** aizslietnis; **3.** aizsegs; **4.** *mil.* konvojs; **II** *v* **1.** nodalīt (*ar aizslietni*); **2.** aizklāt; aizsegt; **3.** slēpt; **4.** demonstrēt uz ekrāna; **5.** ekranizēt
screening ['skri:nɪŋ] *n* **1.** sijāšana; **2.** filmas demonstrēšana
screenplay ['skri:npleɪ] *n* kinoscenārijs
screw [skru:] **I** *n* **1.** (*arī* male s.) skrūve; female s. – uzgrieznis; **2.** *tehn.* gliemezis; **3.** (*lidmašīnas*) propelleris; **4.** (*kuģa*) dzenskrūve; **5.** *sl.* cietumsargs; **6.** *sar.* sīkstulis, skopulis; **7.** *sl.* kleperis; ◇ you miss that [one] final s.; you have a s. loose – tev trūkst vienas skrūvītes; **II** *v* **1.** pieskrūvēt; **2.** izspiest; izgriezt (*ūdeni*); **3.** skopoties; **4.**: to be ~ed *sl.* – būt piedzērušam
screwball ['skru:bɔ:l] *n amer. sl.* muļķis
screwbolt ['skru:bəʊlt] *n* skrūve; bultskrūve
screwdriver ['skru:ˌdraɪvə] *n* **1.** skrūvgriezis; **2.** *amer.* skrūve (*degvīns ar sulu*); **3.** *sl.* cietuma uzraugs
screwnut ['skru:nʌt] *n* uzgrieznis
screw-propeller [ˌskru:prə'pelə] *n* **1.** (*kuģa*) dzenskrūve; **2.** (*lidmašīnas*) propelleris
screwtap ['skru:tæp] *n tehn.* vītņurbis
screwwheel ['skru:wi:l] *n tehn.* zobrats
screwy ['skru:ɪ] *a* **1.** *sar.* jucis; **2.** dīvains; **3.** skops; **4.** *sl.* piedzēries
scribal ['skraɪbl] *a* pārrakstīšanās-; s. error – pārrakstīšanās kļūda
scribble ['skrɪbl] **I** *n* skribelējums; neskaidrs raksts; **II** *v* skribelēt; neskaidri rakstīt
scribbler ['skrɪblə] *n* rakstniekelis

scrim [skrɪm] *n* rupjš linaudekls
scrimmage ['skrɪmɪdʒ] **I** *n* kautiņš; **II** *v* piedalīties kautiņā
scrimp [skrɪmp] *v* skopoties
scrimpy ['skrɪmpɪ] *a* **1.** trūcīgs; **2.** skops
scrimshank ['skrɪmʃæŋk] *v sl.* izvairīties no pienākuma
script [skrɪpt] **I** *n* **1.** raksts; rokraksts; **2.** *jur.* (*dokumenta*) oriģināls; **3.** (*radio, televīzijas raidījuma*) scenārijs; **4.** (*aktiera lomas*) manuskripts; **II** *v* rakstīt scenāriju
scriptural ['skrɪptʃərəl] *a* Bībeles-; Svēto rakstu-
scripture ['skrɪptʃə] *n* **1.** (Holy S., the Scriptures) Bībele; **2.** Svētie raksti
scriptwriter ['skrɪptˌraɪtə] *n* **1.** (*filmu, radio vai televīzijas uzvedumu*) scenārists; **2.** programmētājs
scroll [skrəʊl] **I** *n* **1.** (*papirusa, pergamenta*) rullis; **2.** spirāle; **II** *v* **1.** rotāt vītnēm; **2.** pārtīt; pārvietot
scrollsaw ['skrəʊlsɔ:] *n* finierzāģītis
scrooge [skru:dʒ] *n niev.* sīkstulis; skopulis
scroop [skru:p] **I** *n* čirkstoņa; **II** *v* čirkstēt
scrotum ['skrəʊtəm] *n* (*pl* scrota ['skrəʊtə] *vai* scrotums) *anat.* sēklinieku maisiņš
scrubᵃ [skrʌb] *n* **1.** brikšņi; **2.** nenozīmīgs cilvēks
scrubᵇ [skrʌb] **I** *n* **1.** beršana (*ar suku*); **2.** suka; **II** *v* **1.** berzt (*ar suku*); **2.** (*par ķirurgu*) mazgāt rokas (*pirms operācijas*); **3.** atcelt; anulēt; **4.** *sar.* pamest; **5.** *sar.* atlaist (*no darba*)
scrubberᵃ ['skrʌbə] *n* skrāpis
scrubberᵇ ['skrʌbə] *n niev.* padauza
scrubby ['skrʌbɪ] *a* **1.** maza auguma-; **2.** nenozīmīgs; **3.** sarains; neskūts

scruffᵃ [skrʌf] *n* skausts, sprands
scruffᵇ [skrʌf] *n sar*. netīrelis
scruffy ['skrʌfi] *a sar*. nekārtīgs; netīrs
scrumptious ['skrʌmpʃəs] *a* burvīgs, brīnišķīgs
scrunch [skrʌntʃ] *v* 1. čaukstēt; 2. burzīt
scruple [skru:pl] **I** *n* sirdsapziņas pārmetumi; **II** *v* kautrēties
scrupulosity [,skru:pjʊ'lɒsəti] *n* 1. apzinīgums; 2. pedantisms; sīkumainība
scrupulous ['skru:pjʊləs] *a* 1. apzinīgs; 2. sīkumains
scrutineer [,skru:ti'niə] *n* vēlēšanu biļetenu pārbaudītājs
scrutinize ['skru:tinaiz] *v* rūpīgi pārbaudīt
scrutiny ['skru:tini] *n* 1. rūpīga pārbaude; 2. vēlēšanu rezultātu pārbaude
scuba ['sku:bə] *n* aparāts elpošanai zem ūdens
scud [skʌd] **I** *n* traukšanās; **II** *v* traukties
scuff [skʌf] *v* 1. šļūkāt; 2. nodilt
scuffle ['skʌfl] **I** *n* kautiņš; **II** *v* kauties
scull [skʌl] *n* **I** īss airis; **II** *v* airēt
sculler ['skʌlə] *n* 1. airētājs; 2. neliela laiva
sculptor ['skʌlptə] *n* skulptors
sculptress ['skʌlptrəs] *n* skulptore
sculpture ['skʌlptʃə] **I** *n* skulptūra; **II** *v* veidot; kalt
scum [skʌm] **I** *n* 1. putas; 2. atkritumi; 3. (*arī* the s. of the earth) (*sabiedrības*) padibenes; 4. nelietis; **II** *v* 1. nosmelt putas; 2. putot
scummy ['skʌmi] *a* 1. putains; 2. *sl*. neglīts
scunner ['skʌnə] *n* riebums
scupper ['skʌpə] *v* 1. nogremdēt kuģi; 2. *sar*. izjaukt (*plānu*)
scurf [skɜ:f] *n* blaugznas
scurfy ['skɜ:fi] *a* blaugznains

scurrility [skʌ'riləti] *n* rupjība; piedauzība
scurrilous ['skʌriləs] *a* rupjš; piedauzīgs
scurry [skʌri] **I** *n* traukšanās; **II** *v* traukties
scurvy ['skɜ:vi] *n med*. cinga, skorbuts
scut [skʌt] *n* ļipa
scutch [skʌtʃ] **I** *n* kulstīkla; **II** *v* kulstīt (*linus*)
scutcheon ['skʌtʃən] *n* 1. ģerbonis; 2. plāksnīte ar uzvārdu
scutcher ['skʌtʃə] *n* kulstīkla
scuttleᵃ ['skʌtl] **I** *n* 1. lūka; 2. caurums (*kuģa sānos*); **II** *v* nogremdēt kuģi (*izsitot caurumus sānos*)
scuttleᵇ ['skʌtl] **I** *n* bēgšana; **II** *v* bēgt
scutum ['skju:təm] *n* (*pl* scuta ['skju:tə]) *bot., zool*. bruņas
scythe [saið] **I** *n* izkapts; **II** *v* pļaut
sea [si:] *n* jūra; at s. – uz jūras; by s. – pa jūru; by the s. – pie jūras; on the s. – jūrā; to put [out] to s. – doties jūrā
seabank ['si:bæŋk] *n* 1. dambis; aizsprosts; 2. jūrmala
seabed ['si:bed] *n* jūras dibens
sea-biscuit ['si:,biskit] *n* galete
seaborne ['si:bɔ:n] *a* atvests pa jūru
seacalf ['si:ka:f] *n* ronis
sea-chest ['si:tʃest] *n* jūrnieka lāde
seacow ['si:kaʊ] *n* valzirgs
seacraft ['si:kra:ft] *n* 1. jūras kuģis; 2. kuģošanas prasme
seadog ['si:dɒg] *n* 1. ronis; 2. jūras vilks; 3. pirāts
seafarer ['si:,feərə] *n poēt*. jūrasbraucējs
seafaring ['si:,feəriŋ] *n* jūrniecība
seafloor ['si:flɔ:] *n* jūras dibens
seafolk ['si:fəʊk] *n* jūrnieki
sea gauge ['si: geidʒ] *n jūrn*. 1. lote; 2. (*kuģa*) iegrime
sea-girt ['si:gɜ:t] *a poēt*. jūras ieskauts

seagoing [ˈsiːˌgəʊiŋ] *a* okeāna-; tālbraucējs- (*par kuģi*)
seagull [ˈsiːgʌl] *n* kaija
seahorse [ˈsiːhɔːs] *n* 1. jūras zirdziņš; 2. valzirgs
seajelly [ˈsiːˌdʒeli] *n* medūza
seaking [ˈsiːkiŋ] *n* vikings
seal[a] [siːl] I *n* 1. ronis; 2. roņāda; II *v* medīt roņus
seal[b] [siːl] I *n* 1. zīmogs; Great S., State S. – lielais valsts zīmogs (*Anglijā*); Privy S. – mazais valsts zīmogs (*Anglijā*); 2. *tehn.* izolācija; 3. *tehn.* virzuļa gredzens; ◇ s. of love *poēt.* – skūpsts; II *v* 1. apzīmogot; 2. (*arī* to s. up) aizzīmogot; 3. cieši noslēgt; my lips are ~ed – es klusēju; 4. apstiprināt
sealane [ˈsiːlein] *n* jūrasceļš
sealer [ˈsiːlə] *n* 1. roņu mednieks; 2. roņu zvejaskuģis
sealery [ˈsiːləri] *n* roņu apmetne
sealine[a] [ˈsiːlain] *n* 1. krasta līnija; 2. jūras horizonts
sealine[b] [ˈsiːlain] *n* 1. makšķeraukla; 2. *jūrn.* līne
sealing wax [ˈsiːliŋ wæks] *n* zīmoglaka
seal ring [ˈsiːl riŋ] *n* zīmoggredzens
seam [siːm] I *n* 1. vīle; šuve; 2. grumba; 3. *ģeol.* slānis; 4. *tehn.* šuve; ◇ to burst at the ~s *sar.* – būt pārpildītam; II *v* 1. sašūt; 2. [iz]vagot; face ~ed with wrinkles – grumbām izvagota seja
seamaid [ˈsiːmeid] *n* nāra
seaman [ˈsiːmən] *n* jūrnieks; matrozis
seamark [ˈsiːmɑːk] *n* navigācijas zīme
seamew [ˈsiːmjuː] *sk.* **seagull**
seamless [ˈsiːmləs] *a* bezšuves-
seamstress [ˈsemstrəs] *n* šuvēja
seance [ˈseiɑːns] *n* 1. sapulce; 2. seanss
seapiece [ˈsiːpiːs] *n glezn.* jūras ainava

sear [siə] I *a* nokaltis; sauss; s. leaves – nokaltušas lapas; II *v* 1. *med.* piededzināt; 2. *pārn.* nocietināt (*sirdi*); 3. izkaltēt
search [sɜːtʃ] I *n* 1. meklēšana; 2. kratīšana; II *v* 1. (*for*) meklēt; 2. kratīt; pārmeklēt; ◇ s. me! – man nav ne jausmas!
searching [ˈsɜːtʃiŋ] I *n* 1. meklēšana; 2. pārmeklēšana; II *a* 1. pamatīgs; rūpīgs; 2. pētošs (*par skatienu*)
searchlight [ˈsɜːtʃlait] *n* prožektors
search warrant [ˈsɜːtʃ ˌwɒrənt] *n* kratīšanas orderis
sea rover [ˈsiː ˌrəʊvə] *n* 1. pirāts; 2. pirātu kuģis
seascape [ˈsiːskeip] *sk.* **seapiece**
seaserpent [ˈsiːˌsɜːpənt] *n* jūras čūska
seashore [ˈsiːʃɔː] *n* liedags; pludmale
seasick [ˈsiːsik] *a* slims ar jūras slimību
seasickness [ˈsiːsiknəs] *n* jūras slimība
seaside [ˈsiːsaid] *n* jūrmala
season [ˈsiːzn] I *n* 1. gadalaiks; 2. sezona; II *v* 1. aklimatizēt; pieradināt; 2. ļaut nostāvēties (*vīnam*); 3. izžāvēt (*kokmateriālus*); 4. pielikt garšvielas
seasonable [ˈsiːznəbl] *a* piemērots
seasonal [ˈsiːzənl] *a* sezonas-
seasoning [ˈsiːzniŋ] *n* 1. garšvielas; 2. (*vīna*) nostāvēšanās; 3. (*kokmateriālu*) izžāvēšana; 4. pikantums
season ticket [ˈsiːzn ˌtikit] *n* 1. sezonas biļete; 2. (*teātra*) abonements
seat [siːt] I *n* 1. sēdeklis; to keep a s. – palikt sēžot; to take a s. – apsēsties; 2. sēžamvieta; dibens; 3. sēdvieta; 4. amats; vieta; 5. *tehn.* vārsta ligzda; II *v* 1. apsēdināt; nosēdināt; 2. iecelt (*amatā*); 3. ietilpināt; the stadium ~s 10 000 – stadionā ir 10 000 vietu; 4. ievietot

seatbelt ['si:tbelt] *n* drošības josta
seating ['si:tiŋ] *n* **1.** nosēdināšana; **2.** sēdvietas; s. capacity – sēdvietu skaits
sea urchin ['si: 3:tʃin] *n* jūras ezis
seawall [,si:'wɔ:l] *n* dambis (*jūras piekrastē*)
seaward ['si:wəd] **I** *a* uz jūru vērsts; **II** *adv* uz jūru
seawards ['si:wədz] *adv sk.* **seaward II**
seaway ['si:wei] *n* **1.** kuģu ceļš; **2.** jūras viļņošanās
seaweed ['si:wi:d] *n* jūraszāle
seaworthy ['si:,wɜ:ði] *a* derīgs kuģošanai pa jūru (*par kuģi*)
sebaceous [sə'beiʃəs] *a fiziol.* tauku-; s. glands – tauku dziedzeri
sec[a] [sek] *n* (*saīs. no* second) *sar.* sekunde
Sec[b] [sek] *n* (*saīs. no* secretary) sekretārs; sekretāre
sec[c] [sek] *a* sauss (*par vīnu*)
seceteurs ['sekətəz] *n pl* dārza šķēres
secede [si'si:d] *v* (*from*) atdalīties; atšķelties
secession [si'seʃn] *n* atdalīšanās; atšķelšanās
secessionist [si'seʃnist] *n* atkritējs
seclude [si'klu:d] *v* nošķirt; to s. oneself from society – noslēgties no sabiedrības
seclusion [si'klu:ʒn] *n* **1.** nošķiršana; **2.** nošķiršanās; noslēgtība
second[a] ['sekənd] *n* **1.** sekunde; **2.** mirklis
second[b] ['sekənd] **I** *n* **1.** otrais datums; **2.** vērtējums «labi» (*Anglijas universitātēs*); **3.** otrās klases vagons; **4.** sekundants; **5.** *mūz.* sekunda; **II** *a* otrs; otrreizējs; s. helping – papildporcija; ◇ s. to none – nepārspēts; **III** *num.* otrais; s. floor – 1) trešais stāvs; 2) *amer.* otrais stāvs; s. sight – gaišredzība; s. wind *sp.* – otrā elpa; ◇ to play

the s. fiddle – spēlēt otro vijoli; **IV** *v* **1.** atbalstīt; **2.** būt sekundantam
second[c] [si'kɒnd] *v mil.* komandēt
secondary ['sekəndəri] **I** *n* **1.** apakšnieks; padotais; **2.** pārstāvis; **II** *a* **1.** sekundārs; **2.**: s. school – vidusskola; **3.** *ģeol.* mezozoja-
second-best [,sekənd'best] *a* otršķirīgs
second-class [,sekənd'kla:s] *a* otršķirīgs
seconder ['sekəndə] *n* (*priekšlikuma u.tml.*) atbalstītājs
second-degree [,sekənddi'gri:] *a* otrās pakāpes-
secondhand[a] ['sekənd,hænd] *n* (*pulksteņa*) sekunžu rādītājs
second-hand[b] [,sekənd'hænd] *a* **1.** lietots; s.-h. shop – lietotu apģērbu veikals; **2.** iepriekš dzirdēts; saklausīts; s.-h. ideas – aizgūtas idejas
secondly ['sekəndli] *adv* otrkārt
second-rate [,sekənd'reit] *a* otršķirīgs
second-rater [,sekənd'reitə] *n* viduvējība (*par cilvēku*)
secrecy ['si:krəsi] *n* **1.** slepenība; to bind smb. to s. – likt kādam glabāt noslēpumu; **2.** noslēgtība
secret ['si:krət] **I** *n* noslēpums; to keep a s. – glabāt noslēpumu; to let (take) smb. into the s. – uzticēt kādam noslēpumu; to divulge (give away, tattle) a s. – izpaust noslēpumu; **II** *a* slepens; the s. service – izlūkdienests
secretaire [,sekrə'teə] *n* sekretārs (*mēbele*)
secretariat [,sekrə'teəriət] *n* **1.** sekretariāts; **2.** sekretāra amats
secretary ['sekrətri] *n* **1.** sekretārs; S. General – ģenerālsekretārs; **2.** ministrs; **3.** sekretārs (*mēbele*)
secrete [si'kri:t] *v* **1.** *fiziol.* izdalīt; **2.** [no]slēpt

secretion [siˈkri:ʃn] *n* **1.** *fiziol.* sekrēcija; **2.** [no]slēpšana
secretive [ˈsi:krətiv] *a* (*par cilvēku*) noslēpumains; noslēdzies sevī
sect [sekt] *n* sekta
sectarian [sekˈteəriən] **I** *n* sektants; **II** *a* sektantisks
sectarianism [sekˈteəriənizəm] *n* sektantisms
section [ˈsekʃn] **I** *n* **1.** griezums, šķēlums; cross s. – šķērsgriezums; **2.** (*mēbeļu*) sekcija; **3.** nodaļa, sekcija; **4.** segments; daļa; **5.** *med.* grieziens; caesarean s. – ķeizargrieziens; **6.** paragrāfs; **II** *v* sadalīt
sectionalism [ˈsekʃnəlizəm] *n* sektantisms
section-mark [ˈsekʃnmɑ:k] *n* paragrāfa zīme
sector [ˈsektə] *n* sektors
secular [ˈsekjʊlə] *a* **1.** gadsimta-; **2.** laicīgs; pasaulīgs; ◇ the s. bird – fēnikss
secure [siˈkjʊə] **I** *a* **1.** drošs; paļāvīgs; **2.** (*of*) pārliecināts; **3.** nodrošināts; **II** *v* **1.** nodrošināt; garantēt; **2.** nostiprināt; nocietināt; **3.** apcietināt
security [siˈkjʊərəti] *n* **1.** drošība; **2.** nodrošinājums; garantija; social s. – sociālā nodrošināšana; **3.** aizsardzība; s. forces – drošības institūcijas; **4.** galvotājs
sedan [siˈdæn] *n* **1.** sedans (*virsbūves tips*); **2.** nestuves ar sēdekli
sedate [siˈdeit] *a* mierīgs; nosvērts
sedation [siˈdeiʃn] *n med.* nomierināšana
sedative [ˈsedətiv] *med.* **I** *n* nomierinošs līdzeklis; **II** *a* nomierinošs
sedentary [ˈsedntəri] *a* sēdošs; s. life – mazkustīgs dzīvesveids
sedge [sedʒ] *n* grīslis
sediment [ˈsedimənt] *n* **1.** nogulsnes; **2.** *ģeol.* nogulumiezis

sedimentary [ˌsediˈmentəri] *a* nogulšņu-
sedimentation [ˌsedimənˈteiʃn] *n* nogulsnēšanās
sedition [siˈdiʃn] *n* musināšana
seditious [siˈdiʃəs] *a* musinošs
seduce [siˈdju:s] *v* **1.** pavest (*sievieti*); **2.** vilināt
seduction [siˈdʌkʃn] *n* **1.** (*sievietes*) pavešana; **2.** vilinājums
seductive [siˈdʌktiv] *a* **1.** pavedinošs; **2.** vilinošs
sedulity [siˈdju:ləti] *n* uzcītība
sedulous [ˈsedjʊləs] *a* uzcītīgs
see[a] [si:] *n rel.*: the Holy S. – pāvesta krēsls
see[b] [si:] *v* (*p.* saw [sɔ:]; *p.p.* seen [si:n]) **1.** redzēt; **2.** aplūkot; apskatīt; to s. the sights – apskatīt ievērojamākās vietas; **3.** saprast; I s. – saprotu; **4.** iedomāties; iztēloties; **5.** apciemot; **6.** tikties; **7.** griezties pie; to s. the doctor – griezties pie ārsta; **8.** pavadīt; to s. smb. home – pavadīt kādu uz mājām; **9.** uzskatīt; to s. good (right) enough – uzskatīt par pietiekami labu; ▢ to s. **after** – pieskatīt; to s. **in** – sagaidīt (*svētkus*); to s. **into** – izskatīt, caurskatīt; to s. **off** – pavadīt; to s. **to** – parūpēties par; ◇ to s. eye to eye with smb. – būt vienādos uzskatos par kādu; to s. red (scarlet) – saniknoties; to s. the light – 1) piedzimt, nākt pasaulē; 2) nākt klajā; 3) apjēgt; to s. things – murgot
seed [si:d] **I** *n* **1.** sēkla; to go (run) to s. – 1) dot sēklas; 2) morāli pagrimt; **2.** [ie]dīglis; sākums; **II** *v* **1.** dot sēklas; **2.** [ap]sēt
seedbed [ˈsi:dbed] *n* dēstu dobe; lecekts
seedcoat [ˈsi:dkəʊt] *n* sēklas apvalks
seedfish [ˈsi:dfiʃ] *n* nārstojoša zivs

seeding-machine ['si:diŋmə'ʃi:n] *n lauks.* sējmašīna
seedleaf ['si:dli:f] *n bot.* dīgļlapa
seedless ['si:dləs] *a* bezsēklu-
seedlobe ['si:dləʊb] *n bot.* dīgļlapa
seedoil ['si:dɔil] *n* augu eļļa
seed time ['si:d taim] *n* sējas laiks
seed vessel ['si:d ˌvesl] *n* pogaļa
seedy ['si:di] *a* 1. sēklains; 2. noplūcis; 3. nevesels
seek [si:k] *v (p. un p.p.* sought [sɔ:t]) 1. meklēt; 2. lūgt; prasīt; to s. advice – lūgt padomu; 3. tiekties; ◊ to s. **out** – samēklēt
seem [si:m] *v* likties; šķist; it ~s – liekas
seeming ['si:miŋ] *a* šķietams
seemingly ['si:miŋli] *adv* 1. šķietami; 2. acīmredzot
seemly ['si:mli] *a* 1. atbilstošs; 2. pieklājīgs
seen *sk.* see
seep [si:p] *v* 1. sūkties [cauri]; 2. *pārn.* izplatīties *(par informāciju)*
seepage ['si:pidʒ] *n* sūkšanās
seer [siə] *n* gaišreģis
seesaw ['si:sɔ:] **I** *n* 1. šūpošanās uz dēļa *(rotaļa)*; 2. šūpoļu dēlis; 3. svārstīšanās; **II** *a* svārstīgs; **III** *v* 1. šūpoties uz dēļa; 2. svārstīties; šaubīties
seethe [si:ð] *v (p.* sod [sɒd]; *p.p.* sodden ['sɒdn]) mutuļot
segment I *n* ['segment] 1. segments; 2. *(apelsīna u. tml.)* daiva; **II** *v* [seg'ment] dalīt segmentos
segregate ['segrigeit] *v* 1. atdalīt; atšķirt; 2. atdalīties; atšķirties
segregated ['segrigeitid] *a* atšķirts
segregation [ˌsegri'geiʃn] *n* atšķiršana; racial s. *pol.* – rasu segregācija
seignior ['seinjə] *n vēst.* senjors; grand s. – ievērojama persona

seigniorage ['seinjəridʒ] *n vēst.* 1. senjora tiesības; 2. naudas kalšanas nodeva
seine [sein] **I** *n (zvejas)* vads; **II** *v* zvejot ar vadu
seise [si:z] *v jur.* ievest valdījumā
seism ['saizm] *n* zemestrīce
seismic ['saizmik] *a* seismisks
seismograph ['saizməgrɑ:f] *n* seismogrāfs
seize [si:z] *v* 1. satvert; sagrābt; 2. apķīlāt; 3. izmantot; to s. a chance – izmantot izdevību; 4. uztvert *(domu, jēgu)*; 5. *jur.* ievest valdījumā
seizin ['si:zin] *n jur.* dzimtīpašuma pārvaldīšana
seizure ['si:ʒə] *n* 1. satveršana; sagrābšana; 2. apķīlāšana
seldom ['seldəm] *adv* reti
select [sə'lekt] **I** *n* 1. izmeklēts; atlasīts; 2. izsmalcināts; **II** *v* izmeklēt; atlasīt
selection [sə'lekʃn] *n* 1. izlase; atlase; 2. *(preču)* izvēle; 3. *(literāru darbu)* izlase; 4. *biol.* selekcija; izlase
selectionist [sə'lekʃnist] *n* selekcionārs
selector [sə'lektə] *n* 1. vervētājs; atlasītājs; 2. sīks fermeris *(Austrālijā)*; 3. *tehn.* selektors
selenium [si'li:niəm] *n ķīm.* selēns
self [self] **I** *n (pl* selves [selvz]) pats
self-abandonment [ˌselfə'bændənmənt] *n* aizmirstība
self-abasement [ˌselfə'beismənt] *n* sevis pazemošana
self-abnegation [ˌself,æbni'geiʃn] *n* pašaizliedzība
self-absorbed [ˌselfəb'sɔ:bd] *a* egocentrisks
self-actualization [ˌself,æktʃʊəlai'zeiʃn] *n psih.* pašizziņa
self-assertion [ˌselfə'sɜ:ʃn] *n* pašapziņa; pašpārliecība

self-assertive [ˌselfə'sɜːtiv] *a* pašapzinīgs; pašpārliecināts
self-assumption [ˌselfə'sʌmpʃn] *n* augstprātība
self-assurance [ˌselfə'ʃʊərəns] *n* pašpārliecība
self-assured [ˌselfə'ʃʊəd] *a* pašpārliecināts
self-awareness [ˌselfə'weənəs] *n* pašapziņa
self-collected [ˌselfkə'lektid] *a* savaldīgs
self-command [ˌselfkə'mɑːnd] *n* pašsavaldība
self-communion [ˌselfkə'mjuːniən] *n* iedziļināšanās sevī
self-complacency [ˌselfkəm'pleisnsi] *n* pašapmierinātība
self-conceit [ˌselfkən'siːt] *n* iedomība
self-confident [ˌself'kɒnfidənt] *a* pašpaļāvīgs
self-contained [ˌselfkən'teind] *a* noslēdzies sevī
self-contradiction [ˌselfkɒntrə'dikʃn] *n* iekšēja pretruna
self-control [ˌselfkən'trəʊl] *n* pašpkontrole
self-criticism [ˌself'kritisizəm] *n* pašpkritika
self-defence [ˌselfdi'fens] *n* pašaizsardzība
self-denial [ˌselfdi'naiəl] *n* pašaizliedzība
self-destruction [ˌselfdi'strʌkʃn] *n* pašnāvība
self-effacing [ˌselfi'feisiŋ] *a* kautrīgs
self-employed [ˌselfim'plɔid] *a* brīvas profesijas-; s.-e. artist – brīvmākslinieks
self-esteem [ˌselfi'stiːm] *n* pašcieņa
self-evident [ˌself'evidənt] *a* pats par sevi saprotams
self-government [ˌself'gʌvənmənt] *n* pašvaldība

selfheal ['selfhiːl] *n bot.* zilgalvīte
self-immolation [ˌself,iməʊ'leiʃn] *n* pašsadedzināšanās
self-imposed [ˌselfim'pəʊzd] *a* labprātīgs
self-invited [ˌselfin'vaitid] *a* nelūgts (*par viesi*)
selfish ['selfiʃ] *a* egoistisks; savtīgs
selfishness ['selfiʃnəs] *n* egoisms; savtība
selfless ['selfləs] *a* nesavtīgs; pašaizliedzīgs
self-lighting [ˌself'laitiŋ] *a* pašuzliesmojošs
self-love [ˌself'lʌv] *n* patmīlība
self-made [ˌself'meid] *a*: s.-m. man – cilvēks, kurš pats visu sasniedzis
self-neglect [ˌselfni'glekt] *n* 1. nolaidība; 2. nesavtība
self-opinionated [ˌselfə'pinjəneitid] *a* 1. pašpārliecināts; 2. stūrgalvīgs
self-pity [ˌself'piti] *n* sevis žēlošana
self-pollination [ˌself'pɒli'neiʃn] *n bot.* pašapute
self-portrait [ˌself'pɔːtrit] *n* pašportrets
self-possessed [ˌselfpə'zest] *a* nosvērts, savaldīgs
self-possession [ˌselfpə'zeʃn] *n* nosvērtība, [paš]savaldība
self-preservation [ˌself,prezə'veiʃn] *n* pašsaglabāšanās; instinct of s.-p. – pašsaglabāšanās instinkts
self-questioning [ˌself'kwestʃəniŋ] *n* pašanalīze
self-regard [ˌselfri'gɑːd] *n* 1. egoisms; savtīgums; 2. pašcieņa
self-reliance [ˌselfri'laiəns] *n* pašpaļāvība
self-reliant [ˌselfri'laiənt] *a* pašpaļāvīgs
self-renunciation [ˌselfri,nʌnsi'eiʃn] *n* pašuzupurēšanās
self-respect [ˌselfri'spekt] *n* pašcieņa
self-restraint [ˌselfri'streint] *n* atturīgums

self-righteous [ˌselfˈraitʃəs] *a* paštaisns
self-seeker [ˌselfˈsiːkə] *n* **1.** egoists; **2.** karjerists
self-service [ˌselfˈsɜːvis] *a* pašapkalpošanās
selfsame [ˈselfseim] *n* tas pats
self-suggestion [ˌselfsəˈdʒestʃn] *n* pašiedvesma
self-taught [ˌselfˈtɔːt] *a* autodidaktisks
sell[a] [sel] *n sar.* **1.** blēdība; krāpšana; **2.** vilšanās; what a s.! – cik žēl!
sell[b] [sel] *v (p. un p.p.* sold [səʊld]) **1.** pārdot; to s. for a song – pārdot par smiekla naudu; **2.** tikt pārdotam; **3.** *sar.* piekrāpt; ◇ to s. smb. down the river – nodot kādu
seller [ˈselə] *n* pārdevējs; tirgotājs
seller's market [ˌseləz ˈmɑːkit] *n* tirgus, kur pieprasījums pārsniedz piedāvājumu
sell-out [ˈselaʊt] *n* **1.** izpārdota izrāde; **2.** *amer.* izpārdošana; **3.** nodevība
selves *sk.* **self I**
semaphore [ˈseməfɔː] **I** *n* **1.** semafors; **2.** *jūrn.* signalizēšana ar karodziņiem; **II** *v jūrn.* signalizēt ar karodziņiem
semblance [ˈsembləns] *n* āriene; izskats
semen [ˈsiːmən] *n biol.* sperma
semester [siˈmestə] *n* semestris
semiannual [ˌsemiˈænjʊəl] *a* pusgada-
semiautomatic [ˌsemiˌɔːtəˈmætik] *a* pusautomātisks
semibreve [ˈsemibriːv] *n mūz.* vesela nots
semicircle [ˈsemiˌsɜːkl] *n* pusaplis
semicolon [ˌsemiˈkəʊlən] *n gram.* semikols
semiconductor [ˌsemikənˈdʌktə] *n fiz.* pusvadītājs
semifinal [ˌsemiˈfainl] *n sp.* pusfināls
semifluid [ˌsemiˈfluːid] *a* pusšķidrs

semi-manufactured [ˌsemiˌmænjʊˈfæktʃəd] *a*: s. goods – pusfabrikāti
semimonthly [ˌsemiˈmʌnθli] **I** *n* izdevums, kas iznāk divreiz mēnesī; **II** *adv* divreiz mēnesī
seminal [ˈseminl] *a* **1.** *biol.* spermas-; **2.** auglīgs; radošs
semiprecious [ˌsemiˈpreʃəs] *a*: s. stone – pusdārgakmens
semiquaver [ˈsemiˌkweivə] *n mūz.* sešpadsmitdaļnots
semitone [ˈsemitəʊn] *n mūz.* pustonis
semiweekly [ˌsemiˈwiːkli] **I** *n* izdevums, kas iznāk divreiz nedēļā; **II** *adv* divreiz nedēļā
semolina [ˌseməˈliːnə] *n* mannas putraimi
senate [ˈsenit] *n* **1.** senāts; **2.** *(universitātes)* padome
senator [ˈsenətə] *n* senators
send [send] *v (p. un p.p.* sent [sent]) **1.** [no]sūtīt; to s. one's love – sūtīt sveicienus; **2.** *(on, upon)* uzsūtīt; pieburt *(lietu, murgus u. tml.)*; **3.** mest, sviest; **4.** novest *(kādā stāvoklī)*; **5.** *rad.* raidīt; ◇ to s. smb. about his business, to s. smb. flying (packing, to the right-about) – padzīt kādu; to s. smb. sprawling – notriekt kādu no kājām; to s. smb. to hell (to the devil) – aiztriekt kādu pie velna; to s. smb. away with a flea in the ear – 1) atlaist (no darba); 2) pazemot; to s. smb. up the river; to s. to the skies – aizraidīt uz viņpasauli; ☐ to s. **down** – 1) pazemināt *(cenas)*; 2) izslēgt *(no universitātes)*; 3) *sar.* ielikt cietumā; to s. **forth** – 1) izstarot *(gaismu)*; 2) laist *(saknes)*; to s. **on** – pāradresēt; to s. **up** – 1) pacelt *(cenas)*; 2) parodēt; 3) *amer. sar.* iebāzt cietumā

sender [ˈsendə] *n* 1. nosūtītājs; 2. *rad.* raidītājs; 3. *ek.* ekspeditors

send-off [ˈsendɒf] *n* 1. atvadas; izvadīšana; 2. cildinoša recenzija

send-up [ˈsendʌp] *n sar.* 1. izsmiešana; 2. parodija

senior [ˈsiːniə] **I** *n* 1. vecākais (*gados*); to be smb's s. – būt vecākam par kādu; 2. augstākstāvoša persona; **II** *a* vecākais (*gados vai amatā*); I am s. to him – es esmu vecāks par viņu

sensation [senˈseiʃn] *n* 1. sajūta; 2. sensācija

sensational [senˈseiʃnl] *a* 1. maņu-; sajūtu-; 2. sensacionāls

sensation monger [senˈseiʃn ˌmʌŋgə] *n* sensacionālu ziņu izplatītājs

sense [sens] **I** *n* 1. sajūta; the five ~s – maņu orgāni; the sixth s. – sestais prāts, intuīcija; 2. (*parasti pl*) apziņa, saprāts; common s. – veselais saprāts; s. of duty – pienākuma apziņa; s. of humor – humora izjūta; s. of proportion – mēra izjūta; to bring to one's ~s – vest pie prāta; to come to one's ~s – nākt pie prāta; to make s. – būt jēgai; to talk s. – runāt saprātīgi; 3. jēga; nozīme; **II** *v* 1. sajust; 2. apjēgt

senseless [ˈsensləs] *a* 1. bezjēdzīgs; 2. bez samaņas-

sensibility [ˌsensiˈbiləti] *n* 1. jutīgums; 2. (*mēraparatūras*) precizitāte

sensible [ˈsensəbl] *a* 1. [sa]prātīgs; 2. jūtams; ievērojams; 3. pie samaņas esošs

sensitive [ˈsensitiv] *a* 1. (*to*) jutīgs; 2. emocionāls; 3. *tehn.* precīzs; 4. slepens

sensitive plant [ˈsensitiv ˈplɑːnt] *n bot.* mimoza

sensitivity [ˌsensiˈtivəti] *n* jūtīgums

sensor [ˈsensə] *n tehn.* devējs

sensuality [ˌsensjʊˈæləti] *n* juteklība

sent *sk.* **send**

sentence [ˈsentəns] **I** *n* 1. *jur.* spriedums; nominal (suspended) s. – nosacīts spriedums; to serve one's s. – izciest sodu; 2. *gram.* teikums; **II** *v* notiesāt; piespriest (*sodu*)

sententious [senˈtenʃəs] *a* pamācošs

sentiment [ˈsentimənt] *n* 1. jūtas; 2. viedoklis; public ~s – sabiedriskā doma; that's my ~s – tās ir manas domas; 3. sentimentalitāte

sentimental [ˌsentiˈmentl] *a* sentimentāls

sentimentality [ˌsentimənˈtæləti] *n* sentimentalitāte

sentinel [ˈsentinl] *n* sargs

sentry [ˈsentri] *n* 1. sargkareivis; 2. sardze

sentry box [ˈsentri bɒks] *n* sargbūda

sepal [ˈsepəl] *n bot.* kauslapa

separability [ˌsepərəˈbiləti] *n* dalāmība

separable [ˈsepərəbl] *a* atdalāms

separate **I** *a* [ˈseprət] 1. atdalīts; atšķirts; s. maintenance *jur.* – alimenti; 2. atsevišķs; **II** *v* [ˈsepəreit] 1. atdalīt; atšķirt; 2. atdalīties; atšķirties; 3. šķirties; 4. *mil.* demobilizēt

separatee [ˌsepərəˈtiː] *n* demobilizētais

separator [ˈsepəreitə] *n* 1. separators; 2. *lauks.* graudu tīrītājs; 3. *tehn.* starplika

sepsis [ˈsepsis] *n med.* sepse, asinssaindēšanās

septangle [ˈsepæŋgl] *n mat.* septiņstūris

septate [ˈsepteit] *a biol.* atdalīts ar šķērssienu

September [sepˈtembə] *n* septembris

septennial [sepˈteniəl] *a* septiņgadīgs

septet [sepˈtet] *n mūz.* septets

septilateral [ˌseptiˈlætərəl] *a* septiņsānu-

septuagenarian [ˌseptjʊədʒiˈneəriən] *a* septiņdesmitgadīgs (*starp 70 un 79 gadiem*)

septum ['septəm] *n* (*pl* septa ['septə]) *biol.* starpsiena

septuple ['septjʊpl] **I** *a* septiņkārtīgs; **II** *v* reizināt ar septiņi

sepulchral [si'pʌlkrəl] *a* 1. bēru-; kapu-; 2. drūms

sepulchre ['sepəlkə] **I** *n* kaps; kapenes; **II** *v* apbedīt

sequel ['si:kwəl] *n* 1. turpinājums; 2. sekas; in the s. – pēc tam

sequela [si'kwi:lə] *n* (*pl* sequelae [si'kwi:li:]) (*slimības*) komplikācijas

sequence ['si:kwəns] *n* 1. secība; s. of tenses *gram.* – laiku saskaņa; in s. – cits pēc cita; 2. sekas; rezultāts; 3. *mūz.* sekvence; 4. (*filmā*) epizode

sequent ['si:kwənt] *a* nākamais

sequential [si'kwenʃl] *a* 1. nākamais; 2. secīgs

sequester [si'kwestə] *v* 1. izolēt; nošķirt; 2. *jur.* sekvestrēt

sequin ['si:kwin] *n* 1. vizulis (*tērpa rotājums*); 2. *vēst.* cehīns (*naudas vienība*)

sequoia [si'kwɔiə] *n bot.* sekvoja

seraglio [sə'rɑ:liəʊ] *n* harēms

seraph ['serəf] *n* (*pl* seraphim ['serəfim] *vai* seraphs ['serəfs]) *mit.* serafs

seraphim *sk.* **seraph**

serenade [,serə'neid] **I** *n* serenāde; **II** *v* dziedāt serenādi

serendipity [,serən'dipəti] *n* talants uz atklājumiem

serene [sə'ri:n] **I** *n poēt.* 1. skaidras debesis; 2. rāma jūra; **II** *a* 1. dzidrs; skaidrs; 2. kluss; mierīgs; s. waters – rāmi ūdeņi; 3.: His S. Highness – Viņa Augstība (*tituls*); **III** *v poēt.* 1. padarīt skaidru; 2. padarīt rāmu

serenity [sə'renəti] *n* 1. dzidrums; 2. mierīgums; rāmums; 3.: S. – Gaišība (*tituls*)

serf [sɜ:f] *n* 1. *vēst.* dzimtcilvēks; 2. *pārn.* vergs

serfdom ['sɜ:fdəm] *n* 1. *vēst.* dzimtbūšana; 2. *pārn.* verdzība

serfhood ['sɜ:fhʊd] *sk.* **serfdom**

sergeant ['sɑ:dʒənt] *n* 1. seržants; 2. *vēst.* augstāks tiesas ierēdnis (*Anglijā*)

sergeant-major [,sɑ:dʒənt'meidʒə] *n* 1. virsseržants; 2. staršina

serial ['siəriəl] **I** *n* 1. romāns (stāsts) turpinājumos; 2. seriāls (*filma*); **II** *a* sēriju-; sērijveida

sericulture ['serikʌltʃə] *n* zīdkopība

series ['siəri:z] *n* (*pl* series ['siəri:z]) 1. sērija; rinda; 2. *el.* virknes slēgums; 3. *ģeol.* sistēma; 4. *mat.* progresija

seringa [sə'riŋgə] *n* kaučuka koks

seriocomic [,siəriəʊ'kɒmik] *a* traģikomisks

serious ['siəriəs] *a* nopietns

seriousness ['siəriəsnəs] *n* nopietnība

serjeant ['sɑ:dʒənt] *sk.* **sergeant**

sermon ['sɜ:mən] 1. *rel.* sprediķis; 2. pamācība; to deliver (read) a s. – lasīt morāli

sermonize ['sɜ:mənaiz] *v* 1. lasīt (teikt) sprediķi; 2. moralizēt

serotinous [si'rɒtinəs] *a bot.* vēlīns

serpent ['sɜ:pənt] *n* 1. čūska; 2. viltīgs cilvēks

serpent-charmer [,sɜ:pənt'tʃɑ:mə] *n* čūsku dīdītājs

serpentine ['sɜ:pəntain] **I** *n min.* serpentīns; **II** *a* 1. čūskas-; 2. līkumots; 3. viltīgs; **III** *v* izlocīties

serrate ['serit] *a* 1. [iz]robots; 2. *bot.* zāģzobains

serration [sə'reiʃn] *n* izrobojums

servant ['sɜ:vənt] *n* 1. kalps; kalpone; 2. kalpotājs; civil s. – valsts iestādes kalpotājs

serve [sɜ:v] **I** *n sp.* serve; **II** *v* **1.** kalpot; strādāt; to s. two masters – būt divu kungu kalpam; to s. two terms as president – tikt divreiz ievēlētam par prezidentu; **2.** dienēt (*armijā*); to s. in the ranks – būt ierindniekam; **3.** noderēt; to s. a purpose – noderēt kādam nolūkam; **4.** apkalpot; **5.** pasniegt (*ēdienu*); **6.** izciest sodu; **7.** *sp.* servēt; **8.** *rel.* noturēt dievkalpojumu; ◊ to s. **for** – noderēt par; to s. **out** – izsniegt, sadalīt; ◊ [it] ~s him right! – tā viņam vajag!; to s. with the same sauce – atmaksāt ar to pašu
server [ˈsɜ:və] *n* **1.** paplāte; **2.** *sp.* servētājs; **3.** *dat.* serveris; stacija
service[a] [ˈsɜ:vis] *n* pīlādzis
service[b] [ˈsɜ:vis] **I** *n* **1.** darbs; dienests; to go into s., to take s. (*with smb.*) – stāties darbā; **2.** dienests; active s., colour s. *mil.* – aktīvais karadienests; **3.** apkalpošana; medical s. – medicīniskā palīdzība; s. station – [automobiļu] tehniskās apkopes stacija; **4.** pakalpojums; public s. – komunālie pakalpojumi; to be at smb.'s s. – būt kāda rīcībā; **5.** servīze; **6.** *jur.* (*tiesas*) pavēste; **7.** *sp.* serve; **8.** *rel.* dievkalpojums; **II** *v* apkalpot
serviceable [ˈsɜ:visəbl] *a* izturīgs
serviceman [ˈsɜ:vismən] *n* **1.** militārpersona; **2.** remontmeistars
serviette [ˌsɜ:viˈet] *n* salvete
servile [ˈsɜ:vail] *a* **1.** verga-; vergu-; **2.** verdzisks
servility [sɜ:ˈviləti] *n* **1.** verdzība; **2.** verdziskums; pazemība
servitude [ˈsɜ:vitju:d] *n* kalpība; verdzība
servo [ˈsɜ:vəʊ] **I** *n* (*saīs. no* servomechanism) servodzinējs; servopiedziņa; **II** *a* distances-

servosteering [ˈsɜ:vəʊstiəriŋ] *n tehn.* stūres pastiprinātājs
sesame [ˈsesəmi] *n* **1.** *bot.* sezams; **2.** maģiska formula
session [ˈseʃn] *n* **1.** sēde; **2.** (*parlamenta, tiesas*) sesija; **3.** semestris (*universitātē*); **4.** *mūz.* darbs studijā (*pie albuma ierakstīšanas*)
sesterce [ˈsestɜ:s] *n vēst.* sestercijs (*monēta senajā Romā*)
sestet [sesˈtet] *n mūz.* sekstets
set [set] **I** *n* **1.** komplekts; **2.** sabiedrība; aprindas; the fast s. – kāršu spēlmaņi; the jet s. – izpriecu meklētāji; the smart s. – izmeklēta sabiedrība; **3.** aparāts; ierīce; television s. – televizors; **4.** dēsts; stāds; **5.** (*straumes, vēja*) virziens; **6.** poza; stāja; **7.** (*matu*) ieveidošana; **8.** *poēt.* (*saules*) riets; **9.** *sp.* sets (*tenisā*); **10.** *teātr.* dekorācija; ◊ to make a dead s. (*at*) – mesties virsū; uzklupt; **II** *a* **1.** novietots; **2.** (*on*) vērsts; virzīts (*par domām, skatienu*); **3.** noteikts; **4.** apņēmīgs; nelokāms; **5.** gatavs; sagatavojies; all s. – pilnīgi gatavs; **6.** sacietējis (*par cementu*); **7.** norietējis (*par Sauli, Mēnesi*); **III** *v* (*p. un p.p.* set [set]) **1.** nolikt; novietot; to s. foot (*on*) – uzkāpt; to s. sail – uzvilkt buras; to s. the table – uzklāt galdu; **2.** ielikt (*ietvarā*); iestiprināt; **3.** novest (*kādā stāvoklī*); to s. free (*at large*) – atbrīvot; to s. in motion – iedarbināt; to s. in order – sakārtot; to s. on fire – aizdedzināt; **4.** dēstīt; stādīt; **5.** noteikt; to s. conditions – izvirzīt noteikumus; **6.** uzdot (*darbu, uzdevumu*); **7.** norietēt (*par Sauli, Mēnesi*); **8.** asināt; trīt; **9.** virzīties; **10.** ieveidot (*matus*); **11.** (*arī* to s. to music) komponēt; **12.** izveidoties; noformē-

ties; **13.** *bot.* aizmesties; ◻ to s. **about** – ķerties pie; uzsākt; to s. **apart** – 1) nolikt malā; 2) atdalīt; nošķirt; to s. **aside** – 1) nolikt malā; 2) atraidīt; noraidīt; 3) atstāt bez ievērības; to s. **back** – 1) aizturēt; atlikt; 2) atbīdīt atpakaļ (*piem.*, *pulksteņa rādītājus*); to s. **before** – izklāstīt; to s. **down** – 1) nolikt zemē; 2) izsēdināt (*pasažieri*); 3) pierakstīt; to s. **in** – iestāties; the spring has s. in – pavasaris ir klāt; to s. **off** – 1) doties ceļā; 2) izcelt; pasvītrot; 3) izšaut (*raķeti*); to s. **on** – 1) uzbrukt; 2) uzrīdīt (*suni*); 3) uzlikt; to s. one's heart (mind) on smth. – tiekties pēc kaut kā; to s. **out** – 1) eksponēt; izstādīt; 2) izklāstīt; 3) doties ceļā; 4) uzklāt galdu; to s. **up** – 1) uzcelt; uzstādīt; 2) izveidot; nodibināt; 3) izraisīt; 4) iekārtot (*mājokli*); ◇ to s. smb.'s teeth on edge – krist kādam uz nerviem

seta ['si:tə] *n* (*pl* setae ['si:ti:]) **1.** *bot.* akots; **2.** sars

setaceous [sə'teiʃəs] *a* **1.** *bot.* akotains; **2.** sarains

setback ['setbæk] *n* **1.** kavēklis; šķērslis; **2.** neveiksme; **3.** (*slimības*) recidīvs

setdown ['setdaʊn] *n* **1.** atraidījums; **2.** rājiens

setout ['setaʊt] *n* **1.** sākums; **2.** vitrīna; **3.** bufetes galds (*viesībās*)

setsquare ['setskweə] *n* leņķmērs

sett [set] *n* bruģakmens

settee [se'ti:] *n* neliels dīvāns

setter ['setə] *n* seters (*suns*)

setting ['setiŋ] *n* **1.** apkārtne; vide; **2.** (*saules*) riets; **3.** ietvars; **4.** *teātr.* dekorācijas; **5.** (*pamatu*) nosēšanās; **6.** *mūz.* aranžējums

settle[a] ['setl] *n* sols ar atzveltni

settle[b] ['setl] *v* **1.** apmesties (*uz dzīvi*); **2.** izmitināt (*uz dzīvi*); **3.** iekārtoties; **4.** iekārtot; **5.** nomierināt; **6.** nomierināties; **7.** izšķirt (*piem., strīdu*); **8.** nokārtot (*piem., rēķinu*); to s. an old score – nokārtot vecus rēķinus; **9.** nosēsties (*par pamatu*); ◻ to s. **down** – 1) iekārtoties; 2) nomierināt; 3) nomierināties; to s. **on** (**upon**) – izšķirties par; to s. **up** – norēķināties

settled ['setld] *a* noteikts; pastāvīgs

settlement ['setlmənt] *n* **1.** (*jautājuma*) izšķiršana; nokārtošana; **2.** (*cilvēku*) izmitināšana; **3.** apmetne; kolonija; **4.** vienošanās; **5.** (*pamatu*) nosēšanās

settler ['setlə] *n* **1.** kolonists; **2.** *sl.* izšķirošs trieciens

settling ['setliŋ] *n* **1.** apmešanās (*uz dzīvi*); **2.** (*parasti pl*) nogulsnes; **3.** (*strīda*) nokārtošana

set-up ['setʌp] **I** *n* **1.** struktūra; uzbūve; **2.** situācija; stāvoklis; **3.** plāns, projekts; **4.** *dat.* instalēšana; **II** *a* **1.** stalts (*par cilvēku*); **2.** iereibis; **III** *v dat.* instalēt

seven ['sevn] **I** *n* septītnieks; **II** *num* septiņi

sevenfold ['sevnfəʊld] **I** *a* septiņkārtīgs; **II** *adv* septiņkārt

seven-league ['sevn'li:g] *a* septiņjūdžu-; s.-l. boots – septiņjūdžu zābaki

seventeen [,sevn'ti:n] *num* septiņpadsmit

seventeenth [,sevn'ti:nθ] **I** *n* septiņpadsmitā daļa; **II** *num* septiņpadsmitais

seventh ['sevnθ] **I** *n* septītā daļa; **II** *num* septītais

seventieth ['sevntiəθ] **I** *n* septiņdesmitā daļa; **II** *num* septiņdesmitais

seventy ['sevnti] *num* septiņdesmit

sever ['sevə] v **1.** atdalīt; atšķirt; **2.** pārraut (*piem., attiecības*)
several ['sevrəl] **I** *pron* daži; vairāki; **II** *a* atsevišķs; individuāls
severally ['sevrəli] *adv* atsevišķi
severance ['sevrəns] *n* **1.** atdalīšana; atšķiršana; **2.** pārraušana; saraušana
severe [si'viə] *a* **1.** bargs; stingrs; s. look – bargs skatiens; **2.** smags; spēcīgs; s. pain – stipras sāpes; **3.** grūts; nesaudzīgs
severity [si'verəti] *n* **1.** bardzība; stingrība; **2.** (*slimības*) smagums; **3.** *pl* grūtības
sew [səʊ] *v* (*p.* sewed [səʊd]; *p.p.* sewed [səʊd] *vai* sewn [səʊn]) šūt; ◻ to s. up – **1)** sagraut; **2)** *sar.* veikt sagatavošanās darbu; **3)**: ~d up *sl.* – piedzēries
sewage ['su:idʒ] *n* notekūdens
sewer[a] ['səʊə] *n* šuvējs; šuvēja
sewer[b] ['su:ə] *n* notekcaurule; kanalizācijas caurule
sewerage ['su:əridʒ] *n* kanalizācija
sewing machine ['səʊiŋ mə,ʃi:n] *n* šujmašīna
sewn *sk.* **sew**
sex [seks] *n* **1.** *biol.* dzimums; s. appeal – seksuālā pievilcība; s. intergrades *biol.* – hermafrodīti; **2.** sekss
sexagenarian [,seksədʒə'neəriən] *a* sešdesmitgadīgs (*no 60 līdz 69 gadiem*)
sexagesimal [,seksə'dʒesiməl] **I** *n* sešdesmitā daļa; **II** *a* sešdesmitais
sexangle ['seksæŋgl] *n* sešstūris
sexennial [seks'eniəl] *a* sešgadējs; sešgadīgs
sexiness ['seksinəs] *n* seksualitāte; jutekliskums
sexless ['sekslə s] *a* bezdzimuma-
sexology [sek'sɒlədʒi] *n* seksoloģija

sextain ['sekstein] *n* *lit.* sešrindu pants
sextet[te] [seks'tet] *n* *mūz.* sekstets
sexton ['sekstən] *n* **1.** *rel.* ķesteris; **2.** kapracis
sextuple ['sekstjʊpl] *a* seškārtīgs
sexual ['seksʃʊəl] *a* seksuāls; dzimuma-; s. organs – dzimumorgāni
sexy ['seksi] *a* *sar.* **1.** seksuāls; erotisks; **2.** saviļņojošs
shabby ['ʃæbi] *a* **1.** apvalkāts; noplucis; **2.** nolaists, nekopts; **3.** nekrietns; zemisks
shabby-genteel [,ʃæbidʒen'ti:l] *a* savu nabadzību slēpjošs
shabrack ['ʃæbræk] *n* seglu paklājs
shack[a] [ʃæk] **I** *n* būda; **II** *v*: to sh. up (*with*) – dzīvot kopā
shack[b] [ʃæk] *amer.* **I** *n* klaidonis; **II** *v* klaiņot
shackle ['ʃækl] **I** *n* **1.** (*parasti pl*) važas; **2.** *tehn.* savienotājskava; **II** *v* **1.** iekalt važās; **2.** ierobežot; kavēt; **3.** sakabināt
shadberry ['ʃædbəri] *n* korinte
shade [ʃeid] **I** *n* **1.** ēna; light and sh. *glezn.* – gaismēna; **2.** nokrāsa; **3.** *pl* krēsla; pustumsa; ~s of the evening – vakara krēsla; **4.** markīze (*nojume virs skatloga*); **5.** abažūrs; **6.** *mil.* gars; the ~s – veļu valsts; **II** *v* **1.** aptumšot; **2.** aizēnot; **3.** ēnot (*zīmējumu*)
shadow ['ʃædəʊ] **I** *n* **1.** ēna; **2.** *pl* krēsla; pustumsa; **3.** *sl. niev.* melnais; nēģeris; ◇ to cast a sh. (*on, upon*) – mest ēnu; **II** *v* apēnot; mest ēnu
shady ['ʃeidi] *a* **1.** ēnains; **2.** šaubīgs; a s. deal (transaction) – šaubīgs darījums
shaft [ʃɑ:ft] *n* **1.** rokturis; spals; **2.** pīķis; šķēps; **3.** bulta; **4.** ilkss; **5.** kolonna; **6.** (*gaismas*) stars; **7.** zibens uzlies-

mojums; **8.** (*lifta*) šahta; **9.** *tehn.* ass, vārpsta; ◊ to give smb. the sh. *sl.* – nodot kādu; iedurt kādam dunci mugurā
shafting [ˈʃɑːftɪŋ] *n tehn.* transmisijas pārnesums
shaggy [ˈʃægi] *a* pinkains
shah [ʃɑː] *n* šahs (*Irānas monarhs*)
shake [ʃeɪk] **I** *n* **1.** kratīšana; purināšana; sh. of the hand – rokasspiediens; **2.** drebuļi; **3.** zemestrīce; **4.** *amer. sl.* piena kokteilis; **5.** šeiks (*deja*); **II** *v* (*p.* shook [ʃʊk]; *p.p.* shaken [ˈʃeɪkən]) **1.** kratīt; purināt; to sh. dice – mest kauliņus (*spēlē*); to sh. hands (*with*) – paspiest roku; to sh. one's head – (*noraidoši*) purināt galvu; **2.** drebēt; trīcēt; **3.** iedragāt; satricināt; ◊ to sh. **down** – 1) likties guļus; 2) pierast; 3) nokratīt; nopurināt; to sh. **up** – 1) sakratīt; sapurināt; 2) uztraukt; 3): sh. it up – pasteidzieties
shakedown [ˈʃeɪkdaʊn] *n* **1.** steigā sataisīta guļvieta; **2.** *amer.* rekets; **3.**: sh. flight *av.* – izmēģinājuma lidojums
shaken *sk.* **shake**
shake-out [ˈʃeɪkaʊt] *n* izkonkurēšana
shaker [ˈʃeɪkə] *n* šeikers (*trauks kokteiļu maisīšanai*)
shakiness [ˈʃeɪkɪnəs] *n* **1.** drebelība; **2.** svārstīgums
shako [ˈʃækəʊ] *n* (*pl* shakos [ˈʃækəʊz] *vai* shakoes [ˈʃækəʊz]) *mil.* ķivere
shaky [ˈʃeɪki] *a* **1.** drebelīgs; **2.** nestabils; **3.** apšaubāms; nenoteikts
shale [ʃeɪl] *n min.* slāneklis
shall [uzsvērtā forma ʃæl, neuzsvērtā forma ʃəl, ʃl] *v* (*p.* should [ʃʊd]) **1.** (*palīgdarbības vārds nākotnes veidošanai 1. pers. sg un pl*): I s. sing – es dziedāšu; **2.** (*modālais darbības vārds 2.*

un 3. pers. sg un pl, izsaka draudus, pavēli, apņemšanos): you s. see! – jūs redzēsiet!
shalloon [ʃəˈluːn] *n* viegls vilnas audums
shallop [ˈʃæləp] *n* maza laiva
shallot [ʃəˈlɒt] *n bot.* šalotes sīpols
shallow [ˈʃæləʊ] **I** *n* (*parasti pl*) sēklis; **II** *a* **1.** sekls; sh. water – sekls ūdens; **2.** aprobežots
sham [ʃæm] **I** *n* **1.** viltojums; **2.** izlikšanās; **3.** krāpnieks; **II** *v* izlikties
shaman [ˈʃæmən] *n* šamanis
shamble [ˈʃæmbl] **I** *n* neveikla gaita; šļūkšana; **II** *v* iet neveiklā gaitā; šļūkt
shambles [ˈʃæmblz] *n* **1.** juceklis; **2.** *novec.* slaktiņš
shame [ʃeɪm] **I** *n* **1.** kauns; negods; dead to sh., past sh. – zaudējis kaunu; sh. on you – kaunies!; to put to sh. – kaunināt; **2.** nepatika; what a sh.! – cik žēl!; **II** *v* **1.** apkaunot; **2.** kaunināt
shameful [ˈʃeɪmfʊl] *a* apkaunojošs
shameless [ˈʃeɪmləs] *a* bezkaunīgs
shammer [ˈʃæmə] *n* simulants
shammy [ˈʃæmi] *n* zamšs
shampoo [ʃæmˈpuː] **I** *n* **1.** šampūns; **2.** *amer. sl.* šampanietis; **II** *v* mazgāt galvu
shamrock [ˈʃæmrɒk] *n* **1.** *bot.* baltais āboliņš; **2.** *bot.* zaķskābene; **3.** āboliņa lapa (*Īrijas nacionālā emblēma*)
shandy [ˈʃændi] *n* alus maisījums ar ingveralu (limonādi)
shank [ʃæŋk] **I** *n* **1.** apakšstilbs; **2.** kāja; on sh.'s pony – kājām; **3.** kāts; spals; **4.** (*glāzes*) kājiņa; **II** *v* (*arī* to sh. off) nobirt (*par ziediem*)
shan't [ʃɑːnt] *sar. saīs. no* shall not
shanty[a] [ˈʃænti] *n* būda
shanty[b] [ˈʃænti] *n jūrn.* darba dziesma
shape [ʃeɪp] **I** *n* **1.** forma; veids; in no sh. – nekādā ziņā; out of sh. – bez-

veidīgs; to give sh. (*to*) – piešķirt formu; to take sh. – veidoties; **2.** *sar.* stāvoklis; in bad sh. – sliktā stāvoklī; in good sh. – labā stāvoklī; **3.** aprise; veidols; **II** *v* **1.** [iz]veidot; **2.** [iz]veidoties

shapeless [′ʃeipləs] *a* bezveidīgs
shapely [′ʃeipli] *a* formīgs; samērīgs
shard [ʃɑ:d] *n* **1.** segspārns; **2.** (*māla poda*) lauska
share[a] [ʃeə] **I** *n* **1.** daļa; tiesa; **2.** akcija; paja; to hold ~s – būt akcionāram; **II** *v* **1.** (*arī* to sh. out) [sa]dalīt; **2.** dalīties; to sh. a room with smb. – dzīvot vienā istabā ar kādu
share[b] [ʃeə] *n* lemesis
sharecropper [′ʃeəkrɒpə] *n amer.* pusgraudnieks
shareholder [′ʃeəˌhəʊldə] *n* akcionārs; paju īpašnieks
sharelist [′ʃeəlist] *n* **1.** vērtspapīru kursa tabula; **2.** akciju saraksts
share-pusher [′ʃeəˌpʊʃə] *n* nedrošu akciju izplatītājs
shark [ʃɑ:k] **I** *n* **1.** haizivs; **2.** blēdis; krāpnieks; **3.** *amer. sl.* izcils lietpratējs; **II** *v* **1.** aprīt; **2.** blēdīties; krāpt
sharp [ʃɑ:p] **I** *n* **1.** *mūz.* diēzs; **2.** *sl.* blēdis; krāpnieks; **II** *a* **1.** ass; **2.** krass (*par pagriezienu*); **3.** griezīgs (*par skaņu*); **4.** ass; smalks (*par dzirdi, redzi*); **5.** apķērīgs; **6.** blēdīgs; viltīgs; **7.** *val.* nebalsīgs (*par līdzskani*); **8.** *mūz.* pustoni augstāks; **III** *v* **1.** blēdīties; krāpt; **2.** *mūz.* paaugstināt par pustoni; **IV** *adv*: look sh.! *sar.* – esi uzmanīgs!
sharp-cut [ˌʃɑ:p′kʌt] *a* **1.** uzasināts; **2.** skarbs (*par sejas vaibstiem*)
sharpen [′ʃɑ:pən] *v* **1.** asināt; trīt; **2.** saasināt

sharp-set [ˌʃɑ:p′set] *a* **1.** izsalcis; **2.** rijīgs
sharpy [′ʃɑ:pi] *n* blēdis; krāpnieks
shatter [′ʃætə] **I** *n* lauska; **II** *v* **1.** sasist druskās; **2.** sagraut (*cerības, veselību*); **3.** saplīst druskās
shatterbrain [′ʃætəbrein] *sk.* **scatterbrain**
shatterproof [′ʃætəpru:f] *a* neplīstošs
shave [ʃeiv] **I** *n* **1.** skūšana; skūšanās; **2.** skaida; **3.** *sar.* blēdība; ◊ to win by a close sh. – uzvarēt par mata tiesu; **II** *v* (*p.* shaved [ʃeivd]; *p.p.* shaved [ʃeivd] *vai* shaven [′ʃeivn]) **1.** skūt; **2.** skūties; **3.** cirpt; griezt; **4.** drāzt; ēvelēt; **5.** *sar.* noblēdīt
shaven *sk.* **shave II**
shaver [′ʃeivə] *n* **1.** skuveklis; **2.** *sar.* blēdis
shaving-brush [′ʃeiviŋbrʌʃ] *n* bārdas ieziepējamā ota
shawl [ʃɔ:l] *n* [plecu] šalle; lakats
she [ʃi:, ʃi] *pron* viņa
sheaf [ʃi:f] **I** *n* **1.** kūlis; **2.** saišķis; **II** *v* siet kūļus
shear [ʃiə] **I** *n* **1.** *pl* dzirkles; **2.** cirpšana; **3.** *tehn.* bīde; **II** *v* (*p.* sheared [ʃiəd]; *novec.* shore [ʃɔ:]; *p.p.* shorn [ʃɔ:n] *vai* sheared [ʃiəd]) **1.** cirpt; griezt; closely shorn head – īsi apcirpti mati; **2.** (*of*) atņemt; **3.** *poēt.* cirst (*ar zobenu*)
sheatfish [′ʃi:tfiʃ] *n iht.* sams
sheath [ʃi:θ] *n* (*pl* sheathes [ʃi:θz]) **1.** maksts; futrālis; **2.** pieguļošs tērps; **3.** *anat.* apvalks
sheathe [ʃi:ð] *v* iebāzt makstī (futrālī)
sheave[a] [ʃi:v] *n* **1.** *tehn.* skriemelis; **2.** *tekst.* spole
sheave[b] [ʃi:v] *v* siet kūļus
shebang [ʃi′bæŋ] *n* **1.** būda; **2.** bordelis; zaņķis

shedᵃ [ʃed] *n* 1. nojume; 2. angārs; 3. garāža
shedᵇ [ʃed] *v (p. un p.p.* shed [ʃed]) 1. [no]mest *(piem., lapas, ādu)*; 2. liet *(asaras, asinis)*; 3. atvairīt
sheen [ʃi:n] **I** *n* 1. mirdzums; 2. *sl.* viltota monēta; **II** *a poēt.* mirdzošs
sheeny ['ʃi:ni] *a* mirdzošs
sheep [ʃi:p] *n (pl* sheep [ʃi:p]) *n* aita
sheepfold ['ʃi:pfəʊld] *n* aitu aploks
sheeprun ['ʃi:prʌn] *n* aitu ganības
sheepskin ['ʃi:pskin] *n* 1. aitāda; 2. pergaments
sheerᵃ [ʃiə] *jūrn.* **I** *n* novirzīšanās no kursa; **II** *v* novirzīties no kursa
sheerᵇ [ʃiə] *a* 1. galīgs; pilnīgs; sh. nonsense − tīrie nieki; 2. caurspīdīgs *(par audumu)*; 3. neatšķaidīts; 4. statenisks, stāvs
sheetᵃ [ʃi:t] **I** *n* 1. palags; 2. *(papīra, metāla)* loksne; 3. saraksts; tabula; 4. *poēt.* bura; **II** *v* pārklāt; **III** *int* sasodīts!; velns parāvis!
sheetᵇ [ʃi:t] *jūrn.* **I** *n* šote, buru aukla; **II** *v* pievilkt buras
sheeting ['ʃi:tiŋ] *n* 1. palagu audums; 2. aizsargpārklājums
sheet proofs ['ʃi:t pru:fs] *n pl* korektūra
sheik[h] [ʃeik] *n* šeihs
sheila ['ʃi:lə] *n sl.* meiča
shelf [ʃelf] *n (pl* shelves [ʃelvz]) 1. plaukts; 2. izcilnis; izvirzījums; 3. rifs; ◇ to be on the sh. − 1) būt atstādinātam; 2) palikt vecmeitās
shelf life ['ʃelf laif] *n (produktu)* glabāšanas laiks
shell [ʃel] **I** *n* 1. čaula; čaumala; 2. gliemežvāks; 3. *zool.* bruņas; 4. *(artilērijas)* šāviņš; 5. zārks; 6. *(mājas)* karkass; *(kuģa)* korpuss; **II** *v* 1. [no]lobīt; 2. *(arī* to sh. off) lobīties;

3. apšaudīt *(ar artilērijas šāviņiem)*; ◇ to sh. off − lobīties
shellback ['ʃelbæk] *n jūrn. sl.* jūras vilks
shelled [ʃeld] *a* 1. pārklāts ar čaulu; 2. lobīts *(par riekstiem, zirņiem)*
shellfire ['ʃelfaiə] *n* artilērijas uguns
shellfish ['ʃelfiʃ] *n* vēžveidīgais
shellshock ['ʃelʃɒk] *n med.* kontūzija
shelter ['ʃeltə] **I** *n* 1. patvērums; to give sh. − dot patvērumu; to take sh. − patverties; 2. nojume; 3. patvertne; **II** *v* 1. dot patvērumu; 2. patverties
sheltered ['ʃeltəd] *a* mierīgs
shelve [ʃelv] *v* 1. likt uz plaukta; 2. atlikt *(uz vēlāku laiku)*; 3. atstādināt
shelves *sk.* **shelf**
shepherd ['ʃepəd] **I** *n* 1. gans; 2. pravietis; mācītājs; **II** *v* 1. ganīt; 2. pieskatīt
shepherdess [ˌʃepə'des] *n* gane
shepherd's club [ˌʃepədz'klʌb] *n bot.* deviņvīruspēks
shepherd's pie [ˌʃepədz 'pai] *n* gaļas un kartupeļu biezputras sacepums
sherbet ['ʃɜ:bət] *n* 1. šerbets *(atspirdzinošs dzēriens)*; 2. *amer.* augļu saldējums
sherd [ʃɜ:d] *sk.* **shard** 2.
sheriff ['ʃerif] *n* šerifs
sherry ['ʃeri] *n* heress *(vīns)*
shibboleth ['ʃibəleθ] *n* 1. *(kādas ļaužu grupas)* īpatnība *(piem., runasveids)*; 2. parole
shield [ʃi:ld] **I** *n* vairogs; **II** *v* 1. aizsargāt; 2. aizklāt
shift [ʃift] **I** *n* 1. pārbīdīšana; pārvietošana; 2. maiņa *(darbā)*; 3. triks; viltība; 4. *tehn. (ātruma)* pārslēgšana; ◇ the last sh. − pēdējais glābiņš; **II** *v* 1. pārbīdīt; pārvietot; 2. pārvietoties; 3. *tehn.* pārslēgt *(ātrumu)*; ◇ to sh. the ground − mainīt savu nostāju

shiftless [´ʃiftləs] *a* **1.** nevarīgs; **2.** patiess; vaļsirdīgs; **3.** laisks
shift lever [‚ʃift ´levə] *n tehn.* ātrumpārslēgs
shifty [´ʃifti] *a* **1.** veikls; **2.** viltīgs; **3.** mainīgs; nepastāvīgs
shikar [ʃi´kɑ:] *n* medības
shikaree [ʃi´kɑ:ri] *n* mednieks
shillelagh [ʃi´leilə] *n* runga
shilling [´ʃiliŋ] *n* šiliņš (*angļu naudas vienība*); ◇ sh. shocker – lubu romāns; to take the King's (Queen's) sh. – iestāties Anglijas armijā
shim [ʃim] *tehn.* **I** *n* **1.** ķīlis; **2.** blīve; **II** *v* aizķīlēt
shimmer [´ʃimə] **I** *n* mirgošana; **II** *v* mirgot
shimmy [´ʃimi] *n* **1.** *sar.* (*sieviešu*) krekls; **2.** *tehn.* (*riteņu*) vibrācija
shin [ʃin] **I** *n* apakšstilbs; **II** *v* **1.** (*arī* to sh. up) uzrāpties; **2.** *sl.* iet; skriet
shinbone [´ʃinbəʊn] *n* lielais liela kauls
shinguard [´ʃingɑ:d] *n* (*futbolista*) kājas aizsargs
shindy [´ʃindi] *n sar.* **1.** tracis; to kick up a sh. – sacelt traci; **2.** līksmība
shine [ʃain] **I** *n* **1.** (*saules, mēness*) gaisma; **2.** mirdzums; spīdums; **3.** [no]spodrināšana; to give a sh. – nospodrināt; **4.** *sar.* simpātija; to take a sh. (*to*) – iepatikties; ◇ in rain or sh. – jebkuros apstākļos; lai notiek kas notikdams; **II** *v* (*p. un p.p.* shone [ʃɒn]) **1.** mirdzēt; spīdēt; **2.** spodrināt
shiner [´ʃainə] *n sl.* **1.** *pl* nauda; **2.** uzdauzīta (zila) acs
shingle[a] [´ʃiŋgl] *n* oļi
shingle[b] [´ʃiŋgl] **I** *n* **1.** (*jumta*) lubiņa, **2.** *amer. sar.* izkārtne; **3.** zēngalviņa (*sieviešu frizūra*); **II** *v* **1.** jumt ar lubiņām; **2.** īsi apcirpt matus

shingly [´ʃiŋgli] *a* oļains
shiny [´ʃaini] *a* mirdzošs; spožs
ship [ʃip] **I** *n* kuģis; sh. (~'s) biscuit – galete; ◇ sh. of the desert – kamielis; when one's sh. comes home – kad kādam uzsmaidīs laime; **II** *v* **1.** iekraut (*kuģī*); **2.** nosūtīt (*ar kuģi*); **3.** nosūtīt kravu (*ar jebkuru transportlīdzekli*); **4.** uzkāpt uz kuģa; **5.** salīgt (*matrožus*); **6.** pieteikties par matrozi; ◇ to sh. **off** – aizsūtīt
shipboard [´ʃipbɒ:d] *n* (*kuģa*) klājs
shipjack [´ʃipdʒæk] *v sar.* sagrābt kuģi (*laupīšanas nolūkos*)
shipload [´ʃipləʊd] *n* **1.** kuģa krava; **2.** kuģa kravnesība
shipment [´ʃipmənt] *n* **1.** (*preču*) iekraušana kuģī; **2.** (*preču*) nosūtīšana ar kuģi; **3.** (*kuģa*) krava; **4.** preču pārvadāšana; sh. fee – maksa par pārvadājumu
shipper [´ʃipə] *n* kravas nosūtītājs
shipping [´ʃipiŋ] *n* **1.** tirdzniecības flote; **2.** kravas pārvadāšana; **3.** kuģniecība
shipshape [´ʃipʃeip] **I** *a* kārtīgs; akurāts; **II** *adv* pilnā kārtībā
shipway [´ʃipwei] *n* stāpelis (*stalažas kuģa būvēšanai un nolaišanai ūdenī*)
shipwreck [´ʃiprek] **I** *n* **1.** kuģa vraks; **2.** kuģa bojāeja; **3.** (*cerību u. tml.*) sabrukums; **II** *v* **1.** iet bojā (*par kuģi*); **2.** izpostīt; sagraut (*piem., cerības*); **3.** ciest neveiksmi
shipwright [´ʃiprait] *n* kuģu būvētājs
shipyard [´ʃipjɑ:d] *n* kuģu būvētava
shire [´ʃaiə] *n* grāfiste; the ~s – Anglijas centrālās grāfistes
shirk [ʃɜ:k] *v* izvairīties (*no skolas apmeklēšanas u. tml.*)
shirker [´ʃɜ:kə] *n* (*skolas*) kavētājs
shirt [ʃɜ:t] *n* (*vīriešu*) krekls
shirtband [´ʃɜ:tbænd] *n* krekla apkakle

shirty [ˈʃɜːti] *a sar.* īgns
shit [ʃit] *vulg.* **I** *n* **1.** mēsli; **2.** (*arī* bad sh.) nepatikšanas; **3.** riebeklis; preteklis; **4.** nekvalitatīva pārtika; **5.** *sar.* heroīns; **6.** *sar.* hašišs; **II** *v* (*p. un p.p.* shitted [ˈʃitid] *vai* shat [ʃæt]) izkārnīties; **III** *int* sasodīts!; velns parāvis!
shiverᵃ [ˈʃivə] **I** *n* drebuļi; the ~s – šermuļi; to send ~s [up and] down smb.'s spine – iedvest kādam bailes; **II** *v* drebēt; trīcēt
shiverᵇ [ˈʃivə] **I** *n* lauska; **II** *v* sasist lauskās
shivery [ˈʃivəri] *a* **1.** drebošs; trīcošs; **2.** drēgns (*par laiku*)
shoalᵃ [ʃəʊl] **I** *n* **1.** sēklis; **2.** *pl* apslēptas briesmas; **II** *a* sekls
shoalᵇ [ʃəʊl] **I** *n* **1.** (*zivju*) bars; **2.** milzums; **II** *v* pulcēties baros (*par zivīm*)
shock [ʃɒk] **I** *n* **1.** trieciens; **2.** *med.* šoks; **II** *v* satriekt; šokēt
shocker [ˈʃɒkə] *n* **1.** lubu romāns; **2.** trilleris
shocking [ˈʃɒkiŋ] *a* satriecošs; šokējošs; sh. behaviour – šokējoša uzvedība; **II** *adv* ļoti; sh. bad – ļoti slikti
shod *sk.* **shoe** **II**
shoe [ʃuː] **I** *n* **1.** kurpe; **2.** pakavs; **3.** (*ragavu*) sliece; ◇ a pretty pair of ~s – kāda cibiņa, tāds vāciņš; to be (stand) in smb.'s ~s – būt kāda ādā; to shake in one's ~s – drebēt aiz bailēm; to sweat in one's ~s – pārklāties aukstiem sviedriem; to wait for dead man's ~s – 1) cerēt uz miruša vietu; 2) cerēt uz mantojumu; **II** *v* (*p. un p.p.* shod [ʃɒd]) **1.** apaut; **2.** apkalt (*zirgu*)
shoeblack [ˈʃuːblæk] *n* zābaku spodrinātājs
shoehorn [ˈʃuːhɔːn] *n* kurpju lāpstiņa
shoelace [ˈʃuːleis] *n* kurpju saite
shoemaker [ˈʃuːˌmeikə] *n* kurpnieks
shoeshine [ˈʃuːʃain] *n* kurpju spodrināšana; sh. boy – apavu tīrītājs
shone *sk.* **shine** **II**
shoo [ʃuː] *int* tiš!
shook *sk.* **shake** **II**
shoot [ʃuːt] **I** *n* **1.** atvase; dzinums; **2.** medības; **3.** šaušana; **4.** (*kosmosa kuģa*) palaišana; **5.** fotografēšana; **II** *v* (*p. un p.p.* shot [ʃɒt]) **1.** šaut; nošaut; **2.** aizdrāzties; aizjoņot; **3.** (*arī* to sh. forth) dzīt (*asnus*); **4.** izgāzt (*atkritumus*); **5.** mest; raidīt (*bumbu*); **6.** fotografēt; **7.** uzņemt (*filmu*); **8.** *sl.* injicēt (*narkotiku*); ◇ to sh. **down** – 1) nošaut; notriekt (*lidmašīnu*); 2) gūt virsroku strīdā; to sh. **forth** – 1) aizdrāzties; aizjoņot; 2) dzīt (*asnus*); to sh. **up** – 1) ātri augt; 2) uzvīties; uzšauties (*par liesmām*); ◇ to sh. one's bolt – izšaut visu pulveri; to sh. the cat – dīrāt āzi; vemt; to sh. the moon – aizbēgt, nesamaksājot īri
shooter [ˈʃuːtə] *n* **1.** šāvējs; **2.** ierocis
shooting-box [ˈʃuːtiŋbɒks] *n* medību mājiņa
shooting-gallery [ˈʃuːtiŋˌgæləri] *n* šautuve
shooting-lodge [ˈʃuːtiŋlɒdʒ] *sk.* **shooting-box**
shooting star [ˌʃuːtiŋ ˈstɑː] *n* meteors
shoot-out [ˈʃuːtaʊt] *n* apšaude
shop [ʃɒp] **I** *n* **1.** veikals; to lift a sh. – apzagt veikalu; to set up a sh. – atvērt veikalu; **2.** darbnīca; **3.** cehs; **4.** amats; profesija; to talk sh. – runāt par darbu; ◇ to get a sh. *teātr.* – dabūt angažementu; **II** *v* **1.** iepirkties; **2.** *sl.* ietupināt cietumā
shop-assistant [ˈʃɒpəˌsistənt] *n* pārdevējs; pārdevēja

shopgirl [ˈʃɒpgɜːl] *n* pārdevēja
shopkeeper [ˈʃɒpˌkiːpə] *n* veikala īpašnieks
shoplifter [ˈʃɒpliftə] *n* veikalu zaglis
shopper [ˈʃɒpə] *n* pircējs
shopping [ˈʃɒpiŋ] *n* iepirkšanās
shopsoiled [ˈʃɒpsɔild] *a* apvārtīts; netīrs (*par veikala preci*)
shore[a] [ʃɔː] *n* (*jūras, ezera*) krasts
shore[b] [ʃɔː] **I** *n* balsts; **II** *v* (*arī* to sh. up) atbalstīt; nostiprināt
shore[c] *sk.* **shear II**
shoreward [ˈʃɔːwəd] **I** *a* uz krastu virzīts; **II** *adv* krasta virzienā
shorn *sk.* **shear II**
short [ʃɔːt] **I** *n* **1.** īsums; for sh. – īsumā; **2.** *sar.* īssavienojums; **3.** *pl* atkritumi; **II** *a* **1.** īss; sh. cut – īsākais ceļš; at sh. date – drīzumā; a sh. time ago – nesen; a sh. way off – netālu; **2.** maza auguma-; **3.** nepietiekams; sh. memory – vāja atmiņa; sh. sight – tuvredzība; to be sh. of – 1) pietrūkt; he is sh. of time – viņam trūkst laika; 2) atrasties netālu no; ◇ sh. wind – aizdusa; by a sh. head – mazāk nekā par galvas tiesu (*zirgu skriešanās sacīkstēs*); in the sh. run – drīzumā
shortage [ˈʃɔːtidʒ] *n* (*preču u. tml.*) trūkums
shortcake [ˈʃɔːtkeik] *n* smilšu cepums
short circuit [ˌʃɔːt ˈsɜːkit] *el.* **I** *n* īssavienojums; **II** *v* (short-circuit) radīt īssavienojumu
shortcoming [ˈʃɔːtkʌmiŋ] *n* kļūme
short-dated [ˌʃɔːtˈdeitid] *a* īstermiņa-
shorten [ˈʃɔːtn] *v* **1.** saīsināt; **2.** ievilkt (*buras*); **3.** pielikt taukvielas (*mīklai*)
shortfall [ˈʃɔːtfɔːl] *n* deficīts
shorthand [ˈʃɔːthænd] *n* stenogrāfija

short-lived [ˌʃɔːtˈlivd] *a* īslaicīgs
shortly [ˈʃɔːtli] *adv* **1.** drīz, drīzumā; **2.** īsi, īsumā
shorts [ʃɔːts] *n pl* šorti
short-sighted [ˌʃɔːtˈsaitid] *a* tuvredzīgs
short-tempered [ˌʃɔːtˈtempəd] *a* ātras dabas-
short-term [ˌʃɔːˈtɜːm] *a* īstermiņa-
shortwave [ˌʃɔːtˈweiv] *n rad.* īsviļņu-
short-winded [ˌʃɔːtˈwindid] *a* **1.** ar aizdusu; **2.** aizelsies
shorty [ˈʃɔːti] *n sar.* sīkulis
shot[a] [ʃɒt] **I** *n* **1.** šāviens; **2.** šāviņš; **3.** (*pl* shot [ʃɒt]) skrots; **4.** šāvējs; **5.** kinokadrs; **6.** fotouzņēmums; **7.** *sar.* injekcija; **II** *v* pielādēt
shot[b] [ʃɒt] *a* **1.** lāsmojošs; **2.** piedzēries
shot[c] *sk.* **shoot II**
shot-gun [ˈʃɒtgʌn] *n* bise
shotput [ˈʃɒtpʊt] *n sp.* lodes grūšana
should [*uzsvērtā forma* ʃʊd; *neuzsvērtā forma* ʃəd, ʃd] *v* (*p. no* shall) **1.** (*palīgdarbības vārds 1. pers. sg un pl Future-in-the-Past veidošanai*): I said I sh. stay – es teicu, ka palikšu; **2.** (*palīgdarbības vārds nosacījuma izteiksmes veidošanai*): if I had been there I sh. have told you – ja es būtu bijis tur, es tev pateiktu; **3.** (*palīgdarbības vārds vēlējuma izteiksmes veidošanai*): I sh. like to have a holiday – es vēlētos atvaļinājumu; **4.** (*modālais darbības vārds pienākuma, nepieciešamības, pieņēmuma izteikšanai*): you sh. be at home tonight – tev šovakar vajadzētu būt mājās
shoulder [ˈʃəʊldə] **I** *n* plecs; sh. to sh. – plecu pie pleca; head and ~s above – galvas tiesu pārāks; **II** *v* **1.** (*arī* to sh. one's way) izlauzt ceļu; **2.** uzņemties (*atbildību*)

shoulder-blade ['ʃəʊldəbleid] *n anat.* lāpstiņa
shoulder-loop ['ʃəʊldəlu:p] *amer. sk.* **shoulder strap**
shoulder strap ['ʃəʊldə stræp] *n mil.* uzplecis
shouldn't ['ʃʊdnt] *saīs. no* should not
shout [ʃaʊt] **I** *n* kliedziens; **II** *v* kliegt; ◊ to sh. **down** – pārkliegt
shove [ʃʌv] **I** *n* grūdiens; **II** *v* grūst; ◊ sh. it.! – liecies mierā!
shovel ['ʃʌvl] **I** *n* lāpsta; liekšķere; **II** *v* **1.** rakt; **2.** [sa]raust
show [ʃəʊ] **I** *n* **1.** parādīšana; demonstrēšana; **2.** izstāde; skate; **3.** izrāde; **4.** izpausme; pazīme; **5.** *sar.* pasākums; ◊ to run away with the sh. *amer.* – pārspēt visus; to steal the sh. – noplūkt visus laurus sev; **II** *v* (*p.* showed [ʃəʊd]; *p.p.* showed [ʃəʊd] *vai* shown [ʃəʊn]) **1.** parādīt; demonstrēt; **2.** izrādīt (*piem., jūtas*); **3.** parādīties; būt redzamam; ◊ to sh. **in** – ievest (*istabā, mājā*); to sh. **off** – izrādīties; dižoties; to sh. **round** – izrādīt (*piem., pilsētu*); ◊ to sh. it – būt piedzērušam; sh. a leg! – mosties!; celies!
showbiz ['ʃəʊbiz] *n sl.* šovbizness
show business ['ʃəʊˌbiznəs] *n* šovbizness, izklaides industrija
showcase ['ʃəʊkeis] *n* vitrīna
shower[a] ['ʃaʊə] *n* rādītājs
shower[b] ['ʃaʊə] **I** *n* **1.** lietusgāze; **2.** duša; **3.** birums; pārpilnība; **4.** *fiz.* (*elektronu*) plūsma; **II** *v* **1.** līt; gāzt; **2.** aplaistīt; apliet; **3.** apbērt; **4.** iet dušā
showground ['ʃəʊgraʊnd] *n* skatuves laukums
show-jumping ['ʃəʊˌdʒʌmpiŋ] *n* jāšanas sports ar šķēršļu pārvarēšanu
showman ['ʃəʊmən] *n* **1.** skatuves mākslinieks; **2.** cirka īpašnieks

shown *sk.* **show II**
showpiece ['ʃəʊpi:s] *n* lielisks eksemplārs
showroom ['ʃəʊru:m] *n* (*preču*) izstādes zāle
showy ['ʃəʊi] *a* **1.** efektīgs; košs; **2.** spilgts; uzkrītošs
shrammed [ʃræmd] *a* sastindzis; sh. with cold – stīvs no aukstuma
shrank *sk.* **shrink**
shred [ʃred] **I** *n* driska; skranda; to tear to ~s – saplēst skrandās; **II** *v* (*p. un p.p.* shred [ʃred] *vai* shredded ['ʃredid]) saplēst; sadriskāt
shredder ['ʃredə] *n* **1.** rīve; **2.** dokumentu smalcinātājs
shrew [ʃru:] *n zool.* cirslis
shrewd [ʃru:d] *a* **1.** ass; vērīgs (*par prātu*); **2.** trāpīgs; **3.** spējš
shrew-mouse ['ʃru:maʊs] *n zool.* cirslis
shriek [ˌʃri:k] **I** *n* spalgs kliedziens; spiedziens; **II** *v* spalgi kliegt; spiegt
shrift [ʃrift] *n novec. rel.* grēksūdze; ◊ to give short sh. (*to*) – veikli tikt galā
shrike [ʃraik] *n ornit.* čakste
shrill [ʃril] **I** *a* **1.** spalgs; spiedzošs; **2.** uzmācīgs; **II** *v* spalgi kliegt; spiegt
shrimp [ʃrimp] **I** *n* garnele; **II** *v* (*parasti* to go ~ing) zvejot garneles
shrine [ʃrain] **I** *n* **1.** relikviju glabātava; **2.** svētnīca; **II** *v* glabāt kā dārgumu
shrink [ʃriŋk] **I** *n amer. sl.* psihiatrs; **II** *v* (*p.* shrank [ʃræŋk]; *p.p.* shrunk [ʃrʌŋk] *vai* shrunken ['ʃrʌŋkən]) **1.** (*at*) sarauties (*no izbīļa*); **2.** sarauties (*par apģērbu*); **3.** (*arī* to sh. away) vairīties; ◊ to sh. **back** – atrauties atpakaļ; to sh. **up** – sarauties
shrive [ʃraiv] *v* (*p.* shrived [ʃraivd] *vai* shrove [ʃrəʊv]; *p.p.* shrived [ʃraivd] *vai* shriven ['ʃrivn]) *novec. rel.* uzklausīt grēksūdzi

shrivel ['ʃrivl] *v* 1. sačokuroties; 2. sačokurot
shriven *sk.* **shrive**
shroff [ʃrɒf] *n* naudas mijējs (*Austrumos*)
shroud [ʃraʊd] **I** *n* 1. līķauts; 2. pārklājs; plīvurs; **II** *v* 1. ietīt līķautā; 2. pārklāt
shrove *sk.* **shrive**
Shrovetide ['ʃrəʊvtaid] *n* metenis, vastlāvis
shrub [ʃrʌb] *n* krūms
shrubbery ['ʃrʌbəri] *n* krūmājs
shrug [ʃrʌg] **I** *n* (*plecu*) paraustīšana; to give a sh. – paraustīt plecus; **II** *v* paraustīt (*plecus*)
shrunk *sk.* **shrink**
shrunken *sk.* **shrink**
shucks [ʃʌks] *amer.* sasodīts!; velns parāvis!
shudder ['ʃʌdə] **I** *n* drebuļi; **II** *v* drebēt
shuffle ['ʃʌfl] **I** *n* 1. šļūkāšana; 2. (*kāršu*) jaukšana; 3. pārstumšana; 4. triks; viltība; **II** *v* 1. šļūkāt; 2. jaukt (*kārtis*); 3. pārstumt; 4. blēdīties; krāpt; ◊ to sh. **off** – 1) nomest (*drēbes*); 2) novelt (*atbildību*); 3) tikt vaļā
shuffler ['ʃʌflə] *n* 1. (*kāršu*) jaucējs; 2. blēdis; krāpnieks
shufty ['ʃʌfti] *n sl* acu uzmetiens; to have (take) a sh. (*at*) – uzmest acis
shun [ʃʌn] *v* izvairīties; to sh. collision – izvairīties no sadursmes
shunt [ʃʌnt] **I** *n* 1. pārmija; 2. *el.* šunts; **II** *v* 1. manevrēt; 2. *el.* šuntēt; 3. *sar.* novirzīt (*piem., domas*)
shunter ['ʃʌntə] *n* pārmijnieks
shunting-yard ['ʃʌntiŋjɑ:d] *n* šķirotava
shush [ʃʌʃ] *n sar.* klusums
shut [ʃʌt] **I** *a* aizvērts; slēgts; **II** *v* (*p. un p.p.* shut [ʃʌt]) 1. aiztaisīt; aizvērt; 2. aizvērties; ◊ to sh. **down** – 1) aiztaisīt; 2) pārtraukt darbu; to sh. **off** – 1) izslēgt (*strāvu u. tml.*); 2) (*from*) izolēt; to sh. **up** – 1) aizslēgt; noslēgt; 2) ieslodzīt (*cietumā*); 3) *sar.* apklusināt; sh. up! – aizveries!
shutdown ['ʃʌtdaʊn] *n* 1. (*uzņēmuma, veikala u. tml.*) slēgšana; 2. izslēgšana
shutter ['ʃʌtə] **I** *n* 1. slēģis; 2. *pl* žalūzijas; **II** *v* aizvērt slēģus
shuttle ['ʃʌtl] **I** *n* 1. atspole; 2. (*slūžu*) aizvars; 3.: sh. service – piepilsētas satiksme; 4. daudzkārt izmantojams kosmosa lidaparāts; **II** *v* 1. virzīt turp un atpakaļ; 2. virzīties turp un atpakaļ
shuttlecock ['ʃʌtlkɒk] *n* (*badmintona*) bumbiņa
shy[a] [ʃai] **I** *a* 1. bikls; kautrīgs; 2. bailīgs; tramīgs; **II** *v* satrūkties (*par zirgu*)
shy[b] [ʃai] *sar.* **I** *n* 1. metiens; 2. mēģinājums; to take (have) a sh. at smth. – izmēģināt kaut ko; **II** *v* mest
shyer ['ʃaiə] *n* tramīgs zirgs
shyster ['ʃaistə] *n sl.* krāpnieks
si [si:] *n mūz.* si
sibling ['sibliŋ] *n* brālis vai māsa; ~s – vienu vecāku bērni
sibyl ['sibil] *n* pareģe
sibylline [si'bilain] *a* pravietisks
sice[a] [sais] *n* sešas acis, seši punkti (*uz spēļu kauliņa*)
sice[b] [sais] *n* zirgu puisis
sick[a] [sik] **I** *a* 1. slims; 2.: to feel s. – just nelabumu; 3. slimīgs; neveseis; 4. noilgojies; to be s. for home – ilgoties pēc mājām; **II** *v*: to s. **up** – izvemt
sick[b] [sik] *v* uzrīdīt (*suni*); s. him! – puci!; ņem ciet!
sickbay ['sikbei] *n* lazarete (*uz kuģa*)
sickbenefit ['sikbenifit] *n* slimības pabalsts

sicken ['sikn] *v* **1.** sasirgt; saslimt; **2.** radīt riebumu; **3.** sajust riebumu
sickening ['sikniŋ] *a* pretīgs
sickle ['sikl] *n* sirpis
sick leave ['sik li:v] *n* slimības atvaļinājums
sick list ['sik list] *n* slimības lapa
sickly ['sikli] *a* **1.** slimīgs; **2.** sentimentāls; **3.** pretīgs; riebīgs
sickness ['siknəs] *n* **1.** slimība; **2.** nelabums
sick pay ['sikpei] *n* slimības pabalsts
side [said] **I** *n* **1.** mala; **2.** puse; from all ~s, from every s. – no visām pusēm; on the other s. – otrā pusē; **3.** sāni; by the s. (*of*) – blakus; s. by s. – plecu pie pleca; **4.** (*kalna*) nogāze; ◊ on the s. – tai pašā reizē; to be on the safe s. – katram gadījumam; drošības dēļ; to change ~s – pārsviesties uz pretējo pusi; to get out of bed on the wrong s. – izkāpt ar kreiso kāju no gultas; **II** *a* blakus-; s. effect – (*zāļu*) blakusiedarbība; **III** *v* (*arī* to s. with) nostāties kāda pusē
sideboard ['saidbɔ:d] *n* bufete
sideboards ['saidbɔ:dz] *n pl* vaigubārda
sideburns ['saidbɜ:nz] *amer. sk.* **sideboards**
sidecar ['saidkɑ:] *n* (*motocikla*) blakusvāģis
sidedish ['saiddiʃ] *n* (*ēdiena*) piedeva
sideface ['saidfeis] *adv* profilā
sidelong ['saidlɒŋ] **I** *a* slīps; **II** *adv* sāniski
sidenote ['saidnəʊt] *n* piezīme uz lappuses malām
sidereal [sai'diəriəl] *a* zvaigznes-; zvaigžņu-
sidesaddle ['said,sædl] *n* sieviešu segli
sideslip ['saidslip] **I** *n* **1.** (*automobiļa*) sānslīde; **2.** *av.* slīdēšana uz spārna; **3.** *sar.* ārlaulības bērns; **II** *v* **1.** slīdēt sāniski (*par automobili*); **2.** *av.* slīdēt uz spārna
sidesman ['saidzmən] *n* pērminderis
sidesplitting ['said,splitiŋ] *a* ārkārtīgi smieklīgs
sidestep ['saidstep] **I** *n* sānsolis; **II** *v* izvairīties
sidetrack ['saidtræk] **I** *n* rezerves ceļš; **II** *v* **1.** pārvietot uz rezerves ceļa; **2.** novirzīt
sideview ['saidvju:] *n* sānskats; profils
sidewalk ['saidwɔ:k] *n amer.* ietve
sidewards ['saidwəd(z)] *adv* uz sāniem
sideways ['saidweiz] *sk.* **sideward[s]**
siding ['saidiŋ] *n* **1.** rezerves ceļš; **2.** *amer.* dēļu apšuvums
sidle ['saidl] *v* (*arī* to s. up) pieiet no sāniem
siege [si:dʒ] *n* aplenkums; to lay s. (*to*) – aplenkt; to raise a s. – pārraut aplenkumu
siesta [si'estə] *n* siesta, pēcpusdienas atpūta
sieve [siv] **I** *n* siets; **II** *v* sijāt
sift [sift] *v* **1.** sijāt; **2.** izanalizēt; **3.** birt
sigh [sai] **I** *n* nopūta; **II** *v* **1.** nopūsties; **2.** (*for*) ilgoties; skumt
sight [sait] **I** *n* **1.** redze; far (long) s. – tālredzība; near (short) s. – tuvredzība; **2.** redzeslauks; **3.** skatiens; at first s. – no pirmā skatiena; **4.** skats; aina; s. for sore eyes – acīm tīkams skats; to feed one's s. – mielot acis; **5.**: the ~s – ievērojamākās vietas; **6.** uzskats; **II** *v* ieraudzīt; saskatīt
sightless ['saitləs] *a* **1.** akls; **2.** *poēt.* neredzams
sightly ['saitli] *a* izskatīgs
sightseeing ['sait,si:iŋ] *n* ievērojamu vietu apskatīšana

sightworthy [ˈsait͵wɜːði] *a* aplūkošanas vērts
sign [sain] **I** *n* **1.** zīme; simbols; **2.** pazīme; **3.** izkārtne; traffic ~s – ceļa zīmes; **II** *v* **1.** parakstīt; **2.** parakstīties; ◊ to s. **in** – pierakstīties; piereģistrēties; to s. **off** – 1) beigt pārraidi; 2) *sar.* apklust; to s. **up** – (*for*) pieteikties (*piem., darbā*)
signal [ˈsignl] **I** *n* signāls; zīme; **II** *a* izcils; spīdošs; **III** *v* signalizēt
signalize [ˈsignəlaiz] *v* **1.** signalizēt; **2.** atzīmēt
signalman [ˈsignlmən] *n* **1.** signalizētājs; **2.** pārmijnieks
signatory [ˈsignətəri] **I** *n* (*līguma u. tml.*) parakstītājs; **II** *a* parakstītāja-
signature [ˈsignətʃə] *n* paraksts
signboard [ˈsainbɔːd] *n* izkārtne
signer [ˈsainə] *n* parakstītājs
signet [ˈsignit] *n* zīmogs
signet ring [ˈsignitriŋ] *n* zīmoggredzens
significance [sigˈnifikəns] *n* **1.** nozīme; jēga, **2.** nozīmīgums; svarīgums; of no s. – nenozīmīgs
significant [sigˈnifikənt] *a* **1.** nozīmīgs; svarīgs; **2.** zīmīgs
signification [͵signifiˈkeiʃn] *n* nozīme; jēga
significative [sigˈnifikətiv] *a* (*of*) zīmīgs
signify [ˈsignifai] *v* **1.** vēstīt; **2.** izteikt; paziņot
signpost [ˈsainpəʊst] *n* ceļa rādītājs
silage [ˈsailidʒ] *n* skābbarība
silence [ˈsailəns] **I** *n* klusēšana; klusums; to break s. – pārtraukt klusēšanu; to keep s. – klusēt; s. gives consent – klusēšana nozīmē piekrišanu; **II** *v* apklusināt
silent [ˈsailənt] *a* **1.** kluss; s. film – mēmā filma; **2.** nerunīgs; **3.** aprimis (*par vulkānu*)

silhouette [͵siluˈet] *n* siluets
silica [ˈsilikə] *n* ķīm. kvarcs
silicate [ˈsilikeit] *n* silikāts
silicon [ˈsilikən] *n* ķīm. silīcijs
silk [silk] **I** *n* **1.** zīds; **2.** karaļa (karalienes) padomnieks; **II** *a* zīda-
silken [ˈsilkən] *a* zīdains
silkworm [ˈsilkwɜːm] *n* zīdtārpiņš
silky [ˈsilki] *a* **1.** zīdains; **2.** liegs; maigs
sill [sil] *n* **1.** palodze; **2.** guļbaļķis
silliness [ˈsilinəs] *n* muļķība
silly [ˈsili] **I** *n* muļķis; **II** *a* muļķīgs
silt [silt] **I** *n* nogulumi; **II** *v* aizsērēt
silvan [ˈsilvən] *a* mežains
silver [ˈsilvə] **I** *n* **1.** sudrabs; **2.** sudrablietas; **II** *a* **1.** sudraba-; sudrabots; s. lining – (*mākoņa*) baltā maliņa; s. thaw – sarma; **2.**: the s. streak *sar.* – Lamanša kanāls; **3.** sirms; **III** *v* **1.** apsudrabot; **2.** nosirmot
silvern [ˈsilvən] *a poēt.* sudrabots
silversmith [ˈsilvəsmiθ] *n* sudrabkalis
silverware [ˈsilvəweə] *n amer.* sudrablietas
silvery [ˈsilvəri] *a* sudrabots
silviculture [ˈsilvi͵kʌltʃə] *n* mežkopība
similar [ˈsimilə] *a* (*to*) līdzīgs
similarity [͵simiˈlærəti] *n* līdzība
similarly [ˈsiməli] *adv* līdzīgi
similitude [siˈmilitjuːd] *n* **1.** līdzība; **2.** salīdzinājums
simmer [ˈsimə] **I** *n* vārīšanās; **II** *v* sākt vārīties; ◊ to s. **down** – nomierināties
simoon [siˈmuːn] *sk.* **simoom**
simp [simp] *n* (*saīs. no* simpleton) *sar.* muļķis; vientiesis
simper [ˈsimpə] **I** *n* muļķīgs smaids; **II** *v* muļķīgi smaidīt
simple [ˈsimpl] **1.** vienkāršs; nesarežģīts; s. fraction *mat.* – vienkāršs daļskaitlis; s. quantity *mat.* – vienzīmes skait-

lis; 2. nemākslots; 3. vientiesīgs; S. Simon – vientiesis
simple-hearted [ˌsimpl'hɑːtid] *a* atklāts; labsirdīgs
simple-minded [ˌsimpl'maindid] *a* 1. atklāts; labsirdīgs; 2. vientiesīgs
simpleton ['simpltən] *n* muļķis; vientiesis
simplicity [sim'plisəti] *n* 1. vienkāršība; 2. vientiesība
simplification [ˌsimplifi'keiʃn] *n* vienkāršošana
simplify ['simplifai] *v* vienkāršot
simulate ['simjʊleit] *v* 1. simulēt; izlikties; 2. modelēt, atdarināt; 3. līdzināties; atgādināt
simulated ['simjʊleitid] *a* neīsts
simulation [ˌsimjʊ'leiʃn] *n* 1. simulācija; izlikšanās; 2. modelēšana; imitācija
simulator ['simjʊleitə] *n* 1. simulants; 2. *tehn.* modelējoša ierīce; imitējoša ierīce; 3. *av.* trenažieris
simultaneity [ˌsiməltə'niəti] *n* vienlaicība
simultaneous [ˌsiməl'teiniəs] *a* vienlaicīgs
sin [sin] **I** *n* grēks; **II** *v* grēkot
since [sins] **I** *adv* (*arī* ever s.) kopš tā laika; we have been together s. – kopš tā laika mēs esam kopā; **II** *prep* kopš; I haven't seen him s. last Monday – es neesmu viņu redzējis kopš pagājušās pirmdienas; **III** *conj* 1. (*arī* ever s.) kopš; it is a month s. I work here – ir pagājis mēnesis, kopš es šeit strādāju; 2. tā kā; s. you are here, we can begin the meeting – tā kā jūs esat ieradies, varam sākt sapulci
sincere [sin'siə] *a* patiess; sirsnīgs
sincerely [sin'siəli] *adv* patiesi; sirsnīgi; Yours s. – patiesi jūsu (*vēstules nobeigumā*)
sincerity [sin'serəti] *n* patiesums; sirsnība

sine [sain] *n mat.* sinuss
sinew ['sinjuː] *n* 1. cīpsla; 2. fizisks spēks; 3. balsts
sinewy ['sinjuːi] *a* 1. cīpslains; 2. spēcīgs
sinful ['sinfʊl] *a* grēcīgs
sing [siŋ] **I** *n* 1. dziedāšana; 2. (*lodes*) svilpšana; 3. (*vēja*) gaudošana; **II** *v* (*p.* sang [sæŋ]; *p.p.* sung [sʌŋ]) 1. dziedāt; 2. slavināt; to s. smb.'s praises – dziedāt kādam slavas dziesmas; 3. gaudot (*par vēju*); 4. svilpt (*par lodi*)
singe [sindʒ] **I** *n* apsvilums; **II** *v* 1. apsvilināt; 2. apsvilt
singeing ['sindʒiŋ] *a* svilinošs
singer ['siŋə] *n* dziedātājs; dziedātāja
single ['siŋgl] **I** *n* 1. *sp.* vienspēle; 2. *mūz.* singls; 3. *sar.* viena dolāra banknote; **II** *a* 1. viens vienīgs; not a s. one – neviens; 2. vienvietīgs; s. room – istaba vienam cilvēkam; s. ticket – biļete vienā virzienā; 3. atsevišķs; 4. neprecējies; s. man – vecpuisis; **III** *v*: to s. out – atlasīt; izmeklēt
singleness ['siŋglnəs] *n* 1. vientulība; 2. (*arī* s. of purpose) mērķtiecība
singlestick ['siŋglstik] *n* 1. špaga; 2. paukošana ar špagu
singlet ['siŋglət] *n* trikotāžas krekls (*bez piedurknēm*)
singleton ['siŋgltən] *n* 1. vienpatis; 2. vienīgais bērns
singly ['siŋgli] *adv* 1. atsevišķi; 2. patstāvīgi
singular ['siŋgjʊlə] **I** *n gram.* vienskaitlis; **II** *a* 1. savdabīgs; 2. *gram.* vienskaitļa-
sinister ['sinistə] *a* 1. draudīgs; ļauns; 2. labās puses- (*ģerbonī*)
sink [siŋk] **I** *n* izlietne; **II** *v* (*p.* sank [sæŋk]; *p.p.* sunk [sʌŋk]) 1. [no]grimt; his spirits sank – viņš zaudēja drosmi; 2. nosēsties (*par pamatiem*); 3. no-

gremdēt; **4.** kristies (*par līmeni*); **5.** (*arī* to s. in) iesūkties (*par krāsu, šķidrumu*); **6.** iespiesties (*piem., atmiņā*); **7.** ierakt; **8.** izrakt (*aku*); **9.** ieguldīt (*kapitālu*); **10.** *sar.* pazudināt; ◇ s. or swim – lai notiek, kas notikdams
sinker [ˈsiŋkə] *n* (*makšķeres*) atsvariņš
sinking fund [ˈsiŋkiŋ fʌnd] *n ek.* amortizācijas kapitāls
sinner [ˈsinə] *n* grēcinieks
sip [sip] **I** *n* neliels malks; **II** *v* dzert nelieliem malkiem
siphon [ˈsaifn] *n* sifons
sir [sɜː] **I** *n* **1.** sers, kungs (*uzruna*); **2.**: S. – sers (*tituls*); **II** *v* dēvēt par kungu; don't s. me! – nesauciet mani par kungu!
sircar [ˈsɜːkɑː] *n* **1.** valdības galva (*Indijā*); **2.** ģimenes galva (*Indijā*)
sirdar [ˈsɜːdɑː] *n* komandieris (*Austrumos*)
sire [ˈsaiə] *n* **1.** *novec.* augstība, majestāte (*uzruna*); **2.** *poēt.* ciltstēvs; sencis
sirloin [ˈsɜːlɔin] *n kul.* fileja
sissy [ˈsisi] *n sar.* **1.** memmesdēliņš; **2.** *amer.* mašele
sister [ˈsistə] *n* **1.** māsa; s. languages – radniecīgas valodas; **2.** galvenā medicīnas māsa; **3.** mūķene; **4.** *sl.* meiča; ◇ S. Susie – sieviete karavīrs
sister-in-law [ˈsistərinlɔː] *n* svaine
sisterly [ˈsistəli] *a* māsas-
sit [sit] *v* (*p. un p.p.* sat [sæt]) **1.** sēdēt; **2.** noturēt sēdi (*par parlamentu u. tml.*); **3.** perēt; **4.** piegulēt (*par apģērbu*); **5.** (*arī* to s. in) pieskatīt bērnu ⌷ to s. **down** – apsēsties; to s. **in** – pieskatīt bērnu; to s. **on** – 1) apvaldīt (*piem., jūtas*); 2) rāt; bārt; to s. **through** – nosēdēt līdz beigām; to

s. **up** – 1) piecelties sēdus; 2) palikt nomodā; ◇ to s. fat – atrasties pie varas; to s. loosely – izturēties nevērīgi; to s. on the fence – izturēties vienaldzīgi; to s. pretty – dzīvot vieglu dzīvi; to s. sandwich – sēdēt iespiestam starp diviem blakussēdētājiem; to s. tight (quiet) – slēpties
sitcom [ˈsitkɒm] *n* (*saīs. no* situation comedy) *sar.* situāciju komēdija
site [sait] **I** *n* **1.** *dat.* (*arī* web s.) lappuse (*Internetā*); **2.** (*arī* building s.) būvlaukums; **3.** atrašanās vieta; **II** *v* izvietot
sitter [ˈsitə] *n* **1.** (*mākslinieka, fotogrāfa*) modelis; **2.** perētāja vista; **3.** (*arī* baby-s.) aukle
sitting-room [ˈsitiŋruːm] *n* dzīvojamā istaba
situated [ˈsitʃʊeitid] *a* izvietots
situation [ˌsitʃʊˈeiʃn] *n* **1.** atrašanās vieta; **2.** situācija; stāvoklis
six [siks] **I** *n* sešnieks; ◇ s. and four – *sl.* tīrs heroīns; to be at ~es and sevens – 1) būt apjukušam; 2) būt atšķirīgos uzskatos; six of one and half a dozen of the other – cik garš, tik plats; **II** *num.* seši
sixfold [ˈsiksfəʊld] **I** *a* seškārtīgs; **II** *adv* seškārtīgi
sixteen [ˌsiksˈtiːn] *num* sešpadsmit
sixteenth [ˌsiksˈtiːnθ] **I** *n* **1.** sešpadsmitā daļa; **2.** (the s.) sešpadsmitais datums; **II** *num* sešpadsmitais
sixth [siksθ] **I** *n* **1.** sestā daļa; **2.** (the s.) sestais datums; **II** *num.* sestais
sixties [ˈsikstiz] *n pl* (the s.) sešdesmitie gadi
sixtieth [ˈsikstiəθ] **I** *n* sešdesmitā daļa; **II** *num* sešdesmitais
sixty [ˈsiksti] *num* sešdesmit
sizable [ˈsaizəbl] *a* prāvs

size [saiz] I *n* **1.** lielums; full s. – dabiskā lielumā; **2.** izmērs; **3.** formāts; II *v* šķirot pēc lieluma

sizzle ['sizl] I *n* čurkstēšana; II *v* **1.** čurkstēt; **2.** *sar.* cepināties (*saulē*)

sizzler ['sizələ] *n sar.* svelmaina diena

skald [skɔ:ld] *sk.* **scald**[a]

skate[a] [skeit] *n iht.* raja

skate[b] [skeit] I *n* slida; II *v* slidot; ◇ to s. on one's uppers – dzīvot nabadzībā

skateboard ['skeitbɔ:d] *n* skrituļdēlis

skating ['skeitiŋ] *n* slidošana

skating-rink ['skeitiŋriŋk] *n* slidotava

skedaddle [ski'dædl] *sar.* I *n* aizšmaukšana; II *v* aizšmaukt

skein [skein] *n* **1.** (*dzijas*) šķetere; **2.** (*meža zosu*) kāsis

skeleton ['skelitn] *n* skelets

skeptic ['skeptik] *sk.* **sceptic**

sketch [ketʃ] I *n* **1.** skice; uzmetums; **2.** skečs; II *v* skicēt

skew [skju:] I *n* nošķiebums; savirze; II *a* greizs; šķībs; III *v* sašķiebt

skewbald ['skju:bɔ:ld] *a* ābolains (*par zirgu*)

skewer ['skju:ə] I *n* iesms (*gaļas cepšanai*); II *v* uzdurt uz iesma

skew-eyed ['skju:aid] *a sar.* šķielējošs

ski [ski:] I *n* (*pl* skis [ski:z]) slēpe; II *v* (*p. un p.p.* skied [ski:d]) slēpot

skiagram ['skaiəgræm] *n* rentgenogramma

skiagraph ['skaiəgrɑ:f] *sk.* **skiagram**

skid [skid] I *n* **1.** *tehn.* bremzes kurpe; **2.** buksēšana; ◇ s. row *amer.* – drūma vieta (kvartāls) (*pilsētā*); II *v* **1.** buksēt; **2.** slīdēt (*par automobili*)

ski'd *sk.* **ski** II

skidlid ['skidlid] *n sar.* motociklista ķivere

skier ['ski:ə] *n* slēpotājs

skiff [skif] *n* **1.** viegla laiva; **2.** akadēmiska sacīkšu laiva

skiffle ['skifl] *n mūz.* **1.** folkmūzikas paveids; **2.** *amer.* džeza virziens (*20 gs. 20. gados*)

skiing ['ski:iŋ] *n* slēpošana

ski-jumping ['ski:,dʒʌmpiŋ] *n* lēkšana ar slēpēm no tramplīna

skilful ['skilfʊl] *a* prasmīgs; izveicīgs

skill [skil] *n* māka; prasme; izveicība

skilled [skild] *a* **1.** prasmīgs; izveicīgs; **2.** kvalificēts

skilly ['skili] *n* vira

skim [skim] I *a* nokrejots; s. milk – vājpiens; II *v* **1.** nosmelt (*krējumu, putas u. tml.*); **2.** (*over, through*) pārlapot (*piem., grāmatu*)

skimmer ['skimə] *n* **1.** putu karote; **2.** piena separators

skimp [skimp] *v* (*arī* to s. and screw) skopoties

skimpy ['skimpi] *a* **1.** trūcīgs; **2.** šaurs; īss (*par apģērbu*); **3.** skops

skin [skin] I *n* **1.** āda; **2.** miza; **3.** kleperis; **4.** *amer. sl.* sīkstulis, skopulis; **5.** *sl.* blēdis; **6.** *sl.* dolārs; ◇ under the s. – sirds dziļumos; to get under smb.'s s. – aizkaitināt kādu; to keep a whole s., to save one's s. – tikt cauri ar veselu ādu; II *v* **1.** [no]dīrāt; **2.** nobrāzt ādu; **3.** *sl.* aptīrīt; **4.** *sl.* nošpikot

skin-deep [,skin'di:p] *a* sekls; s.-d. feelings – nenopietnas jūtas

skin-diver ['skin,daivə] *n* akvalangists

skin-flick ['skinflik] *n amer. sl.* pornofilma

skinflint ['skinflint] *n* sīkstulis

skinhead ['skinbed] *n* skūtgalvis

skinner ['skinə] *n* **1.** ādminis; **2.** *sar.* krāpnieks

skinny ['skini] *a* izkāmējis; kārns

skin-tight [ˌskin'tait] *a* apspīlēts (*par apģērbu*)
skint [skint] *a* izputējis
skip [skip] **I** *n* [pa]lēciens; **II** *v* **1.** lēkāt; palēkties; **2.** pārlēkt; **3.** izlaist; ◇ s. it! – diezgan!
skipjack ['skipdʒæk] *n* marionete; ķipars
skipper ['skipə] *n* **1.** (*tirdzniecības kuģa*) kapteinis; **2.** *sp.* komandas kapteinis
skipping rope ['skipiŋ rəʊp] *n* lecamaukla
skirmish ['skɜ:miʃ] **I** *n* sadursme; **II** *v* apšaudīties
skirmisher ['skɜ:miʃə] *n* strēlnieks
skirt [skɜ:t] *n* **1.** (*sieviešu*) svārki; **2.** (*parasti pl*) nomale; ~s of the town – pilsētas nomale
skit[a] [skit] *n* parodija; satīra
skit[b] [skit] *n sar.* milzums; lērums
skittish ['skitiʃ] *a* tramīgs (*par zirgu*)
skittle ['skitl] *n* **1.** ķeglis; **2.** *pl* ķeglu spēle
skittle alley ['skitl ˌæli] *n* ķeglu spēļu zāle
skittle ground ['skitl graʊnd] *sk.* **skittle-alley**
skive [skaiv] *v* **1.** griezt (*ādu*); **2.** slīpēt (*dārgakmeni*); **3.** *sar.* slaistīties apkārt
skiver ['skaivə] *n* **1.** nazis ādas griešanai; **2.** *sar.* slaists
skivy[a] ['skivi] *n niev.* kalpone
skivy[b] ['skivi] *n pl sl.* vīriešu apakšveļa
skulk [skʌlk] *v* **1.** izvairīties (*no atbildības*); **2.** lavīties
skulker ['skʌlkə] *n* ložņa
skull [skʌl] *n* galvaskauss
skunk [skʌŋk] *n zool.* skunkss
sky [skai] **I** *n* debesis; ◇ to extol (laud, praise) to the skies – celt vai debesīs; **II** *v* mest gaisā (*monētu*)
sky-clad [ˌskai'klæd] *a sar.* kails
skyey ['skaii] *a* **1.** debesu-; **2.** debeszils
skydiver ['skaiˌdaivə] *n* izpletņlēcējs
skydiving ['skaiˌdaiviŋ] *n* izpletņlēkšana
skyjack ['skaidʒæk] *v* nolaupīt lidmašīnu
skylark ['skailɑ:k] *n* cīrulis
skyline ['skailain] *n* siluets (*uz debesu fona*)
skyrocket ['skaiˌrɑkit] **I** *n* signālraķete; **II** *v* strauji celties (*par cenām u. tml.*)
skyscraper ['skaiˌskreipə] *n* debesskrāpis
skyward[s] ['skaiwəd(z)] *adv* uz debesīm; debesīs
skyway ['skaiwei] *n* gaisa ceļš
slab [slæb] **I** *n* **1.** plāksne; plātne; **2.** gabals; šķēle; **II** *v* noklāt ar plāksnēm
slack[a] [slæk] *n* ogļu putekļi
slack[b] [slæk] **I** *n* **1.** vaļīgs tauvas gals; **2.** klusā sezona (*tirdzniecībā*); **II** *a* **1.** vaļīgs; **2.** kluss (*par tirgu*); **3.** neizcepts (*par maizi*); **III** *v* **1.** palaist vaļīgāk (*tauvu u. tml.*); **2.** atslābt; **3.** remdēt (*slāpes*)
slacken ['slækən] *v* **1.** palaist vaļīgāk; **2.** atslābt
slacks [slæks] *n pl* platas bikses
slag [slæg] *n* izdedži
slain *sk.* **slay**
slake [sleik] *v* **1.** remdēt (*slāpes*); **2.** dzēst (*kaļķus*); **3.** dzēst (*uguni*)
slam [slæm] **I** *n* (*durvju*) aizciršanās; **II** *v* **1.** (*to*) aizcirst (*durvis*); **2.** (*to*) aizcirsties (*par durvīm*)
slander ['slɑ:ndə] **I** *n* neslava; **II** *v* celt neslavu
slanderer ['slɑ:ndərə] *n* neslavas cēlējs
slanderous ['slɑ:ndərəs] *a* neslavu ceļošs
slang [slæŋ] *n* slengs; žargons
slangy ['slæŋi] *a* **1.** žargona-; **2.** kliedzošs; uzkrītošs (*par apģērbu*)
slank *sk.* **slink**[b]
slant [slɑ:nt] **I** *n* **1.** slīpums; **2.** viedoklis;

3. skatiens; **II** *a* slīps; **III** *v* **1.** sašķiebt; **2.** sagrozīt (*faktus*)
slantwise ['slɑ:ntwaiz] *adv* slīpi
slap [slæp] **I** *n* pļauka; **II** *v* iecirst pliķi
slapdash ['slæpdæʃ] **I** *n* paviršība; **II** *a* paviršs; **III** *adv* paviršī
slapper ['slæpə] *n sar.* sensācija
slapping ['slæpiŋ] *a* **1.** sensacionāls; **2.** trauksmains
slash[a] [slæʃ] **I** *n* **1.** (*pātagas, zobena*) cirtiens; **2.** cirsta brūce; **3.** *sl. vulg.* urinēšana; **II** *v* **1.** cirst (*ar pātagu, zobenu*); **2.** iešķelt; **3.** kritizēt; **4.** (*par lietu*) šļākties (*logā*)
slash[b] [slæʃ] *n amer.* muklājs
slat[a] [slæt] *n* **1.** līstīte; **2.** *pl sl.* ribas
slat[b] [slæt] *v* plandīties (*par burām*)
slate [sleit] **I** *n* **1.** slāneklis; šīferis; **2.** šīfera plāksne; ◇ a clean s. – nevainojama reputācija; **II** *v* noklāt ar šīferi
slater ['sleitə] *n* jumiķis
slattern ['slætɜ:n] *n* nevīža
slatternly ['slætɜ:nli] *a* nevīžīgs
slaughter ['slɔ:tə] **I** *n* **1.** slepkavošana; **2.** (*lopu*) kaušana; **II** *v* **1.** slepkavot; **2.** kaut (*lopus*)
slaughterhouse ['slɔ:təhaʊs] *n* lopkautuve
slave [sleiv] **I** *n* vergs; verdzene; **II** *v* (*away*) vergot
slave dealer ['sleiv ˌdi:lə] *n* vergu tirgotājs
slave driver ['sleiv ˌdraivə] *n* vergu uzraugs
slaver[a] ['sleivə] *n* vergu tirgotājs
slaver[b] ['slævə] **I** *n* **1.** siekalas; **2.** glaimi; **II** *v* **1.** siekalot[ies]; **2.** pieglaimoties
slavery ['sleivəri] *n* verdzība
slave trade ['sleiv treid] *n* vergu tirdzniecība
slave traffic ['sleiv ˌtræfik] *sk.* **slave-trade**

slavey ['sleivi] *n sl.* kalponīte
slavish ['sleiviʃ] *n* verdzisks
slaw [slɔ:] *n* kāpostu salāti
slay [slei] *v* (*p.* slew [slu:]; *p.p.* slain [slein]) [no]slepkavot
slayer ['sleiə] *n* slepkava
sleazy ['sli:zi] *a* **1.** plāns (*par audumu*); **2.** *sar.* nevīžīgs
sledding ['slediŋ] *n* **1.** braukšana ar kamanām; **2.** kamanu ceļš
sledge[a] [sledʒ] **I** *n* kamanas; **II** *v* **1.** braukt ar kamanām; **2.** vest kamanās
sledge[b] [sledʒ] *sk.* **sledgehammer**
sledgehammer ['sledʒˌhæmə] *n* uzsitējveseris
sleek [sli:k] **I** *a* **1.** spīdīgs; veselīgs (*par matiem, kažoku*); **2.** labi kopts; **II** *v* pieglaust (*matus*)
sleeky ['sli:ki] *a* **1.** spīdīgs (*par matiem, kažokiem*); **2.** pieglaimīgs
sleep [sli:p] **I** *n* **1.** miegs; beauty s. – pirmais miegs (*līdz pusnaktij*); broken s. – caurs miegs; dead s. – cieišs miegs; to get to s., to go to s. – iemigt; **2.** ziemas guļa; ◇ the big s. – nāve; **II** *v* (*p. un p.p.* slept [slept]) **1.** gulēt; **2.** atdusēties (*par mirušajiem*); ▯ to s. **away** – nogulēt; to s. **off** – izgulēt
sleeper ['sli:pə] *n* **1.** gulētājs; **2.** miegamice; guļava; **3.** (*parasti pl*) bērna pidžama
sleepiness ['sli:pinəs] *n* miegainība
sleeping bag ['sli:piŋbæg] *n* guļammaiss
sleeping car ['sli:piŋkɑ:] *n* guļamvagons
sleeping draught ['sli:piŋdrɑ:ft] *sk.* **sleeping-pill**
sleeping pill ['sli:piŋpil] *n* miega zāles
sleeping-suit ['sli:piŋsu:t] *n* pidžama
sleepless ['sli:pləs] *a* bezmiega-
sleepwalker ['sli:pwɔ:kə] *n* mēnessērdzīgais

sleepy ['sli:pi] *a* **1.** miegains; **2.** kluss; mierīgs
sleepyhead ['sli:pihed] *n* miegamice; guļava
sleet [sli:t] *n* slapjdraņķis
sleeve [sli:v] *n* **1.** piedurkne; to roll (turn) up one's ~s – 1) uzrotīt piedurknes; 2) sparīgi ķerties (*pie darba*); **2.** (*skaņuplates*) apvāks; **3.** *tehn.* uzmava; ◇ to have smth. up one's s. – būt kaut kam aiz ādas
sleeveless ['sli:vləs] *a* bez piedurknēm
sleevelink ['sli:vliŋk] *n* aproču poga
sleigh [slei] *sk.* **slegde**ᵃ
sleighbell ['sleibel] *n* zvārgulis
sleight [slait] *n*: s. of hand – roku veiklība
slender ['slendə] *a* **1.** slaids; **2.** trūcīgs
slept *sk.* **sleep II**
sleuth [slu:θ] I *n* **1.** pēddzinējs suns; **2.** slepenpolicists; II *v* dzīt pēdas
sleuthhound ['slu:θhaʊnd] *n* pēddzinējs suns
slewᵃ *sk.* **slay**
slewᵇ [slu:] I *n* pagrieziens; II *v* (*round*) **1.** pagriezt; **2.** pagriezties
slice [slais] I *n* **1.** šķēle; **2.** plats nazis; II *v* **1.** griezt šķēlēs; **2.** (*par kuģi*) šķelt (*viļņus*); **3.** *sl.* apkrāpt (*pircēju*); ◻ to s. **off** – nogriezt šķēli; to s. **up** – sagriezt šķēlēs
slick [slik] I *n* **1.** (*naftas, eļļas*) plankums (*uz ūdens*); **2.** *sp.* sausā laika riepa (*bez protektora*); II *a sar.* **1.** gluds; **2.** slidens; **3.** *amer.* lielisks; III *v* **1.** nogludināt; **2.** (*arī* to s. up) uzpost; uzkopt; IV *adv* **1.** tieši; to run s. into the wall – ieskriet tieši sienā; **2.** gludi; bez aizķeršanās
slicker ['slikə] *n amer.* **1.** lietusmētelis; **2.** *sar.* švīts
slide [slaid] I *n* **1.** slīdēšana; **2.** slidkalns; slidceļš; **3.** slīpa plakne; **4.** (*arī* landslide) (*zemes*) nogruvums; **5.** diapozitīvs; slaids; **6.** (*mikroskopa*) priekšmetstikliņš; II *v* (*p. un p.p.* slid [slid]) **1.** slīdēt; **2.** slidināties; **3.** bīdīt; stumt
slide-fastener ['slaid,fa:snə] *n* rāvējslēdzējs
sliding door [,slaidiŋ 'dɔ:] *n* bīdāmās durvis
slight [slait] *a* **1.** nenozīmīgs; niecīgs; s. pain – nelielas sāpes; **2.** trausls; vārīgs
slightly ['slaitli] *adv* mazliet; nedaudz
slim [slim] I *n* **1.** slaids; tievs; **2.** *amer.* viegls (*par barību*); **3.** blēdīgs; viltīgs; II *v* ievērot diētu
slime [slaim] *n* gļotas
slimy ['slaimi] *a* **1.** gļotains; **2.** *sar.* lišķīgs
slingᵃ [sliŋ] I *n* **1.** linga; **2.** *med.* pārsējs; **3.** metiens; sviediens; II *v* (*p. un p.p.* slung [slʌŋ]) **1.** mest; sviest; **2.** pārmest (*pār plecu*)
slingᵇ [sliŋ] *n* (*ruma, džina un augļu sulas*) dzēriens
slingshot ['sliŋʃɒt] *n amer.* katapulta
slink [sliŋk] *v* (*p. un p.p.* slunk [slʌŋk]) aizlavīties
slip [slip] I *n* **1.** [pa]slīdēšana; **2.** kļūda; kļūme; s. of the pen – pārrakstīšanās; s. of the tongue – pārteikšanās; **3.** (*sieviešu*) kombinē; **4.** *pl* peldbikses; **5.** (*arī* pillow s.) spilvendrāna; **6.** sloksne; strēmele; **7.** *poēt.* atvase; **8.** *bot.* potzars; **9.** *tehn.* buksēšana; II *v* **1.** [pa]slīdēt; **2.** iebāzt; ieslidināt; **3.** atbrīvoties; **4.** buksēt (*par riteņiem*); ◻ to s. **away** – 1) aizslīdēt; 2) aizsteigties (*par laiku*); 3) aizlavīties; to s. **in** – 1) ieslīdēt; 2) iezagties (*par kļūdu*); to s. **off** – nomest (*apģērbu*); to s. **on** – uzvilkt (*apģērbu*)
slipcover ['slip,kʌvə] *n* (*mēbeļu*) pārvalks

slip-on [ˈslipɒn] *a* (*par apģērbu*) velkams pāri galvai
slipover [ˈslipˌəʊvə] *n* **1.** pulovers; **2.** futrālis
slipper [ˈslipə] *n* **1.** rītakurpe; **2.** laiviņa (*sieviešu kurpe*)
slipperwort [ˈslipəwɜ:t] *n bot.* kurpīte
slippery [ˈslipəri] *a* **1.** slidens; **2.** izmanīgs; veikls; **3.** neuzticams
slippy [ˈslipi] *a sar.* **1.** slidens; **2.** ātrs
sliproad [ˈsliprəʊd] *n* apbraucamais ceļš
slipshod [ˈslipʃɒd] *a* **1.** nekārtīgs; nevīžīgs; **2.** ar nomītiem papēžiem
slipslop [ˈslipslɒp] *sar.* **I** *n* **1.** susla; **2.** tukša plāpāšana; **3.** sentimentāla lasāmviela; **II** *a* **1.** atšķaidīts; **2.** muļķīgs; tukšs; **3.** sentimentāls (*par grāmatu*)
slit [slit] **I** *n* **1.** šķēlums; s. skirt – svārki ar šķēlumu; **2.** sprauga; **II** *v* (*p. un p.p.* slit [slit]) **1.** iešķelt; pāršķelt; **2.** pārplīst
slither [ˈsliðə] *v* slīdēt
sliver [ˈslivə] **I** *n* **1.** skals; **2.** sloksne; strēmele; **3.** (*vilnas*) diegs; **II** *v* **1.** pārplēst; **2.** pārplīst
slobber [ˈslɒbə] **I** *n* siekalas; **II** *v* izdalīt siekalas
slobbery [ˈslɒbəri] *a* nosiekalojies
sloe [sləʊ] *n* dzeloņplūme
slog [slɒg] **I** *n* **1.** belziens; **2.** nogurdinošs darbs; **II** *v* **1.** iebelzt; **2.** (*arī* to s. away) iejūgties (*darbā*)
slogan [ˈsləʊgən] *n* **1.** lozungs; sauklis; **2.** (*kalniešu*) kaujas sauciens
slop [slɒp] **I** *n* **1.** *pl* samazgas; **2.** (*izlieta šķidruma*) peļķe; **3.** *niev.* strebjamais; **4.** sentimentalitāte; **II** *v* **1.** izliet; izšļakstīt; **2.** izlīt, izšļakstīties; **3.** šļakstīties; ▯ to s. [some] **down** – iedzert; to s. [it] **up** – iekost; ieēst; to s. **over** – izšļakstīties pāri malām
slope [sləʊp] **I** *n* **1.** slīpums; **2.** nogāze; nokalne; **II** *v* **1.** noškiebties; noliekties; **2.** padarīt slīpu
sloppy [ˈslɒpi] *a* **1.** dubļains (*par ceļu*); **2.** šķidrs (*par ēdienu*); **3.** nevīžīgs; nolaidīgs; **4.** sentimentāls
slosh [slɒʃ] *sk.* **slush**
slot[a] [slɒt] **I** *n* **1.** sprauga; **2.** *tehn.* grope; **3.** noteikta pozīcija (*sarakstā*); **II** *v* iegriezt spraugu
slot[b] [slɒt] *n* (*zvēra*) pēda
sloth [sləʊθ] *n* **1.** slinkums; **2.** *zool.* sliņķis
slothful [ˈsləʊθfʊl] *a* slinks
slot machine [ˈslɒt məˌʃi:n] *n* (*spēļu, tirdzniecības*) automāts
slouch [slaʊtʃ] **I** *n* **1.** lempīga gaita; **2.** sakumpusi stāja; **3.** sliņķis; **II** *v* **1.** iet lempīgā gaitā; **2.** sēdēt ar sakumpušu muguru; ▯ to s. **about** – slaistīties apkārt
slough[a] [slaʊ] *n* **1.** muklājs; **2.** (*arī* the s. of despond) grūtsirdība
slough[b] [slʌf] **I** *n* **1.** (*čūskas*) nomestā āda; **2.** atmests paradums; **II** *v* **1.** nomest ādu (*par čūsku*); **2.** atmest (*paradumu u. tml.*)
sloughy [ˈslaʊi] *a* staigns
sloven [ˈslʌvn] *n* nevīža; slampa
slovenly [ˈslʌvnli] *a* netīrīgs; nevīžīgs
slow [sləʊ] **I** *a* **1.** gauss; lēns; **2.** kūtrs; tūļīgs; **3.** atpalikt (*par pulksteni*); my watch s. – mans pulkstenis ir vēlāks; **4.** kluss (*par tirdzniecību*); ◊ s. but steady wins the race – lēnāk brauksi, tālāk tiksi; **II** *v* (*arī* to s. down, to s. up) samazināt ātrumu; **III** *adv* gausi; lēni
slowly [ˈsləʊli] *adv* gausi; lēni
slow-match [ˈsləʊmætʃ] *n* degaukla
slowworm [ˈsləʊwɜ:m] *n zool.* glodene

slubber [ˈslʌbə] *v* notašķīt
sludge [slʌdʒ] *n* dubļi; dūņas
sludgy [ˈslʌdʒi] *a* dubļains; dūņains
slugᵃ [slʌg] *n* gliemis
slugᵇ [slʌg] **I** *n* metāla gabals; **II** *v* 1. *sar.* iebelzt; 2. *sar.* vaļāties; zvilnēt
sluggard [ˈslʌgəd] *n* slaists
sluggish [ˈslʌgiʃ] *a* 1. gauss; 2. lēni dzīstošs
sluice [slu:s] **I** *n* slūžas; **II** *v* 1. ierīkot slūžas; 2. skalot (*rūdu*)
sluicegate [ˈslu:sgeit] *n* slūžu vārti
slum [slʌm] **I** *n* 1. (*parasti pl*) graustu rajons; 2. netīra vieta; **II** *v* 1. (*arī to go ~ming*) apmeklēt graustu rajonu (*labdarības nolūkos*); 2. (*arī to s. it*) dzīvot graustu rajonā
slumber [ˈslʌmbə] *poēt.* **I** *n* (*bieži pl*) miegs, snauda; **II** *v* gulēt, snaust; ◊ to s. **away** – nogulēt; velti zaudēt laiku
slump [slʌmp] **I** *n* (*cenu, pieprasījuma*) krišanās; **II** *v* kristies (*par cenām, pieprasījumu*)
slung *sk.* **sling**ᵇ
slunk *sk.* **slink**
slur [slɜ:] **I** *n* 1. kauna traips; 2. *mūz.* līga; **II** *v* 1. neskaidri izrunāt; 2. *mūz.* spēlēt legato
slush [slʌʃ] **I** *n* šķīdonis; slapjdraņķis; **II** *v* 1. apšļākt (*ar dubļiem*); 2. brist pa dubļiem
slushyᵃ [ˈslʌʃi] *n jūrn. sl.* kuģa pavārs
slushyᵇ [ˈslʌʃi] *a* šķīdoņa-; slapjdraņķa-
slut [slʌt] *n* 1. nevīža; slampa; 2. padauza; staigule
sluttish [ˈslʌtiʃ] *a* nevīžīgs; netīrīgs
sly [slai] **I** *n*: on the s. – slepus; zagšus; **II** *a* 1. viltīgs; izmanīgs; 2. slepens
smackᵃ [smæk] *n jūrn.* vienmasta zvejas kuģis
smackᵇ [smæk] **I** *n* 1. [pie]garša; smarža; 2. nokrāsa; **II** *v* 1. (*of*) būt ar piegaršu (smaržu); the sauce ~s of fish – mērcei ir zivju piegarša; 2. (*of*) atgādināt; it ~s of old times – tas atgādina vecos laikus
smackᶜ [smæk] **I** *n* 1. plīkšķis; 2. čāpstināšana; 3. *sar.* mēģinājums; 4. *sl.* žvingulis; 5. apdullinošs troksnis; 6. *sar.* viltība; triks; ◊ s. head (freak) – heroīna lietotājs; s. in the eye – pazemojums; **II** *v* 1. čāpstināt; 2. plīkšķināt; 3. uzsist; iepliķēt; 4. *sar.* nogrūst zemē; ◊ to s. **down** – norāt; **III** *adv* 1. ar plīkšķi; 2. tieši; precīzi; 3. *sar.* pēkšņi
smacker [ˈsmækə] *n sar.* 1. skaļš skūpsts; 2. apdullinošs troksnis; 3. *sar.* mārciņa
small [smɔ:l] **I** *a* 1. mazs, neliels; s. change – sīknauda; the s. hours – agrās rīta stundas; 2. zemisks; it is s. of you – tas ir zemiski no tavas puses; 3. īslaicīgs; ◊ big talking, s. fry – ar muti Rīgā, ar darbiem aizkrāsnē; **II** *adv* sīki
small arms [ˈsmɔ:l ɑ:mz] *n pl* šaujamieroči
small-bore [ˈsmɔ:lbɔ:] *a* mazkalibra- (*par ieroci*)
small intestine [ˌsmɔ:l inˈtestin] *n anat.* tievā zarna
smallpox [ˈsmɔ:lpɒks] *n med.* bakas
smalltime [ˈsmɔ:ltaim] *a sar.* mazsvarīgs
smarmy [ˈsmɑ:mi] *a sl.* lišķīgs
smart [smɑ:t] **I** *n* smeldze; **II** *a* 1. asprātīgs; atjautīgs; 2. blēdīgs; viltīgs; 3. elegants; smalks; 4. dedzinošs; smeldzošs (*par sāpēm*); 5. ātrs; veikls; **III** *v* 1. smelgt; 2. izraisīt (*sāpes*)
smarten [ˈsmɑ:tn] *v* 1. uzpost; 2. sarosīties; 3. noslīpēt (*manieres u. tml.*)
smashᵃ [smæʃ] **I** *n* 1. blīkšķis; 2. sa-

dursme; **3.** (*ienaidnieka*) sakāve; **4.** (*arī* s. hit) panākums; **II** *v* **1.** (*arī* to s. up) sašķaidīt; **2.** sakaut (*ienaidnieku*); **3.** bankrotēt; **4.** spēcīgi iesist; ◊ to s. **in** (**into**) – ietriekties
smashᵇ [smæʃ] *sl. n* viltota nauda
smashed [smæʃt] *a sar.* piedzēries
smasher [ˈsmæʃə] *n sar.* **1.** iznīcinošs trieciens; **2.** sensacionāls notikums; **3.** apburošs cilvēks
smashing [ˈsmæʃiŋ] *a* **1.** iznīcinošs; **2.** *sar.* lielisks
smear [smiə] **I** *n* traips; **II** *v* notriept
smeary [ˈsmiəri] *a* aptraipīts
smell [smel] **I** *n* **1.** oža; **2.** smarža; smaka; **II** *v* (*p. un p.p.* smelled [smeld] *vai* smelt [smelt]) **1.** saost; **2.** ostīt; **3.** smaržot; ost; ◊ to s. **out** – 1) saost; 2) izdibināt, izzināt; ◊ to s. a rat – nojaust kaut ko sliktu
smeller [ˈsmelə] *n sl.* **1.** deguns; **2.** okšķeris
smelly [ˈsmeli] *a sar.* smirdošs
smeltᵃ [smelt] *n iht.* salaka
smeltᵇ [smelt] **I** *n* kausēšana; **II** *v* kausēt (*metālu*)
smeltᶜ *sk.* **smell**
smeltery [ˈsmeltəri] *n* metāllietuve
smile [smail] **I** *n* smaids; **II** *v* smaidīt
smiling [ˈsmailiŋ] *a* smaidošs; keep s.! – nenokar galvu!
smirch [smɜːtʃ] **I** *n* traips; **II** *v* **1.** notraipīt; **2.** nomelnot
smirk [smɜːk] **I** *n* smīns; **II** *v* smīnēt; vīpsnāt
smite [smait] **I** *n* spēcīgs sitiens; **II** *v* (*p.* smote [sməʊt]; *p.p.* smitten [ˈsmitn]) **1.** iesist; **2.** piemeklēt; smitten with palsy – triekas ķerts; **3.** sakaut
smith [smiθ] *n* kalējs
smithy [ˈsmiði] *n* **1.** smēde; **2.** *amer.* kalējs

smitten *sk.* **smite**
smock [smɒk] **I** *n* **1.** uzsvārcis; **2.** (*bērna*) kombinezons; **II** *v* sakrokot
smog [smɒg] *n* smogs
smoke [sməʊk] **I** *n* **1.** dūmi; **2.** *sar.* smēķis; **3.** dūmaka; **II** *v* **1.** dūmot; **2.** kūpināt; **3.** smēķēt; to s. like a chimney – daudz smēķēt; kūpināt kā skurstenim
smoke-cured [ˈsməʊkkjʊəd] *a* kūpināts
smoked [sməʊkt] *a* **1.** nokvēpis; **2.** kūpināts
smoke-dried [ˈsməʊkdraid] *sk.* **smoke-cured**
smoke-in [ˈsməʊkin] *n* marihuānas zaņķis
smoker [ˈsməʊkə] *n* smēķētājs
smokescreen [ˈsməʊkskriːn] *n mil.* dūmu aizsegs
smokestack [ˈsməʊkstæk] *n* skurstenis
smoking [ˈsməʊkiŋ] *n* smēķēšana; no s.! – smēķēt aizliegts!
smoking car [ˈsməʊkiŋkaː] *n* smēķētāju vagons
smoking room [ˈsməʊkiŋ ruːm] *n* smēķētava
smoky [ˈsməʊki] *a* **1.** dūmojošs; **2.** piekvēpis; **3.** dūmakains
smooth [smuːð] **I** *n* gludums; **II** *a* **1.** gluds; līdzens; **2.** viendabīgs; homogēns; **3.** mierīgs; rāms; **4.** *sar.* pievilcīgs; **III** *v* **1.** nogludināt; nolīdzināt; **2.** *tehn.* pulēt; ◊ to s. **down** – 1) pieglaust (*matus*); 2) nomierināt; 3) nomierināties; to s. **over** – nogludināt (*domstarpības*)
smote *sk.* **smite II**
smother [ˈsmʌðə] **I** *n* **1.** dūmu (putekļu) mākonis; **2.** liels daudzums; **II** *v* **1.** noslāpēt; nosmacēt; **2.** noslāpt; nosmakt; **3.** nodzēst (*uguni*); **4.** apslāpēt; apspiest
smothery [ˈsmʌðəri] *a* smacējošs
smoulder [ˈsməʊldə] **I** *n* gruzdošas ogles; **II** *v* **1.** gruzdēt; **2.** kvēlot (*par jūtām*)

smudge [smʌdʒ] **I** *n* traips; **II** *v* **1.** notraipīt; **2.** notraipīties

smug [smʌg] **I** *n* pašapmierināts cilvēks; **II** *a* pašapmierināts

smuggle ['smʌgl] *v* **1.** nodarboties ar kontrabandu; **2.** (*into*) slepus ievest

smuggler ['smʌglə] *n* kontrabandists

smut [smʌt] **I** *n* **1.** kvēpi; sodrēji; **2.** traips; **II** *v* notraipīt ar sodrējiem

smutch [smʌtʃ] **I** *n* traips; **II** *v* notraipīt

snack [snæk] *n* uzkožamais

snaffle ['snæfl] **I** *n* laužņi; **II** *v* ielikt laužņus (*zirgam*)

snag [snæg] **I** *n* **1.** sieksta; **2.** uzrauts diegs (*audumā*, *zeķē*); **II** *v* **1.** attīrīt no siekstām (*upi*); **2.** uzraut (*audumu*, *zeķi*)

snail [sneil] *n* **1.** gliemezis; **2.** tūļa

snake [sneik] **I** *n* čūska; **II** *v* ložņāt

snake-charmer ['sneik,tʃɑ:mə] *n* čūsku dīdītājs

snaky ['sneiki] *a* **1.** čūskveidīgs; **2.** nodevīgs; viltīgs

snap [snæp] **I** *n* **1.** kampiens; **2.** blīkšķis; plīkšķis; **3.** knipis; **4.** spars; enerģija; **5.** *sl.* negaidīta veiksme; **6.** momentuzņēmums; **II** *a* sasteigts; **III** *v* **1.** kampt; **2.** nolauzt; **3.** nolūzt; **4.** plīkšķināt (*pātagu*); **5.** aizcirst, aizcirsties; **6.** sist knipi; **7.** izdarīt momentuzņēmumu; **IV** *adv* negaidīti; pēkšņi

snap beans ['snæp bi:nz] *n pl* dārza pupas

snapdragon ['snæp,drægən] *n bot.* lauvmutīte

snapout ['snæpəʊt] *n* piezīmju bloks (*ar izplēšamām lapām*)

snapshot ['snæpʃɒt] **I** *n* momentuzņēmums; **II** *v* izdarīt momentuzņēmumu

snare [sneə] **I** *n* lamatas; slazds; **II** *v* notvert lamatās (slazdā)

snarl[a] [snɑ:l] **I** *n* rūkšana; ņurdēšana; **II** *v* rūkt; ņurdēt

snarl[b] [snɑ:l] **I** *n* juceklis; **II** *v* sajaukt

snatch [snætʃ] **I** *n* **1.** kampiens; grābiens; **2.** mirklis; **II** *v* **1.** pakampt; pagrābt; **2.** nolaupīt (*cilvēku*)

sneak [sni:k] **I** *n* **1.** sūdzētājs; līdējs; ložņa; **2.** zaglēns; **II** *v* **1.** līst; ložņāt; **2.** nosūdzēt; **3.** nozagt; **4.** piezagties; darīt (*kaut ko*) zagšus; ◊ to s. **up** – pielavīties

sneakers ['sni:kəz] *n pl* teniskurpes

sneaky ['sni:ki] *a* **1.** nekrietns; zemisks; **2.** bailīgs

sneer [sniə] **I** *n* **1.** vīpsnāšana; **2.** (*at*) ņirgāšanās; **II** *v* **1.** vīpsnāt; **2.** (*at*) ņirgāties

sneeze [sni:z] **I** *n* šķavas; **II** *v* šķaudīt

snicker ['snikə] **I** *n* **1.** zviedziens; **2.** ķiķināšana; **II** *v* **1.** zviegt; **2.** ķiķināt

snide [snaid] **I** *n* **1.** neīsta rotaslieta; **2.** viltota monēta; **II** *a* neīsts; viltots

snidesman ['snaidzmən] *n sl.* naudas viltotājs

sniff [snif] **I** *n* ošņāšana; **II** *v* **1.** ošņāt; **2.** *sl.* iešņaukt

snigger ['snigə] **I** *n* ķiķināšana; **II** *v* ķiķināt

snip [snip] **I** *n* **1.** grieziens; **2.** atgriezums; **II** *v* griezt (*ar šķērēm*)

snipe [snaip] **I** *n* (*pl* snipe [snaip]) **1.** *ornit.* mērkaziņa; **2.** *niev.* niecīgs cilvēks; nulle; **II** *v* šaut no slēptuves

sniper ['snaipə] *n* snaiperis

snipper ['snipə] *n* drēbnieks

snitch [snitʃ] *v sar.* **1.** nozagt; **2.** (*on*) nosūdzēt

snivel ['snivl] **I** *n* **1.** šņukstēšana; **2.** gaušanās; **3.** puņķi; **4.** *pl* iesnas; **II** *v* **1.** šņukstēt; **2.** gausties; **3.** puņķoties

snob [snɒb] *n* snobs

snobbery ['snɒbəri] *n* snobisms

snobbish ['snɒbiʃ] *a* snobisks

snook [snu:k] *n sar.*: to cock a s. at smb. – parādīt kādam garu degunu
snoop [snu:p] *sar.* **I** *n* okšķeris; **II** *v* jaukties citu darīšanās
snooper [′snu:pə] *n sar.* okšķeris
snoopy [′snu:pi] *a sar.* ziņkārīgs
snoot [snu:t] **I** *n* 1. snuķis; 2. *sl.* deguns; 3. grimase; **II** *v* taisīt grimases
snooze [snu:z] **I** *n* snauda; **II** *v* snaust
snore [snɔ:] **I** *n* krākšana; **II** *v* krākt
snorkel [′snɔ:kl] *n (akvalanga)* caurulīte
snort [snɔ:t] **I** *n* sprauslāšana; **II** *v* 1. sprauslāt; 2. iešņaukt *(narkotiku)*
snorty [′snɔ:ti] *a sar.* nikns
snot [snɒt] *n vulg.* puņķis
snotrag [′snɒtræg] *n vulg.* kabatlakatiņš
snoutᵃ [snaʊt] *n* 1. snuķis; 2. *niev.* deguns; 3. *sl.* ziņu pienesējs
snoutᵇ [snaʊt] *n sl.* tabaka
snow [snəʊ] **I** *n* 1. sniegs; 2. *poēt.* sarma *(matos)*; sirmums; 3. *sar.* kokaīns; 4. *sar.* meli; **II** *v* 1. snigt; 2. *(arī* to s. up) ieputināt
snowball [′snəʊbɔ:l] **I** *n* sniega pika; **II** *v* pikoties
snowbank [′snəʊbæŋk] *n* sniega kupena
snowbird [′snəʊbə:d] *n* 1. *ornit.* sniedze; 2. *sl.* kokaīna lietotājs
snowboard [′snəʊbɔ:d] *n sp.* sniegadēlis
snowbound [′snəʊbaʊnd] *a* ieputināts
snowbreak [′snəʊbreik] *n* atkusnis
snowbroth [′snəʊbrɒθ] *n* šķīdonis
snowdrift [′snəʊdrift] *n* sniega kupena
snowdrop [′snəʊdrɒp] *n* sniegpulkstenīte
snowfall [′snəʊfɔ:l] *n* 1. snigšana; 2. sniegputenis
snowflake [′snəʊfleik] *n* 1. sniegpārsla; 2. *ornit.* sniedze
snowman [′snəʊmən] *n* sniegavīrs
snowslide [′snəʊslaid] *n* sniega lavīna
snowslip [′snəʊslip] *sk.* **snowslide**

snowstorm [′snəʊstɔ:m] *n* sniegputenis; sniega vētra
snowy [′snəʊi] *a* 1. sniega-; sniegains; 2. sniegbalts
snubᵃ [snʌb] **I** *n* 1. ass aizrādījums; 2. apvainojums; **II** *v* 1. izturēties noraidoši; 2. strupi atcirst
snubᵇ [snʌb] *a* uzrauts *(par degunu)*
snub-nosed [‚snʌb′nəʊzd] *a* ar uzrautu degunu
snuff [snʌf] **I** *n* 1. šņaucamā tabaka; 2. šņauciens; **II** *v* 1. šņaukt *(tabaku)*; 2. ostīt; ošņāt
snuffbox [′snʌfbɒks] *n* tabakdoze
snuffle [′snʌfl] **I** *n* 1. šņaukāšana; 2. runāšana caur degunu; 3.: the ~s – iesnas; **II** *v* 1. šņaukāties; 2. runāt caur degunu
snug [snʌg] **I** *n* mājīgs kaktiņš; **II** *a* 1. mājīgs; 2. kārtīgs; **III** *v* mājīgi iekārtot
snuggery [′snʌgəri] *n* mājīgs kaktiņš
snuggle [′snʌgl] *v* 1. ērti iekārtoties; 2. pieglausties
soᵃ [səʊ] **I** *adv* 1. tā; tādā veidā; just so – tieši tā; 2. tik; tādā mērā; so well – tik labi; be so good! – esiet tik labs!; be so kind – esiet tik laipns; that's ever so much better *sar.* – tas ir daudz labāk; 3. arī; you are capricious and so am I – tu esi kaprīzs un es arī; 4. apmēram; a hundred pounds or so – apmēram simt mārciņu; ◇ and so on; and so forth – un tā tālāk; un tamlīdzīgi; so be it – lai tā būtu; so far – līdz šim; so long! – uz redzēšanos!; **II** *conj* 1. tāpēc; I was out, so I didn't meet him – es biju izgājis, tāpēc nesatiku viņu; 2. tātad; so you are a doctor – tātad jūs esat ārsts
soᵇ [səʊ] *n mūz.* sol

soak [səʊk] **I** *n* **1.** mērcēšana; **2.** *sar.* lietusgāze; **3.** *sar.* žūpošana; **II** *v* **1.** [iz]mērcēt; **2.** iemērkt (*veļu*); **3.** izmērcēt (*par lietu*); **4.** *sl.* žūpot
soaker ['səʊkə] *n sar.* **1.** lietusgāze; **2.** žūpa
so-and-so ['səʊənsəʊ] *n* (*pl* so-and-so's ['səʊənsəʊz]) **1.** kaut kāds; tāds un tāds (*lieto par nepazīstamu priekšmetu vai uzvārda vietā*); **2.** *niev.* riebeklis
soap [səʊp] **I** *n* ziepes; softs. – 1) šķidrās ziepes; 2) glaimi; **II** *v* **1.** ieziepēt; **2.** glaimot
soap-bubble ['səʊp,bʌbl] *n* ziepju burbulis
soap-opera ['səʊp,ɒpərə] *n amer.* salkans televīzijas seriāls, ziepju opera
soapsuds ['səʊpsʌdz] *n* ziepju putas
soapy ['səʊpi] *a* **1.** ziepjains; **2.** glaimīgs; **3.** salkans (*par filmu u. tml.*)
soar [sɔ:] *v* **1.** pacelties gaisā; **2.** *av.* planēt
soaring ['sɔ:rɪŋ] **I** *n av.* planēšana; **II** *a* **1.** planējošs; **2.** augsts
sob [sɒb] **I** *n* elsas; šņuksti; **II** *v* elsot; šņukstēt
sober ['səʊbə] **I** *a* **1.** skaidrā prātā; **2.** mierīgs; atturīgs; **3.** nosvērts; prātīgs; **II** *v* (*arī* to s. down, to s. up) **1.** atskurbināt; **2.** atskurbt
sober-minded [,səʊbə'maɪndɪd] *a* nosvērts
sobriety [səʊ'braɪətɪ] *n* **1.** atturība; **2.** apdomība; nosvērtība
so-called [,səʊ'kɔ:ld] *a* tā sauktais
soccer ['sɒkə] *n sar.* futbols
sociability [,səʊʃə'bɪlətɪ] *n* sabiedriskums
sociable ['səʊʃəbl] *a* sabiedrisks
social [səʊʃl] **I** *n sar.* sarīkojums; **II** *a* **1.** sociāls; **2.** sabiedrisks; saviesīgs; **3.** draudzīgs
socialize ['səʊʃəlaɪz] *v* **1.** socializēt; **2.** saieties; satikties

socially ['səʊʃəli] *adv* **1.** sociāli; sabiedriski; **2.** draudzīgi
society [sə'saɪətɪ] *n* **1.** sabiedrība; **2.** biedrība; **3.** augstākās aprindas
sociologist [,səʊʃɪ'ɒlədʒɪst] *n* sociologs
sociology [,səʊʃɪ'ɒlədʒɪ] *n* socioloģija
sock[a] [sɒk] *n* **1.** (*īsā*) zeķe; **2.** ieliekamā zolīte
sock[b] [sɒk] *sl.* **I** *n* **1.**: to give smb. a s. – iekraut kādam; **2.** satriecošs notikums; **II** *v* iekraut; **III** *adv* tieši
sock[c] [sɒk] *n* lemesis
socker ['sɒkə] *sk.* **soccer**
socket ['sɒkɪt] *n* **1.** dobums; padziļinājums; **2.** *el.* (*spuldzes*) ligzda
socle ['sɒkl] *n arh.* cokols
sod[a] [sɒd] **I** *n* velēna; **II** *v* aplikt ar velēnām
sod[b] *sk.* **seethe**
sod[c] [sɒd] *n sl.* **1.** dulburis; **2.** puisis; ◇ s. [it]! – nolādēts!; s. off! – lasies projām!
soda ['səʊdə] *n* **1.** soda; **2.** gāzēts ūdens; zelteris
sodality [səʊ'dælətɪ] *n rel.* brālība
soda water ['səʊdə ,wɔ:tə] *n* gāzēts ūdens; zelteris
sodden[a] ['sɒdn] **I** *a* **1.** izmircis; **2.** piesūcies; **II** *v* **1.** piesūcināt; **2.** piesūkties
sodden[b] *sk.* **seethe**
sodium ['səʊdɪəm] *n ķīm.* nātrijs
soever [səʊ'evə] *adv* lai arī; how far s. you may be – lai cik tālu arī tu būtu
sofa ['səʊfə] *n* sofa; dīvāns
soft [sɒft] **I** *n* vientiesis; **II** *a* **1.** mīksts; **2.** maigs; s. nothings – komplimenti; **3.** kluss (*par skaņu*); **4.** maigs; silts (*par klimatu, laiku*); **5.** glēvs; **6.** vientiesīgs; s. in the head – padumjš; **7.** bezalkoholisks (*par dzērienu*); **III** *adv* **1.** mīksti; **2.** maigi; **3.** klusi

soft-boiled [ˈsɒftˈbɔild] *a* mīksti vārīts (*par olu*)
soften [ˈsɒfn] *v* **1.** mīkstināt; **2.** kļūt mīkstākam
softheaded [ˌsɒftˈhedid] *a* padumjš
softhearted [ˌsɒftˈhɑːtid] *a* līdzjūtīgs
softie [ˈsɒfti] *n* izpalīdzīgs cilvēks
software [ˈsɒftweə] *n dat.* programmatisks nodrošinājums
softwitted [ˌsɒftˈwitid] *a* pamuļķīgs
softy [ˈsɒfti] *n sar.* mīkstmiesis; gļēvulis
soggy [ˈsɒgi] *a* **1.** slapjš; **2.** *av. amer.* grūti vadāms
soh [səʊ] *n mūz.* sol
soil[a] [sɔil] *n* augsne; zeme
soil[b] [sɔil] **I** *n* traips; **II** *v* **1.** notašķīt; notraipīt; **2.** notašķīties; notraipīties
soilpipe [ˈsɔilpaip] *n* kanalizācijas caurule
sol[a] [sɒl] *n mūz.* sol
sol[b] [sɒl] *n* (*saīs. no* solution) *ķīm.* koloidāls šķīdums
solar [ˈsəʊlə] *a* saules-
solarium [səˈleəriəm] *n* (*pl* solaria [səˈleəriə]) solārijs
solarize [ˈsəʊləraiz] *v* **1.** apsauļot; **2.** pārgaismot
solatium [səʊˈleiʃəm] *n* (*pl* solatia [səʊˈleiʃə]) kompensācija
sold *sk.* **sell II**
solder [ˈsɒldə] **I** *n* lodalva; **II** *v* [sa]lodēt
soldering iron [ˈsɒldəriŋ ˌaiən] *n* lodāmurs
soldier [ˈsəʊldʒə] *n* **1.** kareivis; **2.** *sl.* kūpināta siļķe
soldiership [ˈsəʊldʒəʃip] *n* karamāksla
sole[a] [səʊl] **I** *n* **1.** pēdas apakša; **2.** pazole; **II** *v* pazolēt
sole[b] *a* **1.** viens vienīgs; **2.** *jur.* neprecējies
solely [ˈsəʊlli] *adv* tikai; vienīgi
solemn [ˈsɒləm] *a* svinīgs
solemnity [səˈlemnəti] *n* **1.** svinīgums; **2.** (*parasti pl*) ceremonija

sol-fa [ˌsɒlˈfɑː] *n mūz.* solfedžo
solicit [səˈlisit] *v* **1.** lūgt; izlūgties; **2.** uzmākties
solicitation [səˌlisiˈteiʃn] *n* **1.** lūgums; **2.** uzmākšanās
solicitor [səˈlisitə] *n* **1.** advokāts (*zemākās tiesu iestādēs*); **2.** *amer.* pilsētas (apgabala) tiesas priekšsēdētājs
Solicitor General [səˌlisitə ˈdʒenərəl] *n* ģenerālprokurors
solicitous [səˈlisitəs] *a* (*about, for*) gādīgs
solicitude [səˈlisitjuːd] *n* gādība
solid [ˈsɒlid] **I** *n* **1.** *fiz.* cieta viela; **2.** *mat.* ķermenis; **II** *a* **1.** ciets; **2.** masīvs; **3.** pamatots; pārliecinošs; s. argument – pārliecinošs arguments; s. grounds – reāls pamatojums; **4.** saliedēts; vienprātīgs; s. vote – vienbalsīga nobalsošana; **5.** stingrs; stabils; **6.** rakstāms vienā vārdā; **III** *adv* vienbalsīgi; to vote s. – nobalsot vienbalsīgi
solidarity [ˌsɒliˈdærəti] *n* solidaritāte
solidify [səˈlidifai] *v* **1.** sabiezināt; **2.** sabiezēt
solidity [səˈlidəti] *n* **1.** masīvums; **2.** pamatotība
soliloquize [səˈliləkwaiz] *v* runāt pašam ar sevi
soliloquy [səˈliləkwi] *n* runāšana pašam ar sevi
soliped [ˈsɒliped] *zool.* **I** *n* nepārnadzis; **II** *a* nepārnadžu-
solitaire [ˌsɒliˈteə] *n* **1.** solitārs (*liels briljants*); **2.** *amer.* pasjanss
solitary [ˈsɒlitəri] **I** *n* **1.** vientuļnieks; **2.** *sl.* ieslodzījums vieninieka kamerā; **II** *a* **1.** vientuļš; **2.** savrups; s. confinement – ieslodzījums vieninieka kamerā
solitude [ˈsɒlitjuːd] *n* **1.** vienatne; vientulība; **2.** nomaļa vieta
soloist [ˈsəʊləʊist] *n* solists

Solomon's Seal [ˈsɒləmənz ˈsiːl] *n* **1.** sešstūrainā zvaigzne; **2.** *bot.* mugurene
solstice [ˈsɒlstɪs] *n* saulgrieži
solubility [ˌsɒljʊˈbɪləti] *n* šķīdība
soluble [ˈsɒljʊbl] *a* **1.** šķīstošs; **2.** atrisināms (*par problēmu*)
solution [səˈluːʃn] *n* **1.** šķīdums; **2.** šķīšana; **3.** (*problēmas*) atrisinājums
solvable [ˈsɒlvəbl] *a* atrisināms
solve [sɒlv] *v* **1.** [at]risināt (*problēmu*); **2.** samaksāt (*parādu*)
solvency [ˈsɒlvənsi] *n* maksātspēja
solvent [ˈsɒlvənt] **I** *n* šķīdinātājs; **II** *a* **1.** šķīstošs; **2.** maksātspējīgs
sombre [ˈsɒmbə] *a* **1.** tumšs; **2.** drūms
some [sʌm] **I** *a* **1.** [kaut] kāds; s. day – kādu dienu; **2.** mazliet; nedaudz; s. wine – nedaudz vīna; s. more – vēl mazliet; **II** *adv* sar. mazliet; s. higher – mazliet augstāk; **III** *pron* kāds; dažs; s. of us – daži no mums
somebody [ˈsʌmbədi] **I** *n* svarīga persona; **II** *pron* kāds
somehow [ˈsʌmhaʊ] *adv* kaut kā
someone [ˈsʌmwʌn] *pron* kāds
somersault [ˈsʌməsɔːlt] **I** *n* kūlenis; **II** *v* mest kūleņus
somerset [ˈsʌməsət] *sk.* **somersault**
something [ˈsʌmθɪŋ] **I** *pron* kaut kas; s. else – vēl kaut kas; **II** *adv* mazliet; nedaudz
sometime [ˈsʌmtaɪm] **I** *a* bijušais; **II** *adv* kaut kad
sometimes [ˈsʌmtaɪmz] *adv* dažreiz
someway [ˈsʌmweɪ] *adv* amer. kaut kā
somewhat [ˈsɒmwɒt] **I** *adv* mazliet; nedaudz; **II** *pron* (*of*) kaut kas
somewhere [ˈsʌmweə] *adv* **1.** kaut kur; s. else – kaut kur citur; **2.** apmēram
somnambulism [sɒmˈnæmbjʊlizəm] *n* mēnessērdzība

somnambulist [sɒmˈnæmbjʊlist] *n* mēnessērdzīgais
somniferous [sɒmˈnɪfərəs] *a* miegasomnolence [ˈsɒmnələns] *n* miegainība
somnolent [ˈsɒmnələnt] *a* miegains
son [sʌn] *n* dēls; his father's own s. – tēvs kas tēvs
song [sɒŋ] *n* dziesma; ◇ s. and dance – kņada; S. of S. – Zālamana Augstā dziesma
songful [ˈsɒŋfʊl] *a* melodisks
songster [ˈsɒŋstə] *n* **1.** dziedātājs; **2.** dzejnieks
songstress [ˈsɒŋstrəs] *n* dziedātāja
sonic [ˈsɒnɪk] *a* skaņas-; skaņu-
son-in-law [ˈsʌnɪnlɔː] *n* znots
sonnet [ˈsɒnɪt] *n lit.* sonets
sonneteer [ˌsɒnɪˈtɪə] **I** *n* **1.** sonetu sacerētājs; **2.** *niev.* rīmju kalējs; **II** *v* sacerēt sonetus
sonny [ˈsʌni] *n sar.* dēliņš
sonority [səˈnɒrəti] *n* skanīgums
soon [suːn] *adv* **1.** drīz; ātri; as s. as – tiklīdz; no ~er said than done – sacīts–darīts; **2.**: ~er than – drīzāk; I would ~er drink tea than coffee – es labprātāk dzertu tēju, nevis kafiju
soot [sʊt] *n* kvēpi; sodrēji
soothe [suːð] *v* **1.** mierināt; **2.** remdēt (*sāpes*)
soother [ˈsuːðə] *n* **1.** mierinātājs; **2.** (*zīdaiņa*) knupītis
soothing [ˈsuːðɪŋ] *a* **1.** mierinošs; **2.** remdinošs
soothsay [ˈsuːθseɪ] *v* pareģot
soothsayer [ˈsuːθˌseɪə] *n* pareģis
sooty [ˈsʊti] *a* nokvēpis; sodrējains
sophisticate [səˈfɪstɪkeɪt] *v* **1.** sagrozīt (*faktus*); **2.** modernizēt (*piem., ierīci*)
sophisticated [səˈfɪstɪkeɪtɪd] *a* **1.** pieredzējis; **2.** sarežģīts

sophomore [ˈsɒfəmɔː] *n amer.* otrā kursa students
sopor [ˈsəʊpə] *n* dziļš miegs
soppy [ˈsɒpi] *a* **1.** izmircis; **2.** *sar.* sentimentāls; **3.** (*on*) iemīlējies
soprano [səˈprɑːnəʊ] *n mūz.* soprāns
sorb [sɔːb] *n* pīlādzis
sorcerer [ˈsɔːsərə] *n* burvis
sorceress [ˈsɔːsəres] *n* burve
sorcery [ˈsɔːsəri] *n* burvestība
sordes [sɔːdz] *n pl med.* aplikumi (*uz zobiem*)
sordid [ˈsɔːdid] *a* **1.** netīrs; **2.** nekrietns; zemisks
sore [sɔː] **I** *n* jēlums; pušums; **II** *a* **1.** iekaisis; sāpīgs; sight for s. eyes – acīm tīkams skats; I have a s. throat – man sāp kakls; **2.** aizvainots; sarūgtināts; **3.** grūtsirdīgs; **4.** nomācošs
sorely [ˈsɔːli] *adv* ļoti; stipri
soreness [ˈsɔːnəs] *n* **1.** sāpīgums; **2.** aizvainojums
sorority [səˈrɒrəti] *n amer.* universitātes studenšu klubs
sorrel [ˈsɒrəl] *n* skābene; skābenes
sorrow [ˈsɒrəʊ] **I** *n* **1.** bēdas; skumjas; **2.** nožēla; to express s. (*at, for*) – izteikt nožēlu; **II** *v* bēdāties; skumt
sorrowful [ˈsɒrəʊfʊl] *a* bēdīgs; noskumis
sorry [ˈsɒri] *a* **1.** *predic.* apbēdināts; [I am] s.! – atvainojiet!; **2.** nožēlojams; s. sight – nožēlojams skats
sort [sɔːt] **I** *n* suga; šķirne; veids; a s. of, of a s. – kaut kas līdzīgs; what s. of man is he? – kas viņš ir par cilvēku?; ◇ s. of – zināmā mērā; to be out of ~s – 1) justies nelāgi; 2) būt nelāgā omā; **II** *v* atlasīt; šķirot
sorter [ˈsɔːtə] *n* šķirotājs
sortie [ˈsɔːtiː] *n* **1.** izbraukums (*uz nepazīstamu apvidu*); **2.** *av.* izlidojums; **3.** *sar.* (*kosmonauta*) iziešana kosmosā

sortilege [ˈsɔːtilidʒ] *n* zīlēšana
sortition [sɔːˈtiʃn] *n* lozēšana
sort-out [ˈsɔːtaʊt] *n* kārtības ieviešana
so-so [ˈsəʊsəʊ] **I** *a predic.* viduvējs; **II** *adv* puslīdz
sot [sɒt] **I** *n* žūpa; **II** *v* žūpot
sottish [ˈsɒtiʃ] *a* nodzēries
souffle [ˈsuːflei] *n kul.* suflē
sough[a] [saʊ] **I** *n* šalkoņa; **II** *v* šalkt
sough[b] [saʊ] *n* drenu·caurule
sought *sk.* seek
soul [səʊl] **I** *n* **1.** dvēsele; twin s. *sar.* – radnieciga dvēsele; to possess one's s. – valdīt pār sevi; **2.** iemiesojums; **3.** degsme; enerģija
soulful [ˈsəʊlfl] *a* dvēselisks; emocionāls
soulless [ˈsəʊlləs] *a* bezdvēselisks; nejūtīgs
sound[a] [saʊnd] *n* jūrasšaurums
sound[b] [saʊnd] *n* (*zivs*) peldpūslis
sound[c] [saʊnd] **I** *n* **1.** skaņa; **2.** pieskaņa; **II** *v* **1.** skanēt; **2.** izklausīties; šķist; **3.** dot signālu; **4.** *med.* izklausīt; ◻ to s. off *sar.* – 1) pļāpāt; 2) lielīties
sound[d] [saʊnd] *n* zonde
sound[e] [saʊnd] **I** *a* **1.** vesels; veselīgs; **2.** nebojāts; **3.** ciešs; dziļš (*par miegu*); **4.** pamatots; s. argument – pamatots arguments; **5.** pamatīgs; **II** *adv* cieši; to be s. asleep – būt cieši aizmigušam
soundless [ˈsaʊndləs] *a* bezskaņas-
soundtrack [ˈsaʊndtræk] *n* **1.** skaņu ieraksta celiņš; **2.** *sar.* muzikālais materiāls, kas izmantots kādā kinoprojektā
soundwave [ˈsaʊndweiv] *n* skaņu vilnis
soup[a] [suːp] *n* zupa; ◇ s. and fish – [vīrieša] svētku tērps
soup[b] [suːp] *sl.* **I** *n* zirgspēks; **II** *v*: ◻ to s. up – palielināt jaudu
soupspoon [ˈsuːpspuːn] *n* ēdamkarote

sour [ˈsaʊə] I a **1.** skābs; **2.** saskābis; **3.** īgns; sapīcis; II v **1.** sarūgt; saskābt; **2.** saskābēt; **3.** saīgt
source [sɔ:s] n **1.** (upes) izteka; **2.** avots; **3.** pirmsākums
souse[a] [saʊs] I n **1.** sālījums; **2.** sālītas (marinētas) siļķes; **3.** sl. žūpa; II v **1.** sālīt; marinēt; **2.** izmirkt
souse[b] [saʊs] av. I n pikēšana; II v pikēt
soutane [su:ˈtɑ:n] n sutana
souteneur [su:tˈnɜ:] n suteners
south I n [saʊθ] dienvidi; II a [saʊθ] dienvidu-; III v [saʊð] **1.** virzīties uz dienvidiem; **2.** astr. šķērsot meridiānu; IV adv [saʊθ] uz dienvidiem
southeast [ˌsaʊθˈi:st] I n dienvidaustrumi; II a dienvidaustrumu-; III adv uz dienvidaustrumiem
souther [ˈsʌðə] n stiprs dienvidu vējš
southerly [ˈsʌðəli] a dienvidu-
southern [ˈsʌðn] a dienvidu-
southernmost [ˈsʌðnməʊst] a tāds, kas atrodas vistālāk uz dienvidiem
southing [ˈsaʊðiŋ] n **1.** virzīšanās uz dienvidiem; **2.** astr. meridiāna šķērsošana
southpaw [ˈsaʊθpɔ:] I n **1.** sp. kreilis (boksā); **2.** amer. sar. kreilis; II a izdarīts ar kreiso roku (par sitienu u. tml.)
southward [ˈsaʊθwəd] I n dienvidu virziens; II a dienvidu-; III adv uz dienvidiem
southwards [ˈsaʊθwədz] adv uz dienvidiem
southwest [ˌsaʊθˈwest] I n dienvidrietumi; II a dienvidrietumu-; III adv uz dienvidrietumiem
souvenir [ˌsu:vəˈniə] n suvenīrs
sovereign [ˈsɒvrin] I n **1.** valdnieks; pavēlnieks; **2.** sovrins (Anglijas zelta sterliņu mārciņa); II a **1.** augstākais; s. power – augstākā vara; **2.** suverēns
sovereignty [ˈsɒvrənti] n **1.** augstākā vara; **2.** suverenitāte
sow[a] [saʊ] n **1.** sivēnmāte; **2.** tehn. lietnis
sow[b] [səʊ] v (p. sowed [səʊd]; p.p. sowed [səʊd] vai sown [səʊn]) [ap]sēt; ◇ to s. one's wild oats – nodoties jaunības trakulībām
sowbread [ˈsaʊbred] n alpu vijolīte
sower [ˈsəʊə] n **1.** sējējs; **2.** sējmašīna
sowing [ˈsəʊiŋ] n sēja
sown sk. **sow**[b]
sow thistle [ˈsəʊ ˌθisl] n bot. mīkstpiene
soy [sɔi] n soja
soya [ˈsɔiə] n (arī s. bean) sojas pupa
soybean [ˈsɔibi:n] sk. **soya**
sozzled [ˈsɒzld] n sl. piedzēries
spa [spɑ:] n kūrorts ar minerālavotiem
space [speis] n **1.** telpa; to vanish into s. – izgaist; **2.** (arī outer s.) kosmoss; **3.** platība; **4.** atstarpe; attālums; **5.** laika sprīdis
space-bar [ˈspeisbɑ:] n dat. atstarpes taustiņš
spacecraft [ˈspeiskrɑ:ft] n kosmosa kuģis
spaced-out [ˌspeistˈaʊt] a sar. dezorientēts; apjucis
spaceflight [ˈspeisflait] n lidojums kosmosā
spaceman [ˈspeismən] n kosmonauts
spaceport [ˈspeispɔ:t] n kosmodroms
spaceship [ˈspeisʃip] n kosmosa kuģis
spacesuit [ˈspeissu:t] n (kosmonauta) skafandrs
spacewalk [ˈspeiswɔ:k] n iziešana kosmosā
spacious [ˈspeiʃəs] a ietilpīgs; plašs
spade[a] [speid] I n **1.** lāpsta; **2.** pīķis (kāršu spēlē); II v rakt; ☐ to s. **up** – uzrakt
spade[b] [speid] n kastrāts

spaghetti [spə'geti] *n* spageti
spake *sk.* **speak**
spall [spɔ:l] **I** *n* šķemba; **II** *v* [ap]tēst (*akmeni*)
spalpeen [spæl'pi:n] *n* nelietis
spam [spæm] *n* maltās gaļas konservi
spanª [spæn] **I** *n* **1.** [laika] sprīdis; **2.** sprīdis (*mērs*); **3.** (*arkas, tilta*) laidums; **4.** ceļa posms (*starp divām dzelzceļa stacijām*); **5.** *mat.* horda; **II** *v* **1.** aptvert; **2.** savienot krastus (*par tiltu*); **3.** uzcelt tiltu (arku); to s. a river with a bridge – uzcelt tiltu pār upi
spanᵇ *sk.* **spin**
spangle ['spæŋgl] **I** *n* vizulis; **II** *v* rotāt ar vizuļiem
spaniel ['spænjəl] *n* **1.** spaniels; **2.** lišķis
spank [spæŋk] **I** *n* pļauka; **II** *v* iepļaukāt
spanless ['spænləs] *a poēt.* neizmērojams
spanner ['spænə] *n* uzgriežņu atslēga
sparª [spɑ:] *n min.* špats
sparᵇ [spɑ:] **I** *n* **1.** treniņsacīkstes boksā; **2.** gaiļu cīņa; **3.** strīds; **II** *v* **1.** trenēties boksā; **2.** cīnīties (*par gaiļiem*); **3.** strīdēties
sparable ['spærəbl] *n* kurpnieka nagliņa
spare [speə] **I** *n* **1.** (*mašīnas*) rezerves daļa; **2.** rezerves riepa; **3.** *sp.* rezerves spēlētājs; **II** *a* **1.** rezerves-; lieks; s. parts – rezerves daļas; s. time – brīvs laiks; **2.** trūcīgs; **3.** vājš; **III** *v* **1.** taupīt; to s. no effort – nežēlot pūļu; **2.** atlicināt; aizdot; **3.** pasargāt; aiztaupīt
sparge [spɑ:dʒ] *v* [ap]smidzināt
sparger ['spɑ:dʒə] *n* smidzinātājs
sparkª [spɑ:k] **I** *n* **1.** dzirkstele; s. guard *amer.* – kamīna režģis; **2.** dzirksts; to s. with humour – mētāties ar jokiem; **3.** *pl* radists; **II** *v* dzirksteļot
sparkᵇ [spɑ:k] *n* švīts; bright s. *sar.* – jautrs puisis

spark-coil ['spɑ:kkɔil] *n el.* indukcijas spole
sparking-plug ['spɑ:kiŋplʌg] *n tehn.* aizdedzes svece
sparkle ['spɑ:kl] **I** *n* dzirkstīšana; **II** *v* dzirkstīt
sparklet ['spɑ:klət] *n* dzirkstelīte
sparkling ['spɑ:kliŋ] *a* **1.** dzirkstošs; kūsājošs; **2.** dzīvīgs
spark-plug ['spɑ:kplʌg] *sk.* **sparking-plug**
sparring-match ['spɑ:riŋmætʃ] *n* treniņsacīkstes boksā
sparrow ['spærəʊ] *n ornit.* zvirbulis
sparrow-grass ['spærəʊgrɑ:s] *n sar.* sparģelis
sparse [spɑ:s] *a* rets; s. hair – reti mati
spasm ['spæzəm] *n* **1.** spazma; krampji; **2.** lēkme
spatª [spæt] *n* getra
spatᵇ *sk.* **spit**ᵇ
spate [speit] *n* **1.** pali; plūdi; **2.** (*pasūtījumu u. tml.*) pieplūdums
spatial ['speiʃl] *a* telpas-; telpisks
spatter ['spætə] **I** *n* šļakatas; **II** *v* nošļakstīt
spatterdash ['spætədæʃ] *n* (*parasti pl*) getra
spatterdock ['spætədɒk] *n* lēpe
spatula ['spætjʊlə] *n* lāpstiņa
spawn [spɔ:n] **I** *n* **1.** (*zivju*) ikri; **2.** (*varžu*) kurkuļi; **3.** *bot.* micēlijs; **II** *v* **1.** nārstot, laist ikrus; **2.** vairoties
spawning ['spɔ:niŋ] *n* nārsts
spay [spei] *v* kastrēt
speak [spi:k] *v* (*p.* spoke [spəʊk]; *p.p.* spoken ['spəʊkən]) **1.** runāt; legally ~ing – no juridiskā viedokļa; roughly ~ing – apmēram; so to s. – tā sakot; to s. English – runāt angliski; to s. like a book – runāt kā no grāmatas; **2.** iz-

teikt; to s. the word – izteikt vēlēšanos; 3. teikt runu; ☐ to s. **from** : to s. from memory – runāt no galvas; to s. **of** – pieminēt; to s. **out** – izteikties; to s. **up** – 1) runāt skaļi; 2) izteikties
speakeasy ['spi:k‚i:zi] *n amer.* slepena dzertuve
speaker ['spi:kə] *n* 1. orators; 2.: the S. – spīkers; 3. skaļrunis
spear [spiə] **I** *n* 1. šķēps; 2. *bot.* dzinums; **II** *v* 1. uzdurt; 2. dzīt atvases
spearhead ['spiəhed] *n* šķēpa uzgalis
spearman ['spiəmən] *n vēst.* šķēpnesis
special ['speʃl] **I** *n* 1. speciālizdevums; 2. speciālvilciens; **II** *a* 1. speciāls; īpašs; s. edition – speciālizdevums; s. occasion – sevišķs gadījums; 2. pamatīgs; rūpīgs; 3. individuāls; personīgs
specialism ['speʃlizəm] *n* specializācija
specialist ['speʃlist] *n* speciālists
speciality [‚speʃi'æləti] *n* 1. specialitāte; 2. īpatnība; raksturīga pazīme
specialization [‚speʃəlai'zeiʃn] *n* specializācija
specialize ['speʃəlaiz] *v* 1. (*in*) specializēties; 2. *biol.* diferencēt
specially ['speʃli] *adv* speciāli; īpaši
specialty ['speʃlti] *n* 1. specialitāte; 2. īpatnība; raksturīga pazīme; 3. *jur.* dokuments
specie ['spi:ʃi:] *n* metāla nauda
species ['spi:ʃi:z] *n* (*pl* species ['spi:ʃi:z]) 1. *biol.* suga; 2. ģints; 3. veids
specific [spə'sifik] *a* 1. specifisks; īpašs; 2. raksturīgs; 3. konkrēts; noteikts; s. aim – noteikts mērķis
specification [‚spesifi'keiʃn] *n* 1. specifikācija; 2. (*parasti pl*) instrukcija
specify ['spesifai] *v* 1. specificēt; 2. detalizēt

specimen ['spesimən] *n* 1. paraugs; eksemplārs; 2. *sar.* tips
specious ['spi:ʃəs] *a* 1. šķietams; 2. neīsts
spectacle ['spektəkl] *n* skats; aina
spectacles ['spektəklz] *n pl.* brilles; to see everything through rosecoloured ~s – redzēt visu rožainā gaismā
spectacular [spek'tækjʊlə] **I** *n* iespaidīga izrāde; **II** *a* iespaidīgs
spectator [spek'teitə] *n* skatītājs
spectatress [spek'teitris] *n* skatītāja
spectral ['spektrəl] *a* 1. spokains; 2. *fiz.* spektrāls
spectre ['spektə] *n* 1. rēgs; spoks; 2. slikta priekšnojauta
spectrum ['spektrəm] *n* (*pl* spectra ['spektrə]) 1. apjoms; 2. *fiz.* spektrs
specular ['spekjʊlə] *a* spoguļa-
speculate ['spekjʊleit] *v* 1. (*about, on*) pārdomāt; prātot; 2. (*in*) spekulēt
speculation [‚spekjʊ'leiʃn] *n* 1. pārdomāšana; prātošana; 2. pieņēmums; 3. spekulācija
speculator ['spekjʊleitə] *n* 1. domātājs; prātnieks; 2. spekulants
sped *sk.* **speed II**
speech [spi:tʃ] *n* 1. runasveids; valoda; 2. runa; to deliver (make) a s. – teikt runu
speechless ['spi:tʃləs] *a* 1. mēms; 2. neizsakāms
speed [spi:d] **I** *n* 1. ātrums; at full s. – pilnā gaitā; to gather s. – uzņemt ātrumu; 2. *tehn.* pārnesums; 3. *novec.* sekmes; **II** *v* (*p. un p.p.* sped [sped]) 1. steigties; 2. (*p. un p.p.* speeded ['spi:did]) uzņemt ātrumu; 3. *novec.* veikties
speedily ['spi:dili] *adv* ātri; steidzīgi
speed limit ['spi:d ‚limit] *n* (*braukšanas*) ātruma ierobežojums

speedometer [spi'dɒmitə] *n* spidometrs
speedster ['spi:dstə] *n* ātrgājējs
speedway ['spi:dwei] *n sp.* spīdvejs
speedy ['spi:di] *a* ātrs; steidzīgs
spell[a] [spel] *n* **1.** burvju vārdi; **2.** burvestība; under a s. – apburts; to cast (put) a s. on (over) smb. – apburt kādu
spell[b] [spel] **I** *n* **1.** īss laika sprīdis; **2.** maiņa (*darbā*); **II** *v* nomainīt (*darbā*)
spell[c] [spel] *v* (*p. un p.p.* spelled [speld] *vai* spelt [spelt]) **1.** (*pareizi*) uzrakstīt; **2.** nosaukt (izrunāt) pa burtiem
spellbind ['spelbaind] *v* (*p. un p.p.* spellbound ['spelbaʊnd]) apburt
spellbound ['spelbaʊnd] *a* apburts
spelling ['speliŋ] *n* pareizrakstība
spelt *sk.* **spell**
spencer ['spensə] *n* īsa žakete
spend [spend] *v* (*p. un p.p.* spent [spent]) **1.** izdot; iztērēt (*naudu*); **2.** pavadīt (*laiku*); **3.** izšķiest (*piem., spēkus*); **4.** laist ikrus (*par zivi*)
spent [spent] *a* **1.** piekusis; **2.** *sk.* **spend**
sperm [spɜ:m] *n biol.* sperma
spermwhale ['spɜ:mweil] *n zool.* kašalots
spew [spju:] *v* **1.** izšļākties; **2.** izvemt
sphere [sfiə] *n* **1.** lode; bumba; **2.** sfēra; darbības lauks
spherical ['sferikl] *a* sfērisks; lodveidīgs
spherule ['sferju:l] *n* lodīte
sphinx [sfiŋks] *n* (*pl* sphinges ['sfindʒi:z]) **1.** sfinksa; **2.** noslēpumaina persona
spice [spais] **I** *n* **1.** garšviela; **2.** piegarša; pieskaņa; **3.** pikantums; **II** *v* **1.** pielikt garšvielas; **2.** padarīt pikantu
spicy ['spaisi] *a* **1.** vircots; **2.** pikants
spider ['spaidə] *n* **1.** zirneklis; **2.** *tehn.* krustenis; **3.** spaiders (*neliels, vaļējs automobilis*)
spiderweb ['spaidəweb] *n* zirnekļa tīkls

spiel [ʃpi:l, *amer.* spi:l] *sl.* **I** *n* spriedelēšana; **II** *v* spriedelēt
spieler ['ʃpi:lə, *amer.* 'spi:lə] *sl.* **1.** pļāpa; **2.** *amer.* afērists
spier ['spaiə] *n* spiegs
spigot ['spigət] *n* **1.** spunde; **2.** krāns
spike [spaik] **I** *n* **1.** smaile; **2.** (*sportistu apavu*) nagla; **3.** vārpa; **4.** *tehn.* ķīlis; **II** *v* **1.** iedzīt ķīli; **2.** caurdurt
spiky ['spaiki] *a* **1.** smaiļots; **2.** nepakļāvīgs
spile [spail] *n* **1.** spunde, tapa; **2.** pālis
spill[a] [spil] *n* **1.** skals (*sveces aizdedzināšanai*); **2.** spunde, tapa
spill[b] [spil] *n* **1.** kritiens (*no zirga, velosipēda u. tml.*); to take a s. – krist (*no zirga, velosipēda u. tml.*); **2.** (*šķidruma*) izšļakstīšana; **3.** *sar.* lietusgāze; **II** *v* (*p. un p.p.* spilt [spilt] *vai* spilled [spild]) **1.** izliet; **2.** izlīt; **3.** (*par zirgu*) nomest (*jātnieku*)
spillage ['spilidʒ] *n* (*šķidruma*) izšļakstīšana
spillover ['spil,əʊvə] *n* **1.** izšļakstīts šķidrums; **2.** pārpilnība
spilt *sk.* **spill**
spin [spin] **I** *n* **1.** griešanās; **2.** krišana; **3.** *av.* grīste; **II** *v* (*p.* spun [spʌn] *vai* span [spæn]; *p.p.* spun [spʌn]) **1.** vērpt; **2.** griezt; **3.** griezties; my head is ~ing – man reibst galva; **4.** traukties
spinach ['spinidʒ] *n* spināti
spinal ['spainl] *a anat.* muguras-
spindle ['spindl] **I** *n* **1.** *tekst.* vārpstiņa; **2.** *tehn.* vārpsta; **3.** dzijas mērvienība (*apm. 14 000 jardu*); **II** *v* izstīdzēt (*par augu*)
spindle-legged ['spindllegd] *a* ar tievām, garām kājām
spindleshanks ['spindlʃæŋks] *n* cilvēks ar tievām, garām kājām

spindling ['spindliŋ] I *n* 1. izstīdzējis cilvēks; 2. izstīdzējis koks; II *a* izstīdzējis
spindly ['spindli] *a* izstīdzējis
spindrift ['spindrift] *n* 1. viļņu šļaksti; 2.: s. clouds – spalvu mākoņi
spin-dryer [,spin'draiə] *n* veļas žāvēšanas centrifūga
spine [spain] *n* 1. *anat.* mugurkauls; 2. ērkšķis, dzelonis; 3. (*piem., eža*) adata; 4. (*kalna*) mugura, kore
spine-chiller ['spain,tʃilə] *n sar.* šausmu filma
spineless ['spainləs] *a* 1. *zool.* bezmugurkaulains; 2. vāja raksturaspinner ['spinə] *n* 1. vērpējs; vērpēja; 2. vērpšanas mašīna
spinney ['spini] *n* brikšņi
spinning ['spiniŋ] I *n* vērpšana; s. jenny – sena vērpšanas mašīna; II *a* vērpšanas-
spinning-wheel ['spiniŋwi:l] *n* [vērpjamais] ratiņš
spinster ['spinstə] *n* vecmeita
spiny ['spaini] 1. adatains; dzeloņains; 2. kutelīgs (*piem., par jautājumu*)
spiral ['spaiərəl] I *n* spirāle; II *a* spirālveidīgs; III *v* vīties spirālē
spireᵃ ['spaiə] *n* (*torņa*) smaile
spireᵇ ['spaiə] *n* 1. spirāle; 2. vītne
spirit ['spirit] *n* 1. gars; 2. spoks; 3. daba; raksturs; 4. *pl* garastāvoklis; to be in good (high) ~s – būt labā garastāvoklī; to be in low ~s – būt sliktā garastāvoklī; 5. *pl* alkohols; spirts
spirited ['spiritid] *a* dzīvs; enerģisks
spiritless ['spiritləs] *a* kūtrs; nedzīvs
spirit-rapping ['spirit,ræpiŋ] *n* spiritisms
spiritual ['spiritʃʊəl] I *n* spiričuels (*nēģeru reliģiska dziesma*); II *a* 1. garīgs; 2. apgarots; 3. reliģisks

spiritualism ['spiritʃʊəlizəm] *n* 1. *filoz.* spirituālisms; 2. spiritisms
spirituality [,spiritʃʊ'æləti] *n* 1. garīgums; 2. apgarotība
spiritualize ['spiritʃʊəlaiz] *v* apgarot
spirituous ['spiritʃʊəs] *a* alkoholisks (*par dzērieniem*)
spirt [spɜ:t] *sk.* **spurt**
spiryᵃ ['spairi] *a* smails
spiryᵇ ['spairi] *a* spirālveidīgs
spitᵃ [spit] *n* iesms
spitᵇ [spit] I *n* 1. spļāviens; 2. siekalas; II *v* (*p. un p.p.* spat [spæt]) 1. spļaut; 2. spļaudīties; 3. sprēgāt (*par oglēm*)
spitᶜ [spit] *n* zemes kārta vienas lāpstas dziļumā
spite [spait] I *n* spīts; ◊ in s. of – par spīti; II *v* spītēt
spiteful ['spaitfʊl] *a* spītīgs
spitfire ['spit,faiə] *n* sirdīgs cilvēks
spittle ['spitl] *n* siekalas
spitz [spits] *n* špics (*suns*)
spiv [spiv] *n sl.* spekulants
spivvery ['spivəri] *n sl.* spekulācija
splash [splæʃ] I *n* 1. šļakatas; 2. šļaksts; plunkšķis; II *v* 1. apšļākt; uzšļākt; 2. šļakstēt; plunkšķēt; 3. brist (*piem., pa ūdeni*)
splash-board ['splæʃbɔ:d] *n* (*riteņa*) dubļu aizsargs
splasher ['splæʃə] *n* (*riteņa*) dubļu aizsargs
splatter ['splætə] *v* 1. šļakstēt; 2. murmināt
splay [splei] I *n* slīpums; II *a* 1. slīps; 2. vērsts uz āru
splayfooted [,splei'fʊtid] *a* kleins (*par kājām*)
spleen [spli:n] *n* 1. *anat.* liesa; 2. īgnums
spleenful ['spli:nfʊl] *a* īgns
splendent ['splendənt] *a* mirgojošs

splendid [ˈsplendid] *a* 1. grezns; krāšņs; 2. *sar.* lielisks
splendour [ˈsplendə] *n* 1. greznums; krāšņums; 2. cēlums; dižīgums
splint [splint] *n med.* šina
splinter [ˈsplintə] **I** *n* 1. šķemba; 2. skabarga; **II** *v* šķelt
split [split] **I** *n* 1. šķelšanās; 2. plaisa; 3. skals (*grozu pīšanai*); 4.: the ~s *pl sp.* – špagats; **II** *a* [sa]šķelts; s. second – mirklis; **III** *v* 1. [sa]šķelt; 2. [sa]šķelties; ◊ to s. **on.** *sl.* – nodot (*līdzzinātāju*); to s. **up** – 1) sašķelt; 2) sašķelties; ◊ to s. one's sides – vai plīst no smiekliem; to s. smb.'s ears – apdullināt kādu; to s. the difference – vienoties par cenu
splitter [ˈsplitə] *n* 1. šķeltnieks; 2. mokošas galvassāpes
splodge [slplɒdʒ] *sk.* **splotch**
splotch [splɒtʃ] *n* traips
splotchy [ˈsplɒtʃi] *n* notraipīts, notriepts
splutter [ˈsplʌtə] **I** *n* 1. buldurēšana; 2. (*degošas malkas*) sprēgāšana; 3. šļaksti; **II** *v* 1. buldurēt; 2. sprēgāt (*par degošu malku*); 3. izšķiest siekalas (*runājot*)
spoil [spɔil] **I** *n* 1. laupījums; 2. ieguvums; **II** *v* (*p. un p.p.* spoilt [spɔilt] *vai* spoiled [spɔild]); 1. [sa]bojāt; 2. [sa]bojāties; 3. lutināt; ~ed child – izlutināts bērns
spoilage [ˈspɔilidʒ] *n* 1. [sa]bojāšana; 2. brāķis
spoiler [ˈspɔilə] *n* 1. spoilers (*automobilim*); 2. *sp.* negaidīts uzvarētājs
spoilt *sk.* **spoil II**
spoke[a] [spəʊk] *n* 1. (*riteņa*) spieķis; 2. (*pieslienamo kāpņu*) šķērskoks
spoke[b] *sk.* **speak**
spokebone [ˈspəʊkbəʊn] *n anat.* spieķakauls
spoken[a] *sk.* **speak**
spoken[b] [ˈspəʊkən] *a* mutvārdu-
sponge [spʌndʒ] **I** *n* 1. sūklis; 2. biskvītkūka; 3. liekēdis; 4. *med.* (*marles, vates*) tampons; **II** *v* 1. noberzt (nomazgāt) ar sūkli; 2. (*arī* to s. from, to s. on) dzīvot uz cita rēķina
sponge-down [ˈspʌndʒdaʊn] *n* noberšanās (nomazgāšanās) ar sūkli
sponger [ˈspʌndʒə] *n* 1. sūkļu zvejnieks; 2. liekēdis
sponsion [ˈspɒnʃn] *n* galvojums
sponsor [ˈspɒnsə] **I** *n* 1. galvotājs; 2. sponsors; **II** *v* 1. galvot; 2. sponsorēt
spontaneity [ˌspɒntəˈneiəti] *n* spontānums
spontaneous [spɒnˈteiniəs] *a* spontāns
spoof [spu:f] *sl.* **I** *n* 1. mānīšanās; 2. parodija; **II** *v* 1. mānīt; 2. parodēt
spook [spu:k] *n* spoks
spooky [ˈspu:ki] *a* spokains
spool [spu:l] **I** *n* spole; **II** *v* 1. spolēt; 2. uztīt (*uz rullīša*)
spoon[a] [spu:n] **I** *n* 1. karote; 2. (*makšķeres*) vizulis; 3. (*golfa*) nūja; ◊ to be born with a silver s. in one's mouth – piedzimt zem laimīgas zvaigznes; **II** *v* 1. (to s. out, to s. up) smelt ar karoti; 2. bļitkot; 3. *sar.* ēst
spoon[b] [spu:n] *sar.* **I** *n* 1. mīlināšanās; 2. *pl* iemīlējušies; **II** *v* mīlināties
spoonbait [ˈspu:nbeit] *n* (*makšķeres*) vizulis
spoonfeed [ˈspu:nfi:d] *v* (*p. un p.p.* spoonfed [ˈspu:nfed]) 1. barot ar karoti (*bērnu, slimnieku*); 2. pasniegt gatavā veidā (*piem., informāciju*)
spoonful [ˈspu:nfʊl] *n* pilna karote
spoony [ˈspu:ni] *n* muļķis, vientiesis
spoor [spʊə] **I** *n* (*zvēra*) pēdas; **II** *v* iet pa pēdām
spore [spɔ:] *n biol.* spora
sport [spɔ:t] **I** *n* 1. sports; 2. *pl* sporta

sacīkstes; **3.** izsmiekls; to make s. of smb. – izjokot kādu; **4.** *biol.* novirze (*no normāltipa*); **II** *v* **1.** sportot; **2.** *biol.* novirzīties (*no normāltipa*)
sportsman ['spɔ:tsmən] *n* sportists
sportswear ['spɔ:tswɜə] *n* **1.** sporta tērps; **2.** ikdienas apģērbs
sportswoman ['spɔ:tswʊmən] *n* sportiste
sporty ['spɔ:ti] *a* **1.** sportisks; **2.** sparīgs; **3.** švītīgs
spot [spɒt] **I** *n* **1.** plankums; traips; black s. – zilums; **2.** vieta; s. check – pārbaude uz vietas; ◇ blind s. – nepazīstama lieta; tender s. – vārīga vieta; **II** *v* **1.** notraipīt; **2.** notraipīties; **3.** ievērot; **III** *adv sar.* precīzi, tieši
spotless ['spɒtləs] *a* **1.** nenotraipīts; **2.** nevainojams
spotlight ['spɒtlait] **I** *n* (*skatuves*) prožektors; **II** *v* apgaismot ar prožektoru
spot-on [,spɒt'ɒn] *a sar.* precīzs, tiešs
spouse [spaʊz, *amer.* spaʊs] laulāts draugs; laulāta draudzene
spout [spaʊt] **I** *n* **1.** ūdens tekne; **2.** (*kannas*) snīpis; **II** *v* **1.** izšļākt; **2.** izšļākties
sprain [sprein] **I** *n* (*saišu*) sastiepums; **II** *v* sastiept (*saites*)
sprang *sk.* **spring**[b] **II**
sprat [spræt] *n* šprote
sprawl [sprɔ:l] *v* **1.** atgāzties (*krēslā*); **2.** izplesties
spray [sprei] **I** *n* **1.** (*ūdens*) šalts; **2.** aerosols; **II** *v* apsmidzināt
sprayer ['spreiə] *n* **1.** aerosols; **2.** *tehn.* sprausla
spread [spred] **I** *n* **1.** izplatīšanās; **2.** izplešanās; **3.** (*spārnu u. tml.*) vēziens; **4.** pārklājs; **5.** (*laikraksta*) atvērums; **II** *v* (*p. un p.p.* spread [spred]) **1.** atritināt; attīt; **2.** izplatīt; to s. rumour – izplatīt baumas; **3.** izplatīties; **4.** izplest (*spārnus*); **5.** apklāt; **6.** uzziest; to s. butter on bread – apziest maizi ar sviestu
spread-over ['spred,əʊvə] *n* slīdošs grafiks
spree [spri:] **I** *n* jautrība; spending s. – tērēšanas prieks; to go out on a s. – uzdzīvot; **II** *v* uzjautrināties
sprig [sprig] *n* **1.** zariņš; **2.** *niev.* jauneklis
sprightly ['spraitli] *a* dzīvīgs; jautrs
spring[a] [spriŋ] *n* pavasaris
spring[b] [spriŋ] **I** *n* **1.** lēciens; **2.** atspere; **3.** avots; **4.** iemesls, motīvs; **5.** sūce; **II** *v* (*p.* sprang [spræŋ]; *p.p.* sprung [sprʌŋ]) **1.** lēkt; lēkāt; **2.** (*arī* to s. up) rasties; **3.** pieplūst (*par asinīm*); **4.** (*par asarām*) sariesties (*acīs*); **5.** radīt sūci; to s. a leak – sūkties; **6.** ielikt atspen; ◻ to s. **at** – mesties virsū; to s. **out** – izrietēt; to s. **up** – 1) palēkties; 2) ātri augt; 3) pēkšņi sākties
springboard ['spriŋbɔ:d] *n* tramplīns
springe [sprindʒ] *n* cilpa (*putnu ķeršanai*)
springer ['spriŋə] *n* lēcējs
springhead ['spriŋhed] *n* avots
springy ['spriŋi] *a* atsperīgs
sprinkle ['spriŋkl] **I** *n* **1.** apslacīšana; **2.** smalks lietus; **II** *v* **1.** apslacīt; **2.** smidzināt (*par lietu*); **3.** apkaisīt, nobārstīt
sprinkler ['spriŋklə] *n* smidzinātājs (*aparāts*)
sprint [sprint] *sp.* **I** *n* sprints; **II** *v* skriet īsās distances
sprinter ['sprintə] *n sp.* sprinteris
sprite [sprait] *n* elfa; feja
sprocket ['sprɒkit] *n* ķēdesrats
sprout [spraʊt] **I** *n* **1.** asns; **2.** *sar.* jaunietis; jauniete; **II** *v* **1.** dīgt; dzīt asnus; **2.** uzaudzēt
spruce[a] [spru:s] *n* (*arī* s. fir) egle
spruce[b] [spru:s] **I** *a* uzposies; **II** *v* (*arī* to s. up) uzpost

sprung *sk.* **spring**ᵇ **II**
spry [sprai] *a* dzīvs; mundrs
spud [spʌd] **I** *n* 1. kaplis; 2. *sar.* kartupelis; **II** *v* (*arī* to s. out, to s. up) kaplēt
spue [spju:] *sk.* **spew**
spume [spju:m] **I** *n* putas; **II** *v* putot
spumous ['spju:məs] *a* putains
spun *sk.* **spin II**
spunk [spʌŋk] *n* degsme; spars
spunky ['spʌŋki] *a* dedzīgs; sparīgs
spur [spɜ:] **I** *n* 1. piesis; 2. pamudinājums; 3. *bot.* melnie graudi, vilkazobi; 4. (*arī s.* line, s. track) *amer.* – strupceļš; **II** *v* 1. piecirst piešus; 2. mudināt
spurious ['spjʊəriəs] *a* neīsts; viltots
spurn [spɜ:n] **I** *n* 1. nicinoša izturēšanās; 2. (*kājas*) spēriens; **II** *v* 1. nicinoši izturēties; 2. spert
spurt [spɜ:t] **I** *n* 1. strūkla; šalts; 2. (*enerģijas u. tml.*) uzplūdi; 3. *sp.* spurts, izrāviens; **II** *v* 1. (*arī* to s. out) izšļākties; 2. *sp.* izrauties [uz priekšu]
sputter ['spʌtə] **I** *n* 1. buldurēšana; 2. (*degošas malkas*) sprēgāšana; **II** *v* 1. buldurēt; 2. sprēgāt (*par degošu malku*); 3. siekaloties (*runājot*)
sputum ['spju:təm] *n* (*pl* sputa ['spju:tə]) 1. siekalas; 2. *med.* krēpas
spy [spai] **I** *n* spiegs; **II** *v* 1. spiegot; 2. ieraudzīt
spyglass ['spaiglɑ:s] *n* tālskatis
spyhole ['spaihəʊl] *n* actiņa (*durvīs*)
squabble ['skwɒbl] **I** *n* ķilda; **II** *v* ķildoties
squad [skwɒd] *n* 1. *mil.* nodaļa; flying s. – dežurējoša policistu vienība; s. car – policijas automobilis; 2. (*strādnieku*) brigāde
squadron ['skwɒdrən] *n* 1. *mil.* eskadrons; 2. *av.* eskadriļa; 3. *jūrn.* eskadra
squalid ['skwɒlid] *a* 1. netīrs; nolaists; 2. nekrietns; zemisks

squall [skwɔ:l] **I** *n* 1. spiedziens; kliedziens; 2. (*vēja*) brāzma; **II** *v* spiegt; kliegt
squally ['skwɔ:li] *a* brāzmains
squalor ['skwɒlə] *n* netīrība
square [skweə] **I** *n* 1. kvadrāts; 2. laukums; skvērs; 3. *mat.* kvadrāts (*pakāpe*); three s. – trīs kvadrātā; **II** *a* 1. kvadrātveida-; 2. (*with*) paralēls; 3. pareizs; precīzs; 4. pamatīgs; s. refusal – kategorisks atteikums; 5. *sar.* vecmodīgs; **III** *v* 1. nokārtot (*rēķinus*); 2. saskaņot; 3. *mat.* kāpināt kvadrātā; **IV** *adv* 1. taisni; 2. godīgi
square-toed [‚skweə'təʊd] *a* 1. ar platiem purngaliem (*par apaviem*); 2. sīkumains; 3. vecmodīgs
squashᵃ [skwɒʃ] **I** *n* 1. biezsula; 2. drūzmēšanās; spiešanās; **II** *v* 1. saspiest; 2. drūzmēties
squashᵇ [skwɒʃ] *n* ķirbis
squashy ['skwɒʃi] *a* 1. mīksts; sulīgs; 2. staigns
squat [skwɒt] **I** *n* tupēšana; **II** *a* drukns; **III** *v* 1. tupēt; 2. *sar.* sēdēt
squaw [skwɔ:] *n* Ziemeļamerikas indiāniete
squawk [skwɔ:k] **I** *n* 1. (*putna*) kliedziens; 2. *sar.* žēlošanās; **II** *v* 1. kliegt (*par putnu*); 2. *sar.* žēloties
squeak [skwi:k] **I** *n* 1. (*peles*) pīkstiens; 2. (*durvju*) čīkstēšana; **II** *v* 1. pīkstēt; 2. čīkstēt (*par durvīm*); 3. *sar.* nosūdzēt
squeaker ['skwi:kə] *n* 1. pīkstulis; 2. putnēns; 3. *sl.* sūdzētājs
squeal [skwi:l] **I** *n* 1. spiedziens; 2. *sl.* nosūdzēšana; **II** *v* 1. spiegt; 2. *sl.* nosūdzēt
squealer ['skwi:lə] *n* 1. spiedzējs; 2. putnēns; 3. *sl.* sūdzētājs

squeeze [skwi:z] **I** *n* **1.** [sa]spiešana; **2.** drūzmēšanās, spiešanās; **3.** *sar.* izspiešana; šantāža; ◇ to have a close (narrow, tight) s. – izvairīties par mata tiesu; **II** *v* **1.** [sa]spiest; **2.** izspiest; to s. money – izspiest naudu; **3.** (*in*) iespiest; iesprauktes; **4.** izsprauktes (*cauri pūlim*)
squeezer ['skwi:zə] *n* (*sulu*) spiedne
squelch [skweltʃ] **I** *n* **1.** (*dubļu*) šļakstēšana; **2.** apklusināšana; **II** *v* **1.** brist (*pa dubļiem*); **2.** sabradāt; samīt; **3.** apspiest (*piem., jūtas*); **4.** pazemot
squib [skwib] *n* petarde
squiffy ['skwifi] *a* iereibis
squill [skwil] *n bot.* jūras sīpols
squint [skwint] **I** *n* **1.** šķielēšana; **2.** acu uzmetiens; **II** *v* **1.** šķielēt; **2.** (*at*) uzmest acis
squire ['skwaiə] **I** *n* **1.** skvairs; muižnieks; **2.** *sar.* kavalieris; **3.** *sl.* puisis; **II** *v* pavadīt (*sievieti*)
squireen [ˌskwaiə'ri:n] *n* sīkmuižniecības pārstāvis (*Īrijā*)
squirm [skwɜ:m] **I** *n* izliekšanās; **II** *v* **1.** izliekties; **2.** (*out of*) izlocīties, izvairīties
squirrel ['skwirəl] *n* **1.** vāvere; **2.** *sl.* meiča; **3.** ekscentriska persona; ◇ to s. off – aizlavīties
squirt [skwɜ:t] **I** *n* **1.** strūkla; **2.** šļirce; **II** *v* **1.** izšļākt; **2.** izšļākties
squish [skwiʃ] *n sar.* marmelāde
stab [stæb] **I** *n* **1.** (*dunča, naža*) dūriens; **2.** pēkšņas asas sāpes; ◇ s. in the back – 1) nodevīgs uzbrukums; 2) neslavas celšana; **II** *v* durt (*ar dunci, nazi*)
stabbing ['stæbiŋ] *a* durstīgs (*par sāpēm*)
stability [stə'biləti] *n* stabilitāte
stabilization [ˌsteibəlai'zeiʃn] *n* stabilizācija
stabilize ['steibəlaiz] *v* stabilizēt
stabilizer ['steibəlaizə] *n av., tehn.* stabilizators
stable[a] ['steibl] *a* stabils
stable[b] ['steibl] **I** *n* **1.** (*zirgu*) stallis; **2.** kolektīvs; kompānija; **II** *v* novietot (turēt) stallī
stableboy ['steiblbɔi] *n* zirgu puisis
stableman ['steiblmən] *n* zirgkopis
stabling ['steibliŋ] *n* (*zirgu*) staļļi
stack [stæk] **I** *n* **1.** grēda; kaudze; s. of hay – siena kaudze; **2.** skurstenis; **3.** sters (*malkas, ogļu mērvienība*); **II** *v* kraut kaudzē
stadium ['steidiəm] *n* stadions
staff[a] [stɑ:f] *n* **1.** miets; nūja; **2.** zizlis; **3.** (*karoga*) masts; **4.** (*pl* staves [steivz]) *mūz.* nošu līnija
staff[b] [stɑ:f] **I** *n* štats; personāls; **II** *v* apgādāt ar personālu
stag [stæg] **I** *n* **1.** briedis; **2.** biržas spekulants; **II** *a* **1.** paredzēts tikai vīriešiem; s. movie – pornogrāfiska filma; **2.** bez vīriešiem; the girls danced s. – meitenes dejoja viena ar otru; **III** *v* **1.** spekulēt (*biržā*); **2.** ierasties bez dāmas (*viesībās*)
stag beetle ['stæg‚bi:tl] *n* briežvabole
stage [steidʒ] **I** *n* **1.** paaugstinājums; **2.** skatuve; s. fright – lampu drudzis; to take s. – noiet no skatuves, aplausiem skanot (*par aktieri*); **3.** stadija; posms; **II** *v* **1.** uzvest (*lugu*); inscenēt; **2.** organizēt
stagecoach ['steidʒkəʊtʃ] *n* pasta rati
stagehand ['steidʒhænd] *n* skatuves strādnieks
stager ['steidʒə] *n* pieredzējis cilvēks; old s. – slīpēts zellis
stagger ['stægə] **I** *n* **1.** grīļošanās; streipuļošana; **2.**: the ~s – reibonis; **II** *v*

1. grīļoties; streipuļot; **2.** likt grīļoties; **3.** šaubīties; **4.** viest šaubas

stagnancy ['stægnənsi] *n* stagnācija

stagnant ['stægnənt] *a* **1.** stāvošs (*par ūdeni*); **2.** inerts; kūtrs

stagnate [stæg'neit] *v* **1.** sastāvēties (*par ūdeni*); **2.** kļūt inertam (kūtram)

stagnation [stæg'neiʃn] *n* stagnācija

stagy ['steidʒi] *a* teatrāls

staid [steid] *a* nosvērts

stain [stein] **I** *n* traips; **II** *v* **1.** notraipīt; **2.** [no]krāsot

stainless ['steinləs] *a* **1.** nenotraipīts; **2.** *tehn.* nerūsējošs

stair [steə] *n* **1.** (*kāpņu*) pakāpiens; **2.** *pl* kāpnes

staircase ['steəkeis] *n* kāpnes

stairway ['steəweij *sk.* **staircase**

stake [steik] **I** *n* **1.** miets; stabs; **2.** *vēst.* kauna stabs; **3.** likme (*kāršu spēlē*); **II** *v* **1.** atbalstīt ar mietu; **2.** uzdurt uz mieta; **3.** likt uz spēles

stalactite ['stæləktait] *n ģeol.* stalaktīts

stalagmite ['stæləgmait] *n ģeol.* stalagmīts

stale[a] [steil] *n* (*lopu*) urīns

stale[b] [steil] **I** *a* **1.** sakaltis (*par maizi*); **2.** sasmacis (*par gaisu*); **3.** nostāvējies (*par alu*); **II** *v* **1.** sakalst (*par maizi*); **2.** sasmakt (*par gaisu*); **3.** nostāvēties (*par alu*)

stalemate ['steilmeit] *n* **1.** pats (*šahā*); **2.** *pārn.* strupceļš

stalk[a] [stɔ:k] *n* **1.** stiebrs; stublājs; cabbage s. – kacens; **2.** (*glāzes*) kājiņa

stalk[b] [stɔ:k] **I** *n* cēla gaita; **II** *v* cēli soļot

stall [stɔ:l] *n* **1.** steliņģis; **2.** kiosks; stends; **3.** kabīne

stallion ['stæljən] *n* ērzelis

stamen ['steimen] *n bot.* putekšņlapa

stamina ['stæminə] *n* izturība

stammer ['stæmə] **I** *n* stostīšanās; **II** *v* stostīties

stamp [stæmp] **I** *n* **1.** spiedogs; zīmogs; **2.** nospiedums; **3.** pastmarka; **4.** marķēšana; **II** *v* **1.** apzīmogot; **2.** iespiest[ies]; **3.** uzlīmēt pastmarku; **4.** marķēt

stamp-collector ['stæmpkə,lektə] *n* pastmarku krājējs

stance [stæns] *n* **1.** *mil., sp.* stāja; **2.** viedoklis

stanch[a] [stɑ:ntʃ] *v* apturēt (*asiņošanu*)

stanch[b] [stɑ:ntʃ] *sk.* **staunch**[a]

stand [stænd] **I** *n* **1.** apstāšanās; to bring (put) to a s. – apstādināt, apturēt; to come to a s. – apstāties; **2.** vieta; pozīcija; **3.** (*taksometru*) stāvvieta; **4.** novietne; stends; **5.** (*stadiona*) tribīne; **II** *v* (*p. un p.p.* stood [stʊd]) **1.** stāvēt; **2.** izturēt; **3.** paciest; I can't s. him – es nevaru viņu ciest; **4.** novietot; **5.** izmaksāt; to s. smb. a dinner – izmaksāt kādam pusdienas; ◊ to s. **aside** – nostāties sāņus; to s. **by** – atbalstīt; to s. **down** – 1) aiziet no amata; 2) atsaukt savu kandidatūru; to s. **in** – 1) (*for*) aizvietot; 2) (*with*) dalīties (*ar kādu*); to s. **off** – 1) turēties atstatu; 2) atstādināt no amata (*uz laiku*); to s. **on** – pastāvēt uz; neatlaisties; to s. **out** – 1) izcelties; būt pārākam; 2) nepadoties; noturēties; to s. **up** – 1) piecelties; 2) būt noturīgam; 3): to s. smb. up *sl.* – neierasties uz satikšanos (*ar kādu*); ◊ s. and deliver! – rokas augšā!

standard ['stændəd] **I** *n* **1.** karogs; **2.** standarts; norma; s. of comparison – etalons; s. of living, living s. – dzīves līmenis; **3.** (*dārgmetālu*) prove; **II** *a* standarta-; tipveida-

standard-bearer [ˈstændəd͵beərə] *n* karognesējs
standby [ˈstændbai] *n* **1.** drošs atbalsts; **2.** rezerve
stand-in [ˈstændin] *n* **1.** dublieris; **2.** aizvietotājs
standing [ˈstændiŋ] **I** *n* **1.** stāvoklis; **2.** stāžs; **3.** novietojums; **II** *a* **1.** stāvošs; s. water – stāvošs ūdens; **2.** pastāvīgs
standoff [ˈstændɒf] **I** *n* **1.** atturība; **2.** *sp.* neizšķirts rezultāts; **II** *a* atturīgs
stand-out [ˈstændaʊt] *n* kaut kas izcils
standpoint [ˈstændpɔint] *n* viedoklis
standstill [ˈstændstil] *n* bezdarbība
stank *sk.* **stink**
stannary [ˈstænəri] *n* alvas raktuves
stanza [ˈstænzə] *n lit.* pants; vārsma
staple[a] [ˈsteipl] *n* āķis
staple[b] [ˈsteipl] **I** *n* **1.** pamatražojums; **2.** pamatelements; **3.** izejviela; **II** *a* galvenais
star [stɑː] **I** *n* **1.** zvaigzne; shooting s. – krītoša zvaigzne; **2.** slavenība; zvaigzne; **II** *v* **1.** izrotāt ar zvaigznēm; **2.** tēlot galveno lomu
starboard [ˈstɑːbəd] *jūrn.* **I** *n* labais borts; **II** *v* pagriezt stūri pa labi
starch [stɑːtʃ] **I** *n* ciete; **II** *v* cietināt; stērķelēt
starchy [ˈstɑːtʃi] *a* iecietināts; stērķelēts
stardust [ˈstɑːdʌst] *n* **1.** *astr.* kosmiskie putekļi; **2.** sapņainība
stare [steə] **I** *n* ciešs skatiens; **II** *v* **1.** cieši uzlūkot; **2.** saslieties stāvus (*par matiem*)
starfish [ˈstɑːfiʃ] *n zool.* jūraszvaigzne
staring [ˈsteəriŋ] *a* **1.** ciešs; vērīgs (*par skatienu*); **2.** ieplests (*par acīm*); **3.** uzkrītošs
stark [stɑːk] **I** *a* **1.** sastindzis; **2.** pilnīgs; absolūts; **II** *adv* pilnīgi; absolūti

starkers [ˈstɑːkəz] *a sl.* pilnīgi kails
starlet [ˈstɑːlət] *n* jauna kinoaktrisīte
starlight [ˈstɑːlait] **I** *n* zvaigžņu gaisma; **II** *a* zvaigžņots
starling [ˈstɑːliŋ] *n* mājas strazds
starlit [ˈstɑːlit] *a* zvaigžņots
star-spangled [ˈstɑːspæŋgld] *a* ar zvaigznēm nokaisīts
Star-Spangled Banner [͵stɑːˈspæŋgld ˈbænə] *n* **1.** ASV karogs; **2.** ASV himna
start [stɑːt] **I** *n* **1.** sākums; to make a s. – uzsākt; **2.** *sp.* starts; **3.** (*mašīnas*) iedarbināšana; **II** *v* **1.** sākt; **2.** sākties; **3.** (*for*) doties ceļā; **4.** iedarbināt (*automobili*); **5.** atirt (*par vīli*); **6.** *sp.* startēt; ◊ to s. **off** – 1) doties ceļā; 2) skriet prom; to s. **up** – 1) rasties; 2) iedarbināt (*automobili u. tml.*); 3) uzsākt
starter [ˈstɑːtə] *n* **1.** *sp.* starteris; **2.** sacīkšu dalībnieks; **3.** (*automobiļa*) starteris
starting point [ˈstɑːtiŋ pɔint] *n* izejas punkts
startle [ˈstɑːtl] *v* **1.** izbiedēt; **2.** pārsteigt
startler [ˈstɑːtlə] *n* sensācija
starvation [stɑːˈveiʃn] *n* **1.** bads; badošanās; **2.** badanāve
starve [stɑːv] *v* **1.** ciest badu; badoties; **2.** nomirt badā; **3.** mērdēt badā; **4.** *sar.* sajust izsalkumu
state[a] [steit] **I** *n* **1.** valsts; **2.** štats; **II** *a* **1.** valsts-; **2.** štata-
state[b] [steit] **I** *n* **1.** stāvoklis; s. of shock – šoks; s. of health – veselības stāvoklis; s. of mind – garastāvoklis; **2.** sabiedriskais stāvoklis; **II** *v* **1.** paziņot; **2.** konstatēt; **3.** formulēt
stated [ˈsteitid] *a* noteikts
stateless [ˈsteitləs] *a* bezpavalstniecības-; s. person – bezpavalstnieks

stateliness ['steitlinəs] *n* cēlums
stately ['steitli] *a* cēls
statement ['steitmənt] *n* **1.** apgalvojums; **2.** paziņojums; to make a s. – paziņot; **3.** formulējums
statesman ['steitsmən] *n* valstsvīrs
station ['steiʃn] **I** *n* **1.** stacija; railway s. – dzelzceļa stacija; **2.** pozīcija; **3.** *mil.* bāze; **4.** aitu (*vai* liellopu) ferma (*Austrālijā*); **II** *v* **1.** izvietot; novietot; **2.** *mil.* izvietot; izlikt
stationary ['steiʃnəri] *a* **1.** stacionārs; **2.** nekustīgs
stationer ['steiʃnə] *n* rakstāmpiederumu tirgotājs
stationery ['steiʃnəri] *n* **1.** rakstāmpiederumi; **2.**: S. Office – Valsts kanceleja (*Anglijā*)
stationmaster ['steiʃn‚mɑ:stə] *n* stacijas priekšnieks
station wagon ['steiʃn‚wægən] *n* **1.** daudzvietīgs vieglais automobilis; **2.** mikroautobuss
statistician [‚stæti'stiʃn] *n* statistiķis
statistics [stə'tistiks] *n* statistika
statuary ['stætʃʊəri] *n* skulptūra
statue ['stætʃu:] *n* statuja
statuette [‚stætʃʊ'et] *n* statuete
stature ['stætʃə] *n* **1.** augums; figūra; **2.** cieņa
status ['steitəs] *n* **1.** sabiedriskais stāvoklis; **2.** *jur.* statuss
statute ['stætʃu:t] *n* **1.** statūti; **2.** parlamenta likumdošanas akts
statute book ['stætʃu:t bʊk] *n* likumu krājums
staunch[a] [stɔ:ntʃ] *a* nelokāms; stingrs
staunch[b] [stɔ:ntʃ] *sk.* **stanch**[a]
stave [steiv] **I** *n* **1.** (*pieslienamo kāpņu*) šķērskoks; **2.** *mūz.* nošu līnija; **II** *v* (*p. un p.p.* staved [steivd] *vai* stove [stəʊv]): ▯ to s. **in** – izlauzt caurumu (*laivā*)
staves *sk.* **staff**[a] **4.**
stay[a] [stei] **I** *n* **1.** uzturēšanās; **2.** apstāšanās; **3.** izturība; **4.** *jur.* (*procesa*) atlikšana; **II** *v* **1.** palikt; uzkavēties; **2.** uzturēties; viesoties; **3.** izturēt; **4.** *jur.* atlikt (*procesu*); ▯ to s. **on** – uzkavēties; to s. **up** – palikt nomodā
stay[b] [stei] **I** *n* **1.** atbalsts; **2.** *pl* (*arī* pair of ~s) korsete; **II** *v* atbalstīt
staybolt ['steibəʊlt] *n tehn.* enkurskrūve
staying ['steiiŋ] *a*: s. power – izturība
steadiness ['stedinəs] *n* **1.** stingrība; **2.** nosvērtība
steady ['stedi] **I** *n sar.* (*pastāvīgs*) draugs; draudzene; **II** *a* **1.** noturīgs; stingrs; s. hand – 1) droša roka; 2) stingra vadība; s. income – pastāvīgi ienākumi; **2.** vienmērīgs; nemitīgs; **3.** nosvērts (*par raksturu*); **III** *v* **1.** nostiprināt; **2.** nostiprināties; **3.** kļūt nosvērtākam
steak [steik] *n* **1.** gaļas gabals (*cepšanai*); **2.** bifšteks
steal [sti:l] *v* (*p.* stole [stəʊl]; *p.p* stolen ['stəʊlən]) **1.** [no]zagt; to s. the show – piesavināties laurus; **2.** zagties; lavīties; ▯ to s. **away** – aizlavīties; to s. **by** – aizlavīties garām; to s. **out** – izlavīties ārā; to s. **up** – pielavīties
stealth [stelθ] *adv*: by s. – zagšus
stealthily ['stelθili] *adv* zagšus
stealthy ['stelθi] *a* zaglīgs
steam [sti:m] **I** *n* **1.** tvaiks; to blow (let) off s. – nolaist tvaiku; **2.** iztvaikošana; **3.** *sar.* enerģija; spars; **II** *v* **1.** [no]laist tvaiku; **2.** tvaikot
steamboat ['sti:mbəʊt] *n* tvaikonis
steamer ['sti:mə] *n* tvaikonis
steam gauge ['sti:m geidʒ] *n* manometrs

steamship ['sti:mʃip] *n* tvaikonis
steamshop ['sti:mʃɒp] *n* katlu māja
steamy ['sti:mi] *a* 1. tvaikveidīgs; 2. tvaikojošs
stearin ['stiərin] *n* stearīns
steel [sti:l] I *n* tērauds; II *a* 1. tērauda-; 2. stingrs; nelokāms; III *v* 1. pārklāt ar tēraudu; 2. nocietināt (*sirdi*)
steel-clad ['sti:lklæd] *a* bruņās kalts
steelwork ['sti:lwɜ:k] *n* 1. tērauda izstrādājumi; 2. *pl* tēraudlietuve
steepᵃ [sti:p] I *n* krauja; II *a* 1. kraujš; stāvs; 2. *sar.* pārspīlēts
steepᵇ [sti:p] *v* 1. iegremdēt; 2. (*in*) iegrimt
steeple ['sti:pl] *n* 1. (*torņa*) smaile; 2. zvanu tornis
steeplechase ['sti:pltʃeis] *n* 1. *sp.* šķēršļu skrējiens; 2. jāšanas sacīkstes ar šķēršļiem
steer [stiə] *v* 1. stūrēt (*piem., automobili*); 2. tikt stūrētam; 3. vērst; virzīt
steersman ['stiəzmən] *n* stūrmanis
stein [stain] *n* māla alus krūze
stellar ['stelə] *a* 1. zvaigžņu-; 2. zvaigžņveidīgs; 3. vadošais (*par aktieri*)
stemᵃ [stem] *n* 1. (*koka*) stumbrs; 2. (*auga*) kāts; 3. rokturis; 4. (*glāzes*) kājiņa; 5. (*kuģa*) priekšgals
stemᵇ [stem] *v* 1. aizturēt; apturēt; 2. pretoties; aizkavēt
stencil ['stensl] I *n* trafarets; II *v* krāsot ar trafaretu
stentorian [sten'tɔ:riən] *a* spalgs (*par balsi*)
step [step] I *n* 1. solis; s. by s. – soli pa solim; to keep s. with smb. – iet kopsolī ar kādu; 2. gaita; soļi; 3. rīcība; to take ~s – veikt pasākumus; 4. (*kāpņu*) pakāpiens; flight of ~s – kāpņu posms; 5. (*arī* pair of ~s) sastatņu kāpnes; 6. pēdu nospiedums; II *v* soļot; ☐ to s. **aside** – 1) pavirzīties sāņus; 2) griezt ceļu; to s. **back** – pakāpties atpakaļ; to s. **in** – 1) ieiet; 2) iejaukties; to s. **out** – 1) iziet ārā; 2) izmērīt soļiem; 3) *sar.* izklaidēties
stepbrother ['step,brʌðə] *n* pusbrālis
stepchild ['steptʃaild] *n* pabērns
stepdance ['stepdɑ:ns] *n* steps (*deja*)
stepdaughter ['step,dɔ:tə] *n* pameita
stepfather ['step,fɑ:ðə] *n* patēvs
stepladder ['step,lædə] *n* sastatņu kāpnes
stepmother ['step,mʌðə] *n* pamāte
stepparent ['step,peərənt] *n* patēvs vai pamāte
steppe [step] *n* stepe
stepsister ['step,sistə] *n* pusmāsa
stepson ['stepsʌn] *n* padēls
stereotype ['steriətaip] I *n* stereotips; II *v* padarīt par stereotipu
sterile ['sterail] *a* 1. neauglīgs; 2. veltīgs; 3. sterils
sterility [stə'riləti] *n* 1. neauglība; 2. veltīgums; 3. sterilitāte
sterling ['stɜ:liŋ] I *n* 1. angļu valūta; 2. sudrabs ar noteiktu provi; II *a* 1. sterliņu-; pound s. – sterliņu mārciņa; 2. ar noteiktu provi (*par sudrabu*); 3. īsts
sternᵃ [stɜ:n] *n* (*kuģa*) pakaļgals
sternᵇ [stɜ:n] *a* bargs; stingrs
stetson ['stetsn] *n* kovboju cepure
stevedore ['sti:vədɔ:] *n* ostas krāvējs
stew [stju:] I *n* 1. sautēta gaļa; 2. satraukums; II *v* 1. sautēt; 2. uztraukties
steward ['stju:əd] *n.* 1. (*muižas*) pārvaldnieks; 2. saimniecības pārzinis; 3. stjuarts (*uz kuģa, lidmašīnā*)
stewardess [,stju:ə'des] *n* stjuarte
stewed [stju:d] *n sl.* piedzēries
stewpan ['stjʊ:pæn] *n* katls (*sautēšanai*)
stewpot ['stju:pɒt] *sk.* **stewpan**
stick [stik] I *n* 1. nūja; spieķis; he wants

(deserves) a s. – viņš ir pelnījis kāvienu; **2.** žagars; **3.** (*diriģenta*) zizlis; **4.** rokturis; **5.** *sar.* stulbenis; **II** *v* (*p. un p.p.* stuck [stʌk]) **1.** iedurt; **2.** pielīmēt; **3.** pielipt; **4.** (*arī* to s. fast) iestrēgt; **5.** izbāzt; **6.** *sar.* iebāzt; iespraust; ◊ to s. **around** *sar.* – turēties tuvumā; to s. **by** – palikt (*piem.*, *pie principiem*); to s. **on** – 1) uzlīmēt; 2) palikt; to s. **with** – būt uzticīgam
sticker ['stikə] *n* **1.** neatlaidīgs cilvēks; **2.** uzlīme; **3.** afiša
sticking point ['stikiŋ pɔint] *n* bezizejas stāvoklis
stickjaw ['stikdʒɔː] *n* staipīga konfekte
stickleback ['stiklbæk] *n iht.* kazrags
sticky ['stiki] *a* **1.** lipīgs; **2.** *sar.* nepatīkams; **3.** smacīgs (*par gaisu*)
stiff [stif] **I** *n sl.* **1.** līķis; **2.** *sl.* vecītis (*uzruna*); **3.** *sar.* izgāšanās (*sabiedrībā*); **4.** *sl.* nelegāls pasts (*cietumā*); **II** *a* **1.** stīvs; **2.** biezs; **3.** nelokāms; **4.** spēcīgs (*par vēju*); **5.** bargs (*par sodu*); **6.** *sl.* piedzēries; ◊ s. as a poker – kā olekti norijis; **III** *adv* galīgi; pilnīgi
stiffen ['stifn] *v* **1.** kļūt stīvam; **2.** sastingt
stiff-necked [,stif'nekt] *a* stūrgalvīgs
stigma ['stigmə] *n* **1.** kauna traips; **2.** *vēst.* (*noziedzniekam*, *vergam*) iededzināta zīme; **3.** *bot.* drīksna
stiletto [sti'letəʊ] *n* **1.** smailpapēdis; **2.** mazs duncis
still[a] [stil] **I** *n* **1.** klusums; **2.** kinokadrs; **II** *a* **1.** kluss; mierīgs; to stand s. – apstāties; **2.** negāzēts (*par dzērienu*); ◊ the s. small voice – sirdsapziņas balss; **III** *v* **1.** nomierināt; **2.** pierimt; **IV** *adv* **1.** vēl [aizvien]; **2.** tomēr
still[b] [stil] **I** *n* **1.** destilators; **2.** degvīna dedzinātava; **II** *v* destilēt

stillbank ['stilbæŋk] *n* (*keramikas*) krājkasīte
still-life [,stil'laif] *n glezn.* klusā daba
stillness ['stilnəs] *n* klusums; miers
stilts [stilts] *n pl* koka kājas
stimulant ['stimjʊlənt] **I** *n* stimulējošs līdzeklis; **II** *a* stimulējošs
stimulate ['stimjʊleit] *v* **1.** stimulēt; **2.** uzbudināt
stimulation [,stimjʊ'leiʃn] *n* **1.** stimulācija; **2.** uzbudināšana
stimulus ['stimjʊləs] *n* (*pl* stimuli ['stimjʊlai]) stimuls
sting [stiŋ] **I** *n* **1.** (*bites*) dzelonis; **2.** (*bites*) dzēliens; **3.** (*čūskas*) kodiens; **4.** mokas; **5.** *sar.* liela naudas summa; ~s of remorse – sirdsapziņas pārmetumi; **II** *v* (*p. un p.p.* stung [stʌŋ]) **1.** [ie]dzelt; **2.** mocīt; **3.** (*for*) *sar.* piekrāpt; pievilt; **4.** *sar.* ņemt virsroku
stinger ['stiŋə] *n* dzelonis
stinging ['stiŋiŋ] *a* **1.** dzēlīgs; **2.** dzelonains; **3.** dedzinošs (*par sāpēm*)
stingy ['stindʒi] *a* **1.** skops; **2.** nabadzīgs
stink [stiŋk] **I** *n* smirdoņa; **II** *v* (*p.* stank [stæŋk] *vai* stunk [stʌŋk]; *p.p.* stunk [stʌŋk]) **1.** smirdēt; **2.** *sl.* būt pretīgam
stinkard ['stiŋkəd] *n zool.* skunkss
stinker ['stiŋkə] *n* **1.** apmelojuma vēstule; **2.** nepatīkams tips; **3.** *vulg.* draņķis
stipend ['staipend] *n* **1.** (*garīdznieka*) alga; **2.** stipendija
stipendiary [stai'pendiəri] **I** *n* **1.** algota amatpersona; **2.** stipendiāts; **II** *a* algots
stipulation [,stipjʊ'leiʃn] *n* nosacījums; noteikums
stir[a] [stɜː] **I** *n* **1.** maisīšana; **2.** rosība; **3.** kņada; **II** *v* **1.** [sa]kustināt; **2.** [sa]kustēties; **3.** apmaisīt
stir[b] [stɜː] *n sl.* cietums

stitch [stitʃ] I *n* 1. dūriens (*šujot*); 2. (*adījuma*) valdziņš; 3. *med.* šuve; II *v* šūt
stitchcraft ['stitʃkrɑːft] *n* rokdarbi
St. John's wort [snt 'dʒɒnz wɜːt] *n bot.* asinszāle
stoat [stəʊt] *n* sermulis
stock [stɒk] I *n* 1. krājums; 2. stumbrs; 3. rokturis; spals; 4. (*šautenes*) laide; 5. cilts; dzimta; 6. *biol.* suga, šķirne; 7. *ek.* akcijas; s. market – birža; II *v* 1. apgādāt; 2. turēt krājumā
stockade [stɒ'keid] *n* latu žogs
stockbroker ['stɒk,brəʊkə] *n* (*biržas*) brokeris
stock company ['stɒk ,kʌmpəni] *n* akciju sabiedrība
stockdove ['stɒkdʌv] *n* meža balodis
stock exchange ['stɒk iks,tʃeindʒ] *n* birža
stock-farm ['stɒkfɑːm] *n* lopu ferma
stockholder ['stɒk,həʊldə] *n amer.* akcionārs
stockinet[te] [,stɒki'net] *n tekst.* trikotāža
stocking ['stɒkiŋ] *n* (*garā*) zeķe
stockman ['stɒkmən] *n* lopkopis
stockpile ['stɒkpail] I *n* izejvielu krājumi; II *v* uzkrāt izejvielas
stocktaking ['stɒkteikiŋ] *n* inventarizācija
stocky ['stɒki] *a* plecīgs
stockyard ['stɒkjɑːd] *n* aploks
stoke [stəʊk] *v* (*arī* to s. up) piemest kurināmo
stokehold ['stəʊkhəʊld] *n* (*kuģa*) katlu telpa
stoker ['stəʊkə] *n* kurinātājs
stole *sk.* **steal**
stolen *sk.* **steal**
stomach ['stʌmək] *n* 1. kuņģis; on an empty s. – tukšā dūšā; to turn smb.'s s. – šķebināt dūšu; 2. *sar.* vēders
stomachache ['stʌməkeik] *n* vēdergraizes

stomatologist [,stəʊmə'tɒlədʒist] *n* stomatologs
stomatology [,stəʊmə'tɒlədʒi] *n* stomatoloģija
stomp [stɒmp] *v* (*arī* to s. about) *sar.* slāt; slampāt
stone [stəʊn] I *n* 1. akmens; the S. Age – akmens laikmets; 2. dārgakmens; 3. (*augļa, ogas*) kauliņš; 4. (*pl* stone [stəʊn]) svara vienība (*apm.* 6,33 *kg*); ◊ rolling s. – vējgrābslis; II *v* 1. apmētāt ar akmeņiem; 2. izņemt kauliņu (*no augļa, ogas*)
stone coal ['stəʊn kəʊl] *n min.* antracīts
stone-cold [,stəʊn'kəʊld] *a* auksts kā ledus
stonecutter ['stəʊn,kʌtə] *n* akmeņkalis
stonemason ['stəʊn,meisn] *n* mūrnieks
stone pit ['stəʊn pit] *n* akmeņlauztuves
stone quarry ['stəʊn ,kwɒri] *sk.* **stone pit**
stoneware ['stəʊnweə] *n* keramikas trauki
stonework ['stəʊnwɜːk] *n* mūrnieka darbs
stony ['stəʊni] *a* 1. akmens-; akmeņains; 2. cietsirdīgs
stood *sk.* **stand** II
stool [stuːl] *n* 1. ķeblis; 2. *med.* izkārnījumi; s. studies – izkārnījumu analīze
stoop [stuːp] I *n* 1. saliekšanās; to walk with a s. – iet sakumpušam; 2. pazemošanās; II *v* 1. saliekties; 2. pazemoties; 3. laisties lejā (*par putnu*)
stop [stɒp] I *n* 1. apstāšanās; to bring to a s. – apstādināt; to come to a s. – apstāties; 2. apturēšana; 3. (*tramvaja u. tml.*) pietura; 4. pārtraukums; pauze; 5. pieturzīme; II *v* 1. apstādināt; 2. apstāties; 3. aizturēt; atturēt; 4. aizbāzt; aizdrīvēt; to s. a tooth – aizplombēt zobu; ❐ to s. **by** *amer.* – iegriezties; apciemot; to s. **out** *amer.* – ņemt

akadēmisko atvaļinājumu; to s. **over** – apstāties (*ceļā*)
stopgap ['stɒpgæp] *n* spunde; tapa
stoplight ['stɒplait] *n* **1.** (*automobiļa*) stopsignāls; **2.** luksofora sarkanā gaisma
stop-out ['stɒpaʊt] *n* students, kas atrodas akadēmiskajā atvaļinājumā
stopover ['stɒpəʊvə] *n* apstāšanās; uzkavēšanās (*ceļojuma laikā*)
stopper ['stɒpə] *n* aizbāznis
stopping ['stɒpiŋ] *n* (*zoba*) plomba
stopwatch ['stɒpwɔtʃ] *n* hronometrs
storage ['stɔ:ridʒ] *n* **1.** uzglabāšana; **2.** noliktava
store [stɔ:] **I** *n* **1.** krājums; **2.** noliktava; **3.** *amer.* veikals; department s. – universālveikals; **4.** krātuve; **II** *v* **1.** (*arī* to s. up) uzkrāt; **2.** apgādāt
storehouse ['stɔ:haʊs] *n* **1.** noliktava; **2.** krātuve
storekeeper ['stɔ:ki:pə] *n* noliktavas pārzinis
storeroom ['stɔ:ru:m] *n* pieliekamais
storey ['stɔ:ri] *n* (*ēkas*) stāvs
storied ['stɔ:rid] *a* leģendārs
stork [stɔ:k] *n* stārķis
storm [stɔ:m] **I** *n* **1.** vētra; **2.** *mil.* triecienuzbrukums; **II** *v* **1.** plosīties (*par vētru*); **2.** *mil.* ieņemt triecienā
storm-finch ['stɔ:mfintʃ] *sk.* **stormy petrel**
storm trooper ['stɔ:m ˌtru:pə] *n* trieciennieks
storm troops ['stɔ:m tru:ps] *n pl mil.* triecienvienība
stormy ['stɔ:mi] *a* vētrains
stormy petrel [ˌstɔ:mi 'petrəl] *n* vētrasputns
stor‖y[a] ['stɔ:ri] *n* **1.** stāsts; **2.** (*arī* s. line) sižeta līnija; **3.** meli; to tell ~ies – stāstīt pasakas

story[b] ['stɔ:ri] *amer. sk.* **storey**
stout [staʊt] *a* **1.** tukls; **2.** drosmīgs
stout-hearted [ˌstaʊt'ha:tid] *a* drosmīgs
stoutness ['staʊtnəs] *n* **1.** tuklums; **2.** drosme
stove[a] [stəʊv] *n* **1.** krāsns; **2.** plīts; **3.** siltumnīca
stove[b] *sk.* **stave**
stovepipe ['stəʊvpaip] *n* dūmvads
stover ['stəʊvə] *n* sausa lopbarība
stow [stəʊ] *v* **1.** kraut; **2.** (*with*) pieblīvēt
stowage ['stəʊidʒ] *n* **1.** kraušana; kravāšana; **2.** krava; **3.** maksa par kravu
stowaway ['stəʊəwei] *n* bezbiļetnieks (*uz kuģa*)
straddle ['strædl] **I** *n* divkosība; **II** *v* **1.** sēdēt jāteniski; **2.** būt divkosīgam
straggle ['strægl] *v* noklīst
straggler ['stræglə] *n* klaidonis
straight [streit] **I** *a* **1.** taisns; **2.** godīgs; s. fight – godīga cīņa; **3.** pareizs; normāls; **4.** garā iela (*pokerā – piecu kāršu rinda*); **5.** neatšķaidīts (*par spirtotu dzērienu*); **II** *adv* **1.** taisni; **2.** tieši; **3.** godīgi; ⌂ s. **away**, s. **off** *sar.* – tūlīt; s. **up** *sl.* – tiešām
straightaway [ˌstreitə'wei] **I** *n sp.* taisns skrejceļš; **II** *a* **1.** taisns; **2.** tūlītējs; **III** *adv* tūlīt
straighten ['streitn] *v* **1.** iztaisnot; **2.** iztaisnoties; **3.** sakārtot
straightforward [ˌstreit'fɔ:wəd] *a* **1.** godīgs; **2.** taisns; **3.** vienkāršs
strain[a] [strein] *n* **1.** dzimta; cilts; **2.** iedzimta īpašība; **3.** rakstura īpašība; **4.** *mūz.* melodija; motīvs
strain[b] [strein] **I** *n* **1.** sasprindzinājums; piepūle; **2.** *med.* sastiepums; **3.** *tehn.* spriegums; **II** *v* **1.** izstiept; nostiept; **2.** sasprindzināt; piepūlēt; **3.** *med.* sastiept; **4.** *tehn.* deformēt; ⌂ to s. **after** –

tiekties; to s. **at** – vilkt; to s. **off** – kāst, filtrēt
strait[a] [streit] *n* **1.** (*parasti pl*) jūras šaurums; **2.** *pl* grūts stāvoklis
strait[b] [streit] *a* **1.** *novec.* šaurs; **2.** stingrs; prasīgs
strand[a] [strænd] **I** *n poēt.* **1.** pludmale; **2.** krasts; **II** *v* **1.** uzskriet uz sēkļa; **2.** izmest krastā
strand[b] [strænd] **I** *n* **1.** (*matu*) šķipsna; **2.** (*troses*) stieple; **3.** (*kabeļa*) dzīsla; **II** *v* vīt (*trosi u. tml.*)
strange [streindʒ] *a* **1.** svešs; nepazīstams; **2.** savāds; dīvains
stranger ['streindʒə] *n* **1.** svešinieks; **2.** ārzemnieks; svešzemnieks
strangle ['stræŋgl] *v* **1.** [no]žņaugt; **2.** apslāpēt; apspiest
strap [stræp] **I** *n* **1.** siksna; **2.** lence; **3.** *mil.* uzplecis; **4.** *tehn.* skava; **II** *v* **1.** piesprādzēt ar siksnu; **2.** sist ar siksnu; **3.** apsaitēt (*ievainojumu*)
strategic[al] [strə'ti:dʒik(l)] *a* stratēģisks
strategics [strə'ti:dʒiks] *n* stratēģija
strategy ['strætədʒi] *n* stratēģija
straw [strɔ:] **I** *n* **1.** salms; salmi; **2.** (*kokteiļa*) salmiņš; **3.** salmu cepure; ◇ **man of s.** – 1) putnubiedēklis; 2) ieliktenis; 3) neuzticams cilvēks; **II** *a* salmu-
strawberry ['strɔ:bəri] *n* zemene
stray [strei] **I** *n* **1.** vietā nenolikta lieta; **2.** *pl* radio traucējumi; **II** *a* **1.** noklīdis; **2.** nejaušs; **III** *v* apmaldīties
streak [stri:k] *n* svītra
stream [stri:m] **I** *n* **1.** strauts; upe; **2.** straume; **II** *v* **1.** plūst; tecēt; **2.** plīvot (*piem., par matiem*)
streamer ['stri:mə] *n* **1.** vimpelis; **2.** lozungs
streamlet ['stri:mlət] *n* strautiņš
streamline ['stri:mlain] *n* pludlīnija

street [stri:t] *n* **1.** iela; side s. – šķērsiela; s. door – parādes durvis; **2.**: the S. – 1) Flītstrīta (*iela Londonā, kurā atrodas lielāko laikrakstu izdevniecības*); 2) *amer. sar.* Volstrīta (*iela Ņujorkā, kurā atrodas birža*)
streetcar ['stri:tkɑ:] *n amer.* tramvajs
strength [streŋθ] *n* **1.** spēks; **2.** izturība; **3.** *tehn.* pretestība
strengthen ['streŋθn] *v* **1.** pastiprināt; **2.** kļūt stiprākam
streptococcus [ˌstreptə'kɒkəs] *n* (*pl* streptococci [ˌstreptə'kɒksai]) streptokoks
stress [stres] **I** *n* **1.** stress; **2.** uzsvars; to lay s. (*on*) – uzsvērt; **3.** *tehn.* spriegums; **II** *v* **1.** uzsvērt; **2.** *tehn.* pakļaut spriegumam
stretch [stretʃ] **I** *n* **1.** izstiepšanās; **2.** izstiepšana; **3.** (*auduma*) elastīgums; **4.** pārspīlējums; **5.** laika sprīdis; at a s. – bez pārtraukuma; **6.** izplatījums; s. of open country – klajums; **II** *a* elastīgs; **III** *v* **1.** izstiept; **2.** izstiepties; **3.** stiepties; plesties; **4.** ilgt; **5.** pakārt
strecher ['stretʃə] *n* nestuves
strechy ['stretʃi] *a* elastīgs (*par audumu*)
strew [stru:] *v* (*p.* strewed [stru:d]; *p.p.* strewed [stru:d] *vai* strewn [stru:n]) **1.** izkaisīt; izmētāt; **2.** nokaisīt; nobārstīt
strewn *sk.* **strew**
stricken[a] ['strikən] *a* (*bēdu, baiļu*) pārņemts
stricken[b] *sk.* **strike**[b] **II**
strict [strikt] *a* **1.** bargs; stingrs; **2.** noteikts; precīzs
stride [straid] **I** *n* soļa garums; **II** *v* (*p.* strode [strəʊd]; *p.p.* stridden ['stridn]) **1.** soļot platiem soļiem; **2.** (*across, over*) pārlēkt; **3.** sēdēt jāteniski
strident ['straidnt] *a* griezīgs (*par balsi, skaņu*)

strikeᵃ [straik] **I** *n* streiks; to go on s. – streikot; **II** *v* streikot

strikeᵇ [straik] **I** *n av.* uzlidojums; **II** *v* (*p. unp.p.* struck [strʌk]) 1. sist; to s. a blow – iesist; to s. the table with a fist – uzsist dūri galdā; 2. sist (*par pulksteni*); 3. šķilt uguni; to s. a match – aizdedzināt sērkociņu; 4. nolaist (*buras*); 5. pārsteigt; 6. ienākt prātā; 7. ielauzties; iespiesties; 8. laist (*saknes*); 9. dēstīt; stādīt; ◊ to s. **at** – iesist; to s. at the root of smth. – iedragāt kaut ko pašos pamatos; to s. **down** – nogāzt zemē; to s. **in** – iejaukties (*sarunā*); to s. **out** – 1) izsvītrot; 2) uzsākt (*jaunu dzīvi*); to s. **up** – uzsākt

strikebound ['straikbaʊnd] *a* (*par rūpnīcu*) slēgta sakarā ar streiku

strikebreaker ['straik‚breikə] *n* streiklauzis

striker ['straikə] *n* 1. streikotājs; 2. uzbrucējs (*futbolā*)

string [striŋ] **I** *n* 1. aukla; saite; 2. (*mūzikas instrumenta*) stīga; 3. *pl mūz.* stīgu instrumenti; 4. (*kreļļu*) virtene; **II** *v* (*p. un p.p.* strung [strʌŋ]) 1. sasiet; 2. savirknēt; to s. beads – vērt krelles; 3. uzvilkt stīgu; 4. sasprindzināt; highly strung – ļoti saspringts

stringy ['striŋi] *a* 1. šķiedrains; 2. staipīgs

strip [strip] **I** *n* 1. sloksne; strēmele; 2. (*arī* s. show) striptīzs; **II** *v* 1. noplēst; novilkt; 2. izģērbt; 3. izģērbties; s. to the waist! – izģērbieties līdz vidukļim!

stripe [straip] **I** *n* 1. svītra; 2. *mil.* užšuve; **II** *v* sasvītrot

striped [straipt] *a* svītrains

stripper ['stripə] *n* striptīza dejotājs

striptease ['stripti:z] *n* striptīzs

strive [straiv] *v* (*p.* strove [strəʊv]; *p.p.* striven ['strivn]) 1. censties; pūlēties; 2. cīnīties

striven *sk.* **strive**

strode *sk.* **stride II**

strokeᵃ [strəʊk] *n* 1. sitiens; cirtiens; s. of lightning – zibens spēriens; 2. vēziens; 3. paņēmiens; smart s. – veikls gājiens; 4. (*spalvas*) vilciens; 5. (*otas*) triepiens; 6. (*pulksteņa*) sitiens; 7. *med.* (*arī* s. of apoplexy) trieka; 8. *tehn.* virzuļa gājiens

strokeᵇ [strəʊk] *v* glāstīt

stroll [strəʊl] **I** *n* pastaiga; **II** *v* pastaigāties

stroller ['strəʊlə] *n* 1. klaidonis; 2. ceļojošs aktieris

strolling ['strəʊliŋ] *a* klejojošs

strong [strɒŋ] **I** *a* 1. stiprs; spēcīgs; 2. alkoholisks (*par dzērienu*); 3. skaļš (*par balsi*); **II** *adv sar.* spēcīgi

strongarm ['strɒŋa:m] *a* iebiedējošs (*par metodi, taktiku u.tml.*)

strongbox ['strɒŋbɒks] *n* seifs

stronghold ['strɒŋhəʊld] *n* 1. cietoksnis; 2. balsts

stroppy ['strɒpi] *a sl.* nepakļāvīgs

strove *sk.* **strive**

struck *sk.* **strike**ᵃ **II**

structure ['strʌktʃə] *n* 1. struktūra; uzbūve; 2. celtne

struggle ['strʌgl] **I** *n* cīņa; **II** *v* 1. cīnīties; 2. (*through*) izlauzties

strung *sk.* **string II**

strutᵃ [strʌt] **I** *n* cienīga gaita; **II** *v* cienīgi soļot; to s. one's stuff – 1) dejot; 2) izrādīties; dižoties; 3) [aiz]slāt

strutᵇ [strʌt] **I** *n* balsts; **II** *v* balstīt

strutter ['strʌtə] *n sar.* vīzdegunis

strychnine ['strikni:n] *n* strihnīns

stub [stʌb] **I** *n* 1. celms; 2. nolūzis zobs;

3. (*cigaretes*) izsmēķis; **II** *v* izlauzt celmus
stubble [ˈstʌbl] *n* 1. rugāji; 2. bārdas rugāji
stubbly [ˈstʌbli] *a* 1. rugājiem klāts; 2. sarains (*par bārdu*)
stubborn [ˈstʌbən] *a* 1. ietiepīgs; stūrgalvīgs; 2. neatlaidīgs
stucco [ˈstʌkəʊ] *n* apmetuma ģipsis
stuck *sk.* **stick II**
stud[a] [stʌd] *n* 1. zirgu audzētava; 2. (*zirgu*) stallis
stud[b] [stʌd] **I** *n* 1. (*aproces*) poga; 2. (*arī* press s.) kniede; **II** *v* apsist ar naglām
student [ˈstjuːdnt] *n* 1. students; studente; 2. *amer.* skolnieks; skolniece
stud-farm [ˈstʌdfɑːm] *n* zirgu audzētava
stud-horse [ˈstʌdhɔːs] *n* vaislas ērzelis
studio [ˈstjuːdiəʊ] *n* 1. (*mākslinieka*) darbnīca; 2. kinostudija; 3. skaņu ierakstu studija
study [ˈstʌdi] **I** *n* 1. pētīšana; 2. (*parasti pl*) studijas; mācības; 3. zinātnes nozare; 4. darbistaba; kabinets; 5. *glezn.* studija; **II** *v* 1. pētīt; 2. studēt; mācīties
stuff [stʌf] **I** *n* 1. viela; materiāls; 2. lietas; mantas; 3. *sl.* heroīns; ◊ hot s. – 1) zagtas mantas; 2) kaut kas skaists; 3) vieglas uzvedības sieviete; **II** *v* 1. piebāzt; 2. izbāzt (*dzīvnieku*); 3. *sar.* atriebties; 4. plombēt (*zobu*); 5. pārēsties
stuffing [ˈstʌfiŋ] *n* pildījums
stumble [ˈstʌmbl] **I** *n* 1. [pa]klupšana; 2. stomīšanās; **II** *v* 1. [pa]klupt; 2. stomīties
stumbling block [ˈstʌmbliŋ blɒk] *n* klupšanas akmens
stumer [ˈstjuːmə] *n* 1. viltots čeks; 2. *sl.* muļķis
stump [stʌmp] **I** *n* 1. celms; 2. nolūzis zobs; 3. (*cigaretes*) izsmēķis; **II** *v* 1. smagi soļot; 2. izlauzt (*celmus*)
stumper [ˈstʌmpə] *n sar.* āķīgs jautājums
stun [stʌn] *v* apdullināt; apstulbināt
stung *sk.* **sting II**
stunk *sk.* **stink II**
stunning [ˈstʌniŋ] *a* 1. apdullinošs; 2. *sar.* graujošs
stunt [stʌnt] *n* triks; s. man – kaskadieris
stupe[a] [stjuːp] *n* sautējoša komprese
stupe[b] [stjuːp] *n sl.* stulbenis
stupefy [ˈstjuːpifai] *v* 1. apstulbināt; 2. notrulināt
stupid [ˈstjuːpid] *a* 1. muļķīgs; 2. apstulbis
stupidity [stjuːˈpidəti] *n* muļķība
sturgeon [ˈstɜːdʒən] *n iht.* store
stutter [ˈstʌtə] **I** *n* stostīšanās; **II** *v* stostīties
sty[a] [stai] *n* cūkkūts
sty[e][b] [stai] *n med.* miežgrauds
style [stail] **I** *n* 1. stils; 2. mode; fasons; 3. tituls; **II** *v* 1. titulēt; 2. veidot noteiktā stilā
stylist [ˈstailist] *n* 1. stilists; 2. modelētājs
suasion [ˈsweiʒn] *n* pierunāšana
suave [swɑːv] *a* laipns (*par izturēšanos*)
suavity [ˈswɑːvəti] *n* laipnība
sub[a] [sʌb] *saīs. no* submarine
sub[b] [sʌb] *sar. saīs. no* subway
subconscious [ˌsʌbˈkɒnʃəs] *a* neapzināts
subconsciousness [ˌsʌbˈkɒnʃəsnəs] *n* zemapziņa
subdivision [ˈsʌbdiˌviʒn] *n* apakšgrupa
subdual [sʌbˈdjuːəl] *n* pakļaušana; apspiešana
subdue [səbˈdjuː] *v* pakļaut; apspiest
subject I *n* [ˈsʌbdʒikt] 1. temats; jautājums; sore s. – sasāpējis jautājums; to change the s. – mainīt tematu; 2. cilvēks; 3. pavalstnieks; 4. mācību priekšmets; disciplīna; 5. *gram.* teikuma

priekšmets; **II** *a* ['sʌbdʒikt] **1.** atkarīgs; **2.** (*to*) pakļauts; **III** *v* [səb'dʒekt] pakļaut

subjection [səb'dʒekʃn] *n* **1.** pakļaušana; **2.** atkarība

sublime [sə'blaim] **I** *a* **1.** cēls; cildens; **2.** dižens; **3.** augstprātīgs; **II** *v* ķīm. sublimēt

sublimity [sə'blimətɪ] *n* **1.** cēlums; cildenums; **2.** diženums

submarine [,sʌbmə'ri:n] **I** *n* **1.** zemūdene; **2.** jūras dzīvnieks; **II** *a* zemūdens-

submerge [səb'mɜ:dʒ] *v* **1.** iegremdēt; **2.** iegrimt; **3.** izzust

submission [səb'miʃn] *n* **1.** padevība; paklausība; **2.** (*dokumenta u.tml.*) iesniegšana; **3.** pieteikšanās; pierakstīšanās

submissive [səb'misiv] *a* padevīgs; pakļāvīgs

submit [səb'mit] *v* **1.** pakļauties; **2.** pakļaut; **3.** iesniegt (*dokumentu u.tml.*); **4.** pieteikties; pierakstīties

subordinate **I** *n* [sə'bɔ:dinət] apakšnieks; **II** *a* [sə'bɔ:dinət] (*to*) pakļauts; s. clause *gram.* – palīgteikums; **III** *v* [sə'bɔ:dineit] pakļaut

suborn [sə'bɔ:n] *v* piekukuļot; uzpirkt

subornation [,səbɔ:'neiʃn] *n* piekukuļošana; uzpirkšana

subplot ['sʌbplɒt] *n lit.* sižeta blakuslīnija

subpoena [səb'pi:nə] **I** *n* tiesas pavēste; **II** *v* izsaukt uz tiesu

subscribe [səb'skraib] *v* **1.** (*to, for*) abonēt; parakstīties (*uz laikrakstiem u.tml.*); **2.** ziedot (*naudu*); **3.** parakstīties

subscriber [səb'skraibə] *n* **1.** abonents; **2.** ziedotājs; **3.** parakstītājs

subscription [səb'skripʃn] *n* **1.** abonēšana;

parakstīšanās (*uz laikrakstiem u.tml.*); **2.** paraksts (*uz dokumenta*); **3.** ziedojums

subsequent ['sʌbsikwənt] *a* sekojoš[ai]s

subsequently ['sʌbsikwəntli] *adv* pēc tam

subserve [səb'sɜ:v] *v* veicināt

subside [səb'said] *v* **1.** kristies (*par ūdenslīmeni, temperatūru*); **2.** norimt (*par vētru*); **3.** iegrimt (*par augsni*)

subsidence [səb'saidns] *n* **1.** (*ūdenslīmeņa, temperatūras*) krišanās; **2.** (*vētras*) norimšana; **3.** (*augsnes*) iegrimšana

subsidiary [səb'sidiəri] **I** *n* filiāle; **II** *a* papildu-

subsidize ['sʌbsidaiz] *v* subsidēt

subsidy ['sʌbsədi] *n* subsīdija

subsist [səb'sist] *v* **1.** eksistēt; **2.** uzturēt

subsistence [səb'sistəns] *n* **1.** eksistēšana; **2.** (*arī* means of s.) iztikas līdzekļi

substance ['sʌb'stəns] *n* **1.** viela; matērija; **2.** *filoz.* substance; **3.** būtība; in s. – pēc būtības; **4.** saturs

substantial [səb'stænʃl] *a* **1.** būtisks; nozīmīgs; **2.** reāls; **3.** sātīgs; spēcinošs

substantially [səb'stænʃli] *adv* **1.** būtībā; **2.** pamatīgi

substantiate [səb'stænʃieit] *v* pamatot

substantiation [səb,stænʃi'eiʃn] *n* pamatojums

substantive **I** *n* ['sʌbstəntiv] *gram.* lietvārds; **II** *a* [səb'stæntiv] patstāvīgs

substitute ['sʌbstitju:t] **I** *n* **1.** vietnieks; **2.** aizstājējs; **3.** *sp.* rezerves spēlētājs; **II** *v* aizstāt

substitution [,sʌbsti'tju:ʃn] *n* **1.** aizstāšana; **2.** *mat.* substitūcija

substratum ['sʌbstrɑ:təm] *n* (*pl* substrata ['sʌbstrɑ:tə]) **1.** apakšējais slānis; **2.** pamats

subtle [ˈsʌtl] *a* **1.** smalks; liegs; **2.** veikls; izveicīgs
subtopia [sʌbˈtəʊpiə] *n* jaunceltņu rajons
subtract [səbˈtrækt] *v mat.* atņemt
subtraction [səbˈtrækʃn] *n mat.* atņemšana
subtropical [ˌsʌbˈtrɒpikl] *a* subtropisks; subtropu-
suburb [ˈsʌbɜːb] *n* priekšpilsēta
suburban [səˈbɜːbən] **I** *n* priekšpilsētas iedzīvotājs; **II** *a* **1.** priekšpilsētas-; **2.** mietpilsonisks
suburbanite [səˈbɜːbənait] *n sar.* priekšpilsētas iedzīvotājs
suburbia [səˈbɜːbiə] *n niev.* priekšpilsētas
subvention [səbˈvenʃn] *n* subsīdija
subversion [səbˈvɜːʃn] *n* (*valsts*) apvērsums
subvert [sʌbˈvɜːt] *v* gāzt (*valdību*)
subway [ˈsʌbwei] *n* **1.** (*apakšzemes*) pāreja; **2.** *amer.* metro
succeed [səkˈsiːd] *v* **1.** (*in*) gūt sekmes; **2.** sekot (*cits citam*); nomainīt (*citam citu*); **3.** (*to*) mantot
success [səkˈses] *n* sekmes; panākumi; ◊ s. is never blamed – uzvarētājus netiesā
successful [səkˈsesfʊl] *a* sekmīgs; veiksmīgs
succession [səkˈseʃn] *n* **1.** secība; in s. – pēc kārtas; **2.** (*nepārtraukta*) virkne; **3.** mantošana; s. duty – mantojuma nodoklis; **4.** mantošanas tiesības
successive [səkˈsesiv] *a* secīgs; sekojošs
successor [səkˈsesə] *n* pēctecis
succinct [səkˈsiŋkt] *a* īss; kodolīgs
succory [ˈsʌkəri] *n* cigoriņi
succour [ˈsʌkə] **I** *n* palīdzība; **II** *v* palīdzēt
succulence [ˈsʌkjʊləns] *n* sulīgums
succulent [ˈsʌkjʊlənt] **I** *n bot.* sukulents; **II** *a* sulīgs

succumb [səˈkʌm] *v* (*to*) padoties; pakļauties
such [sʌtʃ] *pron* tāds; as s. – kā tāds; s. as – tāds kā
such-and-such [ˈsʌtʃənsʌtʃ] *a* tāds un tāds
suchlike [ˈsʌtʃlaik] *a sar.* tamlīdzīgs
suck [sʌk] **I** *n* **1.** zīšana; **2.** iesūkšana; **3.** *sl.* izgāšanās; **II** *v* **1.** zīst; **2.** sūkt; **3.** sūkāt
sucker [ˈsʌkə] *n* **1.** zīdējs; **2.** *sar.* cukurgailītis; **3.** *sar.* stulbenis
suckle [ˈsʌkl] *v* zīdīt
suckling [ˈsʌkliŋ] *n* zīdainis
suction [ˈsʌkʃn] *n* zīšana
sudden [ˈsʌdn] **I** *n*: all of a s. – pēkšņi; **II** *a* pēkšņs
suddenly [ˈsʌdnli] *adv* pēkšņi
suds [sʌdz] *n pl* ziepju putas; ◊ to be in the s. – būt ķezā
sue [sjuː] *v* **1.** iesūdzēt (*tiesā*); **2.** (*for*) lūgt
suede [sweid] *n* zamšs
suffer [ˈsʌfə] *v* ciest; to s. a loss – ciest zaudējumu
sufferer [ˈsʌfərə] *n* cietējs
suffering [ˈsʌfəriŋ] *n* ciešanas
suffice [səˈfais] *v* pietikt; s. it to say – pietiks, ja teiktu
sufficiency [səˈfiʃnsi] *n* pietiekams daudzums
sufficient [səˈfiʃnt] *a* pietiekams
suffix [ˈsʌfiks] *n gram.* piedēklis
suffocate [ˈsʌfəkeit] *v* **1.** [no]žņaugt; **2.** nosmakt
suffocation [ˌsʌfəˈkeiʃn] *n* **1.** nožņaugšana; **2.** nosmakšana
suffrage [ˈsʌfridʒ] *n* **1.** balsstiesības; **2.** balss (*vēlēšanās*)
suffuse [səˈfjuːz] *v* pārpludināt
suffusion [səˈfjuːʒn] *n* **1.** pieplūšana **2.** (*vaigu*) sārtums

sugar ['ʃʊgə] **I** *n* **1.** cukurs; castor (powdered) s. – pūdercukurs; **2.** glaimi; **3.** *sar.* mīlulītis; dārgumiņš; **4.** *sl.* nauda; **II** *v* uzkaisīt cukuru
sugar basin ['ʃʊgə ˌbeisn] *n* cukurtrauks
sugar beet ['ʃʊgə bi:t] *n* cukurbiete
sugar bowl ['ʃʊgə bəʊl] *sk.* **sugar basin**
sugar cane ['ʃʊgə kein] *n* cukurniedre
sugar-coated [ʃʊgə'kəʊtid] *a* pārklāts ar cukuru
sugar daddy ['ʃʊgə ˌdædi] *n sar.* bagāts vecāks pielūdzējs
sugar refinery ['ʃʊgə riˌfainəri] *n* cukurfabrika
suggest [sə'dʒest] *v* **1.** ierosināt; **2.** uzvedināt (*uz domām*)
suggestion [sə'dʒestʃən] *n* **1.** ierosinājums; priekšlikums; **2.** uzvedināšana (*uz domām*)
suggestive [sə'dʒestiv] *a* **1.** ierosinošs; **2.** divdomīgs
suicide ['su:isaid] **I** *n* **1.** pašnāvība; to commit s. – izdarīt pašnāvību; **2.** pašnāvnieks; **II** *v sar.* izdarīt pašnāvību
suit [su:t] **I** *n* **1.** uzvalks; **2.** *sar.* lūgums; to grant smb.'s s. – izpildīt kāda lūgumu; **3.** (*kāršu spēlē*) masts; **4.** *jur.* prāva; ◊ in one's birthday s. – kails; **II** *v* **1.** būt piemērotam; derēt; to s. oneself – darīt to, kas pašam tīk; **2.** piestāvēt (*par apģērbu*)
suitability [ˌsu:tə'biləti] *n* piemērotība; derīgums
suitable ['su:təbl] *a* piemērots; derīgs
suitcase ['su:tkeis] *n* ceļasoma
suite [swi:t] *n* **1.** svīta, pavadoņi; **2.** (*mēbeļu u.tml*) komplekts; **3.** *mūz.* svīta; **4.** numurs (*viesnīcā*)
suited ['su:tid] *a* piemērots; derīgs
suiting ['su:tiŋ] *n* uzvalku audums
suitor ['su:tə] *n jur.* prasītājs

sulk [sʌlk] **I** *n* : the ~s – īgnums; **II** *v* saīgt
sulky[a] ['sʌlki] *a* īgns; saīdzis
sulky[b] ['sʌlki] *n* divriči
sullen ['sʌlən] *a* **1.** saīdzis; **2.** drūms
sully ['sʌli] *v* aptraipīt
sulphur ['sʌlfə] *n ķīm.* sērs
sulphuric [sʌl'fjʊərik] *a ķīm.* sēra-; s. acid – sērskābe
sultana [sʌl'tɑ:nə] *n* (*bezkauliņu*) rozīne
sultriness ['sʌltrinəs] *n* svelme; tveice
sultry ['sʌltri] *a* **1.** svelmains; tveicīgs; **2.** kaislīgs
sum [sʌm] **I** *n* **1.** summa; tidy s. – apaļa summiņa; **2.** būtība; in s. – īsumā; **3.** *mat.* uzdevums; to be good at ~s – labi rēķināt; to do ~s – rēķināt uzdevumus; **II** *v* **1.** summēt; **2.** rezumēt
summarize ['sʌməraiz] *v* rezumēt
summary ['sʌməri] *n* kopsavilkums; pārskats
summer[a] ['sʌmə] **I** *n* vasara; **II** *v* pavadīt vasaru
summer[b] ['sʌmə] *n* sija
summerhouse ['sʌməhaʊs] *n* lapene
summit ['sʌmit] *n* **1.** virsotne; **2.** augstākā pakāpe; s. meeting – (*valdības vadītāju*) tikšanās
summon ['sʌmən] *v* **1.** izsaukt (*uz tiesu*); **2.** sasaukt (*sapulci*); **3.** izsaukt (*garus*); **4.** pieprasīt
summons ['sʌmənz] **I** *n* **1.** uzaicinājums (*ierasties kaut kur*); **2.** (*tiesas*) pavēste; **II** *v* **1.** uzaicināt (*ierasties kaut kur*); **2.** izsaukt
sumptuous ['sʌmptʃʊəs] *a* grezns; krāšņs
sun [sʌn] **I** *n* saule; from s. to s. – no agra rīta līdz vēlam vakaram; ◊ against the s. – pretēji pulksteņrādītāju kustības virzienam; with the s. – pulksteņrādītāju kustības virzienā; **II** *v* (*arī* to s. oneself) sauļoties

sunbath [ˈsʌnbɑːθ] *n* sauļošanās
sunbathe [ˈsʌnbeið] *v* sauļoties
sunbeam [ˈsʌnbiːm] *n* saulesstars
sunblinkers [ˈsʌnˌbliŋkəz] *n pl sar.* saulesbrilles
sun block [ˈsʌn blɒk] *n* pretiedeguma līdzeklis
sunburn [ˈsʌnbɜːn] *n* iedegums
sunburned [ˈsʌnbɜːnd] *sk.* **sunburnt**
sunburnt [ˈsʌnbɜːnt] *a* iededzis
Sunday [ˈsʌndi] *n* svētdiena; ◇ when two ~s come together – kad pūcei aste ziedēs
sun deck [ˈsʌn dek] *n* terase (*kur sauļoties*)
sunder [ˈsʌndə] *v poēt.* šķirt
sundew [ˈsʌndjuː] *n bot.* rasene
sundial [ˈsʌndaiəl] *n* saules pulkstenis
sundown [ˈsʌndaʊn] *n* saulriets
sundress [ˈsʌndres] *n* kleita bez piedurknēm
sundry [ˈsʌndri] **I** *n pl* dažādi sīkumi; **II** *a* dažāds
sunfast [ˈsʌnfɑːst] *a* saulē nebalējošs (*par audumu*)
sunflower [ˈsʌnˌflaʊə] *n* saulespuķe
sung *sk.* **sing II**
sunglasses [ˈsʌnˌglɑːsiz] *n pl* saulesbrilles
sunk *sk.* **sink II**
sunken [ˈsʌŋkən] *a* 1. iegrimis; nogrimis; 2. iekritis (*par acīm, vaigiem*)
sunless [ˈsʌnləs] *a* 1. bez saules; 2. drūms
sunlight [ˈsʌnlait] *n* saules gaisma
sunlit [ˈsʌnlit] *a* saules apspīdēts
sunny [ˈsʌni] *a* 1. saulains; 2. jautrs; priecīgs
sunrise [ˈsʌnraiz] *n* saullēkts
sunset [ˈsʌnset] *n* saulriets
sunshine [ˈsʌnʃain] *n* 1. saules gaisma; 2. jauks laiks
sunstroke [ˈsʌnstrəʊk] *n* saulesdūriens
suntan [ˈsʌntæn] *n* iedegums
sunward[s] [ˈsʌnwəd(z)] *adv* saules virzienā
sunwise [ˈsʌnwaiz] *adv* pulksteņrādītāju kustības virzienā
sup [sʌp] **I** *n* malks; **II** *v* malkot
super [ˈsuːpə] *sar.* **I** *n* 1. statists; 2. piektais ritenis; lieks cilvēks; 3. vadītājs; direktors; 4. augstākā labuma prece; **II** *a* 1. lielisks; teicams; 2. ārkārtējs
superb [sʊˈpɜːb] *a* lielisks; pirmšķirīgs
supercharger [ˈsuːpəˌtʃɑːdʒə] *n tehn.* spiedne
super-duper [ˌsuːpəˈduːpə] *a sar.* kolosāls
superficial [ˌsuːpəˈfiʃl] *a* 1. virspusējs; 2. paviršs
superficiality [ˈsuːpəˌfiʃiˈæləti] *n* paviršība
superfluity [ˌsuːpəˈfluːəti] *n* pārmērība; pārpilnība
superfluous [suːˈpɜːflʊəs] *a* lieks; nevajadzīgs
superhighway [ˌsuːpəˈhaiwei] *n amer.* autostrāde
superhuman [ˌsuːpəˈhjuːmən] *a* pārcilvēcisks
superimpose [ˌsuːpərimˈpəʊz] *v* uzlikt virsū
superintend [ˌsuːpərinˈtend] *v* 1. pārvaldīt; 2. uzraudzīt
superintendence [ˌsuːpərinˈtendəns] *n* 1. pārvaldīšana; 2. uzraudzība
superintendent [ˌsuːpərinˈtendənt] *n* 1. vadītājs; direktors; 2. policijas virsnieks; 3. *amer.* (*dzīvojamās mājas*) komandants
superior [suːˈpiəriə] **I** *n* 1. priekšnieks; Father S. – klostera priekšnieks; Mother S. – klostera priekšniece; 2. pārākums; **II** *a* 1. augšējais; virsējais;

2. augstāks; s. officer – augstāks virsnieks; 3. labāks; pārāks; 4. (to) neaizsniedzams; nepieejams
superiority [su:ˌpiəri'ɒrəti] n pārākums
superjet ['su:pədʒet] n virsskaņas reaktīvā lidmašīna
superlative [sʊ'pɜ:lətiv] I n gram. vispārākā pakāpe; II a 1. visaugstākais; 2.: s. degree gram. – vispārākā pakāpe
superman ['su:pəmæn] n pārcilvēks
supermarket ['su:pəˌmɑ:kit] n universālveikals
supermundane [ˌsu:pəmʌn'dein] a askētisks; garīgs
supernal [sʊ'pɜ:nl] a poēt. dievišķīgs
supernatural [ˌsu:pə'nætʃrəl] a pārdabisks
supernumerary [ˌsu:pə'nju:mrəri] I n 1. ārštata darbinieks; 2. teātr. statists; II a ārštata-
superprofit ['su:pəˌprɒfit] n ek. virspeļņa
supersaturate [ˌsu:pə'sætʃəreit] v ķīm. pārsātināt
supersonic [ˌsu:pə'sɒnik] a ultraskaņas-; virsskaņas-
supersound ['su:pəsaʊnd] n fiz. ultraskaņa
superstar ['su:pəstɑ:] n superzvaigzne (par aktieri)
superstition [ˌsu:pə'stiʃn] n māņticība
superstitious [ˌsu:pə'stiʃəs] a māņticīgs
supervene [ˌsu:pə'vi:n] v izrietēt; sekot
supervention [ˌsu:pə'venʃn] n sekas; rezultāts
supervise ['su:pəvaiz] v uzraudzīt
supervision [ˌsu:pə'viʒn] n uzraudzība
supervisor ['su:pəvaizə] n uzraugs
supine ['su:'pain] a 1.: s. position – guļus stāvoklis; 2. kūtrs; laisks
supper ['sʌpə] n vakariņas; ◊ the Last S. rel. – Svētais vakarēdiens

supple ['sʌpl] I a 1. lokans; 2. piekāpīgs; II v 1. padarīt lokanu; 2. kļūt lokanam
supplement ['sʌplimənt] I n papildinājums; pielikums; II v papildināt
supplemental [ˌsʌpli'mentl] sk. **supplementary**
supplementary [ˌsʌpli'mentəri] a papildu-
suppliant ['sʌpliənt] I n lūdzējs; II a lūdzošs
supplicant ['sʌplikənt] n lūdzējs
supplicate ['sʌplikeit] v lūgt; lūgties
supplication [ˌsʌpli'keiʃn] n lūgums
supply[a] [sə'plai] I n 1. piegāde; apgāde; 2. krājums; 3. pl (pārtikas u.tml.) krājumi; 4. ek. piedāvājums; s. and demand – piedāvājums un pieprasījums; II v 1. piegādāt; apgādāt; 2. apmierināt (vajadzību)
supply[b] ['sʌpli] adv 1. lokani; 2. iztapīgi
support [sə'pɔ:t] I n atbalsts; II v 1. atbalstīt; 2. uzturēt (piem., ģimeni)
supporter [sə'pɔ:tə] n atbalstītājs; piekritējs
suppose [sə'pəʊz] v pieņemt; domāt; let's s. – pieņemsim
supposed [sə'pəʊzd] a iedomāts; šķietams
supposition [ˌsʌpə'ziʃn] n pieņēmums
suppository [sə'pɒzitəri] n farm. svecīte
suppress [sə'pres] v 1. apspiest (piem., sacelšanos); 2. apslāpēt; pārvarēt; 3. noklusēt (faktu)
suppression [sə'preʃn] n 1. apspiešana; 2. apslāpēšana; pārvarēšana; 3. (fakta) noklusēšana
suppurate ['sʌpjʊəreit] v strutot
suppuration [ˌsʌpjʊə'reiʃn] n strutošana
suppurative ['sʌpjʊərətiv] a strutojošs
supremacy [sʊ'preməsi] n augstākā vara

supreme [sʊ'priːm] *a* **1.** augstākais; **2.** lielākais; **3.** galējais
surcharge ['sɜːtʃɑːdʒ] **I** *n* **1.** pārslodze; **2.** soda nauda; **3.** pārtēriņš; **II** *v* **1.** pārslogot; **2.** pārtērēt; **3.** piedzīt soda naudu
surd [sɜːd] **I** *n mat.* iracionāls skaitlis; **II** *a mat.* iracionāls
sure [ʃɔː] **I** *a* **1.** drošs; nekļūdīgs; s. method – drošs paņēmiens; s. thing – skaidra lieta; **2.** (*of*) pārliecināts; to feel s. – būt pārliecinātam; to make s. – pārliecināties; ◇ for s. – bez šaubām; **II** *adv* protams; s. enough – patiešām
surely ['ʃɔːli] *adv* **1.** droši; nekļūdīgi; **2.** protams
surety ['ʃɔːrəti] *n* **1.** galvotājs; **2.** galvojums
surf [sɜːf] **I** *n* banga; **II** *v* **1.** (*arī* s. ride) *sp.* nodarboties ar sērfingu; **2.** *sar.* klejot Internetā
surface ['sɜːfis] **I** *n* virsma; **II** *a* **1.** virsmas-; **2.** ārējs; **III** *v* **1.** apstrādāt virsmu; **2.** uzpeldēt (*par zivi*)
surfboard ['sɜːfbɔːd] *n sp.* vējdēlis
surfer ['sɜːfə] *n* **1.** sērfingists; **2.** *sar.* Interneta fanātiķis
surfing ['sɜːfiŋ] *n sp.* sērfings
surge [sɜːdʒ] **I** *n* **1.** banga; **2.** (*jūtu*) uzliesmojums; **3.** *poēt.* jūra; **II** *v* **1.** bangot (*par jūru*); **2.** uzliesmot (*par jūtām*)
surgeon ['sɜːdʒən] *n* **1.** ķirurgs; **2.** kara ārsts
surgery ['sɜːdʒəri] *n* **1.** ķirurģija; **2.** operāciju palāta; **3.** ķirurģiska iejaukšanās
surgical ['sɜːdʒikl] *a* ķirurģisks; s. treatment – ķirurģiska iejaukšanās
surname ['sɜːneim] *n* uzvārds
surpass [sə'pɑːs] *v* pārspēt; pārsniegt
surpassing [sə'pɑːsiŋ] *a* izcils

surplus ['sɜːpləs] **I** *n* pārpalikums; **II** *a* papildu-
surprise [sə'praiz] **I** *n* **1.** pārsteigums; **2.** izbrīns; **II** *a* negaidīts; **III** *v* **1.** pārsteigt; **2.** radīt izbrīnu; to be ~d (*at*) – būt pārsteigtam
surprising [sə'praiziŋ] *a* pārsteidzošs
surrealism [sə'riəlizəm] *n* sirreālisms
surrealist [sə'riəlist] *n* sirreālists
surrender [sə'rendə] **I** *n* **1.** padošanās; kapitulācija; **2.** atteikšanās; s. of principles – atteikšanās no principiem; **II** *v* **1.** padoties; kapitulēt; **2.** atteikties; **3.** (*arī* to s. oneself) ļauties (*jūtām*)
surrogate ['sʌrəgeit] **I** *n* **1.** surogāts; **2.** aizstājējs; **II** *v* aizstāt
surround [sə'raʊnd] *v* **1.** apņemt; ieskaut; **2.** aplenkt (*piem., pilsētu*)
surrounding [sə'raʊndiŋ] *a* apkārtējs
surroundings [sə'raʊndiŋz] *n pl* **1.** apkārtne; **2.** vide
surveillance [sɜː'veiləns] *n* uzraudzība
survey **I** *n* ['sɜːvei] **1.** aptauja; **2.** apskate; **3.** pārskats; **4.** (*zemes*) mērīšana; **5.** plāns; karte; **II** *v* [sə'vei] **1.** veikt aptauju; **2.** apskatīt; **3.** sniegt pārskatu; **4.** mērīt (*zemi*); **5.** sastādīt (*plānu, karti*)
surveyor [sə'veiə] *n* **1.** aptaujas veicējs; **2.** mērnieks
survival [sə'vaivl] *n* **1.** izdzīvošana; s. of the fittest *biol.* – dabiskā izlase; **2.** atlieka
survive [sə'vaiv] *v* **1.** pārdzīvot (*piem., laikabiedrus*); **2.** izdzīvot
suspect **I** *n* ['sʌspekt] aizdomīga persona; **II** *a* ['sʌspekt] aizdomīgs; **III** *v* [sə'spekt] **1.** turēt aizdomās; **2.** apšaubīt; **3.** domāt
suspend [sə'spend] *v* **1.** [pie]karināt; **2.** atlikt; pārtraukt (*uz laiku*); to s. judge-

ment – atlikt spriedumu; **3.** atcelt (*no amata uz laiku*)
suspended [sə'spendid] *a* **1.** piekārts; **2.** atlikts
suspense [sə'spens] *n* **1.** neziņa; **2.** atlikšana (*uz laiku*)
suspension [sə'spenʃn] *n* **1.** pakarināšana; **2.** atlikšana (*uz laiku*); s. of arms *mil.* – pamiers; **3.** atcelšana no amata (*uz laiku*); **4.** bankrots
suspicion [sə'spiʃn] *n* **1.** aizdomas; **2.** pieskaņa
suspicious [sə'spiʃəs] *a* aizdomīgs
sustain [sə'stein] *v* **1.** atbalstīt; to s. conversation – uzturēt sarunu; **2.** spēcināt; stiprināt; **3.** izturēt; pārciest
sustained [sə'steind] *a* ilgstošs
sustenance ['sʌstənəns] *n* **1.** uzturs; pārtika; **2.** (*pārtikas produkta*) enerģētiskā vērtība
suture ['su:tʃə] *med.* **I** *n* šuve; **II** *v* uzlikt šuvi
swab [swɒb] **I** *n* **1.** slota; **2.** *med.* tampons; **II** *v* **1.** berzt ar slotu; **2.** uzsūkt ar tamponu (*šķidrumu*)
swad [swɒd] *n amer. sl.* jauniesauktais
swaddle ['swɒdl] *v* tīt autiņos
swaddling clothes ['swɒdliŋ kləʊðz] *n pl* (*bērna*) autiņi
swagger ['swægə] **I** *n* **1.** dižošanās; **2.** lepna gaita; **II** *v* **1.** dižoties; **2.** lepni soļot
swain [swein] *n* **1.** lauku puisis; **2.** *poēt.* ganiņš
swallow[a] ['swɒləʊ] *n* bezdelīga
swallow[b] ['swɒləʊ] **I** *n* **1.** [no]rīšana; **2.** malks; **II** *v* **1.** [no]rīt; **2.** (*arī* to s. up) aprīt; ◇ to s. one's words – ņemt atpakaļ savus vārdus; to s. the bait – uzķerties uz āķa
swallowtails ['swɒləʊteilz] *n pl sar.* fraka

swam *sk.* **swim II**
swamp [swɒmp] **I** *n* purvs; **II** *v* **1.** pārpludināt; **2.** apbērt
swampy ['swɒmpi] *a* purvains
swan [swɒn] **I** *n* **1.** gulbis; **2.** bards; dzejnieks; **II** *v sar.* ceļot
swank [swæŋk] **I** *n* dižošanās; **II** *v* dižoties
swanky ['swæŋki] *a* švītīgs
swap [swɒp] *sk.* **swop**
sward [swɔ:d] *n* velēna
swarm[a] [swɔ:m] **I** *n* **1.** (*bišu*) spiets; **2.** bars; **II** *v* **1.** spietot; **2.** (*with*) mudžēt
swarm[b] [swɔ:m] *v* rāpties
swarthy ['swɔ:ði] *a* melnīgsnējs
swash [swɒʃ] **I** *n* **1.** šļaksts; **2.** spēcīgs sitiens; **II** *v* **1.** šļakstēt; **2.** iezvelt
swashbuckler ['swɒʃ,bʌklə] *n* trakgalvis
swashing ['swɒʃiŋ] *a* spēcīgs (*par sitienu*)
swat [swɒt] **I** *n* **1.** spēcīgs sitiens; **2.** (*mušu*) sitamais; **II** *v* spēcīgi iesist
swath [swɒθ] *n* (*siena*) vāls
swathe[a] [sweið] *sk.* **swath**
swathe[b] [sweið] **I** *n* apsējs; **II** *v* apsaitēt
swatter ['swɒtə] *n* mušu sitamais
sway [swei] **I** *n* **1.** šūpošanās; **2.** ietekme; **II** *v* **1.** šūpot; **2.** šūpoties; **3.** ietekmēt
swear [sweə] **I** *n sar.* dievošanās; **II** *v* (*p.* swore [swɔ:]; *p.p.* sworn [swɔ:n]) **1.** zvērēt; **2.** apgalvot; **3.** lādēties
sweat [swet] **I** *n* **1.** sviedri; **2.** svīšana; **3.** *sar.* vergošana; **II** *v* **1.** svīst; **2.** likt svīst; **3.** izdzīt; ekspluatēt
sweatbox ['swetbɒks] *n sl.* karceris
sweater[a] ['swetə] *n* svīteris
sweater[b] ['swetə] *n* ekspluatators
sweaty ['sweti] *a* sviedrains
swede [swi:d] *n* kālis
sweep [swi:p] **I** *n* **1.** slaucīšana; **2.** [at]vēziens; s. of the arm – rokas vēziens; **3.** skursteņslauķis; **4.** (*ceļa*) līkums;

pagrieziens; **5.** (*akas*) vinda; **6.** (*vējdzirnavu*) spārns; **7.** *sar.* totalizators; **II** *v* (*p. un p.p.* swept [swept]) **1.** [iz]slaucīt; **2.** aiznest; aizskalot; **3.** *mil.* apšaudīt
sweepnet ['swi:pnet] *n* **1.** (*zvejas*) vads; **2.** tauriņu ķeramais tīkliņš
sweepstake ['swi:psteik] *n* totalizators
sweet [swi:t] **I** *n* **1.** konfekte; **2.** mīļotais; mīļotā; **II** *a* **1.** salds; **2.** svaigs; **3.** mīļš; jauks
sweetbriar ['swi:tbraiə] *n* mežroze
sweetbrier ['swi:tbraiə] *sk.* **sweetbriar**
sweeten ['swi:tn] *v* **1.** saldināt; **2.** kļūt saldam
sweetener ['swi:tnə] *n* **1.** saldinātājs; **2.** *sl.* kukulis
sweetheart ['swi:thɑ:t] *n* mīļotais; mīļotā
sweetish ['swi:tiʃ] *a* saldens
sweetmeat ['swi:tmi:t] *n* saldums (*konfekte, cepums u.tml.*)
sweet pea [,swi:t 'pi:] *n* puķzirnītis
sweetshop ['sw:tʃɒp] *n* konditoreja
sweet-toothed [,swi:t'tu:θt] *a* našķīgs
sweety ['swi:ti] *n* **1.** konfekte; **2.** *sar.* dārgumiņš
swell [swel] **I** *n* **1.** (*jūras*) viļņošanās; **2.** uztūkums; **3.** *sar.* švīts; **II** *a sar.* **1.** lielisks; **2.** elegants; s. society – augstākā sabiedrība; **III** *v* (*p.* swelled [sweld]; *p.p.* swelled [sweld] *vai* swollen ['swəʊlən]) uztūkt
swelldom ['sweldəm] *n sar.* smalka sabiedrība
swell-headed [,swel'hedid] *a* iedomīgs, uzpūtīgs
swelling ['sweliŋ] *n* pietūkums; uztūkums
swelter ['sweltə] **I** *n* svelme; tveice; **II** *v* pagurt (*no svelmes*)
swept *sk.* **sweep**
swift[a] [swift] *n* **1.** svīre; **2.** *tekst.* spole

swift[b] [swift] **I** *a* ātrs; spējš; **II** *adv* ātri; spēji
swift-handed [,swift'hændid] *a* izdarīgs; veikls
swiftness ['swiftnəs] *n* ātrums
swill [swil] **I** *n* **1.** (*arī s.* down, s. out) skalošana; **2.** dzira (*lopiem*); **II** *v* **1.** (*arī* to s. down, to s. out) [iz]skalot; **2.** *sl.* tempt
swim [swim] **I** *n* **1.** peldēšana; to have a s. – izpeldēties; **2.** reibonis; **II** *v* (*p.* swam [swæm]; *p.p.* swum [swʌm]) **1.** peldēt; **2.** peldēties; **3.** pārpeldēt; **4.** reibt; my head is ~ming – man reibst galva
swimmer ['swimə] *n* **1.** peldētājs; **2.** pludiņš
swimming pool ['swimiŋ pu:l] *n* peldbaseins
swimming trunks ['swimiŋ trʌnks] *n* peldbikses
swimsuit ['swimsu:t] *n* peldkostīms
swindle ['swindl] **I** *n* krāpšana; **II** *v* piekrāpt
swindler ['swindlə] *n* krāpnieks
swine [swain] *n* (*pl* swine [swain]) **1.** cūka; **2.** *sl.* riebeklis
swineherd ['swainhɜ:d] *n* cūkgans
swinery ['swainəri] *n* cūkkūts
swing [swiŋ] **I** *n* **1.** šūpošanās; **2.** vēziens; **3.** ritms; **4.** šūpoles; **II** *v* (*p. un p.p.* swung [swʌŋ]) **1.** šūpot; to s. one's arms – žestikulēt; **2.** šūpoties; **3.** pārmainīt; **4.** pārmainīties; ◊ to s. **open** – atsprāgt vaļā (*par durvīm*); to s. **round** – apsviesties; to s. **to** – aizcirsties (*par durvīm*)
swing bridge ['swiŋ bridʒ] *n* paceļamais tilts
swing door [,swiŋ 'dɔ:] *n* virpuļdurvis
swinger ['swiŋə] *n sar.* izlaidīgs tips

swingle [ˈswiŋgl] **I** *n* kulstīkla; **II** *v* kulstīt (*linus*)
swingling tow [ˈswiŋgliŋ təʊ] *n* pakulas
swinish [ˈswainiʃ] *a* cūcīgs
swipe [swaip] **I** *n* zvēliens; **II** *v* **1.** zvelt; **2.** *sar.* nočiept
swirl [swɜ:l] **I** *n* **1.** (*gaisa, ūdens u.tml.*) virpulis; **2.** (*dūmu*) mutulis; **3.** (*matu*) sproga; **II** *v* virpuļot
swish[a] [swiʃ] **I** *n* **1.** (*pātagas, zobena u.tml.*) švīkstoņa (*šķeļot gaisu*); **2.** (*tērpa*) čaukstoņa; **II** *v* **1.** (*par pātagu, zobenu u.tml.*) švīkstēt (*šķeļot gaisu*); **2.** čaukstēt (*par tērpu*)
swish[b] [swiʃ] **I** *a* sievišķīgs (*par vīrieti*); **II** *v* uzvesties sievišķīgi (*par vīrieti*)
switch [switʃ] **I** *n* **1.** rīkste; **2.** pārslēgšanās (*uz citu tematu*); **3.** *el.* slēdzis; **4.** pārmija; **II** *v* **1.** sist (*ar rīksti*); **2.** pārslēgties (*uz citu tematu*); **3.** novirzīt (*vilcienu uz citām sliedēm*); **4.** *el.* pārslēgt; ◊ to s. **off** – izslēgt (*strāvu*); to s. **on** – ieslēgt (*strāvu*)
switchboard [ˈswitʃbɔ:d] *n el.* **1.** komutators; **2.** vadības pults
switchman [ˈswitʃmən] *n* pārmijnieks
switchtender [ˈswitʃˌtendə] *sk.* **switchman**
swivel [ˈswivl] **I** *n tehn.* šarnīrsavienojums; **II** *v* griezties ap savu asi
swiz [swiz] *n sl.* **1.** smaga vilšanās; **2.** krāpšana
swollen *sk.* **swell III**
swoop [swu:p] *v* mesties lejup
sword [sɔ:d] *n* zobens
swordbearer [ˈsɔ:dˌbeərə] *n vēst.* ieročnesējs
sword craft [ˈsɔ:d krɑ:ft] *n* karamāksla
swordfish [ˈsɔ:dfiʃ] *n* zobenzivs
swordgrass [ˈsɔ:dgrɑ:s] *n bot.* grīslis
swordlily [ˈsɔ:dˌlili] *n* gladiola

swore *sk.* **swear**
sworn[a] [swɔ:n] *a* zvērināts
sworn[b] *sk.* **swear**
swum *sk.* **swim II**
swung *sk.* **swing II**
syllable [ˈsiləbl] *n* zilbe
syllabus [ˈsiləbəs] *n* (*pl* syllabi [ˈsiləbai] *vai* syllabuses [ˈsiləbəsiz]); **1.** mācību programma; **2.** konspekts
sylph [silf] *n* **1.** *mit.* silfīda; **2.** gracioza sieviete
sylvan [ˈsilvən] *a* meža-
symbol [ˈsimbl] *n* **1.** simbols; **2.** apzīmējums
symbolic[al] [simˈbɒlik(l)] *a* simbolisks
symmetric[al] [siˈmetrik(l)] *a* simetrisks
symmetry [ˈsimətri] *n* simetrija
sympathetic [ˌsimpəˈθetik] *a* **1.** līdzjūtīgs; **2.** simpātisks
sympathize [ˈsimpəθaiz] *v* **1.** just līdzi; **2.** simpatizēt
sympathy [ˈsimpəθi] *n* **1.** līdzjūtība; **2.** simpātija
symphonic [simˈfɒnik] *a* simfonisks
symphony [ˈsimfəni] *n* simfonija
symposium [simˈpəʊziəm] *n* (*pl* symposia [simˈpəʊziə] *vai* symposiums [simˈpəʊziəmz]) **1.** simpozijs; **2.** rakstu krājums par vienu tematu
symptom [ˈsimptəm] *n* simptoms
synagogue [ˈsinəgɒg] *n* sinagoga
sync [siŋk] *sar.* **I** *n* **1.** sinhronizācija; **2.** sakritība; to be out of s. – nesakrist; nesaskanēt; **II** *v* sinhronizēt
synchronize [ˈsiŋkrənaiz] *v* **1.** saskaņot; **2.** sakrist (*laika ziņā*); **3.** sinhronizēt
synchronous [ˈsiŋkrənəs] *a* sinhrons
syndicate **I** *n* [ˈsindikət] *ek.* sindikāts; **II** *v* [ˈsindikeit] apvienot sindikātā
synopsis [siˈnɒpsis] *n* (*pl* synopses [siˈnɒpsi:z]) konspekts

synthesis ['sinθəsis] *n* (*pl* syntheses ['sinθəsi:z]) sintēze
synthesize ['sinθəsaiz] *v* sintezēt
synthesizer ['sinθəsaizə] *n mūz.* sintezators
synthetic [sin'θetik] *a* sintētisks; s. fibre – sintētiskā šķiedra
syphilis ['sifəlis] *n med.* sifiliss
syren ['sairən] *n* sirēna
syringe [si'rindʒ] **I** *n* šļirce; **II** *v* iešļircināt
syrup ['sirəp] *n* sīrups
system ['sistəm] *n* **1.** sistēma; **2.** organisms
systematic [ˌsistə'mætik] *a* sistemātisks
systemic [si'stemik] *a* sistēmas-

Tt

T, t [ti:] *n* (*pl* T's, Ts, t's, ts [ti:z]) *angļu alfabēta burts*; ◇ to cross one's t's and dot one's i's – būt ļoti precīzam
ta [tɑ:] *int. sl.* paldies; ta muchly – ļoti pateicos
tab [tæb] *n* **1.** pakaramais; cilpiņa; **2.** *sar.* rēķins; **3.** parāds; to live on the t. – dzīvot uz parāda; **4.** *dat.* pults tabulators
tabby ['tæbi] **I** *n* **1.** svītrains kaķis; **2.** tenku vācele; **3.** vecmeita; **II** *a* svītrains
table ['teibl] **I** *n* **1.** galds; **2.** plāksne; **3.** tabula; t. of contents – satura rādītājs; **II** *v* **1.** likt uz galda; **2.** sastādīt tabulu
tablecloth ['teiblklɒθ] *n* galdauts
tableflap ['teiblflæp] *n* galda nolaižamā mala
tableleaf ['teiblli:f] *n* **1.** (*izbīdāma galda*) ieliekamā plāksne; **2.** galda nolaižamā mala
tableman ['teiblmən] *n* tabeļvedis
tablemat ['teiblmæt] *n* siltumizolējošs paliktnis
tablet ['tæblət] *n* **1.** plāksne (*ar uzrakstu*); **2.** tablete; **3.** (*ziepju*) gabals
tableware ['teiblweə] *n* galda piederumi
tablewater ['teiblwɔ:tə] *n* minerālūdens
tabloid ['tæblɔid] *n* **1.** tablete; **2.** «dzeltenais» laikraksts
taboo [tə'bu:] **I** *n* (*pl* taboos [tə'bu:z]) tabu; aizliegums; **II** *a* aizliegts; **III** *v* aizliegt
tacit ['tæsit] *a* **1.** vārdos neizteikts; t. agreement – mutiska piekrišana; **2.** nerunīgs
tack [tæk] **I** *n* **1.** nagla ar platu galviņu; **2.** piespraude; **3.** lipīgums; **II** *v* **1.** (*down, to*) piesist ar naglu; piespraust ar piespraudi; **2.** pielipt
tackle ['tækl] **I** *n* **1.** piederumi; fishing t. – zvejas piederumi; **2.** *jūrn.* takelāža; **3.** *tehn.* polispasts; **II** *v* **1.** ķerties (*pie kaut kā*); **2.** piestiprināt
tacky[a] ['tæki] *a* lipīgs
tacky[b] ['tæki] *a amer. sl.* noplucis
tact [tækt] *a* takts, taktiskums
tactful ['tæktfl] *a* taktisks
tactic ['tæktik] *sk.* **tactics**
tactical ['tæktikl] *a* **1.** *mil.* taktisks; **2.** izveicīgs
tactician [tæk'tiʃn] *n* taktiķis
tactics ['tæktiks] *n* taktika
tactile ['tæktail] *a* **1.** taustes-; t. organs – taustes orgāni; **2.** taustāms; manāms
tactless ['tæktləs] *a* netaktisks
tactual ['tæktʃʊəl] *a* taustes-
tadpole ['tædpəʊl] *n* (*varžu*) kurkulis
Taffy ['tæfi] *n sar.* velsietis
taffy ['tæfi] *n* krējuma īriss

tag [tæg] **I** *n* **1.** birka, etiķete; price t. – etiķete ar cenu; **2.** (*automobiļa*) numurs; **3.** lente (*rotājumam*); **4.** nodrāzta frāze; **5.** epilogs; **6.** piedziedājums; **7.** «suņīši» (*rotaļa*); **II** *v* **1.** piestiprināt birku (etiķeti); **2.** ierindot; **3.** noķert («*sunīšos*»)

tail [teil] **I** *n* **1.** aste; **2.** (*arī* t. of hair) bize; **3.** *pl* fraka; **4.** svīta; pavadoņi; **5.** (*monētas*) otrā puse; heads or ~s – ērglis vai raksts; **6.** *sl.* pēcpuse; **II** *v* **1.** izsekot; **2.** nocirst (nogriezt) asti; **3.** vilkties astē; ◊ to t. **after**, to t. **along** – vilkties astē; to t. **away**, to t. **off** – 1) sarukt; 2) norimt

tailboard ['teilbɔ:d] *n* kravas automobiļa pakaļējais borts

tailcoat [ˌteil'kəʊt] *n* fraka

tailing ['teiliŋ] *n* gals

tailless ['teilləs] *a* bezastains

taillight ['teillait] *n* (*automobiļa*) aizmugures gabarītuguns

tail-on ['teilɒn] *a*: t.-o. wind – ceļavējš

tailor ['teilə] **I** *n* drēbnieks; **II** *v* **1.** šūt; **2.** pielāgot; ~ed to a definite purpose – paredzēts noteiktam mērķim

tailor-made ['teiləmeid] **I** *n* drēbnieka šūts uzvalks; **II** *a* **1.** pie drēbnieka pasūtīts; **2.** gatavots pēc pasūtījuma; **3.** (*for*) piemērots

tailpiece ['teilpi:s] *n* **1.** noslēguma vinjete; **2.** nobeigums

taint [teint] **I** *n* **1.** kauns; negods; **2.** vaina; trūkums; **II** *v* sabojāt

tainted ['teintid] *a* bojāts; t. money *pārn.* – netīra nauda

take [teik] **I** *n* **1.** [pa]ņemšana; **2.** ienākums; **3.** (*filmas*) dubls; **4.** loms; **5.** medījums; **II** *v* (*p.* took [tʊk]; *p. p.* taken ['teikən]) **1.** [pa]ņemt; **2.** sagrābt; to t. prisoner – saņemt gūstā; **3.** noķert; saķert; **4.** iegūt; to t. the first place – ierindoties pirmajā vietā; **5.** nogādāt; aizvest; **6.** izmantot; to t. advantage – (*of smth.*) gūt labumu (*no kaut kā*); to t. a walk – iet pastaigāties; **7.** uzņemt (*barību*); **8.** veikt; izdarīt; to t. a photograph – nofotografēt; **9.** rīkoties; to t. measures – veikt pasākumus; **10.** pārņemt; **11.** izjust; to t. offence – apvainoties; to t. pride (*in*) – lepoties; **12.** aizņemt (*vietu, laiku*); **13.** uzņemties; to t. part (*in*) – piedalīties; ◊ to t. **after** – līdzināties; to t. **apart** – izjaukt; sadalīt; to t. **away** – 1) atņemt; 2) aiznest; to t. **down** – 1) noņemt; 2) nojaukt; 3) notriekt (*lidmašīnu*); to t. **in** – 1) uzņemt (*viesus*); 2) ņemt uz mājām (*darbu*); 3) abonēt; 4) novākt (*ražu*); to t. **off** – 1) novilkt, noģērbt; to t. off one's hat – noņemt cepuri; 2) aizvest; 3) *av.* pacelties; to t. **on** – 1) pieņemt darbā; 2) stāties darbā; 3) pieņemties svarā; to t. **up** – 1) pacelt; 2) uzsākt; 3) uzņemt (*pasažieri*); ◊ to t. smb. down a peg – aplauzt kādam ragus; to t. a brodie (flier, spill) – krist; to t. a flash at – uzmest skatienu; to t. a puff – uzvilkt dūmu; to t. five – atpūsties; pauzēt

takeaway ['teikəwei] **I** *n* mājas virtuve; **II** *a* izsniedzams promnešanai (*par ēdienu*)

taken *sk.* take II

take-off ['teikɒf] *n* **1.** (*lidmašīnas*) pacelšanās; **2.** izejas punkts; **3.** karikatūra

take-over ['teikˌəʊvə] *n* **1.** (*valsts*) apvērsums; **2.** *ek.* (*firmu*) apvienošanās

talc [tælk] *n min.* talks

talcum ['tælkəm] *n min.* talks

tale [teil] *n* **1.** stāsts; **2.** izdomājums; **3.** tenkas

talebearer [ˈteilˌbeərə] *n* **1.** tenkotājs; **2.** informators
talemonger [ˈteilˌmʌŋgə] *n* tenkotājs
talent [ˈtælənt] *n* **1.** talants; **2.** apdāvināts cilvēks; ◇ to hide one's ~s in a napkin – turēt sveci zem pūra
talented [ˈtæləntid] *a* talantīgs, apdāvināts
talentless [ˈtæləntləs] *a* neapdāvināts
talk [tɔːk] **I** *n* **1.** saruna; big t. – lielība; small t. – nenozīmīga saruna; **2.** runa; lekcija; **3.** tenkas; baumas; **4.** *pl* sarunas; peace ~s – miera sarunas; **II** *v* **1.** runāt; **2.** sarunāties; **3.** tenkot; ⬜ to t. **back** – iebilst; atcirst; to t. **down** – pārkliegt; to t. **into** – pārliecināt; to t. **up** – 1) slavēt; 2) *sar.* iebilst; atcirst; ◇ to t. like a book – runāt pārgudri; to t. through one's hat – runāt niekus
talkative [ˈtɔːkətiv] *a* pļāpīgs
talky [ˈtɔːki] *a* **1.** pļāpīgs; **2.** liekvārdīgs
tall [tɔːl] *a* **1.** liela auguma-; garš; t. as a maypole (steeple) – garš kā kārts; **2.** augsts; t. hat – cilindrs; **3.** *sar.* pārmērīgs; t. order – grūts uzdevums
tallboy [ˈtɔːlbɔi] *n* augsta kumode
tallish [ˈtɔːliʃ] *n* pagarš
tallow [ˈtæləʊ] **I** *n* (*sveču*) tauki; **II** *v* ietaukot
tallowy [ˈtæləʊi] *a* taukains
tally [ˈtæli] **I** *n* **1.** [ap]rēķins; to buy goods by the t. – pirkt preces vairumā; **2.** birka; etiķete; **3.** kvīts; **II** *v* kārtot rēķinus
tallyho [ˌtæliˈhəʊ] *int* (*uzmudinājums medību sunim*) cui!
tallyman [ˈtælimən] *n* **1.** tirgotājs, kas pārdod preces uz nomaksu; **2.** *sl.* piedzīvotājs
tallyshop [ˈtæləʃɒp] *n* veikals, kur preces pārdod uz nomaksu

talon [ˈtælən] *n* (*plēsīga putna*) nags
talus [ˈteiləs] *n* nogāze
tamable [ˈteiməbl] *a* pieradināms (*par dzīvnieku*)
tamanoir [ˈtæmənwɑː] *n* skudrulācis
tambourine [ˌtæmbəˈriːn] *n* tamburīns
tame [teim] *a* **1.** pieradināts (*par dzīvnieku*); **2.** rāms; padevīgs; **II** *v* **1.** pieradināt (*dzīvnieku*); **2.** pakļaut; **3.** pakļauties
tameable [ˈteiməbl] *sk.* **tamable**
tameless [ˈteimləs] *a* **1.** mežonīgs (*par dzīvnieku*); **2.** nevaldāms
tamer [ˈteimə] *n* (*zvēru*) dresētājs
tamp [tæmp] *v* stampāt; blietēt
tamperᵃ [ˈtæmpə] *n* **1.** stampa; bliete; **2.** elektroenerģijas zagšana
tamperᵇ [ˈtæmpə] *v* (*with*) gramstīties (*ap*)
tan [tæn] **I** *n* **1.** iedegums; **2.** dzeltenbrūna krāsa; to take on a high t. – labi iedegt; **II** *a* dzeltenbrūns; **III** *v* iedegt; ◇ let me t. your hide! – es tev sadošu!
tandem [ˈtændəm] **I** *n* **1.** tandēms; **2.** divjūgs; **II** *a* novietoti cits aiz cita; **III** *adv* virknē
tangᵃ [tæŋ] *n* asa piegarša
tangᵇ [tæŋ] *n* spalga skaņa
tangency [ˈtændʒənsi] *n* saskaršanās
tangent [ˈtændʒənt] *n mat.* tangenss
tangerine [ˌtændʒəˈriːn] *n* mandarīns
tangible [ˈtændʒəbl] *a* taustāms
tangle [ˈtæŋgl] **I** *n* **1.** savijums; **2.** juceklis; **II** *v* **1.** savīt; **2.** sapīties
tangly [ˈtæŋgli] *a* samudžināts
tank [tæŋk] **I** *n* **1.** cisterna; tvertne; **2.** tanks; **II** *v* **1.** ieliet cisternā; **2.** uzglabāt cisternā
tankard [ˈtæŋkəd] *n* kauss (*ar vāku*)
tanker [ˈtæŋkə] *n* **1.** tankkuģis; **2.** cisterna

tank suit ['tæŋk su:t] *n* sieviešu peldkostīms ar plecu lencītēm
tanner[a] ['tænə] *n* ādminis
tanner[b] ['tænə] *n sar.* sešu pensu monēta
tannery ['tænəri] *n* miecētava
tansy ['tænzi] *n bot.* biškrēsliņš
tantamount ['tæntəmaʊnt] *a (to)* līdzvērtīgs
tantivy [tæn'tivi] **I** *n* aulekši; **II** *a* ātrs; **III** *adv* aulēkšiem
tantrum ['tæntrəm] *n sar.* dusmu lēkme
tap[a] [tæp] **I** *n* **1**. krāns; to leave the t. running – atstāt krānu neaizgrieztu; **2**. tapa; spunde; **3**. *sar.* bufete; bārs; **4**. *sl.* ubagošana; **5**. *(telefona sarunas)* noklausīšanās ierīce; **II** *v* **1**. ielikt tapu; **2**. izņemt tapu; **3**. tecināt sulu *(kokam)*; **4**. ubagot; **5**. noklausīties *(telefona sarunu)*
tap[b] [tæp] **I** *n* **1**. *(viegls)* uzsitiens; klauvējiens; **2**. *(papēža)* pasitnis; **II** *v* **1**. *(viegli)* uzsist; pieklauvēt; **2**. piesist papēžus *(kurpēm)*; **3**. *(in)* iesist, iedzīt *(naglu)*
tap dance ['tæp da:ns] *n* steps *(deja)*
tape [teip] **I** *n* **1**. lente; **2**. *(saīs. no* red t.) birokrātisms; **3**. magnetofona ieraksts; **II** *v* **1**. *(arī* to t. up) sasiet ar lenti; **2**. mērīt ar mērlenti; **3**. ierakstīt magnetofona lentē
tape line ['teip lain] *n* mērlente
tape recorder ['teip ri,kɔ:də] *n* magnetofons
tapering ['teipəriŋ] *a* **1**. konusveidīgs; **2**. garš un tievs *(par pirkstiem)*
tapestry ['tæpistri] **I** *n* gobelēns; **II** *v* **1**. nokārt ar gobelēniem; **2**. aust gobelēnu
tapeworm ['teipwɜ:m] *n zool.* lentenis
taphouse ['tæphaʊs] *n* krogs

tappet ['tæpit] *n tehn.* **1**. *(vārsta)* bīdītājs; **2**. izcilnis; **3**. tapa; **4**. ekscentrs
taproom ['tæpru:m] *n* krogs
tapster ['tæpstə] *n* krodzinieks
tapstress ['tæpstris] *n* krodziniece
tar [tɑ:] **I** *n* darva; **II** *v* darvot; ◇ ~red with the same brush – vienā maisā bāžami
tarboosh [,tɑ:'bu:ʃ] *n* feska
tardy ['tɑ:di] *a* gauss
tare [teə] *n* tara
target ['tɑ:git] *n* **1**. mērķis; **2**. uzdevums; to set a t. – izvirzīt mērķi
tarnish ['tɑ:niʃ] **I** *n* blāvums; **II** *v* apsūbēt
tarpaper ['tɑ:,peipə] *n (jumta)* pape
tarpaulin [tɑ:'pɔ:lin] *n* brezents
tarry ['tɑ:ri] *a* darvots
tart[a] [tɑ:t] *n* torte
tart[b] [tɑ:t] **I** *n sl.* **1**. meiča; **2**. vieglas uzvedības sieviete; **II** *v*: to t. **up** *sar.* – izrotāt
tart[c] [tɑ:t] *a* **1**. skābs; **2**. ass; dzēlīgs; t. remark – dzēlīga piezīme
Tartar ['tɑ:tə] **I** *n* **1**. tatārs; tatāriete; **2**. tatāru valoda; **3**. *pārn.* fūrija; **II** *a* tatāru-
tartar ['tɑ:tə] *n* zobakmens
task [tɑ:sk] **I** *n* uzdevums; **II** *v* dot uzdevumu
taskwork ['tɑ:skwɜ:k] *n* **1**. līgumdarbs; **2**. gabaldarbs
tassel ['tæsl] *n* grāmatzīme
taste [teist] **I** *n* **1**. garša; **2**. gaume; there is no accounting for ~s – par gaumi nestrīdas; **3**. stils; **II** *v* **1**. nogaršot; **2**. garšot *(pēc kaut kā)*; to t. sweet – būt saldam; **3**. nobaudīt *(ēdienu, dzērienu)*
tasteful ['teistfl] *a* gaumīgs
tasteless ['teistləs] *a* **1**. negaršīgs; **2**. bezgaumīgs
tasty ['teisti] *a* **1**. garšīgs; **2**. gaumīgs

tatᵃ [tæt] *v* darināt mežģīnes
tatᵇ [tæt] *n* **1.** ārišķīgs spožums; **2.** uzpūsta reklāma
ta-ta [tæ'tɑ:] *int sar.* uz redzēšanos!
Tatar ['tɑ:tə] *sk.* **Tartar**
tatter ['tætə] **I** *n* (*parasti pl*) skrandas; **2.** lupata; **II** *v* **1.** saplēst driskās; **2.** saplīst driskās
tattle ['tætl] **I** *n* tenkas; **II** *v* tenkot; to t. a secret – izplāpāt noslēpumu
tattler ['tætlə] *n* tenkotājs
tattooᵃ [tə'tu:] **I** *n* **1.** vakara junda; **2.** bungu rībona; **II** *v* **1.** dot vakara jundu; **2.** rībināt bungas
tattooᵇ [tə'tu:] **I** *n* tetovējums; **II** *v* tetovēt
taught *sk.* **teach**
taunt [tɔ:nt] **I** *n* dzēlīga piezīme; **II** *v* izsmiet
Taurus ['tɔ:rəs] *n* Vērsis (*zvaigznājs un zodiaka zīme*)
taut [tɔ:t] *a* **1.** cieši savilkts (*piem., par virvi*); **2.** sasprindzināts; **3.** rūpīgs
tavern ['tævn] *n* taverna; krogs
tawdry ['tɔ:dri] *a* bezgaumīgs
tax [tæks] **I** *n* nodoklis; income t. – ienākuma nodoklis; to impose (levy) a t. (*on*) – aplikt ar nodokli; **II** *v* aplikt ar nodokli
taxable ['tæksəbl] *a* apliekams ar nodokli
taxation [tæk'seiʃn] *n* aplikšana ar nodokli
tax-deductible [ˌtæksdi'dʌktəbl] *a* neapliekams ar nodokli
tax dodger ['tæks ˌdɒdʒə] *n sar.* nodokļu nemaksātājs
tax evasion ['tæks iˌveiʒn] *n* izvairīšanās no nodokļu maksāšanas
tax-exempt ['tæksigˌzempt] *a* neapliekams ar nodokļiem
tax-free [ˌtæks'fri:] *a* atbrīvots no nodokļu maksāšanas

taxi ['tæksi] **I** *n* taksometrs; **II** *v* braukt ar taksometru
taxicab ['tæksikæb] *n* taksometrs
taxidermy ['tæksidɜ:mi] *n* taksidermija; dzīvnieku izbāšana
taxi driver ['tæksi ˌdraivə] *n* taksometra šoferis
taxi fleet ['tæksi fli:t] *n* taksometru parks
taximeter ['tæksiˌmi:tə] *n* taksometra skaitītājs
taxpayer ['tæksˌpeiə] *n* nodokļu maksātājs
tea [ti:] *n* **1.** tēja; **2.** *amer. sl.* marihuāna
teach [ti:tʃ] *v* (*p. un p. p.* taught [tɔ:t]) **1.** [ap]mācīt; **2.** pārmācīt; to t. a lesson – pārmācīt kādu
teacher ['ti:tʃə] *n* **1.** skolotājs; skolotāja; **2.** pasniedzējs; pasniedzēja
teach-in ['ti:tʃin] *n sar.* disputs (*par aktuāliem jautājumiem*)
teaching ['ti:tʃiŋ] *n* **1.** apmācība; **2.** mācība; doktrīna
teaching aid ['ti:tʃiŋ eid] *n* uzskates līdzeklis
tea cosy ['ti: ˌkəʊzi] *n* tējkannas sildītājs
teacup ['ti:kʌp] *n* tējas tase; ◇ storm in a t. – vētra ūdens glāzē
teahouse ['ti:haʊs] *n* tējnīca
teahound ['ti:haʊnd] *n* kavalieris
tea pad ['ti: pæd] *n* marihuānas lietotāju pulcēšanās vieta
teal [ti:l] *n ornit.* krīklis
tealeaf ['ti:li:f] *n* **1.** tējas lapa; **2.** tējas biezumi
team [ti:m] **I** *n* **1.** (*sporta*) komanda; **2.** (*strādnieku*) brigāde; **3.** *mil.* komanda, apkalpe; **II** *v:* to t. up with *sar.* – apvienoties; strādāt kopā
team spirit [ˌti:m 'spirit] *n* biedriskums
teamster ['ti:mstə] *n* **1.** kučieris; **2.** *amer.* kravas automobiļa vadītājs

teamwise ['ti:mwaiz] *adv* kopīgi
teapot ['ti:pɒt] *n* tējkanna
tear[a] [teə] **I** *n* **1.** plīsums; caurums; **2.** trakošana; plosīšanās; ◇ t. and wear of time – laika zobs; **II** *v* (*p.* tore [tɔ:]; *p. p.* torn [tɔ:n]) **1.** [pār]plēst; saplēst; to t. open – atplēst vaļā; **2.** plīst; **3.** (*arī* to t. off) noraut; atraut; **4.** plosīties, trakot; ⬜ to t. **about** – skraidīt apkārt; to t. **along** – traukties; to t. **apart** *sar.* – 1) nokritizēt; 2) norāt; to t. **away** – atraut; to t. oneself away – atrauties; novērsties; to t. **down** – 1) noārdīt (*ēku*); 2) apgāzt; atspēkot; to t. **off** – noplēst; to t. **up** – 1) saplēst; 2) izraut; 3) iedragāt; ◇ to t. it up – dzīvot ar plašu vērienu
tear[b] [tiə] *n* **1.** asara; to shed ~s – liet asaras; **2.** lāse
tearaway ['teərəwei] *n sl.* pārgalvis
teardrop ['tiədrɒp] *n* asara
tearful ['tiəfl] *a* **1.** raudulīgs; **2.** asarainas (*par acīm*)
teargas ['tiəgæs] *n* asaru gāze
tearoom ['ti:ru:m] *n* konditoreja
teary ['tiəri] *sar. sk.* **tearful**
tease [ti:z] **I** *n* **1.** zobgalis; **2.** ķircināšana; **II** *v* ķircināt
teaser ['ti:zə] *n* **1.** zobgalis; **2.** sarežģīts uzdevums
tea-service ['ti:,sɜ:vis] *n* tējas servīze
teaset ['ti:set] *sk.* **tea-service**
teashop ['ti:ʃɒp] *n* konditoreja
teaspoon ['ti:spu:n] *n* tējkarote
tea-strainer ['ti:,streinə] *n* tējas sietiņš
teat [ti:t] *n* **1.** pups; **2.** knupis
tech [tek] *n* **1.** *sar.* (*saīs. no* technical college) tehnikums; **2.** (*saīs. no* technology) tehnoloģija
technic[a] ['teknik] *n* **1.** tehnisks termins; **2.** tehniska detaļa

technic[b] ['teknik] *sk.* **technical**
technical ['teknikl] *a* **1.** tehnisks; tehnikas-; **2.** veikls; prasmīgs
technician [tek'niʃn] *n* **1.** tehniķis; **2.** laborants
technics ['tekniks] *n pl* **1.** tehniskās zinātnes; **2.** tehnoloģija
technique [tek'ni:k] *n* tehnisks paņēmiens
technocracy [tek'nɒkrəsi] *n* tehnokrātija
technology [tek'nɒlədʒi] *n* **1.** tehniskās zinātnes; **2.** tehnoloģija
teddy bear ['tedi beə] *n* rotaļlācītis
teddy boy ['tedi bɔi] *n sar.* stilīgais
tedious ['ti:diəs] *a* garlaicīgs; apnicīgs
tedium ['ti:diəm] *n* garlaicība
tee [ti:] *sp.* **I** *n* mērķis (*golfa spēlē*); **II** *v* nolikt bumbu pirmajam sitienam (*golfa spēlē*)
teem[a] [ti:m] *a* mudžēt; ņudzēt
teem[b] [ti:m] *v* **1.** iztukšot; **2.** stipri līt; **3.** izliet (*metalurģijā*)
teemer ['ti:mə] *n* metāllējējs
teen [ti:n] *sar. saīs. no* **teenage** *vai* **teenager**
teenage ['ti:neidʒ] *a* pusaudža-
teenager ['ti:neidʒə] *n* pusaudzis; pusaudze
teens [ti:nz] *n pl* pusaudža vecums (*no 13 līdz 19 gadiem*)
teepee ['ti:pi:] *sk.* **tepee**
teeter ['ti:tə] **I** *n amer.* bērnu šūpoles; **II** *v* šūpoties šūpolēs
teeth *sk.* **tooth**
teetotal [ti:'təʊtl] *a* **1.** nedzerošs; **2.** absolūts
teetotaller [ti:'təʊtlə] *n* atturībnieks
teetotum [,ti:təʊ'tʌm] *n* vilciņš (*rotaļlieta*)
telecast ['telikɑ:st] **I** *n* televīzijas raidījums; **II** *v* pārraidīt pa televīziju

telecasting studio [ˈteliˌkɑ:stiŋ ˈstju:diəʊ] *n* televīzijas studija
telecommunication [ˌtelikəˌmju:niˈkeiʃn] *n* tālsakari
telecommunication satellite [ˌtelikəˌmju:niˈkeiʃn ˈsætəlait] *n* sakaru pavadonis
telegram [ˈteligræm] *n* telegramma
telegraph [ˈteligrɑ:f] **I** *n* telegrāfs; **II** *v* telegrafēt
telepathy [təˈlepəθi] *n* telepātija
telephone [ˈtelifəʊn] **I** *n* telefons; **II** *v* **1**. telefonēt; **2**. uzstādīt telefona aparātu
telephone booth [ˈtelifəʊn bu:θ] *n* telefona kabīne
telephone directory [ˈtelifəʊn diˌrektəri] *n* telefona abonentu saraksts
telephone exchange [ˈtelifəʊn iksˌtʃeindʒ] *n* telefona centrāle
telephone receiver [ˈtelifəʊn riˌsi:və] *n* telefona klausule
teleplay [ˈteliplei] *n* **1**. televīzijas uzvedums; **2**. televīzijas luga
telescope [ˈteliskəʊp] **I** *n* **1**. teleskops; **2**. optisks tēmeklis; **II** *v* **1**. sabīdīt; **2**. sadurties (*par vilcieniem*)
telescopic [ˌteliˈskɒpik] *a* **1**. teleskopisks; teleskopa-; **2**. optisks; **3**. sabīdāms
telescreen [ˈteliskri:n] *n* televizora ekrāns
teletext [ˈtelitekst] *n* teleteksts
telethon [ˈteliθən] *n* ilgstoša televīzijas programma (*kas veltīta labdarībai*)
teletype [ˈtelitaip] *n* teletaips
teleview [ˈtelivju:] *n* televīzijas pārraide
televiewer [ˈtelivju:ə] *n* televīzijas skatītājs
televise [ˈtelivaiz] *v* pārraidīt pa televīziju
television [ˈteliˌviʒn] *n* **1**. televīzija; **2**. televizors
televisional [ˌteliˈviʒənl] *a* televīzijas-
television set [ˈteliˌviʒn set] *n* televizors
televisor [ˈtelivaizə] *n* televizors
telex [ˈteleks] **I** *n* telekss; **II** *v* sūtīt pa teleksu
tell [tel] (*p. un p. p.* told [təʊld]) **1**. stāstīt; to t. a secret – izpaust noslēpumu; **2**. teikt, sacīt; to t. a lie – melot; to t. the truth – teikt patiesību; **3**. pavēlēt; **4**. atšķirt; to t. one thing from another – atšķirt vienu no otra; □ to t. **against** – neatbilst; to t. **off** – *sar.* norāt; to t. **on** – 1) *sar.* nosūdzēt; 2) ietekmēt; to t. **over** – 1) atstāstīt; 2) pārskaitīt; to t. **upon** – ietekmēt; ◇ to t. fortunes – zīlēt; don't t. me!, t. me another!; t. it to the marines! – nevar būt!; you can never t. – kas to lai zina
teller [ˈtelə] *n* **1**. stāstītājs; **2**. (*bankas*) kasieris
tellies [ˈteliz] *n pl sar.* televīzija
telling [ˈteliŋ] **I** *n* **1**. stāsts; **2**. *sar.* (*noslēpuma u. tml.*) izpaušana; **3**. rājiens; **II** *a* iespaidīgs
telltale [ˈtelteil] **I** *n* tenkotājs; **II** *a* nodevīgs
tellurian [teˈlʊəriən] **I** *n* zemes iedzīvotājs; **II** *a* zemes-
telluric [teˈlʊərik] *a* zemes-
tellurium [teˈlʊəriəm] *n ķīm.* telūrs
telly [ˈteli] *n sar.* televizors
temblor [ˈtemblɔ:] *n amer.* zemestrīce
temerity [təˈmerəti] *n* pārdrošība
temper [ˈtempə] **I** *n* **1**. temperaments; raksturs; bad (ill) t. – smags raksturs; quick (short) t. – straujš raksturs; sweet t. – maigs raksturs; **2**. garastāvoklis, **3**. dusmas; to lose one's t. – zaudēt savaldību; **II** *v* apvaldīt
tempera [ˈtempərə] *n glezn.* tempera
temperament [ˈtemprəmənt] *n* **1**. tem-

peraments; **2.** kaprīze; to throw t. – krist histērijā
temperance [ˈtemprəns] *n* **1.** mērenība, **2.** atturība
temperate [ˈtempərət] *a* **1.** atturīgs; **2.** mērens (*par klimatu*)
temperature [ˈtemprətʃə] *n* temperatūra; to take one's t. – mērīt temperatūru; he runs (has) t. – viņam ir [paaugstināta] temperatūra
tempest [ˈtempist] **I** *n* **1.** vētra; **2.** *pārn.* izvirdums; t. of anger – dusmu uzplaiksnījums; **II** *v* plosīties
template [ˈtempleit] *n tehn.* šablons
temple[a] [ˈtempl] *n* templis
temple[b] [ˈtempl] *n anat.* deniņi
tempo [ˈtempəʊ] *n* (*pl* tempos [ˈtempəʊz], tempi [ˈtempi:]) temps; ritms
temporal[a] [ˈtemprəl] *a* **1.** īslaicīgs; pārejošs; **2.** laicīgs, pasaulīgs
temporal[b] [ˈtemprəl] *a anat.* deniņu-
temporality [ˌtempəˈræləti] *n* **1.** īslaicīgums; **2.** *pl* baznīcas īpašumi
temporary [ˈtemprəri] *a* pagaidu-; īslaicīgs
temporize [ˈtempəraiz] *v* **1.** vilcināties; nogaidīt; **2.** piemēroties
tempt [tempt] *v* kārdināt; vilināt
temptation [tempˈteiʃn] *n* kārdinājums; vilinājums
tempter [ˈtemptə] *n* kārdinātājs
tempting [ˈtemptiŋ] *a* kārdinošs; vilinošs
temptress [ˈtemptris] *n* kārdinātāja
ten [ten] **I** *n* **1.** desmits; **2.** (*kāršu*) desmitnieks; **3.** *sar.* glīta meiča; ◇ take t.! – ieturi pauzi; **II** *num* desmit
tenacious [tiˈneiʃəs] *a* **1.** stingrs; **2.** izturīgs
tenacity [tiˈnæsəti] *n* **1.** sīkstums; **2.** izturība
tenancy [ˈtenənsi] *n* **1.** nomāšana; **2.** noma; rente; **3.** nomāts īpašums

tenant [ˈtenənt] **I** *n* **1.** nomnieks; **2.** īrnieks; **II** *v* nomāt
tenantry [ˈtenəntri] *n* nomnieki
tench [tentʃ] *n* līnis
tend[a] [tend] *v* **1.** pieskatīt; kopt; **2.** (*on, upon*) apkalpot (*pie galda*)
tend[b] [tend] *v* **1.** tiekties; **2.** virzīties (*par ceļu*)
tendance [ˈtendəns] *n* **1.** kopšana; **2.** apkalpošana
tendency [ˈtendənsi] *n* **1.** tendence; tieksme; **2.** nosliece
tender[a] [ˈtendə] *n* **1.** kopējs; **2.** sargs
tender[b] [ˈtendə] **I** *n* **1.** (*oficiāls*) piedāvājums; **2.** pieteikums; **II** *v* **1.** iemaksāt; **2.** iesniegt
tender[c] [ˈtendə] *a* **1.** maigs; **2.** vārgs, trausls; **3.** jutīgs; t. spot – vārīga vieta; **4.** delikāts; kutelīgs
tenderness [ˈtendənəs] *n* **1.** maigums; **2.** labsirdība; **3.** vārīgums
tendon [ˈtendən] *n anat.* cīpsla
tendril [ˈtendrəl] *n bot.* stīga
tenement [ˈtenəmənt] *n* **1.** (*arī* t. house) daudzdzīvokļu nams; **2.** īrēts dzīvoklis; **3.** nomas zeme
tenet [tenit] *n* princips; doktrīna
tenfold [ˈtenfəʊld] **I** *a* desmitkārtīgs; **II** *adv* desmitkārt
tenigue [təˈni:g] *n* nervu sasprindzinājums un nogurums
tenner [ˈtenə] *n sar.* desmitnieks
tennis [ˈtenis] *n sp.* teniss
tenon [ˈtenən] *n tehn.* tapa; rēdze
tenor [ˈtenə] *n mūz.* tenors
tense[a] [tens] *n gram.* laiks
tense[b] [tens] **I** *a* **1.** savilkts; nostiepts; **2.** saspīlēts; **II** *v* **1.** savilkt; **2.** sasprindzināt
tensile [ˈtensail] *a* stiepjams; t. strength *tehn.* – stiprības robeža

tension [ˈtenʃn] **I** *n* **1.** savilkšana; nostiepšana; **2.** spriedze; **3.** (*gāzes, tvaika*) spiediens; **4.** *fiz.* spriegums; **II** *v* saspīlēt; nospriegot
tensity [ˈtensəti] *n* spriegums
tent [tent] *n* telts; to pitch a t. – uzcelt telti; to strike a t. – nojaukt telti
tentacle [ˈtentəkl] *n* tausteklis
tentative [ˈtentətiv] *a* **1.** eksperimentāls; **2.** pagaidu-
tenterhooks [ˈtentəhʊks] *n pl*: to be on [the] t. – sēdēt kā uz adatām
tenth [tenθ] **I** *n* **1.** desmitā daļa; **2.** desmitais datums; **II** *num* desmitais
tentpeg [ˈtentpeg] *n* telts mietiņš
tentpin [tentpin] *sk.* **tentpeg**
tenuity [teˈnjuːəti] *n* **1.** kalsnums; **2.** trūcīgums; **3.** (*gaisa*) retinājums
tenuous [ˈtenjʊəs] *a* **1.** kalsns; **2.** trūcīgs; **3.** retināts (*par gaisu*)
tenure [ˈtenjə] *n* **1.** īpašums; **2.** īpašumtiesības
tepee [ˈtiːpiː] *n* vigvams
tepefy [ˈtepifai] *v* **1.** sasildīt; **2.** sasilt
tepid [ˈtepid] *a* **1.** remdens; **2.** *pārn.* atturīgs
tercentenary [ˌtɜːsenˈtiːnəri] **I** *n* **1.** trīssimt gadu; **2.** trīssimtā gadadiena; **II** *a* trīssimtgadīgs
tercentennial [ˌtɜːsenˈteniəl] **I** *n* trīssimtā gadadiena; **II** *a* trīssimtgadīgs
terebenthene [ˌteriˈbenθiːn] *n* ķīm. terpentīns
term [tɜːm] **I** *n* **1.** termiņš; t. of office – pilnvaru laiks; to serve one's t. – izciest sodu; **2.** semestris (*augstskolā*); ceturksnis (*skolā*); **3.** (*parlamenta, tiesas*) sesija; **4.** termins; **5.** *pl* izteicieni; in no uncertain ~s – skaidri un gaiši; in ~s of money – naudas izteiksmē; **6.** *pl* noteikumi; **7.** *pl* honorārs; **II** *v* nosaukt

termagant [ˈtɜːməgənt] **I** *n* ķildīga sieviete; **II** *a* ķildīgs
termer [ˈtɜːmə] *n* noziedznieks, kas izcieš sodu
terminable [ˈtɜːminəbl] *a* pagaidu-
termina [ˈtɜːminl] **I** *n* **1.** galapunkts; galastacija; **2.** semestra gala eksāmens; **3.** *el.* spaile; **II** *a* **1.** gala-; beigu-; t. station – galastacija; **2.** periodisks; **3.** semestra-; **4.** galējs
terminate [ˈtɜːmineit] *v* **1.** nobeigt; **2.** beigties; **3.** norobežot
termination [ˌtɜːmiˈneiʃn] *n* **1.** beigas; gals; **2.** iznākums
termite [ˈtɜːmait] *n* termīts
termless [ˈtɜːmləs] *a* neierobežots (*laika ziņā*)
ternary [ˈtɜːnəri] **I** *n* trijnieks; triāde; **II** *a* trīskārtējs
terrace [ˈterəs] *n* **1.** terase; **2.** lēzens jumts
terrain [təˈrein] *n* teritorija; apgabals (*izdalīts pēc tā ģeogrāfiskajām īpašībām*)
Terran [ˈterən] *n* Zemes iedzīvotājs
terraneous [teˈreiniəs] *a* zemes-
terrene [ˈteriːn] **I** *n* **1.** zemes virsma; **2.** teritorija; **II** *a* zemes-
terrestrial [təˈrestriəl] **I** *n* zemes iedzīvotājs; **II** *a* **1.** zemes-; sauszemes-; **2.** kontināls; **3.** pasaulīgs; laicīgs
terrible [ˈterəbl] *a* **1.** briesmīgs, drausmīgs; **2.** *sar.* baigs
terrier [ˈteriə] *n* **1.** terjers (*suns*); **2.** *mil. sar.* sauszemes armijas kareivis
terrific [təˈrifik] *a* šausmīgs; drausmīgs
terrify [ˈterifai] *v* **1.** šausmināt; **2.** nobiedēt
territory [ˈterətəri] *n* **1.** teritorija; **2.** apgabals
terror [ˈterə] *n* **1.** šausmas; **2.** terors; **3.** bieds
terror-haunted [ˈterəˌhɔːntid] *a* šausmu vajāts

terrorism ['terərizəm] *n* terorisms
terrorist ['terərist] *n* terorists
terrorize ['terəraiz] *v* terorizēt
terrycloth ['terikloθ] *n tekst.* frotē audums
tertian ['tɜ:ʃn] *n med.* malārija
tertiary ['tɜ:ʃəri] *a ģeol.* terciārs
tesselated ['tesəleitid] *a* mozaīkas-
test [test] **I** *n* 1. pārbaude; izmēģinājumi; to bear (stand) the t. – izturēt pārbaudi; to fail the t. – neizturēt pārbaudi; to put to the t. – pārbaudīt; 2. kontroldarbs; 3. tests; 4. *med., ķīm.* analīze; **II** *v* 1. pārbaudīt; 2. *ķīm.* analizēt
testament ['testəmənt] *n* 1. *jur.* testaments; 2. *rel.* derība; New T. – Jaunā Derība; Old T. – Vecā Derība
testator [te'steitə] *n jur.* (*mantas*) novēlētājs
testatrix [te'steitriks] *n* (*pl* testatrices [te'steitrisi:z]) *jur.* (*mantas*) novēlētāja
test ban ['test bæn] *n* kodolizmēģinājumu aizliegums
test drive ['test draiv] *n* pārbaudes brauciens (*pirms automobiļa pirkšanas*)
testee [te'sti:] *n* pārbaudāmais
tester ['testə] *n* 1. pārbaudītājs; 2. pārbaudes ierīce
test-glass ['testglɑ:s] *n* mēģene
testicle ['testikl] *n anat.* sēklinieks
testify ['testifai] *v* 1. *jur.* liecināt; 2. norādīt; 3. deklarēt (*piem., pārliecību*)
testily ['testili] *adv* īgni
testimonial [,testi'məʊniəl] **I** *n* 1. rekomendācija; 2. kolektīva dāvana; **II** *a* pateicības-
testimony ['testiməni] *n* 1. *jur.* liecība; 2. apgalvojums
testis ['testis] *n* (*pl* testes ['testi:z]) *anat.* sēklinieks

test-mixer ['testmiksə] *n* menzūra
test-paper ['testpeipə] *n* 1. eksāmena biļete; 2. *ķīm.* indikatorpapīrs
test-tube ['testtju:b] *n* mēģene
testy ['testi] *a* ātras dabas- (*par cilvēku*)
tetchy ['tetʃi] *a* sapīcis
tether ['teðə] **I** *n* 1. valgs; pineklis; 2. *pārn.* robeža; **II** *v* 1. piesiet (*lopu*); 2. sapīt kājas (*lopam*)
tetragon ['tetrəgən] *n mat.* četrstūris
tetragonal [te'trægənəl] *a mat.* četrstūrains
tetrahedron [,tetrə'hi:drən] *n mat.* četrskaldnis
tetravalent [,tetrə'veilənt] *a ķīm.* četrvērtīgs
tetter ['tetə] *n med.* ēde
Teuton ['tju:tn] *n* teitonis; ģermānis
Teutonic [tju:'tɒnik] **I** *n* ģermāņu valoda; **II** *a* teitoņu-; ģermāņu-
text [tekst] *n* teksts
textbook ['tekstbʊk] *n* mācību grāmata
textile ['tekstail] **I** *n pl* audumi; tekstilpreces; **II** *a* tekstil-
textual ['tekstʃʊəl] *a* 1. teksta-; 2. burtisks
texture ['tekstʃə] *n* 1. struktūra; 2. kvalitāte; īpašība; 3. *glezn.* faktūra
Thailander ['tai,lændə] *n* Taizemes iedzīvotājs
thallium ['θæliəm] *n ķīm.* tallijs
than (*uzsvērtā forma* [ðæn]; *neuzsvērtā forma* [ðən, ðn]) *conj* nekā; par; I feel disappointed rather th. angry – es drīzāk esmu vīlies nekā dusmīgs; she is younger th. I – viņa ir jaunāka par mani; no other th. – neviens cits
thane [θein] *n vēst.* tans (*zemes īpašnieks*)
thank [θæŋk] **I** *n* pateicība; ~s! – paldies!; to give ~s – pateikties; to re-

turn ~s – noskaitīt lūgšanu (*pirms maltītes*); **II** *v* pateikties; th. you! – pateicos!
thankful ['θæŋkfl] *a* pateicīgs
thankless ['θæŋkləs] *a* nepateicīgs
thanksgiving ['θæŋks,giviŋ] *n* **1.** pateicība; **2.** *rel.* pateicības dievkalpojums; **3.**: Th. Day *amer.* – Pateicības diena (*novembra pēdējā ceturtdiena*)
that I *pron* [ðæt] (*pl* those [ðəʊz]) **1.** tas; tā; at th. – bez tam; like th. – tādā veidā; **2.** kas, kurš, kuri; **II** *adv* [ðæt] tik; th. far – tik tālu; th. much – tik daudz; th. fast – tik ātri; **III** *conj* (*uzsvērtā forma* [ðæt]; *neuzsvērtā forma* [ðət]); **1.** ka; I said th. he wasn't right – es teicu, ka viņam nav taisnība; **2.** lai; I will show you th. you be sure – es tev parādīšu, lai tu pārliecinies
thatch [θætʃ] **I** *n* jumta klājums (*no salmiem, niedrēm u. tml.*); **II** *v* jumt (*ar salmiem, niedrēm u. tml.*)
thaumaturge ['θɔ:mətɜ:dʒ] *n* brīnumdaris
thaw [θɔ:] **I** *n* atkusnis; **II** *v* **1.** kust; **2.** atkausēt; **3.** atmaigt
the (*patskaņa priekšā* [ði:, ði], *līdzskaņa priekšā* [ðə]) **I** *noteiktais artikuls*: the English – angļi; **II** *adv* jo; the bigger the better – jo lielāks, jo labāks
theater ['θiətə] *amer. sk.* **theatre**
theatre ['θiətə] *n* **1.** teātris; **2.** auditorija; operating th. – operāciju zāle; teātra māksla
theatrical [θi'ætrikl] **I** *n* **1.** profesionāls aktieris; **2.** *pl* (*pašdarbības*) izrāde; **II** *a* **1.** teātra-; **2.** scēnisks; **3.** teatrāls
thee (*uzsvērtā forma* [ði:]; *neuzsvērtā forma* [ði]) *pron. novec.* tev; tevi
theft [θeft] *n* zādzība
thegn [θein] *sk.* **thane**

their [ðeə] *pron* viņu; th. car – viņu automobilis
theirs [ðeəz] *pron* (*lieto ar nenoteikto izteicēju*) viņu; this car is th. – tas ir viņu automobilis
them (*uzsvērtā forma* [ðem]; *neuzsvērtā forma* [ðəm, ðm]) *pron* **1.** viņus; viņiem; **2.** *sar.* viņi; its th. – tie ir viņi
thematic [θi'mætik] *a* tematisks
theme [θi:m] *n* **1.** temats; **2.** sacerējums; **3.** *mūz.* tēma; motīvs
themselves [ðəm'selvz] *pron* **1.** sevi; sev; they believed in th. – viņi ticēja sev; **2.** paši; [all] by th. – vieni paši; in th. – paši par sevi; they made it th. – viņi to izdarīja paši; **3.** (*arī* to be th., to come to th.) atgūties
then [ðen] **I** *n*: by th. – tai laikā; every now and th. – laiku pa laikam; since th. – kopš tā laika; **II** *a* toreizējs; **III** *adv* **1.** tad; toreiz; **2.** pēc tam; **3.** tādā gadījumā; all right th., go home – nu labi, ej mājās; **4.** bez tam; vēl; it is dark and th. the road is slippery – ir tumšs, bez tam ceļš ir slidens
thence [ðens] *adv* **1.** no turienes; **2.** tādēļ; it follows th. – no tā izriet; **3.** kopš tā laika
thenceforth [,ðens'fɔ:θ] *adv* kopš tā laika
thenceforward [,ðens'fɔ:wəd] *sk.* **thenceforth**
theologian [,θiə'ləʊdʒiən] *n* teologs
theology [θi'ɒlədʒi] *n* teoloģija
theorem ['θiərəm] *n* teorēma
theoretic[al] [,θiə'retik(l)] *a* **1.** teorētisks; **2.** abstrakts
theoretician [,θiərə'tiʃn] *n* teorētiķis
theory ['θiəri] *n* **1.** teorija; th. and practice – teorija un prakse; **2.** *sar.* pieņēmums

therapeutic [ˌθerə'pju:tik] *a* terapeitisks
therapeutics [ˌθerə'pju:tiks] *n* terapija
therapeutist [ˌθerə'pju:tist] *n* terapeits
therapist ['θerəpist] *sk.* **therapeutist**
therapy ['θerəpi] *n* terapija
there I *n* [ðeə]: from th. – no turienes; up to th. – līdz turienei; **II** *adv* [ðeə] **1.** tur; **2.** turp; uz turieni; **3.** (*uzsvērtā forma* [ðeə]; *neuzsvērtā forma* [ðə]) – (*saistībā ar* to be *nav tulkojams*): th. is a book on the table – uz galda ir grāmata; th. is no way to do this – to nevar izdarīt; **III** *int* [ðeə] nu!; lūk!
thereabout[s] ['ðeərəbaʊt(s)] *adv* **1.** apmēram; aptuveni; **2.** tuvumā
thereafter [ˌðeər'ɑ:ftə] *adv* pēc tam
thereby [ˌðeə'bai] *adv* **1.** tādējādi; tādā veidā; **2.** sakarā ar to
therefore ['ðeəfɔ:] *adv* tādēļ, tāpēc
therein [ˌðeər'in] *adv* **1.** tur, tai vietā; **2.** tai ziņā
thereof [ˌðeər'ɒf] *adv* tādēļ; sakarā ar to
there's (*uzsvērtā forma* [ðeəz]; *neuzsvērtā forma* [ðəz]) *sar. saīs. no* there is; there has
thereto [ˌðeə'tu:] *adv* bez tam, turklāt
thereupon [ˌðeərə'pɒn] *adv* sakarā ar to
thermal ['θɜ:ml] *a* siltuma-; th. springs – karstie avoti
thermic ['θɜ:mik] *a* siltuma-
thermic fever [ˌθɜ:mik 'fi:və] *n med.* karstuma dūriens
thermodynamics [ˌθɜ:məʊdai'næmiks] *n* termodinamika
thermometer [θə'mɒmitə] *n* termometrs
thermonuclear [ˌθɜ:məʊ'nju:kliə] *a* kodoltermisks
thermoplegia [ˌθɜ:mə ʊ'pli:dʒə] *n med.* karstuma dūriens
thermos ['θɜ:məs] *n* termoss

thermostable [ˌθɜ:məʊ'steibl] *a* ķīm. termoizturīgs
thesaurus [θi'sɔ:rəs] *n* (*pl* thesauri [θi'sɔ:rai], thesauruses [θi'sɔ:rəsiz]) **1.** (*zināšanu u. tml.*) krātuve; **2.** enciklopēdija; **3.** tēzaurs (*vārdnīca*)
these *sk.* **this**
theses *sk.* **thesis**
thesis ['θi:sis] *n* (*pl* theses ['θi:si:z]) **1.** tēze; **2.** disertācija
thespian ['θespiən] **I** *n* aktieris; aktrise; **II** *a* dramatisks
thews [θju:z] *n* **1.** muskuļi; **2.** muskuļu spēks; **3.** garīgs spēks
they [ðei] *pron* viņi; viņas
they'd [ðeid] *sar. saīs. no* they had, they would
they'll [ðeil] *sar. saīs. no* they will
they're [ðeə] *sar. saīs. no* they are
they've [ðeiv] *sar. saīs. no* they have
thick [θik] **I** *n* **1.** burzma; **2.** *sar.* stulbenis; **II** *a* **1.** biezs; th. hair – biezi mati; **2.** aizsmacis; **3.** neskaidrs (*par runu*); **4.** duļķains (*par šķidrumu*); **5.** apmācies; **6.** *sar.* dumjš; **III** *adv* biezi
thick-and-thin [ˌθikən'θin] *a* stingrs, nelokāms
thicken ['θikən] *v* **1.** sabiezināt; **2.** sabiezēt
thickening ['θikəniŋ] *n* **1.** sabiezējums; **2.** iebiezinātājs
thicket ['θikit] *n* biezoknis
thickness ['θiknəs] *n* **1.** biezums; **2.** (*iedzīvotāju*) blīvums; **3.** neskaidra valoda
thickset [ˌθik'set] *n* brikšņi
thick-skinned [ˌθik'skind] *a* biezādains
thief [θi:f] *n* (*pl* thieves [θi:vz]) zaglis
thieve [θi:v] *v* zagt
thievery ['θi:vəri] *n* zagšana; zādzība
thieves *sk.* **thief**

thievish [ˈθiːvɪʃ] *a* zaglīgs
thigh [θai] *n* augšstilbs, ciska
thighbone [ˈθaibəʊn] *n* augšstilba kauls
thill [θil] *n* ilkss
thimble [ˈθimbl] *n* uzpirkstenis
thin [θin] **I** *a* **1.** plāns; **2.** vājš; tievs; **3.** šķidrs; **4.** rets; th. hair – plāni mati; **5.** retināts (*par gaisu, gāzi*); **6.** nepārliecinošs; th. humour – neizdevies humors; **7.** smalks (*par balsi*); ◇ th. on the ground – sīks; nenozīmīgs; to have a th. time – slikti pavadīt laiku; th. on top – plikgalvis; to be on th. ice – atrasties kutelīgā situācijā; **II** *v* **1.** vājināt; **2.** novājēt; ◊ to th. **down** – novājēt; to th. **out** – retināt (*stādus*); **III** *adv* plāni
thine [ðain] *pron novec*. tavs
thing [θiŋ] *n* **1.** lieta; priekšmets; the th. is – lieta tāda; **2.** *pl* manta; personal ~s *jur.* – kustamā manta; real ~s *jur.* – nekustamā manta; **3.** *pl* apģērbs; **4.** lieta; apstāklis; first th. – pirmām kārtām; among other ~s – starp citu; in all ~s – visādā ziņā; no such th. – nekā tamlīdzīga; well, of all ~s! – te tev nu bija!; how are ~s? – kā veicas?; **5.** *pl* bagāža; **6.** *pl* piederumi; **7.** literārs darbs; skaņdarbs
think [θiŋk] **I** *n sar*. domāšana; pārdomas; **II** *v* (*p. un p. p.* thought [θɔːt]) **1.** domāt; to th. highly (much, well) (*of*) – būt augstās domās; to th. little (nothing) (*of*) – uzskatīt par nesvarīgu; to th. twice – labi apdomāt; **2.** uzskatīt; to th. fit – uzskatīt par piemērotu; I rather th. – man šķiet; **3.** iedomāties; **4.** sagaidīt; I thought as much – tā es arī domāju; ◊ to th. **out** – apdomāt; to th. **over** – apdomāt, apsvērt; to th. up *sar*. – izgudrot

thinkable [ˈθiŋkəbl] *a* iedomājams
thinker [ˈθiŋkə] *n* domātājs
thinking [ˈθiŋkiŋ] **I** *n* **1.** domāšana; **2.** domas; uzskats; **II** *a* domājošs; saprātīgs
thinner [ˈθinə] *n* ķīm. atšķaidītājs
thin-skinned [ˌθinˈskind] *a* **1.** ar plānu ādu; **2.** viegli aizvainojams
third [θɜːd] **I** *n* **1.** trešdaļa; **2.** trijnieks; **3.** *mūz*. terca; **II** *num* trešais; **III** *v* **1.** dalīt trīs daļās; **2.** būt trešajam
third eye [ˈθɜːd ai] *n filoz*. trešā acs (*cilvēka atklāsmes un intuīcijas avots*)
thirdly [ˈθɜːdli] *adv* treškārt
thirst [θɜːst] **I** *n* **1.** slāpes; **2.** alkas; **II** *v* **1.** slāpt; **2.** alkt
thirsty [ˈθɜːsti] *a* **1.** izslāpis; **2.** izkaltis (*par augsni*); **3.** (*for*) alkstošs
thirteen [ˌθɜːˈtiːn] *num* trīspadsmit
thirteenth [ˌθɜːˈtiːnθ] **I** *n* trīspadsmitā daļa; **II** *num* trīspadsmitais
thirties [ˈθɜːtiz] *n* **1.**: the th. – trīsdesmitie gadi; **2.** vecums no trīsdesmit līdz trīsdesmit deviņiem gadiem
thirtieth [ˈθɜːtiiθ] **I** *n* trīsdesmitā daļa; **II** *num* trīsdesmitais
thirty [ˈθɜːti] *num* trīsdesmit
this [ðis] **I** *pron* (*pl* these [ðiːz]) šis; šī; th. is how the things are going! – lūk, kā tās lietas notiek!; th. day last week – tieši pirms nedēļas; th. day next week – tieši pēc nedēļas; th. many a day – sen; th. morning – šorīt; th. side of midnight – līdz pusnaktij; ◇ at th. point – tagad; for all th. – lai gan; **II** *adv* tik; tā; th. much – tik daudz
thistle [ˈθisl] *n bot*. dzelksnis
thistly [ˈθistli] *a* dzeloņains
thither [ˈðiðə] *adv novec*. turp; hither and th. – šurp un turp
tho' [ðəʊ] *sar. saīs. no* though
thole [θəʊl] *n* (*laivas*) dullis

thong [θɒn] **I** *n* pletne; **II** *v* pletnēt
thorax [ˈθɔːræks] *n* (*pl* thoraces [ˈθɔːræsiːz], thoraxes [ˈθɔːræksiz]) *anat.* krūškurvis
thorn [θɔːn] *n* ērkšķis; dzelonis
thorn-apple [ˈθɔːnˌæpl] *n bot.* velnābols
thorny [ˈθɔːni] *a* ērkšķains; dzeloņains
thorough [ˈθʌrə] *a* pamatīgs; pilnīgs
thoroughfare [ˈθʌrəfeə] *n* 1. galvenā iela; 2. caurbrauktuve
thoroughgoing [ˌθʌrəˈgəʊiŋ] *a* radikāls; bezkompromisa-
thoroughly [ˈθʌrəli] *adv* caurcaurēm; pilnīgi; pamatīgi
those *sk.* **that I**
thou [ðaʊ] *pron novec.* tu
though [ðəʊ] **I** *adv* tomēr; taču; **II** *conj* 1. lai gan; kaut arī; 2.: as th. – it kā
thoughtᵃ [θɔːt] *n* 1. doma; 2. domāšana; pārdomas; on second ~s – pēc rūpīgām pārdomām; to give th. (*to*) – padomāt; to take th. – pārdomāt; 3. uzskats; 4. (*for*) rūpes; gādība; to take th. (*for*) – rūpēties; 5. nolūks
thoughtᵇ *sk.* **think II**
thoughtful [θɔːtfl] *a* 1. domīgs; 2. uzmanīgs; rūpīgs
thoughtless [ˈθɔːtləs] *a* 1. neapdomīgs; 2. nevērīgs; neuzmanīgs (*pret citiem*)
thought-out [ˌθɔːtˈaʊt] *a* pārdomāts
thought reader [ˈθɔːt ˌriːdə] *n* domu lasītājs
thought transference [ˌθɔːt ˈtrænsfrəns] *n* domu pārraide, telepātija
thousand [ˈθaʊznd] **I** *n* 1. tūkstotis; one in a th. – viens no tūkstoša; 2. milzums; **II** *num* tūkstoš
thousandfold [ˈθaʊzndfəʊld] *a* tūkstoškārtīgs
thousandth [ˈθaʊznθ] **I** *n* tūkstošā daļa; **II** *num* tūkstošais

thraldom [ˈθrɔːldəm] *n* verdzība
thrall [θrɔːl] *n* 1. vergs; 2. verdzība
thrash [θræʃ] *v* 1. sist; pērt; 2. pārspēt (*sacensībās*); 3. kult (*labību*); ◊ to th. **about** – mētāties; svaidīties; to th. **out** – 1) rūpīgi apspriest; 2) nonākt pie slēdziena (*diskutējot*)
thrasher [ˈθræʃə] *n* 1. kūlējs; 2. kuļmašīna
thrashing [ˈθræʃiŋ] *n* pēriens
thread [θred] **I** *n* 1. diegs; pavediens; 2. *pārn.* pavediens; he lost the th. of his thought – viņš pazaudēja domu; 3. *tehn.* vītne; ◊ to hang by a th. – karāties mata galā; **II** *v* 1. ievērt diegu (*adatā*); 2. uzvērt (*diegā*); 3. ievietot; to th. a cassette – ievietot kaseti; 4. *tehn.* iegriezt vītnes
threadbare [ˈθredbeə] *a* 1. nodilis; 2. noskrandis; 3. nodrāzts (*par joku*)
threadlace [ˈθredleis] *n* mežģīnes (*rokdarbs*)
threadmark [ˈθredmɑːk] *n* ūdenszīme (*banknotēs*)
threadworm [ˈθredwɜːm] *n* spalītis
threat [θret] *n* draudi
threaten [ˈθretn] *v* draudēt
three [θriː] **I** *n* trijnieks; **II** *num* trīs
three-act [ˈθriːækt] *a* trīscēlienu-; th.-act play – trīscēlienu luga
three-decker [ˌθriːˈdekə] *n* 1. trīsklāju kuģis; 2. triloģija
three-figure [ˌθriːˈfigə] *a* trīszīmju- (*par skaitli*)
threefold [ˈθriːfəʊld] **I** *a* trīskārtīgs; **II** *adv* trīskārt
three-lane [ˌθriːˈlein] *a* trīsjoslu- (*par ceļu*)
three-master [ˌθriːˈmɑːstə] *n* trīsmastu kuģis
threesome [ˈθriːsəm] *n* 1. trīs cilvēku grupa; 2. spēle trim dalībniekiem

three-stage booster [ˈθriːsteɪdʒ ˌbuːstə] *n* trīspakāpju raķete
three-star [ˌθriːˈstɑː] *a* trīszvaigžņu-; th.-s. hotel – trīszvaigžņu viesnīca
three-way [ˈθriːweɪ] *a tehn.* trīsgājienu-
three-wheeler [ˌθriːˈwiːlə] *n* 1. trīsritenis; 2. motocikls ar blakusvāģi
thresh [θreʃ] *v* 1. kult (*labību*); 2. sist; pērt; 3. pārspēt (*sacensībās*); ◇ to th. over old straw – kult tukšus salmus
thresher [ˈθreʃə] *n* 1. kūlējs; 2. kuļmašīna
threshold [ˈθreʃhəʊld] *n* 1. slieksnis; 2. *fiziol., psih.* slieksnis
threshing-floor [ˈθreʃɪŋflɔː] *n* piedarbs
threw *sk.* **throw II**
thrice [θraɪs] *adv* trīsreiz
thrift [θrɪft] *n* taupīgums
thriftless [ˈθrɪftləs] *a* izšķērdīgs
thriftshop [ˈθrɪftʃɒp] *n* lietotu apģērbu veikals
thrifty [ˈθrɪfti] *a* taupīgs
thrill [θrɪl] **I** *n* 1. saviļņojums; 2. trīsas; drebuļi; 3. sensācija; **II** *v* 1. saviļņot; satraukt; 2. ietrīsēties; nodrebēt
thrilled [θrɪld] *a* saviļņots
thriller [ˈθrɪlə] *n* grāvējs; trilleris
thrilling [ˈθrɪlɪŋ] *a* saviļņojošs; aizraujošs
thrive [θraɪv] *v* (*p*. thrived [θraɪvd] *vai novec.* throve [θrəʊv]; *p. p.* thrived [θraɪvd] *vai novec.* thriven [ˈθrɪvn]) zelt; plaukt
thriven *sk.* **thrive**
throat [θrəʊt] **I** *n* 1. rīkle; full to the th. – pieēdies līdz kaklam; 2. sašaurinājums; 3. (*trauka*) kakls; 4. (*vulkāna*) krāteris; **II** *v* 1. murmināt; 2. dungot
throaty [ˈθrəʊti] *a* aizsmacis (*par balsi*)
throb [θrɒb] **I** *n* 1. pulsācija; 2. trīsas; **II** *v* 1. pulsēt; 2. trīcēt
throes [θrəʊz] *n pl sar.* mokas

thrombus [ˈθrɒmbəs] *n* (*pl* thrombi [ˈθrɒmbaɪ]) *med.* trombs
throne [θrəʊn] *n* 1. tronis; to come to the th., to take the th. – sēsties tronī; 2. (the th.) karaļa vara; 3. *sl.* (*tualetes*) pods
throng [θrɒŋ] **I** *n* 1. pūlis; 2. milzums; **II** *v* drūzmēties
throstle [ˈθrɒsl] *n ornit.* strazds
throttle [ˈθrɒtl] **I** *n* 1. *sar.* rīkle; 2. *tehn.* drosele; **II** *v* 1. žņaugt; 2. *tehn.* droselēt
through [ˈθruː] **I** *a* 1. tiešs (*par satiksmes līdzekli*); th. train – tiešās satiksmes vilciens; 2. (*with*) pabeigts; I am th. with my work – esmu pabeidzis savu darbu; **II** *adv* 1. cauri; to pull th. – izrauties; izkļūt; to look th. – izskatīt; 2. caurcaurēm; pilnīgi; th. and th. – pavisam; pilnībā; wet th. – caurcaurēm slapjš; **III** *prep* 1. caur; pa; to look th. the window – lūkoties pa logu; to go th. the city – iet cauri pilsētai; 2. dēļ; th. ignorance – nezināšanas dēļ; 3. ar; th. the help of reinforcements – ar papildspēku palīdzību; 4. viscaur; th. the years – cauri gadiem; th. the night – visu nakti
throughout [θruːˈaʊt] **I** *adv* 1. viscaur; 2. pilnīgi; **II** *prep*: th. the week – visu nedēļu
throve *sk.* **thrive**
throw [θrəʊ] **I** *n* 1. metiens, sviediens; 2. podnieka ripa; 3. *tehn.* gājiens, **II** *v* (*p*. threw [θruː]; *p. p.* thrown [θrəʊn]) 1. mest, sviest; 2. *sp.* mest (*disku, šķēpu*); 3. mest ādu (*par čūsku*); 4. atnesties (*par govi, ķēvi*); 5. *mil.* pārsviest (*karaspēku*); ▯ to th. **about** – 1) izsvaidīt; 2) izšķiest; to th. **aside** – 1) atmest; 2) atsacīties; to th. **away** –

1) aizsviest, aizmest; 2) izšķiest; to th. **down** – 1) nomest, nosviest; to th. **over** – 1) pamest (*draugus*); 2) atteikties (*no nodoma*); to th. **together** – 1) ātri pagatavot; 2) savest kopā; to th. **up** – 1) uzmest, uzsviest; 2) pamest (*darbu*); 3) izvemt; ◇ to th. a punch – iesist; to th. dust in smb.'s eyes – pūst kādam miglu acīs; to th. the book at smb. – rāt kādu; to th. a party (bash) – izklaidēt; to th. a scare into smb. – baidīt kādu; to th. a seven – *sl.* noģībt; to th. down on smb. – apvainot kādu (*noziegumā*); to th. one's cookies – *sar.* vemt; to th. the baby out with the bath water – nejauši izmest ko derīgu kopā ar mēsliem

throwaway ['θrəʊəwei] **I** *n* **1.** bezmaksas reklāmas lapiņa; **2.** mazvērtīga lietiņa; **II** *a* vienreiz lietojams

throwback ['θrəʊbæk] *n* **1.** regress; **2.** *biol.* atavisms

throwdown ['θrəʊdaʊn] *n* sakāve

thrower ['θrəʊə] *n* **1.** metējs; **2.** podnieks

throw-in ['θrəʊɪn] *n* (*bumbas*) iemetiens

throwing wheel ['θrəʊɪŋwiːl] *n* podnieka ripa

thrown *sk.* **throw II**

thru [θruː] *amer. sk.* **through**

thrum [θrʌm] **I** *n* **1.** bungošana ar pirkstiem; **2.** trinkšķināšana; **II** *v* **1.** bungot ar pirkstiem; **2.** trinkšķināt

thrush [θrʌʃ] *n ornit.* strazds

thrust [θrʌst] **I** *n* **1.** grūdiens; **2.** dūriens; **3.** *mil.* trieciens; **4.** *tehn.* balsts; atbalsts; **5.** *tehn.* aksiālā slodze; **II** *v* (*p. un p. p.* thrust [θrʌst]) **1.** [ie]grūst; **2.** [ie]durt; **3.** iesprauktes; **4.** uzspiest; uztiept; ▯ to th. **in** – iedurt; iespraust

thud [θʌd] **I** *n* **1.** būkšķis; **2.** lidmašīnas katastrofa; **II** *v* nobūkšķēt

thug [θʌg] *n* slepkava

thuggery ['θʌgəri] *n* slepkavība

thuja ['θjuːjə] *n* tūja, dzīvībaskoks

thumb [θʌm] **I** *n* īkšķis; ◇ Tom Th. – 1) Īkstītis (*pasakās*); 2) *sl* rums; ~s down! – nepiekrītu; ~s up! – piekrītu; **II** *v* **1.** pārlapot, pāršķirstīt; **2.** notraipīt (*grāmatas lapu stūrus*); **3.** *sar.* (*arī* to th. a lift) «stopot» automobiļus; ◇ to th. the nose at smb. – parādīt kādam garu degunu

thumbmark ['θʌmmɑːk] *n* **1.** īkšķa nospiedums (*uz grāmatas lapu stūriem*); **2.** īkšķa nospiedums (*daktiloskopijā*)

thumbnail ['θʌmneɪl] **I** *n* īkšķa nags; **II** *a* **1.** mazs; **2.** saīsināts

thumbprint ['θʌmprɪnt] *n* īkšķa nospiedums (*daktiloskopijā*)

thumbpusher ['θʌmˌpʊʃə] *n amer. sl.* autostopists

thump [θʌmp] **I** *n* **1.** belziens; **2.** dobjš troksnis; **II** *v* iebelzt

thumper ['θʌmpə] *n* **1.** dobjš sitiens; **2.** *mil. sar.* granātmetējs

thunder ['θʌndə] **I** *n* **1.** pērkons; **2.** dārdi; **II** *v* **1.** dārdēt; it ~s – pērkons dārd; **2.** dārdināt

thunderbolt ['θʌndəbəʊlt] *n* zibens spēriens

thunderbird ['θʌndəbɜːd] *n mit.* negaisa putns

thunderclap ['θʌndəklæp] *n* pērkona grāviens

thundercloud ['θʌndəklaʊd] *n* negaisa mākonis

thunderstorm ['θʌndəstɔːm] *n* pērkona negaiss

thunderstruck ['θʌndəstrʌk] *a* pārsteigts

Thursday ['θɜːzdɪ] *n* ceturtdiena

thus [ðʌs] *adv* **1.** tā; tādā veidā; **2.** tik; tādā mērā

thwart [θwɔ:t] **I** *n* airsols; **II** *a* šķērss; **III** *v* kavēt (*piem.*, *plānus*)
thy [ðai] *pron novec.* tavs
thyme [taim] *n bot.* timiāns
thyroid ['θairɔid] *n* (*arī* th. gland) *anat.* vairogdziedzeris
thyself [ðai'self] *pron novec.* **1.** sevi, sev; **2.** [tu] pats
ti [ti:] *n mūz.* si
tiara [ti'ɑ:rə] *n* **1.** (*pāvesta*) tiāra; **2.** diadēma
tibia ['tibiə] *n* (*pl* tibiae ['tibii:]) *anat.* lielais lielakauls
tick[a] [tik] *n* (*spilvena*) pārvalks
tick[b] [tik] *n* **1.** ērce; **2.** uzmācīgs cilvēks
tick[c] [tik] **I** *n* **1.** tikšķis; **2.** ķeksītis; **II** *v* **1.** tikšķēt; **2.** atzīmēt ar ķeksīti
tick[d] [tik] **I** *n sar.* kredīts; **II** *v* pirkt uz kredīta
ticket ['tikit] **I** *n* **1.** biļete; return t. – biļete «turp un atpakaļ»; single t., *amer.* oneway t. – biļete vienā virzienā; **2.** etiķete; price t. – cenrādis; **3.** kvīts; talons; **4.** *mil. sar.* apliecība par demobilizāciju; **II** *v* piespraust etiķeti
ticket scalper ['tikit ˌskælpə] *n amer. sar.* biļešu spekulants
ticket skinner ['tikit ˌskinə] *sk.* **ticket scalper**
tickle ['tikl] **I** *n* kutēšana; **II** *v* **1.** kutināt; **2.** kutēt; **3.** uzjautrināt; ◇ to t. one's funny bone – sasmīdināt kādu; to t. smb. to [his] death – sajūsmināt (saviļņot) kādu; to t. smb's. tail – sadot kādam; to t. the ivories – *sar.* spēlēt klavieres
tickler ['tiklə] *n sar.* asistents; palīgs
ticklish ['tikliʃ] *a sar.* delikāts; kutelīgs (*par jautājumu, situāciju*)
tick-tack-toe [ˌtiktæk'təʊ] *n* nullītes un krustiņi (*spēle*)
tidal ['taidl] *a* paisuma un bēguma-

tidal wave ['taidl weiv] *n* **1.** paisuma vilnis; **2.** *pārn.* (*jūtu*) uzplūdi
tidbit ['tidbit] *amer. sk.* **titbit**
tiddly ['tidli] *a sar.* piedzēries
tide [taid] **I** *n* **1.**: high t. – paisums; low t. – bēgums; **2.** (*domu, notikumu*) gaita; to turn the t. – mainīt notikumu gaitu; **3.** *poēt.* jūra; straume; **II** *v* peldēt pa straumi
tidemark ['taidmɑ:k] *n* paisuma atzīme (*krastmalā*)
tidewaiter ['taidˌweitə] *n* ostas muitas darbinieks
tidiness ['taidinəs] *n* tīrība; kārtība
tidy ['taidi] **I** *n* **1.** sedziņa (*uz galda*); **2.** bērna priekšautiņš; **II** *a* **1.** tīrīgs; kārtīgs; **2.** *sar.* pamatīgs; t. sum – prāva summa; **III** *v* (*arī* to t. up) sakārtot; uzkopt
tie [tai] **I** *n* **1.** saite; lente; **2.** saistība; ~s of friendship – draudzības saites; **3.** kaklasaite; **4.** vienāds balsu skaits (*vēlēšanās*); **5.** *mūz.* legato; **6.** *tehn.* savienojums; **7.** *sp.* neizšķirta spēle; ◇ black t. – smokings; white t. – fraka; **II** *v* **1.** (*arī* to t. up) sasiet; **2.** (*to*) piesiet; **3.** ierobežot; saistīt; **4.** *sp.* nospēlēt neizšķirti; **5.** iegūt vienādu balsu skaitu (*vēlēšanās*); **6.** *mūz.* savienot ar legato zīmi; ⏍ to t. **down** – 1) piesiet; 2) saistīt; ierobežot
tieclasp ['taiklɑ:sp] *n* kaklasaites piespraude
tie-dye ['taidai] *v tekst.* batikot
tiepin ['taipin] *n* kaklasaites adata
tiff [tif] **I** *n* nesaprašanās; **II** *v* pukoties
tig [tig] **I** *n* «sunīši» (*bērnu rotaļa*); **II** *v* spēlēt «sunīšus»
tiger ['taigə] *n* **1.** tīģeris; **2.** kauslis; ◇ to ride the t. *sar.* – dzīvot kā uz pulvermucas

tiger lily [ˈtaigə ˌlili] *n bot.* tīģerlilija
tiger suit [ˈtaigə suːt] *n mil. sl.* maskēšanās tērps
tight [tait] **I** *a* **1.** ciešs; savilkts; t. knot – cieši savilkts mezgls; **2.** šaurs; pieguļošs (*par apģērbu, apaviem*); **3.** blīvs; kompakts; **4.** (*ūdens, gaisa*) necaurlaidīgs; **5.** nepietiekams; time is t. – trūkst laika; **6.** skops; **7.** *sl.* iereibis, **II** *adv* cieši; stingri
tighten [ˈtaitn] *v* **1.** savilkt; **2.** savilkties
tightfisted [ˌtaitˈfistid] *a* skops
tight-lipped [ˌtaitˈlipt] *a* nerunīgs
tightness [ˈtaitnəs] *n* sasprindzinājums; t. in the air – saspīlēta gaisotne
tights [taits] *n pl* **1.** zeķbikses; **2.** (*baletdejotājas*) triko
tightwad [ˈtaitwɒd] *n sl.* skopulis
tigress [ˈtaigris] *n* tīģeriene
tike [taik] *sk.* **tyke**
tilbury [ˈtilbəri] *n* segta divriteņu ekipāža
tile [tail] **I** *n* **1.** dakstiņš; **2.** flīze; **3.** (*krāsns*) podiņš; ◇ to be [out] on the ~s *sl.* – uzdzīvot, plītēt; **II** *v* **1.** noklāt ar dakstiņiem; **2.** noklāt ar flīzēm
tilery [ˈtailəri] *n* ķieģeļceplis
tiling [ˈtailiŋ] *n* dakstiņu jumts
till[a] [til] *n* kases aparāts
till[b] [til] *v* apstrādāt (*zemi*)
till[c] [til] **I** *prep* līdz; t. now – līdz šim; **II** *conj* kamēr
tillable [ˈtiləbl] *a lauks.* arams
tillage [ˈtilidʒ] *n* **1.** zemkopība; **2.** tīrums
tiller[a] [ˈtilə] *n* zemkopis
tiller[b] [ˈtilə] *bot.* **I** *n* vasa; **II** *v* dzīt asnus
tilt[a] [tilt] **I** *n* **1.** slīpums; **2.** *vēst.* jātnieka uzbrukums ar šķēpu; **3.** strīds; ◇ at full t. – pilnā sparā; **II** *v* **1.** noliekt; **2.** noliekties; **3.** (*at*) *vēst.* cīnīties ar šķēpiem
tilt[b] [tilt] **I** *n* brezenta pārklājs; **II** *v* pārsegt ar brezenta pārklāju

tilth [tilθ] *n* **1.** zemkopība; **2.** tīrums
tiltyard [ˈtiltjɑːd] *n vēst.* bruņinieku turnīru arēna
timber [ˈtimbə] **I** *n* **1.** kokmateriāli; **2.** baļķis; **II** *v* apšūt ar koku
timbering [ˈtimbəriŋ] *n* **1.** kokmateriāli; **2.** namdara amats
timberyard [ˈtimbəjɑːd] *n* kokmateriālu noliktava
timbre [ˈtæmbə] *n mūz.* tembrs
timbrel [ˈtimbrəl] *n* tamburīns
time [taim] **I** *n* **1.** laiks; all the t. – visu laiku; at a t. – reizē; at one t. – agrāk, senāk; behind t. – ar nokavēšanos; behind the ~s – novecojis; for the t. being – pagaidām; from t. to t. – laiku pa laikam; in no t. – vienā mirklī; many a t., many ~s – bieži; once upon a t. – sensenos laikos; t. after t. – bieži; to have a good t. – patīkami pavadīt laiku; to kill t. – iznīcināt laiku; it's about t. – tā kā būtu laiks; it is high t. – ir pats pēdējais laiks; it's a matter (question) of t. – tas ir laika jautājums; what's the t.?; what t. is it? – cik ir pulkstenis?; t. is up – laiks ir iztecējis; **2.** termiņš; **3.** (*parasti pl*) laikmets; laiks; **4.** reize; two ~s four – divreiz četri; for the first t. – pirmoreiz; **5.** *sl.* soda izciešanas laiks; **6.** *mūz.* takts; **II** *v* **1.** izvēlēties piemērotu laiku; **2.** noteikt laiku; **3.** uzņemt laiku; **4.** *tehn.* regulēt
timebill [ˈtaimbil] *n* vilcienu saraksts
timebomb [ˈtaimbɒm] *n mil.* bumba ar laika degli
time exposure [ˈtaimiksˌpəʊʒə] *n fot.* ekspozīcija
time fuse [ˈtaim fjuːz] *n mil.* degaukla
timekeeper [ˈtaimˌkiːpə] *n* **1.** hronometrs; **2.** hronometrists

timeless [ˈtaimləs] *a poēt.* mūžīgs
timely [ˈtaimli] *a* laikā paveikts
time out [ˌtaim ˈaʊt] *n* 1. pārtraukums (*darbā*); 2. *sp.* minūtes pārtraukums
timeworn [ˈtaimwɔːn] *a* laika zoba sagrauzts
timid [ˈtimid] *a* kautrs; bikls
timidity [tiˈmidəti] *n* kautrība; biklums
timing [ˈtaimiŋ] *n* 1. piemērota laika izvēlēšanās; 2. hronometrāža; 3. laika noteikšana; 4. *tehn.* aizdedzes momenta noregulēšana
timorous [ˈtimərəs] *a* kautrs; bikls
timothy [ˈtiməθi] *n bot. (arī* t. grass) timotiņš
timpani [ˈtimpəni] *n pl* timpāni
tin [tin] I *n* 1. alva; 2. skārds; 3. konservu kārba; 4. *amer. sl.* policista žetons; II *v* 1. alvot; 2. konservēt
tinder [ˈtində] *n* posa
tindery [ˈtindəri] *a* viegli uzliesmojošs
tine [tain] *n* 1. (*dakšas*) zars; 2. (*ecēšu*) tapa; 3. (*brieža raga*) žuburs
tinea [ˈtiniə] *n* kode
tinfoil [ˈtinfɔil] I *n* staniols, alvas folija; II *v* ietīt staniolā (alvas folijā)
tinge [tindʒ] I *n* nokrāsa; II *v* piešķirt nokrāsu
tingle [ˈtiŋgl] I *n* 1. džinkstēšana (*ausīs*); 2. tirpas; II *v* 1. džinkstēt (*ausīs*); 2. tirpt
tinhorn [ˈtinhɔːn] *sl.* I *n* 1. niekkalbis; 2. nekvalitatīvs priekšmets; II *a* otršķirīgs
tinker [ˈtiŋkə] I *n* skārdnieks; II *v* lodēt; alvot
tinkle [ˈtiŋkl] I *n* 1. (*zvana*) skaņa; 2. šķindoņa; II *v* 1. zvanīt (*par zvanu*); 2. šķindēt
tinklerᵃ [ˈtiŋklə] *n* zvaniņš, zvārgulis
tinklerᵇ [ˈtiŋklə] *n* skārdnieks
tinman [ˈtinmən] *n* skārdnieks

tinned [tind] *a* 1. konservēts; 2. alvots
tinner [ˈtinə] *n* skārdnieks
tin-opener [ˈtinˌəʊpənə] *n* konservu nazis
tinplate [ˈtinpleit] I *n* skārds; II *v* alvot
tinsel [ˈtinsl] I *n* 1. vizulis; 2. ārišķība; II *v* izrotāt ar vizuļiem
tinsmith [ˈtinsmiθ] *sk.* **tinman**
tint [tint] I *n* nokrāsa; tonis; II *v* [ie]krāsot, [ie]tonēt
tinware [ˈtinweə] *n* alvas izstrādājumi
tiny [ˈtaini] *a* sīks; mazs
tipᵃ [tip] I *n* 1. gals; from t. to toe – no galvas līdz kājām; 2. uzgalis; ◇ to have smth. at one's fingers' ~s – pārzināt kaut ko kā savus piecus pirkstus; II *v* 1. uzlikt uzgali; 2. apgriezt (*krūmus*)
tipᵇ [tip] I *n* 1. viegls pieskāriens; 2. atkritumu izgāztuve; II *v* 1. viegli pieskarties; 2. izgāzt (*atkritumus*); ◇ t.-up seat – nolaižams sēdeklis (*kino, teātrī*); ⬜ to t. **off** – noliet (*šķidrumu*); to t. **out** – izkrist; to t. **over**, to t. **up** – 1) apgāzt, 2) apgāzties; ◇ to t. the scale – likt nosvērties svaru kausam
tipᶜ [tip] I *n* 1. dzeramnauda; 2. mājiens; ◇ t. from the stable – ziņas no drošiem avotiem; II *v* 1. dot dzeramnaudu; 2. dot mājienu; ⬜ to t. **off** – brīdināt; to t. **up** – atdarīt maku
tiplorry [ˈtiplɔri] *n* pašizkrāvējs
tipper [ˈtipə] *n sk.* **tiplorry**
tipsy [ˈtipsi] *a* iereibis
tiptoe [ˈtiptəʊ] I *n* (*kājas*) pirkstgali; II *a* satraukts; III *v* iet uz pirkstgaliem
tip top [ˌtip ˈtɒp] I *n* augstākā pakāpe; II *a* lielisks; III *adv* lieliski
tireᵃ [ˈtaiə] *amer. sk.* **tyre**ᵃ
tireᵇ [ˈtaiə] *v* 1. nogurt; I am ~d – es esmu noguris; 2. nogurdināt; 3. apnikt

tired ['taiəd] *a* **1.** noguris; **2.** (*of*) apnicis; ◇ t. and emotional – *sar.* piedzēries
tireless ['taiələs] *a* nenogurdināms
tiresome ['taiəsəm] *a* **1.** nogurdinošs; **2.** apnicīgs
'tis [tiz] *saīs. no* it is
tissue ['tiʃu:] *n* **1.** *tekst.* plāns audums; **2.** *biol.* audi; scar t. – rētaudi; **3.** tīklojums; **4.** zīdpapīrs; **5.** papīra salvete
tit[a] [tit] *n ornit.* zīlīte
tit[b] [tit] *n sar.* pups; ◇ t. mag – *sl.* pornožurnāls; [with one's] ~s up – *sl.* nozūmēts; nogalināts; to get on one's ~s – kaitināt kādu
titfer ['titfə] *n sl.* cepure
tithe [taið] *n* **1.** desmitdaļa; **2.** *sar.* kripatiņa; **3.** *novec.* desmitā tiesa (*baznīcai*)
title ['taitl] **I** *n* **1.** virsraksts; nosaukums; **2.** tituls; **3.** *sp.* čempiona nosaukums; **II** *v* **1.** dot nosaukumu (virsrakstu); **2.** piešķirt titulu
titled ['taitld] *a* titulēts
titleholder ['taitl,həʊldə] *n* čempions
titmice *sk.* **titmouse**
titlepart ['taitlpɑ:t] *n* titulloma
titlerole ['taitlrəʊl] *n* titulloma
titmouse ['titmaʊs] *n* (*pl* titmice ['titmais]) *ornit.* zīlīte
titrate ['taitreit] *v ķīm.* titrēt
titter ['titə] **I** *n* ķiķināšana; **II** *v* ķiķināt
tittle-tattle ['titltæl] **I** *n* tenkas, pļāpas; **II** *v* tenkot, pļāpāt
tittup ['titəp] **I** *n* **1.** līksmība; **2.** auļi, aulekši; **II** *v* **1.** līksmot; **2.** auļot, aulekšot
titular ['titʃʊlə] *a* **1.** nomināls; **2.** titula-; **3.** titulēts
tizzy ['tizi] *n sl.* **1.** satraukums; **2.** dusmu izvirdums

to I *adv* [tu:]: to and fro – šurp un turp; ◇ to bring to – dabūt pie samaņas; to come to – nākt pie samaņas; **II** *prep* (*uzsvērtā forma* [tu:, tʊ]; *neuzsvērtā forma* [tə, t]) **1.** (*norāda virzienu*) uz; līdz; it is ten miles to my house – līdz manām mājām ir desmit jūdžu; **2.** (*norāda laiku*) līdz; a quarter to eight – bez piecpadsmit astoņi; **3.** (*norāda stāvokli*): prone to exaggerate – ar noslieci pārspīlēt; **4.** (*norāda pāreju citā stāvoklī*): they urged him to fight – viņi pamudināja viņu kauties; **5.** (*norāda mērķi, nolūku*): my wish to you – mans novēlējums tev; **6.** (*norāda pakāpi*): to the last penny – līdz pēdējam penijam; **7.** (*norāda piederību*): this horse belongs to John – šis zirgs pieder Džonam; **8.** (*norāda dažādas attiecības*): face to face – vaigu vaigā; shoulder to shoulder – plecu pie pleca; **9.** (*izsaka datīva attiecības*): a message to the people – vēstījums tautai; **10.** (*izsaka salīdzinājumu*): I prefer tea to coffee – es dodu priekšroku tējai, nevis kafijai; **III** *part* (*uzsvērtā forma* [tu:, tʊ], *neuzsvērtā forma* [tə, t]) lieto ar *inf.*: to go – iet
toad [təʊd] *n* **1.** krupis; **2.** riebeklis
toad-eater ['təʊd,i:tə] *n* lišķis
toad-eating ['təʊd,i:tiŋ] **I** *n* lišķēšana; **II** *a* lišķīgs
toadstool ['təʊdstu:l] *n* suņusēne
toady ['təʊdi] *I n* lišķis; **II** *v* lišķēt, izdabāt
toast[a] [təʊst] **I** *n* grauzdiņš; **II** *n* **1.** grauzdēt; **2.** sildīt
toast[b] [təʊst] **I** *n* tosts; to drink a t. to smb. – dzert uz kāda veselību; to propose a t. – uzsaukt tostu; **II** *v* uzsaukt tostu; to t. smb.'s health – dzert uz kāda veselību

toaster[a] [ˈtəʊstə] *n* tosters (*grauzdēšanas ierīce*)
toaster[b] [ˈtəʊstə] *n sk.* **toastmaster**
toastmaster [ˈtəʊstˌmɑːstə] *n* tosta uzsaucējs
tobacco [təˈbækəʊ] *n* (*pl* tobaccos *vai* tobaccoes [təˈbækəʊs]) tabaka
toboggan [təˈbɒgən] **I** *n* kamaniņas; **II** *v* braukt ar kamaniņām
toby [ˈtəʊbi] *n amer.* policijas iecirknis
toco [ˈtəʊkəʊ] *n* (*pl* tocos [ˈtəʊkəʊz]) *sl.* pēriens; sukas
today [təˈdei] **I** *n* šodiena; **II** *adv* **1.** šodien; **2.** mūsdienās
toddle [ˈtɒdl] **I** *n* **1.** čāpošana; tipināšana; **2.** *sar.* pastaiga; **II** *v* **1.** čāpot; tipināt; **2.** *sar.* pastaigāties; ◊ to t. **off** – aiziet; aizbraukt
toddler [ˈtɒdlə] *n* bērns, kas sāk staigāt
toddy [ˈtɒdi] *n* groks
toe [təʊ] **I** *n* **1.** kājas pirksts; **2.** (*zeķes, zābaka*) purngals; ◊ to turn up one's ~s – atstiept kājas, nomirt; **II** *v* **1.** pieskarties ar purngalu; to t. the line – *sp.* nostāties uz starta līnijas; **2.** iedzīt greizi (*naglu*)
toecap [ˈtəʊkæp] *n* (*apavu*) purngals
toenail [ˈtəʊneil] *n* kājas pirksta nags
toff [tɒf] *n sl* **1.** džentlmenis; **2.** frants
toffee [ˈtɒfi] *n* īriss (*konfekte*)
toffy [ˈtɒfi] *sk.* **toffee**
tog [tɒg] *sar.* **I** *n pl* drēbes; **II** *v* apģērbt
together [təˈgeðə] *adv* **1.** kopā; to stay t. – palikt kopā; to pull oneself t. – 1) atveseļoties; 2) atspirgt; atgūties no depresijas; **2.** vienlaikus; to come t. – notikt vienlaikus
togetherness [təˈgeðənəs] *n* kopības sajūta; tuvība
toil [tɔil] **I** *n* smags darbs; **II** *v* **1.** (*at*) nopūlēties; **2.** vilkties

toiler [ˈtɔilə] *n* darbarūķis
toilet [ˈtɔilət] *n* **1.** tualete; to make one's t. – sakārtoties; **2.** apģērbs; tērps; **3.** tualetes galdiņš ar spoguli; **4.** ateja
toilet bowl [ˈtɔilət bəʊl] *n* klozetpods
toilet paper [ˈtɔilət ˌpeipə] *n* tualetes papīrs
toilet roll [ˈtɔilət rəʊl] *n* tualetes papīra rullis
toiletware [ˈtɔilətweə] *n* tualetes priekšmeti
toilless [ˈtɔilləs] *a* viegls
toils [tɔilz] *n pl* **1.** tīkls; **2.** slazds
toilsome [ˈtɔilsəm] *a* grūts; smags
toke [təʊk] *sl* **I** *n* marihuānas cigarete; **II** *v* ievilkt dūmu (*marihuānu vai hašišu*)
token [ˈtəʊkən] *n* **1.** zīme; apliecinājums; love t. – mīlestības apliecinājums; in t. (*of*) – apliecinot; **2.** piemiņas velte; **3.** pazīšanās zīme; **4.** talons, žetons
told *sk.* **tell**
tolerable [ˈtɒlrəbl] *a* **1.** [pa]ciešams; **2.** apmierinošs
tolerance [ˈtɒlrəns] *n* **1.** iecietība; **2.** *tehn.* pielaide
tolerant [ˈtɒlrənt] *a* iecietīgs
tolerate [ˈtɒləreit] *v* **1.** paciest; **2.** pieļaut
toll[a] [təʊl] **I** *n* **1.** zvana skaņas; **2.** kapu zvans; **II** *v* zvanīt (*par zvanu*)
toll[b] [təʊl] *n* **1.** nodoklis; nodeva; **2.** *pārn.* kaitējums; the years have taken their t. on his mind – vecums ir atstājis iespaidu uz viņa prātu; **3.** maksa par tālsarunu; t. free – bezmaksas zvans; **4.** maksa par privātceļu lietošanu; **5.** *mil.* zaudējumi
tollable [ˈtəʊləbl] *a* apliekams ar nodokli
tollage [ˈtəʊlidʒ] *n* **1.** nodoklis (*par privātceļu lietošanu*); **2.** aplikšana ar nodokli

tollbar [ˈtəʊlbɑː] *n* postenis (*kur jāmaksā ceļa nodoklis*)
tollgate [ˈtəʊlgeit] *sk.* **tollbar**
tollkeeper [ˈtəʊlˌkiːpə] *n* nodokļu savācējs (*par privāto ceļu lietošanu*)
toll road [ˈtəʊl rəʊd] *n* ceļš, par kura lietošanu jāmaksā nodoklis
tomahawk [ˈtɒməhɔːk] **I** *n* tomahauks; ◇ to bury the t. – salīgt mieru; **II** *v* nogalināt ar tomahauku
tomato [təˈmɑːtəʊ] *n* tomāts
tomb [tuːm] **I** *n* **1.** kaps; **2.** kapa piemineklis; **II** *v* apbedīt
tomboy [ˈtɒmbɔi] *n* draiskule
tombstone [ˈtuːmstəʊn] *n* kapakmens
tomcat [ˌtɒmˈkæt] *n* **1.** runcis; **2.** donžuāns
tome [təʊm] *n* liela grāmata
tomfoolery [tɒmˈfuːləri] *n sl.* juvelierizstrādājumi
tommyrot [ˈtɒmirɒt] *n sar.* blēņas; muļķības
tomorrow [təˈmɒrəʊ] **I** *n* **1.** rītdiena; **2.** nākotne; **II** *adv* rīt
tomtit [ˈtɒmtit] *n* zīlīte
tomtom [ˈtɒmtɒm] *n* tamtams
ton [tʌn] *n* **1.** britu tonna (1016,05 kg); **2.** *amer.* tonna (907,16 kg); **3.** *sar.* milzums; **4.** *sar.* simts sterliņu mārciņu
tonality [təʊˈnæləti] *n mūz.* tonalitāte
tone [təʊn] **I** *n* **1.** tonis; **2.** atmosfēra; gaisotne; **3.** nokrāsa; tonis; **II** *v* piešķirt toni
toneless [ˈtəʊnləs] *a* neizteiksmīgs
tonga [ˈtɒŋgə] *n* viegli divriči
tongs [tɒŋz] *n pl* (*arī* pair of t.) knaibles
tongue [tʌŋ] *n* **1.** mēle; furred (coated) t. *med.* – aplikta mēle; to hold one's t. – valdīt mēli; to lose one's t. – zaudēt valodu; to wag one's t. – kulstīt mēli; **2.** valoda; mother t. – dzimtā valoda; **3.** zemes strēle
tongue-twister [ˈtʌŋˌtwistə] *n* grūti izrunājams pantiņš
tonic [ˈtɒnik] *n* **1.** *med.* tonizējošs līdzeklis; **2.** toniks (*dzēriens*)
tonight [təˈnait] **I** *n* **1.** šis vakars; **2.** šī nakts; **II** *adv* **1.** šovakar; **2.** šonakt
tonnage [ˈtʌnidʒ] *n jūrn.* tonnāža
tonne [tʌn] *n* metriskā tonna (1000 kg)
tonsil [ˈtɒnsl] *n anat.* mandele
ton-up [ˌtʌnˈʌp] *a* ātrāk par simt jūdzēm stundā (*par braukšanu*); ◇ t.-up boy – «vējabrālis»; motociklists
tony [ˈtəʊni] *a sar.* labi audzināts; pieklājīgs
too [tuː] *adv* **1.** arī; **2.** pārāk; t. much – pārāk daudz; **3.** ļoti; t. bad – ļoti žēl
took *sk.* **take II**
tool [tuːl] **I** *n* **1.** darbarīks; instruments; **2.** darbgalds; **3.** *pārn.* līdzeklis; **4.** *sl.* teicamnieks; **II** *v* rīkoties (*ar darbarīku, instrumentu*)
tooling [ˈtuːliŋ] *n* mehāniskā apstrāde
tooth [tuːθ] **I** *n* (*pl* teeth [tiːθ]) **1.** zobs; false (artificial) teeth – mākslīgie zobi; milk (deciduous) teeth – piena zobi; **2.** *tehn.* zobs; ◇ to escape by the skin of one's teeth – izbēgt par mata tiesu; to have a sweet t. – būt kāram uz saldumiem; to set smb.'s teeth on edge – aizkaitināt kādu; **II** *v tehn.* iegriezt zobus
toothache [ˈtuːθeik] *n* zobu sāpes
toothbrush [ˈtuːθbrʌʃ] *n* zobu suka
toothing [ˈtuːθiŋ] *n tehn.* sazobe
toothless [ˈtuːθləs] *a* bezzobains
toothpaste [ˈtuːθpeist] *n* zobu pasta
toothpick [ˈtuːθpik] *n* zobu bakstāmais
toots [tuːts] *sk.* **tootsy**
tootsie [ˈtuːtsi] *n* **1.** dārgumiņš; sirdspuķīte; **2.** *sl.* glīta meiča

tootsy ['tu:tsi] *n amer. sk.* **tootsie**
top[a] [tɒp] *n* vilciņš (*rotaļlieta*); ◇ old t.! – veco zēn!; to sleep like a t. – gulēt kā susurim
top[b] [tɒp] **I** *n* **1.** galotne; virsotne; **2.** virsa; augša; from t. to bottom – no augšas līdz apakšai; from t. to toe – no galvas līdz kājām; **3.** augstākā pakāpe; kalngals; at the t. of one's voice – pilnā kaklā; to come to the t. – gūt panākumus; **4.** *sar.* sieviešu krekliņš (blūzīte); **5.** (*zābaka*) atloks; **6.** *mūz.* tops; **II** *a* **1.** augšējais; **2.** maksimāls; t. secret – pilnīgi slepeni; **III** *v* **1.** uzkāpt (*kalna virsotnē*); **2.** pārspēt; **3.** iegūt augstāko pozīciju; the song ~ped the chart – dziesma ieguva pirmo pozīciju aptaujā; ◻ to t. **off** – pabeigt; to t. **up** – piepildīt; ◇ to t. it all – lai mērs būtu pilns
top-boot [,tɒp'bu:t] *n* zābaks ar atlokiem
topcoat ['tɒpkəʊt] *n* mētelis
top dog [,tɒp 'dɒg] *n sl.* **1.** veiksminieks; **2.** boss
top drawer [,tɒp 'drɔ:ə] *a* augstākās sabiedrības-
top-dressing [,tɒp'dresiŋ] *n lauks.* papildmēslojums
tope [təʊp] *n* birzs
top-flight [,tɒp'flait] *a sar.* pirmšķirīgs; lielisks
topfull ['tɒpfʊl] *a* pilns līdz augšai
topgallant [tɒp'gælənt] *n jūrn.* brambura
top hat [,tɒp 'hæt] **I** *n* cilindrs (*cepure*); **II** *a* augstākās sabiedrības-
top-heavy [,tɒp'hevi] *a sar.* ieraibis
top-hole [,tɒp'həʊl] *a* **1.** pirmšķirīgs; **2.** veselīgs
topic ['tɒpik] *n* **1.** temats; **2.** *pl* tematika
topical ['tɒpikl] *a* **1.** aktuāls; **2.** tematisks; **3.** *med.* vietējs

topicality [,tɒpi'kæləti] *n* aktualitāte
topknot ['tɒpnɒt] *n* **1.** (*matu*) mezgls; **2.** (*frizūras*) rotājums ar lentēm
topless ['tɒpləs] *a* **1.** bez virsas; **2.** ar kailām krūtīm
topline ['tɒplain] *a* **1.** populārs; t. actor – (*kino*) zvaigzne; **2.** sensacionāls (*par ziņām*)
top liner ['tɒp ,lainə] *n* (*kino*) zvaigzne
topmast ['tɒpmɑ:st] *n jūrn.* stenga
top-notch [,tɒp'nɒtʃ] *a sar.* **1.** pirmšķirīgs; **2.** veselīgs
topper ['tɒpə] *n sar.* **1.** cilindrs (*cepure*); **2.** lielisks cilvēks; **3.** lieliska lieta
topping ['tɒpiŋ] **I** *n* **1.** virsotne; **2.** (*ēdiena*) garnējums; **II** *a sar.* veselīgs
topple ['tɒpl] *v* **1.** (*arī* to t. down) nogāzties; **2.** sasvērties; sašķiebties
topsail ['tɒpsl] *n jūrn.* marsbura
topsoil ['tɒpsɔil] *n lauks.* aramkārta
top table ['tɒp teibl] *n* prezidija galds
top whack [,tɒp 'wæk] *n*: to be in t. w. – būt kārtībā (*par ierīci*)
toque [təʊk] *n* **1.** maza sieviešu cepure (*bez malām*); **2.** *zool.* makaks
torch [tɔ:tʃ] *n* **1.** lāpa; **2.** *pārn.* gaismas nesējs; **3.** *tehn.* lodlampa; **4.** kabatas baterija
torchlight ['tɔ:tʃlait] *n* lāpas gaisma
torchy ['tɔ:tʃi] *a amer.* skumjš (*par dziesmu*)
tore *sk.* **tear**[a]
torment I *n* ['tɔ:mənt] mokas; mocības; **II** *v* [tɔ:'ment] mocīt
tormentor [tɔ:'mentə] *n* mocītājs
torn *sk.* **tear**[a]
torpid ['tɔ:pid] *a* **1.** kūtrs; apātisks; **2.** sastindzis, **3.** ziemas guļā esošs (*par dzīvnieku*)
torpidity [tɔ:'pidəti] *n* **1.** kūtrums; apātija; **2.** sastingums

torpids ['tɔ:pidz] *n pl* airēšanas sacīkstes
torpor ['tɔ:pə] *n* 1. kūtrums; apātija; 2. sastingums
torrent ['tɒrənt] *n* 1. straume; 2. *pārn.* plūdums
torrential [tə'renʃl] *a* 1. straumēm plūstošs; 2. bagātīgs
torrid ['tɒrid] *a* 1. karsts; svelmains; 2. straujš; nevaldāms
torsion ['tɔ:ʃn] *n* 1. *tehn.* griešana; 2. *med.* (*artērijas*) nosiešana
torso ['tɔ:səʊ] *n* (*pl* torsos ['tɔ:səʊz]) 1. rumpis; 2. torss (*statuja*)
tort [tɔ:t] *n jur.* civiltiesību pārkāpums
tortilla [tɔ:'tilə] *n* kukurūzas plācenis
tortoise ['tɔ:təs] *n* bruņurupucis
tortuous ['tɔ:tʃʊəs] *a* 1. līkumots; 2. izvairīgs
torture ['tɔ:tʃə] **I** *n* 1. spīdzināšana; 2. mokas; **II** *v* 1. spīdzināt; 2. mocīt
torturer ['tɔ:tʃərə] *n* spīdzinātājs
torturous ['tɔ:tʃərəs] *a* mokpilns
Tory ['tɔ:ri] *n pol.* torijs, konservatīvais
tosh [tɒʃ] *n sl.* nieki; blēņas
toss [tɒs] **I** *n* 1. mešana; sviešana; 2. lozēšana (*metot monētu*); 3. grūdiens; 4. (*jātnieka*) izmešana no segliem; **II** *v* 1. mest; sviest; 2. mētāt, svaidīt; 3. mētāties, svaidīties; 4. (*par zirgu*) izmest no segliem (*jātnieku*); 5. lozēt (*metot monētu*); 6. mest (*kauliņus*); ◊ to t. **off** – 1) nomest; nogrūst; 2) rīkoties skarbi; 3) ātri izdarīt; to t. **up** – 1) lozēt (*metot monētu*); 2) ātri pagatavot (*ēdienu*); ◊ to t. a line on smb. – piekrāpt; to t. smb. overboard – pamest, atstāt, piemānīt
tossed salad [ˌtɒst 'sæləd] *n* svaigu dārzeņu salāti
tosspot ['tɒspɒt] *n sl.* žūpa

tossy ['tɒsi] *a sar.* uzpūtīgs
total ['təʊtl] **I** *n* kopsumma; **II** *a* 1. summārs; 2. pilnīgs; absolūts; t. eclipse *astr.* – pilns aptumsums; **III** *v* 1. saskaitīt kopā; 2. *sl.* sadragāt
totality [təʊ'tæləti] *n* kopums; kopsumma
tote [təʊt] *sar.* **I** *n* 1. pārvadāšana; 2. krava; **II** *v* pārvadāt
totter ['tɒtə] *v* 1. ļodzīties; grīļoties; 2. streipuļot; 3. sagrūt
tottery ['tɒtəri] *a* ļodzīgs; grīļīgs
toucan ['tu:kən] *n ornit.* tukāns
touch [tʌtʃ] **I** *n* 1. pieskaršanās; 2. tauste; 3. saskare; kontakts; to get in t. (*with*) – nonākt saskarē (*ar*); to lose t. (*with*) – zaudēt sakarus; 4. pieeja; 5. īpatnība; personal t. – rakstura īpašība; 6. *sar.* sevišķs fasons; the latest t. – pēdējais modes kliedziens; **II** *v* 1. pieskarties, piedurties; 2. saviļņot; 3. aizskart; aizvainot; to t. smb. to the quick – aizskart kādu vārīgā vietā; 4. ietonēt; 5. saņemt (*algu*); 6. *sar.* piekrāpt; 7. *sar.* diedelēt; ◊ to t. **at** – iebraukt ostā (*par kuģi*); to t. **down** – nolaisties (*par lidmašīnu*); to t. **for** – diedelēt; to t. **up** – 1) palabot; 2) stimulēt; ◊ soft (easy) t. – viegli pierunājams cilvēks; to t. pitch – ielaisties šaubīgos darījumos
touchable ['tʌtʃəbl] *a* taustāms
touchdown ['tʌtʃdaʊn] *n av.* nolaišanās
touched [tʌtʃt] *a* 1. saviļņots; 2. jucis
touching ['tʌtʃiŋ] **I** *a* aizkustinošs; **II** *prep* attiecībā uz
touch-me-not ['tʌtʃminɒt] *n* 1. svētule; svētulis; 2. tabu; aizliegts temats
touchstone ['tʌtʃstəʊn] *n* 1. (*dārgakmeņu*) pārbaudes akmens; 2. kritērijs
touchwood ['tʌtʃwʊd] *n* posa

touchy [ˈtʌtʃi] *a* **1.** ātri aizvainojams; **2.** riskants
tough [tʌf] **I** *n sar.* huligāns; **II** *a* **1.** ciets; sīksts; **2.** stiprs; izturīgs; **3.** grūts; smags; t. job – grūts darbs; **4.** stūrgalvīgs; **5.** rupjš; **6.** *sar.* neveiksmīgs; t. times – grūti laiki; **7.** *amer. sar.* huligānisks; bandītisks; **8.** *sl.* lielisks
toughen [ˈtʌfn] *v* **1.** padarīt cietu (sīkstu); **2.** norūdīt; **3.** kļūt cietam (sīkstam)
toughie [ˈtʌfi] *n sar.* huligāns
toupee [ˈtu:pei] *n* šinjons
tour [tʊə] **I** *n* **1.** ceļojums; brauciens; **2.** apskate; sightseeing t. – ievērojamu vietu apskate; **3.** apgaita; **4.** viesizrāžu (vieskoncertu) turneja; **II** *v* **1.** [ap]ceļot; **2.** doties apgaitā; **3.** sniegt viesizrādes (vieskoncertus)
tourer [ˈtʊərə] *n* **1.** tūristu autobuss; **2.** tūrists
touring [ˈtʊəriŋ] **I** *n* tūrisms; **II** *a* tūristu-; tūrisma
tourism [ˈtʊərizəm] *n* tūrisms
tourist [ˈtʊərist] *n* tūrists
tournament [ˈtʊənəmənt] *n* turnīrs
tourney [ˈtʊəni] *vēst.* **I** *n* turnīrs; **II** *v* piedalīties turnīrā
tourniquet [ˈtʊənikei] *n med.* žņaugs
tousle [ˈtaʊzl] *v* sabužināt (*matus*)
tout [taʊt] **I** *n* **1.** uzbāzīgs tirdzniecības aģents; **2.** biļešu spekulants; **II** *v* **1.** uzbāzīgi piedāvāt (*preci*); **2.** slavēt (*preci*); **3.** *sar.* spiegot
tow[a] [təʊ] *n* pakulas
tow[b] [təʊ] **I** *n* **1.** tauva; **2.** buksēšana; **II** *v* **1.** vilkt tauvā; **2.** buksēt
towaway [ˌtəʊəˈwei] *n* automobiļa evakuācija (*no neatļautas stāvvietas*)
toward [təˈwɔ:d] *sk.* **towards**
towards [təˈwɔ:dz] *prep* **1.** (*norāda virzienu*) uz; t. London – Londonas virzienā; **2.** (*norāda attieksmi*) pret; attitude t. people – attieksme pret cilvēkiem; **3.** (*norāda laiku*) uz; we'll move out t. April – mēs pārvāksimies pirms aprīļa
towel [ˈtaʊəl] **I** *n* dvielis; **II** *v* noslaucīt dvielī
tower [ˈtaʊə] **I** *n* **1.** tornis; **2.** cietoksnis; **II** *v* **1.** (*arī* to t. up) pacelties; **2.** (*arī* to t. above, over) slieties (*pāri*)
towering [ˈtaʊəriŋ] *a* **1.** augsts; garš; **2.** pieaugošs
towhead [ˈtaʊhed] *n* gaišmatains cilvēks
town [taʊn] *n* **1.** pilsēta; county t. – grāfistes galvaspilsēta (*Anglijā*); **2.** (*rajona*) administratīvais centrs; ◇ to paint the t. red – nodoties uzdzīvei
town car [ˌtaʊn ˈka:] *n* limuzīns
town council [ˌtaʊn ˈkaʊnsl] *n* **1.** municipalitāte; **2.** *vēst.* rāte
town hall [ˌtaʊn ˈhɔ:l] *n* rātsnams
townsfolk [ˈtaʊnzfəʊk] *n* pilsētnieki
townscape [ˈtaʊnskeip] *n glezn.* pilsētas ainava
townsman [ˈtaʊnzmən] *n* **1.** pilsētnieks; **2.** līdzpilsonis
townspeople [ˈtaʊnzpi:pl] *sk.* **townsfolk**
towpath [ˈtaʊpa:θ] *n* taka gar upes malu
toxaemia [tɒkˈsi:miə] *n med.* asinssaindēšanās
toxic [ˈtɒksik] **I** *n* inde; **II** *a* toksisks, indīgs
toxicity [tɒkˈsisəti] *n* toksicitāte, indīgums
toxin [ˈtɒksin] *n* toksīns
toy [tɔi] **I** *n* rotaļlieta; t. dog – klēpja sunītis; **II** *v* **1.** rotaļāties, spēlēties; **2.** flirtēt
toyshop [ˈtɔiʃɒp] *n* rotaļlietu veikals
trace[a] [treis] **I** *n* **1.** pēdas; to keep t. of

smth. – sekot kaut kam pa pēdām; 2. kopija uz pauspapīra; 3. taka; **II** v 1. izsekot; dzīt pēdas 2. (*out*) skicēt (*plānu*); 3. pausēt, kopēt

trace[b] [treis] *n* atsaite

tracer [′treisə] *n* 1. pēddzinis (*parasti nozaudētu lietu meklēšanai*); 2. rasētājs

tracery [′treisəri] *n* raksts; ornaments

trachea [trə′ki:ə] *n* (*pl* tracheae [trə′ki:i:]) *anat.* traheja

tracing paper [′treisiŋ ‚peipə] *n* pauspapīrs

track [træk] **I** *n* 1. pēdas; off the t. – 1) noklīdis no ceļa; 2) novirzījies no temata; to be on the t. – būt uz pēdām; to keep t. of – sekot; to lose t. (*of*) – pazaudēt pēdas; 2. taka; the beaten t. – iemīta taka; 3. gaita; 4. sliedes; 5. *sp.* treks; 6. *av.* maršruts; 7. skaņu celiņš (*kanāls*); 8. ieraksts (*magnetofona lentē*); ◇ the wrong side of the ~s *amer.* – nabadzīgo ļaužu rajons; **II** v 1. (*arī* to t. out, to t. up, to t. down) izsekot; 2. atstāt pēdas; 3. vilkt tauvā; 4. ripot pa sliedēm (*par riteņiem*)

track-and-field [‚trækən′fi:ld] *n* (*arī* t.-a.-f. athletics) vieglatlētika

tracker[a] [′trækə] *n* 1. pēddzinējs (*medībās*); 2. (*slepenpolicijas*) okšķeris

tracker[b] [′trækə] *n* 1. velkonis; 2. *vēst.* strūdzinieks

trackless [′trækləs] *a* 1. bez ceļa; 2. bez pēdām; 3. bezsliežu-

trackman [′trækmən] *n* apgaitnieks

trackwalker [′træk‚wɔ:kə] *n amer.* apgaitnieks

trackway [′trækwei] *n* taciņa

tract[a] [trækt] *n* traktāts (*par reliģisku tematu*)

tract[b] [trækt] *n* 1. plašs zemes laukums; 2. *anat.* trakts; the digestive t. – gremošanas trakts

tractate [′trækteit] *n* traktāts

tractile [′træktail] *a* izstiepjams (*garumā*)

traction [′trækʃn] *n* 1. vilkšana; 2. *med.* šina

tractor [′træktə] *n* traktors

trad [træd] (*saīs. no* traditional) *sar.* **I** *n* tradicionālais džezs vai folkmūzika; **II** *a* tradicionāls (*par mūziku*)

trade [treid] **I** *n* 1. tirdzniecība; 2. arods, profesija; what's your t. ? – kāda ir jūsu nodarbošanās?; 3.: the t. – tirgotāji, veikalnieki; 4. darījums; **II** *v* 1. tirgoties; 2. (*for*) iemainīt; ◻ to t. **in** – nodot vecu mantu kā daļēju apmaksu jaunas mantas iegādei

trade gap [′treid gæp] *n ek.* tirdzniecības bilances deficīts

trademark [′treidmɑ:k] *n* firmas zīme

trader [′treidə] *n* 1. tirgotājs; 2. tirdzniecības kuģis; 3. biržas mākleris

trade school [′treid sku:l] *n* arodskola

tradesfolk [′treidzfəʋk] *sk.* **tradespeople**

tradespeople [′treidz‚pi:pl] *n* tirgotāji, veikalnieki

trade union [‚treid ′ju:niən] *n* (*arī* trades union) arodbiedrība

trade wind [′treid wind] *n* pasāts

tradition [trə′diʃn] *n* tradīcija

traditional [trə′diʃnəl] *a* tradicionāls

traduce [trə′dju:s] *v* celt neslavu

traffic [′træfik] **I** *n* 1. satiksme; 2. (*pasažieru, kravas*) pārvadājums; 3. darījumi; 4. *dat.* informācijas apjoms, kas iet cauri kādai komunikāciju sistēmai; **II** *v* (*in*) tirgoties

trafficator [′træfikeitə] *n* (*saliktenis no* traffik *un* indicator) (*automobiļa*) virziensignāls

traffic jam ['træfik dʒæm] *n* satiksmes sastrēgums
traffic light[s] ['træfiklait(s)] *n* luksofors
tragedian [trə'dʒi:diən] *n* 1. traģēdiju rakstnieks; 2. traģiķis
tragedienne [trə,dʒi:di'en] *n* traģiķe
tragedy ['trædʒədi] *n* traģēdija
tragic ['trædʒik] *a* traģisks
trail [treil] I *n* 1. pēdas; to foul the t. – sajaukt pēdas; to get off the t. – pazaudēt pēdas; 2. (*dūmu, putekļu*) mākonis; 3. taka; 4. *bot.* stīga; II *v* 1. vilkt; vazāt (*pa zemi*); 2. vilkties; vazāties (*pa zemi*); 3. sekot, iet pa pēdām; 4. iemīt (*taku*)
trailblazer ['treil,bleizə] *n* pionieris; celmlauzis
trailer ['treilə] *n* 1. treileris; 2. vīteņaugs
train[a] [trein] I *n* 1. vilciens; goods t. – preču vilciens; passenger t. – pasažiervilciens; wild t. – vilciens, kas neiet pēc saraksta; to catch (make) the t. – paspēt uz vilcienu; to miss the t. – nokavēt vilcienu; 2. procesija; gājiens; 3. svīta; pavadoņi; 4. sekas; in the t. (*of*) – rezultātā; 5. *tehn.* zobpārvads; II *v* braukt ar vilcienu
train[b] [trein] *v* 1. apmācīt; 2. trenēt; 3. trenēties; 4. dresēt (*dzīvnieku*)
trainbearer ['trein,beərə] *n* pāžs
trainee [,trei'ni:] *n* māceklis; praktikants
trainer ['treinə] *n* 1. treneris; 2. dresētājs
trainoil ['treinɔil] *n* trāns
trait [treit] *n* 1. raksturīga īpašība; iezīme; 2. (*parasti pl*) (*sejas*) vaibsti
traitor ['treitə] *n* nodevējs
traitorous ['treitərəs] *a* nodevīgs
traitress ['treitrəs] *n* nodevēja
trajectory [trə'dʒektəri] *n* trajektorija

tram [træm] I *n* 1. tramvajs; 2. vagonete; II *v* braukt ar tramvaju
tramcar ['træmkɑ:] *n* tramvaja vagons
tramline ['træmlain] *n* tramvaja līnija
trammel ['træml] *v* likt šķēršļus
trammels ['træmlz] *n* šķērslis
tramp [træmp] I *n* 1. klaidonis; 2. nogurdinošs ceļojums kājām; 3. soļu klaudzoņa; 4. staigule; II *v* 1. mīdīt; 2. smagi soļot; 3. klaiņot
trample ['træmpl] *n* 1. mīdīšanās (*uz vietas*); 2. (*zāles u. tml.*) nomīdīšana; 3. soļu klaudzoņa; II *v* 1. mīdīties; 2. [no]mīdīt (*zāli*); 3. smagi soļot; 4. *pārn.* mīdīt kājām
trampoline ['træmpəli:n] *n* batuts
tramway ['træmwei] *sk.* **tramline**
trance [trɑ:ns] *n* transs
tranquil ['træŋkwil] *a* mierīgs; rāms
tranquillity [træŋ'kwiləti] *n* miers; klusums
tranquillize ['træŋkwəlaiz] *v* 1. nomierināt; 2. nomierināties
tranquillizer ['træŋkwəlaizə] *n farm.* trankvilizators; nomierinošs līdzeklis
transact [træn'zækt] *v* noslēgt (*darījumu*)
transaction [træn'zækʃn] *n* 1. darījums; 2. (*darījuma*) kārtošana
transcend [træn'send] *v* pārspēt; pārsniegt
transcribe [træn'skraib] *v* 1. pārskatīt; 2. atšifrēt stenogrammu; 3. transkribēt; 4. *mūz.* aranžēt
transcript ['trænskript] *n* 1. kopija; 2. (*stenogrammas*) atšifrējums
transcription [træn'skripʃn] *n* 1. pārrakstīšana; 2. kopija; 3. (*fonētiskā*) transkripcija; 4. *mūz.* aranžējums
transfer I *n* ['trænsfɜ:] 1. pārvietošana; 2. pārcelšana (*citā darbā*); 3. pārsēša-

nās (*piem., citā vilcienā*); **4**. nospiedums; **5**. *pl* novelkamās bildītes; **6**. *ek*. transferts; **II** *v* [træns′fɜ:] **1**. pārvietot; **2**. pārcelt (*citā darbā*); **3**. pāriet (*citā darbā*); **4**. pārsēsties (*piem., citā vilcienā*)

transferable [træns′fɜ:rəbl] *a* **1**. pārvietojams; **2**. nomaināms

transfiguration [ˌtrænsfigə′reiʃn] *n* pārveidošana

transfigure [træns′figə] *v* pārveidot

transfix [træns′fiks] *v* caururbt

transform [træns′fɔ:m] *v* **1**. pārveidot; pārvērst; **2**. pārveidoties; pārvērsties; **3**. *el*. transformēt

transformer [træns′fɔ:mə] *n el*. transformators

transfuse [træns′fju:z] *v* **1**. pārliet; to t. blood – pārliet asinis; **2**. raisīt; modināt (*jūtas*)

transfusion [træns′fju:ʒn] *n* (*asins*) pārliešana

transgress [træns′gres] *v* pārkāpt (*piem., likumu*)

transgression [træns′greʃn] *n* (*likuma u. tml*.) pārkāpšana

transgressor [træns′gresə] *n* (*likuma u. tml*.) pārkāpējs

transience [′trænziəns] *n* nepastāvība

transiency [′trænziənsi] *sk*. **transience**

transistor [træn′zistə] *n* tranzistors

transit [′trænsit] **I** *n* **1**. pārbraukšana; caurbraukšana; **2**. tranzīts; pārvadāšana; **3**. *amer*. pārmaiņa; **II** *a* **1**. tranzīta-; **2**. īslaicīgs; pārejošs

transition [træn′ziʃn] *n* pāreja; t. period – pārejas periods

transitional [træn′ziʃnəl] *a* pārejošs; īslaicīgs

transitive [′trænsətiv] *a gram*. transitīvs, pārejošs

transitory [′trænsətri] *a* pārejošs; īslaicīgs

translate [træns′leit] *v* **1**. tulkot; **2**. tikt tulkotam; **3**. izskaidrot; interpretēt; **4**. pārveidot; **5**. translēt

translation [træns′leiʃn] *n* **1**. tulkojums; **2**. izskaidrojums; interpretācija; **3**. translācija

translator [træns′leitə] *n* tulkotājs

translocate [træns′ləʊkeit] *v* pārveidot

translucent [træns′lu:snt] *a* caurspīdīgs

transmissible [trænz′misəbl] *a* **1**. pārraidāms; **2**. lipīgs (*par slimību*)

transmission [trænz′miʃn] *n* **1**. pārraide; **2**. pārsūtīšana; nosūtīšana; **3**. (*slimības*) pārnešana; **4**. *tehn*. transmisija

transmit [trænz′mit] *v* **1**. pārraidīt (*piem., ziņas*); **2**. pārsūtīt; nosūtīt; **3**. pārnēsāt (*slimību*); **4**. nodot (*mantojumā*); **5**. vadīt; laist cauri

transmitter [trænz′mitə] *n* (*radio*) raidītājs

transnational [ˌtrænz′næʃnəl] *a* starptautisks

transom [′trænsəm] *n* (*durvju*) virslogs

transparent [træns′pærənt] *a* **1**. caurspīdīgs; **2**. skaidrs; nepārprotams; **3**. atklāts, vaļsirdīgs

transpiration [ˌtrænspə′reiʃn] *n* **1**. iztvaikošana; **2**. svīšana

transpire [træn′spaiə] *v* **1**. iztvaikot; **2**. svīst; **3**. atklāties; nākt gaismā

transplant **I** *n* [′trænspla:nt] *med*. **1**. transplantāts; **2**. transplantācija; **II** *v* [træns′pla:nt] **1**. pārstādīt; **2**. *med*. transplantēt

transport **I** *n* [′trænspɔ:t] **1**. transports; **2**. transportlīdzekļi; **3**. aizrautība; **4**. *vēst*. katordznieks; **II** *v* [træns′pɔ:t] **1**. transportēt; **2**. aizraut; **3**. *vēst*. izsūtīt katorgā

transportation [ˌtrænspɔː'teiʃn] *n* **1.** transportēšana; transports; **2.** transportlīdzekļi; **3.** *vēst.* izsūtīšana katorgā
transporter [træns'pɔːtə] *n tehn.* konveijers
transpose [træns'pəʊz] *v* **1.** apmainīt vietām; **2.** *mūz.* transponēt
transposition [ˌtrænspə'ziʃn] *n* **1.** apmainīšana vietām; **2.** *mūz.* transponējums
transsexual [træn'sekʃʊəl] *n med.* **1.** transseksuālists (*cilvēks, kas vēlas mainīt savu dzimumu*); **2.** transseksuālis (*cilvēks, kam mainīts dzimums*)
transship [træns'ʃip] *v jūrn.* **1.** pārkraut (*preces*); **2.** pārsēdināt (*pasažierus*)
transversal [trænz'vɜːsl] *n* šķērslīnija
transverse [trænz'vɜːs] *a* šķērss; t. section – šķērsgriezums
transvestism [trænz'vestizəm] *n psih.* transvestisms
transvestite [trænz'vestait] *n psih.* transvestīts
trap [træp] **I** *n* **1.** slazds; lamatas; **2.** lūka; **3.** divriči; **4.** *tehn.* sifons; **II** *v* **1.** izlikt lamatas; **2.** ievilināt
trapdoor [ˌtræp'dɔː] *n* lūka
trapeze [trə'piːz] *n sp.* trapece
trapezium [trə'piːziəm] (*pl* trapezia [trə'piːziə], trapeziums [trə'piːziəmz]) *n mat.* trapece
trapper ['træpə] *n* trapers (*mednieks, kas izliek slazdus*)
trappings ['træpiŋz] *n* **1.** rotājumi; **2.** parādes tērps
trappy ['træpi] *a sar.* nodevīgs
traps [træps] *n pl sar.* mantas
trapse [treips] **I** *n sar.* nogurdinoša pastaiga; **II** *v* slaistīties
trash [træʃ] **I** *n* **1.** lubu literatūra; **2.** blēņas; nieki; **3.** *amer.* atkritumi; **II** *v* **1.** attīrīt (*no atkritumiem*); **2.** *sl.* dauzīt; **3.** piegružot
trashy ['træʃi] *a sar.* draņķīgs
trauma ['trɔːmə] *n* (*pl* traumata ['trɔːmətə]) *med.* trauma
traumatic [trɔː'mætik] *a med.* traumatisks
traumatize ['trɔːmətaiz] *v med.* traumēt
travail ['træveil] *n* **1.** dzemdību sāpes; **2.** smags darbs
travel ['trævl] **I** *n* **1.** ceļojums; **2.** ceļošana; **3.** *tehn.* padeve; **II** *v* **1.** ceļot; **2.** virzīties; pārvietoties; **3.** pārcilāt (*atmiņā*)
traveller ['trævlə] *n* **1.** ceļotājs; **2.** komivojažieris
traverse ['trævɜːs] **I** *n* **1.** šķērssija; **2.** šķērslis; kavēklis; **II** *v* **1.** šķērsot; **2.** iebilst; apstrīdēt
travesty ['trævəsti] **I** *n* parodija; farss; **II** *v* parodēt
trawl [trɔːl] **I** *n* tralis; **II** *v* zvejot ar trali
trawler ['trɔːlə] *n jūrn.* traleris
tray [trei] *n* **1.** paplāte; **2.** *tehn.* tekne
treacherous ['tretʃərəs] *a* nodevīgs
treachery ['tretʃəri] *n* nodevība
treacle ['triːkl] *n* sīrups
treacly ['triːkli] *a* sīrupveidīgs
tread [tred] **I** *n* **1.** soļi; gaita; **2.** pakāpiens; **3.** *tehn.* (*riepas*) protektors; **4.** (*kāpurķēdes*) posms; **II** *v* (*p.* trod [trɒd]; *p. p.* trodden ['trɒdn]) **1.** spert soli; **2.** uzkāpt; uzmīt; **3.** mīdīt kājām; **4.** iemīt (*taku*); ◻ to t. **down** – nomīdīt; to t. **in** – iemīt; to t. **out** – samīdīt; ◇ to t. on smb.'s corns (toes) – uzmīt kādam uz varžacīm; to t. in smb.'s steps – iet kāda pēdās
treadle ['tredl] **I** *n* **1.** (*velosipēda*) pedālis; **2.** (*šujmašīnas, vērpjamā ratiņa*) pamina; **II** *v* mīt pedāli

treson ['tri:zn] *n* nodevība
treasure ['treʒə] **I** *n* bagātība; dārgums; **II** *v* 1. glabāt kā dārgumu; 2. augstu vērtēt
treasurer ['treʒərə] *n* 1. mantzinis; 2. (*dārgumu*) glabātājs
treasury ['treʒəri] *n* 1. dārgumu glabātava; 2.: the T. – valsts kase
treat [tri:t] **I** *n* 1. bauda; tīksme; 2. cienasts; to stand t. *sar.* – uzcienāt; **II** *v* 1. izturēties; to t. smb. well (right) – labi izturēties pret kādu; 2. ārstēt; 3. apstrādāt; 4. (*to*) uzcienāt; izmaksāt
treatise ['tri:tiz] *n* 1. (*on, upon*) traktāts; 2. zinātnisks darbs
treatment ['tri:tmənt] *n* 1. izturēšanās; 2. ārstēšana; 3. apstrāde
treaty ['tri:ti] *n* 1. līgums; 2. sarunas
treble ['trebl] **I** *n* 1. trīskāršs daudzums; 2. *mūz.* diskants; **II** *a* 1. trīskāršs; 2. *mūz.* diskanta-
tree [tri:] **I** *n* 1. koks; 2. (*arī* family t.) ciltskoks; 3. lieste; **II** *v* 1. uzdzīt kokā; 2. uzrāpties kokā; 3. uzvilkt uz liestes
trefoil ['trefɔil] *n* 1. *bot.* āboliņš; 2. āboliņa lapa (*ornaments*)
trek [trek] **I** *n* ilgs un grūts ceļojums; **II** *v* veikt ilgu un grūtu ceļojumu
tremble ['trembl] **I** *n* trīsas; trīcēšana; **II** *v* 1. trīcēt; drebēt; 2. plīvot (*par karogu*)
trembling ['tremblɪŋ] *n* trīsas
tremendous [tri'mendəs] *a* 1. milzīgs; 2. *sar.* lielisks
tremor ['tremə] *n* 1. satricinājums; 2. trīsas
trench [trentʃ] **I** *n* 1. grāvis; 2. tranšeja; **II** *v* 1. rakt grāvi; 2. rakt tranšeju; 3. dzīt vagas
trencher ['trentʃə] *n* (*angļu studentu*) cepure ar četrstūrainu virsmu

trend [trend] **I** *n* 1. tendence; tieksme; 2. virziens; **II** *v* 1. virzīties; 2. tiekties
trendsetter ['trendsetə] *n sar.* modes noteicējs
trepidation [,trepi'deiʃn] *n* 1. trīsas; 2. satraukums
trespass ['trespəs] **I** *n* 1. (*likuma*) pārkāpšana; 2. ļaunprātīga izmantošana; **II** *v* 1. pārkāpt (*likumu*); 2. ielauzties (*svešā teritorijā*); 3. (*on, upon*) ļaunprātīgi izmantot
trespasser ['trespəsə] *n* (*likuma*) pārkāpējs
tress [tres] *n* 1. (*parasti pl*) cirta; 2. (*matu*) pīne
trestle ['tresl] *n* steķi
trews [tru:z] *n pl* pieguļošas bikses (*Skotijā*)
trey [trei] *n* 1. trijnieks (*kārts*); 2. trīsacis (*spēļu kauliņš*)
triable ['traiəbl] *a* 1. pārbaudāms; 2. *jur.* piekritīgs
triad ['traiəd] **I** *n* 1. triāde; 2. *mūz.* trijskanis; **II** *a ķīm.* trīsvērtīgs
trial ['traiəl] *n* 1. izmēģinājums; pārbaude; 2. *jur.* (*tiesas*) process; 3. mēģinājums
triangle ['traiæŋgl] *n* trīsstūris; ◇ the eternal t. – mīlas trīsstūris
triangular [trai'æŋgjʊlə] *a* 1. trīsstūrains; 2. trīsšķautņu-; 3. trīspusējs
tribal ['traibl] *a* cilts-; cilšu-
tribe [traib] *n* 1. cilts; 2. *biol.* ģints
tribesman ['traibzmən] *n* cilts loceklis
tribulation [,tribjʊ'leiʃn] *n* liksta; posts
tribune ['tribju:n] *n* tribīne
tributary ['tribjʊtəri] **I** *n* 1. nodevu maksātājs; 2. pieteka; **II** *a* 1. tāds, kas maksā nodevas; 2. pietekas-
tribute ['tribju:t] *n* 1. nodeva; 2. (*cieņas*) apliecinājums; to pay t. – parādīt cieņu

trice [trais] *n* acumirklis
tricentenary [ˌtraisen'tiːnəri] *sk.* **tercentenary**
trick [trik] **I** *n* **1.** viltība; blēdība; to play t. upon (on) smb. – piemuļķot kādu; **2.** joks; palaidnība; dirty t. – nekrietnība; **3.** triks; izveicība; **4.** (*kāršu spēlē*) stiķis; **II** *v* pievilt; apkrāpt
trickery ['trikəri] *n* blēdība; viltība
trickle ['trikl] **I** *n* strūkliņa; **II** *v* **1.** sūkties; **2.** pilināt
trickster ['trikstə] *n* viltnieks; krāpnieks
tricot ['trikəʊ] *n* trikotāža
tricycle ['traisikl] *n* trīsriteņu velosipēds
trident ['traidnt] *n* trijžuburis
triennial [trai'eniəl] **I** *n* **1.** trīsgadu posms; **2.** trešā gadadiena; **II** *a* **1.** trīsgadīgs; trīsgadu-; **2.** tāds, kas atkārtojas ik pēc trim gadiem
trifle ['traifl] **I** *n* **1.** nieks; sīkums; a t. – mazliet; **2.** neliela summa; **3.** biskvītkūka ar augļiem un putukrējumu; **II** *v* **1.** niekoties; **2.** (*away*) izniekot
trifling ['traifliŋ] **I** *n* laika šķiešana; **II** *v* sīks; nenozīmīgs
trig[a] [trig] *v* bremzēt
trig[b] [trig] **I** *n novec.* švīts; **II** *a* **1.** akurāts; **2.** uzposies; **III** *v* (*arī* to t. out) uzpost
trigger ['trigə] *n* **1.** *mil.* (*šautenes*) mēlīte; to pull the t. – nospiest mēlīti; **2.** *tehn.* sprūds; ◊ quick on the t. – impulsīvs; iekarsīgs
trigonous ['trigənəs] *a* trīsstūrains
trihedron [trai'hiːdrən] *n mat.* trīsskaldnis
trike [traik] *n sar.* trīsritenis
trilateral [ˌtrai'lætərəl] *a* trīspusīgs
trilingual [ˌtrai'liŋgwəl] *a* trīsvalodu-
trilling ['triliŋ] *n* trīnītis
trillion ['triliən] *num* **1.** kvintiljons; **2.** *amer.* triljons

trilogy ['trilədʒi] *n lit.* triloģija
trim [trim] **I** *n* **1.** kārtība; gatavība; **2.** rotājums; **3.** apcirpšana; **II** *a* **1.** kārtīgs; akurāts; **2.** uzposies; **III** *v* **1.** (*arī* to t. up) sakārtot; uzpost; **2.** apcirpt; **3.** aptēst (*dēli*); **4.** [iz]rotāt
trimmer ['trimə] *n* **1.** oportūnists; **2.** krāvējs (*uz kuģa*)
trimming ['trimiŋ] *n* **1.** (*tērpa*) rotājums; **2.** *pl* (*ēdiena*) garnējums; **3.** izpušķojums
trinity ['trinəti] *n* **1.** kaut kas trīsdaļīgs; **2.**: the T. *rel.* – Trīsvienība
trio ['triːəʊ] *n* (*pl* trios ['triːəʊz]) **1.** trijotne; **2.** *mūz.* trio
trip [trip] **I** *n* **1.** ceļojums; brauciens; business t. – komandējums; **2.** tipināšana; **3.** paklupšana; **4.** *sl.* (*narkotisku līdzekļu izraisīta*) halucinācija; **5.** pārdzīvojums; **II** *v* **1.** tipināt; **2.** (*arī* to t. over) paklupt; **3.** apmulsināt
triple ['tripl] **I** *a* trīskārtējs; **II** *v* **1.** trīskāršot; **2.** trīskāršoties
triple jump ['tripl dʒʌmp] *n sp.* trīssoļlēciens
triplet ['triplət] *n* **1.** trijotne; **2.** trīnītis
triplication [ˌtripli'keiʃn] *n* trīskāršošana
trishaw ['traiʃɔː] *n* velorikša
trite [trait] *a* banāls; nodrāzts
triumph ['traiʌmf] **I** *n* triumfs; **II** *v* triumfēt
trivet ['trivit] *n* **1.** trijkājis (*ēdiena gatavošanai uz uguns*); **2.** paliktnis
trivia ['triviə] *n pl* nieki; sīkumi
trivial ['triviəl] *a* **1.** ikdienišķs; triviāls; **2.** nenozīmīgs; **3.** nezinātnisks (*par augu un dzīvnieku nosaukumu*)
triviality [ˌtrivi'æləti] *n* **1.** ikdienišķums; banalitāte; **2.** nenozīmīgums
trivialize ['triviəlaiz] *v* banalizēt

trod sk. **tread**
trodden sk. **tread**
troll[a] [trəʊl] n mit. trollis
troll[b] [trəʊl] **I** n **1.** riņķa dziesma; **2.** vizulis; **II** v **1.** dziedāt riņķa dziesmu; **2.** makšķerēt ar vizuli
trolley [ˈtrɒli] n **1.** (ielu tirgotāja) ratiņi; **2.** vagonete; **3.** amer. tramvajs; **4.** sar. trolejbuss
trolleybus [ˈtrɒlibʌs] n trolejbuss
trolleycar [ˈtrɒlikɑː] n amer. tramvajs
trollop [ˈtrɒləp] n neviža
trombone [trɒmˈbəʊn] n mūz. trombons
troop [truːp] **I** n **1.** grupa; **2.** pl karaspēks; **3.** mil. kavalērijas vads; **II** v **1.** pulcēties barā; **2.** maršēt; **3.** nostādīt (ierindā)
trooper [ˈtruːpə] n **1.** ierindas kavalērists; **2.** desantnieks; ◇ to swear like a t. – rupji lamāties
trophy [ˈtrəʊfi] n **1.** trofeja; **2.** (sporta) balva
tropic [ˈtrɒpik] **I** n **1.** trops, saulgriežu loks; **2.**: the ~s pl – tropu zemes; **II** a tropisks
tropical [ˈtrɒpikl] a tropisks
trot [trɒt] **I** n **1.** rikši; **2.** ātra gaita; **3.** amer. sl. špikeris; ◇ on the t. – cits aiz cita; **II** v **1.** rikšot; **2.** steigties; ◻ to t. **about** – rosīties; to t. **round** – izrādīt (piem., pilsētu)
troth [trəʊθ] n novec. uzticība; by my t. – godavārds
trotyl [ˈtrəʊtil] n ķīm. trotils
troubadour [ˈtruːbədʊə] n trubadūrs
trouble [ˈtrʌbl] **I** n **1.** nepatikšanas; to be in t. – piedzīvot nepatikšanas; **2.** grūtības; **3.** raizes, rūpes; **4.** pūles; please take t. to help me – lūdzu, esi tik laipns un palīdzi man; **II** v **1.** uztraukt; sagādāt rūpes; **2.** uztraukties; **3.** traucēt; apgrūtināt; **4.** grūti padoties

troubleshooting [ˈtrʌblʃuːtiŋ] n **1.** (automobiļa) bojājuma izlabošana; **2.** konflikta nokārtošana
troublesome [ˈtrʌblsəm] a apgrūtinošs; traucējošs
trough [trɒf] n **1.** sile; **2.** abra
troupe [truːp] n trupa
trouper [ˈtruːpə] n trupas loceklis
trousers [ˈtraʊzəz] n pl (arī pair of t.) bikses; ◇ to wear the t. – turēt vīru zem tupeles
trousseau [ˈtruːsəʊ] n (pl trousseaus, trousseaux [ˈtruːsəʊz]) pūrs
trout [traʊt] n forele
trowel [ˈtraʊəl] n **1.** (mūrnieku) ķelle; **2.** liekšķere
truancy [ˈtruːənsi] n (darba, skolas) kavējums
truant [ˈtruːənt] **I** n **1.** (darba, skolas) kavētājs; to play t. – kavēt skolu; **2.** slinķis; **II** a slinks
truce [truːs] n pamiers
truck[a] [trʌk] **I** n **1.** maiņas tirdzniecība; **2.** sīkas preces; **3.** sar. krāmi; **II** v (with smb., for smth.) iemainīt
truck[b] [trʌk] **I** n amer. kravas automobilis; **II** v pārvadāt ar kravas automobili
truckage [ˈtrʌkidʒ] n **1.** pārvadāšana kravas automobilī; **2.** pārvadāšanas maksa
trucker [ˈtrʌkə] n kravas automobiļa šoferis
truckle [ˈtrʌkl] v **1.** (to) izdabāt; **2.** (for) izlūgties
truckler [ˈtrʌklə] n liškis
truck trailer [ˈtrʌk ˌtreilə] n kravas automobiļa piekabe
truculent [ˈtrʌkjʊlənt] a **1.** nikns; negants; **2.** agresīvs (par toni)
trudge [trʌdʒ] **I** n nogurdinošs ceļš; **II** v slampāt

true [tru:] **I** *a* **1.** īsts, patiess; t. story – patiess stāsts; **2.** pareizs; **3.** uzticīgs; **II** *v* (*arī* to t. up) *tehn.* noregulēt; **III** *adv* **1.** pareizi; patiesi; to speak t. – runāt patiesību; **2.** precīzi
truffle ['trʌfl] *n* **1.** trifele (*sēne*); **2.** trifele (*konfekte*)
truly ['tru:li] *adv* **1.** patiesi, patiešām; **2.** precīzi; **3.** uzticīgi; ◇ yours t. – ar patiesu cieņu (*vēstules nobeigumā*)
trump [trʌmp] **I** *n* trumpis; t. ace – trumpja dūzis; **II** *v* (*kāršu spēlē*) trumpot
trumpery ['trʌmpəri] *n* grabažas
trumpet ['trʌmpit] **I** *n* **1.** trompete; **2.** rupors; **II** *v* **1.** taurēt; **2.** izbazūnēt
truncate [trʌŋ'keit] *v* **1.** nogriezt; noškelt; **2.** saīsināt
truncheon ['trʌntʃən] *n* (*policista*) gumijas steks
trundle ['trʌndl] **I** *n* skritulis; **II** *v* velt; ripināt
trunk [trʌŋk] *n* **1.** stumbrs; **2.** rumpis; **3.** (*ziloņa*) snuķis; **4.** *pl* sporta biksītes
truss [trʌs] **I** *n* **1.** (*siena*) kušķis; (*salmu*) višķis; **2.** čemurs; **II** *v* (*arī* to t. up) sasiet
trust [trʌst] **I** *n* **1.** uzticība; to take on t. – noticēt uz vārda; **2.** atbildība; **3.** *ek.* kredīts; **4.** aizbildnība; **5.** trests; **II** *a* **1.** pilnvarots; **2.** tresta-; **III** *v* **1.** uzticēties; **2.** uzticēt; **3.** paļauties; **4.** dot uz kredīta
trustdeed ['trʌstdi:d] *n jur.* pilnvara
trustee [‚trʌ'sti:] *n* **1.** aizbildnis; **2.** pilnvarotais
trusteeship [‚trʌ'sti:ʃip] *n jur.* aizbildnība
trustful ['trʌstfl] *a* paļāvīgs
trustiness ['trʌstinəs] *n* uzticība
trusting ['trʌstiŋ] *a* paļāvīgs

trustless ['trʌstləs] *a* **1.** neuzticams; **2.** neuzticīgs
trustworthy ['trʌst‚wə:ði] *a* uzticības cienīgs
truth [tru:θ] *n* (*pl* truths [tru:ðz]) **1.** patiesība; taisnība; **2.** taisnīgums; **3.** *tehn.* (*iekārtas*) precizitāte
truthful ['tru:θfl] *a* patiess (*par cilvēku*)
truthless ['tru:θləs] *a* **1.** neuzticams (*par cilvēku*); **2.** nepatiess
try [trai] **I** *n* mēģinājums; to give smth. a t. – izmēģināt kaut ko; **II** *v* **1.** [pa]mēģināt; izmēģināt; **2.** censties; to t. one's best – pielikt visus spēkus; **3.** nogurdināt; **4.** tiesāt; **5.** (*arī* to t. out) attīrīt (*metālu*); ⬜ to t. **on** – pielaikot (*apģērbu*)
trying ['traiiŋ] *a* **1.** smags; **2.** nogurdinošs
tsar [zɑ:] *n* cars
tsarina [zɑ:'ri:nə] *n* cariene
tsetse ['tetsi] *n* cece muša
tub [tʌb] **I** *n* **1.** toveris; **2.** *sar.* vanna; **3.** mazgāšanās; to have a t. – iet vannā; **4.** *sl.* resnītis; **II** *v sar.* mazgāties vannā
tubby ['tʌbi] *a* **1.** mucveidīgs; **2.** mazs un resns (*par cilvēku*); **3.** ar dobju skaņu (*par mūzikas instrumentu*)
tube [tju:b] **I** *n* **1.** caurule; **2.** tūbiņa; **3.** *sar.* (*Londonas*) metro; **4.** (*riepas*) kamera; **II** *v* **1.** ievietot caurulē; **2.** *sar.* braukt ar metro
tubing ['tju:biŋ] *n* **1.** cauruļvads; **2.** cauruļu likšana
tub-thumper ['tʌb‚θʌmpə] *n* balamute
tub-thumping ['tʌb‚θʌmpiŋ] **I** *n* pārspīlēti svinīga runa; **II** *a* pārspīlēti svinīgs (*par runu*)
tubular ['tju:bjʊlə] *a* cauruļveida-; dobs
tuck [tʌk] **I** *n* **1.** (*tērpa*) ieloce; iešuve;

2. *sl.* našķis, gardums; **II** *v* **1.** iešūt ieloci (iešuvi); **2.** aizbāzt; ◻ to t. **away** – noslēpt; to t. **up** – 1) sasegt; 2) uzlocīt (*piedurknes*); 3) *sl.* pakārt (*noziedznieku*)
tucker[a] [ˈtʌkə] *n sl.* našķis, gardums
tucker[b] [ˈtʌkə] *n* aube
Tudor [ˈtjuːdə] *a vēst.* Tjūdoru-
Tuesday [ˈtjuːzdi] *n* otrdiena
tug [tʌg] **I** *n* **1.** rāviens; **2.** piepūle; **3.** velkonis; **4.**: t. of war *sp.* – virves (tauvas) vilkšana; **II** *v* (*arī* to t. at) raut; vilkt
tugboat [ˈtʌgbəʊt] *n* velkonis
tuition [tjʊˈiʃn] *n* **1.** mācīšana; apmācība; **2.** mācību maksa
tulip [ˈtjuːlip] *n* tulpe
tullies [ˈtʌliz] *n pl*: the t. – nomale
tumble [ˈtʌmbl] **I** *n* **1.** kritiens; **2.** juceklis; **II** *v* **1.** nokrist; **2.** izmētāt; izsvaidīt; ◻ to t. **in** – 1) iegāzties; ievelties; 2) *sar.* likties gultā; to t. **to** *sl.* – apjēgt
tumbler [ˈtʌmblə] *n* **1.** (*alus, tējas*) glāze; **2.** akrobāts
tumbling [ˈtʌmbliŋ] *n* akrobātika
tumid [ˈtjuːmid] *a* **1.** *med.* pietūcis; **2.** uzpūsts (*par stilu*)
tumour [ˈtjuːmə] *n med.* audzējs
tumult [ˈtjuːmʌlt] *n* kņada
tumulus [ˈtjuːmjʊləs] *n* (*pl* tumuli [ˈtjuːmjʊlai]) kapkalns
tuna [ˈtuːnə] *n iht.* tuncis
tune [tjuːn] **I** *n* **1.** melodija; **2.** (*mūzikas instrumenta*) skaņojums; **out** of t. – noskaņojies; **II** *v* **1.** uzskaņot (*mūzikas instrumentu*); **2.** saskaņot; to t. **up** – 1) uzskaņot (*mūzikas instrumentu*); 2) noregulēt (*ierīci*); 3) *sp. sar.* iesildīties
tuneful [ˈtjuːnfl] *a* **1.** muzikāls; t. ear – muzikālā dzirde; **2.** melodisks

tuneless [ˈtjuːnləs] *a* **1.** nemelodisks; **2.** neskanīgs
tuner [ˈtjuːnə] *n* **1.** skaņotājs; piano t. – klavieru skaņotājs; **2.** *rad.* skaņošanas mehānisms
tungsten [ˈtʌŋstən] *n ķīm.* volframs
tunic [ˈtjuːnik] *n* **1.** tunika; **2.** *mil.* mundieris
tuning-fork [ˈtjuːniŋfɔːk] *n mūz.* kamertonis
tunnel [ˈtʌnl] **I** *n* **1.** tunelis; **2.** dūmvads; **II** *v* rakt tuneli
tuny [ˈtjuːni] *a* melodisks
tup [tʌp] **I** *n* auns; **II** *v* aplecināt (*aitu*)
turbary [ˈtɜːbəri] *n* kūdras purvs
turbid [ˈtɜːbid] *a* **1.** duļķains (*par šķidrumu*); **2.** biezs (*par dūmiem, miglu*); **3.** neskaidrs; juceklīgs
turbidity [tɜːˈbidəti] *n* **1.** (*šķidruma*) duļķainums; **2.** (*dūmu, miglas*) biezums; **3.** neskaidrība
turbot [ˈtɜːbət] *n iht.* āte
turbulence [ˈtɜːbjʊləns] *n* **1.** vētrainums; **2.** (*vēja*) brāzmainums; **3.** nepakļāvība
turbulent [ˈtɜːbjʊlənt] *a* **1.** vētrains; **2.** brāzmains; **3.** nepakļāvīgs
turd [tɜːd] *n sl.* ekskrements
tureen [tjʊˈriːn] *n* terīne, zupas bļoda
turf [tɜːf] *n* (*pl* turfs [tɜːfs], turves [tɜːvz]) **1.** velēna; **2.** kūdra; **3.** (the t.) zirgu skriešanās sacīkstes; **4.** (the t.) skrejceļš (*hipodromā*)
turf accountant [ˈtɜːf əˌkaʊntənt] *n* bukmeikers (*zirgu skriešanās sacīkstēs*)
turfite [ˈtɜːfait] *sar. sk.* **turfman**
turfman [ˈtɜːfmən] *n* pastāvīgs zirgu skriešanās sacīkšu apmeklētājs
turfy [ˈtɜːfi] *a* **1.** velēnains; **2.** kūdrains
turgid [ˈtɜːdʒid] *a* **1.** pietūcis; **2.** uzpūsts (*par stilu*)

Turk [tɜ:k] *n* turks; turciete
turkey [ˈtɜ:ki] *n* tītars
Turkish [ˈtɜ:kiʃ] **I** *n* turku valoda; **II** *a* turku-
turmoil [ˈtɜ:mɔil] *n* nemiers; ķņada
turn [tɜ:n] **I** *n* **1.** apgrieziens; **2.** pagrieziens; about t.! *mil.* – apkārt griezties!; **3.** pavērsiens; pārmaiņa; **4.** kārta; rinda; by ~s, in t. – pēc kārtas; **5.** maiņa (*darbā*); **6.** veids; **7.** *sar.* (*slimības*) lēkme; **II** *v* **1.** [pa]griezt; to t. a somersault – apmest kūleni; **2.** [pa]griezties; **3.** apgriezt; **4.** kļūt; to t. pale – nobālēt; to t. red – nosarkt; to t. sour – saskābt; to t. yellow – nobīties; **5.** pārvērst; **6.** saskābt (*par pienu*); **7.** izvirpot; **8.** uzart; ◻ to t. **aside** – novirzīt; to t. **away** – 1) noraidīt; 2) novērsties; to t. **down** – 1) samazināt; 2) atraidīt; to t. **in** – 1) *sar.* likties gulēt; 2) atdot atpakaļ; to t. **inside out** – izgriezt uz āru; to t. **off** – 1) izslēgt (*strāvu*); 2) aizgriezt (*krānu*); 3) atlaist (*no darba*); to t. **on** – 1) ieslēgt (*radio, elektrību*); 2) atgriezt (*krānu*); 3) *sl.* uzbudināt; let's t. it on! – saraujam!; to t. **out** – 1) izslēgt (*piem., gaismu, gāzi*); 2) atlaist (*no darba*); 3) izgriezt uz āru (*piem., kabatu*); 4) izrādīties; it ~ed out that the train had been gone – izrādījās, ka vilciens ir aizgājis; to t. **over** – 1) apgriezt; 2) apgriezties; 3) apgāzt; 4) apgāzties; to t. **up** – 1) ierasties; 2) atrast; uziet; 3) atgadīties
turnback [ˈtɜ:nbæk] *n* gļēvulis
turncoat [ˈtɜ:nkəʊt] *n* renegāts, pārbēdzējs
turner [ˈtɜ:nə] *n* virpotājs
turnery [ˈtɜ:nəri] *n* **1.** virpošana; **2.** virpotava

turnip [ˈtɜ:nip] *n* rācenis
turnkey [ˈtɜ:nki:] **I** *n* cietumsargs; **II** *a* gatavs (*par celtniecības objektu*)
turn-off [ˈtɜ:nɒf] *n* **1.** sānceļš; **2.** pagrieziens; **3.** gatavā produkcija
turnout [ˈtɜ:naʊt] *n* **1.** publika; skatītāji; **2.** pajūgs
turnover [ˈtɜ:n͵əʊvə] *n* **1.** apgāšana; **2.** *ek.* apgrozījums; **3.** raksta turpinājums
turnpike [ˈtɜ:npaik] *n* maģistrāle; šoseja
turnscrew [ˈtɜ:nskru:] *n* skrūvgriezis
turnskin [ˈtɜ:nskin] *n* vilkatis
turnsole [ˈtɜ:nsəʊl] *n* ķīm. lakmuss
turpitude [ˈtɜ:pitju:d] *n* zemiskums
turps [tɜ:ps] *n sar.* terpentīns
turquoise [ˈtɜ:kwɔiz] *n* tirkīzs
turtle [ˈtɜ:tl] *n* bruņurupucis
turtledove [ˈtɜ:tldʌv] *n* ūbele; like a pair of ~s – kā divi balodīši
turves [tɜ:vz] *sk.* **turf**
tush [tʌʃ] *n* (*zirga, suņa*) zobs
tusk [tʌsk] *n* (*ziloņa, valzirga*) ilknis
tusker [ˈtʌskə] *n sar.* zilonis
tussock [ˈtʌsək] *n* **1.** zāles kušķis; **2.** (*matu*) cekuls
tutelage [ˈtju:təlidʒ] *n* **1.** aizbildniecība; **2.** apmācība
tutelary [ˈtju:tələri] *a* aizbildniecības-
tutor [ˈtju:tə] **I** *n* **1.** privātskolotājs; **2.** studentu grupas vadītājs (*angļu augstskolās*); **3.** *jur.* aizbildnis; **II** *v* **1.** apmācīt; **2.** savaldīt
tutoress [ˈtju:təris] *n* **1.** privātskolotāja; **2.** *jur.* aizbildne
tutorial [tju:ˈtɔ:riəl] **I** *n* **1.** mācību laiks (*koledžā*); **2.** (*pasniedzēja*) konsultācija; **II** *a* **1.** skolotāja-; **2.** aizbildniecisks
tutorship [ˈtju:təʃip] *n* **1.** privātskolotāja amats; **2.** aizbildņa pienākumi
tutti-frutti [͵tʊtiˈfrʊti] *n* saldējums ar dažādiem augļiem

tux [tʌks] *n sar. saīs. no* tuxedo
tuxedo [tʌk'siːdəʊ] *n (pl* tuxedos [tʌk'siːdəʊz]) *amer.* smokings
twaddle ['twɒdl] **I** *n* pļāpāšana; **II** *v* pļāpāt
twang [twæŋ] **I** *n* **1.** trinkšķis; **2.**: to speak with a t. – runāt caur degunu; **II** *v* **1.** trinkšķināt *(piem., stīgu)*; **2.** runāt caur degunu
tweak [twiːk] **I** *n* kniebiens; **II** *v* iekniebt
tweed [twiːd] *n tekst.* tvīds
tweeny ['twiːni] *n sar.* kalpones palīdze
tweet [twiːt] **I** *n* čivināšana; **II** *v* čivināt
tweezer ['twiːzə] *v* izraut ar pinceti
tweezers ['twiːzəz] *n pl* pincete
twelfth [twelfθ] **I** *n* **1.** divpadsmitā daļa; **2.**: the t. – divpadsmitais datums; **II** *num* divpadsmitais
Twelfth Day [ˌtwelfθ'dei] *n rel.* Zvaigznes diena
Twelfth Night [ˌtwelfθ'nait] *n rel.* Zvaigznes dienas priekšvakars
twelve [twelv] *num* divpadsmit
twelver ['twelvə] *n sl.* šiliņš
twenties ['twentiz] *n pl* **1.** (the t.) divdesmitie gadi; **2.** divdesmit gadu
twentieth ['twentiiθ] **I** *n* **1.** divdesmitā daļa; **2.** (the t.) divdesmitais datums; **II** *num* divdesmitais
twenty ['twenti] **I** *n* divdesmits; **II** *num* divdesmit
twice [twais] *adv* divreiz; t. as much – divreiz vairāk
twiddle ['twidl] **I** *n* grozīšana; **II** *v* griezt; grozīt
twig[a] [twig] *n* zariņš; rīkste
twig[b] [twig] *v sar.* aptvert; apjēgt
twiggy ['twigi] *a* tievs; trausls
twilight ['twailait] *n* **1.** krēsla; **2.** *pārn.* tāla pagātne
twin [twin] **I** *n* **1.** (*parasti pl*) dvīņi; **2.** līdzinieks; **II** *a* **1.** pāra-; **2.** dvīņu-; **3.** līdzīgs
twine [twain] **I** *n* **1.** aukla; **2.** vijums; **II** *v* **1.** savīt; **2.** (*arī* to t. about, to t. round) apvīt
twiner ['twainə] *n bot.* tītenis
twinge [twindʒ] *n* sāpju lēkme
twinkle ['twiŋkl] **I** *n* **1.** mirgošana; **2.** (*acu*) zibsnīšana; **3.** mirklis; **II** *v* **1.** mirgot; **2.** zibsnīt (*par acīm*); **3.** pazibēt
twinkling ['twiŋkliŋ] *n* **1.** mirgošana; **2.** mirklis; in the t. of an eye – acumirklī
twirl [twɜːl] **I** *n* **1.** griešanās; **2.** virpulis; **II** *v* **1.** griezt; **2.** griezties
twist [twist] **I** *n* **1.** sagriešana; savīšana; **2.** savijums; **3.** (*vārdu, domas*) izkropļojums; **4.** izmežģījums; **5.** krāpšana; **6.** tvists (*deja*); **7.** *sl.* sajaukts dzēriens; **8.** *tehn.* vērpe; **II** *v* **1.** sagriezt; savīt; **2.** sagriezties; savīties; **3.** izgriezt (*veļu*); **4.** izmežģīt; **5.** izkropļot; to t. smb.'s words – sagrozīt kāda vārdus; **6.** dejot tvistu; **7.** *sl.* piemānīt; ◇ to t. smb. round one's [little] finger – [ap]tīt kādu ap pirkstu
twister ['twistə] *n* **1.** *amer.* viesuļvētra; **2.** krāpnieks
twit [twit] **I** *n* **1.** pārmetums; **2.** izsmiekls; **3.** *sl.* muļķis; **II** *v* **1.** pārmest; **2.** izsmiet
twitch [twitʃ] **I** *n* **1.** raustīšanās; **2.** rāviens; **II** *v* **1.** raut; **2.** raustīties
twitter ['twitə] **I** *n* **1.** (*putna*) čivināšana; **2.** tērzēšana; **II** *v* **1.** čivināt (*par putnu*); **2.** tērzēt
two [tuː] **I** *n* **1.** divnieks; **2.** pāris; by ~s – pa pāriem; **II** *num* divi
two-decker ['tuːdekə] *n* **1.** divklāju kuģis; **2.** divstāvu autobuss
two-faced [ˌtuː'feist] *a* divkosīgs

twofold [ˈtuːfəʊld] **I** *a* divkāršs; dubults; **II** *adv* divkārt; dubulti
twopence [ˈtʌpəns] *n* divi pensi
twopenny [ˈtʌpni] **I** *n* **1.** *sl.* pauris; **2.** lēts alus; **II** *a* divu pensu vērts
twopenny-halfpenny [ˌtʌpniˈheipni] *a sar.* mazvērtīgs
two-piece [ˈtuːpiːs] **I** *n* divdaļīgs apģērbs; **II** *a* divdaļīgs
twosome [ˈtuːsəm] *n sar.* pāris
tycoon [taiˈkuːn] *n sar.* magnāts
tyke [taik] *n* **1.** krancis; **2.** rupjš cilvēks
tympanum [ˈtimpənəm] *n* (*pl* tympana [ˈtimpənə]) **1.** bungas; **2.** *anat.* bungdobums; **3.** *anat.* vidusauss
type [taip] **I** *n* **1.** tips; **2.** veids; blood t. − asinsgrupa; **3.** modelis; **II** *v* rakstīt ar datoru
typesetter [ˈtaipˌsetə] *n* burtlicis
typesetting [ˈtaipˌsetiŋ] *n poligr.* salikums
typewriter [ˈtaipˌraitə] *n* rakstāmmašīna
typewritten [ˈtaipˌritn] *a* rakstīts ar rakstāmmašīnu
typhoid [ˈtaifɔid] **I** *n med.* (*arī* t. fever) vēdertīfs; **II** *a* vēdertīfa-
typhoon [taiˈfuːn] *n* taifūns
typhus [ˈtaifəs] *n med.* izsitumu tīfs
typical [ˈtipikl] *a* **1.** tipisks; **2.** simbolisks
typify [ˈtipifai] *v* **1.** būt tipiskam; **2.** simbolizēt
typing [ˈtaipiŋ] *n* mašīnrakstīšana
typist [ˈtaipist] *n* mašīnrakstītāja
typography [taiˈpɒgrəfi] *n* tipogrāfija
tyrannical [tiˈrænikl] *a* tirānisks
tyrannize [ˈtirənaiz] *v* tiranizēt
tyrannous [ˈtirənəs] *sk.* **tyrannical**
tyranny [ˈtirəni] *n* tirānija
tyrant [ˈtaiərənt] *n* tirāns
tyre [ˈtaiə] **I** *n* riepa; **II** *v* uzlikt riepu
tyro [ˈtairəʊ] *n* iesācējs

Uu

U, u [juː] **I** *n* **1.** *angļu alfabēta burts*; **2.** (*saīs. no* universal) filma jebkura vecuma skatītājiem; **II** *a* (*saīs. no* upper dass) augstākā sabiedrība; U accent − literārā izruna
ubiquitarian [juːˌbikwiˈteəriən] *n rel.* ubikvists
ubiquitous [juːˈbikwitəs] *a* visuresošs
ubiquity [juːˈbikwəti] *n* (*pastāvīga*) klātbūtne
UB40 [ˈjuːbiːfɔːtiː] *n* bezdarbnieka apliecība
udder [ˈʌdə] *n* tesmenis
uglify [ˈʌglifai] *v* izķēmot; izkropļot
ugliness [ˈʌglinəs] *n* neglītums; pretīgums
ugly [ˈʌgli] *a* **1.** neglīts; pretīgs; **2.** nepatīkams
ukulele [ˌjuːkəˈleili] *n* havajiešu četrstīgu ģitāra
ulcer [ˈʌlsə] *n* **1.** *med.* čūla; **2.** ļaunuma cēlonis
ulcerate [ˈʌlsəreit] *v* **1.** *med.* pūžņot; **2.** samaitāt
ulna [ˈʌlnə] *n* (*pl* ulnae [ˈʌlniː]) *anat.* elkoņa kauls
ulster [ˈʌlstə] *n* garš, plats mētelis
ulterior [ʌlˈtiəriə] *a* **1.** viņpusējs; attālāks; **2.** turpmākais; **3.** apslēpts; u. motive − slēpts nodoms
ultimate [ˈʌltimət] *a* **1.** galīgs; beidzamais; **2.** sākotnējs; **3.** maksimāls

ultimately [ˈʌltimətli] *adv* galu galā
ultimatum [ˌʌltiˈmeitəm] *n* (*pl arī* ultimata [ˌʌltiˈmeitə]) **1.** ultimāts; **2.** galīgais mērķis
ultimo [ˈʌltiməʊ] *a* pagājušā mēneša-
ultra [ˈʌltrə] **I** *n* ekstrēmists; **II** *a* ekstrēms (*par uzskatiem*)
ultramarine [ˌʌltrəməˈriːn] *a* aizjūras-
ultramundane [ˌʌltrəˈmʌndein] *a* **1.** viņpusējs; viņsaules-; **2.** ārpus mūsu galaktikas esošs
ultrared [ˌʌltrəˈred] *a* infrasarkans (*par stariem*)
ultrashort [ˌʌltrəˈʃɔːt] *a* ultraīss; u. waves – ultraīsviļņi
ultrasonic [ˌʌltrəˈsɒnik] *a* virsskaņas-
ultrasonography [ˌʌltrəsəʊˈnɒgrəfi] *n med.* (*organisma*) ultrasonogrāfija
ultrasound [ˌʌltrəˈsaʊnd] *n* ultraskaņa
ululate [ˈjuːljʊleit] *v* gaudot; kaukt
umbel [ˈʌmbəl] *n* čemurs
umber [ˈʌmbə] **I** *n* umbra (*krāsa*); **II** *a* tumšbrūns
umbilicus [ʌmˈbilikəs] *n* (*pl* umbilici [ʌmˈbilisai]) naba
umbrage [ˈʌmbridʒ] *n* **1.** pārestība; aizvainojums; **2.** *poēt.* ēna; atspulgs
umbrageous [ʌmˈbreidʒəs] *a* **1.** ēnains; **2.** viegli aizvainojams
umbrella [ʌmˈbrelə] *n* **1.** lietussargs; to fold up one's u. – sakļaut lietussargu; to put up one's u. – atvērt lietussargu; **2.** *pārn.* protekcija
umiak [ˈuːmiæk] *n* (*eskimosu*) ādas laiva
umpire [ˈʌmpaiə] *n* **1.** starpnieks; šķīrējtiesnesis; **2.** *sp.* tiesnesis
umpteen [ˌʌmpˈtiːn] *a sar.* neskaitāms
unabashed [ˌʌnæˈbæʃt] *a* **1.** nesamulsis; **2.** nekaunīgs
unable [ʌnˈeibl] *a* nespējīgs

unabridged [ˌʌnəˈbridʒd] *a* nesaīsināts (*par literāru tekstu*)
unacceptable [ˌʌnəkˈseptəbl] *a* nepieņemams; nevēlams
unaccomodating [ˌʌnəˈkɒmədeitiŋ] *a* nepiekāpīgs; nepakļāvīgs
unaccomplished [ˌʌnəˈkʌmpliʃt] *a* **1.** nepabeigts; **2.** neapdāvināts; neveikls
unaccountable [ˌʌnəˈkaʊntəbl] *a* **1.** neizskaidrojams; neaprēķināms; **2.** bezatbildīgs
unaccustomed [ˌʌnəˈkʌstəmd] *a* **1.** (*to*) nepieradis; **2.** neierasts
unachievable [ˌʌnəˈtʃiːvəbl] *a* nesasniedzams
unacknowledged [ˌʌnəkˈnɒlidʒd] **1.** neatzīts; **2.** neatbildēts (*par vēstuli*); neatņemts (*par sveicienu*)
unadapted [ˌʌnəˈdæptid] *a* nepiemērots; nepielāgots
unadjusted [ˌʌnəˈdʒʌstid] *a* **1.** nepielāgots; nenoregulēts; **2.** nepiemērots
unadulterated [ˌʌnəˈdʌltəreitid] *a* **1.** nemākslots; patiess; **2.** galīgs
unadvised [ˌʌnədˈvaizd] *a* **1.** nepārdomāts; pārsteidzīgs (*par rīcību*); **2.** neieteikts
unaffable [ˌʌnˈæfəbl] *a* nelaipns
unaffected [ˌʌnəˈfektid] *a* **1.** nemākslots; **2.** neietekmēts
unaffiliated [ˌʌnəˈfilieitid] *a* patstāvīgs (*par uzņēmumu*)
unaided [ˌʌnˈeidid] *a* **1.** patstāvīgs; **2.** neapbruņots (*par aci*)
unalterable [ʌnˈɔːltərəbl] *a* **1.** negrozāms; **2.** pastāvīgs
unambitious [ˌʌnæmˈbiʃəs] *a* pieticīgs
unamenable [ˌʌnəˈmiːnəbl] *a* nepiekāpīgs; nepaklausīgs
unamendable [ˌʌnəˈmendəbl] *a* nelabojams

unanimity [ˌjuːnəˈnimətɪ] *n* vienprātība
unanimous [juːˈnænɪməs] *a* vienprātīgs
unannounced [ˌʌnəˈnaʊnst] *a* nepieteikts
unanswerable [ˌʌnˈɑːnsərəbl] *a* 1. neapstrīdams; 2. neatbildams
unanswered [ˌʌnˈɑːnsəd] *a* neatbildēts
unanticipated [ˌʌnænˈtɪsɪpeɪtɪd] *a* neparedzēts
unappealable [ˌʌnəˈpiːləbl] *a jur.* nepārsūdzams
unapproachable [ˌʌnəˈprəʊtʃəbl] *a* 1. nepieejams; 2. nesasniedzams
unapproved [ˌʌnəˈpruːvd] *a* neapstiprināts; nesankcionēts
unapt [ˌʌnˈæpt] *a* 1. (*for*) nepiemērots; 2. (*to*) nespējīgs
unarm [ˌʌnˈɑːm] *v* 1. atbruņot; 2. atbruņoties
unarranged [ˌʌnəˈreɪndʒd] *a* 1. neklasificēts; 2. neplānots; neparedzēts
unascertainable [ˌʌnæsəˈteɪnəbl] *a* neizdibināms
unasked [ˌʌnˈɑːskt] *a* 1. nelūgts; 2. nejautāts
unassailable [ˌʌnəˈseɪləbl] *a* 1. nepieejams; 2. neapstrīdams
unassisted [ˌʌnəˈsɪstɪd] *a* patstāvīgs
unassuming [ˌʌnəˈsjuːmɪŋ] *a* pieticīgs
unattached [ˌʌnəˈtætʃt] *a* 1. brīvs; nesaistīts; 2. (*pie noteiktas organizācijas*) nepiederošs; 3. neprecējies
unattainable [ˌʌnəˈteɪnəbl] *a* nesasniedzams
unattended [ˌʌnəˈtendɪd] *a* 1. nepieskatīts; 2. neapmeklēts (*par pasākumu*)
unattractive [ˌʌnəˈtræktɪv] *a* nepievilcīgs
unauthorized [ˌʌnˈɔːθəraɪzd] *a* neautorizēts; neatļauts
unavailable [ˌʌnəˈveɪləbl] *a* 1. nepieejams; nesasniedzams; 2. trūkstošs (*par preci*)

unavenged [ˌʌnəˈvendʒd] *a* neatriebts
unavoidable [ˌʌnəˈvɔɪdəbl] *a* nenovēršams; neizbēgams
unaware [ˌʌnəˈweə] *a predic*: to be u. – nezināt; neapzināties
unbacked [ˌʌnˈbækt] *a* 1. neatbalstīts; 2. neiejāts (*par zirgu*); 3. bez atzveltnes (*par solu*)
unbailed [ˌʌnˈbeɪld] *a jur.* bez galvojuma
unbaked [ˌʌnˈbeɪkt] *a* 1. necepts; 2. neapdedzināts (*par ķieģeļiem*)
unbalance [ˌʌnˈbæləns] *v* izsist no līdzsvara
unbalanced [ˌʌnˈbælənst] *a* 1. nelīdzsvarots; 2. nenosvērts (*par cilvēku*)
unbaptized [ˌʌnbæpˈtaɪzd] *a* nekristīts
unbearable [ʌnˈbeərəbl] *a* neizturams, neciešams
unbeaten [ˌʌnˈbiːtn] *a* 1. nepārspēts; u. record – nepārspēts rekords; 2. neiemīts (*par taku*)
unbecoming [ˌʌnbɪˈkʌmɪŋ] *a* nepiedienīgs
unbelief [ˌʌnbɪˈliːf] *n* neticība
unbelievable [ˌʌnbɪˈliːvəbl] *a* neticams
unbend [ˌʌnˈbend] *v* (*p. un p.p.* unbent [ˌʌnˈbent]) 1. iztaisnot; atliekt; 2. iztaisnoties; atliekties
unbending [ˌʌnˈbendɪŋ] *a* 1. nelokāms; 2. brīvs; nepiespiests (*par izturēšanos*)
unbent *sk.* **unbend**
unbidden [ˌʌnˈbɪdn] *a* 1. nelūgts, neaicināts; 2. brīvprātīgs
unbind [ˌʌnˈbaɪnd] *v* (*p. un p.p.* unbound [ˌʌnˈbaʊnd]) 1. atraisīt; 2. atbrīvot (*no pienākumiem, saistībām u. tml.*)
unblemished [ˌʌnˈblemɪʃt] *a* neaptraipīts (*par reputāciju*)
unblended [ˌʌnˈblendɪd] *a* bez piemaisījumiem
unblessed [ˌʌnˈblest] *a* svētību neguvis

unblock [ˌʌn'blɒk] *v* novākt šķērsli
unblushing [ˌʌn'blʌʃiŋ] *a* nekaunīgs
unboiled [ˌʌn'bɔild] *a* nevārīts
unbolt [ˌʌn'bəʊlt] *v* atbultēt
unbooked [ˌʌn'bʊkt] *a* 1. nereģistrēts; 2. nerezervēts
unborn [ˌʌn'bɔːn] *a* nedzimis
unbosom [ˌʌn'bʊzəm] *v* atklāt (*noslēpumu*)
unbound *sk.* **unbind**
unbounded [ˌʌn'baʊndid] *a* neierobežots; bezgalīgs
unbowed [ˌʌn'baʊd] *a* nepakļauts; nesaliekts
unbridled [ˌʌn'braidld] *a* 1. bez iemauktiem (*par zirgu*); 2. neapvaldīts
unbroken [ˌʌn'brəʊkən] *a* 1. vesels; nesalauzts; 2. netraucēts; 3. neiejāts; neiebraukts (*par zirgu*); 4. neuzarts (*par zemi*)
unbuckle [ˌʌn'bʌkl] *v* atsprādzēt
unburden [ˌʌn'bɜːdn] *v* 1. atslogot; noņemt nastu; 2. *pārn.* atvieglot
unbutton [ˌʌn'bʌtn] *v* atpogāt
uncage [ˌʌn'keidʒ] *v* izlaist no sprosta
uncalculated [ˌʌn'kælkjʊleitid] *a* 1. neaprēķināts; 2. neparedzēts
uncalledfor [ˌʌn'kɔːldfɔː] *a* nevēlams; lieks
uncanny [ʌn'kæni] *a* baismīgs; pārdabisks
uncap [ˌʌn'kæp] *v* 1. noņemt cepuri; 2. noņemt vāku; attaisīt; 3. *pārn.* atklāt; nodot atklātībai
uncaredfor [ˌʌn'keədfɔː] *a* nekopts; nolaists
uncase [ˌʌn'keis] *v* izsaiņot
unceasing [ʌn'siːsiŋ] *a* nerimstošs
unceremonious [ˌʌnˌseri'məʊniəs] *a* 1. neoficiāls; 2. familiārs
uncertain [ʌn'sɜːtn] *a* nenoteikts

uncertainty [ʌn'sɜːtnti] *n* nenoteiktība
unchain [ˌʌn'tʃein] *v* pārn. atbrīvot (*no važām*)
unchallengeable [ˌʌn'tʃæləndʒəbl] *a* neapstrīdams
unchallenged [ˌʌn'tʃæləndʒd] *a* neapšaubāms
unchangeable [ˌʌn'tʃeindʒəbl] *a* nemainīgs
uncharitable [ˌʌn'tʃæritəbl] *a* nežēlīgs
uncharted [ˌʌn'tʃɑːtid] *a* kartē neatzīmēts
unchaste [ˌʌn'tʃeist] *a* nešķīsts; nepiedienīgs
unchecked [ˌʌn'tʃekt] *a* nekontrolēts
uncivilized [ˌʌn'sivilaizd] *a* 1. necivilizēts; nekulturāls; 2. mežonīgs
unclad [ʌn'klæd] *a* neapģērbts
unclaimed [ˌʌn'kleimd] *a* nepieprasīts
unclasp [ˌʌn'klɑːsp] *v* 1. atsprādzēt; 2. atvāzt (*nazi*)
unclassified [ˌʌn'klæsifaid] *a* neklasificēts
uncle ['ʌŋkl] *n* 1. tēvocis (*radinieks*); 2. *sl.* augļotājs
unclean [ˌʌn'kliːn] *a* 1. netīrs; 2. amorāls
uncleared [ˌʌn'kliəd] *a* 1. nenokopts; 2. nenokārtots (*par parādu*)
uncloak [ˌʌn'kləʊk] *v* pārn. atmaskot
unclose [ˌʌn'kləʊz] *v* 1. atvērt; 2. atklāt (*noslēpumu*)
unclothe [ˌʌn'kləʊð] *v* 1. noģērbt; izģērbt; 2. noģērbties; izģērbties
unco ['ʌŋkəʊ] **I** *n* 1. svešinieks; 2. *pl* jaunumi; **II** *a* dīvains; **III** *adv* ļoti; ārkārtīgi
uncoil [ˌʌn'kɔil] *v* attīt; atritināt
uncoloured [ˌʌn'kʌləd] *a* bezkrāsains
uncomely [ˌʌn'kʌmli] *a* 1. nepievilcīgs; 2. nepiedienīgs
uncomfortable [ˌʌn'kʌmftəbl] *a* 1. neērts; 2. samulsis

uncommitted [ˌʌnkə'mitid] *a* **1.** neitrāls; **2.** (*ar solījumu*) nesaistīts
uncommon [ʌn'kɒmən] *a* **1.** neparasts; **2.** rets
uncommonly [ʌn'kɒmənli] *adv* **1.** ļoti; apbrīnojami; **2.** neparasti
uncommunicative [ˌʌnkə'mju:nikətiv] *a* mazrunīgs
uncomplaining [ˌʌnkəm'pleiniŋ] *a* pacietīgs
uncompliant [ˌʌnkəm'plaiənt] *a* nepiekāpīgs
uncompromising [ʌn'kɒmprəmaiziŋ] *a* nelokāms; bezkompromisa-
unconcern [ˌʌnkən'sɜ:n] *n* **1.** bezrūpība; **2.** vienaldzība
unconcerned [ˌʌnkən'sɜ:nd] *a* **1.** bezrūpīgs; **2.** vienaldzīgs
unconditional [ˌʌnkən'diʃənl] *a* bezierunu-; u. surrender – bezierunu kapitulācija
unconfirmed [ˌʌnkən'fɜ:md] *a* **1.** neapstiprināts; **2.** *rel.* neiesvētīts
unconformity [ˌʌnkən'fɔ:məti] *n* neatbilstība
unconnected [ˌʌnkə'nektid] *a* **1.** nesaistīts; **2.** nesakarīgs
unconquerable [ˌʌn'kɒŋkərəbl] *a* neuzvarams
unconscious [ʌn'kɒnʃəs] **I** *n*: the u. – zemapziņa; **II** *a* **1.** bez samaņas; **2.** nezinošs; neaptverošs; **3.** neapzināts
unconsciousness [ʌn'kɒnʃəsnəs] *n* bezsamaņa
unconsidered [ˌʌnkən'sidəd] *a* **1.** nepārdomāts; **2.** neievērots
unconstrained [ˌʌnkən'streind] *a* **1.** nepiespiests; brīvprātīgs; **2.** brīvs; nepiespiests (*par izturēšanos*)
uncontrollable [ˌʌnkən'trəʊləbl] *a* nekontrolējams

unconventional [ˌʌnkən'venʃnəl] *a* **1.** netradicionāls; **2.** nepiespiests; brīvs
unconvincing [ˌʌnkən'vinsiŋ] *a* nepārliecinošs
uncooked [ʌn'kʊkt] *a* nevārīts
uncool [ʌn'ku:l] *a. sl.* nemoderns
uncork [ʌn'kɔ:k] *v* **1.** atkorķēt; **2.** ļaut vaļu
uncorruptible [ˌʌnkə'rʌptibl] *a* neuzpērkams
uncountable [ˌʌn'kaʊntəbl] *a* neskaitāms
uncouple [ˌʌn'kʌpl] *v* atkabināt; atvienot
uncouth [ʌn'ku:θ] *a* **1.** lempīgs; neveikls; **2.** neapdzīvots (*par vietu*)
uncover [ʌn'kʌvə] *v* **1.** noņemt (*vāku*); **2.** *pārn.* atklāt
uncrown [ʌn'kraʊn] *v* gāzt (*valdnieku*)
uncrowned [ˌʌn'kraʊnd] *a* nekronēts
uncrushable [ˌʌn'krʌʃəbl] *a* neburzīgs (*par audumu*)
unction ['ʌŋkʃn] *n* **1.** ieziešana; **2.** ziede; **3.** *rel.* svaidījums; svaidīšana; **4.** bauda
unctuous ['ʌŋktʃʊəs] *a* **1.** eļļains; taukains; **2.** lekns (*par augsni*); **3.** *pārn.* glaimīgs
uncustomed [ʌn'kʌstəmd] *a* **1.** ar muitas nodokli neapliekams; **2.** nesamaksāts (*par muitas nodokli*)
uncut [ˌʌn'kʌt] *a* **1.** neīsināts (*par grāmatu, filmu*); **2.** neslīpēts (*par dārgakmeni*); **3.** *sl.* bez piemaisījuma (*par alkoholu, narkotiku*)
undamaged [ˌʌn'dæmidʒd] *a* nebojāts
undated [ˌʌn'deitid] *a* bez datuma
undaunted [ˌʌn'dɔ:ntid] *a* drošsirdīgs
undeceive [ˌʌndi'si:v] *v pārn.* atvērt (*kādam*) acis
undecided [ˌʌndi'saidid] *a* **1.** neizlemts; **2.** neizlēmīgs
undecipherable [ˌʌndi'saifərəbl] *a* neatšifrējams

undeclared [ˌʌndi'kleəd] *a* **1.** nepieteikts; **2.** neuzrādīts (*par muitojamām precēm*)
undeclinable [ˌʌndi'klainəbl] *a* nenovēršams
undefeated [ˌʌndi'fi:tid] *a* neuzvarēts
undelivered [ˌʌndi'livəd] *a* nepiegādāts (*par pastu*)
undeniable [ˌʌndi'naiəbl] *a* neapstrīdams
under ['ʌndə] **I** *adv* apakšā; lejā; down u. – Austrālijā, Jaunzēlandē; to go u. – 1) nogrimt; 2) izputēt; **II** *prep* **1.** (*norāda vietu*) zem; u. the tree – zem koka; **2.** (*norāda stāvokli, darbības apstākļus*): u. his supervision – viņa pārraudzībā; **3.** (*norāda uz zemāku pakāpi, mazāku daudzumu u.tml.*) mazāk par; u. age – nepilngadīgs; u. weight – vieglāks par noteikto svaru; **4.** saskaņā ar; u. the rules – saskaņā ar noteikumiem
underachieve [ˌʌndərə'tʃi:v] *v* strādāt (mācīties) sliktāk, nekā spēj
underage [ˌʌndər'eidʒ] *a* mazgadīgs; nepilngadīgs
underbid [ˌʌndə'bid] *v* (*p.* underbid [ˌʌndə'bid]; *p.p.* underbid, underbidden [ˌʌndə'bid, ˌʌndə'bidn]) solīt mazāk
underbidden *sk.* **underbid**
underbought *sk.* **underbuy**
underbrush ['ʌndəbrʌʃ] *n* krūmājs
underbuy [ˌʌndə'bai] *v* (*p. un p.p.* underbought [ˌʌndə'bɔ:t]) [no]pirkt par zemāku cenu
undercarriage ['ʌndəˌkærɪdʒ] *n av.* šasija
undercharge [ˌʌndə'tʃa:dʒ] *v* prasīt pārāk zemu cenu
underclothes ['ʌndəkləʊðz] *n pl* apakšveļa
underclothing ['ʌndəˌkləʊðɪŋ] *sk.* **underclothes**

undercover [ˌʌndə'kʌvə] *a* slepens
undercurrent ['ʌndəˌkʌrənt] *n* **1.** zemūdens straume; **2.** apslēptas izjūtas
undercut[a] ['ʌndəkʌt] *n kul.* filejas gabals
undercut[b] [ˌʌndə'kʌt] *v* (*p. un p.p.* undercut [ˌʌndə'kʌt]) **1.** pārdot par zemāku cenu; **2.** strādāt par mazāku algu
underdeveloped [ˌʌndədi'veləpt] *a* **1.** nepietiekami attīstīts; **2.** mazattīstīts (*par valsti*)
underdid *sk.* **underdo**
underdo [ˌʌndə'du:] *v* (*p.* underdid [ˌʌndə'did]; *p.p.* underdone [ˌʌndə'dʌn]) nepietiekami izcept (izvārīt)
underdone *sk.* **underdo**
underestimate [ˌʌndər'estimeit] *v* nepietiekami novērtēt
underfed *sk.* **underfeed**
underfeed [ˌʌndə'fi:d] *v* (*p. un p.p.* underfed [ˌʌndə'fed]) **1.** nepietiekami barot; **2.** badoties
undergarment ['ʌndəˌgɑ:mənt] *n* apakšveļa
undergo [ˌʌndə'gəʊ] *v* (*p.* underwent [ˌʌndə'went]; *p.p.* undergone [ˌʌndə'gɒn]) pārciest; izturēt
undergone *sk.* **undergo**
undergraduate [ˌʌndə'grædʒʊət] *n* pēdējā kursa students
underground **I** *n* ['ʌndəgraʊnd] **1.** the u. – metropolitēns; **2.** pagrīdes organizācija; **II** *a* ['ʌndəgraʊnd] **1.** apakšzemes-; **2.** pagrīdes-; nelegāls; **3.** avangardisks; netradicionāls; **III** *adv* [ˌʌndə'graʊnd] **1.** zem zemes; **2.** pagrīdē
undergrowth ['ʌndəgrəʊθ] *n* krūmājs
underhand [ˌʌndə'hænd] **I** *a* **1.** slepens; **2.** negodīgs; **II** *adv* slepus
underlaid *sk.* **underlay**[a]

underlain sk. **underlie**
underlay[a] [ˈʌndəlei] **I** n paklājums (*zem grīdsegas*); **II** v (*p. un p.p.* underlaid [ˌʌndəˈleid]) paklāt apakšā
underlay[b] sk. **underlie**
underlie [ˌʌndəˈlai] v (*p.* underlay [ˌʌndəˈlei]; *p.p.* underlain [ˌʌndəˈlein]) **1.** atrasties zem (*kaut kā*); **2.** būt pamatā
underline I n [ˈʌndəlain] **1.** pasvītrojums (*tekstā*); **2.** *pl* paraksts (*zem zīmējuma u.tml.*); **II** v [ˌʌndəˈlain] **1.** pasvītrot; **2.** izcelt
underlinen [ˈʌndəˌlinin] n apakšveļa
underling [ˈʌndəliŋ] n **1.** apakšnieks; **2.** vārgulis; nīkulis
undermine [ˌʌndəˈmain] v **1.** parakties apakšā; **2.** izskalot (*krastu*); **3.** graut; iedragāt; to u. reputation – bojāt reputāciju; **4.** *mil.* minēt
undermost [ˈʌndəməʊst] a viszemākais
underneath [ˌʌndəˈniːθ] **I** n apakšdaļa; **II** a apakšējais; **III** adv apakšā; lejā; **IV** prep zem
undernourished [ˌʌndəˈnʌriʃt] a nepietiekami barots
underoccupied [ˌʌndərˈɒkjʊpaid] a **1.** mazapdzīvots; **2.** nepietiekami nodarbināts
underpaid sk. **underpay**
underpants [ˈʌndəpænts] n pl (*vīriešu*) apakšbikses
underpass [ˈʌndəpɑːs] n **1.** caurbrauktuve; **2.** (*pazemes*) pāreja
underpay [ˌʌndəˈpei] v (*p. un p.p.* underpaid [ˌʌndəˈpeid]) nepietiekami atalgot
underpin [ˌʌndəˈpin] v **1.** likt pamatus (*celtnei*); **2.** (*mākslīgi*) uzturēt augstas cenas

underplot [ˈʌndəplɒt] n **1.** *lit.* blakussižets; **2.** slepens plāns
underpopulated [ˌʌndəˈpɒpjʊleitid] a mazapdzīvots (*par rajonu*)
underrate [ˌʌndəˈreit] v nepietiekami novērtēt
underscore [ˌʌndəˈskɔː] v pasvītrot (*vārdu*)
undersell [ˌʌndəˈsel] v (*p. un p.p.* undersold [ˌʌndəˈsəʊld]) pārdot lētāk
underset I n [ˈʌndəset] **1.** zemūdens straume; **2.** apakšveļas komplekts; **II** v (*p. un p.p.* underset [ˌʌndəˈset]) atbalstīt (*ar balstu*)
undersexed [ˌʌndəˈsekst] a seksuāli vēss
undersized [ˌʌndəˈsaizd] a maza auguma-
undersold sk. **undersell**
understand [ˌʌndəˈstænd] v (*p. un p.p.* understood [ˌʌndəˈstʊd]) **1.** saprast; **2.** noprast; secināt; **3.** saprasties; vienoties
understanding [ˌʌndəˈstændiŋ] n **1.** saprašana; izpratne; **2.** saprašanās; vienošanās
understate [ˌʌndəˈsteit] v nepietiekami novērtēt
understatement [ˌʌndəˈsteitmənt] n nepietiekams novērtējums
understood sk. **understand**
understudy [ˌʌndəˈstʌdi] n *teātr.* dublieris
undertake [ˌʌndəˈteik] v (*p.* undertook; *p.p.* undertaken [ˌʌndəˈteikn]) **1.** uzsākt; uzņemties (*darbu*); **2.** galvot
undertaken sk. **undertake**
undertaker n [ˈʌndəˌteikə] apbedīšanas biroja vadītājs
undertaking [ˌʌndəˈteikiŋ] n **1.** pasākums; **2.** saistība; **3.** [ˈʌndəˌteikiŋ] apbedīšana (*kā nodarbošanās*)
undertenant [ˌʌndəˈtenənt] n apakšīrnieks

undertone [ˈʌndətəʊn] *n* **1.** pustonis (*par skaņu, krāsu*); **2.** nokrāsa
undertook *sk.* **undertake**
undervalue [ˌʌndəˈvælju:] *v* nepietiekami novērtēt
underwear [ˈʌndəweə] *n* apakšveļa
underwent *sk.* **undergo**
underwood [ˈʌndəwʊd] *n* krūmājs
underworld [ˈʌndəwɜ:ld] *n* **1.** *mil.* pazeme; elle; **2.** sabiedrības padibenes
underwrite [ˈʌndərait] *v* (*p.* underwrote [ˈʌndərəʊt]; *p.p.* underwritten [ˈʌndəˌritn]) **1.** parakstīt; parakstīties; **2.** apdrošināt (*kuģi, kravu*)
underwriter [ˈʌndəˌraitə] *n* (*kuģa, kravas*) apdrošināšanas aģents
underwritten *sk.* **underwrite**
underwrote *sk.* **underwrite**
undescribable [ˌʌndiˈskraibəbl] *a* neaprakstāms
undeserved [ˌʌndiˈzɜ:vd] *a* nepelnīts
undeserving [ˌʌndiˈzɜ:viŋ] *a* necienīgs
undesigned [ˌʌndiˈzaind] *a* netīšs
undesirable [ˌʌndiˈzaiərəbl] **I** *n* nevēlama persona; **II** *a* nevēlams
undeterminable [ˌʌndiˈtɜ:minəbl] *a* nenosakāms
undetermined [ˌʌndiˈtɜ:mind] *a* **1.** nenoteikts; **2.** neizšķirts (*par jautājumu*); **3.** neizlēmīgs
undeveloped [ˌʌndiˈveləpt] *a* neattīstīts
undid *sk.* **undo**
undies [ˈʌndi:z] *n pl sar.* (*sieviešu*) apakšveļa
undigested [ˌʌndiˈdʒestid] *a* nesagremots (*par barību*)
undignified [ʌnˈdignifaid] *a* necienīgs (*par rīcību*)
undine [ˈʌndi:n] *n mit.* undīne, nāra
undischarged [ˌʌndisˈtʃɑ:dʒd] *a* **1.** neizkrauts (*par kuģa kravu*); **2.** neizlādēts; neizšauts (*par ieroci*)
undisciplined [ʌnˈdisiplind] *a* nedisciplinēts
undisposed [ˌʌndiˈspəʊzd] *a* (*to*) negribīgs (*kaut ko darīt*)
undisputable [ˌʌndiˈspju:təbl] *a* neapstrīdams
undistinguishable [ˌʌndiˈstiŋgwiʃəbl] *a* neatšķirams
undivided [ˌʌndiˈvaidid] *a* nedalīts
undo [ˌʌnˈdu:] *v* (*p.* undid [ˌʌnˈdid]; *p.p.* undone [ˌʌnˈdʌn]) **1.** atpogāt; atvērt; to u. a parcel – atsaiņot saini; **2.** likvidēt; anulēt
undone [ˌʌnˈdʌn] *a* **1.** nepadarīts; nepabeigts; **2.** atraisīts; atpogāts; **3.** izputināts; pazudināts
undoubted [ˌʌnˈdaʊtid] *a* neapšaubāms
undress [ˌʌnˈdres] **I** *n* rītasvārki; **II** *v* **1.** izģērbt; **2.** noģērbties
undue [ˌʌnˈdju:] *a* **1.** nepiedienīgs; **2.** pārmērīgs
undulation [ˌʌndjʊˈleiʃn] *n* viļņošanās
undying [ˌʌnˈdaiiŋ] *a* nemirstīgs; mūžīgs
unearth [ˌʌnˈɜ:θ] *v* **1.** izrakt no zemes; **2.** izdzīt no alas; **3.** celt gaismā
unearthly [ʌnˈɜ:θli] *a* pārdabisks
uneasy [ʌnˈi:zi] *a* **1.** neveikls; neomulīgs; **2.** nemierīgs
uneatable [ˌʌnˈi:təbl] *a* neēdams
unedited [ˌʌnˈeditid] *a* **1.** nepublicēts (*par grāmatu*); **2.** nerediģēts
uneducated [ˌʌnˈedjʊkeitid] *a* neizglītots
unemployed [ˌʌnimˈplɔid] **I**: the u. – bezdarbnieki; **II** *a* nenodarbināts
unemployment [ˌʌnimˈplɔimənt] *n* bezdarbs
unending [ˌʌnˈendiŋ] *a* nebeidzams; bezgalīgs
unendurable [ˌʌninˈdjʊərəbl] *a* nepanesams

unenlightened [ˌʌnin'laitnd] *a* neinformēts
unenterprising [ˌʌn'entəpraisiŋ] *a* neuzņēmīgs
unenviable [ˌʌn'enviəbl] *a* neapskaužams
unequal [ˌʌn'i:kwəl] *a* nevienāds; nevienlīdzīgs
unequalled [ˌʌn'i:kwəld] *a* **1.** nepārspējams; **2.** nepārspēts
unerring [ˌʌn'ɜ:riŋ] *a* nekļūdīgs
unessential [ˌʌni'senʃl] *a* mazsvarīgs; nebūtisks
uneven [ˌʌn'i:vn] *a* **1.** nelīdzens; **2.** nevienmērīgs; **3.** nepāra- (*par skaitli*)
unexceptional [ˌʌnik'sepʃənl] *a* **1.** ikdienišķs; **2.** nekaitīgs; miermīlīgs
unexcusable [ˌʌniks'kju:zəbl] *a* nepiedodams
unexecuted [ˌʌn'eksikju:tid] *jur. a* **1.** neparakstīts (*par dokumentu*); **2.** neizpildīts (*par spriedumu*)
unexpected [ˌʌnik'spektid] *a* negaidīts
unexperienced [ˌʌnik'spiəriənst] *a* nepieredzējis
unexplored [ˌʌnik'splɔ:d] *a* neizpētīts
unfading [ʌn'feidiŋ] *a* nevīstošs; nezūdošs
unfair [ʌn'feə] *a* **1.** netaisns; **2.** negodīgs
unfaithful [ʌn'feiθfʊl] *a* neuzticīgs; nodevīgs
unfamiliar [ˌʌnfə'miliə] *a* **1.** nepazīstams; svešs; **2.** neierasts
unfashionable [ˌʌn'fæʃnəbl] *a* vecmodīgs
unfavourable [ˌʌn'feivərəbl] *a* nelabvēlīgs
unfed [ʌn'fed] *a* **1.** nebarots; **2.** *pārn.* nepamatots
unfertilized [ʌn'fɜ:tilaizd] *a* nemēslots (*par augsni*)
unfettered [ʌn'fetəd] *a* neiegrožots; u. life – bezrūpīga dzīve

unfit [ʌn'fit] **I** *a* nepiemērots; nespējīgs; **II** *v* (*for*) padarīt nepiemērotu
unfold [ʌn'fəʊld] *v* **1.** atvērt; atraisīt; **2.** atklāt (*slepenu plānu*)
unforgettable [ˌʌnfə'getəbl] *a* neaizmirstams
unforgivable [ˌʌnfə'givəbl] *a* nepiedodams
unfortunate [ˌʌn'fɔ:tʃnət] **I** *n* nelaimīgais; **II** *a* **1.** nelaimīgs; **2.** neveiksmīgs
unfortunately [ˌʌn'fɔ:tʃnitli] diemžēl
unfounded [ˌʌn'faʊndid] *a* nepamatots
unfrock [ˌʌn'frɒk] *v* izslēgt no garīdznieku kārtas
unfulfilled [ˌʌnfʊl'fild] *a* nepiepildīts; u. dreams – nepiepildīti sapņi
unfurl [ʌn'fɜ:l] *v* attīt (*buru*)
ungodly [ʌn'gɒdli] *a* **1.** bezdievīgs; amorāls; **2.** *sar.* nepiemērots
ungracious [ʌn'greiʃəs] *a* nepieklājīgs
ungrateful [ʌn'greitfʊl] *a* nepateicīgs
ungrounded [ʌn'graʊndid] *a* nepamatots
unguent ['ʌŋgwent] *n* ziede
unguided [ʌn'gaidid] *a* **1.** nevadīts; **2.** nevadāms
unhallowed [ʌn'hæləʊd] *a rel.* nesvētīts
unhand [ʌn'hænd] *v* izlaist no rokām
unhandsome [ʌn'hænsəm] *a* neglīts; neizskatīgs
unhandy [ʌn'hændi] *a* neparocīgs
unhappily [ʌn'hæpili] *adv* nelaimīgā kārtā
unhappy [ʌn'hæpi] *a* nelaimīgs
unharmed [ʌn'hɑ:md] *a* neskarts
unhealthy [ʌn'helθi] *a* **1.** nevesels; **2.** kaitīgs (*veselībai*)
unheeded [ʌn'hi:did] *a* neievērots
unheeding [ʌn'hi:diŋ] *a* nevērīgs
unhinge [ˌʌn'hindʒ] *v* **1.** izcelt no eņģēm (*durvis*); **2.** apmulsināt; izsist no sliedēm

unhitch [ˌʌnˈhitʃ] v izjūgt
unholy [ˌʌnˈhəʊli] a 1. grēcīgs; velnišķīgs; nešķīsts; 2. *sar.* šausmīgs
unhook [ˌʌnˈhʊk] v atkabināt; atāķēt
unhorse [ˌʌnˈhɔːs] v izmest no segliem
unhospitable [ˌʌnˈhɒspitəbl] a neviesmīlīgs
unhuman [ˌʌnˈhjuːmən] a necilvēcīgs
unhung [ˌʌnˈhʌŋ] a neuzkārts
unhurried [ˌʌnˈhʌrid] a nesteidzīgs
unhurt [ˌʌnˈhɜːt] a neievainots
unicellular [ˌjuːniˈseljʊlə] a *biol.* vienšūnas-
unicorn [ˈjuːnikɔːn] n *mit.* vienradzis
unidentified [ˌʌnaiˈdentifaid] a neidentificēts; nepazīstams
unification [ˌjuːnifiˈkeiʃn] n vienādošana
uniform [ˈjuːnifɔːm] I n formas tērps; uniforma; II a vienveidīgs; vienāds; III v vienādot
unify [ˈjuːnifai] v 1. apvienot; 2. vienādot
unilateral [ˌjuːniˈlætrəl] a vienpusējs
unimaginable [ˌʌniˈmædʒinəbl] a neiedomājams
unimportant [ˌʌnimˈpɔːtənt] a nenozīmīgs; mazsvarīgs
unimpressive [ˌʌnimˈpresiv] a neiespaidīgs; neizteiksmīgs
uninhabited [ˌʌninˈhæbitid] a neapdzīvots
uninhibited [ˌʌninˈhibitid] a brīvs (*piem., par uzvedību*)
uninspiring [ˌʌninˈspaiəriŋ] a neiedvesmojošs
uninsured [ˌʌninˈʃʊəd] a neapdrošināts
unintelligent [ˌʌninˈtelidʒənt] a neizglītots
unintended [ˌʌninˈtendid] a negribēts; netīšs
unintentional [ˌʌninˈtenʃnəl] *sk.* **unintended**

uninterested [ˌʌnˈintristid] a (*in*) neieinteresēts
uninteresting [ˌʌnˈintristiŋ] a neinteresants
uninvited [ˌʌninˈvaitid] a neaicināts; nelūgts
union [ˈjuːniən] n 1. savienība; 2. ūnija; apvienība; the U. – 1) Anglijas un Skotijas ūnija; 2) Lielbritānijas un Īrijas ūnija; 3. biedrība; organizācija; trade u. – arodbiedrība
Union Flag [ˌjuːniənˈflæg] n Lielbritānijas valsts karogs
Union Jack [ˌjuːniənˈdʒæk] *sk.* **Union Flag**
unique [juːˈniːk] a unikāls, vienreizīgs
unisex [ˈjuːniseks] I n dzimumu vienādošanās; II a derīgs abiem dzimumiem (*piem., par apģērbu*)
unison [ˈjuːnizn] n 1. *mūz.* unisons; 2. *pārn.* saskaņa; saderība
unit [ˈjuːnit] n 1. vienība; 2. mērvienība; 3. *tehn.* agregāts; elements; bloks
unite [juːˈnait] v 1. apvienot; savienot; 2. apvienoties; savienoties
united [juːˈnaitid] a 1. apvienots; savienots; 2. saliedēts
unity [ˈjuːnəti] n 1. vienotība; 2. vienprātība
univalent [ˌjuːniˈveilənt] a *ķīm.* vienvērtīgs
universal [ˌjuːniˈvɜːsl] a 1. universāls; vispārējs; 2. vispasaules-
universe [ˈjuːnivɜːs] n Visums
university [ˌjuːniˈvɜːsəti] n universitāte; augstskola
unjust [ˌʌnˈdʒʌt] a netaisns
unjustified [ʌnˈdʒʌstifaid] a neattaisnots
unjustness [ˌʌnˈdʒʌstnəs] n netaisnība
unkempt [ˌʌnˈkempt] a 1. nevīžīgs; 2. nesukāts (*par matiem*)

unkind [ʌnˈkaind] *a* nelaipns
unknot [ˌʌnˈnɒt] *v* atraisīt (*mezglu*)
unknowingly [ˌʌnˈnəʊiŋli] *adv* nezinot; nenojaušot
unknown [ˌʌnˈnəʊn] **I** *a* nezināms; nepazīstams; **II** *adv* slepus
unlace [ˌʌnˈleis] *v* atraisīt
unlade [ˌʌnˈleid] *v* izkraut
unladen [ˌʌnˈleidn] *a* nenoslogots
unlatch [ˌʌnˈlætʃ] *v* atbultēt
unlawful [ˌʌnˈlɔːfʊl] *a* nelikumīgs
unleash [ˌʌnˈliːʃ] *v* **1.** atlaist (*no ķēdes, saites*); **2.** ļaut vaļu (*emocijām*)
unled [ˌʌnˈled] *a* nevadīts
unless [ʌnˈles] *conj* **1.** ja... ne; ja vien... ne; u. I change my mind – ja vien es nepārdomāšu; **2.**: u. and until – līdz; kamēr
unlike [ˌʌnˈlaik] **I** *a* atšķirīgs; nevienāds; **II** *prep* atšķirībā no; pretēji
unlikely [ʌnˈlaikli] *a* neticams; maz ticams; he is u. to stay here – maz ticams, ka viņš šeit paliks
unlimited [ʌnˈlimitid] *a* neierobežots
unlink [ˌʌnˈliŋk] *v* atvienot; atkabināt
unload [ˌʌnˈləʊd] *v* **1.** izkraut; **2.** *mil.* izlādēt
unlock [ˌʌnˈlɒk] *v* atslēgt; ◇ to u. one's heart – izkratīt sirdi
unloved [ˌʌnˈlʌvd] *a* nemīlēts
unloving [ˌʌnˈlʌviŋ] *a* nemīlošs
unluckily [ʌnˈlʌkili] *adv* par nelaimi; nelaimīgā kārtā
unlucky [ʌnˈlʌki] *a* neveiksmīgs
unmade[a] [ˌʌnˈmeid] *a* **1.** nesaklāts (*par gultu*); **2.** negatavs
unmade[b] *sk.* **unmake**
unmake [ˌʌnˈmeik] *v* (*p. un p.p.* unmade [ˌʌnˈmeid]) **1.** iznīcināt (*padarīto*); **2.** atcelt (*no amata*)
unman [ˌʌnˈmæn] *v* atņemt (*drosmi*)

unmanageable [ʌnˈmænidʒəbl] *a* **1.** grūti vadāms; **2.** nepaklausīgs
unmanly [ˌʌnˈmænli] *a* nevīrišķīgs
unmapped [ˌʌnˈmæpt] *a* kartē neatzīmēts
unmarried [ˌʌnˈmærid] *a* neprecējies
unmask [ˌʌnˈmɑːsk] *v* atmaskot
unmeant [ˌʌnˈment] *a* netīšs
unmeasured [ˌʌnˈmeʒəd] *a* **1.** neizmērīts; **2.** neizmērojams; bezgalīgs
unmerited [ˌʌnˈmeritid] *a* nepelnīts
unmindful [ʌnˈmaindfl] *a* aizmāršīgs
unmoor [ˌʌnˈmʊə] *v jūrn.* pacelt enkuru
unmoral [ˌʌnˈmɒrəl] *a* amorāls
unmounted [ˌʌnˈmaʊntid] *a* **1.** kājnieku-; **2.** neiedarināts (*par dārgakmeni*)
unmuzzle [ˌʌnˈmʌzl] *v* noņemt uzpurni
unnamed [ˌʌnˈneimd] *a* **1.** nenosaukts; **2.** nezināms
unnatural [ʌnˈnætʃrəl] *a* pretdabisks
unnavigable [ˌʌnˈnævigəbl] *a* nekuģojams
unnecessary [ʌnˈnesəsəri] *a* nevajadzīgs; lieks
unnoticed [ˌʌnˈnəʊtist] *a* nepamanīts
unobtainable [ˌʌnəbˈteinəbl] *a* neiegūstams
unoccupied [ˌʌnˈɒkjʊpaid] *a* **1.** dīks; nenodarbināts; **2.** neapdzīvots (*piem., par dzīvokli*)
unofficial [ˌʌnəˈfiʃl] *a* neoficiāls
unpack [ˌʌnˈpæk] *v* **1.** izsaiņot; izkravāt; **2.** atšifrēt (*simbolus*)
unpaid [ˌʌnˈpeid] *a* **1.** nenomaksāts; **2.** neatalgots
unpalatable [ʌnˈpælətəbl] *a* negaršīgs; pretīgs
unpardonable [ʌnˈpɑːdnəbl] *a* nepiedodams
unpaved [ˌʌnˈpeivd] *a* nebruģēts
unpick [ˌʌnˈpik] *v* izārdīt (*šuvi*)
unpleasant [ʌnˈpleznt] *a* nepatīkams

unpleasing [ˌʌn'pli:zɪŋ] *a* nepievilcīgs
unplug [ˌʌn'plʌg] *v* **1.** *el.* izraut kontaktdakšu no ligzdas; atslēgt; **2.** izņemt tapu
unpolite [ˌʌnpə'laɪt] *a* nepieklājīgs; nelaipns
unpolitical [ˌʌnpə'lɪtɪkəl] *a* apolitisks
unpopular [ˌʌn'pɒpjʊlə] *a* nepopulārs
unpractical [ˌʌn'præktɪkl] *a* nepraktisks
unpractised [ˌʌn'præktɪst] *a* **1.** nelietots; **2.** nepieredzējis
unprecedented [ˌʌn'presɪdəntɪd] *a* nepiedzīvots; nedzirdēts
unprejudiced [ˌʌn'predʒʊdɪst] *a* bez aizspriedumiem
unpremeditated [ˌʌnpri'medɪteɪtɪd] *a jur.* bez iepriekšēja nodoma
unprepared [ˌʌnpri'peəd] *a* nesagatavots
unprepossessing [ʌnˌpri:pə'zesɪŋ] *a* nepatīkams; nepievilcīgs
unpretentious [ˌʌnpri'tenʃəs] *a* vienkāršs; nepretenciozs
unprivileged [ˌʌn'prɪvɪlɪdʒd] *a* **1.** neprivileģēts; **2.** *jur.* nekonfidenciāls
unprofessional [ˌʌnprə'feʃnəl] *a* **1.** bez profesijas; **2.** neprofesionāls; **3.** profesijai neatbilstošs
unprofitable [ˌʌn'prɒfɪtəbl] *a ek.* neienesīgs; nerentabls
unpromising [ˌʌn'prɒmɪsɪŋ] *a* neiepriecinošs
unprotected [ˌʌnprə'tektɪd] *a* neaizsargāts
unproved [ˌʌn'pru:vd] *a* nepierādīts
unprovided [ˌʌnprə'vaɪdɪd] *a* (*with, for*) neapgādāts
unprovoked [ˌʌnprə'vəʊkt] *a* bez iemesla
unpublished [ˌʌn'pʌblɪʃt] *a* nepublicēts; neizdots
unpunctual [ˌʌn'pʌŋktʃʊəl] *a* neprecīzs
unpunished [ˌʌn'pʌnɪʃt] *a* nesodīts

unputdownable [ˌʌnpʊt'daʊnəbl] *a* aizraujošs (*par lasāmvielu*)
unqualified [ˌʌn'kwɒlɪfaɪd] *a* nekvalificēts
unquenchable [ˌʌn'kwentʃəbl] *a* neremdināms; u. sorrow – neremdināmas bēdas
unquestionable [ʌn'kwestʃnəbl] *a* neapstrīdams
unquiet [ˌʌn'kwaɪət] *a* nemierīgs; satraukts
unquotable [ˌʌn'kwəʊtəbl] *a* necenzēts
unravel [ʌn'rævl] *v* **1.** atšķetināt (*dziju*); **2.** atminēt; atrisināt (*mīklu, uzdevumu*)
unreadable [ˌʌn'ri:dəbl] *a* nesalasāms (*piem., par rokrakstu*)
unready [ˌʌn'redɪ] *a* **1.** negatavs; **2.** neatjautīgs
unreal [ˌʌn'rɪəl] *a* **1.** nereāls; **2.** neīsts; viltots
unrealizable [ʌn'rɪəlaɪzəbl] *a* nerealizējams; neizpildāms
unreasonable [ʌn'ri:znəbl] *a* **1.** nesaprātīgs; neapdomīgs; **2.** nepamatots
unreasoned [ˌʌn'ri:znd] *a* **1.** nepārdomāts; **2.** iracionāls
unreclaimed [ˌʌnri'kleɪmd] *a* **1.** nelabojams; **2.** neapgūts; neapstrādāts (*par zemi*)
unrecognizable [ˌʌn'rekəgnaɪzəbl] *a* pārvērsties līdz nepazīšanai
unreconcilable [ˌʌn'rekənsaɪləbl] *a* nesamierināms
unredeemed [ˌʌnri'di:md] *a* **1.** neizpildīts (*par solījumu*); **2.** nenomaksāts (*par parādu*)
unrefined [ˌʌnri'faɪnd] *a* neattīrīts; nerafinēts
unregulated [ˌʌn'regjʊleɪtɪd] *a* **1.** nenoregulēts; nenokārtots; **2.** neregulējams; nekontrolējams

unrehearsed [,ʌnri'hɜ:sd] *a* nesagatavots
unrelenting [,ʌnri'lentiŋ] *a* 1. nežēlīgs; nepielūdzams; 2. nerimstošs
unreliable [,ʌnri'laiəbl] *a* neuzticams
unremitting [,ʌnri'mitiŋ] *a* nemitīgs; neatslābstošs
unrepeatable [,ʌnri'pi:təbl] *a* neatkārtojams
unrequited [,ʌnri'kwaitid] *a* 1. neatalgots; neatlīdzināts; u. affections – neatbildētas jūtas; 2. neatriebts
unrest [,ʌn'rest] *n* 1. nemiers; satraukums; 2. juku laiki; nemieri
unrestrained [,ʌnri'streind] *a* nevaldāms (*par emocijām*)
unrestricted [,ʌnri'striktid] *a* neierobežots
unrighteous [ʌn'raitʃəs] *a* netaisnīgs
unrip [,ʌn'rip] *v* 1. atplēst (*vaļā*); 2. atārdīt
unripe [,ʌn'raip] *a* nenobriedis
unrivalled [ʌn'raivld] *a* nepārspēts
unroll [,ʌn'rəʊl] *v* atritināt; attīt
unroot [,ʌn'ru:t] *v* izraut ar saknēm
unruffled [,ʌn'rʌfld] *a* gluds (*par ūdens virsmu*)
unruled [,ʌn'ru:ld] *a* nevadāms
unruly [ʌn'ru:li] *a* nepaklausīgs
unsafe [,ʌn'seif] *a* nedrošs; bīstams
unsaid [,ʌn'sed] **I** *a* neizteikts; **II** *sk.* **unsay**
unsatisfactory [ʌn,sætis'fæktəri] *a* neapmierinošs; nepietiekams
unsavoury [,ʌn'seivəri] *a* 1. sājš; bezgaršīgs; 2. nepatīkams
unsay [,ʌn'sei] *v* (*p. un p.p.* unsaid [,ʌn'sed]) ņemt savus vārdus atpakaļ
unscathed [,ʌn'skeiðd] *a* neievainots; neskarts
unschooled [,ʌn'sku:ld] *a* neskolots
unscramble [ʌn'skræmbəl] *v* 1. atšifrēt (*kodētu tekstu*); 2. *sar.* atrisināt mīklu

unscrew [ʌn'skru:] *v* noskrūvēt; atskrūvēt
unscripted [,ʌn'skriptid] *a* bez scenārija (*par pārraidi*)
unseasoned [,ʌn'si:znd] *a* 1. bez garšvielām; 2. nenobriedis; neizturēts (*piem., par vīnu*); 3. nepieradis
unseat [,ʌn'si:t] *v* 1. izmest no segliem (*jātnieku*); 2. atņemt mandātu
unseemly [ʌn'si:mli] *a* nepieklājīgs
unseen [,ʌn'si:n] *a* 1. neredzams; 2. neredzēts
unselfish [,ʌn'selfiʃ] *a* nesavtīgs; pašaizliedzīgs
unsettle [,ʌn'setl] *v* 1. izjaukt (*kārtību*); 2. apbēdināt; sarūgtināt
unshadowed [,ʌn'ʃædəʊd] *a* 1. neapmācies; skaidrs; 2. *pārn.* neaptumšots
unshakable [ʌn'ʃeikəbl] *a* nesatricināms
unshaken [,ʌn'ʃeikən] *a* nelokāms; stingrs
unshared [,ʌn'ʃeəd] *a* neatbildēts (*par jūtām*)
unshaven [,ʌn'ʃeivn] *a* neskūts
unsheathe [,ʌn'ʃi:ð] *v* izvilkt no maksts (*zobenu*)
unshielded [,ʌn'ʃi:ldid] *a* neaizsargāts
unship [,ʌn'ʃip] *v* 1. izkraut no kuģa; 2. izsēdināt krastā
unshod [,ʌn'ʃɒd] *a* 1. basām kājām; 2. neapkalts (*par zirgu*)
unshorn [,ʌn'ʃɔ:n] *a* neapcirpts
unsigned [,ʌn'saind] *a* neparakstīts
unskilful [,ʌn'skilfʊl] *a* 1. neprasmīgs; 2. neveikls
unskilled [,ʌn'skild] *a* nekvalificēts
unsolicited [,ʌnsə'lisitid] *a* brīvprātīgs; labprātīgs
unsolved [,ʌn'sɒlvd] *a* (*par problēmu, uzdevumu*) neatrisināts
unsophisticated [,ʌnsə'fistikeitid] *a* (*tehniski*) nesarežģīts

unsparing [ʌn'speəriŋ] *a* 1. nesaudzīgs; 2. izšķērdīgs
unstable [ˌʌn'steibl] *a* nestabils
unstamped [ˌʌn'stæmpt] *a* 1. bez markas; 2. neapzīmogots
unstick [ˌʌn'stik] *v* (*p. un p.p.* unstuck [ˌʌn'stʌk]) atlīmēt; to come unstuck – atlīmēties
unstitch [ˌʌn'stitʃ] *v* atārdīt (*šuvi*)
unstop [ˌʌn'stɒp] *v* 1. atkorķēt; 2. novākt šķērsli
unstrap [ˌʌn'stræp] *v* atsaitēt (*siksnas*)
unstuck *sk.* **unstick**
unsubmissive [ˌʌnsəb'misiv] *a* nepakļāvīgs
unsubstantial [ˌʌnsəb'stænʃl] *a* 1. nebūtisks; 2. nemateriāls; iedomāts; 3. nesātīgs (*par barību*)
unsuccessful [ˌʌnsək'sesfʊl] *a* nesekmīgs; neveiksmīgs
unsuitable [ˌʌn'su:təbl] *a* nepiemērots
unsure [ˌʌn'ʃʊə] *a* nepārliecināts; nedrošs
unsurpassable [ˌʌnsə'pa:səbl] *a* nepārspējams
unsuspected [ˌʌnsə'spektid] *a* 1. ārpus aizdomām esošs; 2. necerēts; negaidīts
unsuspicious [ˌʌnsə'spiʃəs] *a* 1. tāds, kas nenojauš; 2. aizdomas neradošs
untangle [ˌʌn'tæŋgl] *v* atšķetināt
unthankful [ˌʌn'θæŋkfʊl] *a* nepateicīgs
untidy [ʌn'taidi] *a* nekārtīgs; nevīžīgs
untie [ˌʌn'tai] *v* atraisīt; atsiet
until [ən'til] **I** *prep* līdz; u. now – līdz šim; **II** *conj* līdz; kamēr; stay here u. I pick you up – paliec šeit, kamēr es tev atbraukšu pakaļ
untimely [ʌn'taimli] **I** *a* priekšlaicīgs; **II** *adv* nelaikā; priekšlaikus
untiring [ʌn'taiəriŋ] *a* nenogurstošs
untold [ˌʌn'təʊld] *a* 1. neizstāstīts; 2. neizmērojams

untouchable [ʌn'tʌtʃəbl] *a* neaizskarams
untoward [ˌʌntə'wɔ:d] *a* nepiemērots
untrained [ˌʌn'treind] *a* neapmācīts; netrenēts
untrodden [ˌʌn'trɒdn] *a* neiemīts; neiestaigāts
untrue [ˌʌn'tru:] *a* 1. nepatiess; nepareizs; 2. (*to*) neuzticīgs
untruly [ˌʌn'tru:li] *adv* nepatiesi; nepareizi
untrustworthy [ˌʌn'trʌst,wɜ:ði] *a* neuzticams
untruth [ˌʌn'tru:θ] *n* nepatiesība
untruthful [ˌʌn'tru:θfʊl] *a* nepatiess; melīgs
unusable [ˌʌn'ju:zəbl] *a* nelietojams
unused [ˌʌn'ju:zd] *a* 1. nelietots; 2. (*to*) nepieradis
unusual [ʌn'ju:ʒʊəl] *a* 1. neparasts; 2. rets; savāds
unutterable [ʌn'ʌtərəbl] *a* neizsakāms
unvarnished *a* 1. nelakots; 2. vienkāršs; nesarežģīts
unveil [ˌʌn'veil] *v* 1. noņemt plīvuru (pārvalku); 2. nodot atklātībai (*pirmo reizi*)
unwanted [ˌʌn'wɒntid] *a* nevēlams; nevajadzīgs
unwary [ʌn'weəri] *a* nepiesardzīgs
unwearying [ʌn'wiəriiŋ] *a* nenogurstošs
unwed [ˌʌn'wed] *a* neprecējies
unweighted [ˌʌn'weitid] *a* 1. neapgrūtināts; 2. mazsvarīgs
unwelcome [ʌn'welkəm] *a* 1. nevēlams; 2. nelūgts
unwell [ˌʌn'wel] *a* nevesels
unwilling [ˌʌn'wiliŋ] *a* negribīgs
unwillingly [ʌn'wiliŋli] *adv* negribīgi; nelabprāt
unwind [ˌʌn'waind] *v* (*p. un p.p.* unwound [ˌʌn'waʊnd]) 1. attīt; 2. attīties; 3. *sar.* nomierināties

unwitting [ʌn'witiŋ] *a* **1.** uz faktiem nebalstīts; **2.** neapzināts
unwonted [ʌn'wəʊntid] *a* neparasts
unworthy [ʌn'wɜːði] *a* **1.** zems; nicināms; **2.** (*of*) necienīgs
unwound *sk.* **unwind**
unwrap [ˌʌn'ræp] *v* iztīt; izsaiņot
unwritten [ˌʌn'ritn] *a* nerakstīts
unyielding [ʌn'jiːldiŋ] *a* nepiekāpīgs; nelokāms
unyoke [ˌʌn'jəʊk] *v* izjūgt (*dzīvnieku*)
unzip [ʌn'zip] *v* **1.** atvilkt rāvējslēdzēju; **2.** *dat.* dekompresēt (*kompresētu failu*)
up [ʌp] **I** *n*: the ups and downs – baltās un nebaltās dienas; **II** *a* **1.** augšupejošs; **2.** (*par vilcienu, autobusu*) centra virzienā ejošs; **III** *v* **1.** *sar.* pacelt; **2.** *sar.* palielināt; paaugstināt; **3.** *sar.* paveikt pavirši; **IV** *adv* **1.** augšā; augšup; hands up! – rokas augšā!; **2.** (*norāda uz darbības pabeigtību*): time is up – laiks beidzies; to catch up (*with*) – panākt; to come up – pienākt; to eat up – apēst; ◇ up to – līdz pat; get up! – celies augšā!; **V** *prep* augšup pa; up the stairs – augšup pa kāpnēm
up-and-coming [ˌʌpənd'kʌmiŋ] *a* daudzsološs
upbraid [ʌp'breid] *v* sabārt
upbringing ['ʌpˌbriŋiŋ] *n* audzināšana
upcoming ['ʌpˌkʌmiŋ] *a* drīzumā notiekošs
update **I** *n* ['ʌpdeit] **1.** modernizācija; uzlabošana; **2.** (*datu*) koriģējums; precizējums; **3.** svaigākās ziņas; **II** *v* [ʌp'deit] **1.** modernizēt; uzlabot; **2.** koriģēt; precizēt
upend [ʌp'end] *v* apgriezt otrādi
upgrade [ˌʌp'greid] *v* pārcelt augstākā līmenī

upgrowth ['ʌpgrəʊθ] *n* attīstība; izaugsme
upheld *sk.* **uphold**
uphill [ˌʌp'hil] **I** *a* kalnupejošs; **II** *adv* kalnup
uphold [ʌp'həʊld] *v* (*p. un p.p.* upheld [ʌp'held]) **1.** [at]balstīt; **2.** apstiprināt
upkeep ['ʌpkiːp] *n* uzturēšana (*kārtībā*); apkalpe
uplift **I** *n* ['ʌplift] **1.** pacēlums; **2.** krūšturis; **II** *v* [ʌp'lift] pacelt
upon [ə'pɒn] *sk.* **on**[b]; ◇ u. my word! – goda vārds!
upper ['ʌpə] **I** *n* **1.** (*kurpes, zābaka*) virsa; **2.** *pl* getras; **3.** *pl sar.* narkotika; stimulators; **II** *a* virsējais; augšējais; the U. House – Augšpalāta (*Lielbritānijas parlamentā*)
uppermost ['ʌpəməʊst] **I** *a* **1.** visaugstākais; **2.** galvenais; noteicošais; **II** *adv* **1.** visaugstāk; **2.** pirmām kārtām
uppish ['ʌpiʃ] *a* uzpūtīgs; iedomīgs
uppishness ['ʌpiʃnəs] *n* uzpūtība; iedomība
upright **I** *n* ['ʌprait] **1.** balsts; statnis; **2.** pianīns; **II** *a* [ˌʌp'rait] **1.** statenisks; **2.** ['ʌprait] taisnīgs; **III** *adv* ['ʌprait] stāvus; stateniski
uprising ['ʌpˌraiziŋ] *n* sacelšanās
uproar ['ʌprɔː] *n* kņada
uproot [ʌp'ruːt] *v* **1.** izraut ar saknēm; **2.** mainīt dzīvesvietu; **3.** iznīdēt; izskaust
upset **I** *n* ['ʌpset] **1.** nekārtība; sajukums; **2.** ķilda; strīds; **II** *v* (*p. un p.p.* upset [ʌp'set]) **1.** sajaukt; izjaukt; **2.** apbēdināt; sarūgtināt
upshot ['ʌpʃɒt] *n sar.* iznākums; rezultāts
upside ['ʌpsaid] *n* augšpuse; virspuse
upside down [ˌʌpsaid 'daʊn] **I** *a* **1.** ap-

griezts; ačgārns; **2.** nekārtīgs; **II** *adv* **1.** otrādi; ačgārni; **2.** nekārtībā

upstage [ʌp'steidʒ] **I** *a* **1.** (*skatuves*) dibenplāna-; **2.** *sar.* atturīgs; vēss; **II** *v* pievērst sev uzmanību; **III** *adv* (*skatuves*) dibenplānā

upstairs [ˌʌp'steəz] **I** *n* augšstāvs; **II** *a* augšstāva-; **III** *adv* **1.** augšup pa kāpnēm; **2.** augšstāvā

upstart ['ʌpstɑ:t] *n* jaunbagātnieks

upstream [ˌʌp'stri:m] *adv* pret straumi

upsurge **I** *n* ['ʌpsɜ:dʒ] uzplaukums; **II** *v* [ʌp'sɜ:dʒ] uzplaukt

uptake ['ʌpteik] *n* apķērība; atjautība

uptick ['ʌptik] *n* izaugsme

uptight ['ʌptait] *a sar.* satraukts; saspringts

up to date [ˌʌp tə 'deit] *a* **1.** moderns; laikmetīgs; **2.** informēts; zinošs

upturn [ʌp'tɜ:n] *n* (*labvēlīgas*) pārmaiņas

upward ['ʌpwəd] *a* augšupejošs; pieaugošs

upwards ['ʌpwədz] *adv* **1.** augšup; **2.** pāri par

uranium [jʊ'reiniəm] *n* ķīm. urāns

Uranus [jʊ'reinəs] *n astr.* Urāns (*planēta*)

urban ['ɜ:bən] *a* pilsētas-; pilsētniecisks

urchin ['ɜ:tʃin] *n* **1.** palaidnis (*par bērnu*); **2.** ezis

urge [ɜ:dʒ] **I** *n* dzinulis; vēlēšanās; **II** *v* mudināt; skubināt

urgency ['ɜ:dʒənsi] *a* **1.** neatliekamība; steidzamība; **2.** neatlaidība

urgent ['ɜ:dʒənt] *a* **1.** neatliekams; steidzams; **2.** neatlaidīgs

urinate ['jʊərineit] *v* urinēt

urine ['jʊərin] *n* urīns

urn [ɜ:n] *n* **1.** (*metāla*) tējkanna; **2.** urna

Ursa ['ɜ:sə] *n astr.*: U. Major – Lielie Greizie Rati; U. Minor – Mazie Greizie Rati

ursine ['ɜ:sain] *a* lāča-

us [*uzsvērtā forma* ʌs, *neuzsvērtā forma* əs] *pron* (*papildinātāja locījums no* we) mūs; mums; both of us – mēs abi

usable ['ju:zəbl] *a* lietojams

usage ['ju:zidʒ] *n* **1.** lietošana; lietojums; **2.** apiešanās; izturēšanās; **3.** paradums; paraža; ancient u. – sena paraža

use **I** *n* [ju:s] **1.** lietošana; lietojums; in u. – lietošanā; **2.** derīgums; jēga; there is no u. in doing this – nav nekādas jēgas to darīt; **3.** ieradums; paraža; **II** *v* [ju:z] **1.** lietot; izmantot; **2.** (*lietojams tikai p.* used [ju:st]) mēgt; he ~d to get up early – viņš parasti cēlās agri

used [ju:zd] *a* **1.** izlietots; **2.** [ju:st] pieradis

useful ['ju:sfʊl] *a* noderīgs

useless ['ju:sləs] *a* **1.** nederīgs; **2.** nelietderīgs

user ['ju:zə] *n* **1.** patērētājs; lietotājs; **2.** narkomāns

usher ['ʌʃə] *n* **1.** šveicars; **2.** vietu ierādītājs (*zālē*); **3.** tiesas izpildītājs; **4.** *amer.* vedējs (*kāzās*)

usherette [ˌʌʃə'ret] *n* vietu ierādītāja (*zālē*)

usual ['ju:ʒʊəl] *a* parasts; as u. – kā parasti

usually ['ju:ʒʊəli] *adv* parasti

usurer ['ju:ʒərə] *n* augļotājs

usurp [ju:'zɜ:p] *v* uzurpēt; nelikumīgi piesavināties

usury ['ju:ʒʊri] *n* augļošana

utensil [ju:'tensl] *n* piederums; darbarīks

uterus ['ju:tərəs] *n* (*pl* uteri ['ju:tərai]) *anat.* dzemde

utility [ju:'tiləti] *n* **1.** derīgums; lietderība; **2.** *pl* pakalpojumi

utilization [ˌju:tilai'zeiʃn] *n* izlietošana; izmantošana

utilize ['ju:tilaiz] *v* izlietot; izmantot

utmost ['ʌtməʊst] **I** *n* visaugstākā pakāpe; to the u. – līdz pēdējam; **II** *a* galējais; maksimālais
utter ['ʌtə] **I** *a* pilnīgs; absolūts; **II** *v* **1.** izdvest (*skaņu*); **2.** izrunāt; izteikt; **3.** laist apgrozībā (*viltotu naudu*)
utterly ['ʌtəli] *adv* pilnīgi; pavisam; u. mad – gluži traks
uttermost ['ʌtəməʊst] *sk.* **utmost**
uxorious [ʌk'sɔːriəs] *a* sievai padevīgs

Vv

V, v [viː] *n* (*pl* V's, v's [viːz]) angļu alfabēta burts
vacancy ['veikənsi] *n* **1.** tukšums; **2.** vakance; brīva vieta (*darbā*)
vacant ['veikənt] *a* **1.** vakants; brīvs, neaizņemts; **2.** bezdarbīgs; nestrādājošs; **3.** *tehn.* brīv-; tukš- (*par mašīnas gaitu*); v. run – brīvgaita, tukšgaita
vacation [və'keiʃn] *n* **1.** (*telpas u.tml.*) atbrīvošana, atstāšana; **2.** (*studentu*) brīvdienas; **3.** *amer.* atvaļinājums
vaccinate ['væksineit] *v med.* potēt
vaccination [ˌvæksi'neiʃn] *n med.* vakcinācija, potēšana
vaccine ['væksiːn] *n med.* vakcīna, pote
vacillate ['væsileit] *v* šaubīties; svārstīties
vacuity [væ'kjuːəti] *n* tukšums
vacuous ['vækjʊəs] *a* **1.** bezsaturīgs; **2.** vienaldzīgs; apātisks (*par skatienu*)
vacuum ['vækjʊəm] *n* (*pl* vacua ['vækjʊə] *vai* vacuums ['vækjʊəmz]) **1.** tukšums; **2.** *fiz.* vakuums
vade mecum [ˌveidi 'miːkəm] *n* (*kabatformāta*) rokasgrāmata
vagabond ['vægəbɒnd] **I** *n* **1.** klaidonis; **2.** dīkdienis; slaists; **II** *a* klejojošs; **III** *v* klejot
vagarious [və'gɛəriəs] *a* kaprīzs; untumains
vagary ['veigəri] *n* kaprīze; untums
vagina [və'dʒainə] *n* (*pl* vaginae [və'dʒainiː] *vai* vaginas [və'dʒainəz]) *anat., bot.* maksts
vagrancy ['veigrənsi] *n* **1.** klejošana; **2.** *jur.* klaidonība
vagrant ['veigrənt] **I** *n* klaidonis; **II** *a* klejojošs; klaiņojošs
vague [veig] *a* **1.** nenoteikts; neskaidrs; **2.** *sar.* mazs; neliels; not the ~st notion – ne jausmas
vagueness ['veignəs] *n* nenoteiktība; neskaidrība
vail [veil] *v novec., poēt.* noliekt (*galvu*); nolaist (*acis*); to v. a crown – atteikties no troņa
vain [vein] *a* **1.** veltīgs; in v. – veltīgi; **2.** iedomīgs; uzpūtīgs; **3.** neīsts; v. promise – tukšs solījums
vainly ['veinli] *adv* **1.** veltīgi; **2.** iedomīgi; uzpūtīgi
vale [veil] *n poēt.* ieleja
valediction [ˌvæli'dikʃn] *n* atvadu vārdi
valerian [və'liəriən] *n bot.* baldriāns
valet ['vælit] *n* sulainis
valgus ['vælgəs] *med.* **I** *n* līkkājainība; **II** *a* līkkājains
Valhalla [væl'hælə] *n* **1.** *mit.* Valhala (*kaujās kritušo karavīru dvēseļu uzturēšanās vieta*); **2.** *pārn.* panteons
valiant ['væliənt] *a* drosmīgs; varonīgs
valid ['vælid] *a* **1.** pamatots; ticams (*par*

argumentu, iebildumu); **2**. derīgs (*par kredītkarti, dokumentu*); **3**. *jur.* likumīgs
validate ['vælideit] *v* ratificēt; apstiprināt
validation [,væli'deiʃn] *n* ratificēšana; apstiprināšana
validity [və'lidəti] *n* **1**. (*argumenta, iebilduma*) pamatotība; ticamība; **2**. (*kredītkartes, dokumenta*) derīgums; **3**. *jur.* likumīgums
valise [və'li:z] *n* (*kareivja*) mugursoma
Valkyrie [væl'kiəri] *n mit.* valkīra
valley ['væli] *n* ieleja
valor ['vælə] *amer. sk.* **valour**
valorous ['vælərəs] *a poēt.* varonīgs
valour ['vælə] *n poēt.* varonība
valse [vɑ:ls] *n* valsis
valuable ['væljʊəbl] *a* vērtīgs; dārgs
valuables ['væljʊəblz] *n pl* vērtslietas
valuation [,væljʊ'eiʃn] *n* **1**. [no]vērtējums; cena; **2**. (*meža, zemes*) taksācija
value ['vælju:] **I** *n* **1**. vērtība; cena; nominal v. *ek.* – nominālcena; surplus v. – *ek.* virsvērtība; **2**. novērtējums; **3**. *mat.* lielums; **4**. *mūz.* (*nots, pauzes*) ilgums; **II** *v* **1**. [no]vērtēt; **2**. vērtēt; cienīt
valueadded tax [,væljʊ'ædid tæks] *n ek.* pievienotās vērtības nodoklis
valued ['vælju:d] *a* vērtīgs
valueless ['væljʊləs] *a* nevērtīgs
values ['vælju:z] *n pl* (*morāles*) vērtības
valve [vælv] *n* **1**. *tehn.* vārsts; ventilis; **2**. *anat.* (*sirds*) vārstulis
vampᵃ [væmp] (*saīs. no* vampire) *sar.* **I** *n* pavedinātāja; **II** *v* **1**. pavedināt; **2**. izkrāpt (*naudu*)
vampᵇ [væmp] **I** *n mūz.* improvizācija; **II** *v mūz.* improvizēt
vampire ['væmpaiə] *n* **1**. *zool., mit.* vampīrs; **2**. *pārn.* asinssūcējs

vanᵃ [væn] *n* (*saīs. no* vanguard) avangards
vanᵇ [væn] *n* (*saīs. no* caravan) **1**. bagāžas (*vai preču*) vagons; **2**. furgons; **3**. kravas – pasažieru automobilis
vandal ['vændl] **I** *n* vandalis; **II** *a* vandalisks
vanė [vein] *n* **1**. vējrādis; **2**. (*vējdzirnavu*) spārns; **3**. (*dzenskrūves*) lāpstiņa; **4**. *av.* (*bumbas*) stabilizators
vanguard ['vængɑ:d] *n* avangards
vanilla [və'nilə] *n* vaniļa
vanish ['væniʃ] *v* pazust; izzust
vanity ['vænəti] *n* **1**. niecība; **2**. iedomība; uzpūtība
vanquish ['væŋkwiʃ] *v* **1**. uzveikt; **2**. pārvarēt (*bailes*)
vanquisher ['væŋkwiʃə] *n* uzvarētājs
vantage ['vɑ:ntidʒ] *n* priekšroka; pārsvars
vaporization [,veipərai'zeiʃn] *n* iztvaikošana, izgarošana
vaporize ['veipəraiz] *v* iztvaikot, izgarot
vaporous ['veipərəs] *a* **1**. tvaikveidīgs; **2**. piesātināts ar tvaiku
vapour ['veipə] **I** *n* **1**. tvaiks; garaiņi; **2**. dūmaka; migla; **II** *v* iztvaikot, izgarot
vapours ['veipəz] *n pl novec.* melanholija
vapoury ['veipəri] *a* **1**. miglains; dūmakains; **2**. nomākts (*par garastāvokli*)
variability [,veəriə'biləti] *n* mainīgums; nepastāvība
variable ['veəriəbl] **I** *n* **1**. *mat.* maināgais lielums; **2**. *jūrn.* mainīgs vējš; **II** *a* mainīgs; nepastāvīgs
variance ['veəriəns] *n* pretruna
variant ['veəriənt] **I** *n* variants; **II** *a* atšķirīgs
variation [,veəri'eiʃn] *n* variācija
varicella [,væri'selə] *n med.* vējbakas

varied ['veərid] *a* dažāds; daudzveidīgs
variety [və'raiəti] *n* **1.** dažādība; daudzveidība; **2.** varietē; v. show – varietē
variola [və'raiələ] *n med.* vējbakas
various ['veəriəs] *a* dažāds; atšķirīgs
varlet ['vɑ:lit] *n* **1.** *novec.* blēdis; krāpnieks; **2.** *vēst.* ieroču nesējs
varnish ['vɑ:niʃ] **I** *n* **1.** laka; **2.** spīdums; **3.** *pārn.* ārējs spožums; **II** *v* **1.** [no]lakot; **2.** spodrināt; **3.** izskaistināt
vary ['veəri] *v* **1.** mainīt; variēt; **2.** mainīties; **3.** atšķirties (*par uzskatiem*)
varying ['veəriiŋ] *a* mainīgs; dažāds
vase [vɑ:z] *n* vāze
vaseline ['væsili:n] *n* vazelīns
vassal ['væsl] *n* **1.** pakļautais; **2.** *vēst.* vasalis
vast [vɑ:st] **I** *n poēt.* plašums; bezgalība; **II** *a* **1.** plašs; **2.** *sar.* bezgalīgs
vastly ['vɑ:stli] *adv* **1.** ievērojami; **2.** *sar.* ļoti; ārkārtīgi
vat [væt] *n* **1.** tvertne; cisterna; **2.** muca
vatted ['vætid] *a* izturēts; nostāvējies (*par vīnu*)
vaudeville ['vəʊdəvil] *n* **1.** vodeviļa; **2.** *amer.* varietē
vault[a] [vɔ:lt] **I** *n* lēciens (*kārtslēkšanā*); **II** *v* lēkt (*kārtslēkšanā*)
vault[b] [vɔ:lt] *n* velve
vaulting ['vɔ:ltiŋ] *n* velvējums; velve
vaulting-horse ['vɔ:ltiŋhɔ:s] *n sp.* zirgs (*vingrošanas rīks*)
've [v] *sar. saīs. no* have
veal [vi:l] *n* teļa gaļa
vector ['vektə] *n* **1.** *mat.* vektors; **2.** *med.* slimības pārnēsātājs
veep [vi:p] *n* (*saīs. no* vicepresident) *amer. sl.* viceprezidents
veer[a] [viə] *v* **1.** grozīt; mainīt (*uzskatus*); **2.** mainīt virzienu (*par vēju*)
veer[b] [viə] *v jūrn.* palaist (*tauvu*) vaļīgāk

veg [vedʒ] *n* (*saīs. no* vegetable[s]) *sar.* dārzeņi
vegan ['vi:gən] *n* (*saīs. no* vegetarian) veģetārietis
vegetable ['vedʒtəbl] **I** *n* dārzenis; **II** *a* dārzeņu-; augu-; v. oil – augu eļļa
vegetal ['vedʒitl] *a* augu-
vegetarian [ˌvedʒi'teəriən] **I** *n* veģetārietis; **II** *a* veģetārs
vegetarianism [ˌvedʒi'teəriənizəm] *n* veģetārisms
vegetate ['vedʒiteit] *v* **1.** augt; veģetēt; **2.** vilkt dzīvību
vegetation [ˌvedʒi'teiʃn] *n* **1.** augu valsts; **2.** veģetācija
veggy ['vegi] (*saīs. no* vegetarian) *sar. n* veģetārietis
vehemence ['vi:iməns] *n* aizrautība
vehement ['vi:imənt] *a* aizrautīgs
vehicle ['vi:ikl] *n* **1.** satiksmes (transporta) līdzeklis; **2.** (*domu u.tml.*) izteiksmes līdzeklis; **3.** *ķīm.* saistviela
vehicular [vi'hikjʊlə] *a* transportlīdzekļu-; satiksmes-
veil [veil] **I** *n* **1.** plīvurs; šķidrauts; **2.** aizsegs; aizklājs; **3.** iegansts; ◇ to take the v. – kļūt par mūķeni; **II** *v* **1.** aizplīvurot; **2.** slēpt (*piem., uzskatus*)
vein [vein] *n* **1.** vēna; **2.** *bot.* dzīsla; **3.** tieksme; nosliece
vellum ['veləm] *n* pergaments
velocipede [vi'lɒsipi:d] *n* **1.** *novec.* velosipēds; **2.** *amer.* bērnu trīsritenis
velocity [vi'lɒsəti] *n* ātrums
velour[s] [və'lʊə] *n tekst.* velūrs
velum ['vi:ləm] *n* (*pl* vela ['vi:lə]) *anat.* mīkstās aukslējas
velvet ['velvit] *n* **1.** (*arī* silk v.) samts; **2.** (*arī* cotton v.) velvets; plīšs
venal ['vi:nl] *a* pērkams; v. practices – korupcija

venality [vi:'næləti] *n* pērkamība
vend [vend] *v* tirgot (*sīkpreces*)
vendee [‚ven'di:] *n jur.* pircējs
vender ['vendə] *n* (*sīkpreču*) pārdevējs
vendetta [ven'detə] *n* asinsatriebība
vendible ['vendəbl] *a* pārdodams
vendor ['vendɔ:] *n jur.* pārdevējs
vendue [ven'dju:] *n amer.* ūtrupe
veneer [və'niə] I *n* 1. dekoratīvs apšuvums; 2. *pārn.* izskaistinājums; II *v* 1. apšūt; 2. izskaistināt
venerable ['venərəbl] *a* 1. cienījams, godājams; 2. *rel.* svēts
venerate ['venəreit] *v* godāt
veneration [‚venə'reiʃn] *n* godbijība
venereal [və'niəriəl] *a med.* venerisks
Venetian [və'ni:ʃn] I *n* venēcietis; venēciete; II *a* Venēcijas-; venēciešu-
vengeance ['vendʒəns] *n* atriebība
vengeful ['vendʒfl] *a* atriebīgs
venial ['vi:niəl] *a* piedodams (*par grēku*)
veniality [‚vi:ni'æləti] *n* spēja piedot
venison ['venzn] *n* brieža gaļa
venom ['venəm] *n* 1. (*čūskas, skorpiona*) inde; 2. žults; ļaunums
venomous ['venəməs] *a* 1. indīgs; 2. žultains; ļauns
vent[a] [vent] I *n* 1. izeja; atvere; 2. dūmvads; ventilācijas eja; 3. izpausme; to give v. – ļaut vaļu (*dusmām*); II *v* 1. izlaist (*piem., dūmus*); 2. izgāzt (*dusmas*)
vent[b] [vent] *n* (*svārku*) šķēlums
ventilate ['ventileit] *v* 1. vēdināt; 2. diskutēt
ventilation [‚venti'leiʃn] *n* 1. ventilēšana; 2. diskusija
ventilator ['ventileitə] *n* ventilators
ventral ['ventrəl] *a anat.* vēdera-
ventriloquism [ven'triləkwizəm] *n* vēderrunāšana

ventriloquist [ven'triləkwist] *n* vēderrunātājs
ventro ['ventrəʊ] *n* (*saīs. no* ventriloquist) *sar.* vēderrunātājs
venture ['ventʃə] I *n* risks; riskants pasākums; II *v* 1. riskēt; 2. uzdrošināties
venturesome ['ventʃəsəm] *a* 1. riskants; avantūristisks; 2. uzņēmīgs
venturous ['ventʃərəs] *sk.* **venturesome**
venue ['venju:] *n* tikšanās vieta (*piem., konferences*)
Venus ['vi:nəs] *n mit., astr.* Venera
veracious [və'reiʃəs] *a* 1. taisnīgs; 2. ticams
veracity [və'ræsəti] *n* 1. taisnīgums; 2. ticamība
veranda[h] [və'rændə] *n* veranda
verb [vɜ:b] *n gram.* darbības vārds
verbal ['vɜ:bl] *a* 1. mutvārdu-; 2. burtisks
verbally ['vɜ:bəli] *adv* mutvārdiem
verbatim [vɜ:'beitim] I *a* burtisks; II *adv* burtiski
verbena [vɜ:'bi:nə] *n bot.* vībotne
verbiage ['vɜ:biidʒ] *n* liekvārdība
verbose [vɜ:'bəʊs] *a* liekvārdīgs
verbosity [vɜ:'bɒsəti] *n* liekvārdība
verdant ['vɜ:dənt] *a* 1. zaļojošs; 2. nepiedzīvojis; zaļš
verdict ['vɜ:dikt] *n jur.* spriedums
verdigris ['vɜ:digri:] *n* (*vara*) apsūbējums
verge[a] [vɜ:dʒ] I *n* 1. *pārn.* robeža; 2. (*ceļa, takas*) mala; II *v* tuvoties (*noteiktam stāvoklim*)
verge[b] [vɜ:dʒ] *n* (*garīdznieka*) zizlis
verger ['vɜ:dʒə] *n* ķesteris
verification [‚verifi'keiʃn] *n* 1. pārbaude; 2. pierādījums
verify ['verifai] *v* 1. pārbaudīt; 2. pierādīt; 3. *jur.* apliecināt

veritable ['veritəbl] *a* īsts, patiess
verity ['verəti] *n* patiesīgums
vermicelli [ˌvɜːmi'seli] *n* nūdeles
vermicide ['vɜːmisaid] *n farm.* cērmju zāles
vermilion [və'miliən] *a* spilgti sarkans
vermin ['vɜːmin] *n (parasti pl)* **1.** parazīti *(parasti zīdītāji vai putni)*; **2.** salašņas
verminous ['vɜːminəs] *a* **1.** parazītu apsēsts; **2.** pretīgs
vermouth ['vɜːməθ] *n* vermuts
vernacular [və'nækjʊlə] **I** *n* **1.** dzimtā (mātes) valoda; **2.** vietējais dialekts; **3.** žargons; **II** *a* **1.** dzimtenes-; **2.** vietējs
vernal ['vɜːnl] *a* pavasara-; ziedoņa-
vernissage [ˌvɜːni'sɑː3] *n* vernisāža
versatile ['vɜːsətail] *a* **1.** daudzpusējs *(par talantu)*; **2.** nepastāvīgs *(par garastāvokli)*
versatility [ˌvɜːsə'tiləti] *n* **1.** *(talanta)* daudzpusība; **2.** *(garastāvokļa)* nepastāvība
verse [vɜːs] *n* **1.** pants; **2.** dzejolis
versed [vɜːst] *a* lietpratīgs; kompetents
versification [ˌvɜːsifi'keiʃn] *n* dzejošana
versify ['vɜːsifai] *v* dzejot
version ['vɜːʃn] *n* versija
verso ['vɜːsəʊ] *n (pl* versos ['vɜːsəʊz]) **1.** *(atvērtas grāmatas vai dokumenta)* kreisā lappuse; **2.** *(monētas)* otrā puse
vertebra ['vɜːtibrə] *n (pl* vertebrae ['vɜːtibriː]) *anat.* skriemelis
vertebrate ['vɜːtibrət] *n zool.* mugurkaulnieks
vertex ['vɜːteks] *n (pl* vertices ['vɜːtisiːz]) virsotne; augšpuse
vertical ['vɜːtikl] **I** *n* **1.** vertikāle; **2.** *mat.* perpendikuls; **II** *a* **1.** vertikāls; **2.** *mat.* perpendikulārs

vertigo ['vɜːtigəʊ] *n* reibonis
vervain ['vɜːvein] *n bot.* vībotne
verve [vɜːv] *n (tēlojuma)* spēks; *(apraksta)* spilgtums
very ['veri] **I** *a* **1.** īsts; patiess; the v. nonsense – tīrās muļķības; **2.** *(pēc* the, this, that *un piederības vietniekvārdiem)* [tas] pats; tieši tas; his v. words – viņa paša teiktais; **3.** pats; visīstākais; the v. kindness – pati laipnība; **II** *adv* **1.** ļoti; **2.** tieši; the v. opposite – tieši pretējais; **3.** *(lieto pārākās pakāpes uzsvēršanai)* daudz; krietni; he is v. much taller – viņš ir daudz garāks; **4.** *(lieto vispārākās pakāpes uzsvēršanai)* pats, vis...; the v. best – vislabākais
vesper ['vespə] *n* **1.**: V. – vakarzvaigzne, Venera; **2.** *poēt.* vakars; **3.** *pl rel.* vakara lūgšana
vessel ['vesl] *n* **1.** trauks; **2.** kuģis
vest [vest] *n* **I** veste; **II** *v poēt.* ietērpt
vestibule ['vestibjuːl] *n* vestibils; priekštelpa
vestige ['vestidʒ] *n* **1.** *pārn.* [pa]zīme; **2.** *biol.* rudiments
vestigial [ve'stidʒiəl] *a biol.* rudimentārs
vestiture ['vestitʃə] *n* **1.** drānas; tērps; **2.** varas, militāras pakāpes piešķiršana; iesvētīšana *(garīdznieka amatā)*
vestment ['vestmənt] *n (garīdznieka)* talārs
vestry ['vestri] *n* **1.** *(baznīcas)* ģērbkambaris; **2.** draudzes padomes sēde; **3.** draudzes padomes sēžu telpa
vesture ['vestʃə] *poēt.* **I** *n* tērps; drānas; **II** *v* ietērpt
vetch [vetʃ] *n bot.* vīķi
veteran ['vetərən] **I** *n* veterāns; **II** *a* **1.** vecs, piedzīvojis; **2.**: v. car – antīkais automobilis *(izgatavots pirms 1919. gada)*

veterinarian [ˌvetəri'neəriən] **I** *n* veterinārārsts; **II** *a* veterinārs
veterinary ['vetrənəri] **I** *n* veterinārārsts; **II** *a* veterinārs
veto ['vi:təʊ] **I** *n* veto; aizliegums; **II** *v* uzlikt veto; aizliegt
vex [veks] **I** *v* kaitināt; sadusmot; **II** *a amer.* īgns; aizkaitināts
vexation [vek'seiʃn] *n* īgnums; dusmas
vexatious [vek'seiʃəs] *a* kaitinošs
via ['vaiə] *prep* **1.** caur; to go to Dallas v. Little Rock – braukt uz Dalasu caur Litlroku; **2.** ar; you can participate in this project v. Internet – tu vari piedalīties šajā projektā, izmantojot Internetu
viability [ˌvaiə'biləti] *n* dzīvotspēja
viable ['vaiəbl] *a* dzīvotspējīgs
vial ['vaiəl] *n* (*zāļu*) pudelīte
viands ['vaiəndz] *n pl* proviants
vibrant ['vaibrənt] *a* vibrējošs
vibraphone ['vaibrəfəʊn] *n mūz.* vibrofons
vibrate [vai'breit] *v* vibrēt
vibration [vai'breiʃn] *n* vibrācija; vibrēšana
viburnum [vai'bɜ:nəm] *n bot.* irbenājs
vicar ['vikə] *n* vikārs; palīgmācītājs
vicarious [vi'keəriəs] *a* **1.** aizstājošs; **2.** *jur.*: v. abonement – cita vainas izpirkšana
vice[a] [vais] *n* **1.** netikums; v. squad – tikumības policija; **2.** defekts; trūkums
vice[b] [vais] *n tehn.* skrūvspīles
vice[c] [vais] *n* (*saīs. no* vicepresident *u. tml.*) *sar.* vietnieks; vice-
vicegerent [ˌvais'dʒerənt] *n* vietvaldis; pārvaldnieks
vice president [ˌvais 'prezidənt] *n* viceprezidents
vice principal [ˌvais 'prinsəpl] *n* (*universitātes*) prorektors

vice versa [ˌvais 'vɜ:sə] *adv* otrādi
vicinage ['visinidʒ] *n* apkārtne
vicinity [vi'sinəti] *n* **1.** apkārtne; **2.** tuvums
vicious ['viʃəs] *a* **1.** izvirtis; **2.** nikns; ļauns; ◇ v. circle – burvju loks
victim ['viktim] *n* upuris
victimize ['viktimaiz] *v* padarīt par [savu] upuri
victor ['viktə] *n* uzvarētājs
victoria [vik'tɔ:riə] *n* divvietīga četrriteņu kariete (*ar nolaižamu jumtu*)
victorious [vik'tɔ:riəs] *a* uzvarošs; uzvarām vainagots
victory ['viktəri] *n* uzvara
victress ['viktris] *n* uzvarētāja
videotape ['vidiəʊteip] **I** *n* videolente; **II** *v* ierakstīt videolentē
vie [vai] *v* sacensties
view [vju:] **I** *n* **1.** skats; ainava; **2.** redzesloks; to keep in v. – neizlaist no acīm; **3.** (*arī* point of v.) viedoklis; uzskats; in my v. – pēc manām domām; **II** *v* **1.** apskatīt; **2.** skatīties (*piem., televīziju*)
viewer ['vju:ə] *n* skatītājs
viewpoint ['vju:pɔint] *n* viedoklis
vigil ['vidʒil] *n* nomods
vigilance ['vidʒiləns] *n* modrība
vigilant ['vidʒilənt] *a* modrs
vignette [vi:'njet] *n* vinjete
vigor ['vigə] *amer. sk.* **vigour**
vigorous ['vigərəs] *a* enerģisks; spēcīgs; sparīgs
vigour ['vigə] *n* enerģija; spēks; spars
vile [vail] *a* **1.** zemisks; nekrietns; **2.** *sar.* nejauks (*par laiku, raksturu*)
vilification [ˌvilifi'keiʃn] *n* zākāšana
vilify ['vilifai] *v* zākāt
village ['vilidʒ] *n* ciems; ciemats
villager ['vilidʒə] *n* ciemata iedzīvotājs

villain [ˈvilən] *n* 1. nelietis; neģēlis; 2. *vēst.* dzimtcilvēks
villainous [ˈvilənəs] *a* nelietīgs; neģēlīgs
villainy [ˈviləni] *n* nelietība; neģēlība
villein [ˈvilin] *n vēst.* dzimtcilvēks
vinaigrette [ˌvineiˈgret] *n kul.* vinegrets
vindicate [ˈvindikeit] *v* 1. aizstāvēt (*tiesības*); 2. attaisnot (*izturēšanos*)
vindication [ˌvindiˈkeiʃn] *n* 1. (*tiesību*) aizstāvēšana; 2. (*izturēšanās*) attaisnošana
vine [vain] *n* vīnogulājs
vinegar [ˈvinigə] *n* etiķis
vineyard [ˈvinjəd] *n* vīnogu plantācija
vino [ˈviːnəʊ] *n sar.* lēts vīns
vintage [ˈvintidʒ] **I** *n* 1. vīna ražošanas laiks (*vai* vieta); 2. vīnogu novākšana; 3. vīnogu raža; **II** *a* 1. augstas kvalitātes-; 2. antīks; v. car – antīkais automobilis (*izgatavots 1919.–1930. g.*)
vintager [ˈvintidʒə] *n* vīnogu audzētājs; plantators
vinyl [ˈvainil] *n ķīm.* vinils
viola[a] [viˈəʊlə] *n mūz.* alts (*instruments*)
viola[b] [ˈvaiələ] *n bot.* vijolīte
violate [ˈvaiəleit] *v* 1. pārkāpt (*likumu*); 2. izrādīt necieņu; 3. izvarot
violation [ˌvaiəˈleiʃn] *n* 1. (*likuma*) pārkāpšana; 2. necieņas izrādīšana; 3. izvarošana
violence [ˈvaiələns] *n* vardarbība
violent [ˈvaiələnt] *a* varmācīgs
violet [ˈvaiələt] **I** *n* 1. *bot.* vijolīte; 2. violeta krāsa; **II** *a* violets
violin [ˌvaiəˈlin] *n* vijole
violinist [ˈvaiəlinist] *n* vijolnieks
violist [viˈəʊlist] *n mūz.* altists
violoncellist [ˌvaiələnˈtʃelist] *n* čellists
violoncello [ˌvaiələnˈtʃeləʊ] *n* čello
viper [ˈvaipə] *n* odze
virago [viˈrɑːgəʊ] *n* 1. ķildīga sieviete;
2. *novec.* amazone; kareivīga sieviete
viral [ˈvairəl] *a med.* vīrusu-
virgin [ˈvɜːdʒin] **I** *n* 1. jaunava; 2. Jaunava (*zvaigznājs un zodiaka zīme*); **II** *a* 1. jaunavīgs; 2. neskarts; neapstrādāts; v. land – neapstrādāta zeme
Virgo [ˈvɜːgəʊ] *n* Jaunava (*zvaigznājs un zodiaka zīme*)
virile [ˈvirail] *a* vīrišķīgs
virility [viˈriləti] *n* vīrišķība
virology [ˌvaiəˈrɒlədʒi] *n* virusoloģija
virtual [ˈvɜːtʃʊəl] *a* 1. tuvs īstenībai; gandrīz precīzs; 2. *dat.* iedomāts; datorā radīts; iluzors
virtue [ˈvɜːtʃuː] *n* 1. tikums; 2. pozitīva īpašība
virtuosity [ˌvɜːtʃʊˈɒsəti] *n* virtuozitāte
virtuoso [ˌvɜːtʃʊˈəʊsəʊ] *n* (*pl* virtuosos [ˌvɜːtʃʊˈəʊsəʊz] *vai* virtuosi [ˌvɜːtʃʊˈəʊsiː]) virtuozs
virtuous [ˈvɜːtʃʊəs] *a* tikumīgs
virucide [ˈvaiərəsaid] *n farm.* pretvīrusu preparāts
virulence [ˈvirʊləns] *n* 1. virulence; indīgums; 2. dzēlīgums; ļaunums
virulent [ˈvirʊlənt] *a* 1. virulents; indīgs; 2. dzēlīgs; ļauns (*par vārdiem*)
virus [ˈvaiərəs] *n* vīruss
visa [ˈviːzə] *n* vīza
visage [ˈvizidʒ] *n* sejas izteiksme
vis-a-vis [ˌviːzɑːˈviː] **I** *n* pretimsēdētājs; pretimstāvētājs; **II** *adv* viens otram pretim; **III** *prep* attiecībā uz
viscera [ˈvisərə] *n pl* iekšējie orgāni
visceral [ˈvisərəl] *a* iekšējo orgānu-
viscid [ˈvisid] *a* viskozs
viscose [ˈviskəʊs] *n* viskoze
viscosity [viˈskɒsəti] *n* viskozitāte
viscount [ˈvaikaʊnt] *n* vikonts
viscountess [ˈvaikaʊntis] *n* 1. vikontese; 2. vikonta sieva

visibility [ˌviziˈbiləti] *n* redzamība
visible [ˈvizəbl] *a* redzams
visibly [ˈvizəbli] *adv* acīm redzami
vision [ˈviʒn] *n* **1.** redze; **2.** vīzija; **3.** iztēle
visit [ˈvizit] **I** *n* apmeklējums; vizīte; **II** *v* apmeklēt; apciemot
visitant [ˈvizitənt] *n* **1.** viesis; **2.** gājputns
visitor [ˈvizitə] *n* **1.** viesis; apmeklētājs; **2.** inspektors; kontrolieris
visor [ˈvaizə] **1.** (*cepures*) nags; **2.** *vēst.* sejsegs
vista [ˈvistə] *n* **1.** skats; ainava; **2.** izredzes
visual [ˈviʒʊəl] *a* vizuāls; redzes-
visualize [ˈviʒʊəlaiz] *v* **1.** iztēloties; iedomāties; **2.** padarīt redzamu
vital [ˈvaitl] *a* **1.** vitāls; dzīves-; **2.** ļoti svarīgs; nozīmīgs
vitality [vaiˈtæləti] *n* vitalitāte; dzīvotspēja
vitalize [ˈvaitəlaiz] *v* atdzīvināt
vitiate [ˈviʃieit] *v* **1.** sabojāt; samaitāt; **2.** *jur.* anulēt
viticulture [ˈvitikʌltʃə] *n* vīnkopība
vitreous [ˈvitriəs] *a* stiklveidīgs
vivacious [viˈveiʃəs] *a* dzīvīgs; žirgts
vivacity [viˈvæsəti] *n* spars; dzīvīgums; žirgtums
viva voce [ˌvaivə ˈvəʊtʃi] *n* mutvārdu eksāmens
vivid [ˈvivid] *a* **1.** sulīgs; spilgts (*par krāsām*); **2.** dzīvs (*par iztēli*)
vividness [ˈvividnəs] *n* **1.** (*krāsu*) sulīgums; spilgtums; **2.** (*iztēles*) dzīvums
vivify [ˈvivifai] *v pārn.* atdzīvināt
vixen [ˈviksn] *n* **1.** lapsu mātīte; **2.** ķildīga sieviete
vizier [viˈziə] *n vēst.* vezīrs
vizor [ˈvaizə] *sk.* **visor**
vocable [ˈvəʊkəbl] *n* vokābuls, vārds

vocabulary [vəʊˈkæbjʊləri] *n* **1.** vārdu krājums; **2.** vārdnīca
vocal [ˈvəʊkl] *a* **1.** balss-; v. cords (chords) – balss saites; **2.** vokāls; **3.** *val.* balsīgs
vocalist [ˈvəʊkəlist] *n* vokālists, dziedātājs
vocals [ˈvəʊklz] *n pl sar.* vokālais izpildījums; dziedājums
vocation [vəʊˈkeiʃn] *n* **1.** tieksme; aicinājums; **2.** izvēlētā nodarbošanās; profesija
vociferate [vəʊˈsifəreit] *v* kliegt
vociferous [vəʊˈsifərəs] *a* kliedzošs; v. protest – skaļš protests
vogue [vəʊg] *n* mode
voice [vɔis] *n* **1.** balss; **2.** *gram.* kārta; active v. – darāmā kārta; passive v. – ciešamā kārta
voiceless [ˈvɔisləs] *a* bez balss; mēms
void [vɔid] **I** *n* tukšums; **II** *a* **1.** tukšs; **2.** vakants (*par darbavietu*); **3.**: *jur.* spēkā neesošs; **III** *v* **1.** aizvadīt (*piem., notekūdeņus*); **2.** *jur.* paziņot par (*lēmuma, likuma*) atcelšanu
voile [vɔil] *n* šķidrauts
volant[a] [ˈvəʊlənt] *n* volāns
volant[b] [ˈvəʊlənt] *a zool.* lidojošs
volatility [ˌvɒləˈtiləti] *n ķīm.* iztvaikošana
volatilize [vɒˈlætilaiz] *v* iztvaicēt
volcano [vɒlˈkeinəʊ] *n* vulkāns
vole [vəʊl] *n* lauku pele
volition [vəʊˈliʃn] *n* **1.** griba; **2.** gribasspēks
volley [ˈvɒli] **I** *n* **1.** zalve; **2.** (*ložu*) krusa; (*vārdu*) birums; **3.** *sp.* (*bumbas*) atsišana lidojumā; **II** *v* **1.** šaut zalvēm; **2.** (*par lodēm*) birt kā krusai; **3.** *sp.* atsist (*bumbu*) lidojumā
volleyball [ˈvɒlibɔːl] *n* volejbols
volt [vəʊlt] *n el.* volts
voltage [ˈvəʊltidʒ] *n el.* voltāža, spriegums

volubility [ˌvɒljʊ'bilətɪ] *n* runīgums
voluble ['vɒljʊbl] *a* runīgs
volume ['vɒljuːm] *n* **1.** (*grāmatas*) sējums; **2.** tilpums; **3.** (*skaņas*) stiprums
voluminous [və'ljuːmɪnəs] *a* **1.** plats; plīvojošs (*par drēbēm*); **2.** plašs; apjomīgs (*par rakstudarbu*)
voluntary ['vɒləntərɪ] **I** *n* ērģeļu solo (*pirms vai pēc dievkalpojuma*); **II** *a* **1.** brīvprātīgs; **2.** *fiziol.* patvaļīgs
volunteer [ˌvɒlən'tɪə] **I** *n* brīvprātīgais; **II** *v* brīvprātīgi uzņemties (*kādu pienākumu*)
voluptuary [və'lʌptʃʊərɪ] **I** *n* baudkārs cilvēks; **II** *a* baudkārs
voluptuous [və'lʌptʃʊəs] *a* baudkārs
vomit ['vɒmɪt] **I** *n* **1.** vemšana; **2.** vēmekļi; **II** *v* vemt
vomitory ['vɒmɪtərɪ] **I** *n* vemšanas līdzeklis; **II** *a* vemšanu izraisošs
voodoo ['vuːduː] **I** *n* **1.** maģija; **2.** burvis (*parasti Karību reģionā un ASV dienvidos*); **II** *v* noburt
voracious [və'reɪʃəs] *a* rijīgs
voracity [vɒ'ræsətɪ] *n* rijība
vortex ['vɔːteks] *n* (*pl* vortexes ['vɔːteksɪz] *vai* vortices ['vɔːtɪsɪːz]) virpulis
votaress ['vəʊtərɪs] *n* piekritēja
votarist ['vəʊtərɪst] *n* piekritējs
votary ['vəʊtərɪ] *n* piekritējs
vote [vəʊt] **I** *n* **1.** balsošana; **2.** balss (*vēlēšanās*); to cast a v. – balsot; **3.** vēlēšanu biļetens; **II** *v* **1.** balsot; **2.** izlemt (*balsojot*)

voter ['vəʊtə] *n* **1.** vēlētājs; **2.** balsotājs
voting ['vəʊtɪŋ] *n* **1.** vēlēšanas; **2.** balsošana
vouch [vaʊtʃ] *v* **1.** apstiprināt; **2.** (*for*) galvot
voucher ['vaʊtʃə] *n* **1.** kupons (*ko iespējams apmainīt pret preci vai naudu*); **2.** (*maksājuma*) kvīts
vow [vaʊ] **I** *n* svinīgs zvērests; **II** *v* svinīgi zvērēt
vowel ['vaʊəl] *n val.* patskanis
voyage ['vɔɪɪdʒ] **I** *n* ceļojums (*ar kuģi vai lidmašīnu*); **II** *v* ceļot (*ar kuģi vai lidmašīnu*)
voyager ['vɔɪədʒə] *n* ceļotājs (*ar kuģi vai lidmašīnu*)
vulcanization [ˌvʌlkənaɪ'zeɪʃn] *n* (*gumijas*) vulkanizācija
vulcanize ['vʌlkənaɪz] *v* vulkanizēt (*gumiju*)
vulgar ['vʌlgə] *a* **1.** vulgārs; rupjš; **2.** vispārizplatīts
vulgarian [vʌl'geərɪən] *n* vulgārs cilvēks
vulgarism ['vʌlgərɪzəm] *n* vulgārisms; rupjš izteiciens
vulnerability [ˌvʌlnərə'bɪlətɪ] *n* ievainojamība
vulnerable ['vʌlnərəbl] *a* viegli ievainojams; vārīgs
vulnerary ['vʌlnərərɪ] *a* dziedniecisks; *v.* plants – ārstniecības augi
vulpine ['vʌlpaɪn] *a* **1.** lapsas-; **2.** viltīgs
vulture ['vʌltʃə] *n* plēsoņa
vulturous ['vʌltʃʊrəs] *a* plēsīgs

Ww

W, w ['dʌbljuː] *n* angļu alfabēta burts
wacky ['wæki] *a sl.* jucis; ķerts
wad [wɒd] **I** *n* (*naudas*) žūksnis; **II** *v* izoderēt (izklāt) ar vatējumu

wadding ['wɒdɪŋ] *n* vatējums
waddle ['wɒdl] **I** *n* gāzelēšanās; **II** *v* iet gāzelējoties
wade [weɪd] **I** *n* brišana; **II** *v* [pār]brist

wader ['weidə] *n pl* (*garie*) ūdenszābaki
wafer ['weifə] *n* 1. vafele; 2. zīmoglaka
waffle[a] ['wɒfl] *n* vafele
waffle[b] ['wɒfl] *sl.* I *n* blēņas; II *v* runāt blēņas
waft [wɑːft] I *n* 1. (*spārna*) vēziens; 2. (*rokas*) mājiens; II *v* aiznest; aizdzīt (*pa gaisu*)
wag[a] [wæg] I *n* 1. jokdaris; 2. *sl.* (*darba, skolas*) kavētājs; II *v sl.* kavēt darbu (*vai* skolu)
wag[b] [wæg] I *n* vēziens; II *v* luncināt (*asti*)
wage [weidʒ] I *n* 1. [darba] alga; w. cut – algu samazināšana; w. increase – algu paaugstināšana; 2. (*nepareizas rīcības*) sekas; the ~s of sin – atmaksa par grēkiem; II *v* cīnīties (*par kaut ko*); to w. a war – karot
wager ['weidʒə] I *n* derības; to lay a w. – saderēt; II *v* [sa]derēt
waggery ['wægəri] *n* joks; nerātna piezīme
waggle ['wægl] I *n* (*astes*) luncināšana; II *v* 1. luncināt (*asti*); 2. trīt (*mēli*)
waggon ['wægən] *sk.* **wagon**
waggoner ['wægənə] *sk.* **wagoner**
waggonwright ['wægənrait] *sk.* **wagonwright**
wagon ['wægən] *n* 1. autofurgons; 2. vagons; 3. vagonete
wagoner ['wægənə] *n* vezumnieks
wagon-lit [ˌvægɒn'liː] *n* guļamvagons
wagonwright ['wægənrait] *n* ratnieks
wagtail ['wægteil] *n ornit.* cielava
waif [weif] *n* 1. klaidonis; 2. noklīdis dzīvnieks
wail [weil] I *n* gaudas; vaimanas; II *v* gaudot; vaimanāt
wain [wein] *n novec., poēt.* rati

wainscot ['weinskət] I *n* panelis (*sienas apšūšanai*); II *v* apšūt (*sienu*) ar paneļiem
waist [weist] *n* 1. viduklis; jostasvieta; 2. ņieburs
waistcloth ['weistklɒθ] *n* gurnu apsējs
waistcoat ['weiskəʊt] *n* veste
waistline ['weistlain] *n* viduklis
wait [weit] I *n* 1. gaidīšana; 2. nogaidīšana; vilcināšanās; II *v* 1. (*for*) gaidīt (*kādu*); 2. nogaidīt; pagaidīt; 3. apkalpot; to w. at table – apkalpot pie galda
waiter ['weitə] *n* 1. oficiants; viesmīlis; 2. paplāte
waiting room ['weitiŋ rʊm] *n* uzgaidāmā telpa
waitress ['weitris] *n* oficiante; viesmīle
waits [weits] *n pl* Ziemassvētku koraļu dziedātāji
waive [weiv] *v* atteikties (*no tiesībām, privilēģijām*)
wake [weik] I *n* 1. *poēt.* atmoda; 2. (*nelaiķa*) vāķēšana; II *v* (*p.* waked [weikt] *vai* woke [wəʊk]; *p.p.* waked [weikt] *vai* woken ['wəʊkən]) 1. (*arī* to w. up) [pa]mosties; 2. (*arī* to w. up) pamodināt; 3. izraisīt; modināt (*interesi*); 4. vāķēt (*nelaiķi*)
wakeful ['weikfʊl] *a* nomodā esošs
wakeless ['weikləs] *a* ciešs (*par miegu*)
wale [weil] I *n* (*pātagas cirtiena*) švīka; II *v* pātagot
walk [wɔːk] I *n* 1. iešana; 2. pastaiga; to take a w. – pastaigāties 3. gaita; 4. taka; 5. *sp.* soļošana; 6. pastnieka (*apkalpojamais*) rajons; II *v* 1. iet; soļot; 2. pastaigāties; 3. izvest pastaigā; 4. [pa]rādīties (*par spokiem*); 5. *sp.* soļot; ◊ to w. **away** – izvairīties no pienākumiem; to w. **away** (**off**) with

sar. − 1) uzvarēt; 2) nočiept; to w. **out** − 1) iziet ārā (*pēkšņi vai dusmīgi*); 2) *amer. sar.* streikot; 3) aplidot; flirtēt; tow. **out with** − dzīvot (*ar kādu*); to w. **(all) over** − izturēties ar necieņu (*pret kādu*); ◇ w. **of life** − stāvoklis sabiedrībā; to w. **the boards** *sar.* − strādāt par aktieri; to w. **the wards** *sar.* − praktizēties slimnīcā (*par medicīnas studentu*); to w. **the streets** *sar.* − strādāt par prostitūtu

walkabout [ˈwɔːkəˌbaʊt] *n sar.* klejošana

walker [ˈwɔːkə] *n* **1.** [kājām] gājējs; **2.** statnis uz ritentiņiem, ar kuru pārvietojas invalīds vai bērns, kas mācās staigāt

walkie-talkie [ˌwɔːkiˈtɔːki] *n sl.* portatīvs radioraidītājs un uztvērējs

walking papers [ˈwɔːkɪŋ ˌpeɪpəz] *n pl sar.* paziņojums par atlaišanu [no darba]

walking stick [ˈwɔːkɪŋ stɪk] *n* spieķis

walking ticket [ˈwɔːkɪŋ ˌtɪkɪt] *sar. sk.* **walking papers**

walk-on [ˈwɔːkɒn] *n teātr.* statista loma

walkout [ˈwɔːkaʊt] *n* (*publiska pasākuma*) [demonstratīva] atstāšana

walkover [ˈwɔːkˌəʊvə] *n* viegla uzvara

walk-up [ˈwɔːkʌp] *n amer. sar.* daudzstāvu māja bez lifta

walkway [ˈwɔːkweɪ] *n* **1.** kājāmgājēju celiņš; **2.** pāreja (*no vienas ēkas otrā*)

wall [wɔːl] **I** *n* **1.** siena; main w. − nesošā siena; partition w. − šķērssiena; **2.** mūris; **3.** dambis; uzbērums; ◇ to drive smb. up the w. − nokaitināt kādu līdz baltkvēlei; to go to the w. − neattaisnot ieguldītos līdzekļus (*par biznesu*); to leap over the w. *sl.* − aiziet no klostera (*par mūku*); off the w. − *amer.*

sar. − 1) neparasts; 2) dusmīgs; 3) nepamatots (*par apvainojumu*); **II** *v* **1.** uzcelt sienu; **2.** norobežot ar sienām

wallaby [ˈwɒləbi] *n* **1.** mazais ķengurs; **2.** *pl sar.* Austrālijas regbija komanda

wallah [ˈwɒlə] *n sl.* kalpotājs; zellis

wallaroo [ˌwɒləˈruː] *n* lielais ķengurs

wallet [ˈwɒlɪt] *n* kabatas portfelis

wall eye [ˈwɔːl aɪ] *n* **1.** *med.* katarakta; **2.** uz ārpusi šķielējoša acs

wallflower [ˈwɔːlˌflaʊə] *n* **1.** *bot.* goldlaks; **2.** *sar.* dāma bez kavaliera (*ballē*)

wallop [ˈwɒləp] *sl.* **I** *n* belziens; **II** *v* iebelzt

wallow [ˈwɒləʊ] **I** *n* vārtīšanās; **II** *v* vārtīties (*dubļos, netīrumos*)

wall painting [ˈwɔːl ˌpeɪntɪŋ] *n* freska

wallpaper [ˈwɔːlˌpeɪpə] **I** *n* tapetes; **II** *v* izklāt ar tapetēm

walnut [ˈwɔːlnʌt] *n* **1.** valrieksts; **2.** riekstkoks

walrus [ˈwɔːlrəs] *n* valzirgs

waltz [wɔːls] **I** *n* valsis; **II** *v* dejot valsi

wampum [ˈwɒmpəm] *n* (*indiāņu*) gliemežvāku jostas rotājums (*lietots arī kā nauda*)

wan [wɒn] *a* **1.** bāls; slimīgs (*par ādas krāsu*); **2.** *novec.* melns (*par nakti*)

wand [wɒnd] *n* **1.** (*diriģenta*) zizlis; **2.** burvju nūjiņa

wander [ˈwɒndə] **I** *n* klejojums; **II** *v* **1.** klejot; **2.** (*arī* to w. in one's mind) murgot

wanderer [ˈwɒndərə] *n* klejotājs

wandering Jew [ˌwɒndərɪŋˈdʒuː] *n* **1.** *bibl.* mūžīgais žīds; **2.** nemiera gars

wanderings [ˈwɒndərɪŋz] *n pl* klejojumi

wanderlust [ˈwɒndəlʌst] *n* ceļošanas prieks

wane [weɪn] **I** *n* [sa]mazināšanās; (*Mē-*

wangle 764

ness) dilšana; **II** *v* [sa]mazināties; (*par Mēnesi*) dilt
wangle ['wæŋgl] *sl.* **I** *n* **1.** izmānīšana; izkrāpšana; **2.** (*faktu*) sagrozīšana; **II** *v* **1.** izmānīt; izkrāpt; **2.** sagrozīt (*faktus*)
wanna ['wɒnə] *sar. saīs. no* want to
want [wɒnt] **I** *n* **1.** vajadzība; **2.** (*of*) nepietiekams daudzums; **3.** nabadzība; trūkums; **II** *v* **1.** gribēt; vēlēties; **2.** vajadzēt; **3.** meklēt; pieprasīt; most ~ed criminals – visvairāk meklētie noziedznieki
wantage ['wɒntidʒ] *n* nepietiekams daudzums
wanton ['wɒntən] **I** *n* izvirtule; **II** *a* **1.** draiskulīgs; **2.** straujš (*par augšanu*); **3.** nepamatots; neprātīgs; **4.** izvirtis; **III** *v* **1.** draiskuļoties; **2.** netikli uzvesties
wants [wɒnts] *n pl* vajadzības
wapiti ['wɒpiti] *n* Kanādas briedis
war [wɔː] **I** *n* **1.** karš; the Great W. – Pirmais pasaules karš; the Second Great W. – Otrais pasaules karš; to be at w. (*with*) – karot; to declare w. – pieteikt karu; **2.** cīņa; **II** *v* iesaistīties karā
warble ['wɔːbl] **I** *n* trallināšana; **II** *v* trallināt
warbler ['wɔːblə] *n* dziedātājputns
warcraft ['wɔːkrɑːft] *n* **1.** kara māksla; **2.** karakuģis
ward [wɔːd] **I** *n* **1.** aizbildniecība; **2.** aizbilstamais; **3.** (*pilsētas*) administratīvais rajons; **4.** (*slimnīcas*) palāta; nodaļa (*noteikta tipa slimniekiem*); **5.** (*cietuma*) kamera; **6.** *novec.* sardze; **II** *v* **1.** ievietot stacionārā (*slimnieku*); **2.** *novec.* aizsargāt
warden ['wɔːdn] *n* **1.** (*kādas iestādes*) uzraugs; (*darba grupas*) brigadieris; **2.** (*skolas, koledžas*) direktors; saimniecības pārzinis; **3.** *amer.* cietuma priekšnieks
warder ['wɔːdə] *n* **1.** cietumsargs; **2.** *novec.* sargs
wardrobe ['wɔːdrəʊb] *n* **1.** drēbju skapis; **2.** ģērbtuve; **3.** garderobe (*noteikta cilvēka īpašumā atrodošais apģērbu klāsts*)
wardroom ['wɔːdruːm] *n* virsnieku kopkajīte
wardship ['wɔːdʃip] *n* aizbildniecība
ware[a] [weə] *n* **1.** izstrādājumi; potter's w. – māla izstrādājumi; **2.** *pl* preces
ware[b] [weə] **I** *a* (*no* aware) modrs; piesardzīgs; **II** *int* (*no* beware) sargies!; uzmanies!
warehouse I *n* ['weəhaʊs] **1.** noliktava; **2.** vairumtirdzniecības bāze; **II** *v* ['weəhaʊz] **1.** glabāt noliktavā; **2.** *amer. sar.* ietupināt (*cietumā*)
warfare ['wɔːfeə] *n* **1.** karadarbība; **2.** kara māksla
warhorse ['wɔːhɔːs] *n* **1.** (*kara*) veterāns; **2.** pieredzējis politiķis; **3.** *sp.* veterāns
warily ['weərili] *adv* uzmanīgi; piesardzīgi
wariness ['weərinəs] *n* uzmanība; piesardzība
warlock ['wɔːlɒk] *n* burvis
warm [wɔːm] **I** *n* siltums; **II** *a* **1.** silts; to get w. – 1) sasildīties; 2) sasilt; **2.** sirsnīgs; atsaucīgs; **3.** svaigs (*par zvēra pēdām*); **III** *v* **1.** [sa]sildīt; **2.** [sa]sildīties; **3.** iesilt; ◻ to w. **over** *amer.* – iesildīt (*publiku*); to w. **up** – 1) uzsildīt; 2) ieinteresēt; 3) iesildīt (*publiku*); 4) *sp.* iesildīties
warmed-up ['wɔːmdʌp] *a* **1.** uzsildīts (*par ēdienu*); **2.** *pārn.* nodrāzts; banāls

warmer [ˈwɔːmə] *n* sildītājs (*aparāts vai termofors*)
warming [ˈwɔːmiŋ] *n* **1.** [sa]sildīšana; **2.** *sl.* kāviens, pēriens
warmish [ˈwɔːmiʃ] *a* remdens
warmonger [ˈwɔːˌmʌŋgə] *n* kara kūrējs
warmth [wɔːmθ] *n* **1.** siltums; sirsnība; **2.** dedzība; aizrautība; **3.** *glezn.* silti toņi
warn [wɔːn] *v* **1.** brīdināt; **2.** ziņot
warning [ˈwɔːniŋ] **I** *n* **1.** brīdinājums; **2.** *sp.* piezīme; **II** *a* brīdinošs
warp [wɔːp] **I** *n* **1.** (*dēļa*) samešanās (*karstuma vai mitruma iedarbībā*); **2.** tauva; **II** *v* **1.** samesties (*par dēļi*); **2.** savīties (*par auklu*); **3.** savīt (*auklu*); **4.** *pārn.* izkropļot (*piem., raksturu*)
warpath [ˈwɔːpɑːθ] *n*: to be on the w. – būt kareivīgi noskaņotam
warrant [ˈwɒrənt] **I** *n* **1.** garantija; galvojums; **2.** pilnvara; orderis; **3.** pavēle; **II** *v* **1.** garantēt; galvot; **2.** pilnvarot
warrantee [ˌwɒrənˈtiː] *n jur.* galvojumu saņēmušais
warranter [ˈwɒrəntə] *sk.* **warrantor**
warrantor [ˈwɒrəntɔː] *n jur.* garantijas devējs; galvotājs
warranty [ˈwɒrənti] *n* garantija; galvojums
warren [ˈwɒrən] *n* **1.** trušu alu tīkls (labirints); **2.** (*pārapdzīvotas pilsētas*) (*ielu*) labirints
warring [ˈwɔːriŋ] *a* karojošs
warrior [ˈwɒriə] *n* karavīrs; cīnītājs
warship [ˈwɔːʃip] *n* karakuģis
war-struck [ˈwɔːstrʌk] *a* kara pārņemts (*par valsti*)
wart [wɔːt] *n* **1.** kārpa; **2.** panga (*uz auga*)
warthog [ˈwɔːthɒg] *n* kārpainā meža cūka
war-torn [ˈwɔːtɔːn] *a* **1.** kara novārdzināts; **2.** karā izpostīts

warty [ˈwɔːti] *a* kārpains
war whoop [ˈwɔː huːp] *n* (*indiāņu*) kaujas sauciens
wary [ˈweəri] *a* piesardzīgs; uzmanīgs
was [*uzsvērtā forma* wɒz; *neuzsvērtās formas* wəz, wz] *pagātnes 1. un 3. pers. sg no* to be
wash [wɒʃ] **I** *n* **1.** mazgāšana; **2.** mazgāšanās; to have a w. *sar.* – nomazgāties; **3.** samazgas (*arī pārn.*); **4.** (*krāsas, metāla*) plāna kārtiņa; **5.** zelta smiltis; **6.** (*krasta*) izskalojums; ◇ to come out in the w. – [beidzot] nokārtoties; **II** *a*: w. pan – zelta skalošanas vanniņa; **III** *v* **1.** mazgāt; **2.** mazgāties; **3.** skaloties (*par viļņiem*); **4.** izskalot (*krastu*); **5.** pārklāt ar plānu (*metāla, krāsas*) kārtiņu; **6.** skalot zeltu; ▯ to w. **away** (**off**) – noskalot; aizskalot; to w. **up** – mazgāt traukus
washable [ˈwɒʃəbl] *a* mazgājams; neplūkošs
washbasin [ˈwɒʃˌbeisn] *n* mazgājamā bļoda
washbowl [ˈwɒʃbəʊl] *n* mazgājamā bļoda
washday [ˈwɒʃdei] *n* veļas diena
washed out [ˌwɒʃt ˈaʊt] *a* **1.** noplucis (*par audumu*); **2.** *sar.* pārguris
washed-up [ˌwɒʃtˈʌp] *a sl.* zaudējis piekrišanu
washeteria [ˌwɒʃəˈtiəriə] *n sar.* pašapkalpošanās veļas mazgātava
washhouse [ˈwɒʃhaʊs] *n* veļas mazgātava
washing day [ˈwɒʃiŋ dei] *n* veļas diena
washing machine [ˈwɒʃiŋ məˌʃiːn] *n* veļas mazgājamā mašīna
washing-powder [ˈwɒʃiŋˌpaʊdə] *n* veļas mazgājamais pulveris
wash-out [ˈwɒʃaʊt] *n* **1.** (*krasta*) izskalojums; **2.** *sl.* neveiksme

washy [ˈwɒʃi] *a* **1.** ūdeņains; šķidrs; **2.** izbalējis (*par krāsām*)
wasn't [wɒznt, wɒzn] *saīs. no* was not
wasp [wɒsp] *n* lapsene
waspish [ˈwɒspiʃ] *a* **1.** ļoti tievs (*par vidukli*); **2.** dzēlīgs
wassail [ˈwɒseil] *novec.* **I** *n* dzīres; **II** *v* dzīrot
wastage [ˈweistidʒ] *n* **1.** zudumi; nodilums; **2.** atgriezumi
waste [weist] **I** *n* **1.** tukša vieta; plašums; **2.** izšķiešana; **3.** zudums; nodilums; **4.** (*ražošanas*) atkritumi; w. disposal – atkritumu iznīcināšana; w. dump – atkritumu izgāztuve; w. utilization – atkritumu pārstrāde; w. water – notekūdens; **II** *a* **1.** tuksnesīgs; **2.** nevajadzīgs; lieks; w. products – ražošanas atkritumi; **3.** izpostīts; **III** *v* **1.** izšķiest (*laiku, naudu*); **2.** izpostīt; **3.** vārgt; nīkt
wasteful [ˈweistfʊl] *a* izšķērdīgs
wasteland [ˈweistlænd] *n* novārtā pamesta zeme
wastepaper [ˌweistˈpeipə] *n* makulatūra
wastepipe [ˈweistpaip] *n* notekcaurule
waster [ˈweistə] *n* izšķērdētājs
wastrel [ˈweistrəl] *n* **1.** brāķis; **2.** izšķērdētājs
watch [wɒtʃ] **I** *n* **1.** sargs; sardze; **2.** [no]vērošana; **3.** rokas pulkstenis; **II** *v* **1.** vērot; skatīties; to w. television – skatīties televīzijas pārraidi; **2.** novērot; **3.** sargāt
watchbox [ˈwɒtʃbɒks] *n* sarga būda
watch case [ˈwɒtʃ keis] *n* pulksteņa ietvars
watchdog [ˈwɒtʃdɒg] *n* sargsuns
watchful [ˈwɒtʃfʊl] *a* **1.** vērīgs; **2.** modrs
watchhouse [ˈwɒtʃhaʊs] *n* sargbūda
watchmaker [ˈwɒtʃˌmeikə] *n* pulksteņmeistars
watchman [ˈwɒtʃmən] *n* sargs
watchnight [ˈwɒtʃnait] *n* reliģisks rituāls Jaungada naktī vai Ziemassvētku vakarā
watch stop [ˈwɒtʃstɒp] *n* sekunžu mērītājs
watchtower [ˈwɒtʃˌtaʊə] *n* sargtornis
watchword [ˈwɒtʃwɜːd] *n* parole
water [ˈwɔːtə] **I** *n* **1.** ūdens; by w. – pa ūdensceļu; on the w. – kuģī; **2.**: high w. – paisums; low w. – bēgums; **3.** (*dārgakmeņa*) kvalitāte; ◊ to be in hot (deep) w. *sl.* – būt nelaimē; in low w. *sl* – naudas grūtībās; uz sēkļa; to hold w. – izturēt kritiku; still ~s run deep – klusie ūdeņi ir dziļi; **II** *v* **1.** [ap]laistīt; **2.** apūdeņot; **3.** dzirdināt (*lopus*); **4.** (*arī* w. down) atšķaidīt
waterage [ˈwɔːtəridʒ] *n* **1.** kravu pārvadāšana pa ūdensceļiem; **2.** maksa par kravu pārvadāšanu pa ūdensceļiem
Water Bearer [ˈwɔːtəˌbeərə] *n* Ūdensvīrs (*zvaigznājs un zodiaka zīme*)
waterbed [ˈwɔːtəbed] *n* ar ūdeni pildīts gultas matracis
waterborne [ˈwɔːtəbɔːn] *a* pa ūdensceļu transportējams (*par precēm*)
water closet [ˈwɔːtə ˌklɒzit] *n* tualetes iekārta (*ar ūdens trauku*)
watercolour [ˈwɔːtəˌkʌlə] *n* **1.** akvareļkrāsa; **2.** akvarelis
watercourse [ˈwɔːtəkɔːs] *n* **1.** strauts; kanāls; **2.** (*upes*) gultne
watercraft [ˈwɔːtəkrɑːft] *n* **1.** kuģis; **2.** kuģošanas māka
water diviner [ˈwɔːtə diˌvainə] *n* rīkstnieks
waterfall [ˈwɔːtəfɔːl] *n* ūdenskritums
waterfowl [ˈwɔːtəfaʊl] *pl n* ūdensputni
waterfront [ˈwɔːtəfrʌnt] *n* krasts; krasta līnija

watergate ['wɔːtəgeit] *n* (*slūžu*) aizvars
water jacket ['wɔːtə ˌdʒækit] *n tehn.* ierīces apvalks ar ūdens dzesēšanu
waterless ['wɔːtələs] *a* bezūdens-
water level ['wɔːtə ˌlevl] *n* 1. ūdenslīmenis; 2. *tehn.* līmeņrādis
water lily ['wɔːtəˌlili] *n* ūdensroze
waterline ['wɔːtəlain] *n jūrn.* ūdenslīnija
watermain ['wɔːtəmein] *n* maģistrālais ūdensvads
waterman ['wɔːtəmən] *n* laivinieks
watermark ['wɔːtəmɑːk] **I** *n* ūdenszīme (*uz vērtspapīriem*); **II** *v* iespiest ūdenszīmes (*vērtspapīros*)
watermelon ['wɔːtəˌmelən] *n* arbūzs
watermeter ['wɔːtəˌmiːtə] *n* ūdensmērītājs (*instruments*)
watermill ['wɔːtəmil] *n* ūdensdzirnavas
water pipe ['wɔːtə paip] *n* ūdensvads; ūdensvada caurule
waterproof ['wɔːtəpruːf] **I** *n* 1. ūdensnecaurlaidīgs materiāls; 2. lietusmētelis; **II** *a* ūdensnecaurlaidīgs; **III** *v* padarīt ūdensnecaurlaidīgu; impregnēt
waterquake ['wɔːtəkweik] *n* zemūdens zemestrīce
water-repellent ['wɔːtəriˌpelənt] *a* 1. ūdensnecaurlaidīgs (*par audumu*); 2. hidrofobs (*par vielu*)
water-resistant ['wɔːteriˌzistənt] *a* ūdensnecaurlaidīgs
waters ['wɔːtəz] *n pl* dzednieciski minerālūdeņi
waterscape ['wɔːtəskeip] *n* jūras ainava
watershed ['wɔːtəʃəd] *n* 1. *ģeol.* ūdensšķirtne; 2. *pārn.* pavērsiena punkts
water shoot ['wɔːtə ʃuːt] *n* 1. [ūdens] notekcaurule; 2. [ūdens] notekgrāvis
waterside ['wɔːtəsaid] *n* krasts

water-soluble ['wɔːtəˌsɒljʊbl] *a* ūdenī šķīstošs
waterspout ['wɔːtəspaʊt] *n* ūdensstabs (*virpuļvētras laikā*)
water sprite ['wɔːtə sprait] *n folkl.* ūdensvīrs
watertight ['wɔːtətait] *a* 1. ūdensnecaurlaidīgs; 2. neapstrīdams (*par argumentu*)
watertights ['wɔːtətaits] *n pl* ūdenszābaki
water tower ['wɔːtə ˌtaʊə] *n* ūdenstornis
water vole ['wɔːtə vəʊl] *n* ūdensžurka
waterway ['wɔːtəwei] *n* ūdensceļš
waterworks ['wɔːtəwɜːks] *n pl* 1. hidrotehniskas ierīces; 2. *sl.* asaras; raudāšana; 3. urīnizvades orgāni
watt [wɒt] *n el.* vats
wattage ['wɒtidʒ] *n el.* jauda vatos
wattle[a] ['wɒtl] **I** *n* klūga; **II** *v* pīt no klūgām
wattle[b] ['wɒtl] *n* (*gaiļa*) paseksте
wattling ['wɒtliŋ] *n* klūgu pinums
waul [wɔːl] *v* ņaudēt
wave [weiv] **I** *n* 1. vilnis; permament ~s – ilgviļņi; 2. (*rokas*) mājiens; ◇ to lash the ~s – skriet ar pieri sienā; **II** *v* 1. viļņoties (*par ūdeni*); 2. cirtoties (*par matiem*); 3. māt (*ar roku*); 4. ieveidot matus
waveband ['weivbænd] *n rad.* (*viļņu*) diapazons
wavelength ['weivleŋθ] *n fiz.* viļņa garums; ◇ to be on the same w. – saprast vienam otru
wavelet ['weivlət] *n* vilnītis
waver ['weivə] *v* 1. šaudīties (*par liesmu*); 2. svārstīties; šaubīties; 3. plivināties
wavy ['weivi] *a* 1. viļņojošs; 2. viļņains; 3. cirtains (*par matiem*)

W

waxᵃ [wæks] **I** *n* **1.** vasks; **2.** (*auss*) sērs; **II** *v* vaskot
waxᵇ [wæks] *v* **1.** augt; to w. and wane – augt un dilt (*par Mēnesi*); **2.** *poēt.*, *novec.* kļūt, tapt
waxᶜ [wæks] *n* dusmu lēkme
waxcloth [ˈwæksklɒθ] *n* vaskadrāna
waxen [ˈwæksən] *a* vaska-
waxwork [ˈwækswɜːk] *n* vaska figūra
waxyᵃ [ˈwæksi] *a* vaska-
waxyᵇ [ˈwæksi] *a* dusmīgs
way [wei] **I** *n* **1.** ceļš; across the w. – ceļa otrā pusē; on the w. – ceļā; to be in the w. – stāvēt ceļā; traucēt; to lose one's w. – apmaldīties; to make w. – dot ceļu; **2.** virziens; puse; **3.** attālums; atstatums; a long w. off – tālu; **4.** veids; metode; do it this w. – dari to šādi; **5.** paradums; ieraža; ◊ any w. – tik un tā; by the w. – starp citu; in a w. – zināmā mērā; in no w. – nekādā ziņā; a w. out – izeja (*no kādas situācijas*); **II** *adv amer.* (*lieto nozīmes pastiprināšanai*) w. ahead – tālu priekšā
waybill [ˈweibil] *n* **1.** pasažieru saraksts; **2.** (*preču*) pavadzīme
wayfarer [ˈweifeərə] *n* ceļinieks
wayfaring [ˈweifeəriŋ] *a* ceļojošs
waylay [ˈweilei] *v* uzglūnēt
way leave [ˈwei liːv] *n* caurbraukšanas atļauja
wayless [ˈweiləs] *a* bezceļu-; grūti izbraucams
waymark [ˈweimɑːk] *n* ceļrādis
ways [weiz] *n pl* paražas; tradīcijas
wayside [ˈweisaid] *n* ceļmala
wayward [ˈweiwəd] *a* kaprīzs; untumains
waywise [ˈweiwaiz] *a amer.* ceļu zinošs
we [*uzsvērtā forma* wiː, *neuzsvērtā forma* wi] *pron* mēs
weak [wiːk] *a* vājš

weaken [ˈwiːkən] *v* **1.** [no]vājināt; **2.** kļūt vājākam
weak-headed [ˌwiːkˈhedid] *a* plānprātīgs
weak-kneed [ˌwiːkˈniːd] *a* mazdūšīgs
weakling [ˈwiːkliŋ] *n* **1.** vārgulis; **2.** gļēvulis
weakly [ˈwiːkli] *adv* vāji; nedroši
weak-minded [ˌwiːkˈmaindid] *a* plānprātīgs
weakness [ˈwiːknəs] *n* **1.** vārgums; nespēks; **2.** vājība
wealᵃ [wiːl] *n* labklājība
wealᵇ [wiːl] *n* (*pātagas cirtiena*) švīka
wealth [welθ] *n* **1.** pārticība; bagātība; turība; **2.** pārpilnība; liels skaits
wealthy [ˈwelθi] *a* pārticis; bagāts; turīgs
weanᵃ [wiːn] *v* **1.** atšķirt (*bērnu*) no krūts; **2.** atšķirt (*dzīvnieku mazuli*) no mātes; **3.** (*from*) atradināt
weanᵇ [wiːn] (*no wee one*) *n* bērns; mazulis
weanling [ˈwiːnliŋ] *n* **1.** no krūts atšķirts bērns; **2.** (*no mātes*) atšķirts dzīvnieka mazulis
weapon [ˈwepən] *n* ierocis
weaponless [ˈwepənləs] *a* neapbruņots; bez ieročiem
wear [weə] **I** *n* **1.** (*apģērba*) valkāšana; nēsāšana; **2.** nodilums; nolietojums; **3.** apģērbs; apģērbi; men's w. – vīriešu apģērbs; **II** *v* (*p.* wore [wɔː]; *p.p.* worn [wɔːn]) **1.** valkāt; nēsāt (*apģērbu*); **2.** valkāties; to w. well – labi valkāties; to w. one's years well – izskatīties jaunākam par saviem gadiem; **3.** novalkāt; nodeldēt; ◊ to w. **down** [smb.] – uzvarēt [kādu] neatlaidībā (izturībā); to w. **away** – 1) novalkāties; nodilt; 2) lēni vilkties (*par laiku*); to w. **off** – 1) noberzt; 2) noberzties; 3) pāriet; to w. **on** – lēni vilkties (*par laiku*); to

w. out – 1) novalkāt; nodeldēt; 2) novalkāties; nodilt; 3) nogurdināt; ◊ to w. thin – nodeldēt; nolietot; to w. breeches (trousers) – turēt vīru zem tupeles
wearability [ˌweərə'biliti] *n* (*apģērba*) izturība
wearies ['wiəriz] *n sar.* skumjas
weariless ['wiəriləs] *a* nenogurdināms
wearily ['wiərəli] *adv* nogurdinoši; apnicīgi
wearisome ['wiərisəm] *a* **1.** nogurdinošs; **2.** garlaicīgs; apnicīgs
wearproof ['weəpru:f] *a* nedilstošs; nodilumizturīgs
weary ['wiəri] **I** *a* **1.** noguris; **2.** nogurdinošs; **3.** garlaicīgs; apnicīgs; **II** *v* **1.** (*of*) nogurt; **2.** nogurdināt; **3.** garlaikot
weasel ['wi:zl] *n* **1.** zebiekste; **2.** nodevīgs cilvēks
weather ['weðə] **I** *n* (*meteoroloģiskais*) laiks; w. forecast – laika prognoze; w. report – laika ziņas; ◊ to make heavy w. of smth. – atzīt (*kaut ko vieglu*) par grūtu; under the w. *sl.* – nevesels; **II** *v* **1.** pakļaut atmosfēras iedarbībai; **2.** (*arī* to w. out) izturēt
weather-beaten ['weðəˌbi:tn] *a* norūdīts
weatherboarding ['weðəˌbɔ:diŋ] *n* (*ārsienas*) dēļu apšuvums
weathercock ['weðəkɒk] *n* **1.** vējrādītājs; **2.** vējgrābslis
weather glass ['weðə glɑ:s] *n* barometrs
weathering ['weðəriŋ] *n ģeol.* erozija
weatherproof ['weðəpru:f] **I** *a* izturīgs pret atmosfēras iedarbību; **II** *v* padarīt izturīgu pret atmosfēras iedarbību
weathervane ['weðəvein] *n* vējrādītājs
weatherwise ['weðəwaiz] *a* spējīgs pareģot laiku

weaveᵃ [wi:v] **I** *n* auduma faktūra; **II** *v* (*p.* wove [wəʊv]; *p.p.* woven ['wəʊvən]) **1.** aust; **2.** pīt
weaveᵇ [wi:v] *v* **1.** izvairīties; **2.** *telev.* lēkāt (*par attēlu*)
weaver ['wi:və] *n* audējs; audēja
web [web] **I** *n* **1.** tīkls; spider's w. – zirnekļa tīkls; **2.** (*ūdensputnu*) peldplēve; **3.** (*faksa u. tml.*) papīra rullis; **4.**: the W. – (*saīs. no* World Wide W.) Internets; **II** *v* **1.** aust tīklu (*par zirnekli*); **2.** *pārn.* ievilināt tīklā
wed [wed] *v* (*p. un p.p.* wadded ['wedid] *vai* wed [wed]) **1.** salaulāt; apprecināt; **2.** salaulāties; apprecēties
we'd [*uzsvērtā forma* wi:d; *neuzsvērtā forma* wid] *sar. saīs. no* **1.** we had; **2.** we should; we would
wedding ['wediŋ] *n* kāzas; laulības
wedge [wedʒ] **I** *n* ķīlis; w. writing *vēst.* – ķīlraksts; **II** *v* iedzīt ķīli
wedges ['wedʒiz] *sk.* **wedgies**
wedgewise ['wedʒwaiz] *adv* ķīļveidīgi
wedgies ['wedʒiz] *n pl sar.* pilnpapēžu kurpes
wedlock ['wedlɒk] *n* laulība
Wednesday ['wenzdi] *n* trešdiena
wee [wi:] *a* **1.** mazs (*bērnu valodā*); **2.**: the w. folk – fejas
weed [wi:d] **I** *n* **1.** nezāle; **2.** (*arī* the w.) marihuāna; **II** *v* ravēt
weedkiller ['wi:dˌkilə] *n* herbicīds
weeds [wi:dz] *n pl* (*atraitnes*) sēru tērps
weedy ['wi:di] *a* [ar] nezālēm aizaudzis
week [wi:k] *n* nedēļa; this day w. – pēc nedēļas
weekday ['wi:kdei] *n* darbdiena
weekend ['wi:kend] *n* nedēļas nogale
weekly ['wi:kli] **I** *n* nedēļas izdevums; **II** *a* nedēļas-; iknedēļas-; **III** *adv* katru nedēļu

ween [wi:n] *v poēt.* **1.** domāt; šķist; **2.** cerēt; **3.** (*on, for*) sapņot par
weeny ['wi:ni] *a sar.* maziņš; sīciņš
weep [wi:p] *v* (*p. un p.p.* wept [wept]) raudāt; to w. oneself out – izraudāties
weeper ['wi:pə] *n* **1.** raudulis; pinkšķis; **2.** raudātājs (*bērēs*); **3.**: ~s – sēru drānas
weepie ['wi:pi] *n sar.* sentimentāla filma (dziesma)
weeping ['wi:piŋ] *a* **1.** raudošs; **2.**: w. willow – sēru vītols
weeps [wi:ps] *n pl sar.* asaras; to turn (put) on the w. – ieraudāties
weft [weft] *n tekst.* audi
weigh [wei] *v* **1.** nosvērt; **2.** nosvērties; **3.** svērt; it ~s twelve pounds – tas sver divpadsmit mārciņu; **4.** apdomāt; apsvērt; ⬜ to w. **down** – 1) apgrūtināt; 2) nomākt; nospiest; to w. **up** – novērtēt, apsvērt
weight [weit] **I** *n* **1.** svars; to lose w. – zaudēt svaru; to put on w. – pieņemties svarā; **2.** atsvars; **3.** slogs; nasta; **4.** svarīgums; nozīmīgums; **II** *v* **1.** uzlikt atsvaru (*uz svariem*); **2.** noslogot; **3.** nomākt; **4.** novērtēt
weightless ['weitləs] *a* bezsvara-
weightlessness ['weitləsnəs] *n* bezsvara stāvoklis
weightlifter ['weit,liftə] *n sp.* svarcēlājs
weightlifting ['weit,liftiŋ] *n sp.* svarcelšana
weighty ['weiti] *a* **1.** smags; **2.** svarīgs; **3.** apgrūtinošs
weir [wiə] *n* **1.** dambis (*upē*); **2.** (*zivju*) tacis
weird [wiəd] **I** *n* liktenis; **II** *a* **1.** liktenīgs; **2.** neparasts; pārdabisks; **3.** *sar.* dīvains; savāds
weirdie ['wiədi] *n sar.* savādnieks

weirdo ['wiədəʊ] *sl. sk.* **weirdie**
welch [welʃ] *sk.* **welsh**
welcome ['welkəm] **I** *n* **1.** sagaidīšana; apsveikšana, **2.** (*viesu*) uzņemšana; **II** *a* **1.** gaidīts; vēlams (*par viesi*); **2.** patīkams; vēlams (*par ziņām, notikumiem*); **III** *v* uzņemt; sagaidīt (*viesi*); **IV** *int* laipni lūdzam!
weld [weld] **I** *n tehn.* metināts savienojums; **II** *v* **1.** *tehn.* [sa]metināt; **2.** *pārn.* saliedēt
welder ['weldə] *n* metinātājs
welfare ['welfeə] *n* labklājība
well[a] [wel] *n* **1.** aka; **2.** avots
well[b] [wel] (*comp.* better ['betə]; *sup.* best [best]) **I** *a predic.* **1.** labs; **2.** vesels; **3.**: to be w. off – būt turīgam (pārtikušam); **II** *adv* labi; I'm doing quite w. – man iet gluži labi; w. done – labi paveikts; ◇ to come off w. – labi beigties; to do w. out of – gūt peļņu (*no*); as w. – tikpat labi; as w. as – kā arī
well[c] [wel] *int* nu; tiešām; w., I don't know what to say – nu, nezinu, ko teikt
we'll [*uzsvērtā forma* wi:l; *neuzsvērtā forma* wil] *sar. saīs. no* **1.** we shall; **2.** we will
well advised [,wel əd'vaizd] *a* saprātīgs
well being [,wel'bi:iŋ] *n* labklājība
well bred [,wel'bred] *a* labi audzināts
well-connected [,welkə'nektid] *a* ar plašiem sakariem
well earned [,wel 'ɜ:nd] *a* pelnīts (*par apbalvojumu, uzslavu*)
well favoured [,wel'feivəd] *a* apveltīts ar labām īpašībām (*izskatu*)
well founded [,wel'faʊndid] *a* pamatots [ar faktiem]
well grounded [,wel'graʊndid] *a* pamatots [ar faktiem]

wellingtons [ˈwelɪŋtənz] *n pl* (*arī* wellington boots) garie gumijas zābaki
well known [ˌwelˈnəʊn] *a* populārs; plaši pazīstams
well meaning [ˌwelˈmiːnɪŋ] *a* labi domāts
well meant [ˌwelˈment] *a* labi domāts
well nigh [ˈwelnai] *adv* gandrīz
well off [ˌwelˈɒf] *a* turīgs; pārticis
well preserved [ˌwelpriˈzɜːvd] *a* labi saglabājies (*par vecu cilvēku*)
well-rounded [ˌwelˈraʊndid] *a* **1.** apaļīgs (*par cilvēku*); **2.** vispusīgs (*par interesēm*)
well spoken [ˌwelˈspəʊkən] *a* ar izsmalcinātu (*arī* zinātniskiem terminiem piebārstītu) valodu
wellspring [ˈwelsprɪŋ] *n* (*of*) avots; sākotne
well-to-do [ˌweltəˈduː] *a* turīgs; pārticis
well tried [ˌwelˈtraid] *a* (*par līdzekli, paņēmienu*) pārbaudīts
well trodden [ˌwelˈtrɒdn] *a* iemīts (*par taku*); iebraukts (*par ceļu*)
well turned [ˌwelˈtɜːnd] *a* smalki izteikts (*par komplimentu*)
well-wisher [ˌwelˈwiʃə] *n* labvēlis
well worn [ˌwelˈwɔːn] *a* nolietots; novalkāts
Welsh [welʃ] **I** *n* **1.** velsiešu valoda; **2.**: the W. – velsieši; **II** *a* Velsas-; velsiešu-
welsh [welʃ] *v* **1.** neatdot parādu; **2.** lauzt (*solījumu*)
Welshman [ˈwelʃmən] *n* velsietis
Welshwoman [ˈwelʃˌwʊmən] *n* velsiete
welt [welt] **I** *n* **1.** (*auduma*) nošūtā mala; **2.** (*pātagas cirtiena*) švīka; **3.** *tehn.* apmale; **II** *v* **1.** apšūt; **2.** sist (*ar pātagu*)
welterweight [ˈweltəweit] *n sp.* pussmagais svars (*boksā*)
wench [wentʃ] *n novec.* **1.** meiča; **2.** ielasmeita

wend [wend] *v*: to w. one's way – slāt; lēni iet
went *sk.* **go II**
wept *sk.* **weep II**
were [*uzsvērtā forma* wɜː; *neuzsvērtā forma* wə] *p. pl no* to be
we're [wɪə] *sar. saīs. no* we are
weren't [wɜːnt] *sar. saīs. no* were not
werewolf [ˈwɪəwʊlf] *n mīt.* vilkacis
wert [*uzsvērtā forma* wɜːt; *neuzsvērtā forma* wət] *v novec.* (*otrās personas p. pl no to be*): thou w. – tu biji
west [west] **I** *n* rietumi; the Wild W. *amer.* – Mežonīgie rietumi; **II** *a* rietumu-; the W. Side *amer.* – Vestsaida (*Ņujorkas Manhetenas rajona rietumu daļa*); **III** *adv* uz rietumiem; ◇ to go w. *sl.* – nolikt karoti, nomirt
westerly [ˈwestəli] **I** *a* rietumu-; **II** *adv* **1.** no rietumiem; **2.** uz rietumiem
western [ˈwestən] **I** *n* **1.** rietumu iedzīvotājs; **2.** *amer. sar.* vesterns (*filma*); **II** *a* rietumu-
westward [ˈwestwəd] **I** *a* rietumu virzienā braucošs; **II** *adv amer.* uz rietumiem
westwards [ˈwestwədz] *adv* uz rietumiem
wet [wet] **I** *n* slapjums; mitrums; **II** *a* **1.** slapjš; mitrs; **2.** lietains; ◇ w. dream – erotisks sapnis; w. smile – smaids caur asarām; w. behind the ears – vēl slapjš aiz ausīm; **II** *v* (*p. un p.p.* wet [wet] *vai* wetted [ˈwetid]) [sa]slapināt; [sa]mērcēt
wether [ˈweðə] *n* kastrēts auns
we've [*uzsvērtā forma* wiːv; *neuzsvērtā forma* wiv] *sar. saīs. no* we have
whack [wæk] **I** *n* **1.** belziens; **2.** *sar.* mēģinājums; **3.** *sl.* [līdzīga] tiesa; **II** *v* **1.** [ie]belzt; **2.** [sa]dalīt
whale [weil] *n* valis, valzivs

whale oil ['weil ɔil] *n* trāns
whaler ['weilə] *n* **1.** vaļu medību kuģis; **2.** vaļu mednieks
whang [wæŋ] *sar.* **I** *n* sitiens; rībiens; **II** *v* sist; rībināt (*bungas*); **III** *adv* tieši
wharf [wɔ:f] **I** *n* (*pl* wharfs [wɔ:fs] *vai* wharves [wɔ:vz]) kuģu piestātne; **II** *v* pietauvot (*kuģi*)
wharves *sk.* **wharf I**
what [wɒt] **I** *a* **1.** kāds; kas; w. music do you like? – kāda mūzika tev patīk?; **2.** kāds vien; cik vien; I'll take w. bottles you have – es ņemšu visas pudeles, cik vien tev ir; **3.** (*lieto izsaukumos*): w. a show! – tā tik bija izrāde!; w. a pity! – cik žēl!; w. impudence! – kāda nekaunība!; **II** *pron* **1.** kāds; kas; ko; w. is he? – kas viņš ir (*pēc nodarbošanās*)?; **2.** tas, kas; tas, kurš; this is w. I'm talking about – tas ir tas, par ko es runāju; ◇ let me tell you n. – zini ko?; so w.? – kas par to?
whatever [wɒt'evə] *pron* lai kas; viss kas; w. happens – lai kas arī notiktu
whatnot ['wɒtnɒt] *n* viss kas; nezin kas
what's ['wɒts] *sar. saīs. no* what is
whatsoever [,wɒtsəʊ'evə] *poēt. sk.* **whatever**
wheat [wi:t] *n* kvieši
wheatmeal ['wi:tmi:l] *n* kviešu milti
wheedle ['wi:dl] *v* glaimot; pielabināties; ▯ to w. **into** – pierunāt (*kaut ko darīt*); to w. **out** – izmānīt; izkrāpt
wheel [wi:l] **I** *n* **1.** rats; ritenis; **2.** stūresrats; stūre; ◇ to be behind the w. – vadīt automobili; **II** *v* **1.** stumt (*ķerru*); **2.** (*round, around, about*) apgriezties
wheelbarow ['wi:l,bærəʊ] *n* ķerra

wheelchair [,wi:l'tʃeə] *n* (*invalīdu*) ratiņi
wheeler ['wi:lə] *n* **1.** ilkšu zirgs; **2.** ratnieks
wheelhorse ['wi:lhɔ:s] *n* ilkšu zirgs
wheelhouse ['wi:lhaʊs] *n* [kuģa] stūresmāja
wheelwright ['wi:lrait] *n* ratnieks
wheeze [wi:z] **I** *n* **1.** sēkšana; gārgšana; **2.** viltīgs triks; **II** *v* sēkt; gārgt
wheezy *a* **1.** gārdzošs; **2.** aizsmacis
whelk[a] [welk] *n zool.* (*spirālveida*) molusks
whelk[b] [welk] *n* pūtīte
whelp [welp] **I** *n* **1.** kucēns; **2.** (*lauvas, tīģera*) mazulis; **3.** *niev.* zaļknābis (*par jaunekli*); **II** *v* apbērnoties (*par lauvu, tīģeri*)
when [wen] **I** *pron*: since w.? – no kura laika?; till w.? – līdz kuram laikam?; **II** *adv* kad; w. will you come? – kad tu atnāksi?; **III** *conj* kad; tiklīdz; we will go w. I'm ready – iesim, kad es būšu gatavs
whence [wens] **I** *adv* no kurienes; w. does he come? – no kurienes viņš nāk?; **II** *conj* no kurienes
whenever [wen'evə] **I** *adv* kad gan; kad tad; w. did it happen? – kad tad tas notika?; **II** *conj* vienalga, kad; kad vien; lai kad; I'll leave w. I can – es aiziešu, kad vien varēšu
whensover [,wensəʊ'evə] *poēt. sk.* **whenever**
where [weə] **I** *adv* **1.** kur; w. are you? – kur tu esi?; **2.** kurp; uz kurieni; w. is the train heading [to]? – uz kurieni iet vilciens?; **3.**: w. from – nokurienes; w. is this man coming from? – no kurienes ir šis vīrs?; kurienes; **II** *conj* kur; tur, kur; I will go w. I want to go – es iešu tur, kur gribēšu

whereabouts I *n* ['weərəbaʊts] aptuvena atrašanās vieta; II *adv* [,weərə'baʊts] kādā vietā

whereafter [weə'ɑːftə] *conj novec.* pēc tam

whereas [weər'æz] *conj* 1. turpretim; 2. ieverojot to

whereat [weər'æt] *adv novec.* 1. pēc tam; 2. tur, kur

whereby [weə'bai] *adv* ar ko; sakarā ar ko

wherefore ['weəfɔː] *adv novec.* kāpēc; kādēļ

wherefrom [weə'frɒm] *adv novec.* no kurienes

wherein [weər'in] *adv novec.* kur

whereof [weər'ɒv] *adv* no kā; par ko

whereon [weər'ɒn] *adv novec.* 1. uz kā; 2. pēc kā

wheresoever [,weəsəʊ'evə] *sk.* **wherever**

whereto [weə'tuː] *adv* 1. kur; kādā virzienā; 2. kāpēc; kādēļ

whereunto [,weərʌn'tuː] *adv novec. sk.* **whereto**

whereupon [,weərə'pɒn] *adv* uz ko; pēc kā

wherever [weər'evə] I *adv* 1. kur; 2. kurp; II *conj* kur vien; lai kur

wherewith [weə'wið] *adv novec.* līdz ar to

wherry ['weri] *n* (*viegla*) airu laiva

whet [wet] *v* 1. [uz]asināt; 2. ierosināt (*ziņkāri*)

whether ['weðə] I *pron* kurš no abiem; II *conj* vai; I ashed him w. he is Mr. Brown? – es viņam pajautāju, vai viņš ir Brauna kungs?

whetstone ['wetstəʊn] *n* galoda

whey [wei] *n* sūkalas

which [wit∫] I *a* kurš; kāds; w. do you prefer? – kam tu dod priekšroku? II *pron* kurš; kāds; kas

whichever [wit∫'evə] *a, pron* lai kurš; vienalga, kurš

whichsoever [,wit∫səʊ'evə] *sk.* **whichever**

whiff [wif] I *n* 1. plūsma; dvesma; 2.: to take a w. – ievilkt dūmu; 3. *sar.* mazs cigārs; II *v* 1. kūpināt; pūst; 2. smakot

whiffle ['wifl] I *n* (*gaisa*) virmojums; (*vēja*) pūsma; II *v* 1. virmot (*par gaisu*); pūst (*par vēju*); 2. plīvot (*par liesmu*)

while [wail] I *n* brīdis; laika sprīdis; after a w. – 1) pēc brīža; 2) galu galā; for a w. – uz īsu brīdi; II *v*: to w. away one's time – pavadīt laiku bezdarbībā; III *conj* 1. kamēr; tajā laikā, kad; 2. lai gan; kaut arī; 3. turpretim

whilst [wailst] *sk.* **while** III

whim [wim] *n* 1. kaprīze; untums; 2. dīvainība

whimper ['wimpə] I *n* 1. šņuksti; šņukstēšana; 2. smilksti; smilkstēšana; II *v* 1. šņukstēt; 2. smilkstēt

whimsy ['wimzi] *n* 1. kaprīze; untums; 2. dīvainība

whin [win] *n bot.* irbulene

whine [wain] I *n* 1. smilkstēšana; 2. čink-stēšana; 3. (*sirēnas*) gaudošana; II *v* 1. smilkstēt; 2. činkstēt; 3. gaudot (*par sirēnu*)

whinny ['wini] I *n* (*zirga*) bubināšana; II *v* bubināt (*par zirgu*)

whip [wip] I *n* 1. pātaga; rīkste; 2. kučieris; 3. putukrējums; 4. *tehn.* trīsis; II *v* 1. sist ar pātagu (*vai* rīksti); 2. *sar.* sakaut (*pretinieku*); 3. saputot (*krējumu*); ~ped cream – putukrējums; 4.: *tehn.* aizmetināt (*šuvi*); ◊ to w. **away** – 1) aizbēgt; 2) izraut no rokām; to w. **off** – 1) aizbēgt; 2) aizraut (paķert) sev līdzi; to w. **on** – [sa]kūdīt; to w. **out** – 1) izraut; izvilkt (*ieroci, naži*); 2) izgrūst; ātri izteikt; to w. **up** – 1) paķert (*no zemes*); 2) sakult (*krējumu*); ◇ w. shack – *amer.* mīlas oāze; to w. the cat – izspēlēt palaidnīgu joku

whipcord ['wipkɔ:d] *n* 1. pātagas aukla; 2. korda audums

whiplash ['wiplæʃ] *n* 1. pātagas cirtiens; 2. pātagas aukla

whipper-in [ˌwipər'in] *n* piķieris (*mednieku suņu uzraugs*)

whippersnapper ['wipəˌsnæpə] *n* jauns, nepieredzējis darbinieks

whippet ['wipit] *n* 1. medību suns; 2. *mil.* tankete

whipping boy ['wipiŋbɔi] *n* peramais zēns; grēkāzis

whip-round ['wiprauɴd] *n* naudas savākšana (*kādam noteiktam mērķim*)

whipsaw ['wipsɔ:] **I** *n* (*rokas*) rāmja zāģis; **II** *v amer.* 1. [pie]krāpt; 2. tikt piekrāptam; 3. *sl.* piekaut

whirl [wɜ:l] **I** *n* virpulis (*arī pārn.*); **II** *v* 1. virpuļot; 2. reibt (*par galvu*)

whirlabout ['wɜ:ləbaut] *n* 1. virpuļošana; 2. (*rotaļu*) vilciņš

whirligig ['wɜ:ligig] *n* 1. (*rotaļu*) vilciņš; 2. karuselis; 3. (*dzīves*) virpulis

whirlpool ['wɜ:lpu:l] *n* atvars

whirlwind ['wɜ:lwind] *n* viesulis; ◇ to ride the w. – būt stāvokļa noteicējam

whirlybird ['wɜ:libɜ:d] *n amer. sl.* helikopters

whisk [wisk] **I** *n* 1. birstīte ar kātu; putekļu slotiņa; 2. olu putotājs; 3. strauja kustība; **II** *v* 1. [no]slaucīt (*putekļus*); 2. [aiz]gaiņāt (*mušas*); 3. [sa]putot (*krējumu*); [sa]kult (*olas*)

whiskers ['wiskəz] *n pl* 1. vaigubārda; 2. (*kaķa*) ūsas

whiskey ['wiski] *amer. sk.* **whisky**

whisky ['wiski] *n* viskijs

whisper ['wispə] **I** *n* čuksti; čukstēšana; **II** *v* čukstēt

whist [wist] *n* vists (*kāršu spēle*)

whistle ['wisl] **I** *n* 1. svilpiens; 2. svilpe; 3. *sar.* rīkle; **II** *v* 1. svilpt; 2. svilpot

whistle-stop ['wislstɒp] **I** *n amer.* maza dzelzceļa stacija (*kur vilciens pietur tikai vajadzības gadījumā*); **II** *a* sasteigts

whit [wit] *n* nieks; mazumiņš

Whit [wit] *a* : W. Sunday *rel.* – Vasarsvētku svētdiena

white [wait] **I** *n* 1. balta krāsa; 2. (*olas, acs*) baltums; 3. baltais (*cilvēks*); **II** *a* 1. balts; 2. bāls; to turn w. – nobālēt; 3. sirms; ◇ w. elephant – dārga, bet nevajadzīga (*vai* nederīga) lieta; w. stuff *sl.* – 1) morfijs; 2) sudrabs; w. shit *sl.* – kokaīns

white ant [ˌwait'ænt] *n* termīts

whitebait ['waitbeit] *n* (*zivju*) mazuļi (*kā pārtikas produkts vai ēsma*)

white-collar [ˌwait'kɒlə] *a*: w.-c. job – kantora darbs

white ensign [ˌwait'ensain] *n* Lielbritānijas jūras karaflotes karogs ar Sv. Georga krustu

Whitehall [ˌwait'hɔ:l] *n pārn.* Lielbritānijas valdība

white hope [ˌwait 'həup] *n* perspektīvs cilvēks

white horses [ˌwait 'hɔ:siz] *n pl* viļņu baltās muguras

white-hot [ˌwait'hɒt] *a* nokaitēts līdz baltkvēlei

White House ['wait haus] *n* 1. Baltais nams (*ASV prezidenta rezidence*); 2. *pārn.* ASV valdība

whiten ['waitn] *v* 1. balsināt; 2. balināt

whitener ['waitnə] *n* **1.** balinātājs; **2.** balsināmais (*krīts*)
whites [waits] *n pl sl.* stimulējošas tabletes
whitesmith ['waitsmiθ] *n* skārdnieks
whitethorn ['waitθɔ:n] *n* vilkābele
white tie [,wait 'tai] *n* **1.** (*frakas*) baltā kaklasaite; **2.** *sar.* fraka
whitewash ['waitwɒʃ] **I** *n* **1.** kaļķu šķīdums (*balsināšanai*); **2.** attaisnojums; attaisnošana; **II** *v* **1.** balsināt; **2.** attaisnot
whither ['wiðə] *adv, conj novec., poēt.* kurp, uz kurieni
whithsoever [,wiðəsəʊ'evə] *adv, conj novec., poēt.* lai kurp arī, lai arī uz kurieni
whiting[a] ['waitiŋ] *n* balsināmais krīts
whiting[b] ['waitiŋ] *n iht.* sudrabotais heks
whitish ['waitiʃ] *a* bālgans
Whitsunday [,wit'sʌndi] *n rel.* Vasarsvētki
Whitsuntide ['witsʌntaid] *n rel.* Vasarsvētki (*Vasarsvētku svētdiena un sekojošās dienas*)
whittle ['witl] *v* **1.** drāzt (*ar nazi*); **2.** izgriezt; izdrāzt (*ar nazi*)
whity ['waiti] *a* bālgans
whiz[z] [wiz] **I** *n* **1.** švīkstēšana; džinkstēšana; **2.** *pl sl.* amfetamīni; **3.** *sl.* čurāšana; **II** *v* **1.** švīkstēt; džinkstēt; **2.**: *sl.* čurāt
who [*uzsvērtā forma* hu:; *neuzsvērtā forma* hʊ] *pron* **1.** kas; kurš; kuri; w. is he? – kas viņš ir (*pēc vārda*); **2.** *sar.* ko; kuru; kurus; ar ko; ar kuru; ar kuriem; w. were you talking about? – par ko tu runāji?
whoa [wəʊ] *int* tprū! (*lai apstādinātu zirgu*)

who'd [hu:d] *sar. saīs. no* **1.** who had; **2.** who should; who would
whodunit [,hu:'dʌnit] *n sar.* detektīvromāns (*filma*), kurā slepkava paliek nezināms līdz pat beigām
whoever [hu:'evə] *pron* kas vien; lai kas (kurš); lai kuri
whole [həʊl] **I** *n* viss [kopā]; kopums; as a w. – visumā ņemot; **II** *a* **1.** viss; vesels; w. milk – pilnpiens; w. number *mat.* – vesels skaitlis; **2.** viss; neskarts; to get off with a w. skin – tikt cauri ar veselu ādu
wholehearted [,həʊl'ha:tid] *a* sirsnīgs
wholemeal ['həʊlmi:l] *a*: w. bread – rupja maluma miltu maize
wholesale ['həʊlseil] **I** *n* vairumtirdzniecība; **II** *a* vairumtirdzniecības-; **III** *adv* vairumā; to sell w. – pārdot vairumā
wholesaler ['həʊlseilə] *n* vairumtirgotājs
wholesome ['həʊlsəm] *a* veselīgs (*par barību, gaisu*)
who'll [hu:l] *sar. saīs. no* **1.** who shall; **2.** who will
wholly ['həʊli] *adv* pavisam; pilnīgi
whom [hu:m] *pron* (*papildinātāja locījums no* who) kuram; kuriem; kuru; kurus
whomever [,hu:m'evə] *pron* (*papildinātāja locījums no* whoever) lai kuram (kuriem); lai kuru (kurus)
whoop [hu:p] **I** *n* pārsteiguma (prieka) sauciens; **II** *v* pārsteigumā (priekā) iesaukties; ◇ not worth a w. – ne graša vērts; to w. it up *sar.* – palīksmoties; uzdzīvot
whoopee ['wʊpi:] **I** *n sar.* līksmošanās; **II** *int* o-ho! (*pārsteiguma, prieka sauciens*)
whooping cough ['hu:piŋkɒf] *n med.* garais klepus

whop [wɒp] *sl.* **I** *n* sitiens; **II** *v* sist
whopping [ˈwɒpiŋ] *sl. n* **1.** kāviens; **2.** *sp.* sakāve
who're [ˈhuːər] *sar. saīs. no* who are
whore [hɔː] *n novec.* ielasmeita
whorl [wɜːl] *n* **1.** (*spirāles*) līkums; (*gliemežvāka*) vijums; **2.** *bot.* mieturis
whortleberry [ˈwɜːtlˌberi] *n* mellene
who's [huːz] *sar. saīs. no* **1.** who is; **2.** who has; **3.** who does
whose [huːz] *pron* (*piederības locījums no* who) kā; kura; kuru; w. bag is it? – kā soma tā ir?
whosoever [ˌhuːsəʊˈevə] *novec. sk.* **whoever**
who've [huːv] *sar. saīs. no* who have
why [wai] **I** *n* iemesls; pamats; **II** *adv* kāpēc, kādēļ; **III** *conj* kāpēc, kādēļ; **IV** *int* (*izsaka iebildumu, izbrīnu, šaubas*) nu
wick [wik] *n* dakts, deglis
wicked [ˈwikid] *a* **1.** ļauns; nelabs; **2.** negants (*par bērnu*); **3.** nikns (*par dzīvnieku*)
wicker [ˈwikə] *n* klūdziņas (*pīšanai*)
wickerwork [ˈwikəwɜːk] *n* (*klūdziņu*) pinums
wicket [ˈwikit] *n* **1.** dārza vārtiņi; **2.** aizbīdāms lodziņš (*biļešu kasē*); **3.** vārti (*kriketā*)
wicketkeeper [ˈwikitˌkiːpə] *n* vārtsargs (*kriketā*)
wide [waid] **I** *a* **1.** plats; plašs; **2.** plašs; daudzpusīgs (*par interesēm*); **II** *adv* **1.** plati; plaši; with one's eyes w. open – ar ieplestām acīm; **2.** tālu
widely [ˈwaidli] *adv* **1.** plaši; **2.** lielā mērā
widen [ˈwaidn] *v* **1.** paplašināt; **2.** paplašināties
widespread [ˈwaidspred] *a* plaši izplatīts
widgeon [ˈwidʒən] *n* meža pīle

widow [ˈwidəʊ] **I** *n* atraitne; grass w. – salmu atraitne; **II** *v* kļūt par atraitni
widower [ˈwidəʊə] *n* atraitnis
width [widθ] *n* **1.** platums; **2.** plašums
wield [wiːld] *v* valdīt; turēt rokās
wiener [ˈwiːnə] *n amer. sar.* desiņa
wienie [ˈwiːni] *n sk.* **wiener**
wife [waif] *n* (*pl* wives [waivz]) **1.** sieva; **2.** *novec.* sieviete; sieva
wifeless [ˈwaifləs] *a* **1.** par atraitni kļuvis; **2.** neprecējies; bez sievas
wig [wig] *n* parūka; ◇ big w. – liels vīrs
wiggle [ˈwigl] *sar.* **I** *n* grozīšanās; gorīšanās; **II** *v* grozīties; gorīties
wight [wait] *n novec.* radījums
wiglet [ˈwiglit] *n* šinjons
wigwam [ˈwigwæm] *n* vigvams
wild [waild] **I** *n* pirmatnējā daba; ◇ the call of the w. – senču aicinājums; **II** *a* **1.** mežonīgs; savvaļas-; w. forest – pirmatnējais mežs; **2.** mežonīgs; tuksnesīgs (*par apgabalu*); **3.** nikns; plēsīgs (*par zvēru*); **4.** *sar.* nesavaldīgs; to be w. (*about*) – jūsmot (*par*); to drive w. – satracināt; to go w. – 1) kļūt niknam; 2) būt sajūsmā; to run w. – kļūt niknam; **III** *adv* uz labu laimi
wildcat [ˈwaildkæt] *n* karstgalvis
wildebeest [ˈwildibiːst] *n* gnu (*antilope*)
wilderness [ˈwildənəs] *n* **1.** tuksnesīgs (mežonīgs) apgabals; **2.** nelabvēlīga attieksme
wildfire [ˈwaildˌfaiə] *n* malduguns
wildfowl [ˈwaildfaʊl] *n* meža putni
wildlife [ˈwaildlaif] *n* **1.** savvaļas dzīvnieki; **2.** dzīvā daba
wile [wail] **I** *n* viltība; blēdība; **II** *v* ievilināt; pievilināt
wilful [ˈwilfʊl] *a* **1.** stūrgalvīgs; ietiepīgs; **2.** apzināts; tīšs

will[a] [wil] **I** *n* **1.** griba; vēlēšanās; of one's own free w. – pēc paša vēlēšanās; to bear ill w. – vēlēt ļaunu; **2.** testaments; **II** *v* **1.** gribēt; vēlēties; **2.** novēlēt ar testamentu

will[b] [*uzsvērtā forma* wil; *neuzsvērtās formas* wəl, əl, l] (*p.* would [wud]) **1.** *aux. v* (*lieto 2. un 3. pers. sg un pl nākotnes formu izteikšanai britu angļu valodas variantā un visu pers. sg un pl nākotnes formu izteikšanai amerikāņu angļu valodas variantā*); he w. leave next week – viņš aizbrauks nākamajā nedēļā; **2.** *mod. v* (*izsaka apņemšanos, solījumu sg un pl 1. pers. britu angļu valodas variantā*): I w. do it – es to izdarīšu; **3.** (*lieto jautājumos kā «lūdzu» aizvietotāju*): w. you tell me the truth? – lūdzu, pastāsti taisnību!

willful ['wilfʊl] *amer. sk.* **wilful**

willies ['wiliz] *n pl sl.* izbīlis

willing ['wiliŋ] *a* gatavs (*kaut ko*) darīt; labprātīgs

willingly ['wiliŋli] *adv* labprāt; ar prieku

will-o'-the-wisp [,wiləðə'wisp] *n* malduguns

willow ['wiləʊ] *n* **1.** (*arī* w. tree) vītols; **2.** kriketa nūja

willowy ['wiləʊi] *a* **1.** ar vītoliem apaudzis; **2.** slaids; lokans

willpower ['wil,paʊə] *n* gribasspēks

willy-nilly [,wili'nili] **I** *a* piespiedu-; **II** *adv* gribot negribot

wilt[a] [wilt] *v* **1.** [no]vīst; **2.** *pārn.* pagurt

wilt[b] [wilt] *novec. tagadnes 2. pers. sg no* **will**[b]

wily ['waili] *a* viltīgs, blēdīgs

wimple ['wimpl] *n* **1.** (*viduslaiku sieviešu*) galvassega; **2.** (*drēbju*) ieloce

win [win] **I** *n* **1.** uzvara; **2.** laimests (*loterijā*); **II** *v* (*p. un p.p.* won [wʌn]) **1.** uzvarēt; **2.** laimēt (*loterijā*); **3.** iemantot (*cieņu, piekrišanu*); ◊ to w. **back** – atgūt; atkarot; to w. **through** – pārvarēt šķēršļus

wince [wins] *v* sarauties; saviebties (*no sāpēm, riebuma*)

wincey ['winsi] *n tekst.* pusvilnas flanelis

winceyette [,winsi'et] *n tekst.* uzkārsts pusvilnas flanelis

winch [wintʃ] **I** *n* vinča; **II** *v* [pa]celt ar vinču

wind[a] [wind] **I** *n* **1.** vējš; fair w. – ceļavējš; to get one's w. – atvilkt elpu; **2.** (*zarnu*) gāzes; to break w. – nolaist gāzes; **3.** elpa; ◊ to beat the w. – velti dzesināt muti; to catch the w. in a net – ar sietu ūdeni smelt; to raise the w. *sl.* – sadabūt naudu; to get w. of – saklausīt baumas; **II** *v* **1.** *pass*.: I am ~ed by the run – man trūkst elpas no skriešanas; **2.** ļaut (*piem., zirgam*) atvilkt elpu; **3.** saost (*par suni*)

wind[b] [waind] *v* (*p. un p.p.* winded [waindid] *vai* wound [waʊnd]) sasaukt (*ļaudis, karaspēku*), pūšot tauri

wind[c] [waind] **I** *n* **1.** vijums; vītne; **2.** (*ceļa, upes*) līkums; **II** *v* (*p. un p.p.* wound [waʊnd]) **1.** [ap]tīties; **2.** [aiz]vīties; **3.** [ap]tīt; **4.** (*arī* to w. up) uzvilkt (*pulksteni*); ◊ to w. **off** – notīt; to w. **up** – 1) uztīt; 2) uzvilkt (*pulksteni*); 3) beigt (*piem., sapulci*)

windage ['windidʒ] *n* **1.** gaisa pretestība; **2.** (*šāviņa*) novirze (*vēja ietekme*)

windbag ['windbæg] *n sar.* **1.** pļāpa; **2.** burukuģis

windcheater ['wind,tʃi:tə] *n sar.* vējjaka

winder ['waində] *n* (*pulksteņa*) uzvelkamā atslēga
windfall ['windfɔ:l] *n* **1.** krituši augļi; **2.** negaidīta laime (*piem., mantojums*)
windflower ['wind,flauə] *n* anemone
windhover ['wind,hɒvə] *n* lauka piekūns
winding ['waindiŋ] **I** *n* **1.** līkums; (*ceļa*) pagrieziens; **2.** *el.* tinums; **II** *a* **1.** vītņveidīgs; spirālveidīgs; **2.** līkumots
winding sheet ['waindiŋ ʃi:t] *n* līķauts
wind instrument ['wind,instrʊmənt] *n* pūšamais instruments
windjammer ['wind,dʒæmə] *n sar.* **1.** (*tirdzniecības flotes*) burukuģis, burinieks; **2.** vējjaka
windlass ['windləs] *n* vinča
windless ['windləs] *a* bezvēja-
windmill ['windmil] *n* vējdzirnavas
window ['windəʊ] *n* logs
window box ['windəʊ bɒks] *n* puķu kaste (*pie loga*)
window-case ['windəʊkeis] *n* skatlogs; vitrīna
window-dressing ['windəʊ,dresiŋ] *n* **1.** skatloga (vitrīnas) dekorējums; **2.** dzīves īstenības izskaistināšana
windowpane ['windəʊpein] *n* loga rūts
window-shop ['windəʊʃɒp] *v* aplūkot skatlogus (*bez nolūka ko pirkt*)
window sill ['windəʊ sil] *n* palodze
windpipe ['windpaip] *n anat.* balsene
windscreen ['windskri:n] *n* (*automobiļa*) vējstikls
windstick ['windstik] *n av. sl.* propelleris
windsurf ['windsɜ:f] *v* nodarboties ar vindsērfingu
windsurfing ['wind,sɜ:fiŋ] *n* vindsērfings
windward ['windwəd] **I** *n* vēja puse; **II** *a* vēja puses-; **III** *adv* pret vēju
windy ['windi] *a* **1.** vējains; **2.** vētrains (*par kaisli*)

wine [wain] *n* vīns
winebag ['wainbæg] *n* **1.** vīna maiss; **2.** *sar.* plēgurs
winebibber ['wain,bibə] *n* plēgurs, žūpa
winery ['wainəri] *n* vīna darītava
wing [wiŋ] **I** *n* **1.** spārns; **2.** (*ēkas*) spārns; piebūve; **3.** (*futbolā, regbijā*) malējais uzbrucējs; **4.** grupējums (*partijā*); **5.**: ~s *teātr.* – kulises; **6.** *mil.* flangs; **7.** *av.* eskadriļa; **8.** (*automobiļa*) spārns; ◇ to clip smb.'s ~s – apcirpt kādam spārnus; to take w. – aizlidot; **II** *v* **1.** lidot; **2.** ievainot (*putnu*) spārnā
wingbeat ['wiŋbi:t] *n* spārnu vēziens
wing chair ['wiŋ tʃeə] *n* krēsls ar augstu atzveltni un pagalvi
wing commander ['wiŋkə,mɑ:ndə] *n av.* Karalisko gaisa spēku eskadriļas komandieris
wingding ['wiŋdiŋ] *n amer. sl.* ballīte
winged [wiŋd] *a*: w. god – Merkurs; w. horse – Pegazs; w. words – spārnots izteiciens
winger ['wiŋə] *n* (*futbolā, hokejā*) malējais uzbrucējs
wingless ['wiŋləs] *a* bezspārnu-; bez spārniem
wingstroke ['wiŋstrəʊk] *n* spārnu vēziens
wink [wiŋk] **I** *n* **1.** mirkšķināšana; **2.** [acu]mirklis; **II** *v* **1.** [pa]mirkšķināt (*acis*); **2.** mirgot (*par zvaigznēm*)
winkle ['wiŋkl] **I** *n* ēdamais jūras gliemezis; **II** *v* iegūt kaut ko ar grūtībām
winner ['winə] *n* uzvarētājs; laureāts; ieguvējs
winning post ['winiŋ pəʊst] *n sp.* finiša stabs
winnow ['winəʊ] *v* **1.** vētīt (*graudus*); **2.** (*arī* to w. away, to w. from) atsijāt (*arī pārn.*); **3.** *poēt.* vēcināt (*spārnus*)

wino [′wainəʊ] *n sl.* žūpa, plēgurs
winsome [′winsəm] *a* pievilcīgs; apburošs
winter [′wintə] **I** *n* ziema; **II** *a* ziemas-; **III** *v* pārziemot
winterise [′wintəraiz] *sk.* **winterize**
winterize [′wintəraiz] *v amer.* sagatavot (*māju, automobili*) ziemai
wintertime [′wintətaim] *n* ziema, ziemas laiks
wintry [′wintri] *a* **1.** ziemas-; auksts; **2.** *pārn.* vēss (*par smaidu, uzņemšanu*)
wipe [waip] **I** *n* **1.** [no]slaucīšana; **2.** *sl.* kabatlakatiņš; **3.** *sl.* spēcīgs sitiens; zvēliens; **II** *v* **1.** [no]slaucīt; asaras; **2.** *sl.* spēcīgi iesist; iezvelt; ◊ to w. **away** – aizslaucīt; to w. **off** – noslaucīt; ◊ to w. off old scores – nokārtot vecus rēķinus
wipe-out [′waipaʊt] *n* **1.** pilnīga iznīcināšana; **2.** *sp.* kritiens no sērfinga dēļa; **3.** radio signālu pārklāšanās
wiper [′waipə] *n* **1.** *sar.* (*automobiļa*) stiklu tīrītājs; **2.** *el.* slīdkontakts
wire [′waiə] **I** *n* **1.** stieple; **2.** (*elektrības, telefona*) vads; **3.** *sar.* telegramma; **II** *v* **1.** [sa]stiprināt ar stiepli; **2.** vilkt (*elektrības, telefona*) vadus; **3.** *sar.* telegrafēt
wire-dancer [′waiə,dɑ:nsə] *n* virves dejotājs
wireless [′waiələs] **I** *n* (*arī* w. set) radioaparāts; **II** *a* bezvadu-
wiretapping [′waiə,tæpiŋ] *n* telefona sarunu noklausīšanās
wire-walker [′waiə,wɔ:kə] *n* virves dejotājs
wire wool [,waiə′wʊl] *n* stieples beržamais (*trauku mazgāšanai*)
wiring [′waiəriŋ] *n* **1.** elektroinstalācija; **2.** *mil.* dzeloņstiepļu aizžogojums
wiry [′waiəri] *a* **1.** stieples-; **2.** stiepļ-

veidīgs; **3.** muskuļains (*par cilvēku*); **4.** ass (*par matiem*)
wisdom [′wizdəm] *n* gudrība; w. tooth – gudrības zobs
wise[a] [waiz] *n novec.* veids
wise[b] [waiz] *a* gudrs
wiseacre [′waiz,eikə] *n* viszinis
wisecrack [′waizkræk] *sar.* **I** *n* asprātība; **II** *v* bārstīties ar asprātībām
wish [wiʃ] **I** *n* **1.** vēlēšanās; vēlējums; **II** *v* **1.** vēlēties; **2.** vēlēt; ◊ to w. **for** – ilgoties
wishful [′wiʃfʊl] *a* ilgpilns
wish-wash [′wiʃwɒʃ] *n* **1.** samazgas; **2.** tukšas pļāpas
wisp [wisp] *n* **1.** (*salmu*) kušķis; **2.** (*matu*) šķipsna; **3.** (*dūmu*) strūkliņa; **4.** *poēt.* malduguns
wist *sk.* **wit**[b]
wistful [′wistfʊl] *a* ilgpilns; sapņains
wit[a] [wit] *n* **1.** (*bieži pl*) prāts; saprāts; to be at one's ~'s end – nezināt, ko iesākt; **2.** atjautība; asprātība
wit[b] [wit] *v* (*p. un p.p.* wist [wist]; *pres. 1. un 3. pers. sg* wot [wɒt], *pres. 2. pers. sg* wottest [′wɒtəst]) *novec.* zināt; nojaust
witch [witʃ] **I** *n* **1.** ragana; burve; **2.** valdzinoša sieviete; **II** *v* **1.** apburt; **2.** *pārn.* savaldzināt
witchcraft [′witʃkrɑ:ft] *n* raganu māksla; maģija
witch doctor [′witʃ,dɒktə] *n* pūšļotājs
witchery [′witʃəri] *n* maģija
witch-hunt [′witʃhʌnt] *n* raganu medības
with [wið] *prep* **1.** ar; **2.** [kopā] ar; līdz[i]; I took her w. me – es paņēmu viņu līdzi; **3.** no; aiz; he lost his tongue w. wonder – viņš no brīnumiem zaudēja valodu; **4.** no; part w. your fear! – tiec vaļā no bailēm!

withal [wi'ðɔ:l] *novec.* **I** *adv* turklāt; bez tam; tajā pašā laikā; **II** *prep* ar
withdraw [wɪð'drɔ:] *v* (*p.* withdrew [wɪð'dru:]; *p.p.* withdrawn [wɪð'drɔ:n]) **1.** atvilkt (*piem.*, *aizkarus*); **2.** anulēt; atņemt (*piem.*, *privilēģijas*); **3.** izņemt (*piem.*, *naudu no bankomāta*); **4.** *mil.* atkāpties
withdrawal [wɪð'drɔ:əl] *n* **1.** (*piem.*, *aizkaru*) atvilkšana; **2.** anulēšana; (*piem.*, *privilēģiju*) atņemšana; **3.** (*piem.*, *naudas*) izņemšana (*no bankomāta*); **4.** *mil.* atkāpšanās
withdrawn *sk.* **withdraw**
withdrew *sk.* **withdraw**
withe [wɪθ] *n* klūga
wither ['wɪðə] *v* **1.** novīst; nokalst; **2.** izgaist (*par jūtām*); **3.** iznīcināt
withers ['wɪðəz] *n pl* (*zirga*) skausts
withheld *sk.* **withhold**
withhold [wɪð'həʊld] *v* (*p. un p.p.* withheld [wɪð'həld]) **1.** aizturēt; ieturēt (*piem.*, *algu*); **2.** noklusēt
within [wɪ'ðɪn] **I** *adv* iekšā; I am w. – es esmu iekšā (mājās); **II** *prep* **1.** iekšā; w. my heart – manā sirdī; **2.** ... robežās; w. sight – redzamības robežās; **3.** ... laikā; w. a month – mēneša laikā
without [wɪ'ðaʊt] **I** *adv* ārā; ārpusē; from w. – no ārpuses; **II** *prep* bez; w. permission – bez atļaujas; ◇ it goes w. saying – tas ir pats par sevi saprotams; w. doubt – bez šaubām; noteikti; **III** *conj amer.* vai; ja ne; we will start soon w. he is late – mēs drīz sāksim, ja vien viņš nenokavēs
withstand [wɪð'stænd] *v* (*p. un p.p.* withstood [wɪð'stʊd]) izturēt; nepadoties
withstood *sk.* **withstand**
witless ['wɪtləs] *a* muļķīgs
witling ['wɪtlɪŋ] *n* asprātis

witness ['wɪtnəs] **I** *n* **1.** [acu]liecinieks; w. for the defence *jur.* – aizstāvības liecinieks; w. for the prosecution *jur.* – apsūdzības liecinieks; **2.** liecība; pierādījums; **II** *v* **1.** būt par [acu]liecinieku; **2.** liecināt (*tiesā*); **3.** liecināt (*par*)
witness box ['wɪtnəs bɒks] *n* liecinieka tribīne (*tiesas zālē*)
witness stand ['wɪtnəs stænd] *amer. sk.* **witness box**
witticism ['wɪtɪsɪzəm] *n* asprātība
wittingly ['wɪtɪŋlɪ] *adv* ar nolūku
witty ['wɪtɪ] *a* atjautīgs; asprātīgs
wives *sk.* **wife**
wivern ['waɪvɜ:n] *sk.* **wyvern**
wizard ['wɪzəd] **I** *n* burvis (*arī pārn.*); **II** *a sl.* lielisks
wizardry ['wɪzədrɪ] *n* maģija
wizened ['wɪznd] *a* **1.** krunkains (*par seju*); **2.** sažuvis (*par augli*)
wo [wəʊ] *int* tprū! (*lai apturētu zirgu*)
wobble ['wɒbl] **I** *n* **1.** grīļošanās; **2.** *pārn.* svārstīšanās; **II** *v* **1.** grīļoties; **2.** *pārn.* svārstīties
wobbly ['wɒblɪ] *a* **1.** ļodzīgs; nestabils; **2.** *pārn.* svārstīgs
woe [wəʊ] *n poēt.* **1.** posts; **2.** *pl* likstas
wog [wɒg] *n sl. niev.* iedzimtais (*piem.*, *arābs*, *nēģeris*)
woke *sk.* **wake**[b]
woken *sk.* **wake**[b]
wold [wəʊld] *n* neapstrādāts līdzenums
wolf [wʊlf] **I** *n* (*pl* wolves [wʊlvz]) **1.** vilks; **2.** *amer. sl.* bruņču mednieks; ◇ to cry w. – veltīgi sacelt traci; **II** *v* kāri rīt
wolfhound ['wʊlfhaʊnd] *n* suns (*vilku medībām*)
wolfish ['wʊlfɪʃ] *a* rijīgs; plēsīgs
wolfman ['wʊlfmæn] *n folkl.* vilkatis

wolfram ['wʊlfrəm] *n* ķīm. volframs
wolverene ['wʊlvəri:n] *sk.* **wolverine**
wolverine ['wʊlvəri:n] *n* zool. āmrija, tinis
wolves *sk.* **wolf I**
woman ['wʊmən] *n* (*pl* women ['wimin]) **1.** sieviete; **2.** mīļākā; **3.** *sar.* kalpone
womanhood ['wʊmənhʊd] *n* **1.** sievišķība; **2.** sieviešu dzimums
womanish ['wʊməniʃ] *a* sievišķīgs
womanizer ['wʊmənaizə] *n* brunču mednieks
womankind ['wʊmənkaind] *n* sieviešu dzimums
womanly ['wʊmənli] *a* sievišķīgs
womb [wu:m] *n* anat. dzemde
women *sk.* **woman**
womenfolk ['wiminfəʊk] *n* sievietes
won *sk.* **win II**
wonder ['wʌndə] **I** *n* **1.** izbrīns; brīnīšanās; **2.** brīnums; to work (do) ~s – darīt brīnumus; **II** *v* **1.** vēlēties uzzināt; I w. what are you doing here? – interesanti, ko tu šeit dari?; **2.** brīnīties
wonderful ['wʌndəfʊl] *a* brīnišķīgs
wonderland ['wʌndəlænd] *n* brīnumzeme
wonderment ['wʌndəmənt] *n* pārsteigums
wonder monger ['wʌndə ˌmʌŋgə] *n* brīnumdaris
wonder-stricken ['wʌndəˌstrikən] *sk.* **wonder-struck**
wonder-struck ['wʌndəstrʌk] *a* mēms no brīnumiem
wonderwork ['wʌndəwɜ:k] *n* brīnumdarbs
wonderworker ['wʌndəˌwɜ:kə] *n* brīnumdaris

wondrous ['wʌndrəs] *poēt.* **I** *a* brīnumains; **II** *adv* brīnumaini
wonky ['wɒŋki] *a* ļodzīgs
wont [wəʊnt] *novec.* **I** *n* paradums; **II** *a predic.* paradis; **III** *v* (*p.* wont [wəʊnt] *vai* wonted ['wəʊntid]) būt paradušam
won't [wəʊnt] *sar. saīs. no* will not
woo [wu:] *v* **1.** bildināt; lūgt roku; **2.** parādīt uzmanību
wood [wʊd] *n* **1.** mežs; **2.** kokmateriāli; **3.** malka; ◇ w. folk *folkl.* – meža gariņi; to take to the ~s – 1) aizbēgt; 2) izvairīties no pienākumiem
wood alcohol ['wʊd ˌælkəhɒl] *n* metilspirts
woodbine ['wʊdbain] *n* bot. sausserdis
woodblock ['wʊdblɒk] *n* **1.** būvn. koka līstīte; **2.** kokgriezums
woodcock ['wʊdkɒk] *n* ornit. (*meža*) sloka
woodcraft ['wʊdkrɑ:ft] *n* **1.** meža pazīšana; **2.** kokapstrādes māka
woodcut ['wʊdkʌt] *n* kokgriezums
woodcutter ['wʊdˌkʌtə] *n* **1.** mežstrādnieks; malkas cirtējs; **2.** kokgriezējs; **3.** ksilogrāfs
wooded ['wʊdid] *a* mežiem bagāts
wooden ['wʊdn] *a* **1.** koka-; **2.** kokains (*par seju, skatienu*); ◇ w. spoon – balva zaudētājam
woodland ['wʊdlənd] *n* mežains apgabals
woodless ['wʊdləs] *a* bezmeža-
woodlouse ['wʊdlaʊs] *n* (*pl* woodlice ['wʊdlis]) mitrene
woodman ['wʊdmən] *n* **1.** mežzinis; mežsargs; **2.** mežstrādnieks
wood nymph ['wʊdnimf] *n mit.* driāda, meža nimfa
woodpecker ['wʊdˌpekə] *n* dzenis
woodpile ['wʊdpail] *n* malkas grēda

woodshed ['wʊdʃed] *n* malkas šķūnis
woodsman ['wʊdsmən] *sk.* **woodman**
woodwind ['wʊdwind] *n* (gan *sg*, gan *pl*) koka pūšamais instruments
woodwork ['wʊdwɜ:k] *n* 1. koka izstrādājumi; 2. (*ēkas*) koka daļas; 3. galdnieka (namdara) prasme
woody ['wʊdi] *a* 1. apaudzis ar mežu; 2. izgatavots no koka; līdzīgs kokam
woof [wu:f] *n tekst.* audi
woofer ['wu:fə] *n* zemfrekvences skaļrunis
wool [wʊl] *n* 1. vilna; cotton w. – vate; glass w. – stikla vate; 2. vilnas dzija; 3. vilnas audums; ◊ to pull the w. over smb.'s eyes – pūst kādam miglu acīs
woolen ['wʊlən] *amer. sk.* **woollen**
woolens ['wʊlənz] *amer. sk.* **woollens**
wool-gathering ['wʊl‚gæðəriŋ] I *n* izklaidība; II *a* izklaidīgs
woollen ['wʊlən] I *n* vilnas audums; II *a* vilnas-
woollens ['wʊlənz] *n pl* vilnas izstrādājumi
woolly ['wʊli] I *n sar.* vilnas tērps; II *a* 1. vilnains; 2. neskaidrs; nesakarīgs
wool-pack ['wʊlpæk] *n* 1. vilnas ķīpa; 2.: w.-p. clouds – gubu mākoņi
Woolsack ['wʊlsæk] *n* 1. vilnas maiss (*uz kura Anglijas lordu palātā sēž lordkanclers*); 2.: the w. – lordkanclera amats
woozy ['wu:zi] *a sar.* apdullis
wop [wɒp] *n amer. sl. niev.* itālietis; itāliešu emigrants (*ASV*)
word [wɜ:d] I *n* 1. vārds; in a w. – vārdu sakot; ~s fail me – man trūkst vārdu; 2. vārds; solījums; upon my w.! – goda vārds!; ◊ big ~s – liekulība; fair ~s – komplimenti; to have ~s with smb. – strīdēties ar kādu; II *v* izteikt vārdos

wordage ['wɜ:didʒ] *n* 1. vārdu izvēle; 2. daudzvārdība; 3. *amer.* (*literāra darba*) apjoms vārdos
wordbook ['wɜ:dbʊk] *n* vārdnīca
wording ['wɜ:diŋ] *n* formulējums
wordless ['wɜ:dləs] *a* 1. vārdos neizteikts; 2. kluss
wordplay ['wɜ:dplei] *n* vārdu spēle
wordsmith ['wɜ:dsmiθ] *n* veikls runātājs
wordy ['wɜ:di] *a* 1. vārdisks; 2. daudzvārdīgs
wore *sk.* **wear** II
work [wɜ:k] I *n* 1. darbs; 2. nodarbošanās; out of w. – bez darba; 3. darbība; rīcība; 4. sacerējums; complete ~s – kopoti raksti; II *v* (*p. un p.p.* worked [wɜ:kt]) 1. strādāt; 2. darboties; 3. nostrādināt; 4. [ie]darbināt (*automobili*); ☐ to w. **in** – iestarpināt; ietvert; to w. **off** – atstrādāt (*parādu*); to w. **out** – 1) paveikt; izdarīt līdz galam; 2) izstrādāt (*piem., projektu*); ◊ to w. one's passage – (*uz kuģa*) atstrādāt savu uzturēšanos (*nevis maksāt par biļeti*); to w. to rule – strādāt lēnā tempā (*strādnieku protesta veids*)
workable ['wɜ:kəbl] *a* 1. apstrādājams; 2. lietojams
workaday ['wɜ:kədei] *a* ikdienišķs
workaholic [‚wɜ:kə'hɒlik] *n sl.* darbarūķis
workaway ['wɜ:kəwei] *n amer.* cilvēks, kas, strādādams uz kuģa, nopelna sev biļeti
workbench ['wɜ:kbentʃ] *n* (*galdnieka*) ēvelsols
worker ['wɜ:kə] *n* strādnieks
workforce ['wɜ:kfɔ:s] *n* darbaspēks
working ['wɜ:kiŋ] *a* darba-; w. capaci-

ty – darba spējas; w. day – darba diena; w. hours – darba laiks
workings ['wɜ:kiŋz] *n pl* **1.** (*iekārtas*) darbības princips; **2.** izmantojamā šahta; **3.** autobusa (vilciena) kustības grafiks
workless ['wɜ:kləs] *a* bez darba
workload ['wɜ:kləʊd] *n* darba slodze
workman ['wɜ:kmən] *n* strādnieks
workmanship ['wɜ:kmənʃip] *n* darba kvalitāte
workmate ['wɜ:kmeit] *n* darbabiedrs
works[a] ['wɜ:ks] *n pl* darbnīca
works[b] ['wɜ:ks] *n pl* **1.** (*iekārtas, pulksteņa*) mehānisms; **2.** *sl.* (*narkotiku*) injekcijas instrumenti
workshop ['wɜ:kʃɒp] *n* **1.** darbnīca; **2.** (*teātra*) studija
workwear ['wɜ:kweə] *n* darba tērps
workwoman ['wɜ:k،wʊmən] *n* strādniece
world [wɜ:ld] *n* **1.** pasaule; all over the w. – visā pasaulē; **2.** pasaule; vide; w. of art – mākslas pasaule; ◇ dead to the w. – 1) bezsamaņas stāvoklī; 2) piedzēries līdz nesamaņai; ~s apart – pilnīgi dažādi; atšķirīgi; to feel on top of the w. – justies kā septītajās debesīs; to have the best of both (all possible) ~s – ņemt visu, ko dzīve dod; to make a noise in the w. – satricināt pasauli
worldliness ['wɜ:ldlinəs] *n* pasaulīgums; laicīgums
worldly ['wɜ:ldli] *a* pasaulīgs; laicīgs
worldly-wise [،wɜ:ldli'waiz] *a* piedzīvojis
world power [،wɜ:ld'paʊə] *n* pasaules lielvalsts
world-weary [،wɜ:ld'wiəri] *a* paguris no dzīves
world-wide ['wɜ:ldwaid] *a* visā pasaulē izplatīts

worm [wɜ:m] **I** *n* **1.** tārps; **2.** kāpurs; **3.** cērme; **4.** radījums; ◇ ~s of conscience – sirdsapziņas pārmetumi; **II** *v* (*slepus*) ielīst
worm-eaten ['wɜ:m،i:tn] *a* tārpu saēsts; tārpains
wormwood ['wɜ:mwʊd] *n* **1.** *bot.* vērmeles; **2.** *pārn.* rūgtums
wormy ['wɜ:mi] *a* **1.** tārpains; **2.** tārpveidīgs
worn *sk.* **wear II**
worn out [،wɔ:n 'aʊt] *a* **1.** novalkāts (*par drēbēm*); **2.** noguris
worriless ['wʌriləs] *a* bezrūpīgs
worrisome ['wʌrisəm] *a* nemierpilns
worry ['wʌri] **I** *n* **1.** raizes; rūpes; **2.** uztraukums; **II** *v* **1.** raizēties; rūpēties; **2.** uztraukties
worryguts ['wʌrigʌts] *n sar.* nemiera gars
worse [wɜ:s] **I** *a* (*comp. no* bad **II** *un* ill **I**) sliktāks; ļaunāks; for better for w. – lai nāk, kas nākdams; **II** *adv* (*comp. no* badly *un* ill **II**) sliktāk; ļaunāk
worsen ['wɜ:sn] *v* **1.** pasliktināt; **2.** pasliktināties
worship ['wɜ:ʃip] **I** *n* **1.** pielūgšana; godināšana; **2.** dievkalpojums; **II** *v* **1.** pielūgt; dievināt; **2.** piedalīties dievkalpojumā
worshipper ['wɜ:ʃipə] *n* **1.** pielūdzējs; **2.** dievlūdzējs
worst [wɜ:st] **I** *n* vissliktākais; visļaunākais; **II** *a* (*sup. no* bad **II** *un* ill **I**) vissliktākais; visļaunākais; **III** *v* gūt virsroku; **IV** *adv* (*sup. no* badly *un* ill **II**) vissliktāk; visļaunāk
worsted ['wʊstid] *n* **1.** (*vērpta*) vilnas dzija; ķemmdzija; **2.** ķemmvilnas audums

wort [wɜːt] *n* 1. (*ārstniecības*) augs; 2. (*alus*) misa
worth [wɜːθ] **I** *n* vērtība, cena; **II** *a predic.* vērts
worthless [ˈwɜːθləs] *a* nevērtīgs; nederīgs
worthwhile [ˌwɜːθˈwail] *a* vērtīgs; noderīgs
worthy [ˈwɜːði] **I** *n iron.* slavenība; **II** *a* 1. cienījams; 2. cienīgs; w. of praise – uzslavas cienīgs; 3. prasmīgs, bet bez iniciatīvas (*par darbinieku*)
wot *sk.* **wit**ᵇ
would [*uzsvērtā forma* wʊd; *neuzsvērtā forma* wəd] *v* (*p. no* will) 1. (*palīgdarbības vārds sg un pl 2. un 3., amerikāņu angļu valodas variantā arī 1. pers.*) 1) (*lieto nākotnes pagātnē izteikšanai*): she told that she w. go to London – viņa teica, ka braukšot uz Londonu; 2) (*lieto nosacījuma izteikšanai*): if I had any idea of it I w. come – ja man būtu bijusi kāda nojauta par to, es būtu atnācis; 2. (*lieto atkārtotas, ar pagātni saistītas darbības izteikšanai*): he w. stand at the corner over and over – viņš arvien stāvēja pie stūra; 3. (*kā mod. v izsaka nenovēršamību*): the winter w. come – ziema atnāks; 4. (*kā mod. v izsaka vēlēšanos, lūgumu*): w. you help me, please? – vai tu, lūdzu varētu palīdzēt?
would-be [ˈwʊdbiː] *a* šķietams; iedomāts; w.-b director – kandidāts uz direktora amatu
wouldn't [ˈwʊdnt] *sar. saīs. no* would not
wouldst [ˈwʊdst] *v novec. sg 2. pers. no* would
woundᵃ [wuːnd] **I** *n* 1. ievainojums; 2. aizvainojums; **II** *v* 1. ievainot; 2. aizvainot
woundᵇ *sk.* **wind**ᵇ
woundᶜ *sk.* **wind**ᶜ **II**
woundable [ˈwuːndəbl] *a* 1. viegli ievainojams; 2. viegli aizvainojams
wove *sk.* **weave**
woven *sk.* **weave**
wow [waʊ] *sl.* **I** *n* sensācija; **II** *v* radīt sensāciju; **III** *int* o-ho!
wowser [ˈwaʊzə] *n* 1. puritānis; 2. pilnīgs atturībnieks
wrack [ræk] *n* jūras mēsli (*satrūdējuši augi*)
wraith [reiθ] *n* gars; spoks
wrangle [ˈræŋgl] **I** *n* ķilda; **II** *v* ķildoties
wrangler [ˈræŋglə] *n* 1. ķildnieks; 2. *amer.* kovbojs
wrap [ræp] **I** *n* 1. ietinamais; 2. *mūz. sl.* ierakstu sesijas nobeigums; **II** *v* 1. ietīt; 2. ietīties; ◊ to w. **around** – 1) aptīt; apvīt; 2) aptīties; apvīties
wrapper [ˈræpə] *n* 1. ietinamais (*materiāls*); 2. (*grāmatas*) apvāks
wrapping paper [ˈræpiŋ ˌpeipə] *n* ietinamais papīrs
wrath [rɒθ] *n* dusmas; niknums
wrathful [ˈrɒθfʊl] *a* dusmīgs; nikns
wrathy [ˈrɒθi] *a amer.* dusmīgs; nikns
wreak [riːk] *v* 1. uzlikt (*sodu*); 2. ļaut vaļu (*jūtām*)
wreath [riːθ] *n* 1. vainags; (*ziedu*) vītne; 2. (*dūmu*) gredzens
wreathe [riːð] *v* 1. apņemt; ietvert; 2. vīt; pīt (*vainagu*); 3. vīties (*par dūmiem*)
wreck [rek] **I** *n* 1. (*kuģa*) vraks; 2. (*ēkas, automobiļa, lidmašīnas*) grausts; 3. (*cerību*) sabrukums; 4. grausts, spoks (*par cilvēku*); **II** *v* 1. ciest katastrofu (avāriju); 2. sagraut (*cerības*); 3. sagrūt (*par cerībām*)
wreckage [ˈrekidʒ] *n* avarējuša objekta (*kuģa, ēkas, automobiļa u. tml.*) atliekas

wren [ren] *n ornit.* paceplītis; žubīte
wrench [rentʃ] **I** *n* **1.** rāviens; **2.** izmežģījums; **3.** (*faktu*) izkropļojums; **4.** *tehn.* uzgriežņu atslēga; **II** *v* **1.** [iz]raut; **2.** izmežģīt; **3.** izkropļot (*faktus*)
wrest [rest] *v* **1.** izraut (*no rokām*); **2.** izvilināt (*piem., atzīšanos*); **3.** izkropļot (*faktus*)
wrestle ['resl] **I** *n* **1.** *sp.* cīkstēšanās; **2.** cīņa (*ar grūtībām*); **II** *v* **1.** *sp.* cīkstēties; **2.** cīnīties (*ar grūtībām*)
wrestler ['reslə] *n sp.* cīkstonis
wretch [retʃ] *n* **1.** nožēlojams cilvēks; **2.** neveiksminieks
wretched ['retʃid] *a* **1.** nožēlojams; **2.** slikts (*par laiku*)
wrick [rik] **I** *n* (*muskuļa*) sastiepums; **II** *v* sastiept (*muskuli*)
wriggle ['rigl] **I** *n* (*tārpa*) locīšanās; **II** *v* **1.** locīties (*par tārpu*); **2.** izlocīties; izvairīties
wring [riŋ] **I** *n* **1.** (*veļas*) izgriešana; **2.** (*naudas*) izspiešana; **II** *v* (*p. un p.p.* wrung [rʌŋ]) **1.** izgriezt (*veļu*); **2.** izspiest (*naudu*); **3.**: to w. one's hands – lauzīt rokas (*izmisumā*)
wrinkle ['riŋkl] **I** *n* grumba; krunka; **II** *v* sagrumbot; saraukt (*pieri*)
wrinkly ['riŋkli] *a* grumbains; krunkains
wrist [rist] *n* plaukstas locītava
wristband ['ristbænd] *n* aproce
wristlet ['ristlət] *n* rokassprādze
wristwatch ['ristwɒtʃ] *n* rokas pulkstenis
writ[a] [rit] *n* **1.** (*rakstiska*) pavēle; **2.**: Holy (Sacred) W. *rel.* – Svētie raksti
writ[b] *sk.* **write**
writable ['raitəbl] *a* uzrakstāms
write [rait] *v* (*p.* wrote [rəʊt]; *p.p.* written ['ritn] rakstīt; ◻ to w. **down** – 1) pierakstīt; 2) samazināt (*akciju, preču*) nominālvērtību; to w. **off** – norakstīt (*zaudējumos*)
write-off ['raitɔ:f] *n* norakstīšana (*zaudējumos*)
writer ['raitə] *n* **1.** rakstnieks; **2.** rakstvedis
write-up ['raitʌp] *n sar.* raksts (*presē*), kurā autors cenšas uzspiest savu viedokli
writhe [raið] **I** *n* locīšanās (*sāpēs*); **II** *v* locīties (*sāpēs*)
writing desk ['raitiŋ desk] *n* rakstāmgalds; pults
writing paper ['raitiŋ ˌpeipə] *n* rakstāmpapīrs
written ['ritn] **I** *a* rakstisks; **II** *sk.* **write**
wrong [rɒŋ] **I** *n* netaisnība; to do smb. w. – darīt kādam pāri; to right a w. – izlabot netaisnību; ◇ two ~s don't make a right – ļaunumu nevar atmaksāt ar ļaunumu; **II** *a* **1.** nepareizs; aplams; what's w. with you? – kas jums kaiš?; **2.** kļūdains; maldīgs; you are w. – jūs maldāties; ◇ to be in the w. box – būt grūtā stāvoklī; to get out of bed on the w. side – izkāpt no gultas ar kreiso kāju; **III** *v* darīt ļaunu; darīt pāri; **IV** *adv* nepareizi; aplam
wrongdoer ['rɒŋduːə] *n* pāridarītājs; ļaundaris
wrongdoing ['rɒŋduːiŋ] *n* ļaundarība
wrongful ['rɒŋfʊl] *a* **1.** nelikumīgs; **2.** netaisns
wrong-headed [ˌrɒŋ'hedid] *a* stūrgalvīgs
wrongly ['rɒŋli] *adv* nepareizi; aplami
wrote *sk.* **write**
wrung *sk.* **wring**
wry [rai] *a* šķībs; greizs
wunderkind ['wʊndərkind] *n* brīnumbērns
wyvern ['waivn] *n mit.* spārnotais drakons

Xx

X, x [eks] I *n* 1. angļu alfabēta burts; 2. kaut kas nezināms; II *a*: an X film – filma, kuru bērniem līdz 18 gadiem skatīties aizliegts

Xanadu [zanədu:] *n* paradīze; iedomāta skaista vieta

xebec [′zi:bek] *n vēst.* šebeka (*trīsmastu burinieks*)

xenial [′zi:niəl] *a* viesmīlības-

xenogamy [zi:nɒgəmi] *n biol.* svešappute

xenomania [ˌzeməʊ′meinjiə] *n* ksenomānija, visa ārzemnieciskā pielūgsme

xenophobia [ˌzenə′fəʊbiə] *n* ksenofobija; visa ārzemnieciskā noliegšana

xerox [′ziərɒks] I *n* 1. kserokss; 2. kseroksa kopija; II *v* izgatavot kserokopijas

xi [sai] *n* grieķu alfabēta burts

xipoid [′zifɔid] *a anat.* zobenveidīgs

Xmas [′krisməs] *n* (*saīs. no* Christmas) Ziemassvētki

X-rated [′eksˌreitid] *a*: X-r. film – filma, kuru bērniem līdz 18 gadiem skatīties aizliegts

X-ray [ˌeks′rei] I *n*: ~s – rentgenstari; II *v* 1. caurskatīt ar rentgenstariem; 2. apstarot ar rentgenstariem

xylograph [′zailəgrɑ:f] *n* kokgriezums

xyloid [′zailɔid] *a* koka-

xylomite [′zailəmait] *n* celuloīds

xylophone [′zailəfəʊn] *n* ksilofons

Yy

Y, y [wai] *n* angļu alfabēta burts

yabber [′jæbə] *sl. v* pļāpāt; tarkšķēt

yacht [jɒt] I *n* jahta; II *v* burāt

yachting [′jɒtiŋ] *n* burāšana

yachtsman [′jɒtsmən] *n* 1. burātājs; 2. jahtas īpašnieks

yah [jɑ:] I *adv amer. sar.* jā; II *int iron.* ej nu!

yahoo [je′hu:] *n* 1. (Y.) riebīga rase (*Dž. Svifta «Gulivera ceļojumā»*); 2. *pārn.* brutāls tēviņš; lops

yak[a] [jæk] *n zool.* jaks

yak[b] [jæk] *sl.* I *n* pļāpāšana; II *v* pļāpāt

yakky [′jæki] *a sl.* pļāpīgs

yammer [′jæmə] *sl.* I *n* gaušanās; žēlošanās; II *v* gausties; žēloties

yank [jæŋk] *sar.* I *n* rāviens; II *v* [pa]raut

Yankee [′jæŋki] *n* 1. *sar.* jeņķis; amerikānis; 2. *amer.* ziemeļu štatu iedzīvotājs

yap [jæp] I *n* 1. (*suņa*) vaukšķēšana; 2. *sl.* pļāpāšana; 3. *sl.* mute; žaunas; shut your y.! – aizver muti! II *v* 1. vaukšķēt (*par suni*); 2. *sl.* pļāpāt

yard[a] [jɑ:d] *n* 1. jards (*91,44 cm*); 2. *jūrn.* rāja; 3. *amer. sl.* simts dolāru

yard[b] [jɑ:d] I *n* 1. pagalms, sēta; 2. aploks (*lopiem*); II *v* sadzīt aplokā (*lopus*)

yardage [′jɑ:didʒ] *n* garums jardos

yarn [jɑ:n] *n* 1. dzija; 2. *sar.* stāsts; to spin a y. – stāstīt piedzīvojumu stāstus; II *v* stāstīt piedzīvojumu stāstus

yarrow [′jærəʊ] *n bot.* pelašķi

yaw [jɔ:] *jūrn., av.* I *n* novirze no kursa; II *v* novirzīties no kursa

yawn [jɔ:n] I *n* žāvas; II *v* 1. žāvāties; 2. rēgoties (*piem., par bezdibeni*)

ye [ji:] *a novec.* noteiktā artikula the *rakstība krogu, viesnīcu nosaukumos*

yea [jei] *novec.* I *n* balss «par» (*vēlēšanās*); ~s and nays – (*vēlēšanās*) balsis «par» un «pret»; II *adv* jā

yeah [jeə] *adv sar.* jā

yean [ji:n] *v* atnesties (*par aitu, kazu*)

yeanling ['ji:nliŋ] *n* 1. jērs; 2. kazlēns

year [jiə] *n* 1. gads; common y. – īsais gads (*365 dienas*); leap y. – garais gads (*366 dienas*); y. by y., y. in [and] y. out – gadu no gada; 2. *pl* vecums; man in ~s – cilvēks gados

yearbook ['jiəbʊk] *n* gadagrāmata

yearling ['jiəliŋ] I *n* gadu vecs dzīvnieks; II *a* gadu vecs

yearly ['jiəli] I *a* ikgadējs; II *adv* 1. reizi gadā; 2. katru gadu

yearn [jɜ:n] *v* (*for, after, smth., towards, to smb.*) ilgoties; tiekties (*pēc kaut kā*)

yearning ['jɜ:niŋ] *n* ilgas

yeast [ji:st] *n* raugs

yeasty ['ji:sti] *a* 1. rūgstošs; 2. putojošs

yegg [jeg] *amer. sl.* seifu uzlauzējs

yell [jel] I *n* [spalgs] kliedziens; brēciens; II *v* [spalgi] kliegt; brēkt

yellow ['jeləʊ] I *n* 1. dzeltena krāsa; 2. [olas] dzeltenums; 3. *sar.* gļēvulība; gļēvums; II *a* 1. dzeltens; 2. skaudīgs; greizsirdīgs; 3. *sar.* bailīgs; gļēvs; III *v* [no]dzeltēt

yellowback ['jeləʊbæk] *n* lubu romāns

yellow-bellied ['jeləʊˌbelid] *a sl.* bailīgs; gļēvs

yellow-belly ['jeləʊˌbeli] *n sl.* zaķpastala; gļēvulis

yellowhammer ['jeləʊˌhæmə] *n ornit.* stērste

yellowish ['jeləʊiʃ] *a* dzeltenīgs

yellows ['jeləʊz] *n bot.* dzeltenā kaite

yellowy ['jeləʊi] *a* dzeltenīgs

yelp [jelp] I *n* smilkstēšana; II *v* smilkstēt

yen-shee ['jenʃi:] *n amer. sl.* 1. opijs; 2. heroīns

yenta ['jentə] *n amer. sl.* 1. kritiķis; kritizētājs; 2. sievu tenkas

yeoman ['jeʊmən] *n* 1. *vēst.* jomens; brīvzemnieks; 2. *vēst.* karaļa miesassargs; 3.: Y. of the Guard – Tauera sargs (*Anglijā*)

yeomanry ['jeʊmənri] *n vēst.* 1. (*Anglijā*) jomeni; brīvzemnieki; 2. brīvprātīgā jomenu kavalērija

yes [jes] *partic* jā

yes-girl ['jesgɜ:l] *n sar.* piekāpīga meiča

yes-man ['jesmən] *n sar.* lišķis

yesterday ['jestədi] I *n* vakardiena; II *adv* vakar

yesternight ['jestənait] *poēt., novec.* I *n* pagājuša nakts; II *adv* pagājušajā naktī

yesteryear ['jestəjiə] *n poēt.* 1. pagājušais gads; 2. pagājušie laiki

yet [jet] I *adv* 1. vēl; not y. – vēl ne; y. more – vēl vairāk; 2. (*jautājuma teikumos*) jau; are you ready y.? – vai tu jau esi gatavs?; 3. līdz šim; as y. – pagaidām; II *conj* tomēr; it's very nice of you, y. I can't accept it – tas ir ļoti mīļi no tavas puses, tomēr es to nevaru pieņemt

yeti ['jeti] *n* jetijs, sniega cilvēks

yew [ju:] *n bot.* īve

Yid [jid] *n sl.* ebrejs, žīds

Yiddish ['jidiʃ] I *n* jidišs (*ebreju valoda*); II *a* jidiša-

yield [ji:ld] I *n* 1. raža; 2. produkcija; ieguve; milk y. – piena izslaukums; 3. peļņa; 4. *tehn.* (*metāla*) stiepe; point of y. – stiepes robeža; II *v* 1. dot ražu; nest augļus; 2. dot (*peļņu*); 3. padoties; neizturēt; to y. oneself – padoties; 4. piekāpties

yielding ['ji:ldiŋ] *a* 1. pieļāvīgs; pie-

kāpīgs; **2.** viegli apstrādājams (*par materiālu*)
yip [jip] *amer. sk.* **yelp**
yob [jɒb] *n sl.* huligāns
yobbo [ˈjɒbəʊ] *sk.* **yob**
yodel [ˈjəʊdl] **I** *n* jodelēšana (*tiroliešu dziedāšanas veids*); **II** *v* jodelēt
yoga [ˈjəʊgə] *n* joga
yoghurt [ˈjəʊgət] *n* jogurts
yogi [ˈjəʊgi] *n* jogs
yoke [jəʊk] **I** *n* **1.** (*koka*) iejūgs (*vēršiem*); **2.** (*pl* yoke [jəʊk] *vai* yokes [jəʊks]) iejūgtu vēršu pāris; **3.** nēši; **4.** jūgs; važas; **II** *v* **1.** iejūgt; **2.** saistīt; savienot; **3.** saderēt kopā
yoke bone [ˈjəʊk bəʊn] *n anat.* vaiga kauls
yokel [ˌjəʊkl] *n* lauķis
yold [jəʊld] *n amer. sl.* muļķis
yolk [jəʊk] *n* olas dzeltenums
yonder [ˈjɒndə] **I** *a* tas tur; **II** *adv* tur pāri
yore [jɔː] *n novec.* [in days] of y. – sensenos laikos
you [*uzsvērtā forma* juː, *neuzsvērtā forma* jə] *pron* **1.** tu; jūs; **2.** (*datīva un akuzatīva locījumos*) tev; jums; tevi; jūs
you'd [*uzsvērtā forma* juːd, *neuzsvērtā forma* jʊd, jəd] *sar. saīs. no* **1.** you had; **2.** you would

you'll [*uzsvērtā forma* juːl, *neuzsvērtā forma* jʊl, jəl] *sar. saīs. no* **1.** you will; **2.** you shall
young [jʌŋ] **I** *n* **1.** (the y.) jaunie; jaunatne; **2.** (*dzīvnieka*) mazulis; **II** *a* **1.** jauns; **2.** nepiedzīvojis; nesens; the night is y. – ir tikko pāri pusnaktij; ◇ y. blood – nenobriedis jaunietis
youngish [ˈjʌniʃ] *a* pajauns
youngster [ˈjʌŋstə] *n* jauneklis
younker [ˈjʌŋkə] *n* **1.** *vēst.* junkurs; **2.** *novec.* jauneklis
your [*uzsvērtā forma* jɔː, *neuzsvērtā forma* jə] *pron* tavs; jūsu
you're [jʊə] *sar. saīs. no* you are
yours [jɔːz] *pron* (*lieto ar nenoteiktu izteicēju*) tavs; tavējais; jūsu; jūsējais
yourself [jɔːˈself] *pron* (*pl* yourselves [jɔːˈselvz]) **1.** sevi; sev; do you respect y.? – vai tu sevi cieni?; **2.** pats; do it y. – izdari to pats
youth [juːθ] *n* **1.** jaunība; **2.** jauneklis; **3.** jaunatne
youthful [ˈjuːθfl] *a* jauneklīgs; jauns
you've [*uzsvērtā forma* juːv, *neuzsvērtā forma* jʊv, jəv] *sar. saīs. no* you have
yowl [jaʊl] **I** *n* **1.** kauciens; **2.** kaukšana; **II** *v* kaukt
Yule [juːl] *n novec.* Ziemassvētki
yummy [ˈjʌmi] *a sar.* garšīgs; gards

Zz

Z, z [zed, *amer.* ziː] *n angļu alfabēta burts*; ◇ catch some Zs – *sl.* paguli; liecies uz auss
zany [ˈzeini] **I** *n* **1.** *vēst.* āksts; klauns; **2.** muļķis; **II** *a* muļķīgs; smieklīgs
zap [zæp] *sl.* **I** *n* **1.** spars; **2.** krass pavērsiens; **II** *v* iznīcināt; sakaut (*karā, sportā*)

zariba [zəˈriːbə] *n* dzīvžogs (*arābu zemēs*)
zeal [ziːl] *n* **1.** centība; cītība; **2.** degsme; aizrautība
zealot [ˈzələt] *n* (*reliģijas*) fanātiķis
zealous [ˈzeləs] *a* **1.** centīgs; cītīgs; **2.** dedzīgs; aizrautīgs

zebra ['zi:brə] *n* **1.** zebra; **2.**: z. crossing – gājēju pāreja **3.** *sl.* arestants
zed [zed] *n* burta z *nosaukums*
zee [zi:] *n amer. burta z nosaukums*
Zen [zen] *n* **1.** *rel.* (*arī* Z. Buddhism) dzenbudisms; **2.** *sl.* LSD; narkotika
zenana [ze'nɑ:nə] *n* (*Indijā, Irānā*) harēms (*telpas*)
zenith ['zeniθ] *n* **1.** *astr.* zenīts; **2.** kulminācija
zephyr ['zefə] *n* **1.** (*viegls*) rietumu vējš; **2.** plāns apģērba gabals
zero ['ziərəʊ] **I** *n* nulle; **II** *v* noregulēt (*instrumentu*) uz nulli
zest [zest] *n* **1.** pikantums (*arī pārn.*); **2.** aizrautība; degsme
zeta ['zi:tə] *n* grieķu alfabēta burts
zilch [ziltʃ] *n amer. sl.* **1.** nulle; nekas; **2.** nenozīmīgs cilvēks
zillion ['ziljən] *n amer. sar.* sevišķi liels skaits
zinc [ziŋk] *ķīm.* cinks
zincify ['ziŋkifai] *v* cinkot
zing [ziŋ] *sar.* **I** *n* **1.** spars; enerģija; **2.** (*lodes*) svilpoņa; **II** *v* svilpt (*par lodi*)
zip [zip] **I** *n* **1.** *sar.* rāvējslēdzējs; **2.** (*lodes*) [no]svilpšana; **3.** *sar.* spars; enerģija; **II** *v* **1.** svilpt (*par lodi*); **2.** (*arī* z. up) aizvilkt rāvējslēdzēju; to z. open – atvilkt rāvējslēdzēju; **3.** *dat.* sakompresēt failu (*lai samazinātu tā izmēru*)
Zip code ['zip kəʊd] *n* (*saīs. no* Zone Improvement Plan Code) *amer.* pasta indekss
zip fastener ['zip ˌfɑ:snə] *n* rāvējslēdzējs
zipper ['zipə] *sk.* **zip fastener**
zippy ['zipi] *a sar.* sparīgs; enerģisks
zit [zit] *n sl.* pūtīte
zither ['ziθə] *n mūz.* cītara

zloty ['zlɒti] *n* zlots (*Polijas naudas vienība*)
zodiac ['zəʊ'diækl] *n astr.* zodiaks; signs of the z. – zodiaka zīmes
zoic ['zəʊik] *a ģeol.* fosilijas saturošs
zombi ['zɒmbi] *sk.* **zombie**
zombie ['zɒmbi] *n* **1.** atdzīvojies mironis; **2.** *sar.* dīvains tips; **3.** *sar.* apātisks cilvēks
zone [zəʊn] **I** *n* zona; josla; time z. – laika josla; **II** *v* sadalīt zonās (joslās)
zonk [zɒŋk] *v sl.* apreibināt
zonked [zɒŋkt] *a sl.* piedzēries; [narkotiku] apdullināts
zoo [zu:] *n sar.* zvērudārzs
zoologist [zəʊ'ɒlədʒist] *n* zoologs
zoology [zəʊ'ɒlədʒi] *n* zooloģija
zoom [zu:m] **I** *n* objektīva fokusa attāluma mainīšana; z. lens – objektīvs ar maināmu fokusa attālumu; **II** *v* **1.** traukties (*par lidmašīnu, automobili*); **2.** mainīt objektīva fokusa attālumu; to z. in – pievilkt tuvāk (*attēlu*); to z. out – atbīdīt tālāk (*attēlu*)
zootomy [zəʊ'ɒtəmi] *n* dzīvnieku sekcija
Zoroastrianism [ˌzɒrəʊ'æstriənizəm] *n rel.* zoroastrisms
zoster ['zɒstə] *n bot.* tinējs
zounds [zaʊnds] *int* sasodīts!; velns lai parauj!
zwieback ['zwi:bæk] *n* sausiņi
zygoma [zai'gəʊmə] *n* (*pl* zygomata [zai'gəʊmətə]) *anat.* vaiga kauls
zygosis [zai'gəʊsis] *n* (*pl* zygoses [zai'gəʊsi:z]) *biol.* konjugācija
zygote ['zaigəʊt] *n biol.* zigota
zymosis [zai'məʊsis] *n* (*pl* zymoses [zai'məʊsi:z]) rūgšana; fermentācija
zymotic [zai'mɒtik] *a* rūgšanas-; fermentatīvs

Ģeogrāfiskie nosaukumi

Abu Dabi [ˌɑːbuːˈdɑːbi] Abū Dabī
Accra [əˈkrɑː] Akra
Addis Ababa [ˌædisˈæbəbə] Adisabeba
Adelaide [ˈædəleid] Adelaida
Aden [ˈeidn] Adena
Adriatic Sea [ˌeidriætikˈsiː] Adrijas jūra
Aegean Sea [iˈdʒiːənˈsiː] Egejas jūra
Afghanistan [æfˌgeniˈstɑːn] Afganistāna
Africa [ˈæfrikə] Āfrika
Aland Islands [ˈɔːləndˌailəndz] Ālandu salas
Alaska [əˈlæskə] Aļaska
Albania [ælˈbeiniə] Albānija
Alberta [ælˈbɜːtə] Alberta
Aleutian Islands [əˈluːʃənˌailəndz] Aleutu salas
Alexandria [ˌæligˈzɑːndriə] Aleksandrija
Algeria [ælˈdʒiəriə] Alžīrija
Algiers [ælˈdʒiəz] Alžīra
Alps [ælps] Alpi (*kalni*)
Amazon [ˈæməzən] Amazone
America [əˈmerikə] Amerika
American Samoa [əˈmerikən səˈməʊə] Amerikāņu Samoa
Amman [əˈmɑːn] Ammāna
Amsterdam [ˈæmstədæm] Amsterdama
Andes [ˈændiːz] Andi (*kalni*)
Andorra [ænˈdɔːrə] Andora
Angola [æŋˈgəʊlə] Angola
Anguilla [æŋˈgilə] Angilja
Ankara [ˈæŋkərə] Ankara
Antananarivo [ˈæntəˌnænəˈriːvəʊ] Antananarivu
Antarctic Continent [æntˈɑːktikˈkɒntinənt] Antarktīda (*kontinents*)
Antarctic Region [æntˈɑːktikˈriːdʒən] Antarktika (*polārais apvidus*)

Antilles [ænˈtiliːz] Antiļu salas
Antwerp [ˈæntwɜːp] Antverpene
Appalachians [ˌæpəˈleitʃiənz] Apalači (*kalni*)
Appenines [ˈæpinainz] Apenīni (*kalni*)
Arabia [əˈreibiə] Arābija
Arctic, Arctic Region [ˈɑːktik, ˈɑːktikˈriːdʒən] Arktika (*Zemes galējais ziemeļu apvidus*)
Arctic Ocean [ˈɑːktikˈəʊʃən] Ziemeļu Ledus okeāns
Armenia [ɑːˈmiːniə] Armēnija
Aruba [əˈruːbə] Aruba
Asia [ˈeiʃə] Āzija
Asia Minor [ˈeiʃəˈmainə] Mazāzijas pussala
Athens [ˈæθinz] Atēnas
Atlanta [ətˈlæntə] Atlanta
Atlantic Ocean [ətˈlæntikˈəʊʃn] Atlantijas okeāns
Australia [ɒˈstreiliə] Austrālija
Austria [ˈɒstriə] Austrija
Azerbaijan [ˌæzəbaiˈdʒɑːn] Azerbaidžāna
Azores [əˈzɔːz] Azoru salas

Bab el Mandeb [ˌbæbelˈmændəb] Bābelmandebs (*jūras šaurums*)
Bahamas [bəˈhɑːməz] Bahamas
Bahrain [bɑːˈrein] Bahreina
Balkans [ˈbɔːlkənz] Balkānu kalni
Baltic Sea [ˈbɔːltikˈsiː] Baltijas jūra
Bamako [ˌbɑːmɑːˈkəʊ] Bamako
Bandarseribegavana [ˈbændərˌseribegəˈvænə] Bandarseribegavana
Bangkok [ˈbæŋkɒk] Bangkoka
Bangladesh [ˌbæŋgləˈdeʃ] Bangladeša

Bangui [bɑːŋ'giː] Bangi
Banjul [bæn'dʒuːl] Bandžula
Barbados [bɑː'beidəʊz] Barbadosa
Barcelona [ˌbɑːsi'ləʊnə] Barselona
Beirut [bei'ruːt] Beirūta
Belarus ['belərəs] Baltkrievija
Belgium ['beldʒəm] Beļģija
Belgrade [bel'greid] Belgrada
Belize [be'liːz] Beliza
Benin [be'niːn] Benina
Berlin [bɜː'lin] Berlīne
Bermuda [Islands] [bə'mjuːdə ('ailəndz)] Bermudu Salas, Bermudas
Berne [bɜːn] Berne
Bhutan [buː'tɑːn] Butāna
Birmingham ['bɜːmiŋəm] Birmingema
Bishkek [biʃ'kek] Biškeka
Bissau [bi'saʊ] Bisava
Black Sea ['blæk'siː] Melnā jūra
Bogota [ˌbɒgəʊ'tɑː] Bogota
Bolivia [bə'liviə] Bolīvija
Bombay [bɒm'bei] Bombeja
Bonn [bɒn] Bonna
Bosnia and Herzegovina ['bɒzniəəndˌhɜːtsəgə ʊ'viːnə] Bosnija un Hercegovina
Bosphorus ['bɒspərəs] Bosfors (*jūras šaurums*)
Boston ['bɒstən] Bostona
Botswana [bɒ'tswɑːnə] Botsvāna
Bouvet Island [buː'vətˌailəndz] Buvē sala
Brasilia [brə'ziliə] Brazilja
Bratislava [ˌbræti'slɑːvə] Bratislava
Brazil [brə'zil] Brazīlija
Brazzaville ['bræzəvil] Brazavila
Bridgetown ['bridʒtaʊn] Bridžtauna
British Indian Ocean Territory ['britiʃ 'indiən 'əʊʃən 'teritəri] Britu Indijas okeāna teritorija

Brooklyn ['brʊklin] Bruklina
Brunei ['bruːnai] Bruneja
Brussels ['brʌslz] Brisele
Bucharest ['bjuːkərest] Bukareste
Budapest ['bjuːdəpest] Budapešta
Buenos Aires ['bwenəˌaiəriz] Buenosairesa
Bulgaria [bʌl'geəriə] Bulgārija
Burkina Faso [bɜːˌkiːnə'fæsəʊ] Burkinafaso
Burma ['bɜːmə] *sk.* **Myanma**
Burundi [bʊ'rʊndi] Burundi
Byelorussia [biˌeləʊ'rʌʃə] Baltkrievija
Cabo Verde ['kʌvʊ'vɜːdə] Kaboverde
Cairo ['kaiərəʊ] Kaira
Calcutta [kæl'kʌtə] Kalkuta
California [ˌkæli'fɔːniə] Kalifornija
Cambodia [kæm'bəʊdiə] Kambodža
Cambridge ['keimbridʒ] Kembridža
Cameroon [ˌkæmə'ruːn] Kamerūna
Canada ['kænədə] Kanāda
Canary Islands [kə'neəri'ailəndz] Kanāriju salas
Canberra ['kænbərə] Kanbera
Cannes [kæn] Kannas
Cape of Good Hope [ˌkeipəvgʊd'həʊp] Labās Cerības rags
Cape Town ['keiptaʊn] Keiptauna
Caracas [kə'rækəs] Karakasa
Caribbean Sea [ˌkæri'biən'siː] Karību jūra
Carpathians [kɑː'peiθiənz] Karpati (*kalni*)
Castries [kæ'striːz] Kastri
Caucasus ['kɔːkəsəs] Kaukāzs
Cayman Islands ['keimənˌailəndz] Kaimanu salas
Central African Republic ['sentrəl 'æfrikənri'pʌblik] Centrālāfrikas Republika

Ceylon [si'lɒn] sk. Sri Lanka
Chad [tʃæd] Čada
Chicago [ʃi'kɑ:gəʊ] Čikāga
Chile ['tʃili] Čīle
China ['tʃainə] Ķīna
Chomolungma [ˌtʃəʊmə'lʊŋmɑ:] sk. Everest
Christmas Island ['krisməsˌailənd] Ziemsvētku sala
Cleveland ['kli:vlənd] Klīvlenda
Cocos Islands ['kəʊkəsˌailəndz] Kokosu (Kīlinga) salas
Cologne [kə'ləʊn] Ķelne
Colombia [kə'lɒmbiə] Kolumbija
Colombo [kə'lɒmbəʊ] Kolombo
Colorado [ˌkɒlə'rɑ:dəʊ] Kolorādo
Comoros ['kɒmərəuz] Komoru Salas
Conakry ['kɒnəkri] Konakri
Congo ['kɒŋgəu] Kongo
Cook Islands ['kʊkˌailəndz] Kuka salas
Copenhagen ['kəʊpn'heign] Kopenhāgena
Cordilleras [ˌkɔ:di'ljeərəz] Kordiljeri (kalni)
Cornwall ['kɔ:nwɔ:l] Kornvola
Costa Rica [ˌkɒstə'ri:kə] Kostarika
Côte d'Ivoire ['kɒtdivʊɑ:] Kotdivuāra
Croatia [krəʊ'eiʃə] Horvātija
Cuba ['kju:bə] Kuba
Cyprus ['saiprəs] Kipra
Czechia ['tʃekiə] Čehija

Dakar ['dækɑ:] Dakara
Dallas ['dæləs] Dalasa
Damascus [də'mɑ:skəs] Damaska
Danube ['dænju:b] Donava
Dardanelles [ˌdɑ:də'nelz] Dardaneļi (jūras šaurums)
Daressalam [ˌdɑ:ressə'lɑ:m] Dāresalāma
Delhi ['deli] Deli
Denmark ['denmɑ:k] Dānija

Detroit [də'trɔit] Detroita
Dhaka ['dækə] Daka
Djibouti [dʒi'bu:ti] Džibutija
Doha ['dəuhə] Doha
Dominica [ˌdɒmi'ni:kə] Dominika
Dominicana [dəˌmini'kænə] Dominikāna
Dublin ['dʌblin] Dublina

Ecuador ['ekwədɔ:] Ekvadora
Edinburgh ['edinbərə] Edinburga
Egypt ['i:dʒipt] Ēģipte
El Salvador [el'sælvədɔ:] Salvadora
England ['iŋglænd] Anglija
English Channel ['iŋgliʃtʃænəl] Lamanšs (jūras šaurums)
Equatorial Guinea [ˌekwə'tɔ:riəl'gini] Ekvatoriālā Gvineja
Eritrea [ˌeri'treiə] Eritreja
Estonia [es'təʊniə] Igaunija
Ethiopia [ˌiθi'əʊpiə] Etiopija
Eton ['i:tən] Ītona
Europe ['jʊərəp] Eiropa
Everest ['evərist] Everests

Falkland Islands ['fɔ:kləndˌailəndz] Folklendas, Folklenda (Malvinu) salas
Faroe Islands ['feərəʊzˌailəndz] Farēru (Fēru) salas
Fiji ['fi:dʒi] Fidži
Finland ['finlənd] Somija
Florida ['flɒridə] Florida
France [frɑ:ns] Francija
Freetown ['fri:taʊn] Frītauna
French Guiana ['frentʃgi'ɑ:nə] Frančū Gviāna
French Polynesia ['frentʃˌpɒli'ni:ziə] Frančū Polinēzija
French Southern Territories ['frentʃˌsʌðən 'teritəriz] Frančū Dienvidu teritorijas

Gabon [gæ'bɒn] Gabona
Gaborone [ˌgɑ:bə'rəʊni] Gabarone
Gambia ['gæmbiə] Gambija
Ganges ['gændʒi:z] Ganga (*upe*)
Geneva [dʒi'ni:və] Ženēva
Georgetown ['dʒɔ:dʒtaʊn] Džordžtauna
Georgia[a] [dʒɔ:dʒiə] Džordžija
Georgia[b] ['dʒɔ:dʒiə] Gruzija
Germany ['dʒɜ:məni] Vācija
Ghana ['gɑ:nə] Gana
Gibraltar [dʒi'brɔ:ltə] Gibraltārs, Gibraltāra šaurums
Glasgow ['glɑ:sgəʊ] Glāzgova
Great Britain [ˌgreit'britn] Lielbritānija
Greece [gri:s] Grieķija
Greenland ['gri:nlənd] Grenlande
Greenwich ['grinidʒ] Griniča
Grenada [gri'neidə] Grenada
Guadeloupe [ˌgwɑ:də'lu:p] Gvadelupa
Guam [gwɑ:m] Guama
Guangzhou ['gwæŋdʒəʊ] Guandžou
Guatemala [ˌgwɑ:tə'mɑ:lə] Gvatemala
Guinea ['gini] Gvineja
Guinea-Bissau ['ginibi'saʊ] Gvineja-Bisava
Guyana [gai'ænə] Gajāna

Hague [heig] Hāga
Haiti ['heiti] Haiti
Hanoi [hə'nɔi] Hanoja
Harare [hə'rɑ:rə] Harare
Harlem ['hɑ:ləm] Hārlema
Havana [hə'vænə] Havana
Hawaiian Islands [hɑ:'waii:ən'ailəndz] Havaju salas
Heard and Mc Donald ['hɜ:dændmæk'dɒnld] Hērda un Makdonalda salas
Helsinki ['helsiŋki] Helsinki
Himalayas [ˌhimə'leiəz] Himalaji (*kalni*)
Hiroshima [hi'rɒʃimə] Hirosima

Ho Chi Minh ['həʊʃi:'min] Hošimina
Holland ['hɒlənd] Holande
Hollywood ['hɒlivʊd] Holivuda
Honduras [hɒn'djʊərəs] Hondurasa
Hong Kong [ˌhɒŋ'kɒŋ] Honkonga
Honiara [ˌhɒni'ɑ:rə] Honiara
Houston ['hju:stən] Hjūstona
Hudson ['hʌdsn] Hudzona
Hudzon Bay [ˌhʌdsn'bei] Hudzona līcis
Hungary ['hʌŋgəri] Ungārija
Huron ['hjʊərən] Hūrons (*ezers*)

Iceland ['aislənd] Islande
Idaho ['aidəhəʊ] Aidaho
India ['indiə] Indija
Indian Ocean ['indiən'əʊʃən] Indijas okeāns
Indonesia [ˌində'ni:ziə] Indonēzija
Iran [i'rɑ:n] Irāna
Iraq [i'rɑ:k] Irāka
Ireland ['aiələnd] Īrija
Islamabad [izˌlɑ:mə'bɑ:d] Islāmabada
Israel ['izreil] Izraēla
Istanbul [ˌistæn'bu:l] Stambula
Italy ['itəli] Itālija

Jakarta [dʒə'kɑ:tə] Džakarta
Jamaica [dʒə'meikə] Jamaika
Japan [dʒə'pæn] Japāna
Java ['dʒɑ:və] Java
Jerusalem [dʒə'ru:sələm] Jeruzāleme
Johannesburg [dʒəʊ'hænisbɜ:g] Johannesburga
Jordan ['dʒɔ:dn] 1. Jordānija (*valsts*); 2. Jordāna (*upe*)

Kabul ['kɔ:bl] Kabula
Kampala [kæm'pɑ:lə] Kampala
Kampuchea [ˌkæmpʊ'tʃi:ə] *sk.* Cambodia
Kansas ['kenzəs] Kanzasa

Karachi [kəˈrɑːtʃi] Karači
Kashmir [kæʃˈmiə] Kašmira
Katmandu [ˌkɑːtmɑːnˈduː] Katmandu
Kazakhstan [ˌkæzəkˈstɑːn] Kazahstāna
Kentucky [kənˈtʌki] Kentuki
Kenya [ˈkeniə] Kenija
Kharkov [ˈkɑːrkɒf] Harkova
Kharto[u]m [kɑːˈtuːm] Hartūma
Kigali [kiˈɡɑːli] Kigali
Kilimanjaro [ˌkilimənˈdʒɑːrəʊ] Kilimandžāro (*kalns*)
Kinshasa [kiŋˈʃɑːsə] Kinšasa
Kiribati [ˌkiriˈbɑːti] Kiribati
Klondike [ˈklɒndaik] Klondaika
Korea [kəˈriə] Koreja
Kuala Lumpur [ˌkwɑːləˈlʊmpʊə] Kualalumpura
Kuwait [kʊˈweit] Kuveita
Kyrgyzstan [kɜːˈɡistɑːn] Kirgizstāna

La Paz [lɑːˈpæz] Lapasa
Lagos [ˈleiɡəs] Lagosa
Laos [ˈlɑːɒs] Laosa
Latvia [ˈlætviə] Latvija
Lebanon [ˈlebənən] Libāna
Lesotho [ləˈsuːtuː] Lesoto
Liberia [laiˈbiəriə] Libērija
Libreville [ˌliːbrəˈviːl] Librevila
Libya [ˈlibiə] Lībija
Liechtenstein [ˈliktənstain] Lihtenšteina
Lilongwe [liˈlɒŋɡwi] Lilongve
Lima [ˈlimə] Lima
Lisbon [ˈlizbən] Lisabona
Lithuania [ˌliθʊˈeiniə] Lietuva
Liverpool [ˈlivəpuːl] Liverpūle
Ljubljana [ljʊbˈljɑːnə] Ļubļana
Lome [lɔːˈmei] Lome
London [ˈlʌndən] Londona
Los Angeles [lɒsˈændʒiliːz] Losandželosa
Luanda [luːˈændə] Luanda

Lusaka [luːˈsɑːkə] Lusaka
Luxemburg [ˈlʌksəmbɜːɡ] Luksemburga

Macau [məˈkaʊ] Makao
Macedonia [ˌmæsiˈdəʊniə] Maķedonija
Madagaskar [ˌmædəˈɡæskə] Madagaskara
Madeira [məˈdiərə] Madeiras salas
Madrid [məˈdrid] Madride
Maine [mein] Mena
Malabo [məˈlɑːbəʊ] Malabo
Malawi [məˈlɑːwi] Malāvija
Malaysia [məˈleiziə] Malaizija
Maldives [ˈmɔːldivz] Maldīvija
Male [ˈmɑːlei] Male
Mali [ˈmɑːli] Mali
Malta [ˈmɔːltə] Malta
Manchester [ˈmæntʃistə] Mančestra
Manila [məˈnilə] Manila
Maputo [məˈpuːtəʊ] Maputu
Marseilles [ˌmɑːˈsei] Marseļa
Marshall Islands [ˈmɑːʃl,ailəndz] Māršala Salas
Martinique [ˌmɑːtiˈniːk] Martinika
Maseru [ˈmæzəruː] Maseru
Massachusetts [ˌmæsəˈtʃuːsits] Masačūsetsa
Mauritania [mɒriˈteiniə] Mauritānija
Mauritius [məˈriʃəs] Maurīcija
Mayotte [ˈmeiəʊt] Majota
Mbabane [mbɑːˈbɑːnə] Mbabane
Mediterranean Sea [ˌmeditəˈreiniənˈsiː] Vidusjūra
Melbourne [ˈmelbən] Melburna
Mexico City [ˈmeksikəʊˈsiti] Mehiko
Mexico [ˈmeksikəʊ] Meksika
Miami [maiˈæmi] Maiami
Michigan [ˈmiʃiɡən] **1.** Mičigana (*salu kopa*); Mičigans (*ezers*)

Micronesia [ˌmaikrəʊˈniːziə] Mikronēzija (salu kopa)
Milwaukee [milˈwɔːki] Milvoki
Minneapolis [ˌminiˈæpəlis] Mineapolisa
Mississippi [ˌmisiˈsipi] Misisipi (upe)
Missouri [miˈzəʊri] Misūri (upe)
Moldova [mɒlˈdəʊvə] Moldova
Monaco [ˈmɒnəkəʊ] Monako
Mongolia [mɒŋˈgəʊliə] Mongolija
Monrovia [mɒnˈrəʊviə] Monrovija
Mont Blanc [ˈmɒnˈblɑːŋ] Monblāns (kalni)
Montana [mɒnˈtɑːnə] Montāna
Montevideo [ˌmɒntiviˈdeiəʊ] Montevideo
Montreal [ˌmɒntriˈɔːl] Monreāla
Montserrat [ˌmɒntsəˈræt] Montserrata
Morocco [məˈrɒkəʊ] Maroka
Moroni [mɒˈrəʊni] Moroni
Moscow [ˈmɒskəʊ] Maskava
Mozambique [ˌməʊzəmˈbiːk] Mozambika
Munich [ˈmjuːnik] Minhene
Muqdisho [mʊkˈdiʃə] Mogadišo
Muscat [ˈmʌskət] Maskata
Myanma [ˈmjænmə] Mjanma

Nairobi [naiˈrəʊbi] Nairobi
Namibia [næˈmibiə] Namībija
Naples [ˈneiplz] Neapole
Nassau [ˈnæsɔː] Naso
Nauru [ˌnaʊˈruː] Nauru
Ndjamena [ndʒɑːˈmeinə] Ndžamena
Nepal [niˈpɔːl] Nepāla
Netherlands [ˈneðələndz] Nīderlande
Netherlands Antilles [ˈneðələndzænˈtiliːz] Antiḷas
New Caledonia [ˌnjuːˌkæliˈdəʊniə] Jaunkaledonija
New Guinea [ˌnjuːˈgini] Jaungvineja

New Hampshire [ˌnjuːˈhæmpʃə] Ṇūhempšīra
New South Wales [ˈnjʊːsaʊθˈweilz] Jaundienvidvelsa
New York [ˈnjuːjɔːk] Ṇujorka
New Zealand [ˌnjuːˈziːlənd] Jaunzēlande
Newcastle [ˈnjuːkɑːsl] Ṇūkāsla
Newfoundland [ˌnjuːfəndlənd] Ṇūfaundlenda
Niagara Falls [naiˈægərəˈfɔːlz] Niagaras ūdenskritums
Niamey [njɑːˈmei] Niameja
Nicaragua [ˌnikəˈrægjʊə] Nikaragva
Nicosia [ˌnikəʊˈsiə] Nikosija
Niger [niːˈʒeə] Nigēra
Nigeria [naiˈdʒiəriə] Nigērija
Nile [nail] Nīla
Niue [ˈnjuːei] Niue
Norfolk [ˈnɔːfək] Norfolka
North America [ˈnɔːθəˈmerikə] Ziemeḷamerika
North Carolina [ˈnɔːθˌkærəˈlainə] Ziemeḷkarolīna
North Sea [ˈnɔːθˈsiː] Ziemeḷjūra
Northern Ireland [ˈnɔːðənˈaiələnd] Ziemeḷīrija
Northern Mariana Islands [ˈnɔːðənˌmæriɑːnəˌailəndz] Ziemeḷu Marianas Salas
Norway [ˈnɔːwei] Norvēģija
Nottingham [ˈnɒtiŋəm] Notingema
Nouakchott [nwɑːkˈʃɒt] Nuakšota

Oceania [ˌəʊsiˈɑːniə] Okeānija (salu kopa)
Ohio [əʊˈhaiəʊ] Ohaio
Oman [əʊˈmɑːn] Omāna
Ontario [ɒnˈteəriəʊ] Ontārio (Kanādas province, ezers)
Orinoko [ˌɒriˈnəʊkə] Orinoko (upe)

Orkney Islands [ˈɔːkniˌailəndz] Orkneju salas
Oslo [ˈɒzləu] Oslo
Ottawa [ˈɒtəvə] Otava
Ouagadougou [ˌwaːgəˈduːgəu] Vagadugu
Oxford [ˈɒksfəd] Oksforda

Pacific Ocean [pəˈsifikˈəuʃn] Klusais okeāns
Pakistan [ˌpaːkiˈstaːn] Pakistāna
Palau [pəˈlau] Palau
Palestine [ˈpælistain] Palestīna
Pamirs [pəˈmiəz] Pamirs (kalni)
Panama [ˌpænəˈmaː] Panama
Papua New Guinea [ˈpæpjuənjuːˈgini] Papua-Jaungvineja
Paraguay [ˈpærəgwai] Paragvaja
Paramaribo [ˌpærəˈmæribəu] Paramaribo
Paris [ˈpæris] Parīze
Pearl Harbour [ˈpɜːlˈhaːbə] Pērlahārbora
Peking (Beijing) [piːˈkiŋ, beiˈdʒiŋ] Pekina
Perth [pɜːθ] Pērta
Peru [pəˈruː] Peru
Philadelphia [ˌfiləˈdelfiə] Filadelfija
Philippines [ˈfilipiːnz] Filipīnas
Phnompenh [ˌnɒmˈpen] Pnompeņa
Pitcairn [ˈpitkeən] Pitkērna
Pittsburgh [ˈpitsbɜːg] Pitsburga
Plymouth [ˈpliməθ] Plimuta
Poland [ˈpəulənd] Polija
Port Louis [pɔːtˈluːis] Portluī
Port Moresby [pɔːtˈmɔːzbi] Portmorsbi
Port of Spain [ˌpɔːtəvˈspein] Portofspeina
Port-au-Prince [ˌpɔːtəuˈprins] Portoprensa
Porto-Novo [ˌpɔːtəuˈnəuvəu] Portonovo
Portugal [ˈpɔːtʃugl] Portugāle

Prague [praːg] Prāga
Praia [ˈpraiə] Praja
Pretoria [priˈtɔːriə] Pretorija
Puerto Rico [ˈpwɜːtəuˈriːkəu] Puertoriko
Pusan [ˈpjuːsən] Pusana
Pyongyang [ˌpjɒŋˈjæŋ] Phenjana
Pyrenees [ˌpirəˈniːz] Pireneji (kalni)

Qatar [ˈkʌtaː] Katara
Quebec [kwiˈbek] Kvebeka
Queensland [ˈkwiːnzlænd] Kvīnslenda
Quito [ˈkiːtəu] Kito

Rabat [rəˈbaːt] Rabāta
Red Sea [ˈredˈsiː] Sarkanā jūra
Republic of South Africa [riˈpʌblikəvˈsauθˈæfrikə] Dienvidāfrikas Republika
Reunion [riːˈjuːniən] Reinjona (sala)
Reykjavik [ˈreikjəviːk] Reikjavīka
Riga [ˈriːgə] Rīga
Rio de Janeiro [ˈriːəudədʒəˈniərəu] Riodežaneiro
Rockies, Rocky Mountains [ˈrɒkiz, ˈrɒkiˌmauntinz] Klinšu kalni
Romania [rəˈmeiniə] Rumānija
Rome [rəum] Roma
Roseau [rəuˈzəu] Rozo
Rotterdam [ˈrɒtədəm] Roterdama
Russia [ˈrʌʃə] Krievija
Rwanda [ruˈændə] Ruanda

Sahara [səˈhaːrə] Sahāra
Saigon [ˌsaiˈgɒn] sk. Ho Chi Minh
Saint George's [seintˈdʒɔːdʒiz] Sentdžordžesa
Samoa [səˈməu] Rietumsamoa
San Francisco [ˌsænfrənˈsiskəu] Sanfrancisko
San Jose [ˌsænhəuˈzəi] Sanhosē
San Juan [ˌsænˈwaːn] Sanhuana

San Marino [ˌsænməˈriːnəʊ] Sanmarīno
San Salvador [sænˈsælvədɔː] Sansalvadora
Sana [ˈsænə] Sana
Santiago [ˌsæntiˈɑːgəʊ] Santjago
Santo Domingo [ˌsæntədəʊˈmiŋgəʊ] Santodomingo
Sao Paulo [saʊŋˈpaʊluː] Sanpaulu
Sao Tome [ˌsaʊntəˈmei] Santome
Sao Tome and Principe [ˌsaʊntəmeəndˈpriːnsipi] Santome un Prinsipi
Sarajevo [ˈsærəˈjeivəʊ] Sarajeva
Saudi Arabia [ˌsaʊdiəˈreibiə] Saūda Arābija
Scotland [ˈskɒtlənd] Skotija
Senegal [ˌseniˈgɔːl] Senegāla
Seoul [səʊl] Seula
Seychelles [ˈseiʃəlz] Seišeļu Salas
Shanghai [ʃæŋˈhai] Šanhaja
Sheffield [ˈʃefiːld] Šefīlda
Shenyang [ˈʃenjɑːŋ] Šeņjana
Sierra Leone [siˌerəliˈəʊn] Sjerraleone
Singapore [ˌsiŋgəˈpɔː] Singapūra
Skopje [ˈskɒpjə] Skopje
Slovakia [sləʊˈvækiə] Slovākija
Slovenia [sləʊˈviːniə] Slovēnija
Sofia [ˈsəʊfiə] Sofija
Solomon Islands [ˈsɒləmənˌailəndz] Zālamana Salas
Somalia [səˈmɑːliə] Somālija
South Africa [ˌsaʊθˈæfrikə] Dienvidāfrikas Republika
South America [ˌsaʊθəˈmerikə] Dienvidamerika
Southampton [saʊθˈæmptən] Sauthemptona
South Georgia and the South Sandwich Islands [ˌsaʊθˈdʒɔːdʒiə ænd ðə saʊθ ˈsændwitʃ ˈailəndz] Dienviddžordžija un Dienvidsendviču salas

Spain [spein] Spānija
Sri Lanka [ˌsriˈlæŋkə] Šrilanka
St. Hellens [ˌsentiˈliːnə] Svētās Helēnas sala
St. Kitts-Nevis [sənt͵kitsˈniːvis] Sentkitsa un Nevisa
St. Lucia [səntˈluːʃə] Sentlūsija
St. Peterburg [səntˈpiːtəzbɜːg] Sankt-pēterburga
Stockholm [ˈstɒkhəʊm] Stokholma
Stradford-on-Avon [ˈstrætfədənˈeivən] Stredforda pie Eivonas
Sucre [ˈsuːkrei] Sukre
Sudan [suːˈdɑːn] Sudāna
Suez Canal [ˈsuːizkəˈnæl] Suecas kanāls
Surinam [ˌsʊəriˈnæm] Surinama
Suva [ˈsuːvə] Suva
Swalbard and Ian Mayen Island Svalbāra un Jana Majena sala
Swaziland [ˈswɑːzilænd] Svazilenda
Sweden [ˈswiːdn] Zviedrija
Switzerland [ˈswitsələnd] Šveice
Sydney [ˈsidni] Sidneja
Syria [ˈsiriə] Sīrija

Tahiti [tɑːˈhiti] Taiti
Taipei [taiˈpei] Taibeja, Taipeja
Taiwan [taiˈvɑːn] Taivāna
Tajikistan [tɑːdʒikiˈstɑːn] Tadžikistāna
Tallin [ˈtɑːlin] Tallina
Tanzania [ˌtænzəˈniə] Tanzānija
Tasmania [tæzˈmeiniə] Tasmanija (sala)
Tegucigalpa [təˌguːsiˈgælpə] Tegusigalpa
Teh[e]ran [tiəˈrɑːn] Teherāna
Tel Aviv [ˌteləˈviːv] Telaviva
Tennessee [ˌtenəˈsiː] Tenesī (upe)
Texas [ˈteksəs] Teksasa
Thailand [ˈtailænd] Taizeme
Thames [temz] Temza (upe)
Thimphu [ˈθimpuː] Timpu

Tianjin [ˈtʃæŋdʒin] Tjaņdziņa
Timor [ˈtimɔː] Timora (*sala*)
Tirana [tiˈrɑːnə] Tirāna
Togo [ˈtəʊgəʊ] Togo
Tokelau Islands [ˈtəʊkəlaʊˌailəndz] Tokelau salas
Tokyo [ˈtəʊkjəʊ] Tokija
Tonga [ˈtɒŋə] Tonga
Toronto [təˈrɒntəʊ] Toronto
Transvaal [ˈtrænzvɑːl] Transvāla
Trinidad and Tobago [ˈtrinidædəntəˈbeigəʊ] Trinidāda un Tobāgo
Tripoli [ˈtripəli] Tripole
Tunis [ˈtjuːnis] Tunisa
Tunisia [tjuːˈniziə] Tunisija
Turin [ˌtjʊəˈrin] Turīna
Turkey [ˈtɜːki] Turcija
Turkmenistan [ˌtɜːkmeniˈstɑːn] Turkmenistāna
Turks and Caicos Islands [ˈtɜːksəndˈkeikəsˌailəndz] Tērksas un Kaikosas salas
Tuvalu [tʊˈvɑːluː] Tuvalu

Uganda [juːˈgændə] Uganda
Ukraine [juːˈkrein] Ukraina
Ulan Bator [ˈuːlənˈbɑːtə] Ulanbatora
United Arab Emirates [juːˈnaitidˈærəbeˈmiərits] Apvienotie Arābu Emirāti
United Kingdom of Great Britain and Northern Ireland [juːˈnaitidˈkiŋdəm əvˈgreitˈbritnənˈnɔðənˈaiələnd] Lielbritānijas un Ziemeļīrijas Apvienotā Karaliste
United States of America [juːˈnaitid ˈsteitsəvəˈmerikə] Amerikas Savienotās Valstis
United States Minkor Outlying Islands [juˌnaitid ˈsteits ˌmainə ˈaʊtlaiiŋ ˈailəndz] ASV Mazās Aizjūras teritorijas
Upper Volta [ˈʌpəˈvɒltə] *sk*. Burkina Faso
Uruguay [ˈjʊərəgwai] Urugvaja
Utah [ˈjuːtɑː] Jūta
Uzbekistan [ˌuzbekiˈstɑːn] Uzbekistāna

Vaduz [fɑːˈduːts] Vaduca
Valletta [vəˈletə] Valleta
Vancouver [vænˈkuːvə] Vankūvera
Vanuatu [ˌvænʊˈɑːtuː] Vanuatu
Vatican [ˈvætikən] Vatikāns
Venezuela [ˌveniˈzweilə] Venecuēla
Vienna [viˈenə] Vīne
Vientiane [ˌvjæŋˈtjɑːn] Vjentjana
Vietnam [ˌviːetˈnæm] Vjetnama
Vilnius [ˈvilniəs] Viļņa
Virgin Islands (British) [ˈvɜːdʒinˌailəndz] Virdžīnas salas
Virgin Islands (U. S.) [ˈvɜːdʒinˌailəndz] Amerikāņu Virdžīnas

Wales [weilz] Velsa
Wallis and Futuna Islands [ˈwɒlisəndfjʊˈtjʊənəˌailəndz] Volisa un Futunas salas
Warsaw [ˈwɔːsɔː] Varšava
Washington [ˈwaʃiŋtən] Vašingtona
Waterloo [ˌwɔːtəˈluː] Vaterlo
Wellington [ˈweliŋtən] Velingtona
West Bank of Jordan [ˌwestbæŋkəvˈdʒɔːdn] Jordānas upes Rietumu Krasts
Western Sahara [ˈwestənsəˈhɑːrə] Rietumsahāra
Western Samoa [ˈwestənsəˈməʊə] Rietumsamoa
White Sea [ˈwaitˈsiː] Baltā jūra
Winnipeg [ˈwinipeg] Vinipega

Wuhan [ˈwuːhən] Uhaṇa
Xian [ziən] Siaṇa
Xianggang [zæŋ ˈgæŋ] *sk.* Hong Kong

Yangon [ˈjæŋgən] Jangona, Ranguna
Yaunde [ˌjɑːuːnˈdei] Jaunde
Yellow Sea [ˈjeləʊˈsiː] Dzeltenā jūra
Yemen [jemən] Jemena
Yokohama [ˌjəʊkəʊˈhɑːmə] Jokohama

Yugoslavia [ˌjuːgəʊˈslɑːviə] Dienvidslāvija
Yukon [ˈjʊkən] Jukona (*upe*)

Zagreb [ˈzɑːgreb] Zagreba
Zaire [zɑːˈiə] Zaira
Zambezi [zæmˈbiːzi] Zambeze (*upe*)
Zambia [ˈzæmbiə] Zambija
Zimbabwe [zimˈbɑːbwi] Zimbabve

Personvārdi

Vīriešu vārdi

Abram	[ˈeibrəm (ˈeibræm)]	Eibrems, Ābrams
Adam	[ˈædəm]	Edams, Ādams
Albert	[ˈælbət (-bɜ:t)]	Elberts, Alberts
Alec(k)	[ˈælik]	Eleks, Aleks
Alexander	[ˌæligˈzɑ:ndə]	Eleksānders, Aleksandrs
Alfred	[ˈælfrid]	Elfreds, Alfreds
Al[l]an	[ˈælən]	Elans, Alans
Andrew	[ˈændru:]	Endrū
Andrews	[ˈændru:z]	Endrūzs
Andy	[ˈændi]	Endijs
Anthony	[ˈæntəni]	Entonijs, Antonijs
Antony	[ˈæntəni]	Entonijs, Antonijs
Archibald	[ˈɑ:tʃib(ə)ld]	Ārčibolds, Ārčibalds
Archie	[ˈɑ:tʃi]	Ārčijs
Arnold	[ˈɑ:nəld]	Ārnolds, Arnolds
Arthur	[ˈɑ:θə]	Arturs
Aubrey	[ˈɔ:bri]	Obrijs
August	[ˈɔ:gəst]	Ogests, Augusts
Austin	[ˈɔ:stin]	Ostins
Baker	[ˈbeikə]	Beikers
Baldwin	[ˈbɔ:ldwin]	Boldvins
Bart	[bɑ:t]	Bārts
Barney	[ˈbɑ:ni]	Bārnijs
Basil	[ˈbæzl]	Bezils, Bazils
Ben	[ben]	Bens
Benedict	[ˈbenidikt]	Benedikts
Bennet(t)	[ˈbenit]	Benets
Bennie, Benny	[ˈbeni]	Benijs
Bernard	[ˈbɜ:nəd]	Bernards
Bert	[bɜ:t]	Bērts
Bertie	[ˈbɜ:ti]	Bērtijs
Bertram	[ˈbɜ:trəm]	Bērtrams
Bill	[bil]	Bills
Billy	[ˈbili]	Billijs
Blair	[bleə]	Blērs
Bob	[bɒb]	Bobs

Bobby	['bɒbi]	Bobijs
Brian	['braiən]	Braiens
Bruce	[bru:s]	Brūss
Burk	[bɜ:k]	Bērks
Calvin	['kælvin]	Kalvins
Carl	[kɑ:l]	Kārls
Cecil	['sesl]	Sesils
Cedric	['si:drik]	Sīdriks, Sedriks
Charles	[tʃɑ:lz]	Čārlss, Čārlzs
Charley, Charlie	['tʃɑ:li]	Čārlijs
Chris	[kris]	Kriss
Christian	['kristjən]	Kristjens
Christopher	['kristəfə]	Kristofers
Clare	[kleə]	Klērs
Clark[e]	[klɑ:k]	Klārks
Claud, Claude	[klɔ:d]	Klods
Clifford	['klifəd]	Klifords
Clyde	[klaid]	Klaids
Colin	['kɒlin]	Kolins
Colley	['kɒli]	Kolijs
Conan	['kəʊnən]	Konans
Connor	['kɒnə]	Konors
Conrad, Conrade	['kɒnræd]	Konreds, Konrāds
Cornelius	[kɔ:'ni:liəs]	Kornīljuss, Kornēlijs
Cuthbert	['kʌθbət]	Katberts
Dan	[dæn]	Dens
Daniel	['dænjəl]	Denjels, Daniels
Dannie, Danny	['dæni]	Denijs
Dave	[deiv]	Deivs
David	['deivid]	Deivids, Dāvids
Davies, Davis	['deivis]	Deiviss
Davy	['deivi]	Deivijs
Den(n)is	['denis]	Deniss
Derek	['derik]	Dereks
Derrick	['derik]	Deriks
Dick	[dik]	Diks
Dickon	['dikən]	Dikons
Dicky	['diki]	Dikijs
Dob	[dɒb]	Dobs

Dobbin	[ˈdɒbin]	Dobins
Donald	[ˈdɒnld]	Donalds
Dorian	[ˈdɔːriən]	Dorians
Douglas	[ˈdʌgləs]	Daglass, Duglass
Dudley	[ˈdʌdli]	Dadlijs
Ed	[ed]	Eds
Eddie, Eddy	[ˈedi]	Edijs
Eden	[ˈiːdn]	Īdens
Edgar	[ˈedgə]	Edgars
Edmund	[ˈedmənd]	Edmunds
Edward	[ˈedwəd]	Edvards
Edwin	[ˈedwin]	Edvins, Edvīns
Eldred	[ˈeldrid]	Eldreds
Elgar	[ˈelgə]	Elgars
Emmanuel	[iˈmænjʊəl]	Imenjuels, Emanuēls
Eneas	[iːˈniːæs]	Ainejs, Enejs
Eric	[ˈerik]	Eriks, Ēriks
Ernest	[ˈɜːnist]	Ernests
Ernie, Erny	[ˈɜːni]	Ērnijs
Eugen	[ˈjuːdʒən]	Jūdžens, Eižens
Eustace	[ˈjuːstəs]	Jūstass
Evans	[ˈevənz]	Evanss
Fanny	[ˈfæni]	Fenijs
Francis	[ˈfrɑːnsis]	Frānsiss
Frank	[fræŋk]	Frenks
Franklin	[ˈfræŋklin]	Frenklins
Fred	[fred]	Freds
Freddie, Freddy	[ˈfredi]	Fredijs
Frederic(k)	[ˈfredrik]	Fredriks
Gareth	[ˈgæreθ]	Gerets
Gary	[ˈgeəri]	Gērijs
Gene	[dʒiːn]	Džīns
Geoffrey	[ˈdʒefri]	Džefrijs
George	[dʒɔːdʒ]	Džordžs
Gerald	[ˈdʒerəld]	Džeralds
Gilbert	[ˈgilbət]	Gilberts
Giles	[dʒailz]	Džailss
Godfrey	[ˈgɒdfri]	Godfrijs

Godwin	['gɒdwin]	Godvins
Gordon	['gɔ:dn]	Gordons
Greg	['greg]	Gregs
Gregory	['gregəri]	Gregorijs
Hal	[hæl]	Hels
Halbert	['hælbət]	Helberts
Harold	['hær(ə)ld]	Herolds
Harris	['hæris]	Heriss
Harry	['hæri]	Herijs, Harijs
Henry	['henri]	Henrijs
Herbert	['hɜ:bət]	Herberts
Herman	['hɜ:mən]	Hērmens, Hermans
Higgins	['higinz]	Higinss
Hilary	['hiləri]	Hilarijs
Horace	['hɒrəs]	Horass
Howard	['haʊəd]	Hauards
Hubert	['hju:bət]	Hūberts
Hugh	[hju:]	Hjū
Hughes	[hju:z]	Hjūzs
Hugo	['hju:gəʊ]	Hjūgo, Hugo
Humphr(e)y	['hʌmfri]	Hamfrijs
Iden	[aidn]	Aidns
Irving	['ɜ:wiŋ]	Ērvings
Irwin	['ɜ:win]	Ērvins
Isaac	['aizək]	Aizens, Izaks
Ivan	['aiv(ə)n]	Aivans
Ivor	['aivə]	Aivors
Jack	[dʒæk]	Džeks
Jacob	['dʒeikəb]	Džeikobs
Jake	[dʒeik]	Džeiks
Janus	['dʒeinəs]	Džeinuss, Jānuss
James	[dʒeimz]	Džeimss
Jasper	['dʒæspə]	Džespers
Jeff	['dʒef]	Džefs
Jem	[dʒem]	Džems
Jenkin	['dʒeŋkin]	Dženkins
Jerome	['dʒerəm (dʒi'rəʊm)]	Džeroms, Džeroums

Jerry	[ˈdʒeri]	Džerijs
Jim	[dʒim]	Džims
Jimmy	[ˈdʒimi]	Džimijs
Jo	[dʒəʊ]	Džo
Jock	[dʒɒk]	Džoks
Joe	[dʒəʊ]	Džo
Joey	[ˈdʒə(ʊ)i]	Džoijs
John	[dʒɒn]	Džons
Johnny	[ˈdʒɒni]	Džonijs
Jonathan	[ˈdʒɒnəθ(ə)n]	Džonatans
Joseph	[ˈdʒəʊzif]	Džozefs
Justin	[ˈdʒʌstin]	Džastins
Kenneth	[ˈkeniθ]	Kenets
Kirk[e]	[kɜːk]	Kērks
Kit	[kit]	Kits
Kneale	[niːl]	Nīls
Konrad	[ˈkɒnræd]	Konreds, Konrāds
Kyd	[kid]	Kids
Lancelot	[ˈlɑːnsəlɒt]	Lānselots
Laurence, Lawrence	[ˈlɒrəns]	Lorenss
Leonard	[ˈlenəd]	Lenards, Leonards
Lesley, Leslie	[ˈlezli(ˈlesli)]	Lezlijs, Leslijs
Lew	[luː]	Lū
Lewie	[luːi]	Lūijs
Lewis	[ˈluːis]	Lūiss
Louie	[ˈluː(ː)i]	Lūijs
Louis	[ˈluː(ː)i]	Lūiss
Lucius	[ˈluːsiəs]	Lūsjuss
Luke	[luːk, ljuːk]	Lūks
Lyons	[ˈlaiənz]	Laiens
Malkolm	[ˈmælkəm]	Melkems, Malkolms
Martin	[ˈmɑːtin]	Mārtins
Mat	[mæt]	Mets
Matthew	[ˈmæθjuː]	Metjū
Michael	[ˈmaikl]	Maikls
Micky	[ˈmiki]	Mikijs
Mike	[maik]	Maiks
Mitchell	[ˈmitʃəl]	Mičels

Monty	[ˈmɒnti]	Montijs
Morgan	[ˈmɔːg(ə)n]	Morgans
Nat	[næt]	Nets
Nathan	[ˈneiθən]	Neitans, Nātans
Ned	[ned]	Neds
Neddy	[ˈnedi]	Nedijs
Nicholas	[ˈnikələs]	Nikolass
Nick	[nik]	Niks
Noll	[nɒl]	Nolls
Nolly	[ˈnɒli]	Nolijs
Norman	[ˈnɔːmən]	Normens
Oliver	[ˈɒlivə]	Olivers
Osbert	[ˈɒsbət]	Osberts
Oscar	[ˈɒskə]	Oskars
Osmond, Osmund	[ˈɒzmənd]	Osmonds, Osmunds
Owen	[ˈəuin]	Ouens
Paddy	[ˈpædi]	Pedijs
Pat	[pæt]	Pets
Patrick	[ˈpætrik]	Petriks
Paul	[pɔːl]	Pols, Pauls
Pearson	[ˈpiəsn]	Pīrsons
Percy	[ˈpɜːsi]	Pērsijs
Pete	[piːt]	Pīts
Peter	[ˈpiːtə]	Pīters
Phil	[fil]	Fils
Philip	[ˈfilip]	Filips
Piers	[piəz]	Pīrss
Pip	[pip]	Pips
Purcell	[ˈpɜːsl]	Pērsels
Ralph	[reif, rælf]	Reifs, Relfs, Ralfs
Randolph	[ˈrændɒlf]	Rendolfs
Raymond	[ˈreimənd]	Reimonds, Raimonds
Renoir	[ˈrenwɑː]	Renuārs
Reynard	[ˈrened, ˈrenɑːd, ˈreinɑːd]	Renards, Reinārds
Rhett	[ret]	Rets
Rhys	[riːs]	Rīss

Richard	['ritʃəd]	Ričards
Rob	[rɒb]	Robs
Robbie	['rɒbi]	Robijs
Robert	['rɒbət]	Roberts
Robin	['rɒbin]	Robins
Roderick	['rɒd(ə)rik]	Roderiks
Rodney	['rɒdni]	Rodnijs
Roger	['rɒdʒə]	Rodžers
Roland	['rəʊlənd]	Rolands
Rolland	[rəʊ'lɑ:ŋ]	Rolāns
Rolf	[rɒlf]	Rolfs
Roy	[rɔi]	Rojs
Ruby	['ru:bi]	Rūbijs
Rudolf	['ru:dɒlf]	Rūdolfs
Sam	[sæm]	Sems
Sammy	['sæmi]	Semijs
Samuel	['sæmjuəl]	Semjuels
Sanders	['sɑ:ndəz]	Sānders
Sandy	['sændi]	Sendijs
Scrooge	[skru:dʒ]	Skrūdžs
Sidney	['sidni]	Sidnijs
Simon	['saimən]	Saimons
Sol	[sɒl]	Sols
Solomon	['sɒləmən]	Solomons
Stanley	['stænli]	Stenlijs
Steele	[sti:l]	Stīls
Stephen	['sti:vn]	Stīvens
Steve	[sti:v]	Stīvs
Taffy	['tæfi]	Tefijs
Ted	[ted]	Teds
Teddy	['tedi]	Tedijs
Theodore	['θiədɔ:]	Tiodors, Teodors
Thom	[tɒm]	Toms
Thomas	['tɒməs]	Tomass
Timothy	['timəθi]	Timotijs
Tobias	[tə'baiəs]	Tobiass
Toby	['təʊbi]	Tobijs
Tom	[tɒm]	Toms
Tommy	['tɒmi]	Tomijs

Tony	['təʊni]	Tonijs
Ulick	['u:lik]	Ūliks
Valentine	['væləntain]	Valentains, Valentīns
Vincent	['vins(ə)nt]	Vinsents
Vivian	['viviən]	Vivians
Walter	['wɔːltə]	Volters
Wat	[wɒt]	Vots
Wesley	['wezli, 'wesli]	Vezlijs, Veslijs
Wilfred	['wilfrid]	Vilfreds
William	['wiljəm]	Viljams
Willy	['wili]	Villijs
Wren	[ren]	Rens
Wright	[rait]	Raits
Zach, Zack	['zæk]	Zeks

Sieviešu vārdi

Abigail	['æbigeil]	Ebigeila
Ada	['eidə]	Eida, Ada
Adelina	[ˌædi'liːnə]	Edelīna, Adelīna
Agatha	['ægəθə]	Egata, Agata
Agnes	['ægnis]	Egnesa, Agnese
Alice	['ælis]	Elisa, Alise
Alicia	[ə'liʃiə]	Elišija, Alisija
Alma	['ælmə]	Elma, Alma
Ally	['æli]	Elija
Amanda	[ə'mændə]	Emenda, Amanda
Amelia	[ə'miːljə]	Amīlija
Amy	['eimi]	Eimija
Ann	[æn]	Ena, Anna
Anna	['ænə]	Ena, Anna
Annabel	['ænəbəl]	Enabela, Anabela
Annabella	[ˌænə'belə]	Enabella, Anabella
Annie	['æni]	Enija, Annija

Augusta	[ɔːˈgʌstə]	Ogasta, Augusta
Aurelia	[ɔːˈriːliə]	Orīlija, Aurēlija
Aurora	[ɔːˈrɔːrə]	Orora, Aurora
Bab	[bæb]	Beba
Barbara	[ˈbɑːbərə]	Barbara, Bārbara
Beatrice	[ˈbiətris (ˈbjɜːtris)]	Biatrisa, Beatrise
Beck	[bek]	Beka
Becky	[ˈbeki]	Bekija
Bel	[bel]	Bela
Bella	[ˈbelə]	Bella
Bertha	[ˈbɜːθə]	Bērta, Berta
Bess	[bes]	Besa
Bessie, Bessy	[ˈbesi]	Besija
Betsey, Betsy	[ˈbetsi]	Betsija
Betty	[ˈbeti]	Betija
Bex	[beks]	Beksa
Bridget	[ˈbridʒit]	Bridžita, Brigita
Camilla	[kəˈmilə]	Kamila
Carolina	[ˌkærəˈlaine]	Kerolaina, Karolīna
Catherine	[ˈkæθərin]	Ketrina, Katrīna
Cathie	[ˈkæθi]	Ketija
Cecilia	[siˈsiliə]	Sesilija, Sesīlija
Charlotte	[ˈʃɑːlət]	Šārleta, Šarlote
Christian	[ˈkristjən]	Kristjena, Kristjana, Kristiāna
Claire	[kleə]	Klēra
Clara	[ˈkleərə]	Klēra, Klāra
Clare	[kleə]	Klēra
Clarice	[ˈklæris]	Klerisa, Klarisa
Clarinda	[ˈklærində]	Klerinda
Claudia	[ˈklɔːdiə]	Klodija, Klaudija
Colette	[ˈkɒlət]	Kolete
Constance	[ˈkɒnstəns]	Konstansa
Cynthia	[ˈsinθiə]	Sintija
Cornelia	[kɔːˈniːliə]	Kornīlija, Kornēlija
Daisy	[ˈdeizi]	Deizija
Daphne	[ˈdæfni]	Defnija, Dafne
Delia	[ˈdiːliə]	Dīlija
Diana	[daiˈænə]	Daiena, Diāna

Doll	[dɒl]	Dolla
Dolly	['dɒli]	Dollija
Dora	['dɔ:rə]	Dora
Dorothy	['dɒrəθi]	Dorotija, Doroteja
Edith	['i:diθ]	Īdita, Edīte
Edna	['ednə]	Edna
Eileen	['aili:n]	Ailīna
Elaine	[e'lein]	Eleina
Eleanor	['elinə]	Elinora, Eleonora
Elinor	['elinə]	Elinora
Elisabeth, Elizabeth	[i'lizəbəθ]	Elizabete
Ella	['elə]	Ella
Ellen	['elin]	Elina, Elena
Elsa	['elsə]	Elsa
Elsie	['elsi]	Elsija
Elvira	[el'vaiərə]	Elvaira, Elvīra
Emma	[emə]	Emma
Emily	['emili]	Emīlija
Ena	[i:nə]	Īna, Ena
Esther	['estə]	Estere
Ethel	['eθl]	Etela
Etta	['etə]	Eta
Eva	['i:və]	Īva, Eva
Eve	[i:v]	Īva, Eva, Ieva
Eveline	[,evi'li:n]	Īvlina, Evelīna
Flo	['fləʊ]	Flo
Flora	['flɔ:rə]	Flora
Florence	['flɒrəns]	Florensa
Flossie	['flɒsi]	Flosija
Floy	[flɔi]	Floja
Frances	['frɑ:nsis]	Frānsisa
Georgia	['dʒɔ:dʒiə]	Džordžija
Gillian	['dʒiliən, 'giliən]	Džiliana, Giliana
Gina	['dʒi:nə, 'dʒainə]	Džīna, Džaina
Gladys	['glædis]	Gledisa
Gloria	['glɔ:riə]	Glorija
Grace	[greis]	Greisa
Greta	['gri:tə, 'gretə]	Grīta, Grēta

Hannah	['hænə]	Hanna
Harriet	['hæriət]	Herieta
Hatty	['hæti]	Hetija
Helen	['helin]	Helina, Helēna
Henrietta	['henri'etə]	Henrieta
Hetty	['heti]	Hetija
Ida	['aidə]	Aida, Īda
Ines	['ainəs]	Ainesa, Inese
Inez	['i:nez]	Īneza
Irene	[ai'ri:ni]	Airīna, Irēna
Isabel	['izəbel]	Izabela
Isabella	[,izə'belə]	Izabella
Ivy	['aivi]	Aivija
Jane	[dʒein]	Džeina
Janet	['dʒænit]	Dženita, Dženeta, Žanete
Jean	[dʒi:n]	Džīna
Jen	[dʒen]	Džena
Jennie, Jenny	['dʒeni, 'dʒini]	Dženija, Džinija
Jessica	['dʒesikə]	Džesika
Jo	[dʒəʊ]	Džo
Joan	[dʒəʊn]	Džouna
Joanna	[dʒəʊ'ænə]	Džoena, Džoana
Joey	['dʒəʊi]	Džoija
Josepha	[dʒɒ'zi:fə]	Džozīfa
Josephine	['dʒəʊzifi:n]	Džozefīne
Joy	[dʒɔi]	Džoja
Jozy	['dʒəʊzi]	Džozija
Judah	['dʒu:də]	Džūda
Judith	['dʒu:diθ]	Džūdita, Judīte
Julia	['dʒu:liə]	Džūlija, Jūlija
Juliet	['dʒu:liət]	Džūljeta
June	[dʒu:n]	Džūna
Kate	[keit]	Keita
Kathleen	['kæθli:n]	Ketlīna
Katie	['keiti]	Keitija
Katrine	['kætrin]	Ketrina, Katrīna
Kitty	['kiti]	Kitija

Laura	['lɔ:rə]	Lora, Laura
Leila	['li:lə]	Līla, Leila
Lilian	['liliən]	Liliana
Liz	[liz]	Liza
Lizzie	['lizi]	Lizija
Lloyd	[lɔid]	Loida
Louie	['lu:i]	Lūija
Louisa	[lu:'i:zə]	Luiza
Lucia	['lu:siə]	Lūsija
Lucy	['lu:si]	Lūsija, Lūcija
Mabel	['meib(ə)l]	Meibela
Madge	[mædʒ]	Medža
Mag	[mæg]	Mega
Magdalen	['mægdəlin]	Magdalīna, Magdalēna
Maggie	['mægi]	Megija
Margaret	['mɑ:gərit]	Mārgarita
Margery	['mɑ:dʒəri]	Mārdžerija
Margie	['mɑ:dʒi]	Mārdžija
Maria	[mə'raiə, mə'ri(:)ə]	Meraija, Marija
Marian	['meəriən, 'mæriən]	Meriana
Marjory	['mɑ:dʒəri]	Mārdžorija
Mary	['meəri]	Mērija
Mat	[mæt]	Meta
Mat(h)ilda	[mə'tildə]	Matilde
Maud	[mɔ:d]	Moda
May	[mei]	Meja
Meg	[meg]	Mega
Meggy	['megi]	Megija
Melissa	['melisə]	Melisa
Mercy	['mɔ:si]	Mērsija
Mildred	['mildrəd]	Mildreda
Millie	['mili]	Millija
Moll	[mɒl]	Molla
Molly	['mɒli]	Mollija
Morgana	['mɔ:gənə]	Morgana
Muriel	['mjʊəriəl]	Mjūriela
Nan	[næn]	Nena
Nennie, Nanny	['næni]	Nenija
Nansy	['nænsi]	Nensija

Natalie	['nætəli]	Netalija, Natālija
Nell	[nel]	Nella
Nelly	['neli]	Nellija
Netty	['neti]	Netija
Noel	[nəʊ'el]	Noela
Nora	['nɔːrə]	Nora
Olive	['ɒliv]	Olīva
Olivia	[ɒ'liviə]	Olīvija
Ophelia	[ɒ'fiːliə]	Ofīlija, Ofēlija
Ouida	['widə]	Vīda
Pat	[pæt]	Peta
Patricia	[pə'triʃə]	Patrisija, Patrīcija
Paula	['pɔːlə]	Pola, Paula
Pearl	[pɜːl]	Pērla
Peg	[peg]	Pega
Peggy	['pegi]	Pegija
Philippa	['filipə]	Filipa
Poll	[pɒl]	Polla
Polly	['pɒli]	Pollija
Portia	['pɔːʃiə]	Poršija
Priscilla	[pri'silə]	Prisila
Prudence	['pruːdəns]	Prūdensa
Queenie	['kwiːni]	Kvīnija
Rachel	['reitʃəl]	Reičela
Ray	[rei]	Reja
Rebecca	[ri'bekə]	Ribeka, Rebeka
Regan	['riːgən]	Rīgana
Regina	[riːˈdʒainə]	Ridžaina, Regīna
Rodney	['rɒdni]	Rodnija
Rose	[rəʊz]	Roza
Rosemary	['rəʊzməri]	Rozmarija
Ruby	['ruːbi]	Rūbija
Ruth	[ruːθ]	Rūta
Sadie	['sædi]	Sedija
Sal	[sæl]	Sela
Sally	['sæli]	Sallija

Sara(h)	['seərə]	Sēra, Sāra
Shirley	['ʃɜ:li]	Šērlija
Sibyl, Sybil	['sibil]	Sibila
Silvia	['silviə]	Silvija
Susan	['su:zn]	Sūzana
Sylvia	['silviə]	Silvija
Teresa	[tə'ri:zə]	Terīza, Terēze
Tib	[tib]	Tiba
Tibbie	['tibi]	Tibija
Una	['ju:nə]	Jūna
Ursula	['ɜ:sjʊlə]	Ērsula, Ursula
Vanessa	[və'nesə]	Vanesa
Vera	['viərə]	Vera
Vere	[viə]	Vīra
Viola	['vaiələ, 'vaiɒlə, 'viələ, 'viɒlə]	Vaiola, Viola
Violet	['vaiəlit]	Vaioleta, Violeta
Vivien, Vyvyen	['viviən ('vivjən)]	Viviena
Wendy	['wendi]	Vendija
Wilhelmina	['wilhel'mi:nə]	Vilhelmīna
Wilmett	['wilmət]	Vilmeta
Wilmot(t)	['wilmət (-mɒt)]	Vilmota
Winifred	['winifrid]	Vinifreda
Yoland	['jɒlənd]	Jolanda
Yvette	['ivət]	Iveta
Yvonne	[i'van]	Ivonna
Zoe	['zeʊi]	Zoija, Zoja

Uzvārdi

Abercrombie, -by	['æbəkrɒmbi]	Eberkrombijs, -a
Adams	['ædəmz]	Edamss, -a
Addison	['ædisn]	Edisons, -e
Aelfric	['ælfrik]	Elfriks, -a

Agassiz	[ə'gæsiz]	Agesizs, -a
Aiken	['eikin]	Eikens, -a
Ainsworth	['einzwɜ:θ]	Einsverts, -a
Akenside	['eikinsaid]	Eikensaids, -a
Alcott	['ɔ:lkət]	Olkots, -a
Alcuin	['ælkwin]	Elkvins, -a
Aldington	['ɔ:ldiŋtən]	Oldingtons, -e
Aldrich	['ɔ:ldritʃ]	Oldričs, -a
Aldridge	['ɔ:ldridʒ]	Oldridžs, -a
Alison	['ælisn]	Elisons, -e
Allan	['ælən]	Elans, -a
Allen	['ælin]	Elens, -a
Allman	['ɔ:lmən]	Olmens, -a
Alston	['ɔ:lstən]	Olstons, -e
Anderson	['ændəsn]	Endersons, -e
Andow	['ændaʊ]	Endavs, -a
Archer	['ɑ:tʃə]	Ārčers, -e
Armstrong	['ɑ:mstrɒŋ]	Ārmstrongs, -a
Ascham	['æskəm]	Eskams, -a
Ashton	['æʃt(ə)n]	Eštons, -e
Auden	['ɔ:dən]	Odens, -a
Austen	['ɔ:stin ('ɒstin)]	Ostens, -a
Austin	['ɔ:stin ('ɒstin)]	Ostins, -a
Bacon	['beikən]	Beikons, -e, Bēkons
Bage	[beidʒ]	Beidžs, -a
Bagwell	['bægwəl]	Begvels, -a
Bailey	['beili]	Beilijs, -a
Baker	['beikə]	Beikers, -e
Baldwin	['bɔ:ldwin]	Boldvins, -a
Ball	[bɔ:l]	Bols, -a
Barber	['bɑ:bə]	Bārbers, -e
Barbour	['bɑ:bə]	Bārbors, -a
Baring	['beəriŋ]	Bērings, -a
Barker	['bɑ:kə]	Bārkers, -e
Barlow	['bɑ:ləʊ]	Bārlovs, -a
Barmby	['bɑ:mbi]	Bārmbijs, -a
Barnard	['bɑ:nəd]	Bārnards, -a
Barnes	[bɑ:nz]	Bārnss, -a
Barr	[bɑ:]	Bārs, -a
Barrie	['bæri]	Berijs, -a

Barrows	[ˈbærəʊz]	Berouss, -a
Barry	[ˈbæri]	Berijs, -a
Bats	[bæts]	Betss, -a
Bax	[bæks]	Bekss, -a
Beard	[bɪəd]	Bīrds, -a
Beardsley	[ˈbɪədzli]	Bīrdslijs, -a
Beattie	[ˈbiːti]	Bītijs, -a
Beaumont	[ˈbəʊmənt]	Boumonts, -a
Bede	[biːd]	Bīds, -a
Beecher-Stowe	[ˈbiːtʃəstəʊ]	Bičers-Stovs, Bičere-Stova
Beerbohm	[ˈbɪəbəʊm]	Bīrboms, -a
Behn	[ben]	Bens, -a
Belasco	[bəˈlæskəʊ]	Belesko
Bell	[bel]	Bells, -a
Belloc	[beˈlɒk]	Beloks, -a
Bellows	[ˈbeləʊz]	Belouss, -a
Ben	[ben]	Bens, -a
Benedict	[ˈbenidikt]	Benedikts, -a
Bennett	[ˈbenit]	Benets, -a
Benson	[ˈbensn]	Bensons, -e
Bentham	[ˈbenθəm]	Bentems, -a
Beresford	[ˈberizfəd]	Beresfords, -a
Berkeley	[ˈbɜːkli]	Bērklijs, -a
Berridge	[ˈberidʒ]	Beridžs, -a
Bierce	[bɪəs]	Bīrss, -a
Billings	[ˈbiliŋz]	Bilingss, -a
Bingham	[ˈbiŋəm]	Bingems, -a
Binyon	[ˈbinjen]	Binjons, -e
Blackmore	[ˈblækmɔː([ˈblækmʊə)]	Blekmors, -a
Blair	[bleə]	Blērs, -a
Blake	[bleik]	Bleiks, -a
Block	[blɒk]	Bloks, -a
Bloomfield	[ˈbluːmfiːld]	Blūmfīlds, -a
Boas	[ˈbə(ʊ)æz]	Boass, -a
Bodley	[ˈbɒdli]	Bodlijs, -a
Bohn	[bəʊn]	Bons, -a
Bolingbroke	[ˈbɒliŋbrʊk]	Bolingbruks, -a
Bond	[bɒnd]	Bonds, -a
Boot	[buːt]	Būts, -a
Borrow	[ˈbɒrəʊ]	Borovs, -a

Boswell	['bɒzwəl]	Bosvels, -a
Bottomley	['bɒtəmli]	Botomlijs, -a
Bottrall	['bɒtrɔ:l]	Botrols, -a
Boyle	[bɔil]	Boils, -a
Braddon	['brædn]	Bredons, -e
Bradford	['brædfəd]	Bredfords, -a
Bradstreet	['brædstri:t]	Bredstrīts, -a
Bragg	[bræg]	Bregs, -a
Braithwaite	['breiθweit]	Breitveits, -a
Braughton	['braʊtən]	Brautons, -e
Braun	[brɔ:n]	Brons, -a
Brawne	[brɔ:n]	Brons, -a
Breckenridge	['breknridʒ ('brekinridʒ)]	Brekenridžs, -a
Bret Harte	['bret 'hɑ:t]	Brets-Hārts, Breta-Hārta
Breton	['bretən]	Bretons, -e
Bridges	['bridʒiz]	Bridžess, -a
Brisbane	['brizbən]	Brisbeins, -a
Bromwich	['brʌmidʒ]	Bramidžs, -a
Brontë	['brɒnti]	Bronti
Brook(e)	[brʊk]	Bruks, -a
Brook(e)s	[brʊks]	Brukss, -a
Brown	[braʊn]	Brauns, -a
Browne	[braʊn]	Brauns, -a
Browning	['braʊniŋ]	Braunings, -a
Bryant	['braiənt]	Braiants, -a
Buchanan	[bju:'kænən]	Bjūkenans, -a
Buck	[bʌk]	Baks, -a
Buckingham	['bʌkiŋəm]	Bakingems, -a
Buckle	['bʌkl]	Bakls, -a
Bull	[bʊl]	Bulls, -a
Bulwer	['bʊlwə]	Bulvers, -e
Bulwer-Lytton	['bʊlwə 'litn]	Bulvers-Litons, Bulvere-Litone
Bunyan	['bʌnjən]	Banjans, -a
Burke	[bɜ:k]	Bērks, -a
Burley	['bɜ:li]	Bērlijs, -a
Burly	['bɜ:li]	Bērlijs, -a
Burne-Jones	[ˌbɜ:n'dʒəʊnz]	Bērns-Džonss, Bērna-Džonsa
Burnet	['bɜ:nit]	Bērnets, -a
Burnett	[bɜ:'net]	Bērnets, -a

Burney	['bɜ:ni]	Bērnijs, -a
Burns	[bɜ:nz]	Bērnss, -a
Burton	['bɜ:tn]	Bērtons, -e
Butler	['bʌtlə]	Batlers, -e
Byles	[bailz]	Bailss, -a
Byrom	['birəm]	Biroms, -a
Byron	['bairən]	Bairons, -e
Cabell	['kæb(ə)l]	Kebels, -a
Caedmon	['kædmən]	Kedmons, -e
Calder	['kɔ:ldə]	Kolders, -e
Calderon	['kɔ:ld(ə)r(ə)n]	Kolderons, -e
Campbell	['kæmbl]	Kempbels, -a
Campion	['kæmpjən]	Kempjons, -e
Cannan	['kænən]	Kenans, -a
Canning	['kæniŋ]	Kenings, -a
Carew	[kə'ru:]	Karū
Carleton	['kɑ:lt(ə)n]	Kārltons, -e
Carlyle	[kɑ:'lai]	Kārlails, -a
Carnegie	[kɑ:'neigi]	Kārnegijs, -a
Carpenter	['kɑ:pintə]	Kārpenters, -e
Carroll	['kær(ə)l]	Kerols, -a
Cartwright	['kɑ:trait]	Kārtraits, -a
Cary	['keəri]	Kērijs, -a
Cather	['kæθə]	Keters, -e
Cavein	[kə'vein]	Kaveins, -a
Caxton	['kækst(ə)n]	Kekstons, -e
Chadwick	['tʃædwik]	Čedviks, -a
Chamberlain	['tʃeimbəlin]	Čeimberlins, -a, Čemberlens
Chambers	['tʃeimbəz]	Čeimbers, -e
Chapin	['tʃæpin]	Čepins, -a
Chaplin	['tʃæplin]	Čeplins, -a, Čaplins
Chapman	['tʃæpmən]	Čepmens, -a
Chase	[tʃeis]	Čeiss, -a
Chatterton	['tʃætətn]	Četertons, -e
Chaucer	['tʃɔ:sə]	Čosers, -e
Cherbury	['tʃɜ:bəri]	Čērberijs, -a
Chesterfield	['tʃestəfi:ld]	Česterfīlds, -a
Chesterton	['tʃestətən ('tʃestətn)]	Čestertons, -e
Child	[tʃaild]	Čailds, -a

Childe	[tʃaild]	Čailds, -a
Cholm(e)ley	[ˈtʃʌmli]	Čalmlijs, -a
Chomley	[ˈtʃʌmli]	Čamlijs, -a
Churchill	[ˈtʃɜːtʃil]	Čērčils, -a
Cibber	[ˈsibə]	Sibers, -e
Clare	[kleə]	Klērs, -a
Clarendon	[ˈklær(ə)ndən]	Klerendons, -e
Clarke	[klɑːk]	Klārks, -a
Clayton	[ˈkleitn]	Kleitons, -e
Clemm	[klem]	Klemms, -a
Cleveland	[ˈkliːvlənd]	Klīvlends, -a
Clifford	[ˈklifəd]	Klifords, -a
Clough	[klʌf]	Klafs, -a
Cobbett	[ˈkɒbit]	Kobets, -a
Cobden	[ˈkɒbdən]	Kobdens, -a
Cockerell	[ˈkɒk(ə)rəl]	Kokerels, -a
Coleridge	[ˈkəʊlərɪdʒ]	Kolridžs, -a
Collier	[ˈkɒliə (ˈkɒljə)]	Koljers, -e
Collins	[ˈkɒlinz]	Kolinss, -a
Colman	[ˈkəʊlmən]	Kolmens, -a
Colum	[ˈkɒləm]	Kolums, -a
Combe	[kuːm]	Kūms, -a
Compton	[ˈkɒm(p)tən (ˈkʌm(p)tən)]	Komptons, -e
Conan Doyle	[ˌkɒnənˈdɔil]	Konans Doils, Konana Doila
Congreve	[ˈkɒŋgriːv]	Kongrīvs, -a
Conrad	[ˈkɒnræd]	Konreds, -a
Constable	[ˈkʌnstəbl (ˈkɒnstəbl)]	Konstebls, -a
Cooke	[kʊk]	Kuks, -a
Coolidge	[ˈkuːlidʒ]	Kūlidžs, -a
Cooper	[ˈkuːpə]	Kūpers, -e
Corelli	[kɒˈreli]	Korelijs, -a
Cornwall	[ˈkɔːnwəl]	Kornvols, -a
Corrie	[ˈkɒri]	Korijs, -a
Couch	[kuːtʃ]	Kūčs, -a
Coverdale	[ˈkʌvədeil]	Kaverdeils, -a
Coward	[ˈkaʊəd]	Kauards, -a
Cowley	[ˈkaʊli]	Kaulijs, -a
Cowper	[ˈkaʊpə (ˈkuːpə)]	Kaupers, -e
Crabbe	[kræb]	Krebs, -a

Craik	[kreik]	Kreiks, -a
Crane	[krein]	Kreins, -a
Cranmer	[ˈkrænmə]	Krenmers, -e
Crashaw	[ˈkræʃɔː]	Krešo
Croker	[ˈkrɒkə]	Krokers, -e
Crome	[krəʊm]	Kroms, -a
Cromwell	[ˈkrɒmwel]	Kromvels, -a
Cullen	[ˈkʌlin]	Kalens, -a
Cumberland	[ˈkʌmbələnd]	Kamberlends, -a
Cunningham	[ˈkʌniŋəm]	Kaningems, -a
Curtice	[ˈkɜːtis]	Kērtiss, -a
Curtices(s)	[ˈkɜːtis]	Kērtiss, -a
Dalloway	[ˈdæləwei]	Delovejs, -a
Daly	[ˈdeili]	Deilijs, -a
Dane	[dein]	Deins, -a
Daniel(l)	[ˈdænjəl]	Denjels, -a
Daniel(l)s	[ˈdænjəlz]	Denjelss, -a
Darwin	[ˈdɑːwin]	Dārvins, -a, Darvins
Davenant *vai* D'Avenant	[ˈdæv(i)nənt]	Devenants, -a
Davidson	[ˈdeividsn]	Deividsons, -e
Davies	[ˈdeivis]	Deiviss, -a
Davis	[ˈdeivis]	Deiviss, -a
Dawies	[ˈdeivis]	Deiviss, -a
Day	[dei]	Dejs, -a
Defoe	[diˈfəʊ]	Defo
Dekker	[ˈdekə]	Dekers, -e
Delafield	[ˈdeləfiːld]	Delafīlds, -a
De La Mare	[de laː ˈmeə]	De la Mērs, -a
Dell	[del]	Dells, -a
Deloney	[ˈdelɒni]	Delonijs, -a
De Morgan	[də ˈmɔːgən]	De Morgans, -a
Dempster	[ˈdem(p)stə]	Demsters, -e
Denby	[ˈdenbi]	Denbijs, -a
Denham	[ˈdenəm]	Denems, -a
Denis	[ˈdenis]	Deniss, -a
Dennis	[ˈdenis]	Deniss, -a
Denny	[ˈdeni]	Denijs, -a
Dennys	[ˈdenis]	Deniss, -a
Denys	[ˈdenis]	Deniss, -a
De Quincey	[də ˈkwinsi]	De Kvinsijs, -a

De Vere	[də 'viə]	De Vīrs, -a
Dewey	['dju:i]	Djūijs, -a
Dickens	['dikinz]	Dikenss, -a
Dickinson	['dikinsn]	Dikinsons, -e
Dillon	['dilən]	Dilons, -e
Disraeli	[diz'reili]	Disreilijs, -a
Dixon	[diksn]	Diksons, -e
Dobell	[dəʊ'bel]	Dobels, -a
Dobree	['dəʊbrei]	Dobrei
Dodsley	['dɒdzli]	Dodslijs, -a
Donne	[dʌn (dɒn)]	Donns, -a
Donovan	['dɒnəvən]	Donovans, -a
Doolittle	['du:litl]	Dūlitls, -a
Dot	[dɒt]	Dots, -a
Doughty	['daʊti]	Dautijs, -a
Douglas	['dʌgləs]	Daglass, -a, Duglass
Dowson	['daʊsn]	Dausons, -e
Doyle	[dɔil]	Doils, -a
Drayton	['dreitn]	Dreitons, -e
Draiser	['draizə]	Draizers, -e
Drew	[dru:]	Drū
Drinkwater	['driŋk,wɔ:tə]	Drinkvoters, -e
Drummond	['drʌmənd]	Dramonds, -a
Dryden	['draidn]	Draidens, -a
Du Bois	[dju: 'bɔis]	Djū Boiss, -a
Dunbar	[dʌn'ba: ('dʌnba:)]	Danbārs, -a
Dunning	['dʌniŋ]	Danings, -a
Dunsany	[dʌn'sæni (dʌn'seini)]	Dansenijs, -a
Durand	[dju(ə)'rænd]	Djūrends, -a
D'Urfey	['də:fi]	D'Ērfijs, -a
D'Usseau	['dju:so]	D'Jūso
Dwight	[dwait]	Dvaits, -a
Dyer	['daiə]	Daiers, -e
Earle	[ə:l]	Ērls, -a
Eastman	['i:stmən]	Īstmens, -a
Eddington	['ediŋtən]	Edingtons, -e
Edgeworth	['edʒwə:θ]	Edžvērts, -a
Edison	['edisn]	Edisons, -e
Edwards	['edwədz]	Edvardss, -a
Egan	['i:gən]	Īgans, -a

Eisenhower	[ˈaiz(ə)nhaʊə]	Aizenhauers, -e, Eizenhauers
Eliot	[ˈeljət]	Eljots, -a
Elliott	[ˈeljət]	Eljots, -a
Ellis	[ˈelis]	Eliss, -a
Elyot	[ˈeljət]	Eljots, -a
Emerson	[ˈeməsn]	Emersons, -e
Emmet	[ˈemit]	Emets, -a
Empson	[ˈempsn]	Empsons, -e
Epstein	[ˈepstain]	Epstains, -a
Ericson	[ˈeriksn]	Eriksons, -e
Ervine	[ˈɜːvin]	Ērvins, -a
Essex	[ˈesiks]	Esekss, -a
Etherege	[ˈeθəridʒ]	Eteridžs, -a
Evans	[ˈev(ə)nz]	Evanss, -a
Evelyn	[ˈiːvlin]	Īvlins, -a
Everett	[ˈevərit]	Everets, -a
Everitt	[ˈevərit]	Everits, -a
Fairley	[ˈfeəli]	Fērlijs, -a
Faraday	[ˈfærədi (ˈfærədei)]	Feradejs, -a, Faradejs
Farquhar	[ˈfɑːkwə (ˈfɑːkə)]	Fārkvars, -a
Fast	[fɑːst]	Fāsts, -a
Fausett	[ˈfɔːsit]	Fosets, -a
Fen	[fen]	Fens, -a
Fenn	[fen]	Fenns, -a
Fergus	[ˈfɜːgəs]	Fērguss, -a
Ferguson	[ˈfɜːgəsn]	Fērgusons, -e
Fergusson	[fɜːgəsn]	Fērgusons, -e
Fessenden	[ˈfesndən]	Fesendens, -a
Field	[fiːld]	Fīlds, -a
Fielding	[ˈfiːldiŋ]	Fīldings, -a
Fields	[fiːldz]	Fīldss, -a
Fillmore	[ˈfilmɔː (ˈfilmɒə)]	Filmors, -a
Fitch	[fitʃ]	Fičs, -a
Fitzgerald	[fitsˈdʒer(ə)ld]	Ficdžeralds, -a
Flaxman	[ˈflæksmən]	Fleksmens, -a
Flecker	[ˈflekə]	Flekers, -e
Fletcher	[ˈfletʃə]	Flečers, -e
Flint	[flint]	Flints, -a
Foote	[fʊt]	Futs, -a

Ford	[fɔːd]	Fords, -a
Fornd	[ˈfɔːnd]	Fornds, -a
Forrest	[ˈfɒrist]	Forests, -a
Forster	[ˈfɔːstə]	Forsters, -e
Foster	[ˈfɒstə]	Fosters, -e
Fox	[fɒks]	Fokss, -a
Foxe	[fɒks]	Fokss, -a
Frank	[fræŋk]	Frenks, -a
Franklin	[ˈfræŋklin]	Frenklins, -a, Franklins
Franklyn	[ˈfræŋklin]	Frenklins, -a
Frederick	[ˈfredrik]	Frederiks, -a
Freeman	[ˈfriːmən]	Frīmens, -a
Freneau	[ˈfrenɔː]	Freno
Frere	[friə]	Frīrs, -a
Freud	[frɔid]	Froids, -a
Frost	[frɒst]	Frosts, -a
Froude	[fruːd]	Frūds, -a
Fuller	[ˈfʊlə]	Fulers, -e
Fulton	[ˈfʊlt(ə)n]	Fultons, -e
Gaddesdon	[ˈgædzdən]	Gedsdons, -e
Gale	[geil]	Geils, -a
Gallienne	[ˈgæliən]	Geliens, -a
Galloway	[ˈgælɒwei]	Gelovejs, -a
Galsworthy	[ˈgɔːlzwɜːði]	Golsvertijs, -a
Gannett	[ˈgænit]	Genets, -a
Gardiner	[ˈgɑːdnə]	Gārdiners, -e
Garfield	[ˈgɑːfiːld]	Gārfīlds, -a
Garland	[ˈgɑːlənd]	Gārlends, -a
Garnett	[ˈgɑːnit]	Gārnets, -a
Garrick	[ˈgærik]	Geriks, -a
Garris	[ˈgæris]	Geriss, -a
Garrison	[ˈgærisn]	Gerisons, -e
Gascoigne	[ˈgæskɔin]	Geskoins, -a
Gaskell	[ˈgæsk(ə)l]	Geskels, -a
Gates	[geits]	Geitss, -a
Gay	[gei]	Gejs, -a
Geoffrey	[ˈdʒefri]	Džefrijs, -a
George	[dʒɔːdʒ]	Džordžs, -a
Gibb	[gib]	Gibs, -a
Gibbon	[ˈgibən]	Gibons, -e

Gibbs	['gibz]	Gibss, -a
Gibson	['gibsn]	Gibsons, -e
Gifford	['gifəd]	Gifords, Džifords, -a
Gilbert	['gilbət]	Gilberts, -a
Gissing	['gisiŋ]	Gisings, -a
Gladstone	['glædstən]	Gledstons, -e
Gloucester	['glɒstə]	Glosters, -e
Godfrey	['gɒdfri]	Godfrijs, -a
Godwin	['gɒdwin]	Godvins, -a
Goldring	['gəʊldriŋ]	Goldrings, -a
Goldsmith	['gəʊldsmiθ]	Goldsmits, -a
Gomar	['gəʊmə]	Gomars, -a
Gore	[gɔ:]	Gors, -a
Gosse	[gɒs]	Goss, -a
Gosson	['gɒsn]	Gosons, -e
Gould	[gu:ld]	Gūlds, -a
Gower	[gaʊə (gɒə, gɔ:)]	Gauers, -e
Graham	['gre(i)əm]	Greiams, -a
Grand	[grænd]	Grends, -a
Grant	[grɑ:nt]	Grānts, -a
Graves	[greivz]	Greivss, -a
Gray	[grei]	Grejs, -a
Green	[gri:n]	Grīns, -a
Greene	[gri:n]	Grīns, -a
Gregory	['gregəri]	Gregorijs, -a
Grenfell	['grenfel]	Grenfels, -a
Griffith	['grifiθ]	Grifits, -a
Grote	[grəʊt]	Grots, -a
Grundy	['grʌndi]	Grandijs, -a
Gwyn	[gwin]	Gvins, -a
Gwynne	[gwin]	Gvinns, -a
Hackett	['hækit]	Hekets, -a
Haggard	['hægəd]	Hegards, -a
Haldane	['hɔ:ldein]	Holdeins, -a
Hale	[heil]	Heils, -a
Haleck	['hælək]	Heleks, -a
Halifax	['hælifæks]	Helifekss, -a
Hall	[hɔ:l]	Hols, -a
Hallam	['hæləm]	Helams, -a
Hamilton	['hæm(i)lt(ə)n]	Hemiltons, -e, Hamiltons

Hankin	[ˈhæŋkin]	Henkins, -a
Harding	[ˈhɑːdiŋ]	Hārdings, -a
Hardy	[ˈhɑːdi]	Hārdijs, -a
Harington	[ˈhæriŋtən]	Heringtons, -e
Hariot	[ˈhærjət]	Herjots, -a
Harries	[ˈhæris]	Heriss, -a
Harriman	[ˈhærimən]	Herimens, -a
Harrington	[ˈhæriŋtən]	Heringtons, -e
Harris	[ˈhæris]	Heriss, -a
Harrison	[ˈhærisn]	Herisons, -e
Hartley	[ˈhɑːtli]	Hārtlijs, -a
Harvey	[ˈhɑːvi]	Hārvijs, -a
Haughton	[ˈhɔːtn]	Hotons, -e
Hawes	[hɔːz]	Hoss, -a
Hawthorne	[ˈhɔːθɔːn]	Hotorns, -a
Hay	[hei]	Hejs, -a
Hayes	[heiz]	Heiss, -a
Hazlitt	[ˈhæzlit]	Hezlits, -a
Head	[hed]	Heds, -a
Hecht	[hext]	Hehts, -a
Hegarty	[ˈhegəti]	Hegartijs, -a
Hemans	[ˈhemənz]	Hemenss, -a
Henderson	[ˈhendəsn]	Hendersons, -e
Henley	[ˈhenli]	Henlijs, -a
Henry	[ˈhenri]	Henrijs, -a
Henryson	[ˈhenrisn]	Henrisons, -e
Herbert	[ˈhɜːbət]	Hērberts, -a
Hergesheimer	[ˈhɜːgəshaimə]	Hērgeshaimers, -e
Herod	[ˈherəd]	Herods, -a
Herrick	[ˈherik]	Heriks, -a
Hervey	[ˈhɑːvi, ˈhɜːvi]	Hērvijs, -a
Hewlett	[ˈhjuːlit]	Hjūlets, -a
Heywood	[ˈheiwʊd]	Heivuds, -a
Higgins	[ˈhiginz]	Higinss, -a
Higginson	[ˈhiginsn]	Higinsons, -e
Hill	[hil]	Hills, -a
Hitchcock	[ˈhitʃkɒk]	Hičkoks, -a
Hobbes	[hɒbz]	Hobss, -a
Hobbs	[hɒbz]	Hobss, -a
Hodgson	[ˈhɒdʒsn]	Hodžsons, -e
Hogarth	[ˈhəʊgɑːθ]	Hogārts, -a

Hogg	[hɒg]	Hogs, -a
Holcroft	[ˈhəʊlkrɒft]	Holkrofts, -a
Holinshed	[ˈhɒlinʃed]	Holinšeds, -a
Holmes	[həʊmz]	Holmss, -a
Home	[həʊm]	Homs, -a
Hood	[hʊd]	Huds, -a
Hook	[hʊk]	Huks, -a
Hooker	[ˈhʊkə]	Hukers, -e
Hoover	[ˈhuːvə]	Hūvers, -e
Hope	[həʊp]	Hops, -a
Hopkins	[ˈhɒpkinz]	Hopkinss, -a
Hopkinson	[ˈhɒpkinsn]	Hopkinsons, -e
Hoppner	[ˈhɒpnə]	Hopners, -e
Horne	[hɔːn]	Horns, -a
Horniman	[ˈhɔːnimən]	Hornimens, -a
Houghton	[ˈhɔːtn]	Houtons, -e
Houlihan	[ˈhəʊlihən]	Houlihans, -a
House	[haʊs]	Hauss, -a
Housman	[ˈhaʊsmən]	Hausmens, -a
Hovenden	[ˈhɒvndən]	Hovendens, -a
Howard	[ˈhaʊəd]	Hauards, -a
Howe	[haʊ]	Havs, -a
Howells	[ˈhaʊəlz]	Hauelss, -a
Howitt	[ˈhaʊit]	Hauits, -a
Hoy	[hɔi]	Hojs, -a
Hudson	[ˈhʌdsn]	Hadsons, -e
Hueffer	[ˈhefə]	Hefers, -e
Hughes	[hjuːz]	Hjūss, -a
Hull	[hʌl]	Halls, -a
Hulme	[hjuːm (huːm)]	Hjūlms, -a
Hume	[hjuːm]	Hjūms, -a
Humphery	[ˈhʌmfri]	Hamfrijs, -a
Humphr(e)y	[ˈhʌmfri]	Hamfrijs, -a
Huneker	[ˈhʌnikə]	Hanekers, -e
Hunt	[hʌnt]	Hants, -a
Hutcheson	[ˈhʌtʃisn]	Hačesons, -e
Huxley	[ˈhʌksli]	Hakslijs, -a
Hyde	[haid]	Haids, -a
Inchbald	[ˈin(t)ʃbɔːld]	Inčbolds, -a
Inge	[iŋ, in(d)ʒ]	Ings, -a *vai* Indžs, -a

Ingelow	['ɪn(d)ʒɪləʊ]	Indželovs, -a
Irving	['ɜ:vɪŋ]	Ērvings, -a
Ives	[aɪvz]	Aivss, -a
Jacks	['dʒæks]	Džekss, -a
Jackson	['dʒæksn]	Džeksons, -e
Jacobs	['dʒeɪkəbz]	Džeikobss, -a
James	[dʒeɪmz]	Džeimss, -a
Jameson	['dʒeɪmsn]	Džeimsons, -e
Jasper	['dʒæspə]	Džespers, -e
Jeans	[dʒi:nz]	Džīnss, -a
Jefferies	['dʒefrɪz]	Džefriss, -a
Jefferson	['dʒefəsn]	Džefersons, -e
Jeffrey	['dʒefrɪ]	Džefrijs, -a
Jennings	['dʒenɪŋz]	Dženingss, -a
Jerome	[dʒə'rəʊm]	Džeroms, -a
Jerrold	['dʒer(ə)ld]	Džerolds, -a
Jewett	['dʒu:ɪt]	Džūets, -a
Jewsbury	['dʒu:zb(ə)rɪ]	Džūsberijs, -a
Jim	[dʒɪm]	Džims, -a
Johnson	['dʒɒnsn]	Džonsons, -e
Johnston(e)	['dʒɒnst(ə)n]	Džonstons, -e
Jones	[dʒəʊnz]	Džonss, -a
Jonson	['dʒɒnsn]	Džonsons, -e
Jowett	['dʒəʊɪt]	Džouets, -a
Joyce	[dʒɔɪs]	Džoiss, -a
Junius	['dʒu:njəs]	Džūnjuss, -a
Keating	['ki:tɪŋ]	Kītings, -a
Keats	[ki:ts]	Kītss, -a
Keble	[ki:bl]	Kībls, -a
Kell(e)y	['kelɪ]	Kelijs, -a
Kemble	['kembl]	Kembls, -a
Kendal(l)	['kendl]	Kendals, -a
Kenna	['kenə]	Kena
Kennedy	['kenɪdɪ]	Kenedijs, -a
Kent	[kent]	Kents, -a
Kerry	['kerɪ]	Kerijs, -a
Killigrew	['kɪlɪgru:]	Kiligrū
Kilroe	['kɪlrəʊ]	Kilro
King	[kɪŋ]	Kings, -a

Kingsley	[ˈkiŋzli]	Kingslijs, -a
Kipling	[ˈkipliŋ]	Kiplings, -a
Kirkman	[ˈkɜːkmən]	Kērkmens, -a
Knowles	[nəʊlz]	Noulss, -a
Knox	[nɒks]	Nokss, -a
Kurd	[kɜːd]	Kērds, -a
Kyd	[kid]	Kids, -a
Lady	[ˈleidi]	Leidijs, -a
Lamb	[læm]	Lems, -a
Landon	[ˈlændən]	Lendons, -e
Landor	[ˈlændɔː]	Lendors, -a
Lane	[lein]	Leins, -a
Lang	[læŋ]	Lengs, -a
Langland	[ˈlæŋlənd]	Lenglends, -a
Langley	[ˈlæŋli]	Lenglijs, -a
Lanier	[ˈlænjə]	Lenjers, -e
Latimer	[ˈlætimə]	Letimers, -e
Law	[lɔː]	Lo
Lawrance	[ˈlɒrəns]	Loranss, -a
Lawrence	[ˈlɒrəns]	Lorenss, -a
Layamon	[ˈle(i)əmən]	Laiamons, -e
Leacock	[ˈliːkɒk]	Līkoks, -a
Lear	[liə]	Līrs, -a
Leavis	[ˈliːvis]	Līviss, -a
Lecky	[ˈleki]	Lekijs, -a
Ledwidge	[ˈledwidʒ]	Ledvidžs, -a
Lee	[liː]	Lī
Le Fanu	[ˈle fənjuː]	Le Fanjū
Leland	[ˈliːlənd]	Līlends, -a
Lennox	[ˈlenɒks]	Lenokss, -a
Leonard	[ˈlenəd]	Lenards, -a
Levy	[ˈliːvi (ˈlevi)]	Levijs, -a
Lewer	[ˈluːə]	Lūers, -e
Lewes	[ˈluːis]	Lūiss, -a
Lewis	[ˈluːis]	Lūiss, -a
Lilley	[ˈlili]	Lilijs, -a
Lillo	[ˈliləʊ]	Lilo
Lincoln	[ˈliŋkən]	Linkolns, -a
Lindsay	[ˈlin(d)zi]	Lindsijs, -a
Lindsey	[ˈlin(d)zi]	Lindsijs, -a

Linklater	['liŋkleitə]	Linkleiters, -e
Livingston(e)	['liviŋstən]	Livingstons, -e
Lloyd	[lɔid]	Loids, -a
Locke	[lɒk]	Loks, -a
Lockhart	['lɒkət ('lɒkhɑ:t)]	Lokharts, -a
Lodge	[lɒdʒ]	Lodžs, -a
Logan	['ləʊgən]	Logans, -a
London	['lʌndən]	Londons, -e
Long	[lɒŋ]	Longs, -a
Longfellow	['lɒŋfeləʊ]	Longfelovs, -a
Lovejoy	['lʌvdʒɔi]	Lavdžojs, -a
Lovelace	['lʌvleis]	Lavleiss, -a
Lovell	['lʌv(ə)l]	Lavels, -a
Lowell	['ləʊəl]	Louels, -a
Lowson	['laʊsn]	Lausons, -e
Lubbock	['lʌbək]	Laboks, -a
Lucas	['lu:kəs]	Lūkass, -a
Lucks	[lʌks]	Lakss, -a
Lydgate	['lidgeit]	Lidgeits, -a
Lyell	['lai(ə)l]	Laiels, -a
Lyly	['lili]	Lilijs, -a
Lynd	['lind]	Linds, -a
Lynn-Linton	[lin-'lintən]	Linns-Lintons, Linna-Lintone
Lyons	['laiənz]	Laionss, -a
MacArthur	[mə'ɑ:θə]	Makarturs, -e
Macaulay	[mə'kɔ:li]	Makolijs, -a
Mac Callum	[mə'kæləm (mə'kʌləm)]	Makalums, -a
Mac Carthy	[mə'kɑ:θi]	Makārtijs, -a
Macdiarmid	[mək'daiəmid]	Makdaiarmids, -a
Macdonald	[mək'dɒn(ə)ld]	Makdonalds, -a
MacDowell	[mək'daʊəl]	Makdauels, -a
Mac-Gill	['mæk'gil]	Makgils, -a
Mackay	[mə'kai (mə'kei, 'mæki)]	Makajs, -a
Mackenzie	[mə'kenzi]	Makenzijs, -a
Mackinlay	[mə'kinli]	Makinlijs, -a
Mackinley	[mə'kinli]	Makinlijs, -a
Mackintosh	['mækintɒʃ]	Makintošs, -a
Macklin	[mə'klin]	Maklins, -a
Maclean(e)	[mə'klein]	Makleins, -a

Macleod	[mə'klaʊd]	Maklauds, -a
Macmillan	[mək'milan]	Makmilans, -a
Macnamara	[ˌmæknə'mɑːrə]	Meknamāra
Macpherson	[mək'fɜːsn (mæk-)]	Makfērsons, -e
Madison	['mædisn]	Medisons, -e
Maginn	['mædʒin]	Medžins, -a
Malet	['mælit]	Melets, -a
Malone	[mə'ləʊn]	Malons, -e
Malory	['mæləri]	Melorijs, -a
Malthus	['mælθəs]	Meltuss, -a
Mandeville	['mændəvil]	Mendevils, -a
Manley	['mænli]	Menlijs, -a
Manning	['mæniŋ]	Menings, -a
Mannyng	['mæniŋ]	Menings, -a
Mansfield	['mænsfiːld]	Mensfīlds, -a
Map	[mæp]	Meps, -a
Markham	['mɑːkəm]	Mārkems, -a
Marlow(e)	['mɑːləʊ]	Mārlovs, -a
Marprelate	['mɑːpreleit]	Mārpreleits, -a
Marriat	['meəriət]	Mēriats, -a
Marshall	['mɑːʃ(ə)l]	Māršals, -a
Marston	['mɑːst(ə)n]	Mārstons, -e
Martin	['mɑːtin]	Mārtins, -a
Martineau	['mɑːtinəʊ]	Mārtinovs, -a
Martyn	['mɑːtin]	Mārtins, -a
Marvell	['mɑːv(ə)l]	Mārvels, -a
Masefield	['meisfiːld]	Meisfīlds, -a
Mason	['meisn]	Meisons, -e
Massinger	['mæsin(d)ʒə]	Mesindžers, -e
Masters	['mɑːstəz]	Māsterss, -a
Mather	['meiðə ('mæðə)]	Meiters, -e
Maugham	[mɒːm]	Moms, -a
Maurice	['mɒris]	Moriss, -a
Maxwell	['mæksw(ə)l]	Meksvels, -a
May	[mei]	Mejs, -a
Mc Clellan	[mə'klelən]	Maklelans, -a
Mc Cormick	[mə'kɔːmik]	Makormiks, -a
Mc Donald	[mək'dɒn(ə)ld]	Makdonalds, -a
Mc Kay	[mə'kai]	Makajs, -a
Mc Kinley	[mə'kinli]	Makinlijs, -a
M'Clure	[mə'klʊə]	Maklūrs, -a

Melville	['melvil]	Melvils, -a
Mencken	['menkən]	Menkens, -a
Meredith	['merediθ]	Meredits, -a
Merriman	['merimən]	Merimens, -a
Merry	['meri]	Merijs, -a
Mesefield	['mesfi:ld]	Mesfīlds, -a
Merthyr	['mɜ:θə]	Mērters, -e
Meyer	['maiə]	Maiers, -e
Meynell	['menl]	Menels, -a
Michaelson	['maiklsn]	Maikelsons, -e
Middleton	['midltən]	Midltons, -e
Mill	[mil]	Mills, -a
Miller	['milə]	Milers, -e, Millers
Milne	[mil (miln)]	Milns, -a
Milton	['milt(ə)n]	Miltons, -e
Mitford	['mitfəd]	Mitfords, -a
Monro(e)	[mən'rəʊ]	Monro
Montagu(e)	['mɒntəgju:]	Montagjū
Montgomerie	[mən(t)'gʌməri]	Montgomerijs, -a
Montgomery	[mən(t)'gʌmeri]	Montgomerijs, -a
Moody	['mu:di]	Mūdijs, -a
Moore	[mʊər]	Mors, -a
More	[mɔ:]	Mors, -a
Morgan	['mɔ:g(ə)n]	Morgans, -a
Morgann	['mɔ:g(ə)n]	Morgans, -a
Morier	['mɒriə]	Morīrs, -a
Morley	['mɔ:li]	Morlijs, -a
Morris	['mɒris]	Moriss, -a
Morton	['mɔ:tn]	Mortons, -e
Motherwell	['mʌðəwəl]	Matervels, -a
Mottram	['mɒtrəm]	Motrams, -a
Mount	[maʊnt]	Maunts, -a
Mulcaster	['mʌlkæstə]	Malkesters, -e
Mulgrave	['mʌlgreiv]	Malgreivs, -a
Munday	['mʌndei]	Mandejs, -a
Munro	[mʌn'rəʊ]	Manro
Murray	['mʌri]	Marijs, -a
Murree	['mʌri]	Marijs, -a
Murry	['mʌri]	Marijs, -a
Nash(e)	[næʃ]	Nešs, -a

Nast	[nɑːst]	Nāsts, -a
Nelson	[ˈnelsn]	Nelsons, -e
Newbolt	[ˈnjuːbəʊlt]	Ņūbolts, -a
Newcastle	[ˈnjuːˌkɑːsl]	Ņūkāsls, -a
Newman	[ˈnjuːmən]	Ņūmens, -a
Newton	[ˈnjuːtn]	Ņūtons, -e
Nichols	[ˈnik(ə)lz]	Nikolss, -a
Nicholson	[ˈnik(ə)lsn]	Nikolsons, -e
Nickson	[ˈniksn]	Niksons, -e
Norris	[ˈnɒris]	Noriss, -a
North	[ˈnɔːθ]	Norts, -a
Norton	[ˈnɔːtn]	Nortons, -e
Novello	[nəˈveləʊ (nɒˈveləʊ)]	Novelo
Noyes	[nɔiz]	Noiss, -a
O'Brien	[əʊˈbraiən]	O'Braiens, -a
O'Casey	[əʊˈkeisi]	O'Keisijs, -a
Occleve	[ˈɒkliːv]	Oklīvs, -a
O'Connell	[əʊˈkɒnl]	O'Konels, -a
O'Connor	[əʊˈkɒnə]	O'Konors, -a
O'Flaherty	[əʊˈfleəti]	O'Flertijs, -a
O'Hara	[əʊˈhɑːrə]	O'Hāra
O'Higgins	[əʊˈhiginz]	O'Higinss, -a
O'Keeffe	[əʊˈkiːf]	O'Kīfs, -a
Oliphant	[ˈɒlifənt]	Olifants, -a
Olmsted	[ˈɒmstid]	Olmsteds, -a
O'Neal	[əʊˈniːl]	O'Nīls, -a
O'Neil(l)	[əʊˈniːl]	O'Nīls, -a
Onion	[ˈʌnjən]	Anjons, -e
Oppenheimer	[ˈɒpənhaimə]	Openhaimers, -e
Osbert	[ˈɒzbət]	Osberts, -a
Osborne	[ˈɒzbɔːn]	Osborns, -a
O'Shaughnessy	[əʊˈʃɔːnisi]	O'Šonesijs, -a
Otway	[ˈɒtwei]	Otvejs, -a
Overbury	[ˈəʊvəbəri]	Overberijs, -a
Owen	[ˈəʊin]	Ouens, -a
Paine	[pein]	Peins, -a
Paley	[ˈpeili]	Peilijs, -a
Palmer	[ˈpɑːmə]	Pālmers, -e
Paris	[ˈpæris]	Periss, -a

Parker	['pɑːkə]	Pārkers, -e
Parnell	[pɑːˈnel]	Pārnels, -a
Parrington	[ˈpæriŋtən]	Peringtons, -e
Paston	[ˈpæstən]	Pestons, -e
Pater	[ˈpeitə]	Peiters, -e
Paterson	[ˈpætəsn]	Petersons, -e
Patmore	[ˈpætmɔː]	Petmors, -a
Patterson	[ˈpætəsn]	Petersons, -e
Pattison	[ˈpætisn]	Petisons, -e
Paulding	[ˈpɔːldiŋ]	Poldings, -a
Paxton	[ˈpækstən]	Pekstons, -e
Peacock	[ˈpiːkɒk]	Pīkoks, -a
Pearce	[piəs]	Pīrss, -a
Pearl Poet	[ˈpɜːlˈpəʊit]	Pērl-Poets
Pecock	[ˈpiːkɒk]	Pīkoks, -a
Peel	[piːl]	Pīls, -a
Peele	[piːl]	Pīls, -a
Pegram	[ˈpiːgrəm]	Pīgrams, -a
Pegrum	[ˈpiːgrəm]	Pīgrums, -a
Pemberton	[ˈpembət(ə)n]	Pembertons, -e
Pen	[pen]	Pens, -a
Penn	[pen]	Penns, -a
Pennel	[ˈpenl]	Penels, -a
Pepys	[ˈpepis (piːps, peps)]	Pepss, -a
Percy	[ˈpɜːsi]	Pērsijs, -a
Perry	[ˈperi]	Perijs, -a
Pettie	[ˈpeti]	Petijs, -a
Philips	[ˈfilips]	Filipss, -a
Phillip	[ˈfilip]	Filips, -a
Phillip(p)s	[ˈfilips]	Filipss, -a
Phillips	[ˈfilips]	Filipss, -a
Phillpots	[ˈfilpɒts]	Filpotss, -a
Pickering	[ˈpikəriŋ]	Pikerings, -a
Pierce	[piəs (pjɜːs)]	Pīrss, -a
Piers	[piez]	Pīrss, -a
Pindar	[ˈpində]	Pindars, -a
Pinero	[piˈniərəʊ]	Pinīro
Pitt	[pit]	Pits, -a
Poe	[pəʊ]	Po
Polk	[pəʊk]	Polks, -a
Pope	[pəʊp]	Pops, -a

Porter	[ˈpɔːtə]	Porters, -e
Pound	[paʊnd]	Paunds, -a
Powell	[ˈpəʊəl]	Pouels, -a
Powis	[ˈpəʊis]	Pouiss, -a
Powys	[ˈpəʊis]	Pouiss, -a
Pratt	[præt]	Prets, -a
Preston	[ˈprest(ə)n]	Prestons, -e
Price	[prais]	Praiss, -a
Priestley	[ˈpriːstli]	Prīstlijs, -a
Prior	[ˈpraiə]	Praiers, -e
Procter	[ˈprɒktə]	Prokters, -e
Prynne	[prin]	Prinns, -a
Pullman	[ˈpʊlmən]	Pulmens, -a
Pupin	[ˈpʊpin]	Pupins, -a
Pusey	[ˈpjuːzi]	Pjūzijs, -a
Puttenham	[ˈpʌtnəm]	Patenems, -a
Quida	[ˈkwidə]	Kvida
Quinsey	[ˈkwinsi]	Kvinsijs, -a
Raby	[ˈreibi]	Reibijs, -a
Radcliffe	[ˈrædklif]	Redklifs, -a
Raingo	[ˈreingəʊ]	Reingo
Rale(i)gh	[ˈrɔːli]	Rālijs, -a
Ramsay	[ˈræmzi]	Remzijs, -a
Ramsy	[ˈræmzi]	Remzijs, -a
Randolph	[ˈrændɒlf]	Rendolfs, -a
Rands	[rændz]	Rendss, -a
Ray	[rei]	Rejs, -a
Read	[riːd]	Rīds, -a
Reade	[riːd]	Rīds, -a
Reading	[ˈrediŋ]	Redings, -a
Redford	[ˈredfəd]	Redfords, -a
Reed	[riːd]	Rīds, -a
Reeve	[riːv]	Rīvs, -a
Remington	[ˈremiŋtən]	Remingtons, -e
Ricardo	[riˈkaːdəʊ]	Rikārdo
Richards	[ˈritʃədz]	Ričards, -a
Richardson	[ˈritʃədsn]	Ričardsons, -e
Ridding	[ˈridiŋ]	Ridings, -a
Rider	[ˈraidə]	Raiders, -e

Ridge	[ridʒ]	Ridžs, -a
Riley	[ˈraili]	Railijs, -a
Ripley	[ˈripli]	Riplijs, -a
Roberts	[ˈrɒbəts]	Robertss, -a
Robertson	[ˈrɒbətsn]	Robertsons, -e
Robinson	[ˈrɒbinsn]	Robinsons, -e
Robson	[ˈrɒbsn]	Robsons, -e
Rochester	[ˈrɒtʃistə]	Ročesters, -e
Rockefeller	[ˈrɒkəfelə]	Rokfellers, -e
Rogers	[ˈrɒdʒəz]	Rodžerss, -a
Rolle	[rəʊl]	Rols, -a
Romney	[ˈrɒmni]	Romnijs, -a
Roosevelt	[ˈrəʊzəvelt (ˈruːsvelt)]	Rūzvelts, -a
Roscommon	[rɒsˈkɒmən]	Roskomons, -e
Rose	[rəʊz]	Rozs, -a
Rossetti	[rəˈseti]	Roseti
Rountry	[ˈraʊntri]	Rauntrijs, -a
Rowe	[rəʊ]	Rovs, -a
Rowland	[ˈrəʊlənd]	Roulends, -a
Rowlands	[ˈrəʊləndz]	Roulendss, -a
Rowley	[ˈrəʊli]	Roulijs, -a
Royce	[rɔis]	Roiss, -a
Rubinstein	[ˈruːbinstain]	Rūbinstains, -a
Ruskin	[ˈrʌskin]	Raskins, -a
Russell	[rʌsl]	Rasels, -a
Rutherford	[ˈrʌðəfəd]	Raterfords, -a
Sacheverell	[ˌseˈʃevərəl]	Saševerels, -a
Sackville	[ˈsækvil]	Sekvils, -a
Sackville-West	[ˈsækvil ˈwest]	Sekvils-Vests, Sekvila-Vesta
Saki	[ˈsæki]	Sekijs, -a
Salisbury	[ˈsɔːlzb(ə)ri]	Solsberijs, -a
Sargeant	[ˈsɑːdʒ(ə)nt]	Sārdžents, -a
Sargent	[ˈsɑːdʒ(ə)nt]	Sārdžents, -a
Sassoon	[saˈsuːn]	Sasūns, -a
Savage	[ˈsævidʒ]	Sevidžs, -a
Sawyer	[ˈsɔːjə]	Sojers, -e
Scott	[skɒt]	Skots, -a
Sedgwick	[ˈsedʒwik]	Sedžviks, -a
Sedley	[ˈsedli]	Sedlijs, -a

Seel(e)y	['si:li]	Sīlijs, -a
Selden	['səld(ə)n]	Seldens, -a
Settle	['setl]	Setls, -a
Shadwell	['ʃædw(ə)l]	Šedvels, -a
Shaftesbury	['ʃa:ftsb(ə)ri]	Šāftsberijs, -a
Shak(e)spear(e)	['ʃeikspiə]	Šekspīrs
Shanks	[ʃæŋks]	Šenkss, -a
Sharp	[ʃa:p]	Šārps, -a
Sharpe	[ʃa:p]	Šārps, -a
Shaw	[ʃɔ:]	Šovs
Shelley	['ʃeli]	Šelijs, -a, Šellijs
Sheridan	['ʃeridn]	Šeridans, -a
Sherman	['ʃɜ:mən]	Šērmens, -a
Sherwood	['ʃɜ:wʊd]	Šērvuds, -a
Shirley	['ʃɜ:li]	Šērlijs, -a
Shorthouse	['ʃɔ:thaʊs]	Šorthauss, -a
Sidney	['sidni]	Sidnijs, -a
Simms	[simz]	Simss, -a
Sims	[simz]	Simss, -a
Sinclair	['siŋkleə]	Sinklers, -e
Sitwell	['sitwəl]	Sitvels, -a
Skelton	['skeltn]	Skeltons, -e
Slossen	['slɒsn]	Slosens, -a
Smectymnuus	['smektiməs]	Smektimuss, -a
Smirke	[smɜ:k]	Smērks, -a
Smith	[smiθ]	Smits, -a
Smollett	['smɒlit]	Smolets, -a
Sorley	['sɔ:li]	Sorlijs, -a
Southerne	['sʌðən]	Saterns, -a
Southey	['saʊði]	Sautijs, -a
Southwell	['saʊθw(ə)l]	Sautvels, -a
Sowerby	['saʊəbi]	Souerbijs, -a
Spencer	['spensə]	Spensers, -e
Spender	['spendə]	Spenders, -e
Spenser	['spensə]	Spensers, -e
Sprat	[spræt]	Sprets, -a
Spratt	[spræt]	Sprets, -a
Sprague	[spreig]	Spreigs, -a
Spurr	[spɜ:]	Spērs, -a
Squire	['skwaiə]	Skvairs, -a
Stanley	['stænli]	Stenlijs, -a

Stearns	[stiːnz]	Stīrnss, -a
Steele	[stiːl]	Stīls, -a
Steevens	[ˈstiːvnz]	Stīvenss, -a
Stephen	[ˈstiːvn]	Stīvens, -a
Stephens	[ˈstiːvnz]	Stīvenss, -a
Stephenson	[ˈstiːvnsn]	Stīvensons, -e
Stern	[stɜːn]	Stērns, -a
Sterne	[stɜːn]	Stērns, -a
Stevens	[ˈstiːvnz]	Stīvenss, -a
Stevenson	[ˈstiːvnsn]	Stīvensons, -e
Still	[stil]	Stills, -a
Stockton	[ˈstɒktən]	Stoktons, -e
Strachey	[ˈstreitʃi]	Streičijs, -a
Strafford	[ˈstræfəd]	Strefords, -a
Strong	[strɒŋ]	Strongs, -a
Strutt	[strʌt]	Strats, -a
Stuart	[ˈstjuːət]	Stjuarts, -a
Stubbes	[stʌbz]	Stabss, -a
Stubbs	[stʌbz]	Stabss, -a
Suckling	[ˈsʌkliŋ]	Saklings, -a
Sully	[ˈsʌli]	Salijs, -a
Sullivan	[ˈsʌlivən]	Salivans, -a
Surrey	[ˈsʌri]	Sarijs, -a
Swift	[swift]	Svifts, -a
Swinburne	[ˈswinbɜːn]	Svinbērns, -a
Swinnerton	[ˈswinətən]	Svinertons, -e
Symonds	[ˈsaimən(d)z (ˈsimən(d)z)]	Simondss, -a
Symons	[ˈsaimənz]	Simonss, -a
Synge	[siŋ]	Sings, -a
Taft	[tæft (tɑːft)]	Tāfts, -a
Talfourd	[ˈtælfəd]	Telfords, -a
Tannahil	[ˈtænəhil]	Tenahils, -a
Tanner	[ˈtænə]	Teners, -e
Tate	[teit]	Teits, -a
Taylor	[ˈteilə]	Teilors, -a
Temple	[ˈtempl]	Templs, -a
Tennyson	[ˈtenisn]	Tenisons, -e
Tesla	[ˈtezlə]	Tezla
Thackeray	[ˈθækəri]	Tekerijs, -a
Theobald	[ˈθiəbɔːld]	Tiobolds, -a

Thomas	['tɒməs]	Tomass, -a
Thompson	['tɒmpsn]	Tompsons, -e
Thomson	['tɒmsn]	Tomsons, -e
Thoreau	['θɔ:rəʊ]	Torovs, -a
Thrale	[θreil]	Treils, -a
Thurneysen	['θɜ:nisn]	Tērnisens, -a
Thuron	[tʊ'rɒn]	Turons, -e
Thurston	['θɜ:st(ə)n]	Tērstons, -e
Tilden	['tildən]	Tildens, -a
Tindal(e)	['tindl]	Tindals, -a
Toland	['tɒlənd]	Tolends, -a
Tomboy	['tɒmbɔi]	Tombojs, -a
Tomlinson	['tɒmlinsn]	Tomlinsons, -e
Townsend	['taʊnzend]	Taunzends, -a
Toynbee	['tɔinbi]	Toinbijs, -a
Trager	['treidʒə]	Treidžers, -e
Trelawn(e)y	[tri'lɔ:ni]	Trelonijs, -a
Trevelyan	[tri'veljən]	Treveljans, -a
Trollope	['trɒləp]	Trolops, -a
Truman	['tru:mən]	Trumens, -a
Trumbull	['trʌmbʌl]	Trambals, -a
Turner	['tɜ:nə]	Tērners, -e
Twain	[twein]	Tveins, -a, Tvēns
Twist	[twist]	Tvists, -a
Tyler	['tailə]	Tailers, -e
Tyndale *vai* Tindale	['tindl]	Tindals, -a
Tyndall	['tindl]	Tindals, -a
Tyrrwhit	['tirit]	Tirits, -a
Udall	['ju:d(ə)l]	Jūdals, -a
Urquhart	['ɜ:kət]	Ērkharts, -a
Vanbrugh	['vænbrə]	Venbru
Vandyke	[væn'daik]	Vendaiks, -a
Van Dyke	[væn'daik]	Ven Daiks, -a
Vaughan	[vɔ:n]	Vons, -a
Vaux	[vɒ:z (vɒks, vɔ:ks, vəʊks)]	Vokss, -a
Vooght	[vu:t]	Vūts, -a
Wagner	['wægnə]	Vegners, -e
Waldo	['wɔ:ldəʊ]	Voldo

Walker	[ˈwɔːkə]	Vokers, -e
Wallace	[ˈwɒləs]	Volass, -a, Volless
Waller	[ˈwɒlə]	Volers, -e
Walpole	[ˈwɔːlpəʊl]	Volpols, -a
Walter	[ˈwɔːltə]	Volters, -e
Walton	[ˈwɔːlt(ə)n]	Voltons, -e
Warburton	[ˈwɔːbətn]	Vorbertons, -e
Ward	[wɔːd]	Vords, -a
Warner	[ˈwɔːnə]	Vorners, -e
Warren	[ˈwɒrən]	Vorens, -a
Warton	[ˈwɔːtn]	Vortons, -e
Washington	[ˈwɒʃiŋtən]	Vašingtons
Waters	[ˈwɔːtəz]	Voterss, -a
Watson	[ˈwɒtsn]	Votsons, -e
Watt	[wɒt]	Vots, -a, Vats
Wats	[wɒts]	Votss, -a
Waugh	[wɔː (wɒx)]	Vo
Wayland	[ˈweilənd]	Veilends, -a
Webbe	[web]	Vebs, -a
Weber	[ˈveibə]	Veibers, -e
Webster	[ˈwebstə]	Vebsters, -e
Wellington	[ˈweliŋtən]	Velingtons, -e
Wells	[welz]	Velss, -a
Welsh	[welʃ]	Velšs, -a
West	[west]	Vests, -a
Westbrook	[ˈwestbrʊk]	Vestbruks, -a
Whalley	[ˈweili]	Volijs, -a
Wharton	[ˈwɔːtn]	Vortons, -e
Wheatley	[ˈwiːtli]	Vītlijs, -a
Wheeler	[ˈwiːlə]	Vīlers, -e
Whittier	[ˈwitiə]	Vitjers, -e
Whistler	[ˈwislə]	Vislers, -e
White	[wait]	Vaits, -a
Whitehead	[ˈwaithed]	Vaitheds, -a
Whitfield	[ˈwitfiːld]	Vitfīlds, -a
Whitman	[ˈwitmən]	Vitmens, -a
Whitney	[ˈwitni]	Vitnijs, -a
Wigglesworth	[ˈwiglzwɜːθ]	Viglsvērts, -a
Wilberforce	[ˈwilbəfɔːs]	Vilberforss, -a
Wilbur	[ˈwilbə]	Vilburs, -e
Wilde	[waild]	Vailds, -a

Wilder	['waildə]	Vailders, -e
Wilkes	[wilks]	Vilkss, -a
William	['wiljəm]	Viljams, -a
Williams	['wiljəmz]	Viljamss, -a
Willis	['wilis]	Viliss, -a
Wilson	['wilsn]	Vilsons, -e
Winthrop	['winθrɒp]	Vintrops, -a
Wiseman	['waizmən]	Vaizmens, -a
Wistar	['wistə]	Vistars, -a
Wister	['wistə]	Visters, -e
Wither	['wiðə]	Viters, -e
Wodehouse	['wʊdhaʊs]	Vudhauss, -a
Wolf	[wʊlf]	Vulfs, -a
Wolfe	[wʊlf]	Vulfs, -a
Wolff	[wʊlf (wɒlf)]	Vulfs, -a
Wolsey	['wʊlzi]	Vulzijs, -a
Wood	[wʊd]	Vuds, -a
Woodbridge	['wʊdbridʒ]	Vudbridžs, -a
Woods	[wʊdz]	Vudss, -a
Woodward	['wʊdwəd]	Vudvards, -a
Woolf	[wʊlf]	Vulfs, -a
Wordsworth	['wɜːdzwəθ]	Vērdsverts, -a
Wotton	['wɒtn]	Votons, -e
Wren	[ren]	Rens, -a
Wright	[rait]	Raits, -a
Wyatt	['waiət]	Vaiats, -a
Wycherley	['witʃəli]	Vičerlijs, -a
Wycliffe *vai* Wyclif	['wiklif]	Viklifs, -a
Yeat(e)s	[jeits]	Jeitss, -a
Yonge	[jʌŋ]	Jangs, -a
York	[jɔːk]	Jorks, -a
Young	[jʌŋ]	Jangs, -a
Zangwill	['zæŋgwil]	Zengvils, -a

Plaši izplatīti saīsinājumi

A. C. ante Christum *lat.* — pirms Kristus, pirms mūsu ēras
ACM Association for Computing Machinery — Skaitļošanas tehnikas asociācija
act. /... acting ... — ... vietas izpildītājs
A. D. anno Domini *lat.* — mūsu ēras-
ADC analog-to-digital converter — analogciparu pārveidotājs
AIDS acquired immune deficiency syndrome — iegūtā imūndeficīta sindroms, AIDS
a. k. a. also known as — pazīstams arī kā
am above–mentioned — iepriekšminētais
a. m. ante meridiem *lat.* — priekšpusdienā
ANSI American National Standards Institute — Amerikas Nacionālais standartu institūts
a. o. and others — un citi
AP Associated Press — informācijas aģentūra
approx. approximately — aptuveni
ARPANET Advanced Research Projects Agency Network — Perspektīvo pētījumu pārvaldes tīkls ARPANET
asap as soon as possible — cik drīz vien iespējams
asst. assistant — asistents
Av[e]. Avenue — avēnija

BA Bachelor of Arts — humanitāro zinātņu bakalaurs
Balt. Baltic — 1) Baltijas-; 2) baltu-
B. C. before Christ — pirms Kristus, pirms mūsu ēras
BC birth certificate — dzimšanas apliecība
BCH codes Bose-Choudhuri-Hocquenghem codes — Bouza-Čoudhuri-Hokenhema kodi
BENELUX Belgium, Netherlands, Luxemburg — Benilukss (Beļģija, Nīderlande un Luksemburga)
BG British Government — Lielbritānijas valdība
BIOS Basic Input Output System — ievadizvades pamatsistēma
B/L bill of loading — transporta pavadzīme
Blvd. Boulevard — bulvāris
BNF Backus–Naur Form — Bekusa–Naura forma
bp birthplace — dzimšanas vieta
bps bit per second — biti sekundē
BS Bachelor of Science — eksakto zinātņu bakalaurs
BSC binary synchronous communication — binārā sinhronā komunikācija

C centigrade — Celsija temperatūras skala
c. a., **c/a** current account — tekošais rēķins
CCITT Comité Consultatif Internationale de Télégraphique et Téléphonique — Starptautiskā Telegrāfijas un telefonijas konsultatīvā komiteja
cf. confer — salīdzini
ch. chapter — nodaļa
cit. cited — citēts
class. classification — klasifikācija
CMEA Council for Mutual Economic Assistance *vēst.* — Savstarpējās ekonomiskās palīdzības padome, SEPP
Co. company — kompānija, sabiedrība
cp. compare — salīdzini
CRC cyclic redundancy check — cikliskā redundances pārbaude
cu. cubic — kubisks, kubik-
c.v. curriculum vitae *lat.* — īsa autobiogrāfija *(ko iesniedz, stājoties darbā)*
cwt hundredweight — centners

DAC digital–to–analog converter — ciparanalogu pārveidotājs
DDD direct distance dialling — tieša tālsaruna
deg degree — grāds
dep. departure — atiešana
dep. deputy — vietnieks
Dept department — departaments; pārvalde
Dir. director — direktors
DMA direct memory access — atmiņas tiešpieeja
DOB date of birth — dzimšanas datums
Dr. Drive — aleja; ceļš
Dr doctor — doktors
DTE data terminal equipment — datu galiekārta
dupl. duplicate — dublikāts

E east — austrumi
E.B.R.D. European Bank of Reconstruction and Development — Eiropas rekonstrukcijas un attīstības banka, ERAB
EC European Community — Eiropas Kopiena
ECMA European Computer Manufacturer's Association — Eiropas datoru ražotāju asociācija
ECU European currency unit — ekijs *(Eiropas norēķinu naudas vienība)*
ed. 1. edition — izdevums; **2.** editor — redaktors
e. g. exampli gratia *lat.* — piemēram
EIA Electronic Industries Association — Elektroniskās rūpniecības uzņēmumu apvienība
Enc[yc]. encyclop[a]edia — enciklopēdija
EP European Parliament — Eiropas Parlaments
esp. especially — sevišķi
Esq. Esquire — eskvairs

excl. excluding — izņemot
exp. expiry [date] — derīguma termiņš

F Fahrenheit — Fārenheita temperatūras skala
f feminine *lat.* — sieviešu- [dzimtes-]
FBI Federal Bureau of Investigation — Federālais izmeklēšanas birojs (ASV)
FCS Frame Check Sequence *dat.*— kadra pārbaudes sekvence
FIFO First In-First Out *dat.* — pirmais iekšā-pirmais ārā
f. o. c. free on charge — bez maksas
fol., foll. following — sekojošais
frq. frequent — parasts; bieži lietots
ft 1. foot — pēda; **2.** feet — pēdas

g gram — grams
GA General Assembly — Ģenerālā Asambleja
gal gallon — galons
GB Great Britain — Lielbritānija
gen. 1. gender — dzimte; **2.** general — vispārējs
GMT Greenwich Mean Time — vidējais laiks pēc Griničas meridiāna
GP general practitioner — iecirkņa ārsts; vispārēja profila ārsts

h hour — stunda
ha hectare — hektārs
HDLC Highlevel Data Link Control — datu posma augsta līmeņa vadība
HF high frequency — augstfrekvence
hi–fi high fidelity — augstas precizitātes-
hist. 1. history — vēsture; **2.** historic — vēsturisks
Hon. Honourable — godātais
HP, hp. horsepower — zirgspēks; jauda
hr. hour — stunda
hwt. hundredweight — centners (Anglijā — 50,8 kg, ASV — 45,36 kg)

ib., ibid ibidem *lat.* — turpat
IBM International Business Machines — Starptautiskās biznesa mašīnas *(kompānija)*
IC integral circuit — integrālā shēma
id. idem *lat.* — tas pats
ID: ID card — personas apliecība
i.e. id est *lat.* — tas ir
IFIP – International Federation for Information Processing — Starptautiskā informācijas apstrādes federācija
IMF International Monetary Fund — Starptautiskais valūtas fonds
in inch — colla
Inc. Incorporated — reģistrēts kā korporācija
incl. including — ieskaitot
inst instant — šā mēneša-

I/O Input-Output *dat.* — ievadizvade
IR infra-red — infrasarkans
IRC International Red Cross — Starptautiskais Sarkanais krusts
ISDN Integrated Services Digital Network — integrētā servisa cipartīkls
ITU International Telecommunication Union — Starptautiskā telekomunikācijas savienība
IU international unit — Starptautiskā vienība
IUS International Union of Students — Starptautiskā studentu savienība

JC Jesus Christ — Jēzus Kristus
jun. junior — juniors; jaunākais

K Kelvin scale — Kelvina temperatūras skalas grādi
K kilo — tūkstotis; kilo-
kg kilogram — kilograms
km kilometre — kilometrs
kph kilometres per hour — kilometri stundā

L. Latin — latīņu-
l litre — litrs
L/A letter of authority — pilnvara *(dokuments)*
LAN Local Area Network — lokālais datoru tīkls
LAP Link Access Procedure — datu posma pieejas procedūra
lat. latitude — *(ģeogrāfiskais)* platums
lb libra *lat.* — mārciņa
LD lethal dose — nāvējoša deva
LIFO Last-In, First-Out *dat.* — pēdējais iekšā-pirmais ārā
LL longitude and latitude — *(ģeogrāfiskais)* garums un platums
Ln lane — [šaura] ieliņa
lo-fi low fidelity — zemas precizitātes-
LSI Large Scale Integration — augstas pakāpes integrācija
Ltd. limited — ar ierobežotu atbildību; ierobežots

m male — vīriešu dzimtes-
M master — maģistrs
MA Master of Arts — humanitāro zinātņu maģistrs
max. maximum — maksimums
mfr. manufacturer — izgatavotājs
mi mile — jūdze
min. minimum — minimums
min minute — minūte
ml mile — jūdze
mm millimetre — milimetrs
MO money order — naudas pārvedums *(pa pastu)*
mph miles per hour — jūdzes stundā
Mr Mister — misters

Mrs Mistress — misis
Ms miss/mistress — sieviete *(nezinot, neuzsverot, vai tā precējusies)*
MSc Master of Science — zinātņu maģistrs

N north — ziemeļi
NATO North Atlantic Treaty Organization — Ziemeļatlantijas līguma organizācija
N. B. nota bene *lat.* — ievēro [labi]
NBS National Bureau of Standards — Nacionālais standartu birojs
neg. negative — negatīvs
no. number — 1) numurs; 2) skaitlis
NT New Testament — Jaunā Derība
ntwt net weight — neto svars

obs. obsolete — novecojis
OECD Organization for Economic Cooperation and Development — Ekonomiskās sadarbības un attīstības organizācija
of. official — oficiāls
OK all correct — viss kārtībā
OOO out of order — bojāts; nav kārtībā
orig. 1. origin — izcelšanās; 2. original — oriģināls
OS operating system — operētājsistēma
OSI Open Systems Interconnection — Atvērto Sistēmu Sadarbība (ASS)
OT Old Testament — Vecā derība
oz ounce — unce
ozs ounces — unces

p. page — lappuse
p. a. per annum *lat.* gadā; ik gadus
p. c. per cent — procents
PC personal computer — personālais skaitļotājs
pct. per cent — procents
PDU Protocol Data Unit — protokola datu bloks
p. h. per hour — stundā
pharm. pharmaceutical — farmaceitisks
pkg. package — sūtījums
Pl. place — laukums
p. m. post meridiem *lat.* — pēcpusdienā
pp. pages — lappuses
PROM Programmable Read-Only Memory — programmējamā lasāmatmiņa
Pres. president — prezidents
Prof. professor — profesors
pt pint — pinte
p. w. per week — nedēļā
Q., q. quintal — kvintāls (Anglijā – 50,8 kg, ASV – 45,36 kg)

QQ equator — ekvators
qq. questions — jautājumi
qt quart — kvarta
q. v. quod vide *lat.* — skaties *(tekstā)*

RAM Random-Access Memory *dat.* — brīvpieejas atmiņa
RC Red Cross — Sarkanais Krusts
Rd road — ceļš
rec. received — saņemts
reg. registered — *(par pasta sūtījumiem)* ierakstīts
rm. room — istaba; telpa
ROM Read-Only Memory *dat.* — lasāmatmiņa
RS: RS codes. — Reed-Solomon codes — Rīda-Solomona kodi
RTL Register Transfer Language *dat.* — starpreģistru pārsūtīšanas valoda

S south — dienvidi
sc. scale — mērogs
SDLC Synchronous Data Link Control *dat.* — datu posma sinhronā vadība
SE stock exchange — birža
sec second — sekunde
Sen. Senior — vecākais; seniors
Soc. Society — biedrība
sp. 1) special — speciāls; 2) specific — specifisks
Sq Square — laukums
St. saint — svētais
St. Street — iela

T temperature — temperatūra
tel. telephone — telefons
temp. temporary — pagaidu-
tlx telex — telekss
TT teletype — teletaips
TV television — televīzija

U Union — savienība
UFO unidentified flying object — nezināms lidojošs objekts
USIA United States Information Agency — ASV informācijas aģentūra
UT Universal time — pasaules laiks

val. value — vērtība
var. variant — variants
VHF very high frequency — ļoti augsta frekvence
viz. videlicet *lat.* — tas ir; protams
VLF very low frequency — ļoti zema frekvence

VLSI very large-scale integration — ļoti augstas pakāpes integrācija
v. v. vice versa *lat.* — otrādi

W west — rietumi
WAN wide area network — teritoriālais [datoru] tīkls
WC water closet — tualete
Wh White House — Baltais nams
WHO World Health Organization — Pasaules veselības [aizsardzības] organizācija
wk. week — nedēļa
wt. weight — svars

Yd yard — jards
yr year — gads

Z zone — zona
Z. G. zoological garden — zooloģiskais dārzs

Lietvārdu daudzskaitļa formu veidošana

Lietvārdu daudzskaitļa formas angļu valodā lielākoties veido, vienskaitļa formai pievienojot **-s**.
Taču jāņem vērā vārda beigu burts.

Vienskaitļa formas beigu burts	Daudzskaitļa formas galotne	Piemērs
-s, -ss -sh, -ch -x, -z	-es	buses branches boxes
-o (pirms kura ir līdzskanis)	-es	potatoes
-y (pirms kura ir līdzskanis)	-ies	cities
-y (pirms kura ir patskanis) -f, -fe	-s -ves	boys leaves

Nekārtni veidojamās lietvārdu daudzskaitļa formas

alga [ˈælgə]   algae [ˈældʒi]   aļģe
analysis [əˈnæləsis] analyses [əˈnæləsi:z]   analīze
antenna [ænˈtenə]   antennae [ænˈteni:]   antena
axis [ˈæksis]   axes [ˈæksi:z]   ass

basis [ˈbeisis]   bases [ˈbeisi:z]   bāze, pamats

bath [bɑ:θ]	baths [bɑ:ðz]	vanna
cactus ['kæktəs]	cacti ['kæktai], cactuses ['kæktəsiz]	kaktuss
caecum ['si:kəm]	caeca ['si:kə]	aklā zarna
chief [tʃi:f]	chiefs [tʃi:fs]	vadītājs
child [tʃaild]	children ['tʃildrən]	bērns
corps [kɔ:]	corps [kɔ:z]	korpuss (mil.)
corpus ['kɔ:pəs]	corpora ['kɔ:pərə]	sakopojums
crisis ['kraisis]	crises ['kraisi:z]	krīze
curriculum [kə'rikjuləm]	curricula [kə'rikjulə]	mācību plāns
datum ['deitəm]	data ['deitə]	dati
deer [diə]	deer [diə]	briedis
diagnosis [daiəg'nəʊsis]	diagnoses [daiəg'nəʊsi:z]	diagnoze
discus ['diskəs]	disci ['diskai]	disks
foot [fʊt]	feet [fi:t]	pēda
formula ['fɔ:mjulə]	formulae ['fɔ:mjuli:]	formula
gladiolus [glædi'əʊləs]	gladioluses [glædi'əʊləsiz], gladioli [glædi'əʊlai]	gladiola
goose [gu:s]	geese [gi:s]	zoss
lath [lɑ:θ]	laths [lɑ:ðz]	līste
man [mæn]	men [men]	vīrietis
means [mi:nz]	means [mi:nz]	līdzeklis
mouse [maʊs]	mice [mais]	pele
nucleus ['nju:kliəs]	nuclei ['nju:kliai]	kodols
oath [əʊθ]	oaths [əʊðz]	zvērests
ox [ɒks]	oxen ['ɒksn]	vērsis
path [pɑ:θ]	paths [pɑ:ðz]	taka
phenomenon [fi'nɒminən]	phenomena [fi'nɒminə]	fenomens
photo ['fəʊtəʊ]	photos ['fəʊtəʊz]	foto
piano [pi'ænəʊ]	pianos [pi'ænəʊz]	klavieres
radius ['reidiəs]	radii ['reidiai]	rādiuss

reef [ri:f]	reefs [ri:fs]	rifs
roof [ru:f]	roofs [ru:fs]	jumts
safe [seif]	safes [seifs]	seifs
salmon ['sæmən]	salmon ['sæmən]	lasis
sanatorium [sænə'tɔ:riəm]	sanatoria [sænə'tɔ:riə], sanatoriums [sænə'tɔ:riəmz]	sanatorija
series ['siəri:z]	series ['siəri:z]	sērija
sheep [ʃi:p]	sheep [ʃi:p]	aita
solo ['səʊləʊ]	solos ['səʊləʊz]	solo
stadium ['steidiəm]	stadia ['steidiə], stadiums ['steidiəmz]	stadions
swine [swain]	swine [swain]	cūka
terminus ['tɜ:minəs]	terminuses [tɜ:'minəsiz], termini ['tɜ:minai]	galapunkts
thesis ['θi:sis]	theses ['θi:si:z]	tēze
tooth [tu:θ]	teeth [ti:θ]	zobs
woman ['wʊmən]	women ['wimin]	sieviete
wreath [ri:θ]	wreaths [ri:ðz]	vainags

Piezīme: dažiem vārdiem ir vairākas daudzskaitļa formas. Atkarībā no formas mainās arī tā nozīme:

brother	brothers	(brāļi – radinieki)
	brethren	(brāļi – brālības biedri)
cloth	cloths	(auduma gabali)
	clothes	(drēbes)
penny	pennies	(atsevišķas monētas)
	pence	(norādot vērtību)

Neregulāri veidojamās īpašības un apstākļa vārdu salīdzināmās pakāpes

good [gʊd] well [wel]	} better ['betə]	best [best]	labs
ill [il] bad [bæd] evil [i:vl]	} worse [wɜ:s]	worst [wɜ:st]	slikts

much [mʌtʃ] many ['meni] }	more [mɔ:]	most [məʊst]	daudz
little [litl]	less [les]	least [li:st]	maz

Skaitļa vārdi

Pamata skaitļa vārdi **Kārtas skaitļa vārdi**

1 one	1st first
2 two	2nd second
3 three	3rd third
4 four	4th fourth
5 five	5th fifth
6 six	6th sixth
7 seven	7th seventh
8 eight	8th eighth
9 nine	9th ninth
10 ten	10th tenth
11 eleven	11th eleventh
12 twelve	12th twelfth
13 thirteen	13th thirteenth
14 fourteen	14th fourteenth
20 twenty	20th twentieth
21 twenty-one	21st twenty-first
22 twenty-two	22nd twenty-second
30 thirty	30th thirtieth
40 forty	40th fortieth
100 a hundred	100th hundredth
152 one hundred and fifty-two	152nd (one) hundred and fifty-second
1,000 a thousand	1,000th (one) thousandth

Ciparam 0 atbilst vairāki apzīmējumi; to lietojums atkarīgs no situācijas:
0 – nought [nɔ:t], zero ['ziərəʊ], O [əʊ], nil [nil], cipher ['saifə]
nought apzīmē 0 britu angļu valodā

zero apzīmē 0 amerikāņu angļu valodā; britu angļu valodā lieto, runājot par temperatūru

O apzīmē ciparu numurā (piem., telefona vai konta numurā)

nil apzīmē 0, runājot par rezultātu sportā (amerikāņu angļu valodā šajā gadījumā lieto *zero*)

cipher lieto kā tiešā, tā pārnestā nozīmē (piem., *she is a mere cipher in dancing* – viņa ir tīrā nulle dejošanā)

Skaitļa vārdi matemātikā

Daļskaitļi

1/2 – a half [hɑːf]
1/3 – a third [θɜːd]
1/4 – a fourth [fɔːθ], a quarter [ˈkwɔːtə]
2/5 – two fifths [fifθs]
3/7 – three sevenths [ˈsevənθs]
4/9 – four ninths [nainθs]
2 1/2 – two and a half

Sarežģītākus daļskaitļus parasti izsaka ar vārda *over* palīdzību:
205/510 – two hundred and five over five hundred and ten.

Decimāldaļskaitļus izsaka, nosaucot ciparus pa vienam. Rakstot lieto punktu, nevis komatu:

0.27 } – (nought) point [pɔint] two seven (amerikāņu angļu valodā: zero point
.27 }   two seven);

0.03 – O [əʊ] point O [əʊ] three, nought point nought three;
4.18 – four point one eight.

Saskaitīšana

Saskaitot nelielus skaitļus, + apzīmē ar *and*, bet = – ar *is* vai *are*:
4+5=9 four and five is/are nine.

Saskaitot lielus skaitļus vai izsakoties oficiālā stilā, + apzīmē ar *plus* [plʌs], bet = – ar *is* vai *equals* [ˈiːkwəlz]:
89+511=600 eighty-nine plus five hundred and eleven equals/is six hundred.

Atņemšana

Atņemot nelielus skaitļus, – apzīmē ar *from*, bet = – ar *leaves* [li:vz] vai *is*:
9–6=3 six from nine leavess/is three.

Atņemot lielus skaitļus un izsakoties oficiālā stilā, – apzīmē ar *minus* ['mainəs], bet = – ar *equals* ['i:kwəlz]:
218–108=110 two hundred and eighteen minus one hundred and eight equals one hundred and ten.

Reizināšana

Reizinot nelielus skaitļus, parasti saka:
1×3=3 once [wʌns]/one three is three;
2×4=8 two fours/twice four is eight;
5×9=45 five nines are/makes forty-five.

Reizinot lielus skaitļus, × apzīmē ar *times* [taimz], bet = – ar *is* vai *makes*:
15×80=1200 fifteen times eighty is/makes twelve hundred.

Izsakoties oficiālā stilā, × apzīmē ar *multiplied* ['mʌltiplaid] *by*, bet = – ar *equals* ['i:kwəlz]:
15×80=1200 fifteen multiplied by eighty equals twelve hundred.

Dalīšana

Parasti : apzīmē ar *divided* [di'vaidid] *by*, bet = – ar *equals* ['i:kwəlz]:
16:8=2 sixteen divided by eight equals two.

Kāpināšana

2^3=8 two to the third power ['pauə] is eight;
4^2=16 four to the second power is sixteen.

Neregulārie darbības vārdi

Nenoteiksme (Infinitive)	Vienkāršā pagātne (Past Indefinite)	Pagātnes divdabis (Past Participle)	Tagadnes divdabis (Present Participle)	Tulkojums (Translation)
1	2	3	4	5
arise [ə'raiz]	arose [ə'rəʊz]	arisen [ə'rizn]	arising [ə'raiziŋ]	celties
awake [ə'weik]	awoke [ə'wəʊk]	awoken [ə'wəʊkən]	awaking [ə'weikiŋ]	(pa)mosties
be [bi:]	was [wɒz, wəz] (were [wɜ:, wə])	been [bi:n]	being ['bi:iŋ]	būt
bear [beə]	bore [bɔ:]	borne [bɔ:n] born (piedzimis)	bearing ['beəriŋ]	nest; paciest; dzemdēt
beat [bi:t]	beat [bi:t]	beaten ['bi:tn]	beating	sist
become [bi'kʌm]	became [bi'keim]	become [bi'kʌm]	becoming [bi'kʌmiŋ]	tapt; kļūt
begin [bi'gin]	began [bi'gæn]	begun [bi'gʌn]	beginning [bi'giniŋ]	sākt; sākties
bend	bent	bent	bending	liekt
bind [baind]	bound [baʊnd]	bound [baʊnd]	binding ['baindiŋ]	siet
bite [bait]	bit	bitten ['bitn]	biting ['baitiŋ]	kost
bleed [bli:d]	bled	bled	bleeding ['bli:diŋ]	asiņot
blow [bləʊ]	blew [blu:]	blown [bləʊn]	blowing ['bləʊiŋ]	pūst
break [breik]	broke [brəʊk]	broken ['brəʊkən]	breaking ['breikiŋ]	lauzt; lūzt; plēst
breed [bri:d]	bred	bred	breeding ['bri:diŋ]	audzēt (dzīvniekus)
bring [briŋ]	brought [brɔ:t]	brought [brɔ:t]	bringing ['briŋiŋ]	atnest; atvest
broadcast ['brɔ:dka:st]	broadcast ['brɔ:dka:st]	broadcast ['brɔ:dka:st]	broadcasting ['brɔ:dka:stiŋ]	pārraidīt
build [bild]	built [bilt]	built [bilt]	building ['bildiŋ]	būvēt, celt
burn [bɜ:n]	*burnt [bɜ:nt]*	*burnt [bɜ:nt]*	burning ['bɜ:niŋ]	degt; dedzināt
buy [bai]	bought [bɔ:t]	bought [bɔ:t]	buying ['baiiŋ]	pirkt

1	2	3	4	5
cast [kɑːst]	cast [kɑːst]	cast [kɑːst]	casting [ˈkɑːstiŋ]	mest
catch [kætʃ]	caught [kɔːt]	caught [kɔːt]	catching [ˈkætʃiŋ]	ķert
choose [tʃuːz]	chose [tʃəʊz]	chosen [tʃəʊzn]	choosing [ˈtʃuːziŋ]	izvēlēties
cling [kliŋ]	clung [klʌŋ]	clung [klʌŋ]	clinging [ˈkliŋiŋ]	pieķerties
come [kʌm]	came [keim]	come [kʌm]	coming [ˈkʌmiŋ]	nākt
cost [kɒst]	cost [kɒst]	cost [kɒst]	costing [ˈkɒstiŋ]	maksāt
creep [kriːp]	crept [krept]	crept [krept]	creeping [ˈkriːpiŋ]	līst; rāpot
cut [kʌt]	cut [kʌt]	cut [kʌt]	cutting [ˈkʌtiŋ]	griezt; pļaut (*labību*)
deal [diːl]	dealt [delt]	dealt [delt]	dealing [ˈdiːliŋ]	izdalīt; tirgoties
dig [dig]	dug [dʌg]	dug [dʌg]	digging [ˈdigiŋ]	rakt
do [duː]	did [did]	done [dʌn]	doing [ˈduːiŋ]	darīt
draw [drɔː]	drew [druː]	drawn [drɔːn]	drawing [ˈdrɔːiŋ]	zīmēt; vilkt
dream [driːm]	*dreamt* [dremt]	*dreamt* [dremt]	dreaming [ˈdriːmiŋ]	sapņot
drink [driŋk]	drank [dræŋk]	drunk [drʌŋk]	drinking [ˈdriŋkiŋ]	dzert
drive [draiv]	drove [drəʊv]	driven [ˈdrivn]	driving [ˈdraiviŋ]	braukt; dzīt
dwell [dwel]	dwelt [dwelt]	dwelt [dwelt]	dwelling [ˈdweliŋ]	mājot
eat [iːt]	ate [et]	eaten [ˈiːtn]	eating [ˈiːtiŋ]	ēst
fall [fɔːl]	fell [fel]	fallen [ˈfɔːlən]	falling [ˈfɔːliŋ]	krist
feed [fiːd]	fed [fed]	fed [fed]	feeding [ˈfiːdiŋ]	barot
feel [fiːl]	felt [felt]	felt [felt]	feeling [ˈfiːliŋ]	just
fight [fait]	fought [fɔːt]	fought [fɔːt]	fighting [ˈfaitiŋ]	cīnīties; kauties
find [faind]	found [faʊnd]	found [faʊnd]	finding [ˈfaindiŋ]	atrast
fly [flai]	flew [fluː]	flown [fləʊn]	flying [ˈflaiiŋ]	lidot
forbid [fəˈbid]	forbade [fəˈbeid], forbad [fəˈbæd]	forbidden [fəˈbidn]	forbidding [fəˈbidiŋ]	liegt
forget [fəˈget]	forgot [fəˈgɒt]	forgotten [fəˈgɒtn]	forgetting [fəˈgetiŋ]	aizmirst

1	2	3	4	5
forgive [fəˈgiv]	forgave [fəˈgeiv]	forgiven [fəˈgivn]	forgiving [fəˈgiviŋ]	piedot
freeze [fri:z]	froze [frəʊz]	frozen [ˈfrəʊzn]	freezing [ˈfri:ziŋ]	salt
get	got	got	getting [ˈgetiŋ]	dabūt; kļūt
give [giv]	gave [geiv]	given [ˈgivn]	giving [ˈgiviŋ]	dot
go [gəʊ]	went	gone [gɒn]	going [ˈgəʊiŋ]	iet; doties
grow [grəʊ]	grew [gru:]	grown [grəʊn]	growing [ˈgrəʊiŋ]	augt; audzēt; kļūt
hang [hæŋ]	hung [hʌŋ]	hung [hʌŋ]	hanging [ˈhæŋgiŋ]	pakārt, karāties
	hanged [hæŋd]	hanged [hæŋd]	hanging [ˈhæŋgiŋ]	pakārt *(cilvēku)*
hear [hiə]	heard [hɜ:d]	heard [hɜ:d]	hearing [ˈhiəriŋ]	dzirdēt
hide [haid]	hid	hidden [ˈhidn], hid	hiding [ˈhaidiŋ]	paslēpt
hit	hit	hit	hitting [ˈhitiŋ]	sist; trāpīt
hold [həʊld]	held	held	holding [ˈhəʊldiŋ]	turēt
hurt [hɜ:t]	hurt [hɜ:t]	hurt [hɜ:t]	hurting [ˈhɜ:tiŋ]	ievainot; sāpināt
keep [ki:p]	kept [kept]	kept	keeping [ˈki:piŋ]	turēt; glabāt
knit [nit]	*knit* [nit]	*knit*	knitting [ˈnitiŋ]	adīt
know [nəʊ]	knew [nju:]	known [nəʊn]	knowing [ˈnəʊiŋ]	zināt; pazīt
lay [lei]	laid [leid]	laid [leid]	laying [ˈleiiŋ]	likt; dēt; klāt *(galdu)*
lead [li:d]	led	led	leading [ˈli:diŋ]	vadīt
lean [li:n]	leant [lent]	leant [lent]	leaning [ˈli:niŋ]	liekties; atspiesties
leap [li:p]	*leapt* [lept]	*leapt* [lept]	leaping [ˈli:piŋ]	lēkt
learn [lɜ:n]	*learnt* [lɜ:nt]	*learnt* [lɜ:nt]	learning [ˈlɜ:niŋ]	(ie)mācīties; uzzināt
leave [li:v]	left	left	leaving [ˈli:viŋ]	atstāt; aizbraukt
lend	lent	lent	lending [ˈlendiŋ]	aizdot
let	let	let	letting [ˈletiŋ]	atļaut; likt
lie [lai]	lay [lei]	lain [lein]	lying [ˈlaiiŋ]	gulēt; atrasties

1	2	3	4	5
light [lait]	lit	lit	lighting ['laitiŋ]	aizdegt; apgaismot
lose [luːz]	lost	lost	losing ['luːziŋ]	zaudēt
make [meik]	made [meid]	made [meid]	making ['meikiŋ]	pagatavot; iztaisīt
mean [miːn]	meant [ment]	meant [ment]	meaning ['miːniŋ]	nozīmēt; domāt
meet [miːt]	met	met	meeting ['miːtiŋ]	satikt
mistake [mis'teik]	mistook [mis'tʊk]	mistaken [mis'teikn]	mistaking [mis'teikiŋ]	pārprast; kļūdīties
mow [məʊ]	mowed [məʊd]	mown [məʊn]	mowing ['məʊiŋ]	pļaut (zāli)
pay [pei]	paid [peid]	paid [peid]	paying ['peiiŋ]	maksāt
put	put	put	putting ['pʊtiŋ]	likt
read [riːd]	read [red]	read [red]	reading ['riːdiŋ]	lasīt
ride [raid]	rode [rəʊd]	ridden ['ridn]	riding ['raidiŋ]	jāt; braukt
ring [riŋ]	rang [ræŋ]	rung [rʌŋ]	ringing ['riŋiŋ]	zvanīt; skanēt
rise [raiz]	rose [rəʊz]	risen ['rizn]	rising ['raiziŋ]	celties
run [rʌn]	ran [ræn]	run [rʌn]	running ['rʌniŋ]	skriet
saw [sɔː]	sawed [sɔːd]	sawn [sɔːn]	sawing ['sɔːiŋ]	zāģēt
say [sei]	said [sed]	said [sed]	saying ['seiiŋ]	sacīt
see [siː]	saw [sɔː]	seen [siːn]	seeing ['siːiŋ]	redzēt
sell	sold [səʊld]	sold [səʊld]	selling ['seliŋ]	pārdot
send	sent	sent	sending	sūtīt
set	set	set	setting	likt; (no)rietēt
sew [səʊ]	sewed [səʊd]	sewn [səʊn]	sewing ['səʊiŋ]	šūt
shake [ʃeik]	shook [ʃʊk]	shaken ['ʃeikən]	shaking ['ʃeikiŋ]	purināt; kratīt
shed [ʃed]	shed [ʃed]	shed [ʃed]	shedding ['ʃediŋ]	mest; nomest
shine [ʃain]	shone [ʃɒn]	shone [ʃɒn]	shining ['ʃainiŋ]	spīdēt
shoot [ʃuːt]	shot [ʃɒt]	shot [ʃɒt]	shooting ['ʃuːtiŋ]	šaut

1	2	3	4	5
show [ʃəʊ]	showed [ʃəʊd]	shown [ʃəʊn]	showing ['ʃəʊɪŋ]	rādīt
shrink [ʃrɪŋk]	shrank [ʃræŋk], shrunk [ʃrʌŋk]	shrunk [ʃrʌŋk], shrunken ['ʃrʌŋkən]	shrinking ['ʃrɪŋkɪŋ]	sarauties
shut [ʃʌt]	shut [ʃʌt]	shut	shutting ['ʃʌtɪŋ]	aizvērt
sing [sɪŋ]	sang [sæŋ]	sung [sʌŋ]	singing ['sɪŋɪŋ]	dziedāt
sink [sɪŋk]	sank [sæŋk]	sunk [sʌŋk]	sinking ['sɪŋkɪŋ]	grimt
sit	sat [sæt]	sat [sæt]	sitting ['sɪtɪŋ]	sēdēt
sleep [sli:p]	slept	slept	sleeping ['sli:pɪŋ]	gulēt
slide [slaɪd]	slid	slid	sliding ['slaɪdɪŋ]	slīdēt; slidināties
smell	smelt	smelt	smelling	ost; smaržot
sow [səʊ]	sowed [səʊd]	sown [səʊn]	sowing [səʊɪŋ]	sēt
speak [spi:k]	spoke [spəʊk]	spoken ['spəʊkən]	speaking ['spi:kɪŋ]	runāt
spell	*spelt*	*spelt*	spelling ['spelɪŋ]	burtot
spend	spent	spent	spending ['spendɪŋ]	izdot (*naudu*); pavadīt (*laiku*)
spill	*spilt*	*spilt*	spilling	izliet
spin	span [spæn], spun [spʌn]	spun [spʌn]	spinning	vērpt; griezt
spoil	*spoilt*	*spoilt*	spoiling	(sa)bojāt; izlutināt
spread [spred]	spread [spred]	spread [spred]	spreading ['spredɪŋ]	izklāt; izplatīt
spring [sprɪŋ]	sprang [spræŋ], sprung [sprʌŋ]	sprung [sprʌŋ]	springing ['sprɪŋɪŋ]	lēkt, lēkāt
stand [stænd]	stood [stʊd]	stood [stʊd]	standing ['stændɪŋ]	stāvēt
steal [sti:l]	stole [stəʊl]	stolen [stəʊlən]	stealing [sti:lɪŋ]	zagt
stick [stɪk]	stuck [stʌk]	stuck [stʌk]	sticking ['stɪkɪŋ]	pielipt
stride [straɪd]	strode [strəʊd]	stridden ['strɪdn]	striding ['straɪdɪŋ]	soļot; pārkāpt
strike [straɪk]	struck [strʌk]	struck [strʌk]	striking ['straɪkɪŋ]	sist; streikot
strive [straɪv]	strove [strəʊv]	striven ['strɪvn]	striving ['straɪvɪŋ]	censties
swear [sweə]	swore [swɔ:]	sworn [swɔ:n]	swearing ['sweərɪŋ]	zvērēt; lādēties

1	2	3	4	5
sweep [swiːp]	swept	swept	sweeping [ˈswiːpiŋ]	slaucīt
swell	swelled	swollen [ˈswəʊlən]	swelling [ˈsweliŋ]	uzpampt
swim	swam [swæm]	swum [swʌm]	swimming [ˈswimiŋ]	peldēt
swing [swiŋ]	swung [swʌŋ]	swung [swʌŋ]	swinging [ˈswiŋiŋ]	šūpot
take [teik]	took [tʊk]	taken [ˈteikən]	taking [ˈteikiŋ]	ņemt; aizvest; aiznest
teach [tiːtʃ]	taught [tɔːt]	taught [tɔːt]	teaching [ˈtiːtʃiŋ]	mācīt
tear [teə]	tore [tɔː]	torn [tɔːn]	tearing [ˈteəriŋ]	raut; plēst
tell	told [təʊld]	told [təʊld]	telling [ˈteliŋ]	stāstīt, teikt
think [θiŋk]	thought [θɔːt]	thought [θɔːt]	thinking [ˈθiŋkiŋ]	domāt
throw [θrəʊ]	threw [θruː]	thrown [θrəʊn]	throwing [ˈθrəʊiŋ]	mest
thrust [θrʌst]	thrust [θrʌst]	thrust [θrʌst]	thrusting [ˈθrʌstiŋ]	grūst, stumt; iedzīt
tread [tred]	trod [trɒd]	trodden [ˈtrɒdn]	treading [ˈtrediŋ]	iet; spert soli
understand [ˌʌndəˈstænd]	understood [ˌʌndəˈstʊd]	understood [ˌʌndəˈstʊd]	understanding [ˌʌndəˈstændiŋ]	saprast
upset [ʌpˈset]	upset [ʌpˈset]	upset [ʌpˈset]	upsetting [ʌpˈsetiŋ]	apgāzt; satraukt
wake [weik]	woke [wəʊk]	woken [ˈwəʊkən]	waking [ˈweikiŋ]	(at)mosties; (at)modināt
wear [weə]	wore [wɔː]	worn [wɔːn]	wearing [ˈweəriŋ]	valkāt
weave [wiːv]	wove [wəʊv]	woven [ˈwəʊvən]	weaving [ˈwiːviŋ]	aust
weep [wiːp]	wept	wept	weeping [ˈwiːpiŋ]	raudāt
win	won [wʌn]	won [wʌn]	winning [ˈwiniŋ]	laimēt; uzvarēt; iegūt
wind [waind]	wound [waʊnd]	wound [waʊnd]	winding [ˈwaindiŋ]	tīt, vīt; uzvilkt (*pulksteni*)
write [rait]	wrote [rəʊt]	written [ˈritn]	writing [ˈraitiŋ]	rakstīt

* Kursīvā rakstītajiem vārdiem pastāv paralēlformas ar izskaņu *-ed*.

Palīgdarbības vārdi

to be – was, were – been – being

	Vienkāršā (Indefinite)	Ilgstošā (Continuous)	Saliktā (Perfect)
Tagadne (Present)	I am He (she, it) is We (you, they) are	I am being He is being We are being	I (you, we, they) have been He (she, it) has been
Pagātne (Past)	I (he, she, it) was We (you, they) were	I was being We were being	I (he, she, it, we, you, they) had been
Nākotne (Future)	I (we) shall be You (he, she, it, they) will be		I shall have been You will have been

to do – did – done – doing

	Vienkāršā (Indefinite)	Ilgstošā (Continuous)	Saliktā (Perfect)
Tagadne (Present)	I (we, you, they) do He (she, it) does	I am doing He (she, it) is doing We (you, they) are doing	I (we, you, they) have done He (she, it) has done
Pagātne (Past)	I (he, she, it, we, you, they) did	I (he, she, it) was doing We (you, they) were doing	I (he, she, it, we, you, they) had done
Nākotne (Future)	I (we) shall do He (she, it, you, they) will do	I (we) shall be doing He (she, it, you, they) will be doing	I (we) shall have done He (she, it, you, they) will have done

to have – had – had – having

	Vienkāršā (Indefinite)	Ilgstošā (Continuous)	Saliktā (Perfect)
Tagadne (Present)	I (we, you, they) have He (she, it) has	I am having He (she, it) is having	I (we, you, they) have had He (she, it) has had
Pagātne (Past)	I (he, she, it, we, you, they) had	I (he, she, it) was having We (you, they) were having	I (he, she, it, we, you, they) had had
Nākotne (Future)	I (we) shall have He (she, it, you, they) will have	I (we) shall be having He (she, it, you, they) will be having	I (we) shall have had He (she, it, you, they) will have had

Saīsinātās formas

I'm = I am
you're = you are
'd = had/should/would

'll = will/shall
's = is/has
've = have

can't = can not
couldn't = could not
didn't = did not
doesn't = does not
don't = do not
hasn't = 's not = has not
hadn't = had not
haven't = have not
isn't = 's not = is not

mayn't = may mot
mightn't = might not
mayn't = may not
needn't = need not
shan't = 'll not = shall not
wasn't = was not
weren't = were not
won't = 'll not = will not

Pieturzīmes angļu valodā

PUNKTS. Punktu lieto:

1) stāstījuma teikuma beigās;
2) pēc saīsinājumiem:
   i.e. (*tas ir,* no latīņu id est);
   Sun. (=Sunday);
   p.7 (=page 7);
3) pirms decimāldaļām:
   2.5 – two point [pɔint] five.

Izņēmuma gadījumi, kad **saīsinājumos punktu nelieto:**
a) pēc kārtas skaitļa vārdiem:
   1st, 2nd, 3rd;
b) akronīmos:
   NATO, NHL;
c) sarunvalodas saīsinājumos:
   demo (= demonstration), vet (= veterinary).

Punkts nav nepieciešams:
a) ja saīsinājums sastāv tikai no lielajiem burtiem:
   BBC, AD, BC;
b) ķīmisko simbolu, mērvienību (izņemot in. (=inch)) atveidē;
c) sekojošos saīsinājumos:
   Dr, Revd, Mr, Mrs, Ms, Mme, Mlle, St.

KOMATS. Komatu lieto:

1) lai atdalītu apstākļa palīgteikumu no virsteikuma, ja palīgteikums atrodas pirms virsteikuma:
   When I returned home, you were reading a book.
2) lai atdalītu vienlīdzīgus teikuma locekļus:
   blue, green, and red.
3) lai atdalītu neatkarīgas teikuma daļas:
   Cars will park here, coaches will turn left.
4) pēc (vai pirms un pēc) uzrunas vai teikuma daļas bez finītā verba:
   Alan, come here.
   Well, Mrs Campbell, what can you say now?
   Having had lunch, they got back to their work.

5) pēc piebildes, ja tai seko tiešā runa, vai pēc tiešās runas, ja tā nav jautājuma vai izsaukuma teikums un ja tai seko piebilde:
They answered, «Here we are».
«Here we are,» they answered.
6) lai atdalītu frāzes, kas paskaidro nozīmi:
In the valley below, the houses look very small.
7) vēstulēs pēc Dear Sir, Dear Eddie u.tml., Yours faithfully, Yours sincerely u.tml.
8) lai atdalītu iespraustu vārdu, frāzi, teikuma daļu:
Of course, he will not come.
Today, however, the situation has changed.
Rakstot datumu, starp mēneša nosaukumu un gadu, starp mājas numuru un ielas nosaukumu **komatu neliek:**
in November 1999;
24 Aspazijas bouleward.

KOLS. Kolu lieto:

1) pirms uzskaitījuma:
Please include the following items: photograph, passport, and credit card.
2) ja seko paskaidrojums iepriekš teiktajam:
There is only one thing they need: luck.
3) lai dramatiskā darbā norādītu tiešo runu, ja pēdiņas nelieto:
Defence lawyer: Objection!
Judge: Objection overruled.

DOMUZĪME. Domuzīmi lieto,

lai parādītu teikuma struktūras pārrāvuma sākumu un beigas:
The book – where have I left it? – is quite boring.

DEFISE. Defisi lieto:

1) lai savienotu divus vai vairākus vārdus, kas veido vienu jēdzienu:
son-in-law; happy-go-lucky.
2) lai savienotu vārdus atributīvā saliktenī:
a well-known doctor (*bet* the doctor is well known).
3) lai īpašvārdam piesaistītu priedēkli:
anti-Darvinian; half-Italian.
4) lai parādītu, ka vienlīdzīgiem teikuma locekļiem – saliktiem vārdiem – ir kopīga otrā daļa:
two-, three-, or fourfold.

APOSTROFS. Apostrofu lieto:

1) lai norādītu piederību:
   vienskaitlis a girl's ball (meitenes bumba);
   daudzskaitlis ar -s a girls' school (meiteņu skola);
   daudzskaitlis bez -s children's book (bērnu grāmata);
   īpašvārdi Bill's book (Bila grāmata);
2) lai norādītu
   e'er (= ever);
   he's (= he has, he is);
   '99 (= 1999).

Angļu mērvienības

gallon ['gælən] galons 4.54 l
grain [grein] grans 0.0648 g.
inch [intʃ] colla 2.54 cm
mile [mail] jūdze 1609 m

ounce [aʊns] unce 28.3 g
pint [paint] pinte 0.57 l
pound [paʊnd] mārciņa 453.6 g
yard [jɑ:d] jards 91.4 cm

Temperatūra

Grādi pēc Celsija	Grādi pēc Fārenheita
-17.8°	0°
-10°	14°
0°	32°
10°	50°
20°	68°
30°	86°
40°	104°
50°	122°
60°	140°
70°	158°
80°	176°
90°	194°
100°	212°

Lai no Celsija sistēmas pārietu uz Fārenheita sistēmu: reizināt ar 9, dalīt ar 5 un pieskaitīt 32.
Lai no Fārenheita sistēmas pārietu uz Celsija sistēmu: atņemt 32, reizināt ar 5, dalīt ar 9.

Redaktore *Gunita Aizstrauta*
Korektore *Ilze Čerņevska*
Datormaketētāja *Lilija Rimicāne*

Reģistrācijas apl. nr. 0003307910. Formāts 60×90/16
Izdevniecība «Avots» SIA, Aspazijas bulv. 24, Rīgā LV 1050
Iespiesta «Tipogrāfija Ogrē» SIA, Brīvības ielā 31, Ogrē LV 5001

Angļu-latviešu vārdnīca: ap 40000 vārdu, pielikumi. – R.: Avots, 863 lpp.

Vārdnīcas pamatā ir mūsdienu angļu literārās un sarunvalodas leksika, iekļauts arī bagātīgs frazeoloģijas materiāls. Doti gan britu, gan amerikāņu šķirkļu varianti.

Vārdnīcai ir vairāki pielikumi: ģeogrāfiskie nosaukumi, angļu personvārdi un uzvārdi, biežāk lietotie saīsinājumi u.c.